铁路道岔转换安装参数手册

中国铁路物资集团有限公司　主编

上　册

中国铁道出版社有限公司

2024 年·北　京

图书在版编目（CIP）数据

铁路道岔转换安装参数手册：上、下册 / 中国铁路物资集团有限公司主编.—北京：中国铁道出版社有限公司，2021.1（2024.1 重印）
ISBN 978-7-113-27231-9

Ⅰ.①铁… Ⅱ.①中… Ⅲ.①道岔 – 参数 – 手册 Ⅳ.① U213.6-62

中国版本图书馆 CIP 数据核字（2020）第 162371 号

书　　名：铁路道岔转换安装参数手册
作　　者：中国铁路物资集团有限公司

责任编辑：王　健　　**编辑部电话：**（010）51873065
封面设计：郑春鹏
责任校对：孙　玫
责任印制：高春晓

出版发行：中国铁道出版社有限公司(100054，北京市西城区右安门西街 8 号)
网　　址：http://www.tdpress.com
印　　刷：北京联兴盛业印刷股份有限公司
版　　次：2021 年 1 月第 1 版　2024 年 1 月第 2 次印刷
开　　本：880 mm × 1 230 mm　1/12　印张：63　插页：15　字数：1 300 千
书　　号：ISBN 978-7-113-27231-9
定　　价：468.00 元（上、下册）

《铁路道岔转换安装参数手册》

编辑委员会

序 言

20世纪末以来，我国铁路根据国情和路情，实施了六次大面积提速和重载线路建设，特别是高速铁路大规模建设。随着提速和新建线路的陆续开通运营，我国铁路技术装备水平、运输效率和运输能力得到大幅度提高，长期以来铁路运输能力紧张的局面得到了有效缓解，尤其是近十多年快速发展的以安全、舒适、高效为突出特点的高速铁路，极大地改善了人民群众的出行环境，有力地促进了国民经济的快速发展，高速铁路已成为唱响中国的一张亮丽名片。我国铁路的高速、重载等关键技术在较短的时间内取得了重大突破，实现了新的跨越，已跻身于世界先进水平行列。截至2019年底，全国铁路营业里程达到13.9万km，其中高速铁路超过3.5万km，位居世界第一，成绩斐然。

道岔作为铁路轨道结构的重要组成部分，是保证列车按规定速度安全运行的关键设备。经历了铁路六次大提速和高速铁路安全、高效运营，我国铁路道岔在研究、设计、制造和监造等领域已经发展到一个新的技术水平；已完整系统地掌握了时速350 km、250 km高速道岔和普速道岔的各项关键技术，成功研制出了高速道岔并已上线运营，且效果良好。同时，我国铁路高速道岔的技术标准和技术体系以及普速、重载铁路道岔产品日趋完善。

为方便从事道岔设计、制造、施工、运维的铁路技术和管理人员学习和使用，中国铁路物资集团有限公司在中国国家铁路集团有限公司有关领导和专家的指导下，联合中国铁道科学研究院集团有限公司、中铁工程设计咨询集团有限公司、北京全路通信信号研究设计院集团有限公司、中铁山桥集团有限公司、中铁宝桥集团有限公司、中国铁建重工集团股份有限公司等单位组织编写了《铁路道岔转换安装参数手册》。同以往的道岔手册相比，本手册有两大显著特点：一是结合2015年全路道岔座谈会简统化的指导思想，本手册对现有道岔图号进行了选择性汇集；二是道岔，尤其是高速道岔，作为精密的工电一体化设备，工务、电务密不可分，本手册同时纳入了道岔工务和电务部分内容，可同时满足工务和电务专业之需。此外，本手册还收集了我国铁路道岔各个发展阶段的重点产品，并对具有代表性的道岔进行了详细介绍。本手册图纸清晰，内容翔实，结构合理，撰写规范，可为道岔研究、设计、制造、监造、铺设和维修养护等部门各级管理人员和技术人员工作提供参考。同时希望该手册能对铁路线路的设计、维修养护工作提供有益的帮助。

2020年9月

编写说明

中国铁道出版社出版的《常用道岔主要参数手册》和《铁路道岔参数手册》(简称《手册》)是十多年前由中铁山桥集团有限公司、中铁宝桥集团有限公司组织编写的，为铁路工务系统的设计、制造、使用必备的工具书，在生产实践、业务指导、技术培训、选型参考、维修备件等方面发挥了重要作用。近年来，随着高速、重载线路的快速发展和路网结构的扩大，高速、重载道岔技术标准和技术体系不断完善。原“手册”已不能满足铁路工务工作的需要。因此，有必要对《手册》进行全新汇编。

《铁路道岔转换安装参数手册》在原“手册”基础上新增了不同速度等级的选型分类，并将高速、重载的转换设备作为工电一体化设备纳入，同时还收录了部分奥钢联设计的高速道岔品种，供我国铁路设计、制造、使用维护者借鉴、参考。

本书编写本着“符合使用要求、践行成果收获”的精神，以突出重点方便使用为原则；以《铁路道岔使用规定》(铁总工电〔2018〕227 号)、《道岔型号简统化与标准化研究报告》、《常用道岔主要参数手册》、《铁路道岔参数手册》、道岔设计图纸（工务及电务部分）等资料为基础，共收集整理了 118 种道岔的参数信息，其中单开道岔 56 种（客专线系列道岔 8 种、GLC 系列道岔 6 种、奥钢联设计的 CN 系列道岔 5 种、重载系列道岔 8 种、其他单开道岔 29 种），对称道岔 9 种，渡线道岔 37 种，复式交分道岔 16 种。此外，在编制过程中，根据应用情况对道岔进行了分类，具体为：

三星级（★★★）：推荐新线建设、大修等情况下使用的道岔图号，本部分图号以有效设计图号为主；共 57 种。

二星级（★★）：我国现有线路常见道岔品种，建议用于部分维修及整组更换，不用于新线建设，且可以替换三星级部分道岔的道岔图号，本部分图号为限制使用图号；共 39 种。

一星级（★）：我国现有线路现存道岔品种，建议仅用于道岔部件的维修，不用于整组更换，且将逐渐被更换替代的道岔图号，本部分图号为限制使用图号；共 22 种。

本书充分体现了高速、重载、提速等道岔的相关研究成果及成功经验，是对已出版发行的《铁路工务技术手册—道岔》中具体产品的补充，同时也结合了道岔工务及转换设备两方面的内容，体现了中国铁路道岔工务设备及部分转换设备的现状，符合中国铁路发展的新要求。作为一本工具书，可用于指导设计选型、现场铺设、铁路工电养护维修、配件储备等工作，亦可供相关技术人员和相关专业人士学习培训之用。

目　录

上　册

下 册

1. 客运专线铁路 60 kg/m 钢轨 42 号单开道岔(有砟)
设计图号：客专线(07) 011

道岔允许通过速度	客车	$v_{\text{直}}$≤ 350 km/h；$v_{\text{侧}}$≤ 160 km/h		扣件类型	Ⅱ型弹条
	货车	轴重 23 t：$v_{\text{直}}$≤ 120 km/h；$v_{\text{侧}}$≤ 120 km/h		轨底坡	1∶40
转辙器跟端形式	■限位器 ■间隔铁 ■不设传力机构 □间隔铁活接头			锁闭方式	外锁闭
道岔全长	157 200	辙叉全长	30 590.8	辙叉类型	可动心轨辙叉
道岔前长	60 573	辙叉趾长	10 722.7	辙叉角	1°21′50.13″
道岔后长	96 627	辙叉跟长	19 868.1	翼轨轨型	60TY1
尖轨长度	44 240	基本轨长度	46 190	直向护轨长度	—
尖轨轨型	60AT2			侧向护轨长度	—
尖轨尖端前基本轨长度			1 951	护轨轨型	—
辙叉理论尖端距趾端方向前一根岔枕中心距离			155	导曲线半径	5 000 m+ 缓和曲线
尖轨尖端至心轨实际尖端距离		113 189.3	直向护轨端头距导轨端头定位尺寸		—
道岔终端至末根岔枕中心距离		15 300	侧向护轨端头距导轨端头定位尺寸		—

降低值	直线尖轨			曲线尖轨			长心轨		
	断面宽	距尖端距离	降低值	断面宽	距尖端距离	降低值	断面宽	距实际尖端距离	降低值
	0	0	23	0	0	23	1	0	16
	5	4 014	14	5	4 015	14	20	652	3
	15	9 190	4	15	9 192	4	40	1 985	0.6
	35	15 650	0.7	35	15 653	0.7	45	2 315	0
	40	16 942	0	40	16 945	0			

最大构造加宽	—	测量位置	—			
岔枕图号客专线 (07)012	岔枕总数	314 根	岔枕展延长	1 044.85 m	套管总数	1 711
道岔板 —						
转换设备图号电务填写	尖轨动程	160、136、111、87、62、33			心轨动程	114、82、42
批准文号	—				应用情况	★★★
主要结构特点	1. 适用于客运专线高速铁路。 2. 轨下基础采用混凝土岔枕和有砟道床。 3. 道岔预留了融雪装置安装条件。 4. 转辙器间隔设置带减摩辊轮的滑床板和防跳限位装置。					

转辙器明细表

序号	图号 / 标准	名称及规格	数量	材　料	备　注
1	客专线 (07)006 – Ⅱ – 4	直基本轨　46 190	1		
2	客专线 (07)006 – Ⅱ – 5	曲基本轨　46 190	1		
3	客专线 (07)006 – Ⅱ – 6	曲线尖轨　44 240	1		
4	客专线 (07)006 – Ⅱ – 7	直线尖轨　44 240	1		
5	客专线 (07)001 – Ⅴ – 4	弹性铁垫板　Y60 – 0	6		
6	客专线 (07)001 – Ⅴ – 29	滑床板　Y60 – 0	64		
7	客专线 (07)001 – Ⅴ – 29	滑床板　Y60 – 3	34		
8	客专线 (07)001 – Ⅴ – 30	辊轮滑床板　Y60 – 0	17		
9	客专线 (07)001 – Ⅴ – 30	辊轮滑床板　Y60 – 3	7		
10	客专线 (07)001 – Ⅴ – 31	防跳限位装置　Y60 – 0/109	1		
11	客专线 (07)001 – Ⅴ – 31	防跳限位装置　Y60 – 0/109	1		
12	客专线 (07)001 – Ⅴ – 31	防跳限位装置　Y60 – 0/129	1		
13	客专线 (07)001 – Ⅴ – 31	防跳限位装置　Y60 – 0/128	1		
14	客专线 (07)001 – Ⅴ – 31	防跳限位装置　Y60 – 0/146	1		
15	客专线 (07)001 – Ⅴ – 31	防跳限位装置　Y60 – 3/145	1		
16	客专线 (07)001 – Ⅴ – 31	防跳限位装置　Y60 – 0/163	1		
17	客专线 (07)001 – Ⅴ – 31	防跳限位装置　Y60 – 3/163	1		
18	客专线 (07)001 – Ⅴ – 31	防跳限位装置　Y60 – 0/171	1		
19	客专线 (07)001 – Ⅴ – 31	防跳限位装置　Y60 – 3/171	1		
20	客专线 (07)001 – Ⅴ – 31	防跳限位装置　Y60 – 0/155	1		
21	客专线 (07)001 – Ⅴ – 31	防跳限位装置　Y60 – 3/155	1		
22	客专线 (07)011 – Ⅱ – 8	垫　板　831	1		
23	客专线 (07)011 – Ⅱ – 9	垫　板　831	1		
24	客专线 (07)011 – Ⅱ – 8	垫　板　831	1		
25	客专线 (07)011 – Ⅱ – 9	垫　板　831	1		
26	客专线 (07)011 – Ⅱ – 8	垫　板　831	1		
27	客专线 (07)011 – Ⅱ – 9	垫　板　831	1		
28	客专线 (07)011 – Ⅱ – 8	垫　板　831	1		
29	客专线 (07)011 – Ⅱ – 9	垫　板　831	1		

续上表

序号	图号 / 标准	名称及规格	数量	材　料	备　注
30	客专线 (07)011－Ⅱ－8	垫　板　831	1		
31	客专线 (07)011－Ⅱ－9	垫　板　831	1		
32	客专线 (07)011－Ⅱ－8	垫　板　831	1		
33	客专线 (07)011－Ⅱ－9	垫　板　831	1		
34	客专线 (07)011－Ⅱ－10	垫　板　770	1		
35	客专线 (07)011－Ⅱ－11	垫　板　770	1		
36	客专线 (07)011－Ⅱ－10	垫　板　770	1		
37	客专线 (07)011－Ⅱ－11	垫　板　770	1		
38	客专线 (07)011－Ⅱ－10	垫　板　770	1		
39	客专线 (07)011－Ⅱ－11	垫　板　770	1		
40	客专线 (07)011－Ⅱ－10	垫　板　770	1		
41	客专线 (07)011－Ⅱ－11	垫　板　770	1		
42	客专线 (07)011－Ⅱ－10	垫　板　770	1		
43	客专线 (07)011－Ⅱ－11	垫　板　770	1		
44	客专线 (07)011－Ⅱ－10	垫　板　831	1		
45	客专线 (07)011－Ⅱ－11	垫　板　831	1		
46	客专线 (07)011－Ⅱ－10	垫　板　831	1		
47	客专线 (07)011－Ⅱ－11	垫　板　831	1		
48	客专线 (07)011－Ⅱ－10	垫　板　831	1		
49	客专线 (07)011－Ⅱ－11	垫　板　831	1		
50	客专线 (07)011－Ⅱ－10	垫　板　831	1		
51	客专线 (07)011－Ⅱ－11	垫　板　831	1		
52	客专线 (07)011－Ⅱ－10	垫　板　831	1		
53	客专线 (07)011－Ⅱ－11	垫　板　831	1		
54	客专线 (07)011－Ⅱ－10	垫　板　831	1		
55	客专线 (07)011－Ⅱ－11	垫　板　831	1		
56	客专线 (07)011－Ⅱ－10	垫　板　831	1		
57	客专线 (07)011－Ⅱ－11	垫　板　831	1		
58	客专线 (07)011－Ⅱ－10	垫　板　831	1		
59	客专线 (07)011－Ⅱ－11	垫　板　831	1		

续上表

序号	图号 / 标准	名称及规格	数量	材　料	备　注
60	客专线 (07)011－Ⅱ－12	垫　板　831	1		
61	客专线 (07)011－Ⅱ－13	垫　板　831	1		
62	客专线 (07)011－Ⅱ－12	垫　板　831	1		
63	客专线 (07)011－Ⅱ－13	垫　板　831	1		
64	客专线 (07)011－Ⅱ－14	垫　板　887	1		
65	客专线 (07)011－Ⅱ－15	垫　板　887	1		
66	客专线 (07)011－Ⅱ－14	垫　板　887	1		
67	客专线 (07)011－Ⅱ－15	垫　板　887	1		
68	客专线 (07)011－Ⅱ－14	垫　板　887	1		
69	客专线 (07)011－Ⅱ－15	垫　板　887	1		
70	客专线 (07)011－Ⅱ－14	垫　板　887	1		
71	客专线 (07)011－Ⅱ－15	垫　板　887	1		
72	客专线 (07)011－Ⅱ－14	垫　板　887	1		
73	客专线 (07)011－Ⅱ－15	垫　板　887	1		
74	客专线 (07)011－Ⅱ－14	垫　板　887	1		
75	客专线 (07)011－Ⅱ－15	垫　板　887	1		
76	客专线 (07)011－Ⅱ－14	垫　板　887	1		
77	客专线 (07)011－Ⅱ－15	垫　板　887	1		
78	客专线 (07)011－Ⅱ－14	垫　板　887	1		
79	客专线 (07)011－Ⅱ－15	垫　板　887	1		
80	客专线 (07)011－Ⅱ－14	垫　板　939	1		
81	客专线 (07)011－Ⅱ－15	垫　板　939	1		
82	客专线 (07)011－Ⅱ－14	垫　板　939	1		
83	客专线 (07)011－Ⅱ－15	垫　板　939	1		
84	客专线 (07)011－Ⅱ－14	垫　板　939	1		
85	客专线 (07)011－Ⅱ－15	垫　板　939	1		
86	客专线 (07)011－Ⅱ－14	垫　板　939	1		
87	客专线 (07)011－Ⅱ－15	垫　板　939	1		
88	客专线 (07)011－Ⅱ－14	垫　板　939	1		
89	客专线 (07)011－Ⅱ－15	垫　板　939	1		

续上表

序号	图号 / 标准	名称及规格	数量	材　料	备　注
90	客专线 (07)011－Ⅱ－14	垫　板　939	1		
91	客专线 (07)011－Ⅱ－15	垫　板　939	1		
92	客专线 (07)011－Ⅱ－14	垫　板　939	1		
93	客专线 (07)011－Ⅱ－15	垫　板　939	1		
94	客专线 (07)011－Ⅱ－16	垫　板　995	1		
95	客专线 (07)011－Ⅱ－17	垫　板　995	1		
96	客专线 (07)011－Ⅱ－16	垫　板　995	1		
97	客专线 (07)011－Ⅱ－17	垫　板　995	1		
98	客专线 (07)011－Ⅱ－16	垫　板　995	1		
99	客专线 (07)011－Ⅱ－17	垫　板　995	1		
100	客专线 (07)011－Ⅱ－16	垫　板　995	1		
101	客专线 (07)011－Ⅱ－17	垫　板　995	1		
102	客专线 (07)011－Ⅱ－16	垫　板　995	1		
103	客专线 (07)011－Ⅱ－17	垫　板　995	1		
104	客专线 (07)011－Ⅱ－16	垫　板　995	1		
105	客专线 (07)011－Ⅱ－17	垫　板　995	1		
106	客专线 (07)011－Ⅱ－16	垫　板　995	1		
107	客专线 (07)011－Ⅱ－17	垫　板　995	1		
108	客专线 (07)011－Ⅱ－16	垫　板　1 047	1		
109	客专线 (07)011－Ⅱ－17	垫　板　1 047	1		
110	客专线 (07)011－Ⅱ－16	垫　板　1 047	1		
111	客专线 (07)011－Ⅱ－17	垫　板　1 047	1		
112	客专线 (07)011－Ⅱ－16	垫　板　1 047	1		
113	客专线 (07)011－Ⅱ－17	垫　板　1 047	1		
114	客专线 (07)011－Ⅱ－16	垫　板　1 047	1		
115	客专线 (07)011－Ⅱ－17	垫　板　1 047	1		
116	客专线 (07)011－Ⅱ－16	垫　板　1 047	1		
117	客专线 (07)011－Ⅱ－17	垫　板　1 047	1		
118	客专线 (07)011－Ⅱ－16	垫　板　1 047	1		
119	客专线 (07)011－Ⅱ－17	垫　板　1 047	1		

续上表

序号	图号 / 标准	名称及规格	数量	材　　料	备　　注
120	客专线 (07)001－V－69	支距扣板　60/102－103－51	2		
121	客专线 (07)001－V－69	支距扣板　60/108－109－54	2		
122	客专线 (07)001－V－69	支距扣板　60/114－115－57	2		
123	客专线 (07)001－V－69	支距扣板　60/120－121－60	2		
124	客专线 (07)001－V－69	支距扣板　60/125－127－63	2		
125	客专线 (07)001－V－69	支距扣板　60/131－133－66	2		
126	客专线 (07)001－V－69	支距扣板　60/137－139－69	2		
127	客专线 (07)001－V－69	支距扣板　60/144－145－72	2		
128	客专线 (07)001－V－69	支距扣板　60/150－151－75	2		
129	客专线 (07)001－V－69	支距扣板　60/156－157－78	2		
130	客专线 (07)001－V－69	支距扣板　60/162－163－82	2		
131	客专线 (07)001－V－69	支距扣板　60/169－170－85	2		
132	客专线 (07)001－V－69	支距扣板　60/175－176－88	2		
133	专线 4232－4	螺　栓　M24×60	450		
134	客专线 (07)001－V－70	螺　栓　M24×125	26		
135	客专线 (07)001－V－8	垫板螺栓	502	45 号钢	
136	NS－06	盖型螺母　M24	476		
137	NS－07	限位板　M24	500		
138	GB/T 7244	弹簧垫圈　30	502		
139	客专线 (07)001－V－6	轨距块　60/9－11	298	ZG 230－450	
140	客专线 (07)001－V－6	轨距块　60/10－12	152	ZG 230－450	
141	客专线 (07)001－V－44	轨距块　60/10－11	24	ZG 230－450	
142	专线 3351－3	Ⅱ型弹条	500	$60Si_2Mn$	
143		弹性夹　SSb3	134		
144		弹性夹　SSb4	12		
145	客专线 (07)001－V－9	盖　板	502	QT 450－10	
146	NS－02(b)	螺　母　M24	24		
147	专线 4232－4	螺　栓　M24×65	24		
148	客专线 (07)001－V－10	缓冲调距块	476	玻璃纤维	
149	客专线 (07)001－V－51	橡胶垫板　60－200－149/5	6	橡胶	

续上表

序号	图号 / 标准	名称及规格	数量	材　料	备　注
150	客专线 (07)001 – V – 51	橡胶垫板　60 – 210 – 149/5	294	橡胶	
151	客专线 (07)001 – V – 51	橡胶垫板　60 – 290 – 149/5	24	橡胶	
152	客专线 (07)001 – V – 51	橡胶垫板　60 – 160 – 129/5	12	橡胶	
153	客专线 (07)001 – V – 13	调高垫板　2 – 528 × 182 × 410 × *h* – 0	18	橡塑	其中 *h*=1，2 的各 6 块
154	客专线 (07)001 – V – 13	调高垫板　2 – 780 × 190 × 662 × *h* – 0	246	橡塑	其中 *h*=1，2 的各 82 块
155	客专线 (07)001 – V – 13	调高垫板　2 – 780 × 190 × 662 × *h* – 3	114	橡塑	其中 *h*=1，2 的各 38 块
156	客专线 (07)001 – V – 13	调高垫板　2 – 780 × 270 × 662 × *h* – 0	51	橡塑	其中 *h*=1，2 的各 17 块
157	客专线 (07)001 – V – 13	调高垫板　2 – 780 × 270 × 662 × *h* – 3	21	橡塑	其中 *h*=1，2 的各 7 块
158	客专线 (07)001 – V – 13	调高垫板　2 – 841 × 190 × 723 × *h* – 0	78	橡塑	其中 *h*=1，2 的各 26 块
159	客专线 (07)001 – V – 13	调高垫板　2 – 841 × 190 × 723 × *h* – 4.5	18	橡塑	其中 *h*=1，2 的各 6 块
160	客专线 (07)001 – V – 13	调高垫板　2 – 897 × 190 × 779 × *h* – 0	48	橡塑	其中 *h*=1，2 的各 16 块
161	客专线 (07)001 – V – 13	调高垫板　2 – 949 × 190 × 831 × *h* – 0	42	橡塑	其中 *h*=1，2 的各 14 块
162	客专线 (07)001 – V – 13	调高垫板　3 – 1 005 × 190 × 887 × 419 × *h*	18	橡塑	其中 *h*=1，2 的各 6 块
163	客专线 (07)001 – V – 13	调高垫板　3 – 1 005 × 190 × 887 × 443.5 × *h*	24	橡塑	其中 *h*=1，2 的各 8 块
164	客专线 (07)001 – V – 13	调高垫板　3 – 1 057 × 190 × 939 × 469.5 × *h*	36	橡塑	其中 *h*=1，2 的各 12 块
165	客专线 (07)001 – V – 21	间隔铁　167 – 170/A	1	ZG 230 – 450	
166	客专线 (07)001 – V – 21	间隔铁　177 – 181/A	1	ZG 230 – 450	
167	客专线 (07)001 – V – 21	间隔铁　188 – 192/A	1	ZG 230 – 450	
168	客专线 (07)001 – V – 22	间隔铁　167 – 170/B	1	ZG 230 – 450	
169	客专线 (07)001 – V – 22	间隔铁　177 – 181/B	1	ZG 230 – 450	
170	客专线 (07)001 – V – 22	间隔铁　188 – 192/B	1	ZG 230 – 450	
171	SCT 300 – 506	螺　栓　M27 × 115	18	10.9 级	
172	SCT 300 – 506	螺　栓　M27 × 125	18	10.9 级	
173	NS – 02(b)	螺　母　M27	36		
174	SCT 300 – 346	螺母防松帽　M27	36	ZG 230 – 450	
175	GB/T 91	开口销　4 × 80	36		
176	客专线 (07)001 – V – 34	夹　板　400/A	6	Q235	
177	客专线 (07)001 – V – 35	夹　板　400/B	6	Q235	

注：1. 转辙器跟端按采用限位器、间隔铁和不设传力结构三种方案设计，采用限位器结构或不设传力结构时，序号165～177相应取消。

2. 明细表中垫板长度为硫化前铁垫板的长度，硫化后垫板长度增加10 mm。

3. 调高垫板为备用件。

辙叉明细表

序号	图号 / 标准	名称及规格	数量	材 料	备 注
1	客专线 (07)006－Ⅲ－5	翼 轨 27 450	1		
2	客专线 (07)006－Ⅲ－6	翼 轨 27 450	1		
3	客专线 (07)006－Ⅲ－7	长心轨 25 090	1	60D40 钢轨	
4	客专线 (07)006－Ⅲ－8	短心轨 20 608	1	60D40 钢轨	
5	客专线 (07)001－Ⅴ－16	轨 撑 60	14	KTH 330－08	
6	客专线 (07)011－Ⅲ－9	垫 板 1 047	1		
7	客专线 (07)011－Ⅲ－9	垫 板 1 047	1		
8	客专线 (07)011－Ⅲ－9	垫 板 1 047	1		
9	客专线 (07)011－Ⅲ－9	垫 板 1 047	1		
10	客专线 (07)011－Ⅲ－9	垫 板 1 047	1		
11	客专线 (07)011－Ⅲ－9	垫 板 995	1		
12	客专线 (07)011－Ⅲ－9	垫 板 995	1		
13	客专线 (07)011－Ⅲ－9	垫 板 995	1		
14	客专线 (07)011－Ⅲ－9	垫 板 995	1		
15	客专线 (07)011－Ⅲ－10	垫 板 995	1		
16	客专线 (07)011－Ⅲ－10	垫 板 939	1		
17	客专线 (07)011－Ⅲ－10	垫 板 939	1		
18	客专线 (07)011－Ⅲ－10	垫 板 939	1		
19	客专线 (07)011－Ⅲ－10	垫 板 939	1		
20	客专线 (07)011－Ⅲ－10	垫 板 939	1		
21	客专线 (07)011－Ⅲ－10	垫 板 887	1		
22	客专线 (07)011－Ⅲ－10	垫 板 887	1		
23	客专线 (07)011－Ⅲ－10	垫 板 887	1		
24	客专线 (07)011－Ⅲ－10	垫 板 887	1		
25	客专线 (07)011－Ⅲ－11	垫 板 831	1		
26	客专线 (07)011－Ⅲ－12	垫 板 831	1		
27	客专线 (07)011－Ⅲ－12	垫 板 831	1		
28	客专线 (07)011－Ⅲ－12	垫 板 831	1		
29	客专线 (07)011－Ⅲ－12	垫 板 831	1		
30	客专线 (07)011－Ⅲ－12	垫 板 831	1		
31	客专线 (07)011－Ⅲ－12	垫 板 831	1		
32	客专线 (07)011－Ⅲ－12	垫 板 831	1		
33	客专线 (07)011－Ⅲ－13	垫 板 920	1		
34	客专线 (07)011－Ⅲ－13	垫 板 920	1		
35	客专线 (07)011－Ⅲ－14	垫 板 920	1		
36	客专线 (07)011－Ⅲ－14	垫 板 920	1		
37	客专线 (07)011－Ⅲ－14	垫 板 920	1		
38	客专线 (07)011－Ⅲ－14	垫 板 920	1		

续上表

序号	图号 / 标准	名称及规格	数量	材 料	备 注
39	客专线 (07)011－Ⅲ－14	垫 板 920	1		
40	客专线 (07)011－Ⅲ－15	垫 板 887	1		
41	客专线 (07)011－Ⅲ－16	垫 板 939	1		
42	客专线 (07)011－Ⅲ－17	垫 板 1 047	1		
43	客专线 (07)011－Ⅲ－18	垫 板 1 127	1		
44	客专线 (07)011－Ⅲ－18	垫 板 1 127	1		
45	客专线 (07)011－Ⅲ－18	垫 板 1 127	1		
46	客专线 (07)011－Ⅲ－18	垫 板 1 127	1		
47	客专线 (07)011－Ⅲ－18	垫 板 1 127	1		
48	客专线 (07)011－Ⅲ－18	垫 板 1 127	1		
49	客专线 (07)011－Ⅲ－18	垫 板 1 127	1		
50	客专线 (07)011－Ⅲ－18	垫 板 1 127	1		
51	客专线 (07)011－Ⅲ－19	垫 板 1 127	1		
52	客专线 (07)011－Ⅲ－19	垫 板 1 127	1		
53	客专线 (07)011－Ⅲ－20	垫 板 1 187	1		
54	客专线 (07)011－Ⅲ－20	垫 板 1 187	1		
55	客专线 (07)011－Ⅲ－20	垫 板 1 187	1		
56	客专线 (07)011－Ⅲ－20	垫 板 1 187	1		
57	客专线 (07)011－Ⅲ－20	垫 板 1 187	1		
58	客专线 (07)011－Ⅲ－21	垫 板 1 187	1		
59	客专线 (07)011－Ⅲ－21	垫 板 1 187	1		
60	客专线 (07)011－Ⅲ－21	垫 板 1 187	1		
61	客专线 (07)011－Ⅲ－21	垫 板 1 187	1		
62	客专线 (07)011－Ⅲ－21	垫 板 1 187	1		
63	客专线 (07)011－Ⅲ－22	垫 板 1 234	1		
64	客专线 (07)011－Ⅲ－23	垫 板 1 234	1		
65	客专线 (07)011－Ⅲ－24	垫 板 1 234	1		
66	客专线 (07)011－Ⅲ－24	垫 板 1 234	1		
67	客专线 (07)011－Ⅲ－25	垫 板 1 300	1		
68	客专线 (07)011－Ⅲ－25	垫 板 1 300	1		
69	客专线 (07)011－Ⅲ－25	垫 板 1 300	1		
70	客专线 (07)011－Ⅲ－26	垫 板 939	1		
71	客专线 (07)011－Ⅲ－26	垫 板 939	1		
72	客专线 (07)011－Ⅲ－27	垫 板 939	1		
73	客专线 (07)011－Ⅲ－27	垫 板 939	1		
74	客专线 (07)011－Ⅲ－27	垫 板 939	1		
75	客专线 (07)011－Ⅲ－27	垫 板 939	1		
76	客专线 (07)011－Ⅲ－28	垫 板 995	1		
77	客专线 (07)011－Ⅲ－28	垫 板 995	1		
78	客专线 (07)011－Ⅲ－28	垫 板 995	1		
79	客专线 (07)011－Ⅲ－28	垫 板 995	1		

续上表

序号	图号 / 标准	名称及规格	数量	材 料	备 注
80	客专线 (07)011 – Ⅲ – 28	垫 板 1 047	1		
81	客专线 (07)011 – Ⅲ – 28	垫 板 1 047	1		
82	客专线 (07)011 – Ⅲ – 28	垫 板 1 047	1		
83	客专线 (07)011 – Ⅲ – 28	垫 板 1 047	1		
84	客专线 (07)001 – Ⅴ – 61	顶 铁 93 – 97	1	QT400 – 15	
85	客专线 (07)001 – Ⅴ – 61	顶 铁 97 – 93	1	QT400 – 15	
86	客专线 (07)006 – Ⅲ – 37A	顶 铁 134 – 137	1	QT400 – 15	
87	客专线 (07)006 – Ⅲ – 37A	顶 铁 105 – 102	1	QT400 – 15	
88	客专线 (07)006 – Ⅲ – 37A	顶 铁 174 – 177	1	QT400 – 15	
89	客专线 (07)006 – Ⅲ – 37A	顶 铁 150 – 146	1	QT400 – 15	
90	客专线 (07)006 – Ⅲ – 37A	顶 铁 195 – 195	1	QT400 – 15	
91	客专线 (07)006 – Ⅲ – 37A	顶 铁 172 – 172	1	QT400 – 15	
92	客专线 (07)001 – Ⅴ – 61 – B	顶 铁 162 – 162	15	QT400 – 15	
92 – 1	客专线 (07)001 – Ⅴ – 61 – C	顶 铁 162 – 162	7	QT400 – 15	
93	客专线 (07)001 – 61 – B	顶 铁 146 – 146	1	QT400 – 15	
94	客专线 (07)001 – Ⅴ – 61 – B	顶 铁 150 – 150	1	QT400 – 15	
95	客专线 (07)001 – Ⅴ – 61 – C	顶 铁 155 – 155	1	QT400 – 15	
96	客专线 (07)001 – Ⅴ – 61 – B	顶 铁 160 – 160	1	QT400 – 15	
97	客专线 (07)001 – Ⅴ – 63	顶 铁 108 – 107	1	QT400 – 15	
98	客专线 (07)001 – Ⅴ – 63	顶 铁 117 – 116	1	QT400 – 15	
99	客专线 (07)001 – Ⅴ – 63	顶 铁 127 – 126	1	QT400 – 15	
100	客专线 (07)006 – Ⅲ – 29	间隔铁	1	ZG 230 – 450	
101	客专线 (07)006 – Ⅲ – 29	间隔铁	1	ZG 230 – 450	
102	客专线 (07)006 – Ⅲ – 30	间隔铁	1	ZG 230 – 450	
103	客专线 (07)006 – Ⅲ – 31	垫 片 60D40/3.1 – 5.2/270	1	Q235	
104	客专线 (07)006 – Ⅲ – 31	垫 片 60D40/9.0 – 10.5/190	1	Q235	
105	客专线 (07)006 – Ⅲ – 31	垫 片 60D40/13.8 – 16.0/270	1	Q235	
106	客专线 (07)006 – Ⅲ – 31	垫 片 60D40/20.1 – 22.3/270	1	Q235	
107	客专线 (07)006 – Ⅲ – 31	垫 片 60D40/24.9 – 27.0/270	1	Q235	
108	客专线 (07)006 – Ⅲ – 31	垫 片 60D40/29.6 – 31.7/270	1	Q235	
109	客专线 (07)006 – Ⅲ – 31	垫 片 60D40/34.3 – 36.4/270	1	Q235	
110	客专线 (07)006 – Ⅲ – 31	垫 片 60D40/39.0 – 42.6/270	1	Q235	
111	客专线 (07)006 – Ⅲ – 31	垫 片 60D40/47.8 – 52.0/270	1	Q235	
112	客专线 (07)001 – Ⅴ – 23	间隔铁 60D40/60 – 64	1	ZG 230 – 450	
113	客专线 (07)001 – Ⅴ – 23	间隔铁 60D40/72 – 75	1	ZG 230 – 450	
114	客专线 (07)001 – Ⅴ – 23	间隔铁 60D40/83 – 86	1	ZG 230 – 450	
115	客专线 (07)001 – Ⅴ – 23	间隔铁 60D40/94 – 97	1	ZG 230 – 450	
116	客专线 (07)006 – Ⅲ – 32	间隔铁 60D40/190 – 200	1	ZG 230 – 450	
117	客专线 (07)006 – Ⅲ – 32	间隔铁 60D40/232 – 242	1	ZG 230 – 450	
118	客专线 (07)001 – Ⅴ – 25	间隔铁	4	ZG 230 – 450	
119	客专线 (07)006 – Ⅲ – 33	扣 板 60D40/49 – 52 – 28/119	1	ZG 230 – 450	

续上表

序号	图号 / 标准	名称及规格	数量	材 料	备 注
120	客专线 (07)006－Ⅲ－33	扣 板 60D40/63－66－35/133	1	ZG 230－450	
121	客专线 (07)006－Ⅲ－33	扣 板 60D40/77－80－41/145	1	ZG 230－450	
122	客专线 (07)006－Ⅲ－33	扣 板 60D40/90－93－48/159	1	ZG 230－450	
123	客专线 (07)006－Ⅲ－33A	扣 板 60D40/104－107－55/173	1	ZG 230－450	
124	客专线 (07)001－Ⅴ－82	支距扣板 60/167－165－83	1	ZG 230－450	
125	客专线 (07)001－Ⅴ－82	支距扣板 60/155－153－77	1	ZG 230－450	
126	客专线 (07)001－Ⅴ－82	支距扣板 60/142－140－71	1	ZG 230－450	
127	客专线 (07)001－Ⅴ－82	支距扣板 60/130－128－65	1	ZG 230－450	
128	客专线 (07)001－Ⅴ－82	支距扣板 60/118－119－60	1	ZG 230－450	
129	客专线 (07)001－Ⅴ－82	支距扣板 60/123－124－62	1	ZG 230－450	
130	客专线 (07)001－Ⅴ－82	支距扣板 60/128－129－65	1	ZG 230－450	
131	客专线 (07)001－Ⅴ－82	支距扣板 60/133－134－67	1	ZG 230－450	
132	客专线 (07)001－Ⅴ－82	支距扣板 60/124－127－63	1	ZG 230－450	
133	客专线 (07)001－Ⅴ－82	支距扣板 60/138－141－70	1	ZG 230－450	
134	客专线 (07)001－Ⅴ－82	支距扣板 60/152－155－77	1	ZG 230－450	
135	客专线 (07)001－Ⅴ－82	支距扣板 60/166－168－84	1	ZG 230－450	
136	客专线 (07)006－Ⅲ－34	间隔铁	1	ZG 230－450	
137	客专线 (07)006－Ⅲ－34	间隔铁	1	ZG 230－450	
138	SCT 300－506	螺 栓 M27×120	24	10.9 级	间隔铁用
139	GB/T 31	螺 栓 M24×105	14		轨撑用
140	GB/T 5780	螺 栓 M24×125	68		翼轨顶铁用
141	SCT 300－506	螺 栓 M27×130	2	10.9 级	连接长短心轨用
142	SCT 300－506	螺 栓 M27×140	2	10.9 级	连接长短心轨用
143	SCT 300－506	螺 栓 M27×160	6	10.9 级	连接长短心轨用
144	SCT 300－506	螺 栓 M27×150	4	10.9 级	连接长短心轨用
145	SCT 300－506	螺 栓 M27×170	2	10.9 级	连接长短心轨用
146	SCT 300－506	螺 栓 M27×185	4	10.9 级	连接长短心轨用
147	SCT 300－506	螺 栓 M27×230	4	10.9 级	连接长短心轨用
148	SCT 300－506	螺 栓 M27×210	2	10.9 级	连接长短心轨用
149	SCT 300－506	螺 栓 M27×120	24	10.9 级	间隔铁用
150	SCT 300－506	螺 栓 M27×110	24	10.9 级	间隔铁用
151	SCT 300－506	螺 栓 M27×130	4	10.9 级	间隔铁用
152	SCT 300－506	螺 栓 M27×130	4	10.9 级	间隔铁用
153	专线 4232－4	螺 栓 M24×60	256		
154	专线 4232－4	螺 栓 M24×65	20		心轨工作边一侧弹条用
155	专线 4232－4	螺 栓 M24×75	5		单双边扣板用螺栓底部沉头处导圆角 *R*5
156	客专线 (07)001－Ⅴ－70	螺 栓 M24×100	14		轨撑用
157	客专线 (07)001－Ⅴ－70	螺 栓 M24×120	8		支距扣板用

续上表

序号	图号 / 标准	名称及规格	数量	材　料	备　注
158	客专线 (07)001 – Ⅴ – 70	螺　栓　M24 × 140	4		支距扣板用
159	GB/T 1228	螺　栓　M24 × 180	8	10.9 级	136、137 间隔铁用
160	客专线 (07)001 – Ⅴ – 8	垫板螺栓　A 型	177	45 号钢	
161	NS – 02(b)	螺　母　M27G	106	10 级	
162	NS – 02(b)	螺　母　M24	120		
163	NS – 06	螺　母　M24	289		
164	GB/T 1230	垫　圈　27	106		
165	GB/T 7244	垫　圈　24	100		
166	客专线 (07)006 – Ⅲ – 35	垫　圈	5	Q235	
167	GB/T 7244	垫　圈　30	177		
168	NS – 07	限位板　M24	309		
169	客专线 (07)001 – Ⅴ – 9	盖　板	177		
170	客专线 (07)001 – Ⅴ – 39	钢轨垫圈　60D40 – 0	26	KTH 330 – 08	
171	客专线 (07)001 – Ⅴ – 38	夹　板　940	4	Q235	
172	客专线 (07)001 – Ⅴ – 91	顶铁调整片 90 × 70 × 0.3/0.5 1/2/3	各 30	Q235 镀锌	翼轨普通顶铁备用各 20 片组装、10 片发运
173	客专线 (07)001 – Ⅴ – 92	顶铁调整片 170 × 50 × 0.3/0.5 50 × 1/2/3	各 40	Q235 镀锌	翼轨组合顶铁、心轨顶铁备用各 30 片组装、10 片发运
174	客专线 (07)001 – Ⅴ – 88	顶铁座	26	QT400 – 15	
175	GB/T 91	开口销　3 × 70	80	Q235	
176	客专线 (07)001 – Ⅴ – 64	顶铁用钢轨垫圈 (一)　79	52	ZG 230 – 450	翼轨组合顶铁用
177	客专线 (07)001 – Ⅴ – 65	顶铁用钢轨垫圈 (二)	6	ZG 230 – 450	心轨顶铁用
178	客专线 (07)001 – Ⅴ – 73	钢轨垫圈 (三)　79	16	ZG 230 – 450	翼轨一体顶铁用
179	专线 3351 – 3	Ⅱ型弹条	288	60Si2Mn	
180	客专线 (07)001 – Ⅴ – 6	轨距块　60/10 – 12	126	ZG 230 – 450	
181	客专线 (07)001 – Ⅴ – 6	轨距块　60/9 – 11	152	ZG 230 – 450	
182	客专线 (07)006 – Ⅲ – 35 – 1	夹　板　420	4	Q235	
183	客专线 (07)001 – Ⅴ – 93	防转片　82	12	ZG 230 – 450	防跳卡铁用
184	客专线 (07)001 – Ⅴ – 93	防转片　72	68	ZG 230 – 450	翼轨顶铁用
185	客专线 (07)001 – Ⅴ – 64	防转片	6	ZG 230 – 450	心轨顶铁用
186	客专线 (07)001 – Ⅴ – 10	缓冲调距块　6 – 9	160	玻璃纤维	
187	客专线 (07)001 – Ⅴ – 51	橡胶垫板　60 – 290 – 104/7	4	玻璃纤维	
188	客专线 (07)001 – Ⅴ – 51	橡胶垫板　60 – 290 – 149/7	10	玻璃纤维	
189	客专线 (07)001 – Ⅴ – 51	橡胶垫板　60 – 210 – 149/7	18	玻璃纤维	

续上表

序号	图号 / 标准	名称及规格	数量	材 料	备 注
190	客专线 (07)001－V－51	橡胶垫板 60－210－89/7	2	橡胶	
191	客专线 (07)001－V－51	橡胶垫板 60－210－149/5	62	橡胶	
192	客专线 (07)001－V－51	橡胶垫板 60－180－149/5	14	橡胶	
193	客专线 (07)001－V－51	橡胶垫板 60－160－149/5	8	橡胶	
194	客专线 (07)006－Ⅲ－36	橡胶垫板 2－939 × 180	4	橡胶	
195	客专线 (07)001－V－13	调高垫板 3－1 057 × 190 × 939 × 469.5 × h	27	橡塑	其中 h=1，2 的各 9 块
196	客专线 (07)001－V－13	调高垫板 3－1 005 × 190 × 887 × 443.5 × h	24	橡塑	其中 h=1，2 的各 8 块
197	客专线 (07)001－V－13	调高垫板 2－1 005 × 190 × 887 × h－0	3	橡塑	其中 h=1，2 的各 1 块
198	客专线 (07)001－V－13	调高垫板 2－949 × 190 × 831 × h－0	42	橡塑	其中 h=1，2 的各 14 块
199	客专线 (07)001－V－13	调高垫板 2－897 × 190 × 779 × h－0	15	橡塑	其中 h=1，2 的各 5 块
200	客专线 (07)001－V－13	调高垫板 2－841 × 190 × 723 × h－0	24	橡塑	其中 h=1，2 的各 8 块
201	客专线 (07)001－V－13	调高垫板 2－930 × 270 × 812 × h－0	21	橡塑	其中 h=1，2 的各 7 块
202	客专线 (07)001－V－13	调高垫板 2－1 057 × 190 × 939 × h－0	3	橡塑	其中 h=1，2 的各 1 块
203	客专线 (07)001－V－13	调高垫板 2－1 137 × 190 × 1 019 × h－0	30	橡塑	其中 h=1，2 的各 10 块
204	客专线 (07)001－V－13	调高垫板 2－1 197 × 190 × 1 079 × h－0	30	橡塑	其中 h=1，2 的各 10 块
205	客专线 (07)001－V－13	调高垫板 2－1 244 × 190 × 1 126 × h－0	12	橡塑	其中 h=1，2 的各 4 块
206	客专线 (07)001－V－13	调高垫板 2－1 310 × 190 × 1 192 × h－0	9	橡塑	其中 h=1，2 的各 3 块
207	客专线 (07)001－V－87	复合定位套	8		
208	客专线 (07)006－Ⅲ－37	防跳卡铁	1	Q235	
209	客专线 (07)006－Ⅲ－37	防跳卡铁	1	Q235	
210	客专线 (07)006－Ⅲ－37	防跳卡铁	1	Q235	
211	客专线 (07)006－Ⅲ－37	防跳卡铁	1	Q235	
212	客专线 (07)006－Ⅲ－37	防跳卡铁	1	Q235	
213	客专线 (07)006－Ⅲ－37	防跳卡铁	1	Q235	
214	客专线 (07)001－V－47	螺 栓 M24 × 120	12		防跳卡铁用
215	客专线 (07)001－V－73	钢轨垫圈（三） 89	12	ZG 230－450	防跳卡铁用
216	客专线 (07)001－V－86	翼轨用防转垫圈	14	KTH 330－08	
217	GB/T 91	开口销 3 × 40	14	Q235	
218	SCT 300－346	螺母防松帽	102	ZG 230－450	
219	GB/T 91	开口销 4 × 80	102	Q235	
230	GB/T 1230	垫 圈 24	8	10 级	
231	GB/T 5780	螺 栓 M24 × 110	6		心轨顶铁用

注：1. 明细表中垫板长度为硫化前铁垫板的长度，硫化后垫板长度增加10 mm。

2. 调高垫板为备用件。

60 kg/m 钢轨 42 号单开道岔
图　号：客专 (07)011

表 1　明　细　表

序号	图号 / 标准	名称及规格	单位	数量	材料	备注
1	客专线 (07)011－Ⅱ	转辙器	组	1		
2	客专线 (07)011－Ⅲ	可动心轨辙叉	组	1		
3		钢　轨	m	382.695	60 kg/m 钢轨	
4	客专线 (07)001－Ⅴ－4	弹性垫板　60－0	块	308		
5	客专线 (07)001－Ⅴ－4	弹性垫板　60－3	块	127		
6	客专线 (07)001－Ⅴ－4	弹性垫板　60－6	块	81		
7	专线 3351－3	Ⅱ型弹条	个	1 032	60Si2CrVA	
8	专线 4232－4	螺　栓　M24 × 60	根	1 032		"+" 后为备用
9	NS－06	盖型螺母　M24	个	1 032		"+" 后为备用
10	客专线 (07)001－Ⅴ－8	垫板螺栓　A 型	个	1 032	45 号钢	
11	NS－07	限位板　M24	个	1 032		"+" 后为备用
12	GB/T 7244	弹簧垫圈　30	个	1 032		
13	客专线 (07)001－Ⅴ－6	轨距块　60/10－12	个	512	ZG 230－450	
14	客专线 (07)001－Ⅴ－6	轨距块　60/9－11	个	512	ZG 230－450	
15	客专线 (07)001－Ⅴ－6	轨距块　60/8－13	个	100	ZG 230－450	备用
16	客专线 (07)001－Ⅴ－9	盖　板	个	1 032	QT 450－10	
17	客专线 (07)001－Ⅴ－80	挡砟板　650	个	7	Q235	
18	客专线 (07)001－Ⅴ－80	挡砟板　600	个	2	Q235	
19	专线 3417	钢轨胶接绝缘接头	组	2		
20	客专线 (07)001－Ⅴ－76	弹条绝缘帽	个	32	玻璃纤维	
21	客专线 (07)001－Ⅴ－10	缓冲调距块　6－9	个	1 032	玻璃纤维	
22	客专线 (07)001－Ⅴ－10	缓冲调距块 7－8/5－10/4－11	个	300	玻璃纤维	
23	客专线 (07)001－Ⅴ－49	绝缘轨距块 60/9－11	个	8	玻璃纤维	
24	客专线 (07)001－Ⅴ－49	绝缘轨距块 60/10－12	个	8	玻璃纤维	
25	客专线 (07)001－Ⅴ－51	橡胶垫板 60－200－149/5	块	516	橡胶	

续上表

序号	图号 / 标准	名称及规格	单位	数量	材料	备注
26	客专线 (07)001－Ⅴ－13	调高垫板 2－528 × 182 × 1－0	块	308	橡塑	
		调高垫板 2－528 × 182 × 2－0	块	308	橡塑	
27	客专线 (07)001－Ⅴ－13	调高垫板 2－528 × 182 × 1－3	块	127	橡塑	
		调高垫板 2－528 × 182 × 2－3	块	127	橡塑	
28	客专线 (07)001－Ⅴ－13	调高垫板 2－528 × 182 × 1－6	块	81	橡塑	
		调高垫板 2－528 × 182 × 2－6	块	81	橡塑	

表 2　岔枕数量表

序号	岔枕长度 (mm)	数量（根）	序号	岔枕长度 (mm)	数量（根）	序号	岔枕长度 (mm)	数量（根）
1	2 400	12	10	3 050	19	18	4 210	2
2	2 430	18	11	3 200	18	19	4 250	8
3	2 500	15	12	3 350	15	20	4 320	2
4	2 550	7	13	3 500	14	21	4 400	11
5	2 600	11	14	3 650	13	22	4 450	2
6	2 750	40	15	3 800	12	23	4 550	10
7	2 900	34	16	3 950	9	24	4 700	11
8	2 950	4	17	4 100	11	25	4 850	14
9	3 000	2						

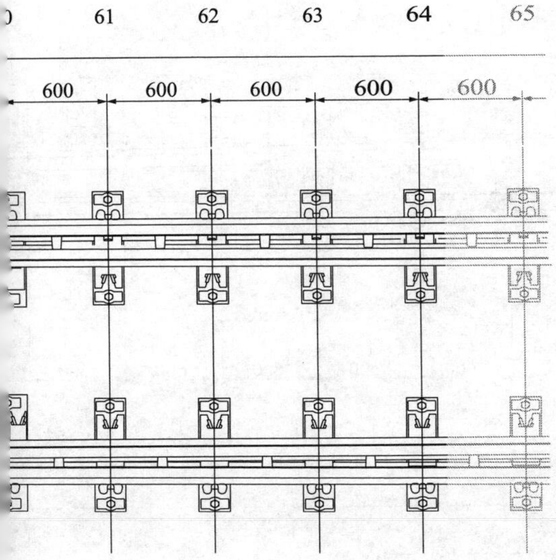

I
转辙器跟端采用间隔铁

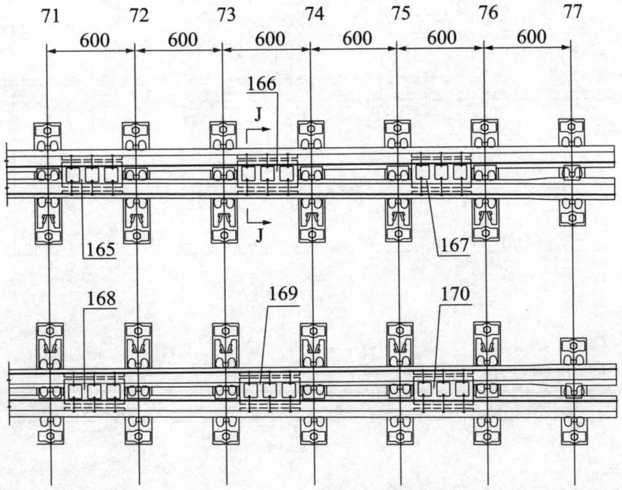

技 术 要 求

1. 尖轨跟端按采用限位器、间隔铁和不设传力结构三种方案设计，当采用间隔铁时，局部布置图见 I 图。 当不设传力结构时，取消相应的限位器或间隔铁。
2. 防跳顶铁组装后，在顶紧状态时与尖轨轨底上表面间隙为 3 mm。
3. 防跳限位装置接触间隙要求：应调正铁卡位置使铁卡与尖轨轨底侧边间隙小于 5 mm。
4. 所有三孔铁垫板中间一孔不安装缓冲调距块。
5. 辊轮滑床板 4、10、16、21、26、31、36、41 号岔枕用双辊轮，其余用单辊轮。
6. 曲线尖轨在密贴状态时，理论支距见图 1，直线尖轨工作边应成直线。

图 1 曲线尖轨支距图

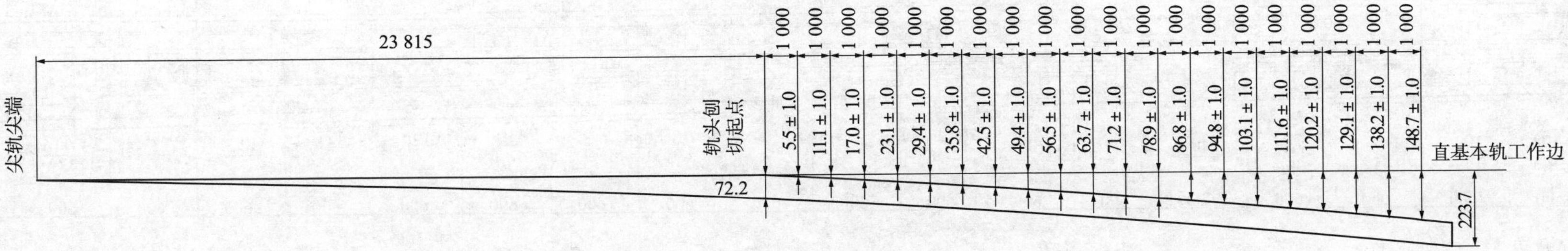

G－G 旋转

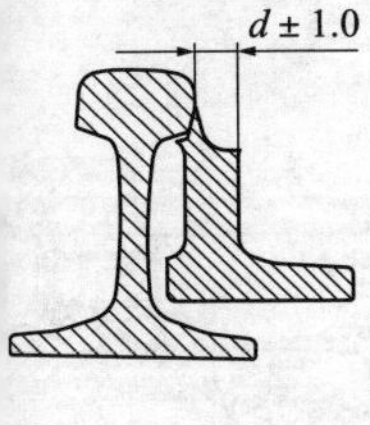

H－H 旋转

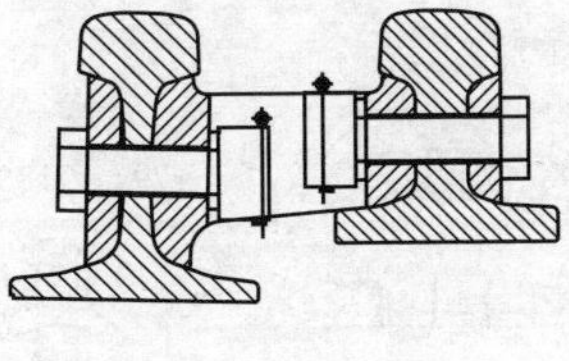

J－J 旋转

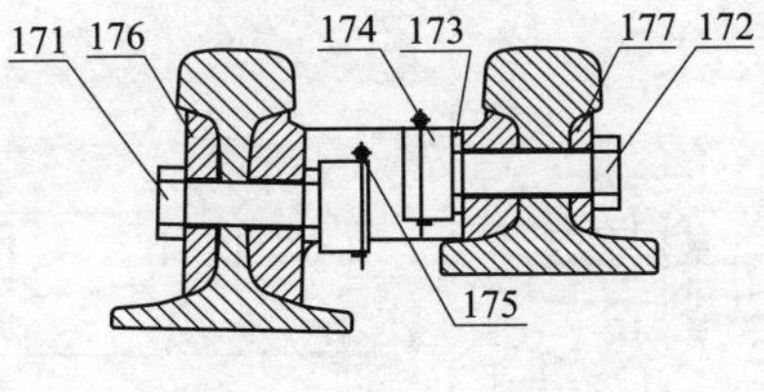

60 kg/m 钢轨 42 号单开道岔可动心轨辙叉
图　号：客专线 (07)011－III－3

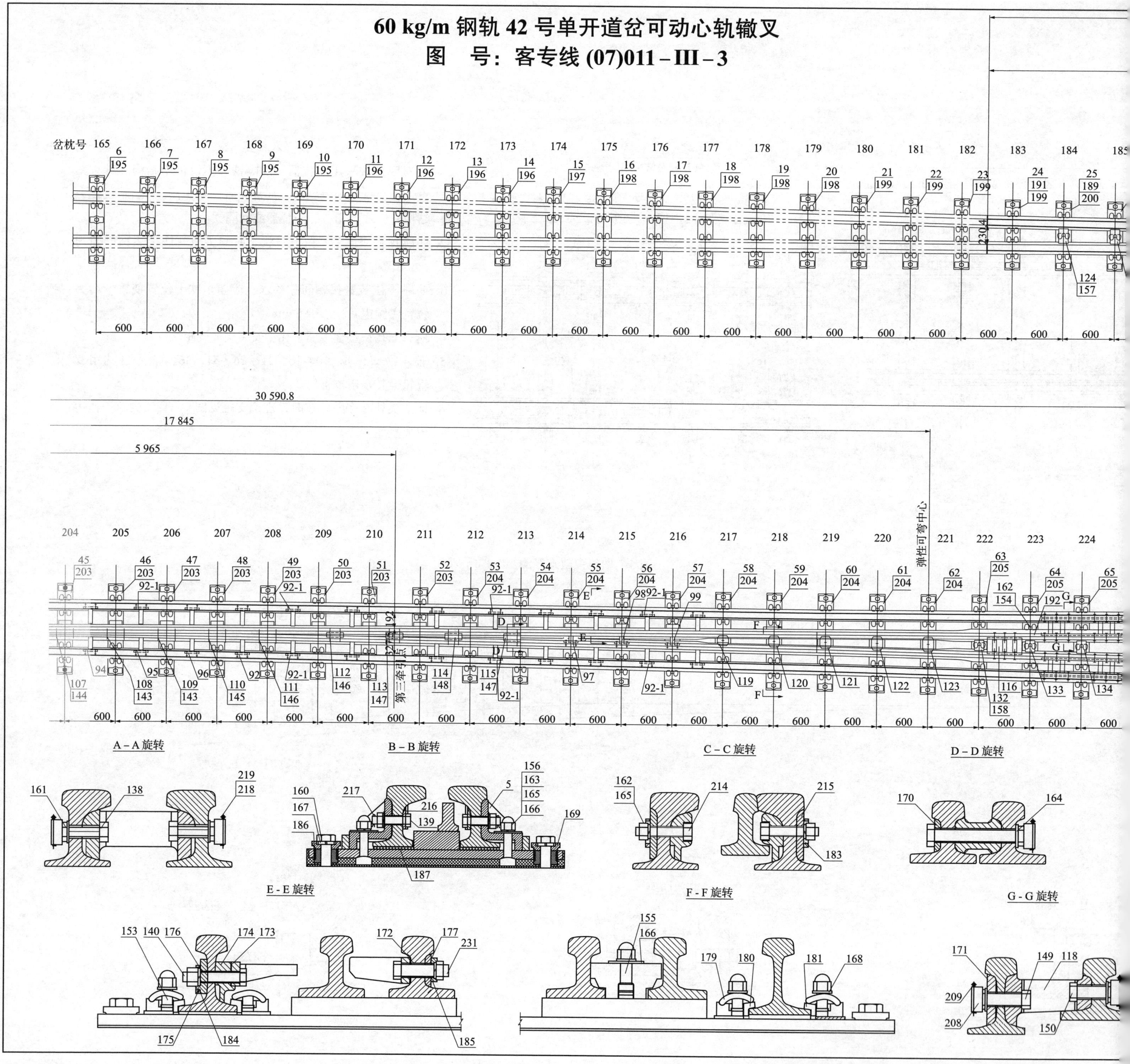

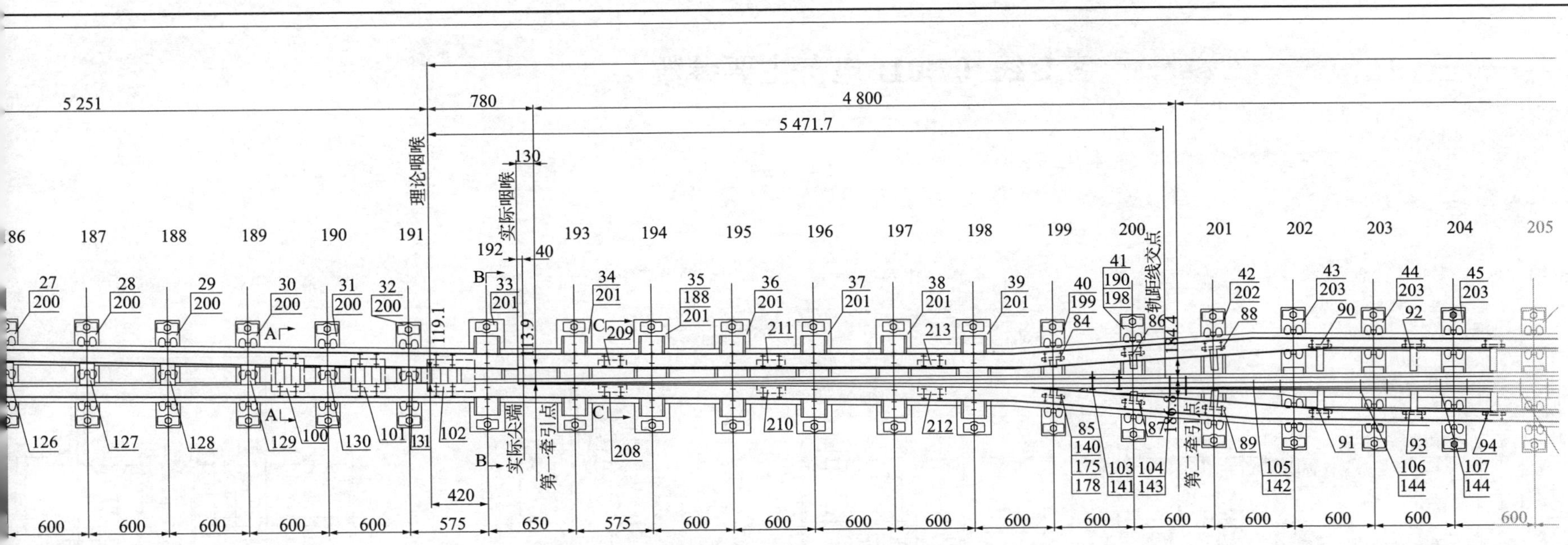

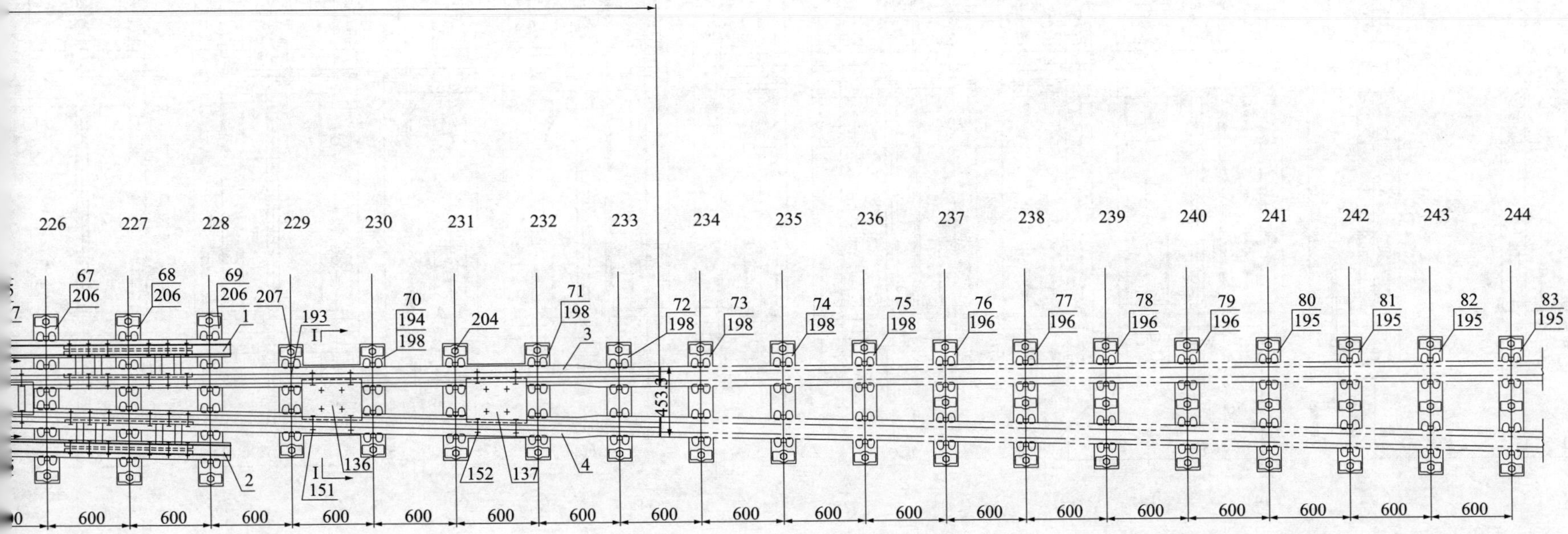

I-I 旋转

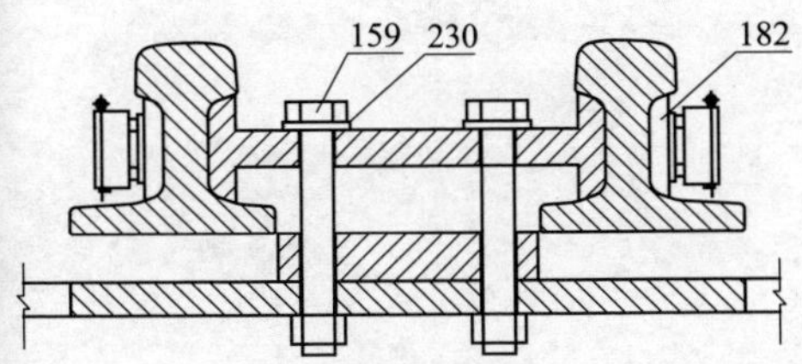

H-H 旋转

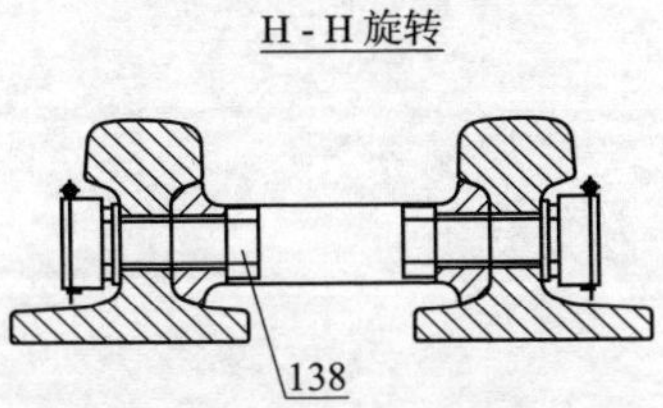

图 1　长短心轨检查支距示意图

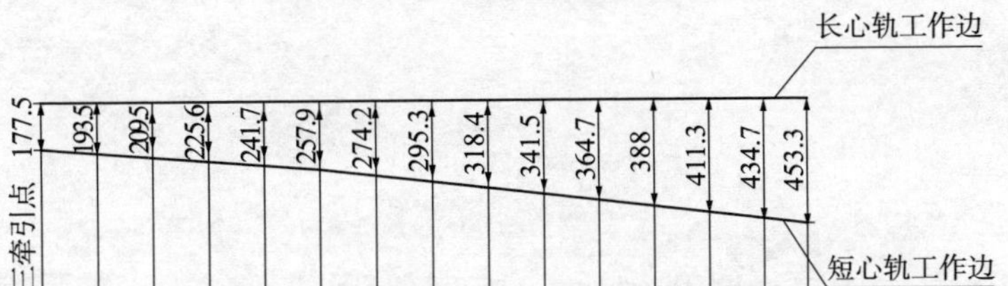

技 术 要 求

1. 组装时心轨实际尖端与翼轨实际咽喉的距离不得小于 40 mm。
2. 184～200 号枕翼轨轨下设置 7 mm 厚的橡胶垫板，201～228 号枕翼轨轨下不设橡胶垫板。
3. 顶铁组装后在顶紧状态，与心轨轨底上表面的间隙为 3 mm。
4. 所有三孔铁垫板中间一孔不安装缓冲调距块。
5. 支距扣板螺栓自上而下安装，在硫化垫板底部旋转 90°向上提，再安装垫圈螺母。

客专线 (07)011 电务主要参数

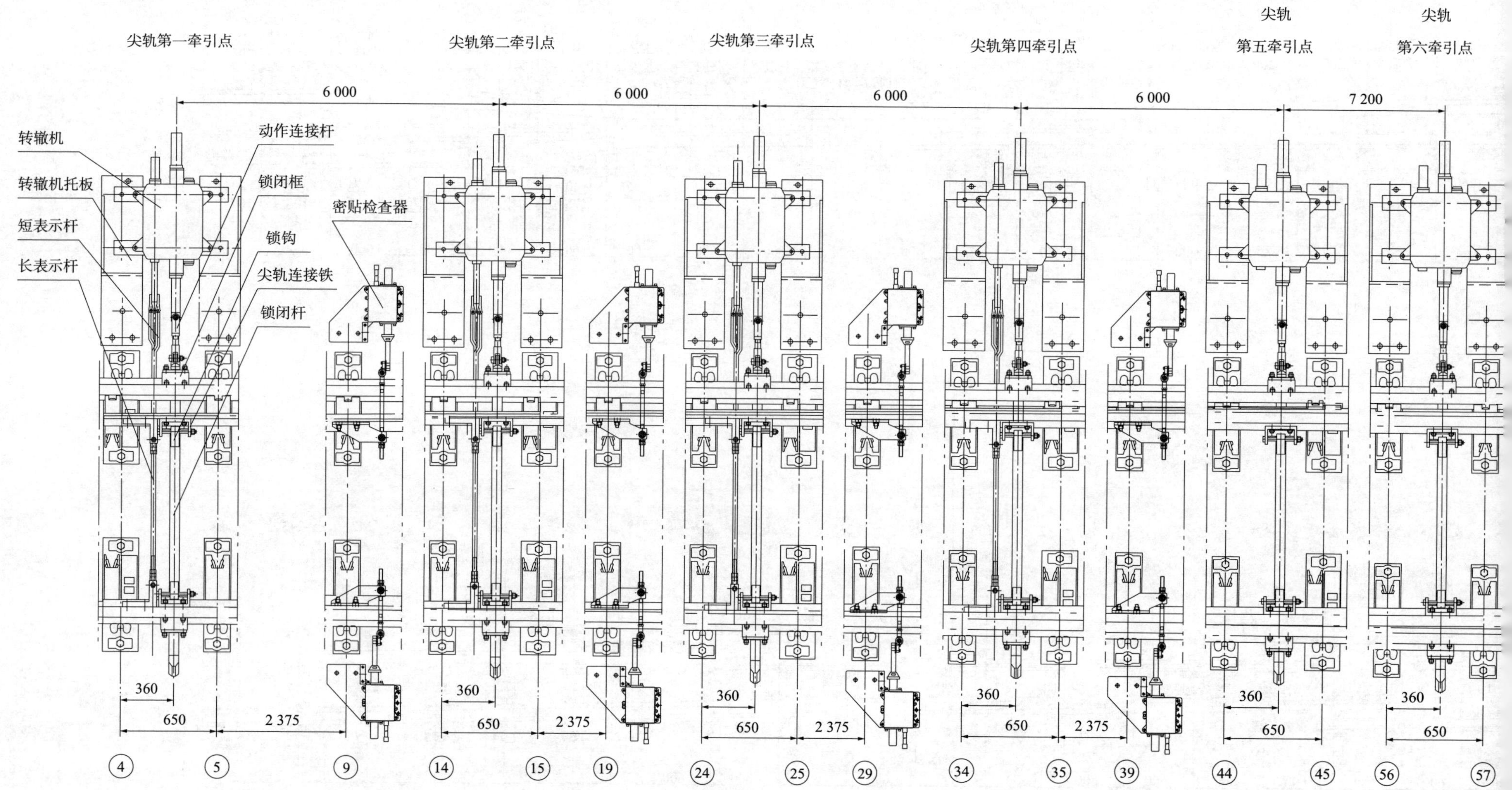

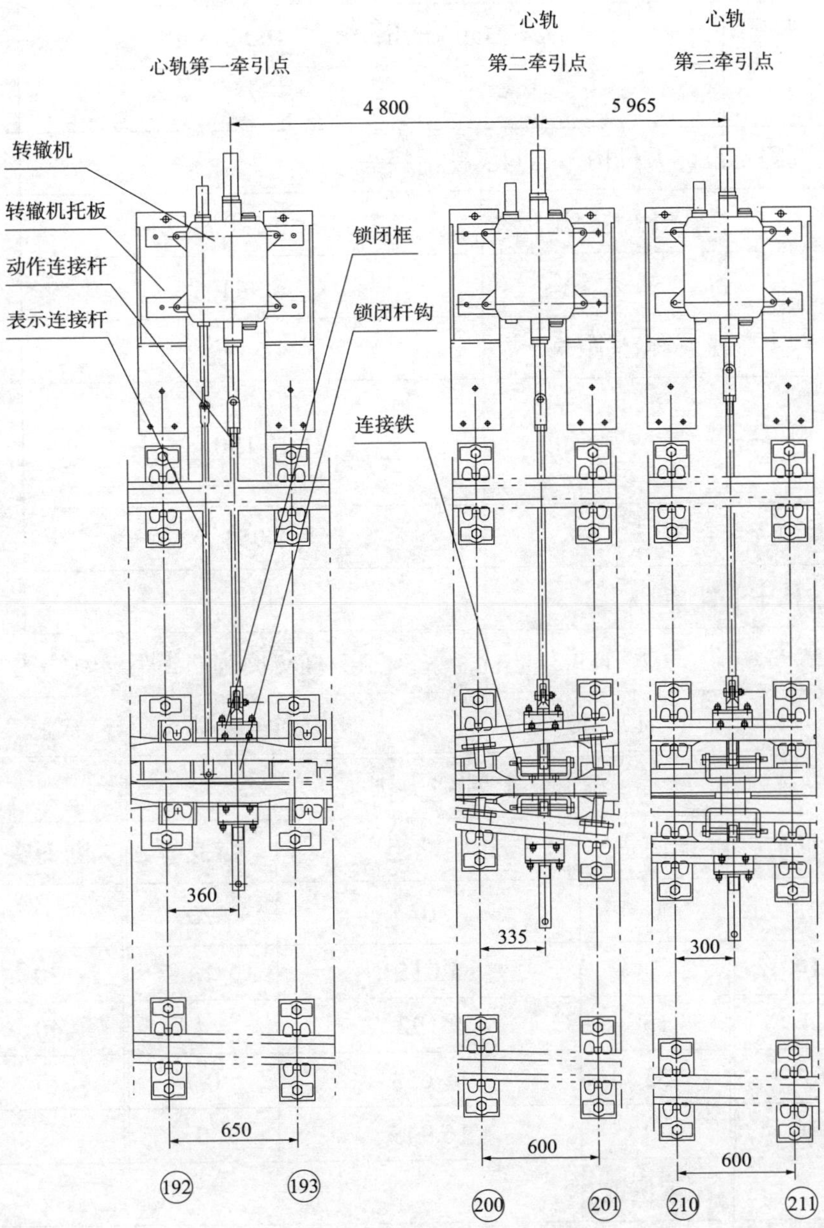

转换设备	安装图名称	安装图号	锁闭方式
钩型外锁	时速 350 km 客运专线铁路 60 kg/m 钢轨 42 号单开道岔外锁闭装置安装图	客专线 (07)008－Ⅰ	外锁闭
ZDJ9	时速 350 km 客运专线铁路 60 kg/m 钢轨 42 号单开道岔转换设备 (ZDJ9) 安装图	客专线 (07)008－Ⅱ	外锁闭
ZYJ7	时速 350 km 客运专线铁路 60 kg/m 钢轨 42 号单开道岔转换设备 (ZYJ7) 安装图	客专线 (07)008－Ⅲ	外锁闭
S700K	时速 350 km 客运专线铁路 60 kg/m 钢轨 42 号单开道岔转换设备 (S700K) 安装图	客专线 (07)008－Ⅳ	外锁闭
优化外锁	时速 350 km 客运专线铁路 60 kg/m 钢轨 42 号单开道岔外锁闭装置安装图	客专线 (07)008－Ⅹ	外锁闭

2. 客运专线铁路 60 kg/m 钢轨 42 号单开道岔(无砟)
设计图号：客专线(07)006

<table>
<tr><td rowspan="2">道岔允许通过速度</td><td>客车</td><td colspan="2">$v_{直}\leq$ 350 km/h；$v_{侧}\leq$ 160 km/h</td><td>扣件类型</td><td>Ⅱ型弹条</td></tr>
<tr><td>货车</td><td colspan="2">—</td><td>轨底坡</td><td>1∶40</td></tr>
<tr><td>转辙器跟端形式</td><td colspan="3">■限位器 ■间隔铁 ■不设传力机构 □间隔铁活接头</td><td>锁闭方式</td><td>外锁闭</td></tr>
<tr><td>道岔全长</td><td>157 200</td><td>辙叉全长</td><td>30 590.8</td><td>辙叉类型</td><td>可动心轨辙叉</td></tr>
<tr><td>道岔前长</td><td>60 573</td><td>辙叉趾长</td><td>5 941</td><td>辙叉角</td><td>1°21′50.13″</td></tr>
<tr><td>道岔后长</td><td>96 627</td><td>辙叉跟长</td><td>24 649.8</td><td>翼轨轨型</td><td>60TY1</td></tr>
<tr><td>尖轨长度</td><td>44 240</td><td rowspan="2">基本轨长度</td><td rowspan="2">46 190</td><td>直向护轨长度</td><td>—</td></tr>
<tr><td>尖轨轨型</td><td>60AT2</td><td>侧向护轨长度</td><td>—</td></tr>
<tr><td colspan="3">尖轨尖端前基本轨长度</td><td>1 951</td><td>护轨轨型</td><td>—</td></tr>
<tr><td colspan="3">辙叉理论尖端距趾端方向前一根岔枕中心距离</td><td>155</td><td>导曲线半径</td><td>5 000 m+ 缓和曲线</td></tr>
<tr><td>尖轨尖端至心轨实际尖端距离</td><td>113 189.3</td><td colspan="3">直向护轨端头距导轨端头定位尺寸</td><td>—</td></tr>
<tr><td>道岔终端至末根岔枕中心距离</td><td>12 300</td><td colspan="3">侧向护轨端头距导轨端头定位尺寸</td><td>—</td></tr>
</table>

<table>
<tr><td rowspan="7">降低值</td><td colspan="3">直线尖轨</td><td colspan="3">曲线尖轨</td><td colspan="3">长心轨</td></tr>
<tr><td>断面宽</td><td>距尖端距离</td><td>降低值</td><td>断面宽</td><td>距尖端距离</td><td>降低值</td><td>断面宽</td><td>距实际尖端距离</td><td>降低值</td></tr>
<tr><td>0</td><td>0</td><td>23</td><td>0</td><td>0</td><td>23</td><td>1</td><td>0</td><td>16</td></tr>
<tr><td>5</td><td>4 014</td><td>14</td><td>5</td><td>4 015</td><td>14</td><td>20</td><td>652</td><td>3</td></tr>
<tr><td>15</td><td>9 190</td><td>4</td><td>15</td><td>9 192</td><td>4</td><td>40</td><td>1 985</td><td>0.6</td></tr>
<tr><td>35</td><td>15 650</td><td>0.7</td><td>35</td><td>15 653</td><td>0.7</td><td>45</td><td>2 315</td><td>0</td></tr>
<tr><td>40</td><td>16 942</td><td>0</td><td>40</td><td>16 945</td><td>0</td><td></td><td></td><td></td></tr>
</table>

<table>
<tr><td>最大构造加宽</td><td>—</td><td>测量位置</td><td colspan="4">—</td></tr>
<tr><td>岔枕图号客专线 (07)007</td><td rowspan="2">岔枕总数</td><td rowspan="2">295 根</td><td rowspan="2">岔枕展延长</td><td rowspan="2">952.38 m</td><td rowspan="2">套管总数</td><td rowspan="2">1 635(991)</td></tr>
<tr><td>道岔板研线 0904－Ⅰ－3</td></tr>
<tr><td>转换设备图号
—</td><td>尖轨动程</td><td colspan="3">160、136、111、87、62、33</td><td>心轨动程</td><td>114、82、42</td></tr>
<tr><td>批准文号</td><td colspan="4">—</td><td>应用情况</td><td>★★★</td></tr>
<tr><td>主要结构特点</td><td colspan="6">1. 适用于客运专线高速铁路。
2. 轨下基础可采用混凝土岔枕或道岔板(采用道岔板时，套管总数为括号内数字)。
3. 道岔预留了融雪装置安装条件。
4. 转辙器间隔设置带减摩辊轮的滑床板和防跳限位装置。</td></tr>
</table>

转辙器明细表

序号	图号 / 标准	名称及规格	数量	材　　料	备　　注
1	客专线 (07)006－Ⅱ－4	直基本轨　46 190	1		
2	客专线 (07)006－Ⅱ－5	曲基本轨　46 190	1		
3	客专线 (07)006－Ⅱ－6	曲线尖轨　44 240	1		
4	客专线 (07)006－Ⅱ－7	直线尖轨　44 240	1		
5	客专线 (07)001－Ⅴ－4	弹性铁垫板　0－0	6		
6	客专线 (07)001－Ⅴ－29	滑床板　60－0	64		
7	客专线 (07)001－Ⅴ－29	滑床板　60－3	34		
8	客专线 (07)001－Ⅴ－30	辊轮滑床板　60－0	17		
9	客专线 (07)001－Ⅴ－30	辊轮滑床板　60－3	7		
10	客专线 (07)001－Ⅴ－31	防跳限位装置　60－0/117	1		
11	客专线 (07)001－Ⅴ－31	防跳限位装置　60－0/117	1		
12	客专线 (07)001－Ⅴ－31	防跳限位装置　60－0/137	1		
13	客专线 (07)001－Ⅴ－31	防跳限位装置　60－0/136	1		
14	客专线 (07)001－Ⅴ－31	防跳限位装置　60－0/154	1		
15	客专线 (07)001－Ⅴ－31	防跳限位装置　60－3/153	1		
16	客专线 (07)001－Ⅴ－31	防跳限位装置　60－0/171	1		
17	客专线 (07)001－Ⅴ－31	防跳限位装置　60－3/171	1		
18	客专线 (07)001－Ⅴ－31	防跳限位装置　60－0/179	1		
19	客专线 (07)001－Ⅴ－31	防跳限位装置　60－3/179	1		
20	客专线 (07)001－Ⅴ－31	防跳限位装置　60－0/163	1		
21	客专线 (07)001－Ⅴ－31	防跳限位装置　60－3/163	1		
22	客专线 (07)006－Ⅱ－8	垫　板　831	1		
23	客专线 (07)006－Ⅱ－9	垫　板　831	1		
24	客专线 (07)006－Ⅱ－8	垫　板　831	1		
25	客专线 (07)006－Ⅱ－9	垫　板　831	1		
26	客专线 (07)006－Ⅱ－8	垫　板　831	1		
27	客专线 (07)006－Ⅱ－9	垫　板　831	1		
28	客专线 (07)006－Ⅱ－8	垫　板　831	1		
29	客专线 (07)006－Ⅱ－9	垫　板　831	1		
30	客专线 (07)006－Ⅱ－8	垫　板　831	1		
31	客专线 (07)006－Ⅱ－9	垫　板　831	1		

续上表

序号	图号 / 标准	名称及规格	数量	材　料	备　注
32	客专线 (07)006－Ⅱ－8	垫　板　831	1		
33	客专线 (07)006－Ⅱ－9	垫　板　831	1		
34	客专线 (07)006－Ⅱ－10	垫　板　770	1		
35	客专线 (07)006－Ⅱ－11	垫　板　770	1		
36	客专线 (07)006－Ⅱ－10	垫　板　770	1		
37	客专线 (07)006－Ⅱ－11	垫　板　770	1		
38	客专线 (07)006－Ⅱ－10	垫　板　770	1		
39	客专线 (07)006－Ⅱ－11	垫　板　770	1		
40	客专线 (07)006－Ⅱ－10	垫　板　770	1		
41	客专线 (07)006－Ⅱ－11	垫　板　770	1		
42	客专线 (07)006－Ⅱ－10	垫　板　770	1		
43	客专线 (07)006－Ⅱ－11	垫　板　770	1		
44	客专线 (07)006－Ⅱ－10	垫　板　831	1		
45	客专线 (07)006－Ⅱ－11	垫　板　831	1		
46	客专线 (07)006－Ⅱ－10	垫　板　831	1		
47	客专线 (07)006－Ⅱ－11	垫　板　831	1		
48	客专线 (07)006－Ⅱ－10	垫　板　831	1		
49	客专线 (07)006－Ⅱ－11	垫　板　831	1		
50	客专线 (07)006－Ⅱ－10	垫　板　831	1		
51	客专线 (07)006－Ⅱ－11	垫　板　831	1		
52	客专线 (07)006－Ⅱ－10	垫　板　831	1		
53	客专线 (07)006－Ⅱ－11	垫　板　831	1		
54	客专线 (07)006－Ⅱ－10	垫　板　831	1		
55	客专线 (07)006－Ⅱ－11	垫　板　831	1		
56	客专线 (07)006－Ⅱ－10	垫　板　831	1		
57	客专线 (07)006－Ⅱ－11	垫　板　831	1		
58	客专线 (07)006－Ⅱ－10	垫　板　831	1		
59	客专线 (07)006－Ⅱ－11	垫　板　831	1		
60	客专线 (07)006－Ⅱ－12	垫　板　831	1		
61	客专线 (07)006－Ⅱ－13	垫　板　831	1		
62	客专线 (07)006－Ⅱ－12	垫　板　831	1		
63	客专线 (07)006－Ⅱ－13	垫　板　831	1		
64	客专线 (07)006－Ⅱ－14	垫　板　887	1		

续上表

序号	图号 / 标准	名称及规格	数量	材　　料	备　　注
65	客专线 (07)006－Ⅱ－15	垫　板　887	1		
66	客专线 (07)006－Ⅱ－14	垫　板　887	1		
67	客专线 (07)006－Ⅱ－15	垫　板　887	1		
68	客专线 (07)006－Ⅱ－14	垫　板　887	1		
69	客专线 (07)006－Ⅱ－15	垫　板　887	1		
70	客专线 (07)006－Ⅱ－14	垫　板　887	1		
71	客专线 (07)006－Ⅱ－15	垫　板　887	1		
72	客专线 (07)006－Ⅱ－14	垫　板　887	1		
73	客专线 (07)006－Ⅱ－15	垫　板　887	1		
74	客专线 (07)006－Ⅱ－14	垫　板　887	1		
75	客专线 (07)006－Ⅱ－15	垫　板　887	1		
76	客专线 (07)006－Ⅱ－14	垫　板　887	1		
77	客专线 (07)006－Ⅱ－15	垫　板　887	1		
78	客专线 (07)006－Ⅱ－14	垫　板　887	1		
79	客专线 (07)006－Ⅱ－15	垫　板　887	1		
80	客专线 (07)006－Ⅱ－14	垫　板　939	1		
81	客专线 (07)006－Ⅱ－15	垫　板　939	1		
82	客专线 (07)006－Ⅱ－14	垫　板　939	1		
83	客专线 (07)006－Ⅱ－15	垫　板　939	1		
84	客专线 (07)006－Ⅱ－14	垫　板　939	1		
85	客专线 (07)006－Ⅱ－15	垫　板　939	1		
86	客专线 (07)006－Ⅱ－14	垫　板　939	1		
87	客专线 (07)006－Ⅱ－15	垫　板　939	1		
88	客专线 (07)006－Ⅱ－14	垫　板　939	1		
89	客专线 (07)006－Ⅱ－15	垫　板　939	1		
90	客专线 (07)006－Ⅱ－14	垫　板　939	1		
91	客专线 (07)006－Ⅱ－15	垫　板　939	1		
92	客专线 (07)006－Ⅱ－14	垫　板　939	1		
93	客专线 (07)006－Ⅱ－15	垫　板　939	1		
94	客专线 (07)006－Ⅱ－16	垫　板　995	1		
95	客专线 (07)006－Ⅱ－17	垫　板　995	1		
96	客专线 (07)006－Ⅱ－16	垫　板　995	1		
97	客专线 (07)006－Ⅱ－17	垫　板　995	1		

续上表

序号	图号 / 标准	名称及规格	数量	材　料	备　注
98	客专线 (07)006 - Ⅱ - 16	垫　板　995	1		
99	客专线 (07)006 - Ⅱ - 17	垫　板　995	1		
100	客专线 (07)006 - Ⅱ - 16	垫　板　995	1		
101	客专线 (07)006 - Ⅱ - 17	垫　板　995	1		
102	客专线 (07)006 - Ⅱ - 16	垫　板　995	1		
103	客专线 (07)006 - Ⅱ - 17	垫　板　995	1		
104	客专线 (07)006 - Ⅱ - 16	垫　板　995	1		
105	客专线 (07)006 - Ⅱ - 17	垫　板　995	1		
106	客专线 (07)006 - Ⅱ - 16	垫　板　995	1		
107	客专线 (07)006 - Ⅱ - 17	垫　板　995	1		
108	客专线 (07)006 - Ⅱ - 16	垫　板　1 047	1		
109	客专线 (07)006 - Ⅱ - 17	垫　板　1 047	1		
110	客专线 (07)006 - Ⅱ - 16	垫　板　1 047	1		
111	客专线 (07)006 - Ⅱ - 17	垫　板　1 047	1		
112	客专线 (07)006 - Ⅱ - 16	垫　板　1 047	1		
113	客专线 (07)006 - Ⅱ - 17	垫　板　1 047	1		
114	客专线 (07)006 - Ⅱ - 16	垫　板　1 047	1		
115	客专线 (07)006 - Ⅱ - 17	垫　板　1 047	1		
116	客专线 (07)006 - Ⅱ - 16	垫　板　1 047	1		
117	客专线 (07)006 - Ⅱ - 17	垫　板　1 047	1		
118	客专线 (07)006 - Ⅱ - 16	垫　板　1 047	1		
119	客专线 (07)006 - Ⅱ - 17	垫　板　1 047	1		
120	客专线 (07)001 - Ⅴ - 69	支距扣板　60/102 - 103 - 51	2		
121	客专线 (07)001 - Ⅴ - 69	支距扣板　60/108 - 109 - 54	2		
122	客专线 (07)001 - Ⅴ - 69	支距扣板　60/114 - 115 - 57	2		
123	客专线 (07)001 - Ⅴ - 69	支距扣板　60/120 - 121 - 60	2		
124	客专线 (07)001 - Ⅴ - 69	支距扣板　60/125 - 127 - 63	2		
125	客专线 (07)001 - Ⅴ - 69	支距扣板　60/131 - 133 - 66	2		
126	客专线 (07)001 - Ⅴ - 69	支距扣板　60/137 - 139 - 69	2		
127	客专线 (07)001 - Ⅴ - 69	支距扣板　60/144 - 145 - 72	2		
128	客专线 (07)001 - Ⅴ - 69	支距扣板　60/150 - 151 - 75	2		
129	客专线 (07)001 - Ⅴ - 69	支距扣板　60/156 - 157 - 78	2		
130	客专线 (07)001 - Ⅴ - 69	支距扣板　60/162 - 163 - 82	2		

续上表

序号	图号 / 标准	名称及规格	数量	材　　料	备　　注
131	客专线(07)001－Ⅴ－69	支距扣板　60/169－170－85	2		
132	客专线(07)001－Ⅴ－69	支距扣板　60/175－176－88	2		
133	专线 4232－4	螺　栓　M24×60	474		
134	客专线(07)001－Ⅴ－ 70	螺　栓　M24×130	26		
135	客专线(07)001－Ⅴ－ 8	垫板螺栓	502	45 号钢	
136	客专线(07)001－Ⅴ－ 52	盖型螺母　M24	476		
137	TB/T 1495.4	平垫圈	500		
138	GB/T 7244	弹簧垫圈　30	502		
139	客专线(07)001－Ⅴ－6	轨距块　60/9－11	298	ZG 230－450	
140	客专线(07)001－Ⅴ－6	轨距块　60/10－12	152	ZG 230－450	
141	客专线(07)001－Ⅴ－44	轨距块　60－11	12	ZG 230－450	
142	客专线(07)001－Ⅴ－44	轨距块　60－10	12	ZG 230－450	
143	专线 3351－3	Ⅱ型弹条	500	260Si2Mn	
144		弹性夹　SSB3	134		
145		弹性夹　SSB4	12		
146	客专线(07)001－Ⅴ－9	盖　板	502	QT450－10	
147	GB/T 41	螺　母　M24	24		
148	客专线(07)001－Ⅴ－10	缓冲调距块	476	玻璃纤维	
149	客专线(07)001－Ⅴ－51	橡胶垫板　60－210－149/5	302	橡胶	
150	客专线(07)001－Ⅴ－51	橡胶垫板　60－290－149/5	22	橡胶	
151	客专线(07)001－Ⅴ－51	橡胶垫板　60－160－129	12	橡胶	
152	客专线(07)001－Ⅴ－13	调高垫板　2－520×182×$\frac{1}{2}$－0	6 6	聚乙烯	备用
153	客专线(07)001－Ⅴ－13	调高垫板　2－780×190×$\frac{1}{2}$－0	118 118	聚乙烯	备用
154	客专线(07)001－Ⅴ－13	调高垫板　2－780×270×$\frac{1}{2}$－0	26 26	聚乙烯	备用
155	客专线(07)001－Ⅴ－13	调高垫板　2－841×190×$\frac{1}{2}$－0	32 32	聚乙烯	备用
156	客专线(07)001－Ⅴ－13	调高垫板　2－897×190×$\frac{1}{2}$－0	16 16	聚乙烯	备用
157	客专线(07)001－Ⅴ－13	调高垫板　2－949×190×$\frac{1}{2}$－0	14 14	聚乙烯	备用

续上表

序号	图号/标准	名称及规格	数量	材　料	备　注
158	客专线(07)001-Ⅴ-13	调高垫板　3-1 005×190×$\genfrac{}{}{0pt}{}{1}{2}$-0	14 14	聚乙烯	备用
159	客专线(07)001-Ⅴ-13	调高垫板　3-1 057×190×$\genfrac{}{}{0pt}{}{1}{2}$-0	12 12	聚乙烯	备用
160	客专线(07)001-Ⅴ-21	间隔铁　167-170/A	1	ZG 230-450	
161	客专线(07)001-Ⅴ-21	间隔铁　177-181/A	1	ZG 230-450	
162	客专线(07)001-Ⅴ-21	间隔铁　188-192/A	1	ZG 230-450	
163	客专线(07)001-Ⅴ-22	间隔铁　167-170/B	1	ZG 230-450	
164	客专线(07)001-Ⅴ-22	间隔铁　177-181/B	1	ZG 230-450	
165	客专线(07)001-Ⅴ-22	间隔铁　188-192/B	1	ZG 230-450	
166	GB/T 1228	螺　栓　M27×110	18		
167	GB/T 1228	螺　栓　M27×120	18		
168	专线 4232-101	螺　母　M27	36		
169	GB/T 1230	垫　圈　27	36		
170	客专线(07)001-Ⅴ-34	夹　板　400/A	6	Q235	
171	客专线(07)001-Ⅴ-35	夹　板　400/B	6	Q235	

注：1. 转辙器跟端按采用限位器、间隔铁和不设传力结构三种方案设计，采用限位器结构或不设传力结构时，序号159～170相应取消。

2. 调高垫板为备用垫板。

3. 明细表中垫板长度为硫化前铁板的长度，硫化后垫板长度增加10 mm。

辙叉明细表

序号	图号 / 标准	名称及规格	数量	材　料	备　注
1	客专线 (07)006－Ⅲ－5	翼　轨　27 450	1		
2	客专线 (07)006－Ⅲ－6	翼　轨　27 450	1		
3	客专线 (07)006－Ⅲ－7	长心轨　25 090	1	60D40 钢轨	
4	客专线 (07)006－Ⅲ－8	短心轨　20 608	1	60D40 钢轨	
5	客专线 (07)001－Ⅴ－16	轨　撑　60	14	QT 500－7	
6	客专线 (07)006－Ⅲ－9	垫　板　1 047	1		
7	客专线 (07)006－Ⅲ－9	垫　板　1 047	1		
8	客专线 (07)006－Ⅲ－9	垫　板　1 047	1		
9	客专线 (07)006－Ⅲ－9	垫　板　1 047	1		
10	客专线 (07)006－Ⅲ－9	垫　板　1 047	1		
11	客专线 (07)006－Ⅲ－9	垫　板　995	1		
12	客专线 (07)006－Ⅲ－9	垫　板　995	1		
13	客专线 (07)006－Ⅲ－9	垫　板　995	1		
14	客专线 (07)006－Ⅲ－9	垫　板　995	1		
15	客专线 (07)006－Ⅲ－10	垫　板　995	1		
16	客专线 (07)006－Ⅲ－10	垫　板　939	1		
17	客专线 (07)006－Ⅲ－10	垫　板　939	1		
18	客专线 (07)006－Ⅲ－10	垫　板　939	1		
19	客专线 (07)006－Ⅲ－10	垫　板　939	1		
20	客专线 (07)006－Ⅲ－10	垫　板　939	1		
21	客专线 (07)006－Ⅲ－10	垫　板　887	1		
22	客专线 (07)006－Ⅲ－10	垫　板　887	1		
23	客专线 (07)006－Ⅲ－10	垫　板　887	1		
24	客专线 (07)006－Ⅲ－10	垫　板　887	1		
25	客专线 (07)006－Ⅲ－11	垫　板　831	1		
26	客专线 (07)006－Ⅲ－12	垫　板　831	1		
27	客专线 (07)006－Ⅲ－12	垫　板　831	1		
28	客专线 (07)006－Ⅲ－12	垫　板　831	1		
29	客专线 (07)006－Ⅲ－12	垫　板　831	1		

续上表

序号	图号 / 标准	名称及规格	数量	材　料	备　注
30	客专线 (07)006－Ⅲ－12	垫　板　831	1		
31	客专线 (07)006－Ⅲ－12	垫　板　831	1		
32	客专线 (07)006－Ⅲ－12	垫　板　831	1		
33	客专线 (07)006－Ⅲ－13	垫　板　920	1		
34	客专线 (07)006－Ⅲ－13	垫　板　920	1		
35	客专线 (07)006－Ⅲ－14	垫　板　920	1		
36	客专线 (07)006－Ⅲ－14	垫　板　920	1		
37	客专线 (07)006－Ⅲ－14	垫　板　920	1		
38	客专线 (07)006－Ⅲ－14	垫　板　920	1		
39	客专线 (07)006－Ⅲ－14	垫　板　920	1		
40	客专线 (07)006－Ⅲ－15	垫　板　887	1		
41	客专线 (07)006－Ⅲ－16	垫　板　939	1		
42	客专线 (07)006－Ⅲ－17	垫　板　1 047	1		
43	客专线 (07)006－Ⅲ－18	垫　板　1 127	1		
44	客专线 (07)006－Ⅲ－18	垫　板　1 127	1		
45	客专线 (07)006－Ⅲ－18	垫　板　1 127	1		
46	客专线 (07)006－Ⅲ－18	垫　板　1 127	1		
47	客专线 (07)006－Ⅲ－18	垫　板　1 127	1		
48	客专线 (07)006－Ⅲ－18	垫　板　1 127	1		
49	客专线 (07)006－Ⅲ－18	垫　板　1 127	1		
50	客专线 (07)006－Ⅲ－18	垫　板　1 127	1		
51	客专线 (07)006－Ⅲ－19	垫　板　1 127	1		
52	客专线 (07)006－Ⅲ－19	垫　板　1 127	1		
53	客专线 (07)006－Ⅲ－20	垫　板　1 187	1		
54	客专线 (07)006－Ⅲ－20	垫　板　1 187	1		
55	客专线 (07)006－Ⅲ－20	垫　板　1 187	1		
56	客专线 (07)006－Ⅲ－20	垫　板　1 187	1		
57	客专线 (07)006－Ⅲ－20	垫　板　1 187	1		
58	客专线 (07)006－Ⅲ－21	垫　板　1 187	1		
59	客专线 (07)006－Ⅲ－21	垫　板　1 187	1		
60	客专线 (07)006－Ⅲ－21	垫　板　1 187	1		

续上表

序号	图号/标准	名称及规格	数量	材　料	备　注
61	客专线(07)006－Ⅲ－21	垫　板　1 187	1		
62	客专线(07)006－Ⅲ－21	垫　板　1 187	1		
63	客专线(07)006－Ⅲ－22	垫　板　1 234	1		
64	客专线(07)006－Ⅲ－23	垫　板　1 234	1		
65	客专线(07)006－Ⅲ－24	垫　板　1 234	1		
66	客专线(07)006－Ⅲ－24	垫　板　1 234	1		
67	客专线(07)006－Ⅲ－25	垫　板　1 300	1		
68	客专线(07)006－Ⅲ－25	垫　板　1 300	1		
69	客专线(07)006－Ⅲ－25	垫　板　1 300	1		
70	客专线(07)006－Ⅲ－26	垫　板　939	1		
71	客专线(07)006－Ⅲ－26	垫　板　939	1		
72	客专线(07)006－Ⅲ－27	垫　板　939	1		
73	客专线(07)006－Ⅲ－27	垫　板　939	1		
74	客专线(07)006－Ⅲ－27	垫　板　939	1		
75	客专线(07)006－Ⅲ－27	垫　板　939	1		
76	客专线(07)006－Ⅲ－28	垫　板　995	1		
77	客专线(07)006－Ⅲ－28	垫　板　995	1		
78	客专线(07)006－Ⅲ－28	垫　板　995	1		
79	客专线(07)006－Ⅲ－28	垫　板　995	1		
80	客专线(07)006－Ⅲ－28	垫　板　1 047	1		
81	客专线(07)006－Ⅲ－28	垫　板　1 047	1		
82	客专线(07)006－Ⅲ－28	垫　板　1 047	1		
83	客专线(07)006－Ⅲ－28	垫　板　1 047	1		
84	客专线(07)001－Ⅴ－61	顶　铁　93－97	1		
85	客专线(07)001－Ⅴ－61	顶　铁　97－93	1		
86	客专线(07)001－Ⅴ－67	顶　铁　134－137	1		
87	客专线(07)001－Ⅴ－67	顶　铁　105－102	1		
88	客专线(07)001－Ⅴ－67	顶　铁　174－177	1		
89	客专线(07)001－Ⅴ－67	顶　铁　150－146	1		
90	客专线(07)001－Ⅴ－18	顶　铁　195－195	1		
91	客专线(07)001－Ⅴ－18	顶　铁　173－173	1		

续上表

序号	图号 / 标准	名称及规格	数量	材　料	备　注
92	客专线 (07)001 – Ⅴ – 66	顶　铁　197 – 197	1		
92 – 1	客专线 (07)001 – Ⅴ – 18	顶　铁　197 – 197	1		
93	客专线 (07)001 – Ⅴ – 66	顶　铁　181 – 181	1		
94	客专线 (07)001 – Ⅴ – 66	顶　铁　185 – 185	1		
95	客专线 (07)001 – Ⅴ – 18	顶　铁　190 – 190	1		
96	客专线 (07)001 – Ⅴ – 66	顶　铁　195 – 195	1		
97	客专线 (07)001 – Ⅴ – 63	顶　铁　108 – 107	1		
98	客专线 (07)001 – Ⅴ – 63	顶　铁　117 – 116	1		
99	客专线 (07)001 – Ⅴ – 63	顶　铁　127 – 126	1		
100	客专线 (07)006 – Ⅲ – 29	间隔铁	1	ZG 230 – 450	
101	客专线 (07)006 – Ⅲ – 29	间隔铁	1		
102	客专线 (07)006 – Ⅲ – 30	间隔铁	1	ZG 230 – 450	
103	客专线 (07)006 – Ⅲ – 31	垫　片　60D40/3.1 – 5.2/270	1	Q235	
104	客专线 (07)006 – Ⅲ – 31	垫　片　60D40/9.0 – 10.5/190	1	Q235	
105	客专线 (07)006 – Ⅲ – 31	垫　片　60D40/13.8 – 16.0/270	1	Q235	
106	客专线 (07)006 – Ⅲ – 31	垫　片　60D40/20.1 – 22.3/270	1	Q235	
107	客专线 (07)006 – Ⅲ – 31	垫　片　60D40/24.9 – 27.0/270	1	Q235	
108	客专线 (07)006 – Ⅲ – 31	垫　片　60D40/29.6 – 31.7/270	1	Q235	
109	客专线 (07)006 – Ⅲ – 31	垫　片　60D40/34.3 – 36.4/271	1	Q235	
110	客专线 (07)006 – Ⅲ – 31	垫　片　60D40/39.0 – 42.6/270	1	Q235	
111	客专线 (07)006 – Ⅲ – 31	垫　片　60D40/47.8 – 52.0/270	1	Q235	
112	客专线 (07)001 – Ⅴ – 23	间隔铁　60D40/60 – 64	1	ZG 230 – 450	
113	客专线 (07)001 – Ⅴ – 23	间隔铁　60D40/72 – 75	1	ZG 230 – 450	
114	客专线 (07)001 – Ⅴ – 23	间隔铁　60D40/83 – 86	1		
115	客专线 (07)001 – Ⅴ – 23	间隔铁　60D40/94 – 97	1		
116	客专线 (07)006 – Ⅲ – 32	间隔铁　60D40/190 – 200	1		
117	客专线 (07)006 – Ⅲ – 32	间隔铁　60D40/232 – 242	1		
118	客专线 (07)001 – Ⅴ – 25	间隔铁	4		
119	客专线 (07)006 – Ⅲ – 33	扣　板　60D40/49 – 52 – 25/119	1		
120	客专线 (07)006 – Ⅲ – 33	扣　板　60D40/63 – 66 – 32/133	1		
121	客专线 (07)006 – Ⅲ – 33	扣　板　60D40/77 – 80 – 39/145	1		

续上表

序号	图号 / 标准	名称及规格	数量	材　　料	备　　注
122	客专线(07)006－Ⅲ－33	扣　板　60D40/90－93－46/159	1		
123	客专线(07)006－Ⅲ－33	扣　板　60D40/104－107－53/173	1		
124	客专线(07)001－Ⅴ－82	支距扣板　60/167－165－83	1		
125	客专线(07)001－Ⅴ－82	支距扣板　60/155－153－77	1		
126	客专线(07)001－Ⅴ－82	支距扣板　60/142－140－71	1		
127	客专线(07)001－Ⅴ－82	支距扣板　60/130－128－65	1		
128	客专线(07)001－Ⅴ－82	支距扣板　60/118－119－60	1		
129	客专线(07)001－Ⅴ－82	支距扣板　60/123－124－62	1		
130	客专线(07)001－Ⅴ－82	支距扣板　60/128－129－65	1		
131	客专线(07)001－Ⅴ－82	支距扣板　60/133－134－67	1		
132	客专线(07)001－Ⅴ－82	支距扣板　60/124－127－63	1		
133	客专线(07)001－Ⅴ－82	支距扣板　60/124－127－64	1		
134	客专线(07)001－Ⅴ－82	支距扣板　60/152－155－77	1		
135	客专线(07)001－Ⅴ－82	支距扣板　60/166－168－84	1		
136	客专线(07)006－Ⅲ－34	间隔铁	1		
137	客专线(07)006－Ⅲ－34	间隔铁	1	ZG 230－450	
138	GB/T 1228	螺　栓　M27×110	24	10.9 级	
139	GB/T 5780	螺　栓　M27×90	14		
140	GB/T 5780	螺　栓　M24×110	74		
141	GB/T 1228	螺　栓　M27×140	2	10.9 级	
142	GB/T 1228	螺　栓　M27×150	2	10.9 级	
143	GB/T 1228	螺　栓　M27×160	6	10.9 级	
144	GB/T 1228	螺　栓　M27×170	4	10.9 级	
145	GB/T 1228	螺　栓　M27×180	4	10.9 级	
146	GB/T 1228	螺　栓　M27×200	2	10.9 级	
147	GB/T 1228	螺　栓　M27×230	4	10.9 级	
148	GB/T 1228	螺　栓　M27×220	2	10.9 级	
149	专线 4232－6	螺　栓　M27×110	24	10.9 级	
150	专线 4232－6	螺　栓　M27×100	24	10.9 级	
151	GB/T 1228	螺　栓　M27×420	2	10.9 级	

客专线 (07)006 电务主要参数

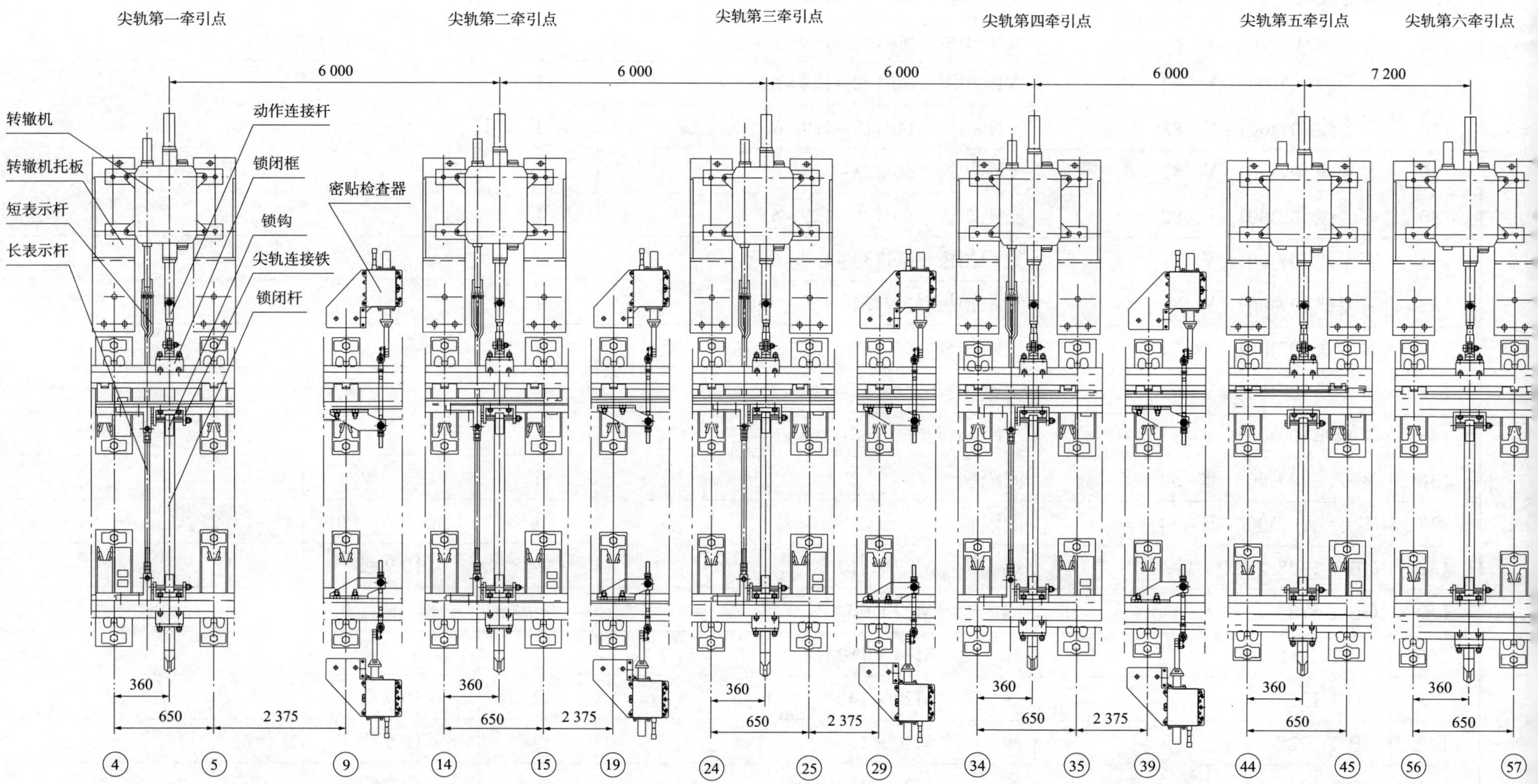

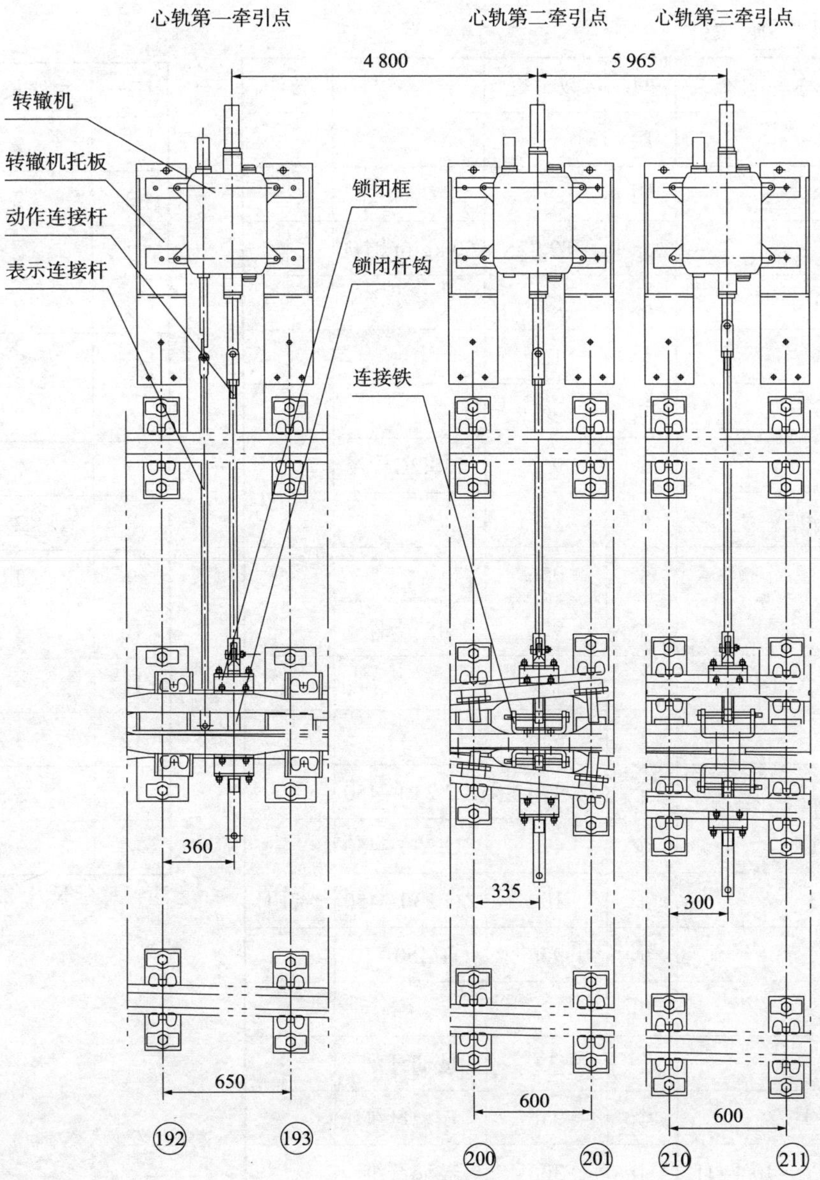

转换设备	安装图名称	安装图号	锁闭方式
钩型外锁	时速 350 km 客运专线铁路 60 kg/m 钢轨 42 号单开道岔外锁闭装置安装图	客专线 (07)008－Ⅰ	外锁闭
ZDJ9	时速 350 km 客运专线铁路 60 kg/m 钢轨 42 号单开道岔转换设备 (ZDJ9) 安装图	客专线 (07)008－Ⅵ	外锁闭
ZYJ7	时速 350 km 客运专线铁路 60 kg/m 钢轨 42 号单开道岔转换设备 (ZYJ7) 安装图	客专线 (07)008－Ⅶ	外锁闭
S700K	时速 350 km 客运专线铁路 60 kg/m 钢轨 42 号单开道岔转换设备 (S700K) 安装图	客专线 (07)008－Ⅷ	外锁闭
优化外锁	时速 350 km 客运专线铁路 60 kg/m 钢轨 42 号单开道岔外锁闭装置安装图	客专线 (07)008－Ⅹ	外锁闭

60 kg/m 钢轨 42 号单开道岔
图　号：客专线 (07)006

表 1　明　细　表

序号	图号 / 标准	名　称	单位	数　量	材　料	备注
1	客专线 (07)006－Ⅱ	转辙器	组	1		
2	客专线 (07)006－Ⅲ	可动心轨辙叉	组	1		
3		钢　轨	m	382.725	60 kg/m 钢轨	
4	客专线 (07)001－Ⅴ－4	弹性垫板　60－0	块	270		
5	客专线 (07)001－Ⅴ－4	弹性垫板　60－3	块	127		
6	客专线 (07)001－Ⅴ－4	弹性垫板　60－6	块	81		
7	专线 3351－3	Ⅱ型弹条	个	956	60Si2CrVA	
8	专线 4232－4	螺　栓　M24×60	根	956		
9	客专线 (07)001－Ⅴ－52	盖型螺母　M24	个	956		
10	客专线 (07)001－Ⅴ－8	垫板螺栓　A 型	个	956	45 号钢	
11	TB/T 1495.4	平垫圈	个	956		
12	GB/T 7244	弹簧垫圈　30	个	956		
13	客专线 (07)001－Ⅴ－6	轨距块　60/10－12	个	470	ZG 230－450	
14	客专线 (07)001－Ⅴ－6	轨距块　60/9－11	个	470	ZG 230－450	
15	客专线 (07)001－Ⅴ－6	轨距块　60/8－13	个	100	ZG 230－450	备用
16	客专线 (07)001－Ⅴ－9	盖　板	个	956	QT 450－10	
17	专线 3417	钢轨胶接绝缘接头	组	2		
18	客专线 (07)001－Ⅴ－76	弹条绝缘帽	个	32	玻璃纤维	
19	客专线 (07)001－Ⅴ－10	缓冲调距块　6－9	个	956	玻璃纤维	
20	客专线 (07)001－Ⅴ－10	缓冲调距块　7－8/5－10/4－11	个	300	玻璃纤维	
21	客专线 (07)001－Ⅴ－49	绝缘轨距块　60/9－11	个	8	玻璃纤维	
22	客专线 (07)001－Ⅴ－49	绝缘轨距块　60/10－12	个	8	玻璃纤维	
23	客专线 (07)001－Ⅴ－51	橡胶垫板　60－200－149/5	块	478	橡胶	
24	客专线 (07)001－Ⅴ－13	调高垫板　2－520×182×1－0	块	270	聚乙烯	
		调高垫板　2－520×182×2－0	块	270	聚乙烯	
25	客专线 (07)001－Ⅴ－13	调高垫板　2－520×182×1－3	块	127	聚乙烯	
		调高垫板　2－520×182×2－3	块	127	聚乙烯	
26	客专线 (07)001－Ⅴ－13	调高垫板　2－520×182×1－6	块	81	聚乙烯	
		调高垫板　2－520×182×2－6	块	81	聚乙烯	

表 2　岔枕数量表

序号	岔枕长度 (mm)	数量 (根)	序号	岔枕长度 (mm)	数量 (根
1	2 340	21	15	3 500	9
2	2 400	12	16	3 600	8
3	2 500	29	17	3 700	8
4	2 600	23	18	3 800	6
5	2 700	18	19	3 900	5
6	2 800	15	20	4 050	9
7	2 900	19	21	4 200	11
8	2 950	4	22	4 210	2
9	3 000	12	23	4 350	11
10	3 050	2	24	4 320	2
11	3 100	11	25	4 500	11
12	3 200	10	26	4 450	2
13	3 300	9	27	4 550	10
14	3 400	9	28	4 650	7

注：总延长 952.45 m。

图 1　转辙器部分轨距示意图

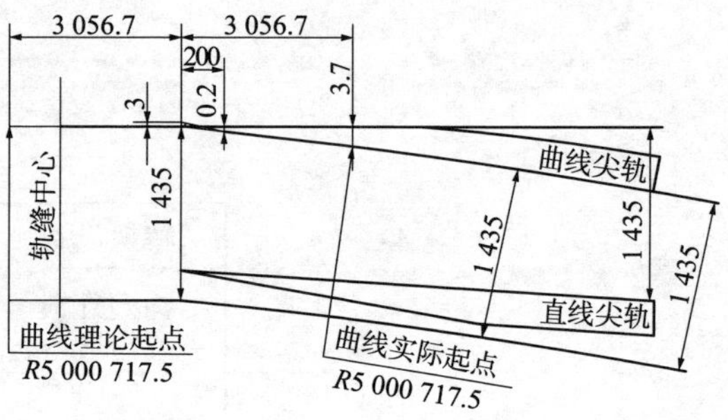

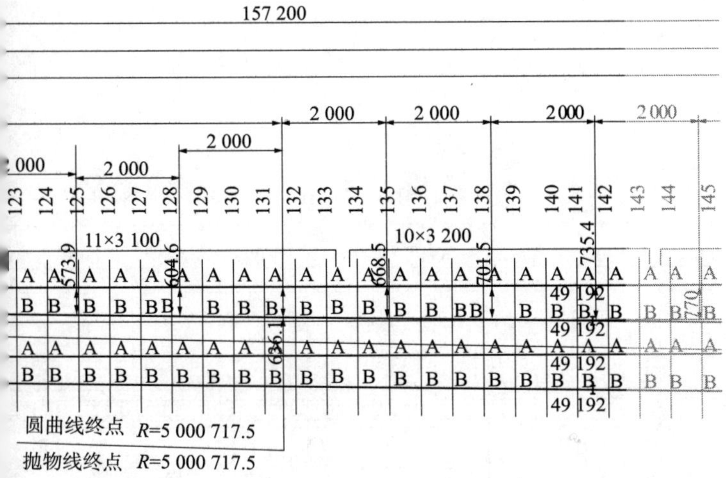

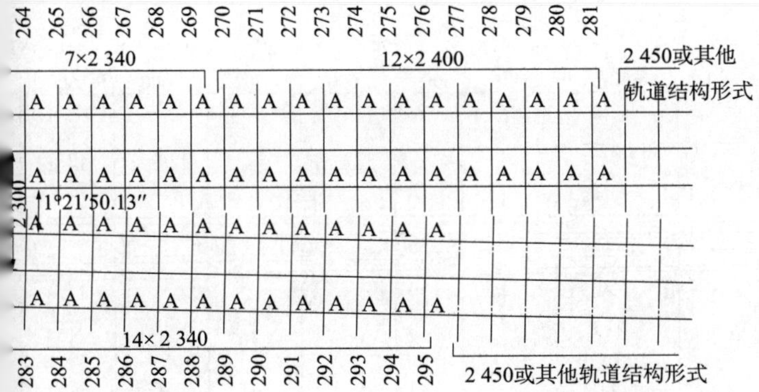

图 2 绝缘接头设在直股

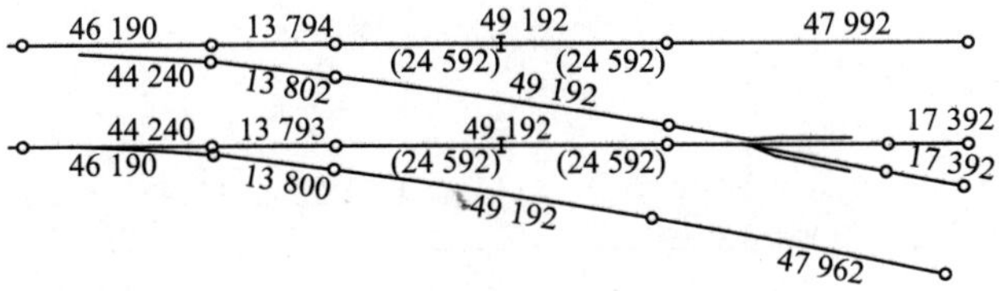

图 3 绝缘接头设在侧股

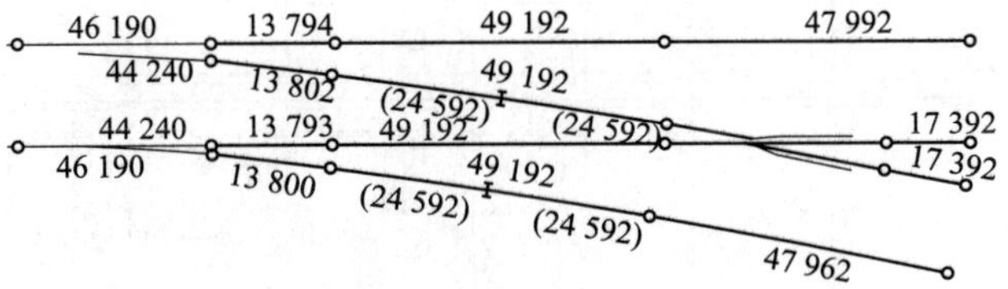

图 4 开通侧股时心轨支距

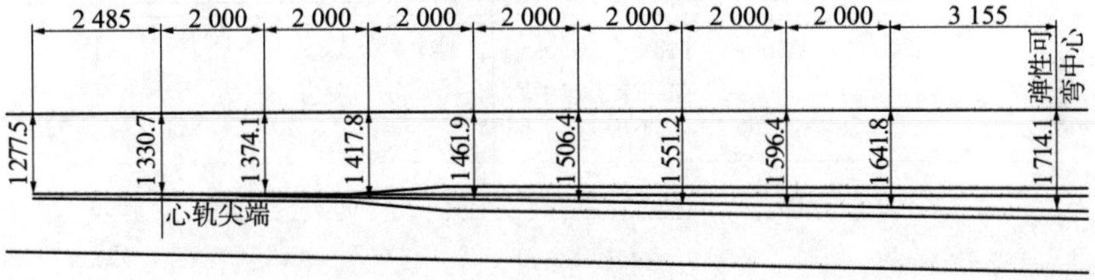

图 5 导曲线部分跳线孔位置示意图 (ZPW2000－A 轨道电路)

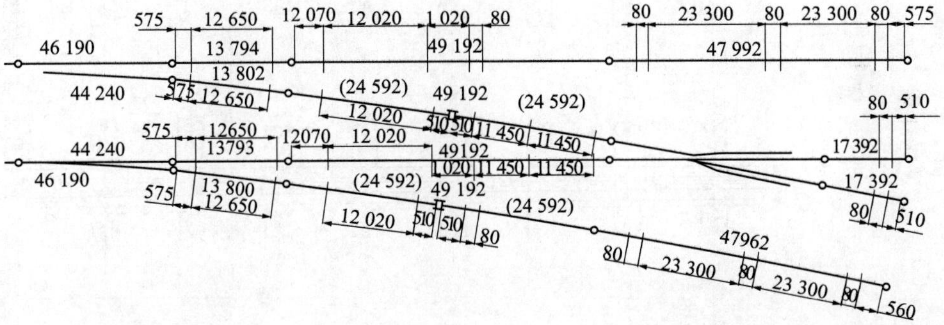

图 6 导曲线部分跳线孔位置示意图 (轨道电路 25 Hz)

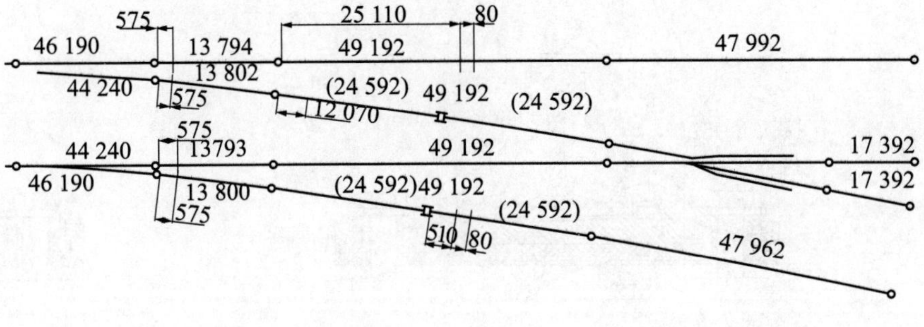

司等级的防松螺母。

用样板检查。

块 4 mm 调高垫板，橡胶垫板与岔枕之间调高量为 －4/+26 mm，调高

·13，每块铁垫板另备 1、2 mm 厚调高垫板各一块，不足时，由用户根

度为（25 ± 2.5）kN/mm，当道岔前后线路扣件系统节点竖向刚度与岔区不一

度段；过渡段长度按 48 m 设计，过渡段轨道刚度按 4 级进行设置；过渡段

《岔铺设技术条件》的规定，过渡段的具体长度，材料，规格，数量按线路

订货。

部的高度为 419 mm(牵引点两端的岔枕除外)。

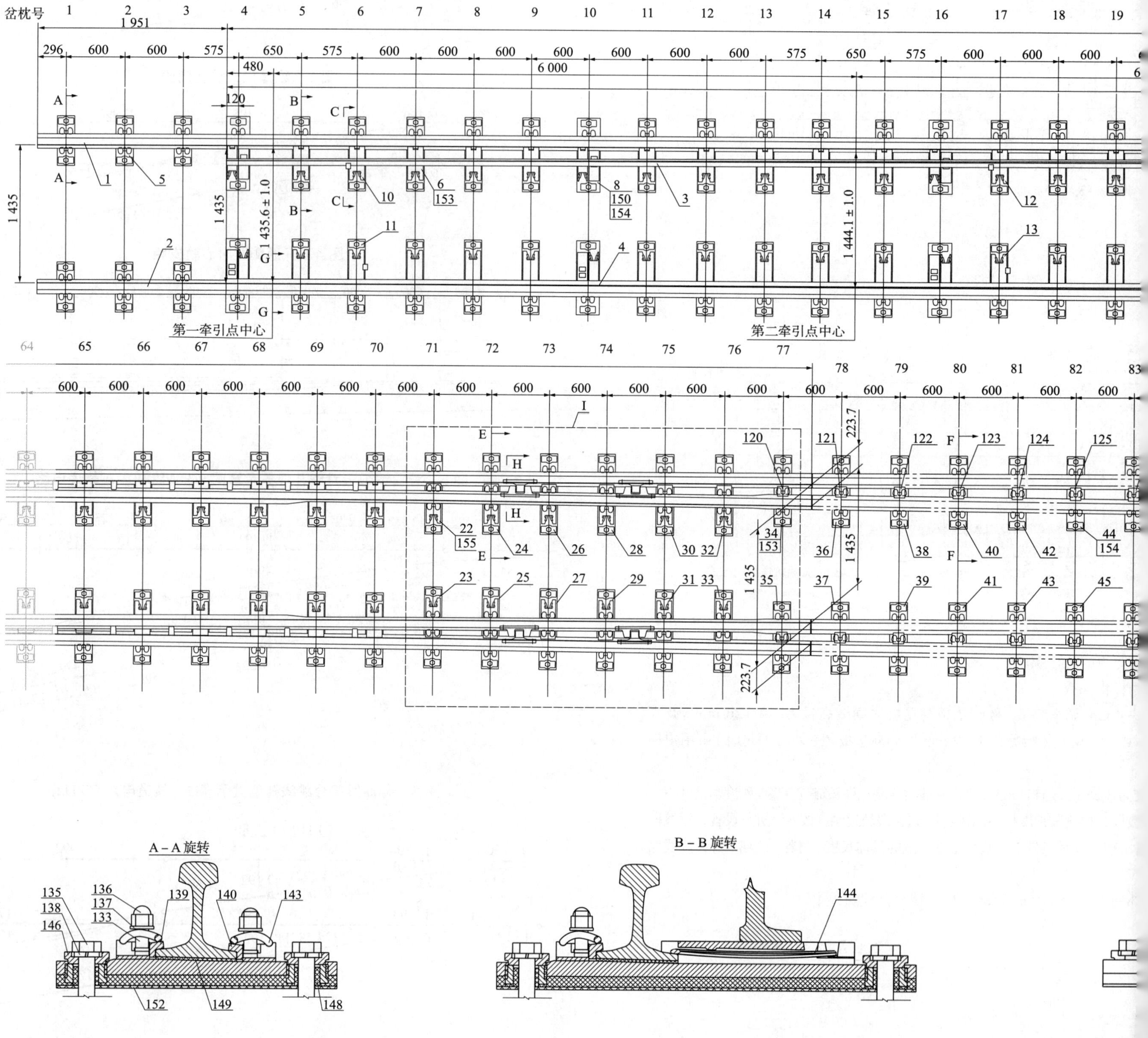

岔枕号
1 951
296 600 600 575 650 575 600 600 600 600 600 600 600 575 650 575 600 600 600
480
6 000
120
1 435
1 435
1 435.6 ± 1.0
1 444.1 ± 1.0
第一牵引点中心
第二牵引点中心
600 600 600 600 600 600 600 600 600 600 600 600 600 600 600 600 600 600 600
223.7
223.7
1 435
1 435
I
A–A 旋转
B–B 旋转

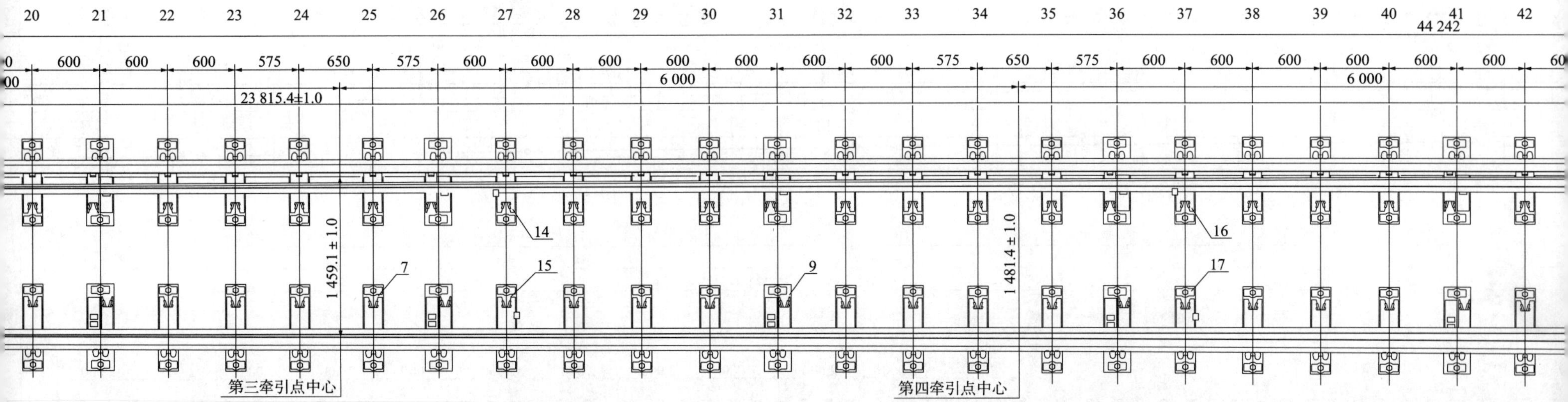

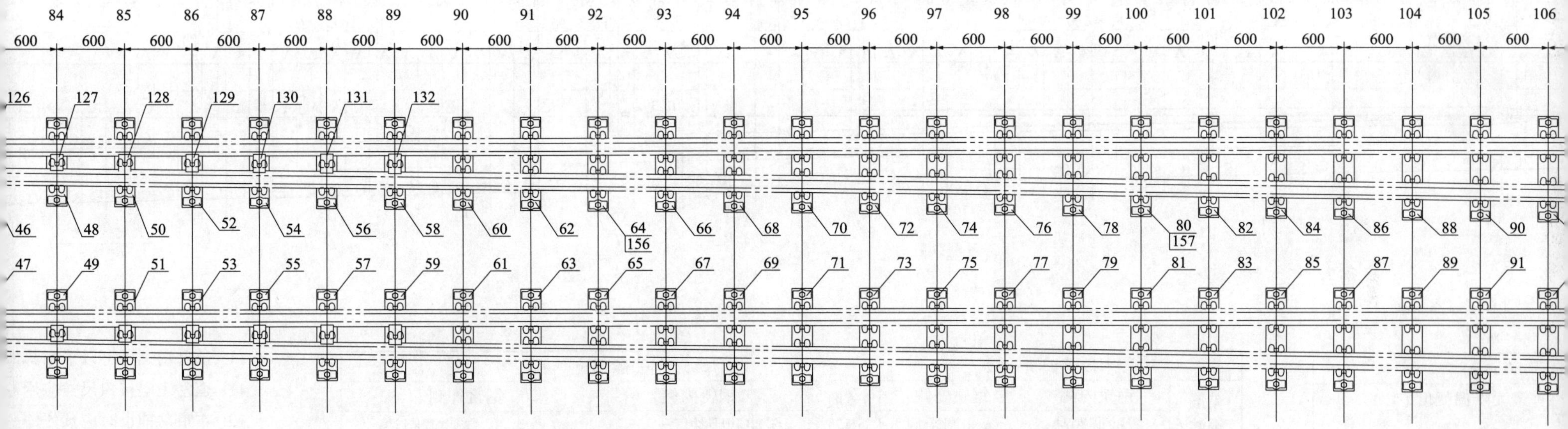

C – C 旋转

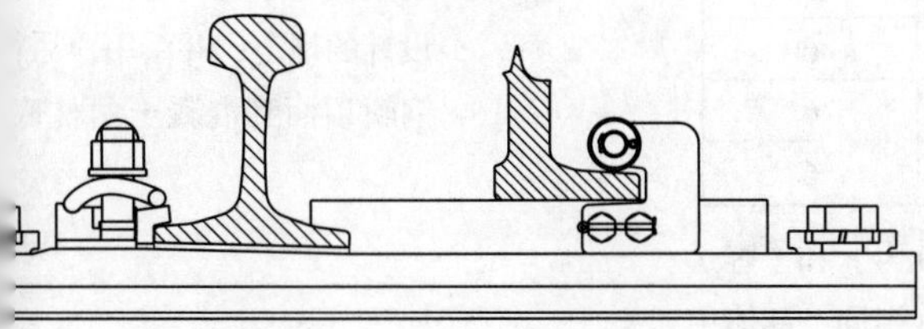

D – D 旋转

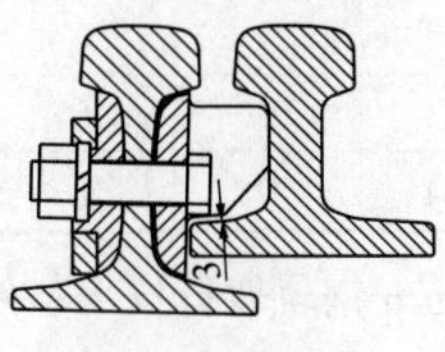

E – E 旋转

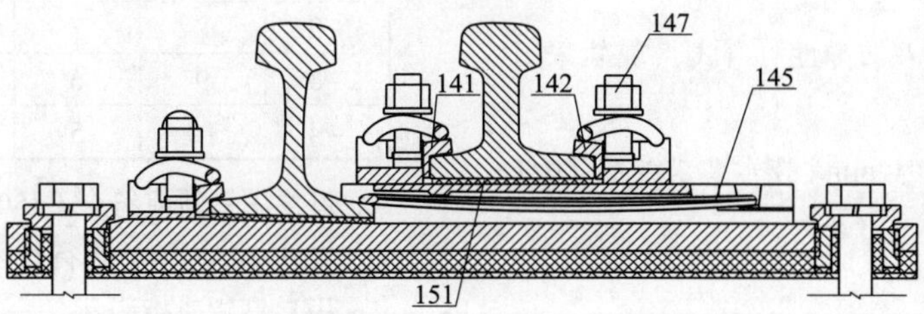

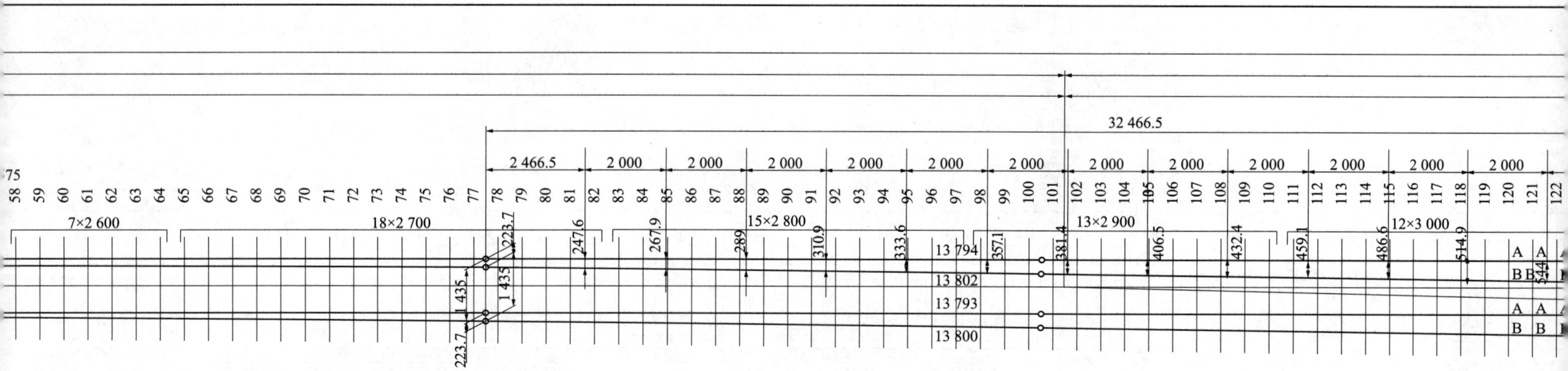

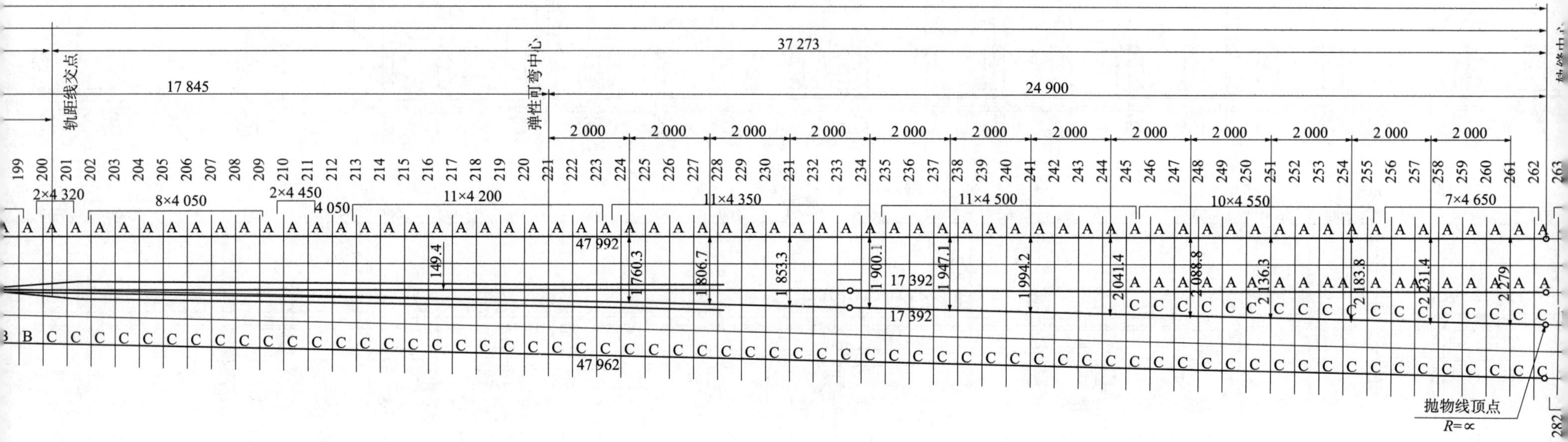

量为 50 mm)
最大降温幅度(℃)
55
51
50

端为藏尖式。

用弹性夹扣压。

为双肢弹性可弯式，，翼轨采用

于 1 mm，技术要求参照 TB/T

滑床板及护轨垫板					一般部位							
单股钢轨位置	钢轨内侧		钢轨外侧		单股钢轨位置	钢轨内侧			钢轨外侧			
	缓冲调距块		缓冲调距块			缓冲调距块		轨距块	轨距块	缓冲调距块		
	外侧	内侧	内侧	外侧		外侧	内侧			内侧	外侧	
0	6	9	6	9	0	6	9	10	11	6	9	
+1	5	10	5	10	+1	6	9	11	10	6	9	
+2	4	11	4	11	+2	6	9	12	9	6	9	
−1	7	8	7	8	−1	6	9	9	12	6	9	
−2	8	7	8	7	−2	9	6	11	10	9	6	
−3	9	6	9	6	−3	9	6	10	11	9	6	
−4	10	5	10	5	−4	9	6	9	12	9	6	

10. 道岔用钢轨应符合《350 km/h 客运专线 60 kg/m 钢轨暂行技术条件》(铁科技函〔2004〕120 号)和《客运专线 60AT 钢轨暂行技术条件》(科技基〔2005〕101 号)的规定。材质应与相连的线路钢轨相同，具体由用户订货时指明。

11. 道岔用螺母可以采用其他
12. 道岔工电接口尺寸应用专
13. 本道岔铺设时应预先铺—
垫板见客专线 (07)001－V
据调高量另行订货。
14. 道岔扣件系统节点竖向刚
致时，应在道岔前后设置过
的其他要求见《客运专线
设计的规定；并由用户另行
15. 钢轨顶面到混凝土岔枕底

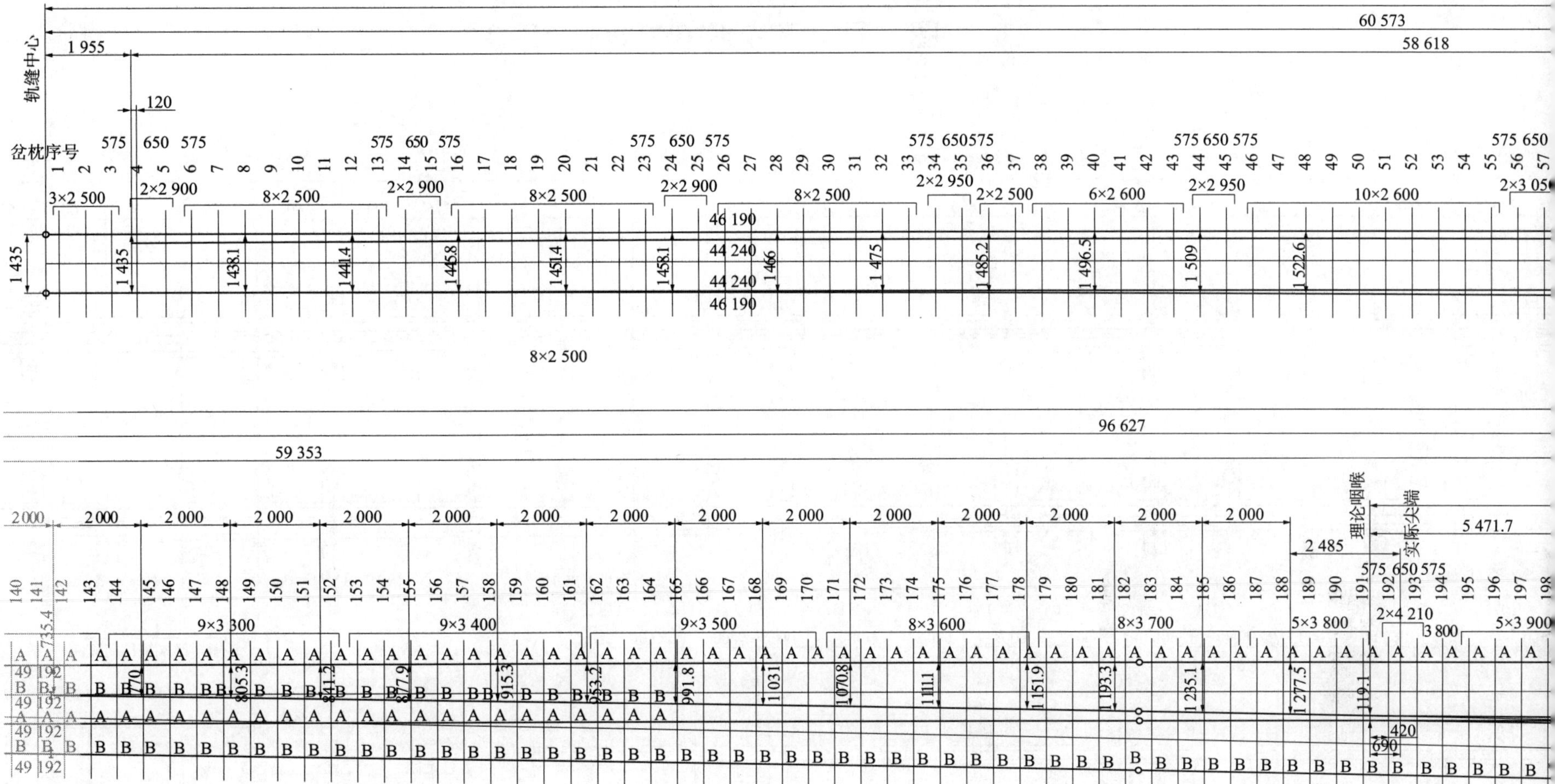

技 术 要 求

1. 本道岔轨距均为 1 435 mm，1～281 号岔枕按垂直于正线方向布置，282 号岔枕扭转，283～295 号岔枕按垂直于侧线方向布置，岔枕间距除注明者外均为 600 mm。
2. 图中轨道电路钢轨绝缘接头及焊接接头分别以"⊥"及"—○—"表示。轨道电路绝缘接头位置可以根据实际需要进行设置，其配轨长度按图 2、图 3。设置胶接绝缘的钢轨按括号内的数字断开。
3. 本道岔均采用铝热焊钢轨接头，为便于厂内试铺和组装，本图采用图 2、图 3 所示的配轨长度，轨缝均为 8 mm，焊接时需现场锯轨。
4. 图中 A、B、C 分别表示垫板 60-0、60-6、60-9。
5. 铺设混凝土岔枕时，带编号一侧铺设在道岔直股外侧，侧股辙后短岔枕带编号一侧铺设在道岔侧股外侧。
6. 道岔具体配轨长度由用户订货时与道岔厂协商确定，有条件时应尽量采用长配轨。
7. 导曲线钢轨和辙叉基本轨厂内预钻跳线孔，以 ϕ9.8 mm 钻头钻孔，孔高距轨底 79 mm，跳线按 ZPW2000-A 轨道电路和 25 Hz 相敏轨道电路两种形式设置，具体位置见图 5、图 6。
8. 本道岔适用于跨区间无缝线路，允许铺设轨温范围见下表：

采用 ZTS 型自调式钩型外锁闭机构（允许伸缩位移		
尖轨跟端结构形式	最大升温幅度（℃）	
限位器	47	
间隔铁	43	
不设传力机构	45	

9. 道岔主要结构特点：
   (1) 尖轨为切线型，采用 44.24 m 长的 60D40 弹性可弯尖轨，尖轨尖
   (2) 转辙器间隔设置带滚轮的滑床板和防跳限位装置，基本轨内侧采
   (3) 可动心轨辙叉采用钢轨组合型，心轨采用 60D40 钢轨制造，跟端轧制的特种断面翼轨。
   (4) 翼轨跟端用间隔铁分别与长心轨和叉跟轨胶接，胶接层厚度不大 2975《胶接绝缘钢轨技术条件》。
   (5) 绝缘接头两侧采用绝缘轨距块。
   (6) 轨距块及缓冲调距块的号码配置见下表：

60 kg/m 钢轨 42 号单开道岔转辙器
图　号：客专线 (07)006－II－2

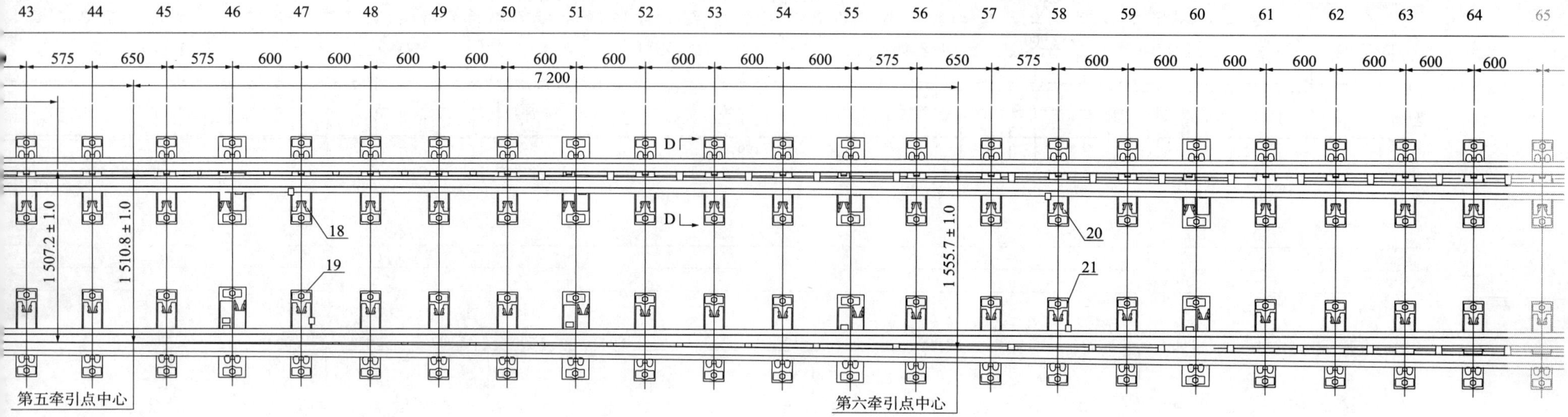

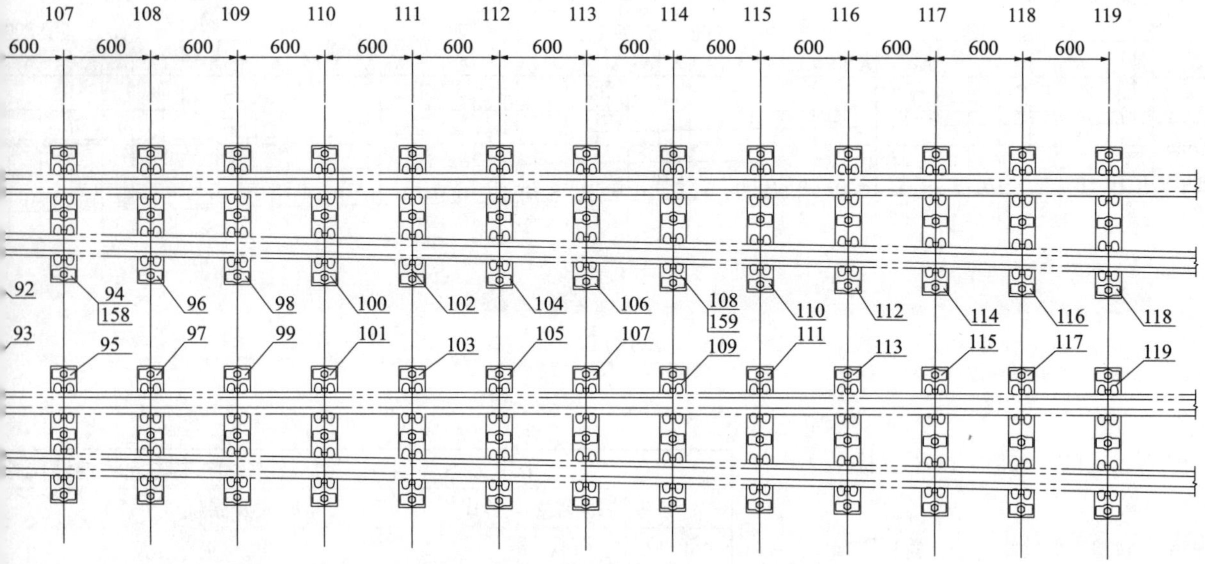

I
转辙器跟端采用间隔铁

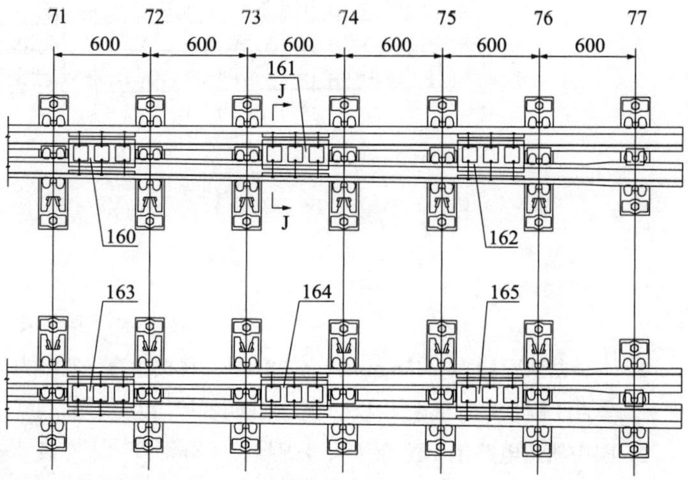

F－F 旋转

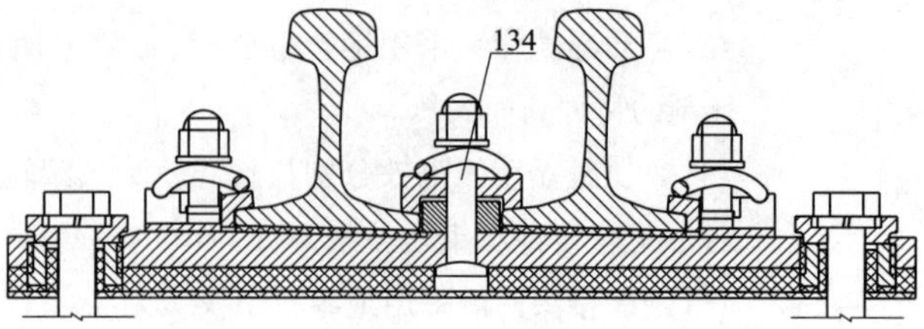

H－H 旋转

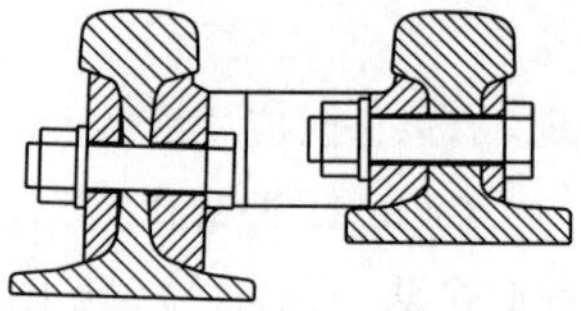

J－J 旋转

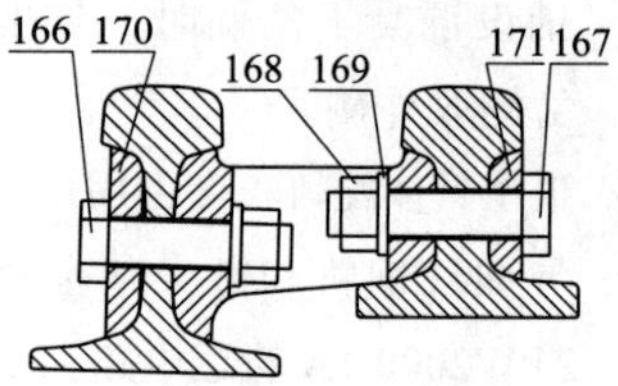

图 1 曲线尖轨支距图

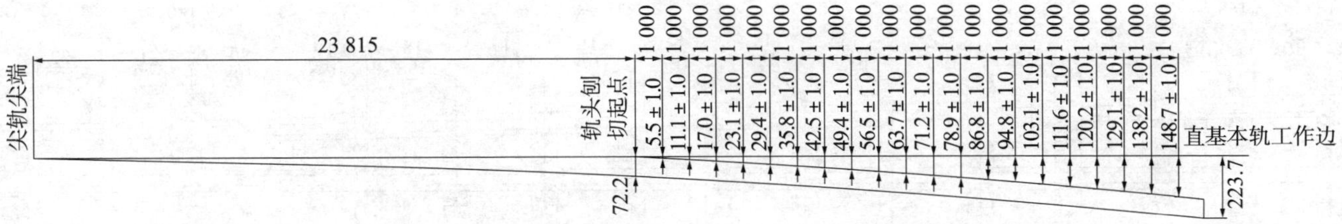

G－G 旋转

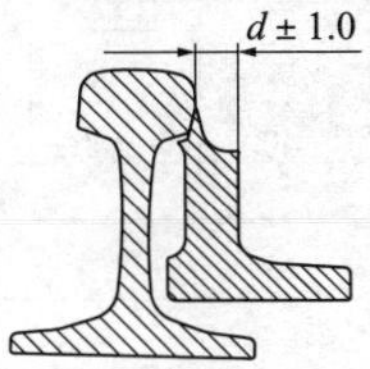

d(mm)	第一牵引点中心	第二牵引点中心	第三牵引点中心	第四牵引点中心	第五牵引点中心	第六牵引点中心
上股	24.8	32.0	39.2	46.4	56.4	101.2
下股	25.1	32.7	39.9	46.5	56.4	101.2

技 术 要 求

1. 尖轨跟端按采用限位器、间隔铁和不设传力结构三种方案设计，当采用间隔铁时，局部布置图见 I 图。当不设传力结构时，取消相应的限位器或间隔铁。
2. 顶铁组装后，在顶紧状态时与尖轨轨底上表面间隙为 3 mm。
3. 防跳限位装置接触间隙要求：应调正铁卡位置使铁卡与尖轨轨底侧边间隙小于 5 mm。
4. 所有三孔铁垫板中间一孔不安装缓冲调距块。
5. 辊轮滑床板 4、10、16、21、26、31、36、41 号岔枕用双辊轮，其余用单辊轮。
6. 曲线尖轨在密贴状态时，理论支距见图 1，直线尖轨工作边应成直线。

60 kg/m 钢轨 42 号单开道岔可动心轨辙叉
图　号：客专线 (07)006－III－3

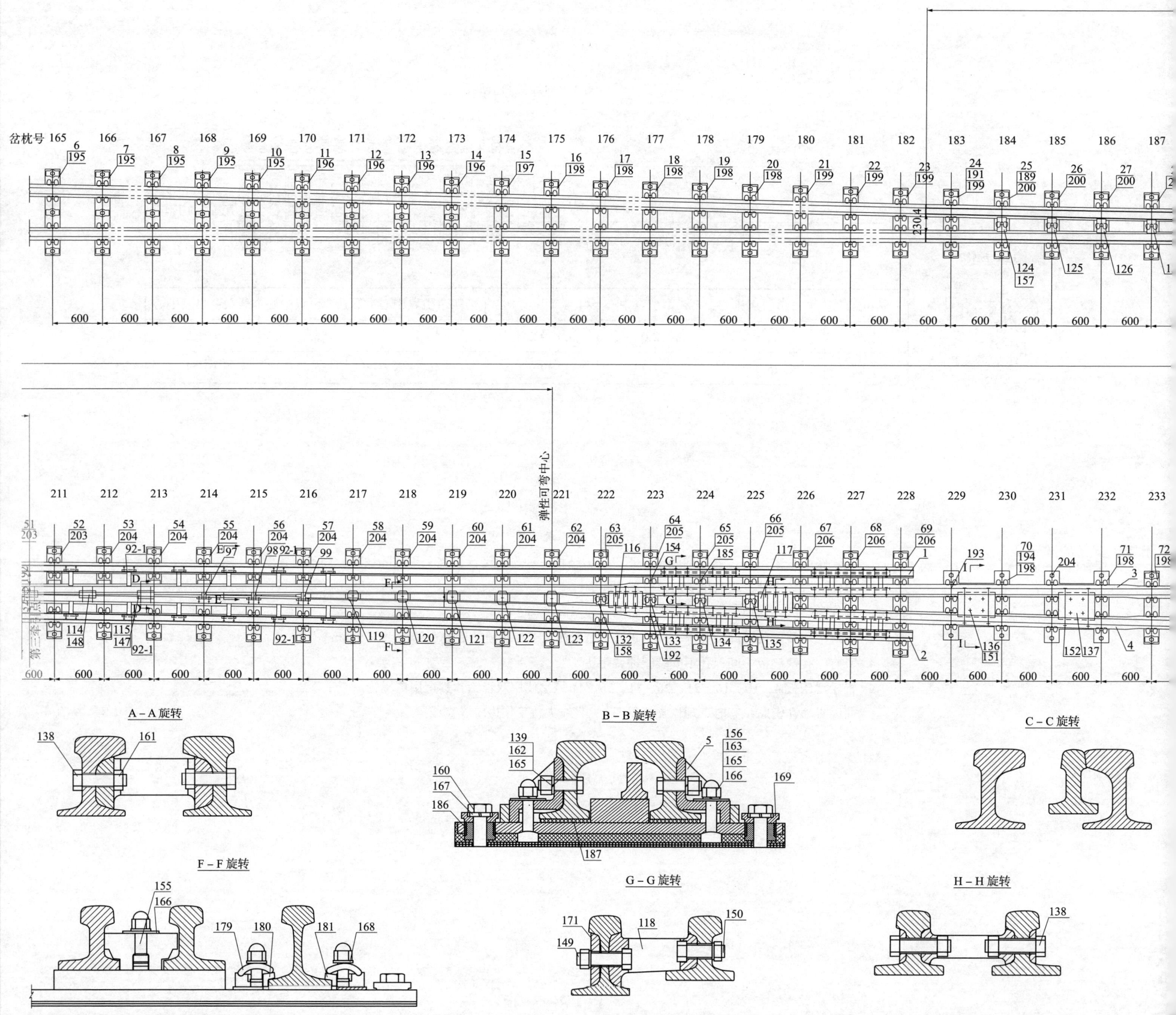

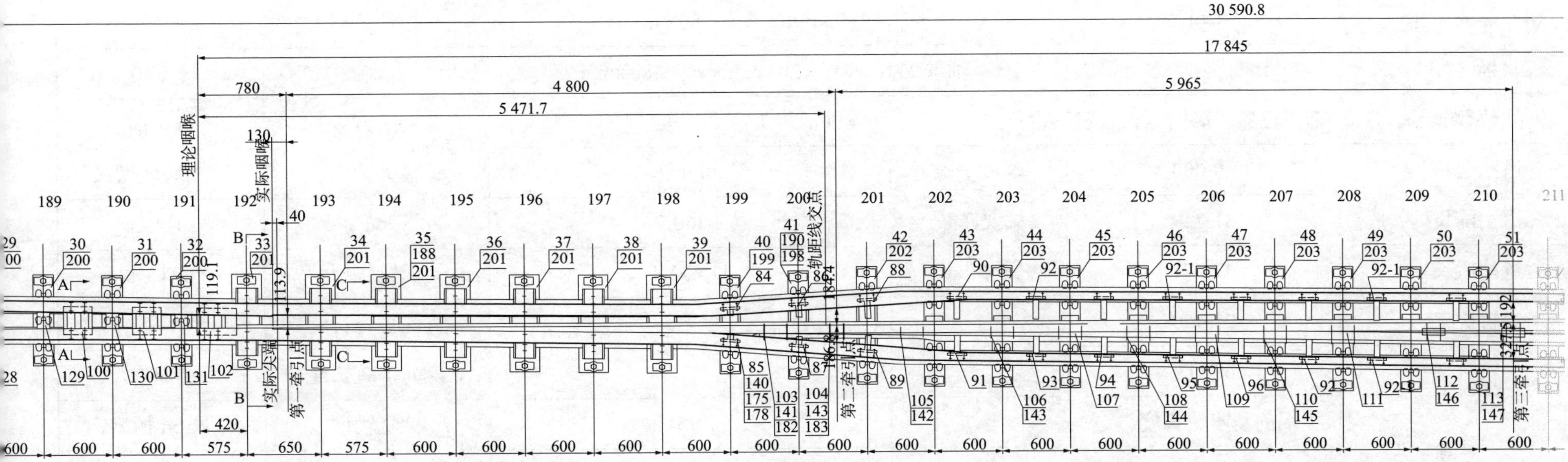

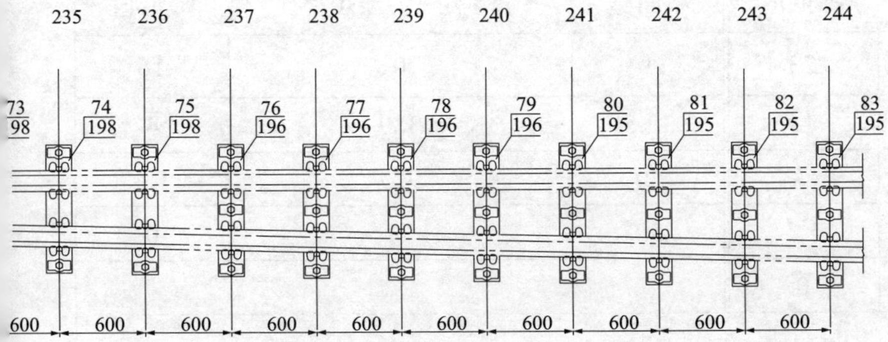

图 1 长短心轨检查支距示意图

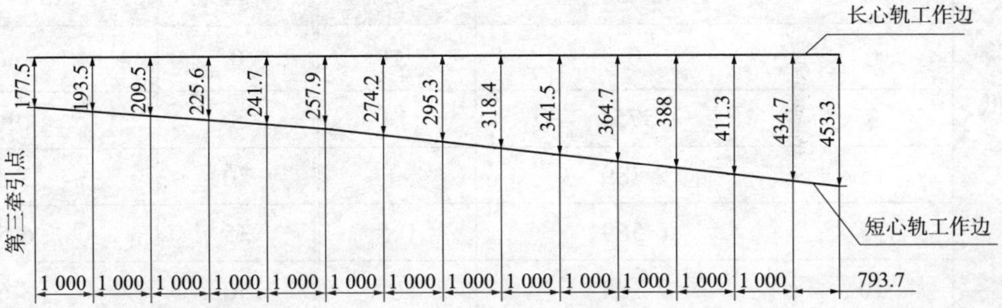

E－E 旋转

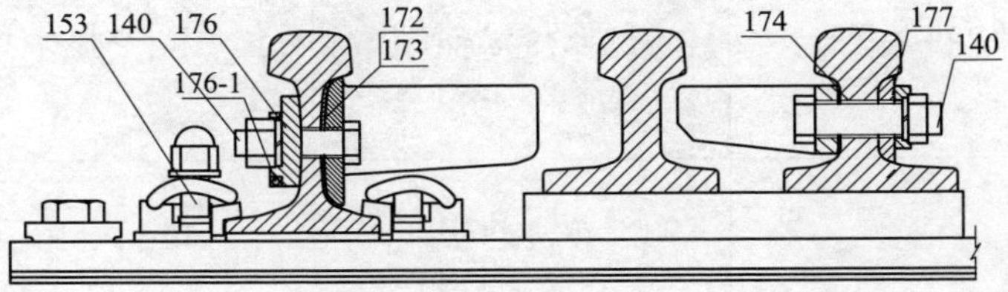

D－D 旋转

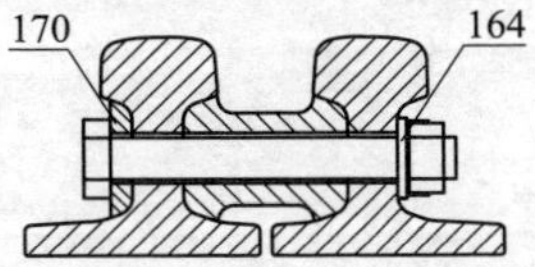

I－I 旋转

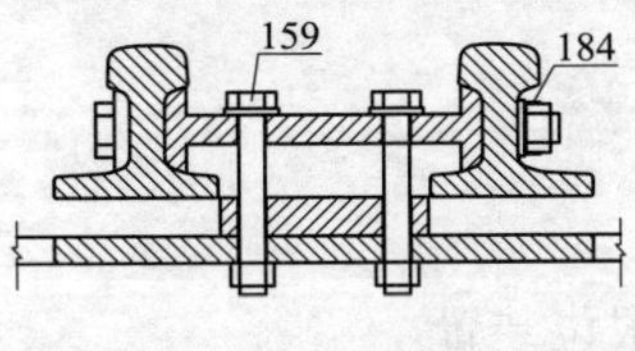

技 术 要 求

1. 组装时心轨实际尖端与翼轨实际咽喉的距离不得小于 40 mm。
2. 184～200 号枕翼轨轨下设置 7 mm 厚的橡胶垫板，201～228 号枕翼轨轨下不设橡胶垫板。
3. 长短心轨连接用的联结螺栓安装防转片。
4. 顶铁组装后在顶紧状态，与心轨轨底上表面的间隙为 3 mm。
5. 所有三孔铁垫板中间一孔不安装缓冲调距块。
6. 支距扣板螺栓自上而下安装，在硫化垫板底部旋转 90° 向上提，再安装垫圈、螺母。

3. 客运专线铁路 60 kg/m 钢轨 18 号单开道岔(有砟)
设计图号：客专线(08)016

道岔允许通过速度	客车	$v_{直}\leqslant$ 350 km/h；$v_{侧}\leqslant$ 80 km/h		扣件类型	Ⅱ型弹条
	货车	轴重 23 t：$v_{直}\leqslant$ 120 km/h；$v_{侧}\leqslant$ 80 km/h		轨底坡	1：40
转辙器跟端形式	■限位器 ■间隔铁 ■不设传力机构 □间隔铁活接头			锁闭方式	外锁闭
道岔全长	69 000	辙叉全长	20 992	辙叉类型	可动心轨辙叉
道岔前长	31 729	辙叉趾长	9 360.9	辙叉角	3°10′47.4″
道岔后长	37 271	辙叉跟长	11 631.1	翼轨轨型	60TY1
尖轨长度	21 450	基本轨长度	23 392	直向护轨长度	—
尖轨轨型	60AT2			侧向护轨长度	7 500
尖轨尖端前基本轨长度			1 951	护轨轨型	33 kg/m 槽型钢
辙叉理论尖端距趾端方向前一根岔枕中心距离			545	导曲线半径	1 100 m
尖轨尖端至心轨实际尖端距离		53 200	直向护轨端头距导轨端头定位尺寸		—
道岔终端至末根岔枕中心距离		8 700	侧向护轨端头距导轨端头定位尺寸		3 139

降低值	直线尖轨			曲线尖轨			长心轨		
	断面宽	距尖端距离	降低值	断面宽	距尖端距离	降低值	断面宽	距实际尖端距离	降低值
	0	0	23	0	0	23	1	0	16
	3	575	14	5	964	14	22.5	389	4
	15	2 889	3	20	3 855	3	40	923	1.4
	35	6 569	0.5	35	6 574	1.3	50	1 225	0
	40	7 304	0	50	8 604	0			

最大构造加宽	—	测量位置	—				
岔枕图号客专线 (07)005	岔枕总数	140 根	岔枕展延长	463.29 m	套管总数	769	
道岔板 —							
转换设备图号 —	尖轨动程	160、118、71			心轨动程	115、59	
批准文号	—				应用情况	★★★	
主要结构特点	1. 适用于客运专线高速铁路。 2. 轨下基础采用混凝土岔枕和有砟道床。 3. 道岔预留了融雪装置安装条件。 4. 转辙器间隔设置带减摩辊轮的滑床板和防跳限位装置。						

转辙器明细表

序号	图号 / 标准	名称及规格	数量	材 料	备 注
1	客专线(07)009－Ⅱ－4	直基本轨 23 392	1		
2	客专线(07)009－Ⅱ－5	曲基本轨 23 393	1		
3	客专线(07)009－Ⅱ－6	曲线尖轨 21 450	1		
4	客专线(07)009－Ⅱ－7	直线尖轨 21 450	1		
5	客专线(07)001－Ⅴ－21	间隔铁 160－167/A	1		
6	客专线(07)001－Ⅴ－21	间隔铁 182－190/A	1		
7	客专线(07)001－Ⅴ－22	间隔铁 161－168/B	1		
8	客专线(07)001－Ⅴ－22	间隔铁 183－191/B	1		
9	客专线(07)001－Ⅴ－4	弹性铁垫板 60－0	6		
10	客专线(07)001－Ⅴ－29	滑床板 60－0	28		
11	客专线(07)001－Ⅴ－29	滑床板 60－3	10		
12	客专线(07)001－Ⅴ－29	滑床板 60－6	6		
13	客专线(07)001－Ⅴ－30	辊轮滑床板 60－0	8		
14	客专线(07)001－Ⅴ－30	辊轮滑床板 60－3	4		
15	客专线(07)001－Ⅴ－31	限位防跳装置 60－0/116	1		
16	客专线(07)001－Ⅴ－31	限位防跳装置 60－0/119	1		
17	客专线(07)001－Ⅴ－31	限位防跳装置 60－0/149	1		
18	客专线(07)001－Ⅴ－31	限位防跳装置 60－3/159	1		
19	客专线(07)001－Ⅴ－31	限位防跳装置 60－0/175	1		
20	客专线(07)001－Ⅴ－31	限位防跳装置 60－3/175	1		
21	客专线(07)004－Ⅱ－8	垫 板 831	1		同客专线(07)009－Ⅱ－8
22	客专线(07)004－Ⅱ－9	垫 板 831	1		同客专线(07)009－Ⅱ－9
23	客专线(07)004－Ⅱ－8	垫 板 831	1		同客专线(07)009－Ⅱ－8
24	客专线(07)004－Ⅱ－9	垫 板 831	1		同客专线(07)009－Ⅱ－9
25	客专线(07)004－Ⅱ－8	垫 板 831	1		同客专线(07)009－Ⅱ－8
26	客专线(07)004－Ⅱ－9	垫 板 831	1		同客专线(07)009－Ⅱ－9
27	客专线(07)004－Ⅱ－8	垫 板 831	1		同客专线(07)009－Ⅱ－8
28	客专线(07)004－Ⅱ－9	垫 板 831	1		同客专线(07)009－Ⅱ－9
29	客专线(07)004－Ⅱ－10	垫 板 770	1		同客专线(07)009－Ⅱ－10

续上表

序号	图号 / 标准	名称及规格	数量	材　料	备　　注
30	客专线 (07)004－Ⅱ－11	垫　板　770	1		同客专线 (07)009－Ⅱ－11
31	客专线 (07)004－Ⅱ－10	垫　板　770	1		同客专线 (07)009－Ⅱ－10
32	客专线 (07)004－Ⅱ－11	垫　板　770	1		同客专线 (07)009－Ⅱ－11
33	客专线 (07)004－Ⅱ－10	垫　板　770	1		同客专线 (07)009－Ⅱ－10
34	客专线 (07)004－Ⅱ－11	垫　板　770	1		同客专线 (07)009－Ⅱ－11
35	客专线 (07)004－Ⅱ－10	垫　板　831	1		同客专线 (07)009－Ⅱ－10
36	客专线 (07)004－Ⅱ－11	垫　板　831	1		同客专线 (07)009－Ⅱ－11
37	客专线 (07)004－Ⅱ－10	垫　板　831	1		同客专线 (07)009－Ⅱ－10
38	客专线 (07)004－Ⅱ－11	垫　板　831	1		同客专线 (07)009－Ⅱ－11
39	客专线 (07)004－Ⅱ－10	垫　板　831	1		同客专线 (07)009－Ⅱ－10
40	客专线 (07)004－Ⅱ－11	垫　板　831	1		同客专线 (07)009－Ⅱ－11
41	客专线 (07)004－Ⅱ－12	垫　板　831	1		同客专线 (07)009－Ⅱ－12
42	客专线 (07)004－Ⅱ－13	垫　板　831	1		同客专线 (07)009－Ⅱ－13
43	客专线 (07)004－Ⅱ－14	垫　板　887	1		同客专线 (07)009－Ⅱ－19
44	客专线 (07)004－Ⅱ－15	垫　板　887	1		同客专线 (07)009－Ⅱ－15
45	客专线 (07)004－Ⅱ－14	垫　板　887	1		同客专线 (07)009－Ⅱ－19
46	客专线 (07)004－Ⅱ－15	垫　板　887	1		同客专线 (07)009－Ⅱ－15
47	客专线 (07)004－Ⅱ－14	垫　板　887	1		同客专线 (07)009－Ⅱ－19
48	客专线 (07)004－Ⅱ－15	垫　板　887	1		同客专线 (07)009－Ⅱ－15
49	客专线 (07)004－Ⅱ－14	垫　板　887	1		同客专线 (07)009－Ⅱ－19
50	客专线 (07)004－Ⅱ－15	垫　板　887	1		同客专线 (07)009－Ⅱ－15
51	客专线 (07)004－Ⅱ－14	垫　板　939	1		同客专线 (07)009－Ⅱ－19
52	客专线 (07)004－Ⅱ－15	垫　板　939	1		同客专线 (07)009－Ⅱ－15
53	客专线 (07)004－Ⅱ－14	垫　板　939	1		同客专线 (07)009－Ⅱ－19
54	客专线 (07)004－Ⅱ－15	垫　板　939	1		同客专线 (07)009－Ⅱ－15
55	客专线 (07)004－Ⅱ－14	垫　板　939	1		同客专线 (07)009－Ⅱ－19
56	客专线 (07)004－Ⅱ－15	垫　板　939	1		同客专线 (07)009－Ⅱ－15
57	客专线 (07)004－Ⅱ－16	垫　板　995	1		同客专线 (07)009－Ⅱ－16
58	客专线 (07)004－Ⅱ－17	垫　板　995	1		同客专线 (07)009－Ⅱ－17
59	客专线 (07)004－Ⅱ－16	垫　板　995	1		同客专线 (07)009－Ⅱ－16

续上表

序号	图号 / 标准	名称及规格	数量	材 料	备 注
60	客专线(07)004-Ⅱ-17	垫 板 995	1		同客专线(07)009-Ⅱ-17
61	客专线(07)004-Ⅱ-16	垫 板 995	1		同客专线(07)009-Ⅱ-16
62	客专线(07)004-Ⅱ-17	垫 板 995	1		同客专线(07)009-Ⅱ-17
63	客专线(07)004-Ⅱ-16	垫 板 995	1		同客专线(07)009-Ⅱ-16
64	客专线(07)004-Ⅱ-17	垫 板 995	1		同客专线(07)009-Ⅱ-17
65	客专线(07)004-Ⅱ-16	垫 板 1 047	1		同客专线(07)009-Ⅱ-16
66	客专线(07)004-Ⅱ-17	垫 板 1 047	1		同客专线(07)009-Ⅱ-17
67	客专线(07)004-Ⅱ-16	垫 板 1 047	1		同客专线(07)009-Ⅱ-16
68	客专线(07)004-Ⅱ-17	垫 板 1 047	1		同客专线(07)009-Ⅱ-17
69	客专线(07)001-Ⅴ-69	支距扣板 60/111-113-56	2	ZG 230-450	成对
70	客专线(07)001-Ⅴ-69	支距扣板 60/123-125-62	2	ZG 230-450	成对
71	客专线(07)001-Ⅴ-69	支距扣板 60/135-137-68	2	ZG 230-450	成对
72	客专线(07)001-Ⅴ-69	支距扣板 60/147-150-74	2	ZG 230-450	成对
73	客专线(07)001-Ⅴ-69	支距扣板 60/160-163-81	2	ZG 230-450	成对
74	客专线(07)001-Ⅴ-69	支距扣板 60/174-176-88	2	ZG 230-450	成对
75	专线 4232-4	螺 栓 M24×60	218		
76	客专线(07)001-Ⅴ-70	螺 栓 M24×130	12		
77	客专线(07)001-Ⅴ-8	垫板螺栓	244	45	
78	NS-06	盖型螺母 M24	230		
79	NS-07	限位板 M24	246		
80	GB/T 7244	弹簧垫圈 30	244		
81	SCT300-506	螺 栓 M27×115	12	10.9 级	
82	SCT300-506	螺 栓 M27×125	12	10.9 级	
83	NS-02(b)	螺 母 M27	24		
84	SCT300-346	螺母防松帽 M27	24	ZG 230-450	
85	客专线(07)001-Ⅴ-34	夹 板 400/A	4		
86	客专线(07)001-Ⅴ-35	夹 板 400/B	4		
87	GB/T 91	开口销 4×80	24		
88		弹性夹 SSB3	62		
89		弹性夹 SSB4	8		

续上表

序号	图号 / 标准	名称及规格	数量	材　料	备　　注
90	客专线 (07)001 - Ⅴ - 6	轨距块　60/9 - 11	144	ZG 230 - 450	
91	客专线 (07)001 - Ⅴ - 6	轨距块　60/10 - 12	74	ZG 230 - 450	
92	客专线 (07)001 - Ⅴ - 44	轨距块　60/10 - 11	16	ZG 230 - 450	
93	专线 3351 - 3	Ⅱ型弹条	246	60Si2Mn	
94	客专线 (07)001 - Ⅴ - 9	盖　板	244	QT 450 - 10	
95	NS - 02(b)	螺　母　M24	16		
100	客专线 (07)001 - Ⅴ - 59	螺母罩　24	16	尼龙	
102	客专线 (07)001 - Ⅴ - 10	缓冲调距块	232	玻璃纤维	
103	客专线 (07)001 - Ⅴ - 51	橡胶垫板　60 - 200 - 149 - 5	6	橡胶	
104	客专线 (07)001 - Ⅴ - 51	橡胶垫板　60 - 210 - 149 - 5	138	橡胶	
105	客专线 (07)001 - Ⅴ - 51	橡胶垫板　60 - 290 - 149 - 5	12	橡胶	
106	客专线 (07)001 - Ⅴ - 51	橡胶垫板　60 - 160 - 129 - 5	8	橡胶	
107	客专线 (07)001 - Ⅴ - 13	调高垫板　2 - 528 × 182 × 410 × $\frac{2}{1}$ - 0	6 6	橡塑	
108	客专线 (07)001 - Ⅴ - 13	调高垫板　2 - 780 × 190 × 662 × $\frac{2}{1}$ - 0	38 38	橡塑	
109	客专线 (07)001 - Ⅴ - 13	调高垫板　2 - 780 × 190 × 662 × $\frac{2}{1}$ - 3	12 12	橡塑	
110	客专线 (07)001 - Ⅴ - 13	调高垫板　2 - 780 × 190 × 662 × $\frac{2}{1}$ - 6	6 6	橡塑	
111	客专线 (07)001 - Ⅴ - 13	调高垫板　2 - 780 × 270 × 662 × $\frac{2}{1}$ - 0	8 8	橡塑	
112	客专线 (07)001 - Ⅴ - 13	调高垫板　2 - 780 × 270 × 662 × $\frac{2}{1}$ - 3	4 4	橡塑	
113	客专线 (07)001 - Ⅴ - 13	调高垫板　2 - 841 × 190 × 723 × $\frac{2}{1}$ - 0	12 12	橡塑	
114	客专线 (07)001 - Ⅴ - 13	调高垫板　2 - 841 × 190 × 723 × $\frac{2}{1}$ - 6	4 4	橡塑	
115	客专线 (07)001 - Ⅴ - 13	调高垫板　2 - 897 × 190 × 779 × $\frac{2}{1}$ - 0	8 8	橡塑	

续上表

序号	图号 / 标准	名称及规格	数量	材　料	备　　注
116	客专线 (07)001－V－13	调高垫板　12－949×190×831×$\frac{2}{1}$－0	6 6	橡塑	
117	客专线 (07)001－V－13	调高垫板　3－1 005×190×887×418×$\frac{2}{1}$	2 2	橡塑	
118	客专线 (07)001－V－13	调高垫板　3－1 005×190×887×426.5×$\frac{2}{1}$	2 2	橡塑	
119	客专线 (07)001－V－13	调高垫板　3－1 005×190×887×435×$\frac{2}{1}$	2 2	橡塑	
120	客专线 (07)001－V－13	调高垫板　3－1 005×190×887×443.5×$\frac{2}{1}$	2 2	橡塑	
121	客专线 (07)001－V－13	调高垫板　3－1 057×190×939×452.5×$\frac{2}{1}$	2 2	橡塑	
122	客专线 (07)001－V－13	调高垫板　3－1 057×190×939×461.5×$\frac{2}{1}$	2 2	橡塑	

注：1. 转辙器跟端采用限位器、间隔铁和不设传力结构三种方案设计，采用限位器结构或不设传力结构时，序号5～8及81～87相应取消。

2. 每五组道岔备用一组调高垫板。

3. 明细表中垫板长度为硫化前铁垫板的长度，硫化后垫板长度增加10 mm。

4. 本图用垫板硫化方式为按有砟道床用硫化，组装使用时应注意按标记进行区分。

辙叉明细表

序号	图号 / 标准	名称及规格	数量	材　　料	备　　注
1	客专线 (07)009－Ⅲ－5	翼　轨　19 660	1		
2	客专线 (07)009－Ⅲ－6	翼　轨　19 660	1		
3	客专线 (07)009－Ⅲ－7	长心轨　14 325	1	60D40 钢轨	
4	客专线 (07)009－Ⅲ－8	短心轨　8 210	1	60D40 钢轨	
5	客专线 (07)009－Ⅲ－9	叉跟尖轨　5 740	1	60 kg/m 钢轨	
6	客专线 (07)009－Ⅲ－10	护　轨　7 500	1	33 kg/m 槽型轨	
7	客专线 (07)001－Ⅴ－16	轨　撑　60－Ⅱ	8	KTH 330－08	
8	客专线 (07)001－Ⅴ－61	防跳顶铁　95－97	1	QT400－15	
9	客专线 (07)001－Ⅴ－61	防跳顶铁　69－66	1	QT400－15	
10	客专线 (07)001－Ⅴ－62	顶　铁　124－127	1	QT400－15	
11	客专线 (07)001－Ⅴ－62	顶　铁　109－106	1	QT400－15	
12	客专线 (07)001－Ⅴ－61－B	顶　铁　113－115	1	QT400－15	
13	客专线 (07)001－Ⅴ－61－B	顶　铁　106－103	1	QT400－15	
14	客专线 (07)001－Ⅴ－61－C	防跳顶铁　152－154	1	QT400－15	
15	客专线 (07)001－Ⅴ－61－C	防跳顶铁　155－153	1	QT400－15	
16	客专线 (07)001－Ⅴ－61－B	顶　铁　159－159	4	QT400－15	
16－1	客专线 (07)001－Ⅴ－61－C	防跳顶铁　159－159	1	QT400－15	
17	客专线 (07)001－Ⅴ－61－B	顶　铁　163－163	1	QT400－15	
18	客专线 (07)001－Ⅴ－61－B	顶　铁　166－166	1	QT400－15	
19	客专线 (07)001－Ⅴ－61－C	防跳顶铁　169－169	1	QT400－15	
20	客专线 (07)001－Ⅴ－61－B	顶　铁　171－171	1	QT400－15	
21	客专线 (07)001－Ⅴ－61－B	顶　铁　172－172	1	QT400－15	
22	客专线 (07)001－Ⅴ－61－C	防跳顶铁　132－131	1	QT400－15	
23	客专线 (07)001－Ⅴ－61－C	防跳顶铁　148－147	1	QT400－15	
24	客专线 (07)001－Ⅴ－63	顶　铁　135－133	1	QT400－15	
25	客专线 (07)001－Ⅴ－63	顶　铁　160－158	1	QT400－15	
26	客专线 (07)001－Ⅴ－63	顶　铁　198－195	1	QT400－15	
27	客专线 (07)009－Ⅲ－31	双边扣板	1	ZG 230－450	
28	客专线 (07)009－Ⅲ－31	双边扣板	1	ZG 230－450	
29	客专线 (07)009－Ⅲ－32	单边扣板	2	ZG 230－450	
30	客专线 (07)001－Ⅴ－55	翼轨用 C 型间隔铁　279－269	1	ZG 230－450	

续上表

序号	图号 / 标准	名称及规格	数量	材　料	备　注
31	客专线 (07)001－Ⅴ－55	翼轨用 C 型间隔铁　255－245	1	ZG 230－450	
32	客专线 (07)009－Ⅲ－37	防跳间隔铁	1	ZG 230－450	
33	客专线 (07)001－Ⅴ－23	间隔铁　60D40/58－65	1	ZG 230－450	
34	客专线 (07)001－Ⅴ－23	间隔铁　60D40/85－92	1	ZG 230－450	
35	客专线 (07)001－Ⅴ－23	间隔铁　60D40/107－115	1	ZG 230－450	
36	客专线 (07)001－Ⅴ－57	间隔铁	2	ZG 230－450	
37	客专线 (07)001－Ⅴ－77	间隔铁	1	ZG 230－450	
38	客专线 (07)001－Ⅴ－56	间隔铁	1	ZG 230－450	
39	客专线 (07)001－Ⅴ－54	间隔铁　358－381	1	ZG 230－450	
40	客专线 (07)001－Ⅴ－54	间隔铁　459－482	1	ZG 230－450	
41	客专线 (07)009－Ⅲ－34	接头铁	1	Q275	
42	客专线 (07)001－Ⅴ－4	弹性铁垫板　60－0	13	硫化垫板	
43	客专线 (07)004－Ⅲ－11	护轨垫板　60－0	13	硫化垫板	
44	客专线 (07)004－Ⅲ－12	垫　板　1 047 × 180 × 25	1	硫化垫板	
45	客专线 (07)004－Ⅲ－13	垫　板　1 047 × 180 × 25	1	硫化垫板	
46	客专线 (07)004－Ⅲ－13	垫　板　995 × 180 × 25	1	硫化垫板	
47	客专线 (07)004－Ⅲ－13	垫　板　995 × 180 × 25	1	硫化垫板	
48	客专线 (07)004－Ⅲ－13	垫　板　995 × 180 × 25	1	硫化垫板	
49	客专线 (07)004－Ⅲ－14	垫　板　939 × 180 × 25	1	硫化垫板	
50	客专线 (07)004－Ⅲ－14	垫　板　939 × 180 × 25	1	硫化垫板	
51	客专线 (07)004－Ⅲ－14	垫　板　887 × 180 × 25	1	硫化垫板	
52	客专线 (07)004－Ⅲ－14	垫　板　887 × 180 × 25	1	硫化垫板	
53	客专线 (07)004－Ⅲ－15	垫　板　887 × 180 × 25	1	硫化垫板	
54	客专线 (08)016－Ⅲ－9	垫　板　831 × 180 × 25	1	硫化垫板	
55	客专线 (08)016－Ⅲ－10	垫　板　920 × 260 × 25	1	硫化垫板	
56	客专线 (08)016－Ⅲ－11	垫　板　920 × 260 × 25	1	硫化垫板	
57	客专线 (08)016－Ⅲ－12	垫　板　920 × 260 × 25	1	硫化垫板	
58	客专线 (08)016－Ⅲ－13	垫　板　920 × 260 × 25	1	硫化垫板	
59	客专线 (08)016－Ⅲ－14	垫　板　887 × 180 × 25	1	硫化垫板	
60	客专线 (08)016－Ⅲ－14	垫　板　995 × 180 × 25	1	硫化垫板	
61	客专线 (08)016－Ⅲ－14	垫　板　1 047 × 180 × 25	1	硫化垫板	
62	客专线 (08)016－Ⅲ－15	垫　板　1 127 × 180 × 25	1	硫化垫板	
63	客专线 (08)016－Ⅲ－16	垫　板　1 127 × 180 × 25	1	硫化垫板	

续上表

序号	图号 / 标准	名称及规格	数量	材　料	备　注
64	客专线 (08)016－Ⅲ－16	垫　板　1 187 × 180 × 25	1	硫化垫板	
65	客专线 (08)016－Ⅲ－16	垫　板　1 187 × 180 × 25	1	硫化垫板	
66	客专线 (07)004－Ⅲ－22	垫　板　1 187 × 180 × 25	1	硫化垫板	
67	客专线 (07)004－Ⅲ－22	垫　板　1 187 × 180 × 25	1	硫化垫板	
68	客专线 (07)004－Ⅲ－22	垫　板　1 234 × 180 × 25	1	硫化垫板	
69	客专线 (07)004－Ⅲ－23	垫　板　1 234 × 180 × 25	1	硫化垫板	
70	客专线 (07)004－Ⅲ－24	垫　板　1 300 × 180 × 25	1	硫化垫板	
71	客专线 (07)004－Ⅲ－25	垫　板　1 300 × 180 × 25	1	硫化垫板	
72	客专线 (07)004－Ⅲ－26	垫　板　1 367 × 180 × 25	1	硫化垫板	
73	客专线 (07)004－Ⅲ－27	垫　板　1 367 × 180 × 25	1	硫化垫板	
74	客专线 (07)004－Ⅲ－28	垫　板　1 467 × 180 × 25	1	硫化垫板	
75	客专线 (07)004－Ⅲ－29	垫　板　1 467 × 180 × 25	1	硫化垫板	
76	客专线 (07)004－Ⅲ－28	垫　板　1 467 × 180 × 25	1	硫化垫板	
77	客专线 (07)004－Ⅲ－30	垫　板　1 047 × 180 × 25	1	硫化垫板	
78	客专线 (07)001－Ⅴ－73	钢轨垫圈（三）　79	40	ZG 230－450	
79	客专线 (07)001－Ⅴ－65	顶铁用钢轨垫圈（二）	6	ZG 230－450	
80		施维格弹性夹　SSB2	13		
81	客专线 (07)001－Ⅴ－82	支距扣板　60/170－166－85	1	ZG 230－450	
82	客专线 (07)001－Ⅴ－82	支距扣板　60/147－142－73	1	ZG 230－450	
83	客专线 (07)001－Ⅴ－61A	顶铁座	16	QT400－15	
84	SCT 300－346	螺母防松帽　M27	82	ZG 230－450	
85	GB/T 5780	螺　栓　M24 × 110	14		普通顶铁用
86	GB/T 5780	螺　栓　M24 × 140	32		组合顶铁用
87	SCT 300－506	螺　栓　M27 × 120	12	10.9 级	用于两翼轨之间
88	GB/T 1228	螺　栓　M27 × 125	1	10.9 级	连接长短心轨用
89	GB/T 1228	螺　栓　M27 × 130	1	10.9 级	连接长短心轨用
90	SCT 300－506	螺　栓　M27 × 140	2	10.9 级	连接长短心轨用
91	SCT 300－506	螺　栓　M27 × 150	2	10.9 级	连接长短心轨用
92	SCT 300－506	螺　栓　M27 × 175	2	10.9 级	连接长短心轨用
93	SCT 300－506	螺　栓　M27 × 200	2	10.9 级	连接长短心轨用
94	SCT 300－506	螺　栓　M27 × 230	2	10.9 级	连接长短心轨用
95	SCT 300－506	螺　栓　M27 × 250	2	10.9 级	连接长短心轨用

续上表

序号	图号 / 标准	名称及规格	数量	材　料	备　注
96	SCT 300－506	螺　栓　M27×115	35	10.9 级	翼轨与长心轨用 24 个，叉跟尖轨与翼轨用 11 个
97	SCT 300－506	螺　栓　M27×120	17	10.9 级	连接叉跟轨心轨用 6 个，连接翼轨叉跟轨用 11 个
98	SCT 300－506	螺　栓　M27×130	6	10.9 级	连接叉跟轨心轨用
99	GB/T 31	螺　栓　M24×105	8		轨撑用
100	客专线 (07)001－Ⅴ－47	螺　栓　M24×80	13		护轨用
101	专线 4232－4	螺　栓　M24×60	160		弹条用
102	专线 4232－4	螺　栓　M24×80	4		单双边扣板用螺栓底部沉头处导圆角 *R*5
103	客专线 (07)001－Ⅴ－70	螺　栓　M24×110	8		轨撑用
104	客专线 (07)001－Ⅴ－70	螺　栓　M24×120	2		支距扣板用
105	客专线 (07)009－Ⅲ－36	垫　片　60D40/3.2－8/270	1	Q235	长短心轨用
106	客专线 (07)009－Ⅲ－36	垫　片　60D40/11.9－16.9/270	1	Q235	长短心轨用
107	客专线 (07)009－Ⅲ－36	垫　片　60D40/23.1－28.2/270	1	Q235	长短心轨用
108	客专线 (07)001－Ⅴ－8	垫板螺栓　A 型	129	45 号钢	
109	NS－02(b)	螺　母　M27G	84	10 级	
110	NS－02(b)	螺　母　M24	75		长心轨工作边一侧弹条用 8 个
111	NS－06	盖型螺母　－M24	174		
112	GB/T 1230	垫　圈　27	38		
113	GB/T 7244	垫　圈　24	75	65Mn	
114	NS－07	限位板　M24	169		
115	GB/T 7244	垫　圈　30	129	65Mn	
116	客专线 (07)001－Ⅴ－78	防转垫圈　60D40－0	14	KTH 330－08	
117	客专线 (07)001－Ⅴ－39	防转垫圈　60D40－3	8	KTH 330－08	
118	客专线 (07)009－Ⅲ－35	垫　圈	2	65Mn	
119	客专线 (07)009－Ⅲ－35	垫　圈	10	65Mn	
120	客专线 (07)001－Ⅴ－9	盖　板	129		
121	客专线 (07)001－Ⅴ－81	夹　板　940/B	1	Q235	
122	客专线 (07)001－Ⅴ－74	夹　板　400/C	2	Q235	
123	客专线 (07)001－Ⅴ－75	夹　板　440	1	Q235	
124	专线 3351－3	Ⅱ型弹条	162	60Si2Mn	
125	客专线 (07)001－Ⅴ－6	轨距块　60/10－12	63	ZG 230－450	
126	客专线 (07)001－Ⅴ－6	轨距块　60/9－11	96	ZG 230－450	

续上表

序号	图号 / 标准	名称及规格	数量	材　料	备　注
127	客专线 (07)001－Ⅴ－43	护轨调整片　140 × 60 × $\begin{matrix}2\\3\end{matrix}$	26 13	Q235	
128	客专线 (07)001－Ⅴ－91	顶铁调整片　90 × 70 × $\begin{matrix}1 & 1\\2 & 0\end{matrix}$	各 8	镀锌板	翼轨普通顶铁备用
129	客专线 (07)001－Ⅴ－92	顶铁调整片　170 × 50 × $\begin{matrix}1 & 1\\2 & 0\end{matrix}$	各 3	镀锌板	心轨顶铁备用
130	专线 4171－29	顶铁调整片　170 × 50 × $\begin{matrix}1 & 1\\2 & 0\end{matrix}$	各 16	镀锌板	翼轨组合顶铁备用
131	GB/T 91	开口销　4 × 80	82	Q235	
132	客专线 (07)009－Ⅲ－33	防跳卡铁	1	ZG 230－450	
133	客专线 (07)009－Ⅲ－33	防跳卡铁	1	ZG 230－450	
134	客专线 (07)009－Ⅲ－33	防跳卡铁	1	ZG 230－450	
135	客专线 (07)009－Ⅲ－33	防跳卡铁	1	ZG 230－450	
162	客专线 (07)001－Ⅴ－73	钢轨垫圈（三）　89	8	KTH 330－08	
163	客专线 (07)001－Ⅴ－47	螺　栓　M24 × 120	8	10.9 级	防跳卡铁用
164	NS－02(b)	螺　母　M24G	8	10 级	防跳卡铁用
165	客专线 (07)001－Ⅴ－86	翼轨用防转垫圈	8	KTH 330－08	
166	GB/T 91	开口销　5 × 35	8	Q235	
167	客专线 (07)001－Ⅴ－59	螺母罩　24	8	尼龙	
136	客专线 (07)001－Ⅴ－10	缓冲调距块　6－9	120	玻璃纤维	
137	客专线 (07)001－Ⅴ－51	橡胶垫板　60－290－104/7	4	橡胶	
138	客专线 (07)001－Ⅴ－51	橡胶垫板　60－290－149/7	4	橡胶	
139	客专线 (07)001－Ⅴ－51	橡胶垫板　60－210－149/7	26	橡胶	
140	客专线 (07)001－Ⅴ－51	橡胶垫板　60－200－149/5	13	橡胶	
141	客专线 (07)001－Ⅴ－51	橡胶垫板　60－210－149/5	21	橡胶	
142	客专线 (07)001－Ⅴ－51	橡胶垫板　60－210－130/5	1	橡胶	
143	客专线 (07)001－Ⅴ－51	橡胶垫板　60－210－135/5	1	橡胶	
144	客专线 (07)001－Ⅴ－51	橡胶垫板　60－210－142/5	1	橡胶	
145	客专线 (07)001－Ⅴ－51	橡胶垫板　60－170－149/5	8	橡胶	
146	客专线 (07)001－Ⅴ－13	调高垫板　2－528 × 182 × 410 × $\begin{matrix}1\\2\end{matrix}$ －0	13 13	橡塑	
147	客专线 (07)001－Ⅴ－13	调高垫板　3－1 057 × 190 × 939 × 469.5 × $\begin{matrix}1\\2\end{matrix}$	3 3	橡塑	

续上表

序号	图号 / 标准	名称及规格	数量	材　料	备　注
148	客专线 (07)001－V－13	调高垫板　$3-1\,005\times190\times887\times443.5\times\frac{1}{2}$	3 3	橡塑	
149	客专线 (07)001－V－13	调高垫板　$2-949\times190\times831\times\frac{1}{2}-0$	2 2	橡塑	
150	客专线 (07)001－V－13	调高垫板　$2-897\times190\times779\times\frac{1}{2}-0$	4 4	橡塑	
151	客专线 (07)001－V－13	调高垫板　$2-841\times190\times723\times\frac{1}{2}-0$	1 1	橡塑	
152	客专线 (07)001－V－13	调高垫板　$2-930\times270\times812\times\frac{1}{2}-0$	4 4	橡塑	
153	客专线 (07)001－V－13	调高垫板　$2-1\,005\times190\times887\times\frac{1}{2}-0$	1 1	橡塑	
154	客专线 (07)001－V－13	调高垫板　$2-1\,057\times190\times939\times\frac{1}{2}-0$	1 1	橡塑	
155	客专线 (07)001－V－13	调高垫板　$2-1\,137\times190\times1\,019\times\frac{1}{2}-0$	2 2	橡塑	
156	客专线 (07)001－V－13	调高垫板　$2-1\,197\times190\times1\,079\times\frac{1}{2}-0$	4 4	橡塑	
157	客专线 (07)001－V－13	调高垫板　$2-1\,244\times190\times1\,126\times\frac{1}{2}-0$	2 2	橡塑	
158	客专线 (07)001－V－13	调高垫板　$2-1\,310\times190\times1\,192\times\frac{1}{2}-0$	2 2	橡塑	
159	客专线 (07)001－V－13	调高垫板　$2-1\,377\times190\times1\,259\times\frac{1}{2}-0$	2 2	橡塑	
160	客专线 (07)001－V－13	调高垫板　$3-1477\times190\times1359\times679.5\times\frac{1}{2}-0$	3 3	橡塑	
161	客专线 (07)001－V－13	调高垫板　$2-710\times190\times592\times\frac{1}{2}-0$	13 13	橡塑	

客专线 (08)016 电务主要参数

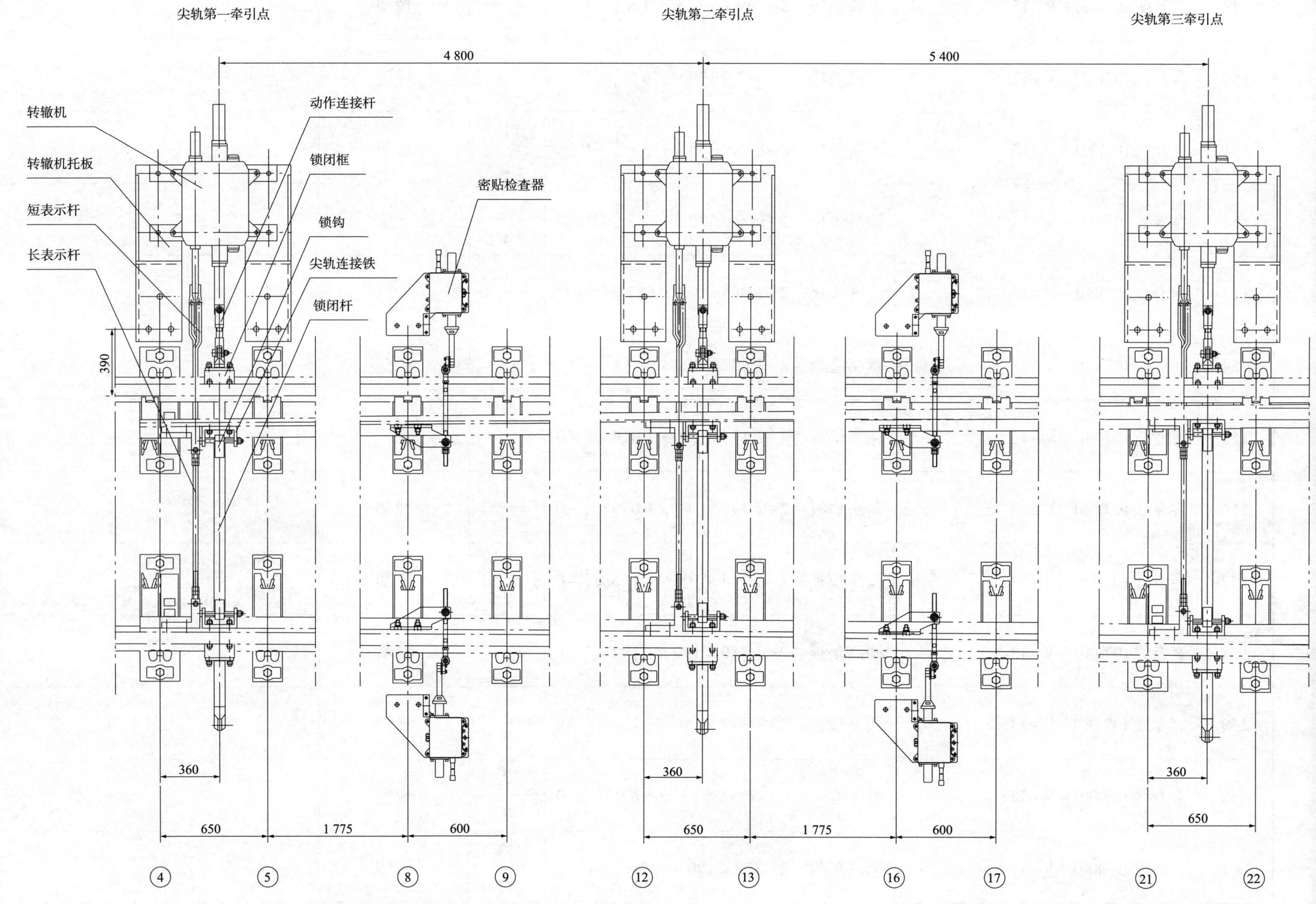

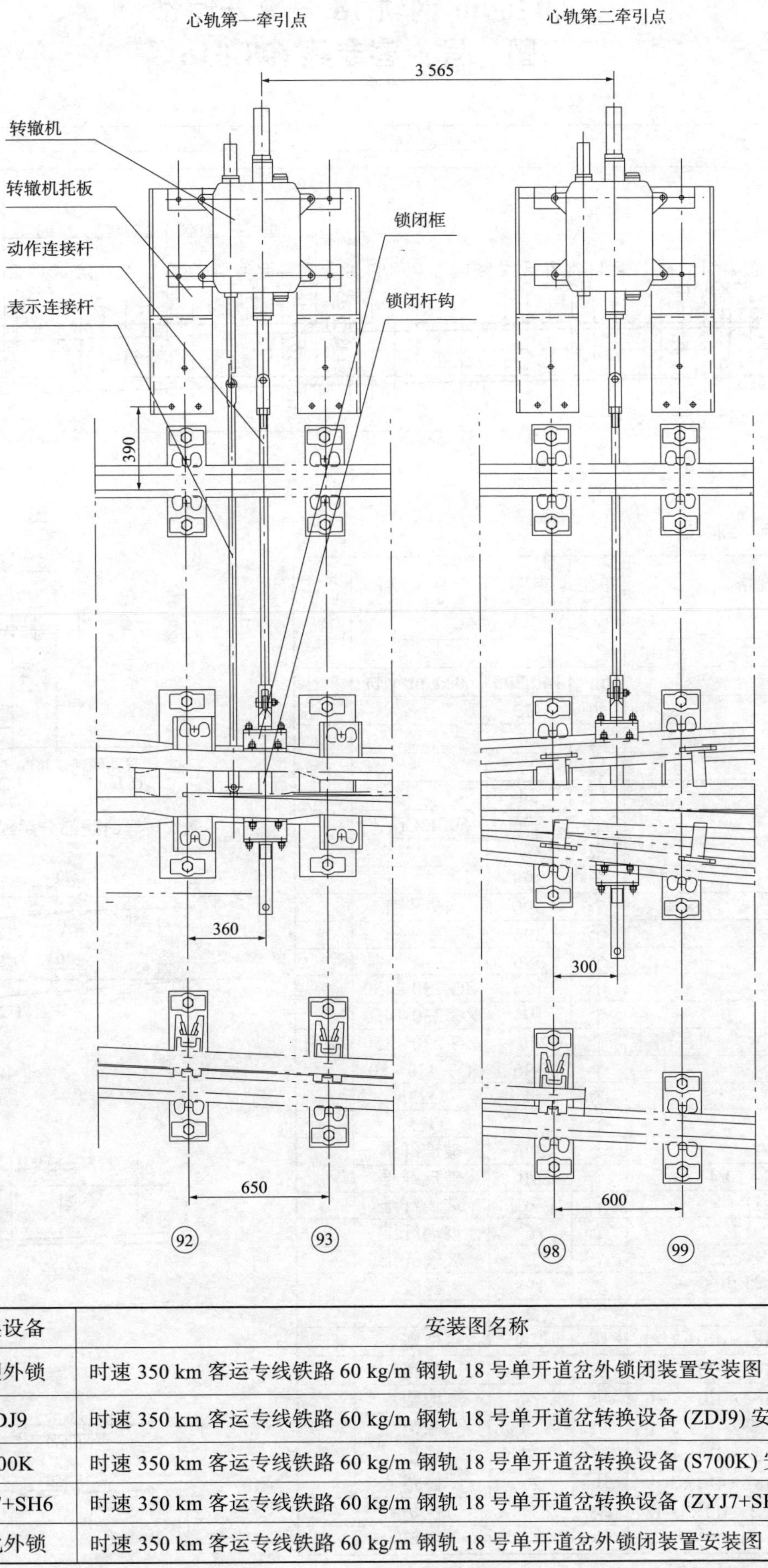

转换设备	安装图名称	安装图号	锁闭方式
钩型外锁	时速 350 km 客运专线铁路 60 kg/m 钢轨 18 号单开道岔外锁闭装置安装图	客专线 (07)010－Ⅰ	外锁闭
ZDJ9	时速 350 km 客运专线铁路 60 kg/m 钢轨 18 号单开道岔转换设备 (ZDJ9) 安装图	客专线 (07)010－Ⅱ	外锁闭
S700K	时速 350 km 客运专线铁路 60 kg/m 钢轨 18 号单开道岔转换设备 (S700K) 安装图	客专线 (07)010－Ⅳ	外锁闭
ZYJ7+SH6	时速 350 km 客运专线铁路 60 kg/m 钢轨 18 号单开道岔转换设备 (ZYJ7+SH6) 安装图	客专线 (07)010－Ⅴ	外锁闭
优化外锁	时速 350 km 客运专线铁路 60 kg/m 钢轨 18 号单开道岔外锁闭装置安装图	客专线 (07)010－Ⅹ	外锁闭

60 kg/m 钢轨 18 号单开道岔
图　号：客专线 (08)016

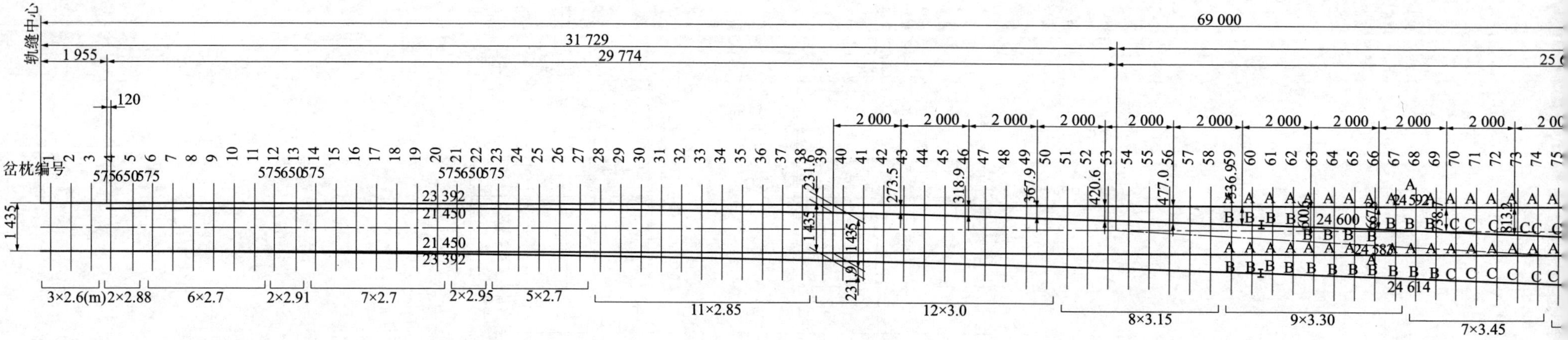

图 1　转辙器部分轨距示意图

表 1　明　细　表

序号	图号 / 标准	名称及规格	单位	数量	材　料	备注
1	客专线 (08)016－Ⅱ－2	转辙器		1		
2	客专线 (08)016－Ⅲ－3	可动心轨辙叉	组	1		
3	TB/T 2344	钢　轨	m	140.293	60 kg/m 钢轨	
4	客专线 (07)001－Ⅴ－4	弹性垫板　60－0	块	113		
5	客专线 (07)001－Ⅴ－4	弹性垫板　60－6	块	24		
6	客专线 (07)001－Ⅴ－4	弹性垫板　60－9	块	27		
7	客专线 (07)001－Ⅴ－4	弹性垫板　60－12	块	34		
8	专线 3351－3	Ⅱ型弹条	个	396	60Si2CrVA	
9	专线 4232－4	螺　栓　M24×60	根	396		
10	NS－06	螺　母　M24	个	396		
11	客专线 (07)001－Ⅴ－8	垫板螺栓　A 型	个	396	45 号钢	
12	NS－07	限位板	个	396		
13	GB/T 7244	弹簧垫圈　30	个	396		
14	客专线 (07)001－Ⅴ－6	轨距块　60/10－12	个	194	ZG 230－450	
15	客专线 (07)001－Ⅴ－6	轨距块　60/9－11	个	194	ZG 230－450	
16	客专线 (07)001－Ⅴ－6	轨距块　60/8－13	个	40	ZG 230－450	备用
17	客专线 (07)001－Ⅴ－9	盖　板	个	396	QT 450－10	
18	客专线 (07)001－Ⅴ－80	挡砟板　650	个	4	Q235	
19	客专线 (07)001－Ⅴ－80	挡砟板　600	个	1	Q235	
20	客专线 (07)001－Ⅴ－10	缓冲调距块　6－9	个	396	玻璃纤维	
21	客专线 (07)001－Ⅴ－10	缓冲调距块　7－8/5－10/4－11	个	90	玻璃纤维	
22	客专线 (07)001－Ⅴ－49	绝缘轨距块　60/9－11	个	6	玻璃纤维	
23	客专线 (07)001－Ⅴ－49	绝缘轨距块　60/10－12	个	6	玻璃纤维	
24	客专线 (07)001－Ⅴ－76	弹条绝缘帽	个	32	玻璃纤维	
25	客专线 (07)001－Ⅴ－51	橡胶垫板　60－200－149/5	块	198	橡胶	
26	专线 3417	钢轨胶接绝缘接头	组	2		
27	客专线 (07)001－Ⅴ－13	调高垫板　2－528×182×410×1－0	块	109	橡塑	
		调高垫板　2－528×182×410×2－0	块	109	橡塑	
28	客专线 (07)001－Ⅴ－13	调高垫板　2－528×182×410×1－6	块	24	橡塑	
		调高垫板　2－528×182×410×2－6	块	24	橡塑	
29	客专线 (07)001－Ⅴ－13	调高垫板　2－528×182×410×1－9	块	27	橡塑	
		调高垫板　2－528×182×410×2－9	块	27	橡塑	
30	客专线 (07)001－Ⅴ－13	调高垫板　2－528×182×410×1－12	块	34	橡塑	
		调高垫板　2－528×182×410×2－12	块	34	橡塑	

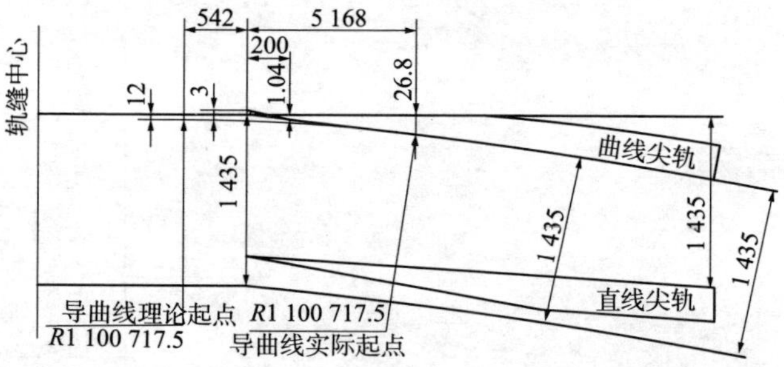

图 2　导曲线部分跳线孔位置示意图 (ZPW2000－A 轨道电路)

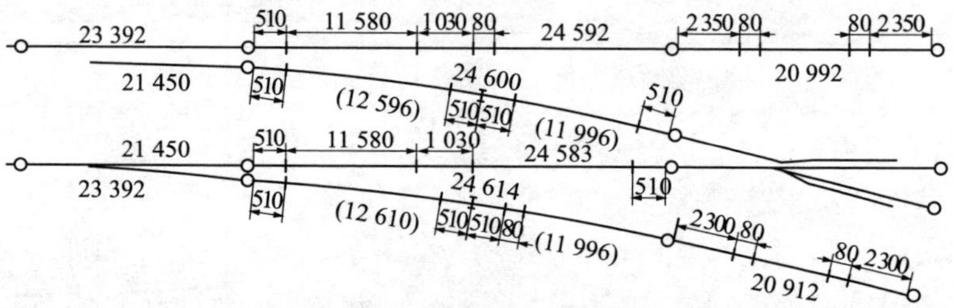

图 3　开通侧股时心轨支距

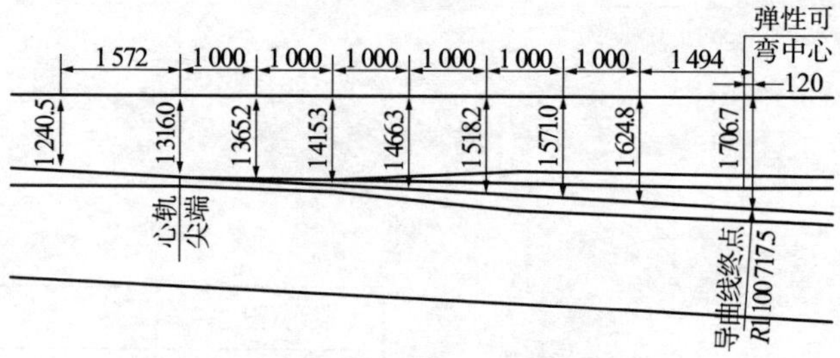

图 4　绝缘接头设在直股

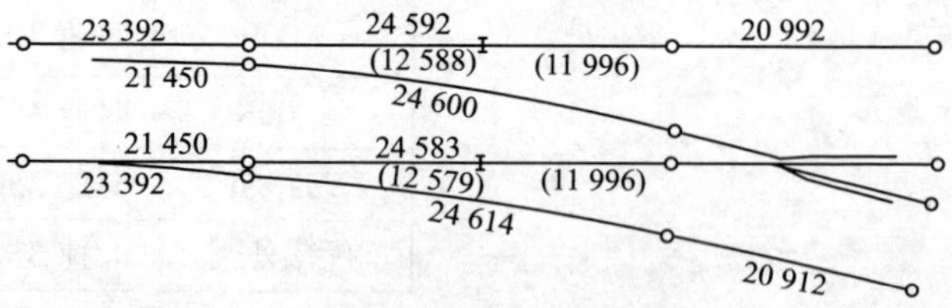

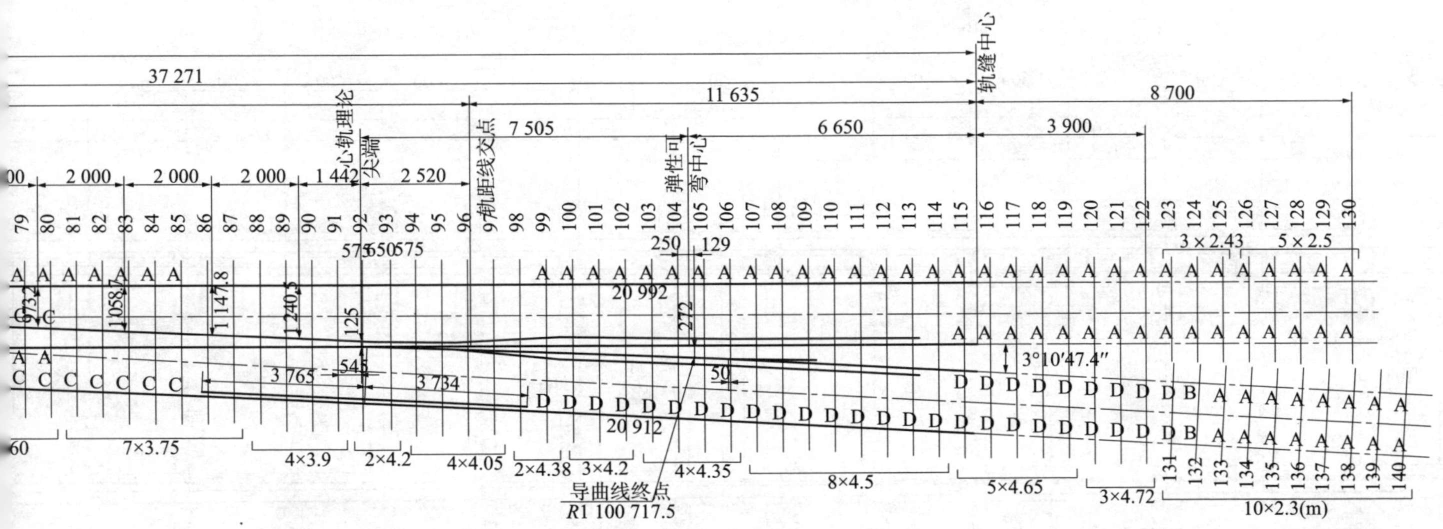

图 5　绝缘接头设在侧股

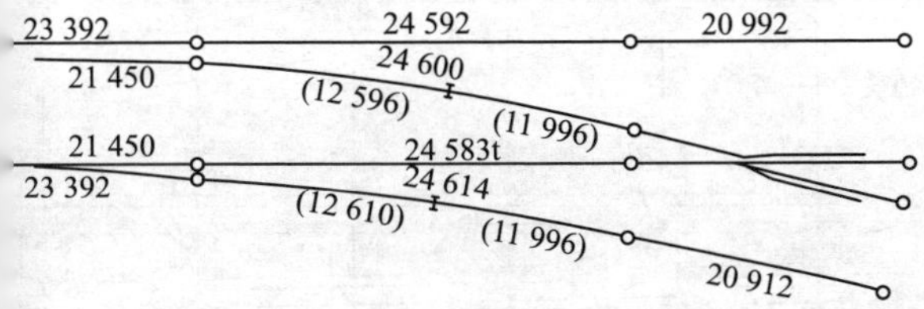

6　导曲线部分跳线孔位置示意图 (25 Hz 轨道电路)

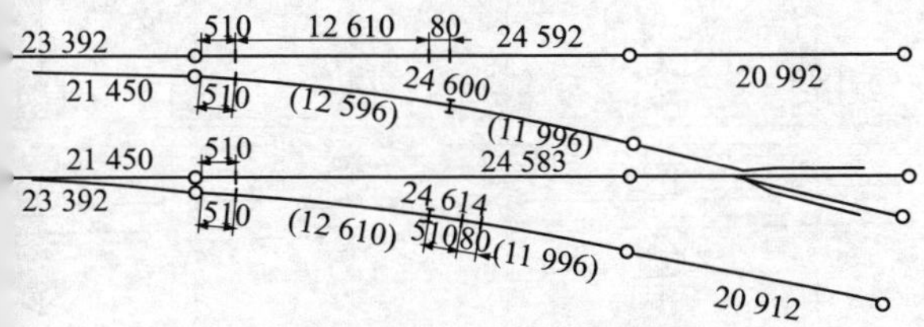

技　术　要　求

本道岔轨距均为 1 435 mm。岔枕均按垂直于正线方向布置，岔枕间距除注明者外均为 600 mm。

图中轨道电路钢轨绝缘接头及焊接接头分别以"ᅮ"及"—○—"表示。轨道电路绝缘接头位置可以根据实际需要进行设置，其配轨长度按图 4、图 5。设置胶接绝缘的钢轨按括号内的数字断开。

本道岔均采用铝热焊钢轨接头，为便于厂内试铺和组装，本图采用图 4、图 5 所示的配轨长度，轨缝均为 8 mm，焊接时需现场锯轨。具体配轨长度可由用户订货时与道岔厂协商确定，有条件时应尽量采用长配轨。

图中 A、B、C、D 分别表示垫板 60-0、60-6、60-9、60-12。

铺设混凝土岔枕时，带编号一侧铺设在道岔直股外侧，侧股辙后短岔枕带编号一侧铺设在道岔侧股外侧。

明细表中的调高垫板为每 5 组道岔备一组的数量。

7. 当用于 5 m 线间距时，137～140 号岔枕 (含枕上垫板及扣件) 取消；
当用于 4.6 m 线间距时，131～140 号岔枕 (含枕上垫板及扣件) 取消。

8. 本道岔适用于跨区间无缝线路，允许铺设轨温范围见下表：

采用优化后钩型外锁闭机构 (允许伸缩位移量为 30 mm)			采用 ZTS 型自调式钩型外锁闭机构 (允许伸缩位移量为 50 mm)		
尖轨跟端结构形式	最大升温幅度 (℃)	最大降温幅度 (℃)	尖轨跟端结构形式	最大升温幅度 (℃)	最大降温幅度 (℃)
限位器	49	57	限位器	49	57
间隔铁	43	51	不设传力机构	45	55
不设传力机构	45	45			

9. 道岔主要结构特点：

(1) 尖轨为相离半切线型，采用 21.45 m 长的 60D40 弹性可弯尖轨，尖轨尖端为藏尖式。

(2) 转辙器间隔设置带滚轮的滑床板和防跳限位装置，基本轨内侧采用弹性夹扣压。

(3) 翼轨跟端用间隔铁分别与长心轨和叉跟轨胶接，胶接层厚度不大于 1 mm，技术要求参照 TB/T 2975《胶接绝缘钢轨技术条件》。

(4) 本图部分垫板金属件与时速 350 km 60－18 号道岔相同，垫板硫化橡胶形式不同，定货时应明确，同时注意硫化后垫板标记，以便区分。

(5) 绝缘接头两侧采用绝缘轨距块。

(6) 轨距块及缓冲调距块的号码配置见下表：

滑床板及护轨垫板					一般部位						
单股钢轨位置	钢轨内侧缓冲调距块 外侧	钢轨内侧缓冲调距块 内侧	钢轨外侧缓冲调距块 内侧	钢轨外侧缓冲调距块 外侧	单股钢轨位置	钢轨内侧缓冲调距块 外侧	钢轨内侧缓冲调距块 内侧	钢轨内侧轨距块	钢轨外侧轨距块	钢轨外侧缓冲调距块 内侧	钢轨外侧缓冲调距块 外侧
0	6	9	6	9	0	6	9	10	11	6	9
+1	5	10	5	10	+1	6	9	11	10	6	9
+2	4	11	4	11	+2	6	9	12	9	6	9
－1	7	8	7	8	－1	6	9	9	12	6	9
－2	8	7	8	7	－2	9	6	11	10	9	6
－3	9	6	9	6	－3	9	6	10	11	9	6
－4	10	5	10	5	－4	9	6	9	12	9	6

表 2　岔枕数量表

序号	岔枕长度 (m)	单位	数量	备注
1	2.6	根	3	7.80
2	2.88	根	2	5.76
3	2.91	根	2	5.82
4	2.7	根	18	48.6
5	2.95	根	2	5.90
6	2.85	根	11	31.4
7	3.0	根	12	36.0
8	3.15	根	8	25.2
9	3.3	根	9	29.7
10	3.45	根	7	24.2
11	3.6	根	6	21.6
12	3.75	根	7	26.3
13	3.9	根	4	15.6
14	4.2	根	5	16.8
15	4.05	根	4	16.2
16	4.38	根	2	4.38
17	4.35	根	4	17.4
18	4.5	根	8	36.0
19	4.65	根	5	23.3
20	4.72	根	3	14.2
21	2.43	根	3	7.29
22	2.5	根	5	12.5
23	2.3	根	10	18.4

10. 道岔用螺母可以采用其他同等级的防松螺母。

11. 道岔工电接口尺寸应用专用样板检查。

12. 本道岔可采用调高垫板在橡胶垫板与岔枕之间调高，最大调高量 10 mm，调高垫板见客专线 (07)001－Ⅴ－13。本设计每 5 组道岔备一组调高垫板，每块铁垫板备 1 mm、2 mm 厚调高垫板各一块，不足时，由用户根据调高量另行订货。

13. 道岔扣件系统节点竖向刚度为 50～60 kN/mm，当道岔前后线路扣件系统节点竖向刚度与岔区不一致时，应在道岔前后设置过渡段。直向过渡段长度不宜短于 48 m，侧向不宜短于 12 m，在该范围内可设置一级至多级轨道刚度过渡。轨道刚度的每级过渡长度不宜短于 9 m，过渡段的其他要求见《客运专线道岔铺设技术条件》的规定，过渡段的具体长度，材料规格，数量按线路设计的规定，并由用户另行订货。

14. 导曲线钢轨和辙叉基本轨厂内预钻跳线孔，以 ϕ9.8 mm 钻头钻孔，孔高距轨底 79 mm，跳线按 ZPW2000－A 轨道电路和 25 Hz 相敏轨道电路两种形式设置，具体位置见图。

60 kg/m 钢轨 18 号单开道岔转辙器
图　号：客专线 (08)016 – II – 2

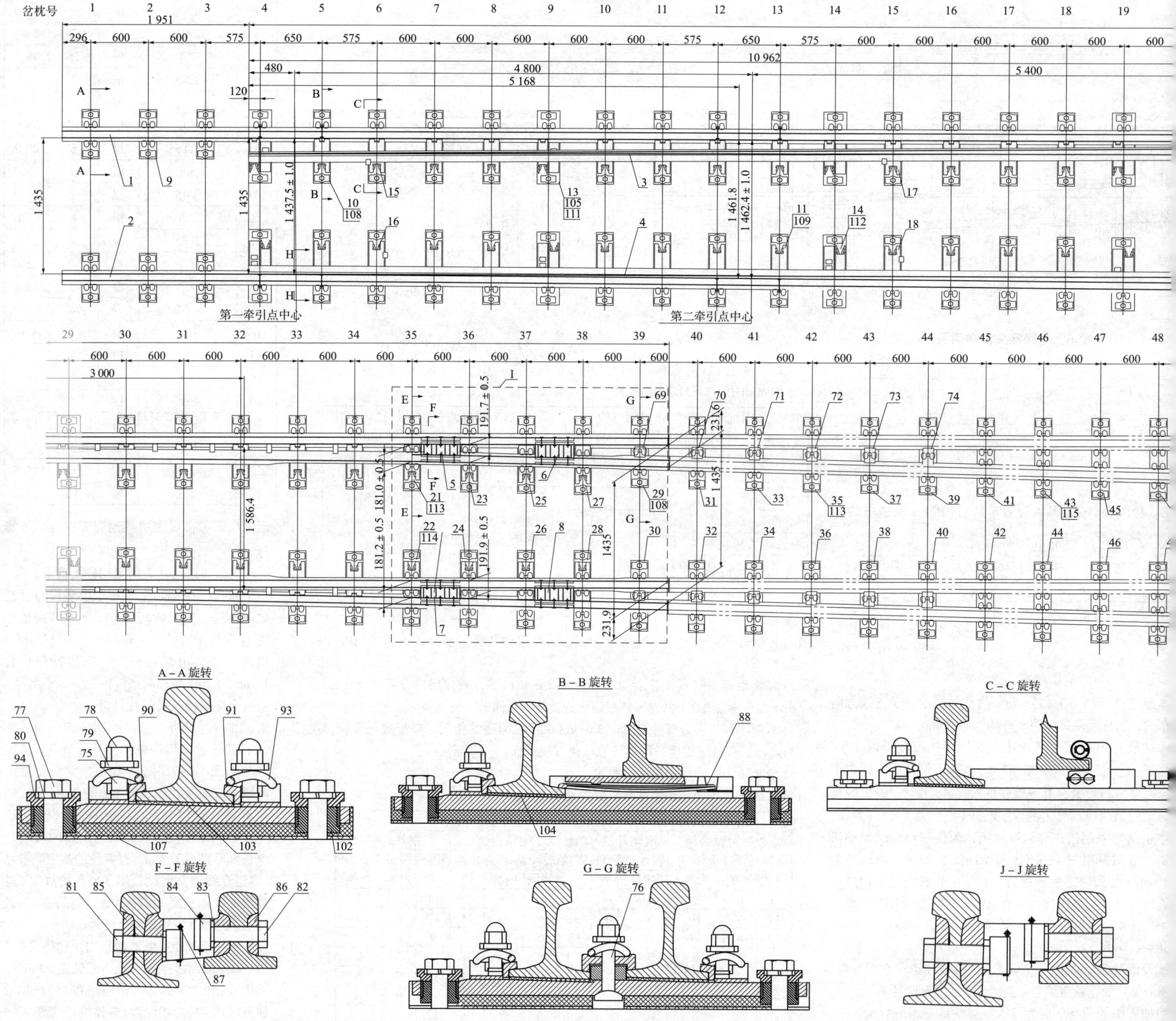

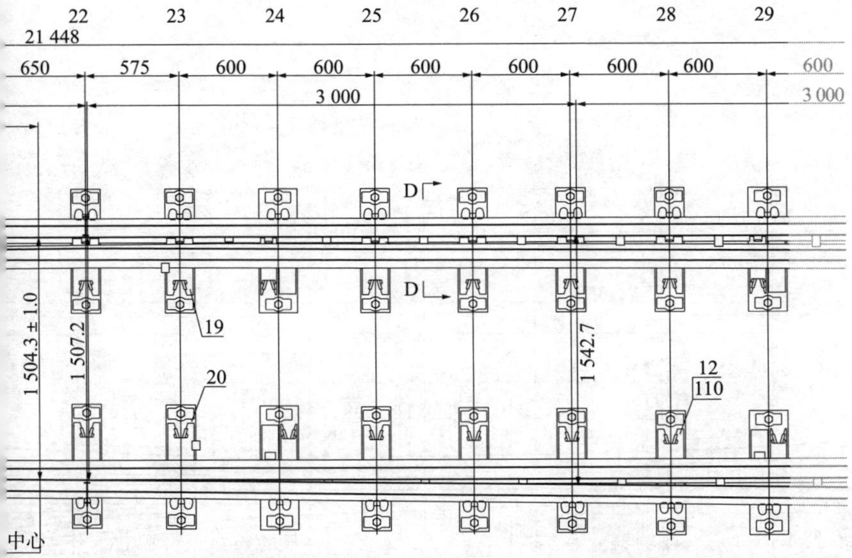

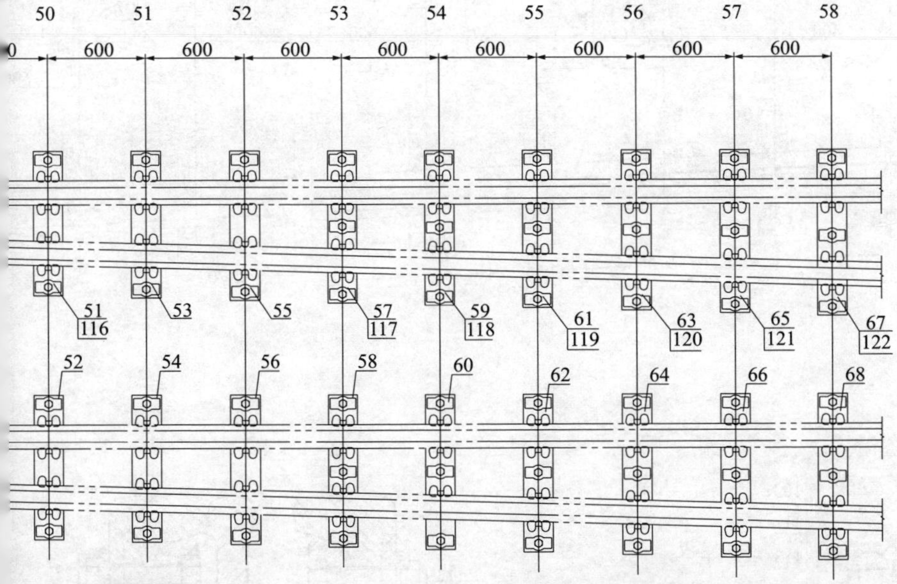

D－D 旋转

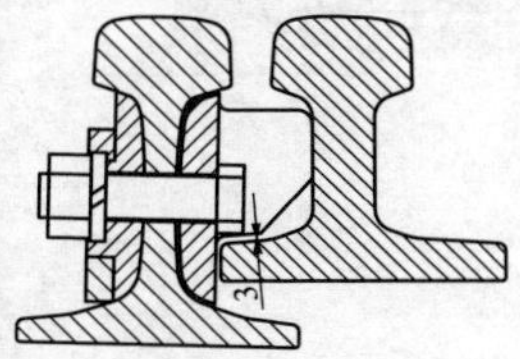

E－E 旋转

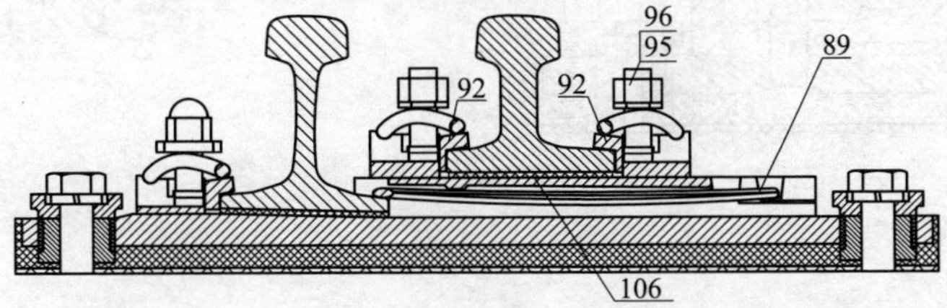

H－H 旋转

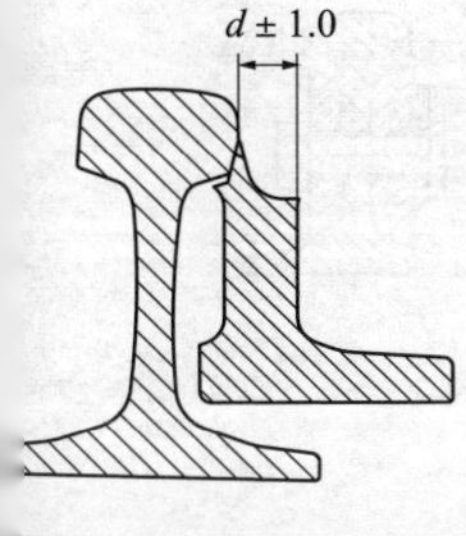

d(mm)	第一牵引点中心	第二牵引点中心	第三牵引点中心
上股	25.5	38.0	52.0
下股	24.8	30.6	51.0

技 术 要 求

1. 尖轨跟端按采用间隔铁、限位器和不设传力结构三种方案设计，当采用限位器时，局部布置图见图Ⅰ，当不设传力结构时，取消相应的间隔铁或限位器。
2. 防跳顶铁组装后，在顶紧状态时与尖轨轨底上表面间隙为 3 mm。
3. 防跳限位装置接触间隙要求详见客专线 (07)001－Ⅴ－31。
4. 所有三孔铁垫板中间一孔不安装缓冲调距块。
5. 组装后密贴时，曲线尖轨支距见图 1。
6. 辙后支距扣板螺栓自上而下安装，在硫化垫板底部旋转 90° 向上提，再安装垫圈、螺母。
7. 调高垫板为备用垫板，供养护维修使用。
8. 图中标注的曲基本轨顶铁处支距值是在曲基本轨顶铁中间位置按垂直于直尖轨工作边测量值，直基本轨顶铁处支距值是在直基本轨顶铁中间位置按垂直于直基本轨工作边测量值，由于上、下支距值相差较小，故按上、下支距值相同制造和检验。
9. 辊轮滑床板 4、9、14 号岔枕用双辊轮，其余用单辊轮。

Ⅰ

转辙器跟端采用限位器

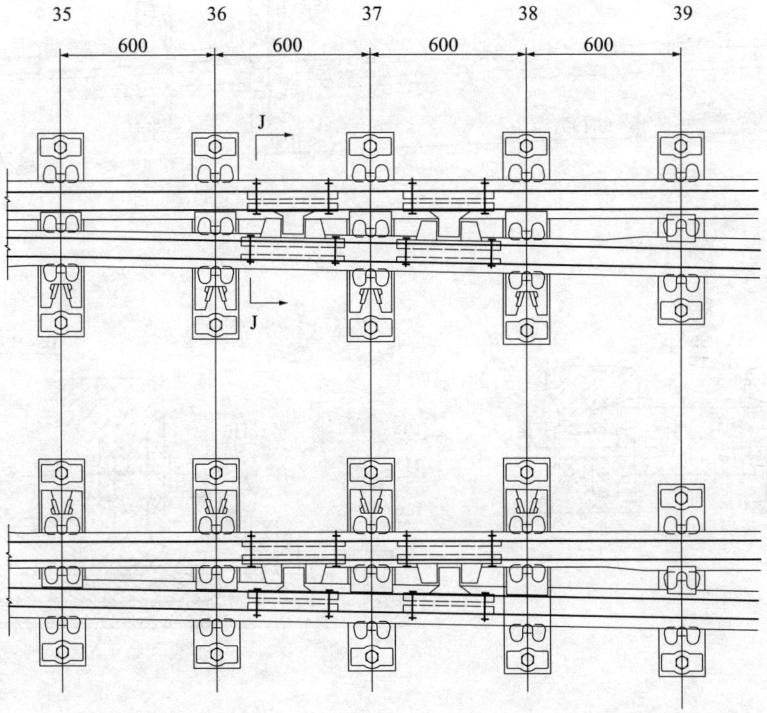

图 1 曲线尖轨支距图

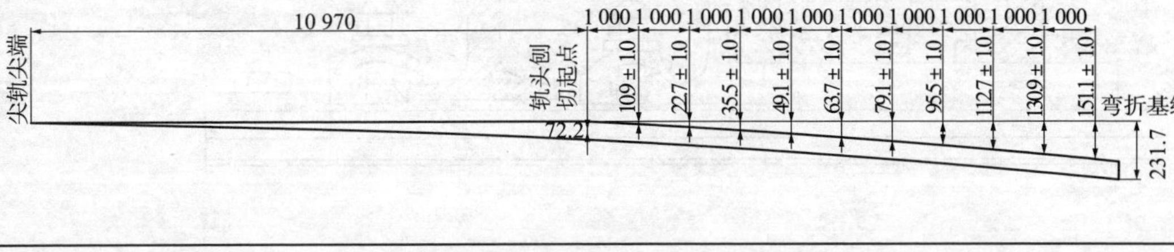

60 kg/m 钢轨 18 号单开道岔可动心轨辙叉

图　号：客专线 (08)016－III－3

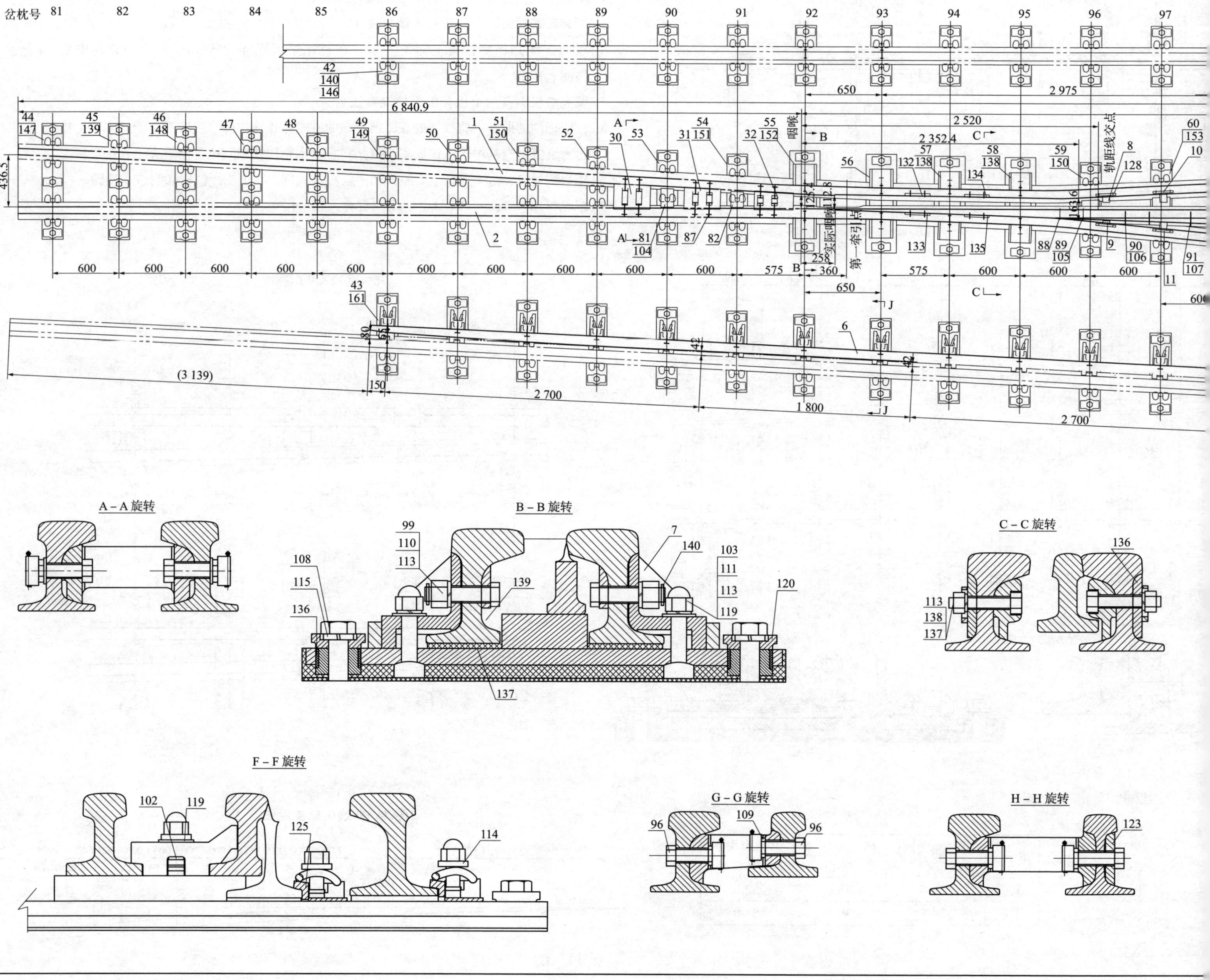

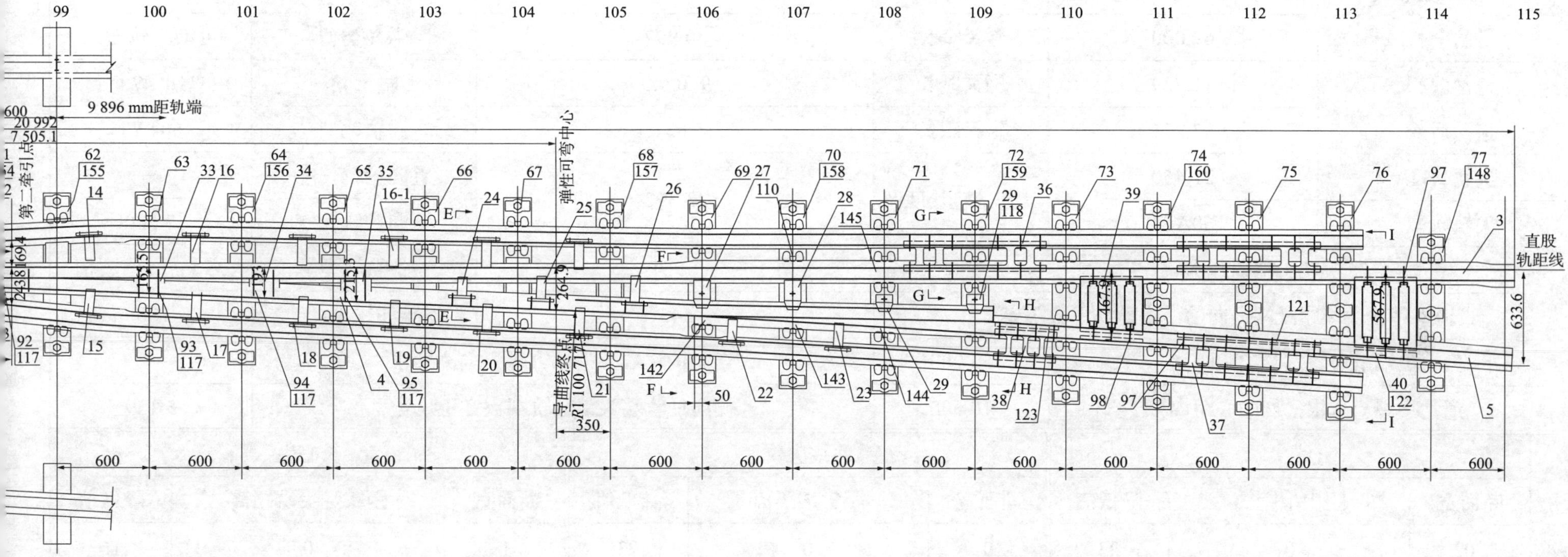

D－D 旋转

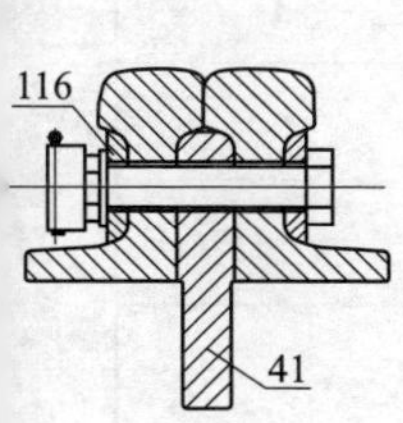

E－E 旋转

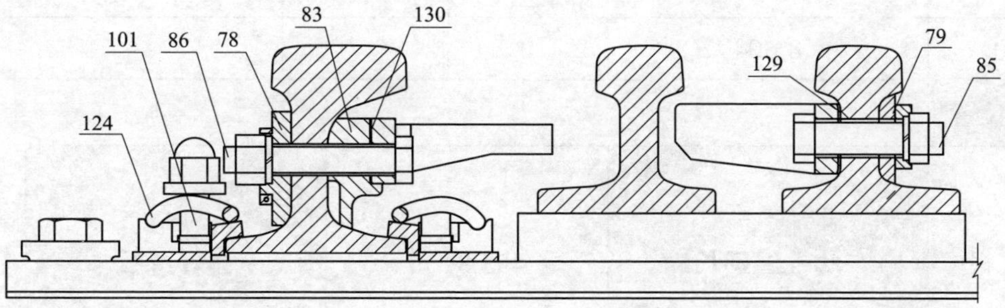

I－I 旋转

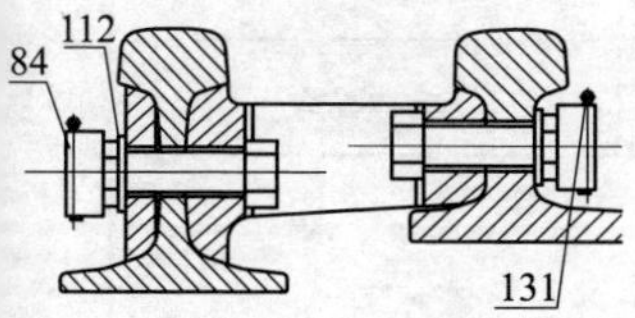

J－J 旋转

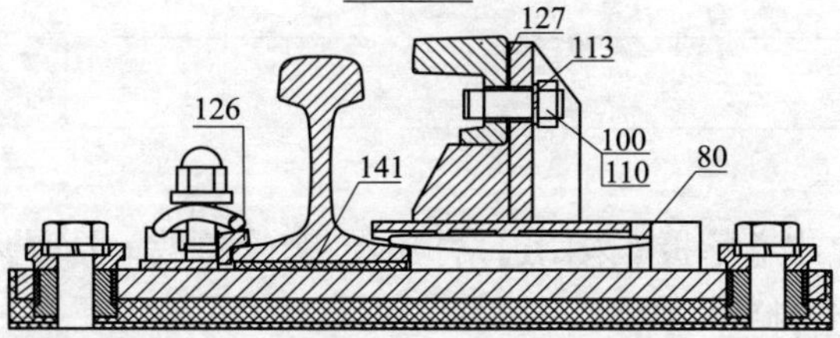

技 术 要 求

1. 长短心轨连接用的长螺栓安装防转片。
2. 序号 88、89、90、91 螺栓短心轨一侧不设钢轨垫圈。
3. 心轨实际尖端与翼轨实际咽喉的距离不得小于 25 mm。
4. 顶铁组装后在顶紧状态，与心轨轨底上表面的间隙为 3 mm。
5. 所有三孔铁垫板中间一孔不安装缓冲调距块。
6. 82～98 号枕翼轨轨下采用 7 mm 厚的橡胶垫板。99～113 号枕翼轨轨下不设橡胶垫板。
7. 支距扣板螺栓自上而下安装，在硫化垫板底部旋转 90° 向上提，再安装垫圈、螺母。

4. 客运专线铁路 60 kg/m 钢轨 18 号单开道岔 (无砟)
设计图号：客专线 (07)009

道岔允许通过速度	客车	$v_{直}$≤ 350 km/h；$v_{侧}$≤ 80 km/h		扣件类型	Ⅱ型弹条
	货车	—		轨底坡	1 : 40
转辙器跟端形式	■限位器 ■间隔铁 ■不设传力机构 □间隔铁活接头			锁闭方式	外锁闭
道岔全长	69 000	辙叉全长	20 992	辙叉类型	可动心轨辙叉
道岔前长	31 729	辙叉趾长	9 360.9	辙叉角	3°10′47.4″
道岔后长	37 271	辙叉跟长	11 631.1	翼轨轨型	60TY1
尖轨长度	21 450	基本轨长度	23 392	直向护轨长度	—
尖轨轨型	60AT2			侧向护轨长度	7 500
尖轨尖端前基本轨长度			1 951	护轨轨型	33 kg/m 槽型钢
辙叉理论尖端距趾端方向前一根岔枕中心距离			545	导曲线半径	1 100 m
尖轨尖端至心轨实际尖端距离		53 200	直向护轨端头距导轨端头定位尺寸		—
道岔终端至末根岔枕中心距离		10 500	侧向护轨端头距导轨端头定位尺寸		3 139

降低值	直线尖轨			曲线尖轨			长心轨		
	断面宽	距尖端距离	降低值	断面宽	距尖端距离	降低值	断面宽	距实际尖端距离	降低值
	0	0	23	0	0	23	1	0	16
	5	575	14	5	964	14	22.5	389	4
	15	2 889	3	20	3 855	3	40	923	1.4
	35	6 569	0.5	35	6 574	1.3	50	1 225	0
	40	7 304	0	50	8 604	0			

最大构造加宽	—	测量位置	—			
岔枕图号 客专线 (07)002	岔枕总数	144 根	岔枕展延长	453.81 m	套管总数	785(913)
道岔板 研线 0907－Ⅰ－3						
转换设备图号 —	尖轨动程	160、118、71			心轨动程	119、59
批准文号	—				应用情况	★★★
主要结构特点	1. 适用于客运专线高速铁路。 2. 轨下基础可采用混凝土岔枕或道岔板 (采用道岔板时，套管总数为括号内数字)。 3. 道岔预留了融雪装置安装条件。 4. 转辙器间隔设置带减摩辊轮的滑床板和防跳限位装置。					

转辙器明细表

序号	图号/标准	名称及规格	数量	材 料	备 注
1	客专线(07)009-Ⅱ-4	直基本轨 23 392	1		
2	客专线(07)009-Ⅱ-5	曲基本轨 23 392	1		
3	客专线(07)009-Ⅱ-6	曲线尖轨 21 450	1		
4	客专线(07)009-Ⅱ-7	直线尖轨 21 450	1		
5	客专线(07)001-Ⅴ-21	间隔铁 160-167/A	1		
6	客专线(07)001-Ⅴ-21	间隔铁 182-190/A	1		
7	客专线(07)001-Ⅴ-22	间隔铁 161-168/B	1		
8	客专线(07)001-Ⅴ-22	间隔铁 183-191/B	1		
9	客专线(07)001-Ⅴ-4	弹性铁垫板 W60-0	6		
10	客专线(07)001-Ⅴ-29	滑床板 W60-0	28		
11	客专线(07)001-Ⅴ-29	滑床板 W60-3	10		
12	客专线(07)001-Ⅴ-29	滑床板 W60-6	6		
13	客专线(07)001-Ⅴ-30	辊轮滑床板 W60-0	8		
14	客专线(07)001-Ⅴ-30	辊轮滑床板 W60-3	4		
15	客专线(07)001-Ⅴ-31	限位防跳装置 W60-0/116	1		
16	客专线(07)001-Ⅴ-31	限位防跳装置 W60-0/119	1		
17	客专线(07)001-Ⅴ-31	限位防跳装置 W60-0/149	1		
18	客专线(07)001-Ⅴ-31	限位防跳装置 W60-3/159	1		
19	客专线(07)001-Ⅴ-31	限位防跳装置 W60-0/175	1		
20	客专线(07)001-Ⅴ-31	限位防跳装置 W60-3/175	1		
21	客专线(07)009-Ⅱ-8	垫 板 831	1		
22	客专线(07)009-Ⅱ-9	垫 板 831	1		
23	客专线(07)009-Ⅱ-8	垫 板 831	1		
24	客专线(07)009-Ⅱ-9	垫 板 831	1		
25	客专线(07)009-Ⅱ-8	垫 板 831	1		
26	客专线(07)009-Ⅱ-9	垫 板 831	1		
27	客专线(07)009-Ⅱ-8	垫 板 831	1		
28	客专线(07)009-Ⅱ-9	垫 板 831	1		
29	客专线(07)009-Ⅱ-10	垫 板 770	1		
30	客专线(07)009-Ⅱ-11	垫 板 770	1		
31	客专线(07)009-Ⅱ-10	垫 板 770	1		
32	客专线(07)009-Ⅱ-11	垫 板 770	1		
33	客专线(07)009-Ⅱ-10	垫 板 770	1		

续上表

序号	图号 / 标准	名称及规格	数量	材 料	备 注
34	客专线 (07)009－Ⅱ－11	垫 板 770	1		
35	客专线 (07)009－Ⅱ－10	垫 板 831	1		
36	客专线 (07)009－Ⅱ－11	垫 板 831	1		
37	客专线 (07)009－Ⅱ－10	垫 板 831	1		
38	客专线 (07)009－Ⅱ－11	垫 板 831	1		
39	客专线 (07)009－Ⅱ－10	垫 板 831	1		
40	客专线 (07)009－Ⅱ－11	垫 板 831	1		
41	客专线 (07)009－Ⅱ－12	垫 板 831	1		
42	客专线 (07)009－Ⅱ－13	垫 板 831	1		
43	客专线 (07)009－Ⅱ－14	垫 板 887	1		
44	客专线 (07)009－Ⅱ－15	垫 板 887	1		
45	客专线 (07)009－Ⅱ－14	垫 板 887	1		
46	客专线 (07)009－Ⅱ－15	垫 板 887	1		
47	客专线 (07)009－Ⅱ－14	垫 板 887	1		
48	客专线 (07)009－Ⅱ－15	垫 板 887	1		
49	客专线 (07)009－Ⅱ－14	垫 板 887	1		
50	客专线 (07)009－Ⅱ－15	垫 板 887	1		
51	客专线 (07)009－Ⅱ－14	垫 板 939	1		
52	客专线 (07)009－Ⅱ－15	垫 板 939	1		
53	客专线 (07)009－Ⅱ－14	垫 板 939	1		
54	客专线 (07)009－Ⅱ－15	垫 板 939	1		
55	客专线 (07)009－Ⅱ－14	垫 板 939	1		
56	客专线 (07)009－Ⅱ－15	垫 板 939	1		
57	客专线 (07)009－Ⅱ－16	垫 板 995	1		
58	客专线 (07)009－Ⅱ－17	垫 板 995	1		
59	客专线 (07)009－Ⅱ－16	垫 板 995	1		
60	客专线 (07)009－Ⅱ－17	垫 板 995	1		
61	客专线 (07)009－Ⅱ－16	垫 板 995	1		
62	客专线 (07)009－Ⅱ－17	垫 板 995	1		
63	客专线 (07)009－Ⅱ－16	垫 板 995	1		
64	客专线 (07)009－Ⅱ－17	垫 板 995	1		
65	客专线 (07)009－Ⅱ－16	垫 板 1 047	1		
66	客专线 (07)009－Ⅱ－17	垫 板 1 047	1		
67	客专线 (07)009－Ⅱ－16	垫 板 1 047	1		
68	客专线 (07)009－Ⅱ－17	垫 板 1 047	1		

续上表

序号	图号 / 标准	名称及规格	数量	材　料	备　　注
69	客专线 (07)001－Ⅴ－69	支距扣板　60/111－113－56	2	ZG 230－450	
70	客专线 (07)001－Ⅴ－69	支距扣板　60/123－125－62	2	ZG 230－450	
71	客专线 (07)001－Ⅴ－69	支距扣板　60/135－137－68	2	ZG 230－450	
72	客专线 (07)001－Ⅴ－69	支距扣板　60/147－150－74	2	ZG 230－450	
73	客专线 (07)001－Ⅴ－69	支距扣板　60/160－163－81	2	ZG 230－450	
74	客专线 (07)001－Ⅴ－69	支距扣板　60/174－176－88	2	ZG 230－450	
75	专线 4232－4	螺　栓　M24 × 60	218		
76	客专线 (07)001－Ⅴ－70	螺　栓　M24 × 130	12		
77	客专线 (07)001－Ⅴ－8	垫板螺栓	244	45	
78	NS－06	盖型螺母　M24	230		
79	NS－07	限位板　M24	246		
80	GB/T 7244	弹簧垫圈 30	244		
81	SCT 300－506	螺　栓　M27 × 115	12	10.9 级	
82	SCT 300－506	螺　栓　M27 × 125	12	10.9 级	
83	NS－02(b)	螺　母　M27	24		
84	SCT300－346	螺母防松帽　M27	24	ZG 230－450	
85	客专线 (07)001－Ⅴ－34	夹　板　400/A	4		
86	客专线 (07)001－Ⅴ－35	夹　板　400/B	4		
87	GB/T 91	开口销　4 × 80	24		
88		弹性夹　SSB3	62		
89		弹性夹　SSB4	8		
90	客专线 (07)001－Ⅴ－6	轨距块　60/9－11	144	ZG 230－450	
91	客专线 (07)001－Ⅴ－6	轨距块　60/10－12	74	ZG 230－450	
92	客专线 (07)001－Ⅴ－44	轨距块　60/10－11	16	ZG 230－450	
93	专线 3351－3	Ⅱ型弹条	246	60Si2Mn	
94	客专线 (07)001－Ⅴ－9	盖　板	244	QT 450－10	
95	NS－02(b)	螺　母　M24	16		
96	专线 4232－4	螺　栓　M24 × 65	16		
102	客专线 (07)001－Ⅴ－10	缓冲调距块　6－9	232	玻璃纤维	其中 h=1，2，4 的各 121 块
103	客专线 (07)001－Ⅴ－51	橡胶垫板　60－200－149－5	6	橡胶	
104	客专线 (07)001－Ⅴ－51	橡胶垫板　60－210－149－5	138	橡胶	
105	客专线 (07)001－Ⅴ－51	橡胶垫板　60－290－149－5	12	橡胶	
106	客专线 (07)001－Ⅴ－51	橡胶垫板　60－160－129－5	8	橡胶	
107	客专线 (07)001－Ⅴ－13	调高垫板　2－528 × 182 × 410 × h－0	18	橡塑	其中 h=1，2，4 的各 6 块
108	客专线 (07)001－Ⅴ－13	调高垫板　2－780 × 190 × 662 × h－0	114	橡塑	其中 h=1，2，4 的各 38 块

续上表

序号	图号 / 标准	名称及规格	数量	材 料	备 注
109	客专线 (07)001－Ⅴ－13	调高垫板 2－780×190×662×h－3	36	橡塑	其中 h=1，2，4 的各 12 块
110	客专线 (07)001－Ⅴ－13	调高垫板 2－780×190×662×h－6	18	橡塑	其中 h=1，2，4 的各 6 块
111	客专线 (07)001－Ⅴ－13	调高垫板 2－780×270×662×h－0	24	橡塑	其中 h=1，2，4 的各 8 块
112	客专线 (07)001－Ⅴ－13	调高垫板 2－780×270×662×h－3	12	橡塑	其中 h=1，2，4 的各 4 块
113	客专线 (07)001－Ⅴ－13	调高垫板 2－841×190×723×h－0	36	橡塑	其中 h=1，2，4 的各 12 块
114	客专线 (07)001－Ⅴ－13	调高垫板 2－841×190×723×h－6	12	橡塑	其中 h=1，2，4 的各 4 块
115	客专线 (07)001－Ⅴ－13	调高垫板 2－897×190×779×h－0	24	橡塑	其中 h=1，2，4 的各 8 块
116	客专线 (07)001－Ⅴ－13	调高垫板 2－949×190×831×h－0	18	橡塑	其中 h=1，2，4 的各 6 块
117	客专线 (07)001－Ⅴ－13	调高垫板 3－1 005×190×887×418×h	6	橡塑	其中 h=1，2，4 的各 2 块
118	客专线 (07)001－Ⅴ－13	调高垫板 3－1 005×190×887×426.5×h	6	橡塑	其中 h=1，2，4 的各 2 块
119	客专线 (07)001－Ⅴ－13	调高垫板 3－1 005×190×887×435×h	6	橡塑	其中 h=1，2，4 的各 2 块
120	客专线 (07)001－Ⅴ－13	调高垫板 3－1 005×190×887×443.5×h	6	橡塑	其中 h=1，2，4 的各 2 块
121	客专线 (07)001－Ⅴ－13	调高垫板 3－1 057×190×939×452.5×h	6	橡塑	其中 h=1，2，4 的各 2 块
122	客专线 (07)001－Ⅴ－13	调高垫板 3－1 057×190×939×461.5×h	6	橡塑	其中 h=1，2，4 的各 2 块

注：1. 转辙器跟端采用限位器、间隔铁和不设传力结构三种方案设计，采用限位器结构或不设传力结构时，序号5～8及81～87相应取消。

2. 1 mm、2 mm厚调高垫板为备用。

3. 明细表中垫板长度为硫化前铁垫板的长度，硫化后垫板长度增加10 mm。

辙叉明细表

序号	图号 / 标准	名称及规格	数量	材　料	备　注
1	客专线 (07)009 – Ⅲ – 5	翼　轨　19 660	1		
2	客专线 (07)009 – Ⅲ – 6	翼　轨　19 660	1		
3	客专线 (07)009 – Ⅲ – 7	长心轨　14 325	1	60D40 钢轨	
4	客专线 (07)009 – Ⅲ – 8	短心轨　8 210	1	60D40 钢轨	
5	客专线 (07)009 – Ⅲ – 9	叉跟尖轨　5 740	1	60 kg/m 钢轨	
6	客专线 (07)009 – Ⅲ – 10	护　轨　7 500	1	33 kg/m 槽型轨	
7	客专线 (07)001 – Ⅴ – 16	轨　撑　60 – Ⅱ	8	KTH 330 – 08	
8	客专线 (07)001 – Ⅴ – 61	防跳顶铁　95 – 97	1	QT400 – 15	
9	客专线 (07)001 – Ⅴ – 61	防跳顶铁　69 – 66	1	QT400 – 15	
10	客专线 (07)001 – Ⅴ – 62	顶　铁　124 – 127	1	QT400 – 15	
11	客专线 (07)001 – Ⅴ – 62	顶　铁　109 – 106	1	QT400 – 15	
12	客专线 (07)001 – Ⅴ – 61 – B	顶　铁　113 – 115	1	QT400 – 15	
13	客专线 (07)001 – Ⅴ – 61 – B	顶　铁　106 – 103	1	QT400 – 15	
14	客专线 (07)001 – Ⅴ – 61 – C	防跳顶铁　152 – 154	1	QT400 – 15	
15	客专线 (07)001 – Ⅴ – 61 – C	防跳顶铁　155 – 153	1	QT400 – 15	
16	客专线 (07)001 – Ⅴ – 61 – B	顶　铁　159 – 159	4	QT400 – 15	
16 – 1	客专线 (07)001 – Ⅴ – 61 – C	防跳顶铁　159 – 159	1	QT400 – 15	
17	客专线 (07)001 – Ⅴ – 61 – B	防跳顶铁　155 – 153	1	QT400 – 15	
18	客专线 (07)001 – Ⅴ – 61 – B	顶　铁　166 – 166	1	QT400 – 15	
19	客专线 (07)001 – Ⅴ – 61 – C	防跳顶铁　169 – 169	1	QT400 – 15	
20	客专线 (07)001 – Ⅴ – 61 – B	顶　铁　171 – 171	1	QT400 – 15	
21	客专线 (07)001 – Ⅴ – 61 – B	顶　铁　172 – 172	1	QT400 – 15	
22	客专线 (07)001 – Ⅴ – 61 – C	防跳顶铁　132 – 131	1	QT400 – 15	
23	客专线 (07)001 – Ⅴ – 61 – C	防跳顶铁　148 – 147	1	QT400 – 15	
24	客专线 (07)001 – Ⅴ – 63	顶　铁　135 – 133	1	QT400 – 15	
25	客专线 (07)001 – Ⅴ – 63	顶　铁　160 – 158	1	QT400 – 15	
26	客专线 (07)001 – Ⅴ – 63	顶　铁　198 – 195	1	QT400 – 15	
27	客专线 (07)009 – Ⅲ – 31	双边扣板	1	ZG 230 – 450	
28	客专线 (07)009 – Ⅲ – 31	双边扣板	1	ZG 230 – 450	
29	客专线 (07)009 – Ⅲ – 32	单边扣板	2	ZG 230 – 450	
30	客专线 (07)001 – Ⅴ – 55	翼轨用 C 型间隔铁　279 – 269	1	ZG 230 – 450	
31	客专线 (07)001 – Ⅴ – 55	翼轨用 C 型间隔铁　255 – 245	1	ZG 230 – 450	
32	客专线 (07)009 – Ⅲ – 37	防跳间隔铁	1	ZG 230 – 450	
33	客专线 (07)001 – Ⅴ – 23	间隔铁　60D40/58 – 65	1	ZG 230 – 450	
34	客专线 (07)001 – Ⅴ – 23	间隔铁　60D40/85 – 92	1	ZG 230 – 450	
35	客专线 (07)001 – Ⅴ – 23	间隔铁　60D40/107 – 115	1	ZG 230 – 450	

续上表

序号	图号 / 标准	名称及规格	数量	材　料	备　注
36	客专线 (07)001－Ⅴ－57	间隔铁	2	ZG 230－450	
37	客专线 (07)001－Ⅴ－77	间隔铁	1	ZG 230－450	
38	客专线 (07)001－Ⅴ－56	间隔铁	1	ZG 230－450	
39	客专线 (07)001－Ⅴ－54	间隔铁　358－381	1	ZG 230－450	
40	客专线 (07)001－Ⅴ－54	间隔铁　459－482	1	ZG 230－450	
41	客专线 (07)009－Ⅲ－34	接头铁	1	Q275	
42	客专线 (07)001－Ⅴ－4	弹性铁垫板　60－0	13	硫化垫板	
43	客专线 (07)009－Ⅲ－11	护轨垫板　60－0	13	硫化垫板	
44	客专线 (07)009－Ⅲ－12	垫　板　1 047×180×25	1	硫化垫板	
45	客专线 (07)009－Ⅲ－13	垫　板　1 047×180×25	1	硫化垫板	
46	客专线 (07)009－Ⅲ－13	垫　板　995×180×25	1	硫化垫板	
47	客专线 (07)009－Ⅲ－13	垫　板　995×180×25	1	硫化垫板	
48	客专线 (07)009－Ⅲ－13	垫　板　995×180×25	1	硫化垫板	
49	客专线 (07)009－Ⅲ－14	垫　板　939×180×25	1	硫化垫板	
50	客专线 (07)009－Ⅲ－14	垫　板　939×180×25	1	硫化垫板	
51	客专线 (07)009－Ⅲ－14	垫　板　887×180×25	1	硫化垫板	
52	客专线 (07)009－Ⅲ－14	垫　板　887×180×25	1	硫化垫板	
53	客专线 (07)009－Ⅲ－15	垫　板　887×180×25	1	硫化垫板	
54	客专线 (07)009－Ⅲ－15	垫　板　831×180×25	1	硫化垫板	
55	客专线 (07)009－Ⅲ－16	垫　板　920×260×25	1	硫化垫板	
56	客专线 (07)009－Ⅲ－17	垫　板　920×260×25	1	硫化垫板	
57	客专线 (07)009－Ⅲ－18	垫　板　920×260×25	1	硫化垫板	
58	客专线 (07)009－Ⅲ－19	垫　板　920×260×25	1	硫化垫板	
59	客专线 (07)009－Ⅲ－20	垫　板　887×180×25	1	硫化垫板	
60	客专线 (07)009－Ⅲ－20	垫　板　995×180×25	1	硫化垫板	
61	客专线 (07)009－Ⅲ－20	垫　板　1 047×180×25	1	硫化垫板	
62	客专线 (07)009－Ⅲ－21	垫　板　1 127×180×25	1	硫化垫板	
63	客专线 (07)009－Ⅲ－22	垫　板　1 127×180×25	1	硫化垫板	
64	客专线 (07)009－Ⅲ－22	垫　板　1 187×180×25	1	硫化垫板	
65	客专线 (07)009－Ⅲ－22	垫　板　1 187×180×25	1	硫化垫板	
66	客专线 (07)009－Ⅲ－22	垫　板　1 187×180×25	1	硫化垫板	
67	客专线 (07)009－Ⅲ－22	垫　板　1 187×180×25	1	硫化垫板	
68	客专线 (07)009－Ⅲ－22	垫　板　1 234×180×25	1	硫化垫板	
69	客专线 (07)009－Ⅲ－23	垫　板　1 234×180×25	1	硫化垫板	
70	客专线 (07)009－Ⅲ－24	垫　板　1 300×180×25	1	硫化垫板	
71	客专线 (07)009－Ⅲ－25	垫　板　1 300×180×25	1	硫化垫板	
72	客专线 (07)009－Ⅲ－26	垫　板　1 367×180×25	1	硫化垫板	
73	客专线 (07)009－Ⅲ－27	垫　板　1 367×180×25	1	硫化垫板	

续上表

序号	图号 / 标准	名称及规格	数量	材　料	备　注
74	客专线 (07)009－Ⅲ－28	垫　板　1 467 × 180 × 25	1	硫化垫板	
75	客专线 (07)009－Ⅲ－29	垫　板　1 467 × 180 × 25	1	硫化垫板	
76	客专线 (07)009－Ⅲ－28	垫　板　1 467 × 180 × 25	1	硫化垫板	
77	客专线 (07)009－Ⅲ－30	垫　板　1 047 × 180 × 25	1	硫化垫板	
78	客专线 (07)001－Ⅴ－73	钢轨垫圈（三）　79	40	ZG 230－450	
79	客专线 (07)001－Ⅴ－65	顶铁用钢轨垫圈（二）	6	ZG 230－450	
80		施维格弹性夹　SSB2	13		
81	客专线 (07)001－Ⅴ－82	支距扣板　60/170－166－85	1	ZG 230－450	
82	客专线 (07)001－Ⅴ－82	支距扣板　60/147－142－73	1	ZG 230－450	
83	客专线 (07)001－Ⅴ－61A	顶铁座	16	QT400－15	
84	SCT 300－346	螺母防松帽　M27	82	ZG 230－450	
85	GB/T 5780	螺　栓　M24 × 110	14		普通顶铁用
86	GB/T 5780	螺　栓　M24 × 140	32		组合顶铁用
87	SCT300－506	螺　栓　M27 × 120	12	10.9 级	用于两翼轨之间
88	GB/T 1228	螺　栓　M27 × 125	1	10.9 级	连接长短心轨用
89	GB/T 1228	螺　栓　M27 × 130	1	10.9 级	连接长短心轨用
90	SCT 300－506	螺　栓　M27 × 140	2	10.9 级	连接长短心轨用
91	SCT 300－506	螺　栓　M27 × 150	2	10.9 级	连接长短心轨用
92	SCT 300－506	螺　栓　M27 × 175	2	10.9 级	连接长短心轨用
93	SCT 300－506	螺　栓　M27 × 200	2	10.9 级	连接长短心轨用
94	SCT 300－506	螺　栓　M27 × 230	2	10.9 级	连接长短心轨用
95	SCT 300－506	螺　栓　M27 × 250	2	10.9 级	连接长短心轨用
96	SCT 300－506	螺　栓　M27 × 115	35	10.9 级	翼轨与长心轨用 24 个叉跟尖轨与翼轨用 11 个
97	SCT 300－506	螺　栓　M27 × 120	17	10.9 级	连接叉跟轨心轨用 6 个连接翼轨叉跟轨用 11 个
98	SCT 300－506	螺　栓　M27 × 130	6	10.9 级	连接叉跟轨心轨用
99	GB/T 31	螺　栓　M24 × 105	8		轨撑用
100	客专线 (07)001－Ⅴ－47	螺　栓　M24 × 80	13		护轨用
101	专线 4232－4	螺　栓　M24 × 60	160		弹条用
102	专线 4232－4	螺　栓　M24 × 80	4		单双边扣板用螺栓底部沉头处导圆角 $R5$
103	客专线 (07)001－Ⅴ－70	螺　栓　M24 × 100	8		轨撑用
104	客专线 (07)001－Ⅴ－70	螺　栓　M24 × 120	2		支距扣板用
105	客专线 (07)009－Ⅲ－36	垫　片　60D40/3.2－8/270	1	Q235	长短心轨用
106	客专线 (07)009－Ⅲ－36	垫　片　60D40/11.9－16.9/270	1	Q235	长短心轨用
107	客专线 (07)009－Ⅲ－36	垫　片　60D40/23.1－28.2/270	1	Q235	长短心轨用
108	客专线 (07)001－Ⅴ－8	垫板螺栓　A 型	129	45 号钢	
109	NS－02(b)	螺　母　M27G	84	10 级	
110	NS－02(b)	螺　母　M24	75		长心轨工作边一侧弹条用 8 个

续上表

序号	图号 / 标准	名称及规格	数量	材　料	备　注
111	NS－06	盖型螺母　M24	174		
112	GB/T 1230	垫　圈　27	38		
113	GB/T 7244	垫　圈　24	75	65Mn	
114	NS－07	限位板　M24	169		
115	GB/T 7244	垫　圈　30	129	65Mn	
116	客专线 (07)001－Ⅴ－78	防转垫圈　60D40－0	14	KTH 330－08	
117	客专线 (07)001－Ⅴ－39	防转垫圈　60D40－3	8	KTH 330－08	
118	客专线 (07)009－Ⅲ－35	垫　圈	2	65Mn	
119	客专线 (07)009－Ⅲ－35	垫　圈	10	65Mn	
120	客专线 (07)001－Ⅴ－9	盖　板	129		
121	客专线 (07)001－Ⅴ－81	夹　板　940/B	1	Q235	
122	客专线 (07)001－Ⅴ－74	夹　板　400/C	2	Q235	
123	客专线 (07)001－Ⅴ－75	夹　板　440	1	Q235	
124	专线 3351－3	Ⅱ型弹条	162	60Si2Mn	
125	客专线 (07)001－Ⅴ－6	轨距块　60/10－12	63	ZG 230－450	
126	客专线 (07)001－Ⅴ－6	轨距块　60/9－11	96	ZG 230－450	
127	客专线 (07)001－Ⅴ－43	护轨调整片　140 × 60 × 2 3	26 13	Q235 镀锌	
128	客专线 (07)001－Ⅴ－91	顶铁调整片　90 × 70 × 0.3/0.5 1/2/3	各 20	Q235 镀锌	翼轨普通顶铁备用各 10 片组装、10 片发运
129	客专线 (07)001－Ⅴ－92	顶铁调整片　170 × 50 × 0.3/0.5 1/2/3	各 30	Q235 镀锌	翼轨组合顶铁、心轨顶铁备用各 20 片组装、10 片发运
130	GB/T 91	开口销　3 × 70	48	Q235	
131	GB/T 91	开口销　4 × 80	82	Q235	
132	客专线 (07)009－Ⅲ－33	防跳卡铁	1	ZG 230－450	
133	客专线 (07)009－Ⅲ－33	防跳卡铁	1	ZG 230－450	
134	客专线 (07)009－Ⅲ－33	防跳卡铁	1	ZG 230－450	
135	客专线 (07)009－Ⅲ－33	防跳卡铁	1	ZG 230－450	
136	客专线 (07)001－Ⅴ－10	缓冲调距块　6－9	120	玻璃纤维	
137	客专线 (07)001－Ⅴ－51	橡胶垫板　60－290－104/7	4	橡胶	
138	客专线 (07)001－Ⅴ－51	橡胶垫板　60－290－149/7	4	橡胶	
139	客专线 (07)001－Ⅴ－51	橡胶垫板　60－210－149/7	26	橡胶	
140	客专线 (07)001－Ⅴ－51	橡胶垫板　60－200－149/5	13	橡胶	
141	客专线 (07)001－Ⅴ－51	橡胶垫板　60－210－149/5	21	橡胶	
142	客专线 (07)001－Ⅴ－51	橡胶垫板　60－210－130/5	1	橡胶	
143	客专线 (07)001－Ⅴ－51	橡胶垫板　60－210－135/5	1	橡胶	
144	客专线 (07)001－Ⅴ－51	橡胶垫板　60－210－142/5	1	橡胶	
145	客专线 (07)001－Ⅴ－51	橡胶垫板　60－170－149/5	8	橡胶	
146	客专线 (07)001－Ⅴ－13	调高垫板　$2-528 \times 182 \times 410 \times h-0$	39	橡塑	其中 h=1，2，4 的各 13 块

续上表

序号	图号 / 标准	名称及规格	数量	材　料	备　注
147	客专线 (07)001－V－13	调高垫板　3－1 057 × 190 × 939 × 469.5 × h	9	橡塑	其中 h=1，2，4 的各 3 块
148	客专线 (07)001－V－13	调高垫板　3－1 005 × 190 × 887 × 443.5 × h	9	橡塑	其中 h=1，2，4 的各 3 块
149	客专线 (07)001－V－13	调高垫板　2－949 × 190 × 831 × h－0	6	橡塑	其中 h=1，2，4 的各 2 块
150	客专线 (07)001－V－13	调高垫板　2－897 × 190 × 779 × h－0	12	橡塑	其中 h=1，2，4 的各 4 块
151	客专线 (07)001－V－13	调高垫板　2－841 × 190 × 723 × h－0	3	橡塑	其中 h=1，2，4 的各 1 块
152	客专线 (07)001－V－13	调高垫板　2－930 × 270 × 812 × h－0	12	橡塑	其中 h=1，2，4 的各 4 块
153	客专线 (07)001－V－13	调高垫板　2－1 005 × 190 × 887 × h－0	3	橡塑	其中 h=1，2，4 的各 1 块
154	客专线 (07)001－V－13	调高垫板　2－1 057 × 190 × 939 × h－0	3	橡塑	其中 h=1，2，4 的各 1 块
155	客专线 (07)001－V－13	调高垫板　2－1 137 × 190 × 1 019 × h－0	6	橡塑	其中 h=1，2，4 的各 2 块
156	客专线 (07)001－V－13	调高垫板　2－1 197 × 190 × 1 079 × h－0	12	橡塑	其中 h=1，2，4 的各 4 块
157	客专线 (07)001－V－13	调高垫板　2－1 244 × 190 × 1 126 × h－0	6	橡塑	其中 h=1，2，4 的各 2 块
158	客专线 (07)001－V－13	调高垫板　2－1 310 × 190 × 1 192 × h－0	6	橡塑	其中 h=1，2，4 的各 2 块
159	客专线 (07)001－V－13	调高垫板　2－1 377 × 190 × 1 259 × h－0	6	橡塑	其中 h=1，2，4 的各 2 块
160	客专线 (07)001－V－13	调高垫板　3－1 477 × 190 × 1 359 × 679.5 × h	9	橡塑	其中 h=1，2，4 的各 3 块
161	客专线 (07)001－V－13	调高垫板　2－710 × 190 × 592 × h－0	39	橡塑	其中 h=1，2，4 的各 13 块
162	客专线 (07)001－V－73	钢轨垫圈（三）　89	8	KTH 330－08	
163	客专线 (07)001－V－47	螺　栓　M24 × 120	8	10.9 级	防跳卡铁用
164	NS－02(b)	螺　母　M24G	8	10 级	防跳卡铁用
165	客专线 (07)001－V－86	翼轨用防转垫圈	8	KTH 330－08	
166	GB/T 91	开口销　5 × 35	8	Q235	
167	客专线 (07)001－V－93	防转片　82	8	ZG 230－450	
168	客专线 (07)001－V－93	防转片　72	40	ZG 230－450	
169	客专线 (07)001－V－64	防转片	6	ZG 230－450	
170	专线 4232－4	螺　栓　M24 × 65	8		长心轨工作边一侧弹条用

客专线 (07)009 电务主要参数

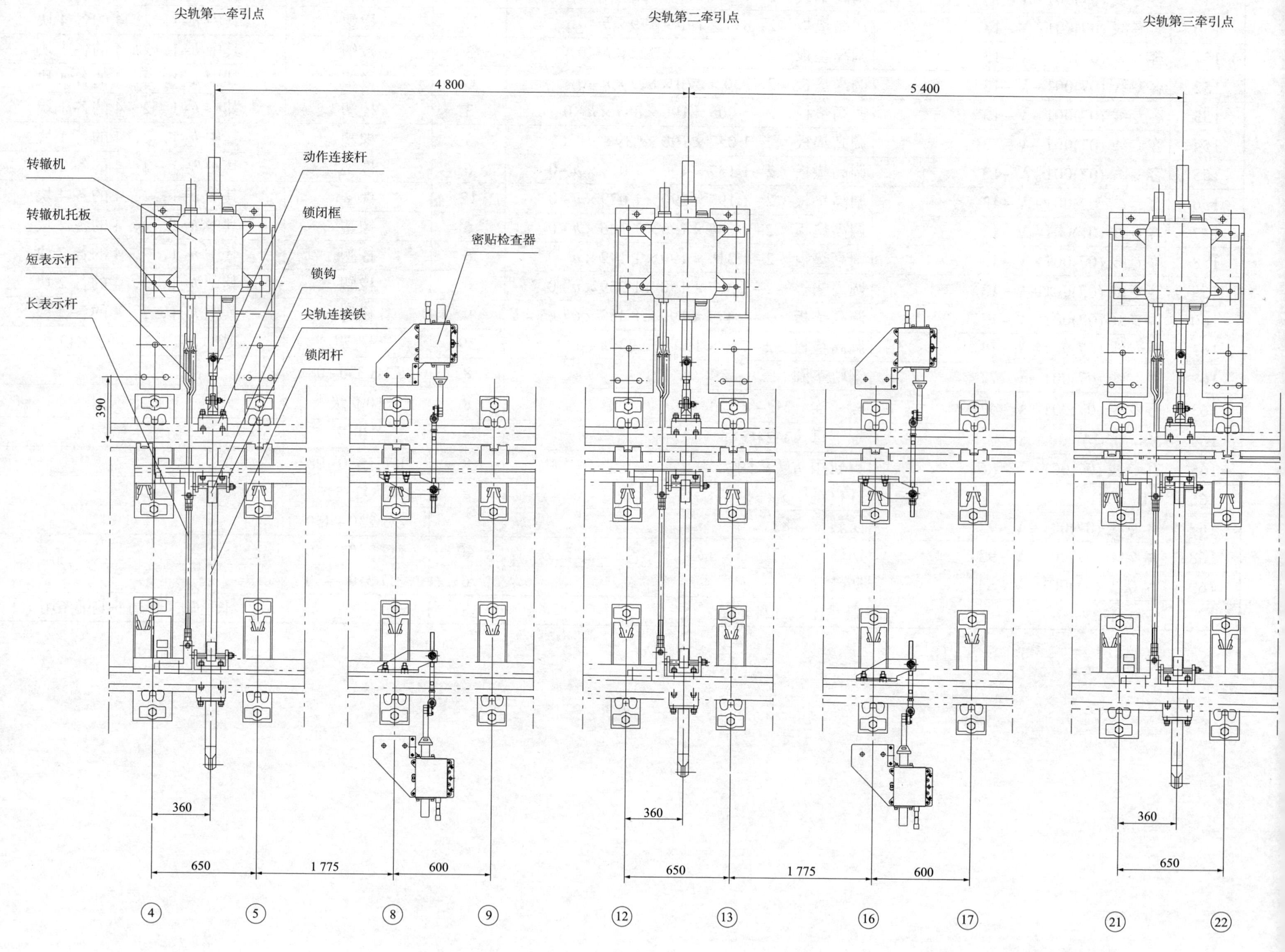

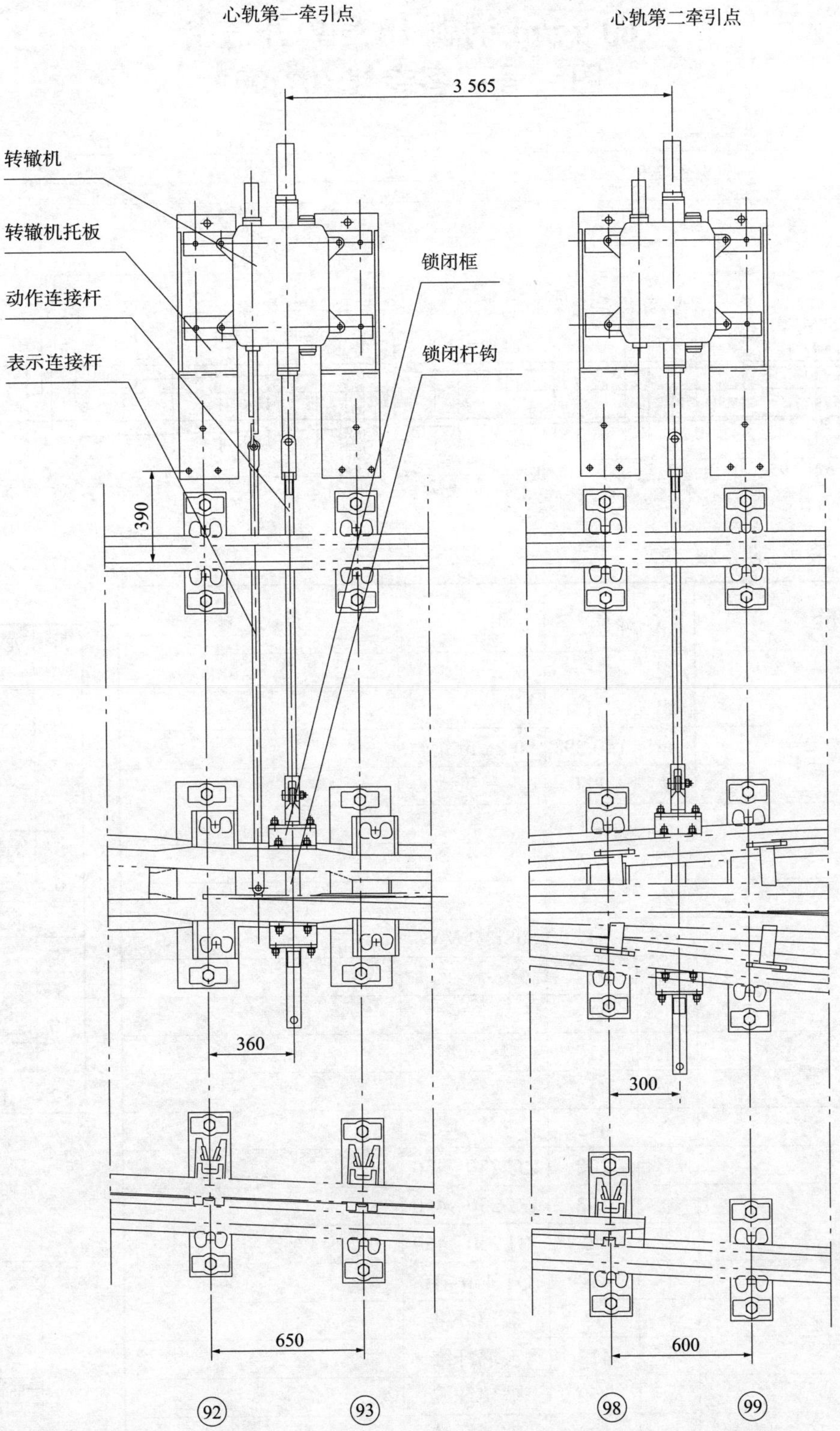

转换设备	安装图名称	安装图号	锁闭方式
钩型外锁	时速 350 km 客运专线铁路 60 kg/m 钢轨 18 号单开道岔外锁闭装置安装图	客专线 (07)010-Ⅰ	外锁闭
ZDJ9	时速 350 km 客运专线铁路 60 kg/m 钢轨 18 号单开道岔转换设备 (ZDJ9) 安装图	客专线 (07)010-Ⅵ	外锁闭
S700K	时速 350 km 客运专线铁路 60 kg/m 钢轨 18 号单开道岔转换设备 (S700K) 安装图	客专线 (07)010-Ⅷ	外锁闭
ZYJ7+SH6	时速 350 km 客运专线铁路 60 kg/m 钢轨 18 号单开道岔转换设备 (ZYJ7+SH6) 安装图	客专线 (07)010-Ⅸ	外锁闭
优化外锁	时速 350 km 客运专线铁路 60 kg/m 钢轨 18 号单开道岔外锁闭装置安装图	客专线 (07)010-Ⅹ	外锁闭

60 kg/m 钢轨 18 号单开道岔
图　号：客专线 (07)009

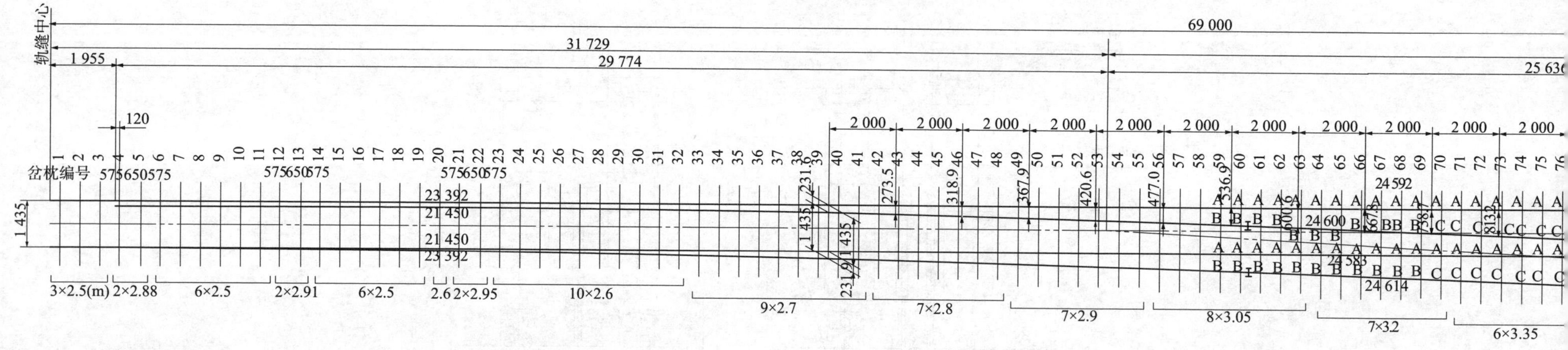

表 1　明　细　表

序号	图号 / 标准	名称及规格	单位	数　量	材　　料	备　　注
1	客专线 (07)009 – Ⅱ	转辙器	组	1		
2	客专线 (07)009 – Ⅲ	可动心轨辙叉	组	1		
3	TB/T 2344	钢　轨	m	140.293	60 kg/m 钢轨	
4	客专线 (07)001 – Ⅴ – 4	弹性垫板　60 – 0	块	121		
5	客专线 (07)001 – Ⅴ – 4	弹性垫板　60 – 6	块	24		
6	客专线 (07)001 – Ⅴ – 4	弹性垫板　60 – 9	块	27		
7	客专线 (07)001 – Ⅴ – 4	弹性垫板　60 – 12	块	34		
8	专线 3351 – 3	Ⅱ型弹条	个	412	60Si2CrVA	
9	专线 4232 – 4	螺栓　M24 × 60	根	412		
10	NS – 06	盖型螺母　M24	个	412		
11	客专线 (07)001 – Ⅴ – 8	垫板螺栓　A 型	个	412	45 号钢	
12	NS – 07	限位板　M24	个	412		
13	GB/T 7244	弹簧垫圈　30	个	412		
14	客专线 (07)001 – Ⅴ – 6	轨距块　60/10 – 12	个	202	ZG 230 – 450	
15	客专线 (07)001 – Ⅴ – 6	轨距块　60/9 – 11	个	202	ZG 230 – 450	
16	客专线 (07)001 – Ⅴ – 6	轨距块　60/8 – 13	个	40	ZG 230 – 450	备用
17	客专线 (07)001 – Ⅴ – 9	盖　板	个	412	QT 450 – 10	
18	客专线 (07)001 – Ⅴ – 76	弹条绝缘帽	个	32	玻璃纤维	
19	客专线 (07)001 – Ⅴ – 10	缓冲调距块　6 – 9	个	412	玻璃纤维	
20	客专线 (07)001 – Ⅴ – 10	缓冲调距块　4 – 11	个	160	玻璃纤维	
21	客专线 (07)001 – Ⅴ – 10	缓冲调距块　7 – 8/5 – 10	个	100	玻璃纤维	
22	客专线 (07)001 – Ⅴ – 49	绝缘轨距块　60/9 – 11	个	6	玻璃纤维	
23	客专线 (07)001 – Ⅴ – 49	绝缘轨距块　60/10 – 12	个	6	玻璃纤维	
24	客专线 (07)001 – Ⅴ – 51	橡胶垫板　60 – 200 – 149/5	块	206	橡胶	
25	专线 3417	钢轨胶接绝缘接头	组	2		
26	客专线 (07)001 – Ⅴ – 13	调高垫板　2 – 528 × 182 × 410 × h – 0	块	363	橡塑	其中 h=1，2，4 的各 121 块
27	客专线 (07)001 – Ⅴ – 13	调高垫板　2 – 528 × 182 × 410 × h – 6	块	72	橡塑	其中 h=1，2，4 的各 24 块
28	客专线 (07)001 – Ⅴ – 13	调高垫板　2 – 528 × 182 × 410 × h – 9	块	81	橡塑	其中 h=1，2，4 的各 27 块
29	客专线 (07)001 – Ⅴ – 13	调高垫板　2 – 528 × 182 × 410 × h – 12	块	102	橡塑	其中 h=1，2，4 的各 34 块

表 2　岔枕数量表

序号	岔枕长 (m)	单位	数量	备注	序号	岔枕长 (m)	单位	数量
1	2.34	根	22		13	3.5	根	6
2	2.5	根	15		14	3.65	根	6
3	2.6	根	11		15	3.8	根	3
4	2.7	根	9		16	3.95	根	4
5	2.8	根	7		17	4.1	根	4
6	2.88	根	2		18	4.2	根	2
7	2.9	根	7		19	4.25	根	7
8	2.91	根	2		20	4.38	根	2
9	2.95	根	2		21	4.4	根	4
10	3.05	根	8		22	4.55	根	5
11	3.2	根	7		23	4.63	根	3
12	3.35	根	6		岔枕总延长：453.81 m			

图 1　转辙器部分轨距示意图

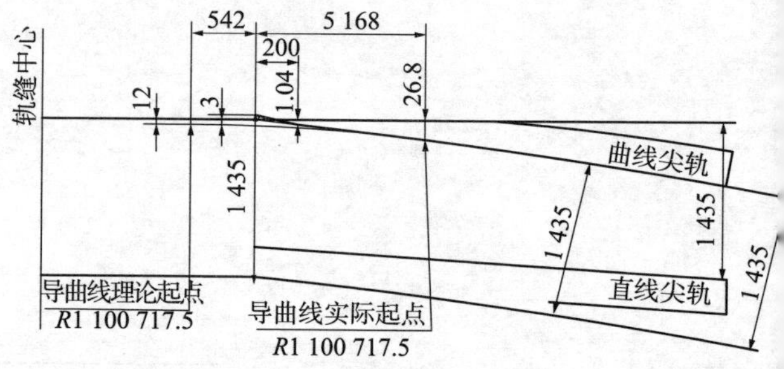

图 2　导曲线部分跳线孔位置示意图 (ZPW2000 – A 轨道电

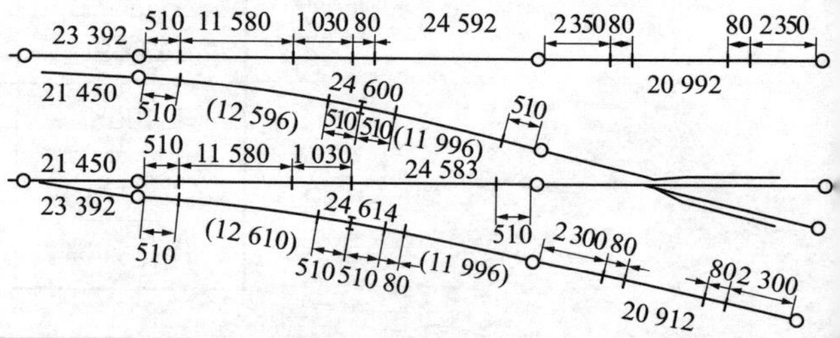

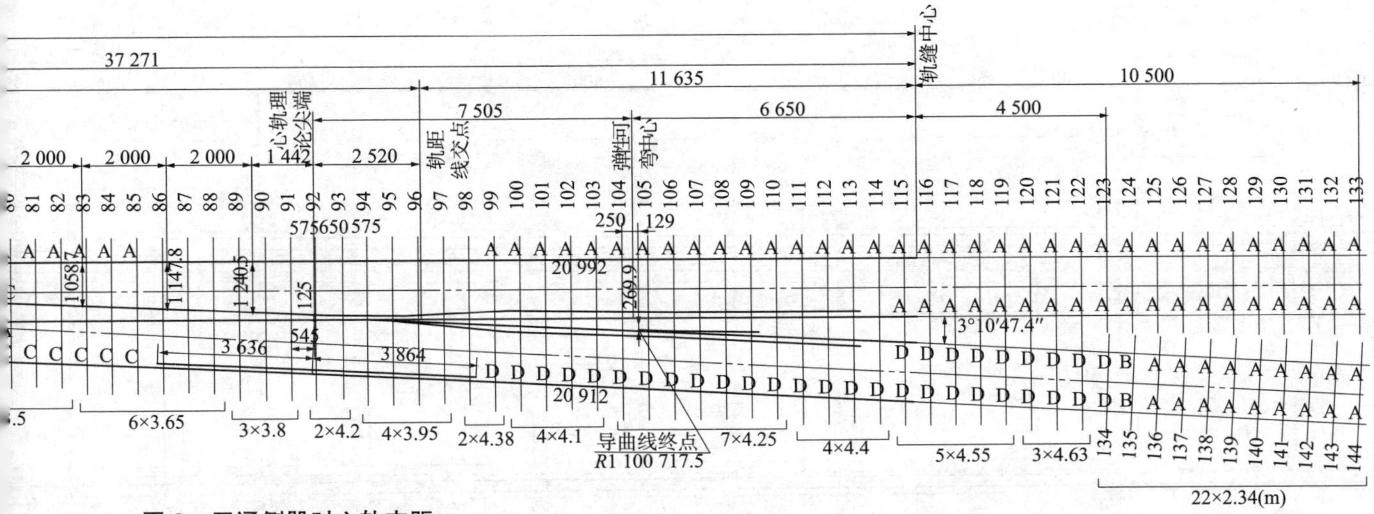

图 3　开通侧股时心轨支距

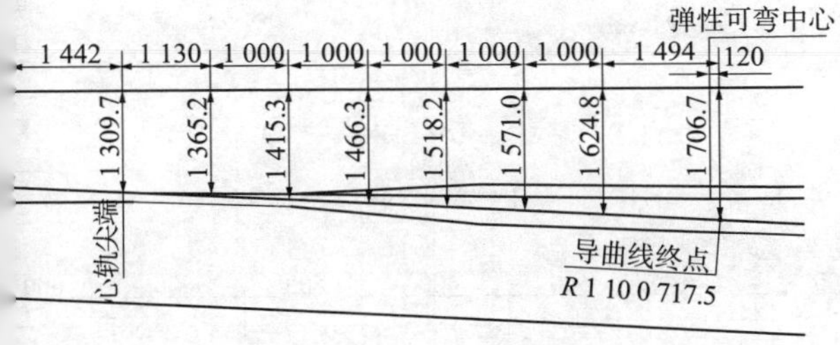

图 4　绝缘接头设在直股

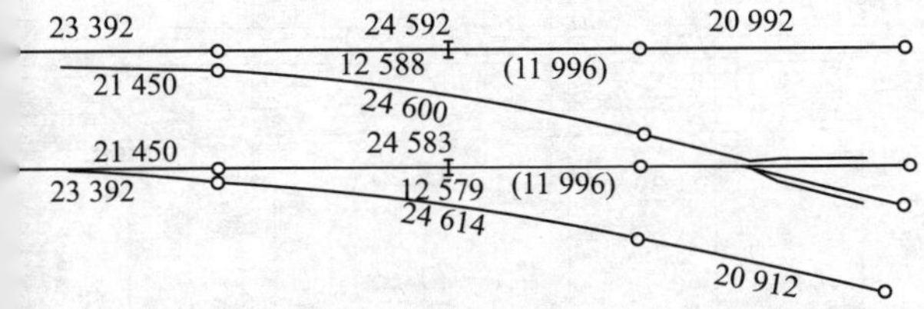

图 5　绝缘接头设在侧股

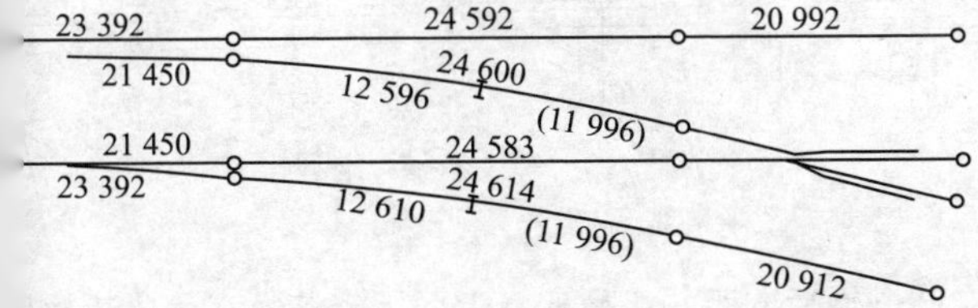

图 6　导曲线部分跳线孔位置示意图（25 Hz 轨道电路）

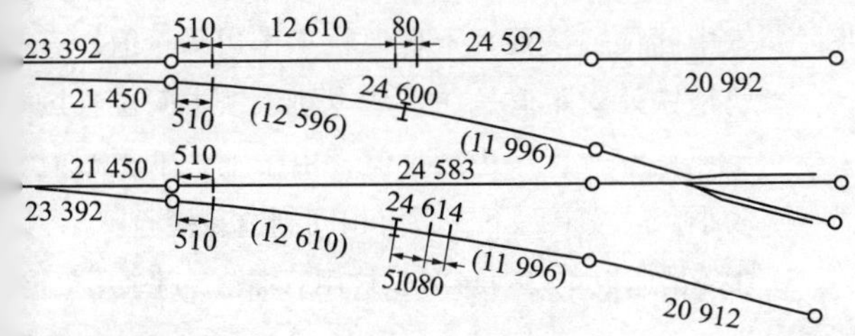

技 术 要 求

1. 本道岔轨距均为 1 435 mm。岔枕均按垂直于正线方向布置，岔枕间距除注明者外均为 600 mm。
2. 图中轨道电路钢轨绝缘接头及焊接接头分别以"⊥"及"—○—"表示。轨道电路绝缘接头位置可以根据实际需要进行设置，其配轨长度按图 4、图 5。设置胶接绝缘的钢轨按括号内的数字断开。
3. 本道岔均采用铝热焊钢轨接头，为便于厂内试铺和组装，本图采用图 4、图 5 所示的配轨长度，轨缝均为 8 mm，焊接时需现场锯轨。具体配轨长度可由用户订货时与道岔厂协商确定，有条件时应尽量采用长配轨。
4. 图中 A、B、C、D 分别表示垫板 60－0、60－6、60－9、60－12。
5. 铺设混凝土岔枕时，带编号一侧铺设在道岔直股外侧，侧股辙后短岔枕带编号一侧铺设在道岔侧股外侧。
6. 1 mm、2 mm 厚调高垫板为备用。
7. 导曲线钢轨和辙叉基本轨厂内预钻跳线孔，以 ϕ9.8 mm 钻头钻孔，孔高距轨底 79 mm。跳线按 ZPW2000－A 轨道电路、25 Hz 相敏轨道电路两种形式设置，具体见图 2、图 6。
8. 本道岔适用于跨区间无缝线路，允许铺设轨温范围见下表：

采用优化后钩型外锁闭机构（允许伸缩位移量为 30 mm）			采用 ZTS 型自调式钩型外锁闭机构（允许伸缩位移量为 50 mm）		
尖轨跟端结构形式	最大升温幅度(℃)	最大降温幅度(℃)	尖轨跟端结构形式	最大升温幅度(℃)	最大降温幅度(℃)
限位器	49	57	限位器	49	57
间隔铁	43	51	不设传力机构	45	55
不设传力机构	45	45			

9. 道岔主要结构特点：

(1) 尖轨为相离半切线型，采用 21.45 m 长的 60D40 弹性可弯尖轨，尖轨尖端为藏尖式。

(2) 转辙器间隔设置带滚轮的滑床板和防跳限位装置，基本轨内侧采用弹性夹扣压。

(3) 绝缘接头两侧采用绝缘轨距块。

(4) 轨距块及缓冲调距块的号码配置见下表：

单股钢轨位置	滑床板及护轨垫板：钢轨内侧 缓冲调距块 外侧	滑床板及护轨垫板：钢轨内侧 缓冲调距块 内侧	滑床板及护轨垫板：钢轨外侧 缓冲调距块 内侧	滑床板及护轨垫板：钢轨外侧 缓冲调距块 外侧	单股钢轨位置	一般部位：钢轨内侧 缓冲调距块 外侧	一般部位：钢轨内侧 缓冲调距块 内侧	一般部位：钢轨内侧 轨距块	一般部位：钢轨外侧 轨距块	一般部位：钢轨外侧 缓冲调距块 内侧	一般部位：钢轨外侧 缓冲调距块 外侧
0	6	9	6	9	0	6	9	10	11	6	9
+1	5	10	5	10	+1	6	9	11	10	6	9
+2	4	11	4	11	+2	6	9	12	9	6	9
－1	7	8	7	8	－1	6	9	9	12	6	9
－2	8	7	8	7	－2	9	6	11	10	9	6
－3	9	6	9	6	－3	9	6	10	11	9	6
－4	10	5	10	5	－4	9	6	9	12	9	6

(5) 钢轨轨下设置 5 mm 厚橡胶垫板，翼轨轨下除趾端第一块外均设置 7 mm 厚橡胶垫板，99 号枕以后不设。铁垫板均为整体硫化。

10. 道岔用螺母可以采用其他同等级的防松螺母。
11. 道岔工电接口尺寸应用专用样板检查。
12. 本道岔铺设时应预先铺一块 4 mm 调高垫板，橡胶垫板与岔枕之间调高量为 －4/+26 mm，调高垫板见客专线 (07)001－Ⅴ－13，每块铁垫板另备 1、2 mm 厚调高垫板各一块，不足时，由用户根据调高量另行订货。
13. 道岔扣件系统节点竖向刚度为 (25 ± 2.5)kN/mm，当道岔前后线路扣件系统节点竖向刚度与岔区不一致时，应在道岔前后设置过渡段；过渡段长度按 48 m 设计，过渡段轨道刚度按 4 级进行设置；过渡段的其他要求见《客运专线道岔铺设技术条件》的规定，过渡段的具体长度，材料，规格，数量按线路设计的规定；并由用户另行订货。
14. 钢轨顶面到混凝土岔枕底部的高度为 419 mm(牵引点两端的岔枕除外)。

60 kg/m 钢轨 18 号单开道岔转辙器
图 号：客专线 (07)009 – II – 2

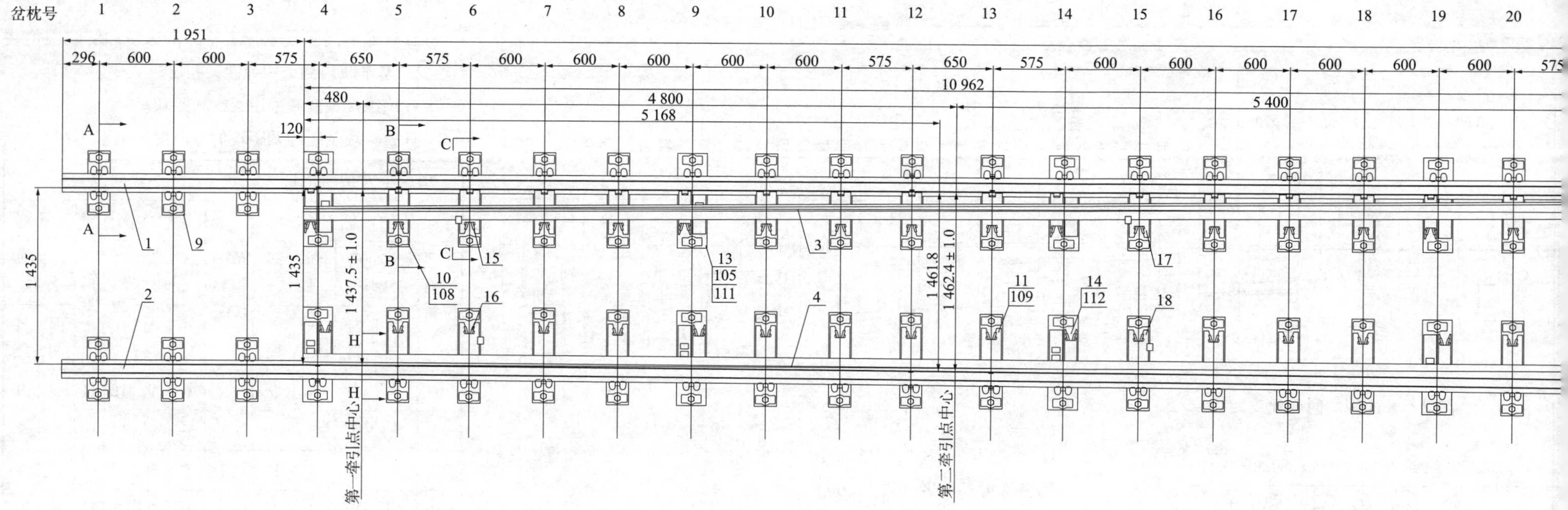

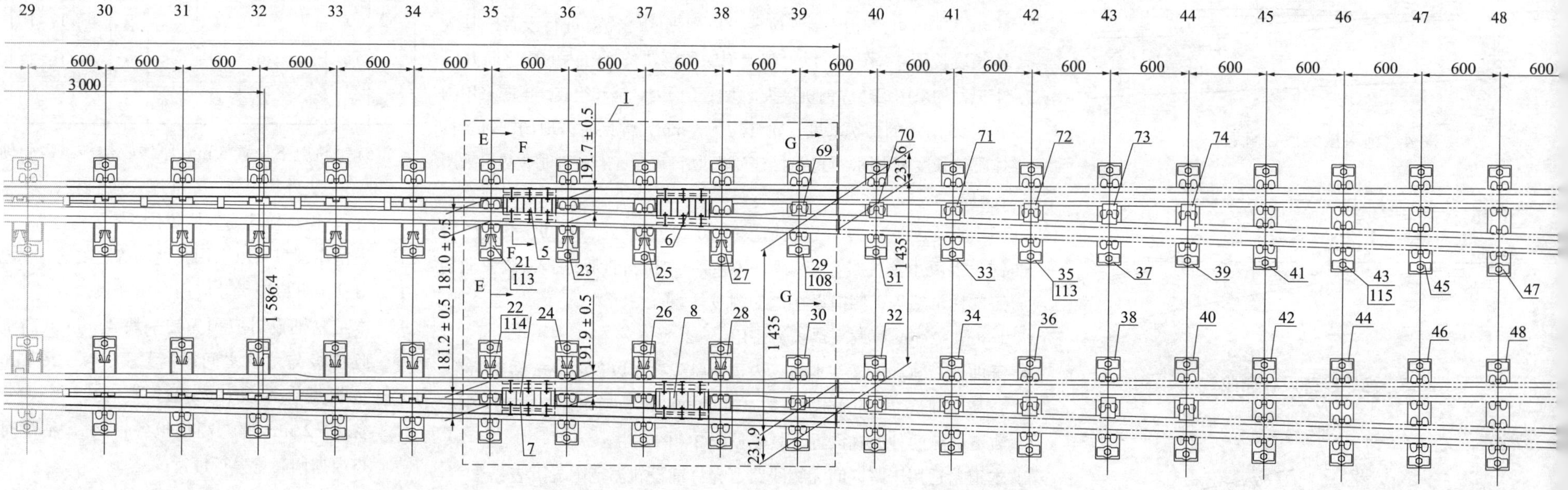

C – C 旋转

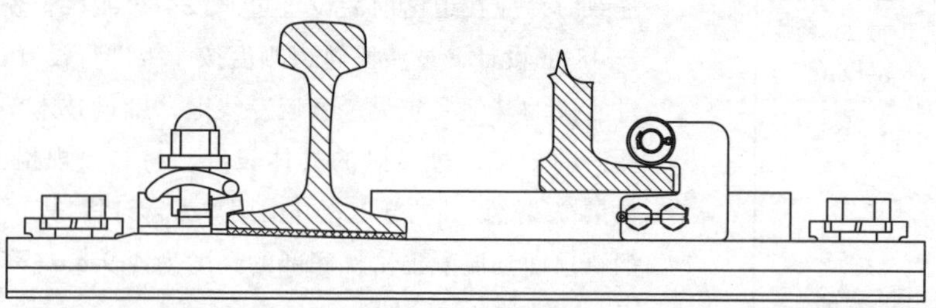

技 术 要 求

1. 尖轨跟端按采用间隔铁、限位器和不设传力结构三种方案设计，当采用限位器时，局部布置图见图 I，当不设传力结构时，取消相应的间隔铁或限位器。
2. 防跳顶铁组装后，在顶紧状态时与尖轨轨底上表面间隙为 3 mm。
3. 防跳限位装置接触间隙要求详见客专线 (07)001 – V – 31。
4. 所有三孔铁垫板中间一孔不安装缓冲调距块。
5. 组装后密贴时，曲线尖轨支距见图 1。
6. 辙后支距扣板螺栓自上而下安装，在硫化垫板后旋转 90°向上提，再安装垫圈、螺母。
7. 图中标注的曲基本轨顶铁处支距值是在曲基本轨顶铁中间位置按垂直于直尖轨工作边测量值，直基本轨顶铁处支距值是在直基本轨顶铁中间位置按垂直于直基本轨工作边测量值，由于上、下支距值相差较小，故按上、下支距值相同制造和检验。
8. 辊轮滑床板 4、9、14 号岔枕用双辊轮，其余用单辊

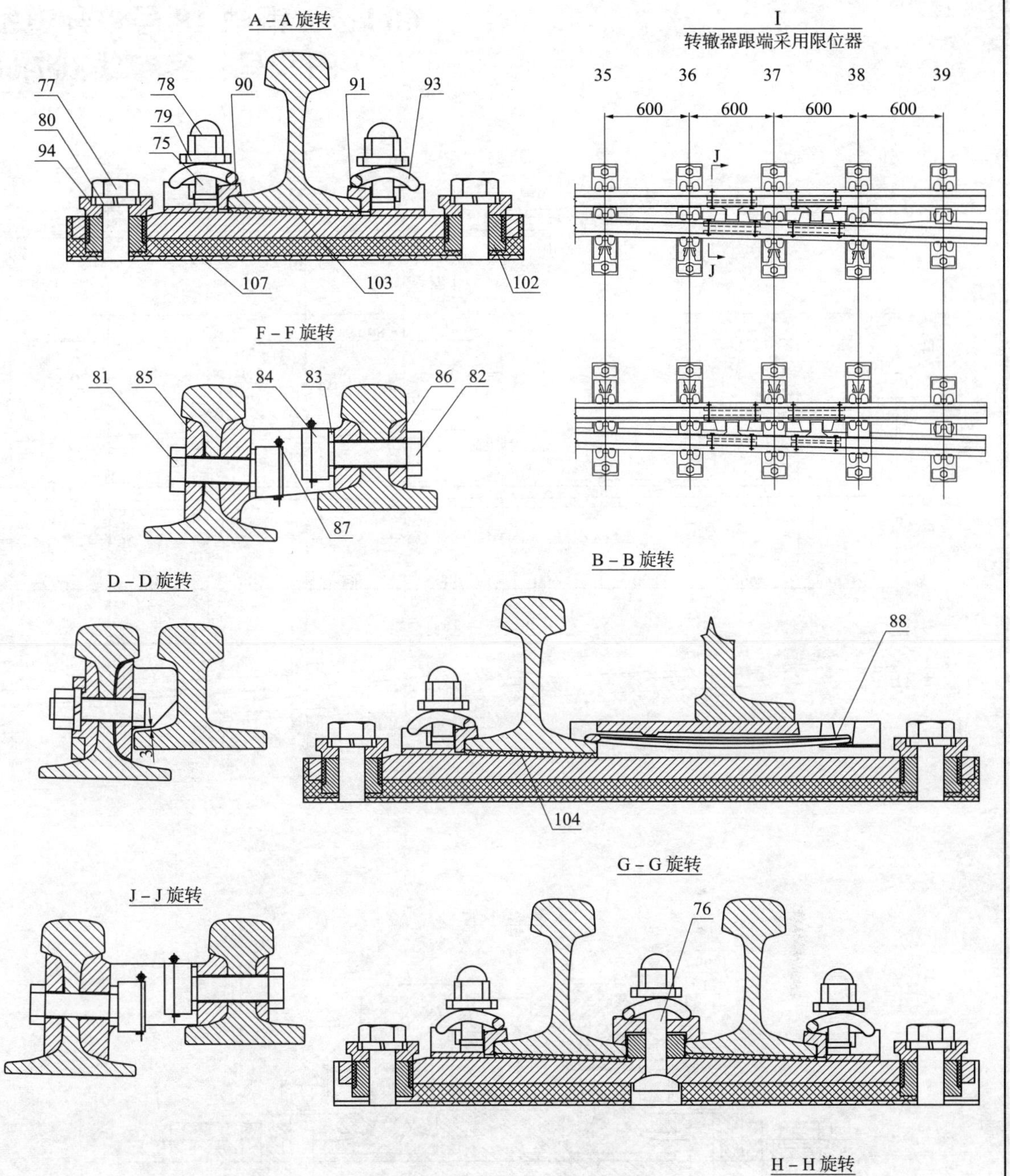

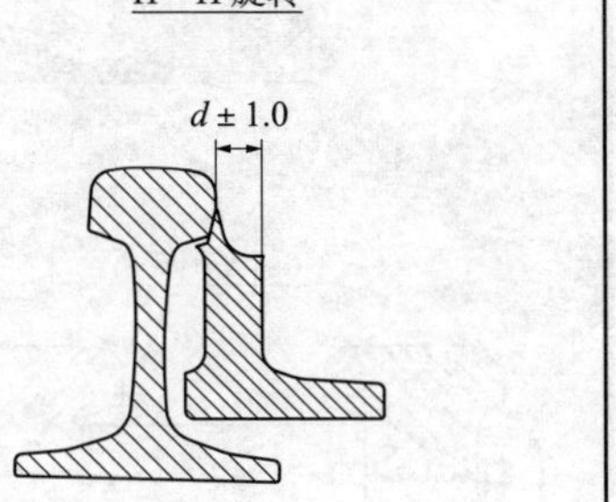

d(mm)	第一牵引点中心	第二牵引点中心	第三牵引点中心
上股	25.5	38.0	52.0
下股	24.8	30.6	51.0

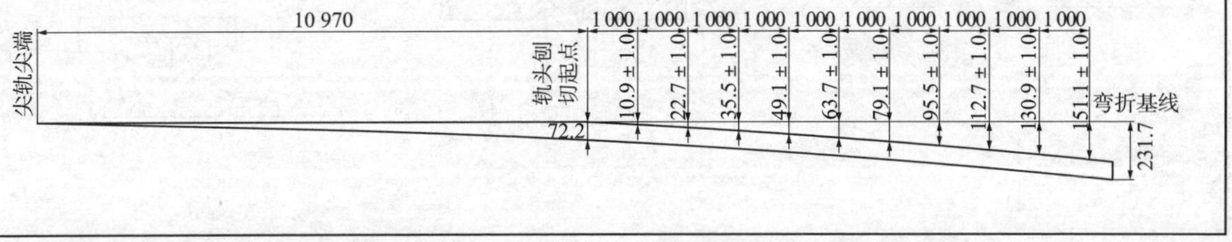

图 1　曲线尖轨支距图

60 kg/m 钢轨 18 号单开道岔可动心轨辙叉
图　号：客专线 (07)009－III－3

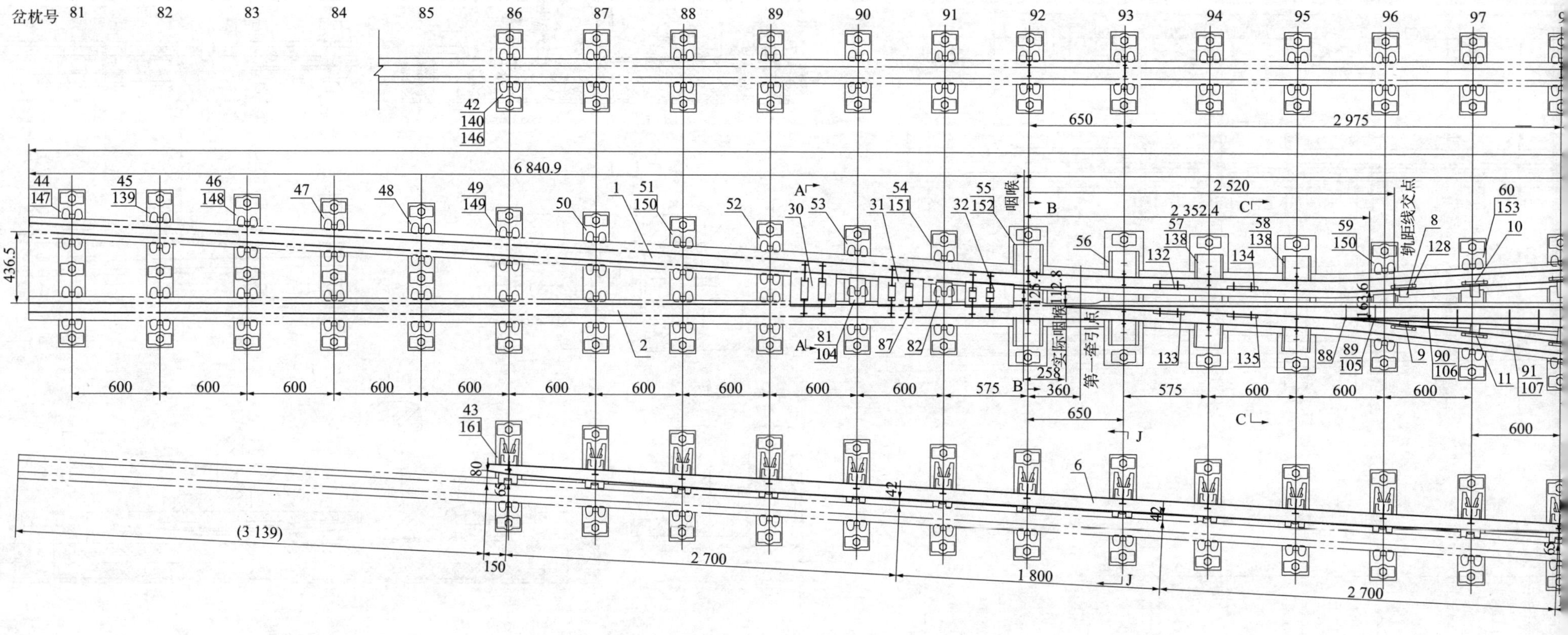

B－B 旋转

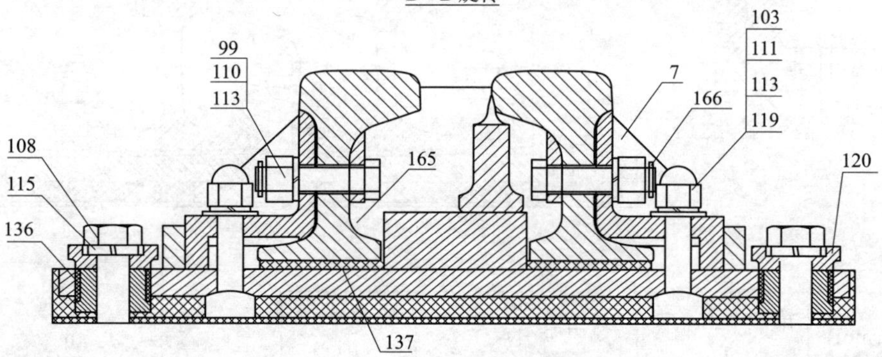

C－C 旋转

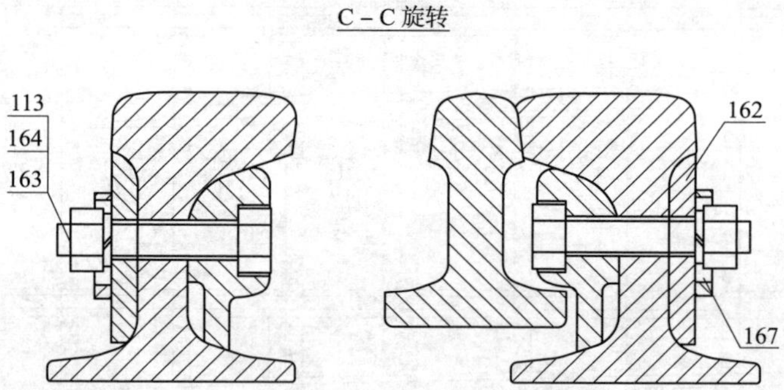

A－A 旋转

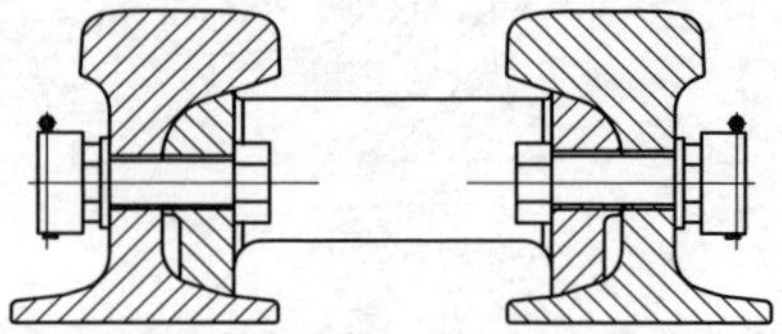

D－D 旋转

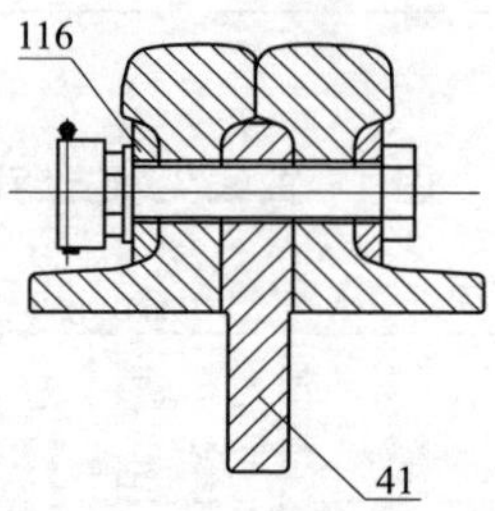

G－G 旋转

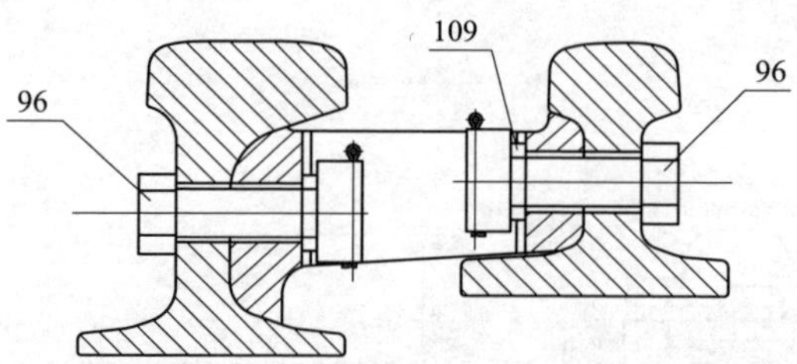

H－H 旋转

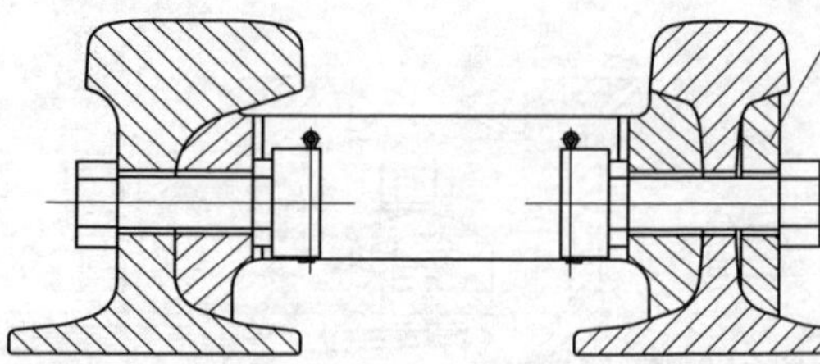

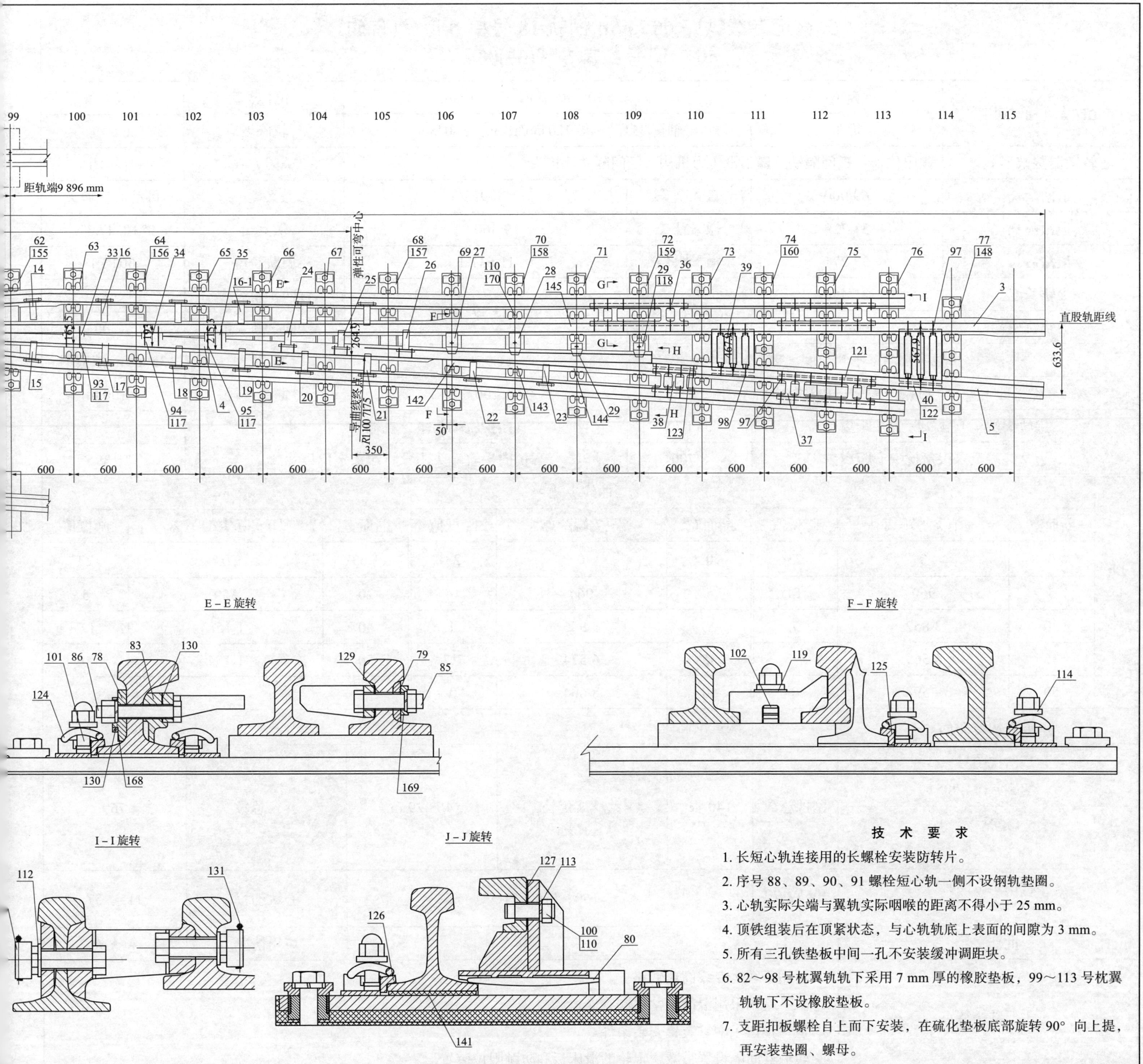

技 术 要 求

1. 长短心轨连接用的长螺栓安装防转片。
2. 序号 88、89、90、91 螺栓短心轨一侧不设钢轨垫圈。
3. 心轨实际尖端与翼轨实际咽喉的距离不得小于 25 mm。
4. 顶铁组装后在顶紧状态，与心轨轨底上表面的间隙为 3 mm。
5. 所有三孔铁垫板中间一孔不安装缓冲调距块。
6. 82～98 号枕翼轨轨下采用 7 mm 厚的橡胶垫板，99～113 号枕翼轨轨下不设橡胶垫板。
7. 支距扣板螺栓自上而下安装，在硫化垫板底部旋转 90° 向上提，再安装垫圈、螺母。

5. 客运专线铁路 60 kg/m 钢轨 18 号单开道岔(有砟)
设计图号：客专线(07)004

道岔允许通过速度	客车	$v_{直}\leqslant$ 250 km/h；$v_{侧}\leqslant$ 80 km/h		扣件类型	Ⅱ型弹条
	货车	轴重 23 t：$v_{直}\leqslant$ 120 km/h；$v_{侧}\leqslant$ 80 km/h		轨底坡	1∶40
转辙器跟端形式	■限位器 ■间隔铁 ■不设传力机构 □间隔铁活接头			锁闭方式	外锁闭
道岔全长	69 000	辙叉全长	20 992	辙叉类型	可动心轨辙叉
道岔前长	31 729	辙叉趾长	9 360.9	辙叉角	3°10′47.4″
道岔后长	37 271	辙叉跟长	11 631.1	翼轨轨型	60TY1
尖轨长度	21 450	基本轨长度	23 392	直向护轨长度	—
尖轨轨型	60AT2			侧向护轨长度	7 500
尖轨尖端前基本轨长度			1 951	护轨轨型	33 kg/m 槽型钢
辙叉理论尖端距趾端方向前一根岔枕中心距离			100	导曲线半径	1 100 m
尖轨尖端至心轨实际尖端距离		53 070	直向护轨端头距导轨端头定位尺寸		—
道岔终端至末根岔枕中心距离		8 700	侧向护轨端头距导轨端头定位尺寸		3 139

降低值	直线尖轨			曲线尖轨			长心轨		
	断面宽	距尖端距离	降低值	断面宽	距尖端距离	降低值	断面宽	距实际尖端距离	降低值
	0	0	23	0	0	23	1.63	0	23
	5	960	14	5	964	14	20	559	5
	20	3 852	7	20	3 855	4	40	1 158	1.7
	35	6 569	1.7	35	6 574	1.7	50	1 454	0
	50	8 598	0	50	8 604	0			

最大构造加宽	—	测量位置	—			
岔枕图号 客专线 (07)005	岔枕总数	140 根	岔枕展延长	463.29 m	套管总数	769
道岔板 —						
转换设备图号 —	尖轨动程	160、118、71			心轨动程	115、57
批准文号	—				应用情况	★★★
主要结构特点	1. 适用于客运专线高速铁路。 2. 轨下基础采用混凝土岔枕和有砟道床。 3. 道岔预留了融雪装置安装条件。 4. 转辙器间隔设置带减摩辊轮的滑床板和防跳限位装置。					

转辙器明细表

序号	图号 / 标准	名称及规格	数量	材　料	备　注
1	客专线(07)004-Ⅱ-4	直基本轨　23 392	1		
2	客专线(07)004-Ⅱ-5	曲基本轨　23 392	1		
3	客专线(07)004-Ⅱ-6	曲线尖轨　21 450	1		
4	客专线(07)004-Ⅱ-7	直线尖轨　21 450	1		
5	客专线(07)001-Ⅴ-21	间隔铁　160-167/A	1		
6	客专线(07)001-Ⅴ-21	间隔铁　182-190/A	1		
7	客专线(07)001-Ⅴ-22	间隔铁　161-168/B	1		
8	客专线(07)001-Ⅴ-22	间隔铁　183-191/B	1		
9	客专线(07)001-Ⅴ-4	弹性铁垫板　Y60-0	6		
10	客专线(07)001-Ⅴ-29	滑床板　Y60-0	28		
11	客专线(07)001-Ⅴ-29	滑床板　Y60-3	10		
12	客专线(07)001-Ⅴ-29	滑床板　Y60-6	6		
13	客专线(07)001-Ⅴ-30	辊轮滑床板　Y60-0	8		
14	客专线(07)001-Ⅴ-30	辊轮滑床板　Y60-3	4		
15	客专线(07)001-Ⅴ-31	限位防跳装置　Y60-0/116	1		
16	客专线(07)001-Ⅴ-31	限位防跳装置　Y60-0/119	1		
17	客专线(07)001-Ⅴ-31	限位防跳装置　Y60-0/149	1		
18	客专线(07)001-Ⅴ-31	限位防跳装置　Y60-3/159	1		
19	客专线(07)001-Ⅴ-31	限位防跳装置　Y60-0/175	1		
20	客专线(07)001-Ⅴ-31	限位防跳装置　Y60-3/175	1		
21	客专线(07)004-Ⅱ-8	垫　板　831	1		
22	客专线(07)004-Ⅱ-9	垫　板　831	1		
23	客专线(07)004-Ⅱ-8	垫　板　831	1		
24	客专线(07)004-Ⅱ-9	垫　板　831	1		
25	客专线(07)004-Ⅱ-8	垫　板　831	1		
26	客专线(07)004-Ⅱ-9	垫　板　831	1		
27	客专线(07)004-Ⅱ-8	垫　板　831	1		
28	客专线(07)004-Ⅱ-9	垫　板　831	1		
29	客专线(07)004-Ⅱ-10	垫　板　770	1		
30	客专线(07)004-Ⅱ-11	垫　板　770	1		
31	客专线(07)004-Ⅱ-10	垫　板　770	1		
32	客专线(07)004-Ⅱ-11	垫　板　770	1		
33	客专线(07)004-Ⅱ-10	垫　板　770	1		

续上表

序号	图号 / 标准	名称及规格	数量	材　料	备　注
34	客专线 (07)004－Ⅱ－11	垫　板　770	1		
35	客专线 (07)004－Ⅱ－10	垫　板　831	1		
36	客专线 (07)004－Ⅱ－11	垫　板　831	1		
37	客专线 (07)004－Ⅱ－10	垫　板　831	1		
38	客专线 (07)004－Ⅱ－11	垫　板　831	1		
39	客专线 (07)004－Ⅱ－10	垫　板　831	1		
40	客专线 (07)004－Ⅱ－11	垫　板　831	1		
41	客专线 (07)004－Ⅱ－12	垫　板　831	1		
42	客专线 (07)004－Ⅱ－13	垫　板　831	1		
43	客专线 (07)004－Ⅱ－14	垫　板　887	1		
44	客专线 (07)004－Ⅱ－15	垫　板　887	1		
45	客专线 (07)004－Ⅱ－14	垫　板　887	1		
46	客专线 (07)004－Ⅱ－15	垫　板　887	1		
47	客专线 (07)004－Ⅱ－14	垫　板　887	1		
48	客专线 (07)004－Ⅱ－15	垫　板　887	1		
49	客专线 (07)004－Ⅱ－14	垫　板　887	1		
50	客专线 (07)004－Ⅱ－15	垫　板　887	1		
51	客专线 (07)004－Ⅱ－14	垫　板　939	1		
52	客专线 (07)004－Ⅱ－15	垫　板　939	1		
53	客专线 (07)004－Ⅱ－14	垫　板　939	1		
54	客专线 (07)004－Ⅱ－15	垫　板　939	1		
55	客专线 (07)004－Ⅱ－14	垫　板　939	1		
56	客专线 (07)004－Ⅱ－15	垫　板　939	1		
57	客专线 (07)004－Ⅱ－16	垫　板　995	1		
58	客专线 (07)004－Ⅱ－17	垫　板　995	1		
59	客专线 (07)004－Ⅱ－16	垫　板　995	1		
60	客专线 (07)004－Ⅱ－17	垫　板　995	1		
61	客专线 (07)004－Ⅱ－16	垫　板　995	1		
62	客专线 (07)004－Ⅱ－17	垫　板　995	1		
63	客专线 (07)004－Ⅱ－16	垫　板　995	1		
64	客专线 (07)004－Ⅱ－17	垫　板　995	1		
65	客专线 (07)004－Ⅱ－16	垫　板　1 047	1		
66	客专线 (07)004－Ⅱ－17	垫　板　1 047	1		
67	客专线 (07)004－Ⅱ－16	垫　板　1 047	1		
68	客专线 (07)004－Ⅱ－17	垫　板　1 047	1		

续上表

序号	图号 / 标准	名称及规格	数量	材　　料	备　　注
69	客专线(07)001－Ⅴ－69	支距扣板　60/111－113－56	2	ZG 230－450	
70	客专线(07)001－Ⅴ－69	支距扣板　60/123－125－62	2	ZG 230－450	成对
71	客专线(07)001－Ⅴ－69	支距扣板　60/135－137－68	2	ZG 230－450	成对
72	客专线(07)001－Ⅴ－69	支距扣板　60/147－150－74	2	ZG 230－450	成对
73	客专线(07)001－Ⅴ－69	支距扣板　60/160－163－81	2	ZG 230－450	成对
74	客专线(07)001－Ⅴ－69	支距扣板　60/174－176－88	2	ZG 230－450	成对
75	专线 4232－4	螺　栓　M24×60	218		
76	客专线(07)001－Ⅴ－70	螺　栓　M24×130	12		
77	客专线(07)001－Ⅴ－8	垫板螺栓	244	45	
78	NS－06	盖型螺母　M24	230		
79	NS－07	限位板　M24	246		
80	GB/T 7244	弹簧垫圈　30	244		
81	SCT 300－506	螺　栓　M27×115	12	10.9 级	
82	SCT 300－506	螺　栓　M27×125	12	10.9 级	
83	NS－02(b)	螺　母　M27	24		
84	SCT 300－346	螺母防松帽　M27	24	ZG 230－450	
85	客专线(07)001－Ⅴ－34	夹　板　400/A	4		
86	客专线(07)001－Ⅴ－35	夹　板　400/B	4		
87	GB/T 91	开口销　4×80	24		
88		弹性夹　SSB3	62		
89		弹性夹　SSB4	8		
90	客专线(07)001－Ⅴ－6	轨距块　60/9－11	144	ZG 230－450	
91	客专线(07)001－Ⅴ－6	轨距块　60/10－12	74	ZG 230－450	
92	客专线(07)001－Ⅴ－44	轨距块　60/10－11	16	ZG 230－450	
93	专线 3351－3	Ⅱ型弹条	246	60Si2Mn	
94	客专线(07)001－Ⅴ－9	盖　板	244	QT 450－10	
95	NS－02(b)	螺　母　M24	16		
96	专线 4232－4	螺　栓　M24×65	16		
102	客专线(07)001－Ⅴ－10	缓冲调距块	232	玻璃纤维	
103	客专线(07)001－Ⅴ－51	橡胶垫板　60－200－149－5	6	橡胶	
104	客专线(07)001－Ⅴ－52	橡胶垫板　60－210－149－5	138	橡胶	
105	客专线(07)001－Ⅴ－53	橡胶垫板　60－290－149－5	12	橡 胶	
106	客专线(07)001－Ⅴ－51	橡胶垫板　60－160－129－5	8	橡 胶	
107	客专线(07)001－Ⅴ－13	调高垫板　$2-528\times182\times410\times\frac{2}{1}-0$	6 6	橡塑	

续上表

序号	图号 / 标准	名称及规格	数量	材　料	备　注
108	客专线 (07)001－V－13	调高垫板　2－780×190×662×$\frac{2}{1}$－0	38 38	橡塑	
109	客专线 (07)001－V－13	调高垫板　2－780×190×662×$\frac{2}{1}$－3	12 12	橡塑	
110	客专线 (07)001－V－13	调高垫板　2－780×190×662×$\frac{2}{1}$－6	6 6	橡塑	
111	客专线 (07)001－V－13	调高垫板　2－780×270×662×$\frac{2}{1}$－0	8 8	橡塑	
112	客专线 (07)001－V－13	调高垫板　2－780×270×662×$\frac{2}{1}$－3	4 4	橡塑	
113	客专线 (07)001－V－13	调高垫板　2－841×190×723×$\frac{2}{1}$－0	12 12	橡塑	
114	客专线 (07)001－V－13	调高垫板　2－841×190×723×$\frac{2}{1}$－6	4 4	橡塑	
115	客专线 (07)001－V－13	调高垫板　2－897×190×779×$\frac{2}{1}$－0	8 8	橡塑	
116	客专线 (07)001－V－13	调高垫板　2－949×190×831×$\frac{2}{1}$－0	6 6	橡塑	
117	客专线 (07)001－V－13	调高垫板　3－1 005×190×887×418×$\frac{2}{1}$	2 2	橡塑	
118	客专线 (07)001－V－13	调高垫板 3－1 005×190×887×426.5×$\frac{2}{1}$	2 2	橡塑	
119	客专线 (07)001－V－13	调高垫板 3－1 005×190×887×435×$\frac{2}{1}$	2 2	橡塑	
120	客专线 (07)001－V－13	调高垫板 3－1 005×190×887×443.5×$\frac{2}{1}$	2 2	橡塑	
121	客专线 (07)001－V－13	调高垫板 3－1 057×190×939×452.5×$\frac{2}{1}$	2 2	橡塑	
122	客专线 (07)001－V－13	调高垫板 3－1 057×190×939×461.5×$\frac{2}{1}$	2 2	橡塑	

注：1. 转辙器跟端采用限位器、间隔铁和不设传力结构三种方案设计，采用限位器结构或不设传力结构时，序号5～8及81～87相应取消。

2. 每五组道岔备用一组调高垫板。

3. 明细表中垫板长度为硫化前铁垫板的长度，硫化后垫板长度增加10 mm。

4. 本图用垫板硫化方式为按有砟道床用硫化，组装使用时应注意按标记进行区分。

辙叉明细表

序号	图号 / 标准	名称及规格	数量	材 料	备 注
1	客专线 (07)004 – Ⅲ – 5	翼 轨 19 660	1		
2	客专线 (07)004 – Ⅲ – 6	翼 轨 19 660	1		
3	客专线 (07)004 – Ⅲ – 7	长心轨 14 250	1	60D40 钢轨	
4	客专线 (07)004 – Ⅲ – 8	短心轨 8 125	1	60D40 钢轨	
5	客专线 (07)004 – Ⅲ – 9	叉跟尖轨 5 740	1	60 kg/m 钢轨	
6	客专线 (07)004 – Ⅲ – 10	护 轨 7 500	1	33 kg/m 槽型轨	
7	客专线 (07)001 – Ⅴ – 16	轨 撑 60 – Ⅱ	8	KTH 330 – 08	
8	客专线 (07)001 – Ⅴ – 61	防跳顶铁 102 – 105	1	QT400 – 15	
9	客专线 (07)001 – Ⅴ – 61	防跳顶铁 77 – 73	1	QT400 – 15	
10	客专线 (07)001 – Ⅴ – 62	顶 铁 127 – 130	1	QT400 – 15	
11	客专线 (07)001 – Ⅴ – 62	顶 铁 111 – 107	1	QT400 – 15	
12	客专线 (07)001 – Ⅴ – 61 – B	顶 铁 113 – 115	1	QT400 – 15	
13	客专线 (07)001 – Ⅴ – 61 – B	顶 铁 106 – 103	1	QT400 – 15	
14	客专线 (07)001 – Ⅴ – 61 – C	防跳顶铁 152 – 154	1	QT400 – 15	
15	客专线 (07)001 – Ⅴ – 61 – C	防跳顶铁 155 – 153	1	QT400 – 15	
16	客专线 (07)001 – Ⅴ – 61 – B	顶 铁 159 – 159	4	QT400 – 15	
16 – 1	客专线 (07)001 – Ⅴ – 61 – C	防跳顶铁 159 – 159	1	QT400 – 15	
17	客专线 (07)001 – Ⅴ – 61 – B	顶 铁 163 – 163	1	QT400 – 15	
18	客专线 (07)001 – Ⅴ – 61 – B	顶 铁 166 – 166	1	QT400 – 15	
19	客专线 (07)001 – Ⅴ – 61 – C	防跳顶铁 169 – 169	1	QT400 – 15	
20	客专线 (07)001 – Ⅴ – 61 – B	顶 铁 171 – 171	1	QT400 – 15	
21	客专线 (07)001 – Ⅴ – 61 – B	顶 铁 172 – 172	1	QT400 – 15	
22	客专线 (07)001 – Ⅴ – 61 – C	防跳顶铁 132 – 131	1	QT400 – 15	
23	客专线 (07)001 – Ⅴ – 61 – C	防跳顶铁 148 – 147	1	QT400 – 15	
24	客专线 (07)001 – Ⅴ – 63	顶 铁 135 – 133	1	QT400 – 15	
25	客专线 (07)001 – Ⅴ – 63	顶 铁 158 – 156	1	QT400 – 15	
26	客专线 (07)001 – Ⅴ – 63	顶 铁 190 – 187	1	QT400 – 15	
27	客专线 (07)009 – Ⅲ – 31	双边扣板	1	ZG 230 – 450	
28	客专线 (07)009 – Ⅲ – 31	双边扣板	1	ZG 230 – 450	
29	客专线 (07)009 – Ⅲ – 32	单边扣板	2	ZG 230 – 450	
30	客专线 (07)001 – Ⅴ – 55	翼轨用 C 型间隔铁 279 – 269	1	ZG 230 – 450	
31	客专线 (07)001 – Ⅴ – 55	翼轨用 C 型间隔铁 255 – 245	1	ZG 230 – 450	

续上表

序号	图号/标准	名称及规格	数量	材　料	备　　注
32	客专线 (07)004－Ⅲ－37	防跳间隔铁	1	ZG 230－450	
33	客专线 (07)001－Ⅴ－23	间隔铁　60D40/56－64	1	ZG 230－450	
34	客专线 (07)001－Ⅴ－23	间隔铁　60D40/84－92	1	ZG 230－450	
35	客专线 (07)001－Ⅴ－23	间隔铁　60D40/107－114	1	ZG 230－450	
36	客专线 (07)001－Ⅴ－57	间隔铁	2	ZG 230－450	
37	客专线 (07)001－Ⅴ－77	间隔铁	1	ZG 230－450	
38	客专线 (07)001－Ⅴ－56	间隔铁	1	ZG 230－450	
39	客专线 (07)001－Ⅴ－54	间隔铁　358－381	1	ZG 230－450	
40	客专线 (07)001－Ⅴ－54	间隔铁　459－482	1	ZG 230－450	
41	客专线 (07)009－Ⅲ－34	接头铁	1	Q275	
42	客专线 (07)001－Ⅴ－4	弹性铁垫板　60－0	13	硫化垫板	
43	客专线 (07)004－Ⅲ－11	护轨垫板　60－0	13	硫化垫板	同客专线 (07)009－Ⅲ－11
44	客专线 (07)004－Ⅲ－12	垫　板　1 047 × 180 × 25	1	硫化垫板	同客专线 (07)009－Ⅲ－12
45	客专线 (07)004－Ⅲ－13	垫　板　1 047 × 180 × 25	1	硫化垫板	同客专线 (07)009－Ⅲ－13
46	客专线 (07)004－Ⅲ－13	垫　板　995 × 180 × 25	1	硫化垫板	同客专线 (07)009－Ⅲ－13
47	客专线 (07)004－Ⅲ－13	垫　板　995 × 180 × 25	1	硫化垫板	同客专线 (07)009－Ⅲ－13
48	客专线 (07)004－Ⅲ－13	垫　板　995 × 180 × 25	1	硫化垫板	同客专线 (07)009－Ⅲ－13
49	客专线 (07)004－Ⅲ－14	垫　板　939 × 180 × 25	1	硫化垫板	同客专线 (07)009－Ⅲ－14
50	客专线 (07)004－Ⅲ－14	垫　板　939 × 180 × 25	1	硫化垫板	同客专线 (07)009－Ⅲ－14
51	客专线 (07)004－Ⅲ－14	垫　板　887 × 180 × 25	1	硫化垫板	同客专线 (07)009－Ⅲ－14
52	客专线 (07)004－Ⅲ－14	垫　板　887 × 180 × 25	1	硫化垫板	同客专线 (07)009－Ⅲ－14
53	客专线 (07)004－Ⅲ－15	垫　板　887 × 180 × 25	1	硫化垫板	同客专线 (07)009－Ⅲ－15
54	客专线 (07)004－Ⅲ－15	垫　板　831 × 180 × 25	1	硫化垫板	
55	客专线 (07)004－Ⅲ－16	垫　板　920 × 260 × 25	1	硫化垫板	
56	客专线 (07)004－Ⅲ－17	垫　板　920 × 260 × 25	1	硫化垫板	
57	客专线 (07)004－Ⅲ－18	垫　板　920 × 260 × 25	1	硫化垫板	
58	客专线 (07)004－Ⅲ－19	垫　板　920 × 260 × 25	1	硫化垫板	
59	客专线 (07)004－Ⅲ－20	垫　板　887 × 180 × 25	1	硫化垫板	
60	客专线 (07)004－Ⅲ－20	垫　板　995 × 180 × 25	1	硫化垫板	
61	客专线 (07)004－Ⅲ－20	垫　板　1 047 × 180 × 25	1	硫化垫板	
62	客专线 (07)004－Ⅲ－21	垫　板　1 127 × 180 × 25	1	硫化垫板	
63	客专线 (07)004－Ⅲ－22	垫　板　1 127 × 180 × 25	1	硫化垫板	
64	客专线 (07)004－Ⅲ－22	垫　板　1 187 × 180 × 25	1	硫化垫板	

续上表

序号	图号 / 标准	名称及规格	数量	材　料	备　　注
65	客专线 (07)004－Ⅲ－22	垫　板　1 187 × 180 × 25	1	硫化垫板	
66	客专线 (07)004－Ⅲ－22	垫　板　1 187 × 180 × 25	1	硫化垫板	同客专线 (07)009－Ⅲ－22
67	客专线 (07)004－Ⅲ－22	垫　板　1 187 × 180 × 25	1	硫化垫板	同客专线 (07)009－Ⅲ－22
68	客专线 (07)004－Ⅲ－22	垫　板　1 234 × 180 × 25	1	硫化垫板	同客专线 (07)009－Ⅲ－22
69	客专线 (07)004－Ⅲ－23	垫　板　1 234 × 180 × 25	1	硫化垫板	同客专线 (07)009－Ⅲ－23
70	客专线 (07)004－Ⅲ－24	垫　板　1 300 × 180 × 25	1	硫化垫板	同客专线 (07)009－Ⅲ－24
71	客专线 (07)004－Ⅲ－25	垫　板　1 300 × 180 × 25	1	硫化垫板	同客专线 (07)009－Ⅲ－25
72	客专线 (07)004－Ⅲ－26	垫　板　1 367 × 180 × 25	1	硫化垫板	同客专线 (07)009－Ⅲ－26
73	客专线 (07)004－Ⅲ－27	垫　板　1 367 × 180 × 25	1	硫化垫板	同客专线 (07)009－Ⅲ－27
74	客专线 (07)004－Ⅲ－28	垫　板　1 467 × 180 × 25	1	硫化垫板	同客专线 (07)009－Ⅲ－28
75	客专线 (07)004－Ⅲ－29	垫　板　1 467 × 180 × 25	1	硫化垫板	同客专线 (07)009－Ⅲ－29
76	客专线 (07)004－Ⅲ－28	垫　板　1 467 × 180 × 25	1	硫化垫板	同客专线 (07)009－Ⅲ－28
77	客专线 (07)004－Ⅲ－30	垫　板　1 047 × 180 × 25	1	硫化垫板	同客专线 (07)009－Ⅲ－30
78	客专线 (07)001－Ⅴ－73	钢轨垫圈（三）　79	40	ZG 230－450	
79	客专线 (07)001－Ⅴ－65	顶铁用钢轨垫圈（二）	6	ZG 230－450	
80		施维格弹性夹　SSB2	13		
81	客专线 (07)001－Ⅴ－82	支距扣板　60/170－166－85	1	ZG 230－450	
82	客专线 (07)001－Ⅴ－82	支距扣板　60/147－142－73	1	ZG 230－450	
83	客专线 (07)001－Ⅴ－61－A	顶铁座	16	QT400－15	
84	SCT 300－346	螺母防松帽　M27	82	ZG 230－450	
85	GB/T 5780	螺　栓　M24 × 110	14		普通顶铁用
86	GB/T 5780	螺　栓　M24 × 140	32		组合顶铁用
87	SCT 300－506	螺　栓　M27 × 120	12	10.9 级	用于两翼轨之间
88	GB/T 1228	螺　栓　M27 × 130	1	10.9 级	连接长短心轨用
89	GB/T 1228	螺　栓　M27 × 135	1	10.9 级	连接长短心轨用
90	SCT 300－506	螺　栓　M27 × 140	2	10.9 级	连接长短心轨用
91	SCT 300－506	螺　栓　M27 × 150	2	10.9 级	连接长短心轨用
92	SCT 300－506	螺　栓　M27 × 175	2	10.9 级	连接长短心轨用
93	SCT 300－506	螺　栓　M27 × 200	2	10.9 级	连接长短心轨用
94	SCT 300－506	螺　栓　M27 × 230	2	10.9 级	连接长短心轨用
95	SCT 300－506	螺　栓　M27 × 255	2	10.9 级	连接长短心轨用
96	SCT 300－506	螺　栓　M27 × 115	35	10.9 级	翼轨与长心轨用 24 个，叉跟尖轨与翼轨用 11 个

续上表

序号	图号 / 标准	名称及规格	数量	材　料	备　注
97	SCT 300－506	螺　栓　M27×120	17	10.9 级	连接叉跟轨心轨用 6 个，连接翼轨叉跟轨用 11 个
98	SCT 300－506	螺　栓　M27×130	6	10.9 级	连接叉跟轨心轨用
99	GB/T 31	螺　栓　M24×105	8		轨撑用
100	客专线 (07)001－V－47	螺　栓　M24×80	13		护轨用
101	专线 4232－4	螺　栓　M24×60	152		弹条用
102	专线 4232－4	螺　栓　M24×80	4		单双边扣板用螺栓底部沉头处导圆角 *R*5
103	客专线 (07)001－V－70	螺　栓　M24×100	8		轨撑用
104	客专线 (07)001－V－70	螺　栓　M24×120	2		支距扣板用
105	客专线 (07)009－Ⅲ－36	垫　片　60D40/3.2－8/270	1	Q235	长短心轨用
106	客专线 (07)009－Ⅲ－36	垫　片　60D40/12.3－17.1/270	1	Q235	长短心轨用
107	客专线 (07)009－Ⅲ－36	垫　片　60D40/21.2－26.1/270	1	Q235	长短心轨用
108	客专线 (07)001－V－8	垫板螺栓　A 型	129	45 号钢	
109	NS－02(b)	螺　母　M27G	84	10 级	
110	NS－02(b)	螺　母　M24	67		长心轨工作边一侧弹条用 8 个
111	NS－06	盖型螺母　M24	174		
112	GB/T 1230	垫　圈　27	38		
113	GB/T 7244	垫　圈　24	75	65Mn	
114	NS－07	限位板　M24	169		
115	GB/T 7244	垫　圈　30	129	65Mn	
116	客专线 (07)001－V－78	防转垫圈　60D40－0	14	KTH 330－08	
117	客专线 (07)001－V－39	防转垫圈　60D40－3	8	KTH 330－08	
118	客专线 (07)009－Ⅲ－35	垫　圈	2	65Mn	
119	客专线 (07)009－Ⅲ－35	垫　圈	10	65Mn	
120	客专线 (07)001－V－9	盖　板	129		
121	客专线 (07)001－V－81	夹　板　940/B	1	Q235	
122	客专线 (07)001－V－74	夹　板　400/C	2	Q235	
123	客专线 (07)001－V－75	夹　板　440	1	Q235	
124	专线 3351－3	Ⅱ型弹条	162	60Si2Mn	
125	客专线 (07)001－V－6	轨距块　60/10－12	63	ZG 230－450	
126	客专线 (07)001－V－6	轨距块　60/9－11	96	ZG 230－450	
127	客专线 (07)001－V－43	护轨调整片　$140\times60\times\frac{2}{3}$	26 13	Q235 镀锌	

续上表

序号	图号 / 标准	名称及规格	数量	材　料	备　　注
128	客专线(07)001－Ⅴ－91	顶铁调整片　$90\times70\times\frac{0.3/0.5}{1/2/3}$	各 20	Q235 镀锌	翼轨普通顶铁备用，各 10 片组装、10 片发运
129	客专线(07)001－Ⅴ－92	顶铁调整片　$170\times50\times\frac{0.3/0.5}{1/2/3}$	各 30	Q235 镀锌	翼轨组合顶铁、心轨顶铁备用，各 20 片组装、10 片发运
130	GB/T 91	开口销　3×70	48	Q235	
131	GB/T 91	开口销　4×80	82	Q235	
132	客专线(07)009－Ⅲ－33	防跳卡铁	1	ZG 230－450	
133	客专线(07)009－Ⅲ－33	防跳卡铁	1	ZG 230－450	
134	客专线(07)009－Ⅲ－33	防跳卡铁	1	ZG 230－450	
135	客专线(07)009－Ⅲ－33	防跳卡铁	1	ZG 230－450	
136	客专线(07)001－Ⅴ－10	缓冲调距块　6－9	120	玻璃纤维	
137	客专线(07)001－Ⅴ－51	橡胶垫板　60－290－104/7	4	橡胶	
138	客专线(07)001－Ⅴ－51	橡胶垫板　60－290－149/7	4	橡胶	
139	客专线(07)001－Ⅴ－51	橡胶垫板　60－210－149/7	26	橡胶	
140	客专线(07)001－Ⅴ－51	橡胶垫板　60－200－149/5	13	橡胶	
141	客专线(07)001－Ⅴ－51	橡胶垫板　60－210－149/5	21	橡胶	
142	客专线(07)001－Ⅴ－51	橡胶垫板　60－210－130/5	1	橡胶	
143	客专线(07)001－Ⅴ－51	橡胶垫板　60－210－135/5	1	橡胶	
144	客专线(07)001－Ⅴ－51	橡胶垫板　60－210－142/5	1	橡胶	
145	客专线(07)001－Ⅴ－51	橡胶垫板　60－170－149/5	8	橡胶	
146	客专线(07)001－Ⅴ－13	调高垫板　$2-528\times182\times410\times\frac{1}{2}-0$	13 13	橡塑	
147	客专线(07)001－Ⅴ－13	调高垫板　$3-1\,057\times190\times939\times469.5\times\frac{1}{2}$	3 3	橡塑	
148	客专线(07)001－Ⅴ－13	调高垫板　$3-1\,005\times190\times887\times443.5\times\frac{1}{2}$	3 3	橡胶	
149	客专线(07)001－Ⅴ－13	调高垫板　$2-949\times190\times831\times\frac{1}{2}-0$	2 2	橡塑	
150	客专线(07)001－Ⅴ－13	调高垫板　$2-897\times190\times779\times\frac{1}{2}-0$	4 4	橡塑	
151	客专线(07)001－Ⅴ－13	调高垫板　$2-841\times190\times723\times\frac{1}{2}-0$	1 1	橡塑	

续上表

序号	图号 / 标准	名称及规格	数量	材　料	备　　注
152	客专线 (07)001－Ⅴ－13	调高垫板　$2-930\times270\times812\times\frac{1}{2}-0$	4 4	橡塑	
153	客专线 (07)001－Ⅴ－13	调高垫板　$2-1\ 005\times190\times887\times\frac{1}{2}-0$	1 1	橡塑	
154	客专线 (07)001－Ⅴ－13	调高垫板　$2-1\ 057\times190\times939\times\frac{1}{2}-0$	1 1	橡塑	
155	客专线 (07)001－Ⅴ－13	调高垫板　$2-1\ 137\times190\times1\ 019\times\frac{1}{2}-0$	2 2	橡塑	
156	客专线 (07)001－Ⅴ－13	调高垫板　$2-1\ 197\times190\times1\ 079\times\frac{1}{2}-0$	4 4	橡塑	
157	客专线 (07)001－Ⅴ－13	调高垫板　$2-1\ 244\times190\times1\ 126\times\frac{1}{2}-0$	2 2	橡塑	
158	客专线 (07)001－Ⅴ－13	调高垫板　$2-1\ 310\times190\times1\ 192\times\frac{1}{2}-0$	2 2	橡塑	
159	客专线 (07)001－Ⅴ－13	调高垫板　$2-1\ 377\times190\times1\ 259\times\frac{1}{2}-0$	2 2	橡塑	
160	客专线 (07)001－Ⅴ－13	调高垫板　$3-1\ 477\times190\times1\ 359\times679.5\times\frac{1}{2}$	3 3	橡塑	
161	客专线 (07)001－Ⅴ－13	调高垫板　$2-710\times190\times592\times\frac{1}{2}-0$	13 13	橡塑	
162	客专线 (07)001－Ⅴ－73	钢轨垫圈（三）　89	8	KTH 330－08	
163	客专线 (07)001－Ⅴ－47	螺　栓　M24×120	8	10.9 级	
164	NS－02(b)	螺　母　M24G	8	10 级	防跳卡铁用
165	客专线 (07)001－Ⅴ－86	翼轨用防转垫圈	8	KTH 330－08	
166	GB/T 91	开口销　5×35	8	Q235	
167	客专线 (07)001－Ⅴ－93	防转片　82	8	ZG 230－450	
168	客专线 (07)001－Ⅴ－93	防转片　72	40	ZG 230－450	
169	客专线 (07)001－Ⅴ－64	防转片	6	ZG 230－450	
170	专线 4232－4	螺　栓　M24×65	8		长心轨工作边一侧弹条用

注：本图垫板序号42～53、66～77金属件与时速350 km 60－18号单开道岔(客专线(07)009－Ⅲ－4)相同，硫化橡胶后刚度不同，硫化后注意区分。

客专线 (07)004 电务主要参数

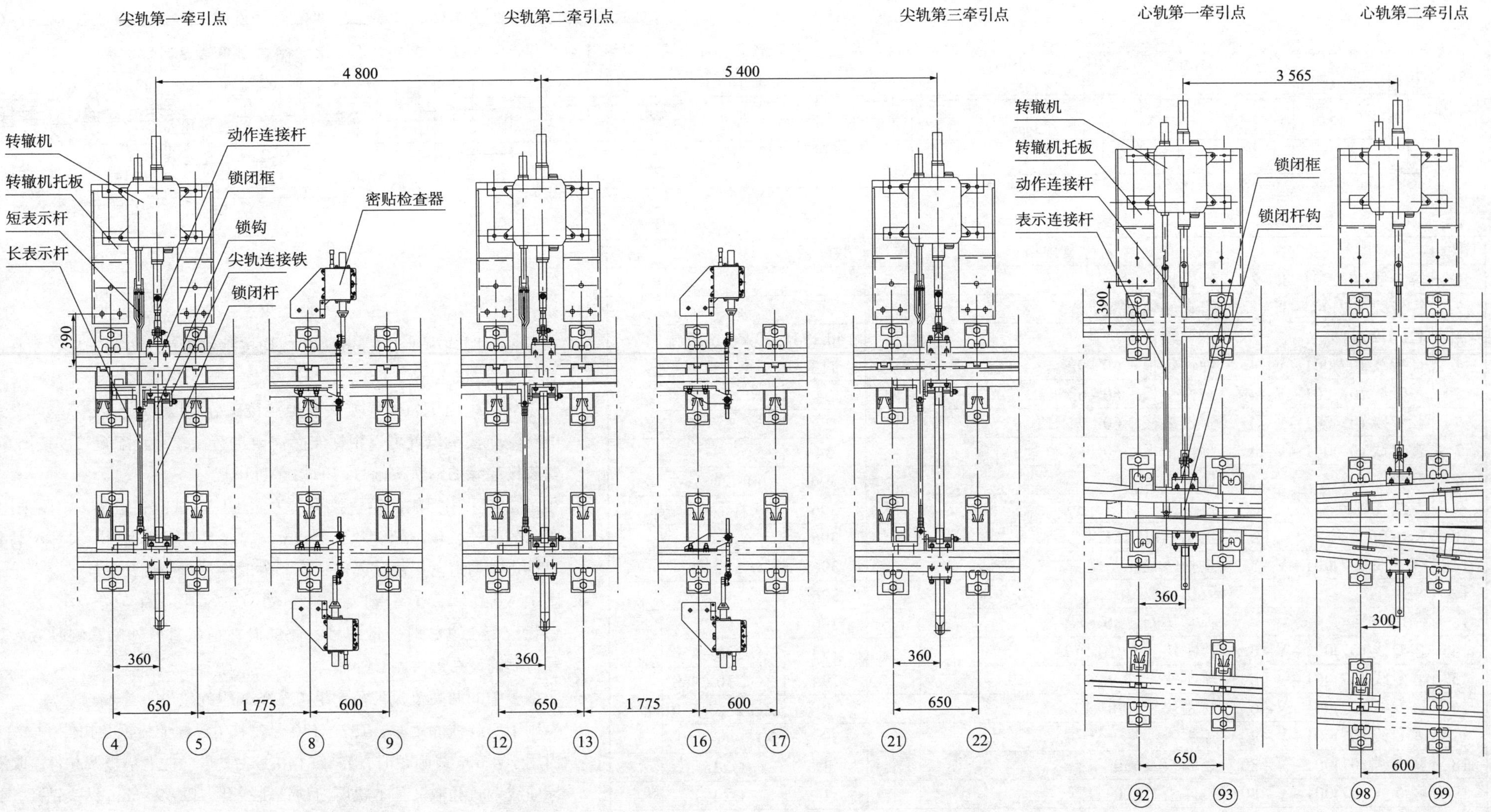

转换设备	安装图名称	安装图号 / 标准	锁闭方式
钩型外锁	时速 250 km 客运专线铁路 60 kg/m 钢轨 18 号单开道岔外锁闭装置安装图	客专线 (07)003－Ⅰ	外锁闭
ZDJ9	时速 250 km 客运专线铁路 60 kg/m 钢轨 18 号单开道岔转换设备 (ZDJ9) 安装图	客专线 (07)003－Ⅱ	外锁闭
S700K	时速 250 km 客运专线铁路 60 kg/m 钢轨 18 号单开道岔转换设备 (S700K) 安装图	客专线 (07)003－Ⅳ	外锁闭
ZYJ7+SH6	时速 250 km 客运专线铁路 60 kg/m 钢轨 18 号单开道岔转换设备 (ZYJ7+SH6) 安装图	客专线 (07)003－Ⅴ	外锁闭
优化外锁	时速 250 km 客运专线铁路 60 kg/m 钢轨 18 号单开道岔外锁闭装置安装图	客专线 (07)003－Ⅹ	外锁闭

60 kg/m 钢轨 18 号单开道岔
图 号：客专线 (07)004

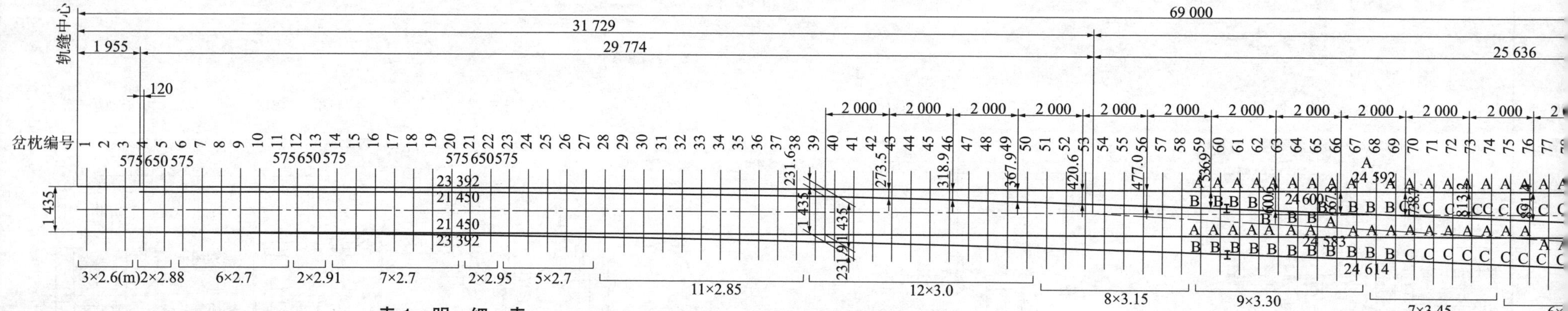

表 1 明 细 表

序号	图号 / 标准	名称及规格	单位	数 量	材 料	备注
1	客专线 (07)004－Ⅱ－2	转辙器	组	1		
2	客专线 (07)004－Ⅲ－3	可动心轨辙叉	组	1		
3	TB/T 2344	钢 轨	m	140.293	60 kg/m 钢轨	
4	客专线 (07)001－Ⅴ－4	弹性垫板 60－0	块	113		
5	客专线 (07)001－Ⅴ－4	弹性垫板 60－6	块	24		
6	客专线 (07)001－Ⅴ－4	弹性垫板 60－9	块	27		
7	客专线 (07)001－Ⅴ－4	弹性垫板 60－12	块	34		
8	专线 3351－3	Ⅱ 型弹条	个	396	60Si2CrVA	
9	专线 4232－4	螺 栓 M24 × 60	根	396		
10	NS－06	盖型螺母 M24	个	396		
11	客专线 (07)001－Ⅴ－8	垫板螺栓 A 型	个	396	45 号钢	
12	NS－07	限位板	个	396		
13	GB/T 7244	弹簧垫圈 30	个	396		
14	客专线 (07)001－Ⅴ－6	轨距块 60/10－12	个	194	ZG 230－450	
15	客专线 (07)001－Ⅴ－6	轨距块 60/9－11	个	194	ZG 230－450	
16	客专线 (07)001－Ⅴ－6	轨距块 60/8－13	个	40	ZG 230－450	备用
17	客专线 (07)001－Ⅴ－9	盖板	个	396	QT 450－10	
18	客专线 (07)001－Ⅴ－80	挡砟板 650	个	1	Q235	
19	客专线 (07)001－Ⅴ－80	挡砟板 600	个	1	Q235	
20	客专线 (07)001－Ⅴ－10	缓冲调距块 6－9	个	396	玻璃纤维	
21	客专线 (07)001－Ⅴ－10	缓冲调距块 7－8/5－10/4－11	个	90	玻璃纤维	
22	客专线 (07)001－Ⅴ－49	绝缘轨距块 60/9－11	个	6	玻璃纤维	
23	客专线 (07)001－Ⅴ－49	绝缘轨距块 60/10－12	个	6	玻璃纤维	
24	客专线 (07)001－Ⅴ－76	弹条绝缘帽	个	32	玻璃纤维	
25	客专线 (07)001－Ⅴ－51	橡胶垫板 60－200－149/5	块	198	橡胶	
26	专线 3417	钢轨胶接绝缘接头	组	2		
27	客专线 (07)001－Ⅴ－13	调高垫板 2－528 × 182 × 410 × 1－0	块	109	橡塑	
		调高垫板 2－528 × 182 × 410 × 2－0	块	109	橡塑	
28	客专线 (07)001－Ⅴ－13	调高垫板 2－528 × 182 × 410 × 1－6	块	24	橡塑	
		调高垫板 2－528 × 182 × 410 × 2－6	块	24	橡塑	
29	客专线 (07)001－Ⅴ－13	调高垫板 2－528 × 182 × 410 × 1－9	块	27	橡塑	
		调高垫板 2－528 × 182 × 410 × 2－9	块	27	橡塑	
30	客专线 (07)001－Ⅴ－13	调高垫板 2－528 × 182 × 410 × 1－12	块	34	橡塑	
		调高垫板 2－528 × 182 × 410 × 2－12	块	34	橡塑	

技 术 要 求

1. 本道岔轨距均为 1 435 mm。岔枕均按垂直于正线方向布置，岔枕间距除
者外均为 600 mm。
2. 图中轨道电路钢轨绝缘接头及焊接接头分别以“⫫”及“—○—”表示。
电路绝缘接头位置可以根据实际需要进行设置，其配轨长度按图 3、图 4
置胶接绝缘的钢轨按括号内的数字断开。
3. 本道岔均采用铝热焊钢轨接头，为便于厂内试铺和组装，本图采用图 3、
所示的配轨长度，轨缝均为 8 mm，焊接时需现场锯轨。具体配轨长度可
户订货时与道岔厂协商确定，有条件时应尽量采用长配轨。
4. 图中 A、B、C、D 分别表示垫板 60－0、60－6、60－9、60－12。
5. 铺设混凝土岔枕时，带编号一侧铺设在道岔直股外侧，侧股辙后短岔枕
号一侧铺设在道岔侧股外侧。
6. 明细表中的调高垫板为每 5 组道岔备一组的数量。
7. 当用于 5 m 线间距时，137～140 号岔枕 (含枕上垫板及扣件) 取消；
当用于 4.6 m 线间距时，131～140 号岔枕 (含枕上垫板及扣件) 取消。
8. 导曲线钢轨和辙叉基本轨厂内预钻跳线孔，以 ϕ9.8 mm 钻头钻孔，孔高距
79 mm。跳线按 ZPW2000－A 轨道电路、25 Hz 相敏轨道电路两种形式设置，
体见图 2、图 5。
9. 本道岔适用于跨区间无缝线路路，允许铺设轨温范围见下表：

采用优化后钩型外锁闭机构 (允许伸缩位移量为 30 mm)			采用 ZTS 型自调式钩型外锁闭机构 (允许伸缩位移量为 50 mm)		
尖轨跟端结构形式	最大升温幅度 (℃)	最大降温幅度 (℃)	尖轨跟端结构形式	最大升温幅度 (℃)	最大降温幅度 (℃
限位器	49	57	限位器	49	57
间隔铁	43	51	不设传力机构	45	55
不设传力机构	45	45			

10. 本道岔用于渡线时，线间距应大于等于 5.0 m，当线间距小于 5.0 m 时，
订货时应指明。
11. 道岔主要结构特点：
(1) 转辙器间隔设置带滚轮的滑床板和防跳限位装置，基本轨内侧采用

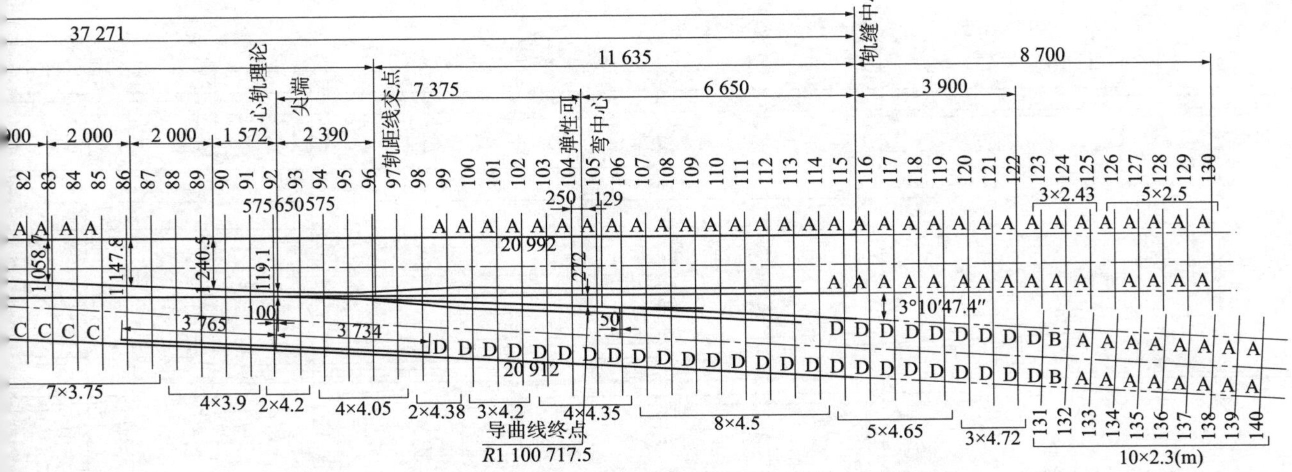

夹扣压。

(2) 翼轨跟端用间隔铁分别与长心轨和叉跟轨胶接，胶接层厚度不大于 1 mm，技术要求参照 TB/T 2975《胶接绝缘钢轨技术条件》。

(3) 本图部分垫板金属件与时速 350 km 60－18 号道岔相同，垫板硫化橡胶形式不同，定货时应明确，同时注意硫化后垫板标记，以便区分。

(4) 绝缘接头两侧采用绝缘轨距块。

(5) 扣件采用分开式Ⅱ型弹条扣件，轨距块及缓冲调距块的号码配置见下表：

单股钢轨位置	滑床板及护轨垫板				单股钢轨位置	一般部位					
	钢轨内侧		钢轨外侧			钢轨内侧			钢轨外侧		
	缓冲调距块		缓冲调距块			缓冲调距块		轨距块	轨距块	缓冲调距块	
	外侧	内侧	内侧	外侧		外侧	内侧			内侧	外侧
0	6	9	6	9	0	6	9	10	11	6	9
+1	5	10	5	10	+1	6	9	11	10	6	9
+2	4	11	4	11	+2	6	9	12	9	6	9
−1	7	8	7	8	−1	6	9	11	12	6	9
−2	8	7	8	7	−2	9	6	11	10	9	6
−3	9	6	9	6	−3	9	6	10	11	9	6
−4	10	5	10	5	−4	9	6	9	12	9	6

道岔前后端及道岔区均采用铝热焊接接头，配轨长度按 8 mm 轨缝设置，焊接时需现场锯轨。

道岔用螺母可以采用其他同等级的防松螺母。

道岔工电接口尺寸应用专用样板检查。

本道岔可采用调高垫板在橡胶垫板与岔枕之间调高，最大调高量 10 mm，调高垫板见客专线 (07)001－Ⅴ－13。本设计每 5 组道岔备一组调高垫板，每块铁垫板备 1 mm、2 mm 厚调高垫板各一块，不足时，由用户根据调高量另行订货。

道岔扣件系统节点竖向刚度为 50～60 kN/mm，当道岔前后线路扣件系统节点竖向刚度与岔区不一致时，应在道岔前后设置过渡段。直向过渡段长度不宜短于 35 m，侧向不宜短于 12 m，在该范围内可设置一级至多级轨道刚度过渡。轨道刚度的每级过渡长度不宜短于 9 m，过渡段的其他要求见《客运专线道岔铺设技术条件》的规定，过渡段的具体长度，材料规格，数量按线路设计的规定，并由用户另行订货。

表 2　岔枕数量表

序号	岔枕长 (m)	单位	数量	备注
1	2.6	根	3	7.80
2	2.88	根	2	5.76
3	2.91	根	2	5.82
4	2.7	根	18	48.6
5	2.95	根	2	5.90
6	2.85	根	11	31.4
7	3.0	根	12	36.0
8	3.15	根	8	25.2
9	3.3	根	9	29.7
10	3.45	根	7	24.2
11	3.6	根	6	21.6
12	3.75	根	7	26.3
13	3.9	根	4	15.6
14	4.2	根	5	16.8
15	4.05	根	4	16.2
16	4.38	根	2	4.38
17	4.35	根	4	17.4
18	4.5	根	8	36.0
19	4.65	根	5	23.3
20	4.72	根	3	14.2
21	2.43	根	3	7.29
22	2.5	根	5	12.5
23	2.3	根	10	18.4

图 1　转辙器部分轨距示意图

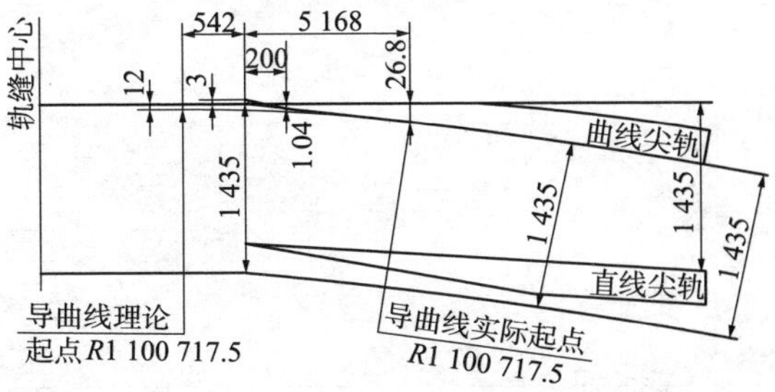

图 2　导曲线部分跳线孔位置示意图 (ZPW2000－A 轨道电路)

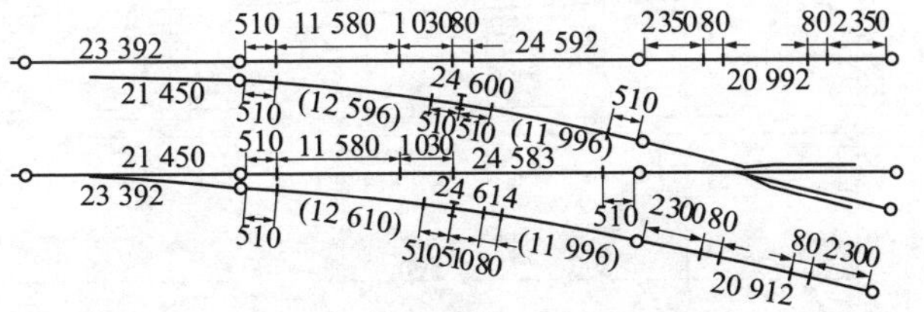

图 3　绝缘接头设在直股

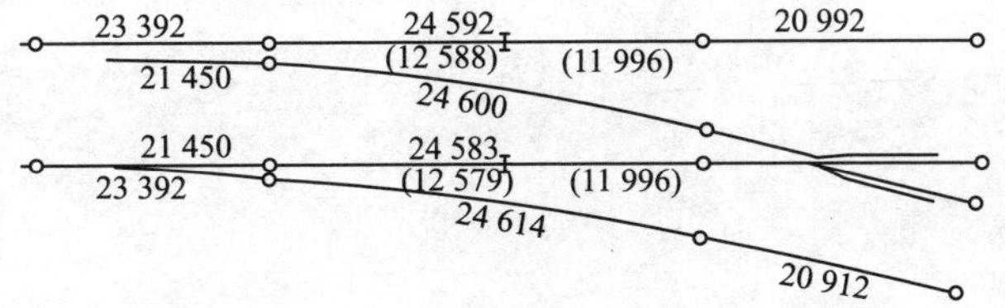

图 4　绝缘接头设在侧股

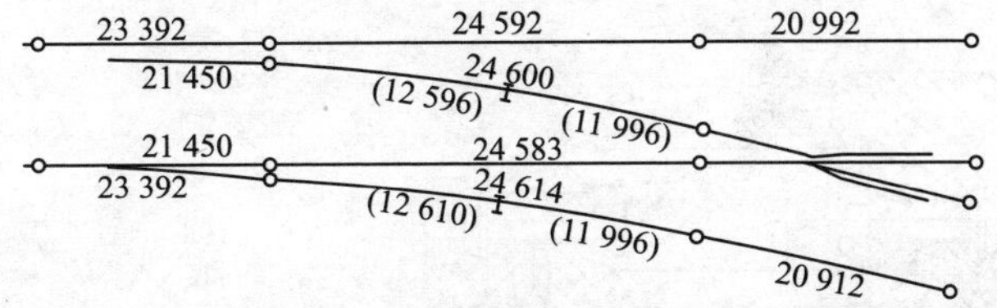

图 5　导曲线部分跳线孔位置示意图 (25 Hz 轨道电路)

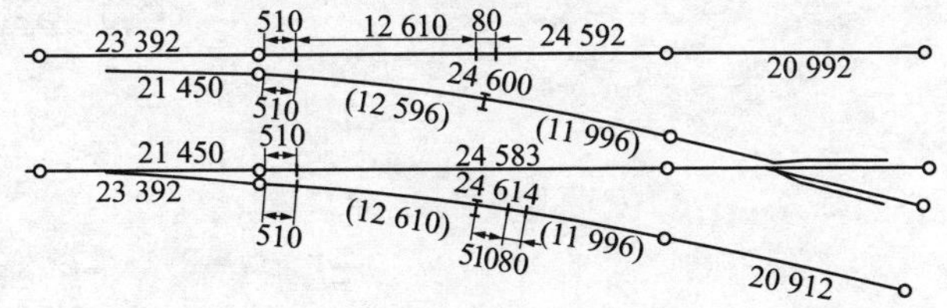

图 6　开通侧股时心轨支距

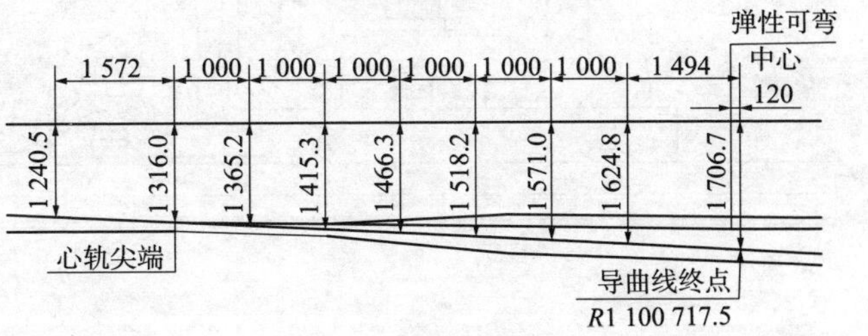

60 kg/m 钢轨 18 号单开道岔可动心轨辙叉

图　号：客专线 (07)004－III－3

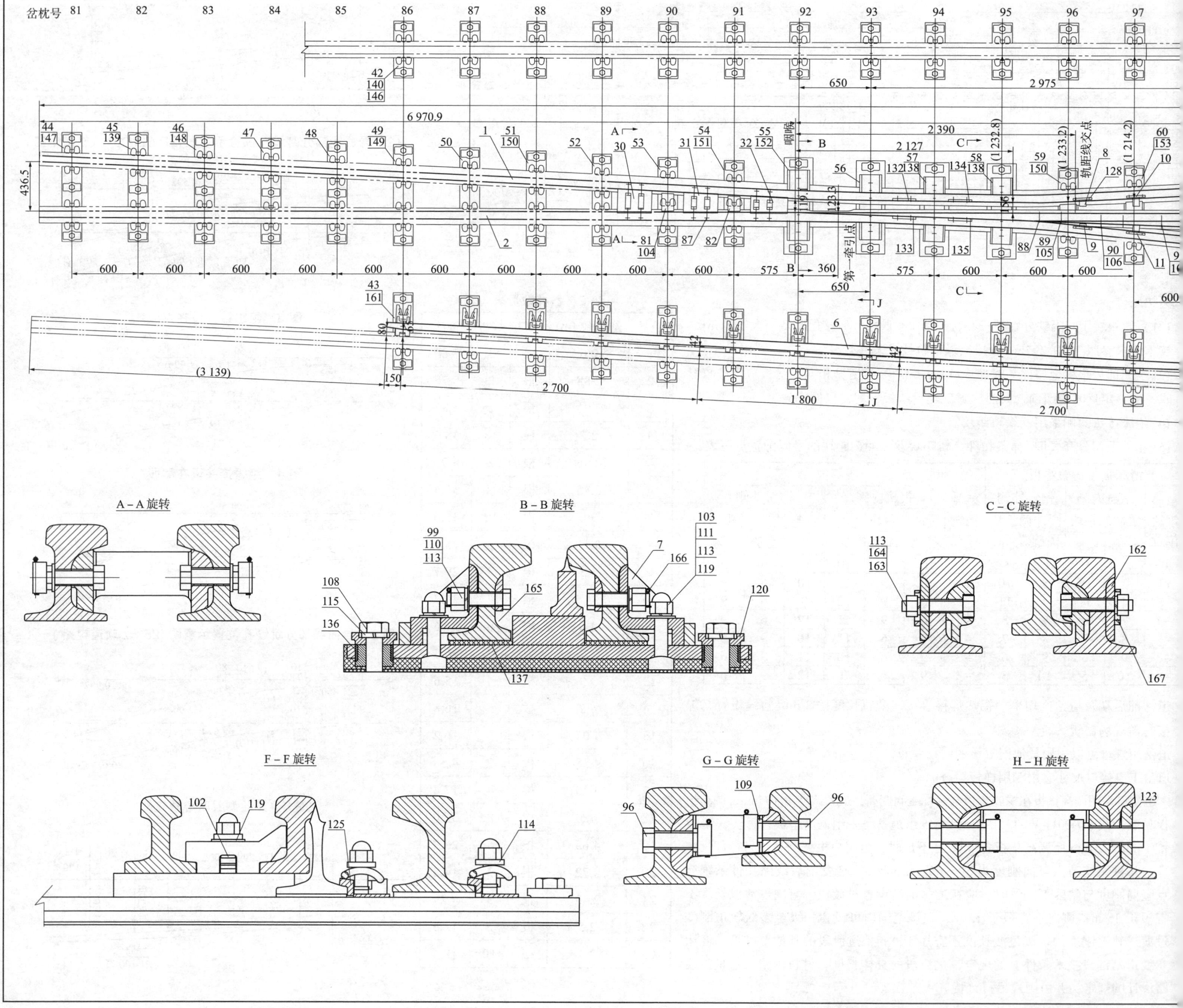

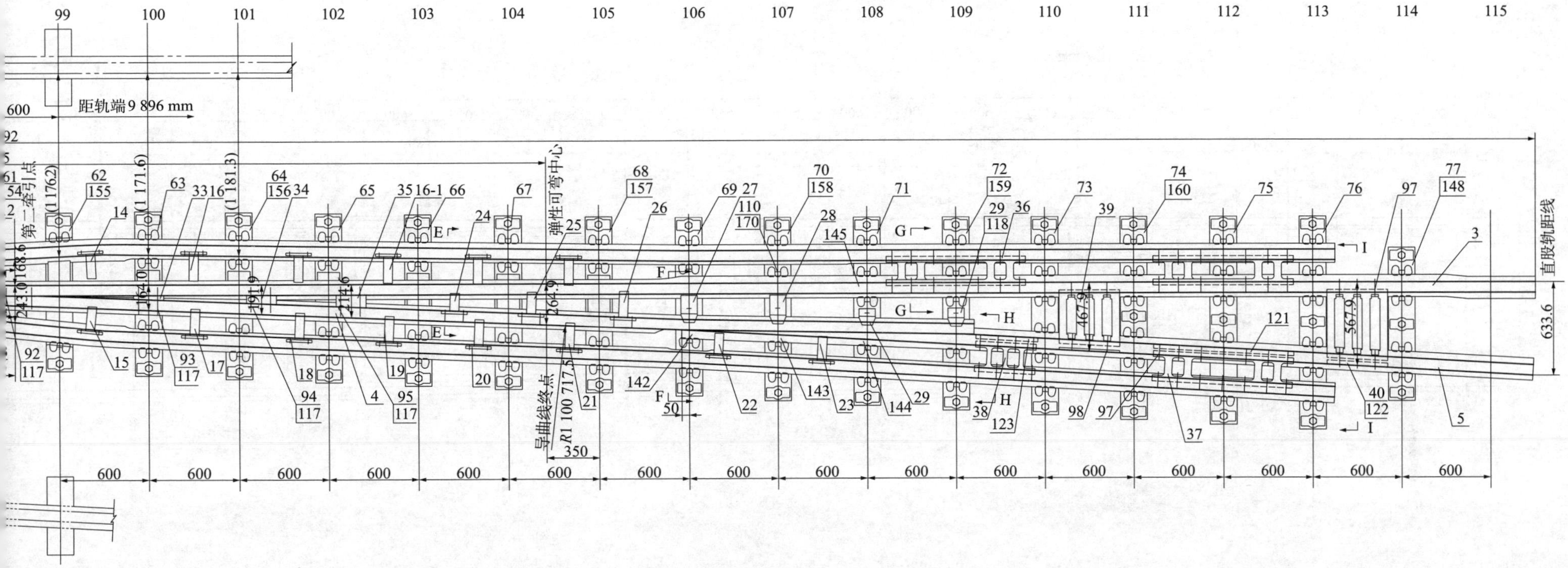

D－D 旋转

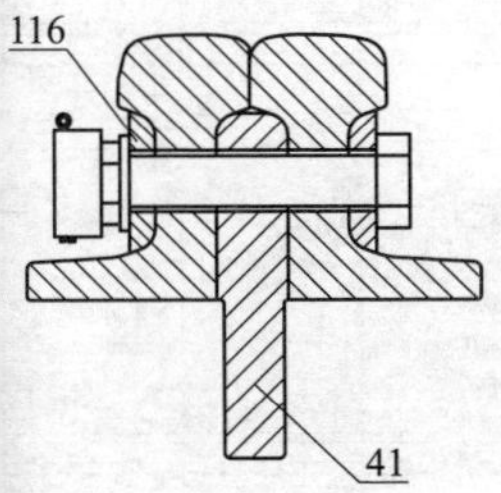

E－E 旋转

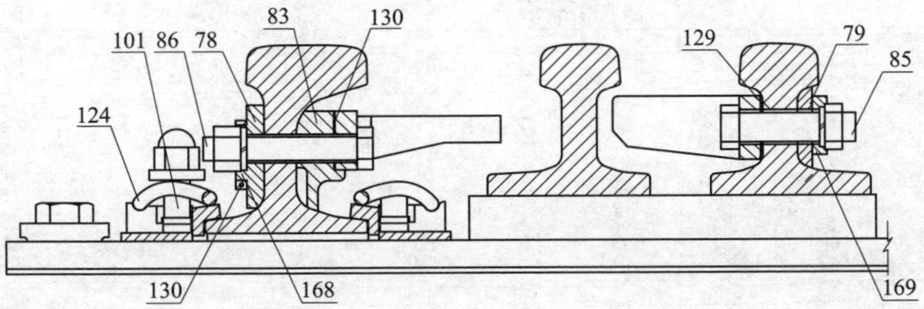

I－I 旋转

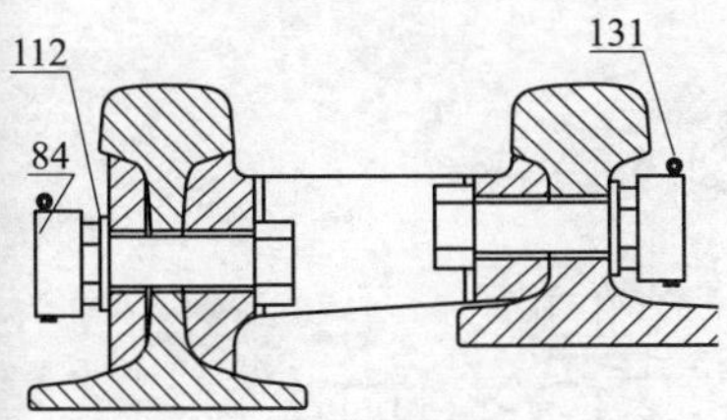

J－J 旋转

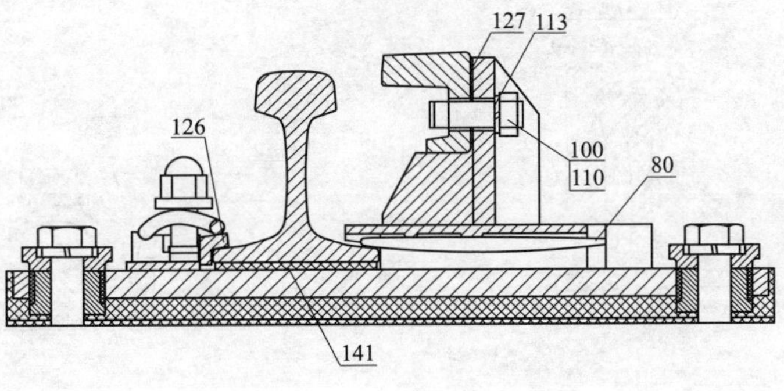

技 术 要 求

1. 长短心轨连接用的长螺栓安装防转片。
2. 序号 88、89、90、91 螺栓短心轨一侧不设钢轨垫圈。
3. 心轨实际尖端与翼轨实际咽喉的距离不得小于 25 mm。
4. 顶铁组装后在顶紧状态，与心轨轨底上表面的间隙为 3 mm。
5. 所有三孔铁垫板中间一孔不安装缓冲调距块。
6. 82～98 号枕翼轨轨下采用 7 mm 厚的橡胶垫板，99～113 号枕翼轨轨下不设橡胶垫板。
7. 支距扣板螺栓自上而下安装，在硫化垫板底部旋转 90° 向上提，再安装垫圈、螺母。
8. 调高垫板为备用垫板，供养护维修使用。

60 kg/m 钢轨 18 号单开道岔转辙器
图　号：客专线 (07)004 – II – 2

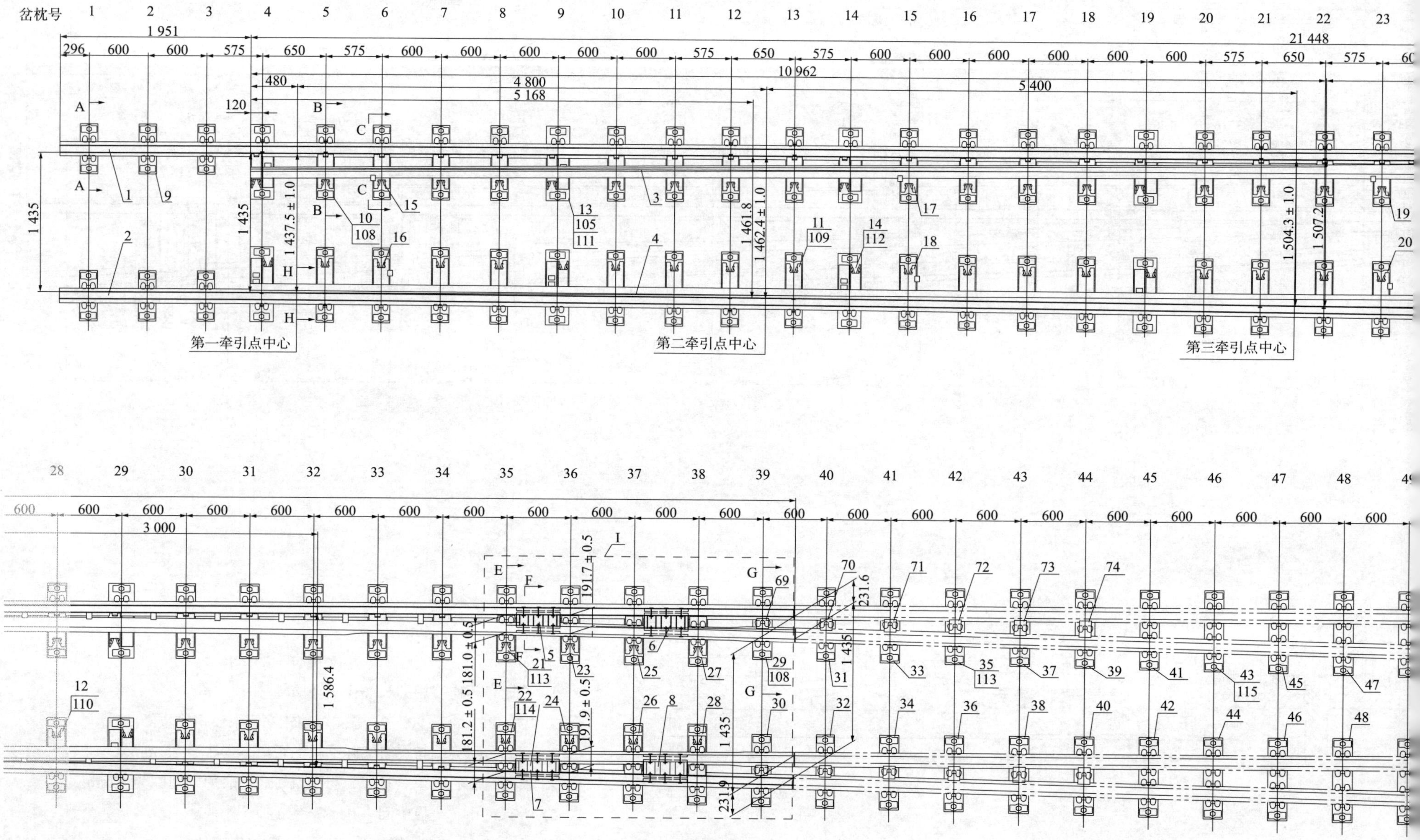

d(mm)	第一牵引点中心	第二牵引点中心	第三牵引点中心
上股	25.5	38.0	52.0
下股	24.8	30.6	51.0

H – H 旋转

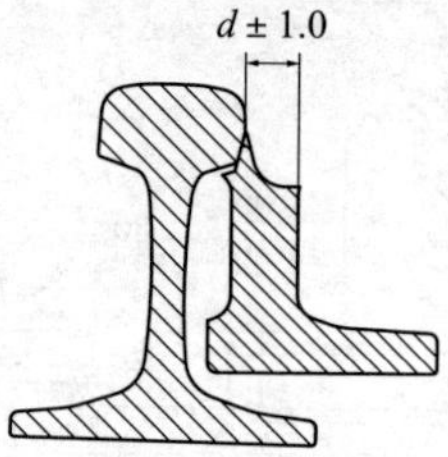

A – A 旋转

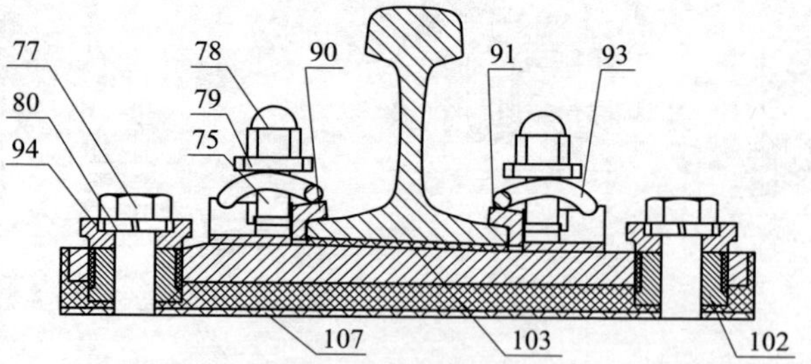

技 术 要 求

1. 尖轨跟端按采用间隔铁、限位器和不设传力结构三种方案设计，当采用限位器时，局部布置图见图Ⅰ，当不设传力结构时，取消相应的间隔铁或限位器。
2. 防跳顶铁组装后，在顶紧状态时与尖轨轨底上表面间隙为 3 mm。
3. 防跳限位装置接触间隙要求详见客专线 (07)001－Ⅴ－31。
4. 所有三孔铁垫板中间一孔不安装缓冲调距块。
5. 组装后密贴时，曲线尖轨支距见图 1。
6. 辙后支距扣板螺栓自上而下安装，在硫化垫板底部旋转 90° 向上提，再安装垫圈、螺母。
7. 调高垫板为备用垫板，供养护维修使用。
8. 图中标注的曲基本轨顶铁处支距值是在曲基本轨顶铁中间位置按垂直于直尖轨工作边测量值，直基本轨顶铁处支距值是在直基本轨顶铁中间位置按垂直于直基本轨工作边测量值，由于上、下支距值相差较小，故按上、下支距值相同制造和检验。
9. 辊轮滑床板 4、9、14 号岔枕用双辊轮，其余用单辊轮。

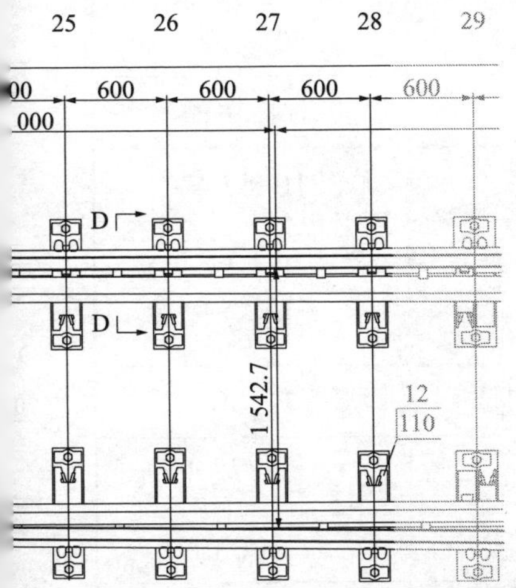

Ⅰ
转辙器跟端采用限位器

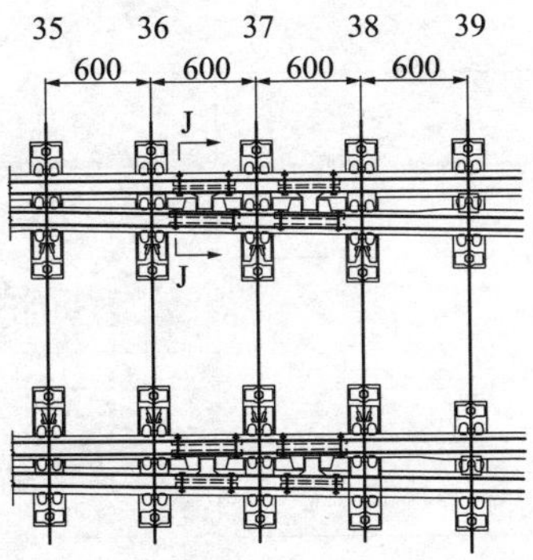

D－D 旋转

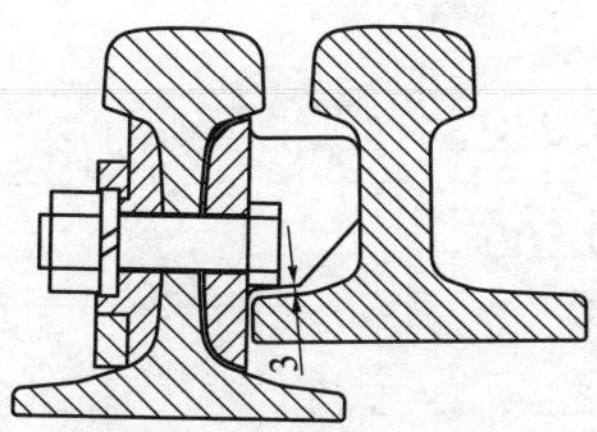

E－E 旋转

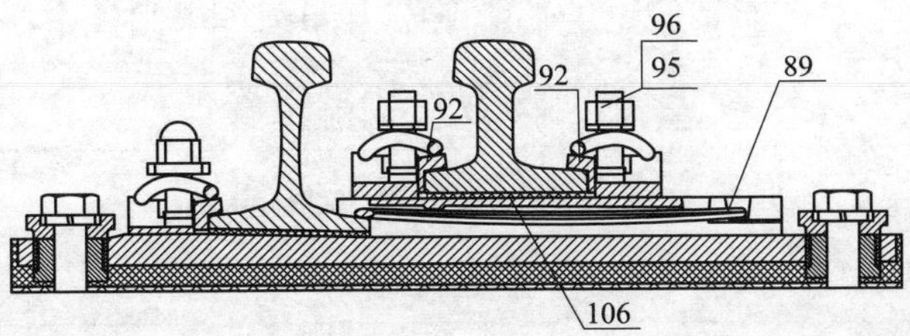

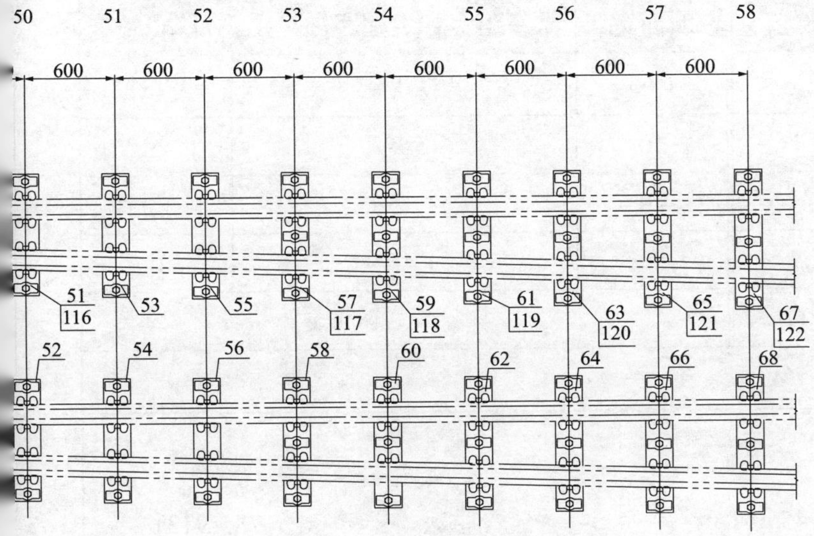

F－F 旋转

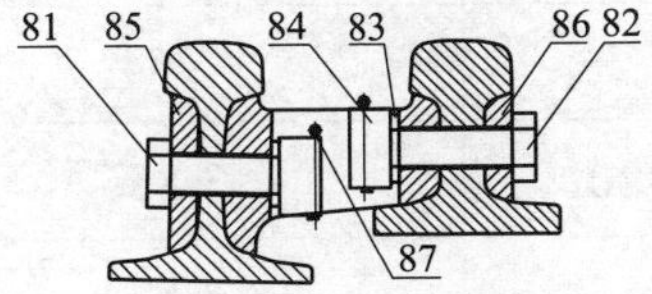

G－G 旋转

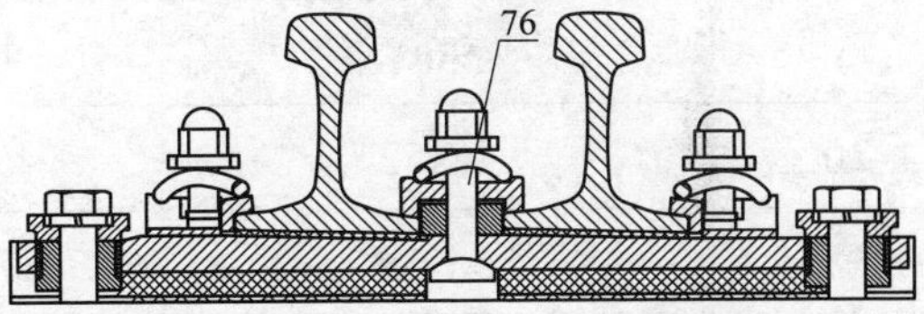

C－C 旋转

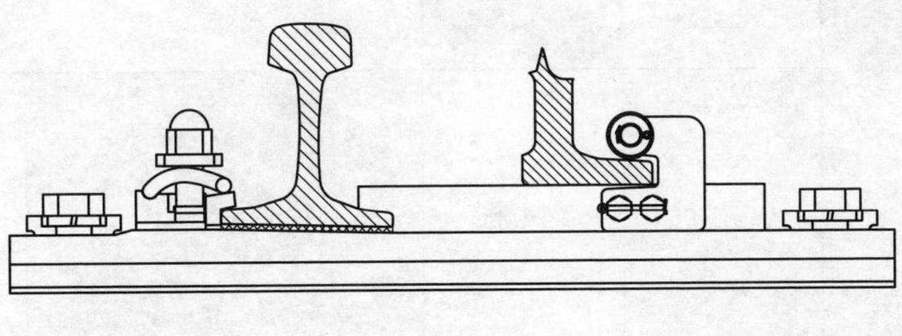

J－J 旋转

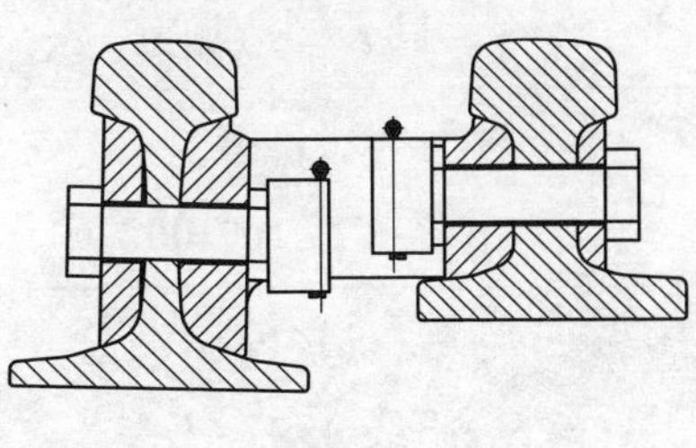

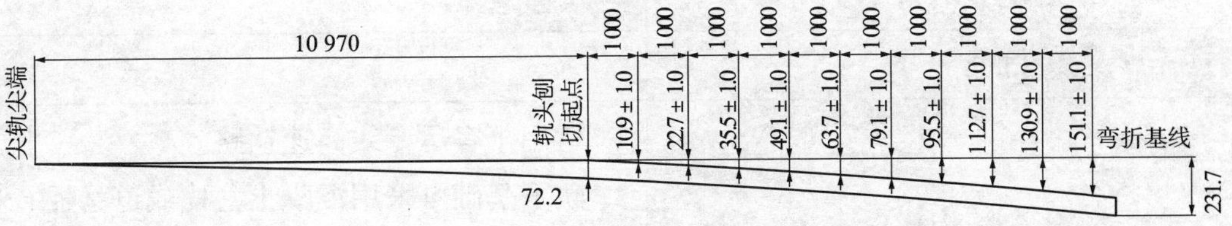

图 1　曲线尖轨支距图

B－B 旋转

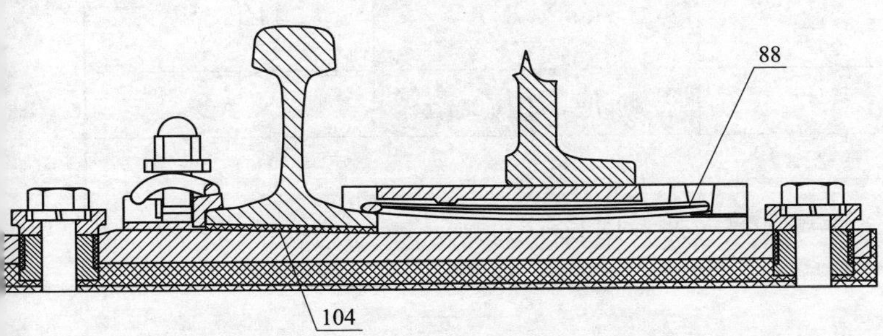

6. 客运专线铁路 60 kg/m 钢轨 18 号单开道岔(无砟)
设计图号：客专线(07)001

道岔允许通过速度	客车	$v_{直} \leqslant 250$ km/h；$v_{侧} \leqslant 80$ km/h		扣件类型	Ⅱ型弹条
	货车	—		轨底坡	1∶40
转辙器跟端形式	■限位器 ■间隔铁 ■不设传力机构 □间隔铁活接头			锁闭方式	外锁闭
道岔全长	69 000	辙叉全长	20 992	辙叉类型	可动心轨辙叉
道岔前长	31 729	辙叉趾长	9 361	辙叉角	3°10′47.4″
道岔后长	37 271	辙叉跟长	11 631	翼轨轨型	60TY1
尖轨长度	21 450	基本轨长度	23 392	直向护轨长度	—
尖轨轨型	60AT2			侧向护轨长度	7 500
尖轨尖端前基本轨长度			1 951	护轨轨型	33 kg/m 槽型轨
辙叉理论尖端距趾端方向前一根岔枕中心距离			100	导曲线半径	1 100 m
尖轨尖端至心轨实际尖端距离		53 070	直向护轨端头距导轨端头定位尺寸		—
道岔终端至末根岔枕中心距离		10 500	侧向护轨端头距导轨端头定位尺寸		3 139

降低值	直线尖轨			曲线尖轨			长心轨		
	断面宽	距尖端距离	降低值	断面宽	距尖端距离	降低值	断面宽	距实际尖端距离	降低值
	0	0	23	0	0	23	1.63	0	23
	5	960	14	5	964	14	20	559	5
	20	3 852	4	20	3 855	4	40	1 158	1.7
	35	6 569	1.7	35	6 574	1.7	50	1 454	0
	50	8 598	0	50	8 604	0			

最大构造加宽	—	测量位置	—			
岔枕图号 客专线(07)002	岔枕总数	144 根	岔枕展延长	453.81 m	套管总数	785(913)
道岔板 研线 0907－Ⅰ－3						
转换设备图号 电务填写	尖轨动程	160、118、71			心轨动程	115、57
批准文号	—				应用情况	★★★

主要结构特点

1. 适用于客运专线高速铁路。
2. 轨下基础可采用混凝土岔枕或道岔板(采用道岔板时，套管总数为括号内数字)。
3. 道岔预留了融雪装置安装条件。
4. 转辙器间隔设置带减摩辊轮的滑床板和防跳限位装置。

转辙器明细表

序号	图号 / 标准	名称及规格	数量	材料	备注
1	客专线 (07)004－Ⅱ－4	直基本轨 23 392	1		
2	客专线 (07)004－Ⅱ－5	曲基本轨 23 392	1		
3	客专线 (07)004－Ⅱ－6	曲线尖轨 21 450	1		
4	客专线 (07)004－Ⅱ－7	直线尖轨 21 450	1		
5	客专线 (07)001－Ⅴ－21	间隔铁 160－167/A	1		
6	客专线 (07)001－Ⅴ－21	间隔铁 182－190/A	1		
7	客专线 (07)001－Ⅴ－22	间隔铁 161－168/B	1		
8	客专线 (07)001－Ⅴ－22	间隔铁 183－191/B	1		
9	客专线 (07)001－Ⅴ－4	弹性铁垫板 W60－0	6		
10	客专线 (07)001－Ⅴ－29	滑床板 W60－0	28		
11	客专线 (07)001－Ⅴ－29	滑床板 W60－3	10		
12	客专线 (07)001－Ⅴ－29	滑床板 W60－6	6		
13	客专线 (07)001－Ⅴ－30	辊轮滑床板 W60－0	8		
14	客专线 (07)001－Ⅴ－30	辊轮滑床板 W60－3	4		
15	客专线 (07)001－Ⅴ－31	限位防跳装置 W60－0/116	1		
16	客专线 (07)001－Ⅴ－31	限位防跳装置 W60－0/119	1		
17	客专线 (07)001－Ⅴ－31	限位防跳装置 W60－0/149	1		
18	客专线 (07)001－Ⅴ－31	限位防跳装置 W60－3/159	1		
19	客专线 (07)001－Ⅴ－31	限位防跳装置 W60－0/175	1		
20	客专线 (07)001－Ⅴ－31	限位防跳装置 W60－3/175	1		
21	客专线 (07)009－Ⅱ－8	垫 板 831	1		
22	客专线 (07)009－Ⅱ－9	垫 板 831	1		
23	客专线 (07)009－Ⅱ－8	垫 板 831	1		
24	客专线 (07)009－Ⅱ－9	垫 板 831	1		
25	客专线 (07)009－Ⅱ－8	垫 板 831	1		
26	客专线 (07)009－Ⅱ－9	垫 板 831	1		
27	客专线 (07)009－Ⅱ－8	垫 板 831	1		
28	客专线 (07)009－Ⅱ－9	垫 板 831	1		
29	客专线 (07)009－Ⅱ－10	垫 板 770	1		
30	客专线 (07)009－Ⅱ－11	垫 板 770	1		
31	客专线 (07)009－Ⅱ－10	垫 板 770	1		
32	客专线 (07)009－Ⅱ－11	垫 板 770	1		
33	客专线 (07)009－Ⅱ－10	垫 板 770	1		

续上表

序号	图号 / 标准	名称及规格	数量	材　　料	备　　注
34	客专线(07)009－Ⅱ－11	垫　板　770	1		
35	客专线(07)009－Ⅱ－10	垫　板　831	1		
36	客专线(07)009－Ⅱ－11	垫　板　831	1		
37	客专线(07)009－Ⅱ－10	垫　板　831	1		
38	客专线(07)009－Ⅱ－11	垫　板　831	1		
39	客专线(07)009－Ⅱ－10	垫　板　831	1		
40	客专线(07)009－Ⅱ－11	垫　板　831	1		
41	客专线(07)009－Ⅱ－12	垫　板　831	1		
42	客专线(07)009－Ⅱ－13	垫　板　831	1		
43	客专线(07)009－Ⅱ－14	垫　板　887	1		
44	客专线(07)009－Ⅱ－15	垫　板　887	1		
45	客专线(07)009－Ⅱ－14	垫　板　887	1		
46	客专线(07)009－Ⅱ－15	垫　板　887	1		
47	客专线(07)009－Ⅱ－14	垫　板　887	1		
48	客专线(07)009－Ⅱ－15	垫　板　887	1		
49	客专线(07)009－Ⅱ－14	垫　板　887	1		
50	客专线(07)009－Ⅱ－15	垫　板　887	1		
51	客专线(07)009－Ⅱ－14	垫　板　939	1		
52	客专线(07)009－Ⅱ－15	垫　板　939	1		
53	客专线(07)009－Ⅱ－14	垫　板　939	1		
54	客专线(07)009－Ⅱ－15	垫　板　939	1		
55	客专线(07)009－Ⅱ－14	垫　板　939	1		
56	客专线(07)009－Ⅱ－15	垫　板　939	1		
57	客专线(07)009－Ⅱ－16	垫　板　995	1		
58	客专线(07)009－Ⅱ－17	垫　板　995	1		
59	客专线(07)009－Ⅱ－16	垫　板　995	1		
60	客专线(07)009－Ⅱ－17	垫　板　995	1		
61	客专线(07)009－Ⅱ－16	垫　板　995	1		
62	客专线(07)009－Ⅱ－17	垫　板　995	1		
63	客专线(07)009－Ⅱ－16	垫　板　995	1		
64	客专线(07)009－Ⅱ－17	垫　板　995	1		
65	客专线(07)009－Ⅱ－16	垫　板　1 047	1		
66	客专线(07)009－Ⅱ－17	垫　板　1 047	1		
67	客专线(07)009－Ⅱ－16	垫　板　1 047	1		
68	客专线(07)009－Ⅱ－17	垫　板　1 047	1		

续上表

序号	图号 / 标准	名称及规格	数量	材　料	备　注
69	客专线 (07)001－Ⅴ－69	支距扣板　60/111－113－56	2	ZG 230－450	
70	客专线 (07)001－Ⅴ－69	支距扣板　60/123－125－62	2	ZG 230－450	
71	客专线 (07)001－Ⅴ－69	支距扣板　60/135－137－68	2	ZG 230－450	
72	客专线 (07)001－Ⅴ－69	支距扣板　60/147－150－74	2	ZG 230－450	
73	客专线 (07)001－Ⅴ－69	支距扣板　60/160－163－81	2	ZG 230－450	
74	客专线 (07)001－Ⅴ－69	支距扣板　60/174－176－88	2	ZG 230－450	
75	专线 4232－4	螺　栓　M24 × 60	218		
76	客专线 (07)001－Ⅴ－70	螺　栓　M24 × 130	12		
77	客专线 (07)001－Ⅴ－8	垫板螺栓	244	45	
78	NS－06	盖型螺母　M24	230		
79	NS－07	限位板　M24	246		
80	GB/T 7244	弹簧垫圈　30	244		
81	SCT 300－506	螺　栓　M27 × 115	12	10.9 级	
82	SCT 300－506	螺　栓　M27 × 125	12	10.9 级	
83	NS－02(b)	螺　母　M27	24		
84	SCT 300－346	螺母防松帽　M27	24	ZG 230－450	
85	客专线 (07)001－Ⅴ－34	夹　板　400/A	4		
86	客专线 (07)001－Ⅴ－35	夹　板　400/B	4		
87	GB/T 91	开口销　4 × 80	24		
88		弹性夹　SSB3	62		
89		弹性夹　SSB4	8		
90	客专线 (07)001－Ⅴ－6	轨距块　60/9－11	144	ZG 230－450	
91	客专线 (07)001－Ⅴ－6	轨距块　60/10－12	74	ZG 230－450	
92	客专线 (07)001－Ⅴ－44	轨距块　60/10－11	16	ZG 230－450	
93	专线 3351－3	Ⅱ型弹条	246	60Si2Mn	
94	客专线 (07)001－Ⅴ－9	盖　板	244	QT 450－10	
95	NS－02(b)	螺　母　M24	16		
96	专线 4232－4	螺　栓　M24 × 65	16		
102	客专线 (07)001－Ⅴ－10	缓冲调距块　6－9	232	玻璃纤维	其中的各 121 块 h=1，2，4
103	客专线 (07)001－Ⅴ－51	橡胶垫板　60－200－149－5	6	橡胶	
104	客专线 (07)001－Ⅴ－51	橡胶垫板　60－210－149－5	138	橡胶	
105	客专线 (07)001－Ⅴ－51	橡胶垫板　60－290－149－5	12	橡胶	
106	客专线 (07)001－Ⅴ－51	橡胶垫板　60－160－129－5	8	橡胶	
107	客专线 (07)001－Ⅴ－13	调高垫板　2－528 × 182 × 410 × h－0	18	橡塑	其中的各 6 块 h=1，2，4
108	客专线 (07)001－Ⅴ－13	调高垫板　2－780 × 190 × 662 × h－0	114	橡塑	其中的各 38 块 h=1，2，4

续上表

序号	图号 / 标准	名称及规格	数量	材　料	备　注
109	客专线 (07)001 – V – 13	调高垫板　2 – 780 × 190 × 662 × h – 3	36	橡塑	其中的各 12 块 h=1，2，4
110	客专线 (07)001 – V – 13	调高垫板　2 – 780 × 190 × 662 × h – 6	18	橡塑	其中的各 6 块 h=1，2，4
111	客专线 (07)001 – V – 13	调高垫板　2 – 780 × 270 × 662 × h – 0	24	橡塑	其中的各 8 块 h=1，2，4
112	客专线 (07)001 – V – 13	调高垫板　2 – 780 × 270 × 662 × h – 3	12	橡塑	其中的各 4 块 h=1，2，4
113	客专线 (07)001 – V – 13	调高垫板　2 – 841 × 190 × 723 × h – 0	36	橡塑	其中的各 12 块 h=1，2，4
114	客专线 (07)001 – V – 13	调高垫板　2 – 841 × 190 × 723 × h – 6	12	橡塑	其中的各 4 块 h=1，2，4
115	客专线 (07)001 – V – 13	调高垫板　2 – 897 × 190 × 779 × h – 0	24	橡塑	其中的各 8 块 h=1，2，4
116	客专线 (07)001 – V – 13	调高垫板　2 – 949 × 190 × 831 × h – 0	18	橡塑	其中的各 6 块 h=1，2，4
117	客专线 (07)001 – V – 13	调高垫板　3 – 1 005 × 190 × 887 × 418 × h	6	橡塑	其中的各 2 块 h=1，2，4
118	客专线 (07)001 – V – 13	调高垫板　3 – 1 005 × 190 × 887 × 426.5 × h	6	橡塑	其中的各 2 块 h=1，2，4
119	客专线 (07)001 – V – 13	调高垫板　3 – 1 005 × 190 × 887 × 435 × h	6	橡塑	其中的各 2 块 h=1，2，4
120	客专线 (07)001 – V – 13	调高垫板　3 – 1 005 × 190 × 887 × 443.5 × h	6	橡塑	其中的各 2 块 h=1，2，4
121	客专线 (07)001 – V – 13	调高垫板　3 – 1 057 × 190 × 939 × 452.5 × h	6	橡塑	其中的各 2 块 h=1，2，4
122	客专线 (07)001 – V – 13	调高垫板　3 – 1 057 × 190 × 939 × 461.5 × h	6	橡塑	其中的各 2 块 h=1，2，4

注：1. 转辙器跟端采用限位器、间隔铁和不设传力结构三种方案设计，采用限位器结构或不设传力结构时，序号5～8及81～87相应取消。

2. 1 mm、2 mm厚调高垫板为备用。

3. 明细表中垫板长度为硫化前铁垫板的长度，硫化后垫板长度增加10 mm。

可动心轨辙叉明细表

序号	图号 / 标准	名称及规格	数量	材　　料	备　　注
1	客专线 (07)004－Ⅲ－5	翼　轨　19 660	1		
2	客专线 (07)004－Ⅲ－6	翼　轨　19 660	1		
3	客专线 (07)004－Ⅲ－7	长心轨　14 250	1	60D40 钢轨	
4	客专线 (07)004－Ⅲ－8	短心轨　8 125	1	60D40 钢轨	
5	客专线 (07)004－Ⅲ－9	叉跟尖轨　5 740	1	60 kg/m 钢轨	
6	客专线 (07)004－Ⅲ－10	护　轨　7 500	1	33 kg/m 槽型轨	
7	客专线 (07)001－Ⅴ－16	轨　撑　60－Ⅱ	8	KTH 330－08	
8	客专线 (07)001－Ⅴ－61	防跳顶铁　102－105	1	QT400－15	
9	客专线 (07)001－Ⅴ－61	防跳顶铁　77－73	1	QT400－15	
10	客专线 (07)001－Ⅴ－62	顶　铁　127－130	1	QT400－15	
11	客专线 (07)001－Ⅴ－62	顶　铁　111－107	1	QT400－15	
12	客专线 (07)001－Ⅴ－61－B	顶　铁　113－115	1	QT400－15	
13	客专线 (07)001－Ⅴ－61－B	顶　铁　106－103	1	QT400－15	
14	客专线 (07)001－Ⅴ－61－C	防跳顶铁　152－154	1	QT400－15	
15	客专线 (07)001－Ⅴ－61－C	防跳顶铁　155－153	1	QT400－15	
16	客专线 (07)001－Ⅴ－61－B	顶　铁　159－159	4	QT400－15	
16－1	客专线 (07)001－Ⅴ－61－C	防跳顶铁　159－159	1	QT400－15	
17	客专线 (07)001－Ⅴ－61－B	顶　铁　163－163	1	QT400－15	
18	客专线 (07)001－Ⅴ－61－B	顶　铁　166－166	1	QT400－15	
19	客专线 (07)001－Ⅴ－61－C	防跳顶铁　169－169	1	QT400－15	
20	客专线 (07)001－Ⅴ－61－B	顶　铁　171－171	1	QT400－15	
21	客专线 (07)001－Ⅴ－61－B	顶　铁　172－172	1	QT400－15	
22	客专线 (07)001－Ⅴ－61－C	防跳顶铁　132－131	1	QT400－15	
23	客专线 (07)001－Ⅴ－61－C	防跳顶铁　148－147	1	QT400－15	
24	客专线 (07)001－Ⅴ－63	顶　铁　135－133	1	QT400－15	
25	客专线 (07)001－Ⅴ－63	顶　铁　158－156	1	QT400－15	
26	客专线 (07)001－Ⅴ－63	顶　铁　190－187	1	QT400－15	
27	客专线 (07)009－Ⅲ－31	双边扣板	1	ZG 230－450	
28	客专线 (07)009－Ⅲ－31	双边扣板	1	ZG 230－450	
29	客专线 (07)009－Ⅲ－32	单边扣板	2	ZG 230－450	
30	客专线 (07)001－Ⅴ－55	翼轨用 C 型间隔铁　279－269	1	ZG 230－450	

续上表

序号	图号 / 标准	名称及规格	数量	材　料	备　注
31	客专线 (07)001－Ⅴ－55	翼轨用 C 型间隔铁　255－245	1	ZG 230－450	
32	客专线 (07)004－Ⅲ－37	防跳间隔铁	1	ZG 230－450	
33	客专线 (07)001－Ⅴ－23	间隔铁　60D40/56－64	1	ZG 230－450	
34	客专线 (07)001－Ⅴ－23	间隔铁　60D40/84－92	1	ZG 230－450	
35	客专线 (07)001－Ⅴ－23	间隔铁　60D40/107－114	1	ZG 230－450	
36	客专线 (07)001－Ⅴ－57	间隔铁	2	ZG 230－450	
37	客专线 (07)001－Ⅴ－77	间隔铁	1	ZG 230－450	
38	客专线 (07)001－Ⅴ－56	间隔铁	1	ZG 230－450	
39	客专线 (07)001－Ⅴ－54	间隔铁　358－381	1	ZG 230－450	
40	客专线 (07)001－Ⅴ－54	间隔铁　459－482	1	ZG 230－450	
41	客专线 (07)009－Ⅲ－34	接头铁	1	Q275	
42	客专线 (07)001－Ⅴ－4	弹性铁垫板　60－0	13	硫化垫板	
43	客专线 (07)009－Ⅲ－11	护轨垫板　60－0	13	硫化垫板	
44	客专线 (07)009－Ⅲ－12	垫　板　1 047 × 180 × 25	1	硫化垫板	
45	客专线 (07)009－Ⅲ－13	垫　板　1 047 × 180 × 25	1	硫化垫板	
46	客专线 (07)009－Ⅲ－13	垫　板　995 × 180 × 25	1	硫化垫板	
47	客专线 (07)009－Ⅲ－13	垫　板　995 × 180 × 25	1	硫化垫板	
48	客专线 (07)009－Ⅲ－13	垫　板　995 × 180 × 25	1	硫化垫板	
49	客专线 (07)009－Ⅲ－14	垫　板　939 × 180 × 25	1	硫化垫板	
50	客专线 (07)009－Ⅲ－14	垫　板　939 × 180 × 25	1	硫化垫板	
51	客专线 (07)009－Ⅲ－14	垫　板　887 × 180 × 25	1	硫化垫板	
52	客专线 (07)009－Ⅲ－14	垫　板　887 × 180 × 25	1	硫化垫板	
53	客专线 (07)001－Ⅲ－15	垫　板　887 × 180 × 25	1	硫化垫板	
54	客专线 (07)001－Ⅲ－15	垫　板　831 × 180 × 25	1	硫化垫板	同客专线 (07)004－Ⅲ－15
55	客专线 (07)001－Ⅲ－16	垫　板　920 × 260 × 25	1	硫化垫板	同客专线 (07)004－Ⅲ－16
56	客专线 (07)001－Ⅲ－17	垫　板　920 × 260 × 25	1	硫化垫板	同客专线 (07)004－Ⅲ－17
57	客专线 (07)001－Ⅲ－18	垫　板　920 × 260 × 25	1	硫化垫板	同客专线 (07)004－Ⅲ－18
58	客专线 (07)001－Ⅲ－19	垫　板　920 × 260 × 25	1	硫化垫板	同客专线 (07)004－Ⅲ－19
59	客专线 (07)001－Ⅲ－20	垫　板　887 × 180 × 25	1	硫化垫板	同客专线 (07)004－Ⅲ－20
60	客专线 (07)001－Ⅲ－20	垫　板　995 × 180 × 25	1	硫化垫板	同客专线 (07)004－Ⅲ－20
61	客专线 (07)001－Ⅲ－20	垫　板　1 047 × 180 × 25	1	硫化垫板	同客专线 (07)004－Ⅲ－20
62	客专线 (07)001－Ⅲ－21	垫　板　1 127 × 180 × 25	1	硫化垫板	同客专线 (07)004－Ⅲ－21
63	客专线 (07)009－Ⅲ－22	垫　板　1 127 × 180 × 25	1	硫化垫板	同客专线 (07)004－Ⅲ－22
64	客专线 (07)009－Ⅲ－22	垫　板　1 187 × 180 × 25	1	硫化垫板	同客专线 (07)004－Ⅲ－22

续上表

序号	图号 / 标准	名称及规格	数量	材　料	备　注
65	客专线 (07)009 – Ⅲ – 22	垫　板　1 187 × 180 × 25	1	硫化垫板	同客专线 (07)004 – Ⅲ – 22
66	客专线 (07)009 – Ⅲ – 22	垫　板　1 187 × 180 × 25	1	硫化垫板	
67	客专线 (07)009 – Ⅲ – 22	垫　板　1 187 × 180 × 25	1	硫化垫板	
68	客专线 (07)009 – Ⅲ – 22	垫　板　1 234 × 180 × 25	1	硫化垫板	
69	客专线 (07)009 – Ⅲ – 23	垫　板　1 234 × 180 × 25	1	硫化垫板	
70	客专线 (07)009 – Ⅲ – 24	垫　板　1 300 × 180 × 25	1	硫化垫板	
71	客专线 (07)009 – Ⅲ – 25	垫　板　1 300 × 180 × 25	1	硫化垫板	
72	客专线 (07)009 – Ⅲ – 26	垫　板　1 367 × 180 × 25	1	硫化垫板	
73	客专线 (07)009 – Ⅲ – 27	垫　板　1 367 × 180 × 25	1	硫化垫板	
74	客专线 (07)009 – Ⅲ – 28	垫　板　1 467 × 180 × 25	1	硫化垫板	
75	客专线 (07)009 – Ⅲ – 29	垫　板　1 467 × 180 × 25	1	硫化垫板	
76	客专线 (07)009 – Ⅲ – 28	垫　板　1 467 × 180 × 25		硫化垫板	
77	客专线 (07)009 – Ⅲ – 30	垫　板　1 047 × 180 × 25		硫化垫板	
78	客专线 (07)001 – Ⅴ – 73	钢轨垫圈（三）　79	40	ZG 230 – 450	
79	客专线 (07)001 – Ⅴ – 65	顶铁用钢轨垫圈（二）	6	ZG 230 – 450	
80		施维格弹性夹　SSB2	13		
81	客专线 (07)001 – Ⅴ – 82	支距扣板　60/170 – 166 – 85	1	ZG 230 – 450	
82	客专线 (07)001 – Ⅴ – 82	支距扣板　60/147 – 142 – 73	1	ZG 230 – 450	
83	客专线 (07)001 – Ⅴ – 61 – A	顶铁座	16	QT400 – 15	
84	SCT 300 – 346	螺母防松帽　M27	82	ZG 230 – 450	
85	GB/T 5780	螺　栓　M24 × 110	14		普通顶铁用
86	GB/T 5780	螺　栓　M24 × 140	32		组合顶铁用
87	SCT 300 – 506	螺　栓　M27 × 120	12	10.9 级	用于两翼轨之间
88	GB/T 1228	螺　栓　M27 × 130	1	10.9 级	连接长短心轨用
89	GB/T 1228	螺　栓　M27 × 135	1	10.9 级	连接长短心轨用
90	SCT 300 – 506	螺　栓　M27 × 140	2	10.9 级	连接长短心轨用
91	SCT 300 – 506	螺　栓　M27 × 150	2	10.9 级	连接长短心轨用
92	SCT 300 – 506	螺　栓　M27 × 175	2	10.9 级	连接长短心轨用
93	SCT 300 – 506	螺　栓　M27 × 200	2	10.9 级	连接长短心轨用
94	SCT 300 – 506	螺　栓　M27 × 230	2	10.9 级	连接长短心轨用
95	SCT 300 – 506	螺　栓　M27 × 255	2	10.9 级	连接长短心轨用
96	SCT 300 – 506	螺　栓　M27 × 115	35	10.9 级	翼轨与长心轨用 24 个，叉跟尖轨与翼轨用 11 个
97	SCT 300 – 506	螺　栓　M27 × 120	17	10.9 级	连接叉跟轨心轨用 6 个，连接翼轨叉跟轨用 11 个

续上表

序号	图号 / 标准	名称及规格	数量	材　　料	备　　注
98	SCT 300 - 506	螺　栓　M27 × 130	6	10.9 级	连接叉跟轨心轨用
99	GB/T 31	螺　栓　M24 × 105	8		轨撑用
100	客专线 (07)001 - Ⅴ - 47	螺　栓　M24 × 80	13		护轨用
101	专线 4232 - 4	螺　栓　M24 × 60	152		弹条用
102	专线 4232 - 4	螺　栓　M24 × 80	4		单双边扣板用螺栓底部沉头处导圆角 *R*5
103	客专线 (07)001 - Ⅴ - 70	螺　栓　M24 × 100	8		轨撑用
104	客专线 (07)001 - Ⅴ - 70	螺　栓　M24 × 120	2		支距扣板用
105	客专线 (07)009 - Ⅲ - 36	垫　片　60D40/3.2 - 8/270	1	Q235	长短心轨用
106	客专线 (07)009 - Ⅲ - 36	垫　片　60D40/12.3 - 17.1/270	1	Q235	长短心轨用
107	客专线 (07)009 - Ⅲ - 36	垫　片　60D40/21.2 - 26.1/270	1	Q235	长短心轨用
108	客专线 (07)001 - Ⅴ - 8	垫板螺栓　A 型	129	45 号钢	
109	NS - 02b	螺　母　M27G	84	10 级	
110	NS - 02b	螺　母　M24	67		长心轨工作边一侧弹条用 8 个
111	NS - 06	盖型螺母　M24	174		
112	GB/T 1230	垫　圈　27	38		
113	GB/T 7244	垫　圈　24	75	65Mn	
114	NS - 07	限位板　M24	169		
115	GB/T 7244	垫　圈　30	129	65Mn	
116	客专线 (07)001 - Ⅴ - 78	防转垫圈　60D40 - 0	14	KTH 330 - 08	
117	客专线 (07)001 - Ⅴ - 39	防转垫圈　60D40 - 3	8	KTH 330 - 08	
118	客专线 (07)009 - Ⅲ - 35	垫　圈	2	65Mn	
119	客专线 (07)009 - Ⅲ - 35	垫　圈	10	65Mn	
120	客专线 (07)001 - Ⅴ - 9	盖　板	129		
121	客专线 (07)001 - Ⅴ - 81	夹　板　940/B	1	Q235	
122	客专线 (07)001 - Ⅴ - 74	夹　板　400/C	2	Q235	
123	客专线 (07)001 - Ⅴ - 75	夹　板　440	1	Q235	
124	专线 3351 - 3	Ⅱ型弹条	162	60Si2Mn	
125	客专线 (07)001 - Ⅴ - 6	轨距块　60/10 - 12	63	ZG 230 - 450	
126	客专线 (07)001 - Ⅴ - 6	轨距块　60/9 - 11	96	ZG 230 - 450	
127	客专线 (07)001 - Ⅴ - 43	护轨调整片　140 × 60 × 2 3	26 13	Q235 镀锌	
128	客专线 (07)001 - Ⅴ - 91	顶铁调整片　90 × 70 × 0.3/0.5 1/2/3	各 20	Q235 镀锌	翼轨普通顶铁备用，各 10 片组装、10 片发运
129	客专线 (07)001 - Ⅴ - 92	顶铁调整片　170 × 50 × 0.3/0.5 1/2/3	各 30	Q235 镀锌	翼轨组合顶铁、心轨顶铁备用，各 20 片组装、10 片发运

续上表

序号	图号 / 标准	名称及规格	数量	材　料	备　注
130	GB/T 91	开口销　3 × 70	48	Q235	
131	GB/T 91	开口销　4 × 80	82	Q235	
132	客专线 (07)009 – Ⅲ – 33	防跳卡铁	1	ZG 230 – 450	
133	客专线 (07)009 – Ⅲ – 33	防跳卡铁	1	ZG 230 – 450	
134	客专线 (07)009 – Ⅲ – 33	防跳卡铁	1	ZG 230 – 450	
135	客专线 (07)009 – Ⅲ – 33	防跳卡铁	1	ZG 230 – 450	
136	客专线 (07)001 – Ⅴ – 10	缓冲调距块　6 – 9	120	玻璃纤维	
137	客专线 (07)001 – Ⅴ – 51	橡胶垫板　60 – 290 – 104/7	4	橡胶	
138	客专线 (07)001 – Ⅴ – 51	橡胶垫板　60 – 290 – 149/7	4	橡胶	
139	客专线 (07)001 – Ⅴ – 51	橡胶垫板　60 – 210 – 149/7	26	橡胶	
140	客专线 (07)001 – Ⅴ – 51	橡胶垫板　60 – 200 – 149/5	13	橡胶	
141	客专线 (07)001 – Ⅴ – 51	橡胶垫板　60 – 210 – 149/5	21	橡胶	
142	客专线 (07)001 – Ⅴ – 51	橡胶垫板　60 – 210 – 130/5	1	橡胶	
143	客专线 (07)001 – Ⅴ – 51	橡胶垫板　60 – 210 – 135/5	1	橡胶	
144	客专线 (07)001 – Ⅴ – 51	橡胶垫板　60 – 210 – 142/5	1	橡胶	
145	客专线 (07)001 – Ⅴ – 51	橡胶垫板　60 – 170 – 149/5	8	橡胶	
146	客专线 (07)001 – Ⅴ – 13	调高垫板　2 – 528 × 182 × 410 × *h* – 0	39	橡塑	其中 *h*=1，2，4 的各 13 块
147	客专线 (07)001 – Ⅴ – 13	调高垫板　3 – 1 057 × 190 × 939 × 469.5 × *h*	9	橡塑	其中 *h*=1，2，4 的各 3 块
148	客专线 (07)001 – Ⅴ – 13	调高垫板　3 – 1 005 × 190 × 887 × 443.5 × *h*	9	橡塑	其中 *h*=1，2，4 的各 3 块
149	客专线 (07)001 – Ⅴ – 13	调高垫板　2 – 949 × 190 × 831 × *h* – 0	6	橡塑	其中 *h*=1，2，4 的各 2 块
150	客专线 (07)001 – Ⅴ – 13	调高垫板　2 – 897 × 190 × 779 × *h* – 0	12	橡塑	其中 *h*=1，2，4 的各 4 块
151	客专线 (07)001 – Ⅴ – 13	调高垫板　2 – 841 × 190 × 723 × *h* – 0	3	橡塑	其中 *h*=1，2，4 的各 1 块
152	客专线 (07)001 – Ⅴ – 13	调高垫板　2 – 930 × 270 × 812 × *h* – 0	12	橡塑	其中 *h*=1，2，4 的各 4 块
153	客专线 (07)001 – Ⅴ – 13	调高垫板　2 – 1 005 × 190 × 887 × *h* – 0	3	橡塑	其中 *h*=1，2，4 的各 1 块
154	客专线 (07)001 – Ⅴ – 13	调高垫板　2 – 1 057 × 190 × 939 × *h* – 0	3	橡塑	其中 *h*=1，2，4 的各 1 块
155	客专线 (07)001 – Ⅴ – 13	调高垫板　2 – 1 137 × 190 × 1 019 × *h* – 0	6	橡塑	其中 *h*=1，2，4 的各 2 块
156	客专线 (07)001 – Ⅴ – 13	调高垫板　2 – 1 197 × 190 × 1 079 × *h* – 0	12	橡塑	其中 *h*=1，2，4 的各 4 块
157	客专线 (07)001 – Ⅴ – 13	调高垫板　2 – 1 244 × 190 × 1 126 × *h* – 0	6	橡塑	其中 *h*=1，2，4 的各 2 块
158	客专线 (07)001 – Ⅴ – 13	调高垫板　2 – 1 310 × 190 × 1 192 × *h* – 0	6	橡塑	其中 *h*=1，2，4 的各 2 块
159	客专线 (07)001 – Ⅴ – 13	调高垫板　2 – 1 377 × 190 × 1 259 × *h* – 0	6	橡塑	其中 *h*=1，2，4 的各 2 块
160	客专线 (07)001 – Ⅴ – 13	调高垫板　3 – 1 477 × 190 × 1 359 × 679.5 × *h*	6	橡塑	其中 *h*=1，2，4 的各 3 块
161	客专线 (07)001 – Ⅴ – 13	调高垫板　2 – 710 × 190 × 592 × *h* – 0	39	橡塑	其中 *h*=1，2，4 的各 13 块
162	客专线 (07)001 – Ⅴ – 73	钢轨垫圈（三）　89	8	KTH 330 – 08	
163	客专线 (07)001 – Ⅴ – 47	螺　栓　M24 × 120	8	10.9 级	防跳卡铁用

续上表

序号	图号 / 标准	名称及规格	数量	材　料	备　注
164	NS－02b	螺　母　M24G	8	10 级	防跳卡铁用
165	客专线 (07)001－Ⅴ－86	翼轨用防转垫圈	8	KTH 330－08	
166	GB/T 91	开口销　5×35	8	Q235	
167	客专线 (07)001－Ⅴ－93	防转片　82	8	ZG 230－450	
168	客专线 (07)001－Ⅴ－93	防转片　72	40	ZG 230－450	
169	客专线 (07)001－Ⅴ－64	防转片	6	ZG 230－450	
170	专线 4232－4	螺　栓　M24×65	8		长心轨工作边一侧弹条用

注：1. 本图垫板序号54～65金属件与时速350 km 60－18号单开道岔(客专线(07)004－Ⅲ)相同，硫化橡胶后刚度不同，硫化后注意区分。

2. 1 mm、2 mm厚调高垫板为备用。

客专线 (07)001 电务主要参数

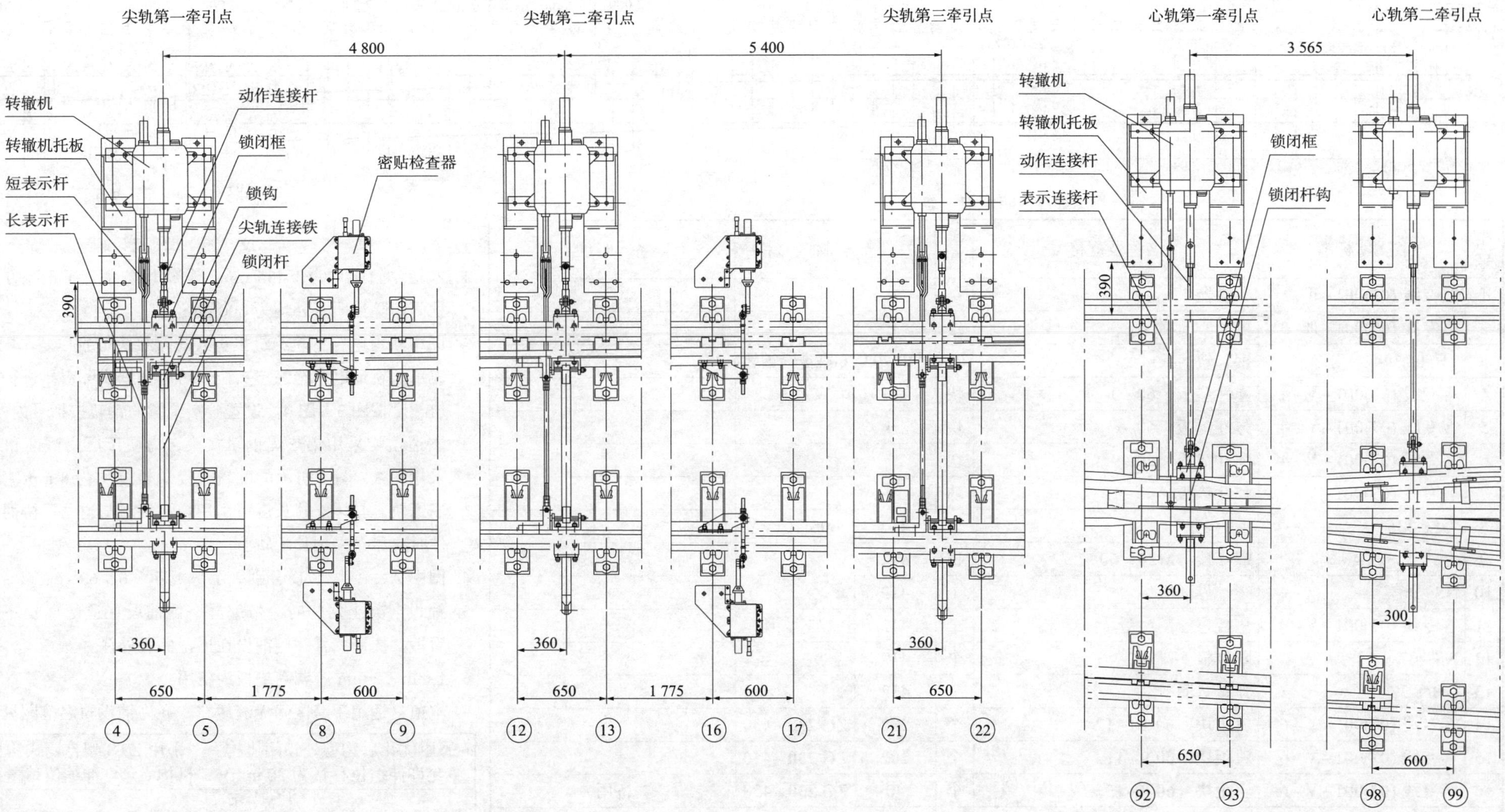

转换设备	安装图名称	安装图号 / 标准	锁闭方式
钩型外锁	时速 250 km 客运专线铁路 60 kg/m 钢轨 18 号单开道岔外锁闭装置安装图	客专线 (07)003 – Ⅰ	外锁闭
ZDJ9	时速 250 km 客运专线铁路 60 kg/m 钢轨 18 号单开道岔转换设备 (ZDJ9) 安装图	客专线 (07)003 – Ⅵ	外锁闭
S700K	时速 250 km 客运专线铁路 60 kg/m 钢轨 18 号单开道岔转换设备 (S700K) 安装图	客专线 (07)003 – Ⅷ	外锁闭
ZYJ7+SH6	时速 250 km 客运专线铁路 60 kg/m 钢轨 18 号单开道岔转换设备 (ZYJ7+SH6) 安装图	客专线 (07)003 – Ⅸ	外锁闭
优化外锁	时速 250 km 客运专线铁路 60 kg/m 钢轨 18 号单开道岔外锁闭装置安装图	客专线 (07)003 – Ⅹ	外锁闭

60 kg/m 钢轨 18 号单开道岔
图　号：客专线 (07)001

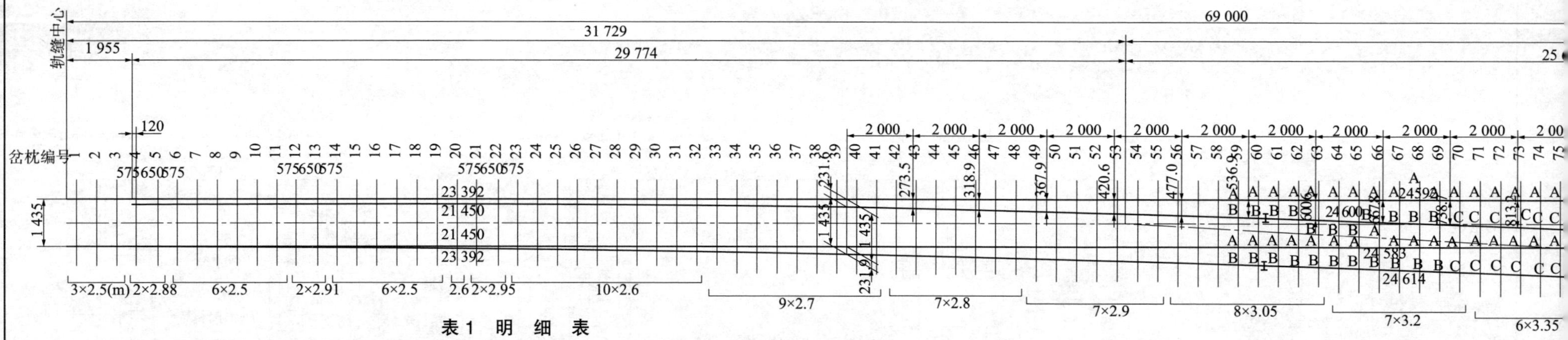

表1　明　细　表

序号	图号 / 标准	名称及规格	单位	数　量	材　　料	备　　注
1	客专线 (07)001－Ⅱ－2	转辙器	组	1		
2	客专线 (07)001－Ⅲ－3	可动心轨辙叉	组	1		
3	TB/T 2344	钢　轨	m	140.293	60 kg/m 钢轨	
4	客专线 (07)001－Ⅴ－4	弹性垫板　60－0	块	121		
5	客专线 (07)001－Ⅴ－4	弹性垫板　60－6	块	24		
6	客专线 (07)001－Ⅴ－4	弹性垫板　60－9	块	27		
7	客专线 (07)001－Ⅴ－4	弹性垫板　60－12	块	34		
8	专线 3351－3	Ⅱ型弹条	个	412	60Si2CrVA	
9	专线 4232－4	螺　栓　M24 × 60	根	412		
10	NS－06	螺　母　M24	个	412		
11	客专线 (07)001－Ⅴ－8	垫板螺栓　A 型	个	412	45 号钢	
12	NS－07	限位板	个	412		
13	GB/T 7244	弹簧垫圈　30	个	412		
14	客专线 (07)001－Ⅴ－6	轨距块　60/10－12	个	202	ZG 230－450	
15	客专线 (07)001－Ⅴ－6	轨距块　60/9－11	个	202	ZG 230－450	
16	客专线 (07)001－Ⅴ－6	轨距块　60/8－13	个	40	ZG 230－450	备用
17	客专线 (07)001－Ⅴ－9	盖　板	个	412	QT 450－10	
18	客专线 (07)001－Ⅴ－10	缓冲调距块　6－9	个	412	玻璃纤维	
19	客专线 (07)001－Ⅴ－10	缓冲调距块　4－11	个	160	玻璃纤维	
20	客专线 (07)001－Ⅴ－10	缓冲调距块　7－8/5－10	个	100	玻璃纤维	
21	客专线 (07)001－Ⅴ－49	绝缘轨距块　60/9－11	个	6	玻璃纤维	
22	客专线 (07)001－Ⅴ－49	绝缘轨距块　60/10－12	个	6	玻璃纤维	
23	客专线 (07)001－Ⅴ－76	弹条绝缘帽	个	32	玻璃纤维	
24	客专线 (07)001－Ⅴ－51	橡胶垫板　60－200－149/5	块	206	橡胶	
25	专线 3417	钢轨胶接绝缘接头	组	2		
26	客专线 (07)001－Ⅴ－13	调高垫板　2－528 × 182 × 410 × *h*－0	块	363	橡塑	其中 *h*=1，2，4 的各 121 块
27	客专线 (07)001－Ⅴ－13	调高垫板　2－528 × 182 × 410 × *h*－6	块	72	橡塑	其中 *h*=1，2，4 的各 24 块
28	客专线 (07)001－Ⅴ－13	调高垫板　2－528 × 182 × 410 × *h*－9	块	81	橡塑	其中 *h*=1，2，4 的各 27 块
29	客专线 (07)001－Ⅴ－13	调高垫板　2－528 × 182 × 410 × *h*－12	块	102	橡塑	其中 *h*=1，2，4 的各 34 块

技　术　要　求

1. 本道岔轨距均为 1 435 mm。岔枕均按垂直于正线方向布置
枕间距除注明者外均为 600 mm。
2. 图中轨道电路钢轨绝缘接头及焊接接头分别以“⫠”及“—
表示。轨道电路绝缘接头位置可以根据实际需要进行设置，
轨长度按图 3、图 4。设置胶接绝缘的钢轨按括号内的数字
3. 本道岔均采用铝热焊钢轨接头，为便于厂内试铺和组装，
采用图 3、图 4 所示的配轨长度，轨缝均为 8 mm，焊接时
场锯轨。具体配轨长度可由用户订货时与道岔厂协商确定，
件时应尽量采用长配轨。
4. 图中 A、B、C、D 分别表示垫板 60－0、60－6、60－9、60－
5. 铺设混凝土岔枕时，带编号一侧铺设在道岔直股外侧，侧
后短岔枕带编号一侧铺设在道岔侧股外侧。
6. 1 mm、2 mm 厚调高垫板为备用。
7. 本道岔适用于跨区间无缝线路，允许铺设轨温范围见下表：

采用优化后钩型外锁闭机构（允许伸缩位移量为 30 mm）			采用 ZTS 型自调式钩型外锁机构（允许伸缩位移量为 50 m		
尖轨跟端结构形式	最大升温幅度（℃）	最大降温幅度（℃）	尖轨跟端结构形式	最大升温幅度（℃）	最大降幅度（
限位器	49	57	限位器	49	57
间隔铁	43	51	不设传力机构	45	55
不设传力机构	45	45			

8. 道岔用螺母可以采用其他同等级的防松螺母。
9. 道岔主要结构特点：

(1) 尖轨为相离半切线型，采用 21.45 m 长的 60D40 弹性可
轨，尖轨尖端为藏尖式。

(2) 转辙器间隔设置带滚轮的滑床板和防跳限位装置，基本
侧采用弹性夹扣压。

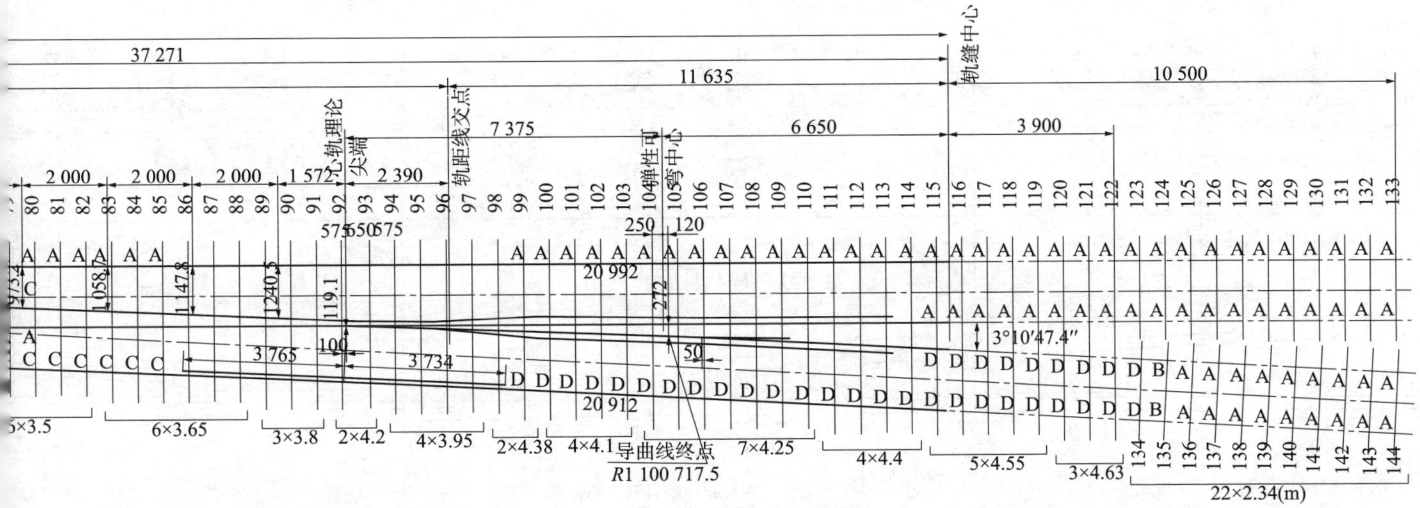

图 1　转辙器部分轨距示意图

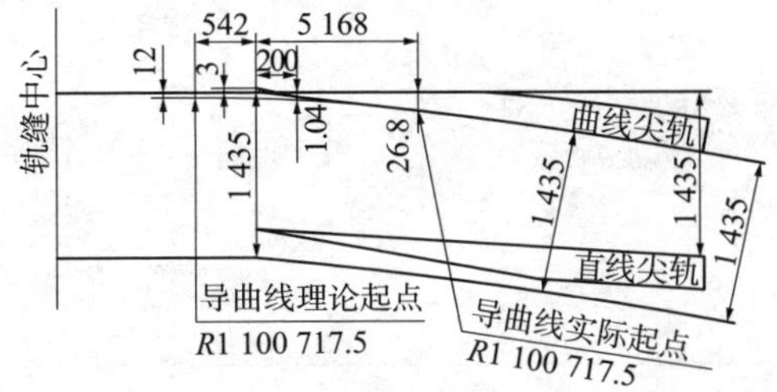

图 3　绝缘接头设在直股

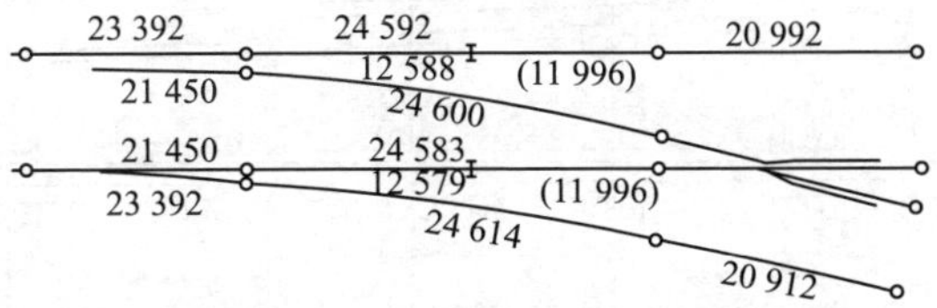

图 2　导曲线部分跳线孔位置示意图

(ZPW2000-A 轨道电路)

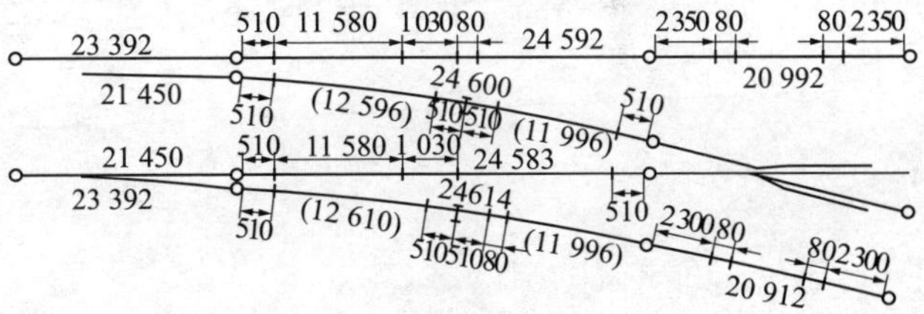

图 4　绝缘接头设在侧股

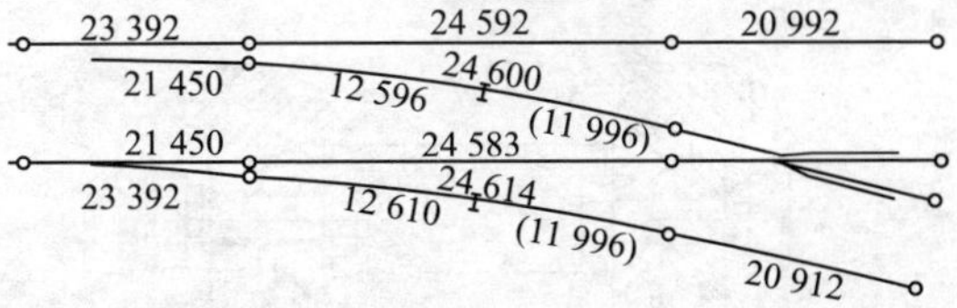

图 5　导曲线部分跳线孔位置示意图 (25 Hz 轨道电路)

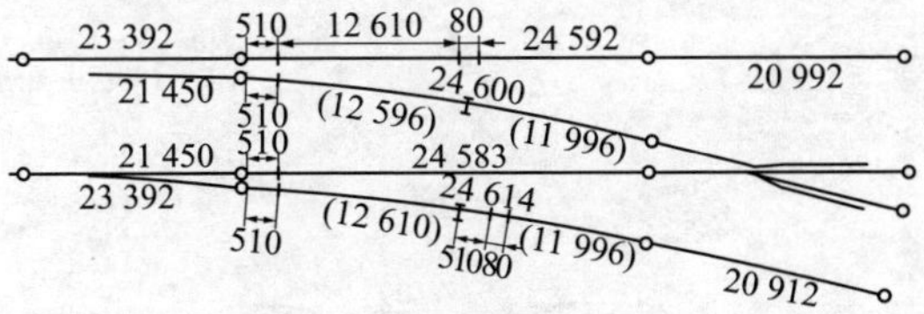

图 6　开通侧股时心轨支距

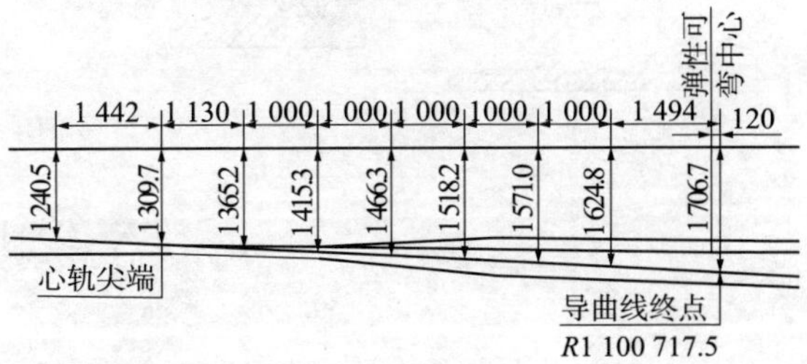

3) 可动心轨辙叉采用钢轨组合型，心轨采用 60D40 钢轨制造，短心轨后端为滑动端，翼轨采用轧制的特种断面翼轨。

4) 翼轨跟端用间隔铁分别与长心轨和叉跟轨胶接，胶接层厚度不大于 1 mm，技术要求参照 TB/T 2975《胶接绝缘钢轨技术条件》。

5) 心轨设 2 个牵引点，采用钩型外锁闭装置，设计动程分别为 115 mm 和 57 mm。各点的理论转换力分别为 1 080 N、4 536 N。

6) 可动心轨辙叉护轨顶面高出基本轨顶面 12 mm，护轨基本轨内侧采用弹性夹扣压。

7) 本图部分垫板金属件与时速 350 km 60–18 号道岔相同，垫板硫化橡胶形式不同，定货时应明确，同时注意硫化后垫板标记，以便区分。

8) 绝缘接头两侧采用绝缘轨距块。

9) 扣件采用分开式Ⅱ型弹条扣件，轨距块及缓冲调距块的号码配置见下表：

滑床板及护轨垫板					一般部位							
单股钢轨位置	钢轨内侧缓冲调距块		钢轨外侧缓冲调距块		单股钢轨位置	钢轨内侧			钢轨外侧			
						缓冲调距块		轨距块	轨距块	缓冲调距块		
	外侧	内侧	内侧	外侧		外侧	内侧			内侧	外侧	
0	6	9	6	9	0	6	9	10	11	6	9	
1	5	10	5	10	+1	6	9	11	10	6	9	
2	4	11	4	11	+2	6	9	12	9	6	9	
1	7	8	7	8	−1	6	9	9	12	6	9	
2	8	7	8	7	−2	9	6	11	10	9	6	
3	9	6	9	6	−3	9	6	10	11	9	6	
4	10	5	10	5	−4	9	6	9	12	9	6	

道岔用钢轨应符合《250 km/h 客运专线 60 kg/m 钢轨暂行技术条件》(铁科技函〔2005〕298 号) 和《客运专线 60 AT 钢轨暂行技术条件》(科技基〔2005〕101 号) 的规定。材质应与相连的线路钢轨相同，具体由用户订货时指明。

11. 道岔工电接口尺寸应用专用样板检查。

12. 本道岔铺设时应预先铺一块 4 mm 调高垫板，橡胶垫板与岔枕之间调高量为 −4/+26 mm，调高垫板见客专线 (07)001–Ⅴ–13，每块铁垫板另备 1、2 mm 厚调高垫板各一块，不足时，由用户根据调高量另行订货。

13. 道岔扣件系统节点竖向刚度为 (25 ± 2.5)kN/mm，当道岔前后线路扣件系统节点竖向刚度与岔区不一致时，应在道岔前后设置过渡段；过渡段长度按 35 m 设计，过渡段轨道刚度按 4 级进行设置；过渡段的其他要求见《客运专线道岔铺设技术条件》的规定，过渡段的具体长度，材料，规格，数量按线路设计的规定；并由用户另行订货。

14. 钢轨顶面到混凝土岔枕底部的高度为 419 mm(牵引点两端的岔枕除外)。

表 2　岔枕数量表

序号	岔枕长 (m)	单位	数量	备注	序号	岔枕长 (m)	单位	数量	备注
1	2.34	根	22		13	3.5	根	6	
2	2.5	根	15		14	3.65	根	6	
3	2.6	根	11		15	3.8	根	3	
4	2.7	根	9		16	3.95	根	4	
5	2.8	根	7		17	4.1	根	4	
6	2.88	根	2		18	4.2	根	2	
7	2.9	根	7		19	4.25	根	7	
8	2.91	根	2		20	4.38	根	2	
9	2.95	根	2		21	4.4	根	4	
10	3.05	根	8		22	4.55	根	5	
11	3.2	根	7		23	4.63	根	3	
12	3.35	根	6						

60 kg/m 钢轨 18 号单开道岔可动心轨辙叉

图　号：客专线 (07)001－III－3

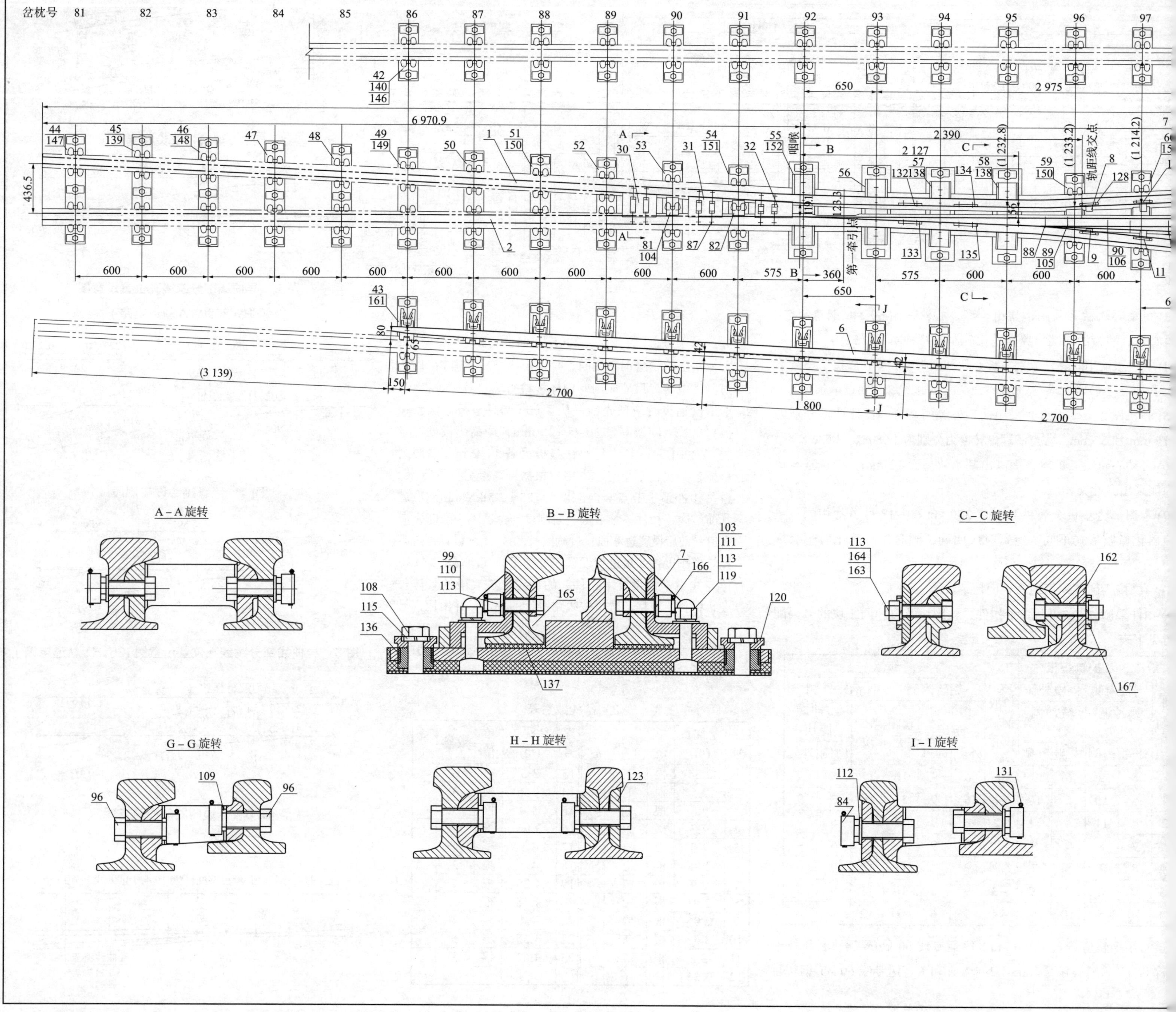

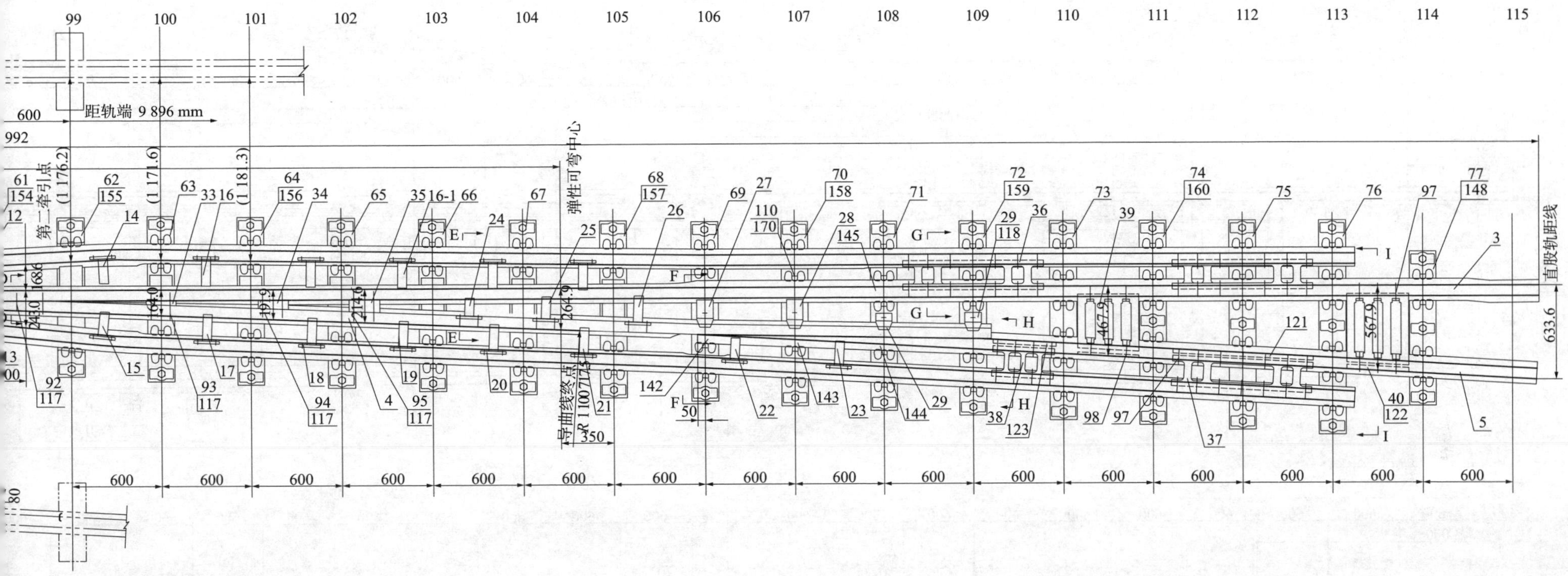

D – D 旋转

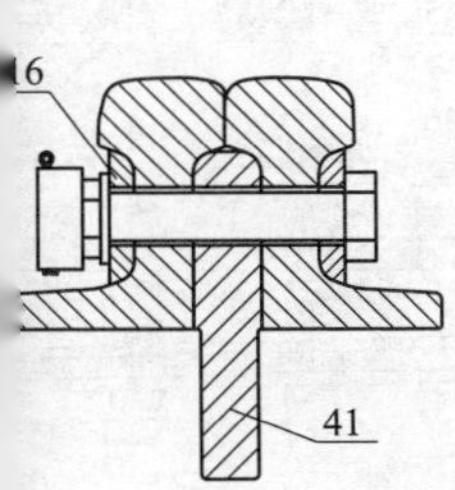

E – E 旋转

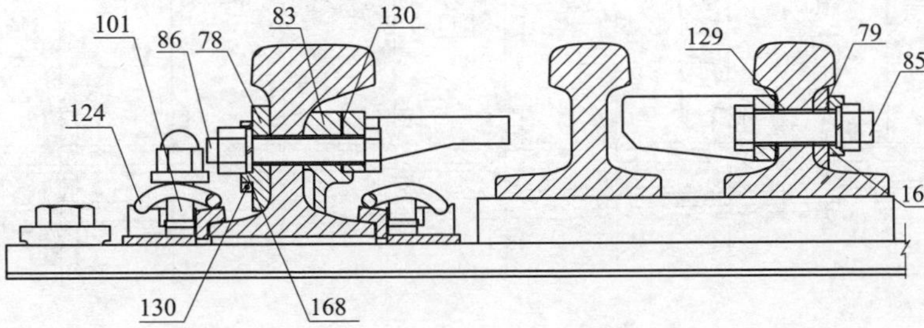

F – F 旋转

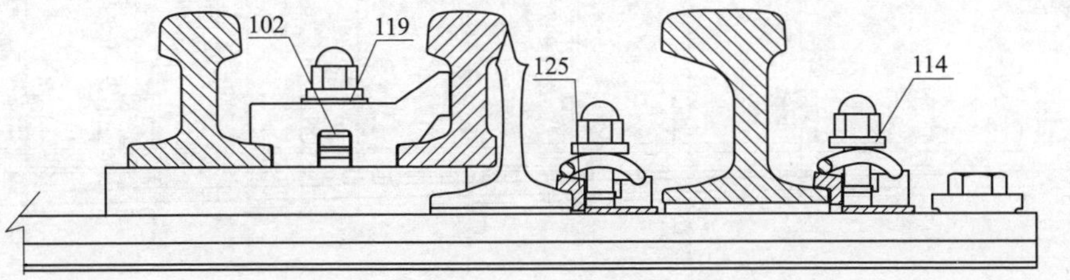

J – J 旋转

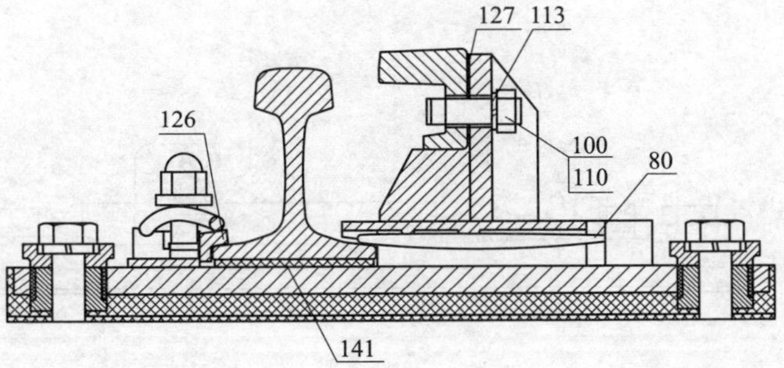

技 术 要 求

1. 长短心轨连接用的长螺栓安装防转片。
2. 序号 88、89、90、91 螺栓短心轨一侧不设钢轨垫圈。
3. 心轨实际尖端与翼轨实际咽喉的距离不得小于 25 mm。
4. 顶铁组装后在顶紧状态，与心轨轨府表面的间隙为 3 mm。
5. 所有三孔铁垫板中间一孔不安装缓冲调距块。
6. 82～98 号枕翼轨轨下采用 7 mm 厚的橡胶垫板，99～113 号枕翼轨轨下不设橡胶垫板。
7. 支距扣板螺栓自上而下安装，在硫化垫板底部旋转 90° 向上提，再安装垫圈、螺母。
8. 调高垫板为备用垫板，供养护维修使用。

60 kg/m 钢轨 18 号单开道岔转辙器

图　号：客专线 (07)001－II－2

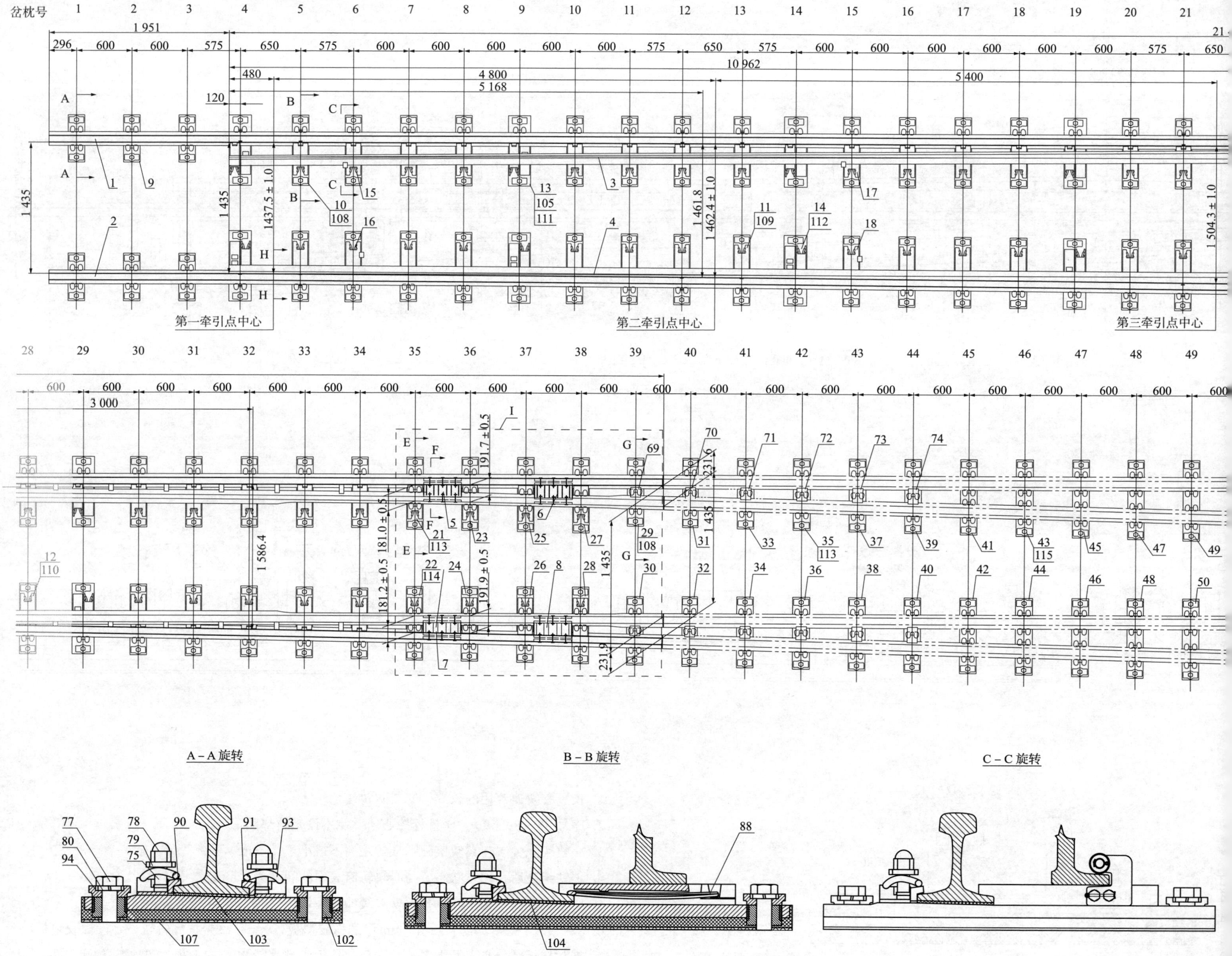

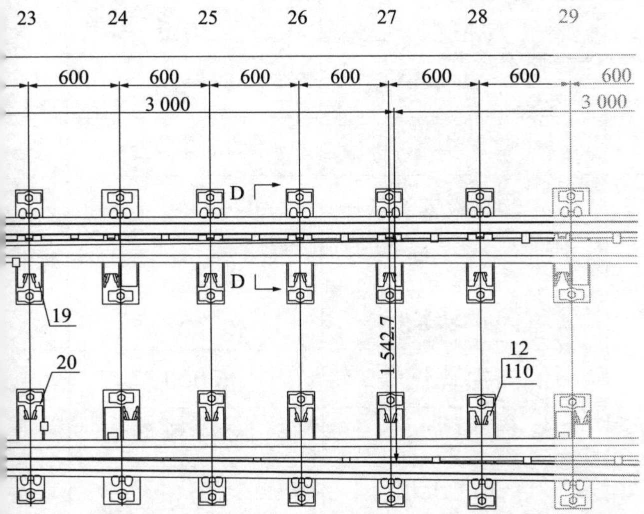

I
转辙器跟端采用限位器

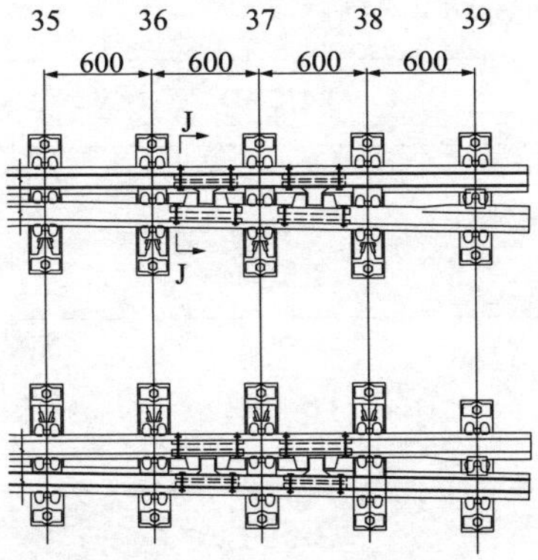

图 1 曲线尖轨支距图

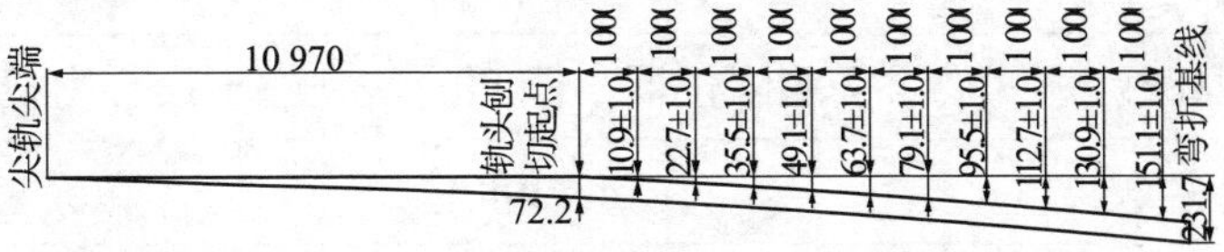

技 术 要 求

1. 尖轨跟端按采用间隔铁、限位器和不设传力结构三种方案设计，当采用限位器时，局部布置图见图I，当不设传力结构时，取消相应的间隔铁或限位器。
2. 防跳顶铁组装后，在顶紧状态时与尖轨轨底上表面间隙为 3 mm。
3. 防跳限位装置接触间隙要求详见客专线 (07)001－V－31。
4. 所有三孔铁垫板中间一孔不安装缓冲调距块。
5. 组装后密贴时，曲线尖轨支距见图 1。
6. 辙后支距扣板螺栓自上而下安装，在硫化垫板底部旋转 90° 向上提，再安装垫圈、螺母。
7. 图中标注的曲基本轨顶铁处支距值是在曲基本轨顶铁中间位置按垂直于直尖轨工作边测量值，直基本轨顶铁处支距值是在直基本轨顶铁中间位置按垂直于直基本轨工作边测量值，由于上、下支距值相差较小，故按上、下支距值相同制造和检验。
8. 辊轮滑床板 4、9、14 号岔枕用双辊轮，其余用单辊轮。

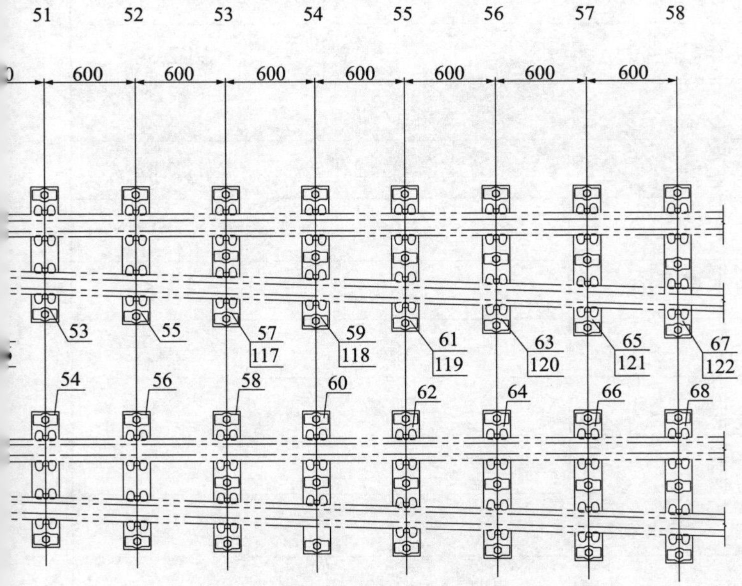

D－D 旋转

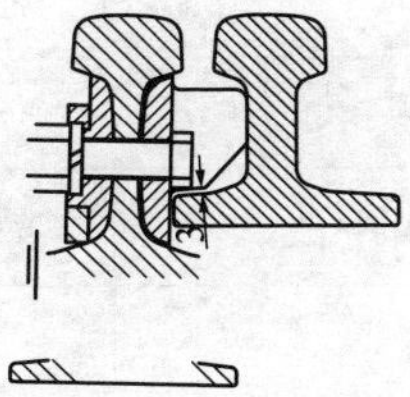

J－J 旋转

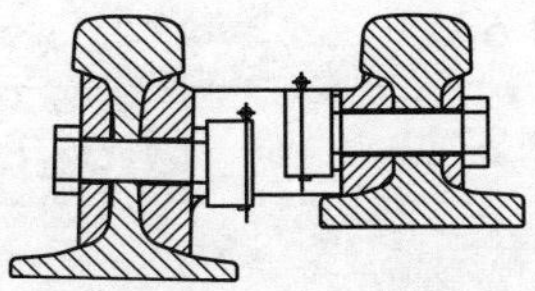

d(mm)	第一牵引点中心	第二牵引点中心	第三牵引点中心
上股	25.5	38.0	52.0
下股	24.8	30.6	51.0

H－H 旋转

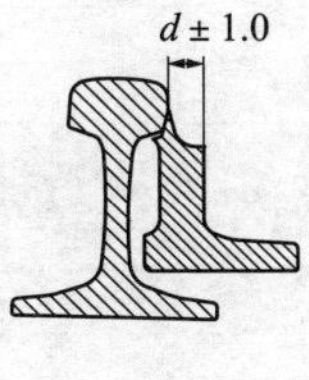

E－E 旋转

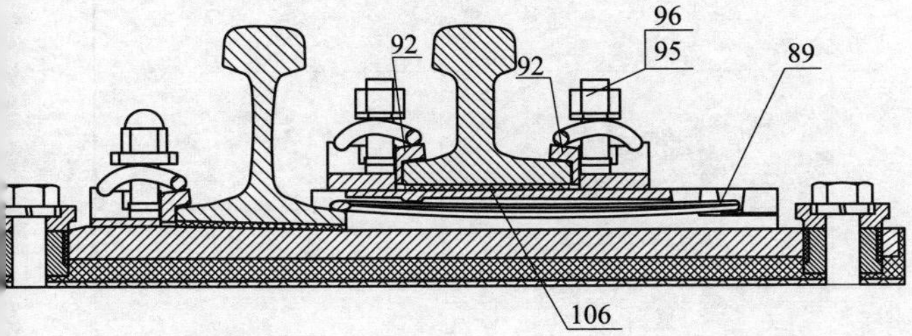

F－F 旋转

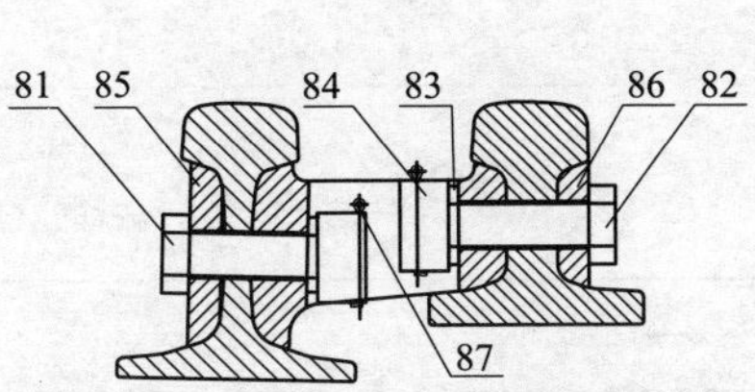

G－G 旋转

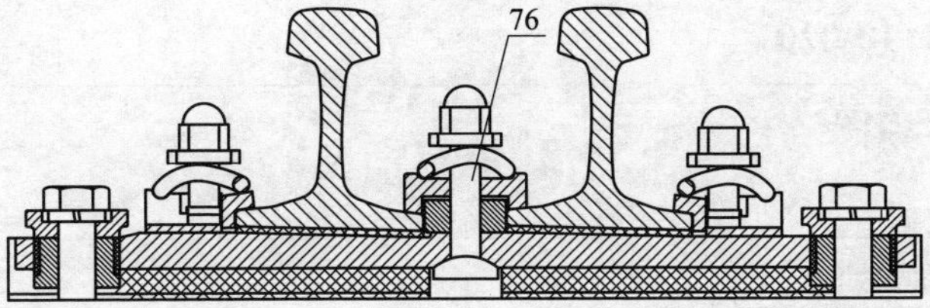

7. 客运专线铁路 60kg/m 钢轨 12 号单开道岔(有砟)
设计图号：客专线(10)018

道岔允许通过速度	客车	$v_{直}$≤ 250 km/h；$v_{侧}$≤ 50 km/h		扣件类型	Ⅱ型弹条
	货车	轴重 25 t：$v_{直}$≤ 120 km/h；$v_{侧}$≤ 50 km/h		轨底坡	1∶40
转辙器跟端形式	■限位器 □间隔铁 □不设传力机构 □间隔铁活接头			锁闭方式	外锁闭
道岔全长	43 200	辙叉全长	14 750	辙叉类型	可动心轨辙叉
道岔前长	16 592	辙叉趾长	5 396	辙叉角	4°45′49″
道岔后长	26 608	辙叉跟长	9 354	翼轨轨型	60TY1
尖轨长度	13 640	基本轨长度	16 192	直向护轨长度	—
尖轨轨型	60AT2			侧向护轨长度	6 000
尖轨尖端前基本轨长度			2 551	护轨轨型	33 kg/m 槽型钢
辙叉理论尖端距趾端方向前一根岔枕中心距离			240	导曲线半径	350 m
尖轨尖端至心轨实际尖端距离		29 956	直向护轨端头距导轨端头定位尺寸		—
道岔终端至末根岔枕中心距离		5 792	侧向护轨端头距导轨端头定位尺寸		6 902

降低值	直线尖轨			曲线尖轨			长心轨		
	断面宽	距尖端距离	降低值	断面宽	距尖端距离	降低值	断面宽	距实际尖端距离	降低值
	0	0	23	0	0	23	3.2	0	23
	5	423	14	5	532	14	20	259	5
	20	1 692	3.5	20	2 127	3.5	40	568	1.7
	35	2 962	1.7	35	3 643	1.5	50	723	0
	50	4 231	0	50	4 788	0			

最大构造加宽	—	测量位置	—			
岔枕图号 —	岔枕总数	89	岔枕展延长	300.66 m	套管总数	488
道岔板 客专线 (10)020						
转换设备图号 —	尖轨动程	160、82			心轨动程	113、57
批准文号	—				应用情况	★★★
主要结构特点	1. 本图按城际铁路使用设计，适用于跨区间无缝线路。 2. 轨下基础采用混凝土岔枕和有砟道床。 3. 道岔预留了融雪装置安装条件。 4. 转辙器间隔设置带施维格滚轮的滑床板和防跳限位装置，基本轨内侧采用弹性夹扣压。					

转辙器明细表

序号	图号 / 标准	名称及规格	数量	材　料	备　注
101	客专线 (10)017 – Ⅱ – 4	直基本轨　16 192	1		
102	客专线 (10)017 – Ⅱ – 5	曲基本轨　16 192	1		
103	客专线 (10)017 – Ⅱ – 6	曲线尖轨　13 640	1		
104	客专线 (10)017 – Ⅱ – 7	直线尖轨　13 640	1		
105	客专线 (07)001 – Ⅴ – 69	支距扣板　60/164 – 168 – 83	2	ZG 230 – 450	成对制造
201	客专线 (07)001 – Ⅴ – 4	弹性铁垫板　Y 60 – 0	8		
202	客专线 (07)001 – Ⅴ – 29	滑床板　Y 60 – 0	13		
203	客专线 (07)001 – Ⅴ – 29	滑床板　Y 60 – 3	7		
204	客专线 (07)001 – Ⅴ – 29	滑床板　Y 60 – 6	1		
205	客专线 (07)001 – Ⅴ – 29	滑床板　Y 60 – 9	5		
206	客专线 (07)001 – Ⅴ – 30	辊轮滑床板　Y 60 – 0	3		
207	客专线 (07)001 – Ⅴ – 30	辊轮滑床板　Y 60 – 3	2		
208	客专线 (07)001 – Ⅴ – 30	辊轮滑床板　Y 60 – 6	1		
209	客专线 (07)001 – Ⅴ – 31	防跳限位装置　Y 60 – 0/114	1		
210	客专线 (07)001 – Ⅴ – 31	防跳限位装置　Y 60 – 3/116	1		
211	客专线 (07)001 – Ⅴ – 31	防跳限位装置　Y 60 – 0/170	1		
212	客专线 (07)001 – Ⅴ – 31	防跳限位装置　Y 60 – 6/171	1		
213	客专线 (10)018 – Ⅱ – 8	垫　板　831	1		
214	客专线 (10)018 – Ⅱ – 9	垫　板　831	1		
215	客专线 (10)018 – Ⅱ – 8	垫　板　831	1		
216	客专线 (10)018 – Ⅱ – 9	垫　板　831	1		
217	客专线 (10)018 – Ⅱ – 10	垫　板　770	1		
218	客专线 (10)018 – Ⅱ – 11	垫　板　770	1		
219	客专线 (10)018 – Ⅱ – 10	垫　板　770	1		
220	客专线 (10)018 – Ⅱ – 11	垫　板　770	1		
221	客专线 (10)018 – Ⅱ – 12	垫　板　831	1		
222	客专线 (10)018 – Ⅱ – 13	垫　板　831	1		
223	客专线 (10)018 – Ⅱ – 14	垫　板　831	1		
224	客专线 (10)018 – Ⅱ – 15	垫　板　831	1		

续上表

序号	图号 / 标准	名称及规格	数量	材　料	备　注
225	客专线 (10)018－Ⅱ－14	垫　板　887	1		
226	客专线 (10)018－Ⅱ－15	垫　板　887	1		
227	客专线 (10)018－Ⅱ－14	垫　板　887	1		
228	客专线 (10)018－Ⅱ－15	垫　板　887	1		
229	客专线 (10)018－Ⅱ－14	垫　板　939	1		
230	客专线 (10)018－Ⅱ－15	垫　板　939	1		
231	客专线 (10)018－Ⅱ－14	垫　板　939	1		
232	客专线 (10)018－Ⅱ－15	垫　板　939	1		
233	客专线 (10)018－Ⅱ－16	垫　板　995	1		
234	客专线 (10)018－Ⅱ－17	垫　板　995	1		
235	客专线 (10)018－Ⅱ－16	垫　板　995	1		
236	客专线 (10)018－Ⅱ－17	垫　板　995	1		
237	客专线 (10)018－Ⅱ－16	垫　板　1 047	1		
238	客专线 (10)018－Ⅱ－17	垫　板　1 047	1		
239	客专线 (10)018－Ⅱ－16	垫　板　1 047	1		
240	客专线 (10)018－Ⅱ－17	垫　板　1 047	1		
301	专线 4232－4	螺　栓　M24 × 60	136		
302	专线 4232－4	螺　栓　M24 × 65	16		
303	客专线 (07)001－Ⅴ－70	螺　栓　M24 × 125	2		
304	客专线 (07)001－Ⅴ－8	垫板螺栓	152	45 号钢	
305	NS－06	盖型螺母　M24	138		
306	NS－02(b)	螺　母　M24	16		
307	NS－07	限位板　M24	154		
308	GB/T 7244	弹簧垫圈　30	152		
309		弹性夹　SSB3	36		
310		弹性夹　SSB4	4		
311	客专线 (07)001－Ⅴ－6	轨距块　60/9－11	90	ZG 230－450	
312	客专线 (07)001－Ⅴ－6	轨距块　60/10－12	46	ZG 230－450	
313	客专线 (07)001－Ⅴ－44	轨距块　60/10－11	8	ZG 230－450	
314	客专线 (07)001－Ⅴ－44	轨距块　60/10－11	8	ZG 230－450	
315	专线 3351－3	Ⅱ型弹条	154	60Si2Mn	

续上表

序号	图号 / 标准	名称及规格	数量	材　料	备　注
316	客专线 (07)001－V－9	盖　板	152	QT 450－10	
401	客专线 (07)001－V－10	缓冲调距块	144	玻璃纤维	
402	客专线 (07)001－V－51	橡胶垫板　60－200－149/5	8	橡胶	
403	客专线 (07)001－V－51	橡胶垫板　60－210－149/5	78	橡胶	
404	客专线 (07)001－V－51	橡胶垫板　60－290－149/5	6	橡胶	
405	客专线 (07)001－V－51	橡胶垫板　60－160－129	8	橡胶	
406	客专线 (07)001－V－13	调高垫板　2－528 × 182 × 410 × h－0	24	橡塑	其中 h=1，2，4 mm 的各 8 块
407	客专线 (07)001－V－13	调高垫板　2－780 × 190 × 662 × h－0	57	橡塑	其中 h=1，2，4 mm 的各 19 块
408	客专线 (07)001－V－13	调高垫板　2－780 × 190 × 662 × h－3	24	橡塑	其中 h=1，2，4 mm 的各 8 块
409	客专线 (07)001－V－13	调高垫板　2－780 × 190 × 662 × h－6	6	橡塑	其中 h=1，2，4 mm 的各 2 块
410	客专线 (07)001－V－13	调高垫板　2－780 × 190 × 662 × h－9	15	橡塑	其中 h=1，2，4 mm 的各 5 块
411	客专线 (07)001－V－13	调高垫板　2－780 × 270 × 662 × h－0	9	橡塑	其中 h=1，2，4 mm 的各 3 块
412	客专线 (07)001－V－13	调高垫板　2－780 × 270 × 662 × h－3	6	橡塑	其中 h=1，2，4 mm 的各 2 块
413	客专线 (07)001－V－13	调高垫板　2－780 × 270 × 662 × h－6	3	橡塑	其中 h=1，2，4 mm 的各 1 块
414	客专线 (07)001－V－13	调高垫板　2－841 × 190 × 723 × h－0	6	橡塑	其中 h=1，2，4 mm 的各 2 块
415	客专线 (07)001－V－13	调高垫板　2－841 × 190 × 723 × h－12	6	橡塑	其中 h=1，2，4 mm 的各 2 块
416	客专线 (07)001－V－13	调高垫板　2－841 × 190 × 723 × h－0	12	橡塑	其中 h=1，2，4 mm 的各 4 块
417	客专线 (07)001－V－13	调高垫板　2－897 × 190 × 779 × h－0	12	橡塑	其中 h=1，2，4 mm 的各 4 块
418	客专线 (07)001－V－13	调高垫板　2－949 × 190 × 831 × h－0	12	橡塑	其中 h=1，2，4 mm 的各 4 块
419	客专线 (07)001－V－13	调高垫板　3－1 005 × 190 × 887 × 430 × h	12	橡塑	其中 h=1，2，4 mm 的各 4 块
420	客专线 (07)001－V－13	调高垫板　3－1 057 × 190 × 939 × 470 × h	12	橡塑	其中 h=1，2，4 mm 的各 4 块

注：明细表中垫板长度为硫化前铁垫板的长度，硫化后垫板长度增加10 mm。

辙叉明细表

序号	图号 / 标准	名称及规格	数量	材　料	备　注
100	客专线 (10)017 – Ⅲ – 5	翼　轨　14 050	1		
101	客专线 (10)017 – Ⅲ – 6	翼　轨　14 050	1		
102	客专线 (10)017 – Ⅲ – 7	长心轨　11 120	1	60D40 钢轨	
103	客专线 (10)017 – Ⅲ – 8	短心轨　7 100	1	60D40 钢轨	
104	客专线 (10)017 – Ⅲ – 9	叉跟尖轨　4 530	1	60 kg/m 钢轨	
105	客专线 (10)017 – Ⅲ – 10	护　轨　6 000	1	33kg/m 槽型轨	
106	客专线 (07)001 – Ⅴ – 16	轨　撑　60 – Ⅱ	4	KTH 330 – 08	
107	客专线 (07)001 – Ⅴ – 61	防跳顶铁　106 – 108	1	QT400 – 15	
108	客专线 (07)001 – Ⅴ – 61	防跳顶铁　96 – 92	1	QT400 – 15	
109	客专线 (07)001 – Ⅴ – 62	顶　铁　138 – 140	1	QT400 – 15	
110	客专线 (07)001 – Ⅴ – 62	顶　铁　140 – 138	1	QT400 – 15	
111	客专线 (07)001 – Ⅴ61 – C	防跳顶铁　146 – 148	1	QT400 – 15	
112	客专线 (07)001 – Ⅴ – 61 – C	防跳顶铁　148 – 146	1	QT400 – 15	配 11 个顶铁座图号：客专线 (07)001 – Ⅴ – 61 – A
113	客专线 (07)001 – Ⅴ – 61 – B	顶　铁　159 – 159	8	QT400 – 15	
114	客专线 (07)001 – Ⅴ – 63	顶　铁　215 – 212	1	QT400 – 15	
115	客专线 (07)001 – Ⅴ – 63	顶　铁　254 – 251	1	QT400 – 15	
116	客专线 (10)017 – Ⅲ – 28	间隔铁　324 – 305	1	ZG 230 – 450	
117	客专线 (10)017 – Ⅲ – 28	间隔铁　280 – 261	1	ZG 230 – 450	
118	客专线 (10)017 – Ⅲ – 29	防跳间隔铁	1	ZG 230 – 450	
119	客专线 (07)001 – Ⅴ – 23	间隔铁　60D40/91 – 104	1	ZG 230 – 450	
120	客专线 (07)001 – Ⅴ – 23	间隔铁　60D40/128 – 141	1	ZG 230 – 450	
121	客专线 (10)017 – Ⅲ – 30	间隔铁　166 – 182	1	ZG 230 – 450	
122	客专线 (07)001 – Ⅴ – 57	间隔铁	2	ZG 230 – 450	
123	客专线 (07)001 – Ⅴ – 77	间隔铁	1	ZG 230 – 450	
124	客专线 (07)001 – Ⅴ – 56	间隔铁	1	ZG 230 – 450	
125	客专线 (07)001 – Ⅴ – 82	支距扣板　60/146 – 155 – 75	1	ZG 230 – 450	
126	客专线 (10)017 – Ⅲ – 31	A 型扣板	2	ZG 230 – 450	
127	客专线 (10)017 – Ⅲ – 32	B 型扣板	4	ZG 230 – 450	
128	客专线 (07)001 – Ⅴ – 61 – B	顶　铁　136 – 136	1	QT400 – 15	
200	客专线 (07)001 – Ⅴ – 4	弹性铁垫板　60 – 0	10	硫化垫板	
201	客专线 (10)018 – Ⅲ – 11	护轨垫板	10	硫化垫板	
202	客专线 (10)018 – Ⅲ – 12	垫　板　1 047 × 180 × 25	1	硫化垫板	
203	客专线 (10)018 – Ⅲ – 13	垫　板　995 × 180 × 25	1	硫化垫板	

续上表

序号	图号 / 标准	名称及规格	数量	材　　料	备　　注
204	客专线 (10)018－Ⅲ－14	垫　板　939 × 180 × 25	1	硫化垫板	
205	客专线 (10)018－Ⅲ－14	垫　板　887 × 180 × 25	1	硫化垫板	
206	客专线 (10)018－Ⅲ－14	垫　板　831 × 180 × 25	1	硫化垫板	
207	客专线 (10)018－Ⅲ－15	垫　板　831 × 180 × 25	1	硫化垫板	
208	客专线 (10)018－Ⅲ－16	垫　板　920 × 260 × 25	1	硫化垫板	
209	客专线 (10)018－Ⅲ－17	垫　板　920 × 260 × 25	1	硫化垫板	
210	客专线 (10)018－Ⅲ－18	垫　板　920 × 260 × 25	1	硫化垫板	
211	客专线 (10)018－Ⅲ－19	垫　板　887 × 180 × 25	1	硫化垫板	
212	客专线 (10)018－Ⅲ－19	垫　板　995 × 180 × 25	1	硫化垫板	
213	客专线 (10)018－Ⅲ－19	垫　板　1 047 × 180 × 25	1	硫化垫板	
214	客专线 (10)018－Ⅲ－20	垫　板　1 187 × 180 × 25	1	硫化垫板	
215	客专线 (10)018－Ⅲ－21	垫　板　1 187 × 180 × 25	1	硫化垫板	
216	客专线 (10)018－Ⅲ－21	垫　板　1 234 × 180 × 25	1	硫化垫板	
217	客专线 (10)018－Ⅲ－21	垫　板　1 300 × 180 × 25	1	硫化垫板	
218	客专线 (10)018－Ⅲ－21	垫　板　1 300 × 180 × 25	1	硫化垫板	
219	客专线 (10)018－Ⅲ－22	垫　板　1 300 × 180 × 25	1	硫化垫板	
220	客专线 (10)018－Ⅲ－23	垫　板　1 367 × 180 × 25	1	硫化垫板	
221	客专线 (10)018－Ⅲ－24	垫　板　1 467 × 180 × 25	1	硫化垫板	
222	客专线 (10)018－Ⅲ－24	垫　板　1 467 × 180 × 25	1	硫化垫板	
223	客专线 (10)018－Ⅲ－25	垫　板　770 × 180 × 25	3	硫化垫板	
224	客专线 (10)018－Ⅲ－26	垫　板　770 × 180 × 25	2	硫化垫板	
225	客专线 (10)018－Ⅲ－27	垫　板　770 × 180 × 25	1	硫化垫板	
300	SCT 300－506	螺　栓　M27 × 120	23	10 级	翼轨间用 12 个，翼轨叉跟轨用 11 个
301	GB/T 1228	螺　栓　M27 × 120	1	10 级	序号 314 垫片用
302	GB/T 1228	螺　栓　M27 × 130	1	10 级	序号 314 垫片用
303	SCT 300－506	螺　栓　M27 × 170	1	10 级	序号 315 垫片用
304	SCT 300－506	螺　栓　M27 × 180	1	10 级	序号 315 垫片用
305	SCT 300－506	螺　栓　M27 × 115	35	10 级	翼轨长心轨用 24 个，翼轨叉跟轨用 11 个
306	GB/T 5780	螺　栓　M24 × 110	12		普通顶铁用
307	GB/T 31	螺　栓　M24 × 105	4		轨撑横向用
308	客专线 (07)001－Ⅴ－47	螺　栓　M24 × 80	10		护轨用
309	专线 4232－4	螺　栓　M24 × 60	105		弹条用
310	专线 4232－4	螺　栓　M24 × 80	6		单双边扣板用螺栓底部沉头处导圆角 $R5$
311	客专线 (07)001－Ⅴ－70	螺　栓　M24 × 100	4		轨撑竖向用
312	客专线 (07)001－Ⅴ－70	螺　栓　M24 × 120	1		支距扣板用

续上表

序号	图号 / 标准	名称及规格	数量	材料	备注
313	客专线 (07)001 – Ⅴ – 8	垫板螺栓 A 型	96	45 号钢	
314	客专线 (07)009 – Ⅲ – 36	垫 片 60D40/3.2 – 12.1/270	1	Q235	长短心轨用
315	客专线 (07)009 – Ⅲ – 36	垫 片 60D40/28.1 – 36.9/270	1	Q235	长短心轨用
316	NS – 02b	螺 母 M27G	72	10 级	
317	NS – 02b	螺 母 M24	63		
318	NS – 06	盖型螺母 M24	118		
319	GB/T 5780	螺 栓 M24 × 140	22		组合顶铁用
320	GB/T 1230	垫 圈 27	72	65Mn	
321	GB/T 7244	垫 圈 24	63	65Mn	
322	SCT 300 – 506	螺 栓 M27 × 110	4	10 级	序号 121 间隔铁用
323	NS – 07	限位板 M24	119		
324	GB/T 7244	垫 圈 30	96	65Mn	
325	客专线 (07)001 – Ⅴ – 73	钢轨垫圈 (三) 79	30	ZG 230 – 450	
326	客专线 (07)001 – Ⅴ – 65	顶铁用钢轨垫圈 (二)	4	ZG 230 – 450	
327	客专线 (07)001 – Ⅴ – 78	防转垫圈 60D40 – 0	8	KTH 330 – 08	
328	客专线 (07)001 – Ⅴ – 39	圆孔垫圈 60D40 – 3	6	KTH 330 – 08	
329	客专线 (07)009 – Ⅲ – 35	垫 圈	10	65Mn	
330	GB/T 91	开口销 3 × 70	30	Q235	
331		弹性夹 SSB2	10		
332	客专线 (07)001 – Ⅴ – 9	盖 板	96		
333	客专线 (07)001 – Ⅴ – 81	夹 板 940/B	1	Q235	
334	客专线 (07)001 – Ⅴ – 75	夹 板 430	1	Q235	
335	专线 3351 – 3	Ⅱ型弹条	113	60Si2Mn	
336	客专线 (07)001 – Ⅴ – 6	轨距块 60/10 – 12	41	ZG 230 – 450	
337	客专线 (07)001 – Ⅴ – 6	轨距块 60/9 – 11	71	ZG 230 – 450	
338	客专线 (07)001 – Ⅴ – 43	护轨调整片 141 × 60 × 2 3	20 10	Q235	
339	客专线 (07)001 – Ⅴ – 91	顶铁调整片 90 × 70 × 1/2/3 0.3/0.5	各 8		翼轨普通顶铁备用
340	客专线 (07)001 – Ⅴ – 92	顶铁调整片 170 × 70 × 1/2/3 0.3/0.5	各 13		翼轨组合顶铁备用
341	SCT 300 – 346	螺母防松帽 M27	72	ZG 230 – 450	
342	GB/T 91	开口销 4 × 80	72	Q235	
343	GB/T 91	开口销 5 × 35	4	Q235	轨撑横向用
344	客专线 (07)001 – Ⅴ – 86	翼轨用防转垫圈	4	KTH 330 – 08	轨撑横向用

续上表

序号	图号 / 标准	名称及规格	数量	材　料	备　注
345	客专线 (07)001－V－97	双头螺柱　M27×295	1	10 级	序号 119 间隔铁用
346	客专线 (07)001－V－97	双头螺柱　M27×305	1	10 级	序号 119 间隔铁用
347	SCT 300－506	螺　栓　M27×280	2	10 级	序号 120 间隔铁用
348	专线 4232－4	螺　栓　M24×65	5		长心轨固定端工作边一侧弹条用
349	客专线 (07)001－V－98	防转片	1		序号 314 垫片铁用
400	客专线 (07)001－V－10	缓冲调距块　6－9	94	玻璃纤维	
401	客专线 (07)001－V－51	橡胶垫板　60－290－104/7	4	橡胶	
402	客专线 (07)001－V－51	橡胶垫板　60－290－149/7	2	橡胶	
403	客专线 (07)001－V－51	橡胶垫板　60－210－149/7	16	橡胶	
404	客专线 (07)001－V－51	橡胶垫板　60－200－149/5	10	橡胶	
405	客专线 (07)001－V－51	橡胶垫板　60－210－149/5	16	橡胶	
406	客专线 (07)001－V－51	橡胶垫板　60－210－130/5	1	橡胶	
407	客专线 (07)001－V－51	橡胶垫板　60－210－135/5	1	橡胶	
408	客专线 (07)001－V－51	橡胶垫板　60－210－142/5	1	橡胶	
409	客专线 (07)001－V－51	橡胶垫板　60－170－149/5	5	橡胶	
410	客专线 (07)001－V－13	调高垫板　2－528×182×410×h－0	30	橡塑	其中 h=1，2，4 的各 10 块
411	客专线 (07)001－V－13	调高垫板　3－1 057×190×939×469.5×h	3	橡塑	其中 h=1，2，4 的各 1 块
412	客专线 (07)001－V－13	调高垫板　3－1 005×190×887×443.5×h	3	橡塑	其中 h=1，2，4 的各 1 块
413	客专线 (07)001－V－13	调高垫板　2－949×190×831×h－0	3	橡塑	其中 h=1，2，4 的各 1 块
414	客专线 (07)001－V－13	调高垫板　2－897×190×779×h－0	6	橡塑	其中 h=1，2，4 的各 2 块
415	客专线 (07)001－V－13	调高垫板　2－841×190×723×h－0	6	橡塑	其中 h=1，2，4 的各 2 块
416	客专线 (07)001－V－13	调高垫板　2－930×270×812×h－0	9	橡塑	其中 h=1，2，4 的各 3 块
417	客专线 (07)001－V－13	调高垫板　2－1 005×190×887×h－0	3	橡塑	其中 h=1，2，4 的各 1 块
418	客专线 (07)001－V－13	调高垫板　2－1 057×190×939×h－0	3	橡塑	其中 h=1，2，4 的各 1 块
419	客专线 (07)001－V－13	调高垫板　2－1 197×190×1 079×h－0	6	橡塑	其中 h=1，2，4 的各 2 块
420	客专线 (07)001－V－13	调高垫板　2－1 244×190×1 126×h－0	3	橡塑	其中 h=1，2，4 的各 1 块
421	客专线 (07)001－V－13	调高垫板　2－1 310×190×1 192×h－0	9	橡塑	其中 h=1，2，4 的各 3 块
422	客专线 (07)001－V－13	调高垫板　2－1 377×190×1 259×h－0	3	橡塑	其中 h=1，2，4 的各 1 块
423	客专线 (07)001－V－13	调高垫板　2－1 477×190×1 359×h－0	6	橡塑	其中 h=1，2，4 的各 2 块
424	客专线 (07)001－V－13	调高垫板　2－780×190×662×h－0	18	橡塑	其中 h=1，2，4 的各 6 块
425	客专线 (07)001－V－13	调高垫板　2－710×190×592×h－0	30	橡塑	其中 h=1，2，4 的各 10 块

注：1 mm、2 mm厚调高垫板为备用 。

60 kg/m 钢钢轨 12 号单开道岔
图 号：客专线 (10)018

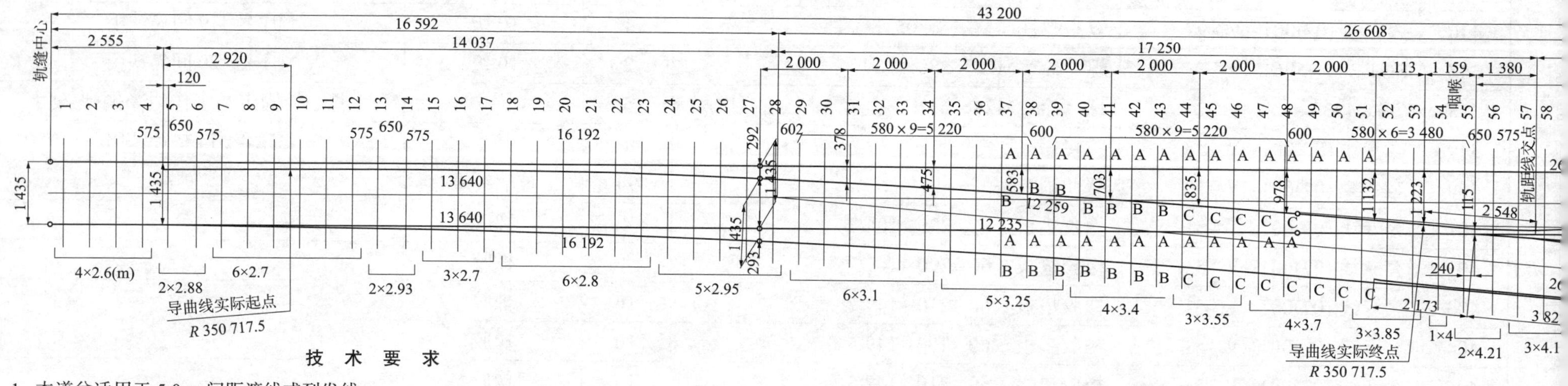

技 术 要 求

1. 本道岔适用于 5.0 m 间距渡线或到发线。
2. 本道岔轨距均为 1 435 mm，岔枕按垂直于直股布置，岔枕间距除注明者外均为 600 mm。
3. 图中钢轨焊接接头及绝缘接头分别以"—○—"，"+"表示，轨道电路绝缘接头位置，可以根据实际需要进行设置，其配轨长度按图 1、图 2。设置胶接绝缘的钢轨按括号内的数字断开。
4. 本道岔钢轨接头均采用铝热焊，为便于厂内试铺和组装，轨缝均为 8 mm，焊接时需现场锯轨。
5. 图中 A、B、C、D 分别表示垫板 60－0、60－12、60－15、60－18。
6. 铺设岔枕时，岔枕带编号一侧铺设在道岔直股外侧；侧股叉后短岔枕带编号一侧铺设在道岔侧股外侧。
7. 明细表中的调高垫板 (厚度 1 mm、2 mm) 为备用垫板。
8. 导曲线钢轨和辙叉基本轨厂内预钻跳线孔，以 ϕ9.8 mm 钻头钻孔，孔高距轨底 79 mm。跳线按 ZPW2000－A 轨道电路、25 Hz 相敏轨道电路两种形式设置，具体见图 4、图 5。
9. 道岔主要结构特点：

(1) 尖轨为相离半切线型，采用13.64 m长的60D40弹性可弯尖轨，尖轨尖端为藏尖式。

(2) 转辙器尖轨跟端采用限位器结构，限位器子母块间缝隙为 15 mm。

(3) 转辙器间隔设置带滚轮的滑床板和防跳限位装置，基本轨内侧采用弹性夹扣压。

(4) 绝缘接头两侧采用绝缘轨距块。

(5) 轨距块及缓冲调距块的号码配置见下表：

单股钢轨位置	滑床板及护轨垫板 钢轨内侧 缓冲调距块 外侧	内侧	钢轨外侧 缓冲调距块 内侧	外侧	单股钢轨位置	一般部位 钢轨内侧 缓冲调距块 外侧	内侧	轨距块	钢轨外侧 轨距块	缓冲调距块 内侧	外侧
0	6	9	6	9	0	6	9	10	11	6	9
+1	5	10	5	10	+1	6	9	11	10	6	9
+2	4	11	4	11	+2	6	9	12	9	6	9
−1	7	8	7	8	−1	6	9	9	12	6	9
−2	8	7	8	7	−2	9	6	11	10	9	6
−3	9	6	9	6	−3	9	6	10	11	9	6
−4	10	5	10	5	−4	9	6	9	12	9	6

10. 道岔用螺母可以采用其他同等级的防松螺母。
11. 道岔工电接口尺寸应用专用样板检查。
12. 道岔扣件系统节点竖向刚度为 50 ～ 60 kN/mm，当道岔前后线路扣件系统节点竖向刚度岔区不一致时，应在道岔前后设置过渡段；直向过渡段长度不宜小于 35 m，侧向过渡段度不宜小于 12 m，该范围内可设置一级至多级的轨道刚度过渡，轨道刚度过渡的每级长不宜小于 9 m，过渡段的其它要求见《客运专线道岔铺设技术条件》的规定，过渡段的具长度，材料，规格，数量按线路设计的规定；并由用户另行订货。
13. 本图用于 5.0 m 间距渡线时，序号 86～89 岔枕及相应扣件取消，且取消另一组单开道岔序号 85 号枕及相应扣件。

表 2　岔枕数量表

序号	长度 (m)	单位	数量	序号	长度 (m)	单位	数量	序号	长度 (m)	单位	数量
1	2.6	根	4	9	3.4	根	4	17	4.3	根	1
2	2.88	根	2	10	3.55	根	3	18	4.45	根	4
3	2.7	根	9	11	3.7	根	4	19	4.6	根	3
4	2.93	根	2	12	3.85	根	3	20	4.75	根	3
5	2.8	根	6	13	4.0	根	1	21	4.9	根	3
6	2.95	根	5	14	4.21	根	2	22	5.0	根	2
7	3.1	根	6	15	4.15	根	3	23	2.47	根	6
8	3.25	根	5	16	4.46	根	2	24	2.34	根	6

图 5　导曲线部分跳线孔位置示意图 (25 Hz 轨道电路)

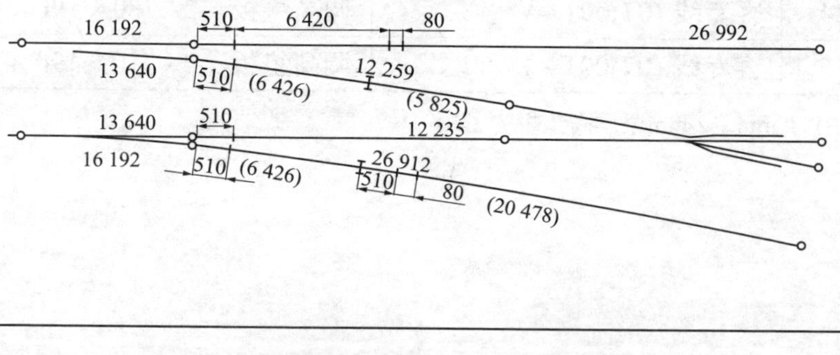

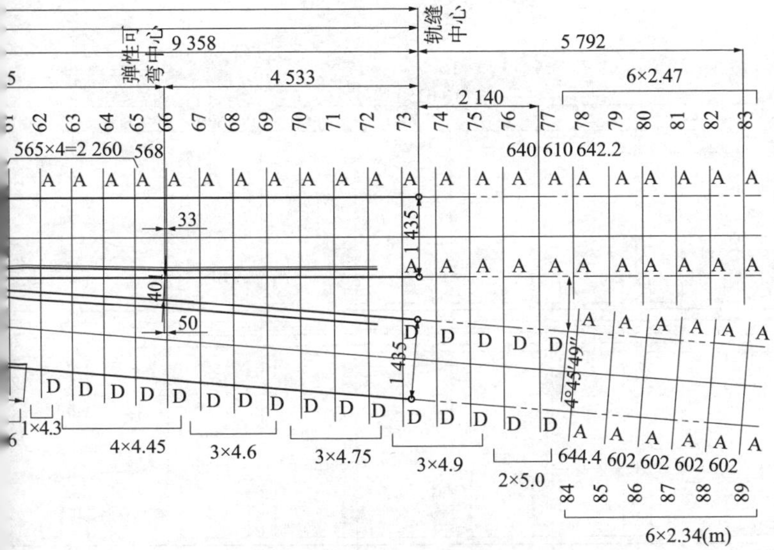

图 1　绝缘接头设在直股

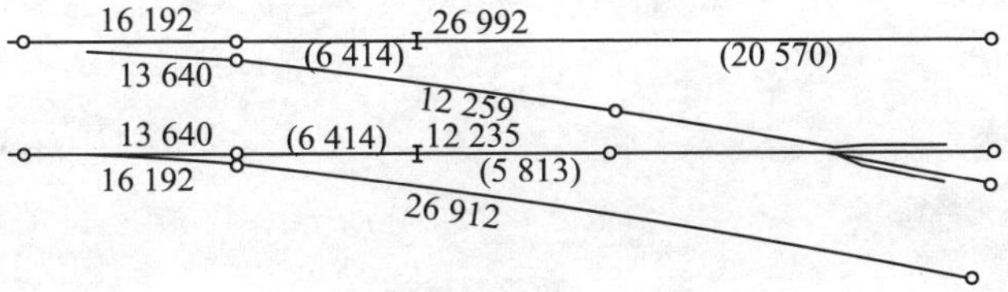

图 2　绝缘接头设在侧股

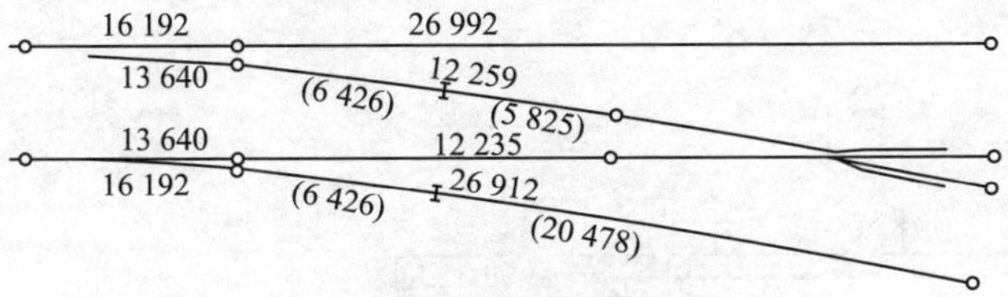

图 3　转辙器部分轨距示意图

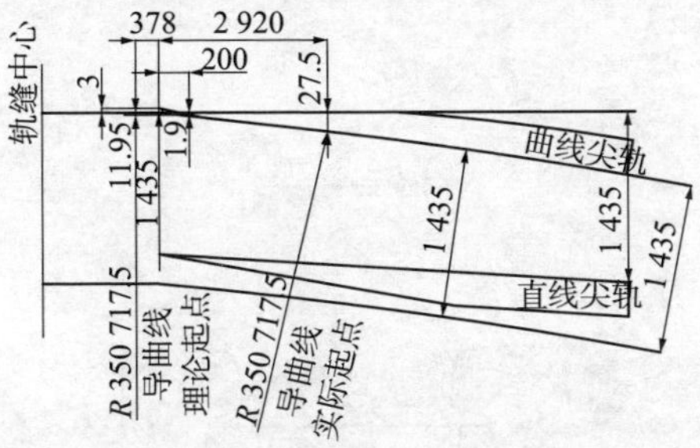

图 4　导曲线部分跳线孔位置示意图 (ZPW2000－A 轨道电路)

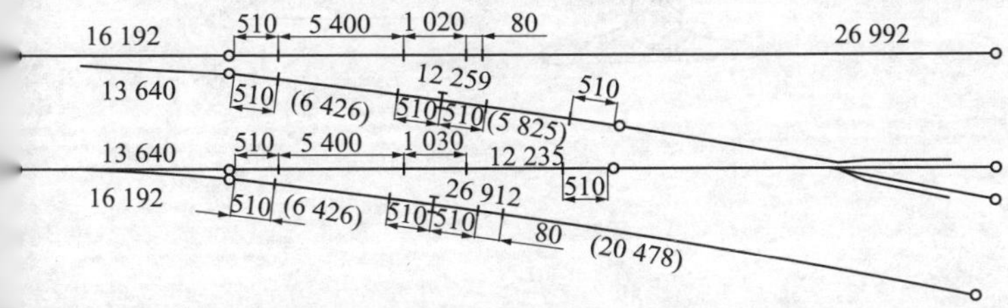

表 1　明　细　表

序号	图号 / 标准	名称及规格	单位	数　量	材　料	备　　注
1	客专线 (10)018－Ⅱ－2	转辙器	组	1		
2	客专线 (10)018－Ⅲ－3	可动心轨辙叉	组	1		
3		钢　轨	m	78.398	60 kg/m 钢轨	
4	客专线 (07)001－Ⅴ－4	弹性垫板　60－0	块	72		
5	客专线 (07)001－Ⅴ－4	弹性垫板　60－12	块	14		
6	客专线 (07)001－Ⅴ－4	弹性垫板　60－15	块	13		
7	客专线 (07)001－Ⅴ－4	弹性垫板　60－18	块	21		
8	专线 3351－3	Ⅱ型弹条	个	240	60Si2CrVA	
9	专线 4232－4	螺　栓　M24×60	根	240		
10	NS－06	盖型螺母　M24	个	240		
11	客专线 (07)001－Ⅴ－8	垫板螺栓　A 型	个	240	45 钢	
12	NS－07	限位板　M24	个	240		
13	GB/T 7244	弹簧垫圈　30	个	240		
14	客专线 (07)001－Ⅴ－6	轨距块　60/10－12	个	116	ZG 230－450	
15	客专线 (07)001－Ⅴ－6	轨距块　60/9－11	个	116	ZG 230－450	
16	客专线 (07)001－Ⅴ－6	轨距块　60/8－13	个	30	ZG 230－450	备用
17	客专线 (07)001－Ⅴ－9	盖　板	个	240	QT 450－10	
18	客专线 (07)001－Ⅴ－80	挡砟板　650	个	4	Q235	
19	专线 3417	钢轨胶接绝缘接头	组	2		
20	客专线 (07)001－Ⅴ－76	弹条绝缘帽	个	32	玻璃纤维 66	16 个备用
21	客专线 (07)001－Ⅴ－10	缓冲调距块　6－9	个	240	玻璃纤维 66	
22	客专线 (07)001－Ⅴ－10	缓冲调距块　7－8/5－10/4－11	个	60	玻璃纤维 66	每种各 20 个，备用
23	客专线 (07)001－Ⅴ－49	绝缘轨距块　60/9－11	个	6	玻璃纤维 66	2 个备用
24	客专线 (07)001－Ⅴ－49	绝缘轨距块　60/10－12	个	6	玻璃纤维 66	2 个备用
25	客专线 (07)001－Ⅴ－51	橡胶垫板　60－200－149/5	块	120	橡胶	
26	客专线 (07)001－Ⅴ－13	调高垫板　2－528×182×410×1－0	块	72	橡塑	备用
		调高垫板　2－528×182×410×2－0	块	72	橡塑	备用
		调高垫板　2－528×182×410×4－0	块	72	橡塑	
27	客专线 (07)001－Ⅴ－13	调高垫板　2－528×182×410×1－12	块	14	橡塑	备用
		调高垫板　2－528×182×410×2－12	块	14	橡塑	备用
		调高垫板　2－528×182×410×4－12	块	14	橡塑	
28	客专线 (07)001－Ⅴ－13	调高垫板　2－528×182×410×1－15	块	13	橡塑	备用
		调高垫板　2－528×182×410×2－15	块	13	橡塑	备用
		调高垫板　2－528×182×410×4－15	块	13	橡塑	
29	客专线 (07)001－Ⅴ－13	调高垫板　2－528×182×410×1－18	块	21	橡塑	备用
		调高垫板　2－528×182×410×2－18	块	21	橡塑	备用
		调高垫板　2－528×182×410×4－18	块	21	橡塑	

60 kg/m 钢轨 12 号单开道岔转辙器
图　号：客专线 (10)018－II－2

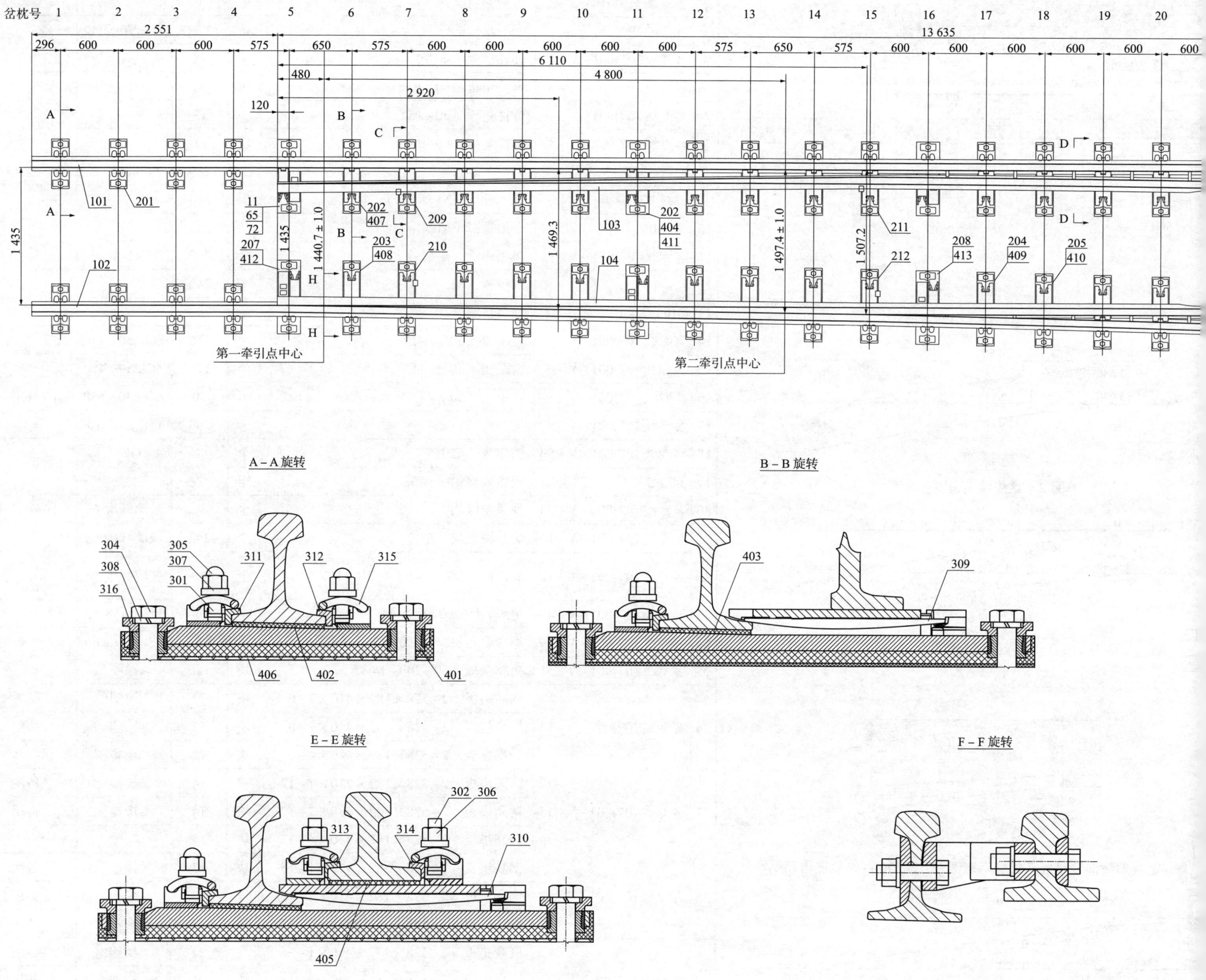

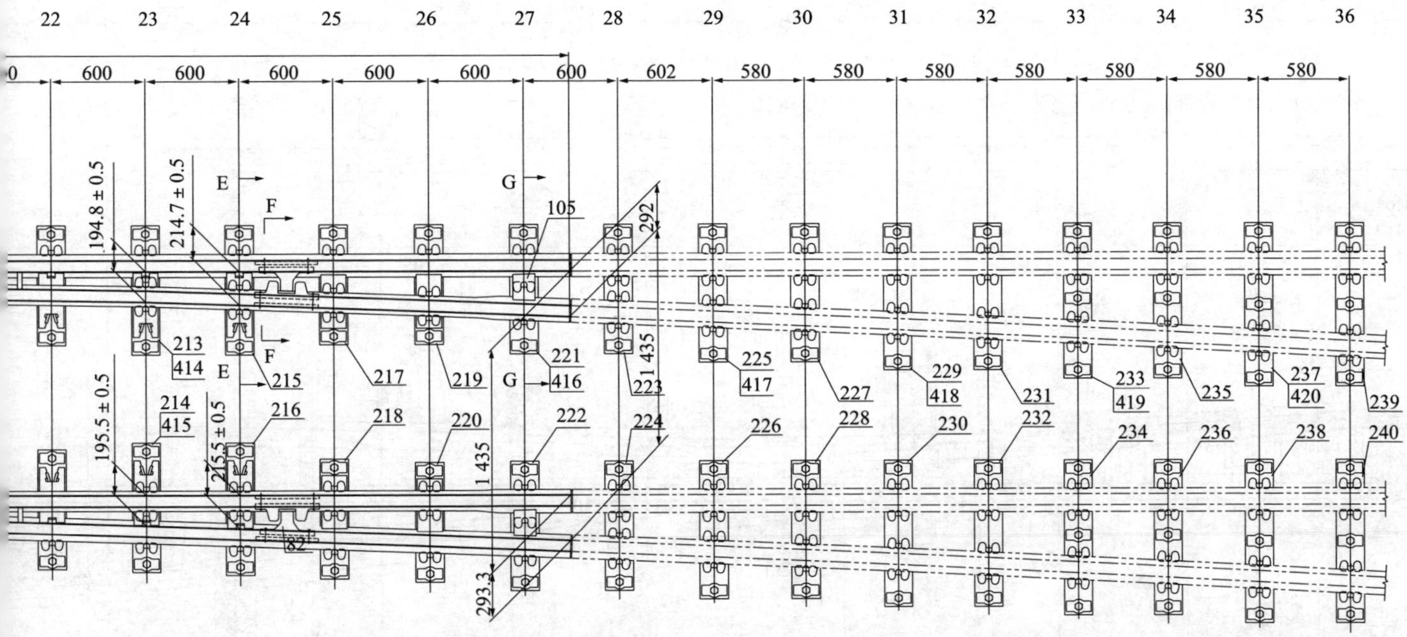

H－H 旋转

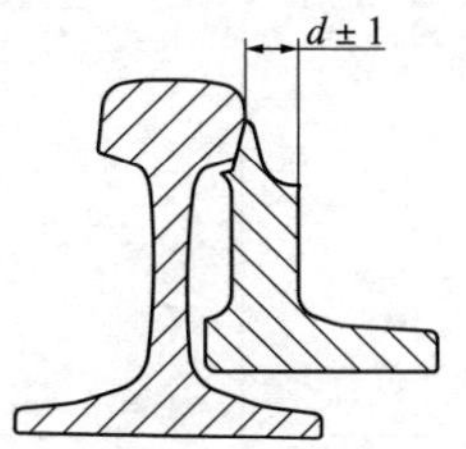

d(mm)	第一牵引点中心	第二牵引点中心
上股	26.5	48.9
下股	26.5	48.9

C－C 旋转

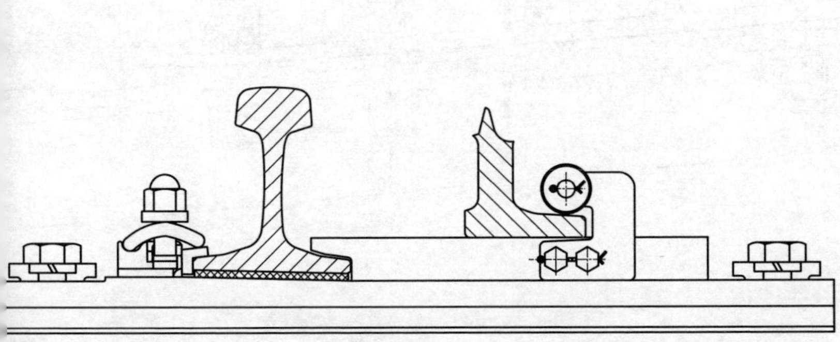

图 1　曲线尖轨支距图

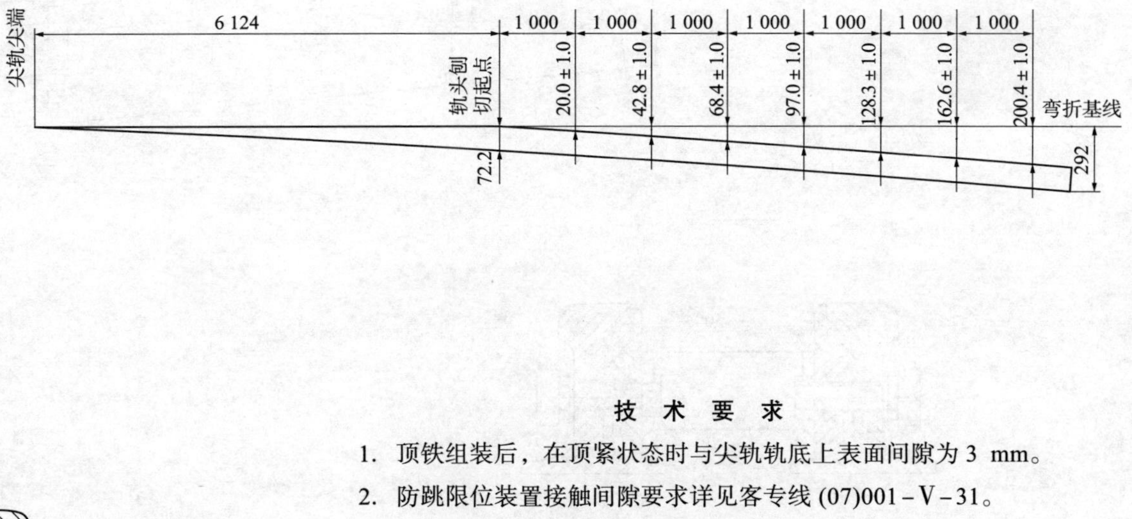

D－D 旋转

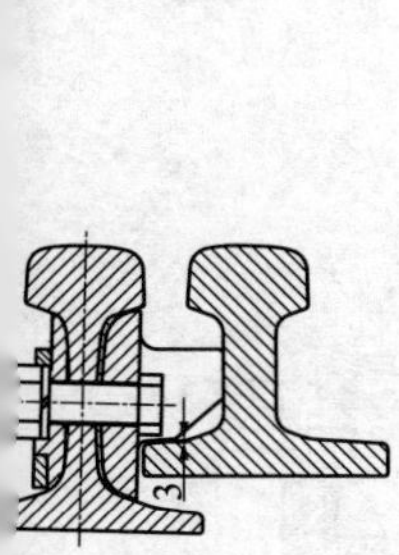

G－G 旋转

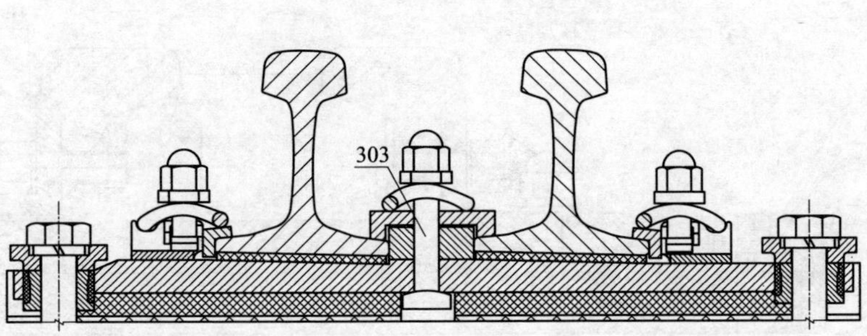

技 术 要 求

1. 顶铁组装后，在顶紧状态时与尖轨轨底上表面间隙为 3 mm。
2. 防跳限位装置接触间隙要求详见客专线 (07)001－Ⅴ－31。
3. 所有三孔铁垫板中间一孔不安装缓冲调距块。
4. 组装后密贴时，曲线尖轨支距见图 1。
5. 辙后支距扣板螺栓自上而下安装，在硫化垫板底部旋转 90° 向上提，再安装垫圈、螺母。
6. 辊轮滑床板 5、11 号岔枕用双辊轮，其余用单辊轮。

60 kg/m 钢轨 12 号单开道岔可动心轨辙叉
图　号：客专线 (10)018－III－3

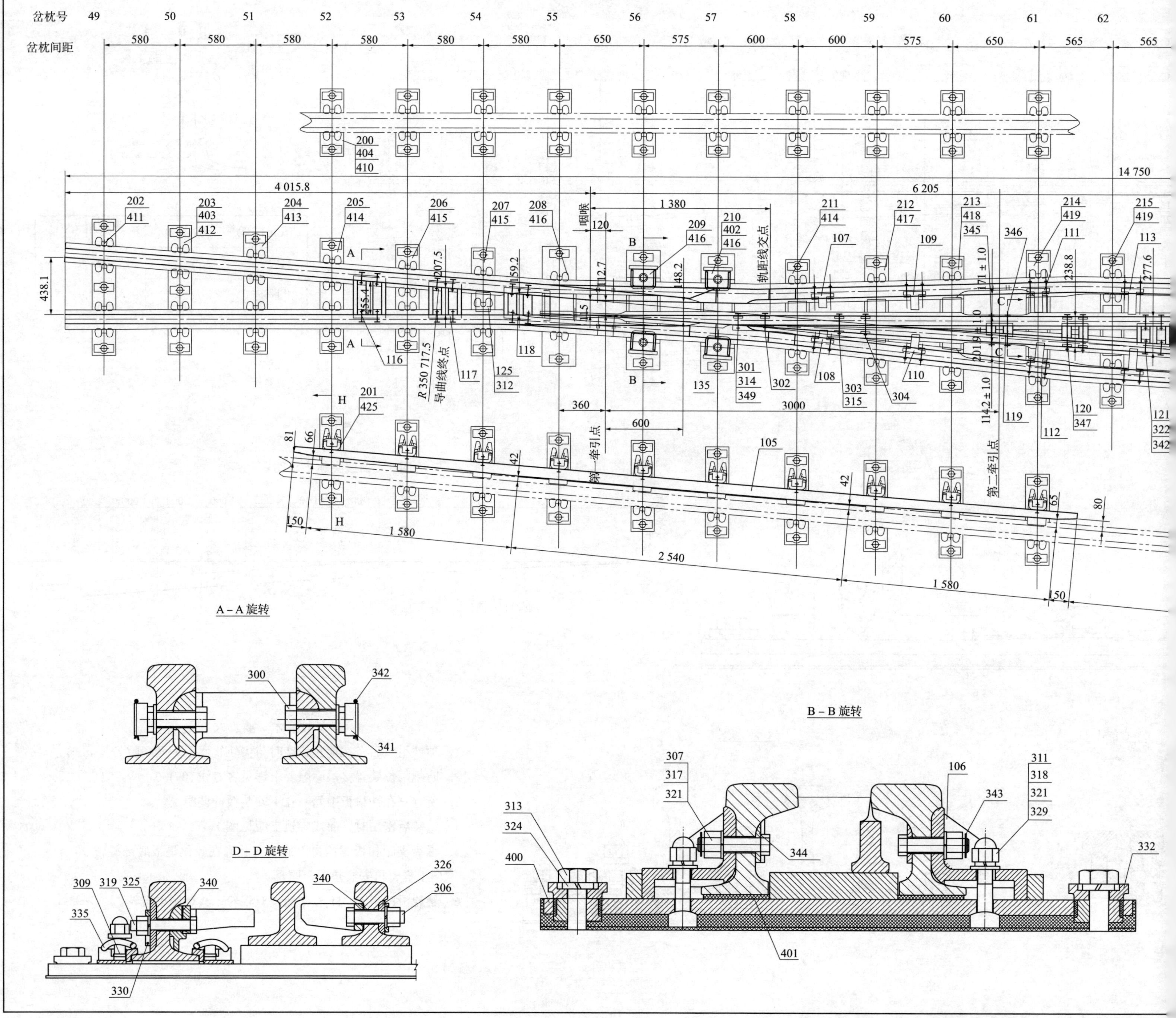

G－G 旋转

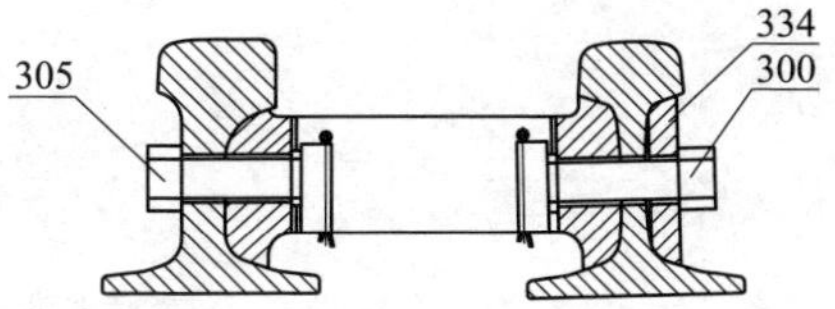

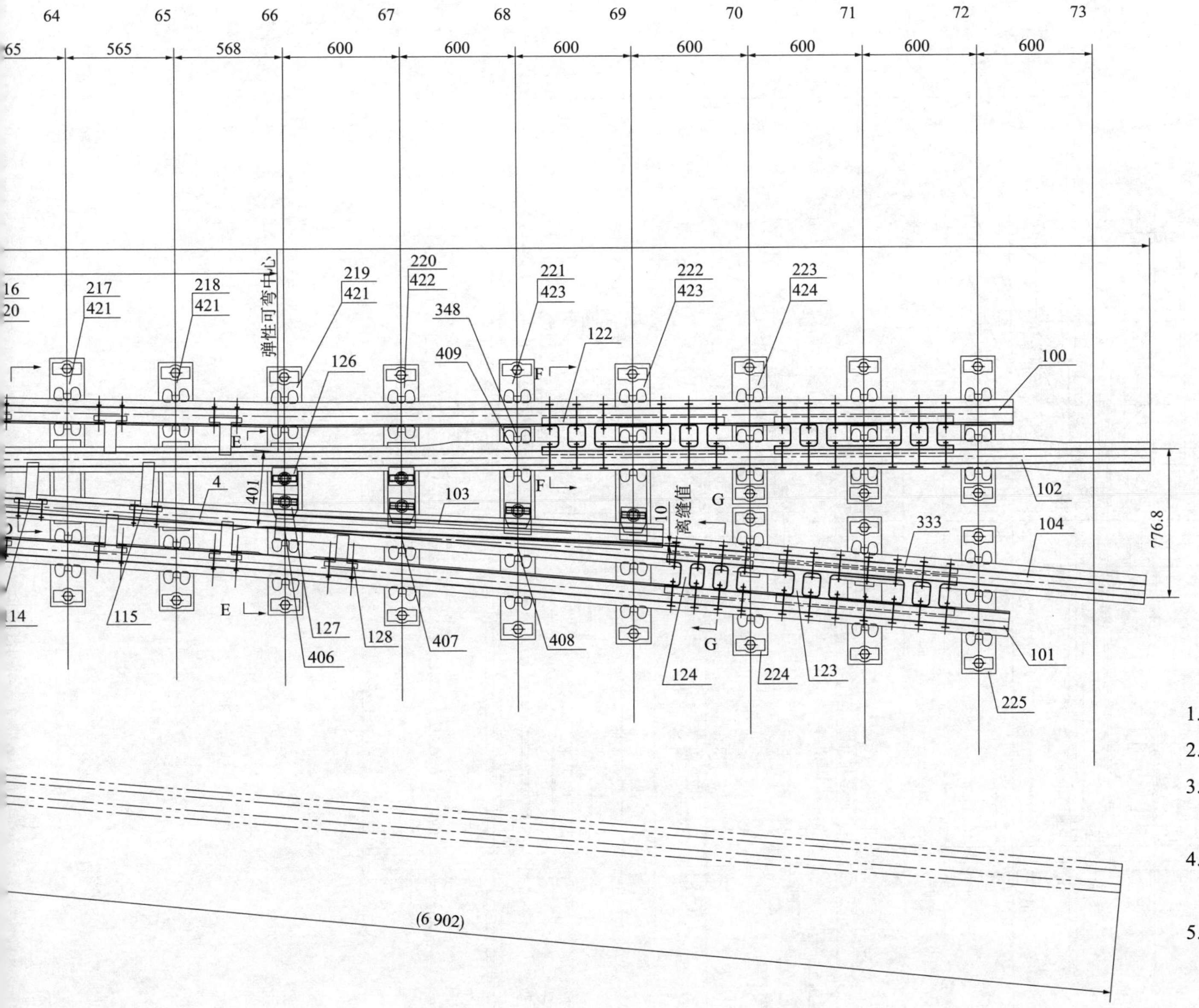

H－H 旋转

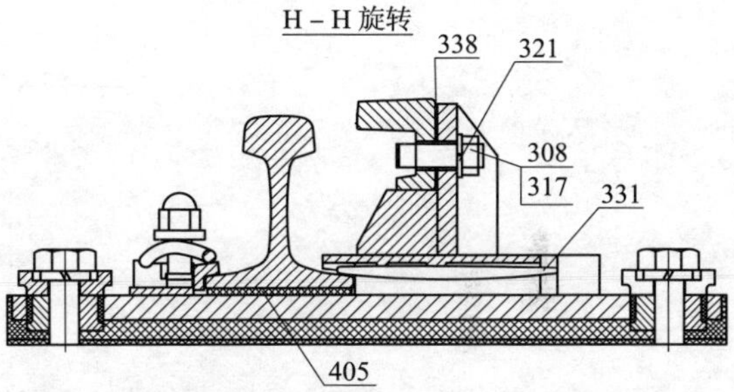

技 术 要 求

1. 序号 301 螺栓短心轨一侧不设钢轨垫圈。
2. 所有三孔铁垫板中间一孔不安装缓冲调距块。
3. 50～60 号枕翼轨轨下采用 7 mm 厚的橡胶垫板，61～72 号枕翼轨轨下不设橡胶垫板。
4. 支距扣板螺栓自上而下安装，在硫化垫板底部旋转 90°向上提，再安装垫圈、螺母。
5. 道岔铺设时，每块垫板下预先安装 1 片 4 mm 调高垫板，其他调高垫板为备用，供养护维修使用。

C－C 旋转

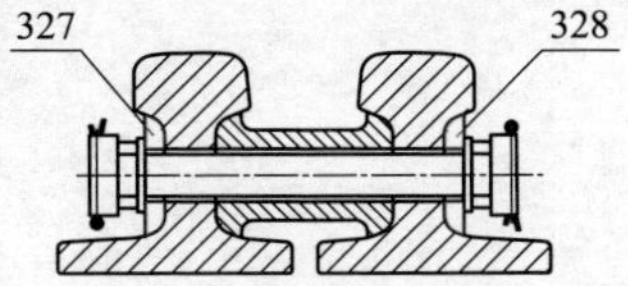

E－E 旋转

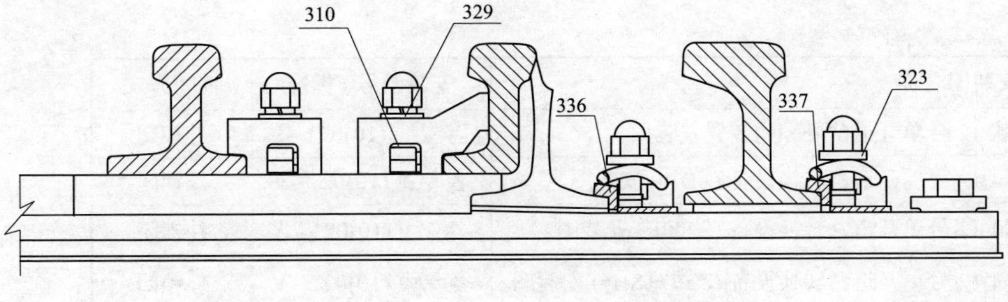

F－F 旋转

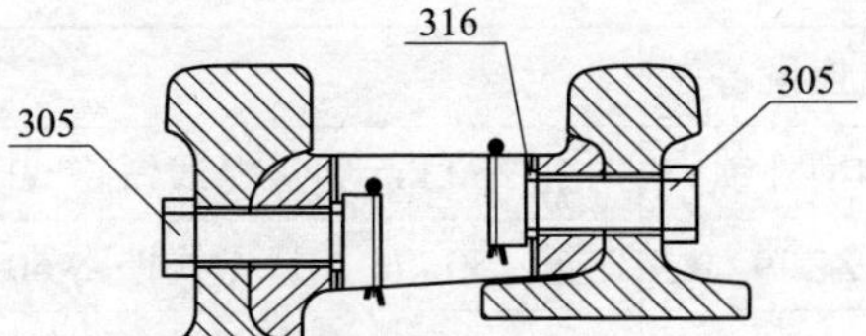

客专线 (10)018 电务主要参数

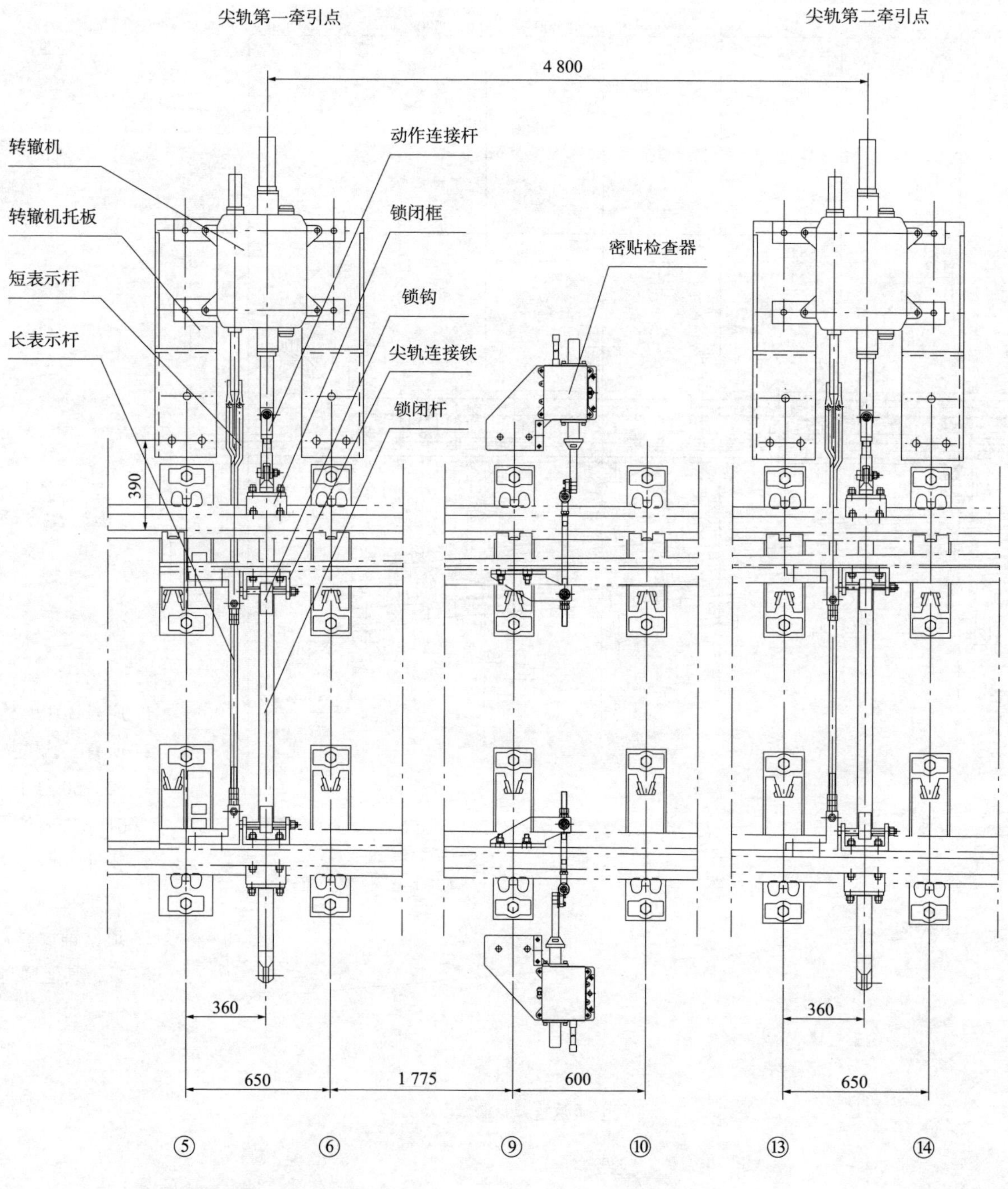

转换设备	安装图名称	安装图号 / 标准	锁闭方式
钩型外锁	时速 250 km 客运专线铁路 60 kg/m 钢轨 12 号单开道岔外锁闭装置安装图	客专线 (10)021－Ⅰ	外锁闭
ZDJ9	时速 250 km 客运专线铁路 60 kg/m 钢轨 12 号单开道岔转换设备 (ZDJ9) 安装图	客专线 (10)021－Ⅱ	外锁闭
S700K	时速 250 km 客运专线铁路 60 kg/m 钢轨 12 号单开道岔转换设备 (S700K) 安装图	客专线 (10)021－Ⅳ	外锁闭
ZYJ7+SH6	时速 250 km 客运专线铁路 60 kg/m 钢轨 12 号单开道岔转换设备 (ZYJ7+SH6) 安装图	客专线 (10)021－Ⅴ	外锁闭
优化外锁	时速 250 km 客运专线铁路 60 kg/m 钢轨 12 号单开道岔外锁闭装置安装图	客专线 (10)021－Ⅹ	外锁闭

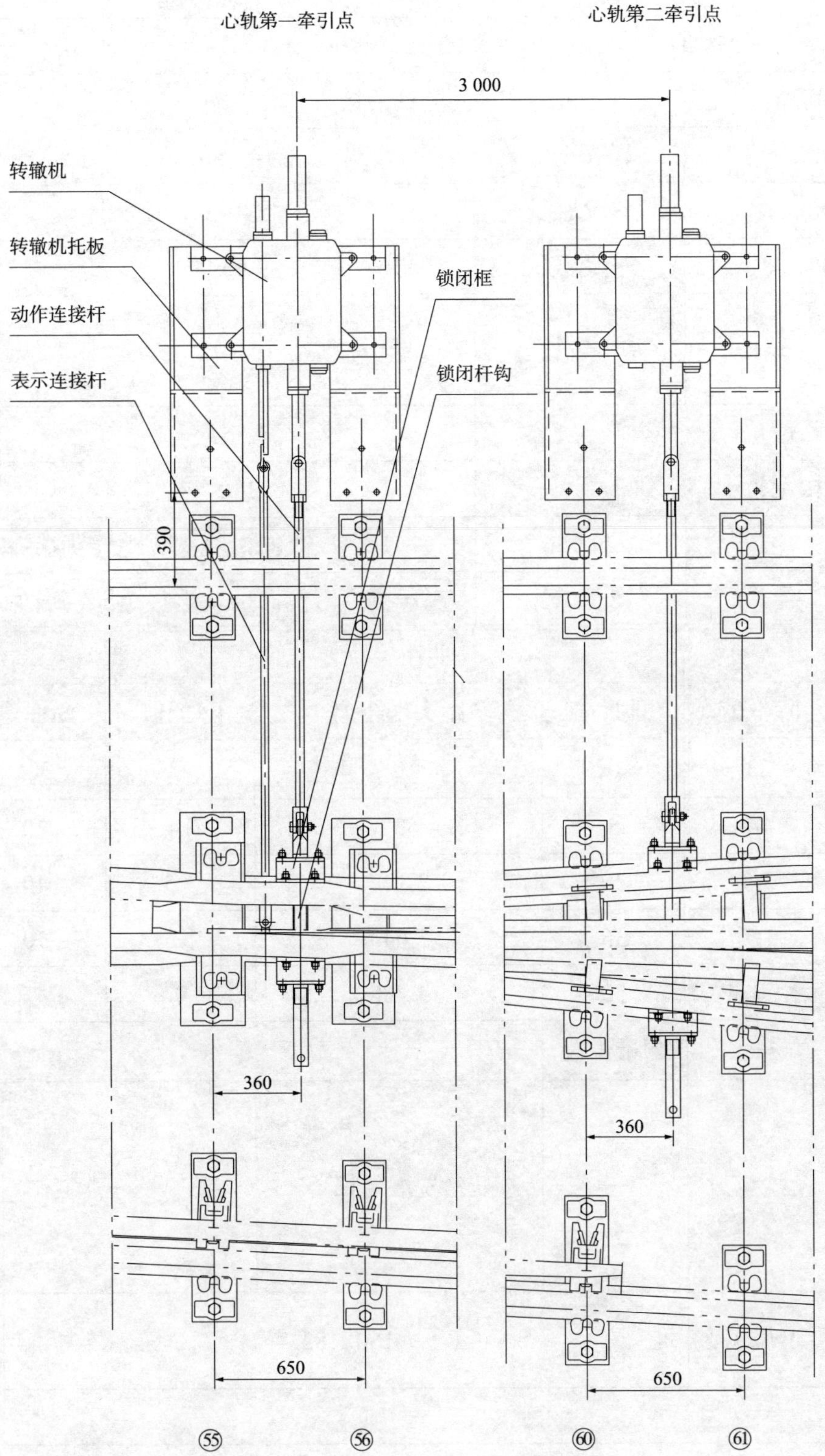

心轨第一牵引点
心轨第二牵引点
3 000
转辙机
转辙机托板
动作连接杆
表示连接杆
锁闭框
锁闭杆钩
390
360
360
650
650
55
56
60
61

8. 客运专线铁路 60 kg/m 钢轨 12 号单开道岔(无砟)
设计图号：客专线(10)017

道岔允许通过速度	客车	$v_{直}\leqslant 250$ km/h；$v_{侧}\leqslant 50$ km/h		扣件类型	Ⅱ型弹条
	货车	—		轨底坡	1∶40
转辙器跟端形式	■限位器 □间隔铁 □不设传力机构 □间隔铁活接头			锁闭方式	外锁闭
道岔全长	43 200	辙叉全长	14 750	辙叉类型	可动心轨辙叉
道岔前长	16 592	辙叉趾长	5 396	辙叉角	4°45′49″
道岔后长	26 608	辙叉跟长	9 354	翼轨轨型	60TY1
尖轨长度	13 640	基本轨长度	16 192	直向护轨长度	—
尖轨轨型	60AT2			侧向护轨长度	6 000
尖轨尖端前基本轨长度			2 551	护轨轨型	33 kg/m 槽型钢
辙叉理论尖端距趾端方向前一根岔枕中心距离			240	导曲线半径	350 m
尖轨尖端至心轨实际尖端距离		29 956	直向护轨端头距导轨端头定位尺寸		—
道岔终端至末根岔枕中心距离		8 792.2	侧向护轨端头距导轨端头定位尺寸		6 902

降低值	直线尖轨			曲线尖轨			长心轨		
	断面宽	距尖端距离	降低值	断面宽	距尖端距离	降低值	断面宽	距实际尖端距离	降低值
	0	0	23	0	0	23	3.2	0	23
	5	423	14	5	532	14	20	259	5
	20	1 692	3.5	20	2 127	3.5	40	568	1.7
	35	2 962	1.7	35	3 643	1.5	50	723	0
	50	4 231	0	50	4 788	0			

最大构造加宽	—	测量位置	—		
岔枕图号 —	岔枕总数	—	岔枕展延长	—	套管总数 528
道岔板 客专线 (10)019					
转换设备图号 —	尖轨动程	160、82		心轨动程	113、57
批准文号	—			应用情况	★★★
主要结构特点	1. 本图按城际铁路使用设计，适用于时速 250 km 客运专线铁路。 2. 轨下基础采用道岔板和无砟道床。 3. 道岔预留了融雪装置安装条件。 4. 转辙器间隔设置带施维格滚轮的滑床板和防跳限位装置，基本轨内侧采用弹性夹扣压。				

转辙器明细表

序号	图号 / 标准	名称及规格	数量	材　料	备　注
101	客专线 (10)017－Ⅱ－4	直基本轨　16 192	1		
102	客专线 (10)017－Ⅱ－5	曲基本轨　16 192	1		
103	客专线 (10)017－Ⅱ－6	曲线尖轨　13 640	1		
104	客专线 (10)017－Ⅱ－7	直线尖轨　13 640	1		
105	客专线 (07)001－Ⅴ－69	支距扣板　60/164－168－83	2	ZG 230－450	成对制造
201	客专线 (07)001－Ⅴ－4	弹性铁垫板　W 60－0	8		
202	客专线 (07)001－Ⅴ－29	滑床板　W 60－0	13		
203	客专线 (07)001－Ⅴ－29	滑床板　W 60－3	7		
204	客专线 (07)001－Ⅴ－29	滑床板　W 60－6	1		
205	客专线 (07)001－Ⅴ－29	滑床板　W 60－9	5		
206	客专线 (07)001－Ⅴ－30	辊轮滑床板　W 60－0			
207	客专线 (07)001－Ⅴ－30	辊轮滑床板　W 60－3	2		
208	客专线 (07)001－Ⅴ－30	辊轮滑床板　W 60－6	1		
209	客专线 (07)001－Ⅴ－31	防跳限位装置　W 60－0/114	1		
210	客专线 (07)001－Ⅴ－31	防跳限位装置　W 60－3/116	1		
211	客专线 (07)001－Ⅴ－31	防跳限位装置　W 60－6/170	1		
212	客专线 (07)001－Ⅴ－31	防跳限位装置　W 60－6/171	1		
213	客专线 (10)017－Ⅱ－8	垫　板　831	1		
214	客专线 (10)017－Ⅱ－9	垫　板　831	1		
215	客专线 (10)017－Ⅱ－8	垫　板　831			
216	客专线 (10)017－Ⅱ－9	垫　板　831	1		
217	客专线 (10)017－Ⅱ－10	垫　板　770	1		
218	客专线 (10)017－Ⅱ－11	垫　板　770	1		
219	客专线 (10)017－Ⅱ－10	垫　板　770	1		
220	客专线 (10)017－Ⅱ－11	垫　板　770	1		
221	客专线 (10)017－Ⅱ－12	垫　板　831			
222	客专线 (10)017－Ⅱ－13	垫　板　831	1		
223	客专线 (10)017－Ⅱ－14	垫　板　831	1		
224	客专线 (10)017－Ⅱ－15	垫　板　831	1		
225	客专线 (10)017－Ⅱ－14	垫　板　887	1		
226	客专线 (10)017－Ⅱ－15	垫　板　887	1		
227	客专线 (10)017－Ⅱ－14	垫　板　887	1		
228	客专线 (10)017－Ⅱ－15	垫　板　887	1		

续上表

序号	图号 / 标准	名称及规格	数量	材　料	备　注
229	客专线 (10)017－Ⅱ－14	垫　板　939	1		
230	客专线 (10)017－Ⅱ－15	垫　板　939	1		
231	客专线 (10)017－Ⅱ－14	垫　板　939	1		
232	客专线 (10)017－Ⅱ－15	垫　板　939			
233	客专线 (10)017－Ⅱ－16	垫　板　995	1		
234	客专线 (10)017－Ⅱ－17	垫　板　995	1		
235	客专线 (10)017－Ⅱ－16	垫　板　995	1		
236	客专线 (10)017－Ⅱ－17	垫　板　995	1		
237	客专线 (10)017－Ⅱ－16	垫　板　1 047	1		
238	客专线 (10)017－Ⅱ－17	垫　板　1 047	1		
239	客专线 (10)017－Ⅱ－16	垫　板　1 047	1		
240	客专线 (10)017－Ⅱ－17	垫　板　1 047	1		
301	专线 4232－4	螺　栓　M24 × 60	136		
302	专线 4232－4	螺　栓　M24 × 65	16		
303	客专线 (07)001－Ⅴ－70	螺　栓　M24 × 125	2		
304	客专线 (07)001－Ⅴ－8	垫板螺栓	152	45 号钢	
305	NS－06	盖型螺母螺 栓 M24	138		
306	NS－02(b)	螺　母　M24	16		
307	NS－07	限位板　M24	154		
308	GB/T 7244	弹簧垫圈　30	152		
309		弹性夹　SSB3	36		
310		弹性夹　SSB4	4		
311	客专线 (07)001－Ⅴ－6	轨距块　60/9－11	90	ZG 230－450	
312	客专线 (07)001－Ⅴ－6	轨距块　60/10－12	46	ZG 230－450	
313	客专线 (07)001－Ⅴ－44	轨距块　60/10－11	8	ZG 230－450	
314	客专线 (07)001－Ⅴ－44	轨距块　60/10－11	8	ZG 230－450	
315	专线 3351－3	Ⅱ型弹条	154	60Si2Mn	
316	客专线 (07)001－Ⅴ－9	盖　板	152	QT 450－10	
401	客专线 (07)001－Ⅴ－10	缓冲调距块	144	玻璃纤维	
402	客专线 (07)001－Ⅴ－51	橡胶垫板　60－200－149/5	8	橡胶	
403	客专线 (07)001－Ⅴ－51	橡胶垫板　60－210－149/5	78	橡胶	
404	客专线 (07)001－Ⅴ－51	橡胶垫板　60－290－149/5	6	橡胶	
405	客专线 (07)001－Ⅴ－51	橡胶垫板　60－160－129	8	橡胶	
406	客专线 (07)001－Ⅴ－13	调高垫板　2－528 × 182 × 410 × h－0	24	橡塑	其中 h=1，2，4 mm 的各 8 块
407	客专线 (07)001－Ⅴ－13	调高垫板　2－780 × 190 × 662 × h－0	57	橡塑	其中 h=1，2，4 mm 的各 19 块

续上表

序号	图号 / 标准	名称及规格	数量	材　料	备　注
408	客专线(07)001－V－13	调高垫板　2－780×190×662×h－3	24	橡塑	其中 h=1，2，4 mm 的各 8 块
409	客专线(07)001－V－13	调高垫板　2－780×190×662×h－6	6	橡塑	其中 h=1，2，4 mm 的各 2 块
410	客专线(07)001－V－13	调高垫板　2－780×190×662×h－9	15	橡塑	其中 h=1，2，4 mm 的各 5 块
411	客专线(07)001－V－13	调高垫板　2－780×270×662×h－0	9	橡塑	其中 h=1，2，4 mm 的各 3 块
412	客专线(07)001－V－13	调高垫板　2－780×270×662×h－3	6	橡塑	其中 h=1，2，4 mm 的各 2 块
413	客专线(07)001－V－13	调高垫板　2－780×270×662×h－6	3	橡塑	其中 h=1，2，4 mm 的各 1 块
414	客专线(07)001－V－13	调高垫板　2－841×190×723×h－0	6	橡塑	其中 h=1，2，4 mm 的各 2 块
415	客专线(07)001－V－13	调高垫板　2－841×190×723×h－12	6	橡塑	其中 h=1，2，4 mm 的各 2 块
416	客专线(07)001－V－13	调高垫板　2－841×190×723×h－0	12	橡塑	其中 h=1，2，4 mm 的各 4 块
417	客专线(07)001－V－13	调高垫板　2－897×190×779×h－0	12	橡塑	其中 h=1，2，4 mm 的各 4 块
418	客专线(07)001－V－13	调高垫板　2－949×190×831×h－0	12	橡塑	其中 h=1，2，4 mm 的各 4 块
419	客专线(07)001－V－13	调高垫板　3－1 005×190×887×430×h	12	橡塑	其中 h=1，2，4 mm 的各 4 块
420	客专线(07)001－V－13	调高垫板　3－1 057×190×939×470×h	12	橡塑	其中 h=1，2，4 mm 的各 4 块

注：明细表中垫板长度为硫化前铁垫板的长度，硫化后垫板长度增加10 mm。

辙叉明细表

序号	图号 / 标准	名称及规格	数量	材　料	备　注
100	客专线 (10)017－Ⅲ－5	翼　轨　14 050	1		
101	客专线 (10)017－Ⅲ－6	翼　轨　14 050	1		
102	客专线 (10)017－Ⅲ－7	长心轨　11 120	1	60D40 钢轨	
103	客专线 (10)017－Ⅲ－8	短心轨　7 100	1	60D40 钢轨	
104	客专线 (10)017－Ⅲ－9	叉跟尖轨　4 530	1	60 kg/m 钢轨	
105	客专线 (10)017－Ⅲ－10	护　轨　6 000	1	33 kg/m 槽型轨	
106	客专线 (07)001－Ⅴ－16	轨　撑　60－Ⅱ	4	KTH 330－08	
107	客专线 (07)001－Ⅴ－61	防跳顶铁　106－108	1	QT400－15	
108	客专线 (07)001－Ⅴ－61	防跳顶铁　96－92	1	QT400－15	
109	客专线 (07)001－Ⅴ－62	顶　铁　138－140	1	QT400－15	
110	客专线 (07)001－Ⅴ－62	顶　铁　140－138	1	QT400－15	
111	客专线 (07)001－Ⅴ－61－C	防跳顶铁　146－148	1	QT400－15	
112	客专线 (07)001－Ⅴ－61－C	防跳顶铁　148－146	1	QT400－15	配 11 个顶铁座图号：客专线 (07)001－Ⅴ－61－A
113	客专线 (07)001－Ⅴ－61－B	顶　铁　159－159	8	QT400－15	
114	客专线 (07)001－Ⅴ－63	顶　铁　215－212	1	QT400－15	
115	客专线 (07)001－Ⅴ－63	顶　铁　254－251	1	QT400－15	
116	客专线 (10)017－Ⅲ－28	间隔铁　324－305	1	ZG 230－450	
117	客专线 (10)017－Ⅲ－28	间隔铁　280－261	1	ZG 230－450	
118	客专线 (10)017－Ⅲ－29	防跳间隔铁	1	ZG 230－450	
119	客专线 (07)001－Ⅴ－23	间隔铁　60D40/91－104	1	ZG 230－450	
120	客专线 (07)001－Ⅴ－23	间隔铁　60D40/128－141	1	ZG 230－450	
121	客专线 (10)017－Ⅲ－30	间隔铁　166－182	1	ZG 230－450	
122	客专线 (07)001－Ⅴ－57	间隔铁	2	ZG 230－450	
123	客专线 (07)001－Ⅴ－77	间隔铁	1	ZG 230－450	
124	客专线 (07)001－Ⅴ－56	间隔铁	1	ZG 230－450	
125	客专线 (07)001－Ⅴ－82	支距扣板　60/146－155－75	1	ZG 230－450	
126	客专线 (10)017－Ⅲ－31	A 型扣板	2	ZG 230－450	
127	客专线 (10)017－Ⅲ－32	B 型扣板	4	ZG 230－450	
128	客专线 (07)001－Ⅴ－61－B	顶　铁　136－136	1	QT400－15	
200	客专线 (07)001－Ⅴ－4	弹性铁垫板　60－0	10	硫化垫板	
201	客专线 (10)017－Ⅲ－11	护轨垫板	10	硫化垫板	
202	客专线 (10)017－Ⅲ－12	垫　板　1 047 × 180 × 25	1	硫化垫板	
203	客专线 (10)017－Ⅲ－13	垫　板　995 × 180 × 25	1	硫化垫板	

续上表

序号	图号 / 标准	名称及规格	数量	材　料	备　注
204	客专线(10)017-Ⅲ-14	垫　板　939×180×25	1	硫化垫板	
205	客专线(10)017-Ⅲ-14	垫　板　887×180×25	1	硫化垫板	
206	客专线(10)017-Ⅲ-14	垫　板　831×180×25	1	硫化垫板	
207	客专线(10)017-Ⅲ-15	垫　板　831×180×25	1	硫化垫板	
208	客专线(10)017-Ⅲ-16	垫　板　920×260×25	1	硫化垫板	
209	客专线(10)017-Ⅲ-17	垫　板　920×260×25	1	硫化垫板	
210	客专线(10)017-Ⅲ-18	垫　板　920×260×25	1	硫化垫板	
211	客专线(10)017-Ⅲ-19	垫　板　887×180×25	1	硫化垫板	
212	客专线(10)017-Ⅲ-19	垫　板　995×180×25	1	硫化垫板	
213	客专线(10)017-Ⅲ-19	垫　板　1 047×180×25	1	硫化垫板	
214	客专线(10)017-Ⅲ-20	垫　板　1 187×180×25	1	硫化垫板	
215	客专线(10)017-Ⅲ-21	垫　板　1 187×180×25	1	硫化垫板	
216	客专线(10)017-Ⅲ-21	垫　板　1 234×180×25	1	硫化垫板	
217	客专线(10)017-Ⅲ-21	垫　板　1 300×180×25	1	硫化垫板	
218	客专线(10)017-Ⅲ-21	垫　板　1 300×180×25	1	硫化垫板	
219	客专线(10)017-Ⅲ-22	垫　板　1 300×180×25	1	硫化垫板	
220	客专线(10)017-Ⅲ-23	垫　板　1 367×180×25	1	硫化垫板	
221	客专线(10)017-Ⅲ-24	垫　板　1 467×180×25	1	硫化垫板	
222	客专线(10)017-Ⅲ-24	垫　板　1 467×180×25	1	硫化垫板	
223	客专线(10)017-Ⅲ-25	垫　板　770×180×25	3	硫化垫板	
224	客专线(10)017-Ⅲ-26	垫　板　770×180×25	2	硫化垫板	
225	客专线(10)017-Ⅲ-27	垫　板　770×180×25	1	硫化垫板	
300	SCT 300-506	螺　栓　M27×120	23	10 级	翼轨间用 12 个，翼轨叉跟轨用 11 个
301	GB/T 1228	螺　栓　M27×120	1	10 级	序号 314 垫片用
302	GB/T 1228	螺　栓　M27×130	1	10 级	序号 314 垫片用
303	SCT 300-506	螺　栓　M27×170	1	10 级	序号 315 垫片用
304	SCT 300-506	螺　栓　M27×180	1	10 级	序号 315 垫片用
305	SCT 300-506	螺　栓　M27×115	35	10 级	翼轨间用 24 个，翼轨叉跟轨用 11 个
306	GB/T 5780	螺　栓　M24×110	12		普通顶铁用
307	GB/T 31	螺　栓　M24×105	4		轨撑横向用
308	客专线(07)001-Ⅴ-47	螺　栓　M24×80	10		护轨用
309	专线 4232-4	螺　栓　M24×60	105		弹条用
310	专线 4232-4	螺　栓　M24×80	6		单双边扣板用 螺栓底部沉头处导圆角 *R*5
311	客专线(07)001-Ⅴ-70	螺　栓　M24×100	4		轨撑竖向用

续上表

序号	图号 / 标准	名称及规格	数量	材 料	备 注
312	客专线 (07)001－Ⅴ－70	螺 栓 M24 × 120	1		支距扣板用
313	客专线 (07)001－Ⅴ－8	垫板螺栓 A 型	96	45 号钢	
314	客专线 (07)009－Ⅲ－36	垫 片 60D40/3.2－12.1/270	1	Q235	长短心轨用
315	客专线 (07)009－Ⅲ－36	垫 片 60D40/28.1－36.9/270	1	Q235	长短心轨用
316	NS－02b	螺 母 M27G	72	10 级	
317	NS－02b	螺 母 M24	63		
318	NS－06	盖型螺母 M24	118		
319	GB/T 5780	螺 栓 M24 × 140	22		组合顶铁用
320	GB/T 1230	垫 圈 27	72	65Mn	
321	GB/T 7244	垫 圈 24	63	65Mn	
322	SCT 300－506	螺 栓 M27 × 110	4	10 级	序号 121 间隔铁用
323	NS－07	限位板 M24	119		
324	GB/T 7244	垫 圈 30	96	65Mn	
325	客专线 (07)001－Ⅴ－73	钢轨垫圈（三）79	30	ZG 230－450	
326	客专线 (07)001－Ⅴ－65	顶铁用钢轨垫圈（二）	4	ZG 230－450	
327	客专线 (07)001－Ⅴ－78	防转垫圈 60D40－0	8	KTH 330－08	
328	客专线 (07)001－Ⅴ－39	防转垫圈 60D40－3	6	KTH 330－08	
329	客专线 (07)009－Ⅲ－35	垫 圈	10	65Mn	
330	GB/T 91	开口销 3 × 70	30	Q235	
331		弹性夹 SSB2	10		
332	客专线 (07)001－Ⅴ－9	盖 板	96		
333	客专线 (07)001－Ⅴ－81	夹 板 940/B	1	Q235	
334	客专线 (07)001－Ⅴ－75	夹 板 430	1	Q235	
335	专线 3351－3	Ⅱ型弹条	113	60Si2Mn	
336	客专线 (07)001－Ⅴ－6	轨距块 60/10－12	41	ZG 230－450	
337	客专线 (07)001－Ⅴ－6	轨距块 60/9－11	71	ZG 230－450	
338	客专线 (07)001－Ⅴ－43	护轨调整片 141 × 60 × 2 3	20 10	Q235	
339	客专线 (07)001－Ⅴ－91	顶铁调整片 90 × 70 × 1/2/3 0.3/0.5	各 8		翼轨普通顶铁备用
340	客专线 (07)001－Ⅴ－92	顶铁调整片 170 × 70 × 1/2/3 0.3/0.5	1/2/3		翼轨组合顶铁备用
341	SCT 300－346	螺母防松帽 M27	72	ZG 230－450	
342	GB/T 91	开口销 4 × 80	72	Q235	
343	GB/T 91	开口销 5 × 35	4	Q235	轨撑横向用
344	客专线 (07)001－Ⅴ－86	翼轨用防转垫圈	4	KTH 330－08	轨撑横向用

续上表

序号	图号/标准	名称及规格	数量	材　　料	备　　注
345	客专线(07)001－V－97	双头螺柱　M27×295	1	10 级	序号 119 间隔铁用
346	客专线(07)001－V－97	双头螺柱　M27×305	1	10 级	序号 119 间隔铁用
347	SCT 300－506	螺　栓　M27×280	2	10 级	序号 120 间隔铁用
348	专线 4232－4	螺　栓　M24×65	5		长心轨固定端工作边一侧弹条用
349	客专线(07)001－V－98	防转片	1		序号 314 垫片用
350	客专线(07)001－V－93	防转片　72	30	ZG 230－450	序号 325 钢轨垫圈用
351	客专线(07)001－V－64	防转片	4	ZG230－450	序号 326 钢轨垫圈用
400	客专线(07)001－V－10	缓冲调距块　6－9	94	玻璃纤维	
401	客专线(07)001－ V －51	橡胶垫板　60－290－104/7	4	橡胶	
402	客专线(07)001－ V －51	橡胶垫板　60－290－149/7	2	橡胶	
403	客专线(07)001－ V －51	橡胶垫板　60－210－149/7	16	橡胶	
404	客专线(07)001－ V －51	橡胶垫板　60－200－149/5	10	橡胶	
405	客专线(07)001－V－51	橡胶垫板　60－210－149/5	16	橡胶	
406	客专线(07)001－V－51	橡胶垫板　60－210－130/5	1	橡胶	
407	客专线(07)001－V－51	橡胶垫板　60－210－135/5	1	橡胶	
408	客专线(07)001－V－51	橡胶垫板　60－210－142/5	1	橡胶	
409	客专线(07)001－V－51	橡胶垫板　60－170－149/5	5	橡胶	
410	客专线(07)001－V－13	调高垫板　2－528×182×410×h－0	30	橡塑	其中 h=1，2，4 的各 10 块
411	客专线(07)001－V－13	调高垫板　3－1 057×190×939×469.5×h	3	橡塑	其中 h=1，2，4 的各 1 块
412	客专线(07)001－V－13	调高垫板　3－1 005×190×887×443.5×h	3	橡塑	其中 h=1，2，4 的各 1 块
413	客专线(07)001－V－13	调高垫板　2－949×190×831×h－0	3	橡塑	其中 h=1，2，4 的各 1 块
414	客专线(07)001－V－13	调高垫板　2－897×190×779×h－0	6	橡塑	其中 h=1，2，4 的各 2 块
415	客专线(07)001－V－13	调高垫板　2－841×190×723×h－0	6	橡塑	其中 h=1，2，4 的各 2 块
416	客专线(07)001－V－13	调高垫板　2－930×270×812×h－0	9	橡塑	其中 h=1，2，4 的各 3 块
417	客专线(07)001－V－13	调高垫板　2－1 005×190×887×h－0	3	橡塑	其中 h=1，2，4 的各 1 块
418	客专线(07)001－V－13	调高垫板　2－1 057×190×939×h－0	3	橡塑	其中 h=1，2，4 的各 1 块
419	客专线(07)001－V－13	调高垫板　2－1 197×190×1 079×h－0	6	橡塑	其中 h=1，2，4 的各 2 块
420	客专线(07)001－V－13	调高垫板　2－1 244×190×1 126×h－0	3	橡塑	其中 h=1，2，4 的各 1 块
421	客专线(07)001－V－13	调高垫板　2－1 310×190×1 192×h－0	9	橡塑	其中 h=1，2，4 的各 3 块
422	客专线(07)001－V－13	调高垫板　2－1 377×190×1 259×h－0	3	橡塑	其中 h=1，2，4 的各 1 块
423	客专线(07)001－V－13	调高垫板　2－1 477×190×1 359×h－0	6	橡塑	其中 h=1，2，4 的各 2 块
424	客专线(07)001－V－13	调高垫板　2－780×190×662×h－0	18	橡塑	其中 h=1，2，4 的各 6 块
425	客专线(07)001－V－13	调高垫板　2－710×190×592×h－0	30	橡塑	其中 h=1，2，4 的各 10 块

注：1 mm、2 mm厚调高垫板为备用。

客专线 (10)017 电务主要参数

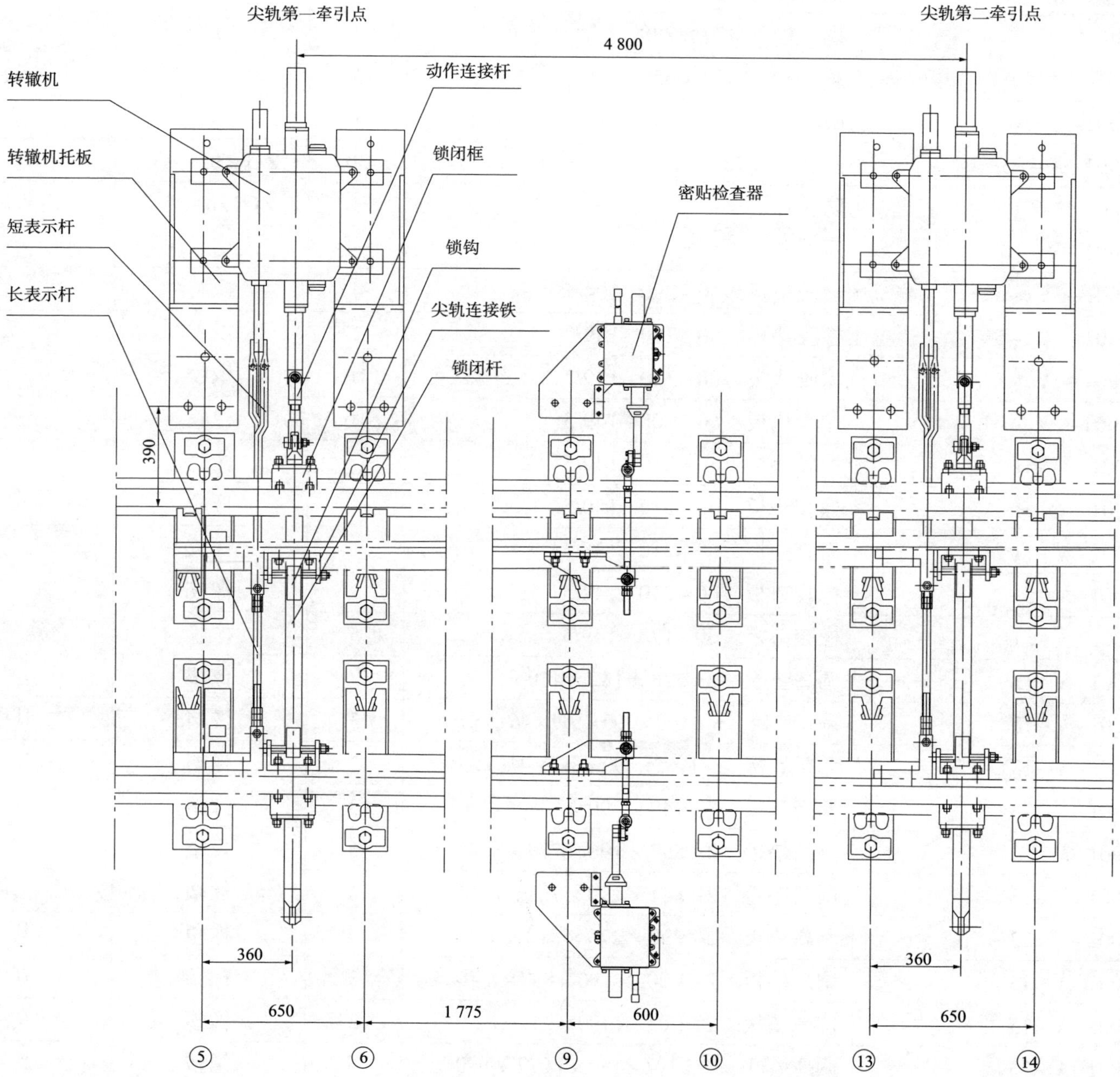

转换设备	安装图名称	安装图号 / 标准	锁闭方式
钩型外锁	时速 250 km 客运专线铁路 60 kg/m 钢轨 12 号单开道岔外锁闭装置安装图	客专线 (10)021－Ⅰ	外锁闭
ZDJ9	时速 250 km 客运专线铁路 60 kg/m 钢轨 12 号单开道岔转换设备 (ZDJ9) 安装图	客专线 (10)021－Ⅵ	外锁闭
S700K	时速 250 km 客运专线铁路 60 kg/m 钢轨 12 号单开道岔转换设备 (S700K) 安装图	客专线 (10)021－Ⅷ	外锁闭
ZYJ7+SH6	时速 250 km 客运专线铁路 60 kg/m 钢轨 12 号单开道岔转换设备 (ZYJ7+SH6) 安装图	客专线 (10)021－Ⅸ	外锁闭
优化外锁	时速 250 km 客运专线铁路 60 kg/m 钢轨 12 号单开道岔外锁闭装置安装图	客专线 (10)021－Ⅹ	外锁闭

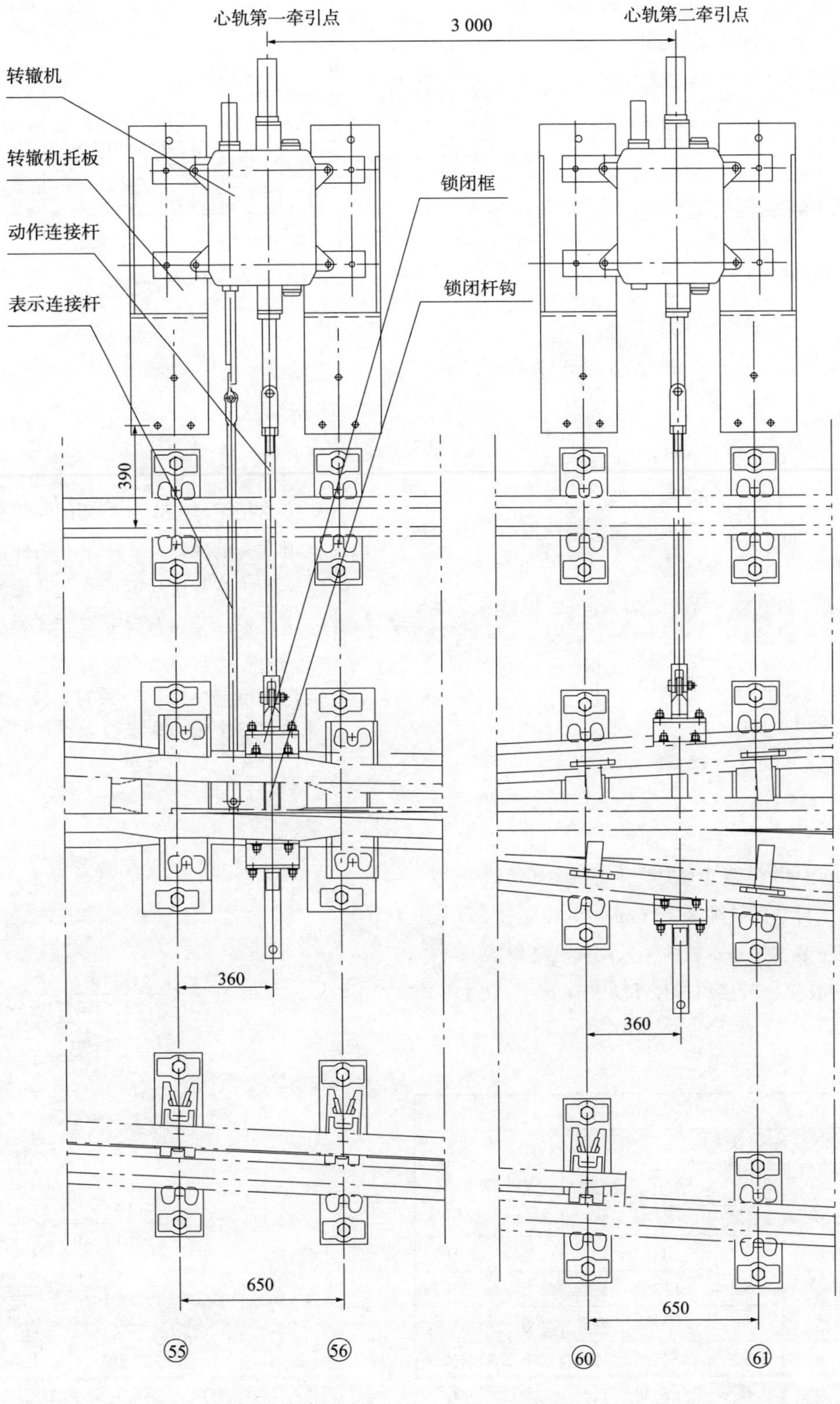
心轨第一牵引点
3 000
心轨第二牵引点
转辙机
转辙机托板
动作连接杆
表示连接杆
锁闭框
锁闭杆钩
390
360
360
650
650
55
56
60
61

60 kg/m 钢轨 12 号单开道岔
图　号：客专线 (10)017

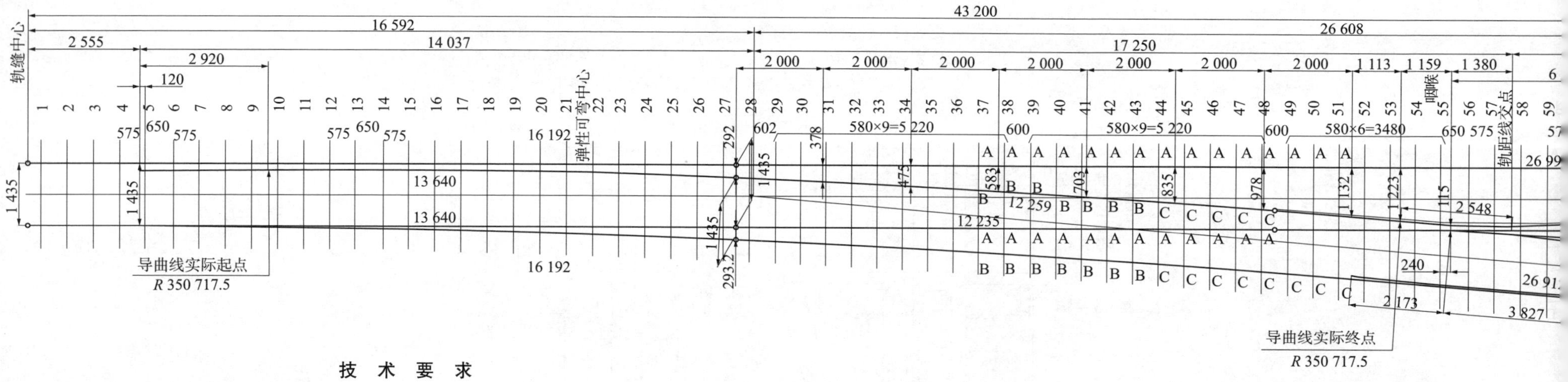

技 术 要 求

1. 本道岔适用于 5.0 m 间距渡线或到发线。
2. 本道岔轨距均为 1 435 mm，套管横排间距除注明者外均为 600 mm。
3. 图中钢轨焊接接头及绝缘接头分别以"—○—"，"⊥"表示，轨道电路绝缘接头位置，可以根据实际需要进行设置，其配轨长度按图 1、图 2。设置胶接绝缘的钢轨按括号内的数字断开。
4. 本道岔钢轨接头均采用铝热焊，为便于厂内试铺和组装，轨缝均为 8 mm，焊接时需现场锯轨。
5. 图中 A、B、C、D 分别表示垫板 60－0、60－12、60－15、60－18。
6. 明细表中的调高垫板 (厚度 1 mm、2 mm) 为备用垫板。
7. 当用于 4.4 m 线间距时，侧向配轨长度由 26 912 mm 变为 26 679 mm。
8. 道岔板尺寸和布置见客专线 (10)019。
9. 道岔主要结构特点：
   (1) 尖轨为相离半切线型，采用 13.64 m 长的 60D40 弹性可弯尖轨，尖轨尖端为藏尖式。
   (2) 转辙器尖轨跟端采用限位器结构，限位器子母块间缝隙为 15 mm。
   (3) 转辙器间隔设置带滚轮的滑床板和防跳限位装置，基本轨内侧采用弹性夹扣压。
   (4) 翼轨跟端用间隔铁分别与长心轨和叉跟轨胶接，胶接层厚度不大于 1 mm，技术要求参照 TB/T 2975《胶接绝缘钢轨技术条件》。
   (5) 轨距块及缓冲调距块的号码配置见下表：

滑床板及护轨垫板					一般部位						
单股钢轨位置	钢轨内侧		钢轨外侧		单股钢轨位置	钢轨内侧			钢轨外侧		
	缓冲调距块		缓冲调距块			缓冲调距块		轨距块	轨距块	缓冲调距块	
	外侧	内侧	内侧	外侧		外侧	内侧			内侧	外侧
0	6	9	6	9	0	6	9	10	11	6	9
+1	5	10	5	10	+1	6	9	11	10	6	9
+2	4	11	4	11	+2	6	9	12	9	6	9
−1	7	8	7	8	−1	6	9	9	12	6	9
−2	8	7	8	7	−2	9	6	11	10	9	6
−3	9	6	9	6	−3	9	6	10	11	9	6
−4	10	5	10	5	−4	9	6	9	12	9	6

10. 道岔用螺母可以采用其他同等级的防松螺母。
11. 道岔工电接口尺寸应用专用样板检查。
12. 本图按右开道岔设计，左开道岔按本图对称布置。
13. 道岔板尺寸和布置见客专线 (10)019。
14. 道岔扣件系统节点竖向刚度为 20～25 kN/mm，当道岔前后线路扣件系统节点竖向刚度与岔区不一致时，应在道岔前后设置过渡段；过渡段长度按 35 m 设计，轨道刚度按 4 级进行设置；过渡段的其他要求见《客运专线道岔铺设技术条件》的规定，过渡段的具体长度，材料，规格，数量按线路设计的规定；并由用户另行订货。

图 1　绝缘接头设在直股

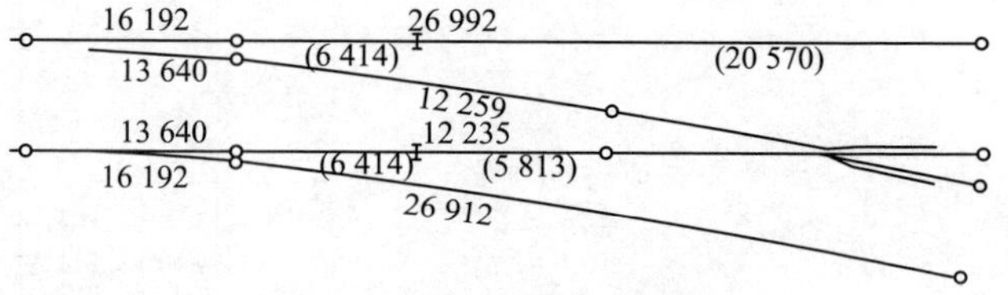

图 2　绝缘接头设在侧股

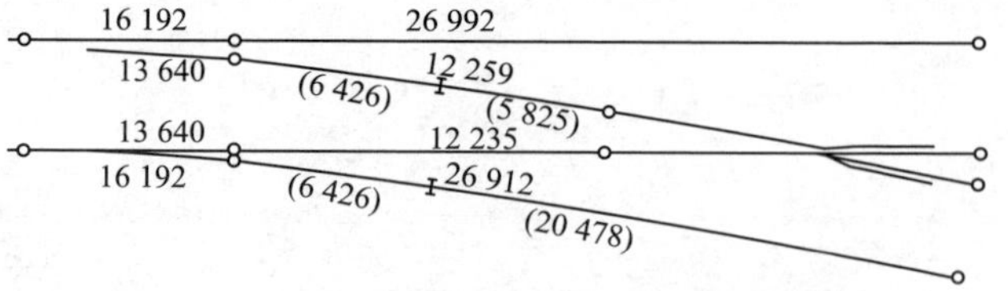

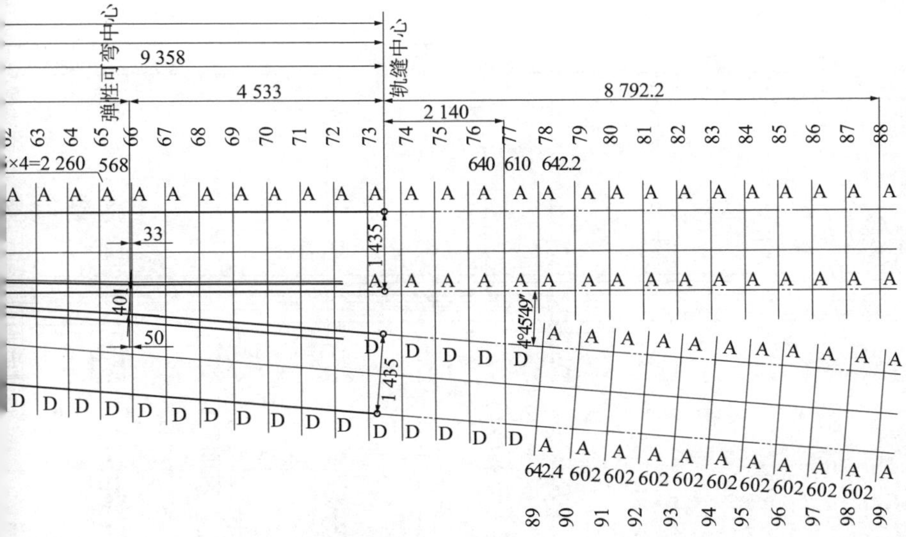

图 3 转辙器部分轨距示意图

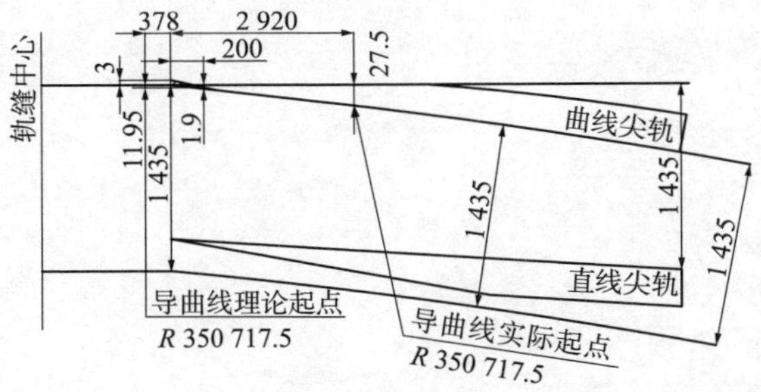

图 4 导曲线部分跳线孔位置示意图 (ZPW2000－A 轨道电路）

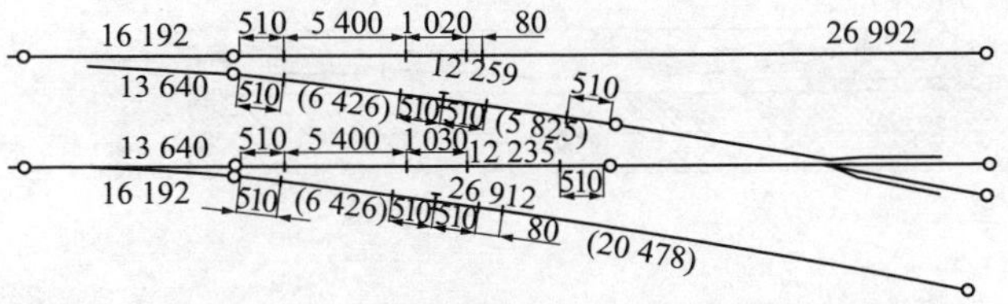

图 5 导曲线部分跳线孔位置示意图 (25 Hz 轨道电路）

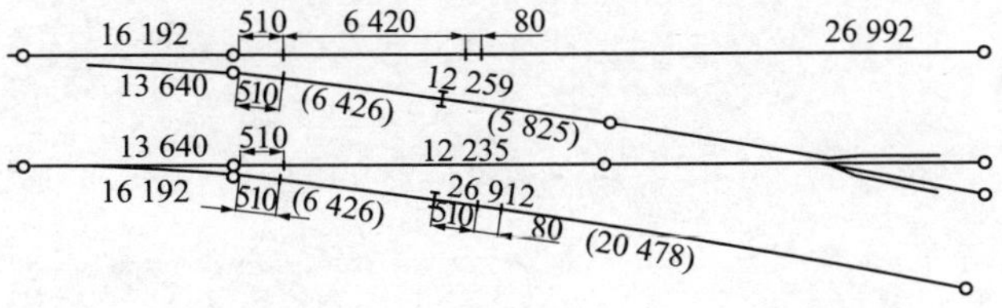

表 1 明 细 表

序号	图号 / 标准	名称及规格	单位	数量	材料	备注
1	客专线 (10)017－Ⅱ－2	转辙器	组	1		
2	客专线 (10)017－Ⅲ－3	可动心轨辙叉	组	1		
3		钢 轨	m	78.398	60 kg/m 钢轨	
4	客专线 (07)001－Ⅴ－4	弹性垫板 60－0	块	92		
5	客专线 (07)001－Ⅴ－4	弹性垫板 60－12	块	14		
6	客专线 (07)001－Ⅴ－4	弹性垫板 60－15	块	13		
7	客专线 (07)001－Ⅴ－4	弹性垫板 60－18	块	21		
8	专线 3351－3	Ⅱ型弹条	个	280	60Si2CrVA	
9	专线 4232－4	螺 栓 M24 × 60	根	280		
10	NS－06	盖型螺母 M24	个	280		
11	客专线 (07)001－Ⅴ－8	垫板螺栓 A 型	个	280	45 钢	
12	NS－07	限位板 M24	个	280		
13	GB/T 7244	弹簧垫圈 30	个	280		
14	客专线 (07)001－Ⅴ－6	轨距块 60/10－12	个	136	ZG 230－450	
15	客专线 (07)001－Ⅴ－6	轨距块 60/9－11	个	136	ZG 230－450	
16	客专线 (07)001－Ⅴ－6	轨距块 60/8－13	个	30	ZG 230－450	备用
17	客专线 (07)001－Ⅴ－9	盖 板	个	280	QT 450－10	
18	专线 3417	钢轨胶接绝缘接头	组	2		
19	客专线 (07)001－Ⅴ－76	弹条绝缘帽	个	32	玻璃纤维	16 个备用
20	客专线 (07)001－Ⅴ－10	缓冲调距块 6－9	个	280	玻璃纤维	
21	客专线 (07)001－Ⅴ－10	缓冲调距块 7－8/5－10/4－11	个	60	玻璃纤维	每种各 20 个，备用
22	客专线 (07)001－Ⅴ－49	绝缘轨距块 60/9－11	个	6	玻璃纤维	2 个备用
23	客专线 (07)001－Ⅴ－49	绝缘轨距块 60/10－12	个	6	玻璃纤维	2 个备用
24	客专线 (07)001－Ⅴ－51	橡胶垫板 60－200－149/5	块	140	橡胶	
25	客专线 (07)001－Ⅴ－13	调高垫板 2－528 × 182 × 410 × 1－0	块	92	橡塑	备用
		调高垫板 2－528 × 182 × 410 × 2－0	块	92	橡塑	备用
		调高垫板 2－528 × 182 × 410 × 4－0	块	92	橡塑	
26	客专线 (07)001－Ⅴ－13	调高垫板 2－528 × 182 × 410 × 1－12	块	14	橡塑	备用
		调高垫板 2－528 × 182 × 410 × 2－12	块	14	橡塑	备用
		调高垫板 2－528 × 182 × 410 × 4－12	块	14	橡塑	
27	客专线 (07)001－Ⅴ－13	调高垫板 2－528 × 182 × 410 × 1－15	块	13	橡塑	备用
		调高垫板 2－528 × 182 × 410 × 2－15	块	13	橡塑	备用
		调高垫板 2－528 × 182 × 410 × 4－15	块	13	橡塑	
28	客专线 (07)001－Ⅴ－13	调高垫板 2－528 × 182 × 410 × 1－18	块	21	橡塑	备用
		调高垫板 2－528 × 182 × 410 × 2－18	块	21	橡塑	备用
		调高垫板 2－528 × 182 × 410 × 4－18	块	21	橡塑	

60 kg/m 钢轨 12 号单开道岔转辙器
图 号：客专线 (10)017 – II – 2

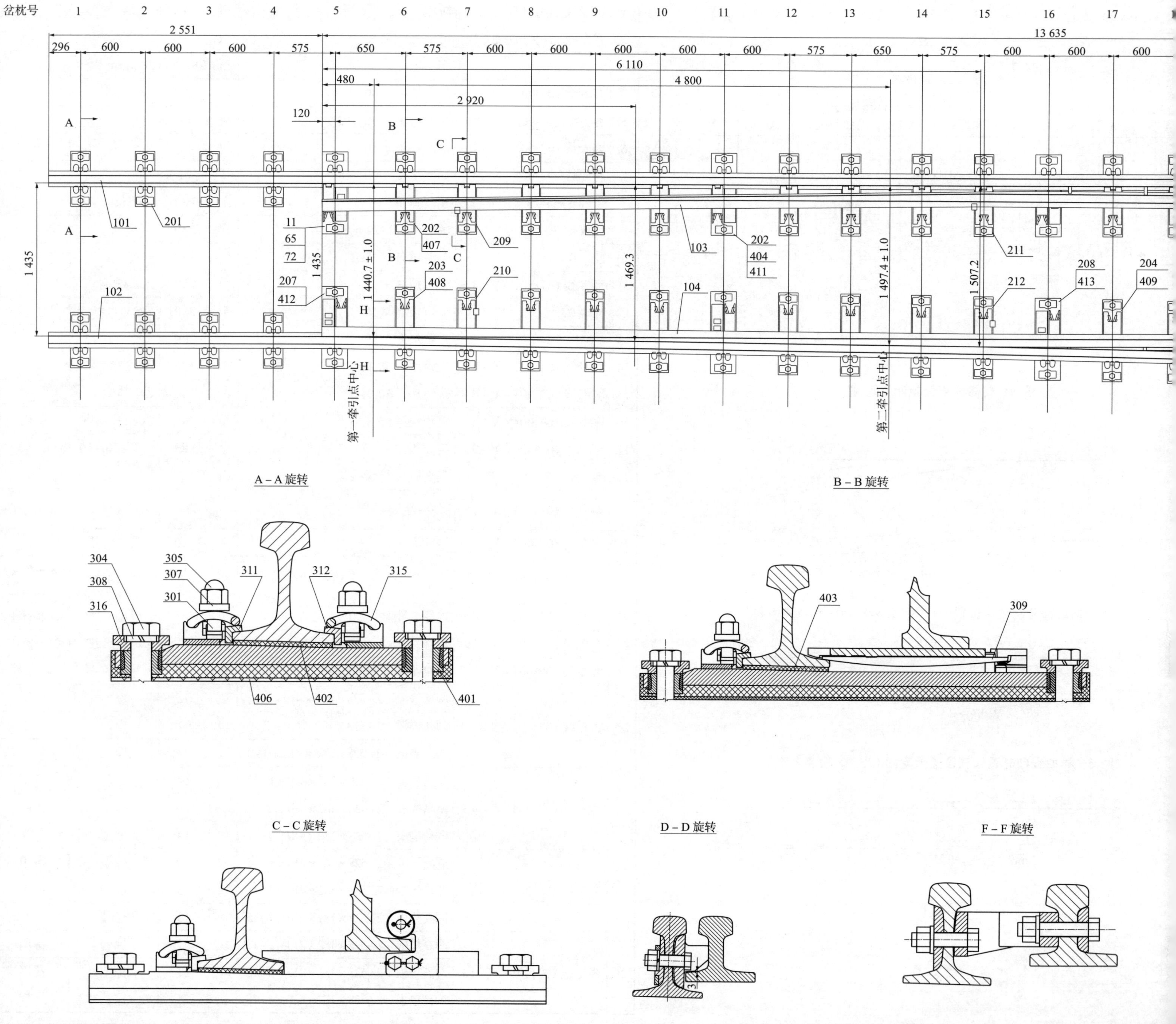

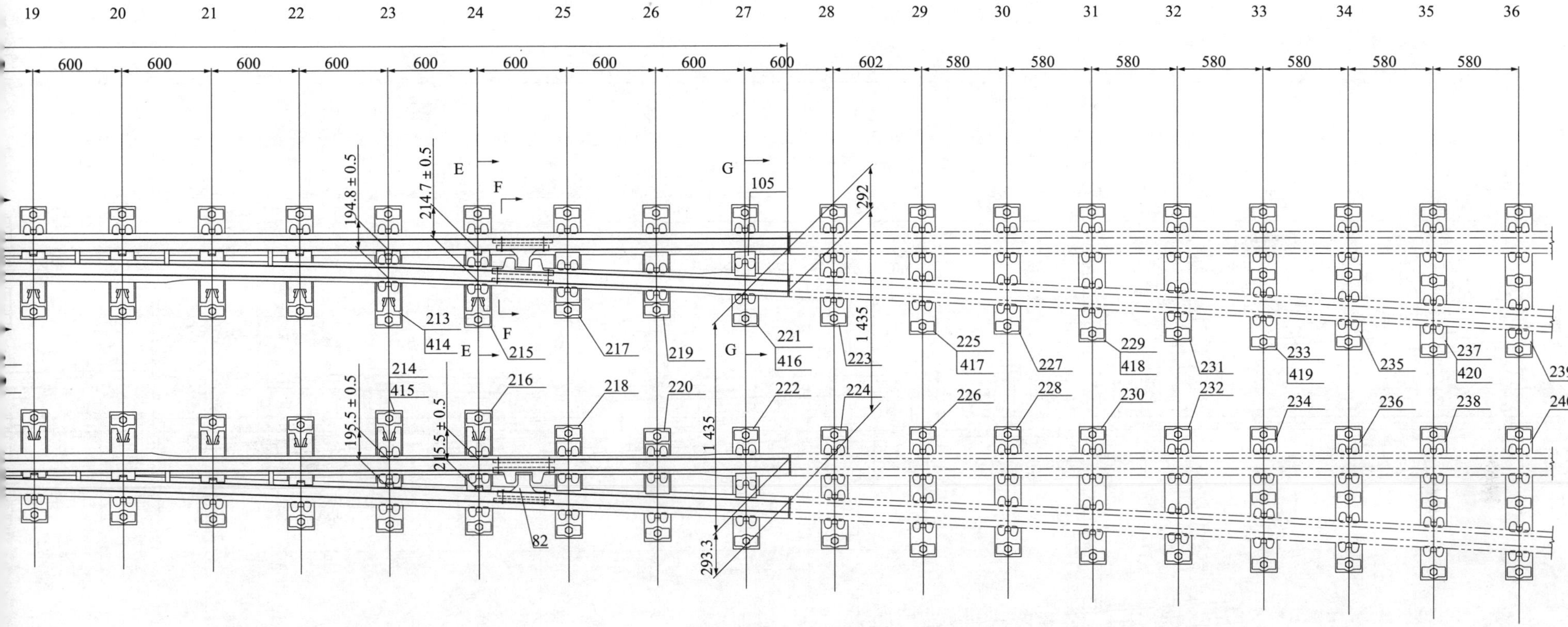

E – E 旋转

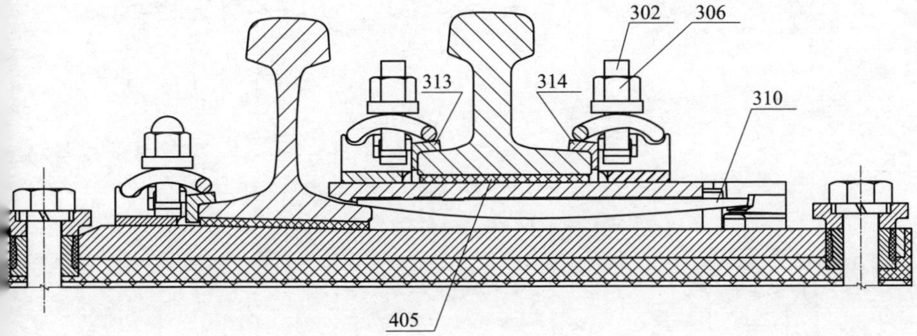

G – G 旋转

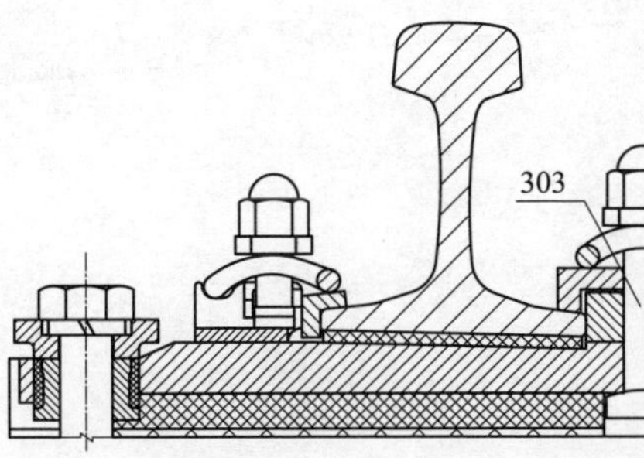

H – H 旋转

d(mm)	第一牵引点中心	第二牵引点中心
上股	26.5	48.9
下股	26.5	48.9

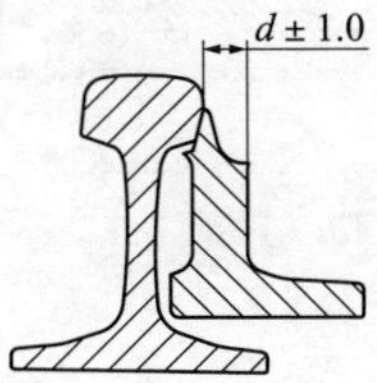

图 1　曲线尖轨支距图

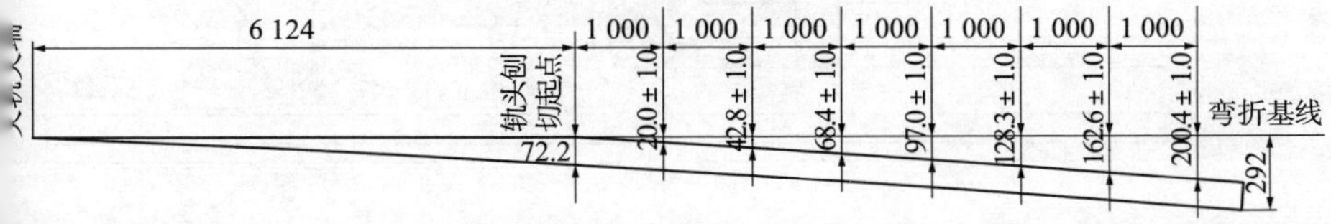

技 术 要 求

1. 顶铁组装后，在顶紧状态时与尖轨轨底上表面间隙为 3 mm。
2. 防跳限位装置接触间隙要求详见客专线 (07)001 – V – 31。
3. 所有三孔铁垫板中间一孔不安装缓冲调距块。
4. 组装后密贴时，曲线尖轨支距见图 1。
5. 辙后支距扣板螺栓自上而下安装，在硫化垫板底部旋转 90° 向上提，再安装垫圈、螺母。
6. 辊轮滑床板 5、11 号岔枕用双辊轮，其余用单辊轮。

60 kg/m 钢轨 12 号单开道岔可动心轨辙叉
图　号：客专线 (10)017－III－3

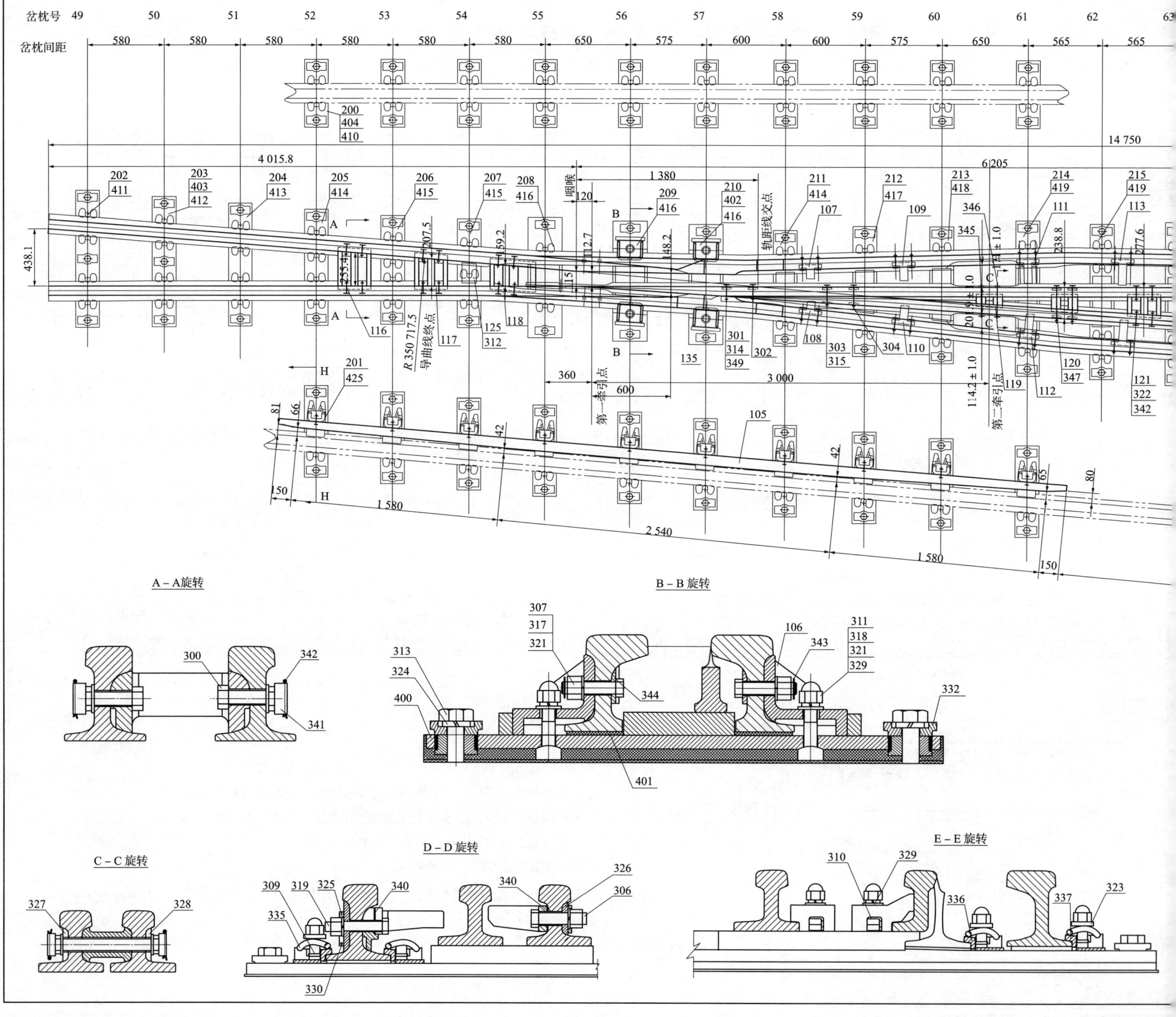

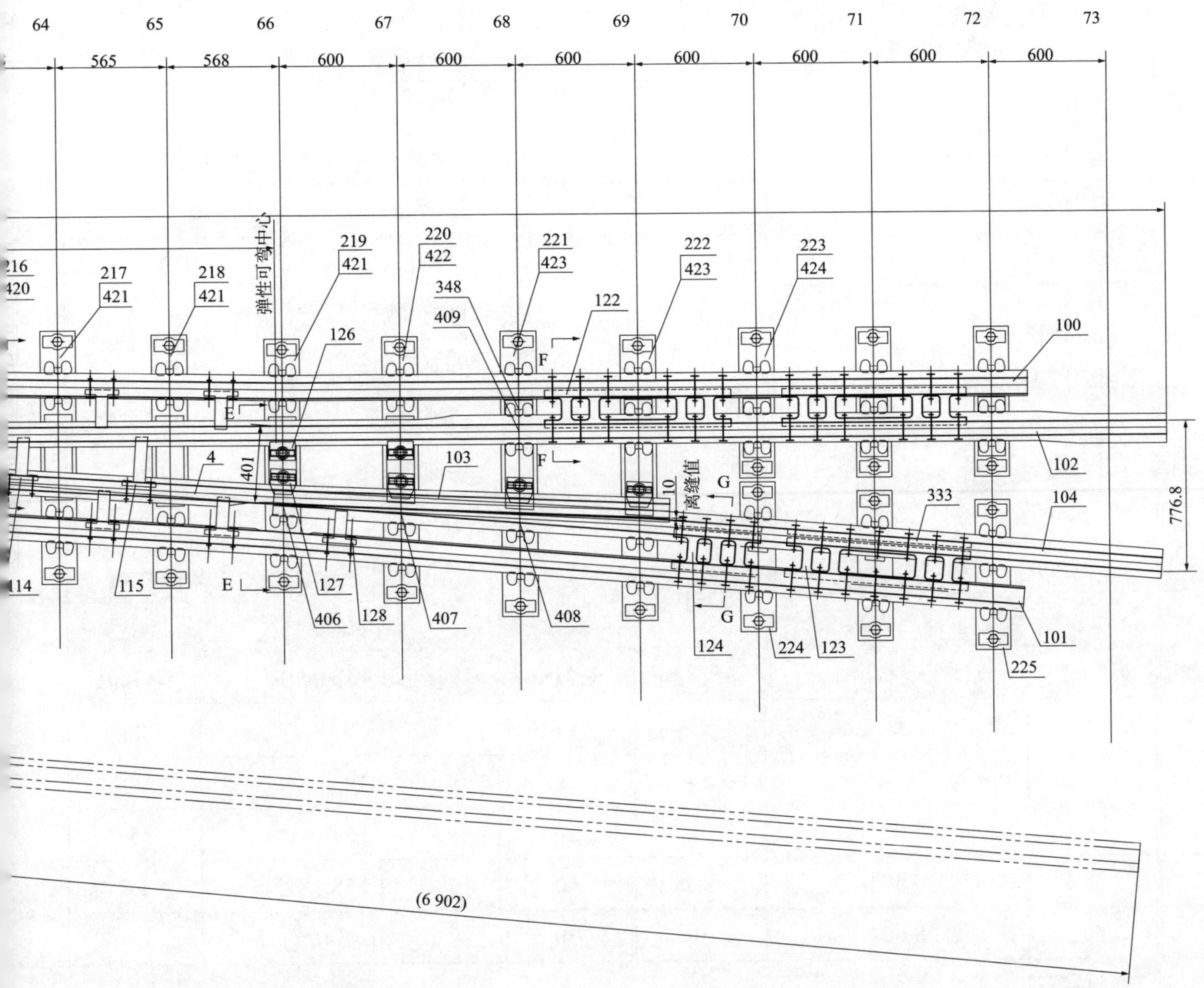

技 术 要 求

1. 序号 301 螺栓短心轨一侧不设钢轨垫圈。
2. 所有三孔铁垫板中间一孔不安装缓冲调距块。
3. 50～60 号枕翼轨轨下采用 7 mm 厚的橡胶垫板，61～72 号枕翼轨轨下不设橡胶垫板。
4. 支距扣板螺栓自上而下安装，在硫化垫板底部旋转 90°向上提，再安装垫圈、螺母。
5. 道岔铺设时，每块垫板下预先安装 1 片 4 mm 调高垫板，其他调高垫板为备用，供养护维修使用。

G－G 旋转

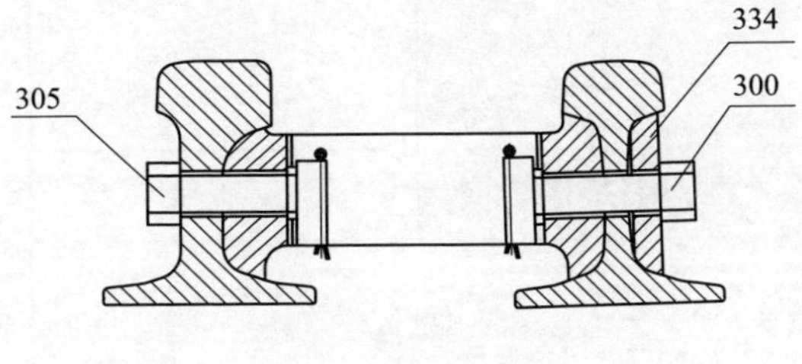

F－F 旋转

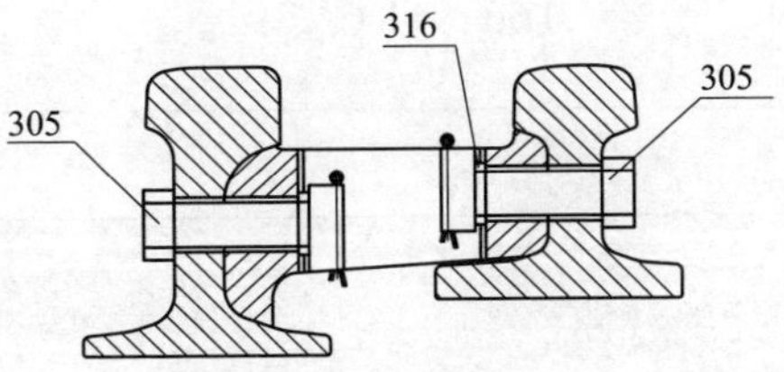

H－H 旋转

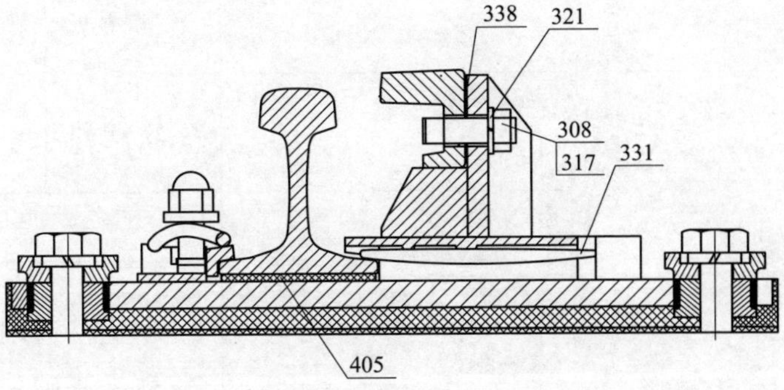

9. 60 kg/m 钢轨 18 号单开道岔(无砟)
设计图号：GLC(07)02W

道岔允许通过速度	客车	$v_{直} \leqslant 200$ km/h；$v_{侧} \leqslant 80$ km/h		扣件类型	Ⅱ型弹条
	货车	$v_{直} \leqslant 120$ km/h；$v_{侧} \leqslant 80$ km/h		轨底坡	1 : 40
转辙器跟端形式	■限位器 ■间隔铁 ■不设传力机构 □间隔铁活接头			锁闭方式	外锁闭
道岔全长	69 000	辙叉全长	20 992	辙叉类型	可动心轨辙叉
道岔前长	31 729	辙叉趾长	9 361	辙叉角	3°10′47.4″
道岔后长	37 271	辙叉跟长	11 631	翼轨轨型	60TY1
尖轨长度	21 450	基本轨长度	24 592	直向护轨长度	—
尖轨轨型	60AT1			侧向护轨长度	7 500
尖轨尖端前基本轨长度			1 951	护轨轨型	33 kg/m 槽型钢
辙叉理论尖端距趾端方向前一根岔枕中心距离			100	导曲线半径	1 100 m
尖轨尖端至心轨实际尖端距离		53 070	直向护轨端头距导轨端头定位尺寸		—
道岔终端至末根岔枕中心距离		9 900	侧向护轨端头距导轨端头定位尺寸		9 662

降低值	直线尖轨			曲线尖轨			长心轨		
	断面宽	距尖端距离	降低值	断面宽	距尖端距离	降低值	断面宽	距实际尖端距离	降低值
	0	0	23	0	0	23	1.6	0	23
	5	964	14	5	964	14	5	103	20
	20	3 852	4	20	3 855	4	20	559	5
	35	6 569	1.7	35	6 574	1.7	40	1 158.1	1.7
	50	8 598	0	50	8 604	0	50	1 454	0

最大构造加宽	—	测量位置	—			
岔枕图号 研线 1005	岔枕总数	141 根	岔枕展延长	462.04 m	套管总数	783
道岔板 —						
转换设备图号 —	尖轨动程	160、118、71			心轨动程	115、57
批准文号	—				应用情况	★★★
主要结构特点	1. 本道岔适用于跨区间无缝线路。 2. 轨下基础采用长枕埋入式无砟道床。					

转辙器明细表

序号	图号 / 标准	名称及规格	数量	材　料	备　注
1	GLC(07)02－102	直基本轨　24 592	1	60 kg/m 钢轨	
2	GLC(07)02－103	曲基本轨　24 592	1	60 kg/m 钢轨	
3	GLC(07)02－104	曲线尖轨　21 450	1	60AT 钢轨	
4	GLC(07)02－105	直线尖轨　21 450	1	60AT 钢轨	
5	GLC(07)02W－502	滑床板　656－0	28		分焊接和整铸两种形式
6	GLC(07)02W－502	滑床板　656－3	13		分焊接和整铸两种形式
7	GLC(07)02W－502	滑床板　656－6	3		分焊接和整铸两种形式
8	GLC(07)02W－506	防跳限位装置　666－0/22	1		分焊接和整铸两种形式
9	GLC(07)02W－506	防跳限位装置　666－3/24	1		分焊接和整铸两种形式
10	GLC(07)02W－506	防跳限位装置　656－0/49	1		分焊接和整铸两种形式
11	GLC(07)02W－506	防跳限位装置　656－3/57	1		分焊接和整铸两种形式
12	GLC(07)02W－506	防跳限位装置　656－0/76	1		分焊接和整铸两种形式
13	GLC(07)02W－506	防跳限位装置　656－3/76	1		分焊接和整铸两种形式
14	GLC(07)02W－505	滚轮滑床板　656－0G	8		
15	GLC(07)02W－505	滚轮滑床板　656－3G	4		
16	GLC(07)02W－501	平垫板　496－0	6		
17	GLC(06)01－509	间隔铁　Z/144.6－151.1	1	ZG 270－500	仅用于采用间隔铁形式跟端传力机构
18	GLC(06)01－510	间隔铁　Y/144.6－151.1	1	ZG 270－500	
19	GLC(06)01－509	间隔铁　Z/166.5－173.4	1	ZG 270－500	
20	GLC(06)01－510	间隔铁　Y/166.5－173.4	1	ZG 270－500	
21	GLC(07)02W－102	垫　板　699	1		
22	GLC(07)02W－103	垫　板　699	1		
23	GLC(07)02W－104	垫　板　699	1		
24	GLC(07)02W－105	垫　板　699	1		
25	GLC(07)02W－104	垫　板　724	1		
26	GLC(07)02W－105	垫　板　724	1		
27	GLC(07)02W－104	垫　板　724	1		
28	GLC(07)02W－105	垫　板　724	1		
29	GLC(07)02W－106Y	垫　板　724	1		左开时为 GLC(07)02W－106Z
30	GLC(07)02W－107Y	垫　板　724	1		左开时为 GLC(07)02W－107Z
31	GLC(07)02W－108Y	垫　板　736	1		左开时为 GLC(07)02W－108Z
32	GLC(07)02W－109Y	垫　板　736	1		左开时为 GLC(07)02W－109Z
33	GLC(07)02W－108Y	垫　板　749	1		左开时为 GLC(07)02W－108Z

续上表

序号	图号 / 标准	名称及规格	数量	材　料	备　注
34	GLC(07)02W－109Y	垫　板　749	1		左开时为 GLC(07)02W－109Z
35	GLC(07)02W－110Y	垫　板　761	1		左开时为 GLC(07)02W－110Z
36	GLC(07)02W－111Y	垫　板　761	1		左开时为 GLC(07)02W－111Z
37	GLC(07)02W－110Y	垫　板　774	1		左开时为 GLC(07)02W－110Z
38	GLC(07)02W－111Y	垫　板　774	1		左开时为 GLC(07)02W－111Z
39	GLC(07)02W－110Y	垫　板　788	1		左开时为 GLC(07)02W－110Z
40	GLC(07)02W－111Y	垫　板　788	1		左开时为 GLC(07)02W－111Z
41	GLC(07)02W－112Y	垫　板　801	1		左开时为 GLC(07)02W－112Z
42	GLC(07)02W－113Y	垫　板　801	1		左开时为 GLC(07)02W－113Z
43	GLC(07)02W－114	垫　板　816	1		
44	GLC(07)02W－115	垫　板　816	1		
45	GLC(07)02W－114	垫　板　830	1		
46	GLC(07)02W－115	垫　板　830	1		
47	GLC(07)02W－114	垫　板　845	1		
48	GLC(07)02W－115	垫　板　845	1		
49	GLC(07)02W－114	垫　板　860	1		
50	GLC(07)02W－115	垫　板　860	1		
51	GLC(07)02W－114	垫　板　875	1		
52	GLC(07)02W－115	垫　板　875	1		
53	GLC(07)02W－116	垫　板　891	1		
54	GLC(07)02W－117	垫　板　891	1		
55	GLC(07)02W－116	垫　板　907	1		
56	GLC(07)02W－117	垫　板　907	1		
57	GLC(07)02W－116	垫　板　923	1		
58	GLC(07)02W－117	垫　板　923	1		
59	GLC(07)02W－116	垫　板　939	1		
60	GLC(07)02W－117	垫　板　939	1		
61	GLC(07)02W－116	垫　板　956	1		
62	GLC(07)02W－117	垫　板　956	1		
63	GLC(07)02W－116	垫　板　974	1		
64	GLC(07)02W－117	垫　板　974	1		
65	GLC(07)02W－116	垫　板　991	1		
66	GLC(07)02W－117	垫　板　991	1		
67	专线 3351	Ⅱ型弹条	222		
68	专线 3328－3	Ⅲ型弹条	18		

续上表

序号	图号 / 标准	名称及规格	数量	材　料	备　注
69	专线 9602	Ⅲ型接头弹条	10		
70	专线 4232-10A	接头轨距块　60/13-15	6	ZG 230-450	
71	专线 4232-10A	接头轨距块　60/9-11	6	ZG 230-450	
72	专线 4232-10	轨距块　60/13-15	70	ZG 230-450	
73	专线 4232-10	轨距块　60/9-11	140	ZG 230-450	
74	GLC(06)01-512	轨距块　60-0	4	KTH 350-10	
75	专线 4267-4	接头轨距块　60-11	4	KTH 350-10	
76	专线 4267-4	接头轨距块　60-9	2	KTH 350-10	
77	专线 4267-3	轨距块　60-11	8	KTH 350-10	
78	专线 4267-3	轨距块　60-9	10	KTH 350-10	
79	GLC(06)01-511	夹　板　360	4	Q235-A	
80	专线 4232-32	钢轨垫圈　60AT-0	8	KTH 330-08	
81	GLC(06)01-513	弹　片　210	62	60Si2CrA	
82	GLC(06)01-514	楔形调整块　A	62		A=30 为 60 个，A=40 为 2 个
83	GLC(06)01-565	销　钉　165-154	44		
83a	GLC(06)01-565	销　钉　125-114	12		
83b	GLC(06)01-566	螺　栓　M12 × 90	6		
83c	GB/T 91	开口销　3.2 × 18	56		
84	GLC(07)02W-508	复合定位套	118		
85	GLC(07)02W-509	复合偏心套　11-13	124		另做 9-15 的 62 个（备用）
86	专线 4232-4	T 型螺栓　M24 × 60	206		
86a	专线 4232-4	T 型螺栓　M24 × 65	16		
87	NS-07	限位板　M24	222		
88	NS-06	盖型螺母　M24	206		
89	NS-01(b)-c	螺　母　M24	16		
90	GLC(06)01-536	岔枕螺栓　GLCWA	242		
91	GB/T 7244	弹簧垫圈　30	242		
92	GLC(06)01-561	螺　栓　M27 × 130	8	10.9 级	
92a	GLC(06)01-561	螺　栓　M27 × 120	4	10.9 级	
93	GLC(06)01-561	螺　栓　M27 × 140	4	10.9 级	
94	NS-01(b)	螺　母　M27	16	10 级	
95	GB/T 1230	垫　圈　27	16		
96	GLC(07)02-402	轨下双面橡胶垫板　60-200-0	42	橡胶	
97	GLC(07)02-402	轨下双面橡胶垫板　60-200-3	18	橡胶	
98	GLC(07)02-402	轨下双面橡胶垫板　60-200-6	18	橡胶	

续上表

序号	图号 / 标准	名称及规格	数量	材　料	备　注
99	GLC(07)02－401	轨下单面橡胶垫板　60－200－0	50	橡胶	
100	GLC(07)02－401	轨下单面橡胶垫板　60－270－0	12	橡胶	
101	GLC(07)02－402	轨下双面橡胶垫板　60－220－0	6	橡胶	
102	GLC(07)02－402	轨下双面橡胶垫板　60－220－3	6	橡胶	
103	GLC(07)02－402	轨下双面橡胶垫板　60－170－0	4	橡胶	
104	GLC(07)02－402	轨下双面橡胶垫板　60－170－3	4	橡胶	
16J	GLC(07)02W－401	橡胶垫板　496×180×20	6	橡胶	标记 60/ 普
5J	GLC(07)02W－402	橡胶垫板　656×180×20	48	橡胶	44 块 656H，4 块 656F
8J	GLC(07)02W－403	橡胶垫板　666×180×20	2	橡胶	序号 666F.
14J	GLC(07)02W－402	橡胶垫板　656×250×20	12	橡胶	序号 656G.
21J	GLC(07)02W－404	橡胶垫板　699×180×20	4	橡胶	序号转 21、转 22、转 23、转 24 各 1 块
25J	GLC(07)02W－404	橡胶垫板　724×180×20	4	橡胶	序号转 25、转 26、转 27、转 28 各 1 块
29J	GLC(07)02W－404	橡胶垫板　724×200×20	2	橡胶	序号转 29、转 30 各 1 块
31J	GLC(07)02W－404	橡胶垫板　736×200×20	2	橡胶	序号转 31、转 32 各 1 块
33J	GLC(07)02W－404	橡胶垫板　749×200×20	2	橡胶	序号转 33、转 34 各 1 块
35J	GLC(07)02W－404	橡胶垫板　761×180×20	2	橡胶	序号转 35、转 36 各 1 块
37J	GLC(07)02W－404	橡胶垫板　774×180×20	2	橡胶	序号转 37、转 38 各 1 块
39J	GLC(07)02W－404	橡胶垫板　788×180×20	2	橡胶	序号转 39、转 40 各 1 块
41J	GLC(07)02W－404	橡胶垫板　801×180×20	2	橡胶	序号转 41、转 42 各 1 块
43J	GLC(07)02W－404	橡胶垫板　816×180×20	2	橡胶	序号转 43、转 44 各 1 块
45J	GLC(07)02W－404	橡胶垫板　830×180×20	2	橡胶	序号转 45、转 46 各 1 块
47J	GLC(07)02W－404	橡胶垫板　845×180×20	2	橡胶	序号转 47、转 48 各 1 块
49J	GLC(07)02W－404	橡胶垫板　860×180×20	2	橡胶	序号转 49、转 50 各 1 块
51J	GLC(07)02W－404	橡胶垫板　875×180×20	2	橡胶	序号转 51、转 52 各 1 块
53J	GLC(07)02W－405	橡胶垫板　891×180×20	2	橡胶	序号转 53、转 54 各 1 块
55J	GLC(07)02W－405	橡胶垫板　907×180×20	2	橡胶	序号转 55、转 56 各 1 块
57J	GLC(07)02W－405	橡胶垫板　923×180×20	2	橡胶	序号转 57、转 58 各 1 块
59J	GLC(07)02W－405	橡胶垫板　939×180×20	2	橡胶	序号转 59、转 60 各 1 块
61J	GLC(07)02W－405	橡胶垫板　956×180×20	2	橡胶	序号转 61、转 62 各 1 块
63J	GLC(07)02W－405	橡胶垫板　974×180×20	2	橡胶	序号转 63、转 64 各 1 块
65J	GLC(07)02W－405	橡胶垫板　991×180×20	2	橡胶	序号转 65、转 66 各 1 块
105	GLC(07)02W－513	调高垫板　666×190×6	48	橡塑	
106	GLC(07)02W－513	调高垫板　666×190×h	48	橡塑	备用
107	GLC(07)02W－513	调高垫板　676×190×6	2	橡塑	
108	GLC(07)02W－513	调高垫板　676×190×h	2	橡塑	备用

续上表

序号	图号 / 标准	名称及规格	数量	材　料	备　注
109	GLC(07)02W－513	调高垫板　666×260×6	12	橡塑	
110	GLC(07)02W－513	调高垫板　666×260×h	12	橡塑	备用
111	GLC(07)02W－512	调高垫板　506×190×6	6	橡塑	
112	GLC(07)02W－512	调高垫板　506×190×h	6	橡塑	备用
113	GLC(07)02W－514	调高垫板　709×190×6	4	橡塑	
114	GLC(07)02W－514	调高垫板　709×190×h	4	橡塑	备用
115	GLC(07)02W－514	调高垫板　734×190×6	4	橡塑	
116	GLC(07)02W－514	调高垫板　734×190×h	4	橡塑	备用
117	GLC(07)02W－514	调高垫板　734×210×6	2	橡塑	
118	GLC(07)02W－514	调高垫板　734×210×h	2	橡塑	备用
119	GLC(07)02W－514	调高垫板　746×210×6	2	橡塑	
120	GLC(07)02W－514	调高垫板　746×210×h	2	橡塑	备用
121	GLC(07)02W－514	调高垫板　759×210×6	2	橡塑	
122	GLC(07)02W－514	调高垫板　759×210×h	2	橡塑	备用
123	GLC(07)02W－514	调高垫板　771×190×6	2	橡塑	
124	GLC(07)02W－514	调高垫板　771×190×h	2	橡塑	备用
125	GLC(07)02W－514	调高垫板　784×190×6	2	橡塑	
126	GLC(07)02W－514	调高垫板　784×190×h	2	橡塑	备用
127	GLC(07)02W－514	调高垫板　798×190×6	2	橡塑	
128	GLC(07)02W－514	调高垫板　798×190×h	2	橡塑	备用
129	GLC(07)02W－514	调高垫板　811×190×6	2	橡塑	
130	GLC(07)02W－514	调高垫板　811×190×h	2	橡塑	备用
131	GLC(07)02W－514	调高垫板　826×190×6	2	橡塑	
132	GLC(07)02W－514	调高垫板　826×190×h	2	橡塑	备用
133	GLC(07)02W－514	调高垫板　840×190×6	2	橡塑	
134	GLC(07)02W－514	调高垫板　840×190×h	2	橡塑	备用
135	GLC(07)02W－514	调高垫板　855×190×6	2	橡塑	
136	GLC(07)02W－514	调高垫板　855×190×h	2	橡塑	备用
137	GLC(07)02W－514	调高垫板　870×190×6	2	橡塑	
138	GLC(07)02W－514	调高垫板　870×190×h	2	橡塑	备用
139	GLC(07)02W－514	调高垫板　885×190×6	2	橡塑	
140	GLC(07)02W－514	调高垫板　885×190×h	2	橡塑	备用
141	GLC(07)02W－515	调高垫板　901×190×6	2	橡塑	
142	GLC(07)02W－515	调高垫板　901×190×h	2	橡塑	备用
143	GLC(07)02W－515	调高垫板　917×190×6	2	橡塑	

续上表

序号	图号 / 标准	名称及规格	数量	材　料	备　注
144	GLC(07)02W－515	调高垫板　917 × 190 × *h*	2	橡塑	备用
145	GLC(07)02W－515	调高垫板　933 × 190 × 6	2	橡塑	
146	GLC(07)02W－515	调高垫板　933 × 190 × *h*	2	橡塑	备用
147	GLC(07)02W－515	调高垫板　949 × 190 × 6	2	橡塑	
148	GLC(07)02W－515	调高垫板　949 × 190 × *h*	2	橡塑	备用
149	GLC(07)02W－515	调高垫板　966 × 190 × 6	*	橡塑	
150	GLC(07)02W－515	调高垫板　966 × 190 × *h*	2	橡塑	备用
151	GLC(07)02W－515	调高垫板　984 × 190 × 6	2	橡塑	
152	GLC(07)02W－515	调高垫板　984 × 190 × *h*	2	橡塑	备用
153	GLC(07)02W－515	调高垫板　1 001 × 190 × 6	2	橡塑	
154	GLC(07)02W－515	调高垫板　1 001 × 190 × *h*	2	橡塑	备用
134	GLC(06)01－549	限位器　A/108－109 Z	1	ZG 270－500	仅用于采用限位器形式跟端传力机构
135	GLC(06)01－549	限位器　A/108－109 Q	1	ZG 270－500	
136	GLC(06)01－549	限位器　A/130－131 Z	1	ZG 270－500	
137	GLC(06)01－549	限位器　A/130－131 Q	1	ZG 270－500	
138	GLC(07)02－130	限位器　B	1	ZG 270－500	

辙叉明细表

序号	图号 / 标准	名称及规格	数量	材　　料	备　　注
1	GLC(07)02－202	翼　轨　20 390	1		
2	GLC(07)02－203	翼　轨　20 390	1		
3	GLC(07)02－204	长心轨　14 196	1	60AT1 钢轨	
4	GLC(07)02－205	短心轨　8 150	1	60AT1 钢轨	
5	GLC(07)02－206	叉跟尖轨　5 738	1	60 kg/m 钢轨	
6	GLC(07)02－207	侧向护轨　7 500	1	33 kg/m 槽型钢	
7	GLC(07)02W－202	垫　板　1 015×200×29	1		
8	GLC(07)02W－203	垫　板　981×200×27	1		
9	GLC(07)02W－204	垫　板　955×200×27	1		
10	GLC(07)02W－205	垫　板　929×200×27	1		
11	GLC(07)02W－206	垫　板　902×200×27	1		
12	GLC(07)02W－207	垫　板　875×200×27	1		
13	GLC(07)02W－208	垫　板　848×200×27	1		
14	GLC(07)02W－209	垫　板　820×200×27	1		
15	GLC(07)02W－210Y	右开垫板　792×200×27	1		
	GLC(07)02W－210Z	左开垫板　792×200×27	1		
16	GLC(07)02W－211Y	右开垫板　765×200×27	1		
	GLC(07)02W－211Z	左开垫板　765×200×27	1		
17	GLC(07)02W－212Y	右开垫板　770×200×27	1		
	GLC(07)02W－212Z	左开垫板　770×200×27	1		
18	GLC(07)02W－213	垫　板　867×200×27	1		
19	GLC(07)02W－214	垫　板　878×200×31	1		
20	GLC(07)02W－215	垫　板　888×200×31	1		
21	GLC(07)02W－216	垫　板　899×200×31	1		
22	GLC(07)02W－217	垫　板　849×200×31	1		
23	GLC(07)02W－218	垫　板　933×200×27	1		
24	GLC(07)02W－219	垫　板　1 014×200×27	1		
25	GLC(07)02W－220	垫　板　1 106×200×27	1		
26	GLC(07)02W－221	垫　板　1 166×200×27	1		
27	GLC(07)02W－222	垫　板　1 179×200×27	1		
28	GLC(07)02W－223	垫　板　1 192×200×27	1		
29	GLC(07)02W－224	垫　板　1 189×200×27	1		
30	GLC(07)02W－225	垫　板　1 203×200×27	1		

续上表

序号	图号 / 标准	名称及规格	数量	材　　料	备　　注
31	GLC(07)02W－226	垫　板　1 228 × 200 × 27	1		
32	GLC(07)02W－227Y	右开垫板　1 261 × 200 × 29	1		
	GLC(07)02W－227Z	左开垫板　1 261 × 200 × 29	1		
33	GLC(07)02W－228Y	右开垫板　1 295 × 200 × 29	1		
	GLC(07)02W－228Z	左开垫板　1 295 × 200 × 29	1		
34	GLC(07)02W－229Y	右开垫板　1 328 × 200 × 29	1		
	GLC(07)02W－229Z	左开垫板　1 328 × 200 × 29	1		
35	GLC(07)02W－230Y	右开垫板　1 361 × 200 × 29	1		
	GLC(07)02W－230Z	左开垫板　1 361 × 200 × 29	1		
36	GLC(07)02W－231Y	右开垫板　1 395 × 200 × 29	1		
	GLC(07)02W－231Z	左开垫板　1 395 × 200 × 29	1		
37	GLC(07)02W－232Y	右开垫板　1 428 × 200 × 29	1		
	GLC(07)02W－232Z	左开垫板　1 428 × 200 × 29	1		
38	GLC(07)02W－233Y	右开垫板　1 462 × 200 × 29	1		
	GLC(07)02W－233Z	左开垫板　1 462 × 200 × 29	1		
39	GLC(07)02W－234Y	右开垫板　1 495 × 200 × 29	1		
	GLC(07)02W－234Z	左开垫板　1 495 × 200 × 29	1		
40	GLC(07)02W－235	垫　板　752 × 200 × 27	1		
41	GLC(07)02W－236Y	右开垫板　768 × 200 × 29	1		
	GLC(07)02W－236Z	左开垫板　768 × 200 × 29	1		
42	GLC(07)02W－501	普通垫板　496－0(A)	36	ZG 230－450 或 QT400－15	
43	GLC(07)02W－501	普通垫板　496－8(C)	6	ZG 230－450 或 QT400－15	
44	GLC(07)02W－501	普通垫板　496－11(D)	17	ZG 230－450 或 QT400－15	
45	GLC(07)02W－507	侧向护轨垫板　111－123	13	ZG 230－450 或 QT400－15	
46	GLC(08)01－214	防跳顶铁 (一)　170	1	KTH 330－08	
47	GLC(08)01－215	防跳顶铁 (二)　143.9	1	KTH 330－08	
48	GLC(08)01－214a	顶　铁　206.5	1	KTH 330－08	
49	GLC(08)01－214a	顶　铁　193.7	1	KTH 330－08	
50	GLC(08)01－214a	顶　铁　225	3	KTH 330－08	
51	GLC(08)01－214a	顶　铁　213	3	KTH 330－08	
52	GLC(08)01－214	防跳顶铁 (一)　225	2	KTH 330－08	
53	GLC(08)01－215	防跳顶铁 (二)　213	2	KTH 330－08	
54	GLC(08)01－214	防跳顶铁 (一)　194.8	1	KTH 330－08	
55	GLC(08)01－214	防跳顶铁 (一)　210	1	KTH 330－08	
56	GLC(07)02－246	顶　铁　123－121	1	KTH 330－08	
57	GLC(07)02－246	顶　铁　150－147	1	KTH 330－08	

续上表

序号	图号 / 标准	名称及规格	数量	材　料	备　注
58	GLC(07)02－246	顶　铁　181－178	1	KTH 330－08	
59	GLC(07)02－248	双边扣板	1	ZG 230－450	
60	GLC(07)02－248	双边扣板	1	ZG 230－450	
61	GLC(07)02－247	单边扣板	1	ZG 230－450	
62	GLC(08)01－216	间隔铁　60/252.8－238.1	1	ZG 230－450	用于趾端两翼轨间
63	GLC(08)01－216	间隔铁　60/231－235.8	1	ZG 230－450	用于趾端两翼轨间
64	GLC(08)01－217	防跳间隔铁　60/242.2－246.6	1	ZG 230－450	用于趾端两翼轨间
65	GLC(07)02－251	垫　片　60/38.5－46.2	1	Q235	用于两心轨间
66	GLC(06)01－528	间隔铁　60/61.1－69	1	KTH 350－10	用于两心轨间
67	GLC(06)01－528	间隔铁　94－102.5	1	KTH 350－10	用于两心轨间
68	GLC(07)02－253	间隔铁　60AT－225	1	Q235	用于长心轨跟端
69	GLC(07)02－254	间隔铁　950－230	1	Q235	用于侧股叉跟
70	GLC(07)02－252	间隔铁　60－230	1	Q235	用于侧股叉跟
71	GLC(06)01－555	间隔铁　448.2－468.7－18	1	16Mn	用于叉跟尖轨与长心轨之间
72	GLC(06)01－555	间隔铁　348.2－368.7－18	1	16Mn	用于叉跟尖轨与长心轨之间
73	GLC(07)02－243	垫　片	1	Q235	用于第二牵引点
74	GLC(06)01－563	轨　撑　60TY	8	KTH 330－08	
75	GLC(06)01－564	轨撑调整块　60/9－11	8		
75a	GLC(06)01－564	轨撑调整块　60/10－12	8		
75b	GLC(06)01－564	轨撑调整块　60/8－13	16		备用
76	GLC(06)01－557	夹　板　B－370	1	Q235	
77	GLC(06)01－538	夹　板　60－B	1	Q235	
78	GLC(06)01－560	夹　板　60－C	2	Q235	
79	SCT 300－346	螺母防松帽　M27	72	ZG 230－450	
80	GB/T 91	开口销　4×80	72		
81	GLC(07)02－248	双边扣板	1	ZG 230－450	
82	GLC(07)02－255	间隔铁　60－225A	1	Q235	用于长心轨跟端
83	GLC(06)01－542	圆孔垫圈　60AT－3	6	KTH 330－08	用于 60AT 轨短肢
84	GLC(06)01－543	护轨调整片　170×80×3	13	Q235	
		护轨调整片　170×80×2	26		
85	客专线 (07)001－V－8	岔枕螺栓　A 型	221	45 号钢	
86	专线 3351	Ⅱ型弹条	241	60Si2CrVA	
87	专线 3328－3	Ⅲ型弹条	35	60Si2Mn	
88	专线 4232－10	轨距块　60/9－11	136	ZG 230－450	
89	专线 4232－10	轨距块　60/13－15	95	ZG 230－450	

续上表

序号	图号 / 标准	名称及规格	数量	材　料	备　注
90	专线 4232－10A	接头轨距块　60/9－11	8	ZG 230－450	
91	专线 4232－10A	接头轨距块　60/13－15	8	ZG 230－450	
92	专线 4267－3	轨距块　60－11	35	KTH 350－10	
93	GLC(07)02W－508	复合定位套	221		
94	NS－06	盖型螺母　M24	245	4 级	
95	NS－07	限位板　M24	245	4 级	
96	NS－02	螺　母　M27	72	10 级	
97	NS－01b	螺　母　M24	59	5 级	
98	GB/T 1230	高强平垫圈　27	72		
99	GB/T 7244	弹簧垫圈　24	59	65Mn	
100	GB/T 7244	弹簧垫圈　30	221	65Mn	
101	GLC(07)02－245	平垫圈	3	Q235	
102	GLC(07)02－245	平垫圈	1	Q235	
103	专线 4171－9	长方头螺栓　M24 × 85	13	5.6 级	
104	专线 4232－4	T 型螺栓　M24 × 60	237	4.8 级	
105	专线 4232－4	T 型螺栓　M24 × 75	8	4.8 级	
106	GB/T 5780	螺　栓　M24 × 100	8		
107	GB/T 5780	螺　栓　M24 × 100	38		
108	SCT 300－506	螺　栓　M27 × 110	18	10.9 级	
109	SCT 300－506	螺　栓　M27 × 125	26	10.9 级	
110	SCT 300－506	螺　栓　M27 × 355	2	10.9 级	
111	SCT 300－506	螺　栓　M27 × 140	2	10.9 级	
112	SCT 300－506	螺　栓　M27 × 145	2	10.9 级	
113	SCT 300－506	螺　栓　M27 × 155	2	10.9 级	
114	SCT 300－506	螺　栓　M27 × 200	2	10.9 级	
115	SCT 300－506	螺　栓　M27 × 195	1	10.9 级	
116	SCT 300－506	螺　栓　M27 × 200	1	10.9 级	
117	SCT 300－506	螺　栓　M27 × 215	1	10.9 级	
118	SCT 300－506	螺　栓　M27 × 220	1	10.9 级	
119	SCT 300－506	螺　栓　M27 × 245	1	10.9 级	
120	SCT 300－506	螺　栓　M27 × 250	1	10.9 级	
121	SCT 300－506	螺　栓　M27 × 120	12	10.9 级	
122	GLC(06)01－544	顶铁调整片　170 × 50 × 2	22	Q235	
		顶铁调整片　170 × 50 × 1	22		
		顶铁调整片　170 × 50 × 0.5	22		

续上表

序号	图号 / 标准	名称及规格	数量	材　料	备　注
123	GLC(07)02W－509	复合偏心套　11－13	26		
124	GLC(06)01－513	弹　片　210	13		
125	GLC(06)01－514	楔形调整块　30	13		
126	GLC(06)01－565	销　钉　165－154	13		
127	GB/T 91	开口销　3.2×18	13		
128	TB/T 1495.4	平垫圈　24	8		
129	GLC(07)02－250	顶铁调整片　170×40×1	12	Q235	备用，2 种规格各 3 片直发现场
		顶铁调整片　170×40×0.5	12		
130	GLC(08)01－219	顶铁调整片　1	50	Q235	备用，2 种规格各 3 片直发现场
		顶铁调整片　0.5	50		
131	GLC(07)02－402	双面橡胶垫板　60－220－0	16	橡胶	
132	GLC(07)02－402	双面橡胶垫板　60－200－0	65	橡胶	
133	GLC(07)02－402	双面橡胶垫板　60－220－12	6	橡胶	
134	GLC(08)01－401	平面橡胶垫板　60－220－0	2	橡胶	
135	GLC(08)01－401	平面橡胶垫板　60－220－6	2	橡胶	
136	GLC(07)02－407	平面橡胶垫板　60－220－3	2	橡胶	
137	GLC(07)02－407	平面橡胶垫板　60－220－6	2	橡胶	
138	GLC(07)02－401	单面橡胶垫板　60－220－(－9)	1	橡胶	
139	GLC(07)02－401	单面橡胶垫板　60－220－21	1	橡胶	
140	GLC(07)02－401	单面橡胶垫板　60－220－3	1	橡胶	
141	GLC(07)02－401	单面橡胶垫板　60－220－6	1	橡胶	
142	GLC(07)02－405	双面橡胶垫板　60－220－12	1	橡胶	
143	GLC(07)02－404	双面橡胶垫板　60－220－12	8	橡胶	
144	GLC(07)02－404	双面橡胶垫板　60－220－0	9	橡胶	
145	GLC(07)02－402	双面橡胶垫板　60－220－9	13	橡胶	
146	GLC(07)02－402	双面橡胶垫板　60－220－(－9)	3	橡胶	
147	GLC(07)02－402	双面橡胶垫板　60－220－21	3	橡胶	
148	GLC(07)02－402	双面橡胶垫板　60－220－9	19	橡胶	
7J	GLC(07)02W－408	橡胶垫板　1 015×200×20	1	橡胶	
8J	GLC(07)02W－408	橡胶垫板　981×200×20	1	橡胶	
9J	GLC(07)02W－408	橡胶垫板　955×200×20	1	橡胶	
10J	GLC(07)02W－408	橡胶垫板　929×200×20	1	橡胶	
11J	GLC(07)02W－406	橡胶垫板　902×200×20	1	橡胶	
12J	GLC(07)02W－406	橡胶垫板　875×200×20	1	橡胶	
13J	GLC(07)02W－406	橡胶垫板　848×200×20	1	橡胶	

续上表

序号	图号 / 标准	名称及规格	数量	材　料	备　注
14J	GLC(07)02W－406	橡胶垫板　820×200×20	1	橡胶	
15J	GLC(07)02W－406	橡胶垫板　792×200×20	1	橡胶	
16J	GLC(07)02W－406	橡胶垫板　765×200×20	1	橡胶	
17J	GLC(07)02W－406	橡胶垫板　770×200×20	1	橡胶	
18J	GLC(07)02W－406	橡胶垫板　867×200×20	1	橡胶	
19J	GLC(07)02W－406	橡胶垫板　878×200×20	1	橡胶	
20J	GLC(07)02W－406	橡胶垫板　888×200×20	1	橡胶	
21J	GLC(07)02W－406	橡胶垫板　899×200×20	1	橡胶	
22J	GLC(07)02W－406	橡胶垫板　849×200×20	1	橡胶	
23J	GLC(07)02W－406	橡胶垫板　933×200×20	1	橡胶	
24J	GLC(07)02W－406	橡胶垫板　1 014×200×20	1	橡胶	
25J	GLC(07)02W－406	橡胶垫板　1 106×200×20	1	橡胶	
26J	GLC(07)02W－406	橡胶垫板　1 166×200×20	1	橡胶	
27J	GLC(07)02W－406	橡胶垫板　1 179×200×20	1	橡胶	
28J	GLC(07)02W－406	橡胶垫板　1 192×200×20	1	橡胶	
29J	GLC(07)02W－406	橡胶垫板　1 189×200×20	1	橡胶	
30J	GLC(07)02W－406	橡胶垫板　1 203×200×20	1	橡胶	
31J	GLC(07)02W－406	橡胶垫板　1 228×200×20	1	橡胶	
32J	GLC(07)02W－406	橡胶垫板　1 261×200×20	1	橡胶	
33J	GLC(07)02W－406	橡胶垫板　1 295×200×20	1	橡胶	
34J	GLC(07)02W－407	橡胶垫板　1 328×200×20	1	橡胶	
35J	GLC(07)02W－407	橡胶垫板　1 361×200×20	1	橡胶	
36J	GLC(07)02W－407	橡胶垫板　1 395×200×20	1	橡胶	
37J	GLC(07)02W－408	橡胶垫板　1 428×200×20	1	橡胶	
38J	GLC(07)02W－408	橡胶垫板　1 462×200×20	1	橡胶	
39J	GLC(07)02W－408	橡胶垫板　1 495×200×20	1	橡胶	
40J	GLC(07)02W－406	橡胶垫板　752×200×20	1	橡胶	
41J	GLC(07)02W－406	橡胶垫板　768×200×20	1	橡胶	
42J	GLC(07)02W－401	橡胶垫板　496×180×20	59	橡胶	
45J	GLC(07)02W－409	橡胶垫板　666×200×20	13	橡胶	
149	GLC(07)02W－515	调高垫板　1 025×210×6	1	橡塑	
150	GLC(07)02W－515	调高垫板　1 025×210×h	1	橡塑	
151	GLC(07)02W－515	调高垫板　991×210×6	1	橡塑	
152	GLC(07)02W－515	调高垫板　991×210×h	1	橡塑	
153	GLC(07)02W－515	调高垫板　965×210×6	1	橡塑	

续上表

序号	图号 / 标准	名称及规格	数量	材　料	备　注
154	GLC(07)02W－515	调高垫板　965×210×h	1	橡塑	
155	GLC(07)02W－515	调高垫板　939×210×6	1	橡塑	
156	GLC(07)02W－515	调高垫板　939×210×h	1	橡塑	
157	GLC(07)02W－514	调高垫板　912×210×6	1	橡塑	
158	GLC(07)02W－514	调高垫板　912×210×h	1	橡塑	
159	GLC(07)02W－514	调高垫板　885×210×6	1	橡塑	
160	GLC(07)02W－514	调高垫板　885×210×h	1	橡塑	
161	GLC(07)02W－514	调高垫板　858×210×6	1	橡塑	
162	GLC(07)02W－514	调高垫板　858×210×h	1	橡塑	
163	GLC(07)02W－514	调高垫板　830×210×6	1	橡塑	
164	GLC(07)02W－514	调高垫板　830×210×h	1	橡塑	
165	GLC(07)02W－514	调高垫板　802×210×6	1	橡塑	
166	GLC(07)02W－514	调高垫板　802×210×h	1	橡塑	
167	GLC(07)02W－514	调高垫板　775×210×6	1	橡塑	
168	GLC(07)02W－514	调高垫板　775×210×h	1	橡塑	
169	GLC(07)02W－514	调高垫板　780×210×6	1	橡塑	
170	GLC(07)02W－514	调高垫板　780×210×h	1	橡塑	
171	GLC(07)02W－514	调高垫板　877×210×6	1	橡塑	
172	GLC(07)02W－514	调高垫板　877×210×h	1	橡塑	
173	GLC(07)02W－514	调高垫板　888×210×6	1	橡塑	
174	GLC(07)02W－514	调高垫板　888×210×h	1	橡塑	
175	GLC(07)02W－514	调高垫板　898×210×6	1	橡塑	
176	GLC(07)02W－514	调高垫板　898×210×h	1	橡塑	
177	GLC(07)02W－514	调高垫板　909×210×6	1	橡塑	
178	GLC(07)02W－514	调高垫板　909×210×h	1	橡塑	
179	GLC(07)02W－514	调高垫板　859×210×6	1	橡塑	
180	GLC(07)02W－514	调高垫板　859×210×h	1	橡塑	
181	GLC(07)02W－514	调高垫板　943×210×6	1	橡塑	
182	GLC(07)02W－514	调高垫板　943×210×h	1	橡塑	
183	GLC(07)02W－514	调高垫板　1 024×210×6	1	橡塑	
184	GLC(07)02W－514	调高垫板　1 024×210×h	1	橡塑	
185	GLC(07)02W－514	调高垫板　1 116×210×6	1	橡塑	
186	GLC(07)02W－514	调高垫板　1 116×210×h	1	橡塑	
187	GLC(07)02W－514	调高垫板　1 176×210×6	1	橡塑	
188	GLC(07)02W－514	调高垫板　1 176×210×h	1	橡塑	

续上表

序号	图号 / 标准	名称及规格	数量	材　料	备　注
189	GLC(07)02W－514	调高垫板　1 189×210×6	1	橡塑	
190	GLC(07)02W－514	调高垫板　1 189×210×*h*	1	橡塑	
191	GLC(07)02W－514	调高垫板　1 202×210×6	1	橡塑	
192	GLC(07)02W－514	调高垫板　1 202×210×*h*	1	橡塑	
193	GLC(07)02W－514	调高垫板　1 199×210×6	1	橡塑	
194	GLC(07)02W－514	调高垫板　1 199×210×*h*	1	橡塑	
195	GLC(07)02W－514	调高垫板　1 213×210×6	1	橡塑	
196	GLC(07)02W－514	调高垫板　1 213×210×*h*	1	橡塑	
197	GLC(07)02W－514	调高垫板　1 238×210×6	1	橡塑	
198	GLC(07)02W－514	调高垫板　1 238×210×*h*	1	橡塑	
199	GLC(07)02W－514	调高垫板　1 271×210×6	1	橡塑	
200	GLC(07)02W－514	调高垫板　1 271×210×*h*	1	橡塑	
201	GLC(07)02W－514	调高垫板　1 305×210×6	1	橡塑	
202	GLC(07)02W－514	调高垫板　1 305×210×*h*	1	橡塑	
203	GLC(07)02W－514	调高垫板　1 338×210×6	1	橡塑	
204	GLC(07)02W－514	调高垫板　1 338×210×*h*	1	橡塑	
205	GLC(07)02W－514	调高垫板　1 371×210×6	1	橡塑	
206	GLC(07)02W－514	调高垫板　1 371×210×*h*	1	橡塑	
207	GLC(07)02W－514	调高垫板　1 405×210×6	1	橡塑	
208	GLC(07)02W－514	调高垫板　1 405×210×*h*	1	橡塑	
209	GLC(07)02W－515	调高垫板　1 438×210×6	1	橡塑	
210	GLC(07)02W－515	调高垫板　1 438×210×*h*	1	橡塑	
211	GLC(07)02W－515	调高垫板　1 472×210×6	1	橡塑	
212	GLC(07)02W－515	调高垫板　1 472×210×*h*	1	橡塑	
213	GLC(07)02W－515	调高垫板　1 505×210×6	1	橡塑	
214	GLC(07)02W－515	调高垫板　1 505×210×*h*	1	橡塑	
215	GLC(07)02W－514	调高垫板　762×210×6	1	橡塑	
216	GLC(07)02W－514	调高垫板　762×210×*h*	1	橡塑	
217	GLC(07)02W－514	调高垫板　778×210×6	1	橡塑	
218	GLC(07)02W－514	调高垫板　778×210×*h*	1	橡塑	
219	GLC(07)02W－512	调高垫板　506×190×6	59	橡塑	
220	GLC(07)02W－512	调高垫板　506×190×*h*	20	橡塑	
221	GLC(07)02W－514	调高垫板　676×210×6	13	橡塑	
222	GLC(07)02W－514	调高垫板　676×210×*h*	13	橡塑	

GLC(07)02W 电务主要参数

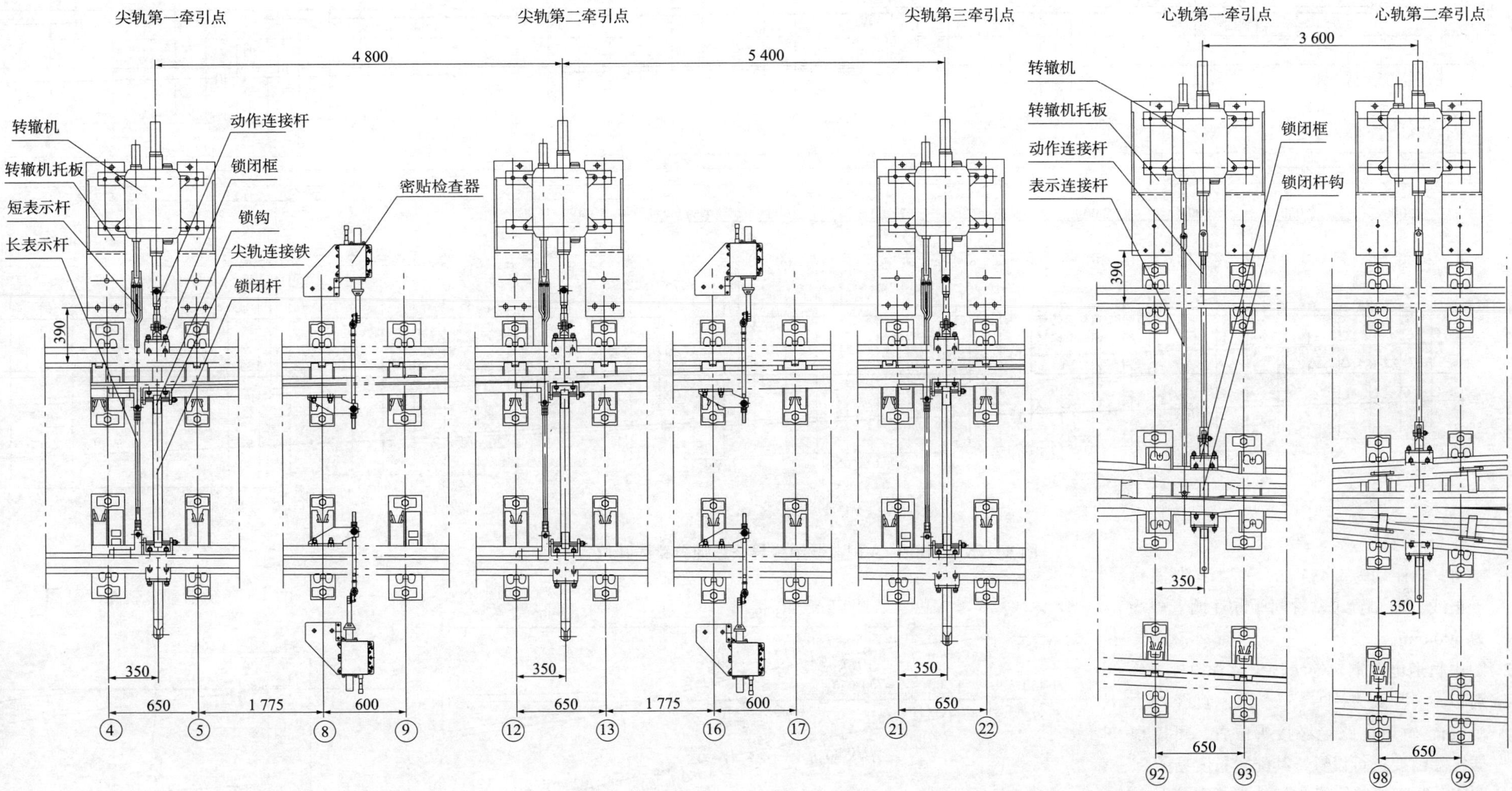

转换设备	安装图名称	安装图号 / 标准	锁闭方式
钩型外锁	60 kg/m 钢轨 18 号单开道岔外锁闭装置安装图	S0711	外锁闭
ZDJ9	60 kg/m 钢轨 18 号单开道岔转换设备 (ZDJ9) 安装图	S0712W	外锁闭
S700K	60 kg/m 钢轨 18 号单开道岔转换设备 (S700K) 安装图	S0713W	外锁闭
ZYJ7+SH6	60 kg/m 钢轨 18 号单开道岔转换设备 (ZYJ7) 安装图	S0714W	外锁闭
优化外锁	60 kg/m 钢轨 18 号单开道岔外锁闭装置安装图	S1633	外锁闭

60 kg/m 钢轨 18 号单开道岔
图　号：GLC(07)02W

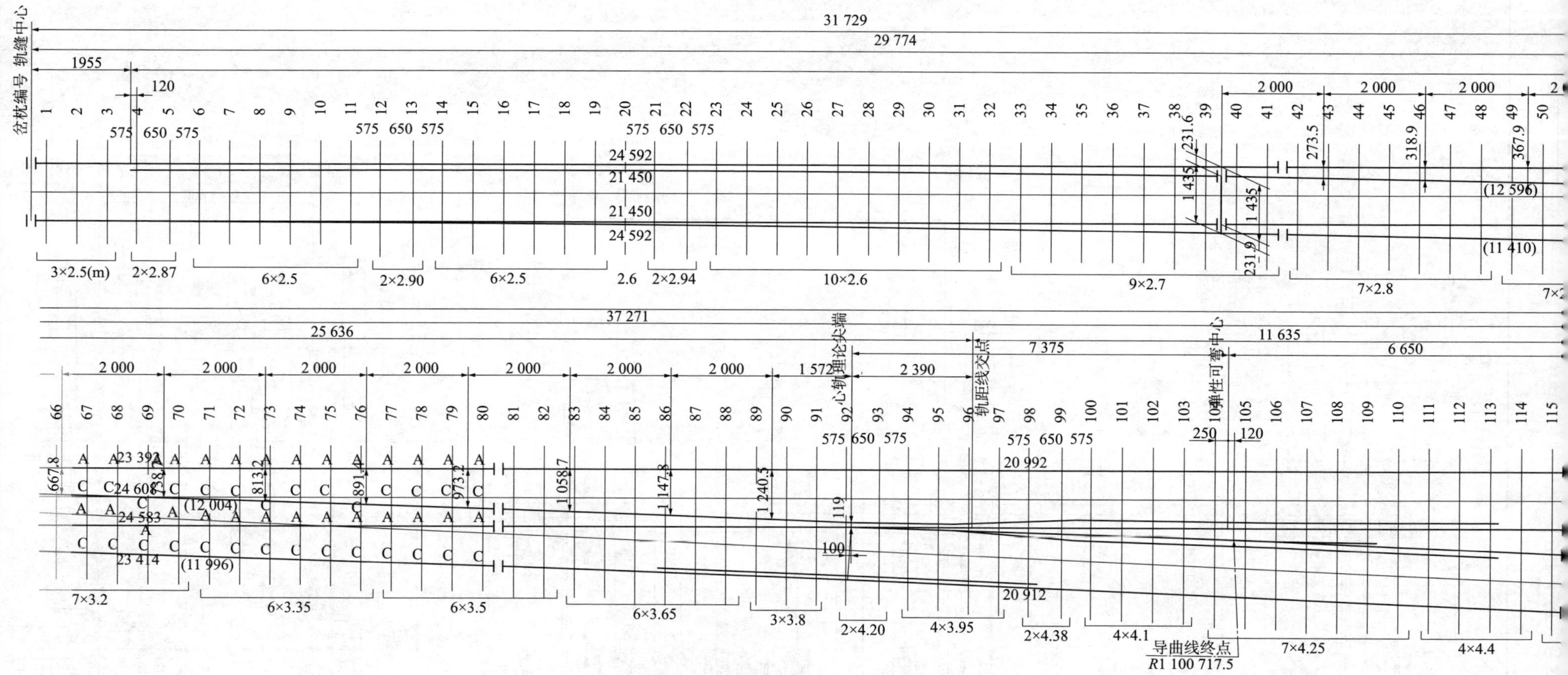

技 术 要 求

1. 本道岔轨距均为 1 435 mm，岔枕均按垂直于正线方向布置，岔枕间距除注明者外均为 600 mm。
2. 图中轨道电路钢轨绝缘接头及普通接头分别以“⊥”及“—|⊢—”表示，轨缝均为 8 mm。轨道电路绝缘接头位置，可以根据实际需要进行设置，其配轨长度见图 2、图 3。设置胶接绝缘的钢轨按括号内的数字断开。
3. 图中 A、B、C、D 分别表示垫板 60-0、60-5、60-8、60-11。
4. 铺设混凝土岔枕时，带编号一侧铺设在道岔直股外侧，侧股辙叉后短岔枕带编号一侧铺设在道岔侧股外侧。
5. 岔枕长度和布置见研线 1005。
6. 导曲线钢轨需厂内预钻跳线孔，要求以 $\phi 9.8$ mm 钻头钻孔，孔高距钢轨轨底 79 mm，具体位置详见“导曲线部分跳线孔位置示意图”，图中“●”代表跳线孔位置。

图 4　ZWP2000-A 型曲股绝缘导曲线部分跳线孔位置示意图

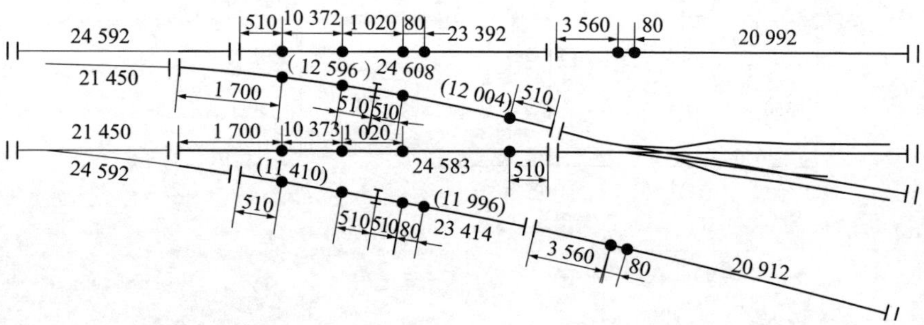

7. 每组备用调高垫板包括 h=2 mm、3 mm、5 mm 各 1 块。
8. 道岔主要结构特点：
   (1) 尖轨为半切线型，采用 21.45 m 长的 60AT 弹性可弯尖轨，尖轨尖端为藏尖式。
   (2) 一般部位轨距块及复合偏心套的号码配置见下表：
   钢轨工作边一侧安装 13 号轨距块或绝缘轨距块；
   钢轨非工作边一侧安装 11 号轨距块或绝缘轨距块；
   7-17 号轨距块为备用轨距块，供现场调整用。
   滑床板上不同轨距时复合偏心套的配置见下表：
   (3) 钢轨接头两侧采用绝缘轨距块。
9. 钢轨材质应与相邻的线路钢轨相同，具体由用户订货时指明。

图 1　转辙器部分轨距示意图

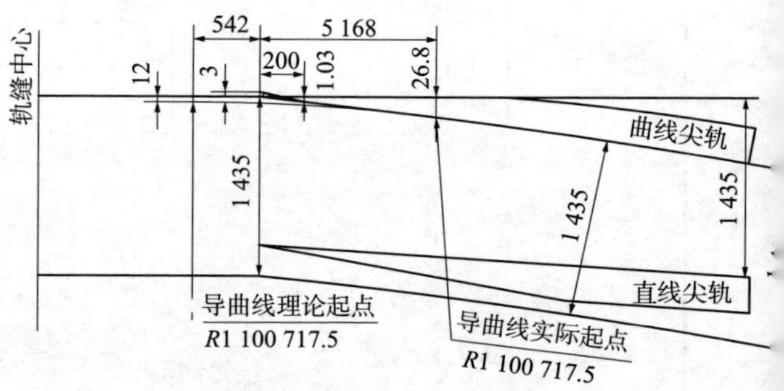

图 5　ZWP2000-A 型直股绝缘导曲线部分跳线孔位置示意图

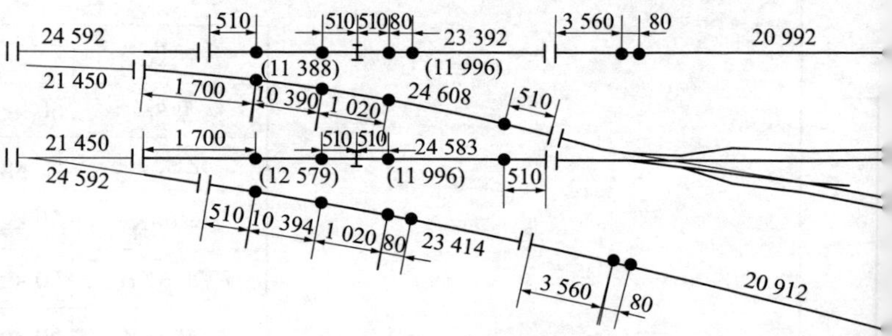

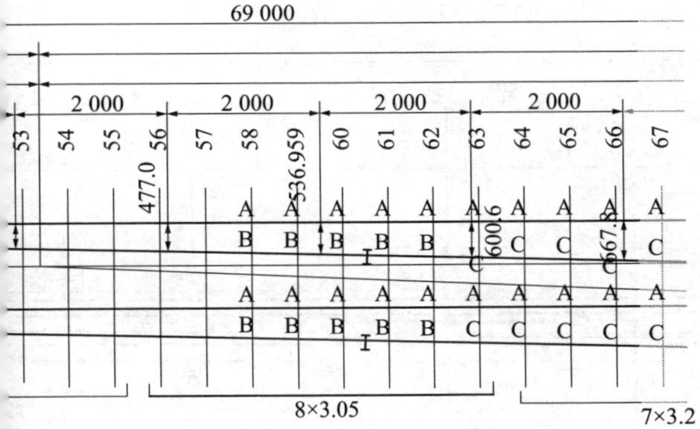

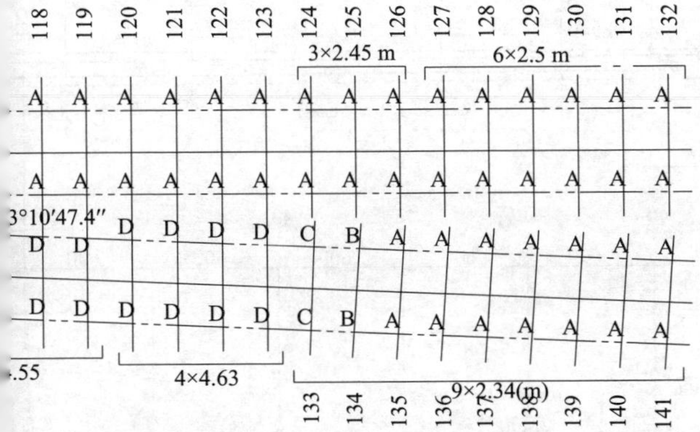

图 2 绝缘接头设在侧股

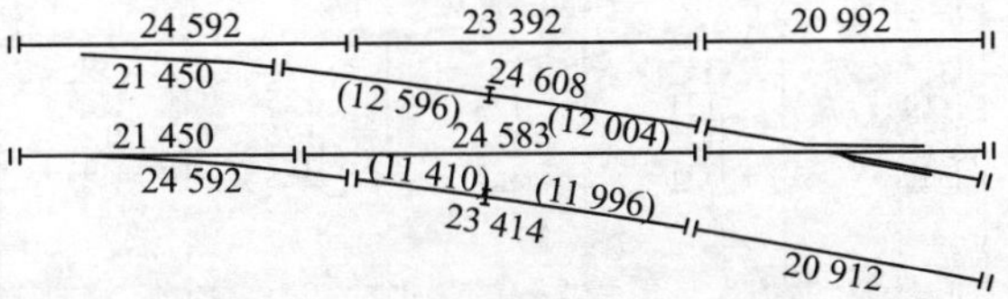

图 3 绝缘接头设在直股

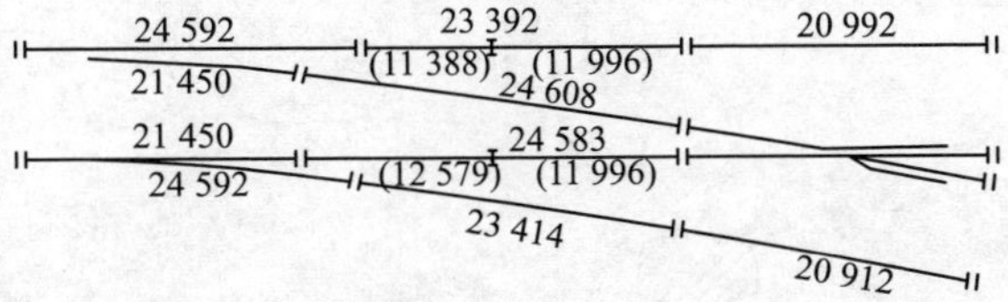

单股钢轨位置	钢轨内侧			钢轨外侧		
	复合偏心套		轨距块	复合偏心套		轨距块
	外侧	内侧		内侧	外侧	
0	11	13	13	11	13	11
+2	13	11	13	13	11	11
+4	13	11	15	13	11	9
−2	11	13	11	11	13	13
−4	11	13	9	11	13	15

表 1 明 细 表

序号	图号 / 标准	名称及规格	单位	数 量	材 料	备注
1	GLC(07)02W－100	转辙器	组	1		
2	GLC(07)02W－200	可动心轨辙叉	组	1		
3	TB/T 2341.3	钢 轨	m	137.9	60 kg/m 钢轨	
4	GLC(07)02W－501	平垫板 A	块	94		
5	GLC(07)02W－501	平垫板 B	块	12		
6	GLC(07)02W－501	平垫板 C	块	38		
7	GLC(07)02W－501	平垫板 D	块	16		
8	专线 3351－3	Ⅱ型弹条	个	312	60Si2CrVA	
9	HYT－LU－2	接头 B 型弹条	个	8	60Si2CrVA	
10	专线 4232－4	T 型螺栓 M24 × 60	个	320+30		"+" 后为备用
11	GLC(06)01－536	岔枕螺栓 GLCWA	个	320	45 号钢	
12	GLC(06)01－536	岔枕螺栓 GLCWB	个	118	45 号钢	备用
13	NS－07	限位板 M24	个	320+30		"+" 后为备用
14	NS－06	盖形螺母 M24	个	320+30		"+" 后为备用
15	GB/T 7244	弹簧垫圈 30	个	320		
16	GLC(07)02W－508	复合定位套	个	320+30		"+" 后为备用
17	专线 4232－10	轨距块 60/9－11 轨距块 60/13－15	个	各 170	ZG230－500	
18	专线 4232－10	轨距块 60/7－17	个	50	ZG230－500	备用
19	专线 4232－10A	接头轨距块 60/9－11 接头轨距块 60/13－15	个	各 10	ZG230－500	
20	专线 4232－10A	接头轨距块 60/7－17	个	10	ZG230－500	
21	专线 4267－3	轨距块 60－7 轨距块 60－13	个	各 15	KTH350－10	备用
22	专线 4267－4	接头轨距块 60－7 接头轨距块 60－13	个	各 10	KTH350－10	
23	专线 4232－72	接头轨距块 60/9－11 接头轨距块 60/13－15	个	各 4	玻璃纤维	
24	GLC(07)02－402	轨下双面橡胶垫板 60－200－0	块	160	橡胶	
25	GLC(07)02W－401	橡胶垫板 496 × 180 × 20	块	160	橡胶	标记 60/ 普
26	GLC(07)02W－512	调高垫板 506 × 190 × 6	块	160	橡塑	
27	GLC(07)02W－512	调高垫板 506 × 190 × *h*	组	50	橡塑	备用
28	GLC(07)02W－518	调高垫板 496 × 190 × 6	块	8	橡塑	
29	GLC(07)02W－518	调高垫板 496 × 190 × *h*	组	8	橡塑	备用
30	专线 3417	钢轨绝缘	组	2		

表 2 岔枕数量表

序号	岔枕长 (m)	单位	数量
1	2.45	根	6
2	2.5	根	12
3	2.6	根	9
4	2.7	根	14
5	2.8	根	8
6	2.88	根	2
7	2.9	根	8
8	2.91	根	2
9	2.95	根	2
10	3.0	根	8
11	3.1	根	8
12	3.2	根	6
13	3.3	根	4
14	3.4	根	4
15	3.5	根	5
16	3.6	根	4
17	3.7	根	4
18	3.8	根	3
19	3.9	根	2
20	4.0	根	2
21	4.1	根	3
22	4.2	根	2
23	4.22	根	2
24	4.3	根	4
25	4.4	根	2
26	4.41	根	2
27	4.5	根	4
28	4.6	根	2
29	4.7	根	4
30	4.8	根	3

图 6 25 Hz 型曲股绝缘导曲线部分跳线孔位置示意图

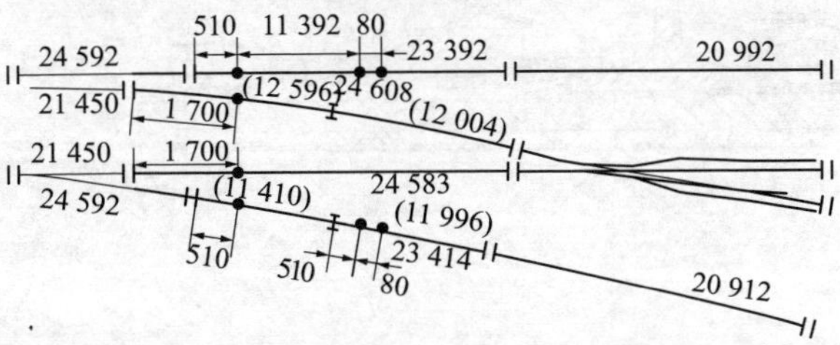

图 7 25 Hz 型直股绝缘导曲线部分跳线孔位置示意图

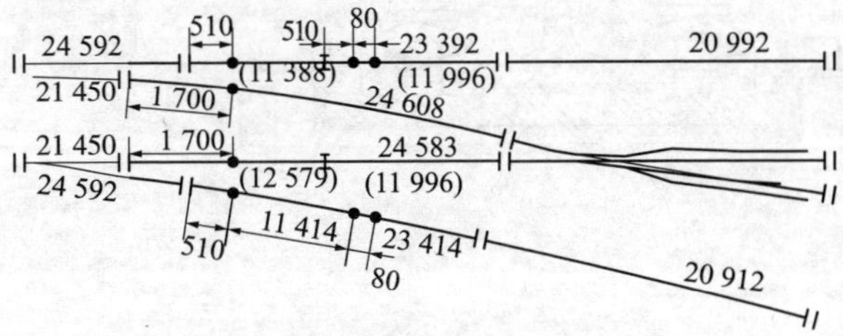

60 kg/m 钢轨 18 号单开道岔转辙器
图　号：GLC(07)02W－100

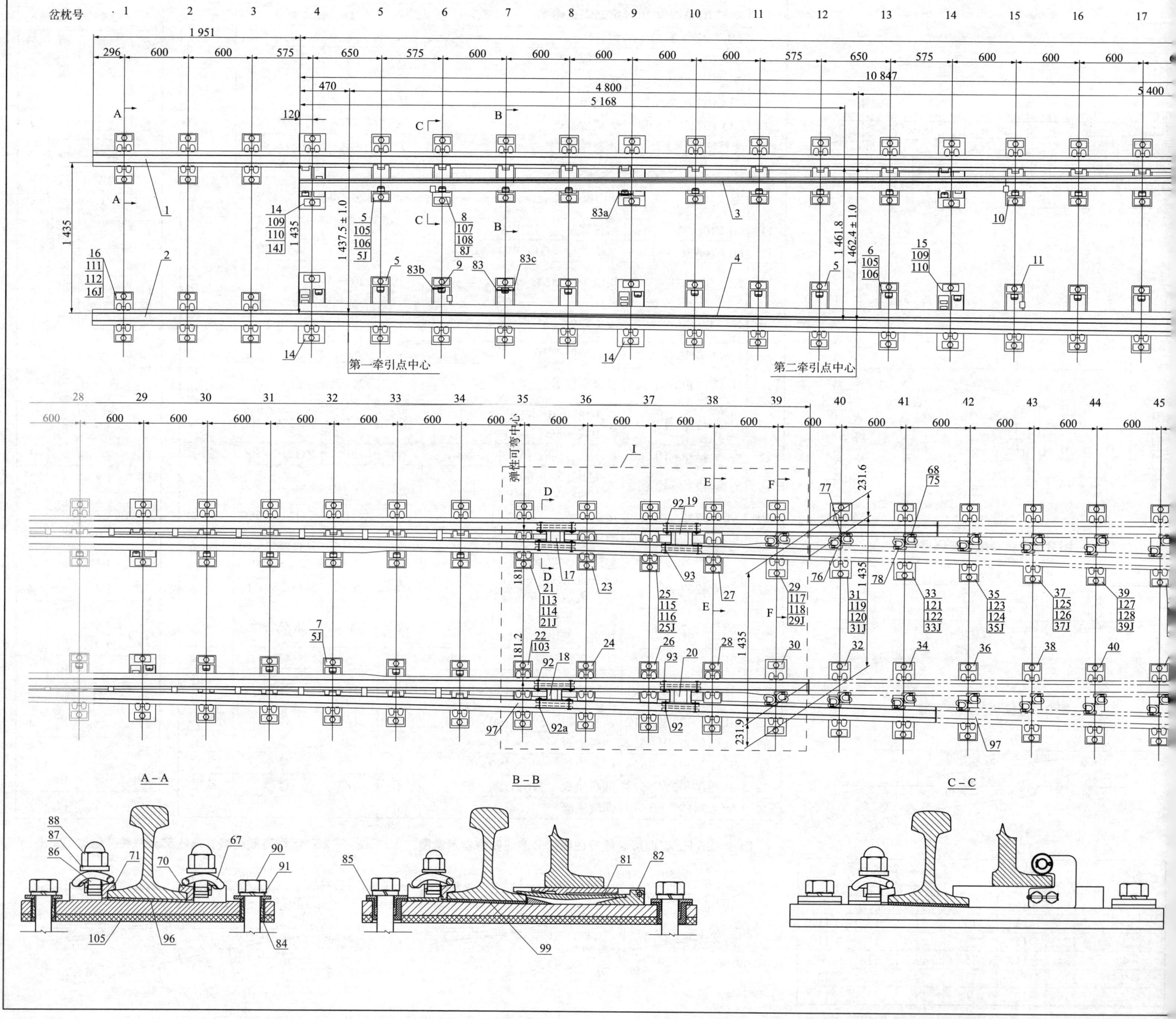

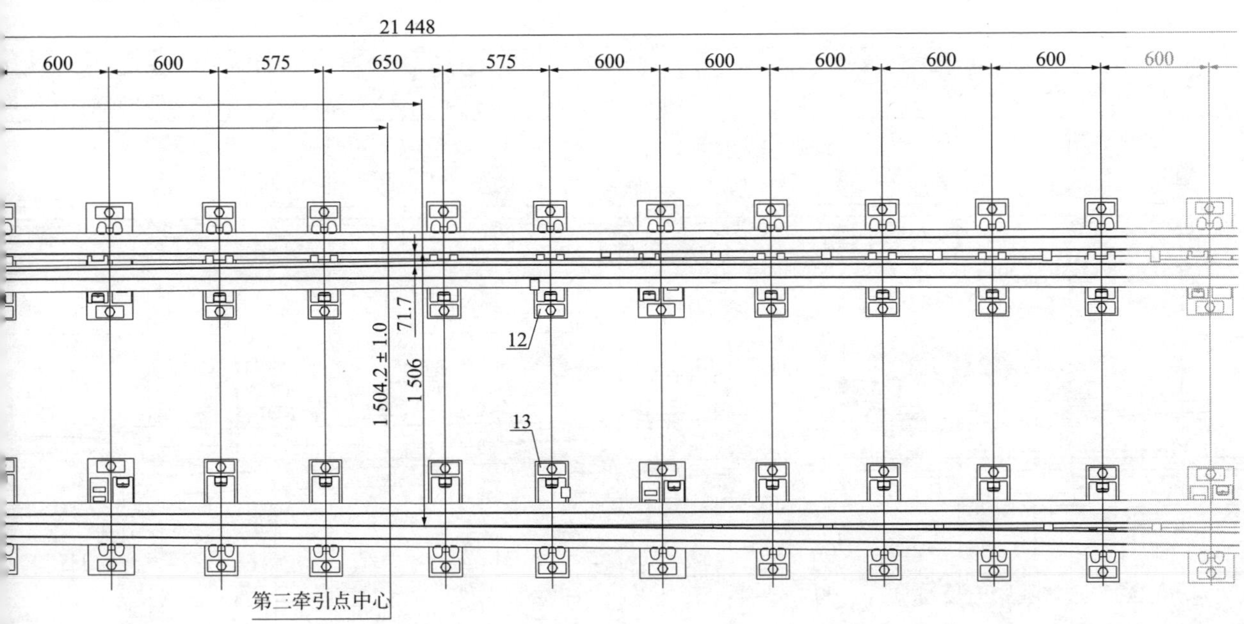

I图

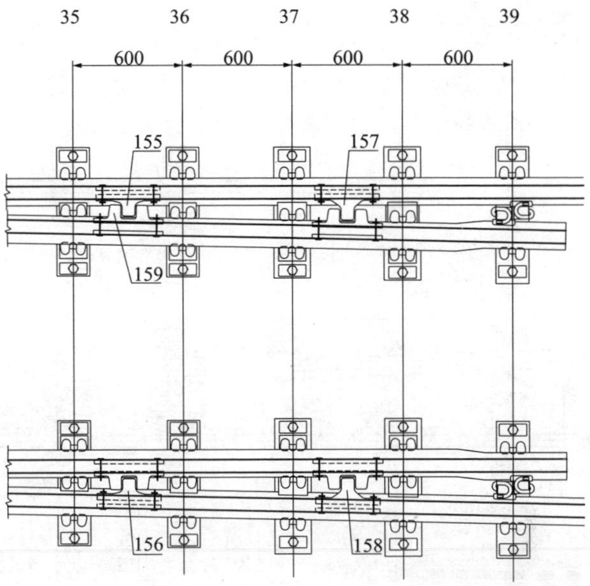

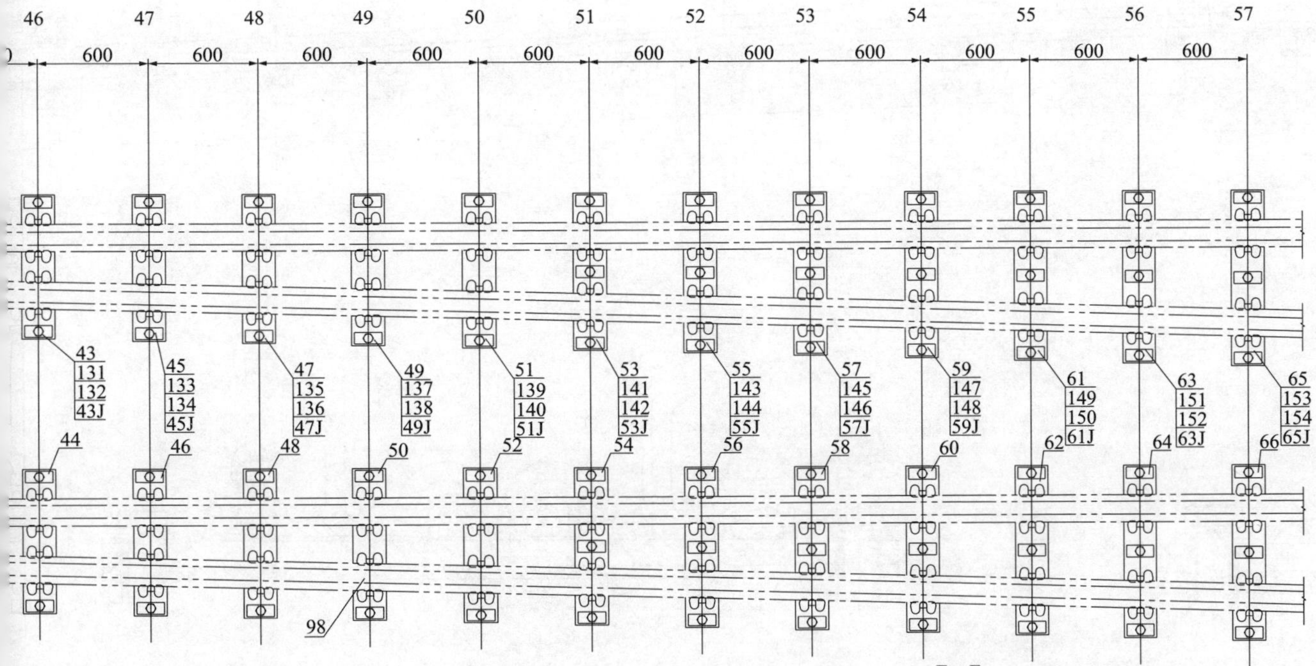

F－F

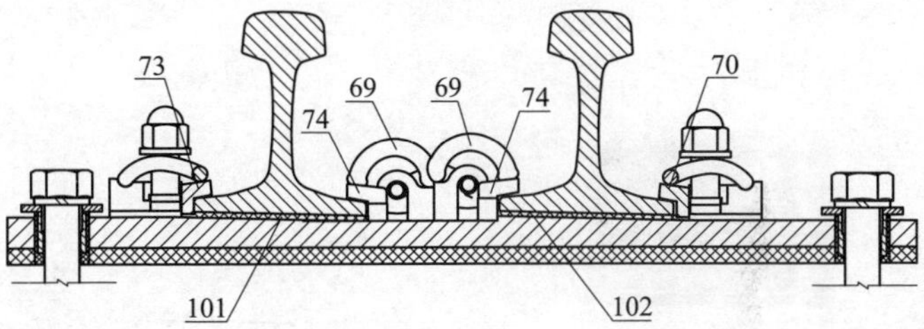

D－D

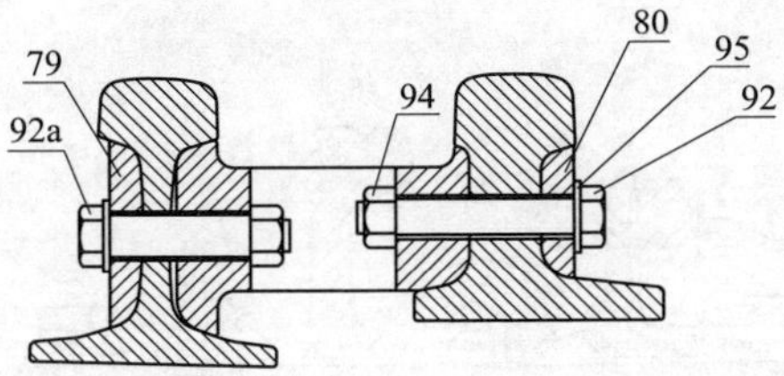

E－E

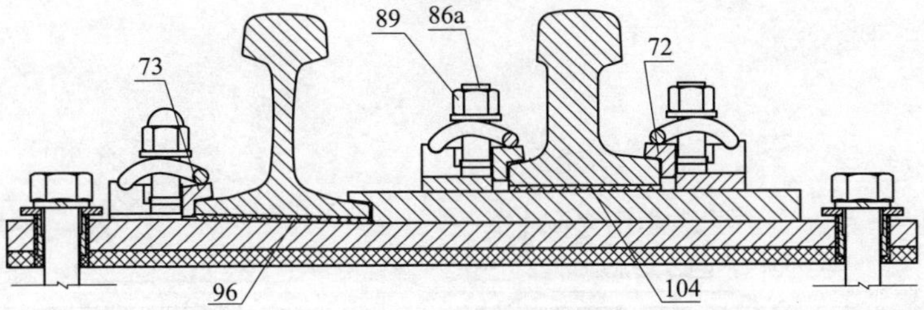

技 术 要 求

1. 尖轨跟端采用限位器结构时，局部布置图见 I 图。
2. 滚轮滑床板 4、9、14 号岔枕用双滚轮，19、24、27 号岔枕用单滚轮。
3. 若转辙器不设传力机构时，序号 17～20、79、80、92a、92～95 应取消。

60 kg/m 钢轨 18 号单开道岔辙叉及护轨

图　号：GLC(07)02W－200

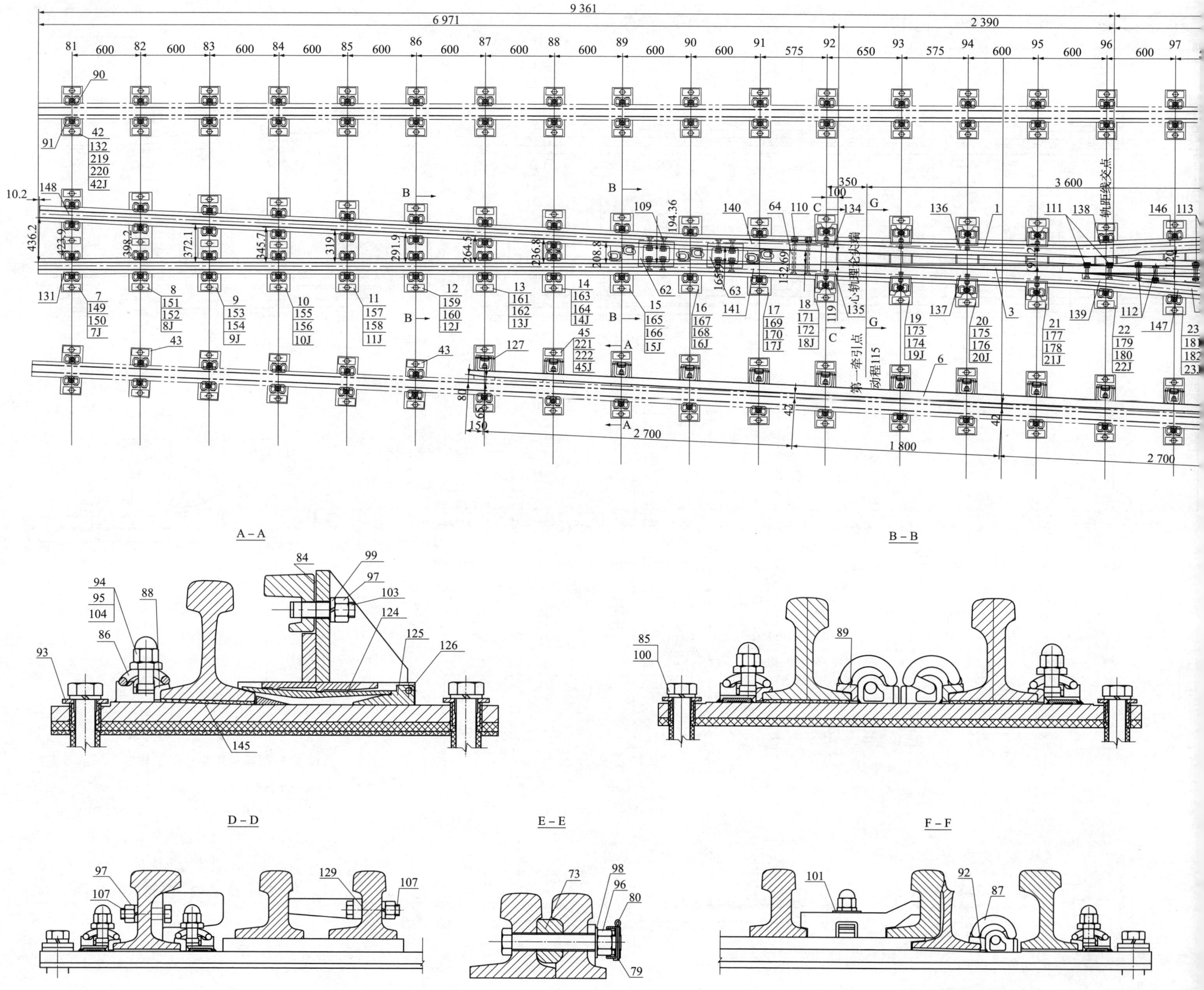

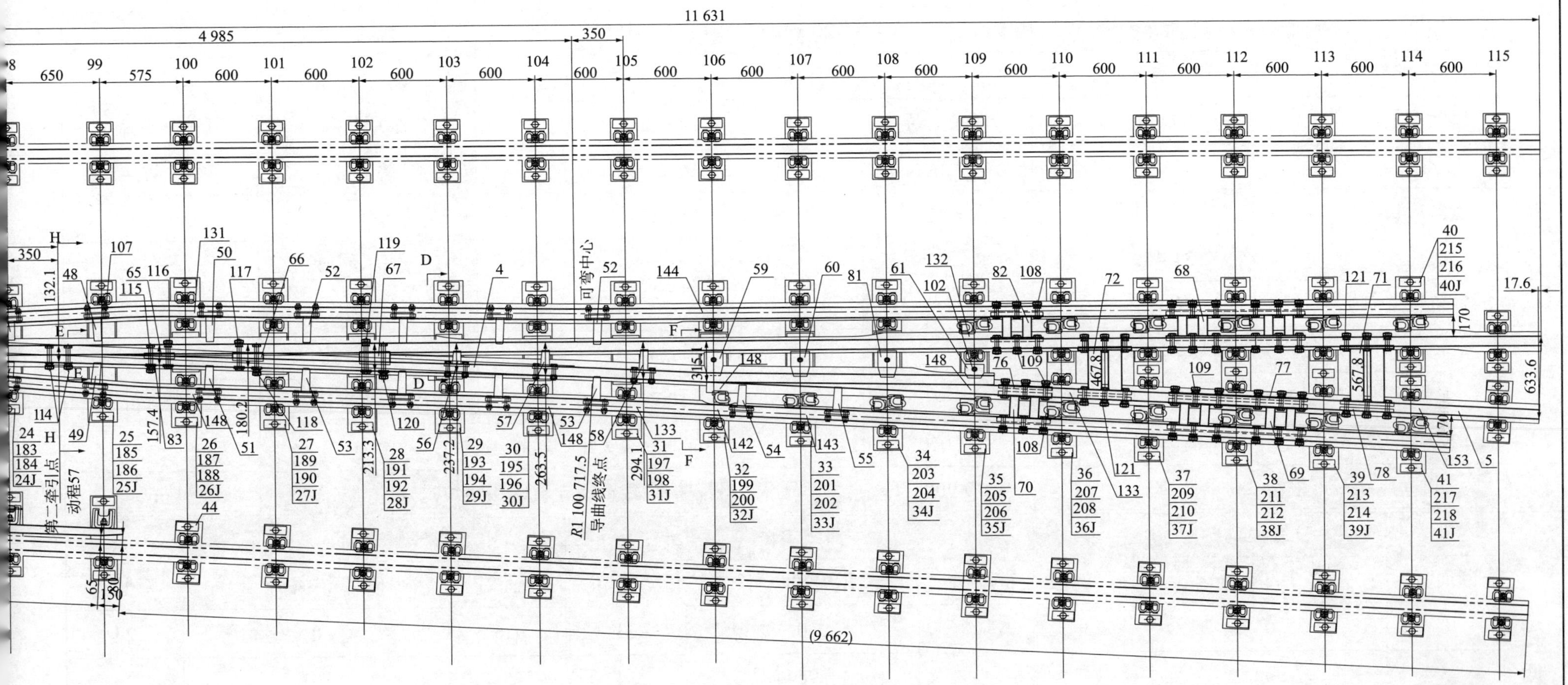

C－C

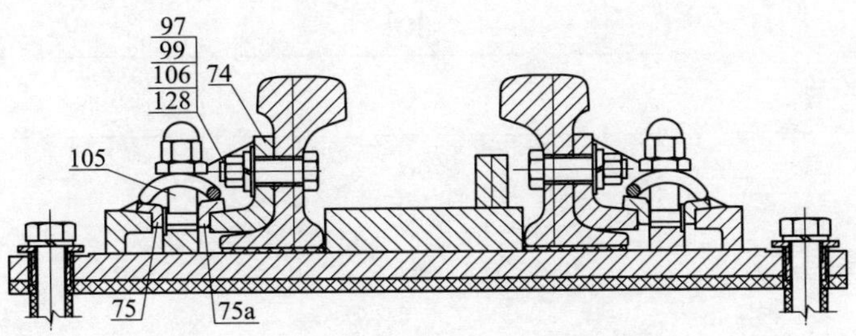

H－H

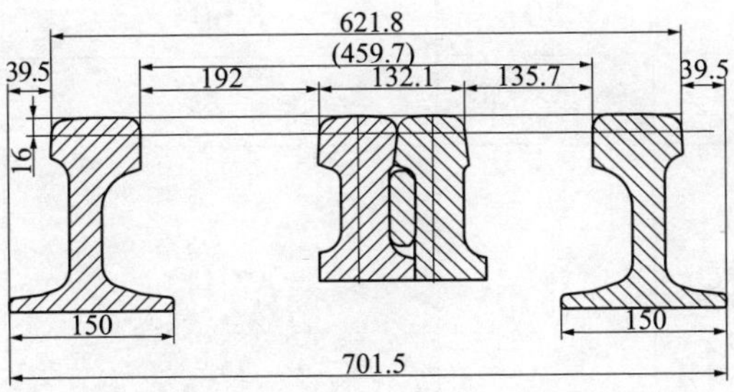

G－G

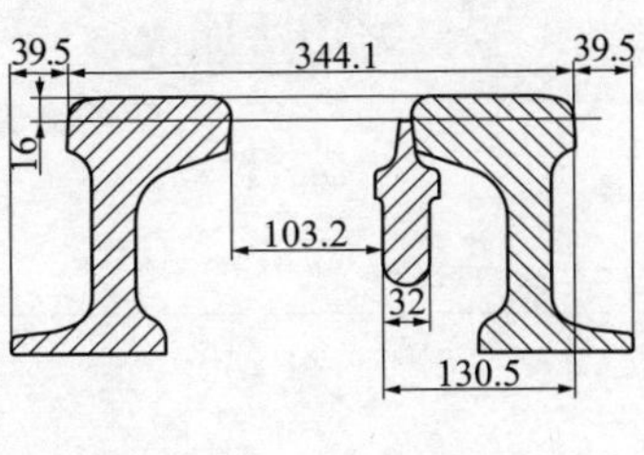

技 术 要 求

当接头铁位置达不到要求时，可用调整片进行调整。

10. 60 kg/m 钢轨 18 号单开道岔(有砟)
设计图号：GLC(07)02

<table>
<tr><td rowspan="2">道岔允许通过速度</td><td>客车</td><td colspan="2">$v_{直} \leq 200$ km/h；$v_{侧} \leq 80$ km/h</td><td>扣件类型</td><td>Ⅱ型弹条</td></tr>
<tr><td>货车</td><td colspan="2">$v_{直} \leq 120$ km/h；$v_{侧} \leq 80$ km/h</td><td>轨底坡</td><td>1∶40</td></tr>
<tr><td>转辙器跟端形式</td><td colspan="3">■限位器 ■间隔铁 ■不设传力机构 □间隔铁活接头</td><td>锁闭方式</td><td>外锁闭</td></tr>
<tr><td>道岔全长</td><td>69 000</td><td>辙叉全长</td><td>20 992</td><td>辙叉类型</td><td>可动心轨辙叉</td></tr>
<tr><td>道岔前长</td><td>31 729</td><td>辙叉趾长</td><td>9 361</td><td>辙叉角</td><td>3°10′47.4″</td></tr>
<tr><td>道岔后长</td><td>37 271</td><td>辙叉跟长</td><td>11 631</td><td>翼轨轨型</td><td>60TY1</td></tr>
<tr><td>尖轨长度</td><td>21 450</td><td rowspan="2">基本轨长度</td><td rowspan="2">24 592</td><td>直向护轨长度</td><td>—</td></tr>
<tr><td>尖轨轨型</td><td>60AT1</td><td>侧向护轨长度</td><td>7 500</td></tr>
<tr><td colspan="3">尖轨尖端前基本轨长度</td><td>1 951</td><td>护轨轨型</td><td>33 kg/m 槽型钢</td></tr>
<tr><td colspan="3">辙叉理论尖端距趾端方向前一根岔枕中心距离</td><td>100</td><td>导曲线半径</td><td>1 100 m</td></tr>
<tr><td colspan="2">尖轨尖端至心轨实际尖端距离</td><td>53 070</td><td colspan="2">直向护轨端头距导轨端头定位尺寸</td><td>—</td></tr>
<tr><td colspan="2">道岔终端至末根岔枕中心距离</td><td>9 900</td><td colspan="2">侧向护轨端头距导轨端头定位尺寸</td><td>9 662</td></tr>
</table>

降低值	直线尖轨			曲线尖轨			长心轨		
	断面宽	距尖端距离	降低值	断面宽	距尖端距离	降低值	断面宽	距实际尖端距离	降低值
	0	0	23	0	0	23	1.6	0	23
	5	964	14	5	964	14	5	103	20
	20	3 852	4	20	3 855	4	20	559	5
	35	6 569	1.7	35	6 574	1.7	40	1 158.1	1.7
	50	8 598	0	50	8 604	0	50	1 454	0

<table>
<tr><td>最大构造加宽</td><td>—</td><td>测量位置</td><td colspan="5">—</td></tr>
<tr><td>岔枕图号
GLC(07)02－300</td><td rowspan="2">岔枕总数</td><td rowspan="2">141 根</td><td rowspan="2">岔枕展延长</td><td rowspan="2">462.04 m</td><td rowspan="2">套管总数</td><td rowspan="2">783</td></tr>
<tr><td>道岔板
—</td></tr>
<tr><td>转换设备图号
—</td><td>尖轨动程</td><td colspan="3">160、118、71</td><td>心轨动程</td><td>115、57</td></tr>
<tr><td>批准文号</td><td colspan="4">—</td><td>应用情况</td><td>★★★</td></tr>
<tr><td>主要结构特点</td><td colspan="6">1. 本道岔适用于跨区间无缝线路。
2. 轨下基础采用混凝土岔枕和有砟道床。</td></tr>
</table>

转辙器明细表

序号	图号 / 标准	名称及规格	数量	材　料	备　注
1	GLC(07)02－102	直基本轨　24 592	1	60 kg/m 钢轨	
2	GLC(07)02－103	曲基本轨　24 592	1	60 kg/m 钢轨	
3	GLC(07)02－104	曲线尖轨　21 450	1	60AT 钢轨	
4	GLC(07)02－105	直线尖轨　21 450	1	60AT 钢轨	
5	GLC(06)01－501	滑床板　640－0	28		
6	GLC(06)01－501	滑床板　640－3	13		
7	GLC(06)01－501	滑床板　640－6	3		
8	GLC(06)01－506	防跳限位装置　650－0/22	1		
9	GLC(06)01－506	防跳限位装置　650－3/24	1		
10	GLC(06)01－506	防跳限位装置　640－0/49	1		
11	GLC(06)01－506	防跳限位装置　640－3/57	1		
12	GLC(06)01－506	防跳限位装置　640－0/76	1		
13	GLC(06)01－506	防跳限位装置　640－3/76	1		
14	GLC(06)01－504	滚轮滑床板　640－0G	8		
15	GLC(06)01－504	滚轮滑床板　640－3G	4		
16	GLC(06)01－534	平垫板　480－0	6		
17	GLC(06)01－509	间隔铁　Z/144.6－151.1	1	ZG 270－500	
18	GLC(06)01－510	间隔铁　Y/144.6－151.1	1	ZG 270－500	
19	GLC(06)01－509	间隔铁　Z/166.5－173.4	1	ZG 270－500	仅用于采用间隔铁形式跟端传力机构
20	GLC(06)01－510	间隔铁　Y/166.5－173.4	1	ZG 270－500	
21	GLC(07)02－106	垫　板　683	1		
22	GLC(07)02－107	垫　板　683	1		
23	GLC(07)02－108	垫　板　683	1		
24	GLC(07)02－109	垫　板　683	1		
25	GLC(07)02－108	垫　板　708	1		
26	GLC(07)02－109	垫　板　708	1		
27	GLC(07)02－108	垫　板　708	1		
28	GLC(07)02－109	垫　板　708	1		
29	GLC(07)02－110Y	垫　板　708	1		左开时为 GLC(07)02－110Z
30	GLC(07)02－111Y	垫　板　708	1		左开时为 GLC(07)02－111Z

续上表

序号	图号 / 标准	名称及规格	数量	材　料	备　注
31	GLC(07)02－112Y	垫　板　720	1		左开时为 GLC(07)02－112Z
32	GLC(07)02－113Y	垫　板　720	1		左开时为 GLC(07)02－113Z
33	GLC(07)02－112Y	垫　板　733	1		左开时为 GLC(07)02－112Z
34	GLC(07)02－113Y	垫　板　733	1		左开时为 GLC(07)02－113Z
35	GLC(07)02－114Y	垫　板　745	1		左开时为 GLC(07)02－114Z
36	GLC(07)02－115Y	垫　板　745	1		左开时为 GLC(07)02－115Z
37	GLC(07)02－114Y	垫　板　758	1		左开时为 GLC(07)02－114Z
38	GLC(07)02－115Y	垫　板　758	1		左开时为 GLC(07)02－115Z
39	GLC(07)02－114Y	垫　板　772	1		左开时为 GLC(07)02－114Z
40	GLC(07)02－115Y	垫　板　772	1		左开时为 GLC(07)02－115Z
41	GLC(07)02－116Y	垫　板　785	1		左开时为 GLC(07)02－116Z
42	GLC(07)02－117Y	垫　板　785	1		左开时为 GLC(07)02－117Z
43	GLC(07)02－118	垫　板　800	1		
44	GLC(07)02－119	垫　板　800	1		
45	GLC(07)02－118	垫　板　814	1		
46	GLC(07)02－119	垫　板　814	1		
47	GLC(07)02－118	垫　板　829	1		
48	GLC(07)02－119	垫　板　829	1		
49	GLC(07)02－118	垫　板　844	1		
50	GLC(07)02－119	垫　板　844	1		
51	GLC(07)02－118	垫　板　859	1		
52	GLC(07)02－119	垫　板　859	1		
53	GLC(07)02－120	垫　板　875	1		
54	GLC(07)02－121	垫　板　875	1		
55	GLC(07)02－120	垫　板　891	1		
56	GLC(07)02－121	垫　板　891	1		
57	GLC(07)02－120	垫　板　907	1		
58	GLC(07)02－121	垫　板　907	1		
59	GLC(07)02－120	垫　板　923	1		
60	GLC(07)02－121	垫　板　923	1		
61	GLC(07)02－120	垫　板　940	1		
62	GLC(07)02－121	垫　板　940	1		

续上表

序号	图号 / 标准	名称及规格	数量	材 料	备 注
63	GLC(07)02－120	垫 板 958	1		
64	GLC(07)02－121	垫 板 958	1		
65	GLC(07)02－120	垫 板 975	1		
66	GLC(07)02－121	垫 板 975	1		
67	专线 3351	Ⅱ型弹条	222		
68	专线 3328－3	Ⅲ型弹条	18		
69	专线 9602	Ⅲ型接头弹条	10		
70	专线 4232－10A	接头轨距块 60/13－15	6	ZG 230－450	
71	专线 4232－10A	接头轨距块 60/9－11	6	ZG 230－450	
72	专线 4232－10	轨距块 60/13－15	70	ZG 230－450	
73	专线 4232－10	轨距块 60/9－11	140	ZG 230－450	
74	GLC(06)01－512	轨距块 60－0	4	KTH 350－10	
75	专线 4267－4	接头轨距块 60－11	4	KTH 350－10	
76	专线 4267－4	接头轨距块 60－9	2	KTH 350－10	
77	专线 4267－3	轨距块 60－11	8	KTH 350－10	
78	专线 4267－3	轨距块 60－9	10	KTH 350－10	
79	GLC(06)01－511	夹 板 360	4	Q235－A	
80	专线 4232－32	钢轨垫圈 60AT－0	8	KTH 330－08	
81	GLC(06)01－513	弹 片 210	62	60Si2CrA	
82	GLC(06)01－514	楔形调整块	62		A=30 为 60 个，A=40 为 2 个
83	GLC(06)01－565	销 钉 165－454	44		
83a	GLC(06)01－565	销 钉 125－114	12		
83b	GLC(06)01－566	螺 栓 M12 × 90	6		
83c	GB/T 91	开口销 3.2 × 18	50		
84	GLC(06)01－545	复合定位套	118		
85	GLC(06)01－515	复合偏心套 11－13	124		另做 9－15 的 62 个（备用）
86	专线 4232－4	T 型螺栓 M24 × 60	206	4.8 级	
86a	专线 4232－4	T 型螺栓 M24 × 65	16	4.8 级	
87	NS－07	限位板 M24	222	4 级	
88	NS－06	盖型螺母 M24	206	4 级	
89	NS－01(b)－c	螺 母 M24	16	4 级	
90	GLC(06)01－536	岔枕螺栓 GLCII	242		

续上表

序号	图号 / 标准	名称及规格	数量	材　料	备　注
91	GB/T 7244	弹簧垫圈　30	242		
92	GLC(06)01－561	螺　栓　M27 × 130	8	10.9 级	
92a	GLC(06)01－561	螺　栓　M27 × 120	4	10.9 级	
93	GLC(06)01－561	螺　栓　M27 × 140	4	10.9 级	
94	NS－01b	螺　母　M27	16	10 级	
95	GB/T 1230	垫　圈　27	16		
96	GLC(07)02－402	轨下双面橡胶垫板　60－200－0	42	橡胶	
97	GLC(07)02－402	轨下双面橡胶垫板　60－200－3	18	橡胶	
98	GLC(07)02－402	轨下双面橡胶垫板　60－200－6	18	橡胶	
99	GLC(07)02－401	轨下单面橡胶垫板　60－200－0	50	橡胶	
100	GLC(07)02－401	轨下单面橡胶垫板　60－270－0	12	橡胶	
101	GLC(07)02－402	轨下双面橡胶垫板　60－220－0	6	橡胶	
102	GLC(07)02－402	轨下双面橡胶垫板　60－220－3	6	橡胶	
103	GLC(07)02－402	轨下双面橡胶垫板　60－170－0	4	橡胶	
104	GLC(07)02－402	轨下双面橡胶垫板　60－170－3	4	橡胶	
105	GLC(07)02－410	橡胶垫板　480 × 185 × 14	6	橡胶	
106	GLC(07)04－417	橡胶垫板　640 × 185－0	30	橡胶	
107	GLC(07)04－417	橡胶垫板　640 × 185－3	15	橡胶	
108	GLC(07)04－417	橡胶垫板　640 × 185－6	3	橡胶	
109	GLC(07)04－417	橡胶垫板　650 × 185－0	1	橡胶	
110	GLC(07)04－417	橡胶垫板　650 × 185－3	1	橡胶	
111	GLC(07)04－412	橡胶垫板　640 × 255－0	8	橡胶	
112	GLC(07)04－412	橡胶垫板　640 × 255－3	4	橡胶	
113	GLC(07)02－411	橡胶垫板　683 × 185 × 14	4	橡胶	
114	GLC(07)02－411	橡胶垫板　708 × 185 × 14	4	橡胶	
115	GLC(07)02－411	橡胶垫板　708 × 205 × 14	2	橡胶	
116	GLC(07)02－411	橡胶垫板　720 × 205 × 14	2	橡胶	
117	GLC(07)02－411	橡胶垫板　733 × 205 × 14	2	橡胶	
118	GLC(07)02－411	橡胶垫板　745 × 185 × 14	2	橡胶	
119	GLC(07)02－411	橡胶垫板　758 × 185 × 14	2	橡胶	
120	GLC(07)02－411	橡胶垫板　772 × 185 × 14	2	橡胶	
121	GLC(07)02－411	橡胶垫板　785 × 185 × 14	2	橡胶	

续上表

序号	图号 / 标准	名称及规格	数量	材　料	备　注
122	GLC(07)02－411	橡胶垫板　800×185×14	2	橡胶	
123	GLC(07)02－411	橡胶垫板　814×185×14	2	橡胶	
124	GLC(07)02－411	橡胶垫板　829×185×14	2	橡胶	
125	GLC(07)02－411	橡胶垫板　844×185×14	2	橡胶	
126	GLC(07)02－411	橡胶垫板　859×185×14	2	橡胶	
127	GLC(07)02－414	橡胶垫板　875×185×14	2	橡胶	
128	GLC(07)02－414	橡胶垫板　891×185×14	2	橡胶	
129	GLC(07)02－414	橡胶垫板　907×185×14	2	橡胶	
130	GLC(07)02－414	橡胶垫板　923×185×14	2	橡胶	
131	GLC(07)02－414	橡胶垫板　940×185×14	2	橡胶	
132	GLC(07)02－414	橡胶垫板　958×185×14	2	橡胶	
133	GLC(07)02－414	橡胶垫板　975×185×14	2	橡胶	
134	GLC(06)01－549	限位器　A/108－109Z	1	ZG 270－500	仅用于采用限位器形式跟端传力机构
135	GLC(06)01－549	限位器　A/108－109Q	1	ZG 270－500	
136	GLC(06)01－549	限位器　A/130－131Z	1	ZG 270－500	
137	GLC(06)01－549	限位器　A/130－131Q	1	ZG 270－500	
138	GLC(07)02－130	限位器　B	4	ZG 270－500	

辙叉明细表

序号	图号 / 标准	名称及规格	数量	材　料	备　注
1	GLC(07)02－202	翼　轨　20 390	1		
2	GLC(07)02－203	翼　轨　20 390	1		
3	GLC(07)02－204	长心轨　14 196	1	60AT 钢轨	
4	GLC(07)02－205	短心轨　8 150	1	60AT 钢轨	
5	GLC(07)02－206	叉根尖轨　5 738	1	60 kg/m 钢轨	
6	GLC(07)02－207	侧向护轨　7 500	1	UIC33 槽型钢轨	
7	GLC(07)02－208	垫　板　999 × 200 × 29	1		
8	GLC(07)02－209	垫　板　965 × 200 × 27	1		
9	GLC(07)02－210	垫　板　939 × 200 × 27	1		
10	GLC(07)02－211	垫　板　913 × 200 × 27	1		
11	GLC(07)02－212	垫　板　886 × 200 × 27	1		
12	GLC(07)02－213	垫　板　859 × 200 × 27	1		
13	GLC(07)02－214	垫　板　832 × 200 × 27	1		
14	GLC(07)02－215	垫　板　804 × 200 × 27	1		
15	GLC(07)02－216Y	右开垫板　776 × 200 × 27	1		
	GLC(07)02－216Z	左开垫板　776 × 200 × 27	1		
16	GLC(07)02－217Y	右开垫板　749 × 200 × 27	1		
	GLC(07)02－217Z	左开垫板　749 × 200 × 27	1		
17	GLC(07)02－218Y	右开垫板　754 × 200 × 27	1		
	GLC(07)02－218Z	左开垫板　754 × 200 × 27	1		
18	GLC(07)02－219	垫　板　851 × 200 × 27	1		
19	GLC(07)02－220	垫　板　862 × 200 × 31	1		
20	GLC(07)02－221	垫　板　872 × 200 × 31	1		
21	GLC(07)02－222	垫　板　883 × 200 × 31	1		
22	GLC(07)02－223	垫　板　833 × 200 × 31	1		
23	GLC(07)02－224	垫　板　917 × 200 × 27	1		
24	GLC(07)02－225	垫　板　998 × 200 × 27	1		
25	GLC(07)02－226	垫　板　1 090 × 200 × 27	1		
26	GLC(07)02－227	垫　板　1 150 × 200 × 27	1		
27	GLC(07)02－228	垫　板　1 163 × 200 × 27	1		
28	GLC(07)02－229	垫　板　1 176 × 200 × 27	1		
29	GLC(07)02－230	垫　板　1 173 × 200 × 27	1		
30	GLC(07)02－231	垫　板　1 187 × 200 × 27	1		

续上表

序号	图号 / 标准	名称及规格	数量	材　料	备　注
31	GLC(07)02－232	垫　板　1 212×200×27	1		
32	GLC(07)02－233Y	右开垫板　1 245×200×29	1		
	GLC(07)02－233Z	左开垫板　1 245×200×29	1		
33	GLC(07)02－234Y	右开垫板　1 279×200×29	1		
33	GLC(07)02－234Z	左开垫板　1 279×200×29	1		
34	GLC(07)02－235Y	右开垫板　1 312×200×29	1		
	GLC(07)02－235Z	左开垫板　1 312×200×29	1		
35	GLC(07)02－236Y	右开垫板　1 345×200×29	1		
	GLC(07)02－236Z	左开垫板　1 345×200×29	1		
36	GLC(07)02－237Y	右开垫板　1 379×200×29	1		
	GLC(07)02－237Z	左开垫板　1 379×200×29	1		
37	GLC(07)02－238Y	右开垫板　1 412×200×29	1		
	GLC(07)02－238Z	左开垫板　1 412×200×29	1		
38	GLC(07)02－239Y	右开垫板　1 446×200×29	1		
	GLC(07)02－239Z	左开垫板　1 446×200×29	1		
39	GLC(07)02－240Y	右开垫板　1 479×200×29	1		
	GLC(07)02－240Z	左开垫板　1 479×200×29	1		
40	GLC(07)02－241	垫　板　736×200×27	1		
41	GLC(07)02－242Y	右开垫板　752×200×29	1		
	GLC(07)02－242Z	左开垫板　752×200×29	1		
42	GLC(06)01－534	普通垫板　480－0(A)	36	ZG 230－450 或 QT 450－15	
43	GLC(06)01－534	普通垫板　480－8(C)	6	ZG 230－450 或 QT 450－15	
44	GLC(06)01－534	普通垫板　480－11(D)	17	ZG 230－450 或 QT 450－15	
45	GLC(06)01－535	侧向护轨垫板　111－121	13	ZG 230－450 或 QT 450－15	
46	GLC(08)01－214	防跳顶铁（一）　170	1	KTH 330－08	
47	GLC(08)01－215	防跳顶铁（二）　143.9	1	KTH 330－08	
48	GLC(08)01－214a	顶　铁　206.5	1	KTH 330－08	
49	GLC(08)01－214a	顶　铁　193.7	1	KTH 330－08	
50	GLC(08)01－214a	顶　铁　225	3	KTH 330－08	
51	GLC(08)01－214a	顶　铁　213	3	KTH 330－08	
52	GLC(08)01－214	防跳顶铁（一）　225	2	KTH 330－08	
53	GLC(08)01－215	防跳顶铁（二）　213	2	KTH 330－08	

续上表

序号	图号 / 标准	名称及规格	数量	材　料	备　注
54	GLC(08)01－214	防跳顶铁（一）　194.8	1	KTH 330－08	
55	GLC(08)01－214	防跳顶铁（一）　210	1	KTH 330－08	
56	GLC(07)02－246	顶　铁　123－121	1	KTH 330－08	
57	GLC(07)02－246	顶　铁　150－147	1	KTH 330－08	
58	GLC(07)02－246	顶　铁　181－178	1	KTH 330－08	
59	GLC(07)02－248	双边扣板	1	ZG 230－450	
60	GLC(07)02－248	双边扣板	1	ZG 230－450	
61	GLC(07)02－247	单边扣板	1	ZG 230－450	
62	GLC(08)01－216	间隔铁　60/252.8－238.1	1	ZG 230－450	用于趾端两翼轨间
63	GLC(08)01－216	间隔铁　60/231－235.8	1	ZG 230－450	用于趾端两翼轨间
64	GLC(08)01－217	防跳间隔铁　60/242.2－246.6	1	ZG 230－450	用于趾端两翼轨间
65	GLC(07)02－251	垫　片　60/38.5－46.2	1	Q235	用于两心轨间
66	GLC(06)01－528	间隔铁　60/61.1－69	1	KTH 350－10	用于两心轨间
67	GLC(06)01－528	间隔铁　94－102.5	1	KTH 350－10	用于两心轨间
68	GLC(07)02－253	间隔铁　60AT－225	1	Q235	用于长心轨跟端
69	GLC(07)02－254	间隔铁　950－230	1	Q235	用于侧股叉根
70	GLC(07)02－252	间隔铁　60－230	1	Q235	用于侧股叉根
71	GLC(06)01－555	间隔铁　448.2－468.7－18	1	16Mn	用于叉根尖轨与长心轨之间
72	GLC(06)01－555	间隔铁　348.2－368.7－18	1	16Mn	用于叉根尖轨与长心轨之间
73	GLC(07)02－243	垫　片	1	Q235	用于第二牵引点
74	GLC(06)01－563	轨　撑	8	KTH 330－08	
75	TB/T 1495.4	平垫圈　24	8		
76	GLC(06)01－557	夹　板　B－370	1	Q235	
77	GLC(06)01－538	夹　板　60－B	1	Q235	
78	GLC(06)01－560	夹　板　60－C	2	Q235	
79	SCT 300－346	螺母防松帽　M27	72	ZG 230－450	
80	GB/T 91	开口销　4×80	72		
81	GLC(07)02－248	双边扣板	1	ZG 230－450	
82	GLC(07)02－255	间隔铁　60－225A	1	Q235	用于长心轨跟端
83	GLC(06)01－542	圆孔垫圈　60AT－3	6	KTH 330－08	用于 60AT 轨短肢
84	GLC(06)01－543	护轨调整片　170×80×3	13	Q195	
		护轨调整片　170×80×2	26	Q195	
85	GLC(06)01－536	岔枕螺栓　M30×185	221	45 号钢	
86	专线 3351	Ⅱ型弹条	254	60Si2CrVA	
87	专线 3328－3	Ⅲ型弹条	35	60Si2Mn	

续上表

序号	图号/标准	名称及规格	数量	材　料	备　注
88	专线 4232-10	轨距块　60/9-11	136	ZG 230-450	
89	专线 4232-10	轨距块　60/13-15	95	ZG 230-450	
90	专线 4232-10A	接头轨距块　60/9-11	8	ZG 230-450	
91	专线 4232-10A	接头轨距块　60/13-15	8	ZG 230-450	
92	专线 4267-3	轨距块　60-11	35	KTH 350-10	
93	GLC(06)01-545	复合定位套	221		
94	NS-06	盖型螺母　M24	258	4 级	
95	NS-07	限位板　M24	258	4 级	
96	NS-02	螺　母　M27	72	10 级	
97	NS-01b	螺　母　M24	59	5 级	
98	GB/T 1230	高强平垫圈　27	72		
99	GB/T 7244	弹簧垫圈　24	59	65Mn	
100	GB/T 7244	弹簧垫圈　30	221	65Mn	
101	GLC(07)02-245	平垫圈	3	Q235	
102	GLC(07)02-245	平垫圈	1	Q235	
103	专线 4171-9	长方头螺栓　M24×85	13	5.6 级	
104	专线 4232-4	T 型螺栓　M24×60	250	4.8 级	
105	专线 4232-4	T 型螺栓　M24×75	8	4.8 级	
106	GB/T 5780	螺　栓　M24×100	6		
107	GB/T 5780	螺　栓　M24×100	40		
108	SCT 300-506	螺　栓　M27×110	18	10.9 级	
109	SCT 300-506	螺　栓　M27×125	26	10.9 级	
110	SCT 300-506	螺　栓　M27×355	2	10.9 级	
111	SCT 300-506	螺　栓　M27×140	2	10.9 级	
112	SCT 300-506	螺　栓　M27×145	2	10.9 级	
113	SCT 300-506	螺　栓　M27×155	2	10.9 级	
114	SCT 300-506	螺　栓　M27×200	2	10.9 级	
115	SCT 300-506	螺　栓　M27×195	1	10.9 级	
116	SCT 300-506	螺　栓　M27×200	1	10.9 级	
117	SCT 300-506	螺　栓　M27×215	1	10.9 级	
118	SCT 300-506	螺　栓　M27×220	1	10.9 级	
119	SCT 300-506	螺　栓　M27×245	1	10.9 级	
120	SCT 300-506	螺　栓　M27×250	1	10.9 级	
121	SCT 300-506	螺　栓　M27×120	12	10.9 级	

续上表

序号	图号 / 标准	名称及规格	数量	材料	备注
122	GLC(06)01-544	顶铁调整片 170×50×2	22	Q195	
		顶铁调整片 170×50×1	22	Q195	
		顶铁调整片 170×50×0.5	22	Q195	
123	GLC(06)01-564	轨撑调距块 60/9-11	8	ZG 230-450	
124	GLC(06)01-564	轨撑调距块 60/10-12	8	ZG 230-450	
125	GLC(06)01-564	轨撑调距块 60/8-13	16	ZG 230-450	备用
126	GLC(07)02-250	顶铁调整片 170×40×1	6	Q195	备用
		顶铁调整片 170×40×0.5	6	Q195	备用
127	GLC(08)01-219	顶铁调整片 1	32	Q195	备用
		顶铁调整片 0.5	32	Q195	备用
131	GLC(07)02-402	双面橡胶垫板 60-220-0	16		
132	GLC(07)02-402	双面橡胶垫板 60-200-0	65	橡胶	
133	GLC(07)02-402	双面橡胶垫板 60-220-12	6	橡胶	
134	GLC(08)01-401	平面橡胶垫板 60-220-0	2	橡胶	
135	GLC(08)01-401	平面橡胶垫板 60-220-6	2	橡胶	
136	GLC(07)02-407	平面橡胶垫板 60-220-3	2	橡胶	
137	GLC(07)02-407	平面橡胶垫板 60-220-6	2	橡胶	
138	GLC(07)02-401	单面橡胶垫板 60-220-(-9)	1	橡胶	
139	GLC(07)02-401	单面橡胶垫板 60-220-21	1	橡胶	
140	GLC(07)02-401	单面橡胶垫板 60-220-3	1	橡胶	
141	GLC(07)02-401	单面橡胶垫板 60-220-6	1	橡胶	
142	GLC(07)02-405	双面橡胶垫板 60-220-12	1	橡胶	
143	GLC(07)02-404	双面橡胶垫板 60-220-12	8	橡胶	
144	GLC(07)02-404	双面橡胶垫板 60-220-0	9	橡胶	
145	GLC(07)02-403	双面橡胶垫板 60-200-9	13	橡胶	
146	GLC(07)02-402	双面橡胶垫板 60-220-(-9)	3	橡胶	
147	GLC(07)02-402	双面橡胶垫板 60-220-21	3	橡胶	
148	GLC(07)02-402	双面橡胶垫板 60-220-9	19	橡胶	
7J	GLC(07)02-414	橡胶垫板 999×205×14	1	橡胶	
8J	GLC(07)02-414	橡胶垫板 965×205×14	1	橡胶	
9J	GLC(07)02-414	橡胶垫板 939×205×14	1	橡胶	
10J	GLC(07)02-414	橡胶垫板 913×205×14	1	橡胶	
11J	GLC(07)02-411	橡胶垫板 886×205×14	1	橡胶	
12J	GLC(07)02-411	橡胶垫板 859×205×14	1	橡胶	
13J	GLC(07)02-411	橡胶垫板 832×205×14	1	橡胶	

续上表

序号	图号 / 标准	名称及规格	数量	材　料	备　注
14J	GLC(07)02－411	橡胶垫板　804×205×14	1	橡胶	
15J	GLC(07)02－411	橡胶垫板　776×205×14	1	橡胶	
16J	GLC(07)02－411	橡胶垫板　749×205×14	1	橡胶	
17J	GLC(07)02－411	橡胶垫板　754×205×14	1	橡胶	
18J	GLC(07)02－411	橡胶垫板　851×205×14	1	橡胶	
19J	GLC(07)02－416	橡胶垫板　862×205×10	1	橡胶	
20J	GLC(07)02－416	橡胶垫板　872×205×10	1	橡胶	
21J	GLC(07)02－416	橡胶垫板　883×205×10	1	橡胶	
22J	GLC(07)02－416	橡胶垫板　833×205×10	1	橡胶	
23J	GLC(07)02－411	橡胶垫板　917×205×14	1	橡胶	
24J	GLC(07)02－411	橡胶垫板　998×205×14	1	橡胶	
25J	GLC(07)02－411	橡胶垫板　1 090×205×14	1	橡胶	
26J	GLC(07)02－411	橡胶垫板　1 150×205×14	1	橡胶	
27J	GLC(07)02－411	橡胶垫板　1 163×205×14	1	橡胶	
28J	GLC(07)02－411	橡胶垫板　1 176×205×14	1	橡胶	
29J	GLC(07)02－411	橡胶垫板　1 173×205×14	1	橡胶	
30J	GLC(07)02－411	橡胶垫板　1 187×205×14	1	橡胶	
31J	GLC(07)02－411	橡胶垫板　1 212×205×14	1	橡胶	
32J	GLC(07)02－411	橡胶垫板　1 245×205×14	1	橡胶	
33J	GLC(07)02－411	橡胶垫板　1 279×205×14	1	橡胶	
34J	GLC(07)02－411	橡胶垫板　1 312×205×14	1	橡胶	
35J	GLC(07)02－411	橡胶垫板　1 345×205×14	1	橡胶	
36J	GLC(07)02－411	橡胶垫板　1 379×205×14	1	橡胶	
37J	GLC(07)02－414	橡胶垫板　1 412×205×14	1	橡胶	
38J	GLC(07)02－414	橡胶垫板　1 446×205×14	1	橡胶	
39J	GLC(07)02－414	橡胶垫板　1 479×205×14	1	橡胶	
40J	GLC(07)02－411	橡胶垫板　736×205×14	1	橡胶	
41J	GLC(07)02－411	橡胶垫板　752×205×14	1	橡胶	
42J	GLC(07)02－410	橡胶垫板　480×185×14	59	橡胶	
45J	GLC(07)02－413	橡胶垫板　650×185×14	13	橡胶	

60 kg/m 钢轨 18 号单开道岔
图　号：GLC(07)02

表 1　明　细　表

序号	图号 / 标准	名称及规格	单位	数　量	材　　料	备　　注
1	GLC(07)02－100	转辙器	组	1		
2	GLC(07)02－200	可动心轨辙叉	组	1		
3	TB/T 2341.3	钢　轨	m	137.901	60 kg/m 钢轨	
4	GLC(06)01－534	平垫板 A	块	94		
5	GLC(06)01－534	平垫板 B	块	12		
6	GLC(06)01－534	平垫板 C	块	38		
7	GLC(06)01－534	平垫板 D	块	16		
8	专线 3351－3	Ⅱ型弹条	个	312	60Si2CrVA	
9	HYT－LU－2	接头 B 型弹条	个	8	60Si2CrVA	
10	专线 4232－4	T 型螺栓　M24 × 60	个	320+30	4.8 级	“+”后为备用
11	GLC(06)01－536	岔枕螺栓　GLC Ⅱ	个	320	45 号钢	
12	NS－07	限位板　M24	个	320+30	4 级	“+”后为备用
13	NS－06	盖型螺母　M24	个	320+30	4 级	“+”后为备用
14	GB/T 7244	弹簧垫圈 30	个	320		
15	GLC(06)01－545	复合定位套	个	320+30		“+”后为备用
16	专线 4232－10	轨距块　60/9－11	个	170	ZG 230－500	
17	专线 4232－10	轨距块　60/13－15	个	170	ZG 230－500	
18	专线 4232－10	轨距块　60/7－17	个	50	ZG 230－500	备用
19	专线 4232－10A	接头轨距块　60/9－11 接头轨距块　60/13－15	个	各 10	ZG 230－500	
20	专线 4232－10A	接头轨距块　60/7－17	个	10	ZG 230－500	
21	专线 4267－3	轨距块　60－7 轨距块　60－13	个	各 15	KTH 350－10	备用
22	专线 4267－4	接头轨距块　60－7 接头轨距块　60－13	个	各 10	KTH 350－10	
23	专线 4232－72	绝缘轨距块　60/9－11	个	4	玻璃纤维增强聚酰胺 66	
24	专线 4232－72	绝缘轨距块　60/13－15	个	4	玻璃纤维增强聚酰胺 66	
25	GLC(06)01－552	挡砟板　650	组	5	Q235	
26	GLC(07)02－402	轨下双面橡胶垫板　60－200－0	块	160	橡胶	
27	GLC(07)02－410	橡胶垫板　480 × 185 × 14	块	160	橡胶	
28	专线 3417	钢轨绝缘	组	2		

表 2　岔枕数量表

序号	岔枕长 (m)	单位	数量
1	2.45	根	6
2	2.5	根	12
3	2.6	根	9
4	2.7	根	14
5	2.8	根	8
6	2.88	根	2
7	2.9	根	8
8	2.91	根	2
9	2.95	根	2
10	3.0	根	8
11	3.1	根	8
12	3.2	根	6
13	3.3	根	4
14	3.4	根	4
15	3.5	根	5
16	3.6	根	4
17	3.7	根	4
18	3.8	根	3
19	3.9	根	2
20	4.0	根	2
21	4.1	根	3
22	4.2	根	2
23	4.22	根	2
24	4.3	根	4
25	4.4	根	2
26	4.41	根	2
27	4.5	根	4
28	4.6	根	2
29	4.7	根	4
30	4.8	根	3

60 kg/m 钢轨 18 号单开道岔转辙器
图　号：GLC(07)02－100

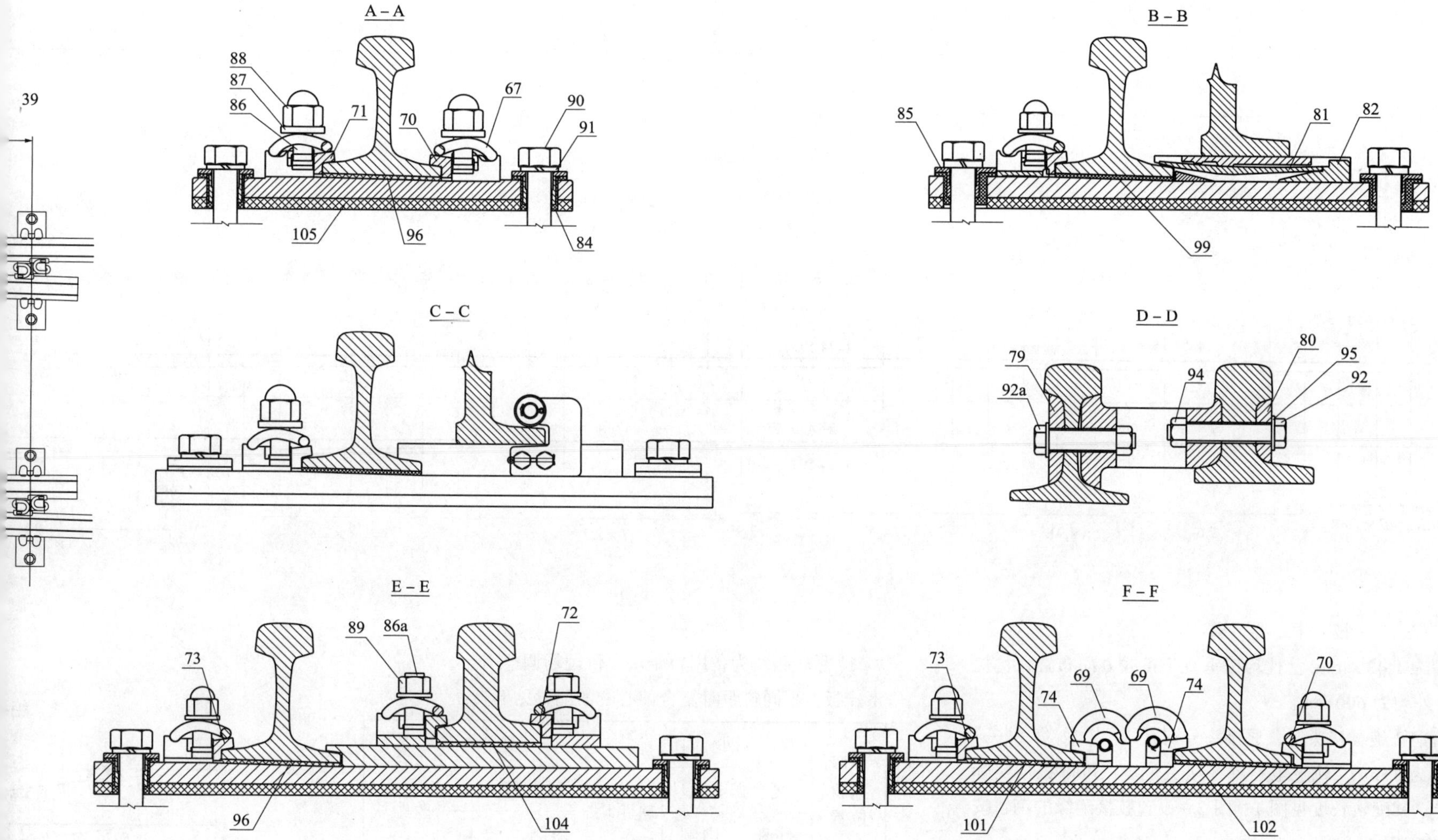

技 术 要 求

1. 尖轨跟端采用限位器结构时，局部布置图见 I 图。
2. 滚轮滑床板 4、9、14 号岔枕用双滚轮，19、24、27 号岔枕用单滚轮。
3. 若转辙器不设传力机构时，序号 17～20、79、80、92a、92～95、134～138 应取消。
   若转辙器采用限位器结构时，序号 134～138 应取消。
   若转辙器采用间隔铁结构时，序号 17～20 应取消。

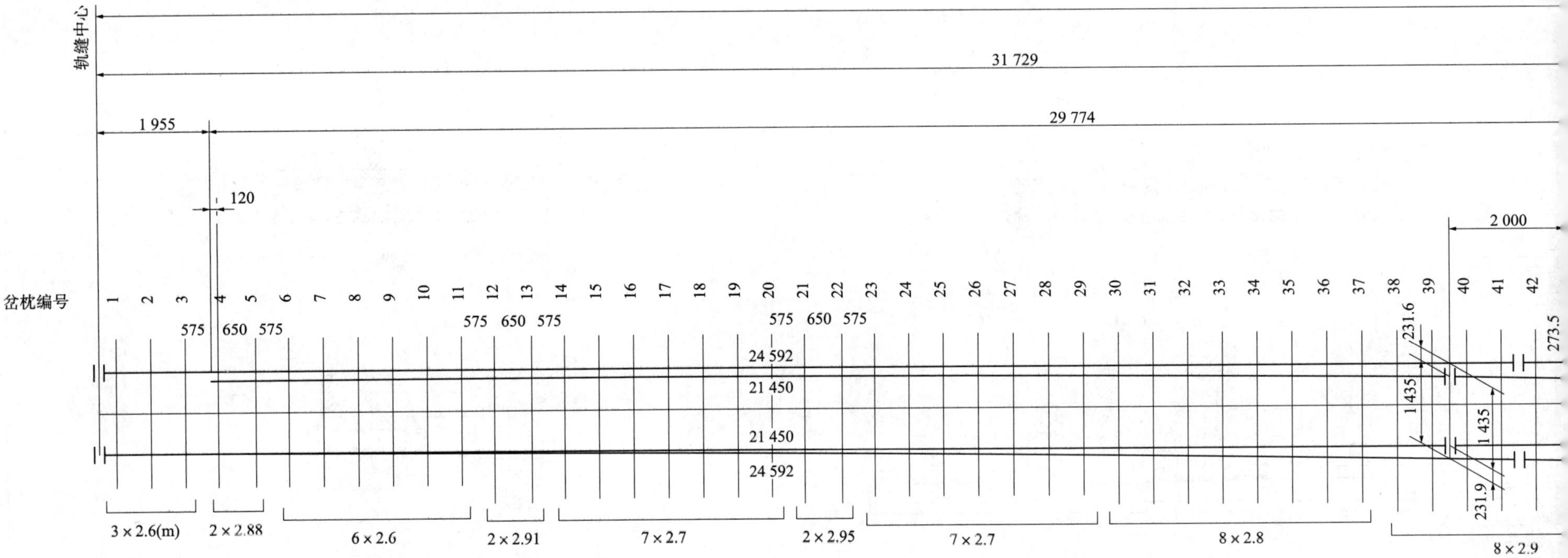

技 术 要 求

1. 本道岔轨距均为 1 435 mm，岔枕均按垂直于正线方向布置，岔枕间距除注明者外均为 600 mm。
2. 图中轨道电路钢轨绝缘接头及普通接头分别以“⊥”及“—|├—”表示，轨缝均为 8 mm。轨道电路绝缘接头位置，可以根据实际需要进行设置，其配轨长度见图 1、图 2。设置胶接绝缘的钢轨按括号内的数字断开。
3. 图中 A、B、C、D 分别表示垫板 60－0、60－5、60－8、60－11。
4. 铺设混凝土岔枕时，带编号一侧铺设在道岔直股外侧，侧股辙叉后短岔枕带编号一侧铺设在道岔侧股外侧。
5. 岔枕长度和布置见 GLC(07)02－300。
6. 导曲线钢轨需厂内预钻跳线孔，要求以 ϕ9.8 mm 钻头钻孔，孔高距钢轨轨底 79 mm，具体位置详见“导曲线部分跳线孔位置示意图”，图中“●”代表跳线孔位置。
7. 每组备用调高垫板包括 h=2 mm、3 mm、5 mm 各 1 块。
8. 道岔主要结构特点：

   (1) 尖轨为半切线型，采用 21.45 m 长的 60AT 弹性可弯尖轨，尖轨尖端为藏尖式。

   (2) 一般部位轨距块及复合偏心套的号码配置如下：

   钢轨工作边一侧安装 13 号轨距块或绝缘轨距块；

   钢轨非工作边一侧安装 11 号轨距块或绝缘轨距块。

   7－17 号轨距块为备用轨距块，供现场调整用。

   滑床板上不同轨距时复合偏心套的配置见下表：

单股钢轨位置	钢轨内侧			钢轨外侧		
	复合偏心套		轨距块	复合偏心套		轨距块
	外侧	内侧		内侧	外侧	
0	11	13	13	11	13	11
+2	13	11	13	13	11	11
+4	13	11	15	13	11	9
－2	11	13	11	11	13	13
－4	11	13	9	11	13	15

   (3) 钢轨接头两侧采用绝缘轨距块。
9. 钢轨材质应与相邻的线路钢轨相同，具体由用户订货时指明。

图 1 绝

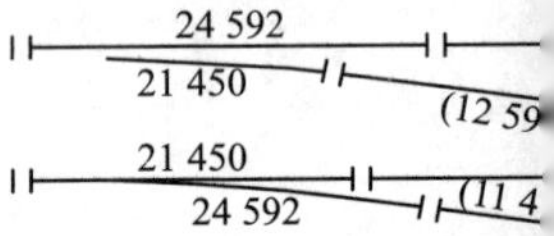

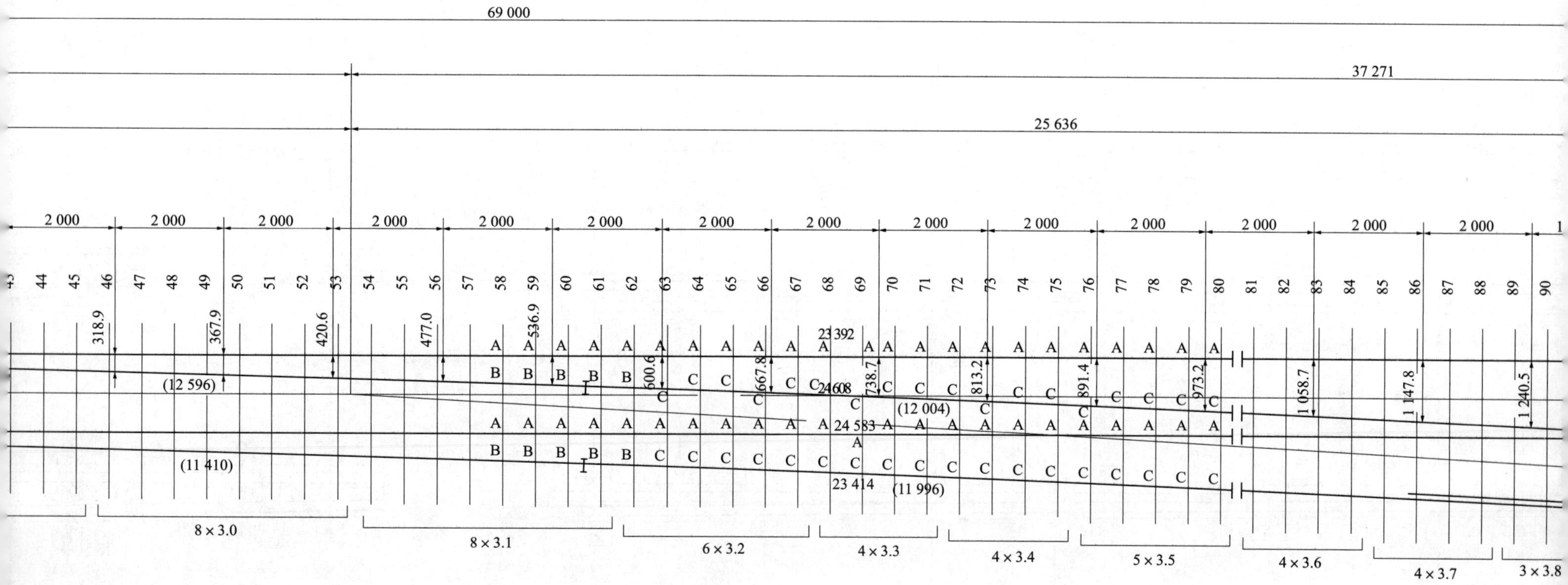

缘接头设在侧股

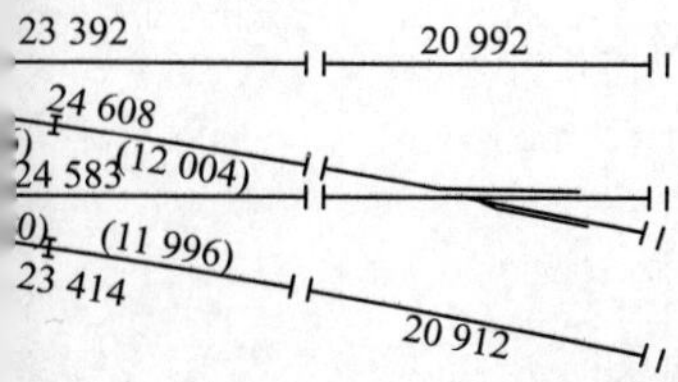

图 2　绝缘接头设在直股

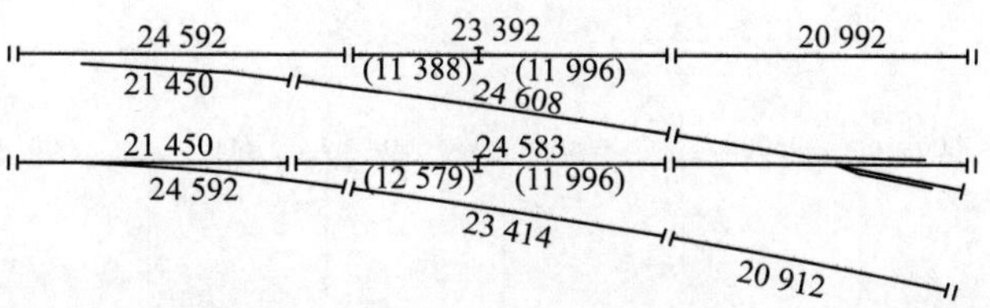

图 3　ZWP2000-A 型曲股绝缘导曲线部分跳线孔位置示意图

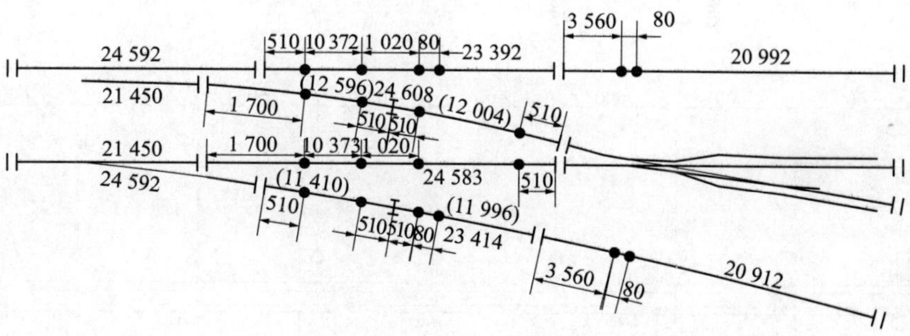

图 4　ZWP2000-A 型直股绝缘导曲线部分跳线孔位置示意图

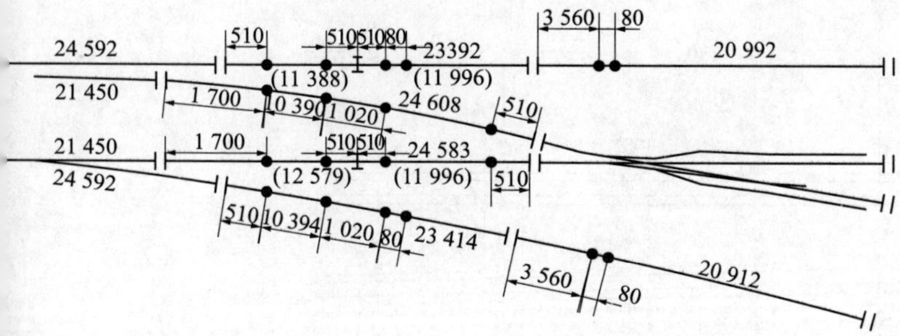

图 5　25 Hz 型曲股绝缘导曲线部分跳线孔位置示意图

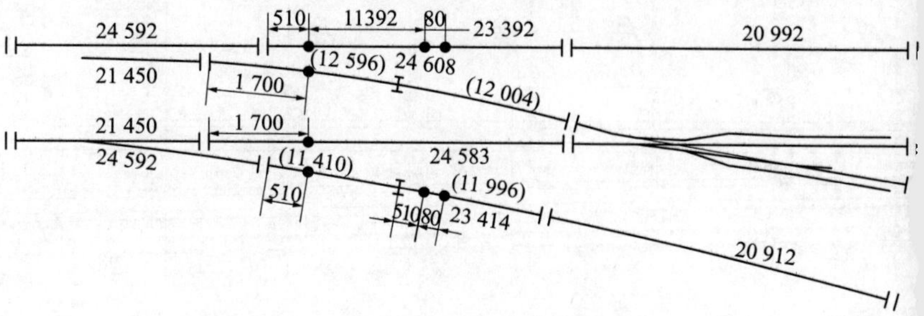

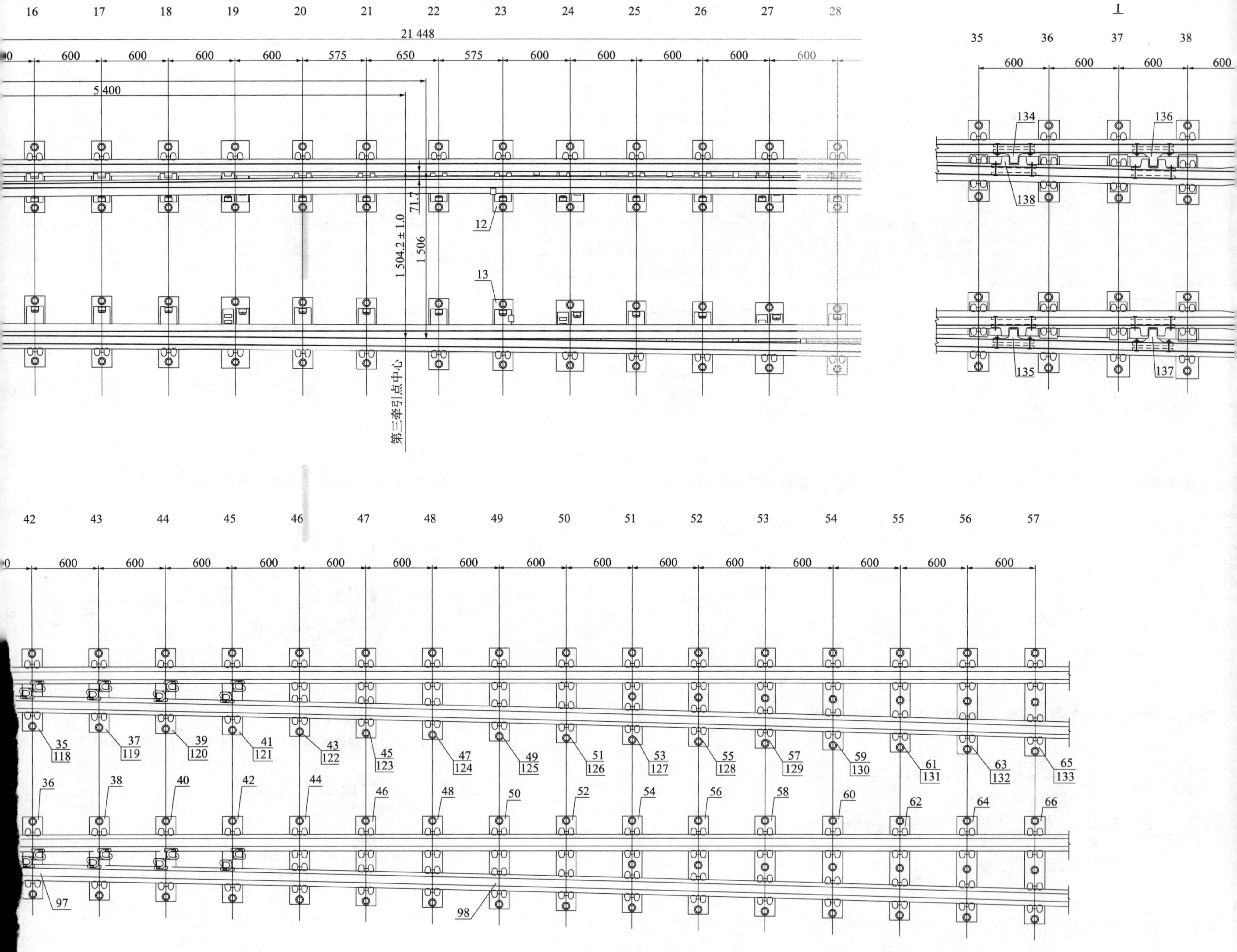

16 17 18 19 20 21 22 23 24 25 26 27 28
21 448
600 600 600 600 575 650 575 600 600 600 600 600
5 400
71.7
1 504.2 ± 1.0
1 506
第三牵引点中心
12
13
I
35 36 37 38
600 600 600 600
134
136
138
135
137
42 43 44 45 46 47 48 49 50 51 52 53 54 55 56 57
600 600 600 600 600 600 600 600 600 600 600 600 600 600 600
35 118
37 119
39 120
41 121
43 122
45 123
47 124
49 125
51 126
53 127
55 128
57 129
59 130
61 131
63 132
65 133
36 38 40 42 44 46 48 50 52 54 56 58 60 62 64 66
97
98

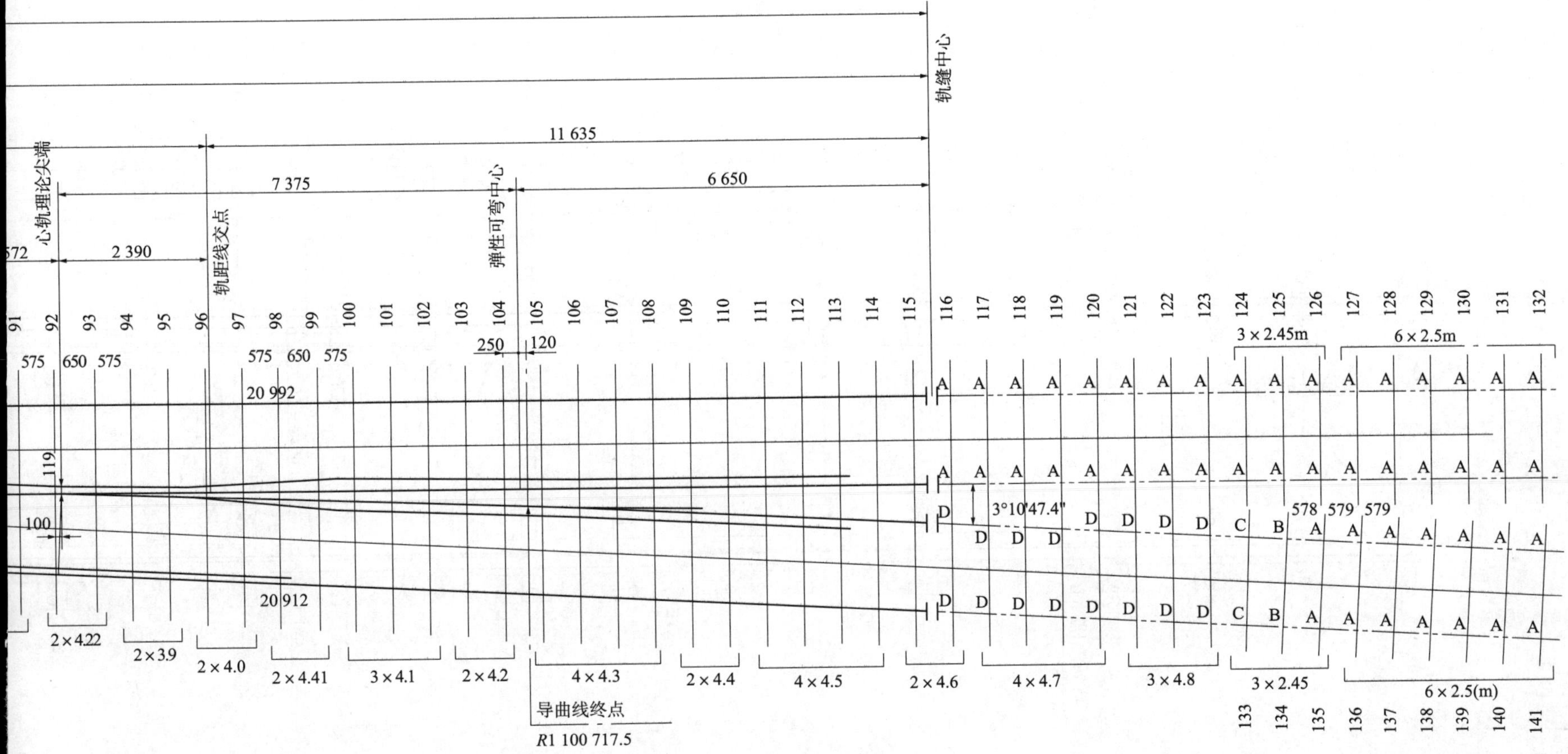

图6　25 Hz 型直股绝缘导曲线部分跳线孔位置示意图

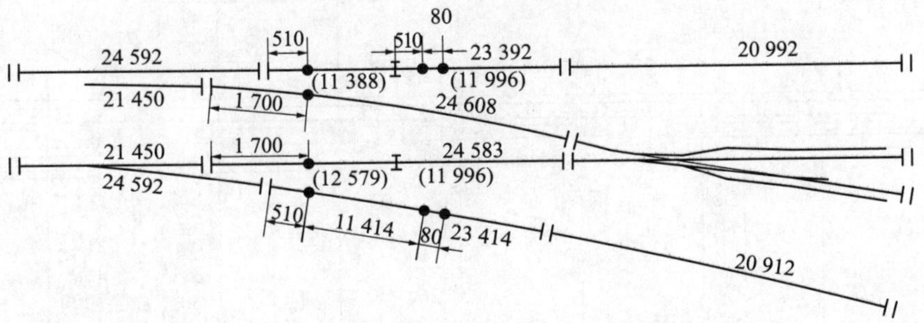

图7　转辙器部分轨距示意图

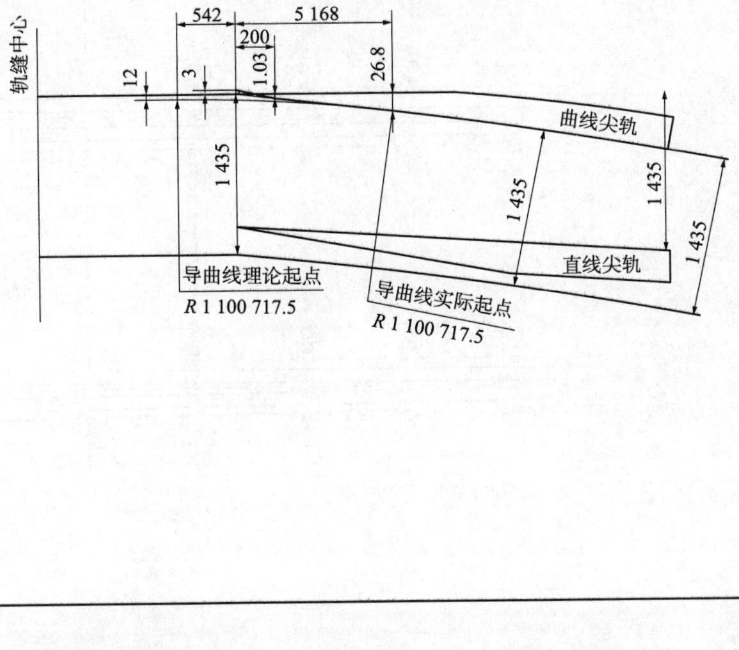

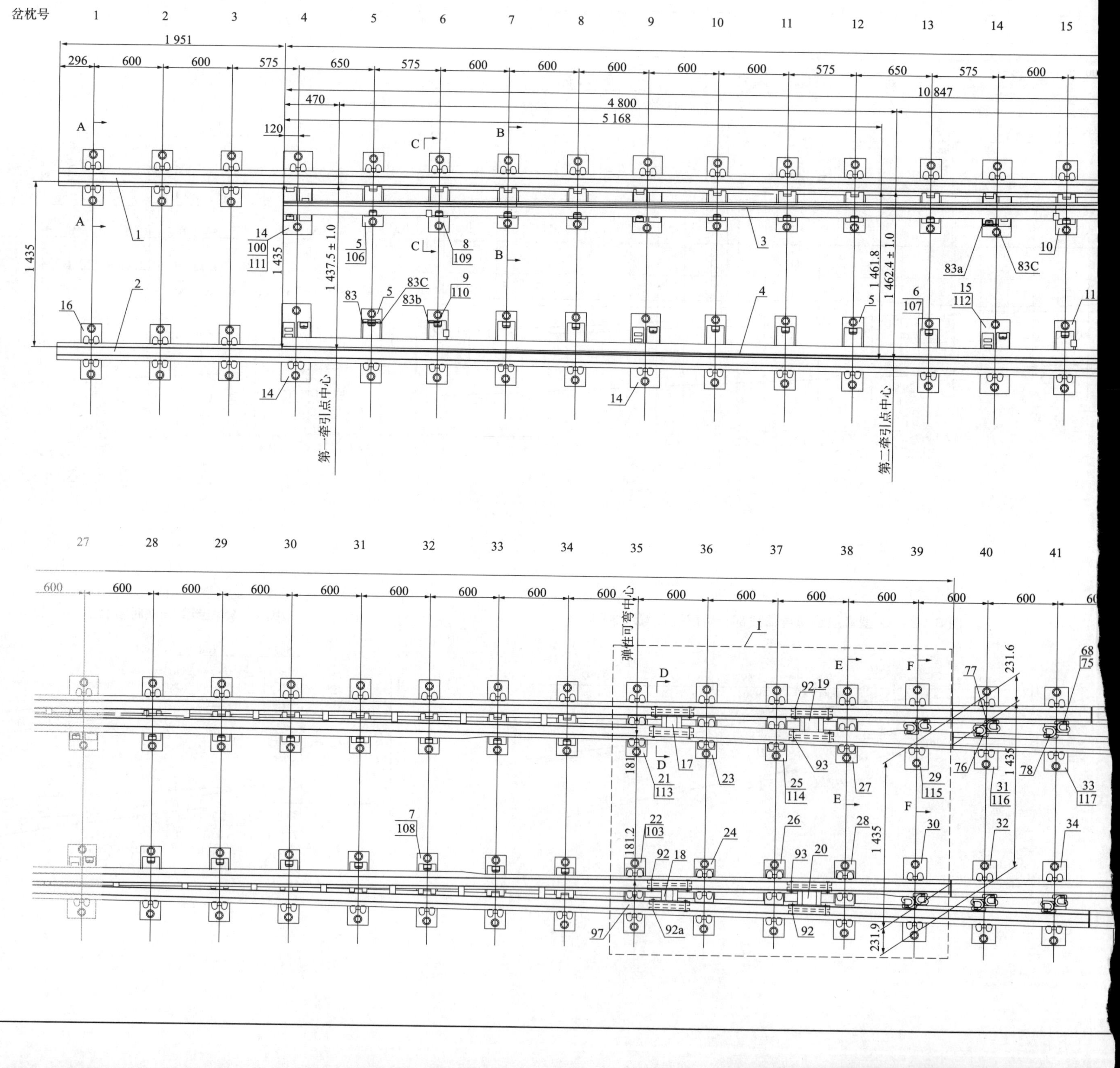

岔枕号
1 951
296
600
575
650
470
120
4 800
5 168
10 847
1 435
1 437.5±1.0
1 461.8
1 462.4±1.0
第一牵引点中心
第二牵引点中心
弹性可弯中心
181.2
231.6
231.9

GLC(07)02 电务主要参数

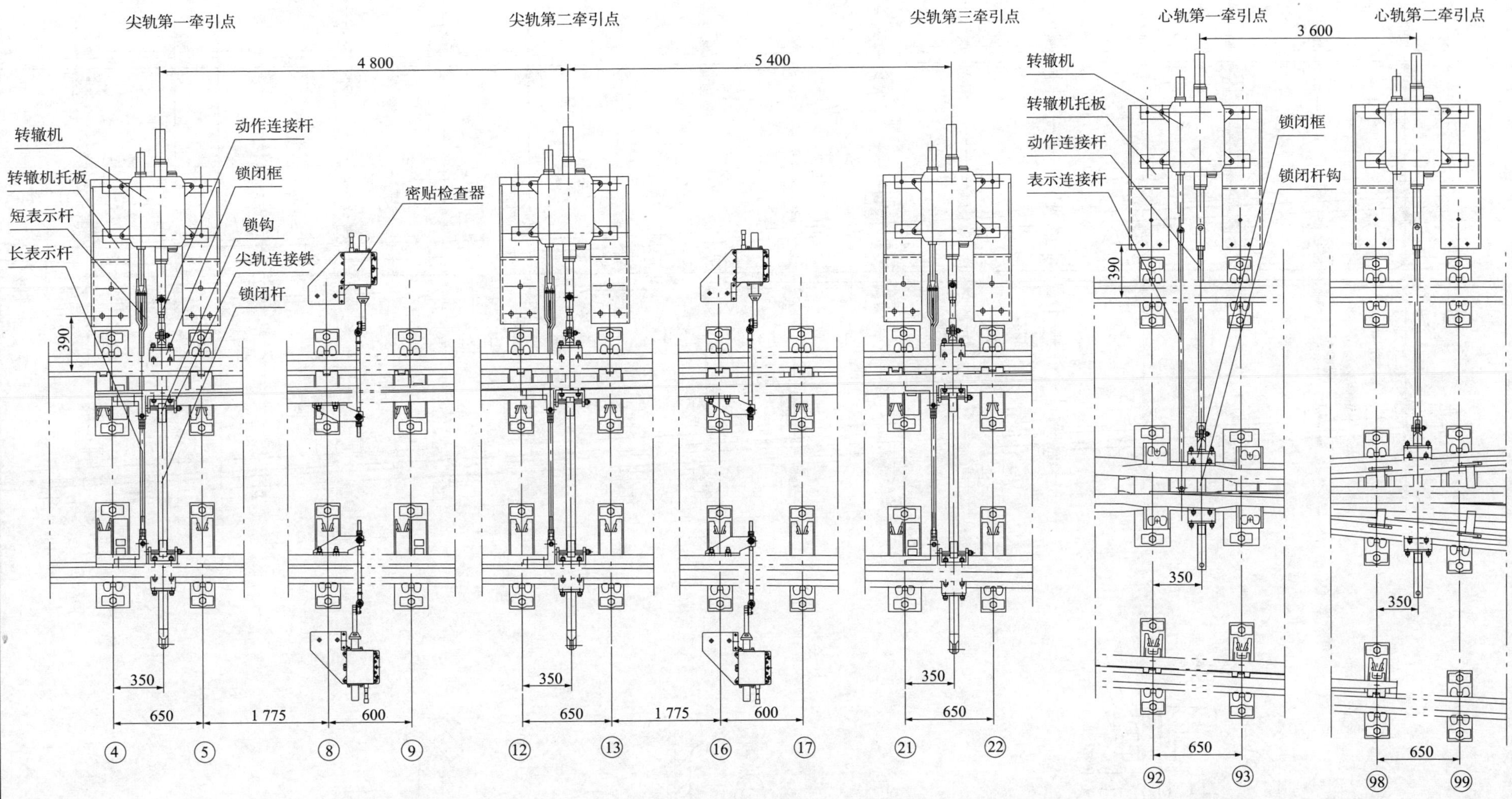

转换设备	安装图名称	安装图号 / 标准	锁闭方式
钩型外锁	60 kg/m 钢轨 18 号单开道岔外锁闭装置安装图	S0711	外锁闭
ZDJ9	60 kg/m 钢轨 18 号单开道岔转换设备 (ZDJ9) 安装图	S0712	外锁闭
S700K	60 kg/m 钢轨 18 号单开道岔转换设备 (S700K) 安装图	S0713	外锁闭
ZYJ7+SH6	60 kg/m 钢轨 18 号单开道岔转换设备 (ZYJ7) 安装图	S0714	外锁闭
优化外锁	60 kg/m 钢轨 18 号单开道岔外锁闭装置安装图	S1633	外锁闭

60 kg/m 钢轨 18 号单开道岔辙叉及护轨
图　号：GLC(07)02－200

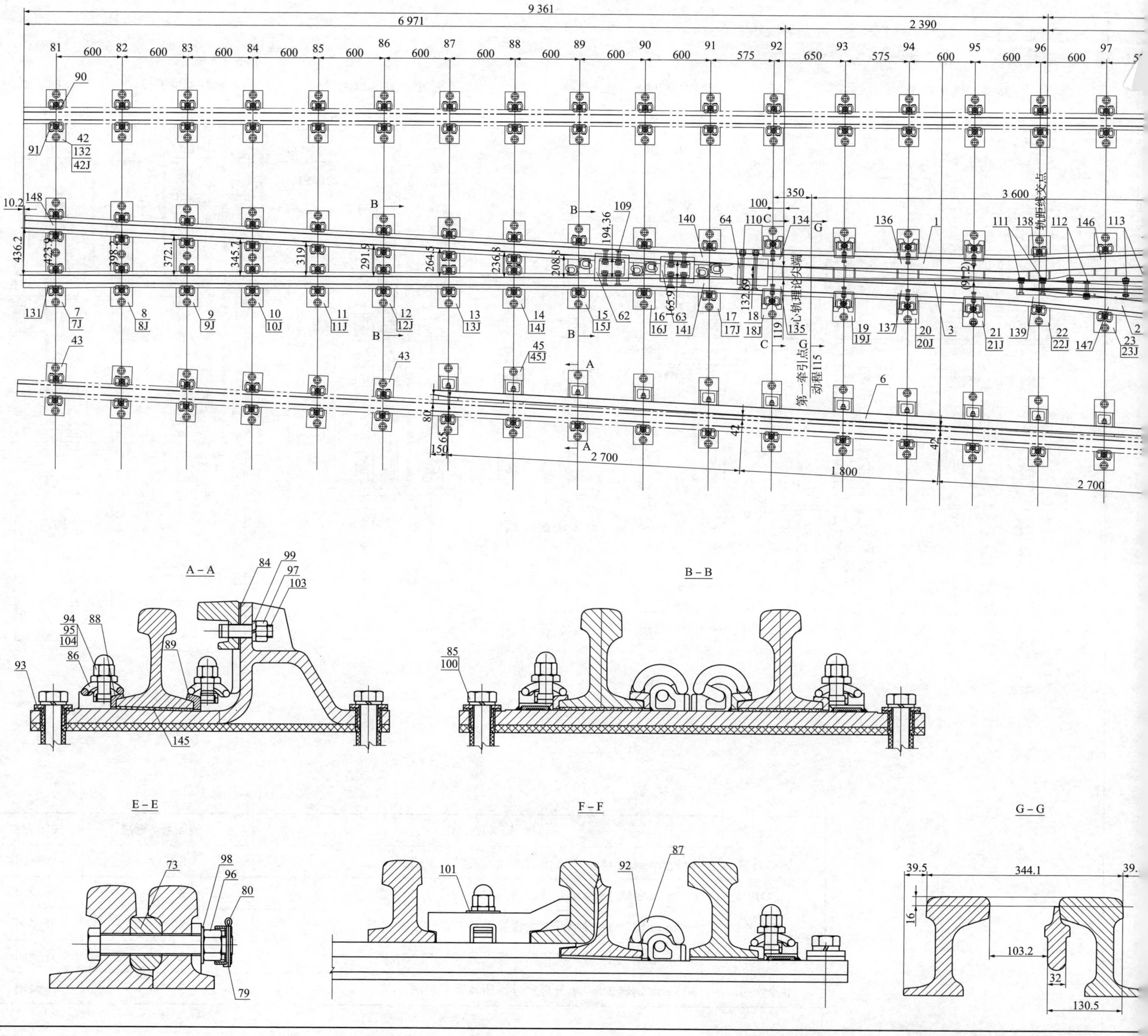

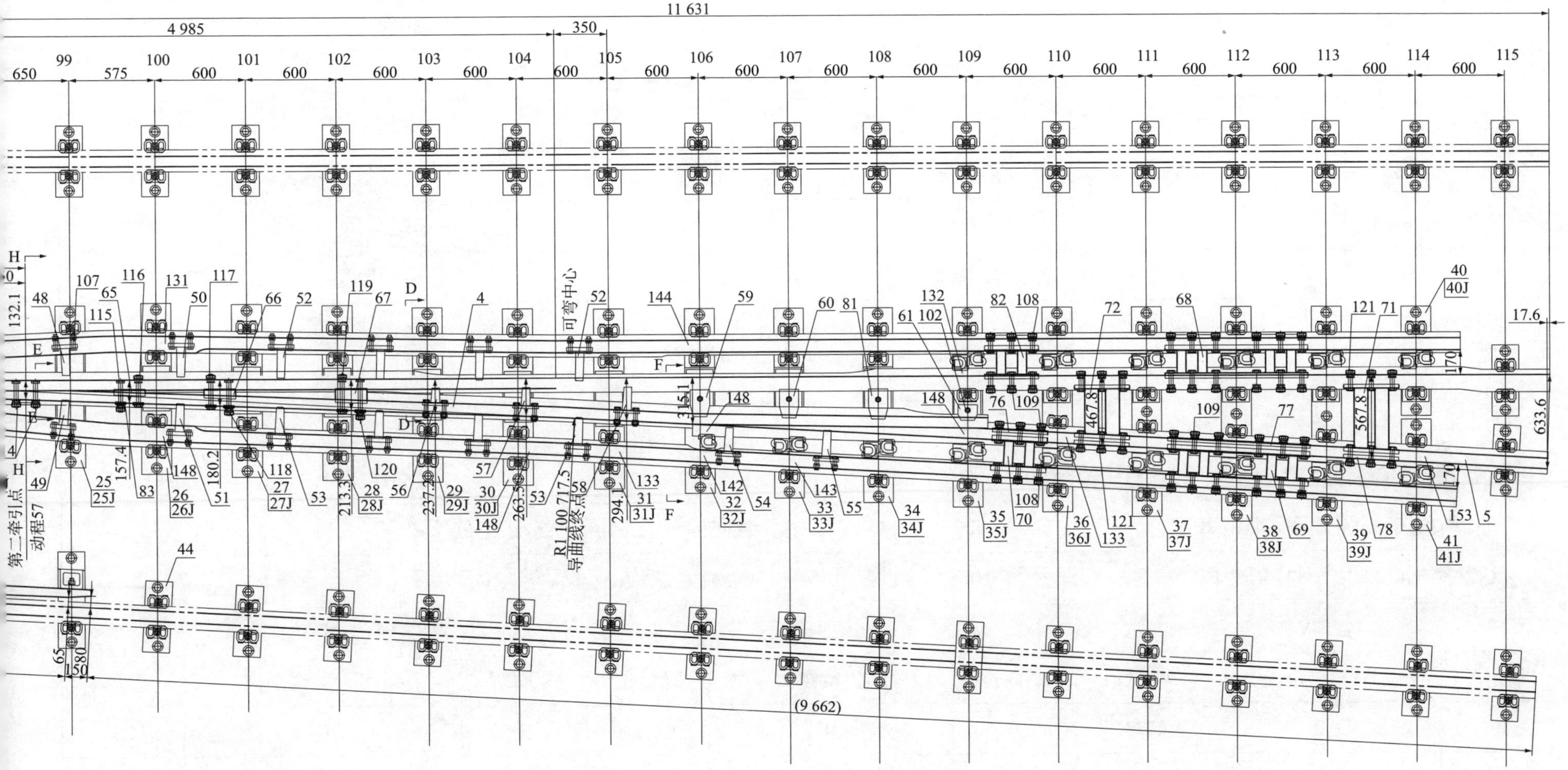

C – C

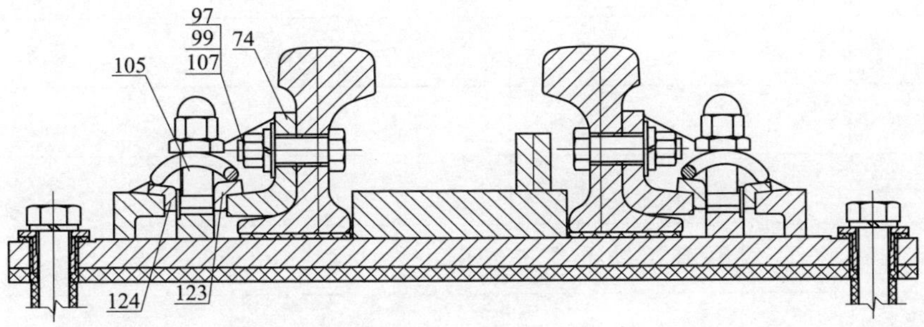

D – D

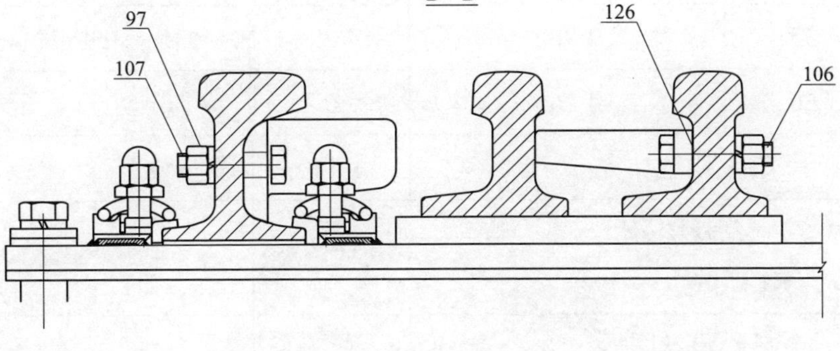

H – H

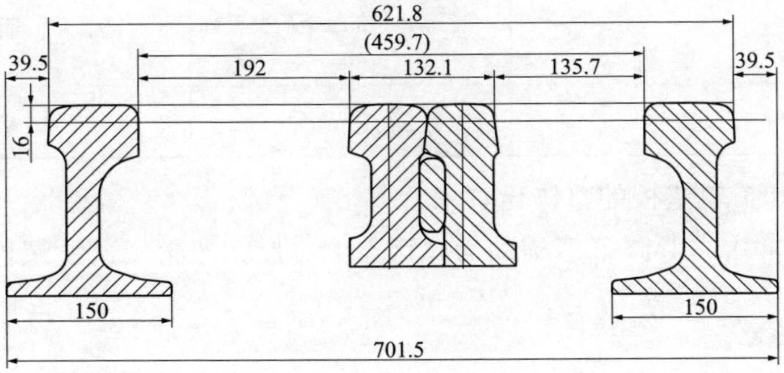

技 术 要 求

当接头铁位置达不到要求时，可用调整片进行调整。

11. 60 kg/m 钢轨 12 号单开道岔(有砟)
设计图号：GLC(08)01

道岔允许通过速度	客车	$v_{直} \leqslant 200$ km/h；$v_{侧} \leqslant 50$ km/h		扣件类型	Ⅱ型弹条
	货车	轴重 23 t：$v_{直} \leqslant 120$ km/h；$v_{侧} \leqslant 50$ km/h		轨底坡	1：40
转辙器跟端形式	■限位器 ■间隔铁 ■不设传力机构 □间隔铁活接头			锁闭方式	外锁闭
道岔全长	43 200	辙叉全长	13 792	辙叉类型	可动心轨辙叉
道岔前长	16 592	辙叉趾长	4 438	辙叉角	4°45′49″
道岔后长	26 608	辙叉跟长	9 354	翼轨轨型	60TY1 钢轨
尖轨长度	14 250	基本轨长度	18 592	直向护轨长度	—
尖轨轨型	60AT1			侧向护轨长度	5 600
尖轨尖端前基本轨长度			1 946	护轨轨型	33 kg/m 槽型钢
辙叉理论尖端距趾端方向前一根岔枕中心距离			240	导曲线半径	450 m+350 m
尖轨尖端至心轨实际尖端距离		30 430	直向护轨端头距导轨端头定位尺寸		—
道岔终端至末根岔枕中心距离		5 100	侧向护轨端头距导轨端头定位尺寸		7 582

降低值	直线尖轨			曲线尖轨			长心轨		
	断面宽	距尖端距离	降低值	断面宽	距尖端距离	降低值	断面宽	距实际尖端距离	降低值
	0	0	23	0	0	23	3	0	23
	5	426	15	5	489	15	20	275	5
	20	1 706	4	20	1 955	4	35	511	2.5
	35	2 986	2	35	3 418	1.8	40	590	1.7
	50	4 265	0	50	4 665	0	50	747	0

最大构造加宽	1 440	测量位置	距基本轨前端 5 836 处			
岔枕图号 GLC(06)01－300	岔枕总数	87 根	岔枕展延长	286.88 m	套管总数	483
转换设备图号 —	尖轨动程	160、91			心轨动程	122.9、75.9
批准文号	运基线路〔2007〕246 号、运基线路〔2009〕262 号				应用情况	★★★
主要结构特点	1. 垫板采用锻造或铸造工艺，实现道岔普通垫板和护轨垫板的整体化。 2. 采用复合缓冲圈，缓冲了横向力对岔枕螺栓的冲击，并降低了横向力作用点的高度，改善了岔枕螺栓的受力状况。 3. 转辙器设辊轮减摩装置。					

转辙器明细表

序号	图号 / 标准	名称及规格	数量	材　料	备　注
1	GLC(06)01－101	直基本轨　18 592	1	60 kg/m 钢轨	
2	GLC(06)01－102	曲基本轨　18 592	1	60 kg/m 钢轨	
3	GLC(06)01－103	曲线尖轨　14 250	1	60AT1 钢轨	
4	GLC(06)01－104	直线尖轨　14 250	1	60AT1 钢轨	
5	GLC(06)01－551	锻造普通垫板　60－A	6	Q235－A(底板)	
6	GLC(06)01－501	滑床板　N640－0	14	Q235－A(底板)	
7	GLC(06)01－501	滑床板　N640－3Y(Z)	6	Q235－A(底板)	
8	GLC(06)01－501	滑床板　N640－6Y(Z)	5	Q235－A(底板)	
9	GLC(06)01－501	滑床板　N640－9Y(Z)	3	Q235－A(底板)	
10	GLC(06)01－504	辊轮滑床板　N640－0	4	Q235－A(底板)	
11	GLC(06)01－504	辊轮滑床板　N640－3Y(Z)	3	Q235－A(底板)	
12	GLC(06)01－504	辊轮滑床板　N640－6Y(Z)	1	Q235－A(底板)	
13	GLC(06)01－506	防跳限位装置　N640－0/15	1	Q235－A(底板)	
14	GLC(06)01－506	防跳限位装置　N640－0/65	1	Q235－A(底板)	
15	GLC(06)01－506	防跳限位装置　N640－3/15Y(Z)	1	Q235－A(底板)	
16	GLC(06)01－506	防跳限位装置　N640－6/65Y(Z)	1	Q235－A(底板)	
17	GLC(06)01－105Y(Z)	垫　板　721 × 200 × 29	1	Q235－A(底板)	
18	GLC(06)01－106Y(Z)	垫　板　722 × 200 × 29	1	Q235－A(底板)	
19	GLC(06)01－107Y(Z)	垫　板　742 × 200 × 29	1	Q235－A(底板)	
20	GLC(06)01－108Y(Z)	垫　板　743 × 200 × 29	1	Q235－A(底板)	
21	GLC(06)01－107Y(Z)	垫　板　764 × 200 × 29	1	Q235－A(底板)	
22	GLC(06)01－108Y(Z)	垫　板　765 × 200 × 29	1	Q235－A(底板)	
23	GLC(06)01－109Y(Z)	垫　板　768 × 200 × 29	1	Q235－A(底板)	
24	GLC(06)01－110Y(Z)	垫　板　769 × 200 × 29	1	Q235－A(底板)	
25	GLC(06)01－111	垫　板　791 × 180 × 29 Y(Z)	1	Q235－A(底板)	
26	GLC(06)01－112	垫　板　792 × 180 × 29 Y(Z)	1	Q235－A(底板)	
27	GLC(06)01－113	垫　板　816 × 180 × 29 Y(Z)	1	Q235－A(底板)	
28	GLC(06)01－114	垫　板　817 × 180 × 29 Y(Z)	1	Q235－A(底板)	
29	GLC(06)01－113	垫　板　842 × 180 × 29 Y(Z)	1	Q235－A(底板)	
30	GLC(06)01－114	垫　板　843 × 180 × 29 Y(Z)	1	Q235－A(底板)	
31	GLC(06)01－115	垫　板　868 × 180 × 29 Y(Z)	1	Q235－A(底板)	
32	GLC(06)01－116	垫　板　870 × 180 × 29 Y(Z)	1	Q235－A(底板)	
33	GLC(06)01－115	垫　板　897 × 180 × 29 Y(Z)	1	Q235－A(底板)	
34	GLC(06)01－116	垫　板　898 × 180 × 29 Y(Z)	1	Q235－A(底板)	

续上表

序号	图号 / 标准	名称及规格	数量	材　料	备　注
35	GLC(06)01－115	垫　板　925×180×29 Y(Z)	1	Q235－A(底板)	
36	GLC(06)01－116	垫　板　927×180×29 Y(Z)	1	Q235－A(底板)	
37	GLC(06)01－115	垫　板　955×180×29 Y(Z)	1	Q235－A(底板)	
38	GLC(06)01－116	垫　板　957×180×29 Y(Z)	1	Q235－A(底板)	
39	GLC(06)01－509	间隔铁　Z/188－200	1(0)	ZG 270－500	表示左侧用
40	GLC(06)01－509	间隔铁　Z/209－222	1(0)	ZG 270－500	表示左侧用
41	GLC(06)01－510	间隔铁　Y/188－200	1(0)	ZG 270－500	表示右侧用
42	GLC(06)01－510	间隔铁　Y/209－222	1(0)	ZG 270－500	表示右侧用
43	GLC(06)01－511	夹　板　360	4	Q235－A	
44	专线 4232－32	钢轨垫圈　60AT－0	8		
45	专线 4232－4	T 型螺栓　M24×50	124		
46	GLC(06)01－570	弧面防转垫圈　24	124	Q345B	
47	GLC(06)01－568	弧面帽型防松螺母　M24	124		
48	GLC(06)01－536	岔枕螺栓　GLCⅡ	144		
49	GB/T 7244	弹簧垫圈　30	144		
50	GB/T 1228	螺　栓　M27×130	8		10.9 级
51	GB/T 1228	螺　栓　M27×140	8		10.9 级
52	GB/T 1230	垫　圈　27	32		
53	NS－01(b)	螺　母　M27－10	16		
54	专线 3351－3	Ⅱ型弹条	124		
55	专线 3328－3	Ⅲ型弹条	6		
56	专线 9602	Ⅲ型接头弹条	10		
57	专线 4232－10	轨距块　60/9－11	74	ZG 270－500	
58	专线 4232－10	轨距块　60/13－15	32	ZG 270－500	
59	专线 4232－10A	接头轨距块　60/9－11	8	ZG 270－500	
60	专线 4232－10A	接头轨距块　60/13－15	10	ZG 270－500	
61	专线 4267－3	轨距块　60－11	4	ZG 270－500	
62	GLC(06)01－512	轨距块　60－0	4	ZG 270－500	
63	专线 4267－4	接头轨距块　60－9	6	ZG 270－500	
64	专线 4267－4	接头轨距块　60－11	2	ZG 270－500	
65	GLC(06)01－513	弹　片　210	40	60Si2CrA	
66	GLC(06)01－514	楔形调整块　30	40		
67	GLC(06)01－545	复合定位套	64		
68	GLC(06)01－515	复合偏心套　11－13	80		
69	GLC(06)01－565	销　钉　165－154	28	Q235－A	普通滑床板用
70	GLC(06)01－565	销　钉　125－114	8	Q235－A	辊轮滑床板用

续上表

序号	图号 / 标准	名称及规格	数量	材　料	备　注
70a	GLC(06)01－566	螺　栓　M12×90	4		防跳限位滑床板用
70b	GB/T 91	开口销　3.2×25	36		
70c	GB/T 7244	弹簧垫圈　12	4		防跳限位滑床板用
71	GLC(06)01－402	轨下双面橡胶垫板　60－200－0	23	橡胶	
72	GLC(06)01－402	轨下双面橡胶垫板　60－200－8	17	橡胶	
73	GLC(06)01－401	轨下单面橡胶垫板　60－200－0	32	橡胶	
74	GLC(06)01－402	轨下双面橡胶垫板　60－220－0	5	橡胶	
75	GLC(06)01－402	轨下双面橡胶垫板　60－220－8	5	橡胶	
76	GLC(06)01－401	轨下单面橡胶垫板　60－270－0	8	橡胶	
77	GLC(06)01－410	橡胶垫板　480×185×14	6	橡胶	
78	GLC(07)04－412	橡胶垫板　640×255－6	1	橡胶	
79	GLC(07)04－417	橡胶垫板　640×185－9	3	橡胶	
80	GLC(06)01－411	橡胶垫板　722×205×14	2	橡胶	
81	GLC(06)01－411	橡胶垫板　743×205×14	2	橡胶	
82	GLC(06)01－411	橡胶垫板　765×205×14	2	橡胶	
83	GLC(06)01－411	橡胶垫板　769×205×14	2	橡胶	
84	GLC(06)01－411	橡胶垫板　792×185×14	2	橡胶	
85	GLC(06)01－411	橡胶垫板　817×185×14	2	橡胶	
86	GLC(06)01－411	橡胶垫板　843×185×14	2	橡胶	
87	GLC(06)01－414	橡胶垫板　869×185×14	2	橡胶	
88	GLC(06)01－414	橡胶垫板　898×185×14	2	橡胶	
89	GLC(06)01－414	橡胶垫板　926×185×14	2	橡胶	
90	GLC(06)01－414	橡胶垫板　956×185×14	2	橡胶	
91	GLC(07)04－417	橡胶垫板　640×185－0	16	橡胶	
92	GLC(07)04－417	橡胶垫板　640×185－3	7	橡胶	
93	GLC(07)04－417	橡胶垫板　640×185－6	6	橡胶	
94	GLC(07)04－412	橡胶垫板　640×255－0	4	橡胶	
95	GLC(07)04－412	橡胶垫板　640×255－3	3	橡胶	
96	GLC(06)01－515	复合偏心套　9－15	20		备用
97		国产辊轮装置	8		4 双 4 单
98	GLC(06)01－549	限位器　A/150－152	0(2)	ZG 270－500	
99	GLC(06)01－549	限位器　A/171－173	0(2)	ZG 270－500	
100	GLC(06)01－550	限位器　B	0(4)	ZG 270－500	
101	GB/T 1230	平垫圈　30	144		

辙叉及护轨明细表

序号	图号 / 标准	名称及规格	数量	材　料	备　注
1	GLC(08)01－202	翼　轨　13 200	1	60TY1 钢轨	
2	GLC(08)01－203	翼　轨　13 200	1	60TY1 钢轨	
3	GLC(08)01－204	长心轨　11 180	1	60AT1 钢轨	
4	GLC(06)01－205	短心轨　6 542	1	60AT1 钢轨	
5	GLC(06)01－206	叉跟尖轨　4 530	1	60 kg/m 钢轨	
6	GLC(06)01－207	侧向护轨　5 600	1	33 kg/m 槽型钢	
7	GLC(08)01－218	轨　撑	6	QT 450－10	
8	GLC(08)01－214	A 型顶铁　A/153－157Y(Z)	1	QT 450－10	
9	GLC(08)01－215	B 型顶铁　B/142－136Y(Z)	1	QT 450－10	
10	GLC(08)01－214	A 型顶铁　A/196－200Y(Z)	1	QT 450－10	
11	GLC(08)01－215	B 型顶铁　B/186－182.5Y(Z)	1	QT 450－10	
12	GLC(08)01－214	A 型顶铁　A/223－223	5	QT 450－10	
13	GLC(08)01－215	B 型顶铁　B/210－210	5	QT 450－10	
14	GLC(08)01－214	A 型顶铁　A/198－196.5Y(Z)	1	QT 450－10	
15	GLC(06)01－513	弹　片　210	9	60Si2CrA	
16	GLC(06)01－514	楔形调整块　30	9	ZG 270－500	
17	专线 4232－36	顶　铁　95－95	4	QT 450－10	
18	专线 4232－36	顶　铁　113－117.5Y(Z)	1	QT 450－10	
19	专线 4232－36	顶　铁　161.5－161.5	2	QT 450－10	
20	GLC(06)01－523	调整楔	6	QT 450－10	用于两翼轨间
21	GLC(06)01－524	二动连接铁　Y(Z)	1	Q345B	用于两翼轨间
22	GLC(08)01－216	间隔铁　60/283.5－258	1	ZG 270－500	用于两心轨间
23	GLC(08)01－217	防跳间隔铁　60/232－242.5	1	ZG 270－500	用于两心轨间
24	GLC(06)01－528	间隔铁　60/78－91.5Y(Z)	1	ZG 270－500	用于两心轨间
25	GLC(06)01－528	间隔铁　60/122.5－136Y(Z)	1	ZG 270－500	用于两心轨间
26	GLC(06)01－529	间隔铁　60/165.5－185Y(Z)	1	ZG 270－500	用于长心轨跟端
27	GLC(06)01－530	间隔铁　60/201.5－221Y(Z)	1	ZG 270－500	用于侧股叉跟
28	GLC(07)02－253	间隔铁　60AT－223	2	ZG 270－500	
29	GLC(07)02－254	间隔铁　950－233	2	ZG 270－500	
30	GLC(06)01－208	垫　板　978×200×29Y(Z)	1	Q235－B(底板)	
31	GLC(06)01－209	垫　板　932×200×29Y(Z)	1	Q235－B(底板)	
32	GLC(08)01－205	垫　板　944×200×27Y(Z)	1	Q235－B(底板)	
33	GLC(08)01－206Y(Z)	垫　板　896×200×27	1	Q235－B(底板)	

续上表

序号	图号 / 标准	名称及规格	数量	材　料	备　注
34	GLC(08)01－207Y(Z)	垫　板　847×200×27	1	Q235－B(底板)	
35	GLC(08)01－208	垫　板　878×200×27Y(Z)	1	Q235－B(底板)	
36	GLC(08)01－209	垫　板　815×200×31Y(Z)	1	Q235－B(底板)	
37	GLC(08)01－210	垫　板　842×200×31Y(Z)	1	Q235－B(底板)	
38	GLC(08)01－211	垫　板　864×230×31Y(Z)	1	Q235－B(底板)	
39	GLC(08)01－212	垫　板　986×200×27Y(Z)	1	Q235－B(底板)	
40	GLC(08)01－213	垫　板　1 143×200×27Y(Z)	1	Q235－B(底板)	
41	GLC(06)01－219	垫　板　1 210×200×27Y(Z)	1	Q235－B(底板)	
42	GLC(06)01－220	垫　板　1 236×200×27Y(Z)	1	Q235－B(底板)	
43	GLC(06)01－221	垫　板　1 262×200×27Y(Z)	1	Q235－B(底板)	
44	GLC(06)01－222	垫　板　1 289×200×27Y(Z)	1	Q235－B(底板)	
45	GLC(06)01－223	垫　板　1 315×200×27Y(Z)	1	Q235－B(底板)	
46	GLC(06)01－224Y(Z)	垫　板　1 344×200×29	1	Q235－B(底板)	
47	GLC(06)01－225Y(Z)	垫　板　1 393×200×29	1	Q235－B(底板)	
48	GLC(06)01－226Y(Z)	垫　板　1 443×200×29	1	Q235－B(底板)	
49	GLC(06)01－227Y(Z)	垫　板　1 493×200×29	1	Q235－B(底板)	
50	GLC(06)01－228	垫　板　746×200×27	3	Q235－B(底板)	
51	GLC(06)01－229Y(Z)	垫　板　762×200×29	3	Q235－B(底板)	
52	GLC(06)01－533	接头垫板　480Y(Z)	1	Q235－B(底板)	
53	GLC(06)01－551	锻造普通垫板　60－A	27	Q235A	
54	GLC(06)01－551	锻造普通垫板　60－FY(Z)	17	Q235A	
55	GLC(06)01－567	弹片扣压整铸护轨垫板　103－119Y(Z)	9	ZG 230－450 (QT400－15)	
56	SCT 300－506	高强六角螺栓　M27×120	4	10.9 级	连接两翼轨用
57	SCT 300－506	高强六角螺栓　M27×340	2	10.9 级	连接两翼轨用
58	专线 4232－3	高强六角螺栓　M27×140	1	10.9 级	连接长短心轨用
59	专线 4232－3	高强六角螺栓　M27×150	1	10.9 级	连接长短心轨用
60	SCT 300－506	高强六角螺栓　M27×180	2	10.9 级	连接长短心轨用
61	SCT 300－506	高强六角螺栓　M27×210	1	10.9 级	连接长短心轨用
62	SCT 300－506	高强六角螺栓　M27×215	1	10.9 级	连接长短心轨用
63	SCT 300－506	高强六角螺栓　M27×240	1	10.9 级	连接长短心轨用
64	SCT 300－506	高强六角螺栓　M27×250	1	10.9 级	连接长短心轨用
65	SCT 300－506	高强六角螺栓　M27×290	1	10.9 级	连接长短心轨用
66	SCT 300－506	高强六角螺栓　M27×300	1	10.9 级	连接长短心轨用
67	SCT 300－506	高强六角螺栓　M27×135	8	10.9 级	连接长短心轨用

续上表

序号	图号 / 标准	名称及规格	数量	材　料	备　注
68	GLC(06)01－538	夹　板　B	2	Q235－B	
69	GB/T 5780	螺　栓　M24×105	6		序号 18、19 顶铁用
70	GB/T 31.1	螺　栓　M24×90	6		轨撑用
71	专线 4232－4	T 型螺栓　M24×50	166		
72	专线 4232－4	T 型螺栓　M24×65			轨撑用
73	专线 4171－9	长方头螺栓　M24×85		5.6 级	护轨垫板用
74	GLC(06)01－536	岔枕螺栓　M30×185	163	45 钢	
75	NS－04	螺　母　M27	72	10 级	
76	NS－01(b)	螺　母　M24	53	5 级	
77	GLC(06)01－568	弧面帽型防松螺母　M24	172		
78	GLC(06)01－570	弧面防转垫圈	172		
79	GB/T 1230	高强平垫圈　27	72		
80	GB/T 7244	弹簧垫圈　24	53	65Mn	
81	GB/T 7244	弹簧垫圈　30	163	65Mn	
82	SCT 300－506	高强六角螺栓　M27×105	24	10.9 级	翼轨跟端大间隔铁用
83	SCT 300－506	高强六角螺栓　M27×115	24	10.9 级	翼轨跟端大间隔铁用
84	GLC(06)01－541	圆孔垫圈　60AT－0	14	QT 450－10	长心轨工作边用
85	GLC(06)01－542	圆孔垫圈　60AT－0	4	QT 450－10	短心轨工作边用
86	GLC(06)01－542	圆孔垫圈　60AT－3	8	QT 450－10	短心轨工作边用
87	专线 9602	Ⅲ型接头弹条	4	60Si2CrVA	
88	SCT 300－346	螺母防松帽　M27	72	ZG 230－450	
89	GB/T 91	开口销　4×80	72		
90	GLC(06)01－525	二动调整片　210×94×a(a=1、2)	各 4	Q235B	
91	GLC(06)01－543	护轨调整片　90×80×a(a=2、3)	各 18	Q235B	2 mm 备用
92	GLC(06)01－544	顶铁调整片　180×50×a(a=1、2)	各 16	Q235B	1 mm 备用
93	GLC(08)01－219	顶铁调整片　135×180×a(a=0.5、1)	各 30	Q235B	0.5 mm 备用
94	GLC(06)01－545	复合定位套	145		
95	专线 4267－3	轨距块　60－11	23	ZG 270－500	
96	专线 4232－10	轨距块　60/9－11	89	ZG 270－500	
97	专线 4232－10	轨距块　60/13－15	49	ZG 270－500	
98	专线 4232－10A	接头轨距块　60/9－11	14	ZG 270－500	
99	专线 4232－10A	接头轨距块　60/13－15	14	ZG 270－500	
100	专线 3351	Ⅱ型弹条	172	60Si2CrVA	
101	专线 3328－3	Ⅲ型弹条	23	60Si2CrVA	
102	GLC(06)01－402	轨下双面橡胶垫板　60－220－0	12	橡胶	

续上表

序号	图号 / 标准	名称及规格	数量	材　料	备　注
103	GLC(06)01－402	轨下双面橡胶垫板　60－220－14Y(Z)	15	橡胶	
104	GLC(06)01－405	轨下双面橡胶垫板　60－220－14Y(Z)	1	橡胶	
105	GLC(06)01－402	轨下双面橡胶垫板　60－220－12Z(Y)	2	橡胶	
106	GLC(06)01－402	轨下双面橡胶垫板　60－220－28Y(Z)	2	橡胶	
107	GLC(06)01－402	轨下双面橡胶垫板　60－200－0	50	橡胶	
108	GLC(06)01－403	轨下双面橡胶垫板　60－250－21Y(Z)	9	橡胶	
109	GLC(06)01－404	轨下双面橡胶垫板　60－220－14Y(Z)	6	橡胶	
110	GLC(06)01－402	轨下双面橡胶垫板　60－220－9Y(Z)	2	橡胶	
111	GLC(06)01－404	轨下双面橡胶垫板　60－220－0	5	橡胶	
112	GLC(08)01－401	轨下平面橡胶垫板　60－220－0	2	橡胶	
113	GLC(08)01－401	轨下平面橡胶垫板　60－220－14Y(Z)	2	橡胶	
114	GLC(06)01－407	轨下平面橡胶垫板　60－220－0	1	橡胶	
115	GLC(06)01－407	轨下平面橡胶垫板　60－220－14Y(Z)	1	橡胶	
116	GLC(06)01－407	轨下平面橡胶垫板　60－250－12Z(Y)	1	橡胶	
117	GLC(06)01－407	轨下平面橡胶垫板　60－250－28Y(Z)	1	橡胶	
118	GLC(08)01－220	垫　片　60D40/1.6－7.7/270	1	Q235－B	
119	GLC(08)01－220	垫　片　60D40/16.4－22.5/270	1	Q235－B	
120	GB/T 1230	平垫圈　30	163	Q235	
121	GLC(08)01－221	双孔防转片　A－200	1	Q235－B	
122	GLC(06)01－565	销　钉　185－174	9	Q235－A	
123	GB/T 91	开口销　3×26	9		
124	专线 4267－4	接头轨距块　60－11	4	ZG 270－500	
125	GB/T 5780	螺　栓　M24×100	32		防跳顶铁、序号 17 顶铁用备用
126	GLC(06)01－515	复合偏心套　11－13	18		
127	GLC(06)01－515	复合偏心套　9－15	8		
128	GB/T 91	开口销　4×36	6		
30J	GLC(06)01－414	三孔橡胶垫板　978×205×14	1	橡胶	
31J	GLC(06)01－414	三孔橡胶垫板　932×205×14	1	橡胶	
32J	GLC(06)01－411	橡胶垫板　944×205×14	1	橡胶	
33J	GLC(06)01－411	橡胶垫板　896×205×14	1	橡胶	
34J	GLC(06)01－411	橡胶垫板　847×205×14	1	橡胶	
35J	GLC(06)01－411	橡胶垫板　878×205×14	1	橡胶	
36J	GLC(06)01－416	橡胶垫板　815×205×10	1	橡胶	
37J	GLC(06)01－416	橡胶垫板　842×205×10	1	橡胶	
38J	GLC(08)01－402	橡胶垫板　864×235×10	1	橡胶	

续上表

序号	图号 / 标准	名称及规格	数量	材　　料	备　　注
39J	GLC(06)01－411	橡胶垫板　986×205×14	1	橡胶	
40J	GLC(06)01－411	橡胶垫板　1 143×205×14	1	橡胶	
41J	GLC(06)01－411	橡胶垫板　1 210×205×14	1	橡胶	
42J	GLC(06)01－411	橡胶垫板　1 236×205×14	1	橡胶	
43J	GLC(06)01－411	橡胶垫板　1 262×205×14	1	橡胶	
44J	GLC(06)01－411	橡胶垫板　1 289×205×14	1	橡胶	
45J	GLC(06)01－411	橡胶垫板　1 315×205×14	1	橡胶	
46J	GLC(06)01－411	橡胶垫板　1 344×205×14	1	橡胶	
47J	GLC(06)01－411	橡胶垫板　1 393×205×14	1	橡胶	
48J	GLC(06)01－411	橡胶垫板　1 443×205×14	1	橡胶	
49J	GLC(06)01－414	三孔橡胶垫板　1 493×205×14	1	橡胶	
50J	GLC(06)01－411	橡胶垫板　746×205×14	3	橡胶	
51J	GLC(06)01－411	橡胶垫板　762×205×14	3	橡胶	
52J	GLC(06)01－410	橡胶垫板　480×185×14	45	橡胶	
55J	GLC(06)01－419	橡胶垫板　650×235×14	9	橡胶	

GLC(08)01 电务主要参数

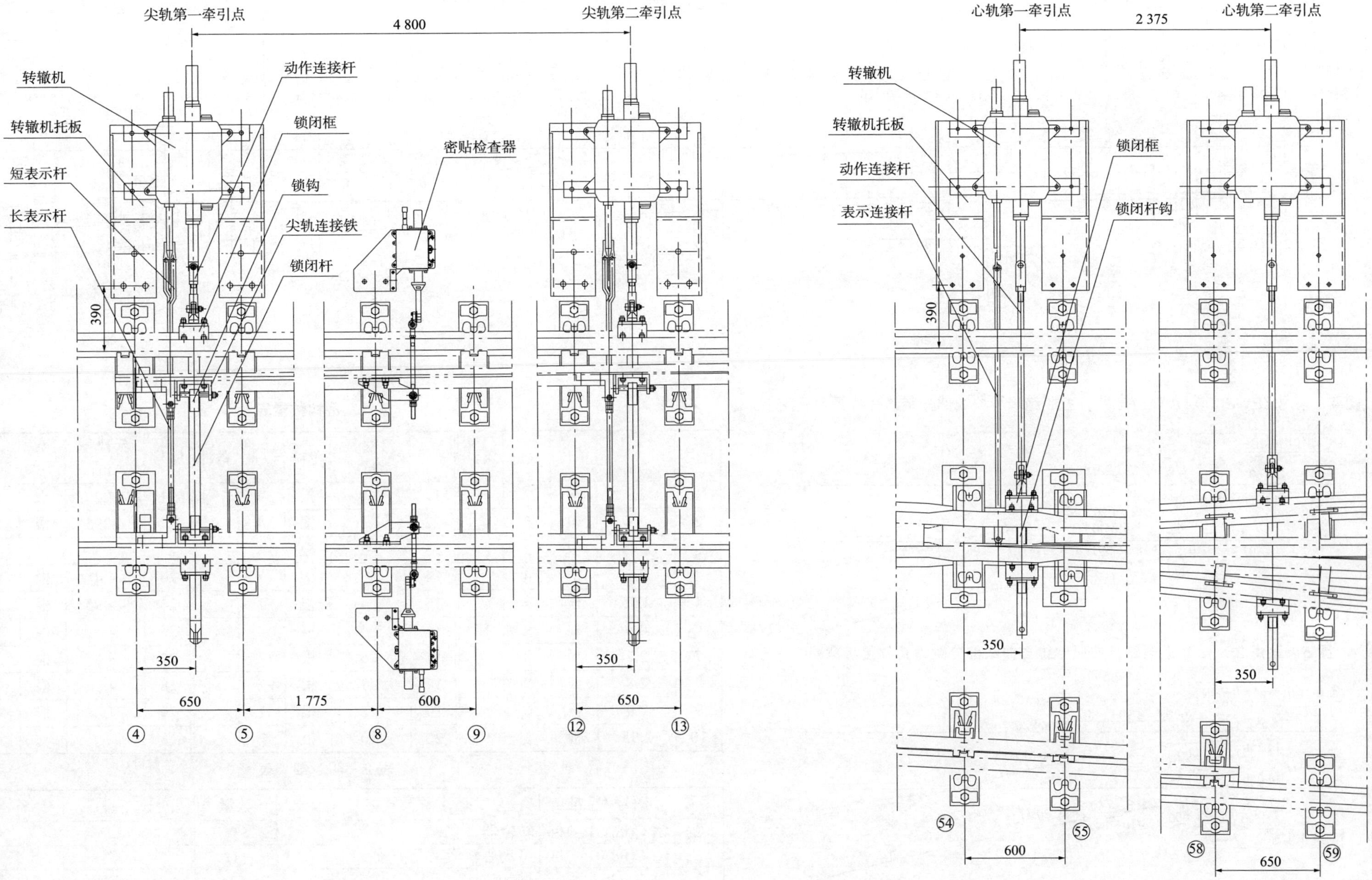

转换设备	安装图名称	安装图号	锁闭方式
钩型外锁	60 kg/m 钢轨 12 号可动心轨辙叉单开道岔外锁闭装置安装图	S0816	外锁闭
ZDJ9	60 kg/m 钢轨 12 号可动心轨辙叉单开道岔转换设备 (ZDJ9) 安装图	S0817	外锁闭
ZYJ7+SH6	60 kg/m 钢轨 12 号可动心轨辙叉单开道岔转换设备 (ZYJ7) 安装图	S0819	外锁闭
S700K	60 kg/m 钢轨 12 号可动心轨辙叉单开道岔转换设备 (S700K) 安装图	S0820	外锁闭
优化外锁	60 kg/m 钢轨 12 号可动心轨辙叉单开道岔外锁闭装置安装图	S1632	外锁闭

60 kg/m 钢轨 12 号单开道岔
图　号：GLC(08)01

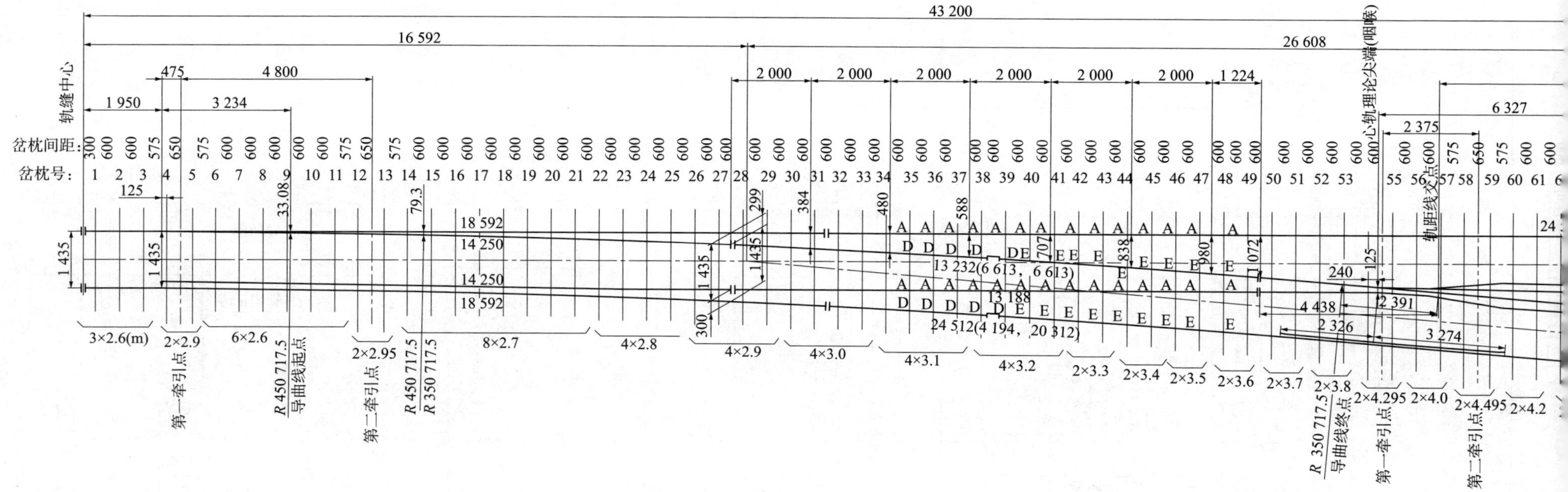

图 4　采用 ZPW2000－A 轨道电路，直股绝缘导曲线部分跳线孔位置示意图

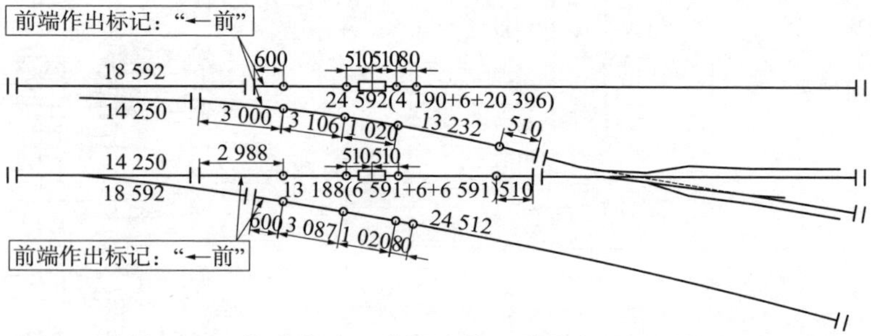

图 5　采用 25 Hz 轨道电路，曲股绝缘导曲线部分跳线孔位置示意图

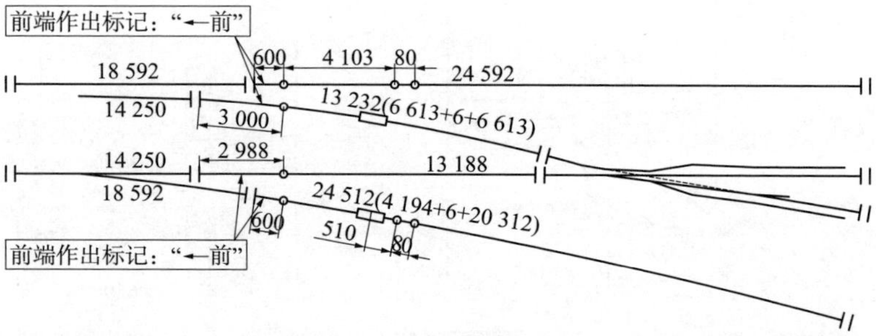

图 6　采用 25 Hz 轨道电路，直股绝缘导曲线部分跳线孔位置示意图

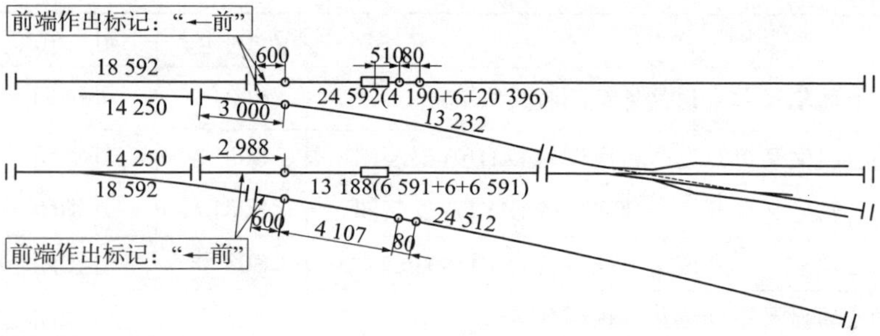

表 1　岔枕数量表

序号	岔枕长(m)	单位	数量	备注	序号	岔枕长(m)	单位	数量	备注	序号	岔枕长(m)	单位	数量	备
1	2.3	根	2		11	3.0	根	4		21	4.2	根	2	
2	2.4	根	2		12	3.1	根	4		22	4.295	根	2	
3	2.45	根	2		13	3.2	根	4		23	4.3	根	2	
4	2.5	根	4		14	3.3	根	2		24	4.4	根	2	
5	2.55	根	2		15	3.4	根	2		25	4.495	根	2	
6	2.6	根	9		16	3.5	根	2		26	4.5	根	2	
7	2.7	根	8		17	3.6	根	2		27	4.6	根	2	
8	2.8	根	7		18	3.7	根	2		28	4.7	根	2	
9	2.9	根	6		19	3.8	根	2		29	4.8	根	4	
10	2.95	根	2		20	4.0	根	2						

表 2　明　细　表

序号	图号 / 标准	名称及规格	数量	材　料	备　注
1	GLC(06)01－100	转辙器	1		
2	GLC(08)01－200	可动心轨辙叉及护轨	1		
3	TB/T 2344	钢　轨	75.524 m	60 kg/m 钢轨	详见技术要求
4	GLC(06)01－551	锻造普通垫板　60－A	52	Q235A	
5	GLC(06)01－551	锻造普通垫板　60－BY(Z)	2	Q235A	
6	GLC(06)01－551	锻造普通垫板　60－DY(Z)	12	Q235A	
7	GLC(06)01－551	锻造普通垫板　60－EY(Z)	18	Q235A	
8	GLC(06)01－551	锻造普通垫板　60－FY(Z)	4	Q235A	
9	专线 3351－3	Ⅱ型弹条	176	60Si2CrVA	
10	专线 4232－4	T 形螺栓　M24×50	196		其中 20 块备
11	GLC(06)01－570	弧面防转垫圈　24	196		其中 20 块备
12	GLC(06)01－568	弧面帽型防松螺母　M24	196		其中 20 块备
13	GLC(06)01－545	复合定位套	176		

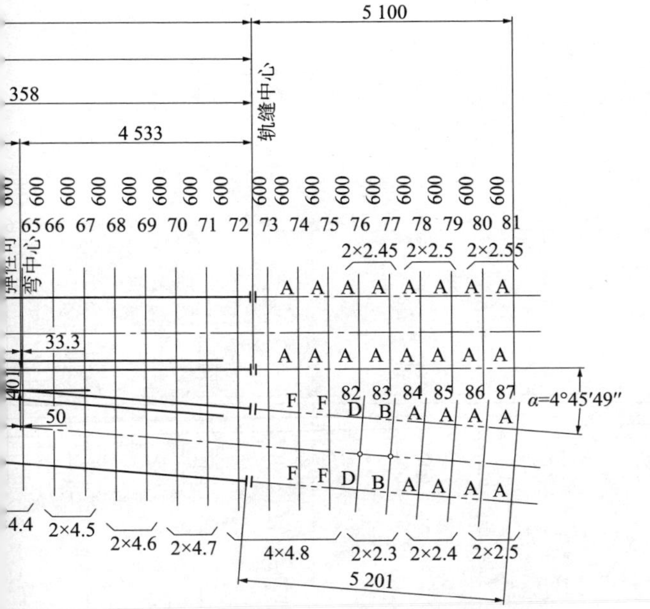

图 1 焊接且绝缘接头设在直股

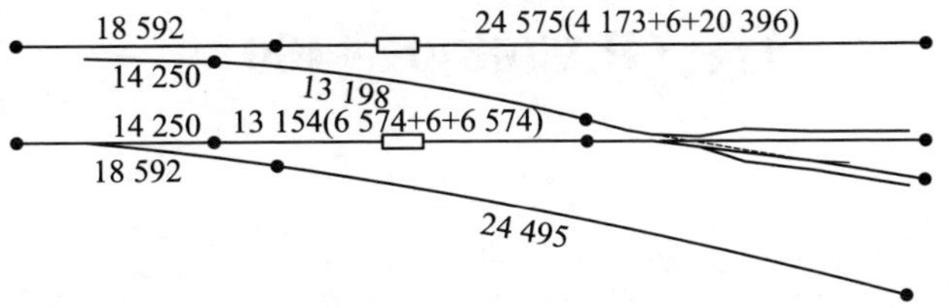

图 2 焊接且绝缘接头设在侧股

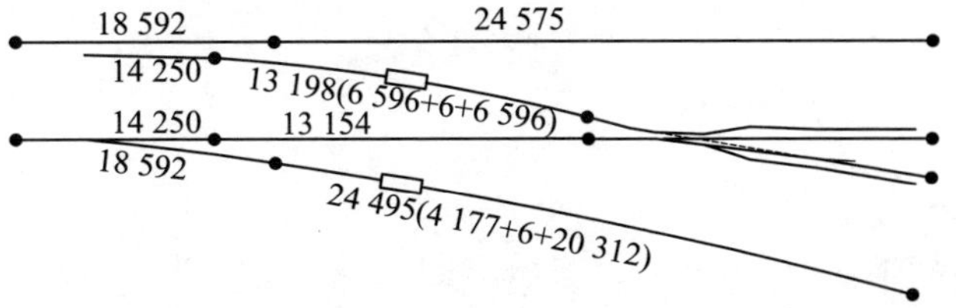

图 3 采用 ZPW2000-A 轨道电路，曲股绝缘导曲线部分跳线孔位置示意图

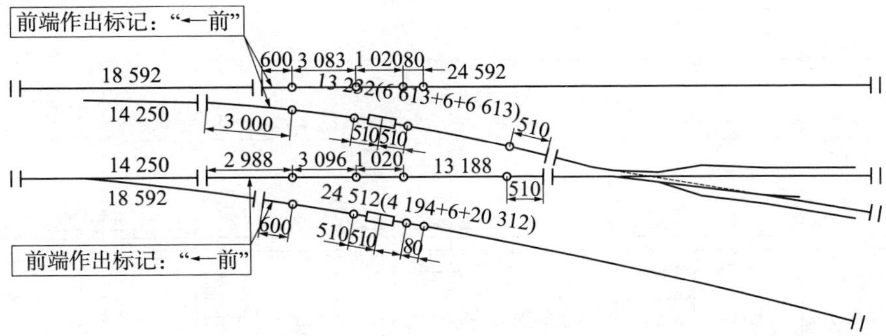

图 7 转辙器部分轨距示意图

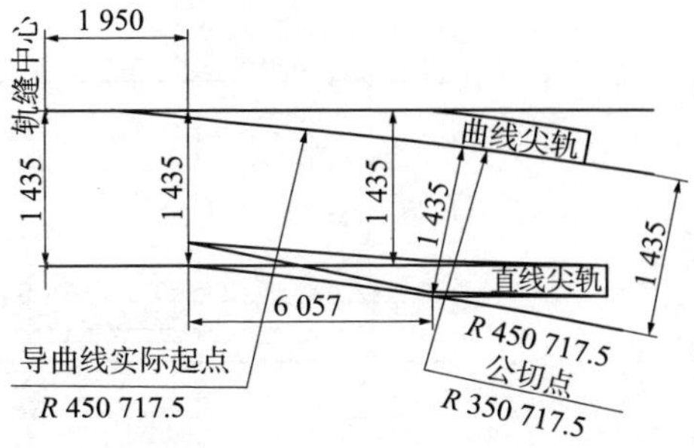

续表 2

号	图号 / 标准	名称及规格	数量	材料	备注
4	GLC(06)01-536	岔枕螺钉 M30×185	176		
5	GB/T 7244	弹簧垫圈 30	176		
6	专线 4232-10	轨距块 60/9-11	108	ZG 270-500	其中 20 块备用
7	专线 4232-10	轨距块 60/13-15	108	ZG 270-500	其中 20 块备用
8	专线 4232-10	轨距块 60/7-17	40	ZG 270-500	备用
9	专线 4232-72	绝缘接头轨距块 60/9-11	4	玻璃纤维增强聚酰胺 66	
0	专线 4232-72	绝缘接头轨距块 60/13-15	4	玻璃纤维增强聚酰胺 66	
1	GLC(06)01-402	轨下双面橡胶垫板 60-200-0	88	橡胶	
2	GLC(06)01-410	橡胶垫板 480×185×14	88	橡胶	
3	CZ 893-02G	轧制接头夹板	4		
4		螺栓件	12 套		胶接接头用
5		绝缘材料	2 套		
6	TB/T 2345	接头夹板 60	22		
7	TB/T 2347	接头螺栓、螺母 M24×135-10.9	66		供货与否见合同
8	GB/T 1230	平垫圈 24	66		
9	CT11-107	挡砟板 650	3		组件
0	CT11-107	挡砟板 600	1		组件
1	GB/T 1230	平垫圈 30	176		
2	GB/T 1228	螺 栓 M24×80-10.9	24		
3	TB/T 1495.4	平垫圈 24	24		安装挡砟板用
4	GB/T 7244	弹簧垫圈 24	24		

技 术 要 求

1. 图中钢轨接头及轨缝设置如下：

焊接接头"—●—"轨缝 25 mm，不钻接头螺栓孔；普通接头"—|⊢—"轨缝 8 mm，钻标准接头孔；胶接绝缘接头"—▭—"轨缝 6 mm。

2. 岔枕均按垂直于正线方向布置。
3. 明细表中钢轨顶面进行全长淬火，淬火技术条件按 TB/T 1779 的有关规定。
4. 配轨。

(1) 布置图按普通接头，绝缘设在侧股设计，配轨形式如下：

长度 (mm)	24 592	13 232 胶 6 613+6+6 613	13 188	24 512 胶 4 194+6+20 312
数量（根）	1	1	1	1

(2) 焊接接头时，按配轨图 1、图 2 执行。

(3) 接头及绝缘形式必须在合同中注明，如采用其他类型，订货时需提供配轨图。

(4) 普通接头，绝缘设在直股时，配轨形式如下：

长度 (mm)	24 512	13 188 胶 6 591+6+6 591	13 232	24 592 胶 4 190+6+20 396
数量（根）	1	1	1	1

5. 导曲线钢轨需厂内预钻 $\phi(9.8\pm0.2)$mm 跳线孔，孔高距钢轨轨底 79 mm，该孔钻后必须进行 C1 倒角处理，并在孔内加注黄油以防锈蚀，具体位置详见图 3～图 6，图中"○"代表跳线孔位置。跳线孔按两种轨道电路设计，当采用 ZPW2000-A 轨道电路时，跳线孔位置详见图 3、图 4；当采用 25 Hz 轨道电路时，跳线孔位置详见图 5、图 6。图 3、图 5 的跳线孔位置是按照绝缘位置设在曲股时设置，如绝缘位置设在直股时，则按照图 4、图 6 的位置钻制跳线孔。
6. 在距离导轨前端 400 mm 的轨腰处用白色油漆喷涂"←前"的字样，需要作出方向标记的钢轨见图 3～图 6。
7. 明细表中普通垫板包括 5 种类型：垫板 60-0、60-5、60-11、60-14、60-17，分别用符号 A、B、D、E、F 表示，铺设位置见布置图。

60 kg/m 钢轨 12 号单开道岔转辙器

图　号：GLC(08)01-100

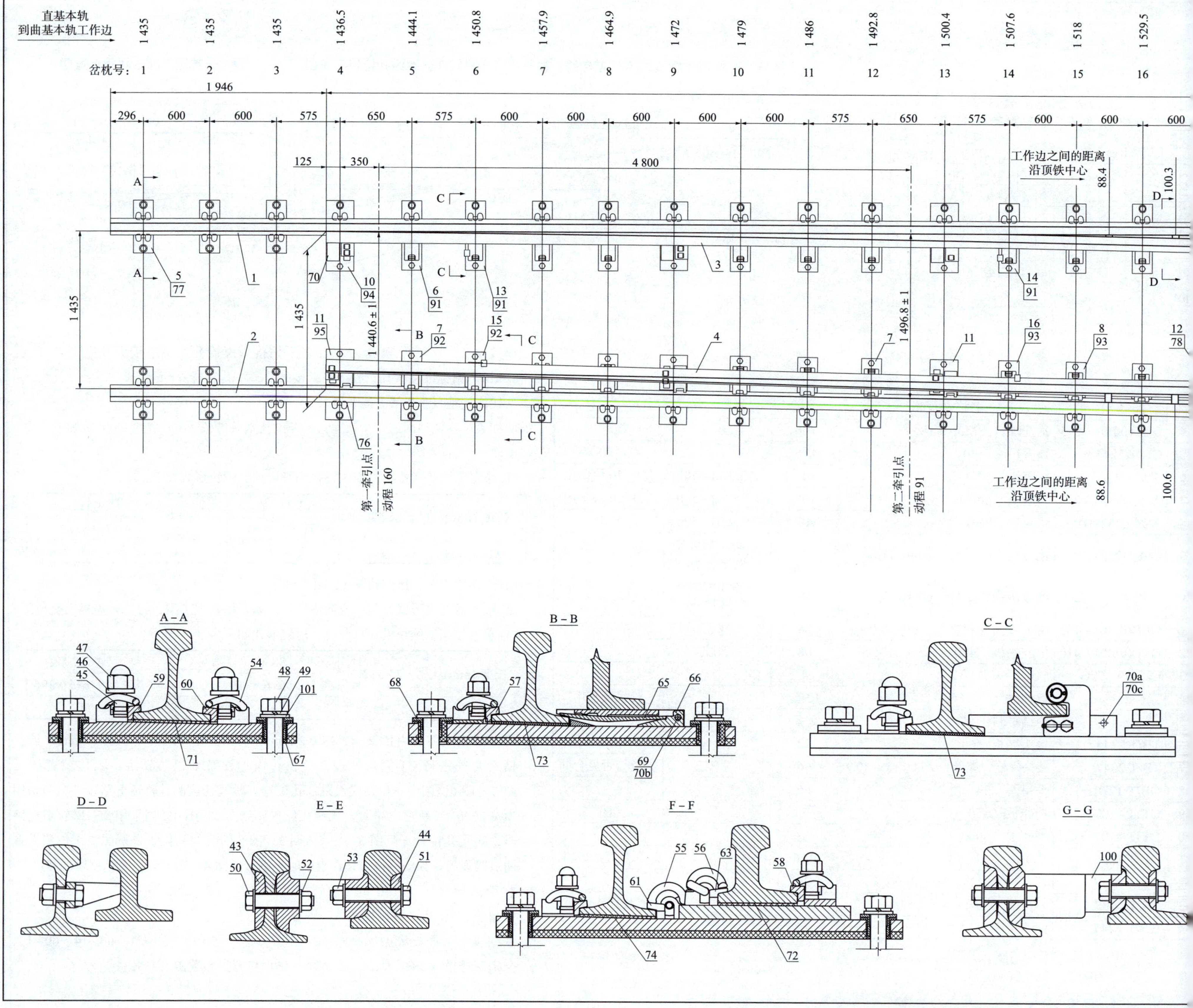

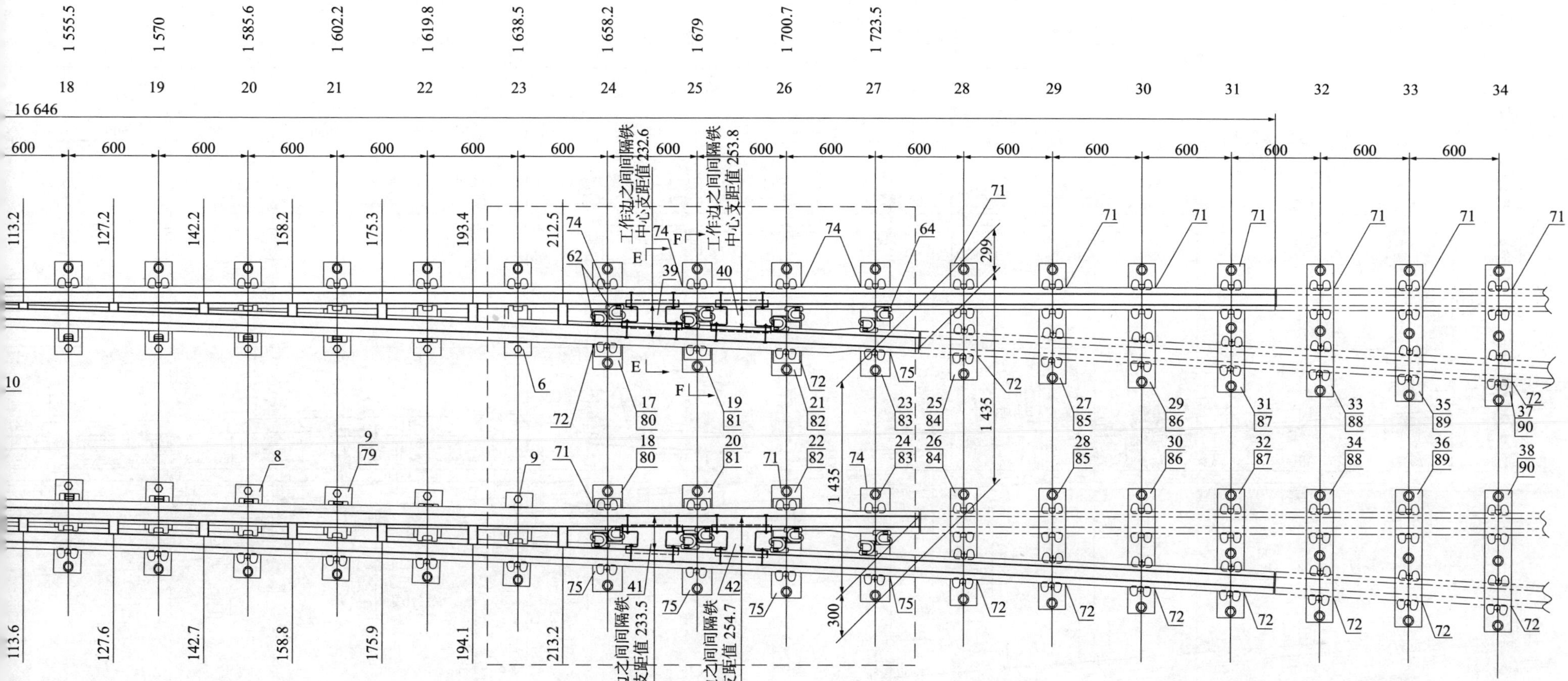

J
转辙器跟端采用限位器

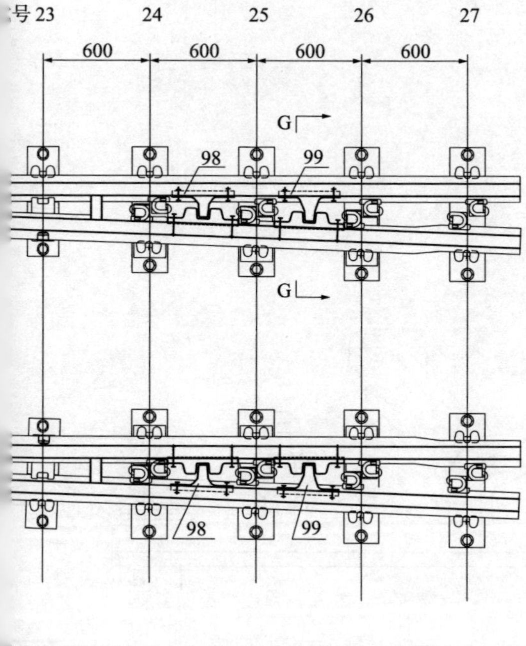

I
转辙器跟端不设传力机构

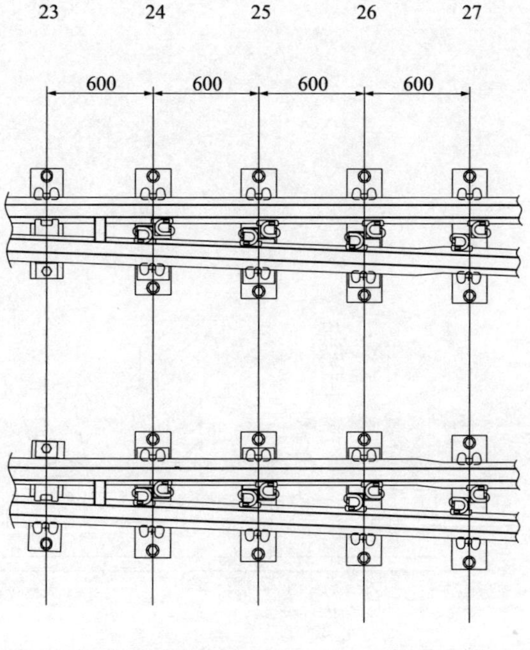

技 术 要 求

1. 尖轨根部按双间隔铁结构、限位器结构、不设传力机构三种结构设计，用户可根据本地区气候条件，选择设置根部传力机构，本图按照转辙器跟端为间隔铁结构设计。

   当采用间隔铁结构时，按照明细表生产。

   当采用限位器结构时，序号 39～42、98～100 按照括号内数量生产，限位器结构局部布置图见 J 视图。

   当不设传力机构时，取消序号 39～44、50～53、98～100 项，不设传力机构布置图见 I 视图。
2. 4、9 号枕上垫板安装双滚轮，13、17 号枕上垫板安装单滚轮。
3. 扣件采用分开式Ⅱ型弹条扣件，轨距块及缓冲调距块的号码配置见下表：

单股钢轨位置	钢轨内侧		钢轨外侧	
	复合偏心套		复合偏心套	
	外侧	内侧	内侧	外侧
0	11	13	11	13
−2	13	11	13	11
−4	15	9	15	9
+2	9	15	9	15

60 kg/m 钢轨 12 号单开道岔可动心轨辙叉及护轨
图　号：GLC(08)01－200

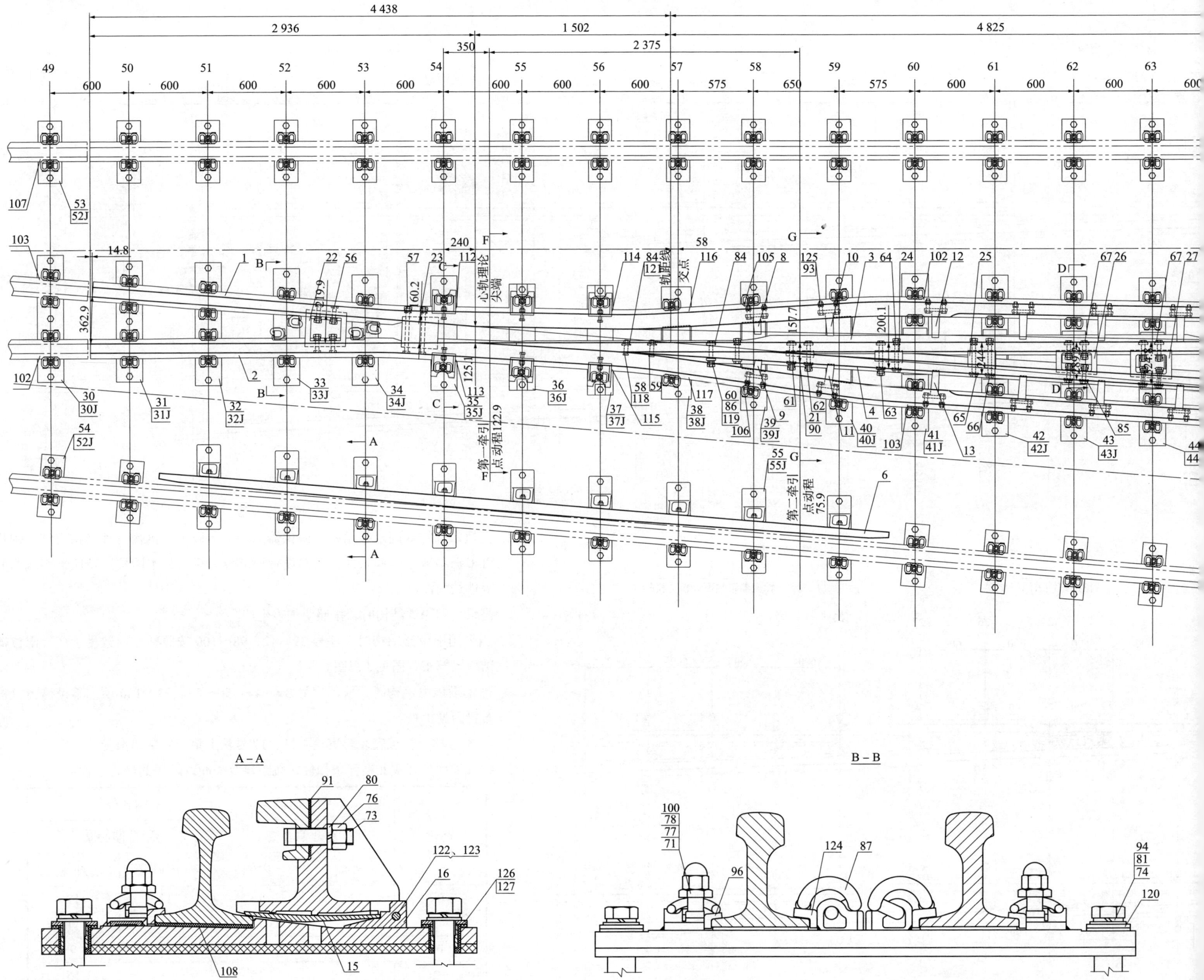

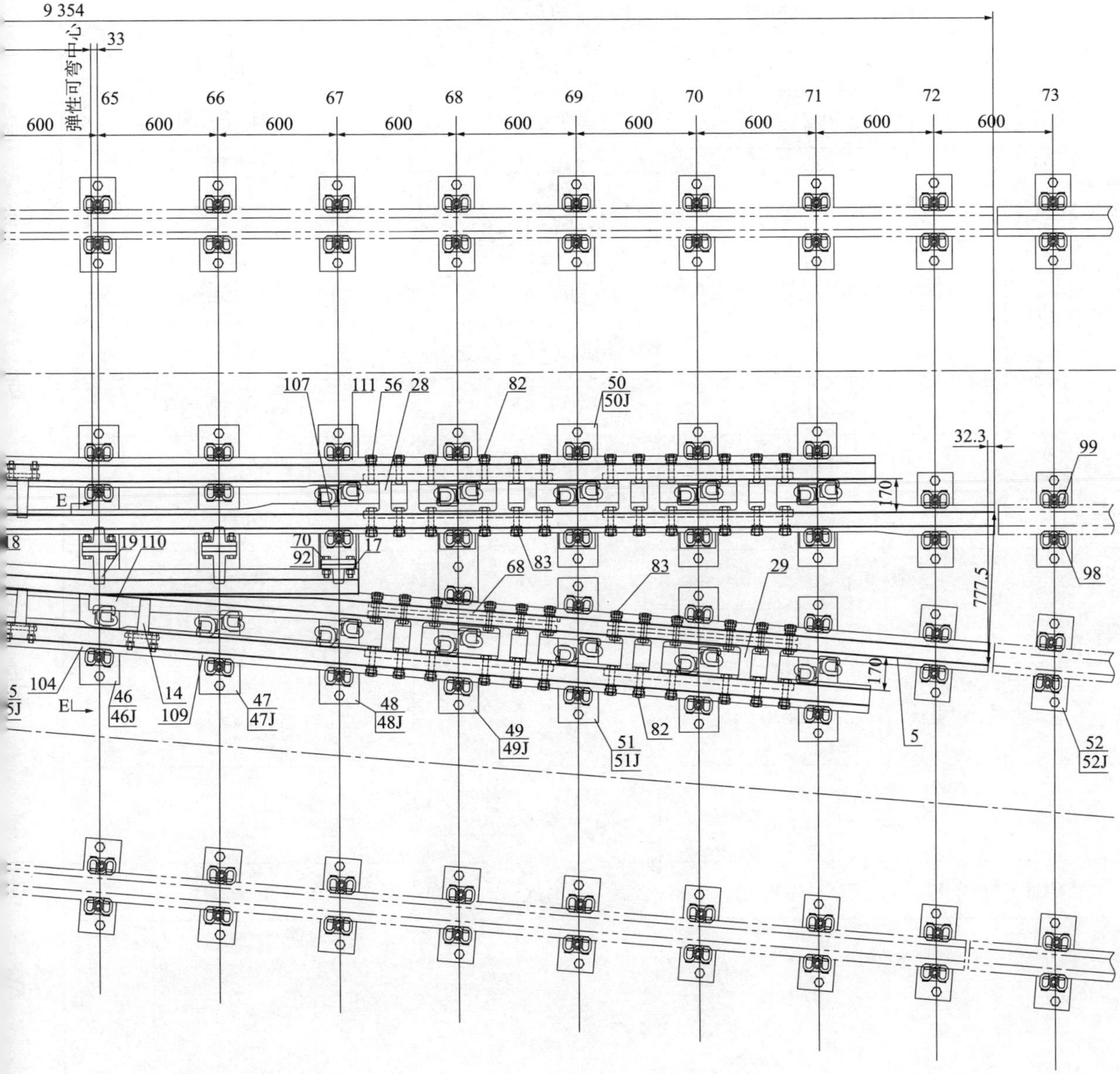

D－D

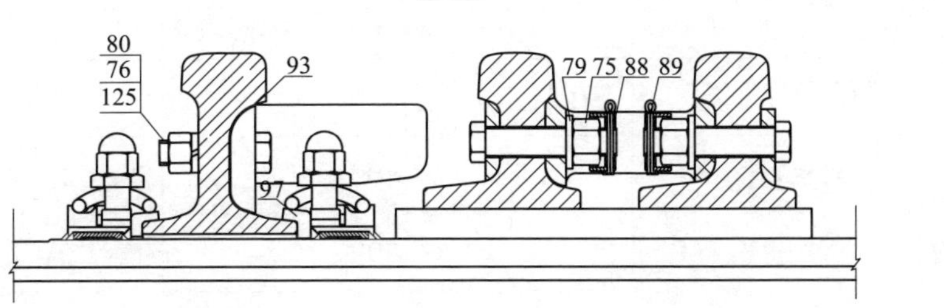

E－E

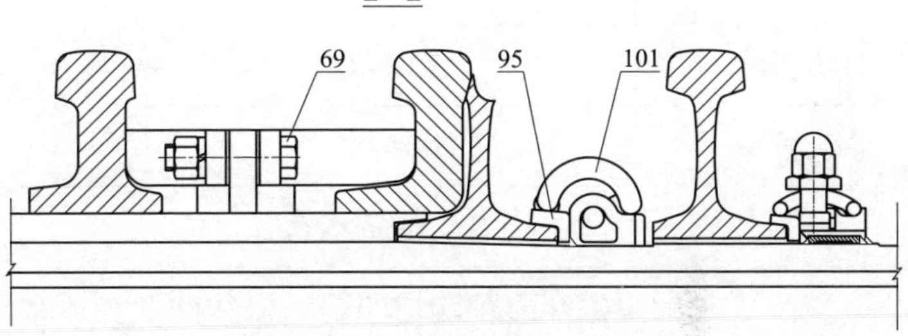

F－F

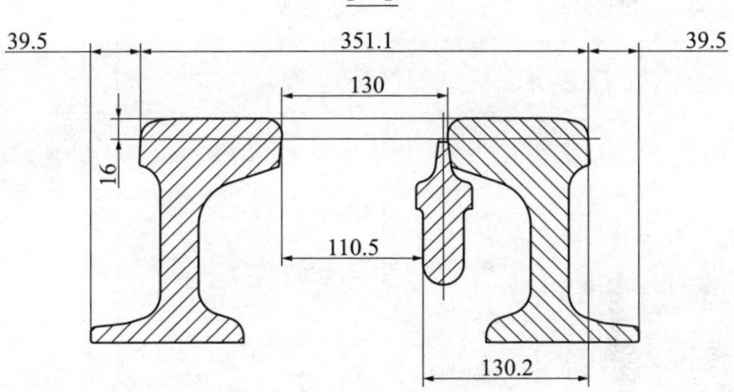

G－G

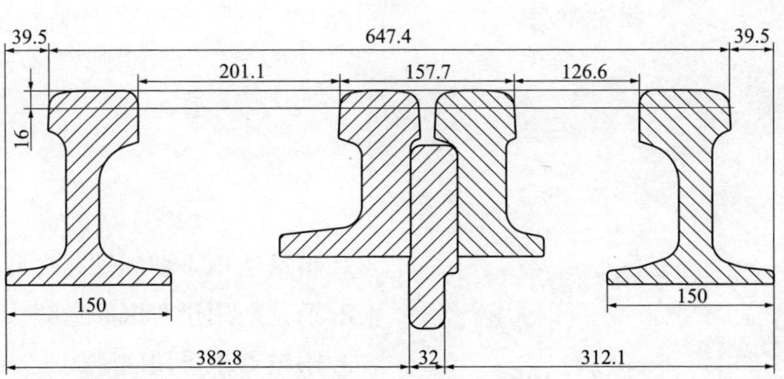

C－C

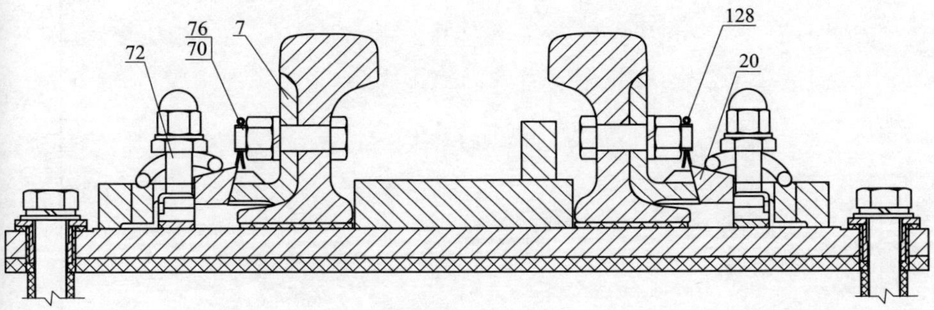

技 术 要 求

1. 当接头铁位置达不到要求时，可用调整片进行调整。
2. 序号 28、29 间隔铁与翼轨、长心轨或叉跟尖轨进行胶接处理。

<table>
<tr><th colspan="8">12. 60 kg/m 钢轨 12 号单开道岔
设计图号：专线 4311</th></tr>
<tr><td rowspan="2">道岔允许通过速度</td><td>客车</td><td colspan="4">$v_{直}$≤ 160 km/h；$v_{侧}$≤ 50 km/h</td><td>扣件类型</td><td>Ⅱ型弹条</td></tr>
<tr><td>货车</td><td colspan="4">轴重 23 t：$v_{直}$≤ 120 km/h；$v_{侧}$≤ 50 km/h</td><td>轨底坡</td><td>1 : 40</td></tr>
<tr><td>转辙器跟端形式</td><td colspan="5">■限位器 □间隔铁 □不设传力机构 □间隔铁活接头</td><td>锁闭方式</td><td>外锁闭</td></tr>
<tr><td>道岔全长</td><td>37 800</td><td colspan="2">辙叉全长</td><td colspan="2">5 992</td><td>辙叉类型</td><td>合金钢组合辙叉</td></tr>
<tr><td>道岔前长</td><td>16 592</td><td colspan="2">辙叉趾长</td><td colspan="2">2 038</td><td>辙叉角</td><td>4°45′49″</td></tr>
<tr><td>道岔后长</td><td>21 208</td><td colspan="2">辙叉跟长</td><td colspan="2">3 954</td><td>翼轨轨型</td><td>60 kg/m</td></tr>
<tr><td>尖轨长度</td><td>13 640</td><td colspan="2" rowspan="2">基本轨长度</td><td colspan="2" rowspan="2">16 192</td><td>直向护轨长度</td><td>6 900</td></tr>
<tr><td>尖轨轨型</td><td>60AT2</td><td>侧向护轨长度</td><td>4 800</td></tr>
<tr><td colspan="4">尖轨尖端前基本轨长度</td><td colspan="2">2 551</td><td>护轨轨型</td><td>33 kg/m 槽型钢</td></tr>
<tr><td colspan="4">辙叉理论尖端距趾端方向前一根岔枕中心距离</td><td colspan="2">542</td><td>导曲线半径</td><td>350 m</td></tr>
<tr><td colspan="2">尖轨尖端至心轨实际尖端距离</td><td>31 407</td><td colspan="4">直向护轨端头距导轨端头定位尺寸</td><td>671</td></tr>
<tr><td colspan="2">道岔终端至末根岔枕中心距离</td><td>11 192</td><td colspan="4">侧向护轨端头距导轨端头定位尺寸</td><td>1 659</td></tr>
<tr><td>最大构造加宽</td><td>1 443</td><td>测量位置</td><td colspan="5">距基本轨前端 6 592 处</td></tr>
<tr><td>岔枕图号
专线 3465－I</td><td>岔枕总数</td><td>89 根</td><td>岔枕展延长</td><td colspan="2">286.01 m</td><td>套管总数</td><td>489</td></tr>
<tr><td>转换设备图号
—</td><td>尖轨动程</td><td colspan="4">160、82</td><td>心轨动程</td><td>—</td></tr>
<tr><td>批准文号</td><td colspan="5">科技工函〔2015〕76 号</td><td>应用情况</td><td>★★★</td></tr>
<tr><td>主要结构特点</td><td colspan="7">1. 道岔适用于城际铁路无砟轨道基础。
2. 道岔适用于跨区间无缝线路，允许铺设轨温变化范围：－57 ℃～+57 ℃。
3. 限位器子母块间隙为 15 mm。
4. 基本轨和护轨内侧轨肢均采用弹性夹扣压。
5. 辙叉采用镶嵌翼轨式合金钢组合辙叉。
6. 橡胶垫板与岔枕之间设置调高垫板进行调高。</td></tr>
</table>

转辙器明细表

序号	图号 / 标准	名称及规格	数量	材　料	备　注
1	客专线 (10)017－Ⅱ－4	直基本轨　16 192	1	60 kg/m 钢轨	图中跳线孔 (T 孔) 不钻
2	客专线 (10)017－Ⅱ－5	曲基本轨　16 192	1	60 kg/m 钢轨	图中跳线孔 (T 孔) 不钻
3	客专线 (10)017－Ⅱ－6	曲线尖轨　13 640	1	60AT2	图中跳线孔 (T 孔) 不钻
4	客专线 (10)017－Ⅱ－7	直线尖轨　13 640	1	60AT2	图中跳线孔 (T 孔) 不钻
5	客专线 (07)001－Ⅴ－69	支距扣板　60/164－168－83Y(Z)	2	ZG 230－450	对称各半
6	客专线 (05)001－Ⅴ－5	平垫板　K60－0	8	Q235－B(底板)	
7	专线 4311－Ⅱ－14	滑床板　K60－0	13	Q235－B(底板)	
8	专线 4311－Ⅱ－14	滑床板　K60－3Y(Z)	7	Q235－B(底板)	
9	专线 4311－Ⅱ－14	滑床板　K60－6Y(Z)	1	Q235－B(底板)	
10	专线 4311－Ⅱ－14	滑床板　K60－9Y(Z)	5	Q235－B(底板)	
11	专线 4311－Ⅱ－15	辊轮滑床板　KG60－0	3	Q235－B(底板)	
12	专线 4311－Ⅱ－15	辊轮滑床板　KG60－3Y(Z)	2	Q235－B(底板)	
13	专线 4311－Ⅱ－15	辊轮滑床板　KG60－6Y(Z)	1	Q235－B(底板)	
14	专线 4311－Ⅱ－16	防跳限位装置　K60－0/114	1	Q235－B(底板)	
15	专线 4311－Ⅱ－16	防跳限位装置　K60－3/116Y(Z)	1	Q235－B(底板)	
16	专线 4311－Ⅱ－16	防跳限位装置　K60－0/170	1	Q235－B(底板)	
17	专线 4311－Ⅱ－16	防跳限位装置　K60－6/171Y(Z)	1	Q235－B(底板)	
18	专线 4311－Ⅱ－4	垫　板　831 × 180 × 29Y(Z)	1	Q235－B(底板)	
19	专线 4311－Ⅱ－5	垫　板　831 × 180 × 29Y(Z)	1	Q235－B(底板)	
20	专线 4311－Ⅱ－4	垫　板　831 × 180 × 29Y(Z)	1	Q235－B(底板)	
21	专线 4311－Ⅱ－5	垫　板　831 × 180 × 29Y(Z)	1	Q235－B(底板)	
22	专线 4311－Ⅱ－6	垫　板　770 × 180 × 29Y(Z)	1	Q235－B(底板)	
23	专线 4311－Ⅱ－7	垫　板　770 × 180 × 29Y(Z)	1	Q235－B(底板)	
24	专线 4311－Ⅱ－6	垫　板　770 × 180 × 29Y(Z)	1	Q235－B(底板)	
25	专线 4311－Ⅱ－7	垫　板　770 × 180 × 29Y(Z)	1	Q235－B(底板)	
26	专线 4311－Ⅱ－8	垫　板　831 × 180 × 29Y(Z)	1	Q235－B(底板)	
27	专线 4311－Ⅱ－9	垫　板　831 × 180 × 29Y(Z)	1	Q235－B(底板)	
28	专线 4311－Ⅱ－10	垫　板　831 × 180 × 29Y(Z)	1	Q235－B(底板)	
29	专线 4311－Ⅱ－11	垫　板　831 × 180 × 29Y(Z)	1	Q235－B(底板)	
30	专线 4311－Ⅱ－10	垫　板　887 × 180 × 29Y(Z)	1	Q235－B(底板)	
31	专线 4311－Ⅱ－11	垫　板　887 × 180 × 29Y(Z)	1	Q235－B(底板)	
32	专线 4311－Ⅱ－10	垫　板　887 × 180 × 29Y(Z)	1	Q235－B(底板)	
33	专线 4311－Ⅱ－11	垫　板　887 × 180 × 29Y(Z)	1	Q235－B(底板)	

续上表

序号	图号 / 标准	名称及规格	数量	材　料	备　注
34	专线 4311 – Ⅱ – 10	垫　板　939 × 180 × 29Y(Z)	1	Q235 – B(底板)	
35	专线 4311 – Ⅱ – 11	垫　板　939 × 180 × 29Y(Z)	1	Q235 – B(底板)	
36	专线 4311 – Ⅱ – 10	垫　板　939 × 180 × 29Y(Z)	1	Q235 – B(底板)	
37	专线 4311 – Ⅱ – 11	垫　板　939 × 180 × 29Y(Z)	1	Q235 – B(底板)	
38	专线 4311 – Ⅱ – 12	垫　板　995 × 180 × 29Y(Z)	1	Q235 – B(底板)	
39	专线 4311 – Ⅱ – 13	垫　板　995 × 180 × 29Y(Z)	1	Q235 – B(底板)	
40	专线 4311 – Ⅱ – 12	垫　板　995 × 180 × 29Y(Z)	1	Q235B(底板)	
41	专线 4311 – Ⅱ – 13	垫　板　995 × 180 × 29Y(Z)	1	Q235B(底板)	
42	专线 4311 – Ⅱ – 12	垫　板　1 047 × 180 × 29Y(Z)	1	Q235B(底板)	
43	专线 4311 – Ⅱ – 13	垫　板　1 047 × 180 × 29Y(Z)	1	Q235B(底板)	
44	专线 4311 – Ⅱ – 12	垫　板　1 047 × 180 × 29Y(Z)	1	Q235B(底板)	
45	专线 4311 – Ⅱ – 13	垫　板　1 047 × 180 × 29Y(Z)	1	Q235B(底板)	
46	专线 4232 – 4	T 型螺栓　M24 × 50	136	Q235 – A	
47	专线 4232 – 4	T 型螺栓　M24 × 60	16	Q235 – A	
48	客专线 (07)001 – Ⅴ – 70	T 型螺栓　M24 × 120	2	Q235 – A	
49	客专线 (05)001 – Ⅴ – 8	垫板螺栓　A 型	152	45 号钢	
50	客专线 (07)001 – Ⅴ – 52	盖型螺母　M24	138		
51	GB/T 41	螺　母　M24	16		
52	TB/T 1495.4	平垫圈　24	154		
53	GB/T 7244	弹簧垫圈　30	152		
54		施维格弹性夹　SSB3	36		
55		施维格弹性夹　SSB4	4		
56	客专线 (07)001 – Ⅴ – 6	轨距块　60/9 – 11	90	ZG 270 – 500	
57	客专线 (07)001 – Ⅴ – 6	轨距块　60/10 – 12	46	ZG 270 – 500	
58	客专线 (07)001 – Ⅴ – 44	轨距块　60 – 11/10	8	尖轨固定端非工作边用	
59	客专线 (07)001 – Ⅴ – 44	轨距块　60 – 10/11	8	尖轨固定端工作边用	
60	专线 3351 – 3	Ⅱ型弹条	154	60Si2CrVA	
61	客专线 (05)001 – Ⅴ – 9	盖　板	152	QT 450 – 10	
62	客专线 (05)001 – Ⅴ – 11	复合定位套	152		
63	客专线 (05)001 – Ⅴ – 10	缓冲调距块　6 – 9	144	玻璃纤维	
64	客专线 (07)001 – Ⅴ – 51	橡胶垫板　60 – 200 – 149 – 5	86	橡胶	
65	客专线 (07)001 – Ⅴ – 51	橡胶垫板　60 – 280 – 149 – 5	6	橡胶	
66	客专线 (07)001 – Ⅴ – 51	橡胶垫板　60 – 160 – 129 – 5	8	橡胶	
67	客专线 (05)001 – Ⅴ – 12	橡胶垫板　2 – 518 × 180 × 20	8	橡胶	
68	客专线 (05)001 – Ⅴ – 12	橡胶垫板　2 – 770 × 180 × 20	34	橡胶	

续上表

序号	图号 / 标准	名称及规格	数量	材　料	备　注
69	客专线 (05)001 – V – 12	橡胶垫板　2 – 770 × 260 × 20	6	橡胶	
70	客专线 (05)001 – V – 12	橡胶垫板　2 – 831 × 180 × 20	6	橡胶	
71	客专线 (05)001 – V – 12	橡胶垫板　3 – 831 × 180 × 20	1	橡胶	中间孔距 348.2 mm
72	客专线 (05)001 – V – 12	橡胶垫板　3 – 831 × 180 × 20	1	橡胶	中间孔距 342.8 mm
73	客专线 (05)001 – V – 12	橡胶垫板　2 – 887 × 180 × 20	4	橡胶	
74	客专线 (05)001 – V – 12	橡胶垫板　2 – 939 × 180 × 20	4	橡胶	
75	客专线 (05)001 – V – 12	橡胶垫板　3 – 995 × 180 × 20	4	橡胶	
76	客专线 (05)001 – V – 12	橡胶垫板　3 – 1 047 × 180 × 20	4	橡胶	
77	客专线 (07)001 – V – 13	调高垫板　2 – 520 × 182 × 410 × $\begin{matrix}1\\2\\4\end{matrix}$ – 0	8	橡塑	其中 1 mm、2 mm 全部备用
78	客专线 (07)001 – V – 13	调高垫板　2 – 780 × 190 × 662 × $\begin{matrix}1\\2\\4\end{matrix}$ – 0	19	橡塑	
79	客专线 (07)001 – V – 13	调高垫板　2 – 780 × 190 × 662 × $\begin{matrix}1\\2\\4\end{matrix}$ – 3	8 8 8	橡塑	
80	客专线 (07)001 – V – 13	调高垫板　2 – 780 × 190 × 662 × $\begin{matrix}1\\2\\4\end{matrix}$ – 6	2 2 2	橡塑	
81	客专线 (07)001 – V – 13	调高垫板　2 – 780 × 190 × 662 × $\begin{matrix}1\\2\\4\end{matrix}$ – 9	5 5 5	橡塑	
82	客专线 (07)001 – V – 13	调高垫板　2 – 780 × 270 × 662 × $\begin{matrix}1\\2\\4\end{matrix}$ – 0	3 3 3	橡塑	
83	客专线 (07)001 – V – 13	调高垫板　2 – 780 × 270 × 662 × $\begin{matrix}1\\2\\4\end{matrix}$ – 3	2 2 2	橡塑	
84	客专线 (07)001 – V – 13	调高垫板　2 – 780 × 270 × 662 × $\begin{matrix}1\\2\\4\end{matrix}$ – 6	1 1 1	橡塑	
85	客专线 (07)001 – V – 13	调高垫板　2 – 841 × 190 × 723 × $\begin{matrix}1\\2\\4\end{matrix}$ – 0	4 4 4	橡塑	

续上表

序号	图号/标准	名称及规格	数量	材　料	备　注
86	客专线(07)001－Ⅴ－13	1 调高垫板　2－841×190×723×2－12 4	2 2 2	橡塑	
87	客专线(07)001－Ⅴ－13	1 调高垫板　3－841×190×723×348×2 4	1 1 1	橡塑	
88	客专线(07)001－Ⅴ－13	1 调高垫板　3－841×190×723×343×2 4	1 1 1	橡塑	
89	客专线(07)001－Ⅴ－13	1 调高垫板　2－897×190×779×2－0 4	4 4 4	橡塑	
90	客专线(07)001－Ⅴ－13	1 调高垫板　2－949×190×831×2－0 4	4 4 4	橡塑	
91	客专线(07)001－Ⅴ－13	1 调高垫板　3－1 005×190×887×430×2 4	4 4 4	橡塑	
92	客专线(07)001－Ⅴ－13	1 调高垫板　3－1 057×190×939×470×2 4	4 4 4	橡塑	
93	客专线(07)001－Ⅴ－11	大间隙限位器　A/150－153－97.7Y(Z)	1	ZG 270－500	
94	客专线(07)001－Ⅴ－11	大间隙限位器　A/154－152－94.7Y(Z)	1	ZG 270－500	
95	客专线(07)001－Ⅴ－12	大间隙限位器　B	2	ZG 270－500	
96	GB/T 1228	螺　栓　M27×120	4		
97	GB/T 1228	螺　栓　M27×130	4		
98	专线 4232－101	螺　母　M27－10	8		
99	客专线(07)001－Ⅴ－12	大间隙限位器夹板　410/B	2	Q235－B	
100	客专线(07)001－Ⅴ－36	限位器夹板　400/A	2	Q235－B	
101	GB/T 1230	垫　圈　27	8		
102	CT 11－121	螺母防松机构　M－280	2		
103	CT 11－121	螺母防松机构　M－340	2		
104	客专线(07)001－Ⅴ－19	基本轨用 A 型顶铁　65/A	2	ZG 230－450	
105	客专线(07)001－Ⅴ－83	基本轨用 C 型防跳顶铁　80/C	2	ZG 230－450	
106	客专线(07)001－Ⅴ－20	基本轨用 B 型顶铁　94/B	2	ZG 230－450	

续上表

序号	图号 / 标准	名称及规格	数量	材 料	备 注
107	客专线 (07)001－V－20	基本轨用 B 型顶铁 109/B	2	ZG 230－450	
108	客专线 (07)001－V－83	基本轨用 C 型防跳顶铁 126/C	2	ZG 230－450	
109	客专线 (07)001－V－20	基本轨用 B 型顶铁 146/B	2	ZG 230－450	
110	GB/T 5780	螺 栓 M24×90	24		
111	GB/T 6184	螺 母 M24－5	24		
112	GB/T 7244	弹簧垫圈 24	24		
113	CT11－111	60 kg/m 钢轨用顶铁垫圈 60－89	4	ZG 230－450	
114	CT11－111	60 kg/m 钢轨用顶铁垫圈 60－79	20	ZG 230－450	
115	CT11－114	顶铁垫圈用防转片 89	4	ZG 230－450	
116	CT11－114	顶铁垫圈用防转片 79	20	ZG 230－450	
117	客专线 (07)001－V－42	顶铁用 A 型调整片 $90\times180\times\frac{1.5}{1}$/A	12 12	Q235－B	均为备用
118	客专线 (07)001－V－42	顶铁用 B 型调整片 $135\times180\times\frac{1.5}{1}$/B	12 12	Q235－B	均为备用
119	GB/T 91	开口销 3×70	24		
120		双辊轮装置	4		施威格辊轮
121		单辊轮装置	2		

辙叉及护轨明细表

序号	图号 / 标准	名称及规格	数量	材　料	备　注
1		合金钢组合辙叉	1		
2	专线 4311－Ⅲ－9	直向护轨　6 900	1		左开对称制造
3	专线 4311－Ⅲ－10	侧向护轨　4 800	1		左开对称制造
4	专线 4311－Ⅲ－11	直向护轨垫板　700×180×29	12	16Mn(底板)	
5	专线 4311－Ⅲ－12	侧向护轨垫板　700×180×29Y(Z)	8	16Mn(底板)	
6	专线 4311－Ⅲ－13	垫　板　1 047×180×29Y(Z)	1		
7	专线 4311－Ⅲ－13	垫　板　995×180×29Y(Z)	1		
8	专线 4311－Ⅲ－14	垫　板　939×180×29Y(Z)	1		
9	专线 4311－Ⅲ－14	垫　板　887×180×29Y(Z)	1		
10	专线 4311－Ⅲ－14	垫　板　831×180×29Y(Z)	1		
11	专线 4311－Ⅲ－15	垫　板　831×180×29Y(Z)	1		
12	专线 4311－Ⅲ－17	垫　板　831×180×29Y(Z)	1		
13	专线 4311－Ⅲ－18	垫　板　887×180×29Y(Z)	1		
14	专线 4311－Ⅲ－18	垫　板　939×180×29Y(Z)	1		
15	专线 4311－Ⅲ－19	垫　板　995×180×29Y(Z)	1		
16	专线 4311－Ⅲ－19	垫　板　995×180×29Y(Z)	1		
17	专线 4311－Ⅲ－16	垫　板　1 047×180×29Y(Z)	1		
18	专线 4311－Ⅲ－20	支距扣板	1	QT 450－10	
19	专线 4311－Ⅲ－20	支距扣板	1	QT 450－10	
20	客专线 (05)001－Ⅴ－6	轨距块　60/10－12	22	ZG 230－450	
21	客专线 (05)001－Ⅴ－6	轨距块　60/9－11	42	ZG 270－500	
22	专线 3351－3	Ⅱ型弹条	66	60SiCrVA	
23	专线 4232－4	T 型螺栓　M24×50	64		
24	客专线 (07)001－Ⅴ－70	T 型螺栓　M24×80	2		支距扣板用
25	客专线 (07)001－Ⅴ－52	盖型螺母　M24	66		
26	TB/T 1495.4	平垫圈　24	66		
27	客专线 (07)001－Ⅴ－47	螺　栓　M24×90	20	5.6 级	护轨用
28	GB/T 6184	螺　母　M24－5	20		
29	GB/T 7244	垫　圈　24	20		
30	客专线 (07)001－Ⅴ－43	护轨调整片　90×80×2 3	20 40	Q235－B	
31	客专线 (05)001－Ⅴ－8	垫板螺栓　A 型	89	45	
32	GB/T 7244	垫　圈　30	89		

续上表

序号	图号 / 标准	名称及规格	数量	材　　料	备　　注
33	客专线 (05)001-Ⅴ-9	盖　板	89	QT 450-10	
34	客专线 (05)001-Ⅴ-11	复合定位套	89		
35	客专线 (05)001-Ⅴ-10	缓冲调距块	84		
36	客专线 (07)001-Ⅴ-51	橡胶垫板　60-200-149/5	44	橡胶	
37	客专线 (05)001-Ⅴ-12	橡胶垫板　2-700×180×20	22	橡胶	
38	客专线 (05)001-Ⅴ-12	橡胶垫板　3-1 047×180×20	2	橡胶	中间孔孔距为 460 mm
39	客专线 (05)001-Ⅴ-12	橡胶垫板　3-995×180×20	3	橡胶	中间孔孔距为 430 mm
40	客专线 (05)001-Ⅴ-12	橡胶垫板　2-939×180×20	3	橡胶	
41	客专线 (05)001-Ⅴ-12	橡胶垫板　2-887×180×20	3	橡胶	
42	客专线 (05)001-Ⅴ-12	橡胶垫板　2-831×180×20	4	橡胶	
43	客专线 (07)001-Ⅴ-13	调高垫板　2-710×190×592×1 2-0 4	22 22 22	橡塑	
44	客专线 (07)001-Ⅴ-13	调高垫板　3-1 057×190×939×460×1 2 4	2 2 2	橡塑	
45	客专线 (07)001-Ⅴ-13	调高垫板　3-1 005×190×887×430×1 2 4	3 3 3	橡塑	
46	客专线 (07)001-Ⅴ-13	调高垫板　2-949×190×831×1 2-0 4	3 3 3	橡塑	
47	客专线 (07)001-Ⅴ-13	调高垫板　2-897×190×779×1 2-0 4	3 3 3	橡塑	
48	客专线 (07)001-Ⅴ-13	调高垫板　2-841×190×723×1 2-0 4	4 4 4	橡塑	
49	客专线 (07)001-Ⅴ-13	调高垫板　2-780×190×662×1 2-0 4	5 5 5	橡塑	
50	客专线 (05)001-Ⅴ-12	橡胶垫板　2-770×180×20	5	橡胶	
51		施维格弹性夹　SSB2	20	橡胶	

60 kg/m 钢轨 12 号单开道岔
图　号：专线 4311

表 1　钢轨数量表（绝缘设在曲股）

钢轨长度 (mm)	21 592	15 593	15 638 (6 426，9 204)	21 512 (6 426，15 078)
钢轨数量	1	1	1	1

表 2　钢轨数量表（绝缘设在直股）

钢轨长度 (mm)	15 638	21 512	21 592 (6 415，15 169)	15 593 (6 415，9 170)
钢轨数量	1	1	1	1

表 3　直曲基本轨各岔枕中心处轨头工作边之间距离

岔枕序号	框架尺寸 (mm)	岔枕序号	框架尺寸 (mm)
1	1 435	15	1 507.9
2	1 435	16	1 519.6
3	1 435	17	1 532.3
4	1 435	18	1 546.1
5	1 436.4	19	1 560.9
6	1 444.1	20	1 576.8
7	1 450.9	21	1 593.7
8	1 458	22	1 611.6
9	1 465.1	23	1 630.5
10	1 472.2	24	1 650.5
11	1 479.3	25	1 671.5
12	1 486.3	26	1 693.6
13	1 493.1	27	1 716.6
14	1 500.8		

表 4　岔枕数量表

序号	岔枕长度	单位	数量	备注
1	2.34	根	12	
2	2.5	根	10	
3	2.6	根	7	
4	2.7	根	5	
5	2.8	根	4	
6	2.88	根	2	
7	2.9	根	4	
8	2.93	根	2	
9	3.0	根	3	
10	3.1	根	3	
11	3.2	根	3	
12	3.35	根	3	
13	3.5	根	4	
14	3.65	根	3	
15	3.8	根	3	
16	3.95	根	3	
17	4.1	根	3	
18	4.25	根	4	
19	4.4	根	3	
20	4.55	根	4	
21	4.74	根	4	

岔枕总长度：285.01 m
岔枕总根数：89 根
套管总数量：489 个

图 1　绝缘接头设在曲股

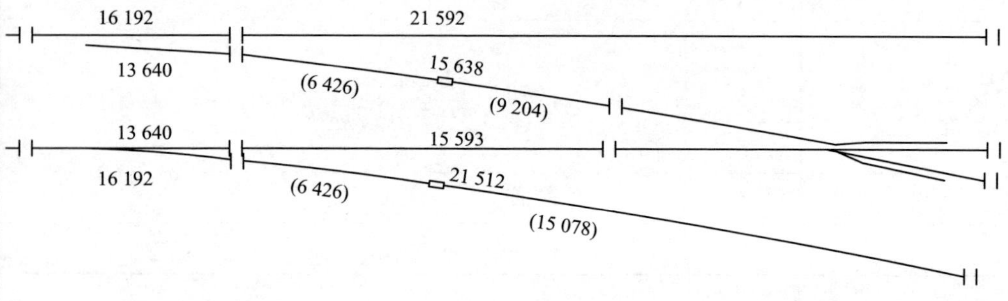

图 2　绝缘接头设在直股

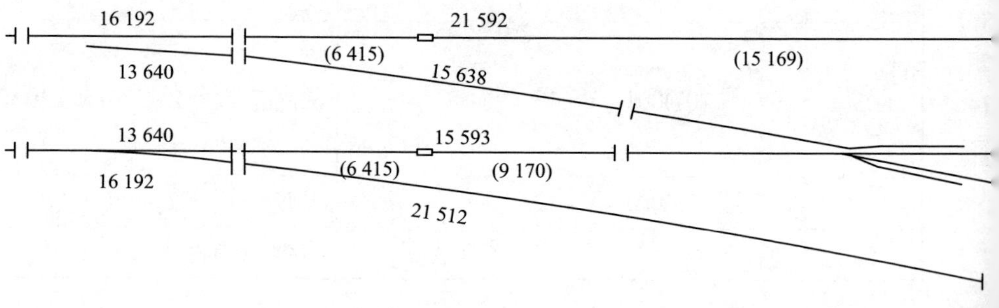

图 3　转辙器部分轨距示意图

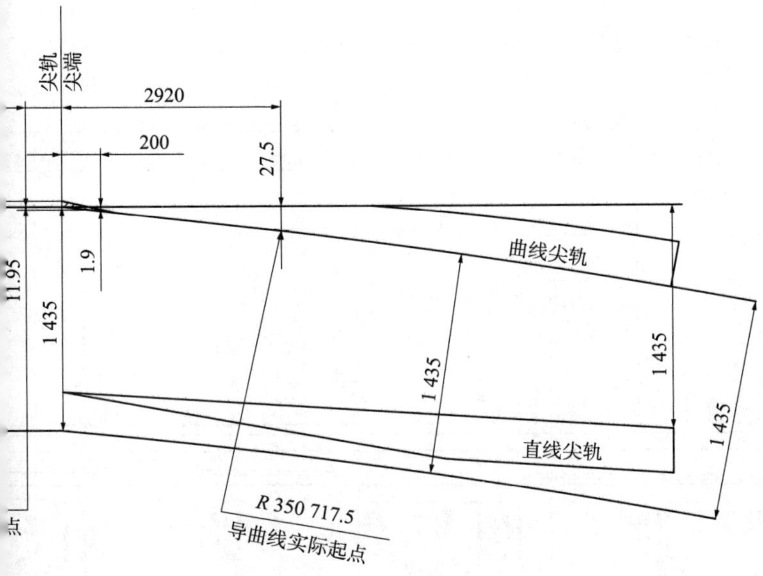

技　术　要　求

本道岔适用于跨区间无缝线路，允许铺设轨温范围：最大升温幅度 57 ℃，最大降温幅度 57 ℃。

道岔的轨下基础采用混凝土岔枕、无砟道床，与本道岔相配套的岔枕图号为专线 3465－Ⅰ。

本道岔除直线尖轨轨头刨切范围的侧股轨距外，其他部位轨距均为 1 435 mm。

岔枕布置：序号 1～83 岔枕垂直于直股钢轨，序号 84～89 岔枕垂直于侧股钢轨，岔枕间距除注明者外均为 600 mm。铺设岔枕时，带编号一侧铺设在道岔直股外侧，侧股辙叉后短岔枕带编号一侧铺设于道岔外侧。

道岔主要结构特点：

(1) 尖轨为相离半切线型，采用 13 640 mm 长的 60AT2 弹性可弯尖轨，尖轨尖端为藏尖式。

(2) 尖轨设两个牵引点，采用分动钩型外锁闭装置，各牵引点设计动程分别为 160 mm、82 mm，在正常情况下，各牵引点的理论转换力分别为：1 250 N、3 950 N。

(3) 尖轨跟端采用限位器结构，限位器子母块间隙为 15 mm，联接螺栓扭矩为 1 000～1 100 N·m。

(4) 转辙器的滑床台板表面应设置减摩涂层。

(5) 转辙器间隔设置带施维格辊轮的滑床板和防跳限位装置。

(6) 辙叉采用镶嵌翼轨式合金钢组合辙叉，翼轨在咽喉至叉心 50 mm 断面范围内镶嵌合金钢。

(7) 护轨为分开式，用 33 kg/m 槽型钢制造，护轨顶面高出基本轨顶面 12 mm。

(8) 道岔区钢轨设置 1∶40 的轨底坡或轨顶坡。

(9) 基本轨和护轨基本轨内侧轨肢均采用弹性夹扣压。

(10) 钢轨及辙叉下设置 5 mm 厚橡胶垫板，铁垫板下设 20 mm 厚的橡胶垫板。

(11) 合金钢辙叉用 M25 高强螺栓和螺母的拧紧扭矩为 1 100～1 200 N·m，垫板用 M30 螺栓扭矩为 300～350 N·m。

(12) 扣件采用分开式Ⅱ型弹条扣件，轨距块及缓冲调距块的号码配置见下表：

一般部位							滑床板及护轨垫板				
单股钢轨位置	钢轨内侧			钢轨外侧			单股钢轨位置	钢轨内侧	钢轨外侧		
	缓冲调距块		轨距块	轨距块	缓冲调距块			缓冲调距块	缓冲调距块		
	外侧	内侧			内侧	外侧		外侧	内侧	内侧	外侧
0	6	9	10	11	6	9	0	6	9	6	9
+1	6	9	11	10	6	9	+1	5	10	5	10
+2	6	9	12	9	6	9	+2	4	11	4	11
－1	6	9	9	12	6	9	－1	7	8	7	8
－2	9	6	11	10	9	6	－2	8	7	8	7
－3	9	6	10	11	9	6	－3	9	6	9	6
－4	9	6	9	12	9	6	－4	10	5	10	5

(13) 绝缘接头两侧采用绝缘轨距块，弹条佩戴绝缘帽。

6. 道岔钢轨、铁垫板、间隔铁、限位器等应采取有效的防腐蚀措施。

7. 除固定辙叉翼轨镶块、锻造心轨材质为合金钢外，道岔用钢轨应与相邻的线路钢轨材质相同，具体由用户订货时指明。

8. 钢轨螺栓孔均作 1×45°倒角。

9. 本图按设轨道电路设计，绝缘接头采用胶接绝缘。钢轨胶接绝缘接头及普通接头分别以"─▭─"、"─┤├─"表示。轨道电路绝缘接头位置可以根据实际需要进行设置，当绝缘设在曲股时，配轨示意图见图 1，配轨长度及数量见表 1；当绝缘设置在直股时，配轨示意图见图 2，配轨长度及数量见表 2。设置胶接绝缘的钢轨按括号内的数字断开。

10. 钢轨顶面到混凝土无砟岔枕顶面的高度为 232 mm。

11. 本道岔可采用调高垫板在橡胶垫板与岔枕之间调高，调高量为 －4～+26 mm，调高垫板见客专线 (07)001－Ⅴ－13。当调高量大于 15 mm 时，应采用 B 型岔枕螺栓，B 型岔枕螺栓由用户自备。正常铺设时，每块铁垫板下设置 1 块 4 mm 厚调高垫板。另外每组道岔备 1 组调高垫板（每块铁垫板备 1 mm、2 mm 厚调高垫板各 1 块）。不足时，由用户根据调高量另行订货。明细表中 1 mm、2 mm 厚调高垫板为备用垫板。

12. 道岔扣件系统节点竖向刚度为 (30±3)kN/mm，当道岔前后线路扣件系统节点竖向刚度与岔区不一致时，应在道岔前后设置过渡段。过渡段的具体长度、材料、规格、数量按线路设计的规定，并由用户另行订货。

13. 道岔技术条件按 TB/T 412《标准轨距铁路道岔技术条件》、运基线路〔2005〕230 号《合金钢心轨组合辙叉技术条件（暂行）》的有关规定执行。

14. 道岔用 AT 钢轨应符合 TB/T 3109《铁路道岔用非对称断面钢轨》的规定，跟端锻压及加工应符合工管技〔2008〕7 号《客运专线道岔制造验收暂行技术条件》的有关规定。

15. 道岔内钢轨均采用焊接接头，为便于厂内试铺和组装，本图采用的配轨长度均按轨缝 8 mm 设置，焊接时可现场锯轨。具体配轨长度由用户订货时与道岔厂协商确定，有条件时应尽量采用长配轨。

16. 导曲线半径按外轨工作边计。

17. 道岔连接部分及叉后垫板，根据垫板的偏斜量不同共有四种类型，图中 A、E、F、G 分别表示平垫板 K60－0、K60－12、K60－15、K60－18。

18. 道岔用螺母可以采用其他同等级的防松螺母。

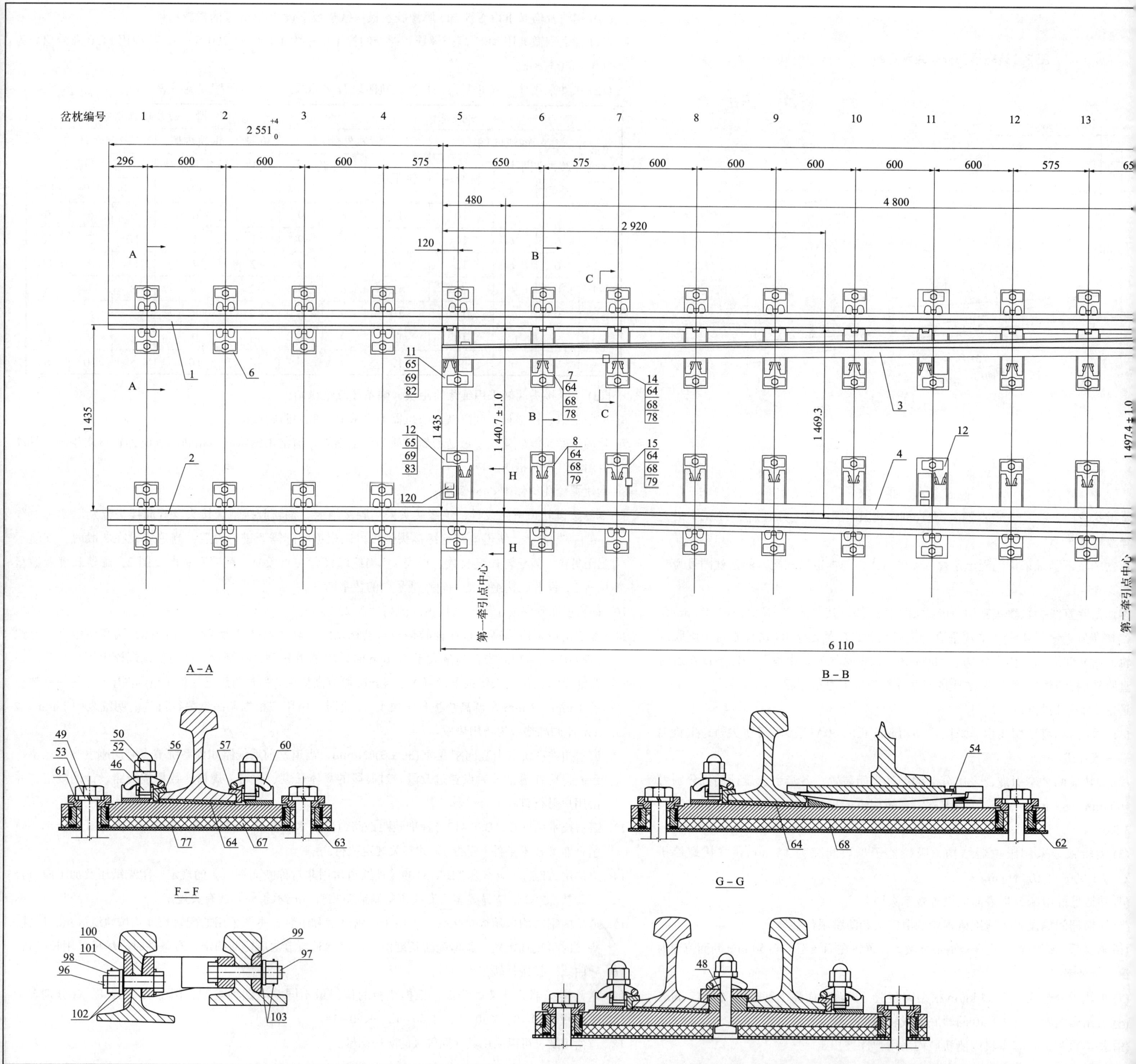

岔枕编号
1 2 3 4 5 6 7 8 9 10 11 12 13
2 551 +4 0
296 600 600 600 575 650 575 600 600 600 600 600 575 65
480
4 800
2 920
120
A
B
C
H
1 435
1 435
1 440.7 ± 1.0
1 469.3
1 497.4 ± 1.0
第一牵引点中心
第二牵引点中心
6 110
1 2 3 4 6
11 65 69 82
12 65 69 83
120
7 64 68 78
14 64 68 78
8 64 68 79
15 64 68 79
12
A–A
B–B
F–F
G–G
49 53 61 50 52 46 56 57 60 77 64 67 63
54 64 68 62
100 101 98 96 102 99 97 103
48

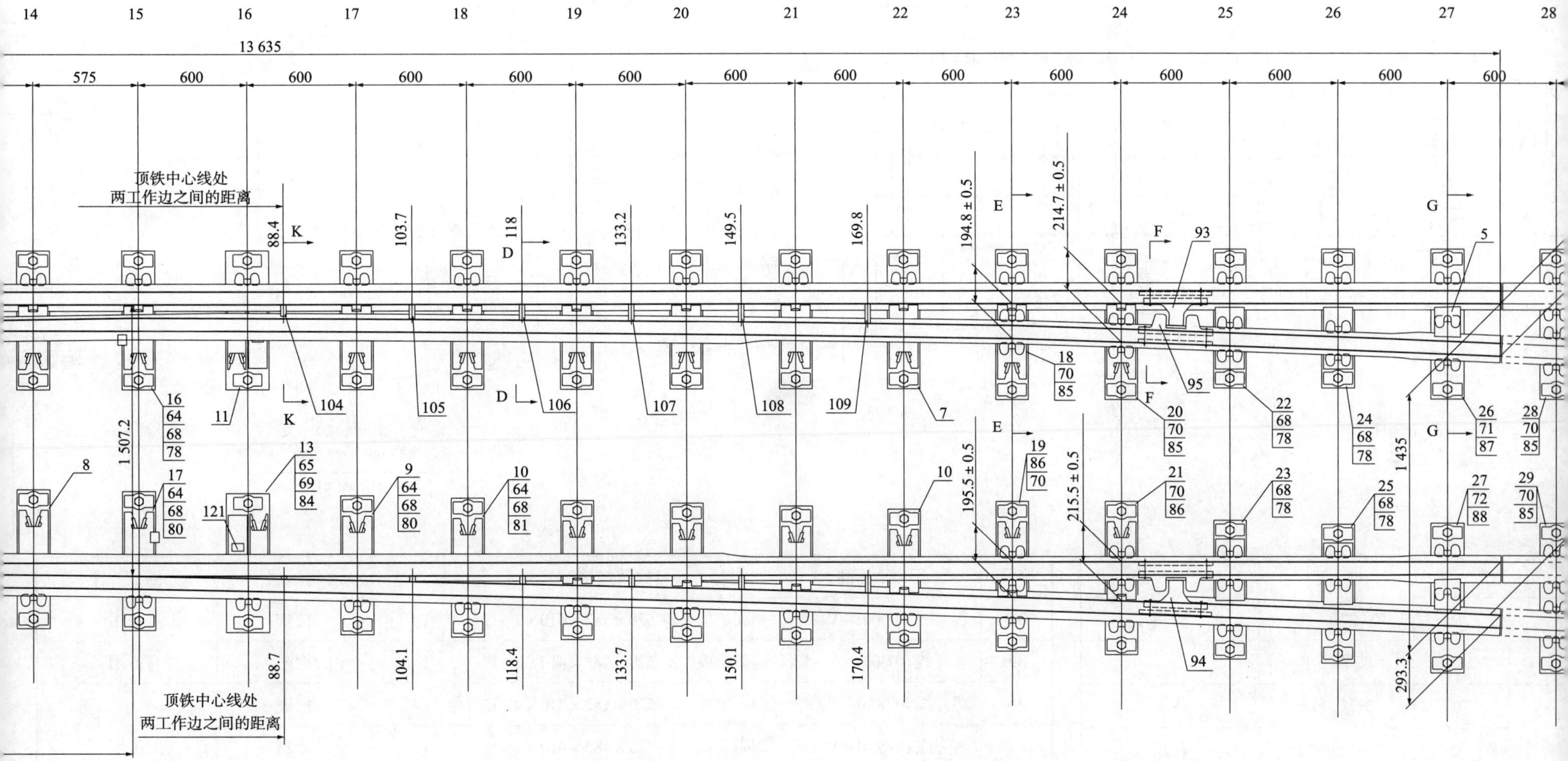

C－C

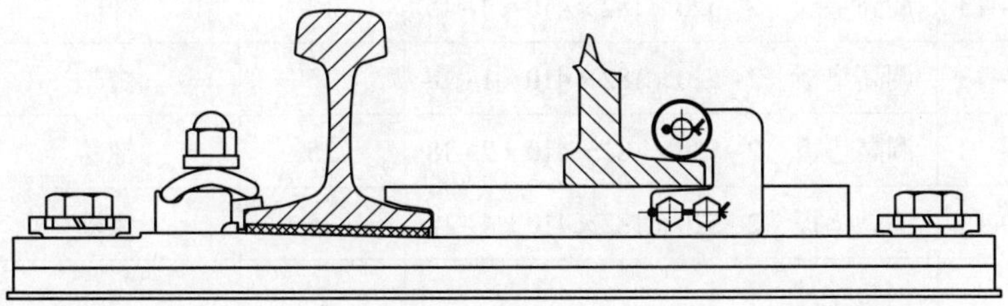

D－D

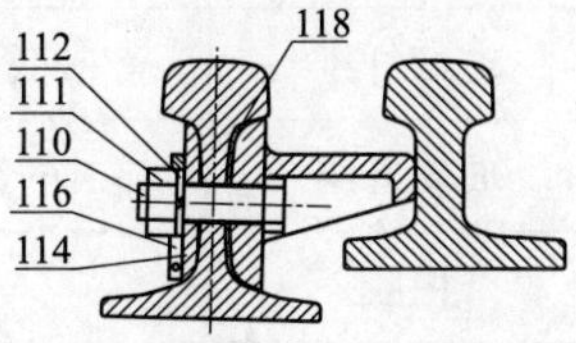

H－H

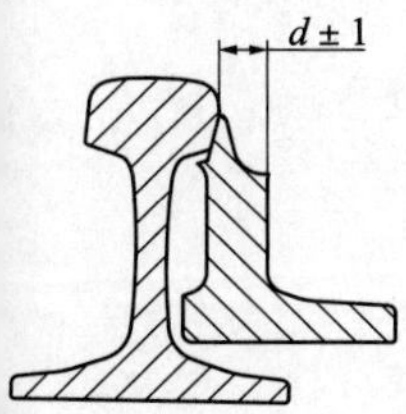

d(mm)	上股	下股
第一牵引点中心	26.5	26.5
第二牵引点中心	48.9	48.9

I
曲线尖轨支距图

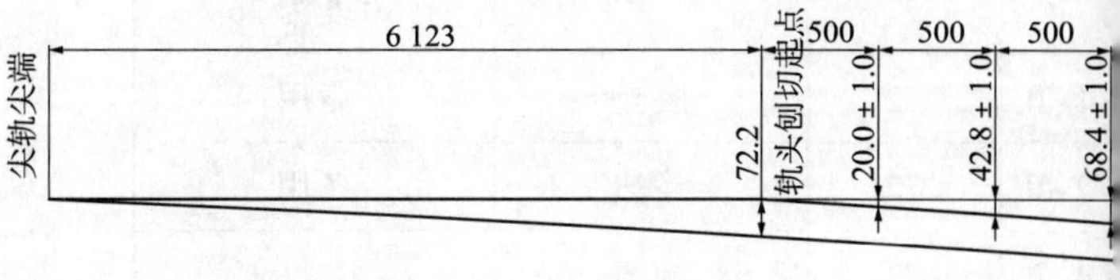

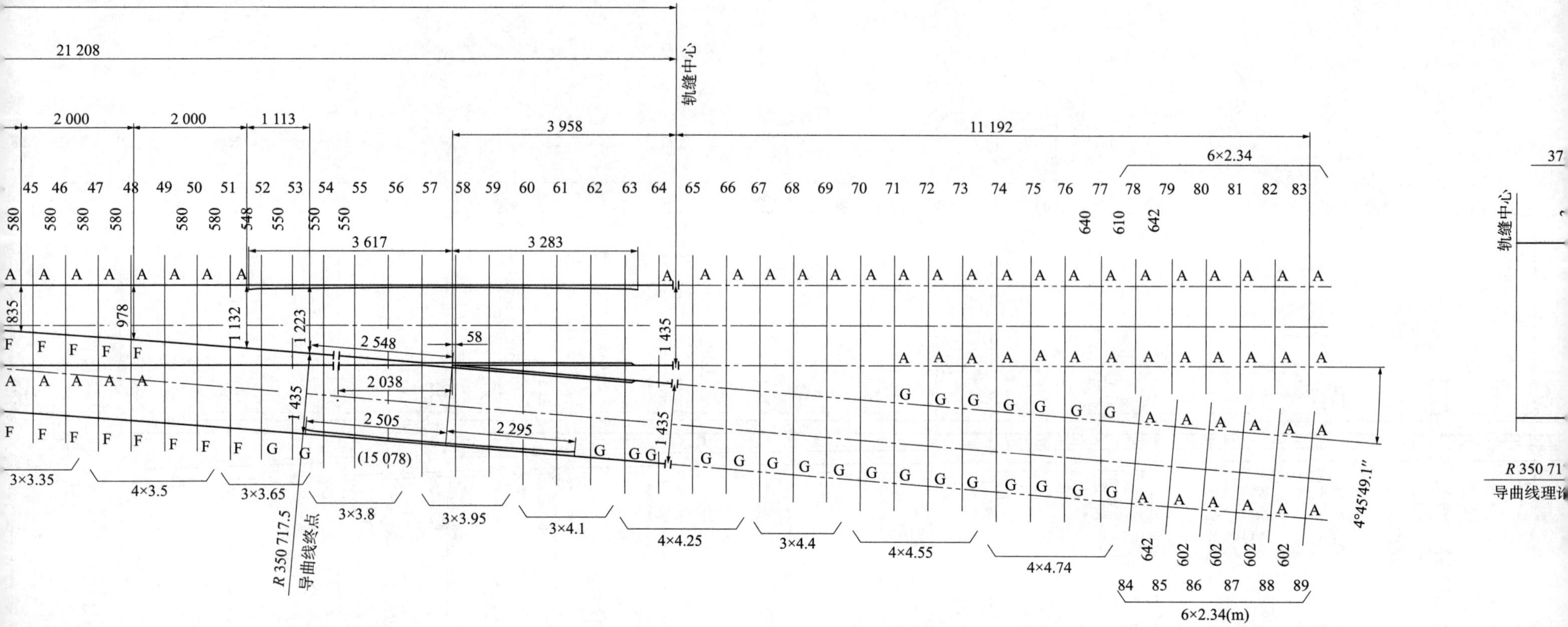

	数 量	材 料	备 注
	70	ZG 270－500	备用
	248	玻璃纤维	
	30	玻璃纤维	备用
	30	玻璃纤维	备用
	30	玻璃纤维	备用
	6	玻璃纤维	2 个备用
	6	玻璃纤维	2 个备用
	32	玻璃纤维	16 个备用
	124	橡胶	
	72	橡胶	
	14	橡胶	
	13	橡胶	
	25	橡胶	长圆孔圆心距由 30 变为 36
×1－0	72	橡 塑	备用
×2－0	72	橡塑	备用
×4－0	72	橡塑	

续表 5

序号	图号 / 标准	名称及规格	数 量	材 料	备 注
34	客专线 (07)001－V－13	调高垫板 2－520×182×410×1－12	14	橡塑	备用
35	客专线 (07)001－V－13	调高垫板 2－520×182×410×2－12	14	橡塑	备用
36	客专线 (07)001－V－13	调高垫板 2－520×182×410×4－12	14	橡塑	
37	客专线 (07)001－V－13	调高垫板 2－520×182×410×1－15	13	橡塑	备用
38	客专线 (07)001－V－13	调高垫板 2－520×182×410×2－15	13	橡塑	备用
39	客专线 (07)001－V－13	调高垫板 2－520×182×410×4－15	13	橡塑	
40	客专线 (07)001－V－13	调高垫板 2－520×182×410×1－18	25	橡塑	备用
41	客专线 (07)001－V－13	调高垫板 2－520×182×410×2－18	25	橡塑	备用
42	客专线 (07)001－V－13	调高垫板 2－520×182×410×4－18	25	橡塑	
43	专线 3417	钢轨绝缘	2		

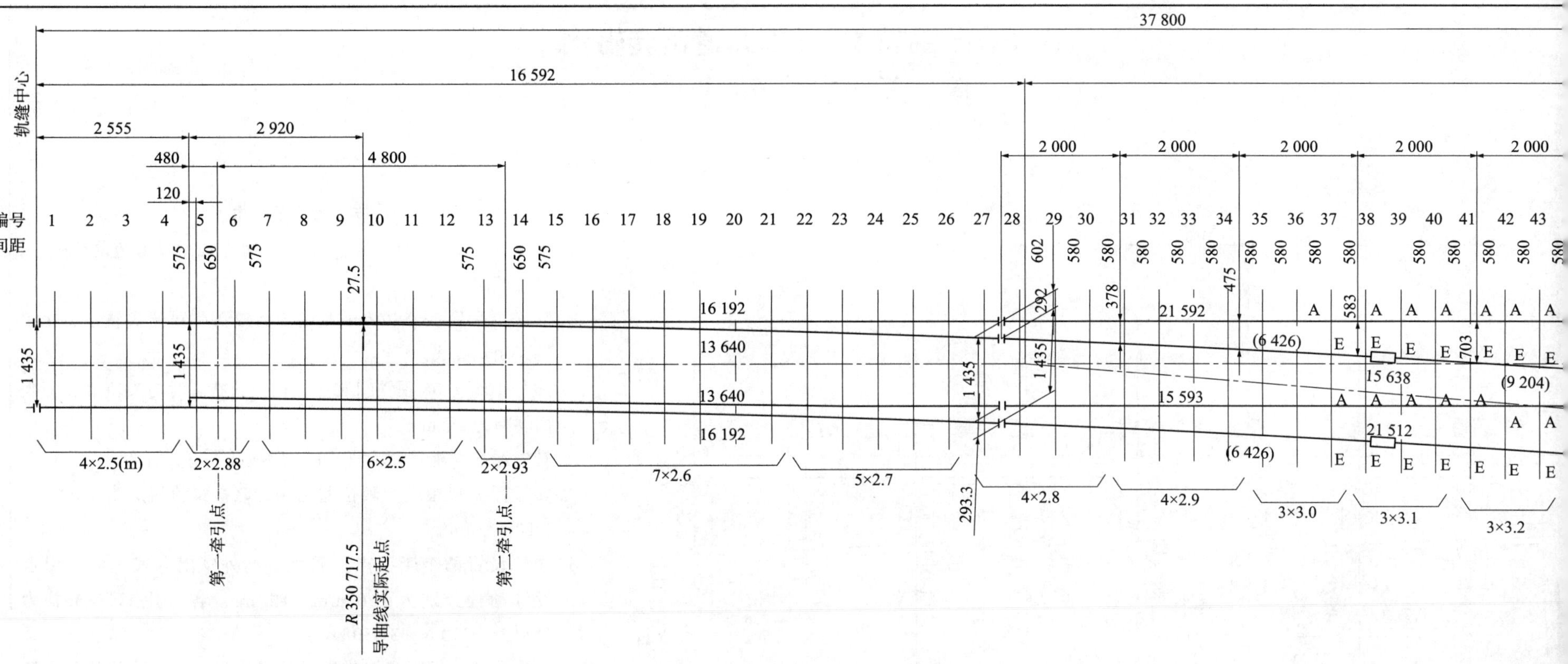

表 5　明　细　表

序号	图号 / 标准	名称及规格	数　量	材　料	备　注
1	专线 4311－Ⅱ	转辙器	1		
2	专线 4311－Ⅲ	12 号辙叉及护轨	1		
3	TB/T 2344	钢　轨	74.335m	60 kg/m 钢轨	
4	客专线 (07)001－Ⅴ－5	平垫板　K60－0	72	Q235－B(底板)	铺设于“A”位置
5	客专线 (07)001－Ⅴ－5	平垫板　K60－12Y(Z)	14	Q235－B(底板)	铺设于“E”位置
6	客专线 (07)001－Ⅴ－5	平垫板　K60－15Y(Z)	13	Q235－B(底板)	铺设于“F”位置
7	客专线 (07)001－Ⅴ－5	平垫板　K60－18Y(Z)	25	Q235－B(底板)	铺设于“G”位置
8	客专线 (05)001－Ⅴ－11	复合定位套	248		
9	客专线 (05)001－Ⅴ－9	盖　板	248	QT 450－10	
10	专线 3351－3	Ⅱ型弹条	248	60Si2CrVA	
11	专线 4232－4	螺　栓　M24 × 50	248		
12	客专线 (07)001－Ⅴ－52	盖型螺母　M24	248		
13	客专线 (05)001－Ⅴ－8	垫板螺栓　A 型	248	45 钢	
14	TB/T 1495.4	平垫圈　24	248		
15	GB/T 7244	弹簧垫圈　30	248		
16	客专线 (07)001－Ⅴ－6	轨距块　60/10－12	124	ZG 270－500	4 个备用
17	客专线 (07)001－Ⅴ－6	轨距块　60/9－11	124	ZG 270－500	4 个备用

续表

序号	图号 / 标准	名称及规格
18	客专线 (07)001－Ⅴ－6	轨距块　60/8－13
19	客专线 (05)001－Ⅴ－10	缓冲调距块　6－9
20	客专线 (05)001－Ⅴ－10	缓冲调距块　7－8
21	客专线 (05)001－Ⅴ－10	缓冲调距块　5－10
22	客专线 (05)001－Ⅴ－10	缓冲调距块　4－11
23	客专线 (07)001－Ⅴ－49	绝缘轨距块　60/9－11
24	客专线 (07)001－Ⅴ－49	绝缘轨距块　60/10－12
25	客专线 (07)001－Ⅴ－76	弹条绝缘帽
26	客专线 (07)001－Ⅴ－51	橡胶垫板　60－200－149/5
27	客专线 (05)001－Ⅴ－12	橡胶垫板　2－518 × 180－0
28	客专线 (05)001－Ⅴ－12	橡胶垫板　2－518 × 180－12
29	客专线 (05)001－Ⅴ－12	橡胶垫板　2－518 × 180－15
30	客专线 (05)001－Ⅴ－12	橡胶垫板　2－518 × 180－18
31	客专线 (07)001－Ⅴ－13	调高垫板　2－520 × 182 × 410
32	客专线 (07)001－Ⅴ－13	调高垫板　2－520 × 182 × 410
33	客专线 (07)001－Ⅴ－13	调高垫板　2－520 × 182 × 410

60 kg/m 钢轨 12 号单开道岔转辙器
图　号：专线 4311－II

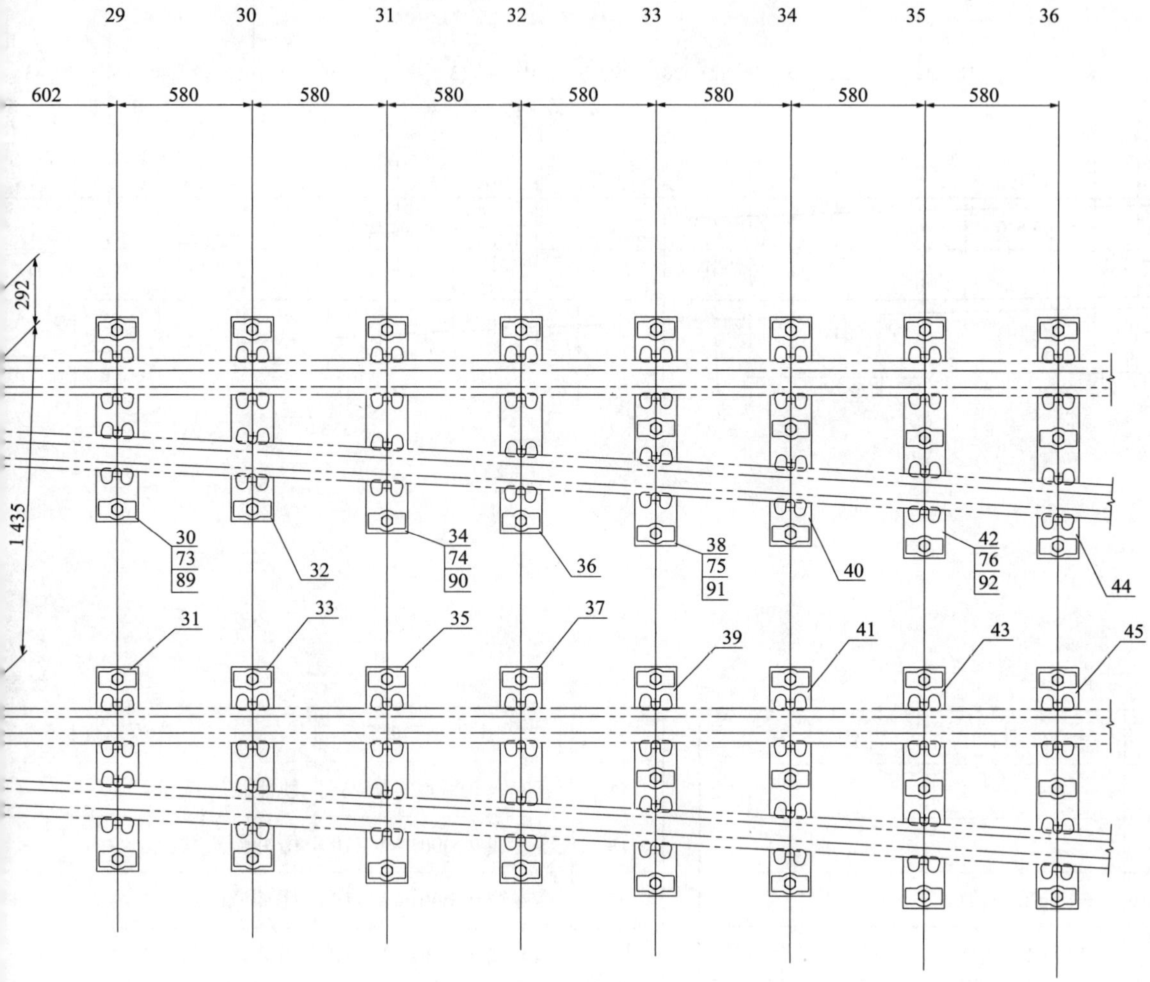

E－E

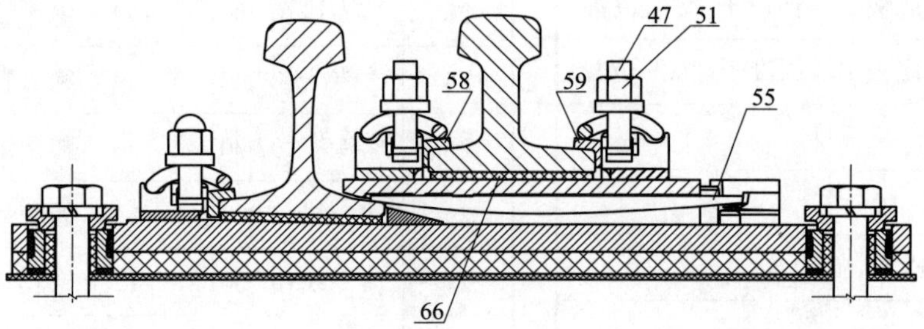

K－K

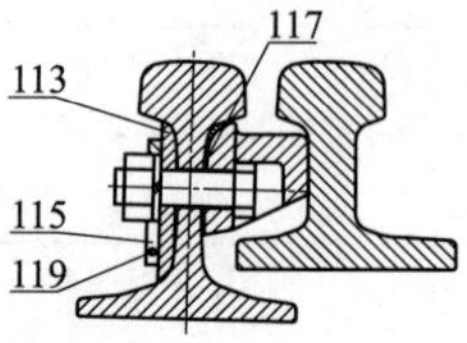

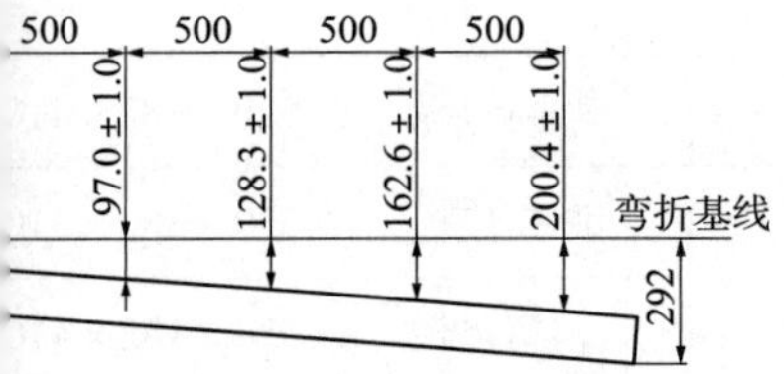

技　术　要　求

1. 本图根据专线 4311－Ⅱ《60 kg/m 钢轨 12 号单开道岔转辙器》进行编制。
2. 转辙器采用 13 640 mm 长的 60AT2 弹性可弯尖轨，尖轨尖端采用藏尖式。
3. 序号 105、108 顶铁组装后，在顶紧状态时与尖轨轨肢上表面间隙为 2^{+1}_{0} mm。
4. 转辙器基本轨、尖轨加工时，跳线孔 (T 孔) 不钻。
5. 转辙器尖轨跟端为限位器结构，联接螺栓扭矩为 1 000 ～ 1 100 N·m。
6. 尖轨设置两个牵引点，采用分动外锁闭方式。各牵引点设计动程分别为 160 mm、82 mm。各牵引点理论转换力分别为 1 250 N、3 950 N。
7. 转辙器部分间隔设置带辊轮的滑床板和防跳限位装置，转辙器基本轨内侧采用弹性夹扣压。
8. 滑床台表面应采用减摩涂层。
9. 钢轨轨下设置 5 mm 厚橡胶垫板，铁垫板下设置 20 mm 厚橡胶垫板。
10. 缓冲调距块安装时应使其平面朝下，三孔垫板中间孔不安装缓冲调距块 (序号 38～45 垫板)。
11. 组装后曲线尖轨密贴时，其支距见 I 视图。
12. 支距扣板螺栓自上而下安装，在垫板底部先旋转 90°D，再安装垫圈、螺母。
13. 序号 5、11 岔枕上辊轮滑床板安装双辊轮，序号 16 岔枕上辊轮滑床板安装单辊轮。
14. 本转辙器可采用调高垫板在橡胶垫板与岔枕之间调高，调高量为 －4～+26 mm，调高垫板见客专线 (07)001－Ⅴ－13。当调高量大于 15 mm 时，应采用 B 型岔枕螺栓，B 型岔枕螺栓由用户自备。正常铺设时，每块铁垫板下设置 1 块 4 mm 厚调高垫板。另外每组转辙器备 1 组调高垫板 (每块铁垫板备 1 mm、2 mm 厚调高垫板各 1 块)。不足时，由用户根据调高量另行订货。明细表中 1 mm、2 mm 厚调高垫板为备用垫板。
15. 本图按右开道岔设计，如为左开时，应按本图对称制造及铺设。

60 kg/m 钢轨 12 号单开道岔辙叉及护轨

图　号：专线 4311－III

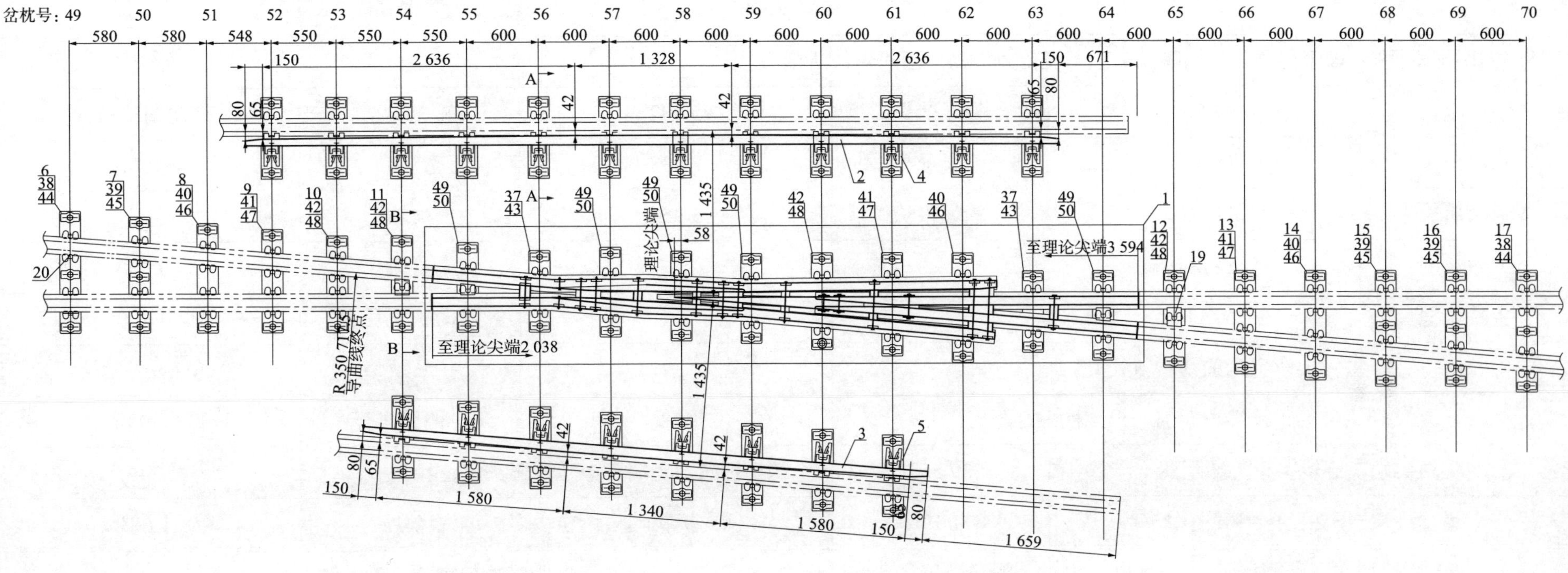

A－A

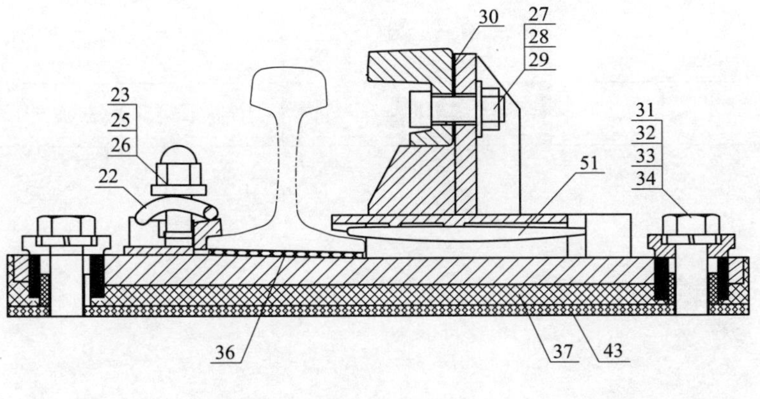

B－B

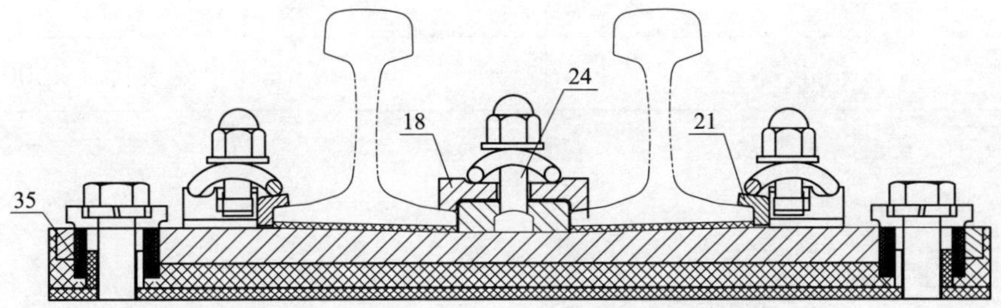

技 术 要 求

1. 组装护轨时，应采用 3 mm 的护轨调整片，当查照间隔或护背距离不合格时，应采用备用调整片调整。
2. 查照间隔及护背距离在心轨轨头宽 20～30 mm 处测量。
3. 所有三孔铁垫板中间孔不安装缓冲调距块。
4. 调高垫板厚度 1 mm、2 mm 的备用。

13. 60 kg/m 钢轨 12 号单开道岔(混凝土枕)
设计图号：专线 4249

道岔允许通过速度	客车	$v_{直}$≤ 160 km/h；$v_{侧}$≤ 50 km/h		扣件类型	Ⅱ型弹条
	货车	轴重 23 t：$v_{直}$≤90 km/h 轴重 25 t：$v_{直}$≤80 km/h；$v_{侧}$≤50 km/h		轨底坡	1 : 40
转辙器跟端形式	■限位器 □间隔铁 □不设传力机构 □间隔铁活接头			锁闭方式	外锁闭
道岔全长	37 800	辙叉全长	5 992	辙叉类型	高锰钢整铸式
道岔前长	16 592	辙叉趾长	2 038	辙叉角	4°45′49″
道岔后长	21 208	辙叉跟长	3 954	翼轨轨型	—
尖轨长度	12 400	基本轨长度	16 792	直向护轨长度	6 900
尖轨轨型	60AT1			侧向护轨长度	4 800
尖轨尖端前基本轨长度			4 391	护轨轨型	50 kg/m 钢轨
辙叉理论尖端距趾端方向前一根岔枕中心距离			542	导曲线半径	350 m
尖轨尖端至心轨实际尖端距离		29 567	直向护轨端头距导轨端头定位尺寸		746
道岔终端至末根岔枕中心距离		11 100	侧向护轨端头距导轨端头定位尺寸		1 681

最大构造加宽	1 440	测量位置	距基本轨前端 7 318 处				
岔枕图号 专线 399	岔枕总数	88 根	岔枕展延长	296 m		套管总数	495
转换设备图号 —	尖轨动程	160、75				心轨动程	—
批准文号	专设标〔2000〕082 号					应用情况	★★★
主要结构特点	1. 道岔适用于跨区间无缝线路。 2. 滑床板垫板、护轨垫板均采用弹片销钉扣压基本轨。						

转辙器明细表

序号	图号 / 标准	名称及规格	数量	材　料
1	专线 4250－5	直基本轨　16 792	1	60 kg/m 钢轨
2	专线 4250－6	曲基本轨　16 792	1	60 kg/m 钢轨
3	专线 4250－7	曲线尖轨　12 400	1	60AT1 钢轨
4	专线 4250－8	直线尖轨　12 400	1	60AT1 钢轨
5	专线 4232－84	垫　板　60－0	14	
6	专线 4232－86	滑床板　60－0	15	
7	专线 4232－86	滑床板　60－3	7	
8	专线 4232－86	滑床板　60－6	5	
9	专线 4232－86	滑床板　60－9	3	
10	专线 4232－90	防跳限位装置　60－0/30	1	
11	专线 4232－90	防跳限位装置　60－3/30	1	
12	专线 4250－9	垫　板　656×170×22	2	
13	专线 4250－9	垫　板　656×170×22	2	
14	专线 4250－10	垫　板　736×170×22	1	
15	专线 4250－11	垫　板　761×170×22	1	
16	专线 4250－12	垫　板　754×170×22	1	
17	专线 4250－12	垫　板　779×170×22	1	
18	专线 4250－12	垫　板　806×170×22	1	
19	专线 4250－13	垫　板　834×170×22	1	
20	专线 4250－13	垫　板　862×170×22	1	
21	专线 4250－13	垫　板　891×170×22	1	
22	专线 4250－13	垫　板　922×170×22	1	
23	专线 4250－14	垫　板　736×170×22	1	
24	专线 4250－15	垫　板　761×170×22	1	
25	专线 4250－16	垫　板　754×170×22	1	
26	专线 4250－16	垫　板　779×170×22	1	
27	专线 4250－16	垫　板　806×170×22	1	
28	专线 4250－17	垫　板　834×170×22	1	
29	专线 4250－17	垫　板　862×170×22	1	
30	专线 4250－17	垫　板　891×170×22	1	
31	专线 4250－17	垫　板　922×170×22	1	
32	专线 4232－4	螺　栓　M24×60	132	
33	专线 4232－50	螺　钉　M30×165	144	45

续上表

序号	图号 / 标准	名称及规格	数量	材　　料
34	GB/T 41	螺　母　M24	132	
35	GB/T 7244	弹簧垫圈　30	132	
36	TB/T 1495.4	平垫圈　24	132	Q235－A
37	专线 3351	Ⅱ型弹条	132	60Si2CrVA
38	专线 4232－33	弹　片　250	32	60Si2Mn
39	专线 4232－33	弹　片　310	4	60Si2Mn
40	专线 4232－34	销　钉　155	36	Q275
41	专线 4232－10	轨距块　9－11	86	ZG 270－500
42	专线 4232－10	轨距块　13－15	46	ZG 270－500
43	专线 4232－51	橡胶垫板　60－190	46	橡胶
44	专线 4232－51	橡胶垫板　60－150	4	橡胶
45	专线 4232－55	橡胶垫板　60－190	36	橡胶
46	专线 4232－53	橡胶垫板　452×175×10	14	橡胶
47	专线 4232－56	橡胶垫板　601	32	橡胶
48	专线 4232－56	橡胶垫板　656	4	橡胶
49	专线 4232－53	橡胶垫板　736×175×10	2	橡胶
50	专线 4232－53	橡胶垫板　761×175×10	2	橡胶
51	专线 4232－53	橡胶垫板　754×175×10	2	橡胶
52	专线 4232－53	橡胶垫板　779×175×10	2	橡胶
53	专线 4232－53	橡胶垫板　806×175×10	2	橡胶
54	专线 4232－54	橡胶垫板　834－382	2	橡胶
55	专线 4232－54	橡胶垫板　862－396	2	橡胶
56	专线 4232－54	橡胶垫板　891－411	2	橡胶
57	专线 4232－54	橡胶垫板　922－426	2	橡胶

辙叉及护轨明细表

序号	图号 / 标准	名称及规格	数量	材　料
1	专线 4251－4	高锰钢辙叉	1	ZGMn13
2	专线 4251－5	护　轨　6 900	1	
3	专线 4251－6	护　轨　4 800	1	
4	专线 4251－7	辙叉垫板　739×170×20	8	
5	专线 4251－7	辙叉垫板　739×170×20	2	
6	专线 4251－8	垫　板　719×170×22	1	
7	专线 4251－9	垫　板　769×170×22	1	
8	专线 4251－10	垫　板　817×170×22	1	
9	专线 4251－10	垫　板　865×170×22	1	
10	专线 4251－10	垫　板　912×170×22	1	
11	专线 4251－11	垫　板　740×170×22	1	
12	专线 4251－12	垫　板　790×170×22	1	
13	专线 4251－13	垫　板　840×170×22	1	
14	专线 4251－13	垫　板　890×170×22	1	
15	专线 4232－84	垫　板　60－0－Ⅱ	7	
16	专线 4232－84	垫　板　60－17－Ⅱ	11	
17	专线 4232－87	护轨垫板　600	12	
18	专线 4251－14	护轨斜垫板　610	8	
19	专线 4232－22	调整片　147×140×2	40	Q195
		调整片　147×140×3	20	
20	TB/T 2345	接头夹板	8	
21	TB/T 2347	接头螺栓、螺母　M24×135－10.9	24	
22	专线 4232－5	螺　栓　M24×110	12	
23	专线 4232－5	螺　栓　M24×95	8	
24	专线 4232－4	螺　栓　M24×60	110	
25	专线 4232－50	螺　钉　M30×165	119	45
26	GB/T 41	螺　母　M24	110	
27	专线 4232－101	螺　母　M24	20	
28	GB/T 1230	垫　圈　24	24	
29	GB/T 7244	弹簧垫圈　24	20	65Mn
30	TB/T 1495.4	平垫圈　24	110	Q235
31	GB/T 7244	弹簧垫圈　30	119	65Mn
32	专线 3351	Ⅱ型弹条	110	60Si2CrVA

续上表

序号	图号 / 标准	名称及规格	数量	材　料
33	专线 4232－10	轨距块　60 9－11	65	ZG 230－450
34	专线 4232－10	轨距块　60/13－15	44	ZG 230－450
35	专线 4232－33	弹　片　250	20	60Si2Mn
36	专线 4232－34	销　钉　155	20	Q275
37	专线 4232－51	橡胶垫板　60－190	56	橡胶
38	专线 4232－52	橡胶垫板　439×190×5	10	橡胶
39	专线 4232－53	橡胶垫板　739×175×10	10	橡胶
40	专线 4232－53	橡胶垫板　719×175×10	1	橡胶
41	专线 4232－53	橡胶垫板　769×175×10	1	橡胶
42	专线 4232－54	橡胶垫板　817－373	1	橡胶
43	专线 4232－54	橡胶垫板　865－397	1	橡胶
44	专线 4232－54	橡胶垫板　912－421	1	橡胶
45	专线 4232－53	橡胶垫板　740×175×10	1	橡胶
46	专线 4232－53	橡胶垫板　790×175×10	1	橡胶
47	专线 4232－54	橡胶垫板　840－385	1	橡胶
48	专线 4232－54	橡胶垫板　890－410	1	橡胶
49	专线 4232－53	橡胶垫板　452×175×10	18	橡胶
50	专线 4232－82	橡胶垫板　600×175×5	12	橡胶
51	专线 4232－82	橡胶垫板　610×175×5	8	橡胶

专线 4249 电务主要参数

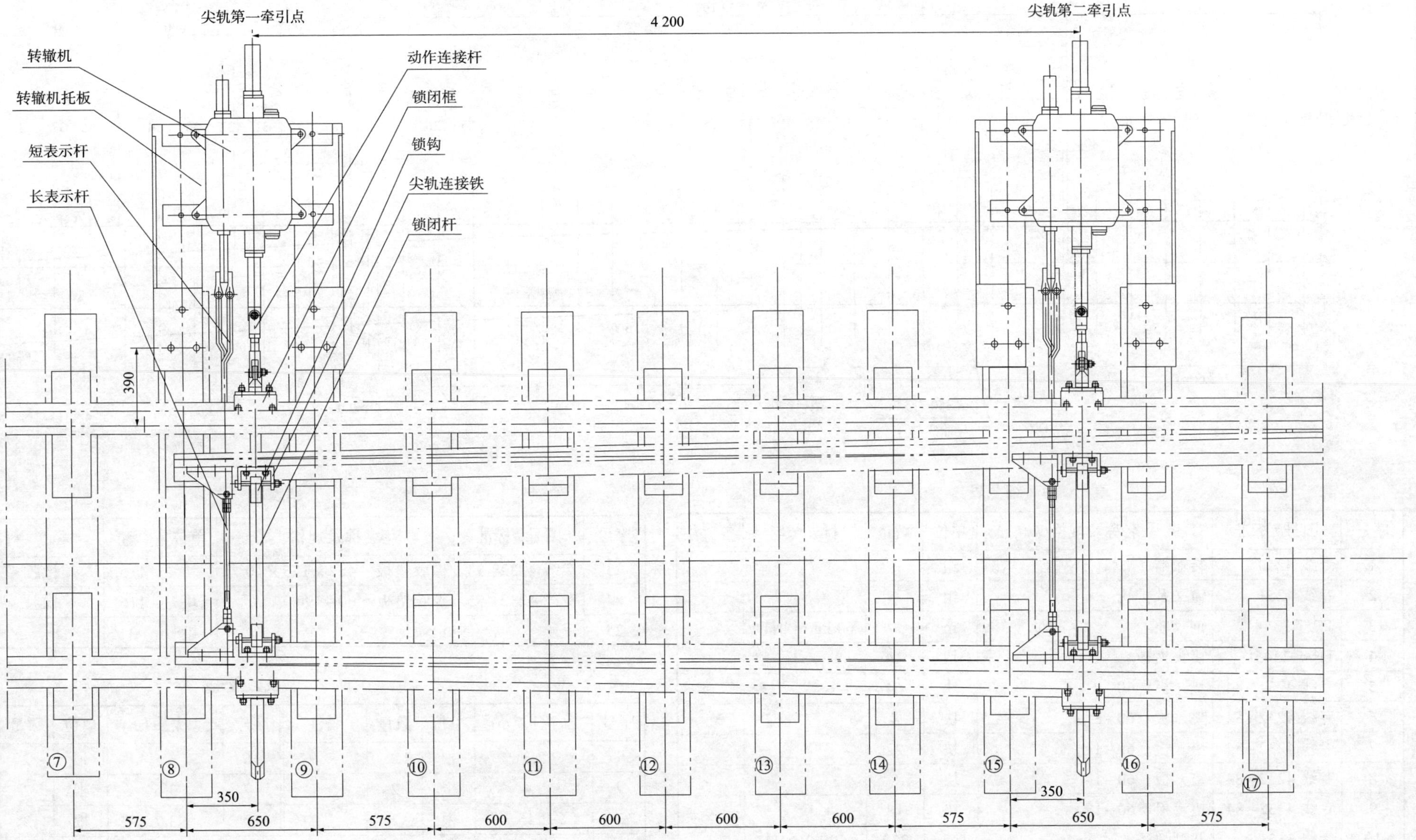

转换设备	安装图名称	安装图号	锁闭方式
钩型外锁	60 kg/m 钢轨 12 号单开道岔外锁闭装置安装图	通号 (01)9165	外锁闭
S700K	60 kg/m 钢轨 12 号单开道岔转换设备 (S700K) 安装图	通号 (01)9166	外锁闭
ZY(J)7+SH6	60 kg/m 钢轨 12 号单开道岔转换设备 (ZYJ7) 安装图	通号 (01)9167	外锁闭
ZD(J)9	60 kg/m 钢轨 12 号单开道岔转换设备 (ZDJ9) 安装图	S0228	外锁闭
优化外锁	60 kg/m 钢轨 12 号单开道岔外锁闭装置安装图	S1529	外锁闭

60 kg/m 钢轨 12 号单开道岔
图　号：专线 4249

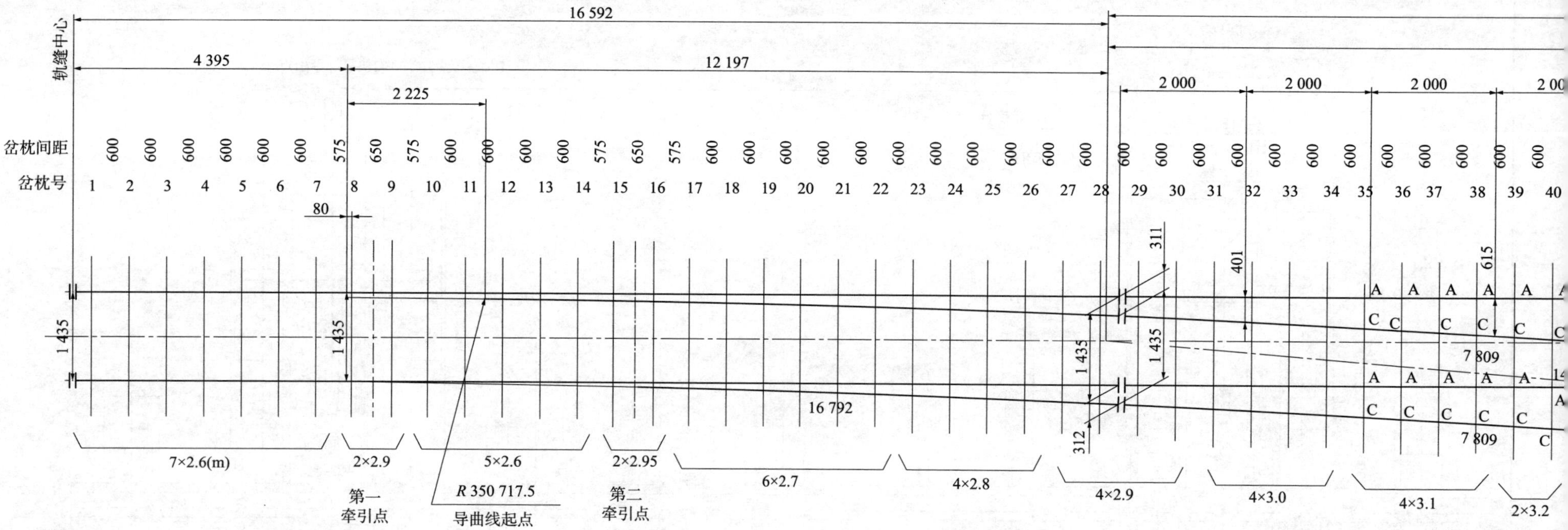

表 1　明　细　表

序号	图号 / 标准	名称及规格	单位	数量	材　料	备　注
1	专线 4250	转辙器	组	1		
2	专线 4251	辙叉及护轨	组	1		
3	TB/T 2344	钢　轨	m		60 kg/m 钢轨	
4	TB/T 2345	接头夹板	块	14		
5	专线 4232－84	垫　板　60－0	块	64		
6	专线 4232－84	垫　板　60－8	块	4		
7	专线 4232－84	垫　板　60－11	块	22		
8	专线 4232－84	垫　板　60－14	块	8		
9	专线 4232－84	垫　板　60－17	块	18		
10	专线 3351	Ⅱ型弹条	个	232	60Si2CrVA	
11	专线 4232－4	螺　栓　M24×60	根	232		
12	TB/T 2347	接头螺栓　M24×135－10.9	副	42		含螺母
13	GB/T 41	螺　母　M24	个	232		
14	GB/T 1230	垫　圈　24	个	42		
15	TB/T 1495.4	平垫圈　24	个	232	Q235－A	
16	GB/T 7244	垫　圈　30	个	232		
17	专线 4232－10	轨距块　9－11	个	112	ZG 230－450	
18	专线 4232－10	轨距块　13－15	个	112	ZG 230－450	
19	专线 4232－10	轨距块　7－17	个	100	ZG 230－450	
20	专线 4232－50	螺　钉　M30×165	个	232	45 号钢	
21	专线 4232－72	绝缘轨距块　9－11	个	8	玻璃纤维	
22	专线 4232－72	绝缘轨距块　13－15	个	8	玻璃纤维	

续表 1

序号	图号 / 标准	名称及规格	单位	数量	材　料	备
23	专线 4232－53	橡胶垫板　452×175×10	块	116	橡胶	
24	专线 4232－51	橡胶垫板　60－190	块	116	橡胶	
25		钢轨绝缘	组	2		

表 2　岔枕数量表

序号	岔枕长 (m)	单位	数量	备注	序号	岔枕长 (m)	单位	数量	备注
1	2.3	根	2		16	3.5	根	2	
2	2.4	根	2		17	3.6	根	2	
3	2.45	根	2		18	3.7	根	2	
4	2.5	根	4		19	3.8	根	2	
5	2.55	根	2		20	3.9	根	2	
6	2.6	根	12		21	4.0	根	2	
7	2.7	根	6		22	4.1	根	2	
8	2.8	根	4		23	4.2	根	2	
9	2.9	根	6		24	4.3	根	2	
10	2.95	根	2		25	4.4	根	2	
11	3.0	根	4		26	4.5	根	2	
12	3.1	根	4		27	4.6	根	2	
13	3.2	根	2		28	4.7	根	4	
14	3.3	根	2		29	4.8	根	4	
15	3.4	根	2						

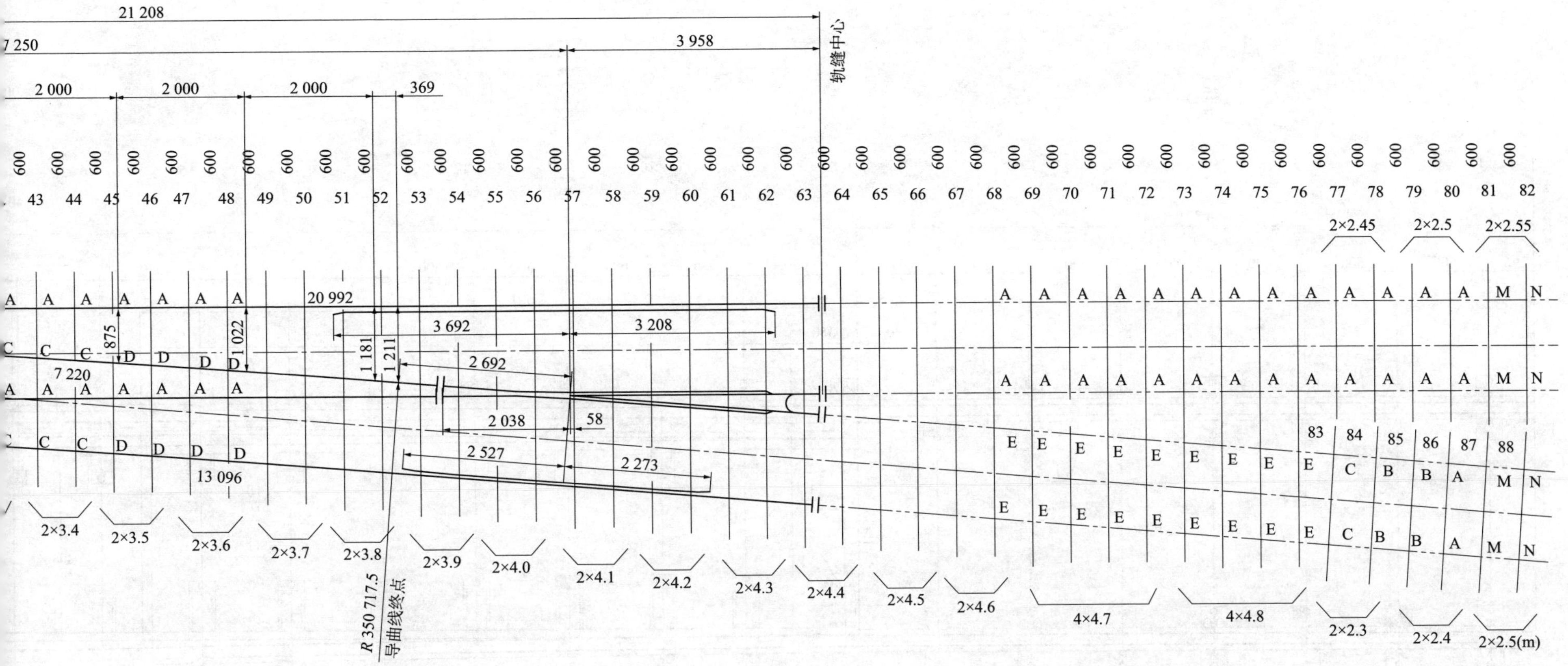

技 术 要 求

. 本道岔用于单渡线时，线间距需≥5 m。当线间距小于 5 m 时，岔枕应另行设计。

. 岔枕一律按垂直于正线方向布置。

. 道岔主要结构特点：

(1) 转辙器采用 60AT1 钢轨 12.4 m 弹性可弯尖轨，尖轨尖端为藏尖式，跟端采用限位器结构。

(2) 尖轨设置 2 个牵引点，采用分动外锁闭装置，第一牵引点设计动程为 160 mm，第二牵引点设计动程为 75 mm，在正常情况下尖轨理论总转换力为 3 330 N。

(3) 护轨为分开式，用 50 kg/m 钢轨制造，护轨顶面高出基本轨顶面 12 mm。

(4) 滑床板、护轨垫板采用弹片扣压基本轨。

(5) 钢轨、辙叉及护轨垫板下设置 5 mm 厚橡胶垫板，其他垫板下均设置 10 mm 厚橡胶垫板。

. 明细表中的平垫板包括五种类型：垫板 60-0、垫板 60-8、垫板 60-11、垫板 60-14、垫板 60-17 分别用符号 A、B、C、D、E 表示，其具体铺设位置见图。

. 扣件采用Ⅱ型弹条分开式可调扣件，轨距块设计安装号数如下：

钢轨工作边一侧安装 13 号轨距块，钢轨非工作边一侧安装 11 号轨距块。

辙叉部分一侧安装 13 号轨距块，另一侧安装 11 号轨距块。

接头两侧安装接头轨距块，绝缘接头两侧安装绝缘轨距块。

7-17 轨距块为备用轨距块，供现场调整用。

. 本图按普通接头设计，当用于跨区间超长无缝线路时，钢轨接头采用焊接接头，锰钢辙叉前后采用冻结接头，绝缘接头采用胶接绝缘接头，钢轨轨端不钻接头螺栓孔。

7. 图中钢轨普通接头及普通绝缘接头分别以“—|├—”、“‡”表示。

8. 普通接头及绝缘接头钢轨轨缝为 8 mm。

9. 本图按设轨道电路设计。

10. 铺设混凝土岔枕时，若按右开铺设时，带编号一侧铺设在道岔直股外侧，侧股叉后短岔枕为对称枕，带编号一侧铺设在道岔侧股外侧。

11. 钢轨数量的配置根据用户要求。

图 1 转辙器部分轨距示意图

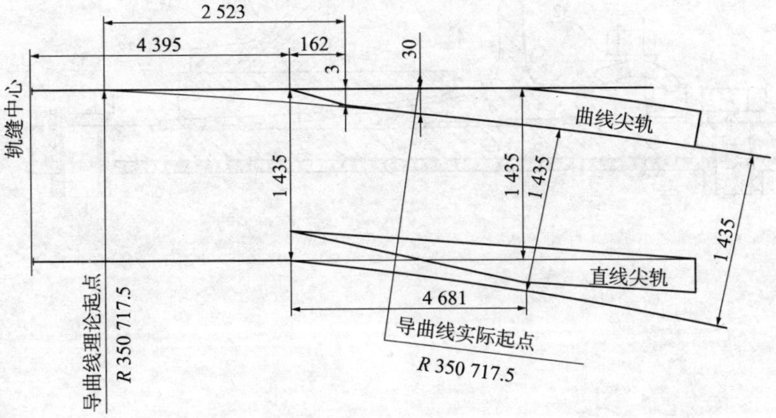

60 kg/m 钢轨 12 号单开道岔转辙器
图　号：专线 4250

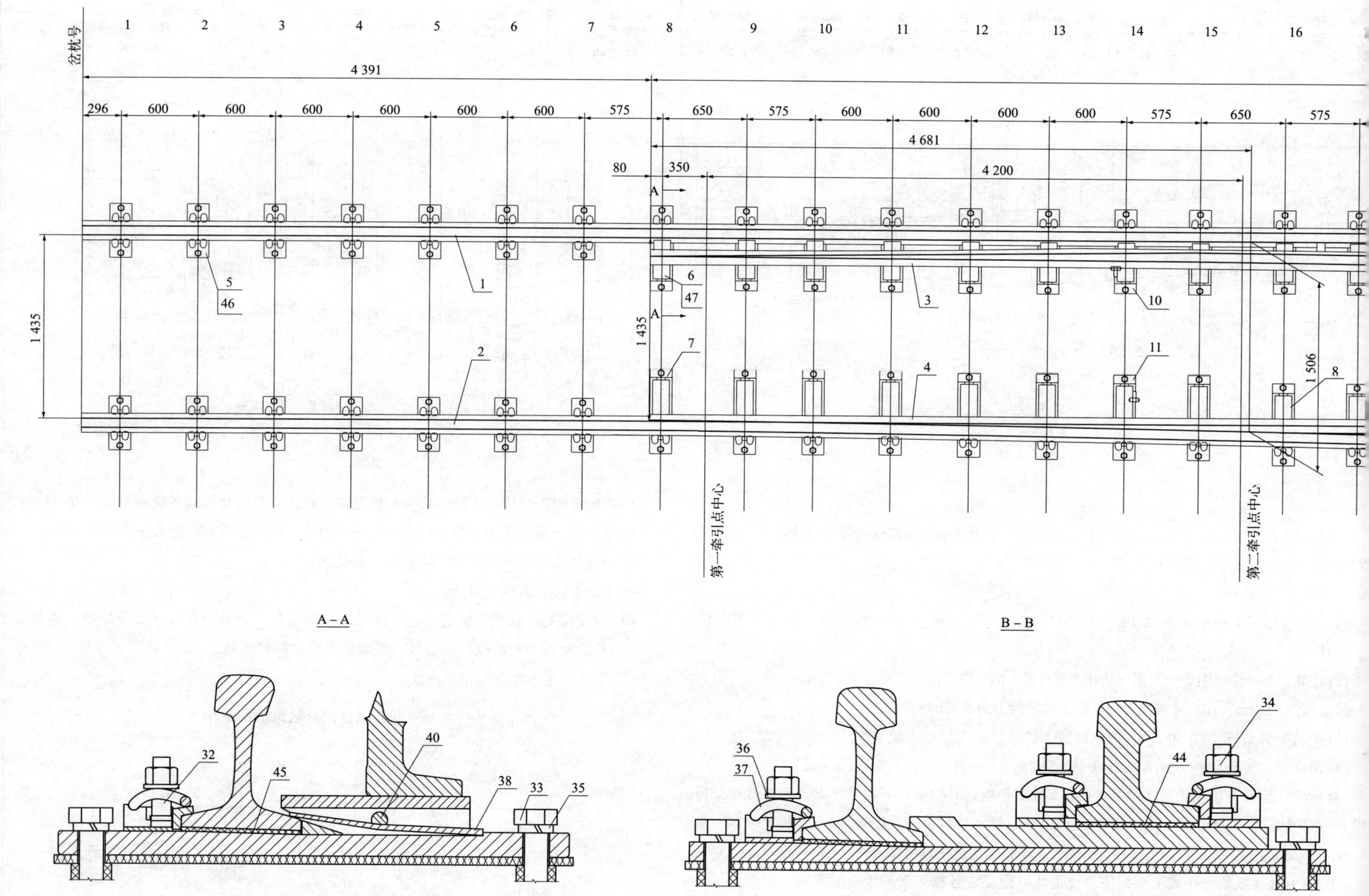

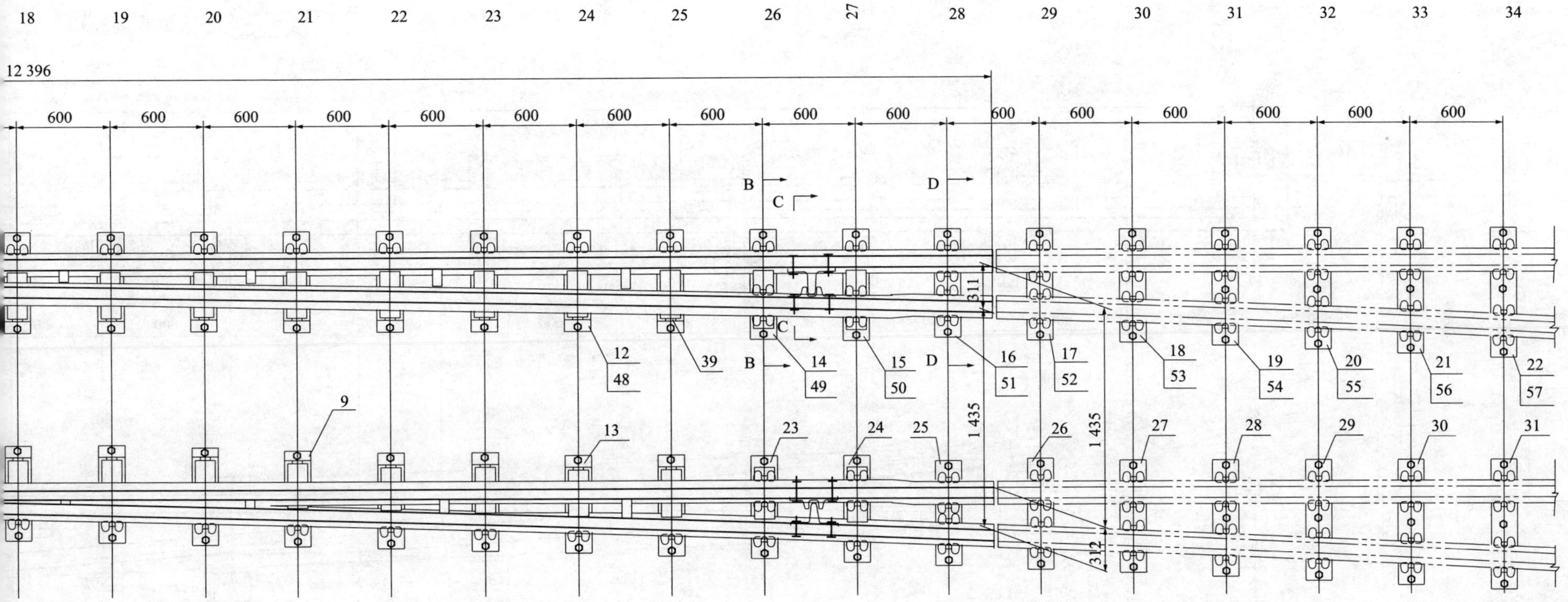
18
19
20
21
22
23
24
25
26
27
28
29
30
31
32
33
34
12 396
600
B
C
D
311
1 435
312
9
12
48
13
39
14
49
15
50
16
51
17
52
18
53
19
54
20
55
21
56
22
57
23
24
25
26
27
28
29
30
31

C－C

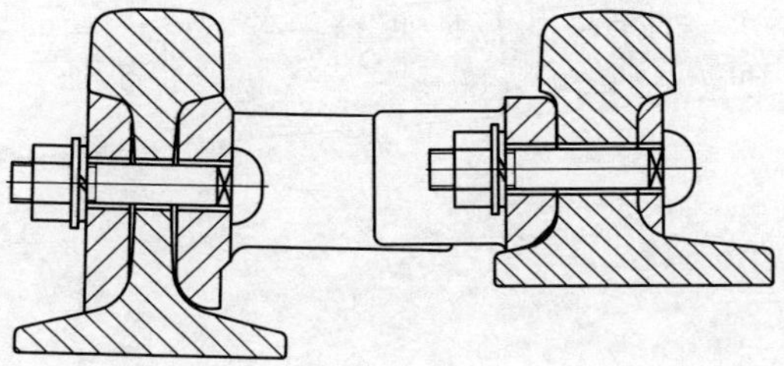

D－D

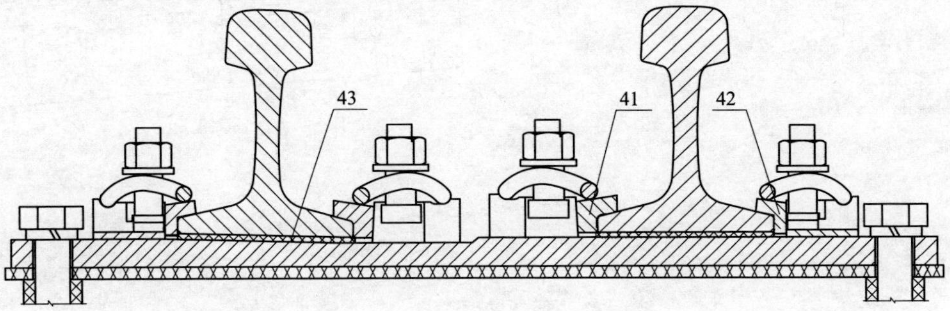
43
41
42

60 kg/m 钢轨 12 号单开道岔辙叉及护轨

图　号：专线 4251

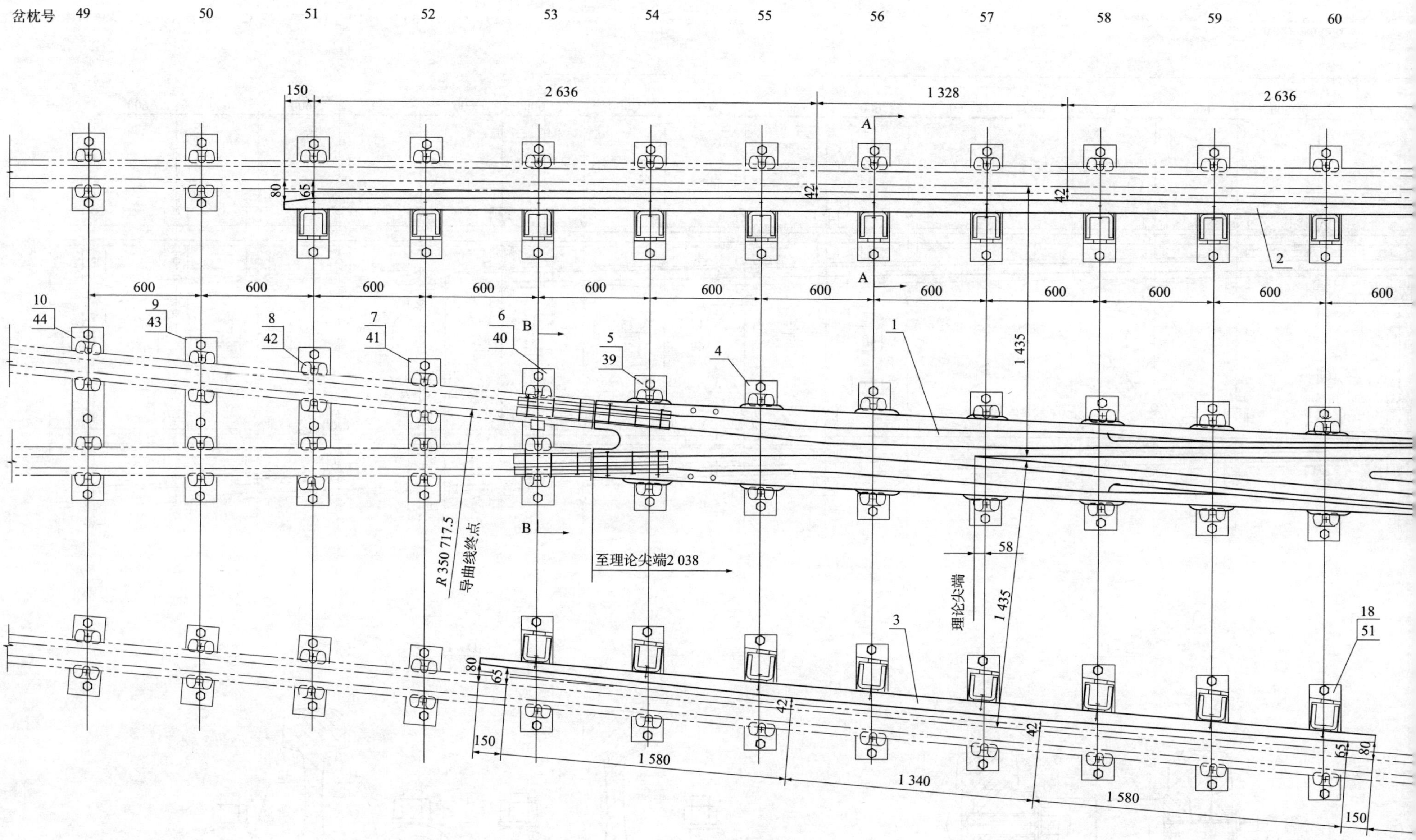

技 术 要 求

1. 组装护轨时，应使用 3 mm 厚的护轨调整片，如查照间隔或护背距离不合格时，可用调整片进行调整。
2. 查照间隔及护背距离在心轨轨头宽 20～30 mm 处测量。

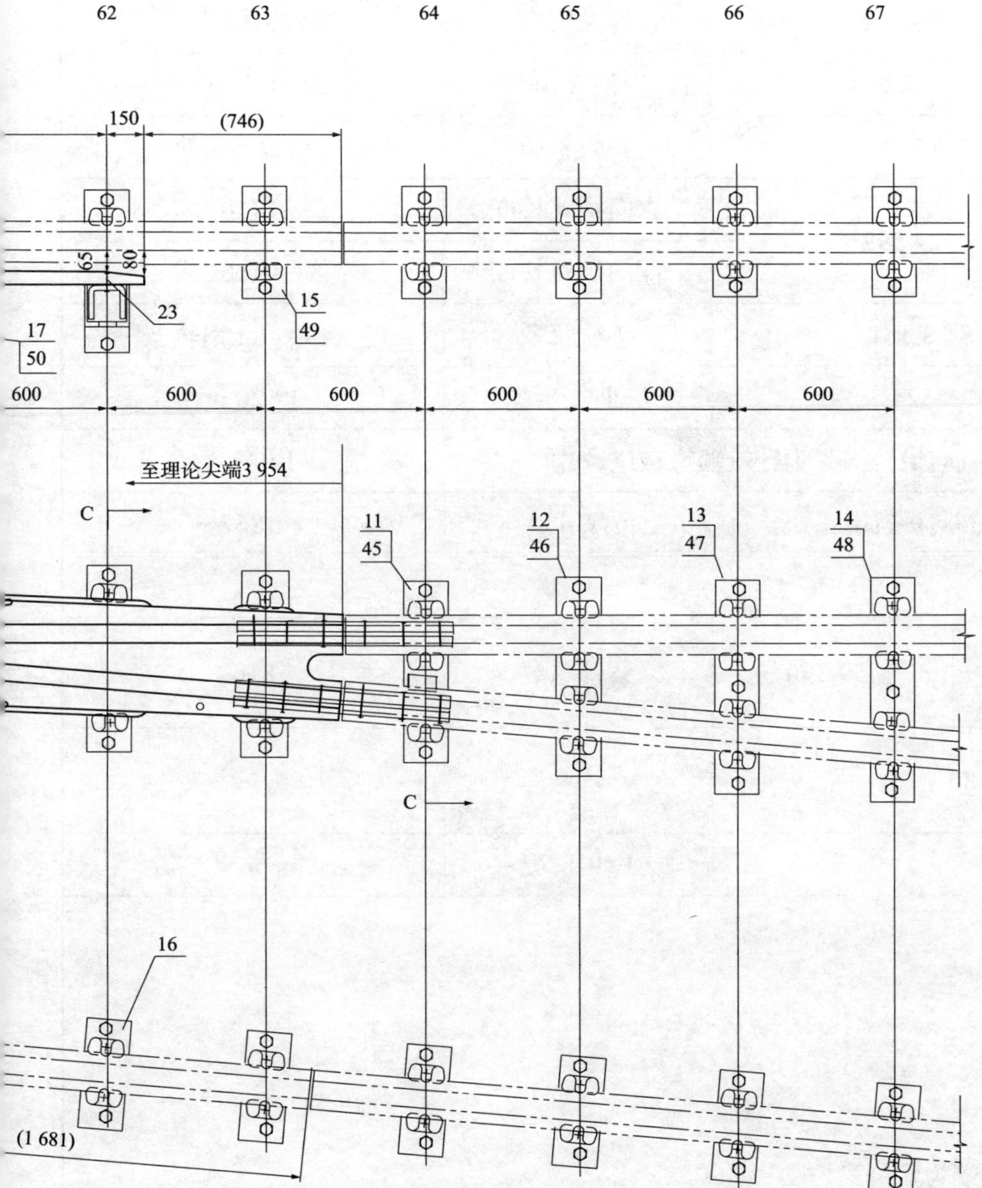

A－A 旋转

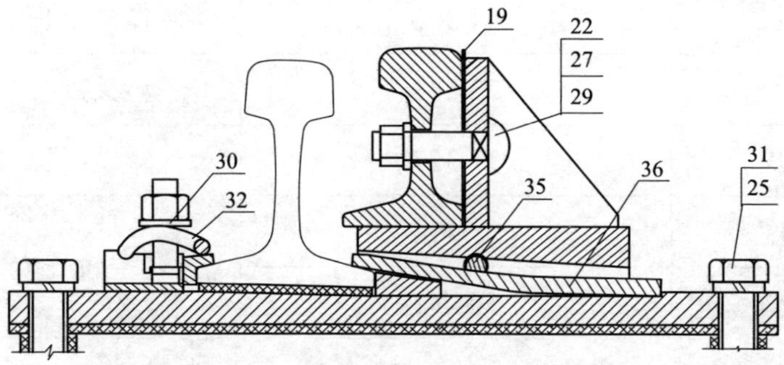

B－B 旋转

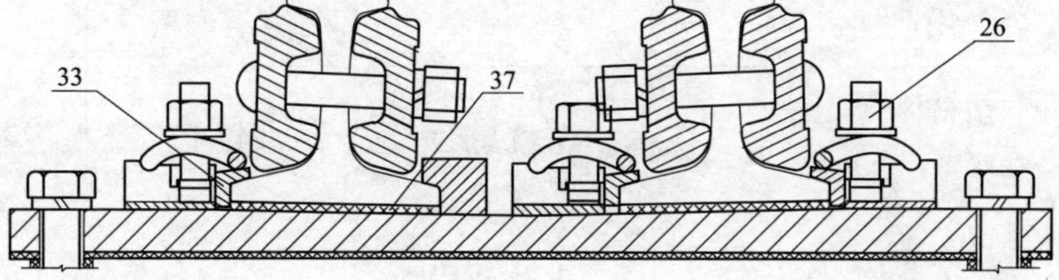

C－C 旋转

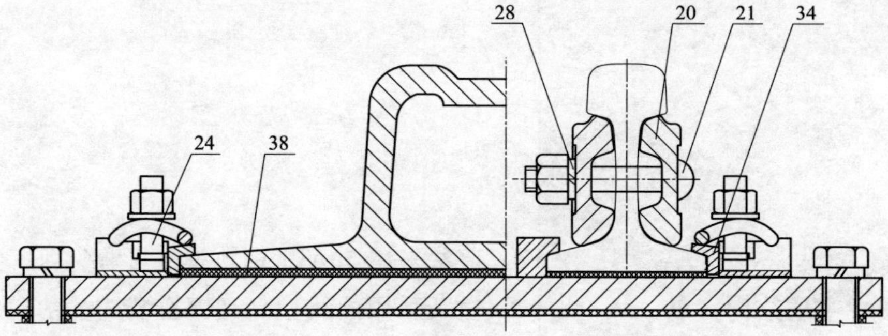

<table>
<tr><th colspan="9">14. 50 kg/m 钢轨 18 号单开道岔(混凝土枕)
设计图号：专线(01)4275</th></tr>
<tr><td rowspan="2">道岔允许通过速度</td><td colspan="2">客车</td><td colspan="4">$v_{直}\leq$ 120 km/h；$v_{侧}\leq$ 80 km/h</td><td>扣件类型</td><td>Ⅱ型弹条</td></tr>
<tr><td colspan="2">货车</td><td colspan="4">$v_{直}\leq$80 km/h　$v_{侧}\leq$80 km/h</td><td>轨底坡</td><td>—</td></tr>
<tr><td>转辙器跟端形式</td><td colspan="6">■限位器　□间隔铁　□不设传力机构　□间隔铁活接头</td><td>锁闭方式</td><td>内锁闭</td></tr>
<tr><td>道岔全长</td><td colspan="2">64 200</td><td colspan="2">辙叉全长</td><td colspan="2">8 991.5</td><td>辙叉类型</td><td>高锰钢拼装式</td></tr>
<tr><td>道岔前长</td><td colspan="2">32 843</td><td colspan="2">辙叉趾长</td><td colspan="2">3 220</td><td>辙叉角</td><td>3°10′47.4″</td></tr>
<tr><td>道岔后长</td><td colspan="2">31 357</td><td colspan="2">辙叉跟长</td><td colspan="2">5 771.5</td><td>翼轨轨型</td><td>50 kg/m 钢轨</td></tr>
<tr><td>尖轨长度</td><td colspan="2">21 414</td><td colspan="2" rowspan="2">基本轨长度</td><td colspan="2" rowspan="2">24 592</td><td>直向护轨长度</td><td>8 110</td></tr>
<tr><td>尖轨轨型</td><td colspan="2">50AT1</td><td>侧向护轨长度</td><td>8 110</td></tr>
<tr><td colspan="5">尖轨尖端前基本轨长度</td><td colspan="2">3 181</td><td>护轨轨型</td><td>43 kg/m 钢轨</td></tr>
<tr><td colspan="5">辙叉理论尖端距趾端方向前一根岔枕中心距离</td><td colspan="2">524.5</td><td>导曲线半径</td><td>1 120 m</td></tr>
<tr><td colspan="3">尖轨尖端至心轨实际尖端距离</td><td colspan="2">55 438</td><td colspan="3">直向护轨端头距导轨端头定位尺寸</td><td>1 941.5</td></tr>
<tr><td colspan="3">道岔终端至末根岔枕中心距离</td><td colspan="2">15 300</td><td colspan="3">侧向护轨端头距导轨端头定位尺寸</td><td>1 867</td></tr>
<tr><td colspan="2">最大构造加宽</td><td>—</td><td>测量位置</td><td colspan="5">—</td></tr>
<tr><td colspan="2">岔枕图号
专线 (01)3425</td><td>岔枕总数</td><td>142 根</td><td colspan="2">岔枕展延长</td><td>459.3 m</td><td>套管总数</td><td>816</td></tr>
<tr><td colspan="2">转换设备图号
—</td><td>尖轨动程</td><td colspan="4">160、120、80</td><td>心轨动程</td><td>—</td></tr>
<tr><td colspan="2">批准文号</td><td colspan="5">专设标函〔2002〕118 号</td><td>应用情况</td><td>★★★</td></tr>
<tr><td colspan="2">主要结构特点</td><td colspan="7">1. 道岔采用 50AT1 钢轨弹性可弯尖轨，尖轨尖端为藏尖式。
2. 辙叉采用曲线型高锰钢拼装式，岔心为高锰钢整铸式，翼轨采用 50 kg/m 钢轨制造。
3. 道岔下基础采用混凝土岔枕，岔枕一律垂直于直股布置。</td></tr>
</table>

转辙器明细表

序号	图号 / 标准	名称及规格	数量	材 料	备 注
1	专线 (01)4275－Ⅱ－4	直基本轨 24 592	1	50 kg/m 钢轨	
2	专线 (01)4275－Ⅱ－5	曲基本轨 24 592	1	50 kg/m 钢轨	
3	专线 (01)4275－Ⅱ－6	曲线尖轨 21 414	1	50AT 钢轨	
4	专线 (01)4275－Ⅱ－7	直线尖轨 21 414	1	50AT 钢轨	
5	专线 4266－47	轨 撑 50A	40	KTH 330－08	
6	专线 4266－48	调整楔	40	KTH 350－10	
7	专线 4266－59	拉 杆 987	1		
8	专线 4266－60	连 杆 1 007	1		
9	专线 4266－59	拉 杆 1 034	1		
10	专线 4266－60	连 杆 1 067	1		
11	专线 4266－59	拉 杆 1 088	1		
12	专线 4266－17	接头垫板 50－A	4		
13	专线 4266－16	平垫板 50－A	2		
14	专线 4266－18	轨撑垫板 50－0	6		
15	专线 4266－19	滑床板 50－0	22		
16	专线 4266－20	轨撑滑床板 50－0	27		
17	专线 4266－19	滑床板 50－3	8		
18	专线 4266－20	轨撑滑床板 50－3	7		
19	专线 (01)4275－Ⅱ－8	垫 板 652	1		
20	专线 (01)4275－Ⅱ－8	垫 板 664	1		
21	专线 (01)4275－Ⅱ－8	垫 板 676	1		
22	专线 (01)4275－Ⅱ－9	垫 板 652	1		
23	专线 (01)4275－Ⅱ－9	垫 板 664	1		
24	专线 (01)4275－Ⅱ－9	垫 板 676	1		
25	专线 (01)4275－Ⅱ－10	垫 板 668	2		
26	专线 (01)4275－Ⅱ－10	垫 板 681	2		
27	专线 (01)4275－Ⅱ－10	垫 板 675	2		
28	专线 (01)4275－Ⅱ－10	垫 板 690	2		
29	专线 (01)4275－Ⅱ－11	垫 板 701	2		
30	专线 (01)4275－Ⅱ－11	垫 板 714	2		
31	专线 (01)4275－Ⅱ－11	垫 板 728	2		
32	专线 (01)4275－Ⅱ－11	垫 板 742	2		
33	专线 (01)4275－Ⅱ－11	垫 板 756	2		

续上表

序号	图号 / 标准	名称及规格	数量	材　　料	备　　注
34	专线 (01)4275-Ⅱ-12	垫　板　771	2		
35	专线 (01)4275-Ⅱ-12	垫　板　786	2		
36	专线 (01)4275-Ⅱ-12	垫　板　802	2		
37	专线 (01)4275-Ⅱ-12	垫　板　818	2		
38	专线 (01)4275-Ⅱ-12	垫　板　834	2		
39	专线 (01)4275-Ⅱ-12	垫　板　850	2		
40	专线 4266-55	支距扣板　50/105-103-53	2	ZG 230-450	
41	专线 4266-55	支距扣板　50/117-115-57	2	ZG 230-450	
42	专线 4266-54	支距扣板　50/130-128-64	2	ZG 230-450	
43	专线 4266-54	支距扣板　50/142-140-71	2	ZG 230-450	
44	专线 4266-5	T 型螺栓　M24×60	170	Q235-A	
45	专线 4266-5	T 型螺栓　M24×85	48	Q235-A	
46	专线 4232-50	螺　钉　M30	236		
47	GB/T 41	螺　母　M24	218	Q235-A	
48	TB/T 1495.2	B 型弹条	218	60Si2Mn	
49	GB/T 7244	弹簧垫圈　30	236	65Mn	
50	TB/T 1495.4	平垫圈　24	236	Q235-A	
51	专线 4266-13	轨距块　50/9-11	86	ZG 230-450	
52	专线 4266-13	轨距块　50/13-15	60	ZG 230-450	
53	专线 4266-15	轨距块　50AT	12	ZG 230-450	
54	专线 4266-14	接头轨距块　50-11	8	玻璃纤维	
55	专线 4266-14	接头轨距块　50-13	8	玻璃纤维	
56	专线 4266-27	橡胶垫板　50-200	78	橡胶	
57	专线 4266-26	橡胶垫板　50-200	64	橡胶	
58	专线 4266-28	橡胶垫板　50AT-150	6	橡胶	
59	专线 4266-31	橡胶垫板　430×185×10	12	橡胶	
60	专线 4266-30	橡胶垫板　590×185×10	64	橡胶	
61	专线 4266-31	橡胶垫板　652×185×10	2	橡胶	
62	专线 4266-31	橡胶垫板　664×185×10	2	橡胶	
63	专线 4266-31	橡胶垫板　676×185×10	2	橡胶	
64	专线 4266-31	橡胶垫板　668×185×10	2	橡胶	
65	专线 4266-31	橡胶垫板　681×185×10	2	橡胶	
66	专线 4266-31	橡胶垫板　675×185×10	2	橡胶	
67	专线 4266-31	橡胶垫板　690×185×10	2	橡胶	
68	专线 4266-31	橡胶垫板　701×185×10	2	橡胶	

续上表

序号	图号 / 标准	名称及规格	数量	材　　料	备　　注
69	专线 4266-31	橡胶垫板　714×185×10	2	橡胶	
70	专线 4266-31	橡胶垫板　728×185×10	2	橡胶	
71	专线 4266-31	橡胶垫板　742×185×10	2	橡胶	
72	专线 4266-31	橡胶垫板　756×185×10	2	橡胶	
73	专线 4266-32	橡胶垫板　771-351	2	橡胶	
74	专线 4266-32	橡胶垫板　786-358	2	橡胶	
75	专线 4266-32	橡胶垫板　802-366	2	橡胶	
76	专线 4266-32	橡胶垫板　818-374	2	橡胶	
77	专线 4266-32	橡胶垫板　834-382	2	橡胶	
78	专线 4266-32	橡胶垫板　850-390	2	橡胶	

辙叉及护轨明细表

序号	图号 / 标准	名称及规格	数量	材　料	备　注
1	专线 (01)4275－Ⅲ－5	高锰钢叉心	1		
2	专线 (01)4275－Ⅲ－6	翼　轨　6 990	1	50 kg/m 钢轨	
3	专线 (01)4275－Ⅲ－7	翼　轨　6 990	1	50 kg/m 钢轨	
4	专线 (01)4275－Ⅲ－8	护　轨　8 110	1	43 kg/m 钢轨	
5	专线 (01)4275－Ⅲ－9	护　轨　8 110	1	43 kg/m 钢轨	
6	专线 (01)4275－Ⅲ－10	夹　板	1	Q235－A	
7	专线 (01)4275－Ⅲ－11	夹　板	1	Q235－A	
8	专线 4266－16	平垫板　50－A	12		
9	专线 4266－16	平垫板　50－B	5		
10	专线 4266－16	平垫板　50－C	7		
11	专线 4266－17	接头垫板　50－A	2		
12	专线 (01)4275－Ⅲ－12	垫　板　430	2		
13	专线 4266－23	护轨垫板　550	14		
14	专线 (01)4275－Ⅲ－13	护轨斜垫板　550	14		
15	专线 (01)4275－Ⅲ－14	垫　板　818	1		
16	专线 (01)4275－Ⅲ－14	垫　板　792	1		
17	专线 (01)4275－Ⅲ－15	垫　板　765	1		
18	专线 (01)4275－Ⅲ－15	垫　板　738	1		
19	专线 (01)4275－Ⅲ－15	垫　板　710	1		
20	专线 (01)4275－Ⅲ－16	垫　板　682	1		
21	专线 (01)4275－Ⅲ－17	垫　板　670	1		
22	专线 (01)4275－Ⅲ－17	垫　板　644	1		
23	专线 (01)4275－Ⅲ－18	垫　板　599	1		
24	专线 (01)4275－Ⅲ－18	垫　板　570	1		
25	专线 (01)4275－Ⅲ－19	垫　板　550	1		
26	专线 (01)4275－Ⅲ－20	垫　板　562	1		
27	专线 (01)4275－Ⅲ－21	垫　板　575	1		
28	专线 (01)4275－Ⅲ－21	垫　板　596	1		
29	专线 (01)4275－Ⅲ－21	垫　板　633	1		
30	专线 (01)4275－Ⅲ－21	垫　板　676	1		
31	专线 (01)4275－Ⅲ－21	垫　板　720	1		
32	专线 (01)4275－Ⅲ－21	垫　板　763	1		
33	专线 (01)4275－Ⅲ－21	垫　板　806	1		

续上表

序号	图号 / 标准	名称及规格	数量	材　料	备　注
34	专线 (01)4275－Ⅲ－19	垫　板　679	1		
35	专线 (01)4275－Ⅲ－19	垫　板　712	1		
36	专线 (01)4275－Ⅲ－19	垫　板　671	1		
37	专线 (01)4275－Ⅲ－22	垫　板　685	1		
38	专线 (01)4275－Ⅲ－23	垫　板　702	1		
39	专线 (01)4275－Ⅲ－15	垫　板　735	1		
40	专线 (01)4275－Ⅲ－15	垫　板　769	1		
41	专线 (01)4275－Ⅲ－14	垫　板　802	1		
42	专线 (01)4275－Ⅲ－14	垫　板　835	1		
43	专线 (01)4275－Ⅲ－24	间隔铁　155－145	1	ZG 230－450	
44	专线 (01)4275－Ⅲ－24	间隔铁　114.5－121	1	ZG 230－450	
45	专线 (01)4275－Ⅲ－25	间隔铁　62－61	1	ZG 230－450	
46	专线 (01)4275－Ⅲ－25	间隔铁　62－61	1	ZG 230－450	与序号 45 对称
47	专线 (01)4275－Ⅲ－26	间隔铁　56－59	1	ZG 230－450	
48	专线 (01)4275－Ⅲ－26	间隔铁　56－59	1	ZG 230－450	与序号 47 对称
49	专线 (01)4275－Ⅲ－26	间隔铁　58－56	1	ZG 230－450	
50	专线 (01)4275－Ⅲ－26	间隔铁　58－56	1	ZG 230－450	与序号 49 对称
51	专线 (01)4275－Ⅲ－26	间隔铁　68.5－66.5	1	ZG 230－450	
52	专线 (01)4275－Ⅲ－26	间隔铁　68.5－66.5	1	ZG 230－450	与序号 51 对称
53	专线 (01)4275－Ⅲ－26	间隔铁　80－78	1	ZG 230－450	
54	专线 (01)4275－Ⅲ－26	间隔铁　80－78	1	ZG 230－450	与序号 53 对称
55	专线 4266－54	支距扣板　50/141－135	1	ZG 230－450	
56	专线 4266－54	支距扣板　50/157－150	1	ZG 230－450	
57	专线 4266－55	接头支距扣板　50/112－107	1	ZG 230－450	
58	专线 4266－55	接头支距扣板　50/84－78	1	ZG 230－450	
59	专线 4266－55	接头支距扣板　50/123－116	1	ZG 230－450	
60	TB/T 2345	接头夹板	8		
61	专线 4266－5	T 型螺栓　M24×60	158		
62	专线 4266－5	T 型螺栓　M24×85	5		
63	专线 4266－6	半圆头方颈螺栓　M24×110	20		护轨用
64	专线 4266－6	半圆头方颈螺栓　M24×95	8		护轨两端用
65	TB/T 2347	接头螺栓及螺母　M24×145－10.9	24		
66	专线 4266－6	半圆头方颈螺栓　M24×220	2		
67	专线 4266－6	半圆头方颈螺栓　M24×250	1		
68	专线 4266－6	半圆头方颈螺栓　M24×260	1		

续上表

序号	图号 / 标准	名称及规格	数量	材　料	备　注
69	专线 4266－6	半圆头方颈螺栓　M24 × 270	2		
70	专线 4266－6	半圆头方颈螺栓　M24 × 290	1		
71	专线 4266－6	半圆头方颈螺栓　M24 × 310	1		
72	专线 4266－6	半圆头方颈螺栓　M24 × 330	1		
73	专线 4266－6	半圆头方颈螺栓　M24 × 370	2		
74	专线 4266－6	半圆头方颈螺栓　M24 × 450	1		
75	专线 4266－6	半圆头方颈螺栓　M24 × 460	1		
76	专线 4266－34	螺　钉　M30	172	45 号钢	
77	GB/T 41	螺　母　24	163		
78	专线 4266－9	防松螺母　M24	41		
79	GB/T 1230	平垫圈　24	24		
80	GB/T 7244	弹簧垫圈　24	41		
81	GB/T 7244	弹簧垫圈　30	172		
82	TB/T 1495.2	平垫圈　24	163	Q235	
83	专线 4266－68	圆孔垫圈　50－0	6	KTH 330－08	
84	专线 4266－68	圆孔垫圈　50－3	6	KTH 330－08	
85	专线 4266－69	方孔垫圈　50－0	6	KTH 330－08	
86	专线 4266－69	方孔垫圈　50－3	6	KTH 330－08	
87	专线 4266－61	调整片　2	56	Q195	
		3	28		
88	TB/T 1495.2	B 型弹条	163	60Si2Mn	
89	专线 4266－13	轨距块　9－11	83		
90	专线 4266－13	轨距块　13－15	59		
91	专线 4266－14	接头轨距块　50－11	8	玻璃纤维	
92	专线 4266－14	接头轨距块　50－13	10	玻璃纤维	
93	专线 4266－27	橡胶垫板　50－200	92	橡胶	
94	专线 (01)4275－Ⅲ－27	橡胶垫板　290－294	1	橡胶	
95	专线 (01)4275－Ⅲ－27	橡胶垫板　309－318	1	橡胶	
96	专线 (01)4275－Ⅲ－27	橡胶垫板　344－357	1	橡胶	
97	专线 (01)4275－Ⅲ－27	橡胶垫板　387－400	1	橡胶	
98	专线 (01)4275－Ⅲ－27	橡胶垫板　430－443	1	橡胶	
99	专线 (01)4275－Ⅲ－27	橡胶垫板　473－486	1	橡胶	
100	专线 (01)4275－Ⅲ－27	橡胶垫板　516－529	1	橡胶	
101	专线 (01)4275－Ⅲ－27	橡胶垫板　391－401	1	橡胶	
102	专线 (01)4275－Ⅲ－27	橡胶垫板　424－434	1	橡胶	

续上表

序号	图号 / 标准	名称及规格	数量	材　料	备　注
103	专线 (01)4275 – Ⅲ – 27	橡胶垫板　383 – 393	1	橡胶	
104	专线 4266 – 31	橡胶垫板　430 × 185 × 10	28	橡胶	
105	专线 4266 – 33	橡胶垫板　550 × 185 × 7	28	橡胶	
106	专线 4266 – 32	橡胶垫板　818 – 374	1	橡胶	
107	专线 4266 – 32	橡胶垫板　792 – 361	1	橡胶	
108	专线 4266 – 31	橡胶垫板　765 × 185 × 10	1	橡胶	
109	专线 4266 – 31	橡胶垫板　738 × 185 × 10	1	橡胶	
110	专线 4266 – 31	橡胶垫板　710 × 185 × 10	1	橡胶	
111	专线 4266 – 31	橡胶垫板　682 × 185 × 10	1	橡胶	
112	专线 4266 – 31	橡胶垫板　670 × 185 × 10	1	橡胶	
113	专线 4266 – 31	橡胶垫板　644 × 185 × 10	1	橡胶	
114	专线 4266 – 31	橡胶垫板　599 × 185 × 10	1	橡胶	
115	专线 4266 – 31	橡胶垫板　570 × 185 × 10	1	橡胶	
116	专线 4266 – 31	橡胶垫板　550 × 185 × 10	1	橡胶	
117	专线 4266 – 31	橡胶垫板　562 × 185 × 10	1	橡胶	
118	专线 4266 – 31	橡胶垫板　575 × 185 × 10	1	橡胶	
119	专线 4266 – 31	橡胶垫板　596 × 185 × 10	1	橡胶	
120	专线 4266 – 31	橡胶垫板　633 × 185 × 10	1	橡胶	
121	专线 4266 – 31	橡胶垫板　676 × 185 × 10	1	橡胶	
122	专线 4266 – 31	橡胶垫板　720 × 185 × 10	1	橡胶	
123	专线 4266 – 31	橡胶垫板　763 × 185 × 10	1	橡胶	
124	专线 4266 – 31	橡胶垫板　806 × 185 × 10	1	橡胶	
125	专线 4266 – 31	橡胶垫板　679 × 185 × 10	1	橡胶	
126	专线 4266 – 31	橡胶垫板　712 × 185 × 10	1	橡胶	
127	专线 4266 – 31	橡胶垫板　671 × 185 × 10	1	橡胶	
128	专线 4266 – 31	橡胶垫板　685 × 185 × 10	1	橡胶	
129	专线 4266 – 31	橡胶垫板　702 × 185 × 10	1	橡胶	
130	专线 4266 – 31	橡胶垫板　735 × 185 × 10	1	橡胶	
131	专线 4266 – 31	橡胶垫板　769 × 185 × 10	1	橡胶	
132	专线 4266 – 32	橡胶垫板　802 – 366	1	橡胶	
133	专线 4266 – 32	橡胶垫板　835 – 382	1	橡胶	

50 kg/m 钢轨 18 号单开道岔
图　号：专线 (01)4275－I

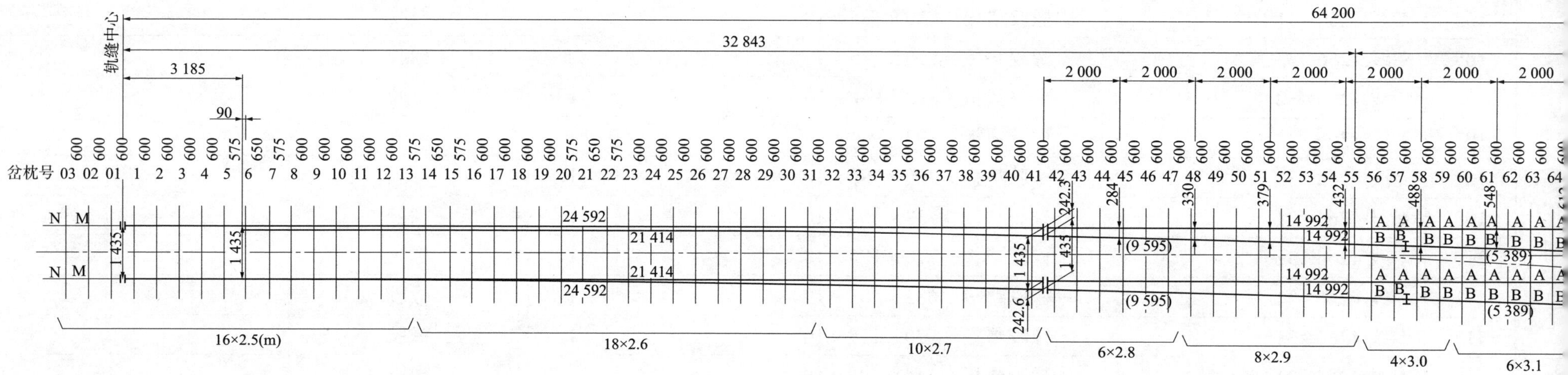

表 1　明　细　表

序号	图号 / 标准	名称及规格	数　量	材　料	备注
1	专线 (01)4275－Ⅱ	转辙器	1		
2	专线 (01)4275－Ⅲ	辙叉及护轨	1		
3	TB/T 2344	钢　轨	140.299 m	50 kg/m 钢轨	
4	TB/T 2345	接头夹板	10		
5	专线 4266－16	垫　板　50－A	98		
6	专线 4266－16	垫　板　50－B	54		
7	专线 4266－16	垫　板　50－C	28		
8	专线 4266－17	接头垫板　50－A	4		
9	专线 4266－17	接头垫板　50－B	8		
10	专线 4266－24	顺坡垫板　P80	6		
11	专线 4266－25	顺坡垫板　P60	6		
12	TB/T 1495.2	B 型弹条	408	60Si2Mn	
13	专线 4266－5	螺　栓　M24×60	408		
14	TB/T 2347	接头螺栓及螺母　M24×145－10.9	30		
15	专线 4266－34	螺　钉　M30	408	45 号钢	
16	GB/T 41	螺　母　24	408		
17	TB/ T 1495.4	平垫圈　24	408	Q235	
18	GB/T 7244	弹簧垫圈　30	408		
19	GB/T 1230	垫　圈　24	30		

续表 1

序号	图号 / 标准	名称及规格	数　量	材　料	备注
20	专线 4266－13	轨距块　9－11	196	ZG 230－450	
21	专线 4266－13	轨距块　13－15	196	ZG 230－450	
22	专线 4266－13	轨距块　7－17	130	ZG 230－450	备用
23	专线 4266－14	接头轨距块　50－9	4	玻璃纤维	备用
24	专线 4266－14	接头轨距块　50－11	8	玻璃纤维	
25	专线 4266－14	接头轨距块　50－13	8	玻璃纤维	
26	专线 4266－14	接头轨距块　50－15	8	玻璃纤维	备用
27	专线 4266－27	橡胶垫板　50－200	204	橡胶	
28	专线 4266－31	橡胶垫板　430×185×10	204	橡胶	
29		钢轨绝缘	2		

图 1　转辙器部分轨距示意图

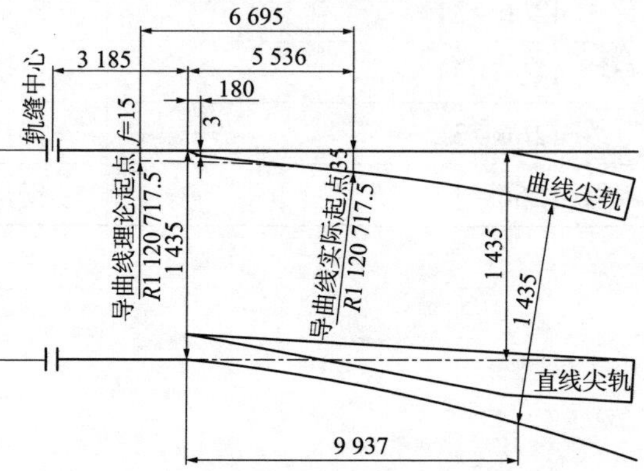

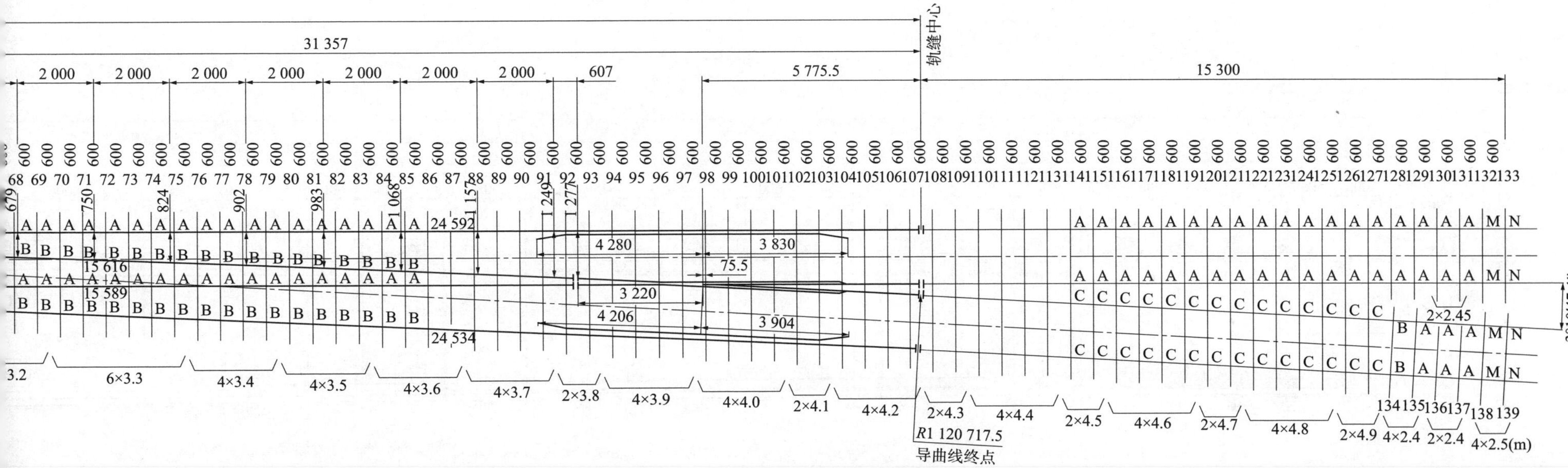

表 2　岔枕数量表

序号	岔枕长 (m)	单位	数量	备注	序号	岔枕长 (m)	单位	数量	备注
	2.4	根	6		15	3.7	根	4	
	2.45	根	2		16	3.8	根	2	
	2.5	根	20		17	3.9	根	4	
	2.6	根	18		18	4.0	根	4	
	2.7	根	10		19	4.1	根	2	
	2.8	根	6		20	4.2	根	4	
	2.9	根	8		21	4.3	根	2	
	3.0	根	4		22	4.4	根	4	
	3.1	根	6		23	4.5	根	2	
	3.2	根	4		24	4.6	根	4	
	3.3	根	6		25	4.7	根	2	
	3.4	根	4		26	4.8	根	4	
	3.5	根	4		27	4.9	根	2	
	3.6	根	4						

技 术 要 求

1. 本图根据铁道部铁建设函〔2000〕103 号文标准设计计划编制。
2. 本道岔用于单渡线时，线间距应≥5 m。
3. 道岔主要结构特点：

(1) 转辙器采用 50AT 钢轨制造，尖轨尖端为藏尖式，跟端采用限位器结构。限位器 A、B 块（零件上有标记）之间的设计间隙为左右各 7 mm。

(2) 护轨为分开式，采用 43 kg/m 钢轨制造，护轨顶面高出基本轨顶面 12 mm。

(3) 扣件采用Ⅰ型弹条分开式可调扣件。轨距块设计安装号数如下：

钢轨工作边一侧，安装 13 号轨距块或接头轨距块；

钢轨非工作边一侧，安装 11 号轨距块或接头轨距块；

7－17 号轨距块为备用轨距块，供现场调整用。

(4) 水平螺栓一律采用防松螺母。

(5) 钢轨轨下和辙叉下设置 5 mm 厚橡胶垫板，护轨垫板下设置 7 mm 厚橡胶垫板，其他垫板下均设置 10 mm 厚橡胶垫板。

(6) 本道岔不设轨底坡，道岔前后设置顺坡垫板。

4. 图中钢轨普通接头、绝缘接头分别以“─┤├─”、“┼”表示。
5. 钢轨轨缝均为 8 mm。
6. 明细表中钢轨数量由下表所列钢轨组成：

长度 (mm)	24 592	24 534	15 616	15 589	14 992
数量（根）	1	1	1	1	4

7. 图中符号 A、B、C 分别表示平垫板或接头垫板类型，符号 M、N 分别表示顺坡垫板 P80、P60。
8. 本图按绝缘接头设置在侧股设计。
9. 铺设混凝土岔枕时，带编号一端铺设在道岔直股外侧，侧股叉后短岔枕带编号一端铺设在侧股外侧。
10. 本图按设轨道电路设计。
11. 本图按采用普通接头设计，如采用焊接接头时，由用户订货时指明配轨长度。

50 kg/m 钢轨 18 号单开道岔转辙器
图 号：专线 (01)4275－II－2

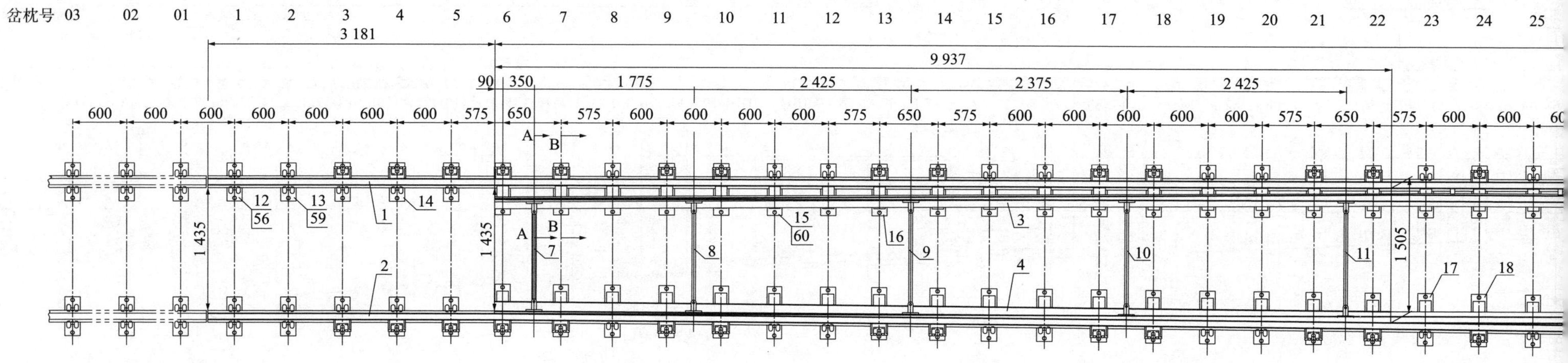

A－A

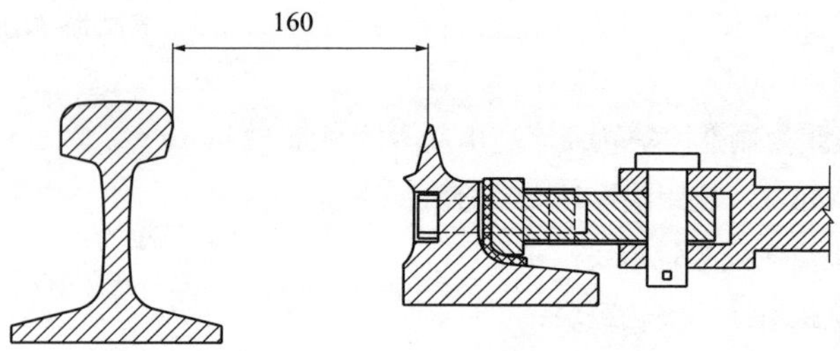

B－B

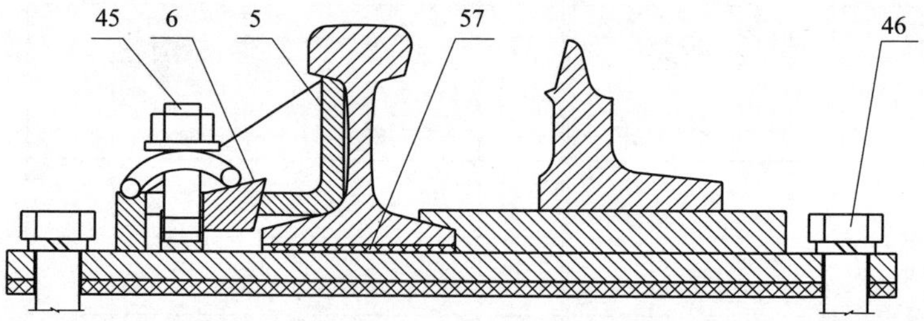

E－E

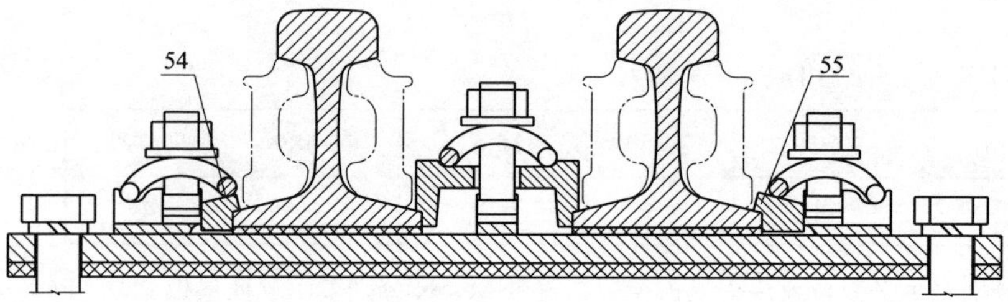

F－F

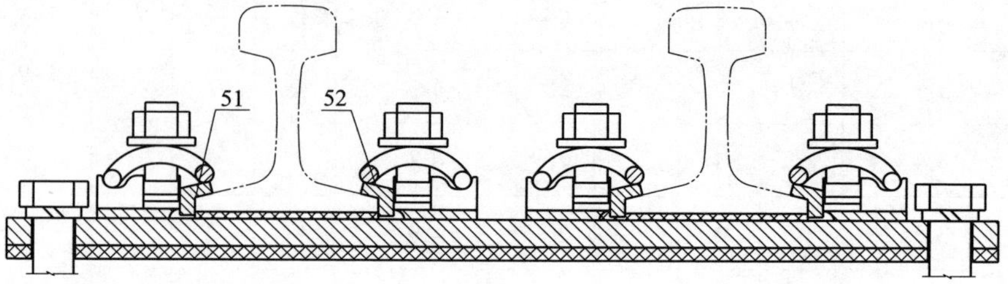

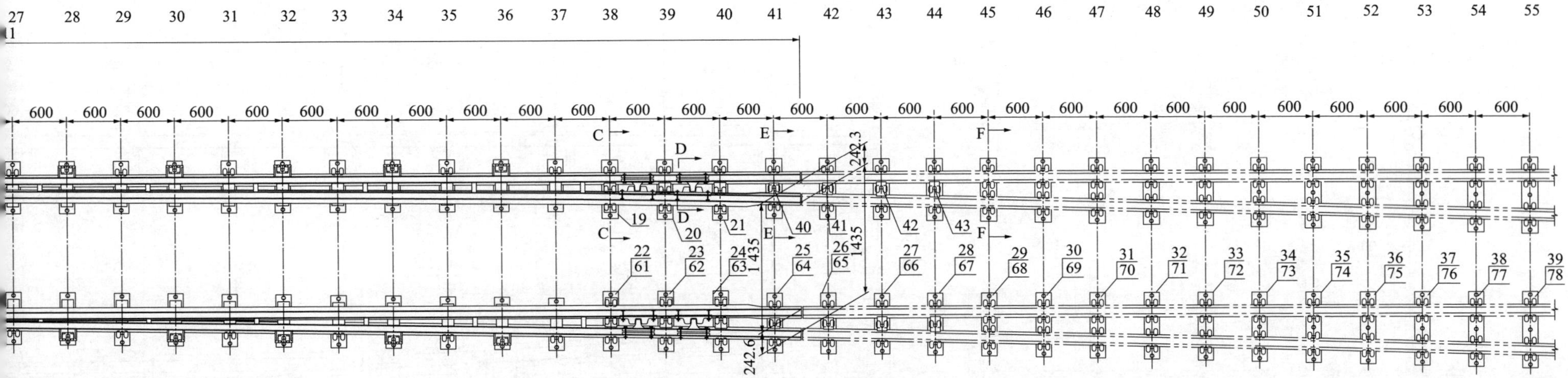

C–C

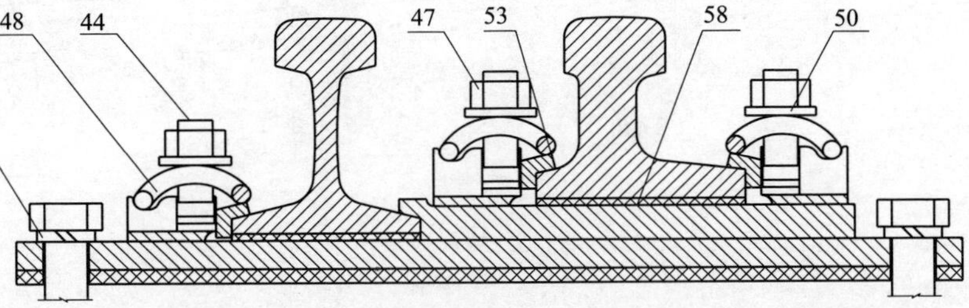

D–D

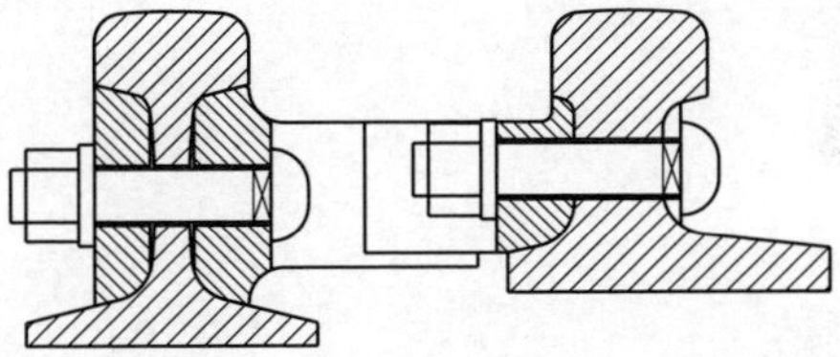

技 术 要 求

1. 转辙器基本轨外侧设置部分轨撑。
2. 钢轨轨下设置 5 mm 厚橡胶垫板，垫板下设置 10 mm 厚橡胶垫板。
3. 基本轨及尖轨均采用全长轨头顶面淬火。
4. 扣件采用Ⅱ型弹条分开式可调扣件，轨距块设计安装号数如下：
   钢轨工作边一侧安装 13 号轨距块或接头轨距块；
   钢轨非工作边一侧安装 11 号轨距块或接头轨距块。
5. 本图按右开道岔设计，如为左开时，序号 1～4 号件，序号 19～39 号件均应按本图对称制造和安装。

50 kg/m 钢轨 18 号单开道岔辙叉及护轨
图　号：专线 (01)4275 – III – 3

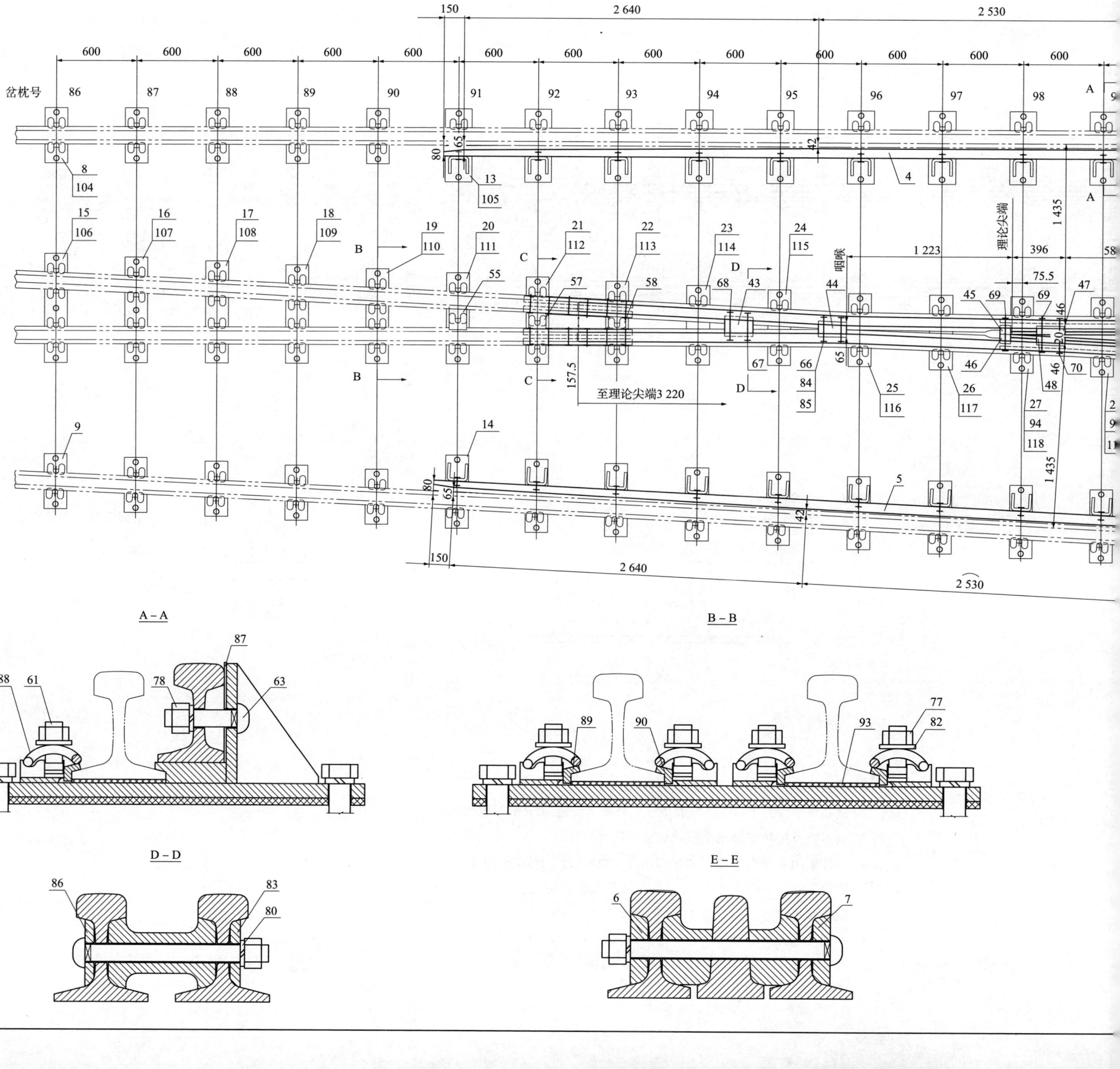

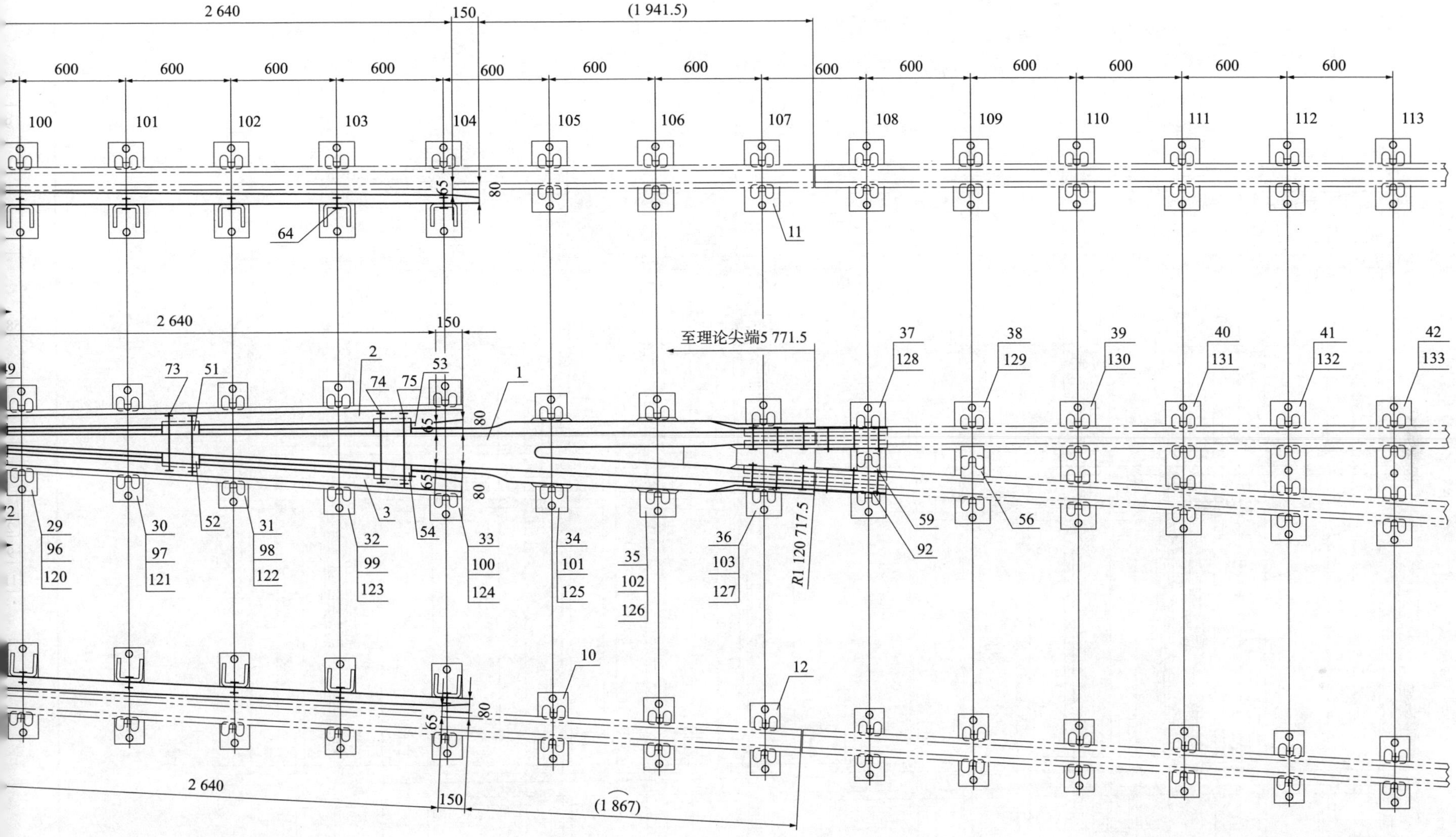

C－C

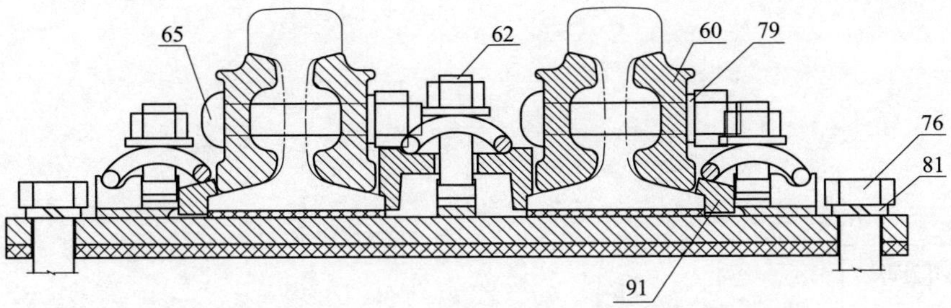

技 术 要 求

1. 辙叉采用高锰钢拼装式曲线辙叉，叉心为高锰钢整铸，翼轨采用 50 kg/m 钢轨制造，辙叉趾、跟端均采用接头夹板固定连接。
2. 护轨为分开式，采用 43 kg/m 钢轨制造，护轨顶面高出基本轨顶面 12 mm。
3. 扣件采用I型弹条分开式可调扣件，轨距块设计安装号数如下：
   钢轨工作边一侧，安装 13 号轨距块或接头轨距块；
   钢轨非工作边一侧，安装 11 号轨距块或接头轨距块；
   辙叉一侧安装 13 号轨距块，辙叉另一侧安装 11 号轨距块。
4. 水平螺栓一律采用防松螺母。
5. 钢轨轨下和辙叉下设置 5 mm 厚橡胶垫板，护轨垫板下设置 7 mm 厚橡胶垫板，其他垫板下设置 10 mm 厚橡胶垫板。
6. 组装护轨时，应使用 3 mm 厚的护轨调整片，如查照间隔或护背距离不合格时，可用备用调整片进行调整。
7. 查照间隔及护背距离在心轨轨头宽 20～30 mm 处测量。
8. 序号 36 垫板上的轨距块采用普通轨距块。

专线 (01)4275 电务主要参数

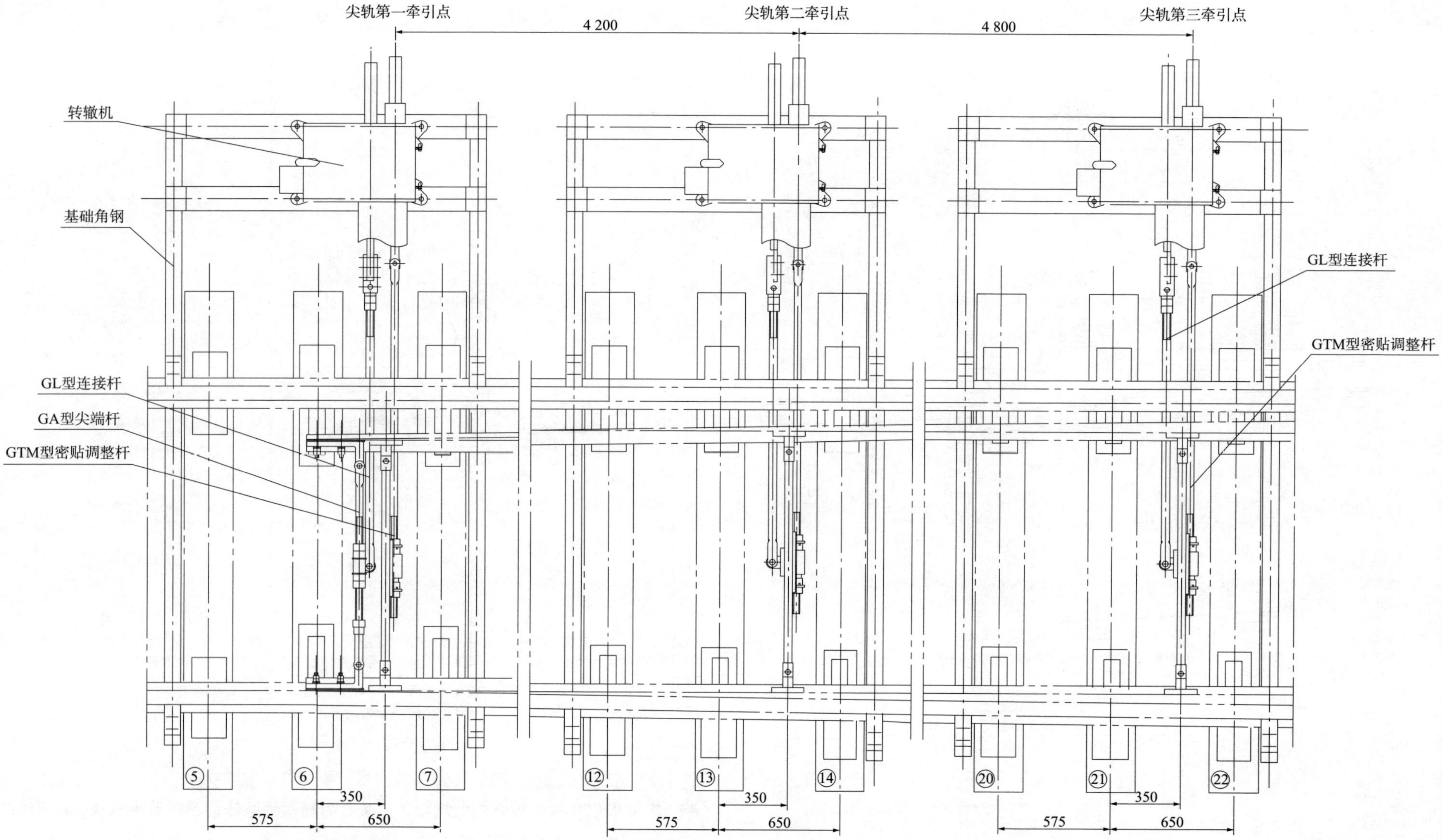

转换设备	安装图名称	安装图号	锁闭方式
ZD6－E/J/J	50 kg/m 钢轨 18 号单开道岔转换设备 (ZD6－E/J/J) 安装图	S0212	内锁闭
ZY(J)7+SH6	50 kg/m 钢轨 18 号单开道岔转换设备 (ZYJ7) 安装图	S0618	内锁闭
ZD(J)9	50 kg/m 钢轨 18 号单开道岔转换设备 (ZDJ9) 安装图	S0827	内锁闭

15. 50 kg/m 钢轨 12 号单开道岔(混凝土枕)
设计图号：专线 4257

道岔允许通过速度	客车	$v_{直}\leqslant$ 120 km/h；$v_{侧}\leqslant$ 50 km/h		扣件类型	Ⅰ型弹条
	货车	$v_{直}\leqslant$80 km/h　$v_{侧}\leqslant$50 km/h		轨底坡	—
转辙器跟端形式	■限位器　□间隔铁　□不设传力机构　□间隔铁活接头			锁闭方式	内锁闭
道岔全长	37 907	辙叉全长	5 992	辙叉类型	高锰钢整铸式
道岔前长	16 853	辙叉趾长	2 192	辙叉角	4°45′49″
道岔后长	21 054	辙叉跟长	3 800	翼轨轨型	—
尖轨长度	13 080	基本轨长度	16 292	直向护轨长度	6 900
尖轨轨型	50AT1			侧向护轨长度	5 100
尖轨尖端前基本轨长度			3 216	护轨轨型	43 kg/m
辙叉理论尖端距趾端方向前一根岔枕中心距离			96	导曲线半径	350 m
尖轨尖端至心轨实际尖端距离		31 003	直向护轨端头距导轨端头定位尺寸		746
道岔终端至末根岔枕中心距离		10 500	侧向护轨端头距导轨端头定位尺寸		1 236

最大构造加宽	1 441	测量位置	距基本轨前端 6 009.5 处				
岔枕图号 专线 (01)3423	岔枕总数	88 根	岔枕展延长	283.3 m	套管总数	504	
转换设备图号 —	尖轨动程	160、82			心轨动程	—	
批准文号	专设标函〔2000〕194 号				应用情况	★★★	
主要结构特点	1. 道岔采用弹性可弯尖轨，用 50AT1 钢轨制造，尖轨尖端为藏尖式。 2. 辙叉采用高锰钢整铸辙叉。 3. 轨下基础采用无挡肩混凝土岔枕。						

转辙器明细表

序号	图号 / 标准	名称及规格	数量	材　料	备　注
1	专线 4258－4	直基本轨　16 292	1	50 kg/m 钢轨	
2	专线 4258－5	曲基本轨　16 292	1	50 kg/m 钢轨	
3	专线 4258－6	曲线尖轨　13 080	1	50AT 钢轨	
4	专线 4258－7	直线尖轨　13 080	1	50AT 钢轨	
5	专线 4266－59	拉　杆　B 987	1		
6	专线 4266－60	连　杆　1034	1		
7	专线 4266－59	拉　杆　B 1081	1		
8	专线 4266－47	轨　撑　50A	24	KTH 330－08	
9	专线 4266－48	调整楔	24	KTH 350－10	
10	专线 4266－17	接头平垫板　J50－A	2	Q235－A(底板)	
11	专线 4266－16	平垫板　50－A	4	Q235－A(底板)	
12	专线 4266－18	轨撑垫板　50－0	4	Q235－A(底板)	
13	专线 4266－20	轨撑滑床板　G50－590－0	10	Q235－A(底板)	
14	专线 4266－20	轨撑滑床板　G50－590－3Y(Z)	6	Q235－A(底板)	
15	专线 4266－19	滑床板　H50－590－0	8	Q235－A(底板)	
16	专线 4266－19	滑床板　H50－590－3Y(Z)	4	Q235－A(底板)	
17	专线 4266－19	滑床板　H50－590－6Y(Z)	2	Q235－A(底板)	
18	专线 4266－20	轨撑滑床板　G50－590－6Y(Z)	2	Q235－A(底板)	
19	专线 4266－19	滑床板　H50－590－9Y(Z)	2	Q235－A(底板)	
20	专线 4266－20	轨撑滑床板　G50－590－9Y(Z)	2	Q235－A(底板)	
21	专线 4258－8	垫　板　661	1	Q235－A(底板)	
22	专线 4258－9	垫　板　661	1	Q235－A(底板)	
23	专线 4258－10	垫　板　682	1	Q235－A(底板)	
24	专线 4258－11	垫　板　682	1	Q235－A(底板)	
25	专线 4258－10	垫　板　704	1	Q235－A(底板)	
26	专线 4258－11	垫　板　704	1	Q235－A(底板)	
27	专线 4258－12	垫　板　711	2	Q235－A(底板)	
28	专线 4258－13	垫　板　735	2	Q235－A(底板)	
29	专线 4258－14	垫　板　750	2	Q235－A(底板)	
30	专线 4258－15	垫　板　777	2	Q235－A(底板)	
31	专线 4258－15	垫　板　803	2	Q235－A(底板)	
32	专线 4258－15	垫　板　831	2	Q235－A(底板)	
33	专线 4258－15	垫　板　861	2	Q235－A(底板)	

续上表

序号	图号 / 标准	名称及规格	数量	材　料	备　注
34	专线 4266－55	支距扣板　50/144－140	2	ZG 230－450	
35	专线 4258－17	支距扣板　50－162－168	2	ZG 230－450	
36	专线 4266－5	T 型螺栓　M24×60	102	Q235－A	
37	专线 4266－5	T 型螺栓　M24×85	2	Q235－A	
38	专线 4266－34	螺　钉　M30	140	45	
39	GB/T 923	螺　母　M24	128		
40	TB/T 1495.2	B 型弹条	128		
41	GB/T 7244	弹簧垫圈　30	140		
42	TB/T 1495.4	平垫圈　24	128		
43	专线 4266－15	轨距块　50AT	6	ZG 230－450	
44	专线 4266－13	轨距块　50/9－11	50	ZG 230－450	
45	专线 4266－13	轨距块　50/13－15	30	ZG 230－450	
46	专线 4266－14	接头轨距块　50－11	6	玻璃纤维增强聚酰胺 66	
47	专线 4266－14	接头轨距块　50－13	6	玻璃纤维增强聚酰胺 66	
48	专线 4266－27	橡胶垫板　50－200	42	橡胶	
49	专线 4266－28	橡胶垫板　50AT－150	6	橡胶	
50	专线 4266－26	橡胶垫板　50	38	橡胶	
51	专线 4266－31	橡胶垫板　430×185×10	10	橡胶	
52	专线 4266－30	橡胶垫板　590×185×10	36	橡胶	
53	专线 4266－31	橡胶垫板　661×185×10	2	橡胶	
54	专线 4266－31	橡胶垫板　682×185×10	2	橡胶	
55	专线 4266－31	橡胶垫板　704×185×10	2	橡胶	
56	专线 4266－31	橡胶垫板　711×185×10	2	橡胶	
57	专线 4266－31	橡胶垫板　735×185×10	2	橡胶	
58	专线 4266－31	橡胶垫板　750×185×10	2	橡胶	
59	专线 4266－32	橡胶垫板　777－354	2	橡胶	
60	专线 4266－32	橡胶垫板　803－366	2	橡胶	
61	专线 4266－32	橡胶垫板　831－380	2	橡胶	
62	专线 4266－32	橡胶垫板　861－395	2	橡胶	
63	专线 4266－5	T 型螺栓　M24×80	24	Q235－A	

辙叉及护轨明细表

序号	图号 / 标准	名称及规格	数量	材　　料	备　　注
1	专线 4259－4	高锰钢辙叉　50－12G	1	ZGMn13	
2	专线 4259－5	直向护轨　6 900	1	43 kg/m 钢轨	
3	专线 4259－6	侧向护轨　5 100	1	44 kg/m 钢轨	
4	专线 4259－7	辙叉垫板　729 × 180 × 20	8	Q235－A(底板)	铁座 41
5	专线 4259－7	辙叉垫板　729 × 180 × 20	2	Q235－A(底板)	铁座 33
6	专线 4259－8	垫　板　843 × 180 × 20	1	Q235－A(底板)	
7	专线 4259－8	垫　板　796 × 180 × 20	1	Q235－A(底板)	
8	专线 4259－9	垫　板　747 × 180 × 20	1	Q235－A(底板)	
9	专线 4259－10	垫　板　718 × 180 × 20	1	Q235－A(底板)	
10	专线 4259－10	垫　板　715 × 180 × 20	1	Q235－A(底板)	
11	专线 4259－9	垫　板　745 × 180 × 20	1	Q235－A(底板)	
12	专线 4259－8	垫　板　796 × 180 × 20	1	Q235－A(底板)	
13	专线 4259－8	垫　板　846 × 180 × 20	1	Q235－A(底板)	
14	专线 4266－16	垫　板　50－A	4	Q235－A(底板)	
15	专线 4266－17	接头垫板　J 50－A	2	Q235－A(底板)	
16	专线 4266－16	垫　板　50－DY(Z)	7	Q235－A(底板)	
17	专线 4266－17	接头垫板　J 50－DY(Z)	2	Q235－A(底板)	
18	专线 4266－23	护轨垫板　550 × 180 × 23	12	16Mn(底板)	
19	专线 4259－11	护轨垫板　560 × 180 × 23Y(Z)	9	16Mn(底板)	
20	专线 4232－22	调整片　135 × 125 × 3/2	21/42	Q195	
21	TB/T 2345	接头夹板　50	8		
22	TB/T 2347	接头螺栓、螺母　M24 × 145－10.9	24		
23	GB/T 1230	平垫圈　24	24		
24	专线 4266－5	T 型螺栓　M24 × 60	99	Q235－A	
25	专线 4266－5	T 型螺栓　M24 × 85	2	Q235－A	
26	TB/T 1495.5	平垫圈　24	101		
27	TB/T 1495.2	B 型弹条	101		
28	GB/T 923	盖形螺母　M24	101		
29	专线 4266－6	半圆头方颈螺栓　M24 × 100	17	Q235－A	
30	专线 4266－6	半圆头方颈螺栓　M24 × 80	4	Q235－A	
31	GB/T 7244	弹簧垫圈　24	21		
32	专线 4232－101	螺　母　M24	21		
33	专线 4232－34	螺　钉　M30 × 170	112		

续上表

序号	图号 / 标准	名称及规格	数量	材料	备注
34	GB/T 7244	弹簧垫圈 30	112		
35	专线 4266－55	支距扣板 J50/144－135	1	KTH 330－08	
36	专线 4266－55	支距扣板 J50/150－141	1	KTH 330－08	
37	专线 4140－09	导电销	4	1Cr18Ni9Ti	
38	专线 4266－13	轨距块 9－11	54	ZG 230－450	
39	专线 4266－13	轨距块 13－15	33	ZG 230－450	
40	专线 4266－14	接头轨距块 50－11	6	玻璃纤维增强聚酰胺 66	
41	专线 4266－14	接头轨距块 50－13	6	玻璃纤维增强聚酰胺 66	
42	专线 4266－31	橡胶垫板 430 × 185 × 10	15	橡胶	
43	专线 4266－27	橡胶垫板 50－200	52	橡胶	
44	专线 4266－33	橡胶垫板 550 × 185 × 7	12	橡胶	
45	专线 4266－33	橡胶垫板 560 × 185 × 7	9	橡胶	
46	专线 4266－29	橡胶垫板 439	10	橡胶	
47	专线 4266－31	橡胶垫板 729 × 185 × 10	10	橡胶	
48	专线 4266－32	橡胶垫板 843－378	1	橡胶	
49	专线 4266－32	橡胶垫板 796－355	1	橡胶	
50	专线 4266－31	橡胶垫板 747 × 185 × 10	1	橡胶	
51	专线 4266－31	橡胶垫板 718 × 185 × 10	1	橡胶	
52	专线 4266－31	橡胶垫板 715 × 185 × 10	1	橡胶	
53	专线 4266－31	橡胶垫板 745 × 185 × 10	1	橡胶	
54	专线 4266－32	橡胶垫板 796－361	1	橡胶	
55	专线 4266－32	橡胶垫板 846－386	1	橡胶	

50 kg/m 钢轨 12 号单开道岔
图　号：专线 4257

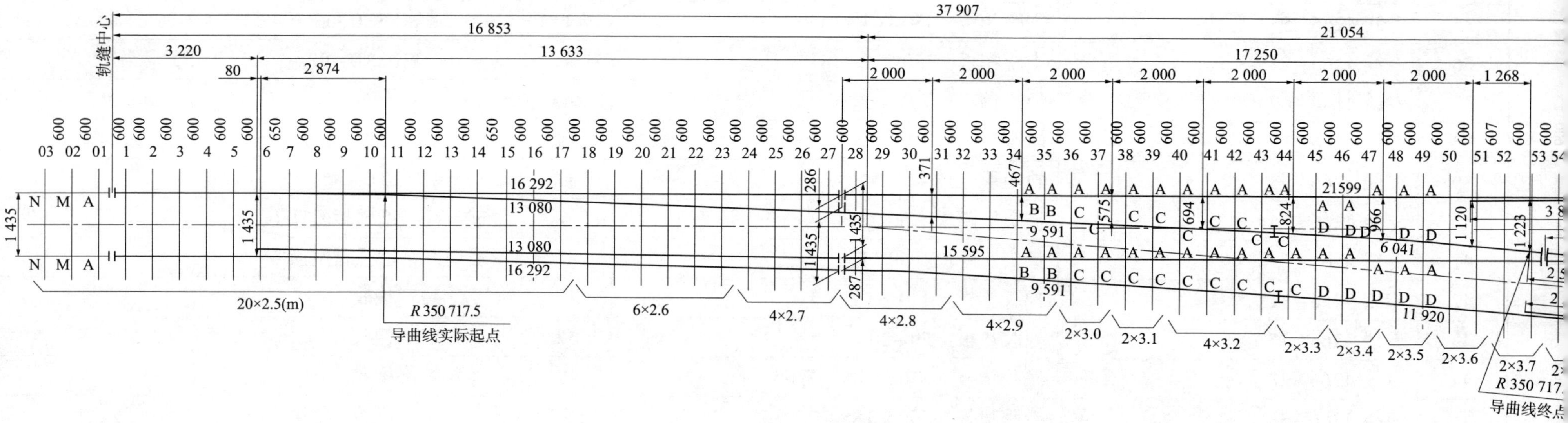

表 1　钢轨数量表（绝缘设在侧股）

长度 (mm)	21 599	9 591	6 041	15 595	11 920
数量（根）	1	2	1	1	1

表 2　岔枕数量表

序号	岔枕长 (m)	单位	数量	备注	序号	岔枕长 (m)	单位	数量	备注
1	2.4	根	2		15	3.7	根	2	
2	2.45	根	2		16	3.8	根	2	
3	2.5	根	24		17	3.9	根	2	
4	2.6	根	6		18	4.0	根	2	
5	2.7	根	4		19	4.1	根	2	
6	2.8	根	4		20	4.2	根	2	
7	2.9	根	4		21	4.3	根	2	
8	3.0	根	2		22	4.4	根	2	
9	3.1	根	2		23	4.5	根	2	
10	3.2	根	4		24	4.6	根	2	
11	3.3	根	2		25	4.7	根	2	
12	3.4	根	2		26	4.8	根	2	
13	3.5	根	2		27	4.9	根	2	
14	3.6	根	2						

图 1　绝缘接头设在直股

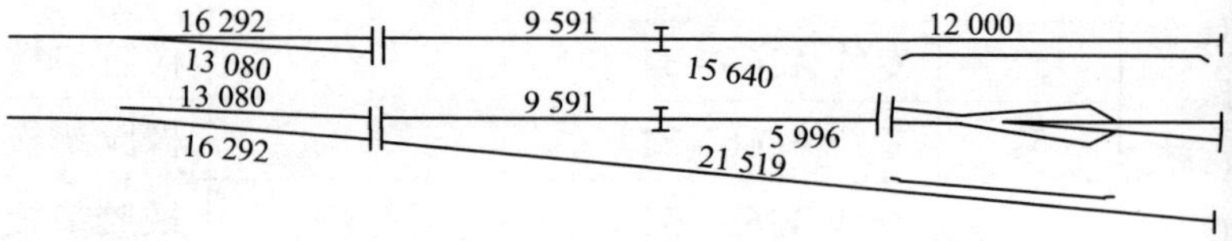

图 2　转辙器部分轨距示意图

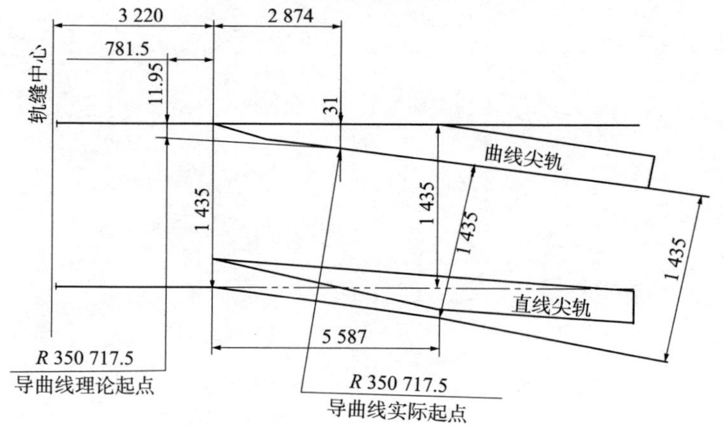

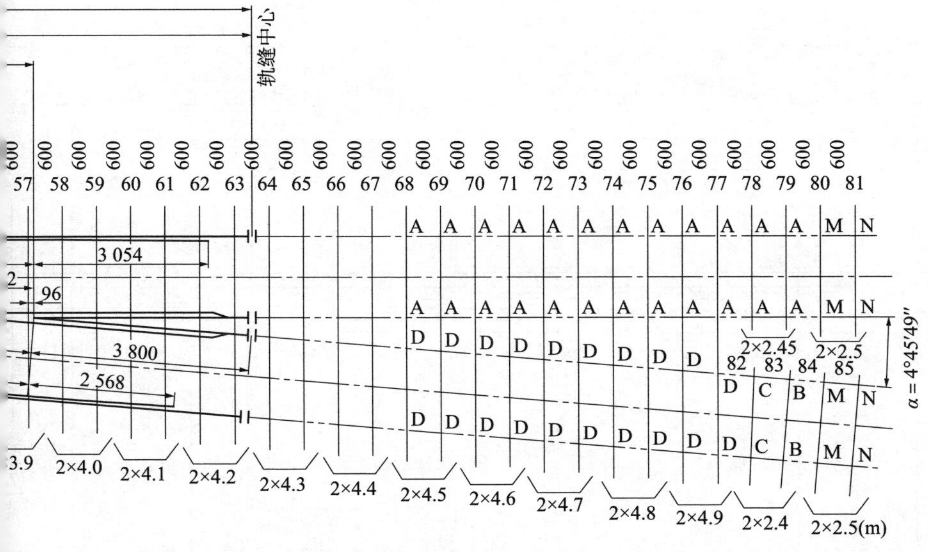

技 术 要 求

本图根据铁道部建设函〔1999〕50 号文标准设计计划编制。

道岔岔枕全部垂直于道岔直股方向布置。

道岔的主要结构特点：

(1) 尖轨采用 13 080 mm 长的弹性可弯尖轨，用 50AT 钢轨制造，尖轨尖端为藏尖式，跟端采用限位器结构。

(2) 为加强基本轨的稳定性，减小外倾和减小轨距扩张，在基本轨外侧设置轨撑。

(3) 扣件采用分开式 B 型弹条扣件，轨距块设计安装号数如下：钢轨工作边一侧，安装 13 号轨距块；钢轨非工作边一侧，安装 11 号轨距块；高锰钢辙叉一侧安装 13 号轨距块，另一侧安装 11 号轨距块。钢轨接头两侧安装接头轨距块；AT 轨两侧安装 AT 轨专用轨距块。7－17 轨距块为备用轨距块，供现场调整用。

(4) 钢轨轨下及辙叉下设置 5 mm 厚橡胶垫板，护轨垫板下设置 7 mm 厚橡胶垫板，其他垫板下设置 10 mm 厚的橡胶垫板。

(5) 考虑到道岔与线路连接过渡，在道岔前后各两根岔枕上设置顺坡垫板(M、N 垫板)，若与无轨底坡线路连接时取消顺坡垫板，采用 A 型垫板 (50－0)，用户订货时需指明。

本图按设轨道电路设计，按普通接头且绝缘设在侧股设计，其配轨规格及数量见表 1。如订货要求绝缘设在直股，或道岔采用其他特殊接头形式时，按用户定货合同的要求配轨。

道岔连接部分及叉后垫板为适应混凝土岔枕，根据垫板偏斜大小及是否接头位置分六种类型，接头处安装接头平垫板，其铺设位置详见布置图。

明细表中序号 7 平垫板分四种类型，其中 A 型 56 块；B 型 6 块；C 型 16 块；D 型 30 块。

如绝缘接头设在直股时，则明细表中序号 8、9 接头平垫板数量采用括号内数值，序号 7 平垫板数量为：

A 型 52 块；B 型 6 块；C 型 20 块；D 型 30 块。

图中钢轨普通接头和轨道电路绝缘接头分别以"—||—"、"╧"表示。

表 3 明 细 表

序号	图号 / 标准	名称及规格	数量	材 料	备 注
1	专线 4258	转辙器	1		组件
2	专线 4259	辙叉及护轨	1		组件
3	TB/T 2344	钢 轨	6 根	50 kg/m 钢轨	见表 1
4	TB/T 2345	接头夹板	10		
5	TB/T 2347	接头螺栓 M24×145－10.9	30		含螺母
6	GB/T 1230	垫 圈 24	30		
7	专线 4266－16	垫 板 50	108	Q235－A(底板)	共 4 种类型
8	专线 4266－17	接头垫板 J50－A	2(6)	Q235－A(底板)	
9	专线 4266－17	接头垫板 J50－C	4(0)	Q235－A(底板)	
10	专线 4266－24	顺坡垫板 P80	6	Q235－A(底板)	
11	专线 4266－25	顺坡垫板 P60	6	Q235－A(底板)	
12	TB/T 1495.2	B 型弹条	252		
13	专线 4266－5	T 型螺栓 M24×60	252		
14	TB/T 1495.4	平垫圈 24	252		
15	GB/T 923	螺 母 M24	252		
16	专线 4266－34	螺 钉 M30×170	252	45 号钢	
17	GB/T 7244	弹簧垫圈 30	252		
18	专线 4266－13	轨距块 9－11	120	ZG 230－450	
19	专线 4266－13	轨距块 13－15	120	ZG 230－450	
20	专线 4266－13	轨距块 7－17	60	ZG 230－450	备用轨距块
21	专线 4266－14	接头轨距块 50－9(备用)	6	玻璃纤维增强聚酰胺 66	
22	专线 4266－14	接头轨距块 50－11	6	玻璃纤维增强聚酰胺 66	
23	专线 4266－14	接头轨距块 50－13	6	玻璃纤维增强聚酰胺 66	
24	专线 4266－14	接头轨距块 50－15(备用)	6	玻璃纤维增强聚酰胺 66	
25	专线 4266－31	橡胶垫板 430×185×10	126	橡胶	
26	专线 4266－27	橡胶垫板 50－200	126	橡胶	
27		钢轨绝缘	2		

50 kg/m 钢轨 12 号单开道岔转辙器
图 号：专线 4258

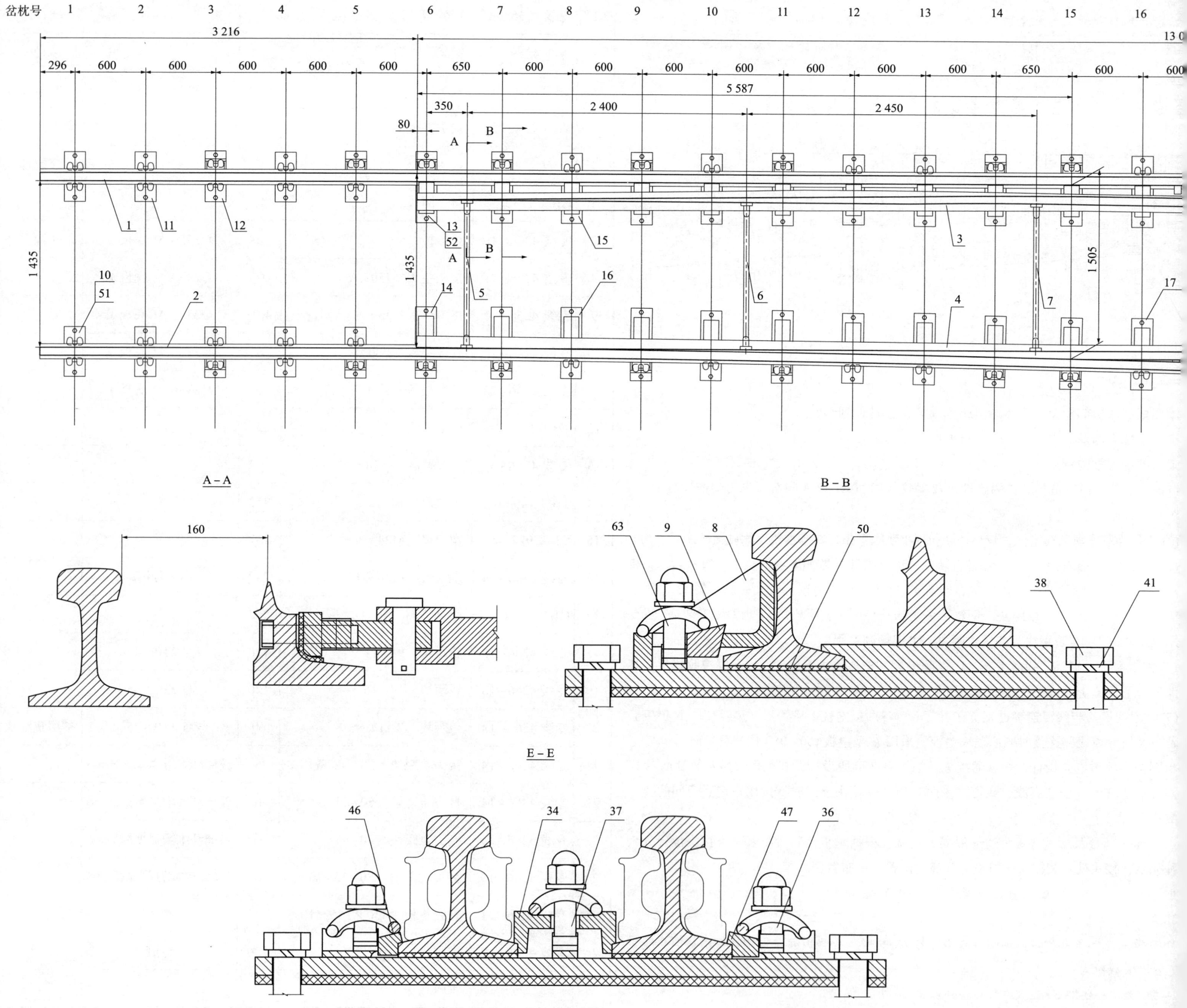

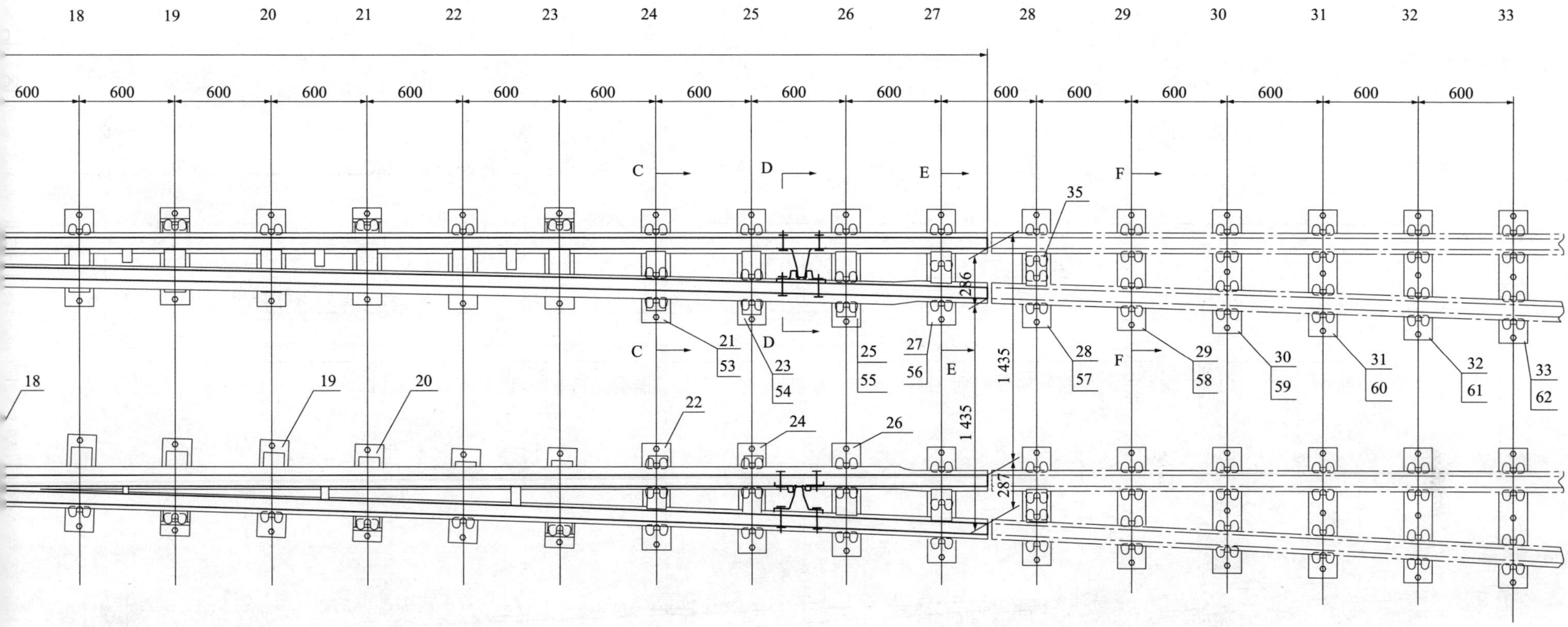

C－C

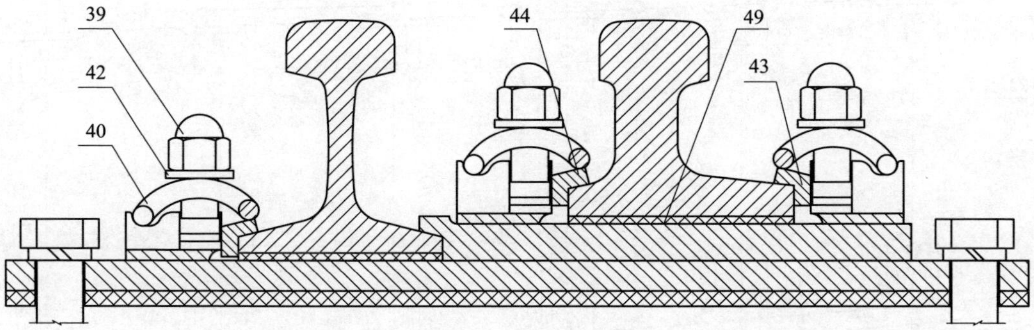

D－D

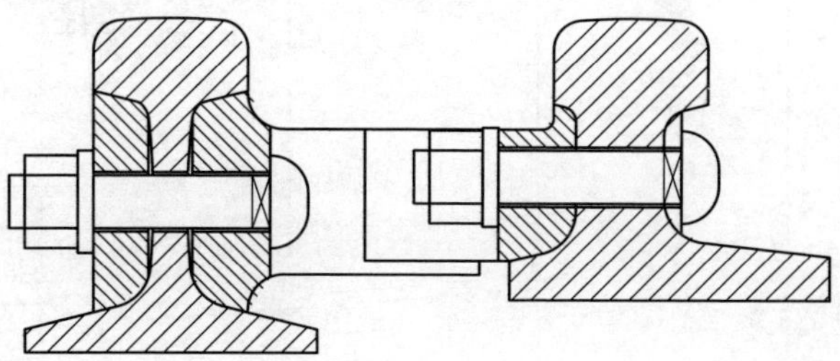

F－F

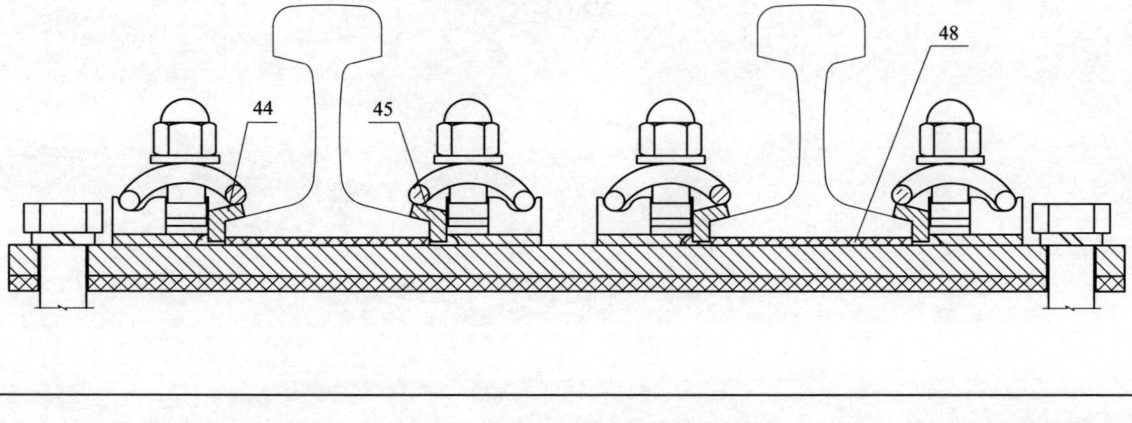

技 术 要 求

1. 扣件采用 B 型弹条分开式可调扣件，轨距块设计安装号数如下：钢轨工作边一侧安装 13 号轨距块；钢轨非工作边一侧安装 11 号轨距块。AT 轨两侧安装 AT 轨专用轨距块。
2. 钢轨轨下设置 5 mm 厚橡胶垫板；垫板下设置 10 mm 厚橡胶垫板。

50 kg/m 钢轨 12 号单开道岔辙叉及护轨
图　号：专线 4259

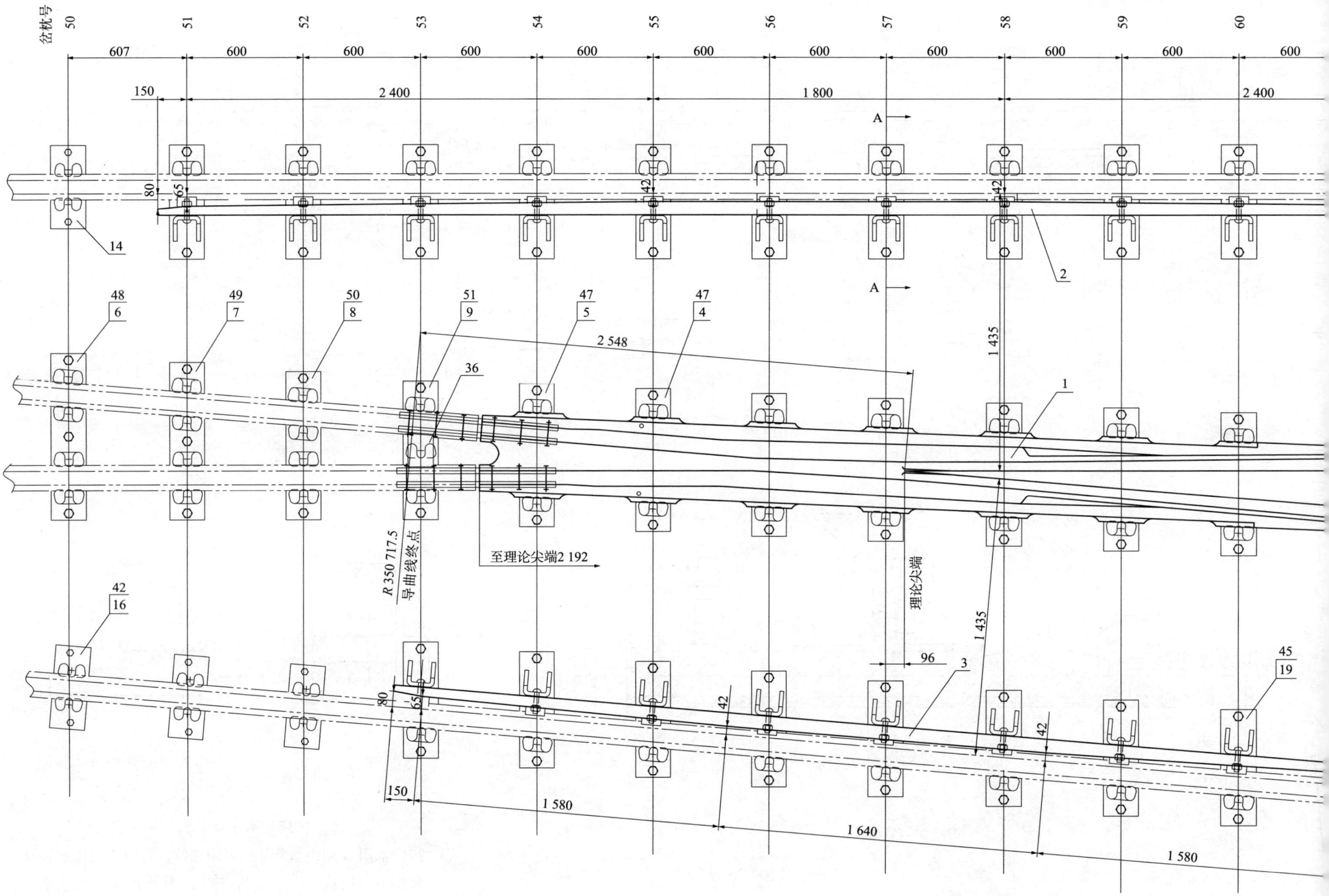

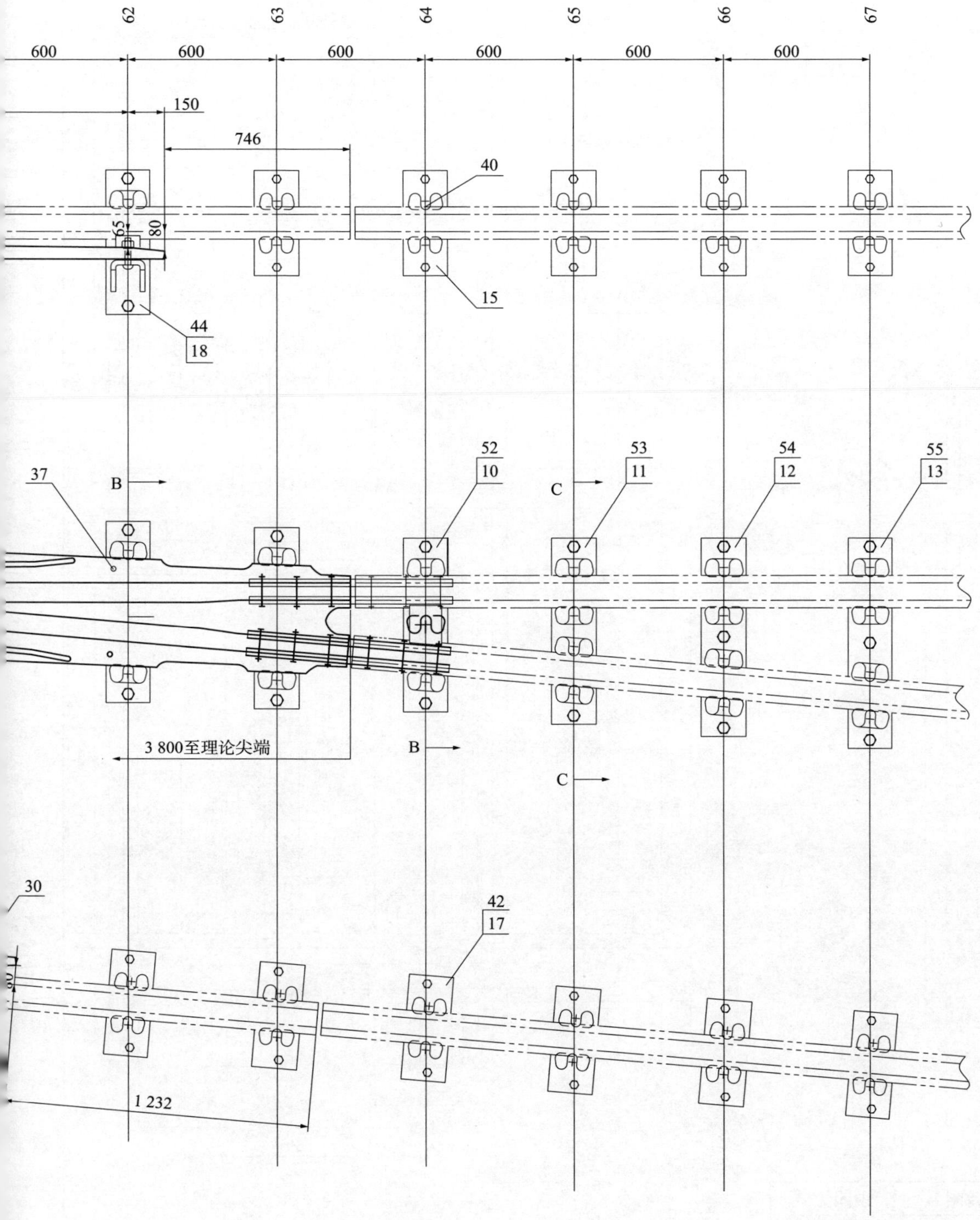

A – A

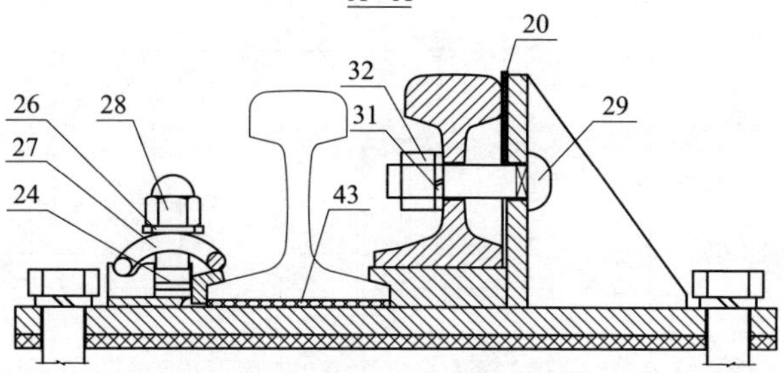

B – B

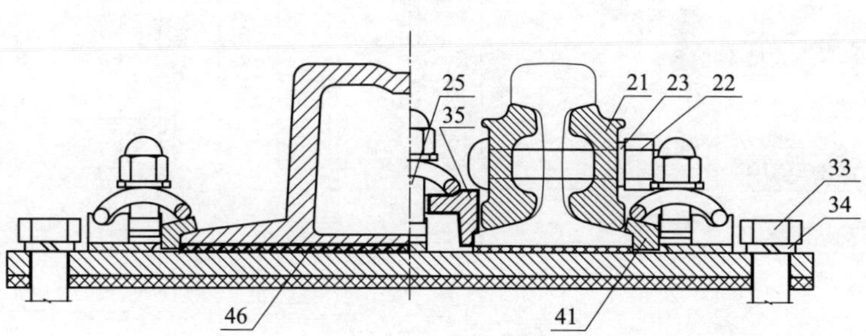

C – C

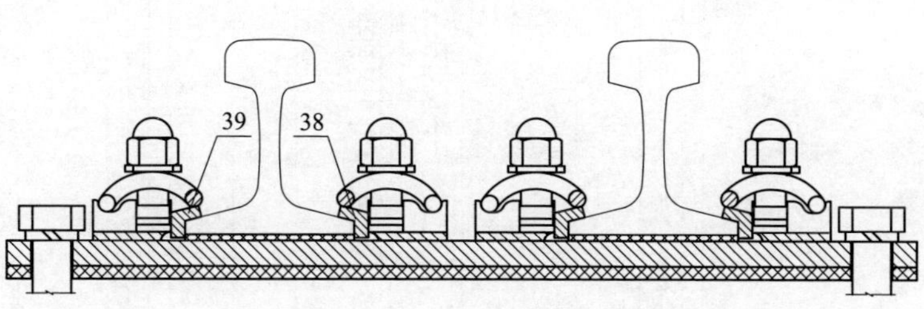

技 术 要 求

1. 组装护轨时，应使用 3 mm 厚的护轨调整片，如查照间隔或护背距离不合格时，可用调整片进行调整。
2. 查照间隔及护背距离在心轨轨头宽 20～30 mm 处测量。
3. 扣件采用 B 型弹条扣件，轨距块设计安装号数如下：

   钢轨工作边一侧安装 13 号轨距块；钢轨非工作边一侧安装 11 号轨距块。

   辙叉一侧安装 13 号轨距块；另一侧安装 11 号轨距块。

专线 4257 电务主要参数

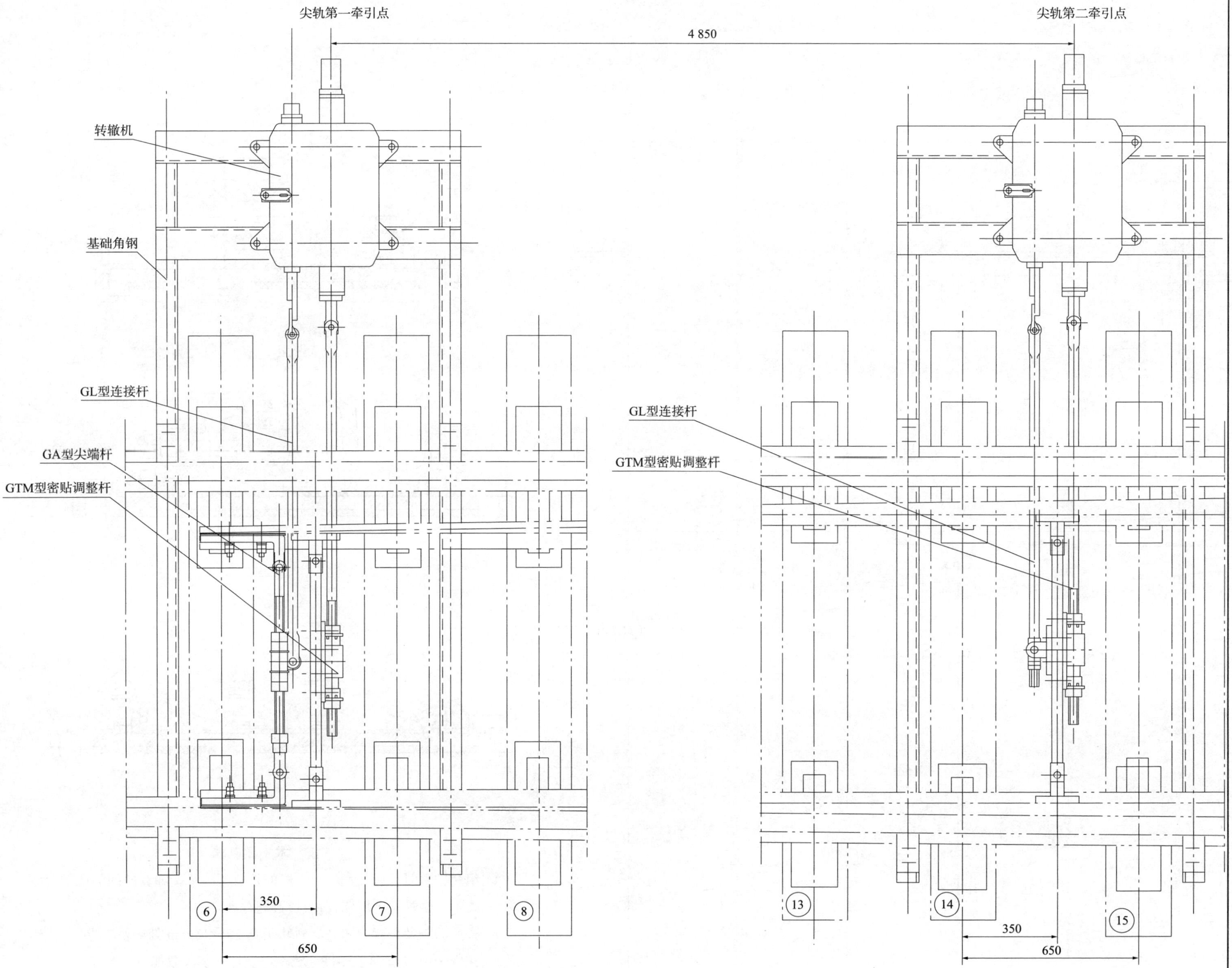

转换设备	安装图名称	安装图号	锁闭方式
ZY4+SH5	50 kg/m 钢轨 12 号单开道岔转换设备 (ZY4) 安装图	S0510	内锁闭
ZD6－E/J	50 kg/m 钢轨 12 号单开道岔转换设备 (ZD6) 安装图	S0514	内锁闭
ZD9	50 kg/m 钢轨 12 号单开道岔转换设备 (ZD9) 安装图	S0515	内锁闭
ZY(J)7+SH6	50 kg/m 钢轨 12 号单开道岔转换设备 (ZYJ7) 安装图	S1022	内锁闭

<table>
<tr><th colspan="6">16. 75 kg/m 钢轨 18 号固定型辙叉单开道岔(有砟)
设计图号：研线 1303</th></tr>
<tr><td rowspan="2">道岔允许通过速度</td><td>客车</td><td colspan="2">$v_{直}$≤ 120 km/h；$v_{侧}$≤ 80 km/h</td><td>扣件类型</td><td>Ⅱ型弹条</td></tr>
<tr><td>货车</td><td colspan="2">轴重 27 t：$v_{直}$≤100 km/h；$v_{侧}$≤80 km/h
其　他：$v_{直}$≤120 km/h；$v_{侧}$≤80 km/h</td><td>轨底坡</td><td>1∶40</td></tr>
<tr><td>转辙器跟端形式</td><td colspan="3">■限位器　□间隔铁　□不设传力机构　□间隔铁活接头</td><td>锁闭方式</td><td>外锁闭</td></tr>
<tr><td>道岔全长</td><td>60 000</td><td>辙叉全长</td><td>8 992</td><td>辙叉类型</td><td>高锰钢组合式</td></tr>
<tr><td>道岔前长</td><td>28 600</td><td>辙叉趾长</td><td>3 393</td><td>辙叉角</td><td>3°10′47″</td></tr>
<tr><td>道岔后长</td><td>31 400</td><td>辙叉跟长</td><td>5 599</td><td>翼轨轨型</td><td>75 kg/m</td></tr>
<tr><td>尖轨长度</td><td>20 241</td><td rowspan="2">基本轨长度</td><td rowspan="2">21 592</td><td>直向护轨长度</td><td>8 200</td></tr>
<tr><td>尖轨轨型</td><td>60AT1</td><td>侧向护轨长度</td><td>8 200</td></tr>
<tr><td colspan="3">尖轨尖端前基本轨长度</td><td>1 351</td><td>护轨轨型</td><td>33 kg/m 槽型钢</td></tr>
<tr><td colspan="3">辙叉理论尖端距趾端方向前一根岔枕中心距离</td><td>97</td><td>导曲线半径</td><td>1 000 m</td></tr>
<tr><td colspan="2">尖轨尖端至心轨实际尖端距离</td><td>—</td><td colspan="2">直向护轨端头距导轨端头定位尺寸</td><td>1 896</td></tr>
<tr><td colspan="2">道岔终端至末根岔枕中心距离</td><td>15 900</td><td colspan="2">侧向护轨端头距导轨端头定位尺寸</td><td>1 901</td></tr>
</table>

<table>
<tr><td>最大构造加宽</td><td>—</td><td>测量位置</td><td colspan="4">—</td></tr>
<tr><td>岔枕图号
研线 1305－300</td><td rowspan="2">岔枕总数</td><td rowspan="2">136 根</td><td rowspan="2">岔枕展延长</td><td rowspan="2">455.4 m</td><td rowspan="2">套管总数</td><td rowspan="2">33</td></tr>
<tr><td>道岔板
—</td></tr>
<tr><td>转换设备图号
—</td><td>尖轨动程</td><td colspan="3">160、115、69</td><td>心轨动程</td><td>—</td></tr>
<tr><td>批准文号</td><td colspan="4">—</td><td>应用情况</td><td>★★★</td></tr>
<tr><td>主要结构特点</td><td colspan="6">1. 基本轨工作边做水平刨切，增加了尖轨厚度。
2. 固定辙叉采用心轨加宽技术。
3. 转辙器跟端采用大位移量双限位器。
4. 基本轨外侧设轨撑。
5. 转辙器及护轨基本轨内侧采用弹性夹扣压。</td></tr>
</table>

转辙器明细表

序号	图号 / 标准	名称及规格	数量	材　　料	备　　注
1	研线 1303－101	直基本轨　21 592	1	75 kg/m 钢轨	
2	研线 1303－102	曲基本轨　21 592	1	75 kg/m 钢轨	
3	研线 1303－103	曲线尖轨　20 241	1	60AT 钢轨	
4	研线 1303－104	直线尖轨　20 241	1	60AT 钢轨	
4－1	研线 1116－313	接头垫板　419－RA	1	Q235－B(底板)	
4－2	研线 1116－314	接头垫板　419－LA	1	Q235－B(底板)	
5	研线 1116－301	垫　板　419－A	1	Q235－B(底板)	
6	研线 1116－302	轨撑垫板　459－A	1	Q235－B(底板)	
7	研线 1116－320	滑床板　664－A	25	Q235－B(底板)	
8	研线 1116－321	轨撑滑床板　704 × 180 × 29	10	Q235－B(底板)	
9	研线 1116－322	A 型防跳限位装置　*L*=105	1	Q235－B(底板)	
10	研线 1116－322	A 型防跳限位装置　*L*=142	1	Q235－B(底板)	
11	研线 1116－322	A 型防跳限位装置　*L*=164	1	Q235－B(底板)	
12	研线 1116－320	滑床板　664－CY	10	Q235－B(底板)	
13	研线 1116－320	滑床板　664－DY	7	Q235－B(底板)	
14	研线 1116－323	B 型防跳限位装置　*L*=105	1	Q235－B(底板)	
15	研线 1116－323	B 型防跳限位装置　*L*=142	1	Q235－B(底板)	
16	研线 1116－323	B 型防跳限位装置　*L*=164	1	Q235－B(底板)	
17	研线 1303－110	垫　板　714 × 180 × 29	1	Q235－B(底板)	
18	研线 1303－110	垫　板　714 × 180 × 29	1	Q235－B(底板)	
19	研线 1303－111	垫　板　664 × 180 × 29	1	Q235－B(底板)	
20	研线 1303－111	垫　板　664 × 180 × 29	1	Q235－B(底板)	
21	研线 1303－112	垫　板　644 × 190 × 29	1	Q235－B(底板)	
22	研线 1303－113	垫　板　654 × 190 × 29	1	Q235－B(底板)	
23	研线 1303－114	垫　板　664 × 180 × 29	1	Q235－B(底板)	
24	研线 1303－114	垫　板　679 × 180 × 29	1	Q235－B(底板)	
25	研线 1303－114	垫　板　694 × 180 × 29	1	Q235－B(底板)	
26	研线 1303－114	垫　板　704 × 180 × 29	1	Q235－B(底板)	
27	研线 1303－115	垫　板　719 × 180 × 29	1	Q235－B(底板)	
28	研线 1303－115	垫　板　734 × 180 × 29	1	Q235－B(底板)	
29	研线 1303－115	垫　板　749 × 180 × 29	1	Q235－B(底板)	
30	研线 1303－115	垫　板　764 × 180 × 29	1	Q235－B(底板)	
31	研线 1303－116	垫　板　779 × 180 × 29	1	Q235－B(底板)	

续上表

序号	图号 / 标准	名称及规格	数量	材　料	备　注
32	研线 1303－115	垫　板　799×180×29	1	Q235－B(底板)	
33	研线 1303－116	垫　板　814×180×29	1	Q235－B(底板)	
34	研线 1303－117	垫　板　829×180×29	1	Q235－B(底板)	
35	研线 1303－118	垫　板　849×180×29	1	Q235－B(底板)	
36	研线 1303－117	垫　板　864×180×29	1	Q235－B(底板)	
37	研线 1303－118	垫　板　884×180×29	1	Q235－B(底板)	
38	研线 1303－117	垫　板　899×180×29	1	Q235－B(底板)	
39	研线 1303－118	垫　板　919×180×29	1	Q235－B(底板)	
40	研线 1303－117	垫　板　939×180×29	1	Q235－B(底板)	
41	研线 1303－118	垫　板　954×180×29	1	Q235－B(底板)	
42	研线 1303－117	垫　板　974×180×29	1	Q235－B(底板)	
43	研线 1303－118	垫　板　994×180×29	1	Q235－B(底板)	
44	研线 1303－119	垫　板　714×180×29	1	Q235－B(底板)	
45	研线 1303－119	垫　板　714×180×29	1	Q235－B(底板)	
46	研线 1303－120	垫　板　664×180×29	1	Q235－B(底板)	
47	研线 1303－120	垫　板　664×180×29	1	Q235－B(底板)	
48	研线 1303－121	垫　板　644×190×29	1	Q235－B(底板)	
49	研线 1303－122	垫　板　654×190×29	1	Q235－B(底板)	
50	研线 1303－123	垫　板　664×180×29	1	Q235－B(底板)	
51	研线 1303－123	垫　板　679×180×29	1	Q235－B(底板)	
52	研线 1303－123	垫　板　694×180×29	1	Q235－B(底板)	
53	研线 1303－123	垫　板　704×180×29	1	Q235－B(底板)	
54	研线 1303－124	垫　板　719×180×29	1	Q235－B(底板)	
55	研线 1303－124	垫　板　734×180×29	1	Q235－B(底板)	
56	研线 1303－124	垫　板　749×180×29	1	Q235－B(底板)	
57	研线 1303－124	垫　板　764×180×29	1	Q235－B(底板)	
58	研线 1303－124	垫　板　779×180×29	1	Q235－B(底板)	
59	研线 1303－124	垫　板　799×180×29	1	Q235－B(底板)	
60	研线 1303－124	垫　板　814×180×29	1	Q235－B(底板)	
61	研线 1303－125	垫　板　829×180×29	1	Q235－B(底板)	
62	研线 1303－125	垫　板　849×180×29	1	Q235－B(底板)	
63	研线 1303－125	垫　板　864×180×29	1	Q235－B(底板)	
64	研线 1303－125	垫　板　884×180×29	1	Q235－B(底板)	
65	研线 1303－125	垫　板　899×180×29	1	Q235－B(底板)	
66	研线 1303－125	垫　板　919×180×29	1	Q235－B(底板)	

续上表

序号	图号 / 标准	名称及规格	数量	材　料	备　注
67	研线 1303－125	垫　板　939×180×29	1	Q235－B(底板)	
68	研线 1303－125	垫　板　954×180×29	1	Q235－B(底板)	
69	研线 1303－125	垫　板　974×180×29	1	Q235－B(底板)	
70	研线 1303－125	垫　板　994×180×29	1	Q235－B(底板)	
71	研线 1116－307	轨距块　75/9－11	124	ZG 270－500	安装在非工作边
72	研线 1116－307	轨距块　75/13－15	78	ZG 270－500	安装在工作边
73	研线 1116－307A	接头轨距块　75/9－11	6	ZG 270－500	安装在非工作边
74	研线 1116－307A	接头轨距块　75/13－15	6	ZG 270－500	安装在工作边
74－1	专线 4232－10A	接头轨距块　60/9－11	8	ZG 230－450	安装在非工作边
74－2	专线 4232－10A	接头轨距块　60/13－15	8	ZG 230－450	安装在工作边
75	研线 0405－3	混凝土岔枕用螺栓(Ⅲ型)	20	45 号钢	
76	研线 1116－308	弹性夹　320	58	60Si2MnA 热轧弹簧钢	
77	专线 4232－4	T 型螺栓　M24 × 60	454	Q235	
77－2	专线 4232－4	T 型螺栓　M24 × 65	8	Q235	
77－3	专线 4232－4	T 型螺栓　M24 × 70	21	Q235	
77－4	专线 4232－4	T 型螺栓　M24 × 85	12	Q235	
78	NS－07	限位螺母　M24	495	Q345B	
79	NS－06	六角盖型螺母　M24	487		
79－1	NS－01(b)－c	螺　母　M24	8		
80	专线 3351	Ⅱ型弹条	495	60Si2CrVA	
81	GB/T 1230	高强度垫圈　30	20	45 号钢	
82	GB/T 7224	弹簧垫圈　30	20	65Mn	
83	研线 1116－306	铁垫板用绝缘轨距块　12	232	玻璃纤维	
84	研线 1116－303	平面胶垫　210－148	162	橡胶	
85	研线 1116－303	平面胶垫　170－148	8	橡胶	
86	SC 38－112	轨　撑　P 75	21	KTH 330－08	
87	专线 4232－92	调整楔	21	KTH 350－10	
88	研线 1116－309	支距扣板　60/94－96	2	ZG 270－500	
89	研线 1116－309	支距扣板　60/106－108	2	ZG 270－500	
90	研线 1116－309	支距扣板　60/118－121	2	ZG 270－500	
91	研线 1116－309	支距扣板　60/131－133	2	ZG 270－500	
92	研线 1116－309	支距扣板　60/144－147	2	ZG 270－500	
93	研线 1116－309	支距扣板　60/158－160	2	ZG 270－500	
94	研线 1116－303	平面胶垫　220－148	10	橡胶	

续上表

序号	图号 / 标准	名称及规格	数量	材　料	备　注
4J	研线 1116－304	橡胶垫板　419 × 186 × 10	2	橡胶	
5J	研线 1116－304	橡胶垫板　419 × 176 × 10	1	橡胶	
6J	研线 1116－304	橡胶垫板　459 × 176 × 10	1	橡胶	
7J	研线 1116－304	橡胶垫板　664 × 176 × 10	45	橡胶	
8J	研线 1116－304	橡胶垫板　704 × 176 × 10	13	橡胶	
17J	研线 1116－304	橡胶垫板　714 × 176 × 10	2	橡胶	
18J	研线 1116－304	橡胶垫板　714 × 176 × 10	2	橡胶	
19J	研线 1116－304	橡胶垫板　664 × 176 × 10	2	橡胶	
20J	研线 1116－304	橡胶垫板　664 × 176 × 10	2	橡胶	
21J	研线 1116－304	橡胶垫板　644 × 186 × 10	2	橡胶	
22J	研线 1116－304	橡胶垫板　654 × 186 × 10	2	橡胶	
23J	研线 1116－304	橡胶垫板　664 × 176 × 10	2	橡胶	
24J	研线 1116－304	橡胶垫板　679 × 176 × 10	2	橡胶	
25J	研线 1116－304	橡胶垫板　694 × 176 × 10	2	橡胶	
26J	研线 1116－304	橡胶垫板　704 × 176 × 10	2	橡胶	
27J	研线 1116－304	橡胶垫板　719 × 176 × 10	2	橡胶	
28J	研线 1116－304	橡胶垫板　734 × 176 × 10	2	橡胶	
29J	研线 1116－304	橡胶垫板　749 × 176 × 10	2	橡胶	
30J	研线 1116－304	橡胶垫板　764 × 176 × 10	2	橡胶	
31J	研线 1116－304	橡胶垫板　779 × 176 × 10	2	橡胶	
32J	研线 1116－304	橡胶垫板　799 × 176 × 10	2	橡胶	
33J	研线 1116－304	橡胶垫板　814 × 176 × 10	2	橡胶	
34J	研线 1116－305	橡胶垫板　829 × 176 × 10(418)	2	橡胶	
35J	研线 1116－305	橡胶垫板　849 × 176 × 10(448)	2	橡胶	
36J	研线 1116－305	橡胶垫板　864 × 176 × 10(448)	2	橡胶	
37J	研线 1116－305	橡胶垫板　884 × 176 × 10(448)	2	橡胶	
38J	研线 1116－305	橡胶垫板　899 × 176 × 10(448)	2	橡胶	
39J	研线 1116－305	橡胶垫板　919 × 176 × 10(448)	2	橡胶	
40J	研线 1116－305	橡胶垫板　939 × 176 × 10(498)	2	橡胶	
41J	研线 1116－305	橡胶垫板　954 × 176 × 10(498)	2	橡胶	
42J	研线 1116－305	橡胶垫板　974 × 176 × 10(498)	2	橡胶	
43J	研线 1116－305	橡胶垫板　994 × 176 × 10(498)	2	橡胶	

辙叉明细表

序号	图号 / 标准	名称及规格	数量	材　料	备　注
1	研线 1303PZ	高锰钢拼装辙叉	1		
2	研线 1302－202	直向护轨	1	33 kg/m 槽型轨	
3	研线 1302－202	侧向护轨	1	33 kg/m 槽型轨	
4	研线 1408－204	直向护轨垫板	14	Q235	
5	研线 1303－202	侧向护轨垫板	14	Q235	
6	研线 1303－203	辙叉垫板　1 001 × 180 × 29	1	Q235	
7	研线 1303－204	辙叉垫板　1 001 × 180 × 29	1	Q235	
8	研线 1303－203	辙叉垫板　961 × 180 × 29	1	Q235	
9	研线 1303－204	辙叉垫板　961 × 180 × 29	1	Q235	
10	研线 1303－203	辙叉垫板　901 × 180 × 29	1	Q235	
11	研线 1303－204	辙叉垫板　901 × 180 × 29	1	Q235	
12	研线 1303－203	辙叉垫板　841 × 180 × 29	1	Q235	
13	研线 1303－205	辙叉垫板　841 × 180 × 29	1	Q235	
14	研线 1303－206	辙叉垫板　781 × 180 × 29	1	Q235	
15	研线 1303－205	辙叉垫板　781 × 180 × 29	1	Q235	
16	研线 1303－207	辙叉垫板　741 × 180 × 29	1	Q235	
17	研线 1303－208	辙叉垫板　695 × 200 × 29	1	Q235	
33	研线 1303－209	辙叉垫板　695 × 200 × 29	1	Q235	
34	研线 1303－210	辙叉垫板　741 × 180 × 29	1	Q235	
35	研线 1303－211	辙叉垫板　741 × 180 × 29	1	Q235	
36	研线 1303－211	辙叉垫板　781 × 180 × 29	1	Q235	
37	研线 1303－211	辙叉垫板　811 × 180 × 29	1	Q235	
38	研线 1303－212	辙叉垫板　841 × 180 × 29	1	Q235	
39	研线 1303－212	辙叉垫板　871 × 180 × 29	1	Q235	
40	研线 1303－212	辙叉垫板　901 × 180 × 29	1	Q235	
41	研线 1303－212	辙叉垫板　941 × 180 × 29	1	Q235	
42	研线 1303－212	辙叉垫板　971 × 180 × 29	1	Q235	
43	研线 1303－212	辙叉垫板　1 001 × 180 × 29	1	Q235	
44	专线 4232－92	调整楔	5	KTH 350－10	
45	研线 1116－309	支距扣板　75/167－173	1	ZG 270－500	
46	研线 1116－309	支距扣板　75/135－141	1	ZG 270－500	
49	研线 1116－309	支距扣板　75/108－115	1	ZG 270－500	
50	研线 1116－309	支距扣板　75/144－150	1	ZG 270－500	

续上表

序号	图号 / 标准	名称及规格	数量	材　料	备　注
51	TB/T 2345	接头夹板	8	B7 或 56Nb	
52	研线 1116-315	弹性夹　380	28	60Si2MnA 热轧弹簧钢	
53	专线 3351	Ⅱ型弹条	248	60Si2CrVa	
54	NS-07	限位螺母　M24	248	Q275	
55	NS-06	六角盖型螺母　M24	248	Q275	
56	专线 4232-4	T 型螺栓　M24 × 60	239	Q235	
57	专线 4232-4	T 型螺栓　M24 × 70	5	Q235	安装轨撑处
58	专线 4232-4	T 型螺栓　M24 × 85	4	Q235	安装支距扣板
59	研线 1116-307	轨距块　75/ 9-11	72	ZG 270-500	
60	研线 1116-307	轨距块　75/ 13-15	40	ZG 270-500	
61	研线 1116-307A	接头轨距块　75/ 9-11	2	ZG 270-500	接头夹板位置非工作边
62	研线 1116-307A	接头轨距块　75/13-15	2	ZG 270-500	接头夹板位置工作边
63	研线 1116-306	铁垫板用绝缘规矩块　12	132	玻璃纤维	
64	GB/T 1230	高强度垫圈　30	13	45 号钢	
65	GB/T 7244	弹簧垫圈　30	13	65Mn	
66	研线 0405-3	混凝土岔枕用螺栓 (Ⅲ型)	13	45 号钢	
67	客专线 (07)001-Ⅴ-43	护轨调整片　140 × 60 × 23	各 28	Q235	
68	TB/T 2347	接头螺栓及螺母　M24 × 160-10.9	24	20MnSi	
70	GB/T 1230	高强度平垫圈　24	24	45 号钢	
71	客专线 (07)001-Ⅴ-47	螺　栓　M24 × 80	28		
72	GB/T 6184	螺　母　M24	28	Q275	
73	GB/T 7244	垫　圈　24	28	Q275	
74	SC 38-112	轨　撑	5	KTH 330-08	
75	研线 1116-303	平面胶垫　210-148	70	橡胶	
76	研线 1116-303	平面胶垫　230-148	4	橡胶	
4J	研线 1116-304	橡胶垫板　714 × 176 × 10	28	橡胶	直、侧向护轨下
6J	研线 1116-305	橡胶垫板　1 001 × 176 × 10(500.5)	2	橡胶	
8J	研线 1116-305	橡胶垫板　961 × 176 × 10(480.5)	2	橡胶	
10J	研线 1116-305	橡胶垫板　901 × 176 × 10(450.5)	2	橡胶	
12J	研线 1116-305	橡胶垫板　841 × 176 × 10(420.5)	1	橡胶	
13J	研线 1116-304	橡胶垫板　841 × 176 × 10	1	橡胶	
14J	研线 1116-304	橡胶垫板　781 × 176 × 10	2	橡胶	
16J	研线 1116-304	橡胶垫板　741 × 176 × 10	1	橡胶	
17J	研线 1116-304	橡胶垫板　695 × 196 × 10	1	橡胶	
18J	研线 1116-304	橡胶垫板　660 × 196 × 10	1	橡胶	

续上表

序号	图号 / 标准	名称及规格	数量	材　料	备　注
19J	研线 1116－304	橡胶垫板　625 × 176 × 10	2	橡胶	
21J	研线 1116－304	橡胶垫板　660 × 176 × 10	1	橡胶	
22J	研线 1116－304	橡胶垫板　695 × 176 × 10	1	橡胶	
23J	研线 1116－304	橡胶垫板　741 × 176 × 10	5	橡胶	
28J	研线 1116－304	橡胶垫板　781 × 176 × 10	1	橡胶	
29J	研线 1116－304	橡胶垫板　811 × 176 × 10	1	橡胶	
30J	研线 1116－304	橡胶垫板　625 × 176 × 10	2	橡胶	
32J	研线 1116－304	橡胶垫板　660 × 196 × 10	1	橡胶	
33J	研线 1116－304	橡胶垫板　695 × 196 × 10	1	橡胶	
34J	研线 1116－304	橡胶垫板　741 × 176 × 10	2	橡胶	
36J	研线 1116－304	橡胶垫板　781 × 176 × 10	1	橡胶	
37J	研线 1116－304	橡胶垫板　811 × 176 × 10	1	橡胶	
38J	研线 1116－305	橡胶垫板　841 × 176 × 10(420.5)	1	橡胶	
39J	研线 1116－305	橡胶垫板　871 × 176 × 10(435.5)	1	橡胶	
40J	研线 1116－305	橡胶垫板　901 × 176 × 10(450.5)	1	橡胶	
41J	研线 1116－305	橡胶垫板　941 × 176 × 10(470.5)	1	橡胶	
42J	研线 1116－305	橡胶垫板　971 × 176 × 10(485.5)	1	橡胶	
43J	研线 1116－305	橡胶垫板　1 001 × 176 × 10(500.5)	1	橡胶	

研线 1303 电务主要参数

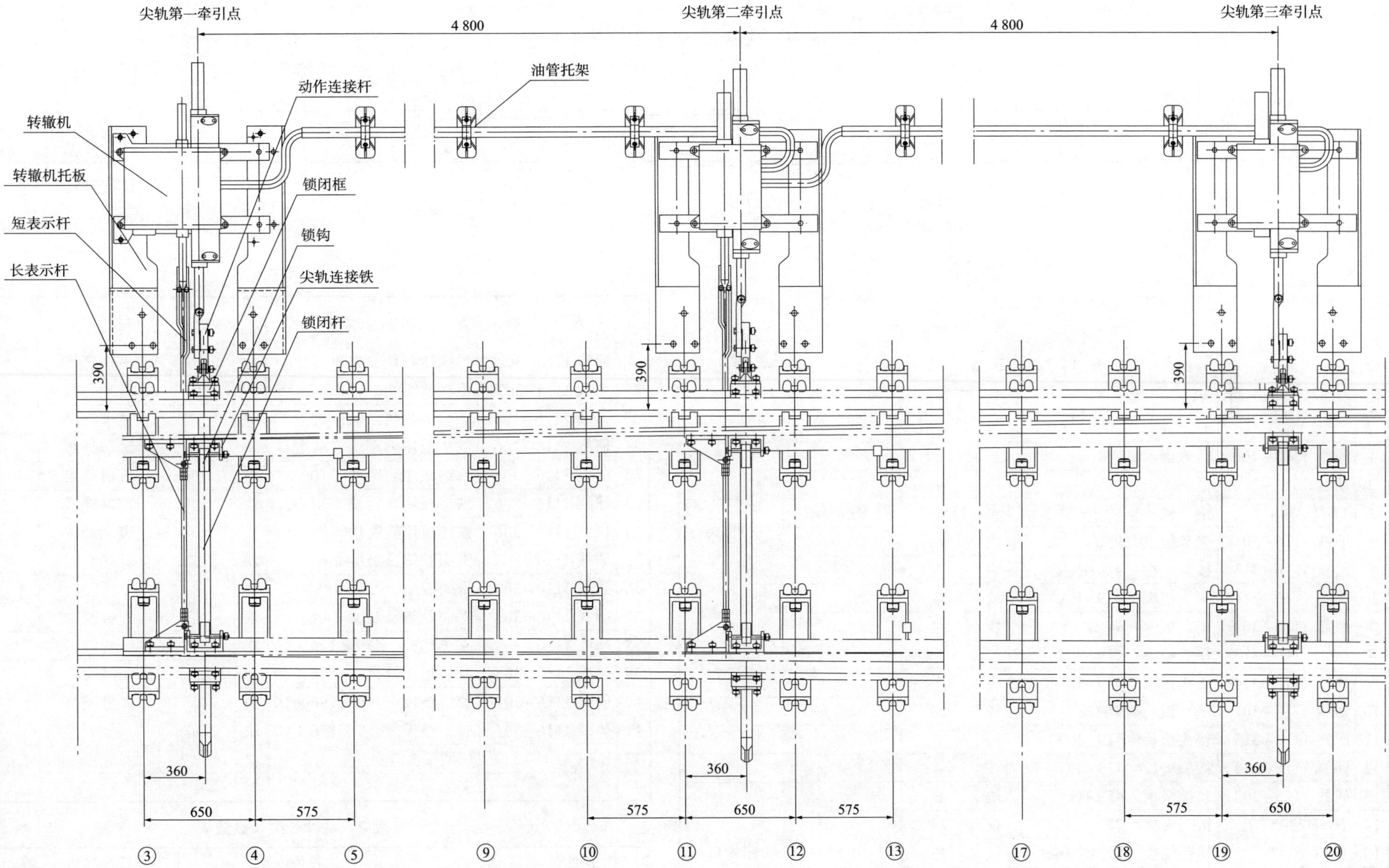

转换设备	安装图名称	安装图号	锁闭方式
外锁	75 kg/m 钢轨 12 号单开道岔外锁闭安装图	S1416	外锁闭
ZY(J)7+SH6	75 kg/m 钢轨 12 号单开道岔转换设备 (ZYJ7) 安装图	S1417	外锁闭
ZD(J)9	75 kg/m 钢轨 12 号单开道岔转换设备 (ZDJ9) 安装图	S1418	外锁闭

60 kg/m 钢轨 18 号单开道岔
图　号：研线 1303

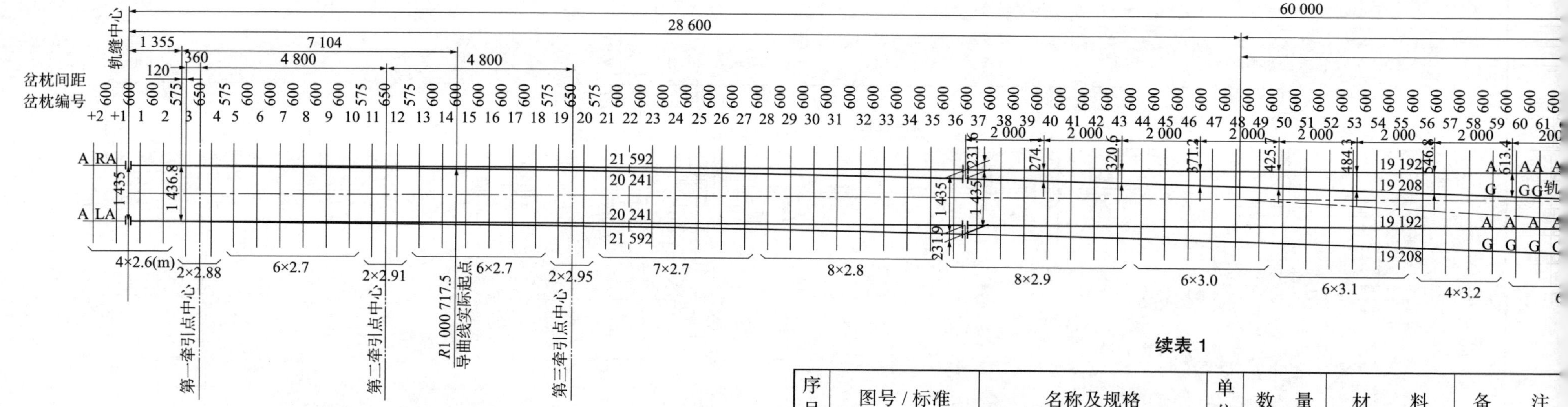

表 1　明　细　表

序号	图号 / 标准	名称及规格	单位	数　量	材　　料	备　　注
1	研线 1303－100	转辙器	组	1		
2	研线 1303－200	辙叉及护轨	组	1		
3	TB/T 2344	钢　轨	m	135.593	75 kg/m 钢轨	
4	研线 1116－301	垫　板　419－A	块	96		
5	研线 1116－313	接头垫板　419－RA	块	4		
6	研线 1116－314	接头垫板　419－LA	块	4		
7	研线 1116－301	垫　板　419－B	块	34		
8	研线 1116－313	接头垫板　419－RB	块	1		
9	研线 1116－314	接头垫板　419－LB	块	1		
10	研线 1116－301	垫　板　419－G	块	26		
11	研线 1116－313	接头垫板　419－RG	块	2		
12	研线 1116－314	接头垫板　419－LG	块	2		
13	研线 1116－302	轨撑垫板　459－G	块	6		
14	TB/T 2345	接头夹板　75	根	14		
15	TB/T 2347	接头螺栓　M24×160	付	42	10.9 级	附螺母
16	GB/T 1230	高强平垫圈　24	个	42		
17	专线 3351	Ⅱ型弹条	个	704	60Si2CrVA	
18	专线 4232－4	T 型螺栓　M24×60	根	698		
19	专线 4232－4	T 型螺栓　M24×70	根	6		轨撑用
20	NS－07	限位板　M24	个	704		
21	NS－06	盖型螺母　M24	个	704		
22	SC381－112	轨　撑　P75	个	6	KTH 330－08	
23	专线 4232－92	调整楔	个	6	KTH 350－10	
24	研线 1116－307	轨距块　75/9－11	块	152+40	ZG 270－500	“+”为备用
25	研线 1116－307	轨距块　75/13－15	块	158+40	ZG 270－500	“+”为备用
26	研线 1116－307A	接头轨距块　75/9－11	块	20	ZG 270－500	
27	研线 1116－307A	接头轨距块　75/13－15	块	20	ZG 270－500	

续表 1

序号	图号 / 标准	名称及规格	单位	数　量	材　　料	备　　注
28	研线 1116－307C	绝缘轨距块　75/9 － 11	块	10	玻璃纤维	
29	研线 1116－307C	绝缘轨距块　75/13 － 15	块	10	玻璃纤维	
30	研线 1116－306	铁垫板用轨距块　12	块	352	玻璃纤维	
31	研线 1116－306	铁垫板用轨距块　8	块	100	玻璃纤维	
32	研线 1116－306	铁垫板用轨距块　10	块	100	玻璃纤维	
33	研线 1116－306	铁垫板用轨距块　14	块	100	玻璃纤维	
34	研线 1116－306	铁垫板用轨距块　16	块	100	玻璃纤维	
35	研线 1116－303	平面胶垫　210－148	块	162	玻璃纤维	
36	研线 1116－303	平面胶垫　220－148	块	8	橡胶	
37	研线 1116－303	平面胶垫　230－148	块	6	橡胶	
38	研线 1116－304	胶垫垫板　419×176×10	块	156	橡胶	
39	研线 1116－304	胶垫垫板　419×186×10	块	8	橡胶	
40	研线 1116－304	胶垫垫板　419×196×10	块	6	橡胶	
41	研线 1116－304	胶垫垫板　459×176×10	块	6	橡胶	
42	HYT－LU－2	B 型接头弹条	块	8		
43		冻结绝缘接头　75	组	2		

表 2　岔枕长度及数量表

序号	长枕长度(m)	单位	数量	序号	长枕长度(m)	单位	数量	序号	长枕长度(m)	单位	数量
1	2.4	根	7	11	3.1	根	6	21	4.1	根	2
2	2.5	根	7	12	3.2	根	4	22	4.2	根	4
3	2.6	根	4	13	3.3	根	6	23	4.3	根	4
4	2.7	根	19	14	3.4	根	4	24	4.4	根	2
5	2.8	根	8	15	3.5	根	4	25	4.5	根	4
6	2.88	根	2	16	3.6	根	4	26	4.6	根	2
7	2.9	根	8	17	3.7	根	4	27	4.7	根	4
8	2.91	根	2	18	3.8	根	4	28	4.8	根	4
9	2.95	根	2	19	3.9	根	2	29	4.9	根	3
10	3.0	根	6	20	4.0	根	4	一组单开道岔共计 136 根岔枕，岔枕总长 455.4 m			

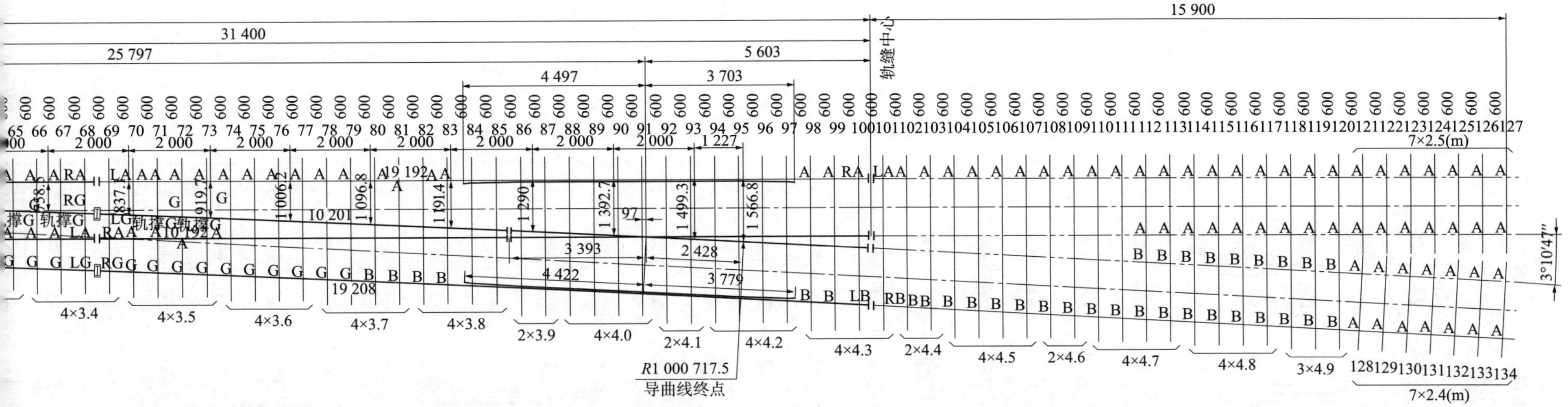

表 3 道岔直股、侧股轨距表

岔枕号	直股轨距 (mm)	侧股轨距 (mm)
02、01	1 435	
1～2	1 435	
3	1 436.1	1 436.1
4	1 439.4	1 439.4
5～19	1 440	1 440
20	1 438.7	1 439.1
21	1 437.3	1 437.8
22	1 435.8	1 436
23～120	1 435	1 435
121～127	1 435	
128～134		1 435

技 术 要 求

图中钢轨接头及轨缝设置如下：

⊢—冻结绝缘接头，轨缝 8 mm，钻标准接头螺栓孔；

⊢—普通接头轨缝，轨缝 8 mm，钻标准接头螺栓孔。

02、01、1～127 号岔枕按垂直于道岔直股铺设，128～134 号岔枕垂直于岔后侧股。

明细表中钢轨采用钢牌号为 U75V、U78CrV 的在线热处理钢轨或贝氏体钢轨。

本道岔按普通接头且绝缘设在侧股设计，绝缘位置也可按用户要求设置在直股，配轨长度及数量见下表，如用于跨区间无缝线路，具体配轨长度和钻孔要求根据用户需要决定。

长度 (mm)	19 192	19 208	10 201	10 192
数量（根）	3	3	1	1
导轨共 8 根，展延长 135.593 m				

岔前编号 02、01 岔枕钉孔距和编号 1 岔枕相同，长度为 2 600 mm，用以和区间轨道过渡。

6. 图中用 A、B、G 表示普通垫板，轨撑表示轨撑垫板，用 RA、RB、RG、LA、LB、LG 表示接头垫板。
7. 本道岔适用于到发线或线间距 5 m 及以上渡线。
8. 为增加尖轨厚度，道岔采用相离单圆曲线线形，导曲线半径 1 000 m，相离值 26 mm，在曲尖轨顶宽 51.5 mm 处做半切，对应冲击角为 0°24′33″；并在基本轨和尖轨密贴段将基本轨工作边一侧刨切 5 mm 以增加尖轨厚度。
9. 转辙器跟端采用大位移量双限位器，字母块间隙 15 mm。
10. 扣件采用弹性分开式弹条Ⅱ型扣件，扣件设计安装号数如下：

Ⅱ型弹条扣件：钢轨工作边一侧安装 13 号轨距块，钢轨非工作边一侧安装 11 号轨距块。

接头两侧安装接头轨距块。垫板两侧均安装 12 号绝缘轨距块，8 号、16 号绝缘轨距块做调整轨距用，10 号、14 号绝缘轨距块为备用轨距块。轨距块使用配置如下：

单股钢轨调整量	轨距块和压块号码			
	外 侧		内 侧	
	绝缘轨距块	轨距块	轨距块	绝缘轨距块
-8	16	15	9	8
-6	16	13	11	8
-4	12	15	9	12
-2	12	13	11	12
0	12	11	13	12
+2	12	9	15	12
+4	8	11	13	16
+6	8	9	15	16

绝缘轨距块号码：8 号、10 号、12 号、14 号和 16 号五种，10 号、14 号备用；轨距块号码：9-11 号、13-15 号两种。

75 kg/m 钢轨 18 号单开道岔转辙器

图　号：研线 1303－100－1

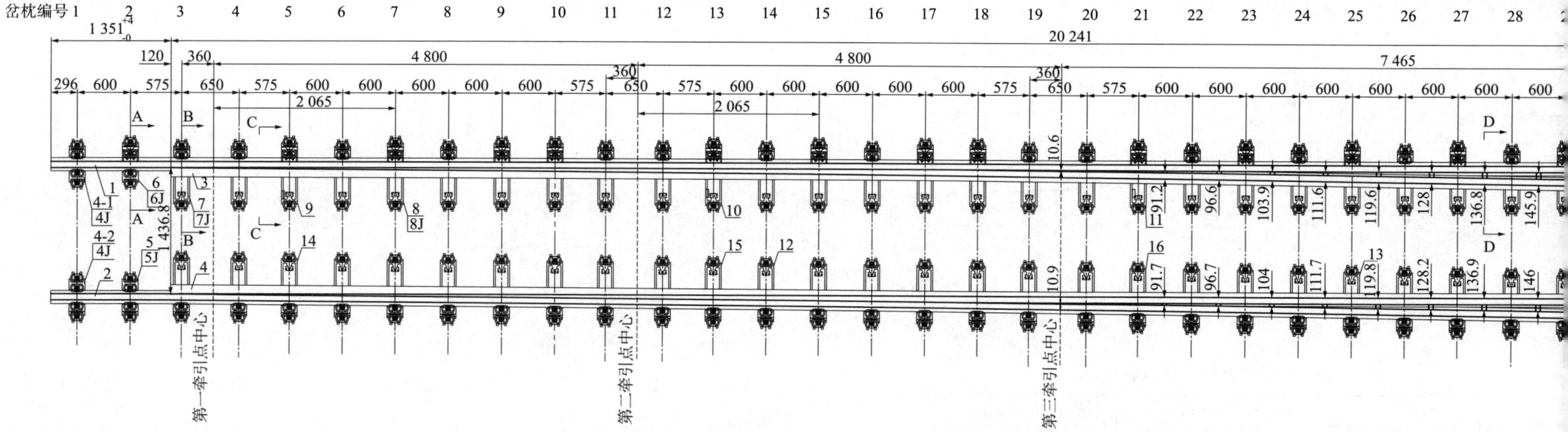

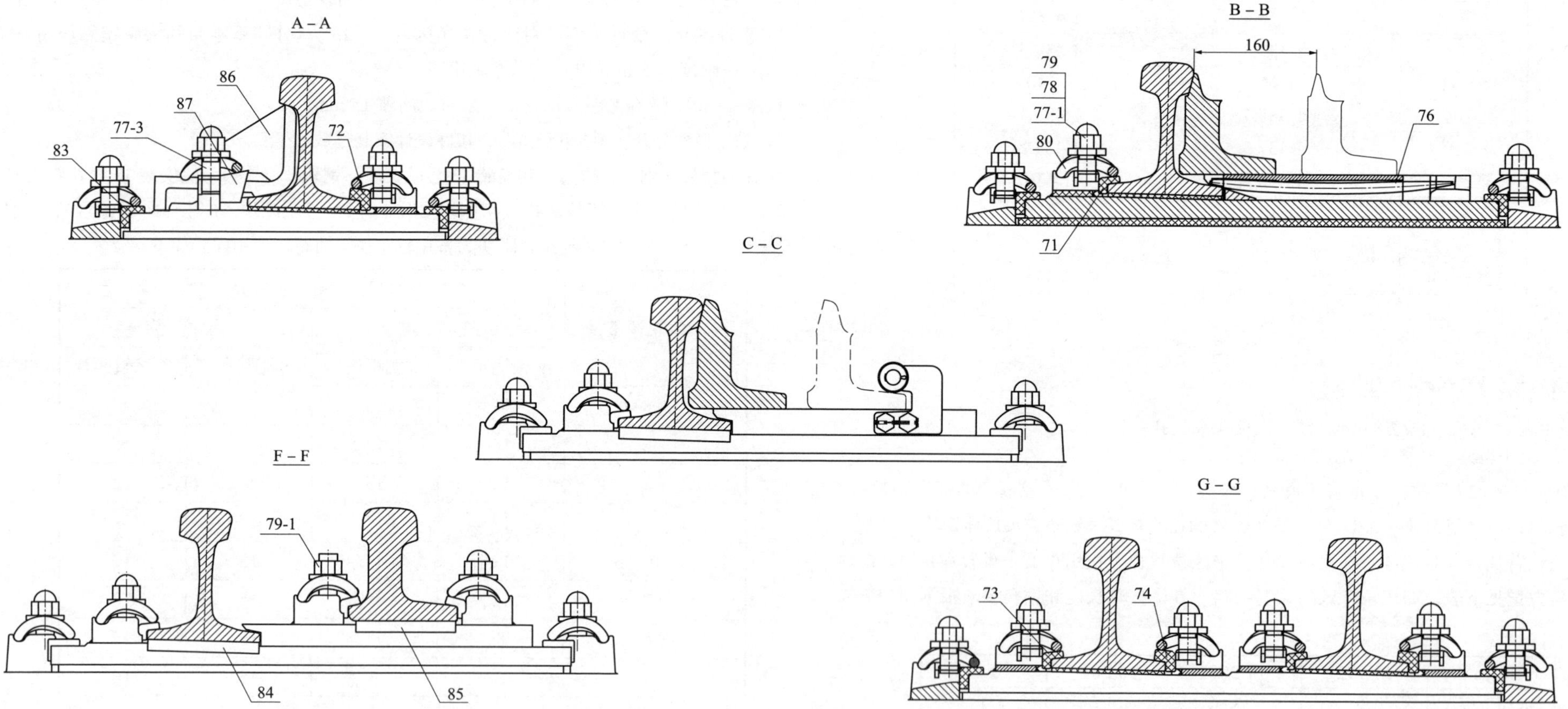

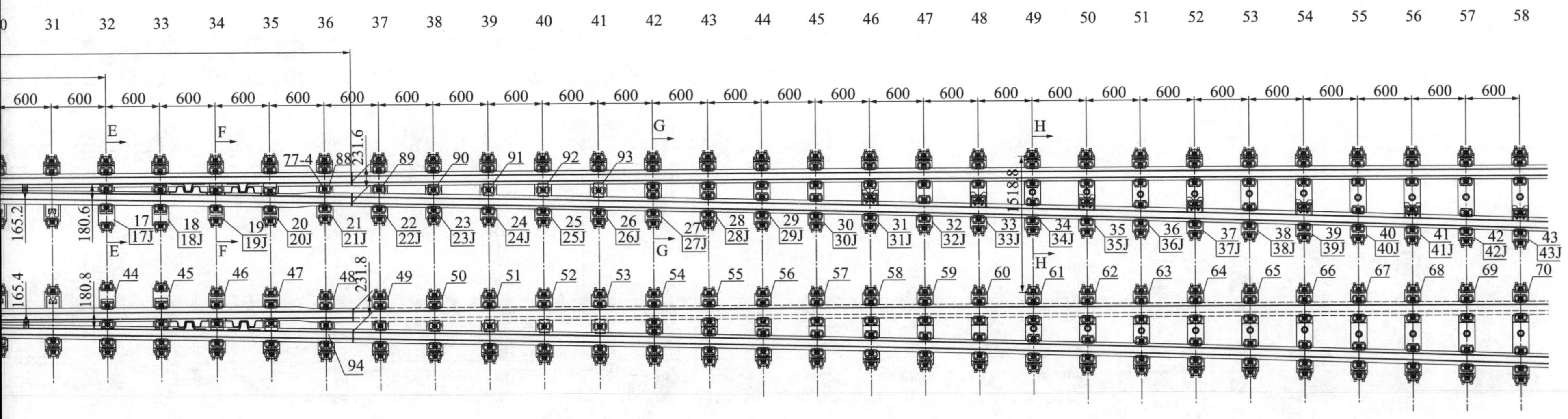

D－D

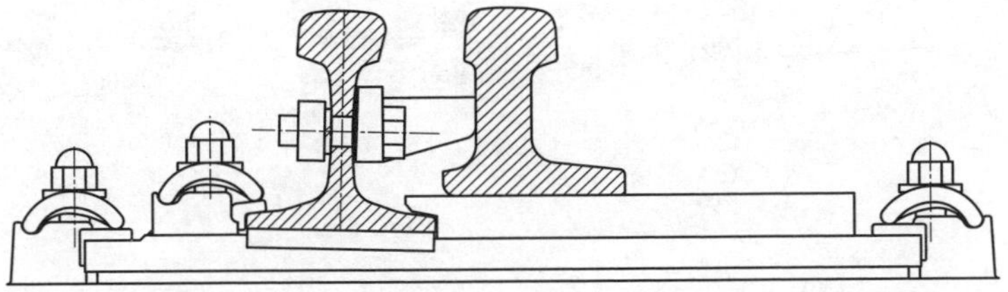

E－E

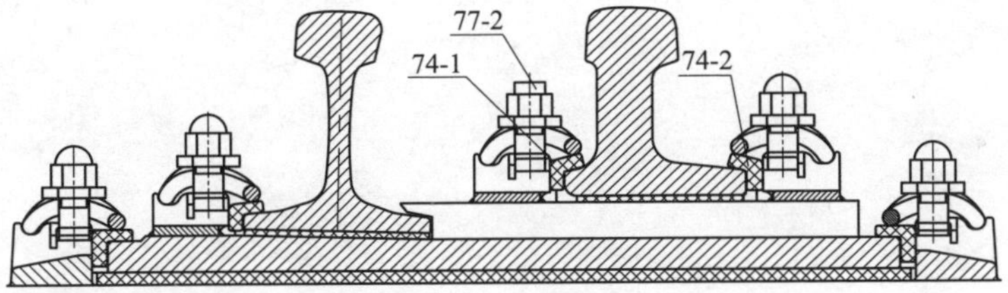

H－H

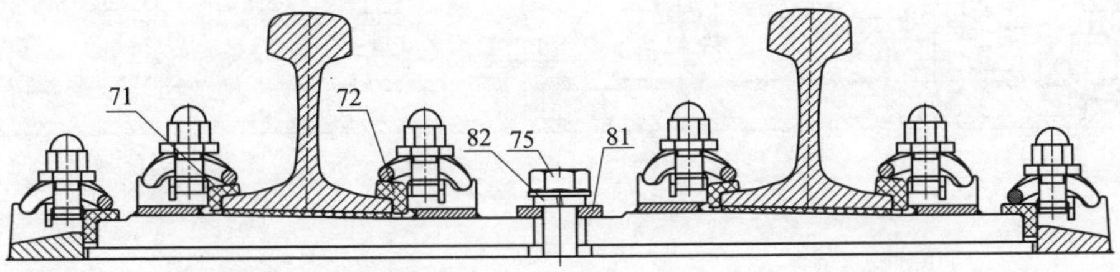

技 术 要 求

1. 轨距块的使用：60 kg/m 钢轨工作边用轨距块 60/13－15 中的 13 号，非工作边用轨距块 60/9－11 中的 11 号，接头处工作边用接头轨距块 60/13－15 中的 13 号，非工作边用接头轨距块 60/9－11 中的 11 号；
   60AT 轨工作边用轨距块 60/13－15 中的 13 号、非工作边用轨距块 60/9－11 的 11 号。
2. 转辙器第一、第二、第三牵引点尖轨动程分别为 160 mm、115 mm、69 mm。

75 kg/m 钢轨 18 号单开道岔辙叉及护轨
图 号：研线 1303-200-1

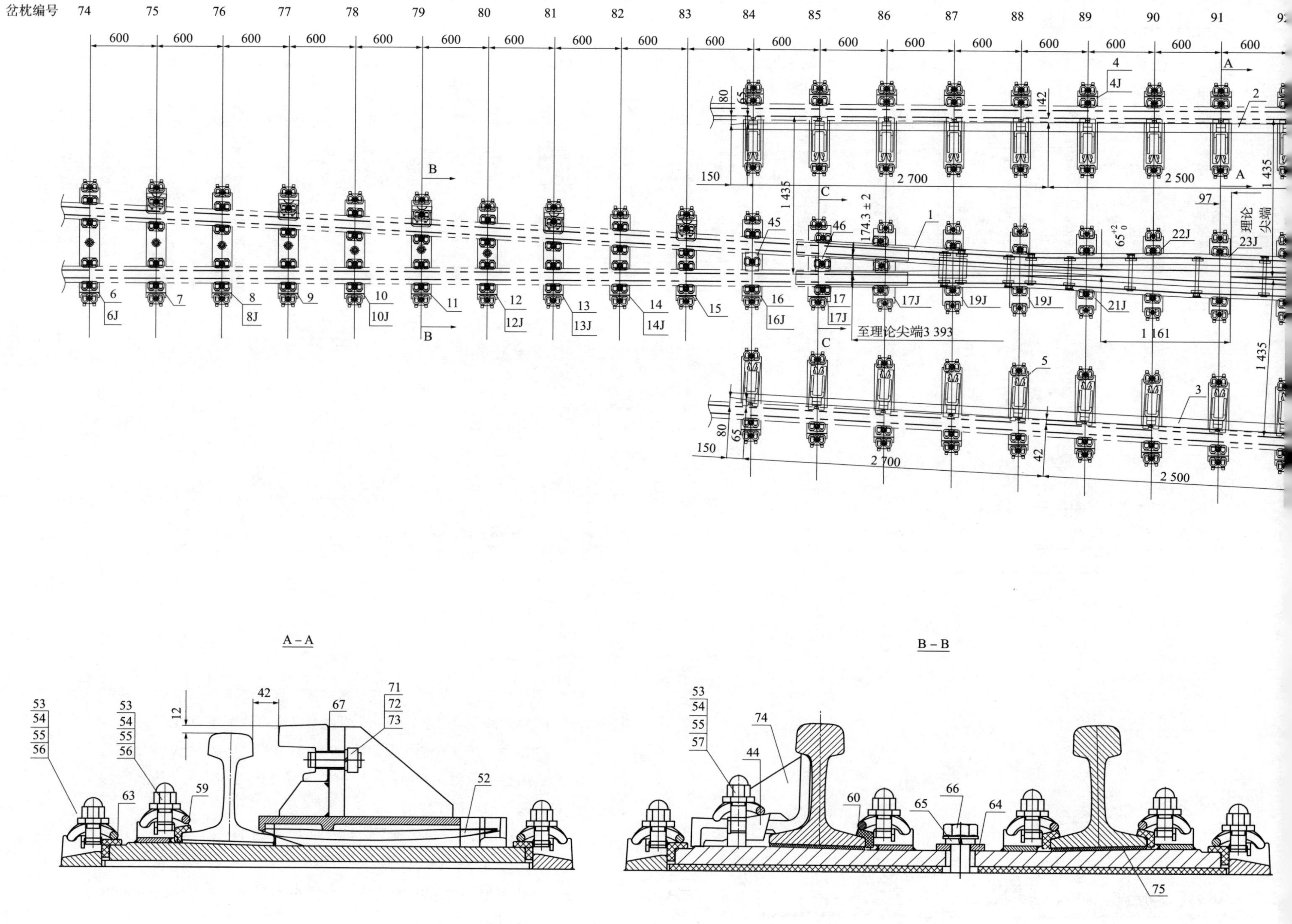

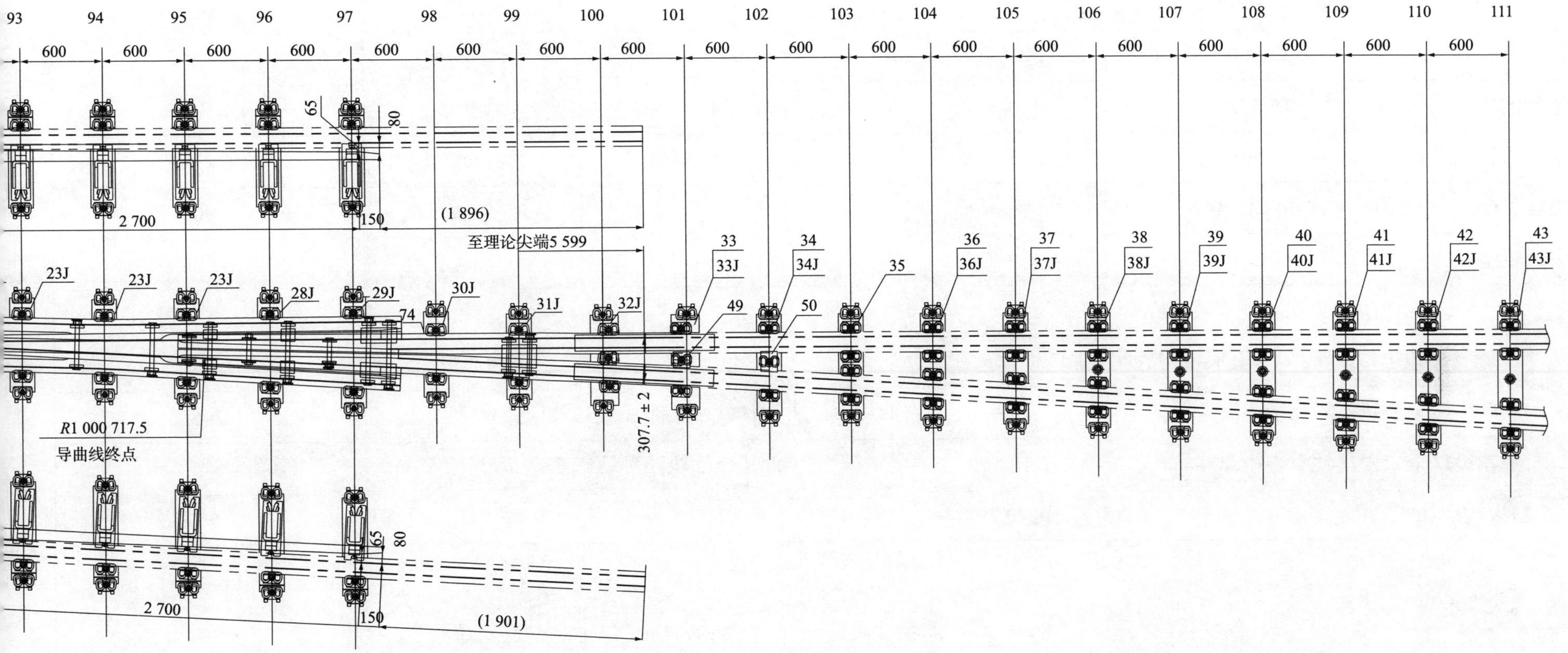

C – C

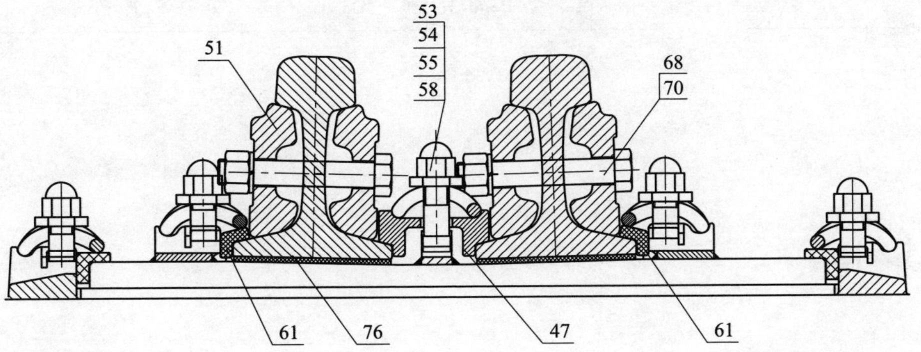

技 术 要 求

轨距块安装号数：钢轨工作边一侧安装 13 号轨距块，钢轨非工作边一侧安装 11 号轨距块；接头处安装接头轨距块。辙叉区域序号 18～32 垫板两侧均安装 11 号(接头)轨距块。

<table>
<tr><th colspan="6">17.75 kg/m 钢轨 12 号固定型辙叉单开道岔(有砟)
设计图号：研线 1116</th></tr>
<tr><td rowspan="2">道岔允许通过速度</td><td>客车</td><td colspan="2">—</td><td>扣件类型</td><td>Ⅱ型弹条</td></tr>
<tr><td>货车</td><td colspan="2">轴重 30 t：$v_{直}\leqslant 100$ km/h；$v_{侧}\leqslant 45$ km/h</td><td>轨底坡</td><td>1∶40</td></tr>
<tr><td>转辙器跟端形式</td><td colspan="3">■限位器 □间隔铁 □不设传力机构 □间隔铁活接头</td><td>锁闭方式</td><td>外锁闭</td></tr>
<tr><td>道岔全长</td><td>37 800</td><td>辙叉全长</td><td>5 992</td><td>辙叉类型</td><td>高锰钢组合式</td></tr>
<tr><td>道岔前长</td><td>16 592</td><td>辙叉趾长</td><td>2 038</td><td>辙叉角</td><td>4°45′49″</td></tr>
<tr><td>道岔后长</td><td>21 208</td><td>辙叉跟长</td><td>3 954</td><td>翼轨轨型</td><td>75 kg/m</td></tr>
<tr><td>尖轨长度</td><td>15 445/15 441</td><td rowspan="2">基本轨长度</td><td rowspan="2">23 392/23 405</td><td>直向护轨长度</td><td>6 900</td></tr>
<tr><td>尖轨轨型</td><td>60AT1</td><td>侧向护轨长度</td><td>6 900</td></tr>
<tr><td colspan="3">尖轨尖端前基本轨长度</td><td>1 351</td><td>护轨轨型</td><td>33 kg/m 槽型钢</td></tr>
<tr><td colspan="3">辙叉理论尖端距趾端方向前一根岔枕中心距离</td><td>542</td><td>导曲线半径</td><td>350 m</td></tr>
<tr><td colspan="2">尖轨尖端至心轨实际尖端距离</td><td>—</td><td colspan="2">直向护轨端头距导轨端头定位尺寸</td><td>746</td></tr>
<tr><td colspan="2">道岔终端至末根岔枕中心距离</td><td>10 500</td><td colspan="2">侧向护轨端头距导轨端头定位尺寸</td><td>645</td></tr>
</table>

<table>
<tr><td>最大构造加宽</td><td>—</td><td>测量位置</td><td colspan="4">—</td></tr>
<tr><td>岔枕图号
专线 3399</td><td rowspan="2">岔枕总数</td><td rowspan="2">89 根</td><td rowspan="2">岔枕展延长</td><td rowspan="2">297.64 m</td><td rowspan="2">套管总数</td><td rowspan="2">20</td></tr>
<tr><td>道岔板
—</td></tr>
<tr><td>转换设备图号
—</td><td>尖轨动程</td><td colspan="3">160、80</td><td>心轨动程</td><td>—</td></tr>
<tr><td>批准文号</td><td colspan="4">—</td><td>应用情况</td><td>★★★</td></tr>
<tr><td>主要结构特点</td><td colspan="6">1. 基本轨工作边做水平刨切，增加了尖轨厚度。
2. 转辙器跟端采用大位移量限位器。
3. 基本轨外侧设轨撑。
4. 转辙器及护轨基本轨内侧采用弹性夹扣压。</td></tr>
</table>

转辙器明细表

序号	图号 / 标准	名称及规格	数量	材　料	备　注
1	研线 1116-101	直基本轨　23 392	1	75 kg/m 钢轨	
2	研线 1116-102	曲基本轨　23 405	1	75 kg/m 钢轨	
3	研线 1116-103	曲线尖轨　15 445	1	60AT 钢轨	
4	研线 1116-104	直线尖轨　15 441	1	60AT 钢轨	
5	研线 1116-301	垫　板　419-A	1	Q235-B(底板)	
6	研线 1116-302	轨撑垫板　459-A	1	Q235-B(底板)	
7	研线 1116-320	滑床板　664-A	11	Q235-B(底板)	
8	研线 1116-321	轨撑滑床板　704×180×29	8	Q235-B(底板)	
9	研线 1116-320	滑床板　664-B Y(Z)	10	Q235-B(底板)	
10	研线 1116-320	滑床板　664-C Y(Z)	3	Q235-B(底板)	
11	研线 1116-320	滑床板　664-D Y(Z)	3	Q235-B(底板)	
12	研线 1116-320	滑床板　664-E Y(Z)	3	Q235-B(底板)	
13	研线 1116-322	A 型防跳限位装置　L=100	1	Q235-B(底板)	
14	研线 1116-323	B 型防跳限位装置　L=100	1	Q235-B(底板)	
15	研线 1116-322	A 型防跳限位装置　L=144	1	Q235-B(底板)	
16	研线 1116-323	B 型防跳限位装置　L=144	1	Q235-B(底板)	
17	研线 1116-114	垫　板　689×180×29	1	Q235-B(底板)	
18	研线 1116-114	垫　板　709×180×29	1	Q235-B(底板)	
19	研线 1116-114	垫　板　729×180×29	1	Q235-B(底板)	
20	研线 1116-115	垫　板　759×180×29	1	Q235-B(底板)	
21	研线 1116-116	垫　板　744×190×29	1	Q235-B(底板)	
22	研线 1116-116	垫　板　769×190×29	1	Q235-B(底板)	
23	研线 1116-117	垫　板　794×180×29	1	Q235-B(底板)	
24	研线 1116-117	垫　板　819×180×29	1	Q235-B(底板)	
25	研线 1116-118	垫　板　849×180×29	1	Q235-B(底板)	
26	研线 1116-119	垫　板　879×180×29	1	Q235-B(底板)	
27	研线 1116-118	垫　板　909×180×29	1	Q235-B(底板)	
28	研线 1116-119	垫　板　939×180×29	1	Q235-B(底板)	
29	研线 1116-118	垫　板　969×180×29	1	Q235-B(底板)	
30	研线 1116-119	垫　板　1004×180×29	1	Q235-B(底板)	
31	研线 1116-120	垫　板　689×180×29	1	Q235-B(底板)	
32	研线 1116-120	垫　板　709×180×29	1	Q235-B(底板)	
33	研线 1116-120	垫　板　729×180×29	1	Q235-B(底板)	

续上表

序号	图号 / 标准	名称及规格	数量	材　料	备　注
34	研线 1116－121	垫　板　759×180×29	1	Q235－B(底板)	
35	研线 1116－122	垫　板　744×190×29	1	Q235－B(底板)	
36	研线 1116－122	垫　板　769×190×29	1	Q235－B(底板)	
37	研线 1116－122	垫　板　794×180×29	1	Q235－B(底板)	
38	研线 1116－122	垫　板　819×180×29	1	Q235－B(底板)	
39	研线 1116－123	垫　板　849×180×29	1	Q235－B(底板)	
40	研线 1116－123	垫　板　879×180×29	1	Q235－B(底板)	
41	研线 1116－123	垫　板　909×180×29	1	Q235－B(底板)	
42	研线 1116－123	垫　板　939×180×29	1	Q235－B(底板)	
43	研线 1116－123	垫　板　969×180×29	1	Q235－B(底板)	
44	研线 1116－123	垫　板　1 004×180×29	1	Q235－B(底板)	
45	研线 1116－307	轨距块　75/9－11	72	ZG 270－500	安装在非工作边
46	研线 1116－307	轨距块　75/13－15	40	ZG 270－500	安装在非工作边
47	研线 1116－307A	接头轨距块　75/9－11	6	ZG 270－500	安装在非工作边
48	研线 1116－307A	接头轨距块　75/13－15	6	ZG 270－500	安装在工作边
49	专线 4232－10	轨距块　60/9－11	8	ZG 230－450	安装在非工作边
50	专线 4232－10	轨距块　60/11－13	8	ZG 230－450	安装在工作边
51	研线 0405－3	混凝土岔枕用螺栓(Ⅲ型)	12	45 号钢	
52	研线 1116－308	弹性夹　320	42	60Si2MnA 热轧弹簧钢	
53	专线 4232－4	T 型螺栓　M24×60	272		
53A	专线 4232－4	T 型螺栓　M24×65	16		
53B	专线 4232－4	T 型螺栓　M24×75	16		
54	NS－07	限位板　M24	304		
55	NS－06	六角盖型螺母　M24	288		
55A	NS－01(b)－c	螺　母　M24	16		
56	专线 3351	Ⅱ型弹条	304	60Si2CrVA	
57	GB/T 1230	高强度垫圈　30	12	45 号钢	
58	GB/T 7244	弹簧垫圈　30	12	65Mn	
59	研线 1116－306	铁垫板用绝缘轨距块　12	148	玻璃纤维	
60	研线 1116－303	平面胶垫　210－148	84	橡胶	
61	研线 1116－303	平面胶垫　170－148	8	橡胶	
62	SC 38－112	轨　撑　P 75	16	KTH 330－08	
63	专线 4232－92	调整楔	16	KTH 350－10	
64	研线 1116－313	接头垫板　419－RA	1	Q235－B(底板)	

续上表

序号	图号/标准	名称及规格	数量	材　料	备　注
65	研线 1116－314	接头垫板　419－LA	1	Q235－B(底板)	
66	研线 1116－303	平面胶垫　220－148	10	橡胶	
5J	研线 1116－304	橡胶垫板　419×176×10－88	1	橡胶	
6J	研线 1116－304	橡胶垫板　459×176×10－88	1	橡胶	
7J	研线 1116－304	橡胶垫板　664×176×10－88	32	橡胶	
8J	研线 1116－304	橡胶垫板　704×176×10－88	10	橡胶	
17J	研线 1116－304	橡胶垫板　689×176×10－88	2	橡胶	
18J	研线 1116－304	橡胶垫板　709×176×10－88	2	橡胶	
19J	研线 1116－304	橡胶垫板　729×176×10－88	2	橡胶	
20J	研线 1116－304	橡胶垫板　759×176×10－88	2	橡胶	
21J	研线 1116－304	橡胶垫板　744×186×10－98	2	橡胶	
22J	研线 1116－304	橡胶垫板　769×186×10－98	2	橡胶	
23J	研线 1116－304	橡胶垫板　794×176×10－88	2	橡胶	
24J	研线 1116－304	橡胶垫板　819×176×10－88	2	橡胶	
25J	研线 1116－305	橡胶垫板　849×176×10	2	橡胶	
26J	研线 1116－305	橡胶垫板　879×176×10(415)	2	橡胶	
27J	研线 1116－305	橡胶垫板　909×176×10	2	橡胶	
28J	研线 1116－305	橡胶垫板　939×176×10(455)	2	橡胶	
29J	研线 1116－305	橡胶垫板　969×176×10	2	橡胶	
30J	研线 1116－305	橡胶垫板　1004×176×10(495)	2	橡胶	
64J	研线 1116－304	橡胶垫板　419×186×10－98	2	橡胶	

辙叉明细表

序号	图号 / 标准	名称及规格	数量	单位	材　料	备　注
1	研线 1116PZ	75－12 高锰钢拼装辙叉	1	组		
2	研线 1116－202	槽型直向护轨　6 900	1	组	33 kg/m 槽型钢	
3	研线 1116－203	槽型侧向护轨　6 900	1	组	33 kg/m 槽型钢	
4	研线 1116－204	直向护轨垫板	12	块	16Mn(底板)	
5	研线 1116－205	侧向护轨垫板	12	块	16Mn(底板)	
6	研线 1116－206	垫　板　1 024 × 180 × 29	1	块	Q235A	
7	研线 1116－207	垫　板　934 × 180 × 29	1	块	Q235A	
8	研线 1116－206	垫　板　934 × 180 × 29	1	块	Q235A	
9	研线 1116－207	垫　板　844 × 180 × 29	1	块	Q235A	
10	研线 1116－208	垫　板　844 × 180 × 29	1	块	Q235A	
11	研线 1116－209	垫　板　754 × 180 × 29	1	块	Q235A	
12	研线 1116－210	垫　板　704 × 200 × 29	1	块	Q235A	
23	研线 1116－219	垫　板　704 × 200 × 29	1	块	Q235A	
24	研线 1116－220	垫　板　754 × 180 × 29	1	块	Q235A	
25	研线 1116－220	垫　板　804 × 180 × 29	1	块	Q235A	
26	研线 1116－221	垫　板　854 × 180 × 29	1	块	Q235A	
27	研线 1116－221	垫　板　904 × 180 × 29	1	块	Q235A	
28	研线 1116－221	垫　板　954 × 180 × 29	1	块	Q235A	
29	研线 1116－221	垫　板　1 004 × 180 × 29	1	块	Q235A	
30	客专线 (07)001－Ⅴ－47	螺　栓　M24 × 80	1	个		护轨用
31	GB/T 6184	螺　母　M24	1	个		护轨用
32	GB/T 7244	垫　圈　24	24	个	65Mn	护轨用
33	研线 1116－315	弹性夹　380	24	个	60Si2MnA 热轧弹簧钢	护轨用
34	客专线 (07)001－Ⅴ－43	护轨调整片　90 × 80 × 3 × 2	各 24	个	Q235	护轨用
35	研线 1116－309	支距扣板　75/137－147	1	个	ZG 270－500	
36	研线 1116－309	支距扣板　75/135－145	1	个	ZG 270－500	
37	专线 4232－4	T 型螺栓　M24 × 75	3	个		
38	专线 4232－4	T 型螺栓　M24 × 85	2	个		
39	专线 3351	Ⅱ型弹条	174	个	60Si2CrVA	
40	专线 4232－4	T 型螺栓　M24 × 60	169	个		

续上表

序号	图号 / 标准	名称及规格	数量	单位	材 料	备 注
41	NS－07	限位板 M24	174	个		
42	NS－06	六角盖型螺母 M24	174	个		
43	研线 1116－307	轨距块 75/9－11	45	个	ZG 270－500	
44	研线 1116－307	轨距块 75/13－15	24	个	ZG 270－500	
45	研线 1116－307A	接头轨距块 75/9－11	2	个	ZG 270－500	用于辙叉趾端
46	研线 1116－307A	接头轨距块 75/13－15	2	个	ZG 270－500	用于辙叉跟端
47	GB/T 1230	高强度垫圈 30	8	个		
48	GB/T 7244	弹簧垫圈 30	8	个		
49	研线 0405－3	混凝土岔枕用螺栓 (Ⅲ型)	8	个		
50	TB/T 2345	接头夹板 75	8	块		
51	TB/T 2347	接头螺栓及螺母 M24 × 160	24	付	10.9 级	
52	GB/T 1230	高强度平垫圈 24	24	个		
53	SC 38－112	轨 撑 P 75	3	个	KTH 330－08	
54	专线 4232－92	调整楔	3	个	KTH 350－10	
55	研线 1116－306	铁垫板用绝缘轨距块 12	96	个	玻璃纤维	
56	研线 1116－303	平面胶垫 210－148	48	块	橡胶	
57	研线 1116－303	平面胶垫 230－148	4	块	橡胶	
4J	研线 1116－304	橡胶垫板 714 × 176 × 10－88	24	块	橡胶	
6J	研线 1116－305	橡胶垫板 1 024 × 176 × 10	1	块	橡胶	
7J	研线 1116－305	橡胶垫板 934 × 176 × 10	2	块	橡胶	
9J	研线 1116－305	橡胶垫板 844 × 176 × 10	1	块	橡胶	
10J	研线 1116－304	橡胶垫板 844 × 176 × 10－88	1	块	橡胶	
11J	研线 1116－304	橡胶垫板 754 × 176 × 10－88	1	块	橡胶	
12J	研线 1116－304	橡胶垫板 704 × 196 × 10－108	1	块	橡胶	
13J	研线 1116－304	橡胶垫板 660 × 196 × 10－108	1	块	橡胶	
14J	研线 1116－304	橡胶垫板 600 × 176 × 10－88	1	块	橡胶	
15J	研线 1116－304	橡胶垫板 675 × 176 × 10－88	1	块	橡胶	
16J	研线 1116－304	橡胶垫板 759 × 176 × 10－88	1	块	橡胶	
17J	研线 1116－304	橡胶垫板 744 × 176 × 10－88	1	块	橡胶	
18J	研线 1116－304	橡胶垫板 772 × 176 × 10－88	1	块	橡胶	
19J	研线 1116－304	橡胶垫板 821 × 176 × 10－88	1	块	橡胶	
20J	研线 1116－304	橡胶垫板 876 × 176 × 10－88	2	块	橡胶	

续上表

序号	图号 / 标准	名称及规格	数量	单位	材　料	备　注
22J	研线 1116－304	橡胶垫板　652×196×10－108	1	块	橡胶	
23J	研线 1116－304	橡胶垫板　704×196×10－108	1	块	橡胶	
24J	研线 1116－304	橡胶垫板　754×176×10－88	1	块	橡胶	
25J	研线 1116－304	橡胶垫板　804×176×10－88	1	块	橡胶	
26J	研线 1116－305	橡胶垫板　854×176×10	1	块	橡胶	
27J	研线 1116－305	橡胶垫板　904×176×10	1	块	橡胶	
28J	研线 1116－305	橡胶垫板　954×176×10	1	块	橡胶	
29J	研线 1116－305	橡胶垫板　1 004×176×10	1	块	橡胶	

研线 1116 电务主要参数

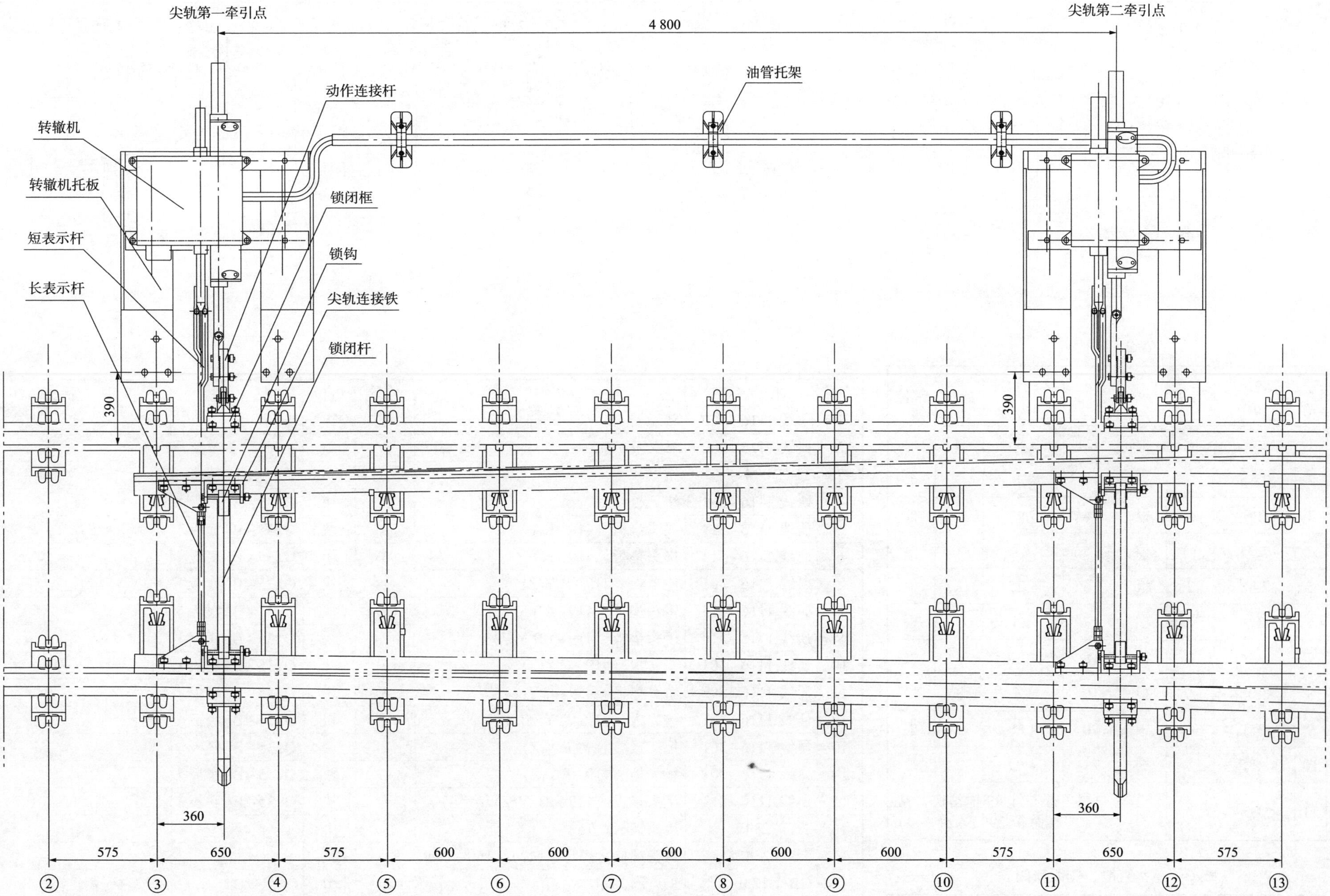

转换设备	安装图名称	安装图号	锁闭方式
外锁	75 kg/m 钢轨 12 号单开道岔外锁闭安装图	S1202	外锁闭
ZY(J)7+SH6	75 kg/m 钢轨 12 号单开道岔转换设备 (ZYJ7) 安装图	S1203	外锁闭
ZD(J)9	75 kg/m 钢轨 12 号单开道岔转换设备 (ZDJ9) 安装图	S1313	外锁闭

75 kg/m 钢轨 12 号单开道岔
图 号：研线 1116

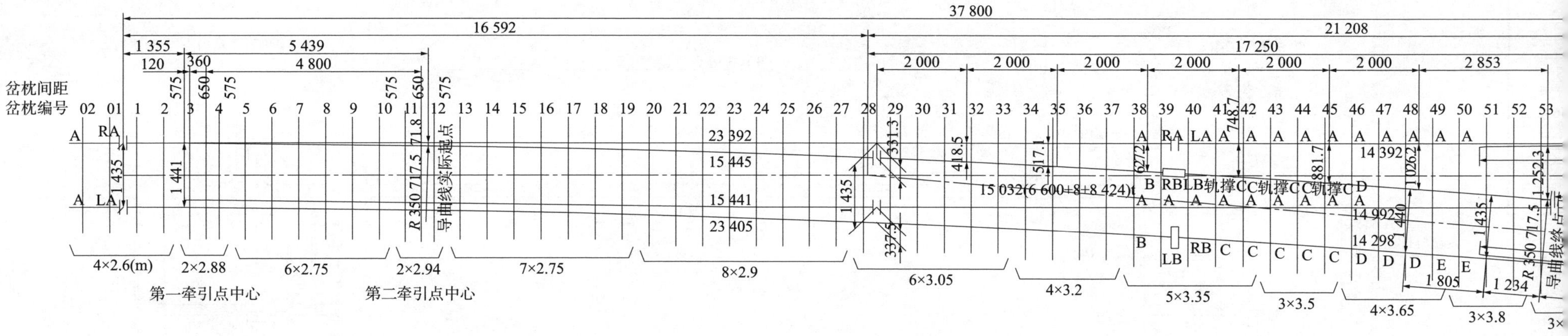

表 2 岔枕表

序号	岔枕长度(m)	数量	单位	序号	岔枕长度(m)	数量	单位
1	2.45	6	根	12	3.65	4	根
2	2.55	6	根	13	3.8	3	根
3	2.6	4	根	14	3.95	3	根
4	2.75	13	根	15	4.1	3	根
5	2.88	2	根	16	4.25	3	根
6	2.9	8	根	17	4.4	3	根
7	2.94	2	根	18	4.55	3	根
8	3.05	6	根	19	4.7	3	根
9	3.2	4	根	20	4.85	3	根
10	3.35	5	根	21	4.95	2	根
11	3.5	3	根	一组单开共计 89 根岔枕，岔枕总长 297.64m			

表 3 道岔直股、侧股轨距表

岔枕号	直股轨距(mm)	侧股轨距(mm)	岔枕号	直股轨距(mm)	侧股轨距(mm)
1	1 436		18～48	1 435	1 440
2	1 438.5		49	1 435	1 439.4
3～14	1 440	1 440	50	1 435	1 437.7
15	1 438.4	1 440	51－75	1 435	1 435
16	1 436.9	1 440	76～81	1 435	
17	1 435.4	1 440	82～87		1 435

表 1 明 细 表

序号	图号 / 标准	名称及规格	数量	单位	材 料	备 注
1	研线 1116－100	转辙器	1	组		
2	研线 1116－200	辙叉及护轨	1	组		
3	TB/T 2344	钢 轨	58.714	m	75 kg/m 钢轨	
4	研线 1116－301	垫 板 419－A	62	块	Q235－B(底板)	
5	研线 1116－313	接头垫板 419－RA	3	块	Q235－B(底板)	
6	研线 1116－314	接头垫板 419－LA	3	块	Q235－B(底板)	
7	研线 1116－301	垫 板 419－B Y(Z)	2	块	Q235－B(底板)	
8	研线 1116－313	接头垫板 419－RB Y(Z)	2	块	Q235－B(底板)	
9	研线 1116－314	接头垫板 419－LB Y(Z)	2	块	Q235－B(底板)	
10	研线 1116－301	垫 板 419－C Y(Z)	7	块	Q235－B(底板)	
11	研线 1116－302	轨撑垫板 459－C Y(Z)	3	块	Q235－B(底板)	
12	研线 1116－301	垫 板 419－D Y(Z)	4	块	Q235－B(底板)	
13	研线 1116－301	垫 板 419－E Y(Z)	2	块	Q235－B(底板)	
14	研线 1116－301	垫 板 419－F Y(Z)	17	块	Q235－B(底板)	
15	研线 1116－313	接头垫板 419－RF Y(Z)	1	块	Q235－B(底板)	
16	TB/T 2345	接头夹板 75	8	个		
17	TB/T 2347	接头螺栓、螺母 M24 × 160－10.9	24	副		
18	GB/T 1230	垫 圈 24	24	个		
19	专线 3351	Ⅱ型弹条	432	个	60Si2CrVA	
20	专线 4232－4	T 型螺栓 M24	432	个		安装轨撑处 T 型螺栓长 75 m 计 3 个；其余螺栓长 60 mm
21	NS－07	限位板 M24	432	个		
22	NS－06	六角盖型螺母 M24	432	个		
23	SC 38－112	轨 撑 P 75	3	个	KTH 330－08	
24	专线 4232－92	调整楔	3	个	KTH 350－10	
25	研线 1116－307	轨距块 75/9－11	93+20	块	ZG 270－500	“+”后为备用
26	研线 1116－307	轨距块 75/13－15 × 96+20	96+20	块	ZG 270－500	“+”后为备用

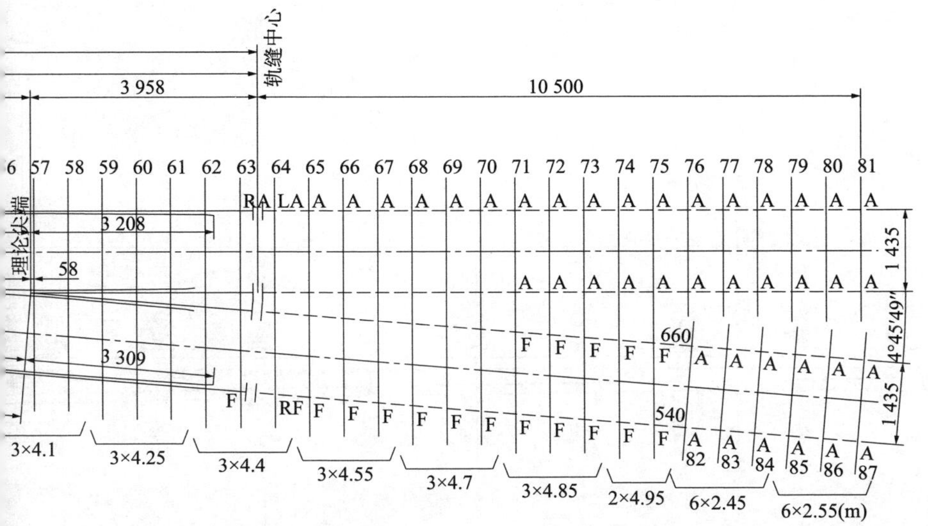

续表 1

号	图号 / 标准	名称及规格	数量	单位	材　料	备　注
	研线 1116-307A	接头轨距块　75/9-11	8+10	块	ZG 270-500	“+”后为备用
	研线 1116-307A	接头轨距块　75/13-15	8+10	块	ZG 270-500	“+”后为备用
	研线 1116-307C	接头绝缘轨距块　75/9-11	4+6	块	玻璃纤维	“+”后为备用
	研线 1116-307C	接头绝缘轨距块　75/13-15	4+6	块	玻璃纤维	“+”后为备用
	研线 1116-306	铁垫板用绝缘轨距块　12	216	个	玻璃纤维	
	研线 1116-306	铁垫板用绝缘轨距块　8/10/14/16	各 50	个	玻璃纤维	备用
	研线 1116-303	平面胶垫　210-148	97	块	橡胶	
	研线 1116-303	平面胶垫　220-148	6	块	橡胶	
	研线 1116-303	平面胶垫　230-148	5	块	橡胶	
	研线 1116-304	橡胶垫板　419×176×10-88	94	块	橡胶	
	研线 1116-304	橡胶垫板　459×176×10-88	3	块	橡胶	
	研线 1116-304	橡胶垫板　419×186×10-98	6	块	橡胶	
	研线 1116-304	橡胶垫板　419×196×10-108	5	块	橡胶	
		胶接绝缘接头	1	组		
		冻结绝缘接头	1	组		

缘设置在直股时，明细表中变化如下：

	研线 1116-301	垫　板　419-A	60	块	Q235-B（底板）	
	研线 1116-313	接头垫板　419-RA	4	块	Q235-B（底板）	
	研线 1116-314	接头垫板　419-LA	4	块	Q235-B（底板）	
	研线 1116-301	垫　板　419-B Y(Z)	4	块	Q235-B（底板）	
	研线 1116-313	接头垫板　419-RB Y(Z)	1	块	Q235-B（底板）	
	研线 1116-314	接头垫板　419-LB Y(Z)	1	块	Q235-B（底板）	
	研线 1116-303	平面胶垫　220-148	8	块	橡胶	
	研线 1116-303	平面胶垫　230-148	3	块	橡胶	
	研线 1116-304	橡胶垫板　419×186×10-98	8	块	橡胶	
	研线 1116-304	橡胶垫板　419×196×10-108	3	块	橡胶	

技 术 要 求

1. 图中普通接头、胶接绝缘接头、冻结绝缘接头分别以“—|├—”、“—▭—”、“—▯—”、表示，道岔轨缝均为 8 mm。
2. 1～81 号岔枕按垂直于道岔直股铺设，82～87 号岔枕垂直与岔后侧股。
3. 明细表中钢轨可采用 U78CrV、U75V 的在线热处理钢轨或贝氏体钢轨。
4. 本图按普通接头且胶接绝缘接头设置在侧股绘制，配轨由下表所列钢轨组成：

长度 (mm)	15 032 胶接 (6 600+8+8 424)	14 298	14 392	14 992
数量（根）	1	1	1	1

5. 道岔各部轨距见表 3。
6. 岔前编号 02、01 岔枕钉孔距和编号 81 岔枕相同，长度为 2 600 mm，用以和区间轨道过渡。
7. 图中用 A、B、C、D、E、F 表示普通垫板，用 RA、RB、LA、LB、RF 表示接头垫板，左开时 RA 与 LA 接头垫板互换使用。

图 1

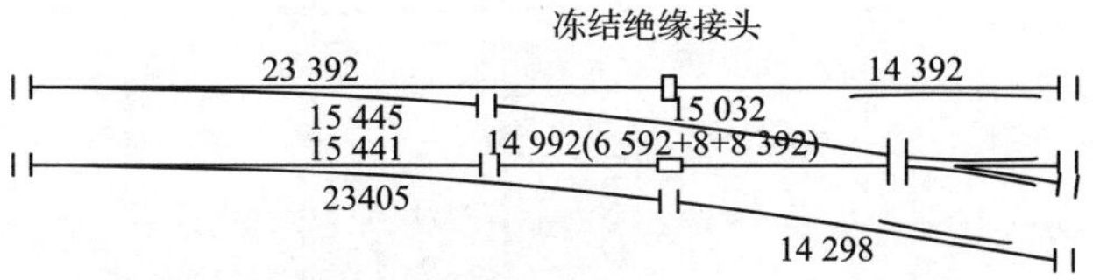

8. 绝缘设置在直股时的配轨情况。
9. 为增加尖轨厚度，道岔采用相离单圆曲线线型，导曲线半径 350 m，相离值 40.8 mm，在曲尖轨顶宽 71.8 mm 处做半切，对应冲击角为 0°41′52″；并在基本轨和尖轨密贴段将基本轨工作边一侧刨切 5 mm 以增加尖轨厚度。
10. 扣件采用弹性分开式弹条Ⅱ型扣件，扣件设计安装号数如下：Ⅱ型弹条扣件：钢轨工作边一侧安装 13 号轨距块，钢轨非工作边一侧安装 11 号轨距块。

    接头两侧安装接头轨距块。垫板两侧均安装 12 号绝缘轨距块，8 号、16 号绝缘轨距块做调整

    轨距用，10 号、14 号绝缘轨距块为备用轨距块。轨距块使用配置见下表：

单股钢轨调整量	轨距块和压块号码			
	外侧		内侧	
	绝缘轨距块	轨距块	轨距块	绝缘轨距块
-8	16	15	9	8
-6	16	13	11	8
-4	12	15	9	12
-2	12	13	11	12
0	12	11	13	12
+2	12	9	15	12
+4	8	11	13	16
+6	8	9	15	16

    绝缘轨距块号码：8 号、10 号、12 号、14 号和 16 号五种，10 号、14 号备用；轨距块号码：9-11 号、13-15 号两种。

11. 转辙器跟端采用大位移量限位器，字母块间隙 15 mm。

75 kg/m 钢轨 12 号单开道岔转辙器
图　号：研线 1116－100－1

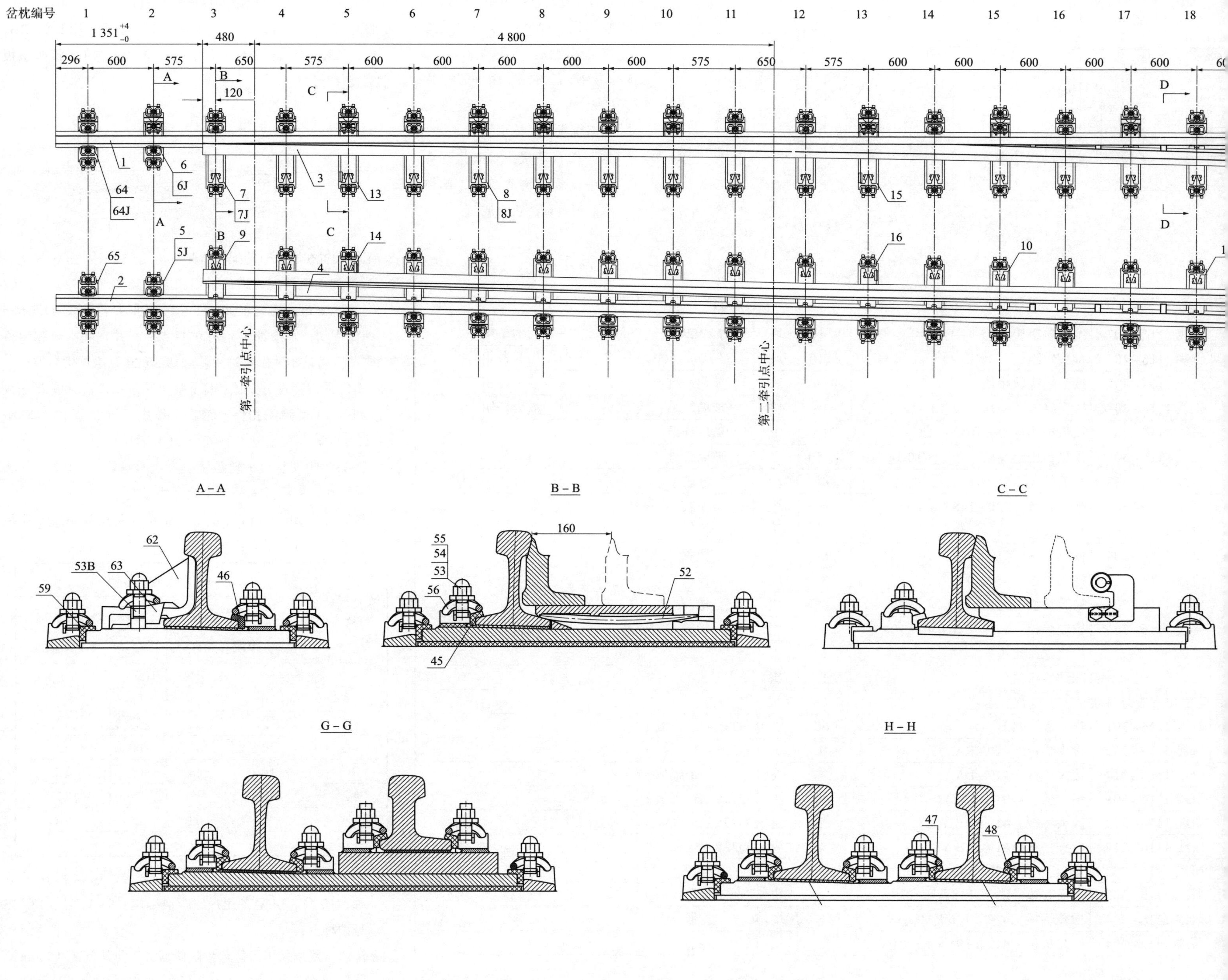

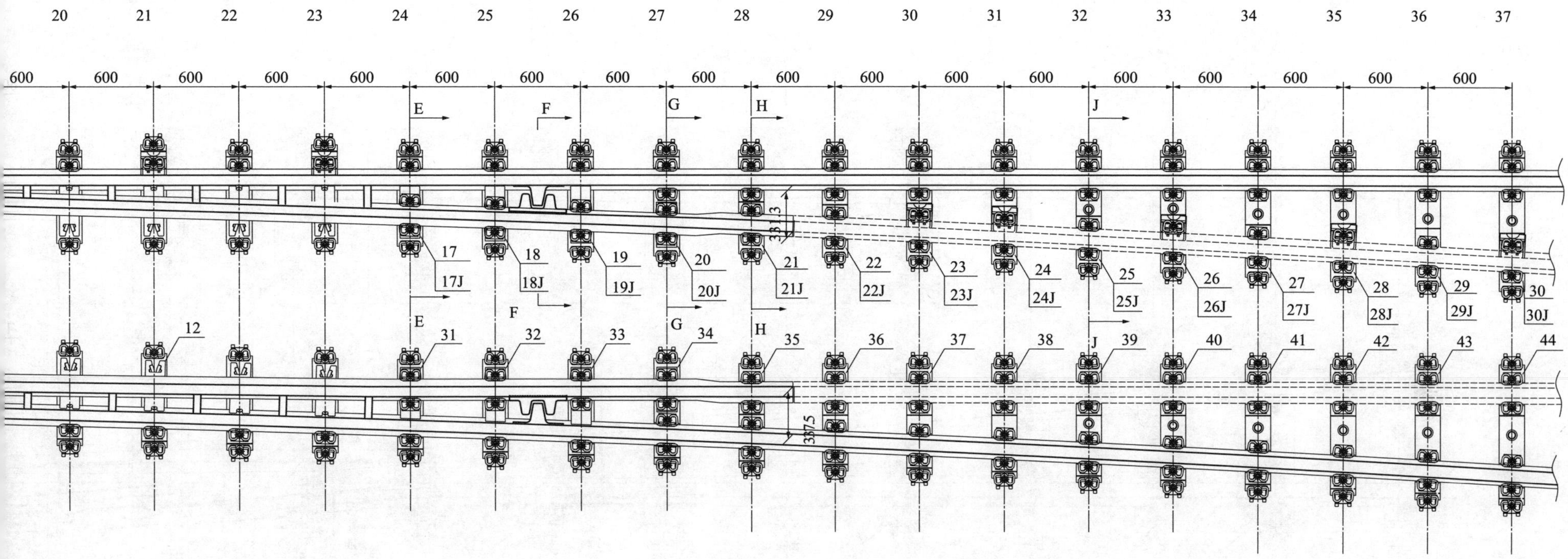

D－D

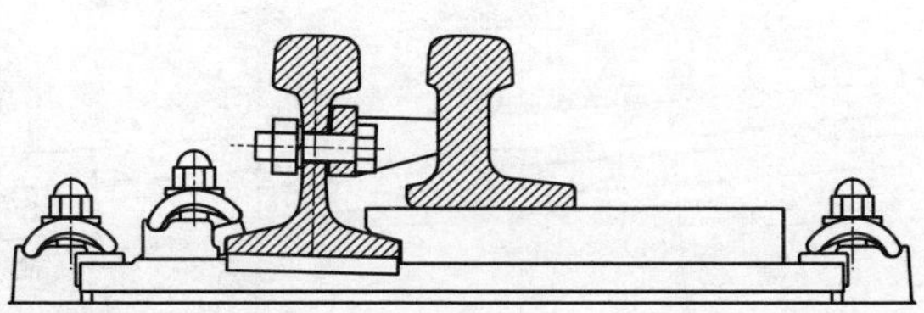

E－E

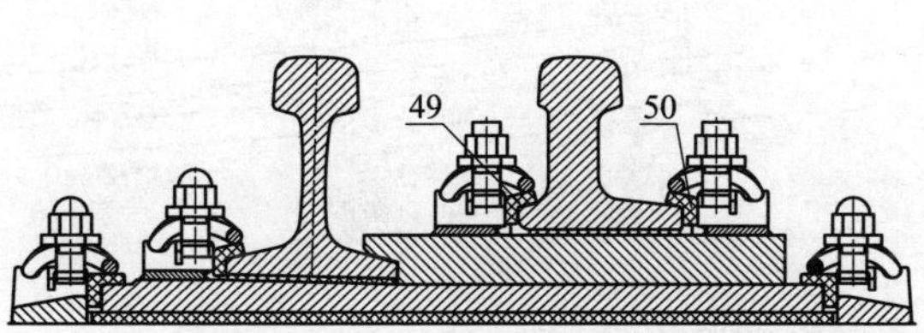

F－F

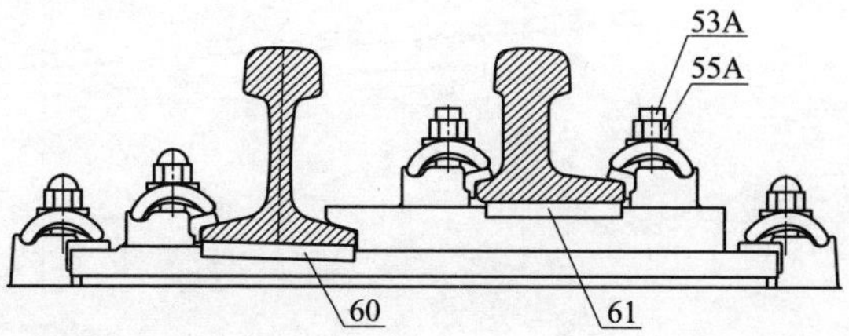

J－J

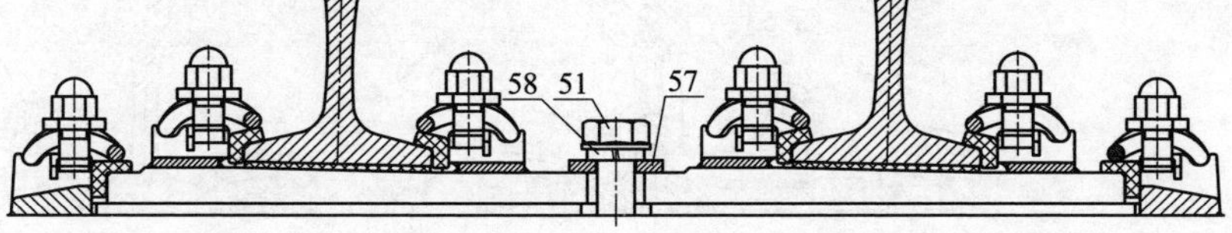

技 术 要 求

轨距块的使用：75 kg/m 钢轨工作边用轨距块 75/13－15 中的 13 号，非工作边用轨距块 75/9－11 的 11 号；

接头处工作边用接头轨距块 75/13－15 的 13 号，非工作边用接头轨距块 75/9－11 的 11 号；

60AT 轨工作边用轨距块 60/13－15 的 13 号，非工作边用轨距块 60/9－11 的 11 号。

75 kg/m 钢轨 12 号单开道岔辙叉及护轨

图　号：研线 1116 - 200 - 1

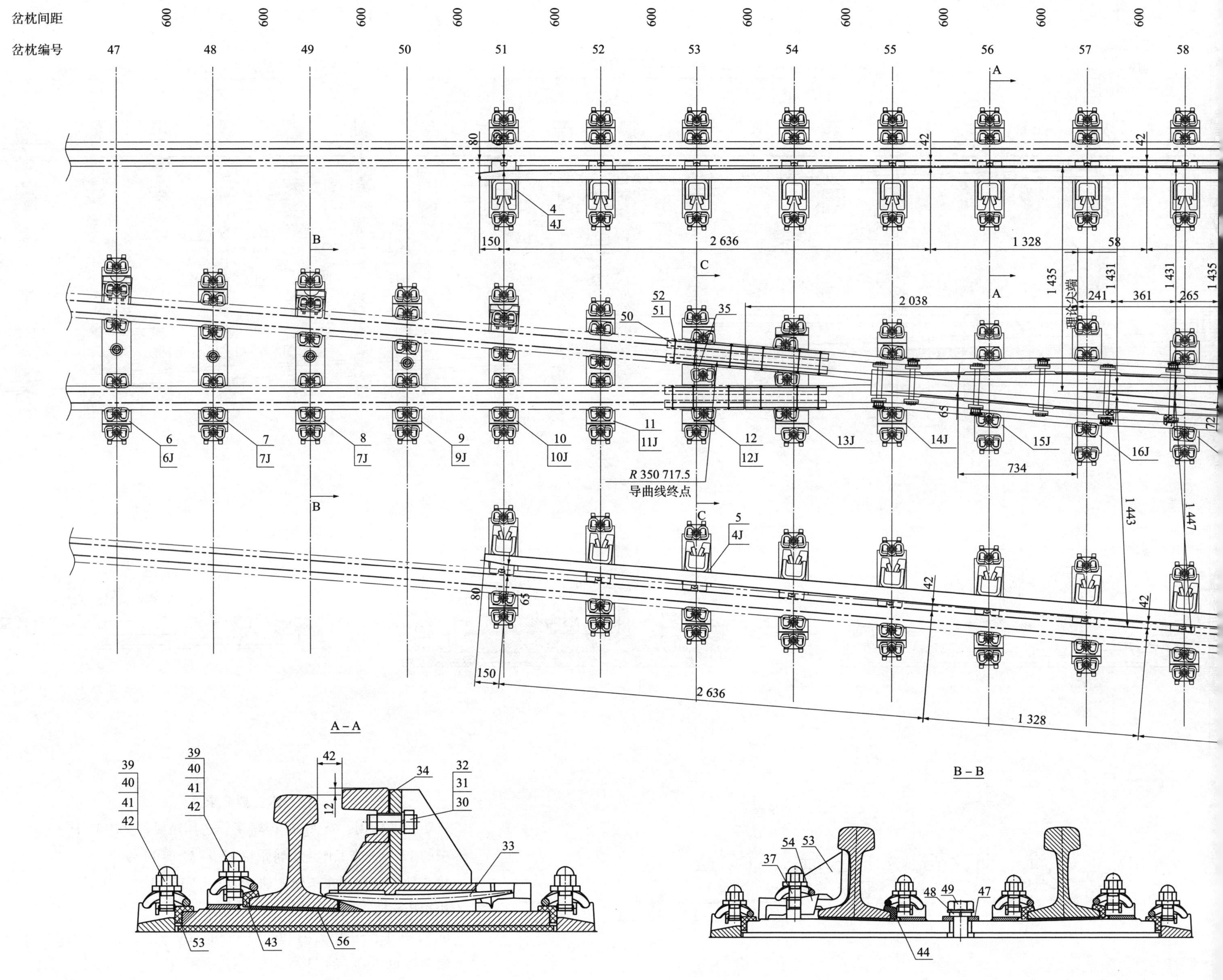

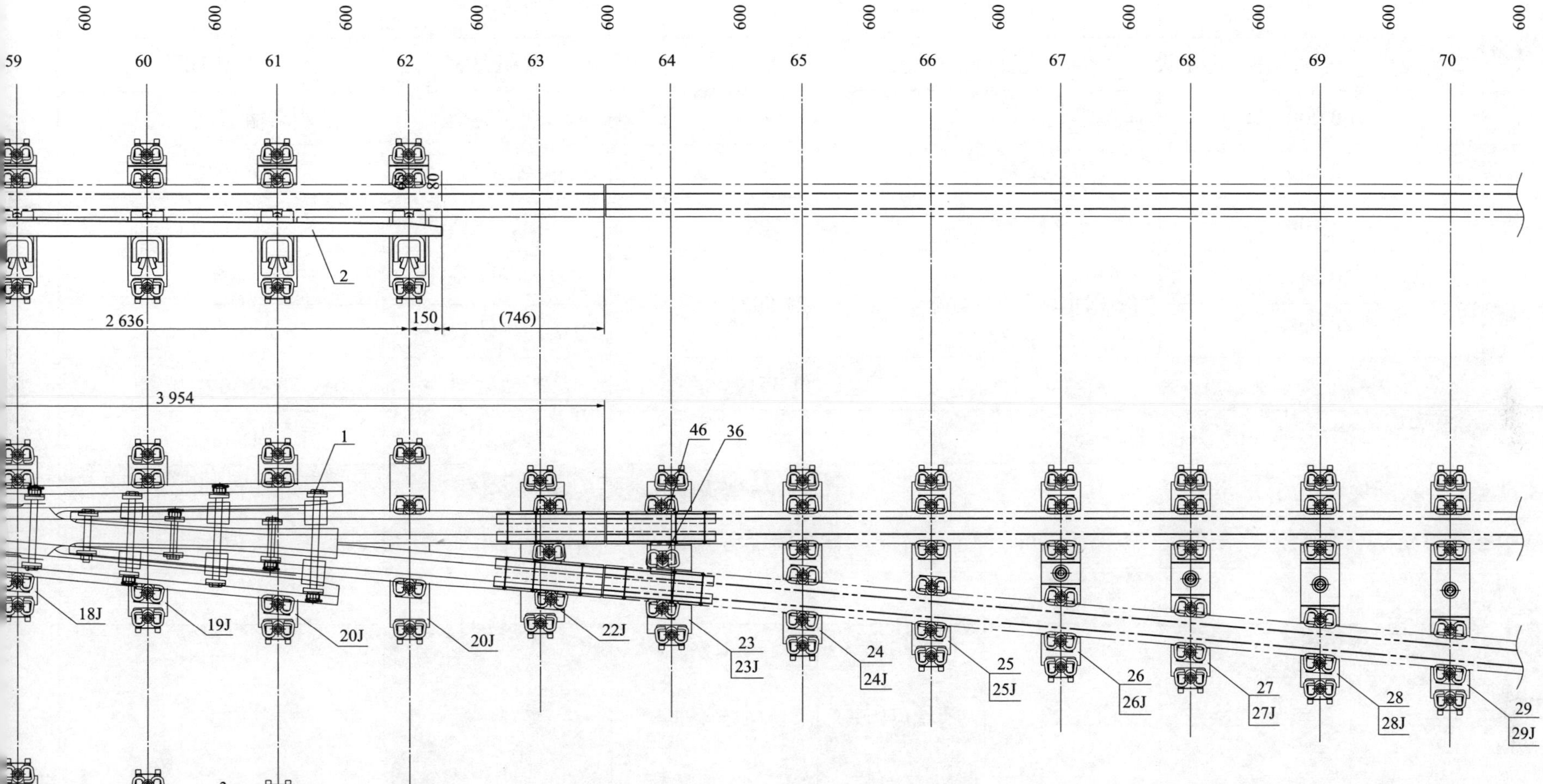

C–C

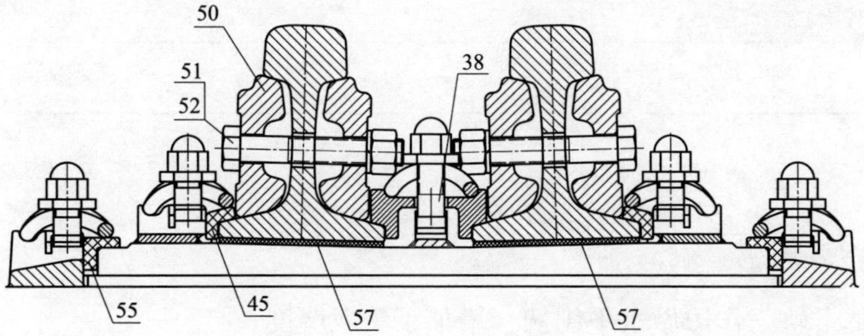

技 术 要 求

1. 辙叉使用高锰钢拼装辙叉。
2. 本辙叉采用心轨加厚尖设计，检查查照间隔时应予注意。
3. 查照间隔及护背距离应在心轨 20～30 mm(实际 28～38 mm) 断面测量。

18. 60 kg/m 钢轨 18 号固定型辙叉单开道岔(有砟)
设计图号：研线 1302

<table>
<tr><td rowspan="2">道岔允许通过速度</td><td>客车</td><td colspan="2">$v_{直}$≤160 km/h；$v_{侧}$≤80 km/h</td><td>扣件类型</td><td>Ⅱ型弹条</td></tr>
<tr><td>货车</td><td colspan="2">轴重 27 t：$v_{直}$≤100 km/h；$v_{侧}$≤80 km/h
其　他：$v_{直}$≤120 km/h；$v_{侧}$≤80 km/h</td><td>轨底坡</td><td>1 : 40</td></tr>
<tr><td>转辙器跟端形式</td><td colspan="3">■限位器　□间隔铁　□不设传力机构　□间隔铁活接头</td><td>锁闭方式</td><td>外锁闭</td></tr>
<tr><td>道岔全长</td><td>60 000</td><td>辙叉全长</td><td>8 992</td><td>辙叉类型</td><td>高锰钢组合式</td></tr>
<tr><td>道岔前长</td><td>28 600</td><td>辙叉趾长</td><td>3 393</td><td>辙叉角</td><td>3°10′47″</td></tr>
<tr><td>道岔后长</td><td>31 400</td><td>辙叉跟长</td><td>5 599</td><td>翼轨轨型</td><td>60 kg/m</td></tr>
<tr><td>尖轨长度</td><td>20 241</td><td rowspan="2">基本轨长度</td><td rowspan="2">21 592</td><td>直向护轨长度</td><td>8 200</td></tr>
<tr><td>尖轨轨型</td><td>60AT1</td><td>侧向护轨长度</td><td>8 200</td></tr>
<tr><td colspan="3">尖轨尖端前基本轨长度</td><td>1 351</td><td>护轨轨型</td><td>33 kg/m 槽型钢</td></tr>
<tr><td colspan="3">辙叉理论尖端距趾端方向前一根岔枕中心距离</td><td>97</td><td>导曲线半径</td><td>1 000 m</td></tr>
<tr><td colspan="2">尖轨尖端至心轨实际尖端距离</td><td>—</td><td colspan="2">直向护轨端头距导轨端头定位尺寸</td><td>1 896</td></tr>
<tr><td colspan="2">道岔终端至末根岔枕中心距离</td><td>15 900</td><td colspan="2">侧向护轨端头距导轨端头定位尺寸</td><td>1 901</td></tr>
</table>

<table>
<tr><td>最大构造加宽</td><td>—</td><td>测量位置</td><td colspan="4">—</td></tr>
<tr><td>岔枕图号
研线 1303 - 300</td><td rowspan="2">岔枕总数</td><td rowspan="2">136 根</td><td rowspan="2">岔枕展延长</td><td rowspan="2">455.4 m</td><td rowspan="2">套管总数</td><td rowspan="2">33</td></tr>
<tr><td>道岔板
—</td></tr>
<tr><td>转换设备图号
—</td><td>尖轨动程</td><td colspan="3">160、115、69</td><td>心轨动程</td><td>—</td></tr>
<tr><td>批准文号</td><td colspan="4">—</td><td>应用情况</td><td>★★★</td></tr>
<tr><td>主要结构特点</td><td colspan="6">1. 基本轨工作边做水平刨切，增加了尖轨厚度。
2. 转辙器跟端采用大位移量限位器。
3. 基本轨外侧设轨撑。
4. 转辙器及护轨基本轨内侧采用弹性夹扣压。</td></tr>
</table>

转辙器明细表

序号	图号 / 标准	名称及规格	数量	材　料	备　注
1	研线 1302－101	直基本轨　21 592	1	60 kg/m 钢轨	
2	研线 1302－102	曲基本轨　21 592	1	60 kg/m 钢轨	
3	研线 1302－103	曲线尖轨　20 241	1	60AT 钢轨	
4	研线 1302－104	直线尖轨　20 241	1	60AT 钢轨	
5	研线 1115－107	垫　板　419－A	3	Q235－B(底板)	
6	研线 1115－108	轨撑垫板　459－A	1	Q235－B(底板)	
7	研线 1115－109	滑床板　664－A	25	Q235－B(底板)	
8	研线 1115－110	轨撑滑床板　704 × 180 × 29	10	Q235－B(底板)	
9	研线 1115－111	A 型防跳限位装置　L=104	1	Q235－B(底板)	
10	研线 1115－111	A 型防跳限位装置　L=141	1	Q235－B(底板)	
11	研线 1115－111	A 型防跳限位装置　L=163	1	Q235－B(底板)	
12	研线 1115－109	滑床板　664－CY	10	Q235－B(底板)	
13	研线 1115－109	滑床板　664－DY	7	Q235－B(底板)	
14	研线 1115－112	B 型防跳限位装置　L=104	1	Q235－B(底板)	
15	研线 1115－112	B 型防跳限位装置　L=141	1	Q235－B(底板)	
16	研线 1115－112	B 型防跳限位装置　L=163	1	Q235－B(底板)	
17	研线 1302－109	垫　板　714 × 180 × 29	1	Q235－B(底板)	
18	研线 1302－109	垫　板　714 × 180 × 29	1	Q235－B(底板)	
19	研线 1302－110	垫　板　664 × 180 × 29	1	Q235－B(底板)	
20	研线 1302－110	垫　板　664 × 180 × 29	1	Q235－B(底板)	
21	研线 1302－111	垫　板　644 × 180 × 29	1	Q235－B(底板)	
22	研线 1302－112	垫　板　654 × 180 × 29	1	Q235－B(底板)	
23	研线 1302－113	垫　板　664 × 180 × 29	1	Q235－B(底板)	
24	研线 1302－113	垫　板　679 × 180 × 29	1	Q235－B(底板)	
25	研线 1302－113	垫　板　694 × 180 × 29	1	Q235－B(底板)	
26	研线 1302－113	垫　板　704 × 180 × 29	1	Q235－B(底板)	
27	研线 1302－114	垫　板　719 × 180 × 29	1	Q235－B(底板)	
28	研线 1302－114	垫　板　734 × 180 × 29	1	Q235－B(底板)	
29	研线 1302－114	垫　板　749 × 180 × 29	1	Q235－B(底板)	
30	研线 1302－114	垫　板　764 × 180 × 29	1	Q235－B(底板)	
31	研线 1302－115	垫　板　779 × 180 × 29	1	Q235－B(底板)	
32	研线 1302－114	垫　板　799 × 180 × 29	1	Q235－B(底板)	
33	研线 1302－115	垫　板　814 × 180 × 29	1	Q235－B(底板)	

续上表

序号	图号 / 标准	名称及规格	数量	材　料	备　注
34	研线 1302－116	垫　板　829×180×29	1	Q235－B(底板)	
35	研线 1302－117	垫　板　849×180×29	1	Q235－B(底板)	
36	研线 1302－116	垫　板　864×180×29	1	Q235－B(底板)	
37	研线 1302－117	垫　板　884×180×29	1	Q235－B(底板)	
38	研线 1302－116	垫　板　899×180×29	1	Q235－B(底板)	
39	研线 1302－117	垫　板　919×180×29	1	Q235－B(底板)	
40	研线 1302－116	垫　板　939×180×29	1	Q235－B(底板)	
41	研线 1302－117	垫　板　954×180×29	1	Q235－B(底板)	
42	研线 1302－116	垫　板　974×180×29	1	Q235－B(底板)	
43	研线 1302－117	垫　板　994×180×29	1	Q235－B(底板)	
44	研线 1302－118	垫　板　714×180×29	1	Q235－B(底板)	
45	研线 1302－118	垫　板　714×180×29	1	Q235－B(底板)	
46	研线 1302－119	垫　板　664×180×29	1	Q235－B(底板)	
47	研线 1302－119	垫　板　664×180×29	1	Q235－B(底板)	
48	研线 1302－120	垫　板　644×180×29	1	Q235－B(底板)	
49	研线 1302－121	垫　板　654×180×29	1	Q235－B(底板)	
50	研线 1302－122	垫　板　664×180×29	1	Q235－B(底板)	
51	研线 1302－122	垫　板　679×180×29	1	Q235－B(底板)	
52	研线 1302－122	垫　板　694×180×29	1	Q235－B(底板)	
53	研线 1302－122	垫　板　704×180×29	1	Q235－B(底板)	
54	研线 1302－123	垫　板　719×180×29	1	Q235－B(底板)	
55	研线 1302－123	垫　板　734×180×29	1	Q235－B(底板)	
56	研线 1302－123	垫　板　749×180×29	1	Q235－B(底板)	
57	研线 1302－123	垫　板　764×180×29	1	Q235－B(底板)	
58	研线 1302－123	垫　板　779×180×29	1	Q235－B(底板)	
59	研线 1302－123	垫　板　799×180×29	1	Q235－B(底板)	
60	研线 1302－123	垫　板　814×180×29	1	Q235－B(底板)	
61	研线 1302－124	垫　板　829×180×29	1	Q235－B(底板)	
62	研线 1302－124	垫　板　849×180×29	1	Q235－B(底板)	
63	研线 1302－124	垫　板　864×180×29	1	Q235－B(底板)	
64	研线 1302－124	垫　板　884×180×29	1	Q235－B(底板)	
65	研线 1302－124	垫　板　899×180×29	1	Q235－B(底板)	
66	研线 1302－124	垫　板　919×180×29	1	Q235－B(底板)	
67	研线 1302－124	垫　板　939×180×29	1	Q235－B(底板)	
68	研线 1302－124	垫　板　954×180×29	1	Q235－B(底板)	

续上表

序号	图号 / 标准	名称及规格	数量	材　料	备　注
69	研线 1302－124	垫　板　974×180×29	1	Q235－B(底板)	
70	研线 1302－124	垫　板　994×180×29	1	Q235－B(底板)	
71	专线 4232－10	轨距块　60/9－11	132	ZG 270－500	安装在非工作边
72	专线 4232－10	轨距块　60/13－15	86	ZG 270－500	安装在工作边
73	专线 4232－10A	接头轨距块　60/9－11	6	ZG 270－500	安装在非工作边
74	专线 4232－10A	接头轨距块　60/13－15	6	ZG 270－500	安装在工作边
75	研线 0405－3	混凝土岔枕用螺栓(Ⅲ型)	20	45 号钢	
76	研线 1116－308	弹性夹　320	58	60Si2MnA 热轧弹簧钢	
77	专线 4232－4	T 型螺栓　M24	495	Q235	轨撑及尖轨跟端用 T 型螺栓长 65 mm，共 37 个，扣板用 T 型螺栓长 85 mm，共 12 个；其余螺栓长度为 60 mm
78	NS－07	限位螺母　M24	495	Q345B	
79	NS－06	六角盖型螺母　M24	479		
80	专线 3351	Ⅱ型弹条	495	60Si2CrVA	
81	GB/T 1230	高强度垫圈　30	20	45 号钢	配 20 个 SCT300－518 平垫圈备用
82	GB/T 7224	弹簧垫圈　30	20	65Mn	
83	研线 1116－306	铁垫板用绝缘轨距块　12	232	玻璃纤维	
84	研线 1116－303	平面胶垫　210－148	162	橡胶	
85	研线 1116－303	平面胶垫　170－148	8	橡胶	
86	研线 1115－125	轨　撑　P 60	21	KTH 330－08	
87	SC 350－141	调整楔	21	KTH 350－10	
88	研线 1115－220	支距扣板　60/94－96	2	ZG 270－500	
89	研线 1115－220	支距扣板　60/106－108	2	ZG 270－500	
90	研线 1115－220	支距扣板　60/119－121	2	ZG 270－500	
91	研线 1115－220	支距扣板　60/131－134	2	ZG 270－500	
92	研线 1115－220	支距扣板　60/145－147	2	ZG 270－500	
93	研线 1115－220	支距扣板　60/158－161	2	ZG 270－500	
94	NS－01(b)－c	螺　母　M24	16		
5J	研线 1116－304	橡胶垫板　419×176×10	5	橡胶	
6J	研线 1116－304	橡胶垫板　459×176×10	1	橡胶	
7J	研线 1116－304	橡胶垫板　664×176×10	45	橡胶	
8J	研线 1116－304	橡胶垫板　704×176×10	13	橡胶	
17J	研线 1116－304	橡胶垫板　714×176×10	2	橡胶	
18J	研线 1116－304	橡胶垫板　714×176×10	2	橡胶	
19J	研线 1116－304	橡胶垫板　664×176×10	2	橡胶	

续上表

序号	图号 / 标准	名称及规格	数量	材　料	备　注
20J	研线 1116-304	橡胶垫板　664×176×10	2	橡胶	
21J	研线 1116-304	橡胶垫板　644×176×10	2	橡胶	
22J	研线 1116-304	橡胶垫板　654×176×10	2	橡胶	
23J	研线 1116-304	橡胶垫板　664×176×10	2	橡胶	
24J	研线 1116-304	橡胶垫板　679×176×10	2	橡胶	
25J	研线 1116-304	橡胶垫板　694×176×10	2	橡胶	
26J	研线 1116-304	橡胶垫板　704×176×10	2	橡胶	
27J	研线 1116-304	橡胶垫板　719×176×10	2	橡胶	
28J	研线 1116-304	橡胶垫板　734×176×10	2	橡胶	
29J	研线 1116-304	橡胶垫板　749×176×10	2	橡胶	
30J	研线 1116-304	橡胶垫板　764×176×10	2	橡胶	
31J	研线 1116-304	橡胶垫板　779×176×10	2	橡胶	
32J	研线 1116-304	橡胶垫板　799×176×10	2	橡胶	
33J	研线 1116-304	橡胶垫板　814×176×10	2	橡胶	
34J	研线 1116-305	橡胶垫板　829×176×10(410)	2	橡胶	
35J	研线 1116-305	橡胶垫板　849×176×10(410)	2	橡胶	
36J	研线 1116-305	橡胶垫板　864×176×10(440)	2	橡胶	
37J	研线 1116-305	橡胶垫板　884×176×10(440)	2	橡胶	
38J	研线 1116-305	橡胶垫板　899×176×10(440)	2	橡胶	
39J	研线 1116-305	橡胶垫板　919×176×10(440)	2	橡胶	
40J	研线 1116-305	橡胶垫板　939×176×10(490)	2	橡胶	
41J	研线 1116-305	橡胶垫板　954×176×10(490)	2	橡胶	
42J	研线 1116-305	橡胶垫板　974×176×10(490)	2	橡胶	
43J	研线 1116-305	橡胶垫板　994×176×10(490)	2	橡胶	

辙叉明细表

序号	图号 / 标准	名称及规格	数量	材　　料	备　　注
1	研线 (17)1302PZ	高锰钢拼装辙叉	1		
2	研线 1302－202	直向护轨	1	33 kg/m 槽型轨	
3	研线 1302－202	侧向护轨	1	33 kg/m 槽型轨	
4	研线 1115－202	直向护轨垫板	14	Q235	
5	研线 1115－203	侧向护轨垫板	14	Q235	
6	研线 1302－203	辙叉垫板　1 001 × 180 × 29	1	Q235	
7	研线 1302－204	辙叉垫板　1 001 × 180 × 29	1	Q235	
8	研线 1302－203	辙叉垫板　961 × 180 × 29	1	Q235	
9	研线 1302－204	辙叉垫板　961 × 180 × 29	1	Q235	
10	研线 1302－203	辙叉垫板　901 × 180 × 29	1	Q235	
11	研线 1302－204	辙叉垫板　901 × 180 × 29	1	Q235	
12	研线 1302－203	辙叉垫板　841 × 180 × 29	1	Q235	
13	研线 1302－205	辙叉垫板　841 × 180 × 29	1	Q235	
14	研线 1302－206	辙叉垫板　781 × 180 × 29	1	Q235	
15	研线 1302－205	辙叉垫板　781 × 180 × 29	1	Q235	
16	研线 1302－207	辙叉垫板　741 × 180 × 29	1	Q235	
17	研线 1302－207	辙叉垫板　695 × 180 × 29	1	Q235	
33	研线 1302－212	辙叉垫板　695 × 180 × 29	1	Q235	
34	研线 1302－212	辙叉垫板　741 × 180 × 29	1	Q235	
35	研线 1302－213	辙叉垫板　741 × 180 × 29	1	Q235	
36	研线 1302－213	辙叉垫板　781 × 180 × 29	1	Q235	
37	研线 1302－213	辙叉垫板　811 × 180 × 29	1	Q235	
38	研线 1302－214	辙叉垫板　841 × 180 × 29	1	Q235	
39	研线 1302－214	辙叉垫板　871 × 180 × 29	1	Q235	
40	研线 1302－214	辙叉垫板　901 × 180 × 29	1	Q235	
41	研线 1302－214	辙叉垫板　941 × 180 × 29	1	Q235	
42	研线 1302－214	辙叉垫板　971 × 180 × 29	1	Q235	
43	研线 1302－214	辙叉垫板　1001 × 180 × 29	1	Q235	
44	SC 350－141	调整楔	5	KTH 350－10	
45	研线 1115－220	支距扣板　60/170－164	1	ZG 270－500	
46	研线 1115－220	支距扣板　60/140－134	1	ZG 270－500	
49	研线 1115－220	支距扣板　60/112－119	1	ZG 270－500	
50	研线 1115－220	支距扣板　60/145－152	1	ZG 270－500	

续上表

序号	图号 / 标准	名称及规格	数量	材　料	备　注
51	TB/T 2342.3	接头夹板	8	B7 或 56Nb	
52	研线 1116－315	弹性夹 380	28	60Si2MnA 热轧弹簧钢	
53	专线 3351	Ⅱ型弹条	248	60Si2CrVA	
54	NS－07	限位螺母　M24	248	Q275	
55	NS－06	六角盖型螺母　M24	248	Q275	
56	专线 4232－4	T 型螺栓　M24 × 60	239	Q235	
57	专线 4232－4	T 型螺栓　M24 × 65	5	Q235	安装轨撑处
58	专线 4232－4	T 型螺栓　M24 × 85	4	Q235	安装支距扣板
59	专线 4232－10	轨距块　60/9－11	72	ZG 270－500	
60	专线 4232－10	轨距块　60/13－15	40	ZG 270－500	
61	专线 4232－10A	接头轨距块　9－11	2	ZG 270－500	接头夹板位置非工作边
62	专线 4232－10A	接头轨距块　13－15	2	ZG 270－500	接头夹板位置工作边
63	研线 1116－306	铁垫板用绝缘轨距块	132	玻璃纤维	
64	GB/T 1230	高强度垫圈　30	13	45 号钢	配 13 个 SCT300－518 平垫圈备用
65	GB/T 7244	弹簧垫圈　30	13	65Mn	
66	研线 0405－3	混凝土岔枕用螺栓 (Ⅲ型)	13	45 号钢	
67	客专线 (07)001－Ⅴ－43	护轨调整片　140 × 60 × 23	各 28	Q235	
68	TB/T 2347	接头螺栓及螺母　M24 × 145－10.9	24	20MnSi	
70	GB/T 1230	高强度平垫圈　24	24	45 号钢	
71	客专线 (07)001－Ⅴ－47	螺　栓　M24 × 85	28		
72	GB/T 6184	螺　母　M24	28	Q275	
73	GB/T 7244	垫　圈　24	28	Q275	
74	研线 1115－125	轨　撑	5	KTH 330－08	
75	研线 1116－303	平面胶垫　210－148	74	橡胶	146
4J	研线 1116－304	橡胶垫板　714 × 176 × 10	28	橡胶	直、侧向护轨下
6J	研线 1116－305	橡胶垫板　1001 × 176 × 10(500.5)	2	橡胶	
8J	研线 1116－305	橡胶垫板　961 × 176 × 10(480.5)	2	橡胶	
10J	研线 1116－305	橡胶垫板　901 × 176 × 10(450.5)	2	橡胶	
12J	研线 1116－305	橡胶垫板　841 × 176 × 10(420.5)	1	橡胶	
13J	研线 1116－304	橡胶垫板　841 × 176 × 10	1	橡胶	
14J	研线 1116－304	橡胶垫板　781 × 176 × 10	2	橡胶	
16J	研线 1116－304	橡胶垫板　741 × 176 × 10	1	橡胶	
17J	研线 1116－304	橡胶垫板　695 × 176 × 10	1	橡胶	

续上表

序号	图号 / 标准	名称及规格	数量	材　　料	备　　注
18J	研线 1116－304	橡胶垫板　660×176×10	1	橡胶	
19J	研线 1116－304	橡胶垫板　625×176×10	2	橡胶	
21J	研线 1116－304	橡胶垫板　660×176×10	1	橡胶	
22J	研线 1116－304	橡胶垫板　695×176×10	1	橡胶	
23J	研线 1116－304	橡胶垫板　741×176×10	5	橡胶	
28J	研线 1116－304	橡胶垫板　781×176×10	1	橡胶	
29J	研线 1116－304	橡胶垫板　811×176×10	1	橡胶	
30J	研线 1116－304	橡胶垫板　625×176×10	2	橡胶	
32J	研线 1116－304	橡胶垫板　660×176×10	1	橡胶	
33J	研线 1116－304	橡胶垫板　695×176×10	1	橡胶	
34J	研线 1116－304	橡胶垫板　741×176×10	2	橡胶	
36J	研线 1116－304	橡胶垫板　781×176×10	1	橡胶	
37J	研线 1116－304	橡胶垫板　811×176×10	1	橡胶	
38J	研线 1116－305	橡胶垫板　841×176×10(420.5)	1	橡胶	
39J	研线 1116－305	橡胶垫板　871×176×10(435.5)	1	橡胶	
40J	研线 1116－305	橡胶垫板　901×176×10(450.5)	1	橡胶	
41J	研线 1116－305	橡胶垫板　941×176×10(470.5)	1	橡胶	
42J	研线 1116－305	橡胶垫板　971×176×10(485.5)	1	橡胶	
43J	研线 1116－305	橡胶垫板　1001×176×10(500.5)	1	橡胶	

60 kg/m 钢轨 18 号单开道岔
图　号：研线 1302

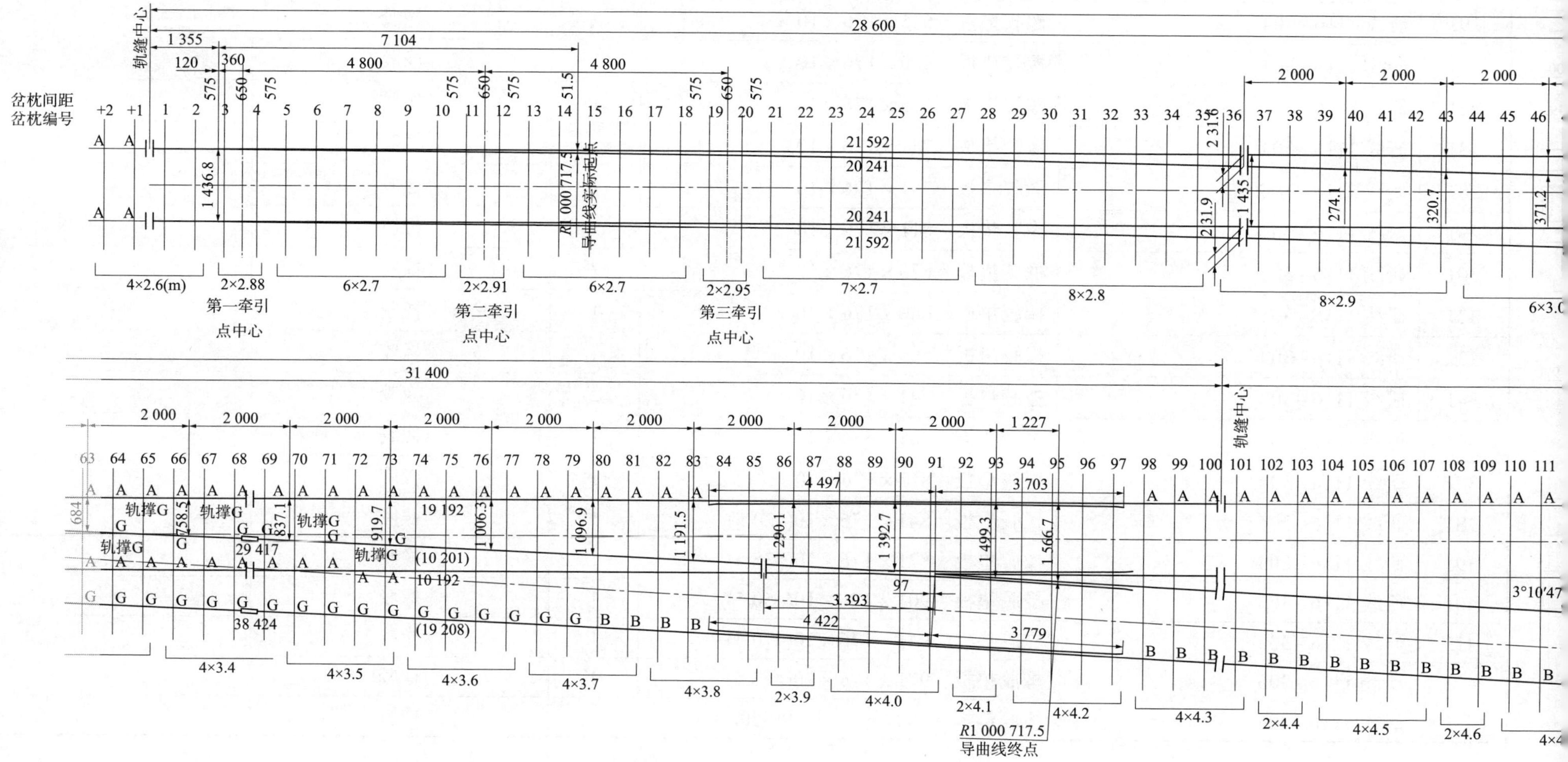

技　术　要　求

1. 图中普通接头、胶接绝缘接头分别以“─┤├─”、“─▭─”表示，轨缝均以 8 mm 计。
2. 02、01、1～127 号岔枕按垂直于道岔直股铺设，128～134 号岔枕垂直与岔后侧股，岔枕间距除注明外均为 600 mm。
3. 明细表中钢轨采用钢牌号为 U75V、U78CrV 的在线热处理钢轨或贝氏体钢轨。
4. 本道岔按普通接头且胶接绝缘设在侧股设计，胶接绝缘也可按用户要求设置在直股，配轨长度及数量见下表。胶接绝缘采用现场胶接，道岔厂提供胶接材料。如用于有缝线路也可采用普通绝缘；如用于跨区间无缝线路，具体配轨长度和钻孔要求根据用户需要决定。

长度 (mm)	19 192	19 208	10 201	10 192
数量 (根)	3	3	1	1
备注：导轨共 8 根，展延长 135.593 m				

5. 岔前编号 02、01 岔枕钉孔距和编号 1 岔枕相同、长度为 2 600 mm，用以和区间轨道过渡。
6. 图中用 A、B、G 表示普通垫板，轨撑表示轨撑垫板。
7. 本道岔适用于到发线或线间距 5 m 及以上渡线。
8. 为增加尖轨厚度，道岔采用相离单圆曲线线型，导曲线半径 1 000 m，相离值 26 mm，在曲尖轨顶宽 51.5 mm 处做半切，对应冲击角为 0°24′33″；并在基本轨和尖轨密贴段将基本轨工作边一侧刨切 5 mm 以增加尖轨厚度。
9. 转辙器跟端采用大位移量限位器，字母块间隙 15 mm。
10. 扣件采用弹性分开式弹条Ⅱ型扣件，扣件设计安装号数如下：

Ⅱ型弹条扣件：钢轨工作边一侧安装 13 号轨距块，钢轨非工作边一侧安装 11 号轨距块。

接头两侧安装接头轨距块。垫板两侧均安装 12 号绝缘轨距块，8 号、16 号绝缘轨距块做调整轨距用，10 号、14 号绝缘轨距块为备用轨距块。轨距块使用配置：

单股钢轨调整量	轨距块和压块号码			
	外侧		内侧	
	绝缘轨距块	轨距块	轨距块	绝缘轨距块
−8	16	15	9	8
−6	16	13	11	8
−4	12	15	9	12
−2	12	13	11	12
0	12	11	13	12
+2	12	9	15	12
+4	8	11	13	16
+6	8	9	15	16

绝缘轨距块号码：8 号、10 号、12 号、14 号和 16 号种，10 号、14 号备用；轨距块号码：9-11 号、13-号两种。

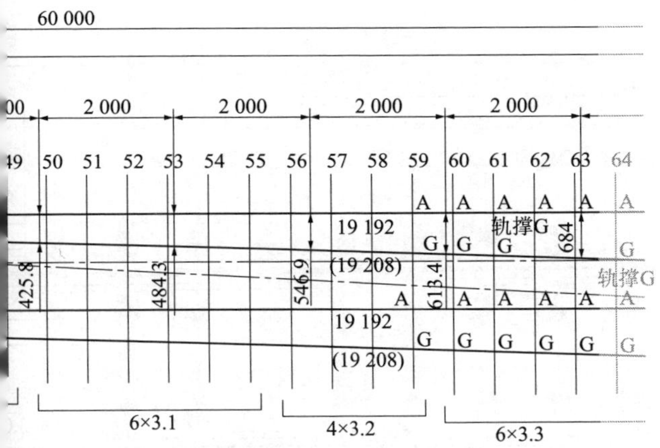

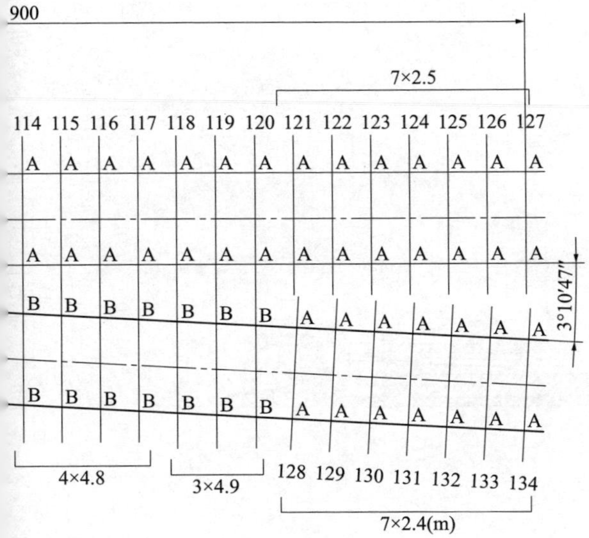

表 3 道岔直股、侧股轨距表

岔枕号	直股轨距 (mm)	侧股轨距 (mm)
02、01	1 435	
1～2	1 435	
3	1 436.1	1 436.1
4	1 439.4	1 439.4
5～19	1 440	1 440
20	1 438.7	1 439.1
21	1 437.3	1 437.8
22	1 435.8	1 436
23～120	1 435	1 435
121～127	1 435	
127～128		1 435

表 1 总布置图材料明细

序号	图号 / 标准	名称及规格	数量	单位	材 料	备 注
1	研线 1302－100	转辙器	1	组		
2	研线 1302－200	辙叉及护轨	1	组		
3	TB/T 2344	钢 轨	135.593	m	60 kg/m 钢轨	采用钢牌号为 U75V、U78CrV 的在线热处理钢轨或贝氏体钢轨
4	研线 1115－107	垫 板 419－A	104	块	Q235－B(底板)	
5	研线 1115－107	垫 板 419－B	36	块	Q235－B(底板)	
6	研线 1115－107	垫 板 419－G	30	块	Q235－B(底板)	
7	研线 1115－108	轨撑垫板 459－G	6	块	Q235－B(底板)	
8	TB/T 2345	接头夹板 60	14	个		
9	TB/T 2347	接头螺栓、螺母 M24×145－10.9	42	副		
10	GB/T 1230	平垫圈 24	42	个		
11	专线 3351－3	Ⅱ型弹条	704	个	60Si2CrVA	
12	专线 4232－4	T 型螺栓 M24	704	个	Q235	安装轨撑处 T 型螺栓长 65 mm，计 6 个；其余螺栓长 60 mm
13	NS－07	限位螺母 M24	704	个	Q345B	
14	NS－06	六角盖型螺母 M24	704	个		
15	研线 1115－125	轨 撑 P 60	6	个	KTH 330－08	
16	SC 350－141	调整楔	6	个	KTH 350－10	
17	专线 4232－10	轨距块 60/9－11	152+40	块	ZG 270－500	“+”号后为备用
18	专线 4232－10	轨距块 60/13－15	158+40	块	ZG 270－500	“+”号后为备用
19	专线 4232－10	轨距块 60/7－17	50	块	ZG 270－500	备用
20	专线 4232－10A	接头轨距块 60/9－11	12+8	块	ZG 270－500	“+”号后为备用
21	专线 4232－10A	接头轨距块 60/13－15	12+8	块	ZG 270－500	“+”号后为备用
22	专线 4232－10A	接头轨距块 60/7－17	10	块	ZG 270－500	备用
23	专线 4232－72	接头绝缘轨距块 60/9－11	4+6	块	玻璃纤维	“+”号后为备用
24	专线 4232－72	接头绝缘轨距块 60/13－15	4+6	块	玻璃纤维	“+”号后为备用
25	专线 4232－72	接头绝缘轨距块 60/7－17	6	块	玻璃纤维	备用
26	研线 1116－306	铁垫板用绝缘轨距块 12	352	个	玻璃纤维	
27	研线 1116－306	铁垫板用绝缘轨距块 8/10/14/16	各 100	个	玻璃纤维	备用
28	研线 1116－303	平面胶垫 210－148	176	块	橡胶	
29	研线 1116－304	橡胶垫板 419×176×10	170	块	橡胶	
30	研线 1116－304	橡胶垫板 459×176×10	6	块	橡胶	
31	HYT－LU－2	B 型接头弹条	8	个	60Si2CrVA	
32		冻结绝缘接头 60	2	套		
33	客专线(07)001－Ⅴ－80	挡砟板 650	3	个		

表 2 岔枕长度及数量表

序号	岔枕长度 (m)	数量	单位
1	2.4	7	根
2	2.5	7	根
3	2.6	4	根
4	2.7	19	根
5	2.8	8	根
6	2.88	2	根
7	2.9	8	根
8	2.91	2	根
9	2.95	2	根
10	3	6	根
11	3.1	6	根
12	3.2	4	根
13	3.3	6	根
14	3.4	4	根
15	3.5	4	根
16	3.6	4	根
17	3.7	4	根
18	3.8	4	根
19	3.9	2	根
20	4.0	4	根
21	4.1	2	根
22	4.2	4	根
23	4.3	4	根
24	4.4	2	根
25	4.5	4	根
26	4.6	2	根
27	4.7	4	根
28	4.8	4	根
29	4.9	3	根
一组单开道岔共计 136 根岔枕，岔枕总长 455.4 m			

60 kg/m 钢轨 18 号单开道岔转辙器
图　号：研线 1302－100－1

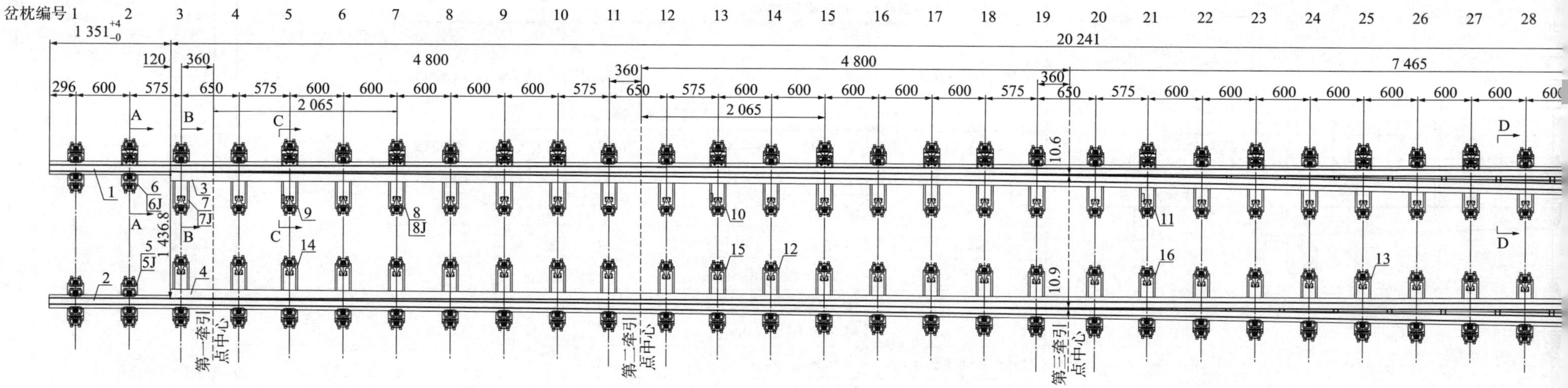

A－A

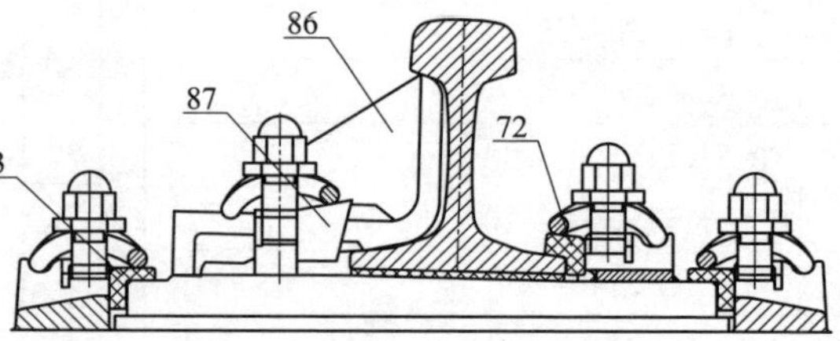

B－B

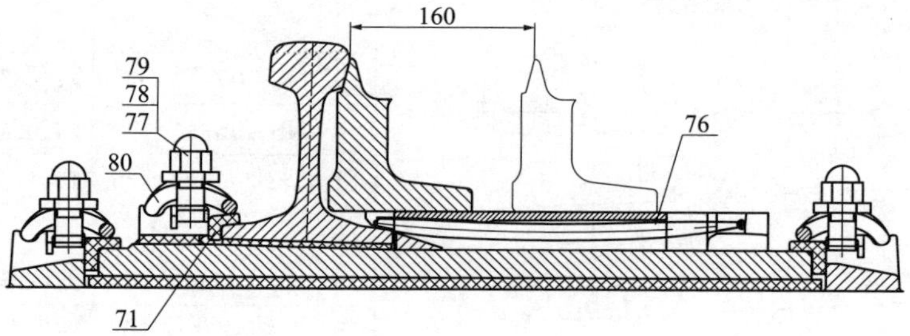

E－E

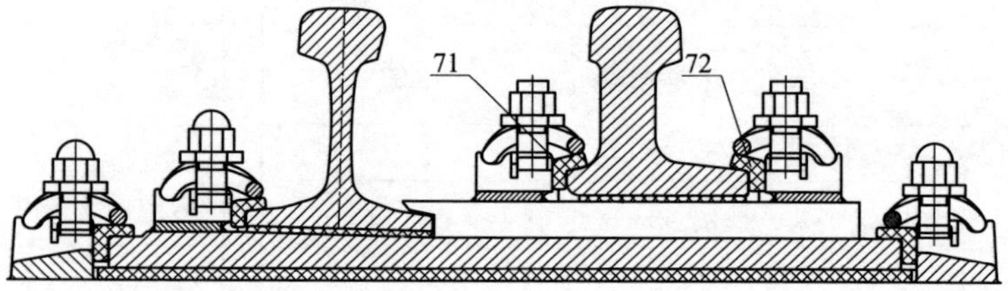

F－F

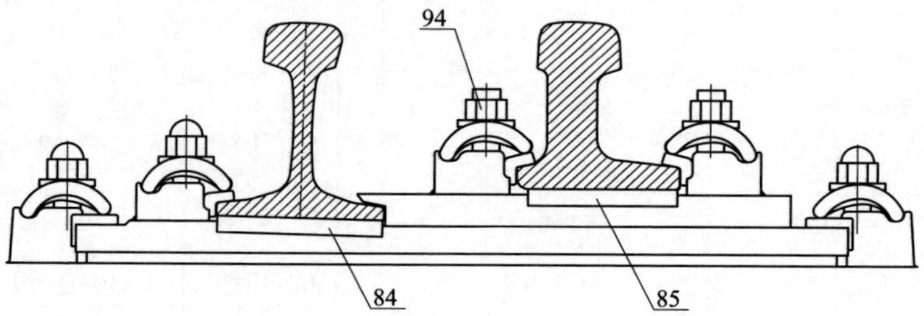

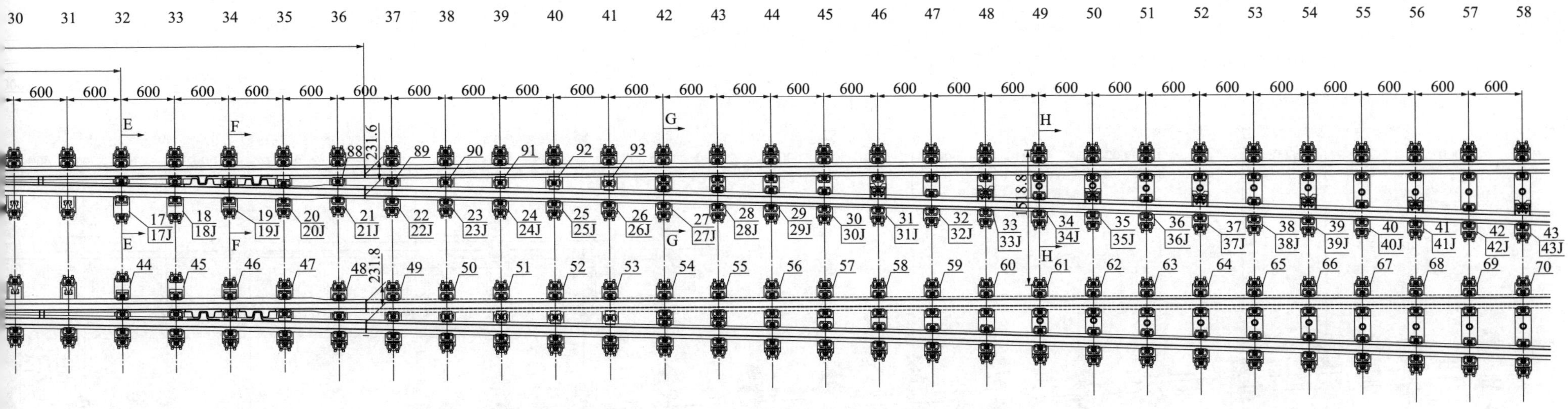

C－C

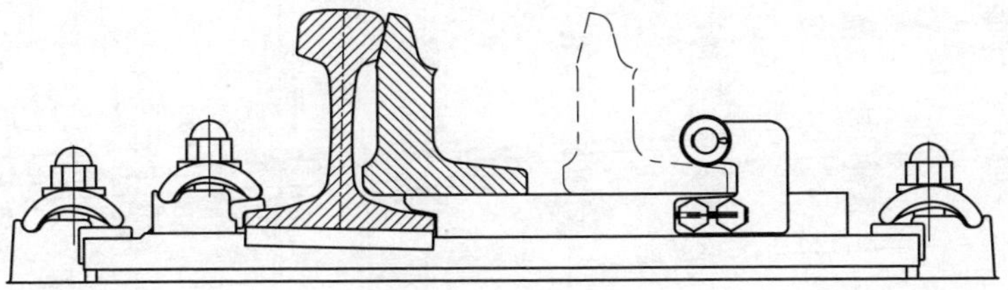

D－D

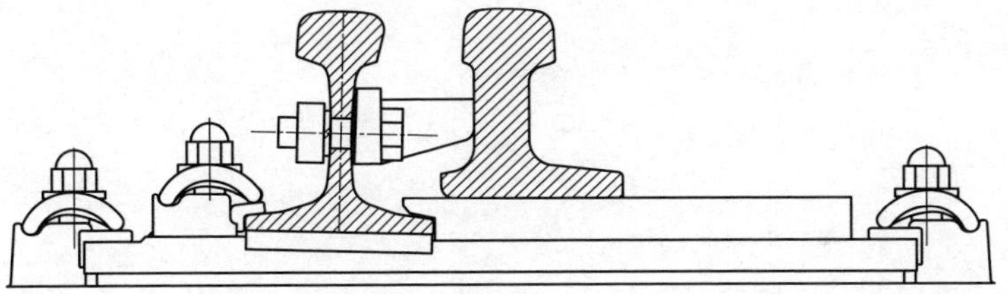

G－G

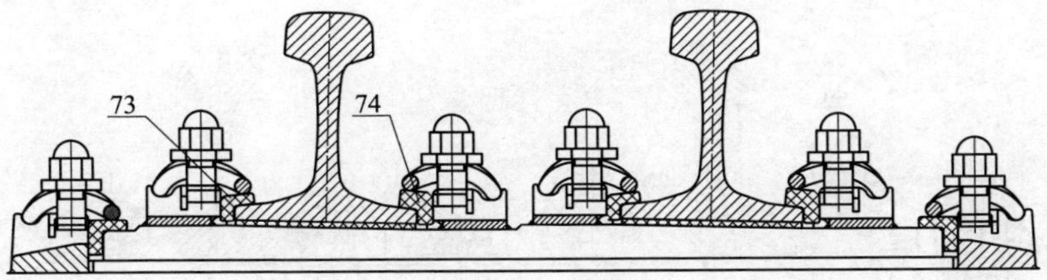

H－H

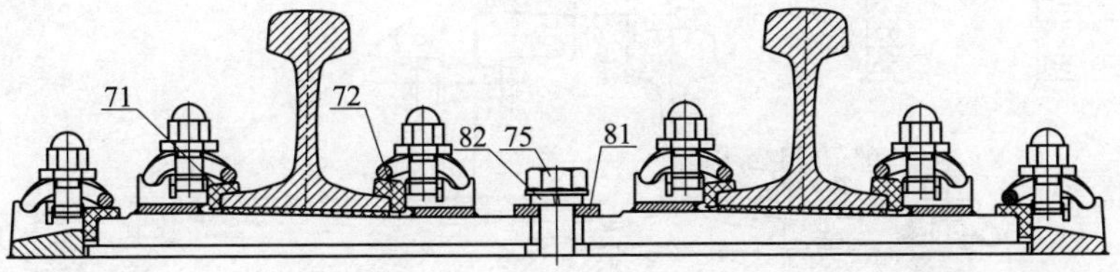

技 术 要 求

1. 轨距块的使用：60 kg/m 钢轨工作边用轨距块 60/13－15 中的 13 号，非工作边用轨距块 60/9－11 中的 11 号，接头处工作边用接头轨距块 60/13－15 中的 13 号，非工作边用接头轨距块 60/9－11 中的 11 号；60AT 轨工作边用轨距块 60/13－15 中的 13 号、非工作边用轨距块 60/9－11 的 11 号。
2. 转辙器第一、第二、第三牵引点尖轨动程分别为 160、115、69 mm。

60 kg/m 钢轨 18 号单开道岔辙叉及护轨
图　号：研线 1302－200－1

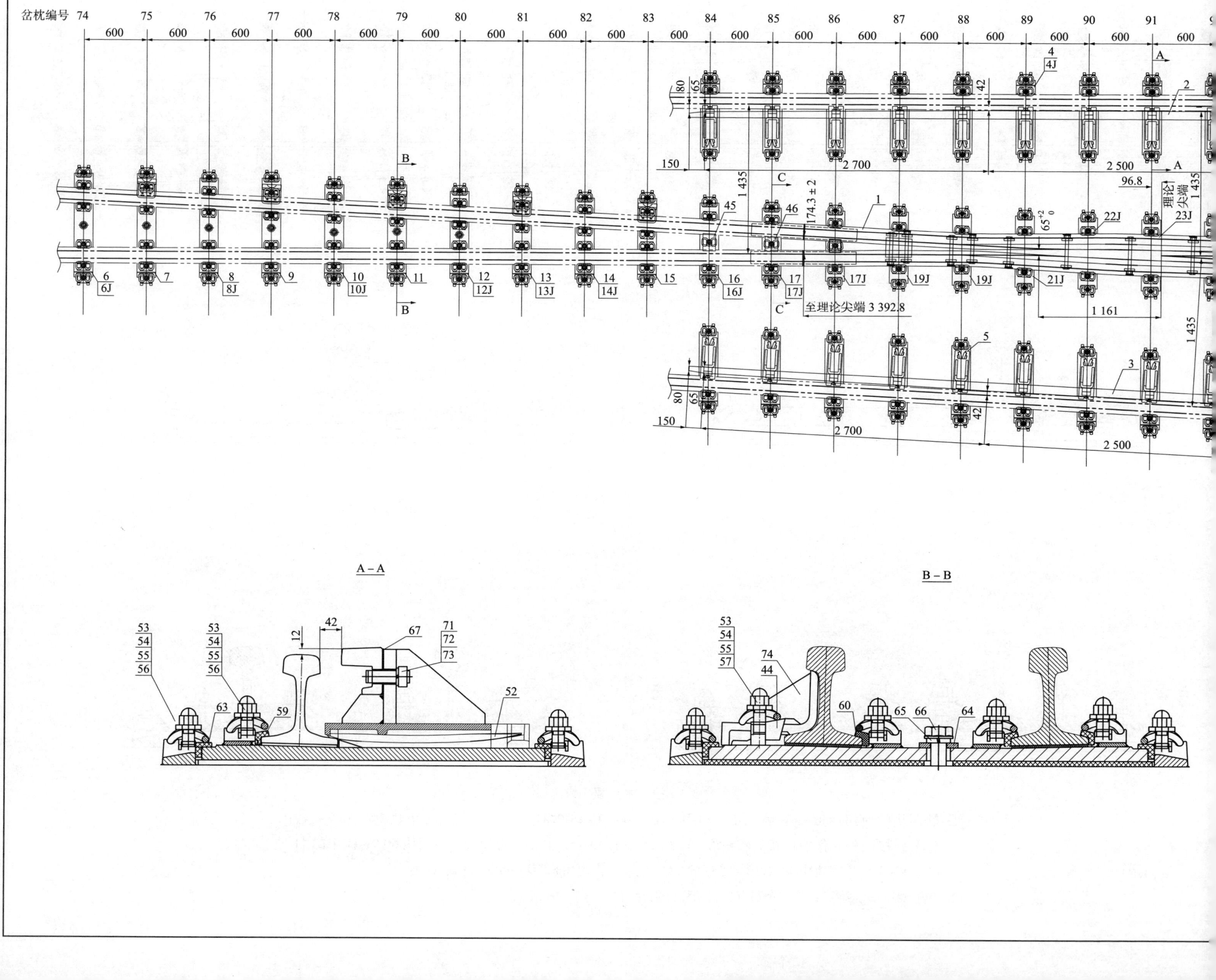

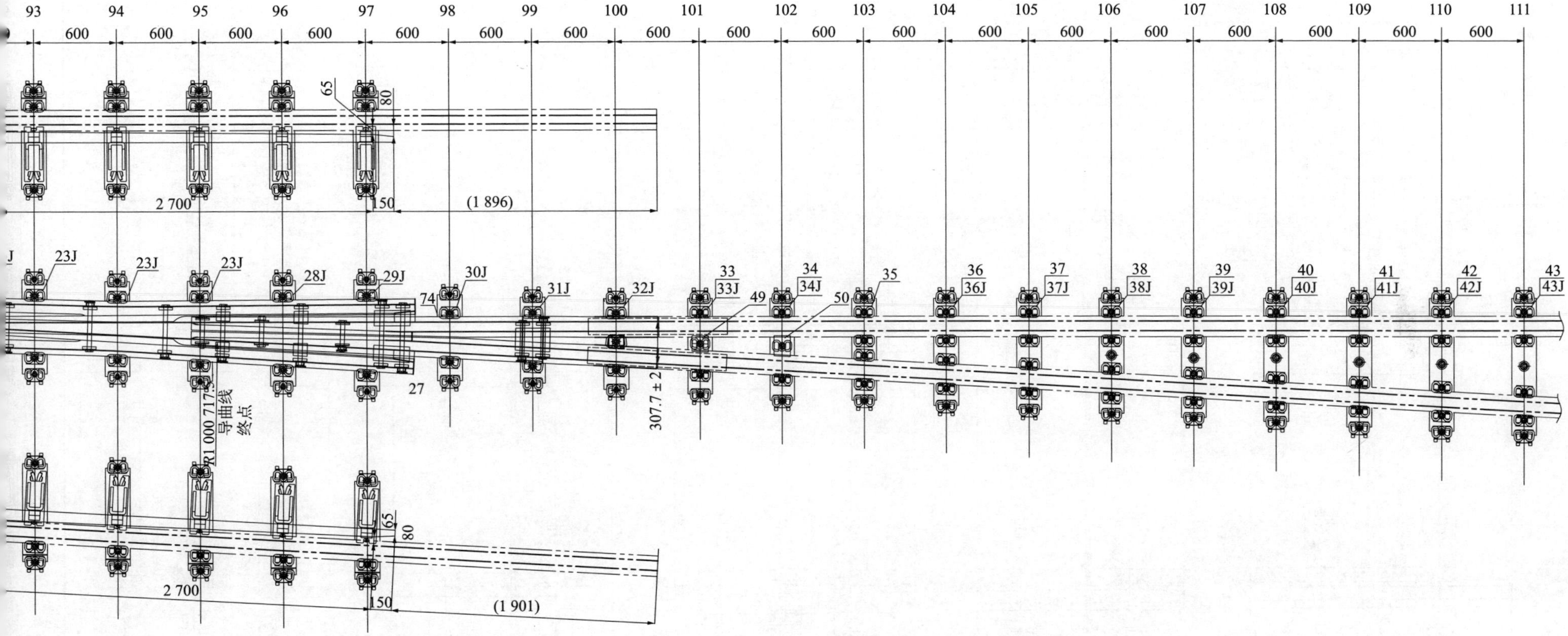

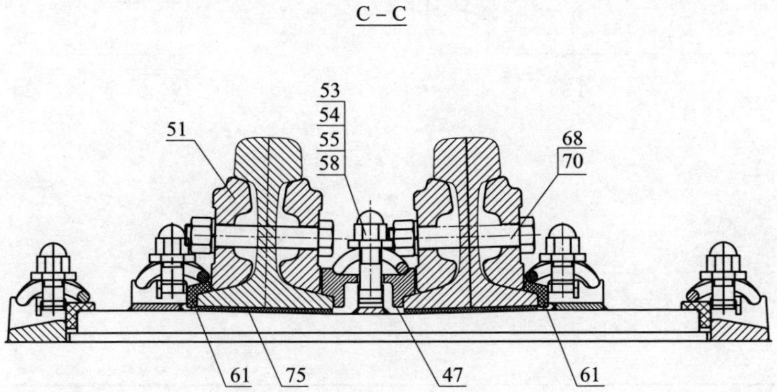

技 术 要 求

轨距块安装号数：钢轨工作边一侧安装 13 号轨距块，钢轨非工作边一侧安装 11 号轨距块；接头处安装接头轨距块。辙叉区域序号 18～32 垫板两侧均安装 11 号（接头）轨距块。

研线 1302 电务主要参数

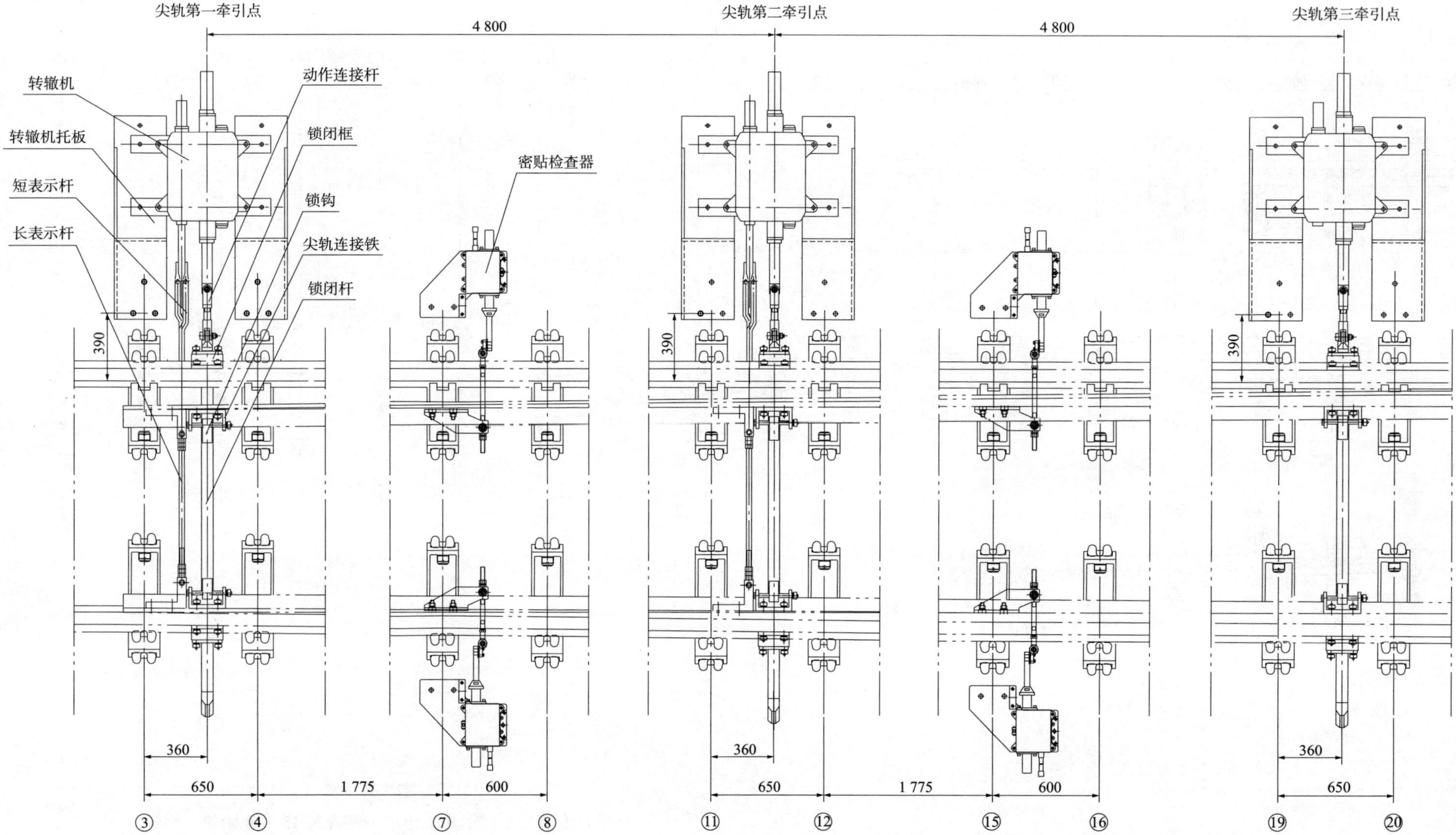

转换设备	安装图名称	安装图号	锁闭方式
钩型外锁	60 kg/m 钢轨 18 号单开道岔外锁闭装置安装图	S1413	外锁闭
ZY(J)7+SH6	60 kg/m 钢轨 18 号单开道岔转换设备 (ZYJ7) 安装图	S1414	外锁闭
ZDJ9	60 kg/m 钢轨 18 号单开道岔转换设备 (ZDJ9) 安装图	S1415	外锁闭

19. 60 kg/m 钢轨 12 号固定型辙叉单开道岔(有砟)
设计图号：研线 1115

<table>
<tr><td rowspan="2">道岔允许通过速度</td><td colspan="2">客车</td><td colspan="4">$v_{直}$≤160 km/h；$v_{侧}$≤45 km/h</td><td>扣件类型</td><td>Ⅱ型弹条</td></tr>
<tr><td colspan="2">货车</td><td colspan="4">轴重 27 t：$v_{直}$≤100 km/h；$v_{侧}$≤45 km/h
其　他：$v_{直}$≤120 km/h；$v_{侧}$≤45 km/h</td><td>轨底坡</td><td>1∶40</td></tr>
<tr><td>转辙器跟端形式</td><td colspan="6">■限位器　□间隔铁　□不设传力机构　□间隔铁活接头</td><td>锁闭方式</td><td>外锁闭</td></tr>
<tr><td>道岔全长</td><td colspan="2">37 800</td><td colspan="2">辙叉全长</td><td colspan="2">5 992</td><td>辙叉类型</td><td>高锰钢组合式</td></tr>
<tr><td>道岔前长</td><td colspan="2">16 592</td><td colspan="2">辙叉趾长</td><td colspan="2">2 038</td><td>辙叉角</td><td>4°45′49″</td></tr>
<tr><td>道岔后长</td><td colspan="2">21 208</td><td colspan="2">辙叉跟长</td><td colspan="2">3 954</td><td>翼轨轨型</td><td>60 kg/m</td></tr>
<tr><td>尖轨长度</td><td colspan="2">15 445</td><td colspan="2" rowspan="2">基本轨长度</td><td colspan="2" rowspan="2">23 400</td><td>直向护轨长度</td><td>6 900</td></tr>
<tr><td>尖轨轨型</td><td colspan="2">60AT1</td><td>侧向护轨长度</td><td>6 900</td></tr>
<tr><td colspan="5">尖轨尖端前基本轨长度</td><td colspan="2">1 351</td><td>护轨轨型</td><td>33 kg/m 槽型钢</td></tr>
<tr><td colspan="5">辙叉理论尖端距趾端方向前一根岔枕中心距离</td><td colspan="2">542</td><td>导曲线半径</td><td>350 m</td></tr>
<tr><td colspan="3">尖轨尖端至心轨实际尖端距离</td><td colspan="2">—</td><td colspan="3">直向护轨端头距导轨端头定位尺寸</td><td>746</td></tr>
<tr><td colspan="3">道岔终端至末根岔枕中心距离</td><td colspan="2">10 500</td><td colspan="3">侧向护轨端头距导轨端头定位尺寸</td><td>645</td></tr>
<tr><td colspan="2">最大构造加宽</td><td>—</td><td>测量位置</td><td colspan="5">—</td></tr>
<tr><td colspan="2">岔枕图号
研线 1116-400</td><td rowspan="2">岔枕总数</td><td rowspan="2">89 根</td><td colspan="2" rowspan="2">岔枕展延长</td><td rowspan="2">297.64 m</td><td rowspan="2">套管总数</td><td rowspan="2">20</td></tr>
<tr><td colspan="2">道岔板
—</td></tr>
<tr><td colspan="2">转换设备图号
—</td><td>尖轨动程</td><td colspan="4">160、80</td><td>心轨动程</td><td>—</td></tr>
<tr><td colspan="2">批准文号</td><td colspan="5">—</td><td>应用情况</td><td>★★★</td></tr>
<tr><td colspan="2">主要结构特点</td><td colspan="7">1. 基本轨工作边做水平刨切，增加了尖轨厚度。
2. 转辙器跟端采用大位移量限位器。
3. 基本轨外侧设轨撑。
4. 转辙器及护轨基本轨内侧采用弹性夹扣压。</td></tr>
</table>

转辙器明细表

序号	图号 / 标准	名称及规格	数量	材　料	备　注
1	研线 1115－101	直基本轨　23 400	1	60 kg/m 钢轨	
2	研线 1115－102	曲基本轨　23 400	1	60 kg/m 钢轨	
3	研线 1115－103	曲线尖轨　15 445	1	60AT 钢轨	
4	研线 1115－104	直线尖轨　15 445	1	60AT 钢轨	
5	研线 1115－107	垫　板　419－A	3	Q235	
6	研线 1115－108	轨撑垫板　459－A	1	Q235	
7	研线 1115－109	滑床板　664－A	11	Q235	
8	研线 1115－110	轨撑滑床板　704 × 180 × 29	8	Q235	
9	研线 1115－109	滑床板　664－B Y(Z)	10	Q235	
10	研线 1115－109	滑床板　664－C Y(Z)	3	Q235	
11	研线 1115－109	滑床板　664－D Y(Z)	3	Q235	
12	研线 1115－109	滑床板　664－E Y(Z)	3	Q235	
13	研线 1115－111	防跳限位装置　*L*=105	1	Q235	
14	研线 1115－112	防跳限位装置　*L*=105Y(Z)	1	Q235	
15	研线 1115－111	防跳限位装置　*L*=160	1	Q235	
16	研线 1115－112	防跳限位装置　*L*=160Y(Z)	1	Q235	
17	研线 1115－113	垫　板　689 × 180 × 29Y(Z)	1	Q235	
18	研线 1115－113	垫　板　709 × 180 × 29Y(Z)	1	Q235	
19	研线 1115－113	垫　板　729 × 180 × 29Y(Z)	1	Q235	
20	研线 1115－114	垫　板　759 × 180 × 29Y(Z)	1	Q235	
21	研线 1115－115	垫　板　744 × 180 × 29Y(Z)	1	Q235	
22	研线 1115－115	垫　板　769 × 180 × 29Y(Z)	1	Q235	
23	研线 1115－116	垫　板　794 × 180 × 29Y(Z)	1	Q235	
24	研线 1115－116	垫　板　819 × 180 × 29Y(Z)	1	Q235	
25	研线 1115－117	垫　板　849 × 180 × 29Y(Z)	1	Q235	
26	研线 1115－118	垫　板　879 × 180 × 29Y(Z)	1	Q235	
27	研线 1115－117	垫　板　909 × 180 × 29Y(Z)	1	Q235	
28	研线 1115－118	垫　板　939 × 180 × 29Y(Z)	1	Q235	
29	研线 1115－117	垫　板　969 × 180 × 29Y(Z)	1	Q235	
30	研线 1115－118	垫　板　1 004 × 180 × 29Y(Z)	1	Q235	
31	研线 1115－119	垫　板　689 × 180 × 29Y(Z)	1	Q235	
32	研线 1115－119	垫　板　709 × 180 × 29Y(Z)	1	Q235	
33	研线 1115－119	垫　板　729 × 180 × 29Y(Z)	1	Q235	

续上表

序号	图号 / 标准	名称及规格	数量	材　　料	备　　注
34	研线 1115－120	垫　板　759×180×29Y(Z)	1	Q235	
35	研线 1115－121	垫　板　744×180×29Y(Z)	1	Q235	
36	研线 1115－121	垫　板　769×180×29Y(Z)	1	Q235	
37	研线 1115－121	垫　板　794×180×29Y(Z)	1	Q235	
38	研线 1115－121	垫　板　819×180×29Y(Z)	1	Q235	
39	研线 1115－122	垫　板　849×180×29Y(Z)	1	Q235	
40	研线 1115－122	垫　板　879×180×29Y(Z)	1	Q235	
41	研线 1115－122	垫　板　909×180×29Y(Z)	1	Q235	
42	研线 1115－122	垫　板　939×180×29Y(Z)	1	Q235	
43	研线 1115－122	垫　板　969×180×29Y(Z)	1	Q235	
44	研线 1115－122	垫　板　1 004×180×29Y(Z)	1	Q235	
45	专线 4232－10	轨距块　60/9－11	80	ZG 270－500	安装在非工作边
46	专线 4232－10	轨距块　60/13－15	48	ZG 270－500	安装在工作边
47	专线 4232－10A	接头轨距块　60/9－11	6	ZG 270－500	安装在非工作边
48	专线 4232－10A	接头轨距块　60/13－15	6	ZG 270－500	安装在工作边
49	研线 0405－3	混凝土岔枕用螺栓(Ⅲ)	12	45 号钢	
50	研线 1116－308	弹性夹　320	42	60Si2MnA 热轧弹簧钢	
51	专线 4232－4	T 型螺栓　M24×60	272		
52	专线 4232－4	T 型螺栓　M24×65	32		用于轨撑及尖轨固定端处
53	NS－07	限位板　M24	304		
54	NS－06	六角盖型螺母　M24	288		
55	NS－01(b)	螺　母　M24	16		用于 24～27 号枕处尖轨
56	专线 3351	Ⅱ型弹条	304	60Si2CrVA	
57		垫　圈	12	45 号钢	用于Ⅲ型岔枕螺栓
58	GB/T 7244	弹簧垫圈　30	12	65Mn	
59	研线 1115－125	轨　撑　P 60	16	KTH 330－08	
60	SC 350－141	调整楔	16	KTH 350－10	
61	研线 1116－306	铁垫板用绝缘轨距块　12	148	玻璃纤维	
62	研线 1116－303	轨下橡胶垫板　210－148	94	橡胶	
63	研线 1116－303	轨下橡胶垫板　170－148	8	橡胶	
5J	研线 1116－304	橡胶垫板　419×176×10	3	橡胶	
6J	研线 1116－304	橡胶垫板　459×176×10	1	橡胶	
7J	研线 1116－304	橡胶垫板　664×176×10	32	橡胶	
8J	研线 1116－304	橡胶垫板　704×176×10	10	橡胶	

续上表

序号	图号 / 标准	名称及规格	数量	材　料	备　注
17J	研线 1116－304	橡胶垫板　689 × 176 × 10	2	橡胶	
18J	研线 1116－304	橡胶垫板　709 × 176 × 10	2	橡胶	
19J	研线 1116－304	橡胶垫板　729 × 176 × 10	2	橡胶	
20J	研线 1116－304	橡胶垫板　759 × 176 × 10	2	橡胶	
21J	研线 1116－304	橡胶垫板　744 × 176 × 10	2	橡胶	
22J	研线 1116－304	橡胶垫板　769 × 176 × 10	2	橡胶	
23J	研线 1116－304	橡胶垫板　794 × 176 × 10	2	橡胶	
24J	研线 1116－304	橡胶垫板　819 × 176 × 10	2	橡胶	
25J	研线 1116－305	橡胶垫板　849 × 176 × 10(424.5)	2	橡胶	
26J	研线 1116－305	橡胶垫板　879 × 176 × 10(415)	2	橡胶	
27J	研线 1116－305	橡胶垫板　909 × 176 × 10(454.5)	2	橡胶	
28J	研线 1116－305	橡胶垫板　939 × 176 × 10(455)	2	橡胶	
29J	研线 1116－305	橡胶垫板　969 × 176 × 10(484.5)	2	橡胶	
30J	研线 1116－305	橡胶垫板　1 004 × 176 × 10(495)	2	橡胶	

辙叉明细表

序号	图号 / 标准	名称及规格	数量	材　料	备　注
1	研线 1115-201B	合金钢组合辙叉	1	60 kg/m 钢轨	根据用户订货要求选用
	研线 1115-201C	高锰钢组合辙叉	1	60 kg/m 钢轨	
2	研线 1115-202	槽型直向耐磨护轨　6 900	1	33 kg/m 槽型轨	
3	研线 1116-203	槽型侧向耐磨护轨　6 900	1	33 kg/m 槽型轨	
4	研线 1115-202	直向护轨垫板　714 × 180 × 29	12	Q345(底板)	
5	研线 1115-203	侧向护轨垫板　714 × 180 × 29Y(Z)	12	Q345(底板)	
6	研线 1115-204	垫　板　1 024 × 180 × 29Y(Z)	1	Q235(底板)	
7	研线 1115-205	垫　板　934 × 180 × 29Y(Z)	1	Q235(底板)	
8	研线 1115-204	垫　板　934 × 180 × 29Y(Z)	1	Q235(底板)	
9	研线 1115-205	垫　板　844 × 180 × 29Y(Z)	1	Q235(底板)	
10	研线 1115-206	垫　板　844 × 180 × 29Y(Z)	1	Q235(底板)	
11	研线 1115-207	垫　板　754 × 180 × 29Y(Z)	1	Q235(底板)	
12	研线 1115-208	垫　板　704 × 180 × 29Y(Z)	1	Q235(底板)	
13	客专线 (07) 001-V-47	长方头螺栓　M24 × 90	24		改制，距螺栓端头 7 mm 处钻 ϕ5 mm 孔
14	NS-01(b)	螺　母　M24	24		护轨用
15	GB/T 7244	弹簧垫圈　24	24		护轨用
16	研线 1116-315	弹性夹　380	24		
17		护轨调整片　90 × 70 × 32	2 424		2 mm 备用
18	专线 3351	Ⅱ型弹条	174		
19	专线 4232-4	T 型螺栓　M24 × 60	169		
20	专线 4232-4	T 型螺栓　M24 × 80	2		支距扣板用
21	NS-07	限位螺母　M24	174		
22	NS-06	六角盖型螺母　M24	174		
23	研线 1115-209	垫　板　704 × 180 × 29Y(Z)	1	Q235(底板)	
24	研线 1115-210	垫　板　754 × 180 × 29Y(Z)	1	Q235(底板)	
25	研线 1115-210	垫　板　804 × 180 × 29Y(Z)	1	Q235(底板)	
26	研线 1115-211	垫　板　854 × 180 × 29Y(Z)	1	Q235(底板)	
27	研线 1115-211	垫　板　904 × 180 × 29Y(Z)	1	Q235(底板)	
28	研线 1115-211	垫　板　954 × 180 × 29Y(Z)	1	Q235(底板)	
29	研线 1115-211	垫　板　1 004 × 180 × 29Y(Z)	1	Q235(底板)	
30	研线 1115-212	支距扣板　60/138-148	1		
31	研线 1115-212	支距扣板　60/139-149	1		
32	研线 1115-125	轨　撑　P 60	3		
33	SC 350-141	调整楔	3		
34	专线 4232-10	轨距块　60/9-11	45		
35	专线 4232-10	轨距块　60/13-15	24		

续上表

序号	图号 / 标准	名称及规格	数量	材　料	备　注
36	专线 4232－10A	接头轨距块　60/9－11	2		
37	专线 4232－10A	接头轨距块　60/13－15	2		
38		垫　圈	8		
39	GB/T 7244	弹簧垫圈　30	8		
40	研线 0405－3	混凝土岔枕用螺栓 (Ⅲ型)	8		
41	TB/T 2345	接头夹板　60	8		
42	TB/T 2347	接头螺栓及螺母　M24 × 145－G	24	10.9 级	
43	GB/T 1230	平垫圈　24	24		
44	研线 1116－306	铁垫板用绝缘轨距块	96	玻璃纤维	
45	GB/T 91	开口销　$\phi 5 \times 40$	24		
46	研线 1116－303	轨下橡胶垫板　210－148	52	橡胶	
47	专线 4232－4	T 型螺栓　M24 × 65	3		轨撑用
4J	研线 1116－304	橡胶垫板　714 × 176 × 10	12	橡胶	
5J	研线 1116－304	橡胶垫板　714 × 176 × 10	12	橡胶	
6J	研线 1116－305	橡胶垫板　1024 × 176 × 10(512)	1	橡胶	
7J	研线 1116－305	橡胶垫板　934 × 176 × 10(467)	1	橡胶	
8J	研线 1116－305	橡胶垫板　934 × 176 × 10(467)	1	橡胶	
9J	研线 1116－305	橡胶垫板　844 × 176 × 10(422)	1	橡胶	
10J	研线 1116－304	橡胶垫板　844 × 176 × 10	1	橡胶	
11J	研线 1116－304	橡胶垫板　754 × 176 × 10	1	橡胶	
12J	研线 1116－304	橡胶垫板　704 × 176 × 10	1	橡胶	
13J	研线 1116－304	橡胶垫板　660 × 176 × 10	1	橡胶	
14J	研线 1116－304	橡胶垫板　600 × 176 × 10	1	橡胶	
15J	研线 1116－304	橡胶垫板　675 × 176 × 10	1	橡胶	
16J	研线 1116－304	橡胶垫板　759 × 176 × 10	1	橡胶	
17J	研线 1116－304	橡胶垫板　744 × 176 × 10	1	橡胶	
18J	研线 1116－304	橡胶垫板　772 × 176 × 10	1	橡胶	
19J	研线 1116－304	橡胶垫板　821 × 176 × 10	1	橡胶	
20J	研线 1116－304	橡胶垫板　876 × 176 × 10	1	橡胶	
21J	研线 1116－304	橡胶垫板　876 × 176 × 10	1	橡胶	
22J	研线 1116－304	橡胶垫板　652 × 176 × 10	1	橡胶	
23J	研线 1116－304	橡胶垫板　704 × 176 × 10	1	橡胶	
24J	研线 1116－304	橡胶垫板　754 × 176 × 10	1	橡胶	
25J	研线 1116－304	橡胶垫板　804 × 176 × 10	1	橡胶	
26J	研线 1116－305	橡胶垫板　854 × 176 × 10(427)	1	橡胶	
27J	研线 1116－305	橡胶垫板　904 × 176 × 10(452)	1	橡胶	
28J	研线 1116－305	橡胶垫板　954 × 176 × 10(477)	1	橡胶	
29J	研线 1116－305	橡胶垫板　1 004 × 176 × 10(502)	1	橡胶	

研线 1115 电务主要参数

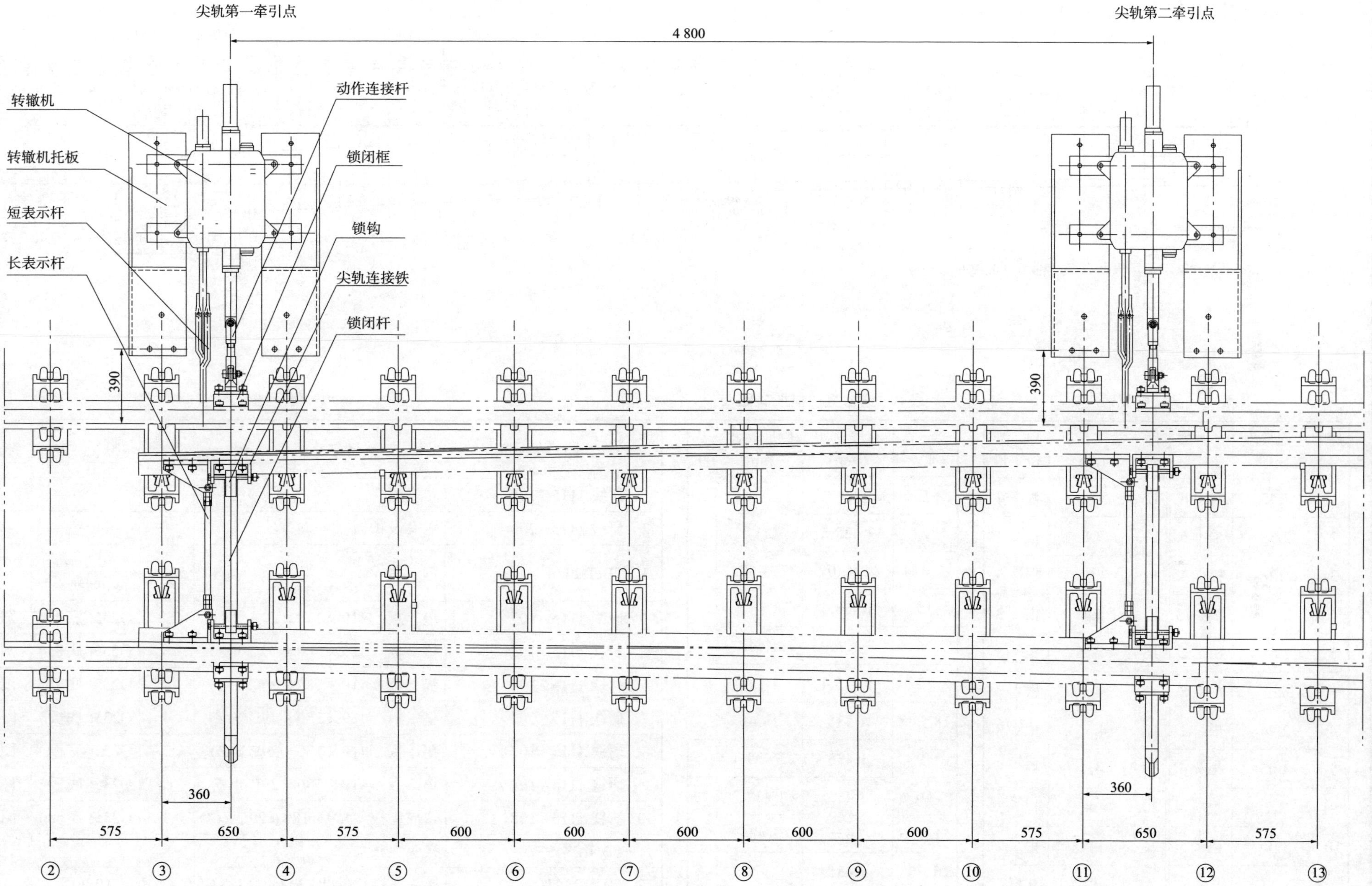

转换设备	安装图名称	安装图号	锁闭方式
钩型外锁	60 kg/m 钢轨 12 号单开道岔外锁闭装置安装图	S1204	外锁闭
ZY(J)7+SH6	60 kg/m 钢轨 12 号单开道岔转换设备 (ZYJ7) 安装图	S1205	外锁闭
ZDJ9	60 kg/m 钢轨 12 号单开道岔转换设备 (ZDJ9) 安装图	S1312	外锁闭

60 kg/m 钢轨 12 号单开道岔
图　号：研线 1115

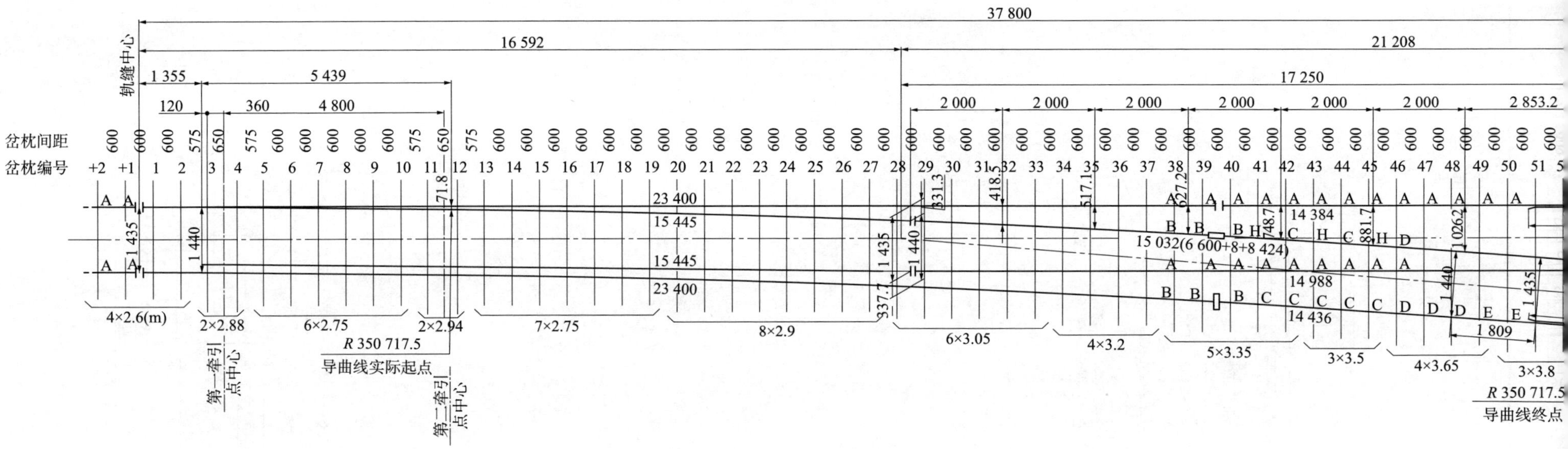

表 2　岔枕数量表

序号	岔枕长度(m)	单位	数量	序号	岔枕长度(m)	单位	数量
1	2.45	根	6	12	3.65	根	4
2	2.55	根	6	13	3.8	根	3
3	2.6	根	4	14	3.95	根	3
4	2.75	根	13	15	4.1	根	3
5	2.88	根	2	16	4.25	根	3
6	2.9	根	8	17	4.4	根	3
7	2.94	根	2	18	4.55	根	3
8	3.05	根	6	19	4.7	根	3
9	3.2	根	4	20	4.85	根	3
10	3.35	根	5	21	4.95	根	2
11	3.5	根	3	岔枕总根数：89 根；岔枕总长度：297.64 m			

表 3　道岔直、侧股轨距表

岔枕号	直股轨距(mm)	侧股轨距(mm)	备注
1	1 436.2		
2	1 438.5		
3～14	1 440	1 440	
15	1 438.4	1 440	
16	1 436.9	1 440	
17	1 435.4	1 440	
18～48	1 435	1 440	
49	1 435	1 439.4	
50	1 435	1 437.7	
51～75	1 435	1 435	
76～81	1 435		
82～87		1 435	

表 1　明　细　表

序号	图号 / 标准	名称及规格	数量	材　料	备　注
1	研线 1115－100	转辙器	1		
2	研线 1115－200	辙叉及护轨	1		
3	TB/T 2344	钢　轨	58.84	60 kg/m 钢轨	单位：m
4	研线 1115－107	垫　板　419 × 180 × 29A	68	Q235(底板)	图纸 A 位
5	研线 1115－107	垫　板　419 × 180 × 29B Y(Z)	6	Q235(底板)	图纸 B 位
6	研线 1115－107	垫　板　419 × 180 × 29C Y(Z)	7	Q235(底板)	图纸 C 位
7	研线 1115－107	垫　板　419 × 180 × 29D Y(Z)	4	Q235(底板)	图纸 D 位
8	研线 1115－107	垫　板　419 × 180 × 29E Y(Z)	2	Q235(底板)	图纸 E 位
9	研线 1115－107	垫　板　419 × 180 × 29F Y(Z)	18	Q235(底板)	图纸 F 位
10	研线 1115－108	轨撑垫板　459 × 180 × 29C Y(Z)	3	Q235(底板)	图纸 H 位
11	TB/T 2345	接头夹板　60	8		
12	TB/T 2347	接头螺栓及螺母　M24 × 135－G	24	10.9 级	
13	GB 1230	垫　圈　24	24		
14	专线 3351	Ⅱ型弹条	432		
15	专线 4232－4	T 型螺栓　M24 × 60	429	4.8 级	
16	专线 4232－4	T 型螺栓　M24 × 65	3	4.8 级	
17	NS－07	限位板　M24	432		
18	NS－06	六角盖型螺母　M24	432	5 级	
19	研线 1115－125	轨　撑　P 60	3	KTH 330－08	
20	SC 350－141	调整楔	3	KTH 330－10	

表 4　钢轨数量表

长度 (mm)		胶结轨 15 032 (6 600+8+8 424)	14 436	14 384	14 988	胶结轨 14 988 (6 590+8+8 390)	15 032
数量 (根)	曲股绝缘	1	1	1	1	0	0
	直股绝缘	0	1	1	0	1	1
钢轨总长度：58.84 m							

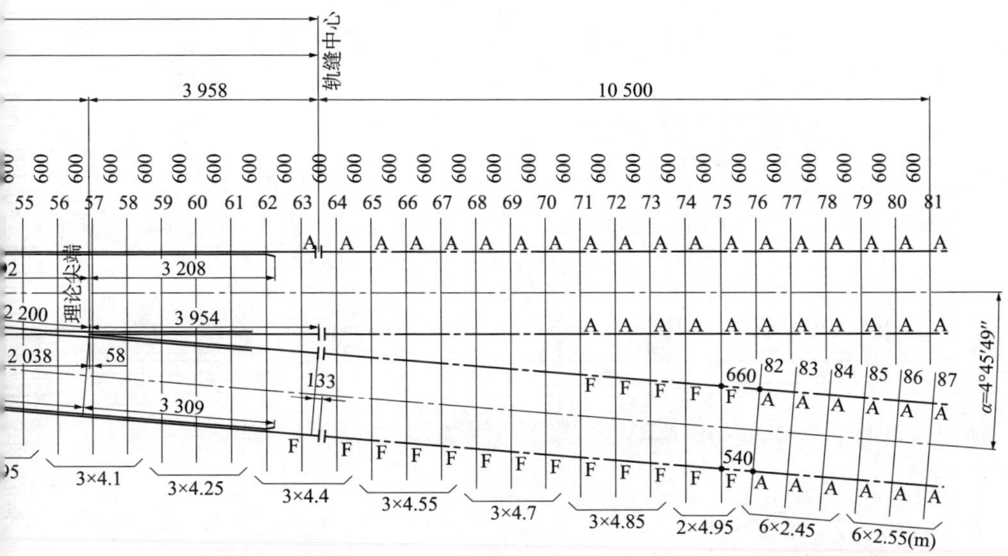

续表 1

图号 / 标准	名称及规格	数量	材　料	备　注
专线 4232－10	轨距块　60/9－11	93		
专线 4232－10	轨距块　60/13－15	96		
专线 4232－10	轨距块　60/7－17	40		备用
专线 4232－10A	接头轨距块　60/9－11	8+4		″+″ 后为备用
专线 4232－10A	接头轨距块　60/13－15	8+4		“+” 后为备用
专线 4232－10A	接头轨距块　60/7－17	8		备用
专线 4232－72	绝缘轨距块　60/9－11	4+2	玻璃纤维	“+” 后为备用
专线 4232－72	绝缘轨距块　60/13－15	4+2	玻璃纤维	“+” 后为备用
专线 4232－72	绝缘轨距块　60/7－17	4	玻璃纤维	备用
研线 1116－306	铁垫板用绝缘轨距块　12	216	玻璃纤维	
研线 1116－306	铁垫板用绝缘轨距块　8	20	玻璃纤维	备用
研线 1116－306	铁垫板用绝缘轨距块　10	20	玻璃纤维	备用
研线 1116－306	铁垫板用绝缘轨距块　14	20	玻璃纤维	备用
研线 1116－306	铁垫板用绝缘轨距块　16	20	玻璃纤维	备用
研线 1116－303	轨下橡胶垫板　210－148	108	橡胶	
研线 1116－304	橡胶垫板　419 × 176 × 10	105	橡胶	
研线 1116－304	橡胶垫板　459 × 176 × 10	3	橡胶	
客专线 (07)001－V－80	挡砟板　650	2	Q235	
	胶接绝缘　60	1		供否见合同
	冻结绝缘　60	1		

技 术 要 求

1. 图中普通接头、胶结绝缘接头、冻结绝缘接头分别以“—|├—”、“—▭—”和“—▯—”表示，道岔轨缝均为 8 mm。
2. 道岔钢轨是否钻接头螺栓孔根据用户需求决定。
3. 1～81 号岔枕按垂直于道岔直股铺设，82～87 号岔枕垂直于岔后侧股铺设，岔枕长度及数量见表 2。
4. 明细表中钢轨可采用 U78CrV、U75V 的在线热处理钢轨或贝氏体钢轨。
5. 本图按普通接头且胶结接头设置在侧股绘制，道岔配轨长度及数量见表 4。普通接头且胶结绝缘接头设置在直股时，配轨长度及布置见图 1。
6. 道岔各部轨距见表 3。
7. 图中分别用“A”、“B”、“C”、“D”、“E”、“F”表示普通平垫板类型，用“H”表示普通轨撑垫板类型，详见明细表。
8. 岔前编号“+2”、“+1”岔枕钉孔距和编号 81 岔枕相同，长度为 2 600 mm，用以和区间轨道过渡。
9. 本道岔适用于正线和到发线连接道岔或线间距 5 m 及以上渡线道岔。
10. 为增加尖轨厚度，道岔采用相离单圆曲线线型，导曲线半径 350 mm，相离值 40.8 mm，在曲尖轨顶宽 71.8 mm 处作半切，对应冲击角为 0°41′54″；并在基本轨和尖轨密贴段将基本轨工作边一侧刨切 5 mm 以增加尖轨厚度。
11. 钢轨和垫板用的轨距块设计安装号数如下：
    钢轨工作边一侧，安装 13 号轨距块；
    钢轨非工作边一侧，安装 11 号轨距块；
    接头两侧安装接头轨距块，铁垫板两侧均安装 12 号绝缘轨距块，8 号、16 号绝缘轨距块做调整轨距用，10、14 号绝缘轨距块为备用轨距块。轨距块使用配置如下：

单股钢轨调整量	轨距块和压块号码			
	外侧		内侧	
	绝缘轨距块	轨距块	轨距块	绝缘轨距块
－8	16	15	9	8
－6	16	13	11	8
－4	12	15	9	12
－2	12	13	11	12
0	12	11	13	12
2	12	9	15	12
4	8	11	13	16
6	8	9	15	16

绝缘轨距块号码：8 号、10 号、12 号、14 号和 16 号五种，10 号、14 号备用；轨距块号码：9－11 号、13－15 号两种。

12. 转辙器跟端采用大位移量限位器，字母块间隙 15 mm。

图 1　绝缘接头设置在直股

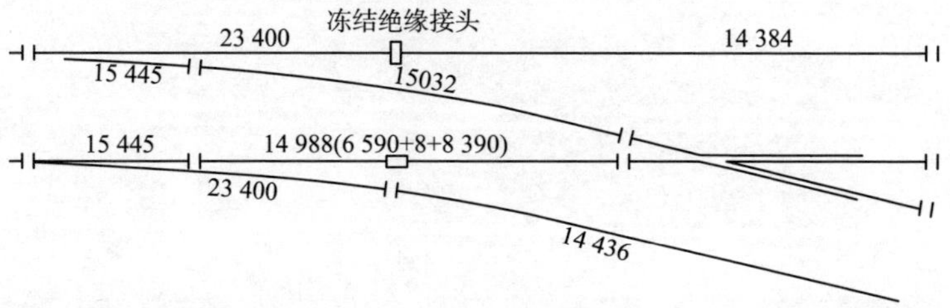

60 kg/m 钢轨 12 号单开道岔转辙器

图 号：研线 1115－100－1

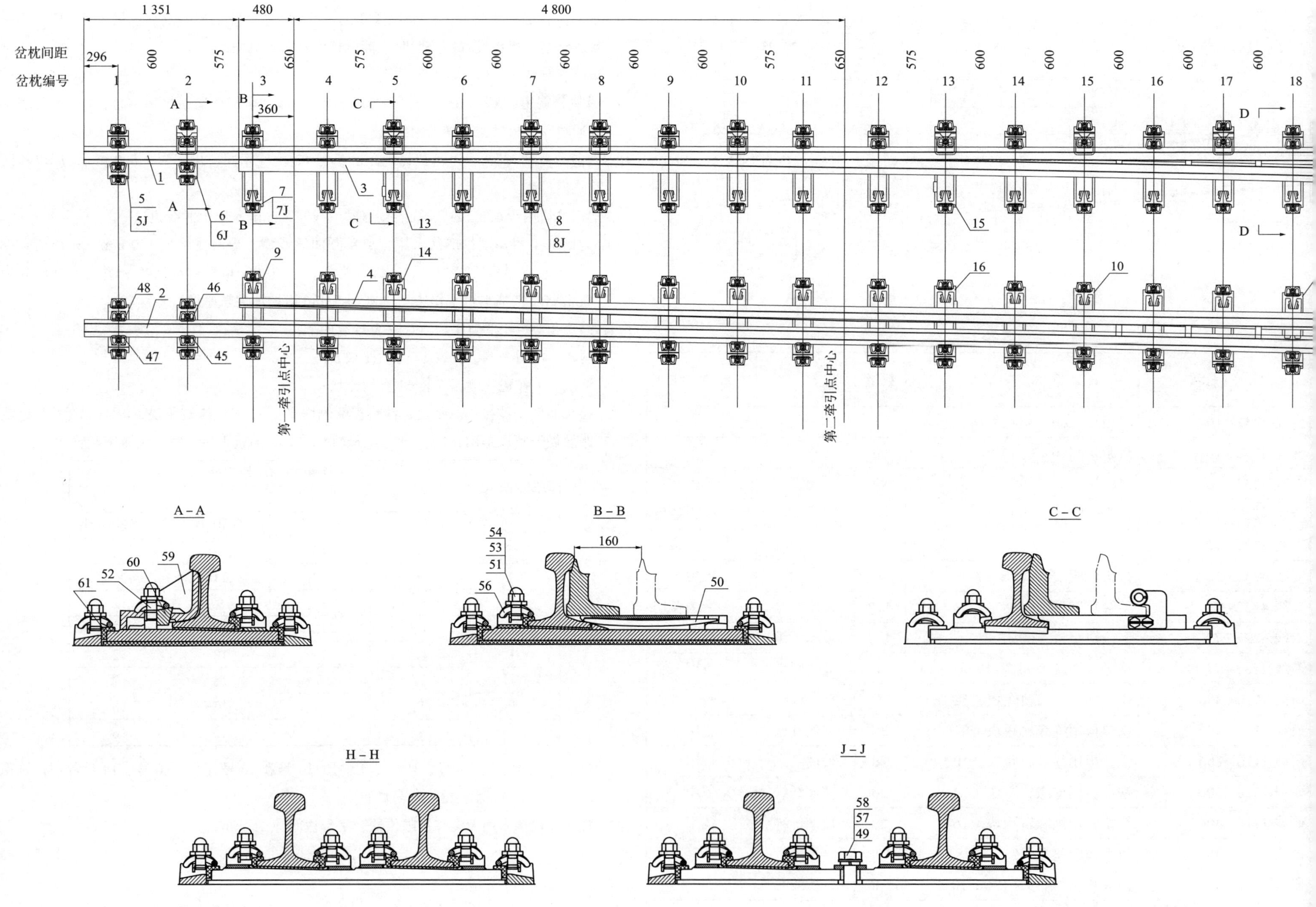

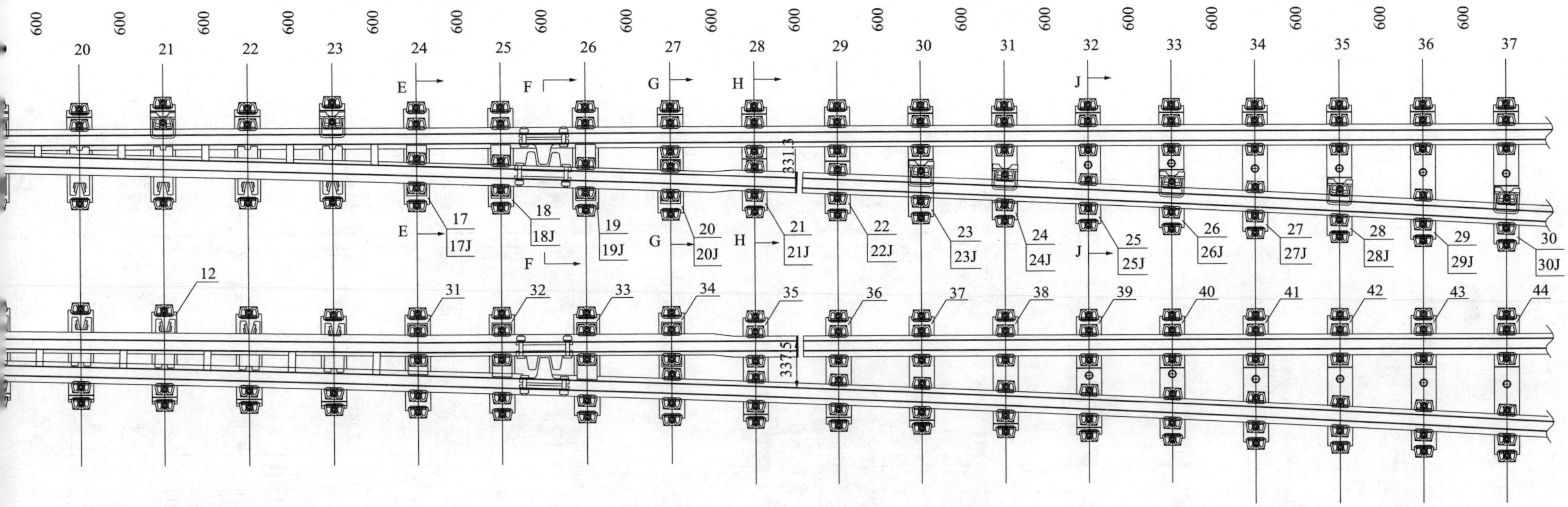

D – D

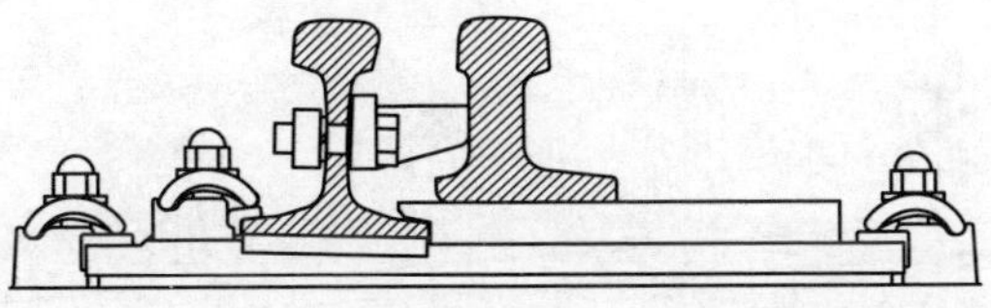

E – E

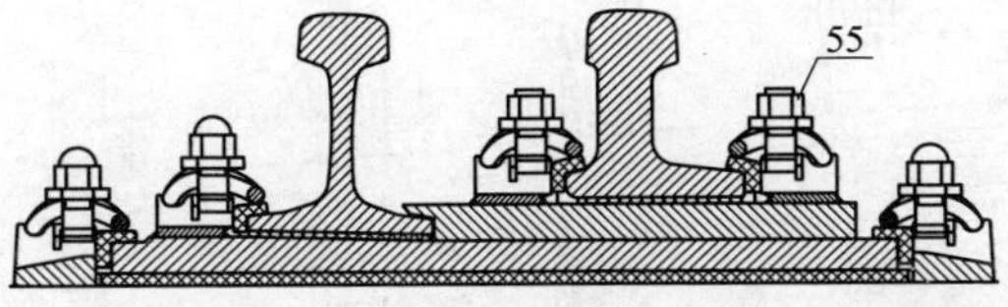

F – F

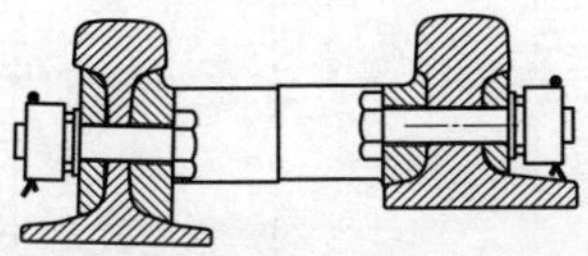

G – G

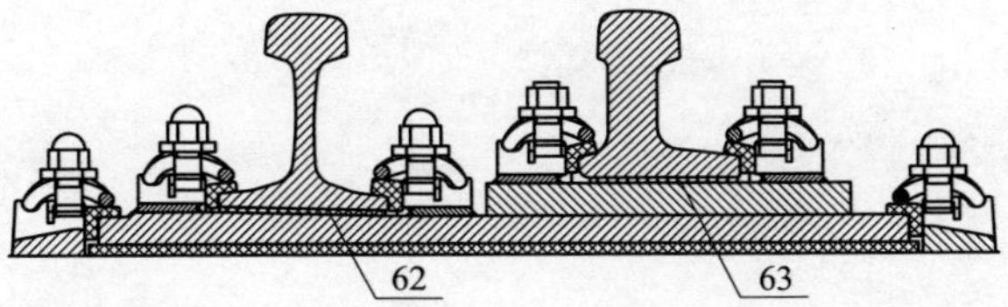

技 术 要 求

1. 第一、二牵引点转换力分别为 2 000 N、4 000 N；动程分别为 160 mm、80 mm。
2. 轨距块使用：
   工作边用轨距块 60/13－15 中的 13 号；
   非工作边用轨距块 60/9－11 的 11 号。
3. 顶铁组装时，安装 1 mm、2 mm 厚的调整片各 1 片。
4. 铺设防跳限位滑床板时，应使铁卡与尖轨轨底侧边间隙小于 5 mm，安装螺栓后用开口销将两螺栓串联。

60 kg/m 钢轨 12 号单开道岔辙叉及护轨
图　号：研线 1115－200－1

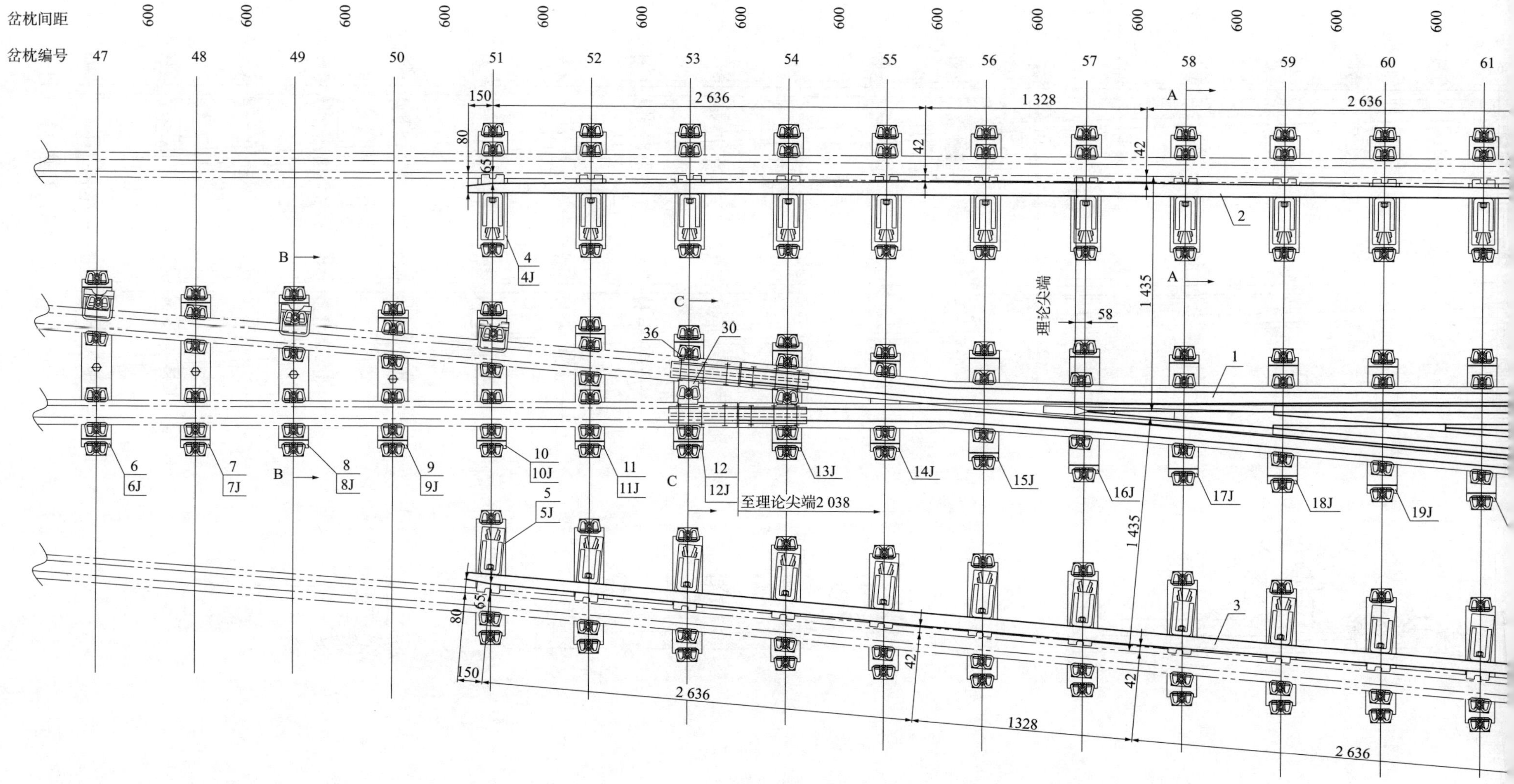

技　术　要　求

1. 轨距块安装号数：

   辙叉两侧安装 11 号轨距块；

   其余钢轨工作边一侧安装 13 号轨距块，非工作边一侧安装 11 号轨距块。

2. 组装护轨时，应使用 3 mm 厚的护轨调整片，如查照间隔或护背距离不合格时，可用备用调整片进行调整。

3. 查照间隔及护轨距离在心轨轨头宽 20～40 mm 处测量。

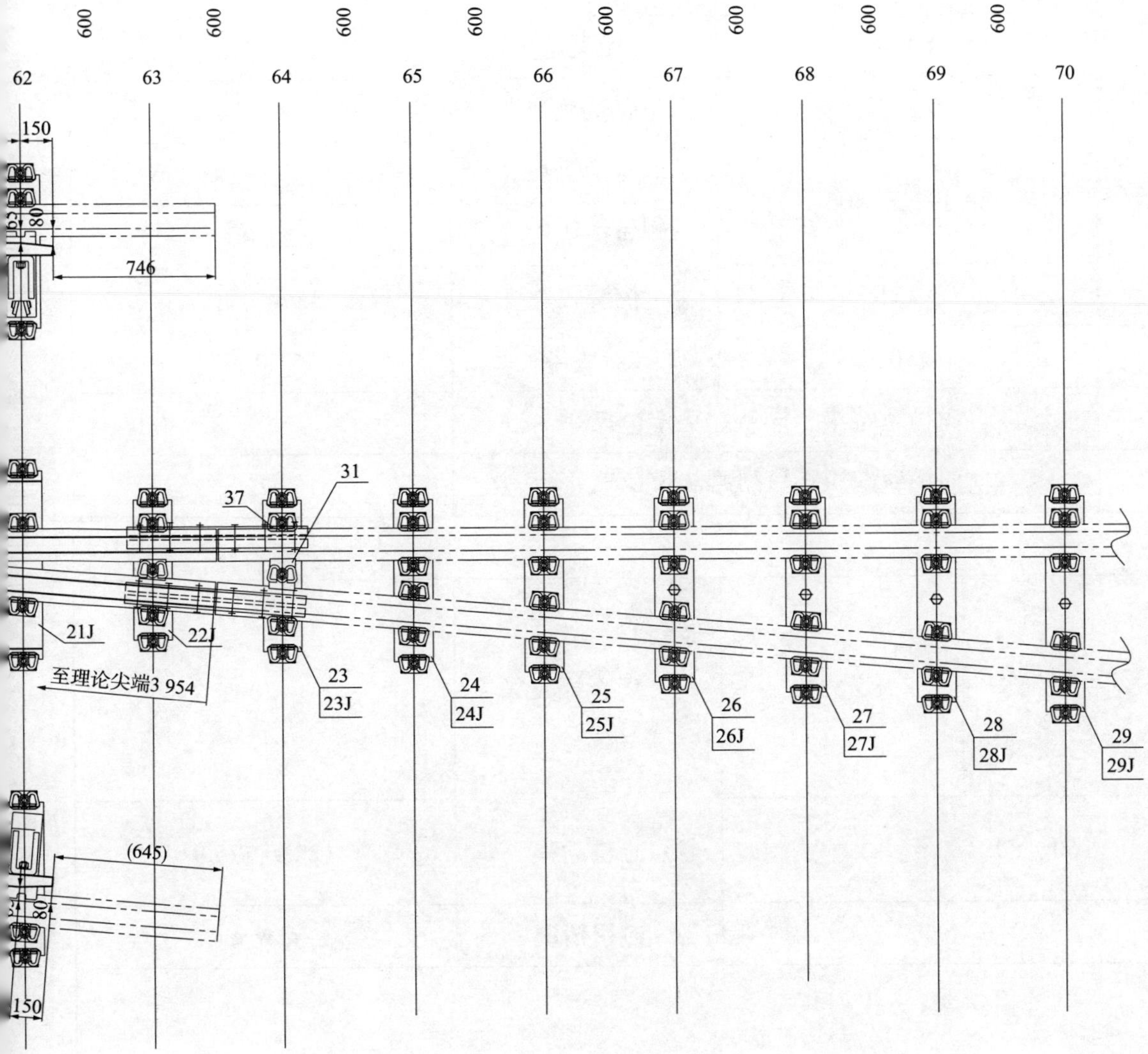
600
600
600
600
600
600
600
600
62
63
64
65
66
67
68
69
70
150
80
746
37
31
21J
22J
23
23J
24
24J
25
25J
26
26J
27
27J
28
28J
29
29J
至理论尖端3 954
(645)
80
150

A－A

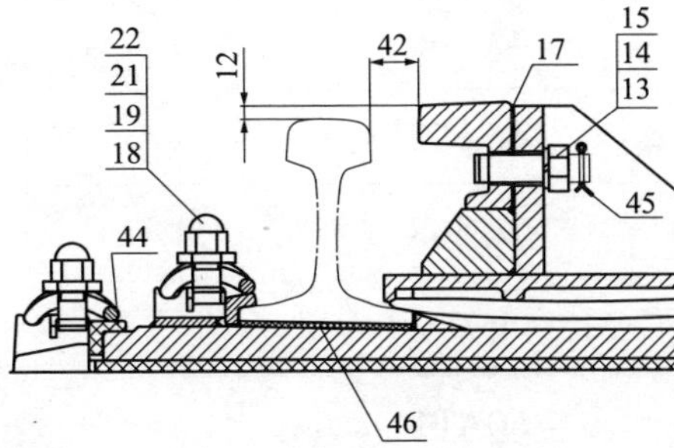
22
21
19
18
12
42
17
15
14
13
45
16
44
46

B－B

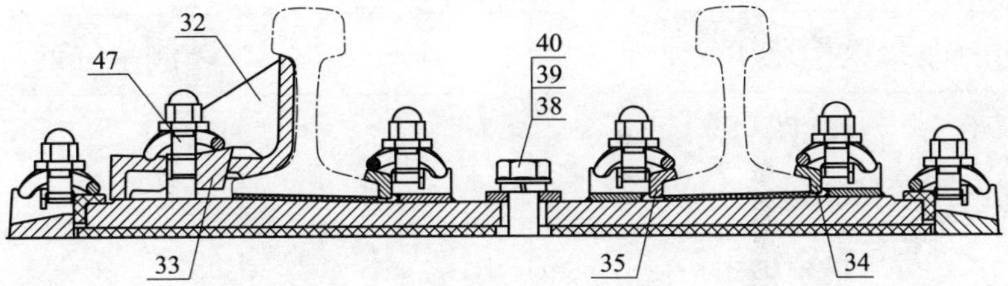
32
47
40
39
38
33
35
34

C－C

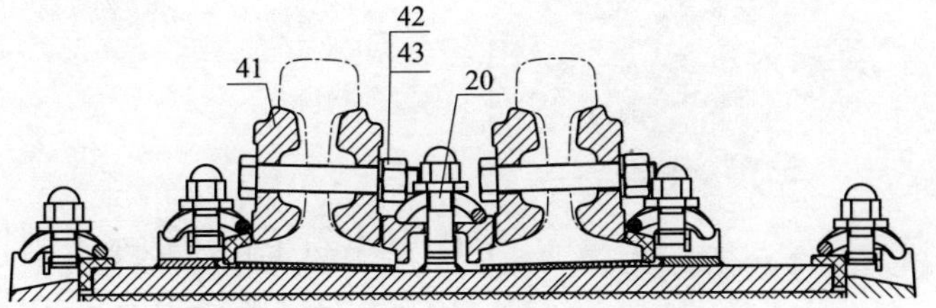
42
43
41
20

20. 60 kg/m 钢轨 12 号可动心轨单开道岔(有砟)
设计图号：研线 1505

<table>
<tr><td rowspan="2">道岔允许通过速度</td><td>客车</td><td colspan="2">$v_{直}$≤200 km/h；$v_{侧}$≤45 km/h</td><td>扣件类型</td><td>Ⅱ型弹条</td></tr>
<tr><td>货车</td><td colspan="2">轴重 27 t：$v_{直}$≤100 km/h；$v_{侧}$≤45 km/h
其　他：$v_{直}$≤120 km/h；$v_{侧}$≤45 km/h</td><td>轨底坡</td><td>1∶40</td></tr>
<tr><td>转辙器跟端形式</td><td colspan="3">■限位器　□间隔铁　□不设传力机构　□间隔铁活接头</td><td>锁闭方式</td><td>外锁闭</td></tr>
<tr><td>道岔全长</td><td>43 200</td><td>辙叉全长</td><td>13 792</td><td>辙叉类型</td><td>可动心轨辙叉</td></tr>
<tr><td>道岔前长</td><td>16 592</td><td>辙叉趾长</td><td>4 438</td><td>辙叉角</td><td>4°45′49.1″</td></tr>
<tr><td>道岔后长</td><td>26 608</td><td>辙叉跟长</td><td>9 354</td><td>翼轨轨型</td><td>60TY1</td></tr>
<tr><td>尖轨长度</td><td>15 445/15 441</td><td rowspan="2">基本轨长度</td><td rowspan="2">23 392/23 405</td><td>直向护轨长度</td><td>—</td></tr>
<tr><td>尖轨轨型</td><td>60AT1</td><td>侧向护轨长度</td><td>5 600</td></tr>
<tr><td colspan="3">尖轨尖端前基本轨长度</td><td>1 351</td><td>护轨轨型</td><td>33 kg/m 槽型钢</td></tr>
<tr><td colspan="3">辙叉理论尖端距趾端方向前一根岔枕中心距离</td><td>350</td><td>导曲线半径</td><td>350 m</td></tr>
<tr><td colspan="2">尖轨尖端至心轨实际尖端距离</td><td>31 025</td><td colspan="2">直向护轨端头距导轨端头定位尺寸</td><td>—</td></tr>
<tr><td colspan="2">道岔终端至末根岔枕中心距离</td><td>5 100</td><td colspan="2">侧向护轨端头距导轨端头定位尺寸</td><td>7 729</td></tr>
<tr><td>最大构造加宽</td><td>—</td><td>测量位置</td><td colspan="3">—</td></tr>
<tr><td>岔枕图号
研线 1505-400</td><td rowspan="2">岔枕总数</td><td rowspan="2">89 根</td><td rowspan="2">岔枕展延长</td><td rowspan="2">285.53 m</td><td rowspan="2">套管总数</td><td rowspan="2">20</td></tr>
<tr><td>道岔板
—</td></tr>
<tr><td>转换设备图号
—</td><td>尖轨动程</td><td colspan="2">160、80</td><td>心轨动程</td><td>122.9、75.9</td></tr>
<tr><td>批准文号</td><td colspan="3">—</td><td>应用情况</td><td>★★★</td></tr>
<tr><td>主要结构特点</td><td colspan="5">1. 基本轨工作边做水平刨切，增加了尖轨厚度。
2. 转辙器跟端采用大位移量限位器。
3. 基本轨外侧设轨撑。
4. 转辙器及护轨基本轨内侧采用弹性夹扣压。</td></tr>
</table>

转辙器明细表

序号	图号 / 标准	名称及规格	数量	材　料	备　注
1	研线 1115－101	直基本轨　23 392	1	60 kg/m 钢轨	引用研线 1115 图纸
2	研线 1115－102	曲基本轨　23 406	1	60 kg/m 钢轨	引用研线 1115 图纸
3	研线 1115－103	曲线尖轨　15 445	1	60AT 钢轨	引用研线 1115 图纸
4	研线 1115－104	直线尖轨　15 441	1	60AT 钢轨	引用研线 1115 图纸
5	研线 1505－101	垫　板　406－A	3	Q235－B(底板)	
6	研线 1505－102	轨撑垫板　446－A	1	Q235－B(底板)	
7	研线 1505－103	滑床板　662－A	11	Q235－B(底板)	
8	研线 1505－104	轨撑滑床板　702×180×29	8	Q235－B(底板)	
9	研线 1505－103	滑床板　662－BY(Z)	10	Q235－B(底板)	
10	研线 1505－103	滑床板　662－CY(Z)	3	Q235－B(底板)	
11	研线 1505－103	滑床板　662－DY(Z)	3	Q235－B(底板)	
12	研线 1505－103	滑床板　662－EY(Z)	3	Q235－B(底板)	
13	研线 1505－105	防跳限位装置　*L*=100	1	Q235－B(底板)	
14	研线 1505－106	防跳限位装置　*L*=100	1	Q235－B(底板)	
15	研线 1505－105	防跳限位装置　*L*=144	1	Q235－B(底板)	
16	研线 1505－106	防跳限位装置　*L*=144	1	Q235－B(底板)	
17	研线 1505－107	垫　板　702×180×29	1	Q235－B(底板)	
18	研线 1505－107	垫　板　702×180×29	1	Q235－B(底板)	
19	研线 1505－107	垫　板　752×180×29	1	Q235－B(底板)	
20	研线 1505－108	垫　板　752×180×29	1	Q235－B(底板)	
21	研线 1505－108	垫　板　752×180×29	1	Q235－B(底板)	
22	研线 1505－108	垫　板　752×180×29	1	Q235－B(底板)	
23	研线 1505－109	垫　板　837×180×29	1	Q235－B(底板)	
24	研线 1505－109	垫　板　837×180×29	1	Q235－B(底板)	
25	研线 1505－110	垫　板　837×180×29	1	Q235－B(底板)	
26	研线 1505－110	垫　板　897×180×29	1	Q235－B(底板)	
27	研线 1505－109	垫　板　897×180×29	1	Q235－B(底板)	
28	研线 1505－110	垫　板　967×180×29	1	Q235－B(底板)	
29	研线 1505－109	垫　板　967×180×29	1	Q235－B(底板)	
30	研线 1505－110	垫　板　1 017×180×29	1	Q235－B(底板)	
31	研线 1505－110	垫　板　1 017×180×29	1	Q235－B(底板)	
32	研线 1505－111	垫　板　702×180×29	1	Q235－B(底板)	
33	研线 1505－111	垫　板　702×180×29	1	Q235－B(底板)	

续上表

序号	图号 / 标准	名称及规格	数量	材　料	备　注
34	研线 1505－111	垫　板　752 × 180 × 29	1	Q235－B(底板)	
35	研线 1505－112	垫　板　752 × 180 × 29	1	Q235－B(底板)	
36	研线 1505－113	垫　板　752 × 180 × 29	1	Q235－B(底板)	
37	研线 1505－113	垫　板　752 × 180 × 29	1	Q235－B(底板)	
38	研线 1505－113	垫　板　837 × 180 × 29	1	Q235－B(底板)	
39	研线 1505－113	垫　板　837 × 180 × 29	1	Q235－B(底板)	
40	研线 1505－114	垫　板　837 × 180 × 29	1	Q235－B(底板)	
41	研线 1505－114	垫　板　897 × 180 × 29	1	Q235－B(底板)	
42	研线 1505－114	垫　板　897 × 180 × 29	1	Q235－B(底板)	
43	研线 1505－114	垫　板　967 × 180 × 29	1	Q235－B(底板)	
44	研线 1505－114	垫　板　967 × 180 × 29	1	Q235－B(底板)	
45	研线 1505－114	垫　板　1 017 × 180 × 29	1	Q235－B(底板)	
46	研线 1505－114	垫　板　1 017 × 180 × 29	1	Q235－B(底板)	
47	专线 4232－10	轨距块　60/9－11	83	ZG 270－500	安装在非工作边
48	专线 4232－10	轨距块　60/13－15	52	ZG 270－500	安装在工作边
49	专线 4232－10A	接头轨距块　60/9－11	6	ZG 270－500	安装在非工作边
50	专线 4232－10A	接头轨距块　60/13－15	6	ZG 270－500	安装在工作边
51	研线 0405－3	混凝土岔枕用螺栓 (Ⅲ型)	12	45 号钢	
52	研线 1116－308	弹性夹　320	42	60Si2MnA 热轧弹簧钢	
53	研线 1505－301	T 型螺栓　M24 × 60	316	Q235	安装轨撑处 T 型螺栓长 75 mm，共计 11 个，其余 T 型螺栓长 60 mm
54	TB/T 1495.4	平垫圈	316	Q275	
55	GB/T 41	螺　母　M24	316		
56	专线 3351	Ⅱ型弹条	147	60Si2CrVA	
57	GB/T 1230	高强度垫圈　30	12	45 号	用于Ⅲ型岔枕螺栓
58	GB/T 7224	弹簧垫圈　30	12	65Mn	用于Ⅲ型岔枕螺栓
59	研线 1115－125	轨　撑　P 60	17	KTH 330－08	
60	SC 350－141	调整楔	17	KTH 350－10	
61	研线 0603－4a	W1 型弹条	152	60Si2MnA	
62	研线 1505－303	绝缘轨距块Ⅰ型　14	152	玻璃纤维	
63	研线 1505－304	平面胶垫　210－148	94	橡胶	
64	研线 1505－304	平面胶垫　170－148	8	橡胶	
5J	研线 1505－305	橡胶垫板　424 × 176 × 20	3	橡胶	
6J	研线 1505－305	橡胶垫板　680 × 176 × 20	32	橡胶	

续上表

序号	图号 / 标准	名称及规格	数量	材　　料	备　　注
7J	研线 1505－305	橡胶垫板　464×176×20	1	橡胶	
8J	研线 1505－305	橡胶垫板　720×176×20	10	橡胶	
17J	研线 1505－305	橡胶垫板　720×176×20	4	橡胶	
19J	研线 1505－305	橡胶垫板　770×176×20	6	橡胶	
22J	研线 1505－305	橡胶垫板　770×176×20	4	橡胶	
24J	研线 1505－305	橡胶垫板　855×176×20	2	橡胶	
25J	研线 1505－305	橡胶垫板　855×176×20	2	橡胶	
26J	研线 1505－306	橡胶垫板　915×176×20(420)	4	橡胶	
28J	研线 1505－305	橡胶垫板　985×176×20	4	橡胶	
30J	研线 1505－305	橡胶垫板　1 035×176×20	4	橡胶	

辙叉明细表					
序号	图号 / 标准	名称及规格	数量	材　料	备　注
1	研线 1505－203	左翼轨　13 200	1	60TY 钢轨	
2	研线 1505－204	右翼轨　13 200	1	60TY 钢轨	
3	研线 1505－205	长心轨	1	60AT 钢轨	
4	研线 1505－206	短心轨	1	60AT 钢轨	
5	研线 1505－207	叉跟轨	1	60 kg/m 钢轨	
6	GLC(06)01－207	侧向护轨	1	33 kg/m 槽型轨	
7	研线 1505－209	辙叉垫板　1 055 × 180 × 29	1	Q235(底板)	
8	研线 1505－210	辙叉垫板　967 × 180 × 29	1	Q235(底板)	
9	研线 1505－209	辙叉垫板　967 × 180 × 29	1	Q235(底板)	
10	研线 1505－210	辙叉垫板　897 × 180 × 29	1	Q235(底板)	
11	研线 1505－210	辙叉垫板　837 × 180 × 29	1	Q235(底板)	
12	研线 1505－211	辙叉垫板　837 × 180 × 27	1	Q235(底板)	
13	研线 1505－212	辙叉垫板　752 × 180 × 27	1	Q235(底板)	
14	研线 1505－213	辙叉垫板　702 × 180 × 27	1	Q235(底板)	
15	研线 1505－214	辙叉垫板　837 × 180 × 27	1	Q235(底板)	
16	研线 1505－214	辙叉垫板　837 × 180 × 27	1	Q235(底板)	
17	研线 1505－214	辙叉垫板　837 × 180 × 27	1	Q235(底板)	
18	研线 1505－215	辙叉垫板　837 × 180 × 27	1	Q235(底板)	
19	研线 1505－215	辙叉垫板　967 × 180 × 27	1	Q235(底板)	
20	研线 1505－215	辙叉垫板　1 055 × 180 × 27	1	Q235(底板)	
21	研线 1505－216	辙叉垫板　1 160 × 180 × 27	1	Q235(底板)	
22	研线 1505－216	辙叉垫板　1 160 × 180 × 27	1	Q235(底板)	
23	研线 1505－216	辙叉垫板　1 160 × 180 × 27	1	Q235(底板)	
24	研线 1505－216	辙叉垫板　1 240 × 180 × 27	1	Q235(底板)	
25	研线 1505－217	辙叉垫板　1 240 × 180 × 27	1	Q235(底板)	
26	研线 1505－218	辙叉垫板　1 240 × 180 × 27	1	Q235(底板)	
27	研线 1505－219	辙叉垫板　1 340 × 180 × 27	1	Q235(底板)	
28	研线 1505－220	辙叉垫板　1 340 × 180 × 27	1	Q235(底板)	
29	研线 1505－221	辙叉垫板　1 440 × 180 × 27	1	Q235(底板)	
30	研线 1505－222	辙叉垫板　1 440 × 180 × 27	1	Q235(底板)	
31	研线 1505－221	辙叉垫板　1 540 × 180 × 27	1	Q235(底板)	
32	研线 1505－222	辙叉垫板　1 540 × 180 × 27	1	Q235(底板)	
33	研线 1505－208	侧股护轨垫板　752 × 180 × 29	9	Q235(底板)	

续上表

序号	图号 / 标准	名称及规格	数量	材　　料	备　　注
34	研线 1505－301	垫　板　406－A	1	Q235(底板)	
35	研线 1505－301	垫　板　406－F	1	Q235(底板)	
36	研线 1116－308	弹性夹　380	9	60Si2MnA 热轧弹簧钢	
37	研线 1116－309	支距扣板　60　140.8－129.2	1	Q235(底板)	
38	GLC(08)01－214	防跳顶铁(一)　156	1	KTH 330－08 或 QT400－15	
39	GLC(08)01－215	防跳顶铁(二)　140.5	1	KTH 330－08 或 QT400－15	
40	GLC(08)01－214	防跳顶铁(一)　198	1	KTH 330－08 或 QT400－15	
41	GLC(08)01－215	防跳顶铁(二)　185.7	1	KTH 330－08 或 QT400－15	
42	GLC(08)01－214	防跳顶铁(一)　225	5	KTH 330－08 或 QT400－15	
43	GLC(08)01－215	防跳顶铁(二)　213	5	KTH 330－08 或 QT400－15	
44	GLC(08)01－214	防跳顶铁(一)　198	1	KTH 330－08 或 QT400－15	
45	专线 4232－36	顶　铁　113－117.5	1	KTH 330－08	
46	专线 4232－36	顶　铁　161.5－161.5	2	KTH 330－08	
47	专线 4232－36	顶　铁　95－95	4	KTH 330－08	
48	GLC(08)01－216	间隔铁　60/283.6－258.1	1	ZG 230－450	用于两翼轨间
49	GLC(08)01－217	防跳间隔铁　60/232.2－242.6	1	ZG 230－450	用于两翼轨间
50	GLC(06)01－524	二动连接铁　35－48.4Y(Z)	1	Q235	
51	GLC(06)01－528	间隔铁　60/78.9－92.2	1	KTH 350－10	用于两心轨间
52	GLC(06)01－528	间隔铁　60/123.3－136.6	1	KTH 350－10	用于两心轨间
53	GLC(06)01－529	间隔铁　60/165.9－185.6	1	ZG 230－450	用于两心轨间
54	GLC(06)01－530	间隔铁　60/202.1－221.7	1	ZG 230－450	用于两心轨间
55	GLC(07)02－253	间隔铁　60AT－225	2	Q235	用于长心轨跟端
56	GLC(07)02－254	间隔铁　950－230	2	Q235	用于侧股叉跟
57	GLC(06)01－538	夹　板	2	Q235	
58	SC 38－112	轨　撑	2	KTH 330－08	
59	专线 4232－92	调整楔	2	KTH 350－10	
60	GLC(08)01－218	轨　撑	6	KTH 330－08	
61	GLC(06)01－523	调整楔	6	KTH 350－10	
62	SCT 300－506	螺　栓　M27×120	4	10.9 级	

续上表

序号	图号 / 标准	名称及规格	数量	材　料	备　注
63	SCT 300－506	螺　栓　M27×340	2	10.9 级	
64	专线 4232－3	方头螺栓　M27×115	1	10.9 级	
65	专线 4232－3	方头螺栓　M27×125	1	10.9 级	
66	SCT 300－506	螺　栓　M27×180	2	10.9 级	
67	SCT 300－506	螺　栓　M27×210	1	10.9 级	
68	SCT 300－506	螺　栓　M27×215	1	10.9 级	
69	SCT 300－506	螺　栓　M27×240	1	10.9 级	
70	SCT 300－506	螺　栓　M27×230	1	10.9 级	
71	SCT 300－506	螺　栓　M27×270	1	10.9 级	
72	SCT 300－506	螺　栓　M27×280	1	10.9 级	
73	SCT 300－506	螺　栓　M27×135	4	10.9 级	
74	SCT 300－506	螺　栓　M27×110	24	10.9 级	
75	SCT 300－506	螺　栓　M27×125	28	10.9 级	
76	GB/T 5780	螺　栓　M24×110	6		
77	GB/T 5780	螺　栓　M24×100	38		
78	GB/T 1230	高强平垫圈　27	72	HRC35－45	
79	GB/T 7244	垫　圈　24	44	65Mn	
80	GLC(06)01－541	圆孔垫圈　60AT－0	8	KTH 330－08	
81	GLC(06)01－542	圆孔垫圈　60AT－0	4	KTH 330－08	
82	GLC(06)01－542	圆孔垫圈　60AT－3	8	KTH 330－08	
83	GLC(07)02－249	圆孔垫圈	2	KTH 330－08	
84	GB/T 41	螺　母　M27	72	10 级	
85	GB/T 41	螺　母　M24	44		
86	SCT 300－346	螺母防松帽	72	ZG 230－450	
87	GB/T 91	开口销　4×80	72	碳素钢或特种钢	
88	研线 1505－322	防转片	1	Q235	
89	研线 1505－323	垫　片　60AT/2－7.7	1	Q235	
90	研线 1505－323	垫　片　60AT/16.4－22.5－270	1	Q235	
91	TB/T 3065.2	Ⅱ型弹条	78	60Si2CrA	
92	研线 0603－4a	W1 型弹条	74	60Si2MnA	
93	研线 1505－303	T 型螺栓　M24×60	153	Q235	安装轨撑处 T 型螺栓长 75 mm，共计 8 个，其余 T 型螺栓长 60 mm
94	GB/T 1230	高强度垫圈　30	8	45 号钢	
95	GB/T 7224	弹簧垫圈　30	8	65Mn	
96	研线 0405－3	混凝土岔枕用螺栓 (Ⅲ型)	8	45 号钢	

续上表

序号	图号 / 标准	名称及规格	数量	材　料	备　注
97	研线 1505－305	绝缘轨距块	74	玻璃纤维	
98	专线 4232－10	轨距块　60/9－11	92	ZG 230－450	
99	专线 4232－10	轨距块　60/13－15	8	ZG 230－450	
100	专线 4232－10A	接头轨距块　60/9－11	6	ZG 230－450	
101	专线 4232－10A	接头轨距块　60/13－15	2	ZG 230－450	
102	GLC(06)01－525	二动调整片　(*a*=1、2)	4	Q235	
103	GLC(06)01－543	护轨调整片　170 × 80 × *a*	18	Q235	*a*=2、3, 各 9 片
104	GLC(06)01－544	顶铁调整片　170 × 50 × *a*	16	Q235	*a*=0.5、1、2，各 8 片
105	GLC(08)01－219	顶铁调整片　*h*	30	Q235	
106	专线 4171－9	长方头螺栓　M24 × 85	9		
107	研线 1505－304	平面胶垫　210－148	44	橡胶	枕 46～53、56～64 翼轨轨下护轨轨下，枕 65 对应左翼轨的轨下
108	研线 1505－304	平面胶垫　210－100	4	橡胶	枕 54、55 对应的翼轨轨下
109	研线 1505－304	平面胶垫　210－125	1	橡胶	枕 65 对应右翼轨的轨下
110	研线 1505－304	平面胶垫　210－138	12	橡胶	枕 66～71 对应的翼轨轨下
1J	研线 1505－306	橡　胶　1 060 × 176 × 20(530)	1	橡胶	
2J	研线 1505－306	橡胶垫板　1 007 × 176 × 20(503.5)	2	橡胶	
3J	研线 1505－306	橡胶垫板　887 × 176 × 20(443.5)	1	橡胶	
4J	研线 1505－306	橡胶垫板　827 × 176 × 20(413.5)	1	橡胶	
5J	研线 1505－306	橡胶垫板　827 × 176 × 20	5	橡胶	
6J	研线 1505－306	橡胶垫板　772 × 176 × 20	1	橡胶	
7J	研线 1505－306	橡胶垫板　737 × 176 × 20	10	橡胶	
8J	研线 1505－306	橡胶垫板　947 × 176 × 20	1	橡胶	
9J	研线 1505－306	橡胶垫板　1 060 × 176 × 20	1	橡胶	
10J	研线 1505－306	橡胶垫板　1 160 × 176 × 20	3	橡胶	
11J	研线 1505－306	橡胶垫板　1 240 × 176 × 20	3	橡胶	
12J	研线 1505－306	橡胶垫板　1 340 × 176 × 20	2	橡胶	
13J	研线 1505－306	橡胶垫板　1 440 × 176 × 20(720)	2	橡胶	
14J	研线 1505－306	橡胶垫板　1 540 × 176 × 20(770)	2	橡胶	
15J	研线 1505－306	橡胶垫板　396 × 176 × 20	2	橡胶	

60 kg/m 钢轨 12 号单开道岔
图　号：研线 1505

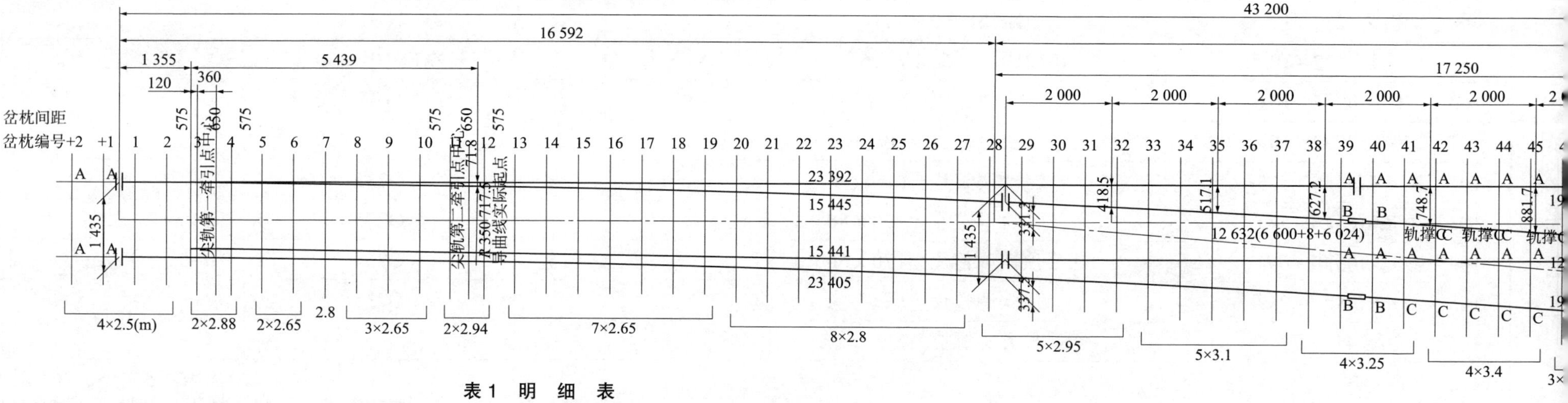

表 1　明　细　表

序号	图号 / 标准	名称及规格	数量	单位	材　料	备　注
1	研线 1505-100	转辙器	1	组		
2	研线 1505-200	辙叉及护轨	1	组		
3	TB/T 2341.4	钢　轨	58.706	m	60 kg/m 钢轨	
4	研线 1505-301	垫　板　406-A	75	块	Q235	
5	研线 1505-301	垫　板　406-B	4	块	Q235	
6	研线 1505-301	垫　板　406-C	7	块	Q235	
7	研线 1505-302	轨撑垫板　446-C	3	块	Q235	
8	研线 1505-301	垫　板　406-D	3	块	Q235	
9	研线 1505-301	垫　板　406-E	2	块	Q235	
10	研线 1505-301	垫　板　406-F	19	块	Q235	
11	TB/T 2345	接头夹板　60	16	个		
12	TB/T 2347	接头螺栓、螺母　M24×145-10.9	48	副		
13	GB/T 1230	垫　圈　24	48	个		
14	专线 3351	Ⅱ型弹条	226	个	60Si2CrVA	
15	研线 0603-4a	W1 型弹条	226	个	60Si2MnA	
16	研线 1505-302	T 型螺栓　M24×60	452	个	Q235	安装轨撑处 T 型螺栓长 75 mm，共计 3 个，其余 T 型螺栓长 60 mm
17	TB/T 1495.4	平垫圈	452	个	Q275	
18	GB/T 41	螺　母　M24	452	个		
19	研线 1115-125	轨　撑　P 60	3	个	KTH 330-08	
20	SC 350-141	调整楔	3	个	KTH 350-10	
21	专线 4232-10	轨距块　60/9-11	90+20	块	ZG 270-500	“+”后为备用
22	专线 4232-10	轨距块　60/13-15	93+20	块	ZG 270-500	“+”后为备用
23	专线 4232-10A	接头轨距块　60/9-11	8+10	块	ZG 270-500	“+”后为备用
24	专线 4232-10A	接头轨距块　60/13-15	8+10	块	ZG 270-500	“+”后为备用
25	专线 4232-72	接头轨距块　60/9-11	4+6	块	玻璃纤维	“+”后为备用
26	专线 4232-72	接头轨距块　60/13-15	4+6	块	玻璃纤维	“+”后为备用
27	研线 1505-305	绝缘轨距块Ⅰ型　14	226	个	玻璃纤维	其余规格各备 50 个
28	研线 1116-303	平面胶垫　210-148	113	块	橡胶	
29	研线 1505-306	弹性垫板　424×176×20	110	块	橡胶	
30	研线 1505-306	弹性垫板　464×176×20	3	块	橡胶	

表 2　岔　枕　表

序号	岔枕长度 (m)	数量	单位
1	2.3	6	根
2	2.4	6	根
3	2.5	4	根
4	2.65	12	根
5	2.8	9	根
6	2.88	2	根
7	2.94	2	根
8	2.95	5	根
9	3.1	5	根
10	3.25	4	根
11	3.4	4	根
12	3.55	3	根
13	3.7	4	根
14	3.85	1	根
15	4.0	2	根
16	4.15	2	根
17	4.21	2	根
18	4.3	3	根
19	4.41	2	根
20	4.45	3	根
21	4.6	3	根
22	4.75	3	根
23	4.85	2	根
一组单开共计 89 根岔枕，岔枕总长 285.53 m			

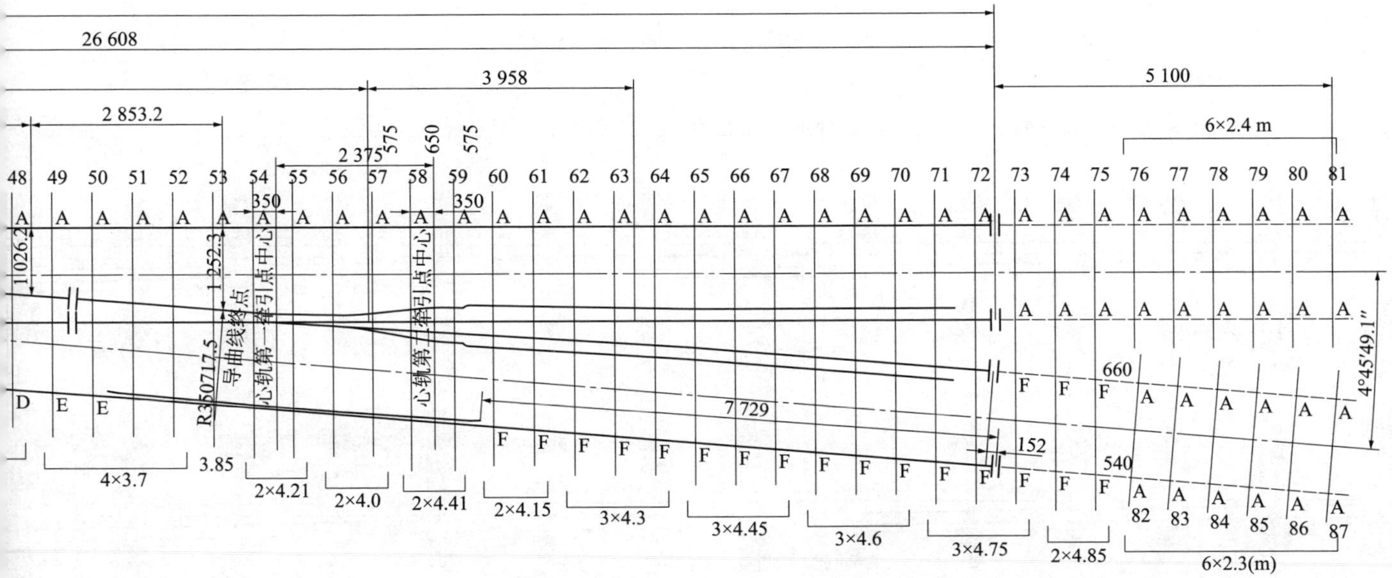

表 3 道岔直股、侧股轨距表

岔枕号	直股轨距 (mm)	侧股轨距 (mm)
1	1 436	
2	1 438.5	
3～14	1 440	1 440
15	1 438.4	1 440
16	1 436.9	1 440
17	1 435.4	1 440
18～48	1 435	1440
49	1 435	1 439.4
50	1 435	1 437.7
51－75	1 435	1 435
76～81	1 435	
82～87		1 435

技 术 要 求

图中普通接头、胶接绝缘接头、冻结绝缘接头分别以“—|—”、“—▭—”、“—▯—”表示，道岔轨缝均为 8 mm。

道岔钢轨是否钻孔根据用户需要决定。

1～81 号岔枕按垂直于道岔直股铺设，82～87 号岔枕垂直与岔后侧股，岔枕间距除注明外均为 600 mm。

明细表中钢轨可采用 U75V 在线热处理钢轨或贝氏体钢轨。

本图按普通接头且胶接绝缘接头设置在侧股绘制，配轨由下表所列钢轨组成：

长度 (mm)	12 632 胶接 (6 600+8+6 024)	19 792	12 592	19 852
数量（根）	1	1	1	1

道岔各部轨距见表 3。

图中分别用 A、B、C、D、E、F 表示普通垫板类型。

绝缘设置在直股时的配轨情况：

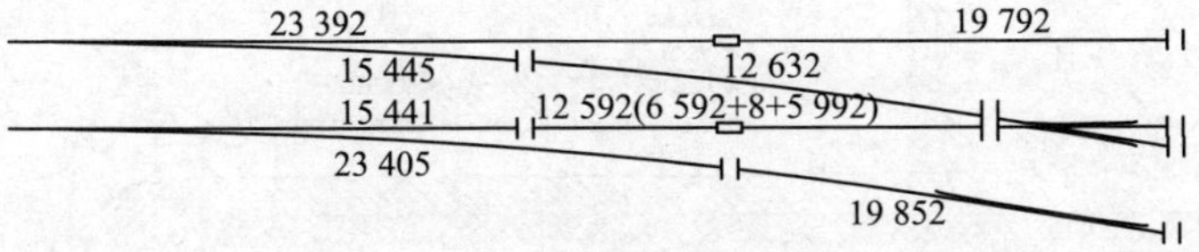

岔前编号+2、+1 岔枕钉孔距和编号 81 岔枕相同、长度为 2 500 mm，用以和区间轨道过渡。

. 道岔材料表中需另行提供胶接绝缘接头、冻结绝缘接头各一组。

. 道岔进行高程调整时，需使用轨下调高垫板（图号：研线 1505－307），规格有 1 mm、2 mm、5 mm、8 mm、10 mm 等 5 种，数量由用户另行要求。

. 绝缘轨距块分Ⅰ型和Ⅱ型两种，正常组装或调高量不大于 10 mm 时采用Ⅰ型，调高量大于 10 mm 时采用Ⅱ型。

. 本图适用于线间距 5 m 渡线道岔或正线和到发线连接道岔，当用于其他线间距时，岔枕需重新设计。

14. 为增加尖轨厚度，道岔采用相离单圆曲线线型，导曲线半径 350 m，相离值 40.8 mm，在曲尖轨顶宽 71.8 mm 处做半切，对应冲击角为 0°41′52″；并在基本轨和尖轨密贴段将基本轨工作边一侧刨切 5 mm 以增加尖轨厚度。

15. 转辙器跟端采用大位移量双限位器，字母块间隙 15 mm。

16. 扣件采用弹性分开式弹条Ⅱ型扣件，扣件设计安装号数如下：钢轨工作边一侧安装 13 号轨距块，钢轨非工作边一侧安装 11 号轨距块。7－17 号轨距块为备用，接头两侧安装接头轨距块。采用 W1 型弹条扣压铁垫板，垫板两侧均安装 14 号绝缘轨距块，10 号、12 号、16 号、18 号绝缘轨距块做调整轨距用，绝缘轨距块分Ⅰ型和Ⅱ型，正常组装或调高量不大于 6 mm 时采用Ⅰ型；调高量大于 6 mm 时使用Ⅱ型，Ⅱ型绝缘轨距块各备 100 块，数量不足时由客户另外订货。轨距块使用配置如下：

单股钢轨调整量	轨距块和压块号码			
	外侧		内侧	
	绝缘轨距块	轨距块	轨距块	绝缘轨距块
－8	18	15	9	10
－6	18	13	11	10
－4	14	15	9	14
－2	14	13	11	14
0	14	11	13	14
+2	14	9	15	14
+4	8	11	13	18
+6	8	9	15	18

绝缘轨距块号码：8 号、10 号、12 号、14 号和 16 号五种，10 号、14 号备用；轨距块号码：9－11 号、13－15 号两种。

60 kg/m 钢轨 12 号单开道岔转辙器

图　号：研线 1505－100－1

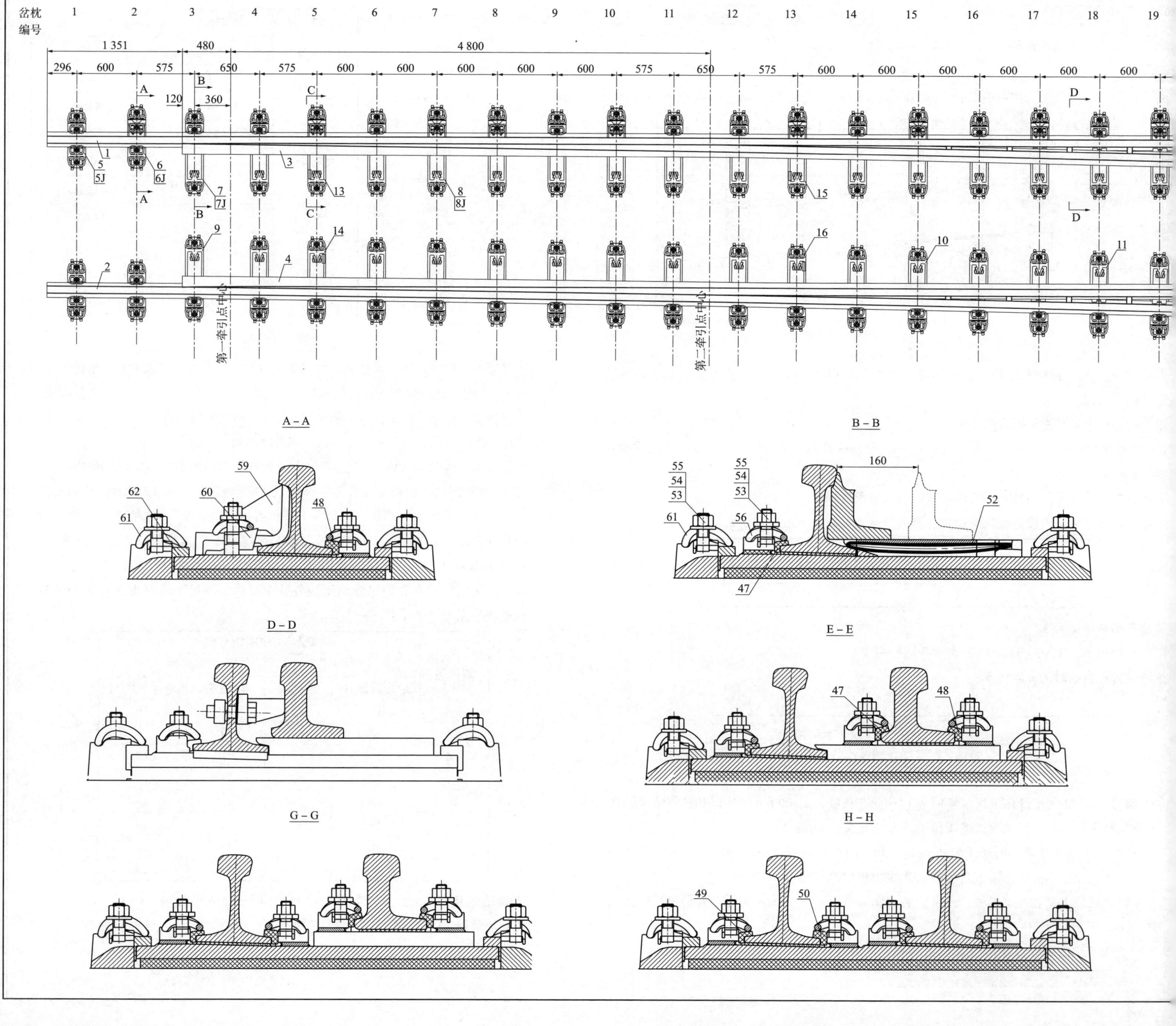

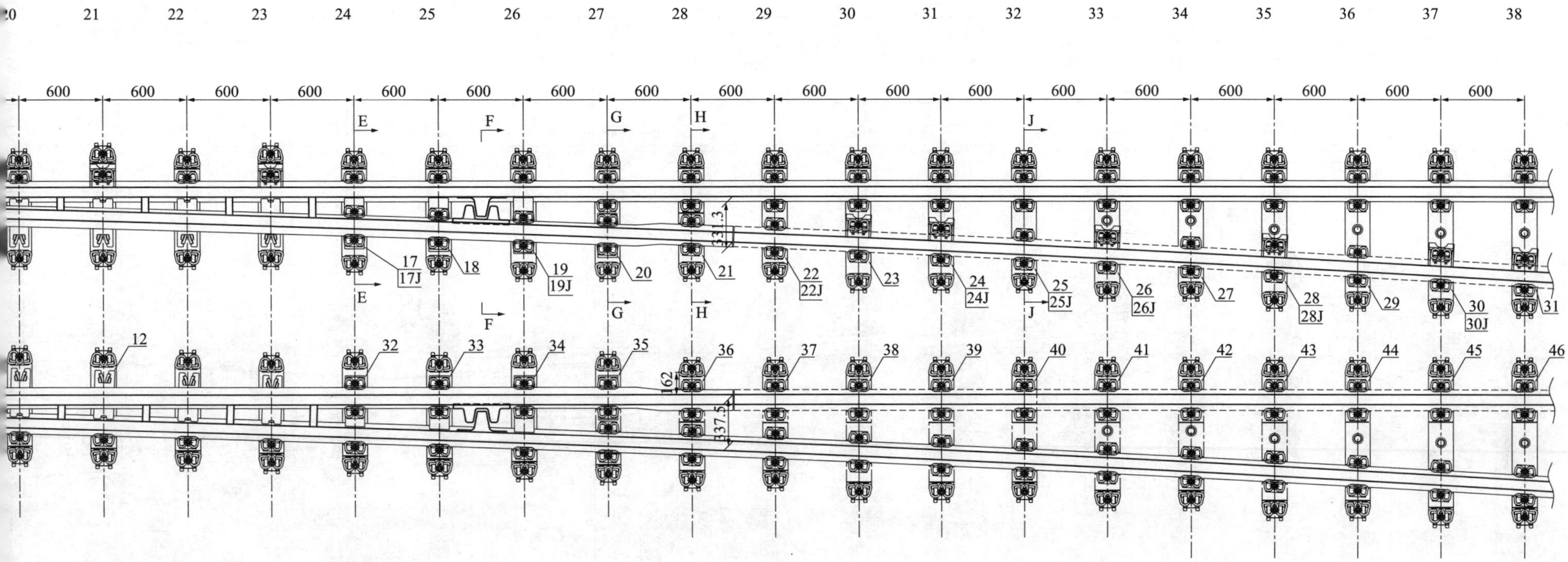

C–C

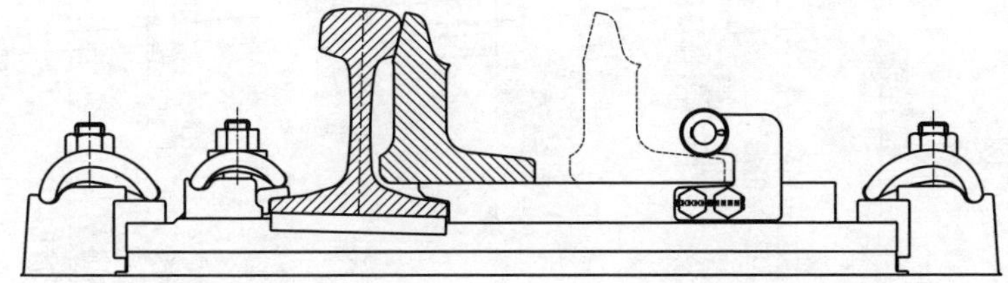

F–F

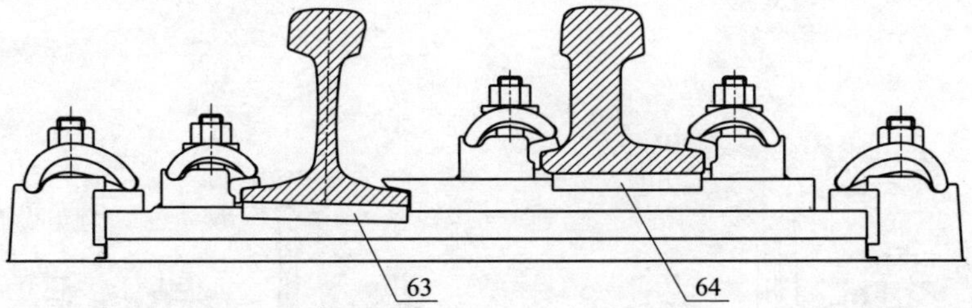

J–J

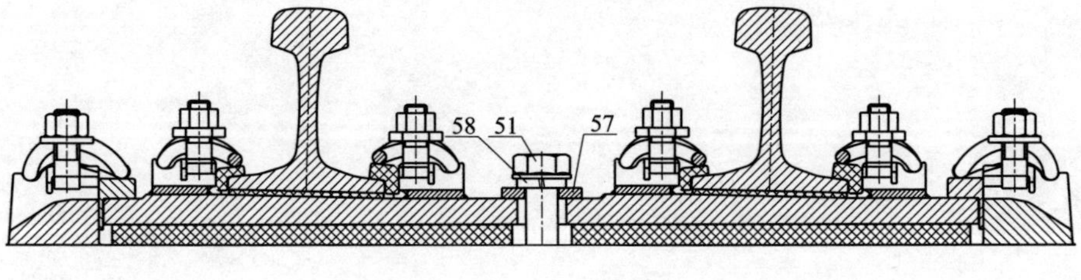

技 术 要 求

1. 轨距块的使用：60 kg/m 钢轨、60AT 轨工作边用轨距块 60/13-15 中的 13 号，非工作边用轨距块 60/9-11 的 11 号。
2. 绝缘轨距块分Ⅰ型和Ⅱ型两种，每种型号分 10 号、14 号和 18 号三种，标准轨距时内外侧均采用 14 号。正常组装或调高量不大于 10 mm 时采用Ⅰ型，调高量大于 10 mm 时采用Ⅱ型。

60 kg/m 钢轨 12 号单开道岔辙叉及护轨

图　号：研线 1505－200

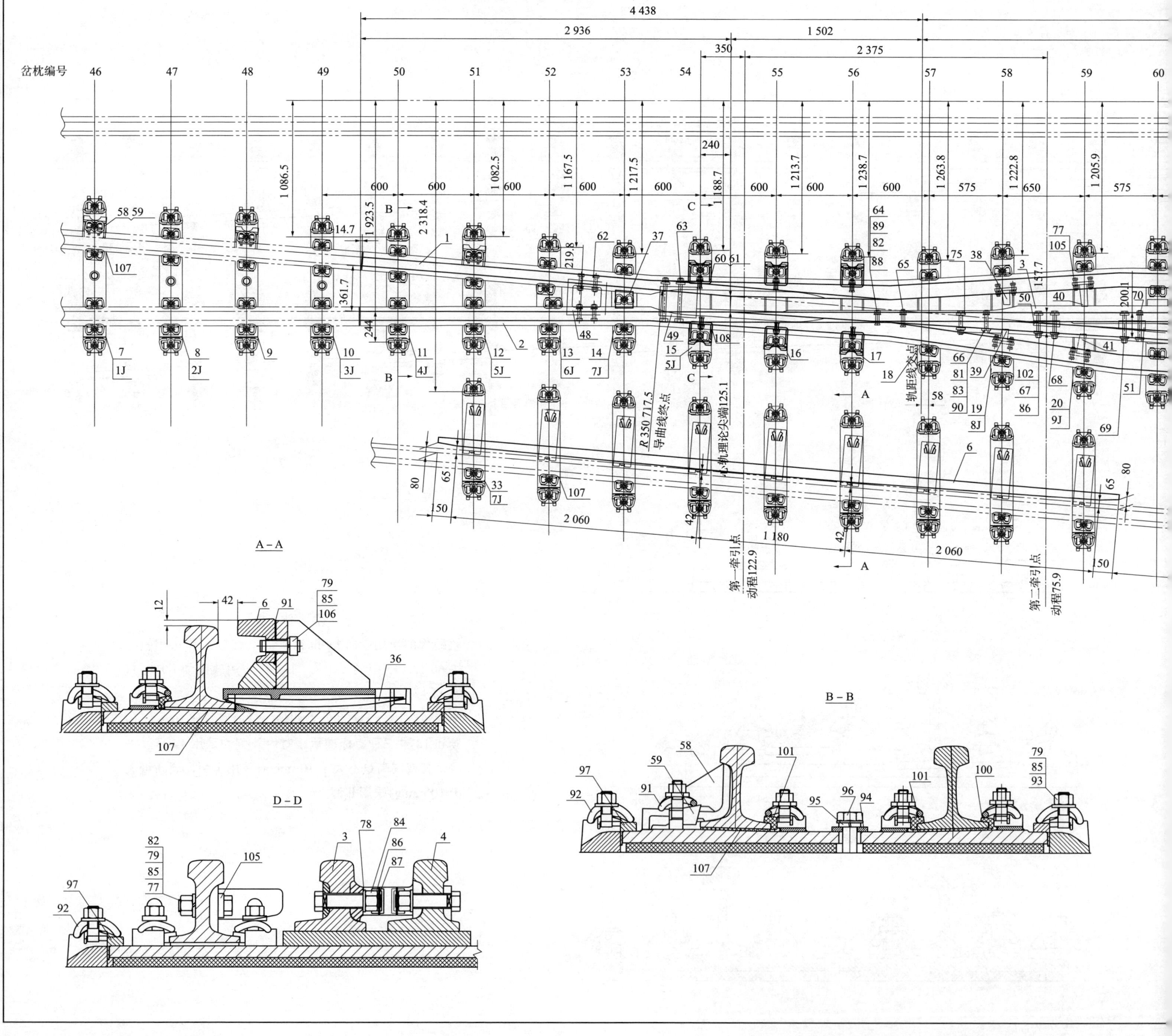

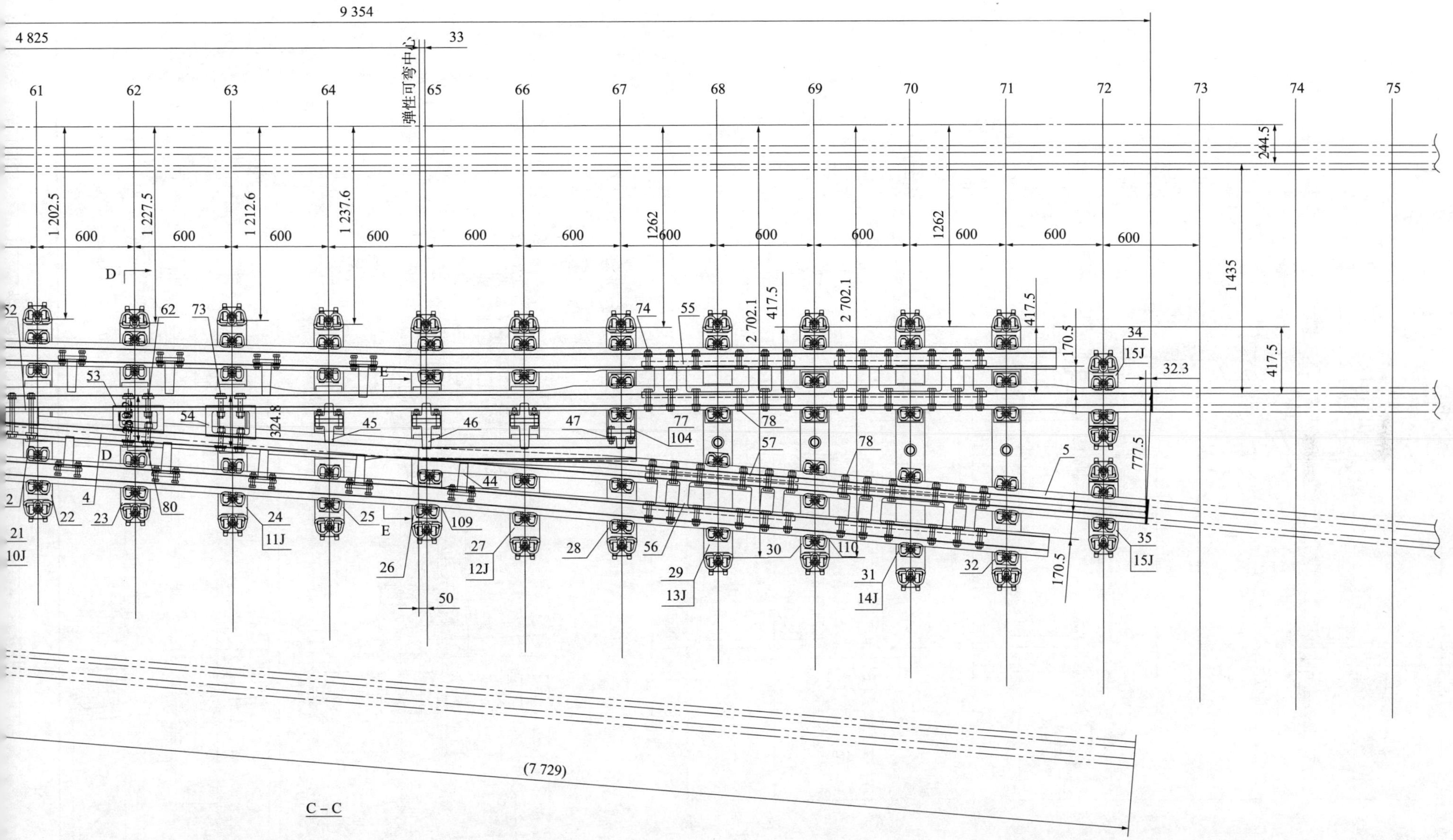

C－C

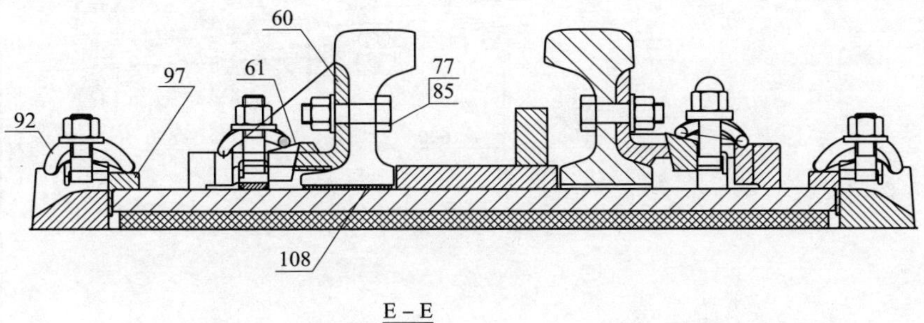

E－E

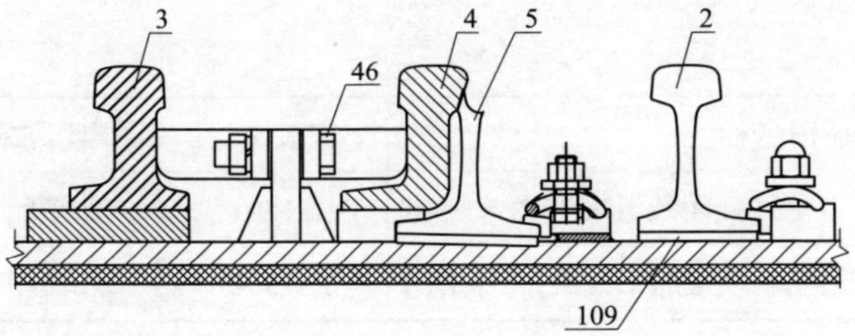

技 术 要 求

1. 第一牵引点翼轨工作边距为 (129.9 ± 1.5)mm；
   第一牵引点翼轨轨底内侧距为 221^{+2}_{-4} mm；
   第二牵引点翼轨工作边距为 (425.1 ± 1.5)mm；
   第二牵引点翼轨轨底外侧距为 727.8^{+2}_{-4} mm。
2. 轨距块安装号数：钢轨工作边一侧安装 13 号轨距块，钢轨非工作边一侧安装 11 号轨距块；接头处安装接头轨距块。辙叉区域序号 11～32 垫板两侧均安装 11 号（接头）轨距块。
3. 当接头铁位置达不到要求时，可用调整片进行调整。

研线 1505 电务主要参数

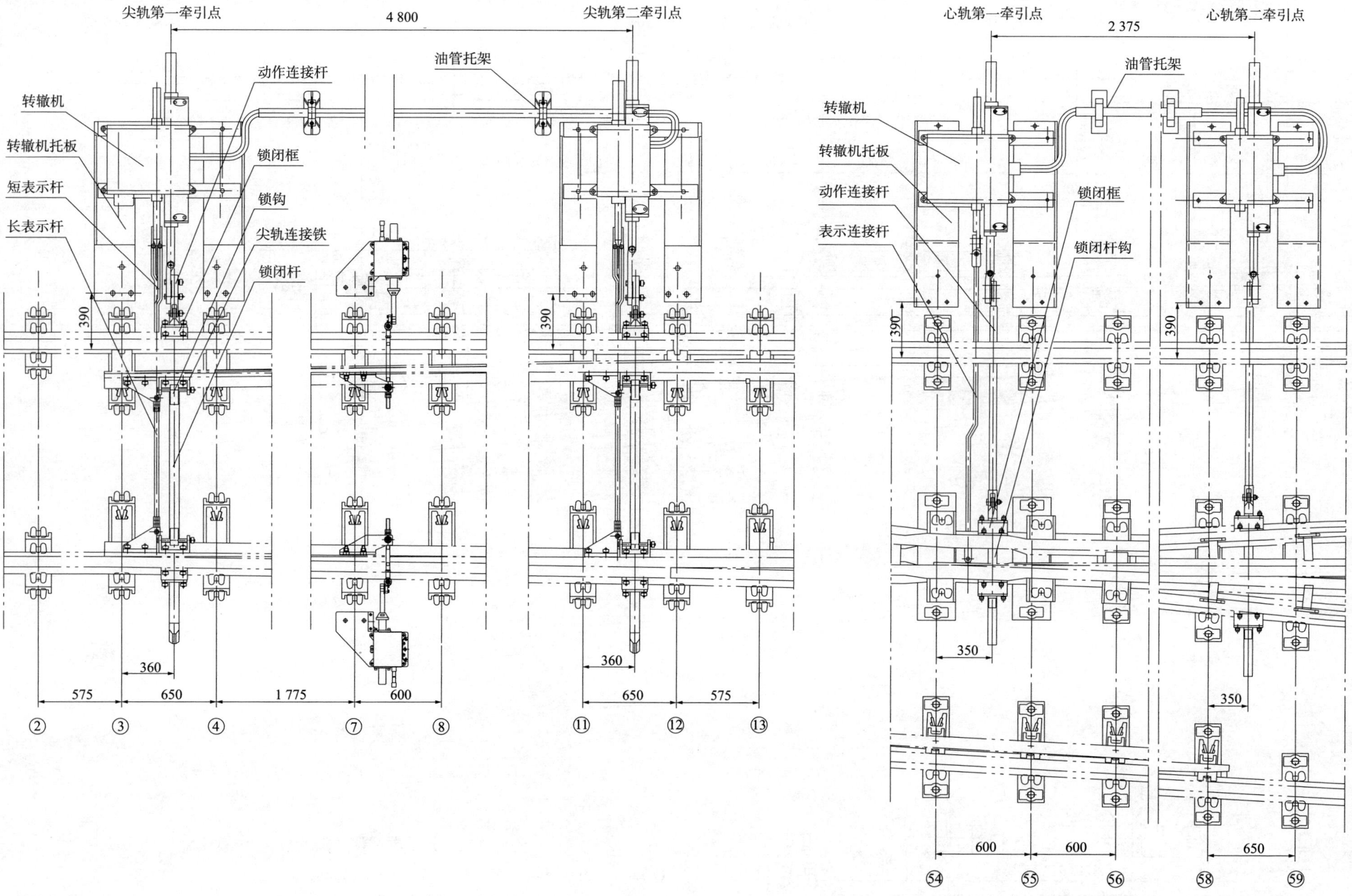

转换设备	安装图名称	安装图号	锁闭方式
钩型外锁	60 kg/m 钢轨 12 号单开道岔外锁闭装置安装图	S1501	外锁闭
ZY(J)7+SH6	60 kg/m 钢轨 12 号单开道岔转换设备 (ZYJ7) 安装图	S1502	外锁闭

21. 60 kg/m 钢轨 9 号单开道岔(混凝土枕)
设计图号：CZ 577

道岔允许通过速度	客车	$v_{\text{直}} \leqslant 120$ km/h；$v_{\text{侧}} \leqslant 35$ km/h		扣件类型	Ⅱ型弹条
	货车	轴重 23 t：$v_{\text{直}} \leqslant 90$ km/h 轴重 25 t：$v_{\text{直}} \leqslant 80$ km/h　$v_{\text{侧}} \leqslant 35$ km/h		轨底坡	—
转辙器跟端形式	■限位器　□间隔铁　□不设传力机构　□间隔铁活接头			锁闭方式	内锁闭
道岔全长	29 569	辙叉全长	4 311	辙叉类型	高锰钢整铸式
道岔前长	13 839	辙叉趾长	1 540	辙叉角	6°20′25″
道岔后长	15 730	辙叉跟长	2 771	翼轨轨型	—
尖轨长度	12 400	基本轨长度	15 042	直向护轨长度	5 400
尖轨轨型	60AT1			侧向护轨长度	3 800
尖轨尖端前基本轨长度			2 646	护轨轨型	33 kg/m 槽型钢
辙叉理论尖端距趾端方向前一根岔枕中心距离			4	导曲线半径	360 m+190 m
尖轨尖端至心轨实际尖端距离		24 234	直向护轨端头距导轨端头定位尺寸		665
道岔终端至末根岔枕中心距离		7 500	侧向护轨端头距导轨端头定位尺寸		1 216
最大构造加宽	1 443	测量位置	距基本轨前端 5 955 处		
岔枕图号 CZ 577Z	岔枕总数	69 根	岔枕展延长	222.32 m	套管总数	382
转换设备图号 —	尖轨动程	160、75		心轨动程	—
批准文号	运基线路〔2002〕289 号			应用情况	★★★
主要结构特点	1. 本道岔为 92 改进型道岔，主要尺寸与原 92 型木枕道岔相同。 2. 道岔适用于 120 km/h 新线建设或线路改造。 3. 道岔前后设置顺坡垫板。 4. 采用防松螺母，垂直螺栓增设限位螺母。 5. 牵引点处两岔枕之间设置岔枕连接装置。 6. 尖轨采用半切线型复曲线尖轨，尖端为藏尖式。 7. 高锰钢整铸辙叉可采用合金钢辙叉替换。				

转辙器明细表

序号	图号 / 标准	名称及规格	数量	材　料	备　注
1	CB 684－01	直基本轨　15 042	1	60 kg/m 钢轨	
2	CB 684－02	曲基本轨　15 042	1	60 kg/m 钢轨	
3	CB 684－03	曲线尖轨　12 400	1	60AT1 钢轨	
4	CB 684－04	直线尖轨　12 400	1	60AT1 钢轨	
5	CB 684－05	通长垫板	1		
6	CB 684－06	通长垫板	1		
7	CB 642－07	轨撑滑床板　677	2	Q235－A(底板)	
8	CB 642－08	轨撑滑床板　673	1	Q235－A(底板)	
9	CB 642－10	滑床板　60－0	7	Q235－A(底板)	
10	CB 642－10	滑床板　60－3Y(Z)	3	Q235－A(底板)	
11	CB 642－09	轨撑滑床板　60－0	5	Q235－A(底板)	
12	CB 642－09	轨撑滑床板　60－3Y(Z)	2	Q235－A(底板)	
13	CB 684－11	轨撑滑床板	1	Q235－A(底板)	
14	CB 642－10	滑床板　60－9Y(Z)	2	Q235－A(底板)	
15	CB 642－09	轨撑滑床板　60－9Y(Z)	2	Q235－A(底板)	
16	CB 642－10	滑床板　60－12Y(Z)	2	Q235－A(底板)	
17	CB 642－09	轨撑滑床板　60－12Y(Z)	1	Q235－A(底板)	
18	CB 684－12	滑床板　H626－15Y(Z)	1	Q235－A(底板)	
19	CB 684－12	滑床板　H626－0	1	Q235－A(底板)	
20	CB 684－13	滑床板　H666－15Y(Z)	1	Q235－A(底板)	
21	CB 684－13	滑床板　H666－0	1	Q235－A(底板)	
22	CB 684－14	垫　板　790×170×20Y(Z)	1	Q235－A(底板)	
23	CB 684－15	垫　板　778×170×20Y(Z)	1	Q235－A(底板)	
24	CB 684－16	垫　板　823×170×20Y(Z)	1	Q235－A(底板)	
25	CB 684－17	垫　板　805×170×20Y(Z)	1	Q235－A(底板)	
26	CB 684－18	垫　板　826×170×20Y(Z)	1	Q235－A(底板)	
27	CB 684－18	垫　板　809×170×20Y(Z)	1	Q235－A(底板)	
28	CB 684－19	垫　板　863×170×20Y(Z)	1	Q235－A(底板)	
29	CB 684－19	垫　板　845×170×20Y(Z)	1	Q235－A(底板)	
30	CB 684－19	垫　板　901×170×20Y(Z)	1	Q235－A(底板)	
31	CB 684－19	垫　板　883×170×20Y(Z)	1	Q235－A(底板)	

续上表

序号	图号 / 标准	名称及规格	数量	材　料	备　注
32	CB 599－09	平垫板　452－0	6	Q235－A(底板)	
33	CB 642－19	轨撑垫板	2	Q235－A(底板)	
34	CB 555－06	拉　杆　B984	1		
35	CB 555－08	连　杆　1 036	1		
36	CB 555－06	拉　杆　B1095	1		
37	CB 642－20	轨距调整片　160×12×1/2	各 32	Q235B	
38	CT 5－02	T 型螺栓　M24×60	74		
39	CT 5－02	T 型螺栓　M24×75	20		
40	NS－06	六角盖形螺母　M24(5 级)	94		
41	专线 3351－3	Ⅱ型弹条	94	60Si2CrVA	
42	CB 642－22	限位螺母　M24 (4 级)	94	Q345B	
43	CT 10－16	岔枕螺栓　M30	116	45	
44	GB/T 7244	弹簧垫圈　30	116	65Mn	
45	CB 599－20	轨　撑　60－141	20	KTH 330－08	
46	CB 599－21	调整楔	20	KTH 350－10	
47	CT 5－09	轨距块　60/9－11	34	ZG 270－500	
48	CT 5－09	轨距块　60/13－15	20	ZG 270－500	
49	CT 5－09A	接头轨距块　60/9－11	10	ZG 270－500	
50	CT 5－09A	接头轨距块　60/13－15	10	ZG 270－500	
51	CB 684－31	挡砟板	2		
52	CT 10－01	橡胶垫板　60－190	28	橡胶	
53	CT 10－01	橡胶垫板　60－150	4	橡胶	
54	CT 10－02	橡胶垫板　60－190	32	橡胶	
55	CT 10－03	橡胶垫板　727×175×10	2	橡胶	
56	CT 10－04	橡胶垫板　570×175×10	2	橡胶	
57	CT 10－05	橡胶垫板　737×175×10	1	橡胶	
58	CT 10－06	橡胶垫板　803×175×10	1	橡胶	
59	CT 10－07	橡胶垫板　677×175×10	2	橡胶	
60	CT 10－07	橡胶垫板　673×175×10	1	橡胶	
61	CT 10－08	橡胶垫板　626×175×10	16	橡胶	
62	CT 10－08	橡胶垫板　646×175×10	10	橡胶	
63	CT 10－08	橡胶垫板　666×175×10	2	橡胶	
64	CT 10－07	橡胶垫板　683×175×10	1	橡胶	

续上表

序号	图号 / 标准	名称及规格	数量	材　料	备　注
65	CT 10－09	橡胶垫板　790×175×10	1	橡胶	
66	CT 10－09	橡胶垫板　778×175×10	1	橡胶	
67	CT 10－09	橡胶垫板　823×175×10	1	橡胶	
68	CT 10－09	橡胶垫板　805×175×10	1	橡胶	
69	CT 10－09	橡胶垫板　826×175×10	1	橡胶	
70	CT 10－09	橡胶垫板　809×175×10	1	橡胶	
71	CT 10－10	橡胶垫板　863－397	1	橡胶	
72	CT 10－10	橡胶垫板　845－388	1	橡胶	
73	CT 10－10	橡胶垫板　901－416	1	橡胶	
74	CT 10－10	橡胶垫板　883－407	1	橡胶	
75	CT 10－11	橡胶垫板　452×175×10	6	橡胶	
76	CT 10－11	橡胶垫板　472×175×10	2	橡胶	

辙叉及护轨明细表

序号	图号 / 标准	名称及规格	数量	材　料	备　注
1	CB 685–01	辙　叉　92–60–9G	1	ZGMn13	
2	CB 685A–02	直向护轨　5 400	1	33 kg/m 槽型钢	
3	CB 685A–03	侧向护轨　3 800	1	33 kg/m 槽型钢	
4	CB 685–04	垫　板　744×170×20Y(Z)	5	Q235–A	铁座 41
5	CB 685–04	垫　板　744×170×20Y(Z)	2	Q235–A	铁座 33
6	CB 685H–01	护轨垫板　600	9	16Mn(底板)	
7	CB 685H–02	侧股护轨垫板　610	6	16Mn(底板)	
8	CB 599–09	垫　板　60–0	6	Q235–A	
9	CB 599–09	垫　板　60–20Y	9	Q235–A	左开为：60–20Z
10	CB 685–07	垫　板　727×170×20Y(Z)	1	Q235–A	
11	CB 685–07	垫　板　725×170×20Y(Z)	1	Q235–A	
12	CB 685–08	垫　板　794×170×20Y(Z)	1	Q235–A	
13	CB 685–08	垫　板　791×170×20Y(Z)	1	Q235–A	
14	CB 685–09	垫　板　858×170×20Y(Z)	1	Q235–A	
15	CB 685–09	垫　板　858×170×20Y(Z)	1	Q235–A	
16	CB 685–09	垫　板　921×170×20Y(Z)	1	Q235–A	
17	CB 685–09	垫　板　925×170×20Y(Z)	1	Q235–A	
18	TB/T 2345	接头夹板　60	8		
19	CB 647–13	支距扣板　60/124–112–60Y	1	KTH 350–10	左开为：60/124–112–60Z
20	CB 647–13	支距扣板　60/130–118–62Y	1	KTH 350–10	左开为：60/130–118–62Z
21	CB 511–04	调整片　115×100×3/2	15/30	Q195	
22	专线 3351–3	Ⅱ型弹条	89	60Si2CrVA	
23	TB/T 2347	接头螺栓　M24×135–10.9	24		带螺母
24	CT 5–09	轨距块　60/9–11	45	ZG 270–500	
25	CT 5–09	轨距块　60/13–15	30	ZG 270–500	
26	CT 5–09A	接头轨距块　60/9–11	6	ZG 270–500	
27	CT 5–09A	接头轨距块　60/13–15	6	ZG 270–500	
28	CT 5–02	T 型螺栓　M24×60	87		
29	CT 5–02	T 型螺栓　M24×85	2		
30	CT 2–31	螺　栓　M24×85	15	Q235–A	
31	CT 10–16	岔枕螺栓　M30	94	45	

续上表

序号	图号 / 标准	名称及规格	数量	材　　料	备　　注
32	NS－06	盖形螺母　M24－5	89		
33	专线 4232－101	螺　母　M24	15		
34	GB/T 1230	垫　圈　24	24		
35	GB/T 7244	弹簧垫圈　30	94	65Mn	
36	GB/T 7244	弹簧垫圈　24	15		
37	CB 642－22	限位螺母　M24	89	Q345B	
38	CT 2－73	板型导电销	4	1Cr18Ni9Ti	
39	CT 10－01	橡胶垫板　60－190	46	橡胶	
40	CT 10－12	橡胶垫板　439－190	7	橡胶	
41	CT 10－11	橡胶垫板　452 × 175 × 10	15	橡胶	
42	CT 10－13	橡胶垫板　600 × 175 × 5	9	橡胶	
43	CT 10－13	橡胶垫板　610 × 175 × 5	6	橡胶	
44	CT 10－14	橡胶垫板　744 × 175 × 10	7	橡胶	
45	CT 10－09	橡胶垫板　727 × 175 × 10	1	橡胶	
46	CT 10－09	橡胶垫板　725 × 175 × 10	1	橡胶	
47	CT 10－09	橡胶垫板　794 × 175 × 10	1	橡胶	
48	CT 10－09	橡胶垫板　791 × 175 × 10	1	橡胶	
49	CT 10－10	橡胶垫板　858－394	2	橡胶	
50	CT 10－10	橡胶垫板　921－426	1	橡胶	
51	CT 10－10	橡胶垫板　925－428	1	橡胶	

CZ 577 电务主要参数

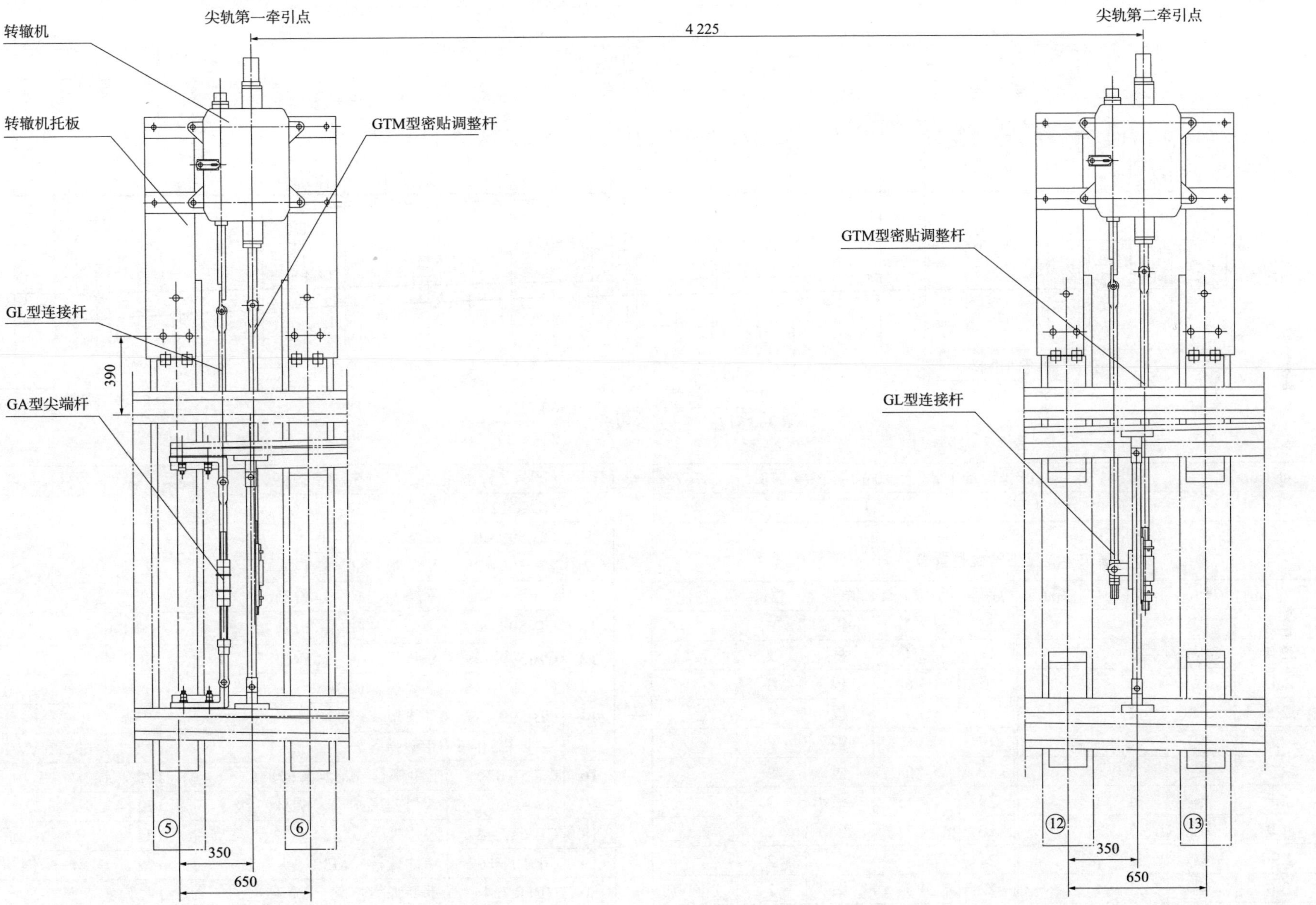

转换设备	安装图名称	安装图号	锁闭方式
ZD6－E/J	60 kg/m 钢轨 9 号单开道岔转换设备 (ZD6－E/J) 安装图	S0302	内锁闭
ZY(J)4+SH5	60 kg/m 钢轨 9 号单开道岔转换设备 (ZY4) 安装图	S0219	内锁闭
ZD(J)9	60 kg/m 钢轨 9 号单开道岔转换设备 (ZD9) 安装图	S0309	内锁闭

60 kg/m 钢轨 9 号单开道岔
图　号：CZ 577

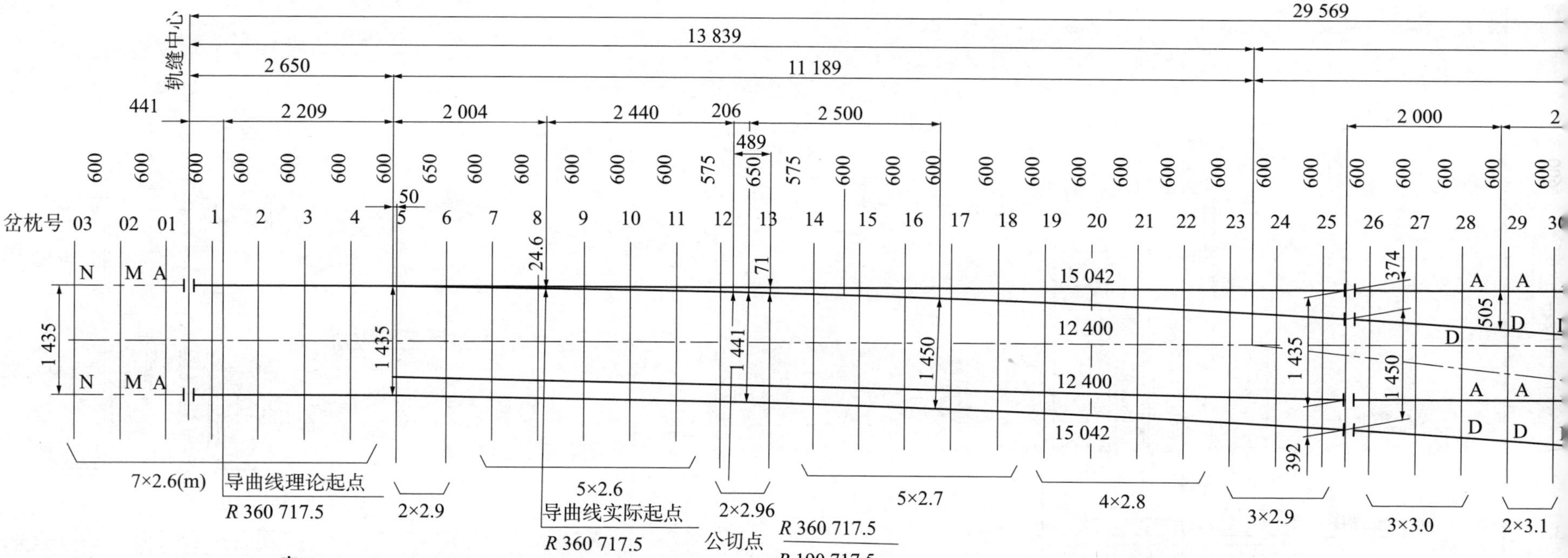

表 1

长度 (mm)	14 511	4 808	5 428	10 188	4 813	9 762
数量 (根)	1	1	1	1	1	1

表 2　混凝土岔枕数量表

序号	岔枕 (m)	单位	数量	备注	序号	岔枕 (m)	单位	数量	备注
1	2.3	根	2		13	3.3	根	3	
2	2.4	根	2		14	3.4	根	2	
3	2.45	根	2		15	3.6	根	2	
4	2.5	根	2		16	3.7	根	2	
5	2.6	根	12		17	3.8	根	2	
6	2.7	根	5		18	4.0	根	2	
7	2.8	根	4		19	4.1	根	2	
8	2.9	根	5		20	4.3	根	2	
9	2.96	根	2		21	4.4	根	2	
10	3.0	根	3		22	4.5	根	2	
11	3.1	根	2		23	4.6	根	2	
12	3.2	根	2		24	4.8	根	3	

表 3　明　细　表

序号	图号 / 标准	名称及规格	数　量	材　料	备　注
1	CB 684	转辙器	1		
2	CB 685H	9 号辙叉及护轨	1		
3	CB 699	牵引点岔枕连接装置	4		组件
4	TB/T 2344	连接钢轨　60 kg/m	47.71(m)		
5	TB/T 2345	接头夹板　60	10		
6	TB/T 2347	接头螺栓及螺母　M24 × 135	30	10.9 级	

续表 3

序号	图号 / 标准	名称及规格	数　量	材　料	备　注
7	GB/T 1230	平垫圈　24	30		
8	CB 599－09	平垫板　60－0	38		图中 A 位置
9	CB 599－09	平垫板　60－8Y(Z)	2		图中 B 位置
10	CB 599－09	平垫板　60－14Y(Z)	10		图中 D 位置
11	CB 599－09	平垫板　60－17Y(Z)	14		图中 E 位置
12	CB 599－09	平垫板　60－20Y(Z)	10		图中 F 位置
13	CB 599－36	平垫板　P80	6		
14	CB 599－37	平垫板　P60	6		
15	专线 3351－3	Ⅱ 型弹条	172	60Si2CrVA	
16	CT 5－02	T 型螺栓　M24 × 60	172		
17	NS－06	六角盖形螺母　M24(5 级)	172		
18	CB 642－22	限位螺母　M24	172		
19	CT 10－16	岔枕螺栓　M30	172	45 号钢	
20	GB/T 7244	重型弹簧垫圈　30	172		
21	CT 5－09	轨距块　60/9－11	84	ZG 270－500	
22	CT 5－09	轨距块　60/13－15	84	ZG 270－500	
23	CT 5－48	轨距块　60/7－17	20	ZG 270－500	
24	CT 5－09A	接头轨距块　60/9－11	2	ZG 270－500	
25	CT 5－09A	接头轨距块　60/13－15	2	ZG 270－500	
26	CT 10－15	绝缘轨距块　60/9－11	4	玻璃纤维	
27	CT 10－15	绝缘轨距块　60/13－15	4	玻璃纤维	
28	CT 10－15	绝缘轨距块　60/7－17	4	玻璃纤维	
29	CT 10－01	橡胶垫板　60－190	86	橡胶	
30	CT 10－11	橡胶垫板　452 × 175 × 10	86	橡胶	
31	专线 9595	钢轨绝缘	2 组		普通绝缘

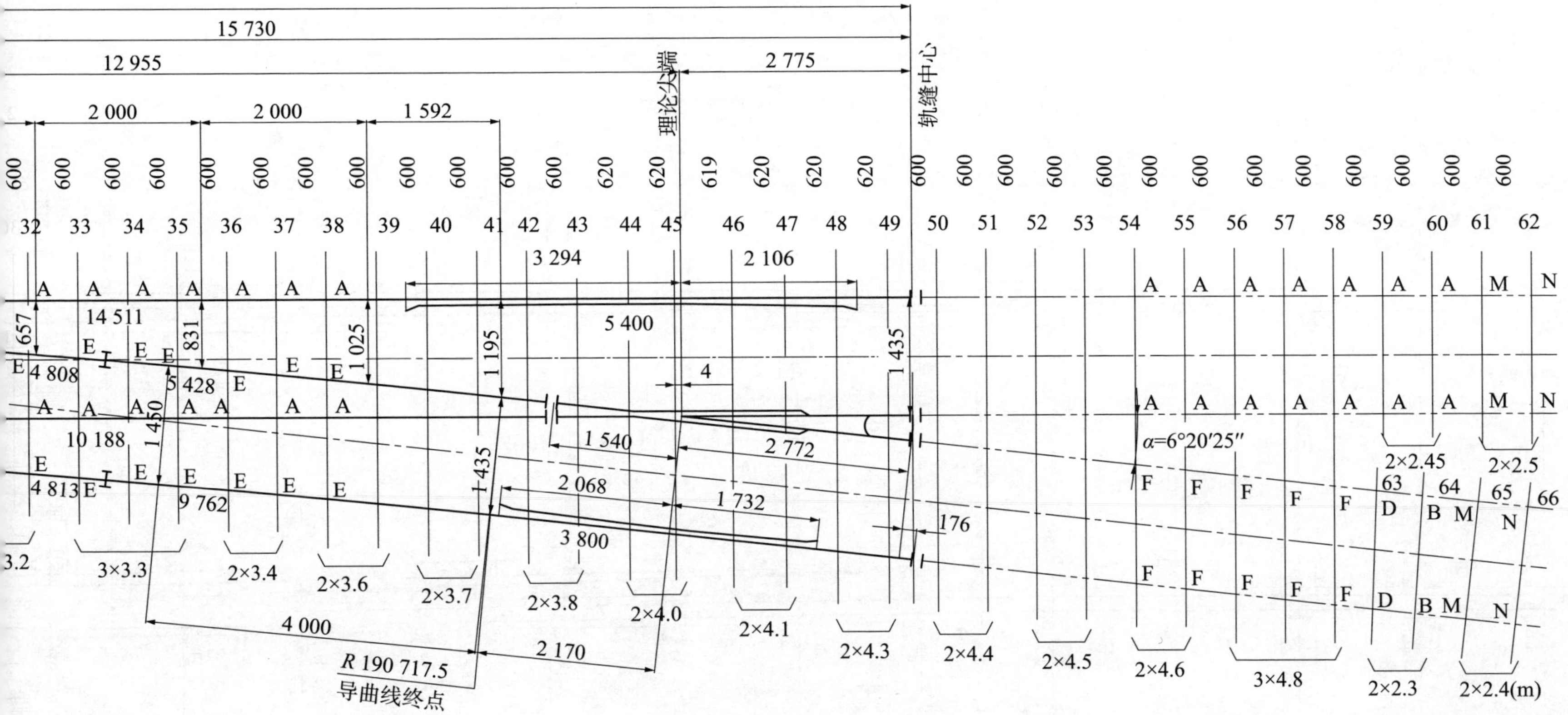

技 术 要 求

1. 道岔的主要结构：

(1) 转辙器尖轨采用 60AT12.4 m 半切线型复曲线曲线尖轨，尖端为藏尖式，跟端采用限位器结构。

(2) 尖轨工作边、非工作边的斜度均为 1∶4。

(3) 转辙器尖轨设置两个牵引点，采用联动内锁闭转换装置，转辙机通过托架固定在长岔枕上，在尖轨第一牵引点前和第二牵引点后各设置一块通长垫板。第一牵引点动程为 160 mm；第二牵引点动程 75 mm。

(4) 辙叉为高锰钢整铸式，趾端和跟端均采用接头夹板固定连接。

(5) 为加强基本轨稳定性，减少外倾和减少轨距扩张，在基本轨外侧设置轨撑。

(6) 为防止螺栓松动，均采用防松螺母。垂直螺栓增设限位装置。

(7) 护轨采用槽型护轨，护轨工作边顶面高出基本轨顶面 12 mm。护轨垫板采用焊接垫板。

(8) 扣件采用Ⅱ型弹条分开式可调扣件。

Ⅱ型弹条扣件轨距块设计安装号数如下：

钢轨工作边一侧安装 13 号轨距块；钢轨非工作边一侧安装 11 号轨距块。

辙叉部分一侧安装 13 号轨距块，另一侧安装 11 号轨距块。

绝缘接头两侧安装绝缘轨距块，接头安装接头轨距块。7－17 轨距块为备用调整轨距块。

(9) 钢轨下、辙叉下设置 5 mm 厚橡胶垫板；护轨垫板下设置 5 mm 厚橡胶垫板，其他垫板下均设置 10 mm 厚橡胶垫板。

合理调整不同部位轨下和板下橡胶垫板刚度，使其在整个道岔范围内弹性趋于一致。

(10) 本道岔不设轨底坡，道岔前后的顺坡垫板 P80、P60 分别用符号 M、N 表示，其铺设位置见图。若与无轨底坡线路连接时，取消顺坡垫板采用垫板 60－0。

(11) 钢轨顶面应进行全长淬火，接头螺栓孔应倒角 1×45°。

2. 本道岔钢轨按采用普通接头设计，若采用其他型式，用户定货时需提供配轨图，指明道岔钢轨接头类型及是否钻接头螺栓孔。

3. 本图按设轨道电路设计，绝缘接头设在侧股绘制，其配轨规格及数量见表 1。绝缘接头设在直股时，其配轨长度见图 1。若道岔采用其他特殊接头型式时，按用户定货合同的要求配轨。图中钢轨普通接头、绝缘接头分别以“—|├—”、“—I—”表示。

4. 图中钢轨轨缝均为 8 mm。

5. 道岔连接部分及叉后垫板为适应混凝土岔枕，根据垫板的偏斜大小分 A、B、D、E、F 五种类型，其铺设位置详见布置图。

6. 采用高强度螺栓的紧固件在组装、维修或保养时，采用扭矩扳手紧固。在有润滑条件下，M24 的螺母拧紧扭矩不小于 780 N·m，M27 的螺母拧紧扭矩不小于 980 N·m。

图 1　绝缘接头设在直股

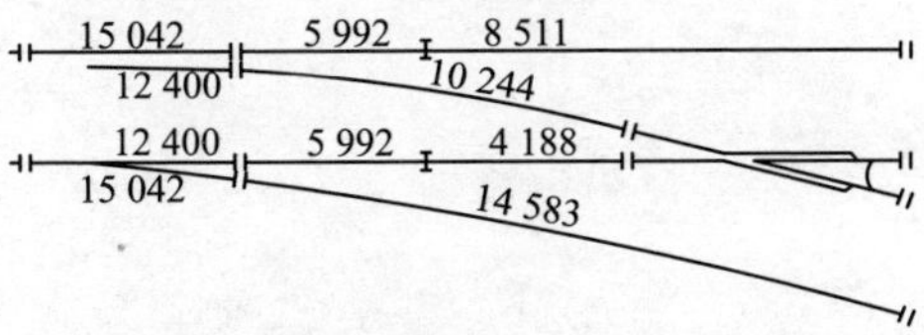

图 2　转辙器部分轨距示意图

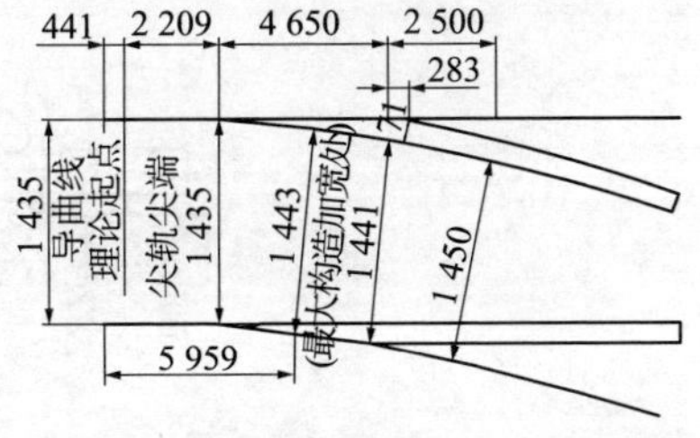

60 kg/m 钢轨 9 号单开道岔转辙器
图　号：CB 684

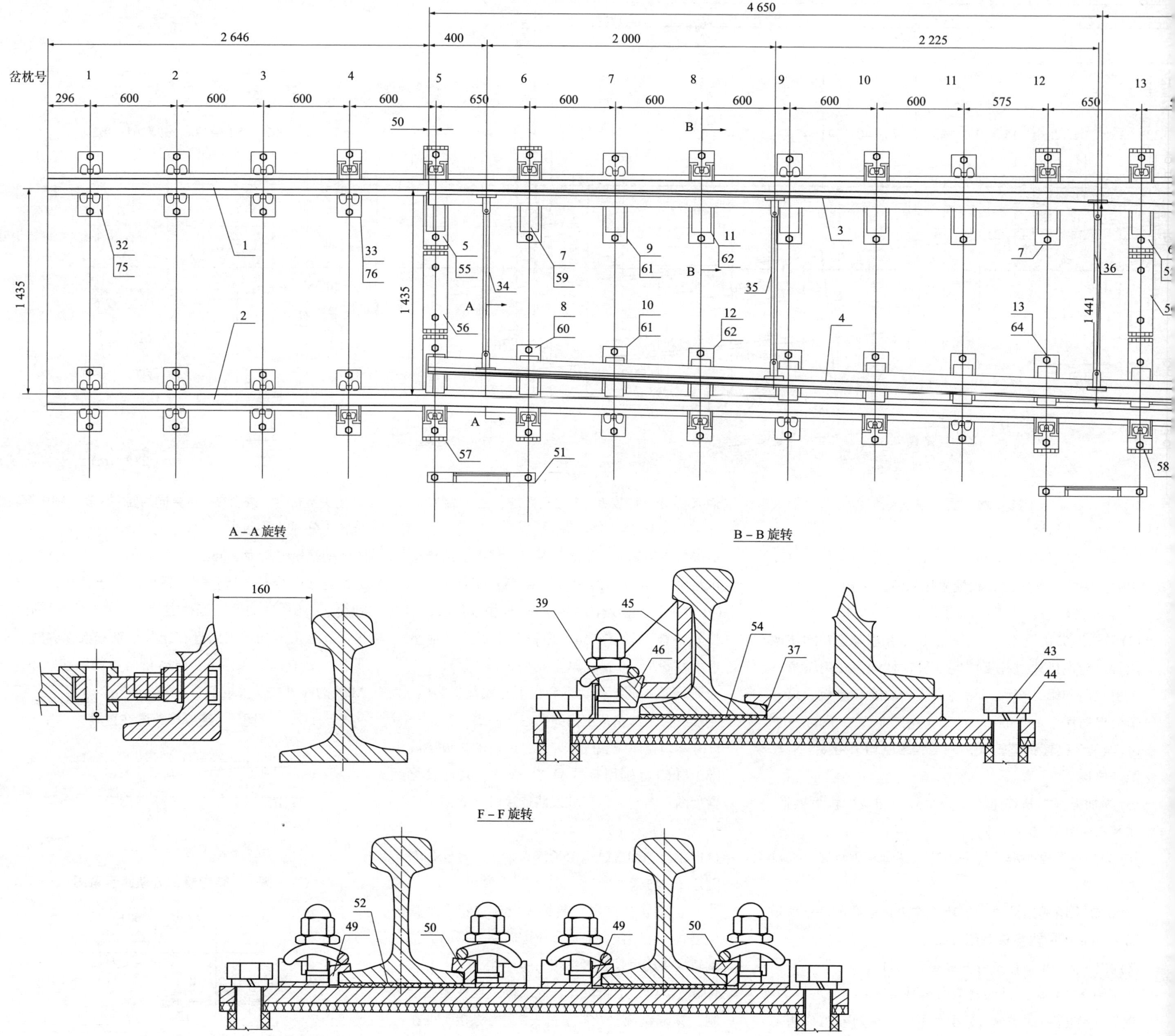

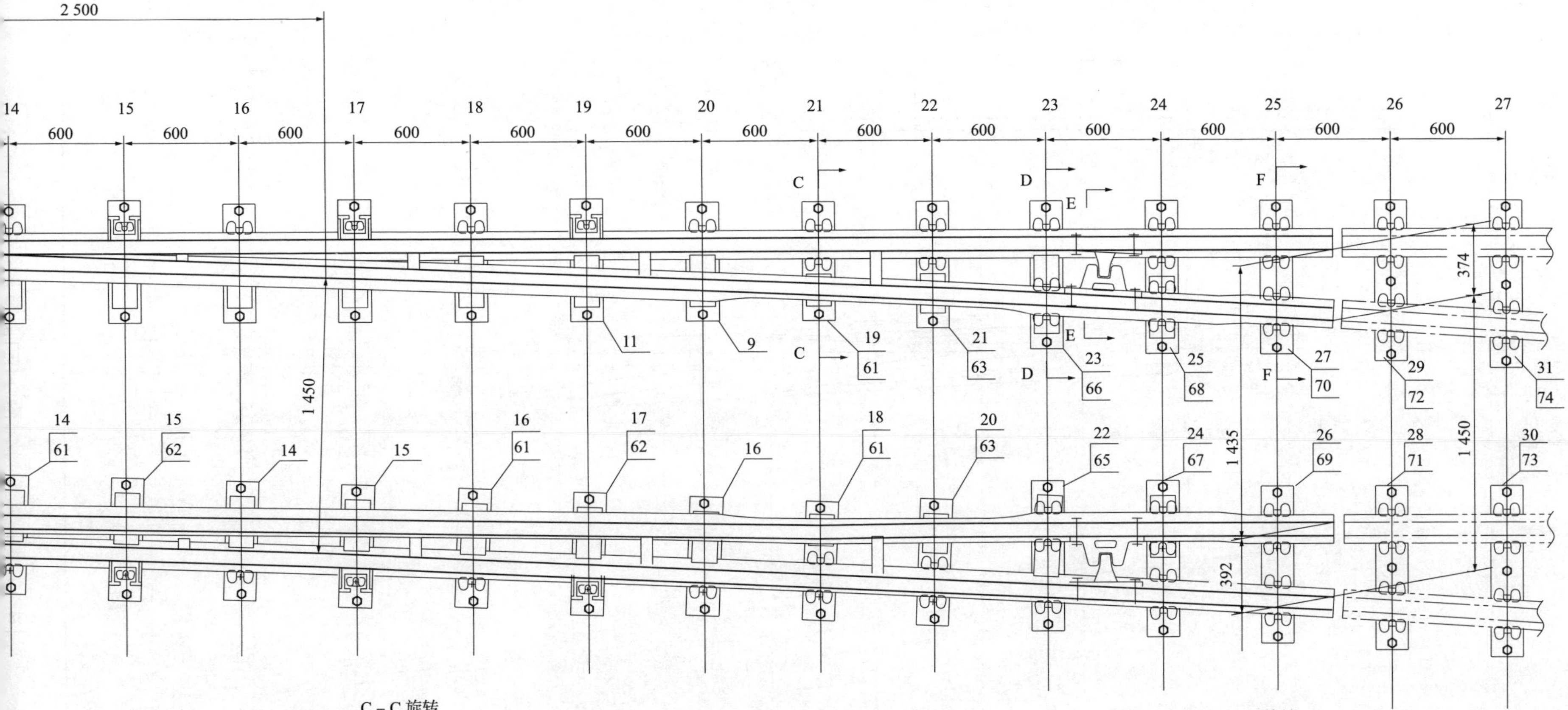

C－C 旋转

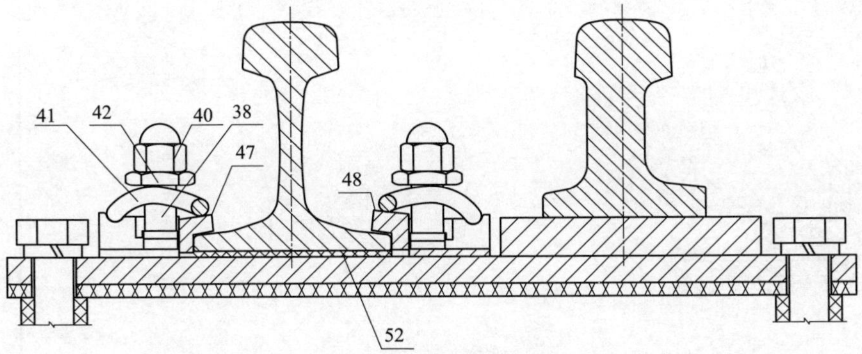

D－D 旋转

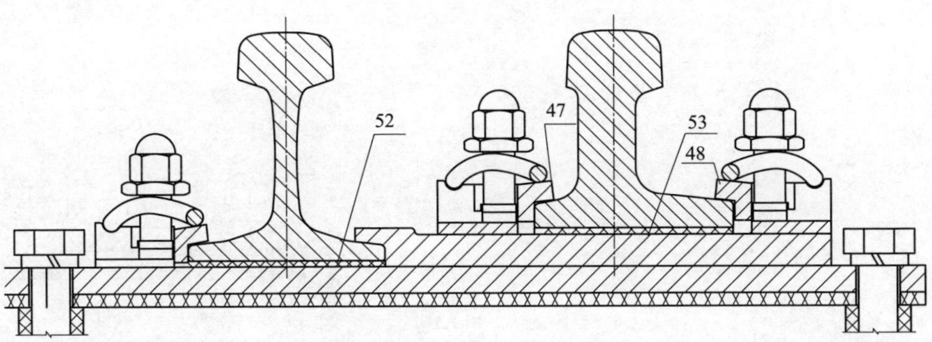

E－E 旋转

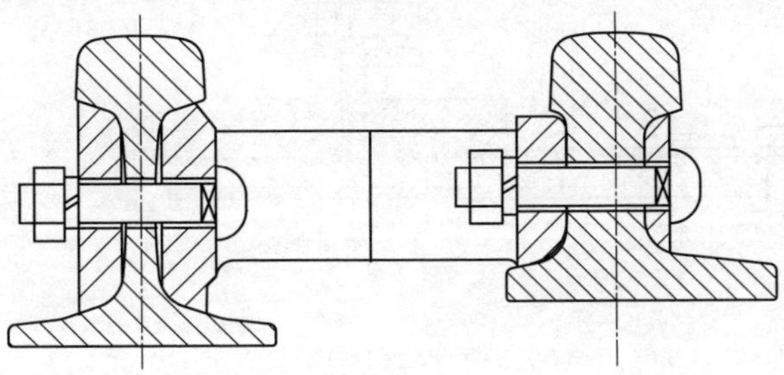

技 术 要 求

1. 尖轨设置两个牵引点，采用联动内锁闭装置，第一牵引点设计动程为 160 mm，第二牵引点设计动程为 75 mm。
2. 扣件采用Ⅱ型弹条分开式可调扣件，轨距块设计安装号数如下：
   钢轨工作边一侧安装 13 号轨距块；钢轨非工作边一侧安装 11 号轨距块。
3. 调整片组装完成后，向铁座方向弯折成“└┘”形。
4. 挡砟板安装在牵引点未装转辙机一侧的岔枕之间。

60 kg/m 钢轨 9 号单开道岔辙叉及护轨

图　号：CB 685H

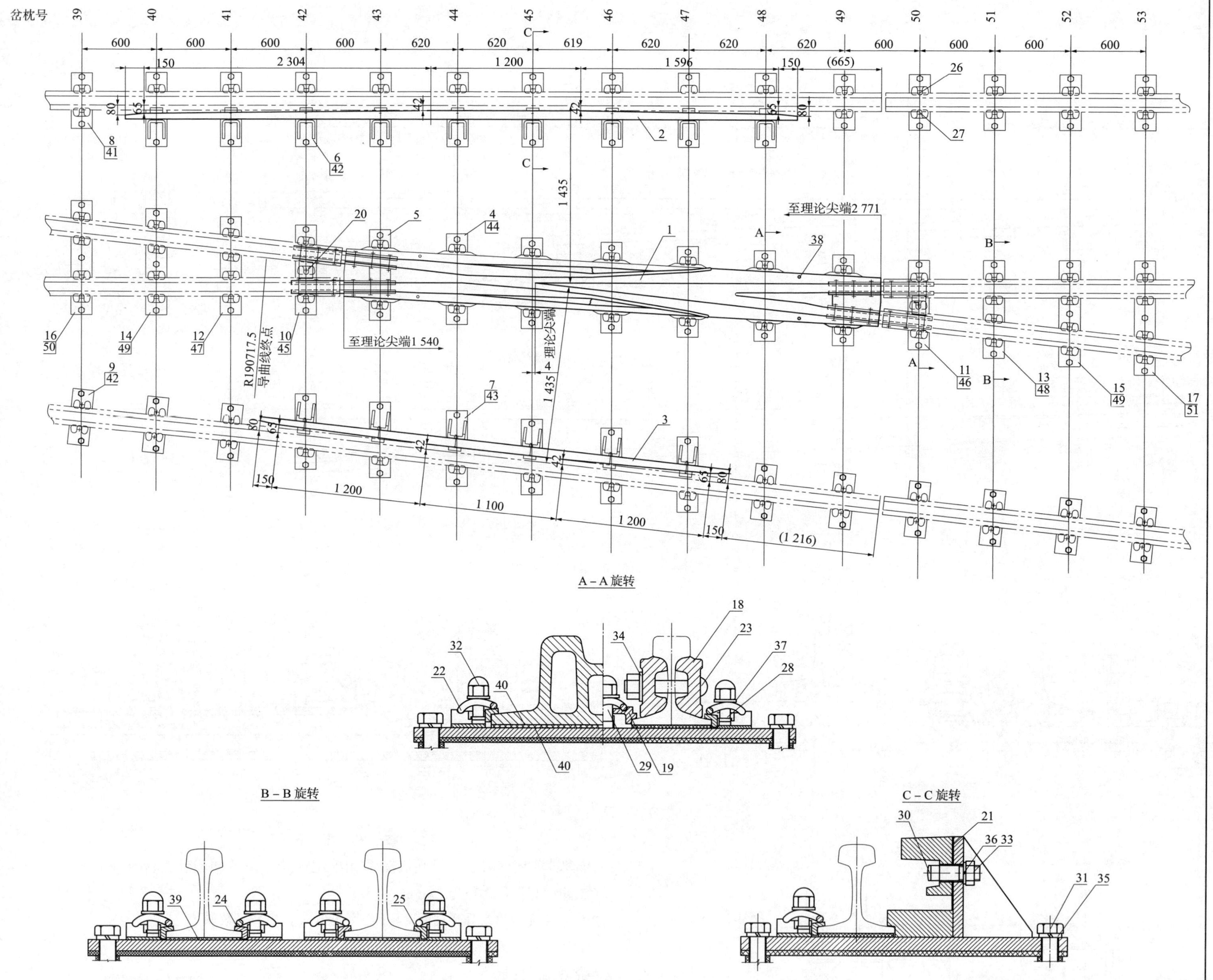

技　术　要　求

1. 组装护轨时，应使用 3 mm 厚的护轨调整片，如查照间隔或护背距离不合格时，可使用备用调整片进行调整。
2. 查照间隔及护背距离在心轨轨头宽 25 mm 处丈量。

<table>
<tr><th colspan="8">22. 50 kg/m 钢轨 9 号单开道岔(混凝土枕)
设计图号：CZ 2209</th></tr>
<tr><td rowspan="2">道岔允许通过速度</td><td>客车</td><td colspan="2">$v_{直}$≤100 km/h；$v_{侧}$≤35 km/h</td><td>扣件类型</td><td>B 型弹条</td></tr>
<tr><td>货车</td><td colspan="2">$v_{直}$≤80 km/h；$v_{侧}$≤35 km/h</td><td>轨底坡</td><td>—</td></tr>
<tr><td>转辙器跟端形式</td><td colspan="3">□限位器 □间隔铁 □不设传力机构 ■间隔铁活接头</td><td>锁闭方式</td><td>内锁闭</td></tr>
<tr><td>道岔全长</td><td>28 848</td><td>辙叉全长</td><td>3 592</td><td>辙叉类型</td><td>高锰钢整铸式</td></tr>
<tr><td>道岔前长</td><td>13 839</td><td>辙叉趾长</td><td>1 542</td><td>辙叉角</td><td>6°20′25″</td></tr>
<tr><td>道岔后长</td><td>15 009</td><td>辙叉跟长</td><td>2 050</td><td>翼轨轨型</td><td>—</td></tr>
<tr><td>尖轨长度</td><td>6 450</td><td rowspan="2">基本轨长度</td><td rowspan="2">11 492</td><td>直向护轨长度</td><td>3 600</td></tr>
<tr><td>尖轨轨型</td><td>50AT1</td><td>侧向护轨长度</td><td>3 600</td></tr>
<tr><td colspan="3">尖轨尖端前基本轨长度</td><td>2 646</td><td>护轨轨型</td><td>33 kg/m 槽型钢
43 kg/m</td></tr>
<tr><td colspan="3">辙叉理论尖端距趾端方向前一根岔枕中心距离</td><td>46</td><td>导曲线半径</td><td>180 m</td></tr>
<tr><td colspan="2">尖轨尖端至心轨实际尖端距离</td><td>24 234</td><td colspan="2">直向护轨端头距导轨端头定位尺寸</td><td>496</td></tr>
<tr><td colspan="2">道岔终端至末根岔枕中心距离</td><td>8 100</td><td colspan="2">侧向护轨端头距导轨端头定位尺寸</td><td>626</td></tr>
</table>

<table>
<tr><td>最大构造加宽</td><td>—</td><td>测量位置</td><td colspan="5">—</td></tr>
<tr><td>岔枕图号
CZ 2209Z</td><td>岔枕总数</td><td>69 根</td><td>岔枕展延长</td><td>217.7 m</td><td>套管总数</td><td>386</td></tr>
<tr><td>转换设备图号
—</td><td>尖轨动程</td><td colspan="3">152</td><td>心轨动程</td><td>—</td></tr>
<tr><td>批准文号</td><td colspan="4">运基线路〔2003〕207 号</td><td>应用情况</td><td>★★★</td></tr>
<tr><td>主要结构特点</td><td colspan="6">1. 本道岔为 92 改进型道岔，不设轨底坡，道岔前后设置顺坡垫板。
2. 道岔采用直线尖轨，尖轨尖端为藏尖式。
3. 采用高锰钢整铸辙叉。
4. 轨下及高锰钢辙叉下设置 5 mm 厚橡胶垫板，护轨垫板下设置 7 mm 厚橡胶垫板，其他垫板设置 10 mm 厚橡胶垫板。
5. 轨下基础采用无挡肩混凝土岔枕。</td></tr>
</table>

转辙器明细表

序号	图号 / 标准	名称及规格	数量	材　料	备　注
1	CB 2230－01	直基本轨　11 492	1	50 kg/m 钢轨	
2	CB 2230－02	曲基本轨　11 492	1	50 kg/m 钢轨	
3	CB 2230－03	左侧尖轨　6 450	1	50AT1 钢轨	
4	CB 2230－03	右侧尖轨　6 450	1	50AT1 钢轨	与序号 3 对称制造
5	CB 555－06	拉　杆　1 012	1		
6	CB 555－08	连　杆　1 047	1		
7	CB 555－08	连　杆　1 093	1		
8	CB 318－06	轨　撑　50	18	KTH 330－08	
9	CB 2230－04	外轨撑　50	2	KTH 330－08	
10	CB 2230－05	内轨撑　50	2	KTH 330－08	
11	CT 4－28	间隔铁　50－126－142Z(Y)	1	KTH 330－08	
12	CT 4－28	间隔铁　50－126－142Y(Z)	1	KTH 330－08	
13	CT 4－30	辙跟接头夹板　50－8Z(Y)	1		
14	CT 4－30	辙跟接头夹板　50－8Y(Z)	1		
15	CB 305－06	接头平垫板　J 50－A	2	Q235－A(底板)	
16	CB 305－08	轨撑垫板　50－0	6	Q235－A(底板)	
17	CB 305－10	轨撑滑床板　50－0	6	Q235－A(底板)	
18	CB 305－10	轨撑滑床板　50－6Y(Z)	6	Q235－A(底板)	
19	CB 305－09	滑床板　50－0	4	Q235－A(底板)	
20	CB 305－09	滑床板　50－6Y(Z)	4	Q235－A(底板)	
21	CB 2230－06	辙跟垫板　780 × 500 × 20	1	Q235－A(底板)	
22	CB 2230－07	辙跟垫板　780 × 500 × 20	1	Q235－A(底板)	
23	CB 2230－08	垫　板　594 × 180 × 20	1	Q235－A(底板)	
24	CB 2230－08	垫　板　602 × 180 × 20	1	Q235－A(底板)	
25	CB 2230－09	垫　板　613 × 180 × 20	1	Q235－A(底板)	
26	CB 2230－09	垫　板　625 × 180 × 20	1	Q235－A(底板)	
27	CB 2230－09	垫　板　643 × 180 × 20	1	Q235－A(底板)	
28	CB 2230－09	垫　板　657 × 180 × 20	1	Q235－A(底板)	
29	CB 2230－09	垫　板　666 × 180 × 20	1	Q235－A(底板)	
30	CB 2230－09	垫　板　682 × 180 × 20	1	Q235－A(底板)	
31	CB 2230－09	垫　板　680 × 180 × 20	1	Q235－A(底板)	
32	CB 2230－09	垫　板　698 × 180 × 20	1	Q235－A(底板)	
33	CB 2230－10	垫　板　707 × 180 × 20	1	Q235－A(底板)	

续上表

序号	图号 / 标准	名称及规格	数量	材　　料	备　　注
34	CB 2230－10	垫　板　724×180×20	1	Q235－A(底板)	
35	CB 2230－10	垫　板　735×180×20	1	Q235－A(底板)	
36	CB 2230－10	垫　板　753×180×20	1	Q235－A(底板)	
37	CB 2230－11	垫　板　766×180×20	1	Q235－A(底板)	
38	CB 2230－11	垫　板　783×180×20	1	Q235－A(底板)	
39	CB 2230－11	垫　板　799×180×20	1	Q235－A(底板)	
40	CB 2230－11	垫　板　816×180×20	1	Q235－A(底板)	
41	CB 2230－11	垫　板　833×180×20	1	Q235－A(底板)	
42	CB 2230－11	垫　板　851×180×20	1	Q235－A(底板)	
43	CB 318－07	调整楔　50	18	KTH 350－10	
44	CB 306－24	支距扣板　50/66－62	1	KTH 350－10	
45	CB 306－24	支距扣板　50/77－73	1	KTH 350－10	
46	CB 306－25	支距扣板　J50/86－82	1	KTH 350－10	
47	CB 306－25	支距扣板　J50/100－96	1	KTH 350－10	
48	CB 306－25	支距扣板　J50/108－104	1	KTH 350－10	
49	CB 306－25	支距扣板　J50/124－120	1	KTH 350－10	
50	CB 306－24	支距扣板　50/132－128	1	KTH 350－10	
51	CB 306－24	支距扣板　50/149－145	1	KTH 350－10	
52	TB/T 1495.2	B 型弹条	104		
53	CB 662－21	螺　柱　24×27×70×215	2	20SiMn	10.9 级
54	CB 662－21	螺　柱　24×23×85×215	2	20SiMn	10.9 级
55	CT 4－01	方颈圆头螺栓　M24×280	2		10.9 级
56	CT 4－01	方颈圆头螺栓　M24×270	4		10.9 级
57	CT 2－31	长方头螺栓　M24×85	8		
58	CT 5－02	T 形螺栓　M24×60	78		
59	CT 5－02	T 形螺栓　M24×80	18		
60	CT 5－02	T 形螺栓　M24×85	8		
61	CT 10－16	岔枕螺栓　M30	110		
62	CT 1－01	螺　母　M24	24		
63	GBP－00－25(T)	M24 弹条专用防松防锈螺母	102		
64	GB/T 7244	弹簧垫圈　30	110		
65	GBP－00－01	M24 弹条专用防松螺母	2		
66	GB/T 7244	弹簧垫圈　24	22		
67	GB/T 96	垫　圈　24	4		
68	CB 306－26	钢轨垫圈　50－0	2		

续上表

序号	图号 / 标准	名称及规格	数量	材　料	备　注
69	CB 306－27	钢轨垫圈　50－0	4		
70	CB 305－16	轨距块　50/9－11	34	ZG 230－450	
71	CB 305－16	轨距块　50/13－15	32	ZG 230－450	
72	GB/T 91	销　5×30	8		
73	CT 10－79	接头轨距块　50－11	6	玻璃纤维	
74	CT 10－79	接头轨距块　50－13	6	玻璃纤维	
75	CT 10－75	橡胶垫板　50－200	48	橡胶	
76	CT 10－73	橡胶垫板　50－200	20	橡胶	
77	CT 10－76	橡胶垫板　430×185×10	8	橡胶	
78	CT 10－76	橡胶垫板　590×185×10	20	橡胶	
79	CT 10－76	橡胶垫板　500×185×10	4	橡胶	
80	CT 10－76	橡胶垫板　594×185×10	1	橡胶	
81	CT 10－76	橡胶垫板　602×185×10	1	橡胶	
82	CT 10－76	橡胶垫板　613×185×10	1	橡胶	
83	CT 10－76	橡胶垫板　625×185×10	1	橡胶	
84	CT 10－76	橡胶垫板　643×185×10	1	橡胶	
85	CT 10－76	橡胶垫板　657×185×10	1	橡胶	
86	CT 10－76	橡胶垫板　666×185×10	1	橡胶	
87	CT 10－76	橡胶垫板　682×185×10	1	橡胶	
88	CT 10－76	橡胶垫板　680×185×10	1	橡胶	
89	CT 10－76	橡胶垫板　698×185×10	1	橡胶	
90	CT 10－76	橡胶垫板　707×185×10	1	橡胶	
91	CT 10－76	橡胶垫板　724×185×10	1	橡胶	
92	CT 10－76	橡胶垫板　735×185×10	1	橡胶	
93	CT 10－76	橡胶垫板　753×185×10	1	橡胶	
94	CT 10－77	橡胶垫板　766－346	1	橡胶	
95	CT 10－77	橡胶垫板　783－354	1	橡胶	
96	CT 10－77	橡胶垫板　799－362	1	橡胶	
97	CT 10－77	橡胶垫板　816－370	1	橡胶	
98	CT 10－77	橡胶垫板　833－379	1	橡胶	
99	CT 10－77	橡胶垫板　851－388	1	橡胶	
100	CT 10－75	橡胶垫板　50－800	2	橡胶	

辙叉及护轨明细表

序号	图号 / 标准	名称及规格	数量	材　　料	备　　注
1	CB 319－01	高锰钢辙叉　50AT－9G	1	ZGMn13	
2	CB 2213－01	直向护轨　3 600	1	43 kg/m 钢轨	
3	CB 2213－02	侧向护轨　3 600	1	43 kg/m 钢轨	
4	CB 2231－03	间隔铁	1	HT 150	
5	CB 305－07	平垫板　50－A	5	Q235－A(底板)	
6	CB 305－07	平垫板　50－FY(Z)	5	Q235－A(底板)	
7	CB 305－06	接头平垫板　J50－A	2	Q235－A(底板)	
8	CB 305－06	接头平垫板　J50－FY(Z)	2	Q235－A(底板)	
9	CB 2213－03	辙叉垫板　739 × 180 × 20	4	Q235－A(底板)	
10	CB 2213－04	辙叉垫板　739 × 180 × 20	1	Q235－A(底板)	
11	CB 2213－05	垫　板　704 × 180 × 20	1	Q235－A(底板)	
12	CB 2213－06	垫　板　770 × 180 × 20	1	Q235－A(底板)	
13	CB 2213－07	垫　板　834 × 180 × 20	1	Q235－A(底板)	
14	CB 2213－08	叉跟垫板　780 × 658 × 20	1	Q235－A(底板)	
15	CB 2213－09	垫　板　690 × 180 × 20	1	Q235－A(底板)	
16	CB 2213－10	垫　板　757 × 180 × 20	1	Q235－A(底板)	
17	CB 2213－11	垫　板　824 × 180 × 20	1	Q235－A(底板)	
18	CB 2213－12	侧股护轨垫板　550 × 180 × 23	6	16Mn(底板)	
19	CB 306－09	护轨垫板　50－550	6	16Mn(底板)	
20	CB 306－25	接头支距扣板　J50/148－136	1	KTH 350－10	
21	CB 306－24	支距扣板　50/130－118	1	KTH 350－10	
22	CT 2－55	护轨调整片　135 × 125 × 3/2	12/24	Q235	厚 2 mm 的备用
23	TB/T 2345	接头夹板　50	6		
24	TB/T 2347	接头螺栓及螺母　M24 × 145－10.9	12		
25	CT 5－28	高强度半圆头方颈螺栓　M24 × 100	8	20SiMn	
26	CT 5－28	高强度半圆头方颈螺栓　M24 × 90	4	20SiMn	
27	CT 5－28	高强度半圆头方颈螺栓　M24 × 300	1	20SiMn	
28	CT 5－28	高强度半圆头方颈螺栓　M24 × 320	1	20SiMn	
29	CT 5－28	高强度半圆头方颈螺栓　M24 × 330	1	20SiMn	
30	CT 5－28	高强度半圆头方颈螺栓　M24 × 350	1	20SiMn	
31	CT 5－28	高强度半圆头方颈螺栓　M24 × 360	1	20SiMn	
32	CT 5－28	高强度半圆头方颈螺栓　M24 × 380	1	20SiMn	

续上表

序号	图号 / 标准	名称及规格	数量	材　料	备　注
33	CT 5－02	T 形螺栓　M24 × 80	2	Q235－A	
34	CT 5－02	T 形螺栓　M24 × 60	74	Q235－A	
35	CT 10－16	岔枕螺栓　M30	80		
36	GBP－00－25(T)	M24 弹条专用防松防锈螺母	76		
37	专线 232－101	螺　母　M24	12		
38	NS－01(b)	螺　母　M24－10	6		
39	GB/T 1230	平垫圈　24	18		
40	GB/T 7244	弹簧垫圈　24	12		
41	CT 2－73	导电销	4	1Cr18Ni9Ti	
42	GB/T 7244	弹簧垫圈　30	80		
43	CT 1－54	鱼尾板方孔垫圈　50－3	6	KTH 330－08	
44	CT 1－53	鱼尾板圆孔垫圈　50－3	6	KTH 330－08	
45	TB/T 1495.2	B 型弹条	76		
46	CB 305－16	轨距块　50/9－11	36	ZG 230－450	
47	CB 305－16	轨距块　50/13－15	26	ZG 230－450	
48	CT 10－79	接头轨距块　50－11	6	玻璃纤维	
49	CT 10－79	接头轨距块　50－13	6	玻璃纤维	
50	CT 10－75	轨下橡胶垫板　50－200	38	橡胶	
51	CT 10－12	橡胶垫板　439 × 200 × 5	5	橡胶	
52	CB 2231－16	橡胶垫板　780 × 390 × 5	1	橡胶	
53	CT 10－76	橡胶垫板　430 × 185 × 10	14	橡胶	
54	CT 10－76	橡胶垫板　739 × 185 × 10	5	橡胶	
55	CT 10－76	橡胶垫板　704 × 185 × 10	1	橡胶	
56	CT 10－76	橡胶垫板　770 × 185 × 10	1	橡胶	
57	CT 10－77	橡胶垫板　834－382	1	橡胶	
58	CT 10－76	橡胶垫板　658 × 185 × 10	2	橡胶	
59	CT 10－76	橡胶垫板　690 × 185 × 10	1	橡胶	
60	CT 10－76	橡胶垫板　757 × 185 × 10	1	橡胶	
61	CT 10－77	橡胶垫板　824－377	1	橡胶	
62	CT 10－78	橡胶垫板　550 × 185 × 7	12	橡胶	

CZ 2209 电务主要参数

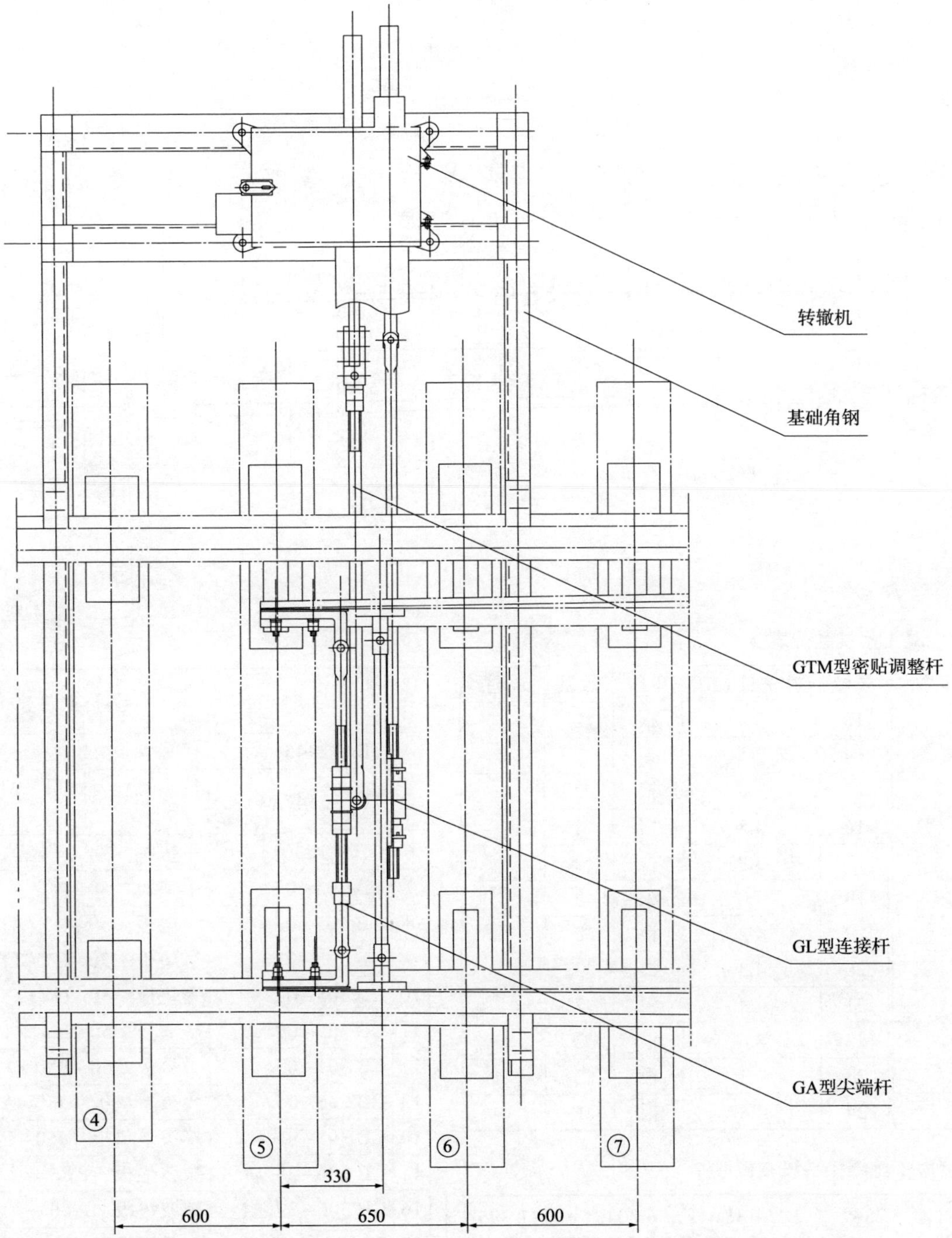

转换设备	安装图名称	安装图号	锁闭方式
ZD6-D	50 kg/m 钢轨 9 号单开道岔转换设备 (ZD6-D) 安装图	S0501	内锁闭

50 kg/m 钢轨 9 号单开道岔
图 号：CZ 2209

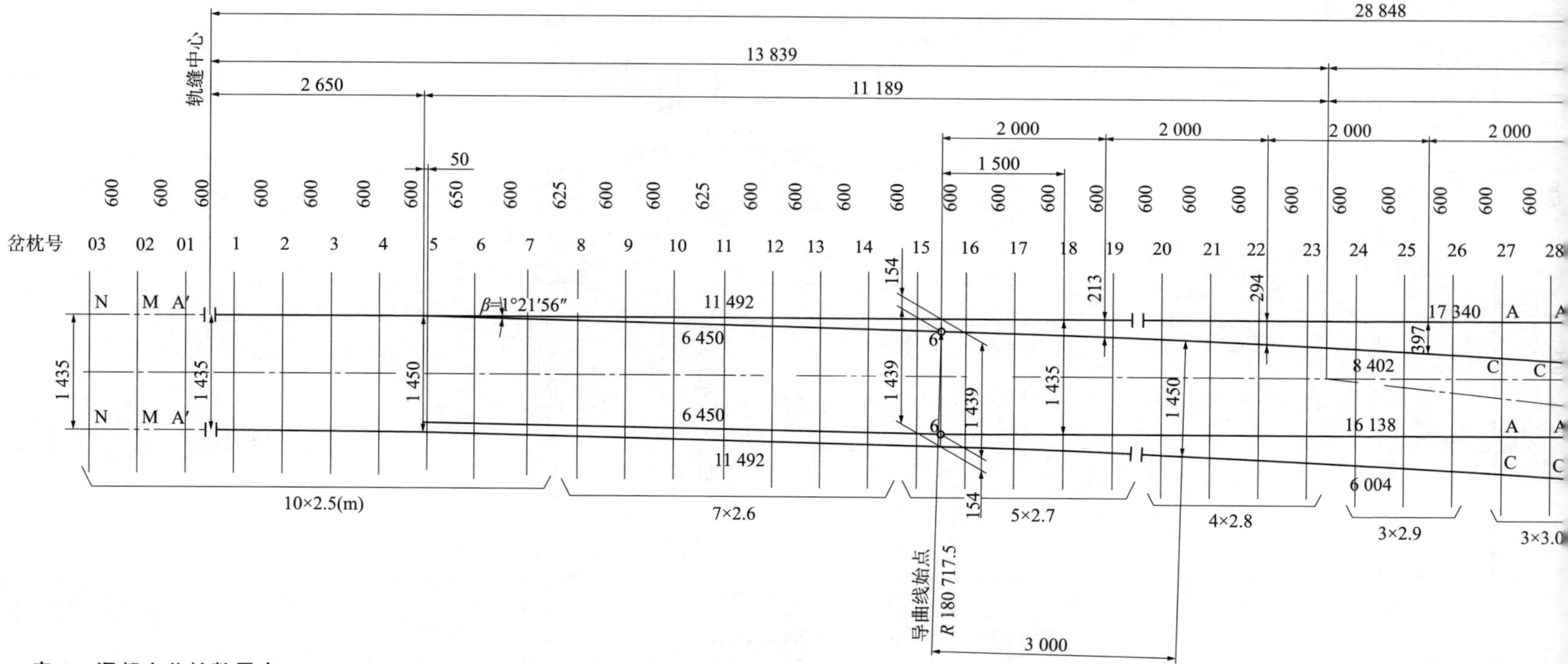

表 1　混凝土岔枕数量表

序号	岔枕长 (m)	单位	数量	备注	序号	岔枕长 (m)	单位	数量	备注
1	2.3	根	2		13	3.4	根	2	
2	2.4	根	2		14	3.5	根	2	
3	2.45	根	2		15	3.6	根	2	
4	2.5	根	12		16	3.8	根	2	
5	2.6	根	7		17	3.9	根	2	
6	2.7	根	5		18	4.0	根	2	
7	2.8	根	4		19	4.2	根	2	
8	2.9	根	3		20	4.3	根	2	
9	3.0	根	3		21	4.4	根	2	
10	3.1	根	2		22	4.6	根	2	
11	3.2	根	2		23	4.7	根	2	
12	3.3	根	2		24	4.8	根	1	

表 2　配轨长度表（绝缘接头设在侧股）

长度 (mm)	17 340	8 402	7 786	16 138	6 004	11 395
数量（根）	1	1	1	1	1	1

表 3　明　细　表

序号	图号 / 标准	名称及规格	数　量	材　　料	备　　注
1	CB 2212	转辙器	1		
2	CB 2213A/CB 2213	9 号辙叉及护轨	1		
3	TB/T 2344	连接钢轨	67.062 m	50 kg/m 钢轨	

续表 3

序号	图号 / 标准	名称及规格	数　量	材　　料	备　　注
4	TB/T 2345	接头夹板　50	6		
5	TB/T 2347	接头螺栓及螺母　M24 × 145	18	10.9 级	
6	GB/T 1230	平垫圈　24	18		
7	CB 305－07	平垫板　50－A	42(38)	Q235－A(底板)	图中 A 位置
8	CB 305－07	平垫板　50－BY(Z)	2	Q235－A(底板)	图中 B 位置
9	CB 305－07	平垫板　50－CY(Z)	4(8)	Q235－A(底板)	图中 C 位置
10	CB 305－07	平垫板　50－DY(Z)	10	Q235－A(底板)	图中 D 位置
11	CB 305－07	平垫板　50－EY(Z)	10	Q235－A(底板)	图中 E 位置
12	CB 305－07	平垫板　50－FY(Z)	12	Q235－A(底板)	图中 F 位置
13	CB 305－06	接头平垫板　J50－A	2(6)	Q235－A(底板)	图中 A′位置
14	CB 305－06	接头平垫板　J50－CY(Z)	4(0)	Q235－A(底板)	图中 C′位置
15	CB 306－28	顺坡垫板　P 80	6	Q235－A(底板)	图中 M 位置
16	CB 306－29	顺坡垫板　P 60	6	Q235－A(底板)	图中 N 位置
17	TB/T 1495.2	B 型弹条	196		
18	CT 5－02	T 形螺栓　M24 × 60	196		
19	CT 10－16	岔枕螺栓　M30	196		
20	GB/T 7244	垫　圈　30	196		
21	GBP－00－25(T)	M24 弹条专用防松防锈螺母	196		
22	CB 305－16	轨距块　50/9－11	92	ZG 230－450	
23	CB 305－16	轨距块　50/13－15	92	ZG 230－450	
24	CB 305－16	轨距块　50/7－17	50	ZG 230－450	备用

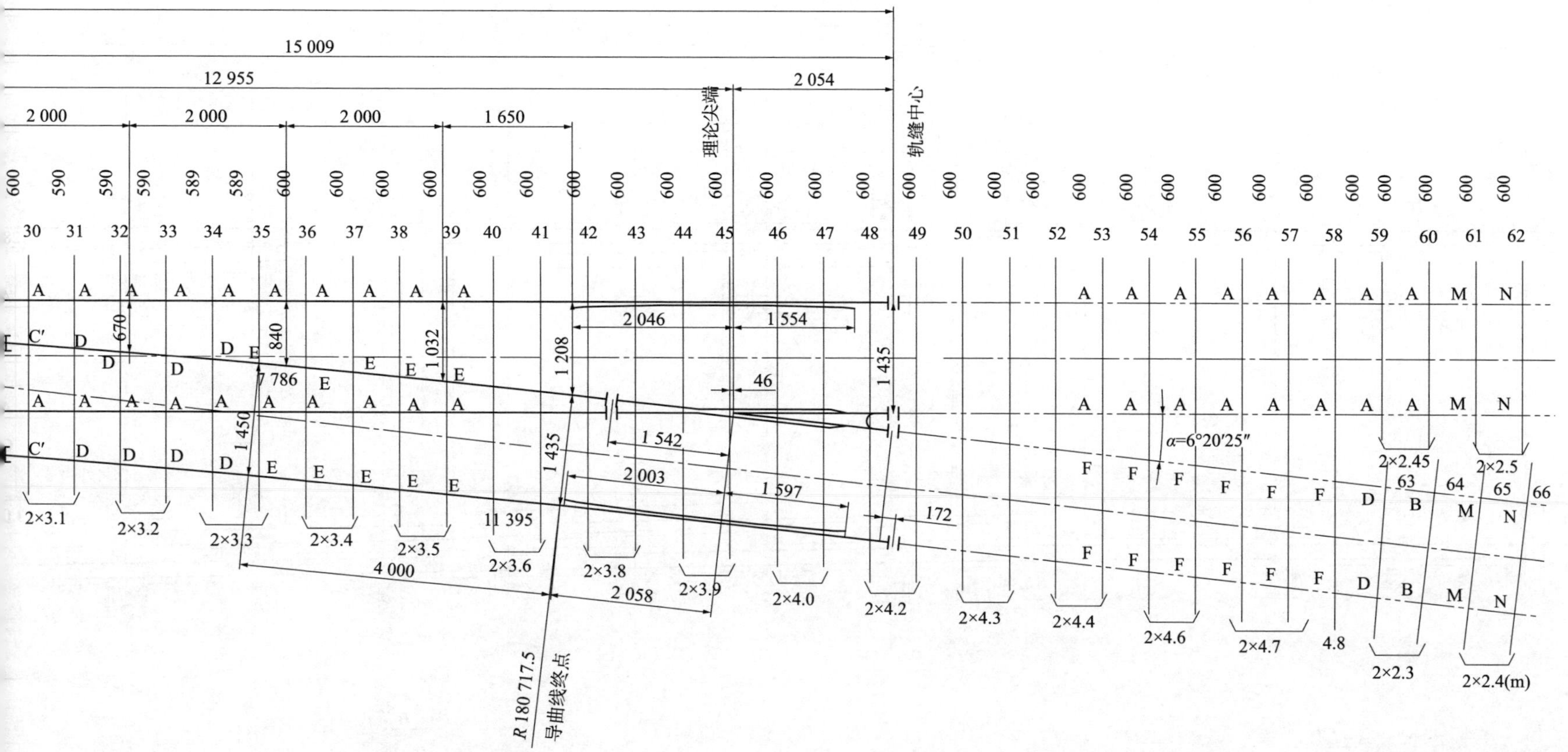

续表 3

序号	图号 / 标准	名称及规格	数 量	材 料	备 注
25	CT 10－79	接头轨距块 50－11	6	玻璃纤维	
26	CT 10－79	接头轨距块 50－13	6	玻璃纤维	
27	CT 10－79	接头轨距块 50－9	18	玻璃纤维	备用
28	CT 10－79	接头轨距块 50－15	18	玻璃纤维	备用
29	CT 10－75	橡胶垫板 50－200	98	橡胶	
30	CT 10－76	橡胶垫板 430×185×10	98	橡胶	
31	专线 9050	钢轨绝缘	2 组	50 kg/m 钢轨用	

技 术 要 求

1. 本道岔用于单渡线时，线间距需大于或等于 5 m。若线间距小于 5 m 时，岔后长岔枕需另行设计。
2. 本道岔转换设备按联动内锁闭装置设计。尖轨设置一个牵引点，设计动程为 152 mm，在正常情况下尖轨理论转换力为 1 300 N。
3. 本道岔不设轨底坡，道岔前后设顺坡垫板，接头处安装接头平垫板。
4. 扣件采用Ⅰ型弹条扣件，轨距块设计安装号数如下：
   钢轨工作边一侧，安装 13 号轨距块或 13 号接头轨距块；
   钢轨非工作边一侧，安装 11 号轨距块或 11 号接头轨距块；
   高锰钢整铸辙叉一侧安装 13 号轨距块，另一侧安装 11 号轨距块。
   7-17 轨距块为备用轨距块，供现场调整用。
5. 本图按设轨道电路设计。图中钢轨普通接头及绝缘接头分别以“─┤├─”、“┬”表示。
6. 本图绝缘接头设在侧股，其配轨长度见表 2。若绝缘接头设在直股，订货时需指明，其配轨长度见图 1，有关垫板数量按明细表括号内数量计。
7. 钢轨轨缝除注明者外均为 8 mm。
8. 图中符号 A、B、C、D、E、F 表示平垫板类型，A′、C′ 表示接头垫板类型，符号 M、N，分别表示顺坡垫板 P80、P60。
9. 岔枕编号 1～62 均垂直于道岔直股，编号 63～65 逐渐扭转垂直于道岔后线路方向。
10. 铺设混凝土岔枕时，带编号一端铺设在道岔直股外侧，侧股叉后短岔枕带编号一端铺设在道岔侧股外侧。
11. 钢轨顶面应进行全长淬火。
12. 本图护轨可采用槽型护轨制造（辙叉及护轨图号为：CB 2213A），也可采用 43 kg/m 钢轨（辙叉及护轨图号为：CB 2213），具体形式由用户订货时指明；若用户不指明时，则按槽型护轨供货。

图 1 绝缘接头设在直股

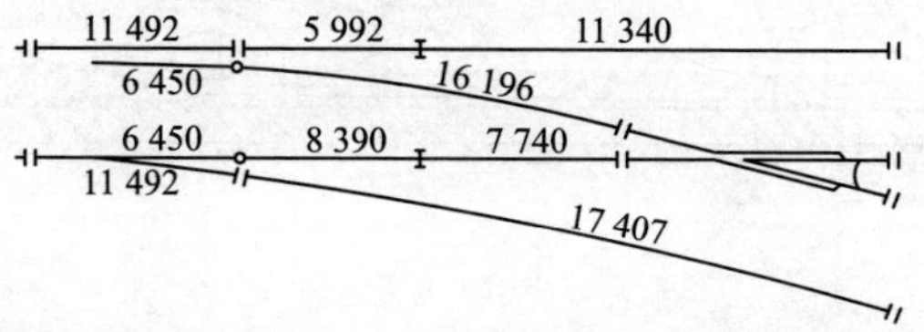

50 kg/m 钢轨 9 号单开道岔转辙器
图　号：CB 2212

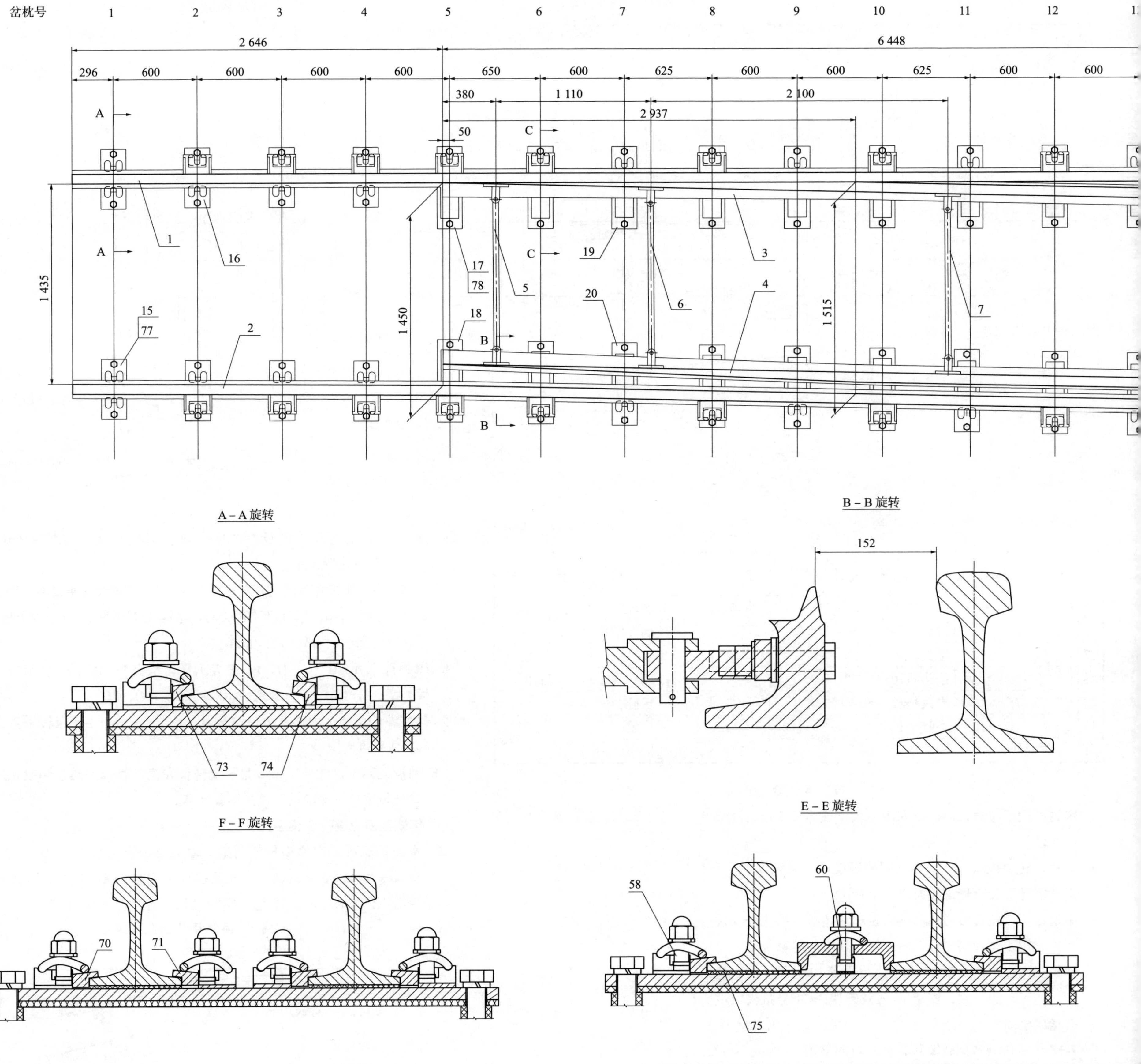

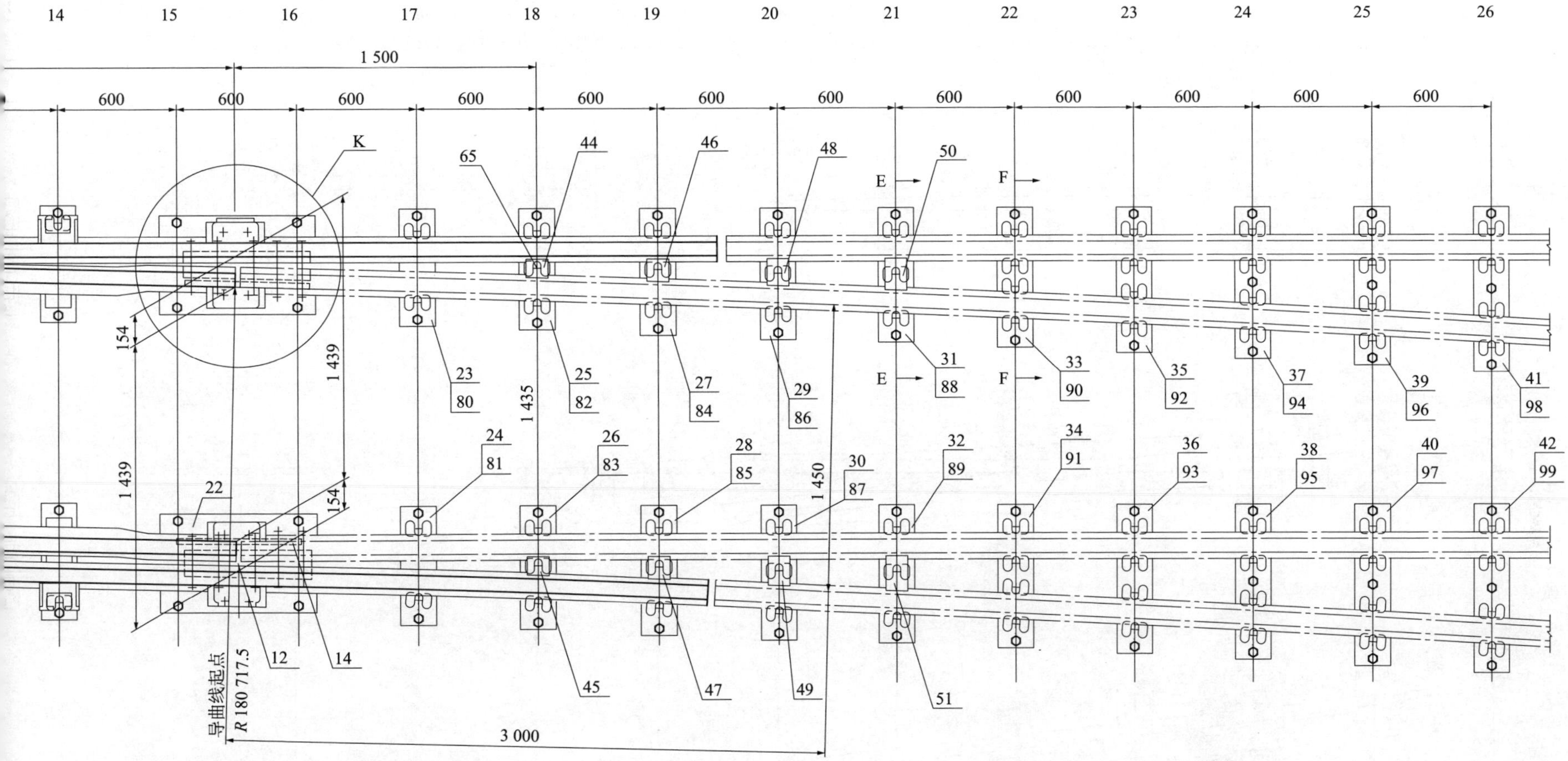

C－C 旋转

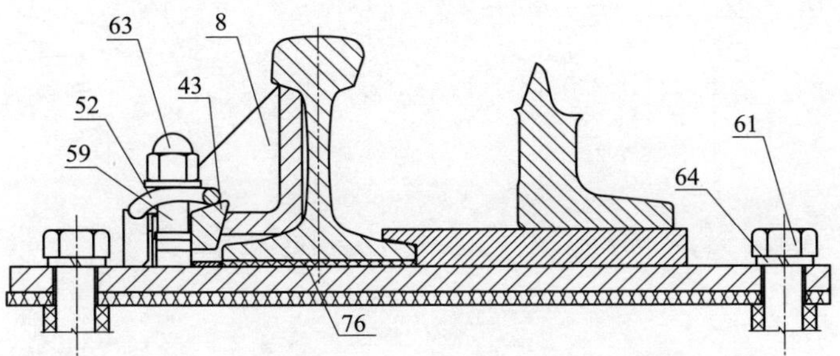

D－D 旋转

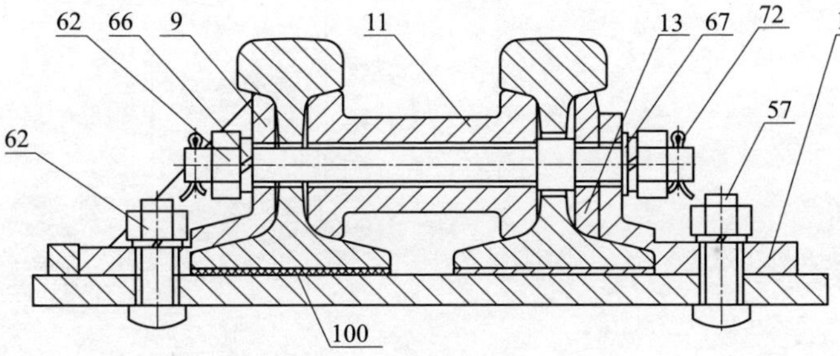

K

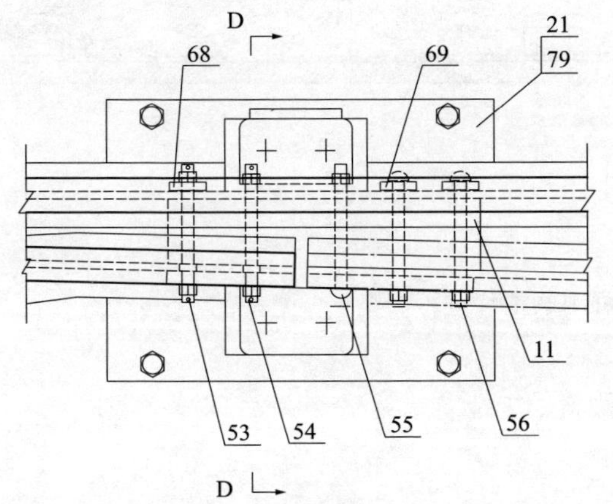

技 术 要 求

1. 尖轨设置一个牵引点，牵引点设计动程为 152 mm。
2. 滑床板在基本轨内侧为刚性扣压，外侧设置轨撑。
3. 钢轨轨头顶面均进行全长淬火。
4. 钢轨轨下设置 5 mm 厚橡胶垫板，垫板下设 10 mm 厚橡胶垫板。
5. 扣件采用 B 型弹条分开式可调扣件，轨距块设计安装号数如下：

   钢轨工作边一侧安装 13 号轨距块；钢轨非工作边一侧安装 11 号轨距块；接头处安装接头轨距块。

50 kg/m 钢轨 9 号单开道岔辙叉及护轨
图 号：CB 2213

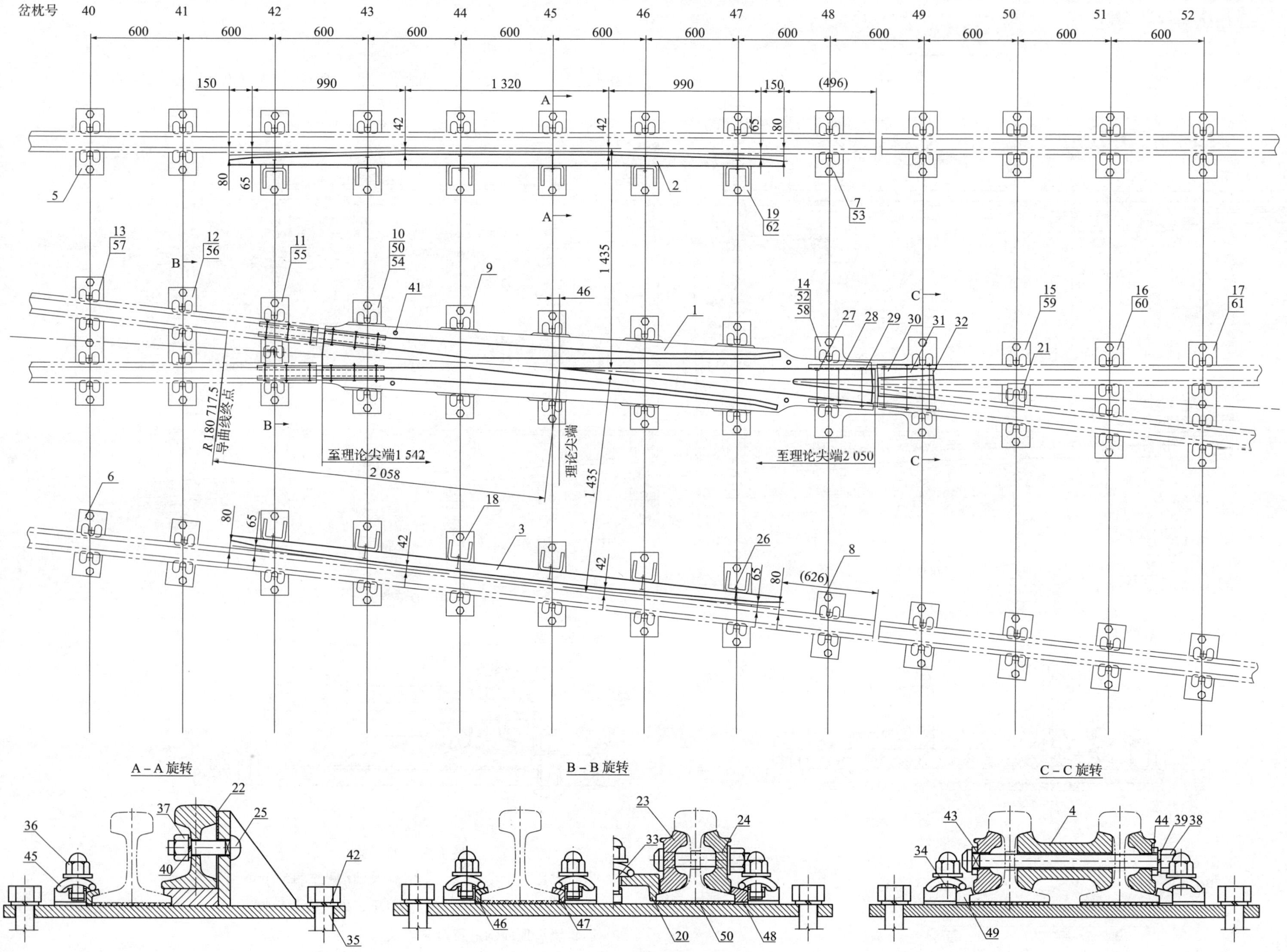

技 术 要 求

1. 查照间隔及护背距离在心轨轨头宽 20～30 mm 断面处丈量。
2. 组装护轨时，应使用 3 mm 厚护轨调整片。如查照间隔或护背距离不合适时，可用调整片进行调整。
3. 轨距块设计安装号数如下：

   钢轨工作边安装 13 号轨距块，非工作边安装 11 号轨距块，接头处安装接头轨距块。

   辙叉一侧安装 13 号轨距块，另一侧安装 11 号轨距块。

23. 60 kg/m 钢轨 12 号单开道岔(混凝土枕)
设计图号：SC(07)330

道岔允许通过速度	客车	$v_{直}$≤120 km/h；$v_{侧}$≤50 km/h		扣件类型	Ⅱ型弹条
	货车	轴重 23 t：$v_{直}$≤90 km/h；$v_{侧}$≤50 km/h		轨底坡	—
转辙器跟端形式	■限位器 ■间隔铁 □不设传力机构 □间隔铁活接头			锁闭方式	内锁闭
道岔全长	37 907	辙叉全长	5 992	辙叉类型	高锰钢整铸式
道岔前长	16 853	辙叉趾长	2 192	辙叉角	4°45′49″
道岔后长	21 054	辙叉跟长	3 800	翼轨轨型	—
尖轨长度	12 480	基本轨长度	15 700	直向护轨长度	6 900
尖轨轨型	60AT1			侧向护轨长度	5 210
尖轨尖端前基本轨长度			3 216	护轨轨型	33 kg/m 槽型钢
辙叉理论尖端距趾端方向前一根岔枕中心距离			96	导曲线半径	350 m
尖轨尖端至心轨实际尖端距离		31 003	直向护轨端头距导轨端头定位尺寸		446
道岔终端至末根岔枕中心距离		11 100	侧向护轨端头距导轨端头定位尺寸		1 185

最大构造加宽	1 441.6	测量位置	距基本轨前端 6 707 处			
岔枕图号 SC 330 – 500	岔枕总数	90 根	岔枕展延长	286.22 m	套管总数	497
转换设备图号 —	尖轨动程	180、75			心轨动程	—
批准文号	运基线路〔2002〕3 号				应用情况	★★★
主要结构特点	1. 本道岔适用于我国标准轨距时速不大于 120 km/h 的铁路线路和 92 改进型 60 kg/m 钢轨 12 号木枕道岔改造更换。 2. 道岔不设轨顶或轨底坡。 3. 道岔采用弹性可弯式尖轨，尖轨尖端为藏尖式。 4. 道岔按内锁闭设计，亦可采用外锁闭。 5. 采用高锰钢整铸式或合金钢拼装式辙叉。 6. 轨下基础采用混凝土岔枕。					

转辙器明细表					
序号	图号 / 标准	名称及规格	数量	材　　料	备　　注
1	SC(07)330－102	直基本轨　15 700	1	60 kg/m 钢轨	
2	SC(07)330－103	曲基本轨　15 700	1	60 kg/m 钢轨	
3	SC(07)330－104	曲线尖轨　12 480	1	60AT1 钢轨	
4	SC(07)330－105	直线尖轨　12 480	1	60AT1 钢轨	
5	SC(07)330－106	通长垫板	1		
6	SC(07)330－107	通长垫板	1		
7	SC(07)330－108	轨撑滑床板　N677	2	Q235－B(底板)	
8	SC(07)330－109	轨撑滑床板　N673Y(Z)	1	Q235－B(底板)	
9	SC(07)330－110	轨撑滑床板　N646－0	7	Q235－B(底板)	
10	SC 330－111	滑床板　N626－0	7	Q235－B(底板)	
11	SC(07)330－110	轨撑滑床板　N646－3Y(Z)	3	Q235－B(底板)	
12	SC 330－111	滑床板　N626－3Y(Z)	3	Q235－B(底板)	
13	SC(07)330－112	轨撑滑床板　N681Y(Z)	1	Q235－B(底板)	
14	SC 330－111	滑床板　N626－6Y(Z)	3	Q235－B(底板)	
15	SC(07)330－110	轨撑滑床板　N646－6Y(Z)	2	Q235－B(底板)	
16	SC(07)330－110	轨撑滑床板　N646－9Y(Z)	2	Q235－B(底板)	
17	SC 330－111	滑床板　N626－9Y(Z)	1	Q235－B(底板)	
18	SC 330－113	垫　板　689×170×20Y(Z)	1	Q235－B(底板)	
19	SC(07)330－114	垫　板　709×170×20Y(Z)	1	Q235－B(底板)	
20	SC(07)330－115	垫　板　705×170×20Y(Z)	2	Q235－B(底板)	
21	SC(07)330－115	垫　板　728×170×20Y(Z)	2	Q235－B(底板)	
22	SC(07)330－115	垫　板　752×170×20Y(Z)	2	Q235－B(底板)	
23	SC 330－116	垫　板　776×170×20Y(Z)	2	Q235－B(底板)	
24	SC 330－116	垫　板　802×170×20Y(Z)	2	Q235－B(底板)	
25	SC 330－117	垫　板　829×170×20Y(Z)	2	Q235－B(底板)	
26	SC 330－117	垫　板　857×170×20Y(Z)	2	Q235－B(底板)	
27	SC 330－117	垫　板　886×170×20Y(Z)	2	Q235－B(底板)	
28	SC 330－117	垫　板　916×170×20Y(Z)	2	Q235－B(底板)	
29	SC 330－119	垫　板　689×170×20Y(Z)	1	Q235－B(底板)	
30	SC(07)330－120	垫　板　709×170×20Y(Z)	1	Q235－B(底板)	
31	SC 330－121	垫　板　P60	2	Q235－B(底板)	

续上表

序号	图号 / 标准	名称及规格	数量	材　料	备　注
32	SC 330－122	垫　板　P80	2	Q235－B(底板)	
33	SC 330－134	垫　板　60－0	4	Q235－B(底板)	
34	SC(07)330－118	轨撑垫板	2	Q235－B(底板)	
35	专线 4171－26	拉　杆　B963	1		
36	专线 4171－27	连　杆　1 023	1		
37	专线 4171－26	拉　杆　B1088	1		
38	SC 350－140	轨　撑	24	KTH 330－08	
39	SCT 505－B	岔枕螺栓　155	148	45 钢	
40	GB/T 7244	弹簧垫圈　30	148	65Mn	
41	SC 330－125	轨距调整片　160×12×1	40	Q235－B	
42	SC 330－125	轨距调整片　160×12×2	40	Q235－B	
43	CB 599－21	调整楔	24	KTH 350－10	
44	专线 4232－4	T 型螺栓　M24×75	24		
45	专线 4232－4	T 型螺栓　M24×90	6		
46	GBP－00－01	M24 弹条专用防松螺母	14		
47	专线 4232－4	T 型螺栓　M24×60	104		
48	GBP－00－25(T)	M24 弹条专用防松防锈螺母	120		
50	专线 3351－3	Ⅱ型弹条	134	60Si2CrVA	
51	专线 4232－10	轨距块　60/9－11	50	ZG 270－500	
52	专线 4232－10	轨距块　60/13－15	38	ZG 270－500	
53	专线 4232－10A	接头轨距块　60/9－11	10	ZG 270－500	
54	专线 4232－10A	接头轨距块　60/13－15	6	ZG 270－500	
55	专线 4232－18B	接头支距扣板　60/99－103	2	KTH 350－10	
56	专线 4232－18B	接头支距扣板　60/121－125	2	KTH 350－10	
57	专线 4232－18B	接头支距扣板　60/144－150	2	KTH 350－10	
58	SC 330－401	橡胶垫板　60－190	50	橡胶	
59	SC 330－401	橡胶垫板　60－170	4	橡胶	
61	SC 330－402	橡胶垫板　60－190	36	橡胶	
62	SC 330－407	橡胶垫板　677×175×10	2	橡胶	
63	SC 330－407	橡胶垫板　673×175×10	1	橡胶	
64	SC 330－404	橡胶垫板　646×175×10	14	橡胶	
65	SC 330－404	橡胶垫板　626×175×10	14	橡胶	
66	SC 330－407	橡胶垫板　681×175×10	1	橡胶	

续上表

序号	图号 / 标准	名称及规格	数量	材　料	备　注
67	SC 330－405	橡胶垫板　689 × 175 × 10	2	橡胶	
68	SC 330－405	橡胶垫板　709 × 175 × 10	2	橡胶	
69	SC 330－405	橡胶垫板　705 × 175 × 10	2	橡胶	
70	SC 330－405	橡胶垫板　728 × 175 × 10	2	橡胶	
71	SC 330－405	橡胶垫板　752 × 175 × 10	2	橡胶	
72	SC 330－405	橡胶垫板　776 × 175 × 10	2	橡胶	
73	SC 330－405	橡胶垫板　802 × 175 × 10	2	橡胶	
74	SC 330－406	橡胶垫板　829 × 175－379	2	橡胶	
75	SC 330－406	橡胶垫板　857 × 175－393	2	橡胶	
76	SC 330－406	橡胶垫板　886 × 175－408	2	橡胶	
77	SC 330－406	橡胶垫板　916 × 175－423	2	橡胶	
78	SC 330－403	橡胶垫板　452 × 175 × 10	8	橡胶	
79	SC 330－403	橡胶垫板　472 × 175 × 10	2	橡胶	
80	SC 330－408	橡胶垫板　727 × 175 × 10	2	橡胶	
81	SC 330－413	橡胶垫板　570 × 175 × 10	2	橡胶	
82	SC 330－414	橡胶垫板　738 × 175 × 10	1	橡胶	
83	SC 330－415	橡胶垫板　797 × 175 × 10	1	橡胶	

辙叉及护轨明细表

序号	图号 / 标准	名称及规格	数量	材　料	备　注
1	SC 330 – 202	高锰钢辙叉　92 – 60 – 12G	1	ZGMn13	
2	SC 330C – 203	直向护轨　6 900	1	33 kg/m 槽型钢	
3	SC 330C – 204	侧向护轨　5 210	1	33 kg/m 槽型钢	
4	SC 330 – 209	辙叉垫板　743 × 170 × 20Y(Z)	8	Q235 – B(底板)	
5	SC 330 – 208	辙叉垫板　743 × 170 × 20Y(Z)	2	Q235 – B(底板)	
6	SC(07)330 – 207	支距垫板　730 × 170 × 20Y(Z)	1	Q235 – B(底板)	
7	SC 330 – 206	支距垫板　779 × 170 × 20Y(Z)	1	Q235 – B(底板)	
8	SC 330 – 206	支距垫板　827 × 170 × 20Y(Z)	1	Q235 – B(底板)	
9	SC 330 – 205	支距垫板　875 × 170 × 20Y(Z)	2	Q235 – B(底板)	
10	SC 330 – 205	支距垫板　922 × 170 × 20Y(Z)	1	Q235 – B(底板)	
11	SC(07)330 – 210	支距垫板　725 × 170 × 20Y(Z)	1	Q235 – B(底板)	
12	SC 330 – 211	支距垫板　775 × 170 × 20Y(Z)	1	Q235 – B(底板)	
13	SC 330 – 211	支距垫板　825 × 170 × 20Y(Z)	1	Q235 – B(底板)	
14	SC 330 – 134	垫　板　60 – 0	8	Q235 – B(底板)	
15	SC 330 – 134	垫　板　60 – 17Y(Z)	10	Q235 – B(底板)	
16	HY03 – 01	护轨垫板　600 × 170 × 25	11	16Mn(底板)	
17	HY03 – 02	护轨垫板　610 × 170 × 25Y(Z)	9	16Mn(底板)	
18	SC 330C – 205	调整片　100 × 80 × 2/3	20/40	Q235B	
19	SC 330 – 125	调整片　180 × 12 × 1/2	20/20	Q235B	
20	TB/T 2345	接头夹板　60	8		
21	TB/T 2347	接头螺栓、螺母　M24 × 135 – 10.9	24		
22	GB/T 1230	平垫圈　24	24		
23	专线 4232 – 4	T 型螺栓　M24 × 60	108	Q235 – A	
24	GBP – 00 – 25(T)	M24 弹条专用防松防锈螺母	108		
25	GBP – 00 – 01	M24 弹条专用防松螺母	2		
26	专线 3351 – 3	Ⅱ型弹条	110		
27	专线 4232 – 4	T 型螺栓　M24 × 90	2	Q235 – A	
28	专线 4171 – 9	螺　栓　M24 × 85	20	Q235 – A	
29	GB/T 7244	弹簧垫圈　24	20		
30	NS – 01(b)	螺　母　M24	20		
31	SCT 505 – B	岔枕螺栓　155	117		

续上表

序号	图号 / 标准	名称及规格	数量	材　料	备　注
32	GB/T 7244	弹簧垫圈　30	117		
33	专线 4232－10	轨距块　60/9－11	58	ZG 270－500	
34	专线 4232－10	轨距块　60/13－15	38	ZG 270－500	
35	专线 4232－10A	接头轨距块　60/9－11	6	ZG 270－500	
36	专线 4232－10A	接头轨距块　60/13－15	6	ZG 270－500	
37	专线 4140－09	导电销	4	1Cr18Ni9Ti	
38	SC 330－403	橡胶垫板　452 × 175 × 10	18	橡胶	
39	SC 330－401	橡胶垫板　60－190	56	橡胶	
40	专线 4232－18	接头支距扣板　60/122－131	1	KTH 350－10	
41	SC 330－409	橡胶垫板　439－190	10	橡胶	
42	SC 330－410	橡胶垫板　743 × 175 × 10	10	橡胶	
43	SC 330－405	橡胶垫板　730 × 175 × 10	1	橡胶	
44	SC 330－405	橡胶垫板　779 × 175 × 10	1	橡胶	
45	SC 330－405	橡胶垫板　827 × 175 × 10	1	橡胶	
46	SC 330－406	橡胶垫板　875 × 175－403	2	橡胶	
47	SC 330－406	橡胶垫板　922 × 175－426	1	橡胶	
48	SC 330－405	橡胶垫板　725 × 175 × 10	1	橡胶	
49	SC 330－405	橡胶垫板　775 × 175 × 10	1	橡胶	
50	SC 330－405	橡胶垫板　825 × 175 × 10	1	橡胶	
51	SC 330－411	橡胶垫板　600 × 175 × 5	11	橡胶	
52	SC 330－411	橡胶垫板　610 × 175 × 5	9	橡胶	
53	专线 4232－18	接头支距扣板　60/116－125	1	KTH 350－10	

SC 330 电务主要参数

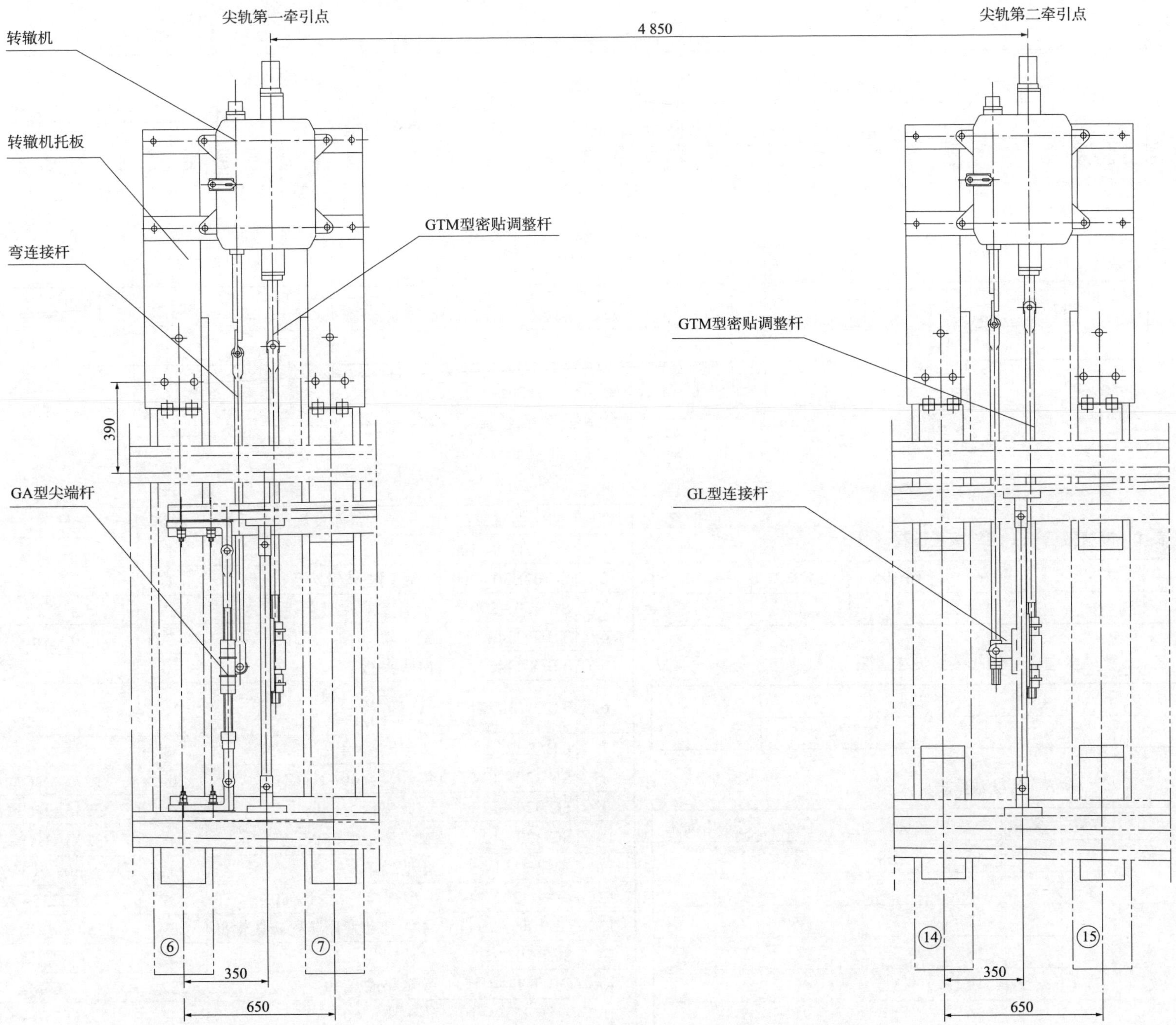

转换设备	安装图名称	安装图号	锁闭方式
ZD6-E/J	60 kg/m 钢轨 12 号单开道岔转换设备 (ZD6-E/J) 安装图	S0107	内锁闭
ZY(J)4+SH5	60 kg/m 钢轨 12 号单开道岔转换设备 (ZY4) 安装图	S0205	内锁闭
ZD(J)9	60 kg/m 钢轨 12 号单开道岔转换设备 (ZD9) 安装图	S0229	内锁闭
ZY(J)7+SH6	60 kg/m 钢轨 12 号单开道岔转换设备 (ZYJ7) 安装图	S1021	内锁闭

60 kg/m 钢轨 12 号单开道岔
图　号：SC(07)330

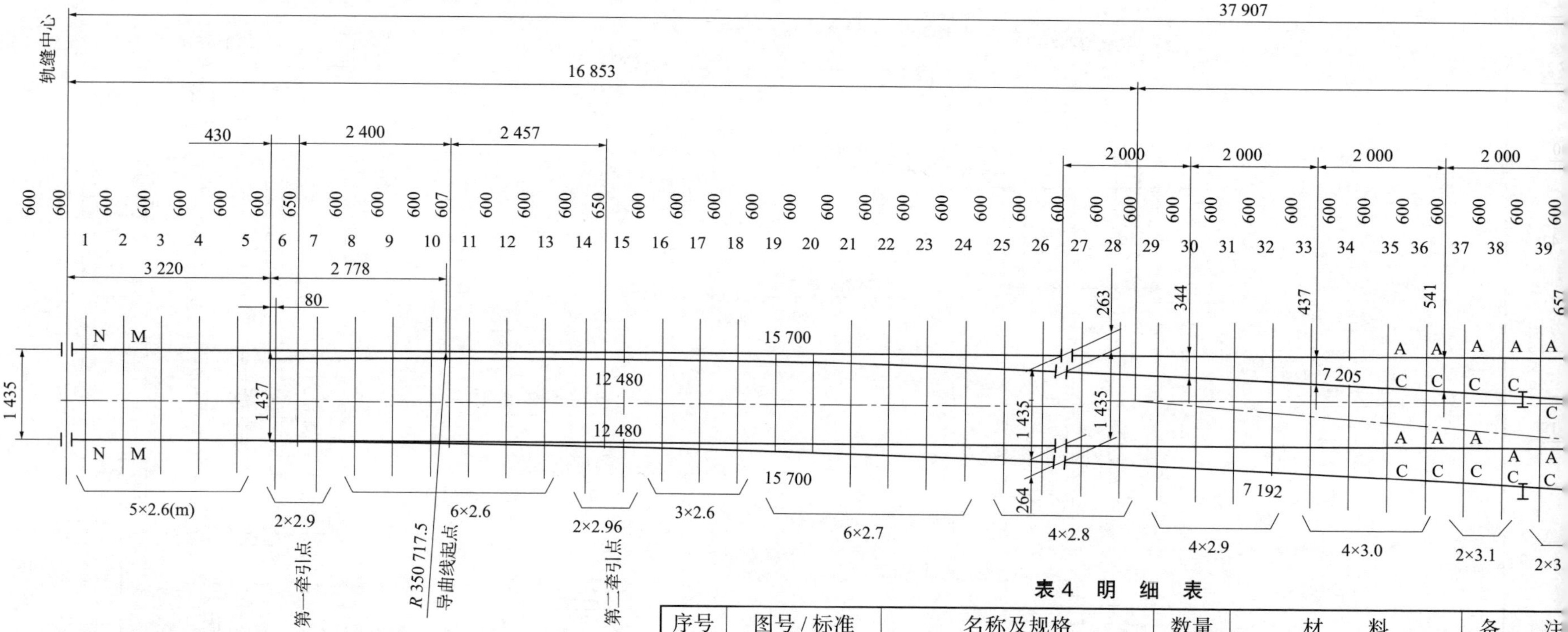

表 1　钢轨数量表（绝缘接头设在侧股）

长度 (mm)	22 191	7 205	9 026	16 195	14 912	7 192
数量（根）	1	1	1	1	1	1

表 2　钢轨数量表（绝缘接头设在直股）

长度 (mm)	7 192	14 991	16 239	8 995	22 112
数量（根）	2	1	1	1	1

表 3　岔枕数量表

序号	岔枕长 (m)	单位	数量	备注	序号	岔枕长 (m)	单位	数量	备注
1	2.25	根	2		15	3.4	根	2	
2	2.3	根	2		16	3.5	根	2	
3	2.4	根	4		17	3.6	根	2	
4	2.45	根	4		18	3.7	根	2	
5	2.5	根	4		19	3.8	根	2	
6	2.6	根	14		20	3.9	根	2	
7	2.7	根	6		21	4.0	根	2	
8	2.8	根	4		22	4.1	根	2	
9	2.9	根	6		23	4.2	根	2	
10	2.96	根	2		24	4.3	根	2	
11	3.0	根	4		25	4.4	根	2	
12	3.1	根	2		26	4.5	根	2	
13	3.2	根	2		27	4.6	根	2	
14	3.3	根	4		28	4.7	根	4	

表 4　明　细　表

序号	图号 / 标准	名称及规格	数量	材　料	备　注
1	SC(07)330－100	转辙器	1		组件
2	SC(07)330－200	高锰钢整铸辙叉及护轨	1		组件
3	SC 330－300	牵引点岔枕连接装置	1		组件
4	TB/T 2344	钢　轨	76.721	60 kg/m 钢轨	单位：m
5	TB/T 2345	接头夹板	10		
6	TB/T 2347	接头螺栓、螺母　M24 × 135－10.9	30		
7	GB/T 1230	垫　圈　24	30		
8	SC 330－134	垫　板　60－PY(Z)	108	Q235－B（底板）	共 5 种类型
9	SC 330－122	顺坡垫板　P80	4	Q235－B（底板）	
10	SC 330－121	顺坡垫板　P60	4	Q235－B（底板）	
11	专线 3351－3	Ⅱ型弹条	232	60Si2CrVA	
12	专线 4232－4	T 型螺栓　M24 × 60	232	Q235－A	
13	GBP－00－25(T)	M24 弹条专用防松防锈螺母	232	4 级	
14	SCT 505－B	岔枕螺栓　155	232	45 钢	
15	GB/T 7244	弹簧垫圈　30	232	65Mn	
16	专线 4232－10	轨距块　60/9－11	125	ZG 270－500	15 个为备用
17	专线 4232－10	轨距块　60/13－15	125	ZG 270－500	15 个为备用
18	专线 4232－10	轨距块　60/7－17	20	ZG 270－500	备用轨距块
19	专线 4232－10A	接头轨距块　60/9－11	4	ZG 270－500	
20	专线 4232－10A	接头轨距块　60/13－15	4	ZG 270－500	
21	专线 4232－72	绝缘轨距块　609－11	4	玻璃纤维增强聚酰鞍 66	
22	专线 4232－72	绝缘轨距块　6013－15	4	玻璃纤维增强聚酰鞍 66	
23	SC 330－403	橡胶垫板　452 × 175 × 10	116	橡胶	
24	SC 330－401	橡胶垫板　60－190	116	橡胶	
25		钢轨绝缘	2		

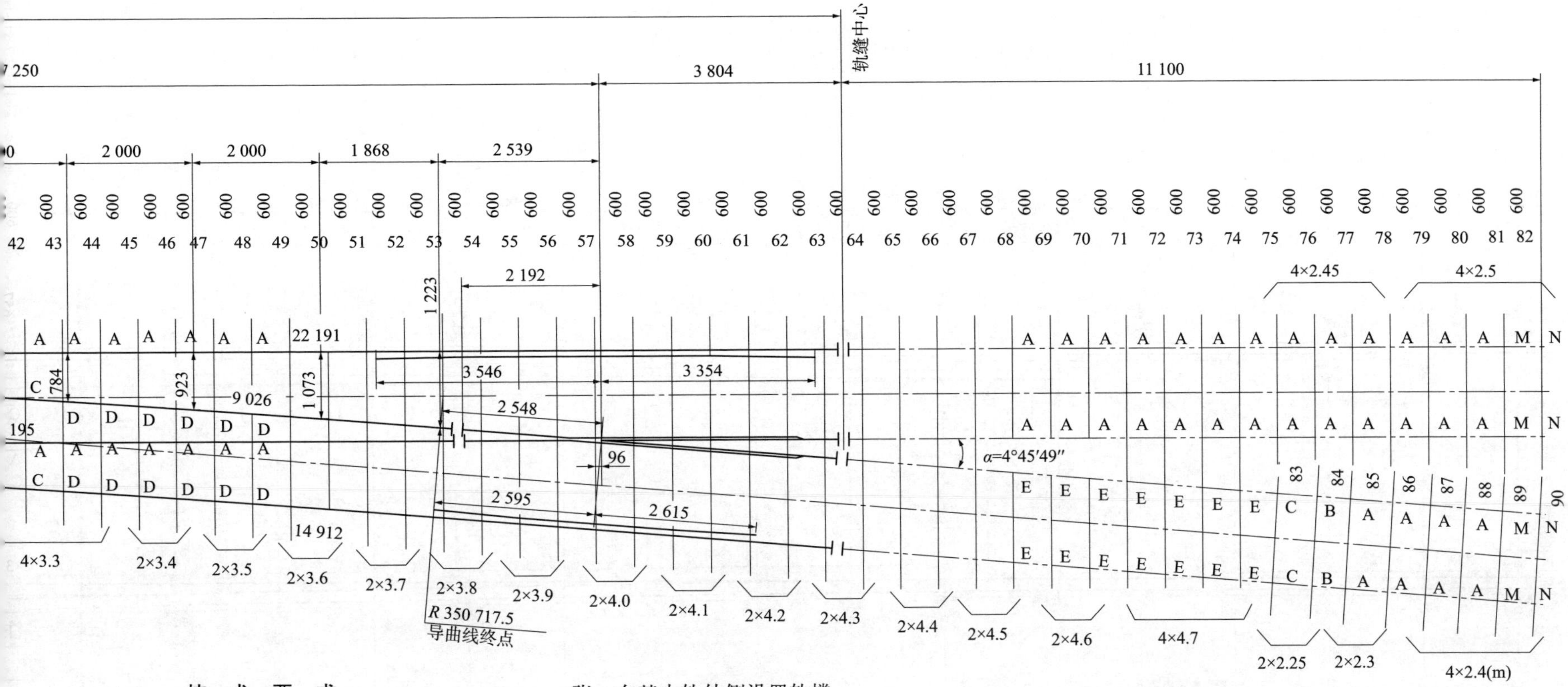

技 术 要 求

1. 本道岔适用于我国标准轨距直向时速不大于 120 km/h 的铁路线路，同时适用于 92 型 60 kg/m 钢轨 12 号木枕道岔的改造更换。
2. 本道岔用于单渡线时，线间距需大于等于 5 m。若用于线间距小于 5 m 的单渡线时，长岔枕应另行设计。
3. 道岔轨距除尖轨尖端及直线尖轨刨切范围内的构造加宽外均为 1 435 mm。
4. 岔枕全部垂直于道岔直股方向，除牵引点岔枕间距为 650 mm，尖轨连杆处间距 607 mm 外，其余岔枕间距均为 600 mm。
5. 本道岔按普通接头且绝缘接头设置在曲股设计，其配轨规格及数量见表 1；当绝缘接头设置在直股时，配轨图及配轨数量表见图 1 及表 2；如采用其他特殊接头型式时，按用户订货合同的要求配轨。
6. 道岔的主要结构特点：
   (1) 尖轨采用 12 480 mm 长的弹性可弯尖轨，用 60AT 钢轨制造。尖轨尖端为藏尖式，跟端采用限位器结构。
   (2) 尖轨设 2 个牵引点，采用联动内锁闭装置，各牵引点设计动程分别为 180 mm、75 mm。
   (3) 牵引点两侧设通长滑床板。
   (4) 为加强基本轨的稳定型，减小外倾和减小轨距扩张，在基本轨外侧设置轨撑。
   (5) 辙叉采用高锰钢整铸辙叉。
   (6) 扣件采用分开式Ⅱ型弹条扣件，轨距块设计安装号数如下：
   钢轨工作边一侧，安装 13 号轨距块；
   钢轨非工作边一侧，安装 11 号轨距块；
   高锰钢辙叉一侧安装 13 号轨距块，另一侧安装 11 号轨距块。
   钢轨接头两侧及 AT 轨短肢一侧，安装接头轨距块；
   7–17 轨距块为备用轨距块，供现场调整用。
   (7) 钢轨轨下设置 5 mm 厚橡胶垫板，护轨垫板下设置 5 mm 厚橡胶垫板，其他垫板下设置 10 mm 厚的橡胶垫板。合理调整不同部位轨下和板下橡胶垫板刚度，使其在整个道岔范围内弹性趋于一致。
   (8) 考虑到道岔与线路连接过渡，在道岔前后各两根岔枕上设置顺坡垫板 (M、N 垫板)，若与无轨底坡线路连接时取消顺坡垫板，采用 A 型垫板 (60–0)，用户订货时需指明。
7. 为使牵引点处岔枕捣固后道砟的保持，在两岔枕之间设置岔枕连接装置。
8. 道岔连接部分及叉后垫板为适应混凝土岔枕，根据垫板的偏斜大小分五种类型，其铺设位置详见布置图。
9. 本图按设轨道电路设计。
10. 图中钢轨普通接头和轨道电路绝缘接头分别以“—||—”、“—+—”表示。
11. 图中钢轨轨缝均为 8mm 。
12. 明细表中序号 8 垫板分五种类型，其中 A 型 62 块、B 型 2 块、C 型 18 块、D 型 12 块、E 型 14 块。

图 1 绝缘接头设在直股

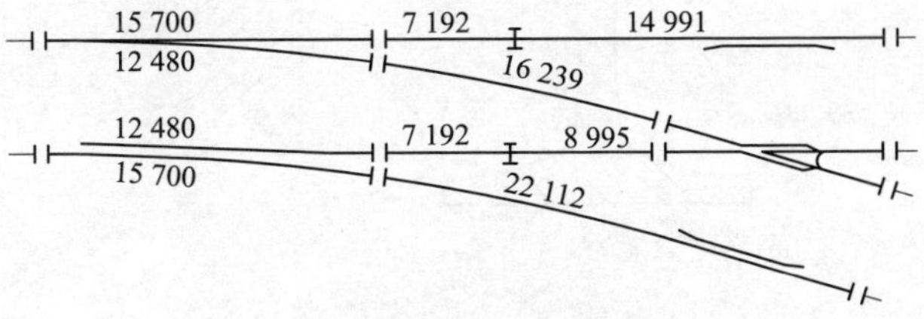

图 2 转辙器部分轨距示意图

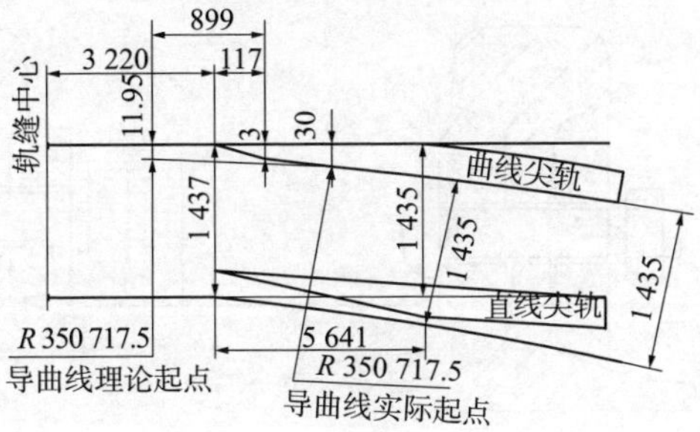

60 kg/m 钢轨 12 号单开道岔转辙器

图　号：SC(07)330－100

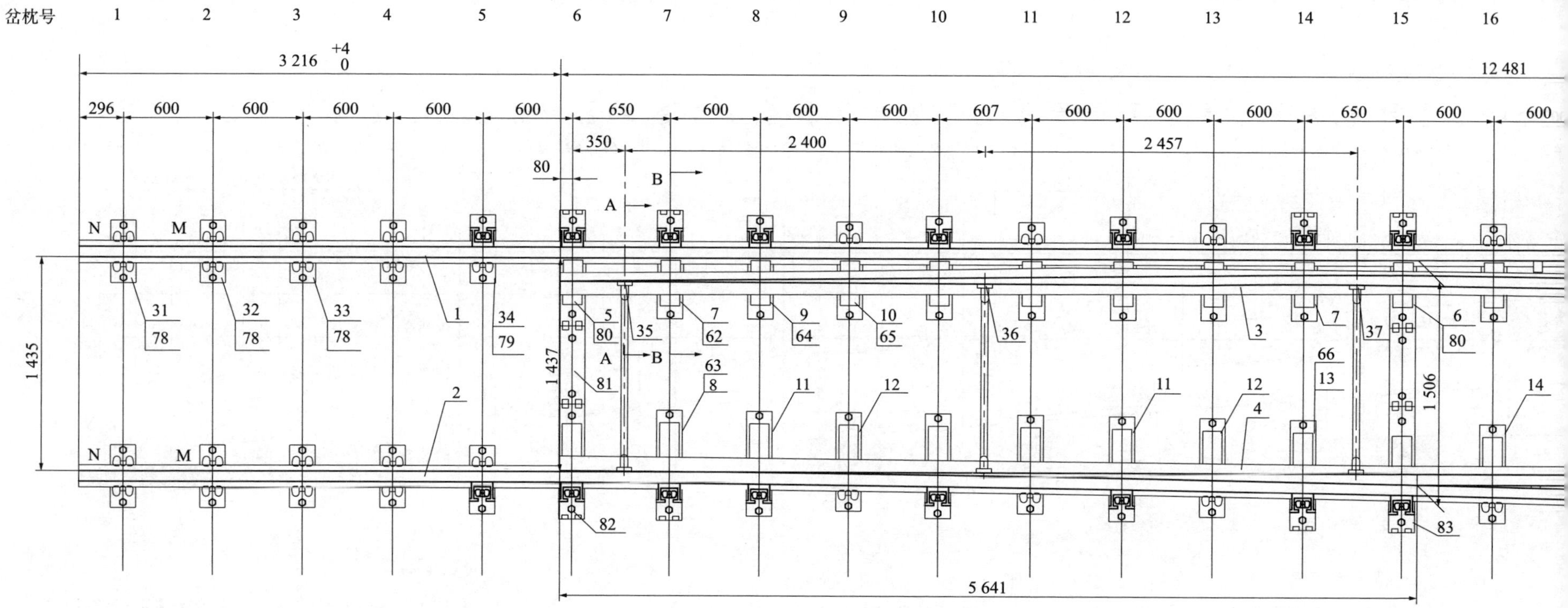

A－A 旋转

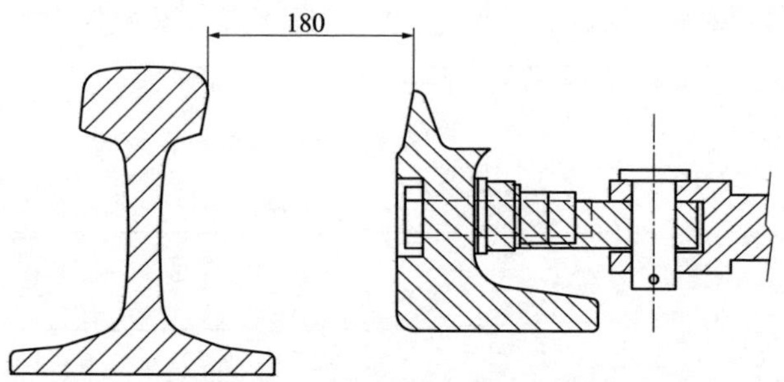

B－B 旋转

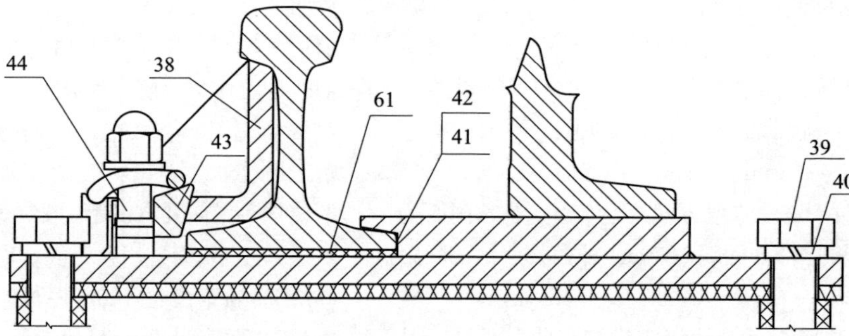

D－D 旋转

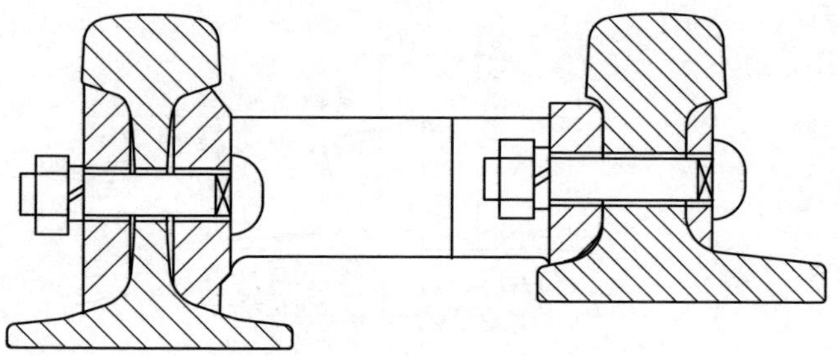

E－E 旋转

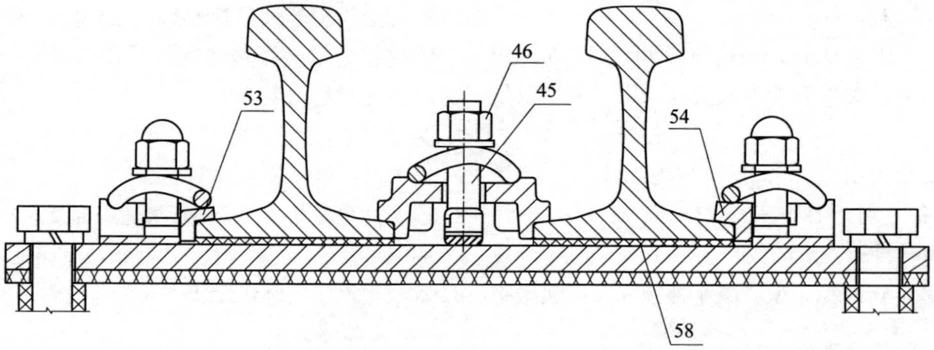

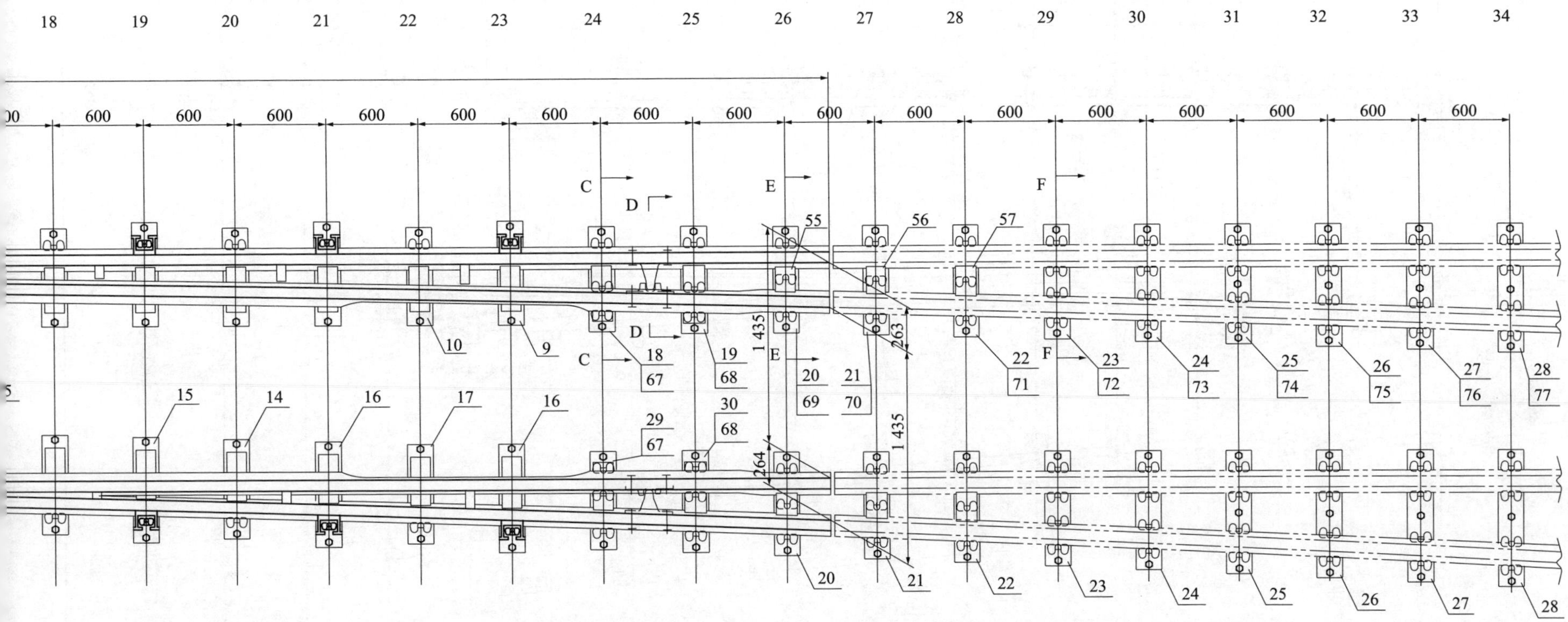

C－C 旋转

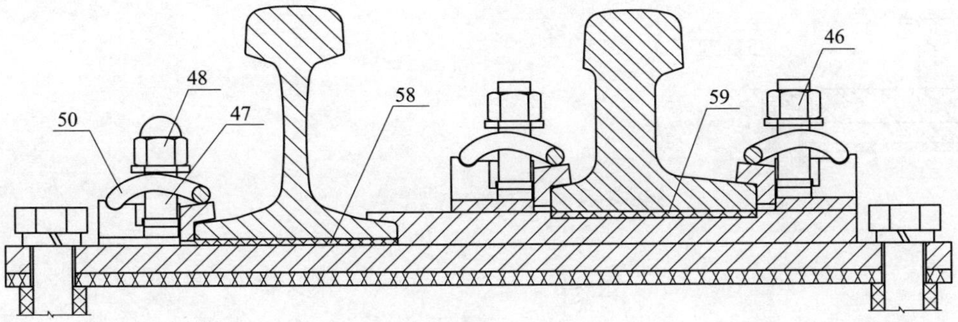

F－F 旋转

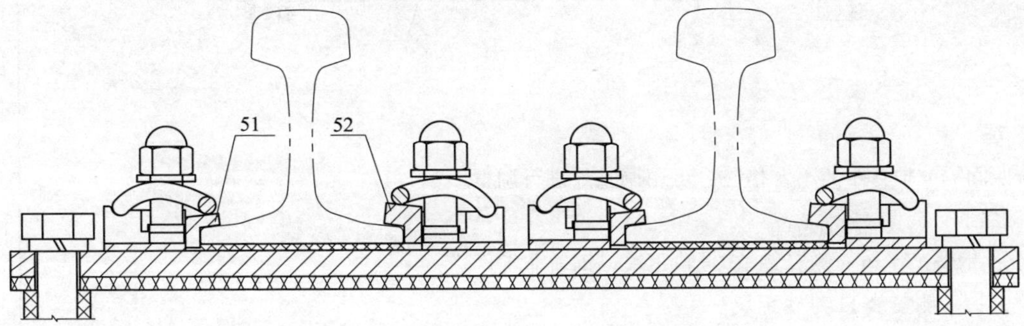

技 术 要 求

1. 滑床板部分基本轨内侧为刚性扣压，基本轨外侧间隔设置轨撑。
2. 顶铁、限位器螺栓采用防松螺母。
3. 扣件采用Ⅱ型弹条分开式可调扣件，轨距块设计安装号数如下：
   钢轨工作边一侧安装 13 号轨距块；钢轨非工作边一侧安装 11 号轨距块；
   钢轨接头处及 AT 轨短肢侧安装接头轨距块。
4. 钢轨轨下设置 5 mm 厚橡胶垫板；垫板下设置 10 mm 厚橡胶垫板。
5. 本图按采用内锁闭设计。
6. 轨撑调整片安装调整完毕，应向铁座方向弯折。
7. 采用高强度螺栓的紧固件在组装、维修或保养时，采用扭矩扳手紧固。拧紧扭矩要求：在有润滑条件下，M24 的螺母拧紧扭矩为 800～900 N·m，M27 的螺母拧紧扭矩为 1 000～1 100 N·m。

60 kg/m 钢轨 12 号单开道岔辙叉及护轨
图　号：SC(07)330－200

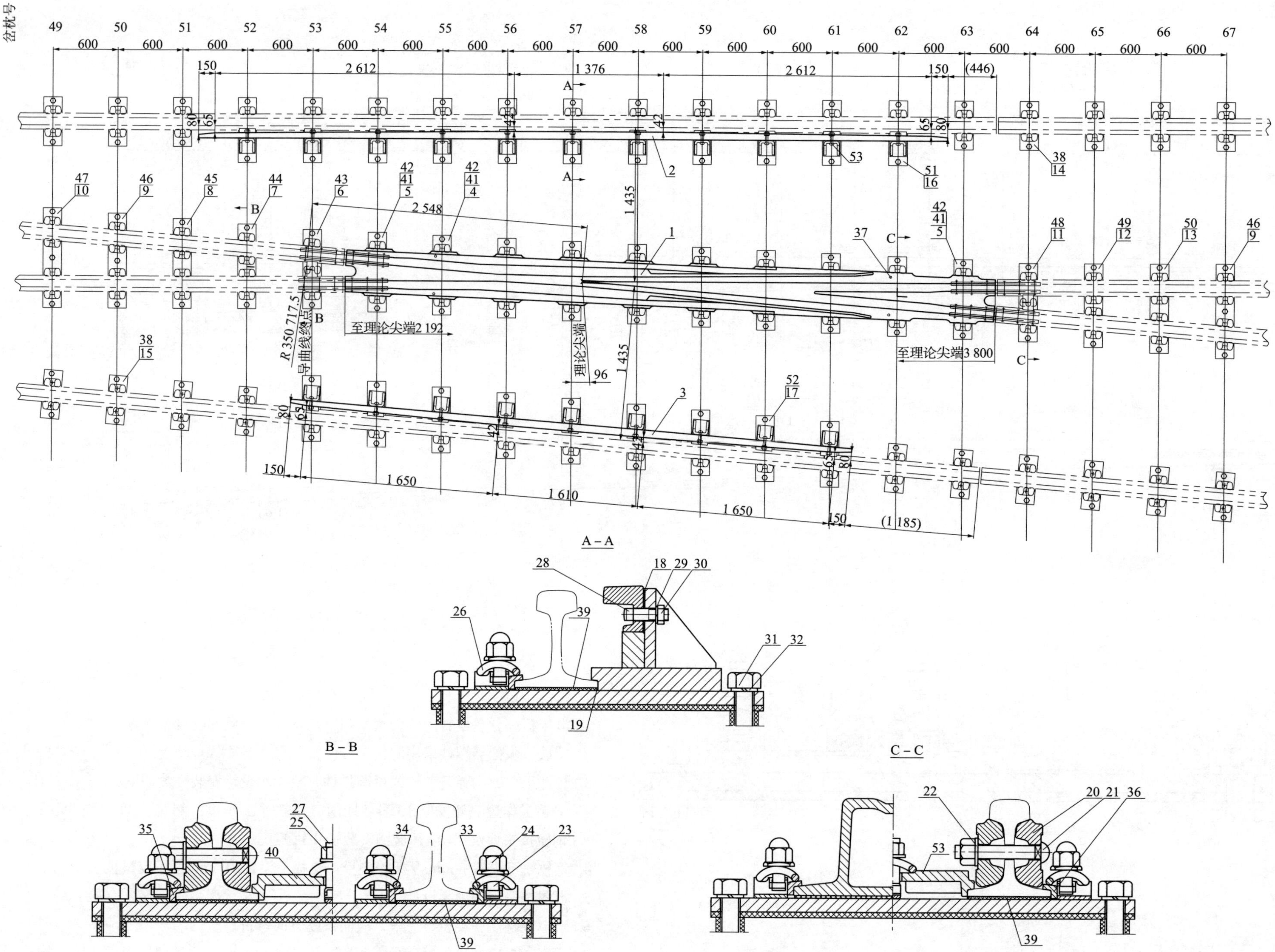

技　术　要　求

1. 组装护轨时，应使用 3 mm 厚的护轨调整片，如查照间隔或护背距离不合格时，可用调整片进行调整。
2. 查照间隔及护背距离在心轨轨头宽 20～30 mm 处测量。
3. 扣件采用Ⅱ型弹条扣件，轨距块设计安装号数如下：钢轨工作边一侧安装 13 号轨距块；钢轨非工作边一侧安装 11 号轨距块。辙叉一侧安装 13 号轨距块；另一侧安装 11 号轨距块。

24. 60 kg/m 钢轨 30 号单开道岔(有砟)
设计图号：GLC(08)06

道岔允许通过速度	客车	$v_{直}\leq$250 km/h；$v_{侧}\leq$120 km/h		扣件类型	Ⅱ型弹条
	货车	轴重 25 t：$v_{直}\leq$120 km/h；$v_{侧}\leq$120 km/h		轨底坡	1∶40
转辙器跟端形式	□限位器 ■间隔铁 ■不设传力机构 □间隔铁活接头			锁闭方式	外锁闭
道岔全长	102 000	辙叉全长	24 596	辙叉类型	可动心轨辙叉
道岔前长	42 301	辙叉趾长	7 932	辙叉角	1°54′33″
道岔后长	59 699	辙叉跟长	16 664	翼轨轨型	60TY1 与 60 kg/m 焊接
尖轨长度	29 840	基本轨长度	31 792	直向护轨长度	—
尖轨轨型	60AT2			侧向护轨长度	—
尖轨尖端前基本轨长度			1 951	护轨轨型	—
辙叉理论尖端距趾端方向前一根岔枕中心距离			0	导曲线半径	2 700 m
尖轨尖端至心轨实际尖端距离		79 980	直向护轨端头距导轨端头定位尺寸		—
道岔终端至末根岔枕中心距离		19 500	侧向护轨端头距导轨端头定位尺寸		—

降低值	直线尖轨			曲线尖轨			长心轨		
	断面宽	距尖端距离	降低值	断面宽	距尖端距离	降低值	断面宽	距实际尖端距离	降低值
	0	0	23	0	0	23	1	0	23
	5	1 096	14	5	903	14	5	216.6	14
	16	3 506	6.7	16	3 386	6.7	20	861.9	4
	20	4 382	4	20	4 289	4	40	1 712.3	1.3
	50	10 656	0	50	10 660	0	50	2 133.2	0

最大构造加宽	—	测量位置	—			
岔枕图号 GLC(08)06－300	岔枕总数	214 根	岔枕展延长	708.9 m	套管总数	1 179
转换设备图号 —	尖轨动程	160、134、108、83、57、31			心轨动程	107、73、39
批准文号	科技基〔2008〕108 号				应用情况	★★★
主要结构特点	1. 道岔适用于时速 250 km 客运专线，宜与采用Ⅱ型弹条线路配套使用，适用于跨区间无缝线路。 2. 道岔尖轨为相离半切线型弹性可弯尖轨，尖端为藏尖式，用 60AT2 钢轨制造。 3. 翼轨采用轧制特种断面翼轨与 60 kg/m 钢轨焊接成长翼轨，翼轨跟端用间隔铁分别与长心轨和叉跟尖轨胶接。 4. 道岔可采用调高垫板在橡胶垫板与岔枕之间调高，最大调高量 10 mm。					

转辙器明细表

序号	图号 / 标准	名称及规格	数量	材　料	备　注
1	GLC(08)06－102	直基本轨　31 792	1	60 kg/m 钢轨	
2	GLC(08)06－103	曲基本轨　31 792	1	60 kg/m 钢轨	
3	GLC(08)06－104	曲线尖轨　29 840	1	60AT2	
4	GLC(08)06－105	直线尖轨　29 840	1	60AT2	
5	客专线 (07)001－V－21	间隔铁　170－175/A Y(Z)	1(0)	ZG 270－500	
6	客专线 (07)001－V－22	间隔铁　170－175/B Y(Z)	1(0)	ZG 270－500	
7	客专线 (07)001－V－21	间隔铁　185－190/A Y(Z)	1(0)	ZG 270－500	
8	客专线 (07)001－V－22	间隔铁　185－190/B Y(Z)	1(0)	ZG 270－500	
9	客专线 (07)001－V－4	弹性铁垫板　60－0	6		
10	客专线 (07)001－V－29	滑床板　60－0	39		
11	客专线 (07)001－V－29	滑床板　60－3 Y(Z)	23		
12	客专线 (07)001－V－30	辊轮滑床板　60－0	11		
13	客专线 (07)001－V－30	辊轮滑床板　60－3 Y(Z)	5		
14	客专线 (07)001－V－31	限位防跳装置　60－0/112	1		
15	客专线 (07)001－V－31	限位防跳装置　60－0/140	1		
16	客专线 (07)001－V－31	限位防跳装置　60－0/156	1		
17	客专线 (07)001－V－31	限位防跳装置　60－0/161	1		
18	客专线 (07)001－V－31	限位防跳装置　60－0/143	1		
19	客专线 (07)001－V－31	限位防跳装置　60－0/113	1		
20	客专线 (07)001－V－31	限位防跳装置　60－0/140	1		
21	客专线 (07)001－V－31	限位防跳装置　60－3/155Y(Z)	1		
22	客专线 (07)001－V－31	限位防跳装置　60－3/161Y(Z)	1		
23	客专线 (07)001－V－31	限位防跳装置　60－3/142Y(Z)	1		
24	GLC(08)06－106	垫　板　831Y(Z)	1	硫化垫板	
25	GLC(08)06－107	垫　板　831Y(Z)	1	硫化垫板	
26	GLC(08)06－108	垫　板　831Y(Z)	1	硫化垫板	
27	GLC(08)06－109	垫　板　831Y(Z)	1	硫化垫板	
28	GLC(08)06－108	垫　板　831Y(Z)	1	硫化垫板	
29	GLC(08)06－109	垫　板　831Y(Z)	1	硫化垫板	
30	GLC(08)06－108	垫　板　831Y(Z)	1	硫化垫板	
31	GLC(08)06－109	垫　板　831Y(Z)	1	硫化垫板	

续上表

序号	图号 / 标准	名称及规格	数量	材　料	备　注
32	GLC(08)06-108	垫　板　831Y(Z)	1	硫化垫板	
33	GLC(08)06-109	垫　板　831Y(Z)	1	硫化垫板	
34	GLC(08)06-110	垫　板　770Y(Z)	1	硫化垫板	
35	GLC(08)06-111	垫　板　770Y(Z)	1	硫化垫板	
36	GLC(08)06-110	垫　板　770Y(Z)	1	硫化垫板	
37	GLC(08)06-111	垫　板　770Y(Z)	1	硫化垫板	
38	GLC(08)06-110	垫　板　770Y(Z)	1	硫化垫板	
39	GLC(08)06-111	垫　板　770Y(Z)	1	硫化垫板	
40	GLC(08)06-110	垫　板　770Y(Z)	1	硫化垫板	
41	GLC(08)06-111	垫　板　770Y(Z)	1	硫化垫板	
42	GLC(08)06-110	垫　板　831Y(Z)	1	硫化垫板	
43	GLC(08)06-111	垫　板　831Y(Z)	1	硫化垫板	
44	GLC(08)06-110	垫　板　831Y(Z)	1	硫化垫板	
45	GLC(08)06-111	垫　板　831Y(Z)	1	硫化垫板	
46	GLC(08)06-110	垫　板　831Y(Z)	1	硫化垫板	
47	GLC(08)06-111	垫　板　831Y(Z)	1	硫化垫板	
48	GLC(08)06-110	垫　板　831Y(Z)	1	硫化垫板	
49	GLC(08)06-111	垫　板　831Y(Z)	1	硫化垫板	
50	GLC(08)06-110	垫　板　831Y(Z)	1	硫化垫板	
51	GLC(08)06-111	垫　板　831Y(Z)	1	硫化垫板	
52	GLC(08)06-110	垫　板　831Y(Z)	1	硫化垫板	
53	GLC(08)06-111	垫　板　831Y(Z)	1	硫化垫板	
54	GLC(08)06-112	垫　板　831Y(Z)	1	硫化垫板	
55	GLC(08)06-113	垫　板　831Y(Z)	1	硫化垫板	
56	GLC(08)06-114	垫　板　887Y(Z)	1	硫化垫板	
57	GLC(08)06-115	垫　板　887Y(Z)	1	硫化垫板	
58	GLC(08)06-114	垫　板　887Y(Z)	1	硫化垫板	
59	GLC(08)06-115	垫　板　887Y(Z)	1	硫化垫板	
60	GLC(08)06-114	垫　板　887Y(Z)	1	硫化垫板	
61	GLC(08)06-115	垫　板　887Y(Z)	1	硫化垫板	
62	GLC(08)06-114	垫　板　887Y(Z)	1	硫化垫板	
63	GLC(08)06-115	垫　板　887Y(Z)	1	硫化垫板	
64	GLC(08)06-114	垫　板　887Y(Z)	1	硫化垫板	

续上表

序号	图号 / 标准	名称及规格	数量	材　料	备　注
65	GLC(08)06－115	垫　板　887Y(Z)	1	硫化垫板	
66	GLC(08)06－114	垫　板　887Y(Z)	1	硫化垫板	
67	GLC(08)06－115	垫　板　887Y(Z)	1	硫化垫板	
68	GLC(08)06－114	垫　板　939Y(Z)	1	硫化垫板	
69	GLC(08)06－115	垫　板　939Y(Z)	1	硫化垫板	
70	GLC(08)06－114	垫　板　939Y(Z)	1	硫化垫板	
71	GLC(08)06－115	垫　板　939Y(Z)	1	硫化垫板	
72	GLC(08)06－114	垫　板　939Y(Z)	1	硫化垫板	
73	GLC(08)06－115	垫　板　939Y(Z)	1	硫化垫板	
74	GLC(08)06－114	垫　板　939Y(Z)	1	硫化垫板	
75	GLC(08)06－115	垫　板　939Y(Z)	1	硫化垫板	
76	GLC(08)06－114	垫　板　939Y(Z)	1	硫化垫板	
77	GLC(08)06－115	垫　板　939Y(Z)	1	硫化垫板	
78	GLC(08)06－116	垫　板　995Y(Z)	1	硫化垫板	
79	GLC(08)06－117	垫　板　995Y(Z)	1	硫化垫板	
80	GLC(08)06－116	垫　板　995Y(Z)	1	硫化垫板	
81	GLC(08)06－117	垫　板　995Y(Z)	1	硫化垫板	
82	GLC(08)06－116	垫　板　995Y(Z)	1	硫化垫板	
83	GLC(08)06－117	垫　板　995Y(Z)	1	硫化垫板	
84	GLC(08)06－116	垫　板　995Y(Z)	1	硫化垫板	
85	GLC(08)06－117	垫　板　995Y(Z)	1	硫化垫板	
86	GLC(08)06－116	垫　板　995Y(Z)	1	硫化垫板	
87	GLC(08)06－117	垫　板　995Y(Z)	1	硫化垫板	
88	GLC(08)06－116	垫　板　1 047Y(Z)	1	硫化垫板	
89	GLC(08)06－117	垫　板　1 047Y(Z)	1	硫化垫板	
90	GLC(08)06－116	垫　板　1 047Y(Z)	1	硫化垫板	
91	GLC(08)06－117	垫　板　1 047Y(Z)	1	硫化垫板	
92	GLC(08)06－116	垫　板　1 047Y(Z)	1	硫化垫板	
93	GLC(08)06－117	垫　板　1 047Y(Z)	1	硫化垫板	
94	GLC(08)06－116	垫　板　1 047Y(Z)	1	硫化垫板	
95	GLC(08)06－117	垫　板　1 047Y(Z)	1	硫化垫板	
96	GLC(08)06－116	垫　板　1 047Y(Z)	1	硫化垫板	
97	GLC(08)06－117	垫　板　1 047Y(Z)	1	硫化垫板	

续上表

序号	图号 / 标准	名称及规格	数量	材　料	备　注
98	GLC(08)06－120	支距扣板　60/69－71Z	1	ZG 230－450	
99	GLC(08)06－120	支距扣板　60/69－71Y	1	ZG 230－450	和序号 98 对称
100	GLC(08)06－120	支距扣板　60/76－78Z	1	ZG 230－450	
101	GLC(08)06－120	支距扣板　60/76－78Y	1	ZG 230－450	和序号 100 对称
102	GLC(08)06－120	支距扣板　60/84－86Z	1	ZG 230－450	
103	GLC(08)06－120	支距扣板　60/84－86Y	1	ZG 230－450	和序号 102 对称
104	GLC(08)06－120	支距扣板　60/92－94Z	1	ZG 230－450	
105	GLC(08)06－120	支距扣板　60/92－94Y	1	ZG 230－450	和序号 104 对称
106	GLC(08)06－120	支距扣板　60/100－102Z	1	ZG 230－450	
107	GLC(08)06－120	支距扣板　60/100－102Y	1	ZG 230－450	和序号 106 对称
108	GLC(08)06－120	支距扣板　60/108－110Z	1	ZG 230－450	
109	GLC(08)06－120	支距扣板　60/108－110Y	1	ZG 230－450	和序号 108 对称
110	GLC(08)06－120	支距扣板　60/116－118Z	1	ZG 230－450	
111	GLC(08)06－120	支距扣板　60/116－118Y	1	ZG 230－450	和序号 110 对称
112	GLC(08)06－120	支距扣板　60/124－127Z	1	ZG 230－450	
113	GLC(08)06－120	支距扣板　60/124－127Y	1	ZG 230－450	和序号 112 对称
114	GLC(08)06－120	支距扣板　60/133－135Z	1	ZG 230－450	
115	GLC(08)06－120	支距扣板　60/133－135Y	1	ZG 230－450	和序号 114 对称
116	GLC(08)06－120	支距扣板　60/142－144Z	1	ZG 230－450	
117	GLC(08)06－120	支距扣板　60/142－144Y	1	ZG 230－450	和序号 116 对称
118	专线 4232－4	T 型螺栓　M24×50	326		
119	专线 4232－4	T 型螺栓　M24×85	20		
120	客专线 (07)001－V－8	垫板螺栓　A 型	356	45 号钢	
121	NS－06	螺　母　M24	326		
122	TB/T 1495.4	平垫圈　24	366		
123	GB/T 7244	弹簧垫圈　30	356		
124	SCT 300－506	螺　栓　M27×120－110	12(0)		
125	SCT 300－506	螺　栓　M27×130－120	12(0)		
126	NS－04	螺　母　M27－10	24(0)		
127	GB/T 1230	垫　圈　27	24(0)		
128	SCT 300－346	螺母防松帽　M27	24(0)		
129	客专线 (07)001－V－34	夹　板　400/A	4(0)	Q235－A	
130	客专线 (07)001－V－35	夹　板　400/B	4(0)	Q235－A	

续上表

序号	图号 / 标准	名称及规格	数量	材　　料	备　　注
131	NS－04	螺　母　M24	74		
132	客专线 (07)001－Ⅴ－6	轨距块　60/9－11	212	ZG 270－500	
133	客专线 (07)001－Ⅴ－6	轨距块　60/10－12	114	ZG 270－500	
134	客专线 (07)001－Ⅴ－44	轨距块　60－10	10	ZG 270－500	
135	客专线 (07)001－Ⅴ－44	轨距块　60－11	10	ZG 270－500	
136	专线 4232－4	T 型螺栓　M24 × 60	20		
137	GB/T 91	销　5 × 70	24(0)		
138	专线 3351－3	Ⅱ型弹条	366		
139	SSB3	弹性夹　303	88		
140	SSB4	弹性夹　360	10		
141	客专线 (07)001－Ⅴ－9	盖　板	356		
142		双辊轮装置	8 套		
143		单辊轮装置	8 套		
144	客专线 (07)001－Ⅴ－10	缓冲调距块　6－9	336	玻璃纤维	
145	客专线 (07)001－Ⅴ－51	橡胶垫板　60－200－149/5	6	橡胶	
146	客专线 (07)001－Ⅴ－51	橡胶垫板　60－290－149/5	16	橡胶	
147	客专线 (07)001－Ⅴ－51	橡胶垫板　60－160－129/5	10	橡胶	
148	客专线 (07)001－Ⅴ－51	橡胶垫板　60－210－149/5	210	橡胶	
149	客专线 (07)001－Ⅴ－13	调高垫板　$2-520\times182\times410\times\frac{1}{2}-0$	6 6	橡塑	
150	客专线 (07)001－Ⅴ－13	调高垫板　$2-780\times190\times662\times\frac{1}{2}-0$	54 54	橡塑	
151	客专线 (07)001－Ⅴ－13	调高垫板　$2-780\times190\times662\times\frac{1}{2}-3$	26 26	橡塑	
152	客专线 (07)001－Ⅴ－13	调高垫板　$2-780\times270\times662\times\frac{1}{2}-0$	11 11	橡塑	
153	客专线 (07)001－Ⅴ－13	调高垫板　$2-780\times270\times662\times\frac{1}{2}-3$	5 5	橡塑	
154	客专线 (07)001－Ⅴ－13	调高垫板　$2-841\times190\times723\times\frac{1}{2}-0$	19 19	橡塑	
155	客专线 (07)001－Ⅴ－13	调高垫板　$2-841\times190\times723\times\frac{1}{2}-3$	5 5	橡塑	
156	客专线 (07)001－Ⅴ－13	调高垫板　$2-897\times190\times779\times\frac{1}{2}-0$	12 12	橡塑	

续上表

序号	图号 / 标准	名称及规格	数量	材　料	备　注
157	客专线 (07)001 – V – 13	调高垫板　$2-949\times190\times831\times\frac{1}{2}-0$	10 10	橡塑	
158	客专线 (07)001 – V – 13	调高垫板　$3-1\,005-190\times887\times416.5\times\frac{1}{2}$	2 2	橡塑	
159	客专线 (07)001 – V – 13	调高垫板　$3-1\,005-190\times887\times422\times\frac{1}{2}$	2 2	橡塑	
160	客专线 (07)001 – V – 13	调高垫板　$3-1\,005-190\times887\times427\times\frac{1}{2}$	2 2	橡塑	
161	客专线 (07)001 – V – 13	调高垫板　$3-1\,005-190\times887\times433\times\frac{1}{2}$	2 2	橡塑	
162	客专线 (07)001 – V – 13	调高垫板　$3-1\,005-190\times887\times438\times\frac{1}{2}$	2 2	橡塑	
163	客专线 (07)001 – V – 13	调高垫板　$3-1\,057-190\times939\times443.5\times\frac{1}{2}$	2 2	橡塑	
164	客专线 (07)001 – V – 13	调高垫板　$3-1\,057-190\times939\times449.5\times\frac{1}{2}$	2 2	橡塑	
165	客专线 (07)001 – V – 13	调高垫板　$3-1\,057-190\times939\times455\times\frac{1}{2}$	2 2	橡塑	
166	客专线 (07)001 – V – 13	调高垫板　$3-1\,057-190\times939\times461\times\frac{1}{2}$	2 2	橡塑	
167	客专线 (07)001 – V – 13	调高垫板　$3-1\,057-190\times939\times466.5\times\frac{1}{2}$	2 2	橡塑	

辙叉及护轨明细表

序号	图号 / 标准	名称及规格	数量	材　　料	备　　注
1	GLC(08)06－202	翼　轨　23 300	1		
2	GLC(08)06－203	翼　轨　23 300	1		
3	GLC(08)06－204	长心轨　20 266	1	60AT2 钢轨	
4	GLC(08)06－205	短心轨　13 340	1	60AT2 钢轨	
5	GLC(08)06－206	叉跟尖轨　5 740	1	60 kg/m 钢轨	
6	GLC(08)06－207	垫　板　1 047Y(Z)	1	硫化垫板	
7	GLC(08)06－207	垫　板　1 047Y(Z)	1	硫化垫板	
8	GLC(08)06－207	垫　板　1 047Y(Z)	1	硫化垫板	
9	GLC(08)06－207	垫　板　995Y(Z)	1	硫化垫板	
10	GLC(08)06－207	垫　板　995Y(Z)	1	硫化垫板	
11	GLC(08)06－207	垫　板　995Y(Z)	1	硫化垫板	
12	GLC(08)06－208	垫　板　995Y(Z)	1	硫化垫板	
13	GLC(08)06－208	垫　板　939Y(Z)	1	硫化垫板	
14	GLC(08)06－208	垫　板　939Y(Z)	1	硫化垫板	
15	GLC(08)06－208	垫　板　939Y(Z)	1	硫化垫板	
16	GLC(08)06－208	垫　板　887Y(Z)	1	硫化垫板	
17	GLC(08)06－208	垫　板　887Y(Z)	1	硫化垫板	
18	GLC(08)06－208	垫　板　887Y(Z)	1	硫化垫板	
19	GLC(08)06－209	垫　板　831Y(Z)	1	硫化垫板	
20	GLC(08)06－209	垫　板　831Y(Z)	1	硫化垫板	
21	GLC(08)06－209	垫　板　831Y(Z)	1	硫化垫板	
22	GLC(08)06－210	垫　板　770Y(Z)	1	硫化垫板	
23	GLC(08)06－210	垫　板　770Y(Z)	1	硫化垫板	
24	GLC(08)06－210	垫　板　770Y(Z)	1	硫化垫板	
25	GLC(08)06－211	垫　板　920Y(Z)	1	硫化垫板	
26	GLC(08)06－211	垫　板　920Y(Z)	1	硫化垫板	
27	GLC(08)06－212	垫　板　920Y(Z)	1	硫化垫板	
28	GLC(08)06－212	垫　板　920Y(Z)	1	硫化垫板	
29	GLC(08)06－212	垫　板　920Y(Z)	1	硫化垫板	

续上表

序号	图号 / 标准	名称及规格	数量	材　　料	备　　注
30	GLC(08)06－212	垫　板　920Y(Z)	1	硫化垫板	
31	GLC(08)06－213	垫　板　995Y(Z)	1	硫化垫板	
32	GLC(08)06－213	垫　板　995Y(Z)	1	硫化垫板	
33	GLC(08)06－213	垫　板　1 127Y(Z)	1	硫化垫板	
34	GLC(08)06－214	垫　板　1 127Y(Z)	1	硫化垫板	
35	GLC(08)06－215	垫　板　1 127Y(Z)	1	硫化垫板	
36	GLC(08)06－216	垫　板　1 127Y(Z)	1	硫化垫板	
37	GLC(08)06－216	垫　板　1 187Y(Z)	1	硫化垫板	
38	GLC(08)06－216	垫　板　1 187Y(Z)	1	硫化垫板	
39	GLC(08)06－216	垫　板　1 187Y(Z)	1	硫化垫板	
40	GLC(08)06－216	垫　板　1 187Y(Z)	1	硫化垫板	
41	GLC(08)06－216	垫　板　1 187Y(Z)	1	硫化垫板	
42	GLC(08)06－216	垫　板　1 187Y(Z)	1	硫化垫板	
43	GLC(08)06－216	垫　板　1 187Y(Z)	1	硫化垫板	
44	GLC(08)06－216	垫　板　1 234Y(Z)	1	硫化垫板	
45	GLC(08)06－216	垫　板　1 234Y(Z)	1	硫化垫板	
46	GLC(08)06－216	垫　板　1 234Y(Z)	1	硫化垫板	
47	GLC(08)06－216	垫　板　1 234Y(Z)	1	硫化垫板	
48	GLC(08)06－217	垫　板　1 300Y(Z)	1	硫化垫板	
49	GLC(08)06－218	垫　板　1 300Y(Z)	1	硫化垫板	
50	GLC(08)06－219	垫　板　1 300Y(Z)	1	硫化垫板	
51	GLC(08)06－220	垫　板　1 300Y(Z)	1	硫化垫板	
52	GLC(08)06－221	垫　板　1 367Y(Z)	1	硫化垫板	
53	GLC(08)06－222	垫　板　1 367Y(Z)	1	硫化垫板	
54	GLC(08)06－222	垫　板　1 367Y(Z)	1	硫化垫板	
55	GLC(08)06－223	垫　板　1 467Y(Z)	1	硫化垫板	
56	GLC(08)06－223	垫　板　1 467Y(Z)	1	硫化垫板	
57	GLC(08)06－224	垫　板　995Y(Z)	1	硫化垫板	
58	GLC(08)06－225	垫　板　995Y(Z)	1	硫化垫板	
59	GLC(08)06－225	垫　板　995Y(Z)	1	硫化垫板	
60	GLC(08)06－225	垫　板　1 047Y(Z)	1	硫化垫板	

续上表

序号	图号 / 标准	名称及规格	数量	材　　料	备　　注
61	GLC(08)06－225	垫　板　1 047Y(Z)	1	硫化垫板	
62	客专线 (07)001－Ⅴ－4	弹性铁垫板　60－0	56		
63	客专线 (07)001－Ⅴ－4	弹性铁垫板　60－6Y(Z)	56		
64	GLC(08)06－226	防跳卡铁　55.3－57.7	1	ZG 230－45 或 Q275	
65	GLC(08)06－226	防跳卡铁　57.7－55.3	1	ZG 230－45 或 Q275	
66	GLC(08)06－227	防跳卡铁　76.6－79	1	ZG 230－45 或 Q275	
67	GLC(08)06－227	防跳卡铁　79－76.6	1	ZG 230－45 或 Q275	
68	GLC(08)06－228	顶　铁　102－105Y(Z)	1	Q345D	翼轨用
69	GLC(08)06－229	顶　铁　77－74Y(Z)	1	Q345D	翼轨用
70	GLC(08)06－228	顶　铁　133－136Y(Z)	1	Q345D	翼轨用
71	GLC(08)06－228	顶　铁　115－111Y(Z)	1	Q345D	翼轨用
72	GLC(08)06－228	顶　铁　174－177Y(Z)	1	Q345D	翼轨用
73	GLC(08)06－228	顶　铁　162－159Y(Z)	1	Q345D	翼轨用
74	GLC(08)06－228	顶　铁　195－195	1	Q345D	翼轨用
75	GLC(08)06－228	顶　铁　190－190	1	Q345D	翼轨用
76	GLC(08)06－230	顶　铁　197－197	24	Q345D	翼轨用
77	GLC(08)06－230	顶　铁　201－201	1	Q345D	翼轨用
78	GLC(08)06－230	顶　铁　166－165Y(Z)	1	Q345D	翼轨用
79	GLC(08)06－230	顶　铁　180－179Y(Z)	1	Q345D	翼轨用
80	GLC(08)06－231	顶　铁　216－219	1	Q345D	心轨用
81	GLC(08)06－231	顶　铁　231－233	1	Q345D	心轨用
82	GLC(08)06－231	顶　铁　245－247	1	Q345D	心轨用
83	GLC(08)06－232	轨　撑　60T	12	KTH 330－08	
84	GLC(08)06－233	双边扣板　159－79.6	1	ZG 230－450	
85	GLC(08)06－233	双边扣板　157－78.4	1	ZG 230－450	
86	客专线 (07)009－Ⅲ－32	单边扣板	2	ZG 230－450	
87	GLC(07)05－214	支距扣板　138－141	1	ZG 230－450	
88	GLC(07)05－214	支距扣板　118－123	1	ZG 230－450	
89	GLC(07)05－214	支距扣板　100－105	1	ZG 230－450	
90	GLC(07)05－214	支距扣板　85－87	1	ZG 230－450	
91	GLC(07)05－214	支距扣板　90－92	1	ZG 230－450	

续上表

序号	图号 / 标准	名称及规格	数量	材　　料	备　　注
92	GLC(07)05－214	支距扣板　99－101	1	ZG 230－450	
93	客专线 (07)009－Ⅲ－36	垫　片　60D40/3.3－6.6/270	1	Q235－A	
94	客专线 (07)009－Ⅲ－36	垫　片　60D40/12.6－16/270	1	Q235－A	
95	客专线 (07)009－Ⅲ－36	垫　片　60D40/20.7－23.1/190	1	Q235－A	
96	客专线 (07)009－Ⅲ－36	垫　片　60D40/28.2－31.6/270	1	Q235－A	
97	客专线 (07)009－Ⅲ－36	垫　片　60D40/36.4－39.8/270	1	Q235－A	
98	GLC(08)06－234	间隔铁　60/222－231.4	1	ZG 230－450	用于趾端两翼轨间
99	GLC(08)06－234	间隔铁　60/225.2－229.7	1	ZG 230－450	用于趾端两翼轨间
100	GLC(08)06－235	防跳间隔铁　233.2－238.9	1	ZG 230－450	用于趾端两翼轨间
101	客专线 (07)001－Ⅴ－23	间隔铁　60D40/50－55.1Y(Z)	1	ZG 270－500	用于长短心轨间
102	客专线 (07)001－Ⅴ－23	间隔铁　60D40/65.1－70.2Y(Z)	1	ZG 270－500	用于长短心轨间
103	客专线 (07)001－Ⅴ－23	间隔铁　60D40/80.2－85.2Y(Z)	1	ZG 270－500	用于长短心轨间
104	客专线 (07)001－Ⅴ－23	间隔铁　60D40/100.6－105.6Y(Z)	1	ZG 270－500	用于长短心轨间
105	客专线 (07)001－Ⅴ－23	间隔铁　60D40/113.6－118.6Y(Z)	1	ZG 270－500	用于长短心轨间
106	客专线 (07)001－Ⅴ－23	间隔铁　60D40/124.8－129.8Y(Z)	1	ZG 270－500	用于长短心轨间
107	客专线 (07)009－Ⅲ－36	间隔铁　60D40/138.5－146.3Y(Z)	1	ZG 230－450	用于长短心轨间
108	GLC(08)06－236	间隔铁　60D40/153.6－161.4Y(Z)	1	ZG 230－450	用于长短心轨间
109	GLC(08)06－236	间隔铁　60D40/168.7－176.5Y(Z)	1	ZG 230－450	用于长短心轨间
110	GLC(08)06－237	间隔铁　60D40/183.8－191.6Y(Z)	1	ZG 230－450	用于长短心轨间
111	GLC(08)06－237	间隔铁　60D40/198.9－206.7Y(Z)	1	ZG 230－450	用于长短心轨间
112	GLC(08)06－238	间隔铁　60D40－194.6	2	ZG 230－450	用于长心轨跟端
113	GLC(08)06－239	间隔铁　60－204.4	1	ZG 230－450	用于叉跟尖轨跟端
114	GLC(08)06－240	间隔铁　60－204.4	1	ZG 230－450	用于叉跟尖轨跟端
115	GLC(08)06－241	间隔铁　352－363.5	1	ZG 230－450	用于长心轨与叉跟尖轨间
116	GLC(08)06－241	间隔铁　412－425.5	1	ZG 230－450	用于长心轨与叉跟尖轨间
117	客专线 (05)001－Ⅴ－39	圆孔垫圈　60D40－3	14	KTH 330－08	
118	客专线 (07)009－Ⅲ－35	方垫圈　65 × 65 × 5	2	Q235－A	
119	客专线 (07)009－Ⅲ－35	圆垫圈　ϕ80 × 5	2	Q235－A	
120	客专线 (05)001－Ⅴ－38	夹　板　940	4	Q235－A	
121	GLC(08)06－242	夹　板　400/C	2	Q235－A	
122	GLC(08)06－243	夹　板　60－360	2	Q235－A	

续上表

序号	图号 / 标准	名称及规格	数量	材　料	备　注
123	客专线 (07)001 – V – 8	垫板螺栓　A 型	347	45 钢	
124	GLC(08)06 – 244	螺　栓　M24 × 90 – 80	12	8.8 级	轨撑用
125	GLC(08)06 – 245	螺　栓　M24 × 125 – 115	4	8.8 级	防跳卡铁用
126	GLC(08)06 – 245	螺　栓　M24 × 145 – 138	4	8.8 级	防跳卡铁用
127	SCWO727 – 139	螺　栓　M24 × 105 – 98	8	8.8 级	顶铁用
128	SCWO727 – 139	螺　栓　M24 × 100 – 90	3	8.8 级	顶铁用
129	SCWO727 – 139	螺　栓　M24 × 90 – 83	27	8.8 级	顶铁用
130	SCT 300 – 506	螺　栓　M27 × 125 – 117	18	10.9 级	
131	SCT 300 – 506	螺　栓　M27 × 120 – 112	10	10.9 级	
132	SCT 300 – 506	螺　栓　M27 × 130 – 122	8	10.9 级	
133	GB/T 1228	螺　栓　M27 × 105	4	10.9 级	
134	SCT 300 – 506	螺　栓　M27 × 180 – 170	3	10.9 级	
135	SCT 300 – 506	螺　栓　M27 × 145 – 137	2	10.9 级	
136	SCT 300 – 506	螺　栓　M27 × 150 – 142	1	10.9 级	
137	SCT 300 – 506	螺　栓　M27 × 155 – 147	1	10.9 级	
138	SCT 300 – 506	螺　栓　M27 × 185 – 175	1	10.9 级	
139	SCT 300 – 506	螺　栓　M27 × 195 – 187	1	10.9 级	
140	SCT 300 – 506	螺　栓　M27 × 200 – 190	1	10.9 级	
141	SCT 300 – 506	螺　栓　M27 × 210 – 202	1	10.9 级	
142	SCT 300 – 506	螺　栓　M27 × 215 – 205	1	10.9 级	
143	SCT 300 – 506	螺　栓　M27 × 230 – 220	1	10.9 级	
144	SCT 300 – 506	螺　栓　M27 × 235 – 225	1	10.9 级	
145	SCT 300 – 506	螺　栓　M27 × 245 – 235	1	10.9 级	
146	SCT 300 – 506	螺　栓　M27 × 250 – 240	1	10.9 级	
147	SCT 300 – 506	螺　栓　M27 × 255 – 247	1	10.9 级	
148	SCT 300 – 506	螺　栓　M27 × 260 – 250	1	10.9 级	
149	GB/T 1228	螺　栓　M27 × 95	12	10.9 级	
150	SCT 300 – 506	螺　栓　M27 × 110 – 100	12	10.9 级	
151	SCT 300 – 506	螺　栓　M27 × 115 – 105	30	10.9 级	
152	专线 4232 – 4	T 形螺栓　M24 × 50	420		
153	专线 4232 – 4	T 形螺栓　M24 × 85	6		

续上表

序号	图号 / 标准	名称及规格	数量	材　料	备　注
154	专线 4232－4	T 形螺栓　M24×80	12		
155	NS－06	盖型螺母　M24	438		
156	TB/T 1495.4	平垫圈　24	438		
157	NS－04	螺　母　M24	58	8.8 级	
158	NS－04	螺　母　M27	112	10 级	
159	GB/T 1230	平垫圈　24	58		
160	GB/T 1230	平垫圈　27	112		
161	GB/T 7244	弹簧垫圈　30	347		
162	SCWO727－138	螺母防松帽　M24	58	ZG 230－450	
163	SCT 300－346	螺母防松帽　M27	96	ZG 230－450	
164	客专线 (07)001－V－9	盖　板	347		
165	客专线 (07)001－V－10	缓冲调距块　6－9	336	玻璃纤维	
166	GB/T 91	开口销　4×70	96		
167	GB/T 91	开口销　4×60	58		
168	客专线 (07)001－V－6	轨距块　60/10－12	206	ZG 230－450	
169	客专线 (07)001－V－6	轨距块　60/9－11	234	ZG 230－450	
170	GLC(08)06－246	顶铁调整片　133×80×0.5 顶铁调整片　133×80×1	10 20	Q235B	
171	GLC(08)06－122	顶铁调整片　135×80×2/B 顶铁调整片　135×80×1/B 顶铁调整片　135×80×0.5/B	30 30 60	Q235B	
172	GLC(08)06－247	顶铁调整片　90×52×2 顶铁调整片　90×52×1 顶铁调整片　90×52×0.5	10 10 20	Q235B	
173	专线 3351	Ⅱ型弹条	434		
174	客专线 (07)001－V－51	轨下橡胶垫　60－200－149/5	112	橡胶	
175	客专线 (07)001－V－51	轨下橡胶垫　60－210－149/5	40	橡胶	
176	客专线 (07)001－V－51	轨下橡胶垫　60－210－149/7	22	橡胶	
177	客专线 (07)001－V－51	轨下橡胶垫　60－290－104/7	4	橡胶	
178	客专线 (07)001－V－51	轨下橡胶垫　60－290－149/7	8	橡胶	
179	客专线 (07)001－V－51	轨下橡胶垫　60－210－134/7	26	橡胶	

续上表

序号	图号/标准	名称及规格	数量	材　料	备　注
180	客专线(07)001-Ⅴ-51	轨下橡胶垫　60-210-129/7	15	橡胶	
181	客专线(07)001-Ⅴ-51	轨下橡胶垫　60-210-124/7	1	橡胶	
182	客专线(07)001-Ⅴ-51	轨下橡胶垫　60-170-149/5	8	橡胶	
183	客专线(07)001-Ⅴ-51	轨下橡胶垫　60-210-130/5	1	橡胶	
184	客专线(07)001-Ⅴ-51	轨下橡胶垫　60-210-135/5	1	橡胶	
185	客专线(07)001-Ⅴ-51	轨下橡胶垫　60-210-140/5	1	橡胶	
186	客专线(07)001-Ⅴ-13	调高垫板　$2-520\times182\times410\times\frac{1}{2}-0$	56 56	橡塑	
187	客专线(07)001-Ⅴ-13	调高垫板　$2-520\times182\times410\times\frac{1}{2}-6$	56 56	橡塑	
188	客专线(07)001-Ⅴ-13	调高垫板　$3-1\,057\times190\times939\times469.5\times\frac{1}{2}-0$	5 5	橡塑	
189	客专线(07)001-Ⅴ-13	调高垫板　$3-1\,005\times190\times887\times443.5\times\frac{1}{2}-0$	6 6	橡塑	
190	客专线(07)001-Ⅴ-13	调高垫板　$2-1\,005\times190\times887\times\frac{1}{2}-0$	3 3	橡塑	
191	客专线(07)001-Ⅴ-13	调高垫板　$2-949\times190\times831\times\frac{1}{2}-0$	3 3	橡塑	
192	客专线(07)001-Ⅴ-13	调高垫板　$2-897\times190\times779\times\frac{1}{2}-0$	3 3	橡塑	
193	客专线(07)001-Ⅴ-13	调高垫板　$2-841\times190\times723\times\frac{1}{2}-0$	3 3	橡塑	
194	客专线(07)001-Ⅴ-13	调高垫板　$2-780\times190\times662\times\frac{1}{2}-0$	3 3	橡塑	
195	客专线(07)001-Ⅴ-13	调高垫板　$2-930\times270\times812\times\frac{1}{2}-0$	6 6	橡塑	
196	客专线(07)001-Ⅴ-13	调高垫板　$2-1\,137\times190\times1\,019\times\frac{1}{2}-0$	4 4	橡塑	
197	客专线(07)001-Ⅴ-13	调高垫板　$2-1\,197\times190\times1\,079\times\frac{1}{2}-0$	7 7	橡塑	

续上表

序号	图号 / 标准	名称及规格	数量	材　料	备　注
198	客专线 (07)001 - V - 13	调高垫板　$2-1\ 244\times190\times1\ 126\times\frac{1}{2}-0$	4 4	橡塑	
199	客专线 (07)001 - V - 13	调高垫板　$2-1\ 310\times190\times1\ 192\times\frac{1}{2}-0$	4 4	橡塑	
200	客专线 (07)001 - V - 13	调高垫板　$2-1\ 377\times190\times1\ 259\times\frac{1}{2}-0$	3 3	橡塑	
201	客专线 (07)001 - V - 13	调高垫板　$2-1\ 477\times190\times1\ 359\times\frac{1}{2}-0$	2 2	橡塑	
202	CB 6006 - 46	防转垫圈　60D40	4	ZG 230 - 450	
203	专线 4232 - 4	T 形螺栓　M24 × 60	8		
204	GLC(08)06 - 248	调距块　60/10 - 12	12	ZG 270 - 500	
205	GLC(08)06 - 248	调距块　60/9 - 11	12	ZG 270 - 500	
206	GLC(08)06 - 248	调距块　60/8 - 13	12	ZG 270 - 500	
207	NS - 01(b)	螺　母　M27	4	10 级	

60 kg/m 钢轨 30 号单开道岔

图 号：GLC(08)06

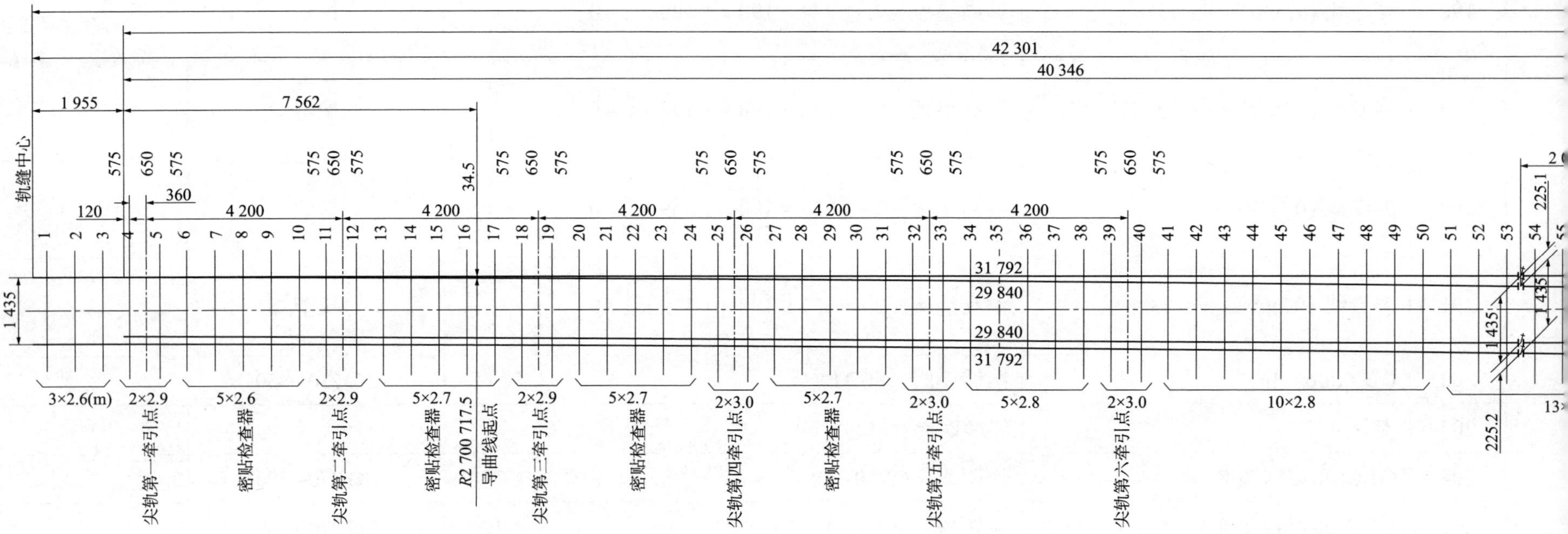

图 1 曲股绝缘导曲线部分跳线位置示意图

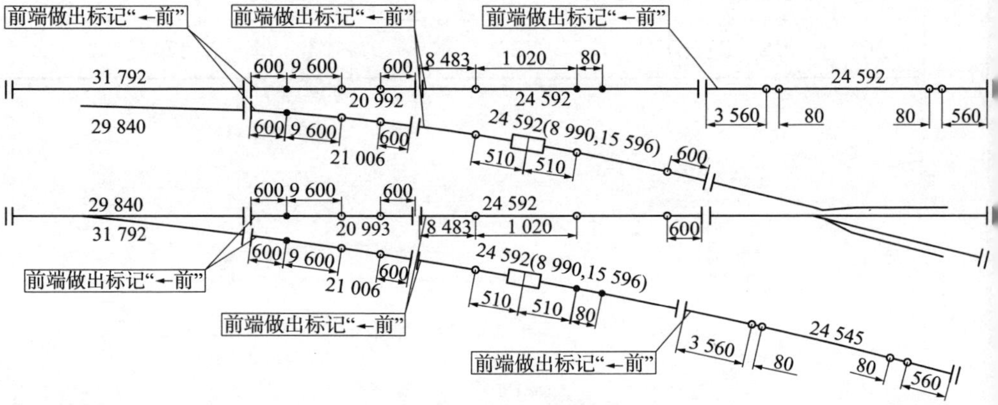

注：采用 ZWP2000-A 型轨道电路时，图中跳线孔全钻；采用 25Hz 型轨道电路时，图中"○"孔不钻。

图 2 直股绝缘导曲线部分跳线位置示意图

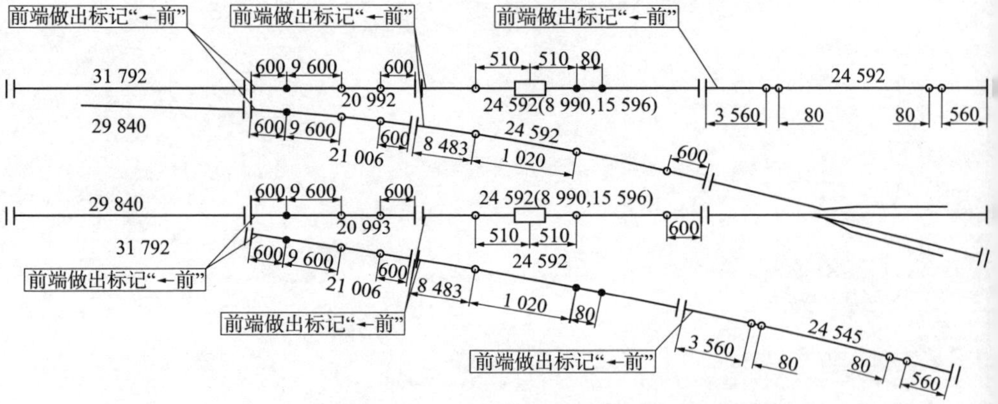

注：采用 ZWP2000－A 型轨道电路时，图中跳线孔全钻；采用 25Hz 型轨道电路时，图中"○"孔不钻。

表 1 岔枕长度及数量表

序号	岔枕长度(m)	数量(根)	岔枕编号	序号	岔枕长度(m)	数量(根)	岔枕编号
1	2.3	18	197～214	14	3.6	6	113～118
2	2.41	6	186～191	15	3.7	6	119～124
3	2.5	5	192～196	16	3.8	6	125～130
4	2.6	8	1～3，6～10	17	3.9	6	131～136
5	2.7	15	13～17，20～24，27～31	18	4.0	5	139～143
6	2.8	15	34～38，41～50	19	4.2	5	146～150
7	2.9	19	4、5、11、12、18、19、51～63	20	4.22	2	137、138
8	3.0	16	25、26、32、33、39、40、64～73	21	4.3	4	153～156
9	3.1	9	74～82	22	4.35	2	144、145
10	3.2	8	83～90	23	4.4	5	157～161
11	3.3	8	91～98	24	4.5	16	151、152，162～175
12	3.4	7	99～105	25	4.6	5	176～180
13	3.5	7	106～112	26	4.72	5	181～185

图 3 绝缘接头设在直股配轨示意图

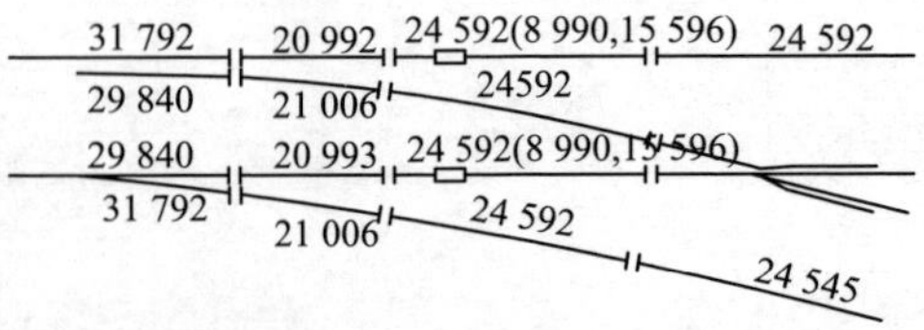

图 4 绝缘接头设在侧股配轨示意图

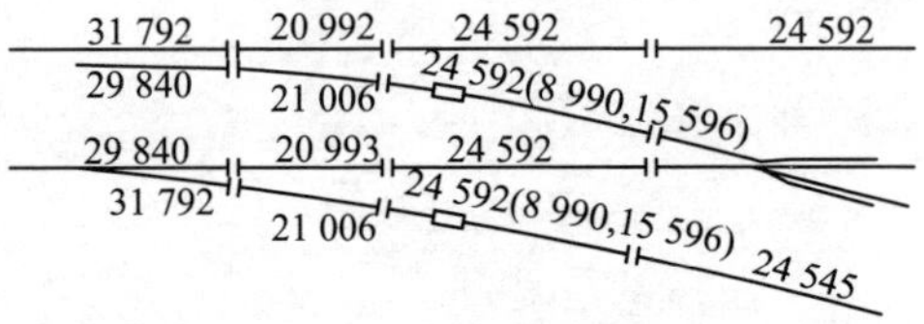

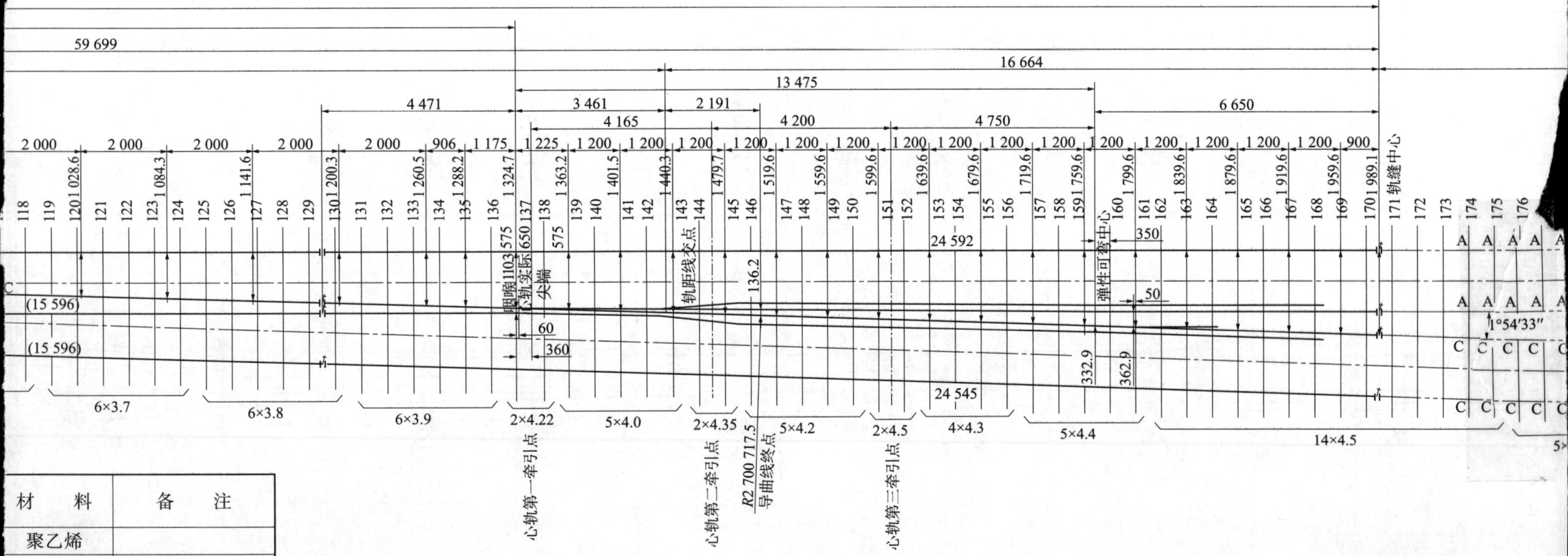

材　料	备　注
聚乙烯	
聚乙烯	
	胶接绝缘接头处弹条用 16 个备用
	（轧制接头夹板）
	胶接绝缘接头 60 kg/m 钢轨
T10	
	见表 1
	供货与否见合同
	安装挡砟板用

距离

	7	8	9
1	1 443.9	1 446.6	1 449.4
	16	17	18
8	1 468.5	1 471.5	1 473.9
	25	26	27
7	1 497.3	1 501.5	1 505.4
	34	35	36
4	1 537.2	1 542.2	1 547.5
	43	44	45
5	1 587.7	1 594	1 600.4
	52	53	
.6	1 649	1 656.5	

技　术　要　求

1. 本道岔适用于跨区间无缝线路。允许铺设轨温范围见下表：

尖轨跟端结构型式	最大升温幅度（℃）	最大降温幅度（℃）
间隔铁	45	55
不设传力机构	50	60

尖轨尖端采用优化后钩型外锁闭机构，允许伸缩位移量为 30 mm，尖轨跟端采用间隔铁结构；尖轨尖端采用 ZTS 型自调式钩型外锁闭机构，允许伸缩位移量为 50 mm，尖轨跟端不设传力机构。

2. 道岔的轨下基础采用混凝土岔枕和有砟道床。
3. 除牵引点（不包括可动心轨辙叉第二、第三牵引点）及两侧外其余岔枕间距为 600 mm，岔枕按垂直于道岔直股布置，1～196 号岔枕按垂直于正线方向布置，197～214 号岔枕按垂直于侧线方向布置。与本图配套的岔枕图图号为 GLC(08)06－300。
4. 道岔主要结构特点：

(1) 尖轨为相离半切线型，采用 29 840 mm 长的 60D40 弹性可弯尖轨，尖轨尖端为藏尖式。

(2) 尖轨设 6 个牵引点，采用分动钩型外锁闭装置，各牵引点设计动程分别为 160 mm、134 mm、108 mm、83 mm、57 mm 及 31 mm，正常情况下各牵引点的最大扳动力分别为 343.3、824.6、818.1、1 134.2、576.4、3 146.0 N。

(3) 转辙器尖轨跟端按采用不设传力结构和间隔铁两种方案设计。

(4) 转辙器间隔设置带辊轮的滑床板和防跳限位装置，基本轨内侧采用弹性夹扣压。

(5) 可动心轨辙叉采用钢轨组合型，心轨采用 60D40 钢轨制造，短心轨采用轧制特种断面翼轨与 60 kg/m 钢轨焊接成长翼轨。

(6) 翼轨跟端用间隔铁分别与长心轨和叉跟轨胶接，胶接层厚度不参照 TB/T 2975《胶接绝缘钢轨技术条件》。

(7) 心轨设 3 个牵引点，采用钩型外锁闭装置，设计动程分别为 107 正常情况下各牵引点的最大扳动力分别为 3 27.2、2 288.1、4 578.2 N。

(8) 可动心轨辙叉侧线不设置护轨。

(9) 转辙器和可动心轨辙叉台板表面应设置减摩涂层。

(10) 扣件采用分开式Ⅱ型弹条扣件，一般部位轨距块及缓冲调距块

轨距块配置表

单股钢轨位置	钢轨内侧			钢轨	
	缓冲调距块		轨距块	轨距块	
	外侧	内侧			外
0	6	9	10	11	6
+1	6	9	11	10	6
+2	6	9	12	9	6
−1	6	9	9	12	6
−2	9	6	11	10	9
−3	9	6	10	11	9
−4	9	6	9	12	9

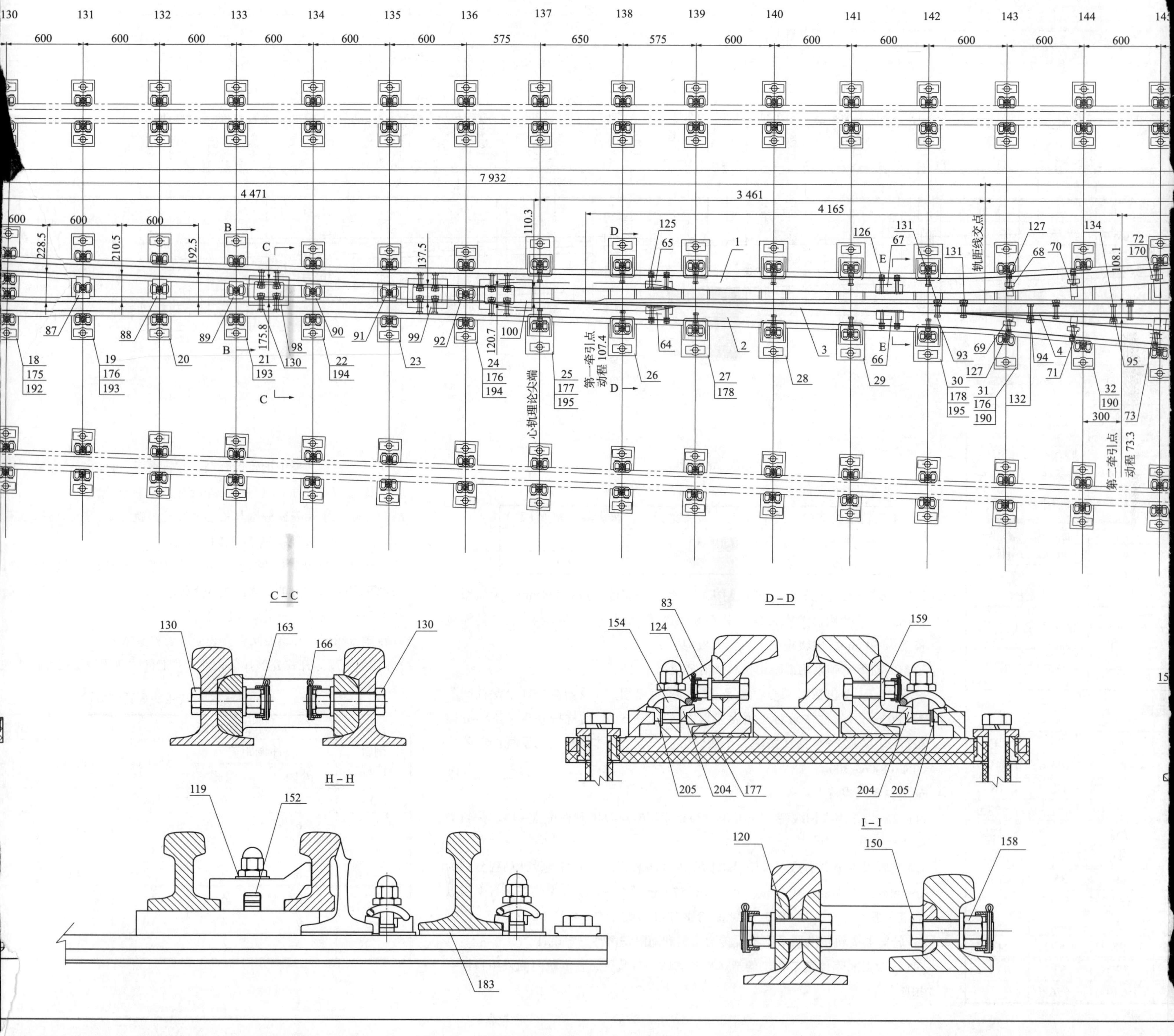

C－C
D－D
H－H
I－I
7 932
4 471
3 461
4 165
心轨理论尖端
第一牵引点
动程 107.4
第二牵引点
动程 73.3
轨距线交点

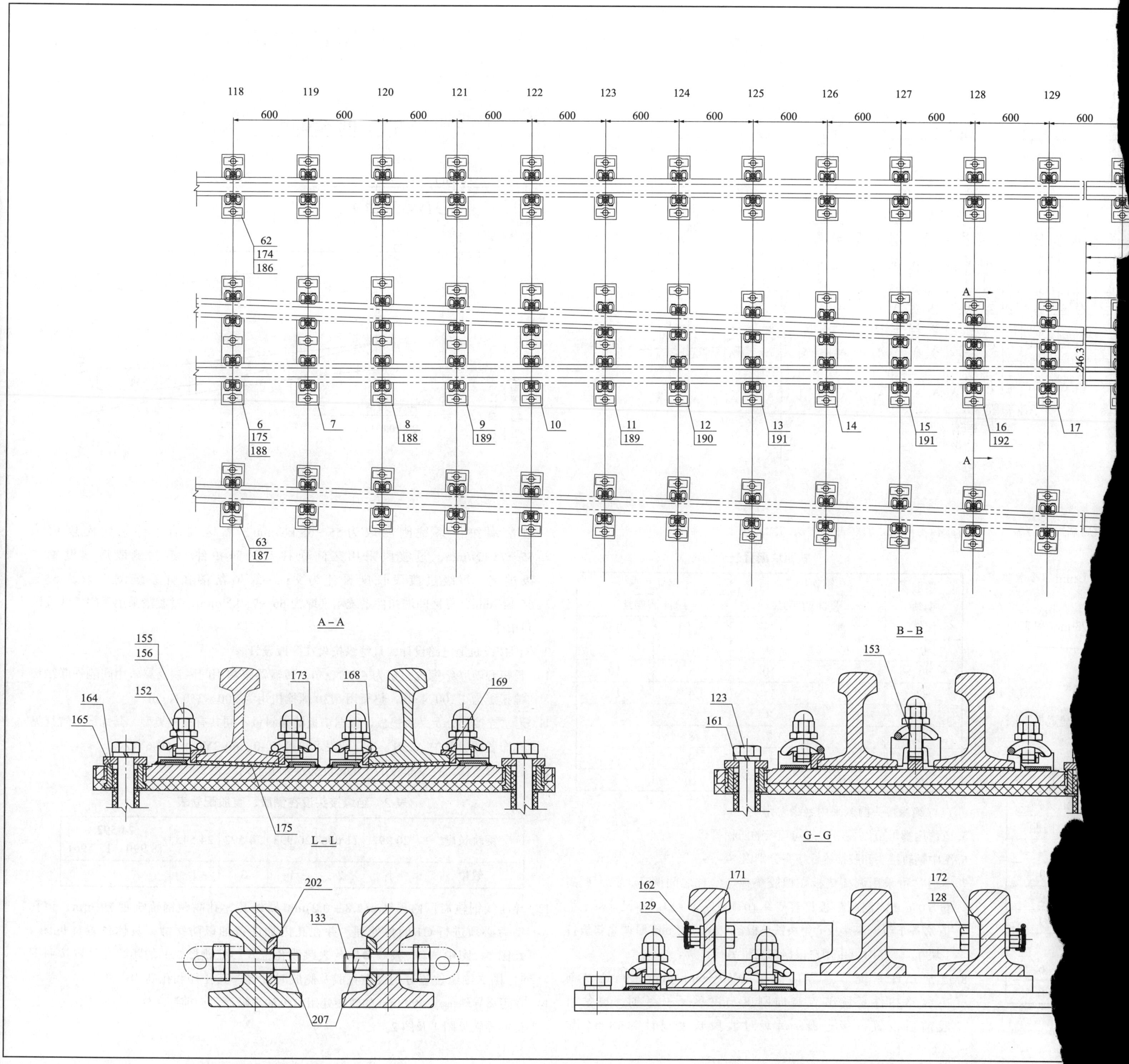
118 119 120 121 122 123 124 125 126 127 128 129
600 600 600 600 600 600 600 600 600 600 600 600
62
174
186
6
175
188
7
8
188
9
189
10
11
189
12
190
13
191
14
15
191
16
192
17
A
246.3
63
187
A – A
155
156
152
164
165
173
168
169
175
B – B
153
123
161
L – L
202
133
207
G – G
171
162
129
172
128

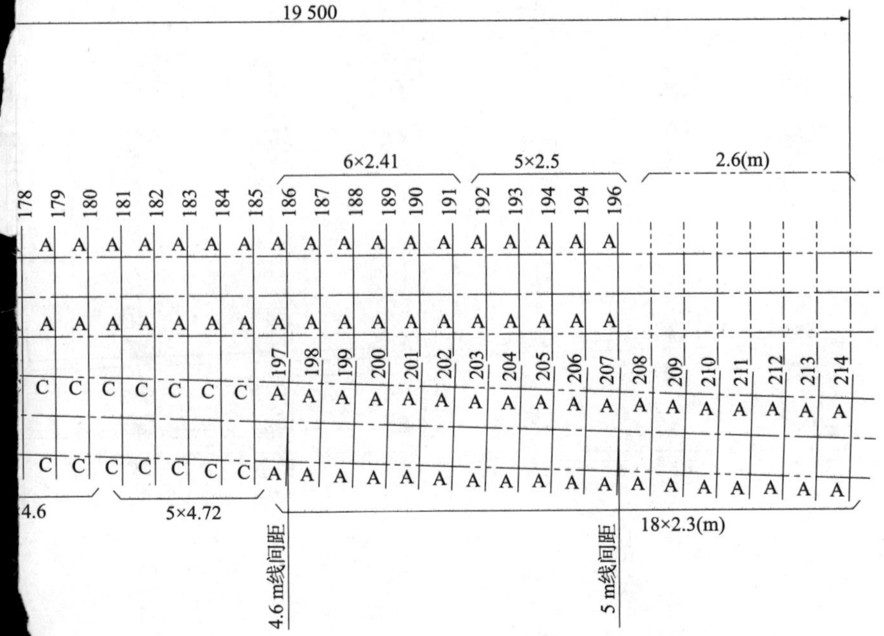

转辙器前端处理

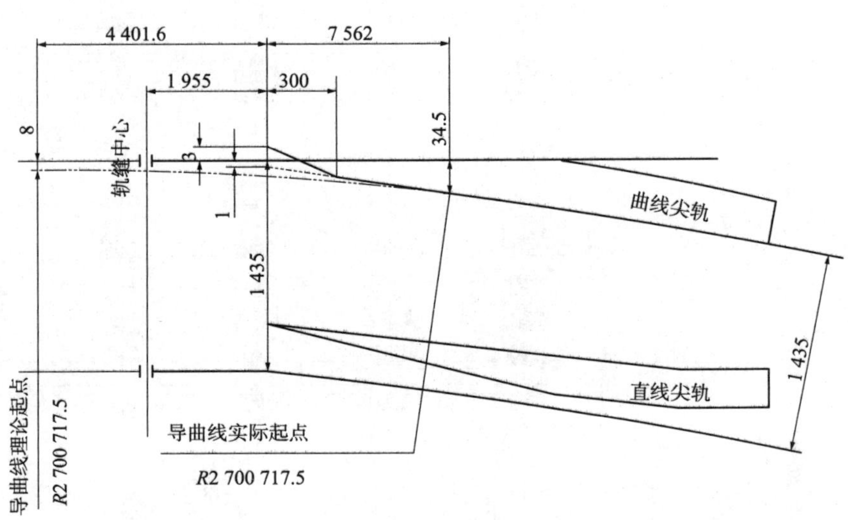

…轨后端为滑动端，翼

…1 mm，技术要求

…73 mm 和 39 mm。

…配置见下表：

…	…
…调距块	
	内侧
	9
	9
	9
	9
	6
	6
	6

滑床板不同轨距时缓冲调距块的配置见下表：

轨距块配置表

单股钢轨位置	钢轨内侧缓冲调距块		钢轨外侧缓冲调距块	
	外侧	内侧	外侧	内侧
0	6	9	6	9
+1	5	10	5	10
+2	4	11	4	11
−1	7	8	7	8
−2	8	7	8	7
−3	9	6	9	6
−4	10	5	10	5

(11) 绝缘接头两侧采用绝缘轨距块。

5. 道岔用螺母可以采用其他同等级的防松螺母。

6. 图中钢轨接头和胶接绝缘接头分别以“—|├—”、“-▭-”表示。

7. 本道岔可采用调高垫板在橡胶垫板与岔枕之间调高，最大调高量 10 mm，调高垫板见客专线 (07)001-Ⅴ-13。本设计每 5 组道岔备 1 组调高垫板（每块铁垫板备 1 mm、2 mm 厚调高垫板各 1 块），不足时，由用户根据调高量另行订货。

8. 道岔扣件系统节点竖向刚度为 50～60 kN/mm，当道岔前后线路扣件系统节点竖向刚度与岔区不一致时，道岔直股前后设置二级过渡，每级过渡段长度设计为 18 m，靠道岔端扣件系统刚度取为 55～65 kN/mm，靠区间端扣件系统刚度取为 65～75 kN/mm，过渡段采用区间轨枕及区间扣件。道岔侧股后端设置二级过渡，每级过渡段长度设计为 9 m，靠道岔端扣件系统刚度取为 55～65 kN/mm，靠区间端扣件系统刚度取为 65～75 kN/mm，过渡段采用区间轨枕及区间扣件。

9. 本图按设轨道电路设计，且绝缘按设在侧股设计。

10. 长短心轨联结螺栓扭矩为 600 N·m，转辙器跟端用间隔铁及翼轨用间隔铁联结螺栓扭矩为 1 100 N·m，垫板用 M30 螺栓扭矩为 300～350 N·m。

11. 道岔连接部分及叉后垫板，根据垫板的偏斜量不同共有三种类型，其铺设位置详见总布置图。其中 A、B、C 分别表示垫板 60-0、60-3Y(Z)、60-6Y(Z)。

12. 过渡段岔枕为连续布置的 2.6 m 轨枕，数量不列入表 2。

表 2　绝缘接头设在侧股、直股配轨表

钢轨长度	20 992	21 006	20 993	24 592	24 545	24 592 (8 990，15 596)
数量	1	2	1	3	1	2

13. 导曲线钢轨需厂内预钻 $\phi(9.8 \pm 0.2)$mm 跳线孔，孔高距钢轨轨底 79 mm，该孔钻后必须进行 C1 倒角处理，并在孔内加注黄油以防锈蚀，具体位置详见图 1 及图 2，图中“○”及“●”代表跳线孔位置。配轨形式一的跳线孔位置按照图 1、图 2 绝缘位置分别设在直股及侧股时设置，其孔径和孔高均不变。

14. 在距离导轨前端 400 mm 的轨腰处用白色油漆喷涂“←前”字样，需要作出方向标记的导轨见图 1 及图 2。

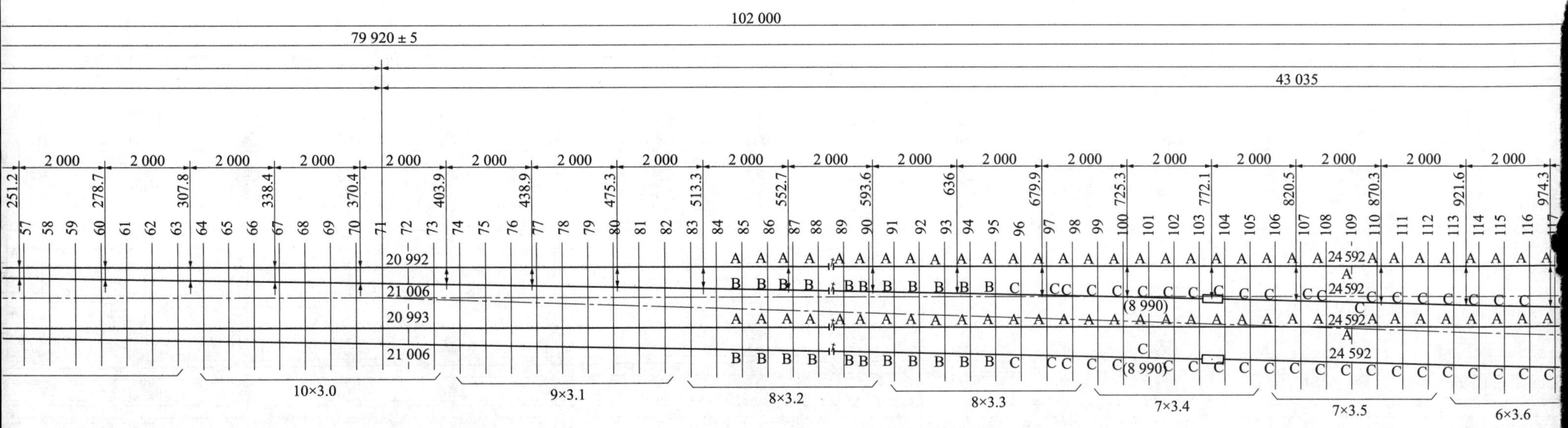

表 3 明 细 表

序号	图号 / 标准	名称及规格	数量	材　料	备　注
1	GLC(08)06－100	转辙器	1		
2	GLC(08)06－200	可动心辙叉	1		
3		钢　轨	231.502	60 kg/m 钢轨	
4	客专线 (07)001－V－4	弹性铁垫板　60－0	148		图中标记为 A
5	客专线 (07)001－V－4	弹性铁垫板　60－3Y(Z)	22		图中标记为 B
6	客专线 (07)001－V－4	弹性铁垫板　60－6Y(Z)	68		图中标记为 C
7	专线 3351－3	Ⅱ型弹条	476	60Si2CrVA	
8	专线 4232－4	T 型螺栓　M24 × 50	476		
9	NS－06	螺　母　M24	476		
10	客专线 (07)001－V－8	垫板螺栓　A 型	476	45 钢	
11	TB/T 1495.4	平垫圈　24	476		
12	GB 7244	弹簧垫圈　30	476		
13	客专线 (07)001－V－6	轨距块　60/10－12	234	ZG270－500	
14	客专线 (07)001－V－6	轨距块　60/9－11	234	ZG270－500	
15	客专线 (07)001－V－6	轨距块　60/8－13	100	ZG270－500	备用
16	客专线 (07)001－V－9	盖　板	476	QT450－10	
17	客专线 (07)001－V－80	挡砟板　650	7	Q235－A	
18	客专线 (07)001－V－80	挡砟板　600	2	Q235－A	
19	客专线 (07)001－V－10	缓冲调距块　6－9	476	玻璃纤维	
20	客专线 (07)001－V－10	缓冲调距块　7－8	100	玻璃纤维	备用
21	客专线 (07)001－V－10	缓冲调距块　5－10	100	玻璃纤维	备用
22	客专线 (07)001－V－10	缓冲调距块　4－11	100	玻璃纤维	备用
23	客专线 (07)001－V－49	绝缘轨距块　60/9－11	6	玻璃纤维	2 个备用
24	客专线 (07)001－V－49	绝缘轨距块　60/10－12	6	玻璃纤维	2 个备用
25	客专线 (07)001－V－51	橡胶垫板　60－200－149/5	238	橡胶	
26	客专线 (07)001－V－13	调高垫板　2－520 × 182 × 410 × 1－0	148	聚乙烯	
27	客专线 (07)001－V－13	调高垫板　2－520 × 182 × 410 × 2－0	148	聚乙烯	
28	客专线 (07)001－V－13	调高垫板　2－520 × 182 × 410 × 1－3	22	聚乙烯	
29	客专线 (07)001－V－13	调高垫板　2－520 × 182 × 410 × 2－3	22	聚乙烯	

续表 3

序号	图号 / 标准	名称及规格	数量
30	客专线 (07)001－V－13	调高垫板　2－520 × 182 × 410 × 1－6	66
31	客专线 (07)001－V－13	调高垫板　2－520 × 182 × 410 × 2－6	66
32	客专线 (07)001－V－76	弹调绝缘帽	32
33	CZ 893－02G	轧制接头夹板	4
34		螺栓件	12 套
35		绝缘材料	12 套
36	CT11－62	弹性夹安装工具	2
37	GLC(08)06－300	混凝土岔枕	214 根
38		转换设备及安装装置	9 套
39		密贴检查器	3 套
40	GB/T 5780	螺　栓　M24 × 60－4.8	54
41	GB/T 7244	弹簧垫圈　24	54

表 4　直曲基本轨各岔枕中心处轨头工作边之间

岔枕序号	1	2	3	4	5	6
框架尺寸 (mm)	1 435	1 435	1 435	1 435.5	1 438.5	1 441.
岔枕序号	10	11	12	13	14	15
框架尺寸 (mm)	1 452.1	1 454.7	1 457.7	1 460.3	1 463	1 465.
岔枕序号	19	20	21	22	23	24
框架尺寸 (mm)	1 477.1	1 480.1	1 483.3	1 486.6	1 490.1	1 493.
岔枕序号	28	29	30	31	32	33
框架尺寸 (mm)	1 509.5	1 513.8	1 518.2	1 522.7	1 527.2	1 532.
岔枕序号	37	38	39	40	41	42
框架尺寸 (mm)	1 552.8	1 558.3	1 563.7	1 569.9	1 575.5	1 581.
岔枕序号	46	47	48	49	50	51
框架尺寸 (mm)	1 606.9	1 613.6	1 620.4	1 627.3	1 634.4	1 64

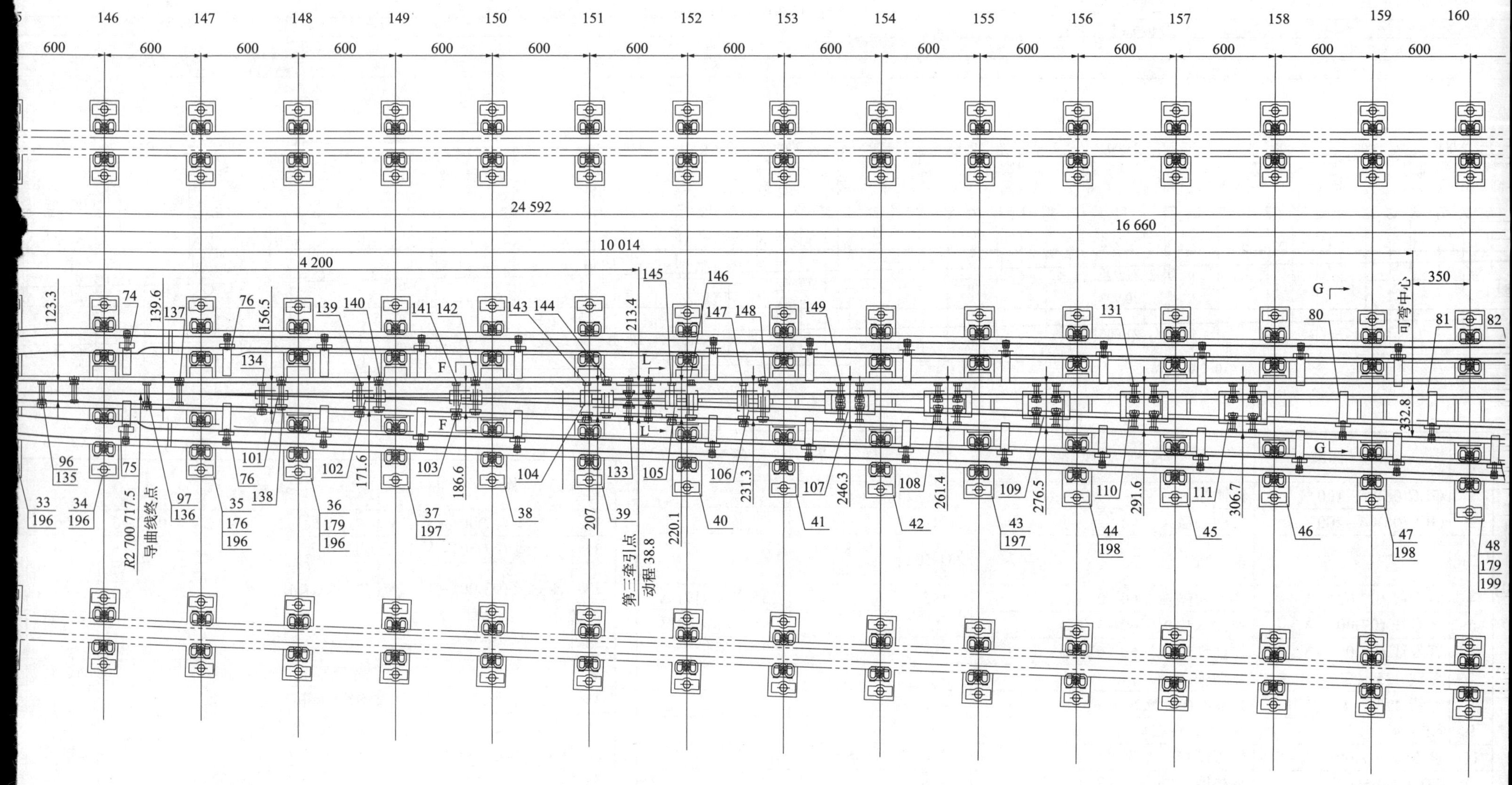

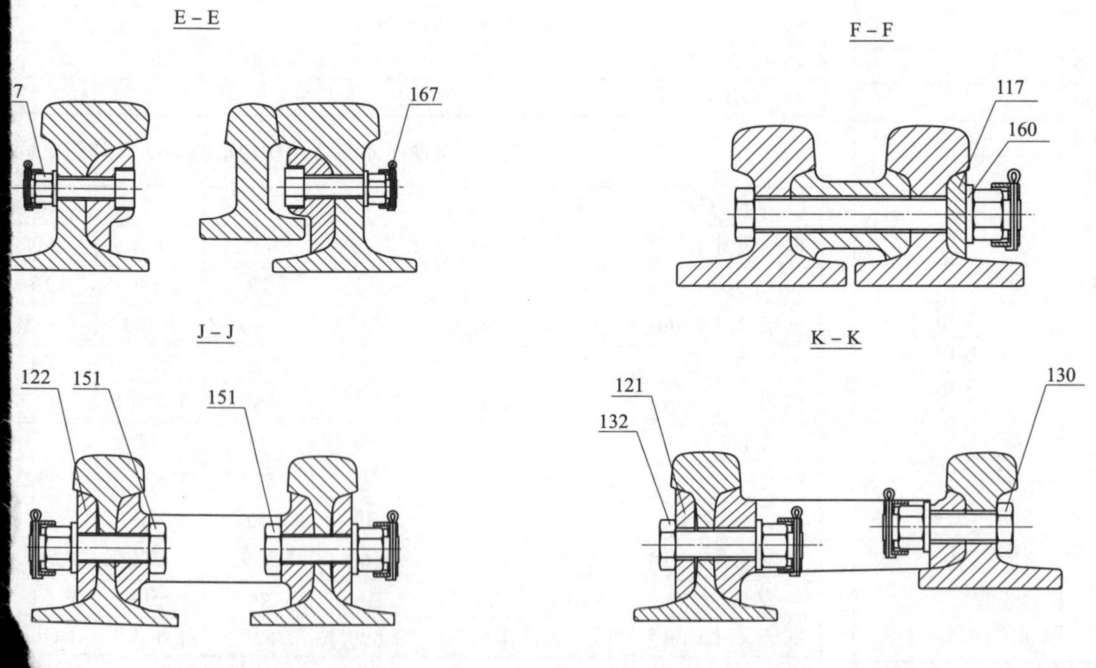

技 术 要 求

1. 可动心轨辙叉采用钢轨组合型，心轨采用 60AT2 钢轨制造，短心轨后端为滑动端，翼轨采用轧制特种断面翼轨与 60 kg/m 钢轨焊接成长翼轨。
2. 心轨设三个牵引点，采用钩型外锁闭装置，各点设计动程分别为 107 mm、73 mm 和 39 mm。正常情况下，各牵引点的最大扳动力分别为 327.2、2 288.1、4 578.2 N。

   第一牵引点翼轨工作边距为 115.7 mm。

   第一牵引点翼轨轨底内侧距为 205.7 mm。

   第二牵引点翼轨工作边距为 327.5 mm。

   第二牵引点翼轨轨底外侧距为 629.2 mm。

   第三牵引点翼轨工作边距为 552.4 mm。

   第三牵引点翼轨轨底外侧距为 773.4 mm。
3. 道岔区钢轨设置 1 ∶ 40 的轨底坡或轨顶坡。
4. 长短心轨连接用螺栓扭矩为 600 N · m，翼轨用间隔铁连接螺栓扭矩为 1 100 N · m，垫板螺栓扭矩为 300～350 N · m。

60 kg/m 钢轨 30 号单开道岔辙叉及护轨

图 号：GLC(08)06－200

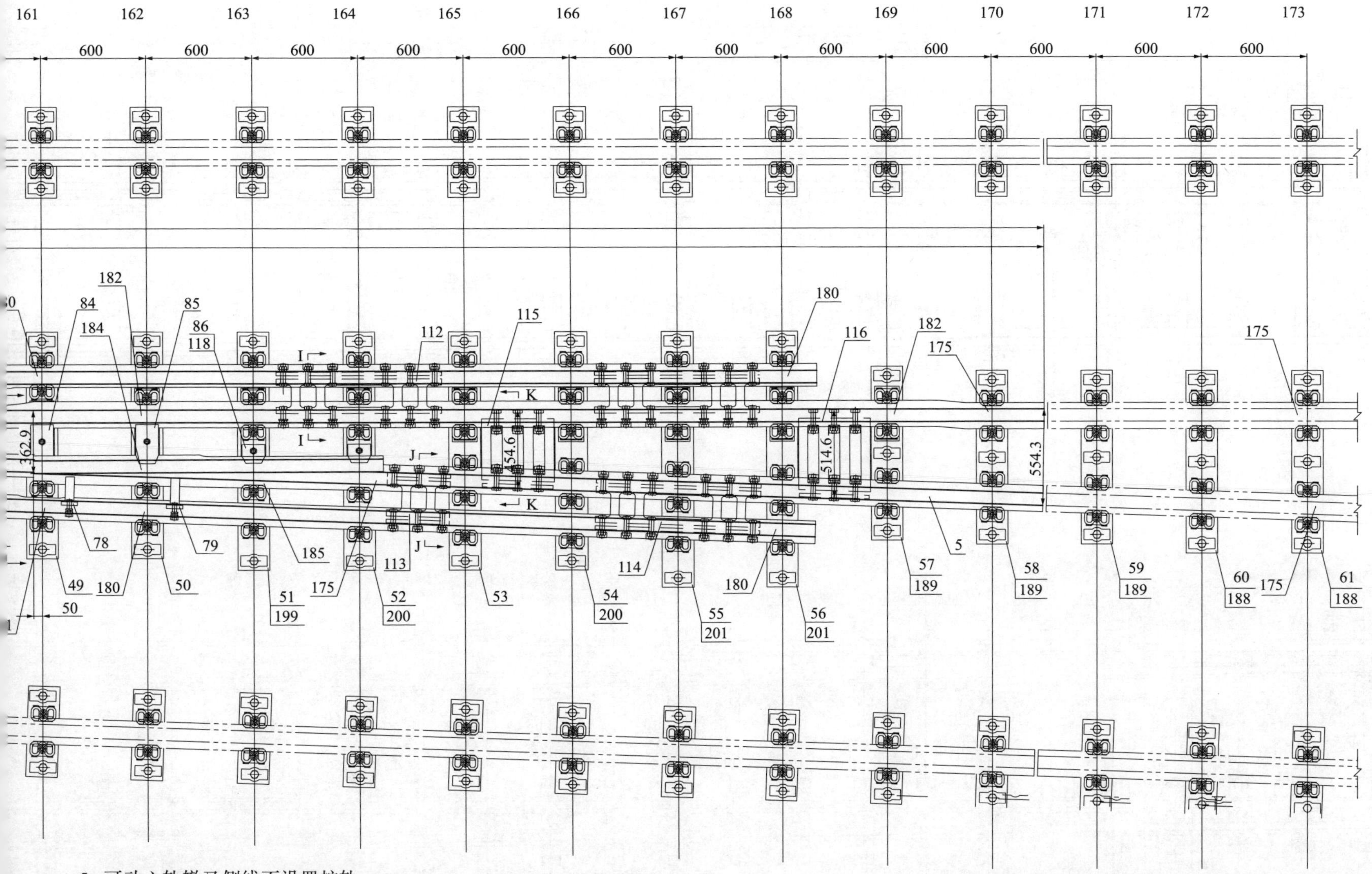

5. 可动心轨辙叉侧线不设置护轨。
6. 扣件采用分开式Ⅱ型弹条扣件，一般部位轨距块及缓冲调距块的号码配置见下表：

单股钢轨位置	钢轨内侧			钢轨外侧		
	缓冲轨距块		轨距块	轨距块	缓冲轨距块	
	外侧	内侧			外侧	内侧
0	6	9	10	11	6	9
+1	6	9	11	10	6	9
+2	6	9	12	9	6	9
－1	6	9	9	12	6	9
－2	9	6	11	10	9	6
－3	9	6	10	11	9	6
－4	9	6	9	12	9	6

7. 可动心轨辙叉的滑床台板表面应采用减摩涂层进行处理。
8. 钢轨轨下设置 5 mm 厚橡胶垫板，铁垫板应采用硫化垫板。
9. 顶铁组装后在顶紧状态，与心轨轨底上表面的间隙为 2 mm，调整片总厚度≤3 mm。
10. 三孔垫板中间孔不安装缓冲调距块（垫板序号 6～11、57～61）。
11. 翼轨跟端用间隔铁分别与长心轨和叉跟尖轨胶接，胶接层厚度不大于 1 mm，技术要求参照 TB/T 2975《胶接绝缘钢轨技术条件》。

60 kg/m 钢轨 30 号单开道岔转辙器
图　号：GLC(08)06－100

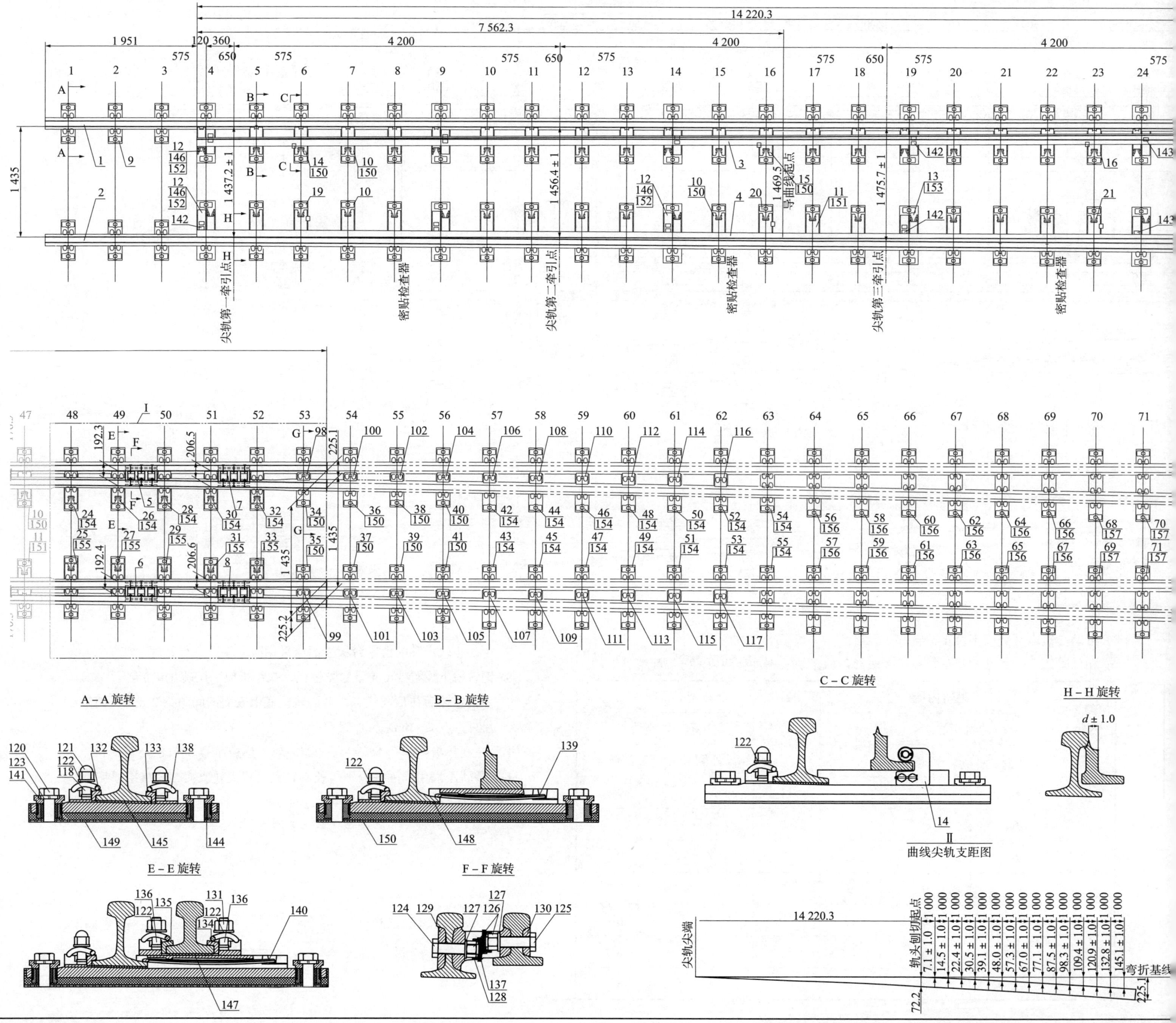

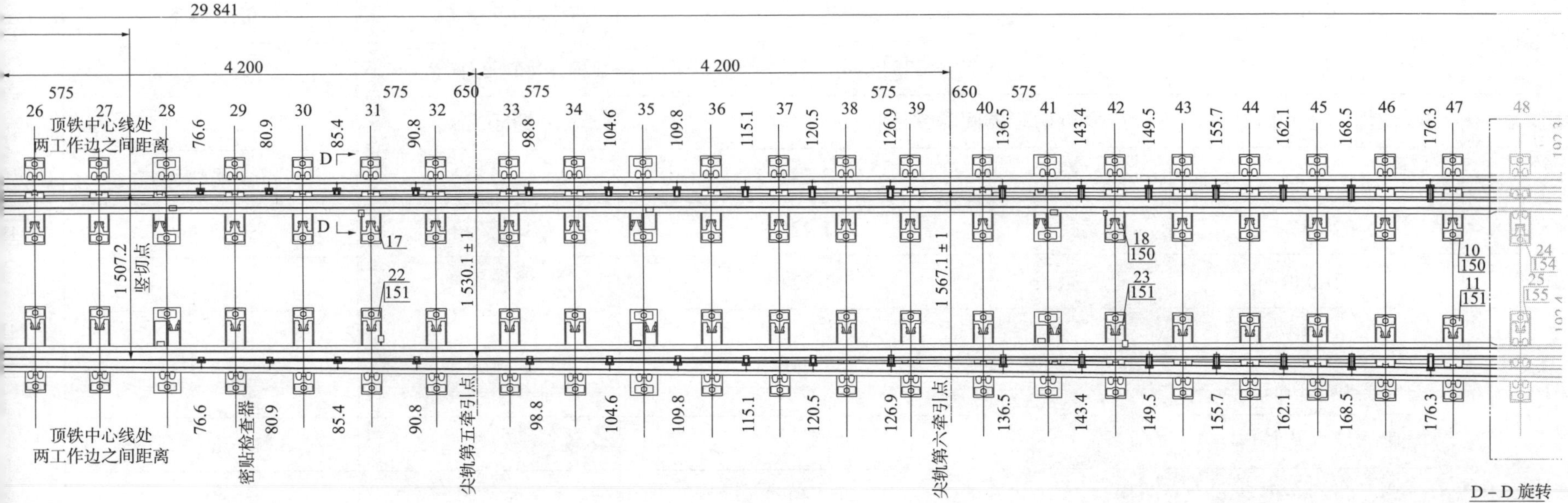

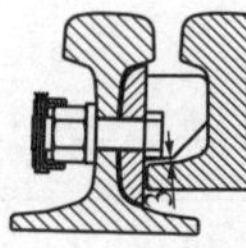

D－D 旋转

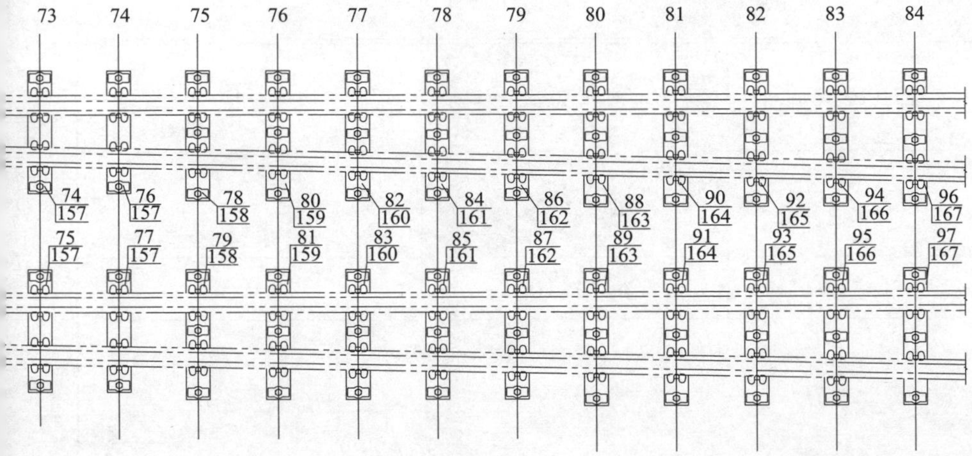

I
转辙器跟端采用不传力机构

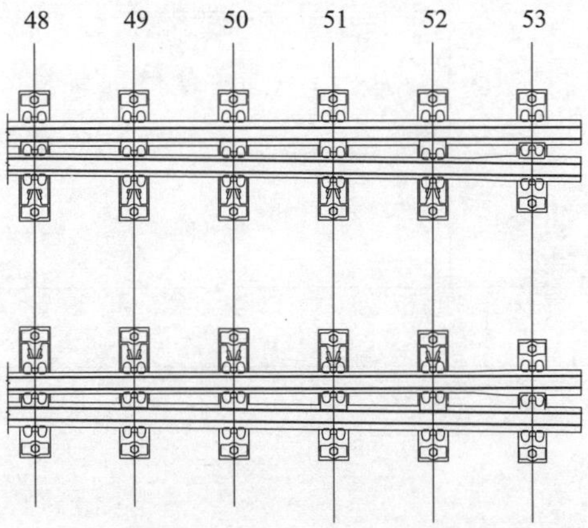

G－G 旋转

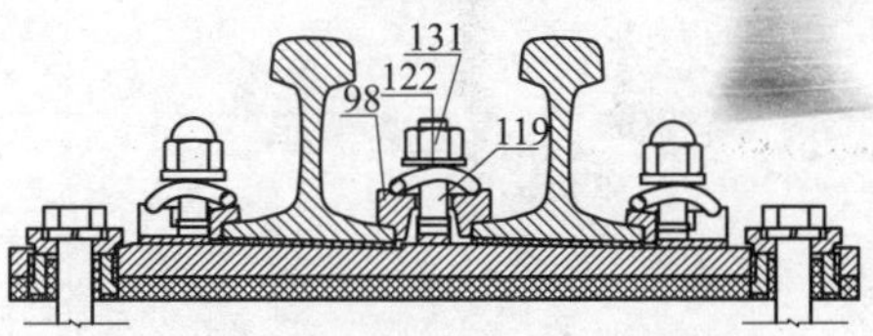

d(mm)	第一牵引点中心	第二牵引点中心	第三牵引点中心	第四牵引点中心	第五牵引点中心	第六牵引点中心
上股	24.25	27.12	36.58	48.54	75.58	112.56
下股	24.25	26.93	36.59	48.56	75.63	112.63

技 术 要 求

1. 转辙器跟端采用间隔铁和不设传力结构两种方案设计(本图按照转辙器跟端为间隔铁结构设计，当采用不设传力结构时，应取消序号 5～8、124～130、137 项，不传力结构局部布置图见 I 视图)。
2. 顶铁组装后，在顶紧状态时与尖轨轨底上表面间隙为 3 mm。
3. M27 的高强螺栓的预紧力矩为 1 100 N·m。
4. 转辙器的滑床台板表面应设置减摩涂层。
5. 扣件采用分开式Ⅱ型弹条扣件，轨距块及缓冲调距块的号码配置见总布置图的轨距配置表。
6. 尖轨为相离半切线型，采用 29 840 长的 60AT2 钢轨制造，为弹性可弯尖轨，尖轨尖端为藏尖式。
7. 尖轨设 6 个牵引点，采用分动钩型外锁闭装置，各牵引点设计动程分别为 160 mm、134 mm、108 mm、83 mm、57 mm 及 31 mm。正常情况下各牵引点的最大扳动力分别为 343.3、824.6、818.1、1 134.2、576.4、3 146.0 N。
8. 转辙器间隔设置带滚轮的滑床板和防跳限位装置，基本轨内侧采用弹性夹扣压。
9. 钢轨轨下设置 5mm 厚橡胶垫板，铁垫板均整体硫化。
10. 三孔垫板中间孔不安装缓冲调距块。
11. 组装后曲线尖轨密贴时，其支距见Ⅱ视图。
12. 每五组道岔备用一组调高垫板，供养护维修使用。
13. 明细表中垫板的长度、宽度为硫化前铁垫板的尺寸，硫化后垫板长度、宽度各增加 10 mm。

25. 60 kg/m 钢轨 6 号对称道岔(混凝土枕)
设计图号：SC(11)382

道岔允许通过速度	客车	$v \leq 35$ km/h		扣件类型	Ⅱ型弹条
	货车	$v \leq 35$ km/h		轨底坡	—
转辙器跟端形式	□限位器 □间隔铁 □不设传力机构 ■间隔铁活接头			锁闭方式	内锁闭
道岔全长	17 457	辙叉全长	2 541	辙叉类型	高锰钢整铸式
道岔前长	7 437	辙叉趾长	1 220	辙叉角	9°27′44″
道岔后长	10 020	辙叉跟长	1 321	翼轨轨型	—
尖轨长度	4 630	基本轨长度	9 046	护轨长度	2 450
尖轨轨型	60AT1				
尖轨尖端前基本轨长度			1 416	护轨轨型	33 kg/m 槽型钢
辙叉理论尖端距趾端方向前一根岔枕中心距离			180	导曲线半径	180 m
尖轨尖端至心轨实际尖端距离		—	护轨端头距导轨端头定位尺寸		413
道岔终端至末根岔枕中心距离		5 773			

岔枕图号 SC(11)382－500	岔枕总数	45 根	岔枕展延长	151.18 m	套管总数	289
电务转换设备 —	尖轨动程	152			心轨动程	—
批准文号	—				应用情况	★★★
主要结构特点	1. 尖轨尖端采用藏尖式。 2. 基本轨外侧设弹性扣压轨撑，更好地承受水平横向冲击力。					

转辙器明细表

序号	图号 / 标准	名称及规格	数量	材　料	备　注
1	SC(11)382－102	基本轨　9 046	1	60 kg/m 钢轨	
2	SC(11)382－102	基本轨　9 046	1	60 kg/m 钢轨	按序号 1 对称制造
3	SC(11)382－103	尖　轨　4 630	1	60AT 轨	
4	SC(11)382－103	尖　轨　4 630	1	60AT 轨	按序号 3 对称制造
5	SC(11)382－104	迎轮护轨　2 740	2	33 kg/m 槽型钢	
6	SC350－140	轨　撑　60AX	14	KTH 330－08	
7	SC350－141	调整楔	14	KTH 350－10	
8	SC(11)382－114	辙跟内轨撑　60－6	2	KTH 330－08	
9	SC(11)382－115	辙跟外轨撑　60－6	2	KTH 330－08	
10	SC(11)382－116	辙跟间隔铁　60－6Z	1	KTH 330－08	
11	SC(11)382－116	辙跟间隔铁　60－6Y	1	KTH 330－08	按序号 10 对称制造
12	专线 4171－28	辙跟接头夹板　60－12 Z	1		孔径为 $\phi30$
13	专线 4171－28	辙跟接头夹板　60－12 Y	1		按序号 12 对称制造，孔径为 $\phi30$
14	专线 4171－26	拉　杆　1 012	1		
15	专线 4171－27	连　杆　1 072	1		
16	SC 330－134	垫　板　60－0(A)	10		
17	SC(11)382－105	护轨垫板　60	8		
18	SC(11)382－106	垫　板　702 × 190 × 20	1		
19	SC(11)382－106	垫　板　702 × 190 × 20	1		按序号 18 对称制造
20	SC(11)382－107	垫　板　702 × 190 × 20	1		
21	SC(11)382－107	垫　板　702 × 190 × 20	1		按序号 20 对称制造
22	SC(11)382－108	连接垫板　670－450	2		
23	SC(11)382－109	垫　板　626 × 190 × 20	5		
24	SC(11)382－109	垫　板　626 × 190 × 20	5		按序号 23 对称制造
25	SC(11)382－110	垫　板　689 × 770 × 25	1		
26	SC(11)382－110	垫　板　689 × 770 × 25	1		按序号 25 对称制造
27	SC(11)382－111	垫　板　733 × 170 × 20	1		
28	SC(11)382－111	垫　板　733 × 170 × 20	1		按序号 27 对称制造
29	SC(11)382－112	垫　板　782 × 170 × 20	1		
30	SC(11)382－112	垫　板　782 × 170 × 20	1		按序号 29 对称制造
31	SC(11)382－113	垫　板　835 × 170 × 20	1		

续上表

序号	图号 / 标准	名称及规格	数量	材　料	备　注
32	SC(11)382－113	垫　板　835 × 170 × 20	1		按序号 31 对称制造
33	SC(11)382－113	垫　板　891 × 170 × 20	1		
34	SC(11)382－113	垫　板　891 × 170 × 20	1		按序号 33 对称制造
35	SC(11)382－119	螺　柱　27 × 30 × 75 × 265	2	10.9 级	
36	SC(11)382－119	螺　柱　27 × 24 × 95 × 275	2	10.9 级	
37	专线 4232－5	半圆头方颈螺栓　M27 × 345	6	10.9 级	
38	专线 4232－4	T 型螺栓　M24 × 65	54		铁座用
39	专线 4232－4	T 型螺栓　M24 × 75	14		轨撑用
40	专线 4232－4	T 型螺栓　M24 × 90	2		支距扣板用
41	专线 4171－9	长方头螺栓　M24 × 90	16		
42	GB/T 5780	螺　栓　M20 × 110	8		
43	SCT 505－B	岔枕螺栓　155	114		
44	NS－07	限位板　M24	70		
45	NS－01(b)	螺　母　M24	86		
46	NS－01(b)	螺　母　M27	14	10 级	
47	NS－01(b)	螺　母　M20	8		
48	GB/T 91	开口销　5 × 30	8		
49	GB/T 7244	弹簧垫圈　27	14		
50	GB/T 97	垫　圈　27	8		
50a	GB/T 1230	垫　圈　30	8		轨撑用
51	GB/T 7244	弹簧垫圈　24	8		护轨用
52	GB/T 7244	弹簧垫圈　24	8		
53	GB/T 95	垫　圈　20	16		
54	GB/T 7244	弹簧垫圈　20	8		
55	GB/T 7244	弹簧垫圈　30	114		
56	专线 3351	Ⅱ型弹条	70	60Si2CrVA	
57	SC(11)382－120	支距扣板　60/135－126	1	ZG 230－450	按序号 57 对称制造
58	SC(11)382－120	支距扣板　60/135－126	1	ZG 230－450	
59	SC(11)382－121	限位块　60－6	10	Q235	
60	SC(11)382－126	防跳垫片	10	镀锌板	
61	SC(11)382－118	钢轨垫圈　60－6	2	KTH 330－08	左、右各 1 个
62	专线 4232－10	轨距块　60/9－11	22	ZG 230－450	
63	专线 4232－10	轨距块　60/13－15	18	ZG 230－450	

续上表

序号	图号 / 标准	名称及规格	数量	材　　料	备　　注
64	专线 4232－10A	接头轨距块　60/9－11	6	ZG 230－450	备用
65	专线 4232－10A	接头轨距块　60/13－15	8	ZG 230－450	其中 6 个为备用
66	SC(11)382－217	护轨调整片　$90\times70\times\frac{2}{3}$	16	镀锌板	
			8		
67	SC 330－125	轨距调整片　$160\times12\times\frac{1}{2}$	28		
			28		
68	SC(10)384A－108	调整片　$180\times30\times\frac{1}{2}$	20		
			10		
69	专线 4232－95－1	调整片　150 × 50 × 3/2/1	8	Q235	
			8		
			8		
70	SC(11)382－123	挡　板	8	尼龙 66	
71	SC(11)382－122	塑料垫板　60－6Z	5	尼龙 66	
72	SC(11)382－122	塑料垫板　60－6Y	5	尼龙 66	
73	专线 4171－53	绝缘垫圈　20	16	3 240 环氧酚醛	
74	专线 4171－52	绝缘管　20 × 24	16	3 640 环氧酚醛	
75	专线 4232－95	绝缘垫片　150 × 60 × 5	8	3 240 环氧酚醛	
76	SC 330－401	轨下双面橡胶垫板　60－190	26	橡胶	
77	SC 330－402	轨下单面橡胶垫板　60－210	14	橡胶	
78		方孔垫圈　60－3Z(Y)	4	KTH 330－08	左、右各 2 个
16J	SC 330－403	橡胶垫板　452 × 175 × 10	10	橡胶	
17J	SC 330－406	橡胶垫板　260 × 185－95	8	橡胶	
18J	SC(11)382－124	橡胶垫板　702 × 195 × 10	4	橡胶	
22J	SC(11)382－125	橡胶垫板　670 × 195 × 10	2	橡胶	
23J	SC 330－404	橡胶垫板　626 × 195 × 10	10	橡胶	
25J	SC 330－405	橡胶垫板　689 × 175 × 10	4	橡胶	
27J	SC 330－405	橡胶垫板　733 × 175 × 10	2	橡胶	
29J	SC 330－405	橡胶垫板　782 × 175 × 10	2	橡胶	
31J	SC 330－406	橡胶垫板　835 × 175－383	2	橡胶	
33J	SC 330－406	橡胶垫板　891 × 175－410.5	2	橡胶	

辙叉及护轨明细表

序号	图号 / 标准	名称及规格	数量	材　　料	备　　注
1	SC(11)38-201	高锰钢辙叉	1		
2	SC 384-202	护　轨　2 450	1	33 kg/m 槽型钢	
3	SC 384-202	护　轨　2 450	1	33 kg/m 槽型钢	与序号 2 对称制造
4	SC(11)38-202	间隔铁　60-6	1	KTH 330-08	
5	TB/T 2345	接头夹板	4		
6	TB/T 2347	接头螺栓及螺母　M24 × 135-10.9	12		
7	SC 330-134	垫　板　60-17Z	1		
7a	SC(11)38-215	垫　板　452 × 170 × 20Z(Y)	1		
8	SC 330-134	垫　板　60-17Y	1		
8a	SC(11)38-215	垫　板　452 × 170 × 20Y(Z)	1		与序号 7a 对称制造
9	SC(11)38-210	护轨垫板　610 × 170 × 25Z(Y)	4		
10	SC(11)38-210	护轨垫板　610 × 170 × 25Y(Z)	4		按序号 9 对称制造
11	SC(11)38-203	辙叉垫板　760 × 170 × 20	1		
12	SC(11)38-204	辙叉垫板　760 × 170 × 20	2		
13	SC(11)38-205	辙前垫板　846 × 170 × 20	1		
14	SC(11)38-206	辙前垫板　750 × 170 × 20	1		
15	SC(11)38-207	辙后垫板　760 × 770 × 25	1		
16	SC(11)38-208	辙后垫板　756 × 170 × 24	1		
17	SC(11)38-209	辙后垫板　855 × 170 × 22	1		
18	SCT 300-311	支距扣板　60/154-136	1	KTH 350-10	
19	SCT 300-311	支距扣板　60/158-140	1	KTH 350-10	
20	专线 4232-4	螺　栓　M24 × 90	2		
21	专线 4171-9	螺　栓　M24 × 85	8	10.9 级	
22	专线 4232-5	螺　栓　M24 × 280-G	1	10.9 级	
23	专线 4232-5	螺　栓　M24 × 300-G	1	10.9 级	
24	专线 4232-5	螺　栓　M24 × 320-G	1	10.9 级	
25	专线 4232-5	螺　栓　M24 × 350-G	1	10.9 级	
26	专线 4232-5	螺　栓　M24 × 380-G	1	10.9 级	
27	专线 4232-4	T 型螺栓　M24 × 65	38		
28	专线 3351	Ⅱ型弹条	40	60Si2CrVA	
29	SCT 505-B	岔枕螺栓　155	43		

续上表

序号	图号 / 标准	名称及规格	数量	材　　料	备　　注
30	NS－01(b)	螺　母　M24	40		
31	NS－01(b)	螺　母　M24	5	10 级	
32	NS－01(b)	螺　母　M24	8	10 级	护轨螺栓用
33	GB/T 1230	垫　圈　24	17		
34	GB/T 7244	弹簧垫圈　24	13		
35	GB/T 7244	弹簧垫圈　30	43		
36	NS－07	限位板　M24	40		
37	SC(11)38－211	鱼尾板圆孔垫圈　60－5	5	KTH330－08	
38	SC(11)38－212	鱼尾板方孔垫圈　60－5	5	KTH230－08	
39	专线 4232－10	轨距块　9－11	16	ZG230－450	
40	专线 4232－10	轨距块　13－15	10	ZG230－450	
41	SC(11)38－216	护轨调整片　$130\times70\times\frac{2}{3}$	16 16		其中各 8 片备用
42	SC 330－125	轨距调整片　$160\times12\times\frac{1}{2}$	18 18		其中各 9 片备用
43	专线 4232－10A	接头轨距块　9－11	6	ZG230－450	
44	专线 4232－10A	接头轨距块　13－15	6	ZG230－450	
45	SC 330－401	橡胶垫板　60－190	20	橡胶	
46	SC 330－409	叉下橡胶垫板　439－190	3	橡胶	
7J	SC 330－403	橡胶垫板　452×175×10	4	橡胶	
9J	SC 330－411	橡胶垫板　610×175×5	8	橡胶	
11J	SC 330－405	橡胶垫板　760×175×10	5	橡胶	
13J	SC 330－405	橡胶垫板　846×175×10	1	橡胶	
14J	SC 330－405	橡胶垫板　750×175×10	1	橡胶	
16J	SC 330－405	橡胶垫板　756×175×10	1	橡胶	
17J	SC 330－406	橡胶垫板　855×175－392.5	1	橡胶	
11S	SC(11)38－214	塑料垫板　770×180×6	5	聚乙烯	
13S	SC(11)38－214	塑料垫板　856×180×6	1	聚乙烯	
14S	SC(11)38－214	塑料垫板　760×180×6	1	聚乙烯	
47		五孔接头夹板	2		成对使用

60 kg/m 钢轨 6 号对称道岔
图 号：SC(11)382

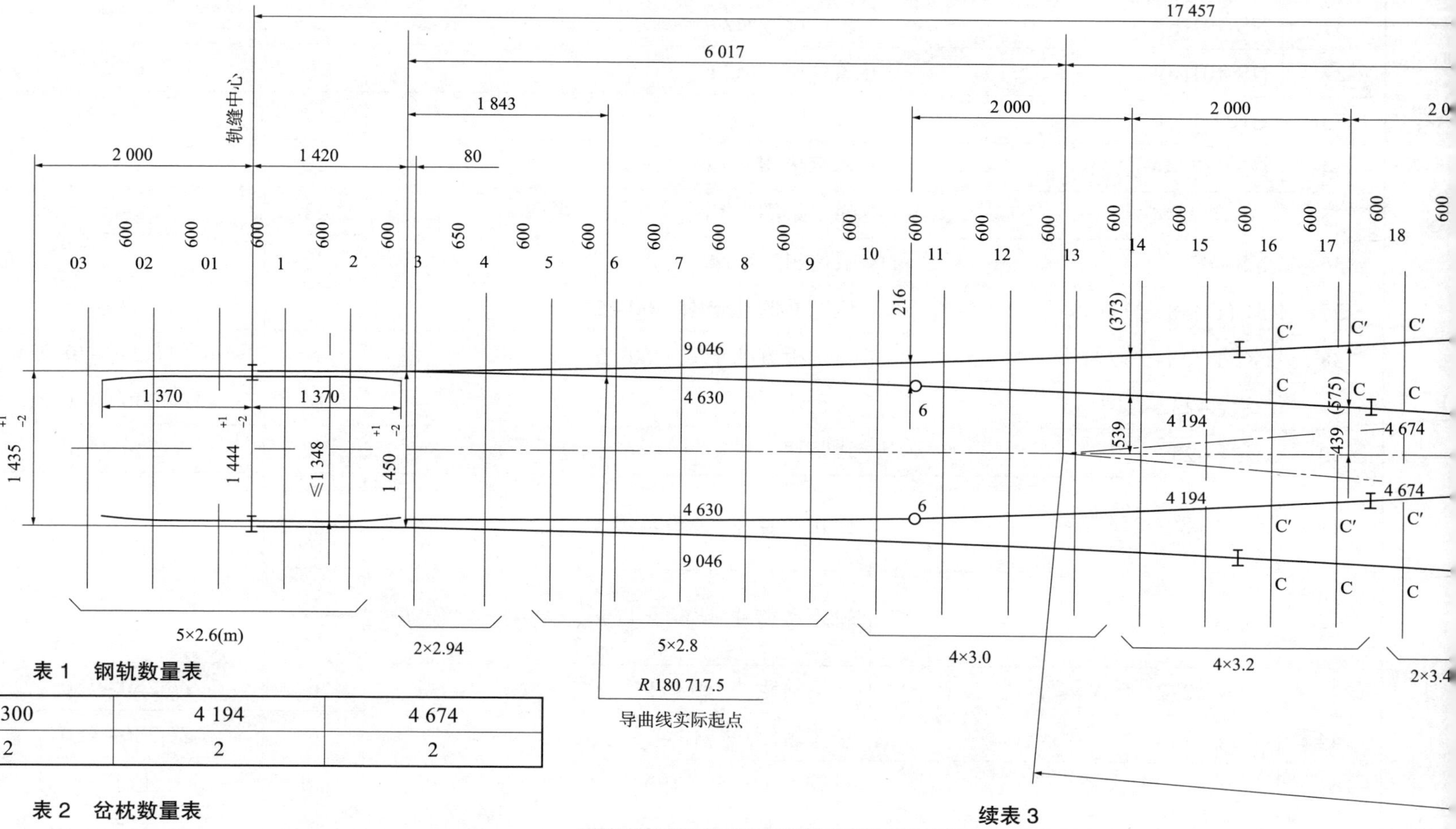

表 1 钢轨数量表

长度 (m)	8 300	4 194	4 674
数量 (根)	2	2	2

表 2 岔枕数量表

序 号	长度 (m)	单位	数量	序 号	长度 (m)	单位	数量
1	2.45	根	6	8	3.6	根	3
2	2.6	根	5	9	3.8	根	2
3	2.94	根	2	10	4.0	根	2
4	2.8	根	5	11	4.2	根	2
5	3.0	根	4	12	4.4	根	2
6	3.2	根	4	13	4.6	根	2
7	3.4	根	2	14	4.8	根	4
岔枕总延长 151.18 m							

表 3 明 细 表

序号	图号 / 标准	名称及规格	单位	数量	材 料	备 注
1	SC(11)382－100	转辙器	组	1		
2	SC(11)382－200	辙叉及护轨	组	1		
3	TB/T 2344	钢 轨	m	34.336	60 kg/m 钢轨	单位：米 (m)
4	TB/T 2345	接头夹板	块	2		
5	TB/T 2347	接头螺栓及螺母 M24 × 135－10.9	副	6		
6	SC330－134	垫 板 60－0(A)	块	4	Q235	

续表 3

序号	图号 / 标准	名称及规格	单位	数量	材 料	备 注
7	SC330－134	垫 板 60－8(B)Y(Z)	块	4	Q235	左右开各半
8	SC330－134	垫 板 60－11(C)Y(Z)	块	20	Q235	左右开各半
9	SC330－134	垫 板 60－14(D)Z(Y)	块	18	Q235	左右开各半
10	SC330－134	垫 板 60－17(E)Y(Z)	块	20	Q235	左右开各半
11	专线 3351	Ⅱ型弹条	个	108	60Si2CrVA	
12	HYT－LU－2	B 型接头弹条	个	24	60Si2CrVA	
13	专线 4232－4	T 型螺栓 M24 × 65	个	132		4.8 级
14	SCT 505－B	岔枕螺栓 M30 × 155	个	132		
15	NS－01(b)	螺 母 M24	个	132		
16	NS－07	限位板 M24	个	132	Q235	
17	GB/T 7244	弹簧垫圈 30	个	132	16Mn	
18	专线 4232－10	轨距块 9－11	个	60+10	ZG 230－450	“+”号后为备用
19	专线 4232－10	轨距块 13－15	个	60+10	ZG 230－450	“+”号后为备用
20	专线 4232－10	轨距块 7－17	个	50	ZG 230－450	备用
21	专线 4232－10A	接头轨距块 9－11	个	2	ZG 230－450	备用
22	专线 4232－10A	接头轨距块 13－15	个	2	ZG 230－450	备用
23	专线 4232－72	绝缘轨距块 9－11	个	12	玻璃纤维	
24	专线 4232－72	绝缘轨距块 13－15	个	12	玻璃纤维	

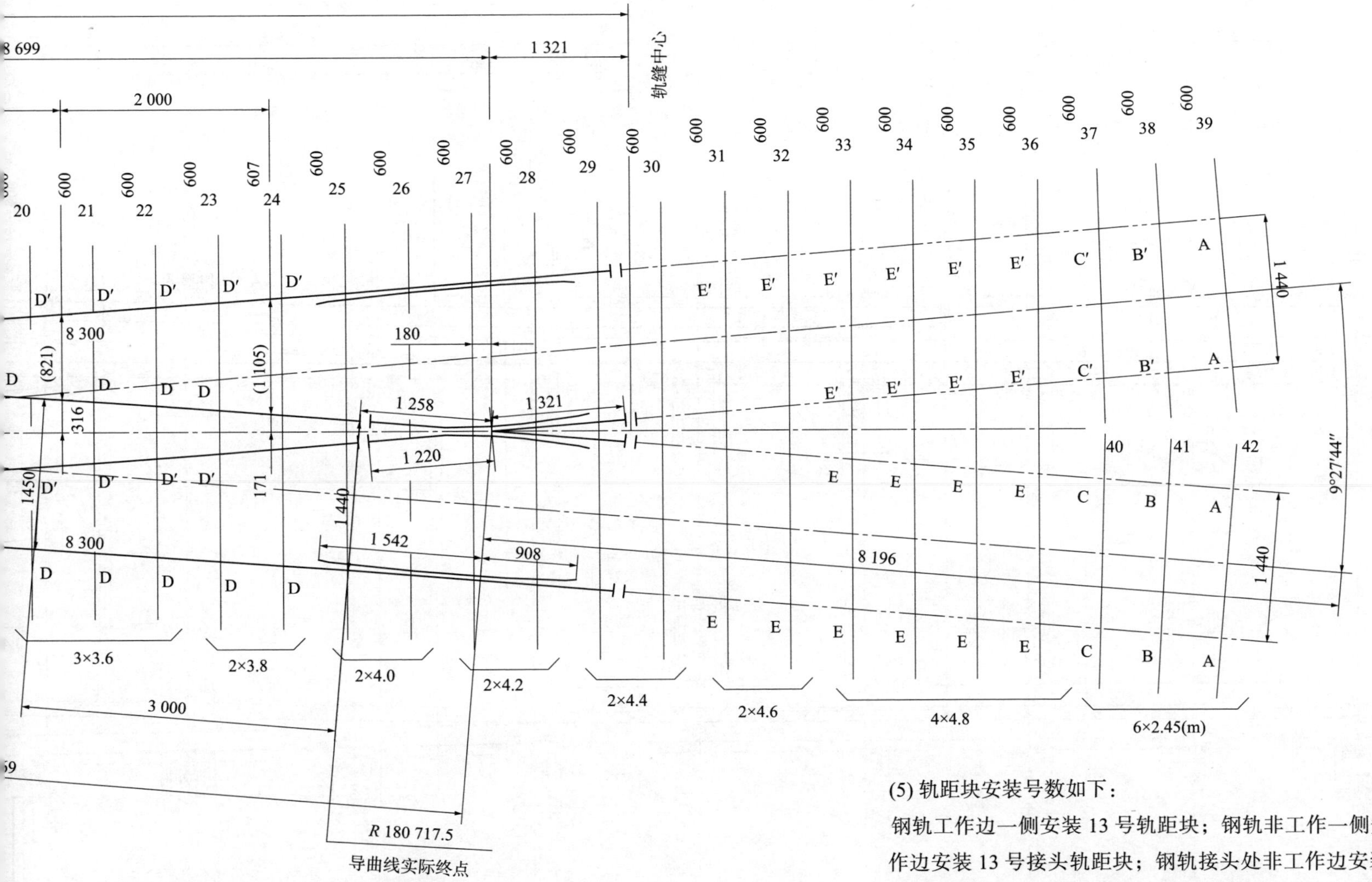

续表 3

序号	图号 / 标准	名称及规格	单位	数量	材　料	备　注
25	SC 330－401	橡胶垫板　60－190	块	66	橡胶	
26	SC 330－403	橡胶垫板　452×175×10	块	66	橡胶	
27	SC(11)382－213	塑料垫片　462×180×6	块	16	聚乙烯	
28	专线 9595	钢轨绝缘	套	6		

技 术 要 求

1. 道岔主要尺寸与专线 5816《50 kg/m 6 号对称道岔》相同。
2. 岔枕全部垂直于道岔对称中心线，牵引点处岔枕的间距为 650 mm，其余均为 600 mm，局部有调整。
3. 道岔主要结构特点：

(1) 尖轨用 4 630 mm 长的 60AT 钢轨制造，尖轨尖端采用藏尖式，跟端采用活接头结构。

(2) 尖轨工作边的斜度采用 1∶4、非工作边的斜度采用 1∶4。

(3) 垫板（除轨撑滑床板、辙跟垫板及辙叉跟端垫板外）厚度为 20 mm，垫板宽度为 170 mm。

(4) 道岔轨下设 5 mm 厚橡胶垫板，板下设 10 mm 厚橡胶垫板、护轨板下设 5 mm 橡胶垫板。

(5) 轨距块安装号数如下：

钢轨工作边一侧安装 13 号轨距块；钢轨非工作一侧安装 11 号轨距块；钢轨接头处工作边安装 13 号接头轨距块；钢轨接头处非工作边安装 11 号接头轨距块；锰叉一侧安装 13 号轨距块，另一侧安装 11 号轨距块。

(6) 道岔外股设超高 6 mm。采用措施如下：转辙器部分滑床台厚度采用 35 mm。导曲线和辙叉部分在垫板下加 6 mm 厚塑料垫片，道岔前端在尖轨上顺坡，辙叉后用塑料垫片顺坡。若特殊情况时也可在辙叉前顺坡。

(7) 钢轨件均进行全长淬火。

(8) 道岔前端设双迎轮护轨。

4. 本图按设轨道电路设计。
5. 道岔制造和验收按 TB/T 412《标准轨距铁路道岔技术条件》、TB/T 447《高锰钢辙叉技术条件》、TB/T 1779《道岔钢轨淬火技术条件》。
6. 图中钢轨接头、绝缘接头分别以“—|—”、“+”表示。
7. 钢轨轨缝除标注外均为 8 mm。
8. 导曲线半径按外轨工作边计。
9. 明细表中普通垫板分垫板 60－0、60－8、60－11、60－14、60－17 五种形式，分别用 A、B(B′)、C(C′)、D(D′)、E(E′) 表示，其中带“′”为左开用垫。
10. 钢轨件顶面均进行全长淬火。
11. 塑料垫片安装在导曲线曲股外侧垫板位置。

60 kg/m 钢轨 6 号对称道岔转辙器

图　号：SC(11)382－100

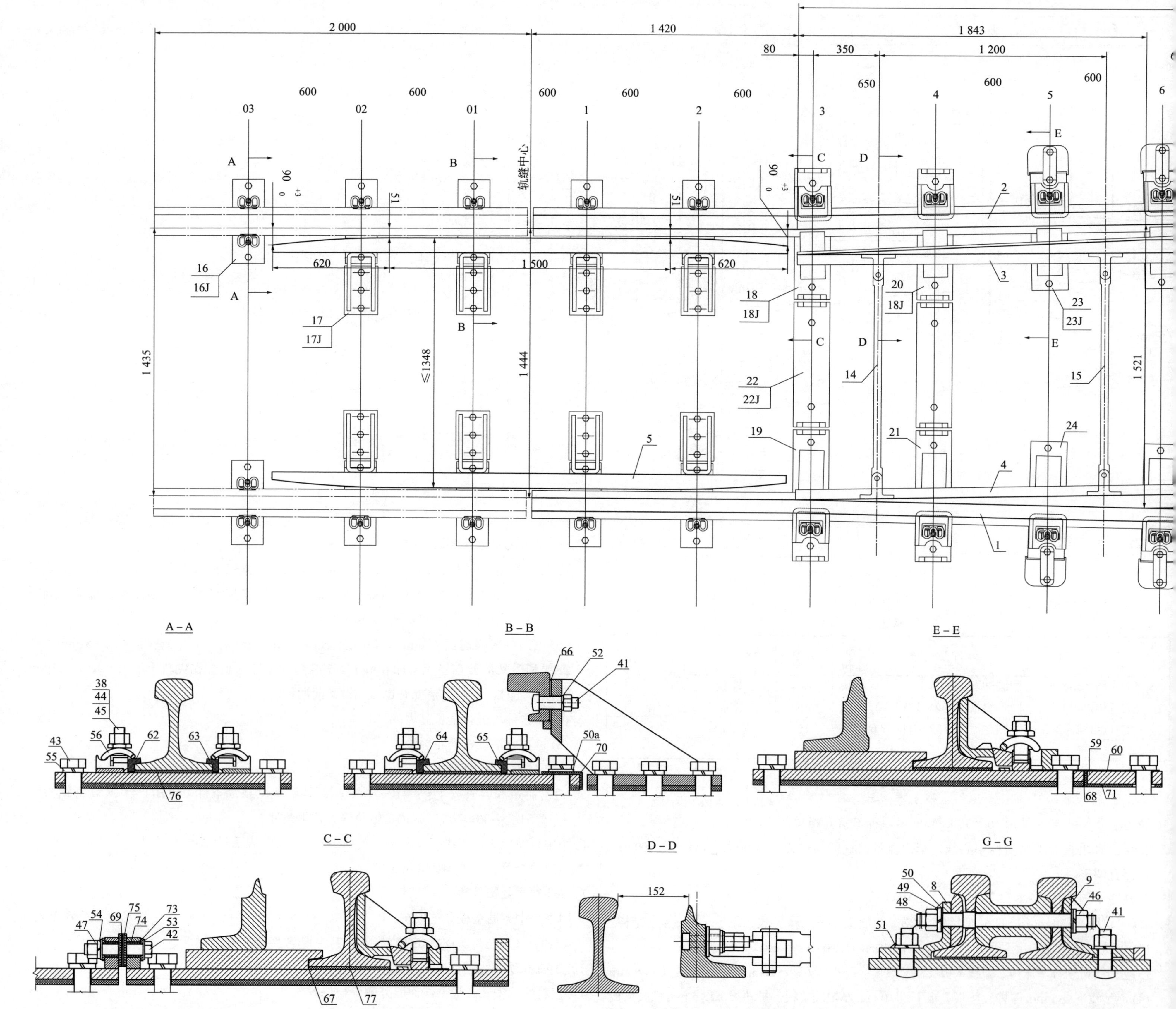

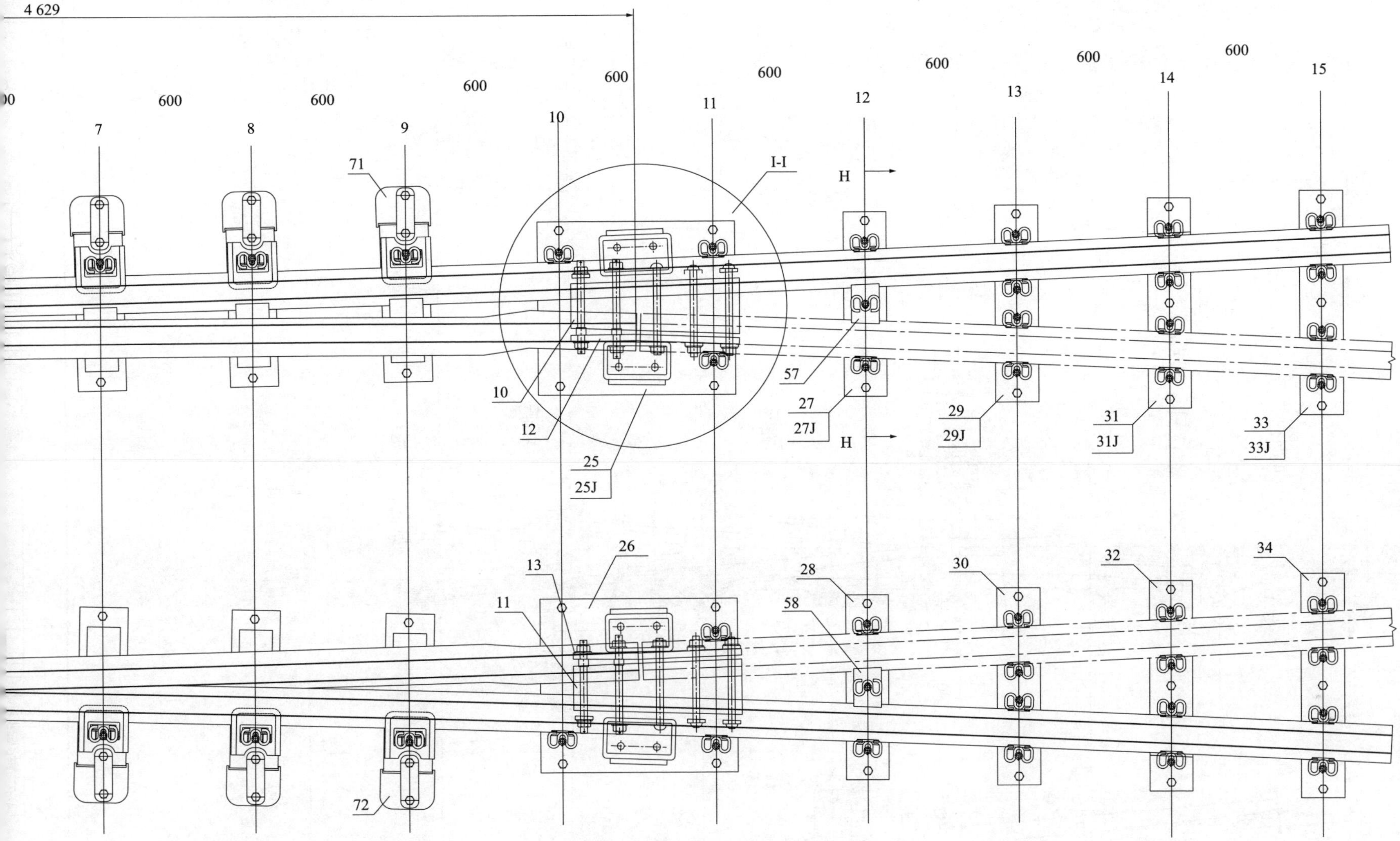

F－F

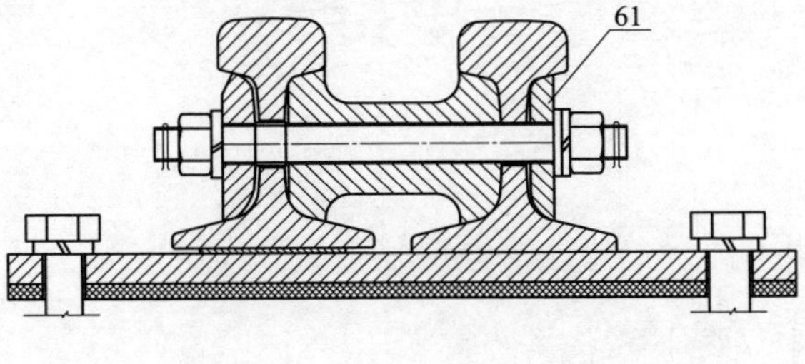

H－H

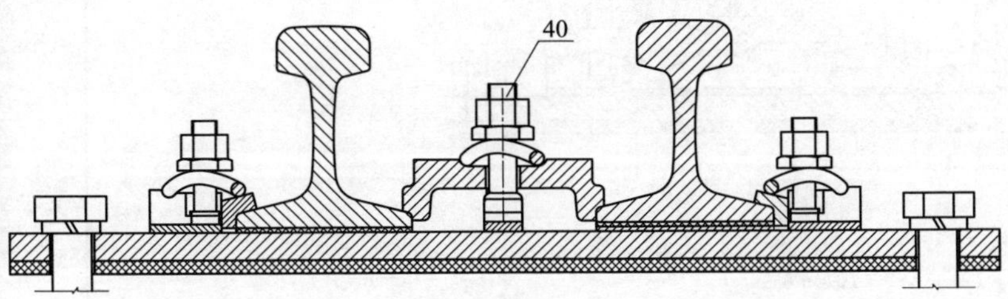

I－I 放大

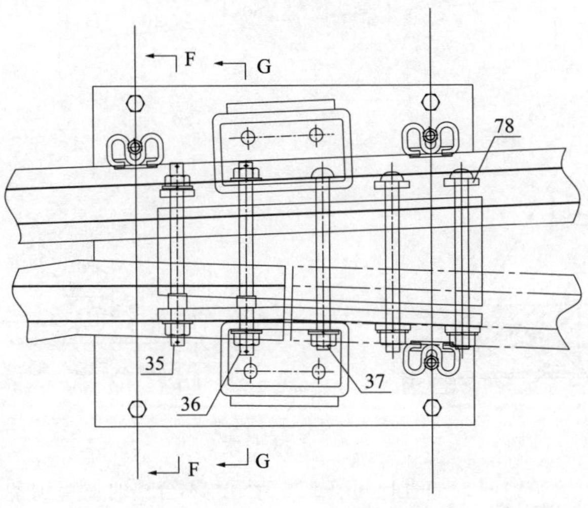

技 术 要 求

1. 组装护轨时，应使查照间隔 $D_y \leqslant 1\ 348$ mm，如查照间隔距离不合适时，可用护轨调整片进行调整。
2. 组装护轨时需保证两侧轮缘槽宽度相同，误差不得大于 2 mm，且轮缘槽不能为负差。

60 kg/m 钢轨 6 号对称道岔辙叉及护轨

图　号：SC(11)382－200

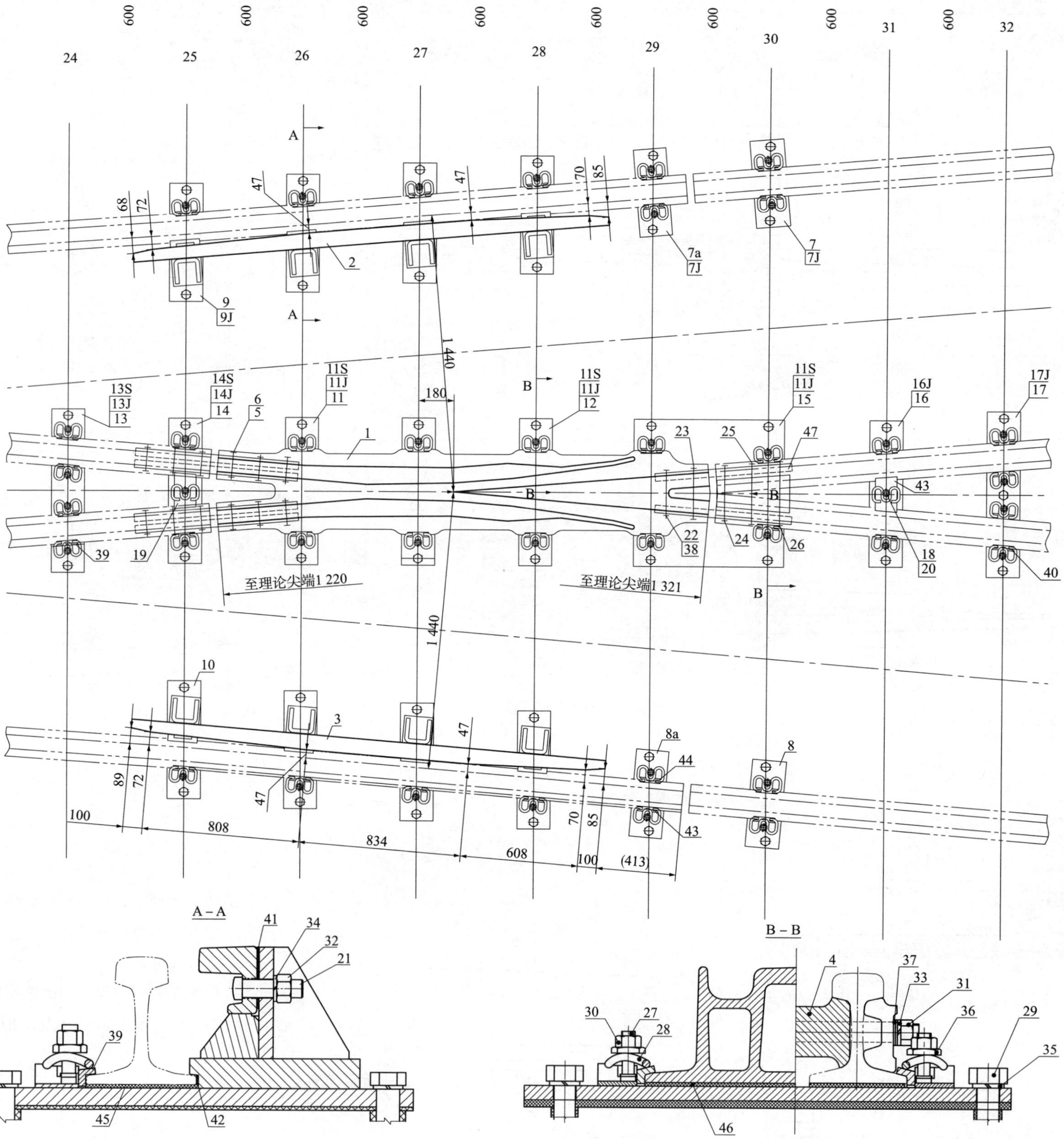

技　术　要　求

1. 组装护轨时，如查找间隔或护背距离不合格时，可用备用调整片进行调整。
2. 查照间隔及护背距离在心轨轨头宽 20～30 mm 处丈量。

<table>
<tr><th colspan="8">26. 50 kg/m 钢轨 6 号对称道岔(混凝土枕)
设计图号：SC 384</th></tr>
<tr><td rowspan="2">道岔允许通过速度</td><td colspan="2">客车</td><td colspan="3">v≤35 km/h</td><td>扣件类型</td><td>B 型弹条</td></tr>
<tr><td colspan="2">货车</td><td colspan="3">v≤35 km/h</td><td>轨底坡</td><td>—</td></tr>
<tr><td>转辙器跟端形式</td><td colspan="5">□限位器 □间隔铁 □不设传力机构 ■间隔铁活接头</td><td>锁闭方式</td><td>内锁闭</td></tr>
<tr><td>道岔全长</td><td colspan="2">17 457</td><td>辙叉全长</td><td colspan="2">2 541</td><td>辙叉类型</td><td>高锰钢整铸式</td></tr>
<tr><td>道岔前长</td><td colspan="2">7 437</td><td>辙叉趾长</td><td colspan="2">1 220</td><td>辙叉角</td><td>9°27′44″</td></tr>
<tr><td>道岔后长</td><td colspan="2">10 020</td><td>辙叉跟长</td><td colspan="2">1 321</td><td>翼轨轨型</td><td>—</td></tr>
<tr><td>尖轨长度</td><td colspan="2">4 630</td><td rowspan="2">基本轨长度</td><td colspan="2" rowspan="2">9 046</td><td rowspan="2">护轨长度</td><td rowspan="2">2 550</td></tr>
<tr><td>尖轨轨型</td><td colspan="2">50AT1</td></tr>
<tr><td colspan="4">尖轨尖端前基本轨长度</td><td colspan="2">1 416</td><td>护轨轨型</td><td>33 kg/m 槽型钢</td></tr>
<tr><td colspan="4">辙叉理论尖端距趾端方向前一根岔枕中心距离</td><td colspan="2">180</td><td>导曲线半径</td><td>180 m</td></tr>
<tr><td colspan="3">尖轨尖端至心轨实际尖端距离</td><td>—</td><td colspan="3" rowspan="2">护轨端头距导轨端头定位尺寸</td><td rowspan="2">313</td></tr>
<tr><td colspan="3">道岔终端至末根岔枕中心距离</td><td>5 772</td></tr>
<tr><td>岔枕
图号：SC 384－500</td><td>岔枕总数</td><td>45 根</td><td>岔枕展延长</td><td colspan="2">151.1 m</td><td>套管总数</td><td>259</td></tr>
<tr><td>电务转换设备
—</td><td>尖轨动程</td><td colspan="4">152</td><td>心轨动程</td><td>—</td></tr>
<tr><td>批准文号</td><td colspan="5">运基线路〔2003〕161 号</td><td>应用情况</td><td>★★★</td></tr>
<tr><td>主要结构特点</td><td colspan="7">1. 尖轨尖端采用藏尖式。
2. 基本轨外侧设弹性扣压轨撑，更好地承受水平横向冲击力。
3. 道岔主要尺寸与专线 5 816 相同。</td></tr>
</table>

转辙器明细表

序号	图号 / 标准	名称及规格	数量	材　料	备　注
1	SC 384－101	基本轨　9 046	1	50 kg/m 钢轨	
2	SC 384－101	基本轨　9 046	1	50 kg/m 钢轨	按序号 1 对称制造
3	SC 384－102	尖　轨　4 630	1	50AT 钢轨	
4	SC 384－102	尖　轨　4 630	1	50AT 钢轨	按序号 3 对称制造
5	专线 4266－47	轨　撑　50	18	KTH 330－08	
6	专线 4266－48	调整楔　50	18	KTH 330－10	
7	SC 384－103	辙跟内轨撑　50	2	KTH 330－08	
8	SC 384－104	辙跟外轨撑　50	2	KTH 330－08	
9	SC 384－105	间隔铁	1	KTH 330－08	
10	SC 384－105	间隔铁	1	KTH 330－08	按序号 9 对称制造
11	专线 4140－20	接头夹板　50－12Z	1		孔径为 $\phi30$
12	专线 4140－20	接头夹板　50－12Y	1		按序号 11 对称制造，孔径为 30
13	专线 4266－59	拉　杆　1 014	1		
14	专线 4266－60	连　杆　1 074	1		
15	SC 384－107	接头垫板　50－0(J)	4		
16	SC 384－108	轨撑平垫板　50	4		
17	SC 384－111	滑床板　620 × 180 × 20	5		
18	SC 384－111	滑床板　620 × 180 × 20	5		按序号 17 对称制造
19	SC 384－112	辙跟垫板　689 × 780 × 25	1		
20	SC 384－112	辙跟垫板　689 × 780 × 25	1		按序号 19 对称制造
21	SC 384－113	辙后垫板　733 × 180 × 20	1		
22	SC 384－113	辙后垫板　733 × 180 × 20	1		按序号 21 对称制造
23	SC 384－114	辙后垫板　782 × 180 × 20	1		
24	SC 384－114	辙后垫板　782 × 180 × 20	1		按序号 23 对称制造
25	SC 384－115	辙后垫板　835 × 180 × 20	1		
26	SC 384－115	辙后垫板　835 × 180 × 20	1		按序号 25 对称制造
27	SC 384－116	辙后垫板　891 × 180 × 20	1		
28	SC 384－116	辙后垫板　891 × 180 × 20	1		按序号 27 对称制造
29	SC 384－117	支距扣板　50/153－144	1	ZG 230－450	
30	SC 384－117	支距扣板　50/153－144	1	ZG 230－450	按序号 29 对称制造
31	SC 383－120	螺　柱　27 × 32 × 80 × 265	2	10.9 级	

续上表

序号	图号 / 标准	名称及规格	数量	材　　料	备　　注
32	SC 383－120	螺　柱　27×26×95×275	2	10.9 级	
33	专线 4232－6	螺　栓　M27×345	6	10.9 级	
34	专线 4232－5	T 型螺栓　M24×65	54		
35	专线 4232－5	T 型螺栓　M24×75	18		
36	专线 4232－5	T 型螺栓 M24×95	2		
37	TB/T 416	长方头螺栓 M24×85	8		
38	NS－01(b)	螺　母　M27	14	10 级	
39	NS－01(b)－c	螺　母　M24	82		
40	GB/T 93	垫　圈　27	14		
41	GB/T 93	垫　圈　24	8		
42	GB/T 7244	弹簧垫圈　30	82		
43	NS－07	限位板　M24	74		
44	SC384－118	辙跟垫圈　50	6	KTH 330－08	左右各 1
45	GB/T 91	销 5×30	8		
46	SCT 505－B	岔枕螺栓 155	82		
47	专线 3351	Ⅱ型弹条	74	60Si2CrVA	
48	专线 4266－13	轨距块　509－11	18	ZG 230－450	
49	专线 4266－13	轨距块　5 013－15	20	ZG 230－450	
50	SC 330－125	轨距调整片　160×12×1/2	18/18		
51	GB/T 97	垫　圈　27	8		
52	专线 4266－14	接头轨距块　50－15	6	玻璃纤维	
53	专线 4266－14	接头轨距块　50－9	6	玻璃纤维	
54	专线 4266－26	橡胶垫板　50－200	14	橡胶	
55	专线 4266－27	橡胶垫板　50－200	26	橡胶	
56	SC 384－119	护　轨　2 740	1	33 kg/m 槽型钢	
57	SC 384－120	迎轮护轨垫板　700×180×25	2		
58	SC 384－121	迎轮护轨垫板　680×180×25	2		
59	SC 384－106	垫　板　452×180×20	2		
60	专线 4266－8	螺　栓　M24×95	4		
61	SC 384－122	绝缘垫	4		
62	SC 384－123	绝缘垫片 / 绝缘套	4/4		
63	NS－01(b)	螺　母　M24	4	10 级	
64	SC 330C－205	护轨调整片　170×90×2/3	4/4		2 mm 厚的备用

续上表

序号	图号 / 标准	名称及规格	数量	材　料	备　注
65	GB/T 97	垫　圈　24	8		
66	SC 384－124	通长垫板	1		
67	SC 384－125	通长垫板	1		
15J	专线 4266－31	橡胶垫板　452×185×10	6	橡胶	
16J	专线 4266－31	橡胶垫板　472×185×10	4	橡胶	
17J	专线 4266－31	橡胶垫板　620×185×10	10	橡胶	
19J	专线 4266－31	橡胶垫板　689×185×10	4	橡胶	
21J	专线 4266－31	橡胶垫板　733×185×10	2	橡胶	
23J	专线 4266－31	橡胶垫板　782×185×10	2	橡胶	
25J	专线 4266－32	橡胶垫板　835－382.5	2	橡胶	
27J	专线 4266－32	橡胶垫板　891－410.5	2	橡胶	
57J	专线 4266－33	橡胶垫板　700×185×5	2	橡胶	
58J	专线 4266－33	橡胶垫板　680×185×5	2	橡胶	
66J－1	SC 384－126	橡胶垫板　701×185×10	4	橡胶	
66J－2	SC 384－127	橡胶垫板　639×185×10	1	橡胶	
67J－2	SC 384－127	橡胶垫板　664×185×10	1	橡胶	

辙叉及护轨明细表

序号	图号 / 标准	名称及规格	数量	材 料	备 注
1	SC 384－201	高锰钢辙叉	1		
2	SC 384－202	护 轨 2 550	1	33 kg/m 槽型钢	
3	SC 384－202	护 轨 2 550	1	33 kg/m 槽型钢	按序号 2 对称制造
4	专线 5818－9	间隔铁 370	1		
5	TB/T 2345	接头夹板	6		其中 2 块切割
6	TB/T 2347	接头螺栓 M24×145	12	10.9 级	
7	SC 384－203	接头垫板 452×180×20	1		
8	SC 384－203	接头垫板 452×180×20	1		按序号 7 对称制造
9	SC 384－204	接头垫板 452×180×20	1		
10	SC 384－204	接头垫板 452×180×20	1		按序号 9 对称制造
11	SC 384－205	护轨垫板 610×180×25	4		
12	SC 384－205	护轨垫板 610×180×25	4		按序号 11 对称制造
13	SC 384－206	辙叉垫板 760×180×20	1		
14	SC 384－207	辙叉垫板 760×180×20	2		
15	SC 384－208	叉前垫板 407×180×20	1		
16	SC 384－208	叉前垫板 407×180×20	1		按序号 15 对称制造
17	SC 384－209	叉前垫板 361×180×20	1		
18	SC 384－209	叉前垫板 361×180×20	1		按序号 17 对称制造
19	SC 384－210	叉后垫板 760×780×25	1		
20	SC 384－211	叉后垫板 756×180×24	1		
21	SC 384－212	叉后垫板 855×180×22	1		
22	专线 4266－8	螺 栓 M24×85	8		
23	专线 4266－6	螺 栓 M24×300－G	1	10.9 级	
24	专线 4266－6	螺 栓 M24×320－G	1	10.9 级	
25	专线 4266－6	螺 栓 M24×340－G	1	10.9 级	
26	专线 4266－6	螺 栓 M24×370－G	1	10.9 级	
27	专线 4266－6	螺 栓 M24×390－G	1	10.9 级	
28	专线 4266－5	T 型螺栓 M24×65	38		
29	专线 3351	Ⅱ型弹条	38	60Si2CrVA	
30	SCT 505－B	岔枕螺栓 155	47		
31	NS－01(b)－c	螺 母 M24	38		

续上表

序号	图号 / 标准	名称及规格	数量	材　料	备　注
32	NS－01(b)	螺　母　M24	13	10 级	
33	GB/T 1230	垫　圈　24	17		
34	GB/T 7244	弹簧垫圈　24	13		
35	GB/T 7244	弹簧垫圈　30	47		
36	NS－07	限位板　M24	38		
37	TB/T 442	接头夹板圆孔垫圈　50－5	5	KTH 330－08	
38	TB/T 442	接头夹板方孔垫圈　50－5	5	KTH 330－08	
39	专线 4266－13	轨距块　50 9－11	18	ZG 230－450	
40	专线 4266－13	轨距块　50 13－15	8	ZG 230－450	
41	SC 330C－205	护轨调整片　$170\times80\times\frac{2}{3}$	16 16		其中各 8 片是备用
42	SC 330－125	轨距调整片　$130\times12\times\frac{1}{2}$	16 16		其中各 8 片是备用
43	专线 4266－14	接头轨距块　50－9	6	玻璃纤维	57.2/343.2
44	专线 4266－14	接头轨距块　50－15	6	玻璃纤维	70.1/420.6
45	专线 4266－27	橡胶垫板　50－200	20	橡胶	131/2 620
46	专线 4266－29	叉下橡胶垫板　430	3	橡胶	430/1 290
7J	专线 4266－31	橡胶垫板　452 × 185 × 10	4	橡胶	727/2 908
11J	专线 4266－33	橡胶垫板　610 × 185 × 5	8	橡胶	455/3 640
13J	专线 4266－31	橡胶垫板　760 × 185 × 10	5	橡胶	1 224/6 120
15J	专线 4266－31	橡胶垫板　407 × 185 × 10	2	橡胶	677/1 354
17J	专线 4266－31	橡胶垫板　361 × 185 × 10	2	橡胶	599/1 199
20J	专线 4266－31	橡胶垫板　756 × 185 × 10	1	橡胶	1 217/1 217
21J	专线 4266－32	橡胶垫板　855－392.5	1	橡胶	1 377/1 377
13S	SC 384－302	塑料垫板　770 × 190 × 6	5	塑料	847/42 35
15S	SC 384－302	塑料垫板　417 × 190 × 6	2	塑料	418/936
17S	SC 384－302	塑料垫板　371 × 190 × 6	2	塑料	415/831

50 kg/m 钢轨 6 号对称道岔辙叉及护轨

图　号：SC 384－200

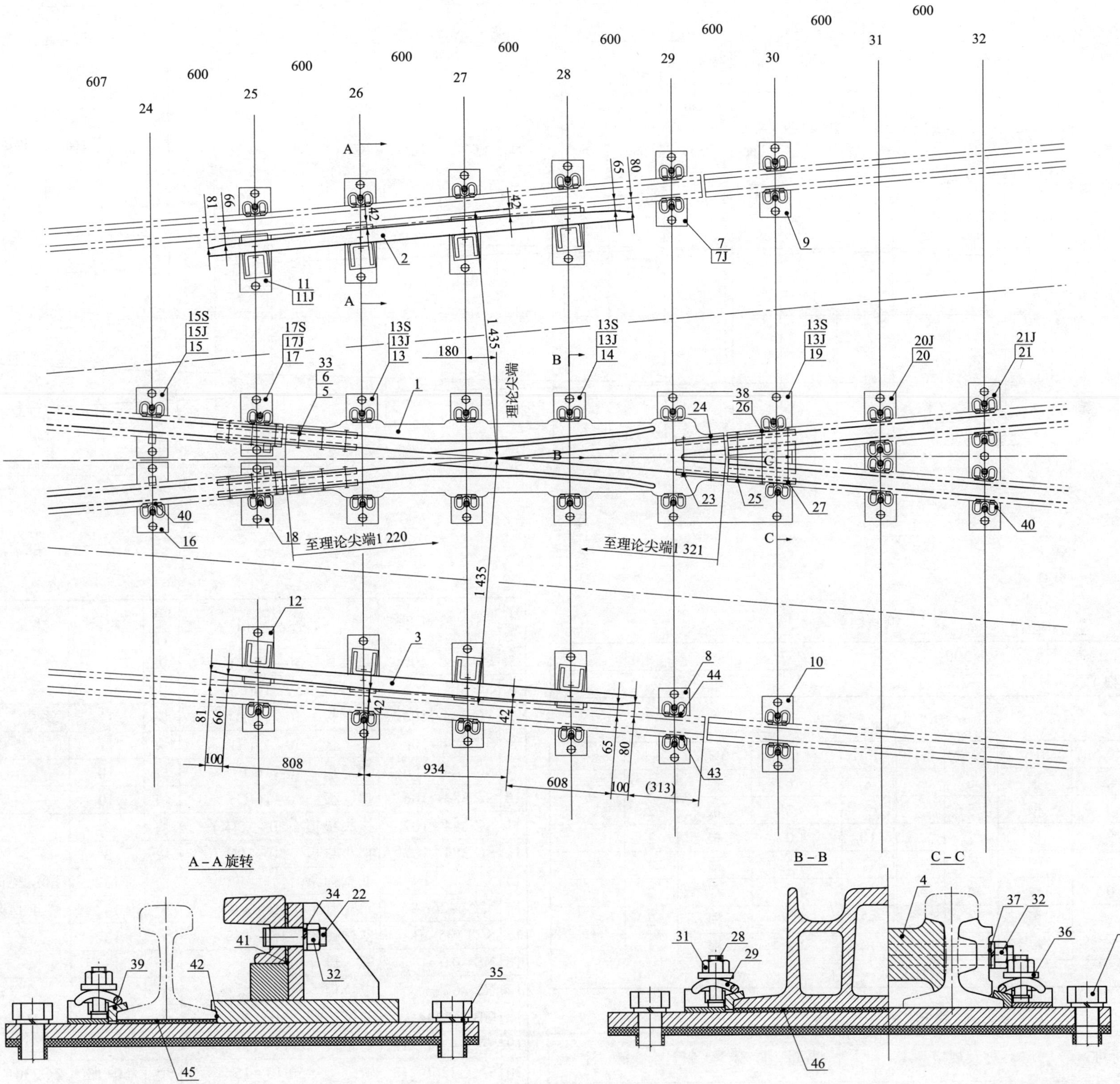

技 术 要 求

1. 组装护轨时，如查照间隔或护背距离不合格时，可用备用调整片进行调整。
2. 查照间隔及护背距离在心轨轨头宽 20～30 mm 处丈量。

50 kg/m 钢轨 6 号对称道岔
图　号：SC 384

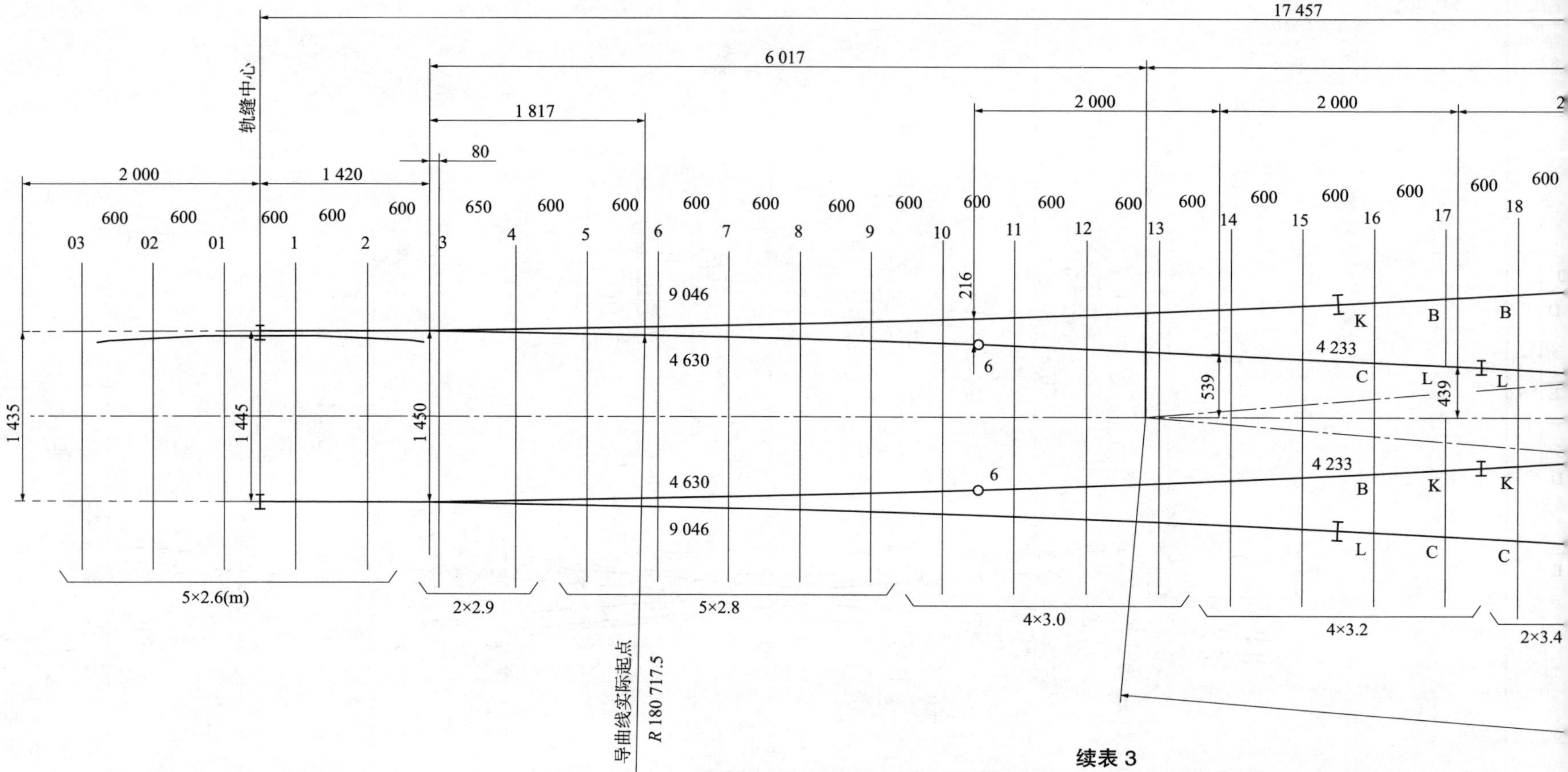

表 1　钢轨数量表

长度 (m)	8 300	4 233	4 635
数量 (根)	2	2	2

表 2　岔枕数量表

序号	岔枕长 (m)	单位	数量	备注	序号	岔枕长 (m)	单位	数量	备注
1	2.45	根	6		8	3.6	根	3	
2	2.6	根	5		9	3.8	根	2	
3	2.9	根	2		10	4.0	根	2	
4	2.8	根	5		11	4.2	根	2	
5	3.0	根	4		12	4.4	根	2	
6	3.2	根	4		13	4.6	根	2	
7	3.4	根	2		14	4.8	根	4	
岔枕总数：45 根									

表 3　明　细　表

序号	图号 / 标准	名称及规格	单位	数量	材　料	备　注
1	SC 384－100	转辙器	组	1		
2	SC 384－200	辙叉及护轨	组	1		
3	TB/T 2344	钢　轨	m	34.352		
4	SC 384－106	垫　板　50－10(A)	块	4		

续表 3

序号	图号 / 标准	名称及规格	单位	数量	材　料	备　注
5	SC 384－106	垫　板　50－10(B)	块	7		
6	SC 384－106	垫　板　50－10(C)	块	7		与 B 对称
7	SC 384－106	垫　板　50－13(D)	块	11		
8	SC 384－106	垫　板　50－13(E)	块	11		与 D 对称
9	SC 384－106	垫　板　50－16(F)	块	10		
10	SC 384－106	垫　板　50－16(G)	块	10		与 F 对称
11	SC 384－107	接头垫板　50－10(K)	块	3		
12	SC 384－107	接头垫板　50－10(L)	块	3		与 K 对称
13	专线 3351	Ⅱ型弹条	个	132	60Si2CrVA	
14	专线 4266－5	T 型螺栓　M24 × 65	个	132	4.8 级	
15	SCT505－B	岔枕螺栓　155	个	132		
16	NS－01(b)－c	螺　母　M24	个	132		
17	NS－07	限位板　M24	个	132	Q235	
18	GB/T 7244	弹簧垫圈　30	个	132	16Mn	
19	专线 4266－13	轨距块　50/9－11	个	60+10	ZG230－450	“+”后为备用
20	专线 4266－13	轨距块　50/13－15	个	60+10	ZG230－450	“+”后为备用
21	专线 4266－13	轨距块　50/7－17	个	20	ZG230－450	备用
22	专线 4266－14	接头轨距块　50－9	个	2	玻璃纤维	
23	专线 4266－14	接头轨距块　50－11	个	2	玻璃纤维	备用
24	专线 4266－14	接头轨距块　50－13	个	2	玻璃纤维	备用

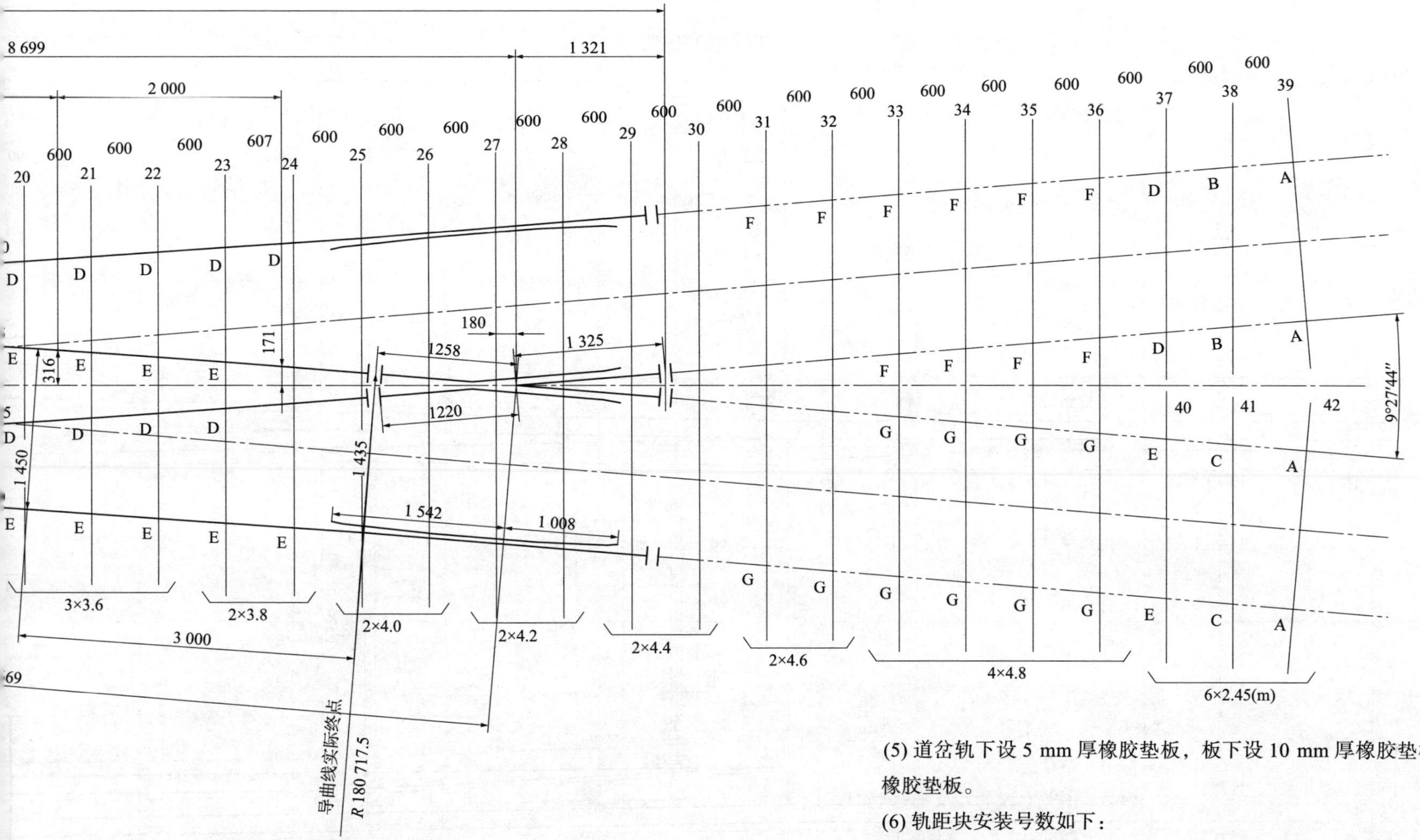

续表 3

序号	图号 / 标准	名称及规格	单位	数量	材　　料	备　注
25	专线 4266－14	接头轨距块　50－15	个	2	玻璃纤维	
26	专线 4266－27	橡胶垫板　50－200	块	66	橡胶	
27	专线 4266－31	橡胶垫板　452 × 185 × 10	块	66	橡胶	
28	SC 384－301	塑料垫片　462 × 190 × 6	块	16	塑料	
29	SC 373－50	钢轨绝缘	套	4		

技 术 要 求

1. 岔枕全部垂直于道岔对称中心线，牵引点处岔枕的间距为 650 mm，其余均为 600 mm，局部有调整。
2. 道岔主要结构特点：
   (1) 尖轨工作边的斜度采用 1∶4，非工作边的斜度采用 1∶4。
   (2) 尖轨转换设一个牵引点，牵引点动程为 152 mm。采用联动内锁转换装置。
   (3) 护轨高出基本轨 12 mm。
   (4) 垫板（除护轨垫板、辙跟垫板及辙叉跟端垫板外）厚度为 20 mm，垫板宽度为 180 mm。
   (5) 道岔轨下设 5 mm 厚橡胶垫板，板下设 10 mm 厚橡胶垫板、护轨板下设 5 mm 橡胶垫板。
   (6) 轨距块安装号数如下：
   钢轨工作边一侧安装 15 号轨距块；钢轨非工作这一侧安装 9 号轨距块；钢轨接头处工作边安装 15 号接头轨距块；钢轨接头处非工作边安装 9 号接头轨距块；锰叉一边安装 15 号轨距块，另一侧安装 9 号轨距块。
   (7) 道岔外股设超高 6 mm。采用措施如下：转辙器部分滑床台厚度采用 35 mm。导曲线和辙叉部分在垫板下加 6 mm 厚塑料垫片，道岔前端在尖轨上顺坡，辙叉后用塑料垫片顺坡。
   若特殊情况时也可在辙叉前顺坡。
3. 为减缓尖轨磨耗，道岔前端设迎轮护轨。
4. 本图按设轨道电路设计。
5. 道岔制造和验收按 TB/T 412《标准轨距铁路道岔技术条件》、TB/T 447《高锰钢辙叉技术条件》、TB/T 1779《道岔钢轨表面淬火技术条件》。
6. 图中钢轨接头、绝缘接头分别以“—|—”、“ǂ”表示。
7. 钢轨轨缝除标注外均为 8 mm。
8. 导曲线半径按外轨工作边计。
9. 迎轮护轨可根据需要安装在左或右侧。
10. 钢轨件顶面均进行全长淬火。

50 kg/m 钢轨 6 号对称道岔转辙器
图 号：SC384－100

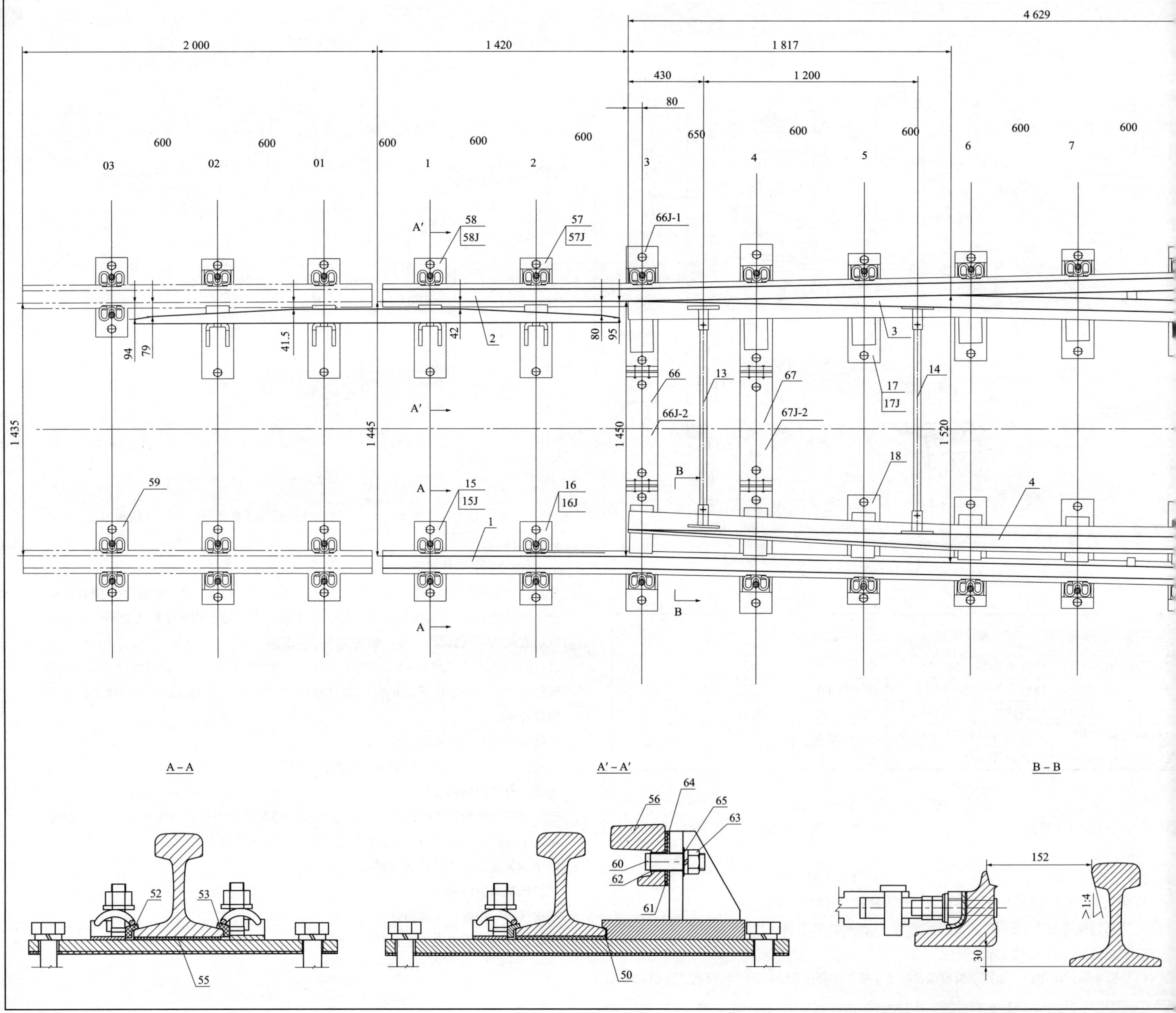

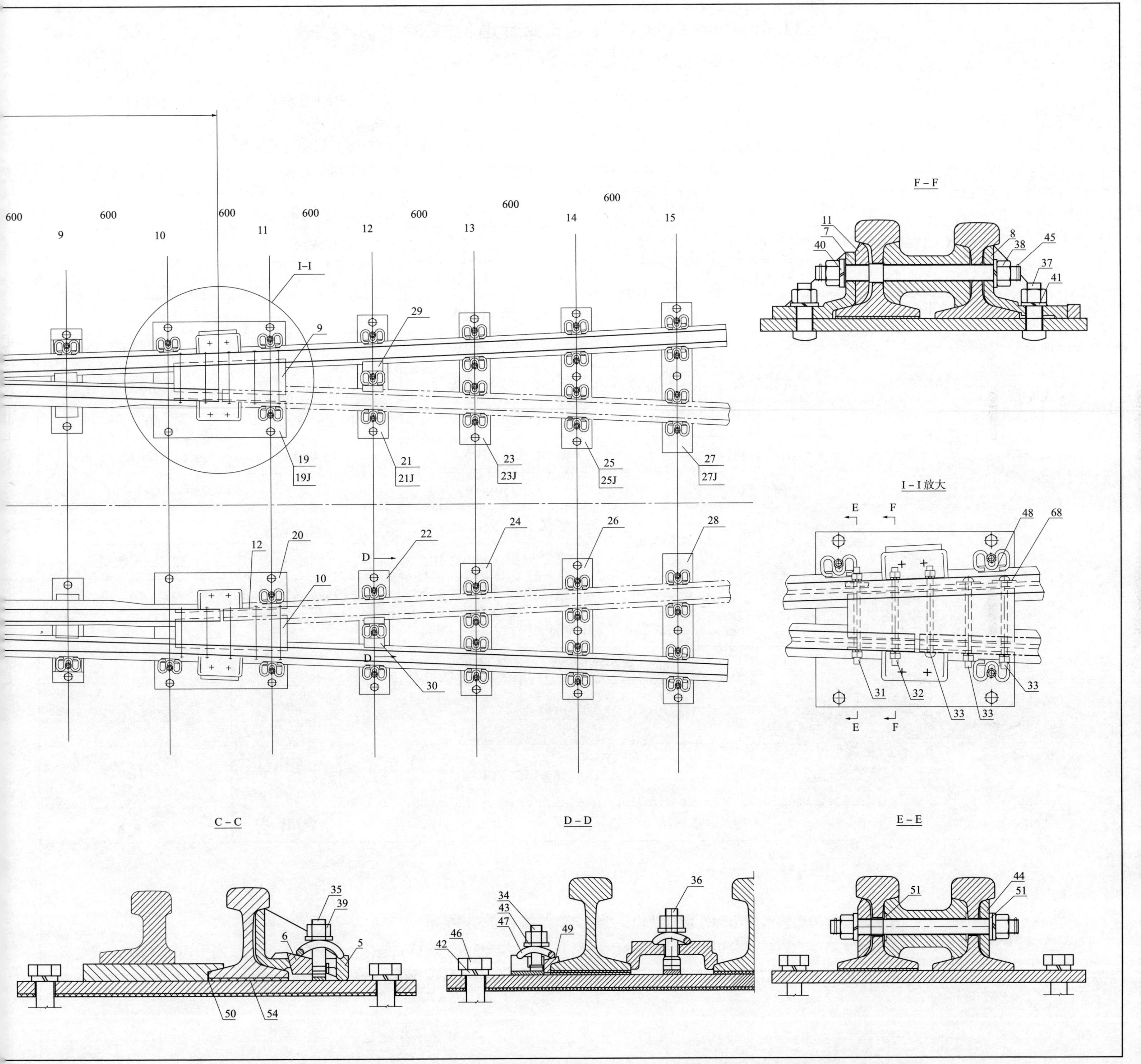
600
600
600
600
600
600
600
9
10
11
12
13
14
15
I–I
29
9
19
19J
21
21J
23
23J
25
25J
27
27J
12
20
22
D
24
26
28
10
D
30
F–F
11
7
40
8
38
45
37
41
I–I 放大
E
F
48
68
31
32
33
33
33
33
E
F
C–C
35
39
6
5
50
54
D–D
34
43
47
49
42
46
36
E–E
51
44
51

<table>
<tr><th colspan="9">27. 60 kg/m 钢轨 12 号复式交分道岔(混凝土枕)
设计图号：SC 350</th></tr>
<tr><td rowspan="2">道岔允许通过速度</td><td>客车</td><td colspan="3">$v_{直}$≤120 km/h，$v_{侧}$≤45 km/h</td><td colspan="2">扣件类型</td><td colspan="2">Ⅱ型弹条</td></tr>
<tr><td>货车</td><td colspan="3">$v_{直}$≤90 km/h，$v_{侧}$≤45 km/h</td><td colspan="2">轨底坡</td><td colspan="2">—</td></tr>
<tr><td>尖/心轨跟端形式</td><td colspan="4">间隔铁活接头 /—</td><td colspan="2">锁闭方式</td><td colspan="2">分动外锁闭</td></tr>
<tr><td>道岔全长</td><td>42 132</td><td>导曲线半径</td><td colspan="2">380 m</td><td colspan="2">辙叉角</td><td colspan="2">4°45′49″</td></tr>
<tr><td colspan="3">道岔终端至末根岔枕中心距离</td><td colspan="6">10 539</td></tr>
<tr><td rowspan="7">交叉菱形
SC350－100W</td><td colspan="2">轨件名称</td><td colspan="2">图　号</td><td colspan="2">长　度</td><td colspan="2">轨　型</td></tr>
<tr><td colspan="2">曲基本轨</td><td colspan="2">SC 350－102W</td><td colspan="2">13 270(13 267)</td><td colspan="2">60 kg/m</td></tr>
<tr><td colspan="2">直线尖轨</td><td colspan="2">SC 350－103W</td><td colspan="2">10 040</td><td colspan="2">60AT1</td></tr>
<tr><td colspan="2">曲线尖轨</td><td colspan="2">SC 350－104W</td><td colspan="2">7 560</td><td colspan="2">60AT1</td></tr>
<tr><td colspan="2">钝叉翼轨</td><td colspan="2">SC 350－105W</td><td colspan="2">4 832(4 820)</td><td colspan="2">60 kg/m</td></tr>
<tr><td colspan="2">活动心轨</td><td colspan="2">SC 350－106W</td><td colspan="2">15 020</td><td colspan="2">60AT1+60 kg/m</td></tr>
<tr><td colspan="2">曲导轨</td><td colspan="2">SC 350－107</td><td colspan="2">9 772</td><td colspan="2">60 kg/m</td></tr>
<tr><td rowspan="5">辙叉及护轨
SC 350–200</td><td rowspan="2">辙叉图号</td><td rowspan="2">SC 330－202</td><td>辙叉全长</td><td>5 992</td><td colspan="2">护轨长度</td><td colspan="2">6 900</td></tr>
<tr><td>辙叉趾长</td><td>2 192</td><td colspan="2">护轨轨型</td><td colspan="2">33 kg/m 槽型钢</td></tr>
<tr><td>辙叉形式</td><td>高锰钢整铸式</td><td>辙叉跟长</td><td>3 800</td><td colspan="2">护轨图号</td><td colspan="2">SC 350－202</td></tr>
<tr><td colspan="6">辙叉理论尖端距趾端方向前一根岔枕中心距离</td><td colspan="2">96</td></tr>
<tr><td colspan="6">护轨端头距导轨端头定位尺寸</td><td colspan="2">391</td></tr>
<tr><td>岔枕图号
SC 350–500</td><td>岔枕总数</td><td>118 根</td><td>岔枕展延长</td><td colspan="2">433.52 m</td><td colspan="2">套管总数</td><td>750</td></tr>
<tr><td>电务转换设备
—</td><td>尖轨动程</td><td colspan="4">145、89/145、84</td><td colspan="2">心轨动程</td><td>80</td></tr>
<tr><td>批准文号</td><td colspan="5">运基线路〔2003〕313 号</td><td colspan="2">应用情况</td><td>★★★</td></tr>
<tr><td>主要结构特点及说明</td><td colspan="8">1. 双转辙器直线尖轨跟端为弹性可弯结构，曲线尖轨跟端采用活接头结构。
2. 钝角辙叉活动心轨跟端采用弹性可弯结构，心轨与双转辙器基本轨焊接成整体。
3. 表中轨件长度按冻结接头编制，当采用普通接头时轨件长度按括号内数值执行。</td></tr>
</table>

转辙器明细表

序号	图号 / 标准	名称及规格	数量	材　　料	备　　注
1	SC 350－102W	曲基本轨　13 270 Y	2	60 kg/m 钢轨	(13 267 Y)
2	SC 350－102W	曲基本轨　13 270 Z	2	60 kg/m 钢轨	(13 267 Z)
3	SC 350－103W	直线尖轨　10 040 Y	2	60AT 轨	
4	SC 350－103W	直线尖轨　10 040 Z	2	60AT 轨	
5	SC 350－104W	曲线尖轨　7 560 Y	2	60AT 轨	
6	SC 350－104W	曲线尖轨　7 560 Z	2	60AT 轨	
7	SC 350－105W	钝叉翼轨　4 832	2	60 kg/m 钢轨	(4 820)
8	SC 350－106W	活动心轨　15 020 Y	2	见详图	
9	SC 350－106W	活动心轨　15 020 Z	2	见详图	
10	SC 350－107	曲导轨　9 772	2	60 kg/m 钢轨	
11	SC 350－108	轨撑滑床垫板　649 × 190 × 20	4		
12	SC 350－108	轨撑滑床垫板　649 × 190 × 20	4		
13	SC 350－109	轨撑滑床垫板　665 × 190 × 20	4		
14	SC 350－109	轨撑滑床垫板　665 × 190 × 20	4		
15	SC 350－110	滑床垫板　600 × 170 × 20	4		
16	SC 350－110	滑床垫板　600 × 170 × 20	4		
17	SC 350－111	轨撑滑床垫板　620 × 190 × 20	2		
18	SC 350－111	轨撑滑床垫板　620 × 190 × 20	2		
19	SC 350－112	轨撑滑床垫板　620 × 190 × 20	4		
20	SC 350－112	轨撑滑床垫板　620 × 190 × 20	4		
21	SC 350－113	滑床垫板　600 × 170 × 20	8		
22	SC 350－113	滑床垫板　600 × 170 × 20	8		
23	SC 350－114	垫　板　610 × 190 × 20	2		
24	SC 350－114	垫　板　610 × 190 × 20	2		
25	SC 350－115	垫　板　1 269 × 190 × 20	2		
26	SC 350－115	垫　板　1 269 × 190 × 20	2		
27	SC 350－116	垫　板　1 158 × 190 × 20	2		
28	SC 350－117	垫　板　1 158 × 190 × 20	2		
29	SC 350－118	垫　板　1 149 × 190 × 20	2		
30	SC 350－119	垫　板　1 149 × 190 × 20	2		
31	SC 350－120	垫　板　1 121 × 190 × 20	2		
32	SC 350－121	垫　板　1 121 × 190 × 20	2		

续上表

序号	图号 / 标准	名称及规格	数量	材　料	备　注
33	SC 350－122	垫　板　1 115×190×20	2		
34	SC 350－123	垫　板　1 115×190×20	2		
35	SC 350－124	垫　板　1 167×190×20	2		
36	SC 350－125	垫　板　1 167×190×20	2		
37	SC 350－126	垫　板　1 166×190×20	2		
38	SC 350－127	垫　板　1 166×190×20	2		
39	SC 350－128	轨撑滑床垫板　414×190×20	2		
40	SC 350－128	轨撑滑床垫板　414×190×20	2	与序号 39 对称	
41	SC 350－129	轨撑滑床垫板　441×190×20	2		
42	SC 350－129	轨撑滑床垫板　441×190×20	2	与序号 41 对称	
43	SC 350－130	滑床垫板　490×170×20	2		
44	SC 350－130	滑床垫板　490×170×20	2	与序号 43 对称	
45	SC 350－131	轨撑滑床垫板　535×190×20	2		
46	SC 350－131	轨撑滑床垫板　535×190×20	2	与序号 45 对称	
47	SC 350－132	滑床垫板　540×170×20	2		
48	SC 350－132	滑床垫板　540×170×20	2	与序号 47 对称	
49	SC 350－133	滑床垫板　570×170×20	4		
50	SC 350－133	滑床垫板　570×170×20	4	与序号 49 对称	
51	SC 350－134	轨撑滑床垫板　590×190×20	8		
52	SC 350－134	轨撑滑床垫板　590×190×20	8	与序号 51 对称	
53	SC 350－135	垫　板　500×170×25	4		
54	SC 350－136	垫　板　690×860×25	2		
55	SC 350－136	垫　板　690×860×25	2	与序号 54 对称	
56	SC 350－140	轨　撑　60AX	60	KTH 350－10	
57	SC 350－141	调整楔	60	KTH 350－10	
58	SC 350－142	加厚夹板	2	16Mn	右侧
59	SC 350－142	加厚夹板	2	16Mn	左侧
60	SC 350－143	辙跟夹板	2	Q235	右侧
61	SC 350－143	辙跟夹板	2	Q235	左侧
62	SC 350－144	顶　铁　60	4	KTH 350－10	
63	SC 350－145	顶　铁　60AT	4	KTH 350－10	
64	专线 3328－3	Ⅲ型弹条	28	60Si2Mn	
65	专线 9602	Ⅲ型接头弹条	20	60Si2Mn	
66	专线 3351	Ⅱ型弹条	156	60Si2CrVA	

续上表

序号	图号 / 标准	名称及规格	数量	材　　料	备　　注
67	专线 4232－4	T 型螺栓　M24×80	60		
68	专线 4232－4	T 型螺栓　M24×65	96		
69	GB/T 5780	六角头螺栓　M24×90	16		
70	SC 350－146	高强度大六角头螺栓　M27×220	20	10.9 级	
71	SCT 505－B	岔枕螺栓　155	272	45 钢	
72	SC 350－147	带孔岔枕螺栓	20	45 钢	
73	NS－01(b)	螺　母　M24	156	5 级	
74	NS－07	限位板　M24	156		
75	NS－01(b)	螺　母　M24	16	5 级	
76	NS－02(b)	螺　母　M27	20	10 级	
77	GB/T 7244	弹簧垫圈　24	16	65Mn	
78	GB/T 7244	弹簧垫圈　30	272	65Mn	
79	GB/T 7244	弹簧垫圈　30	20	65Mn	
80	GB/T 1230	平垫圈　27	20		
81	SC 350－148	调整垫　a=2、3	20 40	Q235	
82	GB/T 91	开口销　5×35	20	低碳钢	
83	SC 350－156	防松销　8×150	20		穿入后两端弯折
84	SC 350－149	间隔套　34	4	45 钢	
85	SC 350－149	间隔套　31	4	45 钢	
86	专线 4232－10	轨距块　9－11	64	ZG 230－450	
87	专线 4232－10	轨距块　13－15	28	ZG 230－450	
88	专线 4232－10A	接头轨距块　9－11	4	ZG 230－450	
89	专线 4267－3	轨距块　60－9	12	KTH 350－10	
90	专线 4267－3	轨距块　60－11	16	KTH 350－10	
91	专线 4267－4	接头轨距块　60－9	12	KTH 350－10	
92	专线 4267－4	接头轨距块　60－11	8	KTH 350－10	
93	SC 350－150	调整块　17	4	KTH 350－10	
94	SC 350－151	调整块　13	4	KTH 350－10	
95	SC 350－152	辙跟夹板调整片　A　a=2、3	4 8	Q235	
96	SC 350－152	辙跟夹板调整片　B　a=2、3	4 8	Q235	
97	SC 350－152	辙跟夹板调整片　C　a=1	10	Q235	备用

续上表

序号	图号 / 标准	名称及规格	数量	材料	备注
98	SC 350－153	挡肩调整片 b=2	4	Q235	
99	SC 350－154	顶铁调整片 a=2、3	4 8	Q235	
100	SC 350－155	顶铁调整片 a=2、3	4 8	Q235	
101	SC 330－125	轨距调整片 b=1、2	156 200	Q235	a=160
102	SC 350－300	岔枕连接装置	1		
103	SC 350－158	绝缘垫板 137×190×60	4	聚酰胺 66	
104	SC 350－159	螺帽套	20	聚乙烯	
105	SC 350－402	轨下单面槽橡胶垫板 60－190	40	橡胶	
106	SC 350－402	轨下单面槽橡胶垫板 60－210	84	橡胶	
107	SC 350－401	轨下单面槽橡胶垫板 60－210	52	橡胶	
108	SC 350－414	轨下单面槽橡胶垫板 60－150	4	橡胶	
11J	SC 350－412	橡胶垫板 649×195－550	8	橡胶	
13J	SC 350－412	橡胶垫板 665×195－550	8	橡胶	
15J	SC 350－411	橡胶垫板 600×175×10	24	橡胶	
17J	SC 350－411	橡胶垫板 620×195×10	12	橡胶	
23J	SC 350－404	橡胶垫板 610×195×10	4	橡胶	
25J	SC 350－407	橡胶垫板 1 269×195×10	4	橡胶	
27J	SC 350－404	橡胶垫板 1 158×195×10	4	橡胶	
29J	SC 350－404	橡胶垫板 1 149×195×10	4	橡胶	
31J	SC 350－404	橡胶垫板 1 121×195×10	4	橡胶	
33J	SC 350－404	橡胶垫板 1 115×195×10	4	橡胶	
35J	SC 350－406	橡胶垫板 1 167×195－1 040	8	橡胶	
39J	SC 350－411	橡胶垫板 414×195×10	4	橡胶	
41J	SC 350－411	橡胶垫板 441×195×10	4	橡胶	
43J	SC 350－412	橡胶垫板 490×175－410	4	橡胶	
45J	SC 350－412	橡胶垫板 535×195－455	4	橡胶	
47J	SC 350－412	橡胶垫板 540×175－460	4	橡胶	
49J	SC 350－411	橡胶垫板 570×175×10	8	橡胶	
51J	SC 350－411	橡胶垫板 590×195×10	16	橡胶	
53J	SC 350－411	橡胶垫板 500×175×10	4	橡胶	
54J	SC 350－407	橡胶垫板 690×260×10	8	橡胶	

辙叉及护轨明细表

序号	图号 / 标准	名称及规格	数量	材　　料	备　　注
1	SC 330－202	高锰钢整铸辙叉　60－12	1		
2	SC 350－202	槽型护轨　6 900	2	33 kg/m 槽型钢	
3	SC 330－134	垫　板　60－8(B) Y	5		
4	SC 330－134	垫　板　60－8(B) Z	5		
5	SC 350－203	垫　板　452 × 190 × 20	2		
6	SC 350－203	垫　板　452 × 190 × 20	2		与序号 5 对称
7	SC 350－204	垫　板　874 × 170 × 20	1		
8	SC 350－205	垫　板　824 × 170 × 20	1		
9	SC 350－206	垫　板　774 × 170 × 20	1		
10	SC 350－207	垫　板　724 × 190 × 20	1		
11	SC 350－208	垫　板　743 × 170 × 20	2		
12	SC 350－209	垫　板　743 × 170 × 20	8		
13	SC 350－210	垫　板　356 × 170 × 20	1		
14	SC 350－210	垫　板　356 × 170 × 20	1		按序号 13 对称制造
15	SC 350－211	垫　板　410 × 190 × 20	1		
16	SC 350－211	垫　板　410 × 190 × 20	1		按序号 15 对称制造
17	SC 350－212	垫　板　450 × 190 × 20	1		
18	SC 350－212	垫　板　450 × 190 × 20	1		按序号 17 对称制造
19	SC 350－213	垫　板　475 × 190 × 20	1		
20	SC 350－213	垫　板　475 × 190 × 20	1		按序号 19 对称制造
21	HY03－03	护轨垫板　600 × 170 × 25 Y	11		
22	HY03－03	护轨垫板　600 × 170 × 25 Z	11		按序号 3 对称制造
23	SC 350－140	轨　撑　60AX	6	KTH 350－10	
24	专线 4232－4	螺　栓　M24 × 65	110		
25	专线 4171－9	螺　栓　M24 × 85	22	5.6 级	
26	专线 4232－4	螺　栓　M24 × 80	6		
27	SCT 505－B	岔枕螺栓　155	117		
28	NS－01(b)－c	螺　母　M24	116	4 级	
29	NS－01(b)	螺　母　M24	22	5 级	
30	NS－07	限位板　M24	116		
31	GB/T 7244	垫　圈　24	22		
32	GB/T 1230	高强度平垫圈　24	24		普通接头用

续上表

序号	图号 / 标准	名称及规格	数量	材　料	备　注
33	GB/T 7244	弹簧垫圈　30	117	65Mn	
34	专线 3351	Ⅱ型弹条	116	60Si2CrVA	
35	专线 9602	Ⅲ型接头弹条	2	60Si2Mn	
36	SC 350－141	调整楔	6	KTH 350－10	
37	专线 4232－10	轨距块　13－15	44	ZG 230－450	
38	专线 4232－10	轨距块　9－11	46	ZG 230－450	
39	专线 4232－10A	接头轨距块　9－11	10	ZG 230－450	
40	专线 4232－10A	接头轨距块　13－15	10	ZG 230－450	
41	专线 4267－4	接头轨距块　60－9	2	KTH 350－10	
42		冻结接头	4		
42	TB/T 2345	接头夹板	8		普通接头用
43	TB/T 2347	接头螺栓及螺母　M24 × 135	24	10.9 级	带螺母
44	SC 330C－205	槽型护轨调整片　170 × 80 × 23	44	Q235	
			22		
45	SC 330－125	调整片　130 × 121 × 2	2	Q235	
			2		
46	SC 330－125	调整片　70 × 12 × 12	4	Q235	
			4		
47	SC 350－401	橡胶垫板　60－190	40	橡胶	
48	SC 350－401	橡胶垫板　60－210	12	橡胶	
49	SC 350－409	橡胶垫板　439－190	10	橡胶	
3J	SC 350－403	橡胶垫板　452 × 175 × 10	10	橡胶	
5J	SC 350－413	橡胶垫板　452 × 195 × 10	4	橡胶	
7J	SC 350－405	橡胶垫板　874 × 175－402	1	橡胶	
8J	SC 350－404	橡胶垫板　824 × 175 × 10	1	橡胶	
9J	SC 350－404	橡胶垫板　774 × 175 × 10	1	橡胶	
10J	SC 350－404	橡胶垫板　724 × 195 × 10	1	橡胶	
11J	SC 350－404	橡胶垫板　743 × 175 × 10	10	橡胶	
13J	SC 350－406	橡胶垫板　356 × 175－295	2	橡胶	
15J	SC 350－404	橡胶垫板　410 × 195 × 10	2	橡胶	
17J	SC 350－404	橡胶垫板　450 × 195 × 10	2	橡胶	
19J	SC 350－406	橡胶垫板　475 × 195－410	2	橡胶	
21J	SC 350－410	橡胶垫板　600 × 175 × 5 Y	11	橡胶	
22J	SC 350－410	橡胶垫板　600 × 175 × 5 Z	11	橡胶	

SC 350 电务主要参数

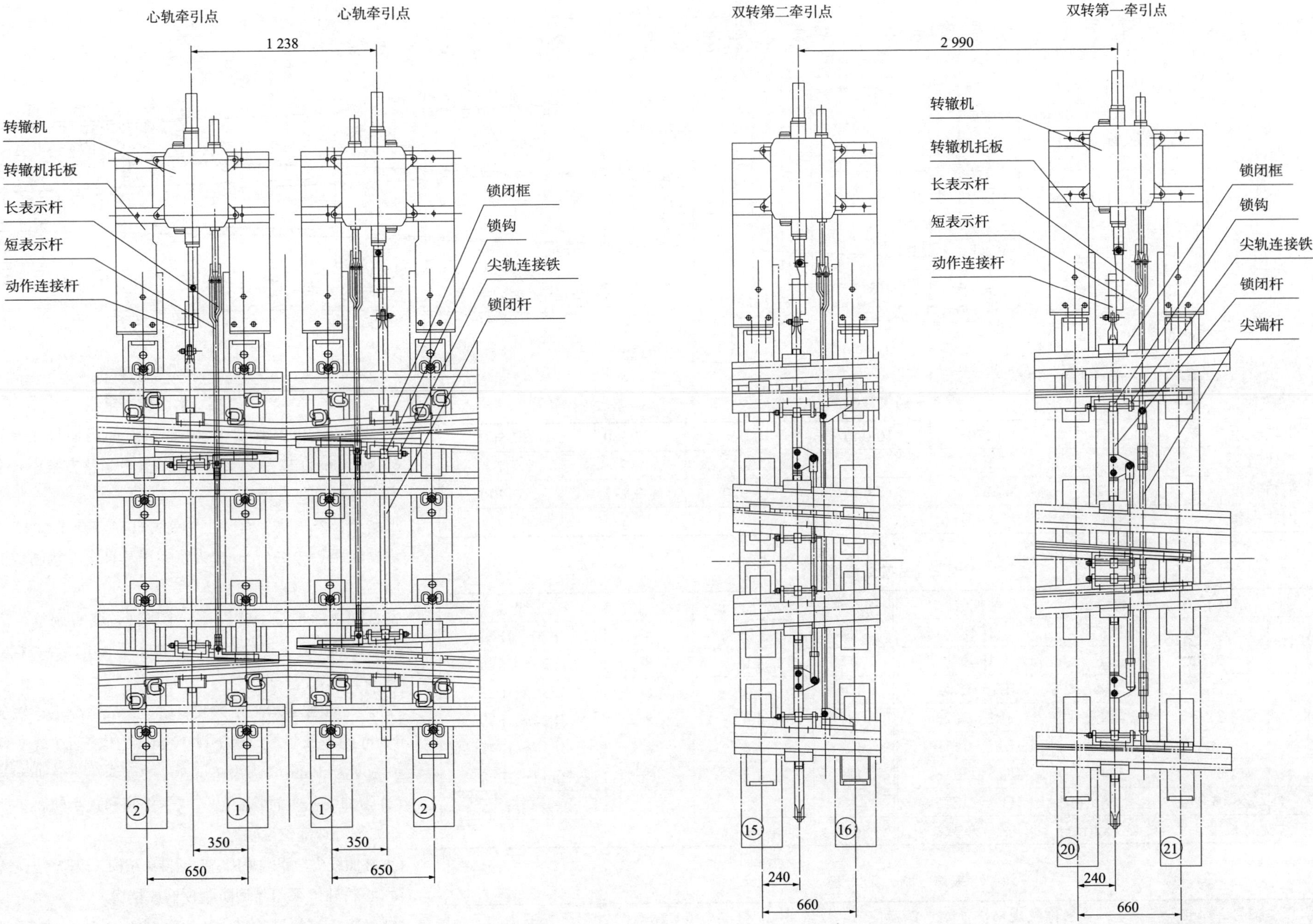

转换设备	安装图名称	安装图号	锁闭方式
钩型外锁 ZYJ7+SH6	60 kg/m 钢轨 12 号复式交分道岔转换设备 (ZYJ7) 安装图	S0304	外锁闭
钩型外锁 ZDJ9	60 kg/m 钢轨 12 号复式交分道岔转换设备 (ZDJ9) 安装图	S0305	外锁闭
钩型外锁 S700K	60 kg/m 钢轨 12 号复式交分道岔转换设备 (S700K) 安装图	S0460	外锁闭
优化外锁 S700K	60 kg/m 钢轨 12 号复式交分道岔转换设备 (S700K) 安装图	S1460	外锁闭
优化外锁 ZDJ9	60 kg/m 钢轨 12 号复式交分道岔转换设备 (ZDJ9) 安装图	S1461	外锁闭
优化外锁 ZYJ7+SH6	60 kg/m 钢轨 12 号复式交分道岔转换设备 (ZYJ7) 安装图	S1462	外锁闭

60 kg/m 钢轨 12 号复式交分道岔
图　号：SC 350

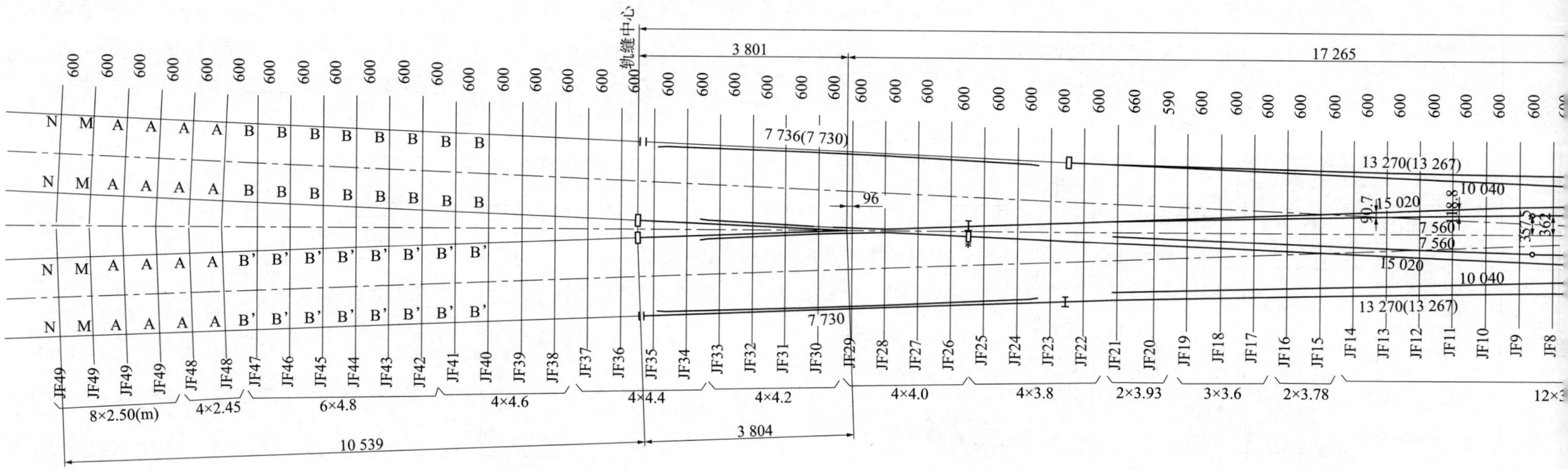

表 1　钢轨数量表

钢轨长度	13 270	13 270	10 040	10 040	7 560	7 560
钢轨数量	2	2	2	2	2	2
钢轨长度	4 832	4 832	15 020	15 020	9 772	6 900
钢轨数量	2	2	2	2	2	2

表 2　岔枕数量表

序　号	岔枕长 (m)	数　量	岔枕号	序　号	岔枕长 (m)	数　量	岔枕号
1	2.45	8	JF48	8	3.93	4	JF20、JF21
2	2.50	16	JF49	9	4.0	8	JF26～JF29
3	3.4	24	JF3～JF14	10	4.2	8	JF30～JF33
4	3.57	4	JF1、JF2	11	4.4	8	JF34～JF37
5	3.6	6	JF17～JF19	12	4.6	8	JF38～JF41
6	3.78	4	JF15、JF16	13	4.8	12	JF42～JF47
7	3.8	8	JF22～JF25				
岔枕总长度		433.52(m)	岔枕总数	118(根)			

表 3　明　细　表

序号	图号 / 标准	名称及规格	单位	数量	材　　料	备　注
1	SC 350－100W	交分菱形 (外锁)	组	1		
2	SC 350－200	交分辙叉及护轨　60－12	组	2		
3	TB/T 2344	导　轨　7736	根	2		普通接头时长度为 7730
4	TB/T 2344	导　轨　7730	根	2		接头螺栓孔孔径为 ϕ33
5	SC 330－134	垫　板　452－0(A)	块	48		
6	SC 330－134	垫　板　452－8(B)	块	64		左右开各 32 块
7	SC 330－121	垫　板　P60(N)	块	8		
8	SC 330－122	垫　板　P80(M)	块	8		
9	专线 3351	Ⅱ型弹条	个	224	60Si2CrVA	
10	专线 4232－4	螺　栓　M24 × 65	个	224+20	4.8 级	

技　术　要　求

1. 道岔根据 2002 年 12 月 12 日铁道部运输局主持的 92 改进型 60 kg/m 钢轨 12 号 (VZ120) 复式交分道岔方案审查会通过的“技术审查意见”设计。
2. 道岔全长及主要平面尺寸与专线 6081、专线 6047 相同。
3. 道岔轨距为 1 435 mm，尖轨尖端及直线尖轨刨切范围内有构造加宽。
4. 岔枕间距一般按 600 设计，个别部位略有调整。岔枕按平行于菱形中轴布置。道岔两端短岔枕按垂直于线路方向布置。
5. 道岔主要结构特点：

(1) 轨下和板下均采用橡胶垫层，一般情况下，轨下及辙叉下设 5 mm 的橡胶垫板，板下设 10 mm 的橡胶垫板 (护轨垫板板下胶垫厚度为 5 mm)。考虑垫层弹性的连续性，个别部位有所调整。

(2) 为加强基本轨稳定性，减少外倾和减小轨距扩张，在基本轨外侧及特殊部位设轨撑。

(3) 在曲线尖轨跟端采用特殊活接头结构，以避免与心轨相互干扰。

(4) 心轨外侧采用新型防跳顶铁或挡肩。

(5) 为防止螺栓副的松动，水平螺栓均采用耐施防松螺母；Ⅱ型弹条螺栓采用限位板与耐施防松螺母组合的大扭矩防松结构。限位板安装力矩为 110 N·m，与之配合使用的耐施防松螺母的安装力矩为 300 N·m，其余防松螺栓的安装力矩按耐施防松螺母相应规定执行。

(6) 扣件采用分开式Ⅱ型弹条扣件，在特殊部位用Ⅲ型弹条扣件，轨距块设计安装号数如下：

Ⅱ型弹条扣件：钢轨工作边一侧，安装 13 号轨距块；钢轨非工作边一侧，安装 11 号轨距块；钢轨接头处安装接头轨距块，绝缘接头处安装绝缘轨距块；辙叉一边安装 13 号轨距块，另一边

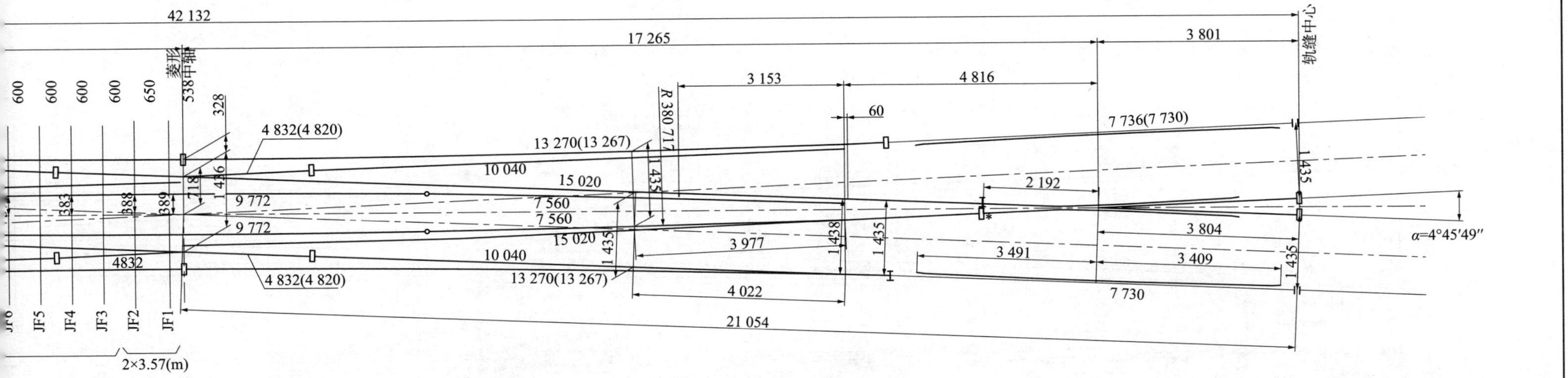

安装 11 号轨距块；7-17 号轨距块为备用轨距块，供现场调整用；

Ⅲ型弹条扣件：钢轨工作边一侧，安装 11 号轨距块；钢轨非工作边一侧，安装 9 号轨距块；钢轨接头处安装接头轨距块。

道岔各钢轨件轨头均进行全厂淬火，钢轨螺栓孔均做 1×45°倒角。

(7) 本道岔不设轨底坡，道岔前后设顺坡垫板，若与无轨底坡线路连接时，取消顺坡垫板，采用垫板 60-0(此部分垫板已计入总图之中)。

(8) 为使牵引点处岔枕捣固后道砟保持良好，在两岔枕之间，设置岔枕连接装置(包括挡砟板)。

6. 本道岔部分零件需成对制造，为方便制造与铺设维修，特殊部位以左 Z(右 Y) 区分，左右区分的原则如下：

以交分菱形中心为原点，面向辙叉区分左右，位于菱形长轴左侧为左，反之为右。

7. 本道岔岔内按采用冻结接头(冻结绝缘接头)设计，若有其他要求在订货中指明。

8. 图中钢轨接头及轨缝设置如下：

普通接头 轨缝 8 mm；

冻结接头 轨缝 2 mm；

冻结绝缘接头 轨缝 8 mm；

跟端活接头 轨缝 6 mm；

※ 处冻结接头轨缝为 8 mm；

冻结绝缘接头接头螺栓孔孔径为 ϕ33 mm。

9. 本图钢轨接头为基本形式，当采用其他形式时须特别指明，并提供配轨图。

10. 明细表中序号 6 垫板分左右开，图中 B 表示右开垫板，B′表示左开垫板。

11. 电务转换装置按安装在混凝土岔枕上设计。

续表 3

序号	图号 / 标准	名称及规格	单位	数量	材　料	备　注
11	NS-01(b)-c	螺　母　M24	个	224	5 级	
12	NS-07	限位板　M24	个	224		
13	SC T505-B	岔枕螺栓　155	个	224		
14	GB/T 7244	弹簧垫圈　30	个	224	65Mn	
15	专线 4232-10	轨距块　9-11	个	112+20	ZG 230-450	"+"后为备用
16	专线 4232-10	轨距块　13-15	个	112+20	ZG 230-450	"+"后为备用
17	专线 4232-10	轨距块　7-17	个	20	ZG 230-450	备用
18	专线 4232-10A	接头轨距块　9-11	个	5	ZG 230-450	备用
19	专线 4232-10A	接头轨距块　13-15	个	5	ZG 230-450	备用
20	专线 4232-10A	接头轨距块　7-17	个	5	ZG 230-450	备用
21	专线 4267-3	轨距块　60-9	个	2	KTH 350-10	备用
22	专线 4267-3	轨距块　60-11	个	2	KTH 350-10	备用
23	专线 4267-3	轨距块　60-7	个	5	KTH 350-10	备用
24	专线 4267-3	轨距块　60-13	个	5	KTH 350-10	备用
25	专线 4267-4	接头轨距块　60-9	个	2	KTH 350-10	备用
26	专线 4267-4	接头轨距块　60-7	个	2	KTH 350-10	备用
27	专线 4267-4	接头轨距块　60-11	个	5	KTH 350-10	备用
28	专线 4267-4	接头轨距块　60-13	个	5	KTH 350-10	备用
29	专线 4232-72	绝缘轨距块　9-11	个	6	玻璃纤维	
30	专线 4232-72	绝缘轨距块　13-15	个	6	玻璃纤维	
31	SC 350-403	橡胶垫板　452×175×10	块	112	橡胶	
32	SC 350-401	橡胶垫板　60-190	块	112	橡胶	
33		冻结接头　60	套	6		用于冻结接头，用户采购
34	TB/T 2345	接头夹板　60	块	12		
35	TB/T 2347	接头螺栓及螺母　M24×135	套	36	10.9 级	用于普通接头
36	GB/T 1230	垫　圈　24	块	36		
37		冻结绝缘接头　60	套	4		用于冻结接头，用户采购
38	专线 9595	普通绝缘接头　60	套	4		用于普通接头

60 kg/m 钢轨 12 号复式交分道岔交分菱形

图　号：SC 350－100W

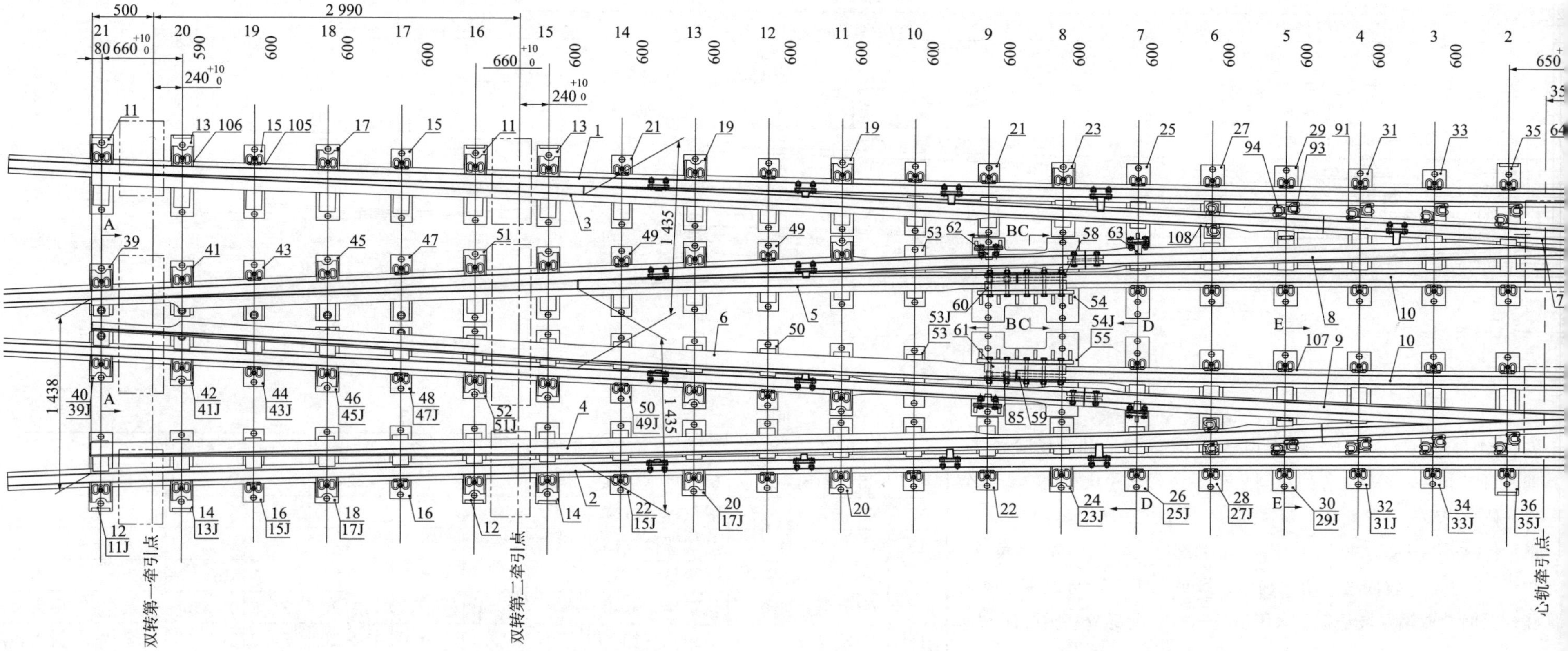

A－A 旋转

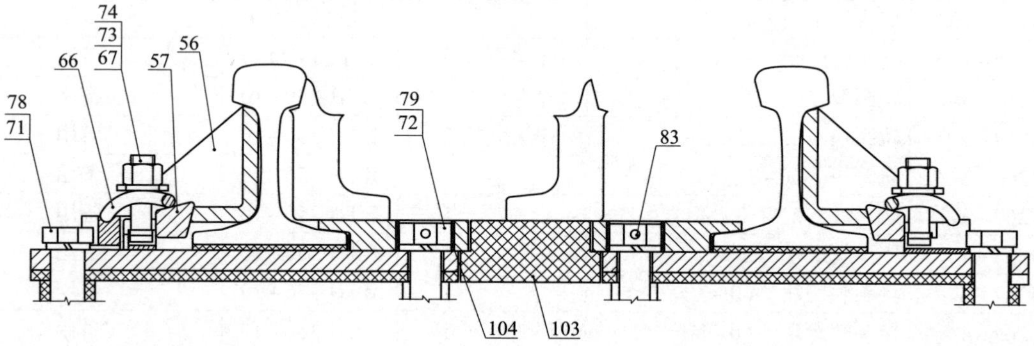

B－B 旋转

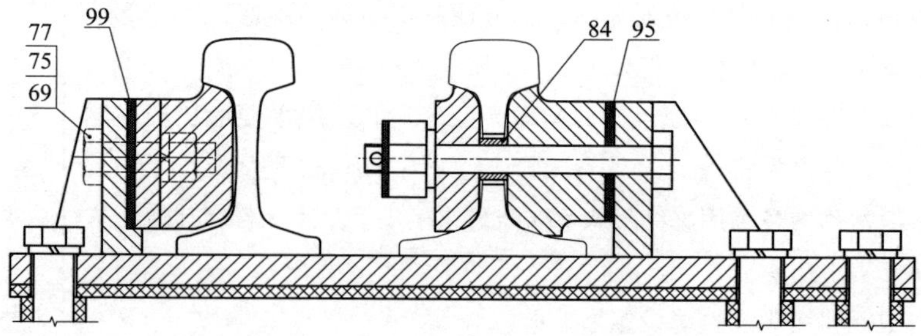

E－E 旋转

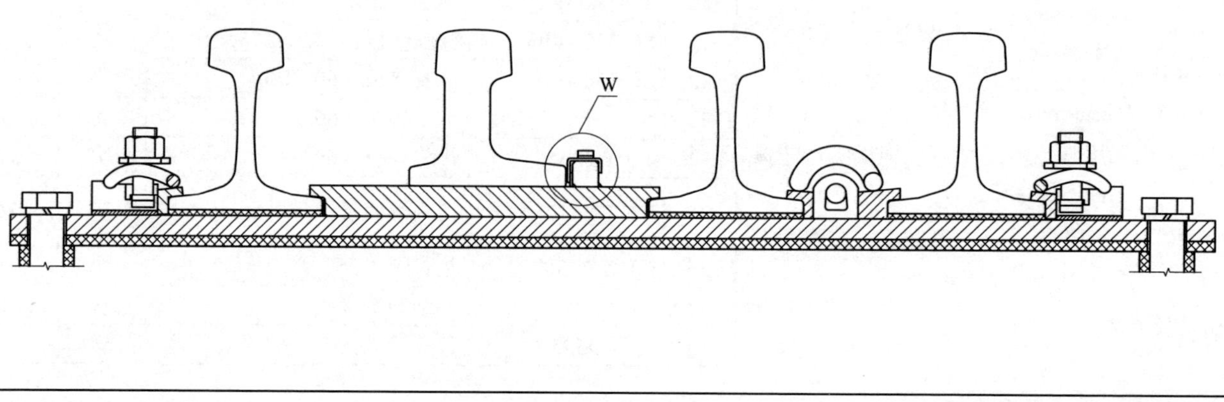

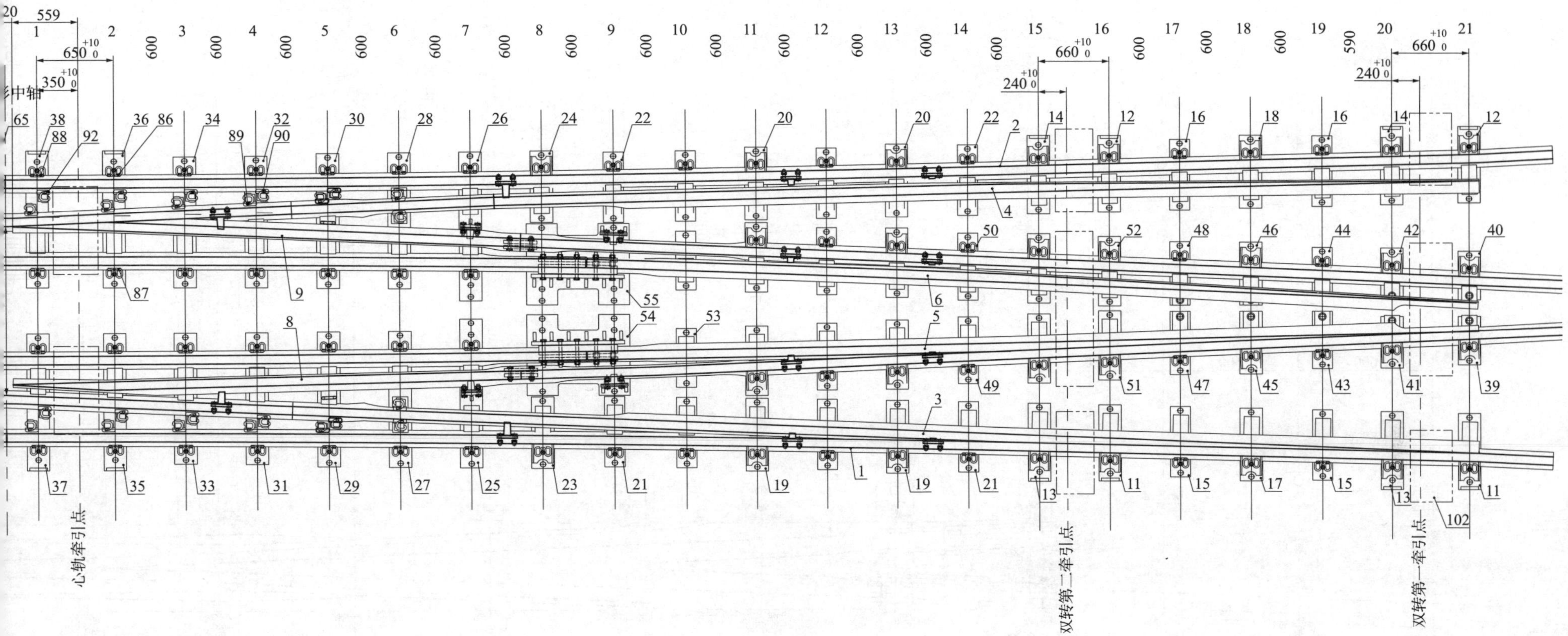

C－C 旋转

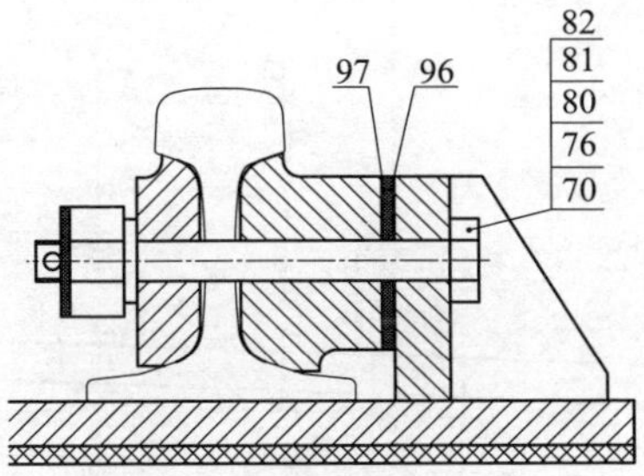

D－D 旋转

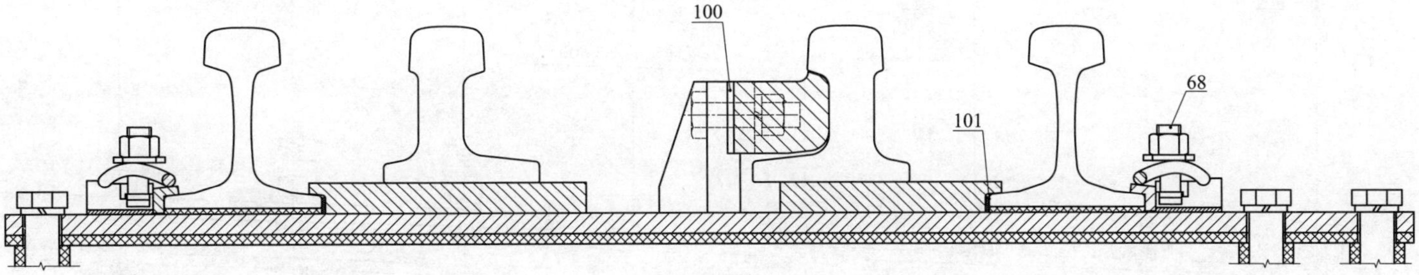

W放大

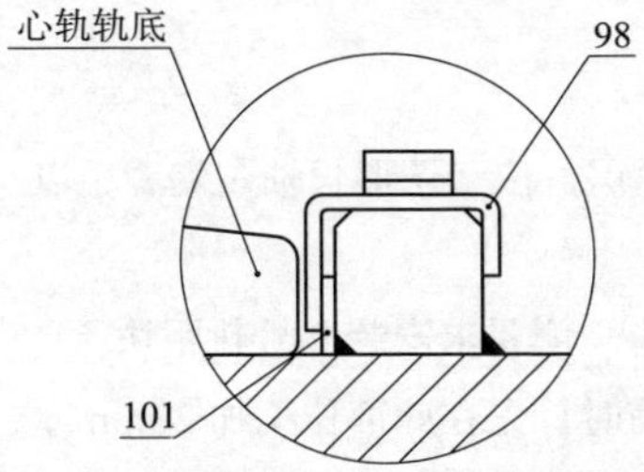

技 术 要 求

1. 分左右侧的零件区分方式为：面向辙叉，位于菱形长轴左侧者，以左 (Z) 标识，位于菱形长轴左侧者，以右 (Y) 标识。
2. 本图按菱形中轴对称布置，图示位置左上、右下零部件相同，反之左下、右上零部件相同。
3. 为调整轨距，本图设计中，对台板扣压部位，预留了一定间隙，为此要求预铺时首先在此部位添加 2 mm 厚的轨距调整片，以实现钢轨件的正确定位，在铺设过程中可视具体情况，利用轨距调整片进行适当调整。
4. 序号 29、30 垫板挡肩与心轨轨底间的间隙按下述方式调整：首先将序号 101 调整片插入挡肩顶槽内，然后将非工作面弯折，将序号 104 轨距调整片插入挡肩与序号 101 调整片之间，可实现间隙调整，安装关系见 W 放大图。为便于现场调整，出厂前将序号 101 调整片装在垫板上，并弯折。

60 kg/m 钢轨 12 号复式交分道岔辙叉及护轨
图　号：SC 350－200

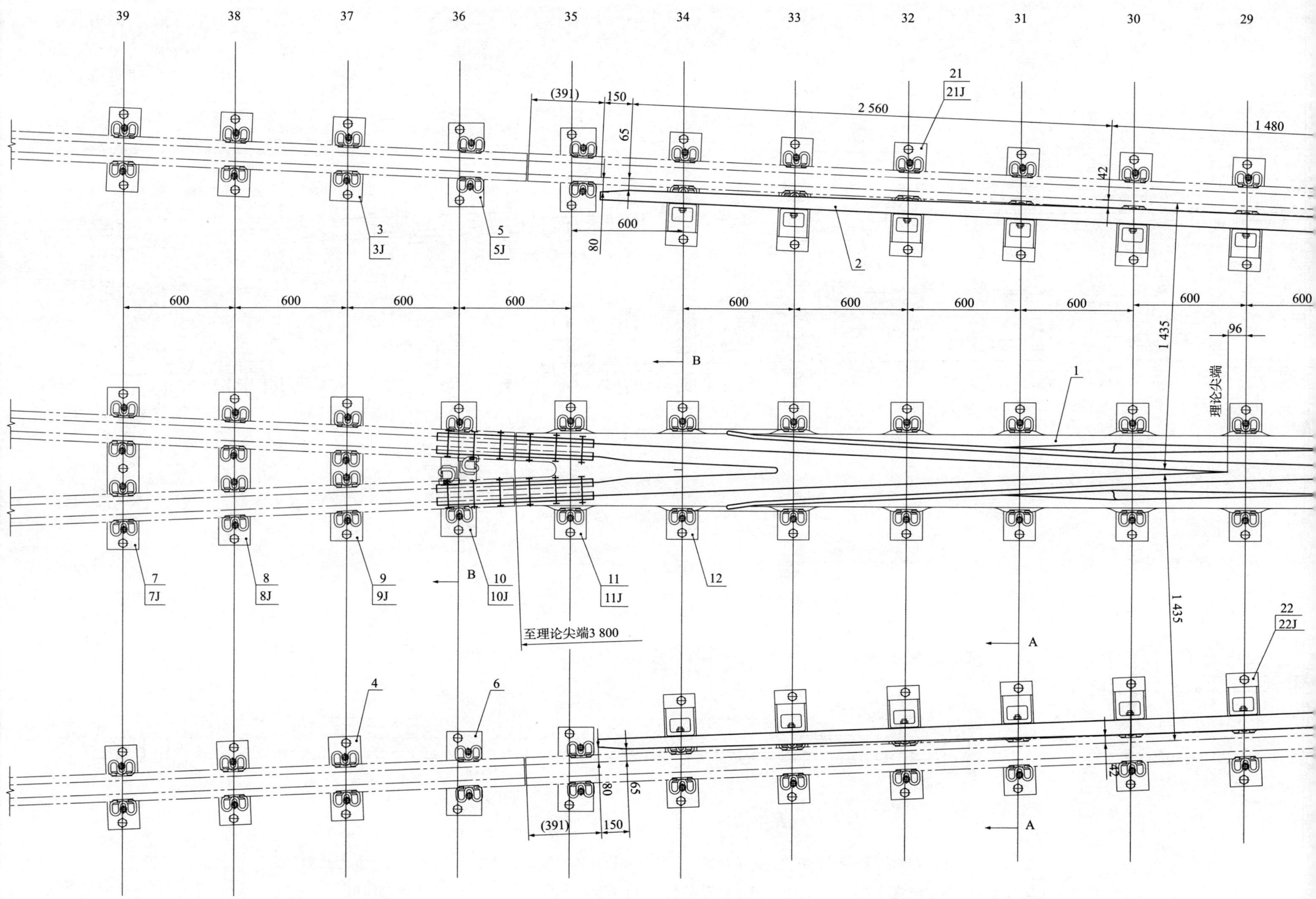

技 术 要 求

1. 分左右侧的零件区分方式为：面向辙叉，位于菱形长轴左侧者，以左 (Z) 标识，位于菱形长轴左侧者，以右 (Y) 标识。
2. 图中轨距块的安装要求与总体设计要求一致，但垫板 19 及垫板 20 的工作边一侧要求安装 9 号轨距块。
3. 为调整轨距，本图设计中，对钩板扣压部位预留了一定间隙，为此要求预铺时首先在此部位添加 2 mm 厚的轨距调整片，以实现钢轨件的正确定位，在铺设过程中可视具体情况，利用轨距调整片进行适当调整。
4. 本图按采用冻结接头设计，当采用普通接头时采用“( )”内序号。

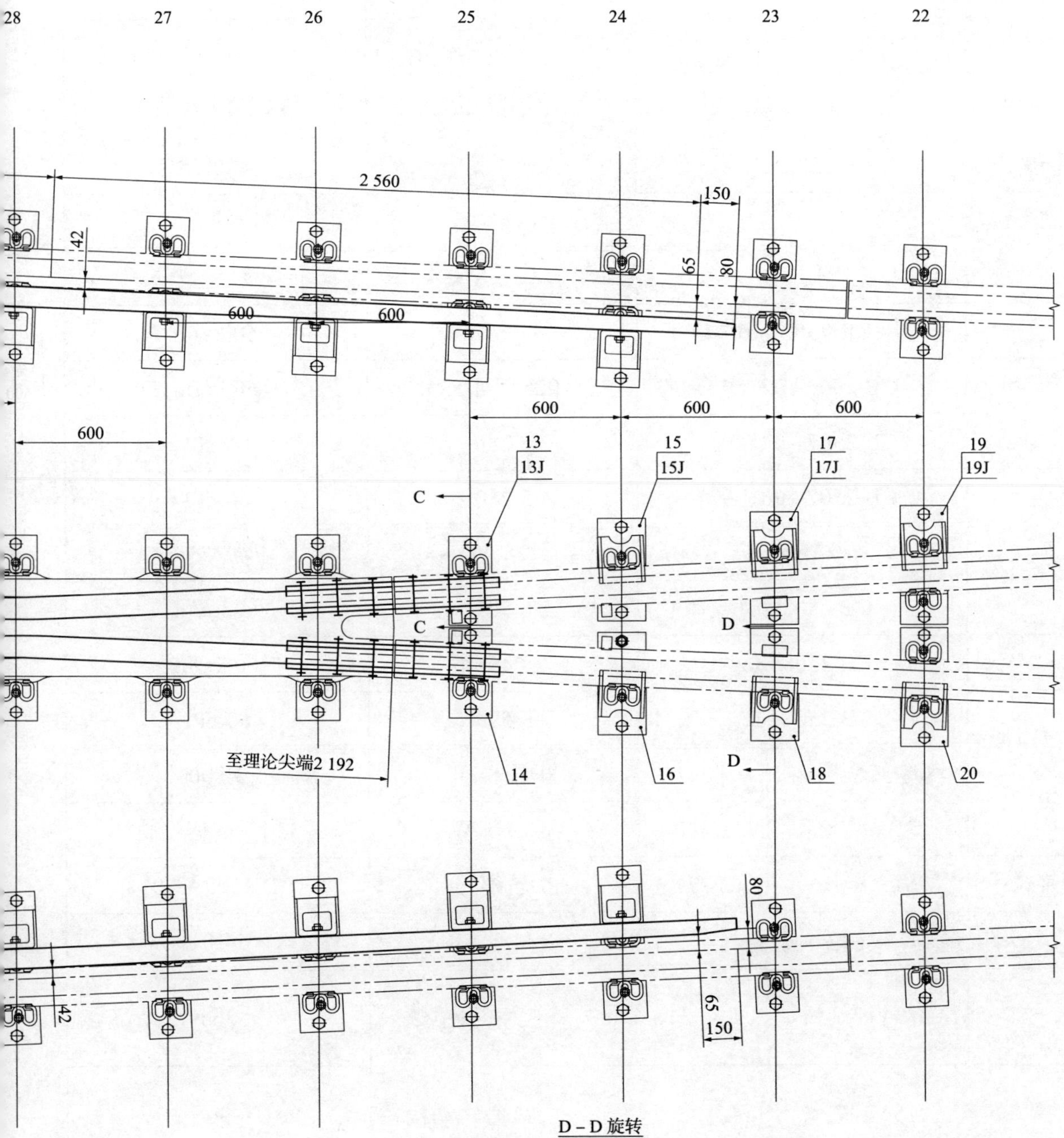

A－A 旋转

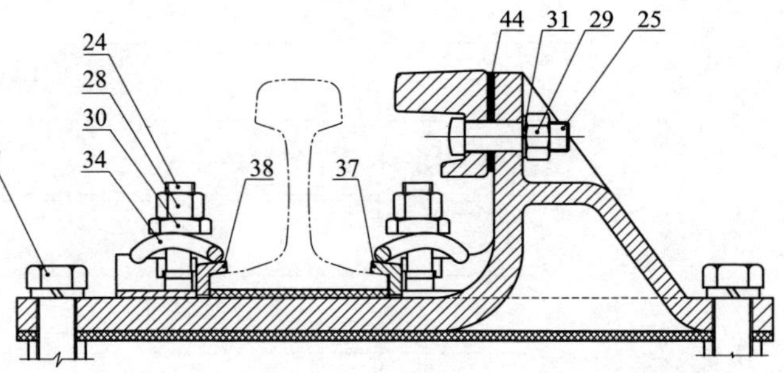

B－B 旋转

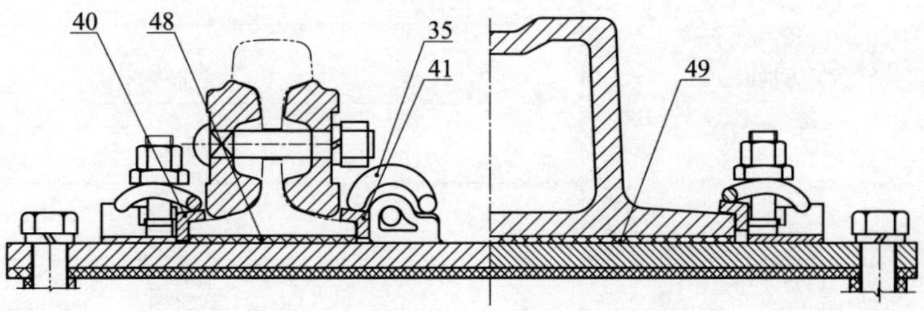

C－C 旋转

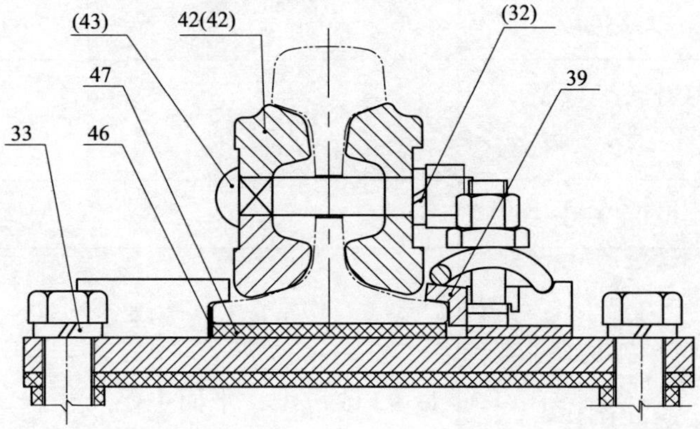

D－D 旋转

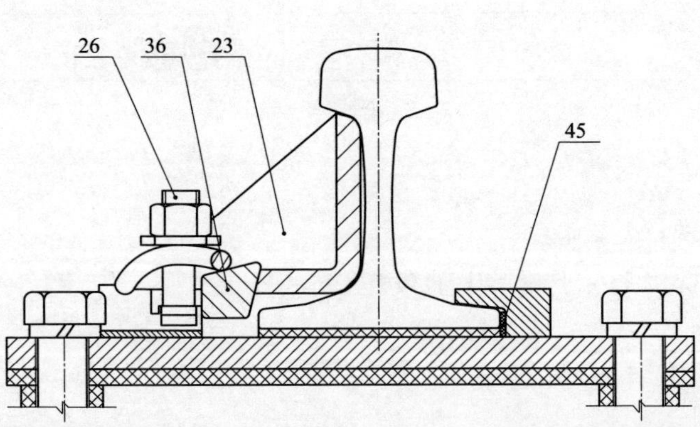

<table>
<tr><th colspan="8">28. 60 kg/m 钢轨 9 号复式交分道岔(混凝土枕)
设计图号：CZ 2504</th></tr>
<tr><td rowspan="2">道岔允许通过速度</td><td>客车</td><td colspan="2">$v_{侧} \leq 35$ km/h</td><td colspan="2">扣件类型</td><td colspan="2">Ⅱ型弹条</td></tr>
<tr><td>货车</td><td colspan="2">$v_{侧} \leq 35$ km/h</td><td colspan="2">轨底坡</td><td colspan="2">—</td></tr>
<tr><td>尖/心轨跟端形式</td><td colspan="3">间隔铁活接头</td><td colspan="2">锁闭方式</td><td colspan="2">内锁闭 / 外锁闭</td></tr>
<tr><td>道岔全长</td><td>31 490</td><td>导曲线半径</td><td>220 m</td><td colspan="2">辙叉角</td><td colspan="2">6°20′25″</td></tr>
<tr><td colspan="3">道岔终端至末根岔枕中心距离</td><td colspan="5">8 149</td></tr>
<tr><td rowspan="5">双转辙器
CB 2507</td><td colspan="2">轨件名称</td><td>图　号</td><td colspan="2">长　度</td><td colspan="2">轨　型</td></tr>
<tr><td colspan="2">直基本轨</td><td>CB 2507－01</td><td colspan="2">7 787</td><td colspan="2">60 kg/m</td></tr>
<tr><td colspan="2">曲基本轨</td><td>CB 2507－02、03</td><td colspan="2">9 025、11 525</td><td colspan="2">60 kg/m</td></tr>
<tr><td colspan="2">直线尖轨</td><td>CB 2507－04、05</td><td colspan="2">5 280</td><td colspan="2">60AT1</td></tr>
<tr><td colspan="2">曲线尖轨</td><td>CB 2507－06、07</td><td colspan="2">5 280</td><td colspan="2">60AT1</td></tr>
<tr><td rowspan="4">钝角辙叉
CB 2508</td><td colspan="2">轨件名称</td><td>图　号</td><td colspan="2">长　度</td><td colspan="2">轨　型</td></tr>
<tr><td colspan="2">V 形基本轨</td><td>CB 2508－01</td><td colspan="2">8 505</td><td colspan="2">60 kg/m</td></tr>
<tr><td colspan="2">导轨</td><td>CB 2508－02</td><td colspan="2">8 496</td><td colspan="2">60 kg/m</td></tr>
<tr><td colspan="2">活动心轨</td><td>CB 2508－03</td><td colspan="2">3 593</td><td colspan="2">60AT1</td></tr>
<tr><td rowspan="4">辙叉及护轨
CB 2509H</td><td rowspan="2">辙叉图号</td><td rowspan="2">CB 685－01</td><td>辙叉全长</td><td>4 311</td><td>护轨长度</td><td colspan="2">3 800</td></tr>
<tr><td>辙叉趾长</td><td>1 540</td><td>护轨轨型</td><td colspan="2">33 kg/m 槽型轨</td></tr>
<tr><td>辙叉形式</td><td>高锰钢整铸式</td><td>辙叉跟长</td><td>2 771</td><td>护轨图号</td><td colspan="2">CB 2509A－01</td></tr>
<tr><td colspan="5">护轨端头距导轨端头定位尺寸</td><td colspan="2">1 101</td></tr>
<tr><td>岔枕图号
CZ 2504Z</td><td>岔枕总数</td><td>88 根</td><td>岔枕展延长</td><td>318.6 m</td><td colspan="2">套管总数</td><td>564</td></tr>
<tr><td>电务转换设备
—</td><td>尖轨动程</td><td colspan="3">152/147</td><td colspan="2">心轨动程</td><td>90</td></tr>
<tr><td>批准文号</td><td colspan="4">运基线路〔2003〕270 号</td><td colspan="2">应用情况</td><td>★★★</td></tr>
<tr><td>主要结构特点</td><td colspan="7">1. 92 改进型，平面主要尺寸与专线 6 043 相同，可以互换；
2. 轨下基础采用无挡肩混凝土岔枕，预埋塑料套管，岔枕按平行于菱形中轴布置。</td></tr>
</table>

双转辙器明细表

序号	图号 / 标准	名称及规格	数量	材　　料	备　　注
1	CB 2507－01	直基本轨　7 787	1	60 kg/m 钢轨	
2	CB 2507－01	直基本轨　7 787	1	60 kg/m 钢轨	与序号 1 对称
3	CB 2507－02	曲基本轨　9 025	1	60 kg/m 钢轨	
4	CB 2507－03	曲基本轨　11 525	1	60 kg/m 钢轨	
5	CB 2507－04	直线尖轨　5 280	1	60AT 钢轨	
6	CB 2507－05	直线尖轨　5 280	1	60AT 钢轨	
7	CB 2507－06	曲线尖轨　5 280	1	60AT 钢轨	
8	CB 2507－07	曲线尖轨　5 280	1	60AT 钢轨	
9	CB 599－09	平垫板　60－9Y	2	Q235(底板)－A	
10	CB 599－09	平垫板　60－9z	2	Q235(底板)－A	
11	CB 2507－25	轨撑滑床板　836	1	Q235(底板)－A	
12	CB 2507－25	轨撑滑床板　836	1	Q235(底板)－A	与序号 11 对称
13	CB 2507－08	轨撑滑床板　663	1	Q235(底板)－A	
14	CB 2507－08	轨撑滑床板　663	1	Q235(底板)－A	与序号 13 对称
15	CB 2507－09	轨撑滑床板　596	2	Q235(底板)－A	
16	CB 2507－09	轨撑滑床板　596	2	Q235(底板)－A	与序号 15 对称
17	CB 2507－10	滑床板　596	1	Q235(底板)－A	
18	CB 2507－10	滑床板　596	1	Q235(底板)－A	与序号 17 对称
19	CB 2507－10	滑床板　596	1	Q235(底板)－A	
20	CB 2507－10	滑床板　596	1	Q235(底板)－A	与序号 19 对称
21	CB 2507－09	轨撑滑床板　596	1	Q235(底板)－A	
22	CB 2507－09	轨撑滑床板　596	1	Q235(底板)－A	与序号 21 对称
23	CB 2507－10	滑床板　596	1	Q235(底板)－A	
24	CB 2507－10	滑床板　596	1	Q235(底板)－A	与序号 23 对称
25	CB 2507－11	滑床板　576	2	Q235(底板)－A	
26	CB 2507－11	滑床板　576	2	Q235(底板)－A	与序号 25 对称
27	CB 2507－12	轨撑滑床板　576	2	Q235(底板)－A	
28	CB 2507－12	轨撑滑床板　576	2	Q235(底板)－A	与序号 27 对称
29	CB 2507－13	滑床板　518	1	Q235(底板)－A	
30	CB 2507－13	滑床板　518	1	Q235(底板)－A	与序号 29 对称
31	CB 2507－27	轨撑滑床板　508	1	Q235(底板)－A	
32	CB 2507－27	轨撑滑床板　508	1	Q235(底板)－A	与序号 31 对称

续上表

序号	图号/标准	名称及规格	数量	材　料	备　注
33	CB 2507－14	轨撑滑床板　430	1	Q235(底板)－A	
34	CB 2507－14	轨撑滑床板　430	1	Q235(底板)－A	与序号33对称
35	CB 2507－26	轨撑滑床板　668	1	Q235(底板)－A	
36	CB 2507－26	轨撑滑床板　668	1	Q235(底板)－A	与序号35对称
37	CB 2507－15	垫　板　400×170×20	2	Q235(底板)－A	对称各1
38	CB 2507－15	垫　板　375×170×20	2	Q235(底板)－A	对称各1
39	CB 2507－16	垫　板　320×170×20	2	Q235(底板)－A	对称各1
40	CB 2507－17	辙跟垫板　780×565×20	1	Q235(底板)－A	
41	CB 2507－17	辙跟垫板　780×565×20	1	Q235(底板)－A	与序号40对称
42	CB 2507－18	辙跟垫板　1 380×598×20	1	Q235(底板)－A	
43	CB 2507－18	辙跟垫板　1 380×598×20	1	Q235(底板)－A	与序号42对称
44	CB 523－08	辙跟间隔铁　60－125－144－16Z	1	KTH 330－08	
45	CB 523－08	辙跟间隔铁　60－125－144－16Y	1	KTH 330－08	
46	SC 450－128	辙跟间隔铁　60－112－131－16Z	1	KTH 330－08	
47	SC 450－128	辙跟间隔铁　60－112－131－16Y	1	KTH 330－08	
48	CB 523－09	辙跟接头夹板　60－8Z	2		
49	CB 523－09	辙跟接头夹板　60－8Y	2		与序号48对称
50	CT 1－07	双头螺柱　M24×30×80×220	2	10.9级	
51	CT 1－07	双头螺柱　M24×30×80×205	2	10.9级	
52	CT 4－90	双头螺柱　M24×24×90×230	2	10.9级	
53	CT 1－02	半圆头方颈螺栓　M24×270	4	10.9级	
54	CT 1－02	半圆头方颈螺栓　M24×280	4	10.9级	立墙圆孔27
55	CT 2－18	辙跟内轨撑　60内	4	KTH 330－08	立墙方孔27×27
56	CT 2－19	辙跟外轨撑　60外	4	KTH 330－08	
57	CT 2－25	辙跟垫圈　60	4	KTH 330－08	
58	NS 1－01	螺　母　M24	24	10级	
59	TB/T 418	弹簧垫圈　24	24	55Si2Mn	
60	GB/T 91	销　5×35	16		
61	CT2－32	T型螺栓　M24×85	16		
62	CT1－01	螺　母　M24	16		
63	TB/T 418	弹簧垫圈　24	16	55Si2Mn	
64	CB 2507－28	拉　杆　1 110－205	1		
65	CT 2－41	连　杆　1 125	1		
66	CT 5－02	T型螺栓　M24×65	36		

续上表

序号	图号 / 标准	名称及规格	数量	材　　料	备　　注
67	CT 5－02	T 型螺栓　M24×80	20		
68	专线 3351	Ⅱ型弹条	56	60Si2CrVA	
69	NS－06	螺　母　M24	56	5 级	
70	CB 64－22	限位螺母　M24	56		
71	CB 2507－30	轨　撑　60 141	20	KTH 330－08	
72	CB 599－21	调整楔	20	KTH 350－10	
73	CB 2508－15	螺　钉　200	1	45	
74	CT 5－09	轨距块　9－11	22	ZG 270－500	
75	CT 5－09	轨距块　13－15	4	ZG 270－500	
76	CT 5－09A	接头轨距块　9－11	2	ZG 270－500	
77	CT 5－09A	接头轨距块　13－15	2	ZG 270－500	2 mm 为备用
78	CB 642－20	轨距调整片　$160\times12\times\frac{2}{1}$	64 32	Q235	
79	CT 10－16	螺　钉	94	45 号钢	
80	CB 2507－19	螺　钉　160	8	45 号钢	
81	GB/T 7244	弹簧垫圈　30	103	65Mn	
82	GB/T 91	销　8×150	8		
83	CB 2507－32	钢　板　127－146	1		
84	CT 10－15	绝缘轨距块　60－9－11	4	玻璃纤维	
85	CT 10－15	绝缘轨距块　60－13－15	2	玻璃纤维	
86	CT 10－15	绝缘轨距块　60－7－17	10	玻璃纤维	
87	CT 10－01	橡胶垫板　60－190	10	橡胶	
88	CT 10－02	橡胶垫板　60－190	32	橡胶	
89	CT 10－11	橡胶垫板　452×175×10	4	橡胶	
90	CT 10－19	橡胶垫板　836－82－644	2	橡胶	
91	CT 10－19	橡胶垫板　663－102－526	2	橡胶	
92	CT 10－09	橡胶垫板　596×175×10	12	橡胶	
93	CT 10－09	橡胶垫板　576×175×10	8	橡胶	
94	CT 10－09	橡胶垫板　518×175×10	2	橡胶	
95	CT 10－09	橡胶垫板　508×175×10	2	橡胶	
96	CT 10－20	橡胶垫板　984－35－360－194	1	橡胶	
97	CT 10－20	橡胶垫板　1 428－110－523－162	1	橡胶	
98	CT 10－08	橡胶垫板　400×175×10	2	橡胶	
99	CT 10－08	橡胶垫板　375×175×10	2	橡胶	

续上表

序号	图号 / 标准	名称及规格	数量	材　料	备　注
100	CT 10－10	橡胶垫板　726－328	1	橡胶	
101	CT 10－09	橡胶垫板　565×175×10	4	橡胶	
102	CT 10－09	橡胶垫板　574×175×10	4	橡胶	
103	CB 2507－21	绝缘垫板　124	1	玻璃纤维	
104	CB 2507－21	绝缘垫板　92	1	玻璃纤维	
105	CT 4－90	双头螺柱　M24×24×90×215	2	10.9 级	
106	CB 2507－28	拉　杆　1 110－135	1		
107	CT 2－41	连　杆　1 130	1		
108	CT 10－19	橡胶垫板　574－35－492	2	橡胶	
109	CB 2507－21	绝缘垫板　34	1	玻璃纤维	
110	CB 684－31	挡砟板　650	1	Q235	
111	CB 650－09	圆孔垫圈　60－0	4	KTH 330－08	
112	GB/T 95	平垫圈　24	16		
113	CB 2507－33	绝缘块　117－136	1	玻璃纤维	

钝角辙叉明细表

序号	图号 / 标准	名称及规格	数量	材　料	备　注
1	CB 2508-01	基本轨　8 505	2	60 kg/m 钢轨	
2	CB 2508-02	导　轨　8 496	2	60 kg/m 钢轨	
3	CB 2508-03	活动心轨　3 593	2	60AT	
4	CB 2508-03	活动心轨　3 593	2	60AT	与序号 3 对称
5	CB 2507-30	轨　撑　60 141	4	KTH 330-08	
6	CT 2-18	轨　撑　60 内	4	KTH 330-08	
7	CB 2508-16	四孔间隔铁　60-133-145-16	2	KTH 330-08	
8	CB 2508-16	四孔间隔铁　60-133-145-16	2	KTH 330-08	与序号 7 对称
9	CB 2508-04	拉　杆　1 215	2		
10	CB 524-05	辙跟接头夹板	4	235	
11	CB 2508-05	垫　板　625×170×20	2	Q235(底板)A	
12	CB 2508-05	垫　板　625×170×20	2	Q235(底板)A	与序号 11 对称
13	CB 2508-06	垫　板　1 176×170×20	2	Q235(底板)A	
14	CB 2508-06	垫　板　11 76×170×20	2	Q235(底板)A	与序号 13 对称
15	CB 2508-07	垫　板　1 162×190×20	2	Q235(底板)A	
16	CB 2508-07	垫　板　1 162×190×20	2	Q235(底板)A	与序号 15 对称
17	CB 2508-08	垫　板　1 152×190×20	2	Q235(底板)A	
18	CB 2508-08	垫　板　1 152×190×20	2	Q235(底板)A	与序号 17 对称
19	CB 2508-09	垫　板　1 200×190×20	2	Q235(底板)A	
20	CB 2508-09	垫　板　1 200×190×20	2	Q235(底板)A	与序号 19 对称
21	CB 2508-10	通长垫板	1	Q235(底板)A	
22	CB 2508-10	通长垫板	1	Q235(底板)A	与序号 21 对称
23	CB 2508-11	支距扣板　38-44	4	KTH 350-10	
24	CB 647-13	支距扣板　60/63-68	4	KTH 350-10	左右开各 2
25	CT 5-09	轨距块　9-11	20	ZG 270-500	
26	CT 5-09	轨距块　13-15	28	ZG 270-500	
27	CT 5-09A	接头轨距块　9-11	4	ZG 270-500	
28	CB 596-31	Ⅲ型弹条用轨距块　60-9	12	ZG 270-500	
29	CB 596-31	Ⅲ型弹条用轨距块　60-11	4	ZG 270-500	
30	CB 596-32	Ⅲ型弹条用接头轨距块　60-11	8	ZG 270-500	
31	专线 3351	Ⅱ型弹条	64	60Si2CrVA	
32	专线 3328	Ⅲ型弹条	20	60Si2Mn	
33	专线 9602	Ⅲ型接头弹条	4	60Si2Mn	

续上表

序号	图号 / 标准	名称及规格	数量	材　料	备　注
34	CB 599－21	调整楔	4	KTH 350－10	
35	CT 1－02	半圆头方颈螺栓　M24×260	4	10.9 级	
36	CT 1－02	半圆头方颈螺栓　M24×280	4	10.9 级	
37	CT 4－90	双头螺柱　M24×24×90×230	4	10.9 级	
38	CT 1－07	双头螺柱　M24×28×80×240	4	10.9 级	
39	CB 2503－17	T 型沉头螺栓　M22×115	4		
40	CT 2－32	T 型螺栓　M22×80	8		
41	CT 5－02	T 型螺栓　M24×60	52		
42	CT 5－02	T 型螺栓　M24×85	4		
43	CT 1－01	螺　母　M24	24		
44	CT 1－01	螺　母　M22	8		
45	NS－06	盖型螺母　M22	4	5 级	
46	NS－06	盖型螺母　M24	60	5 级	
47	GB/T 95	平垫圈　22	4		
48	CB 64－22	限位螺母　24	60		
49	TB/T 418	弹簧垫圈　24	8		
50	TB/T 418	弹簧垫圈　24	24		
51	GB/T 7244	弹簧垫圈　30	56		
52	CT 2－25	辙跟垫圈　60	8	KTH 330－08	
53	GB/T 91	开口销　5×35	24		
54	CT 10－16	螺　钉　M30×170	48		
55	CB 2508－15	螺　钉　M30×200	8		
56	CT 10－01	橡胶垫板　60－190	28	橡胶	
57	CT 10－02	橡胶垫板　60－190	4	橡胶	
58	CT 10－17	橡胶垫板　625×175×10	4	橡胶	
59	CT 10－10	橡胶垫板　1 176－521	4	橡胶	
60	CT 10－22	橡胶垫板　1 162－547	4	橡胶	
61	CT 10－23	橡胶垫板　1 152×195×10	4	橡胶	
62	CT 10－83	橡胶垫板　1 200－91－1 074	4	橡胶	
63	CT 10－19	橡胶垫板　1 381－92.5－1 070.5	4	橡胶	
64	CB 684－31	挡砟板	2		
65	CB 650－09	圆孔垫圈　60－0	8	KTH 330－08	
66	GB/T 95	平垫圈　24	16		
67	CT 5－02	T 型螺栓　M24×75	4		
68	CT 10－01	橡胶垫板　60－210	36	橡胶	

辙叉及护轨明细表

序号	图号 / 标准	名称及规格	数量	材　料	备　注
1	CB 685－01	辙　叉　60－9－Ⅰ	1	ZGMn13	
2	CB 2509A－01	护　轨　3 800	1	33kg/m 槽型钢	
3	CB 2509A－01	护　轨　3 800	1	33kg/m 槽型钢	与序号 2 对称
4	CB 2509－02	垫　板　742 × 170 × 20	5	Q235 B(底板)	铁座 41
5	CB 2509－02	垫　板　742 × 170 × 20	2	Q235 B(底板)	铁座 33
6	CB 2509H－01	护轨垫板　610 × 170 × 25	4	16Mn(底板)	B=247Z
7	CB 2509H－01	护轨垫板　610 × 170 × 25	1	16Mn(底板)	B=250Z
8	CB 2509H－01	护轨垫板　610 × 170 × 25	1	16Mn(底板)	B=253Z
9	CB 2509H－01	护轨垫板 610 × 170 × 25	4	16Mn(底板)	B=247Y
10	CB 2509H－01	护轨垫板　610 × 170 × 25	1	16Mn(底板)	B=250Y
11	CB 2509－04	垫　板　725 × 170 × 20	1	Q235 B(底板)	
12	CB 2509－05	垫　板　791 × 170 × 20	1	Q235 B(底板)	
13	CB 2509－06	垫　板　858 × 170 × 20	1	Q235 B(底板)	
14	CB 2509－06	垫　板　925 × 170 × 20	1	Q235 B(底板)	
15	CB 2509H－01	护轨垫板　610 × 170 × 25	1	16Mn(底板)	B=253Y
16	CB 599－09	垫　板　60－11 Y(Z)	12	Q235 A(底板)	左右开各半
17	TB/T 2345	接头夹板	8		
18	CB 647－13	支距扣板　60/126－114Y－60	1	KTH 350－10	
19	CB 645H－05	护轨调整片　$100 \times 80 \times \frac{2}{3}$	24 12	Q235B	2 mm 备用
20	专线 3351	Ⅱ型弹条	65	60Si2CrVA	
21	TB/T 2347	接头螺栓　M24 × 135	24	10.9 级	带螺母
22	CT 5－09	轨距块　60/9－11	33	ZG 270－500	
23	CT 5－09	轨距块　60/13－15	21	ZG 270－500	
24	CT 5－09A	接头轨距块　60/9－11	4	ZG 270－500	
25	CT 5－09A	接头轨距块　60/13－15	6	ZG 270－500	
26	CT 5－02	T 型螺栓　M24 × 60	64		
27	CT 5－02	T 型螺栓　M24 × 85	1		
28	CT 2－31	螺　栓　M24 × 85	12	5.6 级	
29	CT 10－16	螺　钉	72		
30	NS－06	盖型螺母　M24	65	5 级	

续上表

序号	图号 / 标准	名称及规格	数量	材　料	备　注
31	专线 4232101	螺　母　M24	12	5 级	
32	GB/T 1230	垫　圈　24	24		
33	GB/T 7244	弹簧垫圈　30	72	65Mn	
34	GB/T 7244	垫　圈　24	12		
35	CB 64－22	限位螺母　M24－5	65	Q345B	
36	CT 10－01	橡胶垫板　60－190	32	橡胶	
37	CT 10－12	橡胶垫板　439－190	7	橡胶	
38	CT 10－11	橡胶垫板　452 × 175 × 10	12	橡胶	
39	CT 10－13	橡胶垫板　610 × 175 × 5	12	橡胶	
40	CT 10－14	橡胶垫板　742 × 175 × 10	7	橡胶	
41	CT 10－09	橡胶垫板　725 × 175 × 10	1	橡胶	
42	CT 10－09	橡胶垫板　791 × 175 × 10	1	橡胶	
43	CT 10－10	橡胶垫板　858－394	1	橡胶	
44	CT 10－10	橡胶垫板　925－428	1	橡胶	

CZ 2504 电务主要参数

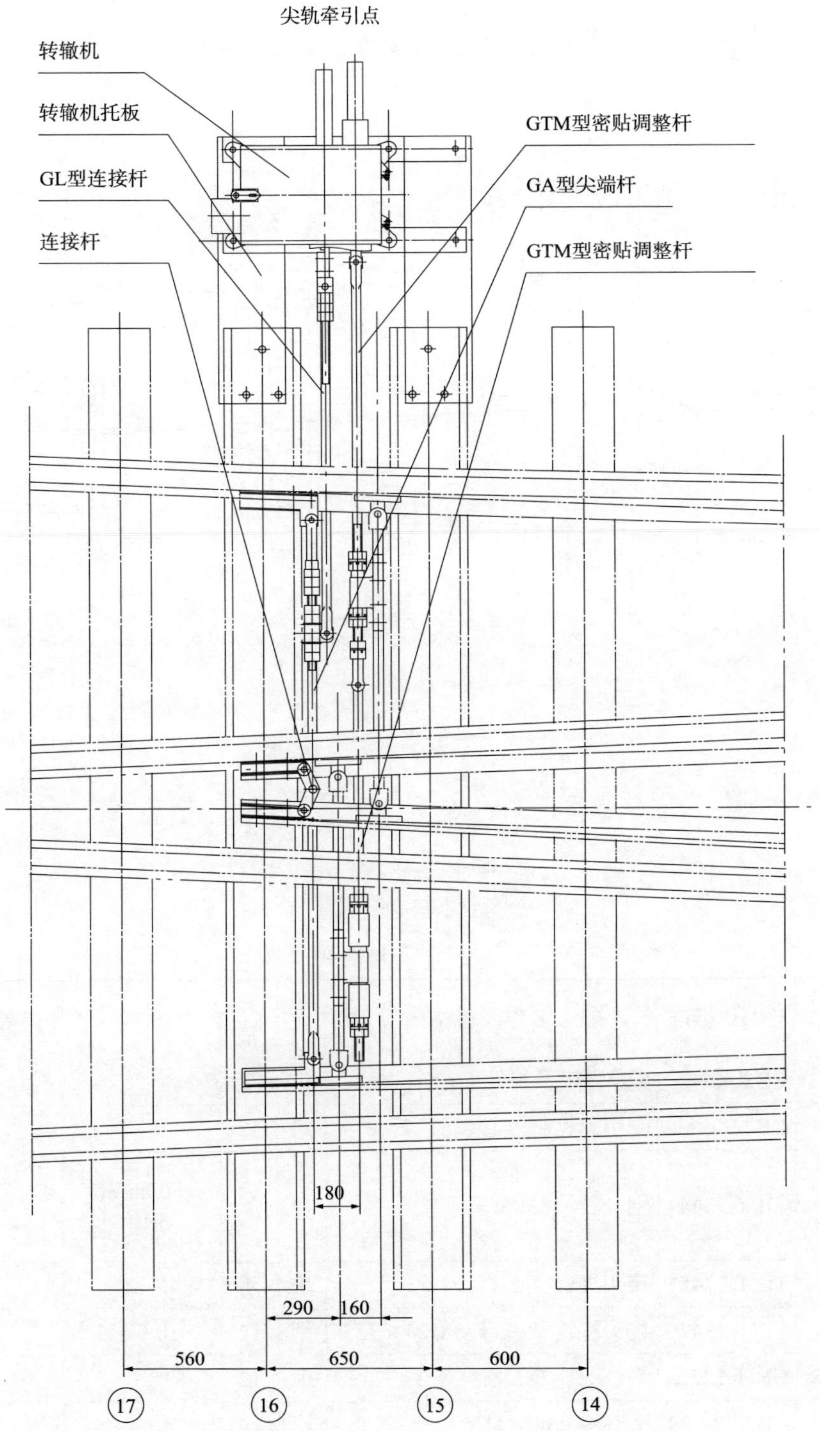

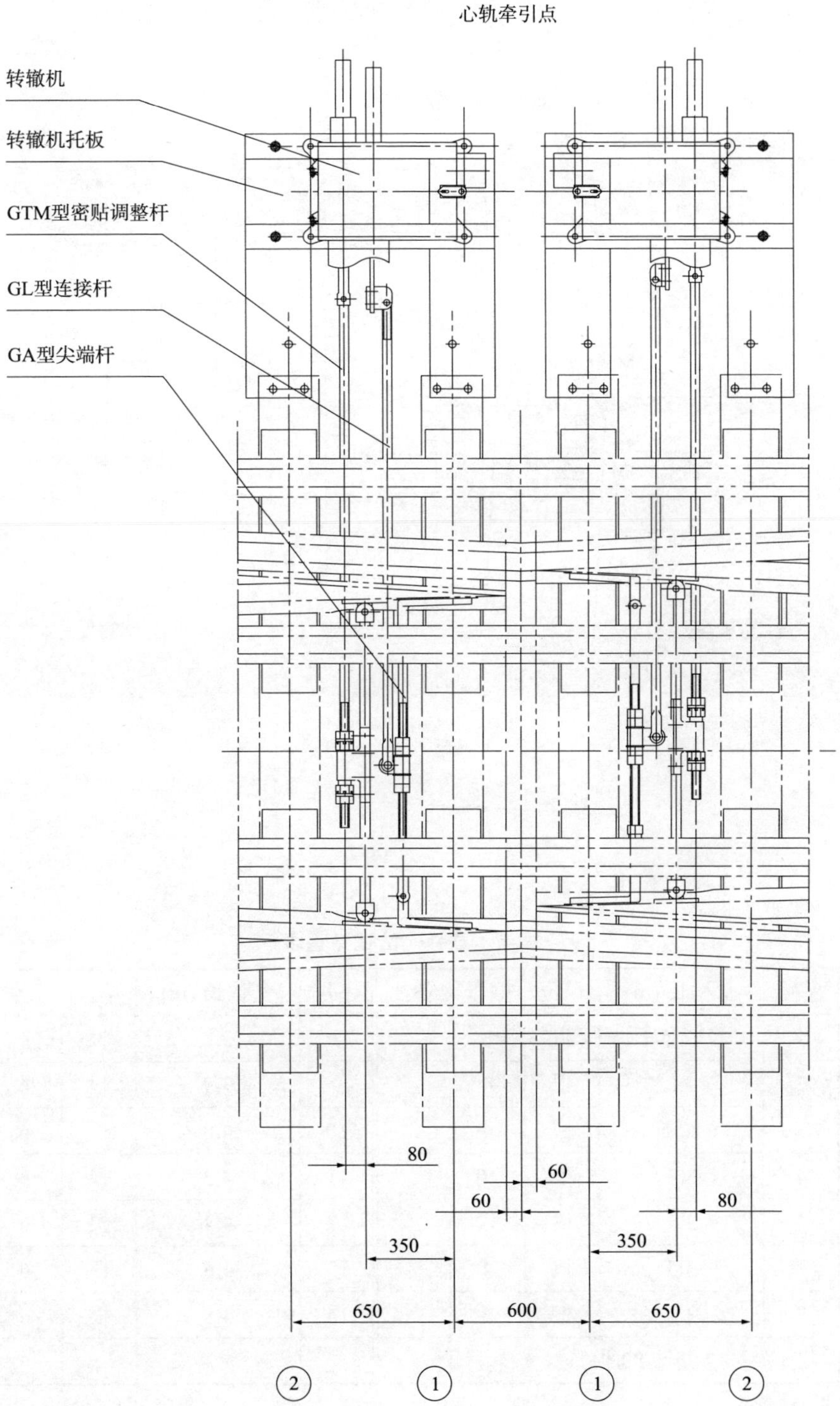

转换设备	安装图名称	安装图号	锁闭方式
ZY(J)4/6	60 kg/m 钢轨 9 号复式交分道岔转换设备 (ZY4/6) 安装图	S0565	内锁闭
ZD6-F/G	60 kg/m 钢轨 9 号复式交分道岔转换设备 (ZD6-F/G) 安装图	S0861	内锁闭

60 kg/m 钢轨 9 号复式交分道岔
图　号：CZ 2504

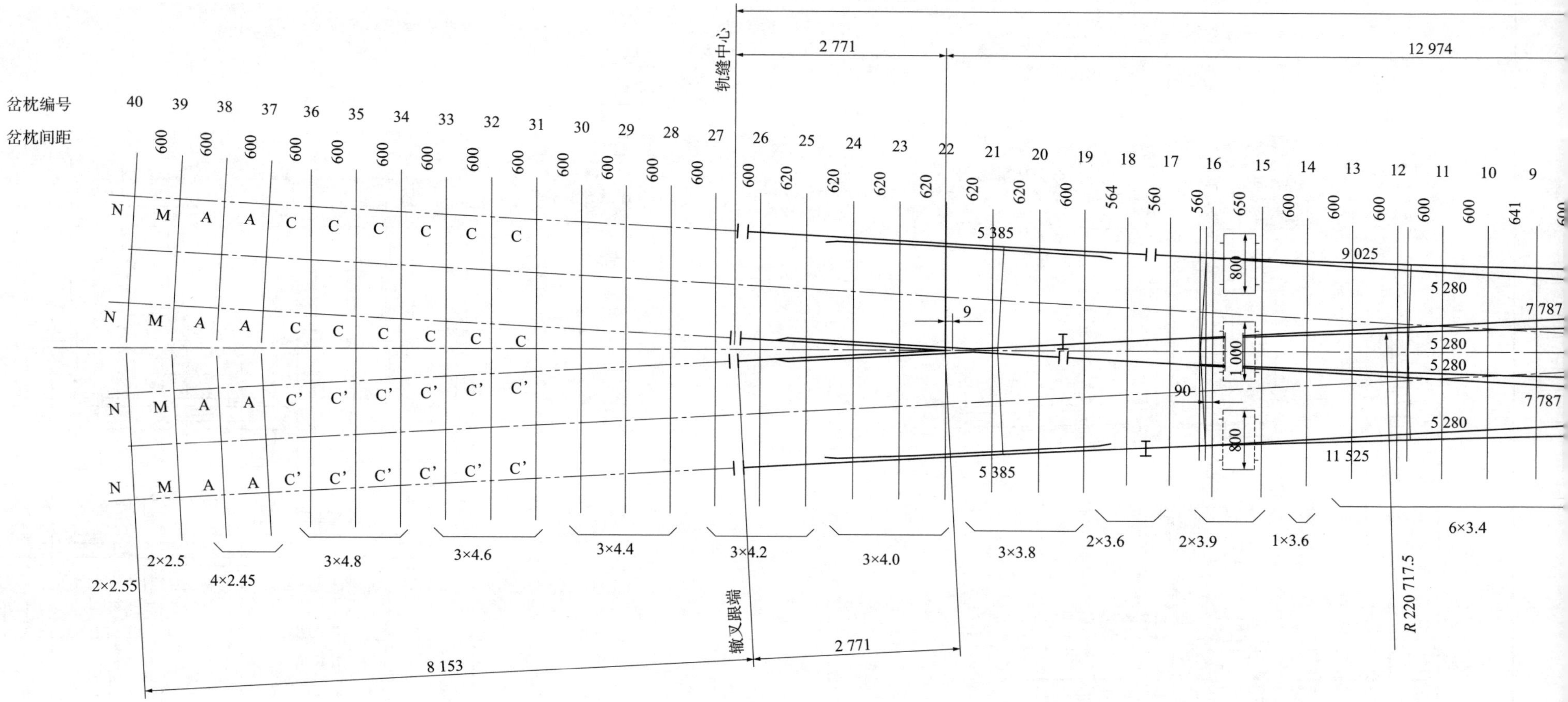

表 1　岔枕数量表

序号	岔枕长 (m)	单位	数量	备注	序号	岔枕长 (m)	单位	数量	备注
1	2.45	根	8		8	3.8	根	6	
2	2.5	根	4		9	3.9	根	4	
3	2.55	根	4		10	4.0	根	6	
4	3.2	根	10		11	4.2	根	6	
5	3.4	根	12		12	4.4	根	6	
6	3.5	根	4		13	4.6	根	6	
7	3.6	根	6		14	4.8	根	6	
共计 88 根									

表 2　明　细　表

序号	图号 / 标准	名称及规格	单位	数量	材料	备　注
1	CB 2507	双转辙器	组	2		组件
2	CB 2508	钝角辙叉	组	1		组件

续表 2

序号	图号 / 标准	名称及规格	单位	数量	材料	备　注
3	CB 2509H	9 号辙叉及护轨 (JF)	组	2		组件
4	CB 699	牵引点岔枕连接装置	组	12		组件
5	TB/T 2344	钢　轨　5385	根	4	60 kg/m 钢轨	按技术要求第 16 条弯折对称各半
6	TB/T 2345	接头夹板	块	4		
7	TB/T 2347	接头螺栓及螺母　M24 × 135	副	12	10.9 级	带螺母
8	GB/T 1230	平垫圈　24	个	12		
9	CB 599 - 09	平垫板　60 - 11Y	块	24		图中用 C 表示
10	CB 599 - 09	平垫板　60 - 11Z	块	24		图中用 C’表示
11	CB 599 - 09	平垫板　60 - 0	块	16		图中用 A 表示
12	CB 599 - 36	斜坡垫板　P80	块	8		图中用 M 表示
13	CB 599 - 37	斜坡垫板　P60	块	8		图中用 N 表示

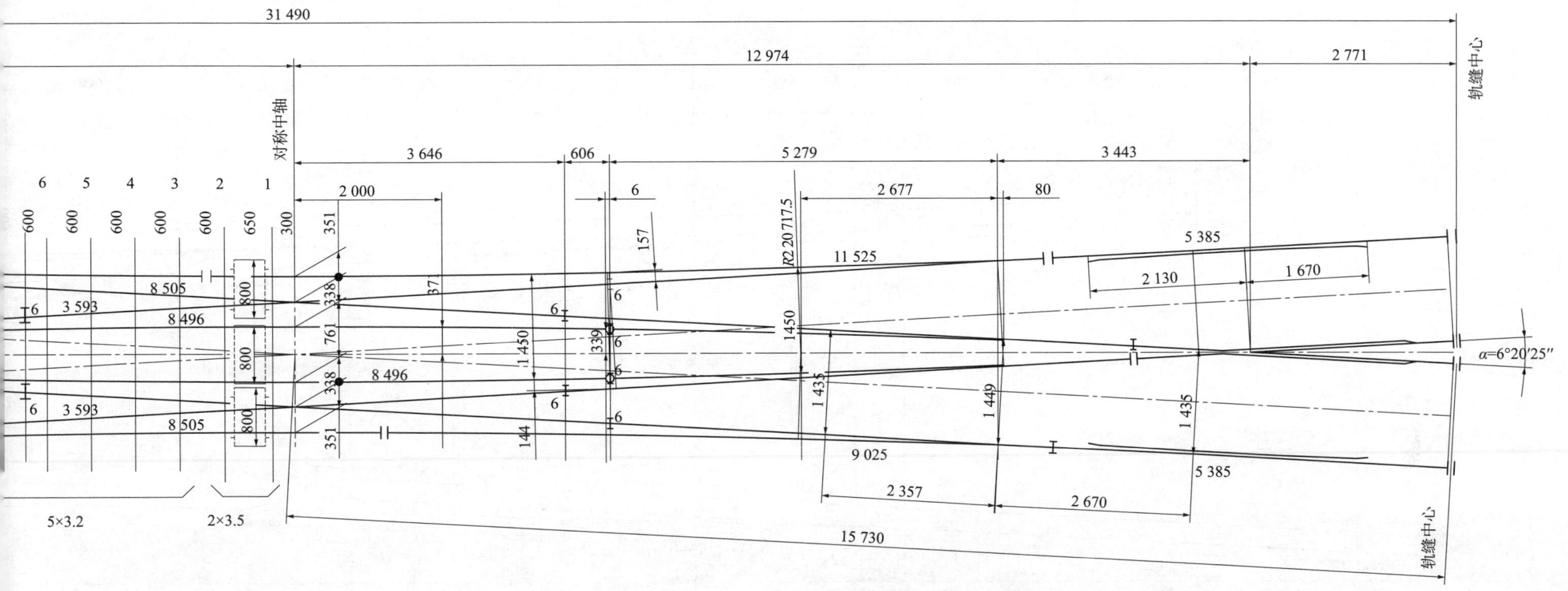

续表 2

序号	图号 / 标准	名称及规格	单位	数量	材料	备　注
14	CT5－09	轨距块　60/9－11	块	80	ZG 270－500	
15	CT5－09	轨距块　60/13－15	块	80	ZG 270－500	
16	CT5－48	轨距块　60/7－17	块	40	ZG 270－500	
17	CT10－16	螺　钉	个	160	45	
18	GB/T 7244	弹簧垫圈　30	个	160		
19	CT 5－02	T 型螺栓　M24×65	个	160	4.8 级	
20	专线 3351	Ⅱ型弹条	个	160	60Si2CrVA	
21	NS－06	螺　母　M24	个	160	5 级	
22	CB642－22	限位螺母　M24	个	160	5 级	
23	CT 10－01	橡胶垫板　60－190	块	80	橡胶	
24	CT 10－11	橡胶垫板　452×175×10	块	80	橡胶	
25	专线 3343	钢轨绝缘		4 组	60 kg/m 钢轨用	

技　术　要　求

1. 本图按设轨道电路设计。
2. 道岔平面尺寸与既有木枕 60 kg/m 钢轨 9 号复式交分道岔（专线 6043）相同，可以互换。
3. 双转辙器尖轨采用 60AT 半切线型尖轨、钝角辙叉采用 60AT 活动心轨，跟部均为间隔铁式连接，锐角辙叉采用 9 号固定型高锰钢辙叉，护轨顶面高出基本轨 12 mm。
4. 图中钢轨普通接头、绝缘接头分别以“—|├—”和“⫫”表示。
5. 明细表中的垫板包括：平垫板 60-0，平垫板 60-11，斜坡垫板 P80、P60，图中分别用 A、C、M、N 表示。
6. 轨下基础采用无挡肩混凝土岔枕，岔枕预埋塑料套管。岔枕按平行于菱形中轴布置。
7. 岔枕布置：1～36 号岔枕垂直于复式交分道岔的中线，37～40 号岔枕扭转至垂直于各自股线。
8. 本复式交分道岔对应用的岔枕号为：CZ 2504Z。
9. 岔枕间距公差应按 ±5 mm 控制（以对称中轴为基准）。
10. 钢轨轨缝除注明者外均为 8 mm。
11. 辙叉基本轨 5385 需按下例示意图弯折：

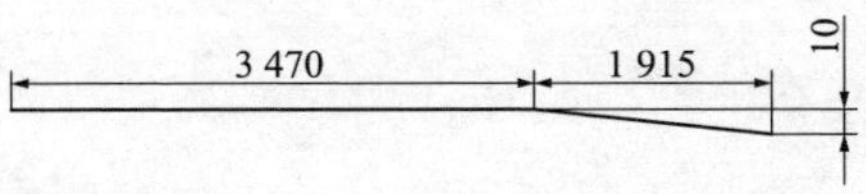

12. 电务转换按采用尖轨联动内锁机构编制。如采用分动外锁闭机构，需在订货合同注明（如双转辙器和钝角辙叉锁闭类型不同时，应分别注明）。
13. 钢轨顶面均匀全长淬火。

60 kg/m 钢轨 9 号复式交分道岔双转辙器
图　号：CB 2507

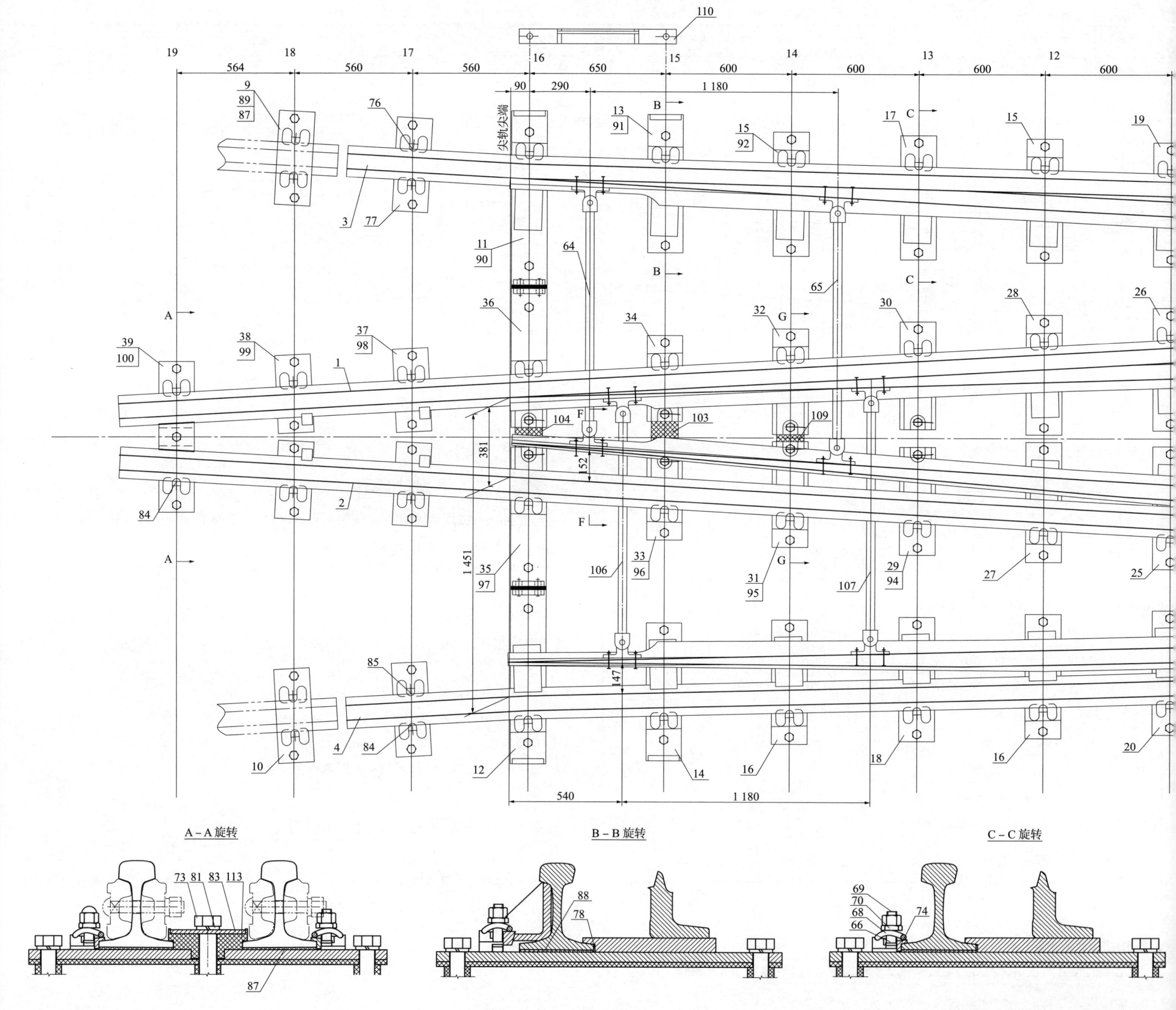

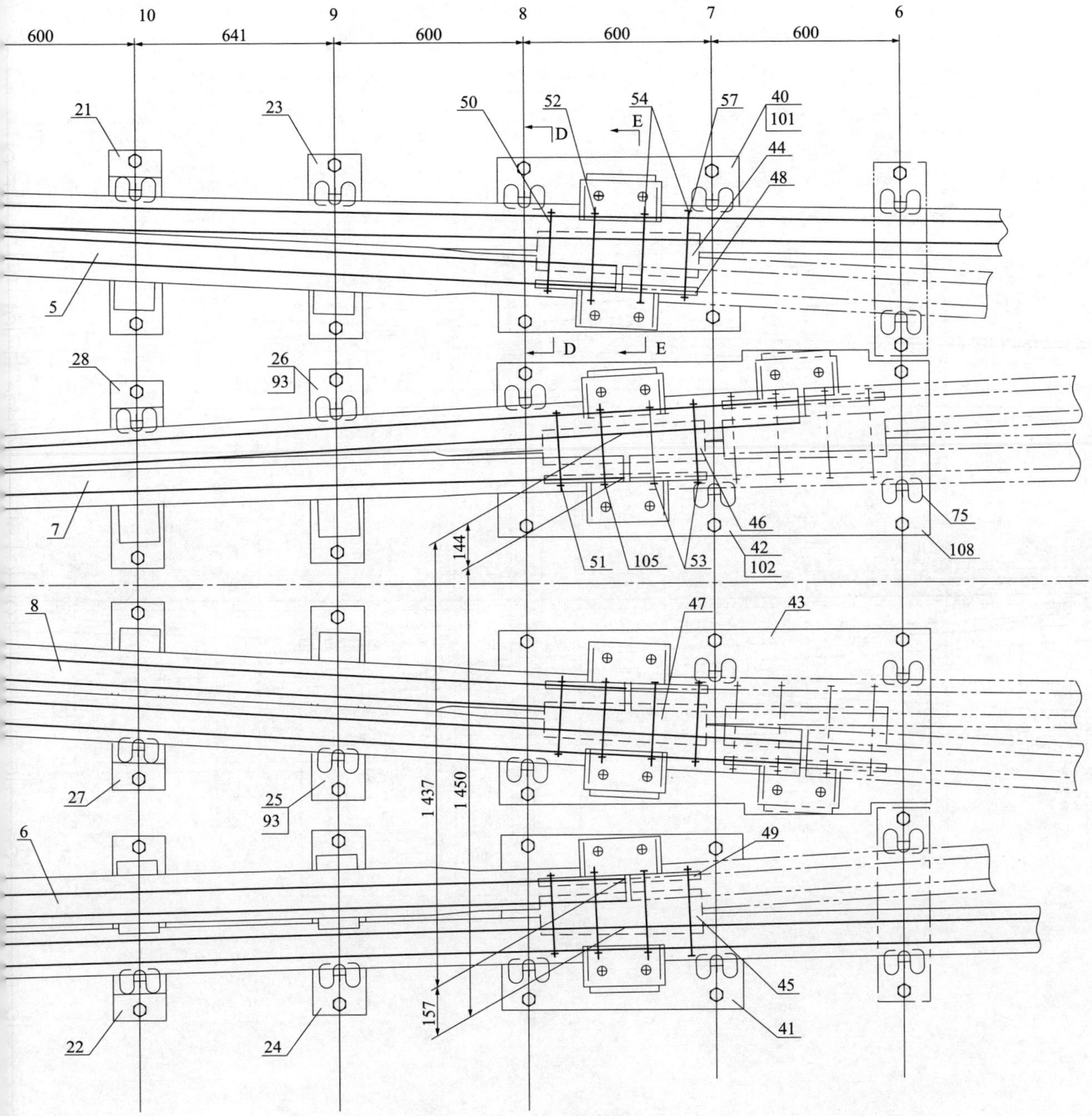

D－D 旋转

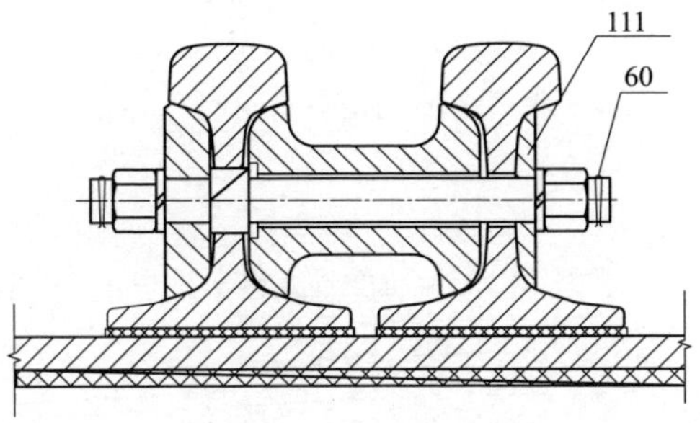

E－E 旋转

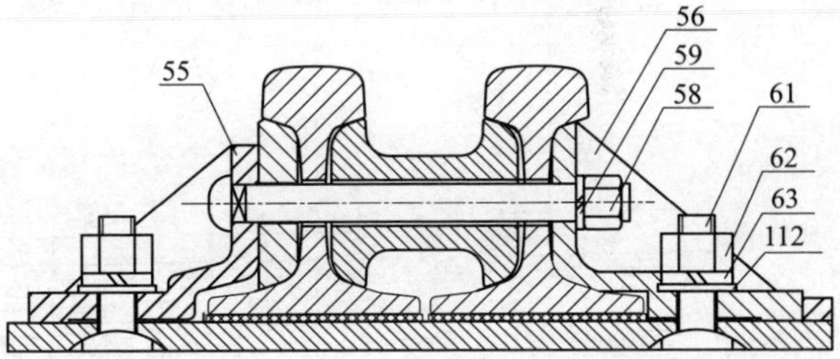

F－F 旋转

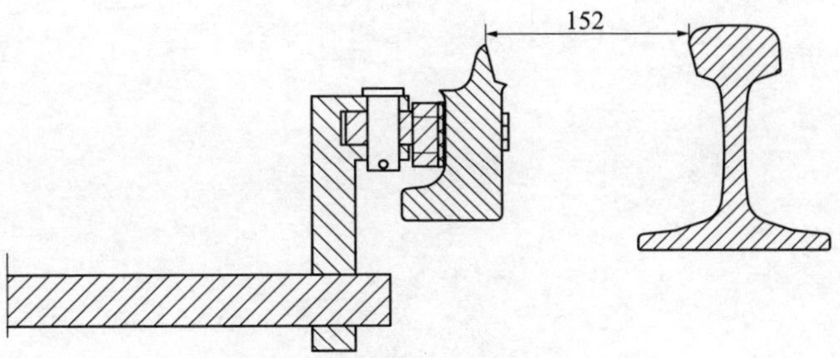

G－G 旋转

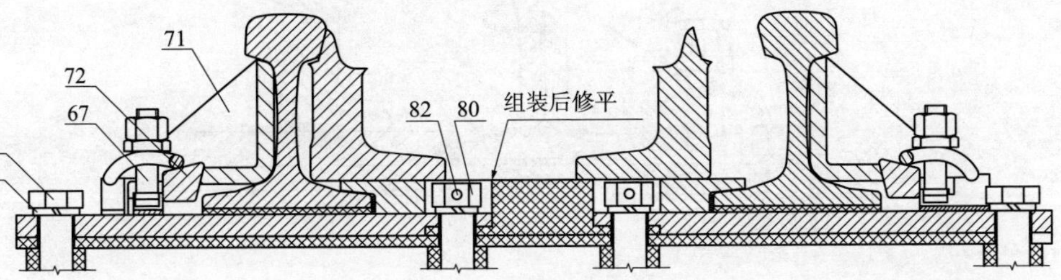

技 术 要 求

1. 绝缘接头两侧安装绝缘轨距块，钢轨接头安装接头轨距块。
2. 当采用分动外锁闭时，序号 64～65、106～107 组件取消。

60 kg/m 钢轨 9 号复式交分道岔钝角辙叉

图　号：CB 2508

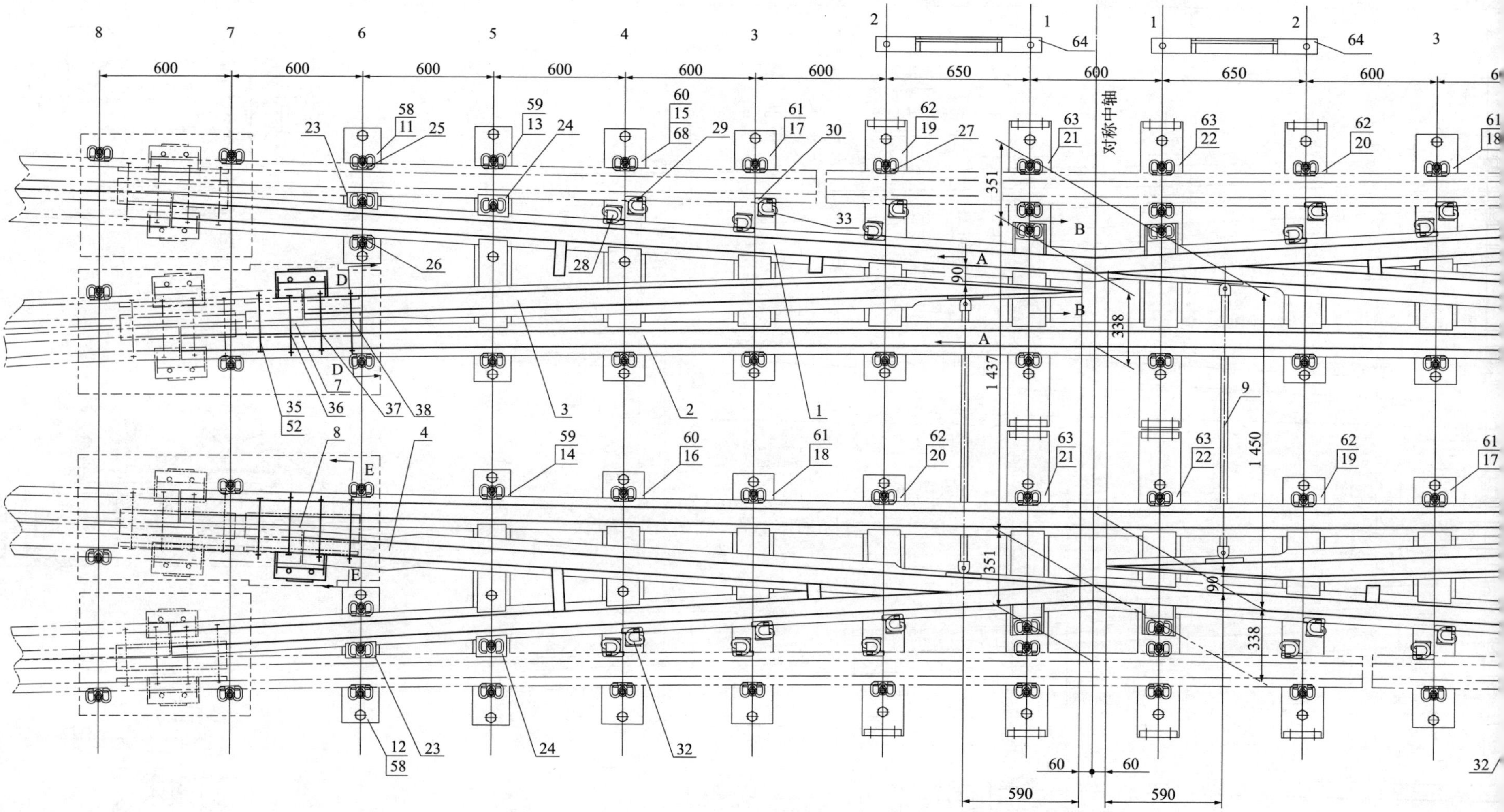

A－A 旋转

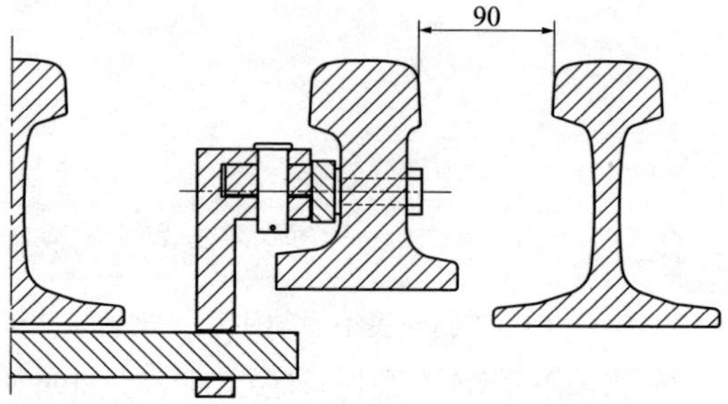

B－B 旋转

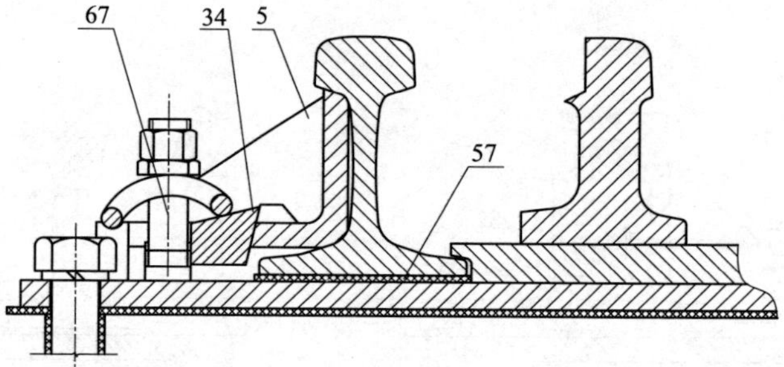

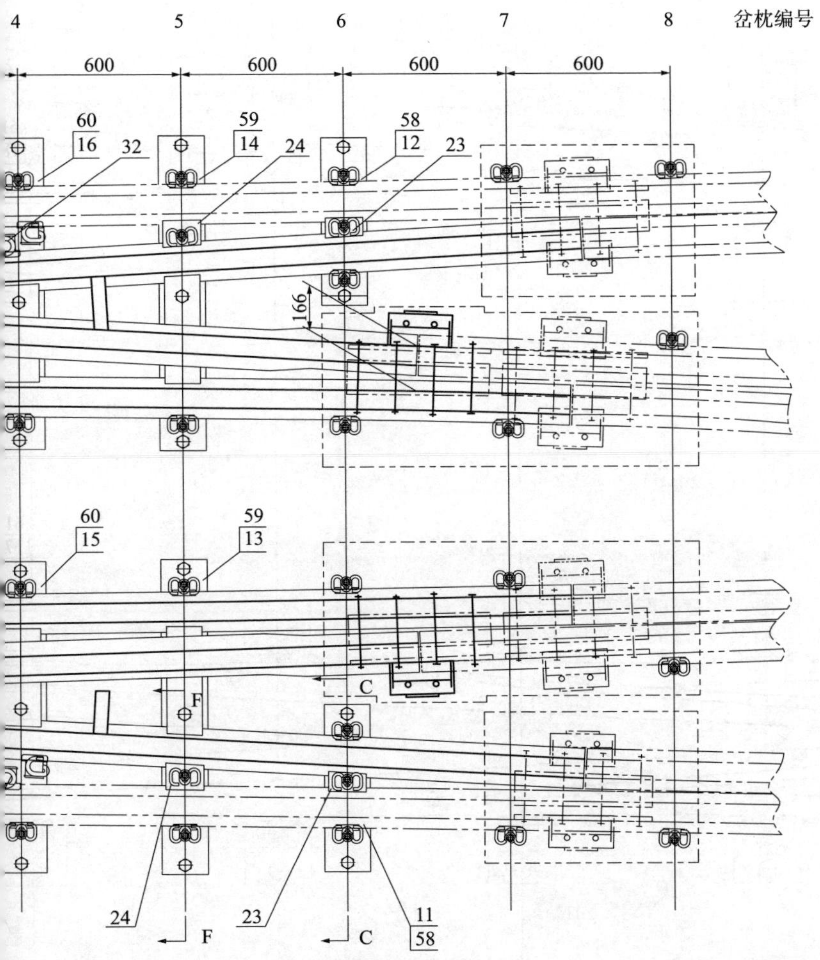

D－D 旋转

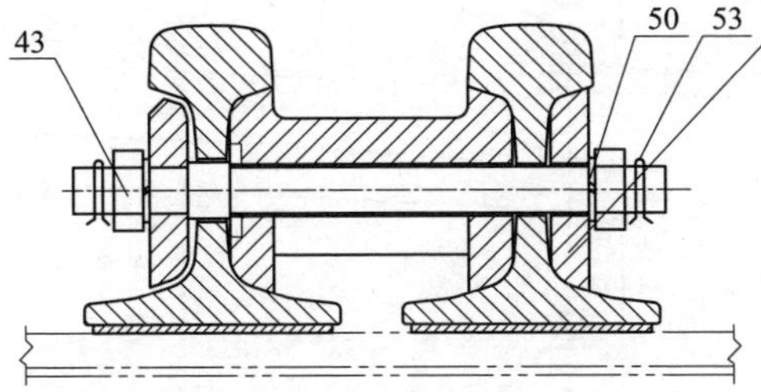

E－E 旋转

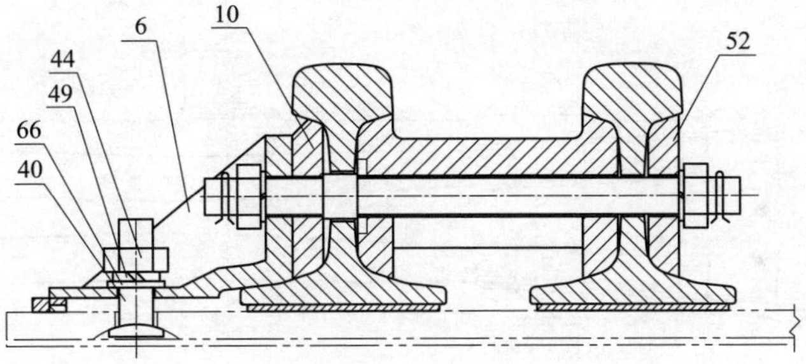

C－C 旋转

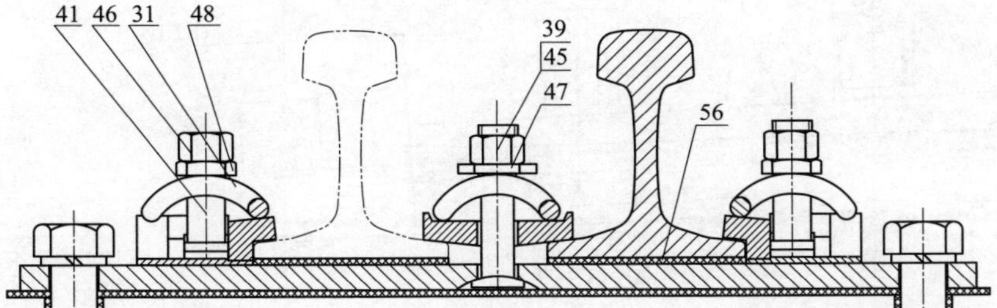

F－F 旋转

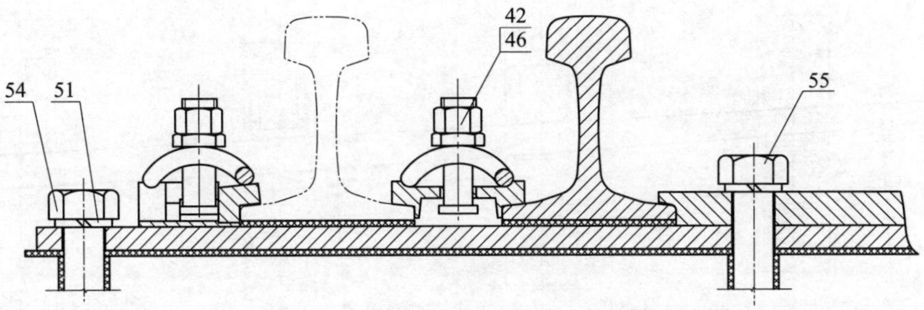

技 术 要 求

1. 当采用分动外锁闭时，件号 9 取消。
2. 挡砟板安放在牵引点未装转辙机一侧的岔枕之间。

60kg/m 钢轨 9 号复式交分道岔辙叉及护轨 (JF)

图　号：CB 2509H

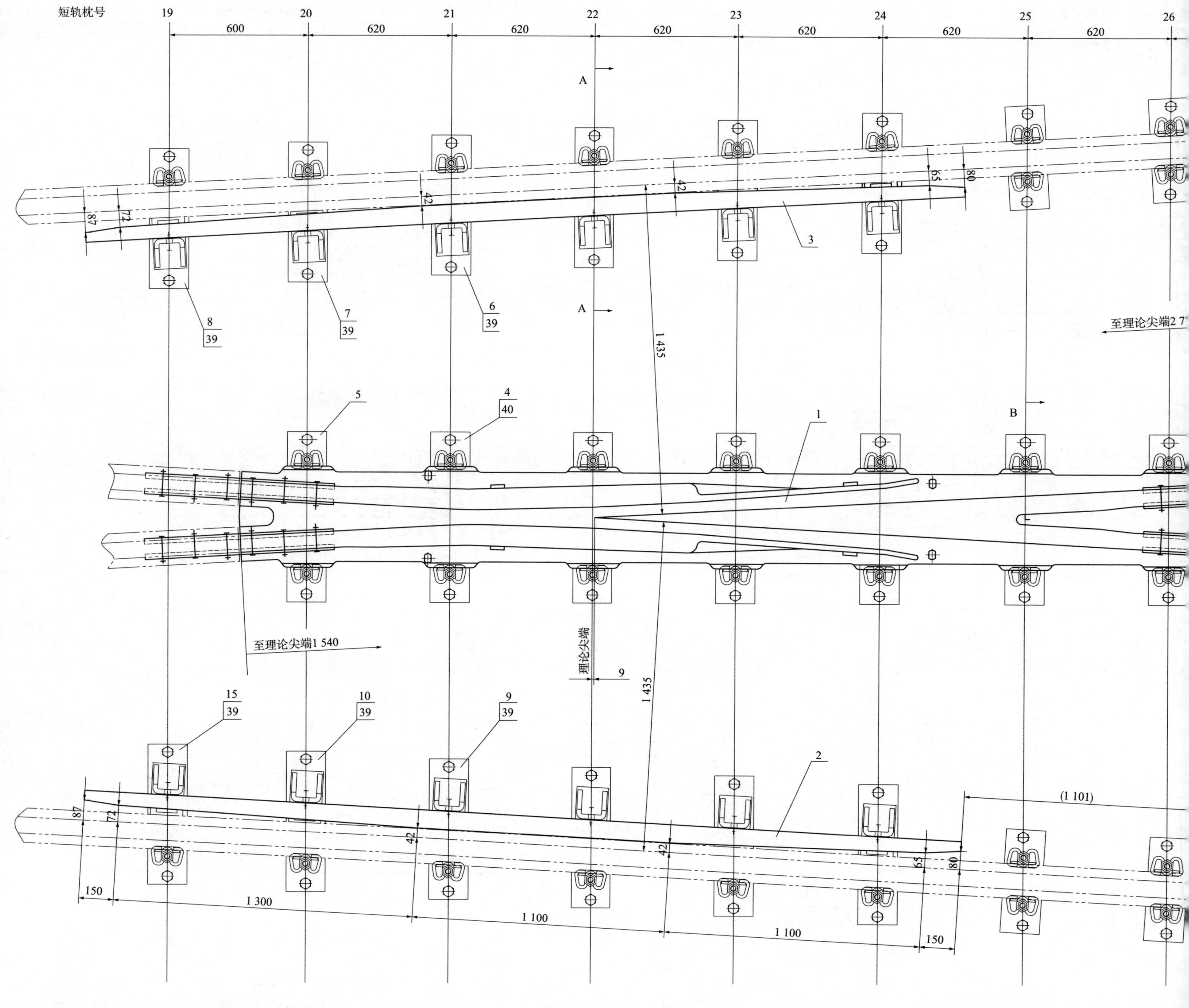

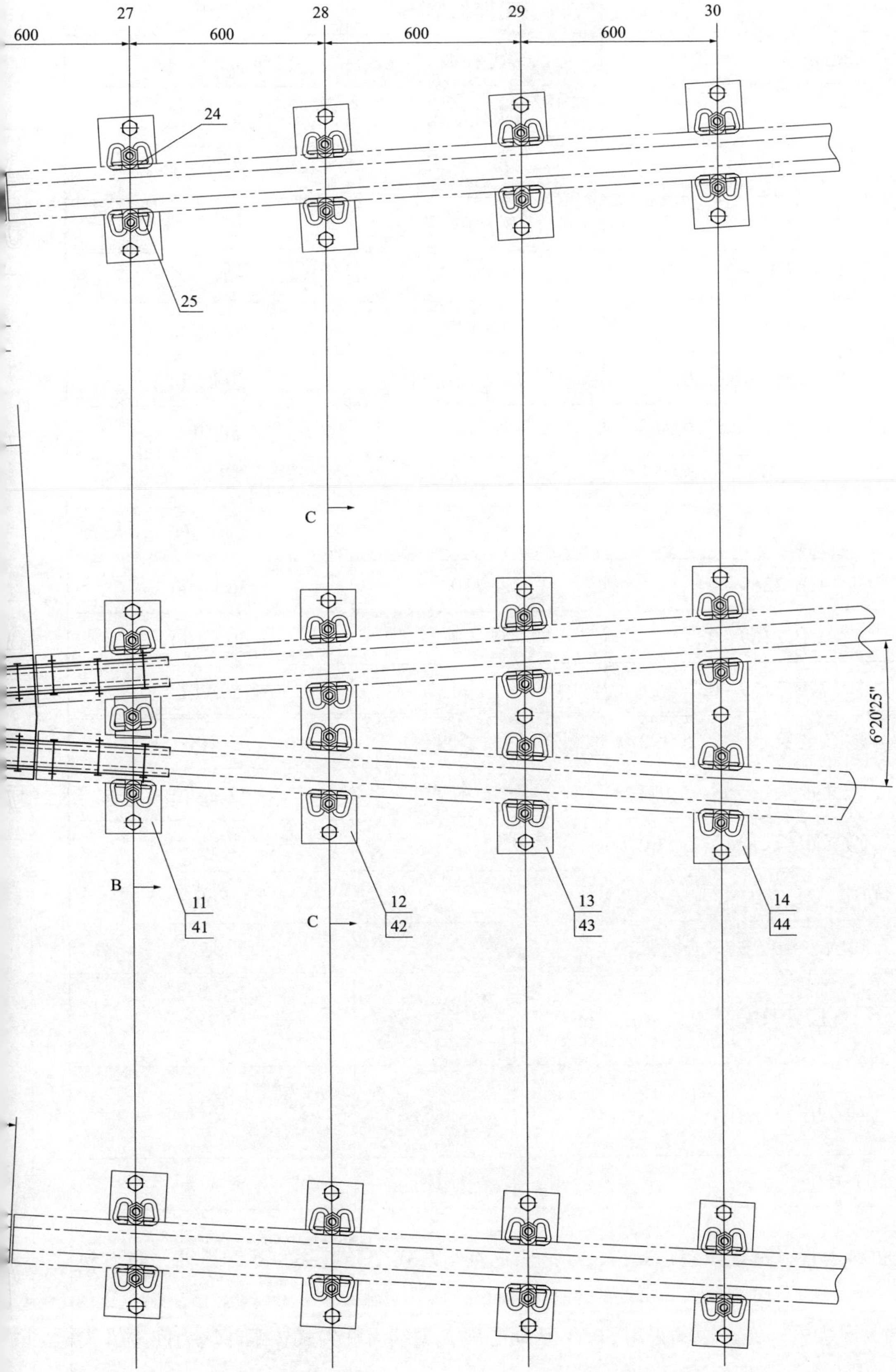

A－A 旋转

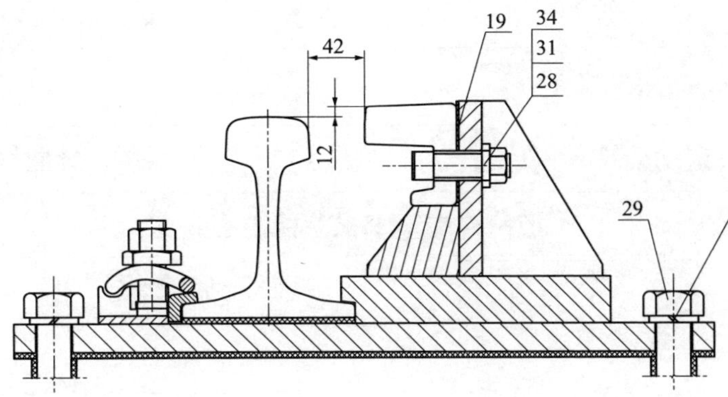

B－B 旋转

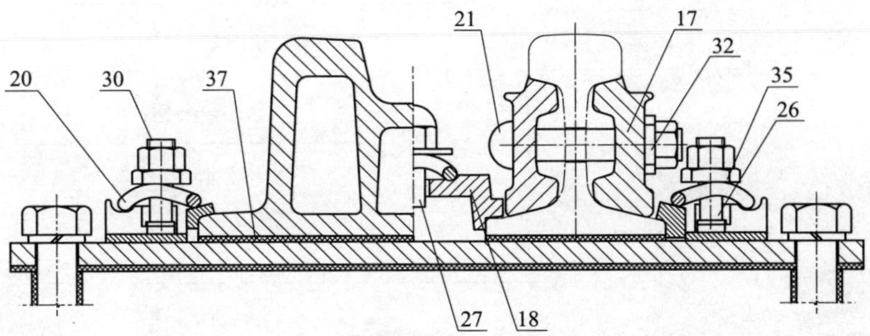

C－C 旋转

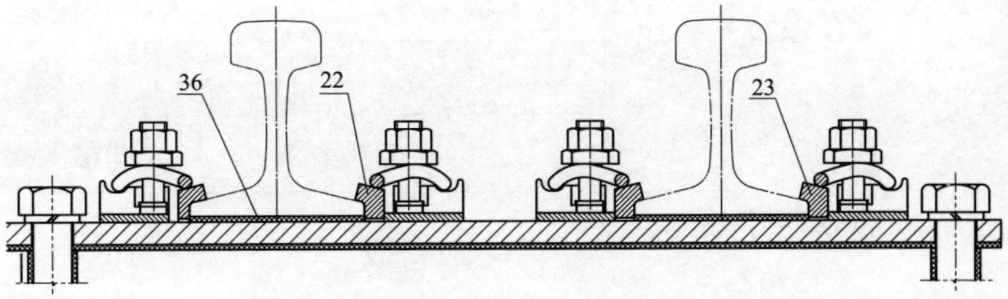

技 术 要 求

1. 组装护轨时，应使用 3 mm 厚的护轨调整片，如查照间距或护背间距不合格时，可使用备用调整片进行调整。
2. 查照间距及护背间距在心轨轨头宽 25 mm 处丈量。

29. 50 kg/m 钢轨 12 号复式交分道岔(混凝土枕)
设计图号：CZ 2220

<table>
<tr><td rowspan="2">道岔允许通过速度</td><td>客车</td><td colspan="3">$v_{侧}$≤45 km/h</td><td>扣件类型</td><td>B 型弹条</td></tr>
<tr><td>货车</td><td colspan="3">$v_{侧}$≤45 km/h</td><td>轨底坡</td><td>—</td></tr>
<tr><td>尖/心轨跟端形式</td><td colspan="4">间隔铁活接头</td><td>锁闭方式</td><td>内锁闭</td></tr>
<tr><td>道岔全长</td><td>42 132</td><td>导曲线半径</td><td colspan="2">380 m</td><td>辙叉角</td><td>4°45′49″</td></tr>
<tr><td colspan="3">道岔终端至末根岔枕中心距离</td><td colspan="4">8 740</td></tr>
<tr><td rowspan="5">双转辙器
CB 2268</td><td colspan="2">轨件名称</td><td colspan="2">图　号</td><td>长　度</td><td>轨　型</td></tr>
<tr><td colspan="2">直基本轨</td><td colspan="2">CB 2268－01</td><td>10 814</td><td>50 kg/m</td></tr>
<tr><td colspan="2">曲基本轨</td><td colspan="2">CB 2268－02、03</td><td>108 45、16 945</td><td>50 kg/m</td></tr>
<tr><td colspan="2">直线尖轨</td><td colspan="2">CB 2268－04、05</td><td>7 630</td><td>50AT1</td></tr>
<tr><td colspan="2">曲线尖轨</td><td colspan="2">CB 2268－06、07</td><td>7 630</td><td>50AT1</td></tr>
<tr><td rowspan="4">钝角辙叉
CB 2269</td><td colspan="2">轨件名称</td><td colspan="2">图　号</td><td>长　度</td><td>轨　型</td></tr>
<tr><td colspan="2">基本轨</td><td colspan="2">CB 2269－01</td><td>9 710</td><td>50 kg/m</td></tr>
<tr><td colspan="2">导轨</td><td colspan="2">CB 2269－02</td><td>9 692</td><td>50 kg/m</td></tr>
<tr><td colspan="2">活动心轨</td><td colspan="2">CB 2269－03</td><td>4 200</td><td>50AT1</td></tr>
<tr><td rowspan="5">辙叉及护轨
CB 2270</td><td rowspan="2">辙叉图号</td><td rowspan="2">CB 2218－01</td><td>辙叉全长</td><td>5 992</td><td>护轨长度</td><td>5 400</td></tr>
<tr><td>辙叉趾长</td><td>2 192</td><td>护轨轨型</td><td>43 kg/m</td></tr>
<tr><td>辙叉形式</td><td>高锰钢整铸式</td><td>辙叉跟长</td><td>3 800</td><td>护轨图号</td><td>CB 2270－01</td></tr>
<tr><td colspan="5">护轨端头距导轨端头定位尺寸</td><td>569</td></tr>
<tr><td colspan="5">辙叉理论尖端距趾端方向前一根岔枕中心距离</td><td>95</td></tr>
<tr><td>岔枕图号
CZ 2220Z</td><td>岔枕总数</td><td>108 根</td><td>岔枕展延长</td><td>399.2 m</td><td>套管总数</td><td>698</td></tr>
<tr><td>电务转换设备
—</td><td>尖轨动程</td><td colspan="3">152/149</td><td>心动程</td><td>90</td></tr>
<tr><td>批准文号</td><td colspan="4">运基线路〔2003〕207 号</td><td>应用情况</td><td>★★★</td></tr>
<tr><td>主要结构特点</td><td colspan="6">1. 轨下基础采用无挡肩混凝土岔枕，岔枕预埋塑料套管，岔枕布置：1～46 号岔枕垂直于复式交分道岔的菱形长轴，47～54 号岔枕扭转至垂直于各自股线。
2. 双转辙器采用 50AT 半切线型曲线尖轨，尖端为藏尖式；钝角辙叉采用 50AT 活动心轨，尖端为贴尖式；跟部均为间隔铁式结构。</td></tr>
</table>

双转辙器明细表

序号	图号 / 标准	名称及规格	数量	材 料	备 注
1	CB 2268－01	直基本轨 10 814	1	50 kg/m 钢轨	
2	CB 2268－01	直基本轨 10 814	1	50 kg/m 钢轨	与序号 1 对称
3	CB 2268－02	由基本轨 10 845	1	50 kg/m 钢轨	
4	CB 2268－03	由基本轨 16 945	1	50 kg/m 钢轨	
5	CB 2268－04	直线尖轨 7 630	1	50AT 钢轨	
6	CB 2268－05	直线尖轨 7 630	1	50AT 钢轨	
7	CB 2268－06	由线尖轨 7 630	1	50AT 钢轨	
8	CB 2268－07	由线尖轨 7 630	1	50AT 钢轨	
9	CB 305－06	接头平垫板 J 50－BY	1	Q235－A(底板)	
10	CB 305－06	接头平垫板 J 50－BY	1	Q235－A(底板)	与序号 9 对称
11	CB 305－07	平垫板 50－BY	1	Q235－A(底板)	
12	CB 305－07	平垫板 50－BY	1	Q235－A(底板)	与序号 11 对称
13	CB 305－10	轨撑滑床板 G50－590－6Y	4	Q235－A(底板)	
14	CB 305－10	轨撑滑床板 G50－590－6Z	4	Q235－A(底板)	与序号 13 对称
15	CB 2261－08	滑床板 50－560－6Y	2	Q235－A(底板)	
16	CB 2261－08	滑床板 50－560－6Z	2	Q235－A(底板)	与序号 15 对称
17	CB 2261－09	轨撑滑床板 G50－560－6Y	2	Q235－A(底板)	
18	CB 2261－09	轨撑滑床板 G50－560－6Z	2	Q235－A(底板)	与序号 17 对称
19	CB 2261－08	滑床板 50－560－3Y	2	Q235－A(底板)	
20	CB 2261－08	滑床板 50－560－3Z	2	Q235－A(底板)	与序号 19 对称
21	CB 2261－09	轨撑滑床板 G50－560－3Y	2	Q235－A(底板)	
22	CB 2261－09	轨撑滑床板 G50－560－3Z	2	Q235－A(底板)	与序号 21 对称
23	CB 2261－09	轨撑滑床板 G50－560－9Y	4	Q235－A(底板)	
24	CB 2261－09	轨撑滑床板 G50－560－9Z	4	Q235－A(底板)	与序号 23 对称
25	CB 2261－08	滑床板 50－560－9Y	3	Q235－A(底板)	
26	CB 2261－08	滑床板 50－560－9Z	3	Q235－A(底板)	与序号 25 对称
27	CB 2268－08	滑床板 516	1	Q235－A(底板)	
28	CB 2268－08	滑床板 516	1	Q235－A(底板)	与序号 27 对称
29	CB 2268－09	轨撑滑床板 G495	1	Q235－A(底板)	
30	CB 2268－09	轨撑滑床板 G495	1	Q235－A(底板)	与序号 29 对称
31	CB 2268－09	轨撑滑床板 G470	1	Q235－A(底板)	
32	CB 2268－09	轨撑滑床板 G470	1	Q235－A(底板)	与序号 31 对称

续上表

序号	图号 / 标准	名称及规格	数量	材　　料	备　　注
33	CB 2268－09	轨撑滑床板　G445	1	Q235－A(底板)	
34	CB 2268－09	轨撑滑床板　G445	1	Q235－A(底板)	与序号 33 对称
35	CB 2268－09	轨撑滑床板　G418	1	Q235－A(底板)	
36	CB 2268－09	轨撑滑床板　G418	1	Q235－A(底板)	与序号 35 对称
37	CB 2268－10	垫　板　355×180×20	3	Q235－A(底板)	
38	CB 2268－10	垫　板　355×180×20	3	Q235－A(底板)	与序号 37 对称
39	CB 2268－11	辙跟垫板　780×555×20	1	Q235－A(底板)	
40	CB 2268－11	辙跟垫板　780×555×20	1	Q235－A(底板)	与序号 39 对称
41	CB 2268－12	辙跟垫板　1 380×585×20	1	Q235－A(底板)	
42	CB 2261－12	辙跟垫板　1 380×585×20	1	Q235－A(底板)	与序号 41 对称
43	CT 4－85	辙跟接头夹板　8Y	2	Q275	
44	CT 4－85	辙跟接头夹板　8Z	2	Q275	
45	CT 4－25	辙跟内轨撑　50T 内	4	KTH 330－08	
46	CT 4－24	辙跟外轨撑　50T 外	4	KTH 330－08	
47	CB 306－27	方孔垫圈　50－0	4	KTH 330－08	
48	CB 306－26	圆孔垫圈　50－0	4	KTH 330－08	
49	CT 4－86	辙跟间隔铁　50ATF137－152Y	1	KTH 330－08	
50	CT 4－86	辙跟间隔铁　50ATF137－152Z	1	KTH 330－08	
51	CB 2261－15	辙跟间隔铁　50ATF127－143Y	1	KTH 330－08	
52	CB 2261－15	辙跟间隔铁　50ATF127－143Z	1	KTH 330－08	
53	CB 318－06	轨　撑　50	32	KTH 330－08	
54	CB 318－07	调整楔	32	KTH 350－10	
55	CB 2261－20	拉　杆　1 090	2		L=135、205 的各 1
56	CT 4－79	连　杆　1 090	2		
57	CT 4－79	连　杆　1 130	2		
58	CB 662－21	双头螺柱　M24×28×80×225	2	Q275	
59	CB 662－21	双头螺柱　M24×24×90×235	2	Q275	
60	CB 662－21	双头螺柱　M24×28×80×215	2	Q275	
61	CB 662－21	双头螺柱　M24×24×90×225	2	Q275	
62	CT 4－01	半圆头方颈螺栓　M24×290	4	20SiMn	
63	CT 4－01	半圆头方颈螺栓　M24×280	4	20SiMn	
64	CT 1－03	螺　栓　M22×80	16	Q235－A	
65	CT 5－02	T 型螺栓　M24×60	38	Q235－A	
66	CT 10－16	螺　钉　M30×170	126	45	

续上表

序号	图号/标准	名称及规格	数量	材　料	备　注
67	CB 2507－19	螺　钉　M30×162	10	45	
68	CT 1－01	螺　母　M22	16	5 级	
69	CT 1－01	螺　母　M24	24	Q275	
70	GB 923	盖形螺母　M24	70	4 级	
71	TB/T 1495.4	平垫圈　24	70		
72	GB/T 97.1	垫　圈　22	28		
73	TB/T 418	弹簧垫圈　22	16		
74	GB/T 7244	弹簧垫圈　24	40		
75	GB/T 7244	弹簧垫圈　30	136		
76	GB/T 91	销　8×140	10		
77	GB/T 91	销　5×35	16		
78	TB/T 1495.2	B 型弹条	70		
79	CB 305－16	轨距块　50/9－11	28	ZG 230－450	
80	CB 305－16	轨距块　50/13－15	6	ZG 230－450	
81	CB 642－20	轨距调整片　$160\times12\times\frac{2}{1}$	各 48	Q235	2 mm 备用
82	CT 10－79	接头轨距块　50－11	2	玻璃纤维	
83	CT 10－79	接头轨距块　50－13	2	玻璃纤维	
84	CB 2507－21	绝缘垫板　92－高 49	5	玻璃纤维	
85	CT 10－75	轨下橡胶垫板　50－200	10	橡胶（双面槽）	
86	CT 10－73	滑床板用轨下橡胶垫板　50－200	48	橡胶（单面槽）	
87	CT 10－76	橡胶垫板　430×185×10	4	橡胶	
88	CT 10－76	橡胶垫板　590×185×10	8	橡胶	
89	CT 10－76	橡胶垫板　560×185×10	30	橡胶	
90	CT 10－56	橡胶垫板　1 124－446－185	1	橡胶	
91	CT 10－56	橡胶垫板　1 082－425－185	1	橡胶	
92	CT 10－56	橡胶垫板　1 032－400－185	1	橡胶	
93	CT 10－56	橡胶垫板　982－375－185	1	橡胶	
94	CT 10－56	橡胶垫板　928－348－185	1	橡胶	
95	CT 10－76	橡胶垫板　355×185×10	6	橡胶	
96	CT 10－76	橡胶垫板　555×185×10	4	橡胶	
97	CT 10－76	橡胶垫板　545×185×10	6	橡胶	
98	CT 5－02	T 型螺栓　M24×70	32	Q235－A	

钝角辙叉明细表

序号	图号 / 标准	名称及规格	数量	材　　料	备　　注
1	CB 2269－01	基本轨　9 710	2	50 kg/m 钢轨	
2	CB 2269－02	导　轨　9 692	2	50 kg/m 钢轨	
3	CB 2269－03	活动心轨　4 200	2	50AT	
4	CB 2269－03	活动心轨　4 200	2	50AT	与序号 3 对称
5	CB 2269－04	垫　板　1 097 × 180 × 20	2	Q235－A(底板)	
6	CB 2269－04	垫　板　1 097 × 180 × 20	2	Q235－A(底板)	与序号 5 对称
7	CB 2269－05	垫　板　1 099 × 180 × 20	2	Q235－A(底板)	
8	CB 2269－05	垫　板　1 099 × 180 × 20	2	Q235－A(底板)	与序号 7 对称
9	CB 2269－06	垫　板　1 103 × 180 × 20	2	Q235－A(底板)	
10	CB 2269－06	垫　板　1 103 × 180 × 20	2	Q235－A(底板)	与序号 9 对称
11	CB 2269－07	垫　板　1 109 × 180 × 20	2	Q235－A(底板)	
12	CB 2269－07	垫　板　1 109 × 180 × 20	2	Q235－A(底板)	与序号 11 对称
13	CB 2269－08	垫　板　1 117 × 180 × 20	2	Q235－A(底板)	
14	CB 2269－09	垫　板　1 117 × 180 × 20	2	Q235－A(底板)	
15	CB 2269－10	垫　板　1 127 × 180 × 20	2	Q235－A(底板)	
16	CB 2269－11	垫　板　1 127 × 180 × 20	2	Q235－A(底板)	
17	CB 2269－12	垫　板　556 × 180 × 20	2	Q235－A(底板)	
18	CB 2269－12	垫　板　556 × 180 × 20	2	Q235－A(底板)	与序号 17 对称
19	CT 4－78	拉　杆　1 212	2		两铰接孔中心距离为 1 201 mm
20	CT 4－85	接头夹板　50－0	4	Q275	
21	CB 306－24	支距扣板　50/119－123	4	KTH 350－10	
22	CB 306－24	支距扣板　50/98－102	2	KTH 350－10	
23	CB 306－24	支距扣板　50/79－83	2	KTH 350－10	
24	CB 2228－14	支距扣板　50/60－63	4	KTH 350－10	
25	CB 306－25	支距扣板　J 50/98－102	2	KTH 350－10	
26	CB 306－25	支距扣板　J 50/79－83	2	KTH 350－10	
27	CB 305－16	轨距块　50/7－17	8	ZG 230－450	
28	CB 305－16	轨距块　50/9－11	28	ZG 230－450	
29	CB 305－16	轨距块　50/13－15	40	ZG 230－450	
30	TB/T 1495.2	B 型弹条	100		
31	CB 318－06	轨　撑　50	4	KTH 330－08	
32	CB 318－07	调整模	4	KTH 350－10	
33	CT 4－25	轨　撑　50T 内	4	KTH 330－08	

续上表

序号	图号 / 标准	名称及规格	数量	材　料	备　注
34	CB 2262－14	间隔铁　50－145－161－8Y	2	KTH 330－08	
35	CB 2262－14	间隔铁　50－145－161－8Z	2	KTH 330－08	
36	CB 306－27	方孔垫圈　50－0	4	KTH 330－08	
37	CB 306－26	圆孔垫圈　50－0	12	KTH 330－08	
38	CT 4－01	半圆头方颈螺栓　M24×280	4	20SiMn	
39	CT 4－01	半圆头方颈螺栓　M24×300	4	20SiMn	
40	CB 662－21	双头螺柱　M24×24×90×250	4	Q275	
41	CB 662－21	双头螺柱　M24×26×80×250	4	Q275	
42	CT 5－02	T 型螺栓　M24×60	84	Q235－A	
43	CT 5－02	T 型螺栓　M24×80	16	Q235－A	
44	CT 1－03	螺　栓　M22×80	8	Q235－A	
45	CT 10－16	螺　钉　T30×170	56	45	
46	CT 1－01	螺　母　M22	8		
47	CT 1－01	螺　母　M24	24	Q275	
48	GB/T 923	盖形螺母　M24	100		
49	TB/T 1495.4	平垫圈　24	100		
50	GB/T 97.1	垫　圈　22	20	65Mn	
51	TB/T 418	弹簧垫圈　22	8	55Si2Mn	
52	GB/T 7244	弹簧垫圈　24	32	65Mn	
53	GB/T 7244	弹簧垫圈　30	56	65Mn	
54	GB/T 91	销　5×35	16		
55	CB 64－20	轨距调整片　$160\times12\times\frac{2}{3}$	各 32	Q235	
56	CT 10－79	接头轨距块　50－11	4	玻璃纤维	
57	CT 10－73	滑床板用轨下橡胶垫板　50	40	橡胶（单面槽）	
58	CT 10－75	轨下橡胶垫板　50－200	40	橡胶（双面槽）	
59	CT 10－76	橡胶垫片　1 097×185×10	4	橡胶	
60	CT 10－76	橡胶垫片　1 099×185×10	4	橡胶	
61	CT 10－76	橡胶垫片　1 103×185×10	4	橡胶	
62	CT 10－76	橡胶垫片　1 109×185×10	4	橡胶	
63	CT 10－76	橡胶垫片　1 117×185×10	4	橡胶	
64	CT 10－76	橡胶垫片　1 127×185×10	4	橡胶	
65	CT 10－76	橡胶垫片　556×185×10	4	橡胶	

辙叉及护轨明细表

序号	图号 / 标准	名称及规格	数量	材　料	备　注
1	CB 2218－01	高盂钢整铸辙叉　50－12G	1	ZGMn13	
2	CB 2270－01	护　轨　5 400	2	43 kg/m 钢轨	
3	CB 2270－02	辙叉垫板　740×180×20	2	Q235－A（底板）	铁座 33
4	CB 2270－02	辙叉垫板　740×180×20	8	Q235－A（底板）	铁座 41
5	CB 2270－03	垫　板　704×180×20	1	Q235－A（底板）	
6	CB 2270－04	垫　板　309×180×20	1	Q235－A（底板）	
7	CB 2270－04	垫　板　309×180×20	1	Q235－A（底板）	与序号 6 对称
8	CB 2270－05	垫　板　754×180×20	1	Q235－A（底板）	
9	CB 2270－06	垫　板　804×180×20	1	Q235－A（底板）	
10	CB 2270－06	垫　板　854×180×20	1	Q235－A（底板）	
11	CB 2270－07	护轨垫板　550×180×23	9	16Mn（底板）	
12	CB 2270－07	护轨垫板　550×180×23	9	16Mn（底板）	与序号 11 对称
13	CB 305－07	平垫板　50－BY	4	Q235－A（底板）	
14	CB 305－07	平垫板　50－BZ	4	Q235－A（底板）	与序号 13 对称
15	CB 305－06	接头平垫板　J50－BY	3	Q235－A（底板）	
16	CB 305－06	接头平垫板　J50－BZ	3	Q235－A（底板）	与序号 15 对称
17	TB/T 2345	接头夹板　50	8		
18	TB/T 2347	接头螺栓、螺母　M24×145－10.9	24		
19	CT 1－02	半圆头方颈螺栓　M24×100	4	Q235－A	
20	CT 1－02	半圆头方颈螺栓　M24×110	14	Q235－A	
21	CT 5－02	T 型螺栓　M24×60	82	Q235－A	
22	CT 5－02	T 型螺栓　M24×85	1	Q235－A	
23	CB 2508－15	螺　钉　T30×200	1	45 号钢	
24	CT 10－16	螺　钉　T30×170	96	45 号钢	
25	GB/T 923	螺　母　M24	83		
26	专线 4232 101	螺　母　M24	18		
27	GB/T 7244	重型弹簧垫圈　24	18		
28	GB/T 7244	弹簧垫圈　30	97		
29	GB/T 1230	平垫圈　24	24		
30	TB/T 1495.4	平垫圈　24	83		
31	CB 2270－08	绝缘块　50－12F	1	玻璃纤维	
32	CB 2270－09	钢　板　143 158	1	45 号钢	

续上表

序号	图号 / 标准	名称及规格	数量	材　　料	备　　注
33	TB/T 1495.2	B 型弹条	83	60Si2Mn	
34	CB 306－25	支距扣板　J50/143－134	1	KTH330－08	
35	CB 305－16	轨距块　50/9－11	42	ZG230－450	
36	CB 305－16	轨距块　50/13－15	24	ZG230－450	
37	CT 10－79	接头轨距块　50－11	8	玻璃纤维	
38	CT 10－79	接头轨距块　50－13	8	玻璃纤维	
39	CT 2－55	调整片　$135\times125\times\frac{2}{3}$	36 18	Q235	
40	CT 2－73	板型导电销	4	1Cr18Ni9Ti	
41	CT 10－76	橡胶垫板　430×185×10	16	橡胶	
42	CT 10－75	橡胶垫板　50－200	42	橡胶	
43	CT 10－12	橡胶垫板　439×200×5	10	橡胶	
44	CT 10－78	橡胶垫板　550×185×7	18	橡胶	
45	CT 10－82	橡胶垫板　740×185×10	10	橡胶	
46	CT 10－82	橡胶垫板　704×185×10	1	橡胶	
47	CT 10－77	橡胶垫板　706－318	1	橡胶	
48	CT 10－82	橡胶垫板　754×185×10	1	橡胶	
49	CT 10－77	橡胶垫板　804－367	1	橡胶	
50	CT 10－77	橡胶垫板　854－392	1	橡胶	

CZ 2220 电务主要参数

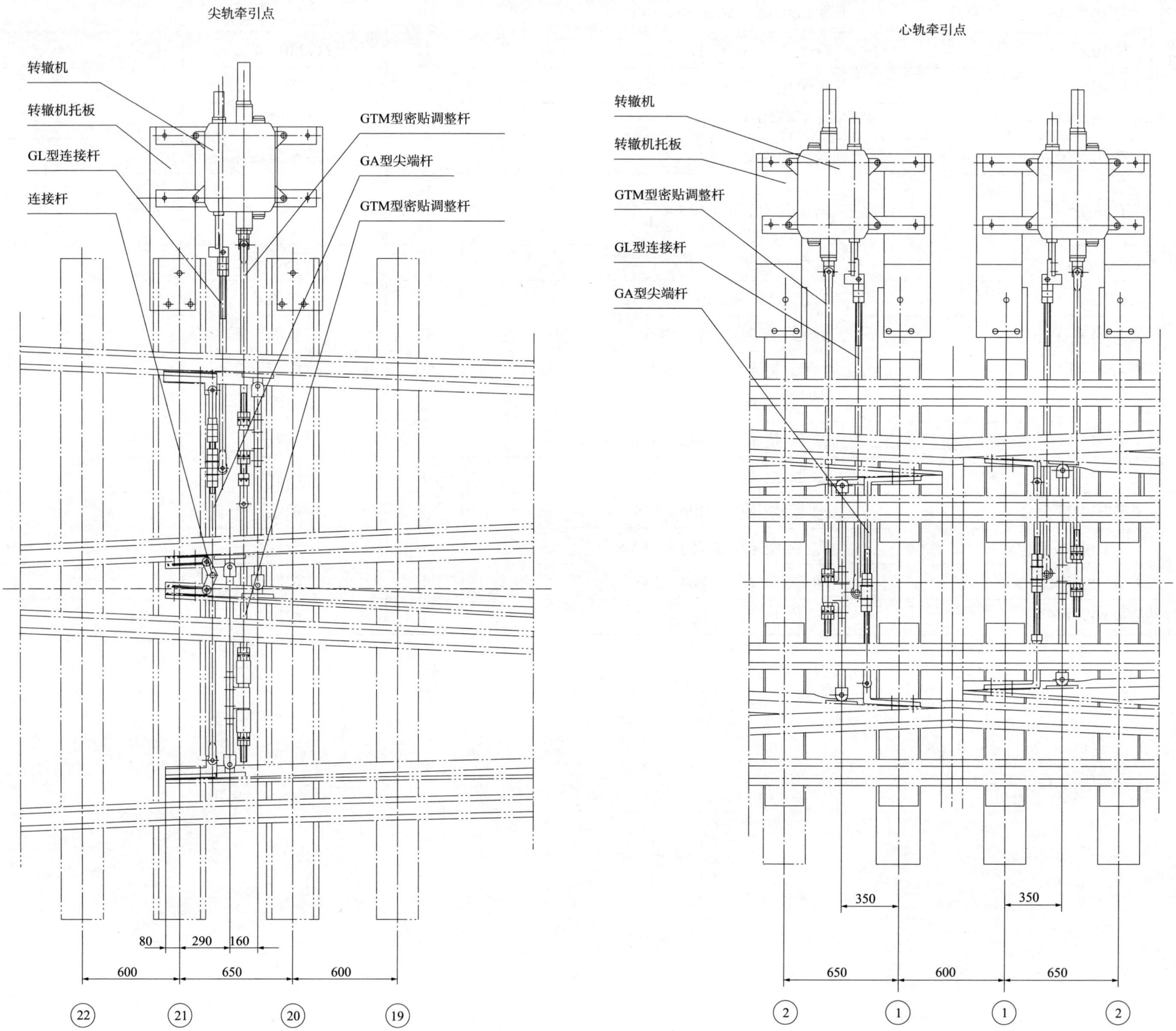

转换设备	安装图名称	安装图号	锁闭方式
ZD6-F/G	50 kg/m 钢轨 12 号复式交分道岔转换设备（ZD6-F/G）安装图	S0662	内锁闭

50 kg/m 钢轨 12 号复式交分道岔辙叉及护轨 (JF)
图　号：CB 2270

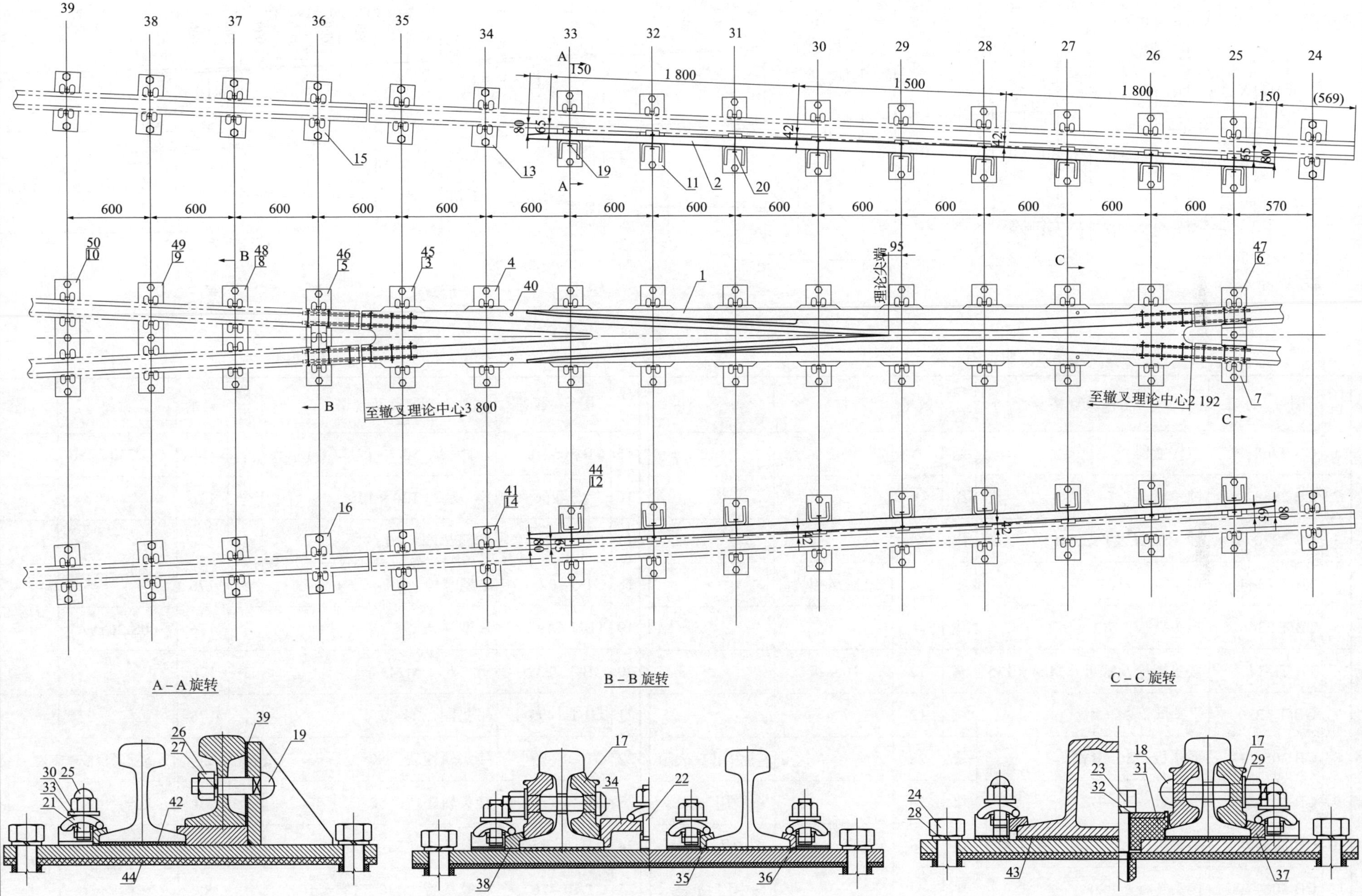

技　术　要　求

1. 组装护轨时，应使用 3 mm 厚的护轨调整片，如查照间隔或护背距离不合格时，可用调整片进行调整。
2. 查照间隔及护背距离在心轨轨头宽 20～30 mm 测量。

50 kg/m 钢轨 12 号复式交分道岔

图 号：CZ 2220

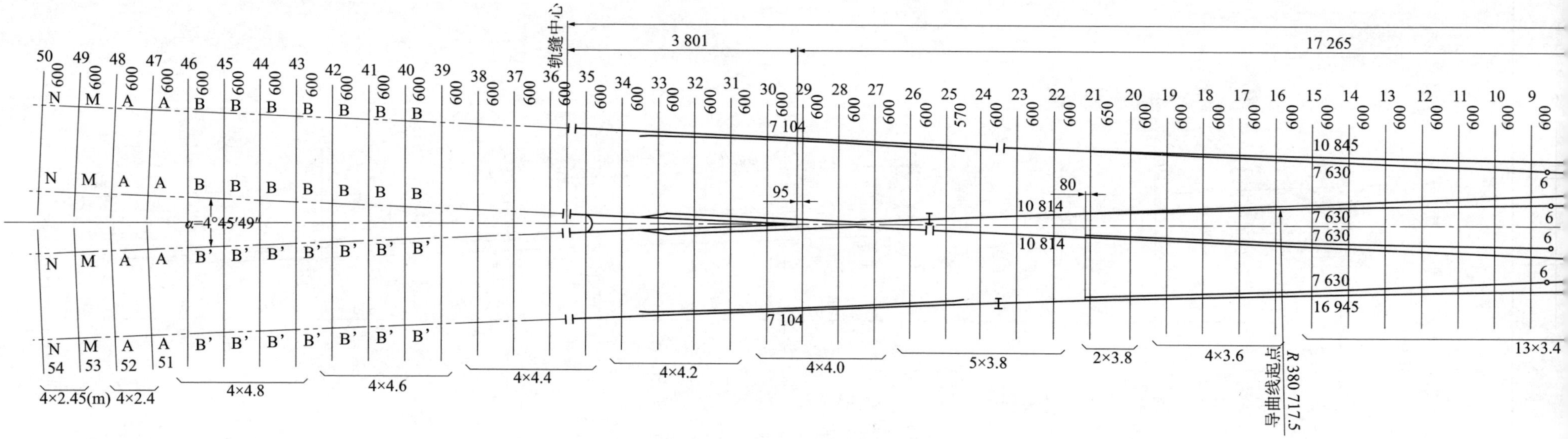

表 1 明 细 表

序号	图号 / 标准	名称及规格	单位	数量	材料	备 注
1	CB 2268	双转辙器	组	2		
2	CB 2269	钝角辙叉	组	1		
3	CB 2270	12 号辙叉及护轨 (JF)	组	2		
4	TB/T 2344	钢 轨 7104	根	4	50 kg/m 钢轨	
5	TB/T 2345	接头夹板 50	块	4		
6	TB/T 2347	接头螺栓及螺母 M24 × 135	套	12	10.9 级	
7	GB/T 1230	平垫圈 24	块	12		
8	CB 305－07	平垫板 50－BY	块	28		图中用 B 表示
9	CB 305－07	平垫板 50－BZ	块	28		图中用 B′ 表示
10	CB 305－07	平垫板 50－A	块	16		图中用 A 表示
11	CB 306－28	接头垫板 P80	块	8		图中用 M 表示
12	CB 306－29	接头垫板 P60	块	8		图中用 N 表示
13	CB 305－16	轨距块 50/9－11	个	88	ZG 230－450	
14	CB 305－16	轨距块 50/13－15	个	88	ZG 230－450	

续表 1

序号	图号 / 标准	名称及规格	单位	数量	材料	备 注
15	CB 305－16	轨距块 50/7－17	个	44	ZG 230－450	备用
16	专线 4266－34	螺 钉 T30 × 170	个	176		
17	GB/T 7244	弹簧垫圈 30	个	176		
18	CT 5－02	T 型螺栓 M24 × 60	个	176		
19	TB/T 1495.2	B 型弹条	个	176	60Si2CrVA	
20	GB/T 923	螺 母 M24	个	176		
21	TB/T 1495.4	平垫圈 24	个	176		
22	CT 10－79	接头轨距块 50－9	个	20	玻璃纤维	备用
23	CT 10－79	接头轨距块 50－15	个	20	玻璃纤维	备用
24	CT 10－75	橡胶垫板 50－200	块	88	橡胶	
25	CT 10－76	橡胶垫板 430 × 185 × 10	块	88	橡胶	
26		钢 轨 绝 缘		4 组	50 kg/m 钢轨用	

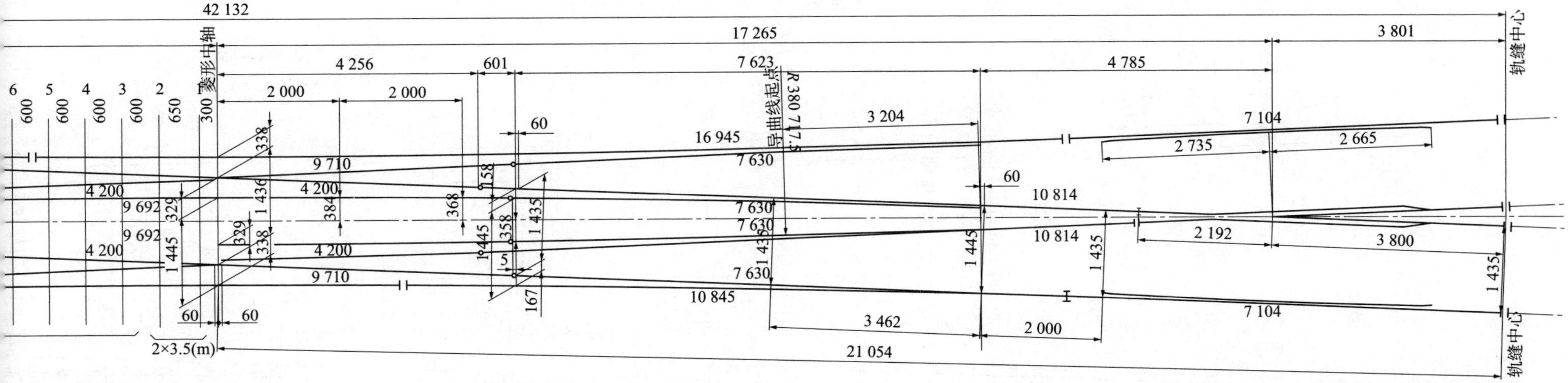

表 2　岔枕数量表

序号	岔枕长 (m)	单位	数量	备注	序号	岔枕长 (m)	单位	数量	备注
1	2.4	根	8		7	4.2	根	8	
2	2.45	根	8		8	4.4	根	8	
3	3.4	根	26		9	4.6	根	8	
4	3.6	根	8		10	4.8	根	8	
5	3.8	根	14		11	3.5	根	4	
6	4.0	根	8						

技　术　要　求

1. 轨下基础采用无挡肩混凝土岔枕，岔枕预埋塑料套管。岔枕布置：1～46 号岔枕垂直于复式交分道岔的菱形长轴，47～54 号岔枕扭转至垂直于各自股线。
2. 道岔牵引点处岔枕间距为 650 mm；其余岔枕间距为 600 mm。
3. 道岔主要特点：

(1) 双转辙器采用 50AT 半切线型曲线尖轨，尖端为藏尖式；钝角辙叉采用 50AT 活动心轨，尖端为贴尖式；跟部均为间隔铁式结构；

(2) 护轨顶面高出基本轨顶面 12 mm；

(3) 轨下设置 5 mm 厚橡胶垫板，垫板下设置 10 mm 厚橡胶垫板，护轨垫板下设置 7 mm 厚橡胶垫板；

(4) 扣件采用 B 型弹条；B 型弹条用轨距块设计安装号数如下：

钢轨工作边一侧安装 13 号轨距块；钢轨非工作边一侧安装 11 号轨距块。

辙叉部分一侧安装 13 号轨距块，另一侧安装 11 号轨距块。7－17 号轨距块为备用轨距块，供现场调节用。钢轨接头和绝缘接头安装接头轨距块。

(5) 道岔前后的顺坡垫板 P80、P60 分别用符号 M、N 表示，其铺 设位置见图。

4. 钢轨件应进行轨头顶面全长碎火。
5. 本图按设置轨道电路设计。
6. 本图按设轨道电路设计。图中钢轨普通接头、绝缘接头分别以“—|├—”、“┼”表示。
7. 钢轨轨缝除注明者外，均为 8 mm。
8. 明细表中平垫板包括两种类型：平垫板 50－0、平垫板 50－8 其铺设位置在图中分别用符号 A、B 表示。带“′”者表示左开垫板。
9. 采用高强度螺栓的紧用件在组装、维修或保养时，采用扭矩扳手紧固。拧紧扭矩要求：在有润滑条件下，M24 的螺母拧紧扭矩不小于 780 N·m，M27 的螺栓拧紧扭矩不小于 980 N·m。

50 kg/m 钢轨 12 号复式交分道岔双转辙器
图　号：CB 2268

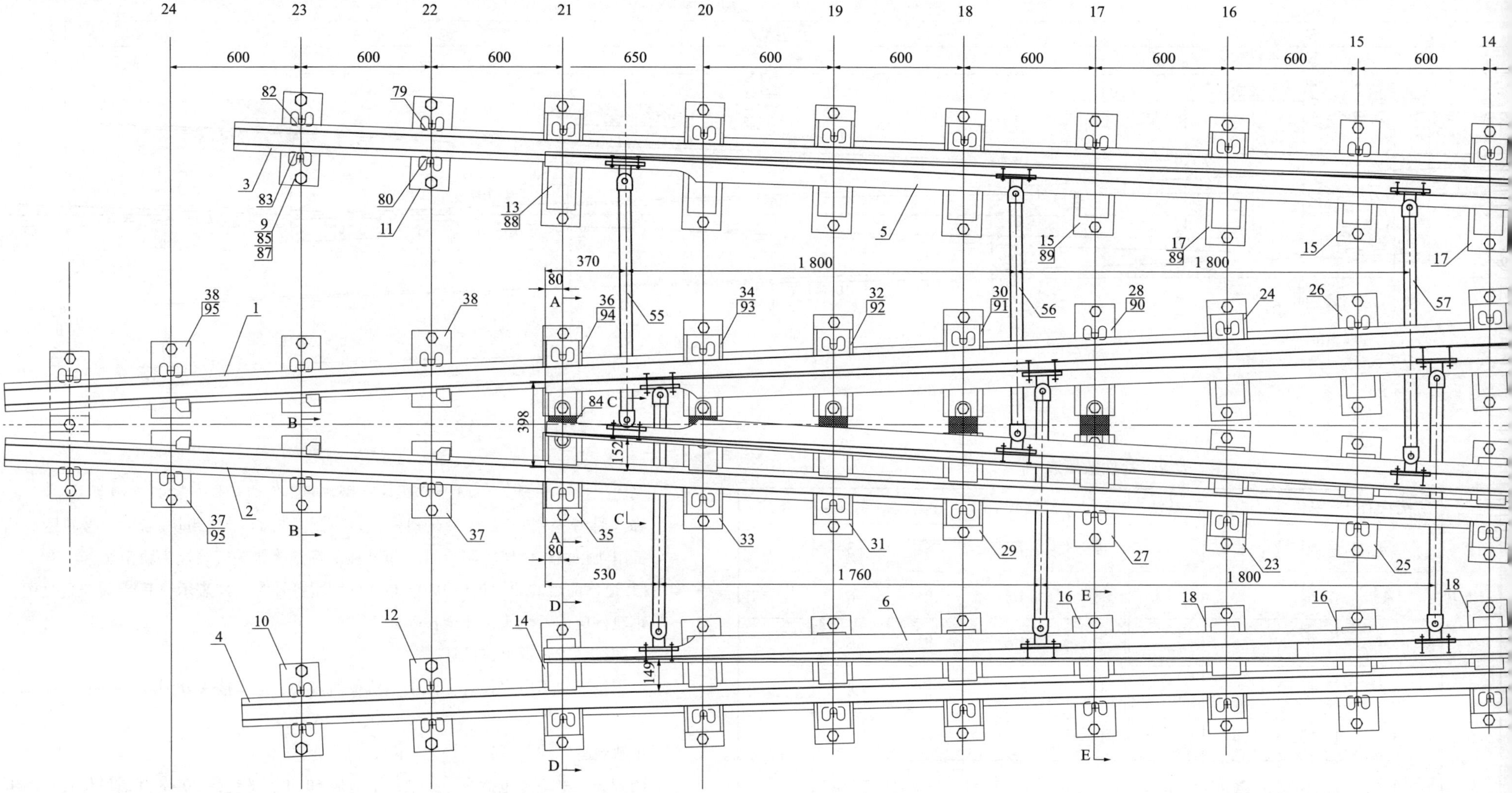

A－A 旋转

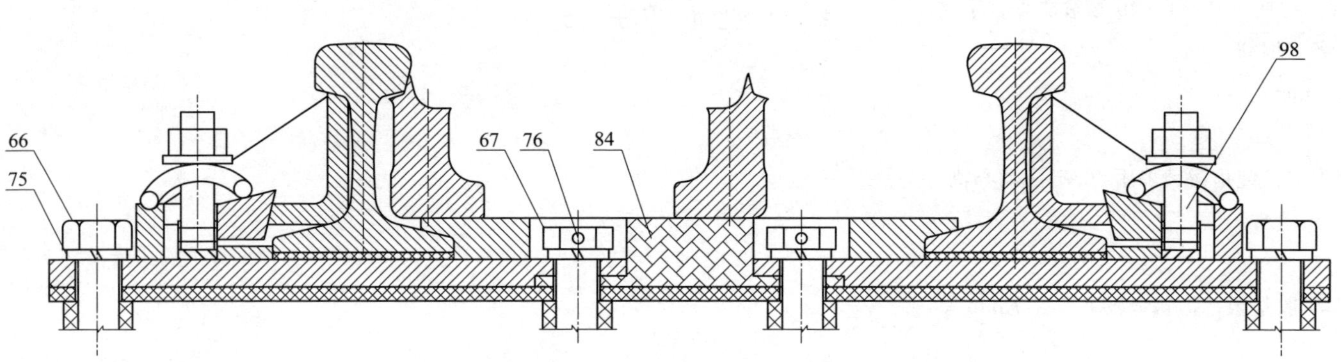

B－B 旋转

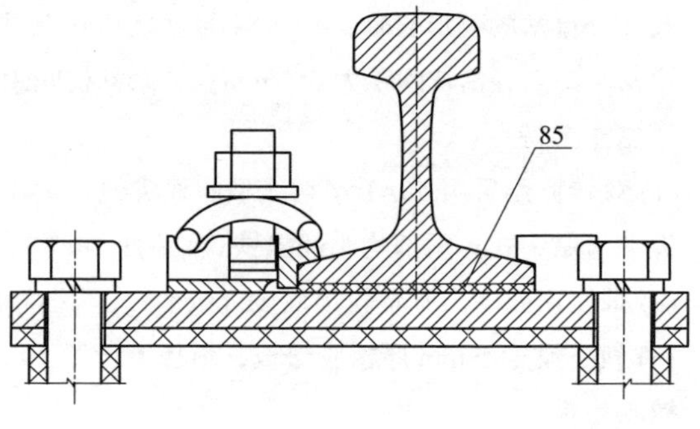

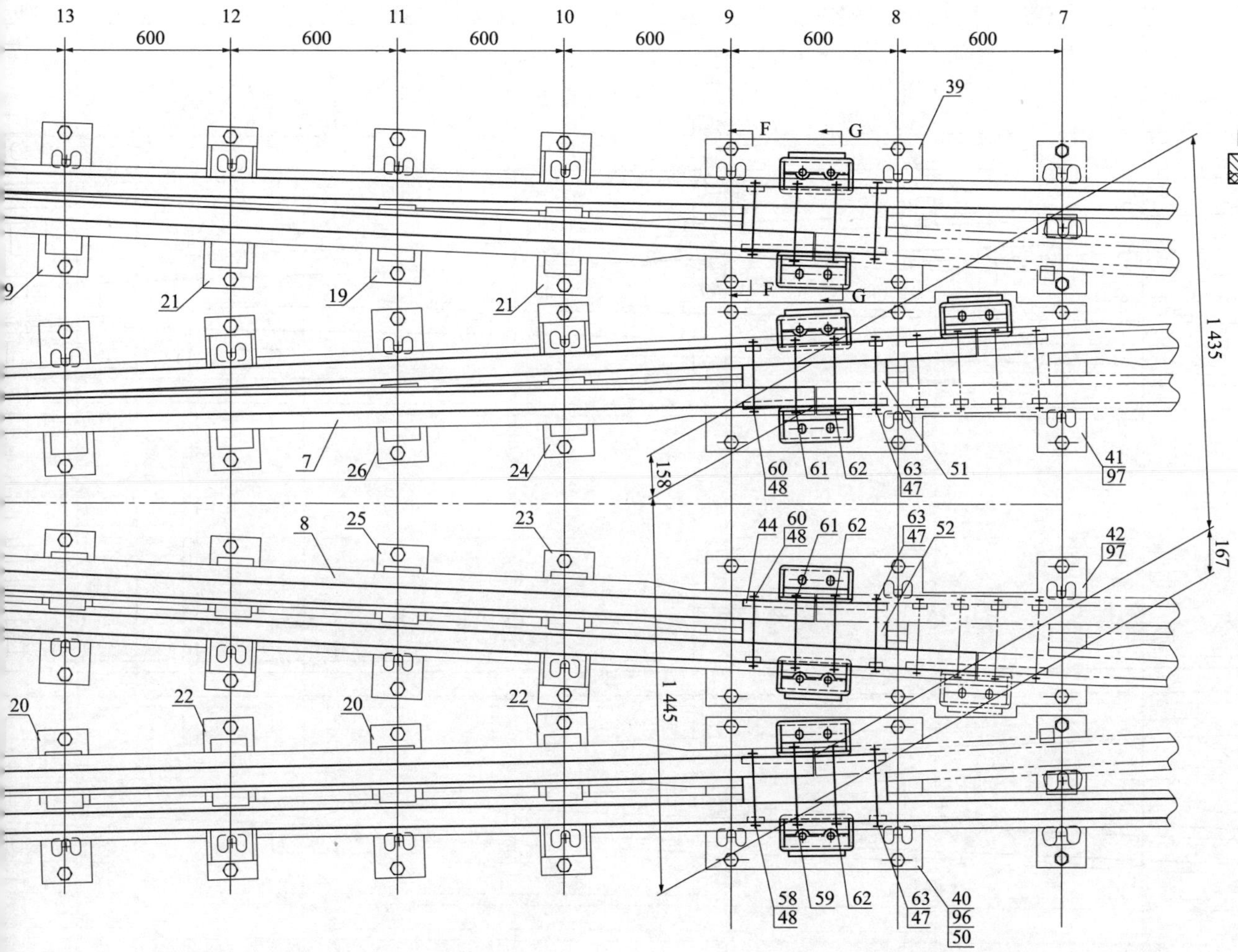

E－E 旋转

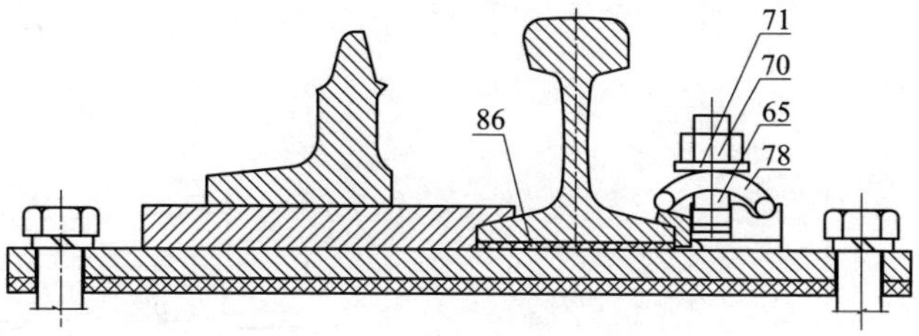

F－F 旋转

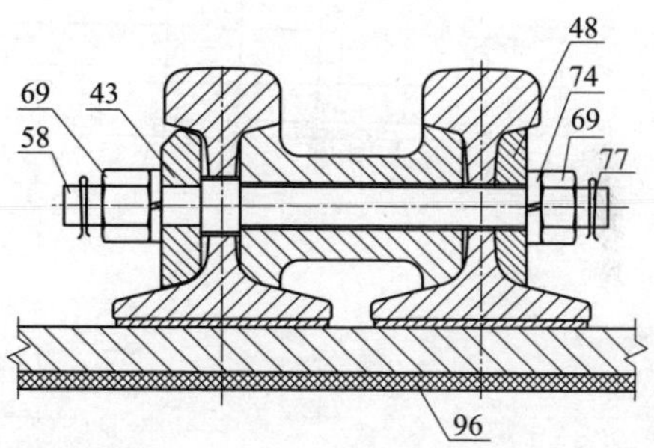

G－G 旋转

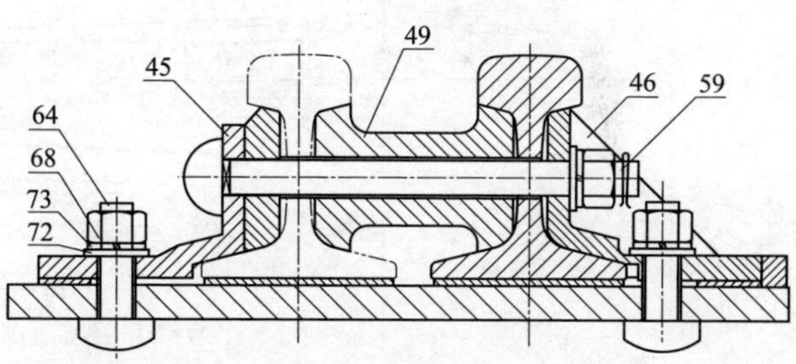

C－C 旋转

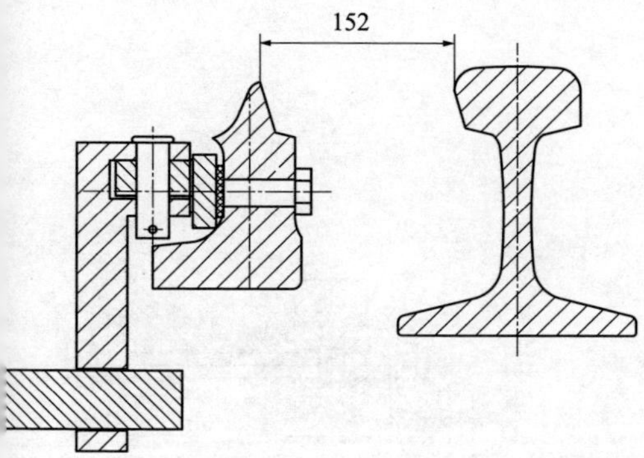

D－D 旋转

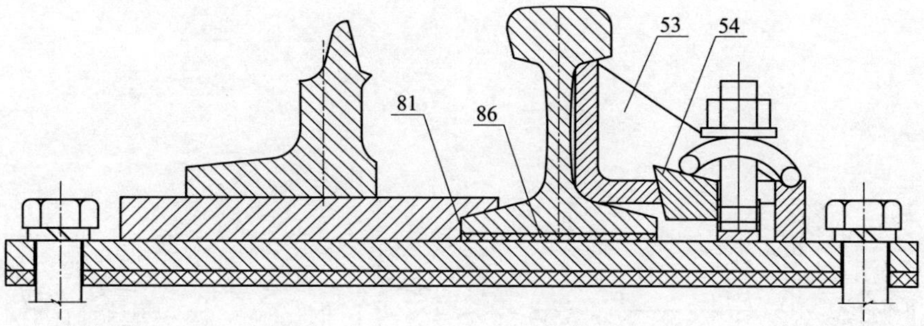

技 术 要 求

1. 扣件采用 B 型弹条。
   B 型弹条用轨距块设计安装号数如下：
   钢轨工作边一侧安装 13 号轨距块；钢轨非工作边一侧安装 11 号轨距块；钢轨接头安装接头轨距块。
2. 钢轨接头须安装接头轨距块。
3. 轨距调整片组装完成后，向台板方向弯折成“└┘”形。

50 kg/m 钢轨 12 号复式交分道岔钝角辙叉
图　号：CB 2269

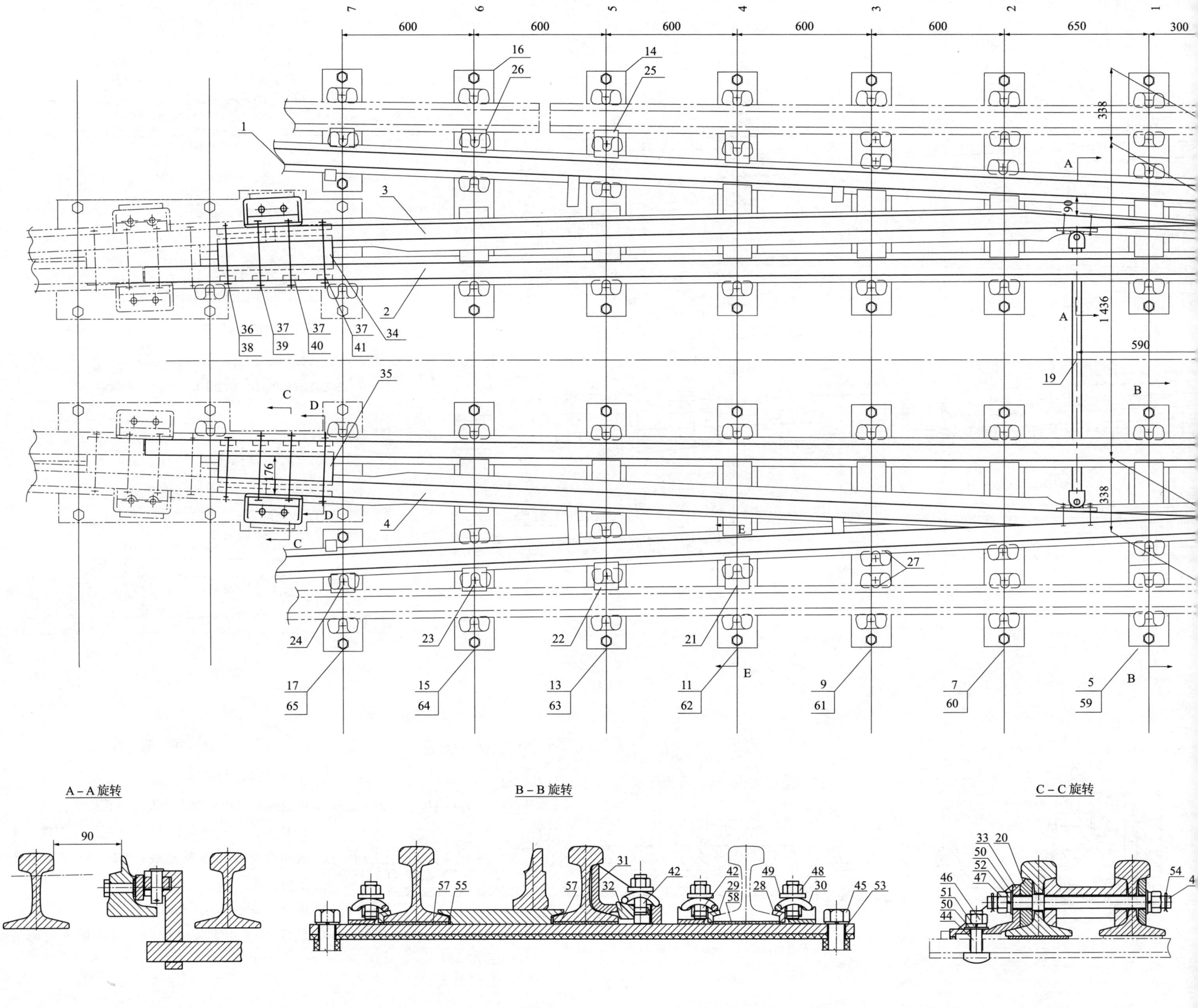

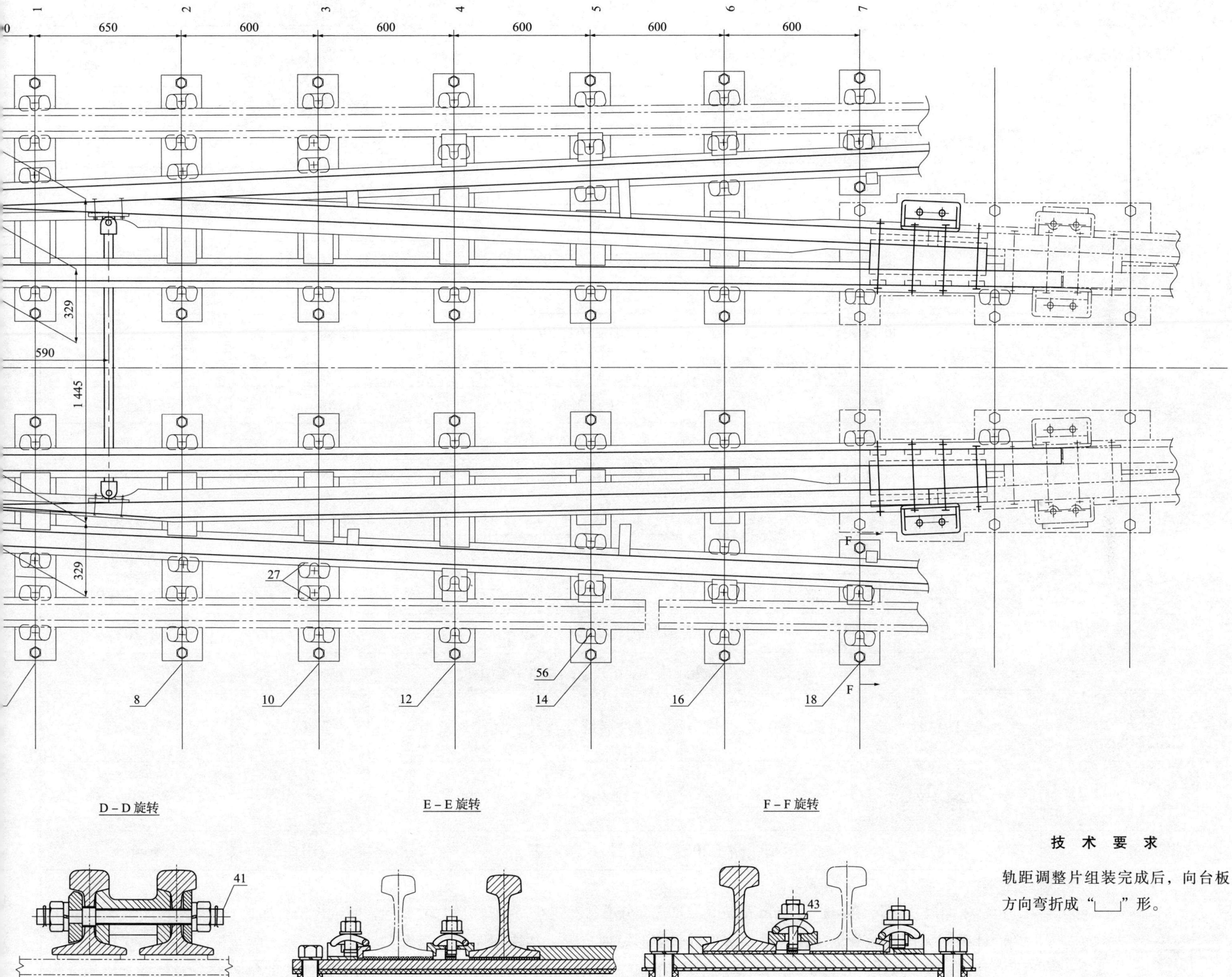

技 术 要 求

轨距调整片组装完成后，向台板方向弯折成“⊔”形。

30. 50 kg/m 钢轨 9 号复式交分道岔(混凝土枕)
设计图号：CZ 2214

<table>
<tr><td rowspan="2">道岔允许通过速度</td><td>客车</td><td colspan="2">$v_{侧}$≤35 km/h</td><td>扣件类型</td><td>B 型弹条</td></tr>
<tr><td>货车</td><td colspan="2">$v_{侧}$≤35 km/h</td><td>轨底坡</td><td>—</td></tr>
<tr><td>尖/心轨跟端形式</td><td colspan="3">间隔铁活接头</td><td>锁闭方式</td><td>尖轨：内锁闭
心轨：内 / 外锁闭</td></tr>
<tr><td>道岔全长</td><td>31 490</td><td>导曲线半径</td><td>220 m</td><td>辙叉角</td><td>6°20′25″</td></tr>
<tr><td colspan="3">道岔终端至末根岔枕中心距离</td><td colspan="3">8 149</td></tr>
<tr><td rowspan="5">双转辙器
CB 2261</td><td colspan="2">轨件名称</td><td>图　号</td><td>长　度</td><td>轨　型</td></tr>
<tr><td colspan="2">直基本轨</td><td>CB 2261－01</td><td>7 785</td><td>50 kg/m</td></tr>
<tr><td colspan="2">曲基本轨</td><td>CB 2261－02、03</td><td>9025、11 525</td><td>50 kg/m</td></tr>
<tr><td colspan="2">直线尖轨</td><td>CB 2261－04、05</td><td>5 280</td><td>50AT1</td></tr>
<tr><td colspan="2">曲线尖轨</td><td>CB 2261－06、07</td><td>5 280</td><td>50AT1</td></tr>
<tr><td rowspan="4">钝角辙叉
CB 2262</td><td colspan="2">轨件名称</td><td>图　号</td><td>长　度</td><td>轨　型</td></tr>
<tr><td colspan="2">基本轨</td><td>CB 2262－01</td><td>8 505</td><td>50 kg/m</td></tr>
<tr><td colspan="2">导轨</td><td>CB 2262－02</td><td>8 496</td><td>50 kg/m</td></tr>
<tr><td colspan="2">活动心轨</td><td>CB 2262－03</td><td>3 593</td><td>50AT1</td></tr>
<tr><td rowspan="5">辙叉及护轨
CB 2263</td><td rowspan="2">辙叉图号</td><td rowspan="2">CB 2263－09</td><td>辙叉全长</td><td>4 313</td><td>护轨长度</td><td>3 600</td></tr>
<tr><td>辙叉趾长</td><td>1 542</td><td>护轨轨型</td><td>43 kg/m</td></tr>
<tr><td>辙叉形式</td><td>高锰钢整铸式</td><td>辙叉跟长</td><td>2 771</td><td>护轨图号</td><td>CB 2263－01</td></tr>
<tr><td colspan="5">护轨端头距导轨端头定位尺寸</td><td>1 203</td></tr>
<tr><td colspan="5">辙叉理论尖端距趾端方向前一根岔枕中心距离</td><td>8</td></tr>
<tr><td>岔枕图号
CZ 2214Z</td><td>岔枕总数</td><td>90 根</td><td>岔枕展延长</td><td>324.2 m</td><td>套管总数</td><td>564</td></tr>
<tr><td>电务转换设备
—</td><td>尖轨动程</td><td colspan="3">152/148</td><td>心轨动程</td><td>80</td></tr>
<tr><td>批准文号</td><td colspan="4">运基线路〔2003〕207 号</td><td>应用情况</td><td>★★★</td></tr>
<tr><td>主要结构特点</td><td colspan="6">1. 道岔平面尺寸与既有木枕 50 kg/m 钢轨 9 号复式交分道岔专线 6 054 长短轴尺寸相同，而全长稍有加长 (辙叉跟长加长 721 mm)。
2. 设计采用无档肩混凝土岔枕，岔枕按平行于菱形短轴布置，岔枕预埋塑料套管。
3. 双转辙器尖轨采用 50AT1 半切线型尖轨，钝角辙叉采用 50AT1 活动心轨，跟部均为间隔铁式联结；交分锐角辙叉采用 9 号固定型高锰钢辙叉；护轨顶面高出基本轨顶面 12 mm。</td></tr>
</table>

辙叉及护轨明细表

序号	图号 / 标准	名称及规格	数量	材　料	备　注
1	CB 2263－09	高锰钢辙叉　50AT－5－9G	1	ZGMn13	
2	CB 2263－01	护　轨　3 600	1	43 kg/m 钢轨	
3	CB 2263－01	护　轨　3 600	1	43 kg/m 钢轨	与序号 2 对称
4	CB 2263－02	辙叉垫板　738 × 180 × 20	5	Q235－A(底板)	铁座 41
5	CB 2263－02	辙叉垫板　738 × 180 × 20	2	Q235－A(底板)	铁座 33
6	CB 2263－03	护轨垫板　560 × 180 × 23	4	16Mn(底板)	
7	CB 2263－03	护轨垫板　560 × 180 × 23	4	16Mn(底板)	与序号 6 对称
8	CB 2263－03	护轨垫板　560 × 180 × 23	1	16Mn(底板)	
9	CB 2263－03	护轨垫板　560 × 180 × 23	1	16Mn(底板)	与序号 8 对称
10	CB 2263－03	护轨垫板　560 × 180 × 23	1	16Mn(底板)	
11	CB 2263－03	护轨垫板　560 × 180 × 23	1	16Mn(底板)	与序号 10 对称
12	CB 2263－04	垫　板　836 × 180 × 20	1	Q235－A(底板)	
13	CB 2263－05	垫　板　768 × 180 × 20	1	Q235－A(底板)	
14	CB 2263－06	垫　板　702 × 180 × 20	1	Q235－A(底板)	
15	CB 305－07	平垫板　50－CY	3	Q235－A(底板)	
16	CB 305－07	平垫板　50－CZ	3	Q235－A(底板)	与序号 15 对称
17	CB 2263－07	接头平垫板	2	Q235－A(底板)	
18	CB 2263－07	接头平垫板	2	Q235－A(底板)	与序号 17 对称
19	CT 10－16	螺　钉　30 × 170	65		
20	GB/T 7244	弹簧垫圈　30	65		
21	CB 306－25	支距扣板　J50/144－131	1	KTH 350－10	
22	CT 2－55	护轨调整片　135 × 125 × 2	24	Q235B	备用
23	CT 2－55	护轨调整片　135 × 125 × 3	12	Q235B	
24	CT 5－28	半圆头方颈螺栓　M24 × 100	8	20SiMn	
25	CT 5－28	半圆头方颈螺栓　M24 × 90	4	20SiMn	
26	专线 4232－101	螺　母　M24	12		
27	GB/T 7244	垫　圈　24	12		
28	CT 5－02	T 型螺栓　M24 × 60	56	Q235－A	
29	CT 5－02	T 型螺栓　M24 × 85	1	Q235－A	
30	GBP－00－25(T)	M24 弹条专用防松防锈螺母	57		
31	TB/T 1495.4	平垫圈　24	57		

续上表

序号	图号 / 标准	名称及规格	数量	材　　料	备　　注
32	TB/T 1495.2	B 型弹条	57		
33	CT 5－21	调整片　130 × 12 × 2	2	Q235B	备用
34	CT 5－21	调整片　130 × 12 × 1	2	Q235B	备用
35	CT 2－73	板型导电销	4	1Cr18Ni9Ti	
36	CB 305－16	轨距块　50/13－15	17	ZG 270－500	
37	CB 305－16	轨距块　50/9－11	29	ZG 270－500	
38	CT 10－79	接头轨距块　50－11	4		
39	CT 10－79	接头轨距块　50－13	6		
40	CT 10－75	轨下橡胶垫板　50－200	28	橡胶	
41	CT 10－12	橡胶垫板　440 × 200 × 5	7	橡胶	
42	CT 10－77	橡胶垫板　836－383	1	橡胶	
43	CT 10－76	橡胶垫板　768 × 185 × 10	1	橡胶	
44	CT 10－76	橡胶垫板　702 × 185 × 10	1	橡胶	
45	CT 10－76	橡胶垫板　738 × 185 × 10	7	橡胶	
46	CT 10－78	橡胶垫板　560 × 185 × 7	12	橡胶	
47	CT 10－76	橡胶垫板　430 × 185 × 10	10	橡胶	
48	GB/T 1230	平垫圈　24	24		
49	TB/T 2347	接头螺栓及螺母　M24 × 145－10.9	24		
50	TB/T 2345	接头夹板　50	8		

CZ 2214 电务主要参数

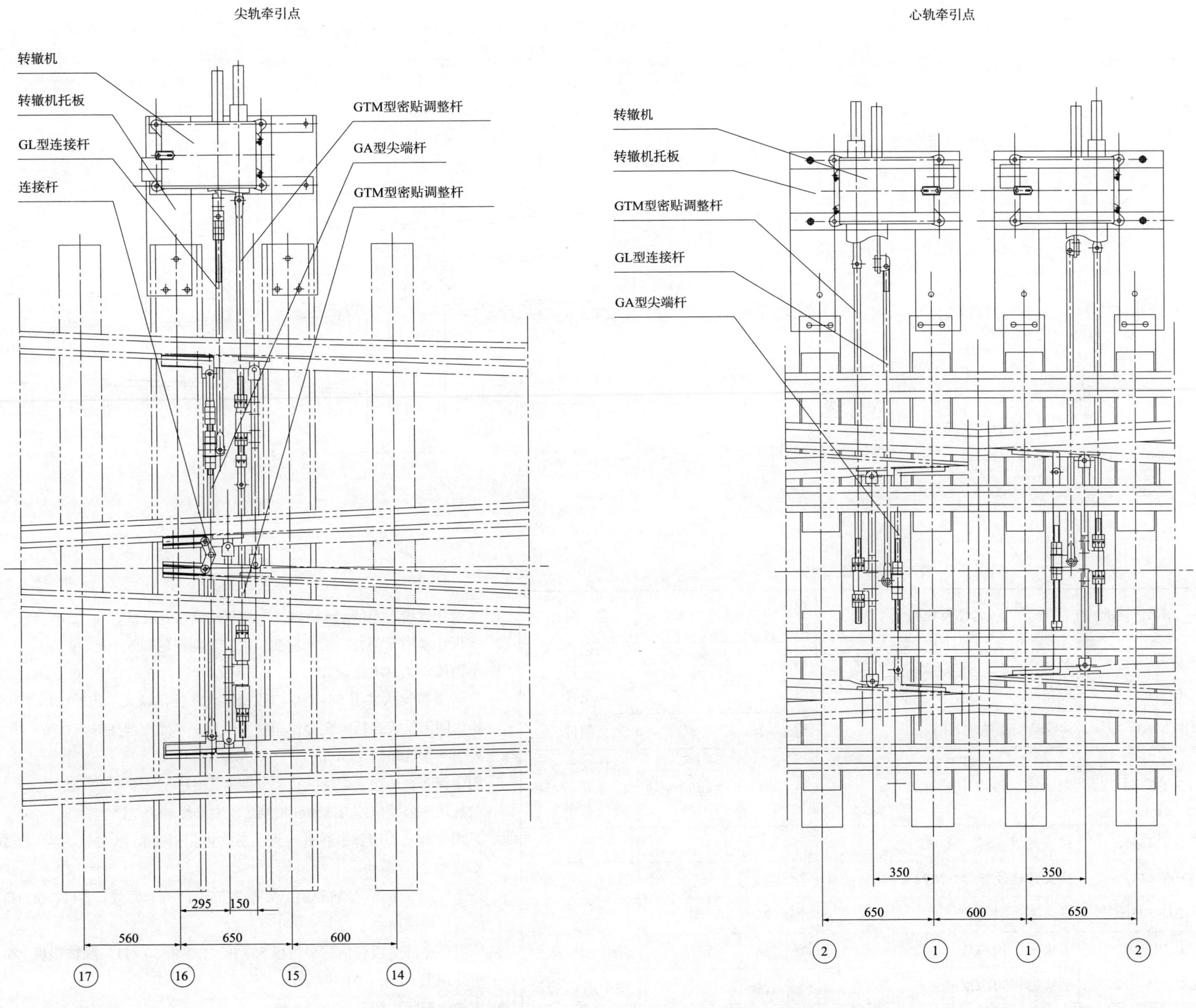

转换设备	安装图名称	安装图号	锁闭方式
ZD6－F/G	50 kg/m 钢轨 9 号复式交分道岔转换设备（ZD6－F/G）安装图	S0662	内锁闭

50 kg/m 钢轨 9 号复式交分道岔

图 号：CZ 2214

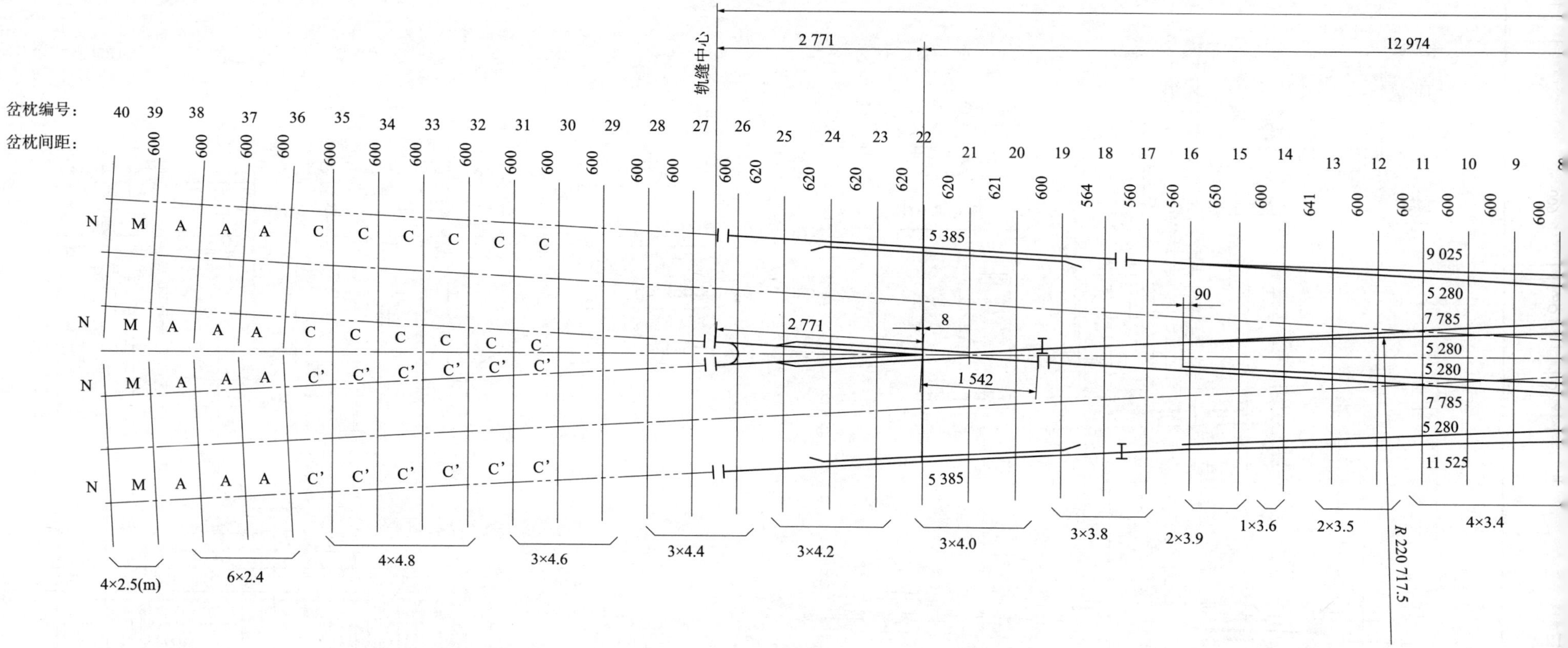

表 1 明 细 表

序号	图号 / 标准	名称及规格	单位	数量	材料	备 注
1	CB 2261	双转辙器	组	2		组件
2	CB 2262	钝角辙叉	组	1		组件
3	CB 2263	9 号辙叉及护轨 (JF)	组	2		组件
4	TB/T 2344	钢 轨 5385	根	4	50 kg/m 钢轨	按技术要求第16条弯折对称各半
5	TB/T 2345	接头夹板 50	块	8		
6	TB/T 2347	接头螺栓及螺母 M24 × 145 × 10.9	套	24		
7	GB/T 1230	平垫圈 24	个	24		
8	CB 305 – 07	平垫板 50 – CY	块	24		图中用 C 表示
9	CB 305 – 07	平垫板 50 – CZ	块	24		图中用 C′ 表示
10	CB 305 – 07	平垫板 50 – A	块	24		图中用 A 表示
11	CB 306 – 28	接头垫板 P80	块	8		图中用 M 表示
12	CB 306 – 29	接头垫板 P60	块	8		图中用 N 表示

技 术 要 求

1. 本设计适用于 50 kg/m 钢轨线路的新建或大修项目。
2. 本设计采用无挡肩混凝土岔枕，岔枕预埋塑料套管。
3. 本图按设轨道电路设计。
4. 双转辙器尖轨采用 50AT 半切线型尖轨，钝角辙叉采用 50AT 活动心轨，跟部均为间阳铁式连接；交分锐角辙叉采用 9 号固定型高锰钢辙叉；槽型护轨顶面高出基本轨顶面 12 mm。
5. 图中钢轨普通接头、绝缘接头分别以“—┤├—”和“┬”表示。
6. 岔枕间距公差应按 ± 5 mm 控制（以菱形短轴为基准）。
7. 采用分开式 I 型弹条扣件。钢轨工作边一侧安装 13 号轨距块，钢轨非工作边安装 11 号轨距块。
   辙叉一侧安装 13 号轨距块，另一侧安装 11 号轨距块；7 – 17 号为备用轨距块，供现场调整用。
8. 明细表中的垫板包括：平垫板 50 – 0，平垫板 50 – 11，颐坡垫板 P80、P60，图中分别用 A、C、M、N 表示。
9. 钢轨轨缝除注明者外均为 8 mm。
10. 电务转换双转辙器尖轨按联动内锁设计，钝角辙叉活动心轨按内外锁闭结构两种型式设计（订货需指明）。
11. 岔枕布置：1～35 号按平行于菱形短轴布置，36～40 号岔枕扭转至垂直于各自股线。

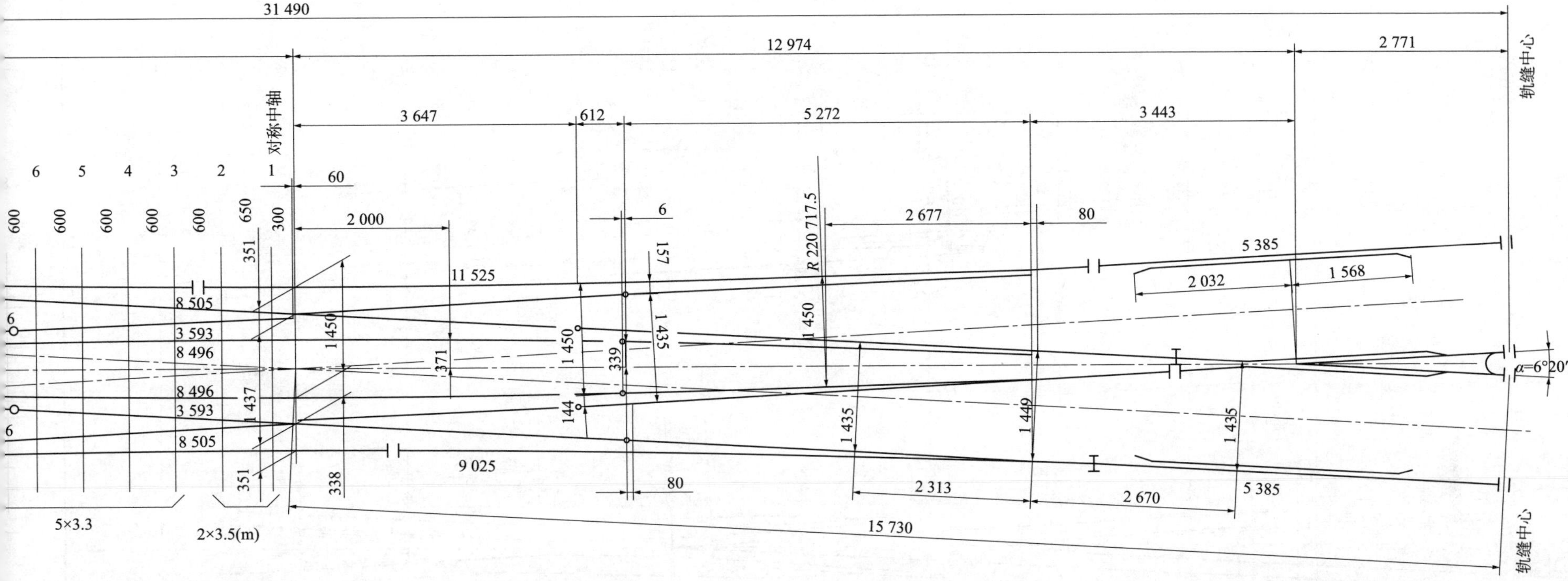

12. 道岔铺设时，1～35 号岔枕上标出的“对称中轴线”应成一条直线。

13. 辙叉基本轨 5385 需按下列示意图弯折：（数量应对称各半）

14. 钢轨材质按订货合同要求执行，钢轨顶面应进行全长淬火。

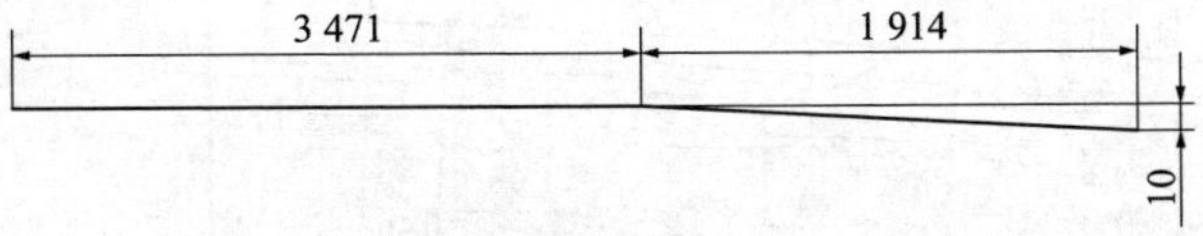

表 2　岔枕数量表

序号	岔枕长(m)	单位	数量	备注	序号	岔枕长(m)	单位	数量	备注
1	3.3	根	10		8	4.4	根	6	
2	3.4	根	8		9	4.6	根	6	
3	3.5	根	8		10	4.8	根	8	
4	3.6	根	2		11	2.4	根	12	
5	3.8	根	6		12	2.5	根	8	
6	4.0	根	6		13	3.9	根	4	
7	4.2	根	6						
合计	岔枕 90 根，总长 324.2 m；塑料套管 580 个								

续表 1

序号	图号 / 标准	名称及规格	单位	数量	材料	备　注
13	CB 305－16	轨距块　50/9－11	个	88	ZG 270－500	
14	CB 305－16	轨距块　50/13－15	个	88	ZG 270－500	
15	CB 305－16	轨距块　50/7－17	个	40	ZG 270－500	备用
16	CT 10－16	螺　钉　30 × 170	个	176		
17	GB/T 7244	弹簧垫圈　30	个	176		
18	CT 5－02	T 型螺栓　M24 × 60	个	176	Q235－A	
19	TB/T 1495.2	B 型弹条	个	176		
20	GBP－00－25(T)	M24 弹条专用防松防锈螺母	个	176		
21	TB/T 1495.4	平垫圈　24	个	176		
22	CT 10－79	接头轨距块　50－9	个	10	玻璃纤维	备用
23	CT 10－79	接头轨距块　50－15	个	10	玻璃纤维	备用
24	CT 10－75	橡胶垫板　50－200	块	88	橡胶	
25	CT 10－76	橡胶垫板　430 × 185 × 10	块	88	橡胶	
26		钢轨绝缘	组	4		

50 kg/m 钢轨 9 号复式交分（混凝土枕）辙叉及护轨 (JF)
图 号：CB 2263

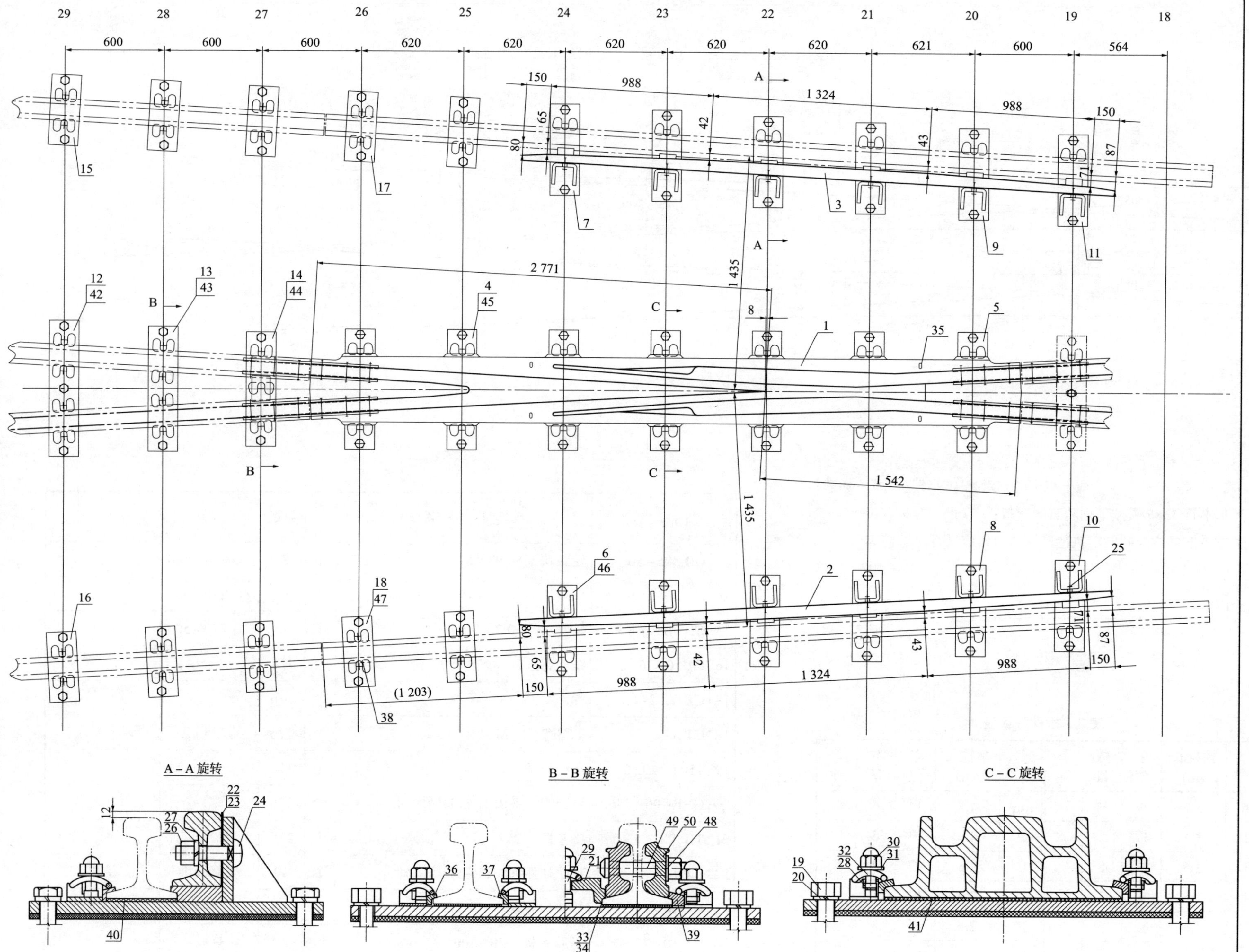

技 术 要 求

1. 调整片用于调整查照间隔和护背距离。
2. 现场铺设时根据实际情况确定调整片使用数量。

31. 60 kg/m 钢轨 12 号道岔 5.0 m 间距交叉渡线(混凝土枕)
设计图号：专线 7623

道岔允许通过速度	客车	$v_{直}\leqslant$160 km/h；$v_{侧}\leqslant$50 km/h			扣件类型	Ⅱ型弹条
	货车	轴重 23 t：$v_{直}\leqslant$90 km/h；$v_{侧}\leqslant$50 km/h 轴重 25 t：$v_{直}\leqslant$80 km/h；$v_{侧}\leqslant$50 km/h			轨底坡	1∶40
A(B)型辙叉角	4°45′49″				锐角 / 钝角辙叉角	9°31′38″
转辙器专线4250	详见“60 kg/m 钢轨 12 号单开道岔［专线 4249］”					
5 m－12 号辙叉及护轨专线 7624	辙叉图号	专线 4251－4	辙叉全长	5 992	护轨长度	直向：6 900
			辙叉趾长	2 038		侧向：4 800
	辙叉形式	高锰钢整铸式	辙叉跟长	3 954	护轨轨型	50 kg/m
	护轨端头距导轨端头定位尺寸		直向	746	护轨图号 直	专线 4251－5
			侧向	8	护轨图号 侧	专线 4251－6
	辙叉理论尖端距趾端方向前一根岔枕中心距离					542
5 m－6 号锐角辙叉及护轨专线 7625	辙叉图号	专线 7620－4	辙叉全长	3 582	护轨长度	3 000
			辙叉趾长	1 627	护轨轨型	50 kg/m
	辙叉形式	高锰钢整铸式	辙叉跟长	1 955	护轨图号	铁联线 023－5
	辙叉理论尖端距趾端方向前一根岔枕中心距离					148
	护轨端头距导轨端头定位尺寸					4 664
6 号钝角辙叉专线 7626	辙叉图号	铁联线 024－3	辙叉类型	高锰钢整铸式	辙叉全长	4 676
岔枕图号专线 3402	岔枕总数	274 根	岔枕展延长	1 014.6 m	套管总数	1 796
批准文号	专设标 (2001)075 号				应用情况	★★★
主要结构特点	钝角辙叉范围内轨距采用 1 440 mm，菱形中轨距过渡到 1 435 mm。					

12 号辙叉及护轨明细表

序号	图号 / 标准	名称及规格	数量	材　料	备　注
1	专线 4251－4	高锰钢辙叉　60－12－Ⅱ	1		
2	专线 4251－5	护　轨　6 900	1	50 kg/m 钢轨	
3	专线 4251－6	护　轨　4 800	1	50 kg/m 钢轨	
4	专线 4251－7	辙叉垫板　739 × 170 × 20	7		
5	专线 4251－7	辙叉垫板　739 × 170 × 20	1		
6	专线 4251－8	垫　板　719 × 170 × 20	1		
7	专线 4251－9	垫　板　769 × 170 × 20	1		
8	专线 4251－10	垫　板　817 × 170 × 20	1		
9	专线 4251－10	垫　板　865 × 170 × 20	1		
10	专线 4251－10	垫　板　912 × 170 × 20	1		
11	专线 4232－87	护轨垫板　600	12		
12	专线 4251－14	护轨斜垫板　610	6		
13	专线 7624－5S	护轨斜垫板　596	1		
14	专线 7624－6S	护轨斜垫板　547	1		
15	专线 4232－84	垫　板　60－0(A)	2		
16	专线 4232－84	垫　板　60－17(E)	4		
17	专线 4232－22	调整片　147 × 100 × 2	40	Q235	
	专线 4232－22	调整片　147 × 100 × 3	20	Q235	
18	TB/T 2345	接头夹板	8		
19	TB/T 2347	接头螺栓　M24 × 135	24	10.9 级	带螺母
20	专线 4232－5	螺　栓　M24 × 110	12	5.6 级	
21	专线 4232－5	螺　栓　M24 × 95	8	5.6 级	
22	专线 4232－4	螺　栓　M24 × 75	1		
23	专线 4232－4	螺　栓　M24 × 65	65		
24	SCT 505－B	岔枕螺栓　155	81		按混凝土岔枕配套
25	NS－01(b)	螺　母　M24	20	5 级	
26	NS－01(b)－c	螺　母　M24	66	4 级	
27	GB/T 1230	弹簧垫圈　24	24		
28	GB/T 7244	弹簧垫圈　24	20	65Mn	
29	TB/T 565	弹簧垫圈　24	1		
30	GB/T 95	平垫圈　24	1	Q235	
31	NS－07	限位板　M24	65	Q235	
32	GB/T 7244	弹簧垫圈　30	81	65Mn	

续上表

序号	图号 / 标准	名称及规格	数量	材　　料	备　　注
33	铁联线 022－7	轨　卡	1	KTH 350－10	
34	专线 3351	Ⅱ型弹条	65	60Si2CrVA	
35	专线 4232－10	轨距块　60/9－11	40	ZG 230－450	
36	专线 4232－10	轨距块　60/13－15	22	ZG 230－450	
37	专线 4232－34	销　钉　160	20	Q275	
38	专线 4232－33	弹　片　250	20	60Si2Mn	
39	专线 4232－51	橡胶垫板　60－190	36	橡胶	
40	专线 4232－52	橡胶垫板　439 × 190 × 5	8	橡胶	
41	专线 4232－53	橡胶垫板　739 × 175 × 10	8	橡胶	
42	专线 4232－53	橡胶垫板　719 × 175 × 10	1	橡胶	
43	专线 4232－53	橡胶垫板　769 × 175 × 10	1	橡胶	
44	专线 4232－54	橡胶垫板　817－373	1	橡胶	
45	专线 4232－54	橡胶垫板　865－397	1	橡胶	
46	专线 4232－54	橡胶垫板　912－421	1	橡胶	
47	专线 4232－82	橡胶垫板　600 × 175 × 5	12	橡胶	
48	专线 4232－82	橡胶垫板　610 × 175 × 5	6	橡胶	
49	专线 4232－82	橡胶垫板　596 × 175 × 5	1	橡胶	
50	专线 4232－82	橡胶垫板　547 × 175 × 5	1	橡胶	
51	专线 4232－53	橡胶垫板　452 × 175 × 10	6	橡胶	
52	专线 4251－15	支距扣　60/119.5－128.5	1	KTH 350－10	
53	专线 4232－4	T 型螺栓　M24 × 90	1		
54	专线 4232－10A	接头轨距块　60/9－11	2	ZG 230－450	

6 号锐角辙叉及护轨明细表

序号	图号 / 标准	名称及规格	数量	材　料	备　注
1	专线 7620－4	高锰钢辙叉　60－6R－Ⅰ	1		
2	铁联线 023－5	护　轨　2 850	1	50 kg/m 钢轨	
3	铁联线 023－5	护　轨　2 850	1	50 kg/m 钢轨	与序号 2 对称
4	专线 7625－4	垫　板　920 × 170 × 20	1		
5	专线 7625－4	垫　板　920 × 170 × 20	1		与序号 4 对称
6	专线 7625－5	垫　板　920 × 170 × 20	1		
7	专线 7625－5	垫　板　920 × 170 × 20	1		与序号 6 对称
8	专线 7625－6	垫　板　897 × 170 × 27	1		
9	专线 7625－6	垫　板　897 × 170 × 27	1		与序号 8 对称
10	专线 7625－7	垫　板　936 × 170 × 27	1		
11	专线 7625－7	垫　板　936 × 170 × 27	1		与序号 10 对称
12	专线 7625－8	垫　板　985 × 170 × 27	1		
13	专线 7625－8	垫　板　985 × 170 × 27	1		与序号 12 对称
14	专线 7625－9	垫　板　886 × 170 × 22	1		
15	专线 7625－9	垫　板　886 × 170 × 22	1		与序号 14 对称
16	专线 7625－10	垫　板　758 × 170 × 20	1		
17	专线 7625－11	垫　板　758 × 170 × 20	4		
18	专线 7625－10	垫　板　808 × 170 × 20	1		
19	专线 7625－12	垫　板　381 × 170 × 22	1		
20	专线 7625－12	垫　板　381 × 170 × 22	1		与序号 19 对称
21	专线 4232－18B	支距扣板　60/120－130	2	KTH 350－10	
21A	铁联线 011－16	调整片　145 × 15 × 2	2	Q235	
		调整片　145 × 15 × 1	2		
22	专线 4232－22	调整片　147 × 100 × 2	20	Q235	
		调整片　147 × 100 × 3	10		
23	TB/T 2345	接头夹板	8		
24	TB/T 2347	接头螺栓　M24 × 135	24	10.9 级	带螺母
25	专线 4232－5	螺　栓　M24 × 110	6	5.6 级	
26	专线 4232－5	螺　栓　M24 × 95	4	5.6 级	
27	专线 4232－4	螺　栓　M24 × 65	40		
28	专线 4232－4	螺　栓　M24 × 90	2		
29	SCT505－B	岔枕螺栓　155	44		
30	NS－01(b)－c	螺　母　M24	42	4 级	

续上表

序号	图号 / 标准	名称及规格	数量	材　料	备　注
31	NS-01(b)	螺　母　M24	10	5 级	
32	GB/T 1230	垫　圈　24	24		
33	GB/T 7244	弹簧垫圈　24	10		
34	GB/T 7244	弹簧垫圈　30	44		
35	NS-07	限位板　M24	42		
36	专线 3351	Ⅱ型弹条	42	60Si2CrVA	
37	专线 4232-33	弹　片　250	10	60Si2Mn	
38	专线 4232-34	销　钉　160	10	Q275	
39	专线 4232-10	轨距块　60/9-11	22	ZG 230-450	
40	专线 4232-10	轨距块　60/13-15	14	ZG 230-450	
41	专线 4232-51	橡胶垫板　60-190	18	橡胶	
42	专线 4232-52	橡胶垫板　439 × 190 × 5	4	橡胶	
43	专线 4232-52	橡胶垫板　449 × 190 × 5	5	橡胶	
44	专线 4232-52	橡胶垫板　499 × 190 × 5	1	橡胶	
45	专线 4232-53	橡胶垫板　920 × 175 × 10	4	橡胶	
46	专线 4232-82	橡胶垫板　897 × 175 × 5	2	橡胶	
47	专线 4232-82	橡胶垫板　936 × 175 × 5	2	橡胶	
48	专线 7620-15	橡胶垫板　985-375	2	橡胶	
49	专线 4232-54	橡胶垫板　886-408	2	橡胶	
50	专线 4232-53	橡胶垫板　758 × 175 × 10	5	橡胶	
51	专线 4232-53	橡胶垫板　808 × 175 × 10	1	橡胶	
52	专线 4232-53	橡胶垫板　381 × 175 × 10	2	橡胶	
53	专线 4232-10A	接头轨距块　60/9-11	2	ZG 230-450	
54	专线 4232-10A	接头轨距块　60/13-15	2	ZG 230-450	

6号钝角辙叉明细表

序号	图号/标准	名称及规格	数量	材　料	备　注
1	铁联线 024－3	高锰钢辙叉	1		
2	专线 7626－3	垫　板　739×170×20	2		
3	专线 7626－3	垫　板　786×170×20	2		
4	专线 7626－3	垫　板　862×170×20	2		
5	专线 7626－4	垫　板　850×170×20	2		
6	专线 7626－5	垫　板　443×170×22	1		
7	专线 7626－5	垫　板　443×170×22	1		
8	专线 7626－6	垫　板　443×170×22	1		
9	专线 7626－6	垫　板　443×170×22	1		
10	TB/T 2345	接头夹板	8		
11	TB/T 2347	接头螺栓　M24×135	24	10.9 级	带螺母
12	专线 4232－4	螺　栓　M24×65	24		
13	SCT 505－B	岔枕螺栓　155	24		
14	NS－01(b)－c	螺　母　M24	28	4 级	
15	GB/T 1230	垫　圈　24	24		
16	GB/T 7244	弹簧垫圈　30	24		
17	NS－07	限位板　M24	28	Q235	
18	专线 3351	Ⅱ型弹条	28	60Si2CrVA	
19	专线 4232－10	轨距块　60/13－15	10	ZG 230－450	
20	专线 4232－10	轨距块　60/9－11	10	ZG 230－450	
21	专线 4232－52	橡胶垫板　429×190×5	2	橡胶	
22	专线 4232－52	橡胶垫板　476×190×5	2	橡胶	
23	专线 4232－52	橡胶垫板　552×190×5	2	橡胶	
24	专线 4232－52	橡胶垫板　179×190×5	4	橡胶	
25	专线 4232－51	橡胶垫板　60－190	4	橡胶	
26	专线 4232－53	橡胶垫板　739×175×10	2	橡胶	
27	专线 4232－53	橡胶垫板　786×175×10	2	橡胶	
28	专线 4232－53	橡胶垫板　862×175×10	2	橡胶	
29	专线 4232－53	橡胶垫板　850×175×10	2	橡胶	
30	专线 4232－53	橡胶垫板　443×175×10	4	橡胶	
31	专线 4232－10A	接头轨距块　60/13－15	4	ZG 230－450	
32	专线 4232－10A	接头轨距块　60/9－11	4	ZG 230－450	

60 kg/m 钢轨 5.0 m 间距交叉渡线 12 号辙叉及护轨

图　号：专线 7624

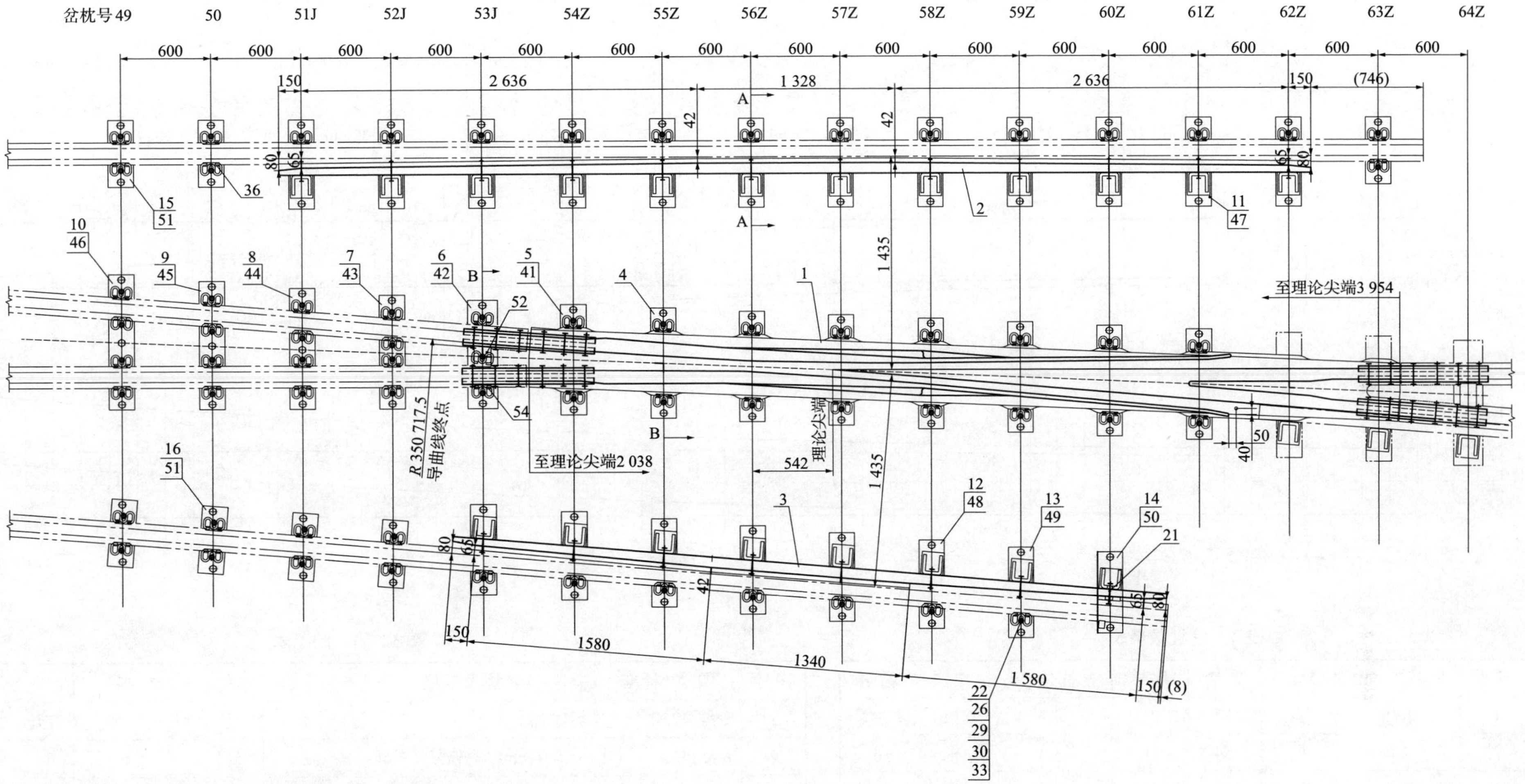

A－A 旋转

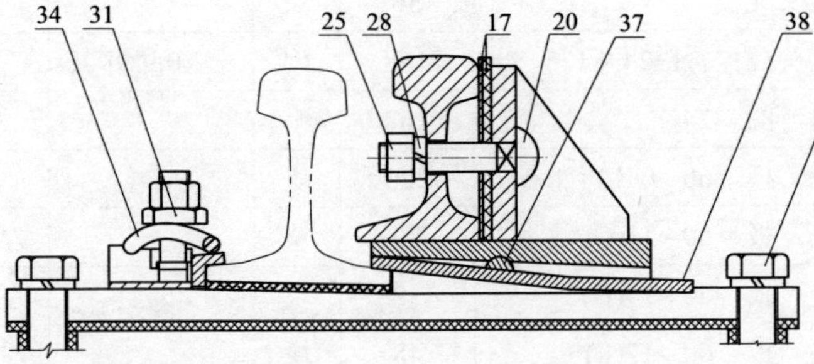

B－B 旋转

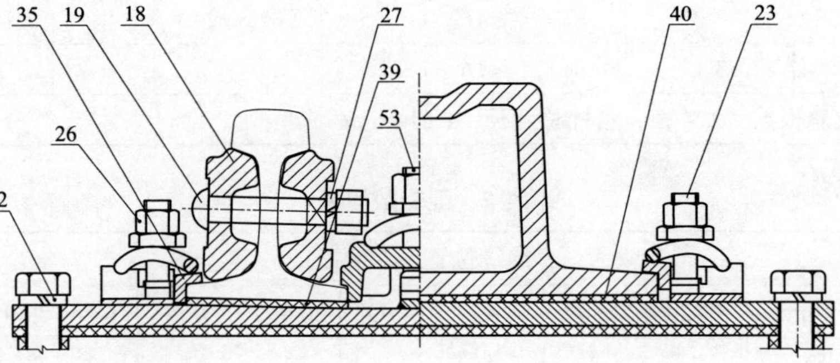

60 kg/m 钢轨 12 号 5.0 m 间距交叉渡线

图　号：专线 7623

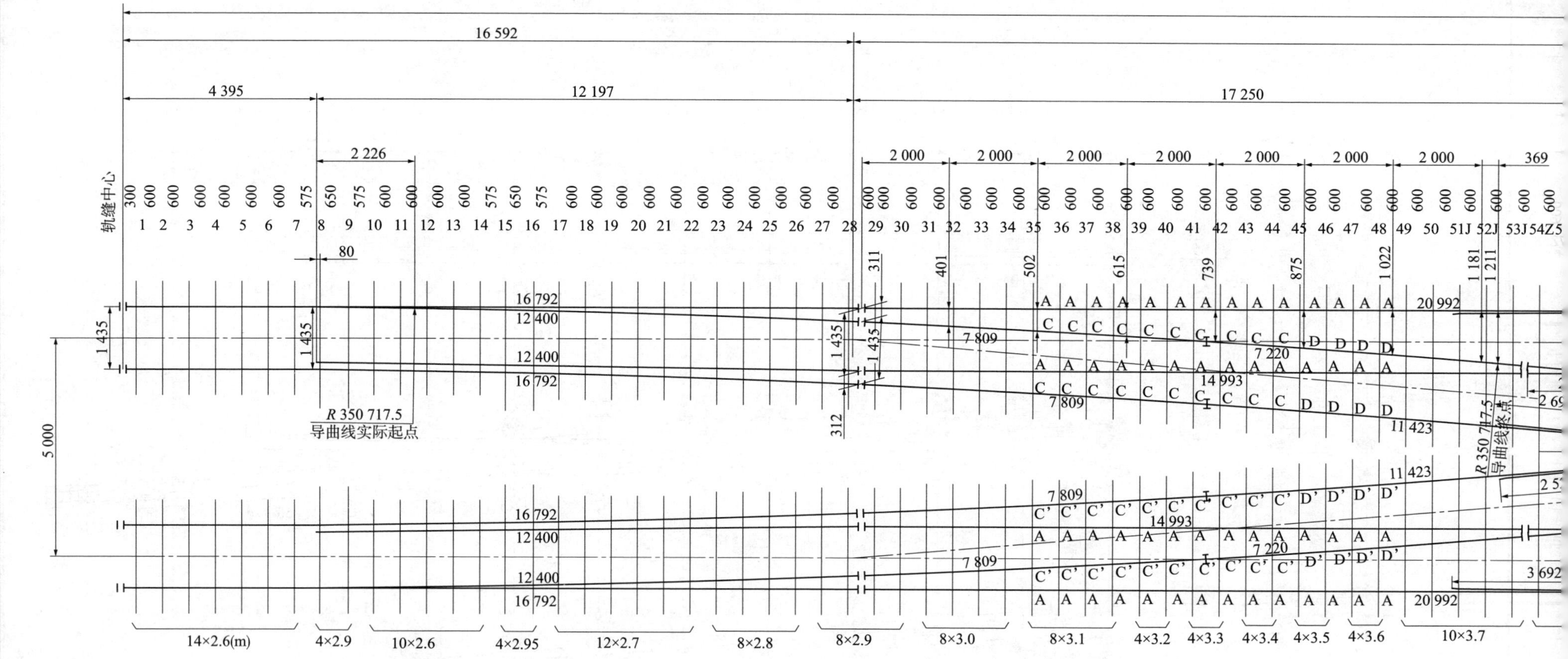

表 1　岔枕数量表

序号	岔枕长 (m)	单位	数量	序号	岔枕长 (m)	单位	数量
1	2.45	根	12	9	3.2	根	8
2	2.6	根	54	10	3.3	根	8
3	2.7	根	24	11	3.4	根	8
4	2.8	根	16	12	3.5	根	8
5	2.9	根	24	13	3.6	根	8
6	2.95	根	8	14	3.7	根	20
7	3.0	根	16	15	7.6 铰	根	14
8	3.1	根	16				
岔枕总根数：274 根，岔枕总延长：1 014.6 m							

表 2　配轨数量表

绝缘位置设在侧股								
长度 (mm)	7 220	7 809	11 423	14 993	20 992	17 576	6 486	4 689
数量	4	8	4	4	4	4	4	4
重量 (kg)	3 636	3 788	3 177	1 752	5 092	3 586	3 034	1 053
钢轨总数：36 根；钢轨总长度：395.988 m								

表 3　明　细　表

序号	图号 / 标准	名称及规格	数　量	单位	材　料	备注
1	专线 4250	转辙器	4	组		左开 2 组，右开 2 组
2	专线 7624	5m－右开 12 号辙叉及护轨	2	组		
3	专线 7624	5m－左开 12 号辙叉及护轨	2	组		
4	专线 7625	5m－6 号锐角辙叉及护轨	2	组		
5	专线 7626	6 号钝角辙叉	2	组		
6	TB/T 2344	钢　轨	395.988	m	60 kg/m 钢轨	详见表 2
7	TB/T 2345	接头夹板	56	块		
8	TB/T 2347	接头螺栓　M24 × 135	168	副	10.9 级	带螺母
9	GB/T 1230	垫　圈　24	168	个		
10	专线 4232－84	垫　板　60－0(A)	220	块		
11	专线 4232－84	垫　板　60－11(C)	80	块		左右开各为 40 块
12	专线 4232－84	垫　板　60－14(D)	32	块		左右开各为 16 块
13	专线 4232－84	垫　板　60－17(E)	48	块		左右开各为 24 块
14	专线 3351－3	Ⅱ型弹条	760	个	60Si2CrVA	
15	专线 4232－4	螺　栓　M24 × 65	760	根		
16	NS－01(b)－C	螺　母　M24	760	个		

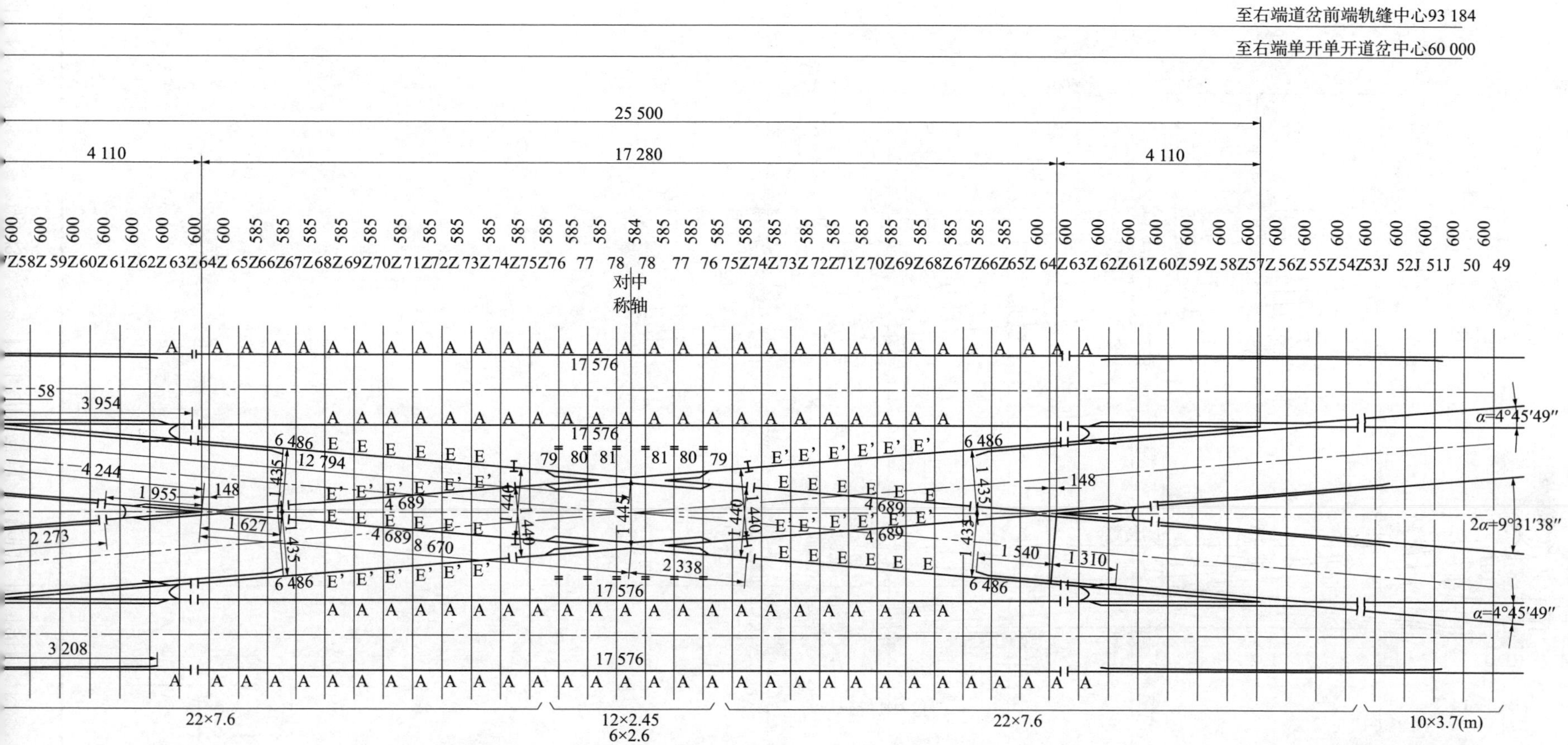

技 术 要 求

1. 本图单开道岔是以专线 4249《60 kg/m 钢轨 12 号单开道岔总布置图》为基础设计的。
2. 本道岔的轨下基础采用混凝土岔枕，在岔枕编号中，带“J”的岔枕为对应产品相同序号岔枕的减短形式；带“Z”岔枕为组合岔枕，组合岔枕由两根组合用短岔枕和连接件组成。岔枕长度数量见表 1，与本道岔相配套的岔枕图号为专线 3402《60 kg/m 钢轨 12 号道岔 5 m 间距交叉渡线用混凝土岔枕》。
3. 图中钢轨普通接头、绝缘接头分别以“—┤├—”、“┼”表示。
4. 本图尺寸除岔枕长度为米外，其余未注明者均按 mm 计；普通接头及绝缘接头钢轨轨缝均为 8 mm。
5. 为了改善列车运行条件，便于制造和维修，在钝角辙叉范围内轨距采用 1 440 mm，在菱形中过渡到 1 435 mm。
6. 本道岔钢轨按采用普通接头设计，用于跨区间超长无缝线路时，道岔直股前后应采用焊接接头或冻结接头，与高锰钢辙叉连接采用冻结接头。
7. 钢轨顶面应进行全长淬火，淬火技术条件按 TB/T 1779 的规定。
8. 本图按设轨道电路设计，钢轨按绝缘设在侧股配置。用户订货时，需指明采用钢轨材质、绝缘接头形式、平面布置类型及绝缘电路的设置位置。
9. 12 号单开辙叉及护轨分左、右开两种：左端上方为右开，下方为左开；右端上方为左开，下方为右开。
10. 明细表中平垫板包括四种类型，垫板 60－0，垫板 60－11，垫板 60－14，垫板 60－17 分别用符号 A、C、D、E 表示。
11. 非金属件总体积：橡胶垫板为 324 900 cm^3，玻璃纤维增强聚酰胺 66 为 4 120 cm^3。

续表 3

号	图号 / 标准	名称及规格	数 量	单位	材 料	备注
17	NS－07	限位板 M24	760	个		
18	GB/T 7244	弹簧垫圈 30	760	个	65Mn	
19	SCT 505－B	岔枕螺栓 155	760	个		
20	专线 4232－10	轨距块 9－11	356+20	个	ZG 230－450	“+”后为备用
21	专线 4232－10	轨距块 13－15	356+20	个	ZG 230－450	“+”后为备用
22	专线 4232－10	轨距块 7－17	150	个	ZG 230－450	备用
23	专线 4232－10A	接头轨距块 9－11	8	个	ZG 230－450	
24	专线 4232－10A	接头轨距块 13－15	8	个	ZG 230－450	
25	专线 4232－72	绝缘轨距块 9－11	32	个	玻璃纤维	
26	专线 4232－72	绝缘轨距块 13－15	32	个	玻璃纤维	
27	专线 4232－53	橡胶垫板 452 × 175 × 10	380	块	橡胶	
28	专线 4232－51	橡胶垫板 60－190	380	块	橡胶	
29	专线 9595	钢轨绝缘	12	组		

60 kg/m 钢轨 5.0 m 间距交叉渡线 6 号锐角辙叉及护轨
图　号：专线 7625

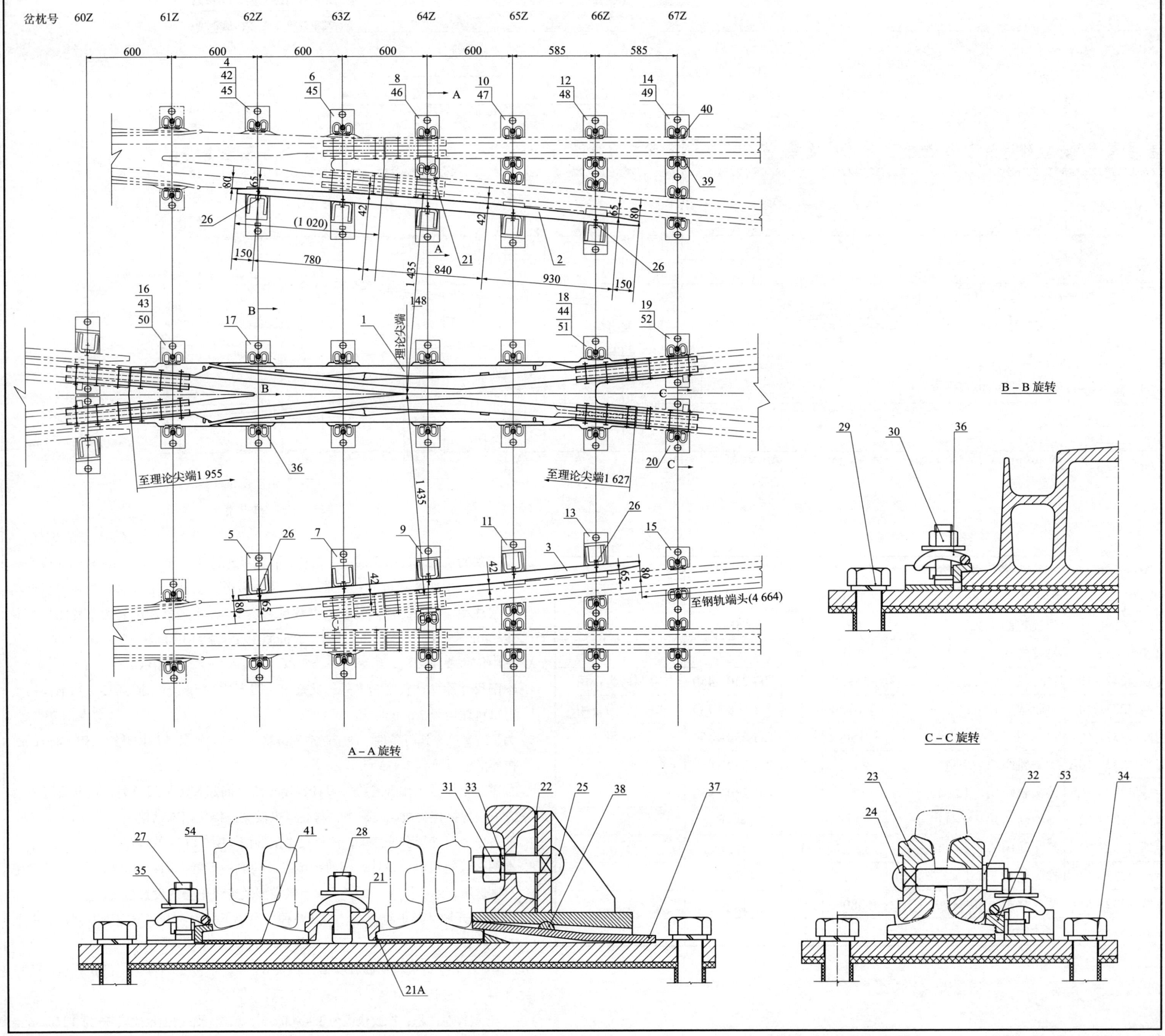

60 kg/m 钢轨 5.0 m 间距交叉渡线 6 号钝角辙叉
图　号：专线 7626

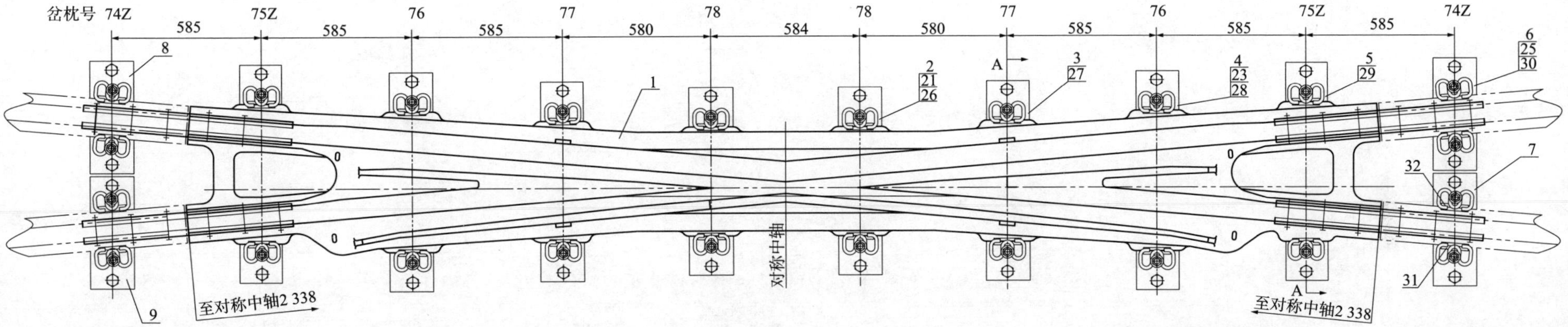

A－A

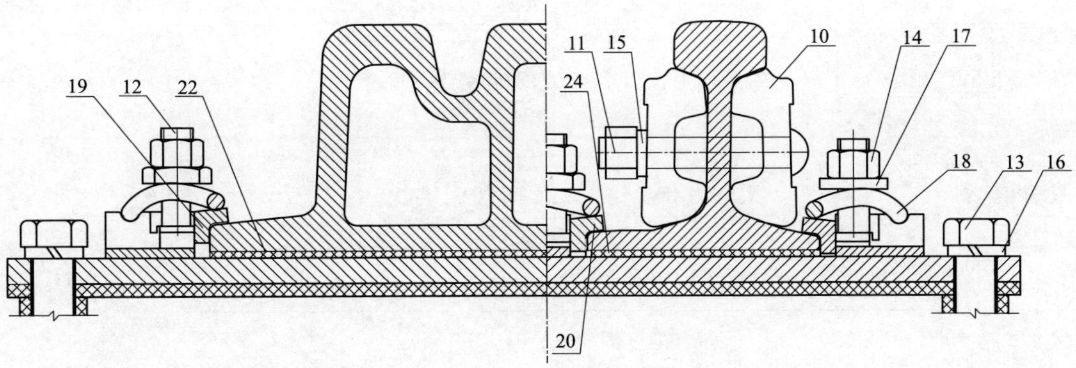

32. 60 kg/m 钢轨 12 号道岔 5.3 m 间距交叉渡线(混凝土枕)
设计图号：专线 7628

道岔允许通过速度	客车	$v_{直}\leqslant160$ km/h；$v_{侧}\leqslant50$ km/h			扣件类型	Ⅱ型弹条
	货车	轴重 23 t：$v_{直}\leqslant90$ km/h；$v_{侧}\leqslant50$ km/h 轴重 25 t：$v_{直}\leqslant80$ km/h；$v_{侧}\leqslant50$ km/h			轨底坡	1∶40
A(B)型辙叉角	4°45′49″				锐角 / 钝角辙叉角	9°31′38″
转辙器 专线4250	详见“60 kg/m 钢轨 12 号单开道岔［专线 4249］”					
5.3 m－12 号辙叉及护轨 专线 7629	辙叉图号	专线 4251－4	辙叉全长	5 992	护轨长度	直向：6 900
			辙叉趾长	2 038		侧向：4 800
	辙叉形式	高锰钢整铸式	辙叉跟长	3 954	护轨轨型	50 kg/m
	护轨端头距导轨端头定位尺寸		直向	746	护轨图号 直	专线 4251－5
			侧向	1 814	护轨图号 侧	专线 4251－6
	辙叉理论尖端距趾端方向前一根岔枕中心距离					542
5.3 m－6 号锐角辙叉及护轨 专线 7630	辙叉图号	专线 7620－4	辙叉全长	3 582	护轨长度	3 000
			辙叉趾长	1 627	护轨轨型	50 kg/m
	辙叉形式	高锰钢整铸式	辙叉跟长	1 955	护轨图号	铁联线 023－5
	辙叉理论尖端距趾端方向前一根岔枕中心距离					148
	护轨端头距导轨端头定位尺寸					4 664
6 号钝角辙叉 专线 7626	辙叉图号	铁联线 024－3	辙叉类型	高锰钢整铸式	辙叉全长	4 676
岔枕图号 专线 3409	岔枕总数	298 根	岔枕展延长	1 076.8 m	套管总数	1 892
批准文号	专设标 (2001)075 号				应用情况	★★★
主要结构特点	钝角辙叉范围内轨距采用 1 440 mm，菱形中轨距过渡到 1 435 mm。					

12 号辙叉及护轨明细表

序号	图号 / 标准	名称及规格	数量	材　料	备　注
1	专线 4251-4	高锰钢辙叉	1		
2	专线 4251-5	护　轨　6 900	1	50 kg/m 钢轨	
3	专线 4251-6	护　轨　4 800	1	50 kg/m 钢轨	
4	专线 4251-7	辙叉垫板　739×170×20Y(Z)	8		
5	专线 4251-7	辙叉垫板　739×170×20Y(Z)	2		
6	专线 4251-8	垫　板　719×170×22Y(Z)	1		
7	专线 4251-9	垫　板　769×170×22Y(Z)	1		
8	专线 4251-10	垫　板　817×170×22Y(Z)	1		
9	专线 4251-10	垫　板　865×170×22Y(Z)	1		
10	专线 4251-10	垫　板　912×170×22Y(Z)	1		
11	专线 4251-11	垫　板　740×170×22Y(Z)	1		
12	专线 4232-84	垫　板　60-0	3		
13	专线 4232-84	垫　板　60-17EY(Z)	5		
14	专线 4232-87	护轨垫板　600	12		
15	专线 4251-14	护轨斜垫板　610Y(Z)	8		
16	专线 4232-22	调整片　147×100×2	40	Q235	
		调整片　147×100×3	20		
17	TB/T 2345	接头夹板	8		
18	TB/T 2347	接头螺栓　M24×135	24	10.9 级	带螺母
19	专线 4232-5	螺　栓　M24×110	12		
20	专线 4232-5	螺　栓　M24×95	8		
21	专线 4232-4	螺　栓　M24×65	78		
22	SCT 505-B	岔枕螺栓　155	91		
23	NS-01(b)-c	螺　母　M24	78	4 级	
24	GB/T 1230	垫　圈　24	24		
25	GB/T 7244	垫　圈　24	20	65Mn	
26	NS-07	限位板　M24	78	4 级	
27	GB/T 7244	垫　圈　30	81	65Mn	
28	专线 3351	Ⅱ型弹条	78	60Si2CrVA	
29	专线 4232-10	轨距块　60/9-11	45	ZG 230-450	
30	专线 4232-10	轨距块　60/13-15	25	ZG 230-450	
31	专线 4232-33	弹　片　250	20	60Si2Mn	
32	专线 4232-34	销　钉　160	20	Q275	

续上表

序号	图号 / 标准	名称及规格	数量	材　　料	备　　注
33	专线 4232－51	橡胶垫板　60－190	40	橡胶	
34	专线 4232－52	橡胶垫板　439×190×5	10	橡胶	
35	专线 4232－53	橡胶垫板　739×175×10	10	橡胶	
36	专线 4232－53	橡胶垫板　719×175×10	1	橡胶	
37	专线 4232－53	橡胶垫板　769×175×10	1	橡胶	
38	专线 4232－54	橡胶垫板　817－373	1	橡胶	
39	专线 4232－54	橡胶垫板　865－397	1	橡胶	
40	专线 4232－54	橡胶垫板　912－421	1	橡胶	
41	专线 4232－53	橡胶垫板　740×175×10	1	橡胶	
42	专线 4232－53	橡胶垫板　452×175×10	8	橡胶	
43	专线 4232－82	橡胶垫板　600×175×5	12	橡胶	
44	专线 4232－82	橡胶垫板　610×175×5	8	橡胶	
45	专线 4251－15	支距扣板 119.5－128.5	1	ZG 230－450	
46	专线 4251－15	支距扣板 120.5－129.5	1	ZG 230－450	
47	专线 4232－4	T 型螺栓　M24×90	2		支距扣板用
48	专线 4232－10A	接头轨距块　60/9－11	3	ZG 230－450	
49	专线 4232－10A	接头轨距块　60/13－15	3	ZG 230－450	
50	NS－01(b)	螺　母　M24	20	5 级	

6 号锐角辙叉及护轨明细表

序号	图号 / 标准	名称及规格	数量	材　　料	备　　注
1	专线 7625－4	高锰钢辙叉	1		
2	铁联线 023－5	护　轨　3 000	1	50 kg/m 钢轨	
3	铁联线 023－5	护　轨　3 000	1	50 kg/m 钢轨	与序号 2 对称制造
4	专线 7630－4	垫　板　1 035 × 170 × 27	1		
5	专线 7630－4	垫　板　1 035 × 170 × 27	1		与序号 4 对称制造
6	专线 7630－5	垫　板　374 × 170 × 22	1		
7	专线 7630－5	垫　板　374 × 170 × 22	1		与序号 6 对称制造
8	专线 7630－6	垫　板　374 × 170 × 22	1		
9	专线 7630－6	垫　板　374 × 170 × 22	1		与序号 8 对称制造
10	专线 7625－7	垫　板　936 × 170 × 27	1		
11	专线 7625－7	垫　板　936 × 170 × 27	1		与序号 10 对称制造
12	专线 7625－8	垫　板　985 × 170 × 27	1		
13	专线 7625－8	垫　板　985 × 170 × 27	1		与序号 12 对称制造
14	专线 4251－14	护轨斜垫板　610	2		
15	专线 4251－14	护轨斜垫板　610	2		ZX4251+18Y(Z) 与序号 14 对称制造
16	专线 7625－10	垫　板　758 × 170 × 20	1		
17	专线 7625－11	垫　板　758 × 170 × 20	4		
18	专线 7625－10	垫　板　808 × 170 × 20	1		
19	专线 7625－12	垫　板　381 × 170 × 22	1		
20	专线 7625－12	垫　板　381 × 170 × 22	1		与序号 19 对称制造
21	专线 4232－84	垫　板　60－17EY	1		
22	专线 4232－84	垫　板　60－17EZ	1		与序号 21 对称制造
23	专线 4232－22	调整片　147 × 100 × 2	20	Q235	
		调整片　147 × 100 × 3	10		
24	TB/T 2345	接头夹板	8		
25	TB/T 2347	接头螺栓　M24 × 135－10.9	24		带螺母
26	专线 4232－5	螺　栓　M24 × 110	6		
27	专线 4232－5	螺　栓　M24 × 95	4		
28	专线 4232－4	螺　栓　M24 × 65	44		
29	SCT505－B	岔枕螺栓　155	52		
30	NS－01(b)－c	螺　母　M24	44	4 级	
31	GB/T 1230	垫　圈　24	24		

续上表

序号	图号 / 标准	名称及规格	数量	材　　料	备　　注
32	GB/T 7244	弹簧垫圈　24	10		
33	GB/T 7244	弹簧垫圈　30	52		
34	NS－07	限位板　M24	44		
35	专线 3351	Ⅱ型弹条	44	60Si2CrVA	
36	专线 4232－33	弹　片	10	60Si2Mn	
37	专线 4232－34	销　钉　160	10	Q275	
38	专线 4232－10	轨距块　609－11	24	ZG 230－450	
39	专线 4232－10	轨距块　6 013－15	16	ZG 230－450	
40	专线 4232－51	橡胶垫板　60－190	24	橡胶	
41	专线 4232－52	橡胶垫板　449 × 190 × 5	5	橡胶	
42	专线 4232－52	橡胶垫板　499 × 190 × 5	1	橡胶	
43	专线 4232－82	橡胶垫板　936 × 190 × 5	2	橡胶	
44	专线 7620－15	橡胶垫板　985－375	2	橡胶	
45	专线 7630－7	橡胶垫板　1 035－400	2	橡胶	
46	专线 4232－82	橡胶垫板　610 × 175 × 5	4	橡胶	
47	专线 4232－53	橡胶垫板　452 × 175 × 10	2	橡胶	
48	专线 4232－53	橡胶垫板　758 × 175 × 10	5	橡胶	
49	专线 4232－53	橡胶垫板　808 × 175 × 10	1	橡胶	
50	专线 4232－53	橡胶垫板　374 × 175 × 10	4	橡胶	
51	专线 4232－53	橡胶垫板　381 × 175 × 10	2	橡胶	
52	专线 4232－10A	接头轨距块　609－11	2	ZG 230－450	
53	专线 4232－10A	接头轨距块　6 013－15	2	ZG 230－450	
54	NS－01(b)	螺　母　M24	10	5 级	

60 kg/m 钢轨 5.3 m 间距交叉渡线 12 号辙叉及护轨
图 号：专线 7629

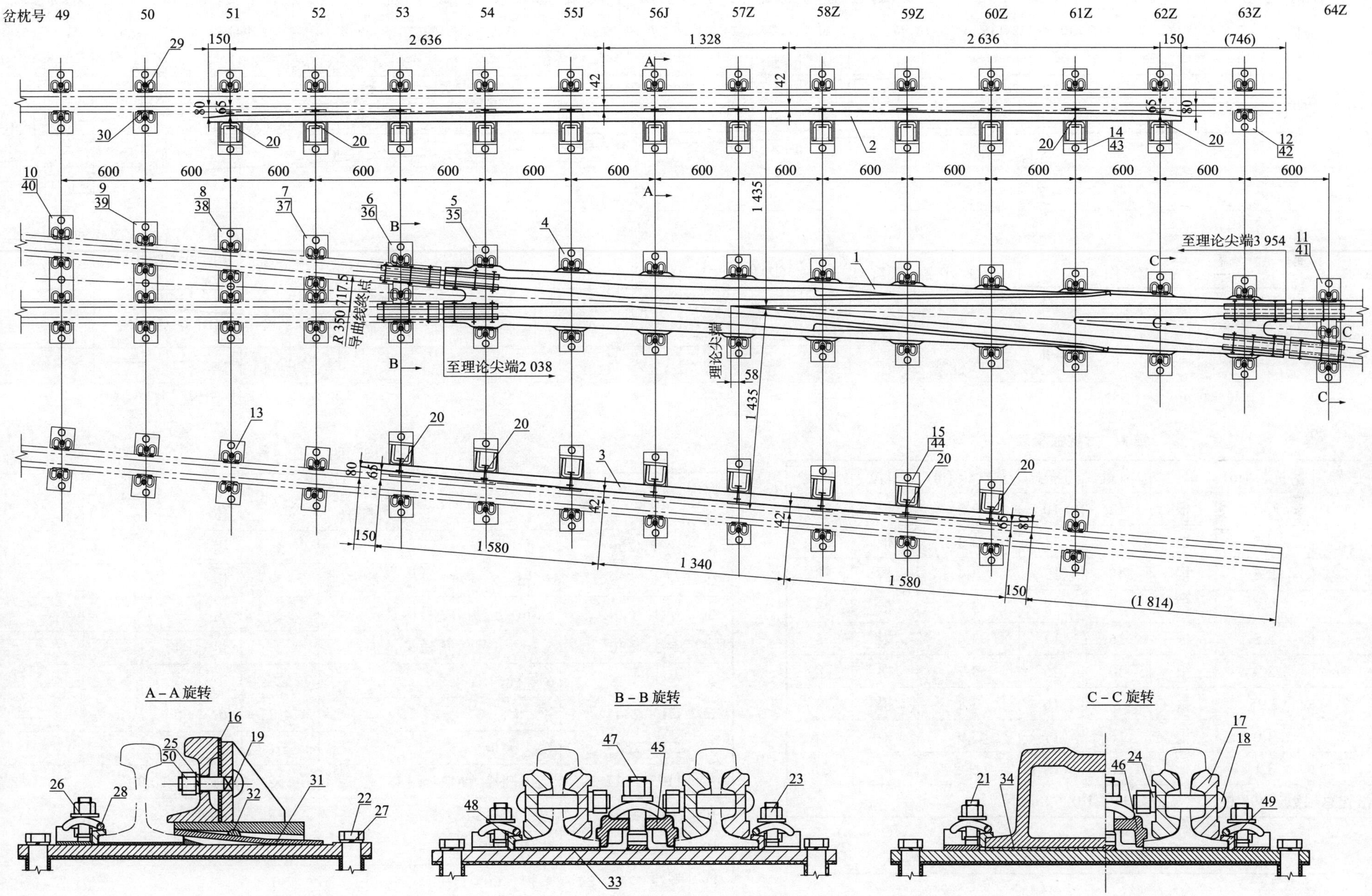

60 kg/m 钢轨 12 号 5.3 m 间距交叉渡线
图　号：专线 7628

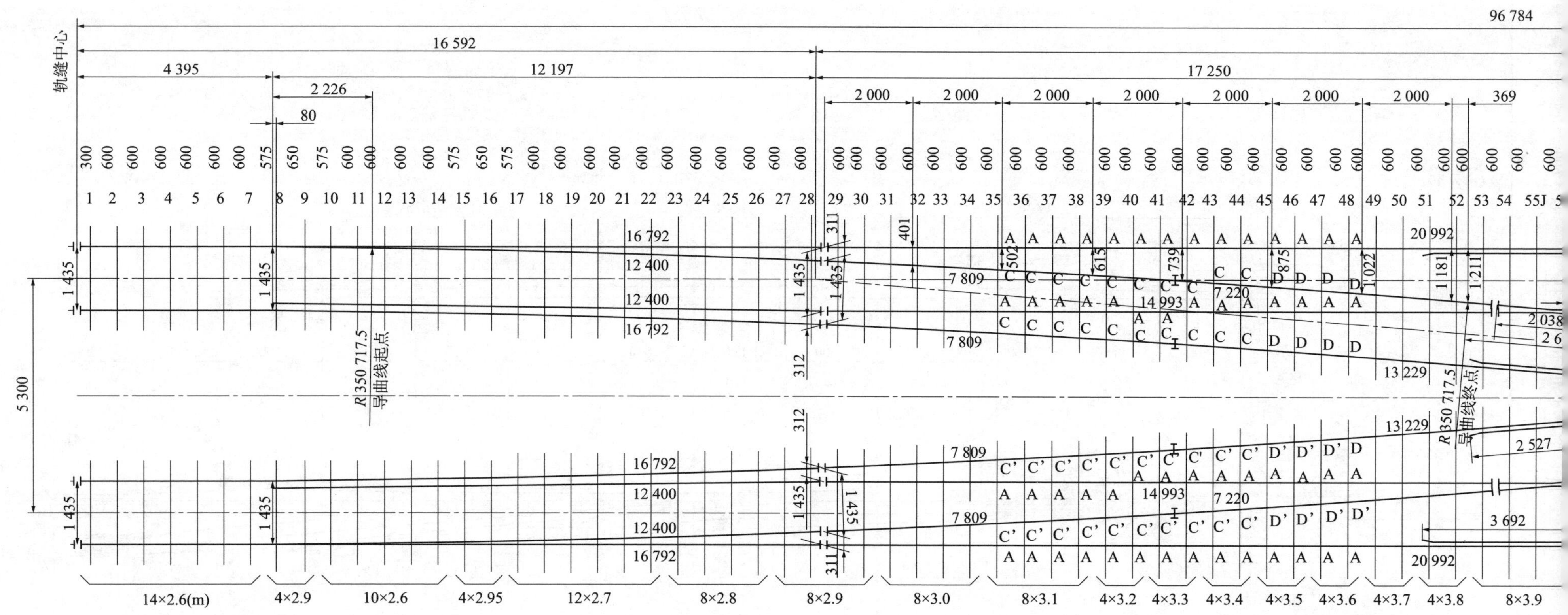

表 1　岔枕数量表

序号	岔枕长 (m)	单位	数量	序号	岔枕长 (m)	单位	数量
1	2.45	根	12	10	3.2	根	8
2	2.5	根	12	11	3.3	根	8
3	2.6	根	48	12	3.4	根	8
4	2.7	根	30	13	3.5	根	8
5	2.8	根	16	14	3.6	根	8
6	2.9	根	30	15	3.7	根	8
7	2.95	根	8	16	3.8	根	8
8	3.0	根	16	17	3.9	根	16
9	3.1	根	16	18	7.9 铰	根	38
岔枕总根数：298 根，岔枕总延长：1 076.8 m							

表 2　配轨数量表

绝缘位置设在侧股								
长度 (mm)	20 992	7 809	14 993	7 220	13 229	21 176	8 292	4 689
数量	4	8	4	4	4	4	4	4
重量 (kg)	5 092	3 788	3 636	1 752	3 209	5 136	2 011	1 137
钢轨总数：36 根；钢轨总长度：424.836 m								

表 3　明　细　表

序号	图号 / 标准	名称及规格	数　量	单位	材　料	备注
1	专线 4250	转辙器	4	组		左开 2 组，右开 2
2	专线 7629	5.3m－右开 12 号辙叉及护轨	2	组		
3	专线 7629	5.3m－左开 12 号辙叉及护轨	2	组		
4	专线 7630	5.3m－6 号锐角辙叉及护轨	2	组		
5	专线 7626	6 号钝角辙叉	2	组		
6	TB/T 2344	钢　轨	424.836	m	60 kg/m 钢轨	详见表 2
7	TB/T 2345	接头夹板	56	块		
8	TB/T 2347	接头螺栓　M24×135	168	副	10.9 级	带螺母
9	GB/T 1230	垫　圈　24	168	个		
10	专线 4232－84	垫板　60－0(A)	240	块		
11	专线 4232－84	垫板　60－11(C)	80	块		左右开各为 40
12	专线 4232－84	垫板　60－14(D)	32	块		左右开各为 16
13	专线 4232－84	垫板　60－17(E)	48	块		左右开各为 24
14	专线 3351－3	Ⅱ型弹条	800	个	60Si2CrVA	
15	专线 4232－4	螺栓　M24×65	800	根		
16	NS－01(b)－c	螺母　M24	800	个		

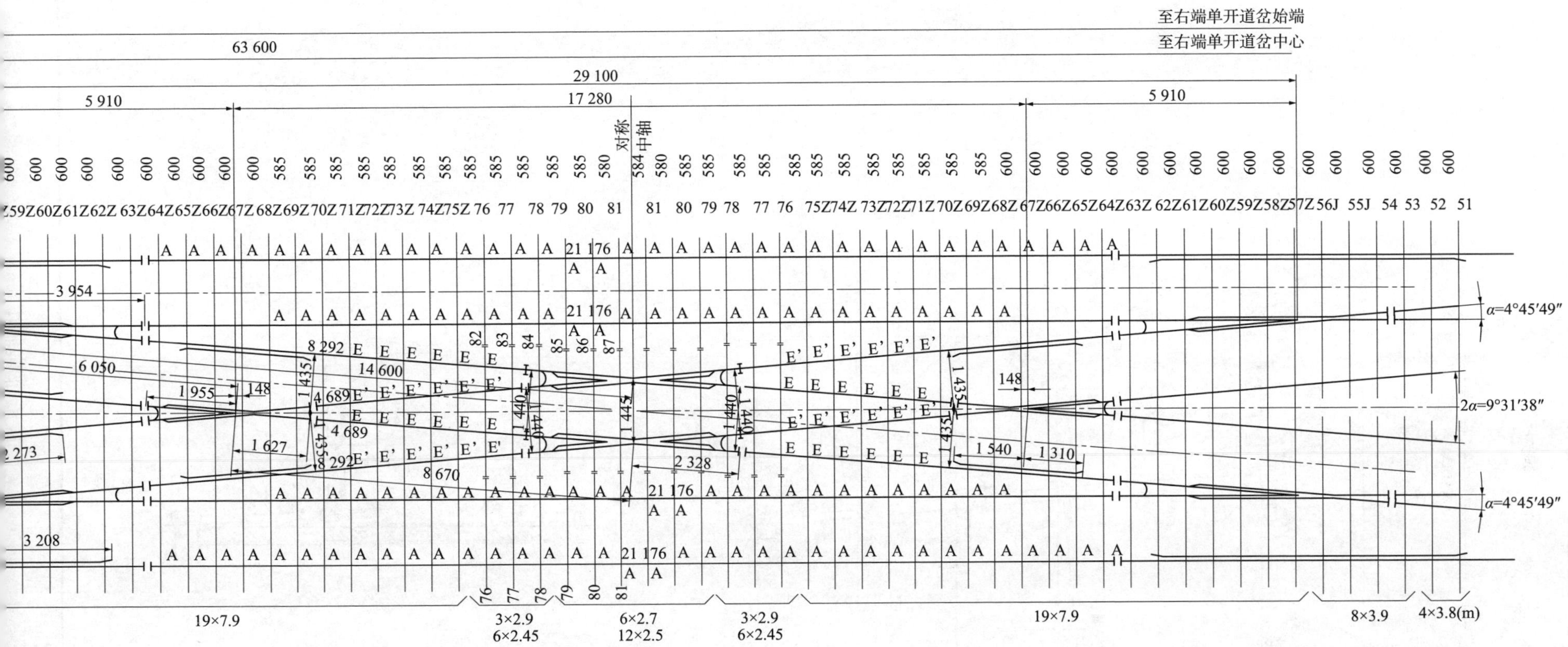

续表 3

序号	图号 / 标准	名称及规格	数 量	单位	材 料	备注
7	NS－07	限位板 M24	800	个		
8	GB/T 7244	弹簧垫圈 30	800	个	65Mn	
9	SCT505－B	岔枕螺栓 155	800	个		
0	专线 4232－10	轨距块 9－11	376+20	个	ZG 230－450	"+" 后为备用
1	专线 4232－10	轨距块 13－15	376+20	个	ZG 230－450	"+" 后为备用
2	专线 4232－10	轨距块 7－17	150	个	ZG 230－450	备用
3	专线 4232－10A	接头轨距块 9－11	4	个	ZG 230－450	
4	专线 4232－10A	接头轨距块 13－15	4	个	ZG 230－450	
5	专线 4232－72	绝缘轨距块 9－11	32	个	玻璃纤维	
6	专线 4232－72	绝缘轨距块 13－15	32	个	玻璃纤维	
7	专线 4232－72	绝缘轨距块 7－17	8	个	玻璃纤维	
8	专线 4232－53	橡胶垫板 452 × 175 × 10	400	块	橡胶	
9	专线 4232－51	橡胶垫板 60－190	400	块	橡胶	
0	专线 9595	钢轨绝缘	12	组		

技 术 要 求

1. 本图单开道岔是以专线 4249《60 kg/m 钢轨 12 号单开道岔总布置图》为基础设计的。
2. 本道岔的轨下基础采用混凝土岔枕，在岔枕编号中，带"J"的岔枕为对应产品相同序号岔枕的减短形式；带"Z"岔枕为组合岔枕，组合岔枕由两根组合用短岔枕和连接件组成。岔枕长度数量见表 1，与本道岔相配套的岔枕图号为专线 3409《60 kg/m 钢轨 12 号道岔 5.3 m 间距交叉渡线用混凝土岔枕》。
3. 图中钢轨普通接头、绝缘接头分别以"—|—"、"—+—"表示。
4. 本图尺寸除岔枕长度为米外，其余未注明者均按 mm 计；普通接头及绝缘接头钢轨轨缝均为 8 mm。
5. 为了改善列车运行条件，便于制造和维修，在钝角辙叉范围内轨距采用 1 440 mm，在菱形中过渡到 1 435 mm。
6. 本道岔钢轨按采用普通接头设计，用于跨区间超长无缝线路时，道岔直股前后应采用焊接接头或冻结接头，与高锰钢辙叉连接采用冻结接头。
7. 钢轨顶面应进行全长淬火，淬火技术条件按 TB/T 1779 的规定。
8. 本图按设轨道电路设计，钢轨按绝缘设在侧股配置。用户订货时，需指明采用钢轨材质、绝缘接头形式、平面布置类型及绝缘电路的设置位置。
9. 12 号单开辙叉及护轨分左、右开两种：左端上方为右开，下方为左开；右端上方为左开，下方为右开。
10. 明细表中平垫板包括四种类型，垫板 60－0，垫板 60－11，垫板 60－14，垫板 60－17 分别用符号 A、C、D、E 表示。

60 kg/m 钢轨 5.3 m 间距交叉渡线 6 号锐角辙叉及护轨

图　号：专线 7630

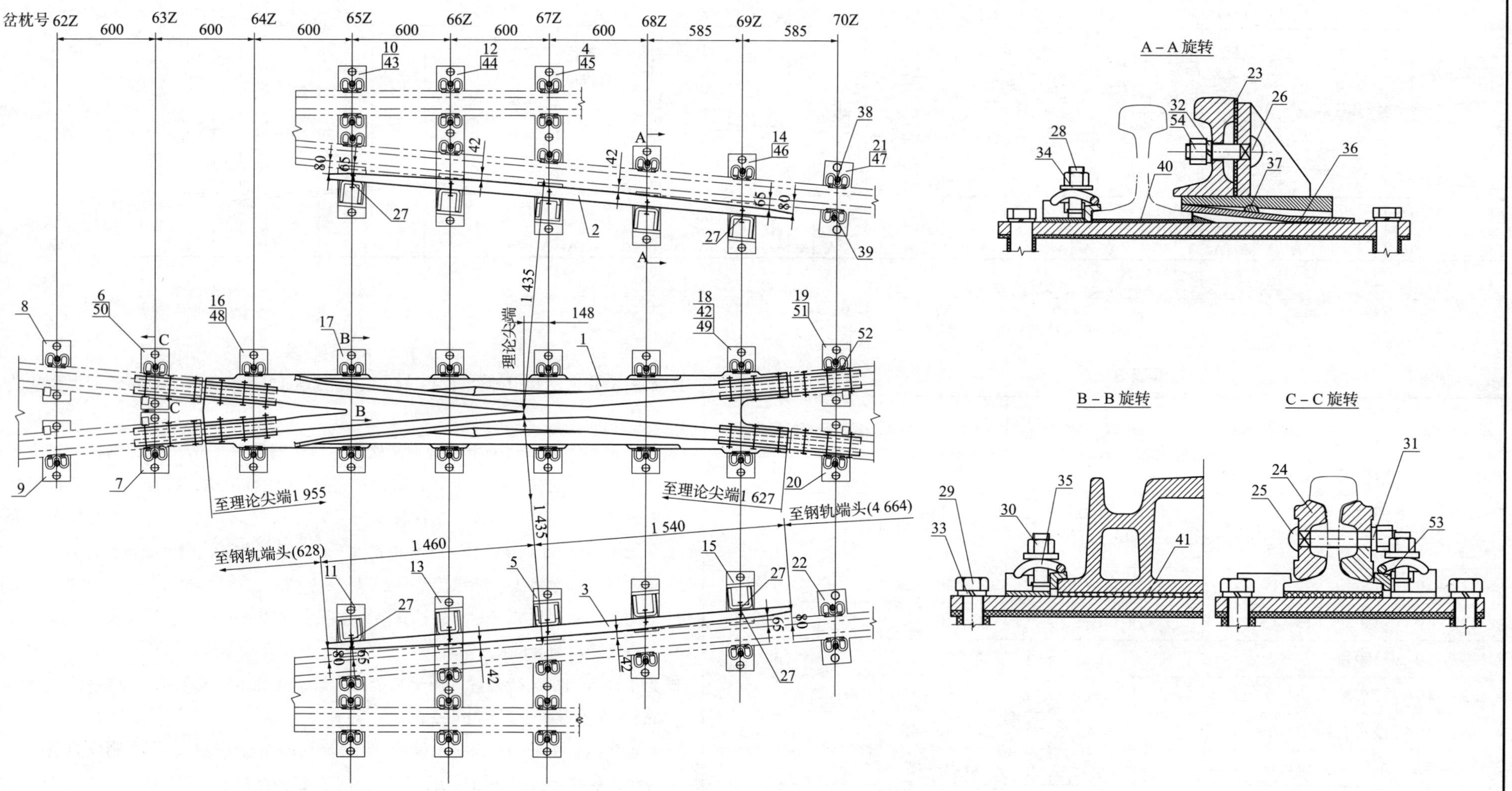

<table>
<tr><th colspan="8">33. 60 kg/m 钢轨 12 号道岔 5.5 m 间距交叉渡线(混凝土枕)
设计图号：专线 7632</th></tr>
<tr><td rowspan="2">道岔允许通过速度</td><td>客车</td><td colspan="3">$v_{直}$≤160 km/h；$v_{侧}$≤50 km/h</td><td colspan="2">扣件类型</td><td>Ⅱ型弹条</td></tr>
<tr><td>货车</td><td colspan="3">轴重 23 t：$v_{直}$≤90 km/h；$v_{侧}$≤50 km/h
轴重 25 t：$v_{直}$≤80 km/h；$v_{侧}$≤50 km/h</td><td colspan="2">轨底坡</td><td>1∶40</td></tr>
<tr><td>A(B)型辙叉角</td><td colspan="4">4°45′49″</td><td colspan="2">锐角 / 钝角辙叉角</td><td>9°31′38″</td></tr>
<tr><td>转辙器
专线4250</td><td colspan="7">详见“60 kg/m 钢轨 12 号单开道岔［专线 4249］”</td></tr>
<tr><td rowspan="6">55.5 m－12 号辙叉及护轨
专线 7633</td><td rowspan="2">辙叉图号</td><td rowspan="2">专线 4251－4</td><td>辙叉全长</td><td>5 992</td><td colspan="2" rowspan="2">护轨长度</td><td>直向：6 900</td></tr>
<tr><td>辙叉趾长</td><td>2 038</td><td>侧向：4 800</td></tr>
<tr><td>辙叉形式</td><td>高锰钢整铸式</td><td>辙叉跟长</td><td>3 954</td><td colspan="2">护轨轨型</td><td>50 kg/m</td></tr>
<tr><td colspan="2" rowspan="2">护轨端头距导轨端头定位尺寸</td><td>直向</td><td>746</td><td rowspan="2">护轨图号</td><td>直</td><td>专线 4251－5</td></tr>
<tr><td>侧向</td><td>3 019</td><td>侧</td><td>专线 4251－6</td></tr>
<tr><td colspan="6">辙叉理论尖端距趾端方向前一根岔枕中心距离</td><td>542</td></tr>
<tr><td rowspan="5">5.5 m－6 号锐角辙叉及护轨
专线 7634</td><td rowspan="2">辙叉图号</td><td rowspan="2">专线 7620－4</td><td>辙叉全长</td><td>3 582</td><td colspan="2">护轨长度</td><td>3 000</td></tr>
<tr><td>辙叉趾长</td><td>1 627</td><td colspan="2">护轨轨型</td><td>50 kg/m</td></tr>
<tr><td>辙叉形式</td><td>高锰钢整铸式</td><td>辙叉跟长</td><td>1 955</td><td colspan="2">护轨图号</td><td>铁联线 023－5</td></tr>
<tr><td colspan="6">辙叉理论尖端距趾端方向前一根岔枕中心距离</td><td>148</td></tr>
<tr><td colspan="6">护轨端头距导轨端头定位尺寸</td><td>4 664</td></tr>
<tr><td>6 号钝角辙叉
专线 7626</td><td>辙叉图号</td><td>铁联线 024－3</td><td>辙叉类型</td><td>高锰钢整铸式</td><td colspan="2">辙叉全长</td><td>4 676</td></tr>
<tr><td>岔枕图号
专线 3411</td><td>岔枕总数</td><td>316 根</td><td>岔枕展延长</td><td>1 118.6 m</td><td colspan="2">套管总数</td><td>1 956</td></tr>
<tr><td>批准文号</td><td colspan="4">专设标 (2001)075 号</td><td colspan="2">应用情况</td><td>★★★</td></tr>
<tr><td>主要结构特点</td><td colspan="7">钝角辙叉范围内轨距采用 1 440 mm，菱形中轨距过渡到 1 435 mm。</td></tr>
</table>

12 号辙叉及护轨明细表					
序号	图号 / 标准	名称及规格	数量	材　　料	备　　注
1	专线 4251－4	高锰钢辙叉	1		
2	专线 4251－5	直向护轨　6 900	1	50 kg/m 钢轨	
3	专线 4251－6	侧向护轨　4 800	1	50 kg/m 钢轨	
4	专线 4251－7	辙叉垫板　739×170×20	8		
5	专线 4251－7	辙叉垫板　739×170×20	2		
6	专线 4251－8	垫　板　719×170×22	1		
7	专线 4251－9	垫　板　769×170×22	1		
8	专线 4251－10	垫　板　817×170×22	1		
9	专线 4251－10	垫　板　865×170×22	1		
10	专线 4251－10	垫　板　912×170×22	1		
11	专线 4251－11	垫　板　740×195×22	1		
12	专线 4251－12	垫　板　790×170×22	1		
13	专线 4251－13	垫　板　840×170×22	1		
14	专线 4232－84	垫　板　60－0	6		
15	专线 4232－84	垫　板　60－17	7		
16	专线 4232－87	护轨垫板　60	12		
17	专线 4251－14	护轨斜垫板　610	8		
18	专线 4232－22	调整片　147×100×2	20	Q235	
		调整片　147×100×3	40		
19	TB/T 2345	接头夹板	8		
20	TB/T 2347	接头螺栓　M24×135	24	10.9 级	带螺母
21	专线 4232－5	螺　栓　M24×110	12		
22	专线 4232－5	螺　栓　M24×95	8		
23	专线 4232－4	螺　栓　M24×65	96		
24	SCT 505－B	岔枕螺栓　155	106		
25	NS－01(b)－c	螺　母　M24	96		
26	NS－01(b)	螺　母　M24	20		
27	GB/T 1230	垫　圈　24	24		
28	GB/T 7244	垫　圈　24	20	65Mn	
29	NS－07	限位板　M24	96	Q235	
30	GB/T 7244	垫　圈　30	106	65Mn	
31	专线 3351	Ⅱ型弹条	96	60Si2CrVA	
32	专线 4232－10	轨距块　60/9－11	53	ZG 230－450	

续上表

序号	图号 / 标准	名称及规格	数量	材　　料	备　　注
33	专线 4232－10	轨距块　60/13－15	33	ZG 230－450	
34	专线 4232－33	弹　片　250	20	60Si2Mn	
35	专线 4232－34	销　钉　155	20	Q275	
36	专线 4232－51	橡胶垫板　60－190	49	橡胶	
37	专线 4232－52	橡胶垫板　439 × 190 × 5	10	橡胶	
38	专线 4232－53	橡胶垫板　739 × 175 × 10	10	橡胶	
39	专线 4232－53	橡胶垫板　719 × 175 × 10	1	橡胶	
40	专线 4232－53	橡胶垫板　769 × 175 × 10	1	橡胶	
41	专线 4232－54	橡胶垫板　817－373	1	橡胶	
42	专线 4232－54	橡胶垫板　865－397	1	橡胶	
43	专线 4232－54	橡胶垫板　912－421	1	橡胶	
44	专线 4232－53	橡胶垫板　740 × 175 × 10	1	橡胶	
45	专线 4232－53	橡胶垫板　790 × 200 × 10	1	橡胶	
46	专线 4232－54	橡胶垫板　840－385	1	橡胶	
47	专线 4232－53	橡胶垫板　452 × 175 × 10	13	橡胶	
48	专线 4232－82	橡胶垫板　600 × 175 × 5	12	橡胶	
49	专线 4232－82	橡胶垫板　610 × 175 × 5	8	橡胶	
50	专线 4251－15	支距扣板　119.5－128.5	1	ZG 230－450	
51	专线 4251－15	支距扣板　120.5－129.5	1	ZG 230－450	
52	专线 4232－4	T 型螺栓　M24 × 90	2		支距扣板用
53	专线 4232－10A	接头轨距块　60/9－11	53	ZG 230－450	
54	专线 4232－10A	接头轨距块　60/13－15	53	ZG 230－450	

6 号锐角辙叉及护轨明细表					
序号	图号 / 标准	名称及规格	数量	材　料	备　注
1	专线 7620－4	高锰钢辙叉	1		
2	铁联线 023－5	护　轨　3 000	1	50 kg/m 钢轨	
3	铁联线 023－5	护　轨　3 000	1	50 kg/m 钢轨	与序号 2 对称
4	专线 7630－4	垫　板　1 035 × 170 × 27	1		
5	专线 7630－4	垫　板　1 035 × 170 × 27	1		与序号 4 对称
6	专线 7630－5	垫　板　374 × 170 × 22	1		
7	专线 7630－5	垫　板　374 × 170 × 22	1		与序号 6 对称
8	专线 7630－6	垫　板　374 × 170 × 22	1		
9	专线 7630－6	垫　板　374 × 170 × 22	1		与序号 8 对称
10	专线 4232－84	垫　板　60－17Y	1		
11	专线 4232－84	垫　板　60－17Z	1		与序号 10 对称
12	专线 4251－14	护轨斜垫板　610	4		
13	专线 4251－14	护轨斜垫板　610	4		与序号 12 对称
14	专线 4232－22	调整片　147 × 100 × 2	20	Q235	
		调整片　147 × 100 × 3	10		
15	TB/T 2345	接头夹板	8		
16	专线 7625－10	垫　板　758 × 170 × 20	1		
17	专线 7625－11	垫　板　758 × 170 × 20	4		
18	专线 7625－10	垫　板　808 × 170 × 20	1		
19	专线 7625－12	垫　板　381 × 170 × 22	1		
20	专线 7625－12	垫　板　381 × 170 × 22	1		
21	TB/T 2347	接头螺栓　M24 × 135－10.9	24	10.9 级	带螺母
22	专线 4232－5	螺　栓　M24 × 110	6		
23	专线 4232－5	螺　栓　M24 × 95	4		
24	专线 4232－4	螺　栓　M24 × 65	36		
25	SCT 505－B	岔枕螺栓　155	50		
26	NS－01(b)－c	螺　母　M24	36	4 级	
27	NS－01(b)	螺　母　M24	10	5 级	
28	GB/T 1230	垫　圈　24	24		
29	GB/T 7244	垫　圈　24	10	65Mn	
30	GB/T 7244	垫　圈　30	50	65Mn	
31	NS－07	限位板　M24	36	Q235	
32	专线 3351	Ⅱ型弹条	36	60Si2CrVA	

续上表

序号	图号 / 标准	名称及规格	数量	材　料	备　注
33	专线 4232－33	弹　片	10	60Si2Mn	
34	专线 4232－34	销　钉　160	10	Q275	
35	专线 4232－10	轨距块　60/9－11	20	ZG 230－450	
36	专线 4232－10	轨距块　60/13－15	12	ZG 230－450	
37	专线 4232－51	橡胶垫板　60－190	20	橡胶	
38	专线 4232－52	橡胶垫板　449×190×5	5	橡胶	
39	专线 4232－52	橡胶垫板　499×190×5	1	橡胶	
40	专线 7630－7	橡胶垫板　1 035－400	2	橡胶	
41	专线 4232－82	橡胶垫板　610×175×5	8	橡胶	
42	专线 4232－53	橡胶垫板　452×175×10	2	橡胶	
43	专线 4232－53	橡胶垫板　381×175×10	2	橡胶	
44	专线 4232－53	橡胶垫板　374×175×10	4	橡胶	
45	专线 4232－53	橡胶垫板　758×175×10	5	橡胶	
46	专线 4232－53	橡胶垫板　808×175×10	1	橡胶	
47	专线 4232－10A	接头轨距块　60/9－11	2	ZG 230－450	
48	专线 4232－10A	接头轨距块　60/13－15	2	ZG 230－450	

60 kg/m 钢轨 12 号 5.5 m 间距交叉渡线
图　号：专线 7632

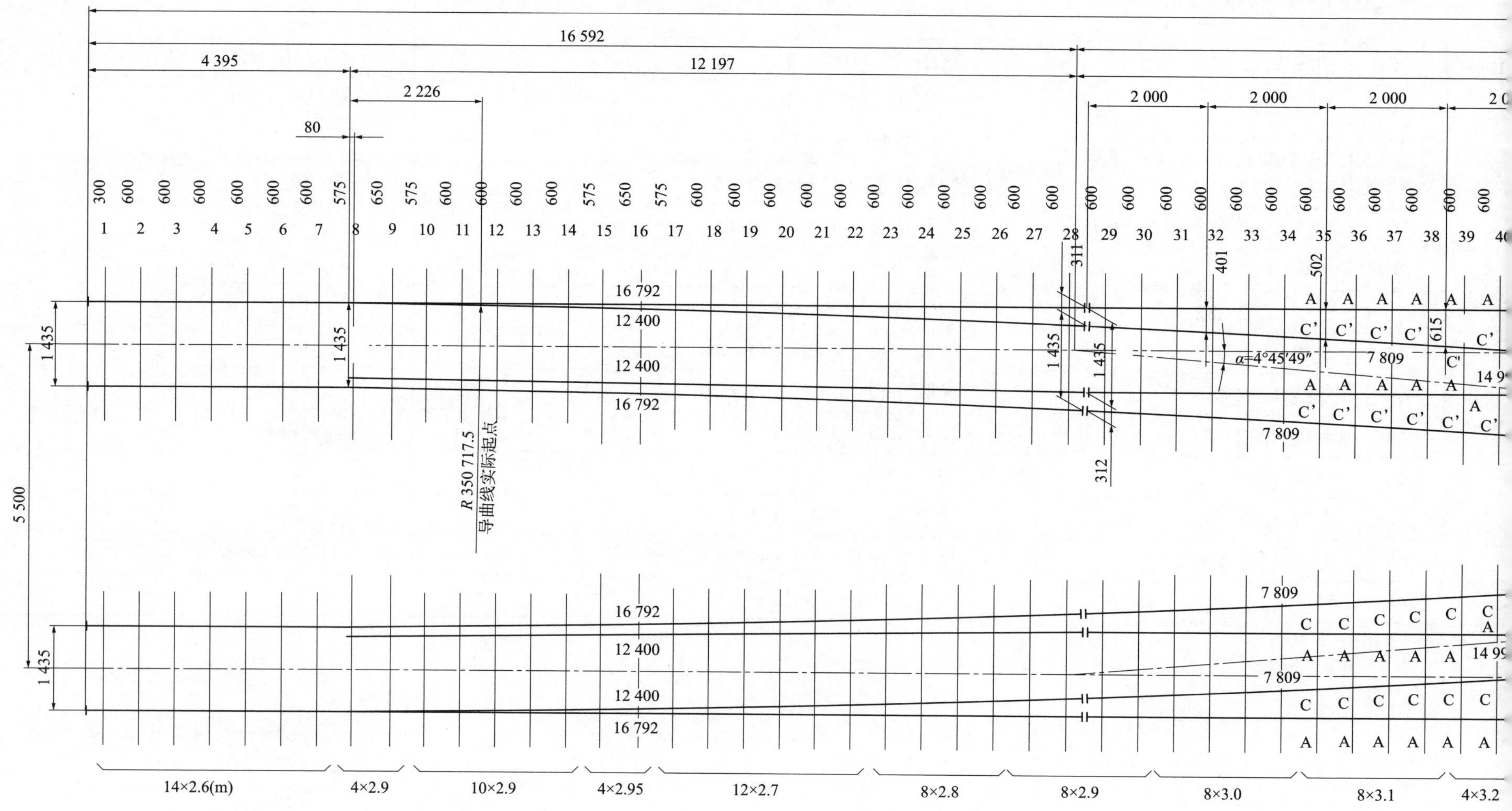

表 1　岔枕数量表

序号	岔枕长 (m)	单位	数量	序号	岔枕长 (m)	单位	数量
1	2.45	根	12	11	3.3	根	8
2	2.5	根	8	12	3.4	根	8
3	2.6	根	60	13	3.5	根	8
4	2.7	根	30	14	3.6	根	8
5	2.8	根	16	15	3.7	根	8
6	2.9	根	28	16	3.8	根	8
7	2.95	根	8	17	3.9	根	8
8	3.0	根	16	18	4	根	20
9	3.1	根	22	19	8.1 铰	根	32
10	3.2	根	8				
岔枕总根数：316 根，岔枕总延长：1 118.6 m							

表 2　配轨数量表

长度 (mm)	23 576	20 992	14 993	14 433	9 496	7 220	7 809	4 689
数量	4	4	4	4	4	4	4	4

表 3　明　细　表

序号	图号 / 标准	名称及规格	数量	单位	材料	备注
1	专线 4250	转辙器	4	组		左开 2 组，右开 2 组
2	专线 7633	5.5 m－右开 12 号辙叉及护轨	2	组		
3	专线 7633	5.5 m－左开 12 号辙叉及护轨	2	组		
4	专线 7634	5.5 m－6 号锐角辙叉及护轨	2	组		
5	专线 7626	6 号钝角辙叉	2	组		
6	TB/T 2344	钢　轨	444.068	m	60 kg/m 钢轨	详见表 2
7	TB/T 2345	接头夹板	56	块		
8	TB/T 2347	接头螺栓　M24 × 135	168	副	10.9 级	带螺母
9	GB/T 1230	垫　圈　24	168	个		
10	专线 4232－84	垫　板　60－0(A)	244	块		
11	专线 4232－84	垫　板　60－11(C)	80	块		左右开各为 40 块
12	专线 4232－84	垫　板　60－14(D)	32	块		左右开各为 16 块
13	专线 4232－84	垫　板　60－17(E)	48	块		左右开各为 24 块
14	专线 3351－3	Ⅱ型弹条	808	个	60Si2CrVA	
15	专线 4232－4	螺　栓　M24 × 65	808	根		

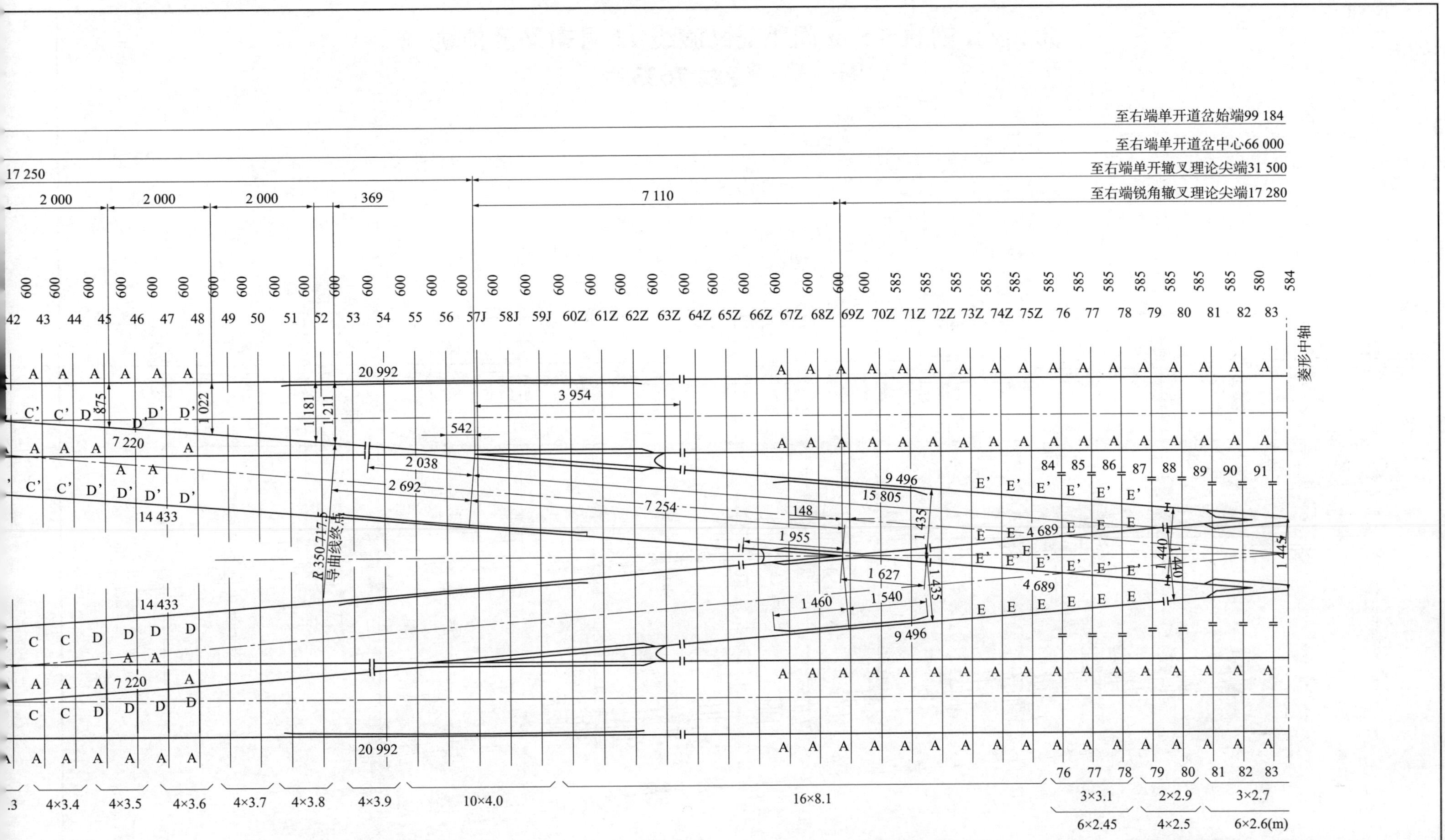

续表 3

号	图号 / 标准	名称及规格	数量	单位	材料	备注
6	NS－01(b)－C	螺　母　M24	808	个		
7	NS－07	限位板　M24	808	个		
8	GB/T 7244	弹簧垫圈　30	808	个	65Mn	
9	SCT 505－B	岔枕螺栓　155	808	个		
0	专线 4232－10	轨距块　9－11	380+20	个	ZG 230－450	“+”后为备用
1	专线 4232－10	轨距块　13－15	380+20	个	ZG 230－450	“+”后为备用
2	专线 4232－10	轨距块　7－17	150	个	ZG 230－450	备用
3	专线 4232－10A	接头轨距块　9－11	4	个	ZG 230－450	
4	专线 4232－10A	接头轨距块　13－15	4	个	ZG 230－450	
5	专线 4232－72	绝缘轨距块　9－11	32	个	玻璃纤维	
6	专线 4232－72	绝缘轨距块　13－15	32	个	玻璃纤维	
7	专线 4232－72	绝缘轨距块　7－17	8	个	玻璃纤维	
8	专线 4232－53	橡胶垫板　452 × 175 × 10	404	块	橡胶	
9	专线 4232－51	橡胶垫板　60－190	404	块	橡胶	
0	专线 9595	钢轨绝缘	12	组		

技 术 要 求

1. 本图单开道岔是以专线 4249《60 kg/m 钢轨 12 号单开道岔总布置图》为基础设计的。
2. 本道岔的轨下基础采用混凝土岔枕，在岔枕编号中，带“J”的岔枕为对应产品相同序号岔枕的减短形式；带“Z”岔枕为组合岔枕，组合岔枕由两根组合用短岔枕和连接件组成。岔枕长度数量见表 1，与本道岔相配套的岔枕图号为专线 3411《60 kg/m 钢轨 12 号道岔 5.5m 间距交叉渡线用混凝土岔枕》。
3. 图中钢轨普通接头、绝缘接头分别以“—||—”、“‡”表示。
4. 本图尺寸除岔枕长度为米外，其余未注明者均按 mm 计；普通接头及绝缘接头钢轨轨缝均为 8 mm。
5. 为了改善列车运行条件，便于制造和维修，在钝角辙叉范围内轨距采用 1 440 mm，在菱形中过渡到 1 435 mm。
6. 本道岔钢轨按采用普通接头设计，用于跨区间超长无缝线路时，道岔直股前后应采用焊接接头或冻结接头，与高锰钢辙叉连接采用冻结接头。
7. 钢轨顶面应进行全长淬火，淬火技术条件按 TB/T 1779 的规定。
8. 本图按设轨道电路设计，钢轨按绝缘设在侧股配置。用户订货时，需指明采用钢轨材质、绝缘接头形式、平面布置类型及绝缘电路的设置位置。
9. 12 号单开辙叉及护轨分左、右开两种：左端上方为右开，下方为左开；右端上方为左开，下方为右开。
10. 明细表中平垫板包括四种类型，垫板 60－0，垫板 60－11，垫板 60－14，垫板 60－17 分别用符号 A、C、D、E 表示。

60 kg/m 钢轨 5.5 m 间距交叉渡线 12 号辙叉及护轨
图　号：专线 7633

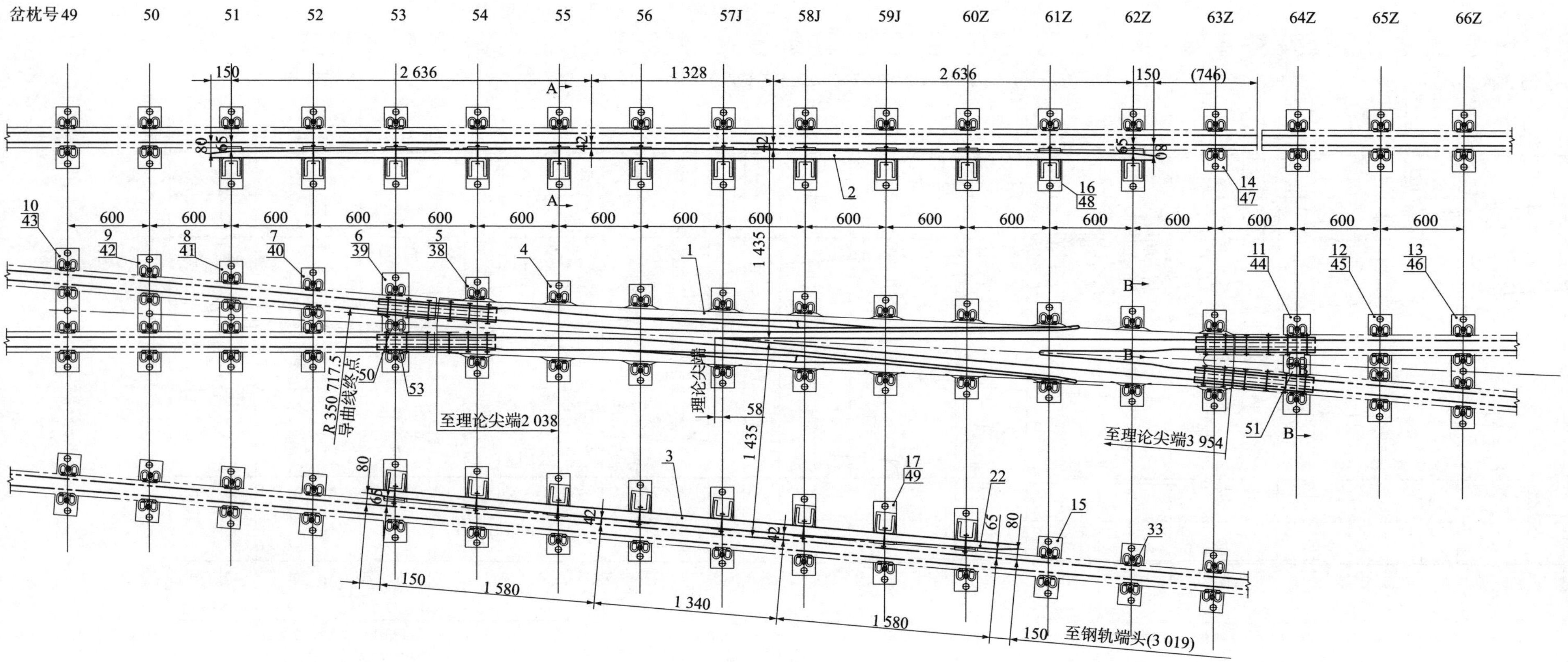

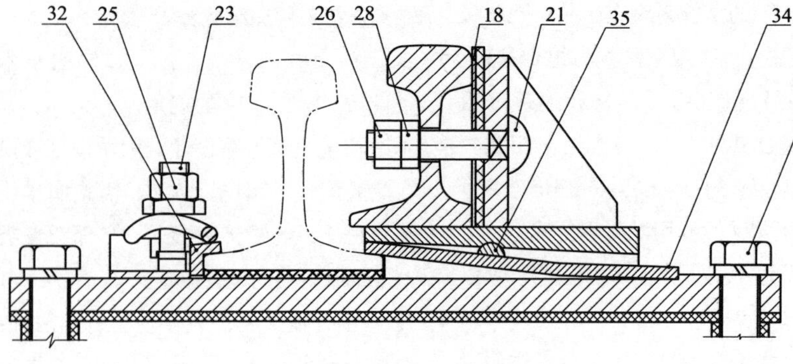

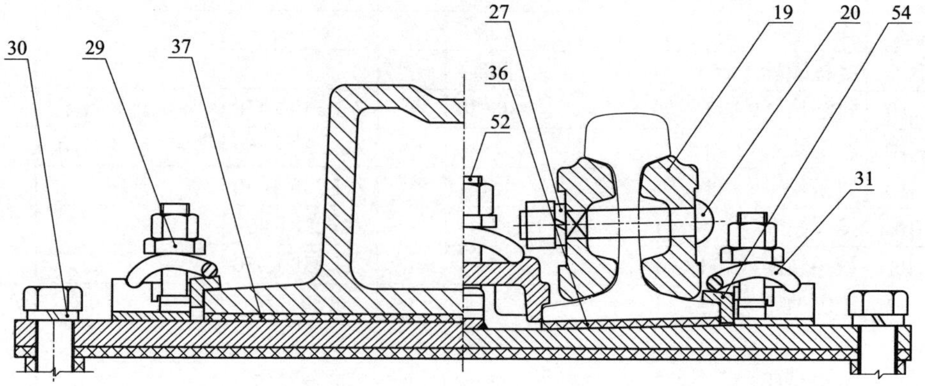

60 kg/m 钢轨 5.5 m 间距交叉渡线 6 号锐角辙叉及护轨
图 号：专线 7634

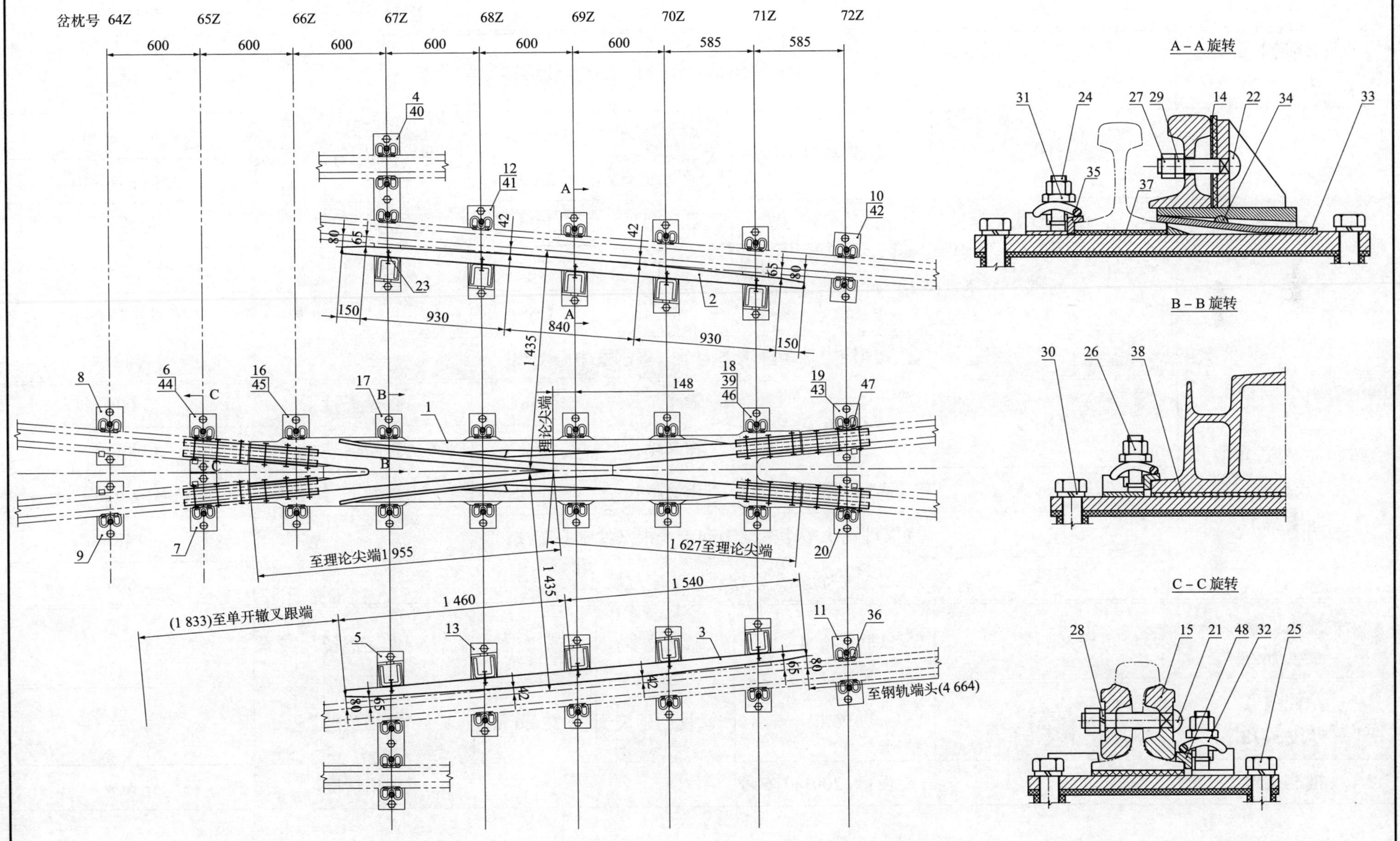

34. 60 kg/m 钢轨 12 号道岔 6.5 m 间距交叉渡线(混凝土枕)
设计图号：专线 7636

道岔允许通过速度	客车	$v_{直}$≤160 km/h；$v_{侧}$≤50 km/h			扣件类型	Ⅱ型弹条
	货车	轴重 23 t：$v_{直}$≤90 km/h；$v_{侧}$≤50 km/h 轴重 25 t：$v_{直}$≤80 km/h；$v_{侧}$≤50 km/h			轨底坡	1∶40
A(B)型辙叉角	4°45′49″				锐角/钝角辙叉角	9°31′38″
转辙器 专线4250	详见“60 kg/m 钢轨 12 号单开道岔［专线 4249］”					
12 号辙叉及护轨 专线 4251	辙叉图号	专线 4251－4	辙叉全长	5 992	护轨长度	直向：6 900
			辙叉趾长	2 038		侧向：4 800
	辙叉形式	高锰钢整铸式	辙叉跟长	3 954	护轨轨型	50 kg/m
	护轨端头距导轨端头定位尺寸		直向	746	护轨图号 直	专线 4251－5
			侧向	1 681	护轨图号 侧	专线 4251－6
	辙叉理论尖端距趾端方向前一根岔枕中心距离					542
6.5 m－6 号锐角辙叉及护轨 专线 7637	辙叉图号	专线 7620－4	辙叉全长	3 582	护轨长度	3 000
			辙叉趾长	1 627	护轨轨型	50 kg/m
	辙叉形式	高锰钢整铸式	辙叉跟长	1 955	护轨图号	铁联线 023－5
	辙叉理论尖端距趾端方向前一根岔枕中心距离					148
	护轨端头距导轨端头定位尺寸					4 664
6 号钝角辙叉 专线 7626	辙叉图号	铁联线 024－3	辙叉类型	高锰钢 整铸式	辙叉全长	4 676
岔枕图号 专线 3413	岔枕总数	396 根	岔枕展延长	1 326.6 m	套管总数	2 276
批准文号	专设标 (2001)075 号				应用情况	★★★
主要结构特点	钝角辙叉范围内轨距采用 1 440 mm，菱形中轨距过渡到 1 435 mm。					

6 号锐角辙叉及护轨明细表

序号	图号 / 标准	名称及规格	数量	材 料	备 注
1	专线 7620－4	高锰钢辙叉	1	ZGMn13	
2	铁联线 023－5	护 轨 3 000	1	50 kg/m 钢轨	
3	铁联线 023－5	护 轨 3 000	1	50 kg/m 钢轨	与序号 2 对称
4	专线 4251－11	护轨斜垫板 610	5		
5	专线 4251－11	护轨斜垫板 610	5		与序号 4 对称
6	专线 7630－5	垫 板 374 × 170 × 22	1		
7	专线 7630－5	垫 板 374 × 170 × 22	1		与序号 6 对称
8	专线 7630－6	垫 板 374 × 170 × 22	1		
9	专线 7630－6	垫 板 374 × 170 × 22	1		与序号 8 对称
10	专线 4232－84	垫 板 60－17Y	4		
11	专线 4232－84	垫 板 60－17Z	4		与序号 10 对称
12	专线 4232－10	轨距块 60 9－11	24	ZG 230－450	
13	专线 4232－10	轨距块 60 13－15	16	ZG 230－450	
14	专线 4232－33	弹 片 250	10	60Si2Mn	
15	专线 4232－34	销 钉 160	10	Q275	
16	专线 7625－10	垫 板 758 × 170 × 20	1		
17	专线 7625－11	垫 板 758 × 170 × 20	4		
18	专线 7625－10	垫 板 808 × 170 × 20	1		
19	专线 7625－12	垫 板 381 × 170 × 22	1		
20	专线 7625－12	垫 板 381 × 170 × 22	1		
21	专线 4232－22	调整片 147 × 100 × 2	20	Q235	2 mm 备用
		调整片 147 × 100 × 3	10		
22	专线 3351	Ⅱ型弹条	44	60Si2CrVa	
23	TB/T 2345	接头夹板	8		
24	TB/T 2347	接头螺栓 M24 × 135	24	10.9 级	带螺母
25	专线 4232－5	螺 栓 M24 × 110	6		
26	专线 4232－5	螺 栓 M24 × 95	4		
27	专线 4232－4	螺 栓 M24 × 65	44		
28	SCT 505－B	岔枕螺栓 155	60		
29	NS－01(b)	螺 母 M24	10	5 级	
30	NS－01(b)－c	螺 母 M24	44	4 级	
31	GB/T 1230	垫 圈 24	24		
32	GB/T 7244	垫 圈 24	10	65Mn	

续上表

序号	图号 / 标准	名称及规格	数量	材　料	备　注
33	GB/T 7244	垫　圈　30	60	65Mn	
34	NS－07	限位板　M24	44	Q235	
35	专线 4232－51	橡胶垫板　60－190	24	橡胶	
36	专线 4232－52	橡胶垫板　439 × 190 × 5	5	橡胶	
37	专线 4232－52	橡胶垫板　449 × 190 × 5	1	橡胶	
38	专线 4232－82	橡胶垫板　610 × 175 × 5	10	橡胶	
39	专线 4232－53	橡胶垫板　374 × 175 × 10	4	橡胶	
40	专线 4232－53	橡胶垫板　452 × 175 × 10	8	橡胶	
41	专线 4232－53	橡胶垫板　758 × 175 × 10	5	橡胶	
42	专线 4232－53	橡胶垫板　808 × 175 × 10	1	橡胶	
43	专线 4232－53	橡胶垫板　381 × 175 × 10	2	橡胶	
44	专线 4232－10A	接头轨距块　60/9－11	24	ZG 230－450	
45	专线 4232－10A	接头轨距块　60/13－15	16	ZG 230－450	

60 kg/m 钢轨 6.5 m 间距交叉渡线 6 号锐角辙叉及护轨

图 号：专线 7637

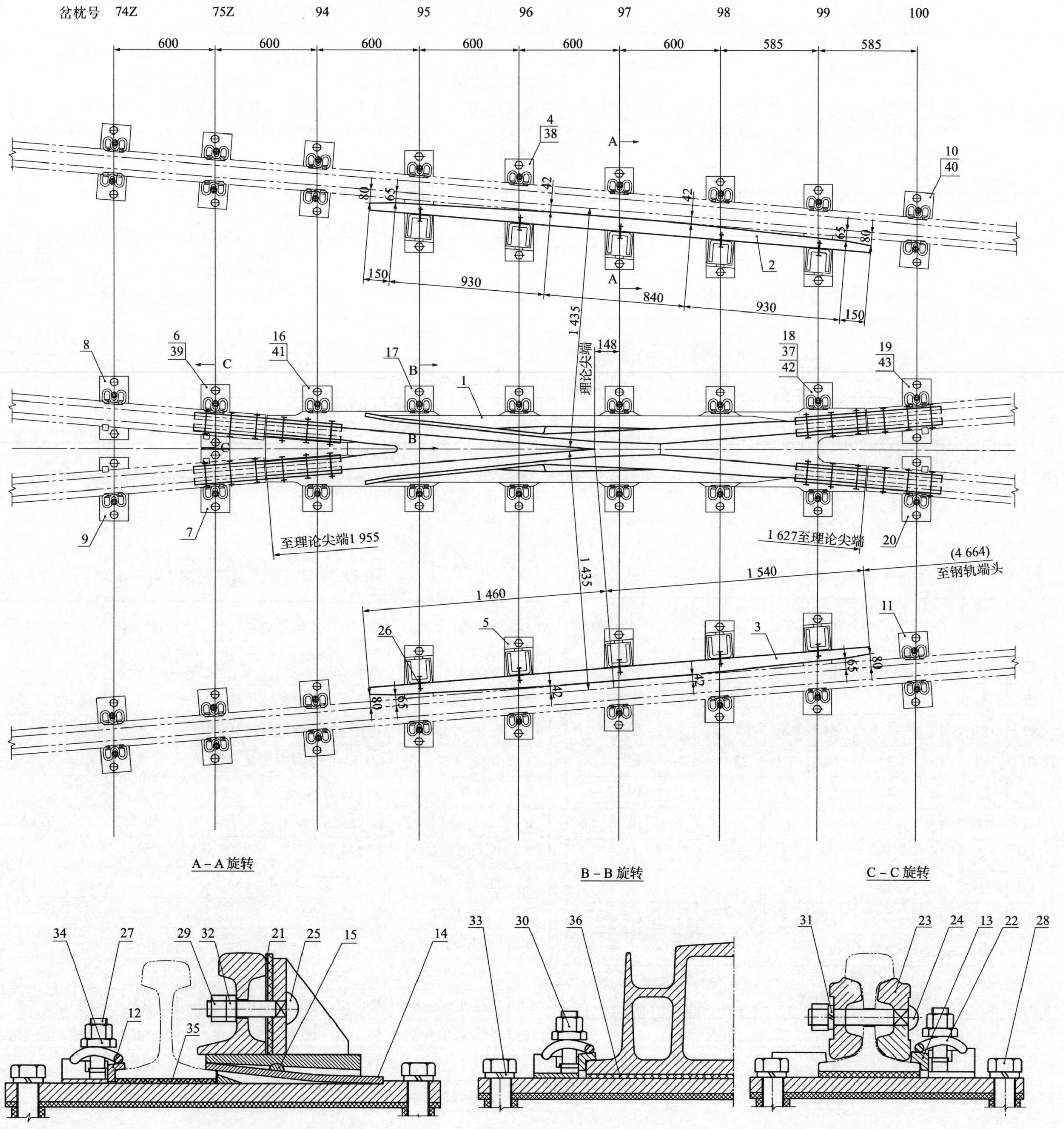

60 kg/m 钢轨 12 号 6.5 m 间距交叉渡线
图　号：专线 7636

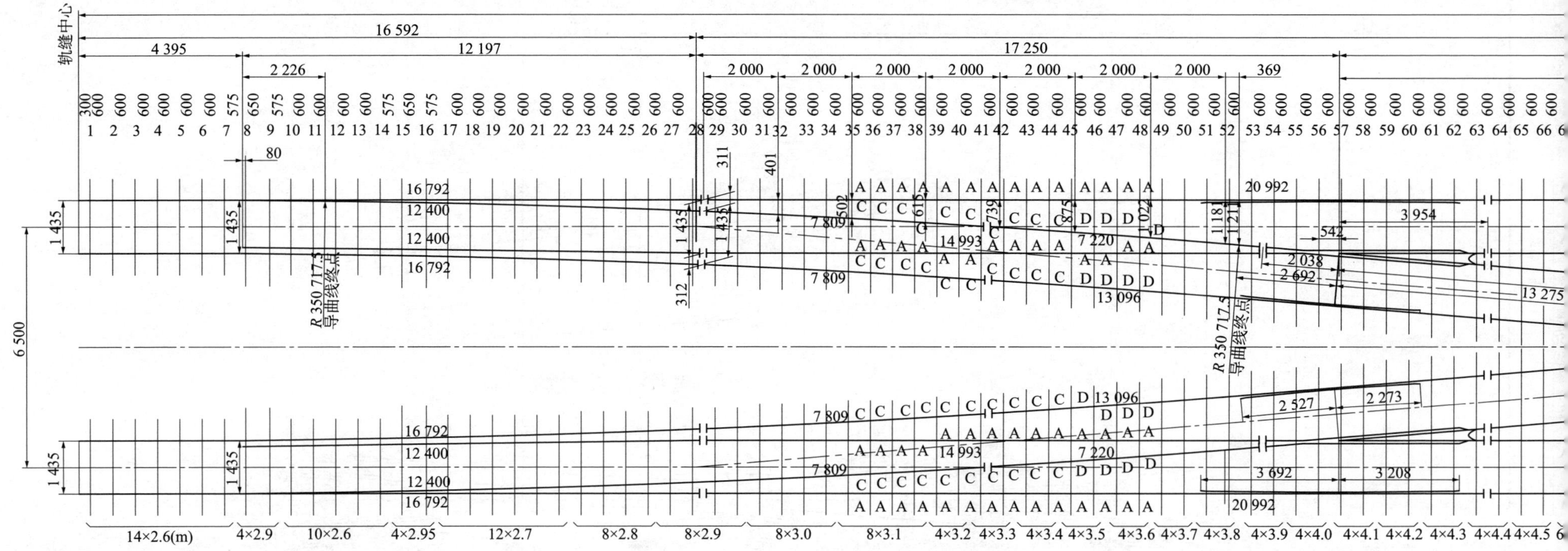

表 1　岔枕数量表

序号	岔枕长(m)	单位	数量	序号	岔枕长(m)	单位	数量	序号	岔枕长(m)	单位	数量
1	2.45	根	12	10	3.2	根	8	19	4.1	根	14
2	2.5	根	8	11	3.3	根	12	20	4.2	根	8
3	2.6	根	100	12	3.4	根	8	21	4.3	根	8
4	2.7	根	30	13	3.5	根	12	22	4.4	根	8
5	2.8	根	16	14	3.6	根	8	23	4.5	根	8
6	2.9	根	28	15	3.7	根	12	24	4.5J	根	12
7	2.95	根	8	16	3.8	根	8	25	9.1Z	根	12
8	3.0	根	16	17	3.9	根	12				
9	3.1	根	20	18	4.0	根	8				
岔枕总根数：392 根，岔枕总延长：1313.4 m											

表 2　配轨数量表

长度(mm)	7 220	7 809	13 096	7 350	14 993	20 992	24 214	11 354	15 517	4 689
数量	4	8	4	4	4	4	4	4	4	4

表 3　明　细　表

序号	图号 / 标准	名称及规格	数　量	单位	材　料	备注
1	专线 4250	转辙器	4	组		左开 2 组，右开 2
2	专线 4251	右开 12 号辙叉及护轨	2	组		
3	专线 4251	左开 12 号辙叉及护轨	2	组		
4	专线 7637	6.5m－6 号锐角辙叉及护轨	2	组		
5	专线 7626	6 号钝角辙叉	2	组		
6	TB/T 2344	钢　轨	540.172	m	60 kg/m 钢轨	详见表 2
7	TB/T 2345	接头夹板	72	块		
8	TB/T 2347	接头螺栓　M24 × 135	216	副	10.9 级	带螺母
9	GB/T 1230	垫　圈　24	216	个		
10	专线 4232－84	垫　板　60－0(A)	320	块		
11	专线 4232－84	垫　板　60－11(C)	80	块		左右开各半
12	专线 4232－84	垫　板　60－14(D)	32	块		左右开各半
13	专线 4232－84	垫　板　60－17(E)	96	块		左右开各半
14	专线 3351－3	Ⅱ型弹条	1056	个	60Si2CrVA	
15	专线 4232－4	螺　栓　M24 × 65	1056	根		

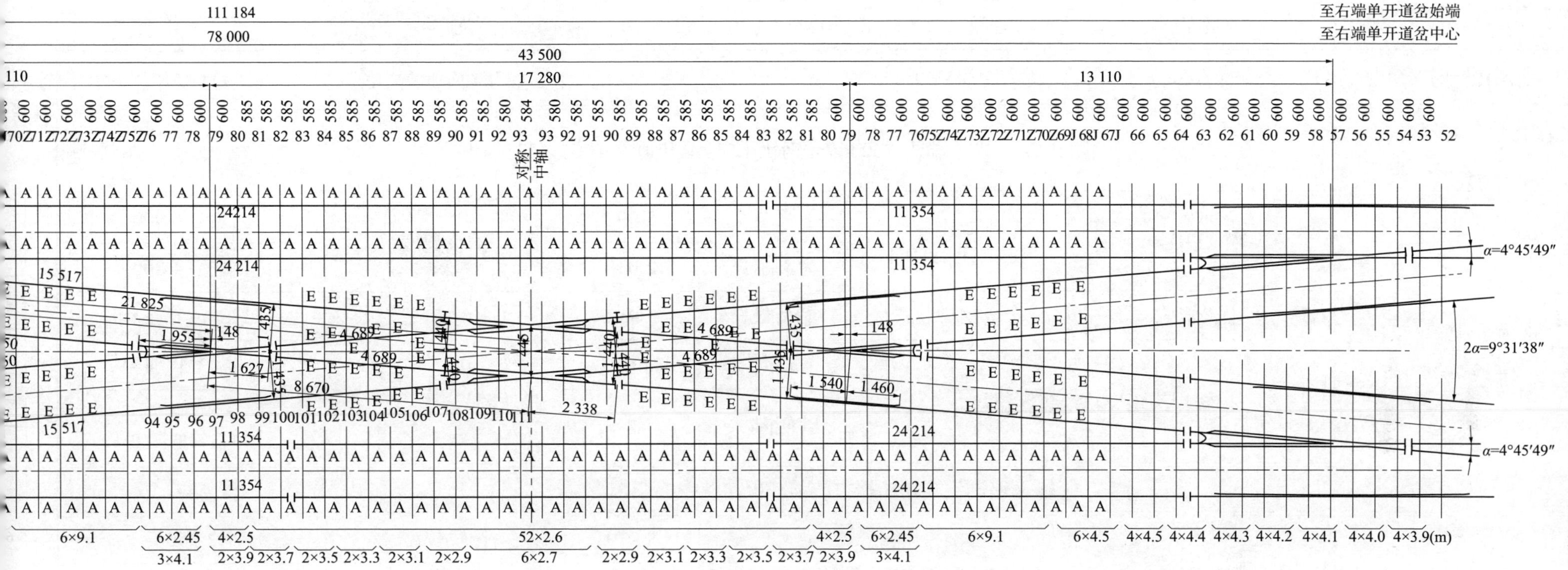

续表 3

图号 / 标准	名称及规格	数 量	单位	材 料	备注
NS-01(b)-C	螺 母 M24	1056	个		
NS-07	限位板 M24	1056	个		
GB/T 7244	弹簧垫圈 30	1056	个	65Mn	
SCT505-B	岔枕螺栓 155	1056	个		
专线 4232-10	轨距块 9-11	504+20	个	ZG 230-450	"+" 后为备用
专线 4232-10	轨距块 13-15	504+20	个	ZG 230-450	"+" 后为备用
专线 4232-10	轨距块 7-17	150	个	ZG 230-450	备用
专线 4232-10A	接头轨距块 9-11	8	个	ZG 230-450	
专线 4232-10A	接头轨距块 13-15	8	个	ZG 230-450	
专线 4232-72	绝缘轨距块 9-11	32	个	玻璃纤维	
专线 4232-72	绝缘轨距块 13-15	32	个	玻璃纤维	
专线 4232-72	绝缘轨距块 7-17	8	个	玻璃纤维	
专线 4232-53	橡胶垫板 452×175×10	528	块	橡胶	
专线 4232-51	橡胶垫板 60-190	528	块	橡胶	
专线 9595	钢轨绝缘	12	组		

技 术 要 求

1. 本图单开道岔是以专线 4249《60 kg/m 钢轨 12 号单开道岔总布置图》为基础设计的。
2. 本道岔的轨下基础采用混凝土岔枕，在岔枕编号中，带"J"的岔枕为对应产品相同序号岔枕的减短形式；带"Z"岔枕为组合岔枕，组合岔枕由两根组合用短岔枕和连接件组成。岔枕长度数量见表 1，与本道岔相配套的岔枕图号为专线 3413《60 kg/m 钢轨 12 号道岔 6.5 m 间距交叉渡线用混凝土岔枕》。
3. 图中钢轨普通接头、绝缘接头分别以"—|⊢"、"+"表示。
4. 本图尺寸除岔枕长度为米外，其余未注明者均按 mm 计；普通接头及绝缘接头钢轨轨缝均为 8 mm。
5. 为了改善列车运行条件，便于制造和维修，在钝角辙叉范围内轨距采用 1 440 mm，在菱形中过渡到 1 435 mm。
6. 本道岔钢轨按采用普通接头设计，用于跨区间超长无缝线路时，道岔直股前后应采用焊接接头或冻结接头，与高锰钢辙叉连接采用冻结接头。
7. 钢轨顶面应进行全长淬火，淬火技术条件按 TB/T 1779 的规定。
8. 本图按设轨道电路设计，钢轨按绝缘设在侧股配置。用户订货时，需指明采用钢轨材质、绝缘接头形式、平面布置类型及绝缘电路的设置位置。
9. 12 号单开辙叉及护轨分左、右开两种：左端上方为右开，下方为左开；右端上方为左开，下方为右开。
10. 明细表中平垫板包括四种类型，垫板 60-0，垫板 60-11，垫板 60-14，垫板 60-17 分别用符号 A、C、D、E 表示。

<table>
<tr><th colspan="8">35. 60 kg/m 钢轨 12 号道岔 5.0 m 间距交叉渡线(混凝土枕)
设计图号：专线 7677</th></tr>
<tr><td rowspan="2">道岔允许通过速度</td><td>客车</td><td colspan="3">$v_{直}$≤160 km/h；$v_{侧}$≤50 km/h</td><td colspan="2">扣件类型</td><td>Ⅱ型弹条</td></tr>
<tr><td>货车</td><td colspan="3">轴重 23 t：$v_{直}$≤120 km/h；$v_{侧}$≤50 km/h</td><td colspan="2">轨底坡</td><td>1 : 40</td></tr>
<tr><td>A(B)型辙叉角</td><td colspan="4">4°45′49″</td><td colspan="2">锐角 / 钝角辙叉角</td><td>9°31′38″</td></tr>
<tr><td>转辙器
专线4311－Ⅱ</td><td colspan="7">详见“60 kg/m 钢轨 12 号单开道岔［专线 4311－Ⅰ］”</td></tr>
<tr><td rowspan="7">5 m－12 号辙叉及护轨
专线 7677－Ⅱ</td><td rowspan="2">辙叉图号</td><td rowspan="2">专线
7677－Ⅱ－3HJG</td><td>辙叉全长</td><td>5 992</td><td colspan="2" rowspan="2">护轨长度</td><td>直向：6 900</td></tr>
<tr><td>辙叉趾长</td><td>2 038</td><td>侧向：4 800</td></tr>
<tr><td>辙叉形式</td><td>合金钢拼装式</td><td>辙叉跟长</td><td>3 954</td><td colspan="2">护轨轨型</td><td>33 kg/m 槽形钢</td></tr>
<tr><td colspan="2" rowspan="2">护轨端头距导轨端头定位尺寸</td><td>直向</td><td>669</td><td rowspan="2">护轨图号</td><td>直</td><td>专线 4311－Ⅲ－9</td></tr>
<tr><td>侧向</td><td>8</td><td>侧</td><td>专线
4311－Ⅲ－10</td></tr>
<tr><td colspan="6">辙叉理论尖端距趾端方向前一根岔枕中心距离</td><td>542</td></tr>
<tr><td colspan="7"></td></tr>
<tr><td rowspan="5">5 m－6 号锐角辙叉及护轨
专线 7677—Ⅲ</td><td rowspan="2">辙叉图号</td><td rowspan="2">专线
7677－Ⅲ－2HJG</td><td>辙叉全长</td><td>8 279</td><td colspan="2">护轨长度</td><td>2 950</td></tr>
<tr><td>辙叉趾长</td><td>6 324</td><td colspan="2">护轨轨型</td><td>33 kg/m 槽形钢</td></tr>
<tr><td>辙叉形式</td><td>合金钢拼装式</td><td>辙叉跟长</td><td>1 955</td><td colspan="2">护轨图号</td><td>专线 7677－Ⅲ－7</td></tr>
<tr><td colspan="6">辙叉理论尖端距趾端方向前一根岔枕中心距离</td><td>148</td></tr>
<tr><td colspan="6">护轨端头距导轨端头定位尺寸</td><td>1 120</td></tr>
<tr><td>6 号钝角辙叉
专线 7677－Ⅳ</td><td>辙叉图号</td><td>专线
7677－Ⅳ－2HJG</td><td>辙叉类型</td><td>合金钢
拼装式</td><td colspan="2">辙叉全长</td><td>4 676</td></tr>
<tr><td>岔枕图号
专线 3465－Ⅱ</td><td>岔枕总数</td><td>324 根</td><td>岔枕展延长</td><td>998 m</td><td colspan="2">套管总数</td><td>1 766</td></tr>
<tr><td>批准文号</td><td colspan="4">—</td><td colspan="2">应用情况</td><td>★★★</td></tr>
<tr><td>主要结构特点</td><td colspan="7">1. 在钝角辙叉范围内轨距采用 1 440 mm。
2. 本道岔可采用调高垫板在橡胶垫板与岔枕之间调高。</td></tr>
</table>

12 号 A(B) 辙叉及护轨明细表

序号	图号 / 标准	名称及规格	数量	材　料	备　注
1	专线 4311－Ⅲ－5	翼　轨　4 784	1	60 kg/m 钢轨	
2	专线 4311－Ⅲ－5	翼　轨　4 784	1	60 kg/m 钢轨	按序号 1 翼轨对称制造
3	专线 4311－Ⅲ－6	合金钢翼轨镶块	1	合金钢	
4	专线 4311－Ⅲ－6	合金钢翼轨镶块	1	合金钢	按序号 3 镶块对称制造
5	专线 4311－Ⅲ－7	锻造叉心	1	合金钢	
6	专线 4311－Ⅲ－8	叉跟轨　2 752	1	60 kg/m 钢轨	
7	专线 4311－Ⅲ－8	叉跟轨　2 752	1	60 kg/m 钢轨	按序号 6 叉跟轨对称制造
8	专线 4311－Ⅲ－9	护　轨	1	33 kg/m 槽型钢	
9	专线 4311－Ⅲ－10	护　轨	1	33 kg/m 槽型钢	
10	专线 4311－Ⅲ－11	护轨垫板	12		
11	专线 4311－Ⅲ－12	侧向护轨垫板	5		
12	专线 4311－Ⅲ－13	垫　板　1 047	1		
13	专线 4311－Ⅲ－13	垫　板　995	1		
14	专线 4311－Ⅲ－14	垫　板　939	1		
15	专线 4311－Ⅲ－14	垫　板　887	1		
16	专线 4311－Ⅲ－14	垫　板　831	1		
17	专线 4311－Ⅲ－15	垫　板　831	1		
18	专线 4311－Ⅲ－15	垫　板　770	1		
19	专线 4311－Ⅲ－16	垫　板　700	1		
20	专线 4311－Ⅲ－16	垫　板　770	1		
21	专线 4311－Ⅲ－16	垫　板　770	1		
22	专线 4311－Ⅲ－16	垫　板　770	1		
23	专线 4311－Ⅲ－16	垫　板　831	1		
24	专线 4311－Ⅲ－16	垫　板　887	1		
25	专线 4311－Ⅲ－16	垫　板　939	1		
26	专线 7677－Ⅱ－5	垫　板　700	2		
27	专线 7677－Ⅱ－6	垫　板　700	1		
28	专线 4311－Ⅲ－20	支距扣板　60/138－150－72	1	ZG 230－450	
29	专线 4311－Ⅲ－20	支距扣板　60/92－104－49	1	ZG 230－450	
30	专线 4311－Ⅲ－21	间隔铁	1	ZG 230－450	
31	专线 4311－Ⅲ－24	间隔铁	1	ZG 230－450	
32	专线 4311－Ⅲ－24	间隔铁	1	ZG 230－450	
33	专线 4311－Ⅲ－24	间隔铁	1	ZG 230－450	

续上表

序号	图号 / 标准	名称及规格	数量	材　料	备　注
34	专线 4311 – Ⅲ – 24	间隔铁	1	ZG 230 – 450	按序号 33 对称制造
35	专线 4311 – Ⅲ – 24	间隔铁	1	ZG 230 – 450	
36	专线 4311 – Ⅲ – 24	间隔铁	1	ZG 230 – 450	按序号 35 对称制造
37	专线 4311 – Ⅲ – 25	间隔铁	1	ZG 230 – 450	
38	专线 4311 – Ⅲ – 25	间隔铁	1	ZG 230 – 450	按序号 37 对称制造
39	专线 4311 – Ⅲ – 21	间隔铁	1	ZG 230 – 450	
40	专线 4311 – Ⅲ – 21	间隔铁	1	ZG 230 – 450	按序号 39 对称制造
41	专线 4311 – Ⅲ – 22	间隔铁	1	ZG 230 – 450	
42	专线 4311 – Ⅲ – 22	间隔铁	1	ZG 230 – 450	按序号 41 对称制造
43	专线 4311 – Ⅲ – 26	间隔铁	1	ZG 230 – 450	
44	专线 4311 – Ⅲ – 21	间隔铁	1	ZG 230 – 450	
45	专线 3351 – 3	Ⅱ型弹条	57	60Si2CrVA	
46	专线 4232 – 4	螺　栓　M24 × 50	55		弹条用
47	客专线 (07)001 – Ⅴ – 70	螺　栓　M24 × 85	5		支距扣板和轨卡用
48	客专线 (07)001 – Ⅴ – 52	盖型螺母　M24	57		
49	TB/T 1495.4	平垫圈	60	Q235	
50	客专线 (07)001 – Ⅴ – 47	螺　栓　M24 × 90	20	5.6 级	护轨用
51	专线 4232 – 101	螺　母　M24G	20		
52	GB/T 7244	垫　圈　24	20	65Mn	
53	客专线 (07)001 – Ⅴ – 43	护轨调整片　85 × 70 × 2/3	40/20	Q195	2 mm 备用
54	客专线 (05)001 – Ⅴ – 8	垫板螺栓　A 型	70	45 号钢	
55	GB/T 7244	垫　圈　30	70	65Mn	
56	客专线 (05)001 – Ⅴ – 9	盖　板	64	QT450 – 10	
57	客专线 (05)001 – Ⅴ – 11	复合定位套	64		
58	GB/T 1228	螺　栓　M27 × 130	2	10.9 级	
59	GB/T 1228	螺　栓　M27 × 190	3	10.9 级	
60	GB/T 1228	螺　栓　M27 × 270	2	10.9 级	
61	GB/T 1228	螺　栓　M27 × 280	1	10.9 级	
62	GB/T 1228	螺　栓　M27 × 290	1	10.9 级	
63	GB/T 1228	螺　栓　M27 × 310	3	10.9 级	
64	GB/T 1228	螺　栓　M27 × 320	1	10.9 级	
65	GB/T 1228	螺　栓　M27 × 340	1	10.9 级	
66	GB/T 1228	螺　栓　M27 × 420	1	10.9 级	
67	GB/T 1228	螺　栓　M27 × 510	1	10.9 级	
68	GB/T 1228	螺　栓　M27 × 520	1	10.9 级	

续上表

序号	图号 / 标准	名称及规格	数量	材　　料	备　　注
69	GB/T 1229	螺　母　M27	17		
70	GB/T 1230	垫　圈　27	17		
71	专线 4311－Ⅲ－27	钢轨垫圈　60－79－0/A	5	ZG 230－450	
72	专线 4311－Ⅲ－27	钢轨垫圈　60－79－3/A	8	ZG 230－450	
73	专线 4311－Ⅲ－27	钢轨垫圈　60－79－0/B	3	ZG 230－450	
74	专线 4311－Ⅲ－27	钢轨垫圈　60－79－3/B	8	ZG 230－450	
75	专线 4311－Ⅲ－28	钢轨垫圈　60－79－0/C	2	ZG 230－450	
76	专线 4311－Ⅲ－28	钢轨垫圈　60－79－3/C	2	ZG 230－450	
77	专线 4311－Ⅲ－28	钢轨垫圈　60－79－0/D	2	ZG 230－450	
78	专线 4311－Ⅲ－28	钢轨垫圈　60－79－3/D	2	ZG 230－450	
79	专线 4311－Ⅲ－27	防转片	17	镀锌板	
80	客专线 (05)001－Ⅴ－6	轨距块　60/10－12	19	ZG 230－450	
81	客专线 (05)001－Ⅴ－6	轨距块　60/9－11	36	ZG 230－450	
82	GB/T 41	螺　母　M24	3		
83	TB//T 565	弹簧垫圈	3		
84	GB/T 95	平垫圈　M24	3	Q235	
85	专线 7677－Ⅱ－7	轨　卡	3		
85－1		施维格弹性夹 SSB2	20		
86	客专线 (05)001－Ⅴ－10	缓冲调距块	62	玻璃纤维增强聚酰胺 66	
87	客专线 (07)001－Ⅴ－51	橡胶垫板　60－200－149/5	34	橡胶	
88	专线 4311－Ⅲ－29	橡胶垫板　200－324－307/17	1	橡胶	
89	专线 4311－Ⅲ－29	橡胶垫板　200－360－342/17	1	橡胶	
90	专线 4311－Ⅲ－29	橡胶垫板　200－374－370/10	1	橡胶	
91	专线 4311－Ⅲ－29	橡胶垫板　200－379－363/18	1	橡胶	
92	专线 4311－Ⅲ－29	橡胶垫板　200－440－420/18	1	橡胶	
93	专线 4311－Ⅲ－29	橡胶垫板　200－502－481/18	1	橡胶	
94	专线 4311－Ⅲ－29	橡胶垫板　200－563－543/18	1	橡胶	
95	客专线 (05)001－Ⅴ－12	橡胶垫板　2－700×180×20	19	橡胶	
96	客专线 (05)001－Ⅴ－12	橡胶垫板　3－1 047×180×20－460	1	中间孔距为 460 mm 橡胶	
97	客专线 (05)001－Ⅴ－12	橡胶垫板　3－995×180×20－430	1	中间孔距为 430 mm 橡胶	
98	客专线 (05)001－Ⅴ－12	橡胶垫板　2－939×180×20	2	橡胶	
99	客专线 (05)001－Ⅴ－12	橡胶垫板　2－887×180×20	2	橡胶	
100	客专线 (05)001－Ⅴ－12	橡胶垫板　2－831×180×20	3	橡胶	
101	客专线 (05)001－Ⅴ－12	橡胶垫板　2－770×180×20	4	橡胶	
102	专线 7677－Ⅱ－8	橡胶垫板　2－700×180×20	2	橡胶	

续上表

序号	图号 / 标准	名称及规格	数量	材　料	备　注
103	专线 7677 – Ⅱ – 8	橡胶垫板　2 – 700 × 260 × 20	1	橡胶	
104	客专线 (07)001 – Ⅴ – 13	调高垫板　2 – 710 × 190 × 592 × 1/2/4	各 19	橡塑	1、2 mm 备用
105	客专线 (07)001 – Ⅴ – 13	调高垫板　3 – 1 057 × 190 × 939 × 460 × 1/2/4	各 1	橡塑	1、2 mm 备用
106	客专线 (07)001 – Ⅴ – 13	调高垫板　3 – 1 005 × 190 × 887 × 430 × 1/2/4	各 1	橡塑	1、2 mm 备用
107	客专线 (07)001 – Ⅴ – 13	调高垫板　2 – 949 × 190 × 831 × 1/2/4	各 2	橡塑	1、2 mm 备用
108	客专线 (07)001 – Ⅴ – 13	调高垫板　2 – 897 × 190 × 779 × 1/2/4	各 2	橡塑	1、2 mm 备用
109	客专线 (07)001 – Ⅴ – 13	调高垫板　2 – 841 × 190 × 723 × 1/2/4	各 3	橡塑	1、2 mm 备用
110	客专线 (07)001 – Ⅴ – 13	调高垫板　2 – 780 × 190 × 662 × 1/2/4	4 4 2	橡塑	1、2 mm 备用
111	专线 7677 – Ⅱ – 9	调高垫板　2 – 780 × 190 × 592 × 1/2/4	各 2	橡塑	1、2 mm 备用
112	专线 7677 – Ⅱ – 9	调高垫板　2 – 700 × 260 × 592 × 1/2/4	各 1	橡塑	1、2 mm 备用

6 号锐角辙叉及护轨明细表

序号	图号 / 标准	名称及规格	数量	材　　料	备　　注
1	专线 7677－Ⅲ－2HJG	锐角合金钢辙叉	1		
2	专线 7677－Ⅲ－23	接头支距扣板　60/70－80－36	2	ZG 230－450	
3	专线 7677－Ⅲ－23	接头支距扣板　60/120－130－61	2	ZG 230－450	
4	客专线 (05)001－Ⅴ－6	轨距块　60/9－11	20	ZG 230－450	
5	客专线 (05)001－Ⅴ－6	轨距块　60/10－12	22	ZG 230－450	
6	专线 7677－Ⅲ－7	护　轨　2 950	1	33 kg/m 槽型钢	
7	专线 7677－Ⅲ－7	护　轨　2 950	1	33 kg/m 槽型钢	按序号 6 对称制造
8	专线 3351－3	Ⅱ型弹条	46	60Si2CrVA	
9	专线 4232－4	螺　栓　M24 × 50	42		弹条用
10		施维格弹性夹 SSB2	10		
11	专线 4232－4	螺　栓　M24 × 85	4		支距扣板用
12	客专线 (07)001－Ⅴ－52	盖型螺母　M24	42		
13	GB/T 41	螺　母　M24	4		扣板及支距扣板用
14	TB/T 1495.4	平垫圈	46	Q235	
15	客专线 (07)001－Ⅴ－43	护轨调整片　85 × 70 × 2/3	20 10	Q195	2 mm 备用
16	专线 7677－Ⅲ－16	垫　板　887	1		
17	专线 7677－Ⅲ－16	垫　板　887	1		按序号 16 对称制造
18	专线 7677－Ⅲ－17	垫　板　939	1		
19	专线 7677－Ⅲ－17	垫　板　939	1		按序号 18 对称制造
20	专线 7677－Ⅲ－18	垫　板　995	1		
21	专线 7677－Ⅲ－18	垫　板　995	1		按序号 20 对称制造
22	专线 7677－Ⅲ－19	垫　板　1 047	1		
23	专线 7677－Ⅲ－19	垫　板　1 047	1		按序号 22 对称制造
24	专线 7677－Ⅲ－19	垫　板　1 127	1		
25	专线 7677－Ⅲ－19	垫　板　1 127	1		按序号 24 对称制造
26	专线 7677－Ⅲ－20	垫　板　939	1		
27	专线 7677－Ⅲ－20	垫　板　939	1		按序号 26 对称制造
28	专线 7677－Ⅲ－20	垫　板　995	1		
29	专线 7677－Ⅲ－20	垫　板　995	1		按序号 28 对称制造
30	专线 7677－Ⅲ－20	垫　板　1 047	1		
31	专线 7677－Ⅲ－20	垫　板　1 047	1		按序号 30 对称制造
32	客专线 (07)001－Ⅴ－47	螺　栓　M24 × 90	10	5.6 级	护轨用
33	专线 4232－101	螺　母　M24G	10		

续上表

序号	图号 / 标准	名称及规格	数量	材　　料	备　　注
34	GB/T 7244	垫　圈　24	10	65Mn	
35	客专线 (05)001－Ⅴ－8	垫板螺栓　A 型	55	45 号钢	
36	GB/T 7244	垫　圈　30	55	65Mn	
37	客专线 (05)001－Ⅴ－9	盖　板	55		
38	客专线 (05)001－Ⅴ－11	复合定位套	55		
39	客专线 (05)001－Ⅴ－10	缓冲调剂块	48	玻璃纤维增强聚酰胺 66	
40	专线 4311－Ⅲ－29	橡胶垫板　200－149－149/17	16	橡胶	其中 8 块对称制造
41	专线 4311－Ⅲ－29	橡胶垫板　200－149－149/0	16	橡胶	
42	客专线 (05)001－Ⅴ－12	橡胶垫板　2－770 × 180 × 20	4	橡胶	
43	客专线 (05)001－Ⅴ－12	橡胶垫板　2－939 × 180 × 20	4	橡胶	
44	客专线 (05)001－Ⅴ－12	橡胶垫板　2－831 × 180 × 20	1	橡胶	
45	客专线 (05)001－Ⅴ－12	橡胶垫板　3－1 047 × 180 × 20	3	橡胶	中间孔距 469.5
46	客专线 (05)001－Ⅴ－12	橡胶垫板　2－887 × 180 × 20	2	橡胶	
47	客专线 (05)001－Ⅴ－12	橡胶垫板　2－995 × 180 × 20	*	橡胶	
48	客专线 (05)001－Ⅴ－12	橡胶垫板　2－1 047 × 180 × 20	2	橡胶	
49	客专线 (05)001－Ⅴ－12	橡胶垫板　2－1 127 × 180 × 20	2	橡胶	
50	客专线 (05)001－Ⅴ－12	橡胶垫板　3－939 × 180 × 20	2	橡胶	中间孔距 415.5
51	客专线 (05)001－Ⅴ－12	橡胶垫板　3－995 × 180 × 20	2	橡胶	中间孔距 443.5
52	客专线 (07)001－Ⅴ－13	调高垫板　2－780 × 190 × 662 × 1/2/4	4	橡塑	
53	客专线 (07)001－Ⅴ－13	调高垫板　2－949 × 190 × 831 × 1/2/4	4	橡塑	
54	客专线 (07)001－Ⅴ－13	调高垫板　2－841 × 190 × 723 × 1/2/4	1	橡塑	
55	客专线 (07)001－Ⅴ－13	调高垫板　3－1057 × 190 × 469.5 × 1/2/4	3	橡塑	
56	客专线 (07)001－Ⅴ－13	调高垫板　2－897 × 190 × 779 × 1/2/4	2	橡塑	
57	客专线 (07)001－Ⅴ－13	调高垫板　2－1 005 × 190 × 887 × 1/2/4	2	橡塑	
58	客专线 (07)001－Ⅴ－13	调高垫板　2－1 057 × 190 × 939 × 1/2/4	2	橡塑	
59	客专线 (07)001－Ⅴ－13	调高垫板　2－1 137 × 190 × 1019 × 1/2/4	2	橡塑	
60	客专线 (07)001－Ⅴ－13	调高垫板　3－949 × 190 × 415.5 × 1/2/4	4	橡塑	
61	客专线 (07)001－Ⅴ－13	调高垫板　3－1 005 × 190 × 443.5 × 1/2/4	4	橡塑	

6 号钝角辙叉明细表

序号	图号 / 标准	名称及规格	数量	材　料	备　注
1	专线 7677 – Ⅳ –2HJG	钝角合金钢辙叉	1		
2	客专线 (05)001 – V – 8	垫板螺栓	32	45 号钢	
3	客专线 (07)001 – V – 52	盖型螺母　M24	12		
4	TB/T 1495.4	平垫圈　24	12	Q235	
5	GB/T 7244	弹簧垫圈　30	32		
6	客专线 (07)001 – V – 9	盖　板	32	QT450 – 10	
7	客专线 (05)001 – V – 11	复合定位套	32/12/4		
8	专线 3351 – 3	Ⅱ型弹条	12	60Si2CrVA	
9	客专线 (07)001 – V – 6	轨距块　60/10 – 12	4	ZG 230 – 450	
10	客专线 (07)001 – V – 6	轨距块　60/9 – 11	4	ZG 230 – 450	
11	专线 4232 – 4	螺　栓　M24 × 50	12		
16	专线 7677 – Ⅳ – 12	垫　板　518	1		
17	专线 7677 – Ⅳ – 12	垫　板　518	1		按序号 16 对称制造
18	专线 7677 – Ⅳ – 12	垫　板　518	1		
19	专线 7677 – Ⅳ – 12	垫　板　518	1		按序号 18 对称制造
20	专线 7677 – Ⅳ – 13	垫　板　518	1		
21	专线 7677 – Ⅳ – 13	垫　板　518	1		按序号 20 对称制造
22	专线 7677 – Ⅳ – 13	垫　板　518	1		
23	专线 7677 – Ⅳ – 13	垫　板　518	1		按序号 22 对称制造
24	客专线 (07)001 – V – 49	轨距块　60/10 – 12	2	玻璃纤维增强聚酰胺 66	
25	客专线 (07)001 – V – 49	轨距块　60/9 – 11	2	玻璃纤维增强聚酰胺 66	
26	专线 4311 – Ⅲ – 29	橡胶垫板　200 – 149 – 149/17	8	橡胶	左右开各 4 块
27	客专线 (05)001 – V – 12	橡胶垫板　770 × 180 × 20	2	橡塑	
28	客专线 (05)001 – V – 12	橡胶垫板　831 × 180 × 20	2	橡塑	
29	客专线 (05)001 – V – 12	橡胶垫板　887 × 180 × 20	4	橡塑	
30	客专线 (05)001 – V – 12	橡胶垫板　518 × 180 × 20	8	橡塑	
31	客专线 (07)001 – V – 13	调高垫板　2 – 780 × 190 × 20 × – 0　4/2/1	各 2	橡塑	
32	客专线 (07)001 – V – 13	调高垫板　2 – 841 × 190 × 20 × – 0　4/2/1	各 2	橡塑	
33	客专线 (07)001 – V – 13	调高垫板　2 – 897 × 190 × 20 × – 0　4/2/1	各 4	橡塑	
34	客专线 (07)001 – V – 13	调高垫板　2 – 528 × 190 × 20 × – 0　4/2/1	各 8	橡塑	
35	客专线 (05)001 – V – 10	缓冲调距块	32	玻璃纤维增强聚酰胺 66	

60 kg/m 钢轨 12 号道岔 5.0 m 间距交叉渡线总布置图

图　号：专线 7677－I－3

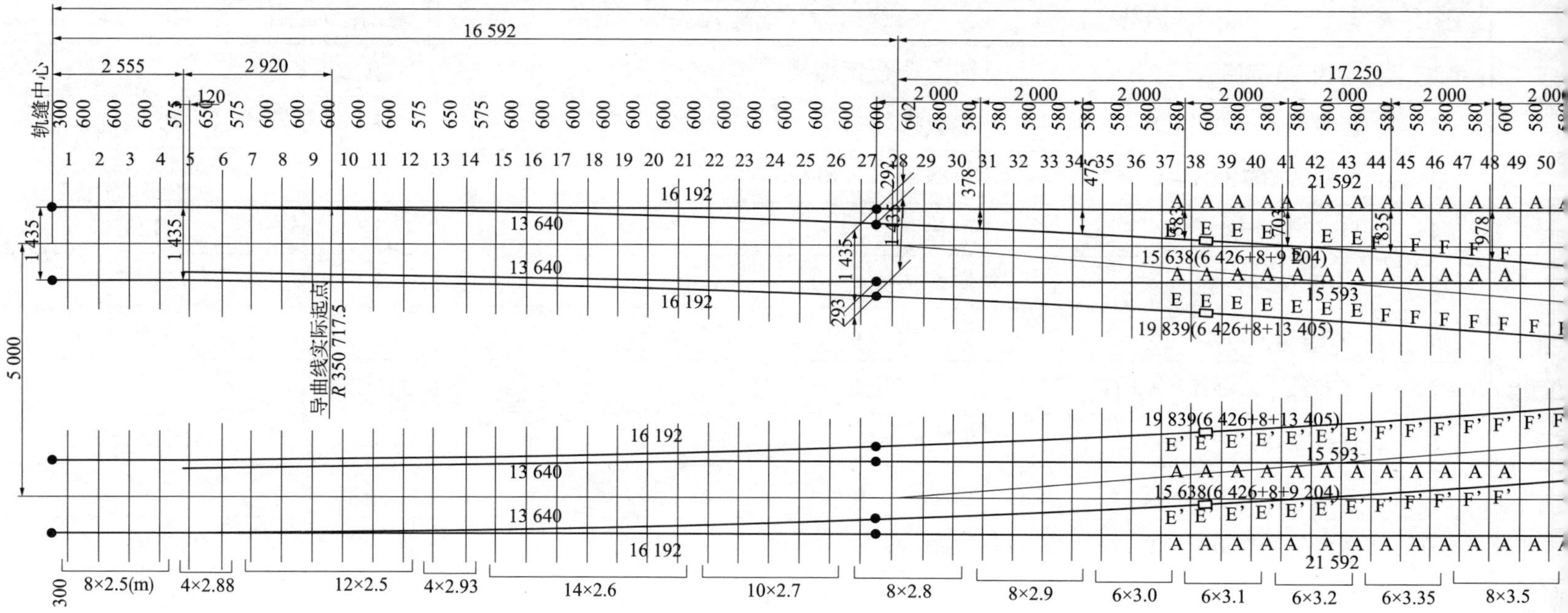

表 2　岔枕数量表

序号	岔枕长 (m)	单位	数量	备注	序号	岔枕长 (m)	单位	数量	备注
1	2.34	根	16		10	3.1	根	12	
2	2.5	根	40		11	3.2	根	12	
3	2.6	根	50		12	3.35	根	12	
4	2.7	根	20		13	3.5	根	16	
5	2.8	根	16		14	3.65	根	16	
6	2.88	根	8		15	3.68	根	16	
7	2.9	根	24		16	4.35	根	12	
8	2.93	根	8		17	4.45	根	8	
9	3.0	根	24		18	4.75	根	14	
岔枕总延长为998 m，总质量为124 000 kg									

表 1　明　细　表

序号	图号 / 标准	名称及规格	单位	数　量	材　　料	备　　注
1	专线 4311－Ⅱ	转辙器	组	4		左右开各 2 组
2	专线 7677－Ⅱ	12 号辙叉及护轨	组	4		A、B 型各 2 组
3	专线 7677－Ⅲ	6 号锐角辙叉及护轨	组	2		
4	专线 7677－Ⅳ	6 号钝角辙叉	组	2		
5	TB/T 2344	钢　轨	m	386.896	60 kg/m 钢轨	
6	客专线 (05)001－Ⅴ－5	垫　板　60－0	块	208		
7	客专线 (05)001－Ⅴ－5	垫　板　60－12	块	56		左右开各 28 块
8	客专线 (05)001－Ⅴ－5	垫　板　60－15	块	52		左右开各 26 块
9	客专线 (05)001－Ⅴ－5	垫　板　60－18	块	36		左右开各 18 块
10	客专线 (05)001－Ⅴ－11	复合定位套	块	704		
11	客专线 (05)001－Ⅴ－9	盖　板	个	704	QT450－10	
12	专线 3351－3	Ⅱ型弹条	个	704	60Si2CrVA	
13	专线 4232－4	螺栓 M24×50	个	704		
14	NS－06	盖型螺母 M24	个	704		
15	客专线 (05)001－Ⅴ－8	垫板螺栓　A 型	个	704	45 号钢	
16	TB/T 1495.4	垫　圈　24	个	704		
17	GB/T 7244	弹簧垫圈　30	个	704		
18	客专线 (07)001－Ⅴ－6	轨距块　60/10－12	个	336+20	ZG230－450	20 块备用
19	客专线 (07)001－Ⅴ－6	轨距块　60/9－11	个	336+20	ZG230－450	20 块备用
20	客专线 (07)001－Ⅴ－6	轨距块　60/8－13	个	240	ZG230－450	备用
21	HYT－LU－2	B 型接头弹条	个	56	60Si2Mn	
21	客专线 (05)001－Ⅴ－10	缓冲调距块　6－9	个	704	玻纤增强聚酰胺 66	
22	客专线 (05)001－Ⅴ－10	缓冲调距块　7－8/5－10/4－11	个	240	玻纤增强聚酰胺 66	备用
23	客专线 (07)001－Ⅴ－49	绝缘轨距块　60/10－12	个	28	玻纤增强聚酰胺 66	8 个备用
24	客专线 (07)001－Ⅴ－49	绝缘轨距块　60/9－11	个	28	玻纤增强聚酰胺 66	8 个备用
25	客专线 (07)001－Ⅴ－76	弹条绝缘帽	个	160	玻纤增强聚酰胺 66	80 个备用
26	客专线 (07)001－Ⅴ－51	橡胶垫板　60－200－149/5	块	352	橡胶	

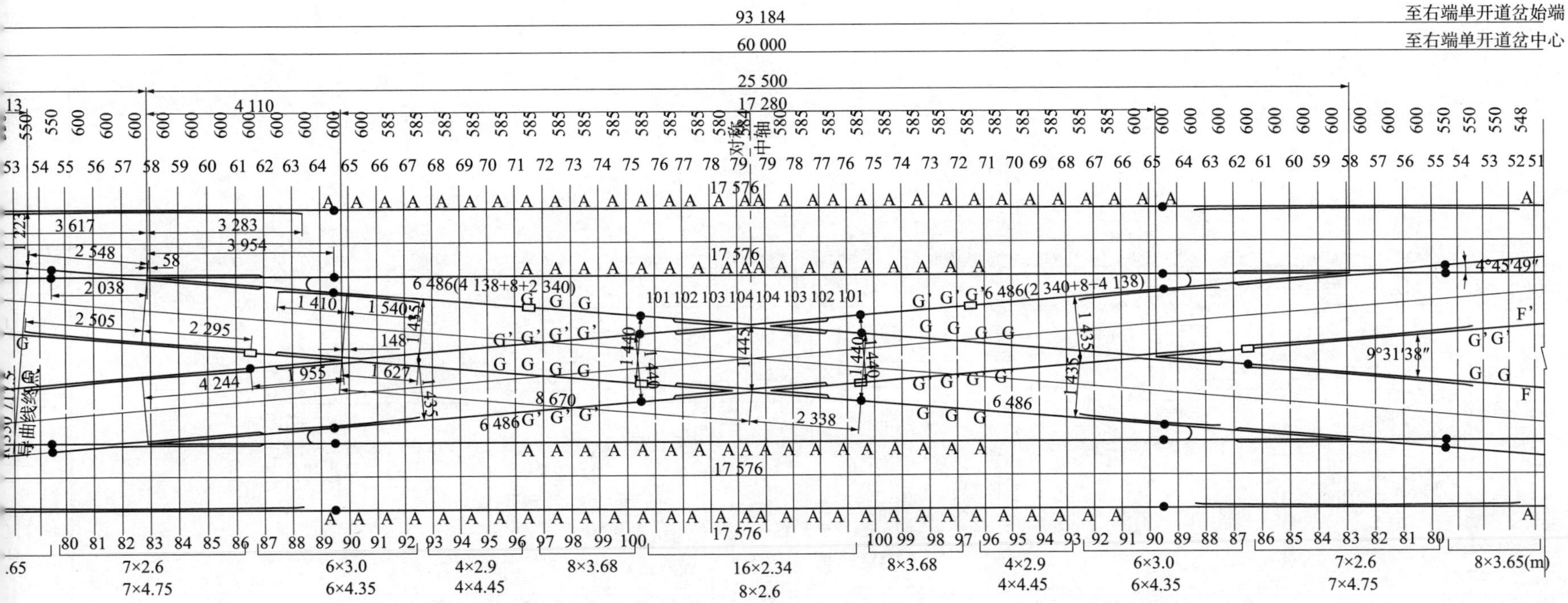

续表 1

序号	图号 / 标准	名称及规格	单位	数 量	材 料	备 注
27	客专线 (05)001 – V – 12	橡胶垫板 2 – 518 × 180 – 0	块	208	橡胶	
28	客专线 (05)001 – V – 12	橡胶垫板 2 – 518 × 180 – 12	块	56	橡胶	
29	客专线 (05)001 – V – 12	橡胶垫板 2 – 518 × 180 – 15	块	52	橡胶	
30	客专线 (05)001 – V – 12	橡胶垫板 2 – 518 × 180 – 18	块	36	橡胶	
	客专线 (07)001 – V – 13	调高垫板 2 – 520 × 182 × 410 × 1 – 0	块	208	橡塑	备用
31	客专线 (07)001 – V – 13	调高垫板 2 – 520 × 182 × 410 × 2 – 0	块	208	橡塑	备用
	客专线 (07)001 – V – 13	调高垫板 2 – 520 × 182 × 410 × 4 – 0	块	208	橡塑	
	客专线 (07)001 – V – 13	调高垫板 2 – 520 × 182 × 410 × 1 – 12	块	56	橡塑	备用
32	客专线 (07)001 – V – 13	调高垫板 2 – 520 × 182 × 410 × 2 – 12	块	56	橡塑	备用
	客专线 (07)001 – V – 13	调高垫板 2 – 520 × 182 × 410 × 4 – 12	块	56	橡塑	
	客专线 (07)001 – V – 13	调高垫板 2 – 520 × 182 × 410 × 1 – 15	块	52	橡塑	备用
33	客专线 (07)001 – V – 13	调高垫板 2 – 520 × 182 × 410 × 2 – 15	块	52	橡塑	备用
	客专线 (07)001 – V – 13	调高垫板 2 – 520 × 182 × 410 × 4 – 15	块	52	橡塑	
	客专线 (07)001 – V – 13	调高垫板 2 – 520 × 182 × 410 × 1 – 18	块	36	橡塑	备用
34	客专线 (07)001 – V – 13	调高垫板 2 – 520 × 182 × 410 × 2 – 18	块	36	橡塑	备用
	客专线 (07)001 – V – 13	调高垫板 2 – 520 × 182 × 410 × 4 – 18	块	36	橡塑	
35	专线 3417	钢轨绝缘	组	14		4 组为现场胶接

图 1 斜腿时配轨图

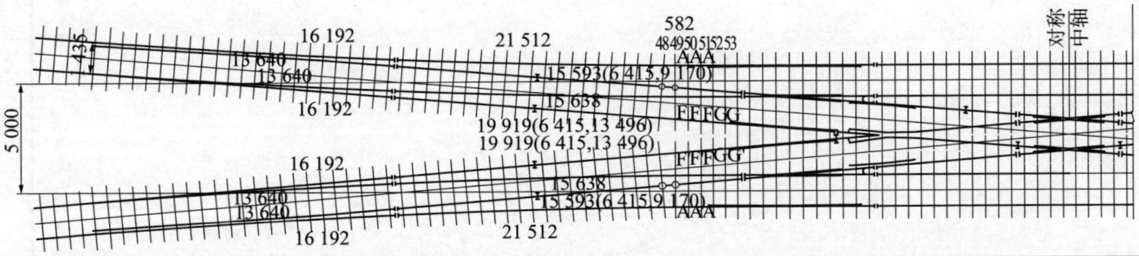

技 术 要 求

1. 图中轨道电路钢轨胶接绝缘接头分别以“—●—”、“—□—”表示。
2. 本道岔均采用焊接钢轨接头，为便于厂内试铺和组装，本图的配轨长度，轨缝均按 8 mm 设计。具体配轨长度由用户订货时与道岔厂协商确定，有条件时应尽量采用长配轨。
3. 明细表内钢轨数量由下列钢轨组成：

长度 (mm)	21 592	15 638 (6 426，9 204)	15 593	19 839 (6 426，13 405)	17 576	6 486	6 486 (4 138，2 340)
数量 (根)	4	4	4	4	4	2	2

4. 图中 A、E、F、G 分别表示垫板 60–0、60–12、60–15、60–18，E′、F′、G′分别与 E、F、G 对称。
5. 铺设混凝土岔枕时，带编号一侧铺设在道岔直股外侧，侧股辙后短岔枕带编号一侧铺设在道岔外侧。
6. 12 号单开道岔辙叉分 A、B 型两种，左端上方为 A 型，下端为 B 型，右端上方为 B 型，下端为 A 型。
7. 两端单开道岔为斜腿时，序号 48 与 49 号岔枕枕间距由 600 mm 改为 582 mm(按直向下股钢轨内侧量计)，其余岔枕间距不变，序号 1～48 号岔枕垂直于线路直股方向，序号 49～104 号岔枕垂直于菱形长轴方向。配轨见图 1。

60 kg/m 钢轨 12 号 5.0 m 间距交叉渡线 12 号 A(B) 辙叉及护轨

图　号：专线 7677 – II – 3

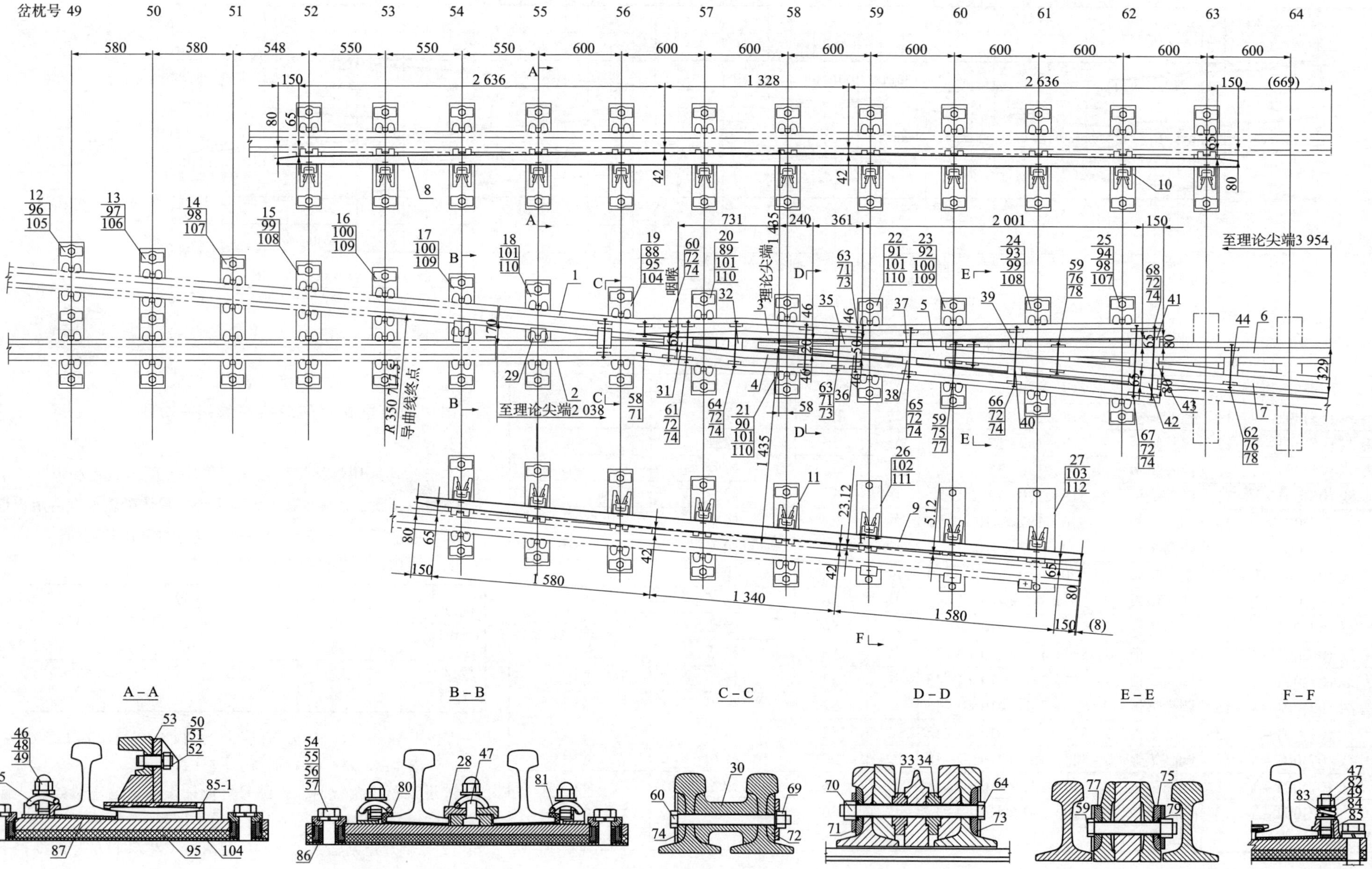

60 kg/m 钢轨 12 号 5.0 m 间距交叉渡线 6 号锐角辙叉及护轨

图 号：专线 7677－III－2

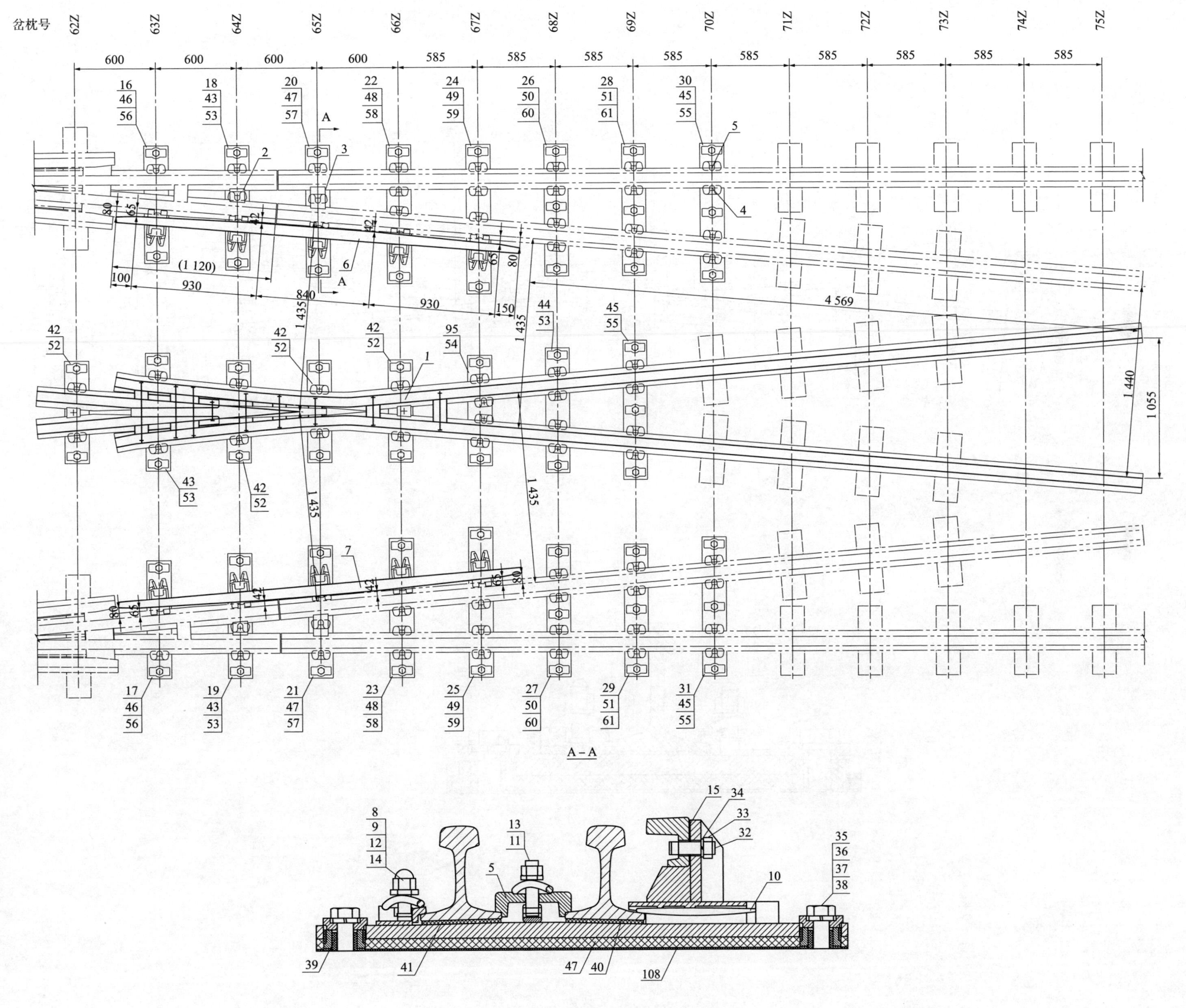

60 kg/m 钢轨 6 号钝角辙叉
图　号：专线 7677－IV－2

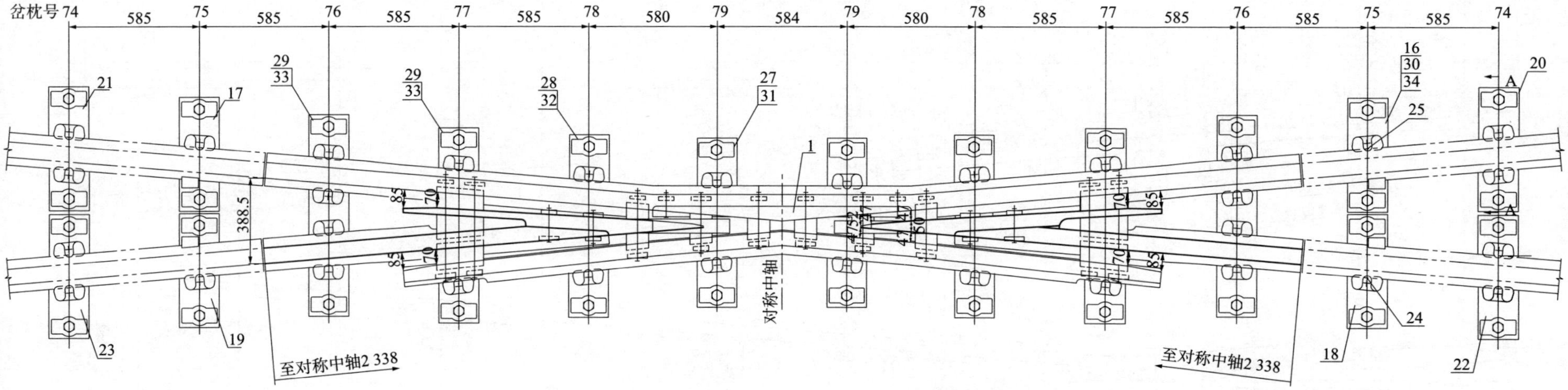

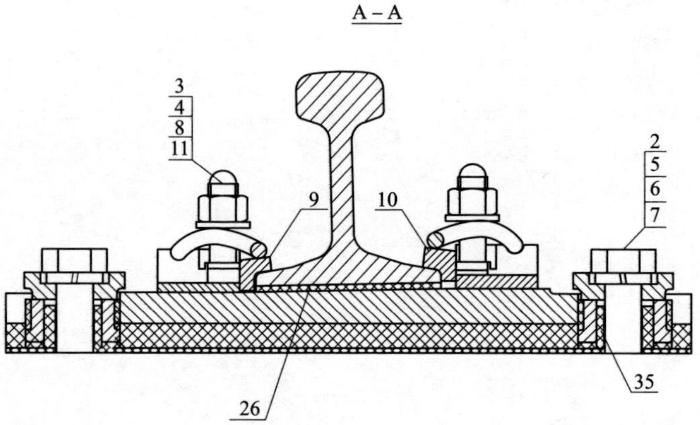

36. 60 kg/m 钢轨 9 号 5.0 m 间距交叉渡线(混凝土枕)
设计图号：CZ 580

道岔允许通过速度	客车	$v_{直}$≤120 km/h；$v_{侧}$≤35 km/h			扣件类型	Ⅱ型弹条
	货车	轴重 23 t：$v_{直}$≤90 km/h；$v_{侧}$≤35 km/h 轴重 25 t：$v_{直}$≤80 km/h；$v_{侧}$≤35 km/h			轨底坡	—
A(B)型辙叉角	6°20′25″				锐角 / 钝角辙叉角	12°40′50″
转辙器 CB 684	详见“60 kg/m 钢轨 9 号单开道岔［CZ577］”					
5 m－A(B) 型 9 号辙叉及护轨 CB 691	辙叉图号	CB 685－01	辙叉全长	4 311	护轨长度	直向：4 800
			辙叉趾长	1 540		侧向：3 330
	辙叉形式	高锰钢整铸式	辙叉跟长	2 771	护轨轨型	33 kg/m 槽型钢
	护轨端头距导轨端头定位尺寸		直向	665	护轨图号 直	CB 691－02
			侧向	168	侧	CB 691－01
	辙叉理论尖端距趾端方向前一根岔枕中心距离					4
5 m－4.5 号锐角辙叉及护轨 CB 692	辙叉图号	CB 692－01	辙叉全长	3 687	护轨长度	3 000
			辙叉趾长	1 563	护轨轨型	33 kg/m 槽型钢
	辙叉形式	高锰钢整铸式	辙叉跟长	2 124	护轨图号	CB 692－02
	辙叉理论尖端距趾端方向前一根岔枕中心距离					27
	护轨端头距导轨端头定位尺寸					2 498
4.5 号钝角辙叉 CB 693	辙叉图号	CB 693－01	辙叉类型	高锰钢整铸式	辙叉全长	4 954
岔枕图号 CZ 580Z	岔枕总数	234 根	岔枕展延长	804.48 m	套管总数	1 408
批准文号	运基线路〔2003〕269 号				应用情况	★★★
主要结构特点	钝角辙叉范围内轨距采用 1 440 mm，菱形中轨距过渡到 1 435 mm。					

9 号 A(B) 型辙叉及护轨明细表

序号	图号 / 标准	名称及规格	数量	材　料	备　注
1	CB 685－01	辙　叉　60－9－Ⅰ	1	ZGMn13	
2	CB 691－02	直向护轨　4 800	1	33 kg/m 槽型钢	
3	CB 691－01	侧向护轨　3 330	1	33 kg/m 槽型钢	
4	SC 390－204	垫　板　744 × 170 × 20Y(Z)	4	Q235－A	
5	SC 390－204	垫　板　744 × 170 × 20Y(Z)	1	Q235－A	
6	CB 685A－05	护轨垫板　600	8	Q345	
7	CB 685A－06	侧股护轨垫板　610	5	Q345	
8	专线 4232－71	垫　板　60－0	2	Q235－A	
9	专线 4232－71	垫　板　60－20Y(Z)	3	Q235－A	
10	SC 390－207	垫　板　727 × 170 × 20	1	Q235－A	
11	TB/T 2345	接头夹板	8		
12	SC 390－208	垫　板　794 × 170 × 20Y(Z)	1	Q235－A	
13	专线 4232－22	调整片　135 × 100 × 2	26		
		调整片　135 × 100 × 3	13		
14	SC 390－209	垫　板　858 × 170 × 20Y(Z)	1	Q235－A	
15	SC 390－212	支距扣板　60/130－118－62Y	1	KTH 350－10	左开为：60/130－118－62Z
16	SC 390－209	垫　板　921 × 170 × 20Y(Z)	1	Q235－A	
17	专线 3351	Ⅱ型弹条	50	60Si2CrVA	
18	TB/T 2347	接头螺栓　M24 × 135	24	10.9 级	带螺母
19	专线 4232－10	轨距块　60/9－11	28	ZG270－500	
20	专线 4232－10	轨距块　60/13－15	16	ZG270－500	
21	专线 4232－10A	接头轨距块　60/9－11	4	ZG270－500	
22	专线 4232－10A	接头轨距块　60/13－15	1	ZG270－500	
23	专线 4232－4	T 型螺栓　M24 × 65	49		
24	专线 4232－4	T 型螺栓　M24 × 85	1		
25	专线 4171－9	螺　栓　M24 × 85	13		
26	专线 4232－50	岔枕螺栓　165	58		
27	NS－01(b)－c	螺　母　M24	50	4 级	
28	NS－01(b)	螺　母　M24	13	5 级	
29	GB/T 1230	垫　圈　24	24		
30	GB/T 7244	弹簧垫圈　30	58	65Mn	
31	GB/T 7244	弹簧垫圈　24	13		
32	NS－07	限位板　24	50	Q235－A	

续上表

序号	图号 / 标准	名称及规格	数量	材　料	备　注
33	CT 10－01	橡胶垫板　60－190	27	橡胶	
34	CT 10－12	橡胶垫板　439－190	5	橡胶	
35	CT 10－11	橡胶垫板　452×175×10	5	橡胶	
36	CT 10－13	橡胶垫板　600×175×5	9	橡胶	
37	CT 10－13	橡胶垫板　610×175×5	5	橡胶	
38	CT 10－14	橡胶垫板　744×175×10	5	橡胶	
39	CT 10－09	橡胶垫板　727×175×10	1	橡胶	
40	CT 10－09	橡胶垫板　794×175×10	1	橡胶	
41	CT 10－10	橡胶垫板　858－394	1	橡胶	
42	CT 10－10	橡胶垫板　921－426	1	橡胶	
43	CB 691－03	垫　板　600×170×25 Y(Z)	1	Q235－A	

4.5 号锐角辙叉及护轨明细表

序号	图号 / 标准	名称及规格	数量	材 料	备 注
1	CB 692－01	高锰钢辙叉 60－4.5R－Ⅰ	1	ZGMn13	
2	CB 692－02	护 轨 3 000	1	33 kg/m 槽型钢	
3	CB 692－02	护 轨 3 000	1	33 kg/m 槽型钢	与序号 2 对称
4	CB 692－03	辙叉垫板 903 × 175 × 20	4	Q235(底板)	铁座 41
5	CB 692－03	辙叉垫板 903 × 175 × 20	2	Q235(底板)	铁座 33
6	CB 692－04	护轨垫板 802 × 175 × 25	1	Q345(底板)	
7	CB 692－04	护轨垫板 802 × 175 × 25	1	Q345(底板)	与序号 6 对称
8	CB 692－05	护轨垫板 837 × 175 × 25	1	Q345(底板)	
9	CB 692－05	护轨垫板 837 × 175 × 25	1	Q345(底板)	与序号 8 对称
10	CB 692－06	护轨垫板 884 × 175 × 25	1	Q345(底板)	
11	CB 692－06	护轨垫板 884 × 175 × 25	1	Q345(底板)	与序号 10 对称
12	CB 692－07	护轨垫板 950 × 175 × 25	1	Q345(底板)	
13	CB 692－07	护轨垫板 950 × 175 × 25	1	Q345(底板)	与序号 12 对称
14	CB 692－08	护轨垫板 1 018 × 175 × 25	1	Q345(底板)	
15	CB 692－08	护轨垫板 1018 × 175 × 25	1	Q345(底板)	与序号 14 对称
16	专线 4232－71	平垫板 60－0	2	Q235(底板)	
17	专线 4232－71	平垫板 60－20Y	2	Q345(底板)	
18	专线 4232－71	平垫板 60－20Z	2	Q235(底板)	与序号 17 对称
19	SC 390－212	接头支距扣板 124－112－59Y	1	KTH 350－10	
20	SC 390－212	接头支距扣板 124－112－59Z	1	KTH 350－10	
21	TB/T 2345	接头夹板 60	8		
22	TB/T 2347	接头螺栓及螺母 M24 × 135－10.9	24		
23	专线 4232－4	T 型螺栓 M24 × 65	42	Q235	
24	专线 4232－4	T 型螺栓 M24 × 85	2	Q235	
25	专线 4171－9	方头螺栓 M24 × 85	10	20SiMn	
26	专线 4232－50	岔枕螺栓 165	44		
27	NS－01(b)－c	螺 母 M24	44	4 级	
28	NS－07	限位螺母 M24	44	Q275	
29	NS－01(b)	螺 母 M24	10	5 级	
30	GB/T 7244	弹簧垫圈 24	10		
31	GB/T 1230	垫 圈 24	24		
32	GB/T 7244	弹簧垫圈 30	44		
33	专线 3351	Ⅱ型弹条	44	60Si2CrVA	

续上表

序号	图号 / 标准	名称及规格	数量	材　料	备　注
34	专线 4232－10	轨距块　60/9－11	18	ZG 270－500	
35	专线 4232－10	轨距块　60/13－15	18	ZG 270－500	
36	专线 4232－10A	接头轨距块　60/9－11	2	ZG 270－500	
37	专线 4232－10A	接头轨距块　60/13－15	4	ZG 270－500	
38	专线 4232－22	护轨调整片　135×100×2	20		备用
39	专线 4232－22	护轨调整片　135×100×3	10		
41	CT 10－01	橡胶垫板　60－190	18	橡胶	
42	CT 10－12	橡胶垫板　600－190	6	橡胶	
43	CT 10－13	双孔橡胶垫板　802×175×5	2	橡胶	
44	CT 10－13	双孔橡胶垫板　837×175×5	2	橡胶	
45	CT 10－13	双孔橡胶垫板　884×175×5	2	橡胶	
46	CT 10－13	双孔橡胶垫板　950×175×5	2	橡胶	
47	CT 10－13	双孔橡胶垫板　1 018×175×5	2	橡胶	
48	CT 10－11	双孔橡胶垫板　452×175×5	6	橡胶	
49	CT 10－09	双孔橡胶垫板　903×175×5	6	橡胶	
50	CT 10－12	橡胶垫板　439－190	4	橡胶	

4.5 号钝角辙叉明细表

序号	图号 / 标准	名称及规格	数量	材　　料	备　　注
1	CB 693 - 01	辙　叉　60 - 4.5D - Ⅰ	1	ZGMn13	
2	CB 693 - 02	辙叉垫板　738 × 170 × 20	2	Q235 - A	
3	CB 693 - 02	辙叉垫板　855 × 170 × 20	2	Q235 - A	
4	CB 693 - 02	辙叉垫板　977 × 170 × 20	2	Q235 - A	
5	CB 693 - 03	辙叉垫板　997 × 170 × 20	2	Q235 - A	
6	TB/T 2345	接头夹板	8		
7	TB/T 2347	接头螺栓　M24 × 145	24	10.9 级	带螺母
8	专线 4232 - 4	T 型螺栓　M24 × 65	20	Q235 - A	
9	专线 4232 - 50	岔枕螺栓　165	16		
10	专线 3351	Ⅱ型弹条	20	60Si2CrVA	
11	NS - 01(b) - c	螺　母　M24	20		
12	NS - 07	限位螺母　M24	20		
13	GB/T 1230	垫　圈　24	24		
14	GB/T 7244	弹簧垫圈　30	16	65Mn	
15	专线 4232 - 10	轨距块　60/9 - 11	10	ZG 270 - 500	
16	专线 4232 - 10	轨距块　60/13 - 15	10	ZG 270 - 500	
18	CT 10 - 12	橡胶垫板　435 - 190	2	橡胶	
19	CT 10 - 12	橡胶垫板　552 - 190	2	橡胶	
20	CT 10 - 12	橡胶垫板　674 - 190	2	橡胶	
21	CT 10 - 12	橡胶垫板　197 - 190	4	橡胶	
22	CT 10 - 09	橡胶垫板　738 × 175 × 10	2	橡胶	
23	CT 10 - 09	橡胶垫板　855 × 175 × 10	2	橡胶	
24	CT 10 - 09	橡胶垫板　977 × 175 × 10	2	橡胶	
25	CT 10 - 09	橡胶垫板　997 × 175 × 10	2	橡胶	

60 kg/m 钢轨 5.0 m 间距交叉渡线 9 号 A(B) 型辙叉及护轨

图　号：CB 691

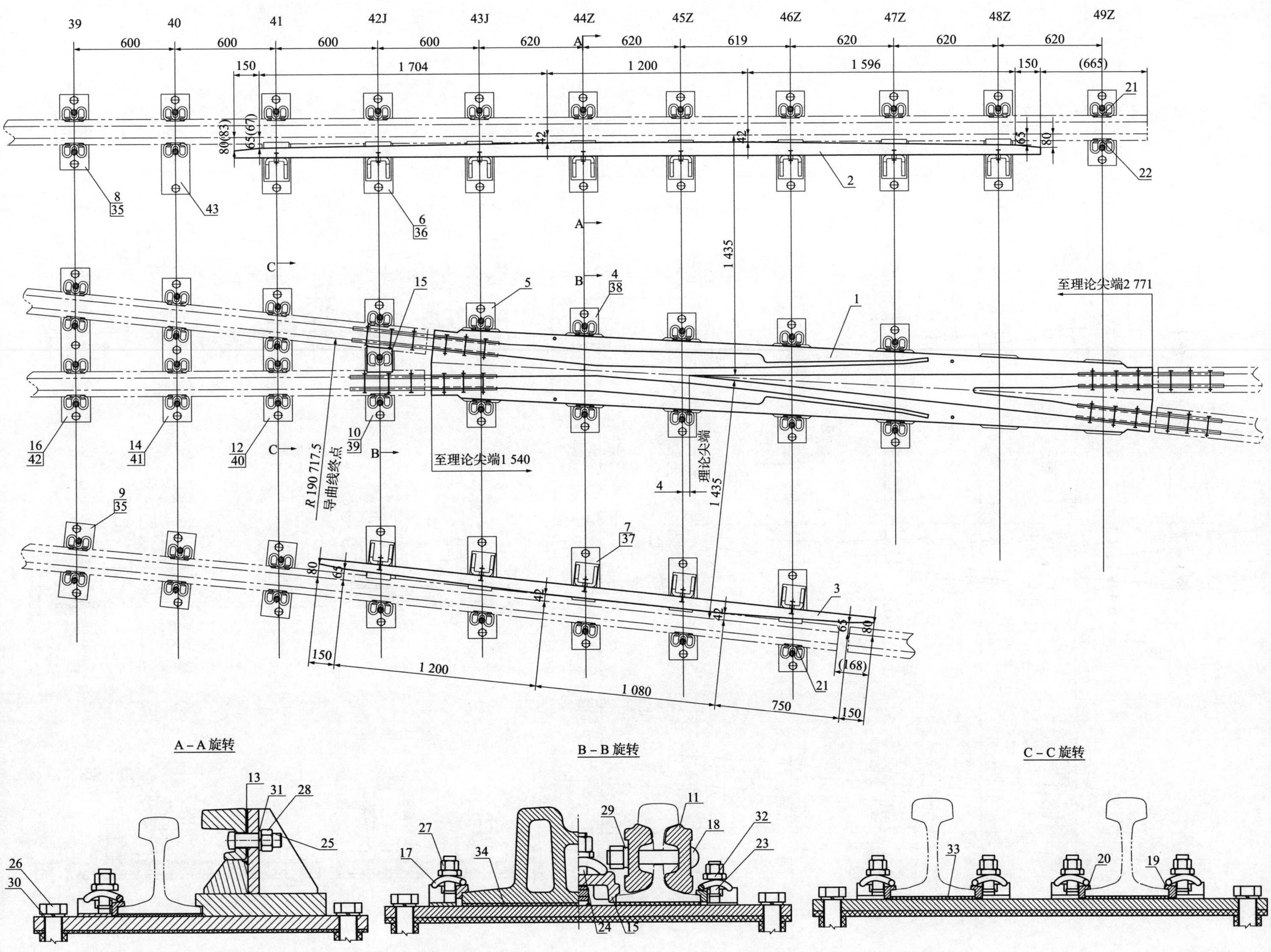

60 kg/m 钢轨 5.0 m 间距交叉渡线 4.5 号锐角辙叉及护轨
图 号：CB 692

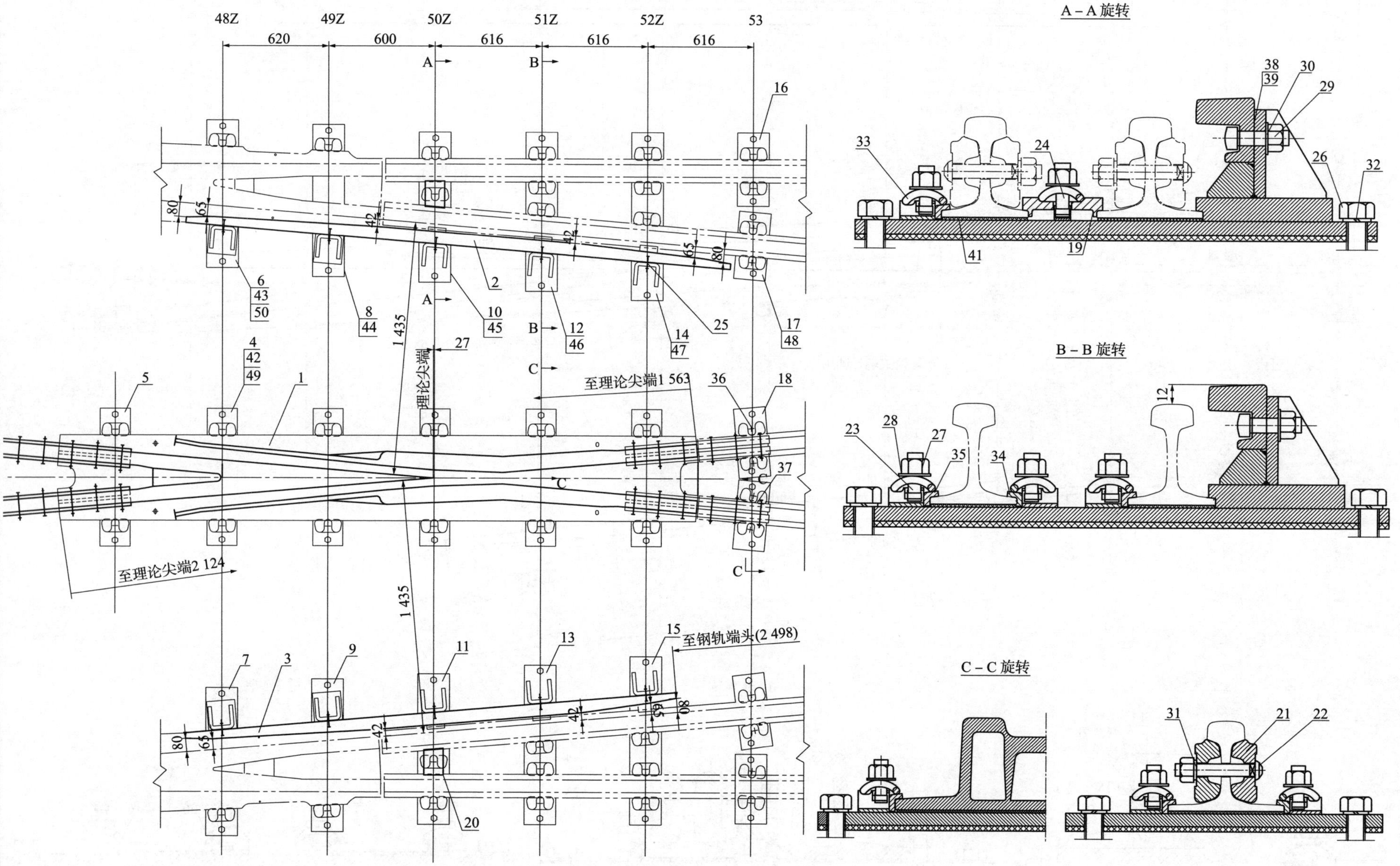

60 kg/m 钢轨 5.0 m 间距交叉渡线 4.5 号钝角辙叉
图　号：CB 693

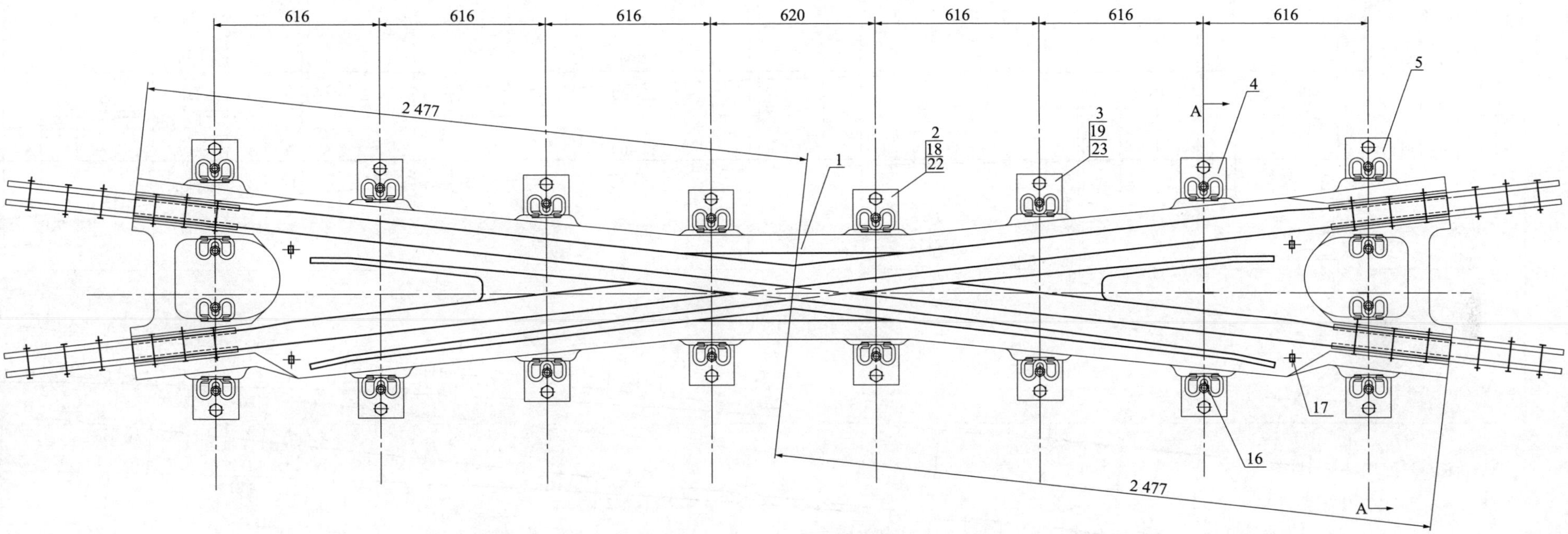

A－A 旋转

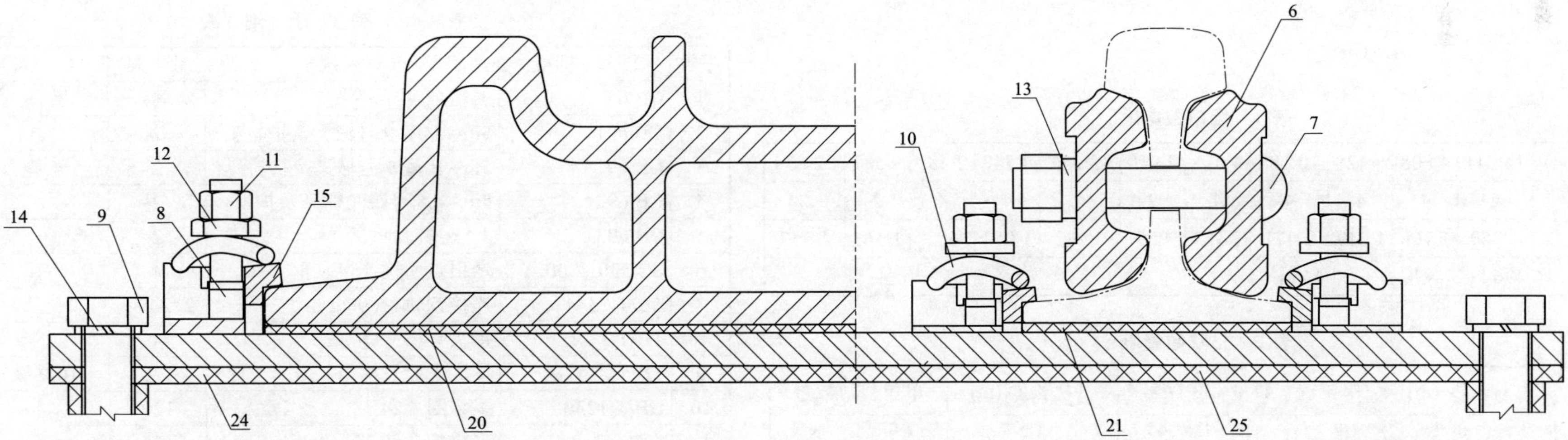

60 kg/m 钢轨 9 号 5.0 m 间距交叉渡线
图 号：CZ 580

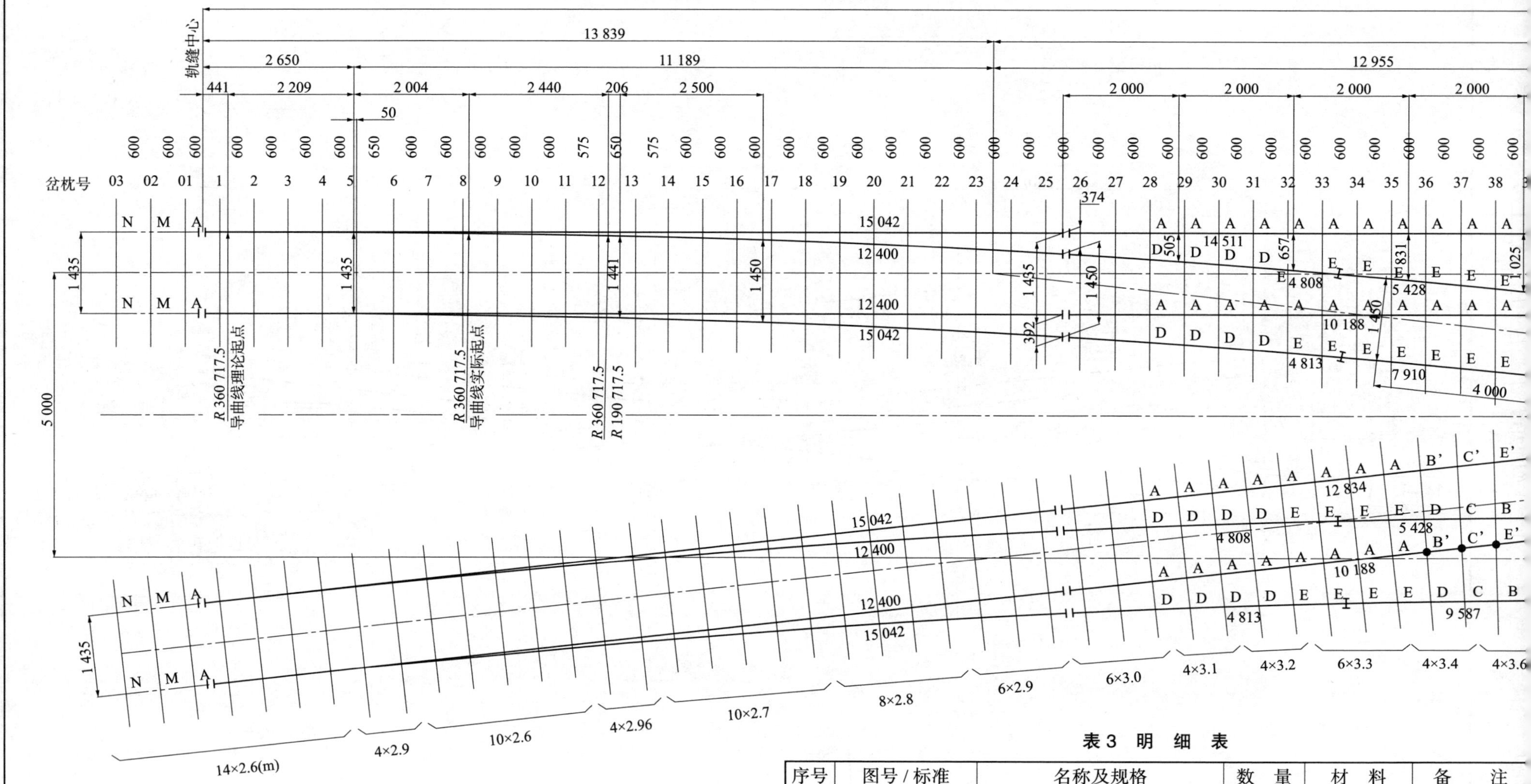

表 1 配轨数量表

长度 (mm)	14 511	4 808	5 428	10 188	4 813	7 910	13 532	4 340	2 481	9 587	12 834
数量（根）	2	4	4	4	4	2	4	4	4	2	2
质量 (kg)	1 760	1 166	1 317	2 471	1 167	959	3 282	1 053	602	1 163	1 557
总质量：16 496 kg；长度：272.044 m											

表 2 岔枕数量表

序号	岔枕长度 (m)	单位	数量	序号	岔枕长度 (m)	单位	数量
1	2.4	根	16	9	3.2	根	8
2	2.6	根	48	10	3.3	根	12
3	2.7	根	28	11	3.4	根	8
4	2.8	根	16	12	3.6	根	8
5	2.9	根	20	13	3.7	根	8
6	2.96	根	8	14	3.75	根	8
7	3.0	根	12	15	铰 7.6	根	26
8	3.1	根	8				
岔枕总根数：234 根，岔枕总长度为 804.48 m							

表 3 明 细 表

序号	图号 / 标准	名称及规格	数 量	材 料	备 注
1	CB 684	转辙器	4		左右开各 2 组
2	CB 691	5m－A 型 9 号辙叉及护轨	2		
3	CB 691	5m－B 型 9 号辙叉及护轨	2		
4	CB 692	5m－4.5 号锐角辙叉及护轨	2		
5	CB 693	4.5 号钝角辙叉	2		
6	SC 330－300	牵引点岔枕连接装置	4		组件
7	TB/T 2344	连接钢轨 60 kg/m	272.044		详见表 1
8	TB/T 2345	接头夹板 60	40		
9	TB/T 2347	接头螺栓及螺母 M24 × 135	120	10.9 级	
10	GB/T 1230	平垫圈 24	120		
11	专线 4232－71	平垫板 60－0 A	156		
12	专线 4232－71	平垫板 60－8 B Y(Z)	8		
13	专线 4232－71	平垫板 60－11 C Y(Z)	8		
14	专线 4232－71	平垫板 60－14 D Y(Z)	36		
15	专线 4232－71	平垫板 60－17 E Y(Z)	48		
16	专线 4232－71	平垫板 60－20 F Y(Z)	24		
17	SC 330－122	平垫板 P80	8		
18	SC 330－121	平垫板 P60	8		
19	专线 3351	Ⅱ型弹条	592	60Si2CrVA	

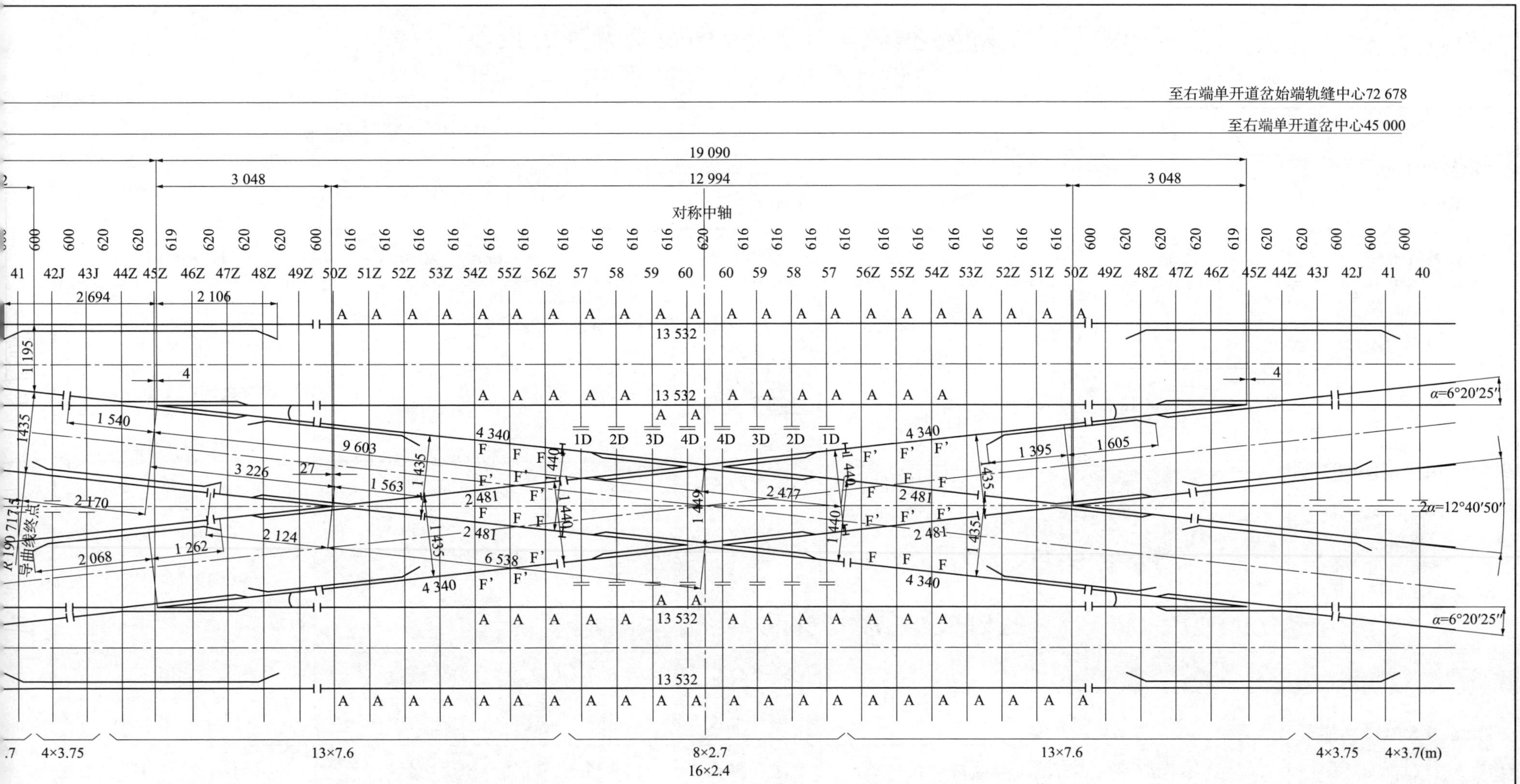

续表 3

号	图号 / 标准	名称及规格	数　量	材　料	备　　注
0	专线 4232－4	T 型螺栓　M24 × 65	592		
1	NS－01(b)－c	螺　母　M24	592	4 级	
2	NS－07	限位板　24	592		
3	专线 4232－50	岔枕螺栓　165	592		
4	GB/T 7244	重型弹簧垫圈　30	592		
5	专线 4232－10	轨距块　60/9－11	270	ZG 230－450	
6	专线 4232－10	轨距块　60/13－15	270	ZG 230－450	
7	专线 4232－10	轨距块　60/7－17	50	ZG 230－450	
8	专线 4232－10A	接头轨距块　60/9－11	16	ZG 230－450	
9	专线 4232－10A	接头轨距块　60/13－15	16	ZG 230－450	
0	专线 4232－72	绝缘轨距块　60/9－11	20	玻璃纤维	
1	专线 4232－72	绝缘轨距块　60/13－15	20	玻璃纤维	
2	专线 4232－72	绝缘轨距块　60/7－17	10	玻璃纤维	
3	CT 10－01	橡胶垫板　60－190	296	橡胶	
4	CT 10－11	橡胶垫板　452 × 175 × 10	296	橡胶	
5	专线 9595	钢轨绝缘	12 组		

技 术 要 求

1. 本渡线的轨下基础采用混凝土岔枕，岔枕均垂直于道岔直股，岔枕数量见表 2，与本图配套的岔枕图号为 CZ580Z。
2. 9 号单开辙叉及护轨分为 A、B 型两种：左端上方为 A 型，下方为 B 型，右端上方为 B 型，下方为 A 型。
3. 明细表中平垫板包括六种类型：垫板 60－0、60－8、60－11、60－14、60－17、60－20 在图中分别用符号 A、B、C、D、E、F 表示。带“ ’ ”者表示左开用垫板。
4. 钢轨轨腰螺栓孔应倒角 1 × 45°；若采用焊接接头时，钢轨轨端不钻接头夹板螺栓孔。
5. 本图按普通接头设计，绝缘接头按普通绝缘接头设计。
6. 图中道岔钢轨普通接头、绝缘接头分别以“—|├—”及“‡”表示。
7. 普通接头及绝缘接头钢轨轨缝均为 8 mm。
8. 本图按设轨道电路、钢轨绝缘设在侧股配置。
9. 扣件采用Ⅱ型弹条分开式可调扣件，轨距块设计安装号数如下：钢轨工作边一侧，安装 13 号轨距块；钢轨非工作边一侧，安装 11 号轨距块；辙叉部分：直股一侧安装 13 号轨距块，另一侧安装 11 号轨距块；接头安装接头轨距块、绝缘接头，两侧安装绝缘轨距块。7－17 号轨距块为备用轨距块，供现场铺设调整用。
10. 为改善列车运行条件，便于制造和维修，在钝角辙叉范围内，轨距采用 1 440 mm，在菱形中轨距过渡到 1 435 mm。
11. 岔枕断面结构与单开道岔 (CZ 577) 岔枕相同。岔枕序号中带“J”的岔枕为 60 kg/m 钢轨 9 号 ($v_{直}$≤120 km/h) 单开道岔相同序号岔枕的减短形式；带“Z”的岔枕为组合岔枕，组合岔枕由两根组合用短岔枕和连接件组成。带“D”的岔枕为钝角辙叉专用岔枕。岔枕长度数量见表2。

<table>
<tr><th colspan="8">37. 改进型 60 kg/m 钢轨 9 号 5.3 m 间距交叉渡线(混凝土枕)
设计图号：CZ 581</th></tr>
<tr><td rowspan="2">道岔允许通过速度</td><td>客车</td><td colspan="3">$v_{直}$≤120 km/h；$v_{侧}$≤35 km/h</td><td colspan="2">扣件类型</td><td>Ⅱ型弹条</td></tr>
<tr><td>货车</td><td colspan="3">轴重 23 t：$v_{直}$≤90 km/h；$v_{侧}$≤35 km/h
轴重 25 t：$v_{直}$≤80 km/h；$v_{侧}$≤35 km/h</td><td colspan="2">轨底坡</td><td>—</td></tr>
<tr><td>A(B)型辙叉角</td><td colspan="4">6°20′25″</td><td colspan="2">锐角 / 钝角辙叉角</td><td>12°40′50″</td></tr>
<tr><td>转辙器
CB 684</td><td colspan="7">详见“60 kg/m 钢轨 9 号单开道岔［CZ577］”</td></tr>
<tr><td rowspan="6">5.3 m－A(B) 型
9 号辙叉及护轨
CB 694</td><td rowspan="2">辙叉图号</td><td rowspan="2">SC 390－201</td><td>辙叉全长</td><td>4 311</td><td colspan="2" rowspan="2">护轨长度</td><td>直向：4 800</td></tr>
<tr><td>辙叉趾长</td><td>1 540</td><td>侧向：3 800</td></tr>
<tr><td>辙叉形式</td><td>高锰钢整铸式</td><td>辙叉跟长</td><td>2 771</td><td colspan="2">护轨轨型</td><td>33 kg/m 槽型钢</td></tr>
<tr><td colspan="2" rowspan="2">护轨端头距导轨端头定位尺寸</td><td>直向</td><td>665</td><td rowspan="2">护轨图号</td><td>直</td><td>CB 691－02</td></tr>
<tr><td>侧向</td><td>721</td><td>侧</td><td>SC 390C－203</td></tr>
<tr><td colspan="6">辙叉理论尖端距趾端方向前一根岔枕中心距离</td><td>4</td></tr>
<tr><td rowspan="5">5.3 m－4.5 号锐角辙叉
及护轨
CB 695</td><td rowspan="2">辙叉图号</td><td rowspan="2">CB 692－01</td><td>辙叉全长</td><td>3 687</td><td colspan="2">护轨长度</td><td>3 600</td></tr>
<tr><td>辙叉趾长</td><td>1 563</td><td colspan="2">护轨轨型</td><td>33 kg/m 槽型钢</td></tr>
<tr><td>辙叉形式</td><td>高锰钢整铸式</td><td>辙叉跟长</td><td>2 124</td><td colspan="2">护轨图号</td><td>CB 695－01</td></tr>
<tr><td colspan="6">辙叉理论尖端距趾端方向前一根岔枕中心距离</td><td>573</td></tr>
<tr><td colspan="6">护轨端头距导轨端头定位尺寸</td><td>1 967</td></tr>
<tr><td>4.5 号钝角辙叉
CB 693</td><td>辙叉图号</td><td>CB 693－01</td><td>辙叉类型</td><td>高锰钢
整铸式</td><td colspan="2">辙叉全长</td><td>4 954</td></tr>
<tr><td>岔枕图号
CZ 581Z</td><td>岔枕总数</td><td>254 根</td><td>岔枕展延长</td><td>845.68 m</td><td colspan="2">套管总数</td><td>1 472</td></tr>
<tr><td>批准文号</td><td colspan="4">运基线路〔2003〕269 号</td><td colspan="2">应用情况</td><td>★★★</td></tr>
<tr><td>主要结构特点</td><td colspan="7">钝角辙叉范围内轨距采用 1 440 mm，菱形中轨距过渡到 1 435 mm。</td></tr>
</table>

9 号 A(B) 型辙叉及护轨明细表

序号	图号 / 标准	名称及规格	数量	材　料	备　注
1	SC 390－201	辙　叉　60－9－Ⅰ	1	ZGMn13	
2	CB 691－02	直向护轨　4 800	1	33 kg/m 槽型钢	
3	SC 390C－203	侧向护轨　3 800	1	33 kg/m 槽型钢	
4	SC 390－204	垫　板　744 × 170 × 20Y(Z)	5	Q235	铁座 41
5	SC 390－204	垫　板　744 × 170 × 20Y(Z)	2	Q235	铁座 33
6	CB 685A－05	护轨垫板　600	8	Q345	
7	CB 685A－06	侧股护轨垫板　610Y(Z)	6	Q345	
8	专线 4232－71	垫　板　60－0	2	Q235	
9	专线 4232－71	垫　板　60－20Y(Z)	4	Q235	
10	SC 390－207	垫　板　727 × 170 × 20Y(Z)	1	Q235	
11	SC 390－208	垫　板　794 × 170 × 20Y(Z)	1	Q235	
12	SC 390－209	垫　板　858 × 170 × 20Y(Z)	1	Q235	
13	SC 390－209	垫　板　921 × 170 × 20Y(Z)	1	Q235	
14	TB/T 2345	接头夹板	8		
15	SC 390－212	支距扣板　60/130－118－62Y(Z)	1	KTH 350－10	
16	客专线 (07)001－Ⅴ－43	调整片　140 × 60 × 2	28		厚 2 mm 备用
		调整片　140 × 60 × 3	14		
17	专线 3351	Ⅱ型弹条	57	60Si2CrVA	
18	TB/T 2347	接头螺栓　M24 × 135－10.9	24		带螺母
19	专线 4232－10	轨距块　60/9－11	32	ZG 270－500	
20	专线 4232－10	轨距块　60/13－15	18	ZG 270－500	
21	专线 4232－10A	接头轨距块　60/9－11	4	ZG 270－500	
22	专线 4232－10A	接头轨距块　60/13－15	2	ZG 270－500	
23	专线 4232－4	T 型螺栓　M24 × 65	56		
24	专线 4232－4	T 型螺栓　M24 × 85	1		
25	专线 4171－9	方头螺栓　M24 × 85	14		
26	专线 4232－50	岔枕螺栓	66		
27	NS－01(b)	螺　母　M24	57	4 级	
28	NS－01(b)	螺　母　M24	14	5 级	
29	GB/T 1230	垫　圈　24	24		
30	GB/T 7244	弹簧垫圈　30	66	65Mn	
31	GB/T 7244	弹簧垫圈　24	14		
32	NS－07	限位板　24	57		

续上表

序号	图号 / 标准	名称及规格	数量	材　　料	备　　注
33	CT 10－01	橡胶垫板　60－190	29	橡胶	
34	CT 10－12	橡胶垫板　439－190	7	橡胶	
35	CT 10－11	橡胶垫板　452×175×10	6	橡胶	
36	CT 10－13	橡胶垫板　600×175×5	9	橡胶	
37	CT 10－13	橡胶垫板　610×175×5	6	橡胶	
38	CT 10－14	橡胶垫板　744×175×10	7	橡胶	
39	CT 10－09	橡胶垫板　727×175×10	1	橡胶	
40	CT 10－09	橡胶垫板　794×175×10	1	橡胶	
41	CT 10－10	橡胶垫板　858－394	1	橡胶	
42	CT 10－10	橡胶垫板　921－426	1	橡胶	
43	CB 693－03	垫　板　600×170×25Y(Z)	1	Q235－A	

4.5 号锐角辙叉及护轨明细表

序号	图号 / 标准	名称及规格	数量	材　料	备　注
1	CB 692－01	高锰钢辙叉　60－4.5R－Ⅰ	1	ZGMn13	
2	CB 695－01	护　轨　3 600	2	33 kg/m 槽型钢	
3	CB 692－03	辙叉垫板　903×170×20	4	Q235	铁座 41
4	CB 692－03	辙叉垫板　903×170×20	2	Q235	铁座 33
5	CB 695－02	护轨垫板　886×170×25	1	Q345	
6	CB 695－02	护轨垫板　886×170×25	1	Q345	与序号 5 对称
7	CB 695－03	护轨垫板　955×170×25	1	Q345	
8	CB 695－03	护轨垫板　955×170×25	1	Q345	与序号 7 对称
9	CB 695－04	护轨垫板　1 024×170×25	1	Q345	
10	CB 695－04	护轨垫板　1 024×170×25	1	Q345	与序号 9 对称
11	CB 685A－06	护轨垫板　610×170×25Y	3	Q345	
12	CB 685A－06	护轨垫板　610×170×25Z	3	Q345	与序号 11 对称
13	专线 4232－71	平垫板　60－0	2	Q235	
14	专线 4232－71	平垫板　60－20Y	1	Q235	
15	专线 4232－71	平垫板　60－20Z	1	Q235	
16	SC 390－212	接头支距扣板　128－116－61Y	1	KTH 350－10	
17	SC 390－212	接头支距扣板　128－116－61Z	1	KTH 350－10	
18	TB/T 2345	接头夹板　60	8		
19	TB/T 2347	接头螺栓及螺母　M24×135－10.9	24		
20	专线 4232－4	T 型螺栓　M24×65	40	Q235	
21	专线 4232－4	T 型螺栓　M24×85	2	Q235	
22	专线 4171－9	方头螺栓　M24×85	12		
23	专线 4232－50	岔枕螺栓	44	45 钢	
24	NS－01(b)	螺　母　M24	42		
25	NS－07	限位螺母　M24	42		
26	NS－01(b)	螺　母　M24	12		
27	GB/T 7244	弹簧垫圈　24	12		
28	GB/T 1230	垫　圈　24	24		
29	GB/T 7244	弹簧垫圈　30	44	65Mn	
30	专线 3351	Ⅱ型弹条	42	60Si2CrVA	
31	专线 4232－10	轨距块　60/9－11	22	ZG 270－500	
32	专线 4232－10	轨距块　60/13－15	12	ZG 270－500	
33	专线 4232－10A	接头轨距块　60/9－11	2	ZG 270－500	

续上表

序号	图号 / 标准	名称及规格	数量	材　料	备　注
34	专线 4232－10A	接头轨距块　60/13－15	4	ZG 270－500	
35	客专线 (07)001－V－43	调整片　140 × 60 × 2	24		2 mm 厚备用
		调整片　140 × 60 × 3	12		
36	CT 10－01	橡胶垫板　60－190	22	橡胶	
37	CT 10－12	橡胶垫板　600－190	6	橡胶	
38	CT 10－13	橡胶垫板　886 × 175 × 5	2	橡胶	
39	CT 10－13	橡胶垫板　955 × 175 × 5	2	橡胶	
40	CT 10－13	橡胶垫板　1 024 × 175 × 5	2	橡胶	
41	CT 10－13	橡胶垫板　610 × 175 × 5	6	橡胶	
42	CT 10－11	橡胶垫板　452 × 175 × 10	4	橡胶	
43	CT 10－09	橡胶垫板　903 × 175 × 10	6	橡胶	

60 kg/m 钢轨 5.3 m 间距交叉渡线 9 号 A(B) 型辙叉及护轨

图　号：CB 694

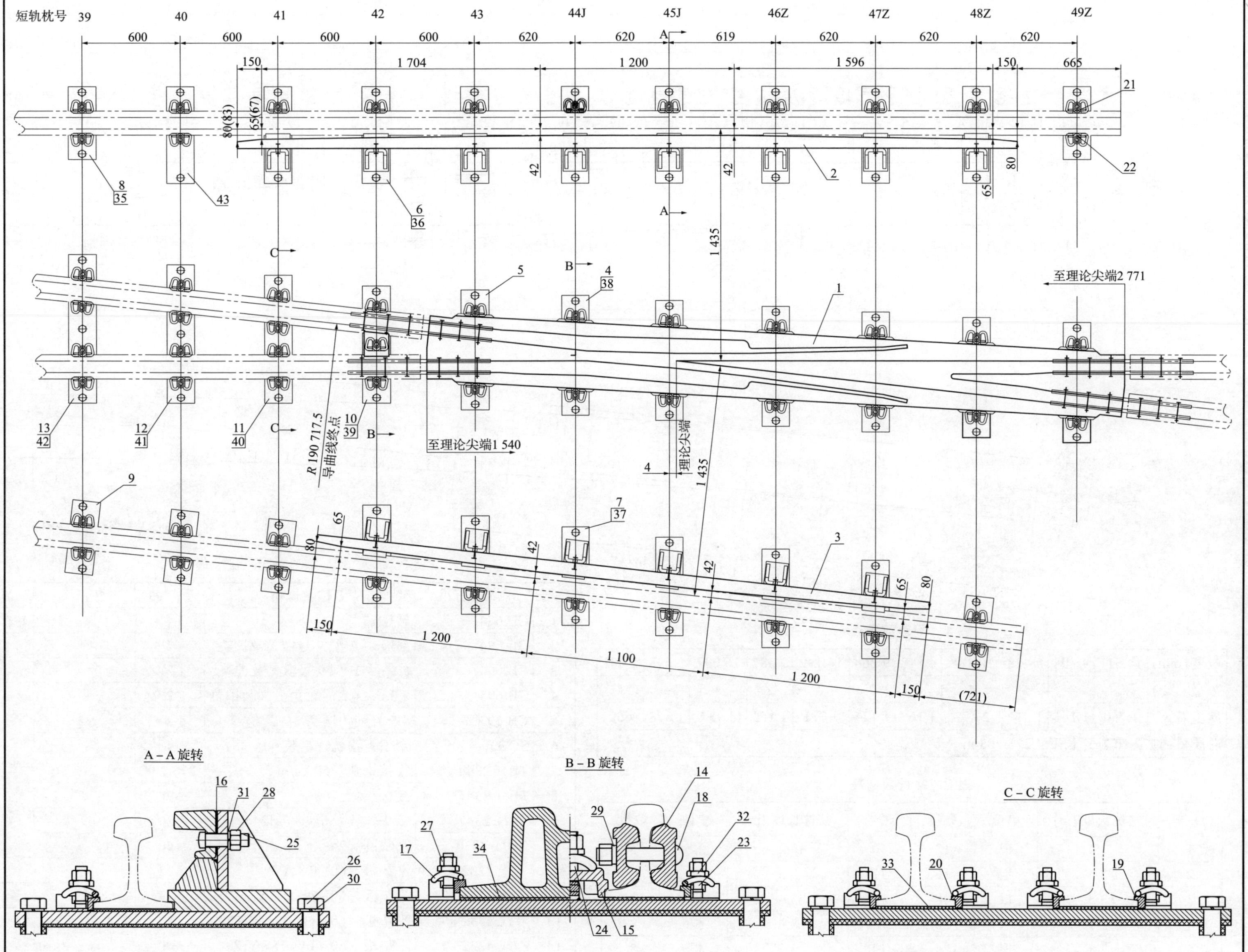

60 kg/m 钢轨 9 号 5.3 m 间距交叉渡线
图　号：CZ 581

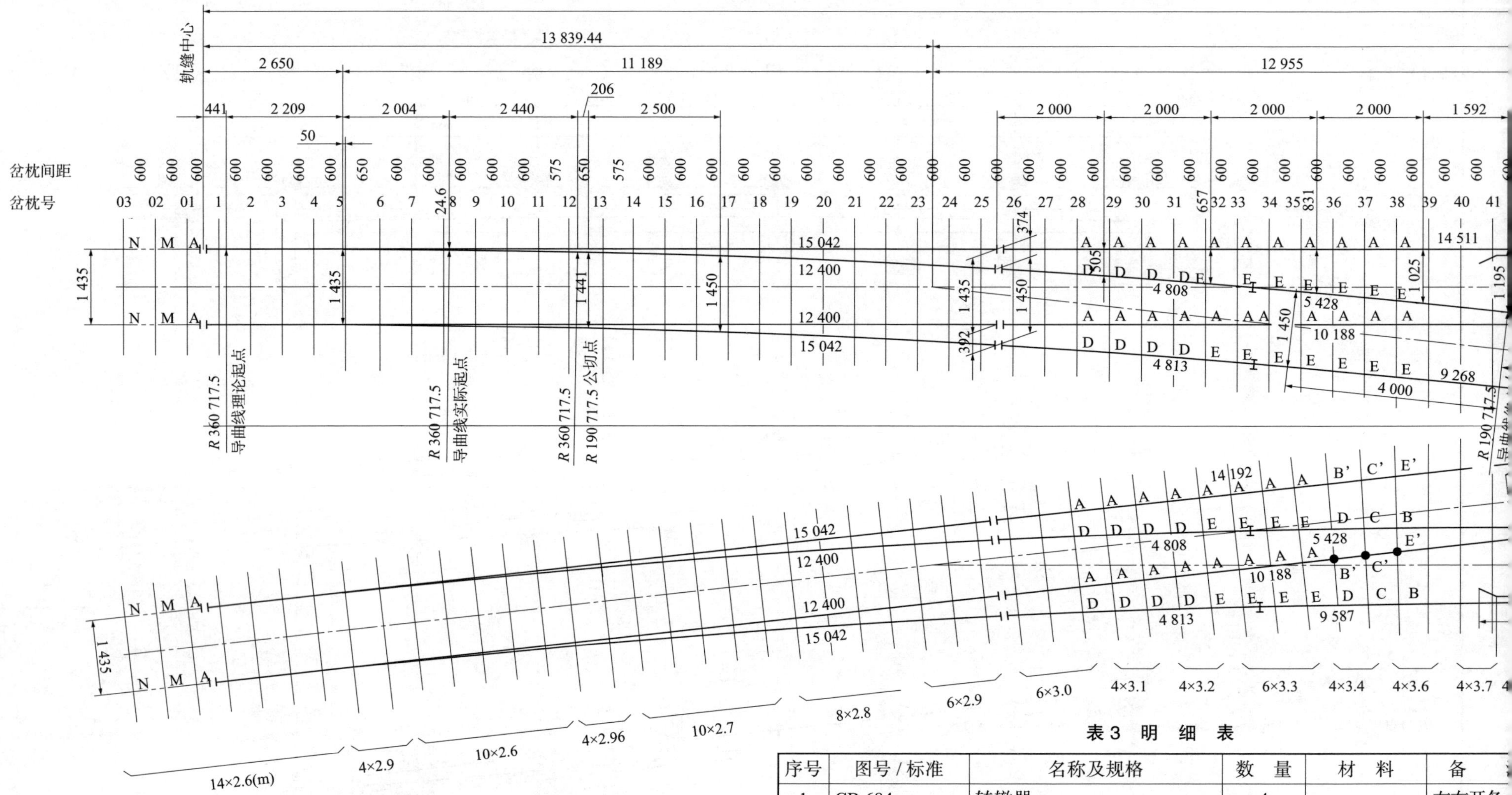

表 1　配轨数量表

长度(mm)	14 511	4 808	5 428	10 188	4 813	9 268	14 192	9 587	16 232	5 698	2 481
数量(根)	2	4	4	4	4	2	2	2	4	4	4
质量(kg)	1 760	1 166	1 317	2 471	1 167	1 124	1 721	1 163	3 937	1 378	602
总质量：17 810 kg；长度：273.708 m											

表 2　岔枕数量表

序号	岔枕长度(m)	单位	数量	序号	岔枕长度(m)	单位	数量
1	2.4	根	12	10	3.2	根	8
2	2.5	根	16	11	3.3	根	12
3	2.6	根	48	12	3.4	根	8
4	2.7	根	20	13	3.6	根	8
5	2.8	根	24	14	3.7	根	8
6	2.9	根	20	15	3.8	根	8
7	2.96	根	8	16	3.9	根	8
8	3.0	根	18	17	铰 7.9	根	20
9	3.1	根	8	岔枕总根数：254 根，岔枕总长度为 845.68 m			

表 3　明　细　表

序号	图号 / 标准	名称及规格	数　量	材　料	备　注
1	CB 684	转辙器	4		左右开各
2	CB 694	5.3 m－A 型 9 号辙叉及护轨	2		
3	CB 694	5.3 m－B 型 9 号辙叉及护轨	2		
4	CB 695	5.3 m－4.5 号锐角辙叉及护轨	2		
5	CB 693	4.5 号钝角辙叉	2		
6	SC 330－300	牵引点岔枕连接装置	4		组件
7	TB/T 2344	连接钢轨　60 kg/m	273.708		详见表
8	TB/T 2345	接头夹板　60	40		
9	TB/T 2347	接头螺栓及螺母　M24 × 135	120	10.9 级	
10	GB/T 1230	平垫圈　24	120		
11	专线 4232－71	平垫板　60－0　A	172		
12	专线 4232－71	平垫板　60－8　B　Y(Z)	8		左右开各
13	专线 4232－71	平垫板　60－11　C　Y(Z)	8		左右开各
14	专线 4232－71	平垫板　60－14　D　Y(Z)	36		左右开各
15	专线 4232－71	平垫板　60－17　E　Y(Z)	48		左右开各
16	专线 4232－71	平垫板　60－20　F　Y(Z)	24		左右开各
17	SC 330－122	平垫板　P80	8		
18	SC 330－121	平垫板　P60	8		

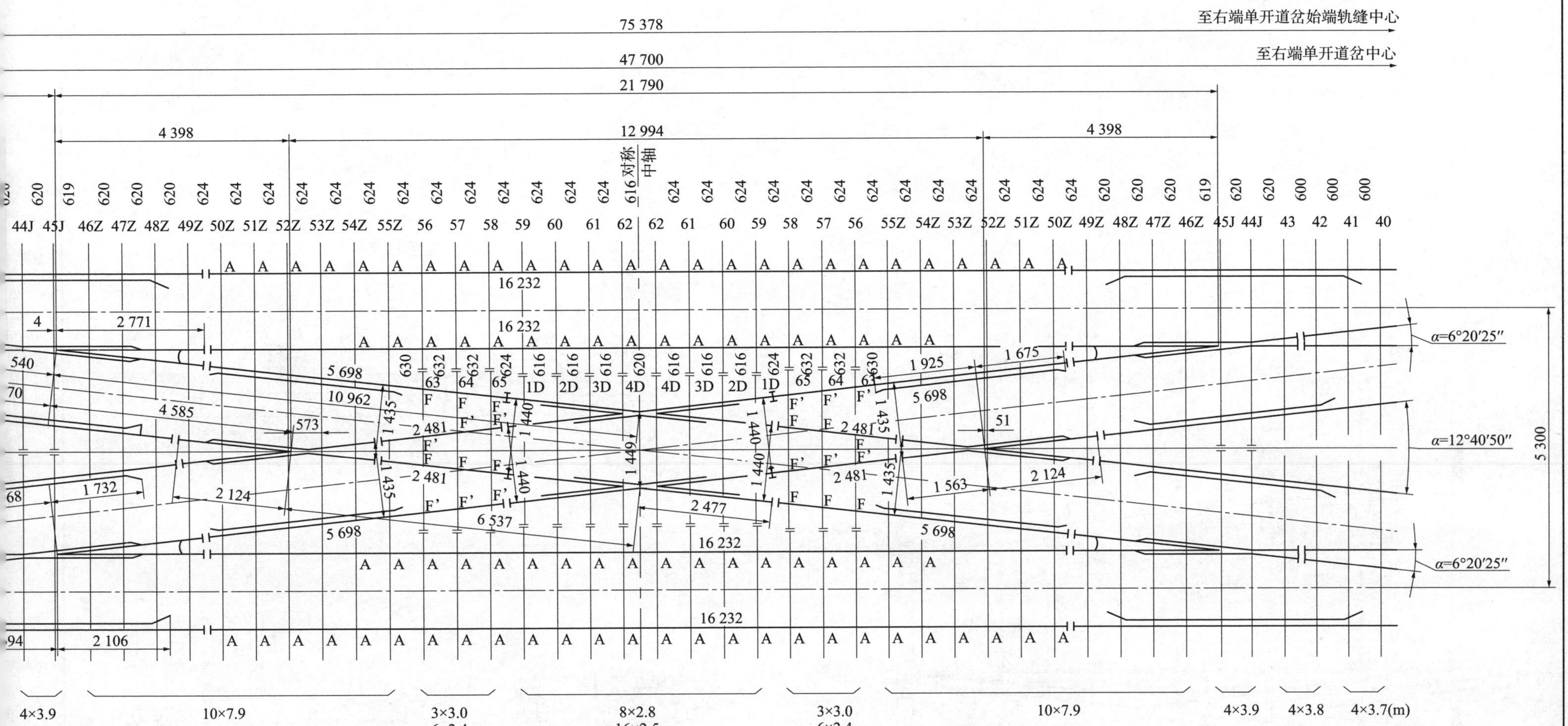

续表 3

号	图号 / 标准	名称及规格	数 量	材 料	备 注
9	专线 3351	Ⅱ型弹条	624	60Si2CrVA	
0	专线 4232－4	T 型螺栓 M24×65	624		
1	NS－01(b)－c	螺 母 M24	624	4 级	
2	NS－07	限位板 24	624		
3	专线 4232－50	岔枕螺栓 165	624		
4	GB/T 7244	重型弹簧垫圈 30	624		
5	专线 4232－10	轨距块 60/9－11	276	ZG 230－450	
6	专线 4232－10	轨距块 60/13－15	276	ZG 230－450	
7	专线 4232－10	轨距块 60/7－17	50	ZG 230－450	
8	专线 4232－10A	接头轨距块 60/9－11	16	ZG 230－450	
9	专线 4232－10A	接头轨距块 60/13－15	16	ZG 230－450	
0	专线 4232－72	绝缘轨距块 60/9－11	20	玻璃纤维	
1	专线 4232－72	绝缘轨距块 60/13－15	20	玻璃纤维	
2	专线 4232－72	绝缘轨距块 60/7－17	10	玻璃纤维	
3	CT 10－01	橡胶垫板 60－190	312	橡胶	
4	CT 10－11	橡胶垫板 452×175×10	312	橡胶	
5	专线 9595	钢轨绝缘	12 组		

技 术 要 求

1. 本渡线的轨下基础采用混凝土岔枕，岔枕均垂直于道岔直股，岔枕数量见表 2，与本图配套的岔枕图号为 CZ 581Z。
2. 9 号单开辙叉及护轨分为 A、B 型两种：左端上方为 A 型，下方为 B 型，右端上方为 B 型，下方为 A 型。
3. 明细表中平垫板包括六种类型：垫板 60－0、60－8、60－11、60－14、60－17、60－20 在图中分别用符号 A、B、C、D、E、F 表示。带“′”者表示左开用垫板。
4. 钢轨轨腰螺栓孔应倒角 1×45°；若采用焊接接头时，钢轨轨端不钻接头夹板螺栓孔。
5. 本图按普通接头设计，绝缘接头按普通绝缘接头设计。
6. 图中道岔钢轨普通接头、绝缘接头分别以“─┤├─”及“┴”表示。
7. 普通接头及绝缘接头钢轨轨缝均为 8 mm。
8. 本图按设轨道电路、钢轨绝缘设在侧股配置。
9. 扣件采用Ⅱ型弹条分开式可调扣件，轨距块设计安装号数如下：

   钢轨工作边一侧，安装 13 号轨距块；钢轨非工作边一侧，安装 11 号轨距块；辙叉部分：直股一侧安装 13 号轨距块，另一侧安装 11 号轨距块；接头安装接头轨距块，绝缘接头两侧安装绝缘轨距块。7－17 号轨距块为备用轨距块，供现场铺设调整用。
10. 为改善列车运行条件，便于制造和维修，在钝角辙叉范围内，轨距采用 1 440 mm，在菱形中轨距过渡到 1 435 mm。
11. 岔枕断面结构与单开道岔 (CZ 577) 岔枕相同。岔枕序号中带“J”的岔枕为 60 kg/m 钢轨 9 号 ($v_{直}$≤ 120 km/h) 单开道岔相同序号岔枕的减短形式；带“Z”的岔枕为组合岔枕，组合岔枕由两根组合用短岔枕和连接件组成。带“D”的岔枕为钝角辙叉专用岔枕。岔枕长度数量见表 2。

60 kg/m 钢轨 5.3 m 间距交叉渡线 4.5 号锐角辙叉及护轨
图　号：CB 695

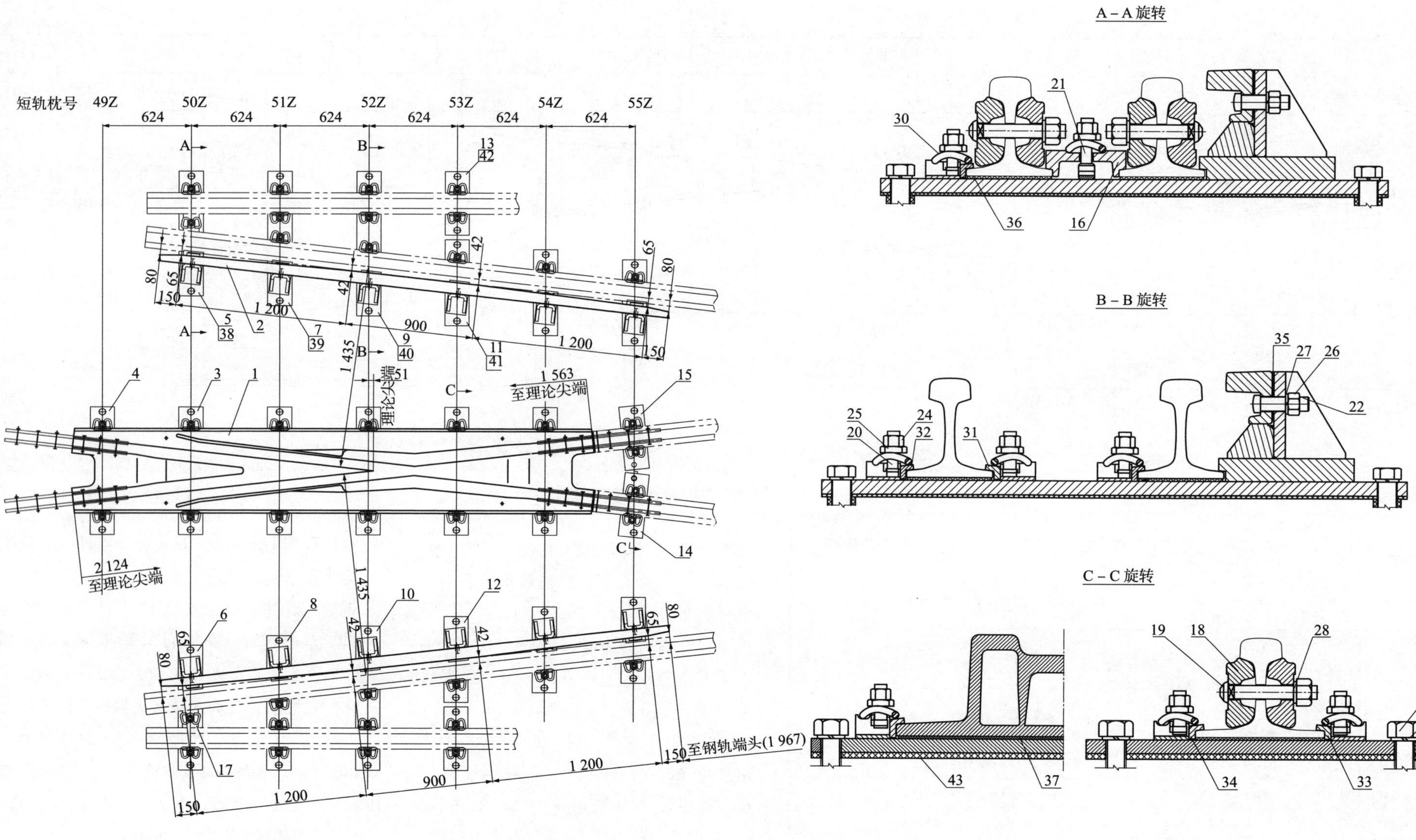

<table>
<tr><th colspan="8">38. 60 kg/m 钢轨 9 号 5.5 m 间距交叉渡线(混凝土枕)
设计图号：CZ 582</th></tr>
<tr><td rowspan="2">道岔允许通过速度</td><td>客车</td><td colspan="3">$v_{直}$≤120 km/h；$v_{侧}$≤35 km/h</td><td colspan="2">扣件类型</td><td>Ⅱ型弹条</td></tr>
<tr><td>货车</td><td colspan="3">轴重 23 t：$v_{直}$≤90 km/h；$v_{侧}$≤35 km/h
轴重 25 t：$v_{直}$≤80 km/h；$v_{侧}$≤35 km/h</td><td colspan="2">轨底坡</td><td>—</td></tr>
<tr><td>A(B)型辙叉角</td><td colspan="4">6°20′25″</td><td colspan="2">锐角 / 钝角辙叉角</td><td>12°40′50″</td></tr>
<tr><td>转辙器
CB 684</td><td colspan="7">详见“60 kg/m 钢轨 9 号单开道岔［CZ 577］”</td></tr>
<tr><td rowspan="6">5.5 m－A(B) 型
9 号辙叉及护轨
CB 696</td><td rowspan="2">辙叉图号</td><td rowspan="2">SC 390－201</td><td>辙叉全长</td><td>4 311</td><td colspan="2" rowspan="2">护轨长度</td><td>直向：4 800</td></tr>
<tr><td>辙叉趾长</td><td>1 540</td><td>侧向：3 800</td></tr>
<tr><td>辙叉形式</td><td>高锰钢整铸式</td><td>辙叉跟长</td><td>2 771</td><td colspan="2">护轨轨型</td><td>33 kg/m 槽型钢</td></tr>
<tr><td colspan="2" rowspan="2">护轨端头距导轨端头定位尺寸</td><td>直向</td><td>665</td><td rowspan="2">护轨图号</td><td>直</td><td>CB 691－02</td></tr>
<tr><td>侧向</td><td>1 626</td><td>侧</td><td>SC390C－203</td></tr>
<tr><td colspan="6">辙叉理论尖端距趾端方向前一根岔枕中心距离</td><td>4</td></tr>
<tr><td rowspan="5">5.5 m－4.5 号锐角辙叉
及护轨
CB 697</td><td rowspan="2">辙叉图号</td><td rowspan="2">CB 692－01</td><td>辙叉全长</td><td>3 687</td><td colspan="2">护轨长度</td><td>2 900</td></tr>
<tr><td>辙叉趾长</td><td>1 563</td><td colspan="2">护轨轨型</td><td>33 kg/m 槽型钢</td></tr>
<tr><td>辙叉形式</td><td>高锰钢整铸式</td><td>辙叉跟长</td><td>2 124</td><td colspan="2">护轨图号</td><td>CB 697－01</td></tr>
<tr><td colspan="6">辙叉理论尖端距趾端方向前一根岔枕中心距离</td><td>157</td></tr>
<tr><td colspan="6">护轨端头距导轨端头定位尺寸</td><td>(2 422)</td></tr>
<tr><td>4.5 号钝角辙叉
CB 693</td><td>辙叉图号</td><td>CB 693－01</td><td>辙叉类型</td><td>高锰钢
整铸式</td><td colspan="2">辙叉全长</td><td>4 954</td></tr>
<tr><td>岔枕图号
CZ 582Z</td><td>岔枕总数</td><td>250 根</td><td>岔枕展延长</td><td>885.88 m</td><td colspan="2">套管总数</td><td>1 536</td></tr>
<tr><td>批准文号</td><td colspan="4">运基线路〔2003〕269 号</td><td colspan="2">应用情况</td><td>★★★</td></tr>
<tr><td>主要结构特点</td><td colspan="7">钝角辙叉范围内轨距采用 1 440 mm，菱形中轨距过渡到 1 435 mm。</td></tr>
</table>

9 号 A(B) 型辙叉及护轨明细表

序号	图号 / 标准	名称及规格	数量	材　　料	备　　注
1	SC 390－201	辙　叉　60－9－Ⅰ	1	ZGMn13	
2	CB 691－02	直向护轨　4 800	1	33 kg/m 槽型钢	
3	SC 390C－203	侧向护轨　3 800	1	33 kg/m 槽型钢	
4	SC 390－204	垫　板　744 × 170 × 20Y(Z)	5	Q235	铁座 41
5	SC 390－204	垫　板　744 × 170 × 20Y(Z)	2	Q235	铁座 33
6	CB685A－05	护轨垫板　600	8	Q345	
7	CB685A－06	侧股护轨垫板　610Y(Z)	6	Q345	
8	专线 4232－71	垫　板　60－0	2	Q235	
9	专线 4232－71	垫　板　60－20Y(Z)	5	Q235	
10	SC 390－207	垫　板　727 × 170 × 20Y(Z)	1	Q235	
11	SC 390－208	垫　板　794 × 170 × 20Y(Z)	1	Q235	
12	SC 390－209	垫　板　858 × 170 × 20Y(Z)	1	Q235	
13	SC 390－209	垫　板　921 × 170 × 20Y(Z)	1	Q235	
14	TB/T 2345	接头夹板	8		
15	SC390－212	支距扣板　60/130－118－62Y(Z)	1	KTH 350－10	
16	客专线 (07)001－Ⅴ－43	调整片　140 × 60 × 2	28		
		调整片　140 × 60 × 3	14		
17	专线 3351	Ⅱ型弹条	59	60Si2CrVA	
18	TB/T 2347	接头螺栓　M24 × 135－10.9	24	带螺母	带螺母
19	专线 4232－10	轨距块　60/9－11	34	ZG270－500	
20	专线 4232－10	轨距块　60/13－15	20	ZG270－500	
21	专线 4232－10A	接头轨距块　60/9－11	3	ZG270－500	
22	专线 4232－10A	接头轨距块　60/13－15	1	ZG270－500	
23	专线 4232－4	T 型螺栓　M24 × 65	58		
24	专线 4232－4	T 型螺栓　M24 × 85	1		
25	专线 4171－9	方头螺栓　M24 × 85	14		
26	专线 4232－50	螺　钉	68		
27	NS－01(b)	螺　母　M24	59	4 级	
28	NS－01(b)	螺　母　M24	14	5 级	
29	GB/T 1230	垫　圈　24	24		
30	GB/T 7244	弹簧垫圈　30	68	65Mn	
31	GB/T 7244	弹簧垫圈　24	14		
32	NS－07	限位板　24	59		

续上表

序号	图号 / 标准	名称及规格	数量	材　　料	备　　注
33	CT 10－01	橡胶垫板　60－190	30	橡胶	
34	CT 10－12	橡胶垫板　439－190	7	橡胶	
35	CT 10－11	橡胶垫板　452×175×10	7	橡胶	
36	CT 10－13	橡胶垫板　600×175×5	9	橡胶	
37	CT 10－13	橡胶垫板　610×175×5	6	橡胶	
38	CT 10－14	橡胶垫板　744×175×10	7	橡胶	
39	CT 10－09	橡胶垫板　727×175×10	1	橡胶	
40	CT 10－09	橡胶垫板　794×175×10	1	橡胶	
41	CT 10－10	橡胶垫板　858－394	1	橡胶	
42	CT 10－10	橡胶垫板　921－426	1	橡胶	
43	CB 691－03	垫　板　600×170×25	1	Q235	

4.5 号锐角辙叉及护轨明细表

序号	图号 / 标准	名称及规格	数量	材　料	备　注
1	CB 692－01	高锰钢辙叉　60－4.5R－I	1	ZGMn13	
2	CB 697－01	护　轨　2 900	2	33 kg/m 槽型钢	
3	CB 692－03	辙叉垫板　903 × 170 × 20	4	Q235	铁座 41
4	CB 692－03	辙叉垫板　903 × 170 × 20	2	Q235	铁座 33
5	CB 697－02	辙叉垫板　789 × 170 × 20	1	Q235	
6	CB 697－02	辙叉垫板　789 × 170 × 20	1	Q235	与序号 5 对称
7	CB 697－03	护轨垫板　1 013 × 170 × 25	1	Q345	
8	CB 685A－06	护轨垫板　1 013 × 170 × 25	1	Q345	与序号 7 对称
9	CB 685A－06	护轨垫板　610 × 170 × 25Y	4	Q345	
10	CB 697－03	护轨垫板　610 × 170 × 25Z	4	Q345	与序号 9 对称
11	专线 4232－71	平垫板　60－0	2	Q235	
12	专线 4232－71	平垫板　60－20Y	2	Q235	
13	专线 4232－71	平垫板　60－20Z	2	Q235	与序号 12 对称
14	CB 697－04	垫　板　723 × 170 × 20	1	Q235	
15	CB 697－04	垫　板　723 × 170 × 20	1	Q235	与序号 14 对称
16	CB 697－05	垫　板　404 × 170 × 20	1	Q235	
17	CB 697－05	垫　板　404 × 170 × 20	1	Q235	与序号 16 对称
18	SC 390－212	接头支距扣板　124－112－59Y(Z)	2	KTH 350－10	成对制造
19	TB/T 2345	接头夹板　60	8		
20	TB/T 2347	接头螺栓及螺母　M24 × 135－10.9	24		
21	专线 4232－4	T 型螺栓　M24 × 65	52	Q235	
22	专线 4232－4	T 型螺栓　M24 × 85	2	Q235	
23	专线 4171－9	方头螺栓　M24 × 85	10	20SiMn	
24	专线 4232－50	螺　钉	56		
25	NS－01(b)	螺　母　M24	54	4 级	
26	NS－07	限位螺母　M24	54	Q275	
27	NS－01(b)	螺　母　M24	10	5 级	
28	GB/T 7244	弹簧垫圈　24	10		
29	GB/T 1230	垫　圈　24	24		
30	GB/T 7244	弹簧垫圈　30	56	65Mn	
31	专线 3351	Ⅱ型弹条	54		
32	专线 4232－10	轨距块　60/9－11	26	ZG 270－500	
33	专线 4232－10	轨距块　60/13－15	16	ZG 270－500	

续上表

序号	图号 / 标准	名称及规格	数量	材　　料	备　　注
34	专线 4232－10A	接头轨距块　60/9－11	4	ZG 270－500	
35	专线 4232－10A	接头轨距块　60/13－15	6	ZG 270－500	
36	客专线 (07)001－V－43	护轨调整片　140×60×2	20		备用
37	客专线 (07)001－V－43	护轨调整片　140×60×3	10		
38	CT 10－01	橡胶垫板　60－190	28	橡胶	
39	CT 10－12	橡胶垫板　600－190	6	橡胶	
40	CT 10－09	橡胶垫板　789×175×10	2	橡胶	
41	CT 10－13	橡胶垫板　1 013×175×5	2	橡胶	
42	CT 10－13	橡胶垫板　610×175×5	8	橡胶	
43	CT 10－11	橡胶垫板　452×175×10	6	橡胶	
44	CT 10－09	橡胶垫板　903×175×10	6	橡胶	
45	CT 10－09	橡胶垫板　723×175×10	2	橡胶	
46	CT 10－09	橡胶垫板　404×175×10	2	橡胶	

60 kg/m 钢轨 9 号 5.5 m 间距交叉渡线
图　号：CZ 582

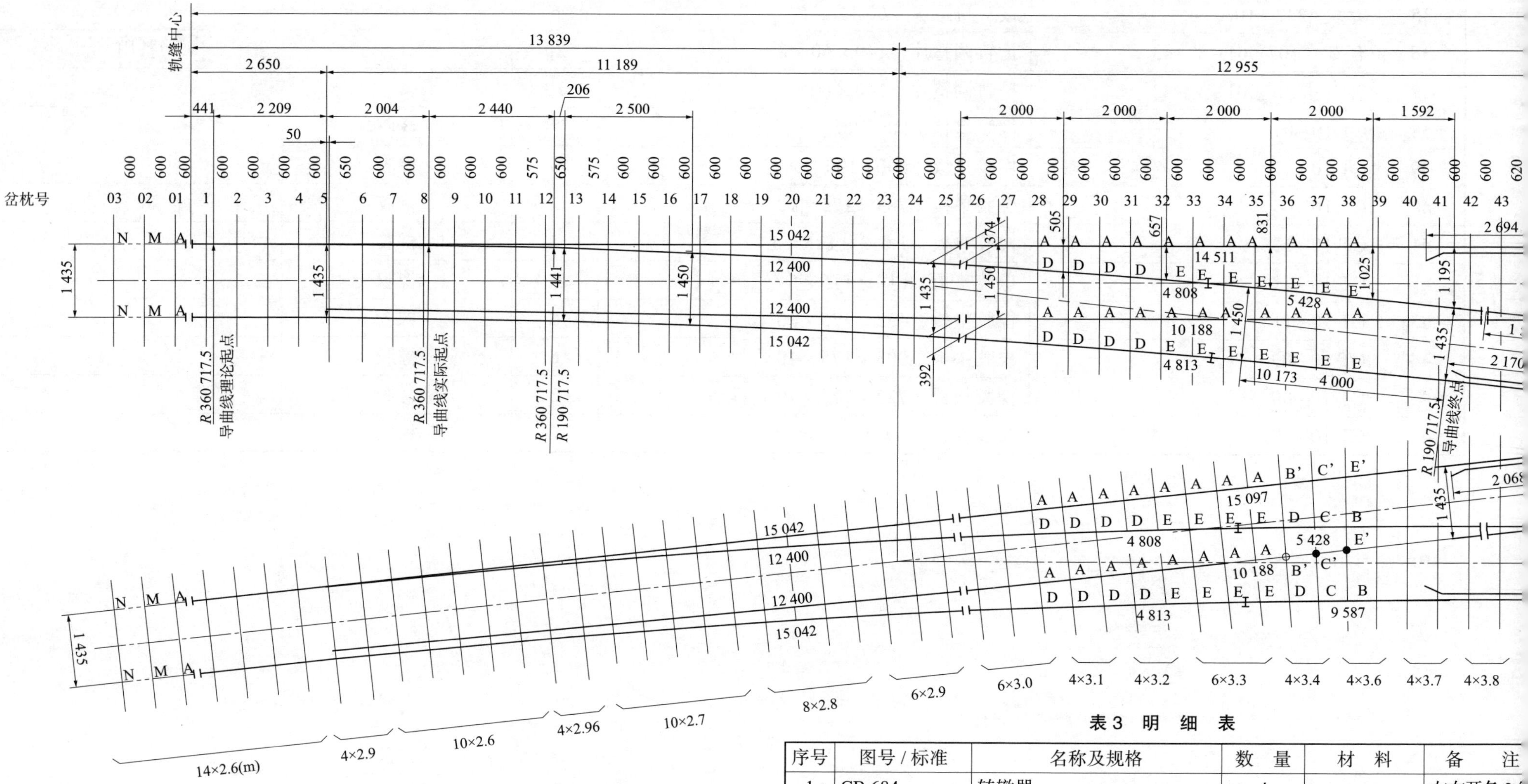

表 1　配轨数量表

长度 (mm)	14 511	4 808	5 428	10 188	4 813	10 173	18 032	6 603	2 481	9 587	15 097
数量 (根)	2	4	4	4	4	2	4	4	4	2	2
质量 (kg)	1 760	1 166	1 317	2 471	1 167	1 234	4 374	1 602	602	1 163	1 831
总质量：18 686 kg；长度：308.148 m											

表 2　岔枕数量表

序号	岔枕长度 (m)	单位	数量	序号	岔枕长度 (m)	单位	数量
1	2.6	根	64	9	3.3	根	12
2	2.7	根	20	10	3.4	根	8
3	2.8	根	24	11	3.6	根	8
4	2.9	根	20	12	3.7	根	8
5	2.96	根	8	13	3.8	根	8
6	3.0	根	12	14	4.0	根	16
7	3.1	根	8	15	铰 8.1	根	26
8	3.2	根	8				
岔枕总根数：250 根，岔枕总长度 885.88 m							

表 3　明　细　表

序号	图号 / 标准	名称及规格	数　量	材　料	备　注
1	CB 684	转辙器	4		左右开各 2
2	CB 696	5.5m－A 型 9 号辙叉及护轨	2		
3	CB 696	5.5m－B 型 9 号辙叉及护轨	2		
4	CB 697	5.5m－4.5 号锐角辙叉及护轨	2		
5	CB 693	4.5 号钝角辙叉	2		
6	SC 330－300	牵引点岔枕连接装置	4		组件
7	TB/T 2344	连接钢轨　60 kg/m	308.148		详见表 1
8	TB/T 2345	接头夹板　60	40		
9	TB/T 2347	接头螺栓及螺母　M24 × 135	120	10.9 级	
10	GB/T 1230	平垫圈　24	120		
11	专线 4232－71	平垫板　60－0　A	192		
12	专线 4232－71	平垫板　60－8　B　Y(Z)	8		左右开各半
13	专线 4232－71	平垫板　60－11　C　Y(Z)	8		左右开各半
14	专线 4232－71	平垫板　60－14　D　Y(Z)	36		左右开各半
15	专线 4232－71	平垫板　60－17　E　Y(Z)	48		左右开各半
16	专线 4232－71	平垫板　60－20　F　Y(Z)	24		左右开各半
17	SC 330－122	平垫板　P80	8		
18	SC 330－121	平垫板　P60	8		

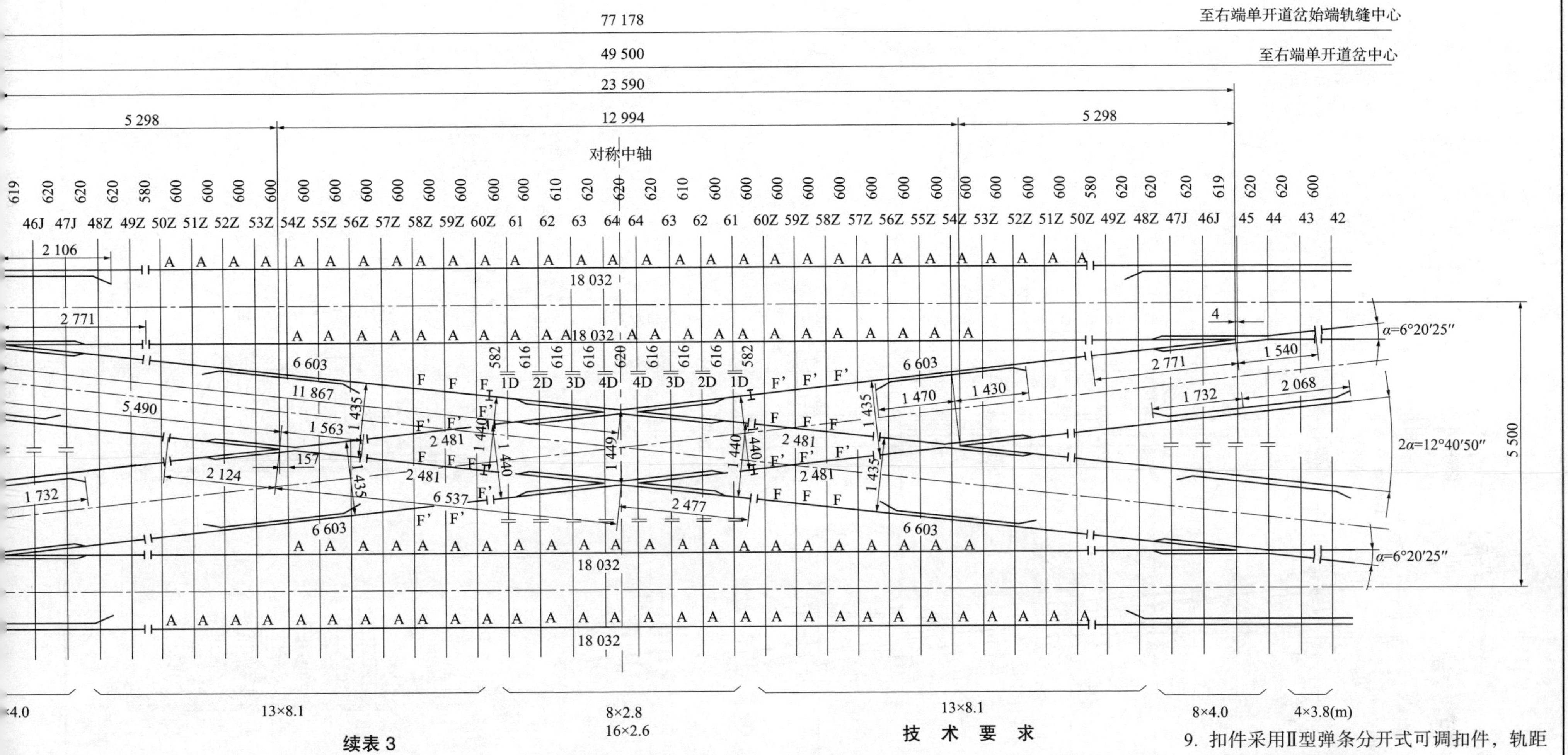

续表 3

序号	图号 / 标准	名称及规格	数 量	材 料	备 注
19	专线 3351	Ⅱ型弹条	656	60Si2CrVA	
20	专线 4232-4	T 型螺栓 M24×65	656		
21	NS-01(b)-c	螺 母 M24	656	4 级	
22	NS-07	限位板 24	656		
23	专线 4232-50	岔枕螺栓 165	656		
24	GB/T 7244	重型弹簧垫圈 30	656		
25	专线 4232-10	轨距块 60/9-11	295	ZG 230-450	
26	专线 4232-10	轨距块 60/13-15	295	ZG 230-450	
27	专线 4232-10	轨距块 60/7-17	50	ZG 230-450	
28	专线 4232-10A	接头轨距块 60/9-11	16	ZG 230-450	
29	专线 4232-10A	接头轨距块 60/13-15	16	ZG 230-450	
30	专线 4232-72	绝缘轨距块 60/9-11	20	玻璃纤维	
31	专线 4232-72	绝缘轨距块 60/13-15	20	玻璃纤维	
32	专线 4232-72	绝缘轨距块 60/7-17	10	玻璃纤维	
33	CT 10-01	橡胶垫板 60-190	328	橡胶	
34	CT 10-11	橡胶垫板 452×175×10	328	橡胶	
35	专线 9595	钢轨绝缘	12 组		

技 术 要 求

1. 本渡线的轨下基础采用混凝土岔枕，岔枕均垂直于道岔直股，岔枕数量见表 2，与本图配套的岔枕图号为 CZ 582Z。
2. 9 号单开辙叉及护轨分为 A、B 型两种：左端上方为 A 型，下方为 B 型，右端上方为 B 型，下方为 A 型。
3. 明细表中平垫板包括六种类型：垫板 60-0、60-8、60-11、60-14、60-17、60-20 在图中分别用符号 A、B、C、D、E、F 表示。带“ ’ ”者表示左开用垫板。
4. 钢轨轨腰螺栓孔应倒角 1×45°；若采用焊接接头时，钢轨轨端不钻接头夹板螺栓孔。
5. 本图按普通接头设计，绝缘接头按普通绝缘接头设计。
6. 图中道岔钢轨普通接头、绝缘接头分别以“⊣⊢”及“⫨”表示。
7. 普通接头及绝缘接头钢轨轨缝均为 8 mm。
8. 本图按设轨道电路、钢轨绝缘设在侧股配置。
9. 扣件采用Ⅱ型弹条分开式可调扣件，轨距块设计安装号数如下：
   钢轨工作边一侧，安装 13 号轨距块；钢轨非工作边一侧，安装 11 号轨距块；辙叉部分：直股一侧安装 13 号轨距块，另一侧安装 11 号轨距块；接头安装接头轨距块、绝缘接头，两侧安装绝缘轨距块。7-17 号轨距块为备用轨距块，供现场铺设调整用。
10. 为改善列车运行条件，便于制造和维修，在钝角辙叉范围内，轨距采用 1 440 mm，在菱形中轨距过渡到 1 435 mm。
11. 岔枕断面结构与单开道岔 (CZ 577) 岔枕相同。岔枕序号中带“J”的岔枕为 60 kg/m 钢轨 9 号 ($v_{直}$≤ 120 km/h) 单开道岔相同序号岔枕的减短形式；带“Z”的岔枕为组合岔枕，组合岔枕由两根组合用短岔枕和连接件组成。带“D”的岔枕为钝角辙叉专用岔枕。岔枕长度数量见表 2。

60 kg/m 钢轨 5.5 m 间距交叉渡线 9 号 A(B) 型辙叉及护轨
图　号：CB 696

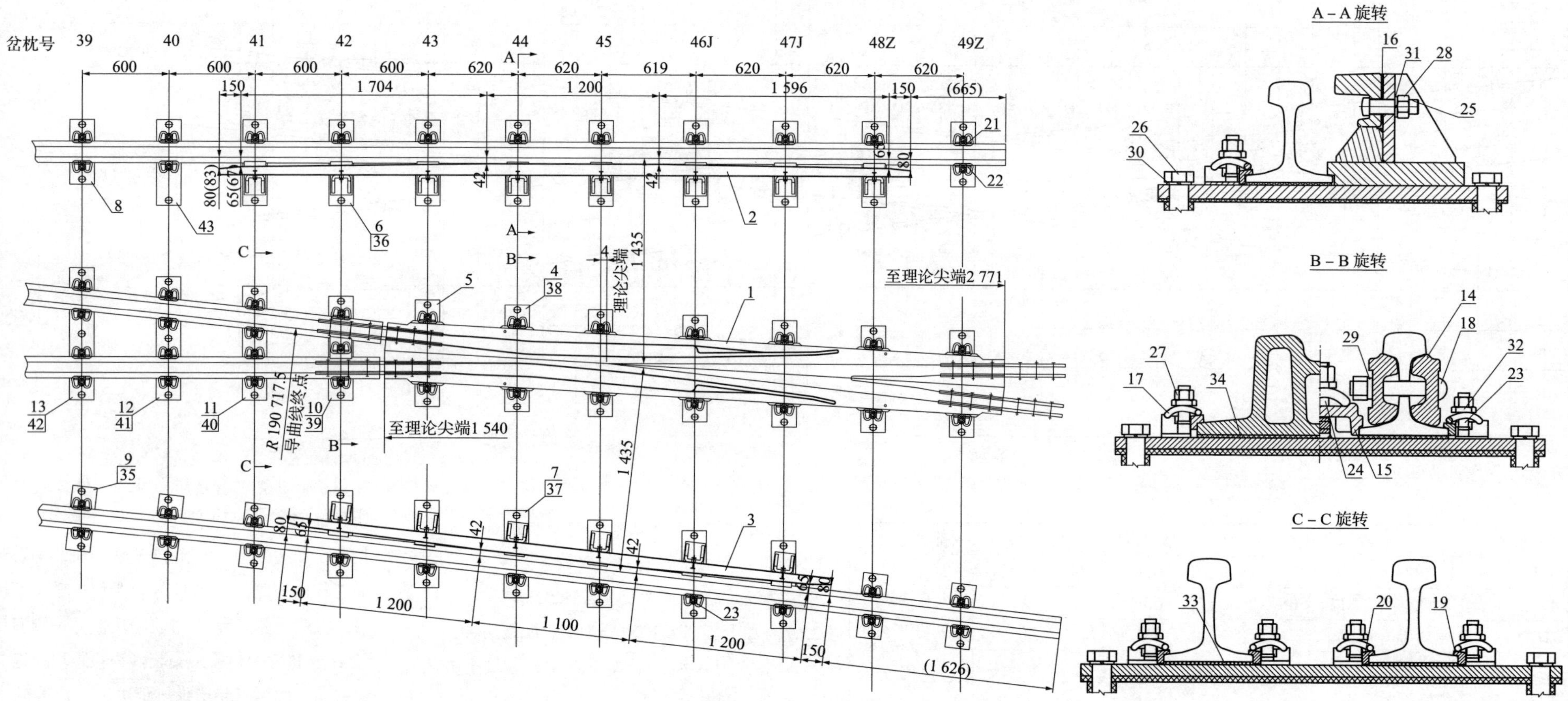

60 kg/m 钢轨 5.5 m 间距交叉渡线 4.5 号锐角辙叉及护轨

图 号：CB 697

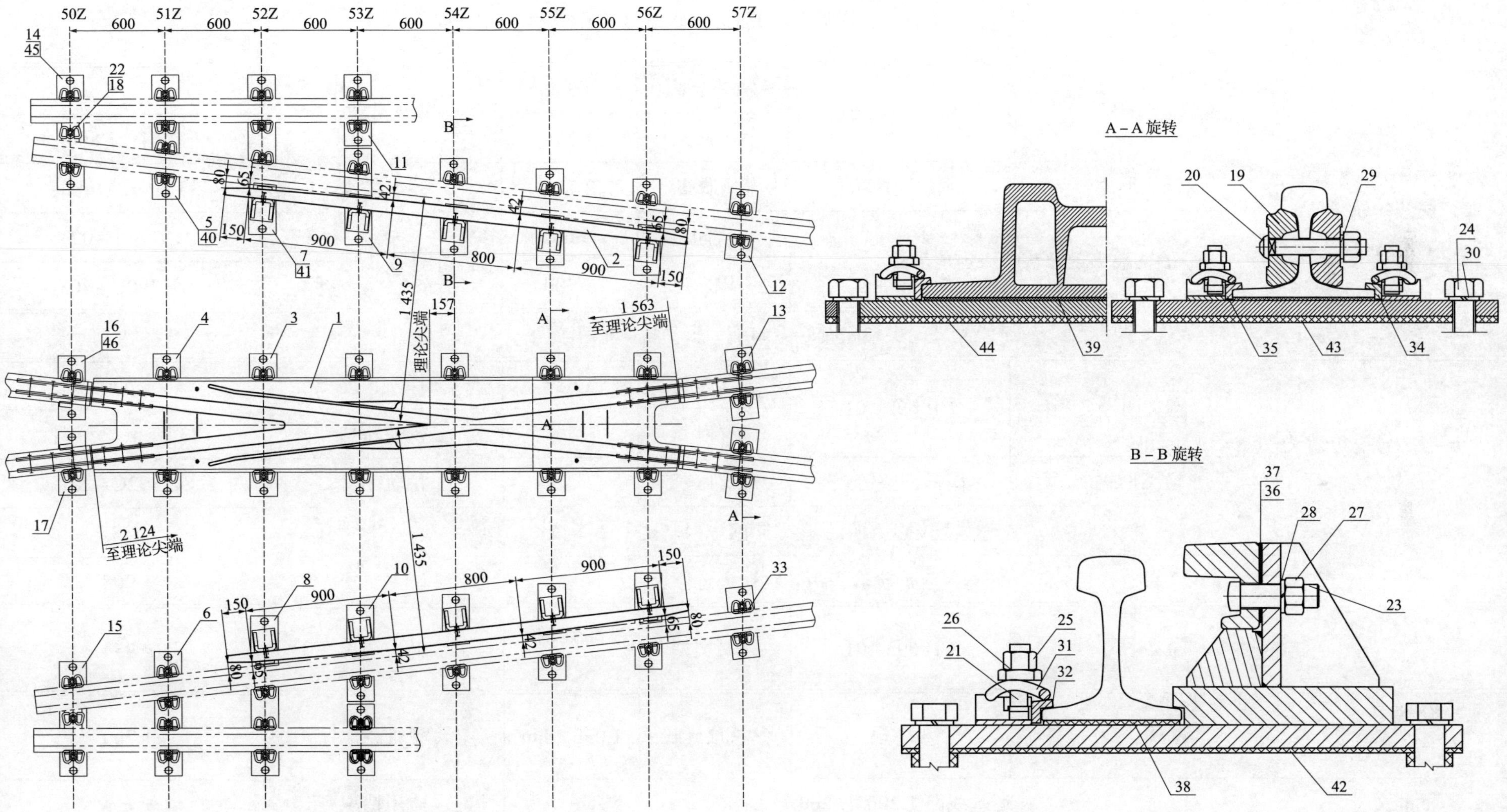

<table>
<tr><th colspan="8">39. 60 kg/m 钢轨 9 号 6.5 m 间距交叉渡线(混凝土枕)
设计图号：CZ 583</th></tr>
<tr><td rowspan="2">道岔允许通过速度</td><td>客车</td><td colspan="3">$v_{直}$≤120 km/h；$v_{侧}$≤35 km/h</td><td colspan="2">扣件类型</td><td>Ⅱ型弹条</td></tr>
<tr><td>货车</td><td colspan="3">轴重 23 t：$v_{直}$≤90 km/h；$v_{侧}$≤35 km/h
轴重 25 t：$v_{直}$≤80 km/h；$v_{侧}$≤35 km/h</td><td colspan="2">轨底坡</td><td>—</td></tr>
<tr><td>A(B)型辙叉角</td><td colspan="4">6°20′25″</td><td colspan="2">锐角 / 钝角辙叉角</td><td>12°40′50″</td></tr>
<tr><td>转辙器
CB 684</td><td colspan="7">详见“60 kg/m 钢轨 9 号单开道岔［CZ 577］”</td></tr>
<tr><td rowspan="6">6.5 m－A(B) 型 9 号辙叉及护轨
CB 3682</td><td rowspan="2">辙叉图号</td><td rowspan="2">SC 390－201</td><td>辙叉全长</td><td>4 311</td><td colspan="2" rowspan="2">护轨长度</td><td>直向：4 800</td></tr>
<tr><td>辙叉趾长</td><td>1 540</td><td>侧向：3 800</td></tr>
<tr><td>辙叉形式</td><td>高锰钢整铸式</td><td>辙叉跟长</td><td>2 771</td><td colspan="2">护轨轨型</td><td>33 kg/m 槽型钢</td></tr>
<tr><td colspan="2" rowspan="2">护轨端头距导轨端头定位尺寸</td><td>直向</td><td>665</td><td rowspan="2">护轨图号</td><td>直</td><td>CB 691－02</td></tr>
<tr><td>侧向</td><td>5 780</td><td>侧</td><td>SC 390C－203</td></tr>
<tr><td colspan="6">辙叉理论尖端距趾端方向前一根岔枕中心距离</td><td>4</td></tr>
<tr><td rowspan="5">6.5 m－4.5 号锐角辙叉及护轨
CB 698</td><td rowspan="2">辙叉图号</td><td rowspan="2">CB 692－01</td><td>辙叉全长</td><td>3 687</td><td colspan="2">护轨长度</td><td>3 600</td></tr>
<tr><td>辙叉趾长</td><td>1 563</td><td colspan="2">护轨轨型</td><td>33 kg/m 槽型钢</td></tr>
<tr><td>辙叉形式</td><td>高锰钢整铸式</td><td>辙叉跟长</td><td>2 124</td><td colspan="2">护轨图号</td><td>SC 392C－201</td></tr>
<tr><td colspan="6">辙叉理论尖端距趾端方向前一根岔枕中心距离</td><td>573</td></tr>
<tr><td colspan="6">护轨端头距导轨端头定位尺寸</td><td>1 968</td></tr>
<tr><td>4.5 号钝角辙叉
CB 693</td><td>辙叉图号</td><td>CB 693－01</td><td>辙叉类型</td><td>高锰钢整铸式</td><td colspan="2">辙叉全长</td><td>4 954</td></tr>
<tr><td>岔枕图号
CZ 583Z</td><td>岔枕总数</td><td>302 根</td><td>岔枕展延长</td><td>1 032.28 m</td><td colspan="2">套管总数</td><td>1 760</td></tr>
<tr><td>批准文号</td><td colspan="4">运基线路〔2003〕269 号</td><td colspan="2">应用情况</td><td>★★★</td></tr>
<tr><td>主要结构特点</td><td colspan="7">钝角辙叉范围内轨距采用 1 440 mm，菱形中轨距过渡到 1 435 mm。</td></tr>
</table>

9 号 A(B) 型辙叉及护轨明细表

序号	图号 / 标准	名称及规格	数量	材　料	备　注
1	SC 390－201	辙　叉　60－9－Ⅰ	1	ZGMn13	
2	CB 691－02	直向护轨　4 800	1	33 kg/m 槽型钢	
3	SC 390C－203	侧向护轨　3 800	1	33 kg/m 槽型钢	
4	SC 390－204	垫　板　744 × 170 × 20 Y(Z)	5	Q235－A	铁座 41
5	SC 390－204	垫　板　744 × 170 × 20 Y(Z)	2	Q235－A	铁座 33
6	CB 685A－05	护轨垫板　600	8	Q235	
7	CB 685A－06	侧股护轨垫板　610 Y(Z)	6	Q235	
8	专线 4232－71	垫　板　60－0	6	Q235－A	
9	专线 4232－71	垫　板　60－20 Y(Z)	9	Q235－A	
10	SC 390－207	垫　板　727 × 170 × 20 Y(Z)	1	Q235－A	
11	SC 390－207	垫　板　725 × 170 × 20 Y(Z)	1	Q235－A	
12	SC 390－208	垫　板　794 × 170 × 20 Y(Z)	1	Q235－A	
13	SC 390－208	垫　板　791 × 170 × 20 Y(Z)	1	Q235－A	
14	SC 390－209	垫　板　858 × 170 × 20 Y(Z)	1	Q235－A	
15	SC 390－209	垫　板　858 × 170 × 20 Y(Z)	1	Q235－A	
16	SC 390－209	垫　板　921 × 170 × 20 Y(Z)	1	Q235－A	
17	SC 390－209	垫　板　925 × 170 × 20 Y(Z)	1	Q235－A	
18	TB/T 2345	接头夹板	8		
19	SC 390－212	支距扣板　60/124－112－60Y(Z)	1	KTH 350－10	
20	SC 390－212	支距扣板　60/130－118－62Y(Z)	1	KTH 350－10	
21	GLC(06)01－543	调整片　170 × 80 × 3	14		厚 2 mm 的备用
		调整片　170 × 80 × 2	28		
22	专线 3351	Ⅱ型弹条	90	60Si2CrVA	
23	TB/T 2347	接头螺栓　M24 × 135	24	10.9 级	带螺母
24	专线 4232－10	轨距块　60/9－11	45	ZG 230－450	
25	专线 4232－10	轨距块　60/13－15	31	ZG 230－450	
26	专线 4232－10A	接头轨距块　60/9－11	6	ZG 230－450	
27	专线 4232－10A	接头轨距块　60/13－15	6	ZG 230－450	
28	专线 4232－4	T 型螺栓　M24 × 65	88		
29	专线 4232－4	T 型螺栓　M24 × 85	2		
30	专线 4171－9	螺　栓　M24 × 85	14		
31	专线 4232－50	岔枕螺栓　155	94		
32	NS－01(b)	螺　母　M24	90	4 级	

续上表

序号	图号 / 标准	名称及规格	数量	材　料	备　注
33	NS－01(b)	螺　母　M24	14	5 级	
34	GB/T 1230	垫　圈　24	24		
35	GB/T 7244	弹簧垫圈　30	94	65Mn	
36	GB/T 7244	弹簧垫圈　24	14		
37	NS－07	限位板　24	90		
38	CT 10－01	橡胶垫板　60－190	46	橡胶	
39	CT 10－12	橡胶垫板　439－190	7	橡胶	
40	CT 10－11	橡胶垫板　452×175×10	15	橡胶	
41	CT 10－13	橡胶垫板　600×175×5	9	橡胶	
42	CT 10－13	橡胶垫板　610×175×5	6	橡胶	
43	CT 10－14	橡胶垫板　744×175×10	7	橡胶	
44	CT 10－09	橡胶垫板　727×175×10	1	橡胶	
45	CT 10－09	橡胶垫板　725×175×10	1	橡胶	
46	CT 10－09	橡胶垫板　794×175×10	1	橡胶	
47	CT 10－09	橡胶垫板　791×175×10	1	橡胶	
48	CT 10－10	橡胶垫板　858－394	2	橡胶	
49	CT 10－10	橡胶垫板　921－426	1	橡胶	
50	CT 10－10	橡胶垫板　925－428	1	橡胶	
51	CB 691－03	垫　板　600×170×25	1	Q235－A	22.2

4.5 号锐角辙叉及护轨明细表

序号	图号 / 标准	名称及规格	数量	材 料	备 注
1	高锰钢辙叉 CB 692－01	高锰钢辙叉 60－4.5R－Ⅰ	1	ZGMn13	
2	SC 392C－201	护 轨 3 600	1	33 kg/m 槽型钢	
3	SC 392C－201	护 轨 3 600	1	33 kg/m 槽型钢	
4	CB 692－03	辙叉垫板 903×170×20	4	Q235(底板)	铁座 41
5	CB 692－03	辙叉垫板 903×170×20	2	Q235(底板)	铁座 33
6	CB 685A－05	护轨垫板 610×170×25	6	Q345(底板)	
7	CB 685A－06	护轨垫板 610×170×25	6	Q345(底板)	与序号 6 对称
8	专线 4232－71	平垫板 60－20Y	1	Q235(底板)	
9	专线 4232－71	平垫板 60－20Z	1	Q235(底板)	与序号 8 对称
10	TB/T 2345	接头夹板 60	8		
11	TB/T 2347	接头螺栓及螺母 M24×135	24	10.9 级	
12	专线 4232－4	T 型螺栓 M24×60	28		
13	专线 4171－9	螺 栓 M24×85	12		
14	专线 4232－50	岔枕螺栓 165	40		
15	NS－01(b)	螺 母 M24	40	5 级	
16	NS－07	限位螺母 M24	28		
17	GB/T 7244	弹簧垫圈 24	12		
18	GB/T 1230	垫 圈 24	24		
19	GB/T 7244	弹簧垫圈 30	40		
20	专线 3351	Ⅱ型弹条	28	60Si2CrVA	
21	专线 4232－10	轨距块 60/9－11	18	ZG270－500	
22	专线 4232－10	轨距块 60/13－15	6	ZG270－500	
23	专线 4232－10A	接头轨距块 60/9－11	2	ZG270－500	
24	专线 4232－10A	接头轨距块 60/13－15	2	ZG270－500	
25	GLC(06)01－543	护轨调整片 170×80×3	12		
26	GLC(06)01－543	护轨调整片 170×80×2	24		
27	CT 10－01	橡胶垫板 60－190	14	橡胶	
28	CT 10－12	橡胶垫板 600－190	6	橡胶	
29	CT 10－09	双孔橡胶垫板 903×175×10	6	橡胶	
30	CT 10－11	双孔橡胶垫板 452×175×10	2	橡胶	
31	CT 10－13	双孔橡胶垫板 610×175×5	12	橡胶	

60 kg/m 钢轨 9 号 6.5 m 间距交叉渡线

图 号：CZ 583

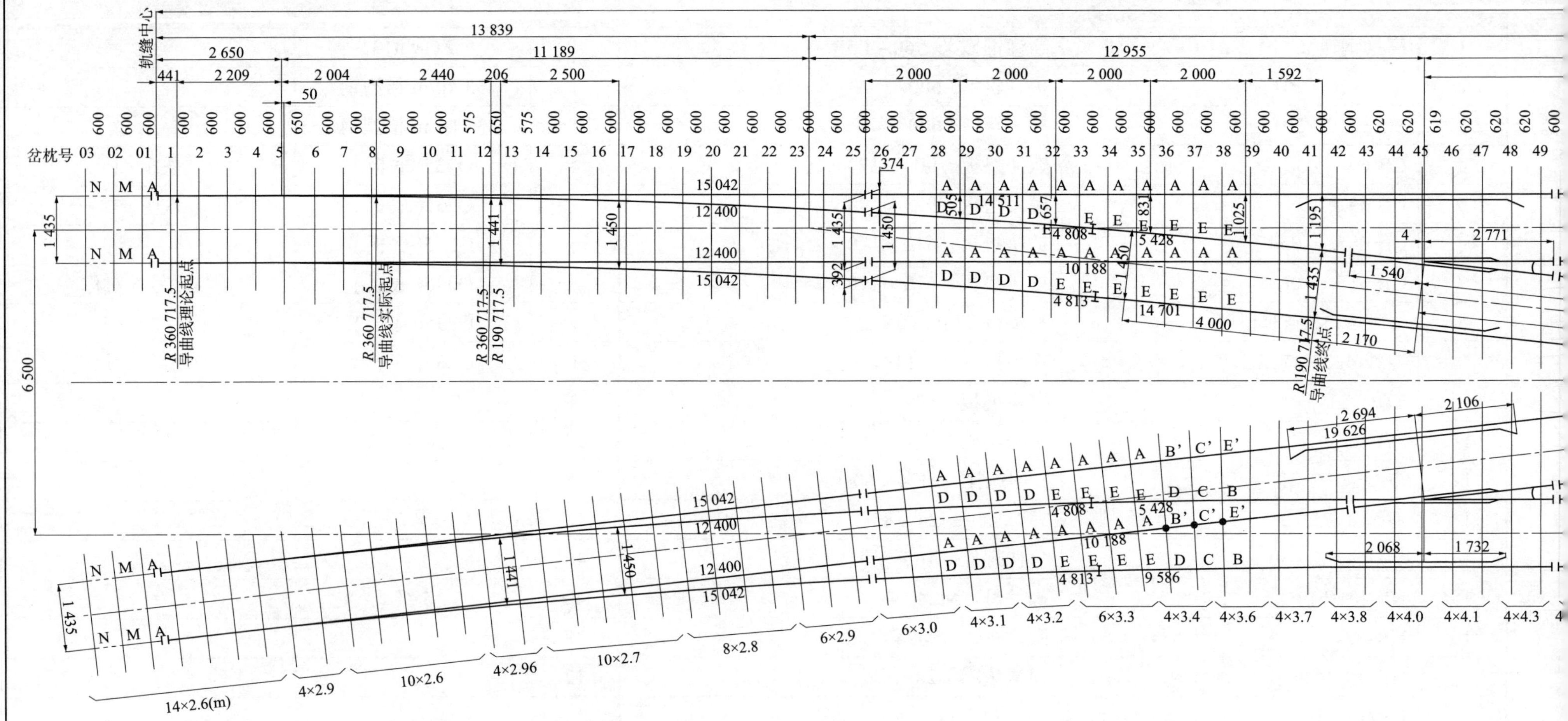

表 1 配轨数量表

长度 (mm)	14 511	4 808	5 428	10 188	4 813	14 701	19 626	9 586	13 512	11 131	2 481
数量 (根)	2	4	4	4	4	2	2	2	8	4	4
质量 (kg)	1 760	1 166	1 317	2 471	1 167	1 783	2 380	1 163	6 555	2 700	602
总质量：23 064 kg；长度：380.34 m											

表 2 岔枕数量表

序号	岔枕长度 (m)	单位	数量	序号	岔枕长度 (m)	单位	数量
1	2.6	根	88	11	3.6	根	12
2	2.7	根	20	12	3.7	根	8
3	2.8	根	24	13	3.8	根	12
4	2.9	根	20	14	4.0	根	8
5	2.96	根	8	15	4.1	根	8
6	3.0	根	12	16	4.3	根	8
7	3.1	根	8	17	4.4	根	8
8	3.2	根	8	18	4.5	根	12
9	3.3	根	16	19	9.1(铰接)	根	14
10	3.4	根	8				
岔枕总根数：302 根，岔枕总长度为 1 032.28 m							

表 3 明 细 表

序号	图号 / 标准	名称及规格	数量	材 料	备 注
1	SC390－CZ577－100	转辙器	4		左右开各 2
2	CB 3682	6.5 m－A 型 9 号辙叉及护轨	2		
3	CB 3682	6.5 m－B 型 9 号辙叉及护轨	2		
4	CB 698	6.5 m－4.5 号锐角辙叉及护轨	2		
5	CB 693	4.5 号钝角辙叉	2		
6	SC 330－300	牵引点岔枕连接装置	4		组件
7	TB/T 2344	连接钢轨 60 kg/m	380.34		详见表
8	TB/T 2345	接头夹板 60	56		
9	TB/T 2347	接头螺栓及螺母 M24 × 135	168	10.9 级	
10	GB/T 1230	平垫圈 24	168		
11	专线 4232－71	平垫板 60－0 A	228		
12	专线 4232－71	平垫板 60－8 B Y(Z)	8		左右开各
13	专线 4232－71	平垫板 60－11 C Y(Z)	8		左右开各
14	专线 4232－71	平垫板 60－14 D Y(Z)	36		左右开各
15	专线 4232－71	平垫板 60－17 E Y(Z)	48		左右开各
16	专线 4232－71	平垫板 60－20 F Y(Z)	60		左右开各
17	SC 330－122	平垫板 P80	8		
18	SC 330－121	平垫板 P60	8		

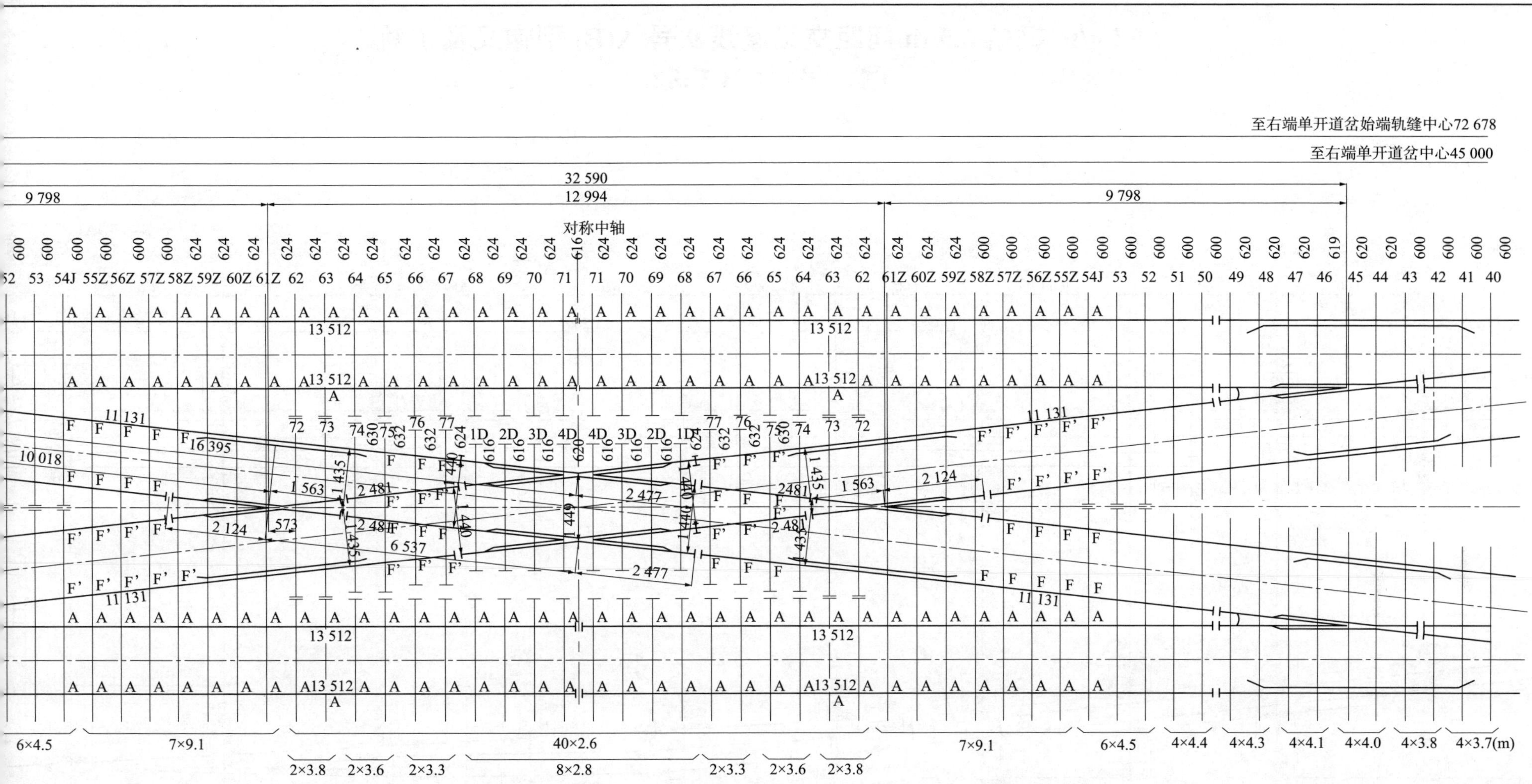

续表 3

号	图号 / 标准	名称及规格	数量	材　料	备　　注
9	专线 3351	Ⅱ型弹条	808	60Si2CrVA	
0	专线 4232 - 4	T 型螺栓　M24 × 65	808		
1	NS - 01(b) - c	螺　母　M24	808	4 级	
2	NS - 07	限位板　24	808		
3	专线 4232 - 50	岔枕螺栓　165	808		
4	GB/T 7244	重型弹簧垫圈　30	808		
5	专线 4232 - 10	轨距块　60/9 - 11	364	ZG 230 - 450	
6	专线 4232 - 10	轨距块　60/13 - 15	364	ZG 230 - 450	
7	专线 4232 - 10	轨距块　60/7 - 17	50	ZG 230 - 450	
8	专线 4232 - 10A	接头轨距块　60/9 - 11	20	ZG 230 - 450	
9	专线 4232 - 10A	接头轨距块　60/13 - 15	20	ZG 230 - 450	
0	专线 4232 - 72	绝缘轨距块　60/9 - 11	20	玻璃纤维	
1	专线 4232 - 72	绝缘轨距块　60/13 - 15	20	玻璃纤维	
2	专线 4232 - 72	绝缘轨距块　60/7 - 17	10	玻璃纤维	
3	CT 10 - 01	橡胶垫板　60 - 190	404	橡胶	
4	CT 10 - 11	橡胶垫板　452 × 175 × 10	404	橡胶	
5	专线 9595	钢轨绝缘	12 组		

技　术　要　求

1. 本渡线的轨下基础采用混凝土岔枕，岔枕均垂直于道岔直股，岔枕数量见表 2，与本图配套的岔枕图号为 CZ 583Z。
2. 9 号单开辙叉及护轨分为 A、B 型两种：左端上方为 A 型，下方为 B 型，右端上方为 B 型，下方为 A 型。
3. 明细表中平垫板包括六种类型：垫板 60 - 0、60 - 8、60 - 11、60 - 14、60 - 17、60 - 20 在图中分别用符号 A、B、C、D、E、F 表示。带“'”者表示左开用垫板。
4. 钢轨轨腰螺栓孔应倒角 1 × 45°；若采用焊接接头时，钢轨轨端不钻接头夹板螺栓孔。
5. 本图按普通接头设计，绝缘接头按普通绝缘接头设计。
6. 图中道岔钢轨普通接头、绝缘接头分别以“—|├—”及“╪”表示。
7. 普通接头及绝缘接头钢轨轨缝均为 8 mm。
8. 本图按设轨道电路、钢轨绝缘设在侧股配置。
9. 扣件采用Ⅱ型弹条分开式可调扣件，轨距块设计安装号数如下：钢轨工作边一侧，安装 13 号轨距块；钢轨非工作边一侧，安装 11 号轨距块；辙叉部分：直股一侧安装 13 号轨距块，另一侧安装 11 号轨距块；接头安装接头轨距块、绝缘接头，两侧安装绝缘轨距块。7 - 17 号轨距块为备用轨距块，供现场铺设调整用。
10. 为改善列车运行条件，便于制造和维修，在钝角辙叉范围内，轨距采用 1 440 mm，在菱形中轨距过渡到 1 435 mm。
11. 岔枕断面结构与单开道岔 (CZ 577) 岔枕相同。岔枕序号中带“J”的岔枕为 60 kg/m 钢轨 9 号 ($v_{直} \leqslant$ 120 km/h) 单开道岔相同序号岔枕的减短形式；带“Z”的岔枕为组合岔枕，组合岔枕由两根组合用短岔枕和连接件组成。带“D”的岔枕为钝角辙叉专用岔枕。岔枕长度数量见表 2。

60 kg/m 钢轨 6.5 m 间距交叉渡线 9 号 A(B) 型辙叉及护轨

图　号：CB 3682

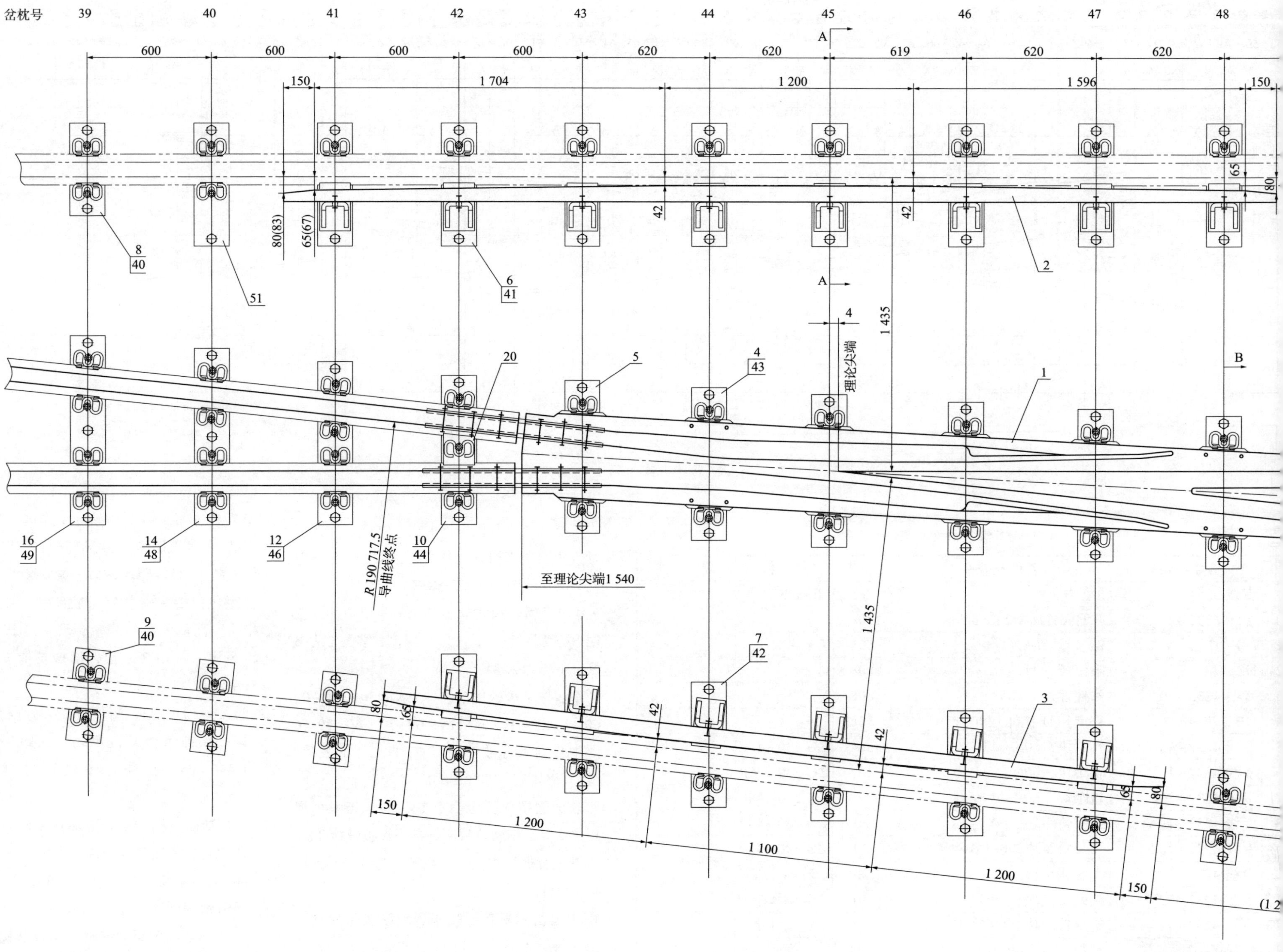

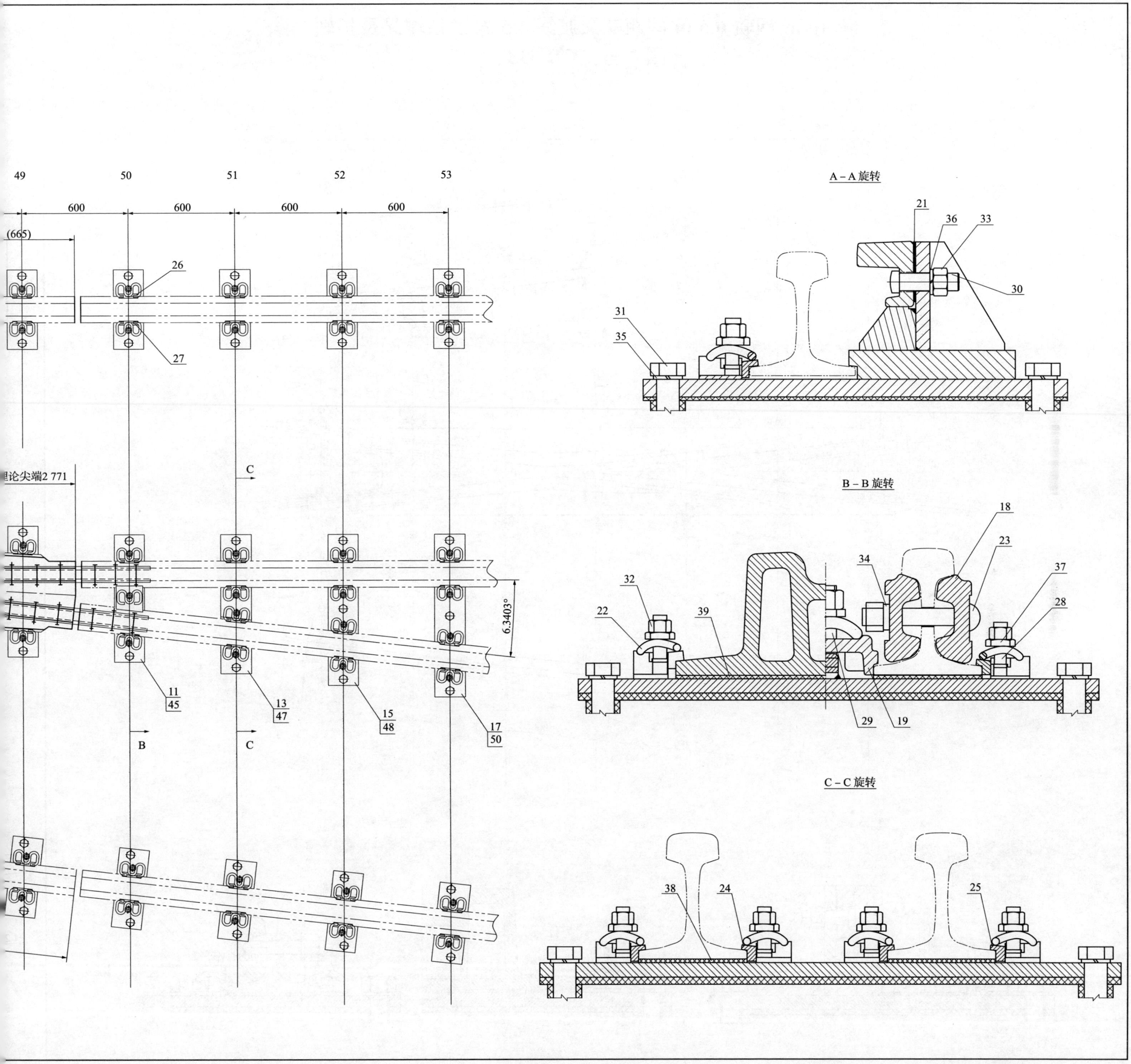

49
50
51
52
53
600
600
600
600
(665)
26
27
理论尖端2 771
C
6.3403°
11
45
13
47
15
48
17
50
B
C
A－A 旋转
21
36
33
30
31
35
B－B 旋转
18
23
34
32
37
22
39
28
29
19
C－C 旋转
38
24
25

60 kg/m 钢轨 6.5 m 间距交叉渡线 4.5 号锐角辙叉及护轨
图　号：CB 698

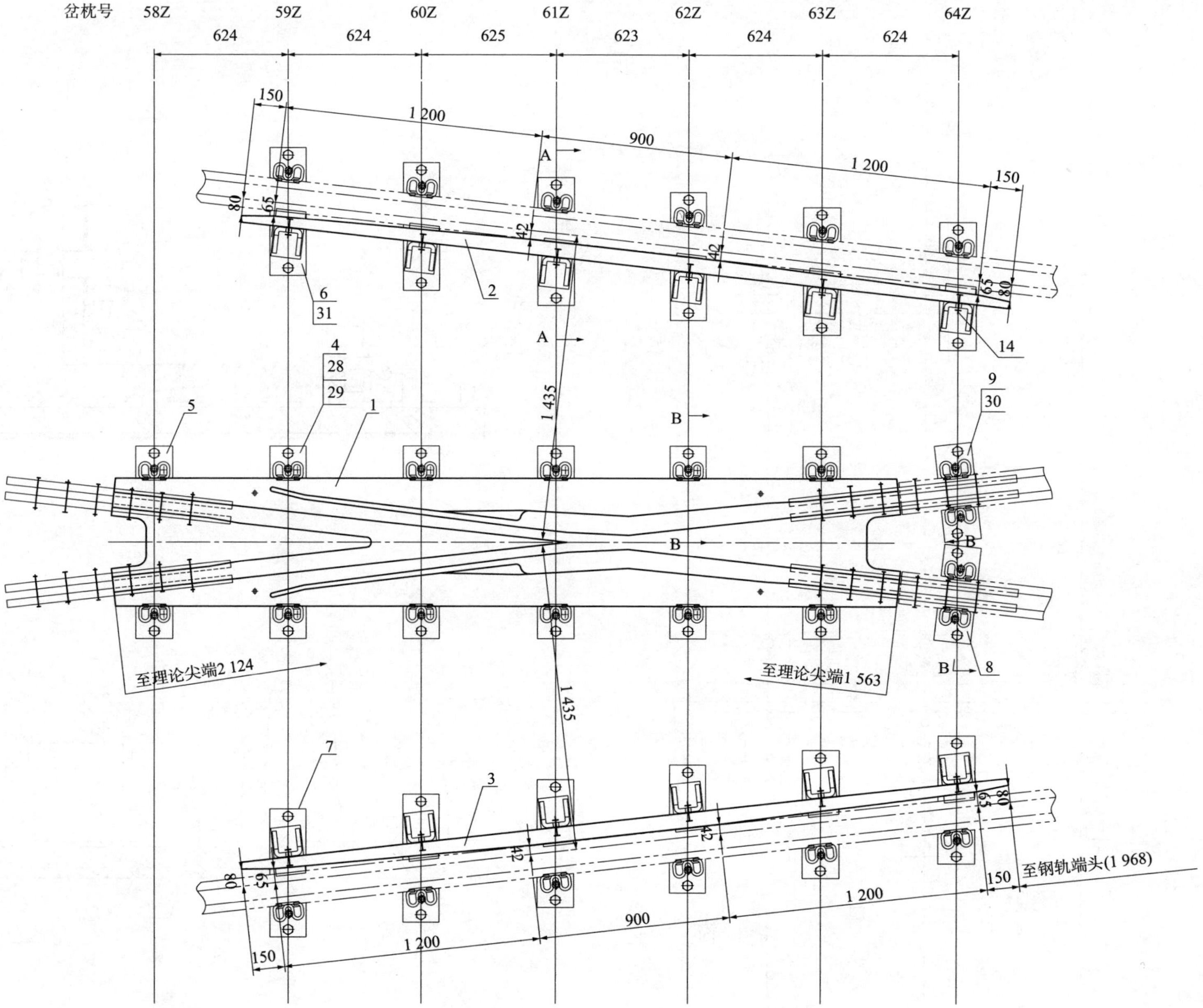

A－A 旋转

B－B 旋转

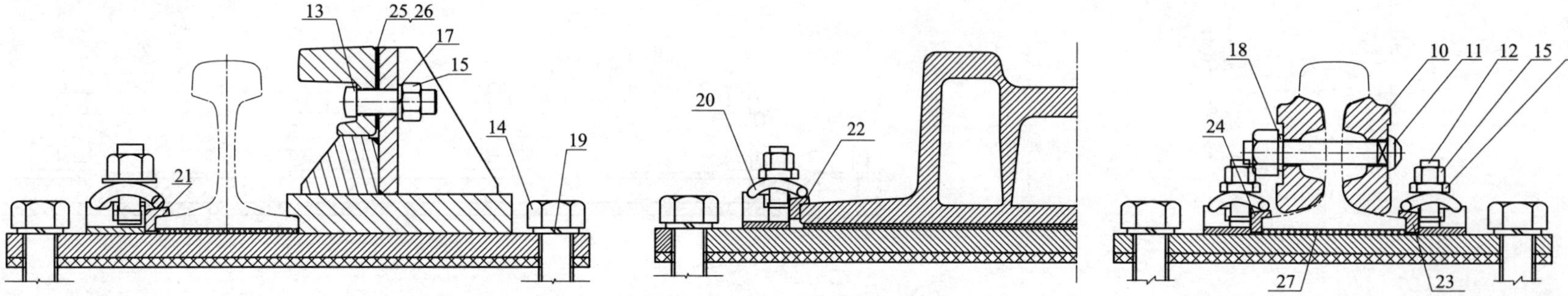

<table>
<tr><th colspan="8">40. 60 kg/m 钢轨 12 号道岔 5.0 m 间距交叉渡线(混凝土枕)
设计图号：SC(07)340</th></tr>
<tr><td rowspan="2">道岔允许通过速度</td><td>客车</td><td colspan="3">$v_{直}$≤120 km/h；$v_{侧}$≤50 km/h</td><td colspan="2">扣件类型</td><td>Ⅱ型弹条</td></tr>
<tr><td>货车</td><td colspan="3">轴重 23 t：$v_{直}$≤90 km/h；$v_{侧}$≤50 km/h</td><td colspan="2">轨底坡</td><td>—</td></tr>
<tr><td>A(B)型辙叉角</td><td colspan="4">4°45′49″</td><td colspan="2">锐角/钝角辙叉角</td><td>9°31′38″</td></tr>
<tr><td>转辙器
SC(07)330－100</td><td colspan="7">详见“60 kg/m 钢轨 12 号单开道岔［SC(07)330］”</td></tr>
<tr><td rowspan="6">12 号 A(B) 型辙叉及护轨
SC(07)340－200</td><td rowspan="2">辙叉图号</td><td rowspan="2">SC 330－202</td><td>辙叉全长</td><td>5 992</td><td colspan="2" rowspan="2">护轨长度</td><td>直向：6 900</td></tr>
<tr><td>辙叉趾长</td><td>2 192</td><td>侧向：4 600</td></tr>
<tr><td>辙叉形式</td><td>高锰钢整铸式</td><td>辙叉跟长</td><td>3 800</td><td colspan="2">护轨轨型</td><td>33 kg/m 槽型钢</td></tr>
<tr><td colspan="2" rowspan="2">护轨端头距导轨端头定位尺寸</td><td>直向</td><td>446</td><td rowspan="2">护轨图号</td><td>直</td><td>SC 330C－203</td></tr>
<tr><td>侧向</td><td>119</td><td>侧</td><td>SC(07)340－202</td></tr>
<tr><td colspan="6">辙叉理论尖端距趾端方向前一根岔枕中心距离</td><td>96</td></tr>
<tr><td rowspan="5">6 号锐角辙叉及护轨
SC(07)340－300</td><td rowspan="2">辙叉图号</td><td rowspan="2">SC 340－302</td><td>辙叉全长</td><td>3 605</td><td colspan="2">护轨长度</td><td>3 330</td></tr>
<tr><td>辙叉趾长</td><td>1 495</td><td colspan="2">护轨轨型</td><td>33 kg/m 槽型钢</td></tr>
<tr><td>辙叉形式</td><td>高锰钢整铸式</td><td>辙叉跟长</td><td>2 110</td><td colspan="2">护轨图号</td><td>SC(07)340－303</td></tr>
<tr><td colspan="6">辙叉理论尖端距趾端方向前一根岔枕中心距离</td><td>594</td></tr>
<tr><td colspan="6">护轨端头距导轨端头定位尺寸</td><td>4 359</td></tr>
<tr><td>6 号钝角辙叉
SC(07)340－400</td><td>辙叉图号</td><td>SC 340－401</td><td>辙叉类型</td><td>高锰钢
整铸式</td><td colspan="2">辙叉全长</td><td>4 676</td></tr>
<tr><td>岔枕图号
专线 SC 340－500</td><td>岔枕总数</td><td>276 根</td><td>岔枕展延长</td><td>1 007.08 m</td><td colspan="2">套管总数</td><td>760</td></tr>
<tr><td>批准文号</td><td colspan="4">运基线路〔2002〕259 号</td><td colspan="2">应用情况</td><td>★★★</td></tr>
<tr><td>主要结构特点</td><td colspan="7">钝角辙叉范围内轨距采用 1 440 mm，菱形中轨距过渡到 1 435 mm。</td></tr>
</table>

12 号辙叉及护轨明细表

序号	图号 / 标准	名称及规格	数量	材　　料
1	SC 330－202	高锰钢辙叉	1	
2	SC 330C－203	直向护轨　6 900	1	33 kg/m 槽型钢
3	SC(07)340－202	侧向护轨　4 600	1	33 kg/m 槽型钢
4	SC 330－205	垫　板　922 × 170 × 20	1	
5	SC 330－205	垫　板　875 × 170 × 20	1	
6	SC 330－206	垫　板　827 × 170 × 20	1	
7	SC 330－206	垫　板　779 × 170 × 20	1	
8	SC(07)330－207	垫　板　730 × 170 × 20	1	
9	SC 330－208	垫　板　743 × 170 × 20	1	
10	SC 330－209	垫　板　743 × 170 × 20	7	
14	SC(07)340－203	护轨垫板　596 × 170 × 25	1	
15	SC(07)340－204	护轨垫板　547 × 170 × 25	1	
16	HY03－01	直向护轨垫板　600 × 170 × 25	11	
17	HY03－02	侧向护轨垫板　610 × 170 × 25	6	
18	SC 330－134	垫　板　60－0(A)	3	
19	SC 330－134	垫　板　60－17(E)	4	
20	专线 4171－9	螺　栓　M24 × 85	19	5.6 级
21	专线 4232－4	螺　栓　M24 × 80	1	
22	专线 4232－4	螺　栓　M24 × 65	82	
23	SCT 505－B	螺　钉　155	80	
24	NS－01(b)	螺　母　M24	19	5 级
25	NS－01(b)－c	螺　母　M24	84	4 级
26	NS－07	限位板　M24	84	
27	GB/T 7244	弹簧垫圈　24	19	65Mn
28	GB/T 1230	高强度平垫圈　24	24	
29	GB/T 7244	弹簧垫圈　30	80	65Mn
30	专线 4232－33	弹　片　250	2	60Si2Mn
31	专线 4232－34	销　钉　160	2	Q275
32	专线 4232－10	轨距块　9－11	40	ZG 230－450
33	专线 4232－10	轨距块　13－15	40	ZG 230－450
34	专线 4232－10A	接头轨距块　9－11	2	ZG 230－450
35	专线 4232－18	支距扣板　60/132－124	1	KTH 350－10
36	专线 3351	Ⅱ型弹条	84	60Si2CrVA

续上表

序号	图号 / 标准	名称及规格	数量	材　料
37	专线 4232－4	螺　栓　M24×90	1	
38	TB/T 2345	接头夹板	8	
39	TB/T 2347	接头螺栓及螺母　M24×135	24	10.9 级
40	SC 330C－205	横插式槽型护轨调整片　170×80×2	38	Q235
		横插式槽型护轨调整片　170×80×3	19	
42	SC 340－206	轨　卡	1	KTH 350－10
43	SC 330－401	橡胶垫板　60－190	36	橡胶
45	SC 330－409	橡胶垫板　439－190	8	橡胶
4J	SC 330－406	橡胶垫板　922×175－426	1	橡胶
5J	SC 330－406	橡胶垫板　875×175－403	1	橡胶
6J	SC 330－405	橡胶垫板　827×175×10	1	橡胶
7J	SC 330－405	橡胶垫板　779×175×10	1	橡胶
8J	SC 330－405	橡胶垫板　730×175×10	1	橡胶
9J	SC 330－410	橡胶垫板　743×175×10	8	橡胶
14J	SC 330－411	橡胶垫板　596×175×5	1	橡胶
15J	SC 330－411	橡胶垫板　547×175×5	1	橡胶
16J	SC 330－411	橡胶垫板　600×175×5	11	橡胶
17J	SC 330－411	橡胶垫板　610×175×5	6	橡胶
18J	SC 330－403	橡胶垫板　452×175×10	7	橡胶

6 号锐角辙叉及护轨明细表

序号	图号 / 标准	名称及规格	数量	材　　料	备　　注
1	SC 340 - 302	高锰钢辙叉	1		
2	SC(07)340 - 303	护　轨　3 330	2	33 kg/m 槽型钢	
3	SC 340 - 304	垫　板　803 × 170 × 20	2		
4	SC 340 - 305	垫　板　803 × 170 × 20	4		
5	SC 340 - 306	垫　板　380 × 170 × 20	1		
6	SC 340 - 306	垫　板　380 × 170 × 20	1		与序号 5 对称
7	SC(07)340 - 307	垫　板　840 × 170 × 20	1		
8	SC(07)340 - 307	垫　板　840 × 170 × 20	1		与序号 7 对称
9	SC(07)340 - 308	垫　板　865 × 170 × 20	1		
10	SC(07)340 - 308	垫　板　865 × 170 × 20	1		与序号 9 对称
11	SC(07)340 - 309	垫　板　1 030 × 170 × 25	1		
12	SC(07)340 - 309	垫　板　1 030 × 170 × 25	1		与序号 11 对称
13	SC(07)340 - 310	垫　板　980 × 170 × 25	1		
14	SC(07)340 - 310	垫　板　980 × 170 × 25	1		与序号 13 对称
15	SC(07)340 - 311	垫　板　930 × 170 × 25	1		
16	SC(07)340 - 311	垫　板　930 × 170 × 25	1		与序号 15 对称
17	SC(07)340 - 312	垫　板　880 × 170 × 25	1		
18	SC(07)340 - 312	垫　板　880 × 170 × 25	1		与序号 17 对称
19	专线 4171 - 9	螺　栓　M24 × 85	12		
20	专线 4232 - 4	T 型螺栓　M24 × 65	38		
21	SCT 505 - B	螺　钉　155	40		
22	NS - 01(b)	螺　母　M24	12	5 级	
23	专线 4232 - 18	支距扣板　60/123 - 114	2	KTH 350 - 10	
24	NS - 01(b) - c	螺　母　M24	40	4 级	
25	NS - 07	限位板　M24	40		
26	GB/T 7244	弹簧垫圈　30	40	65Mn	
27	GB/T 1230	高强度平垫圈　24	24		
28	专线 4232 - 10	轨距块　9 - 11	18	ZG 230 - 450	
29	专线 4232 - 10	轨距块　13 - 15	16	ZG 230 - 450	
30	专线 4232 - 10A	接头轨距块　9 - 11	2	ZG 230 - 450	
31	专线 4232 - 10A	接头轨距块　13 - 15	4	ZG 230 - 450	
32	专线 4232 - 4	螺　栓　M24 × 90	2		
33	专线 3351	Ⅱ型弹条	40	60Si2CrVA	

续上表

序号	图号 / 标准	名称及规格	数量	材 料	备 注
34	GB/T 7244	弹簧垫圈 24	12	65Mn	
35	TB/T 2345	接头夹板	8		
36	TB/T 2347	接头螺栓及螺母 M24 × 135	24	10.9 级	
37	SC 330C－205	横插式槽型护轨调整片 170 × 80 × $\frac{2}{3}$	24 12	Q235	
38	SC 330－125	轨距调整片 180 × 12 × 2	12	Q235	
		轨距调整片 180 × 12 × 1	12		
39	SC 330－401	橡胶垫板 60－190	18	橡胶	
41	SC 330－409	橡胶垫板 499－190	6	橡胶	
42	SC 330－409	橡胶垫板 439－190	4	橡胶	
3J	SC 330－410	橡胶垫板 803 × 175 × 10	6	橡胶	
5J	SC 330－405	橡胶垫板 380 × 175 × 10	2	橡胶	
7J	SC 330－410	橡胶垫板 840 × 175 × 10	2	橡胶	
9J	SC 330－410	橡胶垫板 865 × 175 × 10	2	橡胶	
11J	SC 340－314	橡胶垫板 1 030 × 175 × 5	2	橡胶	
13J	SC 330－411	橡胶垫板 980 × 175 × 5	2	橡胶	
15J	SC 330－411	橡胶垫板 930 × 175 × 5	2	橡胶	
17J	SC 330－411	橡胶垫板 880 × 175 × 5	2	橡胶	

6 号钝角辙叉及护轨明细表

序号	图号 / 标准	名称及规格	数量	材　料	备　注
1	SC 340－401	高锰钢辙叉	1		同专线 7653－3
2	SC 340－402	垫　板　732×170×20	2		
3	SC 340－402	垫　板　779×170×20	2		
4	SC 340－402	垫　板　855×170×20	2		
5	SC 340－403	垫　板　843×170×20	2		
6	SC 340－404	垫　板　435×170×20	2		
7	SC 340－405	垫　板　435×170×20	2		
8	TB/T 2345	接头夹板	8		
9	TB/T 2347	接头螺栓　M24×135	24	10.9 级	
10	专线 4232－4	螺　栓　M24×65	28		带螺母
11	SC T505－B	螺　钉　155	24		
12	NS－01(b)－c	螺　母　M24	28		
13	NS－07	限位板　M24	28		
14	GB/T 1230	垫　圈　24	24		
15	GB/T 7244	弹簧垫圈　30	24	65Mn	
16	专线 3351	Ⅱ型弹条	28	60Si2CrVA	
17	专线 4232－10	轨距块　60　13－15	10	ZG 230－450	
18	专线 4232－10	轨距块　60　9－11	10	ZG 230－450	
19	专线 4232－10A	接头轨距块　60　13－15	4	ZG 230－450	
20	专线 4232－10A	接头轨距块　60　9－11	4	ZG 230－450	
21	SC 330－409	橡胶垫板　429－190	2	橡胶	
22	SC 330－409	橡胶垫板　476－190	2	橡胶	
23	SC 330－409	橡胶垫板　552－190	2	橡胶	
24	SC 330－409	橡胶垫板　183－190	4	橡胶	
25	SC 330－401	橡胶垫板　60－190	4	橡胶	
2J	SC 330－410	橡胶垫板　732×175×10	2	橡胶	
3J	SC 330－410	橡胶垫板　779×175×10	2	橡胶	
4J	SC 330－410	橡胶垫板　855×175×10	2	橡胶	
5J	SC 330－410	橡胶垫板　843×175×10	2	橡胶	
6J	SC 340－406	橡胶垫板　435×175×10	4	橡胶	

60 kg/m 钢轨 5.0 m 间距交叉渡线 6 号锐角辙叉及护轨

图　号：SC(07)340－300

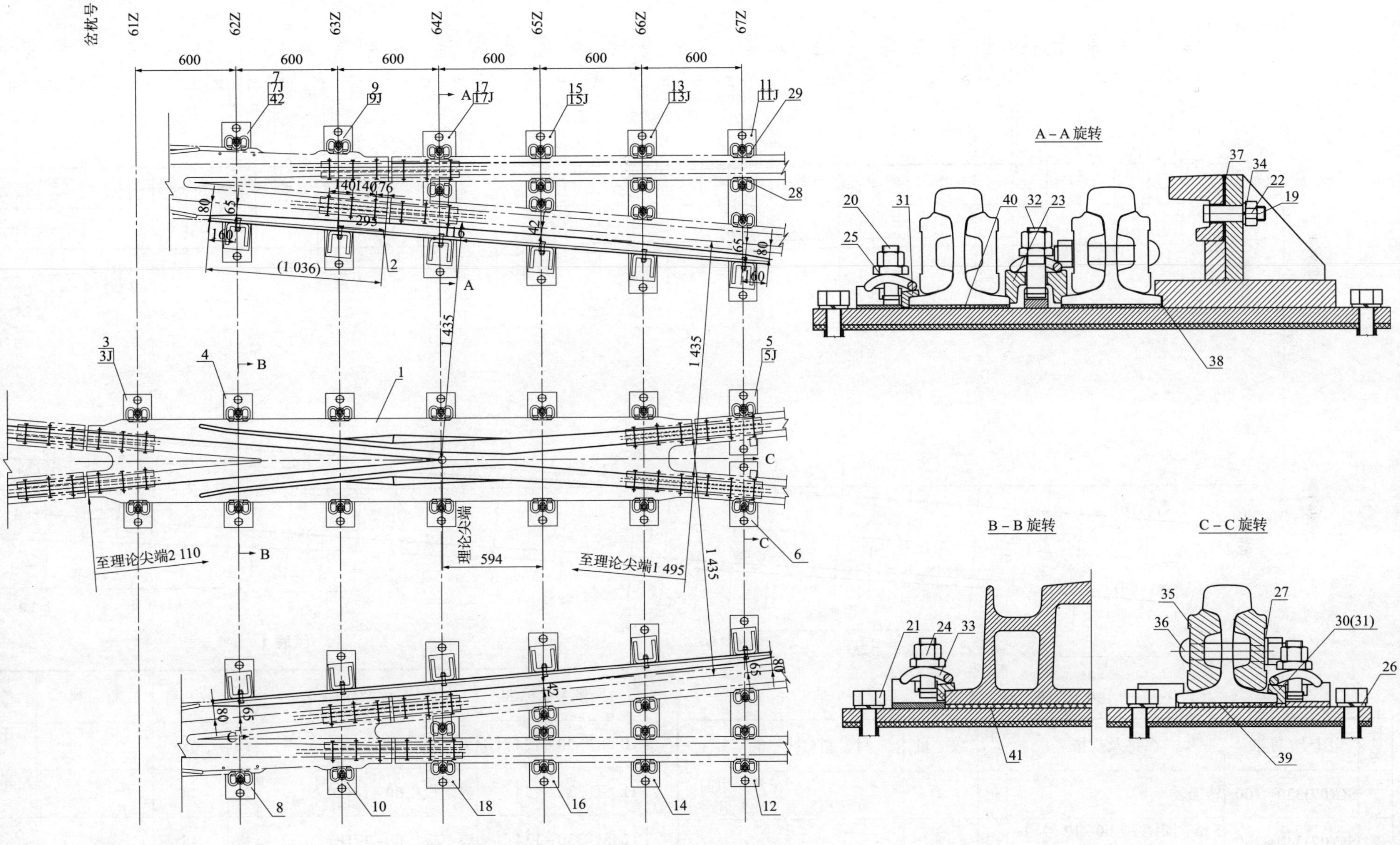

60 kg/m 钢轨 12 号 5.0 m 间距交叉渡线
图　号：SC(07)340

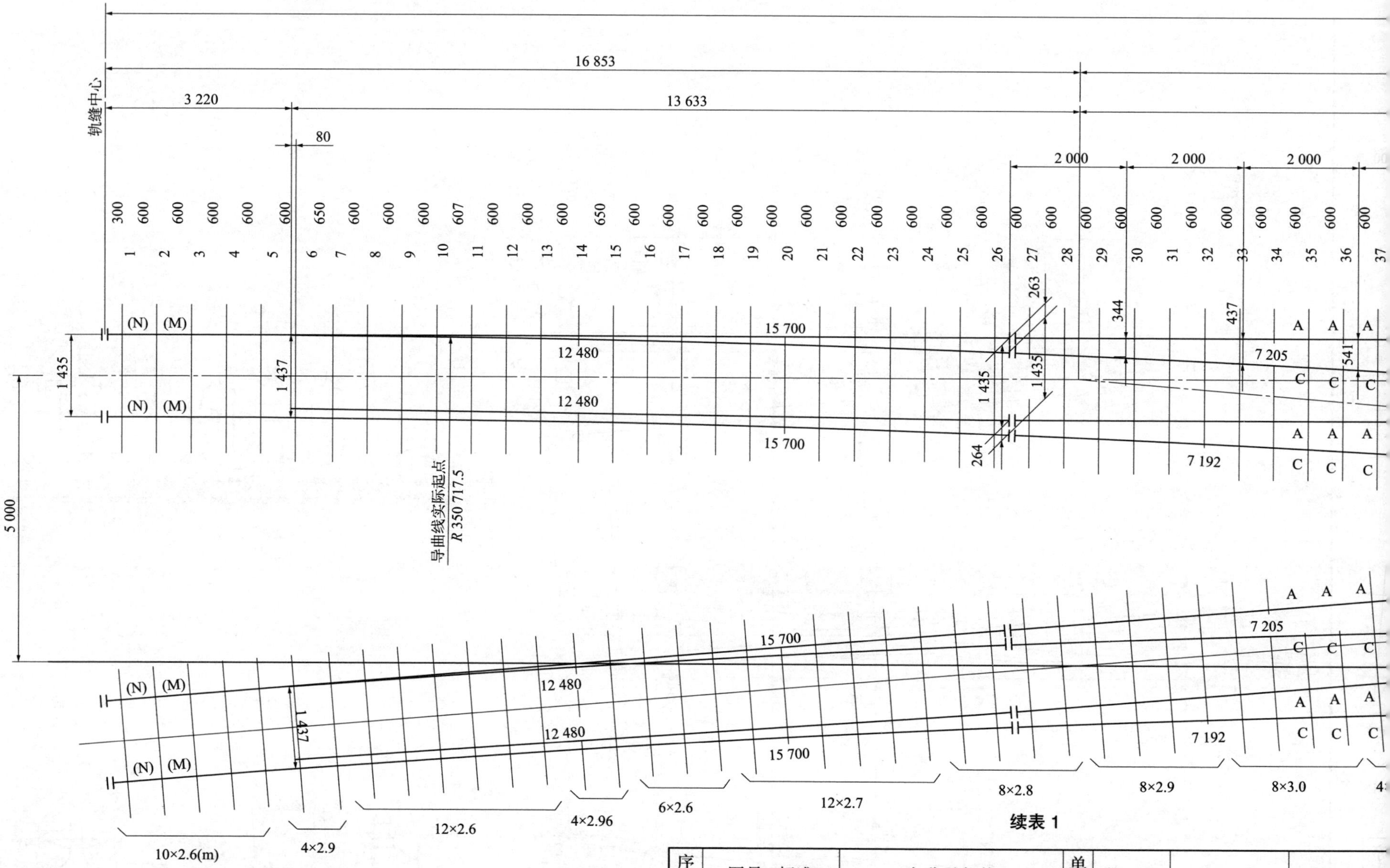

表 1　明　细　表

序号	图号 / 标准	名称及规格	单位	数　量	材　料	备　　注
1	SC(07)330－100	转辙器	组	4		左开 1 组右开 3 组
2	SC(07)340－200	5 m 间距渡线 60－12 号辙叉及护轨（右开）	组	2		
3	SC(07)340－200	5 m 间距渡线 60－12 号辙叉及护轨（左开）	组	2		
4	SC(07)340－300	5 m 间距渡线 60－6 号锐叉及护轨	组	2		
5	SC 340－400	60－6 号钝角辙叉	组	2		
6	TB/T 2344	钢　轨	m	417.568	60 kg/m 钢轨	
7	TB/T 2345	接头夹板	块	40		
8	SC 330－134	垫　板　60－0(A)	块	216		
9	SC 330－134	垫　板　60－8(B)	块	4		左右开各为 2 块

续表 1

序号	图号 / 标准	名称及规格	单位	数　量	材　料	备　　注
10	SC 330－134	垫　板　60－11(C)	块	68		左开 18 块右开 50 块
11	SC 330－134	垫　板　60－14(D)	块	44		左开 12 块右开 32 块
12	SC 330－134	垫　板　60－17(E)	块	48		左右开各为 24 块
13	专线 3351	Ⅱ型弹条	个	712	60Si2CrVA	
14	专线 4232－4	螺　栓　M24×65	根	760		
15	TB/T 2347	接头螺栓、螺母　M24×135	副	120	10.9 级	
16	NS－01(b)－c	螺　母　M24	个	760		
17	NS－07	限位板　M24	个	760		
18	GB/T 1230	垫　圈　24	个	120		
19	GB/T 7244	垫　圈　30	个	760		
20	SCT 505－B	螺　钉　155	个	760		

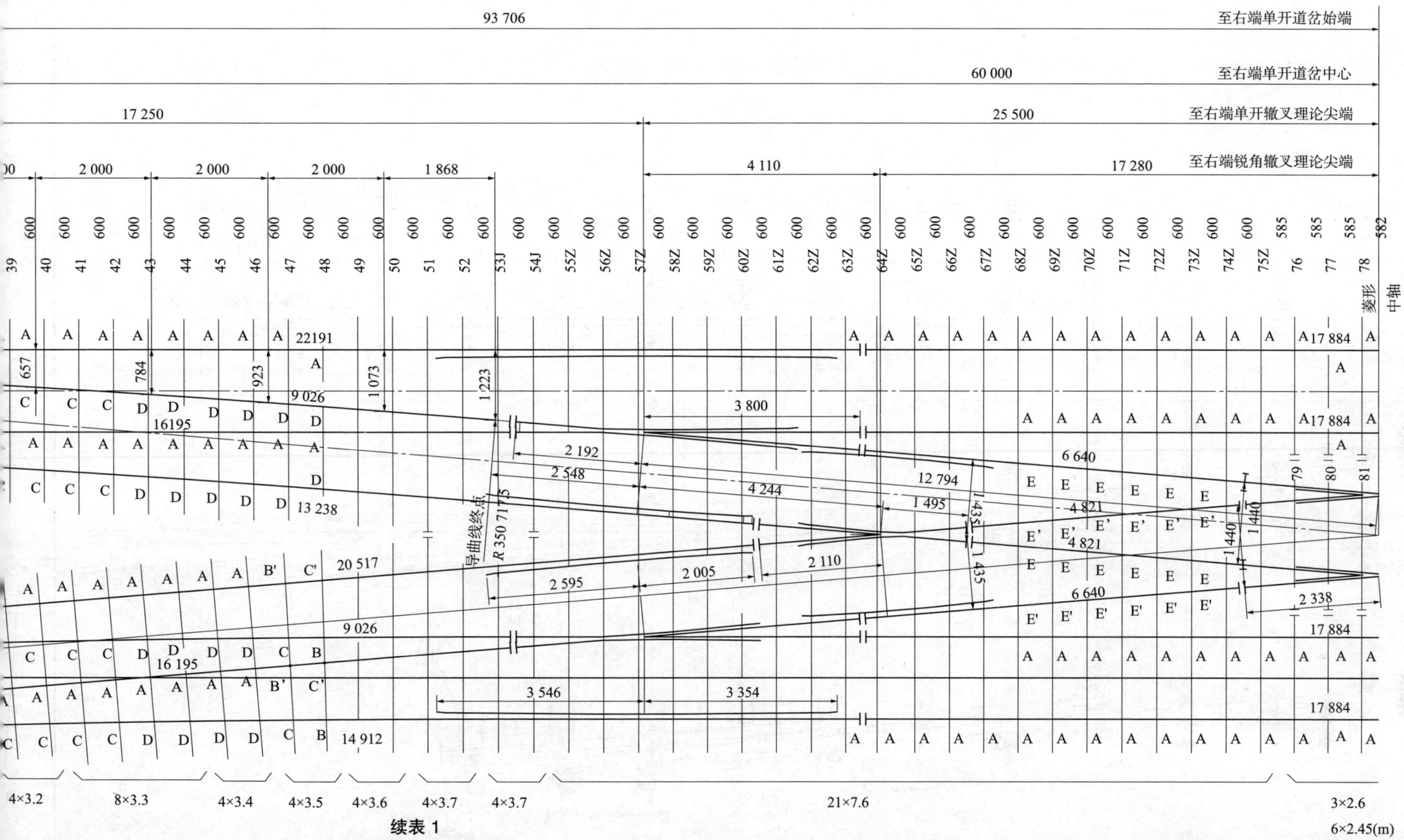

续表 1

序号	图号 / 标准	名称及规格	单位	数　量	材　料	备　注
21	专线 4232－10	轨距块　9－11	个	356+44	ZG 230－450	“+”后为备用
22	专线 4232－10	轨距块　13－15	个	356+44	ZG 230－450	“+”后为备用
23	专线 4232－10	轨距块　7－17	个	50	ZG 230－450	备用
24	专线 4232－10A	接头轨距块　9－11	个	8	ZG 230－450	
25	专线 4232－10A	接头轨距块　13－15	个	8	ZG 230－450	
26	专线 4232－72	绝缘轨距块　9－11	个	24	玻璃纤维	
27	专线 4232－72	绝缘轨距块　13－15	个	24	玻璃纤维	
28	SC 330－403	橡胶垫板　452 × 175 × 10	块	380	橡胶	
29	SC 330－401	橡胶垫板　60－190	块	380	橡胶	
30	SC 340－601	混凝土岔枕接头（一）	组	36		
31	SC 340－602	混凝土岔枕接头（二）	组	6		
32	SC 330－300	牵引点岔枕连接装置	组	4		
33	专线 9595	钢轨绝缘	组	12		供否按合同
34	HYT－LU－2	B 型接头弹条	个	48	60Si2CrVA	

技 术 要 求

1. 明细表中平垫板包括四种类型，垫板 60－0，垫板 60－11，垫板 60－14，垫板 60－17，分别用符号 A、C(C')、D(D')、E(E') 表示，其中带“'”表示左开用垫板，不带“'”表示右开垫板。
2. 道岔两端设顺坡垫板 M、N，若与无轨底坡线路连接时，取消顺坡垫板 M、N，采用垫板 60－0。
3. 扣件采用分开式Ⅱ型弹条扣件，轨距块设计安装号数如下：Ⅱ型弹条扣件：钢轨工作边一侧，安装 13 号轨距块；钢轨非工作边一侧，安装 11 号轨距块；钢轨接头处安装接头轨距块，绝缘接头处安装绝缘轨距块；锰叉一边安装 13 号轨距块，另一边安装 11 号轨距块；7－17 号轨距块为备用轨距块，供现场调整用。

60 kg/m 钢轨 5.0 m 间距交叉渡线 12 号辙叉及护轨

图　号：SC(07)340－200

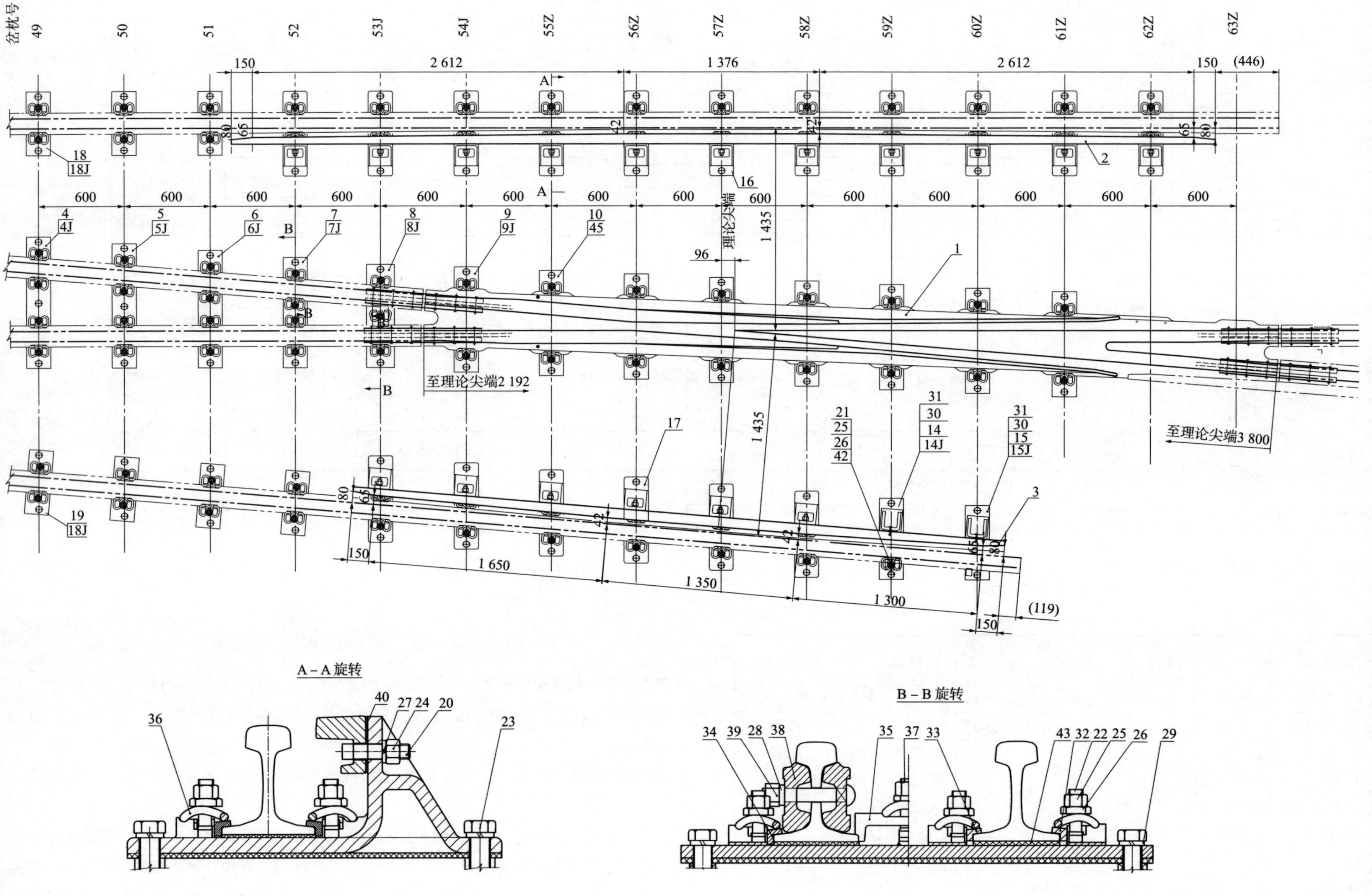

60 kg/m 钢轨 5.0 m 间距交叉渡线 6 号钝角辙叉

图　号：SC340－400

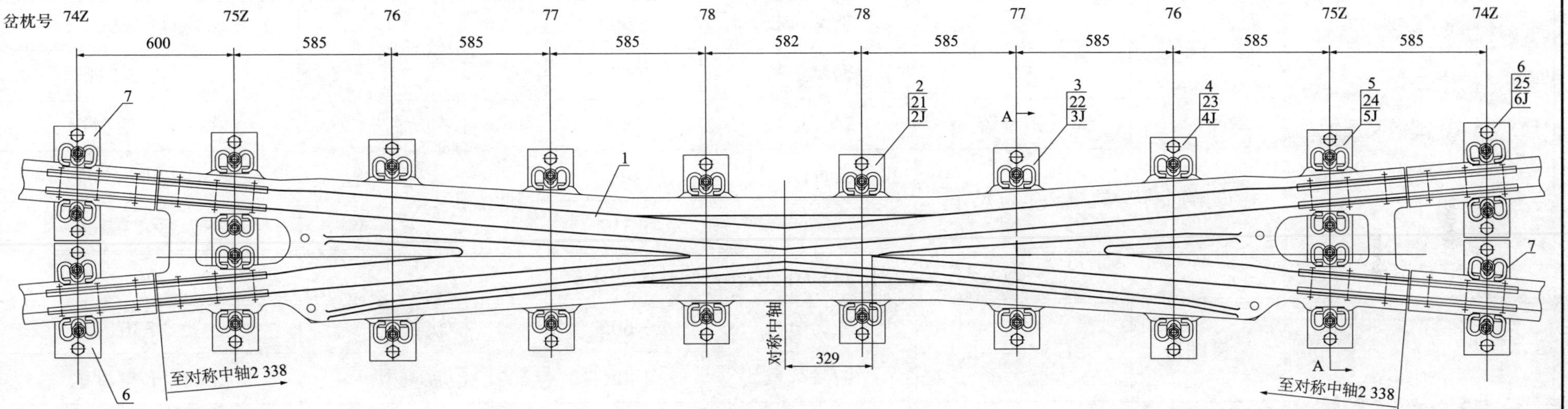

A－A

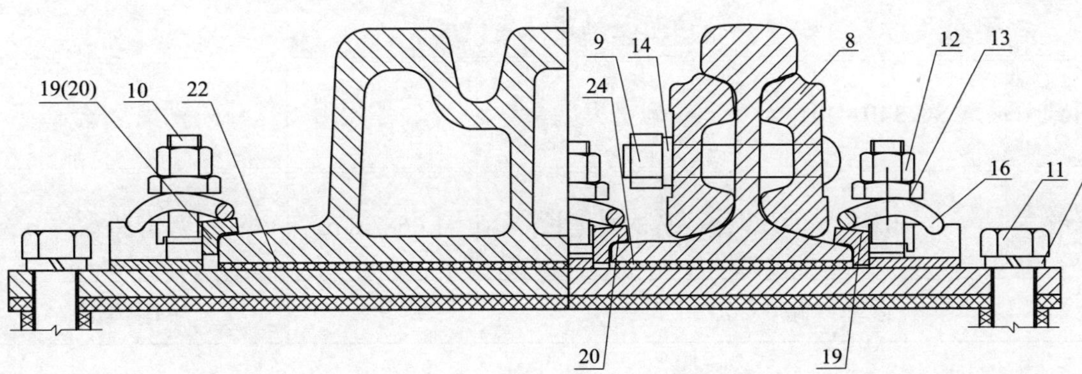

41. 60 kg/m 钢轨 12 号道岔 5.3 m 间距交叉渡线(混凝土枕)
设计图号：SC(07)341

<table>
<tr><td rowspan="2">道岔允许通过速度</td><td>客车</td><td colspan="3">$v_{直}$≤120 km/h；$v_{侧}$≤50 km/h</td><td colspan="2">扣件类型</td><td>Ⅱ型弹条</td></tr>
<tr><td>货车</td><td colspan="3">轴重 23 t：$v_{直}$≤90 km/h；$v_{侧}$≤50 km/h</td><td colspan="2">轨底坡</td><td>—</td></tr>
<tr><td>A(B)型辙叉角</td><td colspan="4">4°45′49″</td><td colspan="2">锐角/钝角辙叉角</td><td>9°31′38″</td></tr>
<tr><td>转辙器
SC(07)330－100</td><td colspan="7">详见“60 kg/m 钢轨 12 号单开道岔［SC(07)330］”</td></tr>
<tr><td rowspan="6">12 号 A(B) 型辙叉及护轨
SC(07)341－200</td><td rowspan="2">辙叉图号</td><td rowspan="2">SC 330－202</td><td>辙叉全长</td><td>5 992</td><td colspan="2" rowspan="2">护轨长度</td><td>直向：6 900</td></tr>
<tr><td>辙叉趾长</td><td>2 192</td><td>侧向：5 210</td></tr>
<tr><td>辙叉形式</td><td>高锰钢整铸式</td><td>辙叉跟长</td><td>3 800</td><td colspan="2">护轨轨型</td><td>33 kg/m 槽型钢</td></tr>
<tr><td colspan="2" rowspan="2">护轨端头距导轨端头定位尺寸</td><td>直向</td><td>446</td><td rowspan="2">护轨图号</td><td>直</td><td>SC 330C－203</td></tr>
<tr><td>侧向</td><td>1 317</td><td>侧</td><td>SC 330C－204</td></tr>
<tr><td colspan="6">辙叉理论尖端距趾端方向前一根岔枕中心距离</td><td>96</td></tr>
<tr><td rowspan="5">6 号锐角辙叉及护轨
SC(07)341－300</td><td rowspan="2">辙叉图号</td><td rowspan="2">SC 340－302</td><td>辙叉全长</td><td>3 605</td><td colspan="2">护轨长度</td><td>3 330</td></tr>
<tr><td>辙叉趾长</td><td>1 495</td><td colspan="2">护轨轨型</td><td>33 kg/m 槽型钢</td></tr>
<tr><td>辙叉形式</td><td>高锰钢整铸式</td><td>辙叉跟长</td><td>2 110</td><td colspan="2">护轨图号</td><td>SC(07)340－303</td></tr>
<tr><td colspan="6">辙叉理论尖端距趾端方向前一根岔枕中心距离</td><td>6</td></tr>
<tr><td colspan="6">护轨端头距导轨端头定位尺寸</td><td>762</td></tr>
<tr><td>6 号钝角辙叉
SC(07)340－400</td><td>辙叉图号</td><td>SC 340－401</td><td>辙叉类型</td><td>高锰钢
整铸式</td><td colspan="2">辙叉全长</td><td>4 676</td></tr>
<tr><td>岔枕图号
SC 341－500</td><td>岔枕总数</td><td>302 根</td><td>岔枕展延长</td><td>1 068.28 m</td><td colspan="2">套管总数</td><td>1 916</td></tr>
<tr><td>批准文号</td><td colspan="4">运基线路〔2002〕259 号</td><td colspan="2">应用情况</td><td>★★★</td></tr>
<tr><td>主要结构特点</td><td colspan="7">钝角辙叉范围内轨距采用 1 440 mm，菱形中轨距过渡到 1 435 mm。</td></tr>
</table>

12 号辙叉及护轨明细表

序号	图号 / 标准	名称及规格	数量	材　料	备　注
1	SC 330－202	高锰钢辙叉	1		
2	SC 330C－203	直向护轨　6 900	1	33 kg/m 槽型钢	
3	SC 330C－204	侧向护轨　5 210	1	33 kg/m 槽型钢	
4	SC 330－205	垫　板　922 × 170 × 20	1		
5	SC 330－205	垫　板　875 × 170 × 20	1		
6	SC 330－206	垫　板　827 × 170 × 20	1		
7	SC 330－206	垫　板　779 × 170 × 20	1		
8	SC (07)330－207	垫　板　730 × 170 × 20	1		
9	SC 330－208	垫　板　743 × 170 × 20	2		
10	SC 330－209	垫　板　743 × 170 × 20	8		
11	SC (07)330－210	垫　板　725 × 170 × 20	1		
12	HY03－01	护轨垫板　600 × 170 × 25	11		
13	HY03－02	护轨垫板　610 × 170 × 25	9		
14	SC 330－134	垫　板　60－0(A)	5		
15	SC 330－134	垫　板　60－17(E)	6		
16	TB/T 2345	接头夹板	8		
17	TB/T 2347	接头螺栓及螺母　M24 × 135	24	10.9 级	
18	专线 4171－9	螺　栓　M24 × 85	20	5.6 级	
19	专线 4232－4	螺　栓　M24 × 60	102		
20	SCT 505－B	岔枕螺栓　155	96		
21	NS－01(b)	螺　母　M24	20	5 级	
22	GB/T 7244	弹簧垫圈　24	20	65Mn	
23	GBP－00－25(T)	M24 弹条专用防松防锈螺母	82	4 级	
24	GBP－00－01	M24 弹条专用防松螺母	22		
25	GB/T 1230	高强度平垫圈　24	24		
26	GB/T 7244	弹簧垫圈　30	96	65Mn	
27	专线 3351	Ⅱ型弹条	104	60Si2CrVA	
28	专线 4232－4	螺　栓　M24 × 90	2		
29	专线 4232－10	轨距块　13－15	46	ZG 230－450	

续上表

序号	图号 / 标准	名称及规格	数量	材　料	备　注
30	专线 4232－10	轨距块　9－11	46	ZG 230－450	
31	专线 4232－10A	接头轨距块　13－15	5	ZG 230－450	
32	专线 4232－10A	接头轨距块　9－11	5	ZG 230－450	
33	专线 4232－18	支距扣板　60/132－124	1	KTH 350－10	
34	专线 4232－18	支距扣板　60/125－116	1	KTH 350－10	
35	SC 330C－205	横插式槽型护轨调整片　170 × 80 × 2	40	Q235	
		横插式槽型护轨调整片　170 × 80 × 3	20		
37	SC 330－401	橡胶垫板　60－190	43	橡胶	
39	SC 330－409	橡胶垫板　439－190	10	橡胶	
4J	SC 330－406	橡胶垫板　922 × 175－426	1	橡胶	
5J	SC 330－406	橡胶垫板　875 × 175－403	1	橡胶	
6J	SC 330－405	橡胶垫板　827 × 175 × 10	1	橡胶	
7J	SC 330－405	橡胶垫板　779 × 175 × 10	1	橡胶	
8J	SC 330－405	橡胶垫板　730 × 175 × 10	1	橡胶	
9J	SC 330－410	橡胶垫板　743 × 175 × 10	10	橡胶	
11J	SC 330－405	橡胶垫板　725 × 175 × 10	1	橡胶	
12J	SC 330－411	橡胶垫板　600 × 175 × 5	11	橡胶	
13J	SC 330－411	橡胶垫板　610 × 175 × 5	9	橡胶	
14J	SC 330－403	橡胶垫板　452 × 175 × 10	11	橡胶	

6 号锐角辙叉及护轨明细表

序号	图号 / 标准	名称及规格	数量	材　料	备　注
1	SC 340－302	高锰钢辙叉	1		
2	SC (07)340－303	护　轨　3 330	2	33 kg/m 槽型钢	
3	SC 340－304	垫　板　803×170×20	2		
4	SC 340－305	垫　板　803×170×20	4		
5	SC 340－306	垫　板　380×170×20	2		
6	SC 340－306	垫　板　380×170×20	2		与序号 5 对称
7	SC 341－302	垫　板　380×170×20	1		
8	SC 341－302	垫　板　380×170×20	1		与序号 7 对称
9	HY03－02	侧向护轨垫板　610×170×25	3		右开
10	HY03－02	侧向护轨垫板　610×170×25	3		与序号 9 对称（左开）
11	SC(07)340－309	垫　板　1 030×170×25	1		
12	SC(07)340－309	垫　板　1 030×170×25	1		与序号 11 对称
13	SC(07)340－310	垫　板　980×170×25	1		
14	SC(07)340－310	垫　板　980×170×25	1		与序号 13 对称
15	SC(07)340－311	垫　板　930×170×25	1		
16	SC(07)340－311	垫　板　930×170×25	1		与序号 15 对称
17	专线 4171－9	螺　栓　M24×85	12	5.6 级	
18	专线 4232－4	T 型螺栓　M24×60	48		
19	SCT 505－B	岔枕螺栓　155	50		
20	NS－01(b)	螺　母　M24	12	5 级	
21	GB/T 7244	弹簧垫圈　24	12	65Mn	
22	GBP－00－25(T)	M24 弹条专用防松防锈螺母	42	4 级	
23	GBP－00－01	M24 弹条专用防松螺母	6	4 级	
24	GB/T 7244	弹簧垫圈　30	50	65Mn	
25	GB/T 1230	高强度平垫圈　24	24		
26	专线 4232－10	轨距块　9－11	24	ZG 230－450	
27	专线 4232－10	轨距块　13－15	20	ZG 230－450	
28	专线 4232－10A	接头轨距块　9－11	2	ZG 230－450	
29	专线 4232－10A	接头轨距块　13－15	2	ZG 230－450	

续上表

序号	图号 / 标准	名称及规格	数量	材　　料	备　　注
30	专线 3351	Ⅱ型弹条	48	60Si CrVA2	
31	TB/T 2345	接头夹板	8		
32	TB/T 2347	接头螺栓及螺母　M24 × 135	24	10.9 级	
33	SC 330C－205	横插式槽型护轨调整片　170 × 80 × 2	24	Q235	
		横插式槽型护轨调整片　170 × 80 × 3	12		
34	SC 330－125	轨距调整片　180 × 15 × 2	6	Q235	
		轨距调整片　180 × 15 × 1	6		
35	SC 330－401	橡胶垫板　60－190	24	橡胶	
36	SC 330－409	橡胶垫板　499－190	6	橡胶	
3J	SC 330－410	橡胶垫板　803 × 175 × 10	6	橡胶	
5J	SC 330－405	橡胶垫板　380 × 175 × 10	6	橡胶	
9J	SC 330－411	橡胶垫板　610 × 175 × 5	6	橡胶	
11J	SC 340－314	橡胶垫板　1 030 × 175 × 5	2	橡胶	
13J	SC 330－411	橡胶垫板　980 × 175 × 5	2	橡胶	
15J	SC 330－411	橡胶垫板　930 × 175 × 5	2	橡胶	

60 kg/m 钢轨 5.3 m 间距交叉渡线 6 号锐角及护轨

图　号：SC(07)341－300

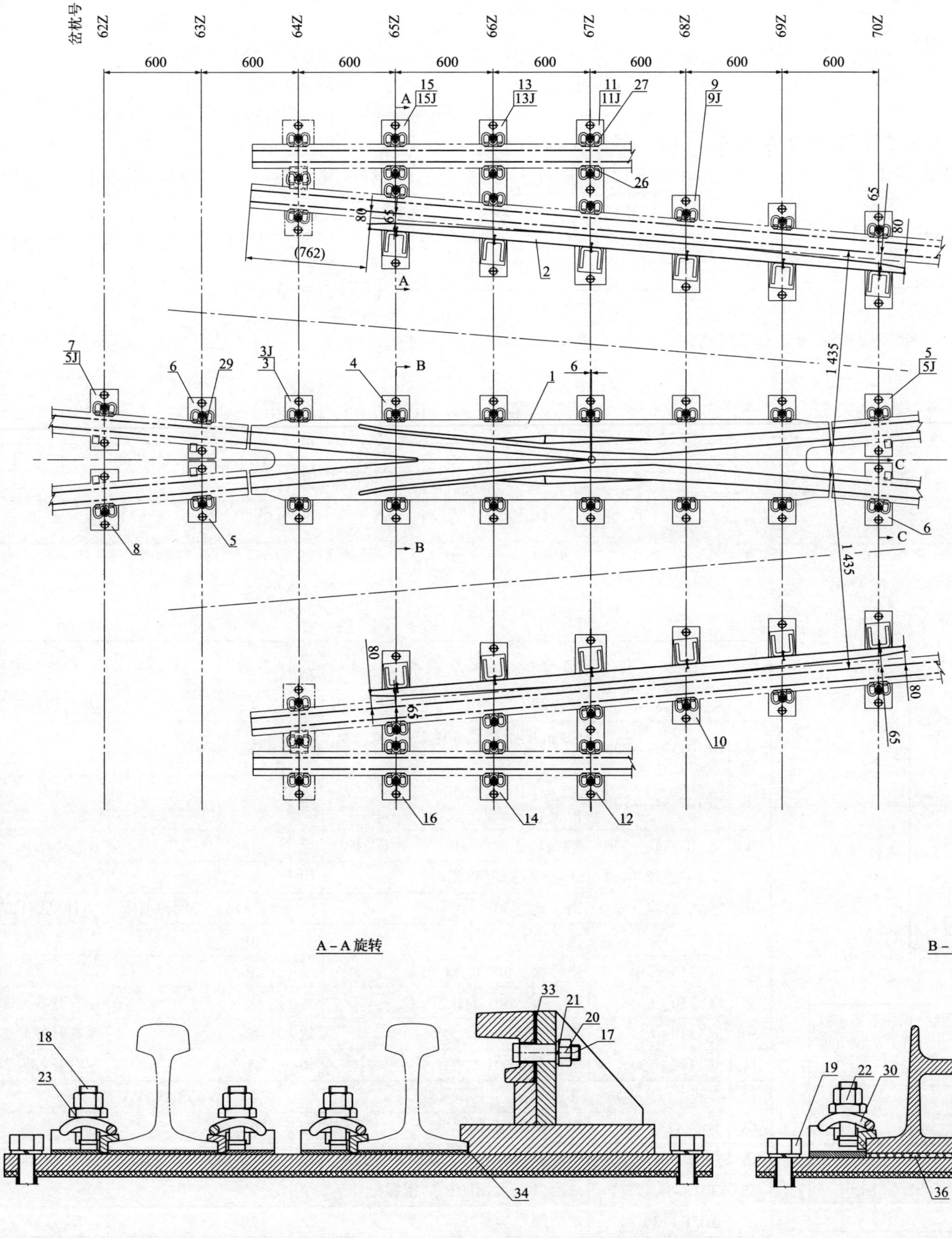

技 术 要 求

1. 组装护轨时，应使用3 mm厚的护轨调整片，如查照间隔或护背距离不合格时，可用备用调整片进行调整。注意调整片为横插式，调整完毕必须将开口端弯折，以防脱落。
2. 查照间隔及护背距离在心轨轨头宽 25 mm 处丈量。

60 kg/m 钢轨 12 号 5.3 m 间距交叉渡线

图 号：SC(07)341

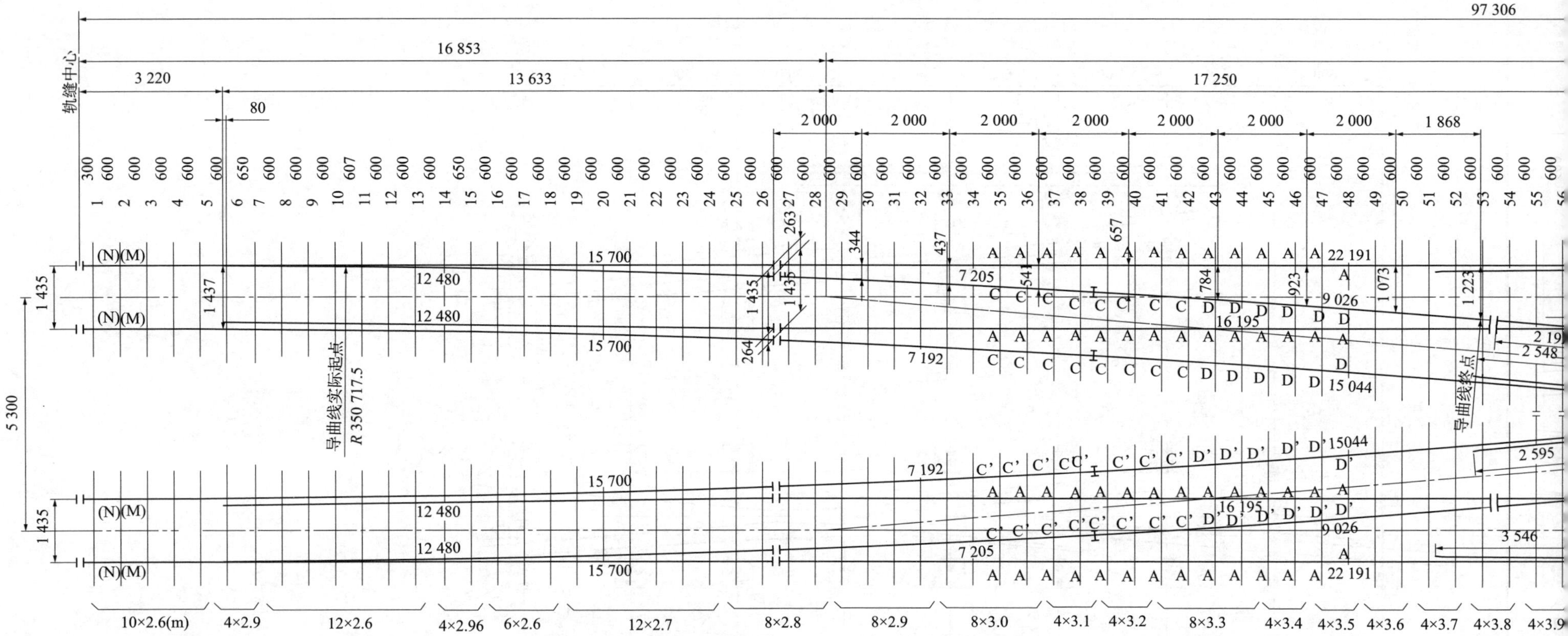

表 1 钢轨数量表

序号	钢轨长度 (m)	单位	数量
1	22.191	根	4
2	21.484	根	4
3	16.195	根	4
4	15.044	根	4
5	9.026	根	4
6	7.205	根	4
7	7.192	根	4
8	8.446	根	4
9	4.821	根	4

表 2 混凝土岔枕数量表

序号	钢轨长度 (m)	单位	数量	序号	钢轨长度 (m)	单位	数量	序号	钢轨长度 (m)	单位	数量
1	2.45	根	12	7	3.0	根	16	13	3.6	根	8
2	2.6	根	74	8	3.1	根	8	14	3.7	根	8
3	2.7	根	24	9	3.2	根	8	15	3.8	根	8
4	2.8	根	16	10	3.3	根	16	16	3.9	根	16
5	2.9	根	30	11	3.4	根	8	17	7.9 铰	根	34
6	2.96	根	8	12	3.5	根	8				

表 3 明 细 表

序号	图号 / 标准	名称及规格	单位	数量	材 料	备 注
1	SC(07)330－100	转辙器	组	4		左右开各为 2 组
2	SC(07)341－200	5.3 m 间距渡线 60－12 号辙叉及护轨 (右开)	组	2		
3	SC(07)341－200	5.3 m 间距渡线 60－12 号辙叉及护轨 (左开)	组	2		
4	SC(07)341－300	5.3 m 间距渡线 60－6 号锐叉及护轨	组	2		
5	SC(07)340－400	60－6 号钝角辙叉	组	2		
6	TB/T 2344	钢 轨 60	m	446.416	按用户要求	详见钢轨表
7	TB/T 2345	接头夹板	块	40		
8	SC 330－134	垫 板 60－0(A)	块	236		
9	SC 330－134	垫 板 60－11(C)	块	64		左右开各为 32 块
10	SC 330－134	垫 板 60－14(D)	块	48		左右开各为 24 块
11	SC 330－134	垫 板 60－17(E)	块	48		左右开各为 24 块
12	专线 3351	Ⅱ型弹条	个	744	60Si2CrVA	
13	专线 4232－4	螺 栓 M24 × 60	根	792		
14	TB/T 2347	接头螺栓、螺母 M24 × 135	副	120		
15	GBP－00－25(T)	M24 弹条专用防松防锈螺母	个	792		
16	GB/T 1230	垫 圈 24	个	120		

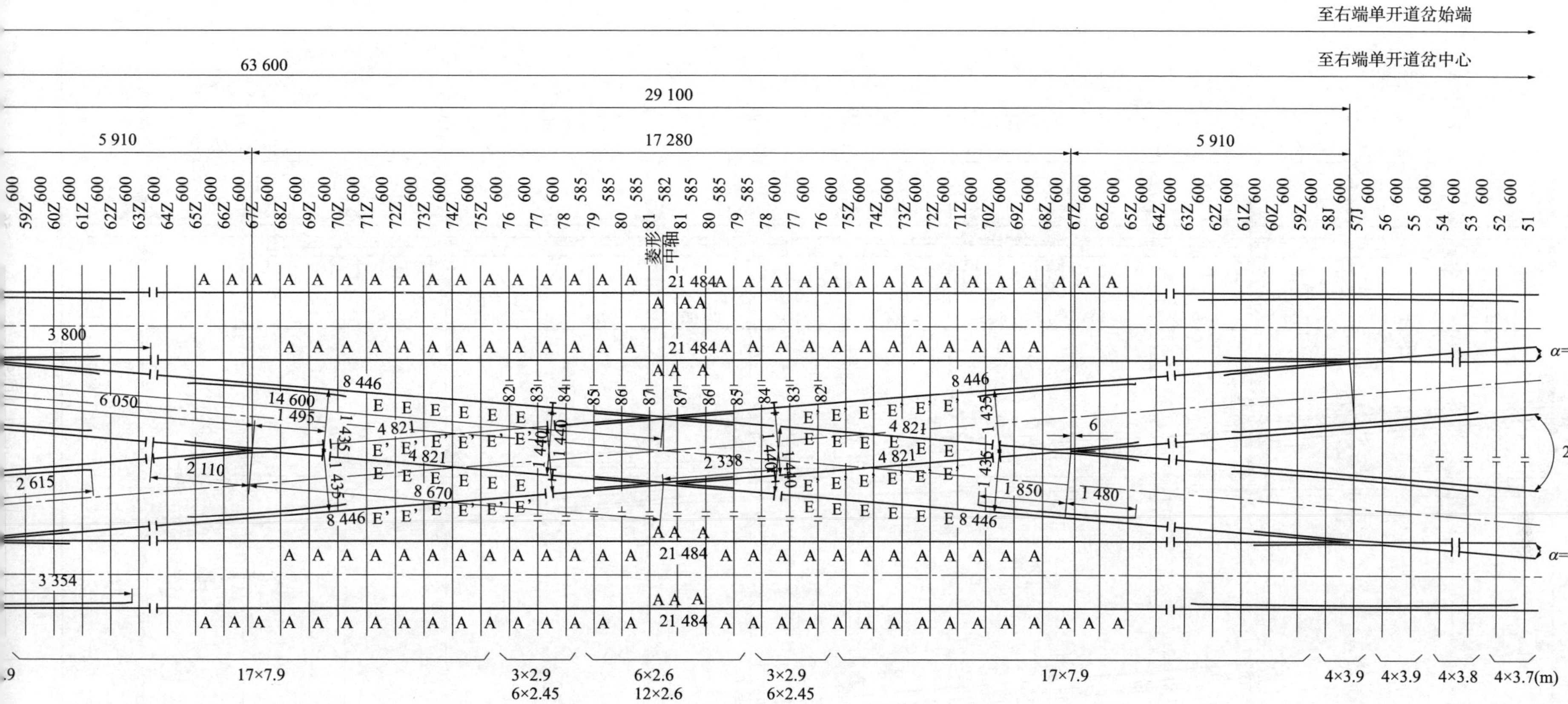

续表 3

图号/标准	名称及规格	单位	数量	材　料	备　注
GB/T 7244	垫　圈　30	个	792		
SCT 505－B	岔枕螺栓　155	个	792		
专线 4232－10	轨距块　9－11	个	372+50	ZG 230－450	“+”后为备用
专线 4232－10	轨距块　13－15	个	372+50	ZG 230－450	“+”后为备用
专线 4232－10	轨距块　7－17	个	50	ZG 230－450	备用
专线 4232－10A	接头轨距块　9－11	个	8	ZG 230－450	备用
专线 4232－10A	接头轨距块　13－15	个	8	ZG 230－450	备用
专线 4232－72	绝缘轨距块　9－11	个	24	玻璃纤维	
专线 4232－72	绝缘轨距块　13－15	个	24	玻璃纤维	
SC 330－403	橡胶垫板　452×175×10	块	396	橡胶	
SC 330－401	橡胶垫板　60－190	块	396	橡胶	
SC 330－300	牵引点岔枕连接装置	组	4		
SC 340－601	混凝土岔枕接头（一）	组	28		
SC 340－602	混凝土岔枕接头（二）	组	6		
专线 9595	钢轨绝缘	组	12		供否按合同
HYT－LU－2	B 型接头弹条	个	48	60Si2CrVA	

技 术 要 求

1. 图中钢轨普通接头、绝缘接头分别以“—||—”、“╪”表示。
2. 普通接头及绝缘接头钢轨轨缝为 8 mm。
3. 钢轨数量的配置：图中钢轨数量是按普通接头、绝缘设置在侧股配置。
4. 用于电气化铁道时，一侧 8 446 mm 长的短轨应改为胶接轨 (4 830+6+3 610) 图 1。
5. 12 号单开辙叉及护轨分左右开两种：左端上方为右开，下方为左开；右端上方为左开，下方为右开，左右开对称。
6. 明细表中平垫板包括四种类型，垫板 60－0，垫板 60－11，垫板 60－14，垫板 60－17，分别用符号 A、C(C′)、D(D′)、E(E′) 表示，其中带“′”者表示左开用垫板，不带“′”者表示右开用垫板。
7. 道岔两端设顺坡垫板 M、N，若与无轨底坡线路连接时，取消顺坡垫板 M、N，采用垫板 60－0，用户定货时可提出要求。
8. 钢轨表中的钢轨长度按采用普通接头设计，如采用其他接头时，以用户提供的配轨图为准。

图 1

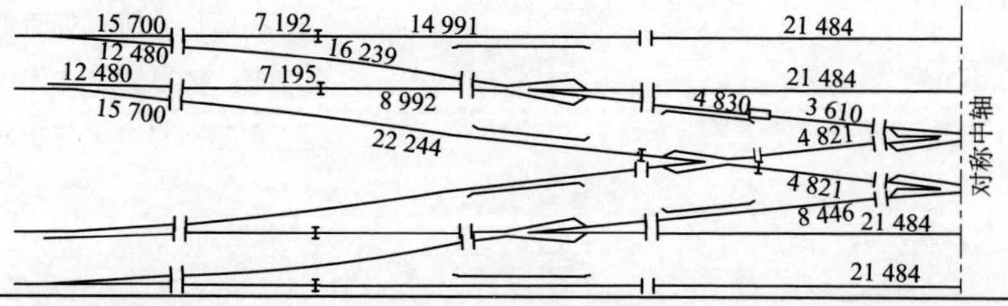

60 kg/m 钢轨 5.3 m 间距交叉渡线 12 号辙叉及护轨

图　号：SC(07)341－200

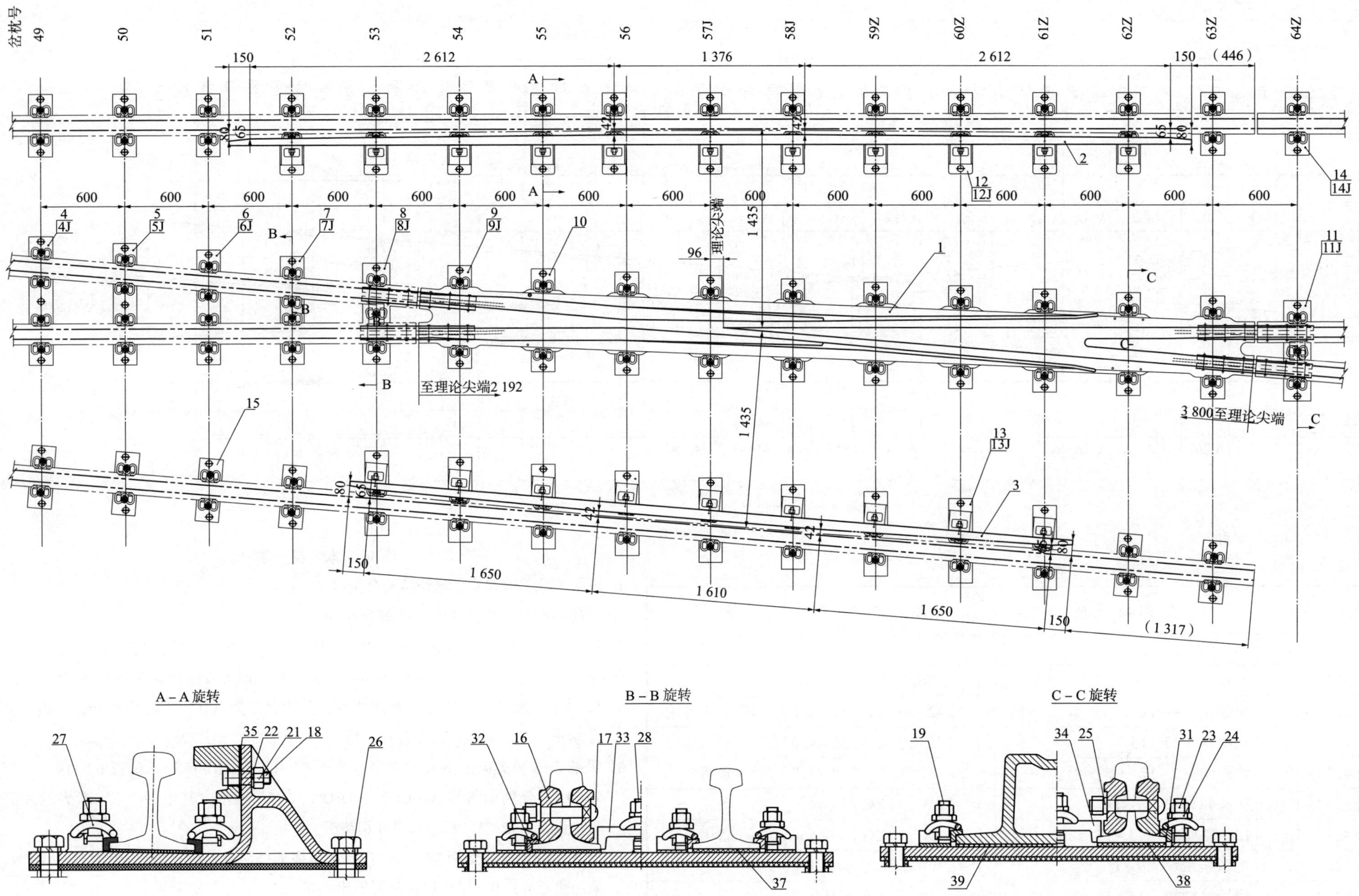

技 术 要 求

1. 组装护轨时，如查照间隔或护背距离不合格时，可用备用调整片进行调整。注意调整片为横插式，调整完毕必须将开口端弯折，以防脱落。
2. 查照间隔及护背距离在心轨轨头宽 20～30 mm 处丈量。

42. 60 kg/m 钢轨 12 号道岔 5.5 m 间距交叉渡线(混凝土枕)
设计图号：SC(07)342

<table>
<tr><td rowspan="2">道岔允许通过速度</td><td>客车</td><td colspan="3">$v_{直}$≤120 km/h；$v_{侧}$≤50 km/h</td><td colspan="2">扣件类型</td><td>Ⅱ型弹条</td></tr>
<tr><td>货车</td><td colspan="3">轴重 23 t：$v_{直}$≤90 km/h；$v_{侧}$≤50 km/h</td><td colspan="2">轨底坡</td><td>—</td></tr>
<tr><td>A(B)型辙叉角</td><td colspan="4">4°45′49″</td><td colspan="2">锐角/钝角辙叉角</td><td>9°31′38″</td></tr>
<tr><td>转辙器
SC(07)330－100</td><td colspan="7">详见“60 kg/m 钢轨 12 号单开道岔［SC(07)330］”</td></tr>
<tr><td rowspan="6">12 号 A(B) 型辙叉及护轨
SC(07)342－200</td><td rowspan="2">辙叉图号</td><td rowspan="2">SC 330－202</td><td>辙叉全长</td><td>5 992</td><td colspan="2" rowspan="2">护轨长度</td><td>直向：6 900</td></tr>
<tr><td>辙叉趾长</td><td>2 192</td><td>侧向：5 210</td></tr>
<tr><td>辙叉形式</td><td>高锰钢整铸式</td><td>辙叉跟长</td><td>3 800</td><td colspan="2">护轨轨型</td><td>33 kg/m 槽型钢</td></tr>
<tr><td colspan="2" rowspan="2">护轨端头距导轨端头定位尺寸</td><td>直向</td><td>446</td><td rowspan="2">护轨图号</td><td>直</td><td>SC 330C－203</td></tr>
<tr><td>侧向</td><td>2 521</td><td>侧</td><td>SC 330C－204</td></tr>
<tr><td colspan="6">辙叉理论尖端距趾端方向前一根岔枕中心距离</td><td>96</td></tr>
<tr><td rowspan="5">6 号锐角辙叉及护轨
SC(07)342－300</td><td rowspan="2">辙叉图号</td><td rowspan="2">SC 340－302</td><td>辙叉全长</td><td>3 605</td><td colspan="2">护轨长度</td><td>3 330</td></tr>
<tr><td>辙叉趾长</td><td>1 495</td><td colspan="2">护轨轨型</td><td>33 kg/m 槽型钢</td></tr>
<tr><td>辙叉形式</td><td>高锰钢整铸式</td><td>辙叉跟长</td><td>2 110</td><td colspan="2">护轨图号</td><td>SC(07)340－303</td></tr>
<tr><td colspan="6">辙叉理论尖端距趾端方向前一根岔枕中心距离</td><td>6</td></tr>
<tr><td colspan="6">护轨端头距导轨端头定位尺寸</td><td>4 354</td></tr>
<tr><td>6 号钝角辙叉
SC(07)340－400</td><td>辙叉图号</td><td>SC 340－401</td><td>辙叉类型</td><td>高锰钢整铸式</td><td colspan="2">辙叉全长</td><td>4 676</td></tr>
<tr><td>岔枕图号
SC 342－500</td><td>岔枕总数</td><td>318 根</td><td>岔枕展延长</td><td>1 108.88 m</td><td colspan="2">套管总数</td><td>1 964</td></tr>
<tr><td>批准文号</td><td colspan="4">运基线路〔2002〕259 号</td><td colspan="2">应用情况</td><td>★★★</td></tr>
<tr><td>主要结构特点</td><td colspan="7">钝角辙叉范围内轨距采用 1 440 mm，菱形中轨距过渡到 1 435 mm。</td></tr>
</table>

12 号辙叉及护轨明细表

序号	图号 / 标准	名称及规格	数　量	材　料
1	SC 330-202	高锰钢辙叉	1	
2	SC 330C-203	直向护轨　6 900	1	33 kg/m 槽型钢
3	SC 330C-204	侧向护轨　5 210	1	33 kg/m 槽型钢
4	SC 330-205	垫　板　922×170×20	1	
5	SC 330-205	垫　板　875×170×20	1	
6	SC 330-206	垫　板　827×170×20	1	
7	SC 330-206	垫　板　779×170×20	1	
8	SC (07)330-207	垫　板　730×170×20	1	
9	SC 330-208	垫　板　743×170×20	2	
10	SC 330-209	垫　板　743×170×20	8	
11	SC (07)330-210	垫　板　725×170×20	1	
12	SC 330-211	垫　板　775×170×20	1	
13	SC 330-211	垫　板　825×170×20	1	
16	HY03-01	护轨垫板　600×170×25	11	
17	HY03-02	护轨垫板　610×170×25	9	
18	SC 330-134	垫　板　60-0(A)	7	
19	SC 330-134	垫　板　60-17(E)	6	
21	专线 4171-9	螺　栓　M24×85	20	5.6 级
22	专线 4232-4	螺　栓　M24×60	114	
23	SC T505-B	螺　钉　155	104	
24	NS-01(b)	螺　母　M24	20	5 级
25	GBP-00-25(T)	M24 弹条专用防松防锈螺母	94	4 级
26	GBP-00-01	M24 弹条专用防松螺母	22	4 级
27	GB/T 7244	弹簧垫圈　24	20	65Mn
28	GB/T 1230	高强度平垫圈　24	24	
29	GB/T 7244	弹簧垫圈　30	104	65Mn
30	专线 3351	Ⅱ型弹条	116	60Si2CrVA
31	专线 4232-4	螺　栓　M24×90	2	
32	专线 4232-10	轨距块　9-11	53	ZG 230-450
33	专线 4232-10	轨距块　13-15	53	ZG 230-450
34	专线 4232-10A	接头轨距块　9-11	4	ZG 230-450
35	专线 4232-10A	接头轨距块　13-15	4	ZG 230-450
36	专线 4232-18	支距扣板　60/132-124	1	KTH 350-10

续上表

序号	图号 / 标准	名称及规格	数　量	材　料
37	专线 4232－18	支距扣板　60/125－116	1	KTH 350－10
38	TB/T 2345	接头夹板	8	
39	TB/T 2347	接头螺栓及螺母　M24×135	24	10.9 级
40	SC 330C－205	横插式槽型护轨调整片　170×80×2	40	Q235
		横插式槽型护轨调整片　170×80×3	20	
42	SC 330－401	橡胶垫板　60－190	49	橡胶
44	SC 330－409	橡胶垫板　439－190	10	橡胶
4J	SC 330－406	橡胶垫板　922×175－426	1	橡胶
5J	SC 330－406	橡胶垫板　875×175－403	1	橡胶
6J	SC 330－405	橡胶垫板　827×175×10	1	橡胶
7J	SC 330－405	橡胶垫板　779×175×10	1	橡胶
8J	SC 330－405	橡胶垫板　730×175×10	1	橡胶
9J	SC 330－410	橡胶垫板　743×175×10	10	橡胶
11J	SC 330－405	橡胶垫板　725×175×10	1	橡胶
12J	SC 330－405	橡胶垫板　775×175×10	1	橡胶
13J	SC 330－405	橡胶垫板　825×175×10	1	橡胶
16J	SC 330－411	橡胶垫板　600×175×5	11	橡胶
17J	SC 330－411	橡胶垫板　610×175×5	9	橡胶
18J	SC 330－403	橡胶垫板　452×175×10	13	橡胶

6 号锐角辙叉及护轨明细表

序号	图号 / 标准	名称及规格	数量	材　　料	备　　注
1	SC 340－302	高锰钢辙叉	1		
2	SC(07)340－303	护　轨　3 330	2	33 kg/m 槽型钢	
3	SC 340－304	垫　板　803×170×20	2		
4	SC 340－305	垫　板　803×170×20	4		
5	SC 340－306	垫　板　380×170×20	2		
6	SC 340－306	垫　板　380×170×20	2		与序号 5 对称
7	SC 341－302	垫　板　380×170×20	1		
8	SC 341－302	垫　板　380×170×20	1		与序号 7 对称
9	HY03－02	垫　板　610×170×25	5		右开
10	HY03－02	垫　板　610×170×25	5		与序号 9 对称（左开）
11	SC(07)340－309	垫　板　1 030×170×25	1		
12	SC(07)340－309	垫　板　1 030×170×25	1		与序号 11 对称
13	专线 4171－9	螺　栓　M24×85	12	5.6 级	
14	专线 4232－4	T 型螺栓　M24×60	44		
15	SCT 505－B	岔枕螺栓　155	50		
16	NS－01(b)	螺　母　M24	12	5 级	
17	GBP－00－25(T)	M24 弹条专用防松防锈螺母	34	4 级	
18	GBP－00－01	M24 弹条专用防松螺母	10	4 级	
19	GB/T 7244	弹簧垫圈　24	12	65Mn	
20	GB/T 1230	高强度平垫圈　24	24		
21	GB/T 7244	弹簧垫圈　30	50	65Mn	
22	专线 3351	Ⅱ型弹条	44	60Si2CrVA	
23	专线 4232－10	轨距块　9－11	20	ZG 230－450	
24	专线 4232－10	轨距块　13－15	20	ZG 230－450	
25	专线 4232－10A	接头轨距块　9－11	2	ZG 230－450	
26	专线 4232－10A	接头轨距块　13－15	2	ZG 230－450	
27	TB/T 2345	接头夹板	8		
28	TB/T 2347	接头螺栓及螺母　M24×135	24	10.9 级	

续上表

序号	图号 / 标准	名称及规格	数量	材　料	备　注
29	SC 330C－205	横插式槽型护轨调整片 $170\times80\times\frac{2}{3}$	24 12	Q235	
31	SC 330－401	橡胶垫板　60－190	20	橡胶	
32	SC 330－409	橡胶垫板　499－190	6	橡胶	
3J	SC 330－410	橡胶垫板　803×175×10	6	橡胶	
5J	SC 330－405	橡胶垫板　380×175×10	6	橡胶	
9J	SC 330－411	橡胶垫板　610×175×5	10	橡胶	
11J	SC 340－314	橡胶垫板　1 030×175×5	2	橡胶	

60 kg/m 钢轨 12 号 5.5 m 间距交叉渡线
图　号：SC(07)342

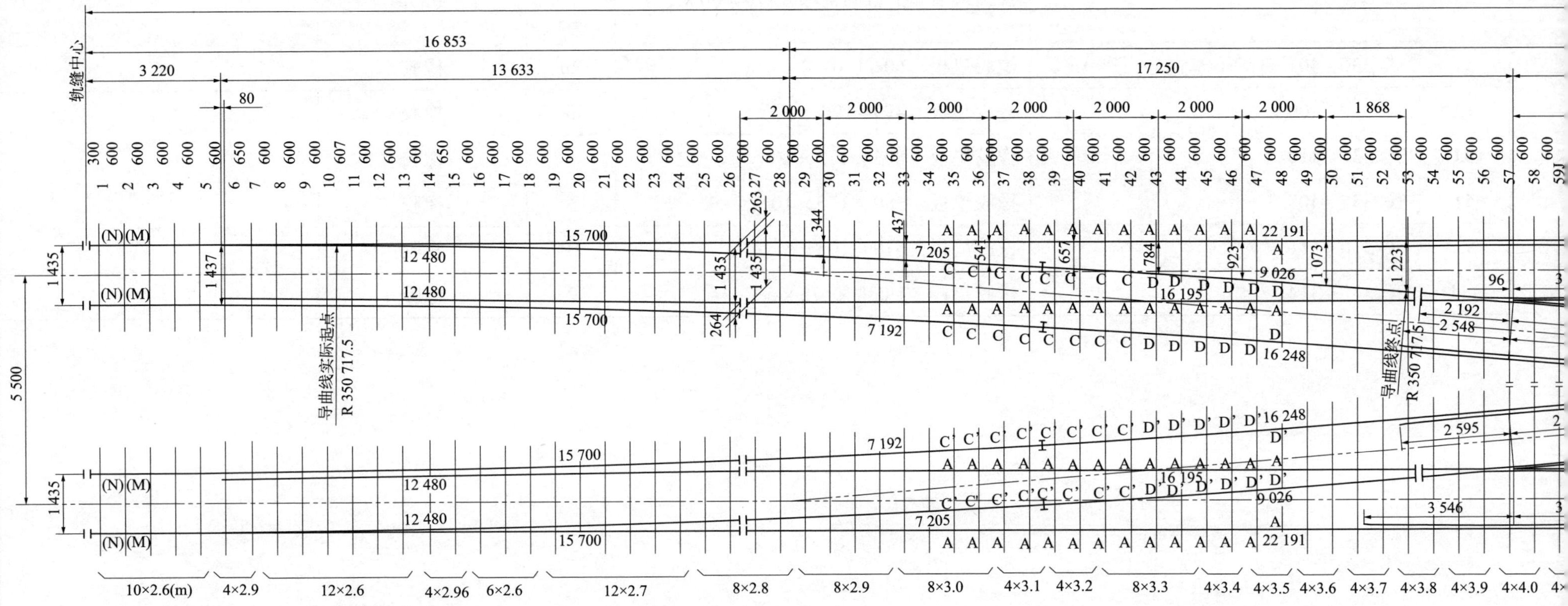

表 1　钢轨数量表

序号	钢轨长度 (m)	单位	数量	序号	钢轨长度 (m)	单位	数量
1	23.884	根	4	6	9.026	根	4
2	22.191	根	4	7	7.205	根	4
3	16.248	根	4	8	7.192	根	4
4	16.195	根	4	9	4.821	根	4
5	9.650	根	4				

表 2　混凝土岔枕数量表

序号	岔枕长度 (m)	单位	数量	序号	岔枕长度 (m)	单位	数量	序号	岔枕长度 (m)	单位	数量
1	2.45	根	12	8	3.0	根	16	15	3.7	根	8
2	2.5	根	8	9	3.1	根	14	16	3.8	根	8
3	2.6	根	68	10	3.2	根	8	17	3.9	根	8
4	2.7	根	30	11	3.3	根	16	18	4.0	根	16
5	2.8	根	16	12	3.4	根	8	19	8.1 铰	根	30
6	2.9	根	28	13	3.5	根	8				
7	2.96	根	8	14	3.6	根	8				

表 3　明　细　表

序号	图号 / 标准	名称及规格	单位	数量	材　料	备　注
1	SC(07)330－100	转辙器	组	4		左右开各为 2
2	SC(07)342－200	5.5 m 间距渡线 60－12 号辙叉及护轨 (右开)	组	2		
3	SC(07)342－200	5.5 m 间距渡线 60－12 号辙叉及护轨 (左开)	组	2		
4	SC(07)342－300	5.5 m 间距渡线 60－6 号锐叉及护轨	组	2		
5	SC(07)340－400	60－6 号钝角辙叉	组	2		
6	SC 330－300	牵引点岔枕连接装置	组	4		
7	TB/T 2344	钢　轨	m	465.648	60 kg/m 钢轨	详见钢轨表
8	TB/T 2345	接头夹板	块	40		
9	SC 330－134	垫　板　60－0　(A)	块	244		
10	SC 330－134	垫　板　60－11　(C)	块	64		左右开各为 32
11	SC 330－134	垫　板　60－14　(D)	块	48		左右开各为 24
12	SC 330－134	垫　板　60－17　(E)	块	48		左右开各为 24
13	专线 3351	Ⅱ型弹条	个	760	60Si2CrVA	
14	专线 4232－4	螺　栓　M24 × 60	根	808		
15	TB/T 2347	接头螺栓、螺母　M24 × 135	副	120	10.9 级	
16	GBP－00－25(T)	M24 弹条专用防松防锈螺母	个	808		

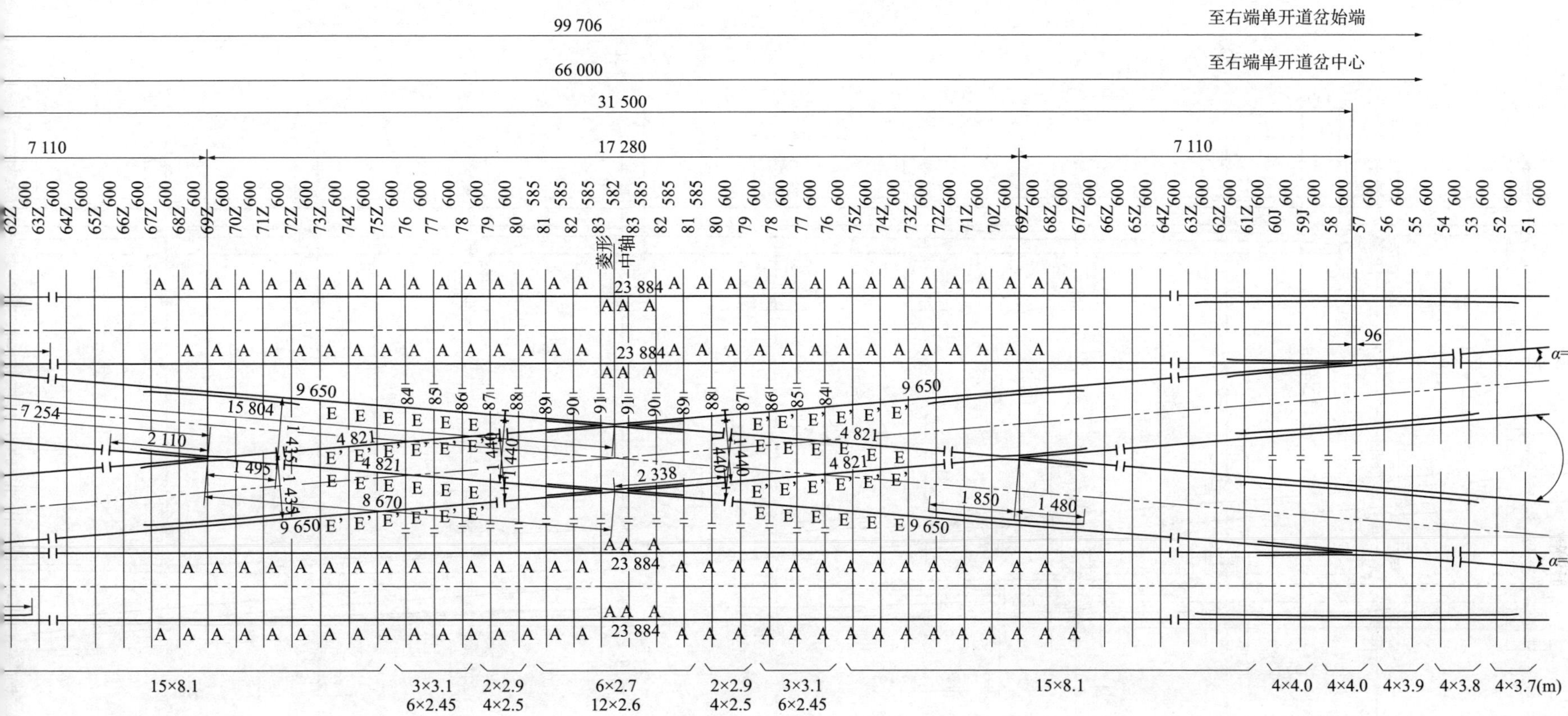

续表 3

序号	图号 / 标准	名称及规格	单位	数量	材 料	备 注
7	GB/T 1230	垫 圈 24	个	120		
8	GB/T 7244	垫 圈 30	个	808		
9	SCT505－B	岔枕螺栓 155	个	808		
0	专线 4232－10	轨距块 9－11	个	380+46	ZG 230－450	"+" 后为备用
1	专线 4232－10	轨距块 13－15	个	380+46	ZG 230－450	"+" 后为备用
2	专线 4232－10	轨距块 7－17	个	80	ZG 230－450	备用
3	专线 4232－10A	接头轨距块 9－11	个	8	ZG 230－450	
4	专线 4232－10A	接头轨距块 13－15	个	8	ZG 230－450	
5	专线 4232－72	绝缘轨距块 9－11	个	24	玻璃纤维	
6	专线 4232－72	绝缘轨距块 13－15	个	24	玻璃纤维	
7	SC 330－403	橡胶垫板 452×175×10	块	404	橡胶	
8	SC 330－401	橡胶垫板 60－190	块	404	橡胶	
9	SC 340－601	混凝土岔枕接头（一）	组	28		
0	SC 340－602	混凝土岔枕接头（二）	组	2		
1	专线 9595	钢轨绝缘	组	12		供否按合同
2	HYT－LU－2	B 型接头弹条	个	48	60Si2CrVA	

技 术 要 求

1. 图中钢轨普通接头、绝缘接头分别以"—|├—"、"⊥"表示。
2. 普通接头及绝缘接头钢轨轨缝为 8 mm。
3. 钢轨数量的配置：图中钢轨数量是按普通接头、绝缘设置在侧股配置。
4. 用于电气化铁道时，一侧 9 650 mm 长的短轨应改为胶接轨（6 034+6+3 610）见图 1。
5. 12 号单开辙叉及护轨分左右开两种：左端上方为右开，下方为左开；右端上方为左开，下方为右开，左右开对称。
6. 明细表中平垫板包括四种类型，垫板 60－0，垫板 60－11，垫板 60－14，垫板 60－17，分别用符号 A、C(C′)、D(D′)、E(E′) 表示，其中带"′"者表示左开用垫板，不带"′"者为右开用垫板。
7. 道岔两端设顺坡垫板 M、N，若与无轨底坡线路连接时，取消顺坡垫板 M、N，采用垫板 60－0，用户订货时须提出要求。
8. 钢轨表中的钢轨长度按采用普通接头设计，如采用其他接头时，以用户提供的配轨图为准。

图 1

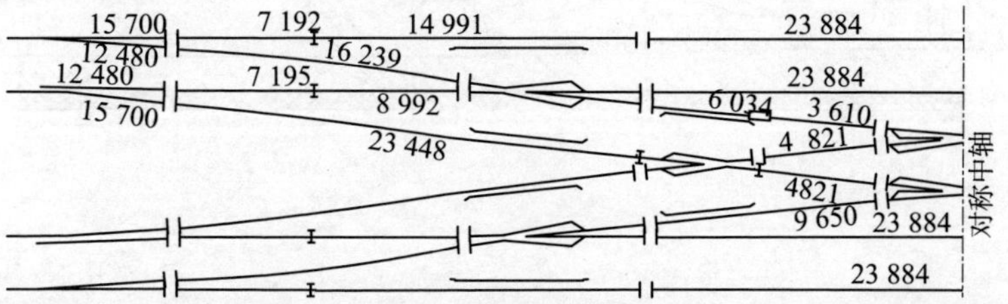

60 kg/m 钢轨 5.5 m 间距交叉渡线 12 号辙叉及护轨

图 号：SC(07)342－200

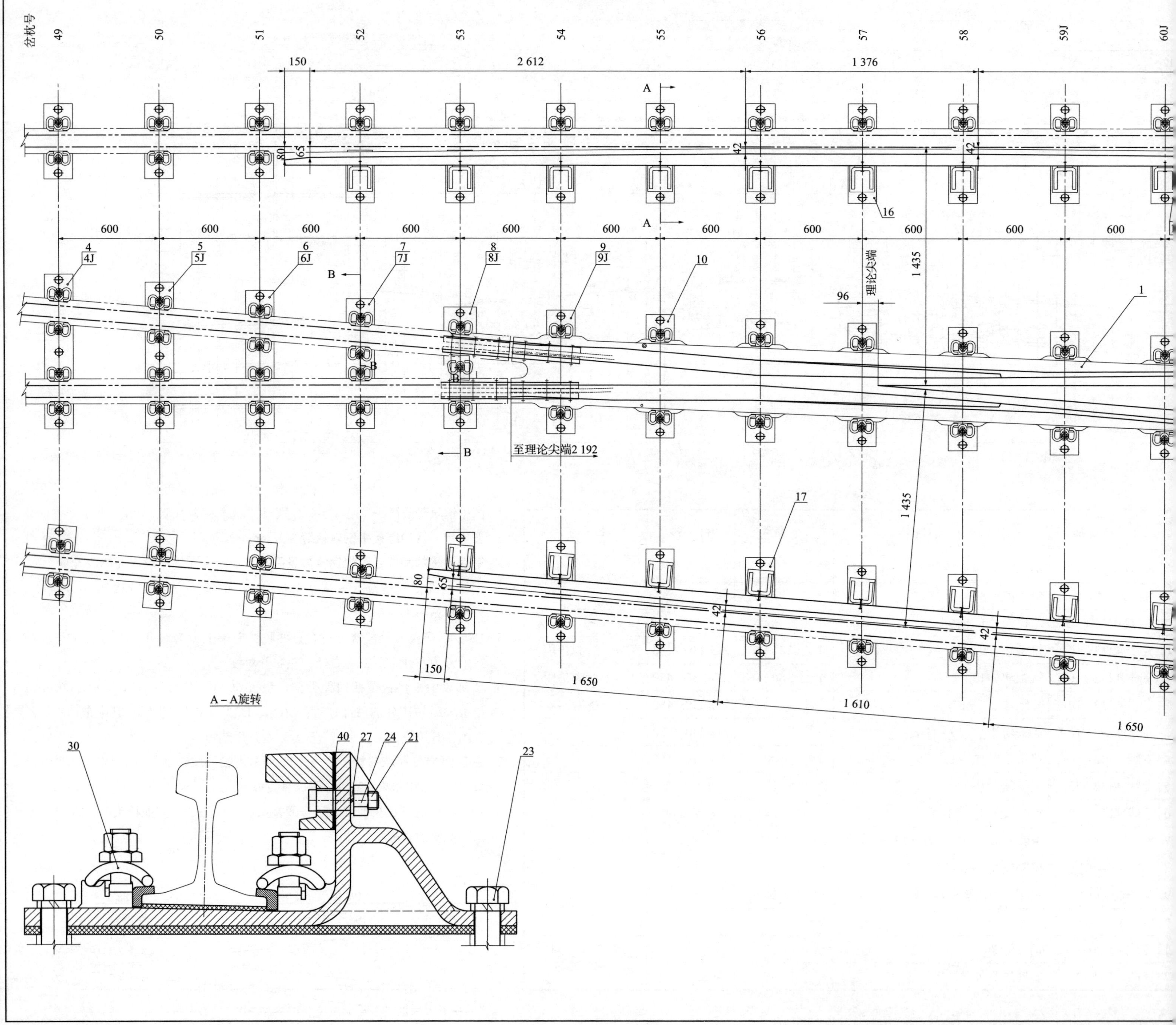

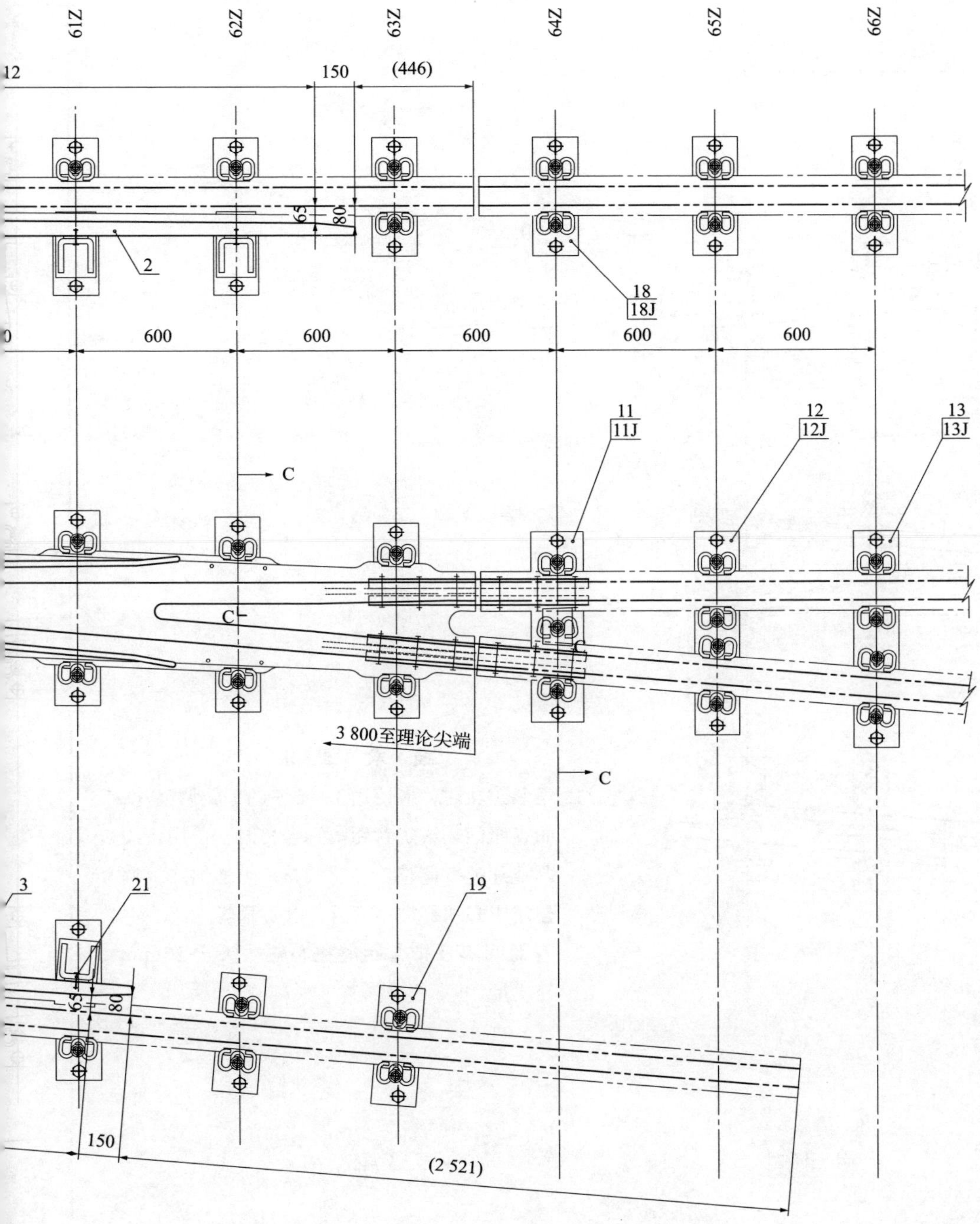

B－B旋转

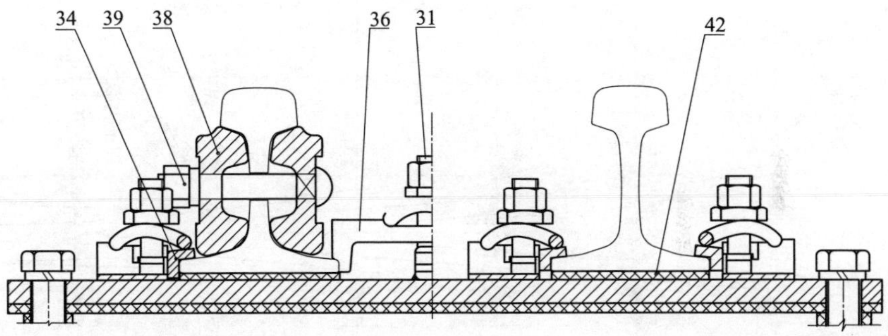

C－C旋转

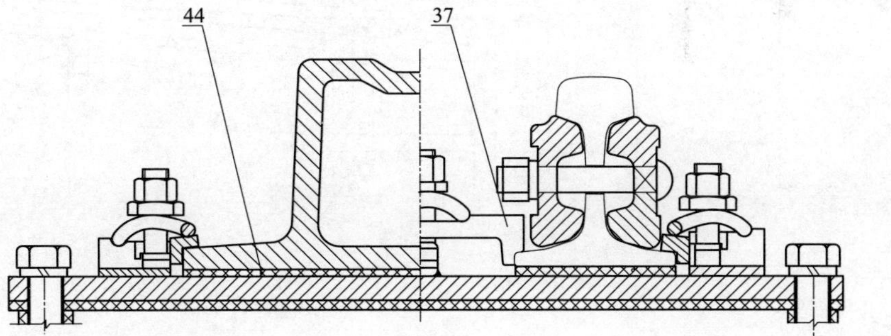

技 术 要 求

1. 组装护轨时，如查照间隔或护背距离不合格时，可用备用调整片进行调整。注意调整片为横插式，调整完毕必须将开口端弯折，以防脱落。
2. 查照间隔及护背距离在心轨轨头宽 20～30 mm 处丈量。

60 kg/m 钢轨 5.5 m 间距交叉渡线 6 号锐角辙叉及护轨
图 号：SC(07)342－300

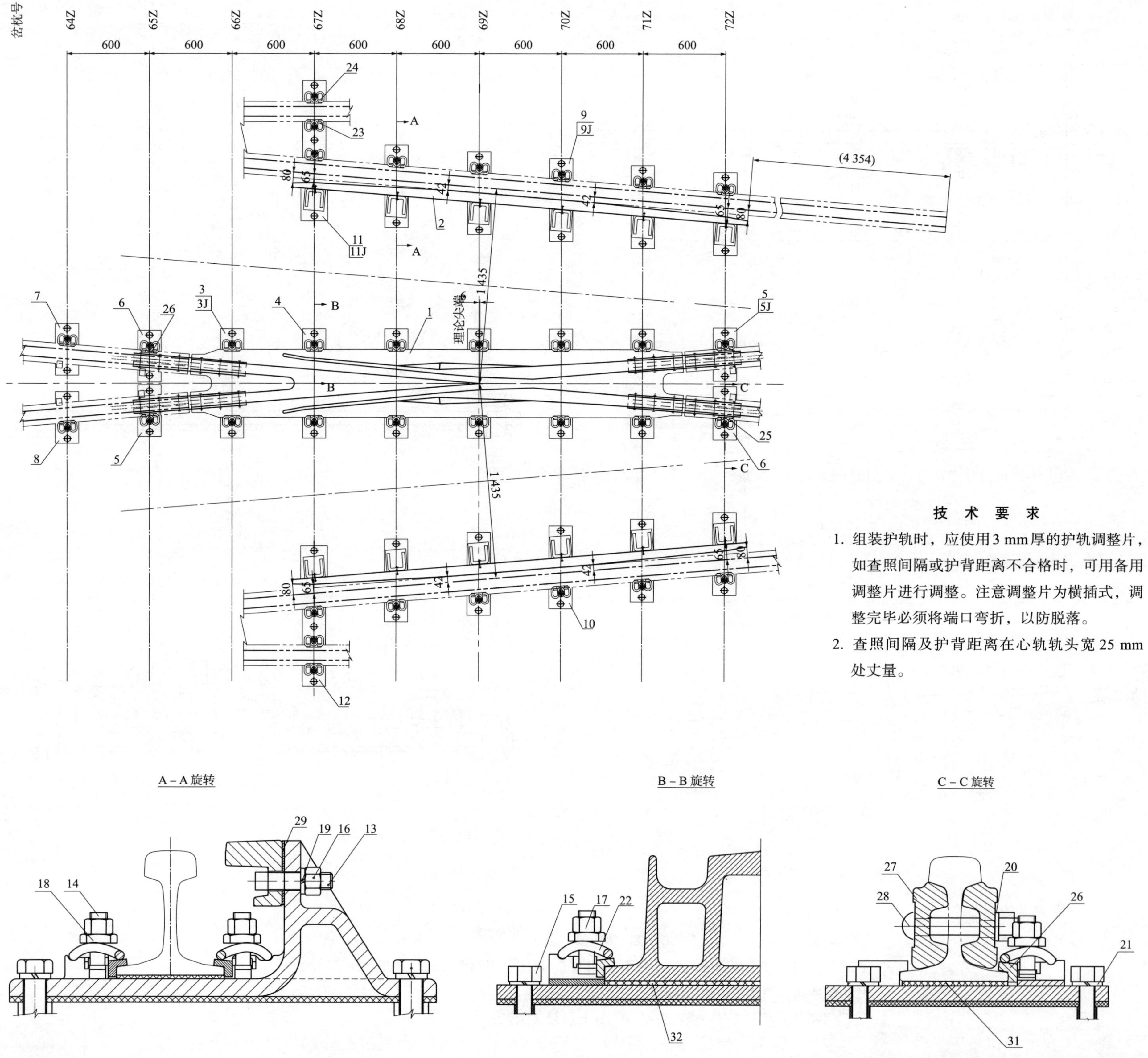

技 术 要 求

1. 组装护轨时，应使用3 mm厚的护轨调整片，如查照间隔或护背距离不合格时，可用备用调整片进行调整。注意调整片为横插式，调整完毕必须将端口弯折，以防脱落。
2. 查照间隔及护背距离在心轨轨头宽 25 mm 处丈量。

<table>
<tr><th colspan="7">43. 60 kg/m 钢轨 12 号道岔 6.5 m 间距交叉渡线(混凝土枕)
设计图号：SC(07)343</th></tr>
<tr><td rowspan="2">道岔允许通过速度</td><td>客车</td><td colspan="3">$v_{直}$≤120 km/h；$v_{侧}$≤50 km/h</td><td>扣件类型</td><td>Ⅱ型弹条</td></tr>
<tr><td>货车</td><td colspan="3">轴重 23 t：$v_{直}$≤90 km/h；$v_{侧}$≤50 km/ht</td><td>轨底坡</td><td>—</td></tr>
<tr><td>A(B)型辙叉角</td><td colspan="4">4°45′49″</td><td>锐角 / 钝角辙叉角</td><td>9°31′38″</td></tr>
<tr><td>转辙器
SC(07)330－100</td><td colspan="6">详见“60 kg/m 钢轨 12 号单开道岔［SC(07)330］”</td></tr>
<tr><td rowspan="6">12 号 A(B) 型辙叉及护轨
SC(07)330－200</td><td rowspan="2">辙叉图号</td><td rowspan="2">SC 330－202</td><td>辙叉全长</td><td>5 992</td><td rowspan="2">护轨长度</td><td>直向：6 900</td></tr>
<tr><td>辙叉趾长</td><td>2 192</td><td>侧向：5 210</td></tr>
<tr><td>辙叉形式</td><td>高锰钢整铸式</td><td>辙叉跟长</td><td>3 800</td><td>护轨轨型</td><td>33 kg/m 槽型钢</td></tr>
<tr><td colspan="2" rowspan="2">护轨端头距导轨端头定位尺寸</td><td>直向</td><td>446</td><td rowspan="2">护轨图号</td><td>直 SC 330C－203</td></tr>
<tr><td>侧向</td><td>1 185</td><td>侧 SC 330C－204</td></tr>
<tr><td colspan="5">辙叉理论尖端距趾端方向前一根岔枕中心距离</td><td>96</td></tr>
<tr><td rowspan="5">6 号锐角辙叉及护轨
SC(07)343－300</td><td rowspan="2">辙叉图号</td><td rowspan="2">SC 340－302</td><td>辙叉全长</td><td>3 605</td><td>护轨长度</td><td>3 330</td></tr>
<tr><td>辙叉趾长</td><td>1 495</td><td>护轨轨型</td><td>33 kg/m 槽型钢</td></tr>
<tr><td>辙叉形式</td><td>高锰钢整铸式</td><td>辙叉跟长</td><td>2 110</td><td>护轨图号</td><td>SC(07)340－303</td></tr>
<tr><td colspan="5">辙叉理论尖端距趾端方向前一根岔枕中心距离</td><td>6</td></tr>
<tr><td colspan="5">护轨端头距导轨端头定位尺寸</td><td>4 354</td></tr>
<tr><td>6 号钝角辙叉
SC(07)340－400</td><td>辙叉图号</td><td>SC 340－401</td><td>辙叉类型</td><td>高锰钢整铸式</td><td>辙叉全长</td><td>4 676</td></tr>
<tr><td>岔枕图号
SC 343－500</td><td>岔枕总数</td><td>398 根</td><td>岔枕展延长</td><td>1 312.88 m</td><td>套管总数</td><td>2 284</td></tr>
<tr><td>批准文号</td><td colspan="4">运基线路〔2002〕259 号</td><td>应用情况</td><td>★★★</td></tr>
<tr><td>主要结构特点</td><td colspan="6">钝角辙叉范围内轨距采用 1 440 mm，菱形中轨距过渡到 1 435 mm。</td></tr>
</table>

6 号锐角辙叉及护轨明细表

序号	图号 / 标准	名称及规格	数量	材　料	备　注
1	SC 340-302	高锰钢辙叉	1		
2	SC(07)340-303	护　轨　3 330	2	33 kg/m 槽型钢	
3	SC 340-304	垫　板　803×170×20	2		
4	SC 340-305	垫　板　803×170×20	4		
5	SC 340-306	垫　板　380×170×20	2		
6	SC 340-306	垫　板　380×170×20	2		与序号 5 对称
7	SC 341-302	垫　板　380×170×20	1		
8	SC 341-302	垫　板　380×170×20	1		与序号 7 对称
9	HY03-02	护轨垫板　610×170×25	6		
10	HY03-02	护轨垫板　610×170×25	6		与序号 9 对称
11	SC 330-134	垫　板　60-17(E)	3		
12	SC 330-134	垫　板　60-17(E)	3		与序号 11 对称
13	专线 4171-9	螺　栓　M24×85	12	5.6 级	
14	专线 4232-4	T 型螺栓　M24×65	54		
15	SCT 505-B	螺　钉　155	60		
16	NS-01(b)	螺　母　M24	12	5 级	
17	GB/T 7244	弹簧垫圈　24	12	5 级	
18	NS-01(b)-c	螺　母　M24	54	4 级	
19	NS-07	限位板　M24	54		
20	GB/T 7244	弹簧垫圈　30	60	65Mn	
21	GB/T 1230	高强度平垫圈　24	24		
22	专线 4232-10	轨距块　9-11	24	ZG 230-450	
23	专线 4232-10	轨距块　13-15	26	ZG 230-450	
24	专线 4232-10A	接头轨距块　9-11	2	ZG 230-450	
25	专线 4232-10A	接头轨距块　13-15	2	ZG 230-450	
26	专线 3351	Ⅱ型弹条	54	60Si2CrVA	
27	TB/T 2345	接头夹板	8		
28	TB/T 2347	接头螺栓及螺母　M24×135	24	10.9 级	
29	SC 330C-205	横插式槽型护轨调整片　$170\times80\times\frac{2}{3}$	24 12	Q235	
31	SC 330-401	橡胶垫板　60-190	24	橡胶	
32	SC 330-409	橡胶垫板　499-190	6	橡胶	
3J	SC 330-410	橡胶垫板　803×175×10	6	橡胶	
5J	SC 330-405	橡胶垫板　380×175×10	6	橡胶	
9J	SC 330-411	橡胶垫板　610×175×5	12	橡胶	
11J	SC 330-403	橡胶垫板　452×175×10	6	橡胶	

60 kg/m 钢轨 6.5 m 间距交叉渡线 6 号锐角辙叉及护轨

图　号：SC(07)343－300

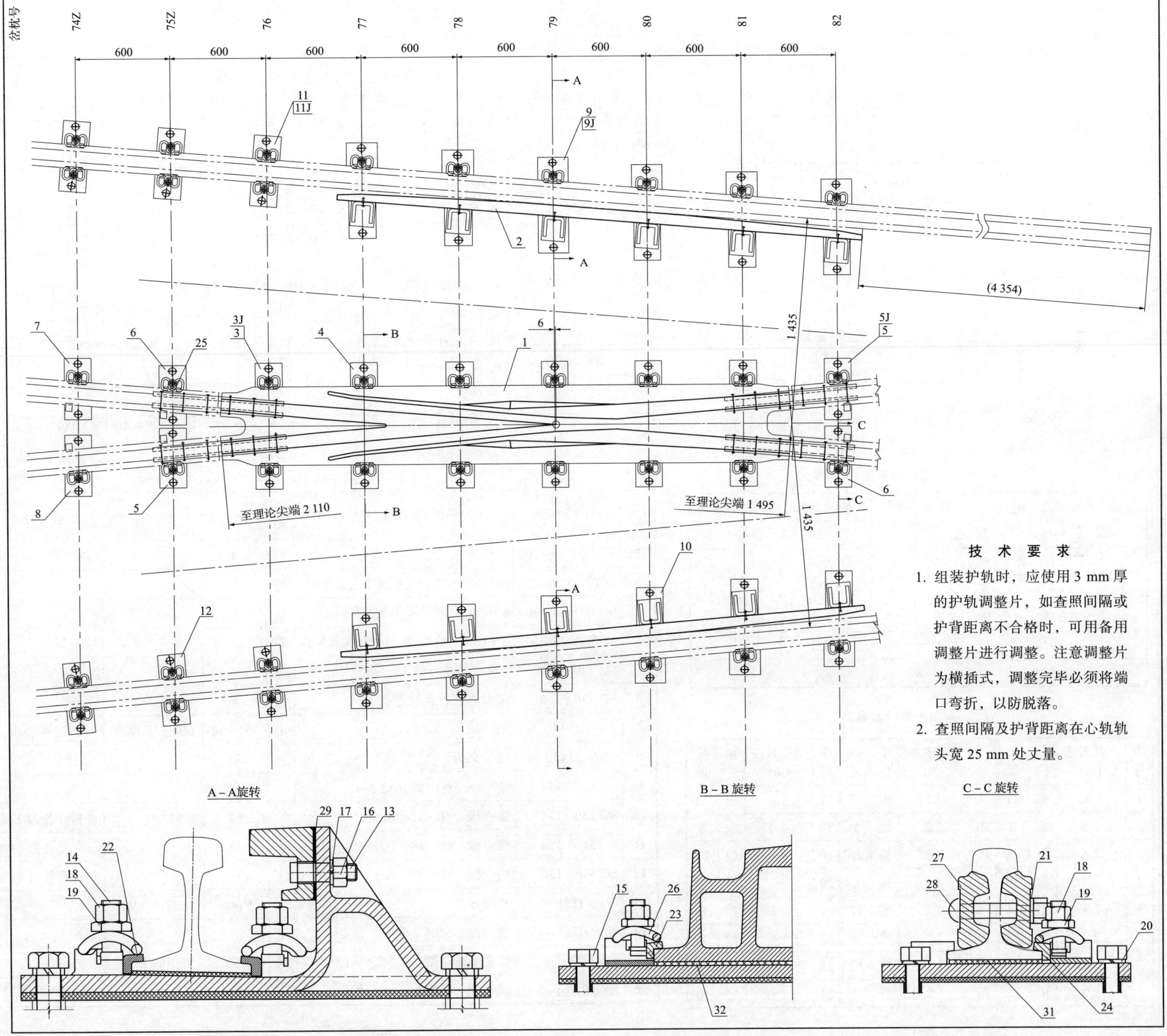

技 术 要 求

1. 组装护轨时，应使用 3 mm 厚的护轨调整片，如查照间隔或护背距离不合格时，可用备用调整片进行调整。注意调整片为横插式，调整完毕必须将端口弯折，以防脱落。
2. 查照间隔及护背距离在心轨轨头宽 25 mm 处丈量。

60 kg/m 钢轨 12 号 6.5 m 间距交叉渡线

图　号：SC(07)343

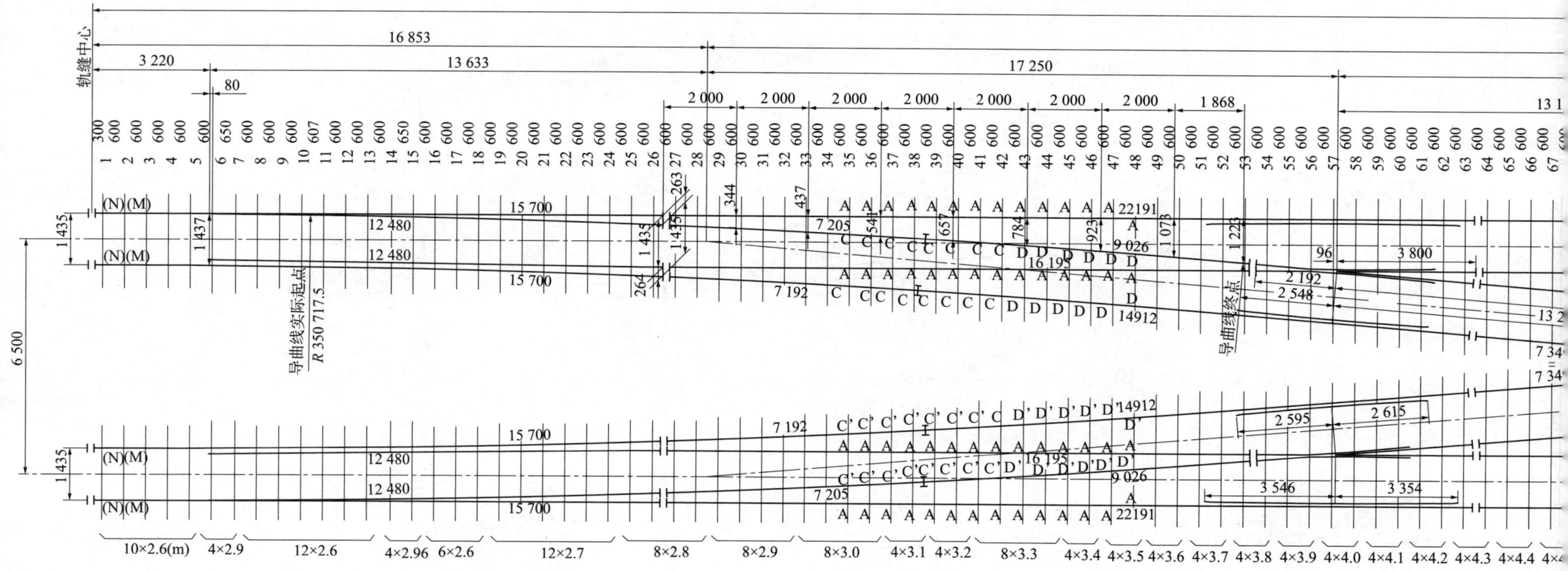

表 1　钢轨数量表

序号	钢轨长度 (m)	单位	数量	序号	钢轨长度 (m)	单位	数量
1	24.484	根	4	7	9.026	根	4
2	22.191	根	4	8	7.349	根	4
3	15.671	根	4	9	7.205	根	4
4	16.195	根	4	10	7.192	根	4
5	14.912	根	4	11	4.821	根	4
6	11.392	根	4				

表 2　混凝土岔枕数量表

序号	岔枕长度 (m)	单位	数量	序号	岔枕长度 (m)	单位	数量	序号	岔枕长度 (m)	单位	数量
1	2.45	根	12	9	3.1	根	12	17	3.9	根	12
2	2.5	根	8	10	3.2	根	8	18	4.0	根	8
3	2.6	根	108	11	3.3	根	20	19	4.1	根	14
4	2.7	根	30	12	3.4	根	8	20	4.2	根	8
5	2.8	根	16	13	3.5	根	12	21	4.3	根	8
6	2.9	根	28	14	3.6	根	8	22	4.4	根	8
7	2.96	根	8	15	3.7	根	12	23	4.5	根	16
8	3.0	根	16	16	3.8	根	8	24	9.1 绞	根	10

表 3　明　细　表

序号	图号 / 标准	名 称 及 规 格	单位	数量	材　料	备　注
1	SC(07)330－100	转辙器	组	4		左右开各为 2 组
2	SC(07)330－200	60－12 号辙叉及护轨（右开）	组	2		
3	SC(07)330－200	60－12 号辙叉及护轨（左开）	组	2		
4	SC(07)343－300	6.5 m 间距渡线 60－6 号锐叉及护轨	组	2		
5	SC 340－400	60－6 号钝角辙叉	组	2		
6	SC 330－300	牵引点岔枕连接装备	组	4		
7	TB/T 2344	钢　轨	m	561.752	60 kg/m 钢轨	详见钢轨表
8	TB/T 2345	接头夹板	块	56		
9	SC 330－134	垫　板　60－0　(A)	块	320		
10	SC 330－134	垫　板　60－11　(C)	块	64		左右开各为 32 块
11	SC 330－134	垫　板　60－14　(D)	块	48		左右开各为 24 块
12	SC 330－134	垫　板　60－17　(E)	块	96		左右开各为 48 块
13	专线 3351	Ⅱ型弹条	个	1 008	60Si2CrVA	
14	专线 4232－4	螺　栓　M24×65	根	1 056		
15	TB/T 2347	接头螺栓、螺母　M24×135	副	168	10.9 级	
16	NS－01(b)－c	螺　母　M24	个	1 056		

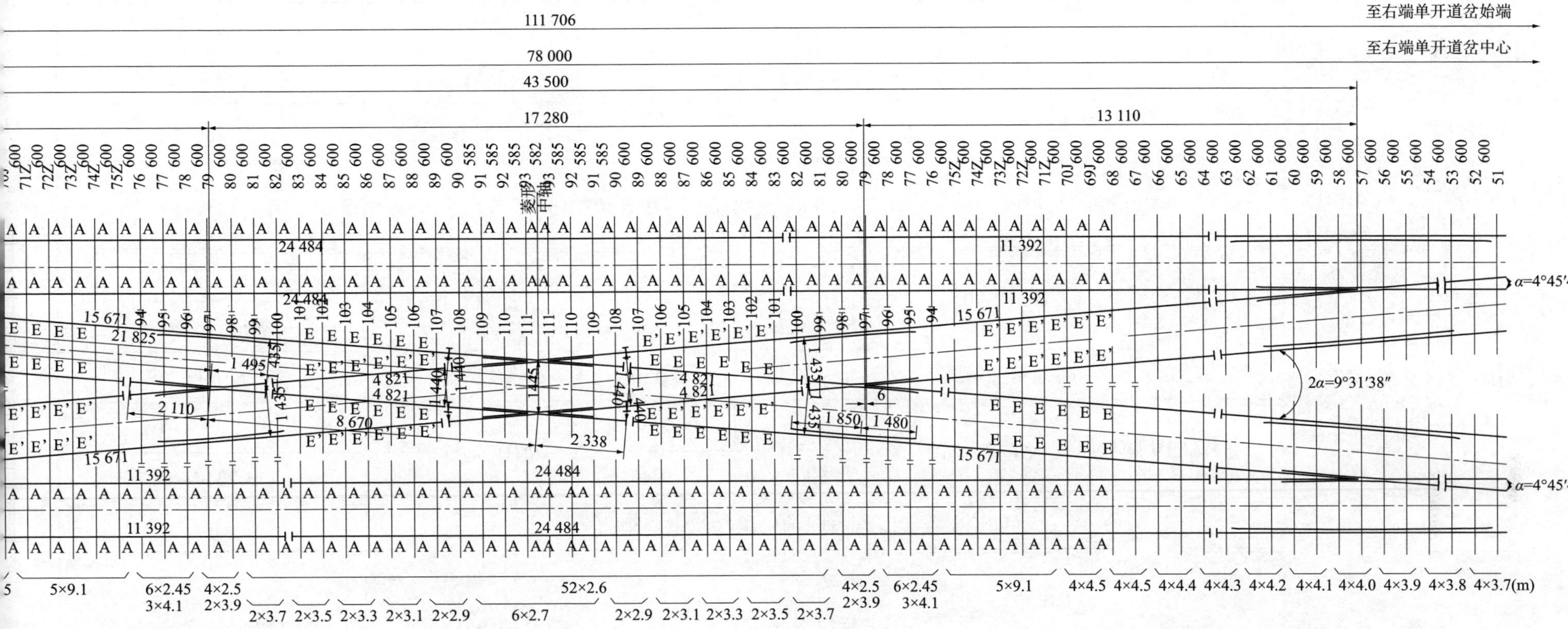

续表 3

序号	图号 / 标准	名称及规格	单位	数量	材　料	备　注
7	NS－07	限位板　24	个	1 056		
8	GB/T 1230	垫　圈　24	个	168		
9	GB/T 7244	垫　圈　30	个	1 056		
0	SCT 505－B	螺　钉　155	个	1 056		
1	专线 4232－10	轨距块　9－11	个	496+54	ZG 230－450	“+”后为备用
2	专线 4232－10	轨距块　13－15	个	496+54	ZG 230－450	“+”后为备用
3	专线 4232－10	轨距块　7－17	个	100	ZG 230－450	备用
4	专线 4232－10A	接头轨距块　9－11	个	8	ZG 230－450	
5	专线 4232－10A	接头轨距块　13－15	个	8	ZG 230－450	
6	专线 4232－72	绝缘轨距块　9－11	个	24	玻璃纤维	
7	专线 4232－72	绝缘轨距块　13－15	个	24	玻璃纤维	
8	SC 330－403	橡胶垫板　452×175×10	块	528	橡胶	
9	SC 330－401	橡胶垫板　60－190	块	528	橡胶	
0	SC 340－601	混凝土岔枕接头（一）	组	10		
1	专线 9595	钢轨绝缘	组	12		按合同
2	HYT－LU－2	B 型接头弹条	个	48	60Si2CrVA	

技 术 要 求

1. 图中钢轨普通接头、绝缘接头分别以“—||—”、“+”表示。
2. 普通接头及绝缘接头钢轨轨缝为 8 mm。
3. 钢轨数量的配置：图中钢轨数量是按普通接头、绝缘设置在侧股配置。
4. 用于电气化铁道时，一侧 15 671 mm 长的短轨应改为胶接轨（7 234+6+8 431）见图 1。
5. 12 号单开辙叉及护轨分左右开两种：左端上方为右开，下方为左开；右端上方为左开，下方为右开，左右开对称。
6. 明细表中平垫板包括四种类型，垫板 60－0，垫板 60－11，垫板 60－14，垫板 60－17，分别用符号 A、C(C′)、D(D′)、E(E′) 表示，其中带“′”者表示左开用垫板，不带“′”者表示右开用垫板。
7. 道岔两端设顺坡垫板 M、N，若与无轨底坡线路连接时，取消顺坡垫板 M、N，采用垫板 60－0，用户定货时须提出要求。
8. 钢轨表中的钢轨长度按采用普通接头设计，如采用其他接头时，以用户提供的配轨图为准。

图 1

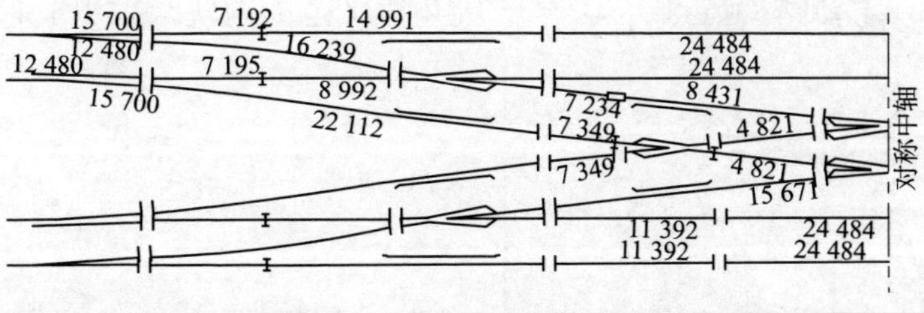

44. 50 kg/m 钢轨 9 号 5.0 m 间距交叉渡线(混凝土枕)
设计图号：CZ 2210

<table>
<tr><td rowspan="2">道岔允许通过速度</td><td>客车</td><td colspan="3">$v_{直}$≤100 km/h；$v_{侧}$≤35 km/h</td><td colspan="2">扣件类型</td><td>B型弹条</td></tr>
<tr><td>货车</td><td colspan="3">$v_{直}$≤80 km/h；$v_{侧}$≤35 km/h</td><td colspan="2">轨底坡</td><td>—</td></tr>
<tr><td>A(B)型辙叉角</td><td colspan="4">6°20′25″</td><td colspan="2">锐角/钝角辙叉角</td><td>12°40′50″</td></tr>
<tr><td>转辙器
CB 2212</td><td colspan="7">详见“50 kg/m 钢轨 9 号单开道岔［CZ 2209］”</td></tr>
<tr><td rowspan="6">9 号 A(B) 型辙叉及护轨
CB 2214</td><td rowspan="2">辙叉图号</td><td rowspan="2">CB 319－01</td><td>辙叉全长</td><td>3 592</td><td colspan="2" rowspan="2">护轨长度</td><td>直向：3 600</td></tr>
<tr><td>辙叉趾长</td><td>1 542</td><td>侧向：3 100</td></tr>
<tr><td>辙叉形式</td><td>高锰钢整铸式</td><td>辙叉跟长</td><td>2 050</td><td colspan="2">护轨轨型</td><td>33 kg/m 槽型钢</td></tr>
<tr><td colspan="2" rowspan="2">护轨端头距导轨端头定位尺寸</td><td>直向</td><td>496</td><td rowspan="2">护轨图号</td><td>直</td><td>CB 2213A－01</td></tr>
<tr><td>侧向</td><td>104</td><td>侧</td><td>CB 2214－01</td></tr>
<tr><td colspan="6">辙叉理论尖端距趾端方向前一根岔枕中心距离</td><td>46</td></tr>
<tr><td rowspan="5">4.5 号锐角辙叉及护轨
CB 2215</td><td rowspan="2">辙叉图号</td><td rowspan="2">CB 2215－01</td><td>辙叉全长</td><td>3 811</td><td colspan="2">护轨长度</td><td>3 000</td></tr>
<tr><td>辙叉趾长</td><td>1 563</td><td colspan="2">护轨轨型</td><td>33 kg/m 槽型钢</td></tr>
<tr><td>辙叉形式</td><td>高锰钢整铸式</td><td>辙叉跟长</td><td>2 248</td><td colspan="2">护轨图号</td><td>CB 2215－02</td></tr>
<tr><td colspan="6">辙叉理论尖端距趾端方向前一根岔枕中心距离</td><td>61</td></tr>
<tr><td colspan="6">护轨端头距导轨端头定位尺寸</td><td>447</td></tr>
<tr><td>4.5 号钝角辙叉
CB 2216</td><td>辙叉图号</td><td>CB 2216－01</td><td>辙叉类型</td><td>高锰钢
整铸式</td><td colspan="2">辙叉全长</td><td>4 954</td></tr>
<tr><td>岔枕图号
CZ 2210Z</td><td>岔枕总数</td><td>230 根</td><td>岔枕展延长</td><td>787.2 m</td><td colspan="2">套管总数</td><td>1 420</td></tr>
<tr><td>批准文号</td><td colspan="4">运基线路〔2003〕259 号</td><td colspan="2">应用情况</td><td>★★★</td></tr>
<tr><td>主要结构特点</td><td colspan="7">钝角辙叉范围内轨距采用 1 440 mm，菱形中轨距过渡到 1 435 mm。</td></tr>
</table>

9 号 A(B) 型辙叉及护轨明细表

序号	图号 / 标准	名称及规格	数量	材　料	备　注
1	CB 319－01	高锰钢辙叉　50－9－Ⅵ	1	ZGMn13	
2	CB 2213A－01	直向护轨　3 600	1	33 kg/m 槽型钢	
3	CB 2214－01	侧向护轨　3 100	1	33 kg/m 槽型钢	B 型对称制造
4	CB 2213－03	辙叉垫板　739 × 180 × 20Y(Z)	4	Q235	CB 2213A+9Y(Z)
5	CB 2213－04	辙叉垫板　739 × 180 × 20Y(Z)	1	Q235	CB 2213A+10Y(Z)
6	CB 2213－05	垫　板　704 × 180 × 20Y(Z)	1	Q235	CB 2213A+11Y(Z)
7	CB 2213－06	垫　板　770 × 180 × 20Y(Z)	1	Q235	CB 2213A+12Y(Z)
8	CB 2213－07	垫　板　834 × 180 × 20Y(Z)	1	Q235	CB 2213A+13Y(Z)
9	专线 4266－16	平垫板　50－A	2	Q235	
10	专线 4266－17	接头平垫板　J50－A	1	Q235	
11	专线 4266－16	平垫板　50－FY(Z)	2	Q235	
12	CB 2213A－03	护轨垫板　550 × 180 × 23	6	Q345	CB 2213A+18
13	CB 2213A－04	侧股护轨垫板　550 × 180 × 23Y(Z)	4	Q345	CB 2213A+19Y(Z)
14	CB 2214－02	侧股护轨垫板　550 × 180 × 23A(B)	1	Q345	
15	GB/T 41	螺　母　M24	42	4 级	
16	TB/T 1495.4	平垫圈　24	42		
17	TB/T 1495.2	B 型弹条	42		
18	NS－01(b)	螺　母　M24	11	5 级	
19	GB/T 7244	弹簧垫圈　24	11		
20	专线 4232－80	长方头螺栓　M24 × 85	11	5.6 级	
21	SC 330C－205	护轨调整片　170 × 80 × 2	22		备用
22	SC 330C－205	护轨调整片　170 × 80 × 3	11	Q235	
23	GB/T 7244	弹簧垫圈　30	49		
24	专线 4266－34	螺　钉　30	49		
25	TB/T 2345	接头夹板　50	4		
26	GB/T 1230	平垫圈　24	12		
27	TB/T 2347	接头螺栓及螺母　M24 × 145	12	10.9 级	
28	专线 4232－4	T 型螺栓　M24 × 60	41		
29	专线 4232－4	T 型螺栓　M24 × 85	1		
30	专线 4266－55	接头支距扣板　J50/148－136	1	KTH 350－10	
31	专线 4266－13	轨距块　50/9－11	23	ZG 230－450	
32	专线 4266－13	轨距块　50/13－15	13	ZG 230－450	
33	专线 4266－14	接头轨距块　50－11	4	玻璃纤维	
34	专线 4266－14	接头轨距块　50－13	1	玻璃纤维	

续上表

序号	图号 / 标准	名称及规格	数量	材　　料	备　　注
35	CT 10－75	轨下橡胶垫板　50－200	22	橡胶	
36	CT 10－12	橡胶垫板　439 × 200 × 5	5	橡胶	
37	CT 10－76	橡胶垫板　739 × 185 × 10	5	橡胶	
38	CT 10－76	橡胶垫板　704 × 185 × 10	1	橡胶	
39	CT 10－76	橡胶垫板　770 × 185 × 10	1	橡胶	
40	CT 10－77	橡胶垫板　834－382	1	橡胶	
41	CT 10－76	橡胶垫板　430 × 185 × 10	5	橡胶	
42	CT 10－78	橡胶垫板　550 × 185 × 7	11	橡胶	

4.5 号锐角辙叉及护轨明细表

序号	图号 / 标准	名称及规格	数量	材　　料	备　　注
1	CB 2215－01	高锰钢辙叉　50－4.5R－Ⅰ	1	ZGMn13	
2	CB 2215－02	护　轨　3 000	1	33 kg/m 槽型钢	
3	CB 2215－02	护　轨　3 000	1	33 kg/m 槽型钢	与序号 2 对称
4	CB 2215－03	辙叉垫板　898×180×20	4	Q235	铁座 41
5	CB 2215－03	辙叉垫板　898×180×20	2	Q235	铁座 33
6	CB 2215－04	垫　板　770×780×20	1	Q235	
7	CB 2215－04	垫　板　770×780×20	1	Q235	与序号 6 对称
8	CB 2215－06	垫　板　815×180×20	1	Q345	
9	CB 2215－06	垫　板　815×180×20	1	Q345	与序号 8 对称
10	CB 2215－07	垫　板　885×180×20	1	Q345	
11	CB 2215－07	垫　板　885×180×20	1	Q345	与序号 10 对称
12	CB 2215－07	垫　板　955×180×20	1	Q345	
13	CB 2215－07	垫　板　955×180×20	1	Q345	与序号 12 对称
14	专线 4266－16	平垫板　50－A	2	Q235	
15	专线 4266－16	平垫板　50－FY	1	Q235	
16	专线 4266－16	平垫板　50－FZ	1	Q235	
17	专线 4266－17	接头平垫板　50－FZ	1	Q235	
18	专线 4266－17	接头平垫板　50－FY	1	Q235	
19	专线 4266－54	支距扣板　50/135－123	2	KTH 350－10	
20	NS－(01)b	螺　母　M24	12	10 级	
21	TB/T 2345	接头夹板　50	12		
22	TB/T 2347	接头螺栓及螺母　M24×145	24	10.9 级	
23	专线 4232－4	T 型螺栓　M24×60	42		
24	专线 4232－4	T 型螺栓　M24×85	2		
25	专线 4232－80	长方头螺栓　M24×85	10	5.6 级	
26	CB 2231－03	辙跟三孔焊接间隔铁　50/138.5－179.5	2		
27	专线 4266－34	螺　钉　M30	44		
28	GB/T 41	螺　母　M24	44	4 级	
29	TB/T 1495.4	平垫圈　24	44		
30	NS－01(b)	螺　母　M24	10	5 级	
31	GB/T 7244	弹簧垫圈　24	10		
32	GB/T 1230	垫　圈　24	36		
33	GB/T 7244	弹簧垫圈 30	44		
34	TB/T 1495.2	B 型弹条	44		

续上表

序号	图号 / 标准	名称及规格	数量	材　　料	备　　注
35	专线 4266－13	轨距块　50/9－11	18	ZG 230－350	
36	专线 4266－13	轨距块　50/13－15	18	ZG 230－350	
37	SC 330C－205	护轨调整片　170×80×2	20	Q235	备用
38	SC 330C－205	护轨调整片　170×80×3	10	Q235	
39	专线 4266－14	接头轨距块　50－11	2	玻璃纤维	
40	专线 4266－14	接头轨距块　50－13	4	玻璃纤维	
41	CT 10－75	橡胶垫板　50－200	22	橡胶	
42	CT 10－12	橡胶垫板　600×200×5	6	橡胶	
43	CT 10－76	双孔橡胶垫板　770×185×10	4	橡胶	
44	CT 10－76	双孔橡胶垫板　815×185×10	2	橡胶	
45	CT 10－76	双孔橡胶垫板　885×185×10	2	橡胶	
46	CT 10－76	双孔橡胶垫板　955×185×10	2	橡胶	
47	CT 10－76	双孔橡胶垫板　430×185×10	6	橡胶	
48	CT 10－76	双孔橡胶垫板　898×185×10	6	橡胶	
49	专线 (02)4151－Ⅲ－18	橡胶垫板　780×390×5	2	橡胶	
50	专线 4232－5	半圆头方颈螺栓　M24×300	2	10.9 级	
51	专线 4232－5	半圆头方颈螺栓　M24×320	2	10.9 级	
52	专线 4232－5	半圆头方颈螺栓　M24×330	2	10.9 级	
53	专线 4232－5	半圆头方颈螺栓　M24×350	2	10.9 级	
54	专线 4232－5	半圆头方颈螺栓　M24×360	2	10.9 级	
55	专线 4232－5	半圆头方颈螺栓　M24×380	2	10.9 级	
56	专线 (02)4151－Ⅲ－17	接头夹板方孔垫圈　50－3	12	KTH 330－08	
57	专线 (02)4151－Ⅲ－17	接头夹板圆孔垫圈　50－3	12	KTH 330－08	

4.5 号钝角辙叉明细表

序号	图号 / 标准	名称及规格	数　量	材　料
1	CB 2216-01	高锰钢辙叉　50-4.5D-Ⅰ	1	
2	CB 2216-02	辙叉垫板　733×180×20	2	Q235
3	CB 2216-02	辙叉垫板　850×180×20	2	Q235
4	CB 2216-02	辙叉垫板　972×180×20	2	Q235
5	CB 2216-03	辙叉垫板　992×180×20	2	Q235
6	TB/T 2345	接头夹板　50	8	
7	TB/T 2347	接头螺栓及螺母　M24×145	24	10.9 级
8	专线 4232-4	T 型螺栓　M24×60	20	
9	专线 4266-34	螺　钉　M30	16	
10	TB/T 1495.2	B 型弹条	20	
11	GB/T 41	螺　母　M24	20	4 级
12	TB/T 1495.4	平垫圈　24	20	
13	GB/T 1230	垫　圈　24	24	
14	GB/T 7244	弹簧垫圈　30	16	
15	专线 4266-13	轨距块　50/9-11	10	ZG 230-450
16	专线 4266-13	轨距块　50/13-15	10	ZG 230-450
17	CT 10-76	橡胶垫板　992×185×10	2	橡胶
18	CT 10-75	橡胶垫板　435×200×5	2	橡胶
19	CT 10-75	橡胶垫板　552×200×5	2	橡胶
20	CT 10-75	橡胶垫板　674×200×5	2	橡胶
21	CT 10-75	橡胶垫板　197×200×5	4	橡胶
22	CT 10-76	橡胶垫板　733×185×10	2	橡胶
23	CT 10-76	橡胶垫板　850×185×10	2	橡胶
24	CT 10-76	橡胶垫板　972×185×10	2	橡胶

50 kg/m 钢轨 9 号 5.0 m 间距交叉渡线

图　号：CZ 2210

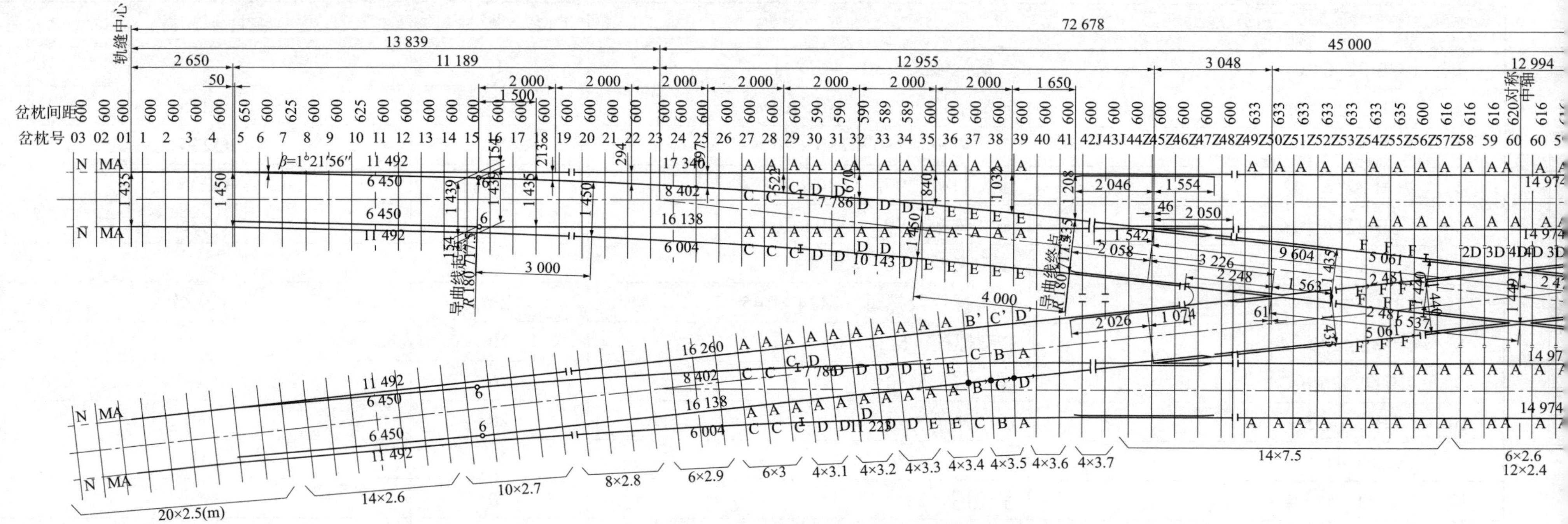

表 2　道岔布置形式、转辙器、垫板及钢轨数量表

序号	布置形式简图	转辙器		顺坡垫板		绝缘位置设在直股																												
						平垫板											接头平垫板							钢轨数量										
		左开	右开	M	N	A	BY	BZ	CY	CZ	DY	DZ	EY	EZ	FY	FZ	A	CY	CZ	DY	DZ	FY	FZ	10 260	17 235	5 992	11 340	16 196	8 390	7 740	16 155	14 974	5 061	2 481
1		2	2	8	8	160	0	0	12	12	20	20	20	20	8	8	28	0	0	0	0	4	4	0	0	4	4	4	4	4	4	4	4	4
2		2	2	8	8	144	8	8	20	20	24	24	8	8	8	8	28	0	0	0	0	4	4	4	4	4	0	4	4	4	0	4	4	4
3		2	2	8	8	152	4	4	16	16	22	22	14	14	8	8	28	0	0	0	0	4	4	2	2	4	2	4	4	4	2	4	4	4
4		2	2	8	8	152	4	4	16	16	22	22	14	14	8	8	28	0	0	0	0	4	4	2	2	4	2	4	4	4	2	4	4	4
5		3	1	8	8	156	2	2	8	20	12	30	10	24	8	8	28	0	0	0	0	4	4	1	1	4	3	4	4	4	3	4	4	4
6		3	1	8	8	148	6	6	12	24	14	32	4	18	8	8	28	0	0	0	0	4	4	3	3	4	1	4	4	4	1	4	4	4
7		1	3	8	8	156	2	2	20	8	30	12	24	10	8	8	28	0	0	0	0	4	4	1	1	4	3	4	4	4	3	4	4	4
8		1	3	8	8	148	6	6	24	12	32	14	18	4	8	8	28	0	0	0	0	4	4	3	3	4	1	4	4	4	1	4	4	4
9		4	0	8	8	152	4	4	4	28	4	40	0	28	8	8	28	0	0	0	0	4	4	2	2	4	2	4	4	4	2	4	4	4
10		0	4	8	8	152	4	4	28	4	40	4	28	0	8	8	28	0	0	0	0	4	4	2	2	4	2	4	4	4	2	4	4	4
序号	布置形式简图	转辙器		顺坡垫板		绝缘位置设在侧股																												
						平垫板											接头平垫板							钢轨数量										
		左开	右开	M	N	A	BY	BZ	CY	CZ	DY	DZ	EY	EZ	FY	FZ	A	CY	CZ	DY	DZ	FY	FZ	16 260	11 223	17 340	8 402	7 786	16 138	6 004	10 143	14 974	5 061	2 481
1		2	2	8	8	176	0	0	8	8	16	16	20	20	8	8	12	4	4	4	4	4	4	0	0	4	4	4	4	4	4	4	4	4
2		2	2	8	8	160	8	8	16	16	20	20	8	8	8	8	12	4	4	4	4	4	4	4	4	0	4	4	4	4	0	4	4	4
3		2	2	8	8	168	4	4	12	12	18	18	14	14	8	8	12	4	4	4	4	4	4	2	2	2	4	4	4	4	2	4	4	4
4		2	2	8	8	168	4	4	12	12	18	18	14	14	8	8	12	4	4	4	4	4	4	2	2	2	4	4	4	4	2	4	4	4
5		3	1	8	8	172	2	2	6	14	10	24	10	24	8	8	12	2	6	2	6	4	4	1	1	3	4	4	4	4	3	4	4	4
6		3	1	8	8	164	6	6	10	18	12	26	4	18	8	8	12	2	6	2	6	4	4	3	3	1	4	4	4	4	1	4	4	4
7		1	3	8	8	172	2	2	14	6	24	10	24	10	8	8	12	6	2	6	2	4	4	1	1	3	4	4	4	4	3	4	4	4
8		1	3	8	8	164	6	6	18	10	26	12	18	4	8	8	12	6	2	6	2	4	4	3	3	1	4	4	4	4	1	4	4	4
9		4	0	8	8	168	4	4	4	20	4	32	0	28	8	8	12	0	8	0	8	4	4	2	2	2	4	4	4	4	2	4	4	4
10		0	4	8	8	168	4	4	20	4	32	4	28	0	8	8	12	8	0	8	0	4	4	2	2	2	4	4	4	4	2	4	4	4

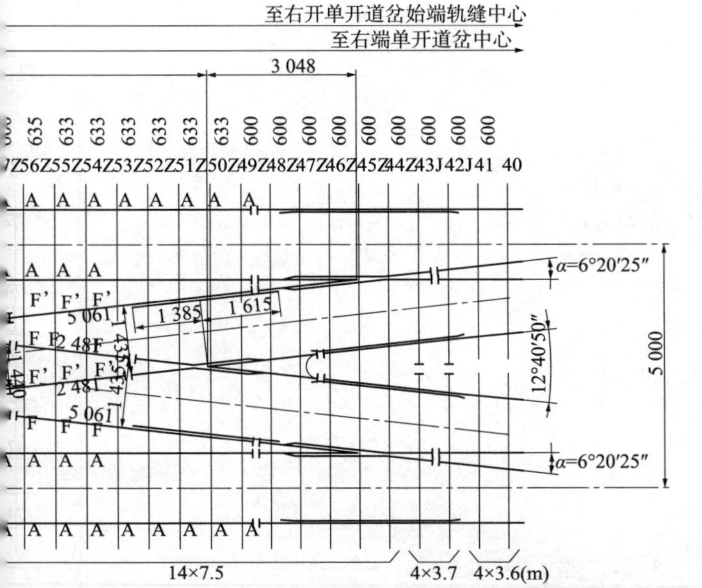

图 1 绝缘接头设置直股

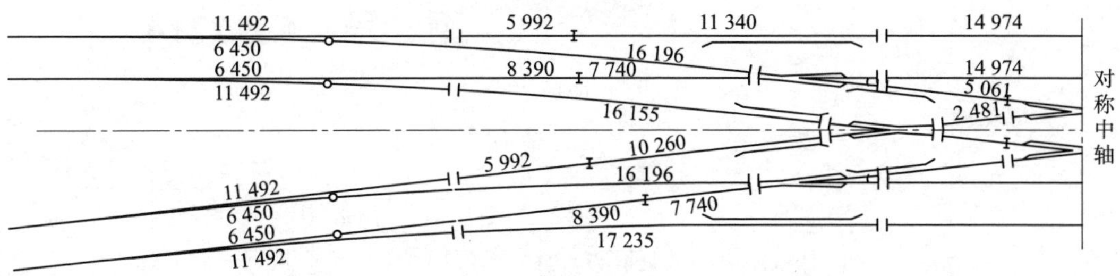

技术要求

1. 扣件采用 B 型弹条扣件，轨距块设计安装号数如下：
   钢轨工作边一侧，安装 13 号轨距块或 13 号接头轨距块；
   钢轨非工作边一侧，安装 11 号轨距块或 11 号接头轨距块；
   高锰钢整铸辙叉一侧安装 13 号轨距块，另一侧安装 11 号轨距块。
   7－17 轨距块为备用轨距块，供现场调整用。
2. 图中钢轨普通接头及绝缘接头分别以“—|├—”、“+”表示。
3. 本渡线不同形式、垫板数量及配轨长度见表二；图中带“'”的表示左开用垫板，不带“'”的为右开用垫板。接头处安装接头平垫板。
4. 考虑到道岔与线路连接过渡，在道岔前两根岔枕上分别设置顺坡垫板（M、N 位置），若与无轨底坡线路连接时取消顺坡垫板，采用 A 型垫板（50－A），用户订货时需说明。

表 1 混凝土岔枕数量表

序号	岔枕长度(m)	单位	数量	序号	岔枕长度(m)	单位	数量	序号	岔枕长度(m)	单位	数量
1	2.4	根	12	6	2.9	根	12	11	3.4	根	8
2	2.5	根	40	7	3.0	根	12	12	3.5	根	8
3	2.6	根	34	8	3.1	根	8	13	3.6	根	8
4	2.7	根	20	9	3.2	根	8	14	3.7	根	8
5	2.8	根	16	10	3.3	根	8	15	7.5	根	28

表 3 明 细 表

序号	图号 / 标准	名称及规格	数量	材 料	备 注
1	CB 2212	转辙器			详见表 2
2	CB 2214	5.0 m－9 号 A(B) 型辙叉及护轨	4		A、B 型各 2
3	CB 2215	5.0 m－4.5 号锐角辙叉及护轨	2		
4	CB 2216	4.5 号钝角辙叉	2		
5	TB/T 2344	钢 轨		50 kg/m 钢轨	详见表 2
6	TB/T 2345	接头夹板 50	24		
7	专线 4266－16	垫 板 50－A		Q235	详见表 2
8	专线 4266－16	垫 板 50－B Y(Z)		Q235	详见表 2
9	专线 4266－16	垫 板 50－C Y(Z)		Q235	详见表 2
10	专线 4266－16	垫 板 50－D Y(Z)		Q235	详见表 2
11	专线 4266－16	垫 板 50－E Y(Z)		Q235	详见表 2
12	专线 4266－16	垫 板 50－F Y(Z)	16	Q235	左、右开各半
13	专线 4266－17	接头平垫板 J 50－A		Q235	详见表 2

续表 3

序号	图号 / 标准	名称及规格	数量	材 料	备 注
14	专线 4266－17	接头平垫板 J 50－C Y(Z)		Q235	详见表 2
15	专线 4266－17	接头平垫板 J 50－D Y(Z)		Q235	详见表 2
16	专线 4266－17	接头平垫板 J 50－F Y(Z)	8	Q235	左、右开各半
17	专线 4266－24	顺坡垫板 P80	8	Q235	图中 M 位置
18	专线 4266－25	顺坡垫板 P60	8	Q235	图中 N 位置
19	TB/T 1495.2	B 型弹条	664		
20	专线 4232－4	T 型螺栓 M24 × 60	664	4.8 级	
21	TB/T 1495.4	平垫圈 24	664		
22	GB/T 41	螺 母 M24	664	4 级	
23	TB/T 2347	接头螺栓及螺母 M24 × 145	72	10.9 级	
24	GB/T 1230	垫 圈 24	72		
25	专线 4266－34	螺 钉 30	664		
26	GB/T 7244	弹簧垫圈 30	664		
27	专线 4266－13	轨距块 50/9－11	296	ZG 230－450	
28	专线 4266－13	轨距块 50/13－15	296	ZG 230－450	
29	专线 4266－13	轨距块 50/7－17	150	ZG 230－450	备用
30	专线 4266－14	接头轨距块 50－11	36	玻璃纤维	
31	专线 4266－14	接头轨距块 50－13	36	玻璃纤维	
32	专线 4266－14	接头轨距块 50－9	18	玻璃纤维	备用
33	专线 4266－14	接头轨距块 50－15	18	玻璃纤维	备用
34	CT 10－76	橡胶垫板 430 × 185 × 10	332	橡胶	
35	CT 10－75	轨下橡胶垫板 50－200	332	橡胶	
36		50 钢轨绝缘	12		备用

50 kg/m 钢轨 5.0 m 间距交叉渡线 9 号 A(B) 型辙叉及护轨

图　号：CB 2214

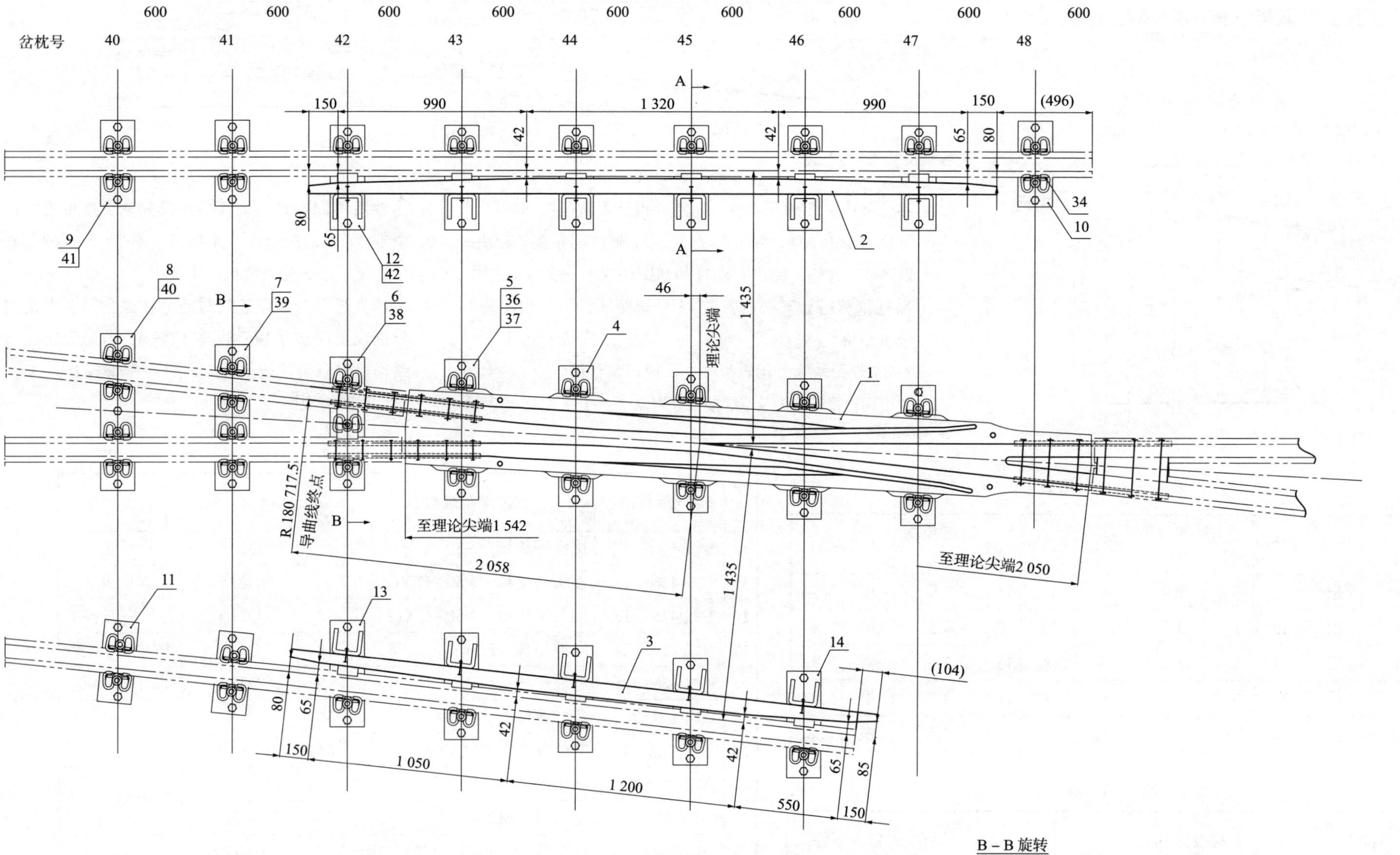

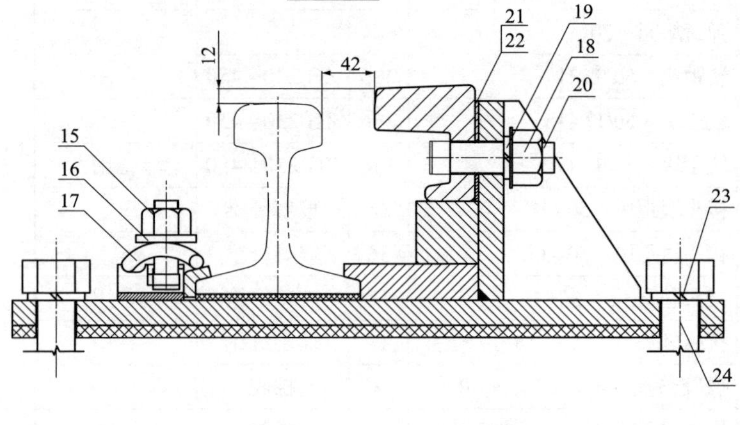

A－A旋转

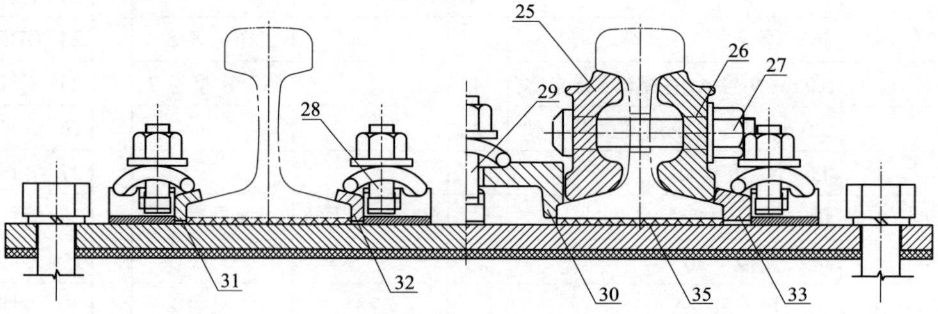

B－B旋转

技　术　要　求

1. 本图按 A 型辙叉及护轨设计，B 型时按本图对称制造及铺设。若为 B 型辙叉及护轨时，序号 4～8、11～13 垫板按左开垫板制造。
2. 查照间隔及护背距离在心轨轨头宽 20～30 mm 断面处丈量。
3. 组装护轨时，应使用 3 mm 厚的护轨调整片，如查照间隔或护背距离不合格时，可用备用调整片进行调整。

50 kg/m 钢轨 5.0 m 间距交叉渡线 4.5 号锐角辙叉及护轨

图　号：CB 2215

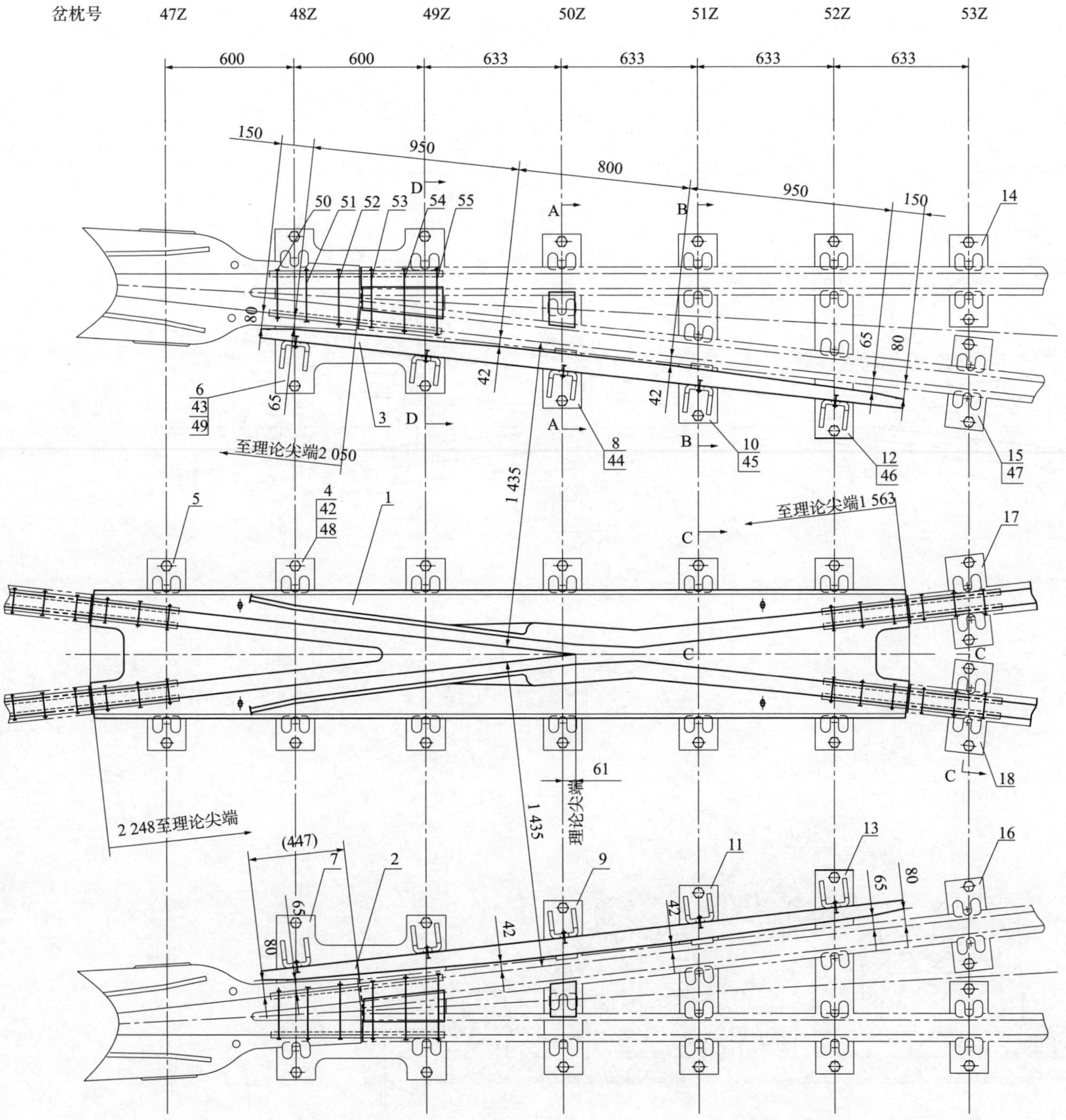

D－D 旋转

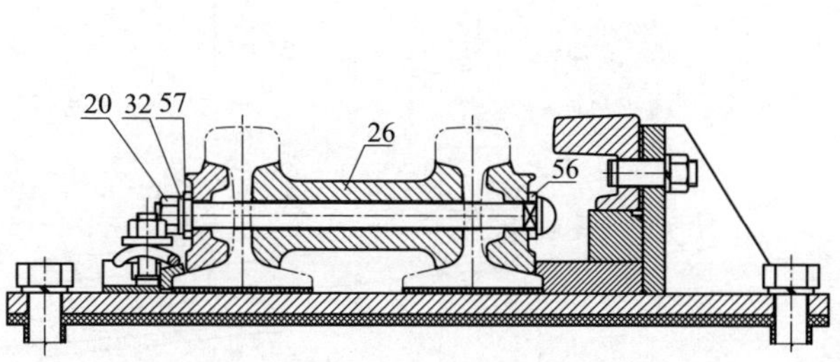

C－C 旋转

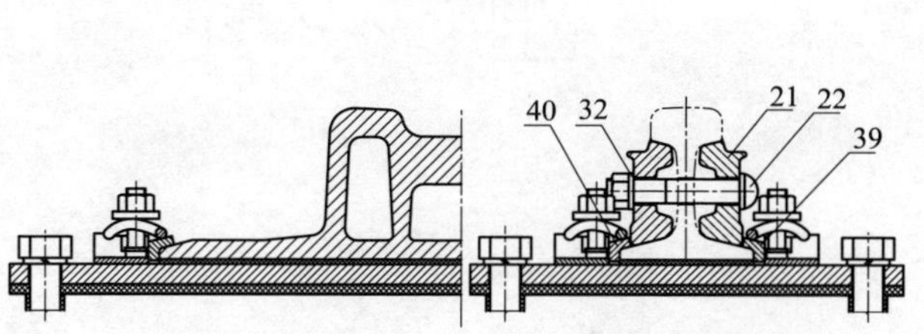

技 术 要 求

1. 组装护轨时，应使用 3 mm 厚的护轨调整片，如查照间隔或护背距离不合适时，可使用备用调整片进行调整。
2. 查照间隔及护背距离在心轨轨头宽 20～30 mm 处丈量。

A－A 旋转

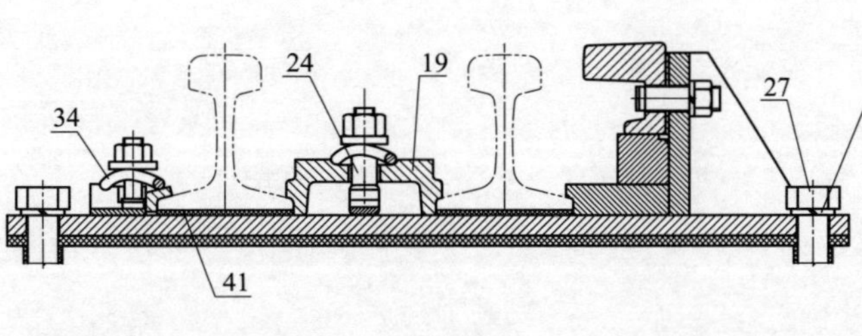

B－B 旋转

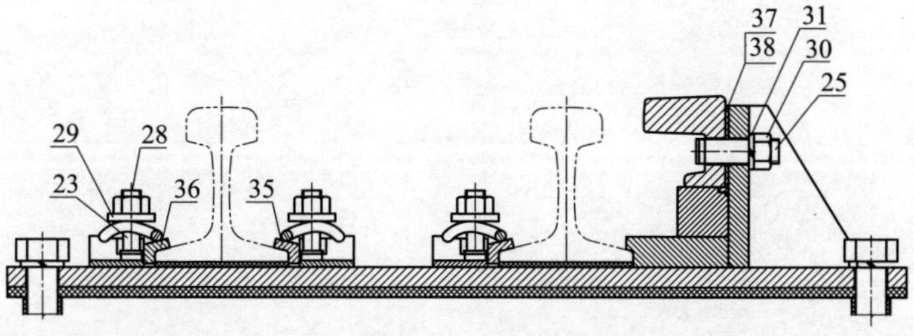

50 kg/m 钢轨 5.0 m 间距交叉渡线 4.5 号钝角辙叉
图 号：CB 2216

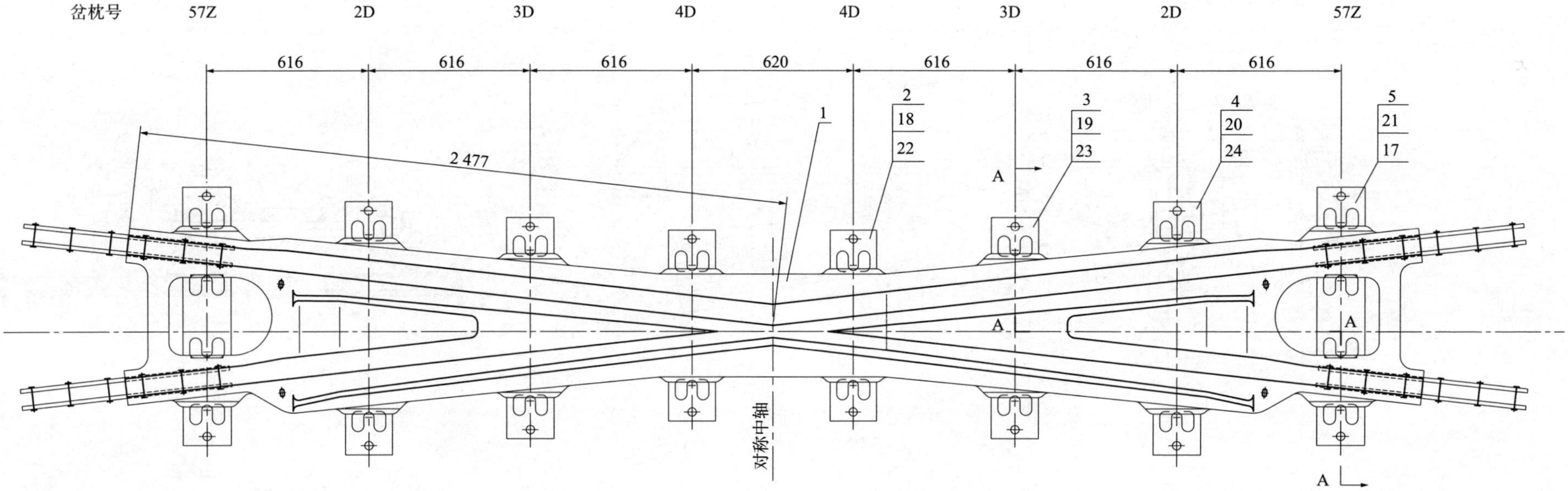

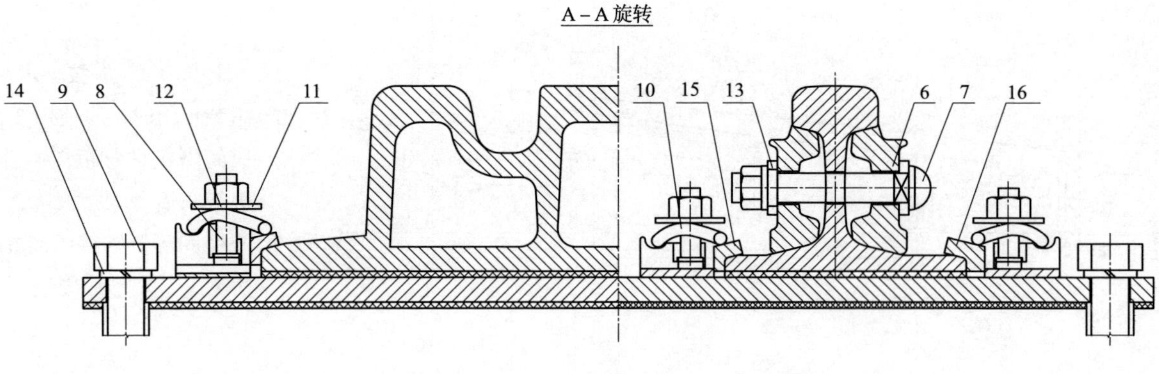

45. 50 kg/m 钢轨 9 号 5.3 m 间距交叉渡线(混凝土枕)
设计图号：CZ 2211

<table>
<tr><td rowspan="2">道岔允许通过速度</td><td>客车</td><td colspan="3">$v_{直}$≤100 km/h；$v_{侧}$≤35 km/h</td><td colspan="2">扣件类型</td><td>Ⅰ型弹条</td></tr>
<tr><td>货车</td><td colspan="3">$v_{直}$≤80 km/h；$v_{侧}$≤35 km/h</td><td colspan="2">轨底坡</td><td>—</td></tr>
<tr><td>A(B)型辙叉角</td><td colspan="4">6°20′25″</td><td colspan="2">锐角/钝角辙叉角</td><td>12°40′50″</td></tr>
<tr><td>转辙器
CB 2212</td><td colspan="7">详见“50 kg/m 钢轨 9 号单开道岔［CZ2209］”</td></tr>
<tr><td rowspan="6">9 号 A(B) 型辙叉及护轨
CB 2256</td><td rowspan="2">辙叉图号</td><td rowspan="2">CB 319－01</td><td>辙叉全长</td><td>3 592</td><td colspan="2" rowspan="2">护轨长度</td><td>直向：3 600</td></tr>
<tr><td>辙叉趾长</td><td>1 542</td><td>侧向：3 600</td></tr>
<tr><td>辙叉形式</td><td>高锰钢整铸式</td><td>辙叉跟长</td><td>2 050</td><td colspan="2">护轨轨型</td><td>33 kg/m 槽型钢</td></tr>
<tr><td colspan="2" rowspan="2">护轨端头距导轨端头定位尺寸</td><td>直向</td><td>496</td><td rowspan="2">护轨图号</td><td>直</td><td>CB 2213A－01</td></tr>
<tr><td>侧向</td><td>626</td><td>侧</td><td>CB 2213A－02</td></tr>
<tr><td colspan="6">辙叉理论尖端距趾端方向前一根岔枕中心距离</td><td>46</td></tr>
<tr><td rowspan="5">4.5 号锐角辙叉及护轨
CB 2257</td><td rowspan="2">辙叉图号</td><td rowspan="2">CB 2215－01</td><td>辙叉全长</td><td>3 811</td><td colspan="2">护轨长度</td><td>3 000</td></tr>
<tr><td>辙叉趾长</td><td>1 563</td><td colspan="2">护轨轨型</td><td>33 kg/m 槽型钢</td></tr>
<tr><td>辙叉形式</td><td>高锰钢整铸式</td><td>辙叉跟长</td><td>2 248</td><td colspan="2">护轨图号</td><td>CB 2257－01</td></tr>
<tr><td colspan="6">辙叉理论尖端距趾端方向前一根岔枕中心距离</td><td>257</td></tr>
<tr><td colspan="6">护轨端头距导轨端头定位尺寸</td><td>2 282</td></tr>
<tr><td>4.5 号钝角辙叉
CB 2216</td><td>辙叉图号</td><td>CB 2216－01</td><td>辙叉类型</td><td>高锰钢
整铸式</td><td colspan="2">辙叉全长</td><td>4 954</td></tr>
<tr><td>岔枕图号
CZ 2211Z</td><td>岔枕总数</td><td>252 根</td><td>岔枕展延长</td><td>844.2 m</td><td colspan="2">套管总数</td><td>1 512</td></tr>
<tr><td>批准文号</td><td colspan="4">运基线路〔2003〕207 号</td><td colspan="2">应用情况</td><td>★★★</td></tr>
<tr><td>主要结构特点</td><td colspan="7">钝角辙叉范围内轨距采用 1 440 mm，菱形中轨距过渡到 1 435 mm。</td></tr>
</table>

9 号 A(B) 型辙叉及护轨明细表

序号	图号 / 标准	名称及规格	数量	材　料	备　注
1	CB 319-01	高锰钢辙叉　50-9-Ⅵ	1	ZGMn13	
2	CB 2213A-01	直向护轨　3 600	1	33 kg/m 槽型钢	
3	CB 2213A-02	侧向护轨　3 600	1	33 kg/m 槽型钢	
4	CB 2231-03	辙跟三孔焊接间隔铁　50/138.5-179.5	1		
5	专线 4266-16	平垫板　50	2	Q235	
6	专线 4266-16	平垫板　50-FY(Z)	2	Q235	
7	专线 4266-17	接头平垫板　J50	1	Q235	
8	专线 4266-17	接头平垫板　J50-FY(Z)	1	Q235	
9	CB 2213-03	辙叉垫板　739 × 180 × 20	4	Q235	
10	CB 2213-04	辙叉垫板　739 × 180 × 20	1	Q235	
11	CB 2213-05	垫　板　704 × 180 × 20	1	Q235	
12	CB 2213-06	垫　板　770 × 180 × 20	1	Q235	
13	CB 2213-07	垫　板　834 × 180 × 20	1	Q235	
14	CB 2213-08	叉跟垫板　780 × 658 × 20	1	Q235	
15	CB 2213A-03	护轨垫板　550 × 180 × 23	6	Q345	
16	CB 2213A-04	侧股护轨垫板　550 × 180 × 23Y(Z)	6	Q345	
17	专线 4266-55	接头支距扣板　J50/148-136	1	KTH 350-10	
18	SC 330C-205	护轨调整片　170 × 80 × 3	12	Q235	
19	SC 330C-205	护轨调整片　170 × 80 × 2	24	Q235	备用
20	TB/T 2345	接头夹板　50	6		
21	TB/T 2347	接头螺栓及螺母　M24 × 145	12	10.9 级	
22	专线 4232-80	长方头螺栓　M24 × 85	12	5.6 级	
23	专线 4232-5	半圆头方颈螺栓　M24 × 300	1	10.9 级	
24	专线 4232-5	半圆头方颈螺栓　M24 × 320	1	10.9 级	
25	专线 4232-5	半圆头方颈螺栓　M24 × 330	1	10.9 级	
26	专线 4232-5	半圆头方颈螺栓　M24 × 350	1	10.9 级	
27	专线 4232-5	半圆头方颈螺栓　M24 × 360	1	10.9 级	
28	专线 4232-5	半圆头方颈螺栓　M24 × 380	1	10.9 级	
29	专线 4232-4	T 型螺栓　M24 × 80	1		
30	专线 4232-4	T 型螺栓　M24 × 60	48		
31	专线 4266-34	螺　钉　M30	57		
32	GB/T 41	螺　母　M24	49	4 级	
33	NS-01(b)	螺　母　M24	12	5 级	
34	NS-01(b)	螺　母　M24	6	10 级	

续上表

序号	图号 / 标准	名称及规格	数量	材　　料	备　　注
35	GB/T 1230	平垫圈　24	18		
36	GB/T 7244	弹簧垫圈　24	12		
37	TB/T 1495.4	平垫圈　24	49		
38	GB/T 7244	弹簧垫圈　30	57		
39	专线 (02)4151 – Ⅲ – 17	接头夹板方孔垫圈　50 – 3	6	KTH 330 – 08	
40	专线 (02)4151 – Ⅲ – 17	接头夹板圆孔垫圈　50 – 3	6	KTH 330 – 08	
41	TB/T 1495.2	B 型弹条	49		
42	专线 4266 – 13	轨距块　50/9 – 11	26	ZG270 – 500	
43	专线 4266 – 13	轨距块　50/13 – 15	14	ZG270 – 500	
44	专线 4266 – 14	接头轨距块　50 – 11	4	玻璃纤维	
45	专线 4266 – 14	接头轨距块　50 – 13	4	玻璃纤维	
46	CT/10 – 75	轨下橡胶垫板　50 – 200	24	橡胶	
47	CT/10 – 12	橡胶垫板　439 × 200 × 5	5	橡胶	
48	CB 2231 – 16	橡胶垫板　780 × 390 × 5	1	橡胶	
49	CT 10 – 76	橡胶垫板　430 × 185 × 10	6	橡胶	
50	CT 10 – 76	橡胶垫板　739 × 185 × 10	5	橡胶	
51	CT 10 – 76	橡胶垫板　704 × 185 × 10	1	橡胶	
52	CT 10 – 76	橡胶垫板　770 × 185 × 10	1	橡胶	
53	CT 10 – 77	橡胶垫板　834 – 382	1	橡胶	
54	CT 10 – 76	橡胶垫板　658 × 185 × 10	2	橡胶	
55	CT 10 – 78	橡胶垫板　550 × 185 × 7	12	橡胶	

4.5 号锐角辙叉及护轨明细表

序号	图号 / 标准	名称及规格	数量	材　料	备　注
1	CB 2215－01	高锰钢辙叉　50－4.5R－I	1	ZGMn13	
2	CB 2257－01	护　轨　3 000	2	33 kg/m 槽型钢	左右开各半
3	CB 2215－03	辙叉垫板　898 × 180 × 20	5	Q235	铁座 41
4	CB 2215－03	辙叉垫板　898 × 180 × 20	2	Q235	铁座 33
5	CB 2257－02	垫　板　689 × 180 × 20	1	Q235	
6	CB 2257－02	垫　板　689 × 180 × 20	1	Q235	与序号 5 对称
7	CB 2257－03	护轨垫板　876 × 180 × 23	1	Q345	
8	CB 2257－03	护轨垫板　876 × 180 × 23	1	Q345	与序号 7 对称
9	CB 2257－03	护轨垫板　939 × 180 × 23	1	Q345	
10	CB 2257－03	护轨垫板　939 × 180 × 23	1	Q345	与序号 9 对称
11	CB 2213A－04	护轨垫板　550 × 180 × 23Y	3	Q345	
12	CB 2213A－04	护轨垫板　550 × 180 × 23Z	3	Q345	
13	TB/T 2345	接头夹板　50	8		
14	专线 4266－54	支距扣板　50/118－130	2	KTH 350－10	
15	TB/T 2347	接头螺栓及螺母　M24 × 145	24	10.9 级	
16	专线 4232－4	T 型螺栓　M24 × 60	36	4.8 级	
17	专线 4232－4	T 型螺栓　M24 × 85	2	4.8 级	
18	专线 4232－80	长方头螺栓　M24 × 85	10	5.6 级	
19	TB/T 1495.2	B 型弹条	38		
20	GB/T 41	螺　母　M24	38	4 级	
21	TB/T 1495.4	平垫圈　24	38		
22	NS－01(b)	螺　母　M24	10	5 级	
23	GB/T 7244	弹簧垫圈　24	10		
24	GB/T 1230	垫　圈　24	24		
25	GB/T 7244	弹簧垫圈　30	38		
26	专线 4266－34	螺　钉　30	38		
27	专线 4266－13	轨距块　50/9－11	23	ZG 230－450	
28	专线 4266－13	轨距块　50/13－15	13	ZG 230－450	
29	SC 330C－205	护轨调整片　170 × 80 × 2	20	Q235	备用

续上表

序号	图号 / 标准	名称及规格	数量	材　料	备　注
30	SC 330C－205	护轨调整片　170×80×3	10	Q235	
31	CT 10－75	轨下橡胶垫板　50－200	18	橡胶	
32	CT 10－12	橡胶垫板　600×200×5	7	橡胶	
33	CT 10－76	橡胶垫板　898×185×10	7	橡胶	
34	CT 10－76	橡胶垫板　689×185×10	2	橡胶	
35	CT 10－78	橡胶垫板　876×185×7	2	橡胶	
36	CT 10－78	橡胶垫板　939×185×7	2	橡胶	
37	CT 10－78	橡胶垫板　550×185×7	6	橡胶	

50 kg/m 钢轨 9 号 5.3 m 间距交叉渡线

图　号：CZ 2211

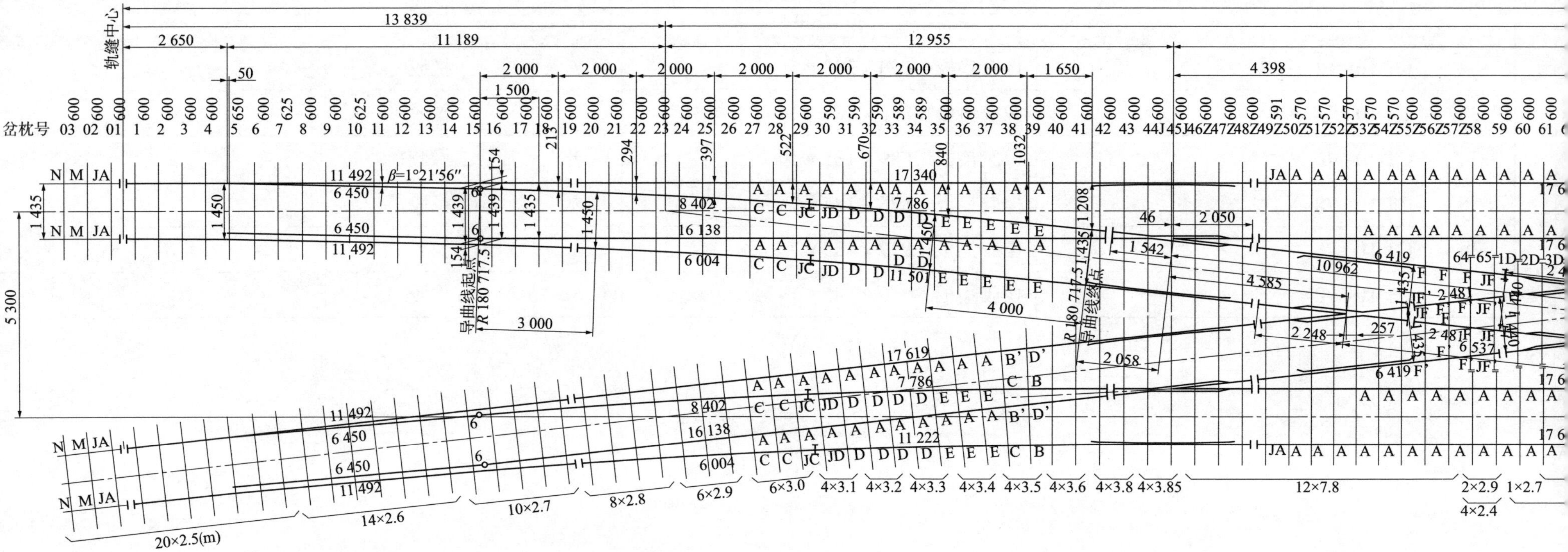

表 1　混凝土岔枕数量表

序号	岔枕长度 (m)	单位	数量	序号	岔枕长度 (m)	单位	数量
1	2.4	根	8	9	3.2	根	8
2	2.5	根	56	10	3.3	根	8
3	2.6	根	34	11	3.4	根	8
4	2.7	根	22	12	3.5	根	8
5	2.8	根	16	13	3.6	根	8
6	2.9	根	16	14	3.8	根	8
7	3.0	根	12	15	3.85	根	8
8	3.1	根	8	16	7.8 铰	根	24

表 2　明　细　表

序号	图号 / 标准	名 称 及 规 格	数量	材　料	备　注
1	CB 2212	转辙器	4		左 1 右 3
2	CB 2256	5.3 m－A(B) 型 9 号辙叉及护轨	4		A、B 型各 2
3	CB 2257	5.3 m－4.5 号锐角辙叉及护轨	2		
4	CB 2216	4.5 号钝角辙叉	2		
5	TB/T 2344	连接钢轨	36 根	50 kg/m 钢轨	钢轨数量见渡线形式表
6	TB/T 2345	接头夹板　50	24		

续表 2

序号	图号 / 标准	名 称 及 规 格	数量	材　料	备　注
7	TB/T 2347	接头螺栓及螺母　M24 × 145	72	10.9 级	
8	GB/T 1230	平垫圈　24	72		
9	专线 4266－16	平垫板　50－A	200	Q235	
10	专线 4266－16	平垫板　50－BY(Z)	4	Q235	左 2 右
11	专线 4266－16	平垫板　50－CY(Z)	18	Q235	左 4 右 1
12	专线 4266－16	平垫板　50－DY(Z)	34	Q235	左 10 右
13	专线 4266－16	平垫板　50－EY(Z)	36	Q235	左 10 右
14	专线 4266－16	平垫板　50－FY(Z)	20	Q235	左 10 右
15	专线 4266－17	接头平垫板　J50－A	12	Q235	
16	专线 4266－17	接头平垫板　J50－CY(Z)	8	Q235	左 2 右
17	专线 4266－17	接头平垫板　J50－DY(Z)	8	Q235	左 2 右
18	专线 4266－17	接头平垫板　J50－FY(Z)	12	Q235	左 6 右
19	专线 4266－24	顺坡垫板　P80	8	Q235	图中 M 位
20	专线 4266－25	顺坡垫板　P60	8	Q235	图中 N 位
21	TB/T 1495.2	B 型弹条	736		
22	专线 4232－4	T 型螺栓　M24 × 60	736		
23	TB/T 1495.4	平垫圈　24	736		

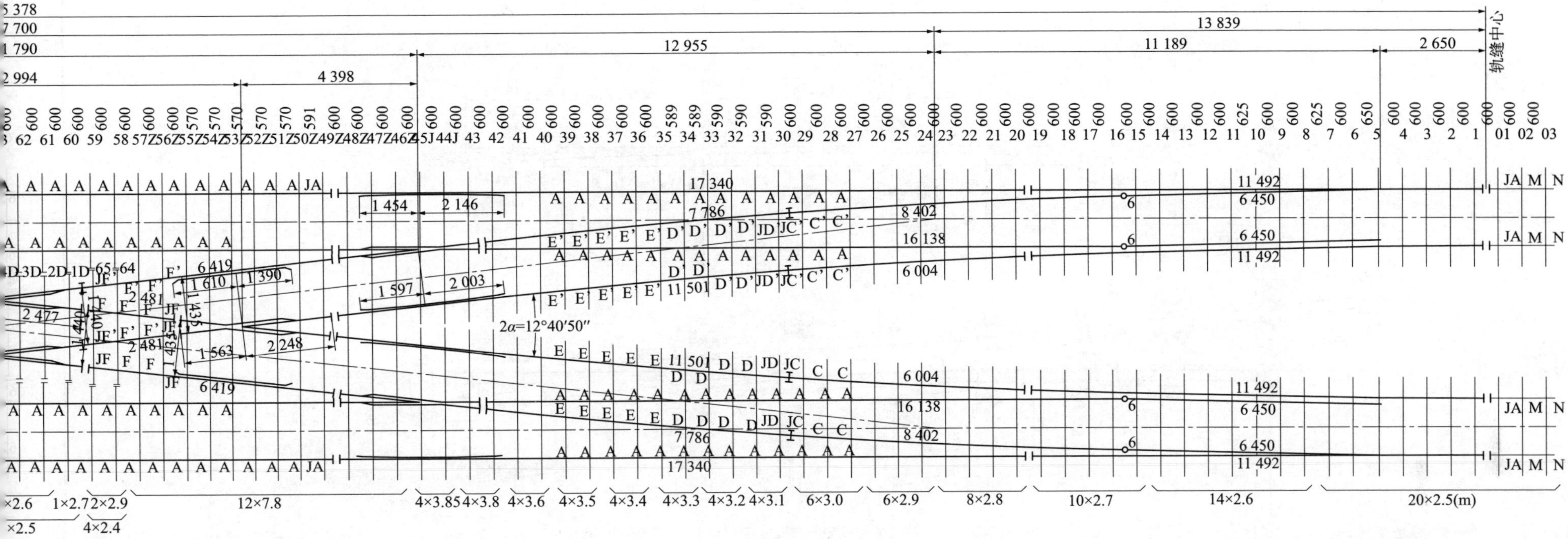

续表 2

图号/标准	名称及规格	数量	材　料	备　注
专线 4266－34	螺　钉　M30	736		
GB/T 7244	弹簧垫圈　30	736		
GB/T 41	螺　母　M24	736	4 级	
专线 4266－13	轨距块　50/9－11	328	ZG 230－450	
专线 4266－13	轨距块　50/13－15	328	ZG 230－450	
专线 4266－13	轨距块　50/7－17	100	ZG 230－450	备用
专线 4266－14	接头轨距块　50－11	40	玻璃纤维	
专线 4266－14	接头轨距块　50－13	40	玻璃纤维	
专线 4266－14	接头轨距块　50－9	20	玻璃纤维	备用
专线 4266－14	接头轨距块　50－15	20	玻璃纤维	备用
CT 10－75	橡胶垫板　50－200	368	橡胶	
CT 10－76	橡胶垫板　430×185×10	268	橡胶	
	50 钢轨绝缘	12 组	备注：用于电气化铁路时，采用括号外数值	
	50 胶接绝缘	2(0)		

技 术 要 求

1. 扣件采用 I 型弹条扣件，轨距块安装号数如下：
   钢轨工作边一侧，安装 13 号轨距块或 13 号接头轨距块；
   钢轨非工作边一侧，安装 11 号轨距块或 11 号接头轨距块；
   高锰钢整铸辙叉一侧安装 13 号轨距块，另一侧安装 11 号轨距块。
   7－17 轨距块为备用轨距块，供现场调整用。
2. 本图按设轨道电路设计。图中钢轨普通接头、绝缘接头及胶接绝缘接头分别以“—|⊢—”、“—I—”、“—▭—”表示。
3. 明细表中平垫板根据垫板的偏斜大小分为：50－A、50－B/B′、50－C/C′、50－D/D′、50－E/E′、50－F/F′，接头处安装接头平 垫板50－JA、50－JC/JC′、50－JD/JD′、50－JE/JE′、50－JF/JF′，带“′”的表示左开用垫板，其铺设位置详见布置图。
4. 考虑到道岔与线路连接过渡，在道岔前两根岔枕上分别设置顺坡垫板（M、N 位置），若与无轨底坡线路连接时取消顺坡垫板，采用 A 型垫板（50－A），用户订货时需指明。

图 1　直接单开部分，绝缘设置在直股时钢轨长度

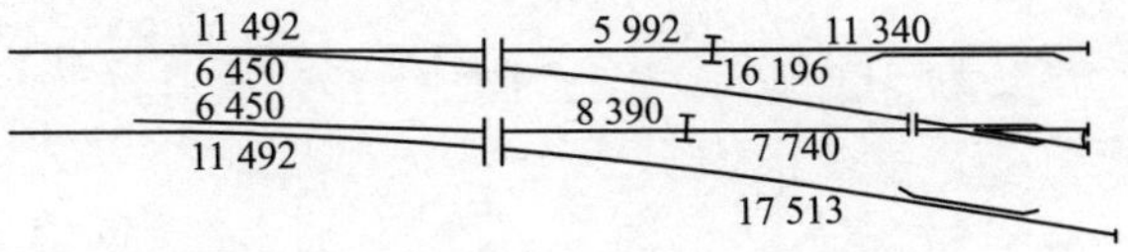

图 2　斜接单开部分，绝缘设置在直股时钢轨长度

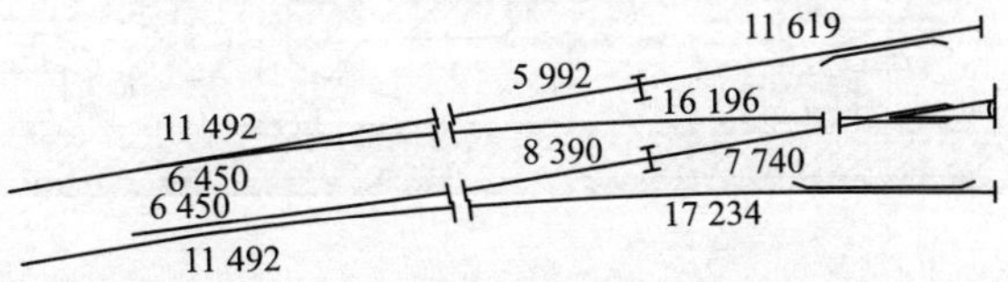

50 kg/m 钢轨 5.3 m 间距交叉渡线 9 号 A(B) 型辙叉及护轨

图　号：CB 2256

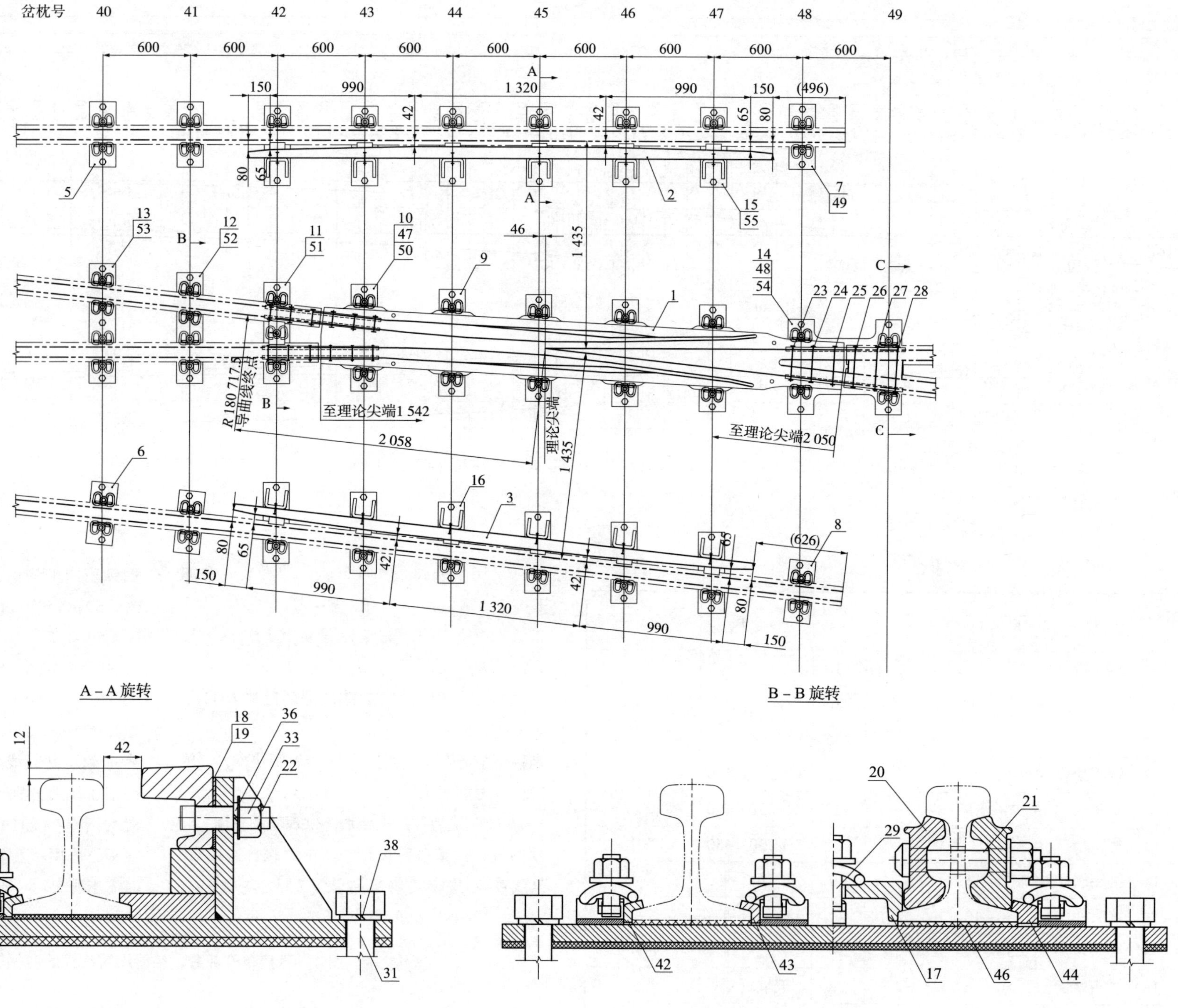

技 术 要 求

1. 本图按 A 型辙叉设计，B 型时按本图对称制造及铺设。
2. 组装护轨时，应使用 3 mm 厚的护轨调整片，如查照间隔或护背距离不合格时，可用备用调整片进行调整，调整片横向安装。
3. 查照间隔及护背距离在心轨轨头宽 20～30 mm 断面处丈量。

50 kg/m 钢轨 5.3 m 间距交叉渡线 4.5 号锐角辙叉及护轨

图 号：CB 2257

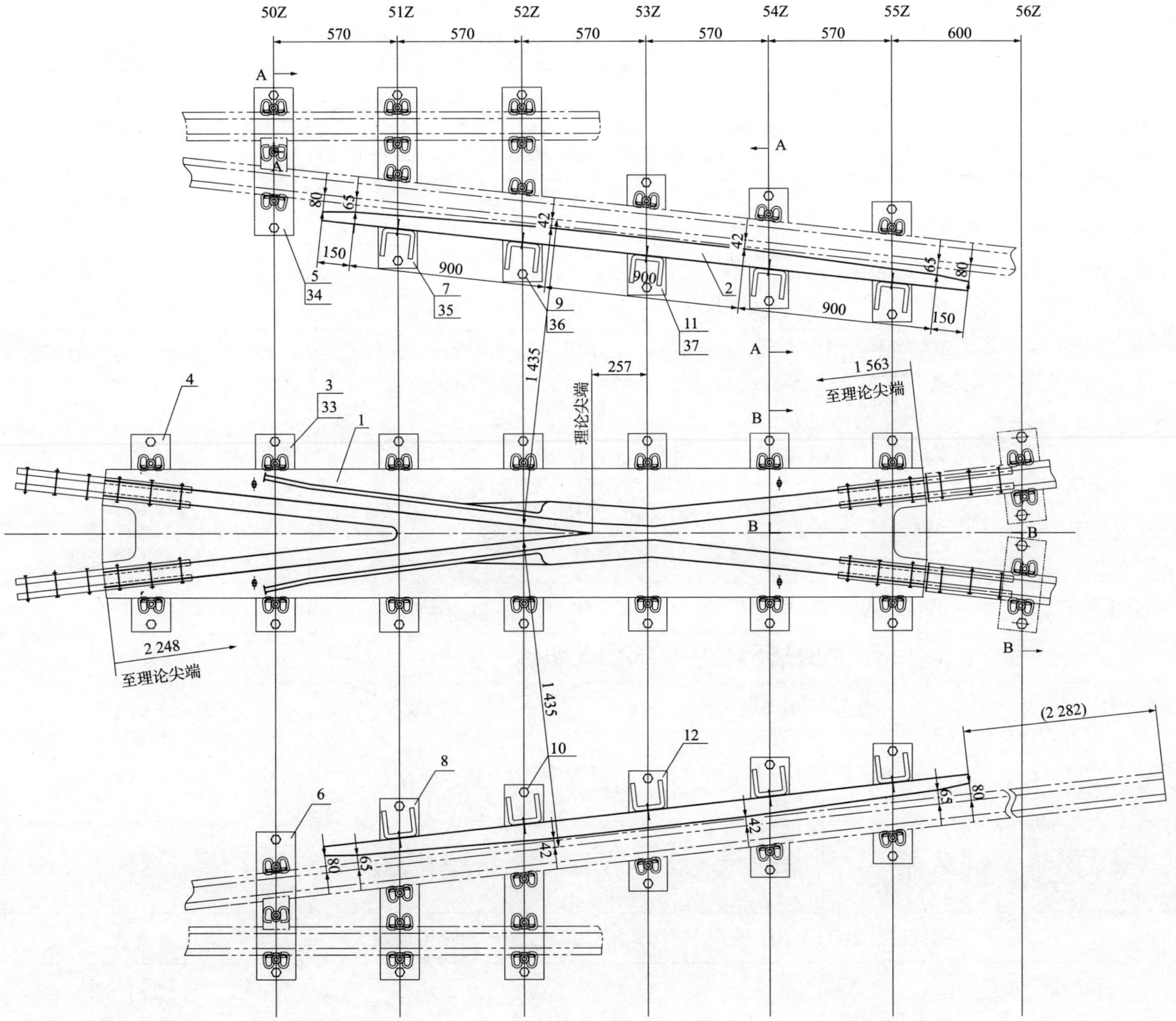

技 术 要 求

1. 组装护轨时，应使用 3 mm 厚的护轨调整片，如查照间隔或护背距离不合格时，可使用备用调整片进行调整。
2. 查照间隔及护背距离在心轨轨头宽 20～30 mm 处丈量。

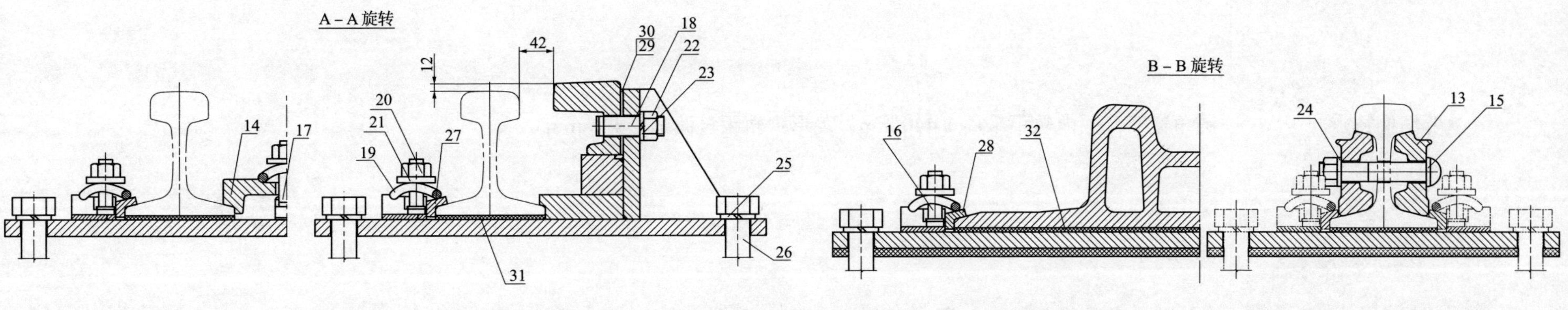

46. 50 kg/m 钢轨 9 号 5.5 m 间距交叉渡线(混凝土枕)
设计图号：CZ 2212

<table>
<tr><td rowspan="2">道岔允许通过速度</td><td>客车</td><td colspan="3">$v_{直}$≤100 km/h；$v_{侧}$≤35 km/h</td><td colspan="2">扣件类型</td><td>Ⅰ型弹条</td></tr>
<tr><td>货车</td><td colspan="3">$v_{直}$≤80 km/h；$v_{侧}$≤35 km/h</td><td colspan="2">轨底坡</td><td>—</td></tr>
<tr><td>A(B)型辙叉角</td><td colspan="4">6°20′25″</td><td colspan="2">锐角 / 钝角辙叉角</td><td>12°40′50″</td></tr>
<tr><td>转辙器CB 2212</td><td colspan="7">详见“50 kg/m 钢轨 9 号单开道岔［CZ 2209］”</td></tr>
<tr><td rowspan="6">9 号 A(B) 型辙叉及护轨
CB 2258</td><td rowspan="2">辙叉图号</td><td rowspan="2">CB319－01</td><td>辙叉全长</td><td>3 592</td><td colspan="2" rowspan="2">护轨长度</td><td>直向：3 600</td></tr>
<tr><td>辙叉趾长</td><td>1 542</td><td>侧向：3 600</td></tr>
<tr><td>辙叉形式</td><td>高锰钢整铸式</td><td>辙叉跟长</td><td>2 050</td><td colspan="2">护轨轨型</td><td>33 kg/m 槽型钢</td></tr>
<tr><td colspan="2" rowspan="2">护轨端头距导轨端头定位尺寸</td><td>直向</td><td>496</td><td rowspan="2">护轨图号</td><td>直</td><td>CB2213A－01</td></tr>
<tr><td>侧向</td><td>1 637</td><td>侧</td><td>CB2213A－02</td></tr>
<tr><td colspan="6">辙叉理论尖端距趾端方向前一根岔枕中心距离</td><td>46</td></tr>
<tr><td rowspan="5">4.5 号锐角辙叉及护轨
CB 2259</td><td rowspan="2">辙叉图号</td><td rowspan="2">CB2215－01</td><td>辙叉全长</td><td>3 811</td><td colspan="2">护轨长度</td><td>3 100</td></tr>
<tr><td>辙叉趾长</td><td>1 563</td><td colspan="2">护轨轨型</td><td>33 kg/m 槽型钢</td></tr>
<tr><td>辙叉形式</td><td>高锰钢整铸式</td><td>辙叉跟长</td><td>2 248</td><td colspan="2">护轨图号</td><td>CB2259－01</td></tr>
<tr><td colspan="6">辙叉理论尖端距趾端方向前一根岔枕中心距离</td><td>46</td></tr>
<tr><td colspan="6">护轨端头距导轨端头定位尺寸</td><td>2 615</td></tr>
<tr><td>4.5 号钝角辙叉
CB 2216</td><td>辙叉图号</td><td>CB2216－01</td><td>辙叉类型</td><td>高锰钢
整铸式</td><td colspan="2">辙叉全长</td><td>4 954</td></tr>
<tr><td>岔枕图号
CZ 2212Z</td><td>岔枕总数</td><td>250 根</td><td>岔枕展延长</td><td>865.4 m</td><td colspan="2">套管总数</td><td>1 548</td></tr>
<tr><td>批准文号</td><td colspan="4">运基线路〔2003〕207 号</td><td colspan="2">应用情况</td><td>★★★</td></tr>
<tr><td>主要结构特点</td><td colspan="7">钝角辙叉范围内轨距采用 1 440 mm，菱形中轨距过渡到 1 435 mm。</td></tr>
</table>

9 号 A(B) 型辙叉及护轨明细表

序号	图号 / 标准	名称及规格	数量	材　料	备　注
1	CB 319-01	高锰钢辙叉　50-9-Ⅵ	1	ZGMn13	
2	CB 2213A-01	直向护轨　3 600	1	33 kg/m 槽型钢	
3	CB 2213A-02	侧向护轨　3 600	1	33 kg/m 槽型钢	
4	CB 2231-03	辙叉三孔焊接间隔铁　50/138.5-179.5	1		
5	专线 4266-16	平垫板　50-A	2	Q235	
6	专线 4266-16	平垫板　50-FY(Z)	4	Q235	
7	专线 4266-17	接头平垫板　J50-A	2	Q235	
8	CB 2213-03	辙叉垫板　739×180×20Y(Z)	4	Q235	
9	CB 2213-04	辙叉垫板　739×180×20Y(Z)	1	Q235	
10	CB 2213-05	垫　板　704×180×20Y(Z)	1	Q235	
11	CB 2213-06	垫　板　770×180×20Y(Z)	1	Q235	
12	CB 2213-07	垫　板　834×180×20Y(Z)	1	Q235	
13	CB 2258-01	垫　板　760×658×20	1	Q235	
14	CB 2213A-03	护轨垫板　550×180×23	6	Q345	
15	CB 2213A-04	侧股护轨垫板　550×180×23Y(Z)	6	Q345	
16	专线 4266-55	接头支距扣板　J50/148-136	1	KTH 350-10	
17	SC 330C-205	护轨调整片　170×80×2	24	Q235	备用
18	SC 330C-205	护轨调整片　170×80×3	12	Q235	
19	TB/T 2345	接头夹板　50	6		
20	TB/T 2347	接头螺栓及螺母　M24×145	12	10.9 级	
21	专线 4232-80	长方头螺栓　M24×85	12	5.6 级	
22	专线 4232-5	半圆头方颈螺栓　M24×300	1	10.9 级	
23	专线 4232-5	半圆头方颈螺栓　M24×320	1	10.9 级	
24	专线 4232-5	半圆头方颈螺栓　M24×330	1	10.9 级	
25	专线 4232-5	半圆头方颈螺栓　M24×350	1	10.9 级	
26	专线 4232-5	半圆头方颈螺栓　M24×360	1	10.9 级	
27	专线 4232-5	半圆头方颈螺栓　M24×380	1	10.9 级	
28	专线 4232-4	T 型螺栓　M24×80	1		
29	专线 4232-4	T 型螺栓　M24×60	52		
30	专线 4266-34	螺　钉　30	61	4 级	
31	GB/T 41	螺　母　M24	53	5 级	
32	NS-01(b)	螺　母　M24	12	10 级	
33	NS-01(b)	螺　母　M24	6		
34	GB/T 1230	平垫圈　24	18		

续上表

序号	图号 / 标准	名称及规格	数量	材　料	备　注
35	GB/T 7244	弹簧垫圈　24	12		
36	TB/T 1495.4	平垫圈　24	53		
37	GB/T 7244	弹簧垫圈　30	61	KTH 330－08	
38	专线 (02)4151－Ⅲ－17	接头夹板方孔垫圈　50－3	6	KTH 330－08	
39	专线 (02)4151－Ⅲ－17	接头夹板圆孔垫圈　50－3	6		
40	TB/T 1495.2	B 型弹条	53	ZG 230－450	
41	专线 4266－13	轨距块　50/9－11	28	ZG 230－450	
42	专线 4266－13	轨距块　50/13－15	16	玻璃纤维	
43	专线 4266－14	接头轨距块　50－11	4	玻璃纤维	
44	专线 4266－14	接头轨距块　50－13	4	橡胶	
45	CT 10－75	轨下橡胶垫板　50－200	26	橡胶	
46	CT 10－12	橡胶垫板　439 × 200 × 5	5	橡胶	
47	CB 2258－02	橡胶垫板　760 × 390 × 5	1	橡胶	
48	CT 10－76	橡胶垫板　430 × 185 × 10	8	橡胶	
49	CT 10－76	橡胶垫板　739 × 185 × 10	5	橡胶	
50	CT 10－76	橡胶垫板　704 × 185 × 10	1	橡胶	
51	CT 10－76	橡胶垫板　770 × 185 × 10	1	橡胶	
52	CT 10－77	橡胶垫板　834－382	1	橡胶	
53	CT 10－76	橡胶垫板　658 × 185 × 10	2	橡胶	
54	CT 10－78	橡胶垫板　550 × 185 × 7	12		

4.5 号锐角辙叉及护轨明细表

序号	图号 / 标准	名称及规格	数量	材　料	备　注
1	CB 2215－01	高锰钢辙叉　50－4.5R－Ⅰ	1	ZGMn13	
2	CB 2259－01	护　轨　3 100	2	33 kg/m 槽型钢	
3	CB 2215－03	辙叉垫板　898×180×20	4	Q235	铁座 41
4	CB 2215－03	辙叉垫板　898×180×20	2	Q235	铁座 33
5	CB 2259－02	接头平垫板　414×180×20	1	Q235	
6	CB 2259－02	接头平垫板　414×180×20	1	Q235	与序号 5 对称
7	CB 2259－03	垫　板　683×180×20	1	Q235	
8	CB 2259－03	垫　板　683×180×20	1	Q235	与序号 7 对称
9	CB 2259－04	垫　板　752×180×20	1	Q235	
10	CB 2259－04	垫　板　752×180×20	1	Q235	
11	CB 2259－05	护轨垫板　945×180×23	1	Q345	
12	CB 2259－05	护轨垫板　945×180×23	1	Q345	
13	CB 2213A－04	侧股护轨垫板　550×180×23Y	4	Q345	
14	CB 2213A－04	侧股护轨垫板　550×180×23Z	4	Q345	
15	专线 4266－16	平垫板　50－A	2	Q235	
16	专线 4266－17	接头平垫板　J50－FY	1	Q235	
17	专线 4266－17	接头平垫板　J50－FZ	1	Q235	与序号 16 对称
18	专线 4266－16	平垫板　50－FY	1	Q235	
19	专线 4266－16	平垫板　50－FZ	1	Q235	与序号 18 对称
20	TB/T 2345	接头夹板　50	8		
21	TB/T 2347	接头螺栓及螺母　M24×145	24	10.9 级	
22	专线 4266－54	支距扣板　50/124－112	2		
23	专线 4232－4	T 型螺栓　M24×85	2		
24	专线 4232－4	T 型螺栓　M24×60	52		
25	专线 4232－80	长方头螺栓　M24×85	10	5.6 级	
26	TB/T 1495.2	B 型弹条	54		
27	GB/T 41	螺　母　M24	54	4 级	
28	TB/T 1495.4	平垫圈　24	54		
29	NS－01(b)	螺　母　M24	10	5 级	
30	GB/T 7244	弹簧垫圈　24	10		
31	GB/T 1230	平垫圈　24	24		
32	GB/T 7244	弹簧垫圈　30	56		
33	专线 4266－34	螺　钉　M30	56		
34	专线 4266－13	轨距块　50/9－11	26	ZG 230－450	

续上表

序号	图号 / 标准	名称及规格	数量	材　料	备　注
35	专线 4266-13	轨距块　50/13-15	20	ZG 230-450	
36	SC 330C-205	护轨调整片　170×80×2	20	Q235	备用
37	SC 330C-205	护轨调整片　170×80×3	10	Q235	
38	专线 4266-14	接头轨距块　50-11	2	玻璃纤维	
39	专线 4266-14	接头轨距块　50-13	4	玻璃纤维	
40	CT 10-75	轨下橡胶垫板　50-200	28	橡胶	
41	CT 10-12	橡胶垫板　600×200×5	6	橡胶	
42	CT 10-76	橡胶垫板　898×185×10	6	橡胶	
43	CT 10-76	橡胶垫板　683×185×10	2	橡胶	
44	CT 10-76	橡胶垫板　752×185×10	2	橡胶	
45	CT 10-78	橡胶垫板　945×185×7	2	橡胶	
46	CT 10-78	橡胶垫板　550×185×7	8	橡胶	
47	CT 10-76	橡胶垫板　430×185×10	6	橡胶	
48	CT 10-76	橡胶垫板　414×185×10	2	橡胶	

50 kg/m 钢轨 5.5 m 间距交叉渡线 9 号 A(B) 型辙叉及护轨
图　号：CB 2258

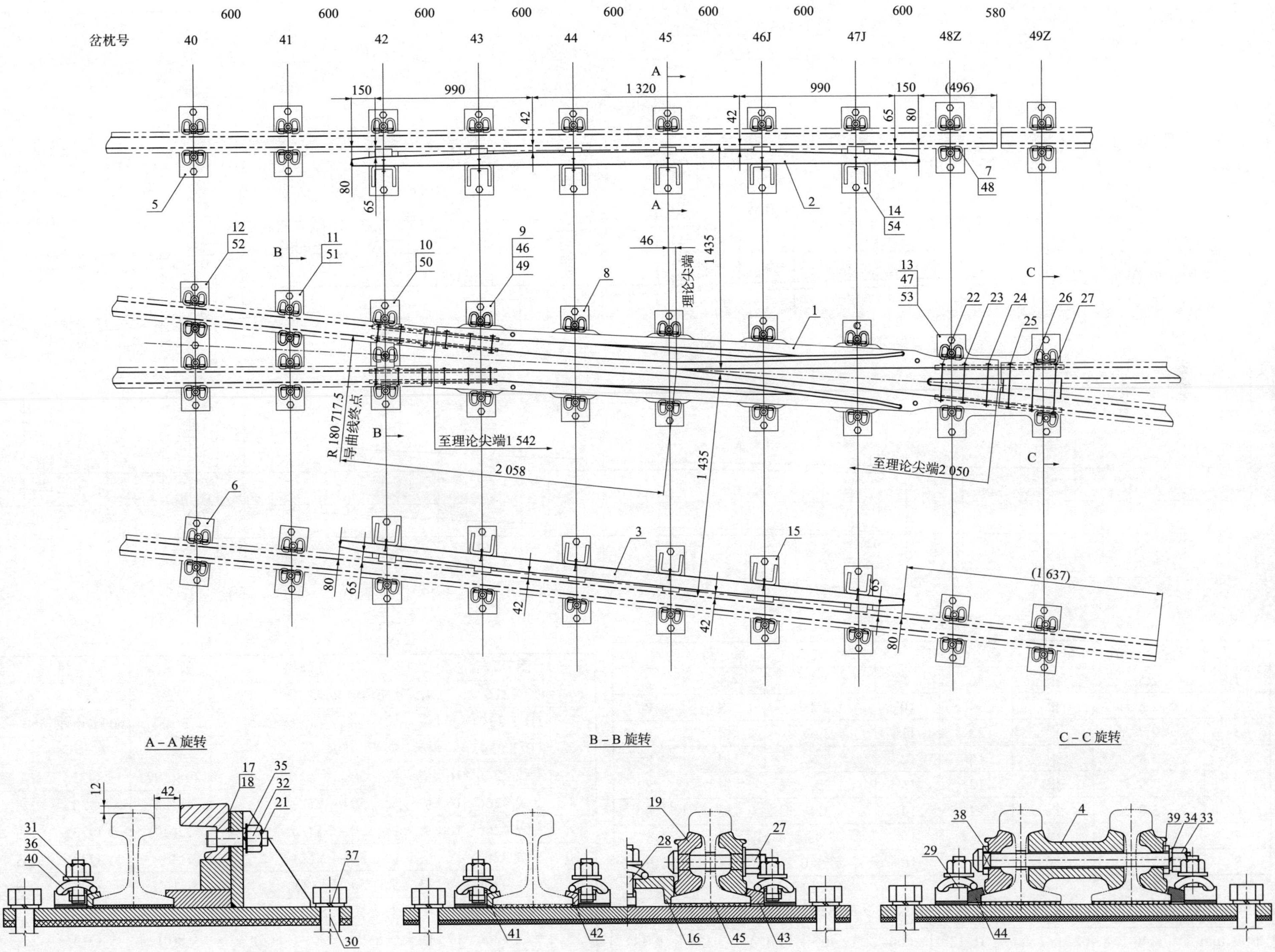

技 术 要 求

1. 本图按 A 型辙叉及护轨设计，B 型时按本图对称制造及铺设。若为 B 型辙叉及护轨时，序号 6、8～13、15 垫板按左开垫板制造。
2. 查照间隔及护背距离在心轨轨头宽 20～30 mm 断面处丈量。
3. 组装护轨时，应使用 3 mm 厚的护轨调整片，如查照间隔或护背距离不合格时，可用备用调整片进行调整。

50 kg/m 钢轨 9 号 5.5 m 间距交叉渡线

图　号：CZ 2212

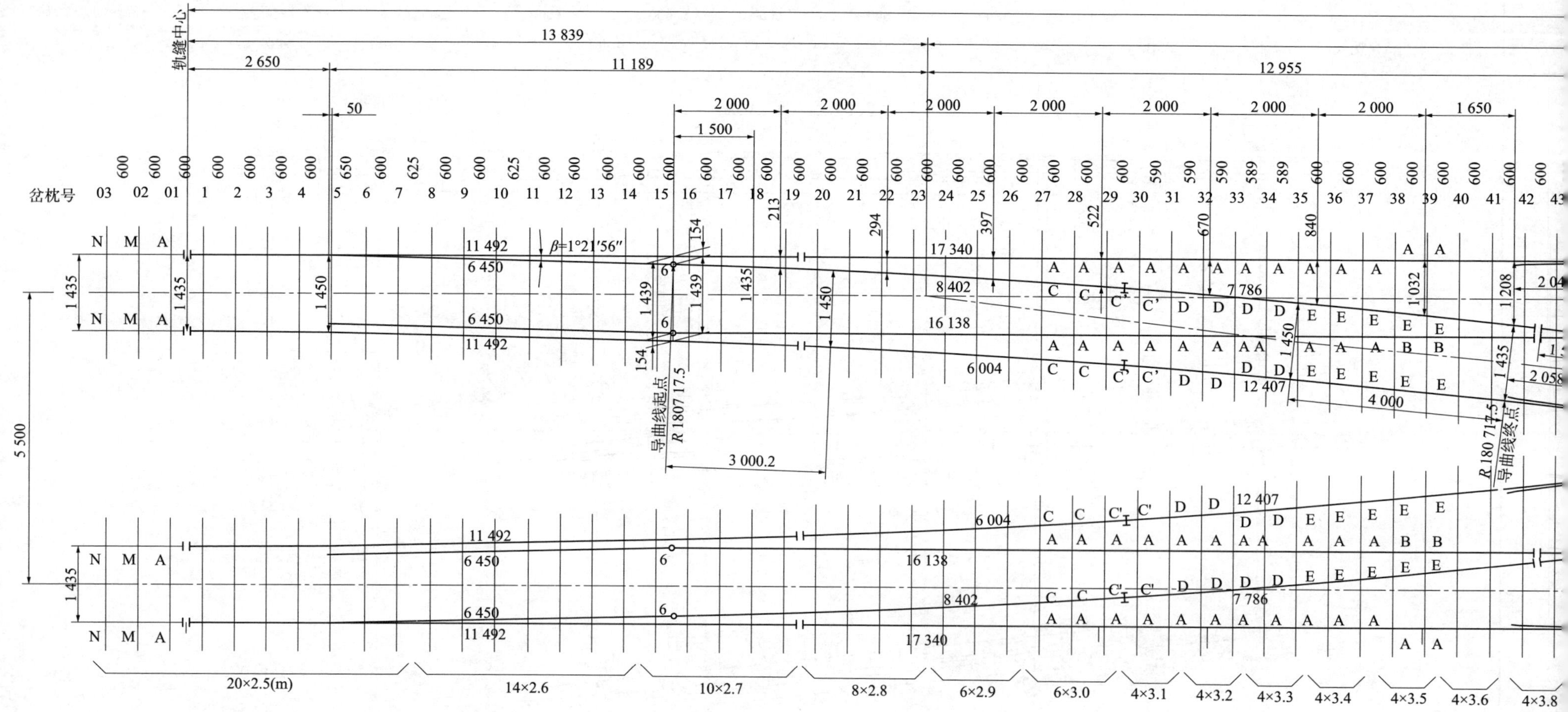

表 1　混凝土岔枕数量表

序　号	岔枕长 (m)	单　位	数　量	序　号	岔枕长 (m)	单　位	数　量
1	2.5	根	56	9	3.3	根	8
2	2.6	根	34	10	3.4	根	8
3	2.7	根	22	11	3.5	根	8
4	2.8	根	16	12	3.6	根	8
5	2.9	根	12	13	3.8	根	8
6	3.0	根	12	14	3.9	根	8
7	3.1	根	8	15	3.95	根	8
8	3.2	根	8	16	铰 8.0	根	26

表 2　配轨长度表（绝缘接头设在侧股）

长度 mm	17 340	8 402	7 786	16 138	6 004	12 407	19 474	7 324	2 482
数量（根）	4	4	4	4	4	4	4	4	4

表 3　明　细　表

序号	图号 / 标准	名称及规格	数　量	材　料	备　注
1	CB 2212	转辙器	4		左、右开各半
2	CB 2258	5.5 m－9 号 A(B) 型辙叉及护轨	4		A、B 型各半
3	CB 2259	5.5 m－4.5 号锐角辙叉及护轨	2		

续表 3

序号	图号 / 标准	名称及规格	数　量	材　料	备　注
4	CB 2216	4.5 号钝角辙叉	2		
5	TB/T 2344	钢　轨	36 根	60 kg/m 钢轨	
6	TB/T 2345	接头夹板　50	32		
7	专线 4266－16	垫　板　50－A	208(192)	Q235	
8	专线 4266－16	垫　板　50－CY(Z)	16(24)	Q235	左、右开各半
9	专线 4266－16	垫　板　50－DY(Z)	32(40)	Q235	左、右开各半
10	专线 4266－16	垫　板　50－EY(Z)	40	Q235	左、右开各半
11	专线 4266－16	垫　板　50－FY(Z)	16	Q235	左、右开各半
12	专线 4266－17	接头平垫板　J50－A	8(24)	Q235	
13	专线 4266－17	接头平垫板　J50－CY(Z)	8(0)	Q235	左、右开各半
14	专线 4266－17	接头平垫板　J50－DY(Z)	8(0)	Q235	左、右开各半
15	专线 4266－17	接头平垫板　J50－FY(Z)	8	Q235	左、右开各半
16	专线 4266－24	顺坡垫板　P80	8	Q235	M 位置
17	专线 4266－25	顺坡垫板　P60	8	Q235	N 位置
18	TB/T 1495.2	B 型弹条	720		
19	专线 4232－4	T 型螺栓　M24×60	720		
20	TB/T 1495.4	平垫圈　24	720		

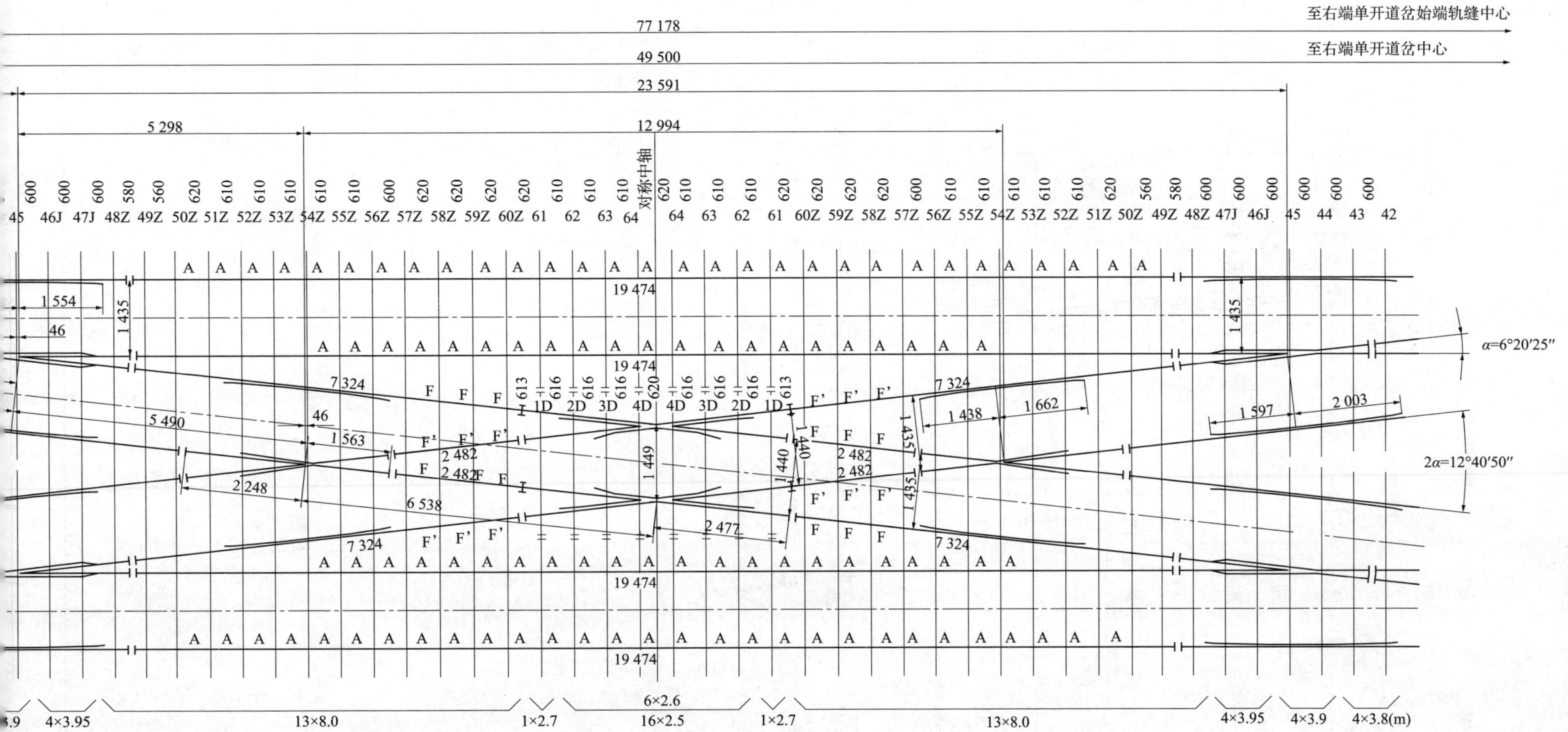

续表 3

序号	图号 / 标准	名称及规格	数　量	材　料	备　注
21	GB/T 41	螺　母　M24	720	4 级	
22	TB/T 2347	接头螺栓及螺母　M24 × 145	96	10.9 级	
23	GB/T 1230	垫　圈　24	96		
24	专线 4266－34	螺　钉　M30	720		
25	GB/T 7244	弹簧垫圈　30	720		
26	专线 4266－13	轨距块　50/9－11	328	ZG 230－450	
27	专线 4266－13	轨距块　50/13－15	328	ZG 230－450	
28	专线 4266－13	轨距块　50/7－17	100	ZG 230－450	备用
29	专线 4266－14	接头轨距块　50－11	32	玻璃纤维	
30	专线 4266－14	接头轨距块　50－13	32	玻璃纤维	
31	专线 4266－14	接头轨距块　50－9	10	玻璃纤维	备用
32	专线 4266－14	接头轨距块　50－15	10	玻璃纤维	备用
33	专线 4266－31	橡胶垫板　430 × 185 × 10	360	橡胶	
34	专线 4266－27	轨下橡胶垫板　50－200	360	橡胶	
35		50 钢轨绝缘	12		

技 术 要 求

1. 扣件采用Ⅰ型弹条扣件，轨距块设计安装号数如下：
   钢轨工作边一侧，安装 13 号轨距块或 13 号接头轨距块；
   钢轨非工作边一侧，安装 11 号轨距块或 11 号接头轨距块；
   高锰钢整铸辙叉一侧安装 13 号轨距块，另一侧安装 11 号轨距块。
   7－17 轨距块为备用轨距块，供现场调整用。
2. 本图按设轨道电路设计，图中钢轨普通接头及绝缘接头分别以“—┤├—”、“┼”表示。
3. 本图按绝缘接头设在侧股设计，其配轨长度见表 2。若绝缘接头设在直股时，订货时需在合同中指明其配轨长度及接头方式，平垫板数量按明细表中括号内数值计。
4. 明细表中平垫板根据垫板的偏斜大小及是否接头位置分为 9 种类型，其铺设位置详见布置图。其中：50－A 的 216 块（含接头平垫板 8 块）；50－C/C’的共 24 块（含接头平垫板 8 块）；50－D/D’的共 40 块（含接头平垫板 8 块）；50－E/E’的共 40 块；50－F/F’的共 24 块（含接头平垫板 8 块）。带“ ’ ”的表示左开用垫板，不带“ ’ ”的为右开用垫板，接头处安装接头平垫板。
5. 考虑到道岔与线路连接过渡，在道岔前两根岔枕上分别设置顺坡垫板（M、N 位置），若无轨底坡线路连接时取消顺坡垫板，采用 A 型垫板（50－A），用户订货时需指明。

50 kg/m 钢轨 5.5 m 间距交叉渡线 4.5 号锐角辙叉及护轨
图　号：CB 2259

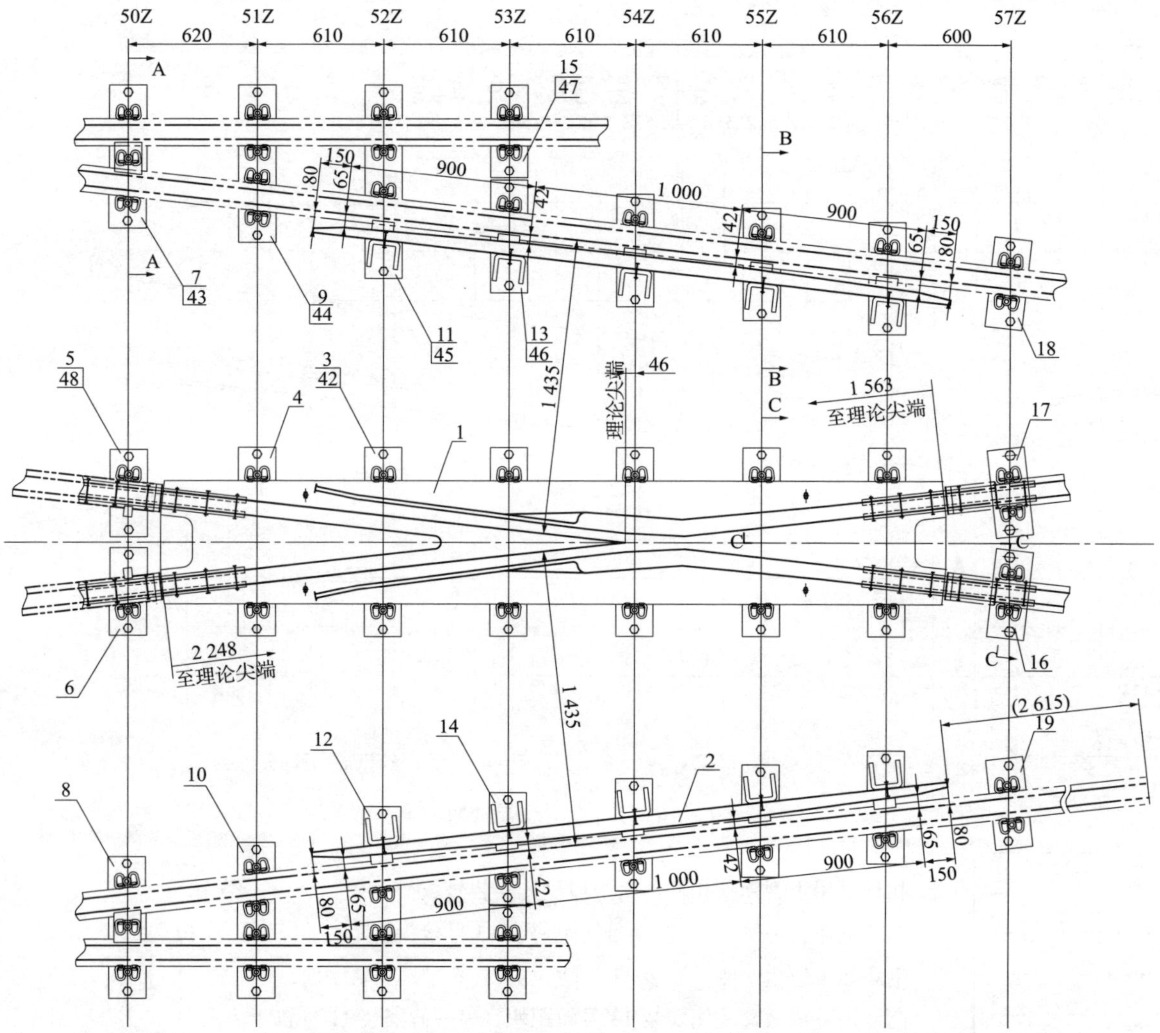

技　术　要　求

1. 组装护轨时，应使用 3 mm 厚的护轨调整片，如查照间隔或护背距离不合格时，可使用备用调整片进行调整。
2. 查照间隔及护背距离在心轨轨头宽 20～30 mm 处丈量。

B－B 旋转

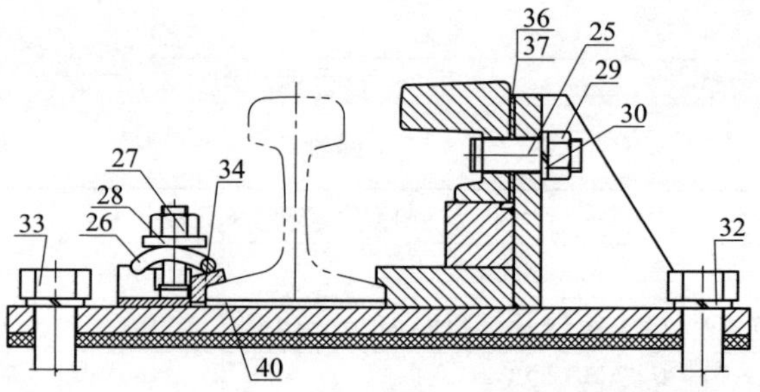

A－A 旋转

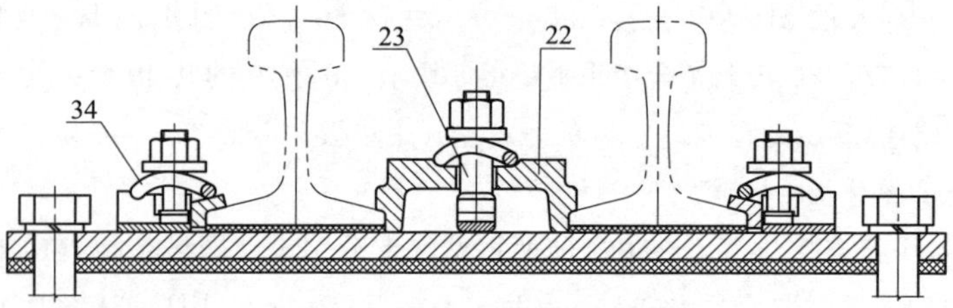

C－C 旋转

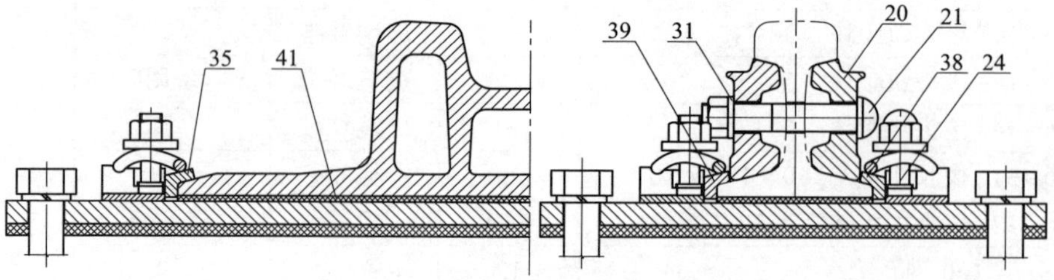

47. 50 kg/m 钢轨 9 号 6.5 m 间距交叉渡线(混凝土枕)
设计图号：CZ 2213

<table>
<tr><td rowspan="2">道岔允许通过速度</td><td>客车</td><td colspan="3">$v_{直}$≤100 km/h；$v_{侧}$≤35 km/h</td><td colspan="2">扣件类型</td><td>I 型弹条</td></tr>
<tr><td>货车</td><td colspan="3">$v_{直}$≤80 km/h；$v_{侧}$≤35 km/h</td><td colspan="2">轨底坡</td><td>—</td></tr>
<tr><td>A(B)型辙叉角</td><td colspan="4">6°20′25″</td><td colspan="2">锐角/钝角辙叉角</td><td>12°40′50″</td></tr>
<tr><td>转辙器
CB 2212</td><td colspan="7">详见“50 kg/m 钢轨 9 号单开道岔［CZ 2209］”</td></tr>
<tr><td rowspan="6">9 号 A(B) 型辙叉及护轨
CB 2213A</td><td rowspan="2">辙叉图号</td><td rowspan="2">CB 319-01</td><td>辙叉全长</td><td>3 592</td><td colspan="2" rowspan="2">护轨长度</td><td>直向：3 600</td></tr>
<tr><td>辙叉趾长</td><td>1 542</td><td>侧向：3 600</td></tr>
<tr><td>辙叉形式</td><td>高锰钢整铸式</td><td>辙叉跟长</td><td>2 050</td><td colspan="2">护轨轨型</td><td>33 kg/m 槽型钢</td></tr>
<tr><td colspan="2" rowspan="2">护轨端头距导轨端头定位尺寸</td><td>直向</td><td>496</td><td rowspan="2">护轨图号</td><td>直</td><td>CB 2213A-01</td></tr>
<tr><td>侧向</td><td>6 165</td><td>侧</td><td>CB 2213A-02</td></tr>
<tr><td colspan="6">辙叉理论尖端距趾端方向前一根岔枕中心距离</td><td>46</td></tr>
<tr><td rowspan="5">4.5 号锐角辙叉及护轨
CB 2260</td><td rowspan="2">辙叉图号</td><td rowspan="2">CB 2215-01</td><td>辙叉全长</td><td>3 811</td><td colspan="2">护轨长度</td><td>3 000</td></tr>
<tr><td>辙叉趾长</td><td>1 563</td><td colspan="2">护轨轨型</td><td>33 kg/m 槽型钢</td></tr>
<tr><td>辙叉形式</td><td>高锰钢整铸式</td><td>辙叉跟长</td><td>2 248</td><td colspan="2">护轨图号</td><td>CB 2260-01</td></tr>
<tr><td colspan="6">辙叉理论尖端距趾端方向前一根岔枕中心距离</td><td>51</td></tr>
<tr><td colspan="6">护轨端头距导轨端头定位尺寸</td><td>2 742</td></tr>
<tr><td>4.5 号钝角辙叉
CB 2216</td><td>辙叉图号</td><td>CB 2216-01</td><td>辙叉类型</td><td>高锰钢
整铸式</td><td colspan="2">辙叉全长</td><td>4 954</td></tr>
<tr><td>岔枕图号
CZ 2213Z</td><td>岔枕总数</td><td>302 根</td><td>岔枕展延长</td><td>1 007 m</td><td colspan="2">套管总数</td><td>1 776</td></tr>
<tr><td>批准文号</td><td colspan="4">运基线路〔2003〕207 号</td><td colspan="2">应用情况</td><td>★★★</td></tr>
<tr><td>主要结构特点</td><td colspan="7">钝角辙叉范围内轨距采用 1 440 mm，菱形中轨距过渡到 1 435 mm。</td></tr>
</table>

4.5 号锐角辙叉及护轨明细表

序号	图号 / 标准	名称及规格	数量	材　　料	备　　注
1	CB 2215－01	高锰钢辙叉　50－4.5R－Ⅰ	1		
2	CB 2260－01	护　轨　3 000	2	33 kg/m 槽型钢	左右开各半
3	CB 2215－03	辙叉垫板　898 × 180 × 20	4	Q235	铁座 41
4	CB 2215－03	辙叉垫板　898 × 180 × 20	2	Q235	铁座 33
5	专线 4266－17	接头平垫板　J50－FY(Z)	2	Q235	左右开各半
6	专线 4266－16	平垫板　50－FY(Z)	2	Q235	左右开各半
7	CB 2213A－04	护轨垫板　550 × 180 × 23Y	5	Q345	
8	CB 2213A－04	护轨垫板　550 × 180 × 23Z	5	Q345	
9	TB/T 2345	接头夹板　50	8		
10	TB/T 2347	接头螺栓及螺母　M24 × 145	24	10.9 级	
11	GB/T 1230	平垫圈　24	24		
12	专线 4232－4	T 型螺栓　M24 × 60	30		
13	专线 4232－80	长方头螺栓　M24 × 85	10		
14	NS－01(b)	螺　母　M24	10	5 级	
15	GB/T 7244	弹簧垫圈　24	10		
16	TB/T 1495.2	B 型弹条	30		
17	GB/T 41	螺　母　M24	30	4 级	
18	TB/T 1495.4	平垫圈　24	30		
19	SC 330C－205	护轨调整片　$170 \times 80 \times \frac{2}{3}$	20 10	Q235	厚 2 mm 备用
20	GB/T 7244	弹簧垫圈　30	40		
21	专线 4266－34	螺　钉　30	40		
22	专线 4266－13	轨距块　50/9－11	18	ZG 230－450	
23	专线 4266－13	轨距块　50/13－15	8	ZG 230－450	
24	专线 4266－14	接头轨距块　50－11	2	玻璃纤维	
25	专线 4266－14	接头轨距块　50－13	2	玻璃纤维	
26	CT 10－75	轨下橡胶垫板　50－200	14	橡胶	
27	CT 10－12	橡胶垫板　600 × 200 × 5	6	橡胶	
28	CT 10－87	橡胶垫板　550 × 185 × 7	10	橡胶	
29	CT 10－76	橡胶垫板　430 × 185 × 10	4	橡胶	
30	CT 10－76	橡胶垫板　898 × 185 × 10	6	橡胶	

50 kg/m 钢轨 6.5 m 间距交叉渡线 4.5 号锐角辙叉及护轨
图　号：CB 2260

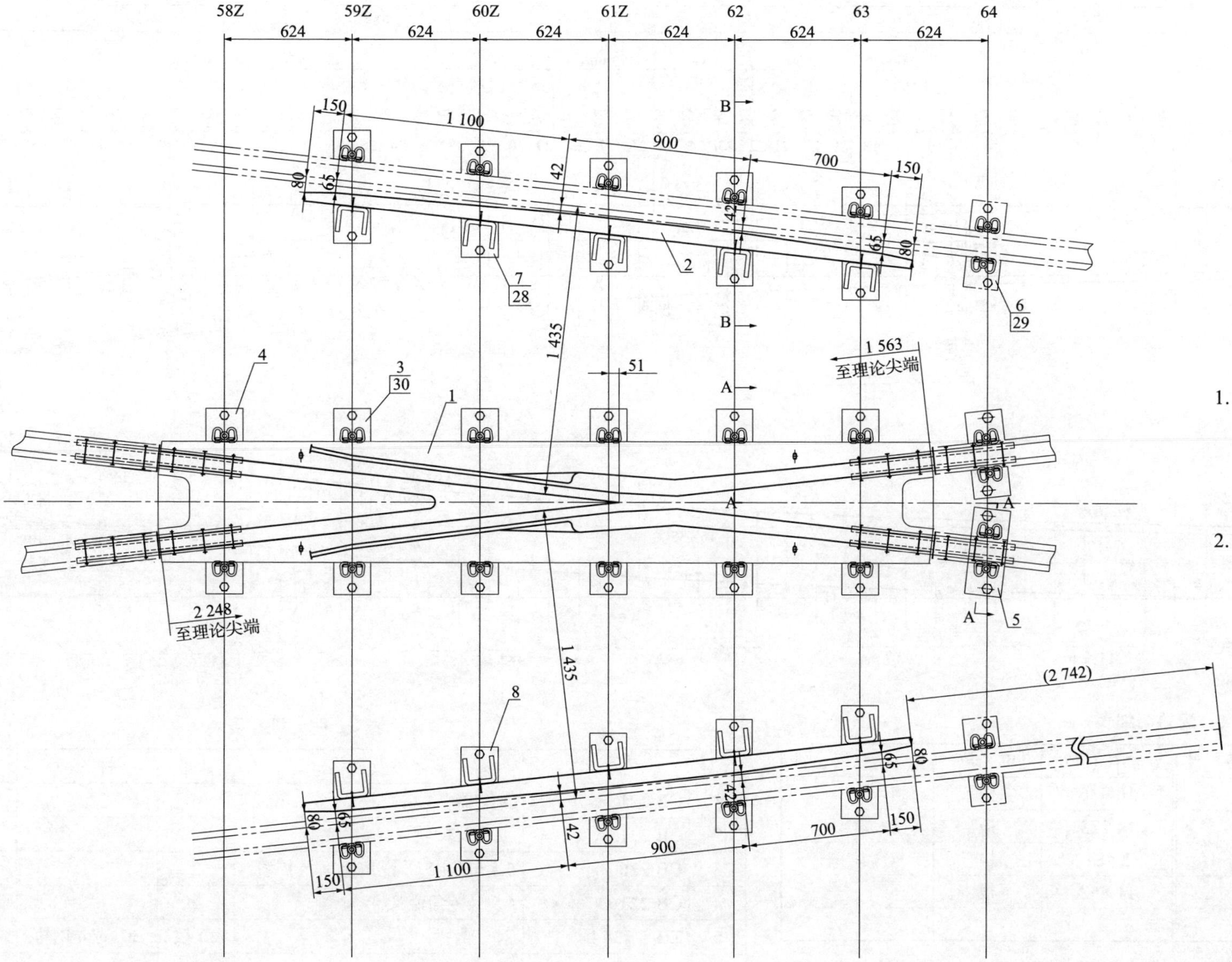

技　术　要　求

1. 组装护轨时，应使用 3 mm 厚的护轨调整片，如查照间隔或护背距离不合格时，可使用备用调整片进行调整。
2. 查照间隔及护背距离在心轨轨头宽 20～30 mm 处丈量。

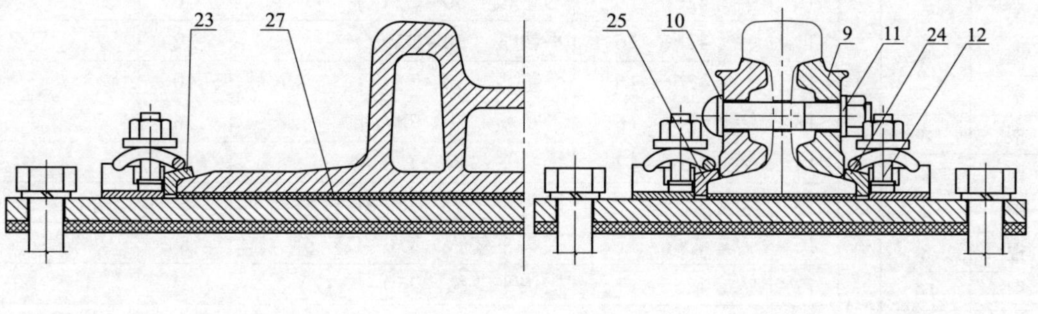

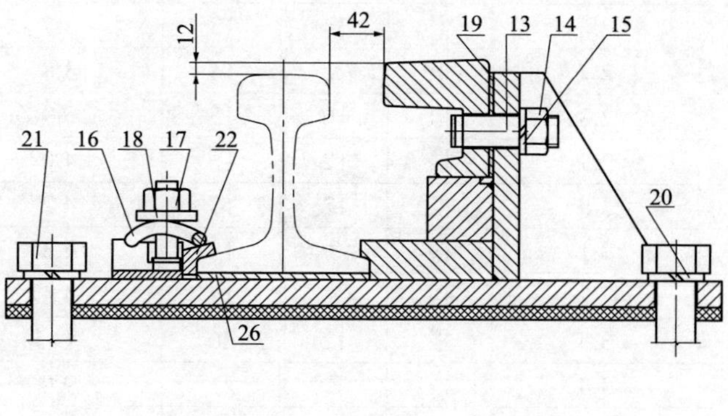

50 kg/m 钢轨 9 号 6.5 m 间距交叉渡线

图　号：CZ 2213

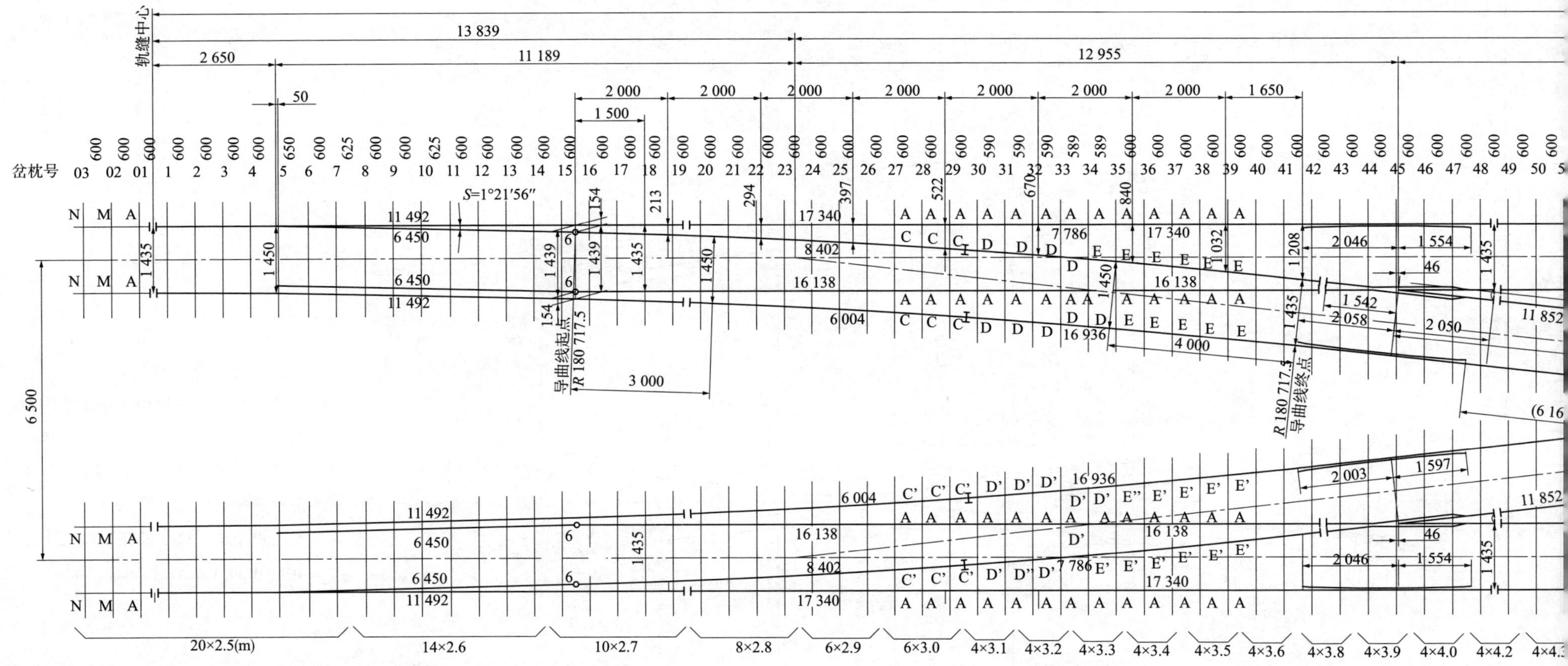

表 1　配轨明细表

导轨长 (mm)	单　位	数　量	备　注	导轨长 (mm)	单　位	数　量	备　注
8 402	根	4		16 936	根	4	
6 004	根	4		14 233	根	8	
17 340	根	4		2 481	根	4	
7 786	根	4		11 852	根	4	
16 138	根	4					

表 2　混凝土岔枕数量表

序　号	岔枕长度 (m)	单　位	数　量	序　号	岔枕长度 (m)	单　位	数　量
1	2.5	根	80	12	3.6	根	8
2	2.6	根	34	13	3.7	根	4
3	2.7	根	22	14	3.8	根	8
4	2.8	根	16	15	3.9	根	8
5	2.9	根	12	16	4.0	根	8
6	3.0	根	12	17	4.2	根	8
7	3.1	根	8	18	4.3	根	8
8	3.2	根	8	19	4.4	根	4
9	3.3	根	12	20	4.45	根	8
10	3.4	根	8	21	9.0	根	14
11	3.5	根	12				

表 3　明　细　表

序号	图号 / 标准	名称及规格	数量	材　料	备　注
1	CB 2212	转辙器	4		左、右开各
2	CB 2213A	辙叉及护轨	4		A、B 型各
3	CB 2260	6.5 m－4.5 号锐角辙叉及护轨	2		
4	CB 2216	4.5 号钝角辙叉	2		
5	TB/T 2344	钢　轨	40 根	50 kg/m 钢轨	见表 1
6	TB/T 2345	接头夹板 50	32		
7	TB/T 2347	接头螺栓及螺母　M24 × 145	96	10.9 级	
8	GB/T 1230	平垫圈　24	96		
9	专线 4266－16	垫　板　50－A	248		
10	专线 4266－16	平垫板　50－CY(Z)	16		左、右开各
11	专线 4266－16	平垫板　50－DY(Z)	32		左、右开各
12	专线 4266－16	平垫板　50－EY(Z)	40		左、右开各
13	专线 4266－16	平垫板　50－FY(Z)	56		左、右开各
14	专线 4266－17	接头平垫板　J50－A	16		
15	专线 4266－17	接头平垫板　J50－CY(Z)	8		左、右开各
16	专线 4266－17	接头平垫板　J50－DY(Z)	8		左、右开各
17	专线 4266－17	接头平垫板　J50－FY(Z)	12		左、右开各
18	专线 4266－24	顺坡垫板　P80	8		M 位置

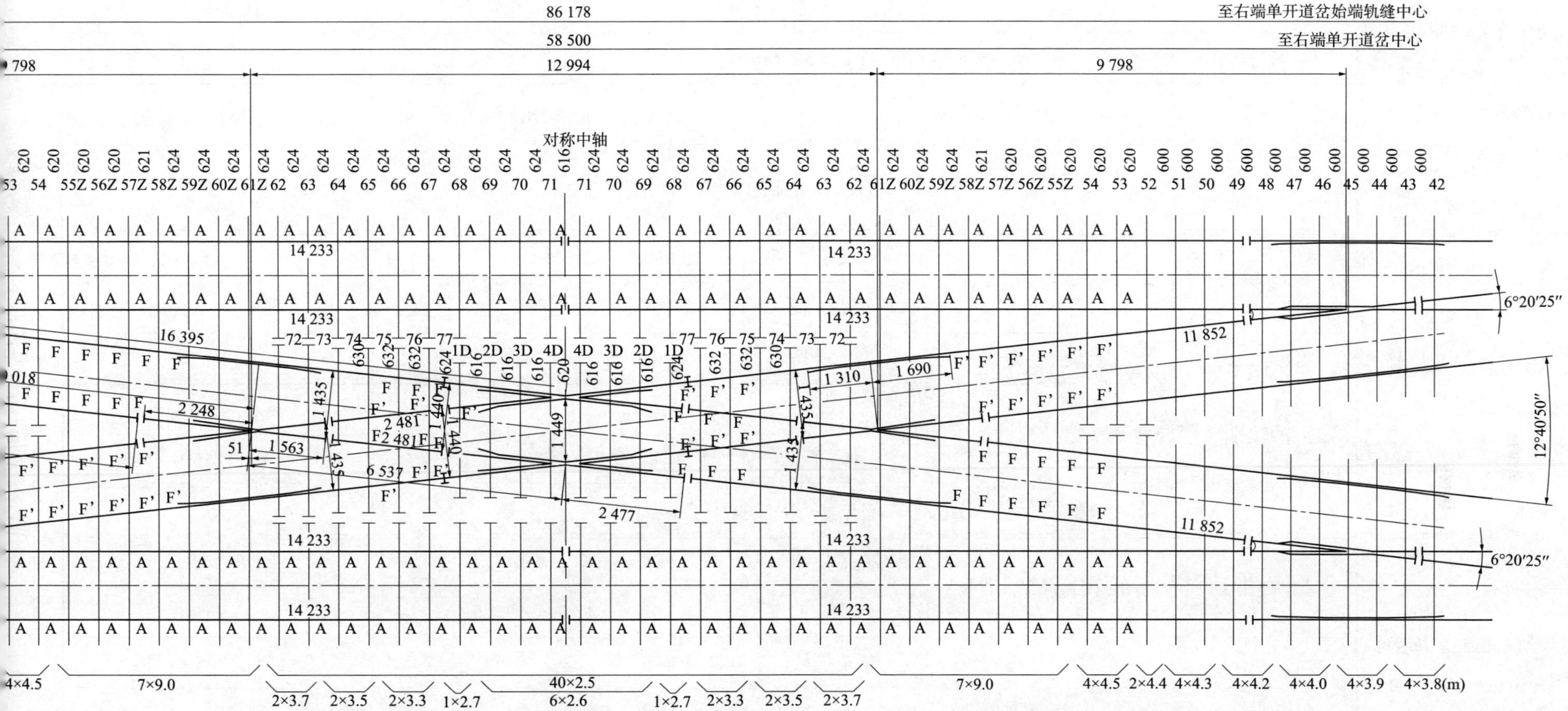

续表 3

号	图号 / 标准	名称及规格	数量	材　料	备　注
9	专线 4266－25	顺坡垫板　P60	8		N 位置
0	TB/T 1495.2	B 型弹条	904		
1	专线 4232－4	T 型螺栓　M24 × 60	904		
2	TB/T 1495.4	平垫圈　24	904		
3	专线 4266－34	螺　钉　M30	904		
4	GB/T 7244	弹簧垫圈　30	904		
5	GB/T 41	螺　母　M24	904	4 级	
6	专线 4266－13	轨距块　50/9－11	408	ZG 230－450	
7	专线 4266－13	轨距块　50/13－15	408	ZG 230－450	
8	CB 305－16	轨距块　50/7－17	200	ZG 230－450	备用
9	专线 4266－14	接头轨距块　50－11	44	玻璃纤维	
0	专线 4266－14	接头轨距块　50－13	44	玻璃纤维	
1	专线 4266－14	接头轨距块　50－9	20	玻璃纤维	
2	专线 4266－14	接头轨距块　50－15	20	玻璃纤维	
3	专线 4266－27	轨下橡胶垫板　50－200	452	橡胶	
4	专线 4266－31	橡胶垫板　430 × 185 × 10	452	橡胶	
5		50 钢轨绝缘	12		

技　术　要　求

1. 扣件采用 Ⅰ 型弹条扣件，轨距块设计安装号数如下：
   钢轨工作边一侧，安装 13 号轨距块或 13 号接头轨距块；
   钢轨非工作边一侧，安装 11 号轨距块或 11 号接头轨距块；
   高锰钢整铸辙叉一侧安装 13 号轨距块，另一侧安装 11 号轨距块。
   7－17 轨距块为备用轨距块，供现场调整用。
2. 图中钢轨普通接头及绝缘接头分别以"—┤├—"、"┼"表示。
3. 本图按两线平行交叉渡线设计，绝缘接头设在侧股。采用其他类型布置形式时，须另行设计。用户订货时，需指明采用钢轨材质，绝缘接头形式、平面布置类型及绝缘电路的设置位置。
4. 明细表中平垫板根据垫板的偏斜大小及是否接头位置分为 9 种类型，其铺设位置详见布置图。其中：50－A 的 264 块（含接头平垫板 16 块）；50－C/C′的共 24 块（含接头平垫板 8 块）；50－D/D′的共 40 块（含接头平垫板 8 块）；50－E/E′的共 40 块；50－F/F′的共 68 块（含接头平垫板 12 块）。带"′"的表示左开用垫板，不带"′"的为右开用垫板。接头处安装接头平垫板。
5. 考虑到道岔与线路连接过渡，在道岔前两根岔枕上分别设置顺坡垫板 (M、N 位置)，若无轨底坡线路连接时取消顺坡垫板，采用 A 型垫板 (50－A)，用户订货时需指明。

<table>
<tr><th colspan="8">48. 50 kg/m 钢轨 12 号道岔 5.0 m 间距交叉渡线(混凝土枕)
设计图号：专线(01)7659</th></tr>
<tr><td rowspan="2">道岔允许通过速度</td><td>客车</td><td colspan="3">$v_{直}$≤120 km/h；$v_{侧}$≤50 km/h</td><td colspan="2">扣件类型</td><td>B型弹条</td></tr>
<tr><td>货车</td><td colspan="3">$v_{直}$≤80 km/h；$v_{侧}$≤50 km/h</td><td colspan="2">轨底坡</td><td>—</td></tr>
<tr><td>A(B)型辙叉角</td><td colspan="4">4°45′49″</td><td colspan="2">锐角 / 钝角辙叉角</td><td>9°31′38″</td></tr>
<tr><td>转辙器
专线4258</td><td colspan="7">详见“50 kg/m 钢轨 12 号单开道岔［专线 4257］”</td></tr>
<tr><td rowspan="6">5 m－12 号辙叉及护轨
专线 (01)7659－Ⅱ</td><td rowspan="2">辙叉图号</td><td rowspan="2">专线 4259－4</td><td>辙叉全长</td><td>5 992</td><td colspan="2" rowspan="2">护轨长度</td><td>直向：6 900</td></tr>
<tr><td>辙叉趾长</td><td>2 192</td><td>侧向：4 500</td></tr>
<tr><td>辙叉形式</td><td>高锰钢整铸式</td><td>辙叉跟长</td><td>3 800</td><td colspan="2">护轨轨型</td><td>43 kg/m</td></tr>
<tr><td colspan="2" rowspan="2">护轨端头距导轨端头定位尺寸</td><td>直向</td><td>746</td><td rowspan="2">护轨图号</td><td>直</td><td>专线 4259－5</td></tr>
<tr><td>侧向</td><td>164</td><td>侧</td><td>专线 (01)7659－Ⅱ－4</td></tr>
<tr><td colspan="6">辙叉理论尖端距趾端方向前一根岔枕中心距离</td><td>96</td></tr>
<tr><td rowspan="5">5 m－6 号锐角辙叉及护轨
专线 (01)7659－Ⅲ</td><td rowspan="2">辙叉图号</td><td rowspan="2">专线 (01)7659－Ⅲ－4</td><td>辙叉全长</td><td>3 604</td><td colspan="2">护轨长度</td><td>3 300</td></tr>
<tr><td>辙叉趾长</td><td>2 109</td><td colspan="2">护轨轨型</td><td>43 kg/m</td></tr>
<tr><td>辙叉形式</td><td>高锰钢整铸式</td><td>辙叉跟长</td><td>1 495</td><td colspan="2">护轨图号</td><td>专线 (01)7659－Ⅲ－5</td></tr>
<tr><td colspan="6">辙叉理论尖端距趾端方向前一根岔枕中心距离</td><td>594</td></tr>
<tr><td colspan="6">护轨端头距导轨端头定位尺寸</td><td>1 021</td></tr>
<tr><td>6 号钝角辙叉
专线 (01)7659－Ⅳ</td><td>辙叉图号</td><td>专线 (01)7659－Ⅳ－3</td><td>辙叉类型</td><td>高锰钢整铸式</td><td colspan="2">辙叉全长</td><td>4 730</td></tr>
<tr><td>岔枕图号
专线 (01)3424</td><td>岔枕总数</td><td>286 根</td><td>岔枕展延长</td><td>1 011.6 m</td><td colspan="2">套管总数</td><td>1 864</td></tr>
<tr><td>批准文号</td><td colspan="4">建技 (2001)72 号</td><td colspan="2">应用情况</td><td>★★★</td></tr>
<tr><td>主要结构特点</td><td colspan="7">钝角辙叉范围内轨距采用 1 440 mm，菱形中轨距过渡到 1 435 mm。</td></tr>
</table>

12 号 A(B) 型辙叉及护轨明细表

序号	图号 / 标准	名称及规格	数量	材　　料	备　　注
1	专线 4259－4	高锰钢整铸辙叉	1	ZGMn13	
2	专线 4259－5	护　轨　6 900	1	43 kg/m 钢轨	
3	专线 (01)7659－Ⅱ－4	侧向护轨　4 500	1	43 kg/m 钢轨	
4	专线 4259－7	辙叉垫板　729 × 180 × 20	7	Q235－A(底板)	B 型对称　铁座 41
5	专线 4259－7	辙叉垫板　729 × 180 × 20	1	Q235－A(底板)	B 型对称　铁座 33
6	专线 4266－23	护轨垫板　50－550	12	16Mn(底板)	
7	专线 4259－11	护轨垫板　560 × 180 × 23	6	16Mn(底板)	B 型对称制造
8	专线 (01)7659－Ⅱ－5	护轨斜垫板　545 × 180 × 23A(B)	1	16Mn(底板)	B 型对称制造
9	专线 (01)7659－Ⅱ－6	护轨斜垫板　485 × 180 × 23A(B)	1	16Mn(底板)	B 型对称制造
10	专线 4259－8	垫　板　843 × 180 × 20	1	Q235－A(底板)	B 型对称制造
11	专线 4259－8	垫　板　796 × 180 × 20	1	Q235－A(底板)	B 型对称制造
12	专线 4259－9	垫　板　747 × 180 × 20	1	Q235－A(底板)	B 型对称制造
13	专线 4259－10	垫　板　718 × 180 × 20	1	Q235－A(底板)	B 型对称制造
14	专线 4266－16	平垫板　50－A	1	Q235－A(底板)	
15	专线 4266－16	平垫板　50－D Y	3	Q235－A(底板)	B 型为 50－D Z
16	专线 4266－55	接头支距扣板　J50/150－141	1	KTH 330－08	
17	专线 4266－61	调整片　$135 \times 100 \times \frac{3}{2}$	20 40	Q195	2 mm 备用
18	TB/T 2342.2	接头夹板　50	8		
19	TB/T 2347	接头螺栓　M24 × 145－10.9	24		带螺母
20	专线 4266－6	半圆头方颈螺栓　M24 × 100	16		
21	专线 4266－6	半圆头方颈螺栓　M24 × 80	4		
22	专线 4266－5	T 形螺栓　M24 × 80	1	Q235－A	
23	专线 4266－5	T 形螺栓　M24 × 60	57	Q235－A	
24	专线 4266－34	岔枕螺栓　ϕ30	74	45 钢	
25	GB/T 41	盖型螺母　M24	58		
26	专线 4266－9	螺　母　M24	20	Q275	
27	GB/T 1230	垫　圈　24	24		
28	GB/T 7244	垫　圈　24	20		
29	TB/T 1495.4	平垫圈　24	58	Q235－A	
30	GB/T 7244	垫　圈　30	74		
31	TB/T 1495.2	B 型弹条	58	60Si2Mn	
32	专线 4266－13	轨距块　50/9－11	37	ZG 270－500	
33	专线 4266－13	轨距块　50/13－15	18	ZG 270－500	

续上表

序号	图号 / 标准	名称及规格	数量	材　料	备　注
34	专线 4266－14	接头轨距块　50－11	2	玻璃纤维增强聚酰胺 66	
35	专线 4266－27	橡胶垫板　50－200	32	橡胶	
36	专线 4266－29	橡胶垫板　439	8	橡胶	
37	专线 4266－31	橡胶垫板　430×185×10	4	橡胶	
38	专线 4266－32	橡胶垫板　843－378	1	橡胶	
39	专线 4266－32	橡胶垫板　796－355	1	橡胶	
40	专线 4266－31	橡胶垫板　747×185×10	1	橡胶	
41	专线 4266－31	橡胶垫板　718×185×10	1	橡胶	
42	专线 4266－31	橡胶垫板　729×185×10	8	橡胶	
43	专线 4266－33	橡胶垫板　550×185×7	12	橡胶	
44	专线 4266－33	橡胶垫板　560×185×7	6	橡胶	
45	专线 4266－33	橡胶垫板　545×185×7	1	橡胶	
46	专线 4266－33	橡胶垫板　485×185×7	1	橡胶	

6 号锐角辙叉及护轨明细表

序号	图号 / 标准	名称及规格	数量	材　　料	备　　注
1	专线 (01)7659－Ⅲ－4	高锰钢辙叉　50－6R	1	ZGMn13	
2	专线 (01)7659－Ⅲ－5	护　轨　3 300	1	43 kg/m 钢轨	
3	专线 (01)7659－Ⅲ－5	护　轨　3 300	1	43 kg/m 钢轨	与序号 2 对称
4	专线 (01)7659－Ⅲ－6	垫　板　815×180×23	4	16Mn(底板)	
5	专线 (01)7659－Ⅲ－6	垫　板　815×180×23	2	16Mn(底板)	与序号 4 对称
6	专线 (01)7659－Ⅲ－7	垫　板　834×180×23	1	16Mn(底板)	
7	专线 (01)7659－Ⅲ－7	垫　板　834×180×23	1	16Mn(底板)	与序号 6 对称
8	专线 (01)7659－Ⅲ－8	垫　板　843×180×23	1	16Mn(底板)	
9	专线 (01)7659－Ⅲ－8	垫　板　843×180×23	1	16Mn(底板)	与序号 8 对称
10	专线 (01)7659－Ⅲ－9	垫　板　882×180×23	1	16Mn(底板)	
11	专线 (01)7659－Ⅲ－9	垫　板　882×180×23	1	16Mn(底板)	与序号 10 对称
12	专线 (01)7659－Ⅲ－10	垫　板　932×180×23	1	16Mn(底板)	
13	专线 (01)7659－Ⅲ－10	垫　板　932×180×23	1	16Mn(底板)	与序号 12 对称
14	专线 (01)7659－Ⅲ－11	垫　板　982×180×23	1	16Mn(底板)	
15	专线 (01)7659－Ⅲ－11	垫　板　982×180×23	1	16Mn(底板)	与序号 14 对称
16	专线 4266－22	辙叉接头垫板　J50－732	2	Q235－A(底板)	铁座 33
17	专线 4266－21	辙叉垫板　50－732	4	Q235－A(底板)	铁座 41
18	专线 (01)7659－Ⅲ－12	垫　板　365×180×20	1	Q235－A(底板)	
19	专线 (01)7659－Ⅲ－12	垫　板　365×180×20	1	Q235－A(底板)	与序号 18 对称
20	专线 4266－55	接头支距扣板　J50/144－135	2	ZG 230－450	
21	专线 4266－61	调整片　135×100×3/2	12 24	Q195	
22	TB/T 2342.2	接头夹板　50	8		
23	TB/T 2347	接头螺栓及螺母　M24×145－10.9	24		
24	专线 4266－6	半圆头方颈螺栓　M24×100	8	Q235－A	
25	专线 4266－6	半圆头方颈螺栓　M24×80	4	Q235－A	
26	专线 4266－5	T 形螺栓　M24×60	38	Q235－A	
27	专线 4266－5	T 形螺栓　M24×85	2	Q235－A	
28	专线 4266－34	岔枕螺栓　ϕ30	44	45 钢	
29	GB/T 41	螺　母　M24	40		
30	专线 4266－9	螺　母　M24	12	Q275	
31	GB/T 1230	垫　圈　24	24		
32	GB/T 7244	垫　圈　24	12		

续上表

序号	图号 / 标准	名称及规格	数量	材　　料	备　　注
33	GB/T 7244	弹簧垫圈　30	44		
34	TB/T 1495.4	平垫圈　24	40	Q235－A	
35	TB/T 1495.2	B 型弹条	40	60Si2Mn	
36	专线 4266－13	轨距块　50/9－11	18	ZG 270－500	
37	专线 4266－13	轨距块　50/13－15	16	ZG 270－500	
38	专线 4266－14	接头轨距块　50－11	2	玻璃纤维增强聚酰胺 66	
39	专线 4266－14	接头轨距块　50－13	2	玻璃纤维增强聚酰胺 66	
40	专线 4266－27	橡胶垫板　50－200	18	橡胶	
41	专线 4266－29	橡胶垫板　440	4	橡胶	
42	专线 4266－29	橡胶垫板　450	6	橡胶	
43	专线 4266－33	橡胶垫板　815 × 185 × 7	2	橡胶	
44	专线 4266－33	橡胶垫板　834 × 185 × 7	2	橡胶	
45	专线 4266－33	橡胶垫板　843 × 185 × 7	2	橡胶	
46	专线 4266－33	橡胶垫板　882 × 185 × 7	2	橡胶	
47	专线 (01)7659－Ⅲ－13	橡胶垫板　932－356	2	橡胶	
48	专线 (01)7659－Ⅲ－13	橡胶垫板　982－380	2	橡 胶	
49	专线 4266－31	橡胶垫板　732 × 185 × 10	6	橡胶	
50	专线 4266－31	橡胶垫板　365 × 185 × 10	6	橡胶	

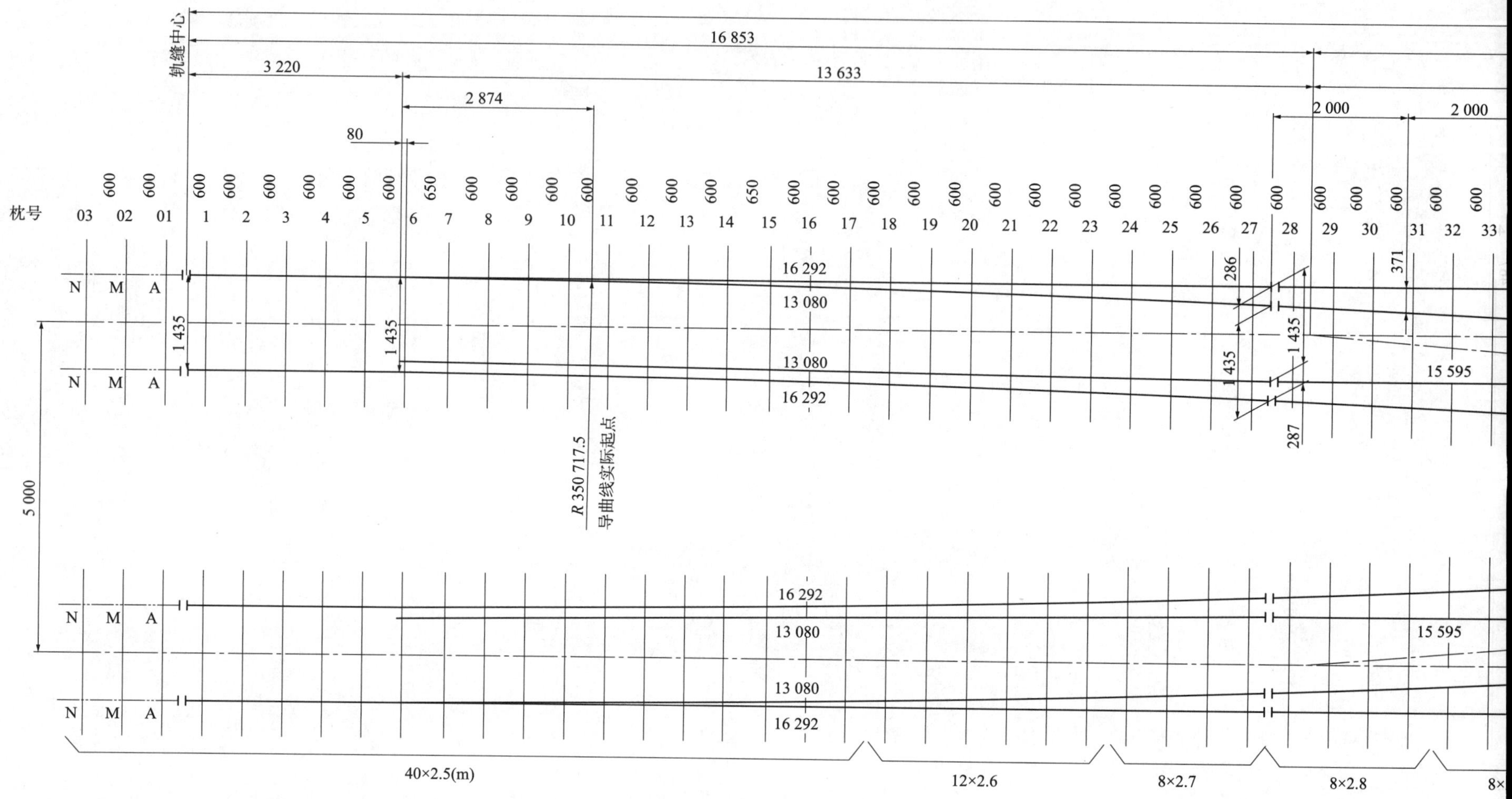

表 1 混凝土岔枕数量表

序号	岔枕长 (m)	单位	数量	备注	序号	岔枕长 (m)	单位	数量	备注
1	2.4	根	12		9	3.2	根	16	
2	2.5	根	80		10	3.3	根	8	
3	2.6	根	30		11	3.4	根	8	
4	2.7	根	16		12	3.5	根	8	
5	2.8	根	16		13	3.6	根	4	
6	2.9	根	16		14	3.7	根	12	截短岔枕
7	3.0	根	8		15	7.5	根	44	组合岔枕
8	3.1	根	8						

表 2 配轨明细表（绝缘接头设在侧股）

长度 (mm)	21 599	15 595	15 639(胶接) (9 591，6 040)	19 846(胶接) (9 591，10 247)	17 884	4 794	6 613
数量(根)	4	4	4	4	4	4	4
质量 (kg)	4 451	3 213	3 223	4 809	3 685	988	1 363
总质量：21 008 kg；总长度：407.816 m							

表 3 明 细 表

序号	图号 / 标准	名称及规格	数量	材 料
1	专线 4258	转辙器	4	
2	专线 (01)7659－Ⅱ	12 号 A(B) 型辙叉及护轨	4	
3	专线 (01)7659－Ⅲ	5.0m－6 号锐角辙叉及护轨	2	
4	专线 (01)7659－Ⅳ	6 号钝角辙叉	2	
5	TB/T 2344	钢 轨	407.82	50 kg/m 钢轨
6	TB/T 2345	接头夹板 50	40	
7	专线 4266－16	垫 板 50－A	228	Q235－A(底板)
8	专线 4266－16	垫 板 50－B Y(Z)	16	Q235－A(底板)
9	专线 4266－16	垫 板 50－C Y(Z)	56	Q235－A(底板)
10	专线 4266－16	垫 板 50－D Y(Z)	88	Q235－A(底板)
11	专线 4266－17	接头平垫板 J 50－A	16	Q235－A(底板)
12	专线 4266－17	接头平垫板 J 50－C Y(Z)	16	Q235－A(底板)
13	专线 4266－24	顺坡垫板 P80	8	Q235－A(底板)
14	专线 4266－25	顺坡垫板 P60	8	Q235－A(底板)
15	TB/T 1495.2	B 型弹条	872	60Si2Mn
16	专线 4266－5	T 型螺栓 M24 × 60	872	Q235－A

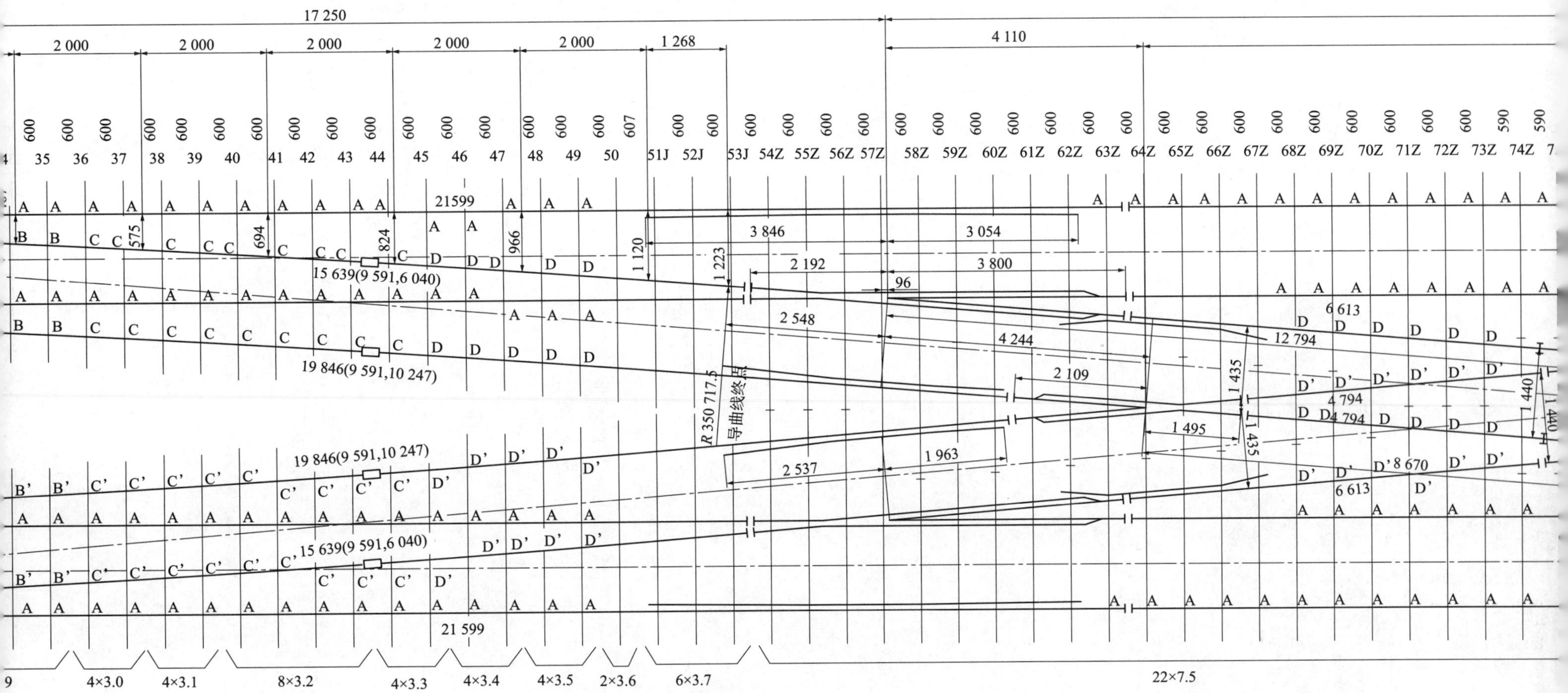

备　注
左右开各2
A、B 型各2
、右开各半
左、右开各半
左、右开各半
左、右开各半
图中 M 位置
图中 N 位置

续表 3

序号	图号 / 标准	名称及规格	数量	材　料	备　注
17	TB/T 2347	接头螺栓　M24 × 145 − 10.9	120		含螺母
18	专线 4266 − 34	岔枕螺栓　ϕ30	872		
19	GB/T 41	螺　母　M24	872		
20	GB/T 1230	垫　圈　24	120		
21	TB/T 1495.4	平垫圈　24	872		
22	GB/T 7244	弹簧垫圈　30	872		
23	专线 4266 − 13	轨距块　50/9 − 11	404	ZG 270 − 500	
24	专线 4266 − 13	轨距块　50/13 − 15	404	ZG 270 − 500	
25	专线 4266 − 13	轨距块　50/7 − 17	300	ZG 270 − 500	备用
26	专线 4266 − 14	接头轨距块　50 − 11	32	玻璃纤维增强聚酰胺 66	
27	专线 4266 − 14	接头轨距块　50 − 13	32	玻璃纤维增强聚酰胺 66	
28	专线 4266 − 14	接头轨距块　50 − 9	40	玻璃纤维增强聚酰胺 66	备用
29	专线 4266 − 14	接头轨距块　50 − 15	40	玻璃纤维增强聚酰胺 66	备用
30	专线 4266 − 31	橡胶垫板　430 × 180 × 10	436	橡胶	
31	专线 4266 − 27	橡胶垫板　50 − 200	436	橡胶	
32		钢轨绝缘	14 套		4 组普通绝缘，其余为胶接绝缘

技 术 要

1. 本图依据专线 (01)7659 − I《50 kg/m 钢
行绘制。
2. 道岔容许通过速度：直向：旅客列车
50 km/h。
3. 本道岔转换设备按联动内锁闭装置
二牵引点动程分别为 160 mm、82 mm
4. 本图转辙器采用 13.08 m　50AT 弹性
辙叉为高锰钢整铸式，高锰钢整铸辙
43 kg/m 钢轨制造。
5. 钢轨轨下及高锰钢整铸辙叉下设 5 m
厚橡胶垫板，其他垫板下设 10 mm 厚
6. 扣件采用弹条 I 型扣件，轨距块设计
钢轨工作边一侧，安装 13 号轨距块或
钢轨非工作边一侧，安装 11 号轨距块
高锰钢整铸辙叉一侧安装 13 号轨距块
7 − 17 轨距块为备用轨距块，供现场调

6 号钝角辙叉明细表

序号	图号 / 标准	名称及规格	数量	材　料	备　注
1	专线 (01)7659 – Ⅳ – 2	高锰钢辙叉　50 – 6	1	ZGMn13	
2	专线 4266 – 21	垫　板　705 × 180 × 20	2	Q235 – A(底板)	
3	专线 4266 – 21	垫　板　759 × 180 × 20	2	Q235 – A(底板)	
4	专线 4266 – 21	垫　板　845 × 180 × 20	2	Q235 – A(底板)	
5	专线 (01)7659 – Ⅳ – 4	垫　板　780 × 180 × 20	2	Q235 – A(底板)	
6	专线 (01)7659 – Ⅳ – 5	垫　板　430 × 180 × 20	2	Q235 – A(底板)	
7	专线 (01)7659 – Ⅳ – 5	垫　板　430 × 180 × 20	2	Q235 – A(底板)	与序号 6 对称
8	TB/T 2345	接头夹板　50	8		
9	TB/T 2347	接头螺栓　M24 × 145 – 10.9	24		带螺母
10	专线 4266 – 5	T 型螺栓　M24 × 60	28	Q235 – A	
11	专线 4266 – 34	岔枕螺栓　ϕ30	24	45 钢	
12	GB/T 41	盖形螺母　M24	28		
13	GB/T 1230	垫　圈　24	24		
14	GB/T 7244	弹簧垫圈　30	24		
15	TB/T 1495.4	平垫圈　24	28	Q235 – A	
16	TB/T 1495.2	B 型弹条	28	60Si2Mn	
17	专线 4266 – 13	轨距块　50/13 – 15	10	ZG270 – 500	
18	专线 4266 – 13	轨距块　50/9 – 11	10	ZG270 – 500	
19	专线 4266 – 14	接头轨距块　50 – 11	4	玻璃纤维增强聚酰胺 66	
20	专线 4266 – 14	接头轨距块　50 – 13	4	玻璃纤维增强聚酰胺 66	
21	专线 4266 – 29	橡胶垫板　422	2	橡胶	
22	专线 4266 – 29	橡胶垫板　476	2	橡胶	
23	专线 4266 – 29	橡胶垫板　562	2	橡胶	
24	专线 4266 – 29	橡胶垫板　158	4	橡胶	
25	专线 4266 – 27	橡胶垫板　50 – 200	4	橡胶	
26	专线 4266 – 31	橡胶垫板　705 × 185 × 10	2	橡胶	
27	专线 4266 – 31	橡胶垫板　759 × 185 × 10	2	橡胶	
28	专线 4266 – 31	橡胶垫板　845 × 185 × 10	2	橡胶	
29	专线 4266 – 31	橡胶垫板　780 × 185 × 10	2	橡胶	
30	专线 4266 – 31	橡胶垫板　430 × 185 × 10	4	橡胶	

50 kg/m 钢轨 12 号 5.0 m 间距交叉渡线
图　号：专线 (01)7659－I－2

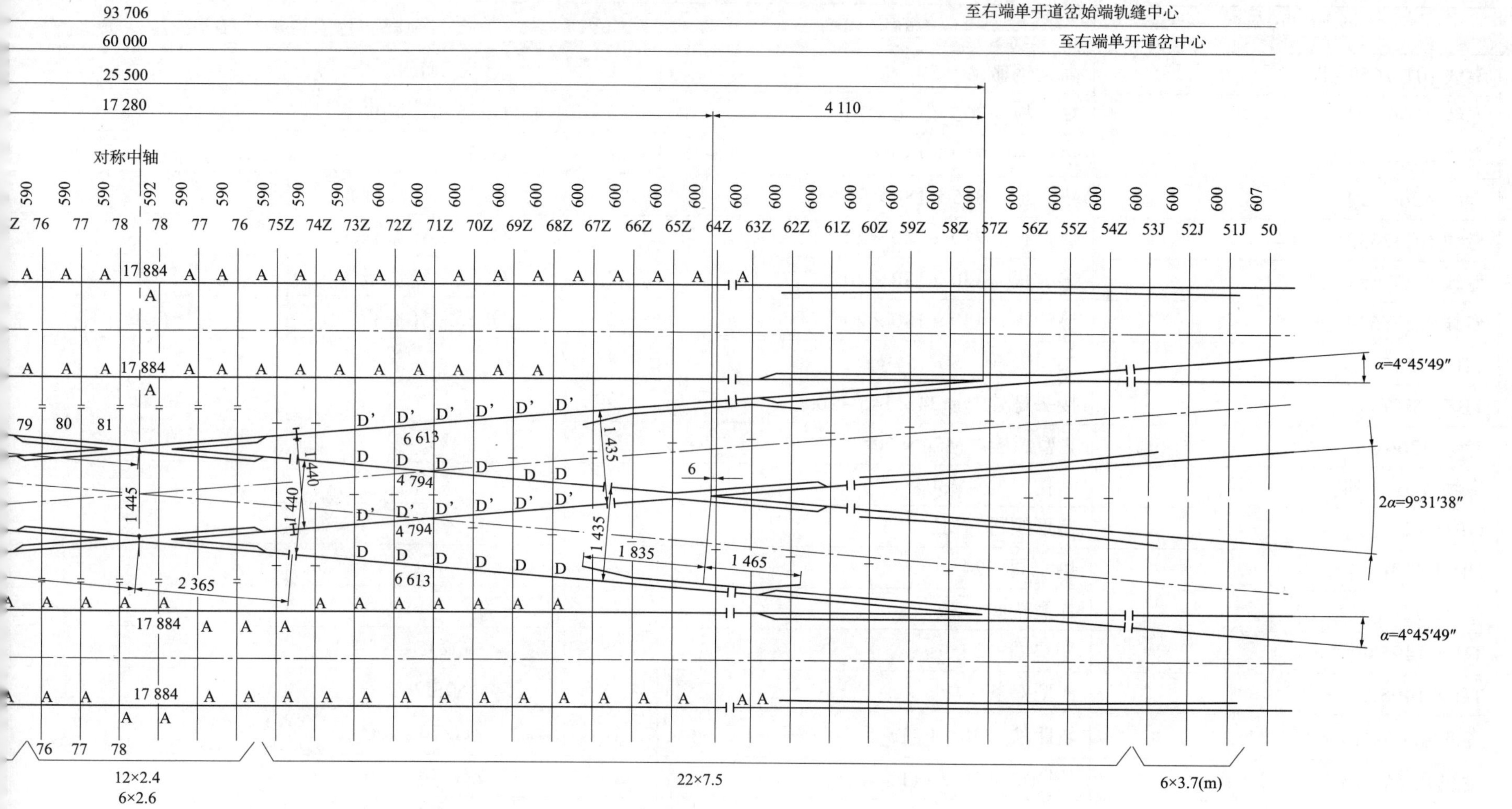

求

轨 12 号道岔 5 m 间距交叉渡线》进

20 km/h；货物列车 80 km/h。侧向：

计。尖轨设置二个牵引点，第一、

。

可弯尖轨，跟端采用限位器结构。

叉下设铁垫板；护轨为分开式，用

n 厚橡胶垫板，护轨垫板下设 7 mm

橡胶垫板。

安装号数如下：

13 号接头轨距块；

或 11 号接头轨距块；

，另一侧安装 11 号轨距块。

整用。

7. 交叉渡线菱形中钝角辙叉范围内轨距采用 1 440 mm，轨距过渡在锐角辙叉趾端接缝前完成。
8. 本图按设轨道电路设计。图中钢轨普通接头、普通绝缘接头及胶接绝缘接头分别以“─┤├─”、“─┼─”、“─▭─”表示。
9. 本图按两线平行交叉设计，绝缘接头设在侧股，其配轨长度见表 2；如果用户需要其他形式，需要在合同中说明。
10. 钢轨轨缝除注明者外均为 8 mm。
11. 明细表中平垫板根据垫板的偏斜大小及是否接头位置分为 10 种类型，其铺设位置详见布置图。其中：50－A 的 244 块 (含接头平垫板 16 块)；50－B/B’的共 16 块；50－C/C’的共 72 块 (含接头平垫板 16 块)；50－D/D’的共 88 块；带“ ’ ”的表示左开用垫板，不带“ ’ ”的为右开用垫板。接头处安装接头平垫板。
12. 本产品不设轨底坡，考虑到道岔与线路连接过渡，在道岔前两根岔枕上分别设置顺坡垫板 (M、N 位置)P80、P60，若与无轨底坡线路连接时取消顺坡垫板，采用 A 型垫板 (50－A)，用户订货时需说明。
13. 钢轨顶面应进行全长淬火，淬火技术条件按 TB/T 1779 执行。
14. 9 号 A(B) 型辙叉及护轨按下述位置区分 A、B 型：左上方及右下方为 A 型；左下方及右上方为 B 型。
15. 若用于电气化铁路时，有关短轨改为胶接绝缘短轨，其绝缘接头布置如下图：

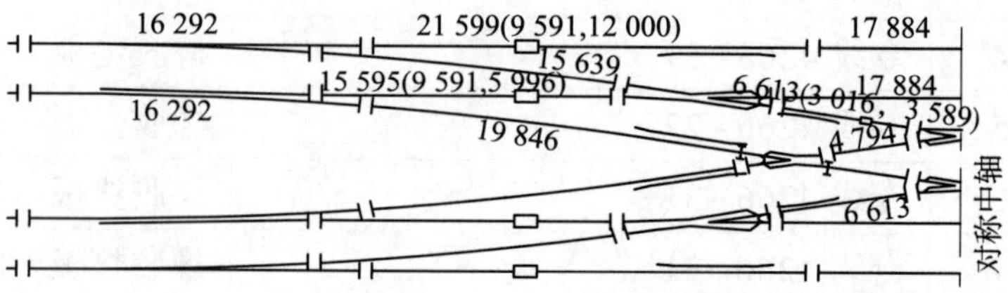

16. 道岔技术条件应符合 TB/T 412《标准轨距铁路道岔技术条件》的有关规定。
17. 轨下基础采用无挡肩混凝土岔枕，岔枕编号中，带“ J ”的为 50 kg/m 钢轨 12 号单开道岔相同序号岔枕的减短形式，带“ Z ”的岔枕为组合岔枕，图中“ + ”表示组合岔枕的连接位置。与本道岔相配套的岔枕图为专线 (01)3424《50 kg/m 钢轨 12 号道岔 5.0 m 间距交叉渡线用混凝土岔枕》。

50 kg/m 钢轨 12 号 5 m 间距交叉渡线 12 号 A(B) 型辙叉及护轨

图 号：专线 (01)7659－II－2

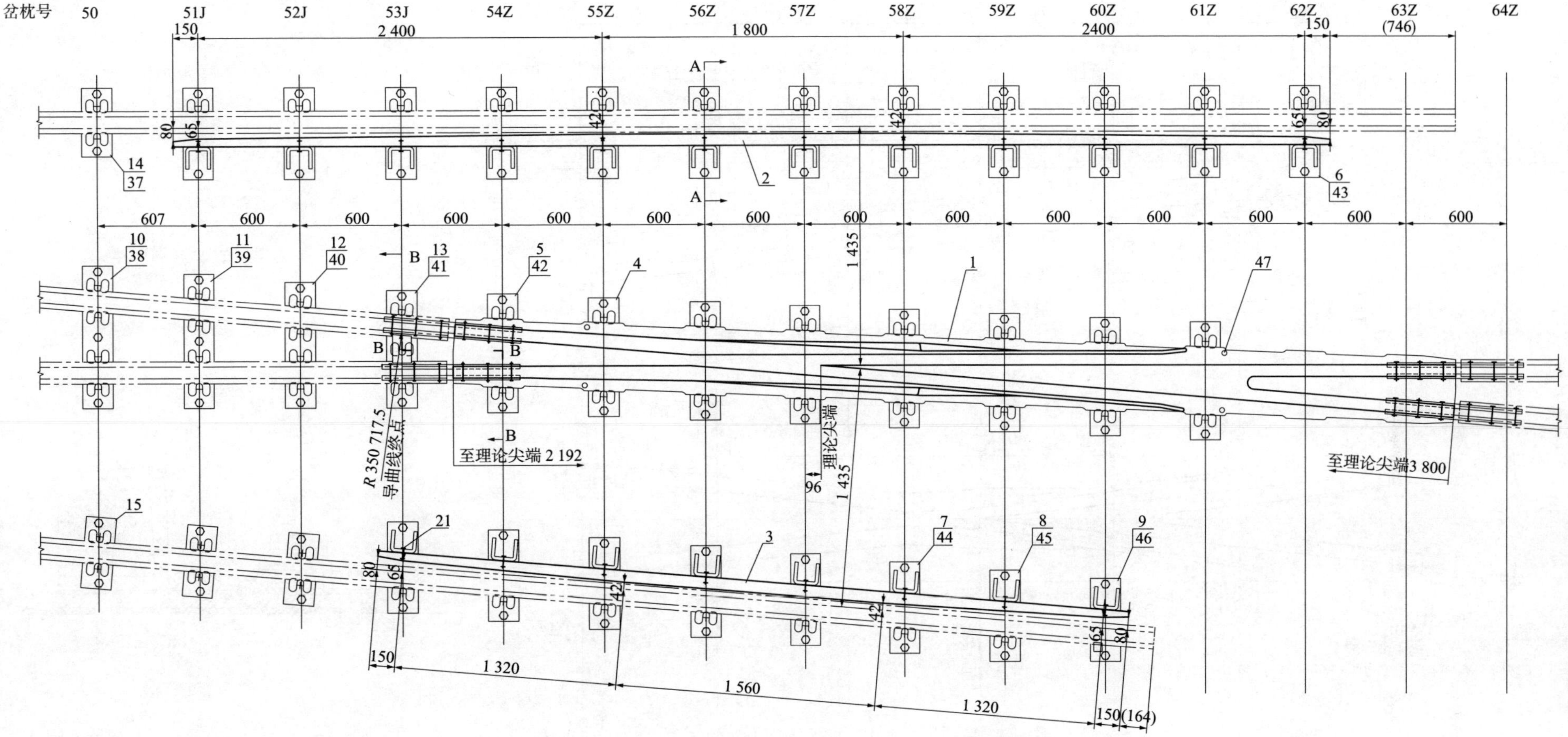

A－A

B－B

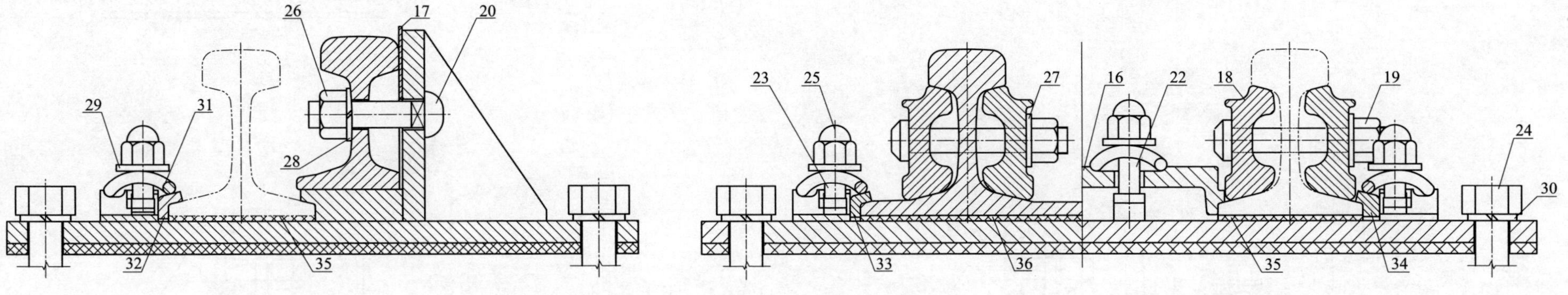

50 kg/m 钢轨 12 号 5.0 m 间距交叉渡线 6 号锐角辙叉及护轨

图 号：专线 (01)7659 – III – 2

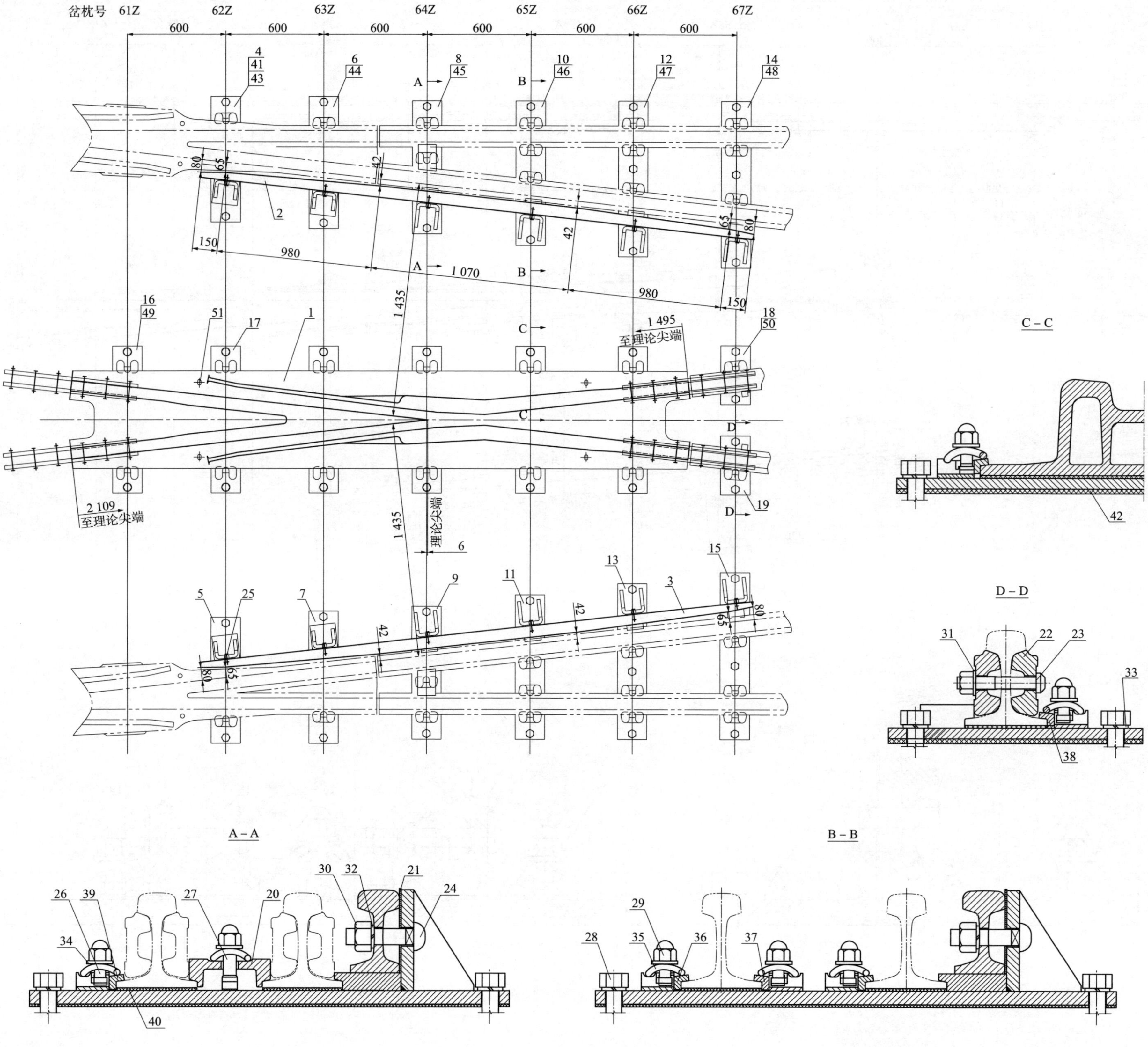

50 kg/m 钢轨 12 号 5.0 m 间距交叉渡线 6 号钝角辙叉

图 号:专线(01)7659-IV-2

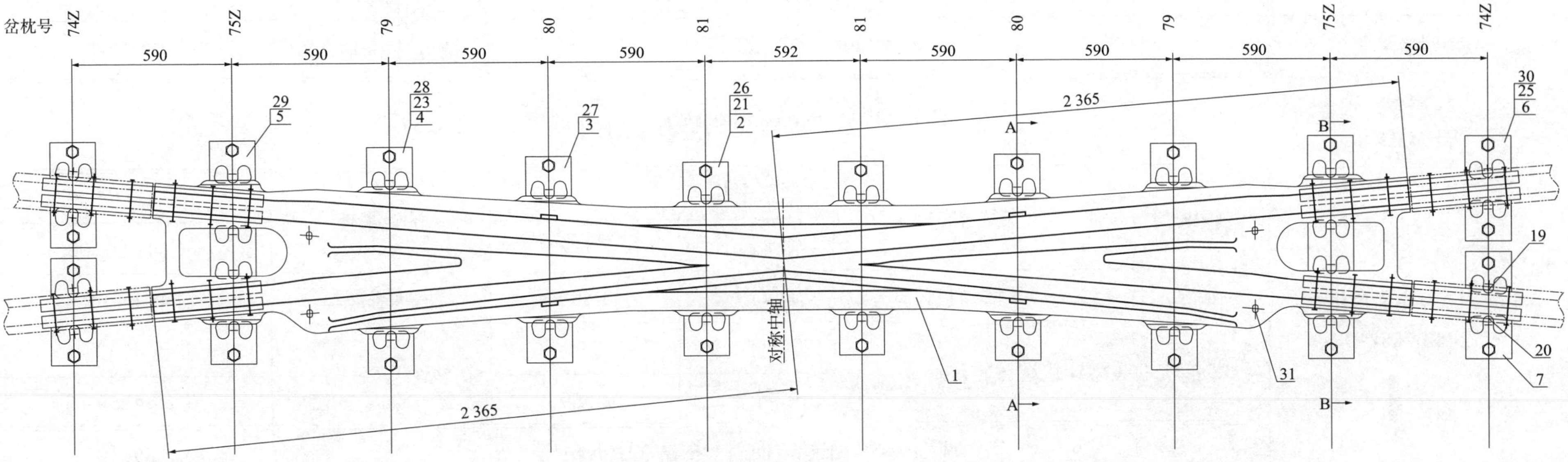

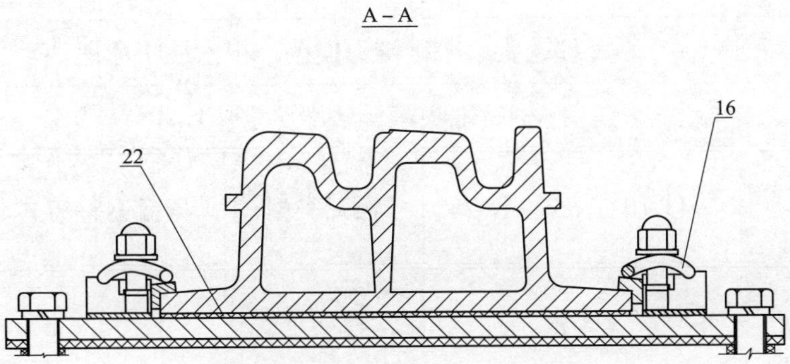

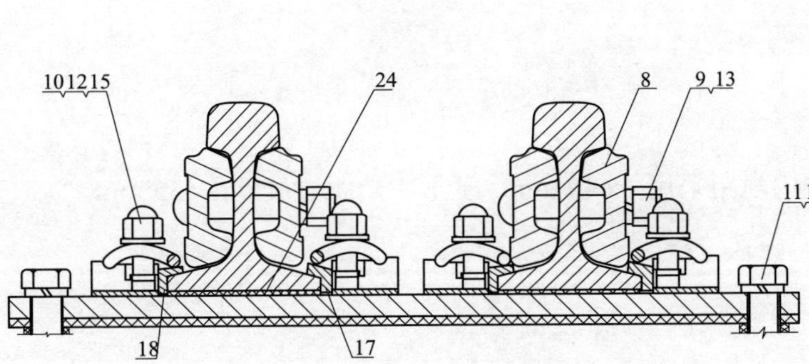

49. 50 kg/m 钢轨 12 号道岔 5.5 m 间距交叉渡线(混凝土枕)
设计图号：专线(02)7661

道岔允许通过速度	客车	$v_{直}$≤120 km/h；$v_{侧}$≤50 km/h			扣件类型		B型弹条
	货车	$v_{直}$≤80 km/h；$v_{侧}$≤50 km/h			轨底坡		—
A(B)型辙叉角	4°45′49″				锐角/钝角辙叉角		9°31′38″
转辙器 专线4258	详见“50 kg/m 钢轨 12 号单开道岔［专线 4257］”						
5.5 m－12 号辙叉及护轨 专线 (02)7661－Ⅱ	辙叉图号	专线 4259－4	辙叉全长	5 992	护轨长度		直向：6 900
			辙叉趾长	2 192			侧向：5 100
	辙叉形式	高锰钢整铸式	辙叉跟长	3 800	护轨轨型		43 kg/m
	护轨端头距导轨端头定位尺寸		直向	746	护轨图号	直	专线 4259－5
			侧向	2 569		侧	专线 4259－5
	辙叉理论尖端距趾端方向前一根岔枕中心距离						96
5.5 m－6 号锐角辙叉及护轨 专线 (02)7661－Ⅲ	辙叉图号	专线 (01)7659－Ⅲ－4	辙叉全长	3 604	护轨长度		3 300
			辙叉趾长	2 109	护轨轨型		43 kg/m
	辙叉形式	高锰钢整铸式	辙叉跟长	1 495	护轨图号		专线 (02)7660－Ⅲ－4
	辙叉理论尖端距趾端方向前一根岔枕中心距离						594
	护轨端头距导轨端头定位尺寸						4 342
6 号钝角辙叉 专线 (01)7659－Ⅳ	辙叉图号	专线 (01)7659－Ⅳ－3	辙叉类型	高锰钢整铸式	辙叉全长		4 730
岔枕图号 专线 (03)3434	岔枕总数	328 根	岔枕展延长	1 100.8 m	套管总数		2 024
批准文号	建技 (2003)18 号				应用情况		★★★
主要结构特点	钝角辙叉范围内轨距采用 1 440 mm，菱形中轨距过渡到 1 435 mm。						

12 号 A(B) 型辙叉及护轨明细表

序号	图号 / 标准	名称及规格	数量	材　料	备　注
1	专线 4259－4	高锰钢辙叉	1	ZGMn13	
2	专线 4259－5	直向护轨　6 900	1	43 kg/m 钢轨	
3	专线 4259－6	侧向护轨　5 100	1	43 kg/m 钢轨	
4	专线 4259－7	辙叉垫板　729×180×20	8	Q235－B(底板)	铁座 41
5	专线 4259－7	辙叉垫板　729×180×20	2	Q235－B(底板)	铁座 33
6	专线 4259－8	垫　板　843×180×20	1	Q235－B(底板)	
7	专线 4259－8	垫　板　796×180×20	1	Q235－B(底板)	
8	专线 4259－9	垫　板　747×180×20	1	Q235－B(底板)	
9	专线 4259－10	垫　板　718×180×20	1	Q235－B(底板)	
10	专线 4259－10	垫　板　715×180×20	1	Q235－B(底板)	
11	专线 4259－9	垫　板　745×180×20	1	Q235－B(底板)	
12	专线 4259－8	垫　板　796×180×20	1	Q235－B(底板)	
13	专线 4266－16	垫　板　50－A	1	Q235－B(底板)	
14	专线 4266－16	垫　板　50－DY(Z)	5	Q235－B(底板)	
15	专线 4266－23	护轨垫板　550×180×23	12	16Mn(底板)	
16	专线 4266－11	护轨垫板　560×180×23Y(Z)	9	16Mn(底板)	
17	GB/T 7244	重型弹簧垫圈　30	91	65Mn 或 60Si2Mn	
18	研线 0405－7	平垫圈	91	Q235－A	
19	研线 0405－5	尼龙缓冲套	91	玻璃纤维增强聚酰胺 66	单位：cm^3
20	专线 4266－61	调整片　147×100×3/2	21/42	Q235B	
21	TB/T 2345	接头夹板　50	8		
22	TB/T 2347	接头螺栓、螺母　M24×145－10.9	24		
23	GB/T 1230	平垫圈　24	24		
24	专线 4266－5	T 型螺栓　M24×60	77	Q235－A	
25	专线 4266－5	T 型螺栓　M24×85	2	Q235－A	
26	TB/T 1495.5	平垫圈　24	79		
27	TB/T 1495.2	B 型弹条	79		
28	GB/T 41	螺　母　M24	79		
29	专线 4266－6	半圆头方颈螺栓　M24×100	17	Q235－A	
30	专线 4266－6	半圆头方颈螺栓　M24×80	4	Q235－A	
31	GB/T 7244	弹簧垫圈　24	21		
32	专线 4266－9	螺　母　M24	21		
33	专线 4266－34	岔枕用螺栓(Ⅲ型)	91	45 钢	

续上表

序号	图号 / 标准	名称及规格	数量	材　料	备　注
35	专线 4266－55	支距扣板　J50/144－135	1	QT450－10	
36	专线 4266－55	支距扣板　J50/150－141	1	QT450－10	
37		导电销	4	1Cr18Ni9Ti	
38	专线 4266－13	轨距块　9－11	47	ZG 230－450	
39	专线 4266－13	轨距块　13－15	26	ZG 230－450	
40	专线 4266－14	接头轨距块　50－11	2	玻璃纤维增强聚酰胺 66	
41	专线 4266－14	接头轨距块　50－13	2	玻璃纤维增强聚酰胺 66	
42	专线 4266－27	橡胶垫板　50－200	41	橡胶	
43	专线 4266－29	橡胶垫板　439	10	橡胶	
44	专线 4266－33	橡胶垫板　550×185×7	12	橡胶	
45	专线 4266－33	橡胶垫板　560×185×7	9	橡胶	
46	专线 4266－31	橡胶垫板　430×185×10	6	橡胶	
47	专线 4266－31	橡胶垫板　729×185×10	10	橡胶	
48	专线 4266－32	橡胶垫板　843－378	1	橡胶	
49	专线 4266－32	橡胶垫板　796－355	1	橡胶	
50	专线 4266－31	橡胶垫板　747×185×10	1	橡胶	
51	专线 4266－31	橡胶垫板　718×185×10	1	橡胶	
52	专线 4266－31	橡胶垫板　715×185×10	1	橡胶	
53	专线 4266－31	橡胶垫板　745×185×10	1	橡胶	
54	专线 4266－32	橡胶垫板　796－361	1	橡胶	

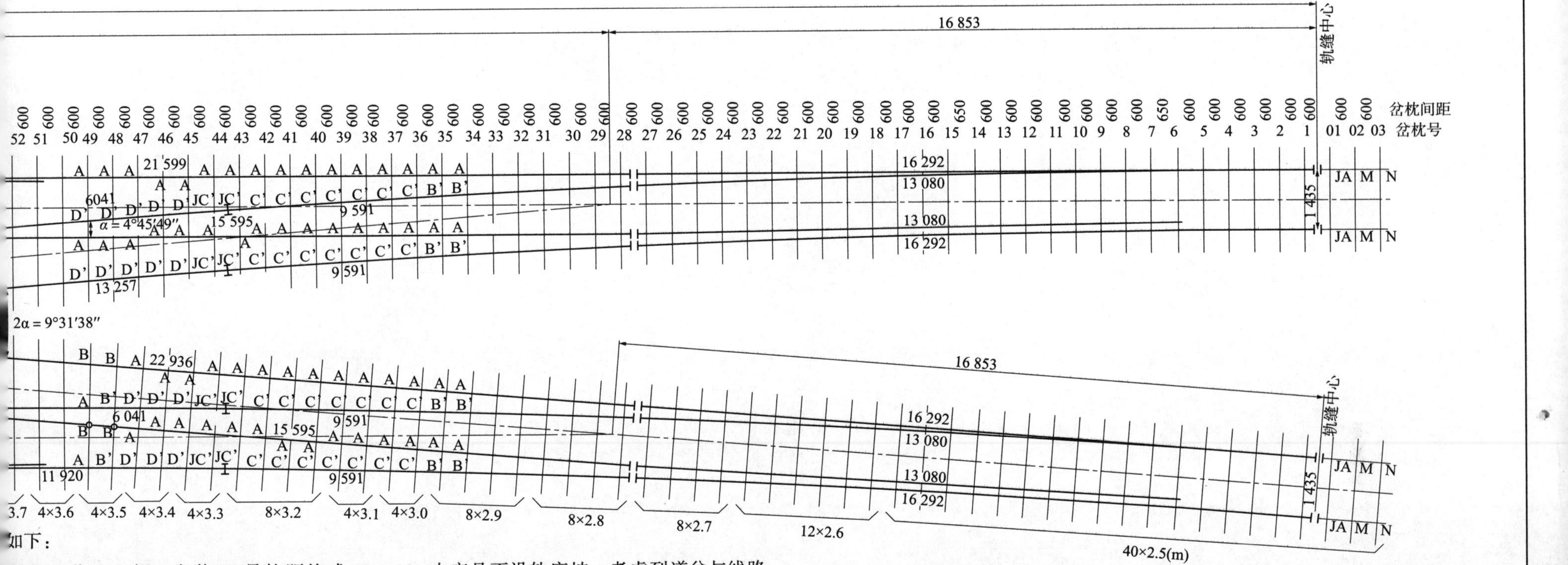

如下：

钢轨工作边一侧，安装13号轨距块或13号接头轨距块；钢轨非工作边一侧，安装11号轨距块或11号接头轨距块；高锰钢整铸辙叉一侧安装13号轨距块，另一侧安装11号轨距块。7-17轨距块为备用轨距块，供现场调整用。

交叉渡线菱形中钝角辙叉范围内轨距采用1 440 mm，轨距过渡在锐角辙叉趾端接缝前完成。

本图按设轨道电路设计。图中钢轨普通接头、普通绝缘接头及胶接绝缘接头分别以"—|├—"、"+"、"—□—"表示。

钢轨轨缝除注明者外均为8 mm。

明细表中平垫板根据垫板的偏斜大小及是否接头位置分为10种类型，其铺设位置详见布置图。其中：A和JA分别代表平垫板50-A和接头平垫板J 50-A；C和JC分别代表代表平垫板50-C和接头平垫板J 50-C；A代表代表平垫板50-A；B代表代表平垫板50-B；D代表代表平垫板50-D。带"'"的表示左开用垫板，详见布置图。带"'"的表示左开用垫板，不带"'"的为右开用垫板。接头处安装接头平垫板。

12. 本产品不设轨底坡，考虑到道岔与线路连接过渡，在道岔前两根岔枕上分别设置顺坡垫板(M、N位置)P80、P60，若与无轨底坡线路连接时取消顺坡垫板，采用A型垫板(50-A)，用户订货时需说明。
13. 钢轨顶面应进行全长淬火，淬火技术条件按TB/T 1779执行。
14. 导曲线半径按外轨工作边计。
15. 采用高强度螺栓的紧固件在组装、维修或保养时，采用扭矩扳手紧固。在有润滑条件下，M24的螺母拧紧扭矩为800～900 N·m，M27的螺母拧紧扭矩为1 000～1 100 N·m。
16. 12号A(B)型辙叉及护轨按下述位置区分A、B型：左上方及右下方为A型；左下方及右上方为B型。
17. 若用于电气化铁时，有关短轨改为胶接绝缘短轨，其绝缘接头布置见图1。
18. 轨下基础采用无挡肩混凝土岔枕，岔枕编号中，带"J"的为50 kg/m钢轨12号单开道岔相同序号岔枕的减短形式，带"Z"的岔枕为组合岔枕，图中"+"表示组合岔枕的连接位置。轨下基础采用混凝土岔枕与本交叉渡线相配套的岔枕图为专线(03)3434《50 kg/m钢轨12号道岔5.5 m间距交叉渡线用混凝土岔枕》。
19. 道岔制造及验收执行TB/T 412《标准轨距铁路道岔技术条件》和TB/T 447《高锰钢辙叉技术条件》的有关规定。
20. 道岔采用Ⅲ型混凝土岔枕用螺栓，垫板与混凝土岔枕连接方式按运基线路〔2004〕440号文件的规定执行，垫板的孔径由原设计的$\phi 32$(或$\phi 33$)修改为$\phi 42$，橡胶垫板的孔径由原设计的$\phi 33$或$\phi 34$修改为$\phi 43$，沟槽设计按"研线0405-8"执行，具体按研〔2012〕320号技术通知执行。

图1

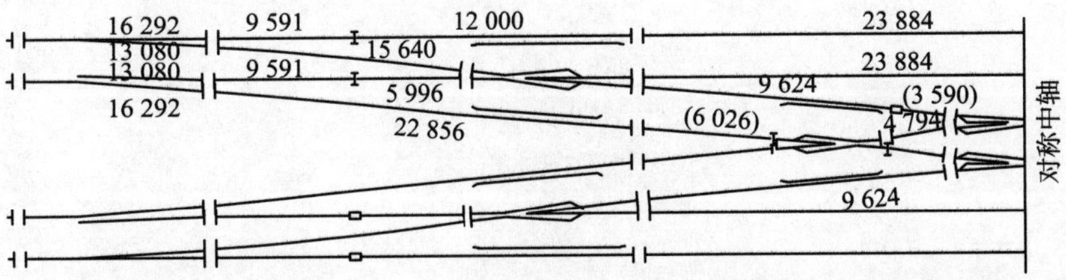

表1　混凝土岔枕数量表

序号	岔枕长(m)	单位	数量	备注
1	2.4	根	8	
2	2.5	根	104	
3	2.6	根	24	
4	2.7	根	24	
5	2.8	根	16	
6	2.9	根	20	
7	3.0	根	8	
8	3.1	根	12	
9	3.2	根	16	
10	3.3	根	8	
11	3.4	根	8	
12	3.5	根	8	
13	3.6	根	8	
14	3.7	根	8	
15	3.8	根	8	
16	3.9	根	8	
17	3.95	根	8	截短岔枕
18	8.0	根	32	组合岔枕
岔枕共328根，总延长为1 110.8 m，套管总数量为2 024个				

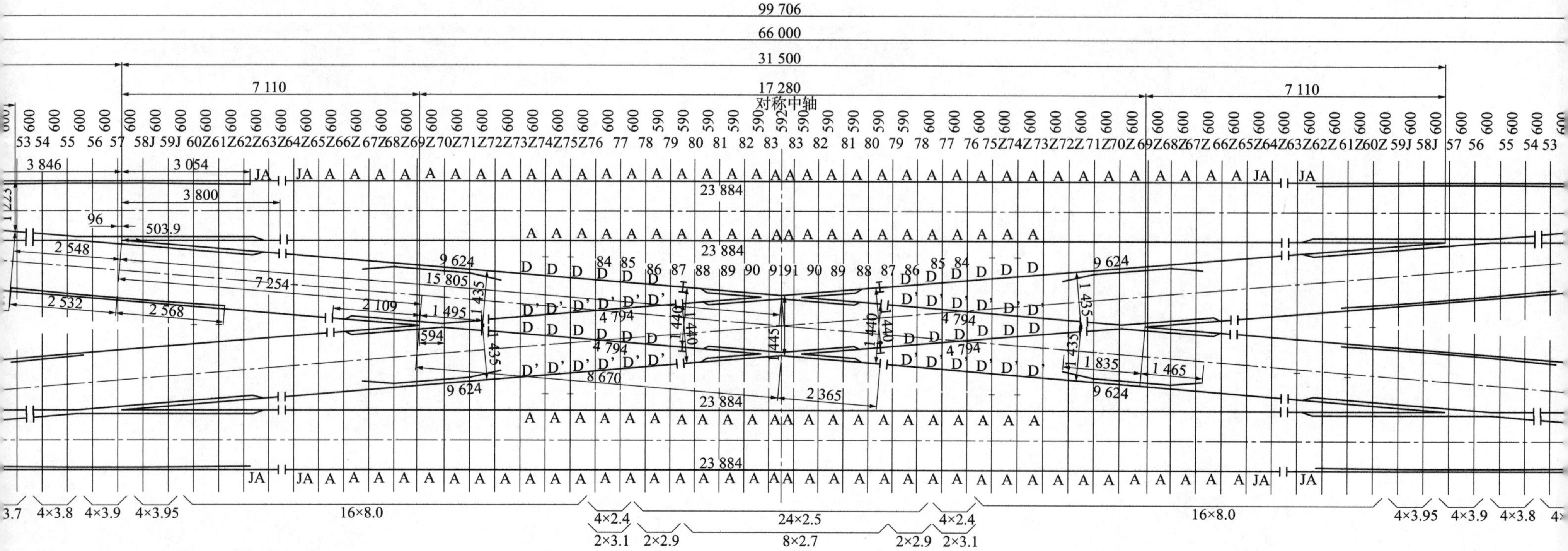

表 3　明　细　表

名称及规格	数量	材　　料	备　　注
转辙器	4		左、右开详见表 2
5.5 m－12 号 A(B) 型辙叉及护轨	4 2		A、B 型各 2
5.5 m－6 号锐角辙叉及护轨	2		
6 号钝角辙叉			
钢　轨	455.904	50 kg/m 钢轨	
接头夹板　50	40		
垫　板　50－A	详见表 2	Q235－B(底板)	图中 A 位置
垫　板　50－B Y(Z)		Q235－B(底板)	图中 B(B′) 位置
垫　板　50－C Y(Z)		Q235－B(底板)	图中 C(C′) 位置
垫　板　50－D Y(Z)		Q235－B(底板)	图中 D(D′) 位置
接头平垫板　J　50－A		Q235－B(底板)	图中 JA 位置
接头平垫板　J　50－C Y(Z)		Q235－B(底板)	图中 JC(JC′) 位置
顺坡垫板　P80	8	Q235－B(底板)	图中 M 位置
顺坡垫板　P60	8	Q235－B(底板)	图中 N 位置
B 型弹条	912	60Si2Mn	
T 型螺栓　M24 × 60	912	Q235－A	
接头螺栓　M24 × 145－10.9	120		含螺母
螺　母　M24	912		
垫　圈　24	120		
平垫圈　24	912		
岔枕螺栓　M30	912	45 钢	

续表 3

序号	图号 / 标准	名称及规格	数量	材　　料	备　　注
22	GB/T 7244	重型弹簧垫圈	912	65Mn 或 60Si2Mn	
23	专线 4266－13	轨距块　50/9－11	424	ZG 270－500	
24	专线 4266－13	轨距块　50/13－15	424	ZG 270－500	
25	专线 4266－13	轨距块　50/7－17	130	ZG 270－500	备用
26	专线 4266－14	接头轨距块　50－11	32	玻璃纤维增强聚酰胺 66	
27	专线 4266－14	接头轨距块　50－13	32	玻璃纤维增强聚酰胺 66	
28	专线 4266－14	接头轨距块　50－9	10	玻璃纤维增强聚酰胺 66	备用
29	专线 4266－14	接头轨距块　50－15	10	玻璃纤维增强聚酰胺 66	备用
30	专线 4266－31	橡胶垫板　430 × 185 × 10	456	橡胶	
31	专线 4266－27	橡胶垫板　50－200	456	橡胶	
32		普通钢轨绝缘	12 套		
33		胶接绝缘	2 套		电气化铁路用

技　术　要　求

1. 本图依据专线 (02)7661－I《50 kg/m 钢轨 12 号道岔 5.5 m 间距交叉渡线》进行绘制。
2. 道岔容许通过速度：
   直向：旅客列车 120 km/h；货物列车 80 km/h。
   侧向：50 km/h。
3. 本图按 V 型布置，其余布置形式见表 2。
4. 本道岔转换设备按联动内锁闭装置设计。尖轨设置二个牵引点，第一、二牵引点动程分别为 160 mm、82 mm。
5. 本图转辙器采用 13.08 m　50 AT 弹性可弯尖轨，跟端采用限位器结构。辙叉为高锰钢整铸式，高锰钢整铸辙叉下设铁垫板；护轨为分开式，用 43 kg/m 钢轨制造。
6. 钢轨轨下及高锰钢整铸辙叉下设 5 mm 厚橡胶垫板，护轨垫板下设 7 mm 厚橡胶垫板，其他垫板下设 10 mm 厚橡胶垫板。
7. 扣件采用弹条 I 型扣件，轨距块设计安装号数

8.
9.
10
11

50 kg/m 钢轨 12 号 5.5 m 间距交叉渡线

图　号：专线 (02)7661－I－2

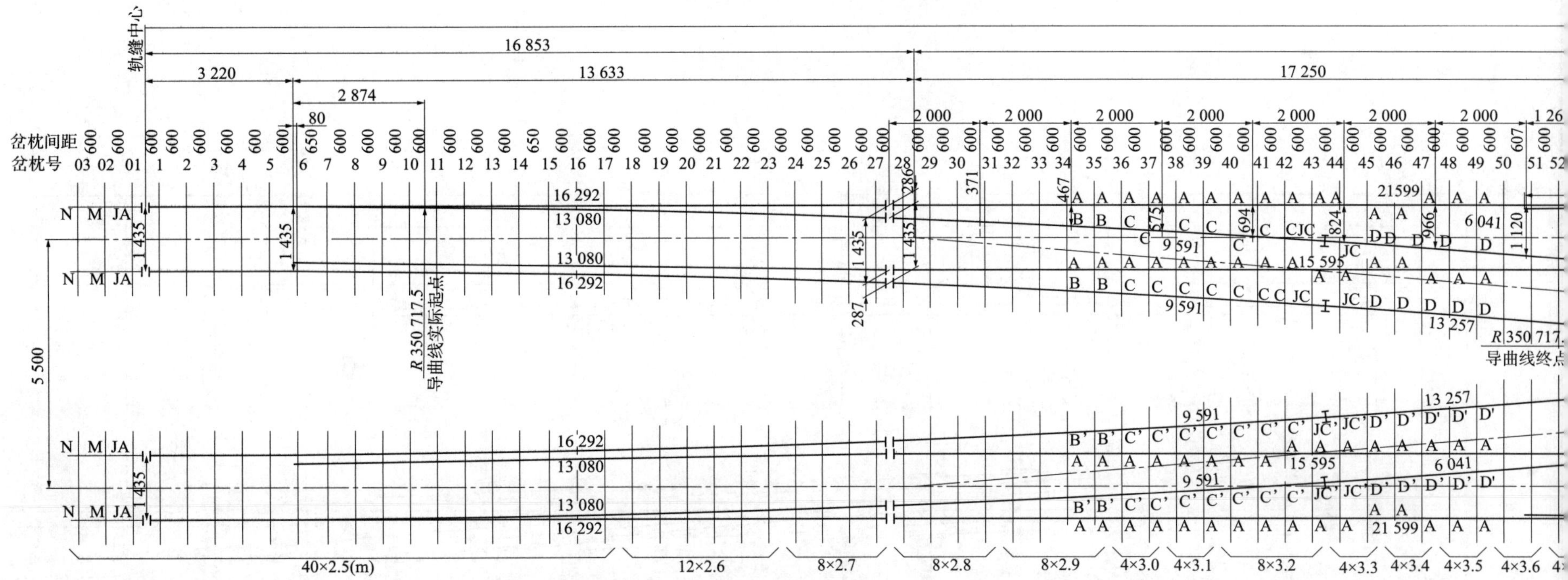

表 2　各类型交叉渡线配轨及平垫板明细表

类型	示意图	转辙器（组）		配轨											垫板类型	平垫板				接头平垫板	
		左开	右开												垫板类型	50－A	50－B	50－C	50－D	J50－A	J50－C
															表示符号	A	B	C	D	JA	JC
Ⅰ		2	2	长度（mm）	21 599	15 595	9 591	6 041	13 257	23 884	4 794	9 624	22 936	11 920	左开	248	8	28	44	16	8
				数量（根）	4	4	8	4	4	4	4	4			右开		8	28	44		8
Ⅱ		2	2	长度（mm）	21 599	15 595	9 591	6 041	13 257	23 884	4 794	9 624	22 936	11 920	左开	240	20	28	36	16	8
				数量（根）		4	8	4		4	4	4	4	4	右开		20	28	36		8
Ⅲ		2	2	长度（mm）	21 599	15 595	9 591	6 041	13 257	23 884	4 794	9 624	22 936	11 920	左开	244	14	28	40	16	8
				数量（根）	2	4	8	4	2	4	4	4	2	2	右开		14	28	40		8
Ⅳ		2	2	长度（mm）	21 599	15 595	9 591	6 041	13 257	23 884	4 794	9 624	22 936	11 920	左开	244	14	28	40	16	8
				数量（根）	2	4	8	4	2	4	4	4	2	2	右开		14	28	40		8
Ⅴ		3	1	长度（mm）	21 599	15 595	9 591	6 041	13 257	23 884	4 794	9 624	22 936	11 920	左开	246	14	42	50	16	12
				数量（根）	3	4	8	4	3	4	4	4	1	1	右开		8	14	34		4
Ⅵ		3	1	长度（mm）	21 599	15 595	9 591	6 041	13 257	23 884	4 794	9 624	22 936	11 920	左开	242	20	42	46	16	12
				数量（根）	1	4	8	4	1	4	4	4	3	3	右开		14	14	30		4
Ⅶ		1	3	长度（mm）	21 599	15 595	9 591	6 041	13 257	23 884	4 794	9 624	22 936	11 920	左开	246	8	14	34	16	4
				数量（根）	3	4	8	4	3	4	4	4	1	1	右开		14	42	50		12
Ⅷ		1	3	长度（mm）	21 599	15 595	9 591	6 041	13 257	23 884	4 794	9 624	22 936	11 920	左开	242	14	14	30	16	4
				数量（根）	1	4	8	4	1	4	4	4	3	3	右开		20	42	46		12
Ⅸ		1	0	长度（mm）	21 599	15 595	9 591	6 041	13 257	23 884	4 794	9 624	22 936	11 920	左开	244	20	56	56	16	16
				数量（根）	2	4	8	4	2	4	4	4	2	2	右开		8	0	24		0
Ⅹ		0	1	长度（mm）	21 599	15 595	9 591	6 041	13 257	23 884	4 794	9 624	22 936	11 920	左开	244	8	0	24	16	0
				数量（根）	2	4	8	4	2	4	4	4	2	2	右开		20	56	56		16
钢轨总质量：23 547 Kg；长度：455.904 m																					

序号	图号／标准
1	专线 4258
2	专线(02)7661－
3	专线(02)7661－
4	专线(02)7659－
5	TB/T 2344
6	TB/T 2345
7	专线 4266－16
8	专线 4266－16
9	专线 4266－16
10	专线 4266－16
11	专线 4266－17
12	专线 4266－17
13	专线 4266－24
14	专线 4266－25
15	TB/T 1495.2
16	专线 4266－5
17	TB/T 2347
18	GB/T 41
19	GB/T 1230
20	TB/T 1495.4
21	专线 4266－34

50 kg/m 钢轨 12 号 5.5 m 间距交叉渡线 12 号 A(B) 型辙叉及护轨

图　号：专线 (02)7661 - II - 2

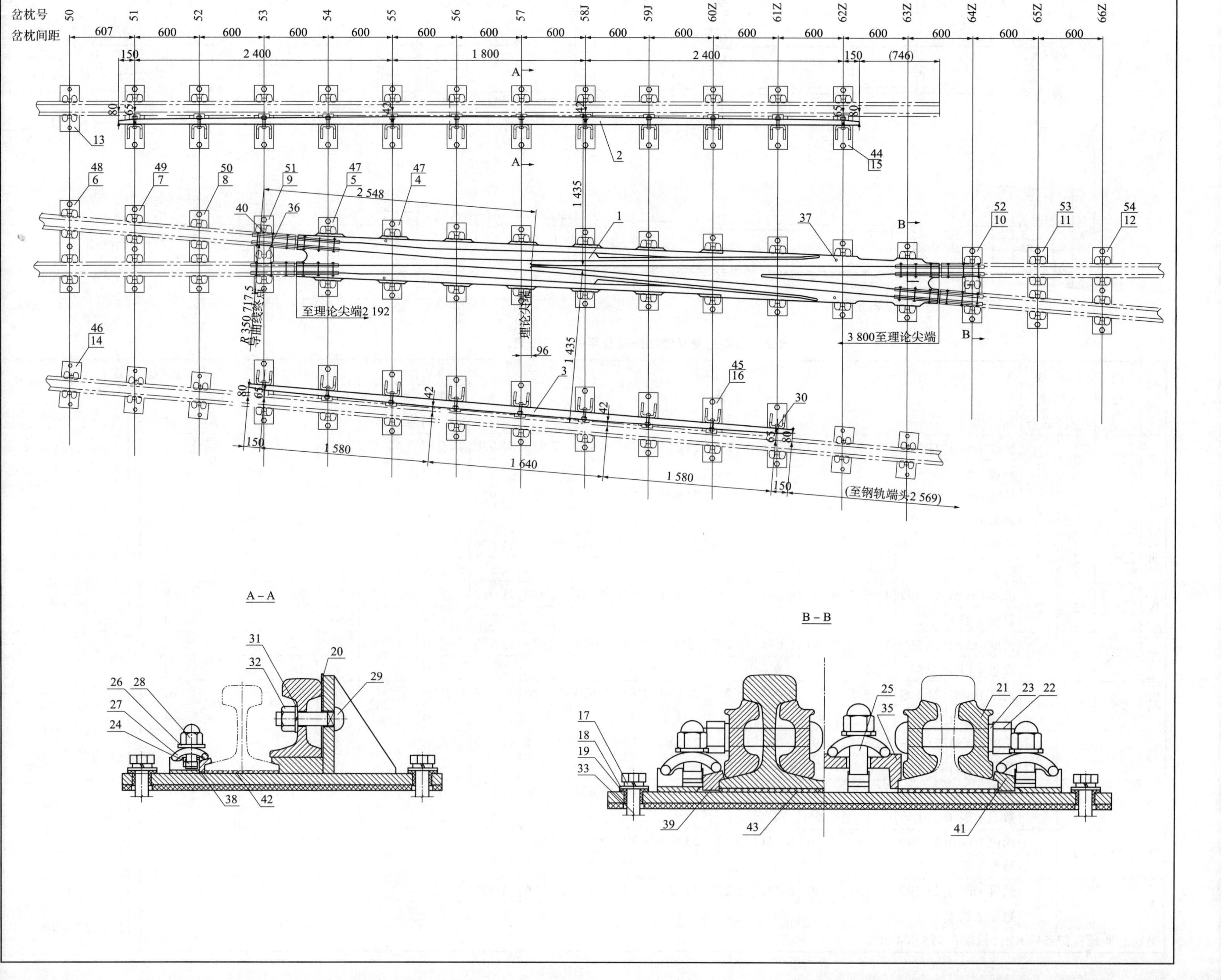

<table>
<tr><th colspan="7">50. 50 kg/m 钢轨 12 号道岔 6.5 m 间距交叉渡线(混凝土枕)
设计图号：专线(02)7662</th></tr>
<tr><td rowspan="2">道岔允许通过速度</td><td>客车</td><td colspan="2">$v_{直}$≤120 km/h；$v_{侧}$≤50 km/h</td><td colspan="2">扣件类型</td><td>B型弹条</td></tr>
<tr><td>货车</td><td colspan="2">$v_{直}$≤80 km/h；$v_{侧}$≤50 km/h</td><td colspan="2">轨底坡</td><td>—</td></tr>
<tr><td>A(B)型辙叉角</td><td colspan="3">4°45′49″</td><td colspan="2">锐角 / 钝角辙叉角</td><td>9°31′38″</td></tr>
<tr><td>转辙器专线4258</td><td colspan="6">详见“50 kg/m 钢轨 12 号单开道岔［专线 4257］”</td></tr>
<tr><td rowspan="6">6.5 m－12 号辙叉及护轨
专线 4259</td><td rowspan="2">辙叉图号</td><td rowspan="2">专线 4259－4</td><td>辙叉全长</td><td>5 992</td><td rowspan="2">护轨长度</td><td>直向：6 900</td></tr>
<tr><td>辙叉趾长</td><td>2 192</td><td>侧向：5 100</td></tr>
<tr><td>辙叉形式</td><td>高锰钢整铸式</td><td>辙叉跟长</td><td>3 800</td><td>护轨轨型</td><td>43 kg/m</td></tr>
<tr><td colspan="2" rowspan="2">护轨端头距导轨端头定位尺寸</td><td>直向</td><td>746</td><td rowspan="2">护轨图号</td><td>直　专线 4259－5</td></tr>
<tr><td>侧向</td><td>1 236</td><td>侧　专线 4259－6</td></tr>
<tr><td colspan="5">辙叉理论尖端距趾端方向前一根岔枕中心距离</td><td>96</td></tr>
<tr><td rowspan="5">6.5 m－6 号锐角辙叉及护轨
专线 (02)7662－Ⅱ</td><td rowspan="2">辙叉图号</td><td rowspan="2">专线
(01)7659－Ⅲ－4</td><td>辙叉全长</td><td>3 604</td><td>护轨长度</td><td>3 300</td></tr>
<tr><td>辙叉趾长</td><td>2 109</td><td>护轨轨型</td><td>43 kg/m</td></tr>
<tr><td>辙叉形式</td><td>高锰钢整铸式</td><td>辙叉跟长</td><td>1 495</td><td>护轨图号</td><td>专线 (02)7660－Ⅲ－4</td></tr>
<tr><td colspan="5">辙叉理论尖端距趾端方向前一根岔枕中心距离</td><td>594</td></tr>
<tr><td colspan="5">护轨端头距导轨端头定位尺寸</td><td>4 342</td></tr>
<tr><td>6 号钝角辙叉
专线 (01)7659－Ⅳ</td><td>辙叉图号</td><td>专线 (01)7659－Ⅳ－3</td><td>辙叉类型</td><td>高锰钢整铸式</td><td>辙叉全长</td><td>4 730</td></tr>
<tr><td>岔枕图号
专线 (03)3435</td><td>岔枕总数</td><td>408 根</td><td>岔枕展延长</td><td>1 308.8 m</td><td>套管总数</td><td>2 344</td></tr>
<tr><td>批准文号</td><td colspan="4">专设标 (2003)18 号</td><td>应用情况</td><td>★★★</td></tr>
<tr><td>主要结构特点</td><td colspan="6">钝角辙叉范围内轨距采用 1 440 mm，菱形中轨距过渡到 1 435 mm。</td></tr>
</table>

6 号锐角辙叉及护轨明细表

序号	图号 / 标准	名称及规格	数量	材　　料	备　　注
1	专线 (01)7659－Ⅲ－4	高锰钢辙叉	1	ZCMn	
2	专线 (02)7660－Ⅲ－4	护　轨　3 300	2	43 kg/m 钢轨	
3	专线 (02)7662－Ⅲ－4	垫　板　411×180×20	1	Q235－A(底板)	
4	专线 (02)7662－Ⅲ－4	垫　板　411×180×20	1	Q235－A(底板)	与序号 3 对称
5	专线 4266－22	辙叉接头垫板　J50－732	2	Q235－A(底板)	铁座 33
6	专线 4266－21	辙叉垫板　50－732	4	Q235－A(底板)	铁座 41
7	专线 (02)7662－Ⅲ－5	护轨垫板　560×180×23	6	16Mn(底板)	
8	专线 (02)7662－Ⅲ－5	护轨垫板　560×180×23	6	16Mn(底板)	与序号 7 对称
9	专线 (02)7662－Ⅲ－6	垫　板　365×180×20	2	Q235－A(底板)	
10	专线 (02)7662－Ⅲ－6	垫　板　365×180×20	2	Q235－A(底板)	与序号 9 对称
11	专线 4266－61	调整片　147×100×3/2	12 24	Q235－B	
12	TB/T 2345	接头夹板　50	8		
13	TB/T 2347	接头螺栓及螺母　M24×145－10.9	24		
14	专线 4266－6	半圆头方颈螺栓　M24×100	8	Q235－A	
15	专线 4266－6	半圆头方颈螺栓　M24×80	4	Q235－A	
16	专线 4266－5	T 形螺栓　M24×60	32	Q235－A	
17	专线 4266－34	岔枕螺栓　M30	48	45 钢	
18	GB/T 7244	弹簧垫圈　30	48		
19	专线 4266－9	螺　母　M24	12		
20	GB/T 1230	垫　圈　24	24		
21	GB/T 7244	弹簧垫圈　24	12		
22	GB/T 41	螺　母　M24	32		
23	TB/T 1495.2	B 型弹条	32	60Si2Mn	
24	专线 4266－13	轨距块　50/9－11	20	ZG 270－500	
25	专线 4266－13	轨距块　50/13－15	8	ZG 270－500	
26	专线 4266－14	接头轨距块　50－11	2	玻璃纤维增强聚酰胺 66	
27	专线 4266－14	接头轨距块　50－13	2	玻璃纤维增强聚酰胺 66	
28	专线 4266－27	橡胶垫板　50－200	18	橡胶	
29	专线 4266－29	橡胶垫板　450	6	橡胶	
30	专线 4266－31	橡胶垫板　411×185×10	2	橡胶	
31	专线 4266－31	橡胶垫板　732×185×10	6	橡胶	
32	专线 4266－31	橡胶垫板　365×185×10	4	橡胶	
33	专线 4266－33	橡胶垫板　560×185×7	12	橡胶	
34		板形导电销	4	1Cr18Ni9Ti	
35	TB/T 1495.4	平垫圈　24	32		

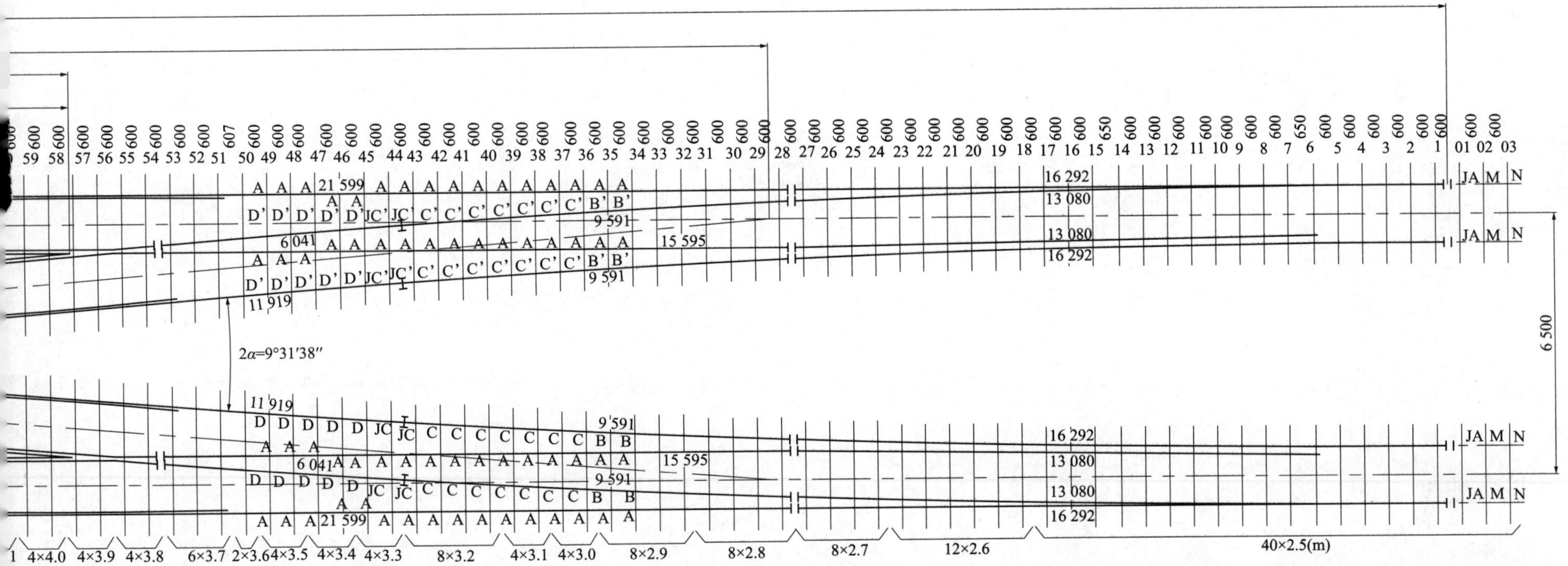

材　料	备　注
ZG270－500	
ZG270－500	
ZG270－500	备用
纤维增强聚酰胺 66	
纤维增强聚酰胺 66	
纤维增强聚酰胺 66	
纤维增强聚酰胺 66	
橡 胶	
橡 胶	

电气化铁路时，采用括号内的数值，
2 套为胶接绝缘

技　术　要　求

1. 本图依据专线 (02)7662－Ⅰ《50 kg/m 钢轨 12 号道岔 6.5 m 间距交叉渡线》进行绘制。
2. 道岔容许通过速度：直向：旅客列车 120 km/h；货物列车 80 km/h。侧向：50 km/h。
3. 本道岔转换设备按联动内锁闭装置设计。尖轨设置二个牵引点，第一、二牵引点动程分别为 160 mm、82 mm。
4. 本图转辙器采用 13.08 m 50AT 弹性可弯尖轨，跟端采用限位器结构。辙叉为高锰钢整铸式，高锰钢整铸辙叉下设铁垫板；护轨为分开式，用 43 kg/m 钢轨制造。
5. 钢轨轨下及高锰钢整铸辙叉下设 5 mm 厚橡胶垫板，护轨垫板下设 7 mm 厚橡胶垫板，其他垫板下设 10 mm 厚橡胶垫板。
6. 扣件采用弹条Ⅰ型扣件，轨距块设计安装号数如下：
   钢轨工作边一侧，安装 13 号轨距块或 13 号接头轨距块；
   钢轨非工作边一侧，安装 11 号轨距块或 11 号接头轨距块；
   高锰钢整铸辙叉一侧安装 13 号轨距块，另一侧安装 11 号轨距块。
   7－17 轨距块为备用轨距块，供现场调整用。
7. 交叉渡线菱形中钝角辙叉范围内轨距采用 1 440 mm，轨距过渡在锐角辙叉趾端接缝前完成。
8. 本图按设轨道电路设计。图中钢轨普通接头、普通绝缘接头及胶接绝缘接头分别以"─┤├─"、"┬"、"─▭─"表示。
9. 本图按Ⅶ型布置设计，绝缘接头设在侧股，其配轨长度见表 2；如为其他形式时参见布置图表 3。
10. 钢轨轨缝均为 8 mm。
11. 明细表中平垫扳包括的类型：垫扳 60－0、60－8、60－11、60－14 在图中分别用符号 A、B、C、D 表示。带"'"的表示左开用垫板，不带"'"的为右开用垫板。接头处安装接头平垫板，分别用符号 JA、JC 表示。
12. 本产品不设轨底坡，考虑到道岔与线路连接过渡，在道岔前两根岔枕上分别设置顺坡垫板 (M、N 位置)P80、P60，若与无轨底坡线路连接时取消顺坡垫板，采用 A 型垫板 (50－A)，用户订货时需说明。
13. 钢轨顶面应进行全长淬火，淬火技术条件按 TB/T 1779 执行。
14. 若用于电气化铁路时，有关短轨改为胶接绝缘短轨，其绝缘接头布置如下图：

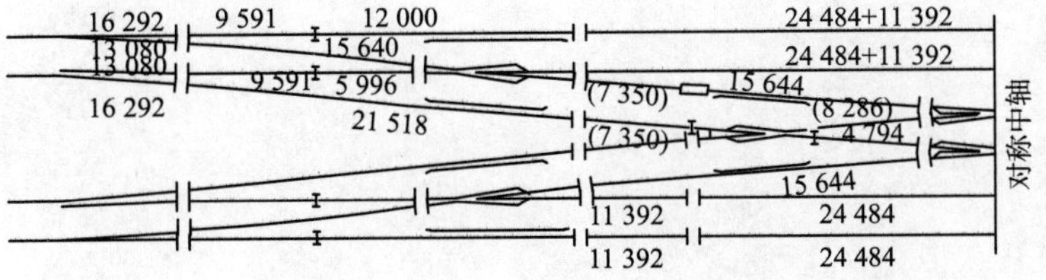

15. 轨下基础采用混凝土岔枕与本交叉渡线相配套的岔枕图为专线 (03)3435《50 kg/m 钢轨 12 号道岔 6.5 m 间距交叉渡线用混凝土岔枕》。
16. 采用高强度螺栓的紧固件在组装、维修或保养时，采用扭矩扳手紧固。在有润滑条件下，M24 的螺母拧紧扭矩不小于 780 N·m，M27 的螺母拧紧扭矩不小于 980 N·m。

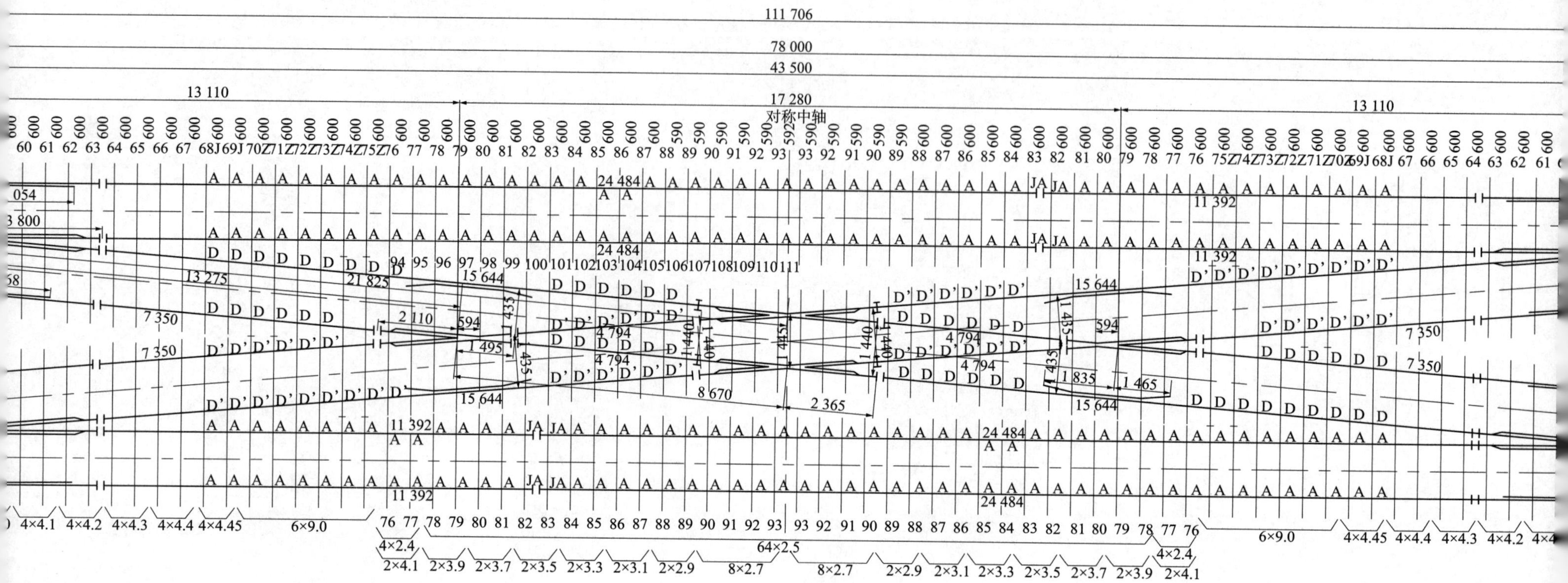

表4 明 细 表

序号	图号 / 标准	名称及规格	数量	材 料	备 注
1	专线 4258	转辙器	4		详见表 3
2	专线 4259	12 号辙叉及护轨	4		左、右开各 2
3	专线 (02)7662－Ⅱ	6 号锐角辙叉及护轨	2		
4	专线 (01)7659－Ⅳ	6 号钝角辙叉	2		
5	TB/T 2344	钢 轨	44 根	50kg/m 钢轨	详见表 2
6	TB/T 2345	接头夹板 50	56		
7	专线 4266－16	垫 板 50－A	详见表 3	Q235－A(底板)	
8	专线 4266－16	垫 板 50－B Y(Z)		Q235－A(底板)	
9	专线 4266－16	垫 板 50－C Y(Z)		Q235－A(底板)	
10	专线 4266－16	垫 板 50－D Y(Z)		Q235－A(底板)	
11	专线 4266－17	接头平垫板 J 50－A	16	Q235－A(底板)	
12	专线 4266－17	接头平垫板 J 50－C Y(Z)	见表 3	Q235－A(底板)	
13	专线 4266－24	顺坡垫板 P80	8	Q235－A(底板)	图中 M 位置
14	专线 4266－25	顺坡垫板 P60	8	Q235－A(底板)	图中 N 位置
15	TB/T 1495.2	B 型弹条	1192	60Si2Mn	
16	专线 4266－5	T 型螺栓 M24×60	1192	Q235－A	
17	TB/T 2347	接头螺栓 M24×145－10.9	168		含螺母

续表 4

序号	图号 / 标准	名称及规格	数量	
18	专线 4266－34	岔枕螺栓 M30	1192	
19	GB/T 41	螺 母 M24	1192	
20	GB/T 1230	垫 圈 24	168	
21	TB/T 1495.4	平垫圈 24	1192	
22	GB/T 7244	弹簧垫圈 30	1192	
23	专线 4266－13	轨距块 50/9－11	564	
24	专线 4266－13	轨距块 50/13－15	564	
25	专线 4266－13	轨距块 50/7－17	200	
26	专线 4266－14	接头轨距块 50－11	32	玻璃
27	专线 4266－14	接头轨距块 50－13	32	玻璃
28	专线 4266－14	接头轨距块 50－9	16	玻璃
29	专线 4266－14	接头轨距块 50－15	16	玻璃
30	专线 4266－31	橡胶垫板 430×185×10	596	
31	专线 4266－27	橡胶垫板 50－200	596	
32		钢轨绝缘	12(14)套	用于 其中

50 kg/m 钢轨 12 号 6.5 m 间距交叉渡线
图 号：专线 (02)7662－Ⅰ－2

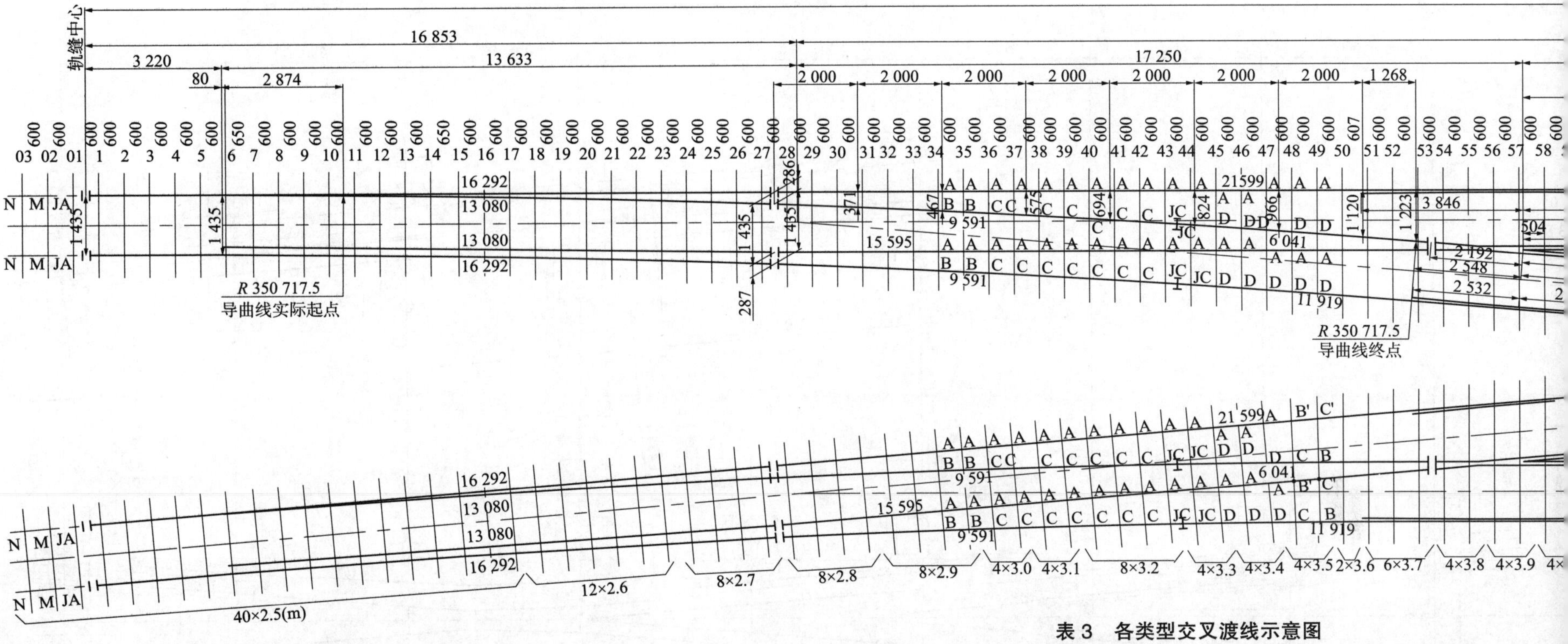

表 1 混凝土岔枕数量表

序号	岔枕长 (m)	单位	数量	备注	序号	岔枕长 (m)	单位	数量	备注	序号	岔枕长 (m)	单位	数量	备注
1	2.4	根	8		9	3.2	根	16		17	4.0	根	8	
2	2.5	根	144		10	3.3	根	12		18	4.1	根	12	
3	2.6	根	24		11	3.4	根	8		19	4.2	根	8	
4	2.7	根	32		12	3.5	根	12		20	4.3	根	8	
5	2.8	根	16		13	3.6	根	4		21	4.4	根	8	
6	2.9	根	20		14	3.7	根	16		22	4.45	根	8	
7	3	根	8		15	3.8	根	8		23	9.0	根	12	组合枕枕
8	3.1	根	12		16	3.9	根	12		岔枕总延长为 1 330.8 m，套管总数量为 2 344 个				

表 2 配轨明细表（绝缘接头设在侧股）

长度 (mm)	24 484	21 599	7 350	11 392	15 644	15 595	9 591	6 041	11 919	4 794
数量（根）	4	4	4	4	4	4	8	4	4	4
质量 (kg)	5 050	4 450	1 783	2 350	3 220	3 210	3 951	1 245	2 455	989

表 3 各类型交叉渡线示意图

类型	示意图	转辙器（组）		平垫板					
				垫板类型	50－A	50－B	50－C	50－D	J50－C
		左开	右开	表示符号	A	B	C	D	JC
Ⅰ		2	2	左开	328	8	28	74	8
				右开		8	28	74	8
Ⅱ		2	2	左开	312	16	36	66	8
				右开		16	36	66	8
Ⅲ		2	2	左开	320	12	32	70	8
				右开		12	32	70	8
Ⅳ		2	2	左开	320	12	32	70	8
				右开		12	32	70	8
Ⅴ		3	1	左开	324	14	44	80	12
				右开		6	16	64	4
Ⅵ		3	1	左开	316	18	48	76	12
				右开		10	20	60	4
Ⅶ		1	3	左开	324	6	16	64	4
				右开		14	44	80	12
Ⅷ		1	3	左开	316	10	20	60	4
				右开		18	48	76	12
Ⅸ		4	0	左开	320	20	60	86	16
				右开		4	4	54	0
Ⅹ		0	4	左开	320	4	4	54	0
				右开		20	60	86	16

50 kg/m 钢轨 12 号 6.5 m 间距交叉渡线 6 号锐角辙叉及护轨
图　号：专线 (02)7662－II－2

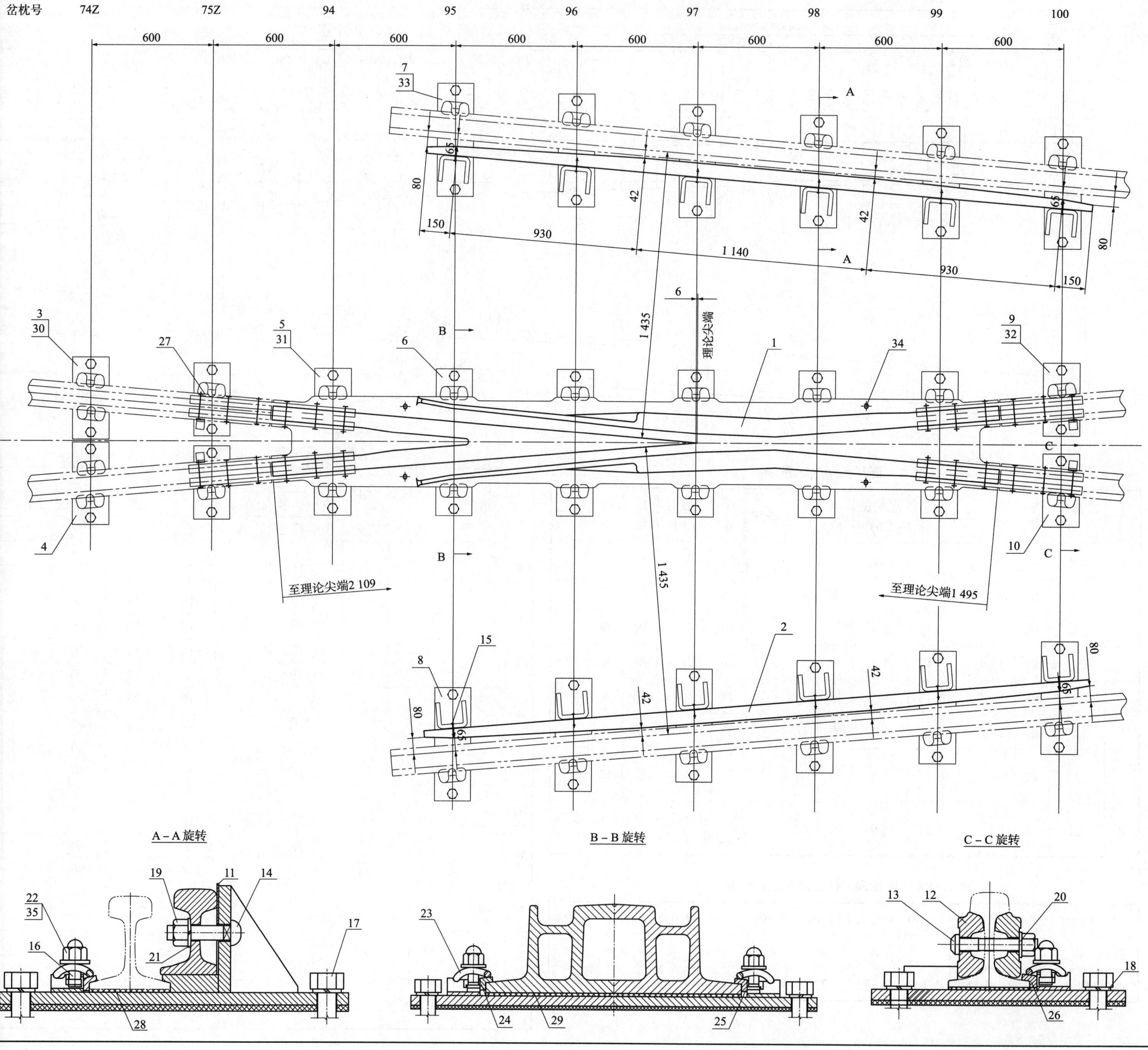

51. 50 kg/m 钢轨 9 号道岔 5.3 m 间距交叉渡线(混凝土枕)
设计图号：专线(02)7664

<table>
<tr><td rowspan="2">道岔允许通过速度</td><td>客车</td><td colspan="3">$v_{直} \leq 90$ km/h；$v_{侧} \leq 30$ km/h</td><td colspan="2">扣件类型</td><td>B型弹条</td></tr>
<tr><td>货车</td><td colspan="3">$v_{直} \leq 80$ km/h；$v_{侧} \leq 30$ km/h</td><td colspan="2">轨底坡</td><td>—</td></tr>
<tr><td>A(B)型辙叉角</td><td colspan="4">6°20′25″</td><td colspan="2">锐角 / 钝角辙叉角</td><td>12°40′50″</td></tr>
<tr><td>转辙器
专线(02)4151–Ⅱ</td><td colspan="7">详见“50 kg/m 钢轨 9 号单开道岔［专线 (02)4151 – Ⅰ］”</td></tr>
<tr><td rowspan="6">5.3 m – 9 号辙叉及护轨专线
(02)7664–Ⅱ</td><td rowspan="2">辙叉图号</td><td rowspan="2">专线
(02)4151 – Ⅲ – 4</td><td>辙叉全长</td><td>3 588</td><td colspan="2" rowspan="2">护轨长度</td><td>直向：3 600</td></tr>
<tr><td>辙叉趾长</td><td>1 538</td><td>侧向：3 600</td></tr>
<tr><td>辙叉形式</td><td>高锰钢整铸式</td><td>辙叉跟长</td><td>2 050</td><td colspan="2">护轨轨型</td><td>43 kg/m</td></tr>
<tr><td colspan="2" rowspan="2">护轨端头距导轨端头定位尺寸</td><td>直向</td><td>596</td><td rowspan="2">护轨图号</td><td>直</td><td>专线 (02)7663 – Ⅱ – 4</td></tr>
<tr><td>侧向</td><td>1 204</td><td>侧</td><td>专线 (02)7664 – Ⅱ – 4</td></tr>
<tr><td colspan="6">辙叉理论尖端距趾端方向前一根岔枕中心距离</td><td>46</td></tr>
<tr><td rowspan="5">5.3 m – 4.5 号锐角辙叉及护轨专线
(02)7664–Ⅲ</td><td rowspan="2">辙叉图号</td><td rowspan="2">专线
(02)7663 – Ⅲ – 4</td><td>辙叉全长</td><td>3 108</td><td colspan="2">护轨长度</td><td>3 050</td></tr>
<tr><td>辙叉趾长</td><td>1 326</td><td colspan="2">护轨轨型</td><td>43 kg/m</td></tr>
<tr><td>辙叉形式</td><td>高锰钢整铸式</td><td>辙叉跟长</td><td>1 782</td><td colspan="2">护轨图号</td><td>专线 (02)7664 – Ⅲ – 4</td></tr>
<tr><td colspan="6">辙叉理论尖端距趾端方向前一根岔枕中心距离</td><td>396</td></tr>
<tr><td colspan="6">护轨端头距导轨端头定位尺寸</td><td>1 133</td></tr>
<tr><td>4.5 号钝角辙叉
专线 (02)7663–Ⅳ</td><td>辙叉图号</td><td>专线
(02)7663 – Ⅳ – 3</td><td>辙叉类型</td><td>高锰钢
整铸式</td><td colspan="2">辙叉全长</td><td>4 440</td></tr>
<tr><td>岔枕图号
专线 (03)3429</td><td>岔枕总数</td><td>248 根</td><td>岔枕展延长</td><td>839.4 m</td><td colspan="2">套管总数</td><td>1 528</td></tr>
<tr><td>批准文号</td><td colspan="4">建技 (2003)18 号</td><td colspan="2">应用情况</td><td>★★★</td></tr>
<tr><td>主要结构特点</td><td colspan="7">钝角辙叉范围内轨距采用 1 440 mm，菱形中轨距过渡到 1 435 mm。</td></tr>
</table>

9 号 A(B) 型辙叉及护轨明细表

序号	图号 / 标准	名称及规格	数量	材　　料	备　　注
1	专线 (02)4151－Ⅲ－4	高锰钢整铸辙叉 50－9X	1	ZGMn13	
2	专线 (02)7663－Ⅱ－4	护　轨　3 600	1	43 kg/m 钢轨	
3	专线 (02)7664－Ⅱ－4	护　轨　3 600	1	43 kg/m 钢轨	
4	专线 4266－23	护轨垫板　50－550	6	16Mn(底板)	
5	专线 (02)7663－Ⅱ－6	辙叉垫板　550 × 180 × 20A(B)	6	16Mn(底板)	B 型对称
6	专线 (02)7663－Ⅱ－7	辙叉垫板　733 × 180 × 20A(B)	4	Q235－A(底板)	B 型对称，铁座 41
7	专线 (02)7663－Ⅱ－7	辙叉垫板　733 × 180 × 20A(B)	1	Q235－A(底板)	B 型对称，铁座 33
8	专线 (02)7663－Ⅱ－8	垫　板　718 × 180 × 20A(B)	1	Q235－A(底板)	B 型对称
9	专线 (02)7663－Ⅱ－9	垫　板　764 × 180 × 20A(B)	1	Q235－A(底板)	B 型对称
10	专线 (02)7663－Ⅱ－10	垫　板　828 × 180 × 20A(B)	1	Q235－A(底板)	B 型对称
11	专线 4266－16	垫　板　50－FY(Z)	1	Q235－A(底板)	B 型对称
12	专线 (02)7664－Ⅱ－5	垫　板　780 × 660 × 20	1	Q235－A(底板)	
13	专线 (02)4151－Ⅲ－16	间隔铁	1	HT150	
14	专线 4266－55	接头支距扣板　50/148－136	1	ZG 230－450	
15	专线 4266－61	调整片　135 × 125 × 3/2	12 14	Q195	2 mm 备用
16	TB/T 2345	接头夹板　50	6		
17	TB/T 2347	接头螺栓　M24 × 145－10.9	12		带螺母
18	专线 4266－6	半圆头方颈螺栓　M24 × 100	8		
19	专线 4266－6	半圆头方颈螺栓　M24 × 80	4		
20	专线 4266－6	高强度半圆头方颈螺栓　M24 × 300	1	20SiMn	
21	专线 4266－6	高强度半圆头方颈螺栓　M24 × 320	1	20SiMn	
22	专线 4266－6	高强度半圆头方颈螺栓　M24 × 330	1	20SiMn	
23	专线 4266－6	高强度半圆头方颈螺栓　M24 × 350	1	20SiMn	
24	专线 4266－6	高强度半圆头方颈螺栓　M24 × 360	1	20SiMn	
25	专线 4266－6	高强度半圆头方颈螺栓　M24 × 380	1	20SiMn	
26	专线 4266－5	T 型螺栓　M24 × 80	1	Q235－A	
27	专线 4266－5	T 型螺栓　M24 × 60	38	Q235－A	
28	专线 4266－34	螺　钉　M30	47	45 钢	
29	GB/T 41	盖型螺母　M24	39		
30	专线 4266－9	螺　母　M24	12	Q275	
31	专线 4266－9	螺　母　M24	6		
32	GB/T 1230	垫　圈　24	12		

续上表

序号	图号 / 标准	名称及规格	数量	材　料	备　注
33	GB/T 7244	垫　圈　24	18		
34	TB/T 1495.4	平垫圈　24	39	Q235－A	
35	GB/T 7244	垫　圈　30	47		
36	TB/T 1495.2	B 型弹条	39	60Si2Mn	
37	专线 4266－13	轨距块　50/9－11	23	ZG 230－450	
38	专线 4266－13	轨距块　50/13－15	11	ZG 230－450	
39	专线 (02)4151－Ⅲ－15	方孔垫圈　50－3	6	KTH 330－08	
40	专线 (02)4151－Ⅲ－15	圆孔垫圈　50－3	6	KTH 330－08	
41	专线 4266－14	接头轨距块　50－11	2	玻璃纤维增强聚酰胺 66	
42	专线 4266－14	接头轨距块　50－13	2	玻璃纤维增强聚酰胺 66	
43	专线 4266－27	橡胶垫板　50－200	19	橡胶	
44	专线 4266－29	橡胶垫板　439	5	橡胶	
45	专线 (02)7664－Ⅱ－6	橡胶垫板　780 × 400 × 5	1	橡胶	
46	专线 4266－31	橡胶垫板　660 × 185 × 10	2	橡胶	
47	专线 4266－31	橡胶垫板　430 × 185 × 10	1	橡胶	
48	专线 4266－31	橡胶垫板　733 × 185 × 10	5	橡胶	
49	专线 4266－31	橡胶垫板　718 × 185 × 10	1	橡胶	
50	专线 4266－31	橡胶垫板　764 × 185 × 10	1	橡胶	
51	专线 4266－32	橡胶垫板　828－379	1	橡胶	
52	专线 4266－33	橡胶垫板　550 × 185 × 7	6	橡胶	
53	专线 4266－31	橡胶垫板　550 × 185 × 10	6	橡胶	

4.5 号锐角辙叉及护轨明细表

序号	图号 / 标准	名称及规格	数量	材　料	备　注
1	专线 (02)7663－Ⅲ－4	高锰钢整铸辙叉　50－4.5RX	1	ZGMn13	
2	专线 (02)7663－Ⅲ－4	护　轨　3 050	1	43 kg/m 钢轨	
3	专线 (02)7663－Ⅲ－4	护　轨　3 050	1	43 kg/m 钢轨	与序号 2 对称
4	专线 (02)7663－Ⅲ－5	垫　板　676 × 180 × 20	1	Q235－A(底板)	
5	专线 (02)7663－Ⅲ－5	垫　板　676 × 180 × 20	1	Q235－A(底板)	与序号 4 对称
6	专线 (02)7663－Ⅲ－6	护轨垫板　880 × 180 × 20	1	16Mn(底板)	
7	专线 (02)7663－Ⅲ－6	护轨垫板　880 × 180 × 20	1	16Mn(底板)	与序号 6 对称
8	专线 (02)7663－Ⅲ－7	护轨垫板　948 × 180 × 20	1	16Mn(底板)	
9	专线 (02)7663－Ⅲ－7	护轨垫板　948 × 180 × 20	1	16Mn(底板)	与序号 8 对称
10	专线 4266－16	平垫板　50－A	6	Q235－A(底板)	

续上表

序号	图号 / 标准	名称及规格	数量	材料	备注
11	专线 (02)7663－Ⅲ－8	护轨垫板　550 × 180 × 20	3	16Mn(底板)	
12	专线 (02)7663－Ⅲ－8	护轨垫板　550 × 180 × 20	3	16Mn(底板)	与序号 11 对称
13	专线 (02)7663－Ⅲ－9	垫　板　365 × 180 × 20	2	Q235－A(底板)	
14	专线 (02)7663－Ⅲ－9	垫　板　365 × 180 × 20	2	Q235－A(底板)	与序号 13 对称
15	专线 4266－22	辙叉接头垫板　50－792	2	Q235－A(底板)	
16	专线 4266－21	辙叉垫板　50－792	3	Q235－A(底板)	
17	专线 4266－54	支距扣板　50/132－120	2	ZG 230－450	
18	专线 4266－61	调整片　147 × 100 × 3/2	10	Q195	厚 2 mm 备用
19	TB/T 2345	接头夹板　50	8		
20	TB/T 2347	接头螺栓　M24 × 145－10.9	24		带螺母
21	专线 4266－6	半圆头方颈螺栓　M24 × 80	4	Q275	
22	专线 4266－6	半圆头方颈螺栓　M24 × 100	6	Q275	
23	专线 4266－5	T 型螺栓　M24 × 60	48	Q235－A	
24	专线 4266－5	T 型螺栓　M24 × 85	2	Q235－A	
25	专线 4266－34	螺　钉　30	56	45 钢	
26	GB/T 41	螺　母　M24	50		
27	专线 4232－101	螺　母　M24	10	Q275	
28	GB/T 1230	垫　圈　24	24		
29	GB/T 7244	垫　圈　24	10		
30	GB/T 7244	垫　圈　30	56		
31	TB/T 1495.4	平垫圈　24	50	Q235－A	
32	TB/T 1495.2	B 型弹条	50	60Si2Mn	
33	专线 4266－13	轨距块　50/9－11	25	ZG 230－450	
34	专线 4266－13	轨距块　50/13－15	19	ZG 230－450	
35	专线 4266－14	接头轨距块　50－11	2	玻璃纤维增强聚酰胺 66	单位：cm^3
36	专线 4266－14	接头轨距块　50－13	2	玻璃纤维增强聚酰胺 66	单位：cm^3
37	专线 4266－27	橡胶垫板　50－200	28	橡胶	
38	专线 4266－29	橡胶垫板　509	5	橡胶	
39	专线 4266－31	橡胶垫板　676 × 185 × 10	2	橡胶	
40	专线 4266－31	橡胶垫板　880 × 185 × 10	2	橡胶	
41	专线 4266－32	橡胶垫板　948－370	2	橡胶	
42	专线 4266－31	橡胶垫板　430 × 185 × 10	6	橡胶	
43	专线 4266－31	橡胶垫板　550 × 185 × 10	6	橡胶	
44	专线 4266－31	橡胶垫板　365 × 185 × 10	4	橡胶	
45	专线 4266－31	橡胶垫板　792 × 185 × 10	5	橡胶	

50 kg/m 钢轨 9 号 5.3 m 间距交叉渡线 9 号 A(B) 型辙叉及护轨

图 号：专线 (02)7664－II－2

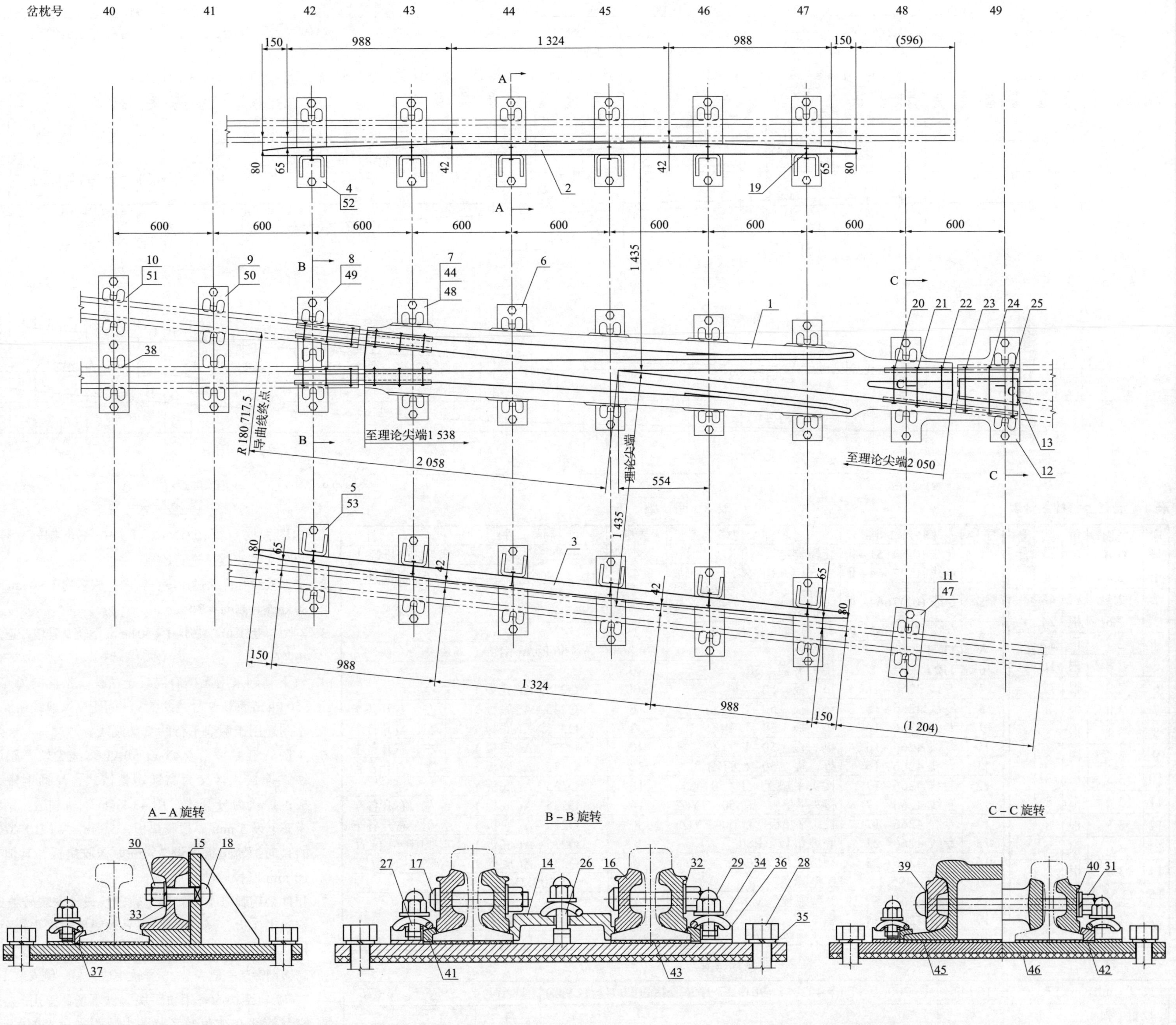

50 kg/m 钢轨 9 号 5.3 m 间距交叉渡线
图　号：专线 (02)7664－Ⅰ－1

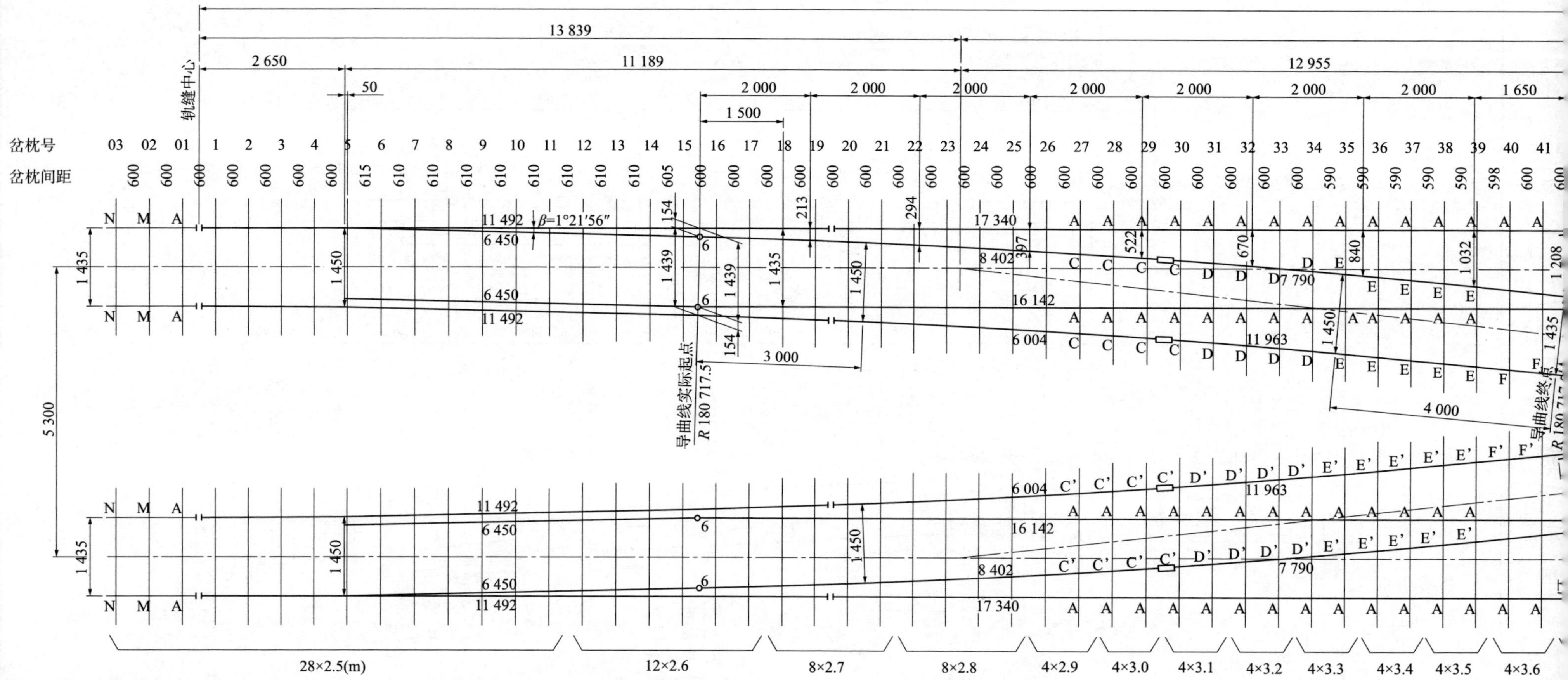

表 1　混凝土岔枕数量表

序号	岔枕长 (m)	单位	数量	备注
1	2.4	根	8	
2	2.5	根	68	
3	2.6	根	24	
4	2.7	根	22	
5	2.8	根	16	
6	2.9	根	12	
7	3.0	根	8	
8	3.1	根	8	
9	3.2	根	8	
10	3.3	根	8	
11	3.4	根	8	
12	3.5	根	8	
13	3.6	根	8	
14	3.8	根	8	
15	3.85	根	8	
16	7.8	根	26	铰接

表 3　明　细　表

序号	图号 / 标准	名称及规格	数量	材　料	备　注
1	专线 (02)4151－Ⅱ	转辙器	4		左右开各 2
2	专线 (02)7664－Ⅱ	5.3 m－9A(B) 号辙叉及护轨	4		A(B) 型各 2
3	专线 (02)7664－Ⅲ	5.3 m－4.5　号锐角辙叉及护轨	2		
4	专线 (02)7663－Ⅳ	4.5 号钝角辙叉	2		
5	TB/T 2344	钢　轨	379.864	50 kg/m 钢轨	
6	TB/T 2345	接头夹板　50	40		
7	专线 4266－16	垫　板　50－A	200	Q235－A(底板)	
8	专线 4266－16	垫　板　50－C Y(Z)	16	Q235－A(底板)	左、右开各半
9	专线 4266－16	垫　板　50－D Y(Z)	32	Q235－A(底板)	左、右开各半
10	专线 4266－16	垫　板　50－E Y(Z)	40	Q235－A(底板)	左、右开各半
11	专线 4266－16	垫　板　50－F Y(Z)	32	Q235－A(底板)	左、右开各半
12	专线 4266－17	接头平垫板　J　50－A	16	Q235－A(底板)	
13	专线 4266－17	接头平垫板　J　50－CY(Z)	16	Q235－A(底板)	左、右开各半
14	专线 4266－17	接头平垫板　J　50－FY(Z)	8	Q235－A(底板)	左、右开各半
15	专线 4266－24	顺坡垫板　P80	8	Q235－A(底板)	图中 M 位置
16	专线 4266－25	顺坡垫板　P60	8	Q235－A(底板)	图中 N 位置
17	TB/T 1495.2	B 型弹条	752	60Si2Mn	
18	专线 4266－5	T 型螺栓　M24 × 60	752	Q235－A	
19	专线 4266－34	螺　钉　M30	752	45 号钢	
20	TB/T 2347	接头螺栓　M24 × 145－10.9	72		带螺母

表 2　配轨长度表

长度 (mm)	17 340	16 142	16 200(胶接)(8 402，7 790)	17 975(胶接)(6 004，11 963)	17 674	2 975	6 676
数量 (根)	4	4	4	4	4	4	4

技　术　要　求

1. 本图根据专线 (02)7664－Ⅰ《50 kg/m 钢轨 9 号道岔 5.3 间距交叉渡线》进行绘制。
2. 交叉渡线容许通过速度：直向：旅客列车 90 km/h；货物列 80 km/h。侧向：30 km/h。
3. 本图与专线 (02)4151－Ⅰ《50 kg/m 钢轨 9 号单开道岔总布置图 相匹配。
4. 轨下基础采用无挡肩混凝土岔枕，岔枕图为专线 (03)34 《50 kg/m 钢轨 9 号道岔 5.3 m 间距交叉渡线用混凝土岔枕
5. 本图适用于两线平行的交叉渡线。
6. 本图转辙器采用 6.45 m 50AT 直线尖轨，跟端采用间 铁式连接；辙叉为高锰钢整铸式，高锰钢辙叉下设铁 板；护轨为分开式，用 43 kg/m 钢轨制造。钢轨及高锰 辙叉下设 5 mm 厚橡胶垫板，5.3 m－A（B）型辙叉及护 的直向护轨垫板下设 7 mm 厚橡胶垫板，其他垫板下均 10 mm 厚橡胶垫板。
7. 扣件采用弹条Ⅰ型扣件，轨距块设计安装号数如下：
   钢轨工作边一侧，安装 13 号轨距块或接头轨距块。
   钢轨非工作边一侧，安装 11 号轨距块或接头轨距块。
   高锰钢辙叉一侧安装 13 号轨距块，另一侧安装 11 号轨距 7－17 轨距块为备用轨距块，供现场调整用。
8. 交叉渡线在钝角辙叉范围内轨距采用 1 440 mm，轨距

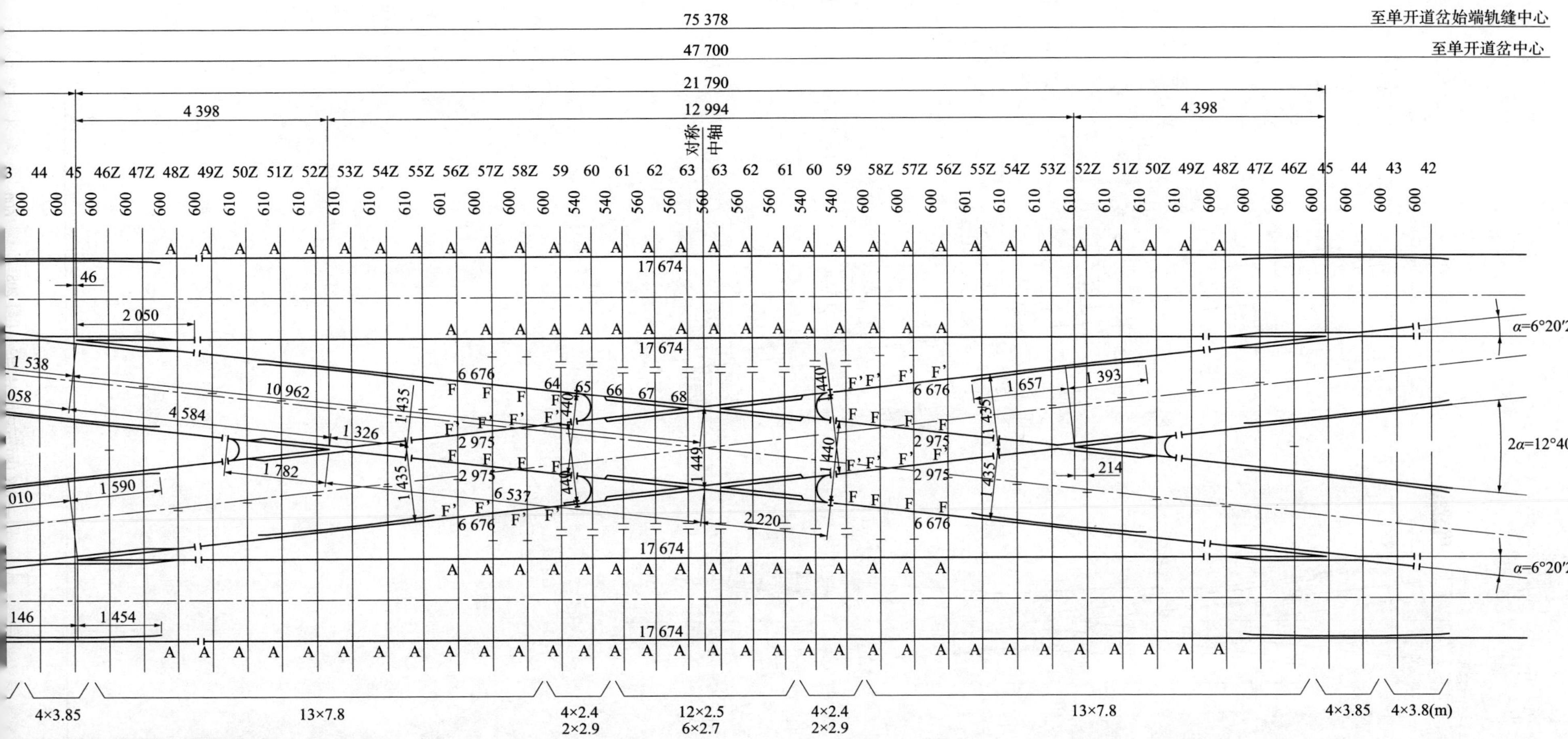

渡在锐角辙叉趾端接缝前完成。

本图钢轨按普通接头设计，若采用焊接接头时，应相应变更道岔配轨长度，由用户订货时指明。图中钢轨普通接头、普通绝缘接头、胶接绝缘接头分别以“—|├—”、“—┼—”、“—▭—”表示。

. 钢轨顶面应进行全长淬火，轨腰螺栓孔应倒角 1×45°；若采用焊接接头时，钢轨轨端不钻接头螺栓孔。

. 本图按设轨道电路设计，绝缘接头设在侧股，其配轨长度见表 2；若绝缘接头设在直股，订货时需要在合同中指明其配轨长度及接头方式。

. 明细表中平垫板根据垫板的偏斜大小及是否接头位置分为 9 种类型，其铺设位置详见布置图。其中：50－A 的 216 块（含接头平垫板 16 块）；50－C/C′的共 32 块（含接头平垫板 16 块）；50D/D′的共 32 块；50－E/E′的共 40 块；50－F/F′的共 40 块（含接头平垫板 8 块）。带“′”的表示左开用垫板，不带“′”的为右开用垫板。接头处安装接头平垫板。

. 考虑到道岔与线路连接过渡，在道岔前两根岔枕上分别设置顺坡垫板（图中 M、N 位置）P80、P60；若与无轨底坡线路连接时取消顺坡垫板，采用 A 型垫板(50－A)，用户订货时需指明。

. 9 号单开辙叉及护轨分 A、B 两种型式：左端上方为 A 型，下方为 B 型；右端上方为 B 型，下方为 A 型。

. 若用于电气化铁路时，有关短轨改为胶接绝缘短轨，其绝缘接头布置见图 1。

. 道岔技术条件应符合 TB/T 412《标准轨距铁路道岔技术条件》的有关规定。

. 图中岔枕接头装设岔枕连接设备或不装设岔枕连接设备分别以“┼”“┼”表示。

续表 3

序号	图号 / 标准	名称及规格	数量	材　料	备　注
21	TB/T 1495.4	平垫圈　24	752	Q235－A	
22	GB/T 41	螺　母　M24	752		
23	GB/T 1230	垫　圈　24	72		
24	GB/T 7244	弹簧垫圈　30	752		
25	专线 4266－13	轨距块　50/9－11	336	ZG 230－450	
26	专线 4266－13	轨距块　50/13－15	336	ZG230－450	
27	专线 4266－13	轨距块　50/7－17	300	ZG230－450	备用
28	专线 4266－14	接头轨距块　50－11	40	玻璃纤维增强聚酰胺 66	
29	专线 4266－14	接头轨距块　50－13	40	玻璃纤维增强聚酰胺 66	
30	专线 4266－14	接头轨距块　50－9	40	玻璃纤维增强聚酰胺 66	备用
31	专线 4266－14	接头轨距块　50－15	40	玻璃纤维增强聚酰胺 66	备用
32	专线 4266－27	橡胶垫板　50－200	376	橡胶	
33	专线 4266－31	橡胶垫板　430×185×10	376	橡胶	
34		钢轨绝缘　50	12 套		胶接绝缘 8 套、普通绝缘 4 套

图 1

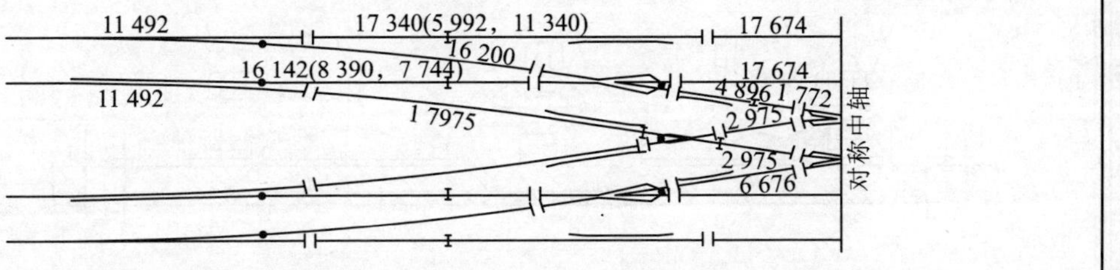

50 kg/m 钢轨 9 号 5.3 m 间距交叉渡线 4.5 号锐角辙叉及护轨
图 号：专线 (02)7664－III－2

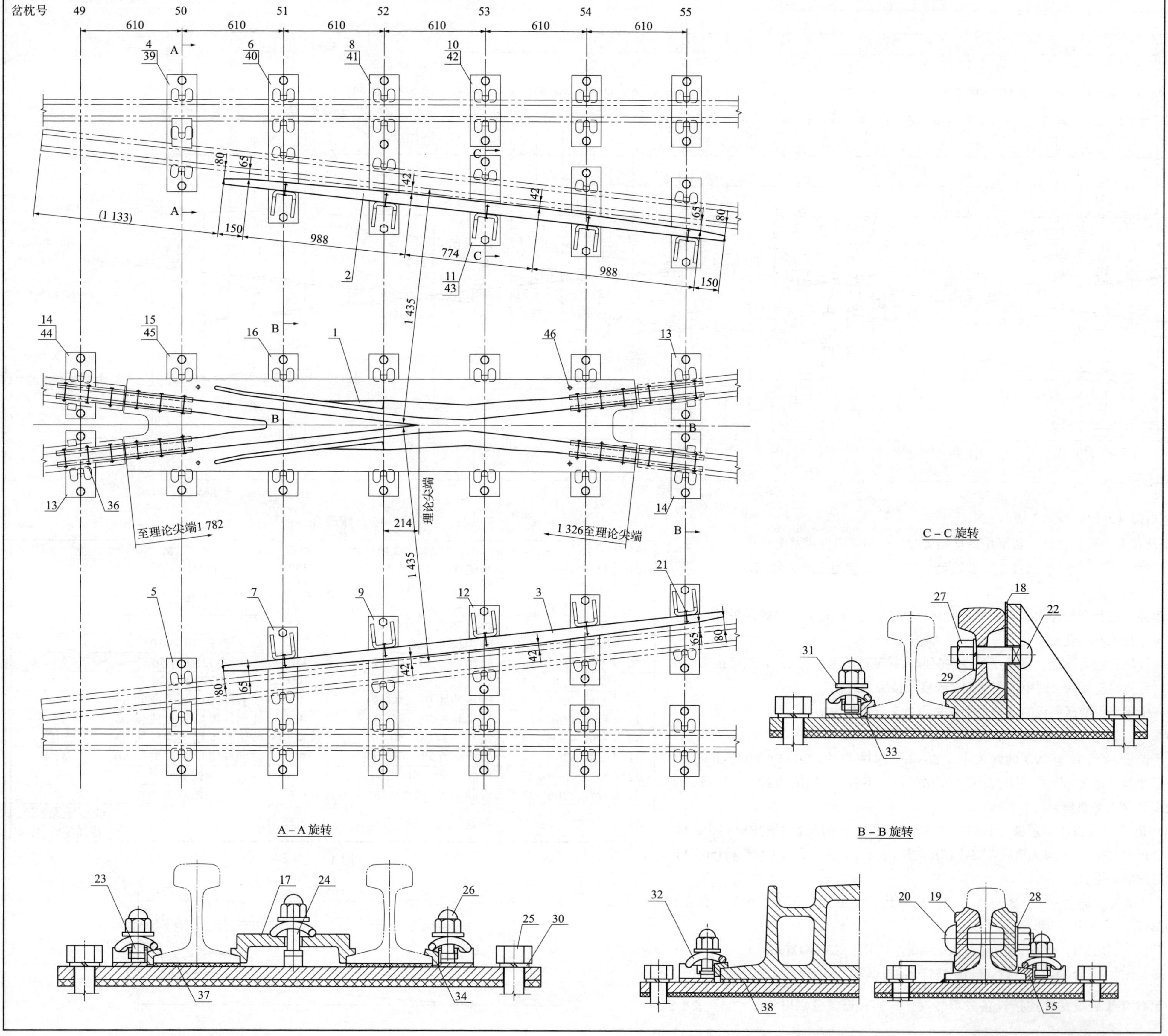

<table>
<tr><th colspan="7">52. 50 kg/m 钢轨 6 号对称道岔 5.0 m 间距交叉渡线(混凝土枕)
设计图号：SC 432</th></tr>
<tr><td rowspan="2">道岔允许通过速度</td><td>客车</td><td colspan="3">v≤35 km/h</td><td>扣件类型</td><td>Ⅱ型弹条</td></tr>
<tr><td>货车</td><td colspan="3">v≤35 km/h</td><td>轨底坡</td><td>—</td></tr>
<tr><td>A(B)型辙叉角</td><td colspan="4">9°27′44″</td><td>锐角/钝角辙叉角</td><td>18°55′28″</td></tr>
<tr><td>转辙器
SC 384—100</td><td colspan="6">详见“50 kg/m 钢轨 6 号对称道岔［SC384］”</td></tr>
<tr><td rowspan="6">6 号 A(B) 型辙叉及护轨
SC 432 - 100</td><td rowspan="2">辙叉图号</td><td rowspan="2">SC 432 - 102</td><td>辙叉全长</td><td>3 632</td><td rowspan="2">护轨长度</td><td>直向：2 990</td></tr>
<tr><td>辙叉趾长</td><td>1 220</td><td>侧向：1 970</td></tr>
<tr><td>辙叉形式</td><td>高锰钢整铸式</td><td>辙叉跟长</td><td>2 412</td><td>护轨轨型</td><td>直向：33 kg/m 槽型钢
侧向：50 kg/m</td></tr>
<tr><td colspan="2" rowspan="2">护轨端头距导轨端头定位尺寸</td><td>直向</td><td>1 202</td><td>护轨图号 直</td><td>SC 432 - 103</td></tr>
<tr><td>侧向</td><td>0</td><td>护轨图号 侧</td><td>SC 432 - 104</td></tr>
<tr><td colspan="5">辙叉理论尖端距趾端方向前一根岔枕中心距离</td><td>285</td></tr>
<tr><td>菱形交叉
SC 432 - 200</td><td>辙叉图号</td><td>SC 432 - 201</td><td>辙叉类型</td><td>高锰钢
整铸式</td><td>辙叉全长</td><td>4 288</td></tr>
<tr><td>岔枕图号
SC 432 - 500</td><td>岔枕总数</td><td>140 根</td><td>岔枕展延长</td><td>508.1 m</td><td>套管总数</td><td>940</td></tr>
<tr><td>批准文号</td><td colspan="4">—</td><td>应用情况</td><td>★★★</td></tr>
<tr><td>主要结构特点</td><td colspan="6">1. 菱形交叉轨距采用 1 440 mm，并顺延至 6 号辙叉趾端前导曲线终点处，直股轨距 1 440 mm。
2. 辙叉与菱形交叉连接处一侧为双轨式，菱形交叉部分均为双轨式。</td></tr>
</table>

6 号 A(B) 型辙叉及护轨明细表

序号	图号 / 标准	名称及规格	单位	数量	材　料	备　注
1	SC 432－102	高锰钢辙叉	个	1		
2	SC 432－103	槽型护轨　2 990	根	1	33 kg/m 槽型钢	
3	SC 432－104	侧向护轨　1 970	根	1	50 kg/m 钢轨	
4	SC 432－105	护导轨　7 168	根	1	50 kg/m 钢轨	
5	SC 432－106	垫　板　415 × 180 × 24	块	1		
6	SC 432－107	垫　板　409 × 180 × 24	块	1		
7	SC 432－108	垫　板　373 × 180 × 22	块	1		
8	SC 432－109	垫　板　366 × 180 × 22	块	1		
9	SC 432－110	垫　板　731 × 180 × 20	块	1		
10	SC 432－111	垫　板　745 × 180 × 20	块	1		
11	SC 432－111	垫　板　804 × 180 × 20	块	1		
12	SC 432－111	垫　板　840 × 180 × 20	块	1		
13	SC 432－111	垫　板　883 × 180 × 20	块	1		
14	SC 432－112	垫　板　914 × 180 × 20	块	1		
15	SC 432－113	垫　板　991 × 180 × 20	块	1		
16	SC 432－114	垫　板　619 × 180 × 20	块	5		
17	SC 384－106	垫　板　50－0(A)	块	5		
18	SC 432－115	垫　板　452 × 180 × 20	块	2		
19	SC 432－116	垫　板　452 × 180 × 20	块	1		
20	SC 432－117	垫　板　585 × 180 × 20	块	1		
21	SC 432－118	垫　板　573 × 180 × 20	块	1		
22	SC 432－119	垫　板　573 × 180 × 20	块	1		
23	SC 432－120	垫　板　600 × 180 × 25	块	5		
24	SC 432－107	接头垫板　50J	块	1		
25	TB/T 1138	间隔铁　50－124－116	块	1	KTH 350－10	
26	TB/T 439	间隔铁　50－47	块	1	KTH 350－10	
27	SC 432－121	三孔间隔铁　50	块	1	KTH 350－10	
28	TB/T 2345	接头夹板　50	块	10		
29	TB/T 442－75	鱼尾板圆孔垫圈	个	12	KTH 330－08	
30	TB/T 442－75	鱼尾板方孔垫圈	个	12	KTH 330－08	
31	TB/T 2347	接头螺栓及螺母　M24 × 145	块	18	10.9 级	
32	专线 4266－6	半圆头螺栓　M24 × 290	根	12	10.9 级	
33	专线 4266－8	长方头螺栓　M24 × 85	根	5		
34	专线 4266－5	T 型螺栓　M24 × 65	根	51		

续上表

序号	图号 / 标准	名称及规格	单位	数量	材　料	备　注
35	专线 4266－6	半圆头螺栓　M24 × 200	根	2	10.9 级	
36	专线 4266－6	半圆头螺栓　M24 × 220	根	2	10.9 级	
37	专线 4266－68	圆孔垫圈　50－0	个	3	KTH 330－08	
38	专线 4266－69	方孔垫圈　50－0	个	3	KTH 330－08	
39	专线 4266－68	圆孔垫圈　50－3	个	1	KTH 330－08	
40	专线 4266－69	方孔垫圈　50－3	个	1	KTH 330－08	
41	NS－01(b)	螺　母　M24	个	16	10 级	
42	NS－01(b)	螺　母　M24	个	5	5 级	
43	NS－01(b)－c	螺　母　M24	个	51	4 级	
44	NS－07	限位板　M24	个	51	4 级	
45	GB/T 7244	弹簧垫圈　24	个	21	65Mn	
46	GB/T 1230	垫　圈　24	个	18		
47	SCT 505－B	岔枕螺栓　155	根	59		
48	GB/T 7244	弹簧垫圈　30	个	59	65Mn	
49	专线 3351	Ⅱ型弹条	个	51	60Si2CrVA	
50	SC 330－125	轨距调整片　160 × 12 × 2	个	5	Q235	
51	SC 330－125	轨距调整片　160 × 12 × 1	个	5	Q235	
52	SC 330C－205	护轨调整片　170 × 80 × 2	个	5	Q235	
53	SC 330C－205	护轨调整片　170 × 80 × 3	个	5	Q235	
54	SC 330－125	轨距调整片　110 × 12 × 2	个	2	Q235	
55	SC 330－125	轨距调整片　110 × 12 × 1	个	2	Q235	
56	SC 330－125	轨距调整片　50 × 12 × 2	个	4	Q235	
57	SC 330－125	轨距调整片　50 × 12 × 1	个	4	Q235	
58	专线 4266－13	轨距块　9－11	块	25	ZG 230－450	
59	专线 4266－13	轨距块　13－15	块	18	ZG 230－450	
60	专线 4266－14	接头轨距块　50－9	块	5	玻璃纤维	
61	专线 4266－14	接头轨距块　50－15	块	3	玻璃纤维	
1J	专线 4266－27	橡胶垫板　50－200	块	14	橡胶	
2J	SC 432－122	橡胶垫板　132－30A	块	5	橡胶	B 型时对称制造
3J	SC 432－122	橡胶垫板　249－30A	块	3	橡胶	B 型时对称制造
4J	SC 432－122	橡胶垫板　310－30A	块	2	橡胶	B 型时对称制造
5J	专线 4266－31	橡胶垫板　415 × 185 × 10	块	1	橡胶	
6J	专线 4266－31	橡胶垫板　409 × 185 × 10	块	1	橡胶	
7J	专线 4266－31	橡胶垫板　373 × 185 × 10	块	1	橡胶	
8J	专线 4266－31	橡胶垫板　366 × 185 × 10	块	1	橡胶	
9J	专线 4266－31	橡胶垫板　731 × 185 × 10	块	1	橡胶	

续上表

序号	图号 / 标准	名称及规格	单位	数量	材　料	备　注
10J	专线 4266－31	橡胶垫板　745 × 185 × 10	块	1	橡胶	
11J	专线 4266－31	橡胶垫板　804 × 185 × 10	块	1	橡胶	
12J	专线 4266－31	橡胶垫板　840 × 185 × 10	块	1	橡胶	
13J	专线 4266－31	橡胶垫板　883 × 185 × 10	块	1	橡胶	
14J	专线 4266－31	橡胶垫板　914 × 185 × 10	块	1	橡胶	
15J	专线 4266－32	橡胶垫板　991－373	块	1	橡胶	
16J	专线 4266－31	橡胶垫板　619 × 185 × 10	块	1	橡胶	
17J	专线 4266－31	橡胶垫板　452 × 185 × 10	块	9	橡胶	
20J	专线 4266－31	橡胶垫板　585 × 185 × 10	块	1	橡胶	
21J	专线 4266－31	橡胶垫板　573 × 185 × 10	块	2	橡胶	
23J	专线 4266－33	橡胶垫板　600 × 185 × 5	块	5	橡胶	
9CJ	专线 4266－29	橡胶垫板　410	块	1	橡胶	
10CJ	专线 4266－29	橡胶垫板　423	块	1	橡胶	
11CJ	专线 4266－29	橡胶垫板　482	块	1	橡胶	
12CJ	专线 4266－29	橡胶垫板　519	块	1	橡胶	
13CJ	专线 4266－29	橡胶垫板　562	块	1	橡胶	
14CJ	专线 4266－29	橡胶垫板　593	块	1	橡胶	
1S	SC 384－301	塑料垫片 462 × 190 × 6	块	2	聚乙烯	

菱形交叉明细表

序号	图号 / 标准	名称及规格	单位	数量	材　料	备　注
1	SC 432－201	高锰钢辙叉	个	4		
2	SC 432－202	整铸短轨　1 835	根	4		
3	SC 432－203	垫　板　752×180×20	根	4		
4	SC 432－203	垫　板　912×180×20	块	8		
5	SC 432－203	垫　板　1 112×180×20	块	8		
6	SC 432－204	垫　板　1 232×180×20	块	8		
7	SC 432－205	垫　板　634×180×20	块	2		
8	SC 432－205	垫　板　634×180×20	块	2		与序号 7 对称
9	TB/T 2345	接头夹板　50	块	16		
10	专线 3351	Ⅱ型弹条	个	80	60Si2CrVA	
11	专线 4266－6	圆头方颈螺栓　M24×290	根	48	10.9 级	
12	专线 4266－5	T 型螺栓　M24×65	根	80		
13	SCT 505－B	岔枕螺栓　155	根	72		
14	TB/T 442	鱼尾板方孔垫圈	个	48	KTH 330－08	
15	TB/T 442	鱼尾板圆孔垫圈	个	48	KTH 330－08	
16	NS－01(b)	螺　母　M24	个	48	10 级	
17	NS－01(b)－c	螺　母　M24	个	80		
18	NS－07	限位板　M24	个	80		
19	GB/T 7244	弹簧垫圈　24	个	48	65Mn	
20	GB/T 7244	弹簧垫圈　30	个	72	65Mn	
21	专线 4266－13	轨距块　9－11	块	40	ZG 230－450	
22	专线 4266－13	轨距块　13－15	块	40	ZG 230－450	
3J	专线 4266－31	橡胶垫板　752×185×10	块	4	橡胶	
4J	专线 4266－31	橡胶垫板　912×185×10	块	8	橡胶	
5J	专线 4266－31	橡胶垫板　1 112×185×10	块	8	橡胶	
6J	专线 4266－32	橡胶垫板　1 232－581	块	8	橡胶	
7J	专线 4266－31	橡胶垫板　634×185×10	块	4	橡胶	
3CJ	专线 4266－29	橡胶垫板　431	块	4	橡胶	
4CJ	专线 4266－29	橡胶垫板　591	块	8	橡胶	
5CJ	专线 4266－29	橡胶垫板　791	块	8	橡胶	
6CJ	专线 4266－29	橡胶垫板　311	块	16	橡胶	
7CJ	SC 432－122	橡胶垫板　310－30A	块	2	橡胶	
8CJ	SC 432－122	橡胶垫板　310－30B	块	2	橡胶	与 7CJ 对称

50 kg/m 钢轨 6 号对称道岔 5.0 m 间距交叉渡线

图　号：SC432

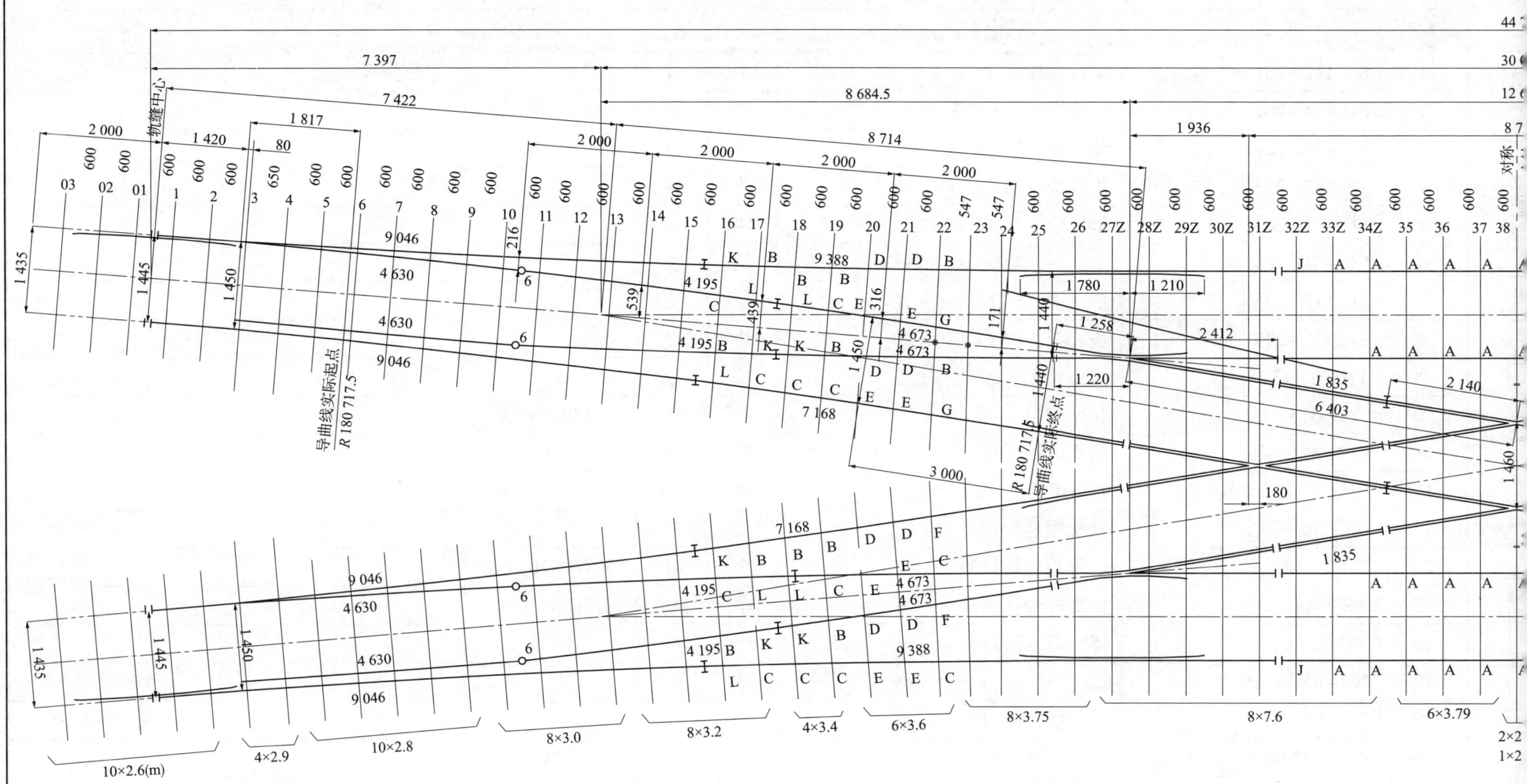

技　术　要　求

1. 图中钢轨接头、绝缘接头分别以"—|├—"、"⊥"表示。
2. 钢轨轨缝除标注外均为 8 mm。
3. 明细表中钢轨数量由下表所列钢轨组成：

长度 (m)	9 388	7 791	4 195	4 673
数量 (根)	4	4	8	8

4. 迎轮护轨可根据需要安装在左或右侧。
5. 明细表中 6 号辙叉及护轨 A、B 型区分如下：图中左上方、右下方为 A 型，右上方、左下方为 B 型。
6. 金属件总重为：39 625 kg，橡胶总体积为：496 037 cm^3。塑料垫片总体积为：29 568 cm^3，玻璃纤维增强聚酰胺 66：4 710 cm^3。

表 1　岔枕数量表

序号	长度 (m)	单位	数量
1	2.45	根	2
2	2.6	根	20
3	2.66	根	2
4	2.8	根	20
5	2.9	根	8
6	3.0	根	16
7	3.2	根	16
8	3.4	根	8
9	3.6	根	12
10	3.75	根	8
11	3.79	根	12
12	7.6	根	16

表 2　明　细　表

序号	图号 / 标准	名称及规格	单位	数　量	材　　料	备　　注
1	SC 384－100	转辙器	组	4		
2	SC 432－100	5 m 渡线 6 号辙叉及护轨	组	4		A、B 型各 2
3	SC 432－200	5 m 渡线菱形交叉	组	1		
4	TB/T 2344	钢　轨	m	139.724		
5	SC 384－106	垫　板　50－0(A)	块	40		
6	SC 384－106	垫　板　50－10(B)	块	24		
7	SC 384－106	垫　板　50－10(C)	块	24		与 B 对称
8	SC 384－106	垫　板　50－13(D)	块	16		
9	SC 384－106	垫　板　50－13(E)	块	16		与 D 对称
10	SC 384－106	垫　板　50－16(F)	块	4		
11	SC 384－106	垫　板　50－16(G)	块	4		与 F 对称
12	SC 384－107	接头垫板　50－10(K)	块	12		

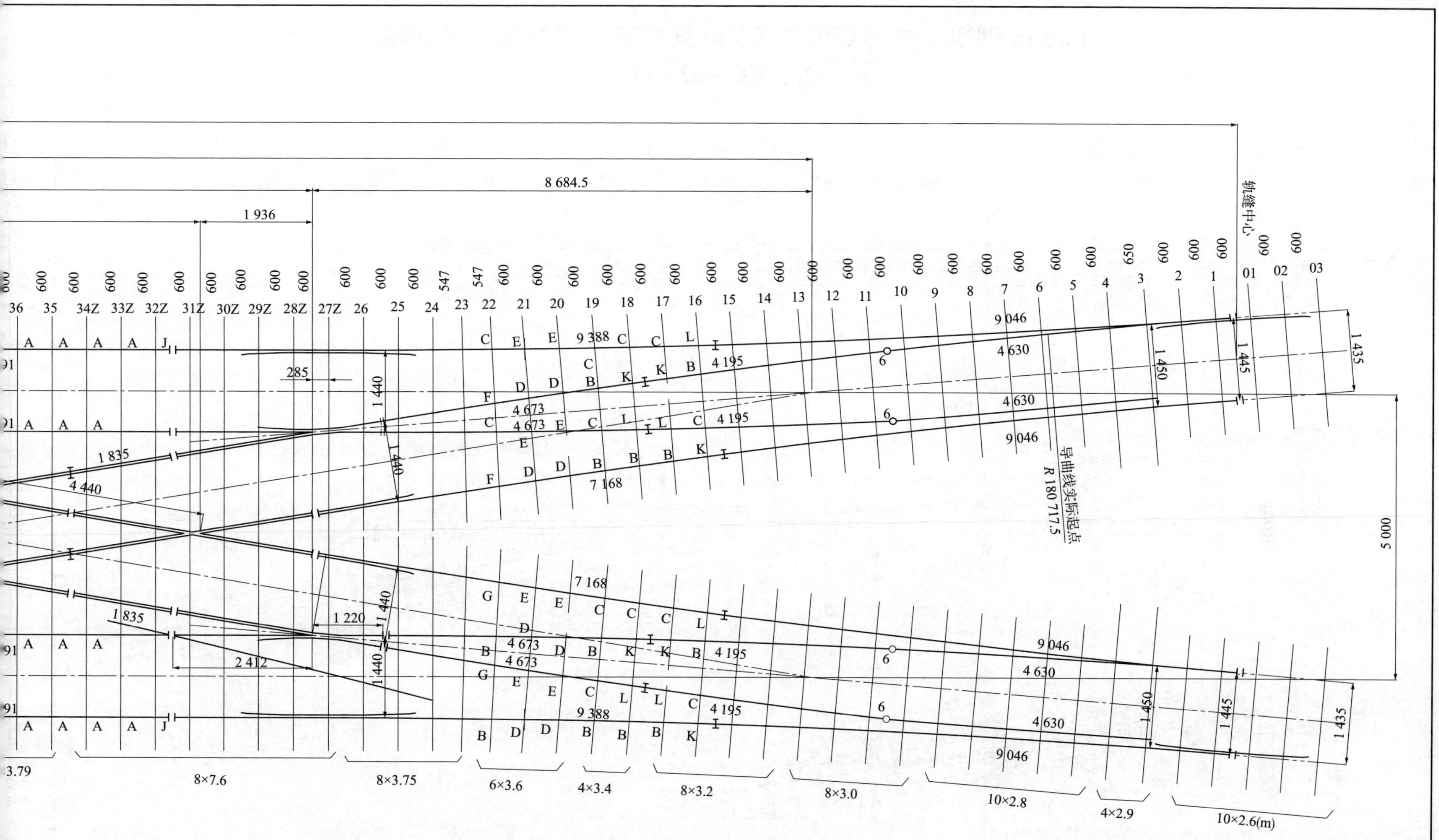

续表 2

图号 / 标准	名称及规格	单位	数　量	材　料	备　注
SC 384－107	接头垫板　50－10(L)	块	12		与 K 对称
SC 384－107	接头垫板　50-0(J)	块	4		
专线 3351	Ⅱ型弹条	个	312	60Si2CrVA	
专线 4266－5	T 型螺栓　M24 × 65	根	312		
SC T505－B	岔枕螺栓　155	根	312		
NS－01(b)－c	螺　母　M24	个	312		
NS－07	限位板　M24	个	312	Q235	
GB/T 7244	弹簧垫圈　30	个	312	16Mn	
专线 4266－13	轨距块　50/9－11	个	128+10	ZG 230－450	“+”后为备用
专线 4266－13	轨距块　50/13－15	个	128+10	ZG 230－450	“+”后为备用
专线 4266－13	轨距块　50/7－17	个	50	ZG 230－450	备用
专线 4266－14	接头轨距块　50－9	个	28	玻璃纤维	

续表 2

序号	图号 / 标准	名称及规格	单位	数　量	材　料	备　注
25	专线 4266－14	接头轨距块　50－11	个	10(备用)	玻璃纤维	
26	专线 4266－14	接头轨距块　50－13	个	10(备用)	玻璃纤维	
27	专线 4266－14	接头轨距块　50－15	个	28	玻璃纤维	
28	专线 4266－27	橡胶垫板　50－200	块	156	橡胶	
29	专线 4266－31	橡胶垫板　452 × 185 × 10	块	156	橡胶	
30	SC 384－301	塑料垫片　462 × 190 × 6	块	56	聚乙烯	
31	SC 373－50	钢轨绝缘	组	16		
32		双轨头绝缘	组	4		
33	TB/T 2345	接头夹板　50	块	16		
34	TB/T 2347	接头螺栓及螺母 M24 × 145	套	48	10.9 级	
35	GB/T 1230	垫　圈　24	个	48		

50 kg/m 钢轨 6 号对称道岔 5.0 m 间距交叉渡线辙叉及护轨

图　号：SC 432－100

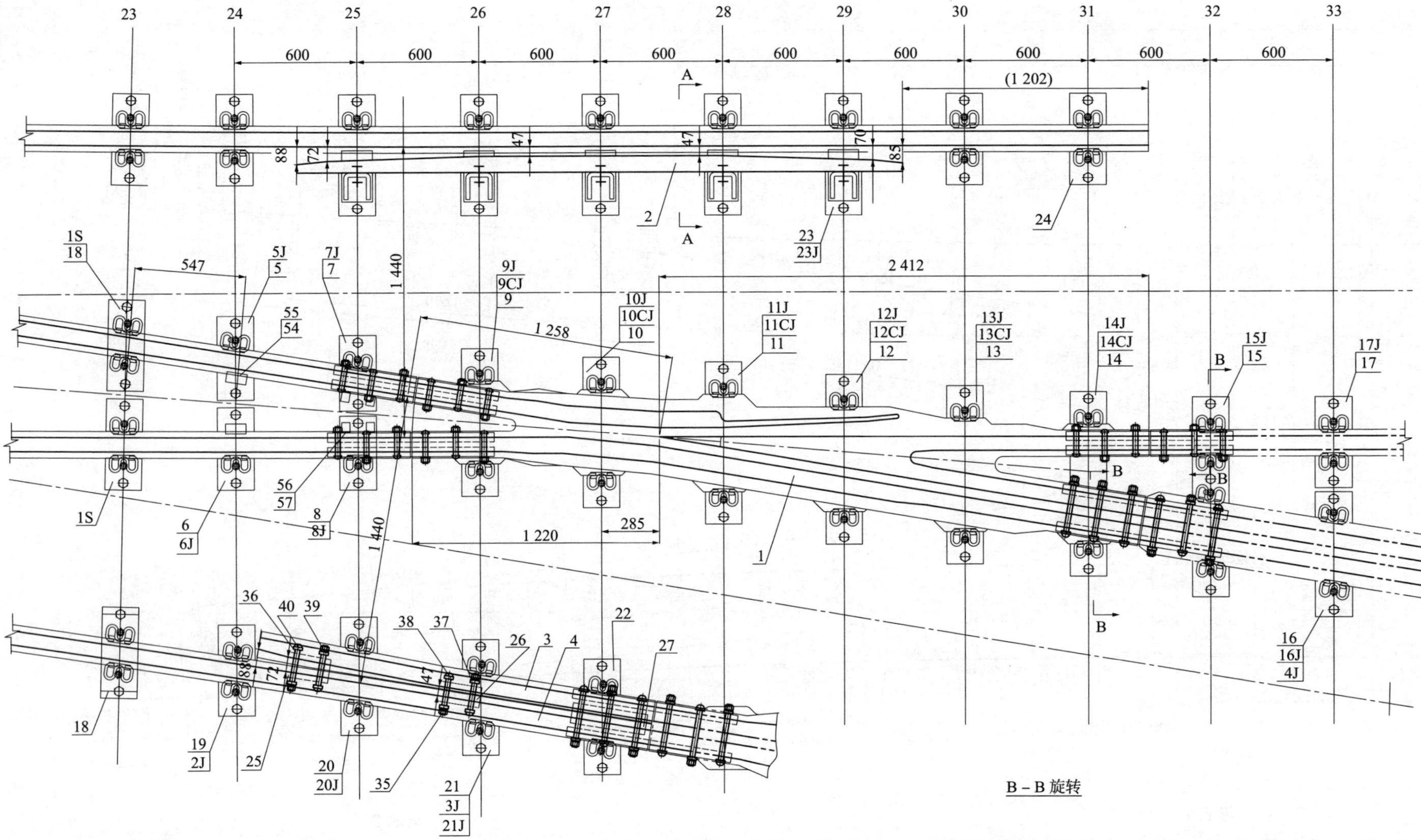

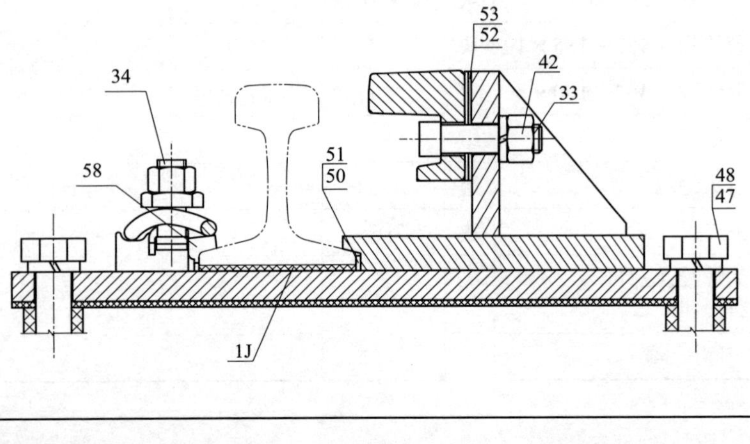
A－A 旋转

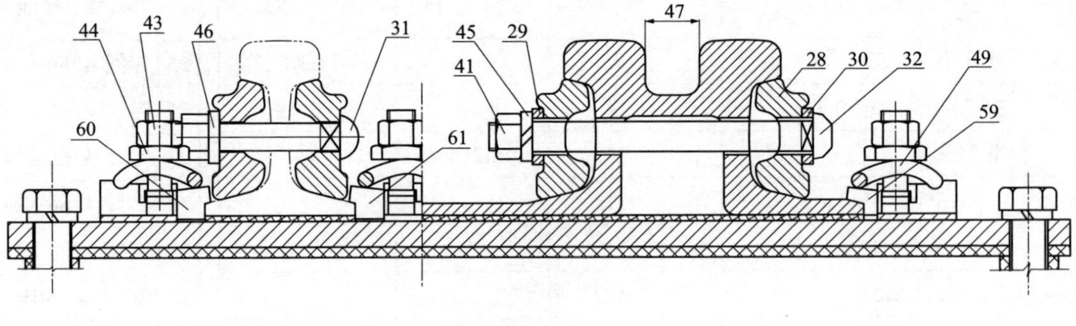
B－B 旋转

技 术 要 求

1. 为便于调整轨距，本设计在钩板和护轨垫板台板与轨底扣压处预留了一定间隙，铺设时须按需要使用调整片进行调整，但是不可留有间隙。
2. 本图按 A 型设计，B 型时按本图对称制造及铺设。
3. 护导轨孔按本图。

50 kg/m 钢轨 6 号对称道岔 5.0 m 间距交叉渡线菱形交叉

图　号：SC 432-200

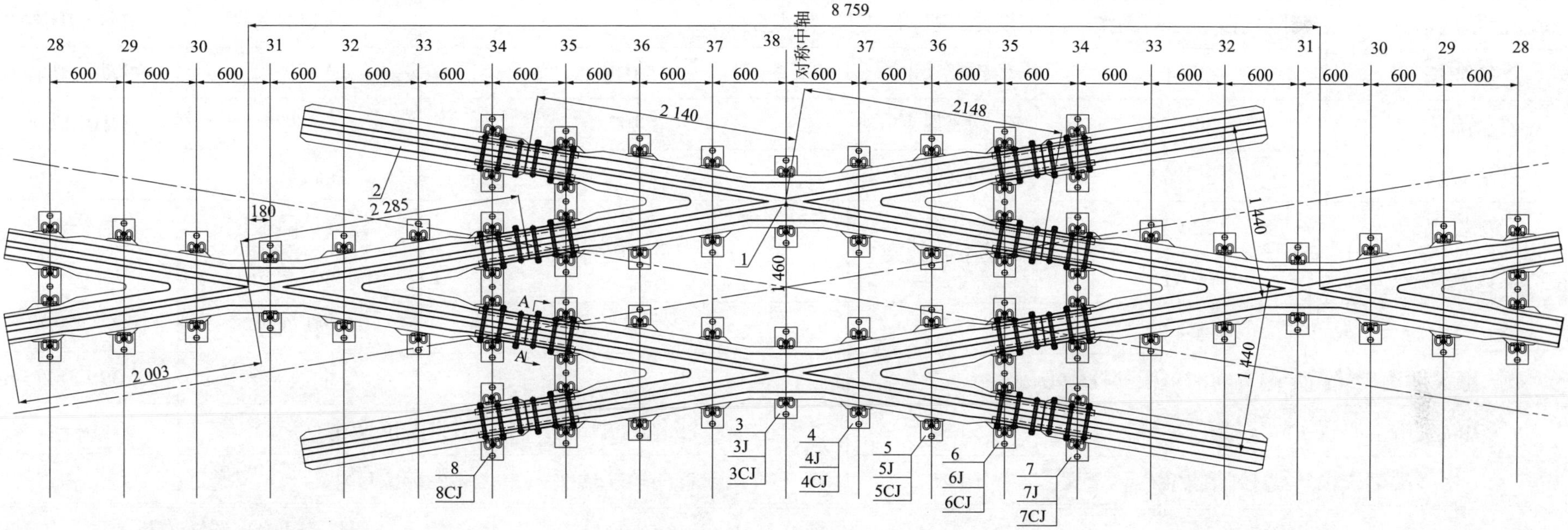

A-A 旋转

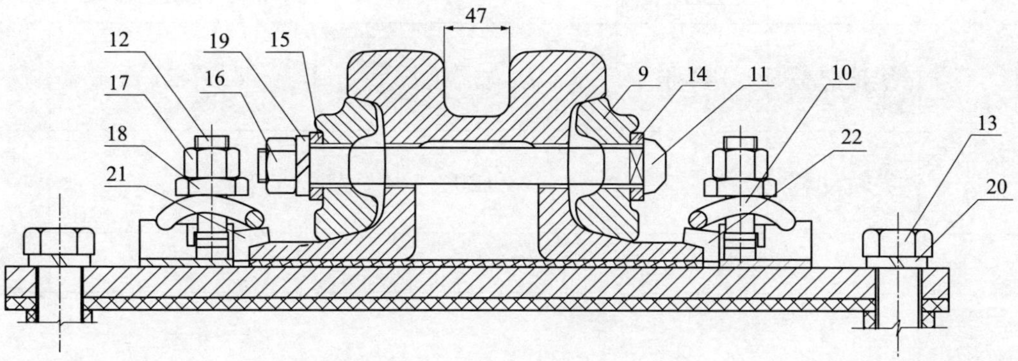

53. 60 kg/m 钢轨 18 号单开道岔(有砟)
设计图号：CN－6118AB

道岔允许通过速度	客车	轴重 17 t：$v_{直}$≤250 km/h；$v_{侧}$≤80 km/h						扣件类型	SKL12弹条
	货车	轴重 23 t：$v_{直}$≤120 km/h；$v_{侧}$≤80 km/h						轨底坡	1∶40
转辙器跟端形式	■限位器 □间隔铁 □不设传力机构 □间隔铁活接头							锁闭方式	HRS 锁闭装置
道岔全长	69 000	辙叉全长	15 014					辙叉类型	可动心轨辙叉
道岔前长	31 729	辙叉趾长	3 402					辙叉角	3°10′47.4″
道岔后长	37 271	辙叉跟长	11 612					翼轨轨型	60 kg/m
尖轨长度	22 012	基本轨长度	24 596					直向护轨长度	—
尖轨轨型	60AT3							侧向护轨长度	—
尖轨尖端前基本轨长度			2 584					护轨轨型	—
辙叉理论尖端距趾端方向前一根岔枕中心距离			—					导曲线半径	1 099.282 5 m
尖轨尖端至心轨实际尖端距离		53 347	侧向护轨端头距导轨端头定位尺寸						—
道岔终端至末根岔枕中心距离		10 481	直向护轨端头距导轨端头定位尺寸						—

降低值	直线尖轨			曲线尖轨			心轨（以抬高翼轨为基础）		
	断面宽	距尖端距离	降低值	断面宽	距尖端距离	降低值	断面宽	距实际尖端距离	降低值
	20	3 022	5.8	20	3 022	5.8	0	0	17.5
	34	5 168	0.3	34	5 168	0.3	55	1 348	2.7
	54	8 300	0	54	8 300	0	96.3	2 496	0

最大构造加宽	15	测量位置	转辙器 12 号枕附近（距基本轨前端 6 984 mm 处）			
岔枕图号 研线 1317	岔枕总数	144 根	岔枕展延长	453.421 m	套管总数	792 个（基板用）
转换设备图号 （详见电务图纸目录）	尖轨动程	120、114、72			心轨动程	73、38
批准文号	—				应用情况	★★★
主要结构特点	1. 转辙器采用 FAKOP 结构。 2. 尖轨锻压后跟端不扭 1∶40 斜。 3. 心轨前端为整体结构，采用与钢轨同一材质的钢坯经机械加工后与心轨后段 2 根叉跟连接轨拼焊。 4. 岔枕按扇形布置，非垂直于正线方向。 5. 道岔适用于跨区间无缝线路，允许升温 45 ℃，降温为 －55 ℃。					

60 kg/m 钢轨 18 号单开道岔设计说明
图　号：CN－6118AB

一、本设计由BWG设计图纸转化为CNTT图纸。

二、图纸内容。

1. 线形图；
2. 总布置图；
3. 转辙器布置图；
4. 可动心轨辙叉布置图；
5. 岔枕相关图；
6. 电务图纸。

三、道岔容许通过速度。

道岔直向：客车最高速度250 km/h(+10%)，客车轴重：≤170 kN；货车最高速度120 km/h(+10%)，货车轴重：≤230 kN。

道岔侧向：v_d=80 km/h。

四、转辙器的结构特征。

1. 转辙器采用FAKOP© 结构，最大轨距加宽15 mm；
2. 基本轨采用中国60 kg/m标准断面形式钢轨；
3. 尖轨采用特种断面60E1A1(即Zul－60)钢轨，通长加工1：40轨顶坡，锻压后跟不扭1：40斜；
4. 基本轨、尖轨均采用R350HT硬头轨制造；
5. 尖轨跟端采用限位器结构；
6. 转辙器设置3个牵引点，采用HRS锁闭装置。

五、可动心辙叉的结构特征。

1. 心轨前段为整体结构，采用与钢轨同一材质的钢坯经机械加工后与心轨后段2根叉跟连接轨拼焊。叉跟连接轨采用中国60 kg/m标准断面R350HT钢轨；
2. 翼轨用60 kg/m标准断面R350HT钢轨制作，翼轨最大竖向抬高2.3 mm；
3. 叉跟尖轨由2段焊接而成，其中前段为60E1F1钢轨，后段为60 kg/m标准断面R350HT钢轨；
4. 道岔为单肢弹性可弯结构，跟端采用连接间隔铁结构；
5. 辙叉设置2个牵引点，采用HRS锁闭装置，牵引杆件从翼轨轨底牵引心轨。

六、弹性基板支座(ERL)。

转辙器及辙叉下垫板采用弹性基板，支撑点的标准刚度为30 kN/mm。

七、轨向和高低的调整。

1. 轨向通过更换调整锥套进行调整，调整量为±8 mm；
2. 高低通过道砟进行调整，板下胶垫不进行调高。

八、轨下基础。

1. 轨下基础按有砟道床设计；
2. 岔枕采用长岔枕结构；
3. 岔枕按扇形布置，非垂直于正线方向；
4. 岔枕图号为：研线1317。

九、道岔适用于跨区间无缝线路，允许升温45 ℃，降温为－55 ℃(容许年最大轨温差为：±100 ℃)。

60 kg/m 钢轨 18 号单开道岔图纸目录（工务） 图　号：CN－6118AB	
图纸名称	图　　号
1. 线形图	
60 kg/m 钢轨 18 号单开道岔线形图	CN－6118A0－000
2. 布置图	
60 kg/m 钢轨 18 号单开道岔总布置图	CN－6118AB－004
60 kg/m 钢轨 18 号 4.6 m 渡线布置图	CN－6118AB－044
60 kg/m 钢轨 18 号 5.0 m 渡线布置图	CN－6118AB－045
3. 转辙器区域	
60 kg/m 钢轨 18 号单开道岔转辙器布置图	CN－6118AB－200
60 kg/m 钢轨 18 号单开道岔转辙器部件表	CN－6118AB－200－1
4. 辙叉区域	
60 kg/m 钢轨 18 号单开道岔可动心轨辙叉布置图	CN－6118AB－300
60 kg/m 钢轨 18 号单开道岔可动心轨辙叉部件表	CN－6118AB－300－1
5. 岔枕相关图纸	
有砟轨道道岔紧固系统	CN－6100AB－180
道岔左右开岔枕布置	CN－6100A0－801
6. 跳线孔图	
18 号道岔跳线及并联线孔布置图	CN－0091－012

总布置图明细表

序号	图号 / 标准	名称及规格	材料及等级	单 位	数 量
1	CN-6118AB-200	18 号有砟道岔转辙器		组	1
2	CN-6118AB-300	18 号有砟道岔可动心轨辙叉		组	1
3	CN-6118AB-760	18 号有砟道岔转辙器电务装置		组	1
4	CN-6118AB-770	18 号有砟道岔辙叉电务装置		组	1
5	TB/T 3276	导 轨 29 413	根据合同	根	1
6	TB/T 3276	导 轨 29 403	根据合同	根	1
7	TB/T 3276	导 轨 29 378	根据合同	根	1
8	TB/T 3276	导 轨 21 577	根据合同	根	1
9	TB/T 3276	导 轨 14 979	根据合同	根	1
10	TB/T 3276	导 轨 22 762	根据合同	根	1
11	CN-6034-019	基 板 ACRp 1 401L	Q345D	块	1
12	CN-6034-019	基 板 ACRp 1 401R	Q345D	块	1
13	CN-6034-019	基 板 ACRp 1 402L	Q345D	块	1
14	CN-6034-019	基 板 ACRp 1 402R	Q345D	块	1
15	CN-6034-019	基 板 ACRp 1 403L	Q345D	块	1
16	CN-6034-019	基 板 ACRp 1 403R	Q345D	块	1
17	CN-6034-019	基 板 ACRp 1 404L	Q345D	块	1
18	CN-6034-019	基 板 ACRp 1 404R	Q345D	块	1
19	CN-6034-019	基 板 ACRp 1 405L	Q345D	块	1
20	CN-6034-019	基 板 ACRp 1 405R	Q345D	块	1
21	CN-6034-019	基 板 ACRp 1 406L	Q345D	块	1
22	CN-6034-019	基 板 ACRp 1 406R	Q345D	块	1
23	CN-6034-019	基 板 ACRp 1 407L	Q345D	块	1
24	CN-6034-019	基 板 ACRp 1 407R	Q345D	块	1
25	CN-6034-019	基 板 ACRp 1 408L	Q345D	块	1
26	CN-6034-019	基 板 ACRp 1 408R	Q345D	块	1
27	CN-6034-019	基 板 ACRp 1 409L	Q345D	块	1
28	CN-6034-019	基 板 ACRp 1 409R	Q345D	块	1
29	CN-6034-019	基 板 ACRp 1 410L	Q345D	块	1
30	CN-6034-019	基 板 ACRp 1 410R	Q345D	块	1
31	CN-6034-019	基 板 ACRp 1 411L	Q345D	块	1
32	CN-6034-019	基 板 ACRp 1 411R	Q345D	块	1
33	CN-6034-019	基 板 ACRp 1 412L	Q345D	块	1
34	CN-6034-019	基 板 ACRp 1 412R	Q345D	块	1

续上表

序号	图号 / 标准	名称及规格	材料及等级	单　位	数　量
35	CN－6034－019	基　板　ACRp 1 413L	Q345D	块	1
36	CN－6034－019	基　板　ACRp 1 413R	Q345D	块	1
37	CN－6034－019	基　板　ACRp 1 501	Q345D	块	1
38	CN－6034－019	基　板　ACRp 1 502	Q345D	块	1
39	CN－6034－019	基　板　ACRp 1 503	Q345D	块	1
40	CN－6034－019	基　板　ACRp 1 504	Q345D	块	1
41	CN－6034－019	基　板　ACRp 1 505	Q345D	块	1
42	CN－6034－019	基　板　ACRp 1 506	Q345D	块	1
43	CN－6034－019	基　板　ACRp 1 507	Q345D	块	1
44	CN－6034－015	基　板　ACRp 1 1－40	Q345D	块	202
45	CN－6034－015	基　板　ACRp 1 2－40	Q345D	块	20
46	CN－6034－015	基　板　ACRp 1 3－40	Q345D	块	30
47	CN－0013－006	板下垫片　S 1 401	EVA	片	2
48	CN－0013－006	板下垫片　S 1 402	EVA	片	2
49	CN－0013－006	板下垫片　S 1 403	EVA	片	2
50	CN－0013－006	板下垫片　S 1 404	EVA	片	2
51	CN－0013－006	板下垫片　S 1 405	EVA	片	2
52	CN－0013－006	板下垫片　S 1 406	EVA	片	2
53	CN－0013－006	板下垫片　S 1 407	EVA	片	2
54	CN－0013－006	板下垫片　S 1 408	EVA	片	2
55	CN－0013－006	板下垫片　S 1 409	EVA	片	2
56	CN－0013－006	板下垫片　S 1 410	EVA	片	2
57	CN－0013－006	板下垫片　S 1 411	EVA	片	2
58	CN－0013－006	板下垫片　S 1 412	EVA	片	2
59	CN－0013－006	板下垫片　S 1 413	EVA	片	2
60	CN－0013－006	板下垫片　S 1 501	EVA	片	1
61	CN－0013－006	板下垫片　S 1 502	EVA	片	1
62	CN－0013－006	板下垫片　S 1 503	EVA	片	1
63	CN－0013－006	板下垫片　S 1 504	EVA	片	1
64	CN－0013－006	板下垫片　S 1 505	EVA	片	1
65	CN－0013－006	板下垫片　S 1 506	EVA	片	1
66	CN－0013－006	板下垫片　S 1 507	EVA	片	1
67	CN－0013－006	板下垫片　S 1－40	EVA	片	202
68	CN－0013－006	板下垫片　S 2－40	EVA	片	20
69	CN－0013－006	板下垫片　S 3－40	EVA	片	30
70	CN－0053－009	垫　圈　PULs 1	镀锌	个	570

续上表

序号	图号 / 标准	名称及规格	材料及等级	单　位	数　量
71	CN-0054-001	盘　簧　54.0×30.5×2.92	镀锌	个	1 140
72	ISO 4014(GB/T 5782)	六角螺栓　M27×235	8.8 镀锌	根	570
73	CN-0056-001	弹　条　SKl 12		个	562
74	CN-0053-001	垫　圈　Uls 6	Q345	个	570
75	CN-0051-001	T 型螺栓＋螺母　Hs32-55	4.6/5 镀锌	套	570
76	CN-0012-010	椭圆衬套　OVE 7-0	PA6 GF30	个	570
77	CN-0013-005	轨下胶垫　Zw900R	EVA	片	318
78	CN-0056-002	弹　条　Usk 2		个	8

转辙器明细表

序号	图号 / 标准	名称及规格	材料及等级	单位	数量
1	CN－6118A0－220/221	基本轨　24 596 Rl(Lr 对称制造)	R350HT	根	1
2	CN－6118A0－220/221	基本轨　24 596 Rr (L1 对称制造)	R350HT	根	1
3	CN－6118A0－230/231	尖　轨　22 012 Rl (Lr 对称制造)	R350HT	根	1
4	CN－6118A0－230/231	尖　轨　22 012 Rr (Ll 对称制造)	R350HT	根	1
5	CN－6034－015	基　板　ACRp 1－40	Q345D	块	8
6	CN－6035－004	硫化基板　GURg 33.1	Q345D+ 橡胶	块	56
7	CN－6035－006	硫化基板　GURg 35.5	Q345D+ 橡胶	块	12
8	CN－6035－005	硫化基板　GCRp 1 101.1	Q345D+ 橡胶	块	2
9	CN－6118AB－401	硫化基板　GCRp 1 201L	Q345D+ 橡胶	块	1
10	CN－6118AB－401	硫化基板　GCRp 1 201R	Q345D+ 橡胶	块	1
11	CN－6118AB－402	硫化基板　GCRp 1 A01L	Q345D+ 橡胶	块	1
12	CN－6118AB－402	硫化基板　GCRp 1 A01R	Q345D+ 橡胶	块	1
13	CN－6034－003	滑床台板　CRg 33.2－40	Q345D	块	56
14	CN－6034－002	辊轮滑床台板　CRg 35.6－40	Q345D	块	12
15	CN－60B－260	尖轨辊轮　CZr 1v－30	组件	套	2
16	CN－60B－260	尖轨辊轮　CZr 2－30	组件	套	4
17	CN－60B－260	尖轨辊轮　CZr 3－30	组件	套	6
18	CN－6100A0－240	顶　铁　UZs 83	C60	个	8
19	CN－6100A0－241	顶　铁　CZs 205	QT400－18	个	24
20	CN－6041－002	限位器叉　UWg1	C35	个	2
21	CN－6041－001	限位器销　UWz1	C35	个	2
22	CN－6034－011	台　板　CRp 1 101.2 L	Q345D	块	1
23	CN－6034－011	台　板　CRp 1 101.2 R	Q345D	块	1
24	CN－0012－012	椭圆衬套　OVE 5－0	PA6 GF30	个	136
25	CN－0053－009	垫　圈　PULs 1	镀锌	个	152
26	CN－0054－001	盘　簧　54.0 × 30.5 × 2.92	镀锌	个	328
27	ISO 4014(GB/T 5782)	六角螺栓　M27 × 235	8.8 镀锌	根	152
28	CN－0056－001	弹　条　SKl 12		个	106
29	CN－0053－001	垫　圈　Uls 6	Q345	个	106
30	CN－0051－001	T 型螺栓 + 螺母　Hs32－55	4.6/5 镀锌	套	104
31	CN－0013－005	轨下胶垫　Zw900R	EVA	片	8
32	CN－0013－006	板下垫片　S1－40	EVA	片	8
33	CN－0013－002	轨下胶垫　Zw 60－40	EVA	片	72
34	CN－0013－003	轨下胶垫　Zw 7	EVA	片	56

续上表

序号	图号 / 标准	名称及规格	材料及等级	单位	数量
35	CN－0038－002	弹性压簧 USf 1	50CrV4	根	136
36	CN－0013－003	轨下胶垫　Zw 4p	EVA	片	24
37	ISO 4014(GB/T 5782)	六角螺栓　M27×260	8.8 镀锌	根	12
38	CN－0053－010	垫　圈　FPUls 1	镀锌	个	12
39	CN－6034－020	连接板　Vl6	Q345D	块	12
40	CN－0012－011	椭圆衬套　OVS 4－0	PA6 GF	个	12
41	CN－0012－011	椭圆衬套　OVS 3－0	PA6 GF	个	12
42	CN－0036－009	钢轨垫片　CUUl 1	Q275	个	36
43	ISO 7090	平垫圈　B28 200HV	镀锌	个	44
44	CN－0052－002	自锁六角螺母　SMs 2	8 镀锌	个	40
45	ISO 4014(GB/T 5782)	六角螺栓　M27×100	8.8 镀锌	根	24
46	ISO 4014(GB/T 5782)	六角螺栓　M27×140	8.8 镀锌	根	4
47	CN－0036－002	垫　圈　SUl 2	Q275	个	2
48	ISO 4014(GB/T 5782)	六角螺栓　M27×120	8.8 镀锌	根	4
49	CN－0051－001	T 型螺栓＋螺母　Hs32－130	4.6/5 镀锌	套	2
50	CN－6034－012	调整片　CAgb 3	DX51D	片	2
51	CN－0038－005	弹性压簧　Spf 2	50CrV4	根	4
52	CN－0013－004	轨下胶垫　Zw 200	EVA	片	2
53	CN－0013－004	轨下胶垫　Zw 661 k	EVA	片	2
54	CN－0013－001	轨下胶垫　Zw 692－0	EVA	片	2
55	CN－0012－010	椭圆衬套　OVE 7－0	PA6 GF30	个	16

辙叉明细表

序号	图号 / 标准	名称及规格	材料及等级	单位	数量
1	CN－6118AB－320	有砟翼轨　10 251 Rl (Lr 对称制造)	R350HT	根	1
2	CN－6118AB－320	有砟翼轨　10 251 Rr (Ll 对称制造)	R350HT	根	1
3	CN－6118AB－330	有砟可动心轨 －R(可动心轨 －L 对称制造)	R350HT	根	1
4	CN－6118A0－340	岔跟尖轨 －R (岔跟尖轨 －L 对称制造)	R350HT	根	1
5	CN－60－401	硫化基板　GCRp 1 701	Q345D+ 橡胶	块	1
6	CN－60－401	硫化基板　GCRp 1 702	Q345D+ 橡胶	块	1
7	CN－60－401	硫化基板　GCRp 1 703	Q345D+ 橡胶	块	1
8	CN－60－401	硫化基板　GCRp 1 B01 as	Q345D+ 橡胶	块	1
9	CN－60－401	硫化基板　GCRp 1 B02 as	Q345D+ 橡胶	块	1
10	CN－60－401	硫化基板　GCRp 1 B03 as	Q345D+ 橡胶	块	1
11	CN－60－401	硫化基板　GCRp 1 B04 as	Q345D+ 橡胶	块	1
12	CN－60－401	硫化基板　GCRp 1 B05 as	Q345D+ 橡胶	块	1
13	CN－60－401	硫化基板　GCRp 1 B06 as	Q345D+ 橡胶	块	1
14	CN－60－401	硫化基板　GCRp 1 B07 as	Q345D+ 橡胶	块	1
15	CN－60－401	硫化基板　GCRp 1 C01 as	Q345D+ 橡胶	块	1
16	CN－60－401	硫化基板　GCRp 1 C02 as	Q345D+ 橡胶	块	1
17	CN－60－401	硫化基板　GCRp 1 C03 as	Q345D+ 橡胶	块	1
18	CN－60－401	硫化基板　GCRp 1 C04 as	Q345D+ 橡胶	块	1
19	CN－60－401	硫化基板　GCRp 1 D01R	Q345D+ 橡胶	块	1
20	CN－60－401	硫化基板　GCRp 1 E01R	Q345D+ 橡胶	块	1
21	CN－60－401	硫化基板　GCRp 1 E02R	Q345D+ 橡胶	块	1
22	CN－60－401	硫化基板　GCRp 1 E03R	Q345D+ 橡胶	块	1
23	CN－60－401	硫化基板　GCRp 1 301	Q345D+ 橡胶	块	1
24	CN－60－401	硫化基板　GCRp 1 302	Q345D+ 橡胶	块	1
25	CN－60－401	硫化基板　GCRp 1 303	Q345D+ 橡胶	块	1
26	CN－60－401	硫化基板　GCRp 206－40	Q345D+ 橡胶	块	8
27	CN－6118A0－352	间隔铁　CF12－1	Q345	块	1
28	CN－6118A0－352	间隔铁　CF12－2	Q345	块	1
29	CN－6118A0－352	间隔铁　CF3	Q345	块	1
30	CN－6118A0－352	间隔铁　CF90	Q345	块	3
31	CN－6118A0－351	间隔铁　CF95－1	Q345	块	1
32	CN－6118A0－351	间隔铁　CF95－2	Q345	块	1
33	CN－6118A0－351	间隔铁　CF95－3	Q345	块	1
34	CN－6118A0－352	间隔铁　CF117	Q345	块	1

续上表

序号	图号 / 标准	名称及规格	材料及等级	单位	数量
35	CN–60–363	顶 铁 CStue 5	Q345	块	14
36	CN–60–361	顶 铁 CStue 6–11–1	Q345	块	1
37	CN–60–361	顶 铁 CStue 6–11–2	Q345	块	1
38	CN–60–361	顶 铁 CStue 6–11–3	Q345	块	1
39	CN–60–361	顶 铁 CStue 6–11–4	Q345	块	1
40	CN–6100A0–241–BC	顶 铁 CZs 205	Q345	块	2
41	CN–6018A0–360	顶 铁 CStp 6–11–1	Q345	块	1
42	CN–6018A0–360	顶 铁 CStp 6–11–2	Q345	块	1
43	CN–6018A0–360	顶 铁 CStp 6–11–3	Q345	块	1
44	CN–60–360	轨 撑 Cstu 7	Q345	块	10
45	CN–0013–001	轨下胶垫 Zw 692–0	EVA	片	21
46	ISO 4014(GB/T 5782)	六角螺栓 M27 × 340	8.8	根	2
47	ISO 4014(GB/T 5782)	六角螺栓 M27 × 320	8.8	根	2
48	ISO 4014(GB/T 5782)	六角螺栓 M27 × 300	8.8	根	3
49	ISO 4014(GB/T 5782)	六角螺栓 M27 × 260	8.8	根	2
50	ISO 4014(GB/T 5782)	六角螺栓 M27 × 280	8.8	根	5
51	ISO 4014(GB/T 5782)	六角螺栓 M27 × 100	8.8	根	2
52	CN–0051–001	T 型螺栓 + 螺母 Hs32–55	8.8/8	套	64
53	CN–0053–001	垫 圈 Uls 6	Q345	个	64
54	CN–0056–001	弹 条 SKl 12		个	64
55	CN–0052–002	自锁六角螺母 SMs 2	8	个	53
56	DIN 6319	球形垫圈 C31		个	16
57	DIN 6319	锥形座 D35		个	16
58	CN–0036–009	钢轨垫圈 Cuul 1	Q275	个	56
59	CN–0053–003	垫 圈 23 × 50 × 8		个	10
60	CN–0054–002	弹簧垫圈 Fe 6		个	10
61	CN–0051–001	T 型螺栓 + 螺母 Hs32–75	8.8/8	套	10
62	ISO 4014(GB/T 5782)	六角螺栓 M27 × 51	8.8	根	20
63	DIN 25201	自锁垫圈 27 (28.4 × 42 × 6.6)		个	102
64	CN–0052–001	防转螺母 UMsl M27		个	20
65	ISO 4014(GB/T 5782)	六角螺栓 M27 × 120	8.8	根	36
66	CN–0036–010	钢轨垫圈 Cuul 4		个	1
67	CN–0036–019–2	钢轨垫圈 Cuul 2		个	6
68	DIN 25201	自锁垫圈 22 (23.4 × 34.5 × 3.4)		个	3
69	ISO 7042(GB/T 6185)	自锁螺母 M22		个	3
70	CN–0051–001	T 型螺栓 Hs32–85(不带螺母)	8.8	根	3

续上表

序号	图号 / 标准	名称及规格	材料及等级	单位	数量
71	CN－0032－001	接头夹板　CFl 7	Q345D	块	2
72	ISO 4014(GB/T 5782)	六角螺栓　M27 × 235	8.8	根	58
73	CN－0012－012	椭圆衬套　OVE 5－0	PA6 GF30	个	58
74	CN－0053－009	垫　圈　PULs 1		个	58
75	CN－0054－001	盘　簧　54.0 × 30.5 × 2.92		个	116
76	ISO 4014(GB/T 5782)	六角螺栓　M27 × 110	8.8	根	1
77	CN－0036－009－3	钢轨垫圈　Cuul 1－1	Q275	个	1
78	ISO 4014(GB/T 5782)	六角螺栓　M24 × 150 需钻销孔	10.9	根	1
79	ISO 7042(GB/T 6185)	六角开槽螺母　M24	8.8	个	1
80	ISO 1234(GB/T 91)	开口销　5 × 60		个	1
81	ISO 7089	垫　圈　44 × 25 × 3 200HV	8.8	个	2

60kg/m 钢轨 18 号单开道岔图纸目录（电务） 图　号：CN－6118AB	
图纸名称	图　号
1. 60 kg/m 钢轨 18 号单开道岔转辙器区域转换系统安装布置图	CN－6118AB－760
2. 60 kg/m 钢轨 18 号单开道岔辙叉区域转换系统布置图	CN－6118AB－770
3. HRS 锁闭装置参数	CN－60－500
4. 3D 型 HRS 锁闭装置转辙器区域连杆组装	CN－60－537
5. 3D 型 HRS 锁闭装置锁闭框组装	CN－60－538
6. 3D 型 HRS 锁闭装置 BKL80 组装	CN－60－539
7. 辙叉区域 HRS 锁闭装置组装	CN－60－540
8. 转辙器区域 HRS 锁闭装置组装	CN－60－542
9. 18 号道岔跳线及并联线孔布置图	CN－0091－012

HRS 锁闭装置参数 图　号：CN－60－500								
位置	锁闭动程 (mm)	运动行程 (mm)	开口 (mm)	锁闭量 *(mm)	速度 mm/s	附加运动 (mm)	转换力 (N)	转换力公差（N）
Z1	220	120	120	73	38		4 000	+500
Z2	220	114	114	74	38	6	4 000	
Z3	150	72	89	53	26～28		4 000	
H1	220	73 ②	73	52	38		4 000	
H2	150	38	85	33	26～28		6 000	+900
Z1	220	120	120	73	38		4 000	+500
Z2	220	120	120	73	38		4 000	
Z3	220	120	120	73	38		4 000	
Z4	220	120	120	73	38		4 000	
Z5	220	114	114	75.5	38	6	4 000	
Z6	150	72	103	53.6	26～28		4 000	
H1	240	94.6	94.6	51.2	38		4 000	
H2	220	71.1	71.1	50	38		6 000	+900
H3	150	37.1	103	34.5	26～28		6 000	

注：1. *锁闭量包括辊轮半径尺寸。

2. 尖轨动力转换过程中，转换力可以超过表中数值。这和安全和可靠性没有直接关联性。

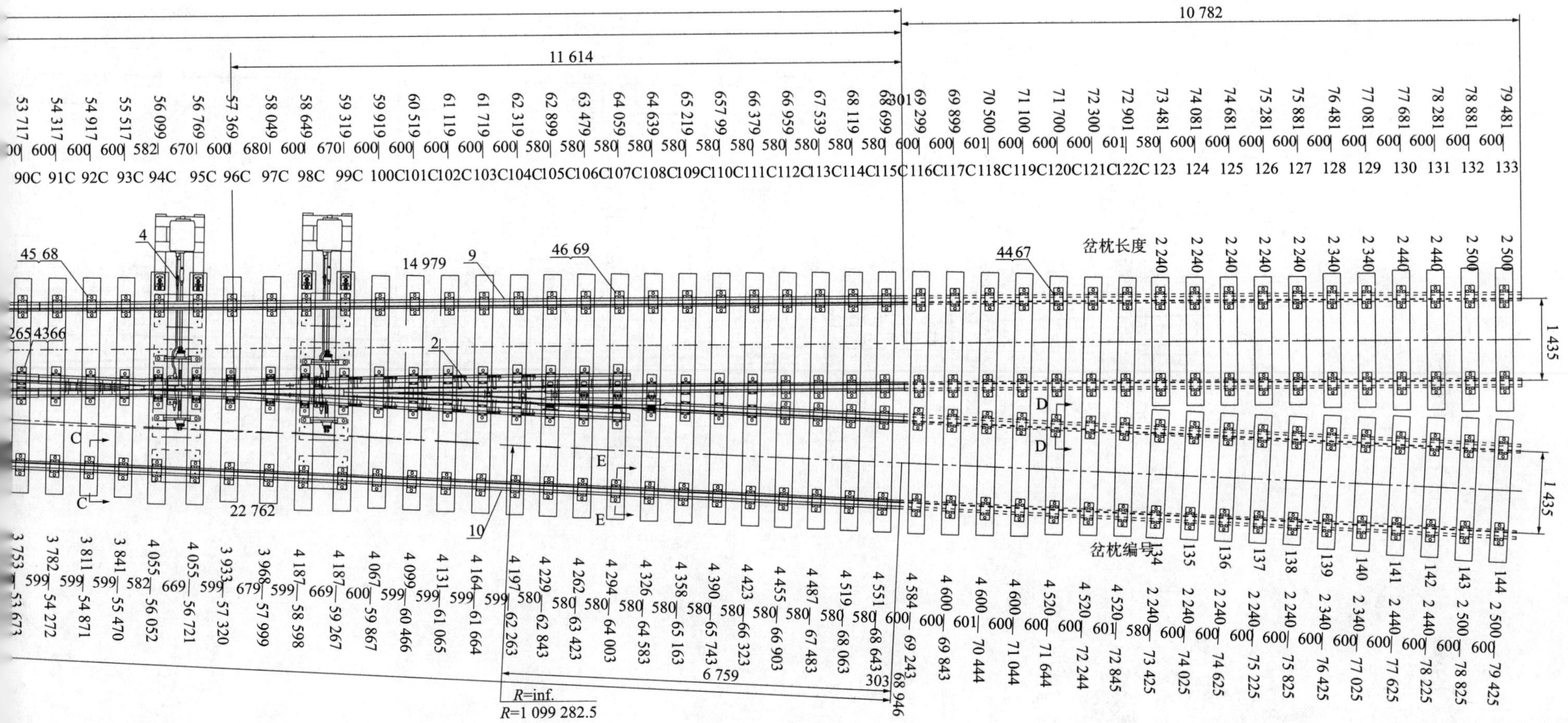

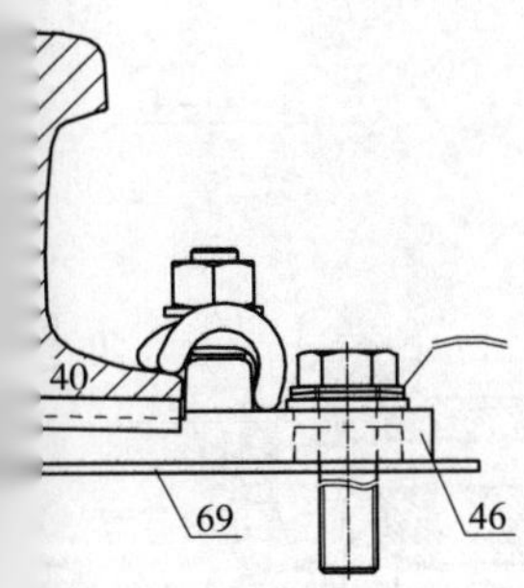

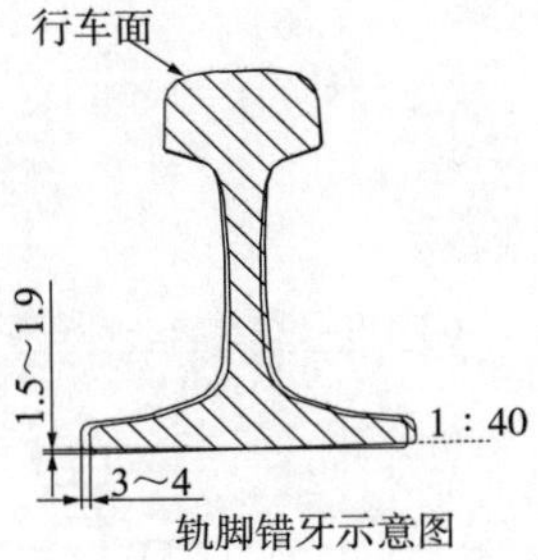

轨脚错牙示意图

技 术 要 求

1. 岔枕不分左右开，岔枕铺设时，标记侧始终铺设在道岔左侧，从道岔前端向后看，可以看到岔枕侧面岔枕编号标识。岔枕 123～144 垂直于钢轨布置。
2. 可以通过椭圆衬套 OVE 7－0…6/OVE 5－0…6 调整轨距。必要时也可以通过调整片 SSp 2－SSp 4（CN－0021－002）进行轨距调整。
3. 基板说明：岔枕 55～90C 用基板 ACRp 1－40；岔枕 91C～93C 用基板 ACRp 2－40；岔枕 94C～108C 用基板 ACRp 3－40；岔枕 109C～115C 用基板 ACRp 2－40；岔枕 116C 后用基板 ACRp 1-40。
4. 尖轨、翼轨、心轨、叉跟尖轨设置 1∶40 轨顶坡，与导轨焊接时，调整对齐钢轨行车面，忽略轨脚的错牙。
5. I(IRJ) 表示胶接绝缘接头，胶接绝缘接头两侧基板使用弹条 Usk2 紧固。

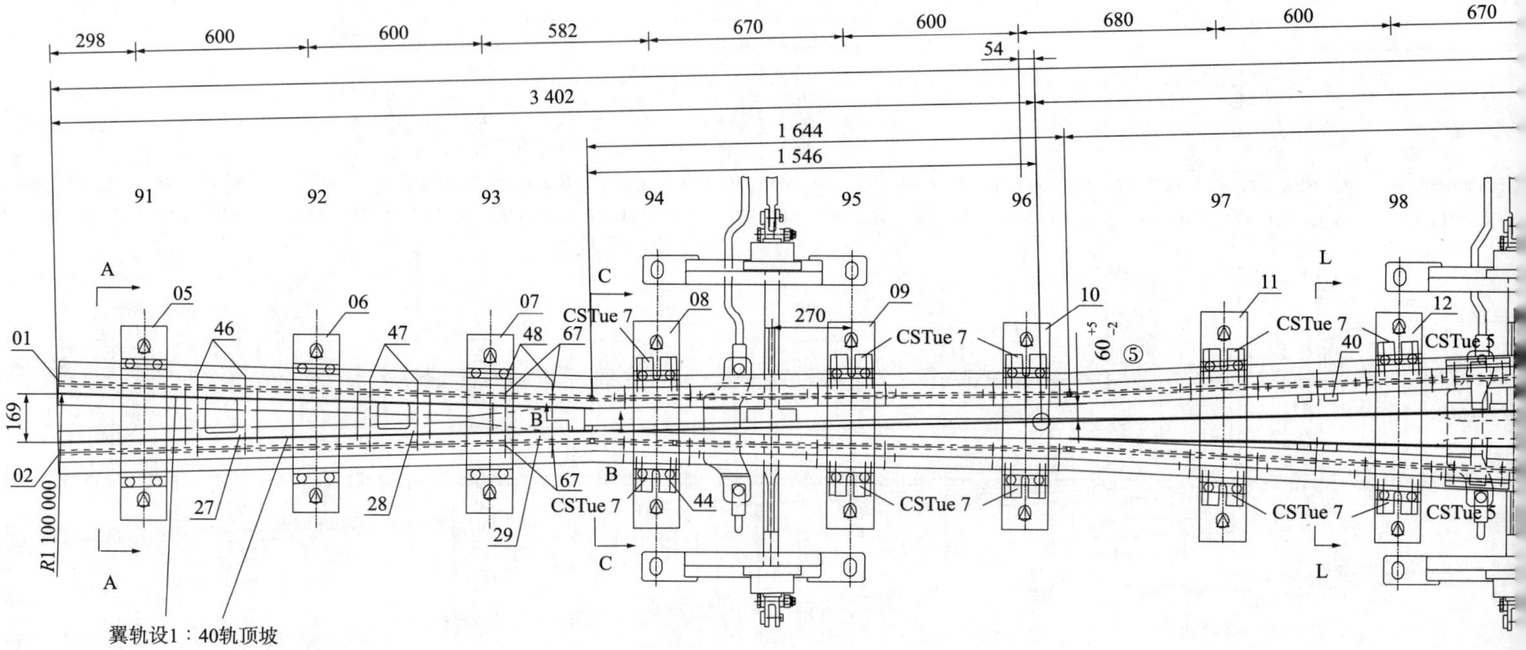
298
600
600
582
670
600
680
600
670
54
3 402
1 644
1 546
91
92
93
94
95
96
97
98
A
C
L
05
06
07
08
09
10
11
12
46
47
48
67
01
02
169
27
28
29
44
40
B
270
CSTue 7
CSTue 5
60^{+5}_{-2} ⑤
R1 100 000
翼轨设1：40轨顶坡

A – A

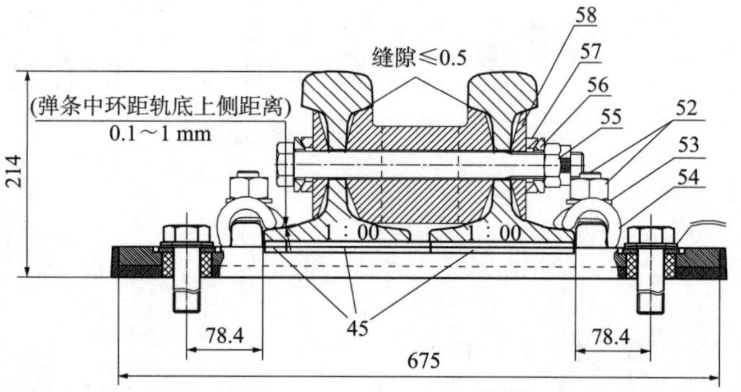
缝隙≤0.5
58
57
56
55
52
53
54
(弹条中环距轨底上侧距离)
0.1～1 mm
214
45
78.4
78.4
675

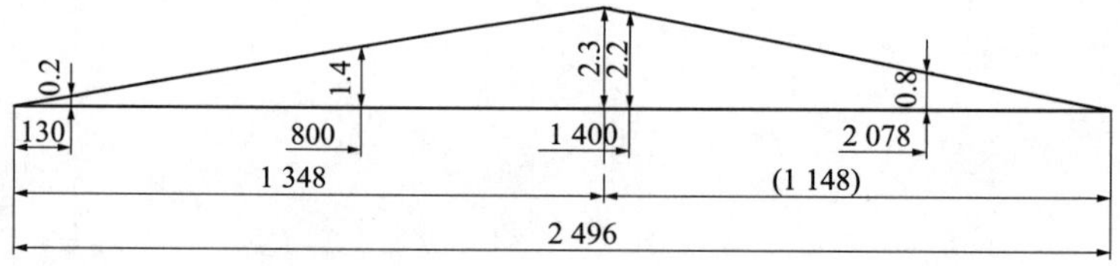
0.2
1.4
2.3
2.2
0.8
130
800
1 400
2 078
1 348
(1 148)
2 496

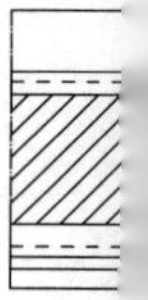

F – F

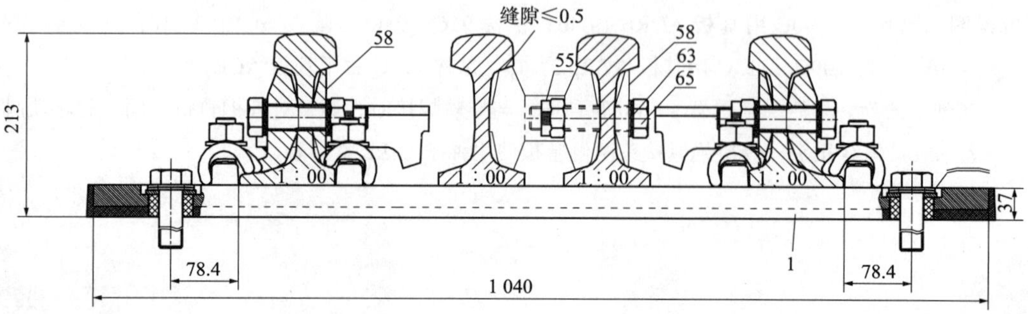
缝隙≤0.5
58
55
58
63
65
213
37
1
78.4
78.4
1 040

G – G

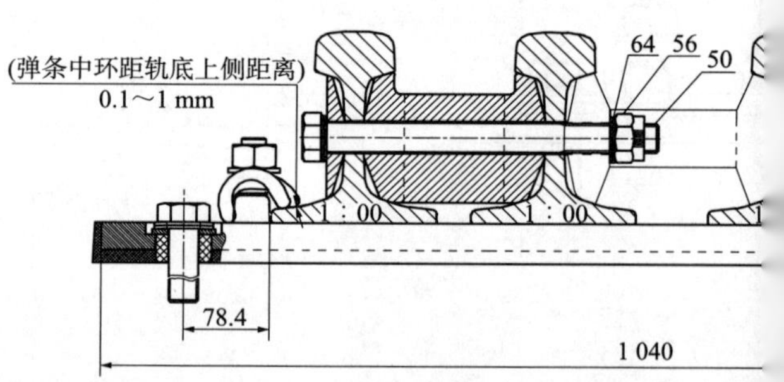
(弹条中环距轨底上侧距离)
0.1～1 mm
64
56
50
78.4
1 040

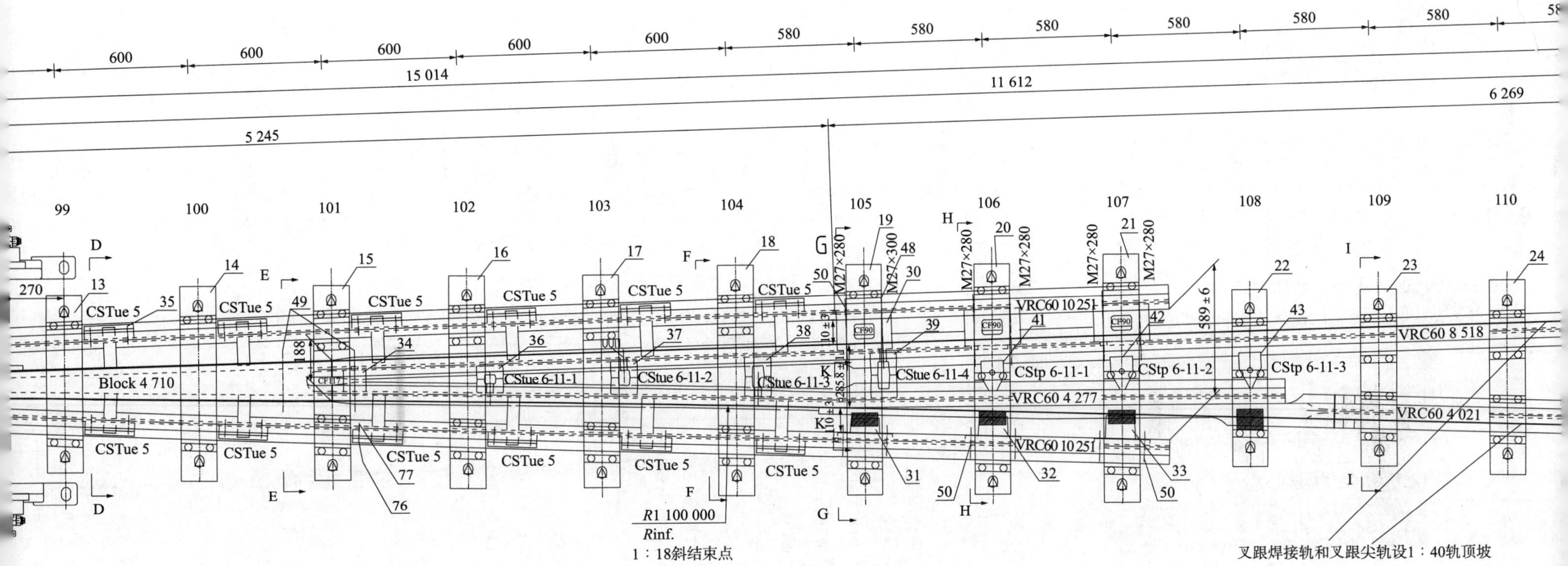

600
600
600
600
600
580
580
580
580
580
580
15 014
11 612
6 269
5 245
99
100
101
102
103
104
105
106
107
108
109
110
CSTue 5
Block 4 710
CStue 6-11-1
CStue 6-11-2
CStue 6-11-3
CStue 6-11-4
CStp 6-11-1
CStp 6-11-2
CStp 6-11-3
M27×280
M27×300
VRC60 10 251
VRC60 8 518
VRC60 4 277
VRC60 4 021
589±6
R1 100 000
Rinf.
1：18斜结束点
叉跟焊接轨和叉跟尖轨设1：40轨顶坡

B – B

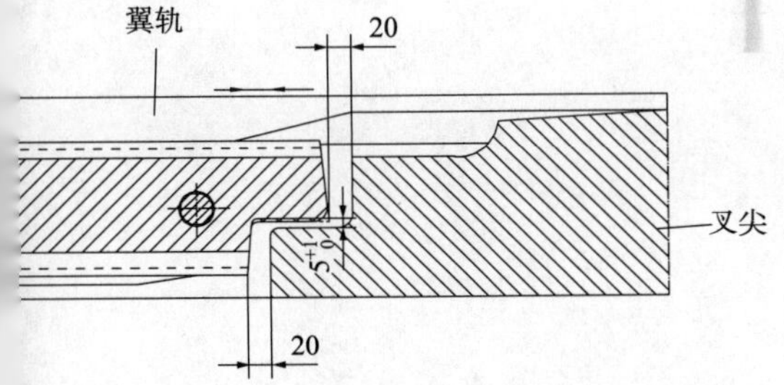

翼轨
20
叉尖
20

C – C

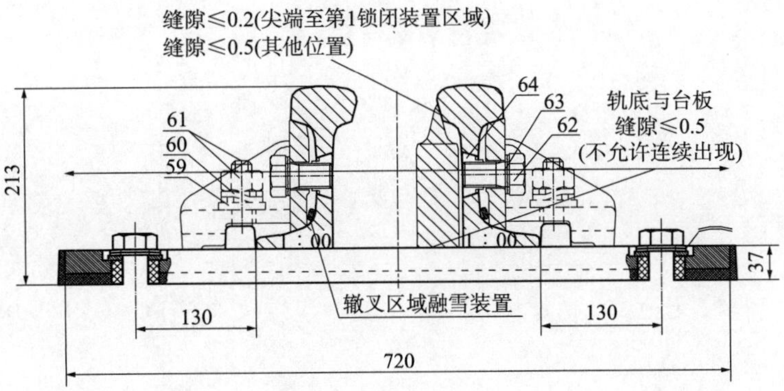

缝隙≤0.2(尖端至第1锁闭装置区域)
缝隙≤0.5(其他位置)
轨底与台板
缝隙≤0.5
(不允许连续出现)
辙叉区域融雪装置
213
37
130
130
720

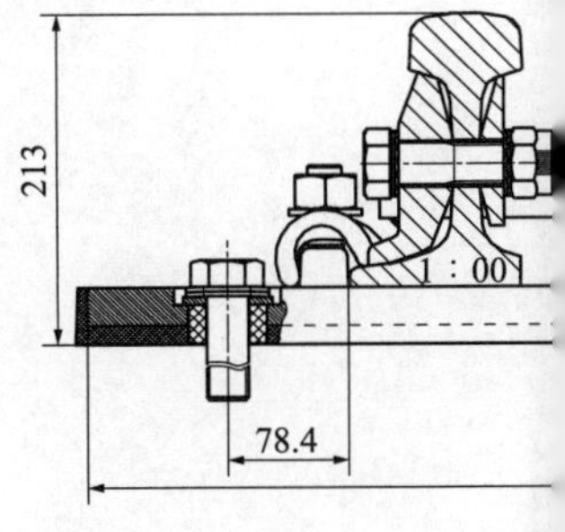

213
78.4

H – H

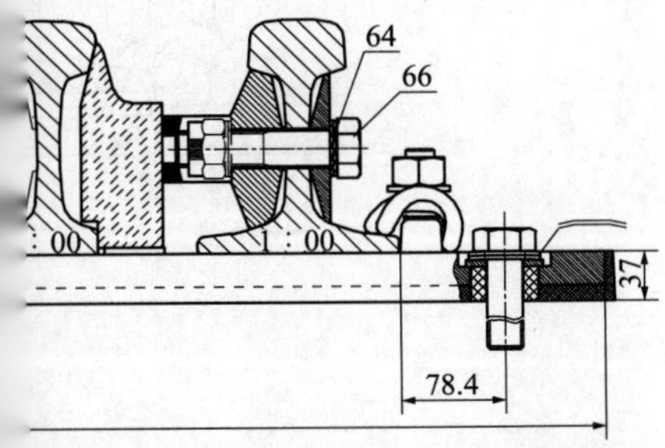

78.4
37

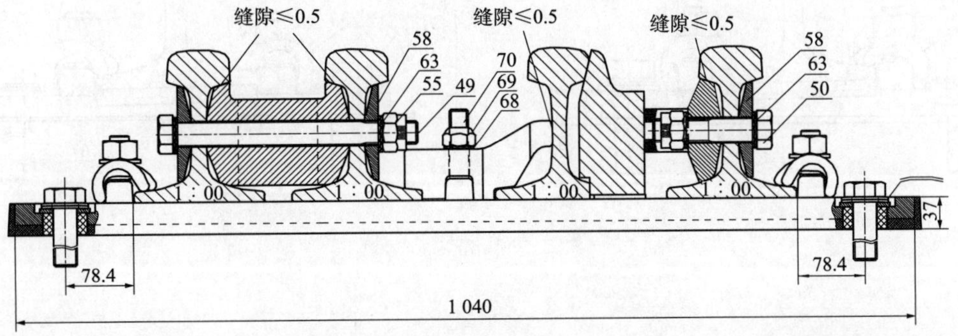

缝隙≤0.5
缝隙≤0.5
缝隙≤0.5
78.4
78.4
37
1 040

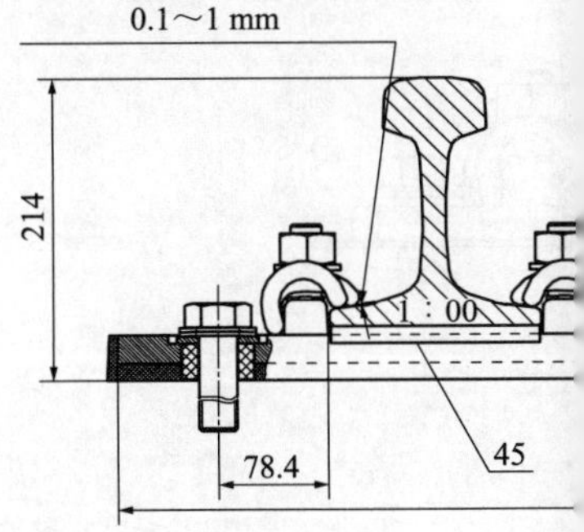

(弹条中环距轨底上侧距离)
0.1～1 mm
214
78.4
45

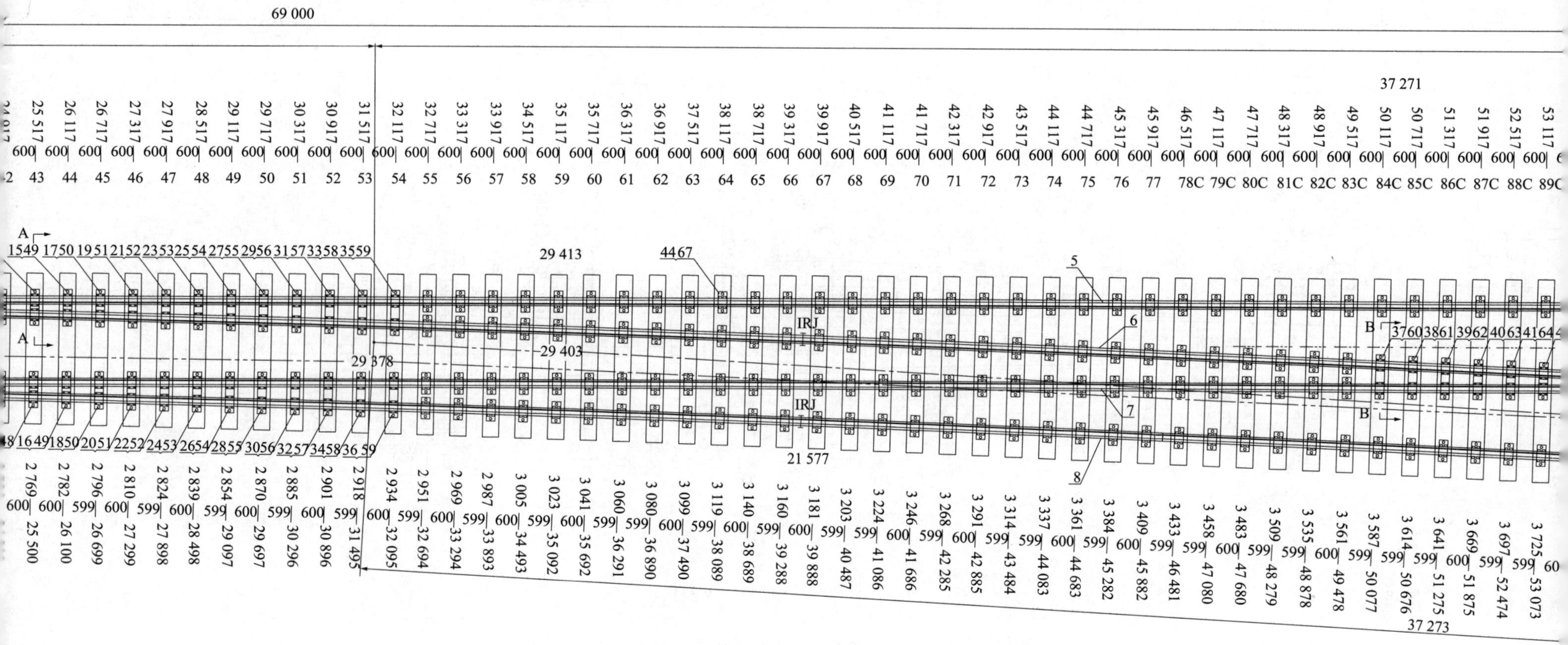
69 000
37 271
29 413
4467
29 378
29 403
IRJ
IRJ
21 577
37 273
A
A
B
B
5
6
7
8

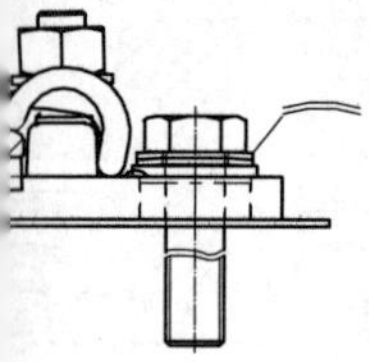

C – C

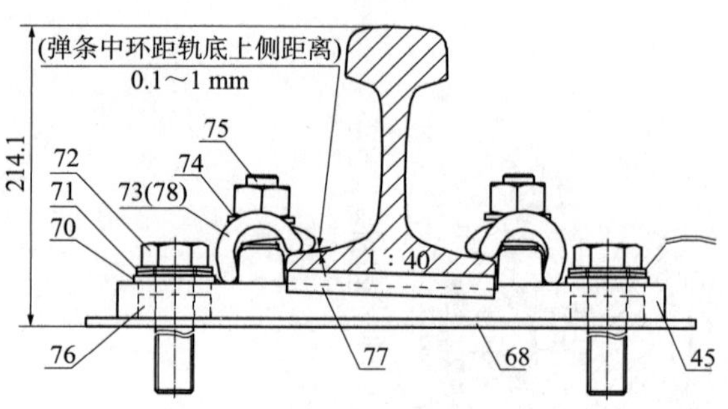
(弹条中环距轨底上侧距离)
0.1～1 mm
214.1
1 : 40
75
74
73(78)
72
71
70
76
77
68
45

D – D

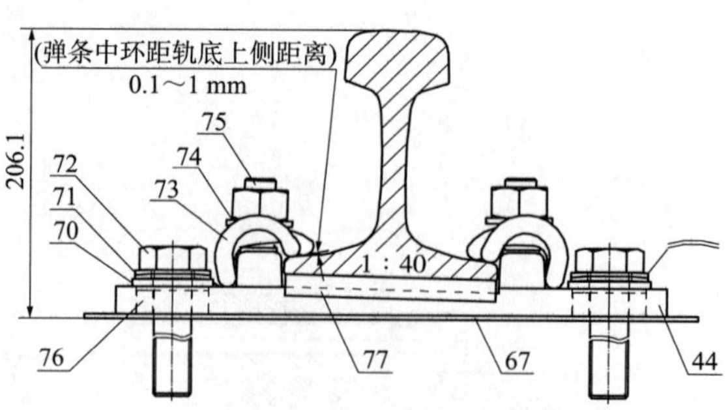
(弹条中环距轨底上侧距离)
0.1～1 mm
206.1
1 : 40
75
74
73
72
71
70
76
77
67
44

E – E

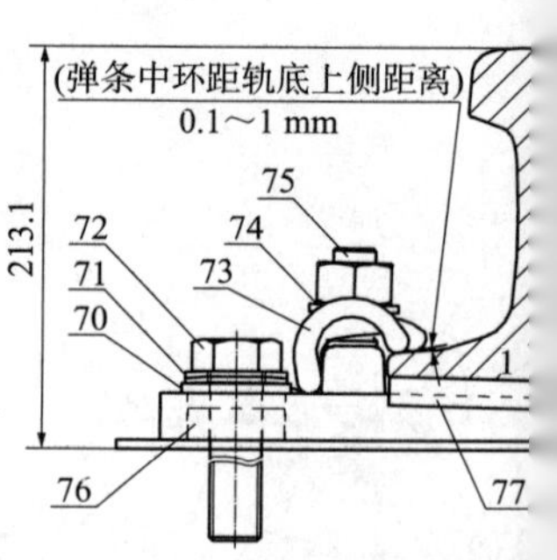
(弹条中环距轨底上侧距离)
0.1～1 mm
213.1
75
74
73
72
71
70
76
77

60 kg/m 钢轨 18 号单开道岔总布置图
图　号：CN−6118AB−004

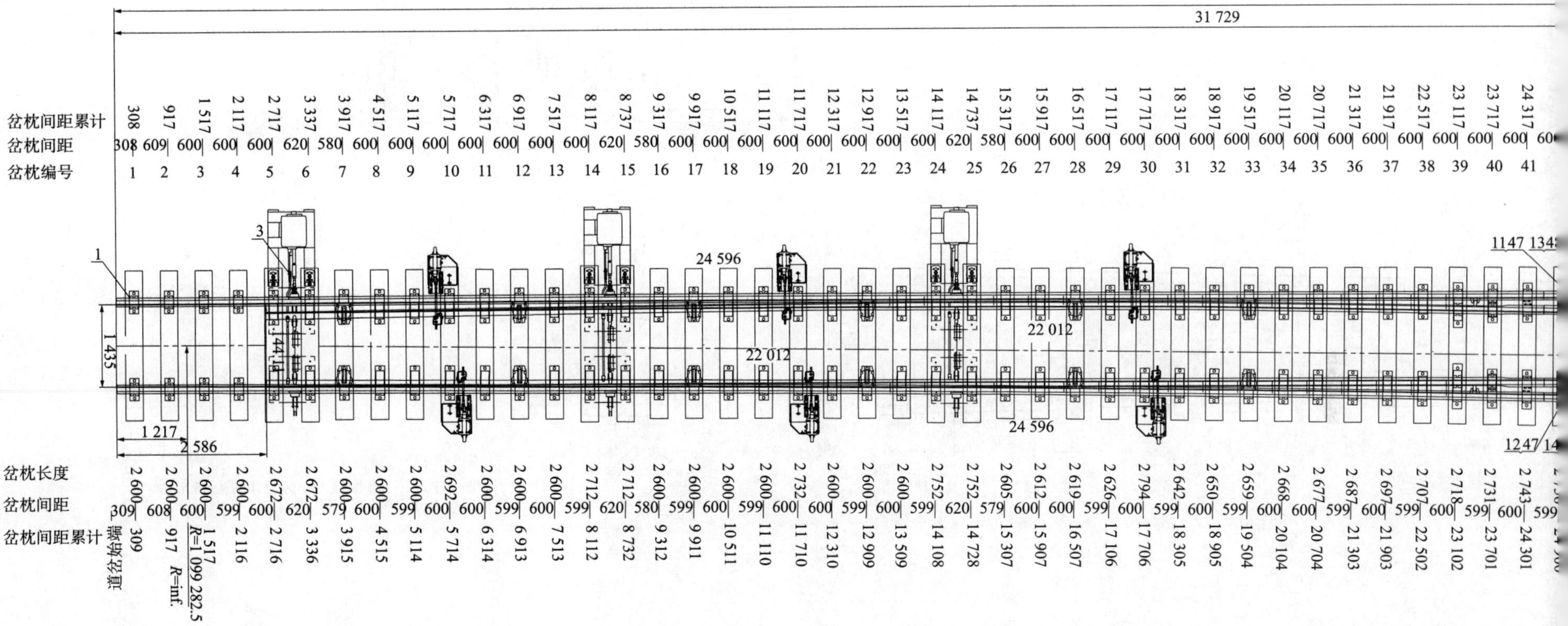

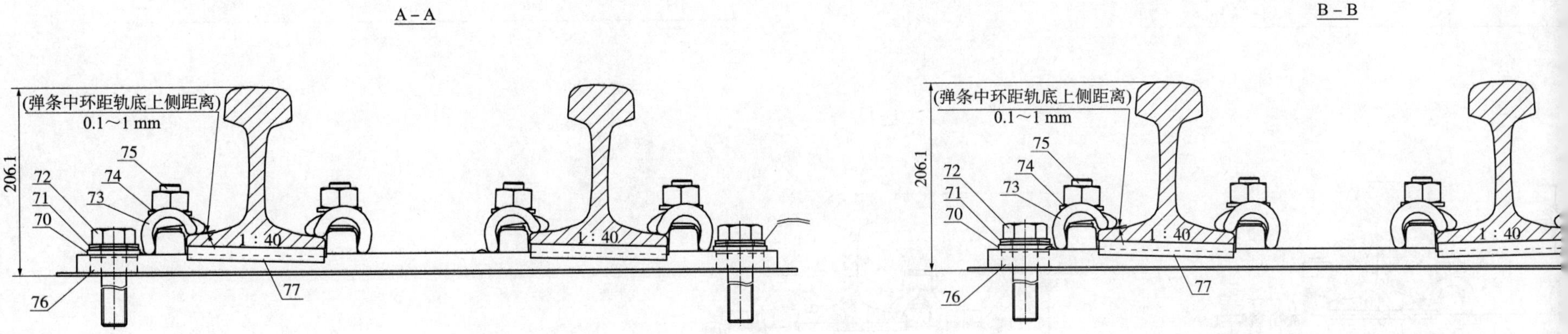

60 kg/m 钢轨 18 号单开道岔可动心轨辙叉布置图
图　号：CN－6118AB－300

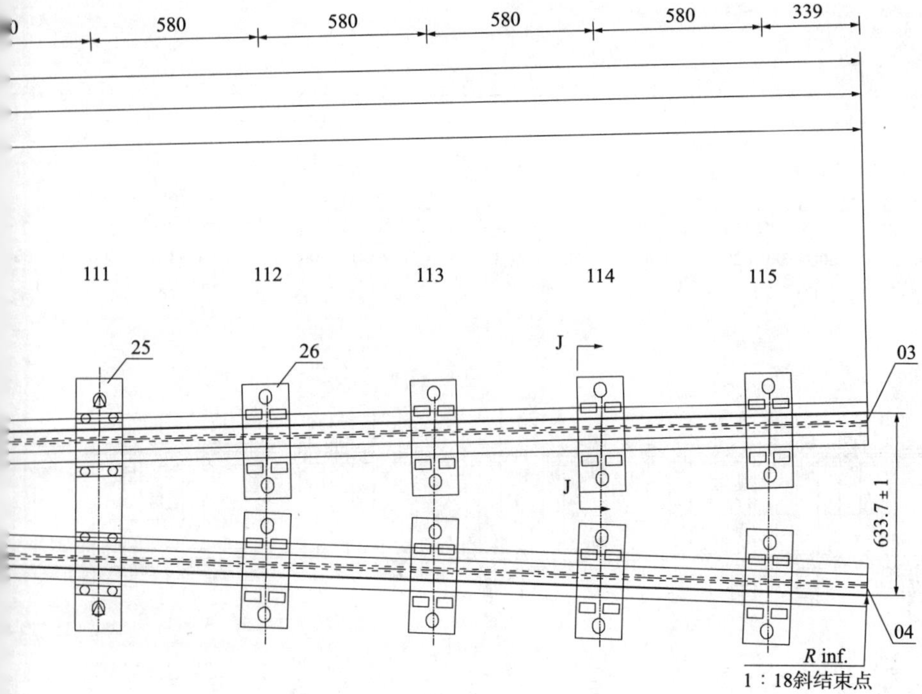

L－L

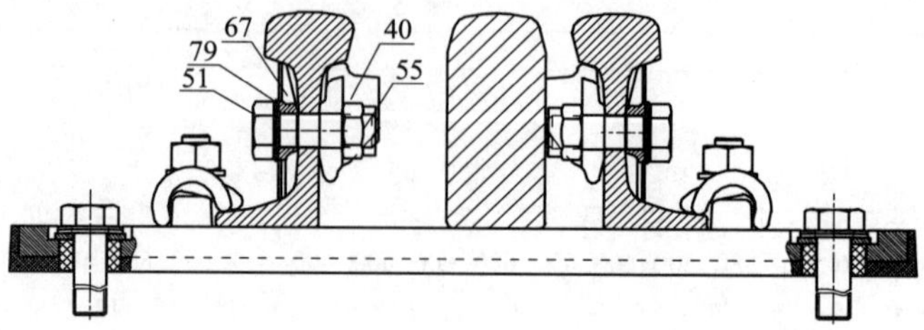

K－K

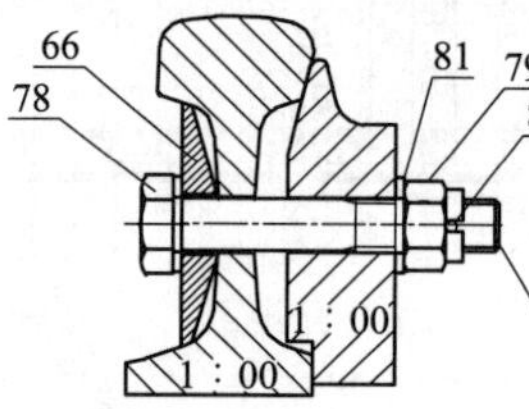

1.螺栓扭矩70 Nm。

2.螺栓拧紧后，在螺栓上作标记并钻孔ϕ5.5，然后插入开口销，固定住螺母

D－D

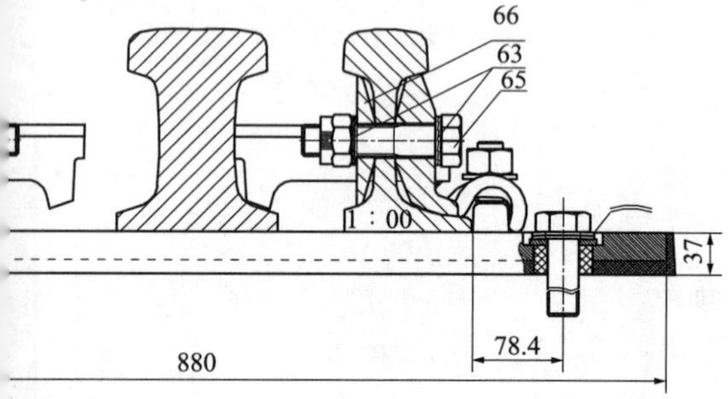

E－E

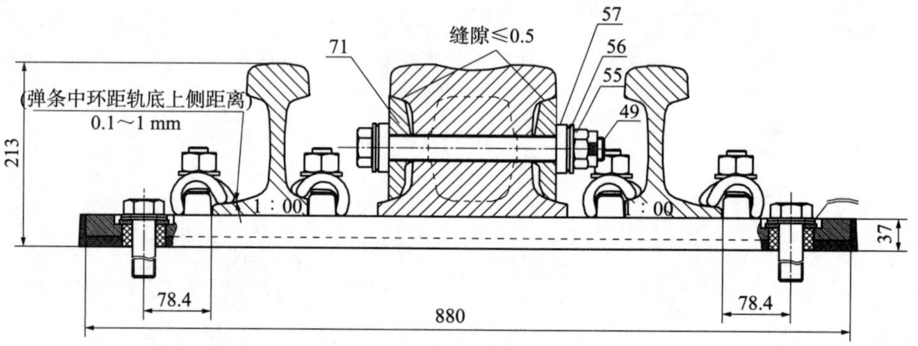

I－I

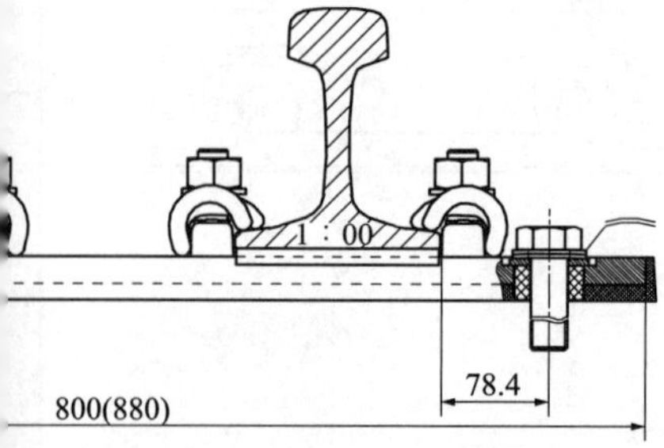

J－J

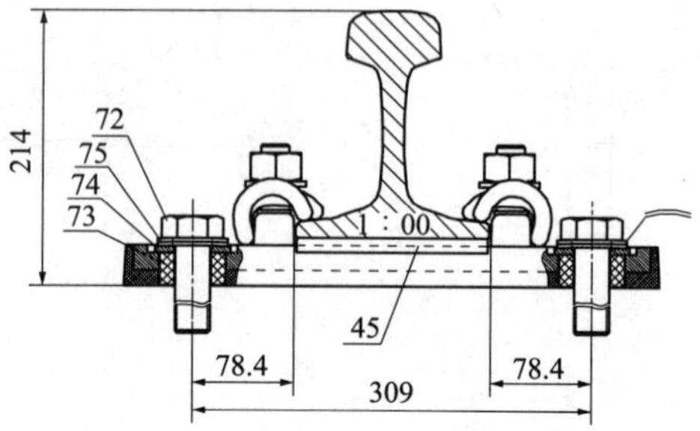

技　术　要　求

本图为右开道岔可动心轨辙叉，左开时与此图对称。

60 kg/m 钢轨 18 号单开道岔线形图
图　号：CN－6118A0－000

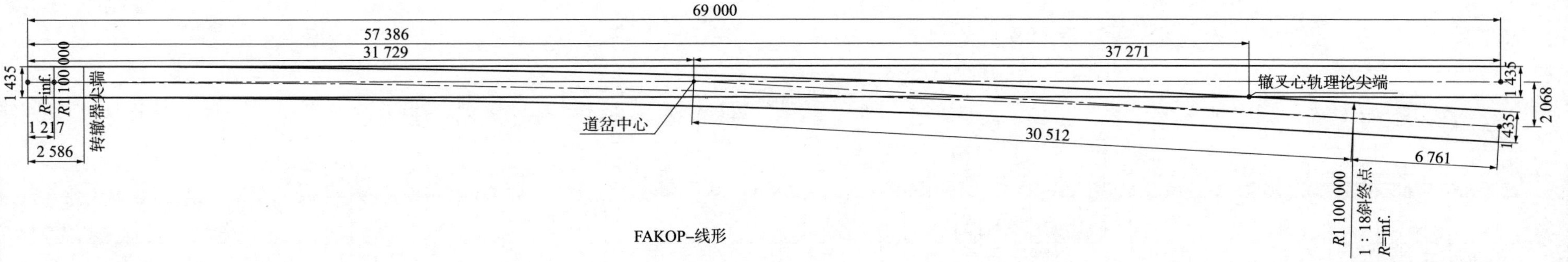

FAKOP–线形

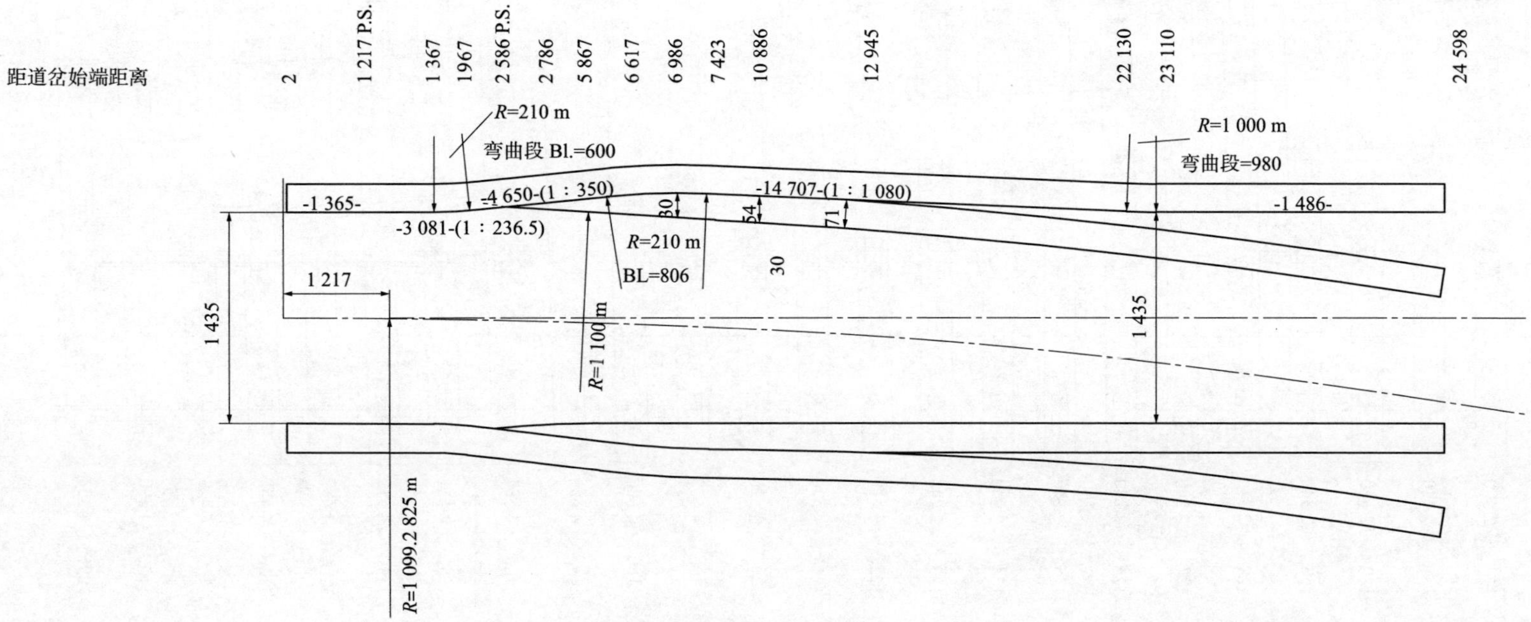

60 kg/m 钢轨 18 号 4.6 m 渡线布置图
图　号：CN－6118AB－044

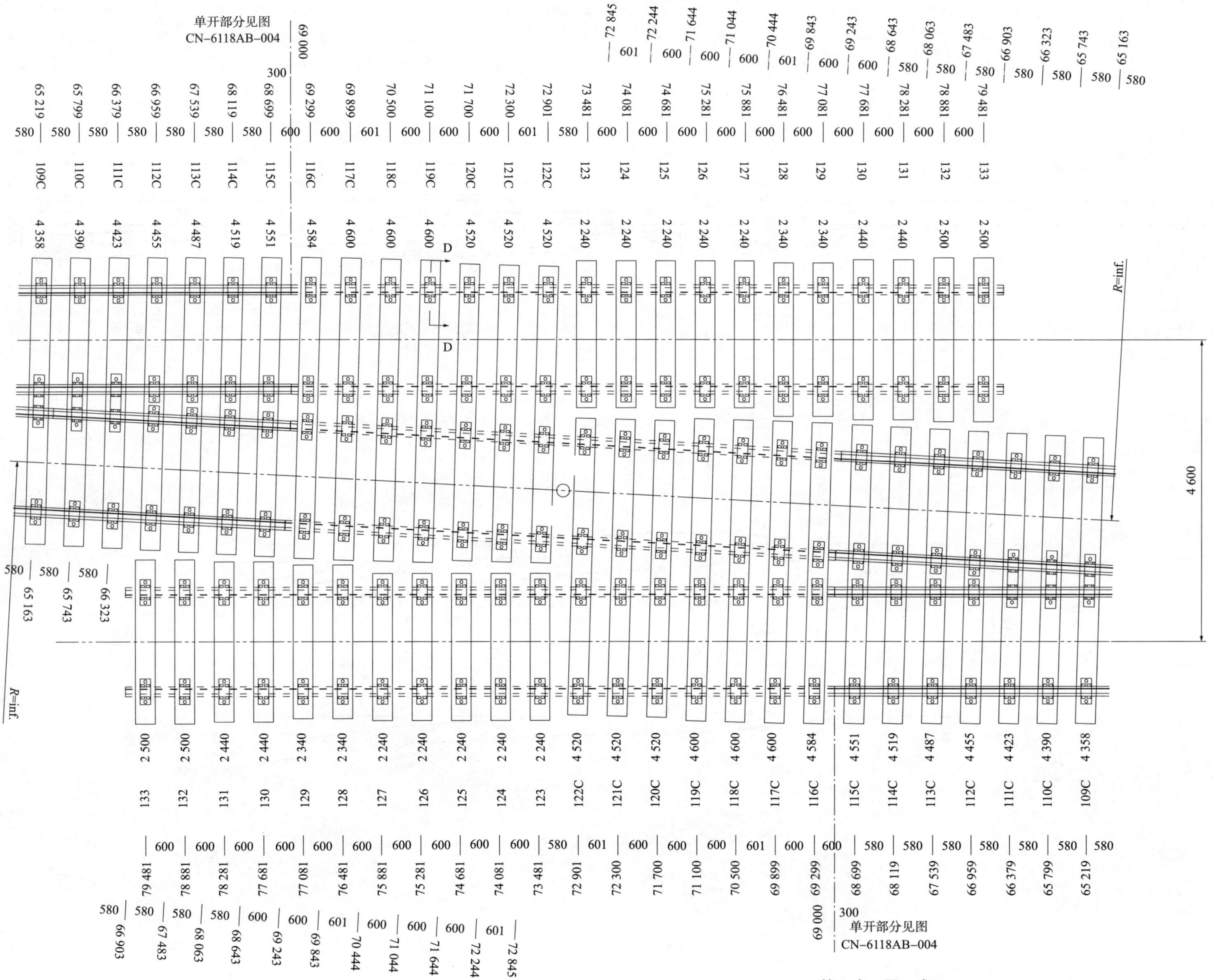

技 术 要 求

1. 岔枕铺设时，岔枕编号始终铺设在道岔外端，且从道岔前端向后可以看到岔枕侧面岔枕编号。
2. 本渡线布置图为两组右开道岔组成渡线，如为左开渡线按本图对称布置。
3. 岔枕 123～133 垂直于钢轨布置。
4. 断面 D-D 参见图纸 CN－6118AB－004。

60 kg/m 钢轨 18 号 5.0 m 渡线布置图
图　号：CN－6118AB－045

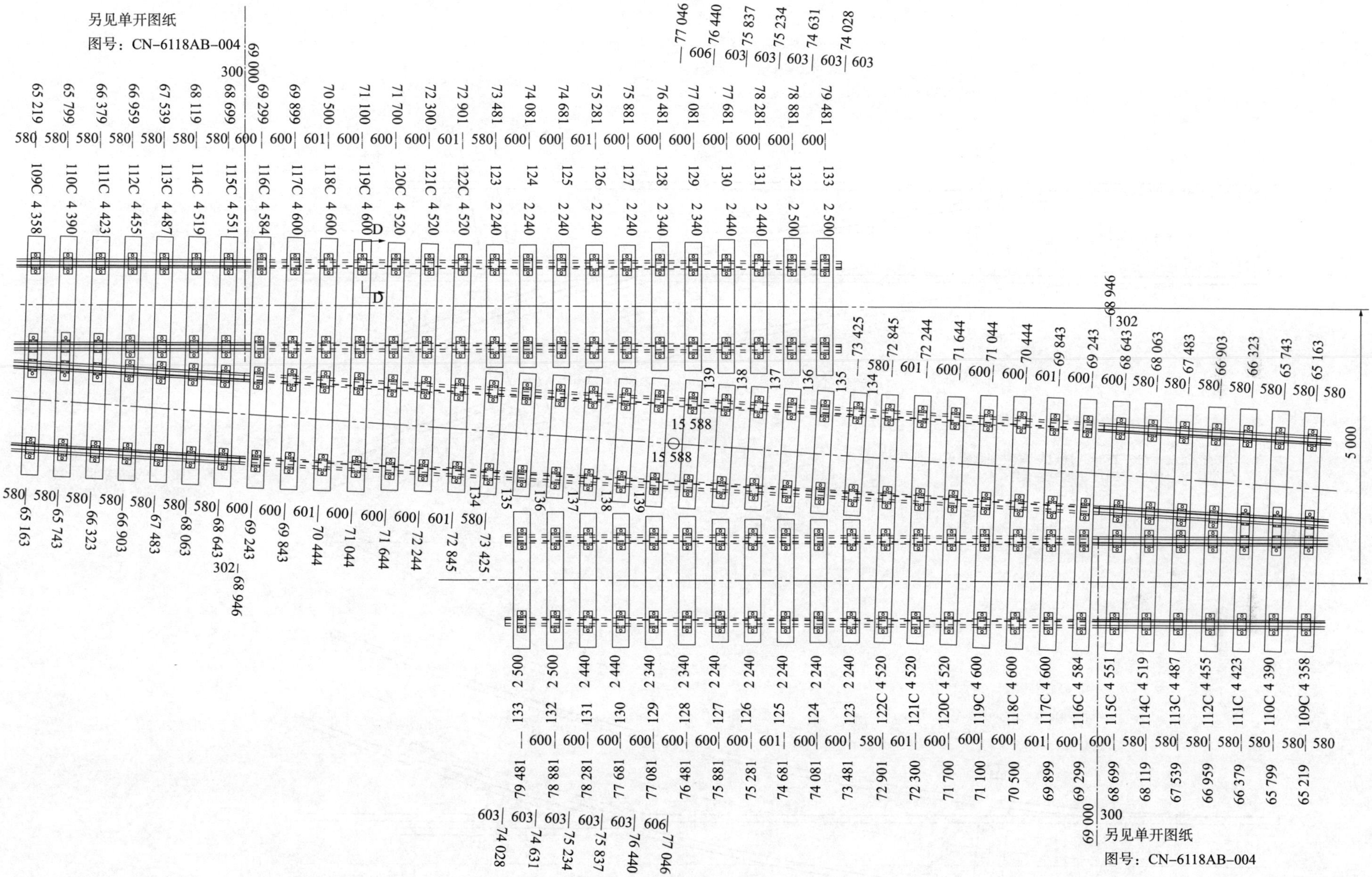

技 术 要 求

1. 岔枕铺设时，岔枕编号始终铺设在道岔外端，且从道岔前端向后可以看到岔枕侧面岔枕编号。
2. 本渡线布置图为两组右开道岔组成渡线，如为左开渡线按本图对称布置。
3. 岔枕 123～139 垂直于钢轨布置。
4. 断面 D-D 参见图纸 CN－6118AB－004。

道岔左右开岔枕布置

图 号：CN－6100A0－801

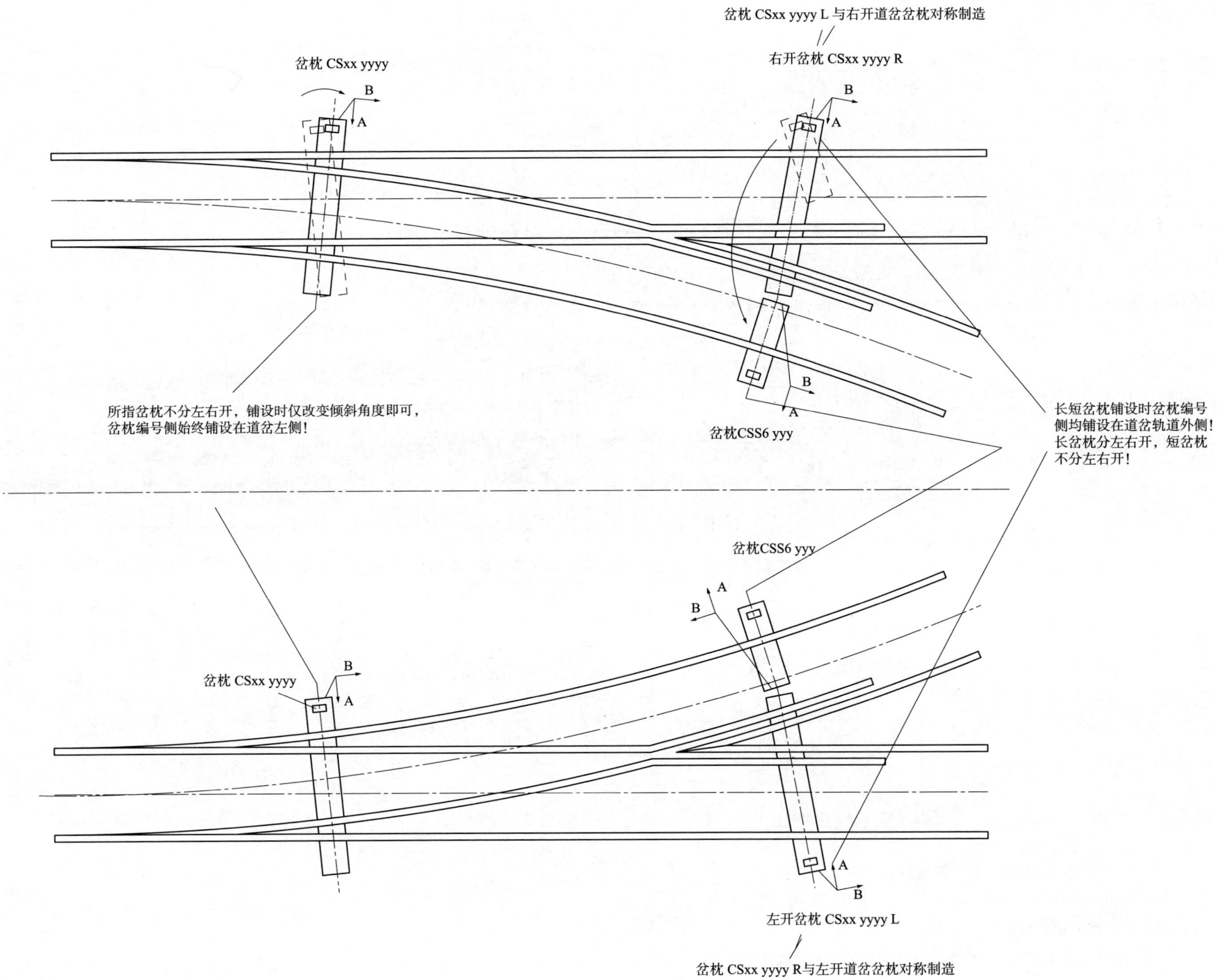

60 kg/m 钢轨 18 号单开道岔跳线及并联线孔布置图
图 号：CN－0091－012

图 1 ZWP-2000A 轨道电路跳线孔示意图

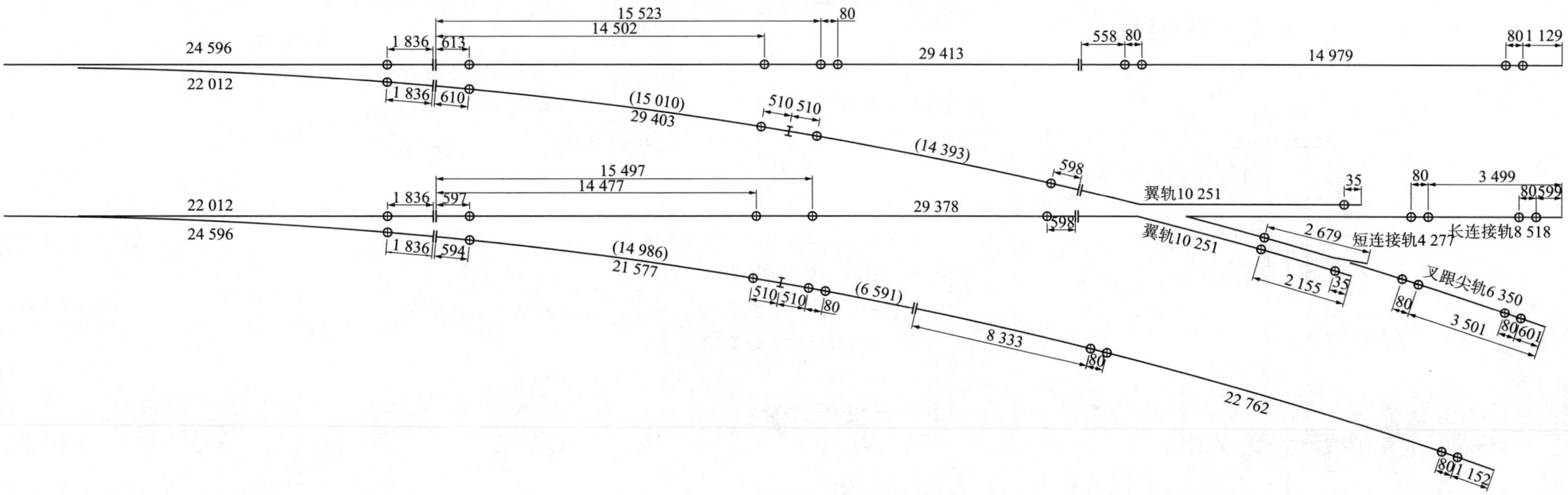

图 2 25Hz 相敏轨道电路跳线孔示意图

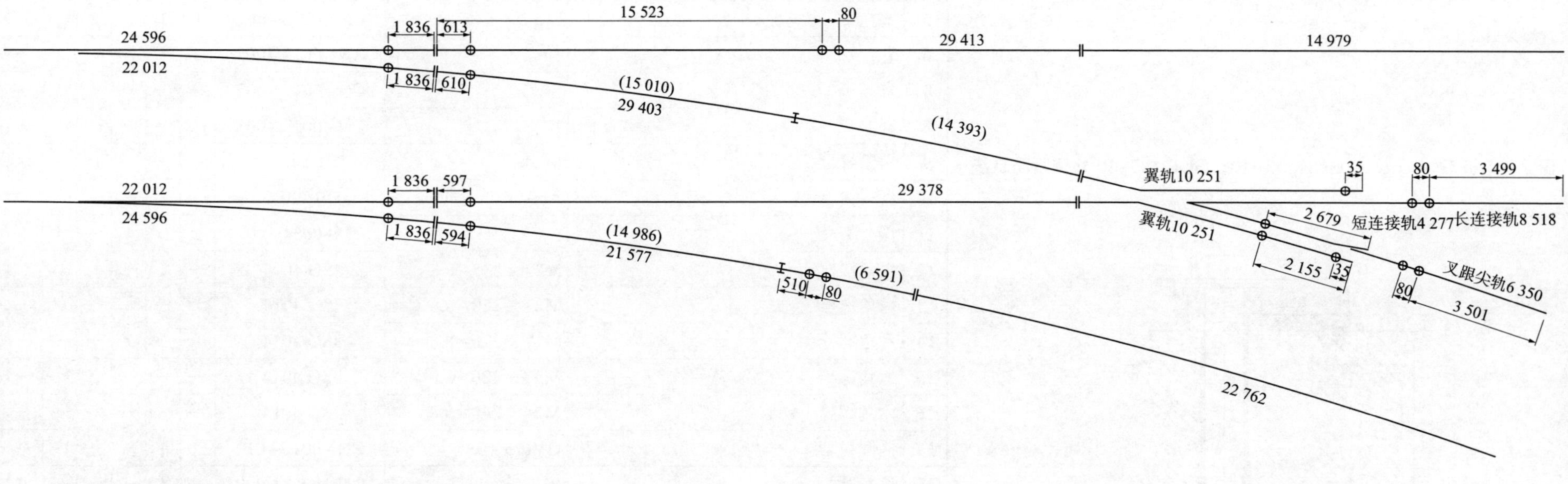

技 术 要 求

1. 本图适用于 60 kg/m 钢轨 18 号单开道岔。
2. "⊕"表示跳线孔；"┿"表示胶接绝缘接头；"—┤├—"表示焊接接头。
3. 塞钉孔孔径为 9.8 mm(13.5 mm)，尖轨距轨底高 59 mm，VRC60 轨距轨底高 79 mm。
4. 所有钻孔需倒角 1 × 45°。
5. 跳线孔数量：

ZPW－2000A 轨道电路：直、曲基本轨各 1 个，直、曲尖轨各 1 个，导轨 29 413、导轨 29 378、胶接轨 29 403、胶接轨 21 577 各 4 个，导轨 14 979、导轨 22 762 各 4 个，右开左侧（左开右侧）翼轨 1 个，右开右侧（左开左侧）翼轨 2 个，长连接轨 4 个，短连接轨 1 个，叉跟尖轨 4 个。

25 Hz 相敏轨道电路：直、曲基本轨各 1 个，直、曲尖轨各 1 个，导轨 29 413、胶接轨 21 577 各 3 个，导轨 29 378、胶接轨 29 403 各 1 个，右开左侧（左开右侧）翼轨 1 个，右开右侧（左开左侧）翼轨 2 个，长连接轨 2 个，短连接轨 1 个，叉跟尖轨 2 个。

6. 现场铺设时 CNTT 厂家钢轨标识位于钢轨跟端（道岔方向的后端）。

有砟轨道岔枕紧固系统
图　号：CN－6100AB－180

图 1　基板 GCRg 35-40 内侧紧固系统

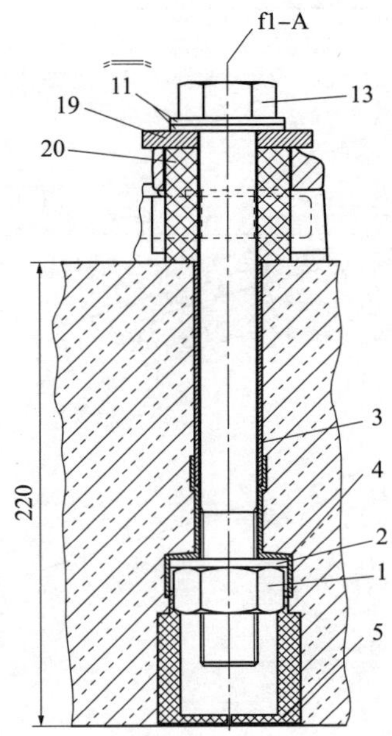

图 2　基板 GCRg 1...；GCRg33-40；GCRg35-40 外侧紧固系统

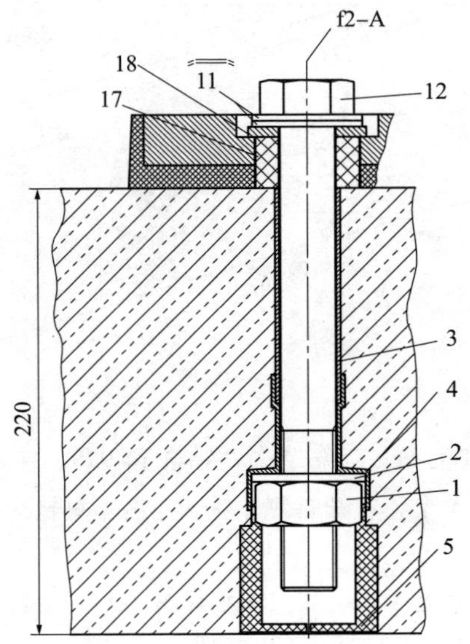

表 1　明　细　表

序号	名　　称	规　格	图纸及标准	数量							
				1	2	3	4	5	6	7	8
图 1	基板 GCRg 35-40 内侧紧固系统	GCRg 35－40 IN		1	—	—	—	—	—	—	—
图 2	基板 GCRg 1...；GCRg 33－40；GCRg 35－40 外侧紧固系统	GCRg 35－40 OUT		—	1	—	—	—	—	—	—
图 3	BP8 紧固系统布置图	BP 8		—	—	1	—	—	—	—	—
图 4	密检器支撑板紧固系统布置图			—	—	—	1	—	—	—	—
图 5	岔枕连接装置紧固系统布置图 Swt 7	Swt 7		—	—	—	—	1	—	—	—
图 6	基板 ACRg 1... 紧固系统	ACRp 1...		—	—	—	—	—	1	—	—
图 7	基板 CRg 206－40 紧固系统	CRp 206－40		—	—	—	—	—	—	1	—
图 8	防砟板 CSVP－... 紧固系统布置图	CSVP－...		—	—	—	—	—	—	—	1
图 9	锁闭支撑轨紧固系统布置图			—	—	—	—	—	—	—	—
1	六角螺母	M27－10	DIN 6915	1	1	2	2	2	1	1	—
2	垫　圈	27.5	CN－0053－007	1	1	2	2	2	1	1	1
3	套　管	106	CN－0012－007	1	1	2	2	—	1	1	—
4	衬　套		CN－0012－007	1	1	2	2	4	1	1	1
5	塞　子	Sto 2	CN－0012－007	1	1	2	2	—	1	1	—
6	套　管	77	CN－0012－007	—	—	—	—	2	—	—	—
7	塞　子	Sto 1	CN－0012－007	—	—	—	—	2	—	—	—
8	套　管	136	CN－0012－007	—	—	—	—	—	—	—	1
9	六角螺母	M24	GB/T 6172	—	—	—	—	—	—	—	1
10	盘　簧	A50	DIN 2093	—	—	—	—	—	—	—	2
11	盘　簧		CN－0054－001	2	2	4	—	4	2	2	—
12	六角螺栓	M27 × 235－8.8	ISO 4014	—	1	—	—	—	1	1	—
13	六角螺栓	M27 × 260－8.8	ISO 4014	1	—	—	—	2	—	—	—
14	六角螺栓	M27 × 220－8.8	ISO 4014	—	—	2	—	—	—	—	—
15	六角螺栓	M27 × 220－8.8	ISO 4014	—	—	—	2	—	—	—	—
16	六角螺栓	M24 × 240－8.8	ISO 4014	—	—	—	—	—	—	—	1
17	椭圆衬套	OVE 5－0	CN－0012－012	—	1	—	—	—	—	—	—
18	垫　圈	PULs 1	CN－0053－009	—	1	—	—	—	1	—	—
19	垫　圈	FPULs 1	CN－0053－010	1	—	—	—	—	—	—	—
20	椭圆衬套	OVE 8－0	CN－0012－011	1	—	—	—	—	—	—	—
21	紧固板	BP 8	CN－6100AB－734	—	—	1	—	—	—	—	—
22	中间垫片　Zwp 80－BP2	Zwp 80－BP 2	CN－0014－002	—	—	1	—	—	—	—	—
23	密检器支撑板			—	—	—	1	—	—	—	—
24	调整垫片			—	—	—	1	—	—	—	—
25	岔枕连接板	Swt 7	CN－6034－013	—	—	—	—	1	—	—	—
26	调整片	Zw－Vpl 7/8	CN－6034－013－3	—	—	—	—	1	—	—	—

续表 1

名　称	规　格	图纸及标准	数　量								
			1	2	3	4	5	6	7	8	9
调整片	Zw－Gpl 9	CN－6034－013－4	—	—	—	—	1	—	—	—	—
椭圆衬套	OVE 7－0	CN－0012－010	—	—	—	—	—	1	—	—	—
自锁垫圈（镀锌）	27（28,4/48,5）	DIN 25201	—	—	—	—	—	—	—	—	1
盖板	Ka 7	CN－60－535	—	—	—	—	—	—	—	—	1
垫片	UUl 14	CN－60－534	—	—	—	—	—	—	—	—	1
调整锥	Ek 8－0	CN－0012－001	—	—	—	—	—	—	—	—	1
垫片	UUl 15－6	CN－60－534	—	—	—	—	—	—	—	—	1

图 6　基板 ACRg 1... 紧固系统　图 7　基板 CRg 206-40 紧固系统

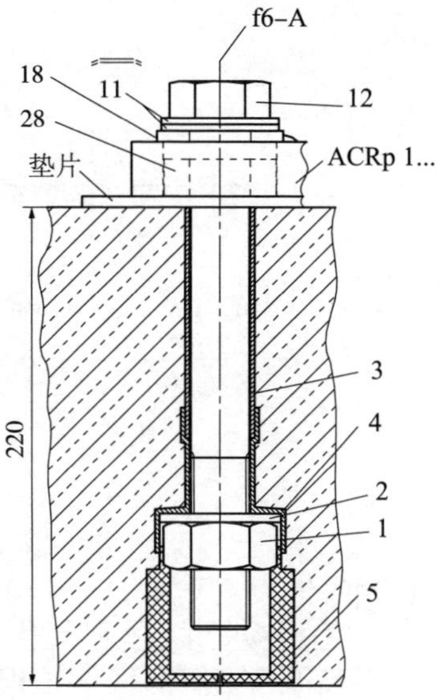

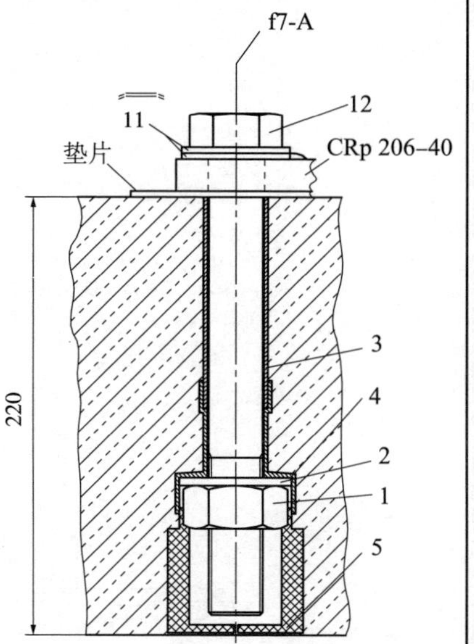

图 3　BP8 紧固系统布置图

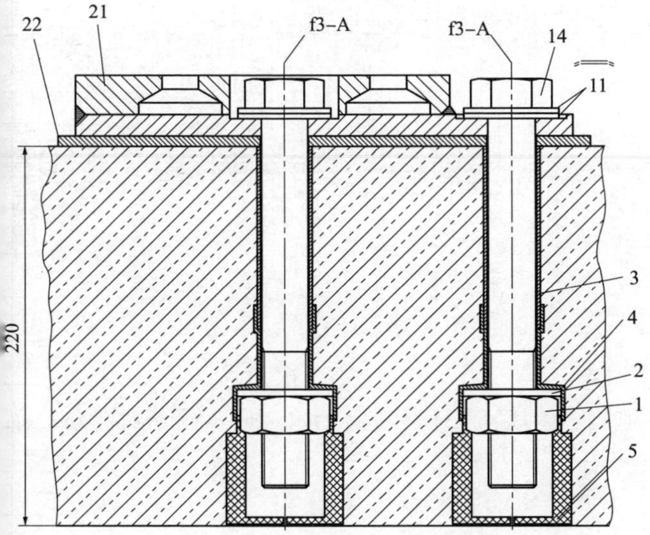

图 4　密检器支撑板紧固系统布置图

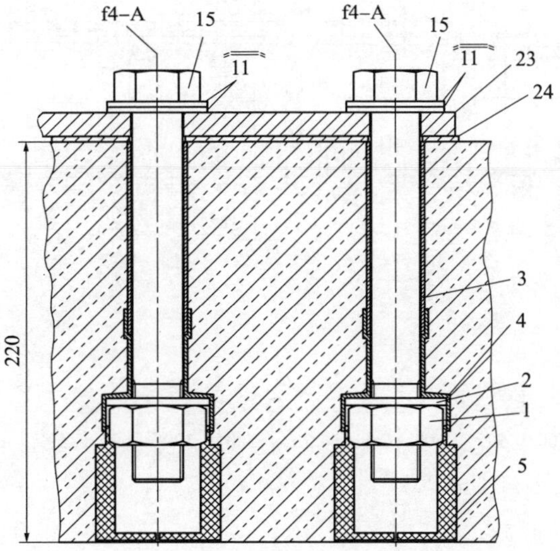

技　术　要　求

1. 螺纹拧紧前，应涂层 FERRO COATN673－JHV－T。
2. 螺栓组装前涂上润滑油。
3. 螺栓紧固力矩为 300 N · m。

图 5　岔枕连接装置紧固系统布置图 Swt 7（适用时）

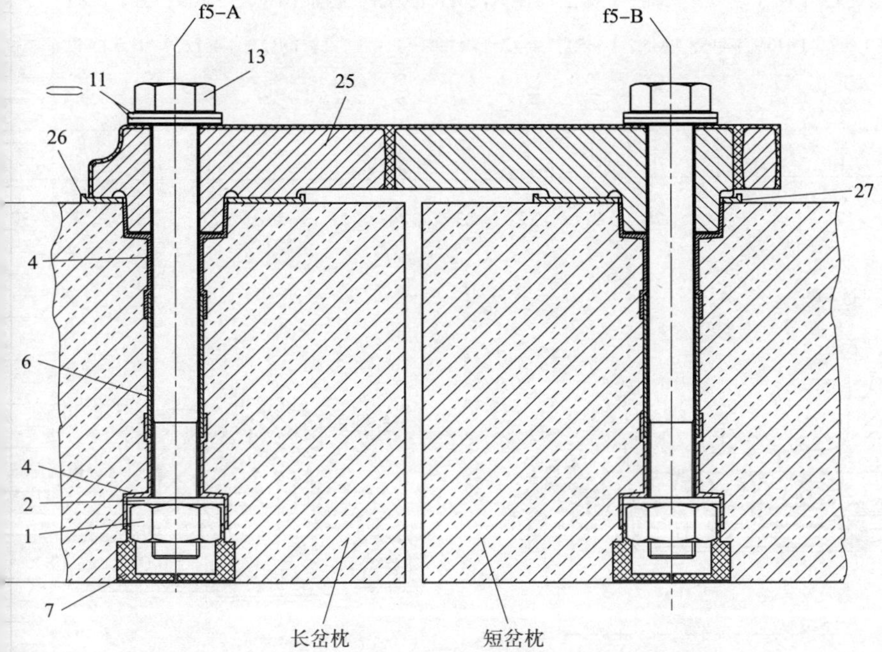

图 8　防砟板 CSVP... 紧固系统布置图

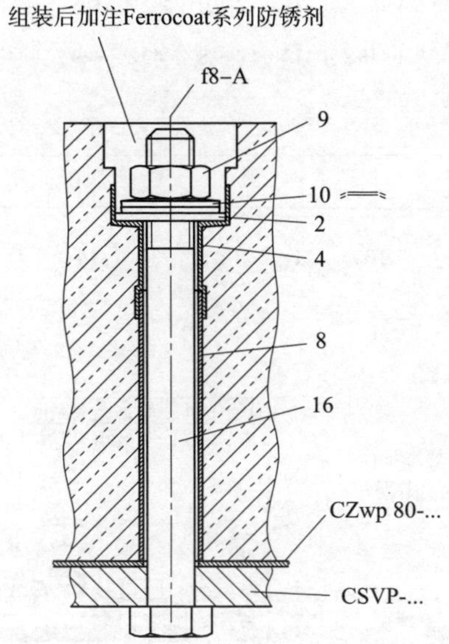

图 9　锁闭支撑轨紧固系统布置图

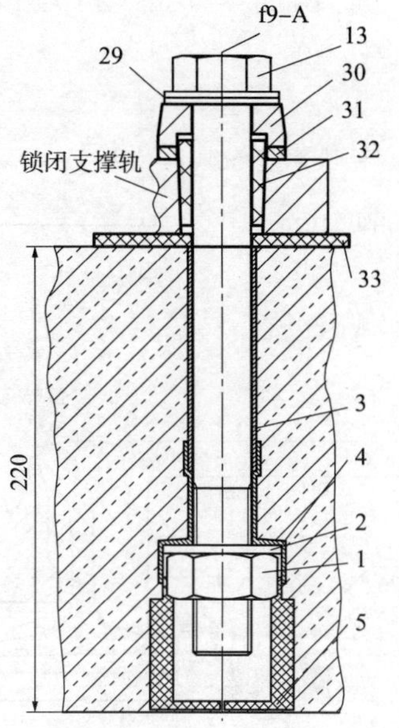

60 kg/m 钢轨 18 号单开道岔转辙器布置图
图　号：CN－6118AB－200

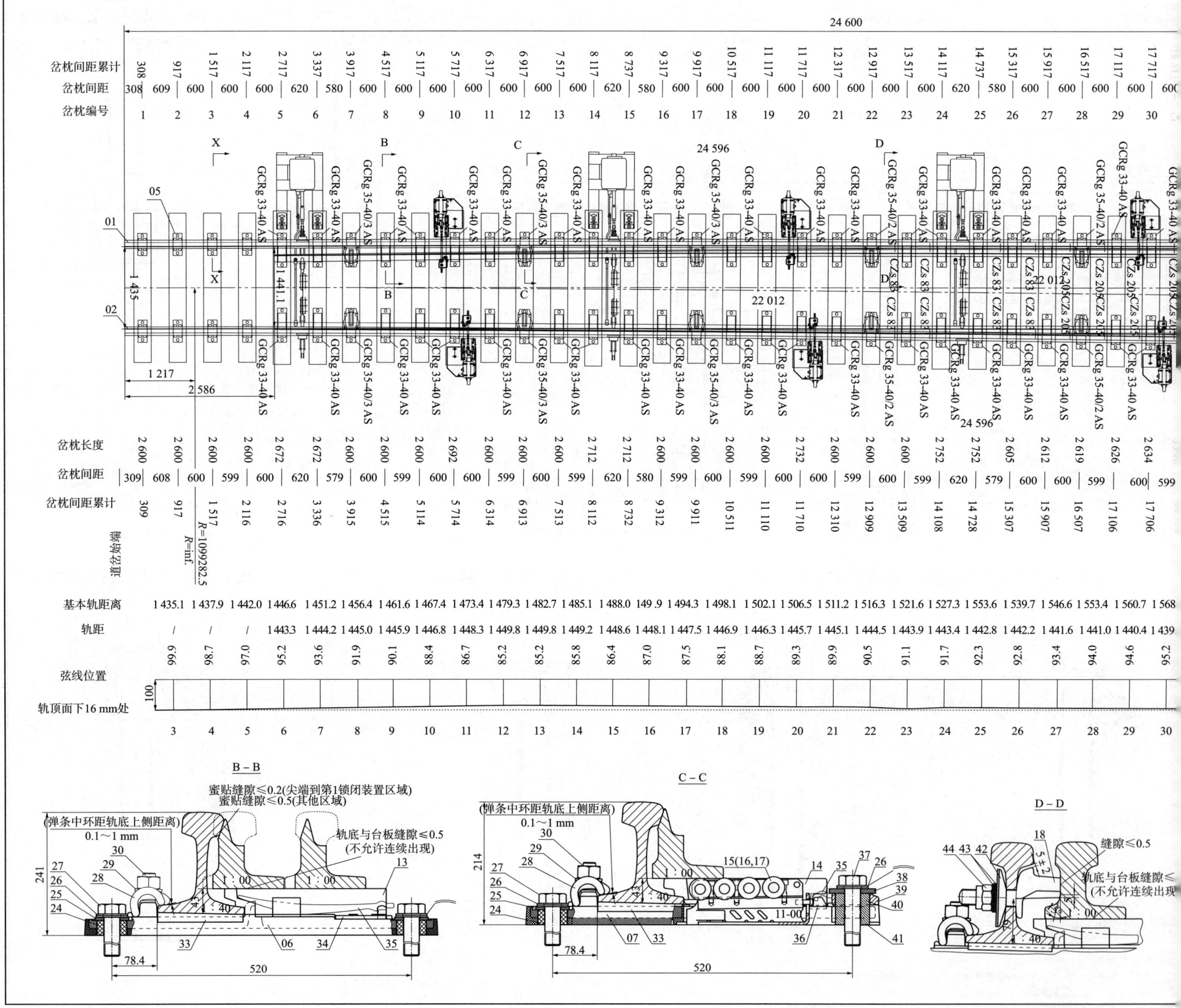

F – F

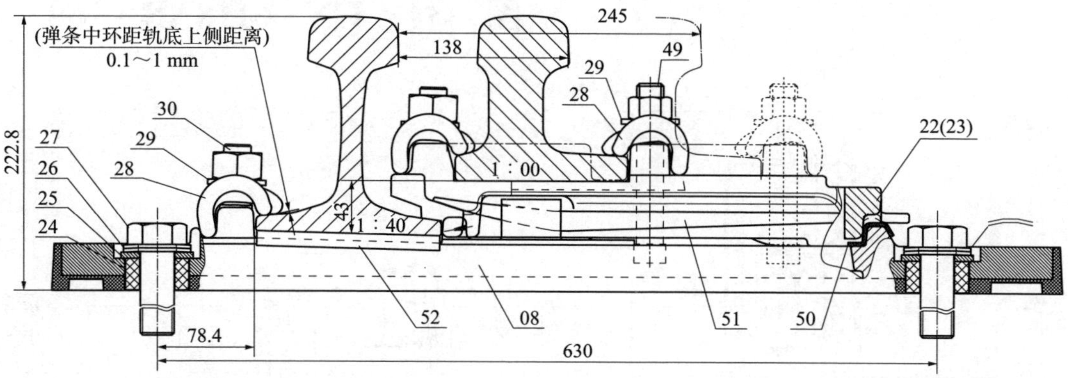

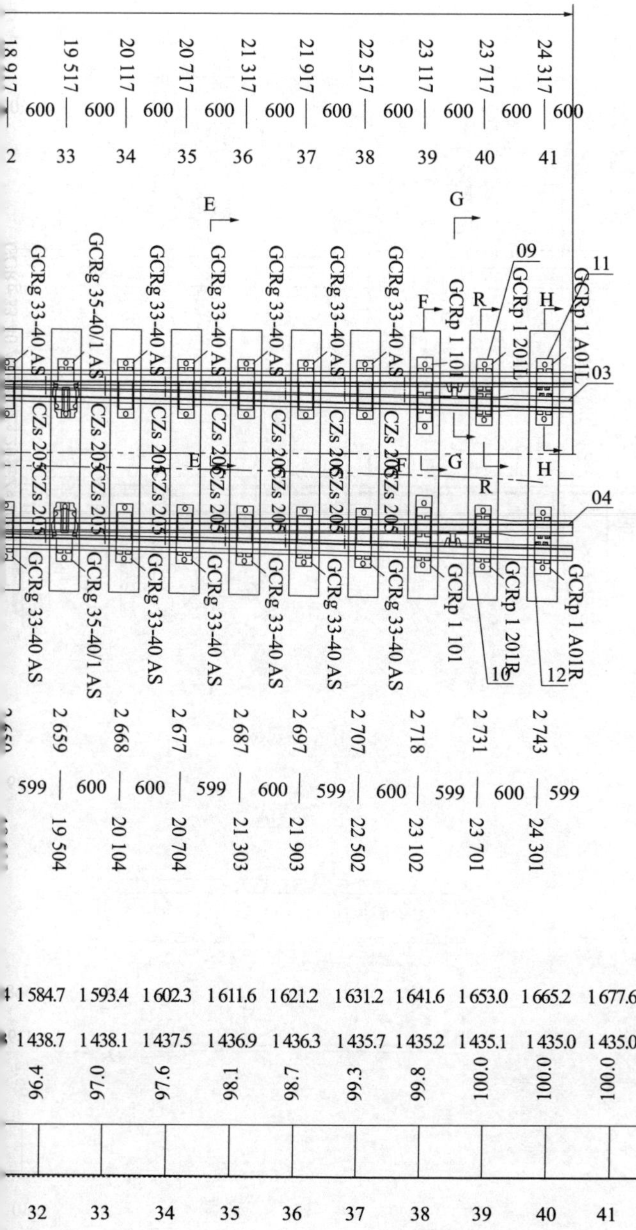

G – G

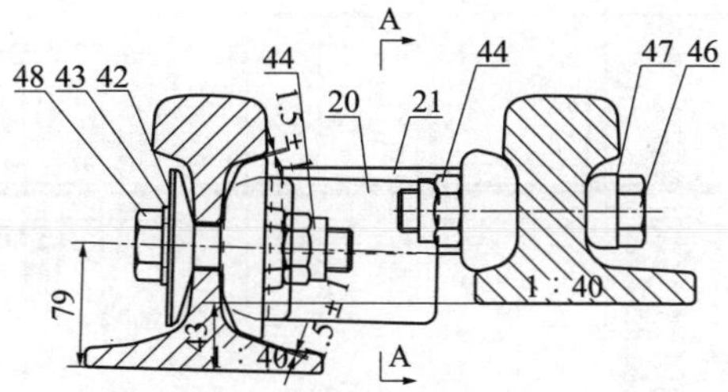

H – H

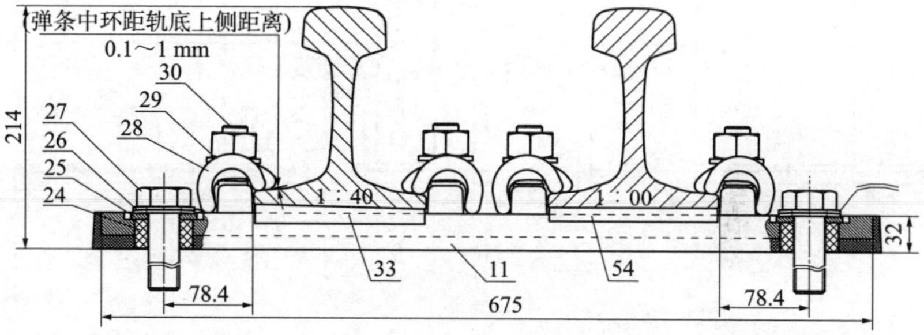

A – A

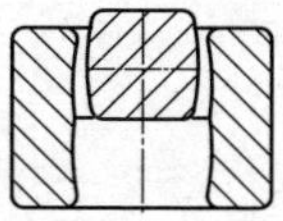

R – R

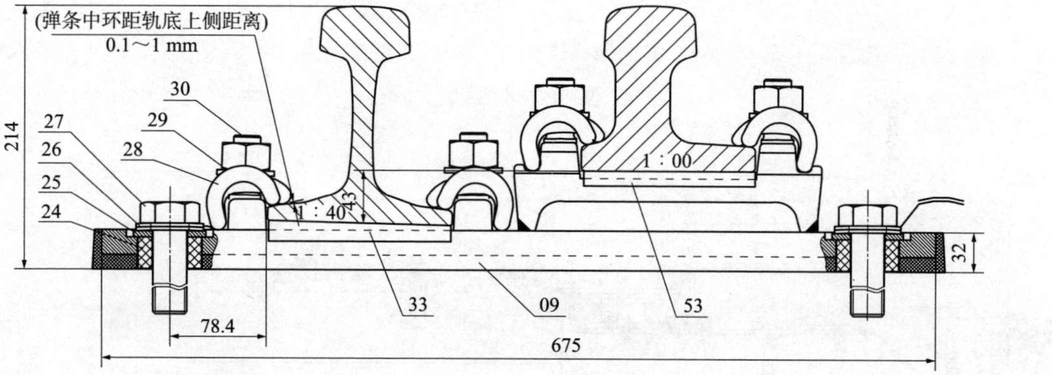

E – E

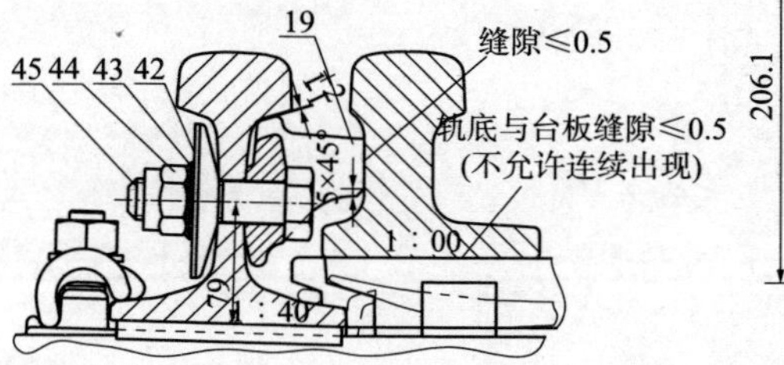

X – X

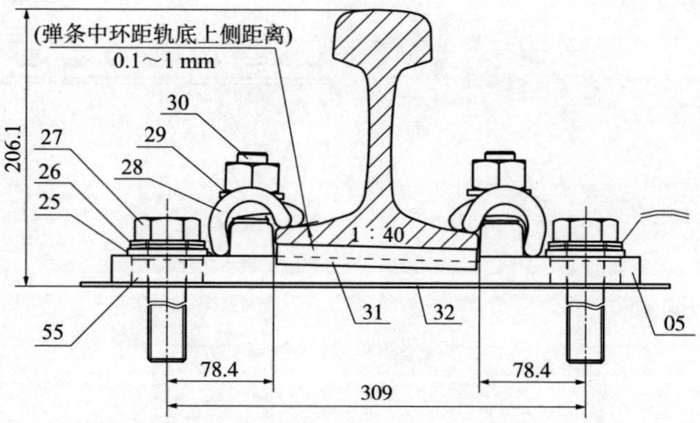

辊轮高度可以通过调整片进行调整。调整前松开紧固螺钉（从上面即可看到），转换尖轨位置，取出辊轮上部部件，然后安装合适厚度的调整片，再安装辊轮上部部件，最后紧固两个螺栓即可（虽然有三个孔）。

* 可以通过椭圆衬套：OVE 5－6... 调整轨距。
必要时也可通过调整片 SSp 2－SSp 4(CN－0021－002) 进行轨距调整。

*** 可以通过椭圆衬套：OVS 3－0～OVS 3－6 调整轨距。

**** 辊轮可以进行竖向调整。

***** 可以通过椭圆衬套：OVS 4－0～OVS 4－6 调整轨距。

60 kg/m 钢轨 18 号单开道岔转辙器区域转换系统安装布置图

图　号：CN－6118AB－760

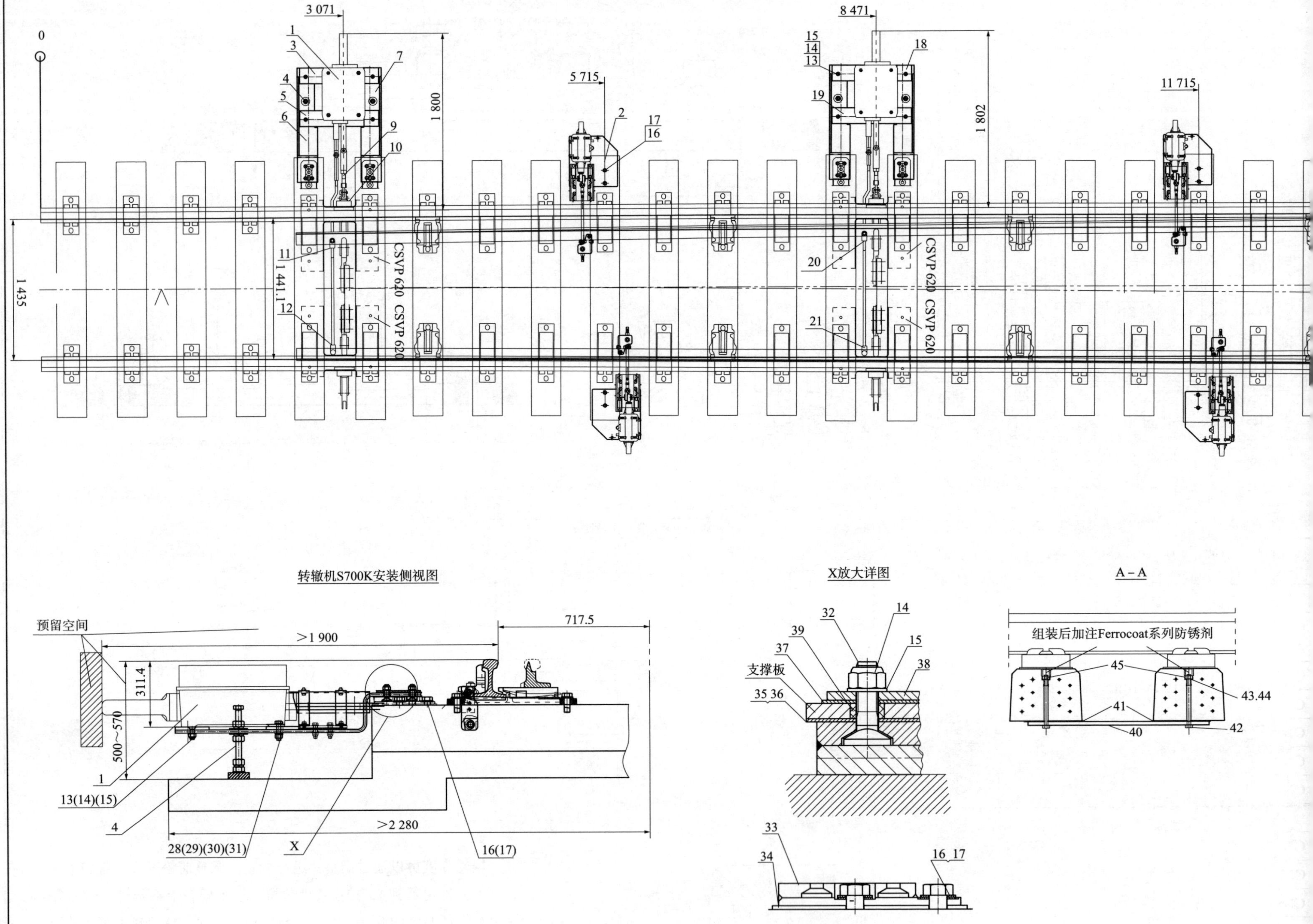

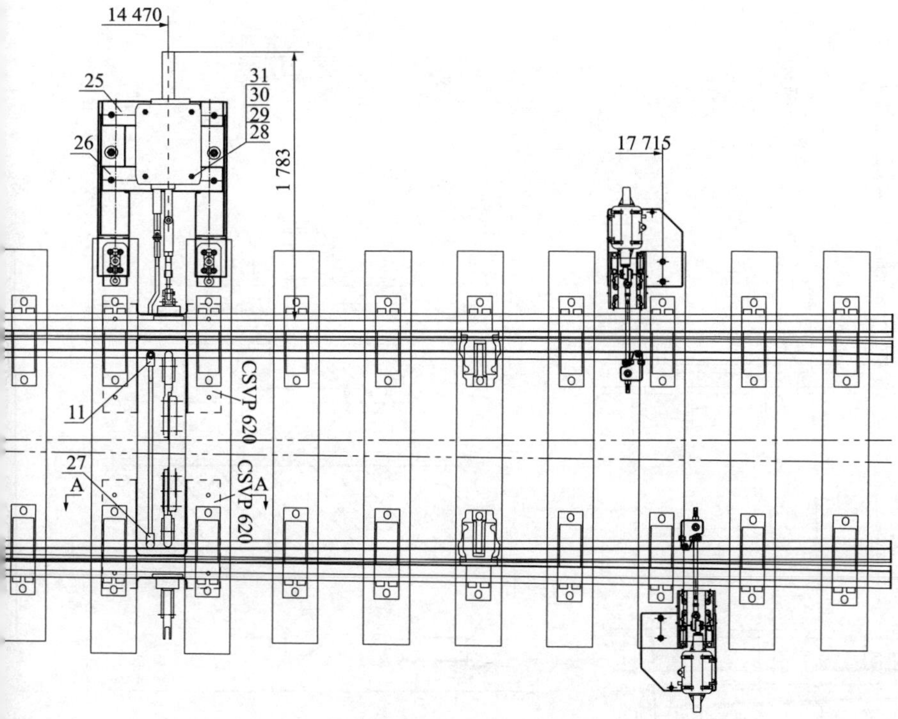

表 1 明 细 表

图号 / 标准	名 称	单位	数量	备 注
TB/T 3069	转辙机 S700K	套	3	注意左右侧安装和牵引点位置
C25060－X59－A3－A－6	密检器 JM2－L 及安装装置	套	3	由全路通号设计研究院设计
CN－6100A0－753	支座板 SB－R18Z－1W	块	1	安装时见说明
CN－6100AS－741－1	支撑螺栓系统 M27 × 300	套	6	选装件（有砟道岔不提供）
CN－6100A0－753	支座板 SB－R18Z－1N	块	1	安装时见说明
CN－6100A0－752	支撑板 SP－L	块	3	
CN－6100A0－752	支撑板 SP－R	块	3	
CN－6118A0－712	驱动杆 StS－425	套	3	
CN－60－537/538/539	HRS 外锁装置	套	3	安装时注意牵引点位置
CN－6100A0－711	短检查杆 CKPrst－720L	根	2	右侧安装时为 CKPrst－720R
CN－6100A0－711	长检查杆 CLPrst－1900L	根	1	粘结式双绝缘检查杆
ISO 10642	沉头螺钉 M20 × 60－8.8	根	12	镀锌处理
ISO 7042	自锁螺母 M20－8	个	36	镀锌处理
ISO 7089	垫 圈 21	个	36	镀锌处理
ISO 4014	六角螺栓 M27 × 220－8.8	个	24	镀锌
CN－0054－001	盘 簧 54.0 × 30.5 × 2.92	个	48	
CN－6100A0－753	支座板 SB－R18Z－2W	块	1	安装时见说明

续表 1

件号	图号 / 标准	名 称	单位	数量	备 注
19	CN－6100A0－753	支座板 SB－R18Z－2N	块	1	安装时见说明
20	CN－6100A0－711	短检查杆 CKPrst－700L	根	1	右侧安装时为 CKPrst－700R
21	CN－6100A0－711	长检查杆 CLPrst－1940L	根	1	黏结式双绝缘检查杆
22					
23					
24					
25	CN－6100A0－753	支座板 SB－R18Z－3W	块	1	安装时见说明
26	CN－6100A0－753	支座板 SB－R18Z－3N	块	1	安装时见说明
27	CN－6100A0－711	长检查杆 CLPrst－1980L	根	1	黏结式双绝缘检查杆
28	GB/T 5780	六角螺栓 M20 × 80－8.8	根	12	镀锌
29	GB/T 6170	六角螺母 M20－8	个	12	镀锌
30	GB/T 95	平 垫 20	个	24	镀锌
31	GB/T 93	弹 垫 20	个	12	表面氧化处理
32	CN－6100AS－734－3	方颈螺栓 M20 × 90－8.8	根	24	
33	CN－6100AB－734	紧固板 BP8	块	6	镀锌处理
34	CN－0014－002	中间垫片 Zwp 80－BP2	片	6	
35	CN－6100AS－734－2	垫 片 7310 376 1	片	6	
36	CN－6100AS－734－2	垫 片 7310 377 1	片	6	
37	CN－6100AS－734－2	垫 片 7310 365 1	片	12	
38	CN－6100AS－734－2	垫 片 7310 366 1	片	12	镀锌处理，调高备用
39	CN－6100AS－734－2	绝缘衬套 32 × 21 × 14.5	个	24	
40	CN－6100AB－851	防砟板 CSVP 620	个	6	
41	CN－6100AB－851	垫 片 CZwp80－260－3	个	12	
42	ISO 4014	六角螺栓 M24 × 240－8.8	个	24	
43	CN－0053－007	垫 圈 27.5	个	24	
44	CN－0054－001	盘 簧 54.0 × 30.5 × 2.92	个	48	
45	GB/T 6172	六角薄螺母 M24	个	24	

技 术 要 求

1. 本图按右开道岔直股安装布置，其中部分部件安装在曲股或者用于左开道岔时对称制造！
2. 本图按一组道岔转辙器布置。
3. 所有金属件均要求防腐处理。
4. 转辙机安装支座板标识说明如下：

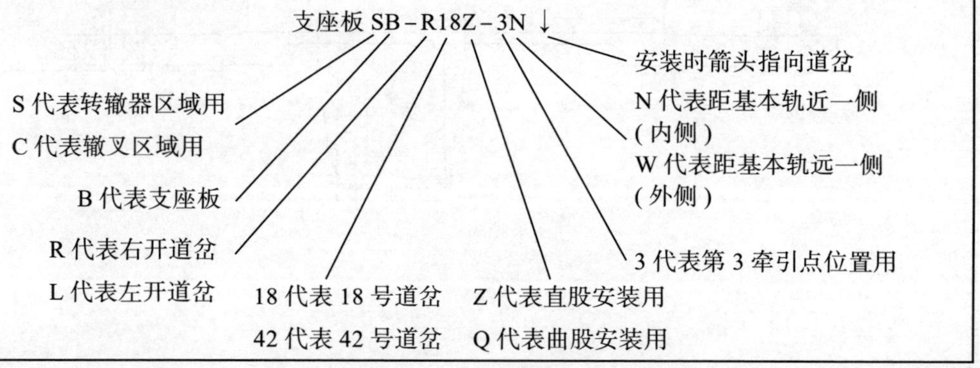

60 kg/m 钢轨 18 号单开道岔辙叉区域转换系统安装布置图

图　号：CN－6118AB－770

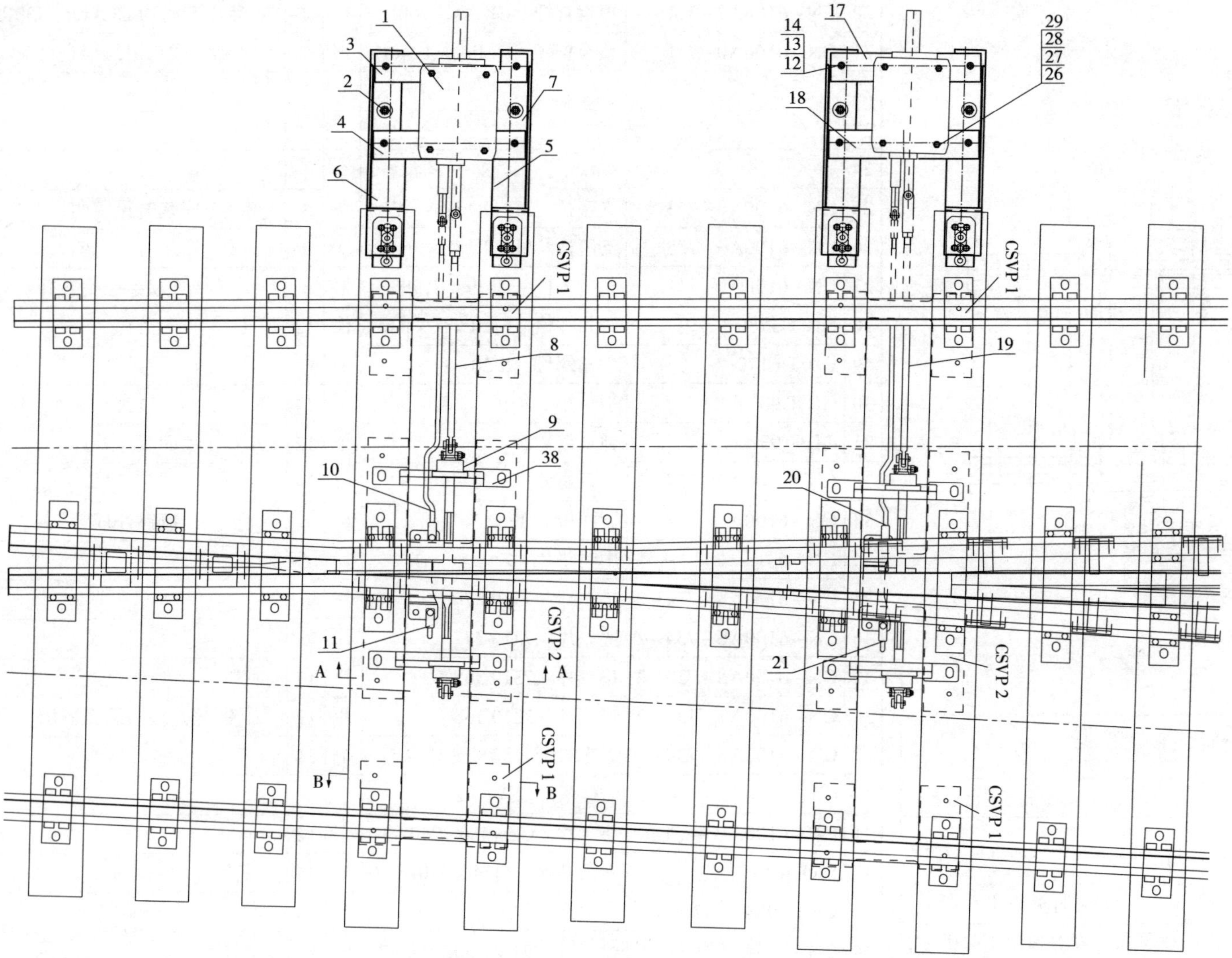

X放大详图

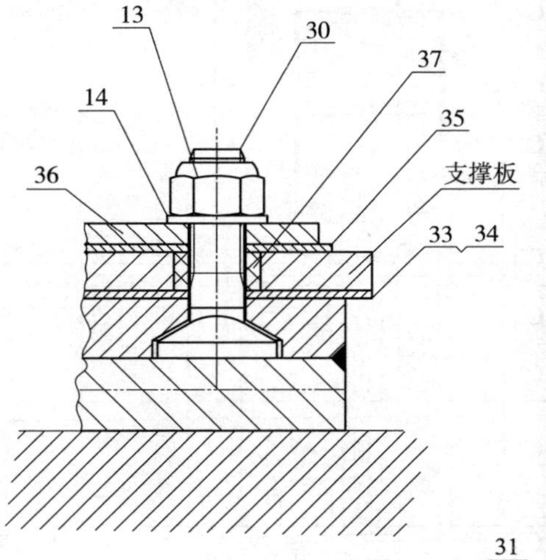

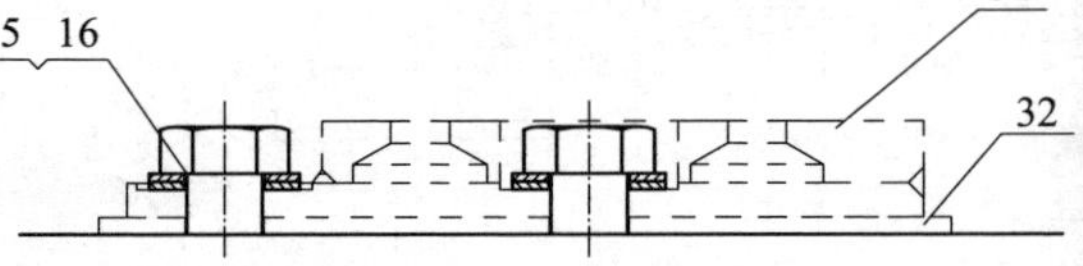

B－B

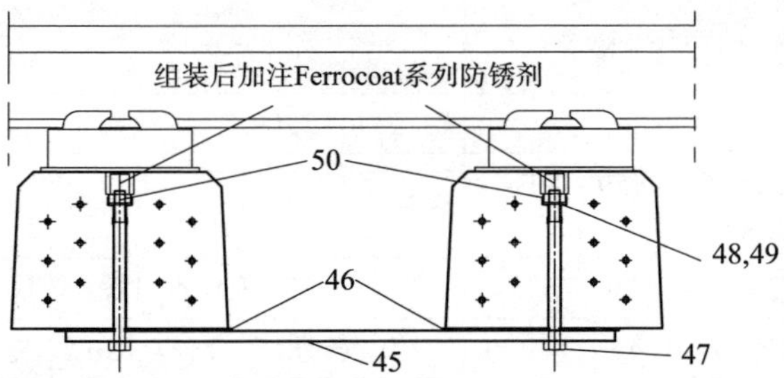

A－A

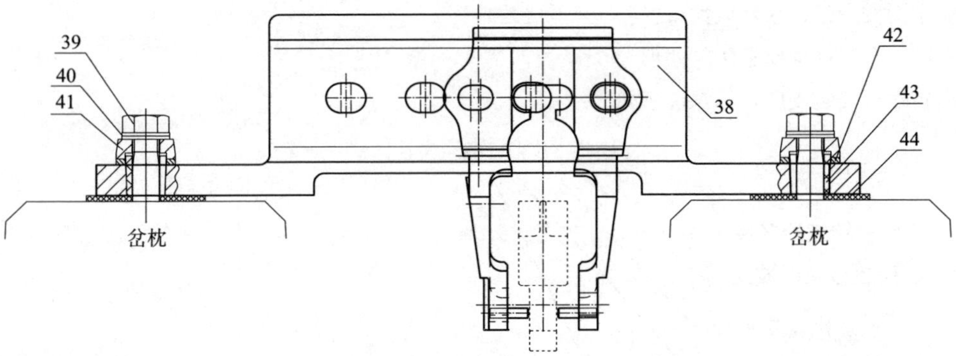

转辙机 S700K 安装侧视图

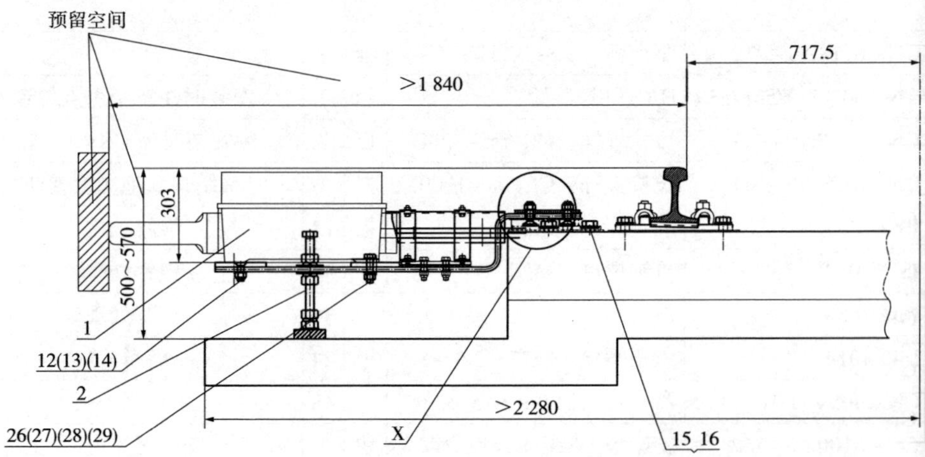

表 1 明 细 表

图号 / 标准	名 称	单位	数量	备 注
TB/T 3069	转辙机 S700K	台	2	注意左右侧安装和牵引点位置
CN－6100AS－741－1	支撑螺栓系统 M27×300	套	4	选装件（有砟道岔不提供）
CN－6100A0－753	支座板 CB－R18Z－1W	块	1	安装时见说明
CN－6100A0－753	支座板 CB－R18Z－1N	块	1	安装时见说明
CN－6100A0－752	支撑板 CP－L	块	2	
CN－6100A0－752	支撑板 CP－R	块	2	
CN－6118AS－722	驱动杆 StS－1200	套	1	
CN－60－538/540	HRS 外锁闭装置	套	2	安装时注意牵引点位置
CN－6118A0－721	短检查杆 KPrstH－1710L	根	1	右侧安装时为 KPrstH－1710R
CN－6118A0－721	长检查杆 LPrstH－2130L	根	1	右侧安装时为 LPrstH－2130R
ISO 10642	沉头螺钉 M20×60－8.8	根	8	镀锌处理
ISO 7042	自锁螺母 M20－8	个	24	镀锌处理
ISO 7089	垫 圈 21	个	24	镀锌处理
ISO 4014	六角螺栓 M27×220－8.8	个	8	镀锌
CN－0054－001	盘 簧 54.0×30.5×2.92	个	16	
CN－6100A0－753	支座板 CB－R18Z－2W	块	1	安装时见说明
CN－6100A0－753	支座板 CB－R18Z－2N	块	1	安装时见说明
CN－6100AS－722	驱动杆 StS－1330	套	1	
CN－6118A0－721	短检查杆 KPrstH－1800L	根	1	右侧安装时为 KPrstH－1800R
CN－6118A0－721	长检查杆 LPrstH－2270L	根	1	右侧安装时为 LPrstH－2270R
GB/T 5780	六角螺栓 M20×80－8.8	根	8	镀锌
GB/T 6170	六角螺母 M20－8	个	8	镀锌
GB/T 95	平 垫 20	个	16	镀锌
GB/T 93	弹 垫 20	个	8	表面氧化处理
CN－6100AS－734－2	方颈螺栓 M20×77－8.8	根	16	

续表 1

件号	图号 / 标准	名 称	单位	数量	备 注
31	CN－6100AB－734	紧固板 BP8	块	4	镀锌处理
32	CN－0014－002	中间垫片 Zwp 80－BP2	片	4	
33	CN－6100AS－734－2	垫 片 7310 376 1	片	4	
34	CN－6100AS－734－2	垫 片 7310 377 1	片	4	
35	CN－6100AS－734－2	垫 片 7310 365 1	片	8	
36	CN－6100AS－734－2	垫 片 7310 366 1	片	8	镀锌处理，调高备用
37	CN－6100AS－734－2	绝缘衬套 32×21×14.5	个	16	
38	CN－60－522－2	锁闭支撑轨 UIC60	件	4	防腐处理
39	ISO 4014	六角螺栓 M27×260－8.8	根	8	
40	DIN 25201	自锁垫圈 27(外径 48.5mm)	对	8	镀锌
41	CN－60－535	盖 板 Ka 7	个	8	镀锌
42	CN－60－534	垫 片 UUl 14	片	8	镀锌
43	CN－0012－001	调整锥 EK8－0	个	8	
44	CN－60－534	垫 片 UUl 15－6	个	8	
45	CN－6100AB－852(853)	防砟板 CSVP 1(2)	块	4(2)	
46	CN－6100AB－852(853)	垫 片 CZwp80－260－3/1(2)	片	8(4)	
47	ISO 4014	六角螺栓 M24×240－8.8	根	24	
48	CN－0053－007	垫 圈 27.5	个	24	
49	CN－0054－001	盘 簧 54.0×30.5×2.92	个	48	
50	GB/T 6172	六角薄螺母 M24	个	24	

技 术 要 求

1. 本图按右开道岔直股安装布置，其中部分部件安装在曲股或者用于左开道岔时对称制造！
2. 本图按一组道岔辙叉布置。
3. 所有金属件均要求防腐处理。
4. 第 1 锁闭装置牵引点距道岔始端 56 497 mm（基本轨工作边计），第 2 锁闭装置距始端距离为 59 047 mm（基本轨工作边计）。
5. 转辙机安装支座板标识说明如下：

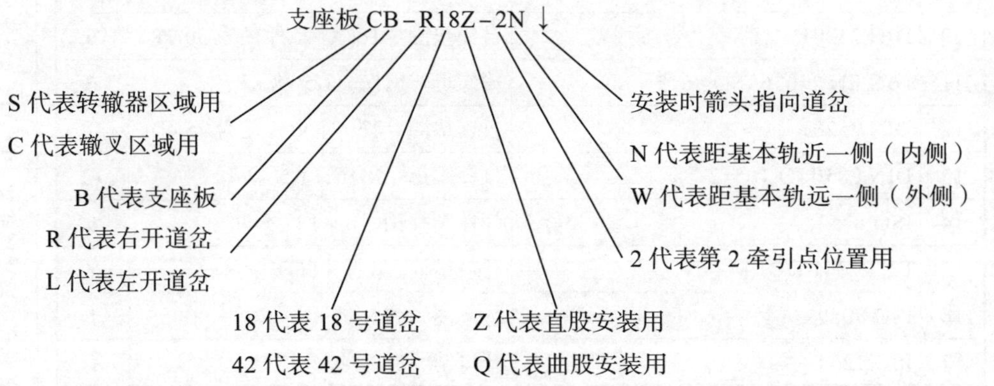

3D 型 HRS 锁闭装置转辙器区域连杆组装

图　号：CN－60－537

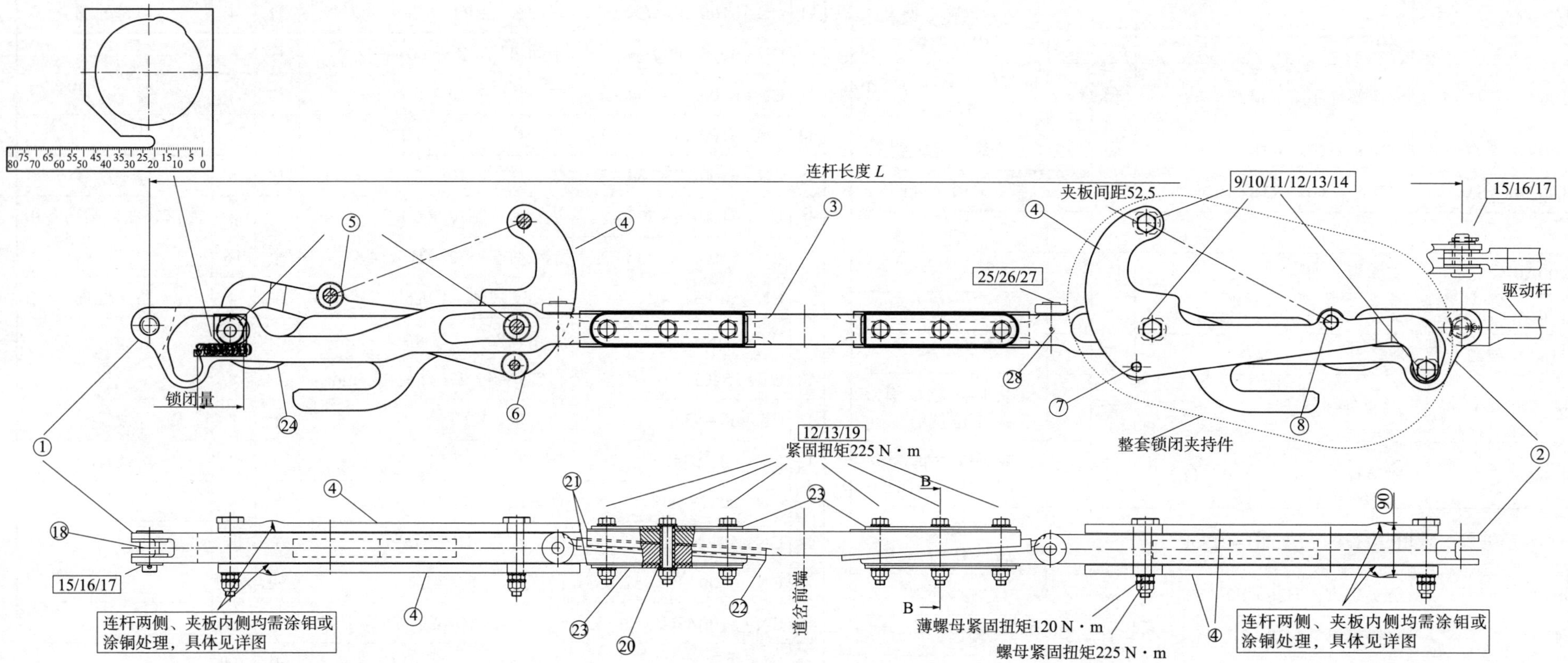

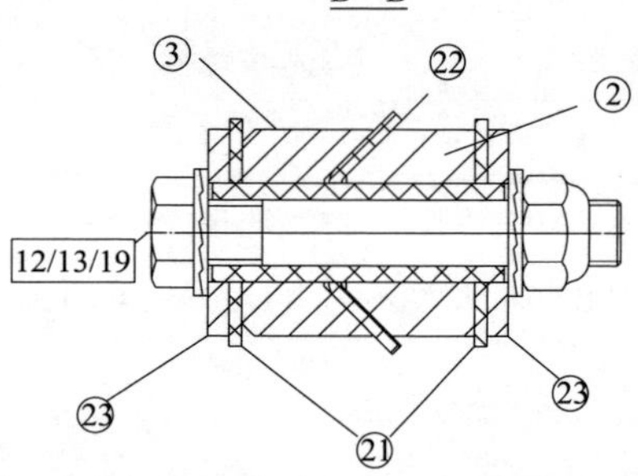

表 1　明　细　表

件号	图号 / 标准	名称及规格	数量
1	CN－6100AS－512/552/562/...	连杆 － 左	1
2	CN－6100AS－512/552/562/...	连杆 － 右	1
3	CN－60－501	中间连杆	1
4	CN－6100/6142AS－511/551/561/...	夹　板　左 / 右	4
5	CN－60－536	弹性辊轮　ELR1	6
6	CN－60－536	弹性辊轮　ELR2	2
7	CN－60－508	夹紧螺栓　Klb1	2
8	CN－60－509	夹紧螺栓　Klb2	2
9	CN－60－510	夹紧螺栓　Klb3	6
10	DIN 25201	自锁垫圈　16(对)(外径为 30.7)	6
11	DIN EN 24036/ISO 8675	薄螺母　M16 × 1.5－8	6
12	DIN 25201	自锁垫圈　16(对)(外径为 25.4)	18
13	DIN 985/ISO 10512	自锁螺母　M16 × 1.5－8	12
14	ISO 8752	弹性圆柱销　8 × 14－s	6
15	EN 22341/DIN 1444B	开口销栓　ϕ24 × 65B	1
16	ISO 7089	垫　圈　44 × 25 × 4	1
17	ISO 1234	开口销　6.3 × 40	1

续表 1

件号	图号 / 标准	名称及规格	数量
18	CN－60－525	绝缘组件　lb14 和 lsb14	1
19	ISO 8765	六角螺栓　M16 × 1.5 × 100－8.8	6
20	CN－60－532	绝缘套管	6
21	CN－60－526	1 型绝缘板	4
22	CN－60－527	2 型绝缘板	2
23	CN－60－518	压　板	4
24	CN－60－502－1/2	弹性抬升元件　Hsg1/Hsg2	2
25	DIN 625	深沟球轴承　ϕ52 × 14	2
26	CN－60－519	轴承螺栓　Lgb1	2
27	DIN 988	薄垫圈　20 × 28 × 2	4
28	ISO 8752	弹性螺柱销　5 × 45	2

3D 型 HRS 锁闭装置锁闭框组装
图 号：CN−60−538

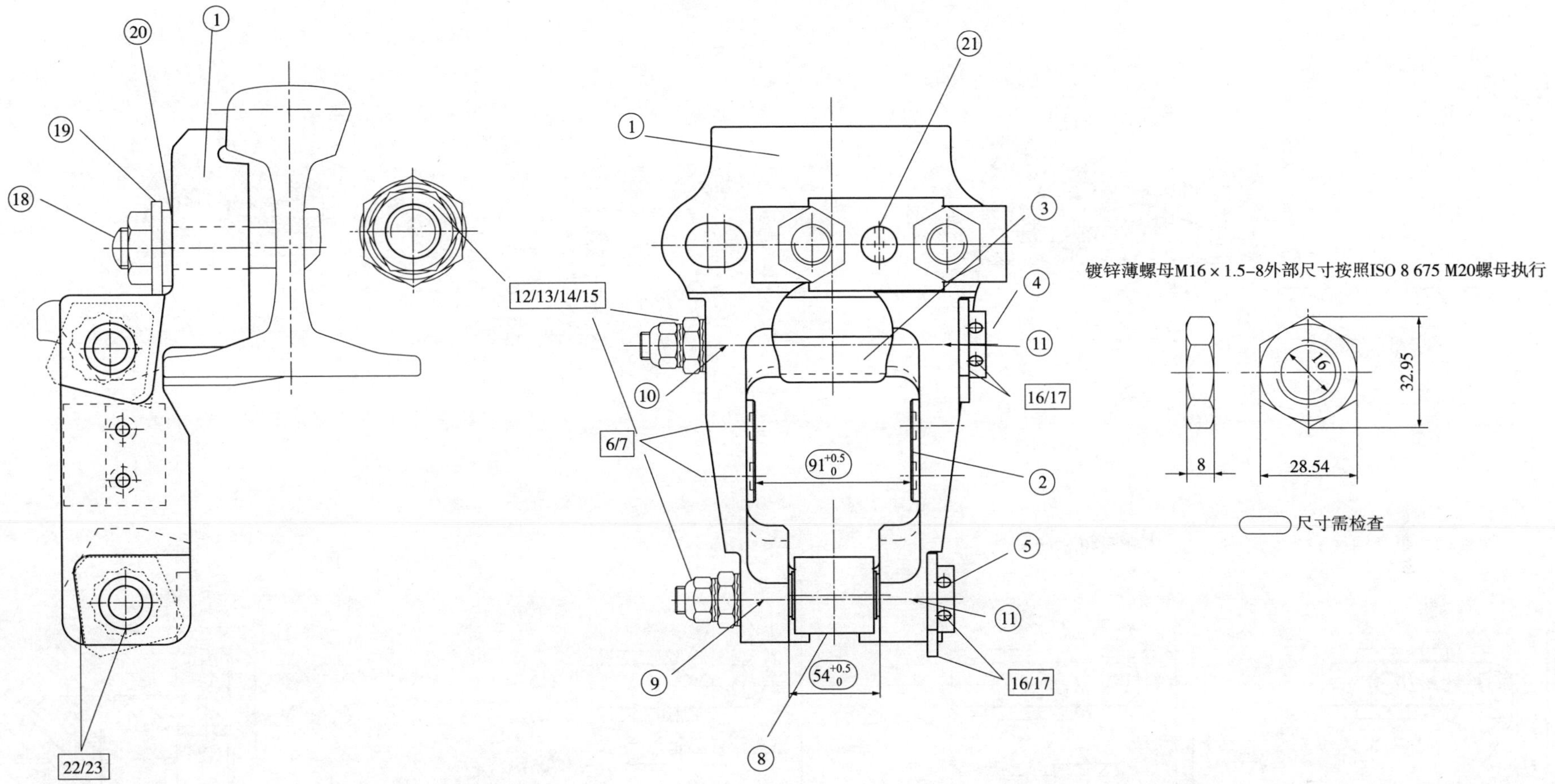

表 1 明 细 表

件号	图号 / 标准	名称及规格	数量	
			转辙器用	辙叉用
		转辙器区域用锁闭框组装	2	
		辙叉区域用锁闭框组装		2
1	CN−60−503−1/2	锁闭框 VRC60/UIC60	2	2
2	CN−60−505	滑 板	4	
3	CN−60−504/520	跟部支撑块	2	2
4	CN−60−506	偏心螺栓 T	2	2
5	CN−60−507	偏心螺栓 B	2	2
6	ISO 1051	沉头铆钉 ϕ8×40	2	
7	ISO 1051	沉头铆钉 ϕ8×35	6	
8	CN−60−536	弹性辊轮 ELR1	2	2
9	ISO 3547	滑动轴承衬套 IHG 2020LD	2	2
10	ISO 3547	滑动轴承衬套 IHG 2030LD	2	2
11	ISO 3547	滑动轴承衬套 IHG 3020LD	4	4

续表 1

件号	图号 / 标准	名称及规格	数量	
			转辙器用	辙叉用
12	DIN 985/ISO 10512	自锁螺母 M16×1.5−8	4	4
13	ISO 8675	薄螺母 M13×1.5-8 外部尺寸按照 M20 SW=30	4	4
14	DIN 25201	自锁垫圈 16（对）（外径为 25.4 mm）	4	4
15	DIN 25201	自锁垫圈 16（对）（外径为 30.7 mm）	4	4
16	CN−60−528	锁紧板 Sb3	4	4
17	ISO 1234	开口销 8×63	4	4
18	CN−60−529	螺 栓 Uws 7 带螺母	2	2
19	CN−60−530	锁紧板 Si 7	2	2
20	CN−60−531	垫 片 Ub 78	2	2
21	ISO 1234	开口销 6.3×40	2	2
22	ISO 8740	槽 销 10×40		4
23	CN−60−533	调整垫圈 Ds 2		2

3D 型 HRS 锁闭装置 BKL80 组装
图　号：CN－60－539

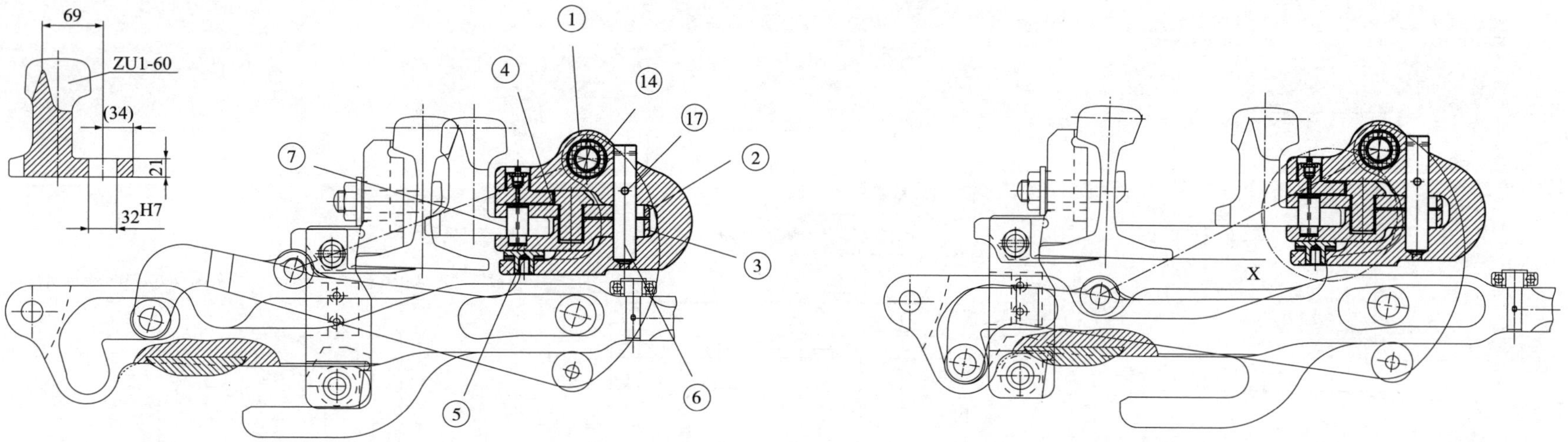

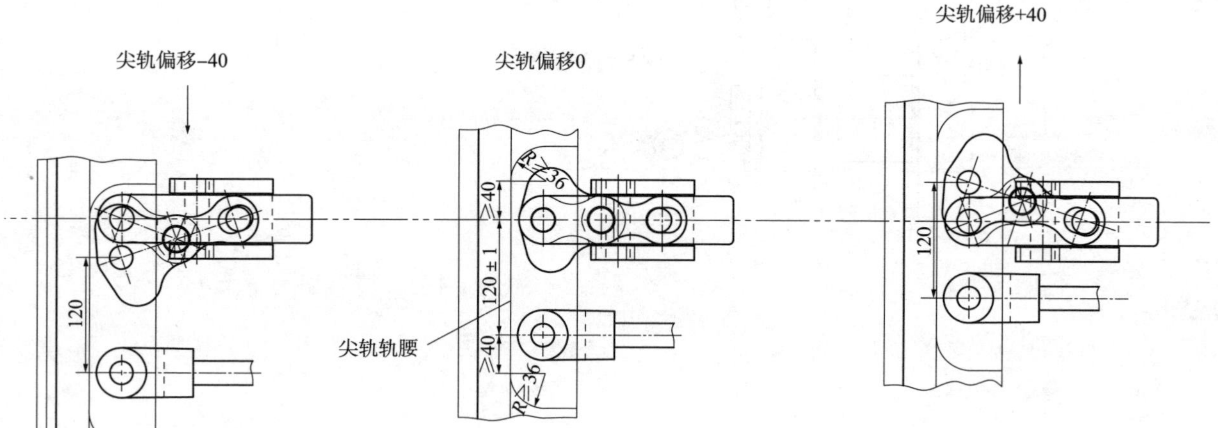

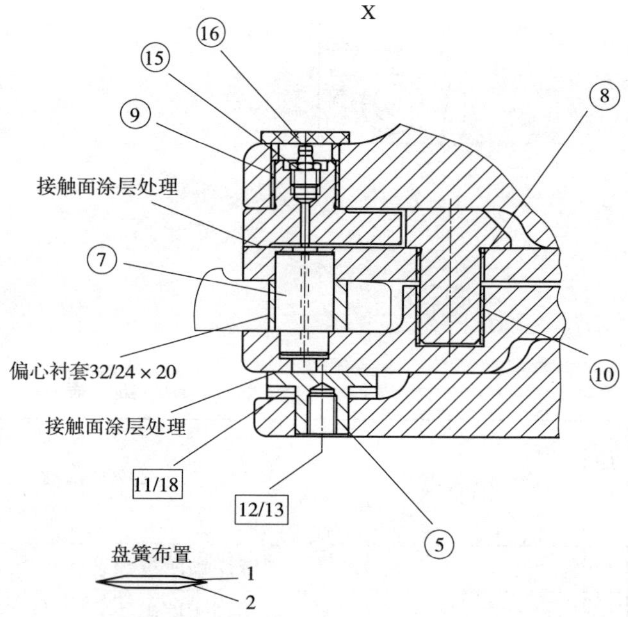

注意！

组装之前润滑所有的滑动部件！

表 1　明　细　表

件号	图号及标准	名称及规格	数量 (1 套 HRS)
1	CN－60－511	夹　柄	2
2	CN－60－513	支撑板上	2
3	CN－60－512	支撑板下	2
4	CN－60－514	连接元件	2
5	CN－60－515	张紧元件	2
6	CN－60－516	连接销栓　Vbo1	2
7	CN－60－517	连接销栓　Vbo2	2
8	ISO 3547	滑动轴承衬套　PAP 251 5P20	2
9	ISO 3547	滑动轴承衬套　PAP 2520 P20	2

续表 1

件号	图号及标准	名称及规格	数量 (1 套 HRS)
10	ISO 3547	滑动轴承衬套　PAP 2525 P20	2
11	DIN 2093	盘　簧　45.0 × 22.4 × 1.25C	4
12	EN 24017	六角螺栓　M12 × 18－8.8	2
13	ISO 7094	垫　圈　13.5/44	2
14	CN－60－536	弹性辊轮　ELR1	2
15	DIN 71412	润滑脂盖　M10 × 1	2
16	ISO 7089	塑料盖	2
17	ISO 8752	弹性圆柱销　8 × 50	2
18	ISO 7094	调整垫圈　ϕ45/23	2

辙叉区域 HRS 锁闭装置组装

图 号：CN-60-540

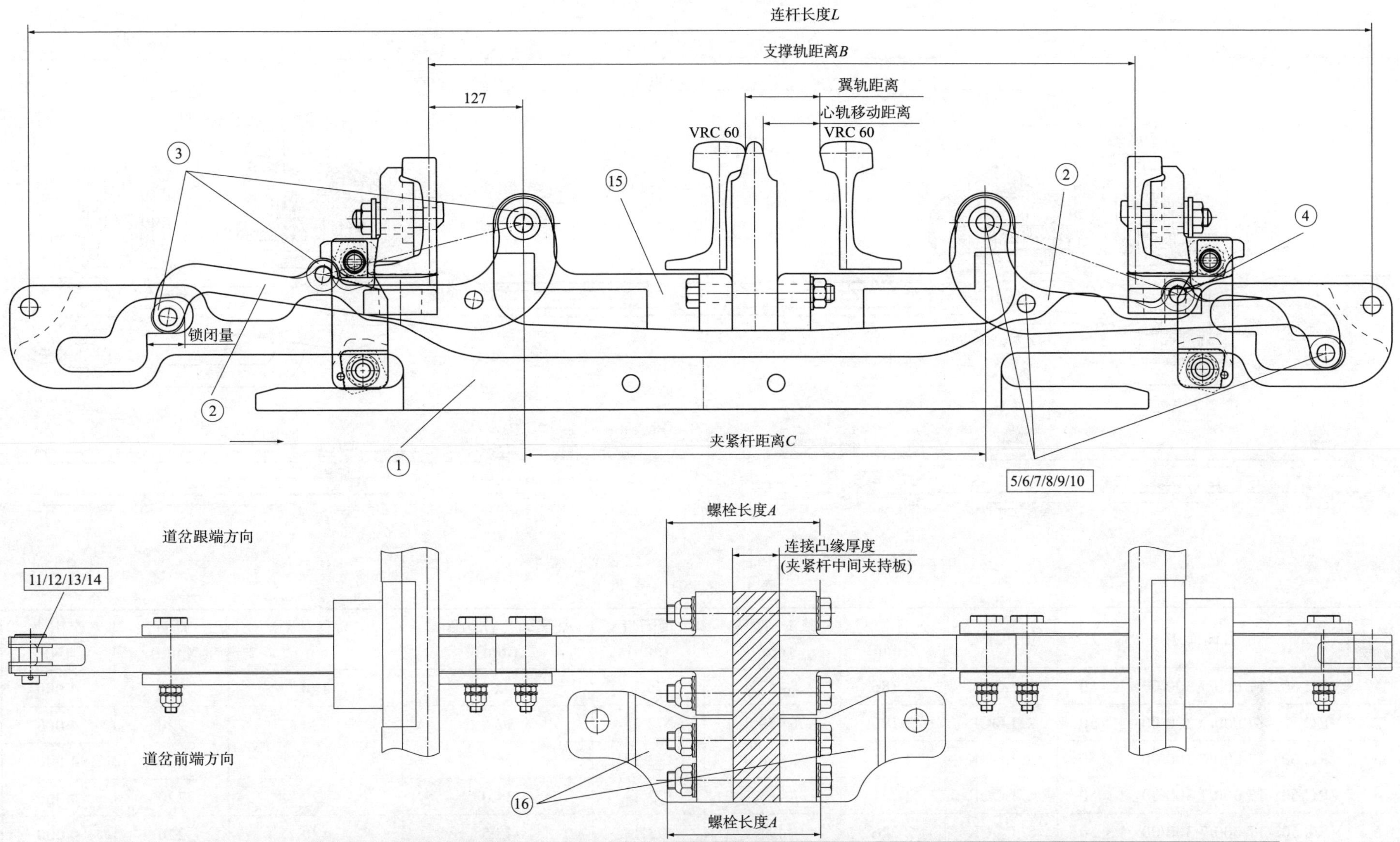

		连杆长度 L(mm)	锁闭量 (mm)	翼轨距离 (mm)	心轨移动距离 (mm)	动程 (mm)	螺栓长度 A(mm)	支撑轨距离 (mm)	夹紧杆距离 (mm)	连接凸缘厚度 (mm)	牵引力 (N)	运行序号
SNC VRC60－1：42	1. LOCK	1827.4	51.2	108.9	94.6	240	190	968.9	620	50	4000	1
	2. LOCK	1864.8	50.0	146.3	71.1	220	210	965.4	640	70	6000	2
	3. LOCK	1878.8	34.5	294.6	37.1	150	260	981.4	690	120	6000	3
SNC VRC60－1：18	1. LOCK	1834.0	51.5	98.2	72.7	220	210	964.6	632.4	62.4	4000	1
	2. LOCK	1844.0	32.5	251.3	38.0	150	230	952.0	656.0	86.0	6000	2

表 1 明 细 表

件号	图号 / 标准	名称及规格	数量
1	CN－6142AS－572/582/592/…	连 杆	1
2	CN－6100AS－571/…	夹板左 / 右	4
3	CN－60－536	弹性辊轮 ELR1	6
4	CN－60－509	夹紧螺栓 Klb2	2
5	CN－60－510	夹紧螺栓 Klb3	6
6	DIN 25201	自锁垫圈 16（对）（外径为 30.7 mm）	6
7	DIN EN 24036/ISO 8675	薄螺母 M16 × 1.5-8	6
8	DIN 25201	自锁垫圈 16（对）（外径为 25.4 mm）	6

续表 1

件号	图号 / 标准	名称及规格	数量
9	DIN 985/ISO 10512	自锁螺母 M16 × 1.5-8	6
10	ISO 8752	弹性圆柱销 8 × 14-s	6
11	EN 22341/DIN 1444B	开口销栓 ϕ24 × 65B	1
12	ISO 7089	垫 圈 44 × 25 × 4	1
13	ISO 1234	开口销 6.3 × 40	1
14	CN－60－525	绝缘组件 lb14 和 lsb14	1
15	CN－60－521	夹紧杆	2
16	CN－60－523－1/…	连接柄（检测杆）R/L	2

转辙器区域 HRS 锁闭装置组装

图　号：CN－60－542

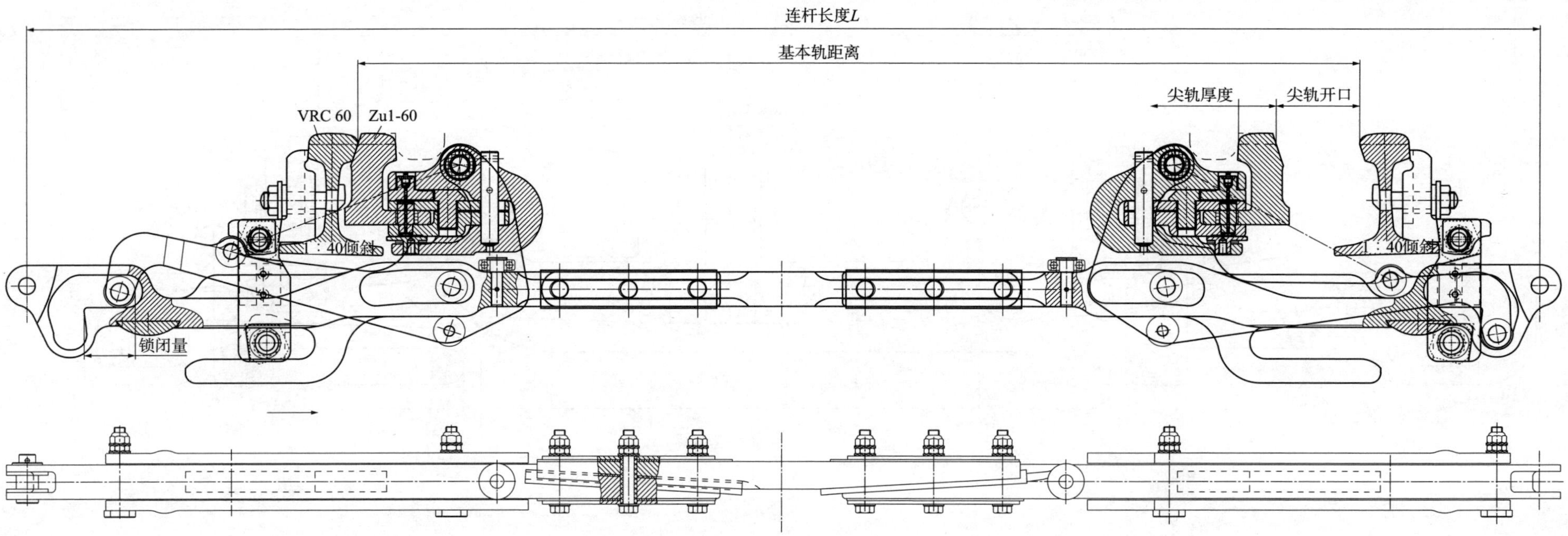

表 1　明　细　表

运行序号	名称描述	锁闭序号	连杆长度 L(mm)	基本轨距离 (mm)	锁闭量 (mm)	基尖轨工作边距离 (mm)	尖轨移动距离 (mm)	动程 (mm)	牵引力 (N)
1	VRC 60－17 000/7 300/00－1：50	1. LOCK	2 186	1 447.4	73.1	0.64	120	220	4 000
2	VRC 60－17 000/7 300/00－1：50	2. LOCK	2 196	1 459.8	73.1	12.8	120	220	4 000
3	VRC 60－17 000/7 300/00－1：50	3. LOCK	2 211	1 476.0	73.1	26.1	120	220	4 000
4	VRC 60－17 000/7 300/00－1：50	4. LOCK	2 221	1 483.1	73.1	34.4	120	220	4 000
5	VRC 60－17 000/7 300/00－1：50	5. LOCK	2 226	1 491.4	73.1	45.5	120	220	4 000
6	VRC 60－17 000/7 300/00－1：50	6. LOCK	2 241	1 502.6	73.4	59.3	120	220	4 000
7	VRC 60－17 000/7 300/00－1：50	7. LOCK	2 258.9	1 519.4	75.7	78.8	114	220	4 000
8	VRC 60－17 000/7 300/00－1：50	8. LOCK	2 301.3	1 538.9	50.8	100.9	75	150	4 000
9	VRC 60－10 119/4 100/00－1：42	1. LOCK	2 180.3	1 443.7	73.1	0.8	120	220	4 000
10	VRC 60－10 119/4 100/00－1：42	2. LOCK	2 197.0	1 460.4	73.1	15.2	120	220	4 000
11	VRC 60－10 119/4 100/00－1：42	3. LOCK	2 218.1	1 481.5	73.1	31.8	120	220	4 000
12	VRC 60－10 119/4 100/00－1：42	4. LOCK	2 229.3	1 492.7	73.1	46.6	120	220	4 000
13	VRC 60－10 119/4 100/00－1：42	5. LOCK	2 253.1	1 512.2	75.5	69.6	114	220	4 000
14	VRC 60－10 119/4 100/00－1：42	6. LOCK	2 302.0	1 541.0	53.6	102	72	150	4 000
15	VRC 60－1 100－1：18	1. LOCK	2 181	1 444.6	73.1	5.6	120	220	4 000
16	VRC 60－1 100－1：18	2. LOCK	2 225	1 486.7	74.3	37.8	114	220	4 000
17	VRC 60－1 100－1：18	3. LOCK	2 296.3	1 530.9	53.1	87.9	72	150	4 000

54. 60 kg/m 钢轨 18 号单开道岔(无砟)
设计图号：CN－6118AS

道岔允许通过速度	客车	轴重 17 t：$v_{直}$≤350 km/h；$v_{侧}$≤80 km/h		扣件类型	SKL12弹条
	货车	轴重 23 t：$v_{直}$≤120 km/h；$v_{侧}$≤80 km/h		轨底坡	1：40
转辙器跟端形式	■限位器 □间隔铁 □不设传力机构 □间隔铁活接头			锁闭方式	HRS 锁闭装置
道岔全长	69 000	辙叉全长	15 014	辙叉类型	可动心轨辙叉
道岔前长	31 729	辙叉趾长	3 402	辙叉角	3°10′47.4″
道岔后长	37 271	辙叉跟长	11 612	翼轨轨型	60 kg/m
尖轨长度	22 012	基本轨长度	24 596	直向护轨长度	—
尖轨轨型	60AT3			侧向护轨长度	—
尖轨尖端前基本轨长度			2 584	护轨轨型	—
辙叉理论尖端距趾端方向前一根岔枕中心距离			—	导曲线半径	1 099.282 5 m
尖轨尖端至心轨实际尖端距离	53 347	侧向护轨端头距导轨端头定位尺寸			—
道岔终端至末根岔枕中心距离	10 482	直向护轨端头距导轨端头定位尺寸			—

降低值	直线尖轨			曲线尖轨			心轨（以抬高翼轨为基准）		
	断面宽	距尖端距离	降低值	断面宽	距尖端距离	降低值	断面宽	距实际尖端距离	降低值
	20	3 022	5.8	20	3 022	5.8	0	0	17.5
	34	5 168	0.3	34	5 168	0.3	55	1 348	2.7
	54	8 300	0	54	8 300	0	96.3	2 496	0

最大构造加宽	15	测量位置	转辙器 12 号枕附近（距基本轨前端 6 984 处）		
岔枕图号 雷达 2000 岔枕	岔枕总数	189 根	岔枕展延长 444.389 m	套管总数	772 个（基板用）
转换设备图号 （详见电务图纸目录）	尖轨动程	120、114、72		心轨动程	73、38
批准文号	—			应用情况	★★★
主要结构特点	1. 转辙器采用 FAKOP 结构。 2. 尖轨锻压后跟端不扭 1：40 斜。 3. 心轨前端为整体结构，采用与钢轨同一材质的钢坯经机械加工后与心轨后段 2 根叉跟连接轨拼焊。 4. 岔枕按扇形布置，非垂直于正线方向，短岔枕垂直于钢轨布置。				

60 kg/m 钢轨 18 号单开道岔设计说明
图　号：CN－6118AS

一、本设计由BWG设计图纸转化为CNTT图纸。

二、图纸内容。

1. 线形图；
2. 总布置图：单开道岔和5.0 m、4.8 m及4.6 m间距单渡线；
3. 转辙器布置图；
4. 可动心轨辙叉布置图；
5. 岔枕相关图；
6. 桥上板式道岔基板紧固系统；
7. 电务部分图纸。

三、道岔容许通过速度。

道岔直向：客车最高速度350 km/h(+10%)，客车轴重：≤170 kN；货车最高速度120 km/h(+10%)，货车轴重：≤230 kN。

道岔侧向：v_d=80 km/h。

四、转辙器的结构特征。

1. 转辙器采用FAKOP®结构，最大轨距加宽15 mm；
2. 基本轨采用中国60 kg/m标准断面形式钢轨；
3. 尖轨采用特种断面60E1A1(即Zul－60)钢轨，通长加工1：40轨顶坡，锻压后跟不扭1：40斜；
4. 基本轨、尖轨均采用R350HT硬头轨制造；
5. 尖轨跟端采用限位器结构；
6. 转辙器设置3个牵引点，采用HRS锁闭装置。

五、可动心辙叉的结构特征。

1. 心轨前段为整体结构，采用与钢轨同一材质的钢坯经机械加工后与心轨后段2根叉跟连接轨拼焊。叉跟连接轨采用中国60 kg/m标准断面R350HT钢轨；
2. 翼轨用60 kg/m标准断面R350HT钢轨制作，翼轨最大竖向抬高2.3 mm；
3. 叉跟尖轨由2段焊接而成，其中前段为60E1F1钢轨，后段为60 kg/m标准断面R350HT钢轨；
4. 道岔为单肢弹性可弯结构，跟端采用连接间隔铁结构；
5. 辙叉设置2个牵引点，采用HRS锁闭装置，牵引杆件从翼轨轨底牵引心轨；
6. 辙叉预留下拉装置安装位置，是否安装下拉装置根据合同要求。

六、弹性基板支座(ERL)。

垫板采用弹性基板支座，支撑点的标准刚度为17.5 kN/mm。

七、轨向和高低的调整。

1. 轨向通过更换调整锥套进行调整，调整量为±9 mm；
2. 高低通过调高垫片进行调整，调整量为－4～+26 mm，最大调整量为50 mm。

八、轨下基础。

1. 轨下基础按岔枕结构设计，可采用板式结构；
   路基上采用板式结构时，注意岔枕螺栓长度会有所不同；
   桥上采用板式结构时，道岔基板紧固系统增加绝缘保护，按图纸CN－6100AS－199。
2. 岔枕长度超过3 310 mm的长岔枕采用长、短枕式结构；
   岔枕按扇形布置，非垂直于正线方向，短岔枕垂直于钢轨布置。

60 kg/m 钢轨 18 号单开道岔图纸目录（工务）
图　号：CN－6118AS

图纸名称	图　　号
1. 线形图	
60 kg/m 钢轨 18 号道岔线形图	CN－6118A0－000
2. 布置图	
60 kg/m 钢轨 18 号单开道岔总布置图	CN－6118AS－001
60 kg/m 钢轨 18 号 5.0 m 渡线布置图	CN－6118AS－041
60 kg/m 钢轨 18 号 4.6 m 渡线布置图	CN－6118AS－043
60 kg/m 钢轨 18 号 4.8 m 渡线布置图	CN－6118AS－044
3. 转辙器区域	
60 kg/m 钢轨 18 号单开道岔转辙器布置图	CN－6118AS－200
60 kg/m 钢轨 18 号单开道岔转辙器部件表	CN－6118AS－200－1
4. 辙叉区域	
60 kg/m 钢轨 18 号单开道岔可动心轨辙叉布置图	CN－6118AS－300
60 kg/m 钢轨 18 号单开道岔可动心轨辙叉部件表	CN－6118AS－300－1
5. 岔枕相关图纸	
雷达 2000 岔枕紧固系统	CN－6100AS－150
道岔左右开岔枕布置	CN－6100A0－801
6. 桥上用板式道岔	
桥上道岔用弹性基板绝缘紧固系统	CN－6100AS－199
7. 跳线孔图	
18 号道岔跳线及并联线孔布置图	CN－0091－012

总布置图明细表

序号	图号 / 标准	名称及规格	材料及等级	单　位	数　量
1	CN－6118AS－200	转辙器		组	1
2	CN－6118AS－300	可动心轨辙叉		组	1
3	TB/T 3276	导　轨　29 413	根据合同	根	1
4	TB/T 3276	导　轨　29 403	根据合同	根	1
5	TB/T 3276	导　轨　29 378	根据合同	根	1
6	TB/T 3276	导　轨　21 577	根据合同	根	1
7	TB/T 3276	导　轨　14 979	根据合同	根	1
8	TB/T 3276	导　轨　22 762	根据合同	根	1
9	CN－6034－001	硫化基板　FURp 206－40	Q345D+ 橡胶	块	236
10	CN－60－400	硫化基板　FCRp 1 401L	Q345D+ 橡胶	块	1
11	CN－60－400	硫化基板　FCRp 1 401R	Q345D+ 橡胶	块	1
12	CN－60－400	硫化基板　FCRp 1 402L	Q345D+ 橡胶	块	1
13	CN－60－400	硫化基板　FCRp 1 402R	Q345D+ 橡胶	块	1
14	CN－60－400	硫化基板　FCRp 1 403L	Q345D+ 橡胶	块	1
15	CN－60－400	硫化基板　FCRp 1 403R	Q345D+ 橡胶	块	1
16	CN－60－400	硫化基板　FCRp 1 404L	Q345D+ 橡胶	块	1
17	CN－60－400	硫化基板　FCRp 1 404R	Q345D+ 橡胶	块	1
18	CN－60－400	硫化基板　FCRp 1 405L	Q345D+ 橡胶	块	1
19	CN－60－400	硫化基板　FCRp 1 405R	Q345D+ 橡胶	块	1
20	CN－60－400	硫化基板　FCRp 1 406L	Q345D+ 橡胶	块	1
21	CN－60－400	硫化基板　FCRp 1 406R	Q345D+ 橡胶	块	1
22	CN－60－400	硫化基板　FCRp 1 407L	Q345D+ 橡胶	块	1
23	CN－60－400	硫化基板　FCRp 1 407R	Q345D+ 橡胶	块	1
24	CN－60－400	硫化基板　FCRp 1 408L	Q345D+ 橡胶	块	1
25	CN－60－400	硫化基板　FCRp 1 408R	Q345D+ 橡胶	块	1
26	CN－60－400	硫化基板　FCRp 1 409L	Q345D+ 橡胶	块	1
27	CN－60－400	硫化基板　FCRp 1 409R	Q345D+ 橡胶	块	1
28	CN－60－400	硫化基板　FCRp 1 410L	Q345D+ 橡胶	块	1
29	CN－60－400	硫化基板　FCRp 1 410R	Q345D+ 橡胶	块	1
30	CN－60－400	硫化基板　FCRp 1 411L	Q345D+ 橡胶	块	1
31	CN－60－400	硫化基板　FCRp 1 411R	Q345D+ 橡胶	块	1
32	CN－60－400	硫化基板　FCRp 1 412L	Q345D+ 橡胶	块	1
33	CN－60－400	硫化基板　FCRp 1 412R	Q345D+ 橡胶	块	1
34	CN－60－400	硫化基板　FCRp 1 413L	Q345D+ 橡胶	块	1
35	CN－60－400	硫化基板　FCRp 1 413R	Q345D+ 橡胶	块	1

续上表

序号	图号 / 标准	名称及规格	材料及等级	单　位	数　量
36	CN-60-400	硫化基板　FCRp 1 414L	Q345D+ 橡胶	块	1
37	CN-60-400	硫化基板　FCRp 1 414R	Q345D+ 橡胶	块	1
38	CN-60-400	硫化基板　FCRp 1 415L	Q345D+ 橡胶	块	1
39	CN-60-400	硫化基板　FCRp 1 415R	Q345D+ 橡胶	块	1
40	CN-60-400	硫化基板　FCRp 1 416L	Q345D+ 橡胶	块	1
41	CN-60-400	硫化基板　FCRp 1 416R	Q345D+ 橡胶	块	1
42	CN-60-400	硫化基板　FCRp 1 501	Q345D+ 橡胶	块	1
43	CN-60-400	硫化基板　FCRp 1 502	Q345D+ 橡胶	块	1
44	CN-60-400	硫化基板　FCRp 1 503	Q345D+ 橡胶	块	1
45	CN-60-400	硫化基板　FCRp 1 504	Q345D+ 橡胶	块	1
46	CN-60-400	硫化基板　FCRp 1 505	Q345D+ 橡胶	块	1
47	CN-60-400	硫化基板　FCRp 1 506	Q345D+ 橡胶	块	1
48	CN-60-400	硫化基板　FCRp 1 507	Q345D+ 橡胶	块	1
49	CN-60-400	硫化基板　FCRp 1 508	Q345D+ 橡胶	块	1
50	CN-60-400	硫化基板　FCRp 1 509	Q345D+ 橡胶	块	1
51	CN-0023-001	连接板　VL3	Q345D	块	50
52	CN-0053-004	垫　圈　Lsch 3	Q345D	块	100
53	CN-0053-005	垫　圈　Lsch 4	Q345D	块	100
54	CN-0053-006	套　管　Lar 2	Q345D	块	100
55	CN-0013-001	轨下胶垫　Zw 692-0	EVA	片	236
56	CN-0013-002	轨下胶垫　Zw 60-40	EVA	片	82
57	CN-0011-001	调高垫片　Upf 6-1	PA 6 GF30	片	472
58	CN-0011-001	调高垫片　Upf 6-4	PA 6 GF30	片	4
59	CN-0011-001	调高垫片　Upf 6-5	PA 6 GF30	片	26
60	CN-0011-001	调高垫片　Upf 6-6	PA 6 GF30	片	30
61	CN-0011-001	调高垫片　Upf 6-7	PA 6 GF30	片	22
62	CN-0011-001	调高垫片　Upf 2-5	PA 6 GF30	片	6
63	CN-0011-001	调高垫片　Upf 2-6	PA 6 GF30	片	6
64	CN-0011-001	调高垫片　Upf 2-7	PA 6 GF30	片	6
65	CN-0012-001	调整锥套　Ek 2-0	PA6.6	个	554
66	CN-0038-001	盖　板　Ka 10	Q345D	块	554
67	CN-0054-001	盘　簧　54.0 × 30.5 × 2.92		对	1108
68	ISO 4014(GB/T 5782)	六角螺栓　M27 × 235	8.8	根	554
69	CN-0056-001	弹　条　SKl 12		个	628
70	CN-0053-001	垫　圈　Uls 6	Q345	个	636
71	CN-0051-001	T 型螺栓 + 螺母　Hs32-55	8.8/8	套	636
72	CN-0056-002	弹　条　Usk 2		个	8

转辙器明细表					
序号	图号 / 标准	名称及规格	材料及等级	单位	数量
1	CN－6118A0－220/221	基本轨　24 596 Rl(Lr 对称制造)	R350HT	根	1
2	CN－6118A0－220/221	基本轨　24 596 Rr (L1 对称制造)	R350HT	根	1
3	CN－6118A0－230/231	尖　轨　22 012 Rl (Lr 对称制造)	R350HT	根	1
4	CN－6118A0－230/231	尖　轨　22 012 Rr (Ll 对称制造)	R350HT	根	1
5	CN－6034－001	硫化基板　FCRp 206－40	Q345D+ 橡胶	块	8
6	CN－6035－002	硫化基板　FURg 33－40	Q345D+ 橡胶	块	56
7	CN－6035－001	硫化基板　FURg 35.5	Q345D+ 橡胶	块	12
8	CN－6035－003	硫化基板　FURp 1 101	Q345D+ 橡胶	块	2
9	CN－60－400	硫化基板　FCRp 1 201L	Q345D+ 橡胶	块	1
10	CN－60－400	硫化基板　FCRp 1 201R	Q345D+ 橡胶	块	1
11	CN－60－400	硫化基板　FCRp 1 A01L	Q345D+ 橡胶	块	1
12	CN－60－400	硫化基板　FCRp 1 A01R	Q345D+ 橡胶	块	1
13	CN－6034－003	滑床台板　CRg 33.2－40	Q345D	块	56
14	CN－0038－002	弹性压簧　USf 1	50CrV4	根	136
15	CN－0013－003	轨下胶垫　Zw 9	EVA	片	56
16	CN－0011－001	调高垫板　Upf 6－3	PA6 GF30	片	136
17	CN－0013－001	轨下胶垫　Zw 692－0	EVA	片	66
18	CN－6034－002	滑床台板　CRg 35.6－40	Q345D	块	12
19	CN－6034－005	拼接板　VI 4－0	Q345D+ 橡胶	块	12
20	CN－0013－003	胶　垫　Zw 4P	EVA	片	24
21	CN－0013－002	轨下胶垫　Zw 60－40	EVA	片	16
22	CN－60S－260	辊　轮　CZr 1eV	组件	套	2
23	CN－60S－260	辊　轮　CZr 2e 11－00	组件	套	4
24	CN－60S－260	辊　轮　CZr 3e 11－00	组件	套	6
25	CN－6034－011	台　板　CRp 1 101.2 L	Q345D	块	1
26	CN－6034－011	台　板　CRp 1 101.2 R	Q345D	块	1
27	CN－0038－005	弹性压簧　Spf 2	50CrV4	根	4
28	CN－6034－012	调整片　CAgb 3	DX51D	片	2
29	CN－0011－001	调高垫片　Upf 6－5	PA6 GF30	片	4
30	CN－0013－004	轨下胶垫　Zw 200/185 × 48 × 6	EVA	片	2
31	CN－6100A0－240	顶　铁　UZs 83	C60	个	8
32	CN－0036－009	钢轨垫圈　Cuul 1	Q275	个	36
33	ISO 7090	平垫圈　B28 200HV 4mm		个	44
34	CN－0052－002	自锁六角螺母　SMs 2－8	8	个	40

续上表

序号	图号 / 标准	名称及规格	材料及等级	单位	数量
35	CN－6100A0－241	顶　铁　CZs 205	QT400－18L	个	24
36	ISO 4014(GB/T 5782)	六角螺栓　M27 × 100	8.8	根	24
37	ISO 4014(GB/T 5782)	六角螺栓　M27 × 140	8.8	根	4
38	CN－0036－002	钢轨垫圈　SUl 2	Q275	个	2
39	CN－6041－001	限位器销　UWz1	C35	个	2
40	CN－6041－002	限位器叉　UWg1	C35	个	2
41	ISO 4014(GB/T 5782)	六角螺栓　M27 × 120	8.8	根	4
42	CN－0011－001	调高垫片　Upf 6－1	PA6 GF30	片	16
43	CN－0012－001	调整锥套　Ek 2－0	PA6.6	个	164
44	CN－0038－001	盖　板　Ka 10	Q345D	块	164
45	CN－0054－001	盘　簧　54.0 × 30.5 × 2.92		对	328
46	ISO 4014(GB/T 5782)	六角螺栓　M27 × 235	8.8	根	164
47	CN－0056－001	弹　条　SKl 12		个	106
48	CN－0053－001	垫　圈　Uls 6	Q345	个	106
49	CN－0051－001	T 型螺栓 + 螺母　Hs32－55	8.8/8	套	104
50	CN－0051－001	T 型螺栓 + 螺母　Hs32－130	8.8/8	套	2
51	CN－0011－001	调高垫片　Upf 6－4	PA6 GF30	片	8
52	CN－0013－004	轨下胶垫　Zw 661 k	EVA	片	2

辙叉明细表

序号	图号 / 标准	名称及规格	材料及等级	单位	数量
1	CN－6118AS－320	无砟翼轨 10 251 Rl (Lr 对称制造)	R350HT	根	1
2	CN－6118AS－320	无砟翼轨 10 251 Rr (Ll 对称制造)	R350HT	根	1
3	CN－6118AS－330	无砟可动心轨 －R(可动心轨 －L 对称制造)	R350HT	根	1
4	CN－6118A0－340	岔跟尖轨 －R(岔跟尖轨 －L 对称制造)	R350HT	根	1
5	CN－60－400	硫化基板 FCRp 1 701	Q345D+ 橡胶	块	1
6	CN－60－400	硫化基板 FCRp 1 702	Q345D+ 橡胶	块	1
7	CN－60－400	硫化基板 FCRp 1 703	Q345D+ 橡胶	块	1
8	CN－60－400	硫化基板 FCRp 1 B01 as	Q345D+ 橡胶	块	1
9	CN－60－400	硫化基板 FCRp 1 B02 as	Q345D+ 橡胶	块	1
10	CN－60－400	硫化基板 FCRp 1 B03 as	Q345D+ 橡胶	块	1
11	CN－60－400	硫化基板 FCRp 1 B04 as	Q345D+ 橡胶	块	1
12	CN－60－400	硫化基板 FCRp 1 B05 as	Q345D+ 橡胶	块	1
13	CN－60－400	硫化基板 FCRp 1 B06 as	Q345D+ 橡胶	块	1
14	CN－60－400	硫化基板 FCRp 1 B07 as	Q345D+ 橡胶	块	1
15	CN－60－400	硫化基板 FCRp 1 C01 as	Q345D+ 橡胶	块	1
16	CN－60－400	硫化基板 FCRp 1 C02 as	Q345D+ 橡胶	块	1
17	CN－60－400	硫化基板 FCRp 1 C03 as	Q345D+ 橡胶	块	1
18	CN－60－400	硫化基板 FCRp 1 C04 as	Q345D+ 橡胶	块	1
19	CN－60－400	硫化基板 FCRp 1 D01R(左开时为 L)	Q345D+ 橡胶	块	1
20	CN－60－400	硫化基板 FCRp 1 E01R(左开时为 L)	Q345D+ 橡胶	块	1
21	CN－60－400	硫化基板 FCRp 1 E02R(左开时为 L)	Q345D+ 橡胶	块	1
22	CN－60－400	硫化基板 FCRp 1 E03R(左开时为 L)	Q345D+ 橡胶	块	1
23	CN－60－400	硫化基板 FCRp 1 301	Q345D+ 橡胶	块	1
24	CN－60－400	硫化基板 FCRp 1 302	Q345D+ 橡胶	块	1
25	CN－60－400	硫化基板 FCRp 1 303	Q345D+ 橡胶	块	1
26	CN－60－400	硫化基板 FCRp 1 304	Q345D+ 橡胶	块	1
27	CN－60－400	硫化基板 FCRp 1 305	Q345D+ 橡胶	块	1
28	CN－60－400	硫化基板 FCRp 206－40	Q345D+ 橡胶	块	4
29	CN－6118A0－352	间隔铁 CF12－1	Q345	块	1

续上表

序号	图号 / 标准	名称及规格	材料及等级	单位	数量
30	CN-6118A0-352	间隔铁　CF12-2	Q345	块	1
31	CN-6118A0-352	间隔铁　CF3	Q345	块	1
32	CN-6118A0-352	间隔铁　CF90	Q345	块	3
33	CN-6118A0-351	间隔铁　CF95-1	Q345	块	1
34	CN-6118A0-351	间隔铁　CF95-2	Q345	块	1
35	CN-6118A0-351	间隔铁　CF95-3	Q345	块	1
36	CN-6118A0-352	间隔铁　CF117	Q345	块	1
37	CN-60-363	顶　铁　CStue 5	Q345	块	14
38	CN-60-361	顶　铁　CStue 6-11-1	Q345	块	1
39	CN-60-361	顶　铁　CStue 6-11-2	Q345	块	1
40	CN-60-361	顶　铁　CStue 6-11-3	Q345	块	1
41	CN-60-361	顶　铁　CStue 6-11-4	Q345	块	1
42	CN-6018A0-360	顶　铁　CStp 6-11-1	Q345	块	1
43	CN-6018A0-360	顶　铁　CStp 6-11-2	Q345	块	1
44	CN-6018A0-360	顶　铁　CStp 6-11-3	Q345	块	1
45	CN-60-360	轨　撑　Cstu 7	Q345	块	10
46	CN-0013-001	轨下胶垫　Zw 692-0	EVA	片	17
47	CN-0013-002	轨下胶垫　Zw 60-40	EVA	片	4
48	ISO 4014(GB/T 5782)	六角螺栓　M27×340	8.8	根	2
49	ISO 4014(GB/T 5782)	六角螺栓　M27×320	8.8	根	2
50	ISO 4014(GB/T 5782)	六角螺栓　M27×300	8.8	根	3
51	ISO 4014(GB/T 5782)	六角螺栓　M27×260	8.8	根	2
52	ISO 4014(GB/T 5782)	六角螺栓　M27×280	8.8	根	5
53	CN-0051-001	T 型螺栓＋螺母 Hs32-55	8.8/8	套	62
54	CN-0053-001	垫　圈　Uls 6	Q345	个	62
55	CN-0056-001	弹　条　SKl 12		个	62
56	CN-0052-002	六角螺母　SMs 2	8	个	51
57	DIN 6319	球形垫圈　C31		个	16
58	DIN 6319	锥形座　D35		个	16
59	CN-0036-009	钢轨垫圈　Cuul 1	Q275	个	56

续上表

序号	图号 / 标准	名称及规格	材料及等级	单位	数量
60	CN－0053－003	垫　圈　23 × 50 × 8		个	10
61	CN－0054－002	弹簧垫圈　Fe 6		个	10
62	CN－0051－001	T 型螺栓 + 螺母　Hs32－75	8.8/8	套	10
63	ISO 4014(GB/T 5782)	六角螺栓　M27 × 51	8.8	根	20
64	DIN 25201	自锁垫圈　27 (28.4 × 42 × 6.6)		个	102
65	CN－0052－001	防转螺母　UMs 1 M27		个	20
66	ISO 4014(GB/T 5782)	六角螺栓　M27 × 120	8.8	根	36
67	CN－0036－010	钢轨垫圈　Cuul 4		个	1
68	CN－0036－019－2	钢轨垫圈　Cuul 2		个	4
69	DIN 25201	自锁垫圈　22 (23.4 × 34.5 × 3.4)		个	3
70	ISO 7042(GB/T 6185)	自锁螺母　M22		个	3
71	CN－0051－001	T 型螺栓　Hs32－85(不带螺母)	8.8	根	3
72	CN－0032－001	接头夹板　CFl 7	Q345D	块	2
73	ISO 4014(GB/T 5782)	六角螺栓　M27 × 235	8.8	根	54
74	CN－0012－001	调整锥套　Ek 2－0	PA6.6	个	54
75	CN－0038－001	盖　板　Ka 10	Q345D	块	54
76	CN－0054－001	盘　簧　54.0 × 30.5 × 2.92		对	108
77	ISO 4014(GB/T 5782)	六角螺栓　M27 × 110	8.8	根	1
78	ISO 4014(GB/T 5782)	六角螺栓　M27 × 150	8.8	根	1
79	DIN 935	六角开槽螺母　M24	8.8	个	1
80	ISO 1234(GB/T 91)	开口销　5 × 60		个	1
81	ISO 7089	垫　圈　44 × 25 × 3 200 HV	8.8	个	2
82	CN－0036－009－3	钢轨垫圈　Cuul 1－1	Q275	个	1

60 kg/m 钢轨 18 号单开道岔图纸目录(电务)
图 号：CN－6118AS

图纸名称	图号 / 标准
1. 60 kg/m 钢轨 18 号单开道岔转辙器区域转换系统安装布置图	CN－6118AS－760
2. 60 kg/m 钢轨 18 号单开道岔辙叉区域转换系统安装布置图	CN－6118AS－770
3. HRS 锁闭装置参数	CN－60－500
4. 3D 型 HRS 锁闭装置转辙器区域连杆组装	CN－60－537
5. 3D 型 HRS 锁闭装置锁闭框组装	CN－60－538
6. 3D 型 HRS 锁闭装置 BKL80 组装	CN－60－539
7. 辙叉区域 HRS 锁闭装置组装	CN－60－540
8. 转辙器区域 HRS 锁闭装置组装	CN－60－542
9. 18 号道岔跳线及并联线孔布置图	CN－0091－012

桥上道岔用弹性基板绝缘紧固系统
图　号：CN－6100AS－199

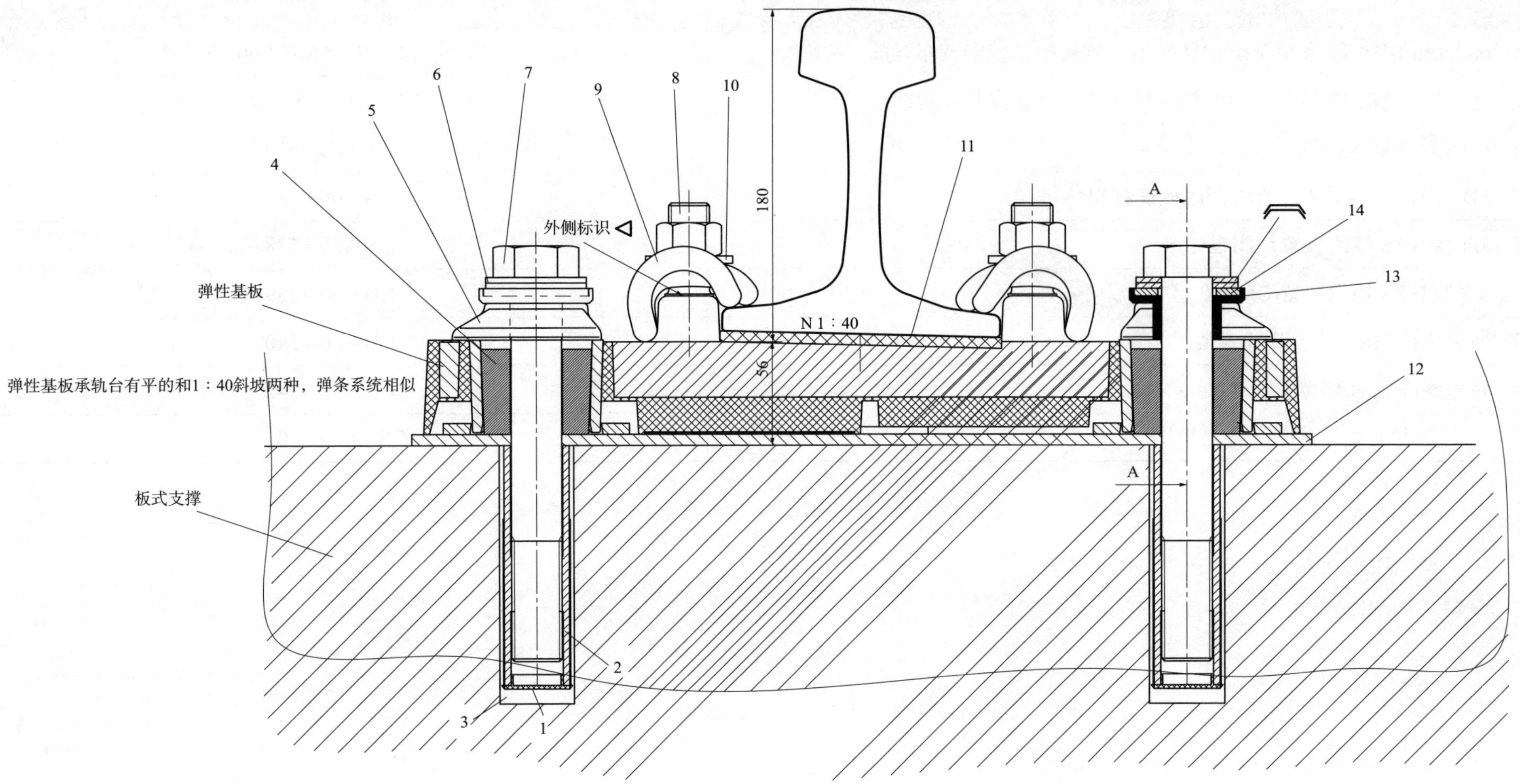

A－A 螺栓紧固系统

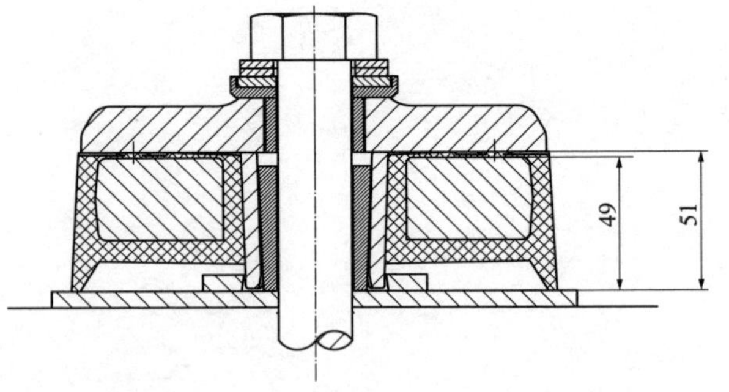

表 1　明　细　表

件号	图纸 / 标准	设计描述	材　　料	数　量
1		橡胶盖板		2
2		带内螺纹衬套　M27 × 130	8	2
3		合成砂浆　UPM 44		
4	CN－0012－001	调整锥　EK 2－0	PA 6.6	2

续表 1

件号	图纸 / 标准	设计描述	材　　料	数　量
5	CN－0038－001	盖　板　Ka 10i	Q345D	2
6	CN－0054－001	盘　簧	镀锌	4
7	ISO 4014	六角螺栓　M27 × 200	8.8 zinced	2
8	CN－0051－001	T 型螺栓及螺母　Hs 32－55	镀锌	2
9	CN－0056－001	弹　条　Skl 12		2
10	CN－0053－001	垫　圈　Uls 6		2
11	CN－0013－001	轨下胶垫　Zw 692－0		1
12	CN－0011－001	调高垫片　UpF ...6*	PA 6.6	2
13	CN－0012－009	绝缘衬套　lb 7	PA 6－GF30	2
14	ISO 7089	垫　圈　31	镀锌	2

注：* 调高垫片与弹性基板尺寸保持一致。

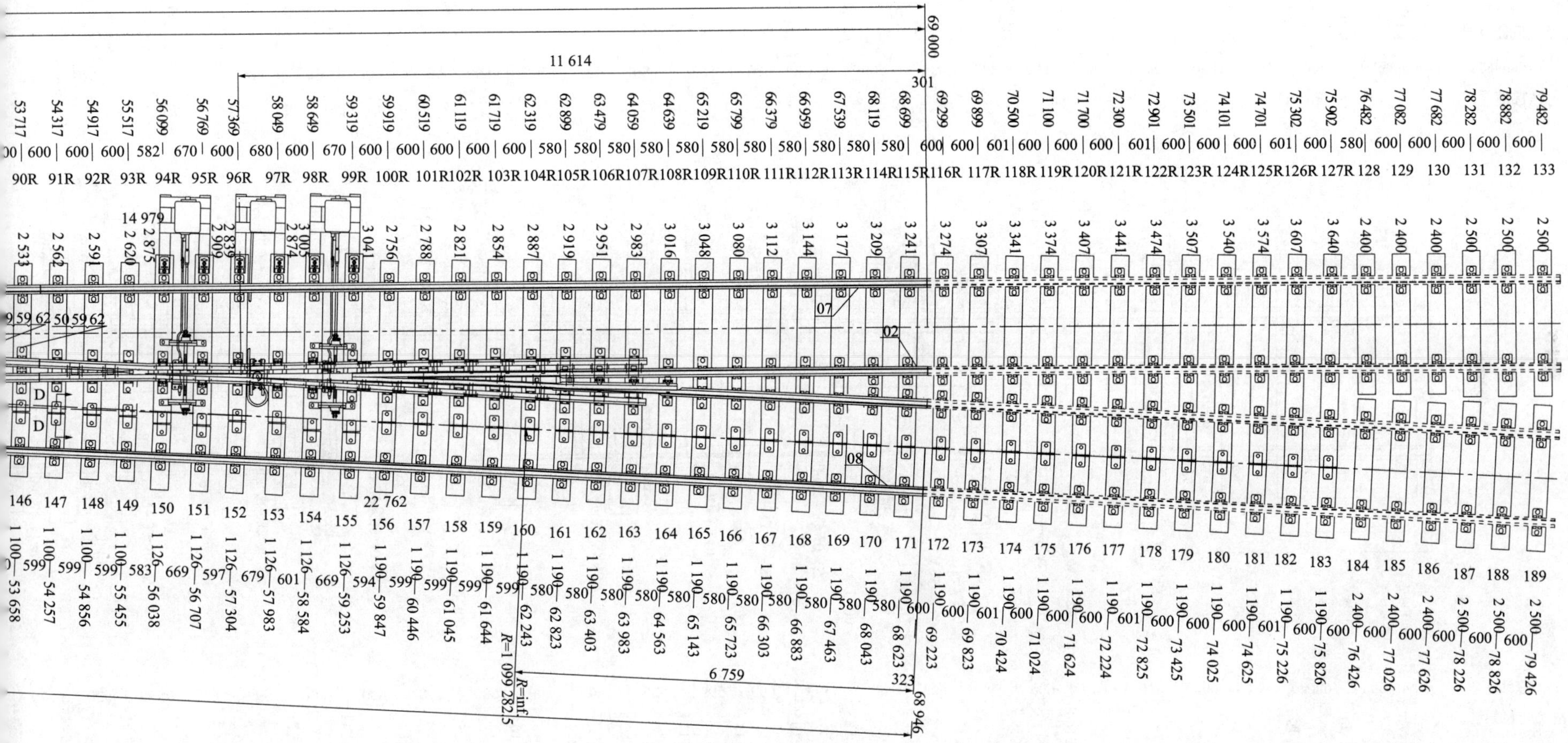

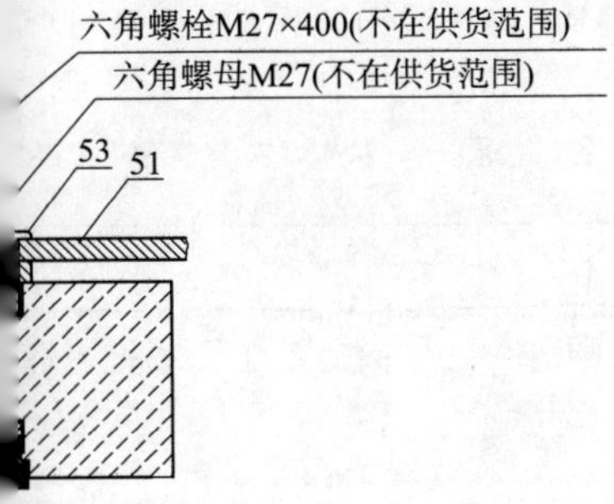

技 术 要 求

1. 站在道岔始端，面对道岔，对于 1～77 号岔枕，无论道岔开向，岔枕编号始终铺设在道岔左侧。从道岔前端向后看，可以看到岔枕侧面岔枕编号标识。岔枕 128～189 垂直于钢轨布置。
2. 可以通过调整锥 Ek 2－0…9 进行横向调整；通过调高垫片 Upf 2－…，Upf 3－…，Upf 6－… 和 Upf 10－… 进行竖向调整；通过调整片 SSp 2－SSp 4 进行轨距调整。
3. 尖轨、翼轨、心轨、叉跟尖轨设置 1∶40 轨顶坡，与导轨焊接时，调整对齐钢轨行车面，忽略轨脚的错牙。
4. I(IRJ) 表示胶接绝缘接头，胶接绝缘接头两侧基板使用弹条 Usk2 紧固。

24 600

岔枕编号	1	2	3	4	5	6	7	8	9	10	11	12	13
岔枕间距累计	308	917	1 517	2 117	2 717	3 337	3 917	4 517	5 117	5 717	6 317	6 917	7 517
岔枕间距	308	609	600	600	600	620	580	600	600	600	600	600	600

岔枕编号	14	15	16	17	18	19	20	21	22	23	24	25	26
岔枕间距累计	8 117	8 737	9 317	9 917	10 517	11 117	11 717	12 317	12 917	13 517	14 117	14 737	15 317
岔枕间距	600	620	580	600	600	600	600	600	600	600	600	620	580

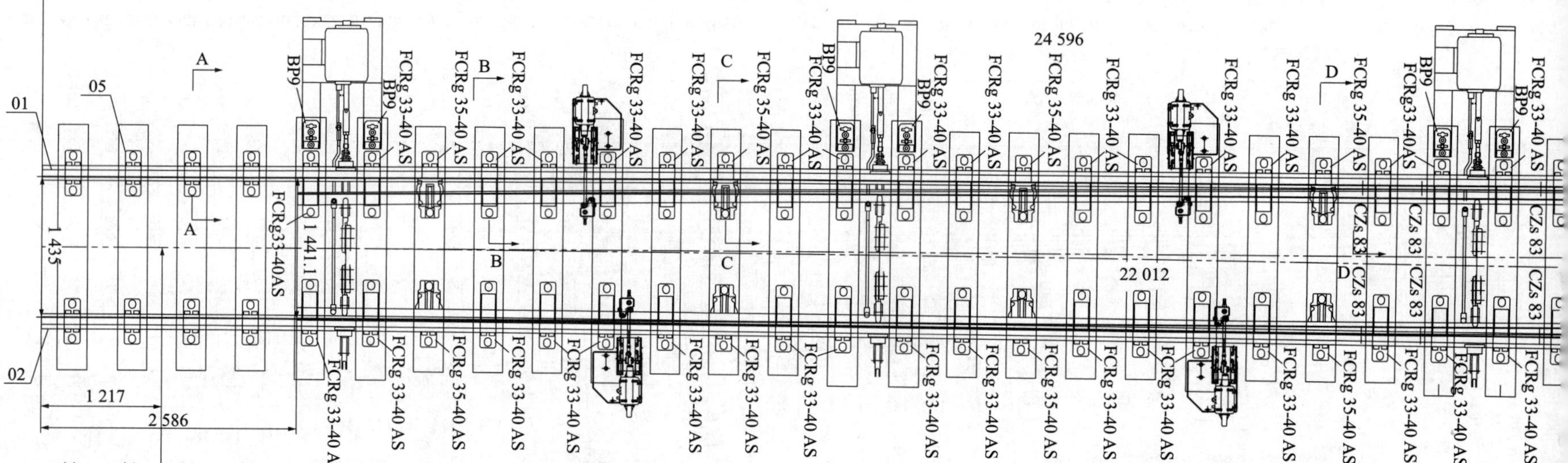

岔枕编号	1	2	3	4	5	6	7	8	9	10	11	12	13
岔枕长度	2 500	2 500	2 500	2 500	2 672	2 672	2 500	2 500	2 500	2 692	2 500	2 500	2 500
岔枕间距	309	608	600	599	600	620	579	600	599	600	600	599	600
岔枕间距累计	309	917	1 517	2 116	2 716	3 336	3 915	4 515	5 114	5 714	6 314	6 913	7 513

岔枕编号	14	15	16	17	18	19	20	21	22	23	24	25	26
岔枕长度	2 712	2 712	2 500	2 500	2 500	2 500	2 732	2 500	2 500	2 500	2 752	2 752	2 505
岔枕间距	599	620	580	599	600	599	600	600	599	600	599	620	579
岔枕间距累计	8 112	8 732	9 312	9 911	10 511	11 110	11 710	12 310	12 909	13 509	14 108	14 728	15 307

24 596

道岔始端

R=1 099 282.5

R=inf.

岔枕编号	3	4	5	6	7	8	9	10	11	12	13	14
基本轨间距离	1 435.1	1 437.9	1 442.5	1 446.6	1 451.2	1 456.4	1 461.6	1 467.4	1 473.4	1 479.3	1 482.7	1 485.1
轨距	/	/	/	1 442.7	1 443.2	1 444.1	1 445.1	1 446.6	1 448.3	1 449.8	1 449.8	1 449.2
弦线	99.9	98.7	97.0	95.2	93.6	91.9	90.1	88.4	86.7	85.2	85.2	85.8

岔枕编号	15	16	17	18	19	20	21	22	23	24	25	26
基本轨间距离	1 488.0	1 490.9	1 494.3	1 498.1	1 502.1	1 506.5	1 511.2	1 516.3	1 521.6	1 527.3	1 533.6	153…
轨距	1 448.6	1 448.1	1 447.5	1 446.9	1 446.3	1 445.7	1 445.1	1 444.5	1 443.9	1 443.4	1 442.8	144…
弦线	86.4	87.0	87.5	88.1	88.7	89.3	89.9	90.5	91.1	91.7	92.3	92.8

轨顶面下16 mm处

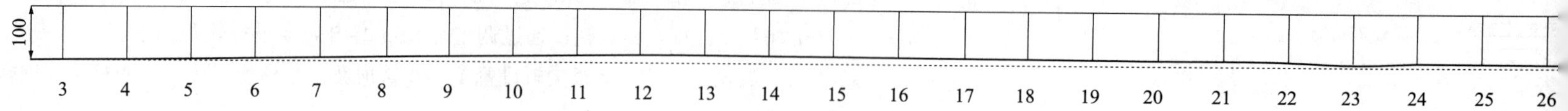

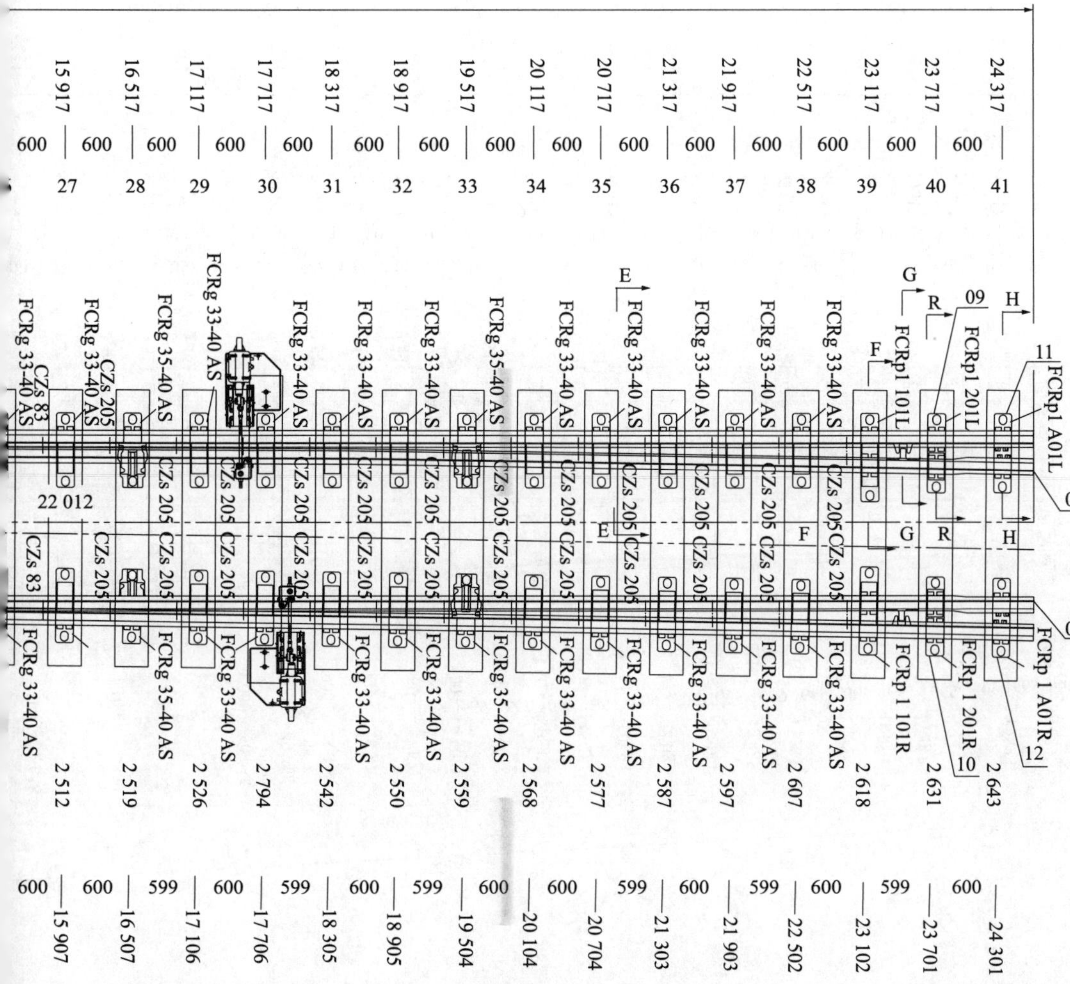

A – A

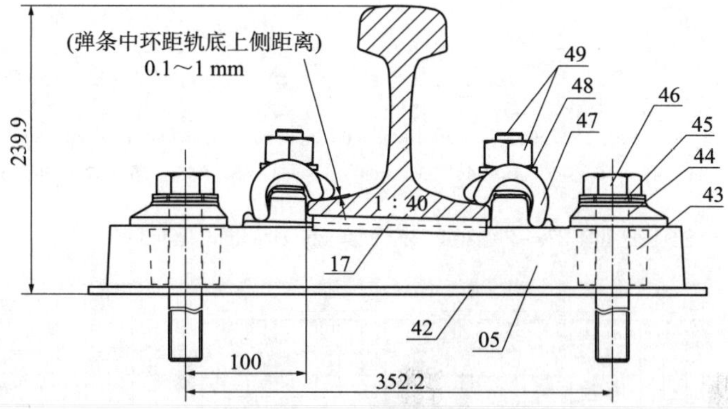

D – D

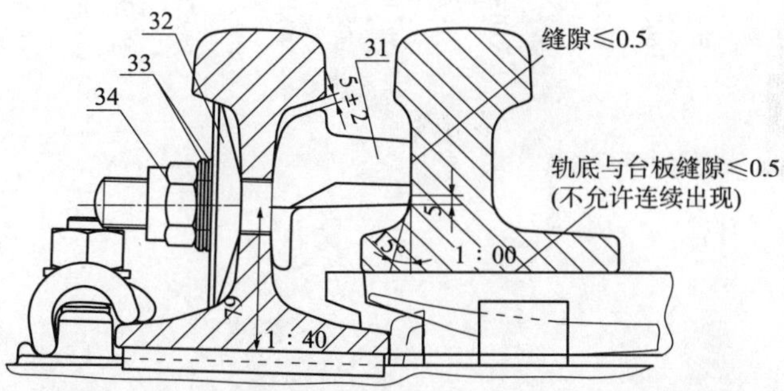

.7	1 546.6	1 553.4	1 560.7	1 568.4	1 576.4	1 584.7	1 593.4	1 602.3	1 611.6	1 621.2	1 631.2	1 641.6	1 653.0	1 665.2	1 677.6	1 690.4	1 703.5
.2	1 441.6	1 441.0	1 440.4	1 439.8	1 439.3	1 438.7	1 438.1	1 437.5	1 436.9	1 436.3	1 435.7	1 435.2	1 435.1	1 435.0	1 435.0	1 435.0	1 435.0
	93.4	94.0	94.6	95.2	95.8	96.4	97.0	97.6	98.1	98.7	99.3	99.8	100.0	100.0	100.0	100.0	100.0
	27	28	29	30	31	32	33	34	35	36	37	38	39	40	41	42	43

G – G

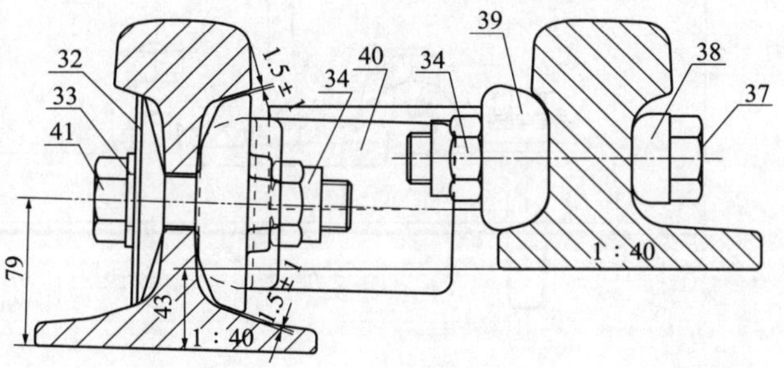

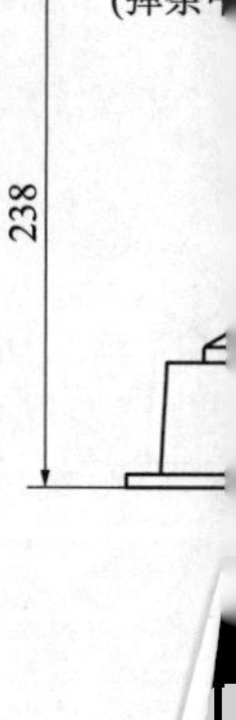

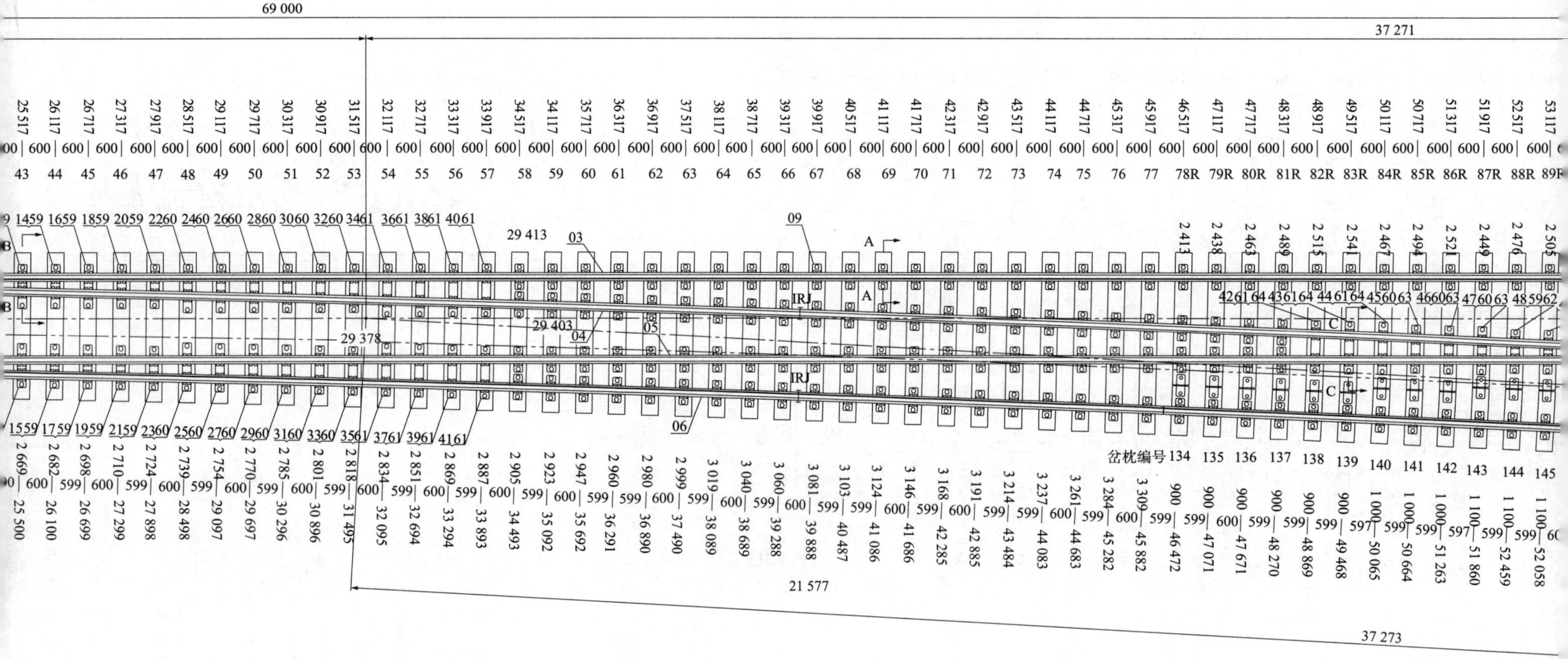

C – C

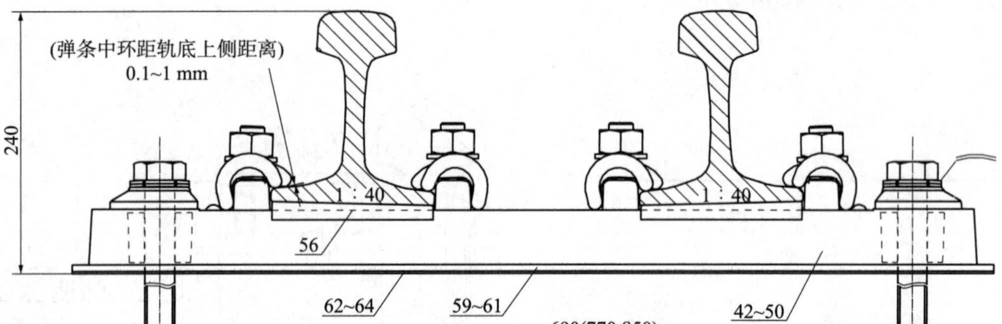

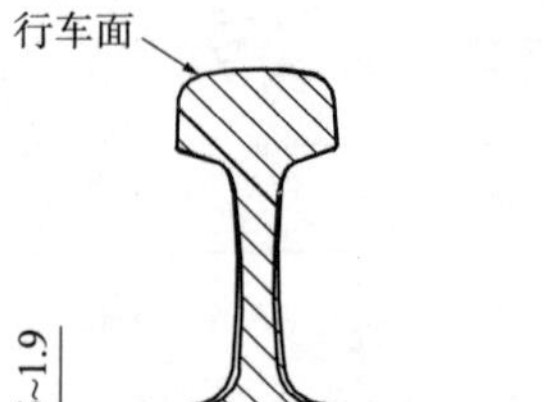

轨脚错牙示意图

D – D

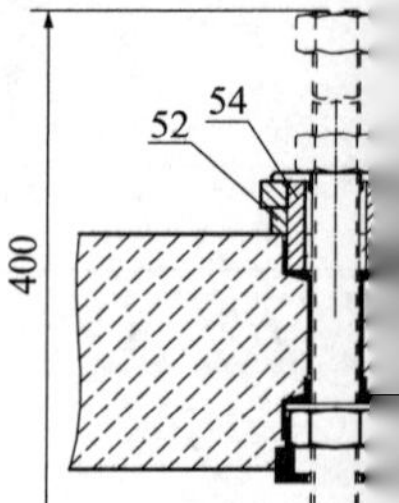

60 kg/m 钢轨 18 号单开道岔总布置图
图　号：CN－6118AS－001

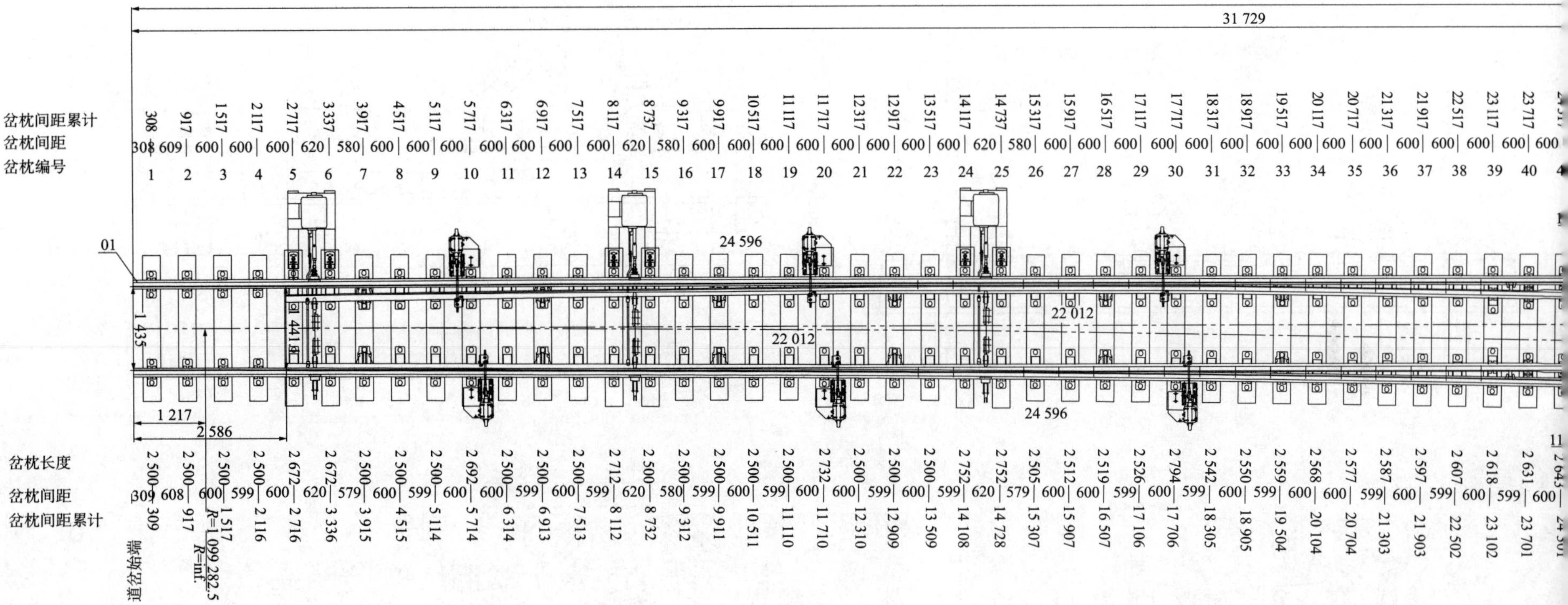

A－A

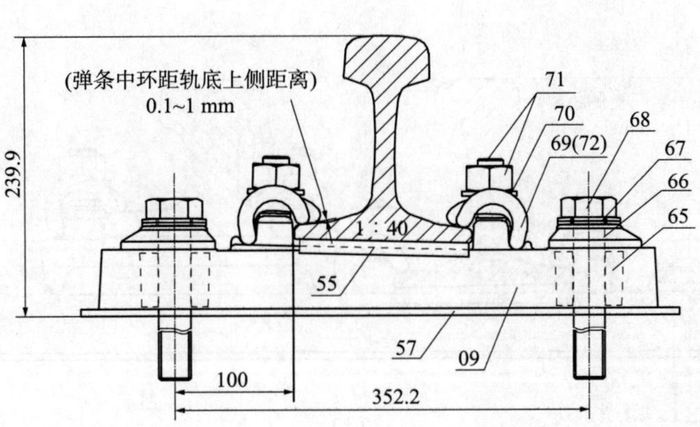

B－B

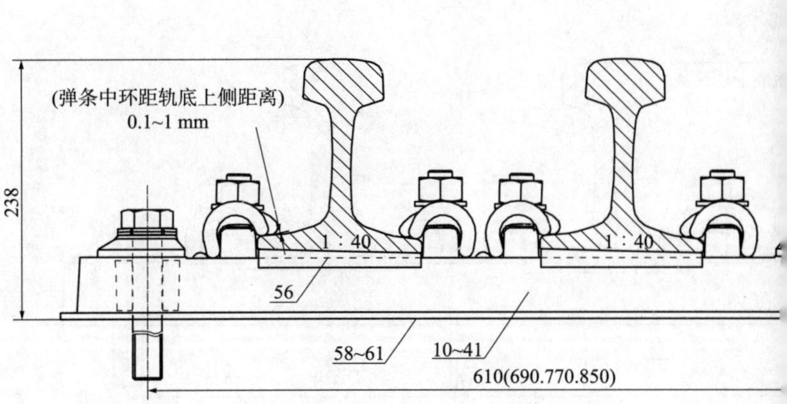

60 kg/m 钢轨 18 号单开道岔转辙器布置图
图　号：CN－6118AS－200

B－B

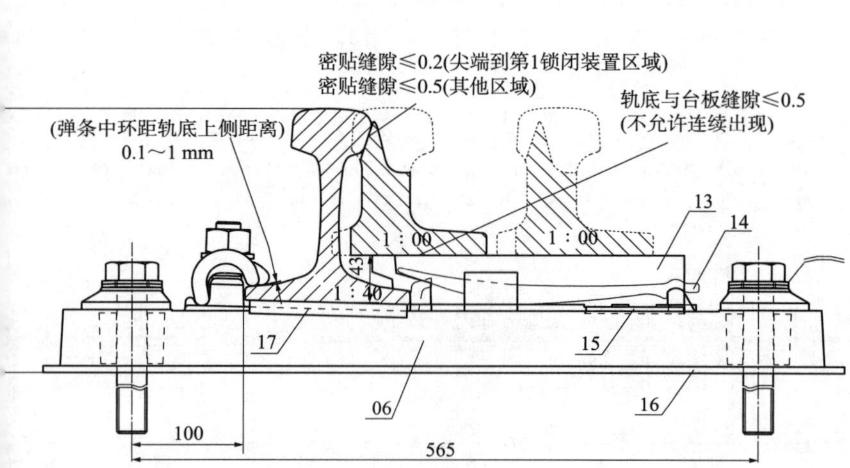

C－C

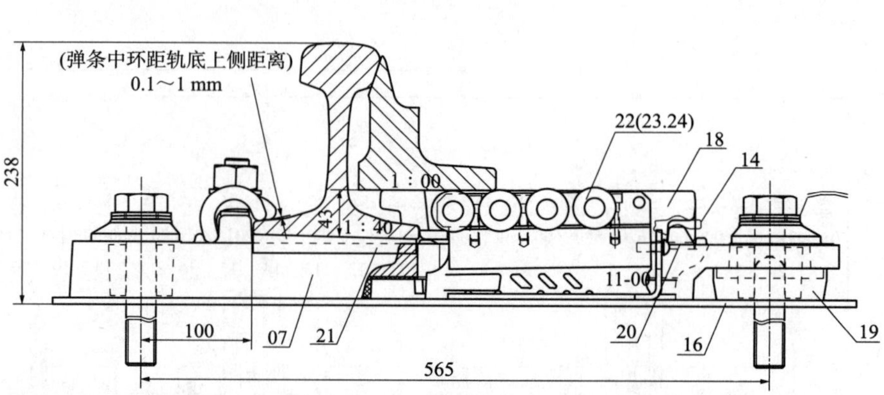

E－E

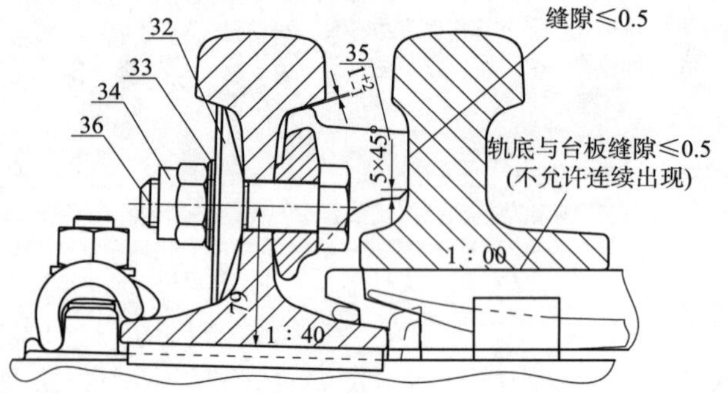

F－F

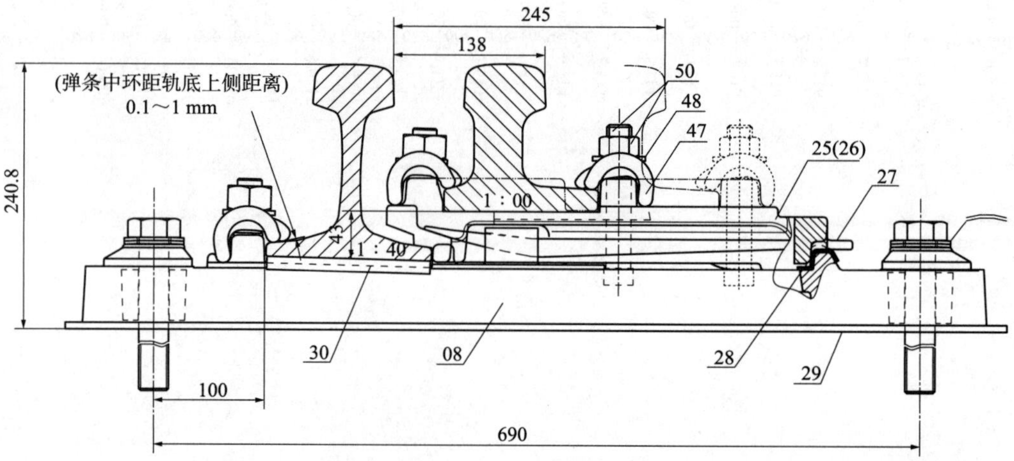

H－H

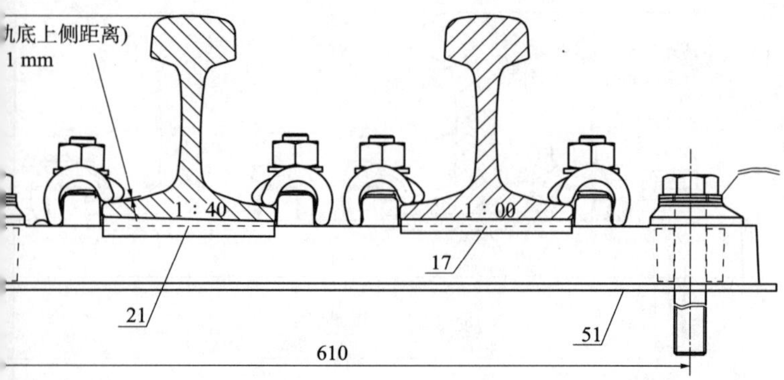

R－R

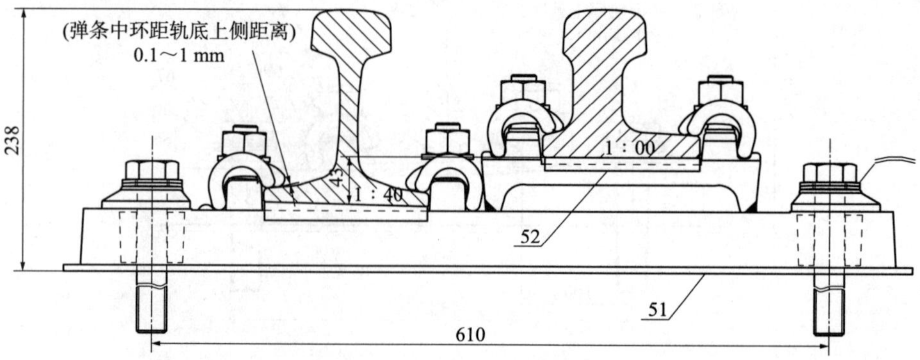

60 kg/m 钢轨 18 号 5.0 m 渡线布置图
图 号：CN－6118AS－041

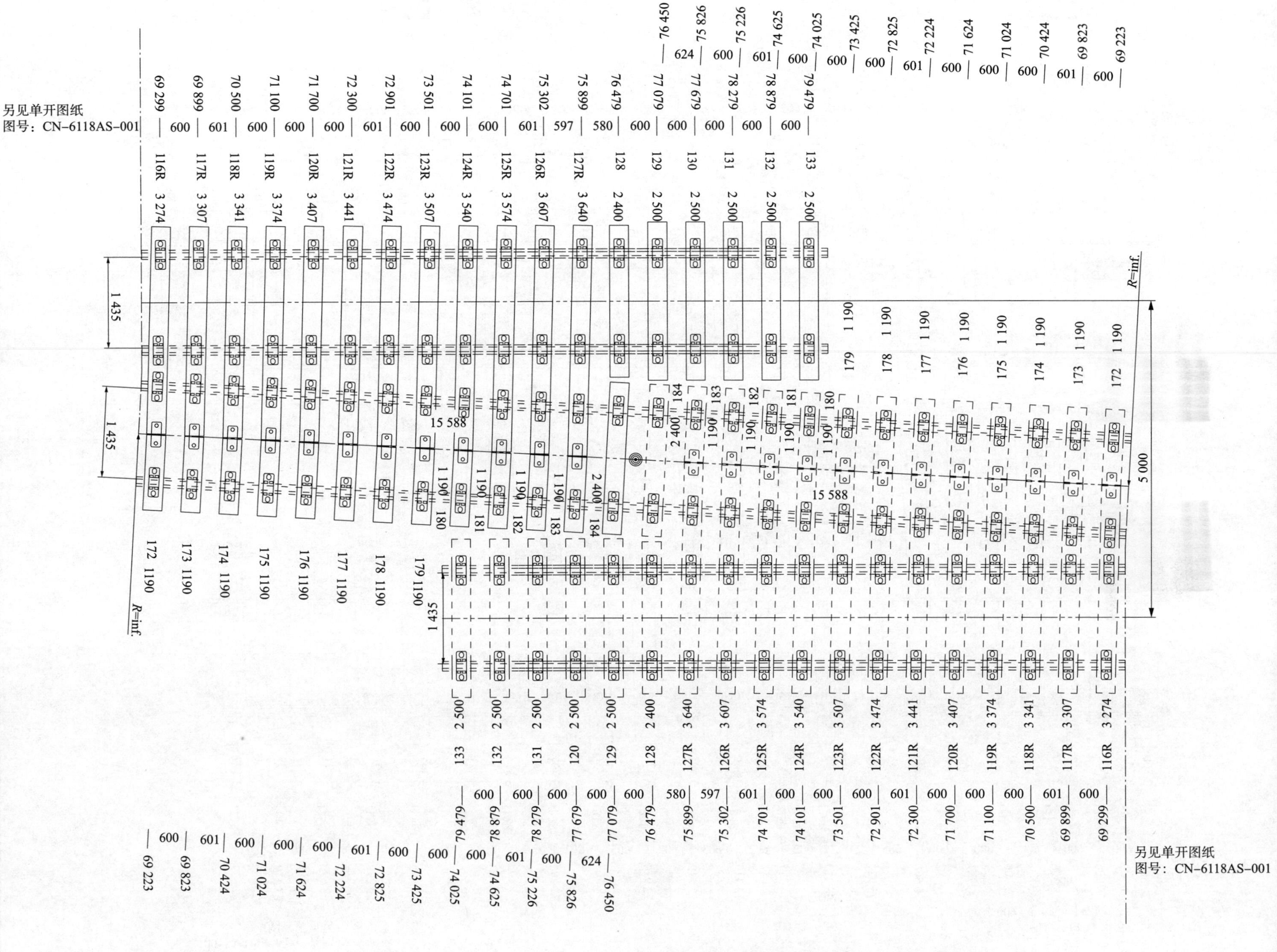

技 术 要 求

1. 岔枕铺设时，岔枕编号始终铺设在道岔外端，且从道岔前端向后可以看到岔枕侧面岔枕编号。
2. 本渡线布置图为两组右开道岔组成渡线，如为左开渡线按本图对称布置。
3. 岔枕 128～133、172～184 垂直于钢轨布置。

60 kg/m 钢轨 18 号 4.6 m 渡线布置图

图　号：CN－6118AS－043

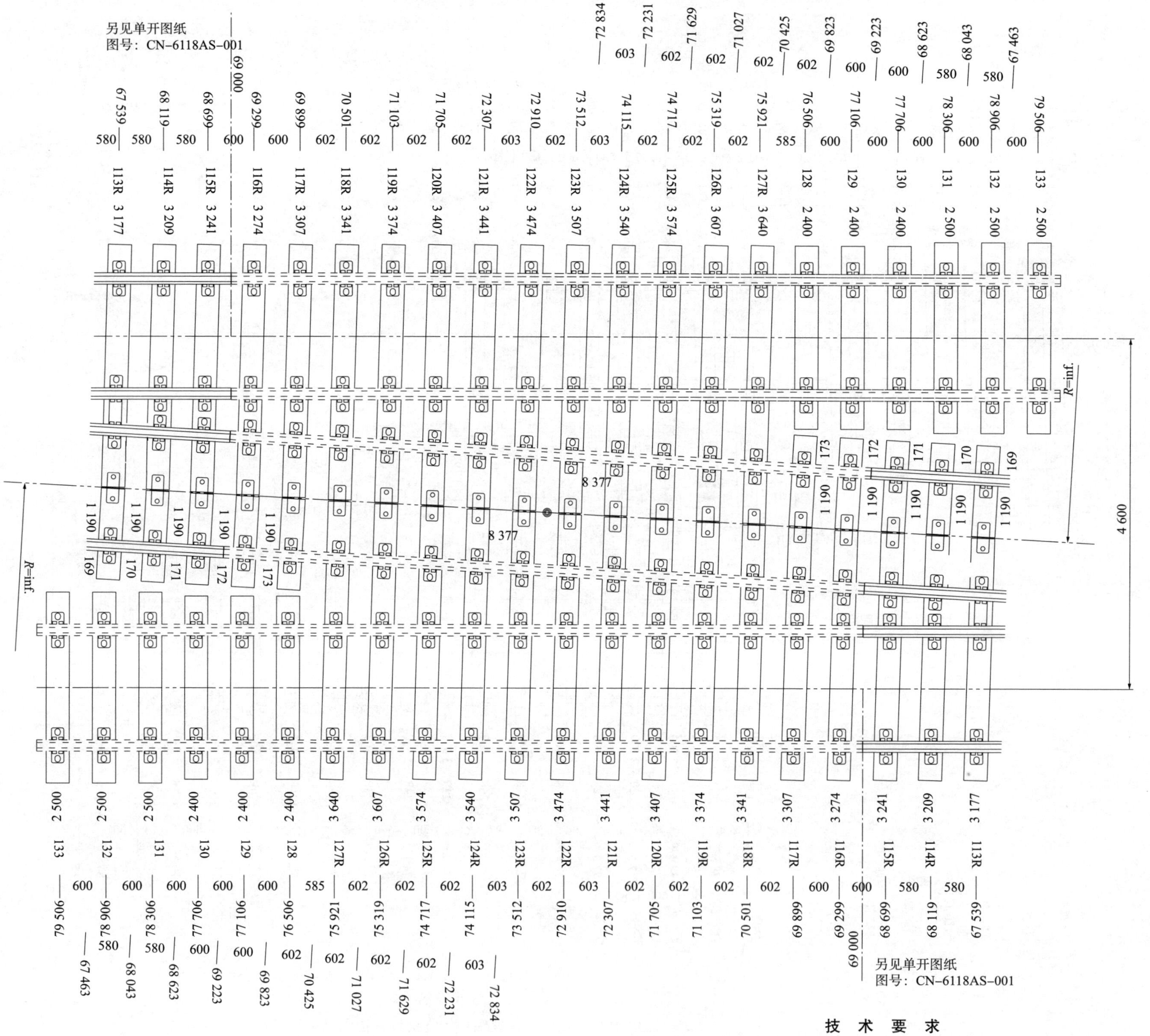

技 术 要 求

1. 岔枕铺设时，岔枕编号始终铺设在道岔外端，且从道岔前端向后可以看到岔枕侧面岔枕编号。
2. 本渡线布置图为两组右开道岔组成渡线，如为左开渡线按本图对称布置。
3. 岔枕 128～133、169～173 垂直于钢轨布置。

60 kg/m 钢轨 18 号单 4.8 m 渡线布置图
图 号: CN-6118AS-044

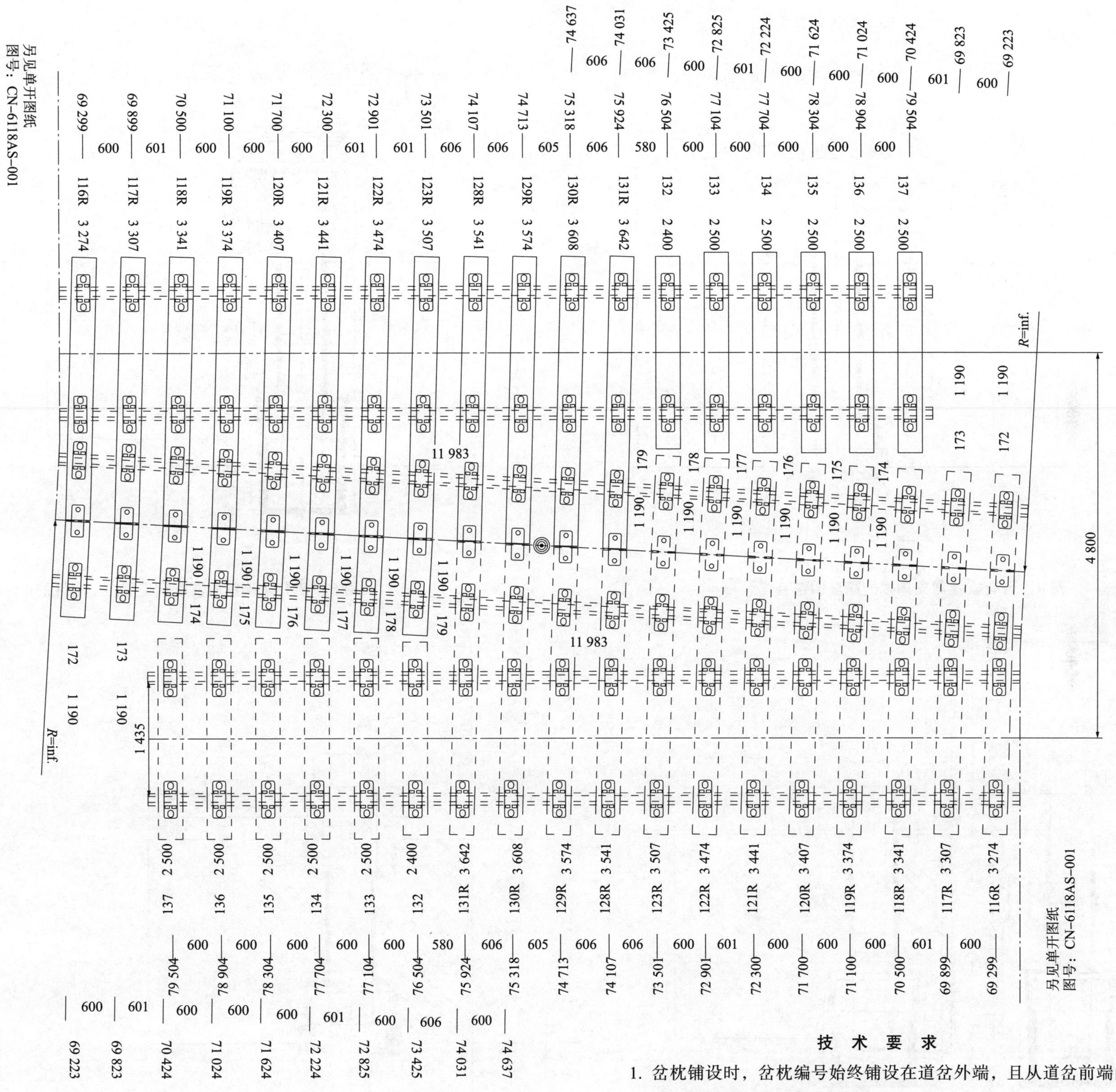

技 术 要 求

1. 岔枕铺设时,岔枕编号始终铺设在道岔外端,且从道岔前端向后可以看到岔枕侧面岔枕编号。
2. 本渡线布置图为两组右开道岔组成渡线,如为左开渡线按本图对称布置。
3. 岔枕 132~137、172~179 垂直于钢轨布置。

雷达 2 000 岔枕紧固系统
图　号：CN－6100AS－150

图 1　标准高度调整装置

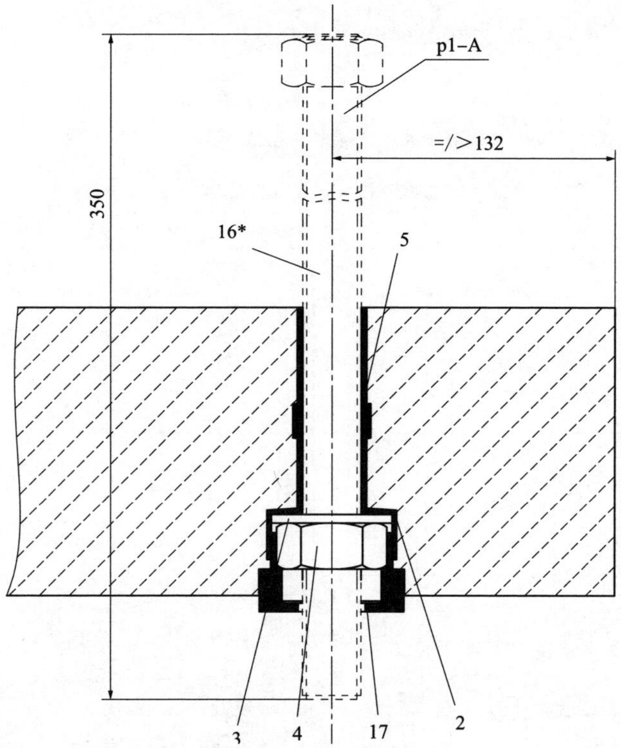

图 2　标准扣压点

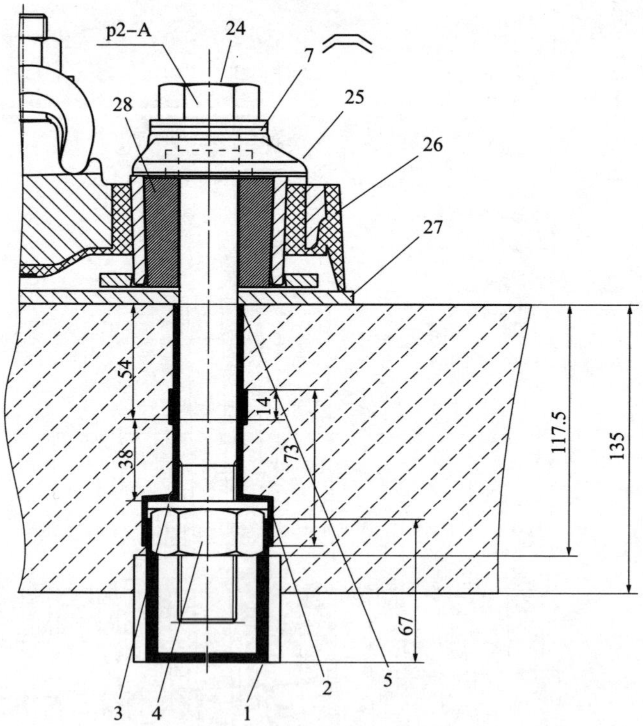

图 4　带有密检器支撑板的高度调整装置

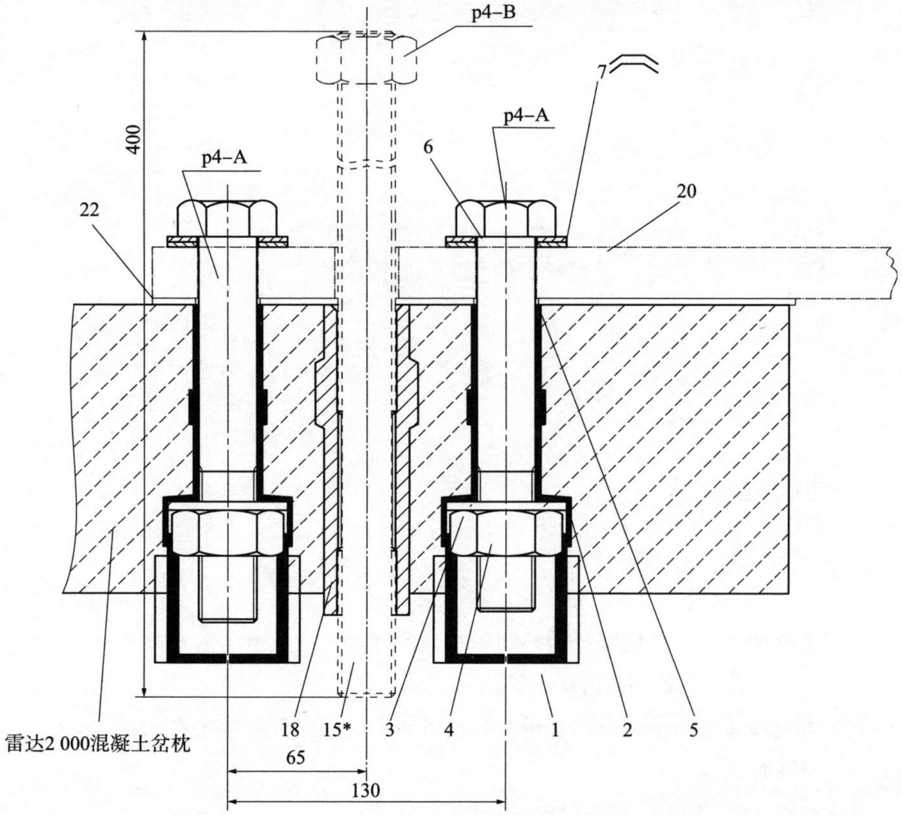

图 5　带有连接板的高度调整装置（刚性的）

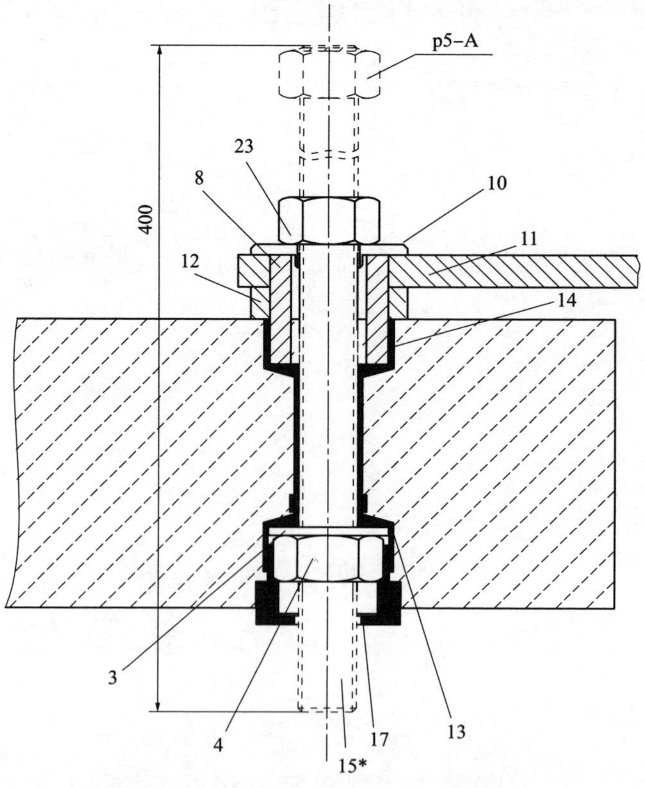

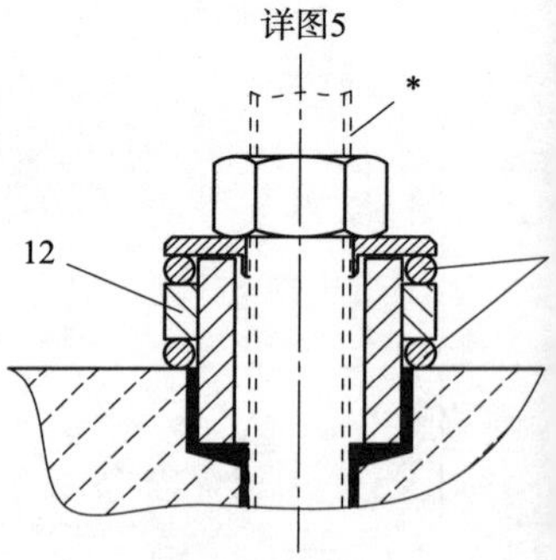

图 3 带有扣压板 BP9 的高度调整装置

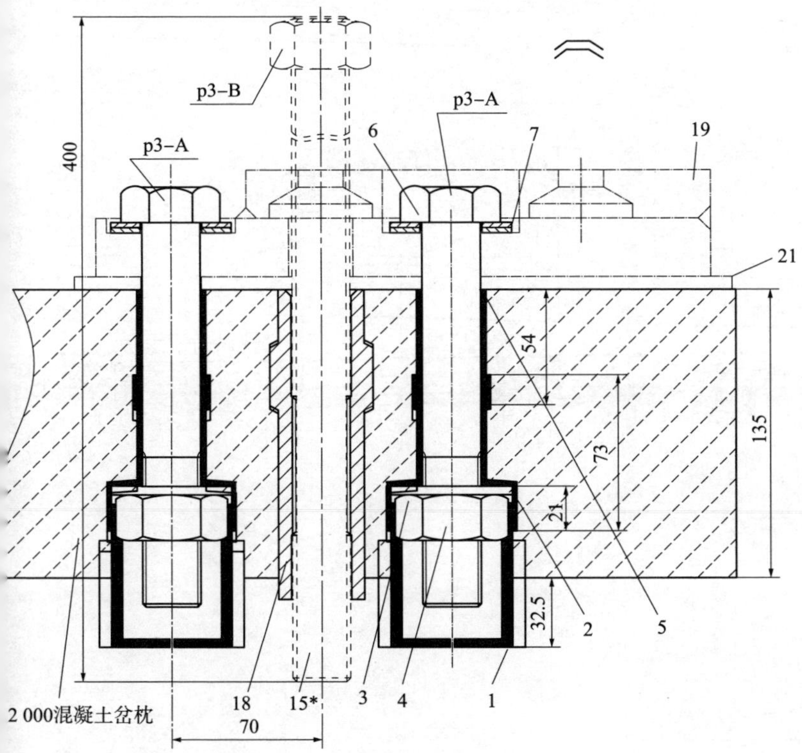

技 术 要 求

1. 混凝土凝固后拆除连接板(11)。
2. 调整螺栓拆除后封闭所有调整螺栓孔。
3. 供货范围不包括用虚线显示的部件。

表 1 镀锌板明细表

序号	图纸/标准	名 称	材 料	数 量				
				1	2	3	4	5
图 1	预组装情况下的描述	标准高度调整装置布置图		1	—	—	—	—
图 2	预组装情况下的描述	标准扣压点布置图		—	1	—	—	—
图 3	预组装情况下的描述	带有 BP9 的布置图		—	—	1	—	—
图 4	预组装情况下的描述	带有密检器支撑板的布置图		—	—	—	1	—
图 5	预组装情况下的描述	连接板高度调整装置刚性的布置图		—	—	—	—	1
1	CN-0012-007	塞 子 Sto 2	PA 6	—	1	2	2	—
2	CN-0012-007	衬 套	PA 6.6	1	—	2	2	—
3	CN-0053-007	垫 圈	St 50	1	1	2	2	1
4		六角螺母 M27	tZno	1	1	2	2	1
5	CN-0012-007	套 管 54	PA 6		1	2	2	—
6		六角螺栓 M27×180		—	—	2	—	—
7	CN-0054-001	蝶形弹簧垫圈 A 56	8.8 tZno	—	2	4	—	2
8	CN-0053-006	连接板套管 Lar 2	St 52[1)]	—	—	—	—	1
9		O 形密封圈 57×8	聚酰胺	—	—	—	—	—
10	CN-0053-005	连接板垫圈 Lsch 4	St 60-K[1)]	—	—	—	—	1
11	CN-0023-001	连接板 Vl 3(5)	St 52[1)]	—	—	—	—	1/2
12	CN-0053-004	连接板垫圈 Lsch 3	St 52 聚酰胺[1)]	—	—	—	—	1
13	CN-0012-007	套 管 34	PA 6.6	—	—	—	—	1
14	CN-0012-007	套 管 90	PA 6.6	—	—	—	—	1
15	CN-0051-005	调整螺栓 M27×400	8 tZno	—	—	1*	1*	1*
16	CN-0051-004	调整螺栓 M27×350	8 tZno	1*	—	—	—	—
17	CN-0012-007	塞 子 Sto 1	PA 6	1	—	—	—	1
18	CN-0012-006	衬 套 145	St 52-3	—	—	1	1	—
19	CN-6142AS-734	扣压板 BP9		—	—	1	—	—
20		密检器支撑板		—	—	—	1	—
21	CN-0014-001	中间垫片 Zwp80-BP9	EVA	—	—	1	—	—
22		调整垫片	EVA	—	—	—	1	—
23	934	六角螺母 M27	8 tZno	—	—	—	—	1
24	EN 24014	六角螺栓 M27×235	8 tZno	—	1	—	—	—
25	CN-0038-001	盖 板 Ka 10	St 52-3	—	1	—	—	—
26		弹性基板		—	1	—	—	—
27	CN-0011-001	调高垫圈 UpF 6-1	PA 6-GF30	—	1	—	—	—
28	CN-0012-001	调整锥体 EK 2-0	PA 6.6	—	1	—	—	—

60 kg/m 钢轨 18 号单开道岔可动心轨辙叉布置图

图　号：CN－6118AS－300

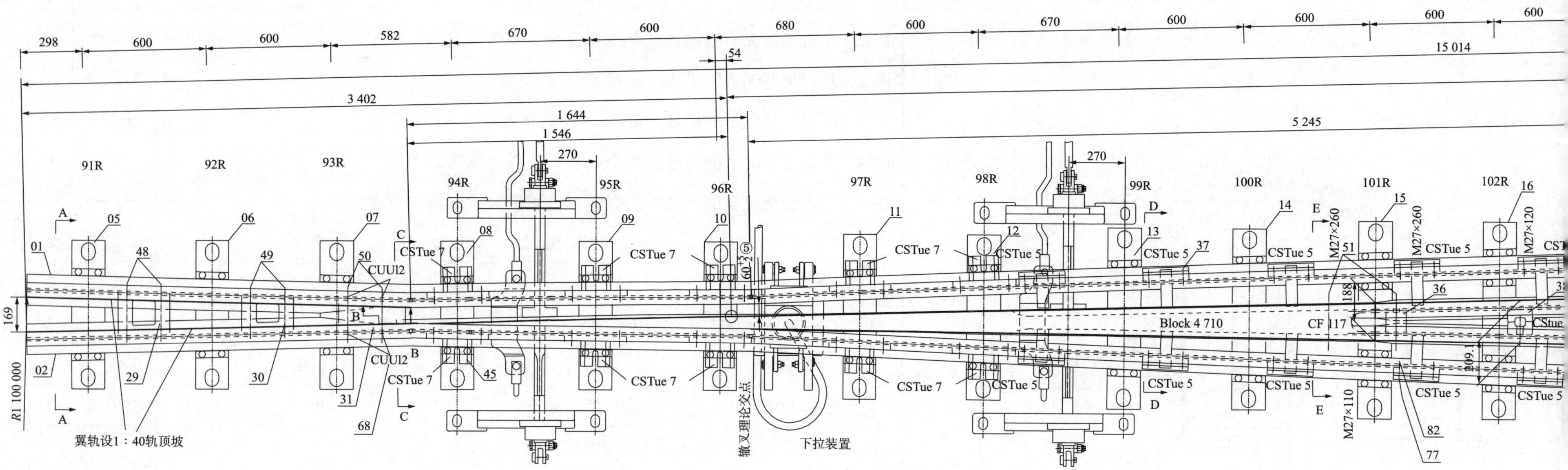

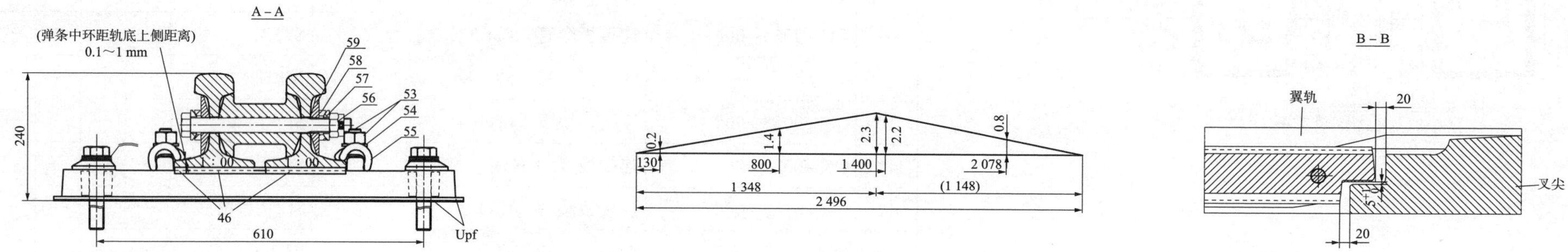

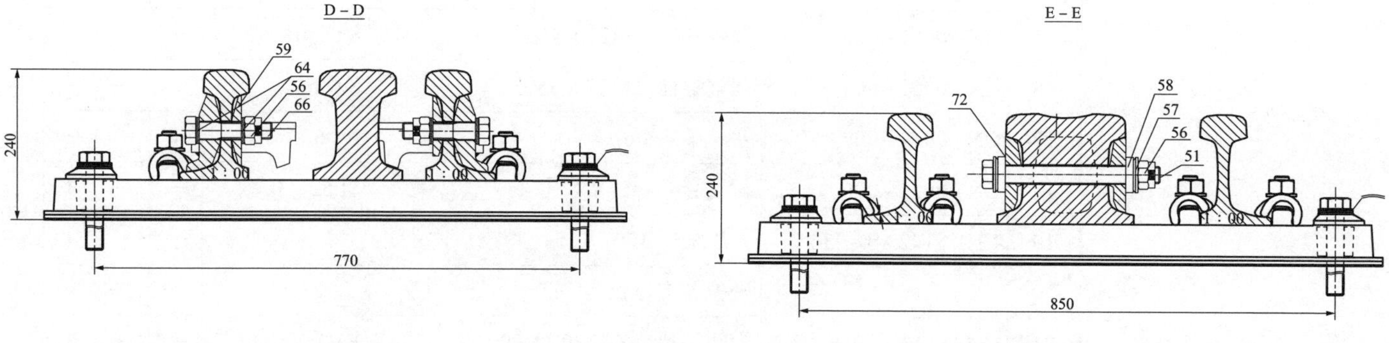

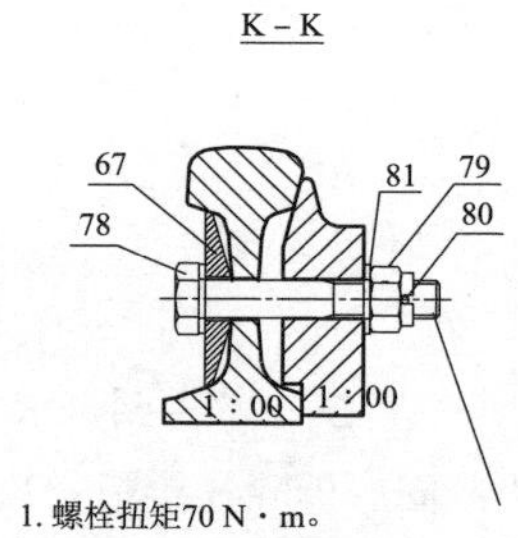

1. 螺栓扭矩70 N·m。
2. 螺栓拧紧后，在螺栓上作标记并钻孔ø5.5，然后插入开口销，固定住螺母。

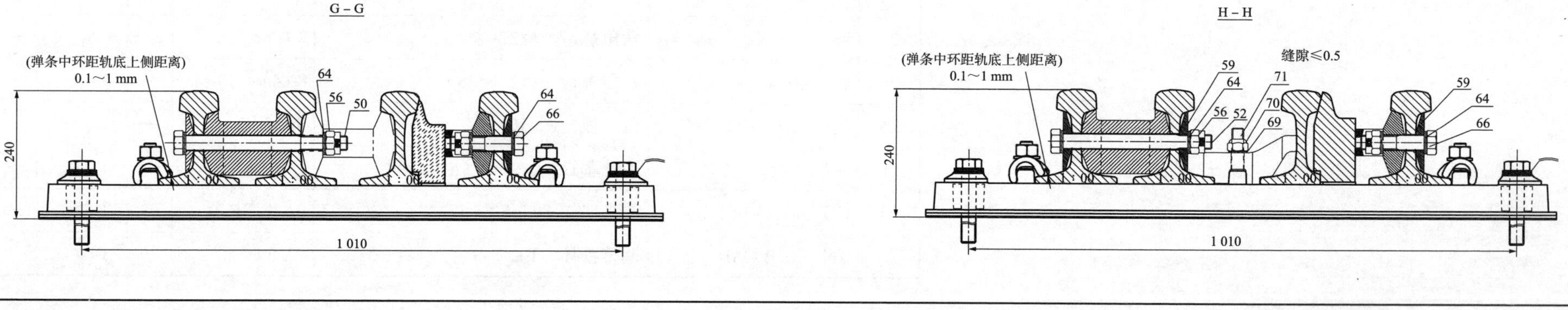

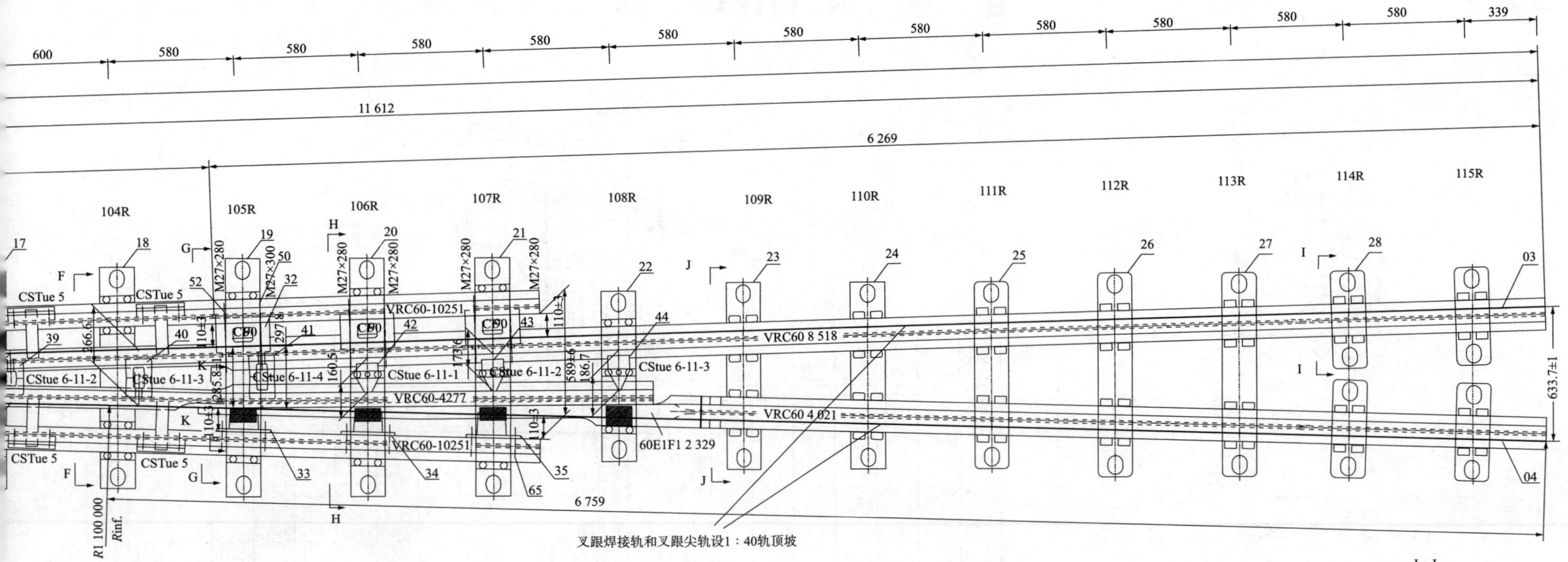

C－C

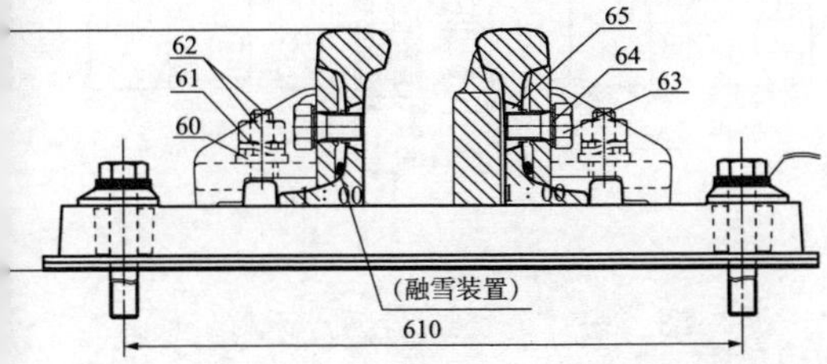

J－J

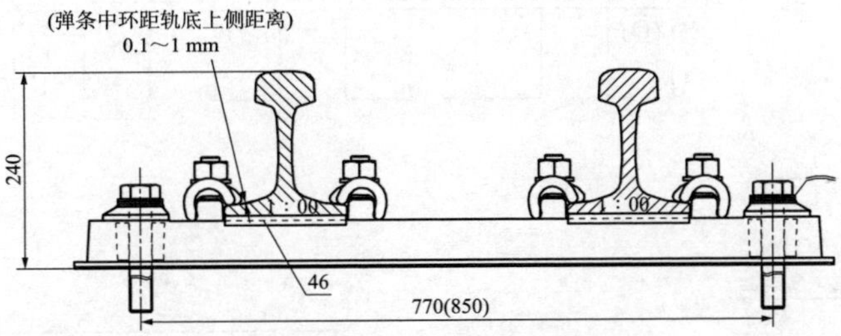

I－I

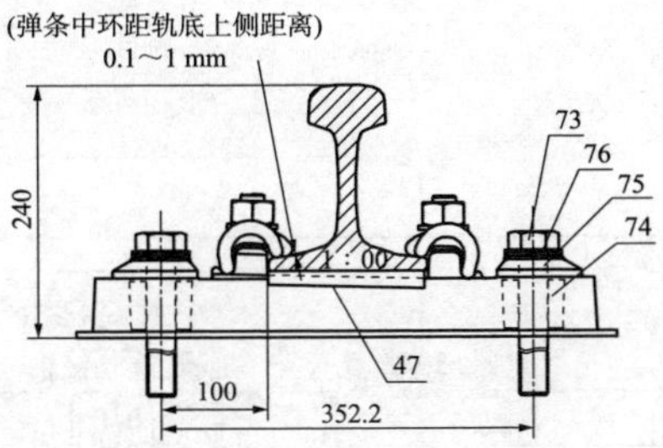

F－F

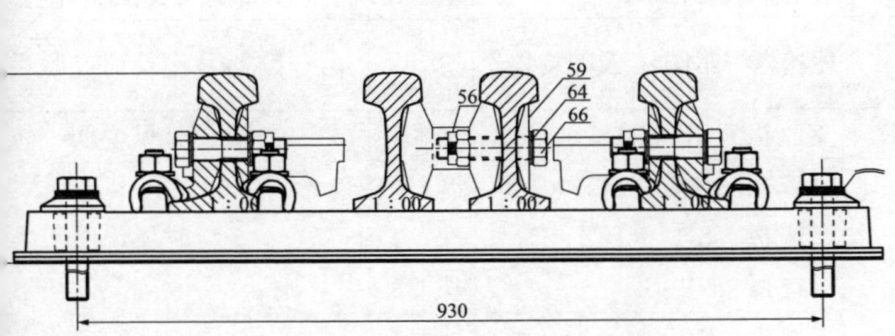

表 1　基板下 Upf 明细

枕编号	Upf 孔距	Upf 厚度	Upf 规格		
0R	690	6	Upf 6－5		
1R	610	8	Upf 6－4	Upf 2－4	
2R	610	8	Upf 6－4	Upf 2－4	
3R	610	8	Upf 6－4	Upf 2－4	
4R	610	14	Upf 6－4	Upf 6－4	Upf 2－4
5R	610	15	Upf 6－4	Upf 6－4	Upf 3－4
6R	610	16	Upf 10－4	Upf 6－4	
7R	690	15	Upf 6－5	Upf 6－5	Upf 3－5

续表 1

岔枕编号	Upf 孔距	Upf 厚度	Upf 规格		
98R	690	14	Upf 6－5	Upf 6－5	Upf 2－5
99R	770	14	Upf 6－6	Upf 6－6	Upf 2－6
100R	770	14	Upf 6－6	Upf 6－6	Upf 2－6
101R	850	14	Upf 6－7	Upf 6－7	Upf 2－7
102R	850	14	Upf 6－7	Upf 6－7	Upf 2－7
103R	930	14	Upf 6－930	Upf 6－930	Upf 2－930
104R	930	14	Upf 6－930	Upf 6－930	Upf 2－930
105R	1 010	14	Upf 6－1 010	Upf 6－1 010	Upf 2－1 010
106R	1 010	14	Upf 6－1 010	Upf 6－1 010	Upf 2－1 010
107R	1 010	14	Upf 6－1 010	Upf 6－1 010	Upf 2－1 010
108R	690	14	Upf 6－5	Upf 6－5	Upf 2－5
109R	770	8	Upf 6－6	Upf 2－6	
110R	770	8	Upf 6－6	Upf 2－6	
111R	770	8	Upf 6－6	Upf 2－6	
112R	850	8	Upf 6－7	Upf 2－7	
113R	850	8	Upf 6－7	Upf 2－7	
114R	352.2	6	Upf 6－1		
115R	352.2	6	Upf 6－1		

技 术 要 求

1. 本图为右开道岔可动心轨辙叉，左开时与此图对称。
2. 下拉装置是否配备依据合同而定。图纸设计预留下拉装置安装条件。

60 kg/m 钢轨 18 号单开道岔转辙器区域转换系统安装布置图
图　号：CN－6118AS－760

X放大详图

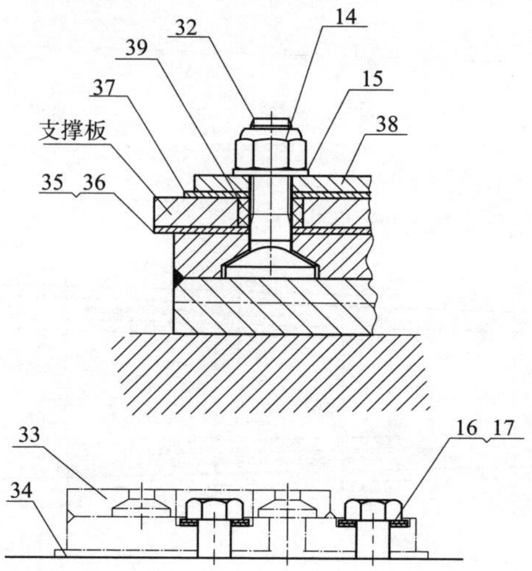

B－B
转辙器区域HRS 锁闭装置预留沟槽

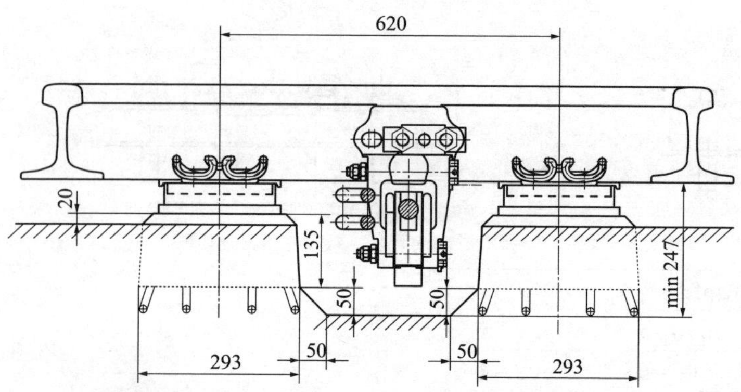

转辙机 S700K安装侧视图

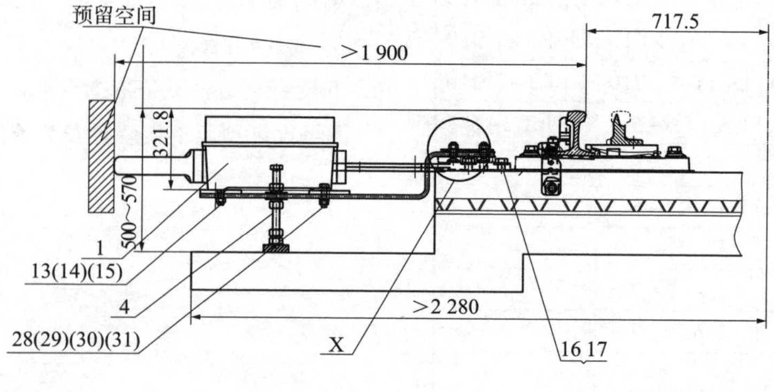

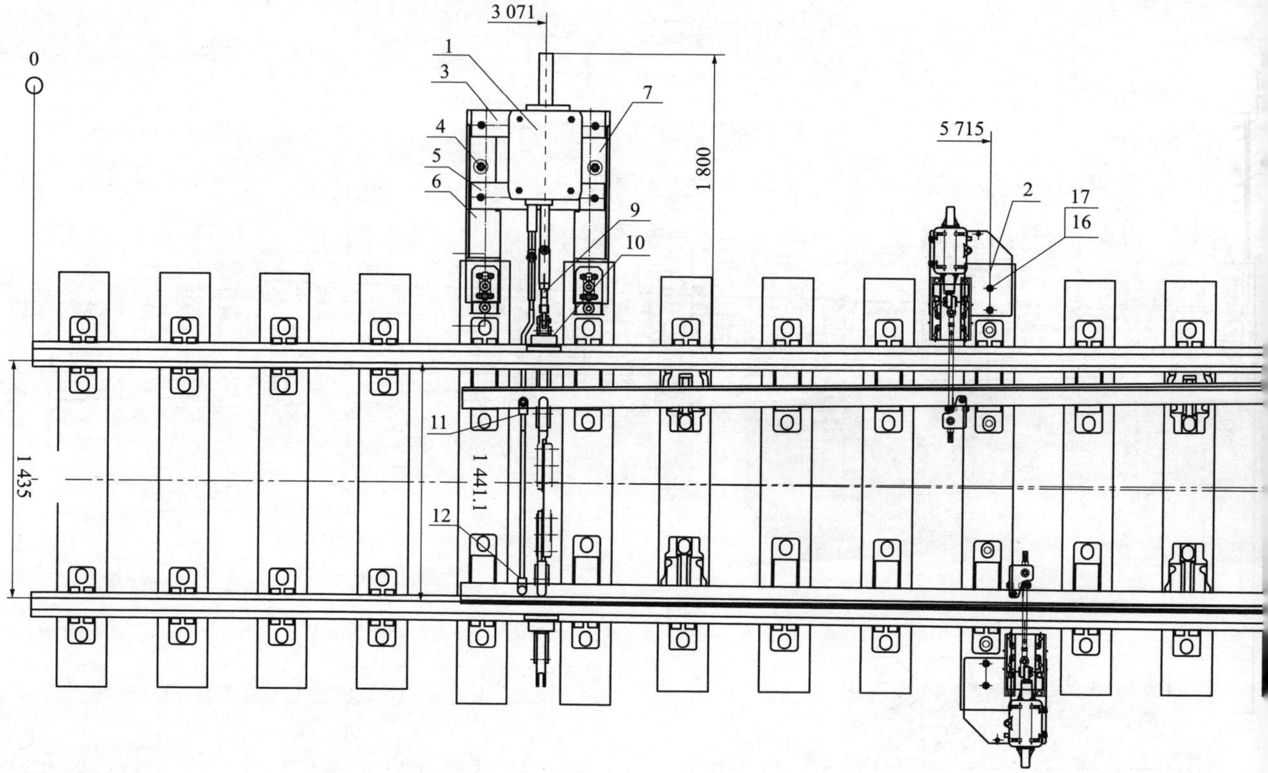

表 1　明　细　表

件号	图号 / 标准	名　　称	单位	数量	备　　注
1	TB/T 3069	转辙机　S700K	套	3	注意左右侧安装和牵引点位
2	C25060－X59－A3－A－6	密检器　JM2－L 及安装装置	套	3	由全路通号设计研究院设
3	CN－6100A0－753	支座板　SB－R18Z－1W	块	1	安装时见说明
4	CN－6100AS－741－1	支撑螺栓系统　M27 × 300	套	6	
5	CN－6100A0－753	支座板　SB－R18Z－1N	块	1	安装时见说明
6	CN－6100A0－752	支撑板　SP－L	块	3	
7	CN－6100A0－752	支撑板　SP－R	块	3	
8					
9	CN－6118A0－712	驱动杆　StS－425	套	3	
10	CN－60－537/538/539	HRS 外锁闭装置	套	3	安装时注意牵引点位置
11	CN－6100A0－711	短检查杆　CKPrst－720L	根	2	右侧安装时为 CKPrst－72
12	CN－6100A0－711	长检查杆　CLPrst－1900L	根	1	黏结式双绝缘检查杆
13	ISO 10642	沉头螺钉　M20 × 60－8.8	根	12	镀锌处理
14	ISO 7042	自锁螺母　M20－8	个	36	镀锌处理
15	ISO 7089	垫　圈　21	个	36	镀锌处理
16	ISO 4014	六角螺栓　M27 × 180－8.8	个	24	板式路基 / 桥梁道岔用 M27 × 335/145

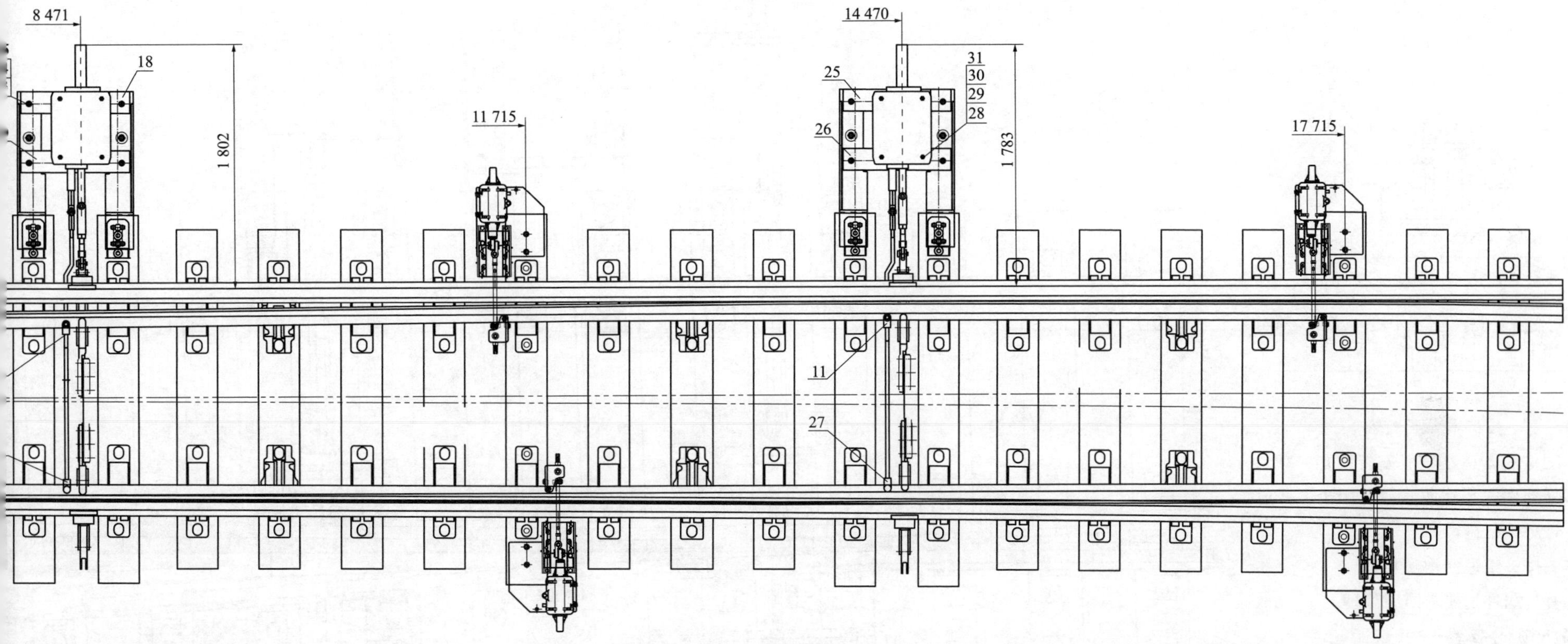

续表 1

图号 / 标准	名　称	单位	数量	备　注
CN-0054-001	盘　簧　54.0×30.5×2.92	个	48	
CN-6100A0-753	支座板　SB-R18Z-2W	块	1	安装时见说明
CN-6100A0-753	支座板　SB-R18Z-2N	块	1	安装时见说明
CN-6100A0-711	短检查杆　CKPrst-700L	根	1	右侧安装时为 CKPrst-700R
CN-6100A0-711	长检查杆　CLPrst-1940L	根	1	黏结式双绝缘检查杆
CN-6100A0-753	支座板　SB-R18Z-3W	块	1	安装时见说明
CN-6100A0-753	支座板　SB-R18Z-3N	块	1	安装时见说明
CN-6100A0-711	长检查杆　CLPrst-1980L	根	1	黏结式双绝缘检查杆
GB/T 5780	六角螺栓　M20×80-8.8	根	12	镀锌
GB/T 6170	六角螺母　M20-8	个	12	镀锌
GB/T 95	平　垫　20	个	24	镀锌
GB/T 93	弹　垫　20	个	12	表面氧化处理
CN-6100AS-734-2	方颈螺栓　M20×77-8.8	根	24	
CN-6100AS-734	紧固板　BP9	块	6	镀锌处理
CN-0014-001	垫　片　Zwp 80-BP9	片	6	

续表 1

件号	图号 / 标准	名　称	单位	数量	备　注
35	CN-6100AS-734-2	垫　片　7310 376 1	片	6	
36	CN-6100AS-734-2	垫　片　7310 377 1	片	6	
37	CN-6100AS-734-2	垫　片　7310 365 1	片	12	
38	CN-6100AS-734-2	垫　片　7310 366 1	片	12	镀锌处理，调高备用
39	CN-6100AS-734-2	绝缘衬套　32×21×14.5	个	24	

技　术　要　求

1. 本图按右开道岔直股安装布置，其中部分部件安装在曲股或者用于左开道岔时对称制造！
2. 本图按一组道岔转辙器布置。
3. 所有金属件均要求防腐处理。
4. 转辙机安装支座板标识说明如下：

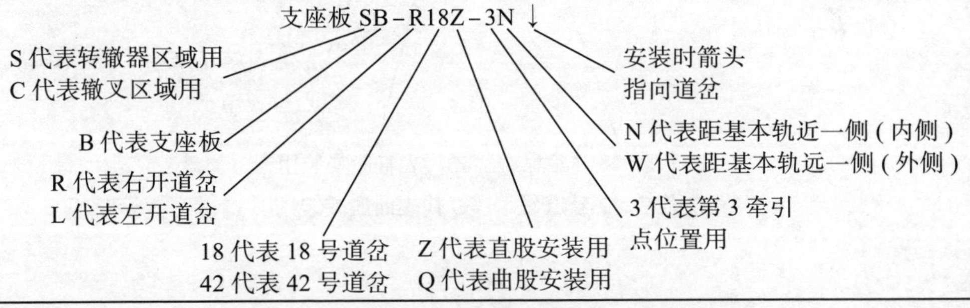

60 kg/m 钢轨 18 号单开道岔辙叉区域转换系统安装布置图
图　号：CN－6118AS－770

X放大详图

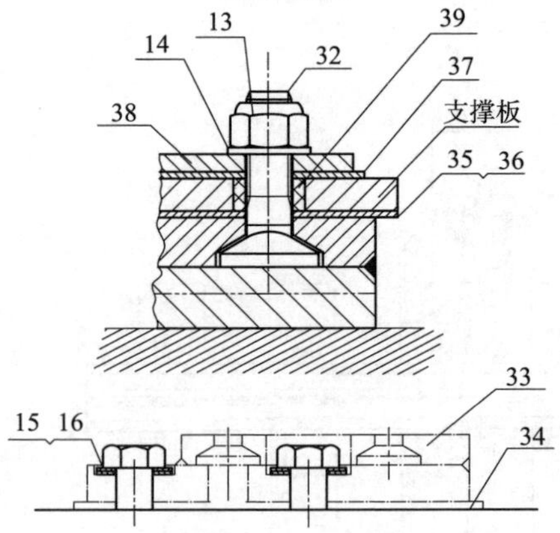

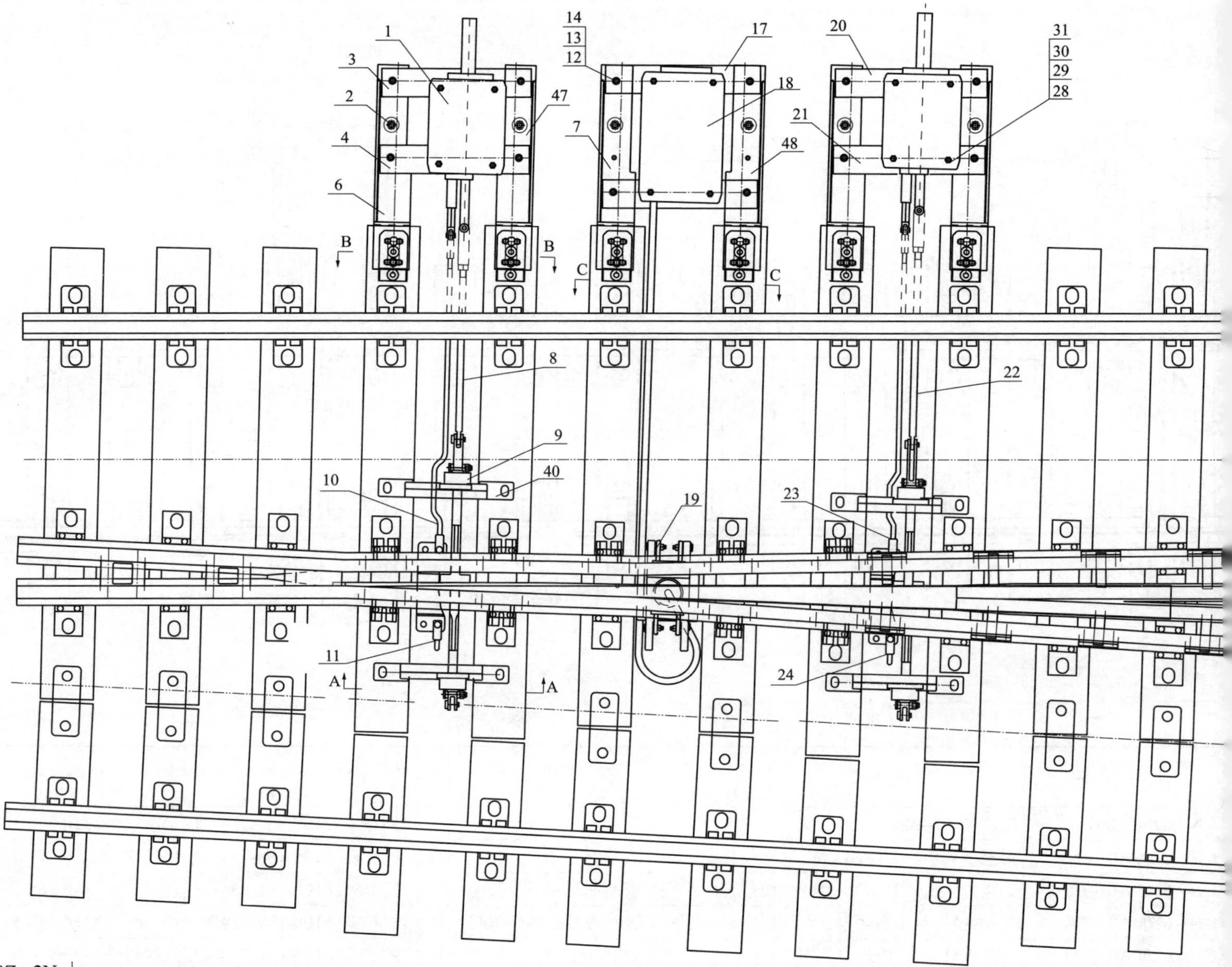

技 术 要 求

1. 本图按右开道岔直股安装布置，其中部分部件安装在曲股或者用于左开道岔时对称制造！
2. 本图按一组道岔辙叉布置。
3. 所有金属件均要求防腐处理。
4. 第 1 锁闭装置牵引点距道岔始端 56 497 mm（基本轨工作边计），第 2 锁闭装置距始端距离为 59 047 mm（基本轨工作边计），下拉装置位于第 96、97 岔枕之间，是否安装下拉装置根据合同。
5. 转辙机安装支座板标识说明如下：

支座板 CB－R18Z－2N ↓

S 代表转辙器区域用
C 代表辙叉区域用
B 代表支座板
R 代表右开道岔
L 代表左开道岔
18 代表 18 号道岔
42 代表 42 号道岔
Z 代表直股安装用
Q 代表曲股安装用
2 代表第 2 牵引点位置用
N 代表距基本轨近一侧（内侧）
W 代表距基本轨远一侧（外侧）
安装时箭头指向道岔

转辙机S700K安装侧视图

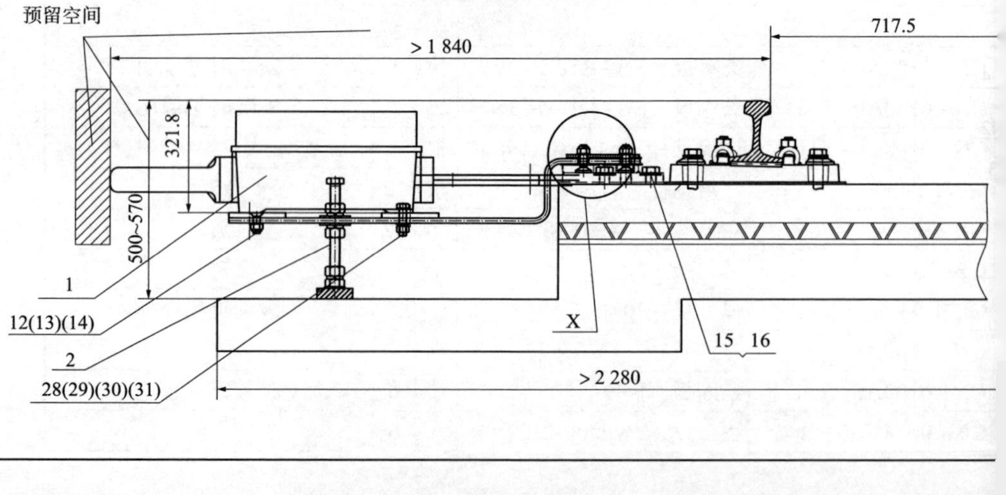

B－B
HRS锁闭装置预留沟槽

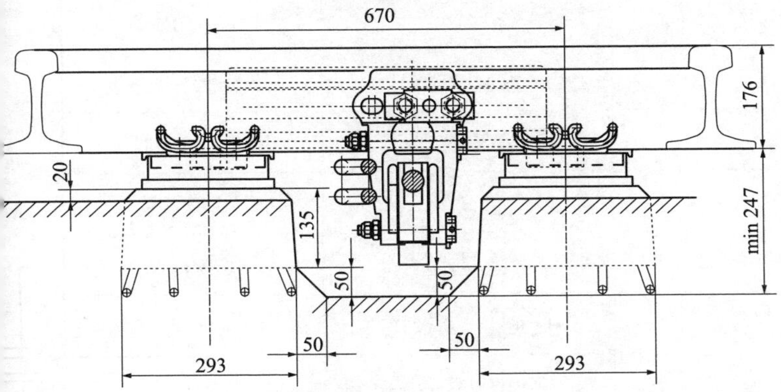

C－C
60-18号道岔下拉装置预留沟槽

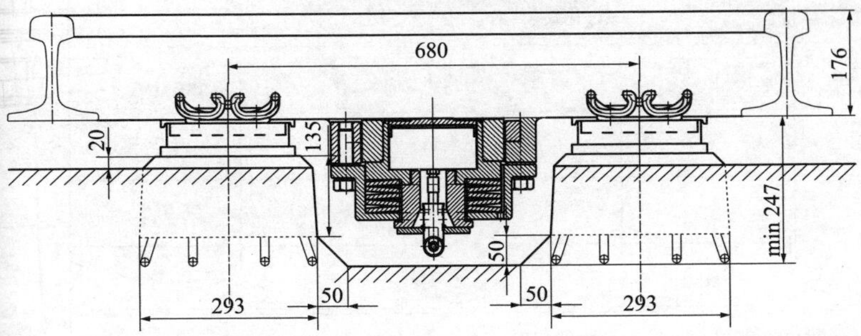

A－A

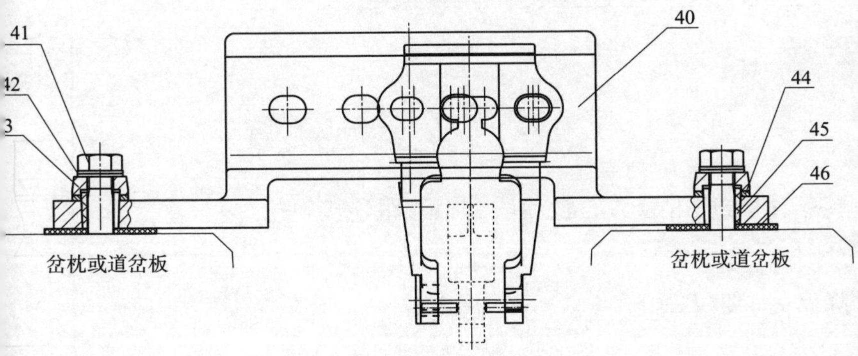

表 1　明　细　表

序号	图号 / 标准	名　称	单位	数量	备　注
1	TB/T 3069	转辙机 S700K	台	2	注意左右侧安装和牵引点位置
2	CN－6100AS－741－1	支撑螺栓系统　M27×300	套	6	
3	CN－6100A0－753	支座板　CB－R18Z－1W	块	1	安装时见说明
4	CN－6100A0－753	支座板　CB－R18Z－1N	块	1	安装时见说明
5					
6	CN－6100A0－752	支撑板　CP－L	块	2	
7	CN－6100A0－752	支撑板　CP－R	块	2	
8	CN－6118AS－722	驱动杆　StS－1200	套	1	
9	CN－60－538/540	HRS 外锁闭装置	套	2	安装时注意牵引点位置
10	CN－6118A0－721	短检查杆　KPrstH－1710L	根	1	右侧安装时为 KPrstH－1710R
11	CN－6118A0－721	长检查杆　LPrstH－2130L	根	1	右侧安装时为 LPrstH－2130R
12	ISO 10642	沉头螺钉　M20×60－8.8	根	12	镀锌处理
13	ISO 7042	自锁螺母　M20－8	个	36	镀锌处理
14	ISO 7089	垫　圈　21	个	36	镀锌处理
15	ISO 4014	六角螺栓　M27×180－8.8	个	12	板式路基 / 桥梁道岔用 M27×335/145
16	CN－0054－001	盘　簧　54.0×30.5×2.92	个	24	
17	CN－6100A0－753	支座板　HB－18Z	块	2	安装于曲股时用 HB－18Q
18		下拉驱动　NH145－WS－ALU	台	1	
19	CN－6118AS－600	下拉装置	套	1	
20	CN－6100A0－753	支座板　CB－R18Z－2W	块	1	安装时见说明
21	CN－6100A0－753	支座板　CB－R18Z－2N	块	1	安装时见说明
22	CN－6118AS－722	驱动杆　StS－1330	套	1	
23	CN－6118A0－721	短检查杆　KPrstH－1800L	根	1	右侧安装时为 KPrstH－1800R
24	CN－6118A0－721	长检查杆　LPrstH－2270L	根	1	右侧安装时为 LPrstH－2270R
25					
26					
27					
28	GB/T 5780	六角螺栓　M20×80－8.8	根	8	镀锌
29	GB/T 6170	六角螺母　M20－8	个	8	镀锌
30	GB/T 95	平　垫　20	个	16	镀锌
31	GB/T 93	弹　垫　20	个	8	表面氧化处理
32	CN－6100AS－734－3	方颈螺栓　M20×77－8.8	根	24	
33	CN－6100AS－734	紧固板　BP9	块	6	镀锌处理
34	CN－0014－001	垫　片　Zwp 80－BP9	片	6	
35	CN－6100AS－734－2	垫　片　7310 376 1	片	6	
36	CN－6100AS－734－2	垫　片　7310 377 1	片	6	
37	CN－6100AS－734－2	垫　片　7310 365 1	片	12	
38	CN－6100AS－734－2	垫　片　7310 366 1	片	12	镀锌处理，调高备用
39	CN－6100AS－734－2	绝缘衬套　32×21×14.5	个	24	
40	CN－60－522－1	锁闭支撑轨　UIC60	件	4	防腐处理
41	ISO 4014	六角螺栓　M27×220－8.8	根	8	板式路基 / 桥梁道岔用 M27×375/185
42	DIN 25201	自锁垫圈 27(外径 48.5mm)	对	8	镀锌
43	CN－60－535	盖　板　Ka 7	个	8	镀锌
44	CN－60－534	垫　片　UUl 14	片	8	镀锌
45	CN－0012－001	调整锥　EK8－0	个	8	
46	CN－60－534	垫　片　UUl 15－6	片	8	
47	CN－6100A0－752	支撑板　HP－L	块	1	
48	CN－6100A0－752	支撑板　HP－R	块	1	

55. 60 kg/m 钢轨 18 号单开道岔(有砟)
设计图号：CN－6118AT

道岔允许通过速度	客车	轴重 17 t：$v_{直}$≤350 km/h；$v_{侧}$≤80 km/h		扣件类型	SKL12弹条
	货车	轴重 23 t：$v_{直}$≤120 km/h；$v_{侧}$≤80 km/h		轨底坡	1：40
转辙器跟端形式	■限位器　□间隔铁　□不设传力机构　□间隔铁活接头			锁闭方式	HRS 锁闭装置
道岔全长	69 000	辙叉全长	15 014	辙叉类型	可动心轨辙叉
道岔前长	31 729	辙叉趾长	3 402	辙叉角	3°10′47.4″
道岔后长	37 271	辙叉跟长	11 612	翼轨轨型	60 kg/m
尖轨长度	22 012	基本轨长度	24 596	直向护轨长度	—
尖轨轨型	60AT3			侧向护轨长度	—
尖轨尖端前基本轨长度			2 584	护轨轨型	—
辙叉理论尖端距趾端方向前一根岔枕中心距离			—	导曲线半径	1 099.282 5 m
尖轨尖端至心轨实际尖端距离		53 347	侧向护轨端头距导轨端头定位尺寸		—
道岔终端至末根岔枕中心距离		11 080	直向护轨端头距导轨端头定位尺寸		—

降低值	直线尖轨			曲线尖轨			心轨（以抬高翼轨为基准）		
	断面宽	距尖端距离	降低值	断面宽	距尖端距离	降低值	断面宽	距实际尖端距离	降低值
	20	3 022	5.8	20	3 022	5.8	0	0	17.5
	34	5 168	0.3	34	5 168	0.3	55	1 348	2.7
	54	8 300	0	54	8 300	0	96.3	2 496	0

最大构造加宽	15	测量位置	转辙器 12 号枕附近（距基本轨前端 6 984 处）			
岔枕图号 研线 1506	岔枕总数	146 根	岔枕展延长	458.634 m	套管总数	780 个 （基板用）
转换设备图号 （详见电务图纸目录）	尖轨动程	120、114、72			心轨动程	73、38
批准文号	—				应用情况	★★★
主要结构特点	1. 转辙器采用 FAKOP 结构。 2. 尖轨锻压后跟端不扭 1：40 斜。 3. 心轨前端为整体结构，采用与钢轨同一材质的钢坯经机械加工后与心轨后段 2 根叉跟连接轨拼焊。 4. 岔枕按扇形布置，非垂直于正线方向。 5. 道岔适用于跨区间无缝线路，允许升温 45 ℃，降温为 －55 ℃。					

60 kg/m 钢轨 18 号单开道岔设计说明
图　号：CN－6118AT

一、本设计为有砟轨道60 kg/m钢轨18号单开道岔（支撑点刚度17.5 kN/mm、速度350 km/h）。总布置图中对过渡段进行了设计，道岔始端及末端3根岔枕区域为过渡区域，过渡区域内支撑点的标准刚度为30 kN/mm。

二、图纸内容。

1. 线型图；
2. 总布置图；
3. 转辙器布置图；
4. 可动心轨辙叉布置图；
5. 岔枕相关图；
6. 电务图纸。

三、道岔容许通过速度。

道岔直向：客车最高速度350 km/h（+10%），客车轴重：≤170 kN；货车最高速度120 km/h(+10%)，货车轴重：≤230 kN。

道岔侧向：v_d=80 km/h。

四、转辙器的结构特征。

1. 转辙器采用FAKOP®结构，最大轨距加宽15 mm；
2. 基本轨采用中国60 kg/m标准断面形式钢轨；
3. 尖轨采用特种断面60E1A1(即Zul－60)钢轨，通长加工1：40轨顶坡，锻压后跟不扭1：40斜；
4. 基本轨、尖轨均采用R350HT硬头轨制造；
5. 尖轨跟端采用限位器结构；
6. 转辙器设置3个牵引点，采用HRS锁闭装置。

五、可动心辙叉的结构特征。

1. 心轨前段为整体结构，采用与钢轨同一材质的钢坯经机械加工后与心轨后段2根叉跟连接轨拼焊。叉跟连接轨采用中国60 kg/m标准断面R350HT钢轨；
2. 翼轨用60 kg/m标准断面R350HT钢轨制作，翼轨最大竖向抬高2.3 mm；
3. 叉跟尖轨由2段焊接而成，其中前段为60E1F1钢轨，后段为60 kg/m标准断面R350HT钢轨；
4. 道岔为单肢弹性可弯结构，跟端采用连接间隔铁结构；
5. 辙叉设置2个牵引点，采用HRS锁闭装置，牵引杆件从翼轨轨底牵引心轨；
6. 辙叉预留下拉装置安装位置，是否安装下拉装置根据合同要求。

六、弹性基板支座(ERL)。

垫板采用弹性基板支座，除过渡区域外，支撑点的标准刚度为17.5 kN/mm。

七、轨向和高低的调整。

1. 轨向通过更换调整锥套进行调整，调整量为 ± 8 mm；
2. 高低通过道砟进行调整，也可通过板下调高垫片Upf调整。

八、轨下基础。

1. 轨下基础按有砟道床设计；
2. 岔枕采用长岔枕结构；
3. 岔枕按扇形布置，非垂直于正线方向；
4. 岔枕图号为：研线1506。

九、道岔适用于跨区间无缝线路，允许升温45 ℃，降温为－55 ℃（容许年最大轨温差为：± 100 ℃）。

60 kg/m 钢轨 18 号单开道岔图纸目录（工务） 图　号：CN－6118AT	
图纸名称	图　号
1. 线形图	
60 kg/m 钢轨 18 号单开道岔线形图	CN－6118A0－000
2. 布置图	
60 kg/m 钢轨 18 号单开道岔总布置图	CN－6118AT－002
60 kg/m 钢轨 18 号 4.6 m 渡线布置图	CN－6118AT－044
60 kg/m 钢轨 18 号 5.0 m 渡线布置图	CN－6118AT－045
3. 转辙器区域	
60 kg/m 钢轨 18 号单开道岔转辙器布置图	CN－6118AT－200
60 kg/m 钢轨 18 号单开道岔转辙器部件表	CN－6118AT－200－1
4. 辙叉区域	
60 kg/m 钢轨 18 号单开道岔可动心轨辙叉布置图	CN－6118AT－300
60 kg/m 钢轨 18 号单开道岔可动心轨辙叉部件表	CN－6118AT－300－1
5. 岔枕相关图纸	
有砟轨道岔枕紧固系统	CN－6118AS－190
道岔左右开岔枕布置	CN－6118A0－801
6. 跳线孔图	
18 号道岔跳线及并联线孔布置图	CN－0091－012

总布置图明细表

序号	图号 / 标准	名称及规格	材料及等级	单位	数量
1	CN－6118AT－200	转辙器		组	1
2	CN－6118AT－300	可动心轨辙叉		组	1
3	TB/T 3276	导　轨　29 413	根据合同	根	1
4	TB/T 3276	导　轨　29 403	根据合同	根	1
5	TB/T 3276	导　轨　29 378	根据合同	根	1
6	TB/T 3276	导　轨　21 577	根据合同	根	1
7	TB/T 3276	导　轨　14 979	根据合同	根	1
8	TB/T 3276	导　轨　22 762	根据合同	根	1
9	CN－6034－001	硫化基板　FURp 206－40	Q345D+ 橡胶	块	228
10	CN－60－400	硫化基板　FCRp 1 401L	Q345D+ 橡胶	块	1
11	CN－60－400	硫化基板　FCRp 1 401R	Q345D+ 橡胶	块	1
12	CN－60－400	硫化基板　FCRp 1 402L	Q345D+ 橡胶	块	1
13	CN－60－400	硫化基板　FCRp 1 402R	Q345D+ 橡胶	块	1
14	CN－60－400	硫化基板　FCRp 1 403L	Q345D+ 橡胶	块	1
15	CN－60－400	硫化基板　FCRp 1 403R	Q345D+ 橡胶	块	1
16	CN－60－400	硫化基板　FCRp 1 404L	Q345D+ 橡胶	块	1
17	CN－60－400	硫化基板　FCRp 1 404R	Q345D+ 橡胶	块	1
18	CN－60－400	硫化基板　FCRp 1 405L	Q345D+ 橡胶	块	1
19	CN－60－400	硫化基板　FCRp 1 405R	Q345D+ 橡胶	块	1
20	CN－60－400	硫化基板　FCRp 1 406L	Q345D+ 橡胶	块	1
21	CN－60－400	硫化基板　FCRp 1 406R	Q345D+ 橡胶	块	1
22	CN－60－400	硫化基板　FCRp 1 407L	Q345D+ 橡胶	块	1
23	CN－60－400	硫化基板　FCRp 1 407R	Q345D+ 橡胶	块	1
24	CN－60－400	硫化基板　FCRp 1 408L	Q345D+ 橡胶	块	1
25	CN－60－400	硫化基板　FCRp 1 408R	Q345D+ 橡胶	块	1
26	CN－60－400	硫化基板　FCRp 1 409L	Q345D+ 橡胶	块	1
27	CN－60－400	硫化基板　FCRp 1 409R	Q345D+ 橡胶	块	1
28	CN－60－400	硫化基板　FCRp 1 410L	Q345D+ 橡胶	块	1
29	CN－60－400	硫化基板　FCRp 1 410R	Q345D+ 橡胶	块	1

续上表

序号	图号 / 标准	名称及规格	材料及等级	单位	数量
30	CN－60－400	硫化基板 FCRp 1 411L	Q345D+ 橡胶	块	1
31	CN－60－400	硫化基板 FCRp 1 411R	Q345D+ 橡胶	块	1
32	CN－60－400	硫化基板 FCRp 1 412L	Q345D+ 橡胶	块	1
33	CN－60－400	硫化基板 FCRp 1 412R	Q345D+ 橡胶	块	1
34	CN－60－400	硫化基板 FCRp 1 413L	Q345D+ 橡胶	块	1
35	CN－60－400	硫化基板 FCRp 1 413R	Q345D+ 橡胶	块	1
36	CN－60－400	硫化基板 FCRp 1 414L	Q345D+ 橡胶	块	1
37	CN－60－400	硫化基板 FCRp 1 414R	Q345D+ 橡胶	块	1
38	CN－60－400	硫化基板 FCRp 1 415L	Q345D+ 橡胶	块	1
39	CN－60－400	硫化基板 FCRp 1 415R	Q345D+ 橡胶	块	1
40	CN－60－400	硫化基板 FCRp 1 416L	Q345D+ 橡胶	块	1
41	CN－60－400	硫化基板 FCRp 1 416R	Q345D+ 橡胶	块	1
42	CN－60－400	硫化基板 FCRp 1 501	Q345D+ 橡胶	块	1
43	CN－60－400	硫化基板 FCRp 1 502	Q345D+ 橡胶	块	1
44	CN－60－400	硫化基板 FCRp 1 503	Q345D+ 橡胶	块	1
45	CN－60－400	硫化基板 FCRp 1 504	Q345D+ 橡胶	块	1
46	CN－60－400	硫化基板 FCRp 1 505	Q345D+ 橡胶	块	1
47	CN－60－400	硫化基板 FCRp 1 506	Q345D+ 橡胶	块	1
48	CN－60－400	硫化基板 FCRp 1 507	Q345D+ 橡胶	块	1
49	CN－60－400	硫化基板 FCRp 1 508	Q345D+ 橡胶	块	1
50	CN－60－400	硫化基板 FCRp 1 509	Q345D+ 橡胶	块	1
51	CN－6034－001	硫化基板 FURp 206－40.2	Q345D+ 橡胶	块	12
52	CN－0013－001	轨下胶垫 Zw 692－0	EVA	片	240
53	CN－0013－002	轨下胶垫 Zw 60－40	EVA	片	82
54	CN－0011－001	调高垫片 Upf 6－1	PA 6 GF30	片	480
55	CN－0011－001	调高垫片 Upf 6－4	PA 6 GF30	片	4
56	CN－0011－001	调高垫片 Upf 6－5	PA 6 GF30	片	26
57	CN－0011－001	调高垫片 Upf 6－6	PA 6 GF30	片	30
58	CN－0011－001	调高垫片 Upf 6－7	PA 6 GF30	片	22
59	CN－0011－001	调高垫片 Upf 2－5	PA 6 GF30	片	6

续上表

序号	图号 / 标准	名称及规格	材料及等级	单位	数量
60	CN-0011-001	调高垫片 Upf 2-6	PA 6 GF30	片	6
61	CN-0011-001	调高垫片 Upf 2-7	PA 6 GF30	片	6
62	CN-0012-001	调整锥套 Ek 2-0	PA6.6	个	562
63	CN-0038-001	盖 板 Ka 10	Q345D	块	562
64	CN-0054-001	盘 簧 54.0×30.5×2.92		对	1124
65	ISO 4014(GB/T 5782)	六角螺栓 M27×290	8.8	根	562
66	CN-0056-001	弹 条 SKl 12		个	636
67	CN-0053-001	垫 圈 Uls 6	Q345	个	644
68	CN-0051-001	T 型螺栓+螺母 Hs32-55	8.8/8	套	644
69	CN-0056-002	弹 条 Usk 2		个	8

转辙器明细表					
序号	图号 / 标准	名称及规格	材料及等级	单位	数量
1	CN－6118A0－220/221	基本轨 24 596 Rl(Lr 对称制造)	R350HT	根	1
2	CN－6118A0－220/221	基本轨 24 596 Rr (L1 对称制造)	R350HT	根	1
3	CN－6118A0－230/231	尖 轨 22 012 Rl (Lr 对称制造)	R350HT	根	1
4	CN－6118A0－230/231	尖 轨 22 012 Rr (Ll 对称制造)	R350HT	根	1
5	CN－6034－001	硫化基板 FCRp 206－40.2	Q345D+ 橡胶	块	6
6	CN－6034－001	硫化基板 FCRp 206－40	Q345D+ 橡胶	块	2
7	CN－6035－002	硫化基板 FURg 33－40	Q345D+ 橡胶	块	56
8	CN－6035－001	硫化基板 FURg 35.5	Q345D+ 橡胶	块	12
9	CN－6035－003	硫化基板 FURp 1 101	Q345D+ 橡胶	块	2
10	CN－60－400	硫化基板 FCRp 1 201L	Q345D+ 橡胶	块	1
11	CN－60－400	硫化基板 FCRp 1 201R	Q345D+ 橡胶	块	1
12	CN－60－400	硫化基板 FCRp 1 A01L	Q345D+ 橡胶	块	1
13	CN－60－400	硫化基板 FCRp 1 A01R	Q345D+ 橡胶	块	1
14	CN－6034－003	滑床台板 CRg 33.2－40	Q345D	块	56
15	CN－0038－002	弹性压簧 USf 1	50CrV4	根	136
16	CN－0013－003	轨下胶垫 Zw 9	EVA	片	56
17	CN－0011－001	调高垫板 Upf 6－3	PA6 GF30	片	136
18	CN－0013－001	轨下胶垫 Zw 692－0	EVA	片	66
19	CN－6034－002	滑床台板 CRg 35.6－40	Q345D	块	12
20	CN－6034－005	拼接板 VI 4－0	Q345D+ 橡胶	块	12
21	CN－0013－003	胶 垫 Zw 4P	EVA	片	24
22	CN－0013－002	轨下胶垫 Zw 60－40	EVA	片	16
23	CN－60S－260	辊 轮 CZr 1eV	组件	套	2
24	CN－60S－260	辊 轮 CZr 2e 11－00	组件	套	4
25	CN－60S－260	辊 轮 CZr 3e 11－00	组件	套	6
26	CN－6034－011	台 板 CRp 1 101.2 L	Q345D	块	1
27	CN－6034－011	台 板 CRp 1 101.2 R	Q345D	块	1
28	CN－0038－005	弹性压簧 Spf 2	50CrV4	根	4
29	CN－6034－012	调整片 CAgb 3	DX51D	片	2
30	CN－0011－001	调高垫片 Upf 6－5	PA6 GF30	片	4
31	CN－0013－004	轨下胶垫 Zw 200/185 × 48 × 6	EVA	片	2
32	CN－6100A0－240	顶 铁 UZs 83	C60	个	8
33	CN－0036－009	钢轨垫圈 Cuul 1	Q275	个	36
34	ISO 7090	平垫圈 B28 200HV 4 mm		个	44

续上表

序号	图号 / 标准	名称及规格	材料及等级	单位	数量
35	CN-0052-002	自锁六角螺母　SMs 2-8	8	个	40
36	CN-6100A0-241	顶　铁　CZs 205	QT400-18L	个	24
37	ISO 4014(GB/T 5782)	六角螺栓　M27×100	8.8	根	24
38	ISO 4014(GB/T 5782)	六角螺栓　M27×140	8.8	根	4
39	CN-0036-002	钢轨垫圈　SUl 2	Q275	个	2
40	CN-6041-001	限位器销　UWz1	C35	个	2
41	CN-6041-002	限位器叉　UWg1	C35	个	2
42	ISO 4014(GB/T 5782)	六角螺栓　M27×120	8.8	根	4
43	CN-0011-001	调高垫片　Upf 6-1	PA6 GF30	片	16
44	CN-0012-001	调整锥套　Ek 2-0	PA6.6	个	164
45	CN-0038-001	盖　板　Ka 10	Q345D	块	164
46	CN-0054-001	盘　簧　54.0×30.5×2.92		对	328
47	ISO 4014(GB/T 5782)	六角螺栓　M27×290	8.8	根	164
48	CN-0056-001	弹　条　SKl 12		个	106
49	CN-0053-001	垫　圈　Uls 6	Q345	个	106
50	CN-0051-001	T 型螺栓+螺母　Hs32-55	8.8/8	套	104
51	CN-0051-001	T 型螺栓+螺母　Hs32-130	8.8/8	套	2
52	CN-0011-001	调高垫片　Upf 6-4	PA6 GF30	片	8
53	CN-0013-004	轨下胶垫　Zw 661 k	EVA	片	2

辙叉明细表					
序号	图号 / 标准	名称及规格	材料及等级	单位	数量
1	CN－6118AS－320	无砟翼轨 10 251 Rl (Lr 对称制造)	R350HT	根	1
2	CN－6118AS－320	无砟翼轨 10 251 Rr (Ll 对称制造)	R350HT	根	1
3	CN－6118AS－330	无砟可动心轨 －R(可动心轨 －L 对称制造)	R350HT	根	1
4	CN－6118A0－340	岔跟尖轨 －R (岔跟尖轨 －L 对称制造)	R350HT	根	1
5	CN－60－400	硫化基板　FCRp 1 701	Q345D+ 橡胶	块	1
6	CN－60－400	硫化基板　FCRp 1 702	Q345D+ 橡胶	块	1
7	CN－60－400	硫化基板　FCRp 1 703	Q345D+ 橡胶	块	1
8	CN－60－400	硫化基板　FCRp 1 B01 as	Q345D+ 橡胶	块	1
9	CN－60－400	硫化基板　FCRp 1 B02 as	Q345D+ 橡胶	块	1
10	CN－60－400	硫化基板　FCRp 1 B03 as	Q345D+ 橡胶	块	1
11	CN－60－400	硫化基板　FCRp 1 B04 as	Q345D+ 橡胶	块	1
12	CN－60－400	硫化基板　FCRp 1 B05 as	Q345D+ 橡胶	块	1
13	CN－60－400	硫化基板　FCRp 1 B06 as	Q345D+ 橡胶	块	1
14	CN－60－400	硫化基板　FCRp 1 B07 as	Q345D+ 橡胶	块	1
15	CN－60－400	硫化基板　FCRp 1 C01 as	Q345D+ 橡胶	块	1
16	CN－60－400	硫化基板　FCRp 1 C02 as	Q345D+ 橡胶	块	1
17	CN－60－400	硫化基板　FCRp 1 C03 as	Q345D+ 橡胶	块	1
18	CN－60－400	硫化基板　FCRp 1 C04 as	Q345D+ 橡胶	块	1
19	CN－60－400	硫化基板　FCRp 1 D01R(左开时为 L)	Q345D+ 橡胶	块	1
20	CN－60－400	硫化基板　FCRp 1 E01R(左开时为 L)	Q345D+ 橡胶	块	1
21	CN－60－400	硫化基板　FCRp 1 E02R(左开时为 L)	Q345D+ 橡胶	块	1
22	CN－60－400	硫化基板　FCRp 1 E03R(左开时为 L)	Q345D+ 橡胶	块	1
23	CN－60－400	硫化基板　FCRp 1 301	Q345D+ 橡胶	块	1
24	CN－60－400	硫化基板　FCRp 1 302	Q345D+ 橡胶	块	1
25	CN－60－400	硫化基板　FCRp 1 303	Q345D+ 橡胶	块	1
26	CN－60－400	硫化基板　FCRp 1 304	Q345D+ 橡胶	块	1
27	CN－60－400	硫化基板　FCRp 1 305	Q345D+ 橡胶	块	1
28	CN－60－400	硫化基板　FCRp 206－40	Q345D+ 橡胶	块	4
29	CN－6118A0－352	间隔铁　CF12－1	Q345	块	1
30	CN－6118A0－352	间隔铁　CF12－2	Q345	块	1
31	CN－6118A0－352	间隔铁　CF3	Q345	块	1
32	CN－6118A0－352	间隔铁　CF90	Q345	块	3
33	CN－6118A0－351	间隔铁　CF95－1	Q345	块	1

续上表

序号	图号 / 标准	名称及规格	材料及等级	单位	数量
34	CN－6118A0－351	间隔铁　CF95－2	Q345	块	1
35	CN－6118A0－351	间隔铁　CF95－3	Q345	块	1
36	CN－6118A0－352	间隔铁　CF117	Q345	块	1
37	CN－60－363	顶　铁　CStue 5	Q345	块	14
38	CN－60－361	顶　铁　CStue 6－11－1	Q345	块	1
39	CN－60－361	顶　铁　CStue 6－11－2	Q345	块	1
40	CN－60－361	顶　铁　CStue 6－11－3	Q345	块	1
41	CN－60－361	顶　铁　CStue 6－11－4	Q345	块	1
42	CN－6018A0－360	顶　铁　CStp 6－11－1	Q345	块	1
43	CN－6018A0－360	顶　铁　CStp 6－11－2	Q345	块	1
44	CN－6018A0－360	顶　铁　CStp 6－11－3	Q345	块	1
45	CN－60－360	轨　撑　Cstu 7	Q345	块	10
46	CN－0013－001	轨下胶垫　Zw 692－0	EVA	片	17
47	CN－0013－002	轨下胶垫　Zw 60－40	EVA	片	4
48	ISO 4014(GB/T 5782)	六角螺栓　M27 × 340	8.8	根	2
49	ISO 4014(GB/T 5782)	六角螺栓　M27 × 320	8.8	根	2
50	ISO 4014(GB/T 5782)	六角螺栓　M27 × 300	8.8	根	3
51	ISO 4014(GB/T 5782)	六角螺栓　M27 × 260	8.8	根	2
52	ISO 4014(GB/T 5782)	六角螺栓　M27 × 280	8.8	根	5
53	CN－0051－001	T 型螺栓＋螺母　Hs32－55	8.8/8	套	62
54	CN－0053－001	垫　圈　Uls 6	Q345	个	62
55	CN－0056－001	弹　条　SKl 12		个	62
56	CN－0052－002	六角螺母　SMs 2	8	个	51
57	DIN 6319	球形垫圈　C31		个	16
58	DIN 6319	锥形座　D35		个	16
59	CN－0036－009	钢轨垫圈　Cuul 1	Q275	个	56
60	CN－0053－003	垫　圈　23 × 50 × 8		个	10
61	CN－0054－002	弹簧垫圈　Fe 6		个	10
62	CN－0051－001	T 型螺栓＋螺母　Hs32－75	8.8/8	套	10
63	ISO 4014(GB/T 5782)	六角螺栓　M27 × 51	8.8	根	20
64	DIN 25201	自锁垫圈　27 (28.4 × 42 × 6.6)		个	102
65	CN－0052－001	防转螺母　UMs l M27		个	20
66	ISO 4014(GB/T 5782)	六角螺栓　M27 × 120	8.8	根	36
67	CN－0036－010	钢轨垫圈　Cuul 4		个	1
68	CN－0036－019－2	钢轨垫圈　Cuul 2		个	4

续上表

序号	图号 / 标准	名称及规格	材料及等级	单位	数量
69	DIN 25201	自锁垫圈　22 (23.4 × 34.5 × 3.4)		个	3
70	ISO 7042(GB/T 6185)	自锁螺母　M22		个	3
71	CN－0051－001	T 型螺栓　Hs32－85(不带螺母)	8.8	根	3
72	CN－0032－001	接头夹板　CFl 7	Q345D	块	2
73	ISO 4014(GB/T 5782)	六角螺栓　M27 × 290	8.8	根	54
74	CN－0012－001	调整锥套　Ek 2－0	PA6.6	个	54
75	CN－0038－001	盖　板　Ka 10	Q345D	块	54
76	CN－0054－001	盘　簧　54.0 × 30.5 × 2.92		对	108
77	ISO 4014(GB/T 5782)	六角螺栓　M27 × 110	8.8	根	1
78	ISO 4014(GB/T 5782)	六角螺栓　M27 × 150	8.8	根	1
79	DIN 935	六角开槽螺母　M24	8.8	个	1
80	ISO 1234(GB/T 91)	开口销　5 × 60		个	1
81	ISO 7089	垫　圈　44 × 25 × 3 200HV	8.8	个	2
82	CN－0036－009－3	钢轨垫圈　Cuul 1－1	Q275	个	1

60 kg/m 钢轨 18 号单开道岔图纸目录（电务）
图　号：CN-6118AT

图纸名称	图　号
1. 60 kg/m 钢轨 18 号单开道岔转辙器区域转换系统安装布置图	CN-6118AT-760
2. 60 kg/m 钢轨 18 号单开道岔辙叉区域转换系统布置图	CN-6118AT-770
3. HRS 锁闭装置参数	CN-60-500
4. 3D 型 HRS 锁闭装置转辙器区域连杆组装	CN-60-537
5. 3D 型 HRS 锁闭装置锁闭框组装	CN-60-538
6. 3D 型 HRS 锁闭装置 BKL80 组装	CN-60-539
7. 辙叉区域 HRS 锁闭装置组装	CN-60-540
8. 转辙器区域 HRS 锁闭装置组装	CN-60-542
9. 18 号道岔跳线及并联线孔布置图	CN-0091-012

60 kg/m 钢轨 18 号单开道岔 4.6 m 渡线布置图
图　号：CN－6118AT－044

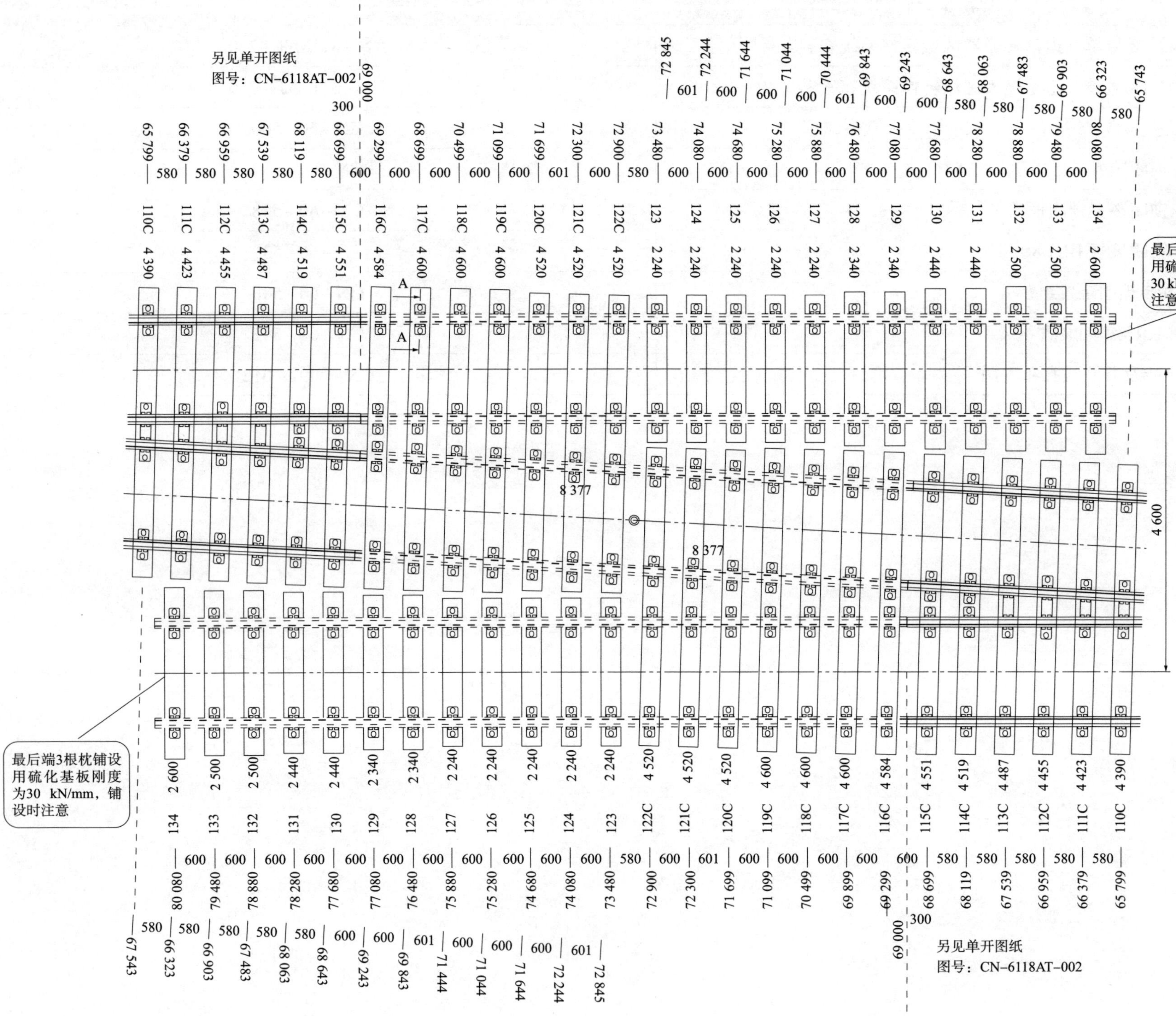

技　术　要　求

1. 岔枕铺设时，岔枕编号始终铺设在道岔外端，且从道岔前端向后可以看到岔枕侧面岔枕编号。
2. 本渡线布置图为两组右开道岔组成渡线，如为左开渡线按本图对称布置。
3. 岔枕 123～134 垂直于钢轨布置。
4. 断面 A－A 参见图纸 CN－6118AT－002。

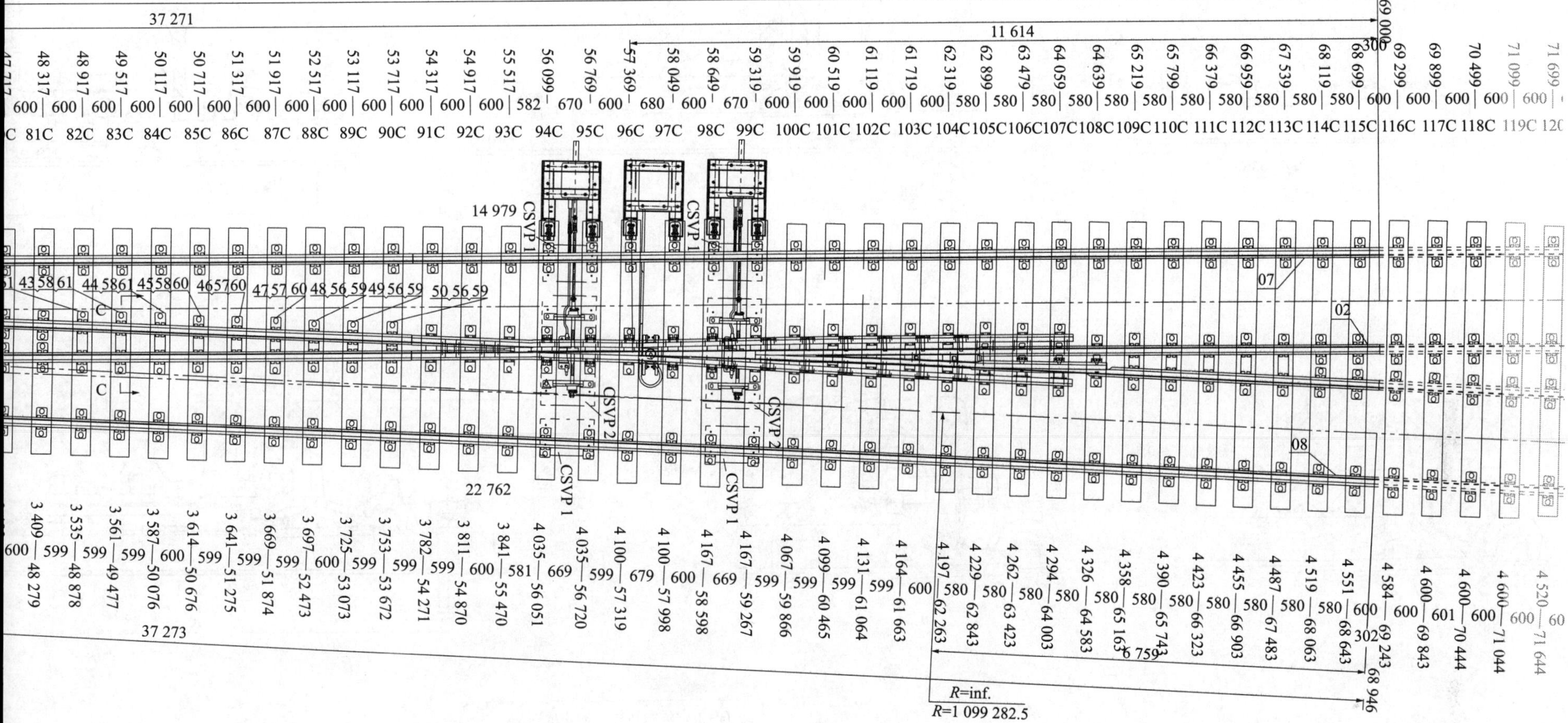

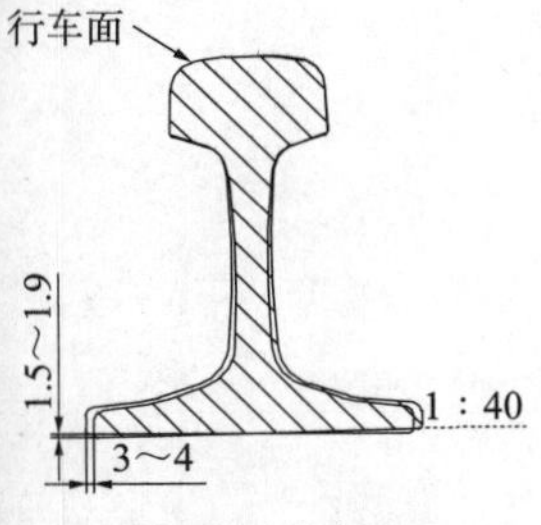

轨脚错牙示意图

技 术 要 求

1. 站在道岔始端，面对道岔，无论道岔开向，岔枕编号始终铺设在道岔左侧。从道岔前端向后看，可以看到岔枕侧面岔枕编号标识。末端岔枕 135～146 垂直于钢轨布置。
2. 铺设时注意：道岔最前端及最末端 3 根岔枕硫化基板刚度为 30 kN/mm。
3. 通过调整锥 Ek 2－0...9 进行横向调整；通过调高垫片 Upf2－...，Upf3－...，Upf6－... 和 Upf10－... 进行竖向调整；通过调整片 SSp 2－ SSp 4 进行轨距调整。
4. 尖轨、翼轨、心轨、叉跟尖轨设置 1：40 轨顶坡，与导轨焊接时，调整对齐钢轨行车面，忽略轨脚的错牙。
5. I(IRJ) 表示胶接绝缘接头，胶接绝缘接头两侧基板使用弹条 Usk2 紧固。

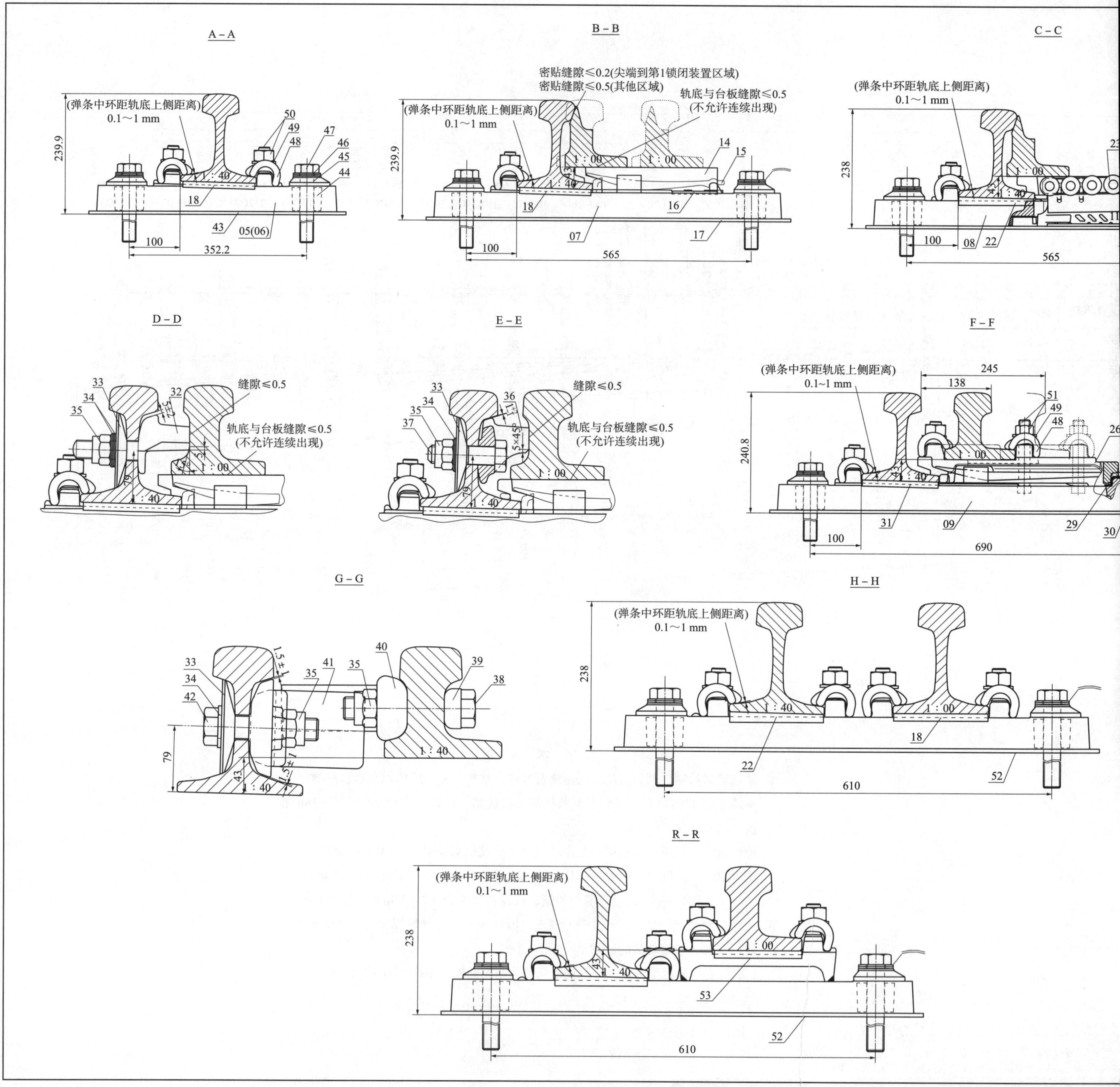
A－A
(弹条中环距轨底上侧距离)
0.1～1 mm
239.9
1∶40
50
49
48
47
46
45
44
18
43
05(06)
100
352.2
B－B
密贴缝隙≤0.2(尖端到第1锁闭装置区域)
密贴缝隙≤0.5(其他区域)
轨底与台板缝隙≤0.5
(不允许连续出现)
(弹条中环距轨底上侧距离)
0.1～1 mm
239.9
1∶00
1∶40
14
15
16
17
18
07
100
565
C－C
(弹条中环距轨底上侧距离)
0.1～1 mm
238
1∶00
1∶40
08
22
100
565
D－D
33
34
35
32
缝隙≤0.5
轨底与台板缝隙≤0.5
(不允许连续出现)
1∶00
1∶40
79
E－E
33
34
35
36
37
缝隙≤0.5
轨底与台板缝隙≤0.5
(不允许连续出现)
5×45°
1∶00
1∶40
79
F－F
(弹条中环距轨底上侧距离)
0.1～1 mm
245
138
51
49
48
26
240.8
1∶00
1∶40
31
09
29
30
100
690
G－G
33
34
42
35
41
35
40
39
38
1.5±1
79
43
1∶40
H－H
(弹条中环距轨底上侧距离)
0.1～1 mm
238
1∶40
1∶00
18
22
52
610
R－R
(弹条中环距轨底上侧距离)
0.1～1 mm
238
43
1∶40
1∶00
53
52
610

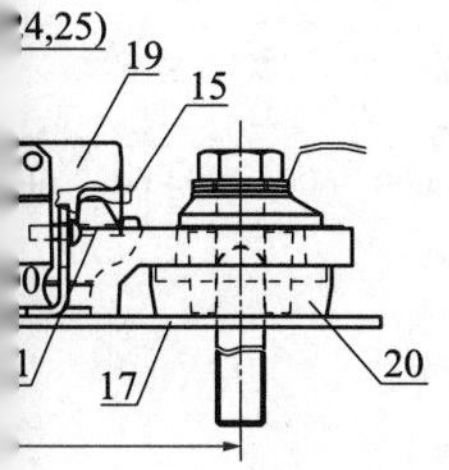

岔枕间距累计	308	917	1 517	2 117	2 717	3 337	3 917	4 517	5 117	5 717	6 317	6 917	7 517	8 117	8 737	9 317	9 917	10 517
岔枕间距	308	609	600	600	600	620	580	600	600	600	600	600	600	600	620	580	600	600
岔枕编号	1	2	3	4	5	6	7	8	9	10	11	12	13	14	15	16	17	18

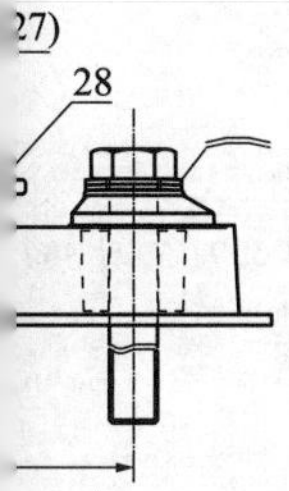

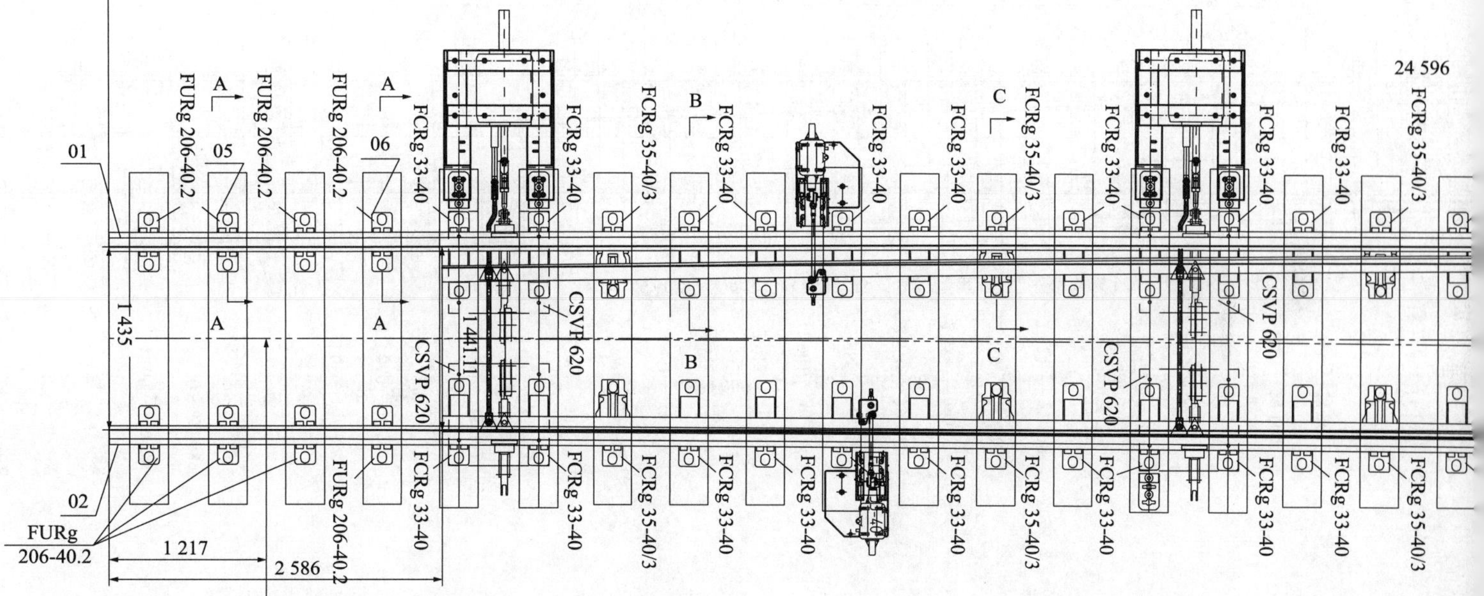

岔枕长度	2 600	2 600	2 600	2 600	2 653	2 653	2 600	2 600	2 600	2 692	2 600	2 600	2 600	2 694	2 694	2 600	2 600	2 600
岔枕间距	309	608	600	599	600	620	579	600	599	600	600	599	600	599	620	580	599	600
岔枕间距累计	309	917	1 517	2 116	2 716	3 336	3 915	4 515	5 114	5 714	6 314	6 913	7 513	8 112	8 732	9 312	9 911	10 511

道岔始端

R=

R=1 099 282.5

岔枕编号	3	4	5	6	7	8	9	10	11	12	13	14	15	16	17	18
基本轨间距离	1 435.1	1 437.9	1 442.0	1 446.6	1 451.2	1456.4	1 461.6	1 467.4	1 473.4	1 479.3	1 482.7	1 485.1	1 488.0	1 490.9	1 494.3	1 498.1
轨距	/	/	/	1 442.7	1 443.2	1 444.1	1 445.1	1 446.6	1 448.3	1 449.8	1 449.8	1 449.2	1 448.6	1 448.1	1 447.5	1 446.9
弦线	99.6	98.7	96.5	95.2	93.9	91.9	90.1	88.4	86.7	85.2	85.2	85.8	86.4	87.0	87.5	88.1

轨顶面下16 mm处

100

3 4 5 6 7 8 9 10 11 12 13 14 15 16 17 18

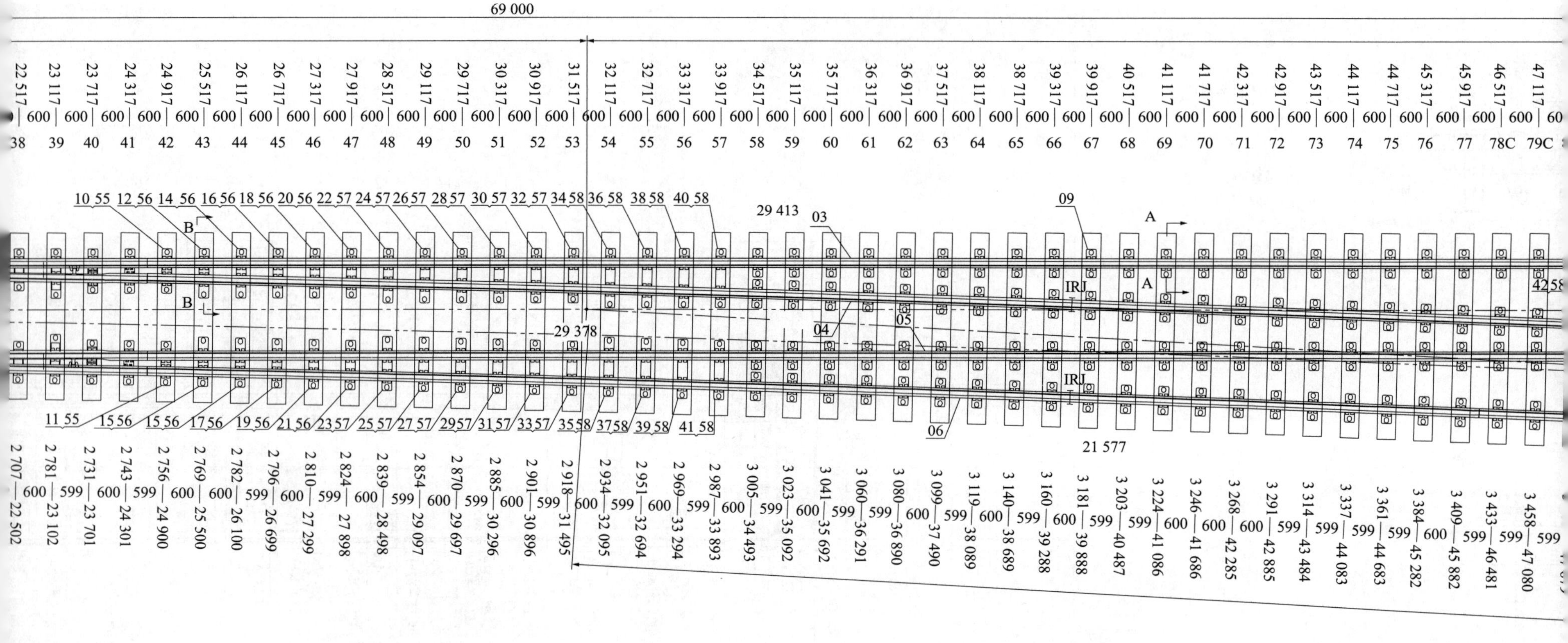
69 000
22 517 23 117 23 717 24 317 24 917 25 517 26 117 26 717 27 317 27 917 28 517 29 117 29 717 30 317 30 917 31 517 32 117 32 717 33 317 33 917 34 517 35 117 35 717 36 317 36 917 37 517 38 117 38 717 39 317 39 917 40 517 41 117 41 717 42 317 42 917 43 517 44 117 44 717 45 317 45 917 46 517 47 117
38 39 40 41 42 43 44 45 46 47 48 49 50 51 52 53 54 55 56 57 58 59 60 61 62 63 64 65 66 67 68 69 70 71 72 73 74 75 76 77 78C 79C
10 55 12 56 14 56 16 56 18 56 20 56 22 57 24 57 26 57 28 57 30 57 32 57 34 58 36 58 38 58 40 58
29 413
03
09
A
B
IRJ
29 378
04
05
11 55 15 56 15 56 17 56 19 56 21 56 23 57 25 57 27 57 29 57 31 57 33 57 35 58 37 58 39 58 41 58
06
21 577
2 707 2 781 2 731 2 743 2 756 2 769 2 782 2 796 2 810 2 824 2 839 2 854 2 870 2 885 2 901 2 918 2 934 2 951 2 969 2 987 3 005 3 023 3 041 3 060 3 080 3 099 3 119 3 140 3 160 3 181 3 203 3 224 3 246 3 268 3 291 3 314 3 337 3 361 3 384 3 409 3 433 3 458
22 502 23 102 23 701 24 301 24 900 25 500 26 100 26 699 27 299 27 898 28 498 29 097 29 697 30 296 30 896 31 495 32 095 32 694 33 294 33 893 34 493 35 092 35 692 36 291 36 890 37 490 38 089 38 689 39 288 39 888 40 487 41 086 41 686 42 285 42 885 43 484 44 083 44 683 45 282 45 882 46 481 47 080

B – B

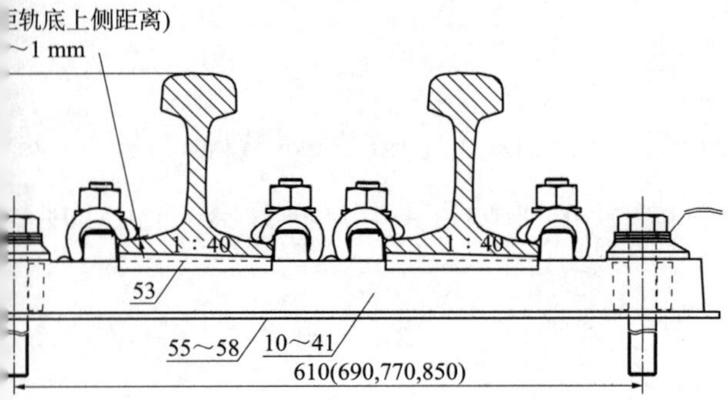
距轨底上侧距离)
~1 mm
1 : 40
1 : 40
53
55～58
10～41
610(690,770,850)

C – C

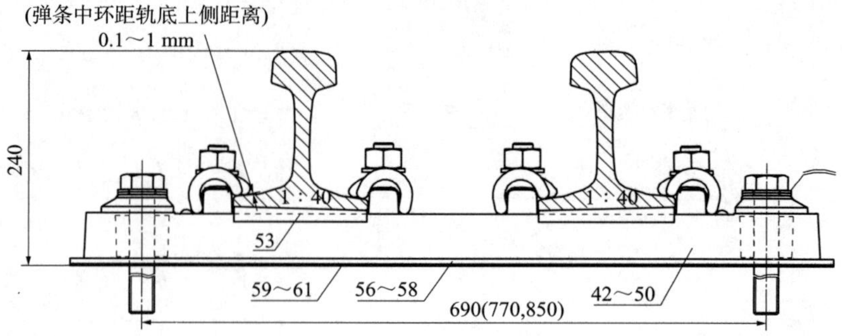
(弹条中环距轨底上侧距离)
0.1～1 mm
240
1 : 40
1 : 40
53
59～61
56～58
42～50
690(770,850)

60 kg/m 钢轨 18 号单开道岔总布置图

图　号：CN-6118AT-002

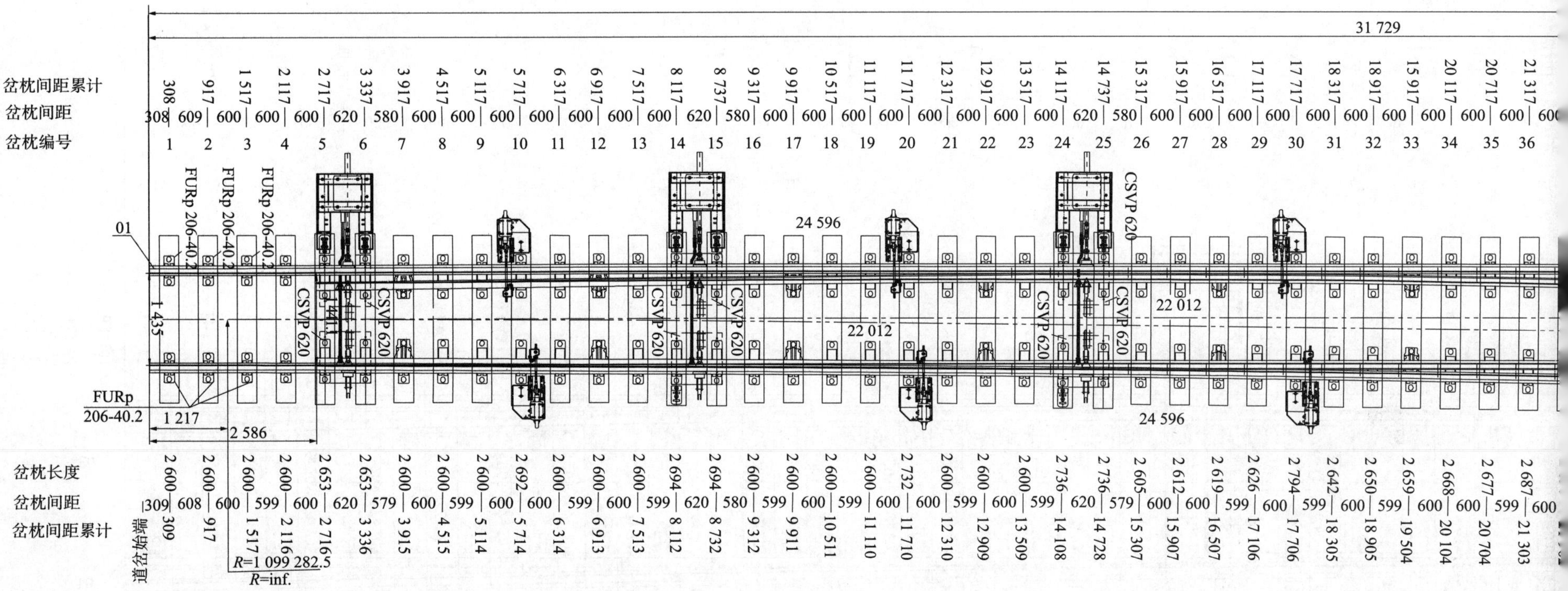

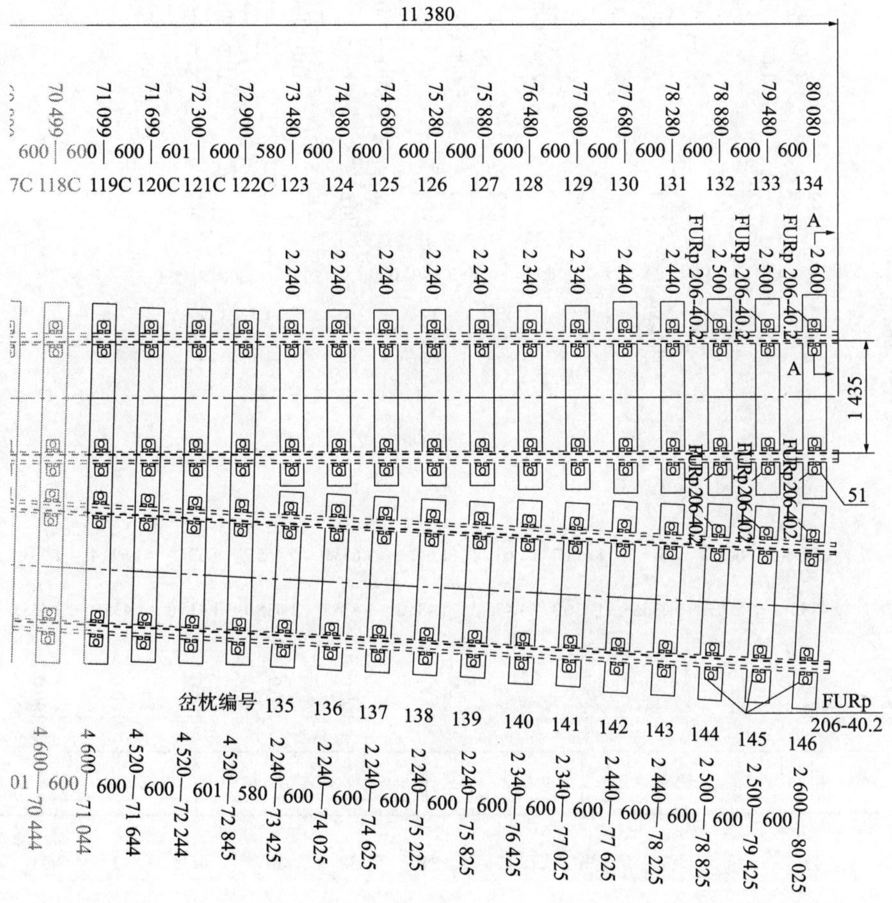

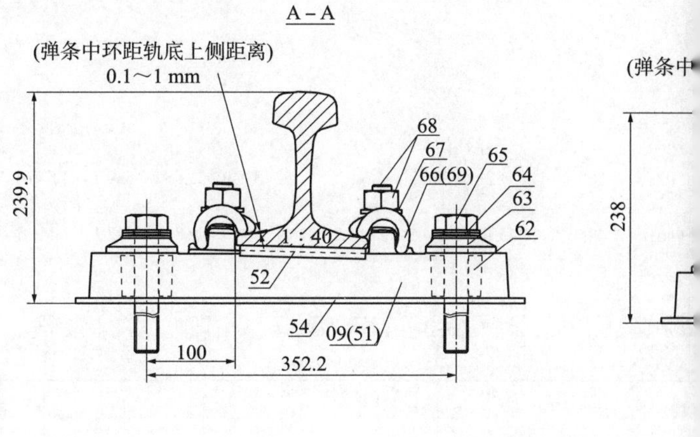

60 kg/m 钢轨 18 号单开道岔转辙器布置图

图　号：CN－6118AT－200

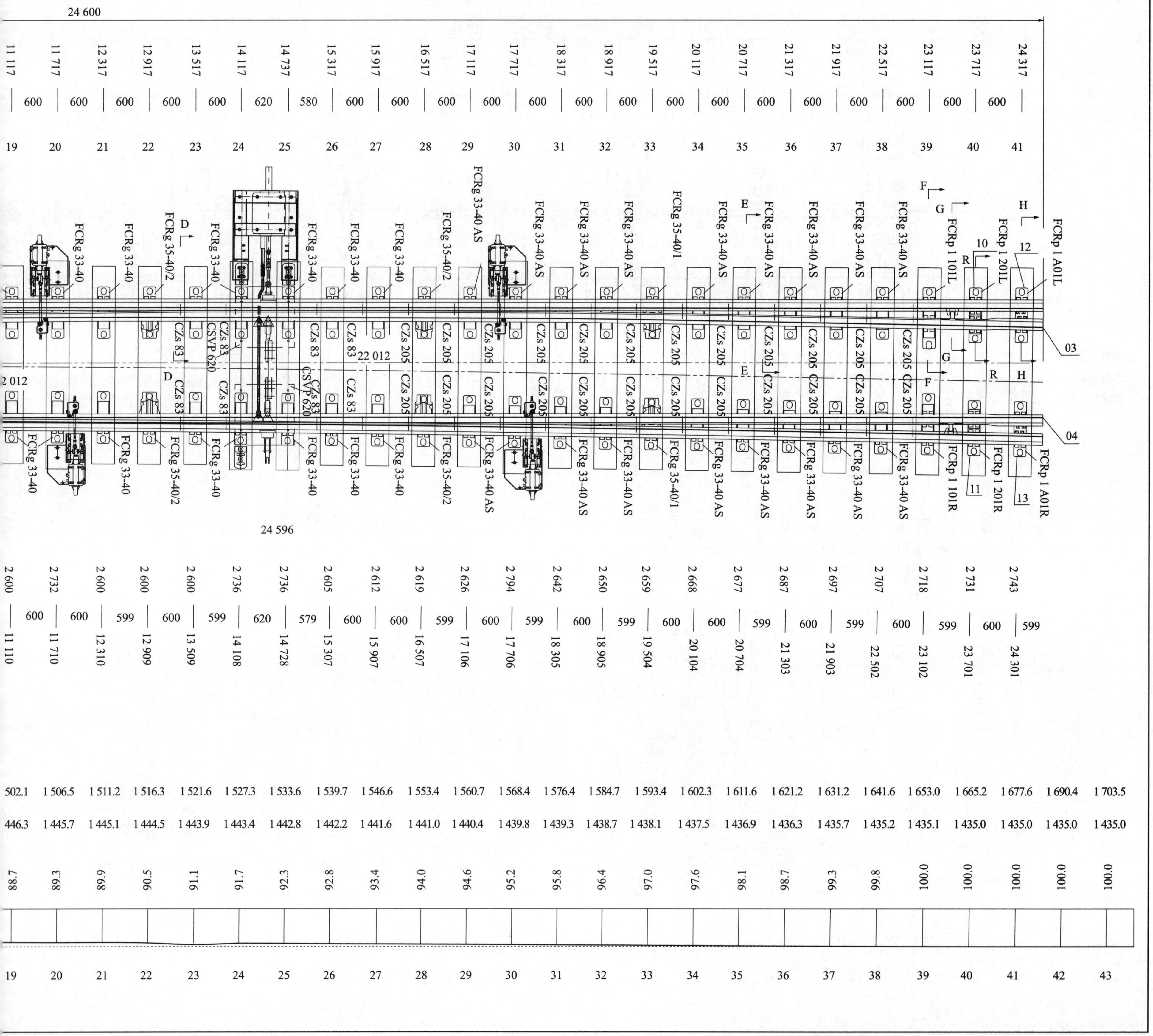

60 kg/m 钢轨 18 号单开道岔 5.0 m 渡线布置图
图　号：CN－6118AT－045

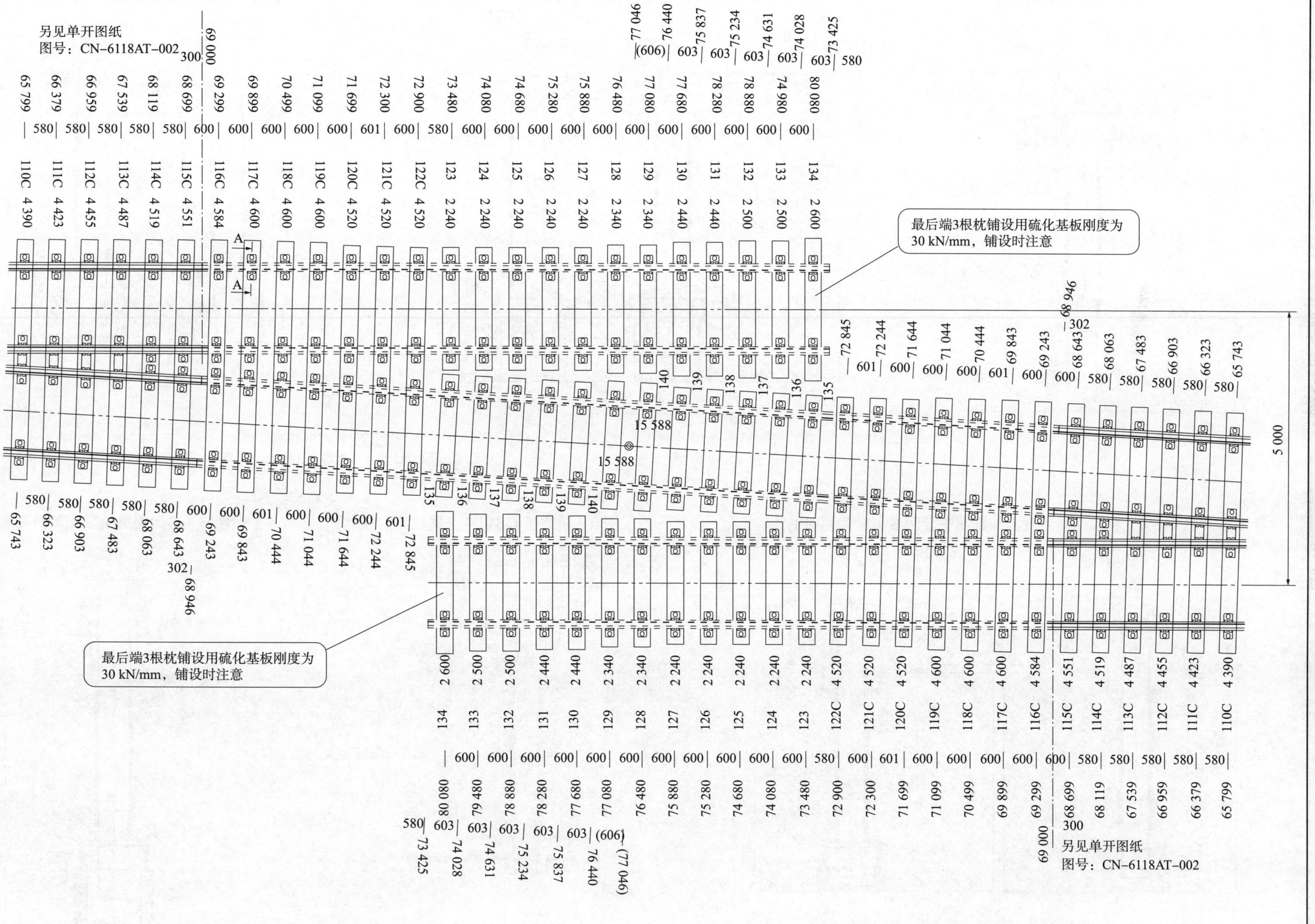

技 术 要 求

1. 岔枕铺设时，岔枕编号始终铺设在道岔外端，且从道岔前端向后可以看到岔枕侧面岔枕编号。
2. 本渡线布置图为两组右开道岔组成渡线，如为左开渡线按本图对称布置。
3. 岔枕 123~140 垂直于钢轨布置。
4. A－A 断面参见图纸 CN－6118AT－002。

有砟轨道岔枕紧固系统

图　号：CN－6100AS－190

图 1　标准扣压点

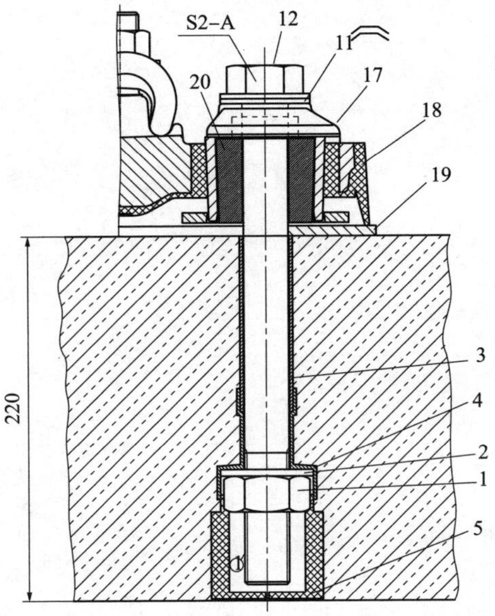

图 2　BP9 紧固系统布置图

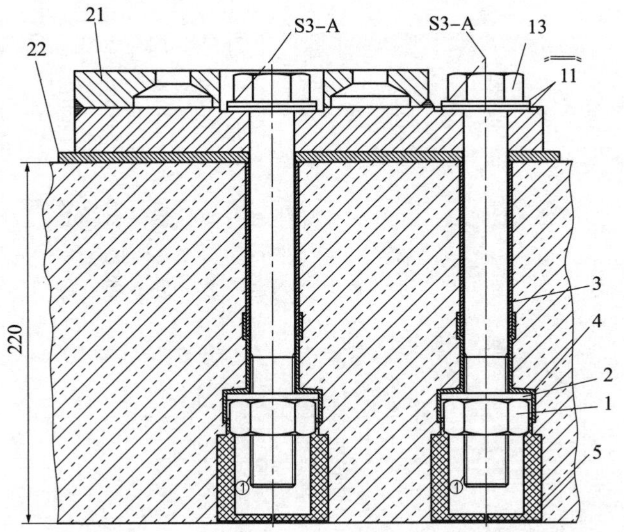

图 3　密检器支撑板紧固系统布置图

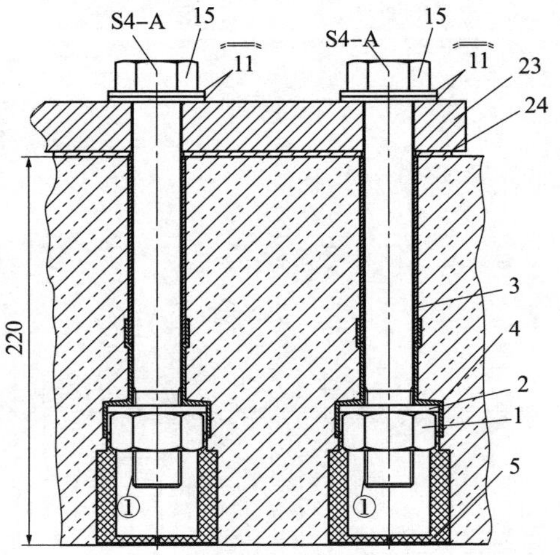

图 4　岔枕连接装置紧固系统布置图 Swt7(适用时)

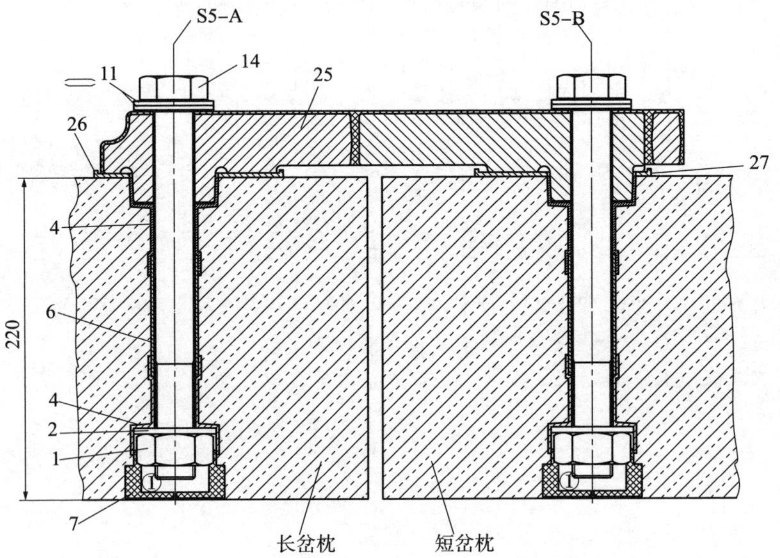

图 5　防砟板 CSVP-... 紧固系统布置图

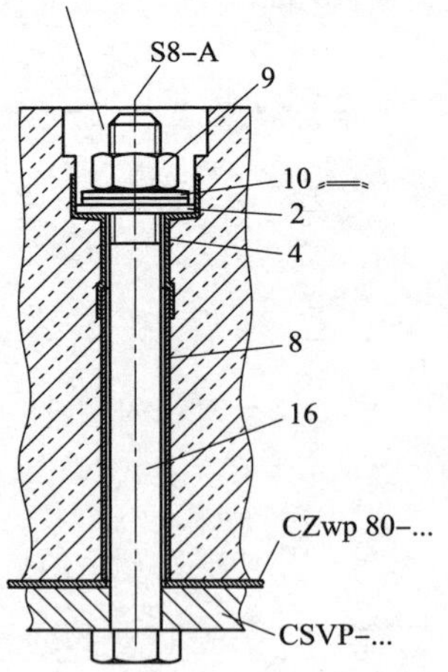

图 6　锁闭支撑轨紧固系统布置图

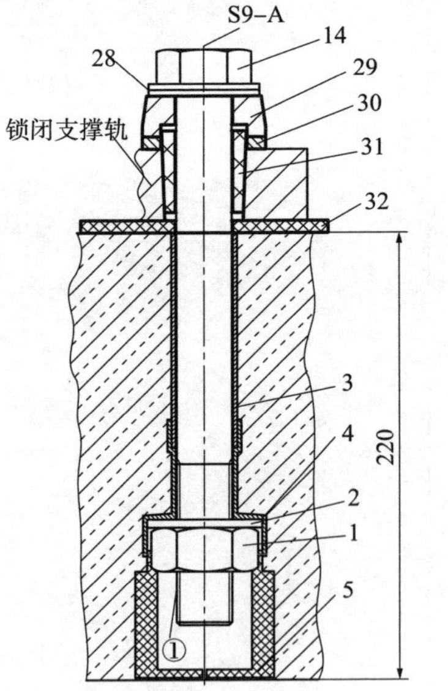

技　术　要　求

螺纹拧紧前，应涂层 FERRO COATN673－JHV－T。

螺栓组装前涂上润滑油。

螺栓紧固力为 300 N · m。

表 1 明 细 表

序号	名 称	材 料	图纸 / 标准号	数 量					
				1	2	3	4	5	6
图 1	标准扣压点布置图		预组装情况下的描述	1	—	—	—	—	—
图 2	BP9 紧固系统布置图			—	1	—	—	—	—
图 3	密检器支撑板紧固系统布置图			—	—	1	—	—	—
图 4	岔枕连接装置紧固系统布置图 Swt 7			—	—	—	1	—	—
图 5	防砟板 CSVP-... 紧固系统布置图			—	—	—	—	1	—
图 6	锁闭支撑轨紧固系统布置图			—	—	—	—	—	1
1	六角螺母 M27-10	tZno		1	2	2	2	—	1
2	垫 圈 27.5	St50	CN-0053-007	1	2	2	2	1	1
3	套 管 106	PA 6	CN-0012-007	1	2	2	—	—	1
4	衬 套	PA 6.6	CN-0012-007	1	2	2	4	1	1
5	塞 子 Sto 2	PA 6	CN-0012-007		2	2	—	—	
6	套 管 77	PA 6	CN-0012-007	—	—	—	2	—	—
7	塞 子 Sto 1	PA 6	CN-0012-007	—	—	—	2	—	—
8	套 管 136	PA 6	CN-0012-007	—	—	—	—	1	—
9	螺 母 M24	8 tZno	GB/T 6172	—	—	—	—	1	—
10	盘 簧 A50		DIN 2093	—	—	—	—	2	—
11	盘 簧		CN-0054-001	2	4	—	4	—	—
12	六角螺栓 M27 × 290	8.8 tZno	ISO 4014	1	—	—	—	—	—
13	六角螺栓 M27 × 235	8.8 tZno	ISO 4014	—	2	—	—	—	—
14	六角螺栓 M27 × 260	8.8 tZno	ISO 4014		—	—	2	—	1
15	六角螺栓 M27 × 220	8.8 tZno	ISO 4014	—	—	2	—	—	—
16	六角螺栓 M27 × 240	8.8 tZno	ISO 4014	—	—	—	—	1	—
17	盖 板 Ka 10	Q345D	CN-0038-001	1	—	—	—	—	—
18	弹性基板			1	—	—	—	—	—
19	调高垫板 UpF 6-1	PA 6-GF30	CN-0011-001	1	—	—	—	—	—
20	调整锥体 Ek 2-0	PA 6-GF30	CN-0012-001	1	—	—	—	—	—
21	紧固板 BP 9		CN-6100AS-734	—	1	—	—	—	—
22	中间垫片 Zwp 80-BP2	EVA	CN-0014-002	—	1	—	—	—	—
23	密检器支撑板	S355J2		—	—	1	—	—	—
24	调整垫片	EVA		—	—	1	—	—	—
25	岔枕连接板 Swt 7	Q345D	CN-6034-013	—	—	—	1	—	—
26	调整片 Zw-Vpl 7/8	PA 6-GF30	CN-6034-013-3	—	—	—	1	—	—
27	调整片 Zw-Gpl 9	PA 6-GF30	CN-6034-013-4	—	—	—	1	—	—
28	自锁垫圈 27（28.4/48.5）		DIN 25201	—	—	—	—	—	1
29	盖 板 Ka 7	Q345D	CN-60-535	—	—	—	—	—	1
30	垫 片 UUl 14	S235JR	CN-60-534	—	—	—	—	—	1
31	调整锥 Ek 8-0	PA 6-GF30	CN-0012-001	—	—	—	—	—	1
32	垫 片 UUl 15-6	PA 6-GF30	CN-60-534	—	—	—	—	—	1

60 kg/m 钢轨 18 号单开道岔可动心轨辙叉布置图

图　号：CN－6118AT－300

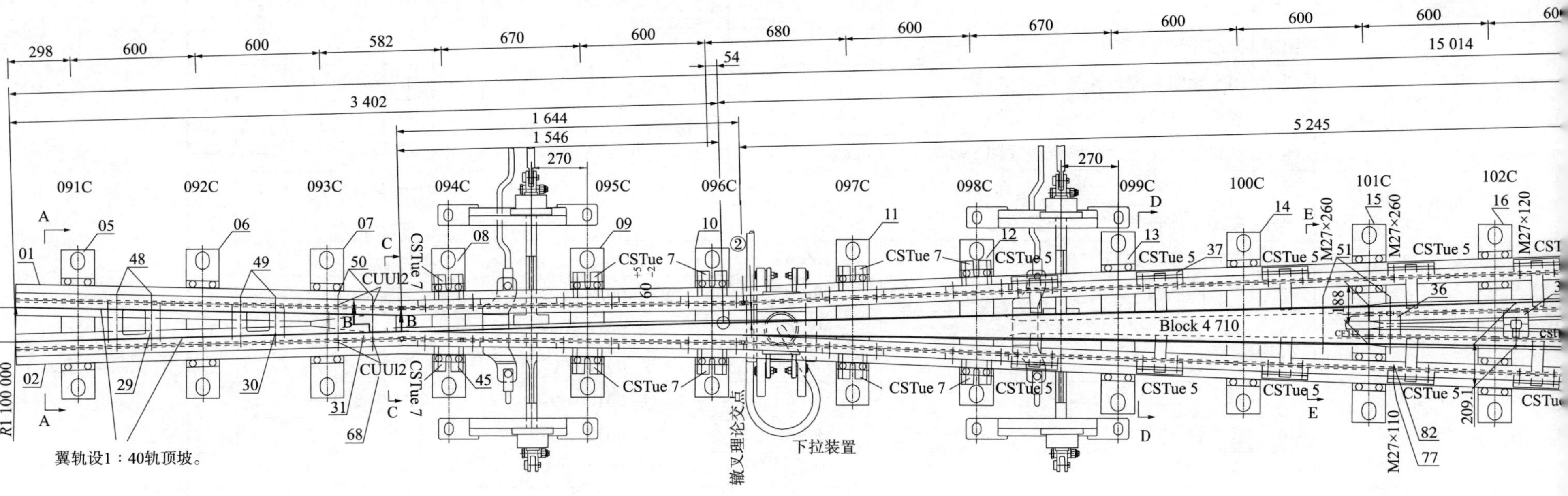

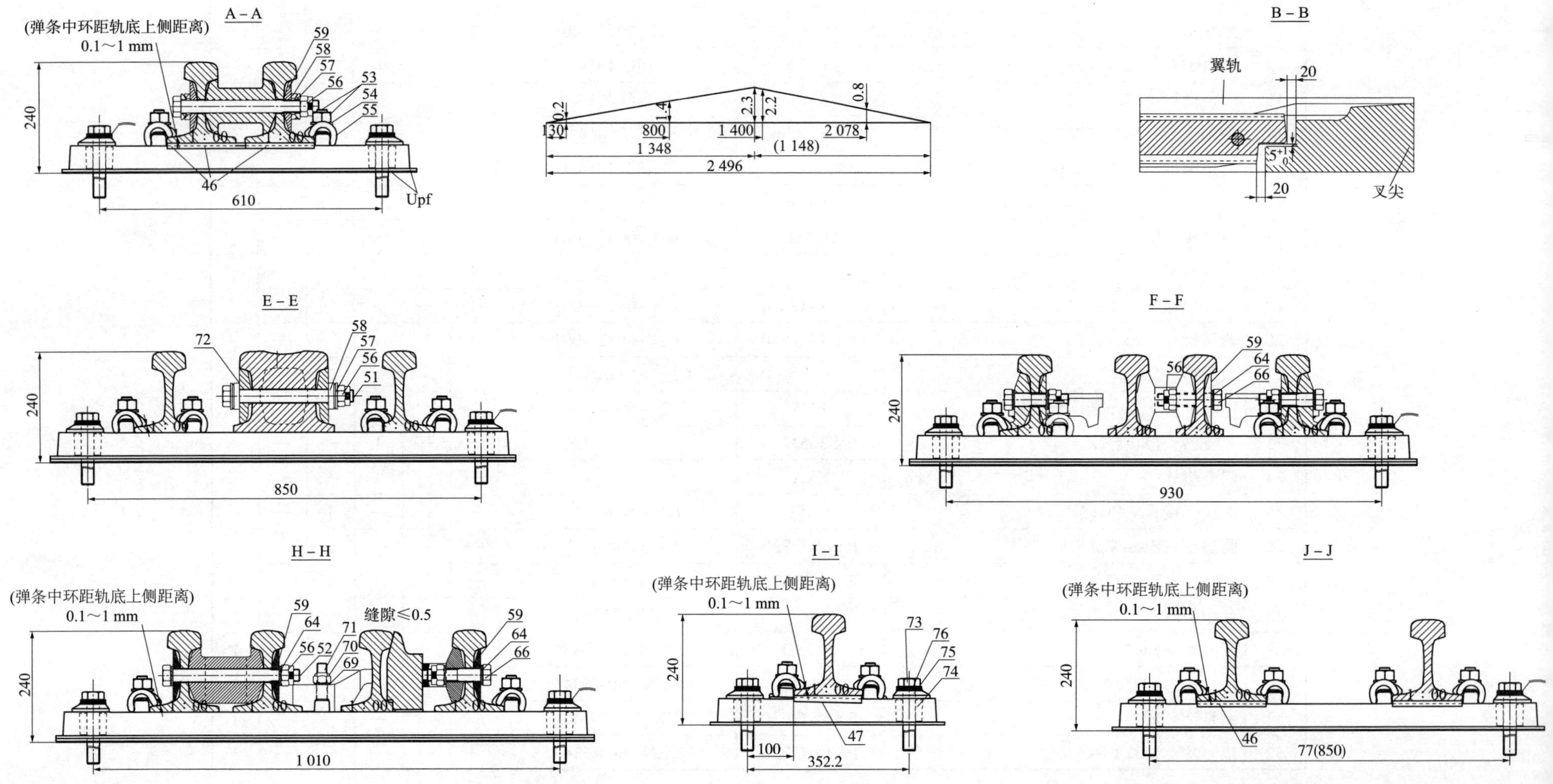

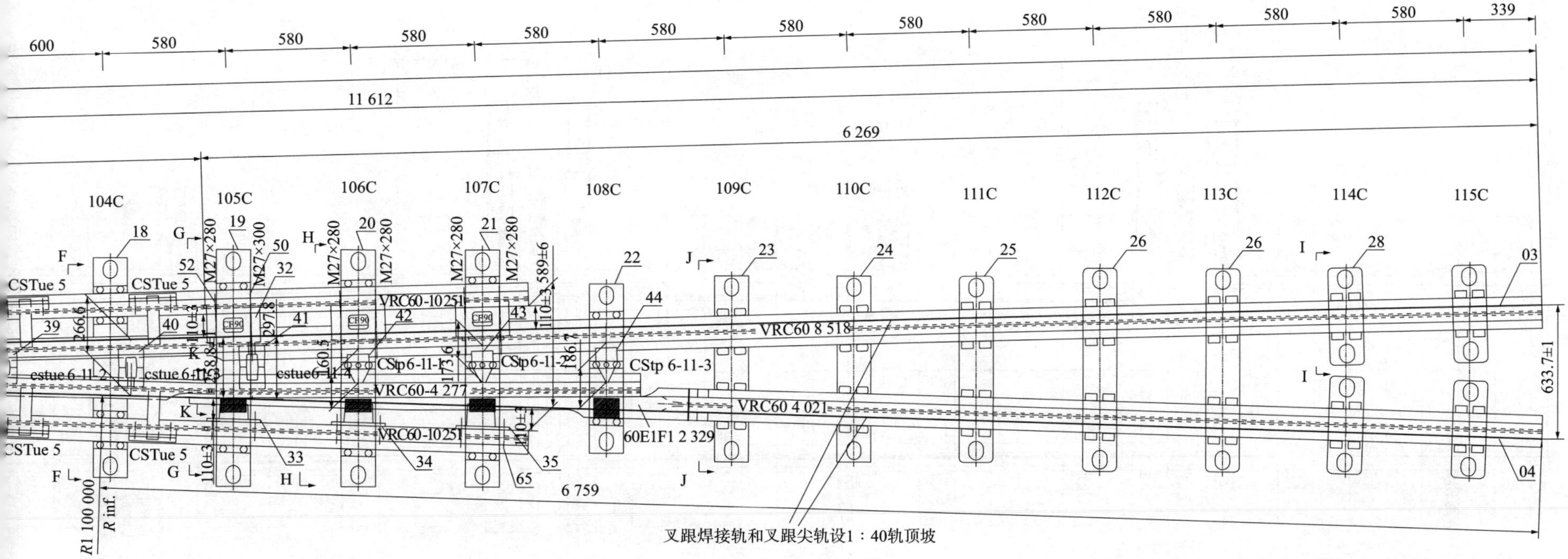

C－C

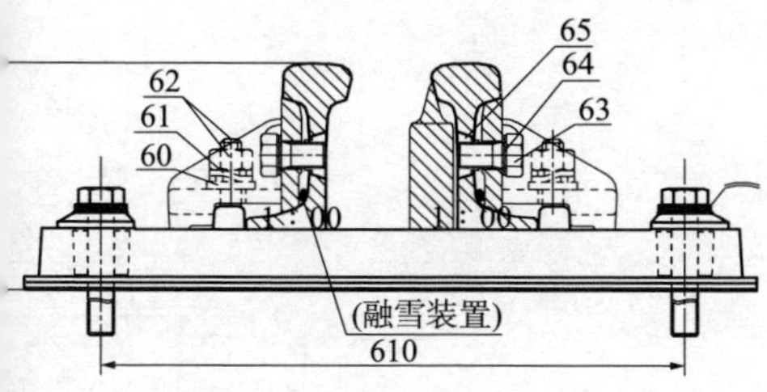

D－D

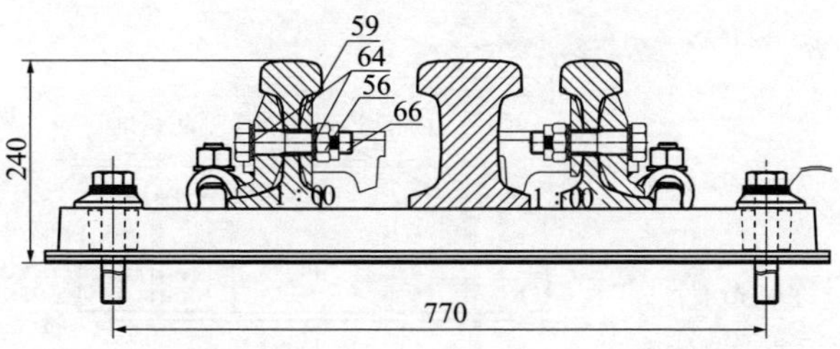

G－G

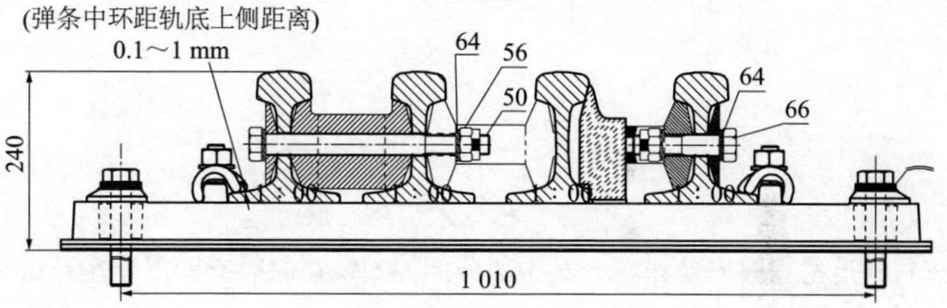

K－K

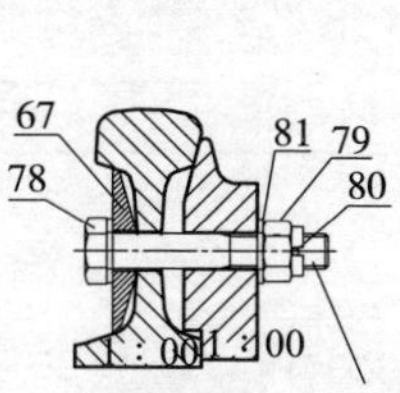

1.螺栓扭矩70 N・m。
2.螺栓拧紧后，在螺栓上作标记并钻孔ϕ5.5，然后插入开口销，固定住螺母。

表 1　基板下 Upf 明细

岔枕编号	Upf 孔距	Upf 厚度	Upf 规格		
090C	690	6	Upf 6－5		
091C	610	8	Upf 6－4	Upf 2－4	
092C	610	8	Upf 6－4	Upf 2－4	
093C	610	8	Upf 6－4	Upf 2－4	
094C	610	14	Upf 6－4	Upf 6－4	Upf 2－4
095C	610	15	Upf 6－4	Upf 6－4	Upf 3－4
096C	610	16	Upf 10－4	Upf 6－4	
097C	690	15	Upf 6－5	Upf 6－5	Upf 3－5
098C	690	14	Upf 6－5	Upf 6－5	Upf 2－5
099C	770	14	Upf 6－6	Upf 6－6	Upf 2－6
100C	770	14	Upf 6－6	Upf 6－6	Upf 2－6
101C	850	14	Upf 6－7	Upf 6－7	Upf 2－7
102C	850	14	Upf 6－7	Upf 6－7	Upf 2－7
103C	930	14	Upf 6－930	Upf 6－930	Upf 2－930
104C	930	14	Upf 6－930	Upf 6－930	Upf 2－930

续表 1

岔枕编号	Upf 孔距	Upf 厚度	Upf 规格		
105C	1 010	14	Upf 6－1 010	Upf 6－1 010	Upf 2－1 010
106C	1 010	14	Upf 6－1 010	Upf 6－1 010	Upf 2－1 010
107C	1 010	14	Upf 6－1 010	Upf 6－1 010	Upf 2－1 010
108C	690	14	Upf 6－5	Upf 6－5	Upf 2－5
109C	770	8	Upf 6－6	Upf 2－6	
110C	770	8	Upf 6－6	Upf 2－6	
111C	770	8	Upf 6－6	Upf 2－6	
112C	850	8	Upf 6－7	Upf 2－7	
113C	850	8	Upf 6－7	Upf 2－7	
114C	352.2	6	Upf 6－1		
115C	352.2	6	Upf 6－1		

技　术　要　求

1. 本图为右开道岔可动心轨辙叉，左开时与此图对称。
2. 下拉装置是否配备依据合同而定。图纸设计预留下拉装置安装条件。

60 kg/m 钢轨 18 号单开道岔转辙器区域转换系统安装布置图
图　号：CN－6118AT－760

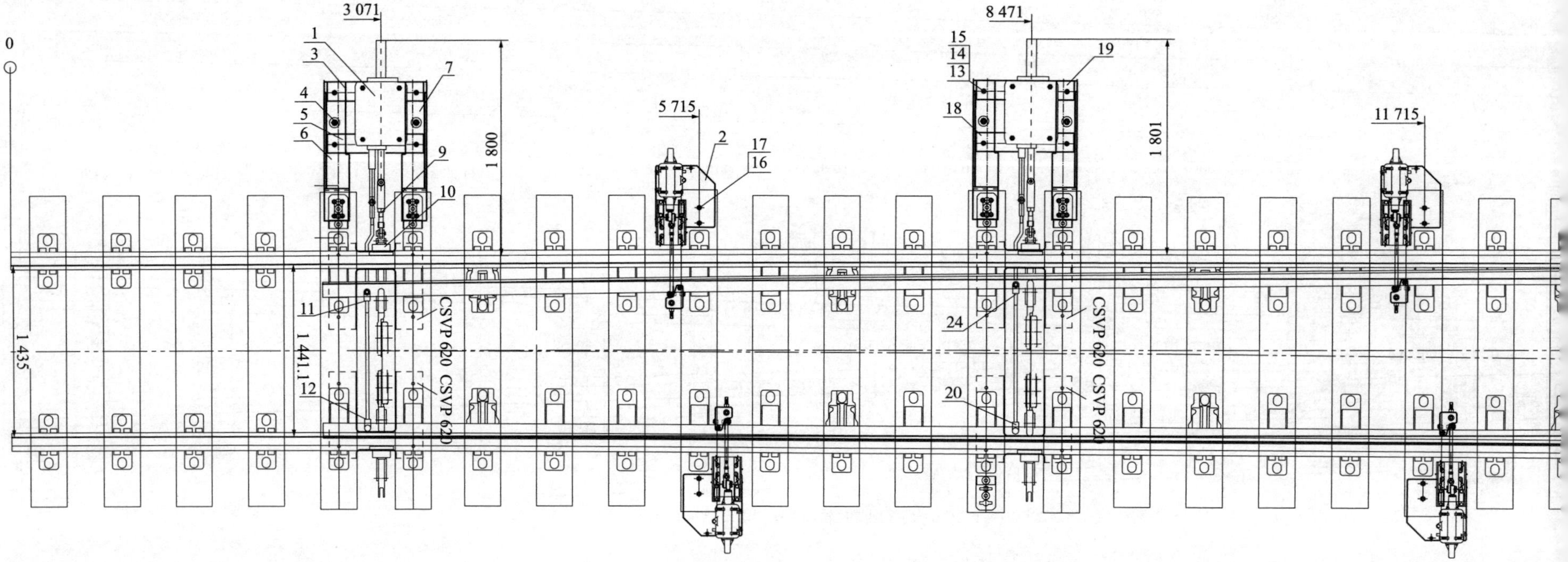

A－A

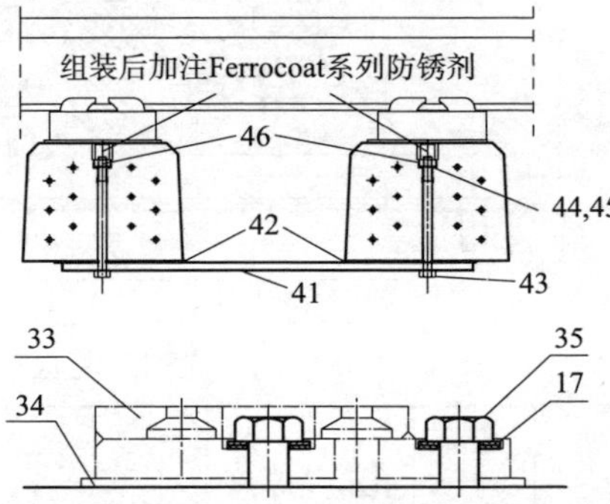

X放大详图

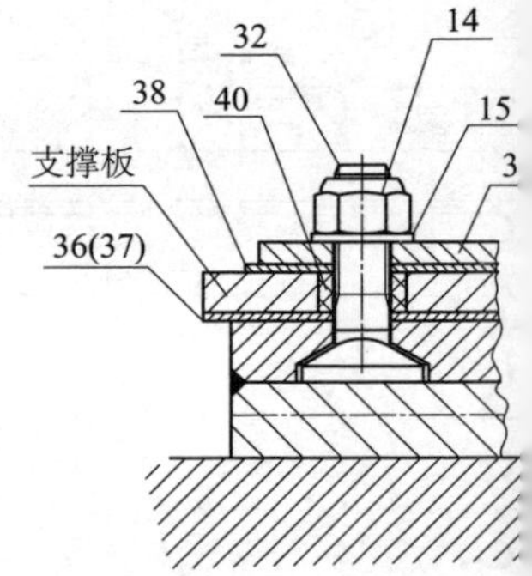

技 术 要 求

1. 本图按右开道岔直股安装布置，其中部分部件安装在曲股或者用于左开道岔时对称制造！
2. 本图按一组道岔转辙器布置。
3. 所有金属件均要求防腐处理。
4. 转辙机安装支座板标识说明如下：

支座板 SB－R18Z－3N ↓

- S 代表转辙器区域用
- C 代表辙叉区域用
- B 代表支座板
- R 代表右开道岔
- L 代表左开道岔
- 18 代表 18 号道岔
- 42 代表 42 号道岔
- Z 代表直股安装用
- Q 代表曲股安装用
- 3 代表第 3 牵引点位置用
- N 代表距基本轨近一侧（内侧）
- W 代表距基本轨远一侧（外侧）
- 安装时箭头指向道岔

转辙机S700K安装侧视图

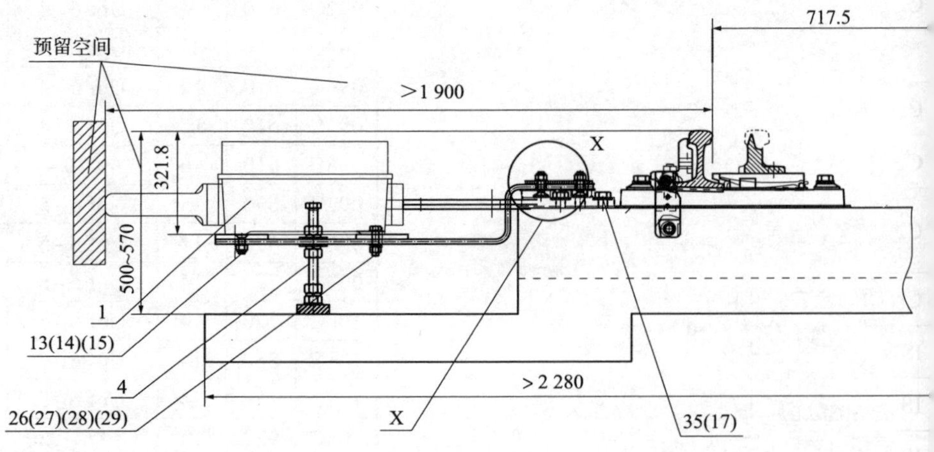

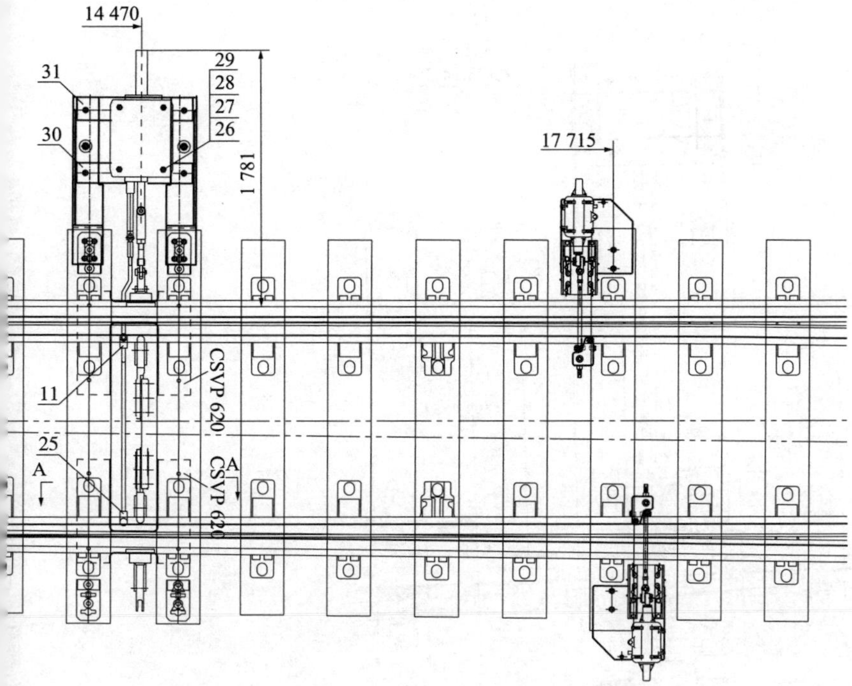

表 1 明 细 表

图号 / 标准	名 称	单位	数量	备 注
TB/T 3069	转辙机 S700K	套	3	注意左右侧安装和牵引点位置
C25060－X59－A3－A－6	密检器 JM2－L 及安装装置	套	3	由全路通号设计研究院设计
CN－6100A0－753	支座板 SB－R18Z－1N	块	1	曲股安装时见说明
CN－6100AS－741－1	支撑螺栓系统 M27 × 300	套	6	选装件（有砟道岔不提供）
CN－6100A0－753	支座板 SB－R18Z－1W	块	1	曲股安装时见说明
CN－6100A0－752	支撑板 SP－L	块	3	
CN－6100A0－752	支撑板 SP－R	块	3	
CN－6118A0－712	驱动杆 StS－425	套	3	
CN－60－537/538/539	HRS 外锁装置	套	3	安装时注意牵引点位置
CN－6100A0－711	短检查杆 CKPrst－720L	根	2	右侧安装时为 CKPrst－700R
CN－6100A0－711	长检查杆 CLPrst－1900L	根	1	黏结式双绝缘检查杆
ISO 10642	沉头螺钉 M20 × 60－8.8	根	12	镀锌处理
ISO 7042	自锁螺母 M20－8	个	36	镀锌处理
ISO 7089	垫 圈 21	个	36	镀锌处理

续表 1

件号	图号 / 标准	名 称	单位	数量	备 注
16	ISO 4014	六角螺栓 M27 × 220－8.8	个	12	镀锌处理
17	CN－0054－001	盘 簧 54.0 × 30.5 × 2.92	个	48	
18	CN－6100A0－753	支座板 SB－R18Z－2N	块	1	曲股安装时见说明
19	CN－6100A0－753	支座板 SB－R18Z－2W	块	1	曲股安装时见说明
20	CN－6100A0－711	长检查杆 CLPrst－1940L	根	1	黏结式双绝缘检查杆
21					
22					
23					
24	CN－6100A0－711	短检查杆 CKPrst－700L	根	1	右侧安装时为 CKPrst－720R
25	CN－6100A0－711	长检查杆 CLPrst－1980L	根	1	黏结式双绝缘检查杆
26	GB/T 5780	六角螺栓 M20 × 80－8.8	根	12	镀锌
27	GB/T 6170	六角螺母 M20－8	个	12	镀锌
28	GB/T 95	平 垫 20	个	24	镀锌
29	GB/T 93	弹 垫 20	个	12	表面氧化处理
30	CN－6100A0－753	支座板 SB－R18Z－3N	块	1	曲股安装时见说明
31	CN－6100A0－753	支座板 SB－R18Z－3W	块	1	曲股安装时见说明
32	CN－6100AS－734－3	方颈螺栓 M20 × 90－8.8	根	24	
33	CN－6100AS－734	紧固板 BP9	块	6	镀锌处理
34	CN－0014－002	垫 片 Zwp80－BP2	片	6	
35	ISO 4014	六角螺栓 M27 × 235－8.8	个	12	镀锌处理
36	CN－6100AS－734－2	垫 片 7310 376 1	片	6	
37	CN－6100AS－734－2	垫 片 7310 377 1	片	6	
38	CN－6100AS－734－2	垫 片 7310 365 1	片	12	
39	CN－6100AS－734－2	垫 片 7310 366 1	片	12	镀锌处理，调高备用
40	CN－6100AS－734－2	绝缘衬套 32 × 21 × 14.5	个	24	
41	CN－6100AB－851	防砟板 CSVP 620	个	6	
42	CN－6100AB－851	垫 片 CZwp80－260－3	个	12	
43	ISO 4014	六角螺栓 M24 × 240－8.8	个	24	
44	CN－0053－007	垫 圈 27.5	个	24	
45	CN－0054－001	盘 簧 54.0 × 30.5 × 2.92	个	48	
46	GB/T 6172	六角薄螺母 M24	个	24	

60 kg/m 钢轨 18 号单开道岔辙叉区域转换系统安装布置图

图　号：CN－6100AT－770

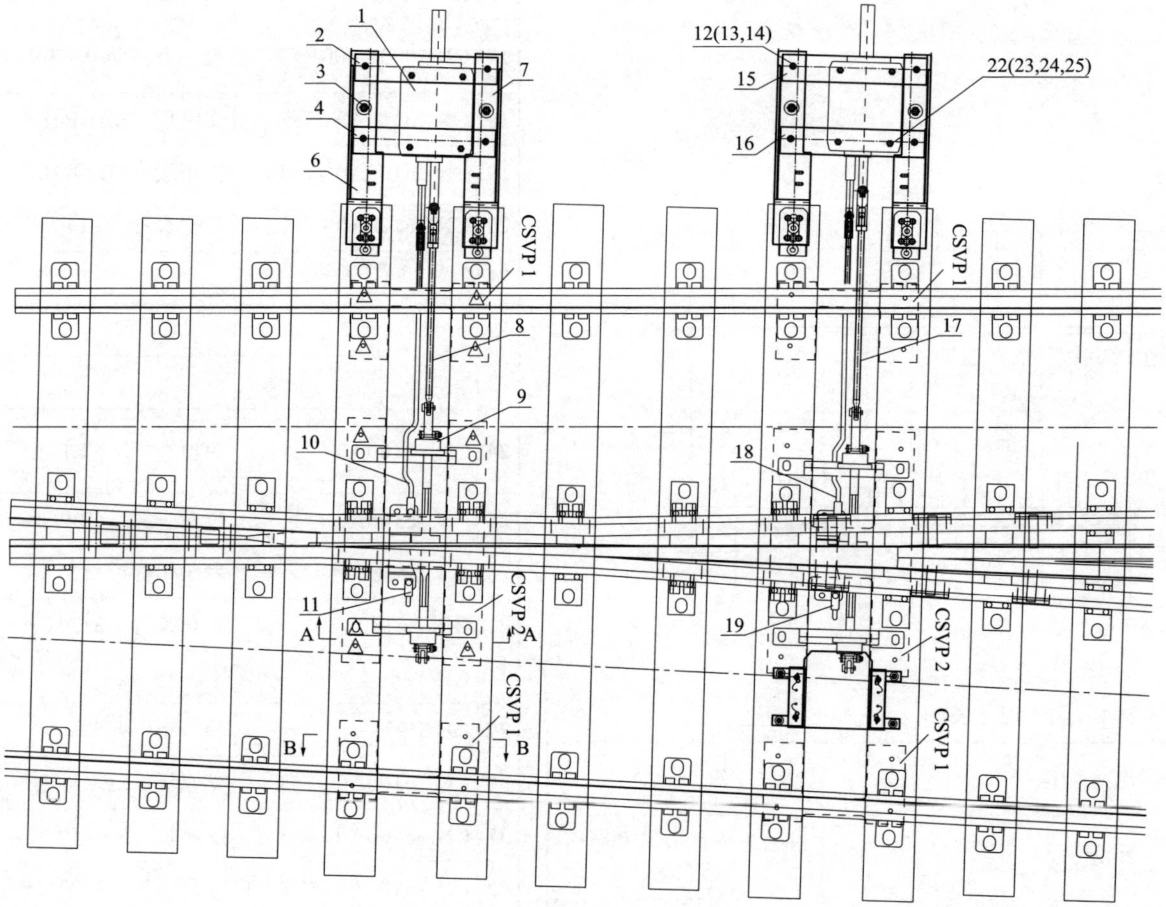

B－B

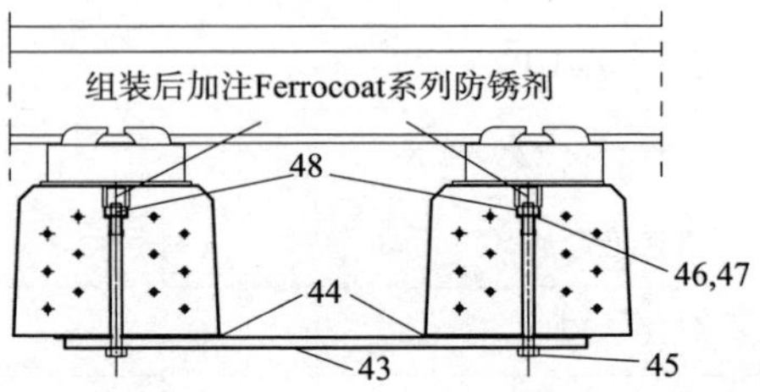

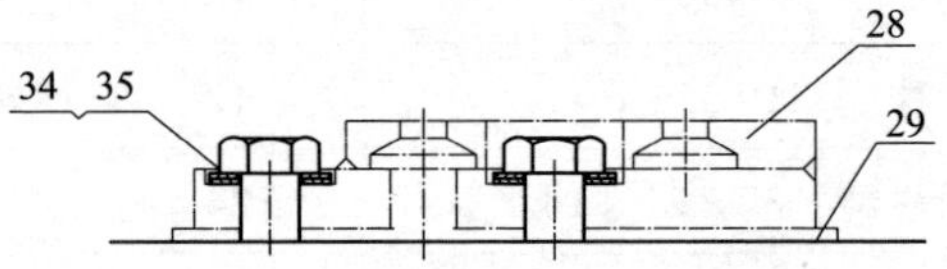

X放大详图

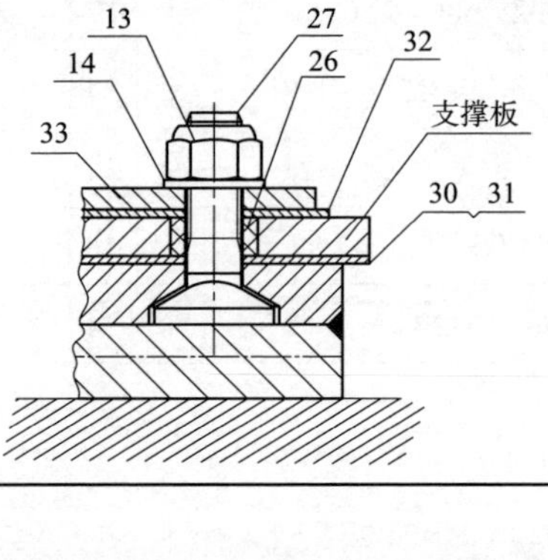

表 1　明　细　表

件号	图号 / 标准	名　　称	单位	数量	备注
1	TB/T 3069	转辙机　S700K	台	2	注意左右侧安装和牵引点位
2	CN－6100A0－754	支座板　CB－R18Z－1W	块	1	安装时见说明
3	CN－6100AS－741－1	支撑螺栓系统　M27×300	套	4	选装件（有砟道岔不提供
4	CN－6100A0－754	支座板　CB－R18CZ－1N	块	1	安装时见说明
5					
6	CN－6100A0－752	支撑板　SP－L	块	2	
7	CN－6100A0－752	支撑板　SP－R	块	2	
8	CN－6100AS－722	驱动杆　StS－1200	套	1	
9	CN－60－538/540	HRS 外锁装置	套	2	安装时注意牵引点位置
10	CN－6118A0－721	短检查杆　KPrstH－1710L	根	1	右侧安装时为 KPrstH－17
11	CN－6118A0－721	长检查杆　LPrstH－2130L	根	1	右侧安装时为 LPrstH－213
12	ISO 10642	沉头螺钉　M20×60－8.8	根	8	镀锌处理
13	ISO 7042	自锁螺母　M20－8	个	24	镀锌处理

续表 1

图号 / 标准	名　称	单位	数量	备注
ISO 7089	垫　圈　21	个	24	镀锌处理
CN-6100A0-754	支座板　CB-R18CZ-2W	块	1	安装时见说明
CN-6100A0-754	支座板　CB-R18CZ-2N	块	1	安装时见说明
CN-6100AS-722	驱动杆　StS-1330	套	1	
CN-6118A0-721	短检查杆　KPrstH-1800L	根	1	右侧安装时为 KPrstH-1800R
CN-6118A0-721	长检查杆　LPrstH-2270L	根	1	右侧安装时为 LPrstH-2270R
GB/T 5780	六角螺栓　M20×80-8.8	根	8	镀锌
GB/T 6170	六角螺母　M20-8	个	8	镀锌
GB/T 95	平　垫　20	个	16	镀锌
GB/T 93	弹　垫　20	个	8	表面氧化处理
CN-6100AS-734-2	绝缘衬套　32×21×14.5	个	16	
CN-6100AS-734-3	方颈螺栓　M20×90-8.8	根	16	
CN-6100AS-734	紧固板　BP9	块	4	镀锌处理
CN-0014-002	垫　片　Zwp80-BP2	片	4	
CN-6100AS-734-2	垫　片　7310 376 1	片	4	
CN-6100AS-734-2	垫　片　7310 377 1	片	4	
CN-6100AS-734-2	垫　片　7310 365 1	片	8	
CN-6100AS-734-2	垫　片　7310 366 1	片	8	镀锌处理，调高备用
ISO 4014	六角螺栓　M27×235-8.8	根	8	镀锌
CN-0054-001	盘　簧　54.0×30.5×2.92	个	16	
CN-60-522-1	锁闭支撑轨　UIC60	件	4	防腐处理
ISO 4014	六角螺栓　M27×260-8.8	根	8	
DIN 25201	自锁垫圈　27(外径 48.5mm)	对	8	镀锌
CN-60-535	盖　板　Ka 7	个	8	镀锌
CN-60-534	垫　片　UUl 14	片	8	镀锌
CN-0012-001	调整锥　EK8-0	个	8	
CN-60-534	垫　片　UUl 15-6	片	8	
CN-6100AB-852(853)	防砟板　CSVP 1(2)	块	4(2)	
CN-6100AB-852(853)	垫　片　CZwp80-260-3/1(2)	片	8(4)	
ISO 4014	六角螺栓　M24×240-8.8	根	24	
CN-0053-007	垫　圈　27.5	个	24	
CN-0054-001	盘　簧　54.0×30.5×2.92	个	48	
GB/T 6172	六角薄螺母 M24	个	24	

A-A

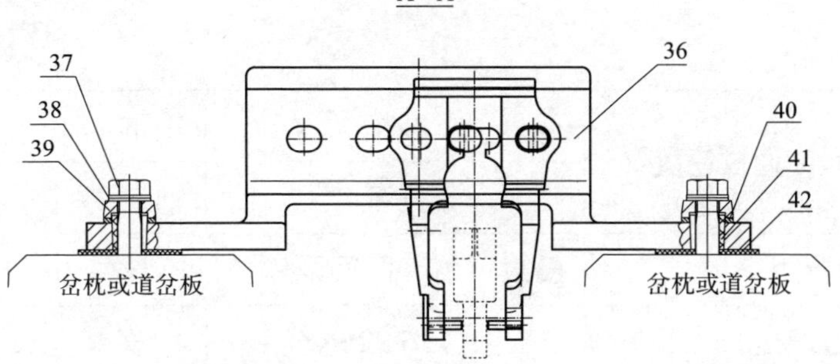

转辙机S700K安装侧视图

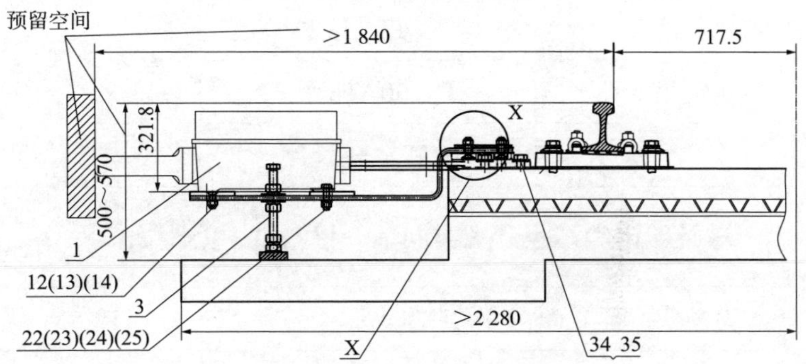

技 术 要 求

1. 本图按右开道岔直股安装布置，其中部分部件安装在曲股或者用于左开道岔时对称制造！
2. 本图按一组道岔辙叉布置。
3. 所有金属件均要求防腐处理。
4. 第 1 锁闭装置牵引点距道岔始端 56 497 mm（基本轨工作边计），第 2 锁闭装置距始端距离为 59 047 mm（基本轨工作边计），第 96、97 岔枕之间预留下拉装置安装位置。
5. 转辙机安装支座板标识说明如下：

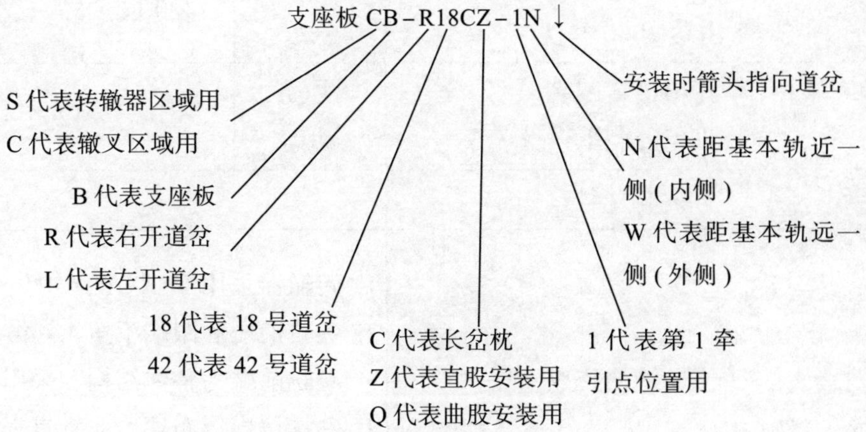

<table>
<tr><th colspan="10">56. 60 kg/m 钢轨 42 号单开道岔(无砟)
设计图号：CN－6142AS</th></tr>
<tr><td colspan="2" rowspan="2">道岔允许通过速度</td><td colspan="2">客车</td><td colspan="3">轴重 17 t：$v_{直}$≤350 km/h；$v_{侧}$≤160 km/h</td><td colspan="2">扣件类型</td><td>SKLl2弹条</td></tr>
<tr><td colspan="2">货车</td><td colspan="3">轴重 23 t：$v_{直}$≤120 km/h</td><td colspan="2">轨底坡</td><td>1∶40</td></tr>
<tr><td colspan="2">转辙器跟端形式</td><td colspan="5">■限位器　□间隔铁　□不设传力机构　□间隔铁活接头</td><td colspan="2">锁闭方式</td><td>HRS 锁闭装置</td></tr>
<tr><td colspan="2">道岔全长</td><td colspan="2">136 926</td><td>辙叉全长</td><td colspan="2">24 050</td><td colspan="2">辙叉类型</td><td>可动心轨辙叉</td></tr>
<tr><td colspan="2">道岔前长</td><td colspan="2">60 573</td><td>辙叉趾长</td><td colspan="2">7 848</td><td colspan="2">辙叉角</td><td>1°21′50.1″</td></tr>
<tr><td colspan="2">道岔后长</td><td colspan="2">76 353</td><td>辙叉跟长</td><td colspan="2">16 202</td><td colspan="2">翼轨轨型</td><td>60 kg/m</td></tr>
<tr><td colspan="2">尖轨长度</td><td colspan="2">47 248</td><td rowspan="2">基本轨长度</td><td colspan="2" rowspan="2">51 598</td><td colspan="2">直向护轨长度</td><td>—</td></tr>
<tr><td colspan="2">尖轨轨型</td><td colspan="2">60AT3</td><td colspan="2">侧向护轨长度</td><td>—</td></tr>
<tr><td colspan="5">尖轨尖端前基本轨长度</td><td colspan="2">4 350</td><td colspan="2">护轨轨型</td><td>—</td></tr>
<tr><td colspan="5">辙叉理论尖端距趾端方向前一根岔枕中心距离</td><td colspan="2">—</td><td colspan="2">导曲线半径</td><td>10 119 m/4 100 m/∞
（缓圆缓）</td></tr>
<tr><td colspan="4">尖轨尖端至心轨实际尖端距离</td><td>112 531</td><td colspan="4">侧向护轨端头距导轨端头定位尺寸</td><td>—</td></tr>
<tr><td colspan="4">道岔终端至末根岔枕中心距离</td><td>31 376</td><td colspan="4">直向护轨端头距导轨端头定位尺寸</td><td>—</td></tr>
<tr><td rowspan="6">降低值</td><td colspan="3">直线尖轨</td><td colspan="3">曲线尖轨</td><td colspan="3">心轨（以抬高翼轨为基准）</td></tr>
<tr><td>断面宽</td><td>距尖端距离</td><td>降低值</td><td>断面宽</td><td>距尖端距离</td><td>降低值</td><td>断面宽</td><td>距实际尖端距离</td><td>降低值</td></tr>
<tr><td>20</td><td>7 693</td><td>5.6</td><td>20</td><td>7 693</td><td>5.6</td><td>0</td><td>0</td><td>17.5</td></tr>
<tr><td>34</td><td>13 741</td><td>0.3</td><td>34</td><td>13 741</td><td>0.3</td><td>20</td><td>688</td><td>7.1</td></tr>
<tr><td>54</td><td>21 522</td><td>0</td><td>54</td><td>21 522</td><td>0</td><td>55</td><td>2 720</td><td>2.7</td></tr>
<tr><td></td><td></td><td></td><td></td><td></td><td></td><td>91.8</td><td>5 191</td><td>0</td></tr>
<tr><td colspan="3">最大构造加宽</td><td>15</td><td>测量位置</td><td colspan="5">转辙器 27 号枕附近（距基本轨前端 15 866 处）</td></tr>
<tr><td colspan="3">岔枕图号
雷达 2000 岔枕</td><td>岔枕
总数</td><td>400 根</td><td>岔枕展延长</td><td>932.576 m</td><td colspan="2">套管总数</td><td>1 612 个
（基板用）</td></tr>
<tr><td colspan="3">转换设备图号
（详见电务图纸目录）</td><td>尖轨
动程</td><td colspan="3">120、120、120、120、114、72</td><td colspan="2">心轨动程</td><td>94.6、71.1、37.1</td></tr>
<tr><td colspan="3">批准文号</td><td colspan="4">—</td><td colspan="2">应用情况</td><td>★★★</td></tr>
<tr><td colspan="3">主要结构特点</td><td colspan="7">1. 转辙器采用 FAKOP 结构。
2. 尖轨锻压后跟端不扭 1∶40 斜。
3. 心轨前端为整体结构，采用与钢轨同一材质的钢坯经机械加工后与心轨后段 2 根叉跟连接轨拼焊。
4. 岔枕按扇形布置，非垂直于正线方向，短岔枕垂直于钢轨布置。
5. 道岔适用于跨区间无缝线路，允许升温 45 ℃，降温为 －55 ℃。</td></tr>
</table>

60 kg/m 钢轨 42 号单开道岔设计说明
图　号：CN–6142AS

一、本设计为无砟轨道60 kg/m钢轨42号单开道岔(支撑刚度17.5 kN/mm、速度350 km/h)。

二、图纸内容。

1. 线形图；
2. 总布置图；
3. 转辙器布置图；
4. 可动心轨辙叉布置图；
5. 岔枕相关图；
6. 电务部分图纸。

三、道岔容许通过速度。

道岔直向：客车最高速度350 km/h(+10%)；道岔侧向：v_d=160 km/h；客车轴重：≤170 kN；货车最高速度120 km/h(+10%)，货车轴重：≤230 kN。

四、转辙器的结构特征。

1. 转辙器采用FAKOP®结构，最大轨距加宽15 mm；
2. 基本轨采用中国60 kg/m标准断面型式钢轨；
3. 尖轨采用特种断面60E1A1（即Zul–60）钢轨，通长加工1：40轨顶坡，锻压后跟不扭1：40斜；
4. 基本轨、尖轨均采用R350HT硬头轨制造；
5. 尖轨跟端采用限位器结构；
6. 转辙器设置6个牵引点，采用HRS锁闭装置。

五、可动心辙叉的结构特征。

1. 可动心轨辙叉为双肢弹性结构，心轨为前段整体锻造块与后段2根钢轨焊接而成，叉跟焊接轨采用中国60 kg/m标准断面钢轨；
2. 翼轨用60 kg/m标准断面钢轨制作，牵引点处进行轨底切削，牵引杆件通过轨底与心轨连接，液压下拉装置压杆从翼轨轨腰穿过；
3. 翼轨最大抬高2.3 mm；
4. 辙叉设置3个牵引点，采用HRS锁闭装置；
5. 可动心轨采用大垫板的结构形式，应用水平和竖直螺栓固定连接，连接螺栓扭矩为1 100 N · m
6. 辙叉设下拉装置。

六、弹性基板支座(ERL)。

垫板采用弹性基板支座，支撑点的标准刚度为17.5 kN/mm。

七、轨向和高低的调整。

1. 轨向通过更换调整锥套进行调整，调整量为±9 mm；
2. 高低通过板下调高垫片Upf调整，调整量为–4～26 mm。

八、轨下基础。

1. 轨下基础按岔枕结构设计，也可采用板式结构；
2. 轨下基础采用板式结构时，注意岔枕螺栓长度有所不同；
3. 轨下基础采用岔枕结构时，岔枕长度超过3 311 mm时，采用长、短枕铰接式结构，岔枕按扇形布置，非垂直于正线方向，短岔枕垂直于钢轨布置。

九、道岔适用于跨区间无缝线路，允许升温45 ℃，降温为–55 ℃（容许年最大轨温差为：±100 ℃）。

60 kg/m 钢轨 42 号单开道岔图纸目录（工务） 图　号：CN－6142AS	
图纸名称	图　号
1. 线形图	
60 kg/m 钢轨 42 号单开道岔线型图	CN－6142A0－000
2. 布置图	
60 kg/m 钢轨 42 号单开道岔总布置图	CN－6142AS－001
60 kg/m 钢轨 42 号单开道岔部件表	CN－6142AS－001－1
3. 转辙器区域	
60 kg/m 钢轨 42 号单开道岔转辙器布置图	CN－6142AS－200
60 kg/m 钢轨 42 号单开道岔转辙器部件表	CN－6142AS－200－1
4. 辙叉区域	
60 kg/m 钢轨 42 号单开道岔可动心轨辙叉布置图	CN－6142AS－300
60 kg/m 钢轨 42 号单开道岔可动心轨辙叉部件表	CN－6142AS－300－1
5. 岔枕相关图纸	
雷达 2 000 岔枕紧固系统	CN－6100AS－150
道岔左右开岔枕布置	CN－6100A0－801
6. 桥上用板式道岔	
桥上道岔用弹性基板绝缘紧固系统	CN－6100AS－199
7. 跳线孔图	
42 号道岔跳线及并联线孔布置图	CN－0091－013

总布置图明细表

序号	图号 / 标准	名称及规格	材料及等级	单位	数量
1	CN-6142AS-200	转辙器		组	1
2	CN-6142AS-300	可动心轨辙叉		组	1
3	TB/T 3276	导 轨 43 796W	根据合同	根	1
4	TB/T 3276	导 轨 43 797	根据合同	根	1
5	TB/T 3276	导 轨 43 796 N	根据合同	根	1
6	TB/T 3276	导 轨 43 768	根据合同	根	1
7	TB/T 3276	导 轨 17 466 W	根据合同	根	1
8	TB/T 3276	导 轨 17 477	根据合同	根	1
9	TB/T 3276	导 轨 17 466 N	根据合同	根	1
10	TB/T 3276	导 轨 17 474	根据合同	根	1
11	TB/T 3276	导 轨 24 050 Z	根据合同	根	1
12	TB/T 3276	导 轨 24 050 Q	根据合同	根	1
13	CN-6034-001	硫化基板 FCRp 206-40	Q345D+ 橡胶	块	488
14	CN-6034-007	硫化基板 FURp 42 001L	Q345D+ 橡胶	块	1
15	CN-6034-007	硫化基板 FURp 42 001R	Q345D+ 橡胶	块	1
16	CN-6034-007	硫化基板 FURp 42 002L	Q345D+ 橡胶	块	1
17	CN-6034-007	硫化基板 FURp 42 002R	Q345D+ 橡胶	块	1
18	CN-6034-007	硫化基板 FURp 42 003L	Q345D+ 橡胶	块	1
19	CN-6034-007	硫化基板 FURp 42 003R	Q345D+ 橡胶	块	1
20	CN-6034-007	硫化基板 FURp 42 004L	Q345D+ 橡胶	块	1
21	CN-6034-007	硫化基板 FURp 42 004R	Q345D+ 橡胶	块	1
22	CN-6034-007	硫化基板 FURp 42 005L	Q345D+ 橡胶	块	1
23	CN-6034-007	硫化基板 FURp 42 005R	Q345D+ 橡胶	块	1
24	CN-6034-007	硫化基板 FURp 42 401L	Q345D+ 橡胶	块	1
25	CN-6034-007	硫化基板 FURp 42 401R	Q345D+ 橡胶	块	1
26	CN-6034-007	硫化基板 FURp 42 402L	Q345D+ 橡胶	块	1
27	CN-6034-007	硫化基板 FURp 42 402R	Q345D+ 橡胶	块	1
28	CN-6034-007	硫化基板 FURp 42 403L	Q345D+ 橡胶	块	1
29	CN-6034-007	硫化基板 FURp 42 403R	Q345D+ 橡胶	块	1
30	CN-6034-007	硫化基板 FURp 42 404L	Q345D+ 橡胶	块	1
31	CN-6034-007	硫化基板 FURp 42 404R	Q345D+ 橡胶	块	1
32	CN-6034-007	硫化基板 FURp 42 405L	Q345D+ 橡胶	块	1
33	CN-6034-007	硫化基板 FURp 42 405R	Q345D+ 橡胶	块	1

续上表

序号	图号 / 标准	名称及规格	材料及等级	单位	数量
34	CN－6034－007	硫化基板　FURp 42 406L	Q345D+ 橡胶	块	1
35	CN－6034－007	硫化基板　FURp 42 406R	Q345D+ 橡胶	块	1
36	CN－6034－007	硫化基板　FURp 42 407L	Q345D+ 橡胶	块	1
37	CN－6034－007	硫化基板　FURp 42 407R	Q345D+ 橡胶	块	1
38	CN－6034－007	硫化基板　FURp 42 408L	Q345D+ 橡胶	块	1
39	CN－6034－007	硫化基板　FURp 42 408R	Q345D+ 橡胶	块	1
40	CN－6034－007	硫化基板　FURp 42 409L	Q345D+ 橡胶	块	1
41	CN－6034－007	硫化基板　FURp 42 409R	Q345D+ 橡胶	块	1
42	CN－6034－007	硫化基板　FURp 42 410L	Q345D+ 橡胶	块	1
43	CN－6034－007	硫化基板　FURp 42 410R	Q345D+ 橡胶	块	1
44	CN－6034－007	硫化基板　FURp 42 411L	Q345D+ 橡胶	块	1
45	CN－6034－007	硫化基板　FURp 42 411R	Q345D+ 橡胶	块	1
46	CN－6034－007	硫化基板　FURp 42 412L	Q345D+ 橡胶	块	1
47	CN－6034－007	硫化基板　FURp 42 412R	Q345D+ 橡胶	块	1
48	CN－6034－007	硫化基板　FURp 42 413L	Q345D+ 橡胶	块	1
49	CN－6034－007	硫化基板　FURp 42 413R	Q345D+ 橡胶	块	1
50	CN－6034－007	硫化基板　FURp 42 414L	Q345D+ 橡胶	块	1
51	CN－6034－007	硫化基板　FURp 42 414R	Q345D+ 橡胶	块	1
52	CN－6034－007	硫化基板　FURp 42 415L	Q345D+ 橡胶	块	1
53	CN－6034－007	硫化基板　FURp 42 415R	Q345D+ 橡胶	块	1
54	CN－6034－007	硫化基板　FURp 42 416L	Q345D+ 橡胶	块	1
55	CN－6034－007	硫化基板　FURp 42 416R	Q345D+ 橡胶	块	1
56	CN－6034－007	硫化基板　FURp 42 417L	Q345D+ 橡胶	块	1
57	CN－6034－007	硫化基板　FURp 42 417R	Q345D+ 橡胶	块	1
58	CN－6034－007	硫化基板　FURp 42 418L	Q345D+ 橡胶	块	1
59	CN－6034－007	硫化基板　FURp 42 418R	Q345D+ 橡胶	块	1
60	CN－6034－007	硫化基板　FURp 42 419L	Q345D+ 橡胶	块	1
61	CN－6034－007	硫化基板　FURp 42 419R	Q345D+ 橡胶	块	1
62	CN－6034－007	硫化基板　FURp 42 420L	Q345D+ 橡胶	块	1
63	CN－6034－007	硫化基板　FURp 42 420R	Q345D+ 橡胶	块	1
64	CN－6034－007	硫化基板　FURp 42 421L	Q345D+ 橡胶	块	1
65	CN－6034－007	硫化基板　FURp 42 421R	Q345D+ 橡胶	块	1
66	CN－6034－007	硫化基板　FURp 42 422L	Q345D+ 橡胶	块	1
67	CN－6034－007	硫化基板　FURp 42 422R	Q345D+ 橡胶	块	1
68	CN－6034－007	硫化基板　FURp 42 423L	Q345D+ 橡胶	块	1

续上表

序号	图号 / 标准	名称及规格	材料及等级	单位	数量
69	CN－6034－007	硫化基板　FURp 42 423R	Q345D+ 橡胶	块	1
70	CN－6034－007	硫化基板　FURp 42 424L	Q345D+ 橡胶	块	1
71	CN－6034－007	硫化基板　FURp 42 424R	Q345D+ 橡胶	块	1
72	CN－6034－007	硫化基板　FURp 42 425L	Q345D+ 橡胶	块	1
73	CN－6034－007	硫化基板　FURp 42 425R	Q345D+ 橡胶	块	1
74	CN－6034－007	硫化基板　FURp 42 426L	Q345D+ 橡胶	块	1
75	CN－6034－007	硫化基板　FURp 42 426R	Q345D+ 橡胶	块	1
76	CN－6034－007	硫化基板　FURp 42 427L	Q345D+ 橡胶	块	1
77	CN－6034－007	硫化基板　FURp 42 427R	Q345D+ 橡胶	块	1
78	CN－6034－007	硫化基板　FURp 42 428L	Q345D+ 橡胶	块	1
79	CN－6034－007	硫化基板　FURp 42 428R	Q345D+ 橡胶	块	1
80	CN－6034－007	硫化基板　FURp 42 429L	Q345D+ 橡胶	块	1
81	CN－6034－007	硫化基板　FURp 42 429R	Q345D+ 橡胶	块	1
82	CN－6034－007	硫化基板　FURp 42 430L	Q345D+ 橡胶	块	1
83	CN－6034－007	硫化基板　FURp 42 430R	Q345D+ 橡胶	块	1
84	CN－6034－007	硫化基板　FURp 42 431L	Q345D+ 橡胶	块	1
85	CN－6034－007	硫化基板　FURp 42 431R	Q345D+ 橡胶	块	1
86	CN－6034－007	硫化基板　FURp 42 432L	Q345D+ 橡胶	块	1
87	CN－6034－007	硫化基板　FURp 42 432R	Q345D+ 橡胶	块	1
88	CN－6034－007	硫化基板　FURp 42 501	Q345D+ 橡胶	块	1
89	CN－6034－007	硫化基板　FURp 42 502	Q345D+ 橡胶	块	1
90	CN－6034－007	硫化基板　FURp 42 503	Q345D+ 橡胶	块	1
91	CN－6034－007	硫化基板　FURp 42 504	Q345D+ 橡胶	块	1
92	CN－6034－007	硫化基板　FURp 42 505	Q345D+ 橡胶	块	1
93	CN－6034－007	硫化基板　FURp 42 506	Q345D+ 橡胶	块	1
94	CN－6034－007	硫化基板　FURp 42 507	Q345D+ 橡胶	块	1
95	CN－6034－007	硫化基板　FURp 42 508	Q345D+ 橡胶	块	1
96	CN－6034－007	硫化基板　FURp 42 509	Q345D+ 橡胶	块	1
97	CN－6034－007	硫化基板　FURp 42 510	Q345D+ 橡胶	块	1
98	CN－6034－007	硫化基板　FURp 42 511	Q345D+ 橡胶	块	1
99	CN－6034－007	硫化基板　FURp 42 512	Q345D+ 橡胶	块	1
100	CN－6034－007	硫化基板　FURp 42 513	Q345D+ 橡胶	块	1
101	CN－6034－007	硫化基板　FURp 42 514	Q345D+ 橡胶	块	1
102	CN－6034－007	硫化基板　FURp 42 515	Q345D+ 橡胶	块	1
103	CN－6034－007	硫化基板　FURp 42 516	Q345D+ 橡胶	块	1

续上表

序号	图号 / 标准	名称及规格	材料及等级	单位	数量
104	CN－6034－007	硫化基板　FURp 42 517	Q345D+ 橡胶	块	1
105	CN－6034－007	硫化基板　FURp 42 518	Q345D+ 橡胶	块	1
106	CN－6034－007	硫化基板　FURp 42 601	Q345D+ 橡胶	块	1
107	CN－6034－007	硫化基板　FURp 42 602	Q345D+ 橡胶	块	1
108	CN－6034－007	硫化基板　FURp 42 603	Q345D+ 橡胶	块	1
109	CN－6034－007	硫化基板　FURp 42 604	Q345D+ 橡胶	块	1
110	CN－6034－007	硫化基板　FURp 42 605	Q345D+ 橡胶	块	1
111	CN－6034－007	硫化基板　FURp 42 606	Q345D+ 橡胶	块	1
112	CN－6034－007	硫化基板　FURp 42 607	Q345D+ 橡胶	块	1
113	CN－6034－007	硫化基板　FURp 42 608	Q345D+ 橡胶	块	1
114	CN－6034－007	硫化基板　FURp 42 609	Q345D+ 橡胶	块	1
115	CN－6034－007	硫化基板　FURp 42 610	Q345D+ 橡胶	块	1
116	CN－6034－007	硫化基板　FURp 42 611	Q345D+ 橡胶	块	1
117	CN－6034－007	硫化基板　FURp 42 612	Q345D+ 橡胶	块	1
118	CN－6034－007	硫化基板　FURp 42 613	Q345D+ 橡胶	块	1
119	CN－6034－007	硫化基板　FURp 42 614	Q345D+ 橡胶	块	1
120	CN－0012－001	调整锥套　Ek 2－0	PA6.6	个	1 188
121	CN－0038－001	盖　板　Ka 10	Q345D	块	1 188
122	CN－0054－001	盘　簧　54.0 × 30.5 × 2.92		片	2 376
123	ISO 4014(GB/T 5782)	六角螺栓　M27 × 235	8.8	根	1 188
124	CN－0056－001	弹　条　Skl 12		个	1 372
125	CN－0053－001	垫　圈　Uls 6	Q345	个	1 380
126	CN－0051－001	T 型螺栓 + 螺母　Hs32－55	8.8/8	套	1 380
127	CN－0051－001	T 型螺栓 + 螺母　Hs32－75	8.8/8	套	10
128	CN－0054－002	重型垫圈　Fe 6	38Si7	个	10
129	CN－0038－004	扣压板　Kp 46	Q345B	块	2
130	CN－0038－004	扣压板　Kp 87	Q345B	块	4
131	CN－0038－004	扣压板　Kp 172	Q345B	块	4
132	CN－0013－002	轨下胶垫　Zw 60－40	EVA	片	212
133	CN－0011－001	调高垫片　Upf 6－4	PA 6 GF30	片	28
134	CN－0011－001	调高垫片　Upf 6－5	PA 6 GF30	片	62
135	CN－0011－001	调高垫片　Upf 6－6	PA 6 GF30	片	66
136	CN－0011－001	调高垫片　Upf 6－7	PA 6 GF30	片	56
137	CN－0011－001	调高垫片　Upf 2－5	PA 6 GF30	片	18
138	CN－0011－001	调高垫片　Upf 2－6	PA 6 GF30	片	22

续上表

序号	图号 / 标准	名称及规格	材料及等级	单位	数量
139	CN-0011-001	调高垫片 Upf 2-7	PA 6 GF30	片	24
140	CN-0013-001	轨下胶垫 Zw 692-0	EVA	片	488
141	CN-0011-001	调高垫片 Upf 6-1	PA 6 GF30	片	976
142	CN-0023-001	连接板 VL3	Q345D	块	111
143	CN-0053-005	垫 圈 Lsch 4	Q345D	块	222
144	CN-0053-006	套 管 Lar 2	Q345D	块	222
145	CN-0053-004	垫 圈 Lsch 3	Q345D	块	222
146	CN-0056-002	弹 条 Usk 2		个	8

辙叉明细表

序号	图号 / 标准	名称及规格	材料及等级	单位	数量
1	CN－6142AS－320	翼　轨　22 855 Rl（Lr 对称制造）	R350HT	根	1
2	CN－6142AS－320	翼　轨　22 855 Rr（Ll 对称制造）	R350HT	根	1
3	CN－6142AS－330	可动心轨　－R（可动心轨 －L 对称制造）	R350HT	根	1
4	CN－6142AS－401	硫化基板　FCRp 42 701	Q345D+ 橡胶	块	1
5	CN－6142AS－401	硫化基板　FCRp 42 702	Q345D+ 橡胶	块	1
6	CN－6142AS－401	硫化基板　FCRp 42 703	Q345D+ 橡胶	块	1
7	CN－6142AS－401	硫化基板　FCRp 42 704	Q345D+ 橡胶	块	1
8	CN－6142AS－401	硫化基板　FCRp 42 705	Q345D+ 橡胶	块	1
9	CN－6142AS－401	硫化基板　FCRp 42 706	Q345D+ 橡胶	块	1
10	CN－6142AS－401	硫化基板　FCRp 42 B01 AS	Q345D+ 橡胶	块	1
11	CN－6142AS－401	硫化基板　FCRp 42 B02 AS	Q345D+ 橡胶	块	1
12	CN－6142AS－401	硫化基板　FCRp 42 B03 AS	Q345D+ 橡胶	块	1
13	CN－6142AS－401	硫化基板　FCRp 42 B04 AS	Q345D+ 橡胶	块	1
14	CN－6142AS－401	硫化基板　FCRp 42 B05 AS	Q345D+ 橡胶	块	1
15	CN－6142AS－401	硫化基板　FCRp 42 B06 AS	Q345D+ 橡胶	块	1
16	CN－6142AS－401	硫化基板　FCRp 42 B07 AS	Q345D+ 橡胶	块	1
17	CN－6142AS－401	硫化基板　FCRp 42 B08 AS	Q345D+ 橡胶	块	1
18	CN－6142AS－401	硫化基板　FCRp 42 B09 AS	Q345D+ 橡胶	块	1
19	CN－6142AS－401	硫化基板　FCRp 42 B10 AS	Q345D+ 橡胶	块	1
20	CN－6142AS－401	硫化基板　FCRp 42 B11 AS	Q345D+ 橡胶	块	1
21	CN－6142AS－401	硫化基板　FCRp 42 B12 AS	Q345D+ 橡胶	块	1
22	CN－6142AS－401	硫化基板　FCRp 42 C01 AS	Q345D+ 橡胶	块	1
23	CN－6142AS－401	硫化基板　FCRp 42 C02 AS	Q345D+ 橡胶	块	1
24	CN－6142AS－401	硫化基板　FCRp 42 C03 AS	Q345D+ 橡胶	块	1
25	CN－6142AS－391	大垫板　MB 42－R	Q345D	块	1
26	CN－6142AS－401	硫化基板　FCRp 42 301	Q345D+ 橡胶	块	1
27	CN－6142A0－350	间隔铁　CF42－1	Q345D	块	1
28	CN－6142A0－350	间隔铁　CF42－2	Q345D	块	1
29	CN－6142A0－350	间隔铁　CF42－3	Q345D	块	1
30	CN－6142A0－350	间隔铁　CF420	Q345D	块	1
31	CN－60－360	轨　撑　Cstu 7	Q345	块	24
32	CN－6100A0－241	顶　铁　CZs20 5	Q345	块	4
33	CN－60－363	顶　铁　CStue 5	Q345	块	18
34	CN－6142A0－350	间隔铁　CF42－4	Q345D	块	1

续上表

序号	图号 / 标准	名称及规格	材料及等级	单位	数量
35	CN-6142A0-350	间隔铁 CF42-5	Q345D	块	1
36	CN-60-362	轨 撑 CStp 6-42-1	Q295	块	2
37	CN-60-362	轨 撑 CStp 6-42-2	Q295	块	2
38	CN-60-362	轨 撑 CStp 6-42-3	Q295	块	2
39	CN-60-362	轨 撑 CStp 6-42-4	Q295	块	2
40	CN-60-362	轨 撑 CStp 6-42-5	Q295	块	2
41	CN-60-362	轨 撑 CStp 6-42-6	Q295	块	2
42	CN-60-362	轨 撑 CStp 6-42-7	Q295	块	2
43	CN-60-362	轨 撑 CStp 6-42-8	Q295	块	4
44	CN-60-361	间隔铁 CSTue 6-42-1	Q295	块	1
45	CN-60-361	间隔铁 CSTue 6-42-2	Q295	块	1
46	CN-60-361	间隔铁 CSTue 6-42-3	Q295	块	1
47	CN-60-361	间隔铁 CSTue 6-42-4	Q295	块	1
48	CN-60-361	间隔铁 CSTue 6-42-5	Q295	块	1
49	CN-60-361	间隔铁 CSTue 6-42-6	Q295	块	1
50	CN-60-361	间隔铁 CSTue 6-42-7	Q295	块	1
51	CN-60-361	间隔铁 CSTue 6-42-8	Q295	块	1
52	CN-6142AS-381	右间隔板 CEF42 R	Q345D	块	1
53	CN-6142AS-381	左间隔板 CEF42 L	Q345D	块	1
54	CN-6142AS-382	中间间隔板 CEF42 M	Q345D	块	1
55	ISO 4014(GB/T 5782)	六角螺栓 M27×380	8.8	根	2
56	ISO 4014(GB/T 5782)	六角螺栓 M27×340	8.8	根	2
57	ISO 4014(GB/T 5782)	六角螺栓 M27×320	8.8	根	2
58	ISO 4014(GB/T 5782)	六角螺栓 M27×300	8.8	根	2
59	CN-0051-003	螺 杆 M24×780	10.9	根	5
60	CN-0051-003	螺 杆 M24×800	10.9	根	4
61	CN-0051-003	螺 杆 M24×820	10.9	根	5
62	ISO 4014(GB/T 5782)	六角螺栓 M24×180	10.9	根	43
63	CN-0012-001	调整锥套 Ek 2-0	PA6.6	个	80
64	CN-0038-001	盖 板 Ka 10	Q345D	块	80
65	CN-0054-001	盘 簧 54.0×30.5×2.92		个	160
66	ISO 4014(GB/T 5782)	六角螺栓 M27×235	8.8	根	80
67	CN-0056-001	弹 条 SKl 12		个	70
68	CN-0053-001	垫 圈 Uls 6	Q345	个	74
69	CN-0051-001	T 型螺栓+螺母 Hs32-55	8.8/8	套	74
70	CN-0013-001	轨下胶垫 Zw 692-0	EVA	片	21

续上表

序号	图号 / 标准	名称及规格	材料及等级	单位	数量
71	CN－0036－009	钢轨垫圈　Cuul 1	Q275	个	56
72	DIN 6319	锥形垫圈　D35		个	52
73	DIN 6319	球形垫圈　C31		个	52
74	CN－0052－002	六角螺母　SMs 2	8	个	60
75	CN－0053－003	垫　圈　23 × 50 × 8		个	24
76	CN－0054－002	弹簧垫圈　Fe 6		个	24
77	CN－0051－001	T 型螺栓 + 螺母　Hs32－75	8.8/8	套	24
78	CN－0052－001	防转螺母　UMsl M27		个	48
79	DIN 25201	自锁垫圈　27 (28.4 × 42 × 6.6)		个	128
80	ISO 4014(GB/T 5782)	六角螺栓　M27 × 51	8.8	根	48
81	CN－0036－019－2	钢轨垫圈　Cuul 2	Q275	个	8
82	ISO 4014(GB/T 5782)	六角螺栓　M27 × 100	8.8	根	4
83	ISO 4014(GB/T 5782)	六角螺栓　M27 × 120	8.8	根	44
84	CN－0015－003	弹性支撑　Trf 5	St 03Z+CP55	个	26
85	CN－0012－004	椭圆套筒　OVB 3	Q345D +CP55	个	36
86	CN－0015－002	弹　垫　Elf 7	CP55	个	36
87	ISO 4014(GB/T 5782)	六角螺栓　M27 × 240	8.8	根	4
88	CN－0032－001	鱼尾板　CFl 7	Q345D	块	2
89	CN－0021－004	钢垫片　Szl 111	Q345	个	8
90	CN－0021－005	钢垫片　42 XXX	Q345	个	13
91	ISO 7042(GB/T 6185)	自锁螺母　M22		个	18
92	CN－0051－001	T 型螺栓　Hs32－85(不带螺母)	8.8	根	18
93	DIN 25201	自锁垫圈　22 (23.4 × 34.5 × 3.4)		对	18
94	CN－0021－004	钢垫片　Szl 130	Q345	个	18
95	CN－0015－003	弹性支撑　Trf 4	St 03Z+CP55	个	10
96	CN－0052－002	六角螺母　SMs 1	10	个	71
97	CN－0036－010	钢轨垫圈　Cuul 4	Q275	个	28
98	DIN 25201	自锁垫圈　24		对	43
99	CN－0021－006	钢垫片　Szl 332	Q345	个	8
100	CN－0021－004	钢垫片　Szl 150	Q345	个	2
101	CN－0056－002	弹　条　Usk2		个	4

60 kg/m 钢轨 42 号单开道岔图纸目录(电务)
图　号:CN-6142AS

转辙器明细表

序号	图号 / 标准	名称及规格	材料及等级	单位	数量
1	CN－6142AS－220/221	基本轨　51 598 Rl(Lr 对称制造)	R350HT	根	1
2	CN－6142AS－220/221	基本轨　51 598 Rr (L1 对称制造)	R350HT	根	1
3	CN－6142AS－230/231	尖　轨　47 248 Rl (Lr 对称制造)	R350HT	根	1
4	CN－6142AS－230/231	尖　轨　47 248 Rr (Ll 对称制造)	R350HT	根	1
5	CN－6034－001	硫化基板　FURp 206－40	Q345D+ 橡胶	块	14
6	CN－6035－002	硫化基板　FURg 33－40	Q345D+ 橡胶	块	110
7	CN－6035－001	硫化基板　FURg 35.5	Q345D+ 橡胶	块	24
8	CN－6034－007	硫化基板　FURp 42 101L	Q345D+ 橡胶	块	1
9	CN－6034－007	硫化基板　FURp 42 101R	Q345D+ 橡胶	块	1
10	CN－6034－007	硫化基板　FURp 42 102L	Q345D+ 橡胶	块	1
11	CN－6034－007	硫化基板　FURp 42 102R	Q345D+ 橡胶	块	1
12	CN－6034－007	硫化基板　FURp 42 103L	Q345D+ 橡胶	块	1
13	CN－6034－007	硫化基板　FURp 42 103R	Q345D+ 橡胶	块	1
14	CN－6034－007	硫化基板　FURp 42 104L	Q345D+ 橡胶	块	1
15	CN－6034－007	硫化基板　FURp 42 104R	Q345D+ 橡胶	块	1
16	CN－6034－007	硫化基板　FURp 42 105L	Q345D+ 橡胶	块	1
17	CN－6034－007	硫化基板　FURp 42 105R	Q345D+ 橡胶	块	1
18	CN－6034－007	硫化基板　FURp 42 106L	Q345D+ 橡胶	块	1
19	CN－6034－007	硫化基板　FURp 42 106R	Q345D+ 橡胶	块	1
20	CN－6034－007	硫化基板　FURp 42 107L	Q345D+ 橡胶	块	1
21	CN－6034－007	硫化基板　FURp 42 107R	Q345D+ 橡胶	块	1
22	CN－6034－007	硫化基板　FURp 42 108L	Q345D+ 橡胶	块	1
23	CN－6034－007	硫化基板　FURp 42 108R	Q345D+ 橡胶	块	1
24	CN－6034－007	硫化基板　FURp 42 109L	Q345D+ 橡胶	块	1
25	CN－6034－007	硫化基板　FURp 42 109R	Q345D+ 橡胶	块	1
26	CN－6034－007	硫化基板　FURp 42 110L	Q345D+ 橡胶	块	1
27	CN－6034－007	硫化基板　FURp 42 110R	Q345D+ 橡胶	块	1
28	CN－6034－007	硫化基板　FURp 42 111L	Q345D+ 橡胶	块	1
29	CN－6034－007	硫化基板　FURp 42 111R	Q345D+ 橡胶	块	1
30	CN－6034－007	硫化基板　FURp 42 801L	Q345D+ 橡胶	块	1
31	CN－6034－007	硫化基板　FURp 42 801R	Q345D+ 橡胶	块	1
32	CN－0012－001	调整锥套　Ek 2－0	PA6.6	个	344
33	CN－0038－001	盖　板　Ka 10	Q345D	块	344
34	CN－0054－001	盘　簧　54.0 × 30.5 × 2.92		片	688

续上表

序号	图号 / 标准	名称及规格	材料及等级	单位	数量
35	ISO 4014(GB/T 5782)	六角螺栓　M27×235	8.8	根	344
36	CN-0056-001	弹　条　SKl 12		个	210
37	CN-0053-001	垫　圈　Uls 6	Q345	个	210
38	CN-0051-001	T 型螺栓 + 螺母　Hs32-55	8.8/8	套	210
39	CN-0013-001	轨下胶垫　Zw 692-0	EVA	片	126
40	CN-0011-001	调高垫片　Upf 6-1	PA6 GF30	片	28
41	CN-6034-003	滑床台板　CRg 33.2-40	Q345D	块	110
42	CN-0038-002	弹性压簧　USf 1	50CrV4	根	268
43	CN-0013-003	轨下胶垫　Zw 9	EVA	片	110
44	CN-0011-001	调高垫片　Upf 6-3	PA6 GF30	片	268
45	CN-6034-002	滑床台板　CRg 35.6-40	Q345D	块	24
46	CN-60S-260	辊　轮　CZr 1eV	组件	套	2
47	CN-60S-260	辊　轮　CZr 2e 11-00	组件	套	4
48	CN-60S-260	辊　轮　CZr 3e 11-00	组件	套	18
49	CN-0013-002	轨下胶垫　Zw 60-40	EVA	片	48
50	CN-0013-003	胶　垫　Zw 4P	EVA	片	48
51	CN-6034-005	拼接板　VI 4-0	Q345D+ 橡胶	块	24
52	CN-6100A0-240	顶　铁　UZs 83	C60	个	22
53	CN-0036-009	钢轨垫圈　Cuul 1	Q275	个	58
54	ISO 7090	平垫圈　B28 200HV 4 mm		个	80
55	CN-0052-002	自锁六角螺母　SMs 2-8	8	个	74
56	CN-6100A0-241	顶　铁　CZs 205	QT400-18L	个	20
57	ISO 4014(GB/T 5782)	六角螺栓　M27×100	8.8	根	20
58	CN-0038-003	扣压板　CPS 60-A	Q345D	块	22
59	DN 2093	盘　簧　54×25.4×3		片	44
60	CN-0051-001	T 型螺栓 + 螺母　Hs32-65	8.8/8	套	22
61	CN-0011-001	调高垫片　Upf 6-4	PA6 GF30	片	48
62	ISO 4014(GB/T 5782)	六角螺栓　M27×140	8.8	根	16
63	CN-0036-008	垫　圈　SUl 3	Q345	个	8
64	CN-6041-003	限位器销　UWz1	ZG20CrMo	个	8
65	CN-6041-004	限位器叉　UWg1	ZG20CrMo	个	8
66	ISO 4014(GB/T 5782)	六角螺栓　M27×110	8.8	根	16
67	CN-0051-001	T 型螺栓 + 螺母 Hs32-75	8.8/8	套	2
68	CN-0054-002	重型垫圈　Fe 6	38Si7	个	2
69	CN-0038-004	扣压板　Kp 46	Q345B	块	2

60 kg/m 钢轨 42 号单开道岔线形图

图 号：CN－6142A0－000

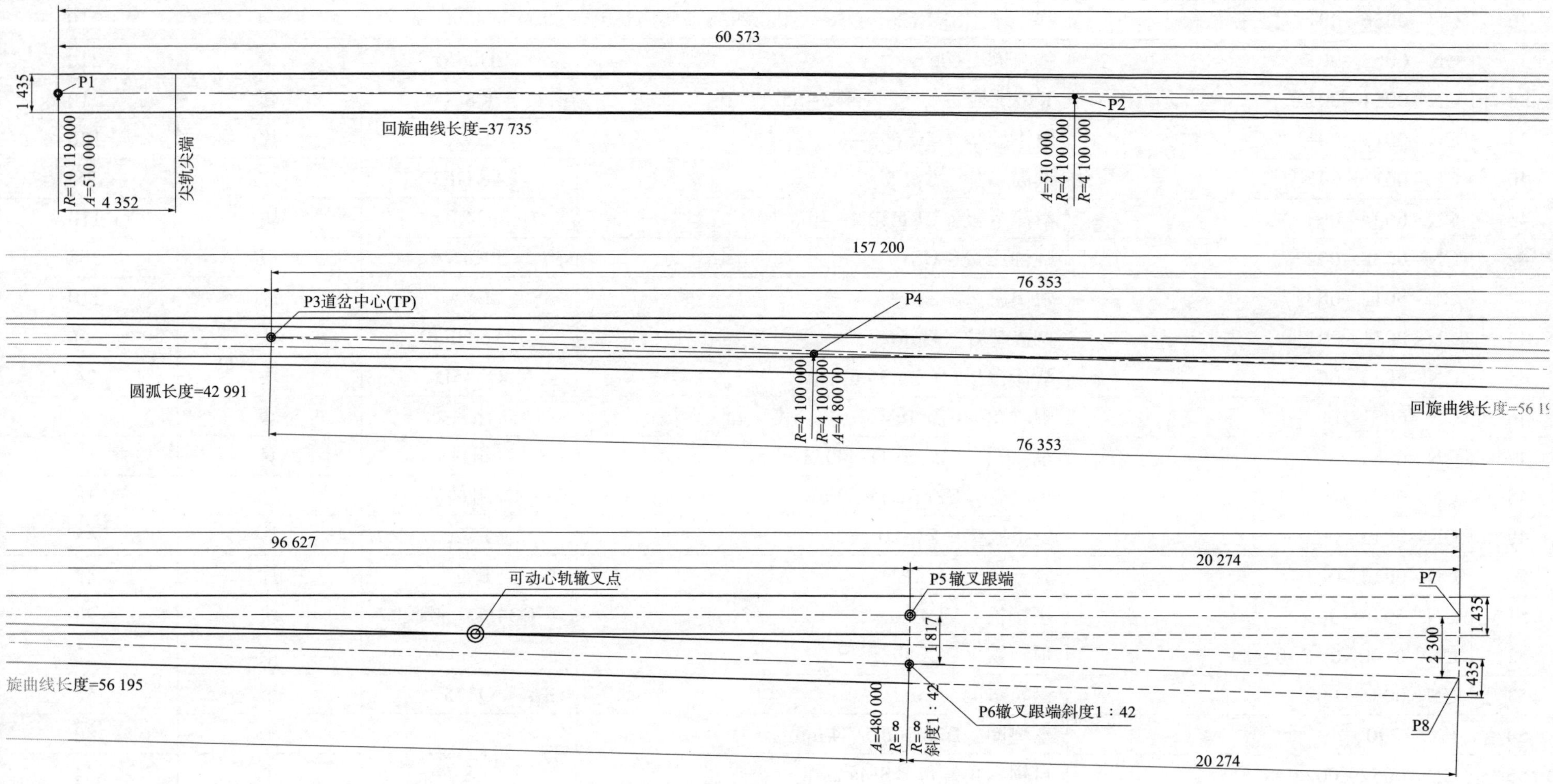

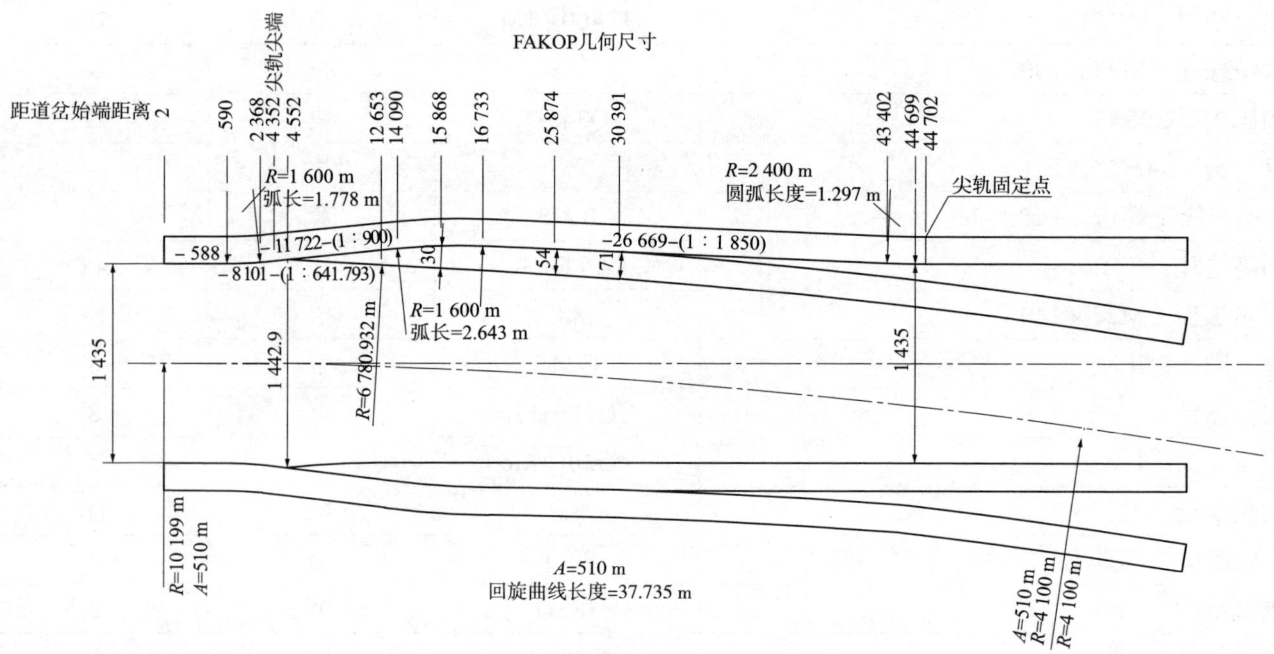

表 1 坐 标 值

点	X(mm)	Y(mm)
P1	0.0	0.0
P2	+37 734.7	－104.8
P3	+60 572.7	0.0
P4	+80 722.5	－608.2
P5	+136 926.1	0.0
P6	+136 904.50	－1817.4
P7	+157 200.0	0.0
P8	+157 172.6	－2300.0

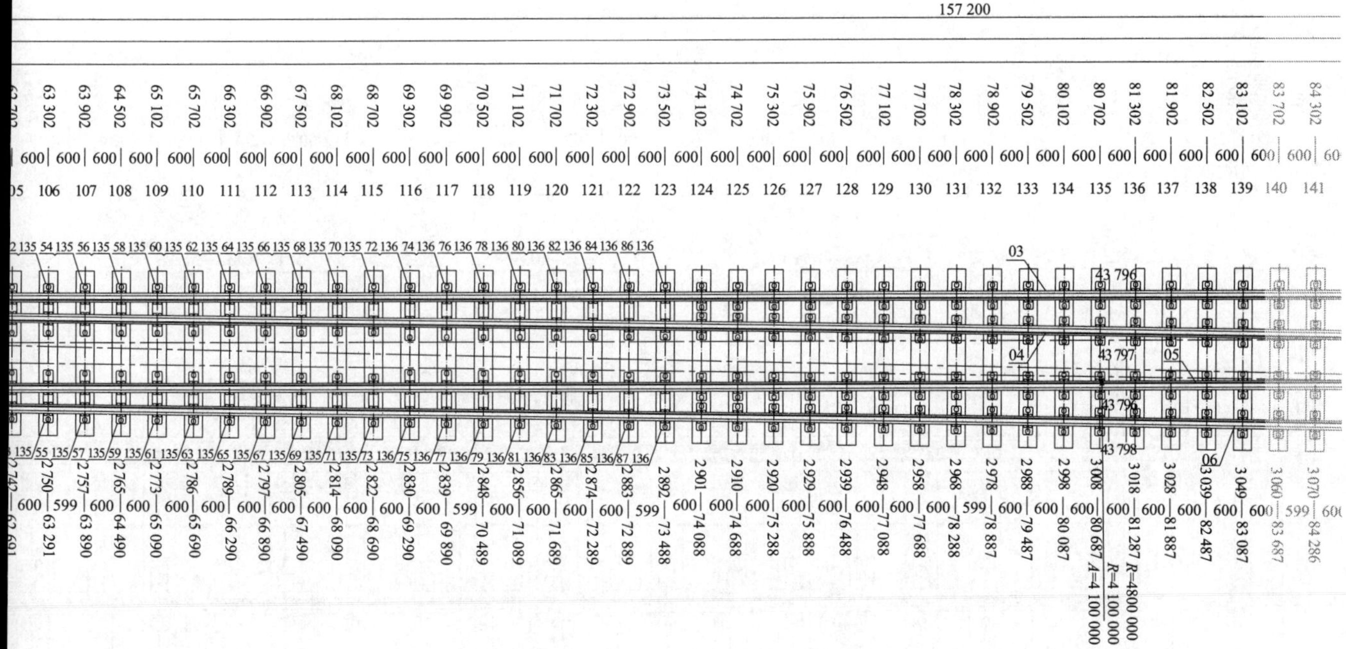

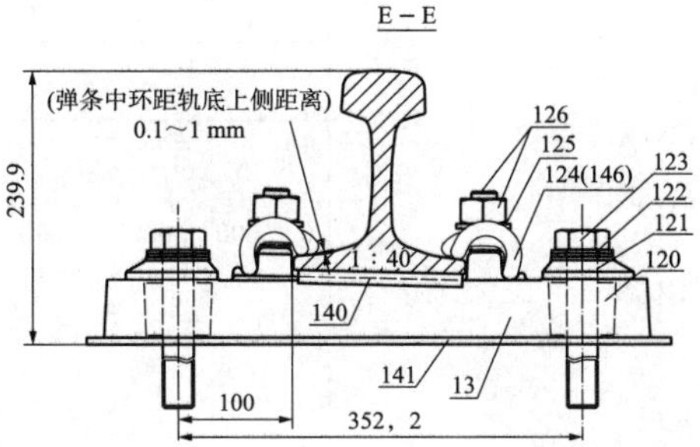

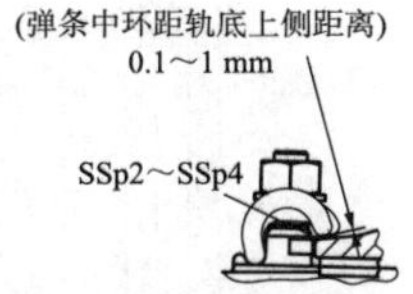

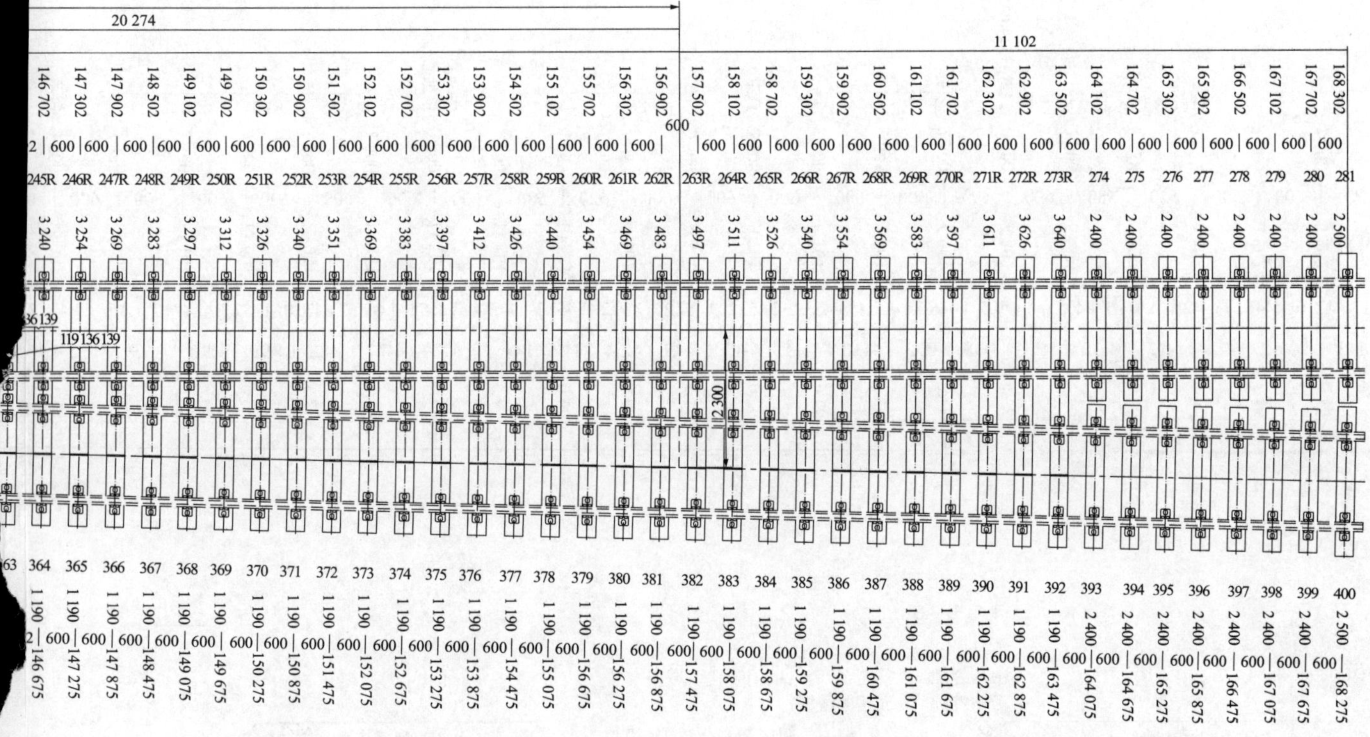

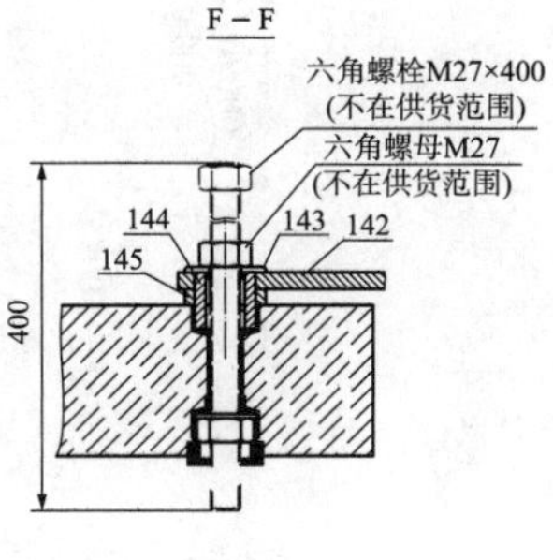

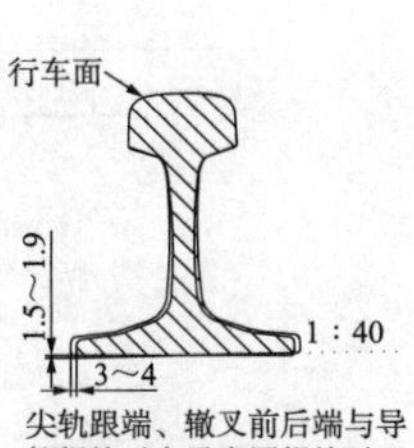

尖轨跟端、辙叉前后端与导轨焊接对齐示意图焊接时以工作边对齐为准，轨底错牙忽略不计

技 术 要 求

道岔始端，面对道岔，对于 1～162 号岔枕，无论道岔开向，岔枕编号始终铺设在道岔左侧。

岔前端向后看，可以看到岔枕侧面岔枕编号标识。岔枕 274～400 垂直于钢轨布置。

调整锥 Ek 2－0...9 进行横向调整；通过调高垫片 Upf 2－...，Upf 3－...，Upf 6－... 和 Upf 10－... 进行竖向调整；通过调整片 SSp 2－SSp 4 进行轨距调整。

翼轨、心轨设置 1∶40 轨顶坡，与导轨焊接时，调整对齐钢轨行车面，忽略轨脚的错牙。

表示胶接绝缘接头，胶接绝缘接头两侧基板使用弹条 Usk2 紧固。

4 352

岔枕间距累计	302	902	1 502	2 102	2 702	3 302	3 902	4 502	5 122	5 702	6 302	6 902	7 502	8 102	8 702	9 302	9 902	10 522	11 102	11 702	12 302	12 902	13 502	14 102	14 702	15 302	
岔枕间距	302	600	600	600	600	600	600	600	620	580	600	600	600	600	600	600	600	620	580	600	600	600	600	600	600	600	
岔枕编号	1	2	3	4	5	6	7	8	9	10	11	12	13	14	15	16	17	18	19	20	21	22	23	24	25	26	27

基板：7×FURp260-40；3×FCRg33-40 AS；FCRg 35-40 AS Zr-3e；4×FCRg33-40 AS；FCRg 35-40 AS Zr-3e；4×FCRg33-40 AS；FCRg 35-40 AS Zr-3e；5×FCRg33-40 AS；FCRg 35-40 AS Zr-3e

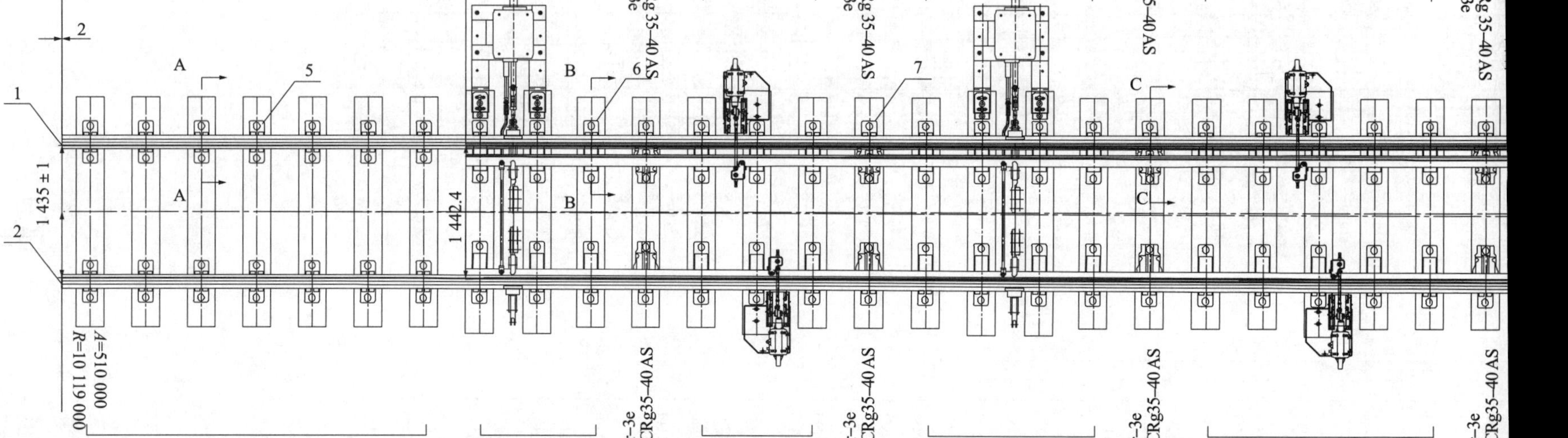

基板：7×FURp260-40；3×FCRg33-40 AS；FCRg35-40 AS Zr-3e；3×FCRg33-40 AS；FCRg35-40 AS Zr-3e；4×FCRg33-40 AS；FCRg35-40 AS Zr-3e；5×FCRg33-40 AS；FCRg35-40 AS Zr-3e

岔枕长度	2 500	2 500	2 500	2 500	2 500	2 500	2 500	2 637	2 638	2 500	2 500	2 500	2 645	2 500	2 500	2 500	2 653	2 655	2 500	2 500	2 500	2 500	2 666	2 500	2 500	2 500
岔枕间距	302	600	600	600	600	600	600	600	620	580	600	599	600	600	600	600	600	620	580	600	600	600	600	600	600	600
岔枕间距累计	302	902	1 502	2 102	2 702	3 302	3 902	4 502	5 122	5 702	6 302	6 901	7 501	8 101	8 701	9 301	9 901	10 521	11 101	11 701	12 301	12 901	13 501	14 101	14 701	15 301
基本轨距离	1 435	1 435.1	1 435.4	1 436.7	1 438.1	1 439.6	1 441.2	1 442.8	1 444.5	1 446.1	1 447.8	1 446.6	1 451.4	1 453.3	1 455.2	1 457.2	1 459.2	1 461.3	1 463.4	1 465.5	1 467.7	1 470.0	1 472.3	1 474.7	1 476.9	1 478.7
轨距	1 435	1 435.1	1 435.4	1 436.7	1 438.1	1 439.6	1 441.2	1 442.8	1 442.9	1 443.0	1 443.1	1 443.3	1 443.5	1 443.8	1 444.1	1 444.5	1 444.9	1 445.4	1 445.9	1 446.4	1 447.0	1 447.7	1 448.4	1 449.0	1 449.6	1 449.9
FAKOP弦线	100.0	100.0	99.7	99.3	98.6	98.0	97.3	96.6	96.0	95.3	94.6	94.0	93.3	92.6	92.0	91.3	90.6	90.0	89.3	88.6	88.0	87.3	86.6	86.0	85.4	85.1

100

A－A

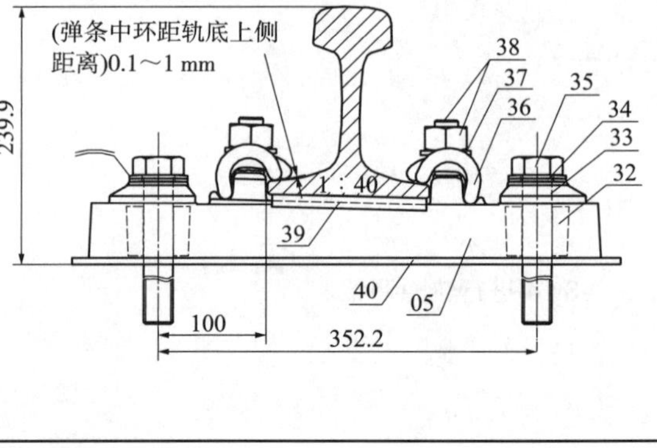

B－B

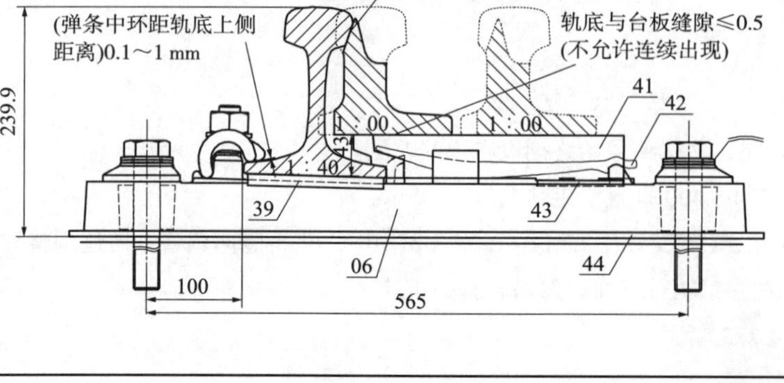

C－C

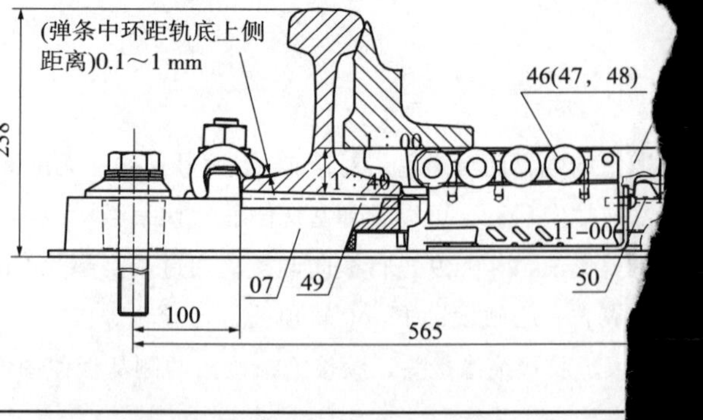

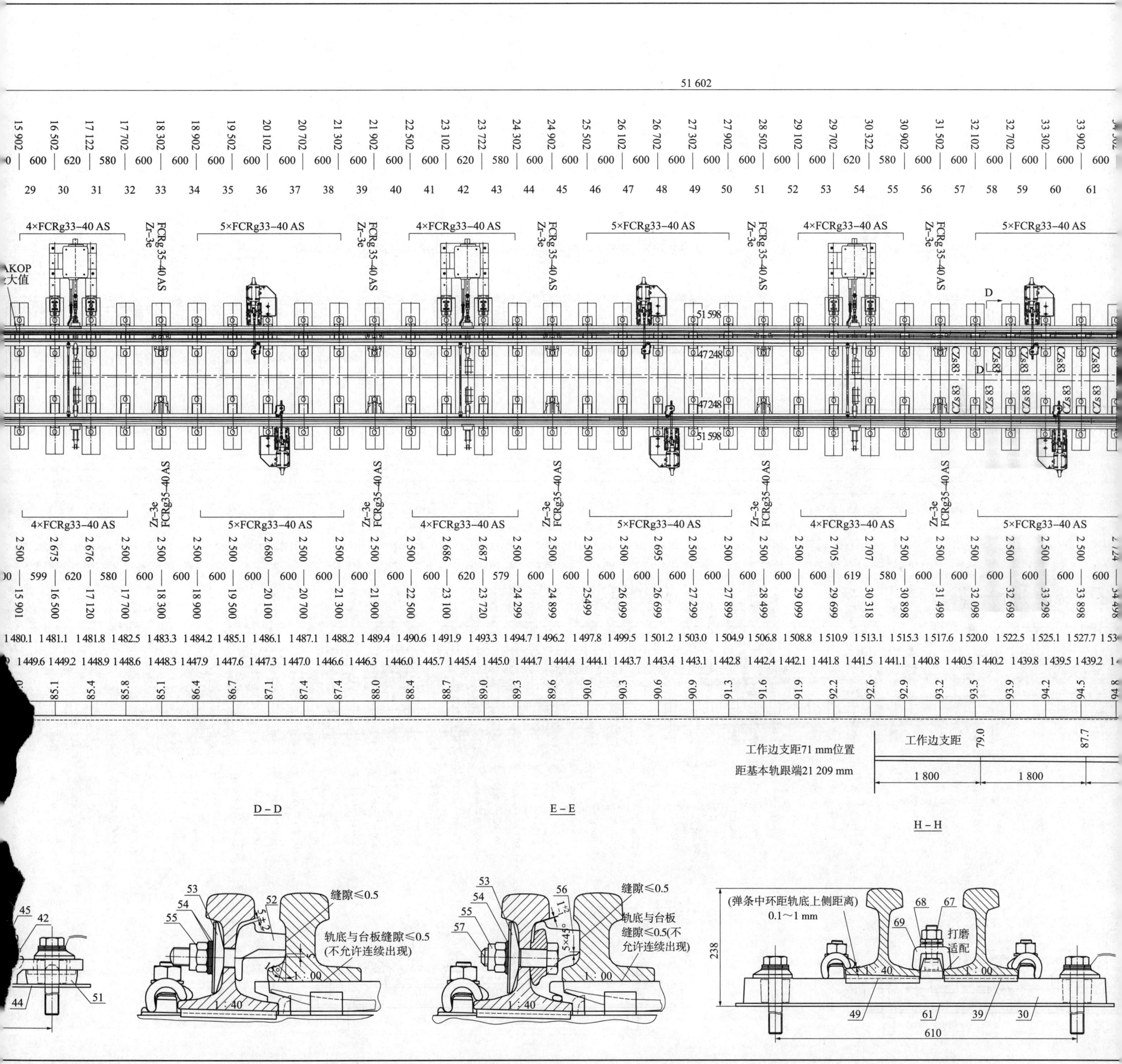

51 602
15 902 16 502 17 122 17 702 18 302 18 902 19 502 20 102 20 702 21 302 21 902 22 502 23 102 23 722 24 302 24 902 25 502 26 102 26 702 27 302 27 902 28 502 29 102 29 702 30 322 30 902 31 502 32 102 32 702 33 302 33 902
600 620 580 600 600 600 600 600 600 600 600 600 620 580 600 600 600 600 600 600 600 600 600 620 580 600 600 600 600 600 600 600
29 30 31 32 33 34 35 36 37 38 39 40 41 42 43 44 45 46 47 48 49 50 51 52 53 54 55 56 57 58 59 60 61
4×FCRg33-40 AS
Zr-3e FCRg 35-40 AS
5×FCRg33-40 AS
AKOP
大值
D
51 598
47 248
CZs83
4×FCRg33-40 AS
Zr-3e FCRg35-40 AS
5×FCRg33-40 AS
2 500 2 675 2 676 2 500 2 500 2 500 2 500 2 680 2 500 2 500 2 500 2 500 2 686 2 687 2 500 2 500 2 500 2 500 2 695 2 500 2 500 2 500 2 500 2 705 2 707 2 500 2 500 2 500 2 500 2 500 2 500
599 620 580 600 600 600 600 600 600 600 600 600 600 620 579 600 600 600 600 600 600 600 600 600 600 619 580 600 600 600 600 600 600 600
15 901 16 500 17 120 17 700 18 300 18 900 19 500 20 100 20 700 21 300 21 900 22 500 23 100 23 720 24 299 24 899 25499 26 099 26 699 27 299 27 899 28 499 29 099 29 699 30 318 30 898 31 498 32 098 32 698 33 298 33 898
1 480.1 1 481.1 1 481.8 1 482.5 1 483.3 1 484.2 1 485.1 1 486.1 1 487.1 1 488.2 1 489.4 1 490.6 1 491.9 1 493.3 1 494.7 1 496.2 1 497.8 1 499.5 1 501.2 1 503.0 1 504.9 1 506.8 1 508.8 1 510.9 1 513.1 1 515.3 1 517.6 1 520.0 1 522.5 1 525.1 1 527.7
1 449.6 1 449.2 1 448.9 1 448.6 1 448.3 1 447.9 1 447.6 1 447.3 1 447.0 1 446.6 1 446.3 1 446.0 1 445.7 1 445.4 1 445.0 1 444.7 1 444.4 1 444.1 1 443.7 1 443.4 1 443.1 1 442.8 1 442.4 1 442.1 1 441.8 1 441.5 1 441.1 1 440.8 1 440.5 1 440.2 1 439.8 1 439.5 1 439.2
85.1 85.4 85.8 85.1 86.4 86.7 87.1 87.4 87.4 88.0 88.4 88.7 89.0 89.3 89.6 90.0 90.3 90.6 90.9 91.3 91.6 91.9 92.2 92.6 92.9 93.2 93.5 93.9 94.2 94.5
工作边支距71 mm位置
距基本轨跟端21 209 mm
工作边支距
79.0
87.7
1 800
1 800
D－D
E－E
H－H
45
42
44
51
53
54
55
52
5±2
缝隙≤0.5
轨底与台板缝隙≤0.5
(不允许连续出现)
1∶40
56
57
5×45°
轨底与台板
缝隙≤0.5(不
允许连续出现)
(弹条中环距轨底上侧距离)
0.1～1 mm
68
67
69
打磨
适配
238
49
61
39
30
610

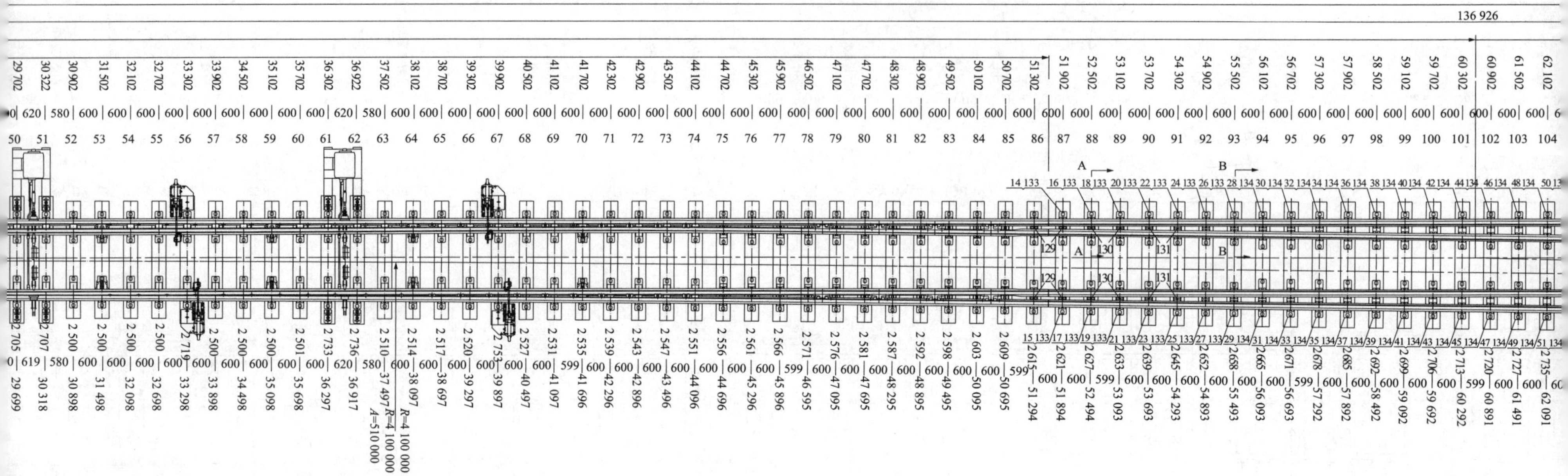

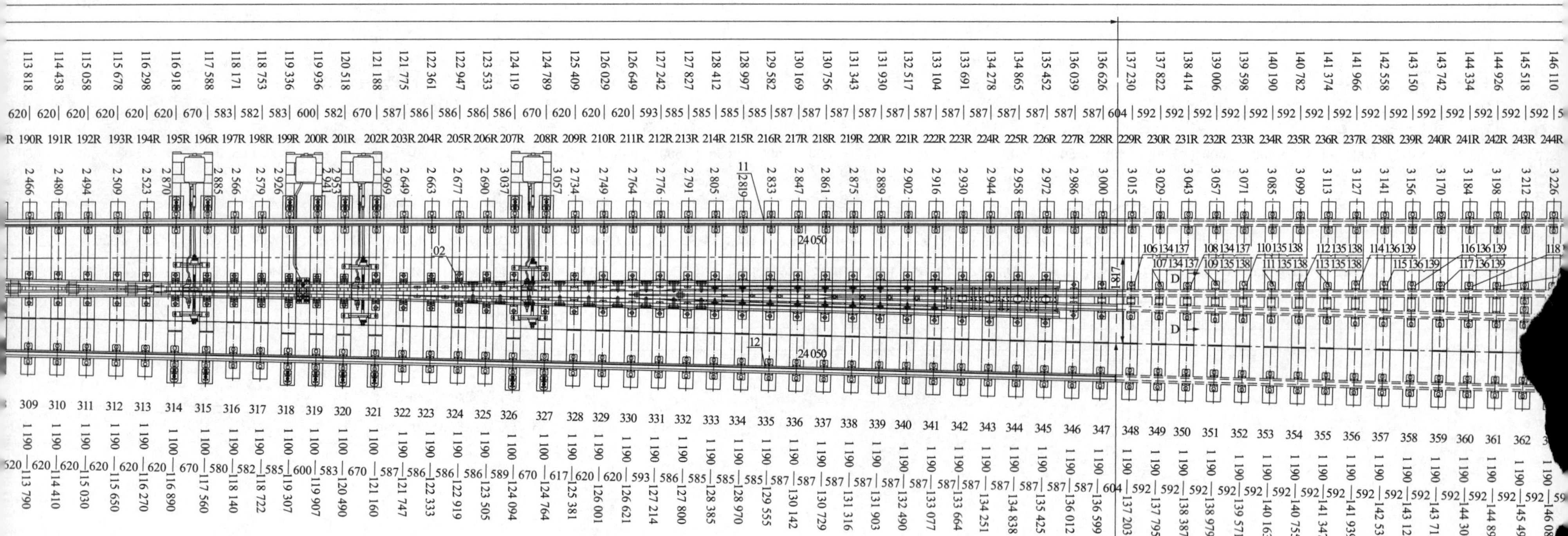

C－C

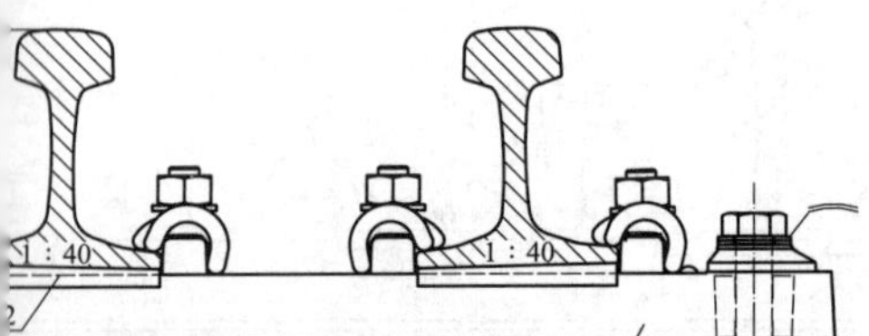

D－D

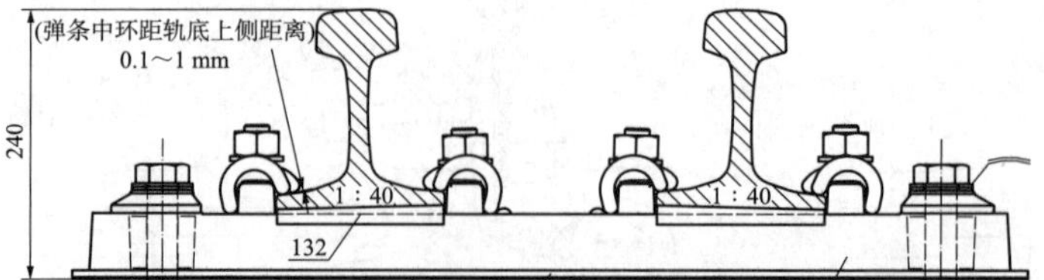

1. 站在
从道
2. 通过讠
3. 尖轨、
4. I(IRJ)

60 kg/m 钢轨 42 号单开道岔总布置图
图 号：CN-6142AS-001

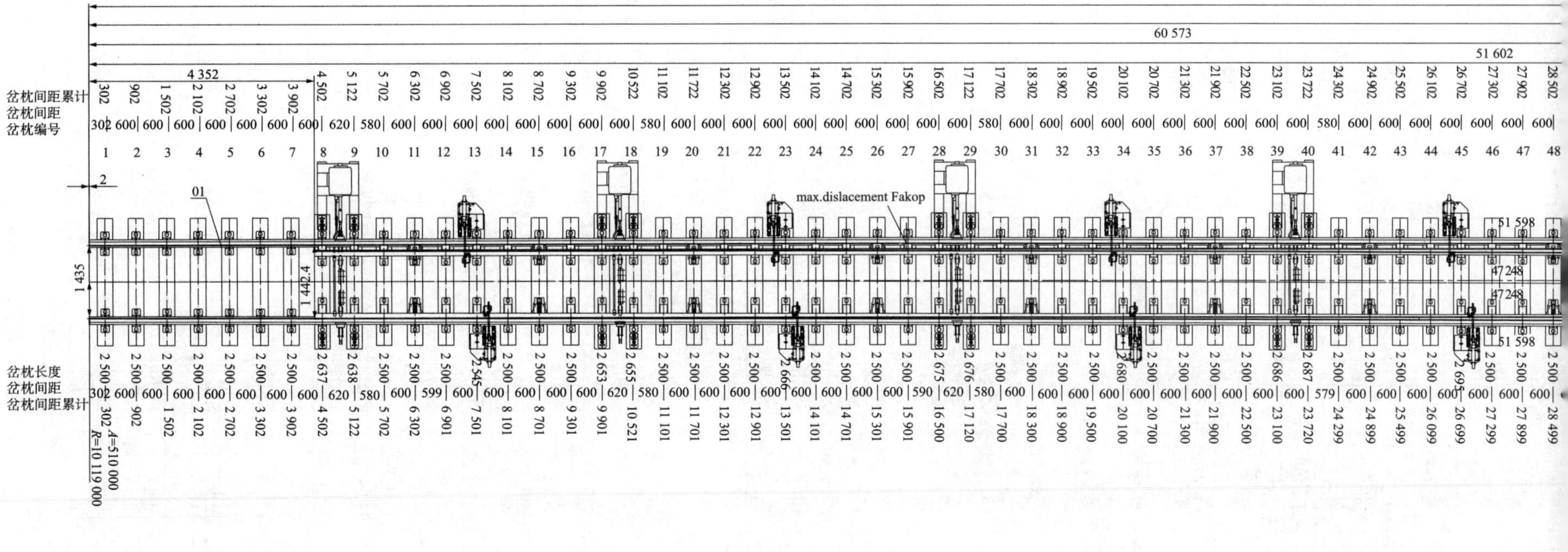

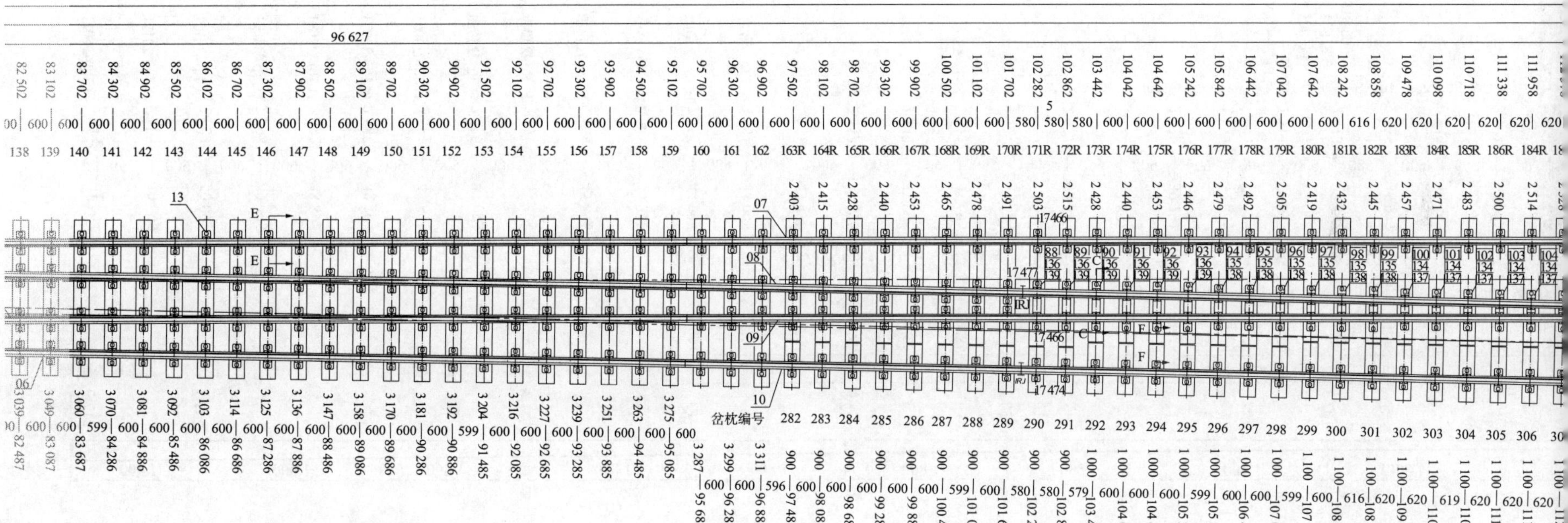

A－A

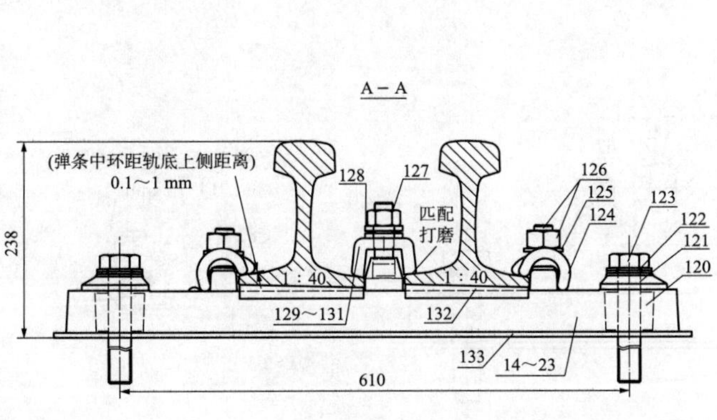

B－B

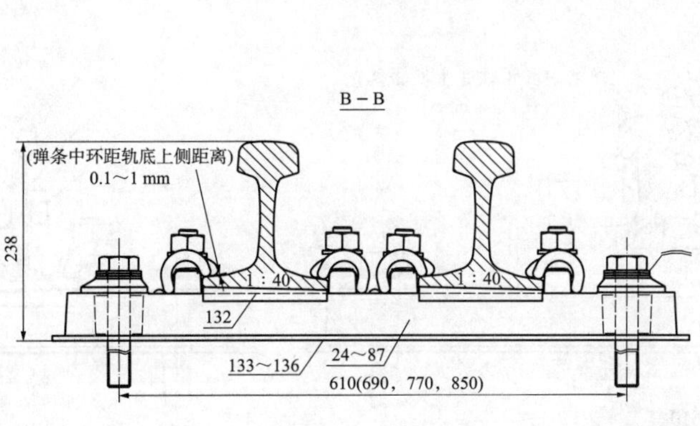

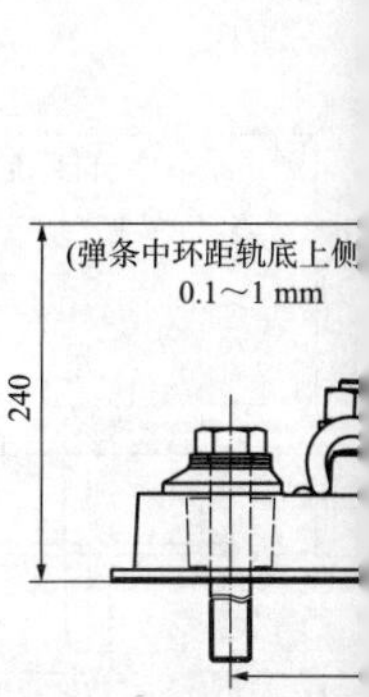

60 kg/m 钢轨 42 号单开道岔转辙器布置图

图　号：CN－6142AS－200

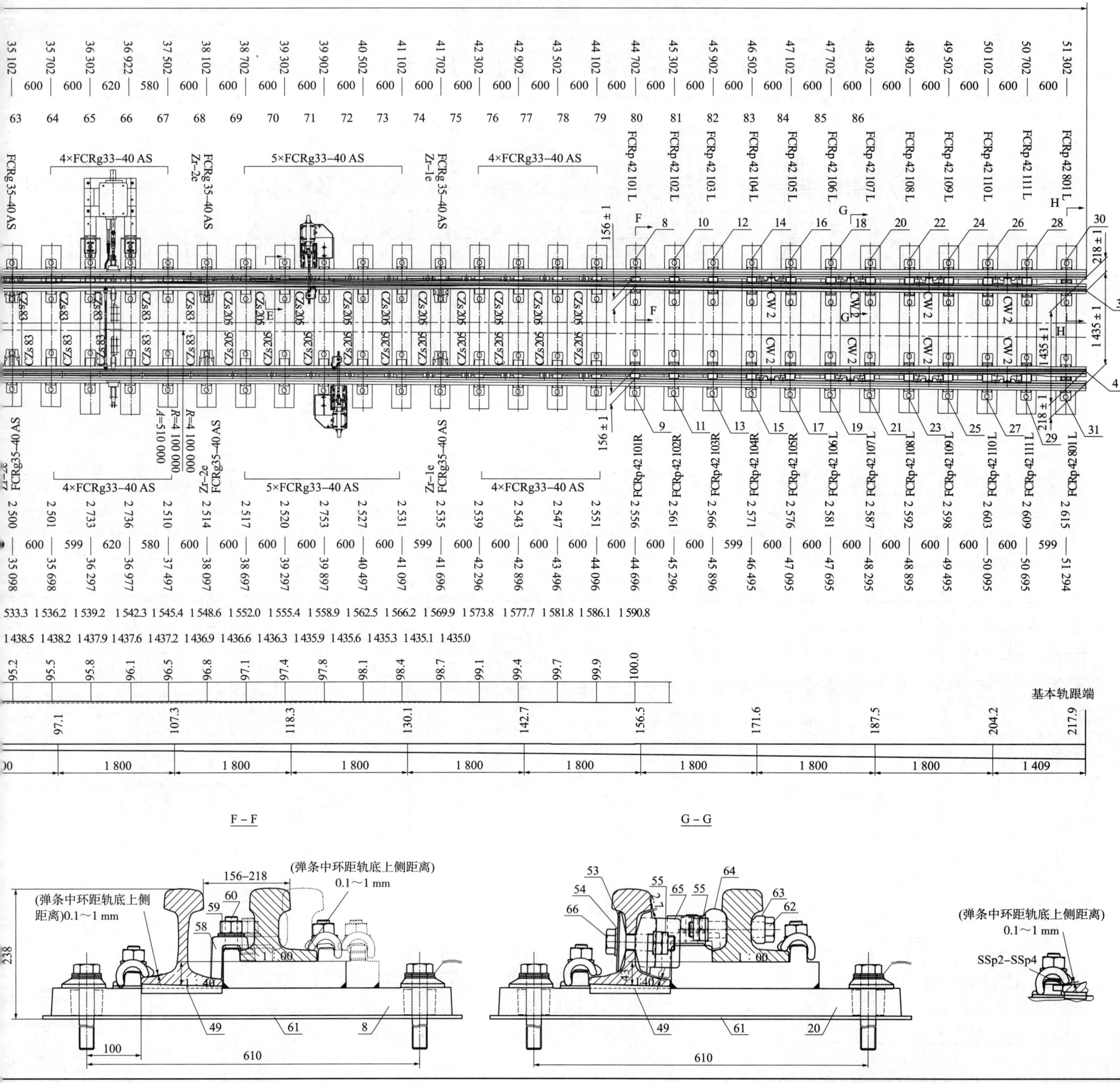

I－I

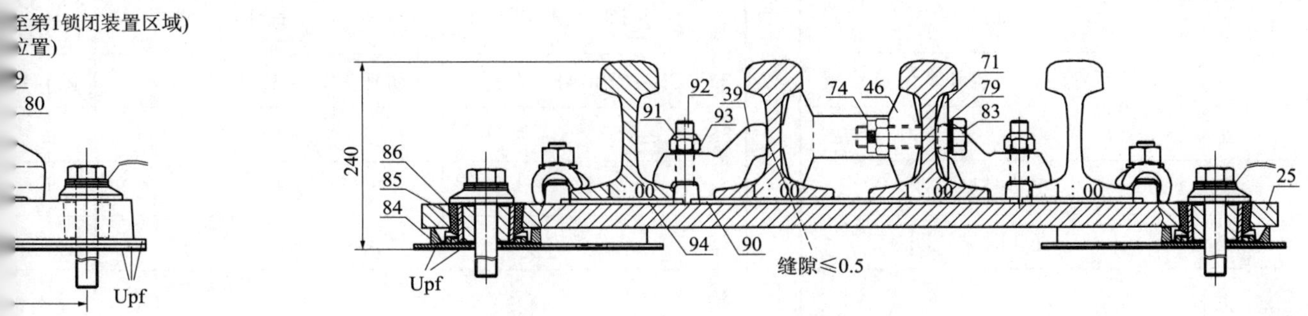

J－J

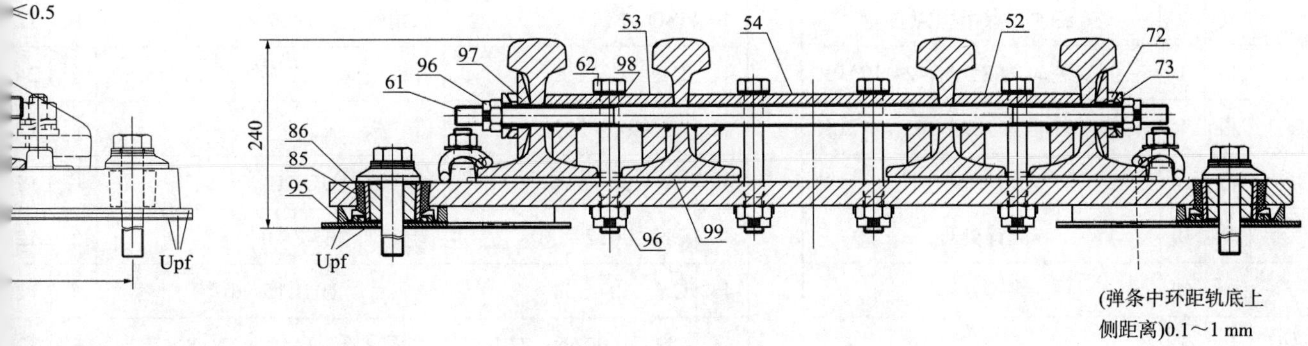

K－K

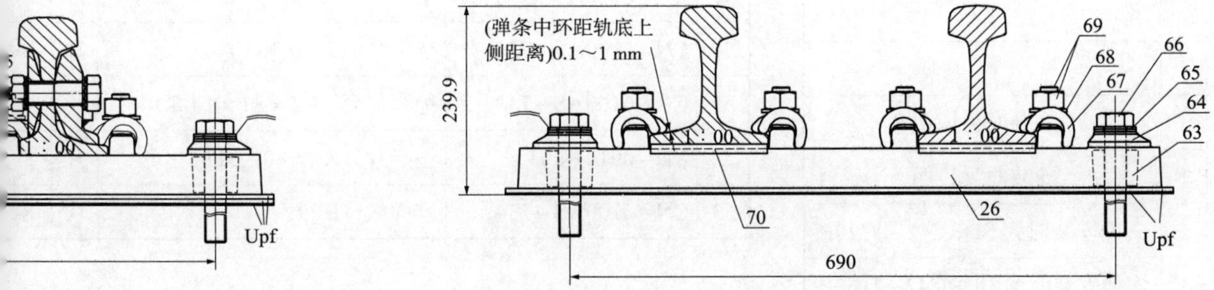

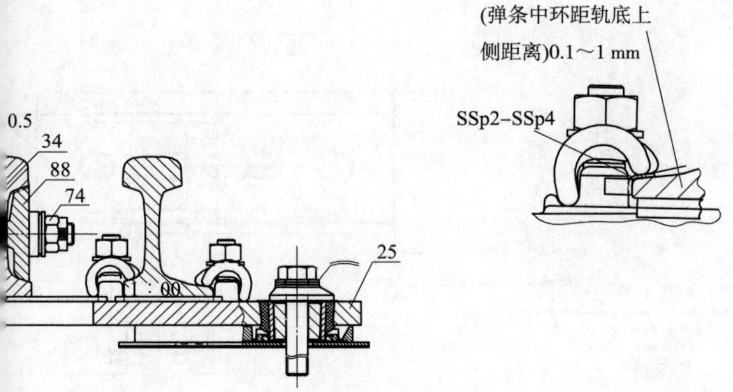

*　通过调整锥Ek2-0...12进行横向调整；

**　通过调高垫片Upf 2...，Upf3-...，Upf-6...和Upf10-...进行竖向调整；

***　通过调整片SSp 2-SSp 4进行轨距调整。

技 术 要 求

本图为右开辙叉，左开时与此图对称。

表 1　辙叉基板下 Upf 明细表

岔枕编号	Upf 厚度	Upf 规格		
189R	8	Upf 6－4	Upf 2－4	
190R	8	Upf 6－4	Upf 2－4	
191R	8	Upf 6－4	Upf 2－4	
192R	8	Upf 6－4	Upf 2－4	
193R	8	Upf 6－4	Upf 2－4	
194R	8	Upf 6－4	Upf 2－4	
195R	14	Upf 6－4	Upf 6－4	Upf 2－4
196R	15	Upf 10－4	Upf 3－4	Upf 2－4
197R	15	Upf 10－4	Upf 3－4	Upf 2－4
198R	16	Upf 10－4	Upf 6－4	
199R	16	Upf 10－4	Upf 6－4	
200R	16	Upf 10－4	Upf 6－4	
201R	16	Upf 10－4	Upf 6－4	
202R	15	Upf 10－5	Upf3－5	Upf 2－5
203R	14	Upf 6－5	Upf 6－5	Upf 2－5
204R	14	Upf 6－5	Upf 6－5	Upf 2－5
205R	14	Upf 6－6	Upf 6－6	Upf 2－6
206R	14	Upf 6－6	Upf 6－6	Upf 2－6
207R	14	Upf 6－6	Upf 6－6	Upf 2－6
208R	14	Upf 6－6	Upf 6－6	Upf 2－6
209R	14	Upf 6－6	Upf 6－6	Upf 2－6
210R	6.75	Upf 2－11	Upf 4.75－11	
211R	6.75	Upf 2－11	Upf 4.75－11	
212R	6.75	Upf 2－11	Upf 4.75－11	
213R	6.75	Upf 2－11	Upf 4.75－11	
214R	6.75	Upf 2－11	Upf 4.75－11	
215R	6.75	Upf 2－11	Upf 4.75－11	
216R	6.75	Upf 2－11	Upf 4.75－11	
217R	6.75	Upf 2－11	Upf 4.75－11	
218R	6.75	Upf 2－11	Upf 4.75－11	
219R	6.75	Upf 2－11	Upf 4.75－11	
220R	6.75	Upf 2－11	Upf 4.75－11	
221R	6.75	Upf 2－11	Upf 4.75－11	
222R	6.75	Upf 2－11	Upf 4.75－11	
223R	6.75	Upf 2－11	Upf 4.75－11	
224R	6.75	Upf 2－11	Upf 4.75－11	
225R	6.75	Upf 2－11	Upf 4.75－11	
226R	6.75	Upf 2－11	Upf 4.75－11	
227R	6.75	Upf 2－11	Upf 4.75－11	
228R	8	Upf 6－5	Upf 2－5	

表 1　明　细　表

件号	图号 / 标准	名称	单位	数量	备注
1	TB/T 3069	转辙机　S700K	台	3	注意左右侧安装和牵引点位置
2	CN－6100AS－741－1	支撑螺栓系统　M27 × 300	套	8	
3	CN－6100A0－753	支座板　CB－R42Z－1W	块	1	安装时见说明
4	CN－6100A0－753	支座板　CB－R42Z－1N	块	1	安装时见说明
5					
6	CN－6100A0－752	支撑板　CP－L	块	3	
7	CN－6100A0－752	支撑板　CP－R	块	3	
8	CN－6100AS－722	驱动杆　StS－1200	套	2	
9	CN－60－538/540	HRS 外锁装置	套	3	安装时注意牵引点位置
10	CN－6142AS－721	短检查杆　SDRC42－1710L	根	1	右侧安装时为 SDRC42－1710R
11	CN－6142AS－721	长检查杆　LDRC42－2130L	根	1	右侧安装时为 LDRC42－2130R
12	ISO 10642	沉头螺钉　M20 × 60－8.8	根	16	镀锌处理
13	ISO 7042	自锁螺母　M20－8	个	40	镀锌处理
14	ISO 7089	垫　圈　21	个	40	镀锌处理
15		下拉驱动　NH145－WS－ALU	台	1	
16	CN－6100A0－753	支座板　HB－42Z	块	2	安装于曲股时用 HB－42Q
17	CN－6100A0－752	支撑板　HB－L	块	1	
18	CN－6100A0－752	支撑板　HB－R	块	1	
19	CN－6142AS－600	下拉装置	套	1	
20	CN－6100A0－753	支座板　CB－R42Z－2W	块	1	安装时见说明
21	CN－6100A0－753	支座板　CB－R42Z－2N	块	1	安装时见说明
22	CN－6142AS－721	短检查杆　SDRC42－1720L	根	1	右侧安装时为 SDRC42－1720R
23	CN－6142AS－721	长检查杆　LDRC42－2160L	根	1	右侧安装时为 LDRC42－2160R
24	CN－6100A0－753	支座板　CB－R42Z－3W	块	1	安装时见说明
25	CN－6100A0－753	支座板　CB－R42Z－3N	块	1	安装时见说明
26	GB/T 5780	六角螺栓　M20 × 80－8.8	根	12	镀锌
27	GB/T 6170	六角螺母　M20－8	个	12	镀锌
28	GB/T 95	平　垫　20	个	24	镀锌
29	GB/T 93	弹　垫　20	个	12	表面氧化处理
30	CN－6142AS－721	短检查杆　SDRC42－1750L	根	1	右侧安装时为 SDRC42－1750R
31	CN－6142AS－721	长检查杆　LDRC42－2250L	根	1	右侧安装时为 LDRC42－2250R

续表 1

件号	图号 / 标准	名称	单位	数量
32	CN－6100AS－722	驱动杆　StS－1270	套	1
33				
34				
35				
36				
37	CN－0054－001	盘　簧　54.0 × 30.5 × 2.92	个	32
38	ISO 4014	六角螺栓　M27 × 180	根	16
39	CN－60－522－1	锁闭支撑轨　UIC60	件	6
40	ISO 4014	六角螺栓　M27 × 220	根	12
41	DIN 25201	自锁垫圈　27（外径 48.5mm）	个	24
42	CN－60－535	盖　板　Ka 7	个	12
43	CN－60－534	垫　片　UUL14	片	12
44	CN－0012－001	调整锥　EK8－0	个	12
45	CN－60－534	垫　片　UUL15－6	个	12
46	CN－6100AS－734－2	方颈螺栓　M20 × 77－8.8	根	32
47	CN－6100AS－734－2	垫　片　7310 376 1	片	8
48	CN－6100AS－734－2	垫　片　7310 377 1	片	8
49	CN－6100AS－734－2	垫　片　7310 366 1	片	16
50	CN－6100AS－734－2	垫　片　7310 365 1	片	16
51	CN－6100AS－734－2	绝缘衬套　32 × 21 × 14.5	片	32
52	CN－0014－001	垫　片　Zwp 80－BP9	片	8
53	CN－6100AS－734	紧固板　BP9	块	8

A－A

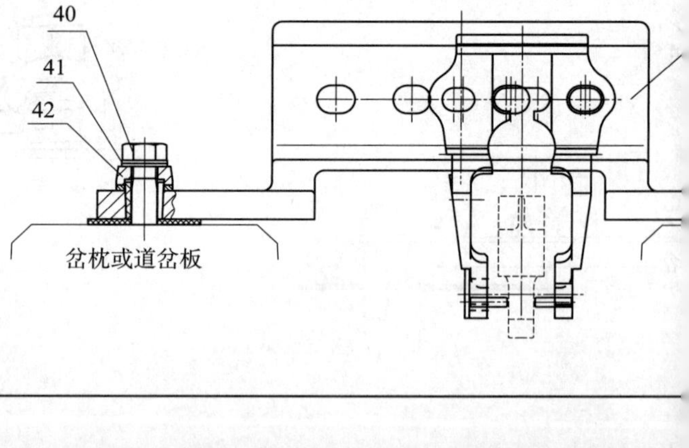

备注
板式道岔用 M27×145/335
防腐处理
板式道岔用 M27×375/185
镀锌
镀锌
镀锌
镀锌处理，调高备用
镀锌处理

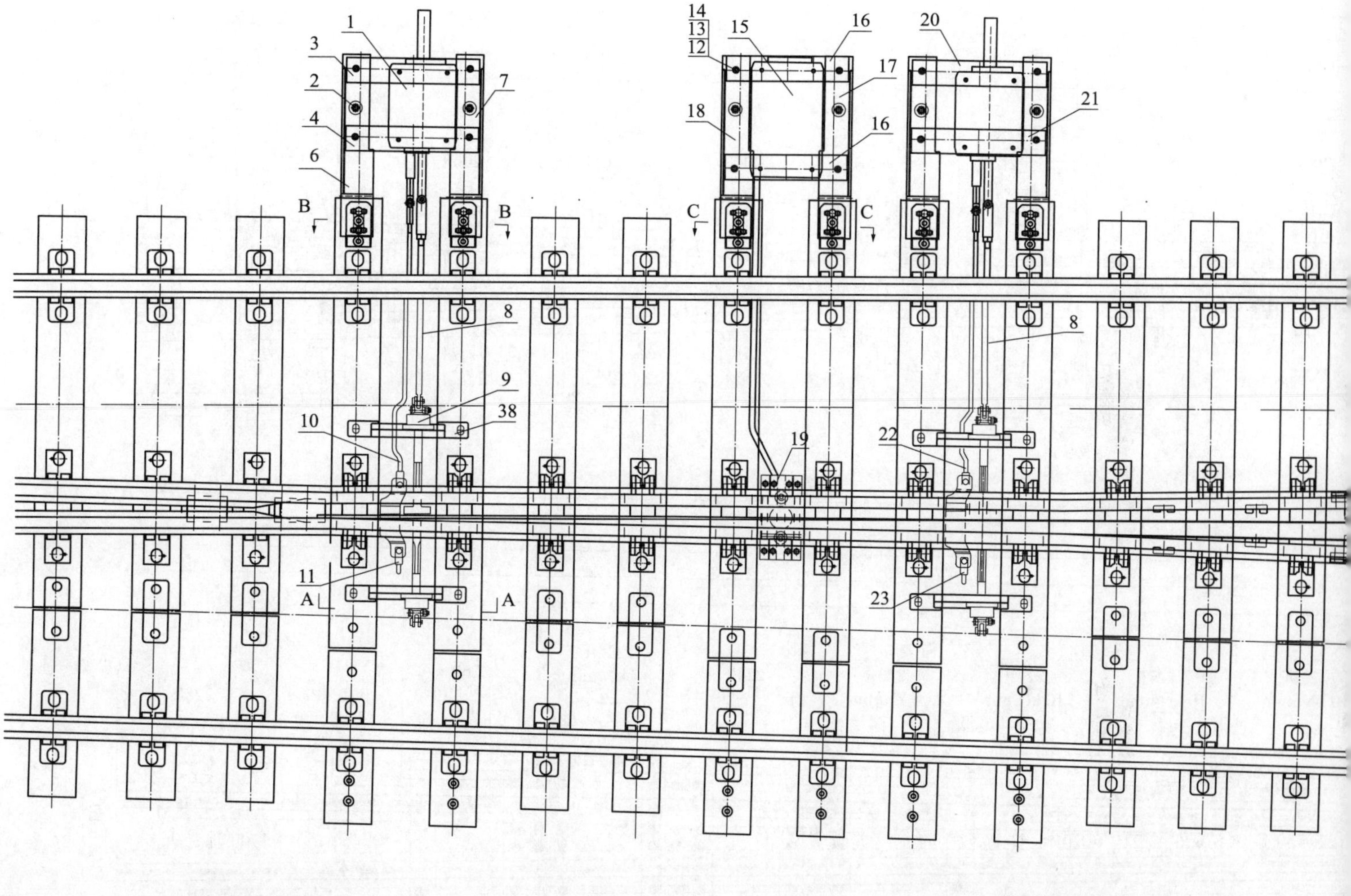

B－B
HRS锁闭装置预留沟槽

C－C
60-42号道岔下拉装置预留沟槽

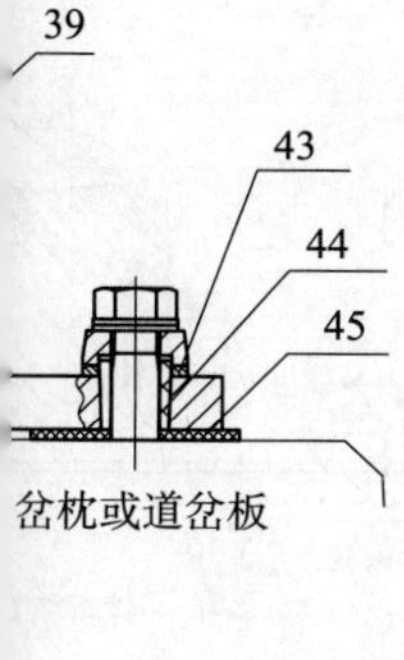

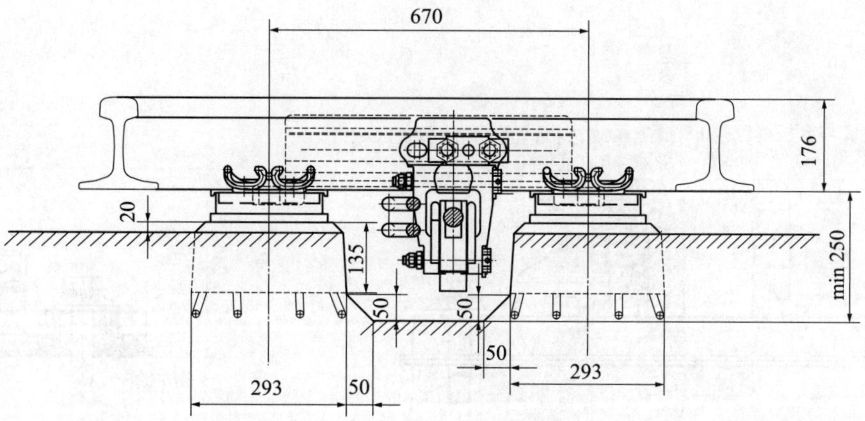

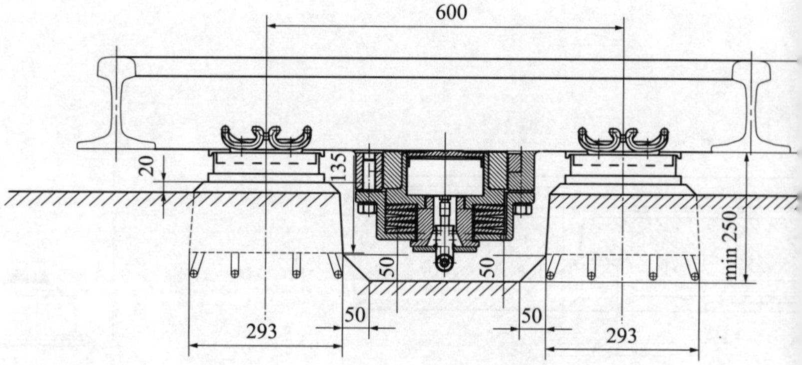

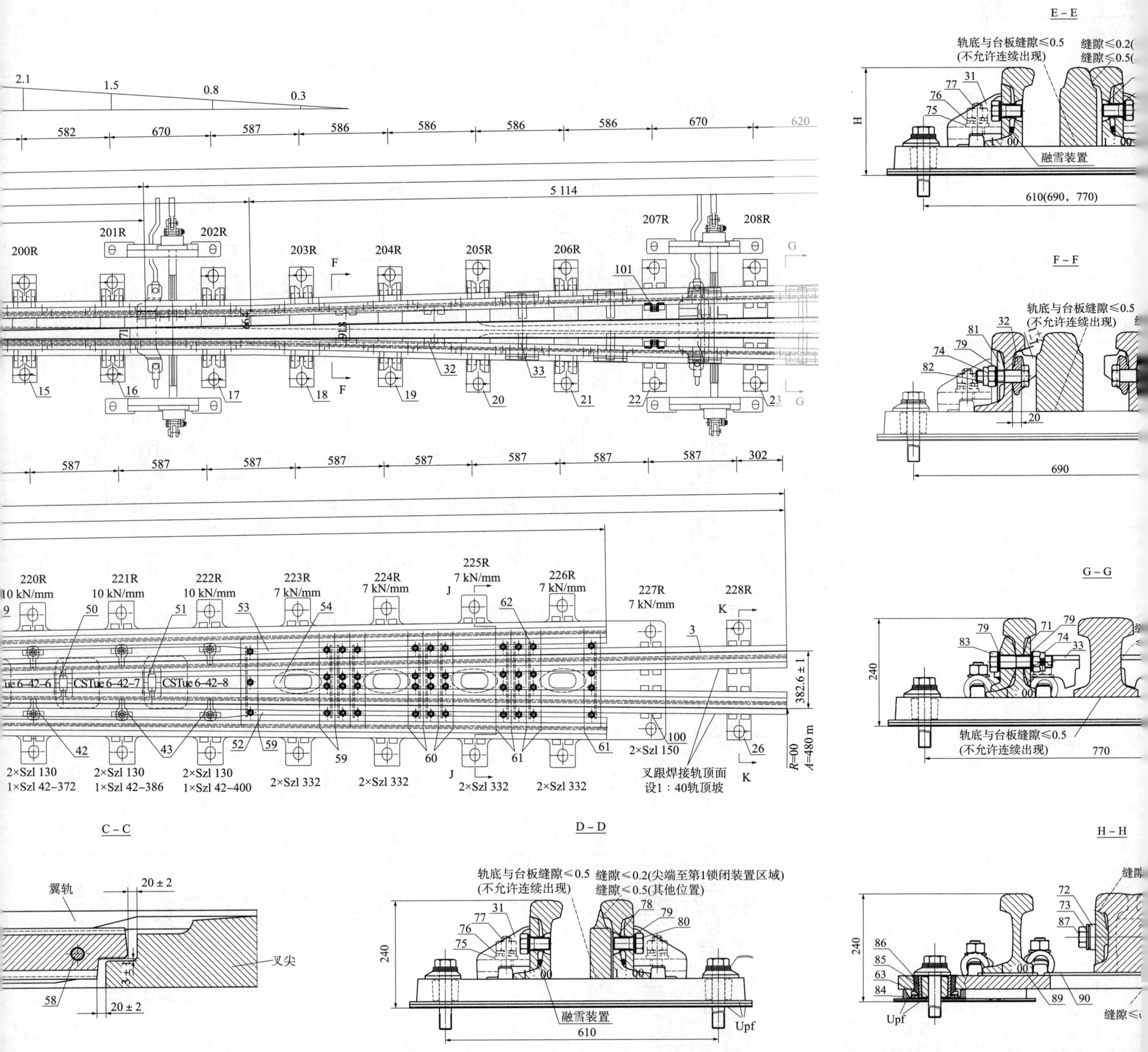
E－E
轨底与台板缝隙≤0.5
(不允许连续出现)
融雪装置
610(690，770)
F－F
轨底与台板缝隙≤0.5
(不允许连续出现)
690
G－G
轨底与台板缝隙≤0.5
(不允许连续出现)
770
200R
201R
202R
203R
204R
205R
206R
207R
208R
5 114
220R 10 kN/mm
221R 10 kN/mm
222R 10 kN/mm
223R 7 kN/mm
224R 7 kN/mm
225R 7 kN/mm
226R 7 kN/mm
227R 7 kN/mm
228R
CSTue 6－42－7
CSTue 6－42－8
2×Szl 130
1×Szl 42－372
1×Szl 42－386
1×Szl 42－400
2×Szl 332
2×Szl 150
叉跟焊接轨顶面
设1：40轨顶坡
382.6±1
R=00
A=480 m
C－C
翼轨
20±2
叉尖
3±1
D－D
轨底与台板缝隙≤0.5
(不允许连续出现)
缝隙≤0.2(尖端至第1锁闭装置区域)
缝隙≤0.5(其他位置)
融雪装置
610
Upf
H－H

60 kg/m 钢轨 42 号单开道岔可动心轨辙叉布置图
图 号：CN-6142AS-300

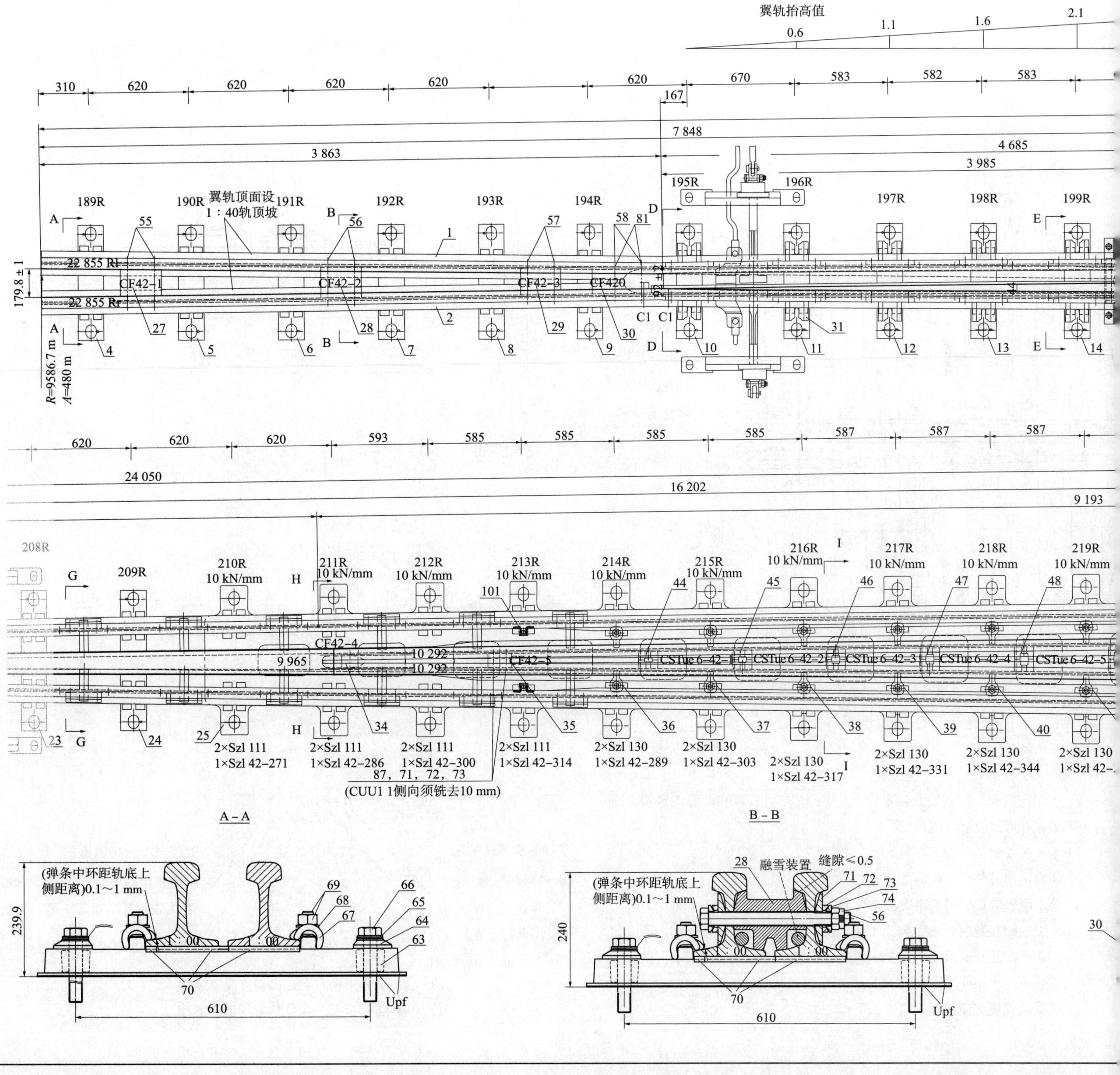

60 kg/m 钢轨 42 号单开道岔辙叉区域转换系统安装布置图
图　号：CN－6142AS－770

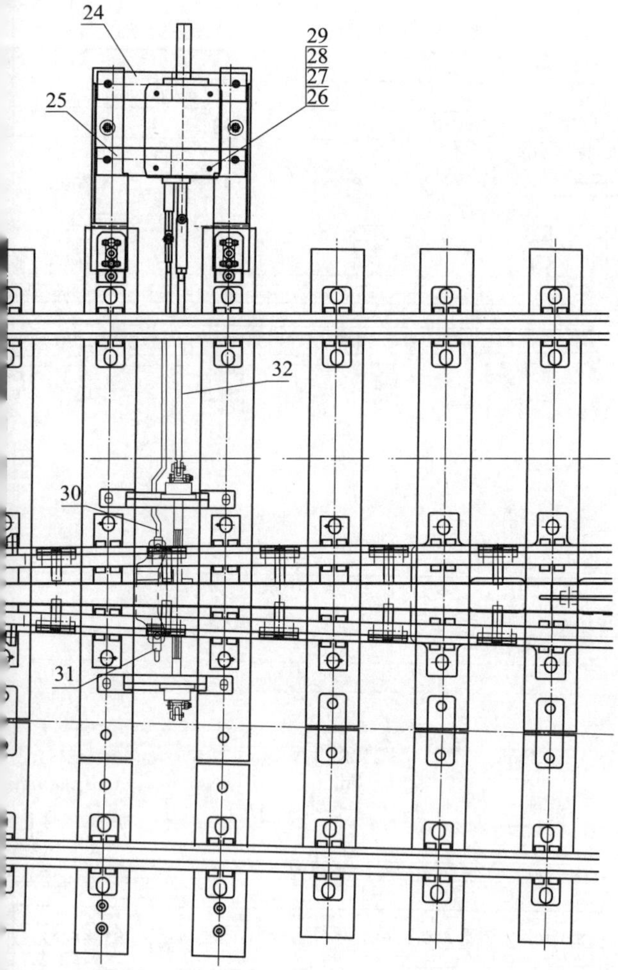

转辙机S700K安装侧视图

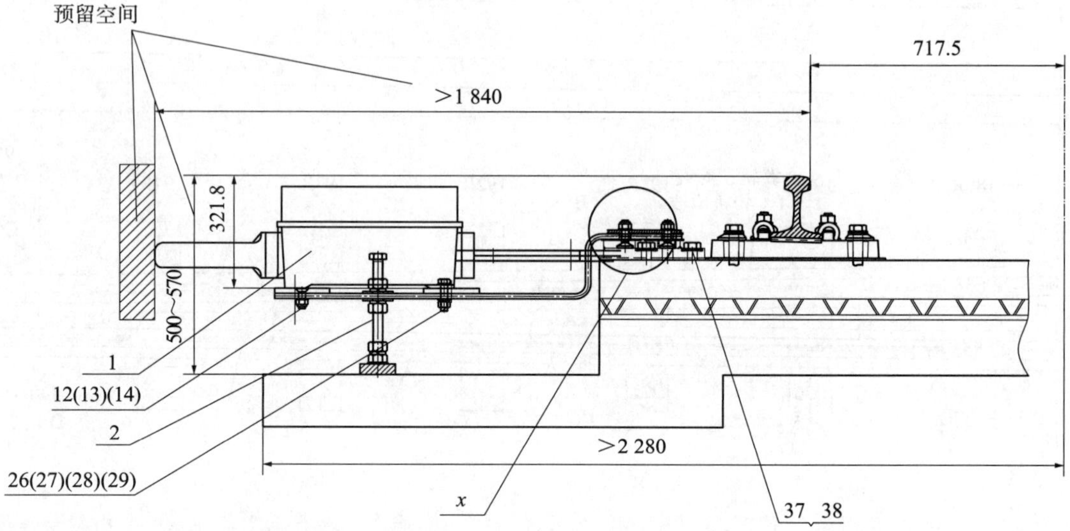

X放大详图

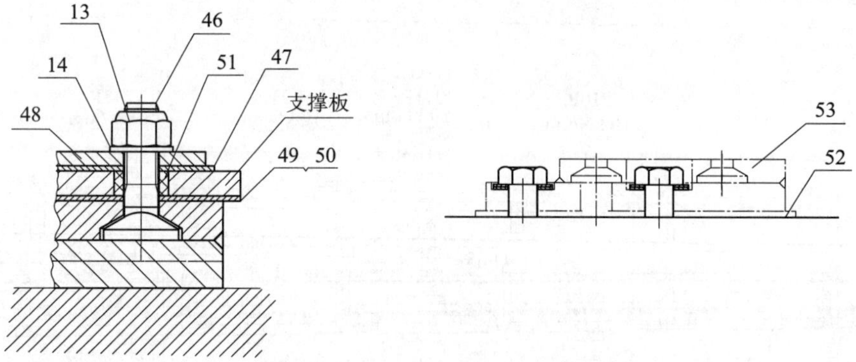

技 术 要 求

1. 本图按右开道岔直股安装布置，其中部分部件安装在曲股或者用于左开道岔时对称制造！
2. 本图按一组道岔辙叉布置。
3. 所有金属件均要求防腐处理。
4. 第 1 锁闭装置牵引点距道岔始端 117 316 mm（基本轨工作边计），第 2 锁闭装置距始端距离为 120 916 mm（基本轨工作边计），第 3 锁闭装置距始端距离为 124 517 mm（基本轨工作边计），下拉装置位于第 199、200 岔枕之间。
5. 转辙机安装支座板标识说明如下：

支座板 SB－R18Z－2N ↓

- S 代表转辙器区域用
- C 代表辙叉区域用
- B 代表支座板
- R 代表右开道岔
- L 代表左开道岔
- 18 代表 18 号道岔
- 42 代表 42 号道岔
- Z 代表直股安装用
- Q 代表曲股安装用
- 2 代表第 2 牵引点位置用
- N 代表距基本轨近一侧（内侧）
- W 代表距基本轨远一侧（外侧）
- 安装时箭头指向道岔

60 kg/m 钢轨 42 号单开道岔跳线及并联线孔布置图
图 号：CN－0091－013

图 1 ZWP-2000A 轨道电路跳线孔示意图

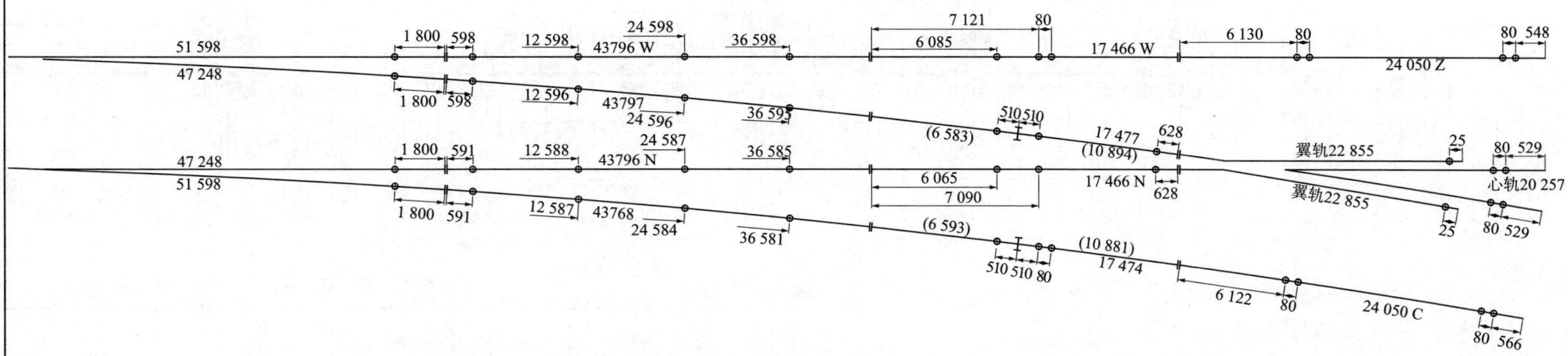

图 2 25 Hz 相敏轨道电路跳线孔示意图

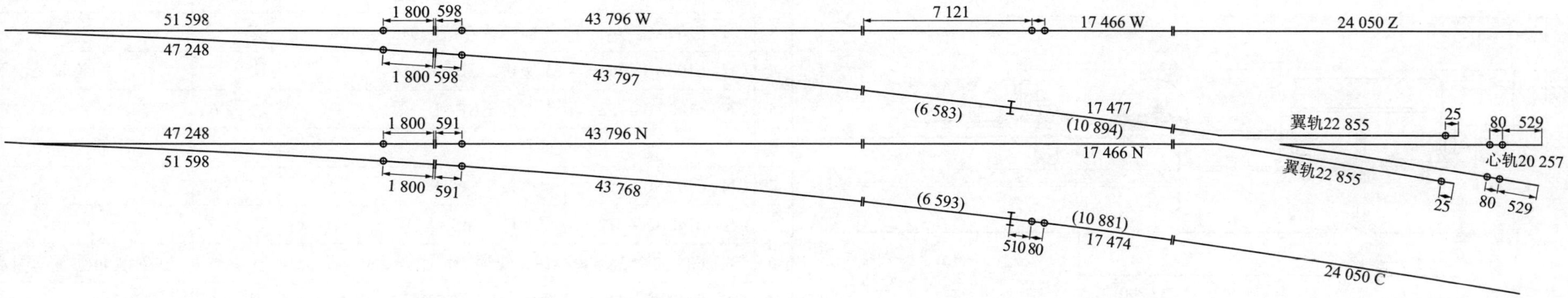

技 术 要 求

1. 本图适用于 60 kg/m 钢轨 42# 单开道岔。
2. "⊕"表示跳线孔；"⫟"表示胶接绝缘接头；"—||—"表示焊接接头。
3. 塞钉孔孔径为 9.8 mm(13.5 mm)，尖轨距轨底高 59 mm，VRC60 轨距轨底高 79 mm。
4. 所有钻孔需倒角 1×45°。
5. 跳线孔数量：

   ZPW－2000A 轨道电路：直、曲基本轨各 1 个，直、曲尖轨各 1 个，43 796 W 运行轨、43 797 运行轨、43 796 N 运行轨、43 768 运行轨各 4 个，17 466 W 运行轨 3 个，17 466 N 运行轨 3 个，17 477 胶接轨 3 个，17 474 胶接轨 3 个，24050Z/C 导轨 4 个，左右翼轨各 1 个，心轨连接轨各 2 个。

   25 Hz 相敏轨道电路：直、曲基本轨各 1 个，直、曲尖轨各 1 个，43 796 W 运行轨、43 797 运行轨、43 796 N 运行轨、43 768 运行轨各 1 个，17 466 W 运行轨 2 个，17 474 胶接轨 2 个，左右翼轨各 1 个，心轨连接轨各 2 个。
6. 43 796 W、43 796 N、17 466 W、17 466 N、24 050 Z、24 050 C 中 W 代表外侧，N 代表内侧，Z 代表正线，C 代表侧线。
7. 现场铺设时 CNTT 厂家钢轨标识位于钢轨跟端（道岔方向的后端）。

60 kg/m 钢轨 42 号单开道岔转辙器区域转换系统安装布置图
图　号：CN－6142AS－760

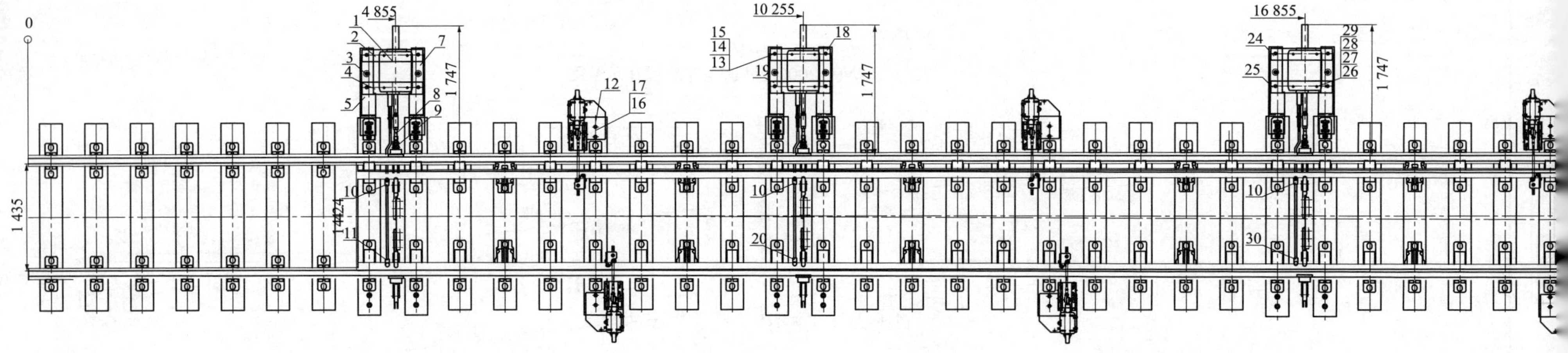

转辙机S700K安装侧视图

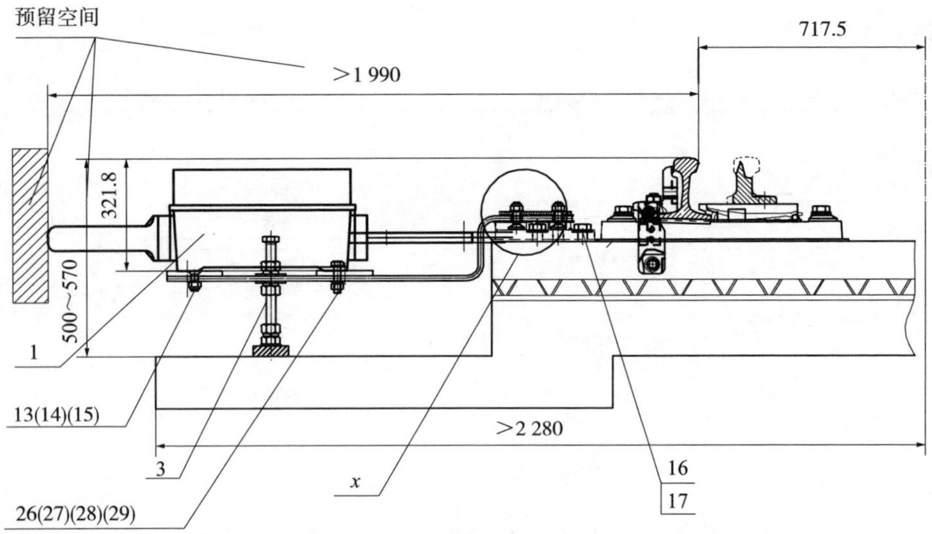

X放大详图

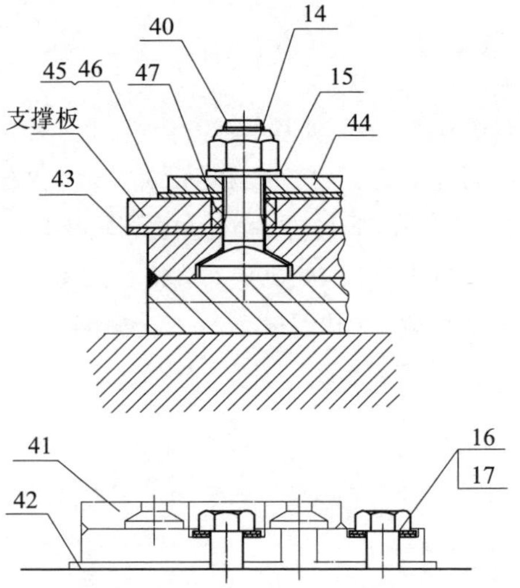

表 1　明　细　表

件号	图号 / 标准	名　　称	单位	数量	备　　注
1	TB/T 3069	转辙机　S700K	套	6	注意左右侧安装和牵引点位
2	CN－6100A0－753	支座板　SB－R42Z－1W	块	1	安装时见说明
3	CN－6100AS－741－1	支撑螺栓系统　M27 × 300	套	12	
4	CN－6100A0－753	支座板　SB－R42Z－1N	块	1	安装时见说明
5	CN－6100A0－752	支撑板　SP－L	块	6	
6					
7	CN－6100A0－752	支撑板　SP－R	块	6	
8	CN－6142AS－712	驱动杆　StS－375	套	6	
9	CN－60－537/538/539	HRS 外锁闭装置	套	6	安装时注意牵引点位置
10	CN－6142AS－711	短检查杆　SDRS42－660L	根	4	右侧安装时为 SDRS42－66
11	CN－6142AS－711	长检查杆　LDRS42－1840L	根	1	黏结式双绝缘检查杆
12	C25060－X59－A3－A－6	密检器 JM2－L 及安装装置	套	6	由全路通号设计研究院设计
13	ISO 10642	沉头螺钉　M20 × 60－8.8	根	24	镀锌处理
14	ISO 7042	自锁螺母　M20－8	个	72	镀锌处理
15	ISO 7089	垫　圈　21	个	72	镀锌处理
16	ISO 4014	螺　栓　M27 × 1800－8.8 镀锌	个	48	板式道岔用 M27 × 145 / 33
17	CN－0054－001	盘　簧　54.0 × 30.5 × 2.92	个	96	
18	CN－6100A0－753	支座板　SB－R42Z－2W	块	1	安装时见说明
19	CN－6100A0－753	支座板　SB－R42Z－2N	块	1	安装时见说明
20	CN－6142AS－711	长检查杆　LDRS42－1860L	根	1	黏结式双绝缘检查杆
21					
22					
23					

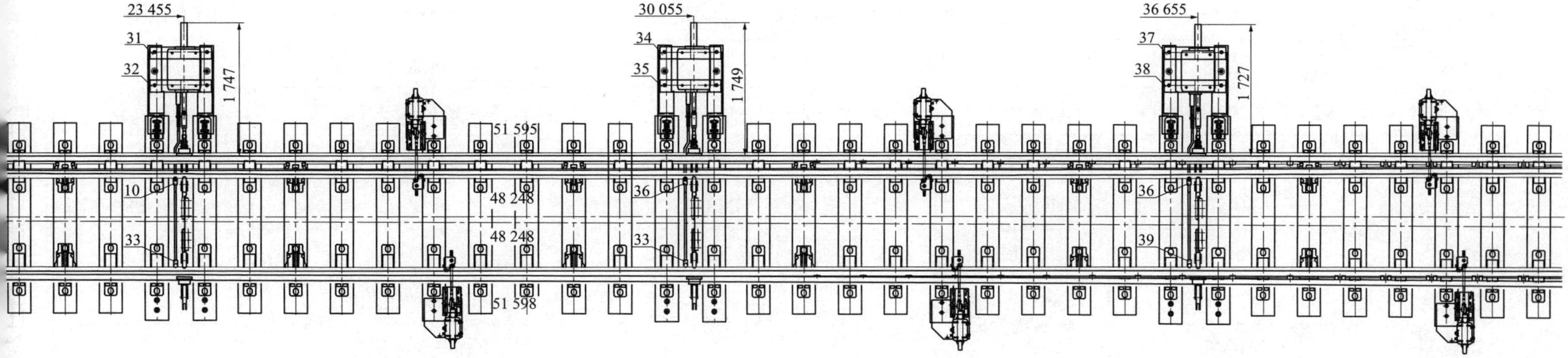

续表 1

图号/标准	名　　称	单位	数量	备　　注
CN-6100A0-753	支座板　SB-R42Z-3W	块	1	安装时见说明
CN-6100A0-753	支座板　SB-R42Z-3N	块	1	安装时见说明
GB/T 5780	六角螺栓　M20×80-8.8	根	24	镀锌
GB/T 6170	六角螺母　M20-8	个	24	镀锌
GB/T 95	平　垫　20	个	48	镀锌
GB/T 93	弹　垫　20	个	24	表面氧化处理
CN-6142AS-711	长检查杆　LDRS42-1880L	根	1	粘结式双绝缘检查杆
CN-6100A0-753	支座板　SB-R42Z-4W	块	1	安装时见说明
CN-6100A0-753	支座板　SB-R42Z-4N	块	1	安装时见说明
CN-6142AS-711	长检查杆　LDRS42-1900L	根	1	粘结式双绝缘检查杆
CN-6100A0-753	支座板　SB-R42Z-5W	块	1	安装时见说明
CN-6100A0-753	支座板　SB-R42Z-5N	块	1	安装时见说明
CN-6100A0-711	短检查杆　SDRS42-680L	根	2	右侧安装时为 SDRS42-680R
CN-6100A0-753	支座板　SB-R42Z-6W	块	1	安装时见说明
CN-6100A0-753	支座板　SB-R42Z-6N	块	1	安装时见说明
CN-6142AS-711	长检查杆　LDRS42-1920L	根	1	黏结式双绝缘检查杆
CN-6100AS-734-2	方颈螺栓　M20×77-8.8	根	48	
CN-6100AS-734	紧固板　BP9	块	12	
CN-0014-001	垫　片　Zwp80-BP9	片	12	
CN-6100AS-734-2	垫　片　7 310 376 1	片	12	
CN-6100AS-734-2	垫　片　7 310 377 1	片	12	
CN-6100AS-734-2	垫　片　7 310 365 1	片	24	
CN-6100AS-734-2	垫　片　7 310 366 1	片	24	镀锌处理，调高备用
CN-6100AS-734-2	绝缘衬套　32×21×14.5	个	48	

转辙器区域HRS锁闭装置预留沟槽

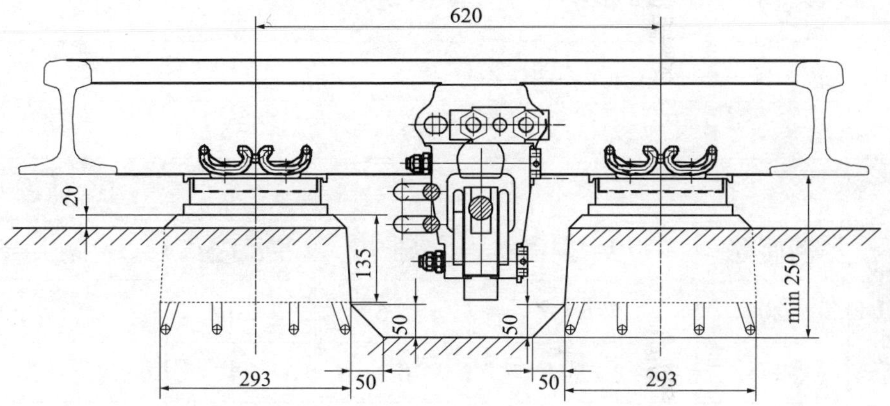

技　术　要　求

1. 本图按右开道岔直股安装布置，其中部分部件安装在曲股或者用于左开道岔时对称制造！
2. 本图按一组道岔转辙器布置。
3. 所有金属件均要求防腐处理。
4. 转辙机安装支座板标识说明如下：

支座板 SB-R18Z-3N↓

- S 代表转辙器区域用
- C 代表辙叉区域用
- B 代表支座板
- R 代表右开道岔
- L 代表左开道岔
- 18 代表 18 号道岔
- 42 代表 42 号道岔
- Z 代表直股安装用
- Q 代表曲股安装用
- 3 代表第 3 牵引点位置用
- N 代表距基本轨近一侧(内侧)
- W 代表距基本轨远一侧(外侧)
- 安装时箭头指向道岔

<table>
<tr><th colspan="11">57.60 kg/m 钢轨 42 号单开道岔(有砟)
设计图号：CN－6142AT</th></tr>
<tr><td colspan="2" rowspan="2">道岔允许通过速度</td><td colspan="2">客车</td><td colspan="3">轴重 17 t：$v_{直}$≤350 km/h；$v_{侧}$≤160 km/h</td><td colspan="2">扣件类型</td><td colspan="2">SKL12弹条</td></tr>
<tr><td colspan="2">货车</td><td colspan="3">轴重 23 t：$v_{直}$≤120 km/h</td><td colspan="2">轨底坡</td><td colspan="2">1∶40</td></tr>
<tr><td colspan="2">转辙器跟端形式</td><td colspan="5">■限位器 □间隔铁 □不设传力机构 □间隔铁活接头</td><td colspan="2">锁闭方式</td><td colspan="2">HRS 锁闭装置</td></tr>
<tr><td colspan="2">道岔全长</td><td colspan="2">136 926</td><td>辙叉全长</td><td colspan="2">24 050</td><td colspan="2">辙叉类型</td><td colspan="2">可动心轨辙叉</td></tr>
<tr><td colspan="2">道岔前长</td><td colspan="2">60 573</td><td>辙叉趾长</td><td colspan="2">7 848</td><td colspan="2">辙叉角</td><td colspan="2">1°21′50.1″</td></tr>
<tr><td colspan="2">道岔后长</td><td colspan="2">76 353</td><td>辙叉跟长</td><td colspan="2">16 202</td><td colspan="2">翼轨轨型</td><td colspan="2">60 kg/m</td></tr>
<tr><td colspan="2">尖轨长度</td><td colspan="2">47 248</td><td rowspan="2">基本轨长度</td><td colspan="2" rowspan="2">51 598</td><td colspan="2">直向护轨长度</td><td colspan="2">—</td></tr>
<tr><td colspan="2">尖轨轨型</td><td colspan="2">60AT3</td><td colspan="2">侧向护轨长度</td><td colspan="2">—</td></tr>
<tr><td colspan="5">尖轨尖端前基本轨长度</td><td colspan="2">4 350</td><td colspan="2">护轨轨型</td><td colspan="2">—</td></tr>
<tr><td colspan="5">辙叉理论尖端距趾端方向前一根岔枕中心距离</td><td colspan="2">—</td><td colspan="2">导曲线半径</td><td colspan="2">10 119 m/4 100 m/ ∞
(缓圆缓)</td></tr>
<tr><td colspan="4">尖轨尖端至心轨实际尖端距离</td><td>112 531</td><td colspan="4">侧向护轨端头距导轨端头定位尺寸</td><td colspan="2">—</td></tr>
<tr><td colspan="4">道岔终端至末根岔枕中心距离</td><td>35 569</td><td colspan="4">直向护轨端头距导轨端头定位尺寸</td><td colspan="2">—</td></tr>
<tr><td rowspan="6">降低值</td><td colspan="3">直线尖轨</td><td colspan="3">曲线尖轨</td><td colspan="4">心轨(以抬高翼轨为基准)</td></tr>
<tr><td>断面宽</td><td>距尖端距离</td><td>降低值</td><td>断面宽</td><td>距尖端距离</td><td>降低值</td><td>断面宽</td><td colspan="2">距实际尖端距离</td><td>降低值</td></tr>
<tr><td>20</td><td>7 693</td><td>5.6</td><td>20</td><td>7 693</td><td>5.6</td><td>0</td><td colspan="2">0</td><td>17.5</td></tr>
<tr><td>34</td><td>13 741</td><td>0.3</td><td>34</td><td>13 741</td><td>0.3</td><td>20</td><td colspan="2">688</td><td>7.1</td></tr>
<tr><td>54</td><td>21 522</td><td>0</td><td>54</td><td>21 522</td><td>0</td><td>55</td><td colspan="2">2 720</td><td>2.7</td></tr>
<tr><td></td><td></td><td></td><td></td><td></td><td></td><td>91.8</td><td colspan="2">5 191</td><td>0</td></tr>
<tr><td colspan="2">最大构造加宽</td><td>15</td><td>测量位置</td><td colspan="7">转辙器 27 号枕附近(距基本轨前端 15 866 mm 处)</td></tr>
<tr><td colspan="2">岔枕图号
研线 1318</td><td>岔枕总数</td><td>296 根</td><td colspan="2">岔枕展延长</td><td>996.238 m</td><td colspan="2">套管总数</td><td colspan="2">1 668 个(基板用)</td></tr>
<tr><td colspan="2">转换设备图号
(详见电务图纸目录)</td><td>尖轨动程</td><td colspan="4">120、120、120、120、114、72</td><td colspan="2">心轨动程</td><td colspan="2">94.6、71.1、37.1</td></tr>
<tr><td colspan="2">批准文号</td><td colspan="5">—</td><td colspan="2">应用情况</td><td colspan="2">★★★</td></tr>
<tr><td colspan="2">主要结构特点</td><td colspan="9">1. 转辙器采用 FAKOP 结构。
2. 尖轨锻压后跟端不扭 1∶40 斜。
3. 心轨前端为整体结构，采用与钢轨同一材质的钢坯经机械加工后与心轨后段 2 根叉跟连接轨拼焊。
4. 岔枕按扇形布置，非垂直于正线方向。
5. 道岔适用于跨区间无缝线路，允许升温 45 ℃，降温为 －55 ℃。</td></tr>
</table>

60 kg/m 钢轨 42 号单开道岔设计说明
图　号：CN－6142AT

一、本设计为有砟轨道60 kg/m钢轨42号单开道岔(支点刚度17.5 kN/mm、速度350 km/h)。

二、总布置图中对过渡段进行了设计，道岔始端及末端3根岔枕区域为过渡区域，过渡区域内支撑点的标准刚度为30 kN/mm。

三、图纸内容。

1. 线形图；
2. 总布置图；
3. 转辙器布置图；
4. 可动心轨辙叉布置图；
5. 岔枕相关图；
6. 电务部分图纸。

四、道岔容许通过速度。

道岔直向：客车最高速度350 km/h(+10%)；道岔侧向：v_d=160 km/h；客车轴重：≤170 kN；货车最高速度120 km/h(+10%)，货车轴重：≤230 kN。

五、转辙器的结构特征。

1. 转辙器采用FAKOP®结构，最大轨距加宽15 mm；
2. 基本轨采用中国60 kg/m标准断面型式钢轨；
3. 尖轨采用特种断面60E1A1(即Zul－60)钢轨，通长加工1∶40轨顶坡，锻压后跟不扭1∶40斜；
4. 基本轨、尖轨均采用R350HT硬头轨制造；
5. 尖轨跟端采用限位器结构；
6. 转辙器设置6个牵引点，采用HRS锁闭装置。

六、可动心辙叉的结构特征。

1. 可动心轨辙叉为双肢弹性结构，心轨为前段整体锻造块与后段2根钢轨焊接而成，叉跟焊接轨采用中国60 kg/m标准断面钢轨；
2. 翼轨用60 kg/m标准断面钢轨制作，牵引点处进行轨底切削，牵引杆件通过轨底与心轨连接，液压下拉装置压杆从翼轨轨腰穿过；
3. 翼轨最大抬高2.3 mm；
4. 辙叉设置3个牵引点，采用HRS锁闭装置；
5. 可动心轨采用大垫板的结构形式，应用水平和竖直螺栓固定连接，连接螺栓扭矩为1 100 N · m
6. 辙叉设下拉装置。

七、弹性基板支座(ERL)。

垫板采用弹性基板支座，除过渡区域外，支撑点的标准刚度为17.5 kN/mm。

八、轨向和高低的调整。

1. 轨向通过更换调整锥套进行调整，调整量为 ± 9 mm；
2. 高低主要通过道砟捣固进行调整，也可通过板下调高垫片Upf调整。

九、轨下基础。

1. 轨下基础按有砟道床设计；
2. 岔枕采用长岔枕结构；
3. 岔枕按扇形布置，非垂直于正线方向；
4. 岔枕图号为：研线1318。

十、道岔适用于跨区间无缝线路，允许升温45 ℃，降温为－55 ℃（容许年最大轨温差为：± 100 ℃）。

60 kg/m 钢轨 42 号单开道岔图纸目录(工务)
图　号：CN－6142AT

图纸名称	图号
1. 线形图	
60 kg/m 钢轨 42 号单开道岔线形图	CN－6142A0－000
2. 布置图	
60 kg/m 钢轨 42 号单开道岔总布置图	CN－6142AT－002
60 kg/m 钢轨 42 号单开道岔部件表	CN－6142AT－002－1
3. 转辙器区域	
60 kg/m 钢轨 42 号单开道岔转辙器布置图	CN－6142AT－200
60 kg/m 钢轨 42 号单开道岔转辙器部件表	CN－6142AT－200－1
4. 辙叉区域	
60 kg/m 钢轨 42 号单开道岔可动心轨辙叉布置图	CN－6142AT－300
60 kg/m 钢轨 42 号单开道岔可动心轨辙叉部件表	CN－6142AT－300－1
5. 岔枕相关图纸	
有砟轨道岔枕紧固系统	CN－6100AS－190
道岔左右开岔枕布置	CN－6100A0－801
6. 跳线孔图	
42 号道岔跳线及并联线孔布置图	CN－0091－013

转辙器明细表

序号	图号 / 标准	名称及规格	材料及等级	单位	数量
1	CN－6142AS－220/221	基本轨　51 598 Rl(Lr 对称制造)	R350HT	根	1
2	CN－6142AS－220/221	基本轨　51 598 Rr (L1 对称制造)	R350HT	根	1
3	CN－6142AS－230/231	尖　轨　47 248 Rl (Lr 对称制造)	R350HT	根	1
4	CN－6142AS－230/231	尖　轨　47248 Rr (Ll 对称制造)	R350HT	根	1
5	CN－6034－001	硫化基板　FURp 206－40.2	Q345D+ 橡胶	块	6
6	CN－6034－001	硫化基板　FURp 206－40	Q345D+ 橡胶	块	8
7	CN－6035－002	硫化基板　FURg 33－40	Q345D+ 橡胶	块	110
8	CN－6035－001	硫化基板　FURg 35.5	Q345D+ 橡胶	块	24
9	CN－6034－007	硫化基板　FURp 42 101L	Q345D+ 橡胶	块	1
10	CN－6034－007	硫化基板　FURp 42 101R	Q345D+ 橡胶	块	1
11	CN－6034－007	硫化基板　FURp 42 102L	Q345D+ 橡胶	块	1
12	CN－6034－007	硫化基板　FURp 42 102R	Q345D+ 橡胶	块	1
13	CN－6034－007	硫化基板　FURp 42 103L	Q345D+ 橡胶	块	1
14	CN－6034－007	硫化基板　FURp 42 103R	Q345D+ 橡胶	块	1
15	CN－6034－007	硫化基板　FURp 42 104L	Q345D+ 橡胶	块	1
16	CN－6034－007	硫化基板　FURp 42 104R	Q345D+ 橡胶	块	1
17	CN－6034－007	硫化基板　FURp 42 105L	Q345D+ 橡胶	块	1
18	CN－6034－007	硫化基板　FURp 42 105R	Q345D+ 橡胶	块	1
19	CN－6034－007	硫化基板　FURp 42 106L	Q345D+ 橡胶	块	1
20	CN－6034－007	硫化基板　FURp 42 106R	Q345D+ 橡胶	块	1
21	CN－6034－007	硫化基板　FURp 42 107L	Q345D+ 橡胶	块	1
22	CN－6034－007	硫化基板　FURp 42 107R	Q345D+ 橡胶	块	1
23	CN－6034－007	硫化基板　FURp 42 108L	Q345D+ 橡胶	块	1
24	CN－6034－007	硫化基板　FURp 42 108R	Q345D+ 橡胶	块	1
25	CN－6034－007	硫化基板　FURp 42 109L	Q345D+ 橡胶	块	1
26	CN－6034－007	硫化基板　FURp 42 109R	Q345D+ 橡胶	块	1
27	CN－6034－007	硫化基板　FURp 42 110L	Q345D+ 橡胶	块	1
28	CN－6034－007	硫化基板　FURp 42 110R	Q345D+ 橡胶	块	1
29	CN－6034－007	硫化基板　FURp 42 111L	Q345D+ 橡胶	块	1
30	CN－6034－007	硫化基板　FURp 42 111R	Q345D+ 橡胶	块	1
31	CN－6034－007	硫化基板　FURp 42 801L	Q345D+ 橡胶	块	1
32	CN－6034－007	硫化基板　FURp 42 801R	Q345D+ 橡胶	块	1
33	CN－0012－001	调整锥套　Ek 2－0	PA6.6	个	344
34	CN－0038－001	盖　板　Ka 10	Q345D	块	344

续上表

序号	图号 / 标准	名称及规格	材料及等级	单位	数量
35	CN－0054－001	盘　簧　54.0 × 30.5 × 2.92		片	688
36	ISO 4014(GB/T 5782)	六角螺栓　M27 × 290	8.8	根	344
37	CN－0056－001	弹　条　SKl 12		个	210
38	CN－0053－001	垫　圈　Uls 6	Q345	个	210
39	CN－0051－001	T 型螺栓 + 螺母　Hs32－55	8.8/8	套	210
40	CN－0013－001	轨下胶垫　Zw 692－0	EVA	片	126
41	CN－0011－001	调高垫片　Upf 6－1	PA6 GF30	片	28
42	CN－6034－003	滑床台板　CRg 33.2－40	Q345D	块	110
43	CN－0038－002	弹性压簧　USf 1	50CrV4	根	268
44	CN－0013－003	轨下胶垫　Zw 9	EVA	片	110
45	CN－0011－001	调高垫片　Upf 6－3	PA6 GF30	片	268
46	CN－6034－002	滑床台板　CRg 35.6－40	Q345D	块	24
47	CN－60S－260	辊　轮　CZr 1eV	组件	套	2
48	CN－60S－260	辊　轮　CZr 2e 11－00	组件	套	4
49	CN－60S－260	辊　轮　CZr 3e 11－00	组件	套	18
50	CN－0013－002	轨下胶垫　Zw 60－40	EVA	片	48
51	CN－0013－003	胶　垫　Zw 4P	EVA	片	48
52	CN－6034－005	拼接板　VI 4－0	Q345D+ 橡胶	块	24
53	CN－6100A0－240	顶　铁　UZs 83	C60	个	22
54	CN－0036－009	钢轨垫圈　Cuul 1	Q275	个	58
55	ISO 7090	平垫圈　B28 200HV 4 mm		个	80
56	CN－0052－002	自锁六角螺母　SMs 2－8	8	个	74
57	CN－6100A0－241	顶　铁　CZs 205	QT400－18L	个	20
58	ISO 4014(GB/T 5782)	六角螺栓　M27 × 100	8.8	根	20
59	CN－0038－003	扣压板　CPS 60－A	Q345D	块	22
60	DN 2093	盘　簧　54 × 25.4 × 3		片	44
61	CN－0051－001	T 型螺栓 + 螺母　Hs32－65	8.8/8	套	22
62	CN－0011－001	调高垫片　Upf 6－4	PA6 GF30	片	48
63	ISO 4014(GB/T 5782)	六角螺栓　M27 × 140	8.8	根	16
64	CN－0036－008	垫　圈　SUl 3	Q345	个	8
65	CN－6041－003	限位器销　UWz1	ZG20CrMo	个	8
66	CN－6041－004	限位器叉　UWg1	ZG20CrMo	个	8
67	ISO 4014(GB/T 5782)	六角螺栓　M27 × 110	8.8	根	16
68	CN－0051－001	T 型螺栓 + 螺母　Hs32－75	8.8/8	套	2
69	CN－0054－002	重型垫圈　Fe 6	38Si7	个	2
70	CN－0038－004	扣压板　Kp 46	Q345B	块	2

辙叉明细表

序号	图号 / 标准	名称及规格	材料及等级	单位	数量
1	CN－6142AS－320	翼　轨　22 855 Rl(Lr 对称制造)	R350HT	根	1
2	CN－6142AS－320	翼　轨　22 855 Rr(Ll 对称制造)	R350HT	根	1
3	CN－6142AS－330	可动心轨　－R(可动心轨 －L 对称制造)	R350HT	根	1
4	CN－6142AS－401	硫化基板　FCRp 42 701	Q345D+ 橡胶	块	1
5	CN－6142AS－401	硫化基板　FCRp 42 702	Q345D+ 橡胶	块	1
6	CN－6142AS－401	硫化基板　FCRp 42 703	Q345D+ 橡胶	块	1
7	CN－6142AS－401	硫化基板　FCRp 42 704	Q345D+ 橡胶	块	1
8	CN－6142AS－401	硫化基板　FCRp 42 705	Q345D+ 橡胶	块	1
9	CN－6142AS－401	硫化基板　FCRp 42 706	Q345D+ 橡胶	块	1
10	CN－6142AS－401	硫化基板　FCRp 42 B01 AS	Q345D+ 橡胶	块	1
11	CN－6142AS－401	硫化基板　FCRp 42 B02 AS	Q345D+ 橡胶	块	1
12	CN－6142AS－401	硫化基板　FCRp 42 B03 AS	Q345D+ 橡胶	块	1
13	CN－6142AS－401	硫化基板　FCRp 42 B04 AS	Q345D+ 橡胶	块	1
14	CN－6142AS－401	硫化基板　FCRp 42 B05 AS	Q345D+ 橡胶	块	1
15	CN－6142AS－401	硫化基板　FCRp 42 B06 AS	Q345D+ 橡胶	块	1
16	CN－6142AS－401	硫化基板　FCRp 42 B07 AS	Q345D+ 橡胶	块	1
17	CN－6142AS－401	硫化基板　FCRp 42 B08 AS	Q345D+ 橡胶	块	1
18	CN－6142AS－401	硫化基板　FCRp 42 B09 AS	Q345D+ 橡胶	块	1
19	CN－6142AS－401	硫化基板　FCRp 42 B10 AS	Q345D+ 橡胶	块	1
20	CN－6142AS－401	硫化基板　FCRp 42 B11 AS	Q345D+ 橡胶	块	1
21	CN－6142AS－401	硫化基板　FCRp 42 B12 AS	Q345D+ 橡胶	块	1
22	CN－6142AS－401	硫化基板　FCRp 42 C01 AS	Q345D+ 橡胶	块	1
23	CN－6142AS－401	硫化基板　FCRp 42 C02 AS	Q345D+ 橡胶	块	1
24	CN－6142AS－401	硫化基板　FCRp 42 C03 AS	Q345D+ 橡胶	块	1
25	CN－6142AS－391	大垫板　MB 42－R	Q345D	块	1
26	CN－6142AS－401	硫化基板　FCRp 42 301	Q345D+ 橡胶	块	1
27	CN－6142A0－350	间隔铁　CF42－1	Q345D	块	1
28	CN－6142A0－350	间隔铁　CF42－2	Q345D	块	1
29	CN－6142A0－350	间隔铁　CF42－3	Q345D	块	1
30	CN－6142A0－350	间隔铁　CF420	Q345D	块	1
31	CN－60－360	轨　撑　Cstu 7	Q345	块	24
32	CN－6100A0－241	顶　铁　CZs20 5	Q345	块	4
33	CN－60－363	顶　铁　CStue 5	Q345	块	18
34	CN－6142A0－350	间隔铁　CF42－4	Q345D	块	1

续上表

序号	图号 / 标准	名称及规格	材料及等级	单位	数量
35	CN－6142A0－350	间隔铁　CF42－5	Q345D	块	1
36	CN－60－362	轨　撑　CStp 6－42－1	Q295	块	2
37	CN－60－362	轨　撑　CStp 6－42－2	Q295	块	2
38	CN－60－362	轨　撑　CStp 6－42－3	Q295	块	2
39	CN－60－362	轨　撑　CStp 6－42－4	Q295	块	2
40	CN－60－362	轨　撑　CStp 6－42－5	Q295	块	2
41	CN－60－362	轨　撑　CStp 6－42－6	Q295	块	2
42	CN－60－362	轨　撑　CStp 6－42－7	Q295	块	2
43	CN－60－362	轨　撑　CStp 6－42－8	Q295	块	4
44	CN－60－361	间隔铁　CSTue 6－42－1	Q295	块	1
45	CN－60－361	间隔铁　CSTue 6－42－2	Q295	块	1
46	CN－60－361	间隔铁　CSTue 6－42－3	Q295	块	1
47	CN－60－361	间隔铁　CSTue 6－42－4	Q295	块	1
48	CN－60－361	间隔铁　CSTue 6－42－5	Q295	块	1
49	CN－60－361	间隔铁　CSTue 6－42－6	Q295	块	1
50	CN－60－361	间隔铁　CSTue 6－42－7	Q295	块	1
51	CN－60－361	间隔铁　CSTue 6－42－8	Q295	块	1
52	CN－6142AS－381	右间隔板　CEF42 R	Q345D	块	1
53	CN－6142AS－381	左间隔板　CEF42 L	Q345D	块	1
54	CN－6142AS－382	中间间隔板　CEF42 M	Q345D	块	1
55	ISO 4014(GB/T 5782)	六角螺栓　M27 × 380	8.8	根	2
56	ISO 4014(GB/T 5782)	六角螺栓　M27 × 340	8.8	根	2
57	ISO 4014(GB/T 5782)	六角螺栓　M27 × 320	8.8	根	2
58	ISO 4014(GB/T 5782)	六角螺栓　M27 × 300	8.8	根	2
59	CN－0051－003	螺　杆　M24 × 780	10.9	根	5
60	CN－0051－003	螺　杆　M24 × 800	10.9	根	4
61	CN－0051－003	螺　杆　M24 × 820	10.9	根	5
62	ISO 4014(GB/T 5782)	六角螺栓　M24 × 180	10.9	根	43
63	CN－0012－001	调整锥套　Ek 2－0	PA6.6	个	80
64	CN－0038－001	盖　板　Ka 10	Q345D	块	80
65	CN－0054－001	盘　簧　54.0 × 30.5 × 2.92		个	160
66	ISO 4014(GB/T 5782)	六角螺栓　M27 × 290	8.8	根	80
67	CN－0056－001	弹　条　SKl 12		个	70
68	CN－0053－001	垫　圈　Uls 6	Q345	个	74
69	CN－0051－001	T 型螺栓 + 螺母　Hs32－55	8.8/8	套	74
70	CN－0013－001	轨下胶垫　Zw 692－0	EVA	片	21

续上表

序号	图号 / 标准	名称及规格	材料及等级	单位	数量
71	CN–0036–009	钢轨垫圈　Cuul 1	Q275	个	56
72	DIN 6319	锥形垫圈　D35		个	52
73	DIN 6319	球形垫圈　C31		个	52
74	CN–0052–002	六角螺母　SMs 2	8	个	60
75	CN–0053–003	垫　圈　23 × 50 × 8		个	24
76	CN–0054–002	弹簧垫圈　Fe 6		个	24
77	CN–0051–001	T 型螺栓 + 螺母　Hs32–75	8.8/8	套	24
78	CN–0052–001	防转螺母　UMsl M27		个	48
79	DIN 25201	自锁垫圈　27 (28.4 × 42 × 6.6)		个	128
80	ISO 4014(GB/T 5782)	六角螺栓　M27 × 51	8.8	根	48
81	CN–0036–019–2	钢轨垫圈　Cuul 2	Q275	个	8
82	ISO 4014(GB/T 5782)	六角螺栓　M27 × 100	8.8	根	4
83	ISO 4014(GB/T 5782)	六角螺栓　M27 × 120	8.8	根	44
84	CN–0015–003	弹性支撑　Trf 5	St 03Z+CP55	个	26
85	CN–0012–004	椭圆套筒 OVB 3	Q345D +CP55	个	36
86	CN–0015–002	弹　垫　Elf 7	CP55	个	36
87	ISO 4014(GB/T 5782)	六角螺栓　M27 × 240	8.8	根	4
88	CN–0032–001	鱼尾板　CFl 7	Q345D	块	2
89	CN–0021–004	钢垫片　Szl 111	Q345	个	8
90	CN–0021–005	钢垫片　42 XXX	Q345	个	13
91	ISO 7042(GB/T 6185)	自锁螺母　M22		个	18
92	CN–0051–001	T 型螺栓　Hs32–85(不带螺母)	8.8	根	18
93	DIN 25201	自锁垫圈　22 (23.4 × 34.5 × 3.4)		对	18
94	CN–0021–004	钢垫片　Szl 130	Q345	个	18
95	CN–0015–003	弹性支撑　Trf 4	St 03Z+CP55	个	10
96	CN–0052–002	六角螺母　SMs 1	10	个	71
97	CN–0036–010	钢轨垫圈　Cuul 4	Q275	个	28
98	DIN 25201	自锁垫圈　24		对	43
99	CN–0021–006	钢垫片　Szl 332	Q345	个	8
100	CN–0021–004	钢垫片　Szl 150	Q345	个	2
101	CN–0056–002	弹　条　Usk2		个	4

60 kg/m 钢轨 42 号单开道岔图纸目录（电务） 图　号：CN－6142AT	
图　纸　名　称	图　　号
1. 60 kg/m 钢轨 42 号单开道岔转辙器区域转换系统布置图	CN－6142AT－760
2. 60 kg/m 钢轨 42 号单开道岔辙叉区域转换系统布置图	CN－6142AT－770
3. HRS 锁闭装置参数	CN－60－500
4. 3D 型 HRS 锁闭装置转辙器区域连杆组装	CN－60－537
5. 3D 型 HRS 锁闭装置锁闭框组装	CN－60－538
6. 3D 型 HRS 锁闭装置 BKL80 组装	CN－60－539
7. 辙叉区域 HRS 锁闭装置组装	CN－60－540
8. 转辙器区域 HRS 锁闭装置组装	CN－60－542
9. 42 号道岔跳线及并联线孔布置图	CN－0091－013

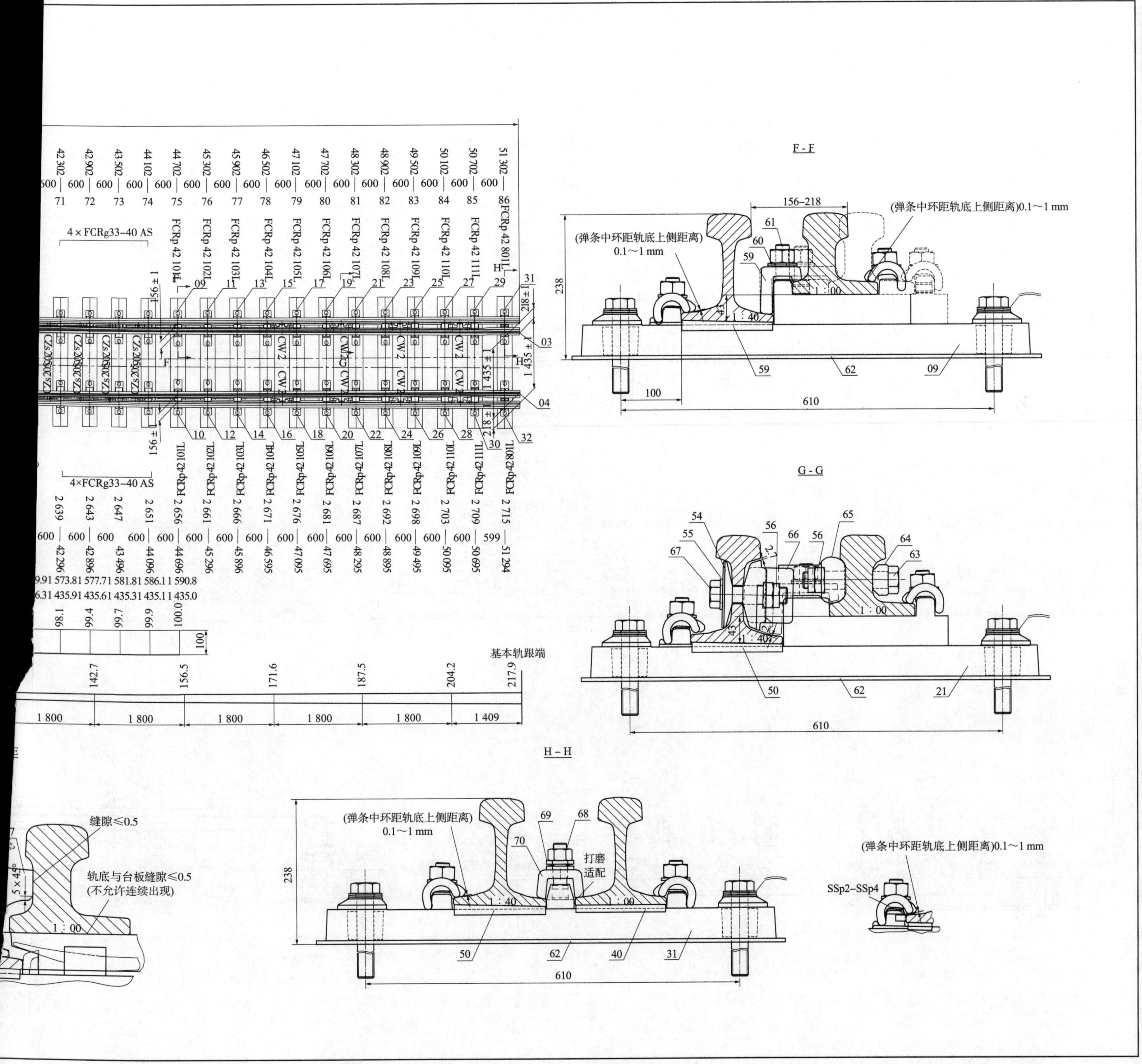

F - F
156–218
(弹条中环距轨底上侧距离)0.1～1 mm
(弹条中环距轨底上侧距离)
0.1～1 mm
238
100
610
G - G
610
H - H
(弹条中环距轨底上侧距离)
0.1～1 mm
打磨
适配
238
610
(弹条中环距轨底上侧距离)0.1～1 mm
SSp2–SSp4
缝隙≤0.5
轨底与台板缝隙≤0.5
(不允许连续出现)
4×FCRg33–40 AS
4×FCRg33–40 AS
基本轨跟端
1 800
1 800
1 800
1 800
1 800
1 409

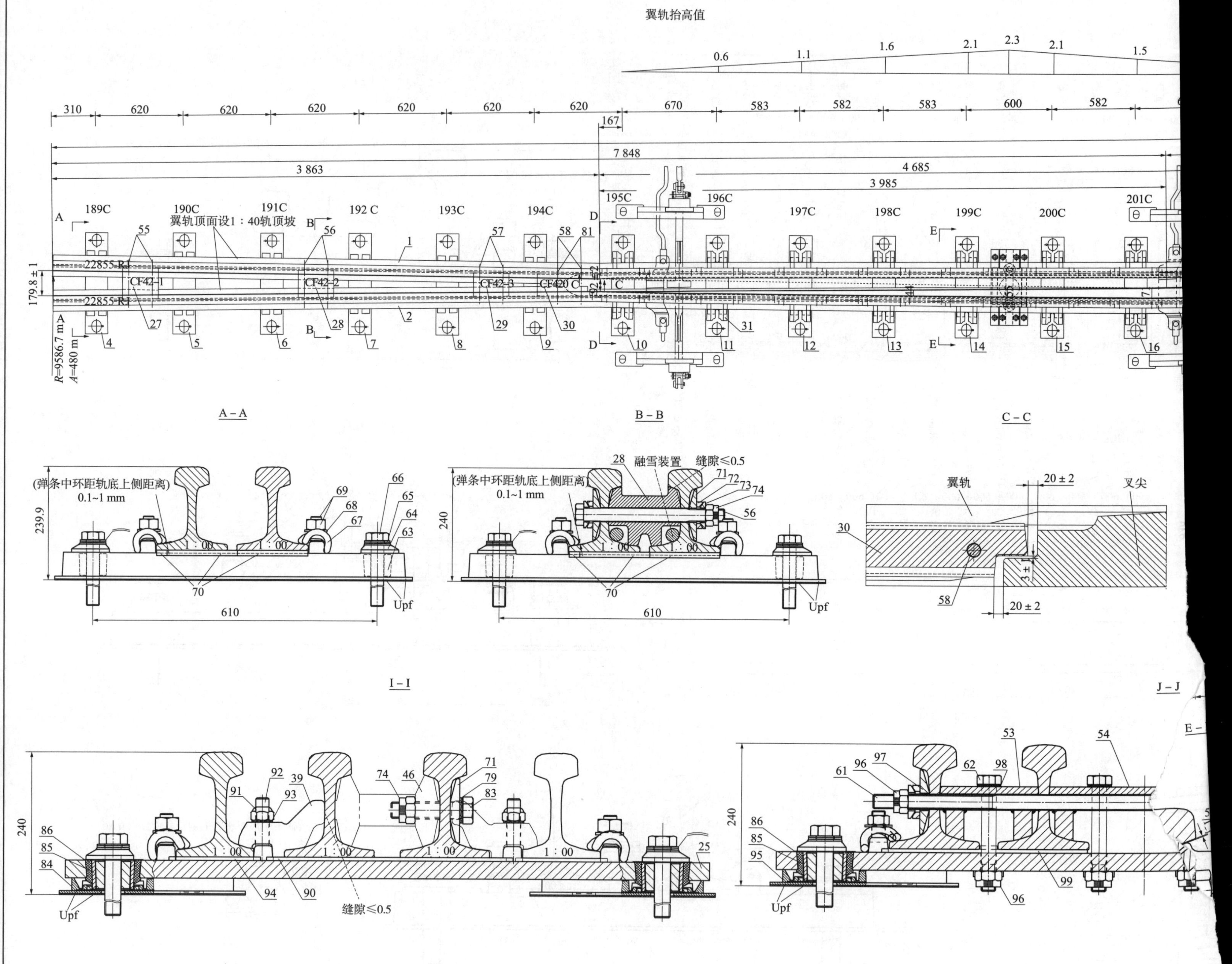

翼轨抬高值
0.6
1.1
1.6
2.1
2.3
2.1
1.5
310
620
670
583
582
600
167
7 848
3 863
4 685
3 985
189C
190C
191C
192 C
193C
194C
195C
196C
197C
198C
199C
200C
201C
翼轨顶面设1：40轨顶坡
CF42-1
CF42-2
CF42-3
CF420 C
22855-R1
179.8 ± 1
R=9586.7 m
A=480 m
A – A
B – B
C – C
(弹条中环距轨底上侧距离)
0.1~1 mm
239.9
240
610
融雪装置
缝隙≤0.5
Upf
翼轨
叉尖
20 ± 2
3 ± 1
I – I
J – J
1 : 00

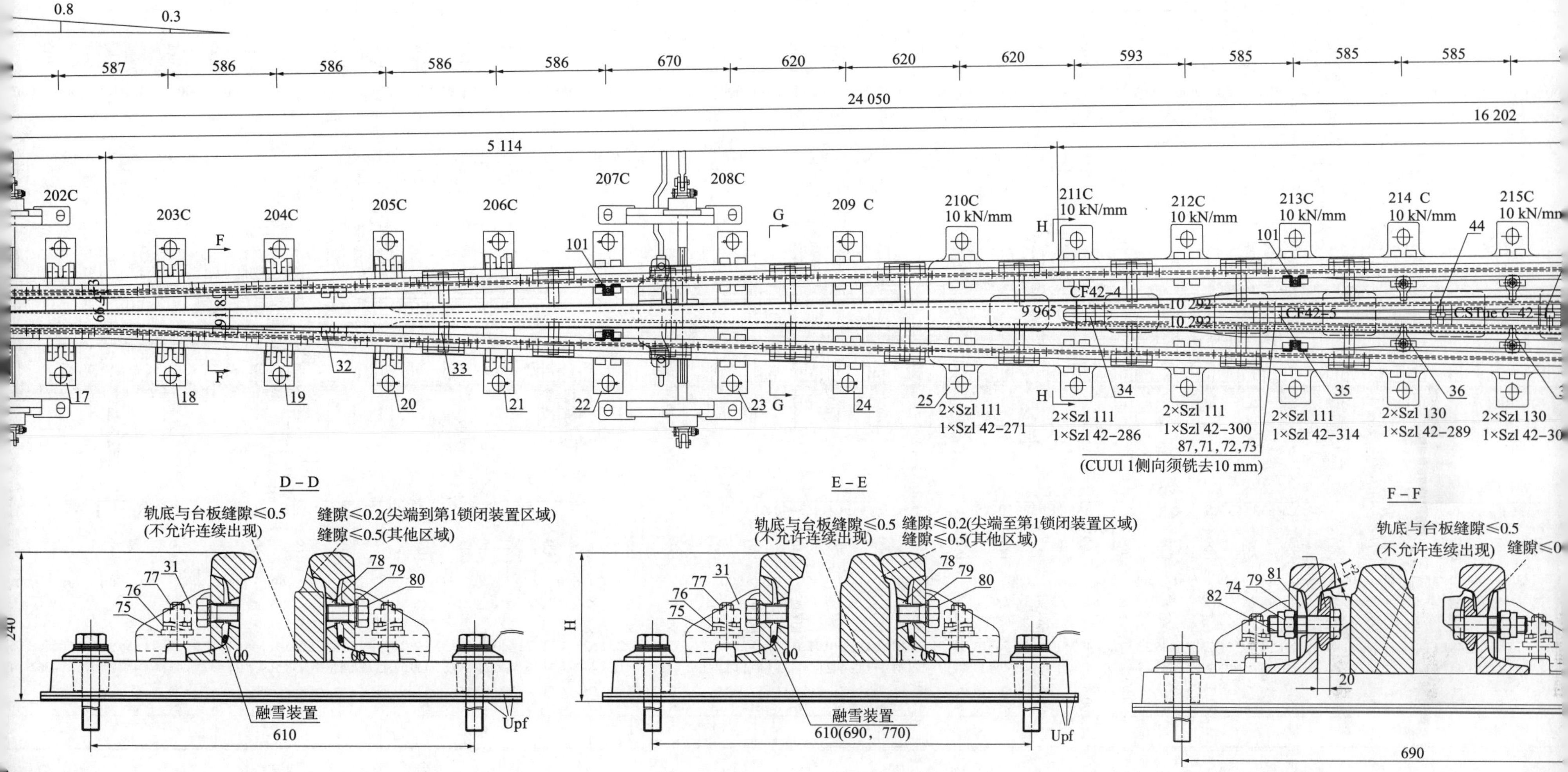

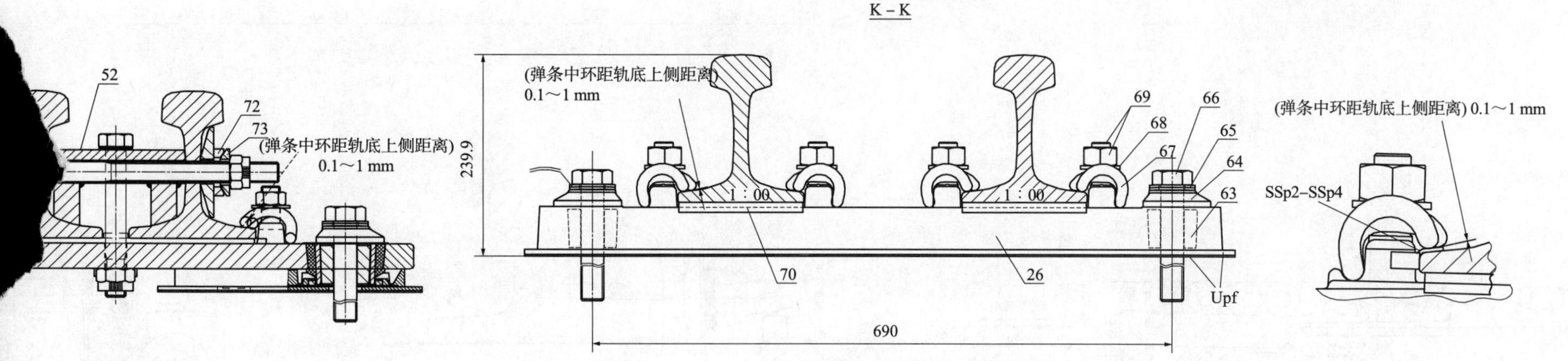

岔
CN
CN
CN
CN
CN
CN
CN
CN
CN
CN
CN
CN
CN
CN
CN

* 通过调整锥 Ek2－...12 进行横向调整；

** 通过调高垫片 Upf 2－...，Upf 3－...，Upf 6－... 和 Upf 10－... 进行竖向调整；

*** 通过调整片 SSp 2－SSp 4 进行轨距调整。

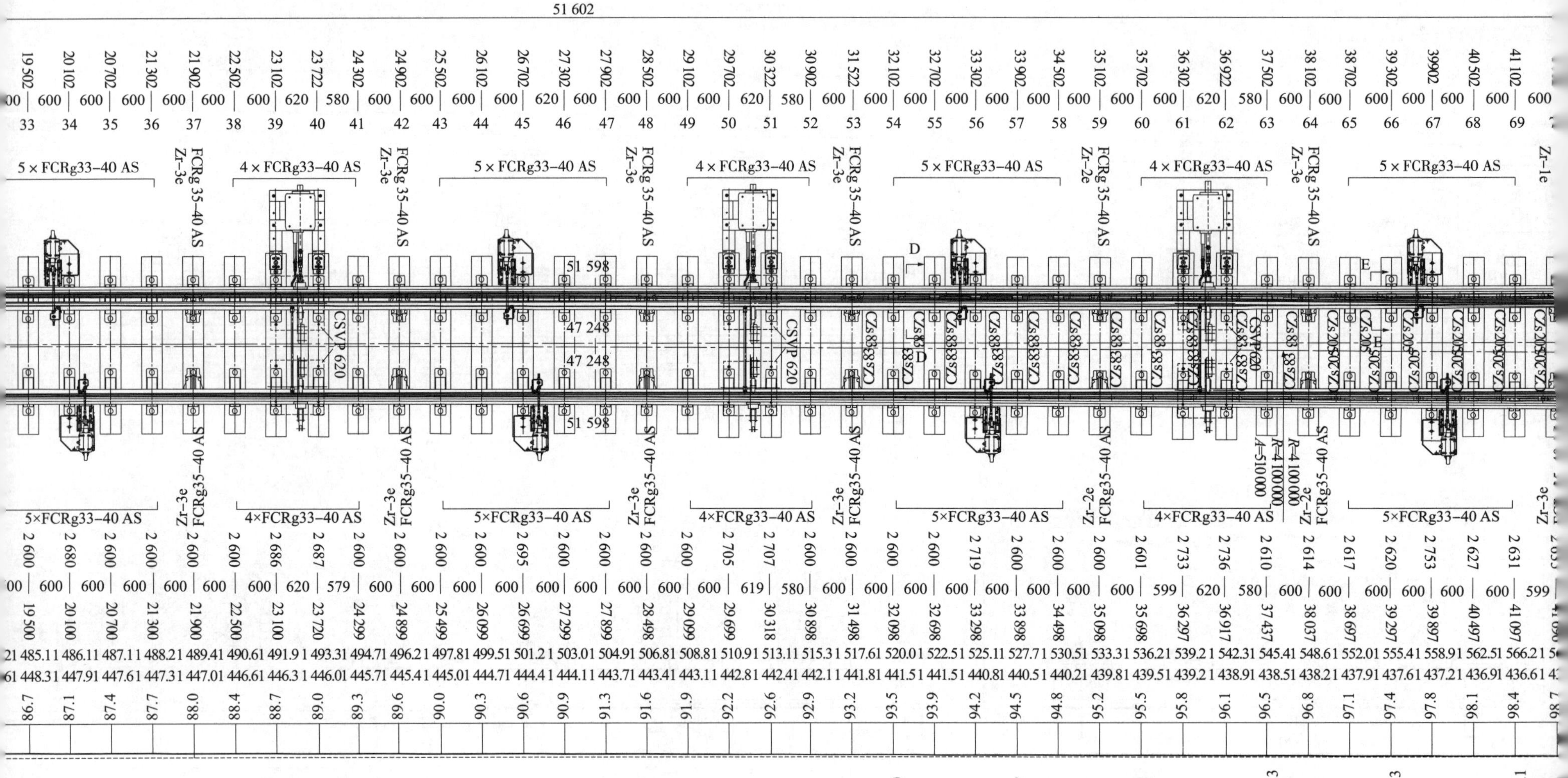
51 602
5 × FCRg33–40 AS
4 × FCRg33–40 AS
FCRg 35–40 AS
Zr–3e
Zr–2e
Zr–1e
CSVP 620
51 598
47 248
CZs83
CZs205
D
E
R=4 100 000
A=510 000
5×FCRg33–40 AS
4×FCRg33–40 AS
FCRg35–40 AS

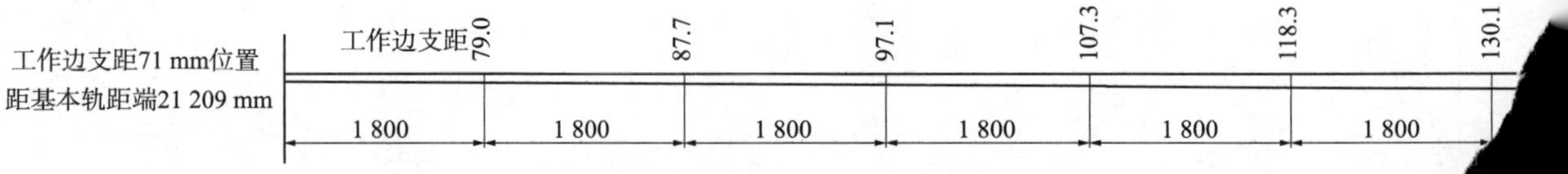
工作边支距71 mm位置
距基本轨距端21 209 mm
工作边支距
79.0
87.7
97.1
107.3
118.3
130.1
1 800
1 800
1 800
1 800
1 800
1 800

C – C

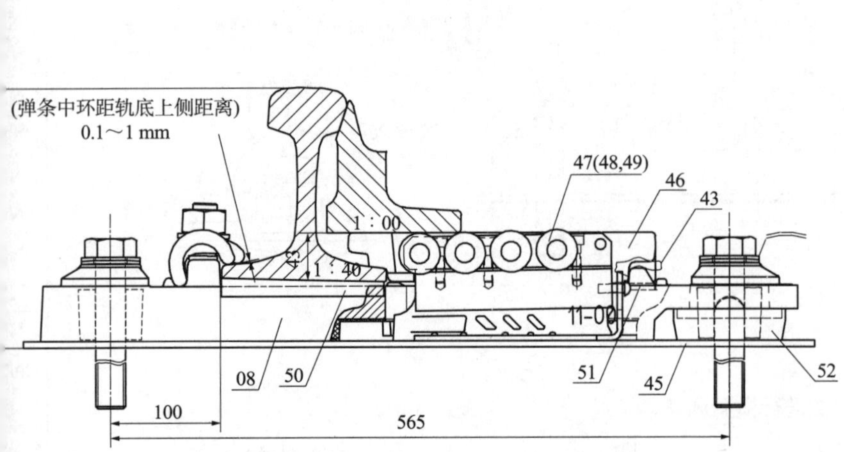
(弹条中环距轨底上侧距离)
0.1～1 mm
1 : 00
1 : 40
47(48,49)
46
43
11-00
08
50
51
45
52
100
565

D – D

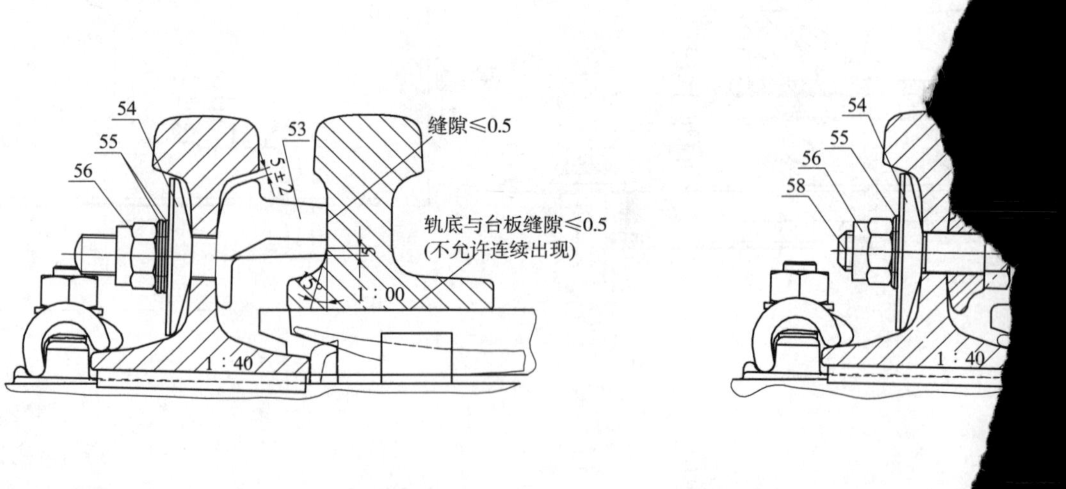
54
55
56
53
5±2
缝隙≤0.5
轨底与台板缝隙≤0.5
(不允许连续出现)
1 : 00
1 : 40
58

60 kg/m 钢轨 42 号单开道岔转辙器布置图

图 号：CN-6142AT-200

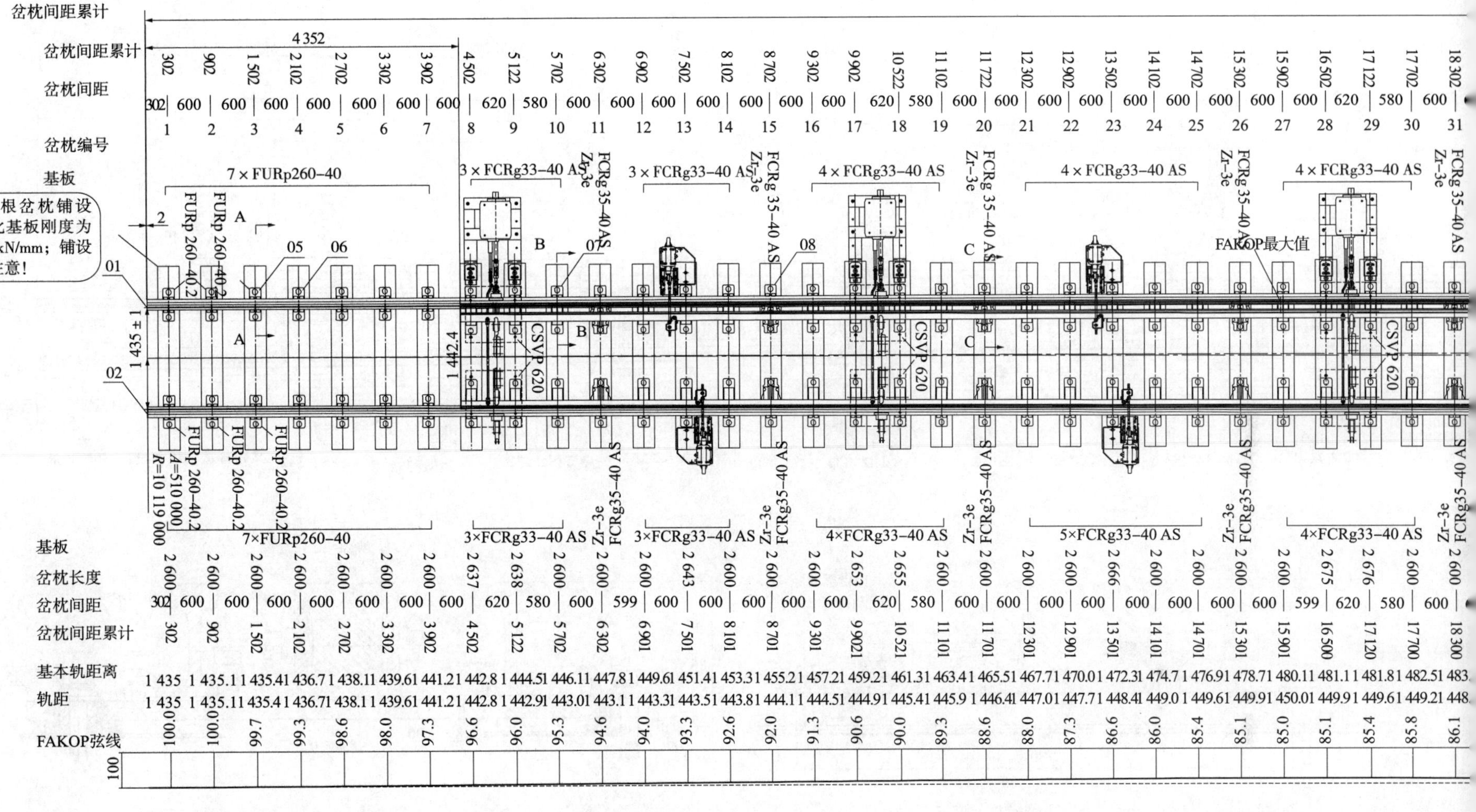

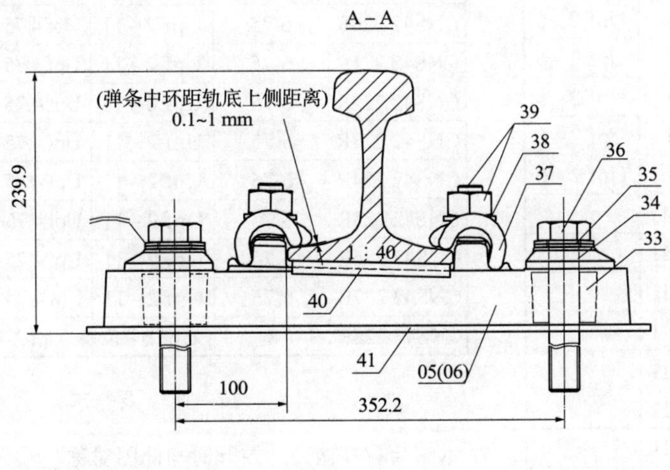

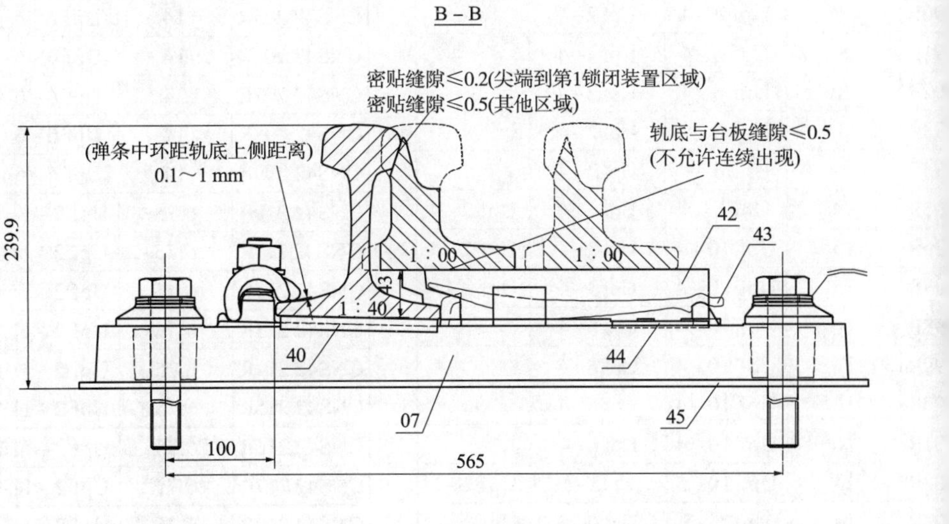

60 kg/m 钢轨 42 号单开道岔可动心轨辙叉布置图
图　号：CN－6142AT－300

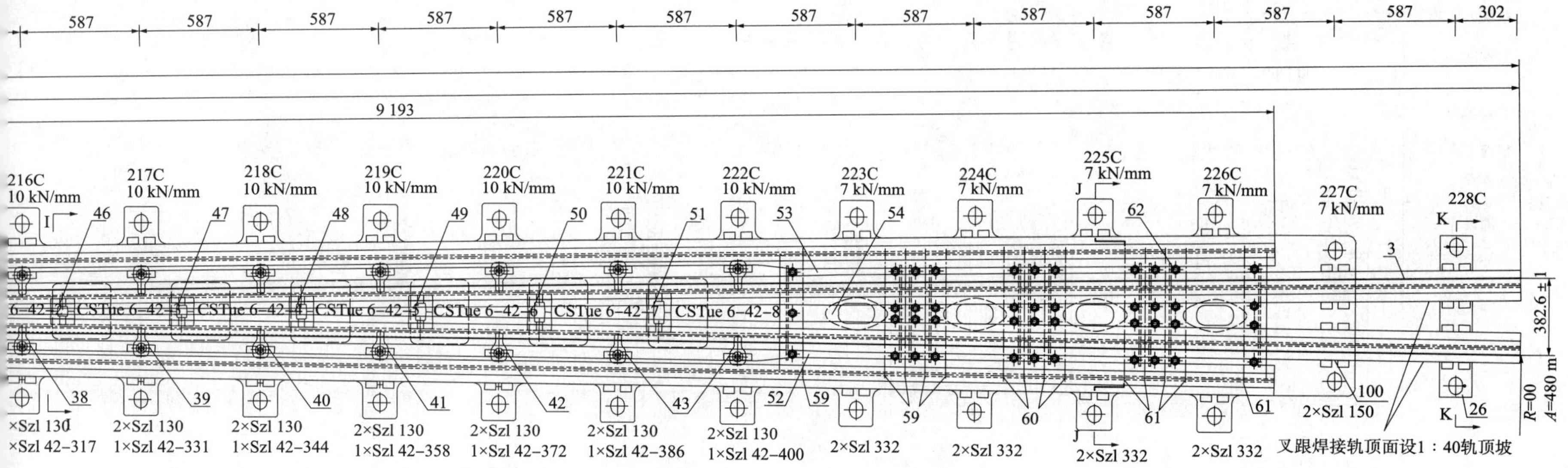

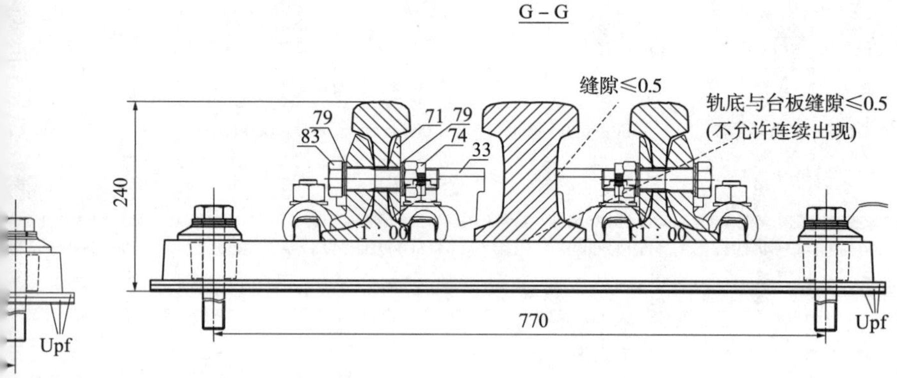

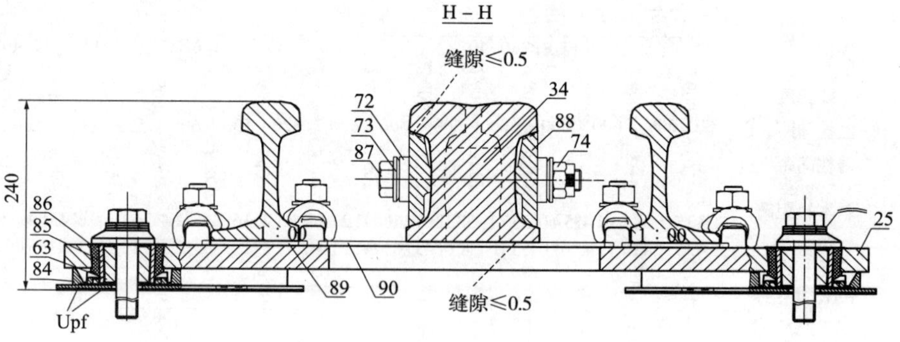

表 1　辙叉基板下 Upf 明细表

号	Upf 厚度	Upf 规格		
89R	8	Upf 6－4	Upf2－4	
90R	8	Upf 6－4	Upf2－4	
91R	8	Upf 6－4	Upf2－4	
92R	8	Upf 6－4	Upf2－4	
93R	8	Upf 6－4	Upf2－4	
94R	8	Upf 6－4	Upf2－4	
95R	14	Upf 6－4	Upf6－4	Upf 2－4
96R	15	Upf 10－4	Upf3－4	Upf 2－4
97R	15	Upf 10－4	Upf3－4	Upf 2－4
98R	16	Upf 10－4	Upf6－4	
99R	16	Upf 10－4	Upf6－4	
00R	16	Upf 10－4	Upf6－4	
01R	16	Upf 10－4	Upf6－4	
02R	15	Upf 10－5	Upf3－5	Upf 2－5
03R	14	Upf 6－5	Upf6－5	Upf 2－5

续表 1

岔枕编号	Upf 厚度	Upf 规格		
CNS42 204R	14	Upf 6－5	Upf6－5	Upf 2－5
CNS42 205R	14	Upf 6－6	Upf6－6	Upf 2－6
CNS42 206R	14	Upf 6－6	Upf6－6	Upf 2－6
CNS42 207R	14	Upf 6－6	Upf6－6	Upf 2－6
CNS42 208R	14	Upf 6－6	Upf6－6	Upf 2－6
CNS42 209R	14	Upf 6－6	Upf6－6	Upf 2－6
CNS42 210R	6.75	Upf 2－11	Upf4.75－11	
CNS42 211R	6.75	Upf 2－11	Upf4.75－11	
CNS42 212R	6.75	Upf 2－11	Upf4.75－11	
CNS42 213R	6.75	Upf 2－11	Upf4.75－11	
CNS42 214R	6.75	Upf 2－11	Upf4.75－11	
CNS42 215R	6.75	Upf 2－11	Upf4.75－11	
CNS42 216R	6.75	Upf 2－11	Upf4.75－11	
CNS42 217R	6.75	Upf 2－11	Upf4.75－11	
CNS42 218R	6.75	Upf 2－11	Upf4.75－11	

续表 1

岔枕编号	Upf 厚度	Upf 规格		
CNS42 219R	6.75	Upf 2－11	Upf4.75－11	
CNS42 220R	6.75	Upf 2－11	Upf4.75－11	
CNS42 221R	6.75	Upf 2－11	Upf4.75－11	
CNS42 222R	6.75	Upf 2－11	Upf4.75－11	
CNS42 223R	6.75	Upf 2－11	Upf4.75－11	
CNS42 224R	6.75	Upf 2－11	Upf4.75－11	
CNS42 225R	6.75	Upf 2－11	Upf4.75－11	
CNS42 226R	6.75	Upf 2－11	Upf4.75－11	
CNS42 227R	6.75	Upf 2－11	Upf4.75－11	
CNS42 228R	8	Upf 6－5	Upf2－5	

技　术　要　求

本图为右开辙叉，左开时与此图对称。

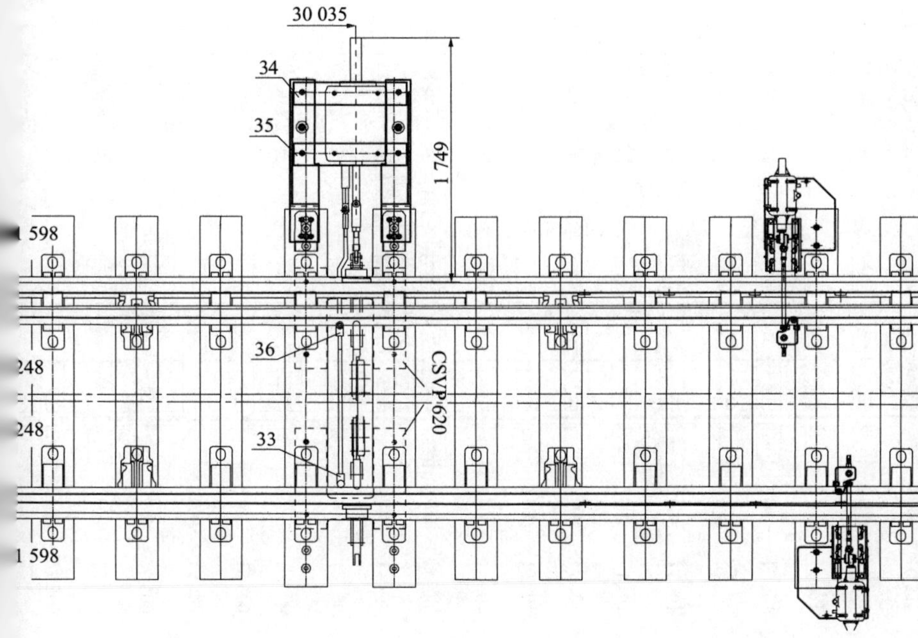

A-A

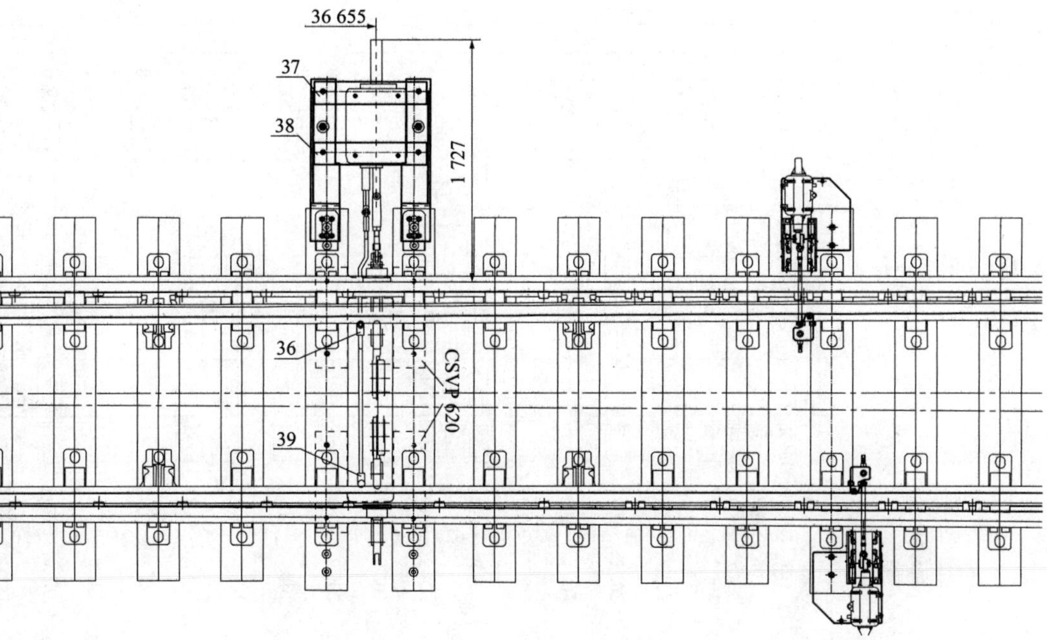

转辙机S700K安装侧视图

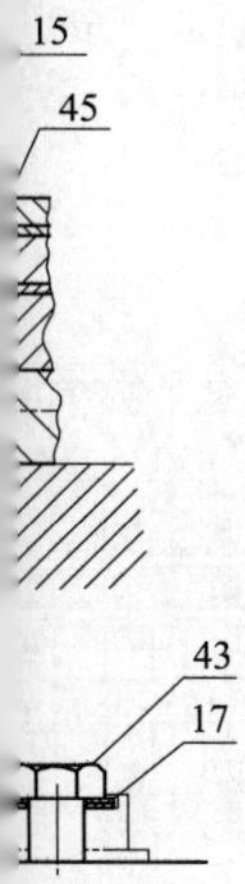

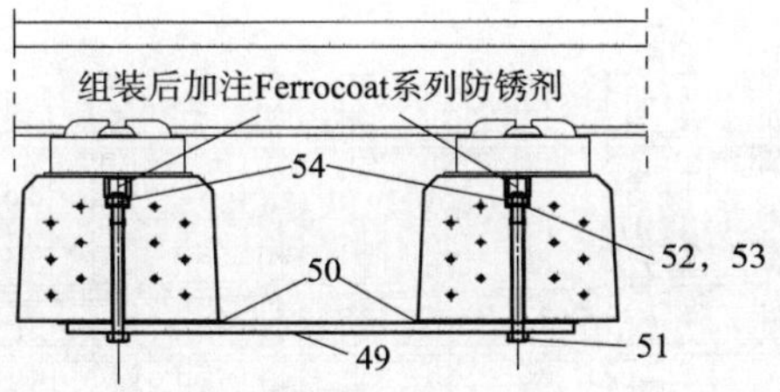

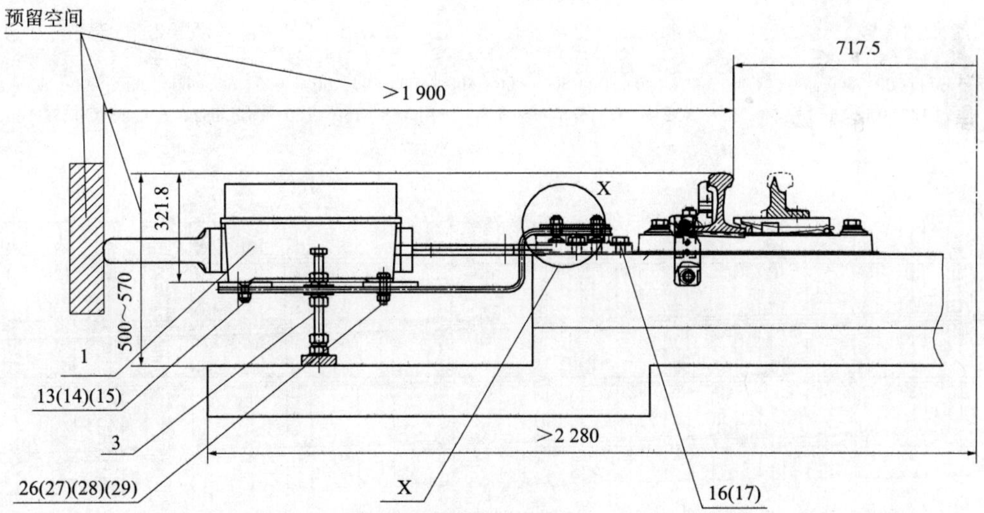

支座板 SB－R18Z－3N ↓

S 代表转辙器区域用
C 代表辙叉区域用
B 代表支座板
R 代表右开道岔
L 代表左开道岔
18 代表 18 号道岔
42 代表 42 号道岔
Z 代表直股安装用
Q 代表曲股安装用
3 代表第 3 牵引点位置用
W 代表距基本轨远一侧（外侧）
N 代表距基本轨近一侧（内侧）
安装时箭头指向道岔

技 术 要 求

道岔直股安装布置，其中部分部件安装在曲股或者
岔时对称制造！
道岔转辙器布置。
均要求防腐处理。
支座板标识说明如下：

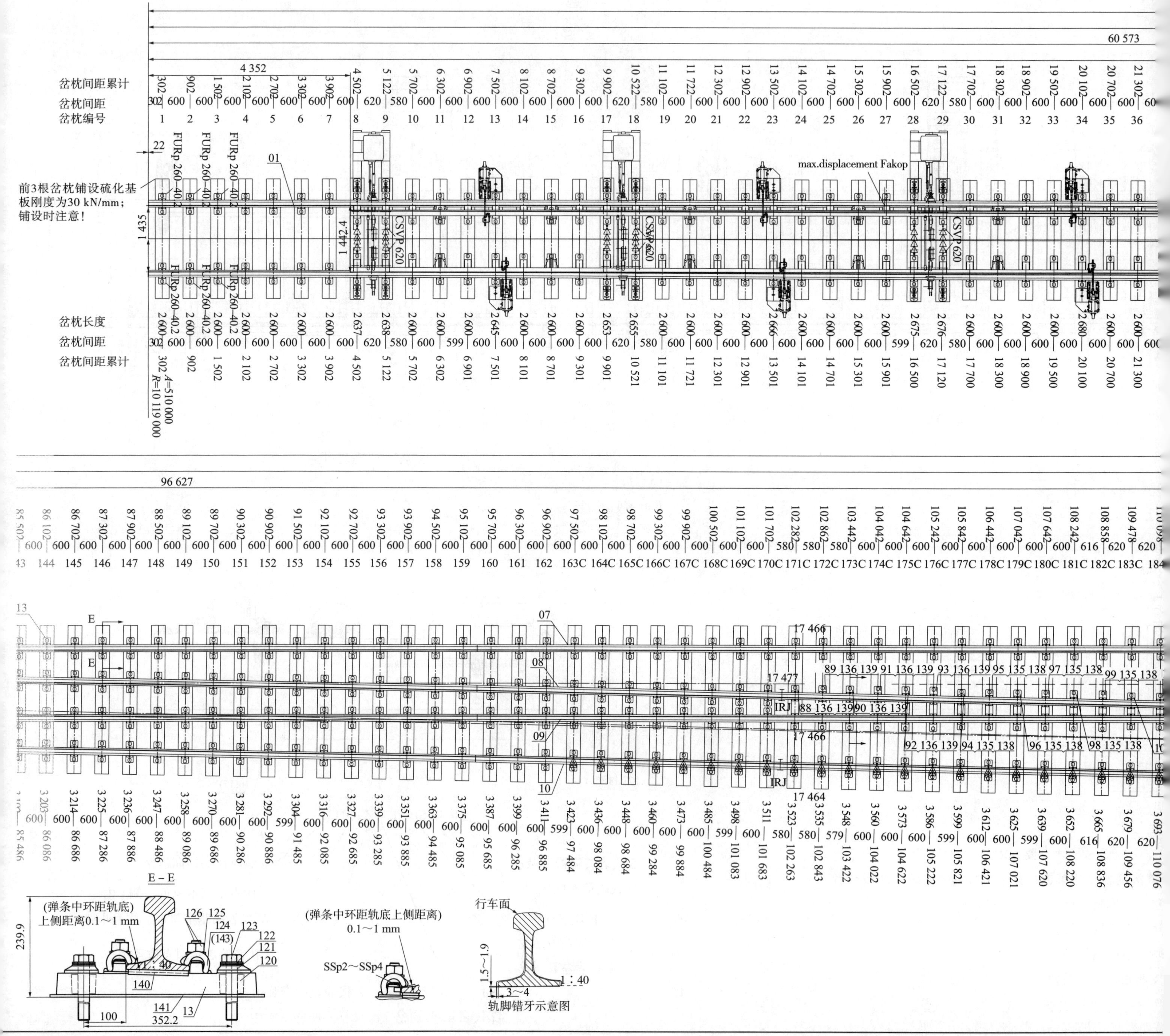

60 573
4 352
岔枕间距累计
岔枕间距
岔枕编号
前3根岔枕铺设硫化基板刚度为30 kN/mm；铺设时注意！
FURp 260−40.2
01
max.displacement Fakop
CSVP 620
1 435
1 442.4
22
岔枕长度
岔枕间距
岔枕间距累计
A=510 000
R=10 119 000
96 627
07
08
09
10
13
E
IRJ
17 466
17 477
17 464
E－E
(弹条中环距轨底)
上侧距离0.1～1 mm
239.9
126 125 124 (143) 123 122 121 120
1∶40
140
141
13
100
352.2
(弹条中环距轨底上侧距离)
0.1～1 mm
SSp2～SSp4
行车面
1.5～1.9
3～4
1∶40
轨脚错牙示意图

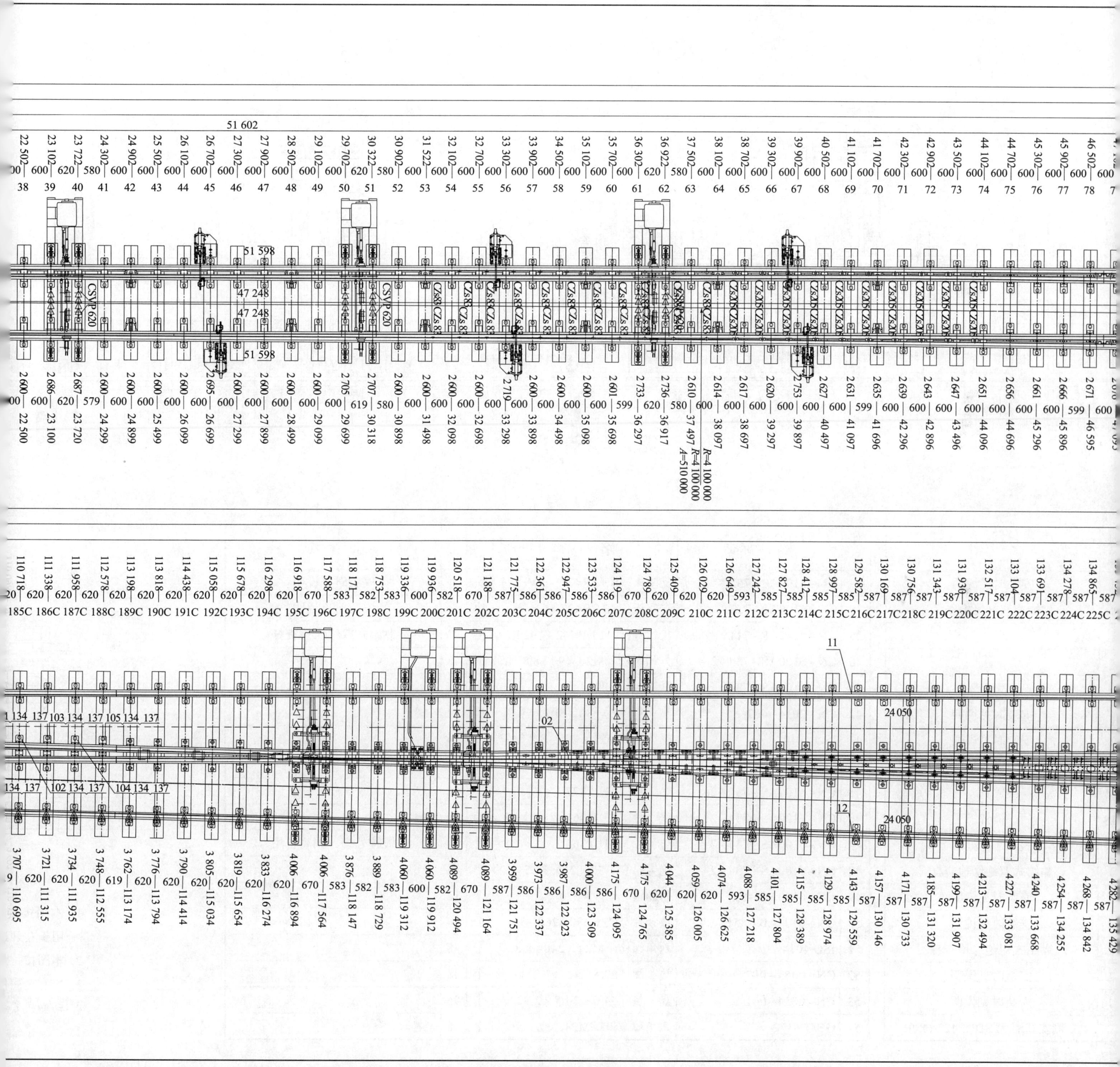
51 602
51 598
47 248
47 248
51 598
CSVP 620
CSVP 620
R=4 100 000
R=4 100 000
A=510 000
11
02
12
24 050
24 050

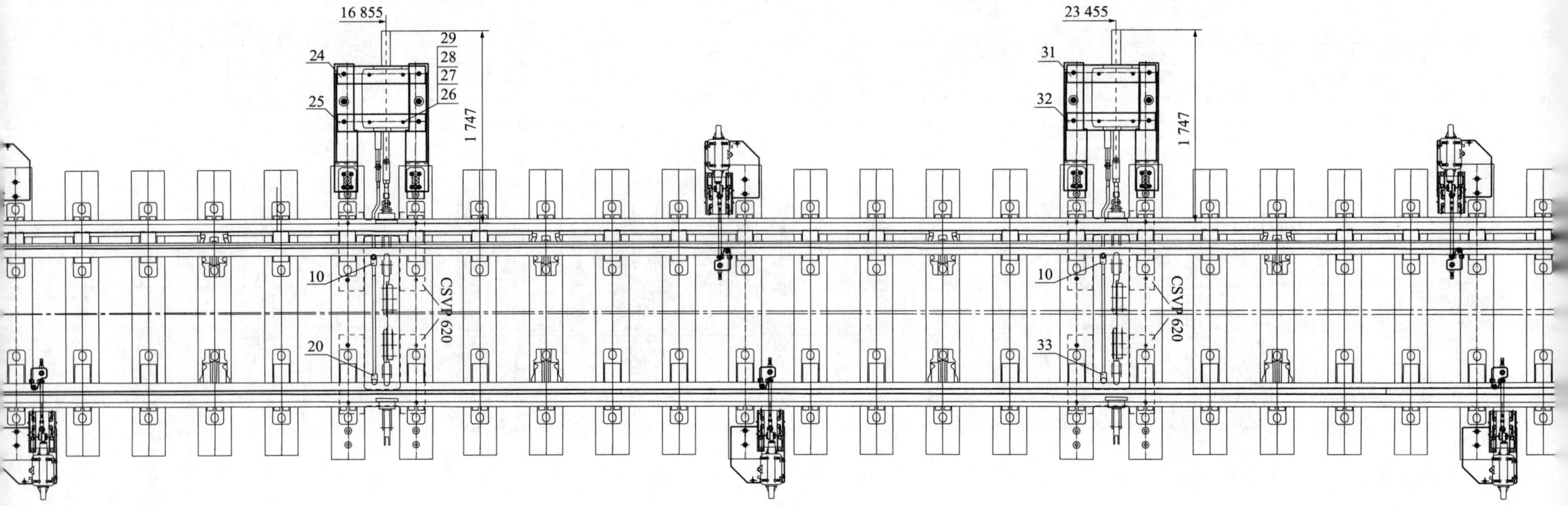

数量	备　注
1	安装时见说明
1	黏结式双绝缘检查杆
1	安装时见说明
1	安装时见说明
24	镀锌
24	镀锌
48	镀锌
24	表面氧化处理
1	黏结式双绝缘检查杆
1	安装时见说明
1	安装时见说明
2	黏结式双绝缘检查杆
1	安装时见说明
1	安装时见说明
2	右侧安装时为 SDRS42－680R

续表 1

件号	图号 / 标准	名　称	单位	数量	备　注
37	CN－6100A0－753	支座板　SB－R42Z－6W	块	1	安装时见说明
38	CN－6100A0－753	支座板　SB－R42Z－6N	块	1	安装时见说明
39	CN－6142AS－711	长检查杆　LDRS42－1920L	根	1	黏结式双绝缘检查杆
40	CN－6100AS－734－3	方颈螺栓　M20 × 90－8.8	根	48	
41	CN－6100AS－734	紧固板　BP9	块	12	
42	CN－0014－002	垫　片　Zwp80－BP2	片	12	
43	ISO 4014	螺　栓　M27 × 235－8.8 镀锌	个	24	
44	CN－6100AS－734－2	垫　片　7310 376 1	片	12	
45	CN－6100AS－734－2	垫　片　7310 377 1	片	12	
46	CN－6100AS－734－2	垫　片　7310 365 1	片	24	
47	CN－6100AS－734－2	垫　片　7310 366 1	片	24	镀锌处理，调高备用
48	CN－6100AS－734－2	绝缘衬套　32 × 21 × 14.5	个	48	
49	CN－6100AB－851	防砟板　CSVP 620	个	12	
50	CN－6100AB－851	垫　片　CZwp80－260－3	个	24	
51	ISO 4014	六角螺栓　M24 × 240－8.8	个	48	
52	CN－0053－007	垫　圈　27.5	个	48	
53	CN－0054－001	盘　簧　54.0 × 30.5 × 2.92	个	96	
54	GB/T 6172	六角薄螺母　M24	个	48	

X放大详图

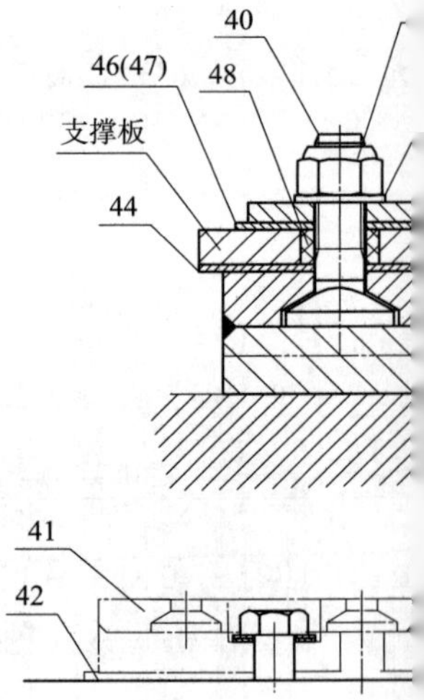

1. 本图按右
用于左开
2. 本图按一
3. 所有金属
4. 转辙机安

60 kg/m 钢轨 42 号单开道岔转辙器区域转换系统安装布置图

图　号：CN－6142AT－760

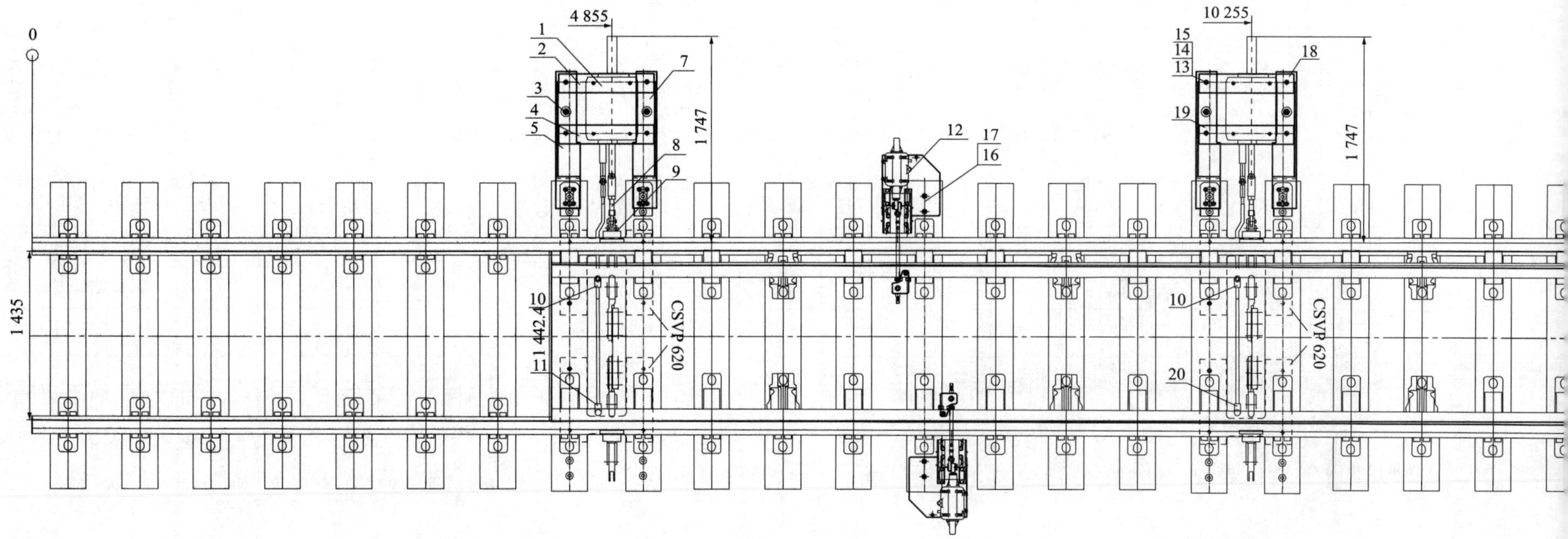

表 1　明　细　表

件号	图号 / 标准	名　　称	单位	数量	备　　注
1	TB/T 3069	转辙机　S700K	套	6	注意左右侧安装和牵引点位置
2	CN－6100A0－753	支座板　SB－R42Z－1W	块	1	安装时见说明
3	CN－6100AS－741－1	支撑螺栓系统　M27 × 300	套	12	选装件（有砟道岔不提供）
4	CN－6100A0－753	支座板　SB－R42Z－1N	块	1	安装时见说明
5	CN－6100A0－752	支撑板　SP－L	块	6	
6					
7	CN－6100A0－752	支撑板　SP－R	块	6	
8	CN－6142AS－712	驱动杆　StS－375	套	6	
9	CN－60－537/538/539	HRS 外锁闭装置	套	6	安装时注意牵引点位置
10	CN－6142AS－711	短检查杆　SDRS42－660L	根	4	右侧安装时为 SDRS42－660R
11	CN－6142AS－711	长检查杆　LDRS42－1840L	根	1	黏结式双绝缘检查杆
12	C25060－X59－A3－A－6	密检器 JM2－L 及安装装置	套	6	由全路通号设计研究院设计
13	ISO 10642	沉头螺钉　M20 × 60－8.8	根	24	镀锌处理
14	ISO 7042	自锁螺母　M20－8	个	72	镀锌处理
15	ISO 7089	垫　圈　21	个	72	镀锌处理
16	ISO 4014	螺　栓　M27 × 220－8.8	个	24	
17	CN－0054－001	盘　簧　54.0 × 30.5 × 2.92	个	96	
18	CN－6100A0－753	支座板　SB－R42Z－2W	块	1	安装时见说明

续表 1

件号	图号 / 标准	名　　称
19	CN－6100A0－753	支座板　SB－R42Z－2N
20	CN－6142AS－711	长检查杆　LDRS42－1860L
21		
22		
23		
24	CN－6100A0－753	支座板　SB－R42Z－3W
25	CN－6100A0－753	支座板　SB－R42Z－3N
26	GB/T 5780	六角螺栓　M20 × 80－8.8
27	GB/T 6170	六角螺母　M20－8
28	GB/T 95	平　垫　20
29	GB/T 93	弹　垫　20
30	CN－6142AS－711	长检查杆　LDRS42－1880L
31	CN－6100A0－753	支座板　SB－R42Z－4W
32	CN－6100A0－753	支座板　SB－R42Z－4N
33	CN－6142AS－711	长检查杆　LDRS42－1900L
34	CN－6100A0－753	支座板　SB－R42Z－5W
35	CN－6100A0－753	支座板　SB－R42Z－5N
36	CN－6100A0－711	短检查杆　SDRS42－680L

60 kg/m 钢轨 42 号单开道岔总布置图

图　号：CN－6142AT－002

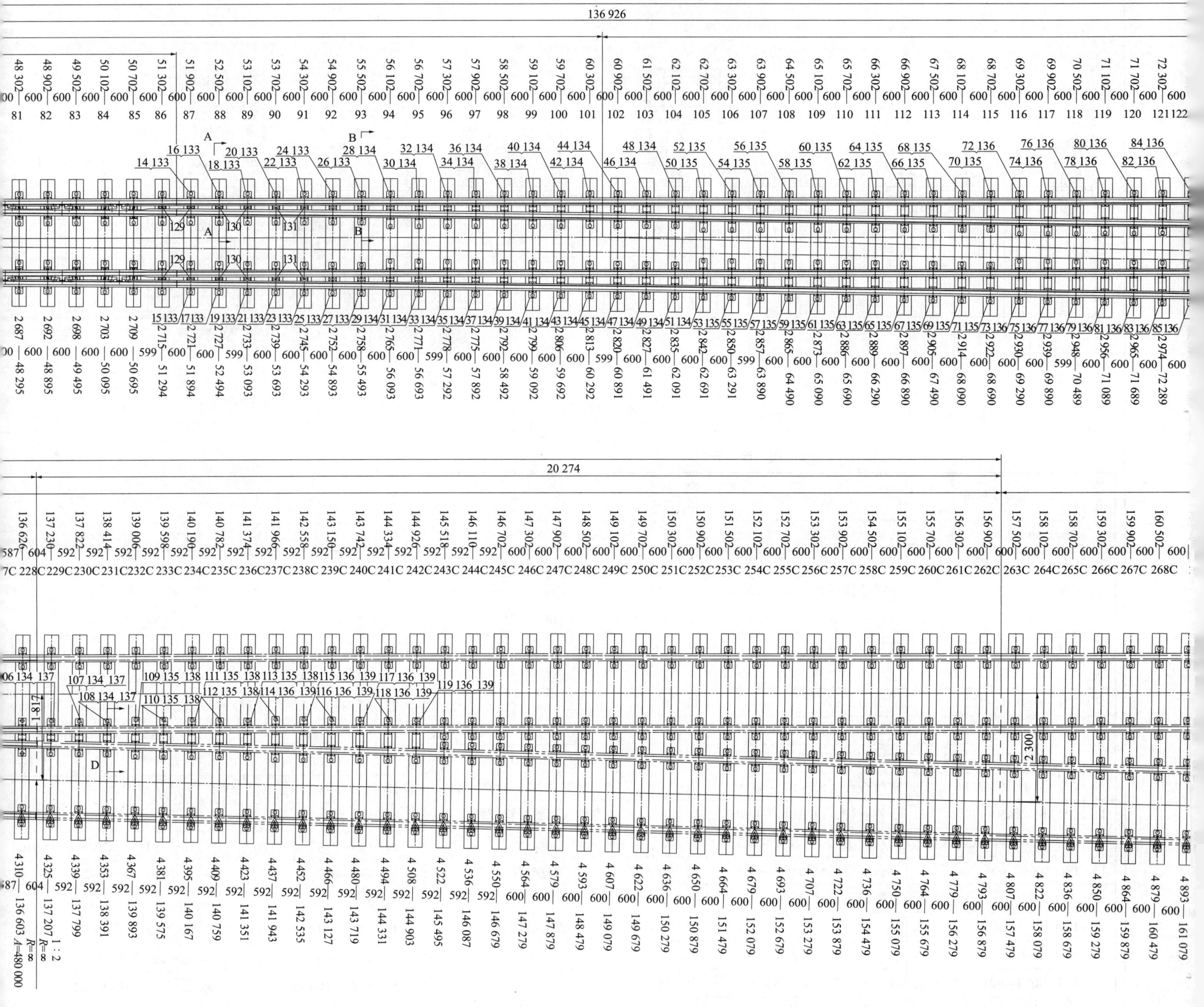

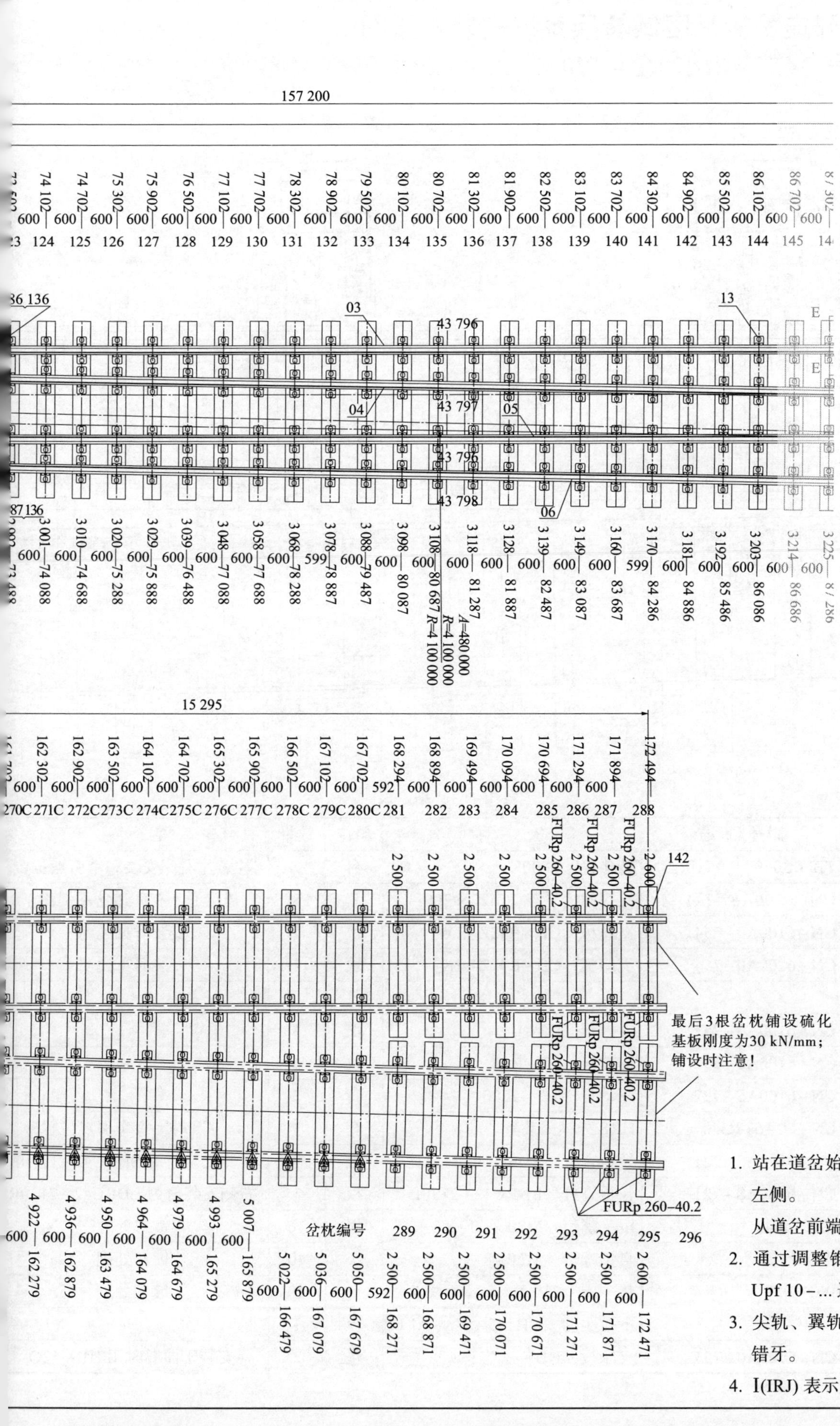

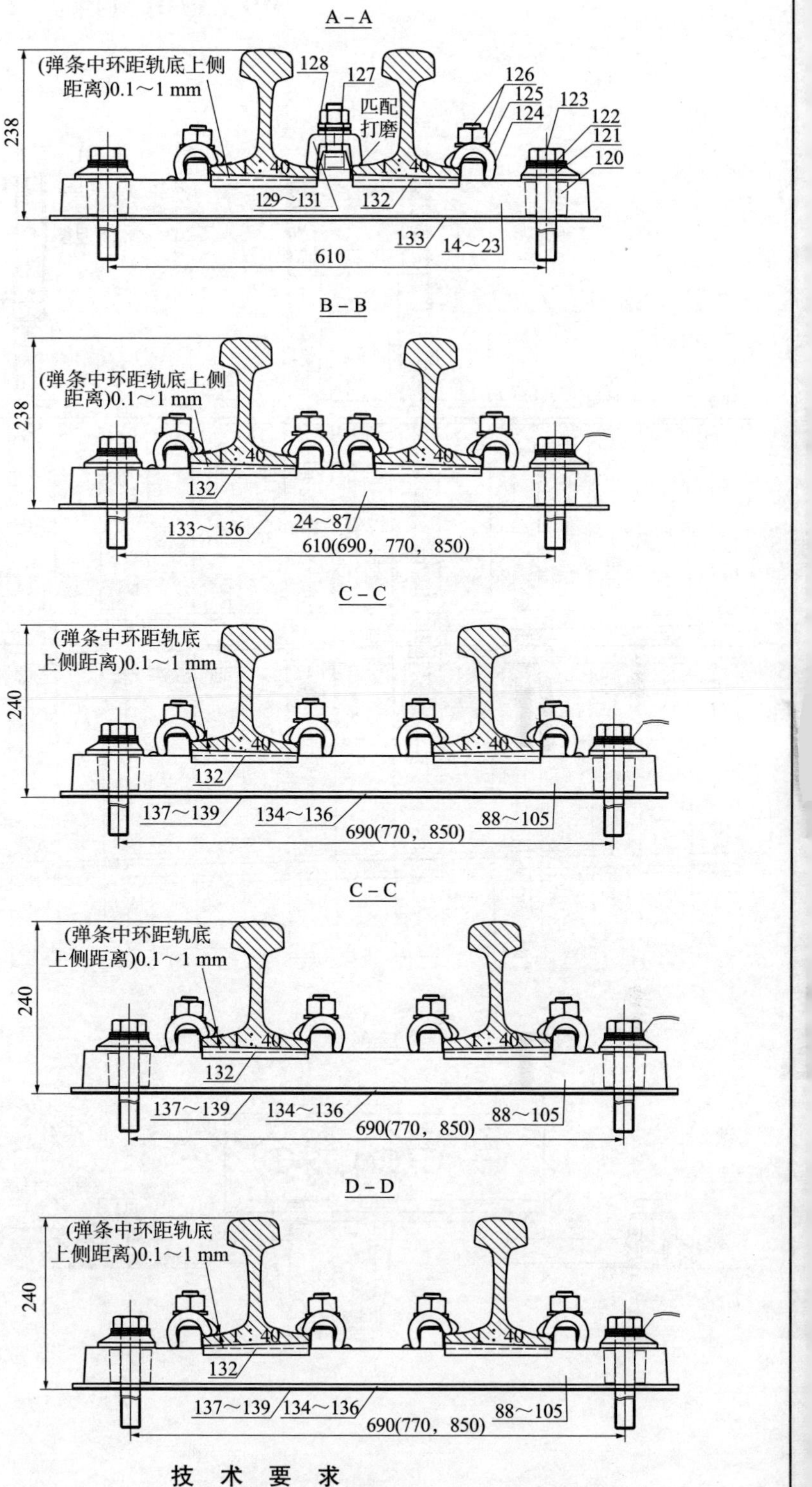

技 术 要 求

1. 站在道岔始端，面对道岔，对于 1～162 号岔枕，无论道岔开向，岔枕编号始终铺设在道岔左侧。

   从道岔前端向后看，可以看到岔枕侧面岔枕编号标识。岔枕 281～296 垂直于钢轨布置。

2. 通过调整锥 Ek 2－0...9 进行横向调整；通过调高垫片 Upf 2－...，Upf 3－...，Upf 6－... 和 Upf 10－... 进行竖向调整；通过调整片 SSp 2－ SSp 4 进行轨距调整。

3. 尖轨、翼轨、心轨设置 1∶40 轨顶坡，与导轨焊接时，调整对齐钢轨行车面，忽略轨脚的错牙。

4. I(IRJ) 表示胶接绝缘接头，胶接绝缘接头两侧基板使用弹条 Usk2 紧固。

60 kg/m 钢轨 42 号单开道岔辙叉区域转换系统安装布置图

图　号：CN－6142AT－770

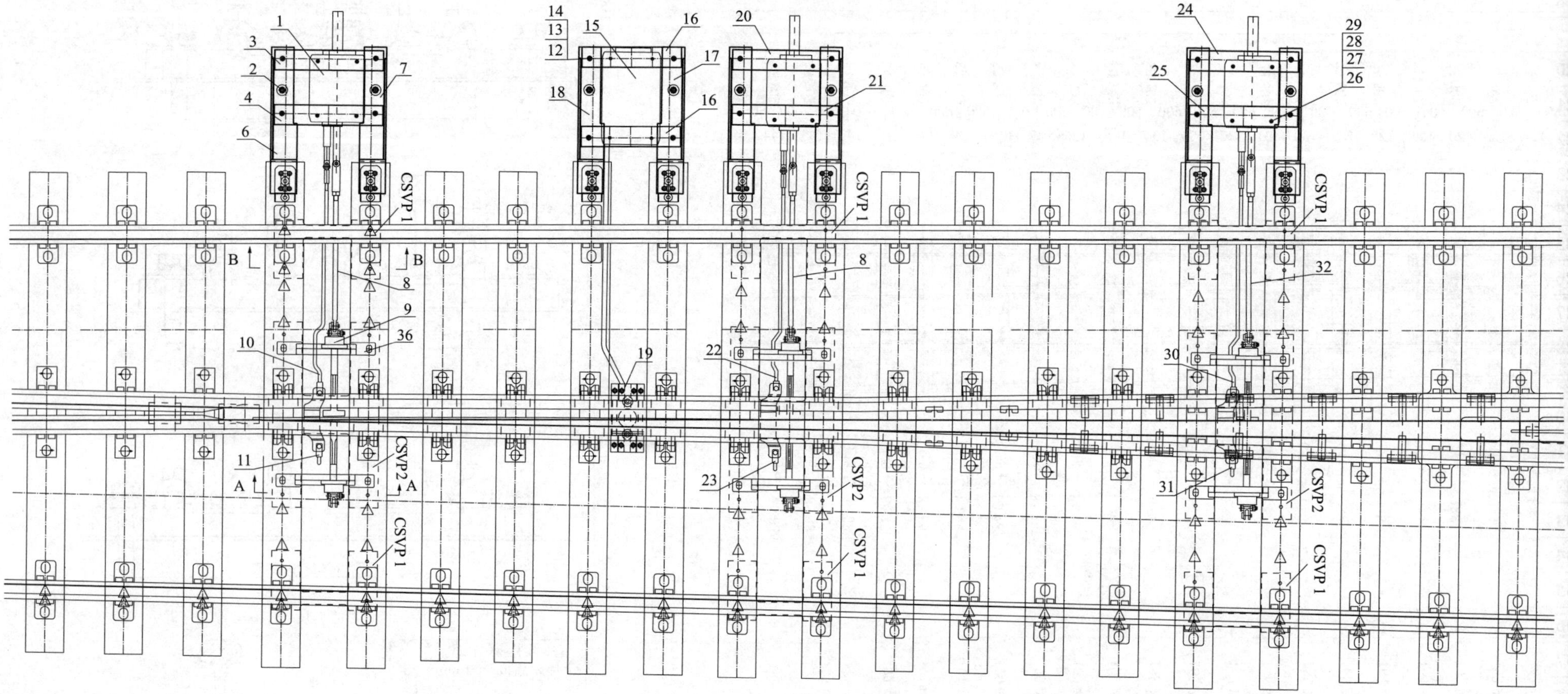

A－A

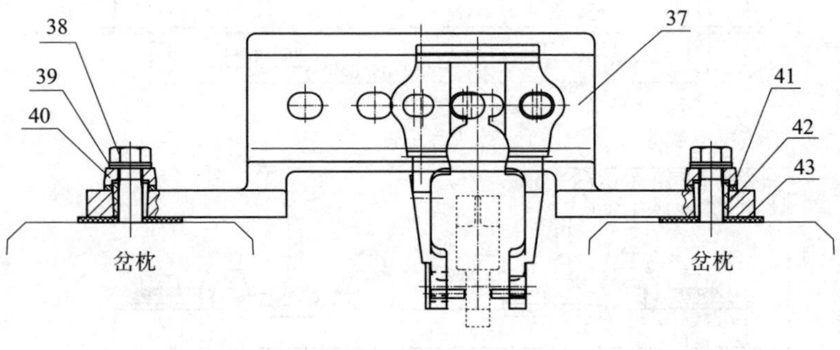

B－B

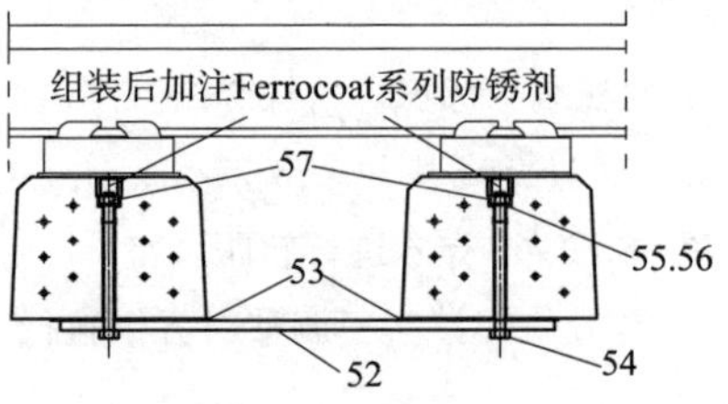

表 1　明　细　表

件号	图号 / 标准	名　　称	单位	数量	备　　注
1	TB/T 3069	转辙机　S700K	台	3	注意左右侧安装和牵引点位置
2	CN－6100AS－741－1	支撑螺栓系统　M27×300	套	8	选装件（有砟道岔不提供）
3	CN－6100A0－754	支座板　CB－R42Z－1W	块	1	安装时见说明
4	CN－6100A0－754	支座板　CB－R42Z－1N	块	1	安装时见说明
5					
6	CN－6100A0－752	支撑板　CP－L	块	3	
7	CN－6100A0－752	支撑板　CP－R	块	3	
8	CN－6100AS－722	驱动杆　StS－1200	套	2	
9	CN－60－538/540	HRS 外锁闭装置	套	3	安装时注意牵引点位置
10	CN－6142AS－721	短检查杆　SDRC42－1710L	根	1	右侧安装时为 SDRC42－1710R
11	CN－6142AS－721	长检查杆　LDRC42－2130L	根	1	右侧安装时为 LDRC42－2130R
12	ISO 10642	沉头螺钉　M20×60－8.8	根	16	镀锌处理
13	ISO 7042	自锁螺母　M20－8	个	40	镀锌处理
14	ISO 7089	垫　圈　21	个	40	镀锌处理
15		下拉驱动　NH145－WS－ALU	台	1	
16	CN－6100A0－753	支座板　HB－42Z	块	2	安装于曲股时用 HB－42Q

续表 1

号	图号 / 标准	名　称	单位	数量	备　注
7	CN-6100A0-752	支座板　HP-L	块	1	
8	CN-6100A0-752	支座板　HP-R	块	1	
9	CN-6142AS-600	下拉装置	套	1	
20	CN-6100A0-754	支座板　CB-R42CZ-2W	块	1	安装时见说明
21	CN-6100A0-754	支座板　CB-R42CZ-2N	块	1	安装时见说明
22	CN-6142AS-721	短检查杆　SDRC42-1720L	根	1	右侧安装时为 SDRC42-1720R
23	CN-6142AS-721	长检查杆　LDRC42-2160L	根	1	右侧安装时为 LDRC42-2160R
24	CN-6100A0-754	支座板　CB-R42CZ-3W	块	1	安装时见说明
25	CN-6100A0-754	支座板　CB-R42CZ-3N	块	1	安装时见说明
26	GB/T 5780	六角螺栓　M20×80-8.8	根	12	镀锌
27	GB/T 6170	六角螺母　M20-8	个	12	镀锌
28	GB/T 95	平　垫　20	个	24	镀锌
29	GB/T 93	弹　垫　20	个	12	表面氧化处理
30	CN-6142AS-721	短检查杆　SDRC42-1750L	根	1	右侧安装时为 SDRC42-1750R
31	CN-6142AS-721	长检查杆　LDRC42-2250L	根	1	右侧安装时为 LDRC42-2250R
32	CN-6100AS-722	驱动杆　StS-1270	套	1	
33					
34					
35	CN-0054-001	盘　簧　54.0×30.5×2.92	个	32	
36	ISO 4014	六角螺栓　M27×235	根	16	
37	CN-60-522-1	锁闭支撑轨　UIC60	件	6	防腐处理
38	ISO 4014	六角螺栓　M27×260	根	12	
39	DIN 25201	自锁垫圈　27(外径 48.5mm)	个	24	镀锌
40	CN-60-535	盖　板　Ka 7	个	12	镀锌
41	CN-60-534	垫　片　UUL14	片	12	镀锌
42	CN-0012-001	调整锥　EK8-0	个	12	
43	CN-60-534	垫　片　UUL15-6	片	12	
44	CN-6100AS-734-3	方颈螺栓　M20×90-8.8	根	32	
45	CN-6100AS-734-2	垫　片　7310 376 1	片	8	
46	CN-6100AS-734-2	垫　片　7310 377 1	片	8	
47	CN-6100AS-734-2	垫　片　7310 366 1	片	16	镀锌处理，调高备用
48	CN-6100AS-734-2	垫　片　7310 365 1	片	16	
49	CN-6100AS-734-2	绝缘衬套　32×21×14.5	片	32	
50	CN-0014-002	垫　片　Zwp 80-BP2	片	8	
51	CN-6100AS-734	紧固板　BP9	块	8	镀锌处理
52	CN-6100AB-852(853)	防砟板　CSVP 1(2)	块	6(3)	
53	CN-6100AB-852(853)	垫　片　CZwp80-260-3/1(2)	片	12(6)	
54	ISO 4014	六角螺栓　M24×240-8.8	根	36	
55	CN-0053-007	垫　圈　27.5	个	36	
56	CN-0054-001	盘　簧　54.0×30.5×2.92	个	72	
57	GB/T 6172	六角薄螺母 M24	个	36	

转辙机S700K安装侧视图

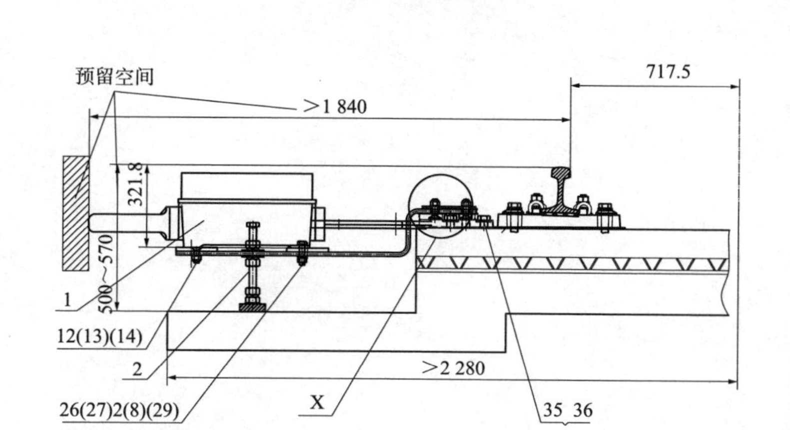

X放大详图

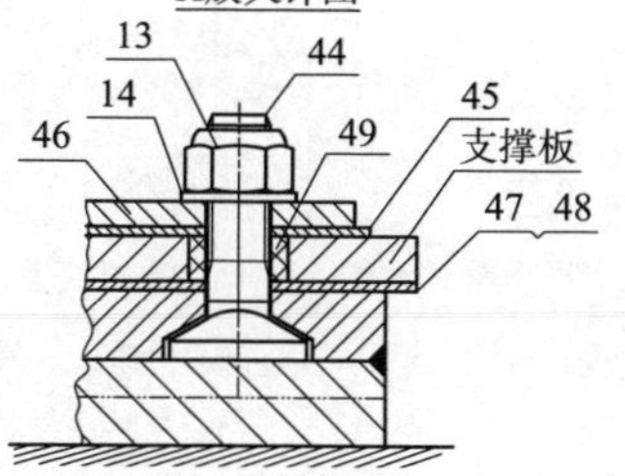

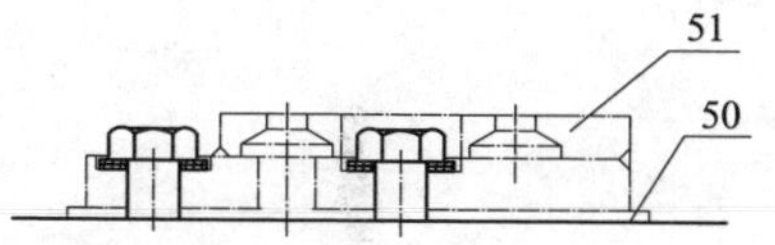

技 术 要 求

1. 本图按右开道岔直股安装布置，其中部分部件安装在曲股或者用于左开道岔时对称制造！
2. 本图按一组道岔辙叉布置。
3. 所有金属件均要求防腐处理。
4. 第 1 锁闭装置牵引点距道岔始端 117 316 mm（基本轨工作边计），第 2 锁闭装置距始端距离为 120 916 mm（基本轨工作边计），第 3 锁闭装置牵引点距道岔始端 124 517 mm（基本轨工作边计），下拉装置位于第 199、200 岔枕之间。
5. 转辙机安装支座板标识说明如下：

支座板 CB-R42CZ-2N ↓

S 代表转辙器区域用
C 代表辙叉区域用

B 代表支座板

R 代表右开道岔
L 代表左开道岔

18 代表 18 号道岔
42 代表 42 号道岔

C 代表长岔枕道岔
Z 代表直股安装用
Q 代表曲股安装用

2 代表第 2 牵引点位置用
N 代表距基本轨近一侧（内侧）
W 代表距基本轨远一侧（外侧）

安装时箭头指向道岔

ISBN 978-7-113-27231-9

铁路道岔转换安装参数手册

中国铁路物资集团有限公司　主编

下　册

中国铁道出版社有限公司

2024 年·北　京

图书在版编目（CIP）数据

铁路道岔转换安装参数手册：上、下册 / 中国铁路物资集团有限公司主编 .—北京：中国铁道出版社有限公司，2021.1（2024.1 重印）
ISBN 978-7-113-27231-9

Ⅰ.①铁… Ⅱ.①中… Ⅲ.①道岔 – 参数 – 手册 Ⅳ.① U213.6-62

中国版本图书馆 CIP 数据核字（2020）第 162371 号

书　　名：铁路道岔转换安装参数手册
作　　者：中国铁路物资集团有限公司

责任编辑：王　健　　　　**编辑部电话：**（010）51873065
封面设计：郑春鹏
责任校对：孙　玫
责任印制：高春晓

出版发行：中国铁道出版社有限公司(100054，北京市西城区右安门西街 8 号)
网　　址：http://www.tdpress.com
印　　刷：北京联兴盛业印刷股份有限公司
版　　次：2021 年 1 月第 1 版　2024 年 1 月第 2 次印刷
开　　本：880 mm × 1 230 mm　1/12　印张：59.33　插页：4　字数：1 200 千
书　　号：ISBN 978-7-113-27231-9
定　　价：468.00 元（上、下册）

目　录

上　册

下　册

58. 60 kg/m 钢轨 18 号单开道岔(混凝土枕)
设计图号：GLC(07)03

道岔允许通过速度	客车	$v_{直}$≤160 km/h；$v_{侧}$≤80 km/h		扣件类型	Ⅱ型弹条扣件，特殊部位采用Ⅲ弹条扣件
	货车	$v_{直}$≤120 km/h；$v_{直}$≤80 km/h		轨底坡	1∶40
转辙器跟端形式	■限位器 ■间隔铁 ■不设传力机构 □间隔铁活接头			锁闭方式	外锁闭
道岔全长	64 217	辙叉全长	18 592	辙叉类型	可动心轨辙叉
道岔前长	26 961	辙叉趾长	7 149.1	辙叉角	3°10'47"
道岔后长	37 256	辙叉跟长	11 442.9	翼轨轨型	60TY1
尖轨长度	19 670	基本轨长度	20 992	直向护轨长度	—
尖轨轨型	60AT1			侧向护轨长度	7 600
尖轨尖端前基本轨长度			1 321	护轨轨型	33 kg/m 槽型钢
辙叉理论尖端距趾端方向前一根岔枕中心距离			100	导曲线半径	1 000 m
尖轨尖端至心轨实际尖端距离		49 517	直向护轨端头距导轨端头定位尺寸		—
道岔终端至末根岔枕中心距离		10 500	侧向护轨端头距导轨端头定位尺寸		1 896
最大构造加宽	—	测量位置	—		
岔枕图号 GLC(07)03—300	岔枕总数	135 根	岔枕展延长 446.92 m	套管总数	752
转换设备图号 电务填写	尖轨动程	160、118、75		心轨动程	100.6、55.5
批准文号	科技基〔2007〕179 号			应用情况	★★
主要结构特点	1. 提速改进型道岔，全部采用混凝土岔枕，适用于标准轨距时速 160 km 的新线建设。 2. 尖轨为半切线型，采用 19 670 mm 长的 60AT1 弹性可弯尖轨，尖轨尖端为藏尖式。 3. 可动心轨辙叉采用钢轨组合式，心轨采用 60AT1 钢轨，短心轨后端为滑动端，翼轨采用轧制翼轨。 4. 道岔适用于跨区间无缝线路。				

转辙器明细表

序号	图号 / 标准	名称及规格	数量	材　　料	备　注
1	GLC(07)03－102	直基本轨　20 992	1	60 kg/m 钢轨	
2	GLC(07)03－103	曲基本轨　20 992	1	60 kg/m 钢轨	
3	GLC(07)03－104	曲线尖轨　19 670	1	60AT1 钢轨	
4	GLC(07)03－105	直线尖轨　19 670	1	60AT1 钢轨	
5	GLC(06)01－501	滑床板　N640－0	21	ZG 230－450(QT400－15)	
6	GLC(06)01－501	滑床板　N640－3Y(Z)	17	ZG 230－450(QT400－15)	
7	GLC(06)01－501	滑床板　N640－6Y(Z)	4	ZG 230－450(QT400－15)	
8	GLC(06)01－506	防跳限位装置　N650－0/22	1	ZG 230－450(QT400－15)	
9	GLC(06)01－506	防跳限位装置　N650－3/24Y(Z)	1	ZG 230－450(QT400－15)	
10	GLC(06)01－506	防跳限位装置　N640－0/45	1	ZG 230－450(QT400－15)	
11	GLC(06)01－506	防跳限位装置　N640－3/51Y(Z)	1	ZG 230－450(QT400－15)	
12	GLC(06)01－506	防跳限位装置　N640－0/72	1	ZG 230－450(QT400－15)	
13	GLC(06)01－506	防跳限位装置　N640－3/72Y(Z)	1	ZG 230－450(QT400－15)	
14	GLC(06)01－504	滚轮滑床板　N640－0	4	底板 Q235	
15	GLC(06)01－504	滚轮滑床板　N640－3Y(Z)	4	底板 Q235	
16	GLC(06)01－534	普通垫板　60－A	4		
17	GLC(06)01－509	间隔铁　Z/164－171	1	ZG 270－500	
18	GLC(06)01－510	间隔铁　Y/164－171	1	ZG 270－500	
19	GLC(06)01－509	间隔铁　Z/176－183	1	ZG 270－500	
20	GLC(06)01－510	间隔铁　Y/176－183	1	ZG 270－500	
21	GLC(07)03－106	垫　板　710×180×29Y(Z)	1		
22	GLC(07)03－107	垫　板　710×180×29Y(Z)	1		
23	GLC(07)03－106	垫　板　710×180×29Y(Z)	1		
24	GLC(07)03－107	垫　板　710×180×29Y(Z)	1		
25	GLC(07)03－108	垫　板　735×180×29Y(Z)	1		
26	GLC(07)03－109	垫　板　735×180×29Y(Z)	1		
27	GLC(07)03－110	垫　板　735×180×29Y(Z)	1		
28	GLC(07)03－111	垫　板　735×180×29Y(Z)	1		
29	GLC(07)03－112Y	垫　板　735×200×29	1	左开时 GLC(07)03－112Z	
30	GLC(07)03－113Y	垫　板　735×200×29	1	左开时 GLC(07)03－113Z	
31	GLC(07)03－112Y	垫　板　735×200×29	1	左开时 GLC(07)03－112Z	
32	GLC(07)03－113Y	垫　板　735×200×29	1	左开时 GLC(07)03－113Z	
33	GLC(07)03－114Y	垫　板　746×180×29	1	左开时 GLC(07)03－114Z	
34	GLC(07)03－115Y	垫　板　746×180×29	1	左开时 GLC(07)03－115Z	
35	GLC(07)03－114Y	垫　板　760×180×29	1	左开时 GLC(07)03－114Z	
36	GLC(07)03－115Y	垫　板　760×180×29	1	左开时 GLC(07)03－115Z	

续上表

序号	图号 / 标准	名称及规格	数量	材　料	备　注
37	GLC(07)03-114Y	垫　板　774×180×29	1	左开时 GLC(07)03-114Z	
38	GLC(07)03-115Y	垫　板　774×180×29	1	左开时 GLC(07)03-115Z	
39	GLC(07)03-114Y	垫　板　789×180×29	1	左开时 GLC(07)03-114Z	
40	GLC(07)03-115Y	垫　板　789×180×29	1	左开时 GLC(07)03-115Z	
41	GLC(07)03-116	垫　板　803×180×29Y(Z)	1		
42	GLC(07)03-117	垫　板　803×180×29Y(Z)	1		
43	GLC(07)03-116	垫　板　818×180×29Y(Z)	1		
44	GLC(07)03-117	垫　板　818×180×29Y(Z)	1		
45	GLC(07)03-116	垫　板　834×180×29Y(Z)	1		
46	GLC(07)03-117	垫　板　834×180×29Y(Z)	1		
47	GLC(07)03-116	垫　板　850×180×29Y(Z)	1		
48	GLC(07)03-117	垫　板　850×180×29Y(Z)	1		
49	GLC(07)03-116	垫　板　866×180×29Y(Z)	1		
50	GLC(07)03-117	垫　板　866×180×29Y(Z)	1		
51	GLC(07)03-118	垫　板　883×180×29Y(Z)	1		
52	GLC(07)03-119	垫　板　883×180×29Y(Z)	1		
53	GLC(07)03-118	垫　板　900×180×29Y(Z)	1		
54	GLC(07)03-119	垫　板　900×180×29Y(Z)	1		
55	GLC(07)03-118	垫　板　917×180×29Y(Z)	1		
56	GLC(07)03-119	垫　板　917×180×29Y(Z)	1		
57	GLC(07)03-118	垫　板　935×180×29Y(Z)	1		
58	GLC(07)03-119	垫　板　935×180×29Y(Z)	1		
59	GLC(07)03-118	垫　板　953×180×29Y(Z)	1		
60	GLC(07)03-119	垫　板　953×180×29Y(Z)	1		
61	GLC(07)03-118	垫　板　971×180×29Y(Z)	1		
62	GLC(07)03-119	垫　板　971×180×29Y(Z)	1		
63	专线 3351-3	Ⅱ型弹条	200		
64	专线 3328-3	Ⅲ型弹条	16		
65	专线 9602	Ⅲ型接头弹条	8		
66	专线 4232-10A	接头轨距块　60/13-15	6	ZG 230-450	
67	专线 4232-10A	接头轨距块　60/9-11	14	ZG 230-450	
68	专线 4232-10	轨距块　60/13-15	62	ZG 230-450	
69	专线 4232-10	轨距块　60/9-11	118	ZG 230-450	
70	专线 4232-10	轨距块　60/7-17	20	ZG 230-450	
71	专线 4232-4	接头轨距块　60-11	4	KTH 350-10	
[illegible]	[illegible]	接头轨距块　60-9	4	KTH 350-10	
[illegible]	[illegible]	轨距块　60-11	8	KTH 350-10	
[illegible]	[illegible]	[illegible]	8	KTH 350-10	
[illegible]	[illegible]	[illegible]	4	Q235-A	

续上表

序号	图号 / 标准	名称及规格	数量	材　料	备　注
76	专线 4232-32	钢轨垫圈　60AT-0	8	KTH 330-08	
77	GLC(06)01-513	弹　片　210	56	60Si2CrA	
78	GLC(06)01-514	楔形调整块　30	54		
79	GLC(06)01-565	销　钉　165-154	42		普通滑床板用
80	GLC(06)01-545	复合定位套	104		
81	GLC(06)01-515	复合偏心套　11-13	112		
82	专线 4232-4	T 型螺栓　M24×60	184		
83	专线 4232-4	T 型螺栓　M24×70	16		
84	TB/T 1495.4	平垫圈　24	16		
85	GBP-00-25	ϕ24 弹条专用防松螺母	184	5 级	
86	GBP-00-05	ϕ24 通用螺母	60	5 级	其中顶铁用 44 个
87	GLC(06)01-536	岔枕螺栓　M30×185	216		
88	GB/T 7244	弹簧垫圈　30	216		
89	GB/T 1228	螺　栓　M27×130	8	10.9 级	
90	GB/T 1228	螺　栓　M27×140	8	10.9 级	
91	NS-02b	ϕ27 道岔普通防松螺母	16	10 级	
92	GB/T 1230	平垫圈　27	16		
93	GLC(07)02-402	轨下双面橡胶垫板　60-200-0	38	橡胶	
94	GLC(07)02-402	轨下双面橡胶垫板　60-200-3Y(Z)	14	橡胶	
95	GLC(07)02-402	轨下双面橡胶垫板　60-200-6Y(Z)	20	橡胶	
96	GLC(07)02-401	轨下单面橡胶垫板　60-200-0	48	橡胶	
97	GLC(07)02-401	轨下单面橡胶垫板　60-270-0	8	橡胶	
98	GLC(07)02-402	轨下双面橡胶垫板　60-220-0	4	橡胶	
99	GLC(07)02-402	轨下双面橡胶垫板　60-220-3Y(Z)	4	橡胶	
100	GLC(07)02-402	轨下双面橡胶垫板　60-170-0	4	橡胶	
101	GLC(07)02-402	轨下双面橡胶垫板　60-170-3Y(Z)	4	橡胶	
102	GLC(07)02-410	橡胶垫板　480×185×14	4	橡胶	
103	GLC(07)02-417	橡胶垫板　640×185-0	23	橡胶	
104	GLC(07)02-417	橡胶垫板　640×185-3	19	橡胶	
105	GLC(07)02-417	橡胶垫板　640×185-6	4	橡胶	
106	GLC(07)02-417	橡胶垫板　650×185-0	1	橡胶	
107	GLC(07)02-417	橡胶垫板　650×185-3	1	橡胶	
108	GLC(07)02-412	橡胶垫板　640×255-0	4	橡胶	
109	GLC(07)02-412	橡胶垫板　640×255-3	4	橡胶	
110	GLC(07)02-411	橡胶垫板　710×185×14	4	橡胶	
111	GLC(07)02-411	橡胶垫板　735×185×14	4	橡胶	
112	GLC(07)02-411	橡胶垫板　735×205×14	4	橡胶	
113	GLC(07)02-411	橡胶垫板　746×185×14	2	橡胶	
114	GLC(07)02-411	橡胶垫板　760×185×14	2	橡胶	

续上表

序号	图号 / 标准	名称及规格	数量	材　　料	备　注
115	GLC(07)02-411	橡胶垫板　774×185×14	2	橡胶	
116	GLC(07)02-411	橡胶垫板　789×185×14	2	橡胶	
117	GLC(07)02-411	橡胶垫板　803×185×14	2	橡胶	
118	GLC(07)02-411	橡胶垫板　818×185×14	2	橡胶	
119	GLC(07)02-411	橡胶垫板　834×185×14	2	橡胶	
120	GLC(07)02-411	橡胶垫板　850×185×14	2	橡胶	
121	GLC(07)02-411	橡胶垫板　866×185×14	2	橡胶	
122	GLC(07)02-419	橡胶垫板　883×185-396	2	橡胶	
123	GLC(07)02-419	橡胶垫板　900×185-405	2	橡胶	
124	GLC(07)02-419	橡胶垫板　917×185-413	2	橡胶	
125	GLC(07)02-419	橡胶垫板　935×185-422	2	橡胶	
126	GLC(07)02-419	橡胶垫板　953×185-431	2	橡胶	
127	GLC(07)02-419	橡胶垫板　971×185-440	2	橡胶	
128	GLC(06)01-514	楔形调整块　40	2		
129	GLC(06)01-565	销　钉　125-114	8		滚轮滑床板用
130	GLC(06)01-515	复合偏心套　9-15	20		备用
131	专线 4232-35	顶　铁　46	2	Q235-A	孔径为 $\phi 26$
132	专线 4232-35	顶　铁　53	2	Q235-A	
133	专线 4232-35	顶　铁　61	2	Q235-A	
134	专线 4232-35	顶　铁　69	2	Q235-A	
135	专线 4232-35	顶　铁　77	2	Q235-A	
136	专线 4232-35	顶　铁　86	2	Q235-A	
137	专线 4232-35	顶　铁　95	2	Q235-A	
138	专线 4232-35	顶　铁　105	2	Q235-A	
139	专线 4232-35	顶　铁　115	2	Q235-A	
140	专线 4232-35	顶　铁　125	2	Q235-A	
141	专线 4232-35	顶　铁　136	2	Q235-A	
142	专线 4232-21	顶铁调整片　$180\times50\times\frac{2}{1}$	22 44	Q235-B	厚度为 1 mm 的备用
143	GB/T 5780	螺　栓　M24×90	44		顶铁用
144	GB/T 7244	弹簧垫圈　24	44		顶铁用
145	GB/T 91	开口销　3×26	50		
146	GLC(06)01-566	螺　栓　M12×90	6		防跳限位滑床板用
147	GB/T 7244	弹簧垫圈　12	6		防跳限位滑床板用
148	GLC(06)01-549	限位器　A/122	2	ZG 270-500	
149	GLC(06)01-549	限位器　A/135	2	ZG 270-500	
150	GLC(06)01-550	限位器　B-60	4	ZG 270-500	
151		减摩辊轮装置（国产）	8		双辊轮 4 个，单辊轮 4 个

辙叉及护轨明细表

序号	图号 / 标准	名称及规格	数量	材　料	备　注
1	GLC(07)03－202	翼　轨　17 870	1		
2	GLC(07)03－203	翼　轨　17 870	1		
3	GLC(07)03－204	长心轨　13 596	1	60AT1 钢轨	
4	GLC(07)03－205	短心轨　8 470	1	60AT1 钢轨	
5	GLC(07)03－206	叉跟尖轨　5 136	1	60 kg/m 钢轨	
6	GLC(07)03－207	侧向护轨　7 600	1	33 kg/m 槽型钢	
7	GLC(07)03－226	轨　撑　60TY	8	KTH 330－08	
8	GLC(07)03－228	调距块　60/10－12	8	ZG 270－500	
9	GLC(06)01－551	锻造普通垫板　60－A	34	Q235A	
10	GLC(06)01－551	锻造普通垫板　60－DY(Z)	20	Q235A	
11	GLC(06)01－533	接头垫板　81－103Y(Z)	1	Q235－A(底板)	
12	GLC(06)01－535	侧向护轨整铸垫板　111－121Y(Z)	13	ZG 230－450(QT 400－150)	
13	GLC(07)03－208	垫　板　973×200×29Y(Z)	1	Q235－A(底板)	
14	GLC(07)03－208	垫　板　946×200×29Y(Z)	1	Q235－A(底板)	
15	GLC(07)03－208	垫　板　918×200×29Y(Z)	1	Q235－A(底板)	
16	GLC(07)03－209	垫　板　884×200×27Y(Z)	1	Q235－A(底板)	
17	GLC(07)03－209	垫　板　857×200×27Y(Z)	1	Q235－A(底板)	
18	GLC(07)03－209	垫　板　831×200×27Y(Z)	1	Q235－A(底板)	
19	GLC(07)03－210Y	垫　板　805×200×27	1	Q235－A(底板)	
20	GLC(07)03－210Y	垫　板　778×200×27	1	Q235－A(底板)	
21	GLC(07)03－210Y	垫　板　752×200×27	1	Q235－A(底板)	
22	GLC(07)03－211Y	垫　板　733×200×27	1	Q235－A(底板)	
23	GLC(07)03－212	垫　板　850×200×27Y(Z)	1	Q235－A(底板)	
24	GLC(07)03－213	垫　板　867×200×31Y(Z)	1	Q235－A(底板)	
25	GLC(07)03－214	垫　板　883×200×31Y(Z)	1	Q235－A(底板)	
26	GLC(07)03－215	垫　板　899×200×31Y(Z)	1	Q235－A(底板)	
27	GLC(07)03－216	垫　板　851×200×27Y(Z)	1	Q235－A(底板)	
28	GLC(07)03－216	垫　板　938×200×27Y(Z)	1	Q235－A(底板)	
29	GLC(07)03－216	垫　板　1 021×200×27Y(Z)	1	Q235－A(底板)	
30	GLC(07)03－216	垫　板　1 115×200×27Y(Z)	1	Q235－A(底板)	
31	GLC(07)03－217	垫　板　1 167×200×27Y(Z)	1	Q235－A(底板)	

续上表

序号	图号 / 标准	名称及规格	数量	材　料	备　注
32	GLC(07)03－217	垫　板　1 185×200×27Y(Z)	1	Q235－A(底板)	
33	GLC(07)03－217	垫　板　1 203×200×27Y(Z)	1	Q235－A(底板)	
34	GLC(07)03－217	垫　板　1 221×200×27Y(Z)	1	Q235－A(底板)	
35	GLC(07)03－217	垫　板　1 240×200×27Y(Z)	1	Q235－A(底板)	
36	GLC(07)03－217	垫　板　1 258×200×27Y(Z)	1	Q235－A(底板)	
37	GLC(07)03－218Y	垫　板　1 278×200×29	1	Q235－A(底板)	
38	GLC(07)03－219Y	垫　板　1 311×200×29	1	Q235－A(底板)	
39	GLC(07)03－220Y	垫　板　1 345×200×29	1	Q235－A(底板)	
40	GLC(07)03－221Y	垫　板　1 378×200×29	1	Q235－A(底板)	
41	GLC(07)03－222Y	垫　板　1 411×200×29	1	Q235－A(底板)	
42	GLC(07)03－222Y	垫　板　1 445×200×29	1	Q235－A(底板)	
43	GLC(07)03－222Y	垫　板　1 478×200×29	1	Q235－A(底板)	
44	GLC(07)03－223	垫　板　736×200×27	1	Q235－A(底板)	
45	GLC(07)03－224Y	垫　板　752×200×29	1	Q235－A(底板)	
46	GLC(08)01－214	A 型顶铁　A/133－136Y(Z)	1	QT 450－10	
47	GLC(08)01－215	B 型顶铁　B/110－106Y(Z)	1	QT 450－10	
48	GLC(08)01－214	C 型顶铁　C/168－171Y(Z)	1	QT 450－10	
49	GLC(08)01－215	C 型顶铁　C/160－157Y(Z)	1	QT 450－10	
50	GLC(08)01－214	C 型顶铁　C/205.5－208.5Y(Z)	1	QT 450－10	
51	GLC(08)01－215	C 型顶铁　C/197－194Y(Z)	1	QT 450－10	
52	GLC(08)01－214	A 型顶铁　A/224－224	2	QT 450－10	
53	GLC(08)01－215	B 型顶铁　B/212－212	2	QT 450－10	
54	GLC(08)01－214	C 型顶铁　C/224－224	3	QT 450－10	
55	GLC(08)01－215	C 型顶铁　C/212－212	3	QT 450－10	
56	GLC(08)01－214	C 型顶铁　C/197－196Y(Z)	1	QT 450－10	
57	GLC(08)01－214	C 型顶铁　C/211－210Y(Z)	1	QT 450－10	
58	GLC(07)02－246	顶　铁　209－207Y(Z)	1	QT 450－10	
59	GLC(07)03－225	双边扣板　122－119/60Y(Z)	1	ZG 230－450	
60	GLC(07)03－225	双边扣板　134－131/62Y(Z)	1	ZG 230－450	
61	GLC(07)03－225	双边扣板　144－142/64Y(Z)	1	ZG 230－450	
[illegible]	[illegible]－247	单边扣板　60AT	1	ZG 230－450	
[illegible]	[illegible]	间隔铁　950－233	1	Q235－A	用于侧股叉跟
[illegible]	[illegible]	[illegible]铁　60/223.5－230	1	ZG 270－500	用于两翼轨间

续上表

序号	图号 / 标准	名称及规格	数量	材　料	备　注
65	GLC(06)01 – 528	间隔铁　60/73 – 82Y(Z)	1	ZG 270 – 500	用于两心轨间
66	GLC(06)01 – 528	间隔铁　60/103.5 – 112.5Y(Z)	1	ZG 270 – 500	用于两心轨间
67	GLC(06)01 – 529	间隔铁　60/127 – 140Y(Z)	1	ZG 270 – 500	用于两心轨间
68	GLC(06)01 – 529	间隔铁　60/152.5 – 166Y(Z)	1	ZG 270 – 500	用于两心轨间
69	GLC(06)01 – 530	间隔铁　60/177.5 – 191Y(Z)	1	ZG 270 – 500	用于两心轨间
70	GLC(07)02 – 252	间隔铁　60 – 233	1	Q235 – A	用于侧股叉跟
71	GLC(07)02 – 253	间隔铁　60AT – 223	2	Q235 – A	用于长心轨跟端
72	GLC(07)03 – 228	调距块　60/9 – 11	8	ZG 270 – 500	
73	GLC(07)03 – 228	调距块　60/8 – 13	8	ZG 270 – 500	备用
74	GLC(08)01 – 219	顶铁调整片　0.5 1	36 36	Q235 – B	各 18 片备用
75	GLC(07)02 – 250	顶铁调整片　180 × 50 × 0.5 1	2 2	Q235 – B	各 1 片备用
76	GLC(06)01 – 543	护轨调整片　170 × 80 × 2 3	26 13	Q235 – B	2 mm 备用
77	GB/T 97.1	平垫圈　30	8		轨撑用
78	GB/T 1228	螺　栓　M27 × 130	11	10.9 级	连接长短心轨用
79	GB/T 1228	螺　栓　M27 × 340	2	10.9 级	连接两翼轨用
80	GB/T 1228	螺　栓　M27 × 140	2	10.9 级	连接长短心轨用
81	GB/T 1228	螺　栓　M27 × 150	2	10.9 级	连接长短心轨用
82	GB/T 1228	螺　栓　M27 × 160	2	10.9 级	连接长短心轨用
83	GB/T 1228	螺　栓　M27 × 200	2	10.9 级	连接长短心轨用
84	GB/T 1228	螺　栓　M27 × 230	2	10.9 级	连接长短心轨用
85	GB/T 1228	螺　栓　M27 × 260	2	10.9 级	连接长短心轨用
86	GB/T 1228	螺　栓　M27 × 110	4	10.9 级	连接长短心轨用
87	GB/T 1228	螺　栓　M27 × 115	25	10.9 级	连接长短心轨用
88	GB/T 1228	螺　栓　M27 × 100	21	10.9 级	连接两翼轨用
89	GB/T 5780	螺　栓　M24 × 100	36		顶铁螺栓孔用
90	GB/T 5780	螺　栓　M24 × 110	2		长短心轨间隔铁用
91	GB/T 5780	螺　栓　M24 × 90	8		轨撑用
92	专线 4171 – 9	长方头螺栓　M24 × 90	13	5.6 级	
93	专线 4232 – 4	T 型螺栓　M24 × 60	232		
94	专线 4232 – 4	T 型螺栓　M24 × 75	8		

续上表

序号	图号 / 标准	名称及规格	数量	材 料	备 注
95	GLC(06)01－545	复合定位套	208		
96	GLC(06)01－536	岔枕螺钉 M30×185	208	45 号钢	
97	GBP－00－07	ϕ27 道岔普通防松螺母	78	10 级	
98	GBP－00－05	ϕ24 通用螺母	59	5 级	
99	GBP－00－25	M24 弹条专用防锈螺母	236	5 级	
100	GBP－00－26	ϕ24 通用防松防锈螺母	4	5 级	
101	GB/T 1230	平垫圈 27	104		
102	GB/T 7244	弹簧垫圈 24	63		
103	GB/T 7244	弹簧垫圈 30	208		
104	GLC(07)02－245	圆垫圈	3	Q235－A	
105	GLC(07)02－245	方垫圈	1	Q235－A	
106	GLC(06)01－524	二动连接铁 38－47Y(Z)	1	Q235－B	
107	GLC(06)01－525	二动调整片 $210\times94\times\frac{1}{2}$	4 4	Q235－B	
108	GLC(07)03－227	垫 片 1.5－5.7/200Y(Z)	1	Q235－A	
109	GLC(07)03－227	垫 片 11.9－16.1/200Y(Z)	1	Q235－A	
110	GLC(07)03－227	垫 片 21－25.2/200Y(Z)	1	Q235－A	
111	GLC(06)01－538	夹 板 60－B	1	Q235－A	
112	GLC(06)01－557	夹 板 B－370	1	Q235－A	
113	CT11－45－1	双孔防转片 A－200	5	镀锌板	
114	CT11－45－1	双孔防转片 A－130	2	镀锌板	
115	CT11－45－1	双孔防转片 A－120	12	镀锌板	
116	专线 4232－32	圆孔垫圈 60AT－3	6	KTH 330－08	
117	专线 4267－3	轨距块 60－11	31	ZG 270－500	
118	GLC(06)01－512	轨距块 60－0	2	ZG 270－500	
119	专线 4232－10	轨距块 60/9－11	121	ZG 270－500	
120	专线 4232－10	轨距块 60/13－15	83	ZG 270－500	
121	专线 4232－10A	接头轨距块 60/9－11	12	ZG 270－500	
122	专线 4232－10A	接头轨距块 60/13－15	12	ZG 270－500	
123	专线 3351－3	Ⅱ型弹条	236	60Si2CrVA	
124	专线 3328－3	Ⅲ型弹条	33	60Si2Mn	
125	GLC(07)02－411	橡胶垫板 736×205×14	1	橡胶	
126	GLC(07)02－411	橡胶垫板 752×205×14	1	橡胶	

续上表

序号	图号 / 标准	名称及规格	数量	材　料	备　注
127	GLC(07)02－410	橡胶垫板　480 × 185 × 14	55	橡胶	
128	GLC(07)02－413	橡胶垫板　650 × 185 × 14	13	橡胶	
129	GLC(07)02－402	双面橡胶垫板　60－220－0	16	橡胶	
130	GLC(07)02－402	双面橡胶垫板　60－200－0	60	橡胶	
131	GLC(07)02－402	双面橡胶垫板　60－220－12Y(Z)	4	橡胶	
132	GLC(08)01－401	平面橡胶垫板　60－220－0	2	橡胶	
133	GLC(08)01－401	平面橡胶垫板　60－220－6Y(Z)	2	橡胶	
134	GLC(07)02－407	平面橡胶垫板　60－220－3Y(Z)	2	橡胶	
135	GLC(07)02－407	平面橡胶垫板　60－220－6Y(Z)	2	橡胶	
136	GLC(07)02－402	双面橡胶垫板　60－220－3Y(Z)	1	橡胶	
137	GLC(07)02－402	双面橡胶垫板　60－220－6Y(Z)	1	橡胶	
138	GLC(07)02－405	双面橡胶垫板　60－220－12Y(Z)	1	橡胶	
139	GLC(07)02－404	双面橡胶垫板　60－220－12Y(Z)	7	橡胶	
140	GLC(07)02－404	双面橡胶垫板　60－220－0	7	橡胶	
141	GLC(07)02－403	双面橡胶垫板　60－200－9Y(Z)	13	橡胶	
142	GLC(07)02－402	双面橡胶垫板　60－220－9Z(Y)	4	橡胶（左开）	
143	GLC(07)02－402	双面橡胶垫板　60－220－21Y(Z)	4	橡胶	
144	GLC(07)02－402	双面橡胶垫板　60－220－9Y(Z)	19	橡胶	
145	GLC(07)02－414	橡胶垫板　973 × 205 × 14	1	橡胶	
146	GLC(07)02－414	橡胶垫板　946 × 205 × 14	1	橡胶	
147	GLC(07)02－414	橡胶垫板　918 × 205 × 14	1	橡胶	
148	GLC(07)02－411	橡胶垫板　884 × 205 × 14	1	橡胶	
149	GLC(07)02－411	橡胶垫板　857 × 205 × 14	1	橡胶	
150	GLC(07)02－411	橡胶垫板　831 × 205 × 14	1	橡胶	
151	GLC(07)02－411	橡胶垫板　805 × 205 × 14	1	橡胶	
152	GLC(07)02－411	橡胶垫板　778 × 205 × 14	1	橡胶	
153	GLC(07)02－411	橡胶垫板　752 × 205 × 14	1	橡胶	
154	GLC(07)02－411	橡胶垫板　733 × 205 × 14	1	橡胶	
155	GLC(07)02－411	橡胶垫板　850 × 205 × 14	1	橡胶	
156	GLC(07)02－416	橡胶垫板　867 × 205 × 10	1	橡胶	
157	GLC(07)02－416	橡胶垫板　883 × 205 × 10	1	橡胶	
158	GLC(07)02－416	橡胶垫板　899 × 205 × 10	1	橡胶	
159	GLC(07)02－411	橡胶垫板　851 × 205 × 14	1	橡胶	

60 kg/m 钢轨 18 号单开道岔
图　号：GLC(07)03

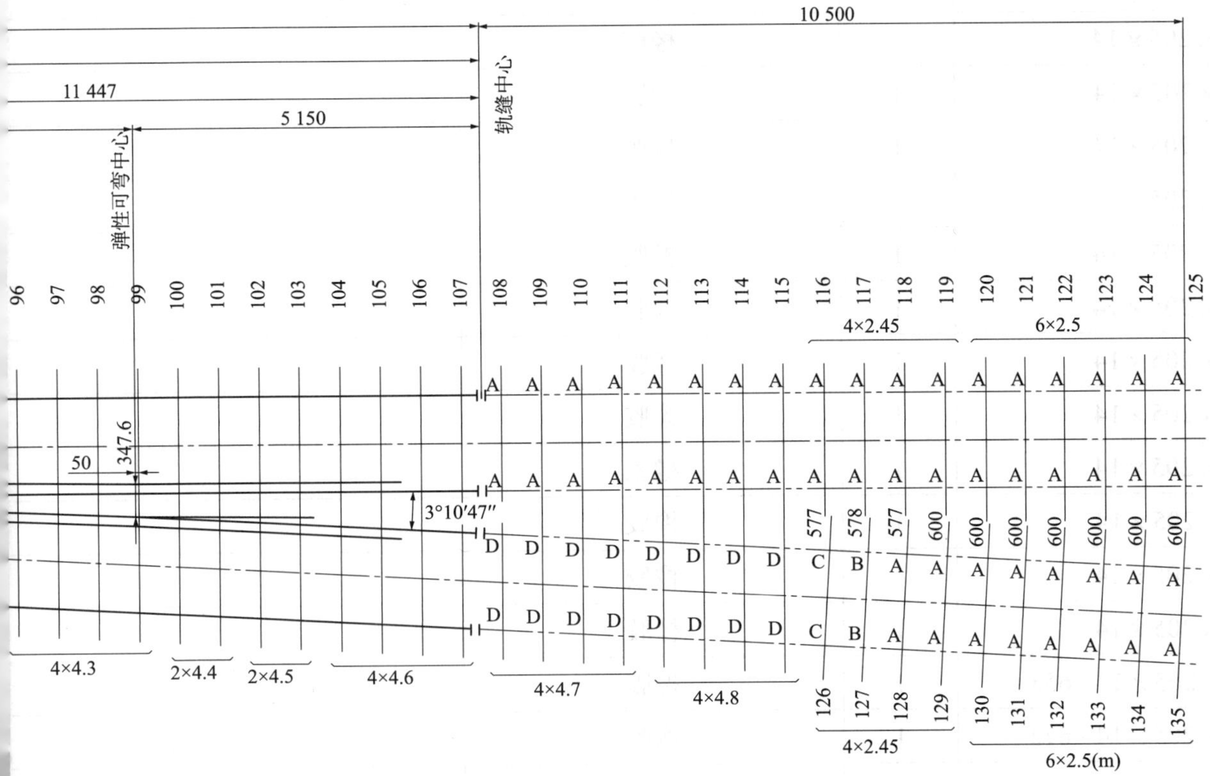

表 1　滑床板上不同轨距时复合偏心套的配置表

单股钢轨位置	钢轨内侧		钢轨外侧	
	复合偏心套		复合偏心套	
	外侧	内侧	内侧	外侧
0	11	13	11	13
−2	13	11	13	11
−4	15	9	15	9
+2	9	15	9	15

图 2　转辙器部分轨距示意图

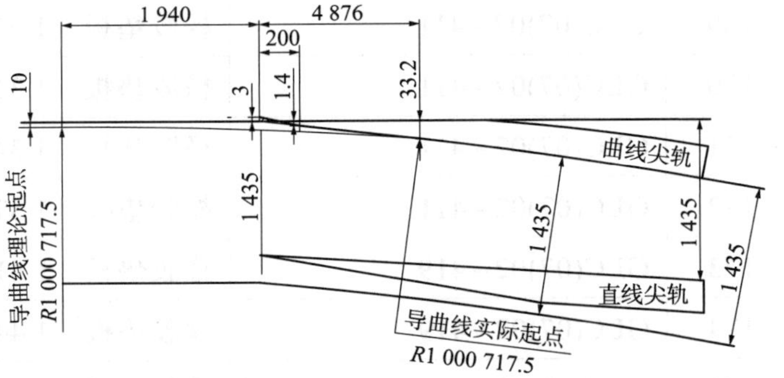

注
为备用
为备用
93G(轨
头夹板)
绝缘接
0 kg/m
钢轨
度变化幅
60 mm、

118 mm、75 mm，各牵引点理论转换力分别为 837 N、699 N、2 254 N；

(3) 转辙器尖轨跟端按设间隔铁、限位器和不设传力结构三种方案设计，转辙器跟端用连接螺栓扭矩为 1 000～1 100 N·m，垫板用 M30 螺栓扭矩为 250～300 N·m；

(4) 可动心轨辙叉采用钢轨组合式，心轨采用 60AT 钢轨，短心轨后端为滑动端，翼轨采用轧制翼轨；

(5) 心轨设二个牵引点，采用钩型外锁闭装置，各点设计动程分别为 100.6 mm、55.5 mm，各牵引点理论转换力分别为 179 N、4529 N；

(6) 可动心轨辙叉侧线设置护轨，护轨采用 33 kg/m 槽型钢轨，护轨顶面高出基本轨顶面 12 mm；

(7) 滑床板上不同轨距时复合偏心套的配置见表 1；

(8) 扣件采用分开式Ⅱ型弹条扣件，在特殊部位用Ⅲ型弹条扣件，轨距块设计安装号数如下：

弹条Ⅱ型扣件：钢轨工作边一侧安装 13 号轨距块、钢轨非工作边一侧安装 11 号轨距块；钢轨接头两侧安装接头轨距块；7-17 轨距块为备用轨距块，供现场调整用；

弹条Ⅲ型扣件：钢轨工作边一侧安装 11 号轨距块、钢轨非工作边一侧安装 9 号轨距块，钢轨接头两侧安装接头轨距块；

(9) 钢轨轨下设置 5 mm 厚橡胶垫板，板下设置 14 mm 厚橡胶垫板，合理调整不同部位轨下和板下胶垫的刚度，使其在整个岔内弹性趋于一致。

3. 本图按设置轨道电路设计，图中钢轨普通接头、胶接绝缘接头分别以“—|├—”、“—▭—”表示。

4. 绝缘接头两侧采用绝缘轨距块。

5. 道岔用螺母可以采用其他等级的防松螺母。

6. 明细表中普通垫板包括四种类型：垫板 60-0、60-5、60-8、60-11，分别用符号 A、B、C、D 表示，铺设位置见布置图。

7. 本道岔轨距均为 1 435 mm，序号 1～125 岔枕按垂直于道岔直股布置，序号 126～135 岔枕垂直于钢轨工作边。道岔的轨下基础采用混凝土岔枕，与本道岔相配套的轨下基础图号为 GLC(07)03-300。

8. 铺设混凝土岔枕时，带编号一侧铺设在道岔直股外侧，侧股辙叉后短岔枕带编号一侧铺设在道岔侧股外侧。

9. 道岔钢轨、铁垫板、间隔铁等应采取有效的防腐蚀措施。

10. 钢轨材质应与相邻的线路钢轨相同，具体由用户订货时指明。

11. 明细表中序号 26、27、28 供货与否见合同。

12. 导曲线钢轨需按附图一厂内预钻 ϕ9.8 mm 跳线孔，孔高距钢轨轨底 79 mm，该孔钻后必须进行 C1 倒角处理，并在孔内加注黄油以防锈蚀，具体位置详见附图 1，图中“⊕”代表跳线孔位置。附图 1 的跳线孔位置是按照总布置图中方案一绝缘位置设在侧股时设置，如绝缘位置设在直股时，仍按照附图 1 所示位置预钻该信号跳线孔，孔径和孔高均不变。

13. 在距离导轨前端 400 mm 的轨腰处用白色油漆喷涂“←前”字样，需要作出方向标记的导轨见附图 1。

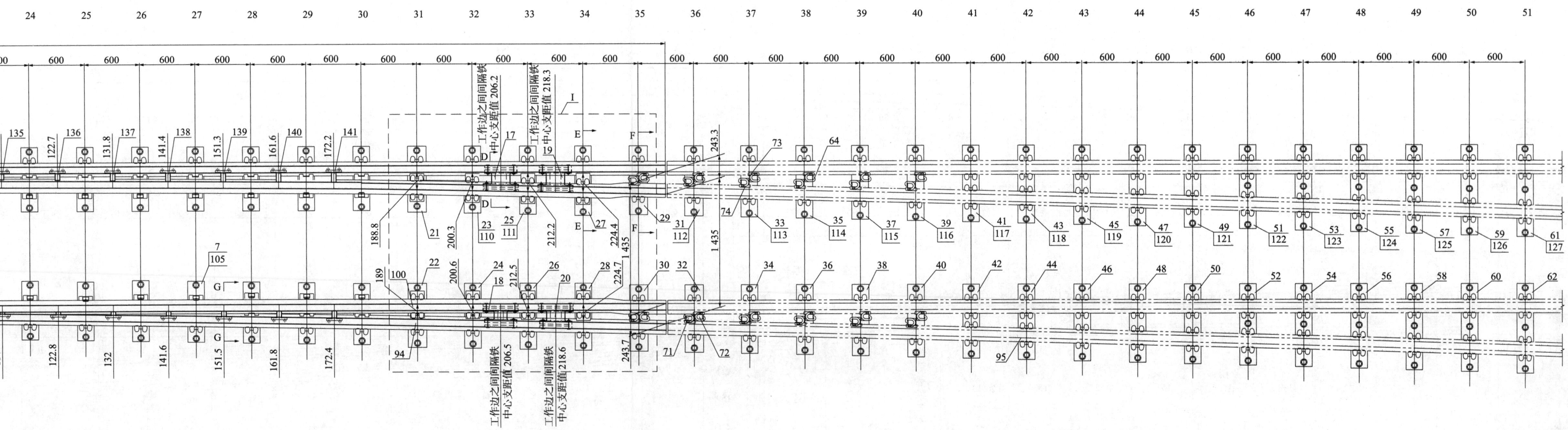

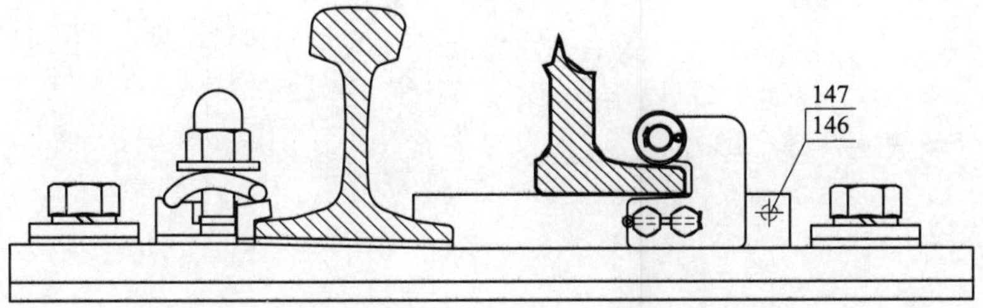

C－C

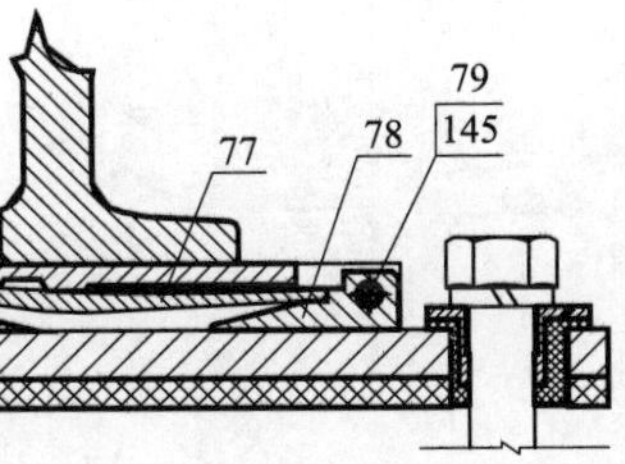

F－F

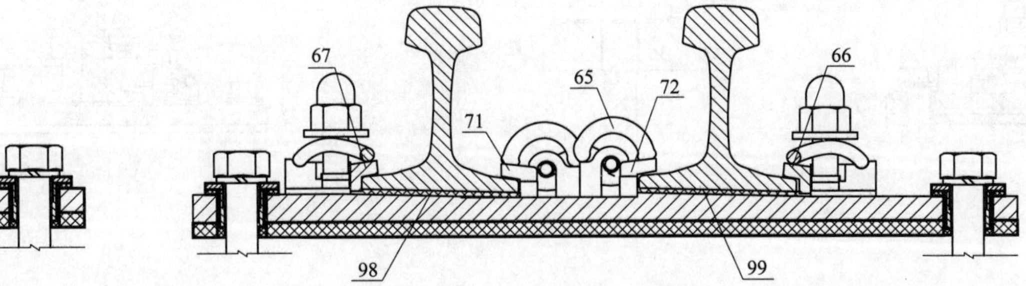

G－G

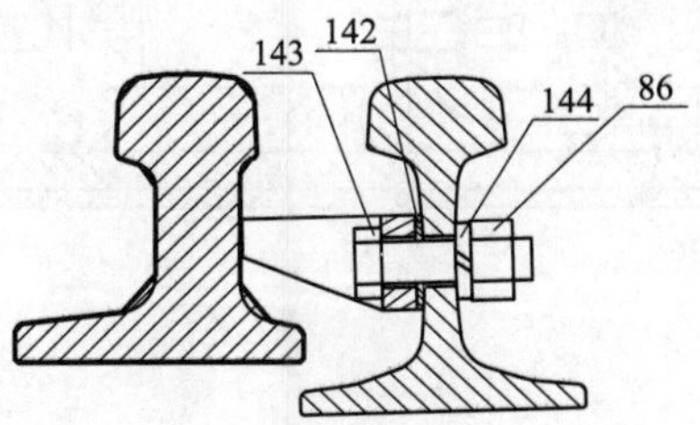

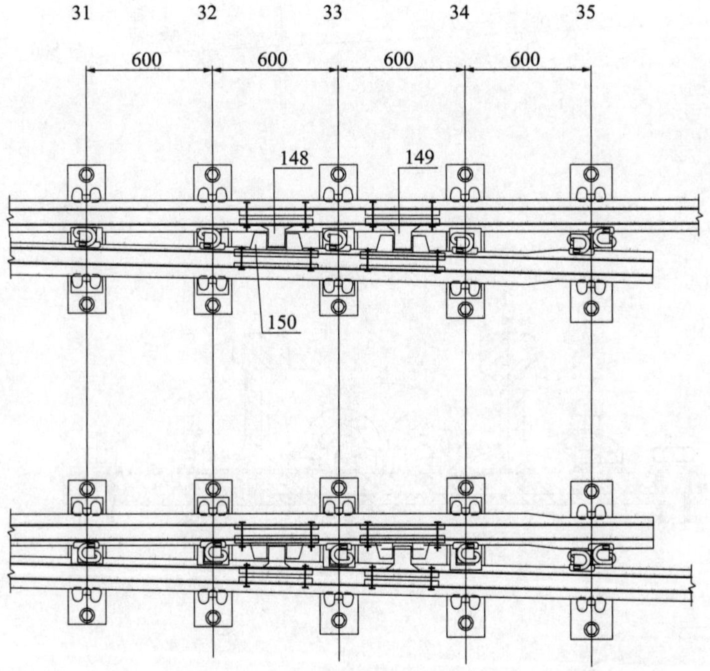

I 图
转辙器跟端采用限位器

技 术 要 求

1. 尖轨跟端按采用间隔铁、限位器和不设传力结构三种方案设计，本图按照转辙器跟端为间隔铁结构设计。当采用间隔铁结构时，取消明细表中 148～150 项；当采用限位器结构时，取消明细表中 17～20 项，局部布置图见 I 图；当不设传力机构时，取消明细中 17～20、75、76、89～92、148～150 项，局部布置图见 I 图。
2. 滚轮滑床板 3、9 号岔枕用双滚轮，15、22 号岔枕用单滚轮。
3. 未特殊说明的轨下橡胶垫板开别与道岔开别一致，左右开橡胶垫板对称制造。

60 kg/m 钢轨 18 号单开道岔辙叉及护轨

图　号：GLC(07)03－200

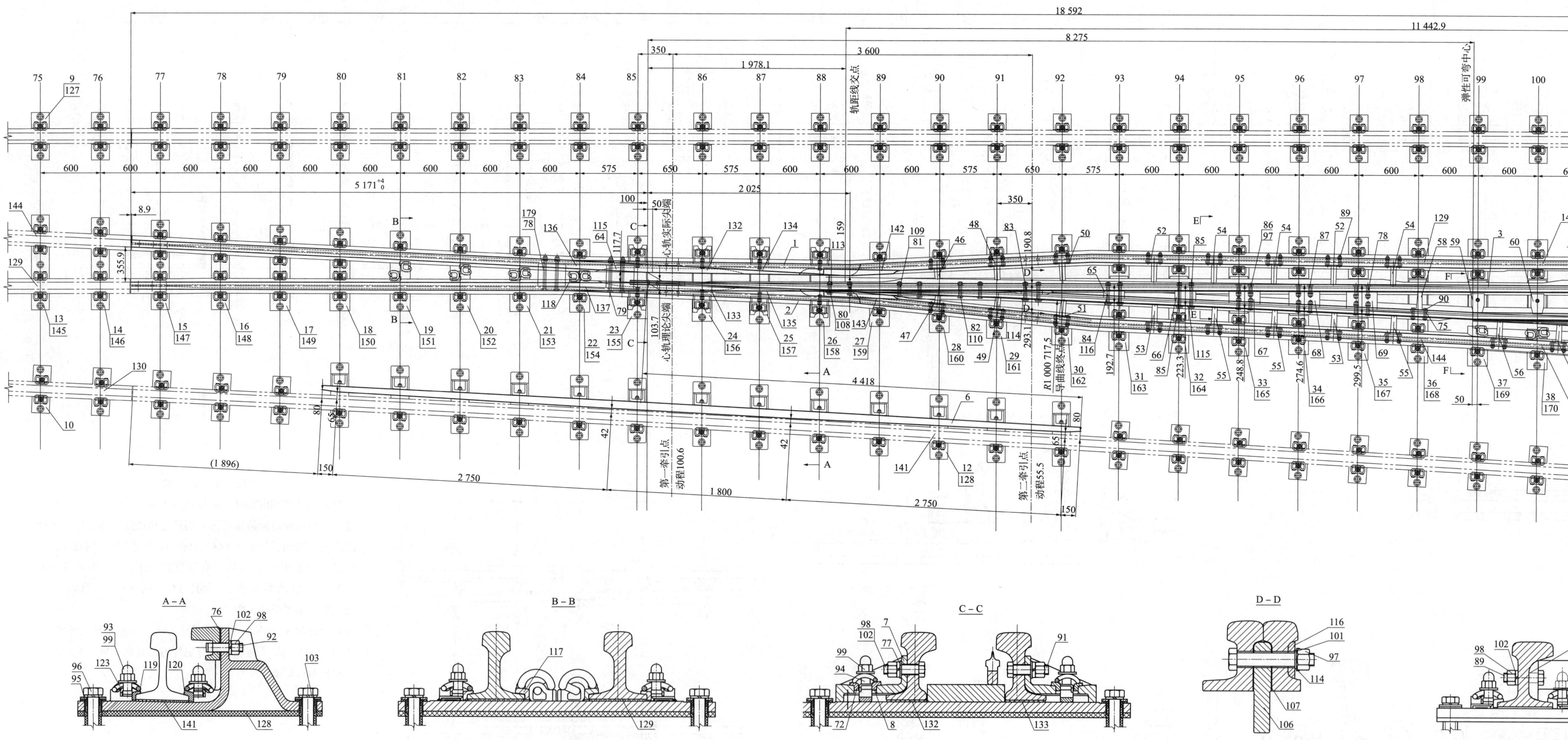

59. 60 kg/m 钢轨 18 号单开道岔(混凝土枕)
设计图号：GLC(09)05

道岔允许通过速度	客车	$v_{直}$≤120 km/h；$v_{侧}$≤80 km/h		扣件类型	Ⅱ型弹条
	货车	$v_{直}$≤100 km/h；$v_{直}$≤80 km/h		轨底坡	1：40
转辙器跟端形式	□限位器 ■间隔铁 ■不设传力机构 □间隔铁活接头			锁闭方式	内锁闭
道岔全长	60 000	辙叉全长	8 992	辙叉类型	高锰钢整铸式
道岔前长	28 600	辙叉趾长	3 237	辙叉角	3°10′47.4″
道岔后长	31 400	辙叉跟长	5 755	翼轨轨型	—
尖轨长度	19 040	基本轨长度	20 392	直向护轨长度	8 200
尖轨轨型	60AT1			侧向护轨长度	8 200
尖轨尖端前基本轨长度			1 351	护轨轨型	33 kg/m 槽型钢
辙叉理论尖端距趾端方向前一根岔枕中心距离			541	导曲线半径	1 100 m
尖轨尖端至心轨实际尖端距离	52 886	直向护轨端头距导轨端头定位尺寸			1 896
道岔终端至末根岔枕中心距离	15 904	侧向护轨端头距导轨端头定位尺寸			1 823

最大构造加宽	—	测量位置	—				
岔枕图号 GLC(09)05－300	岔枕总数	136 根	岔枕展延长	450.28 m	套管总数	776	
道岔板 —							
转换设备图号电务填写	尖轨动程	160、121、75			心轨动程	—	
批准文号	—				应用情况	★★	
主要结构特点	1. 本道岔适用于跨区间无缝线路。 2. 轨下基础采用混凝土岔枕和有砟道床。						

转辙器明细表

序号	图号 / 标准	名称及规格	数量	材　料	备　注
1	GLC(09)05－102	直基本轨　20 392	1	60 kg/m 钢轨	
2	GLC(09)05－103	曲基本轨　20 392	1	60 kg/m 钢轨	
3	GLC(09)05－104	曲线尖轨　19 040	1	60AT 钢轨	
4	GLC(09)05－105	直线尖轨　19 040	1	60AT 钢轨	
5	GLC(06)01－501	滑床板　640－0	15		
6	GLC(06)01－501	滑床板　640－3Y(Z)	12		
7	GLC(06)01－501	滑床板　640－6Y(Z)	3		
8	GLC(06)01－506	防跳限位装置　650－0/23	1		
9	GLC(06)01－506	防跳限位装置　650－3/23Y(Z)	1		
10	GLC(06)01－506	防跳限位装置　640－0/57	1		
11	GLC(06)01－506	防跳限位装置　640－3/61Y(Z)	1		
12	GLC(06)01－506	防跳限位装置　640－0/70	1		
13	GLC(06)01－506	防跳限位装置　640－3/70Y(Z)	1		
14	GLC(06)01－504	滚轮滑床板　640－0	3		
15	GLC(06)01－504	滚轮滑床板　640－3Y(Z)	3		
16	GLC(06)01－534	普通垫板　60－A	4	ZG 230－450(QT400－15)	
17	GLC(09)05－106	直股用滑床板　730	5		
18	GLC(09)05－107	侧股用滑床板　730	5		
19	GLC(09)05－108	通长垫板用滚轮滑床板　730	2		
20	GLC(09)05－109	连接垫板　569－349	1		
21	GLC(09)05－109	连接垫板　574－354	1		
22	GLC(09)05－109	连接垫板　597－377	1		
23	GLC(09)05－109	连接垫板　602－382	1		
24	GLC(09)05－109	连接垫板　633－413	1		
25	GLC(09)05－109	连接垫板　639－419	1		
26	GLC(09)05－110	垫　板　692×180×29Y(Z)	1		
27	GLC(09)05－111	垫　板　692×180×29Y(Z)	1		
28	GLC(09)05－112	垫　板　703×180×29Y(Z)	1		
29	GLC(09)05－113	垫　板　703×180×29Y(Z)	1		
30	GLC(09)05－112	垫　板　714×180×29Y(Z)	1		
31	GLC(09)05－113	垫　板　714×180×29Y(Z)	1		
32	GLC(09)05－112	垫　板　725×180×29Y(Z)	1		
33	GLC(09)05－113	垫　板　725×180×29Y(Z)	1		

续上表

序号	图号 / 标准	名称及规格	数量	材　　料	备　　注
34	GLC(09)05－114Y(Z)	垫　板　708 × 200 × 29	1		
35	GLC(09)05－115Y(Z)	垫　板　708 × 200 × 29	1		
36	GLC(09)05－116Y(Z)	垫　板　722 × 200 × 29	1		
37	GLC(09)05－117Y(Z)	垫　板　722 × 200 × 29	1		
38	GLC(09)05－116Y(Z)	垫　板　734 × 200 × 29	1		
39	GLC(09)05－117Y(Z)	垫　板　734 × 200 × 29	1		
40	GLC(09)05－118Y(Z)	垫　板　747 × 180 × 29	1		
41	GLC(09)05－119Y(Z)	垫　板　747 × 180 × 29	1		
42	GLC(09)05－118Y(Z)	垫　板　760 × 180 × 29	1		
43	GLC(09)05－119Y(Z)	垫　板　760 × 180 × 29	1		
44	GLC(09)05－118Y(Z)	垫　板　773 × 180 × 29	1		
45	GLC(09)05－119Y(Z)	垫　板　773 × 180 × 29	1		
46	GLC(09)05－118Y(Z)	垫　板　787 × 180 × 29	1		
47	GLC(09)05－119Y(Z)	垫　板　787 × 180 × 29	1		
48	GLC(09)05－120	垫　板　801 × 180 × 29Y(Z)	1		
49	GLC(09)05－121	垫　板　801 × 180 × 29Y(Z)	1		
50	GLC(09)05－120	垫　板　815 × 180 × 29Y(Z)	1		
51	GLC(09)05－121	垫　板　815 × 180 × 29Y(Z)	1		
52	GLC(09)05－120	垫　板　830 × 180 × 29Y(Z)	1		
53	GLC(09)05－121	垫　板　830 × 180 × 29Y(Z)	1		
54	GLC(09)05－120	垫　板　845 × 180 × 29Y(Z)	1		
55	GLC(09)05－121	垫　板　845 × 180 × 29Y(Z)	1		
56	GLC(09)05－120	垫　板　861 × 180 × 29Y(Z)	1		
57	GLC(09)05－121	垫　板　861 × 180 × 29Y(Z)	1		
58	GLC(09)05－122	垫　板　876 × 180 × 29Y(Z)	1		
59	GLC(09)05－123	垫　板　876 × 180 × 29Y(Z)	1		
60	GLC(09)05－122	垫　板　892 × 180 × 29Y(Z)	1		
61	GLC(09)05－123	垫　板　892 × 180 × 29Y(Z)	1		
62	GLC(09)05－122	垫　板　909 × 180 × 29Y(Z)	1		
63	GLC(09)05－123	垫　板　909 × 180 × 29Y(Z)	1		
64	GLC(09)05－122	垫　板　925 × 180 × 29Y(Z)	1		
65	GLC(09)05－123	垫　板　925 × 180 × 29Y(Z)	1		
66	GLC(09)05－122	垫　板　942 × 180 × 29Y(Z)	1		
67	GLC(09)05－123	垫　板　942 × 180 × 29Y(Z)	1		
68	GLC(09)05－122	垫　板　960 × 180 × 29Y(Z)	1		
69	GLC(09)05－123	垫　板　960 × 180 × 29Y(Z)	1		

续上表

序号	图号 / 标准	名称及规格	数量	材　　料	备　　注
70	GLC(07)05－122	垫　板　977×180×29Y(Z)	1		
71	GLC(09)05－123	垫　板　977×180×29Y(Z)	1		
72	NS－01(b)	螺　母　M24	40	4.8 级	其中顶铁用 40 个
73	专线 3351－3	Ⅱ型弹条	210		
74	专线 3328－3	Ⅲ型弹条	20		
75	专线 9602	Ⅲ型接头弹条	8		
76	专线 4232－10A	接头轨距块　60/13－15	6	ZG 230－450	
77	专线 4232－10A	接头轨距块　60/9－11	14	ZG 230－450	
78	专线 4232－10	轨距块　60/13－15	68	ZG 230－450	
79	专线 4232－10	轨距块　60/9－11	122	ZG 230－450	
80	GLC(06)01－512	轨距块　60－0	4	KTH 330－08	
81	专线 4267－4	接头轨距块　60－11	2	KTH 350－10	
82	专线 4267－4	接头轨距块　60－9	2	KTH 350－10	
83	专线 4267－3	轨距块　60－11	10	KTH 350－10	
84	专线 4267－3	轨距块　60－9	10	KTH 350－10	
85	GLC(06)01－511	夹　板　360	4	Q235－A	
86	专线 4232－32	钢轨垫圈　60AT－0	8	KTH 330－08	
87	GLC(06)01－513	弹　片　210	54	60Si2CrA	
88	GLC(06)01－514	楔形调整块　20	52	ZG 270－500	
		楔形调整块　30	2		
89	GLC(06)01－518	挡　板　120	46	Q235－A	
		挡　板　163	8		
90	GLC(06)01－545	复合定位套	114		
91	GLC(06)01－515	复合偏心套　11－13	120		9－15 为 60 个备用
92	专线 4232－4	T 型螺栓　M24×60	194		
93	NS－07	限位板　M24	210		
94	NS－06	盖形螺母　M24	194		
95	GLC(06)01－536	岔枕螺钉　M30×185	234		
96	GB/T 7244	弹簧垫圈　30	234	10.9 级	
97	GB/T 1228	螺　栓　M27×120	4	10.9 级	
98	GB/T 1228	螺　栓　M27×130	8	10.9 级	
99	GB/T 1228	螺　栓　M27×140	4	10.9 级	
100	NS－02b	螺　母　M27	16	10 级	
101	GB/T 1230	垫　圈　27	16		
102	GLC(09)05－401	轨下单面橡胶垫板　60－200－0	46	橡胶	
103	GLC(09)05－401	轨下单面橡胶垫板　60－270－0	8	橡胶	

续上表

序号	图号 / 标准	名称及规格	数量	材　料	备　注
104	GLC(09)05－402	轨下双面橡胶垫板　60－200－0	40	橡胶	
105	GLC(09)05－402	轨下双面橡胶垫板　60－200－4	36	橡胶	
106	GLC(09)05－402	轨下双面橡胶垫板　60－220－0	6	橡胶	
107	GLC(09)05－402	轨下双面橡胶垫板　60－220－4	6	橡胶	
108	GLC(09)05－402	轨下双面橡胶垫板　60－170－0	4	橡胶	
109	GLC(09)05－402	轨下双面橡胶垫板　60－170－3	4	橡胶	
110	GLC(09)05－410	橡胶垫板　730×255×14	2	橡胶	
111	GLC(09)05－410	橡胶垫板　730×185×14	10	橡胶	
112	GLC(09)05－411	橡胶垫板　640×185－0	17	橡胶	
113	GLC(09)05－411	橡胶垫板　640×185－3	14	橡胶	
114	GLC(09)05－411	橡胶垫板　640×185－6	3	橡胶	
115	GLC(09)05－411	橡胶垫板　650×185－0	1	橡胶	
116	GLC(09)05－411	橡胶垫板　650×185－3	1	橡胶	
117	GLC(09)05－406	橡胶垫板　692×185×14	2	橡胶	
118	GLC(09)05－406	橡胶垫板　703×185×14	2	橡胶	
119	GLC(09)05－406	橡胶垫板　714×185×14	2	橡胶	
120	GLC(09)05－406	橡胶垫板　725×185×14	2	橡胶	
121	GLC(09)05－406	橡胶垫板　708×205×14	2	橡胶	
122	GLC(09)05－406	橡胶垫板　722×205×14	2	橡胶	
123	GLC(09)05－406	橡胶垫板　734×205×14	2	橡胶	
124	GLC(09)05－406	橡胶垫板　747×205×14	2	橡胶	
125	GLC(09)05－406	橡胶垫板　760×185×14	2	橡胶	
126	GLC(09)05－406	橡胶垫板　773×185×14	2	橡胶	
127	GLC(09)05－406	橡胶垫板　787×185×14	2	橡胶	
128	GLC(09)05－406	橡胶垫板　801×185×14	2	橡胶	
129	GLC(09)05－406	橡胶垫板　815×185×14	2	橡胶	
130	GLC(09)05－406	橡胶垫板　830×185×14	×	橡胶	
131	GLC(09)05－406	橡胶垫板　845×185×14	2	橡胶	
132	GLC(09)05－406	橡胶垫板　861×185×14	2	橡胶	
133	GLC(09)05－408	橡胶垫板　876×185×14	2	橡胶	
134	GLC(09)05－408	橡胶垫板　892×185×14	2	橡胶	
135	GLC(09)05－408	橡胶垫板　909×185×14	2	橡胶	
136	GLC(09)05－408	橡胶垫板　925×185×14	2	橡胶	
137	GLC(09)05－408	橡胶垫板　942×185×14	2	橡胶	
138	GLC(09)05－408	橡胶垫板　960×185×14	2	橡胶	
139	GLC(09)05－408	橡胶垫板　977×185×14	2	橡胶	

续上表

序号	图号 / 标准	名称及规格	数量	材料	备注
140	GLC(09)05－407	橡胶垫板 569×185×14	1	橡胶	
141	GLC(09)05－407	橡胶垫板 574×185×14	1	橡胶	
142	GLC(09)05－407	橡胶垫板 597×185×14	1	橡胶	
143	GLC(09)05－407	橡胶垫板 602×185×14	1	橡胶	
144	GLC(09)05－407	橡胶垫板 633×185×14	1	橡胶	
145	GLC(09)05－407	橡胶垫板 639×185×14	1	橡胶	
146	GLC(09)05－405	橡胶垫板 480×185×14	4	橡胶	
147	GLC(09)05－412	橡胶垫板 640×255－0	3	橡胶	
148	GLC(09)05－412	橡胶垫板 640×255－3	3	橡胶	
149	专线 4171－26	拉　杆 981	1		
150	专线 4171－26	拉　杆 1 032	1		
151	专线 4171－26	拉　杆 1 091	1		
152	专线 4171－26	顶　铁 51	2	Q235－A	
153	专线 4232－35	顶　铁 56	2	Q235－A	
154	专线 4232－35	顶　铁 66	2	Q235－A	
155	专线 4232－35	顶　铁 74	2	Q235－A	
156	专线 4232－35	顶　铁 82	2	Q335－A	
157	专线 4232－35	顶　铁 91	2	Q235－A	
158	专线 4232－35	顶　铁 100	2	Q235－A	
159	专线 4232－35	顶　铁 109	2	Q235－A	
160	专线 4232－35	顶　铁 119	2	Q235－A	
161	专线 4232－35	顶　铁 128	2	Q235－A	
162	专线 4232－21	调整片 180×50×2	30		各 15 片发往现场
		调整片 180×50×1	50		
163	GB/T 5780	螺　栓 M24×80	40		
164	GB/T 7244	弹簧垫圈 24	40		
165	GB/T 5780	螺　栓 M20×140	24		
166	NS－01(b)	螺　母 M20	24		
167	GB/T 95	垫　圈 20	68		
168	专线 4232－95	绝缘垫片 150×55×10	12	3240 环氧酚醛玻璃布板	其中 24 片 1 mm、12 片 2 mm 为备用
		绝缘垫片 150×55×3	12		
		绝缘垫片 150×55×2	24		
		绝缘垫片 150×55×1	24		
169	专线 4232－96	绝缘管垫 20×45	48	玻璃纤维	
170	专线 4171－23	接头铁 60	10	Q235	
171	GB/T 5780	螺　栓 M20×110	4		用在尖轨第一接头铁

续上表

序号	图号 / 标准	名称及规格	数量	材　料	备　注
172	GB/T 5780	螺　栓　M20×120	16		
173	GB/T 41	螺　母　M20	40		
174	专线 4171-53	绝缘垫圈　20	20	3240 环氧酚醛玻璃布板	
175	专线 4171-52	绝缘管　20×20	20	3640 环氧酚醛玻璃布板	
176	专线 4171-51	绝缘片　185×55×5	10	3240 环氧酚醛玻璃布板	
177	专线 4171-30	调整片　185×50×3	30		各 10 片发往现场
		调整片　185×50×2	45		
178	GLC(06)01-509	间隔铁　Z/155.7-162.5	1	ZG 270-500	
179	GLC(06)01-510	间隔铁　Y/155.7-162.5	1	ZG 270-500	
180	GLC(06)01-509	间隔铁　Z/167-173.8	1	ZG 270-500	
181	GLC(06)01-510	间隔铁　Y/167-173.8	1	ZG 270-500	
182	专线 4171-27	连　杆　1 066	1		
183	专线 4171-27	连　杆　1 094	1		
184	专线 4232-4	螺　栓　M24×65	16		
185	NS-01(b)-c	螺　母　M24	16		

辙叉及护轨明细表

序号	图号 / 标准	名称及规格	数量	材　料	备　注
1	GLC(09)05-202	焊接整铸辙叉	1		分左右开
2	GLC(09)05-203	护　轨　8 200	2	33 kg/m 槽型钢	
3	GLC(09)05-204	垫　板　980×180×29	1		分左右开
4	GLC(09)05-204	垫　板　954×180×29	1		分左右开
5	GLC(09)05-204	垫　板　928×180×29	1		分左右开
6	GLC(09)05-204	垫　板　902×180×29	1		分左右开
7	GLC(09)05-204	垫　板　874×180×29	1		分左右开
8	GLC(09)05-205	垫　板　848×180×29	1		分左右开
9	GLC(09)05-205	垫　板　821×180×29	1		分左右开
10	GLC(09)05-205	垫　板　793×180×29	1		分左右开
11	GLC(09)05-206	垫　板　765×180×29	1		分左右开
12	GLC(09)05-206	垫　板　736×180×29	1		分左右开
13	GLC(09)05-206	垫　板　708×180×29	1		分左右开
14	GLC(09)05-206	垫　板　678×180×25	1		分左右开
15	GLC(09)05-207	垫　板　722×180×25	2		分左右开
16	GLC(09)05-207	垫　板　722×180×25	5		分左右开
17	GLC(09)05-207	垫　板　776×180×25	2		分左右开
18	GLC(09)05-207	垫　板　820×180×25	2		分左右开
19	GLC(09)05-208	垫　板　679×180×29	1		分左右开
20	GLC(09)05-209	垫　板　713×180×29	1		分左右开
21	GLC(09)05-209	垫　板　742×180×29	1		分左右开
22	GLC(09)05-209	垫　板　776×180×29	1		分左右开
23	GLC(09)05-210	垫　板　809×180×29	1		分左右开
24	GLC(09)05-210	垫　板　842×180×29	1		分左右开
25	GLC(09)05-210	垫　板　876×180×29	1		分左右开
26	GLC(09)05-211	垫　板　909×180×29	1		分左右开
27	GLC(09)05-211	垫　板　942×180×29	1		分左右开
28	GLC(09)05-211	垫　板　976×180×29	1		分左右开
29	GLC(06)01-534	普通垫板　480-0(A)	19	ZG 230-450 或 QT400-15	
30	GLC(06)01-534	普通垫板　480-8(C)	8	ZG 230-450 或 QT400-15	分左右开
31	GLC(06)01-534	普通垫板　480-11(D)	9	ZG 230-450 或 QT400-15	分左右开

续上表

序号	图号 / 标准	名称及规格	数量	材　　料	备　　注
32	GLC(07)05-213	接头垫板　DZ 右 (DZ)	2		分左右开
	GLC(07)05-212	接头垫板　DY 左 (DY')	2		分左右开
33	GLC(06)01-548	直向护轨垫板　650×180×29	14	ZG 230-450 或 QT 400-15	分左右开
34	GLC(06)01-535	侧向护轨垫板　111-121	14	ZG 230-450 或 QT 400-15	分左右开
35	GLC(06)01-536	岔枕螺栓　M30×185	206	45 号钢	
36	专线 4232-4	T 型螺栓　M24×60	226		
37	专线 4232-4	T 型螺栓　M24×80	7		
38	专线 4171-9	长方头螺栓　M24×85	28		
39	NS-06	盖型螺母　M24	233		
40	NS-01(b)	螺　母　M24	28		
41	NS-07	限位板　M24	233		
42	GB/T 7244	弹簧垫圈　24	28	65Mn	
43	GB/T 7244	弹簧垫圈　30	206	65Mn	
44	GLC(06)01-545	复合定位套	206		
45	专线 3351	Ⅱ型弹条	233	60Si2CrVA	
46	GLC(07)05-214	支距扣板　128-136	1	KTH 350-10	
47	GLC(07)05-214	支距扣板　100-107	1	KTH 350-10	
48	GLC(07)05-214	支距扣板　71-79	1	KTH 350-10	
49	GLC(07)05-214	支距扣板　42-50	1	KTH 350-10	
50	GLC(07)05-214	支距扣板　58-67	1	KTH 350-10	
51	GLC(07)05-214	支距扣板　91-100	1	KTH 350-10	
52	GLC(07)05-214	支距扣板　125-134	1	KTH 350-10	
53	专线 4232-10	轨距块　9-11	105	ZG 230-450	
54	专线 4232-10	轨距块　13-15	105	ZG 230-450	
55	专线 4232-10A	接头轨距块　9-11	8	ZG 230-450	
56	专线 4232-10A	接头轨距块　13-15	8	ZG 230-450	
57	GLC(06)01-543	护轨调整片 170×80×a	各 28	Q235	a=1、2、3
58	GLC(07)05-402	轨下双面槽胶垫　60-200-0	58	橡胶	单位：cm^3
59	GLC(07)05-402	轨下双面槽胶垫　60-200-8	12	橡胶	单位：cm^3，分左右开
60	GLC(07)05-402	轨下双面槽胶垫　60-200-12	10	橡胶	单位：cm^3，分左右开
61	GLC(07)05-402	轨下双面槽胶垫　60-220-0	2	橡胶	单位：cm^3
62	GLC(07)05-403	轨下双面槽胶垫　60-200-0	14	橡胶	单位：cm^3
63	GLC(07)05-403	轨下双面槽胶垫　60-200-12	14	橡胶	单位：cm^3，分左右开
64	GLC(07)05-404	胶　垫　379-200-4	9	橡胶	单位：cm^3，分左右开

续上表

序号	图号 / 标准	名称及规格	数量	材　料	备　注
65	GLC(07)05－404	胶　垫　439－200－4	2	橡胶	单位：cm^3，分左右开
3J	GLC(07)05－408	橡胶垫板　980×185×14	1	橡胶	单位：cm^3
4J	GLC(07)05－408	橡胶垫板　954×185×14	1	橡胶	单位：cm^3
5J	GLC(07)05－408	橡胶垫板　928×185×14	1	橡胶	单位：cm^3
6J	GLC(07)05－408	橡胶垫板　902×185×14	1	橡胶	单位：cm^3
7J	GLC(07)05－408	橡胶垫板　874×185×14	1	橡胶	单位：cm^3
8J	GLC(07)05－406	橡胶垫板　848×185×14	1	橡胶	单位：cm^3
9J	GLC(07)05－406	橡胶垫板　821×185×14	1	橡胶	
10J	GLC(07)05－406	橡胶垫板　793×185×14	1	橡胶	
11J	GLC(07)05－406	橡胶垫板　765×185×14	1	橡胶	
12J	GLC(07)05－406	橡胶垫板　736×185×14	1	橡胶	
13J	GLC(07)05－406	橡胶垫板　708×185×14	1	橡胶	
14J	GLC(07)05－406	橡胶垫板　678×185×14	1	橡胶	
15J	GLC(07)05－406	橡胶垫板　722×185×14	7	橡胶	
17J	GLC(07)05－406	橡胶垫板　776×185×14	3	橡胶	
18J	GLC(07)05－406	橡胶垫板　820×185×14	2	橡胶	
19J	GLC(07)05－406	橡胶垫板　679×185×14	1	橡胶	
20J	GLC(07)05－406	橡胶垫板　713×185×14	1	橡胶	
21J	GLC(07)05－406	橡胶垫板　742×185×14	1	橡胶	
23J	GLC(07)05－406	橡胶垫板　809×185×14	1	橡胶	
24J	GLC(07)05－406	橡胶垫板　842×185×14	1	橡胶	
25J	GLC(07)05－406	橡胶垫板　876×185×14	1	橡胶	
26J	GLC(07)05－408	橡胶垫板　909×185×14	1	橡胶	
27J	GLC(07)05－408	橡胶垫板　942×185×14	1	橡胶	
28J	GLC(07)05－408	橡胶垫板　976×185×14	1	橡胶	
29J	GLC(07)05－405	橡胶垫板　480×185×14	36	橡胶	
32J	GLC(07)05－412	橡胶垫板　480×205×14	2	橡胶	
33J	GLC(07)05－412	橡胶垫板　650×185×14	28	橡胶	

轨下橡胶垫板铺设位置说明

序号	图号 / 标准	名称及规格	数量	铺设位置
58	GLC(07)05－402	轨下双面槽胶垫　60－200－0	58	序号 29～31 垫板 (轨下)，序号 3～14、19～28 垫板 (直股轨下)
59	GLC(07)05－402	轨下双面槽胶垫　60－200－8	12	序号 3～14 垫板 (曲股轨下)
60	GLC(07)05－402	轨下双面槽胶垫　60－200－12	10	序号 19～28 垫板 (曲股轨下)
61	GLC(07)05－402	轨下双面槽胶垫　60－220－0	2	序号 32 垫板 (轨下)
62	GLC(07)05－403	轨下双面槽胶垫　60－200－0	14	序号 33 垫板 (轨下)
63	GLC(07)05－403	轨下双面槽胶垫　60－200－12	14	序号 34 垫板 (轨下)
64	GLC(07)05－404	胶　垫　379－200－4	9	序号 15～17 垫板 (锰叉下)
65	GLC(07)05－404	胶　垫　439－200－4	2	序号 18 垫板 (锰叉下)

GLC(09)05 电务主要参数

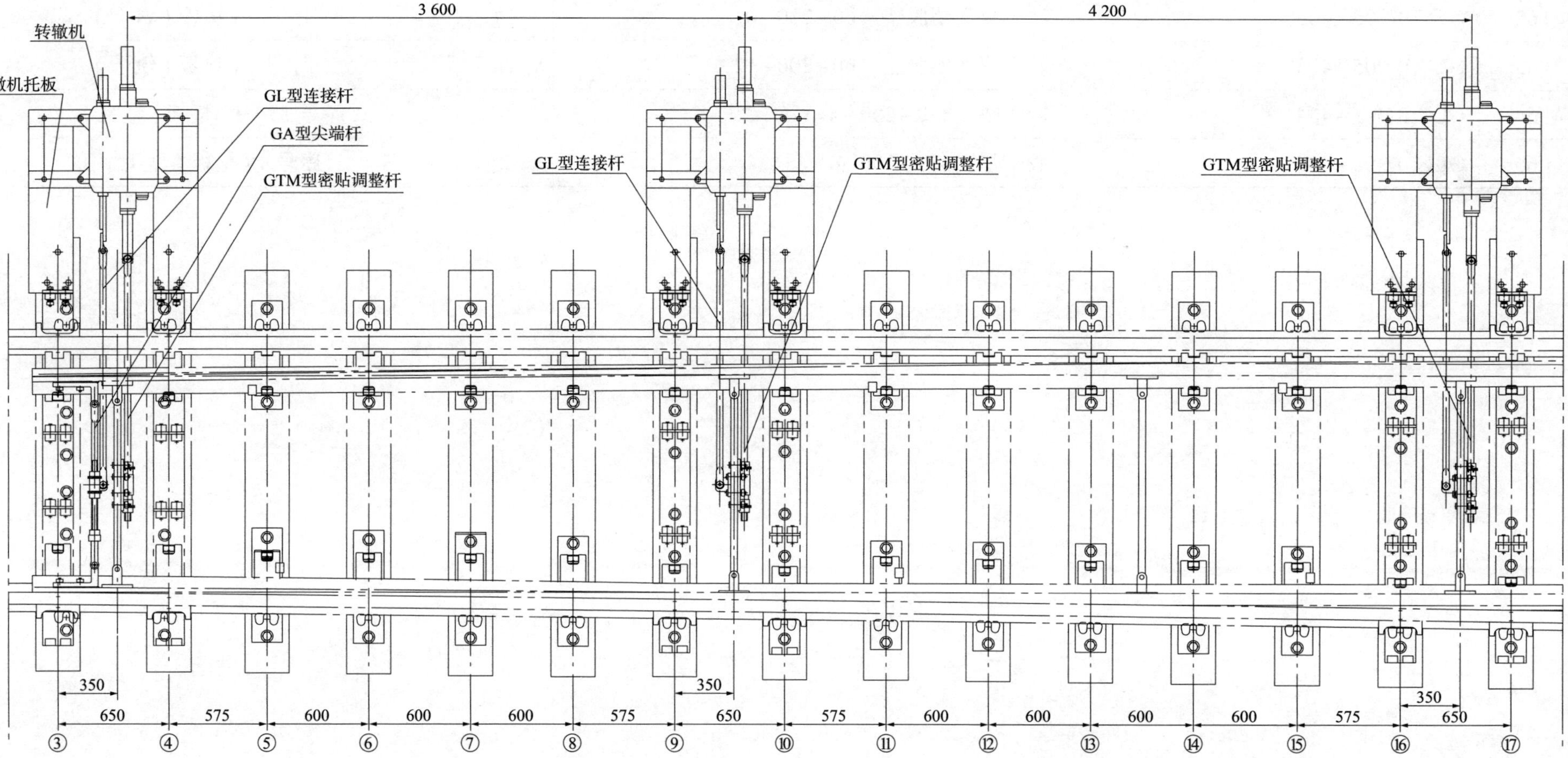

转换设备	安装图名称	安装图号	锁闭方式
ZD6－EJJ	60 kg/m 钢轨 18 号单开道岔转换设备（ZD6－E/J/J）安装图	S0903	内锁闭
ZD(J)9	60 kg/m 钢轨 18 号单开道岔转换设备（ZD9）安装图	S0904	内锁闭
ZY(J)7+SH6	60 kg/m 钢轨 18 号单开道岔转换设备（ZYJ7）安装图	S0919	内锁闭

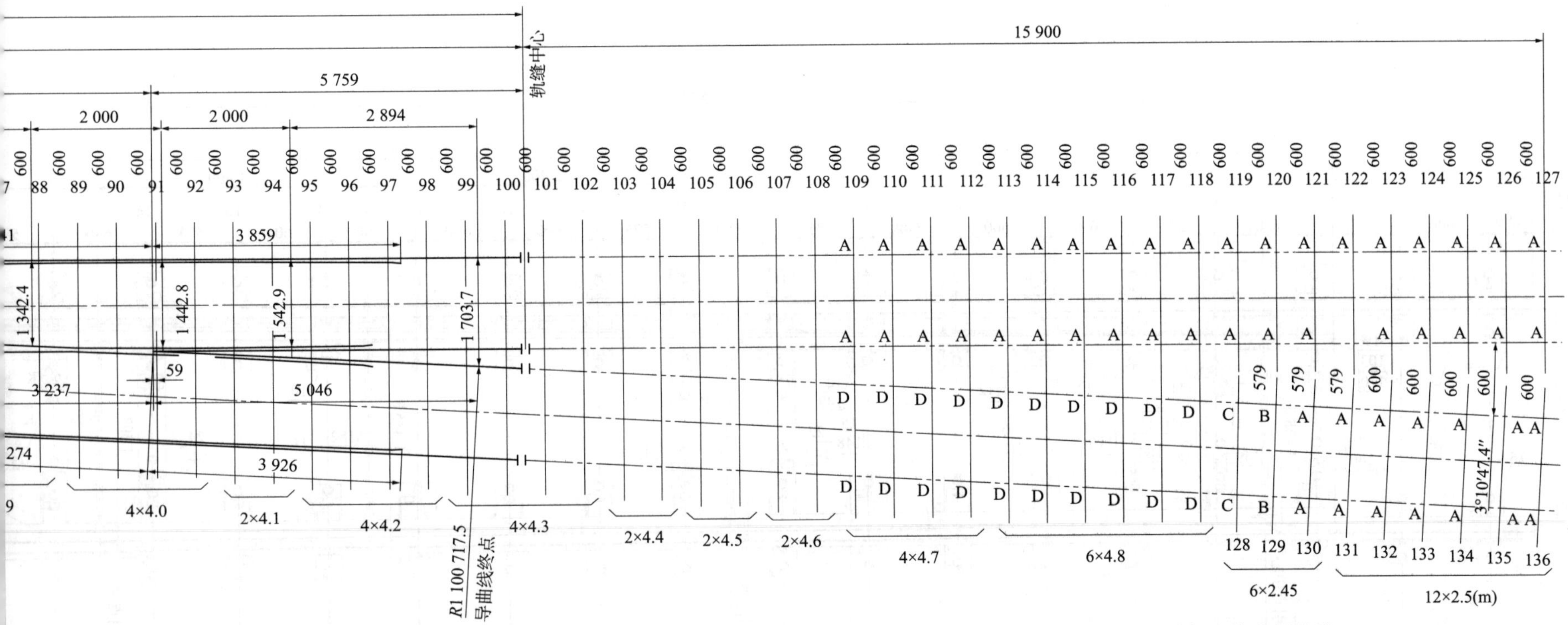

图 8　ZWP2000-A 型直股绝缘导曲线部分跳线孔位置示意图

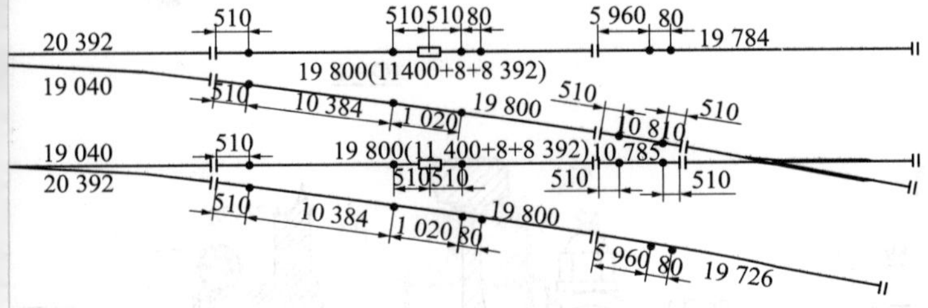

图 9　尖轨前部线形图

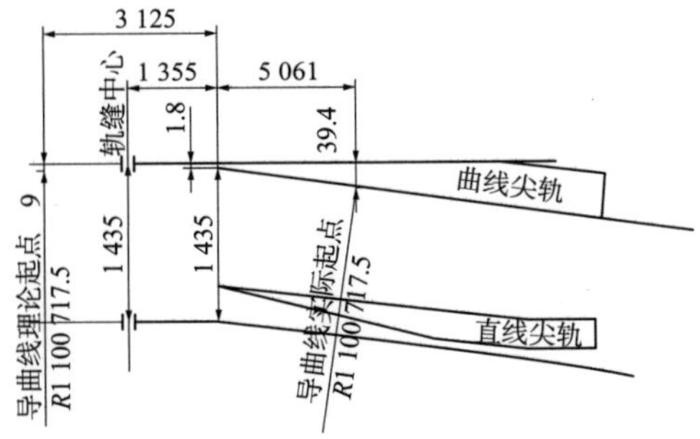

技　术　要　求

图中配轨形式按两种方式设置，见方案一、方案二

方案一为钢轨接头采用普通接头，绝缘接头采用胶接绝缘接头。

—|├—　普通接头　　轨缝 8 mm　　钻标准接头螺栓孔

—▭—　胶结绝缘接头　　轨缝 8 mm　　钻标准接头螺栓孔

方案二为钢轨接头为焊接接头，绝缘接头采用胶结绝缘接头。

—○—　铝热焊接接头　　轨缝 8 mm　　不钻接头螺栓孔

—▭—　胶结绝缘接头　　轨缝 8 mm　　钻标准接头螺栓孔

方案二中铝热焊接接头轨缝采用 8 mm 设置，如线路其他轨缝要求，由施工方自行进行断轨。

2. 本道岔轨距均为 1 435 mm，1～127 号岔枕按垂直于正线方向布置，130～136 号岔枕按垂直于侧向方向布置，128、129 号岔枕为扭转过渡枕。

3. 道岔连接部分及叉后垫板，根据垫板的偏斜量不同共有四种类型，其铺设位置见总布置图。其中 A、B、C、D 分别表示垫板 60－0、60－5、60－8、60－11。

4. 铺设混凝土岔枕时，带编号一侧铺设在道岔直股外侧，侧股辙叉后短岔枕带编号一侧铺设在道岔侧股外侧。

5. 道岔主要结构特点：

(1) 尖轨为相离半切线型，采用 19.04 m 长的 60AT 弹性可弯尖轨，尖轨尖端为藏尖式；

(2) 一般部位轨距块及复合偏心套的号码配置：

钢轨工作边一侧安装 13 号轨距块或绝缘轨距块；

钢轨非工作边一侧安装 11 号轨距块或绝缘轨距块。

7-17 号轨距块为备用轨距块，供现场调整用。

滑床板上不同轨距时复合偏心套的配置见下表：

单股钢轨位置	钢轨内侧			钢轨外侧		
	复合偏心套		轨距块	复合偏心套		轨距块
	外　侧	内　侧		内　侧	外　侧	
0	11	13	13	11	13	11
+2	13	11	13	13	11	11
+4	13	11	15	13	11	9
－2	11	13	11	11	13	13
－4	11	13	9	11	13	15

(3) 绝缘接头两侧采用绝缘轨距块。

6. 钢轨材质应与相邻的线路钢轨相同，具体由用户订货时指明。

60 kg/m 钢轨 18 号单开道岔转辙器
图　号：GLC(09)05－100

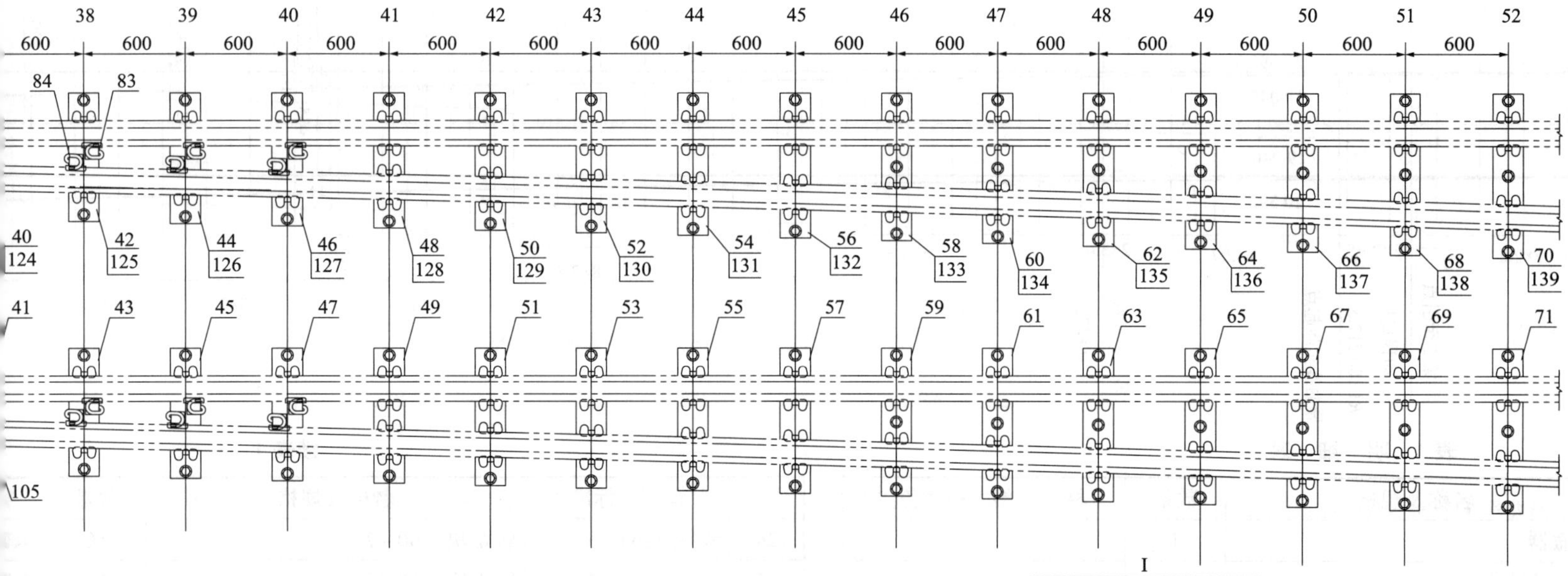

G－G

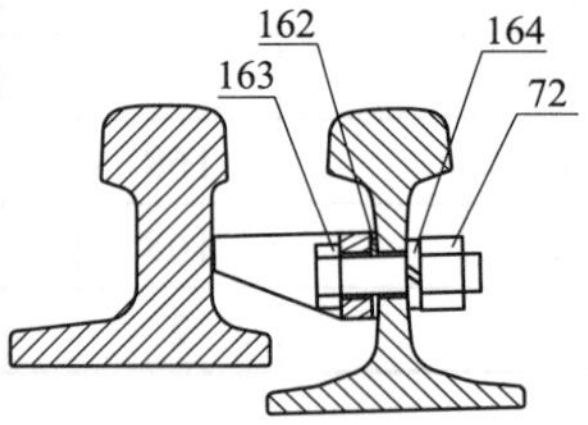

H－H

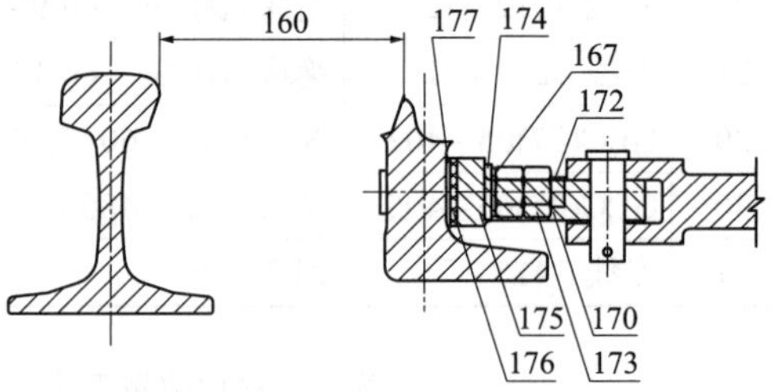

I
转辙器跟端不设传力机构

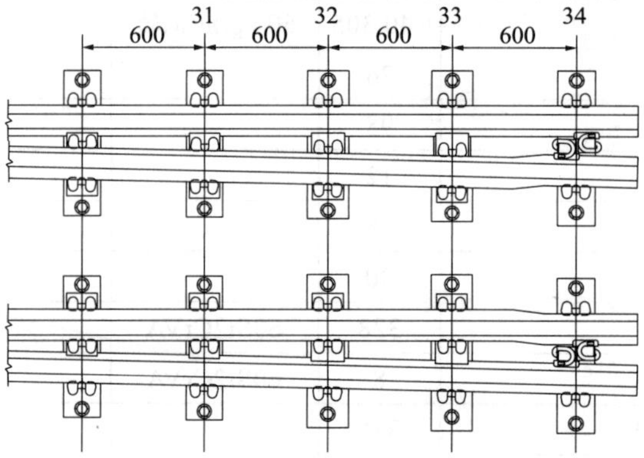

K－K

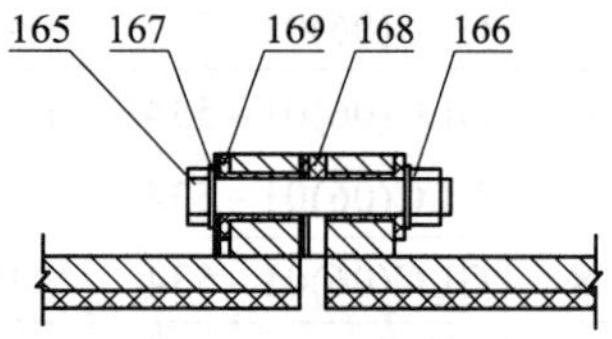

技　术　要　求

转辙器跟端采用间隔铁和不设传力机构两种方案设计（本图按照转辙器跟端为间隔铁结构设计，当不设传力机构时，应取消序号 178～181、85、86、97～101 项，不传力机构局部布置图见 I 视图）。

60 kg/m 钢轨 18 号单开道岔辙叉及护轨

图 号：GLC(09)05－200

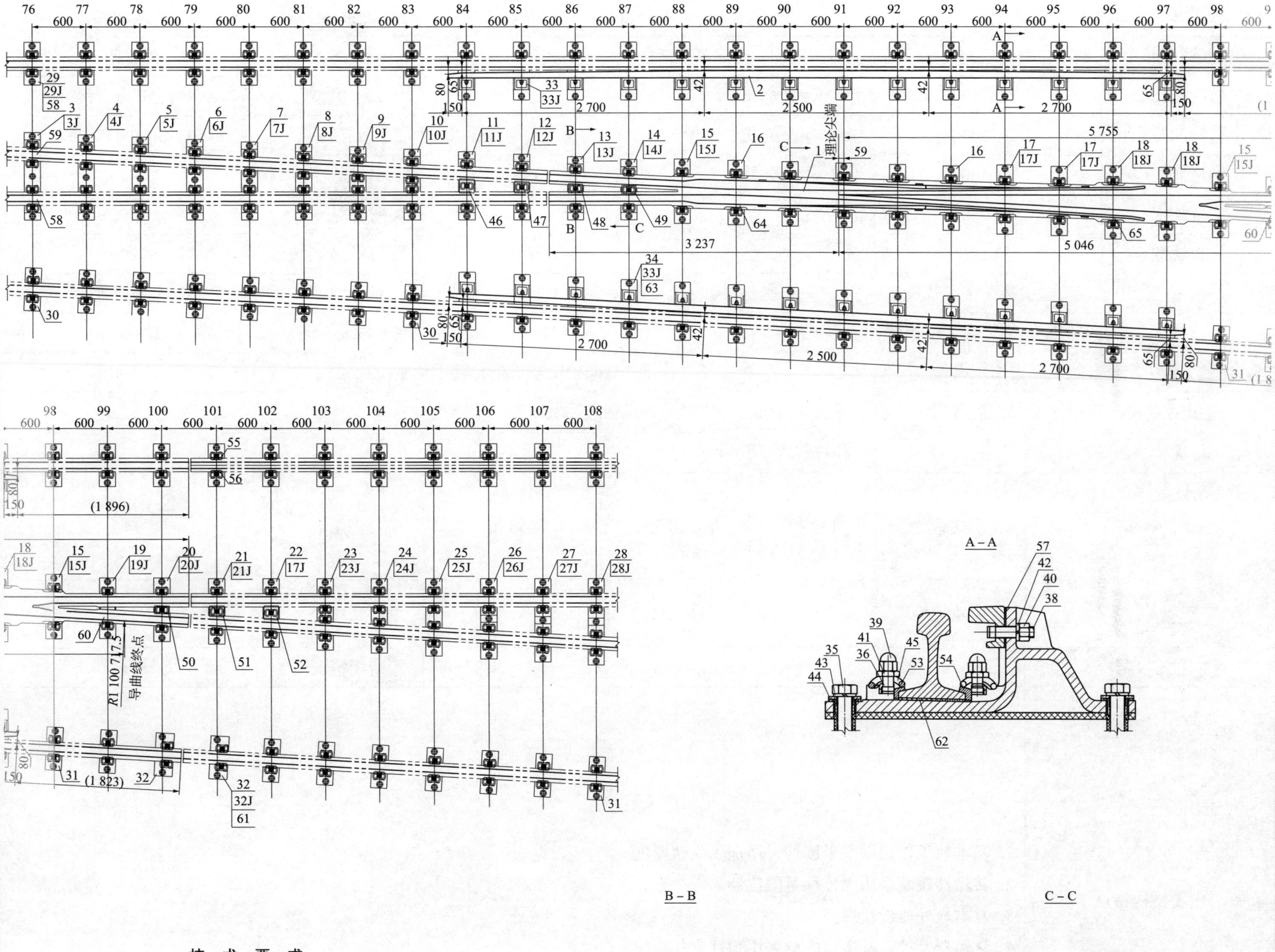

技 术 要 求

1. 组装护轨时应使用 3 mm 厚的护轨垫板，如查照间隔或护背距离不合格时，可用备用调整片进行调整。
2. 查照间隔及护背距离在心轨轨头宽 20～30 mm 处丈量。

<table>
<tr><th colspan="8">60.75 kg/m 钢轨 18 号单开道岔(混凝土枕)
设计图号：专线 4305</th></tr>
<tr><td rowspan="2">道岔允许通过速度</td><td>客车</td><td colspan="3">$v_{直}$≤120 km/h；$v_{侧}$≤80 km/h</td><td>扣件类型</td><td colspan="2">加强型Ⅱ型弹条</td></tr>
<tr><td>货车</td><td colspan="3">轴重 30 t：$v_{直}$≤100 km/h；$v_{直}$≤80 km/h</td><td>轨底坡</td><td colspan="2">1∶20</td></tr>
<tr><td>转辙器跟端形式</td><td colspan="4">■限位器 □间隔铁 □不设传力机构 □间隔铁活接头</td><td>锁闭方式</td><td colspan="2">外锁闭</td></tr>
<tr><td>道岔全长</td><td>60 000</td><td>辙叉全长</td><td colspan="2">8 992</td><td>辙叉类型</td><td colspan="2">高锰钢组合式合金钢组合式</td></tr>
<tr><td>道岔前长</td><td>28 600</td><td>辙叉趾长</td><td colspan="2">3 237</td><td>辙叉角</td><td colspan="2">3°10′47″</td></tr>
<tr><td>道岔后长</td><td>31 400</td><td>辙叉跟长</td><td colspan="2">5 755</td><td>翼轨轨型</td><td colspan="2">75 kg/m</td></tr>
<tr><td>尖轨长度</td><td>19 040</td><td rowspan="2">基本轨长度</td><td colspan="2" rowspan="2">20 992</td><td>直向护轨长度</td><td colspan="2">8 600</td></tr>
<tr><td>尖轨轨型</td><td>60AT1</td><td>侧向护轨长度</td><td colspan="2">8 200</td></tr>
<tr><td colspan="3">尖轨尖端前基本轨长度</td><td colspan="2">1 351</td><td>护轨轨型</td><td colspan="2">33 kg/m 槽型钢</td></tr>
<tr><td colspan="3">辙叉理论尖端距趾端方向前一根岔枕中心距离</td><td colspan="2">541</td><td>导曲线半径</td><td colspan="2">1 100 m</td></tr>
<tr><td colspan="2">尖轨尖端至心轨实际尖端距离</td><td>—</td><td colspan="3">直向护轨端头距导轨端头定位尺寸</td><td colspan="2">1 696</td></tr>
<tr><td colspan="2">道岔终端至末根岔枕中心距离</td><td>15 900</td><td colspan="3">侧向护轨端头距导轨端头定位尺寸</td><td colspan="2">1 822</td></tr>
<tr><td>最大构造加宽</td><td>—</td><td>测量位置</td><td colspan="5">—</td></tr>
<tr><td>岔枕专线 3462</td><td rowspan="2">岔枕总数</td><td rowspan="2">137 根</td><td rowspan="2">岔枕展延长</td><td rowspan="2">458 m</td><td rowspan="2">套管总数</td><td colspan="2" rowspan="2">34</td></tr>
<tr><td>道岔板
—</td></tr>
<tr><td>电务转换设备
电务填写</td><td>尖轨动程</td><td colspan="3">160、118、69</td><td>心轨动程</td><td colspan="2">—</td></tr>
<tr><td>批准文号</td><td colspan="4">—</td><td>应用情况</td><td colspan="2">★★</td></tr>
<tr><td>主要结构特点</td><td colspan="7">1. 基本轨工作边做水平刨切，增加了尖轨厚度。
2. 转辙器跟端采用大位移量限位器。
3. 基本轨外侧设轨撑。
4. 转辙器及护轨基本轨内侧采用弹性夹扣压。</td></tr>
</table>

转辙器明细表

序号	图号 / 标准	名称及规格	数量	材　　料	备　　注
1	专线 4305 – Ⅱ – 4	直基本轨　20 992	1	75 kg/m 钢轨	
2	专线 4305 – Ⅱ – 5	曲基本轨　20 992	1	75 kg/m 钢轨	
3	专线 4305 – Ⅱ – 6	曲线尖轨　19 640	1	60AT 钢轨	
4	专线 4305 – Ⅱ – 7	直线尖轨　19 640	1	60AT 钢轨	
5	专线 4304 – Ⅴ – 19	平垫板　75 – A	4		
7	专线 4304 – Ⅴ – 22	滑床板　75 – A	10		
8	专线 4304 – Ⅴ – 22	滑床板　75 – E	10		
9	专线 4304 – Ⅴ – 24	轨撑滑床板　75 – A	15		
10	专线 4304 – Ⅴ – 24	轨撑滑床板　75 – E	5		
11	专线 4304 – Ⅴ – 23	防跳限位装置　75 – A/97	1		
12	专线 4304 – Ⅴ – 23	防跳限位装置　75 – E/95	1		
13	专线 4304 – Ⅴ – 23	防跳限位装置　75 – A/137	1		
14	专线 4304 – Ⅴ – 23	防跳限位装置　75 – E/136	1		
15	专线 4304 – Ⅴ – 23	防跳限位装置　75 – A/144	1		
16	专线 4304 – Ⅴ – 23	防跳限位装置　75 – E/143	1		
17	专线 3464 – 3	加强型Ⅱ型弹条	462	60Si2CrVA	
18	专线 4305 – Ⅱ – 8	垫　板　729	1		
19	专线 4305 – Ⅱ – 8	垫　板　729	1		
20	专线 4305 – Ⅱ – 8	垫　板　729	1		
21	专线 4305 – Ⅱ – 8	垫　板　729	1		
22	专线 4305 – Ⅱ – 10	垫　板　661	1		
23	专线 4305 – Ⅱ – 10	垫　板　674	1		
24	专线 4305 – Ⅱ – 10	垫　板　686	1		
25	专线 4305 – Ⅱ – 10	垫　板　699	1		
26	专线 4305 – Ⅱ – 10	垫　板　713	1		
27	专线 4305 – Ⅱ – 12	垫　板　727	1		
28	专线 4305 – Ⅱ – 12	垫　板　741	1		
29	专线 4305 – Ⅱ – 12	垫　板　755	1		
30	专线 4305 – Ⅱ – 12	垫　板　770	1		
31	专线 4305 – Ⅱ – 12	垫　板　785	1		
32	专线 4305 – Ⅱ – 12	垫　板　800	1		
33	专线 4305 – Ⅱ – 14	垫　板　816	1		
34	专线 4305 – Ⅱ – 14	垫　板　832	1		
35	专线 4305 – Ⅱ – 14	垫　板　848	1		

续上表

序号	图号/标准	名称及规格	数量	材　　料	备　　注
36	专线 4305－Ⅱ－14	垫　板　865	1		
37	专线 4305－Ⅱ－14	垫　板　882	1		
38	专线 4305－Ⅱ－14	垫　板　899	1		
39	专线 4305－Ⅱ－14	垫　板　917	1		
40	专线 4305－Ⅱ－14	垫　板　935	1		
41	专线 4305－Ⅱ－14	垫　板　953	1		
42	专线 4305－Ⅱ－14	垫　板　972	1		
43	专线 4305－Ⅱ－9	垫　板　729	1		
44	专线 4305－Ⅱ－9	垫　板　729	1		
45	专线 4305－Ⅱ－9	垫　板　729	1		
46	专线 4305－Ⅱ－9	垫　板　729	1		
47	专线 4305－Ⅱ－11	垫　板　661	1		
48	专线 4305－Ⅱ－11	垫　板　674	1		
49	专线 4305－Ⅱ－11	垫　板　686	1		
50	专线 4305－Ⅱ－11	垫　板　699	1		
51	专线 4305－Ⅱ－11	垫　板　713	1		
52	专线 4305－Ⅱ－13	垫　板　727	1		
53	专线 4305－Ⅱ－13	垫　板　741	1		
54	专线 4305－Ⅱ－13	垫　板　755	1		
55	专线 4305－Ⅱ－13	垫　板　770	1		
56	专线 4305－Ⅱ－13	垫　板　785	1		
57	专线 4305－Ⅱ－13	垫　板　800	1		
58	专线 4305－Ⅱ－15	垫　板　816	1		
59	专线 4305－Ⅱ－15	垫　板　832	1		
60	专线 4305－Ⅱ－15	垫　板　848	1		
61	专线 4305－Ⅱ－15	垫　板　865	1		
62	专线 4305－Ⅱ－15	垫　板　882	1		
63	专线 4305－Ⅱ－15	垫　板　899	1		
64	专线 4305－Ⅱ－15	垫　板　917	1		
65	专线 4305－Ⅱ－15	垫　板　935	1		
66	专线 4305－Ⅱ－15	垫　板　953	1		
67	专线 4305－Ⅱ－15	垫　板　972	1		
68	专线 4304－Ⅴ－36	辊轮滑床板　75－A	5		4 个双辊轮，1 个单辊轮
69	专线 4304－Ⅴ－36	辊轮滑床板　75－C	5		4 个双辊轮，1 个单辊轮
70	专线 4304－Ⅴ－16	支距扣板　75－A/114－117－58	2		上股按下股对称制造
71	专线 4304－Ⅴ－16	支距扣板　75－A/125－128－63	2		上股按下股对称制造

续上表

序号	图号 / 标准	名称及规格	数量	材　　料	备　　注
72	专线 4304 – V – 16	支距扣板　75 – A/138 – 141 – 70	2		上股按下股对称制造
73	专线 4304 – V – 16	支距扣板　75 – A/151 – 154 – 76	2		上股按下股对称制造
74	专线 4304 – V – 16	支距扣板　75 – A/165 – 168 – 83	2		上股按下股对称制造
75		弹性夹　SSB3	56		
76		弹性夹　SSB4	8		
77	专线 4304 – V – 27	轨　撑	20		
78	专线 4304 – V – 28	挡板座 2 – 4	20		
79	GB/T 5780	螺　栓　M24 × 100	20		
80	专线 4232 – 4	螺　栓　M24 × 60	436		
81	客专线 (07)001 – V – 70	螺　栓　M24 × 100	6		
82	客专线 (07)001 – V – 70	螺　栓　M24 × 90	4		
83	GB/T 41	螺　母　M24	466		
84	TB/T 1495.4	平垫圈	466		
85	TB/T 565	弹簧垫圈	4		
86	专线 4304 – V – 2	轨距块　75/9 – 11	122		
87	专线 4304 – V – 2	轨距块　75/13 – 15	78		
88	专线 4304 – V – 4	轨距块　60AT – 11	8		
89	专线 4232 – 10	轨距块　60/9 – 11	8		
90	研线 0405 – 3	螺　钉	20		
91	研线 0405 – 6	弹簧垫圈	20		
92	研线 0405 – 7	平垫圈	20		
93	专线 4307 – V – 29	轨距块　D – 11	20	玻璃纤维	
94	专线 4307 – V – 29	轨距块　D – 13	110	玻璃纤维	
95	专线 4304 – V – 31	轨下弹性垫板　200 – 149 – 149/0	110		
96	专线 4304 – V – 31	轨下弹性垫板　200 – 149 – 149/3	34		
97	专线 4304 – V – 31	轨下弹性垫板　200 – 149 – 149/6	24		
98	专线 4304 – V – 31	轨下弹性垫板　200 – 149 – 149/0	5		
99	专线 4304 – V – 31	轨下弹性垫板　200 – 149 – 149/3	5		
100	专线 4304 – V – 31	轨下弹性垫板　160 – 121 – 121/3	4		
101	专线 4304 – V – 31	轨下弹性垫板　160 – 121 – 121/0	4		
102	专线 4304 – V – 32	弹性垫板　422 × 200 × 10	4		
103	专线 4304 – V – 32	弹性垫板　670 × 200 × 10	26		
104	专线 4304 – V – 34	弹性垫板　730 × 200 – 121	20		
105	专线 4304 – V – 32	弹性垫板　670 × 280 × 10	10		
106	专线 4304 – V – 32	弹性垫板　729 × 200 × 10	8		

续上表

序号	图号 / 标准	名称及规格	数量	材　　料	备　　注
107	专线 4304－V－32	弹性垫板　661×200×10	2		
108	专线 4304－V－32	弹性垫板　674×200×10	2		
109	专线 4304－V－32	弹性垫板　686×200×10	2		
110	专线 4304－V－32	弹性垫板　699×200×10	2		
111	专线 4304－V－32	弹性垫板　713×200×10	2		
112	专线 4304－V－32	弹性垫板　727×200×10	2		
113	专线 4304－V－32	弹性垫板　741×200×10	2		
114	专线 4304－V－32	弹性垫板　755×200×10	2		
115	专线 4304－V－32	弹性垫板　770×200×10	2		
116	专线 4304－V－32	弹性垫板　785×200×10	2		
117	专线 4304－V－32	弹性垫板　800×200×10	2		
118	专线 4304－V－33	弹性垫板　816－383	2		
119	专线 4304－V－33	弹性垫板　832－391	2		
120	专线 4304－V－33	弹性垫板　848－399	2		
121	专线 4304－V－33	弹性垫板　865－407.5	2		
122	专线 4304－V－33	弹性垫板　882－416	2		
123	专线 4304－V－33	弹性垫板　899－424.5	2		
124	专线 4304－V－33	弹性垫板　917－433.5	2		
125	专线 4304－V－33	弹性垫板　935－442.5	2		
126	专线 4304－V－33	弹性垫板　953－451.5	2		
127	专线 4304－V－33	弹性垫板　972－461	2		

辙叉及护轨明细表

序号	图号 / 标准	名称及规格	数量	材　　料	备　　注
1	专线 4305－Ⅲ－200	镶嵌翼轨式合金钢组合辙叉	1		
	专线 4305－Ⅲ－300	高锰钢组合辙叉	1		
2	专线 4305－Ⅲ－104	护　轨　8 600	1	33 kg/m 槽型钢	
3	专线 4305－Ⅲ－105	护　轨　8 200	1	33 kg/m 槽型钢	
4	专线 4304－Ⅴ－21	护轨垫板	14		
5	专线 4305－Ⅲ－106	侧向护轨垫板	14		
6	专线 4305－Ⅲ－107	垫　板　977	1		
7	专线 4305－Ⅲ－107	垫　板　952	1		
8	专线 4305－Ⅲ－107	垫　板　929	1		
9	专线 4305－Ⅲ－107	垫　板　900	1		
10	专线 4305－Ⅲ－107	垫　板　874	1		
11	专线 4305－Ⅲ－107	垫　板　848	1		
12	专线 4305－Ⅲ－107	垫　板　829	1		
13	专线 4305－Ⅲ－107	垫　板　795	1		
14	专线 4305－Ⅲ－108	垫　板　766	1		
15	专线 4305－Ⅲ－108	垫　板　738	1		
16	专线 4305－Ⅲ－109	垫　板　715	1		
17	专线 4305－Ⅲ－109	垫　板　695	1		
18	专线 4305－Ⅲ－110	垫　板　665	1		
19	专线 4305－Ⅲ－110	垫　板　695	1		
20	专线 4305－Ⅲ－111	垫　板　729	1		
21	专线 4305－Ⅲ－111	垫　板　766	1		
22	专线 4305－Ⅲ－112	垫　板　795	1		
23	专线 4305－Ⅲ－112	垫　板　829	1		
24	专线 4305－Ⅲ－112	垫　板　862	1		
25	专线 4305－Ⅲ－112	垫　板　895	1		
26	专线 4305－Ⅲ－112	垫　板　929	1		
27	专线 4305－Ⅲ－112	垫　板　962	1		
28	专线 4304－Ⅴ－17	支距扣板　75－B/166－172－85	1	ZG 230－450	
29	专线 4304－Ⅴ－17	支距扣板　75－B/136－143－70	1	ZG 230－450	
30	专线 4304－Ⅴ－18	支距扣板　75－C/105－113－55	1	ZG 230－450	
31	专线 4304－Ⅴ－18	支距扣板　75－C/140－148－72	1	ZG 230－450	
32	专线 4304－Ⅴ－27	轨　撑　75	28		

续上表

序号	图号 / 标准	名称及规格	数量	材　料	备　注
32-1	专线 4304-Ⅴ-28	挡板座　2-4	28		
33	专线 3464-3	加强型Ⅱ型弹条	210	60Si2CrVA	
34	客专线 (07)001-Ⅴ-43	护轨调整片　90×80×3/2	28	Q195	2 mm 厚为备用
35		弹性夹　SSB3	28		
36	TB/T 565	弹簧垫圈	2		
37	专线 4232-4	螺　栓　M24×60	208		
38	客专线 (07)001-Ⅴ-70	螺　栓　M24×100	2		
39	客专线 (07)001-Ⅴ-47	螺　栓　M24×80	28		
40	客专线 (07)001-Ⅴ-70	螺　栓　M24×90	2		
41	GB/T 5780	螺　栓　M24×100	28		
42	GB/T 41	螺　母　M24	184		
43	GB/T 1229	螺　母　M24	28		
44	GB/T 7244	垫　圈　24	28		
45	TB/T 1495.4	平垫圈	240		
46	研线 0405-3	混凝土岔枕用螺栓 (Ⅲ型)	14		
47	研线 0405-6	弹簧垫圈	14		
48	研线 0405-7	平垫圈	22		
49	专线 4304-Ⅴ-2	轨距块　75/9-11	40	ZG 230-450	
50	专线 4304-Ⅴ-2	轨距块　75/13-15	40	ZG 230-450	
51	专线 4307-Ⅴ-29	轨距块　D-11	50	玻璃纤维	
52	专线 4307-Ⅴ-29	轨距块　D-13	50	玻璃纤维	
53	专线 4304-Ⅴ-31	轨下弹性垫板　200-149-149/0	22		
54	专线 4304-Ⅴ-31	轨下弹性垫板　240-149-149/0	14		
55	专线 4304-Ⅴ-31	轨下弹性垫板　200-149-149/9	12		
56	专线 4304-Ⅴ-31	轨下弹性垫板　240-149-149/9	10		
57	专线 4304-Ⅴ-31	轨下弹性垫板　200-149-149/12	10		
58	专线 4304-Ⅴ-31	轨下弹性垫板　200-149-149/12	4		
59	专线 4304-Ⅴ-33	弹性垫板　977-463	1		
60	专线 4304-Ⅴ-33	弹性垫板　952-451	1		
61	专线 4304-Ⅴ-33	弹性垫板　929-440	2		
62	专线 4304-Ⅴ-33	弹性垫板　900-425	1		
63	专线 4304-Ⅴ-33	弹性垫板　874-412	1		
64	专线 4304-Ⅴ-33	弹性垫板　848-399	1		
65	专线 4304-Ⅴ-33	弹性垫板　829-390	2		
66	专线 4304-Ⅴ-33	弹性垫板　795-373	2		
67	专线 4304-Ⅴ-32	弹性垫板　766×200×10	2		

续上表

序号	图号 / 标准	名称及规格	数量	材　料	备　注
68	专线 4304－V－32	弹性垫板　738×200×10	1		
69	专线 4304－V－32	弹性垫板　715×200×10	1		
70	专线 4304－V－32	弹性垫板　695×200×10	2		
71	专线 4304－V－32	弹性垫板　665×200×10	1		
72	专线 4304－V－32	弹性垫板　729×200×10	1		
73	专线 4304－V－33	弹性垫板　862－406	1		
74	专线 4304－V－33	弹性垫板　895－423	1		
75	专线 4304－V－33	弹性垫板　962－456	1		
76	专线 4304－V－34	弹性垫板　730×240－121	28		

专线 4305 电务主要参数

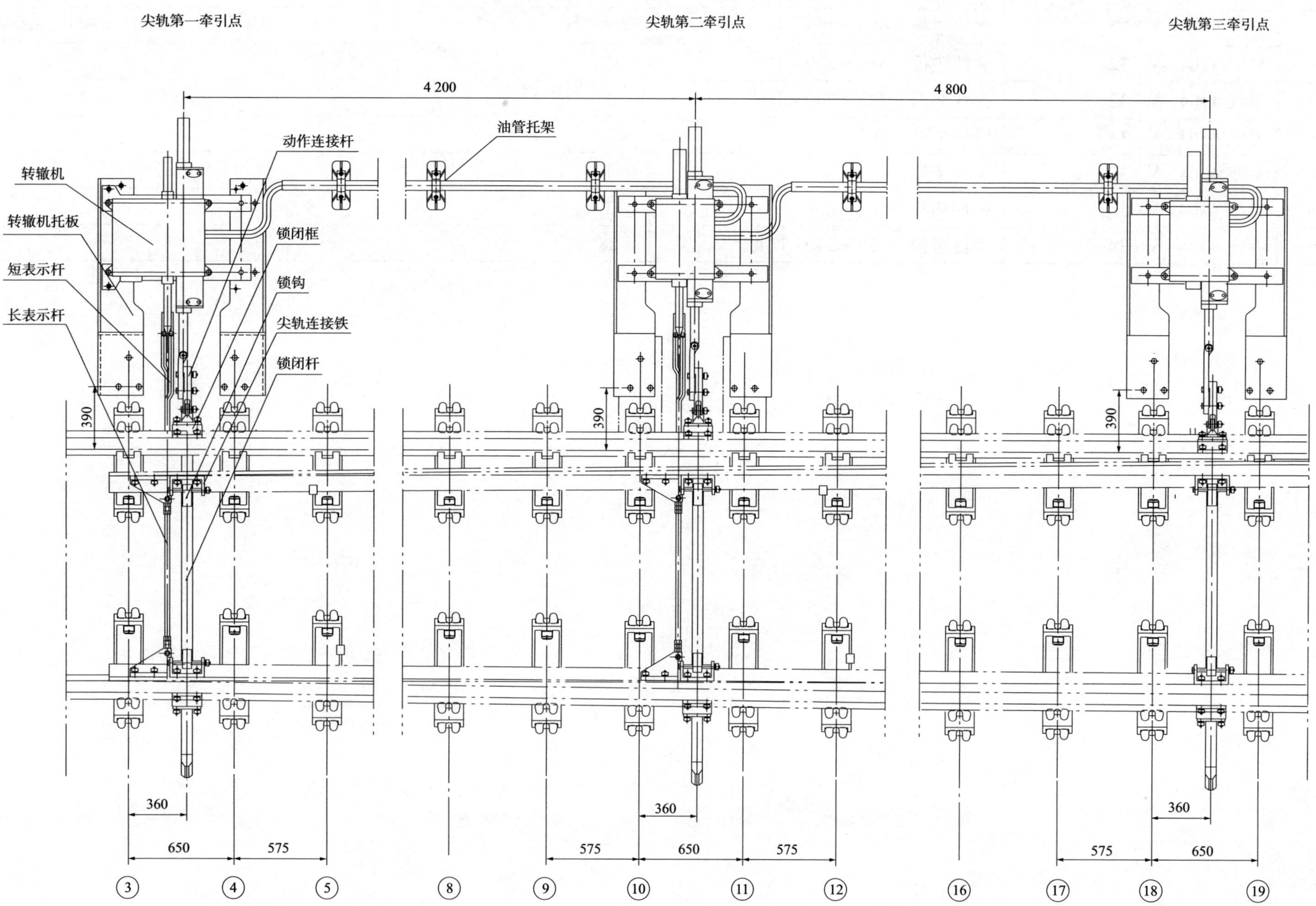

转换设备	安装图名称	安装图号	锁闭方式
外锁	75 kg/m 钢轨 18 号单开道岔外锁闭安装图	S1303	外锁闭
ZY(J)7+SH6	75 kg/m 钢轨 18 号单开道岔转换设备（ZYJ7）安装图	S1304	外锁闭
ZD(J)9	75 kg/m 钢轨 18 号单开道岔转换设备（ZDJ9）安装图	S1311	外锁闭

75 kg/m 钢轨 18 号单开道岔转辙器

图　号：专线 4305－II－2

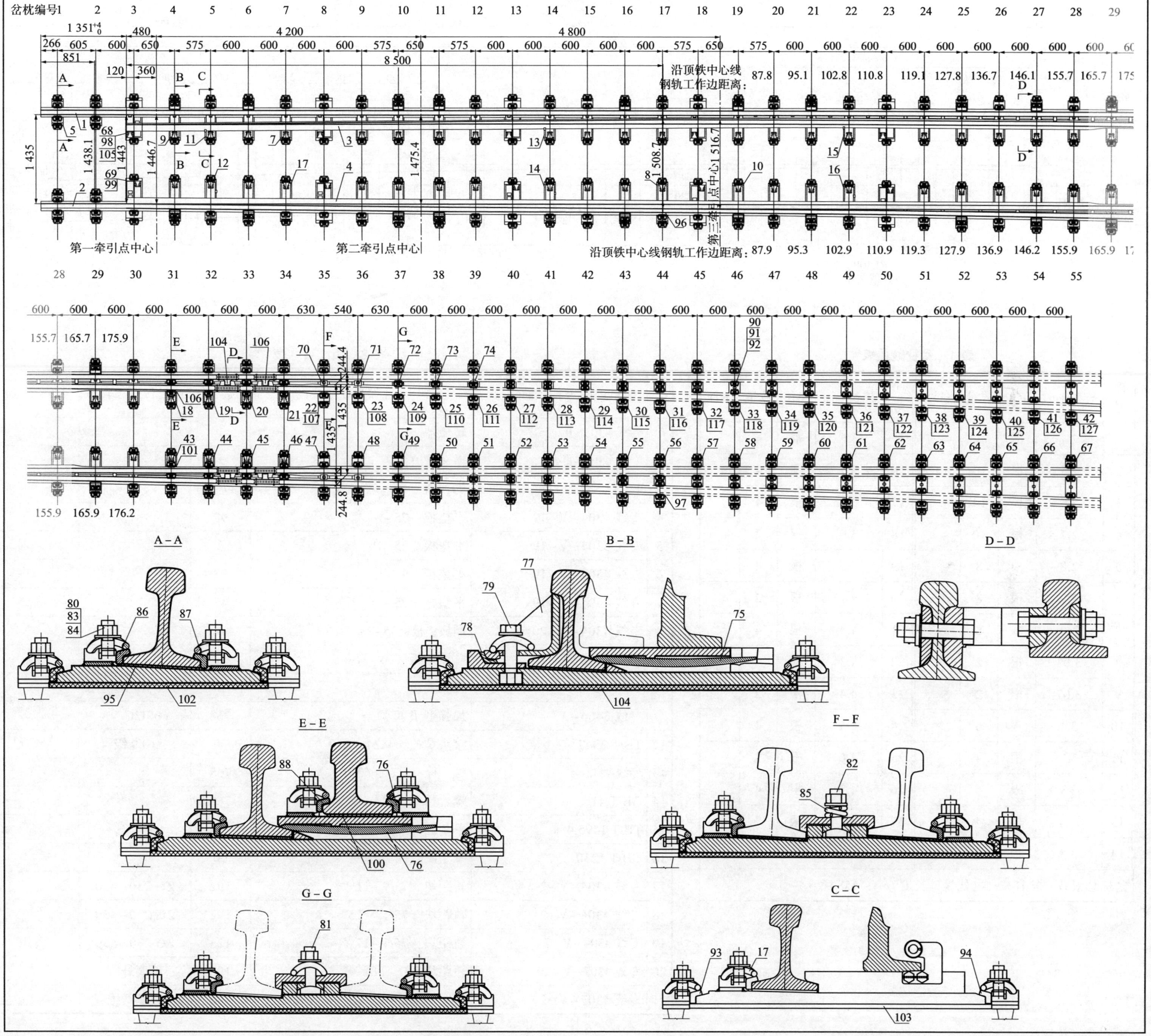

75 kg/m 钢轨 18 号单开道岔
图　号：专线 4305

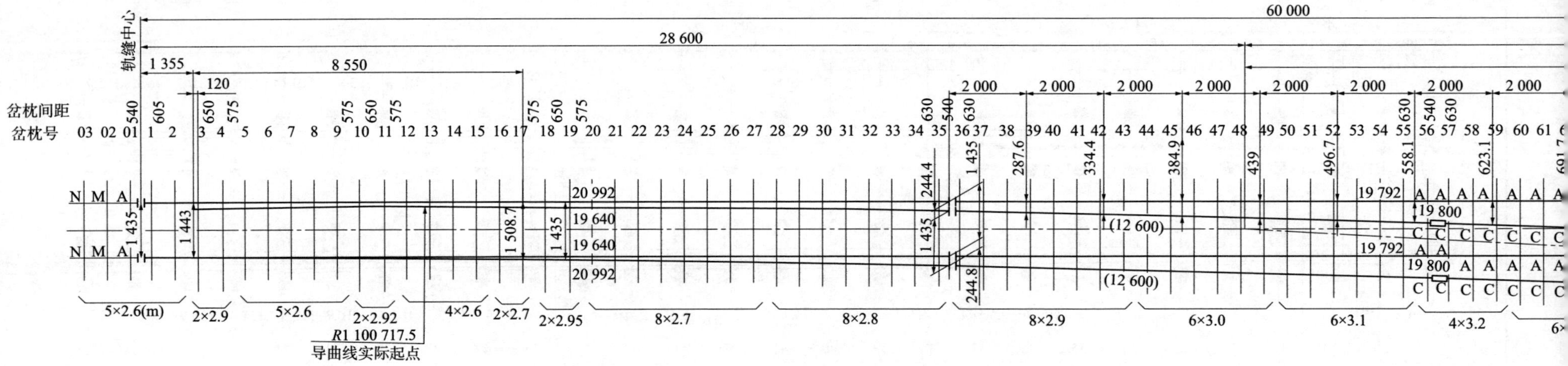

表 1　岔枕数量表

序号	枕长 (m)	单位	数量	备注	序号	枕长 (m)	单位	数量	备注
1	2.4	根	4		15	3.6	根	4	
2	2.5	根	10		16	3.7	根	4	
3	2.6	根	14		17	3.8	根	4	
4	2.7	根	10		18	3.9	根	2	
5	2.8	根	8		19	4.0	根	4	
6	2.9	根	8		20	4.1	根	2	
7	3.0	根	8		21	4.2	根	4	
8	3.03	根	2		22	4.3	根	4	
9	3.07	根	2		23	4.4	根	2	
10	3.1	根	6		24	4.5	根	4	
11	3.2	根	4		25	4.6	根	2	
12	3.3	根	6		26	4.7	根	4	
13	3.4	根	4		27	4.8	根	7	
14	3.5	根	4						

岔枕总根数 (根)137；岔枕累计长度 (m)：458

表 2　明　细　表

序号	图号 / 标准	名称及规格	数量	材　　料	备　　注
1	专线 4305－Ⅱ	转辙器	1		
2	专线 4305－Ⅲ	辙叉及护轨	1		
3	TB/T 2344	钢　轨	137.906	75 kg/m 钢轨	
4	专线 4304－Ⅴ－19	平垫板　75－A	97		
5	专线 4304－Ⅴ－19	平垫板　75－B	2		
6	专线 4304－Ⅴ－19	平垫板　75－C	38		
7	专线 4304－Ⅴ－19	平垫板　75－D	43		
8	专线 4304－Ⅴ－20	顺坡垫板　75－M	6		
9	专线 4304－Ⅴ－20	顺坡垫板　75－N	6		
10	TB/T 2345	接头夹板	20	75 kg/m 钢轨用	
11	专线 3464－3	加强型 Ⅱ 型弹条	768	60Si2CrVA	
12	TB/T 2347	接头螺栓　M24×160	60	10.9 级	带螺母
13	专线 4232－4	螺　栓　M24×60	768		
14	GB/T 41	螺　母　M24	768		
15	TB/T 1495.4	平垫圈	768		
16	GB/T 1230	平垫圈　24	60		
17	专线 4304－Ⅴ－2	轨距块　75/9－11	192	ZG 230－450	
18	专线 4304－Ⅴ－2	轨距块　75/13－15	192	ZG 230－450	
19	专线 4304－Ⅴ－2	轨距块　75/7－17	123	ZG 230－450	备用
20	专线 4307－Ⅴ－29	轨距块　D－11	192	玻璃纤维	
21	专线 4307－Ⅴ－29	轨距块　D－13	192	玻璃纤维	

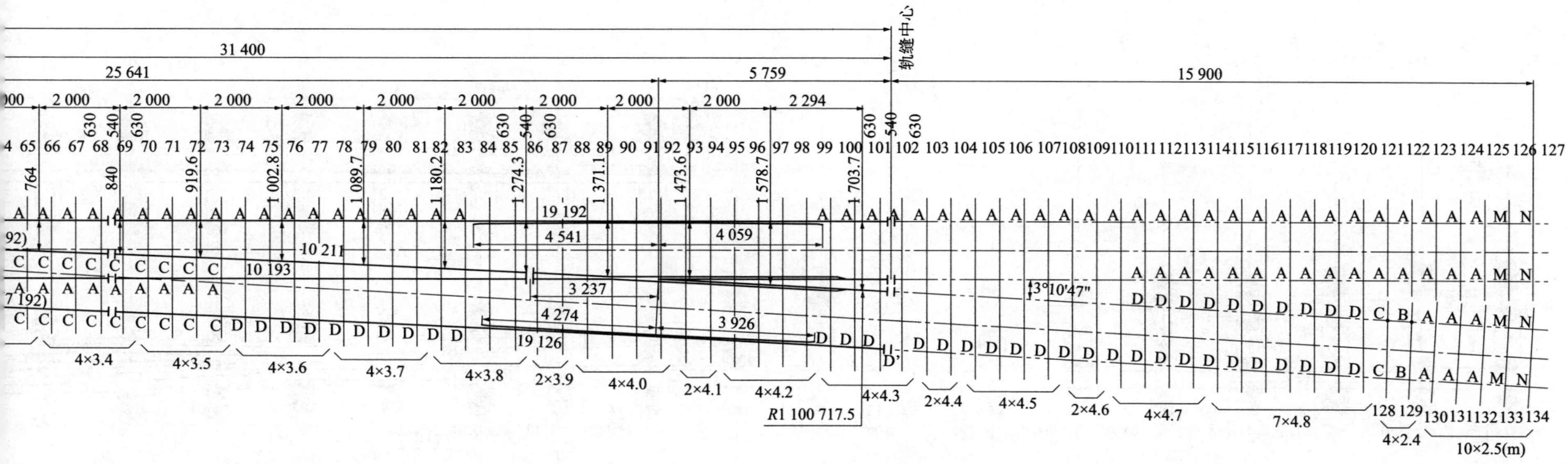

续表 2

序号	图号 / 标准	名称及规格	数量	材 料	备 注
2	专线 4307－Ⅴ－29	轨距块 D－9	123	玻璃纤维	备用
3	专线 4307－Ⅴ－29	轨距块 D－15	123	玻璃纤维	备用
4	专线 4304－Ⅴ－3	绝缘轨距块 75－11	4	玻璃纤维	
5	专线 4304－Ⅴ－3	绝缘轨距块 75－13	4	玻璃纤维	
6	专线 4304－Ⅴ－31	轨下弹性垫板 200－149－149/0	109		
7	专线 4304－Ⅴ－31	轨下弹性垫板 200－149－149/3	2		
8	专线 4304－Ⅴ－31	轨下弹性垫板 200－149－149/6	38		
9	专线 4304－Ⅴ－31	轨下弹性垫板 200－149－149/9	43		
0	专线 4304－Ⅴ－32	弹性垫板 422×200×10	192		
1	通线（2012）3453－Ⅲ－4	胶接绝缘	2		

图 1 转辙器部分轨距示意图

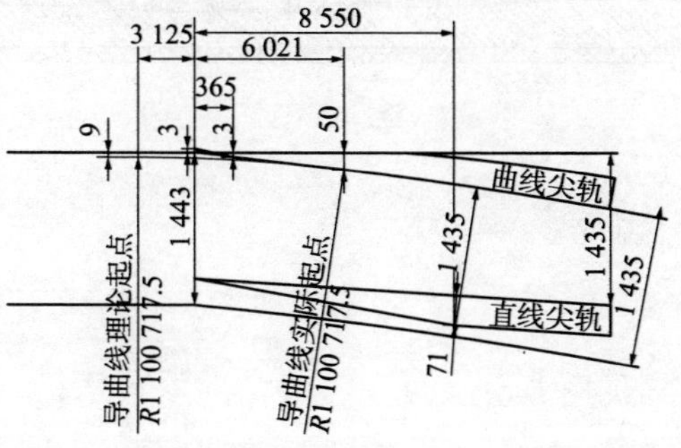

技 术 要 求

1. 图中普通接头、胶接绝缘接头分别以"—|⊢"、"-▭-"表示。
2. 钢轨轨缝均为 8 mm。
3. 编号 03、02、01、1～127 号岔枕垂直于直股钢轨，编号 130～134 号岔枕垂直于侧股钢轨，128 和 129 号岔枕扭转过渡。
4. 图中符号 A、B、C、D 表示平垫板类型；符号 D′表示接头平垫板；符号 M、N 分别表示顺坡垫板 P24 和 P30。
5. 明细表内钢轨数量由下列钢轨组成：

长度（m）	19 792	19 800	10 211	10 193	19 192	19 126
数量（根）	2	2	1	1	1	1

6. 岔枕铺设时，带编号一端铺设在道岔外侧。
7. 辙叉部分的支距采用加高的长支距尺测量。
8. 图中岔枕间距除注明外均为 600 mm。
9. 道岔主要结构特点：

(1) 尖轨为半切线型，采用 19.64 m 长的 60AT 弹性可弯尖轨，尖轨尖端为藏尖式。

(2) 钢轨和垫板用的轨距块设计安装号数如下：

钢轨工作边一侧，安装 13 号轨距块；

钢轨非工作边一侧，安装 11 号轨距块；

辙叉上侧安装 13 号轨距块，下侧安装 11 号轨距块；

绝缘接头工作边一侧安装 13 号绝缘轨距块；非工作边一侧，安装 11 号绝缘轨距块。

75 kg/m 钢轨 18 号辙叉及护轨
图　号：专线 4305－Ⅲ－102

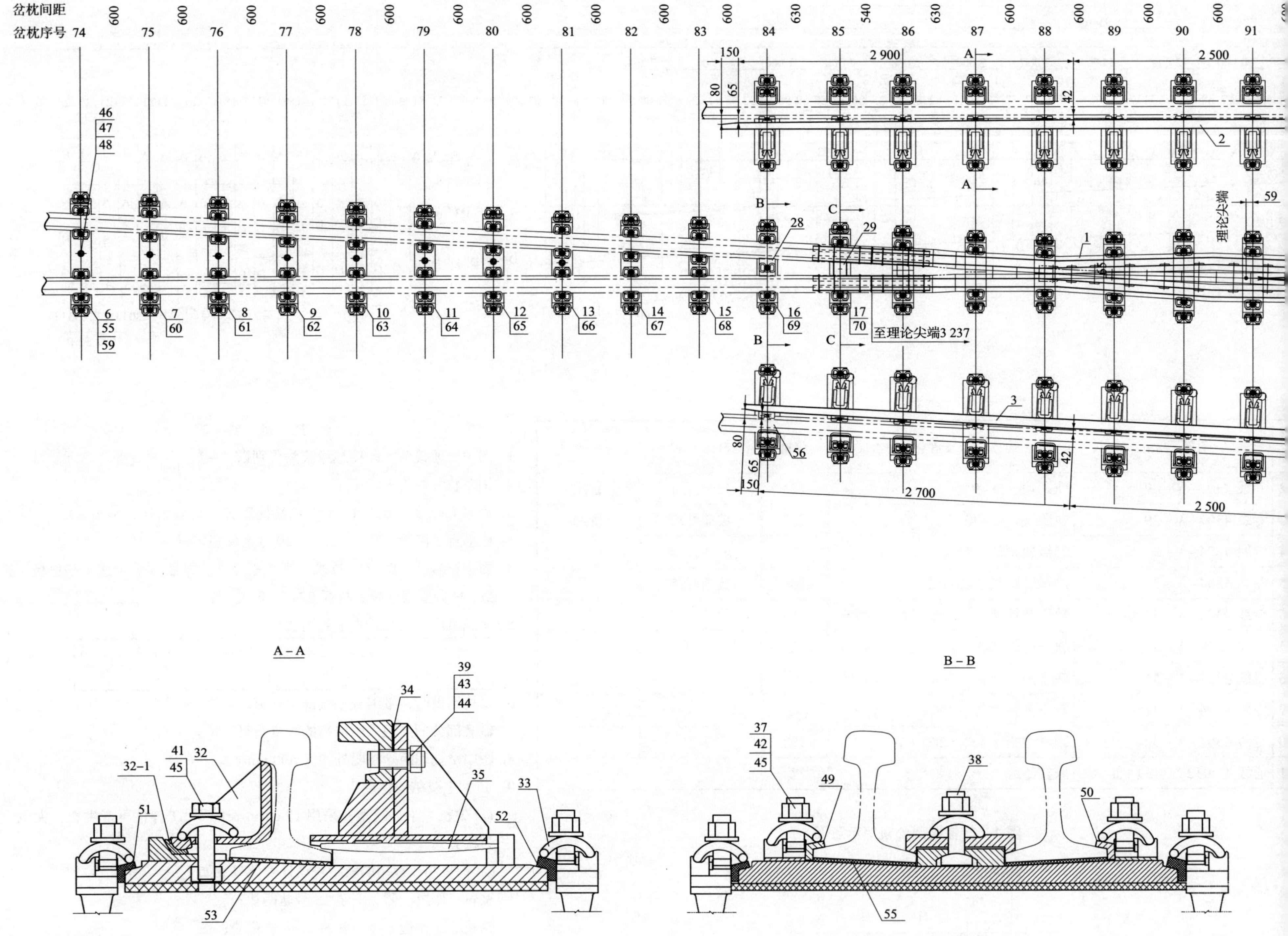

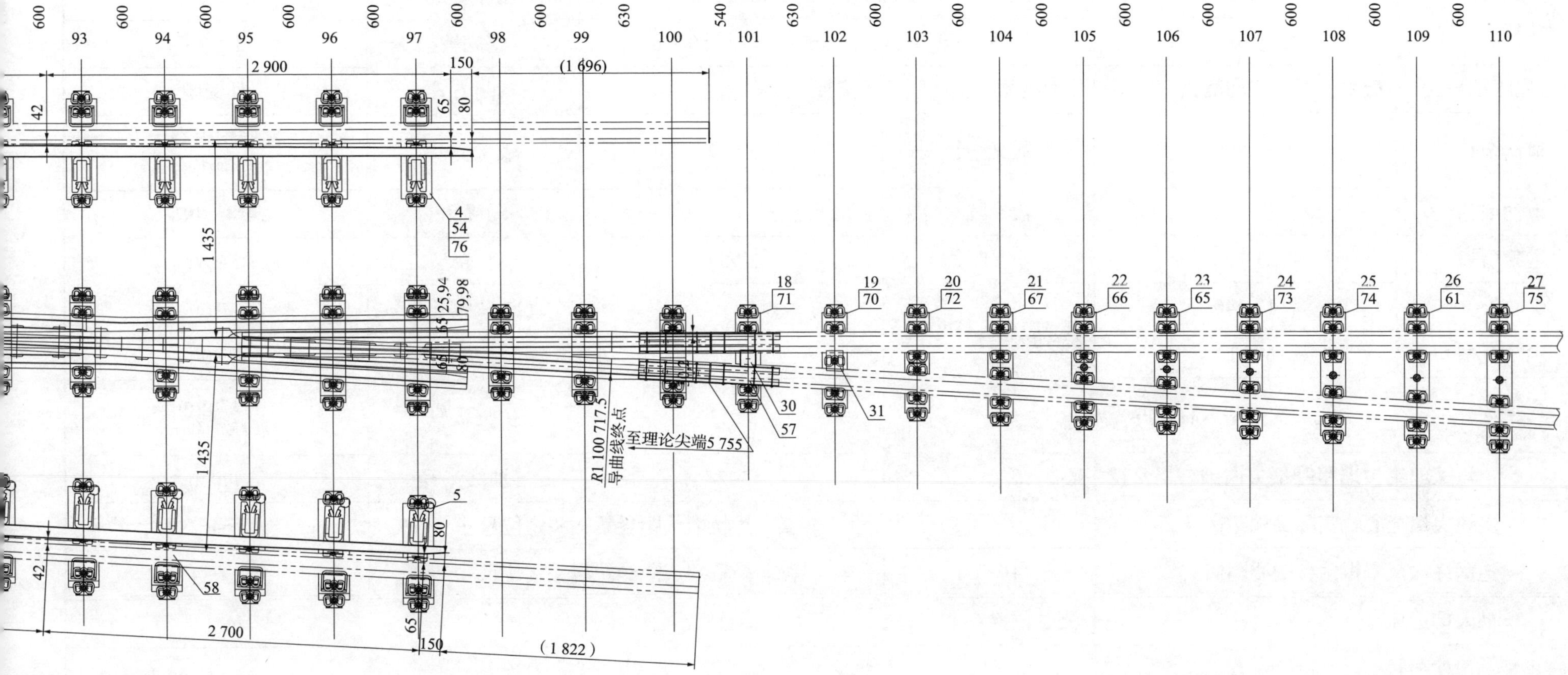

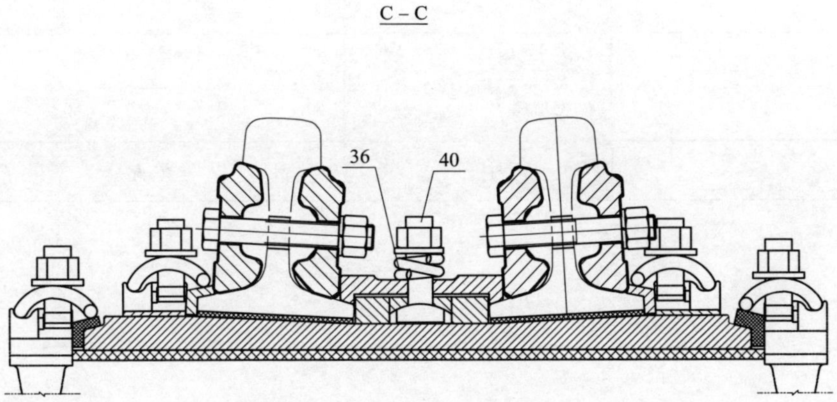

技 术 要 求

1. 序号 6～13 垫板中间岔枕螺栓垫两片平垫圈。
2. 组装护轨时，应使用 3 mm 厚的护轨调整片，如查照间隔或护背距离不合适时，可用备用调整片进行调整。
3. 查照间隔及护背距离在心轨轨头宽 20～40 mm 处丈量。
4. 上趾端接头夹板时，如果安装困难，可先将接头夹板立起，让出空间后再安装。

61.75 kg/m 钢轨 12 号单开道岔(混凝土枕)
设计图号：专线 4304

<table>
<tr><td rowspan="2">道岔允许通过速度</td><td>客车</td><td colspan="2">$v_{直}$≤120 km/h；$v_{侧}$≤50 km/h</td><td>扣件类型</td><td>Ⅱ型弹条</td></tr>
<tr><td>货车</td><td colspan="2">轴重 30 t：$v_{直}$≤100 km/h；$v_{侧}$≤50 km/h</td><td>轨底坡</td><td>1∶20</td></tr>
<tr><td>转辙器跟端形式</td><td colspan="3">■限位器 □间隔铁 □不设传力机构 □间隔铁活接头</td><td>锁闭方式</td><td>外锁闭</td></tr>
<tr><td>道岔全长</td><td>37 800</td><td>辙叉全长</td><td>5 992</td><td>辙叉类型</td><td>高锰钢组合式
合金钢组合式</td></tr>
<tr><td>道岔前长</td><td>16 592</td><td>辙叉趾长</td><td>2 038</td><td>辙叉角</td><td>4°45′49″</td></tr>
<tr><td>道岔后长</td><td>21 208</td><td>辙叉跟长</td><td>3 954</td><td>翼轨轨型</td><td>75 kg/m</td></tr>
<tr><td>尖轨长度</td><td>12 440</td><td rowspan="2">基本轨长度</td><td rowspan="2">14 992</td><td>直向护轨长度</td><td>7 100</td></tr>
<tr><td>尖轨轨型</td><td>60AT1</td><td>侧向护轨长度</td><td>4 800</td></tr>
<tr><td colspan="3">尖轨尖端前基本轨长度</td><td>2 551</td><td>护轨轨型</td><td>33 kg/m
槽型钢</td></tr>
<tr><td colspan="3">辙叉理论尖端距趾端方向前一根岔枕中心距离</td><td>542</td><td>导曲线半径</td><td>400 m</td></tr>
<tr><td colspan="2">尖轨尖端至心轨实际尖端距离</td><td>—</td><td colspan="2">直向护轨端头距导轨端头定位尺寸</td><td>646</td></tr>
<tr><td colspan="2">道岔终端至末根岔枕中心距离</td><td>10 500</td><td colspan="2">侧向护轨端头距导轨端头定位尺寸</td><td>1 684</td></tr>
</table>

<table>
<tr><td>最大构造加宽</td><td>—</td><td>测量位置</td><td colspan="4">—</td></tr>
<tr><td>岔枕图号
专线 3461</td><td rowspan="2">岔枕
总数</td><td rowspan="2">90 根</td><td rowspan="2">岔枕展延长</td><td rowspan="2">296.1 m</td><td rowspan="2">套管总数</td><td rowspan="2">23</td></tr>
<tr><td>道岔板
—</td></tr>
<tr><td>转换设备图号
—</td><td>尖轨
动程</td><td colspan="3">160、75</td><td>心轨动程</td><td>—</td></tr>
<tr><td>批准文号</td><td colspan="4">—</td><td>应用情况</td><td>★★</td></tr>
<tr><td>主要结构特点</td><td colspan="6">1. 基本轨工作边做水平刨切，增加了尖轨厚度。
2. 转辙器跟端采用大位移量限位器。
3. 基本轨外侧设轨撑。
4. 转辙器及护轨基本轨内侧采用弹性夹扣压。</td></tr>
</table>

转辙器明细表

序号	图号 / 标准	名称及规格	数量	材　料	备　注
1	专线 4304－Ⅱ－4	直基本轨　14 992	1	75 kg/m 合金钢轨	
2	专线 4304－Ⅱ－5	曲基本轨　14 992	1	75 kg/m 合金钢轨	
3	专线 4304－Ⅱ－6	曲线尖轨　12 440	1	60AT 合金钢轨	
4	专线 4304－Ⅱ－7	直线尖轨　12 440	1	60AT 合金钢轨	
5	专线 4304－Ⅴ－19	平垫板　75－A	8	Q235－B(底板)	
9	专线 4304－Ⅴ－22	滑床板　75－A	5		
10	专线 4304－Ⅴ－22	滑床板　75－B	5		
11	专线 4304－Ⅴ－24	轨撑滑床板　75－A	9		
12	专线 4304－Ⅴ－24	轨撑滑床板　75－B	9		
13	专线 4304－Ⅴ－23	防跳限位装置　75－A/102	1		
14	专线 4304－Ⅴ－23	防跳限位装置　75－B/101	1		
15	专线 4304－Ⅴ－23	防跳限位装置　75－A/154	1		
16	专线 4304－Ⅴ－23	防跳限位装置　75－B/153	1		
17	专线 4304－Ⅱ－8	垫　板　620	1		
18	专线 4304－Ⅱ－8	垫　板　640	1		
19	专线 4304－Ⅱ－8	垫　板　661	1		
20	专线 4304－Ⅱ－8	垫　板　683	1		
21	专线 4304－Ⅱ－9	垫　板　620	1		
22	专线 4304－Ⅱ－9	垫　板　640	1		
23	专线 4304－Ⅱ－9	垫　板　661	1		
24	专线 4304－Ⅱ－9	垫　板　683	1		
25	专线 4304－Ⅱ－10	垫　板　694	1		
26	专线 4304－Ⅱ－10	垫　板　718	1		
27	专线 4304－Ⅱ－11	垫　板　694	1		
28	专线 4304－Ⅱ－11	垫　板　718	1		
29	专线 4304－Ⅱ－12	垫　板　743	1		
30	专线 4304－Ⅱ－12	垫　板　769	1		
31	专线 4304－Ⅱ－13	垫　板　743	1		
32	专线 4304－Ⅱ－13	垫　板　769	1		
33	专线 4304－Ⅱ－14	垫　板　796	1		

续上表

序号	图号 / 标准	名称及规格	数量	材　　料	备　　注
34	专线 4304 – Ⅱ – 14	垫　板　825	1		
35	专线 4304 – Ⅱ – 14	垫　板　844	1		
36	专线 4304 – Ⅱ – 14	垫　板　874	1		
37	专线 4304 – Ⅱ – 14	垫　板　906	1		
38	专线 4304 – Ⅱ – 14	垫　板　938	1		
39	专线 4304 – Ⅱ – 14	垫　板　970	1		
40	专线 4304 – Ⅱ – 15	垫　板　796	1		
41	专线 4304 – Ⅱ – 15	垫　板　825	1		
42	专线 4304 – Ⅱ – 15	垫　板　844	1		
43	专线 4304 – Ⅱ – 15	垫　板　874	1		
44	专线 4304 – Ⅱ – 15	垫　板　906	1		
45	专线 4304 – Ⅱ – 15	垫　板　938	1		
46	专线 4304 – Ⅱ – 15	垫　板　970	1		
47	专线 4304 – Ⅴ – 10	限位器　A/139 – 142 – 98	1	ZG 230 – 450	
48	专线 4304 – Ⅴ – 10	限位器　A/143 – 140 – 95	1	ZG 230 – 450	
49	专线 4304 – Ⅴ – 11	限位器　B	2	ZG 230 – 450	
50	专线 4304 – Ⅴ – 16	支距扣板　75 – A/143 – 148 – 73	1	ZG 230 – 450	与序号 51 对称
51	专线 4304 – Ⅴ – 16	支距扣板　75 – A/143 – 148 – 73	1	ZG 230 – 450	右侧用
52	专线 4304 – Ⅴ – 16	支距扣板　75 – A/163 – 168 – 83	1	ZG 230 – 450	与序号 53 对称
53	专线 4304 – Ⅴ – 16	支距扣板　75 – A/163 – 168 – 83	1	ZG 230 – 450	右侧用
54	专线 3464 – 3	加强型Ⅱ型弹条	296	60Si2CrVA	
55		弹性夹　SSB3	32		
56	专线 4304 – Ⅴ – 27	轨　撑	18		
57	专线 4304 – Ⅴ – 28	挡板座	18		
58	GB/T 5780	螺　栓　M24 × 105	18		
59	专线 4232 – 4	螺　栓　M24 × 65	274		
60	客专线 (07)001 – Ⅴ – 70	螺　栓　M24 × 105	2		
61	NS – 07	限位板　M24	278		
62	NS – 01(b) – C	螺　母　M24	296		
63	TB/T 1495.4	平垫圈　24	20		
64	客专线 (07)001 – Ⅴ – 70	螺　栓　M24 × 90	2		
65	专线 4304 – Ⅴ – 2	轨距块　75/9 – 11	70	ZG 230 – 450	

续上表

序号	图号 / 标准	名称及规格	数量	材　料	备　注
66	专线 4304－V－2	轨距块　75/13－15	48	ZG 230－450	
67	专线 4304－V－4	轨距块　60AT－11	8	ZG 230－450	
68	专线 4232－10	轨距块　60/13－15	8	ZG 230－450	
69	GB/T 1228	螺　栓　M27 × 110	4		
70	GB/T 1228	螺　栓　M27 × 140	4		
71	专线 4304－V－9	夹　板　400/A	2	Q235	
72	专线 4304－V－27	夹　板　400/B	2	Q235	
73	专线 4232－101	螺　母　M27	8		
74	GB/T 1230	垫　片　27	8		
75	研线 0405－3	螺　钉	14		
76	研线 0405－6	弹簧垫圈	14		
77	研线 0405－7	平垫圈	14		
78	TB/T 565	弹簧垫圈	2		
79	专线 4304－V－29	垫板轨距块　11	70	玻璃纤维	
80	专线 4304－V－29	垫板轨距块　13	70	玻璃纤维	
81	专线 4304－V－31	轨下弹性垫板　200－149－149/0	50	热塑性弹性体	
82	专线 4304－V－31	轨下弹性垫板　200－149－149/3	11	热塑性弹性体	
83	专线 4304－V－31	轨下弹性垫板　200－149－149/6	15	热塑性弹性体	
84	专线 4304－V－31	轨下弹性垫板　200－149－149/9	16	热塑性弹性体	
85	专线 4304－V－31	轨下弹性垫板　170－121－121/0	4	热塑性弹性体	
86	专线 4304－V－31	轨下弹性垫板　170－121－121/6	4	热塑性弹性体	
87	专线 4304－V－32	弹性垫板　422 × 200 × 10	8	热塑性弹性体	
88	专线 4304－V－32	弹性垫板　670 × 200 × 10	14	热塑性弹性体	
89	专线 4304－V－34	弹性垫板　730 × 200－121	18	热塑性弹性体	
90	专线 4304－V－32	弹性垫板　620 × 200 × 10	2	热塑性弹性体	
91	专线 4304－V－32	弹性垫板　640 × 200 × 10	2	热塑性弹性体	
92	专线 4304－V－32	弹性垫板　661 × 200 × 10	2	热塑性弹性体	
93	专线 4304－V－32	弹性垫板　683 × 200 × 10	2	热塑性弹性体	
94	专线 4304－V－32	弹性垫板　694 × 200 × 10	2	热塑性弹性体	
95	专线 4304－V－32	弹性垫板　718 × 200 × 10	2	热塑性弹性体	
96	专线 4304－V－32	弹性垫板　743 × 200 × 10	2	热塑性弹性体	
97	专线 4304－V－32	弹性垫板　769 × 200 × 10	2	热塑性弹性体	

续上表

序号	图号 / 标准	名称及规格	数量	材　料	备　注
98	专线 4304－V－33	弹性垫板　796－373	2	热塑性弹性体	
99	专线 4304－V－33	弹性垫板　825－387.5	2	热塑性弹性体	
100	专线 4304－V－33	弹性垫板　844－397	2	热塑性弹性体	
101	专线 4304－V－33	弹性垫板　874－412	2	热塑性弹性体	
102	专线 4304－V－33	弹性垫板　906－428	2	热塑性弹性体	
103	专线 4304－V－33	弹性垫板　938－444	2	热塑性弹性体	
104	专线 4304－V－33	弹性垫板　970－460	2	热塑性弹性体	

辙叉及护轨明细表

序号	图号 / 标准	名称及规格	数量	材　　料	备　　注
1	专线 4304－Ⅲ－200	镶嵌翼轨合金钢组合辙叉	1		
	专线 4304－Ⅲ－300	高锰钢组合辙叉	1		
2	专线 4304－Ⅲ－105	序号 2 护轨	1	33 kg/m 槽型轨	
3	专线 4304－Ⅲ－106	序号 3 护轨	1	33 kg/m 槽型轨	
4	专线 4304－Ⅴ－21	序号 4 护轨垫板	12		
5	专线 4304－Ⅲ－107	序号 5 护轨垫板	7		
6	专线 4304－Ⅲ－107	序号 6 护轨垫板	1		
7	专线 4304－Ⅲ－108	垫　板　967 × 180	1		
8	专线 4304－Ⅲ－108	垫　板　924 × 180	1		
9	专线 4304－Ⅲ－108	垫　板　886 × 180	1		
10	专线 4304－Ⅲ－108	垫　板　837 × 180	1		
11	专线 4304－Ⅲ－108	垫　板　792 × 180	1		
12	专线 4304－Ⅲ－109	垫　板　746 × 180	1		
13	专线 4304－Ⅲ－110	垫　板　699 × 180	1		
14	专线 4304－Ⅲ－111	垫　板　699 × 180	1		
15	专线 4304－Ⅲ－112	垫　板　741 × 180	1		
16	专线 4304－Ⅲ－113	垫　板　791 × 180	1		
17	专线 4304－Ⅲ－113	垫　板　841 × 180	1		
18	专线 4304－Ⅲ－113	垫　板　891 × 180	1		
19	专线 4304－Ⅲ－113	垫　板　941 × 180	1		
20	专线 4304－Ⅴ－17	支距扣板　75－B/144－155－75	1	ZG 230－450	
21	专线 4304－Ⅴ－18	支距扣板　75－C/128－139－66	1	ZG 230－450	
22	专线 4232－4	螺　栓　M24 × 65	130		
23	客专线 (07)001－Ⅴ－70	螺　栓　M24 × 105	2		
24	客专线 (07)001－Ⅴ－47	螺　栓　M24 × 85	20		
25	专线 3464－3	加强型Ⅱ型弹条	152	60Si2CrVA 或 60Si2CrA	
26	NS－01(b)－c	螺　母　M24	152		
27	NS－02b	螺　母　M24	20		
28	GB/T 7244	垫　圈　24	20		
29	NS－07	限位板　M24	132		
30	客专线 (07)001－Ⅴ－43	护轨调整片　85 × 70 × 32	20 40	Q235	2 mm 厚备用，护轨用
31	专线 4304－Ⅴ－2	轨距块　75/9－11	48	ZG 230－450	

续上表

序号	图号 / 标准	名称及规格	数量	材　　料	备　　注
32	专线 4304-V-2	轨距块　75/13-15	28	ZG 230-450	
33	专线 4304-V-19	垫　板　F	4		
34		弹性夹　SSB2	20		
35	专线 4304-V-27	轨　撑	20		
36	GB/T 5780	螺　栓　M24×105	20		
37	TB/T 1495.4	垫　圈　24	20		
38	研线 0405-3	混凝土岔枕用螺栓(Ⅲ型)	9	45	
39	研线 0405-6	弹簧垫圈	9	65Mn 或 60Si2Mn	
40	研线 0405-7	平垫圈	14	Q235-A	7～11 垫 2 个
41	专线 4304-V-28	挡板座	20	玻璃纤维	
42	专线 4304-V-3	绝缘轨距块　75/D-11	37	玻璃纤维	
43	专线 4304-V-3	绝缘轨距块　75/D-13	37	玻璃纤维	
44	专线 4304-V-31	轨下弹性垫板　200-149-149/15	17	热塑性聚酯弹性体	
45	专线 4304-V-31	轨下弹性垫板　200-149-149/0	13	热塑性聚酯弹性体	
46	专线 4304-V-31	轨下弹性垫板　200-149-149/0	12	热塑性聚酯弹性体	
47	专线 4304-V-31	轨下弹性垫板　200-149-149/18	8	热塑性聚酯弹性体	
48	专线 4304-V-32	板下弹性垫板　730×240×10	20	热塑性聚酯弹性体	
49	专线 4304-V-33	板下弹性垫板　967×200-477	1	热塑性聚酯弹性体	
50	专线 4304-V-33	板下弹性垫板　924×200-452	1	热塑性聚酯弹性体	
51	专线 4304-V-33	板下弹性垫板　886×200-427	1	热塑性聚酯弹性体	
52	专线 4304-V-33	板下弹性垫板　837×200-402	1	热塑性聚酯弹性体	
53	专线 4304-V-33	板下弹性垫板　792×200-377	1	热塑性聚酯弹性体	
54	专线 4304-V-32	板下弹性垫板　746×200×10	1	热塑性聚酯弹性体	
55	专线 4304-V-32	板下弹性垫板　699×200×10	2	热塑性聚酯弹性体	
56	专线 4304-V-32	板下弹性垫板　741×200×10	1	热塑性聚酯弹性体	
57	专线 4304-V-33	板下弹性垫板　791×200-372	1	热塑性聚酯弹性体	
58	专线 4304-V-33	板下弹性垫板　841×200-403	1	热塑性聚酯弹性体	
59	专线 4304-V-33	板下弹性垫板　891×200-428	1	热塑性聚酯弹性体	
60	专线 4304-V-33	板下弹性垫板　941×200-453	1	热塑性聚酯弹性体	
61	专线 4304-V-32	板下弹性垫板　422×200×10	4	热塑性聚酯弹性体	

专线 4304 电务主要参数

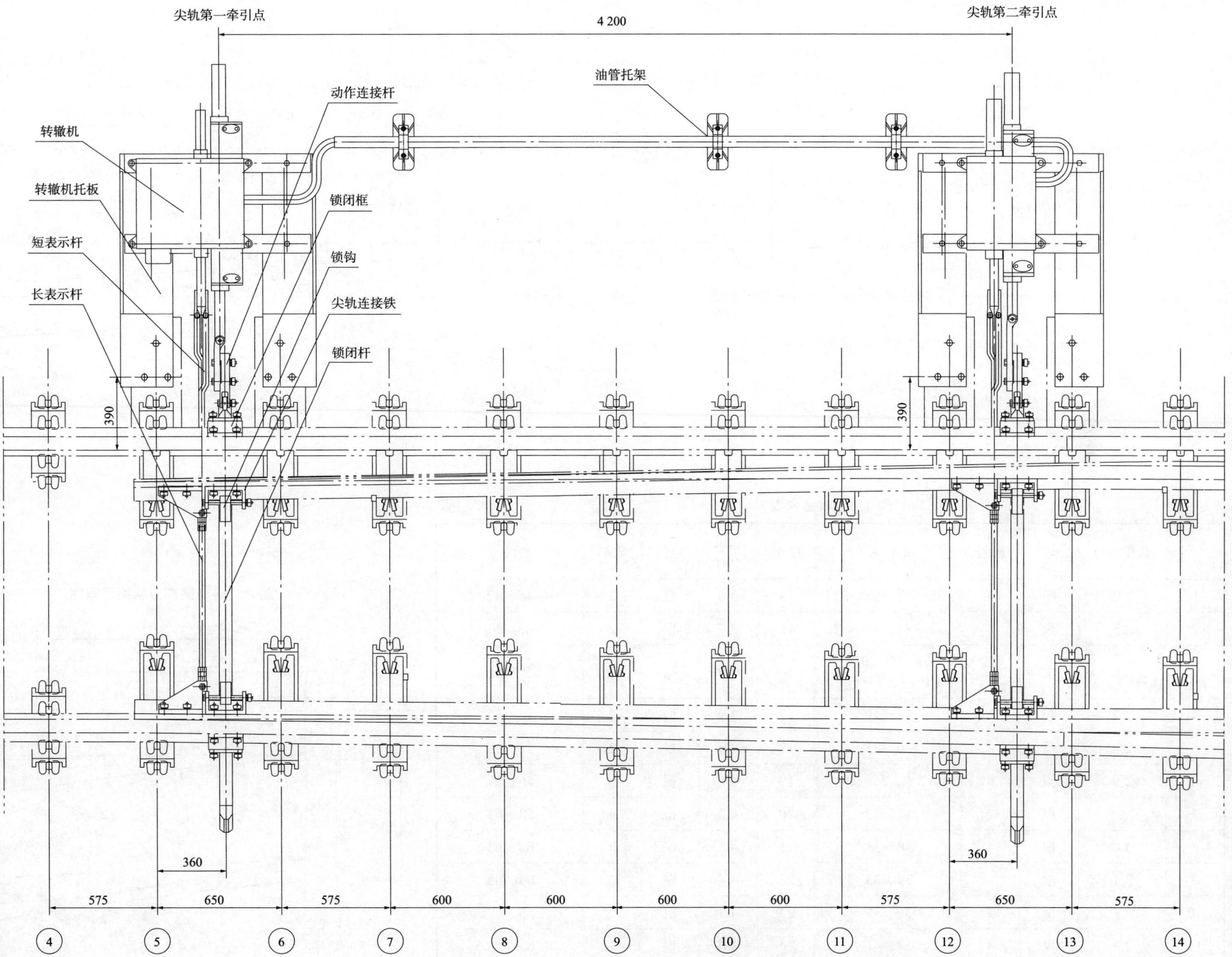

转换设备	安装图名称	安装图号	锁闭方式
外锁	75 kg/m 钢轨 12 号单开道岔外锁闭安装图	S1301	外锁闭
ZY(J)7+SH6	75 kg/m 钢轨 12 号单开道岔转换设备 (ZYJ7) 安装图	S1302	外锁闭
ZD(J)9	75 kg/m 钢轨 12 号单开道岔转换设备 (ZDJ9) 安装图	S1310	外锁闭

75 kg/m 钢轨 12 号单开道岔
图 号：专线 4304

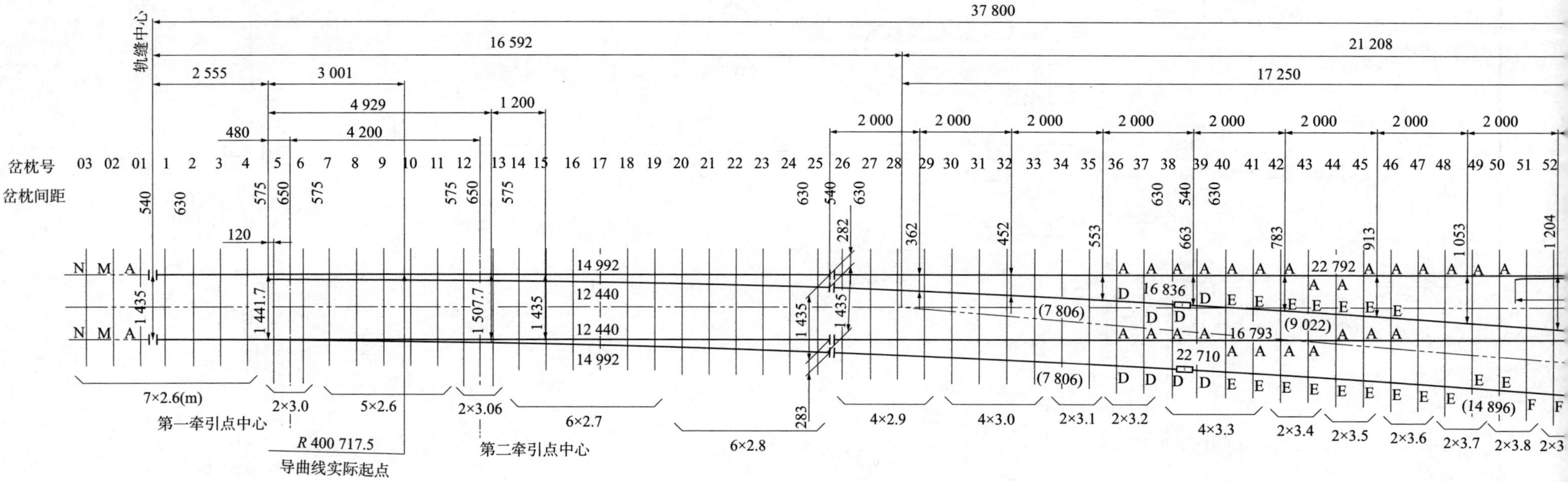

表 1 岔枕数量表

序号	长度 (m)	单位	数量	岔枕号	序号	长度 (m)	单位	数量	岔枕号
1	2.45	根	4	76、77、82、83	14	3.6	根	2	46、47
2	2.5	根	8	78～81，84～87	15	3.7	根	2	48、49
3	2.6	根	12	01、02、03、1～4、7～11	16	3.8	根	2	50、51
4	2.7	根	6	14～19	17	3.9	根	2	52、53
5	2.8	根	6	20～25	18	4.0	根	2	54、55
6	2.9	根	6	5、6、26～29	19	4.1	根	2	56、57
7	2.95	根	2	12、13	20	4.2	根	4	58～61
8	3.0	根	4	30～33	21	4.3	根	2	62、63
9	3.1	根	2	34、35	22	4.4	根	2	64、65
10	3.2	根	2	36、37	23	4.5	根	2	66、67
11	3.3	根	4	38～41	24	4.6	根	2	68、69
12	3.4	根	2	42、43	25	4.7	根	2	70、71
13	3.5	根	2	44、45	26	4.8	根	4	72～75

岔枕总根数：90 根；岔枕累计长度：296.52 m
预埋铁座数量：454 个；预埋套管数量：23 个

图 2 转辙器部分轨距示意图

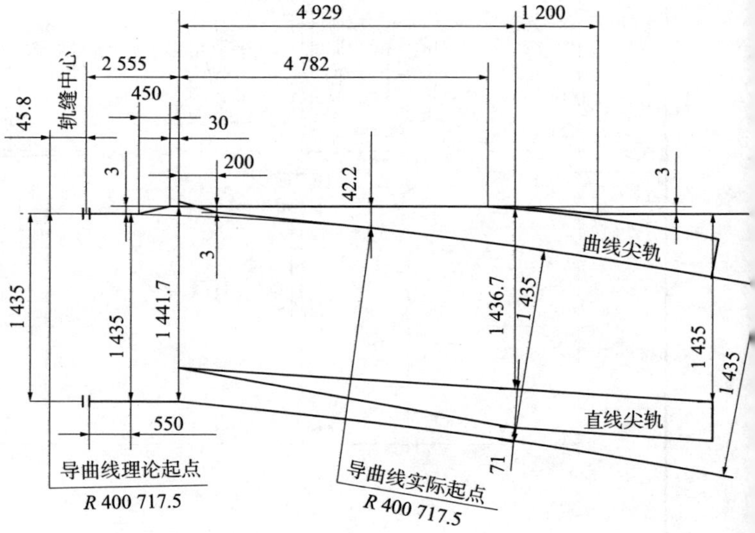

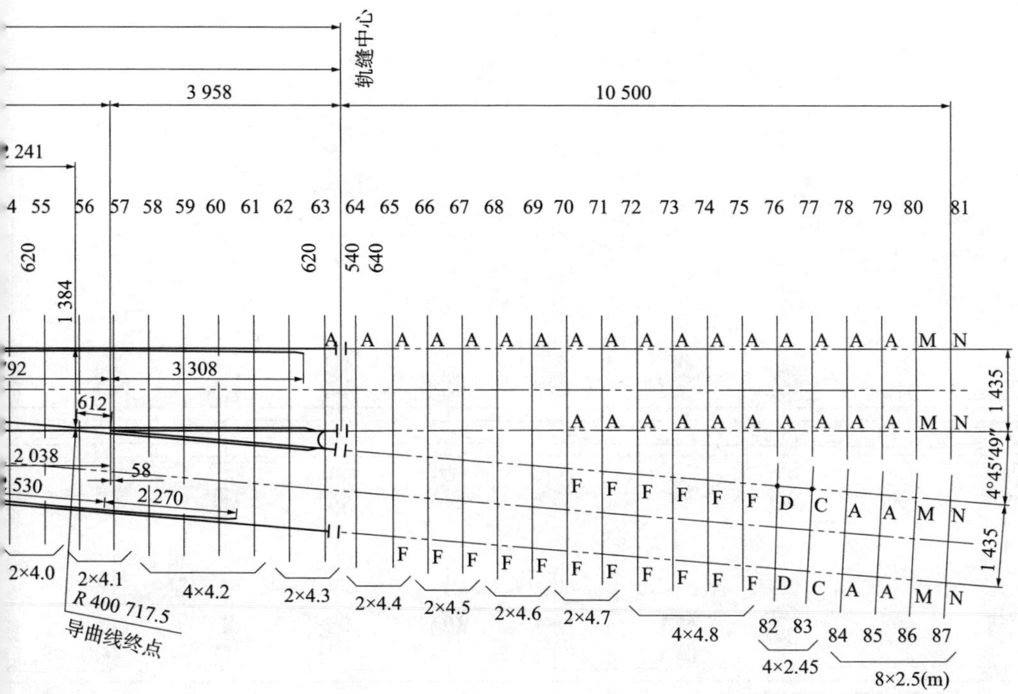

技 术 要 求

除直尖轨轨头刨切范围的侧股轨距外，道岔轨距均为 1 435 mm，岔枕间距除注明外均为 600 mm。

编号 1～81 号岔枕垂直于直股钢轨，编号 84～87 号岔枕垂直于侧股钢轨，82 和 83 号岔枕扭转过渡。

图中普通接头、胶接绝缘接头分别以“—|—|—”、“—▭—”表示，轨缝均为 8 mm。轨道电路绝缘接头位置，可以根据实际需要进行设置。设置胶结绝缘的钢轨按括号内的数字断开。

图中符号 A、C、D、E、F 表示垫板类型；符号 M、N 分别表示顺坡垫板 P24 和 P30。

岔枕铺设时，带编号一端铺设在道岔直股外侧。侧股辙叉后短岔枕带编号一侧铺设在侧股外侧。

明细表内钢轨数量由下列钢轨组成：

岔枕长度和布置见专线 3461，铺设时带编号一端铺设在道岔直股外侧。

辙叉部分的支距采用加高的长支距尺测量。

道岔主要结构特点：

(1) 尖轨为半切线型，采用 12.44 m 长的 60AT 弹性可弯尖轨，尖轨尖端为藏尖式，基本轨内侧刨切加宽。

(2) 钢轨和垫板用的轨距块设计安装号数如下：

钢轨工作边一侧，安装 13 号轨距块；

钢轨非工作边一侧，安装 11 号轨距块；

辙叉一侧安装 13 号轨距块，另一侧安装 11 号轨距块；

绝缘接头两侧采用绝缘轨距块。

长度 (mm)	22 792	22 710(7 806，14 896)	16 836(7 806，9 022)	16 793
数量 (根)	1	1	1	1

表 2 明 细 表

序号	图号 / 标准	名称及规格	数量	材 料	备 注
1	专线 4304－Ⅱ	转辙器	1		
2	专线 4304－Ⅲ	辙叉及护轨	1		
3	TB/T 2344	钢 轨	79.131	75 kg/m 钢轨	
4	TB/T 2345	接头夹板	20		
5	专线 4304－Ⅴ－19	垫 板 75－A	59		
6	专线 4304－Ⅴ－19	垫 板 75－C	2		
7	专线 4304－Ⅴ－19	垫 板 75－D	10		
8	专线 4304－Ⅴ－19	垫 板 75－E	20		
9	专线 4304－Ⅴ－19	垫 板 75－F	17		
10	专线 4304－Ⅴ－20	垫 板 75－M	6		
11	专线 4304－Ⅴ－20	垫 板 75－N	6		
12	专线 3464－3	加强型Ⅱ型弹条	488	60Si2CrVA	
13	TB/T 2347	接头螺栓 M24×160	60	10.9 级	带螺母
14	专线 4232－4	螺 母 M24×65	488		
15	NS－01(b)－c	螺 母 M24	488		
16	GB/T 1230	垫 圈 24	60		
17	NS－07	限位板 M24	488		
18	专线 4304－Ⅴ－2	轨距块 75/9－11	116	ZG 230－450	
19	专线 4304－Ⅴ－2	轨距块 75/13－15	116	ZG 230－450	
20	专线 4304－Ⅴ－3	绝缘轨距块 75－11	4	玻璃纤维	
21	专线 4304－Ⅴ－3	绝缘轨距块 75－13	4	玻璃纤维	
22	专线 4304－Ⅴ－29	轨距块 D－11	120	玻璃纤维	
23	专线 4304－Ⅴ－29	轨距块 D－13	120	玻璃纤维	
24	专线 4304－Ⅴ－29	轨距块 D－9	227	玻璃纤维	备 用
25	专线 4304－Ⅴ－29	轨距块 D－15	120	玻璃纤维	备 用
26	专线 4304－Ⅴ－31	轨下弹性垫板 200－149－149/0	71	热塑性聚酯弹性体	
27	专线 4304－Ⅴ－31	轨下弹性垫板 200－149－149/6	2	热塑性聚酯弹性体	
28	专线 4304－Ⅴ－31	轨下弹性垫板 200－149－149/9	10	热塑性聚酯弹性体	
29	专线 4304－Ⅴ－31	轨下弹性垫板 200－149－149/12	20	热塑性聚酯弹性体	
30	专线 4304－Ⅴ－31	轨下弹性垫板 200－149－149/15	17	热塑性聚酯弹性体	
31	专线 4304－Ⅴ－32	弹性垫板 422×200×110	120	热塑性聚酯弹性体	
32	通线 2012－Ⅲ－4	胶结绝缘	2		
33	HYT－LU－2	B 型接头弹条	40	60Si2CrVA	备用
34	研线 9807－06a	接头轨距块 75/8－10	20	ZG 230－450	备 用
35	研线 9807－06a	接头轨距块 75/12－14	20	ZG 230－450	备 用
36	专线 4304－Ⅴ－2	接头轨距块 75/7－17	50	ZG 230－450	备 用

75 kg/m 钢轨 12 号单开道岔转辙器
图　号：专线 4304－II－2

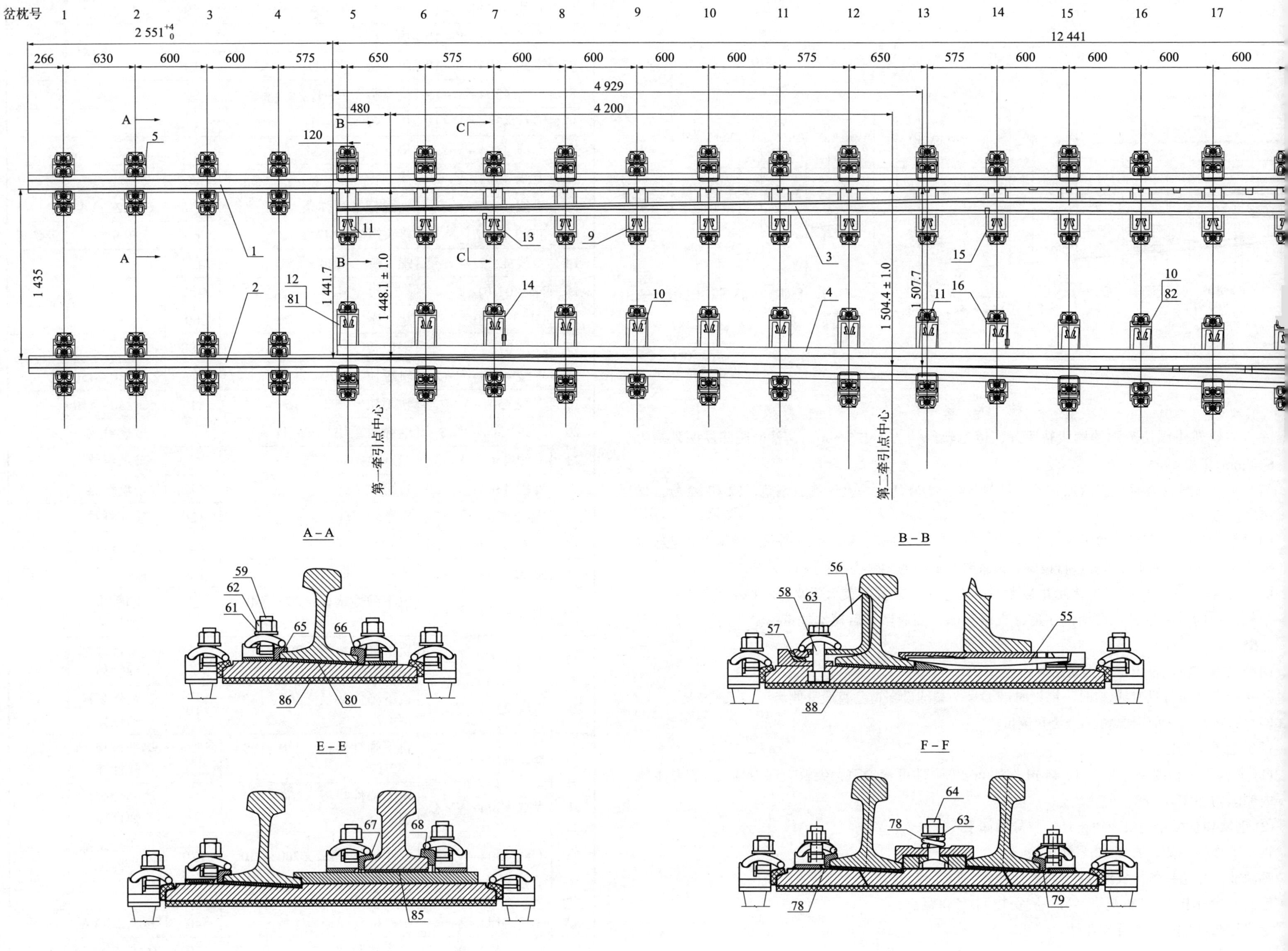

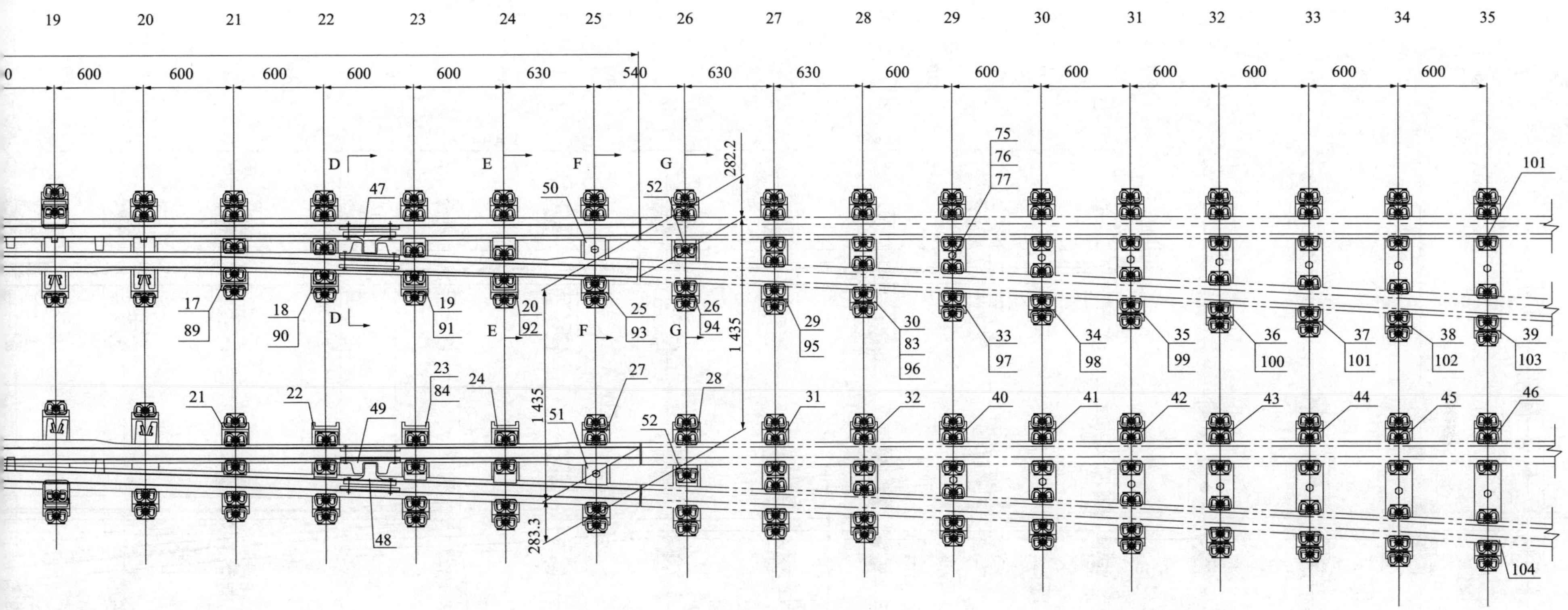

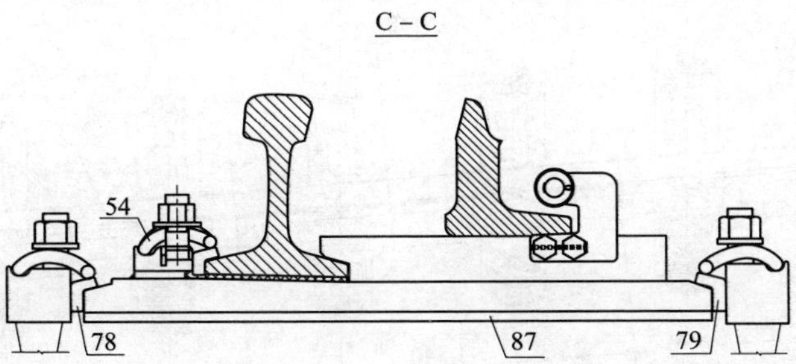
C－C
54
78
87
79

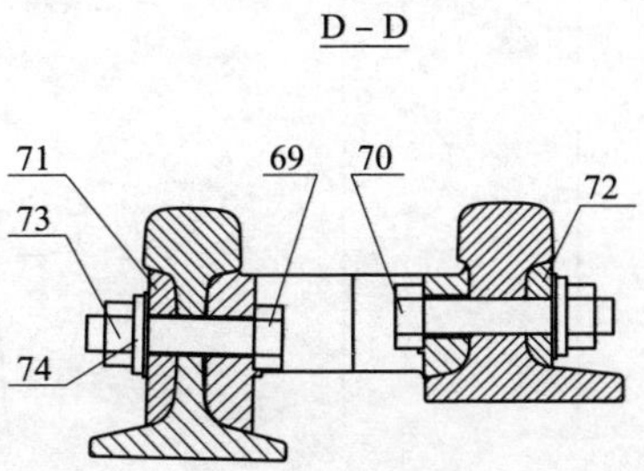
D－D
71
73
74
69
70
72

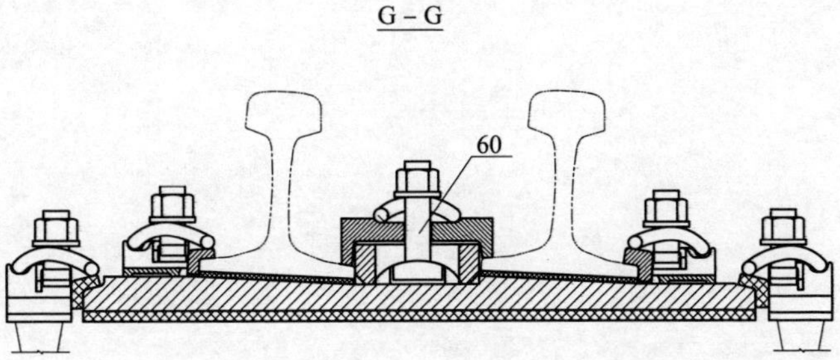
G－G
60

75 kg/m 钢轨 12 号辙叉及护轨

图　号：专线 4304－III－103

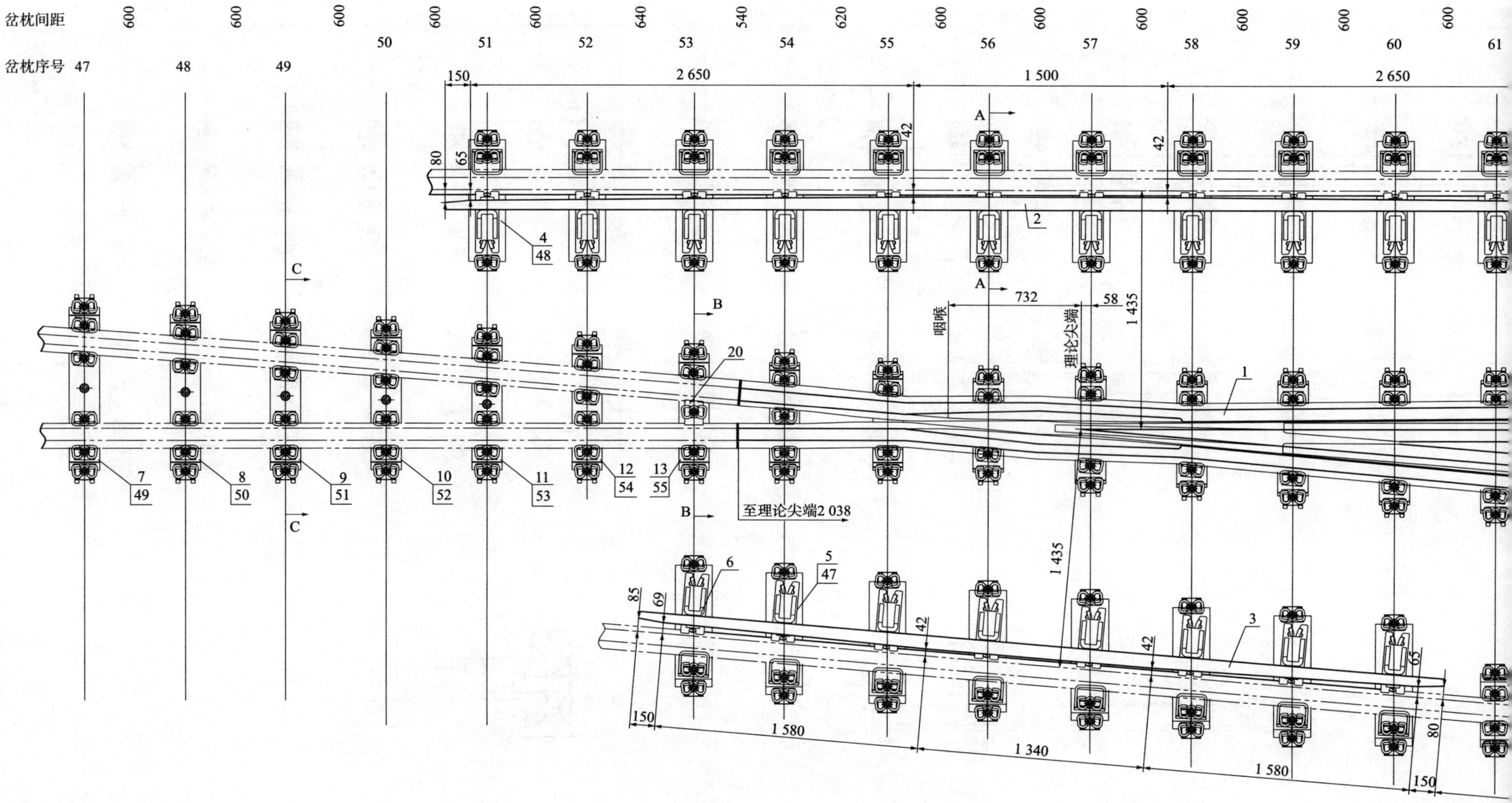

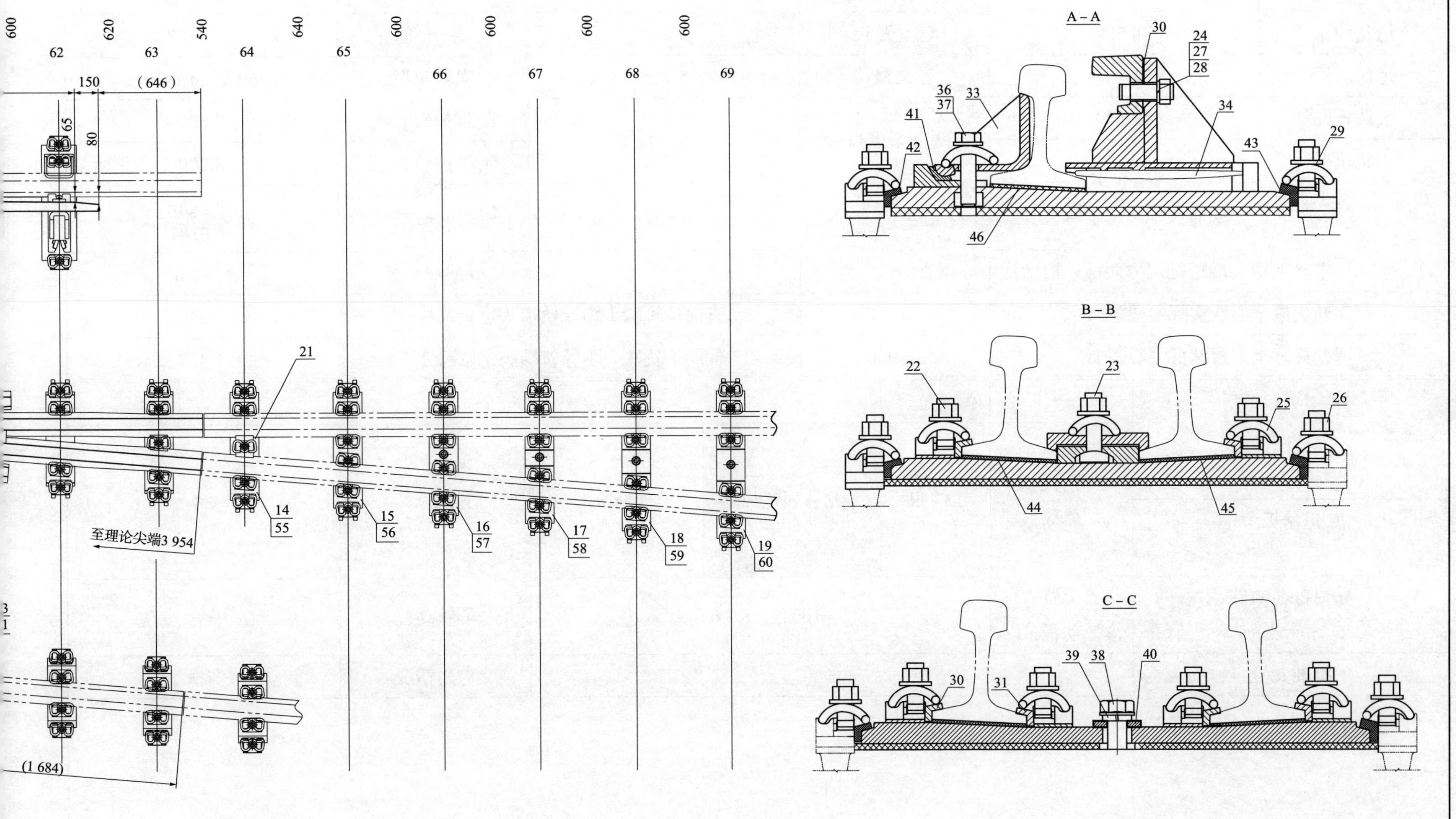

技 术 要 求

1. 组装护轨时，应使用 3 mm 厚的护轨调整片，如查照间隔或护背距离不合适时，可用备用调整片进行调整。
2. 查照间隔及护背距离在心轨轨头宽 20～40 mm 处丈量。
3. 上趾端接头夹板时，如果安装困难，可先将接头夹板立起让出空间后再安装。

62. 60 kg/m 钢轨 18 号单开道岔(混凝土枕)
设计图号：专线 4308

<table>
<tr><td rowspan="2">道岔允许通过速度</td><td>客车</td><td colspan="2">$v_{直}$≤120 km/h；$v_{侧}$≤80 km/h</td><td>扣件类型</td><td>Ⅱ型弹条</td></tr>
<tr><td>货车</td><td colspan="2">轴重 30 t：$v_{直}$≤100 km/h；$v_{直}$≤80 km/h</td><td>轨底坡</td><td>1∶20</td></tr>
<tr><td>转辙器跟端形式</td><td colspan="3">■限位器 □间隔铁 □不设传力机构 □间隔铁活接头</td><td>锁闭方式</td><td>外锁闭</td></tr>
<tr><td>道岔全长</td><td>60 000</td><td>辙叉全长</td><td>8 992</td><td>辙叉类型</td><td>合金钢组合式</td></tr>
<tr><td>道岔前长</td><td>28 600</td><td>辙叉趾长</td><td>3 237</td><td>辙叉角</td><td>3°10′47″</td></tr>
<tr><td>道岔后长</td><td>31 400</td><td>辙叉跟长</td><td>5 755</td><td>翼轨轨型</td><td>60 kg/m 钢轨</td></tr>
<tr><td>尖轨长度</td><td>19 640</td><td rowspan="2">基本轨长度</td><td rowspan="2">20 992</td><td>直向护轨长度</td><td>8 600</td></tr>
<tr><td>尖轨轨型</td><td>60AT1</td><td>侧向护轨长度</td><td>8 200</td></tr>
<tr><td colspan="3">尖轨尖端前基本轨长度</td><td>1 351</td><td>护轨轨型</td><td>33 kg/m
槽型钢</td></tr>
<tr><td colspan="3">辙叉理论尖端距趾端方向前一根岔枕中心距离</td><td>541</td><td>导曲线半径</td><td>1 100 m</td></tr>
<tr><td colspan="2">尖轨尖端至心轨实际尖端距离</td><td>—</td><td colspan="2">直向护轨端头距导轨端头定位尺寸</td><td>1 696</td></tr>
<tr><td colspan="2">道岔终端至末根岔枕中心距离</td><td>15 900</td><td colspan="2">侧向护轨端头距导轨端头定位尺寸</td><td>1 822</td></tr>
</table>

<table>
<tr><td>最大构造加宽</td><td>—</td><td>测量位置</td><td colspan="4">—</td></tr>
<tr><td>岔枕图号
专线 3462</td><td rowspan="2">岔枕
总数</td><td rowspan="2">137 根</td><td rowspan="2">岔枕展延长</td><td rowspan="2">458 m</td><td rowspan="2">套管总数</td><td rowspan="2">34</td></tr>
<tr><td>道岔板
—</td></tr>
<tr><td>转换设备图号
—</td><td>尖轨
动程</td><td colspan="3">160、118、69</td><td>心轨动程</td><td>—</td></tr>
<tr><td>批准文号</td><td colspan="4">—</td><td>应用情况</td><td>★★</td></tr>
<tr><td>主要结构特点</td><td colspan="6">1. 基本轨工作边做水平刨切，增加了尖轨厚度。
2. 转辙器跟端采用大位移量限位器。
3. 基本轨外侧设轨撑。
4. 转辙器及护轨基本轨内侧采用弹性夹扣压。</td></tr>
</table>

转辙器明细表

序号	图号 / 标准	名称及规格	数量	材　料	备　注
1	专线 4308－Ⅱ－4	直基本轨　20 992	1	60 kg/m 钢轨	
2	专线 4308－Ⅱ－5	曲基本轨　20 992	1	60 kg/m 钢轨	
3	专线 4308－Ⅱ－6	曲线尖轨　19 640	1	60AT 钢轨	
4	专线 4308－Ⅱ－7	直线尖轨　19 640	1	60AT 钢轨	
5	专线 4307－Ⅴ－19	平垫板　60－A	4		
6	专线 4307－Ⅴ－22	滑床板　60－A	15		
7	专线 4307－Ⅴ－22	滑床板　60－E　Y(Z)	15		
8	专线 4307－Ⅴ－15	轨撑滑床板　60－A	10		
9	专线 4307－Ⅴ－15	轨撑滑床板　60－E　Y(Z)	10		
10	专线 4307－Ⅴ－23	防跳限位装置　60－A/95	1		
11	专线 4307－Ⅴ－23	防跳限位装置　60－E/96 Y(Z)	1		
12	专线 4307－Ⅴ－23	防跳限位装置　60－A/136	1		
13	专线 4307－Ⅴ－23	防跳限位装置　60－E/137 Y(Z)	1		
14	专线 4307－Ⅴ－23	防跳限位装置　60－A/145	1		
15	专线 4307－Ⅴ－23	防跳限位装置　60－E/145 Y(Z)	1		
16	专线 4307－Ⅴ－12	轨　撑	20		
17	专线 4308－Ⅱ－28	挡板座　2－4	20		
18	专线 4308－Ⅱ－8	垫　板　729 × 180 × 33 Y(Z)	1		
19	专线 4308－Ⅱ－8	垫　板　729 × 180 × 33 Y(Z)	1		
20	专线 4308－Ⅱ－8	垫　板　729 × 180 × 33 Y(Z)	1		
21	专线 4308－Ⅱ－8	垫　板　729 × 180 × 33 Y(Z)	1		
22	专线 4308－Ⅱ－10	垫　板　661 × 180 × 33 Y(Z)	1		
23	专线 4308－Ⅱ－10	垫　板　674 × 180 × 33 Y(Z)	1		
24	专线 4308－Ⅱ－10	垫　板　686 × 180 × 33 Y(Z)	1		
25	专线 4308－Ⅱ－10	垫　板　699 × 180 × 33 Y(Z)	1		
26	专线 4308－Ⅱ－10	垫　板　713 × 180 × 33 Y(Z)	1		
27	专线 4308－Ⅱ－12	垫　板　727 × 180 × 33 Y(Z)	1		
28	专线 4308－Ⅱ－12	垫　板　741 × 180 × 33 Y(Z)	1		
29	专线 4308－Ⅱ－12	垫　板　755 × 180 × 33 Y(Z)	1		
30	专线 4308－Ⅱ－12	垫　板　770 × 180 × 33 Y(Z)	1		
31	专线 4308－Ⅱ－12	垫　板　785 × 180 × 33 Y(Z)	1		
32	专线 4308－Ⅱ－12	垫　板　800 × 180 × 33 Y(Z)	1		
33	专线 4308－Ⅱ－14	垫　板　816 × 180 × 33 Y(Z)	1		

续上表

序号	图号 / 标准	名称及规格	数量	材　料	备　注
34	专线 4308 – Ⅱ – 14	垫　板　832 × 180 × 33 Y(Z)	1		
35	专线 4308 – Ⅱ – 14	垫　板　848 × 180 × 33 Y(Z)	1		
36	专线 4308 – Ⅱ – 14	垫　板　865 × 180 × 33 Y(Z)	1		
37	专线 4308 – Ⅱ – 14	垫　板　882 × 180 × 33 Y(Z)	1		
38	专线 4308 – Ⅱ – 14	垫　板　899 × 180 × 33 Y(Z)	1		
39	专线 4308 – Ⅱ – 14	垫　板　917 × 180 × 33 Y(Z)	1		
40	专线 4308 – Ⅱ – 14	垫　板　935 × 180 × 33 Y(Z)	1		
41	专线 4308 – Ⅱ – 14	垫　板　953 × 180 × 33 Y(Z)	1		
42	专线 4308 – Ⅱ – 14	垫　板　972 × 180 × 33 Y(Z)	1		
43	专线 4308 – Ⅱ – 9	垫　板　729 × 180 × 33 Y(Z)	1		
44	专线 4308 – Ⅱ – 9	垫　板　729 × 180 × 33 Y(Z)	1		
45	专线 4308 – Ⅱ – 9	垫　板　729 × 180 × 33 Y(Z)	1		
46	专线 4308 – Ⅱ – 9	垫　板　729 × 180 × 33 Y(Z)	1		
47	专线 4308 – Ⅱ – 11	垫　板　661 × 180 × 33 Y(Z)	1		
48	专线 4308 – Ⅱ – 11	垫　板　674 × 180 × 33 Y(Z)	1		
49	专线 4308 – Ⅱ – 11	垫　板　686 × 180 × 33 Y(Z)	1		
50	专线 4308 – Ⅱ – 11	垫　板　699 × 180 × 33 Y(Z)	1		
51	专线 4308 – Ⅱ – 11	垫　板　713 × 180 × 33 Y(Z)	1		
52	专线 4308 – Ⅱ – 13	垫　板　727 × 180 × 33 Y(Z)	1		
53	专线 4308 – Ⅱ – 13	垫　板　741 × 180 × 33 Y(Z)	1		
54	专线 4308 – Ⅱ – 13	垫　板　755 × 180 × 33 Y(Z)	1		
55	专线 4308 – Ⅱ – 13	垫　板　770 × 180 × 33 Y(Z)	1		
56	专线 4308 – Ⅱ – 13	垫　板　785 × 180 × 33 Y(Z)	1		
57	专线 4308 – Ⅱ – 13	垫　板　800 × 180 × 33 Y(Z)	1		
58	专线 4308 – Ⅱ – 15	垫　板　816 × 180 × 33 Y(Z)	1		
59	专线 4308 – Ⅱ – 15	垫　板　832 × 180 × 33 Y(Z)	1		
60	专线 4308 – Ⅱ – 15	垫　板　848 × 180 × 33 Y(Z)	1		
61	专线 4308 – Ⅱ – 15	垫　板　865 × 180 × 33 Y(Z)	1		
62	专线 4308 – Ⅱ – 15	垫　板　882 × 180 × 33 Y(Z)	1		
63	专线 4308 – Ⅱ – 15	垫　板　899 × 180 × 33 Y(Z)	1		
64	专线 4308 – Ⅱ – 15	垫　板　917 × 180 × 33 Y(Z)	1		
65	专线 4308 – Ⅱ – 15	垫　板　935 × 180 × 33 Y(Z)	1		
66	专线 4308 – Ⅱ – 15	垫　板　953 × 180 × 33 Y(Z)	1		
67	专线 4308 – Ⅱ – 15	垫　板　972 × 180 × 33 Y(Z)	1		
68	专线 4307 – Ⅴ – 16	支距扣板　60 – A/110 – 113 – 56	2		上股按下股对称制造

续上表

序号	图号 / 标准	名称及规格	数量	材　　料	备　　注
69	专线 4307 – V – 16	支距扣板　60 – A/121 – 124 – 61	2		上股按下股对称制造
70	专线 4307 – V – 16	支距扣板　60 – A/134 – 137 – 68	2		上股按下股对称制造
71	专线 4307 – V – 16	支距扣板　60 – A/147 – 150 – 74	2		上股按下股对称制造
72	专线 4307 – V – 16	支距扣板　60 – A/161 – 164 – 81	2		上股按下股对称制造
73		弹性夹　SSB3	56		
74		弹性夹　SSB4	8		
75	专线 3351 – 3	Ⅱ型弹条	462	60Si2Mn	
76	GB/T 5780	螺　栓　M24 × 100	20		
77	专线 4232 – 4	螺　栓　M24 × 60	436		
78	客专线 (07)001 – V – 70	螺　栓　M24 × 100	6		
79	客专线 (07)001 – V – 70	螺　栓　M24 × 90	4		
80	GB/T 41	螺　母　M24	446		
81	TB/T 1495.4	平垫圈	466		
82	TB/T 565	弹簧垫圈	4		
83	专线 4232 – 10	轨距块　60/9 – 11	130		
84	专线 4232 – 10	轨距块　60/13 – 15	78		
85	专线 4307 – V – 4	轨距块　60AT/9 – 11	8		
86	研线 0405 – 3	螺　钉	20		
87	研线 0405 – 6	弹簧垫圈	20		
88	研线 0405 – 7	平垫圈	20		
89	专线 4307 – V – 29	轨距块　D – 11	110	玻璃纤维	
90	专线 4307 – V – 29	轨距块　D – 13	110	玻璃纤维	
91	专线 4304 – V – 31	轨下弹性垫板　200 – 149 – 149/0	89		
92	专线 4304 – V – 31	轨下弹性垫板　200 – 149 – 149/3 Y(Z)	39		
93	专线 4304 – V – 31	轨下弹性垫板　200 – 149 – 149/6 Y(Z)	24		
94	专线 4304 – V – 32	弹性垫板　422 × 200 × 10	4		
95	专线 4304 – V – 32	弹性垫板　670 × 200 × 10	36		
96	专线 4304 – V – 34	弹性垫板　730 × 200 – 121	20		
97	专线 4304 – V – 32	弹性垫板　729 × 200 × 10	8		
98	专线 4304 – V – 32	弹性垫板　661 × 200 × 10	2		
99	专线 4304 – V – 32	弹性垫板　674 × 200 × 10	2		
100	专线 4304 – V – 32	弹性垫板　686 × 200 × 10	2		
101	专线 4304 – V – 32	弹性垫板　699 × 200 × 10	2		
102	专线 4304 – V – 32	弹性垫板　713 × 200 × 10	2		
103	专线 4304 – V – 32	弹性垫板　727 × 200 × 10	2		

续上表

序号	图号 / 标准	名称及规格	数量	材　料	备　注
104	专线 4304－V－32	弹性垫板　741 × 200 × 10	2		
105	专线 4304－V－32	弹性垫板　755 × 200 × 10	2		
106	专线 4304－V－32	弹性垫板　770 × 200 × 10	2		
107	专线 4304－V－32	弹性垫板　785 × 200 × 10	2		
108	专线 4304－V－32	弹性垫板　800 × 200 × 10	2		
109	专线 4304－V－33	弹性垫板　816－383	2		
110	专线 4304－V－33	弹性垫板　832－391	2		
111	专线 4304－V－33	弹性垫板　848－399	2		
112	专线 4304－V－33	弹性垫板　865－407.5	2		
113	专线 4304－V－33	弹性垫板　882－416	2		
114	专线 4304－V－33	弹性垫板　899－424.5	2		
115	专线 4304－V－33	弹性垫板　917－433.5	2		
116	专线 4304－V－33	弹性垫板　935－442.5	2		
117	专线 4304－V－33	弹性垫板　953－451.5	2		
118	专线 4304－V－33	弹性垫板　972－461	2		
119	专线 4307－V－4	轨距块　60AT/7－13	8		备用
120	专线 4304－V－28	挡板座　0－6	7		备用

辙叉及护轨明细表

序号	图号 / 标准	名称及规格	数量	材　料	备　注
1	专线 4308 – Ⅲ – 5	翼　轨　7 257	1	60 kg/m 钢轨	
2	专线 4308 – Ⅲ – 6	翼　轨　7 257	1	60 kg/m 钢轨	
3	专线 4308 – Ⅲ – 7	长心轨　5 846	1		
4	专线 4308 – Ⅲ – 8	短心轨　4 377	1		
5	专线 4308 – Ⅲ – 9	护　轨　8 600	1	33 kg/m 槽 型 轨	
6	专线 4308 – Ⅲ – 10	护　轨　8 200	1	33 kg/m 槽 型 轨	
7	专线 4307 – Ⅴ – 21	护轨垫板	14		
8	专线 4308 – Ⅲ – 24	侧向护轨垫板　Y(Z)	14		
9	专线 4307 – Ⅴ – 19	平垫板　60 – C Y(Z)	2		右开用
10	专线 4308 – Ⅲ – 11	垫　板　977 × 180 × 33 Y(Z)	1		
11	专线 4308 – Ⅲ – 11	垫　板　952 × 180 × 33 Y(Z)	1		
12	专线 4308 – Ⅲ – 11	垫　板　929 × 180 × 33 Y(Z)	1		
13	专线 4308 – Ⅲ – 11	垫　板　900 × 180 × 33 Y(Z)	1		
14	专线 4308 – Ⅲ – 11	垫　板　874 × 180 × 33 Y(Z)	1		
15	专线 4308 – Ⅲ – 11	垫　板　848 × 180 × 33 Y(Z)	1		
16	专线 4308 – Ⅲ – 11	垫　板　829 × 180 × 33 Y(Z)	1		
17	专线 4308 – Ⅲ – 11	垫　板　795 × 180 × 33 Y(Z)	1		
18	专线 4308 – Ⅲ – 12	垫　板　766 × 180 × 33 Y(Z)	1		
19	专线 4308 – Ⅲ – 12	垫　板　738 × 180 × 33 Y(Z)	1		
20	专线 4308 – Ⅲ – 13	垫　板　715 × 180 × 33 Y(Z)	1		
21	专线 4308 – Ⅲ – 13	垫　板　695 × 180 × 33 Y(Z)	1		
22	专线 4308 – Ⅲ – 13	垫　板　668 × 180 × 33 Y(Z)	1		
23	专线 4308 – Ⅲ – 14	垫　板　610 × 180 × 29 Y(Z)	1		
24	专线 4308 – Ⅲ – 14	垫　板　580 × 180 × 29 Y(Z)	1		
25	专线 4308 – Ⅲ – 15	垫　板　636 × 180 × 29 Y(Z)	1		
26	专线 4308 – Ⅲ – 16	垫　板　705 × 180 × 33.5 Y(Z)	1		
27	专线 4308 – Ⅲ – 17	垫　板　705 × 180 × 35 Y(Z)	1		
28	专线 4308 – Ⅲ – 17	垫　板　675 × 180 × 35 Y(Z)	1		
29	专线 4308 – Ⅲ – 17	垫　板　675 × 180 × 35 Y(Z)	1		
30	专线 4308 – Ⅲ – 17	垫　板　705 × 180 × 35 Y(Z)	1		

续上表

序号	图号 / 标准	名称及规格	数量	材　　料	备　注
31	专线 4308－Ⅲ－17	垫　板　750×180×35 Y(Z)	1		
32	专线 4308－Ⅲ－17	垫　板　786×180×35 Y(Z)	1		
33	专线 4308－Ⅲ－17	垫　板　825×180×35 Y(Z)	1		
34	专线 4308－Ⅲ－18	垫　板　580×180×29 Y(Z)	1		
35	专线 4308－Ⅲ－18	垫　板　610×180×29 Y(Z)	1		
36	专线 4308－Ⅲ－19	垫　板　627×180×33 Y(Z)	1		
37	专线 4308－Ⅲ－20	垫　板　665×180×33 Y(Z)	1		
38	专线 4308－Ⅲ－20	垫　板　695×180×33 Y(Z)	1		
39	专线 4308－Ⅲ－21	垫　板　729×180×33 Y(Z)	1		
40	专线 4308－Ⅲ－21	垫　板　766×180×33 Y(Z)	1		
41	专线 4308－Ⅲ－22	垫　板　795×180×33 Y(Z)	1		
42	专线 4308－Ⅲ－22	垫　板　829×180×33 Y(Z)	1		
43	专线 4308－Ⅲ－22	垫　板　862×180×33 Y(Z)	1		
44	专线 4308－Ⅲ－22	垫　板　895×180×33 Y(Z)	1		
45	专线 4308－Ⅲ－22	垫　板　929×180×33 Y(Z)	1		
46	专线 4308－Ⅲ－22	垫　板　962×180×33 Y(Z)	1		
47	专线 4308－Ⅲ－23	垫　板　422×180×33 Y(Z)	2		
48	专线 4307－Ⅴ－17	支距扣板　60－B/159－165－81	1	ZG 230－450	
49	专线 4307－Ⅴ－17	支距扣板　60－B/130－137－67	1	ZG 230－450	
50	专线 4307－Ⅴ－17	支距扣板　60－B/101－108－52	1	ZG 230－450	
51	专线 4307－Ⅴ－18	支距扣板　60－C/106－114－55	1	ZG 230－450	
52	专线 4307－Ⅴ－18	支距扣板　60－C/139－147－72	1	ZG 230－450	
53	专线 4308－Ⅲ－25	间隔铁	1	ZG 230－450	
54	专线 4308－Ⅲ－25	间隔铁	1	ZG 230－450	
55	专线 4308－Ⅲ－25	间隔铁	1	ZG 230－450	
56	专线 4308－Ⅲ－26	间隔铁	1	ZG 230－450	
57	专线 4308－Ⅲ－26	间隔铁	1	ZG 230－450	
58	专线 4308－Ⅲ－27	间隔铁	1	ZG 230－450	
59	专线 4308－Ⅲ－27	间隔铁	1	ZG 230－450	
60	专线 4308－Ⅲ－27	间隔铁	1	ZG 230－450	
61	专线 4308－Ⅲ－27	间隔铁	1	ZG 230－450	
62	专线 4308－Ⅲ－28	间隔铁	1	ZG 230－450	

续上表

序号	图号 / 标准	名称及规格	数量	材　料	备　注
63	专线 4308 – Ⅲ – 28	间隔铁	1	ZG 230 – 450	
64	专线 4308 – Ⅲ – 28	间隔铁	1	ZG 230 – 450	
65	专线 4308 – Ⅲ – 28	间隔铁	1	ZG 230 – 450	
66	专线 4308 – Ⅲ – 28	间隔铁	1	ZG 230 – 450	
67	专线 4308 – Ⅲ – 29	间隔铁	1	ZG 230 – 450	
68	专线 4308 – Ⅲ – 29	间隔铁	1	ZG 230 – 450	
69	专线 4308 – Ⅲ – 30	间隔铁	1	ZG 230 – 450	
70	专线 4308 – Ⅲ – 30	间隔铁	1	ZG 230 – 450	
71	专线 4308 – Ⅲ – 30	间隔铁	1	ZG 230 – 450	
72	专线 4308 – Ⅲ – 31	间隔铁	1	ZG 230 – 450	
73	专线 4308 – Ⅲ – 32	间隔铁	1	ZG 230 – 450	
74	专线 4308 – Ⅲ – 32	间隔铁	1	ZG 230 – 450	
75	专线 4308 – Ⅲ – 33	间隔铁	1	ZG 230 – 450	
76	专线 4308 – Ⅲ – 33	间隔铁	1	ZG 230 – 450	
77	专线 4308 – Ⅲ – 33	间隔铁	1	ZG 230 – 450	
78	专线 4308 – Ⅲ – 34	间隔铁	1	ZG 230 – 450	
79	专线 4307 – Ⅴ – 12	轨　撑　60	28		
80	专线 4304 – Ⅴ – 28	挡板座　2 – 4	28		
81	专线 3351 – 3	Ⅱ型弹条	286	60Si2CrVA	
82	客专线 (07)001 – Ⅴ – 43	护轨调整片　80 × 70 × 2/3	28	Q235	2 mm 厚为备用
83		弹性夹　SSB3	28		
84	TB/T 565	弹簧垫圈	3		
85	专线 4232 – 4	螺　栓　M24 × 60	256		
86	客专线 (07)001 – Ⅴ – 70	螺　栓　M24 × 100	2		
87	客专线 (07)001 – Ⅴ – 47	螺　栓　M24 × 80	28		护轨用
88	客专线 (07)001 – Ⅴ – 70	螺　栓　M24 × 90	3		
89	GB/T 5780	螺　栓　M24 × 100	28		轨撑用
90	GB/T 1228	螺　栓　M27 × 140	1	10.9 级	
91	GB/T 1228	螺　栓　M27 × 220	2	10.9 级	
92	GB/T 1228	螺　栓　M27 × 230	1	10.9 级	
93	GB/T 1228	螺　栓　M27 × 240	2	10.9 级	
94	GB/T 1228	螺　栓　M27 × 250	1	10.9 级	

续上表

序号	图号 / 标准	名称及规格	数量	材　料	备　注
95	GB/T 1228	螺　栓　M27×260	3	10.9 级	
96	GB/T 1228	螺　栓　M27×270	1	10.9 级	
97	GB/T 1228	螺　栓　M27×280	2	10.9 级	
98	GB/T 1228	螺　栓　M27×300	2	10.9 级	
99	GB/T 1228	螺　栓　M27×320	1	10.9 级	
100	GB/T 1228	螺　栓　M27×330	1	10.9 级	
101	GB/T 1228	螺　栓　M27×370	1	10.9 级	
102	GB/T 1228	螺　栓　M27×380	1	10.9 级	
103	GB/T 1228	螺　栓　M27×410	1	10.9 级	
104	GB/T 1228	螺　栓　M27×420	1	10.9 级	
105	GB/T 1228	螺　栓　M27×450	1	10.9 级	
106	GB/T 1228	螺　栓　M27×460	1	10.9 级	
107	GB/T 1228	螺　栓　M27×480	1	10.9 级	
108	GB/T 1228	螺　栓　M27×490	1	10.9 级	
109	GB/T 41	螺　母　M24	261		
110	NS－01(b)	螺　母　M24	28		
111	GB/T 1229	螺　母　M27	25		
112	GB/T 1230	垫　圈　27	25		
113	GB/T 1230	垫　圈　24	28		
114	TB/T 1495.4	平垫圈	289		
115	研线 0405－3	螺　钉	14		
116	研线 0405－6	弹簧垫圈	14		
117	研线 0405－7	平垫圈	22		
118	专线 4307－V－13	防转片	75	镀锌板	其中 50 个为备用
119	专线 4307－V－13	钢轨垫圈　60－0/A	5	KTH 330－08	
120	专线 4307－V－13	钢轨垫圈　60－3/A	14	KTH 330－08	
121	专线 4307－V－13	钢轨垫圈　60－6/A	2	KTH 330－08	
122	专线 4307－V－13	钢轨垫圈　60－0/B	4	KTH 330－08	
123	专线 4307－V－13	钢轨垫圈　60－3/B	15	KTH 330－08	
124	专线 4307－V－13	钢轨垫圈　60－6/B	2	KTH 330－08	
125	专线 4307－V－14	钢轨垫圈　60－0/C	1	KTH 330－08	
126	专线 4307－V－14	钢轨垫圈　60－3/C	3	KTH 330－08	其中 1 个为左开用

续上表

序号	图号 / 标准	名称及规格	数量	材　料	备　注
127	专线 4307－V－14	钢轨垫圈　60－0/D	1	KTH 330－08	
128	专线 4307－V－14	钢轨垫圈　60－3/D	3	KTH 330－08	其中 2 个为左开用
129	专线 4232－10	轨距块　60　9－11	59	ZG 230－450	
130	专线 4232－10	轨距块　60　13－15	59	ZG 230－450	
131	专线 4307－V－29	轨距块　D－11	67	玻璃纤维	
132	专线 4307－V－29	轨距块　D－13	69	玻璃纤维	
132－1	专线 4307－V－29	轨距块　D－9	2	玻璃纤维	
133	专线 4304－V－31	轨下弹性垫板　200－149－149/0	24		
134	专线 4304－V－31	轨下弹性垫板　200－149－149/9 Y(Z)	13		
135	专线 4304－V－31	轨下弹性垫板　200－149－149/11 Y(Z)	13		
136	专线 4304－V－31	轨下弹性垫板　240－149－149/0	14		
137	专线 4304－V－31	轨下弹性垫板　240－149－149/9 Y(Z)	10		
138	专线 4304－V－31	轨下弹性垫板　240－149－149/12 Y(Z)	6		
139	专线 4304－V－31	轨下弹性垫板　200－342－332/0 Y(Z)	1		
140	专线 4304－V－31	轨下弹性垫板　200－312－302/0 Y(Z)	1		
141	专线 4304－V－31	轨下弹性垫板　200－283－283/6 Y(Z)	1		
142	专线 4304－V－31	轨下弹性垫板　200－289－292/6 Y(Z)	1		
143	专线 4304－V－31	轨下弹性垫板　200－109－109/0	1		
144	专线 4304－V－31	轨下弹性垫板　200－109－109/7 Y(Z)	1		
145	专线 4304－V－31	轨下弹性垫板　200－109－109/0	1		
146	专线 4304－V－31	轨下弹性垫板　200－109－109/10	1		
147	专线 4304－V－31	轨下弹性垫板　200－110－112/0 Y(Z)	1		
148	专线 4304－V－31	轨下弹性垫板　200－110－112/12 Y(Z)	1		
149	专线 4304－V－31	轨下弹性垫板　200－116－117/0 Y(Z)	1		
150	专线 4304－V－31	轨下弹性垫板　200－116－117/12 Y(Z)	1		
151	专线 4304－V－31	轨下弹性垫板　200－121－123/0 Y(Z)	1		
152	专线 4304－V－31	轨下弹性垫板　200－121－123/12 Y(Z)	1		
153	专线 4304－V－31	轨下弹性垫板　200－126－128/0 Y(Z)	1		
154	专线 4304－V－31	轨下弹性垫板　200－126－128/12 Y(Z)	1		
155	专线 4304－V－31	轨下弹性垫板　200－132－133/0 Y(Z)	1		
156	专线 4304－V－31	轨下弹性垫板　200－132－133/12 Y(Z)	1		
157	专线 4304－V－31	轨下弹性垫板　200－76－66/0 Y(Z)	1		

续上表

序号	图号 / 标准	名称及规格	数量	材　料	备　注
158	专线 4304 – V – 31	轨下弹性垫板　200 – 107 – 97/0 Y(Z)	1		
159	专线 4304 – V – 31	轨下弹性垫板　200 – 138 – 128/0 Y(Z)	1		
160	专线 4304 – V – 31	轨下弹性垫板　200 – 170 – 160/0 Y(Z)	1		
161	专线 4304 – V – 31	轨下弹性垫板　200 – 202 – 191/0 Y(Z)	1		
162	专线 4304 – V – 31	轨下弹性垫板　200 – 234 – 223/0 Y(Z)	*		
163	专线 4304 – V – 31	轨下弹性垫板　200 – 266 – 255/0 Y(Z)	1		
164	专线 4304 – V – 31	轨下弹性垫板　200 – 298 – 287/0 Y(Z)	1		
165	专线 4304 – V – 31	轨下弹性垫板　200 – 330 – 319/0 Y(Z)	1		
166	专线 4304 – V – 33	弹性垫板　977 – 463	1		
167	专线 4304 – V – 33	弹性垫板　952 – 451	1		
168	专线 4304 – V – 33	弹性垫板　929 – 440	2		
169	专线 4304 – V – 33	弹性垫板　900 – 425	1		
170	专线 4304 – V – 33	弹性垫板　874 – 412	1		
171	专线 4304 – V – 33	弹性垫板　848 – 399	1		
172	专线 4304 – V – 33	弹性垫板　829 – 390	2		
173	专线 4304 – V – 33	弹性垫板　795 – 373	2		
174	专线 4304 – V – 32	弹性垫板　766 × 200 × 10	2		
175	专线 4304 – V – 32	弹性垫板　738 × 200 × 10	1		
176	专线 4304 – V – 32	弹性垫板　715 × 200 × 10	1		
177	专线 4304 – V – 32	弹性垫板　695 × 200 × 10	2		
178	专线 4304 – V – 32	弹性垫板　668 × 200 × 10	1		
179	专线 4304 – V – 32	弹性垫板　610 × 200 × 10	2		
180	专线 4304 – V – 32	弹性垫板　580 × 200 × 10	2		
181	专线 4304 – V – 32	弹性垫板　636 × 200 × 10	1		
182	专线 4304 – V – 32	弹性垫板　705 × 200 × 10	3		
183	专线 4304 – V – 32	弹性垫板　675 × 200 × 10	2		
184	专线 4304 – V – 32	弹性垫板　750 × 200 × 10	1		
185	专线 4304 – V – 32	弹性垫板　786 × 200 × 10	1		
186	专线 4304 – V – 32	弹性垫板　825 × 200 × 10	1		
187	专线 4304 – V – 32	弹性垫板　627 × 200 × 10	1		
188	专线 4304 – V – 32	弹性垫板　665 × 200 × 10	1		
189	专线 4304 – V – 32	弹性垫板　729 × 200 × 10	1		

续上表

序号	图号 / 标准	名称及规格	数量	材　料	备　注
190	专线 4304－Ⅴ－33	弹性垫板　862－406	1		
191	专线 4304－Ⅴ－33	弹性垫板　895－423	1		
192	专线 4304－Ⅴ－33	弹性垫板　962－456	1		
193	专线 4304－Ⅴ－34	弹性垫板　730×240－122.5	28		
194	专线 4304－Ⅴ－32	弹性垫板　422×200×10	2		
195	专线 4304－Ⅴ－32	弹性垫板　422×240×10	2		
196	专线 4304－Ⅴ－28	挡板座　2－4	28		

60 kg/m 钢轨 18 号单开道岔
图　号：专线 4308

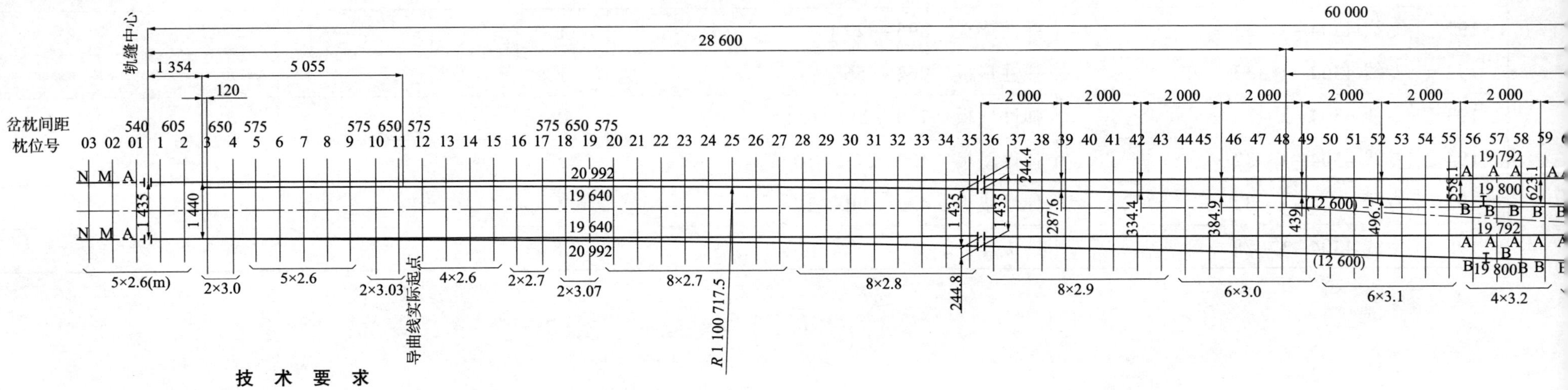

技　术　要　求

1. 图中钢轨普通接头、绝缘接头分别以"—┤├—"、"┼"表示。
2. 钢轨轨缝均为 8 mm。
3. 编号 03、02、01、1～127 号岔枕垂直于直股钢轨，编号 130～134 号岔枕垂直于侧股钢轨，128、129 号岔枕扭转过渡。
4. 图中符号 A、B、C、F、G 表示平垫板类型；符号 M、N 分别表示顺坡垫板 P24、P30。
5. 明细表内钢轨数量由下列钢轨组成：

长度 (mm)	19 792	19 800	10 211	10 193	19 192	19 126
数量 (根)	2	2	1	1	1	1

6. 混凝土岔枕铺设时，带编号一端铺设在道岔直股外侧。
7. 辙叉部分的支距采用加高的长支距尺测量。
8. 图中岔枕间距除注明外均为 600 mm。
9. 本道岔允许铺设轨温：最大升温幅度 46 ℃，最大降温幅度 56 ℃。
10. 道岔主要结构特点：

(1) 尖轨为半切线型，采用 19.64 m 60AT 弹性可弯尖轨，尖轨尖端采用藏尖式。

(2) 轨距块设计安装号数如下：

钢轨工作边一侧，安装 13 号轨距块；

钢轨非工作边一侧，安装 11 号轨距块；

辙叉一侧安装 13 号轨距块，另一侧安装 11 号轨距块；

绝缘接头工作边一侧安装 13 号绝缘轨距块；非工作边一侧安装 11 号绝缘轨距块。

垫板用轨距块一侧用 13 号轨距块，另一侧用 11 号轨距块。

钢轨用备用轨距块为 7－17 号，垫板用备用轨距块为 9、15 号。

(3) 基本轨和护轨基本轨内侧均采用弹性夹扣压。

(4) 钢轨及辙叉下设置 5 mm 厚弹性垫板，垫板下设置 10 mm 厚弹性垫板。

11. 用于跨区间无缝线路时，钢轨两端不钻接头夹板螺栓孔，配轨长度由用户订货时指明。

表 1　岔枕数量表

序号	岔枕长	单位	数量	备注	序号	岔枕长	单位	数量	备注	序号	岔枕长	单位	数量	备
1	2.4	根	4		10	3.1	根	6		19	4.0	根	4	
2	2.5	根	10		11	3.2	根	4		20	4.1	根	2	
3	2.6	根	14		12	3.3	根	6		21	4.2	根	4	
4	2.7	根	10		13	3.4	根	4		22	4.3	根	4	
5	2.8	根	8		14	3.5	根	4		23	4.4	根	2	
6	2.9	根	8		15	3.6	根	4		24	4.5	根	4	
7	3.0	根	8		16	3.7	根	4		25	4.6	根	2	
8	3.03	根	2		17	3.8	根	4		26	4.7	根	4	
9	3.07	根	2		18	3.9	根	2		27	4.8	根	7	
岔枕总延长为 458 m，总质量为 78 318 kg														

表 2　明　细　表

序号	图号 / 标准	名称及规格	数量	材　　料	备　　注
1	专线 4308－Ⅱ	转辙器	1		
2	专线 4308－Ⅲ	合金钢钢轨组合辙叉及护轨	1		选一种
	专线 4308－Ⅳ	镶嵌式合金钢辙叉及护轨	1		
3	TB/T 2344	钢　轨	137.906	60 kg/m 钢轨	
4	专线 4307－Ⅴ－20	顺坡垫板　P30	6		
5	专线 4307－Ⅴ－20	顺坡垫板　P24	6		
6	专线 4307－Ⅴ－19	平垫板　60－A	97		
7	专线 4307－Ⅴ－19	平垫板　60－B Y(Z)	26		
8	专线 4307－Ⅴ－19	平垫板　60－C Y(Z)	29		
9	专线 4307－Ⅴ－19	平垫板　60－F Y(Z)	22		
10	专线 4307－Ⅴ－19	平垫板　60－G Y(Z)	2		
11	TB/T 2345	接头夹板	20	60 kg/m 钢轨用	
12	专线 3351-3	Ⅱ型弹条	752		

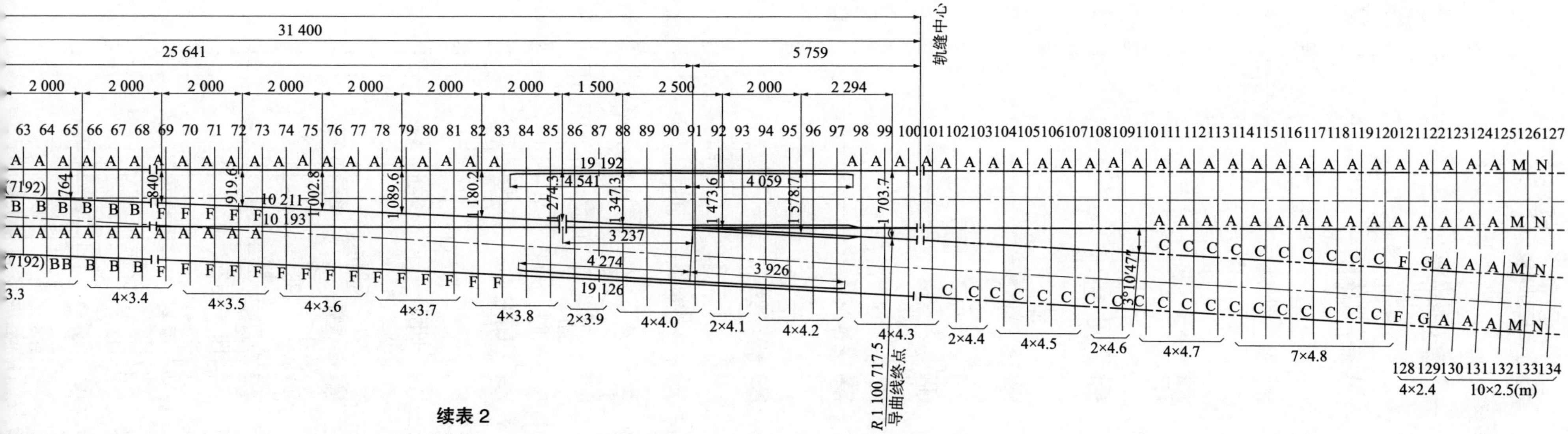

续表 2

号	图号 / 标准	名称及规格	数量	材　料	备　注
3	TB/T 2347	接头螺栓　M24 × 135	60	10.9 级	带螺母
4	专线 4232－4	螺　栓　M24 × 60	752		
5	GB/T 41	螺　母　M24	752		
6	TB/T 1495.4	平垫圈	752		
7	GB/T 1230	垫　圈　24	60		
8	专线 4232－10	轨距块　60/9－11	188	ZG 230－450	
9	专线 4232－10	轨距块　60/13－15	188	ZG 230－450	
0	专线 4232－10	轨距块　60/7－17	120	ZG 230－450	备用
1	专线 4307－Ⅴ－29	轨距块　D－11	188	玻璃纤维	
2	专线 4307－Ⅴ－29	轨距块　D－13	188	玻璃纤维	
3	专线 4307－Ⅴ－29	轨距块　D－9	123	玻璃纤维	备用
4	专线 4307－Ⅴ－29	轨距块　D－15	123	玻璃纤维	备用
5	专线 4232－72	绝缘轨距块　60/9－11	4	玻璃纤维	
6	专线 4232－72	绝缘轨距块　60/13－15	4	玻璃纤维	
7	专线 4232－72	绝缘轨距块　60/7－17	4	玻璃纤维	备用
8	客专线 (07)001－ Ⅴ －76	弹条绝缘帽	32	玻璃纤维	其中 16 个备用
9	专线 4304－Ⅴ－31	轨下弹性垫板　200－149－149/0	109	橡胶	
0	专线 4304－Ⅴ－31	轨下弹性垫板　200－149－149/6 Y(Z)	26	橡胶	
1	专线 4304－Ⅴ－31	轨下弹性垫板　200－149－149/11 Y(Z)	29	橡胶	
2	专线 4304－Ⅴ－31	轨下弹性垫板　200－149－149/7 Y(Z)	22	橡胶	
3	专线 4304－Ⅴ－31	轨下弹性垫板 200－149－149/3 Y(Z)	2	橡胶	
4	专线 4304－Ⅴ－32	弹性垫板　422 × 200 × 10	188	橡胶	
5	通线 (2013)3453－Ⅱ－4	胶结绝缘接头	2		
6	专线 4307－Ⅴ－29	轨距块　D－7、8、10、12、14、16、17	各 20	玻璃纤维 66	

图 1　绝缘接头设在直股

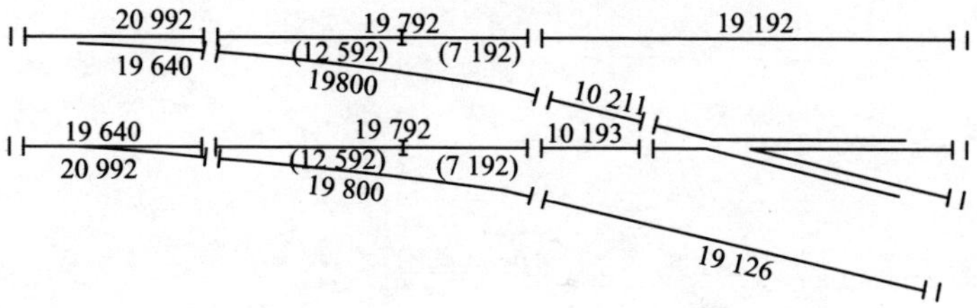

图 2　转辙器部分轨距示意图

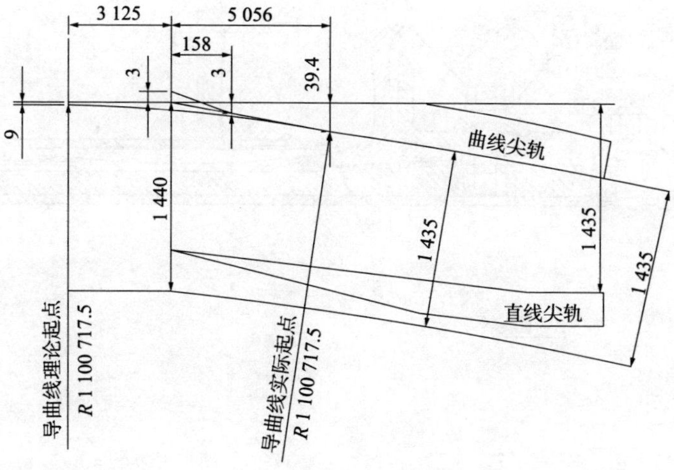

60 kg/m 钢轨 18 号单开道岔辙叉及护轨
图　号：专线 4308－III－3

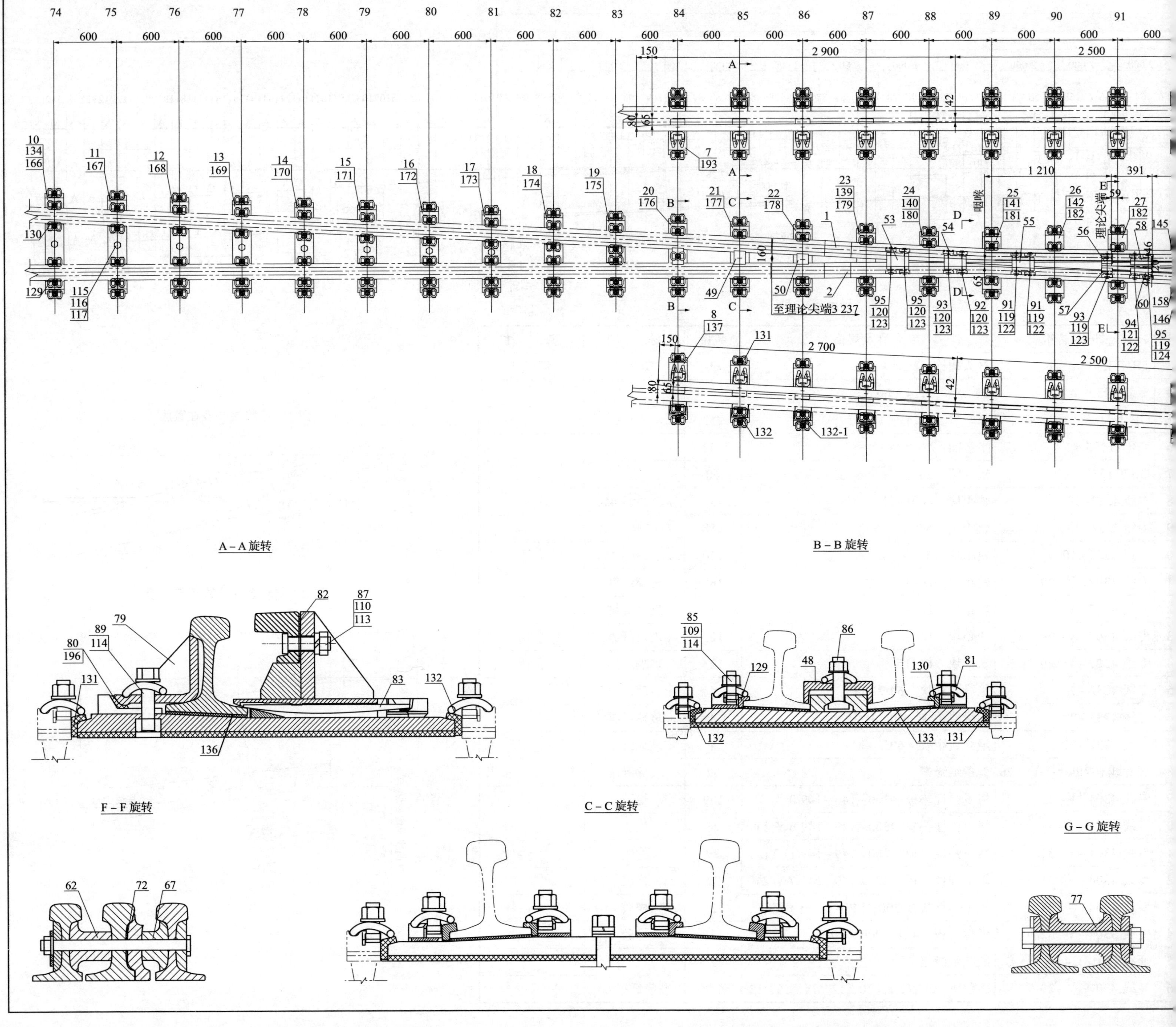

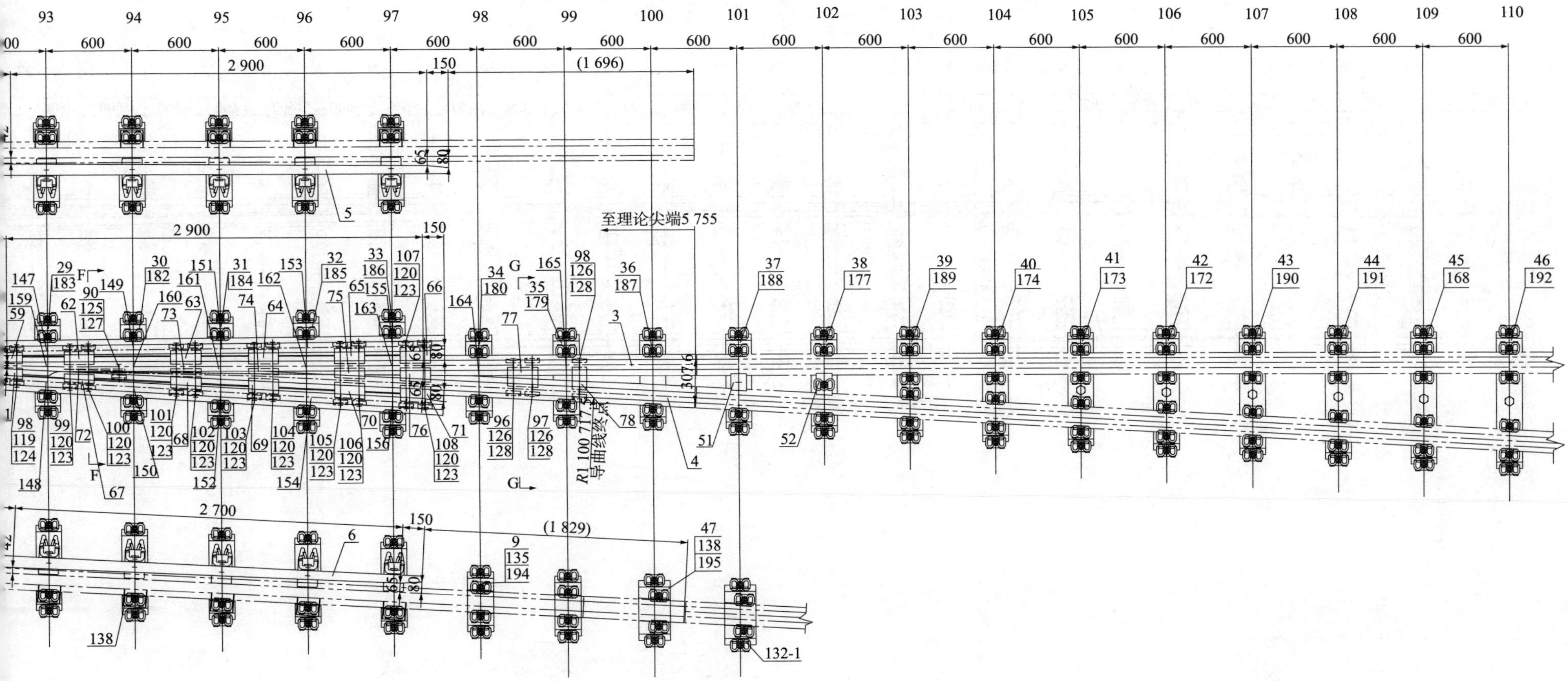

C－C 旋转

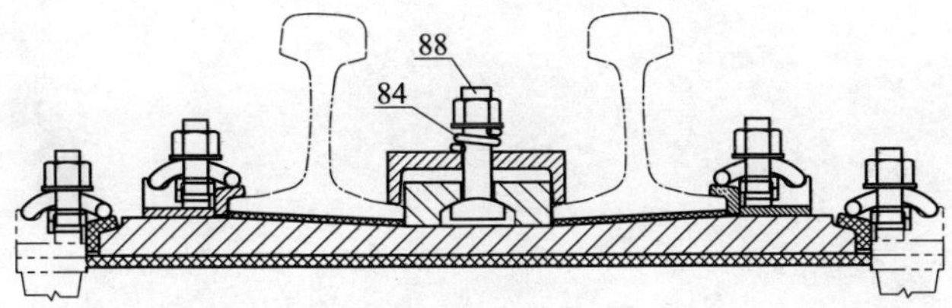

D－D 旋转

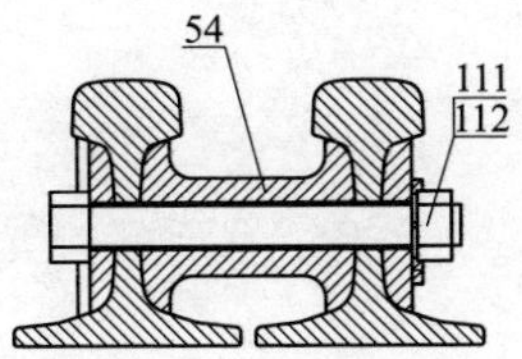

E－E 旋转

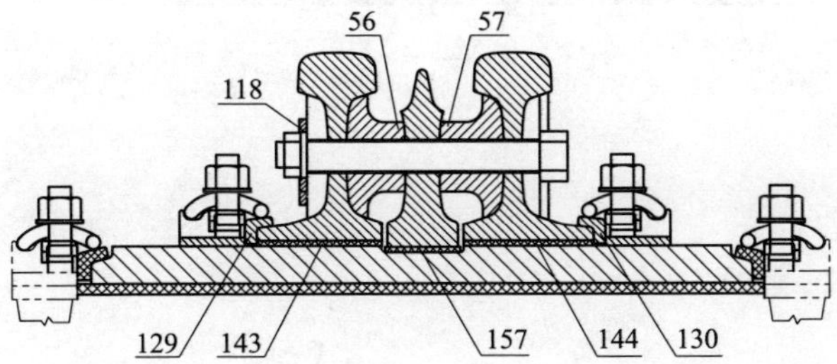

I－I 旋转

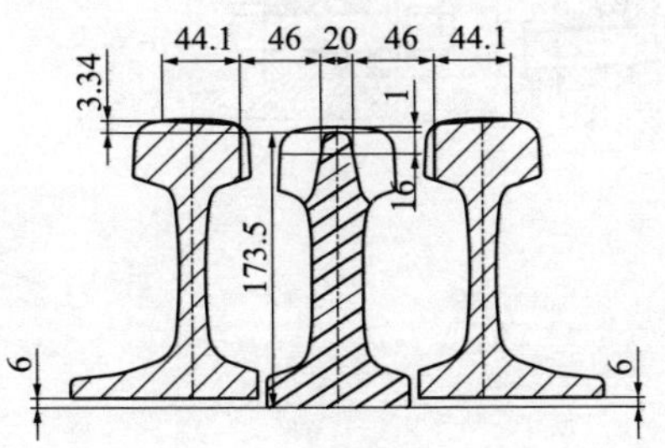

J－J 旋转

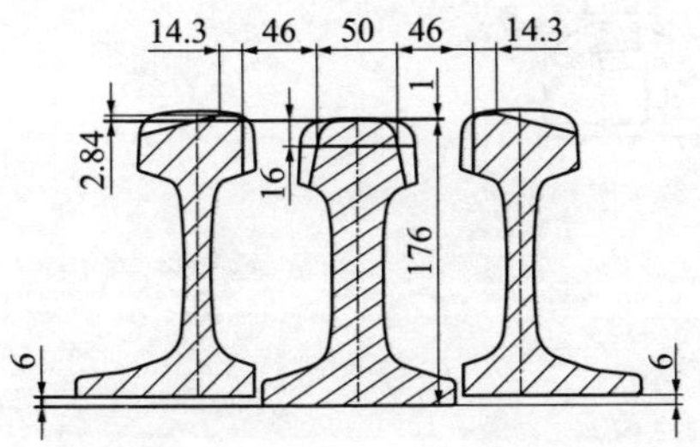

技 术 要 求

1. 序号 10～17 垫板中间岔枕螺栓垫两片平垫圈。
2. 组装护轨时，应使用 3 mm 厚的护轨调整片，如查照间隔或护背距离不合格时，可用备用调整片进行调整。
3. 查照间隔及护背距离在心轨轨头宽 20～40 mm 处丈量。

60 kg/m 钢轨 18 号单开道岔转辙器
图　号：专线 4308 – II – 2

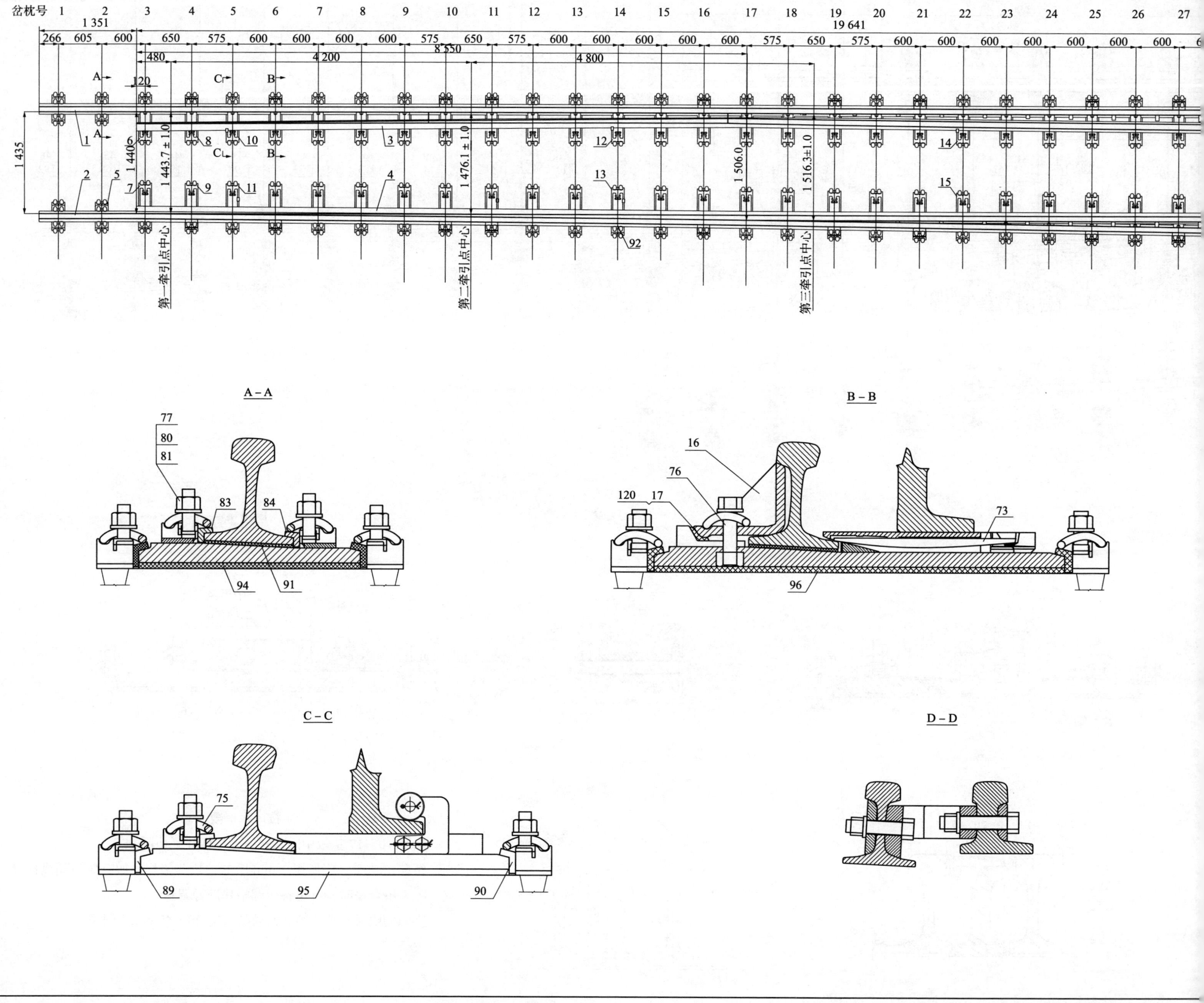

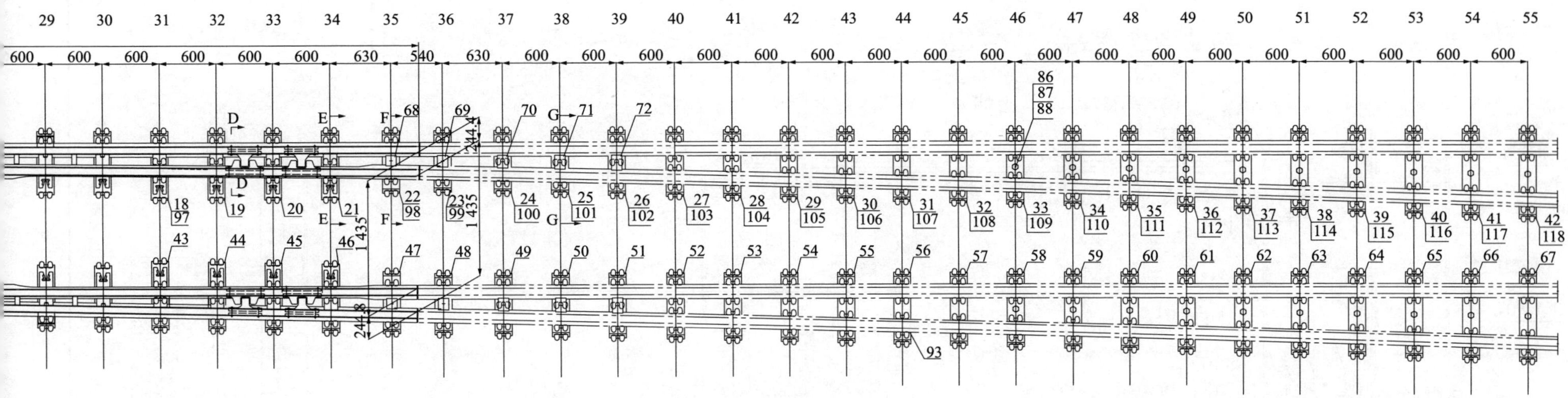

E－E

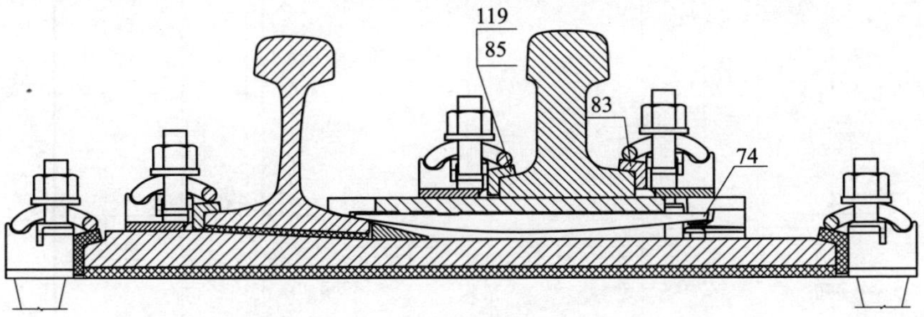

F－F

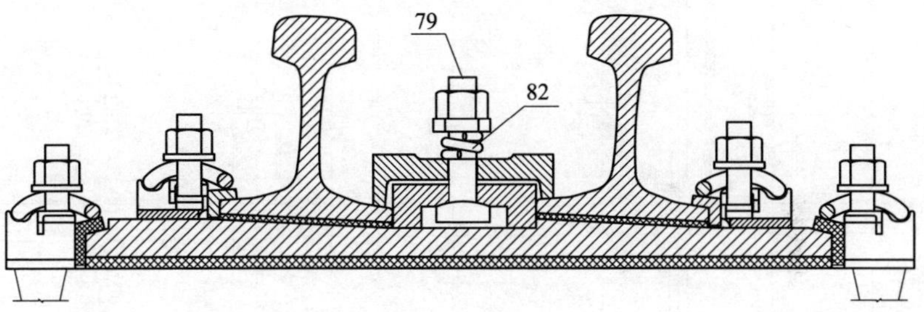

G－G

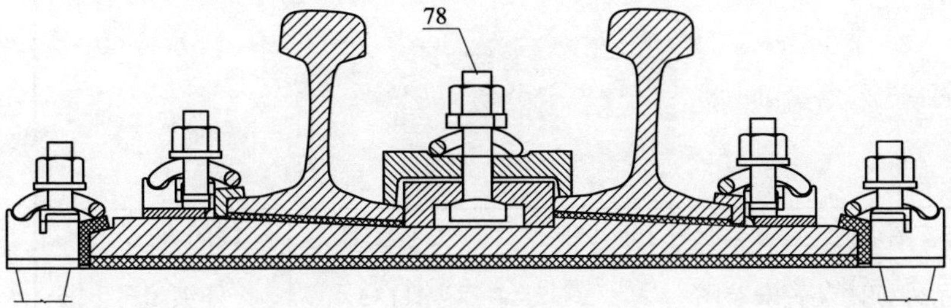

技 术 要 求

序号 31～34 岔枕尖轨轨下不安装轨下弹性垫板。

专线 4308 电务主要参数

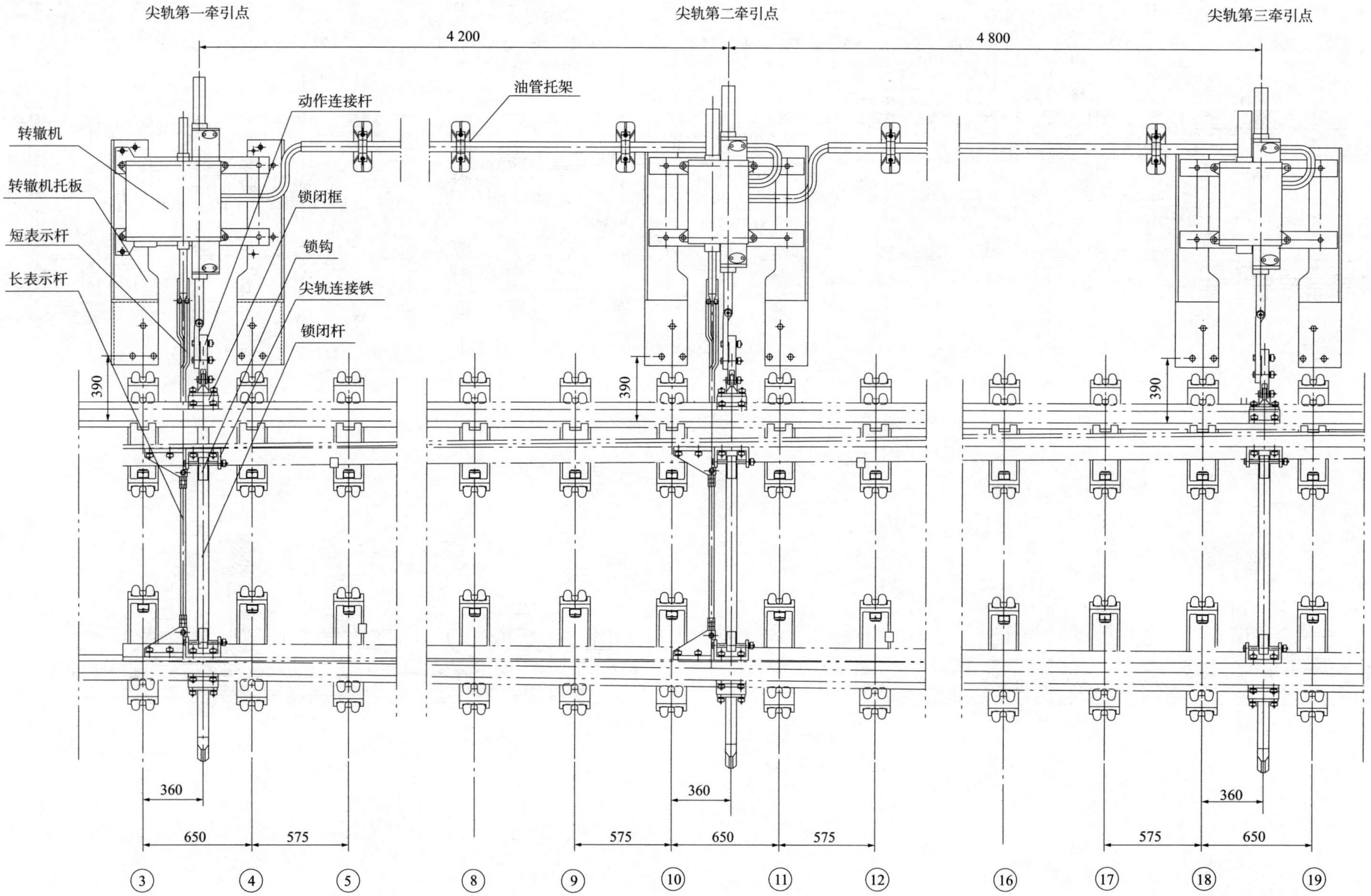

转换设备	安装图名称	安装图号	锁闭方式
钩型外锁	60 kg/m 钢轨 18 号单开道岔外锁闭装置安装图	S1135	外锁闭
ZDJ9	60 kg/m 钢轨 18 号单开道岔转换设备 (ZDJ9) 安装图	S1136	外锁闭
ZY(J)7+SH6	60 kg/m 钢轨 18 号单开道岔转换设备 (ZYJ7) 安装图	S1137	外锁闭

63. 60 kg/m 钢轨 12 号单开道岔(混凝土枕)
设计图号：专线 4307

道岔允许通过速度	客车	$v_{直}$≤120 km/h；$v_{侧}$≤50 km/h		扣件类型	Ⅱ型弹条
	货车	轴重 30 t：$v_{直}$≤100 km/h；$v_{侧}$≤50 km/h		轨底坡	1∶20
转辙器跟端形式	■限位器 □间隔铁 □不设传力机构 □间隔铁活接头			锁闭方式	外锁闭
道岔全长	37 800	辙叉全长	5 992	辙叉类型	合金钢组合式
道岔前长	16 592	辙叉趾长	2 038	辙叉角	4°45′49″
道岔后长	21 208	辙叉跟长	3 954	翼轨轨型	60 kg/m 钢轨
尖轨长度	12 440	基本轨长度	14 992	直向护轨长度	7 100
尖轨轨型	60AT1			侧向护轨长度	4 800
尖轨尖端前基本轨长度			2 551	护轨轨型	33 kg/m 槽型钢
辙叉理论尖端距趾端方向前一根岔枕中心距离			542	导曲线半径	400 m
尖轨尖端至心轨实际尖端距离		—	直向护轨端头距导轨端头定位尺寸		646
道岔终端至末根岔枕中心距离		10 500	侧向护轨端头距导轨端头定位尺寸		1 684

最大构造加宽	—	测量位置	—			
岔枕图号 专线 3399	岔枕总数	90 根	岔枕展延长	296.52 m	套管总数	—
道岔板 —						
转换设备图号 —	尖轨动程	160、75			心轨动程	—
批准文号	—				应用情况	★★
主要结构特点	1. 基本轨工作边做水平刨切，增加了尖轨厚度。 2. 转辙器跟端采用大位移量限位器。 3. 基本轨外侧设轨撑。 4. 转辙器及护轨基本轨内侧采用弹性夹扣压。					

转辙器明细表

序号	图号 / 标准	名称及规格	数量	材 料	备 注
1	专线 4307－Ⅱ－4	直基本轨 14 992	1	60 kg/m 钢轨	
2	专线 4307－Ⅱ－5	曲基本轨 14 992	1	60 kg/m 钢轨	
3	专线 4307－Ⅱ－6	曲线尖轨 12 440	1	60AT 钢轨	
4	专线 4307－Ⅱ－7	直线尖轨 12 440	1	60AT 钢轨	
5	专线 4307－Ⅴ－19	平垫板 60－A	8		
6	专线 4307－Ⅴ－22	滑床板 60－74－74	5		
7	专线 4307－Ⅴ－22	滑床板 60－76－74 Y(Z)	2		
8	专线 4307－Ⅴ－22	滑床板 60－77－73 Y(Z)	2		
9	专线 4307－Ⅴ－22	滑床板 60－78－72 Y(Z)	1		
10	专线 4307－Ⅴ－15	轨撑滑床板 60－122.5－122.5	9		
11	专线 4307－Ⅴ－15	轨撑滑床板 60－124－121 Y(Z)	7		
12	专线 4307－Ⅴ－15	轨撑滑床板 60－125－120 Y(Z)	2		
13	专线 4307－Ⅴ－23	防跳限位装置 60－74－74/100	1		
14	专线 4307－Ⅴ－23	防跳限位装置 60－76－74/102 Y(Z)	1		
15	专线 4307－Ⅴ－23	防跳限位装置 60－75－75/155	1		
16	专线 4307－Ⅴ－23	防跳限位装置 60－77－73/154 Y(Z)	1		
17	专线 4307－Ⅱ－8	垫 板 620 × 180 × 33 Y(Z)	1		
18	专线 4307－Ⅱ－8	垫 板 640 × 180 × 33 Y(Z)	1		
19	专线 4307－Ⅱ－8	垫 板 661 × 180 × 33 Y(Z)	1		
20	专线 4307－Ⅱ－8	垫 板 683 × 180 × 33 Y(Z)	1		
21	专线 4307－Ⅱ－9	垫 板 620 × 180 × 33 Y(Z)	1		
22	专线 4307－Ⅱ－9	垫 板 640 × 180 × 33 Y(Z)	1		
23	专线 4307－Ⅱ－9	垫 板 661 × 180 × 33 Y(Z)	1		
24	专线 4307－Ⅱ－9	垫 板 683 × 180 × 33 Y(Z)	1		
25	专线 4307－Ⅱ－10	垫 板 694 × 180 × 33 Y(Z)	1		
26	专线 4307－Ⅱ－10	垫 板 718 × 180 × 33 Y(Z)	1		
27	专线 4307－Ⅱ－11	垫 板 694 × 180 × 33 Y(Z)	1		
28	专线 4307－Ⅱ－11	垫 板 718 × 180 × 33 Y(Z)	1		
29	专线 4307－Ⅱ－12	垫 板 743 × 180 × 33 Y(Z)	1		
30	专线 4307－Ⅱ－12	垫 板 769 × 180 × 33 Y(Z)	1		
31	专线 4307－Ⅱ－13	垫 板 743 × 180 × 33 Y(Z)	1		
32	专线 4307－Ⅱ－13	垫 板 769 × 180 × 33 Y(Z)	1		
33	专线 4307－Ⅱ－14	垫 板 796 × 180 × 33 Y(Z)	1		
34	专线 4307－Ⅱ－14	垫 板 825 × 180 × 33 Y(Z)	1		

续上表

序号	图号 / 标准	名称及规格	数量	材 料	备 注
35	专线 4307－Ⅱ－14	垫 板 844×180×33 Y(Z)	1		
36	专线 4307－Ⅱ－14	垫 板 874×180×33 Y(Z)	1		
37	专线 4307－Ⅱ－14	垫 板 906×180×33 Y(Z)	1		
38	专线 4307－Ⅱ－14	垫 板 938×180×33 Y(Z)	1		
39	专线 4307－Ⅱ－14	垫 板 970×180×33 Y(Z)	1		
40	专线 4307－Ⅱ－15	垫 板 796×180×33 Y(Z)	1		
41	专线 4307－Ⅱ－15	垫 板 825×180×33 Y(Z)	1		
42	专线 4307－Ⅱ－15	垫 板 844×180×33 Y(Z)	1		
43	专线 4307－Ⅱ－15	垫 板 874×180×33 Y(Z)	1		
44	专线 4307－Ⅱ－15	垫 板 906×180×33 Y(Z)	1		
45	专线 4307－Ⅱ－15	垫 板 938×180×33 Y(Z)	1		
46	专线 4307－Ⅱ－15	垫 板 970×180×33 Y(Z)	1		
47	专线 4307－Ⅴ－10	限位器 A/141－143－98	1	ZG 230－450	
48	专线 4307－Ⅴ－10	限位器 A/144－141－95	1	ZG 230－450	
49	专线 4307－Ⅴ－11	限位器 B	2	ZG 230－450	
50	专线 4307－Ⅴ－16	支距扣板 60－A/140－144－71	1	ZG 230－450	按序号 51 对称制造
51	专线 4307－Ⅴ－16	支距扣板 60－A/140－144－71	1	ZG 230－450	
52	专线 4307－Ⅴ－16	支距扣板 60－A/162－167－82	1	ZG 230－450	按序号 51 对称制造
53	专线 4307－Ⅴ－16	支距扣板 60－A/162－167－82	1	ZG 230－450	
54	专线 3351－3	Ⅱ型弹条	294	60Si2GrVA	
55		弹性夹 SSB3	32		
56	专线 4307－Ⅴ－12	轨 撑	18		
57	专线 4304－Ⅴ－28	挡板座	18		
58	GB/T 5780	螺 栓 M24×100	18		
59	专线 4232－4	螺 栓 M24×60	274		
60	客专线 (07)001－Ⅴ－70	螺 栓 M24×100	2		
61	客专线 (07)001－Ⅴ－70	螺 栓 M24×90	2		
62	GB/T 41	螺 母 M24	278		
63	TB/T 1495.4	平垫圈	296		
64	TB/T 565	弹簧垫圈	2		
65	专线 4232－10	轨距块 60/9－11	70	ZG 230－450	
66	专线 4232－10	轨距块 60/13－15	56	ZG 230－450	
67	专线 4307－Ⅴ－4	轨距块 60AT/9－11	8	ZG 230－450	
68	GB/T 1228	螺 栓 M27×110	4		
69	GB/T 1228	螺 栓 M27×140	4		

续上表

序号	图号 / 标准	名称及规格	数量	材 料	备 注
70	客专线 (07)001－Ⅴ－36	夹 板 400/A	2	Q235	
71	专线 4307－Ⅴ－27	夹 板 400/B	2	Q235	
72	NS－01(b)	螺 母 M27	8		
73	GB/T 1230	平垫圈 27	8		
74	研线 0405－3	螺 钉	14		
75	研线 0405－6	弹簧垫圈	14		
76	研线 0405－7	平垫圈	28		序号 33～46 号垫板平垫圈 2 个 / 块
77	专线 4307－Ⅴ－29	垫板轨距块 D－11	70	玻璃纤维	
78	专线 4307－Ⅴ－29	垫板轨距块 D－13	70	玻璃纤维	
79	专线 4304－Ⅴ－31	轨下弹性垫板 200－149－149/0	50		
80	专线 4304－Ⅴ－31	轨下弹性垫板 200－149－149/3Y(Z)	11		
81	专线 4304－Ⅴ－31	轨下弹性垫板 200－149－149/6Y(Z)	15		
82	专线 4304－Ⅴ－31	轨下弹性垫板 200－149－149/9Y(Z)	16		
83	专线 4304－Ⅴ－31	轨下弹性垫板 170－121－121/0	4		
84	专线 4304－Ⅴ－31	轨下弹性垫板 170－121－121/6Y(Z)	4		
85	专线 4304－Ⅴ－32	弹性垫板 422 × 200 × 10	8		
86	专线 4304－Ⅴ－32	弹性垫板 670 × 200 × 10	14		
87	专线 4304－Ⅴ－34	弹性垫板 730 × 200－121	18		
88	专线 4304－Ⅴ－32	弹性垫板 620 × 200 × 10	2		
89	专线 4304－Ⅴ－32	弹性垫板 640 × 200 × 10	2		
90	专线 4304－Ⅴ－32	弹性垫板 661 × 200 × 10	2		
91	专线 4304－Ⅴ－32	弹性垫板 683 × 200 × 10	2		
92	专线 4304－Ⅴ－32	弹性垫板 694 × 200 × 10	2		
93	专线 4304－Ⅴ－32	弹性垫板 718 × 200 × 10	2		
94	专线 4304－Ⅴ－32	弹性垫板 743 × 200 × 10	2		
95	专线 4304－Ⅴ－32	弹性垫板 769 × 200 × 10	2		
96	专线 4304－Ⅴ－33	垫 板 796－373	2		
97	专线 4304－Ⅴ－33	弹性垫板 825－387.5	2		
98	专线 4304－Ⅴ－33	弹性垫板 844－397	2		
99	专线 4304－Ⅴ－33	弹性垫板 874－412	2		
100	专线 4304－Ⅴ－33	弹性垫板 906－428	2		
101	专线 4304－Ⅴ－33	弹性垫板 938－444	2		
102	专线 4304－Ⅴ－33	弹性垫板 970－460	2		
103	专线 4307－Ⅴ－4	轨距块 60AT/7－13	8	ZG 230－750	备用

辙叉及护轨明细表

序号	图号 / 标准	名称及规格	数量	材 料	备 注
1	专线 4307－Ⅳ－4	锻造叉心	1		
2	专线 4307－Ⅳ－5	锻造翼轨镶块	1		
3	专线 4307－Ⅳ－5	锻造翼轨镶块	1		
4	专线 4307－Ⅳ－6	翼 轨 4 855	1	60 kg/m 钢轨	
5	专线 4307－Ⅳ－7	翼 轨 4 855	1	60 kg/m 钢轨	
6	专线 4307－Ⅲ－9	序号 6 护轨	1	60 kg/m 钢轨	
7	专线 4307－Ⅲ－10	序号 7 护轨	1	60 kg/m 钢轨	
8	专线 4307－Ⅴ－21	序号 8 护轨垫板	12	Q345	
9	专线 4307－Ⅲ－11	序号 9 护轨垫板	7	Q235	
10	专线 4307－Ⅲ－12	垫 板 967 × 180 × 33Y(Z)	1	Q235	
11	专线 4307－Ⅲ－12	垫 板 924 × 180 × 33Y(Z)	1	Q235	
12	专线 4307－Ⅲ－12	垫 板 886 × 180 × 33Y(Z)	1	Q235	
13	专线 4307－Ⅲ－12	垫 板 837 × 180 × 33Y(Z)	1	Q235	
14	专线 4307－Ⅲ－12	垫 板 792 × 180 × 33Y(Z)	1	Q235	
15	专线 4307－Ⅲ－12	垫 板 746 × 180 × 33Y(Z)	1	Q235	
16	专线 4307－Ⅲ－13	垫 板 699 × 180 × 33Y(Z)	1	Q235	
17	专线 4307－Ⅲ－13	垫 板 652 × 180 × 33Y(Z)	1	Q235	
18	专线 4307－Ⅲ－14	垫 板 588 × 180 × 29Y(Z)	1	Q235	
19	专线 4307－Ⅳ－11	垫 板 647 × 180 × 29Y(Z)	1	Q235	
20	专线 4307－Ⅳ－12	垫 板 666 × 180 × 29Y(Z)	1	Q235	
21	专线 4307－Ⅳ－13	垫 板 652 × 180 × 29Y(Z)	1	Q235	
22	专线 4307－Ⅳ－13	垫 板 712 × 180 × 29Y(Z)	1	Q235	
23	专线 4307－Ⅳ－13	垫 板 773 × 180 × 29Y(Z)	1	Q235	
24	专线 4307－Ⅳ－13	垫 板 834 × 180 × 29Y(Z)	1	Q235	
25	专线 4307－Ⅳ－14	垫 板 610 × 180 × 29Y(Z)	1	Q235	
26	专线 4307－Ⅲ－19	垫 板 641 × 180 × 33Y(Z)	1	Q235	
27	专线 4307－Ⅲ－19	垫 板 691 × 180 × 33Y(Z)	1	Q235	
28	专线 4307－Ⅲ－20	垫 板 741 × 180 × 33Y(Z)	1	Q235	
29	专线 4307－Ⅲ－20	垫 板 791 × 180 × 33Y(Z)	1	Q235	
30	专线 4307－Ⅲ－20	垫 板 841 × 180 × 33Y(Z)	1	Q235	
31	专线 4307－Ⅲ－20	垫 板 891 × 180 × 33Y(Z)	1	Q235	
32	专线 4307－Ⅲ－20	垫 板 941 × 180 × 33Y(Z)	1	Q235	
33	专线 4307－Ⅳ－8	叉跟轨 2 752	1	60 kg/m 钢轨	

续上表

序号	图号 / 标准	名称及规格	数量	材　料	备　注
34	专线 4307 – Ⅳ – 8	叉跟轨　2 752	1	60 kg/m 钢轨	按序号 33 对称制造
35	专线 4307 – Ⅴ – 17	支距扣板　60 – B/148 – 157 – 75	1	ZG 230 – 450	
36	专线 4307 – Ⅴ – 17	支距扣板　60 – B/100 – 109 – 51	1	ZG 230 – 450	
37	专线 4307 – Ⅴ – 18	支距扣板　60 – C/87 – 96 – 45	1	ZG 230 – 450	
38	专线 4307 – Ⅴ – 18	支距扣板　60 – C/137 – 146 – 70	1	ZG 230 – 450	
39	专线 4307 – Ⅳ – 9	间隔铁	1	ZG 230 – 450	
40	专线 4307 – Ⅳ – 9	间隔铁	1	ZG 230 – 450	
41	专线 4307 – Ⅳ – 9	间隔铁	1	ZG 230 – 450	
42	专线 4307 – Ⅳ – 9	间隔铁	2	ZG 230 – 450	
43	专线 4307 – Ⅳ – 9	间隔铁	2	ZG 230 – 450	
44	专线 4307 – Ⅳ – 9	间隔铁	1	ZG 230 – 450	
45	专线 4307 – Ⅳ – 9	间隔铁	1	ZG 230 – 450	按序号 44 对称制造
46	专线 4307 – Ⅳ – 9	间隔铁	1	ZG 230 – 450	
47	专线 4307 – Ⅳ – 9	间隔铁	1	ZG 230 – 450	按序号 46 对称制造
48	专线 4307 – Ⅳ – 10	间隔铁	1	ZG 230 – 450	
49	专线 4307 – Ⅳ – 10	间隔铁	1	ZG 230 – 450	按序号 48 对称制造
50	专线 4307 – Ⅳ – 9	间隔铁	1	ZG 230 – 450	
51	专线 4307 – Ⅲ – 11	序号 9 – 1　护轨垫板	1		
52	专线 4309 – 22	钢轨垫圈　60 – 0/A	4	KTH 330 – 08	
53	专线 4309 – 22	钢轨垫圈　60 – 0/B	4	KTH 330 – 08	
54	专线 4309 – 22	钢轨垫圈　60 – 3/B Y(Z)	6	KTH 330 – 08	左、右各 3
55	专线 4309 – 22	钢轨垫圈　60 – 3/A	8	KTH 330 – 08	
56	专线 4309 – 22	钢轨垫圈　60 – 6/A	2	KTH 330 – 08	
57	专线 4309 – 22	钢轨垫圈　60 – 6/B Y(Z)	2	KTH 330 – 08	左、右各 1
58	专线 4309 – 24	钢轨垫圈　60 – 0/E	2	KTH 330 – 08	
59	专线 4309 – 24	钢轨垫圈　60 – 0/F	2	KTH 330 – 08	
60	专线 4309 – 23	钢轨垫圈　60 – 3/C Y(Z)	3	KTH 330 – 08	左 1 右 2
61	专线 4309 – 23	钢轨垫圈　60 – 3/D Y(Z)	3	KTH 330 – 08	左 2 右 1
62	专线 4309 – 22	防转片 (一)	17	镀锌板	
63	专线 4309 – 24	防转片 (二)	2	镀锌板	
64	GB/T 1228	高强度螺栓　M27 × 280	2	10.9 级	$0.13 \leqslant K \leqslant 0.14$
65	GB/T 1228	高强度螺栓　M27 × 270	1	10.9 级	$0.13 \leqslant K \leqslant 0.14$
66	GB/T 1228	高强度螺栓　M27 × 120	2	10.9 级	$0.13 \leqslant K \leqslant 0.14$
67	GB/T 1228	高强度螺栓　M27 × 290	1	10.9 级	$0.13 \leqslant K \leqslant 0.14$
68	GB/T 1228	高强度螺栓　M27 × 350	2	10.9 级	$0.13 \leqslant K \leqslant 0.14$

续上表

序号	图号 / 标准	名称及规格	数量	材　料	备　注
69	GB/T 1228	高强度螺栓　M27 × 340	1	10.9 级	0.13≤K≤0.14
70	GB/T 1228	高强度螺栓　M27 × 330	1	10.9 级	0.13≤K≤0.14
71	GB/T 1228	高强度螺栓　M27 × 200	3	10.9 级	0.13≤K≤0.14
72	GB/T 1228	高强度螺栓　M27 × 430	1	10.9 级	0.13≤K≤0.14
73	GB/T 1228	高强度螺栓　M27 × 220	4	10.9 级	0.13≤K≤0.14
74	GB/T 1228	高强度螺栓　M27 × 300	1	10.9 级	0.13≤K≤0.14
75	专线 4232－4	螺　栓　M24 × 60	174		
76	客专线 (07)001－Ⅴ－70	螺　栓　M24 × 100	2		
77	客专线 (07)001－Ⅴ－70	螺　栓　M24 × 90	2		
78	客专线 (07)001－Ⅴ－47	螺　栓　M24 × 80	20		
79	专线 3351－3	Ⅱ型弹条	176		
80	GB/T 41	螺　母　M24	178		
81	GB/T 1229	螺　母　M24	40		
82	GB/T 1229	螺　母　M27	19		
83	GB/T 1230	垫　圈　27	19		
84	GB/T 7244	垫　圈　24	20		
85	TB/T 1495.4	平垫圈　24	176		
86	TB/T 565	弹簧垫圈　24	2		
87	客专线 (07)001－Ⅴ－43	护轨调整片　140 × 60 × 3	20	镀锌板	
88	客专线 (07)001－Ⅴ－43	护轨调整片　140 × 60 × 2	40	镀锌板	
89	专线 4232－10	轨距块　60/9－11	54	ZG 230－450	
90	专线 4232－10	轨距块　60/13－15	34	ZG 230－450	
91		弹性夹　SSB2	20		
92	专线 4307－Ⅴ－9	护轨间隔铁	20	ZG 230－450	
93	GB/T 1228	螺　栓　M24 × 250	20	10.9 级	
94	GB/T 1230	垫　圈　24	20		
95	专线 4307－Ⅴ－12	钢轨垫圈	20	KTH 330－08	
96	GB/T 91	开口销　3 × 80	20		
97	专线 4307－Ⅴ－12	防转片　Ⅰ	20	镀锌板	
98	专线 4307－Ⅴ－29	垫板轨距块　60/9－11	43	玻璃纤维	
99	专线 4307－Ⅴ－29	垫板轨距块　60/13－15	43	玻璃纤维	
100	专线 4307－Ⅴ－30	轨下橡胶垫板　60－200－149－149/15Y(Z)	24	橡胶	
101	专线 4307－Ⅴ－30	轨下橡胶垫板　60－200－149－149/0	28	橡胶	
102	专线 4307－Ⅴ－30	橡胶垫板　60－200－352－375/18 Y(Z)	1	橡胶	
103	专线 4307－Ⅴ－30	橡胶垫板　60－200－390－383/3 Y(Z)	1	橡胶	

续上表

序号	图号 / 标准	名称及规格	数量	材　　料	备　　注
104	专线 4307－V－30	橡胶垫板　60－200－360－374/15 Y(Z)	1	橡胶	
105	专线 4307－V－30	橡胶垫板　60－200－420－439/18 Y(Z)	1	橡胶	
106	专线 4307－V－30	橡胶垫板　60－200－480－500/18 Y(Z)	1	橡胶	
107	专线 4307－V－30	橡胶垫板　60－200－540－580/18 Y(Z)	1	橡胶	
108	专线 4307－V－30	橡胶垫板　60－200－325－340/15 Y(Z)	1	橡胶	
109	专线 4307－V－31	板下橡胶垫板　600×200×10	20	橡胶	
110	专线 4307－V－31	板下橡胶垫板　967×200×10	1	橡胶	
111	专线 4307－V－31	板下橡胶垫板　924×200×10	1	橡胶	
112	专线 4307－V－31	板下橡胶垫板　886×200×10	1	橡胶	
113	专线 4307－V－31	板下橡胶垫板　837×200×10	1	橡胶	
114	专线 4307－V－31	板下橡胶垫板　792×200×10	1	橡胶	
115	专线 4307－V－31	板下橡胶垫板　746×200×10	1	橡胶	
116	专线 4307－V－31	板下橡胶垫板　699×200×10	1	橡胶	
117	专线 4307－V－31	板下橡胶垫板　652×200×10	2	橡胶	
118	专线 4307－V－31	板下橡胶垫板　588×200×10	1	橡胶	
119	专线 4307－V－31	板下橡胶垫板　647×200×10	1	橡胶	
120	专线 4307－V－31	板下橡胶垫板　666×200×10	1	橡胶	
121	专线 4307－V－31	板下橡胶垫板　712×200×10	1	橡胶	
122	专线 4307－V－31	板下橡胶垫板　773×200×10	1	橡胶	
123	专线 4307－V－31	板下橡胶垫板　834×200×10	1	橡胶	
124	专线 4307－V－31	板下橡胶垫板　610×200×10	1	橡胶	
125	专线 4307－V－31	板下橡胶垫板　641×200×10	1	橡胶	
126	专线 4307－V－31	板下橡胶垫板　691×200×10	1	橡胶	
127	专线 4307－V－31	板下橡胶垫板　741×200×10	1	橡胶	
128	专线 4307－V－31	板下橡胶垫板　791×200×10	1	橡胶	
129	专线 4307－V－31	板下橡胶垫板　841×200×10	1	橡胶	
130	专线 4307－V－31	板下橡胶垫板　891×200×10	1	橡胶	
131	专线 4307－V－31	板下橡胶垫板　941×200×10	1	橡胶	

专线 4307 电务主要参数

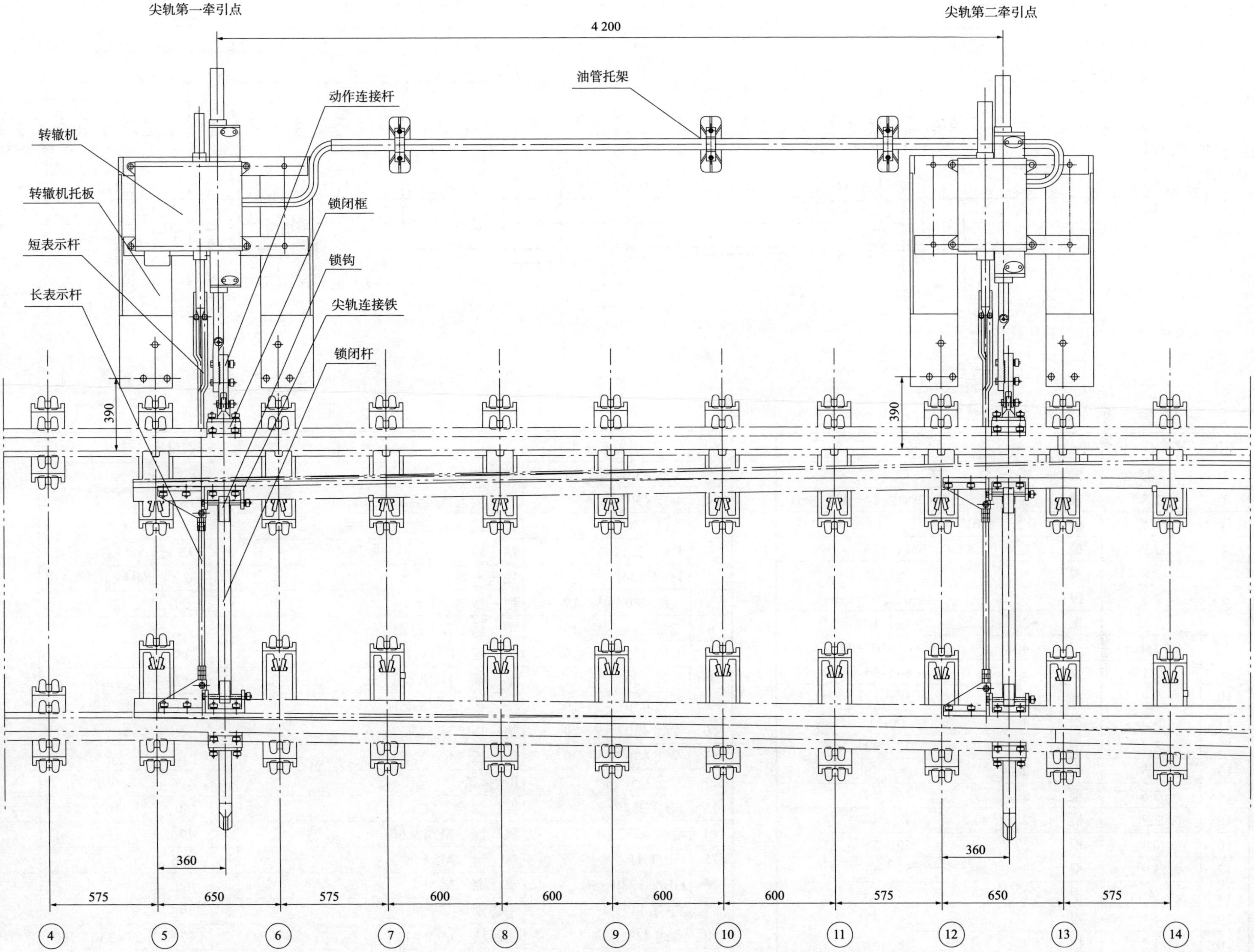

转换设备	安装图名称	安装图号	锁闭方式
钩型外锁	60 kg/m 钢轨 12 号单开道岔外锁闭装置安装图	S1131	外锁闭
ZY(J)7+SH6	60 kg/m 钢轨 12 号单开道岔转换设备 (ZYJ7) 安装图	S1132	外锁闭
ZDJ9	60 kg/m 钢轨 12 号单开道岔转换设备 (ZDJ9) 安装图	S1133	外锁闭

60 kg/m 钢轨 12 号单开道岔
图　号：专线 4307

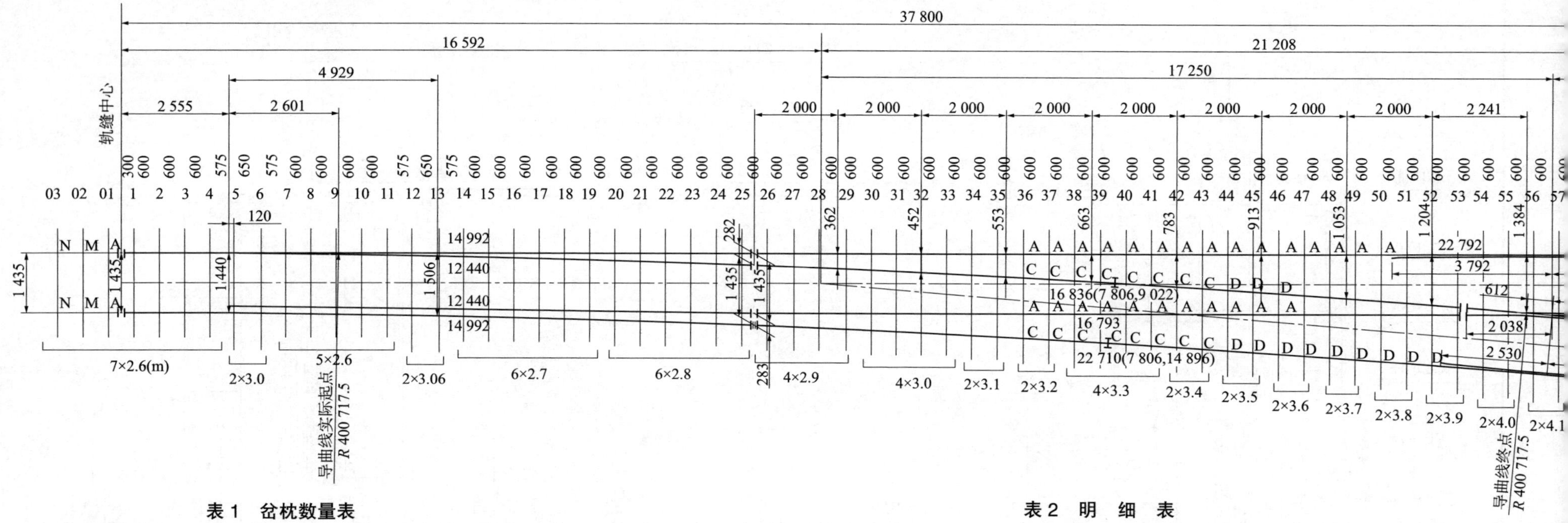

表 1　岔枕数量表

序号	岔枕长 (m)	单位	数量	备　注
1	2.45	根	4	76、77、82、83
2	2.5	根	8	78～81，84～87
3	2.6	根	12	01、02、03、1～4，7～11
4	2.7	根	6	14～19
5	2.8	根	6	20～25
6	2.9	根	6	5、6、26～29
7	3.06	根	2	12、13
8	3.0	根	4	5、6、30～33
9	3.1	根	2	34、35
10	3.2	根	2	36、37
11	3.3	根	4	38~41
12	3.4	根	2	42、43
13	3.5	根	2	44、45
14	3.6	根	2	46、47
15	3.7	根	2	48、49
16	3.8	根	2	50、51
17	3.9	根	2	52、53
18	4	根	2	54、55
19	4.1	根	2	56、57
20	4.2	根	4	58～61
21	4.3	根	2	62、63
22	4.4	根	2	64、65
23	4.5	根	2	66、67
24	4.6	根	2	68、69
25	4.7	根	2	70、71
26	4.8	根	4	72～75
岔枕总根数 90 根，岔枕总延长为 296.52 m				

表 2　明　细　表

序号	图号 / 标准	名称及规格	数量	材　料	备　注
1	专线 4307－Ⅱ	转辙器	1		
2	专线 4307－Ⅲ	合金钢钢轨组合辙叉及护轨	1		
	专线 4307－Ⅳ	镶嵌式合金钢辙叉及护轨	1		
3	TB/T 2344	钢　轨	79.131	60 kg/m 钢轨	
4	TB/T 2345	接头夹板	20	60 kg/m 钢轨用	
5	专线 4307－Ⅴ－19	垫　板 A	59		
6	专线 4307－Ⅴ－19	垫　板　B　Y(Z)	2		
7	专线 4307－Ⅴ－19	垫　板　C　Y(Z)	18		
8	专线 4307－Ⅴ－19	垫　板　D　Y(Z)	12		
9	专线 4307－Ⅴ－19	垫　板　E　Y(Z)	21		
10	专线 4307－Ⅴ－20	垫　板　M　Y(Z)	6		
11	专线 4307－Ⅴ－20	垫　板　N　Y(Z)	6		
12	专线 3351－3	Ⅱ型弹条	496	60Si2Mn	
13	TB/T 2347	接头螺栓　M24 × 135	60	10.9 级	带螺母
14	专线 4232－4	螺　栓　M24 × 60	496		
15	GB/T 41	螺　母　M24	496		
16	GB/T 1230	垫　圈　M24	60		
17	TB/T 1495.4	平垫圈	496		
18	专线 4232－10	轨距块　60/9－11	120	ZG 230－450	
19	专线 4232－10	轨距块　60/13－15	120	ZG 230－450	
20	专线 4232－10	轨距块　60/7－17	120	ZG 230－450	
21	专线 4307－Ⅴ－29	轨距块　D－11	124	玻璃纤维	
22	专线 4307－Ⅴ－29	轨距块　D－13	124	玻璃纤维	
23	专线 4307－Ⅴ－29	轨距块　D－9	124	玻璃纤维	备用
24	专线 4307－Ⅴ－29	轨距块　D－15	124	玻璃纤维	备用
25	专线 4232－72	绝缘轨距块　60/9－11	4	玻璃纤维	

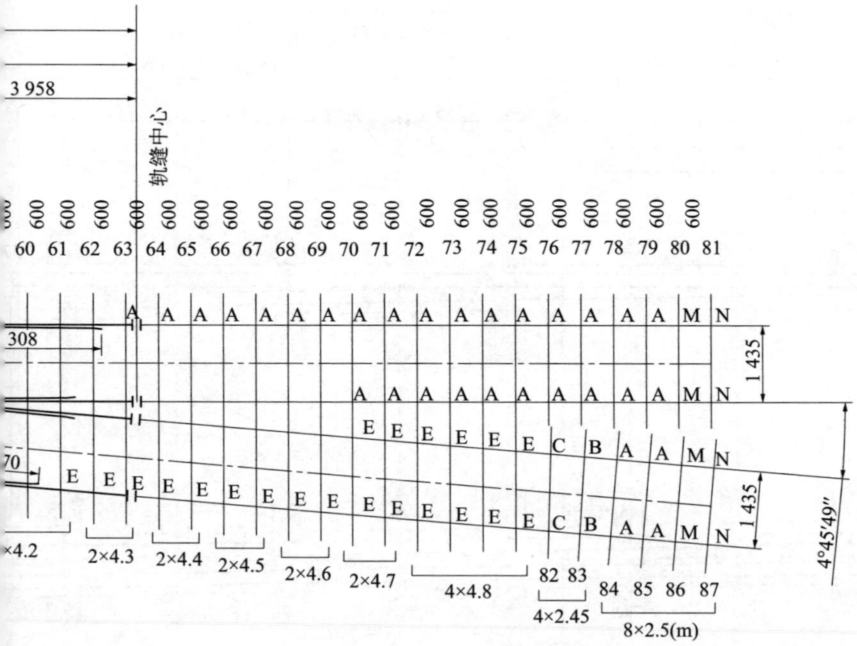

续表 2

号	图号 / 标准	名称及规格	数量	材　料	备　注
6	专线 4232－72	绝缘轨距块　60/13－15	4	玻璃纤维	
7	专线 4232－72	绝缘轨距块　60/7－17	4	玻璃纤维	备用
8	客专线 (07)001－Ⅴ－76	弹条绝缘帽	32	玻璃纤维	16 个备用
9	专线 4304－Ⅴ－31	轨下弹性垫板　200－149－149/0	59		
0	专线 4304－Ⅴ－31	轨下弹性垫板　200－149－149/5Y(Z)	2		
1	专线 4304－Ⅴ－31	轨下弹性垫板　60－200－149－149/10Y(Z)	18		
2	专线 4304－Ⅴ－31	轨下弹性垫板　60－200－149－149/13Y(Z)	12		
3	专线 4304－Ⅴ－31	轨下弹性垫板　60－200－149－149/15Y(Z)	21		
4	专线 4304－Ⅴ－32	板下弹性垫板　422 × 200 × 10	124		
5	通线 (2013)3453－Ⅱ	胶结绝缘接头	2	60 kg/m 钢轨	
6	专线 4307－Ⅴ－29	轨距块　D－7、8、10、12、14、16、17	140	玻璃纤维 66	各 20 个，备用

图 1　绝缘接头设在直股

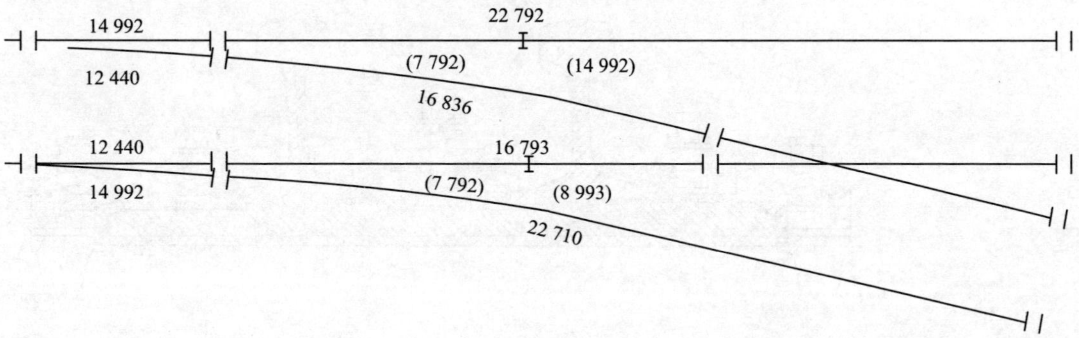

图 2　转辙器部分轨距示意图

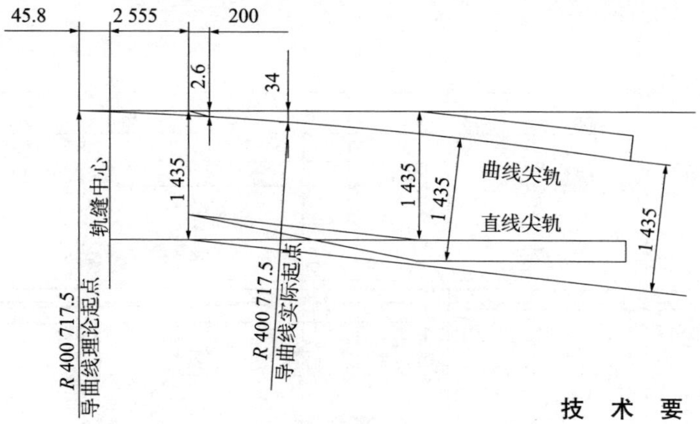

技　术　要　求

1. 岔枕间距除注明者外均为 600 mm。
2. 编号 1～81 号岔枕垂直于直股钢轨，编号 84～87 号岔枕垂直于侧股钢轨，82、83 号岔枕扭转过渡。用于线间距为 5 m 的渡线时，序号 85～87 岔枕取消。
3. 导曲线半径按外轨工作边计。
4. 图中轨道电路钢轨绝缘接头和普通接头分别以“⊥”、“—||—”表示，轨缝均为 8 mm。轨道电路绝缘接头位置，可以根据实际需要进行设置。设置胶结绝缘的钢轨按括号内数字断开。
5. 图中 A、B、C、D、E 分别表示垫板类型，M、N 表示顺坡垫板 P24、P30。
6. 铺设混凝土岔枕时，带编号一侧铺设在道岔直股外侧，侧股辙叉后短岔枕带编号一侧铺设在道岔侧股外侧。
7. 本道岔按右开道岔设计，左开道岔按本图对称布置。
8. 岔枕长度和布置见专线 3461。
9. 明细表中钢轨数量由下列钢轨组成：

长度 (mm)	22 792	16 793	16 836 (7 806，9 022)	22 710 (7 806，14 896)
数量（根）	1	1	1	1

10. 本图为曲线辙叉，在护轨范围内的支距应采用特制的长支距尺测量。
11. 导曲线终点处的支距 (1 384 mm) 为理论值，此处可不做测量用。
本图允许铺设轨温：最大升幅温度为 53 ℃，最大降幅温度为 63 ℃。
12. 道岔主要结构特点：
(1) 尖轨为半切线型，采用 12.44 m 长的 60AT 弹性可弯尖轨，尖轨尖端为藏尖式，跟端设置限位器。
(2) 钢轨和垫板用的轨距块设计安装号数如下：
钢轨工作边一侧，安装 13 号轨距块；
钢轨非工作边一侧，安装 11 号轨距块；
辙叉一侧安装 13 号轨距块，另一侧安装 11 号轨距块；
绝缘接头两侧采用绝缘轨距块；
钢轨用备用轨距块为 7－17 号，垫板用备用轨距块为 9、15 号。

60 kg/m 钢轨 12 号单开道岔转辙器
图　号：专线 4307－II－2

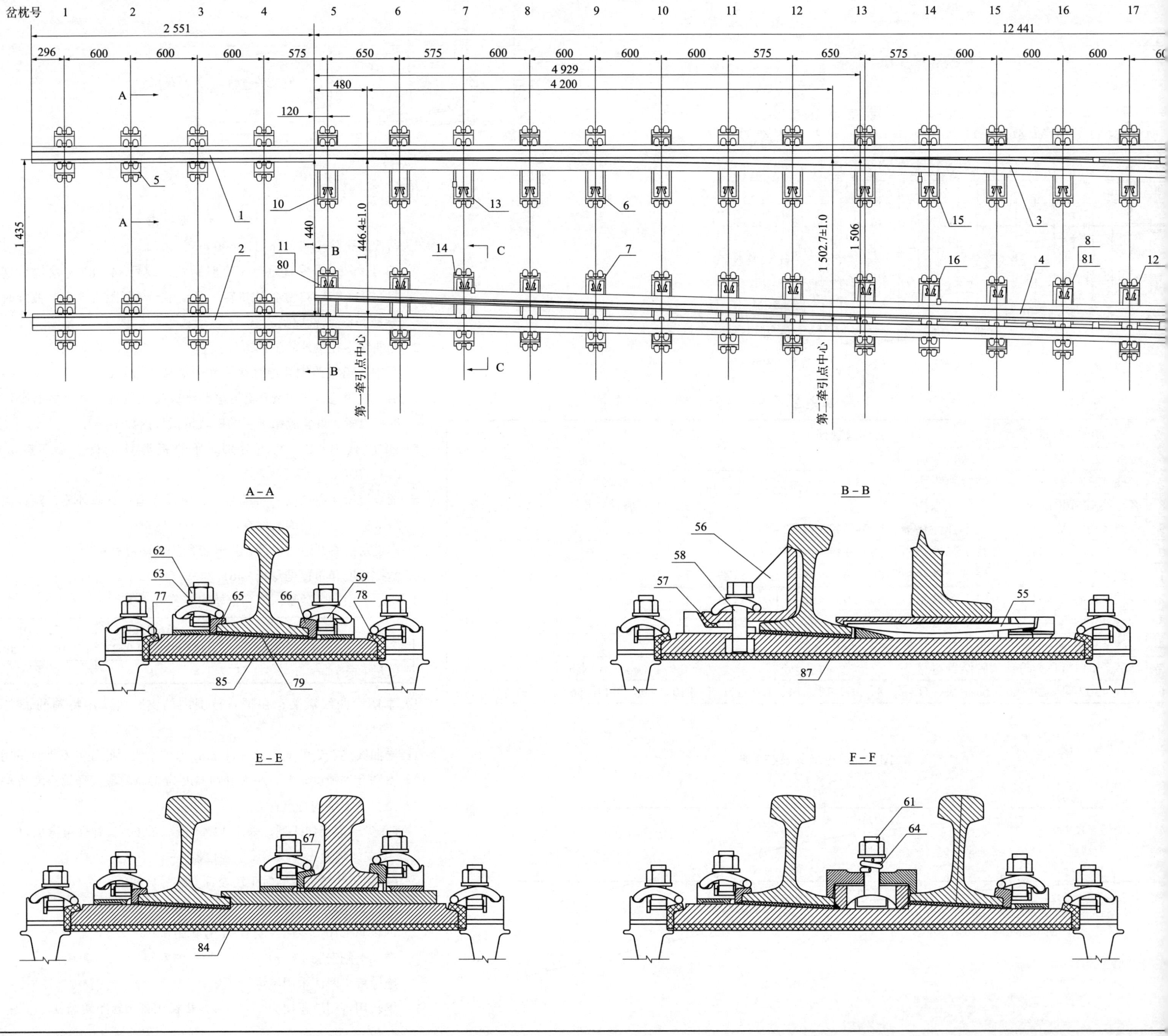

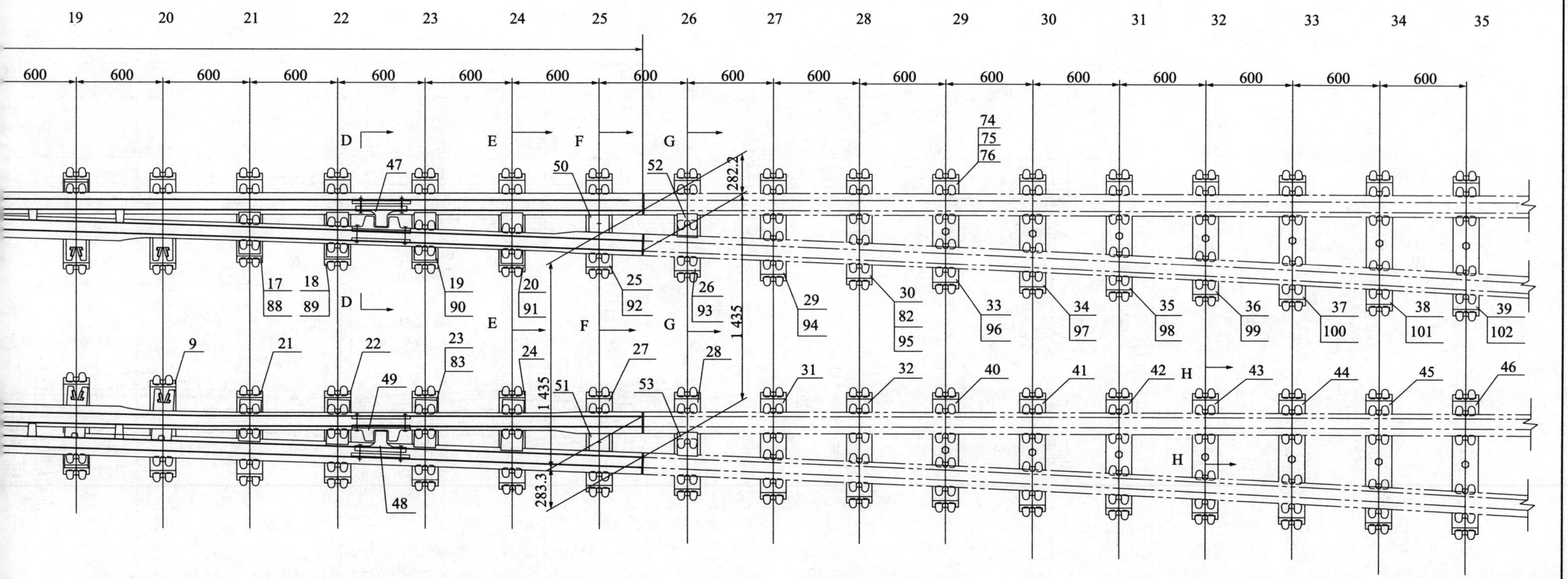

C－C

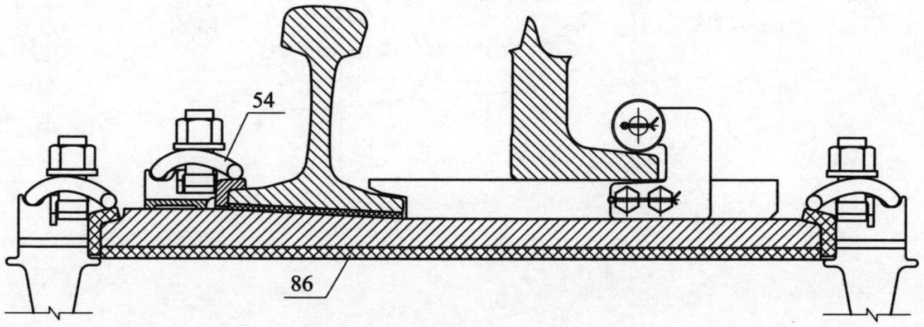

D－D

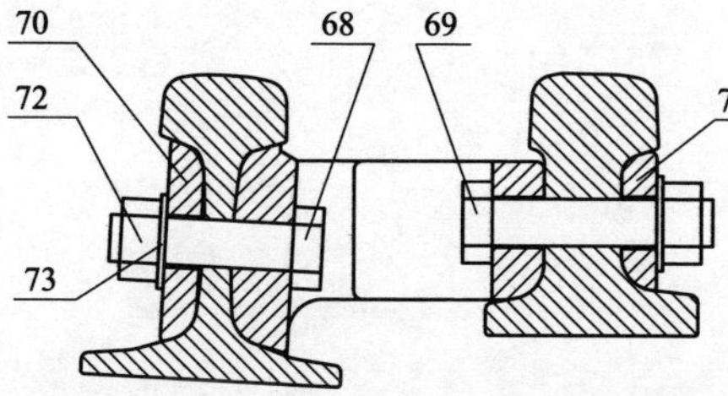

G－G

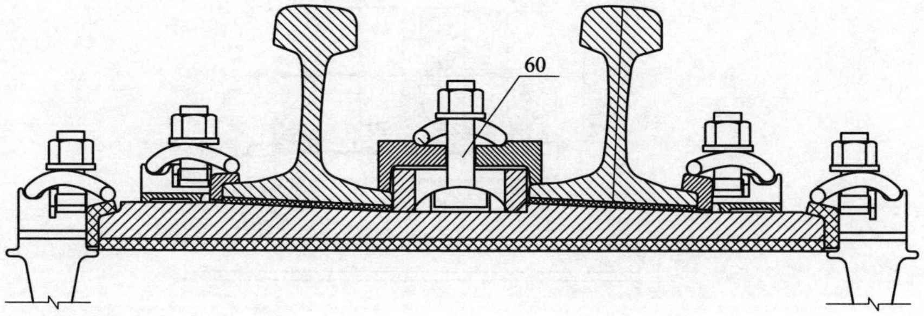

H－H

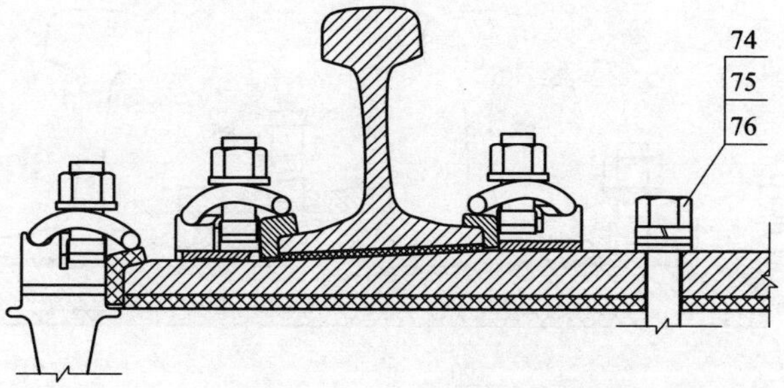

技 术 要 求

序号 33～46 号垫板上 76 号平垫圈 2 个 / 块。

60 kg/m 钢轨 12 号单开道岔辙叉及护轨

图　号：专线 4307－IV－2

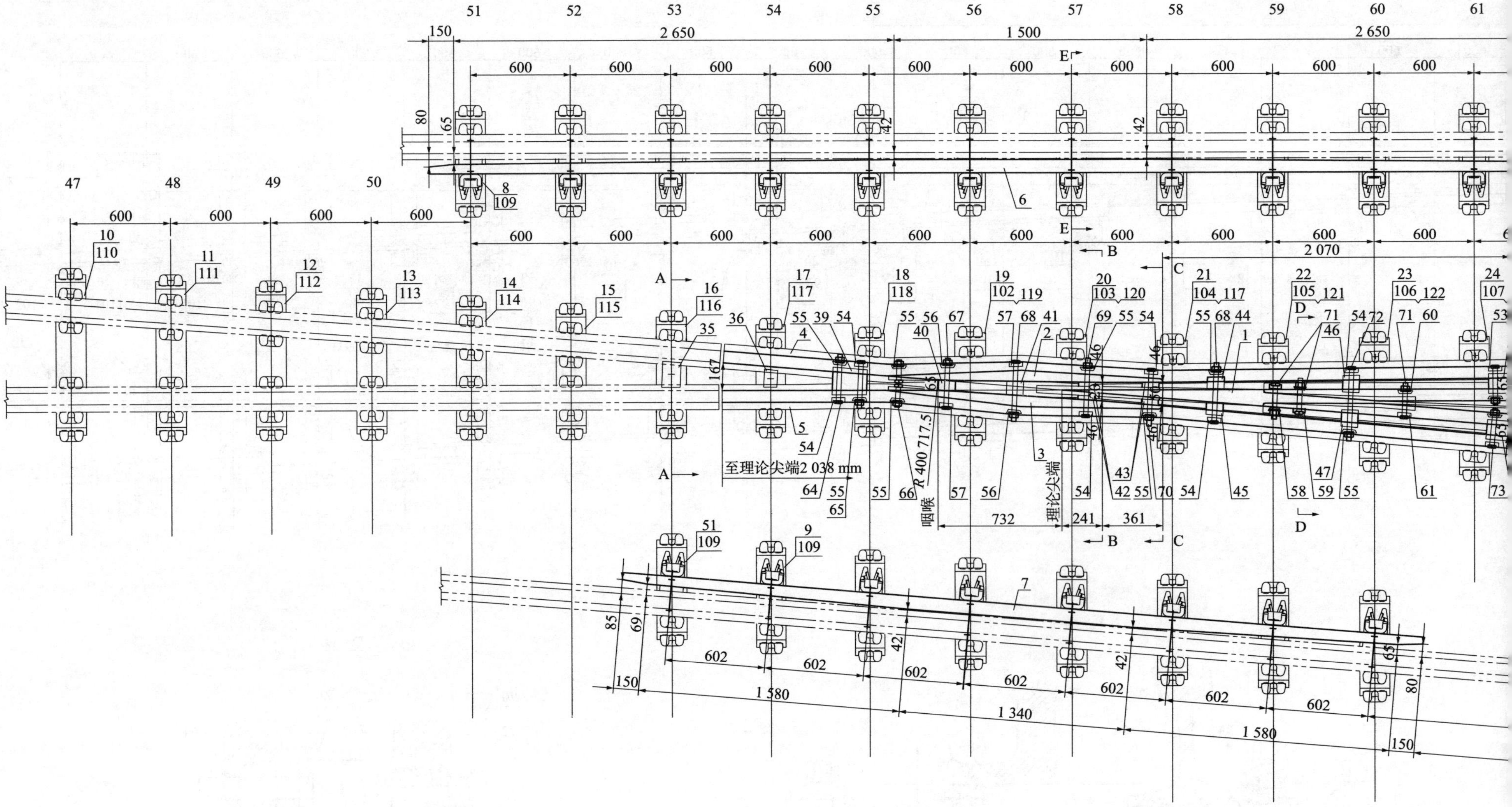

A－A 旋转

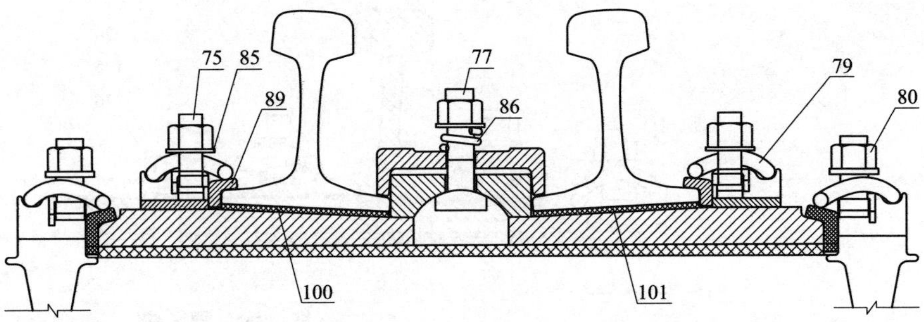

B－B 旋转

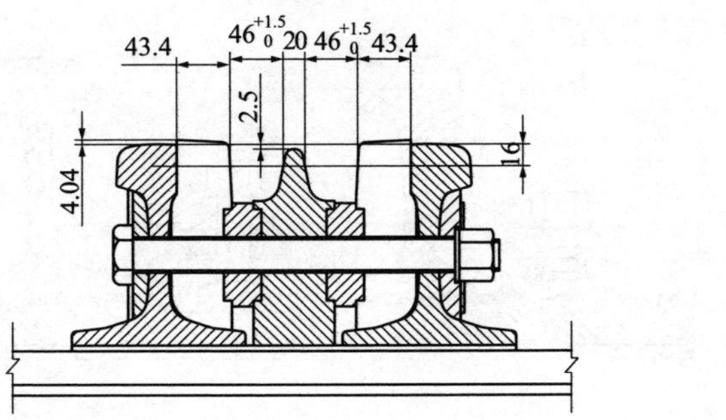

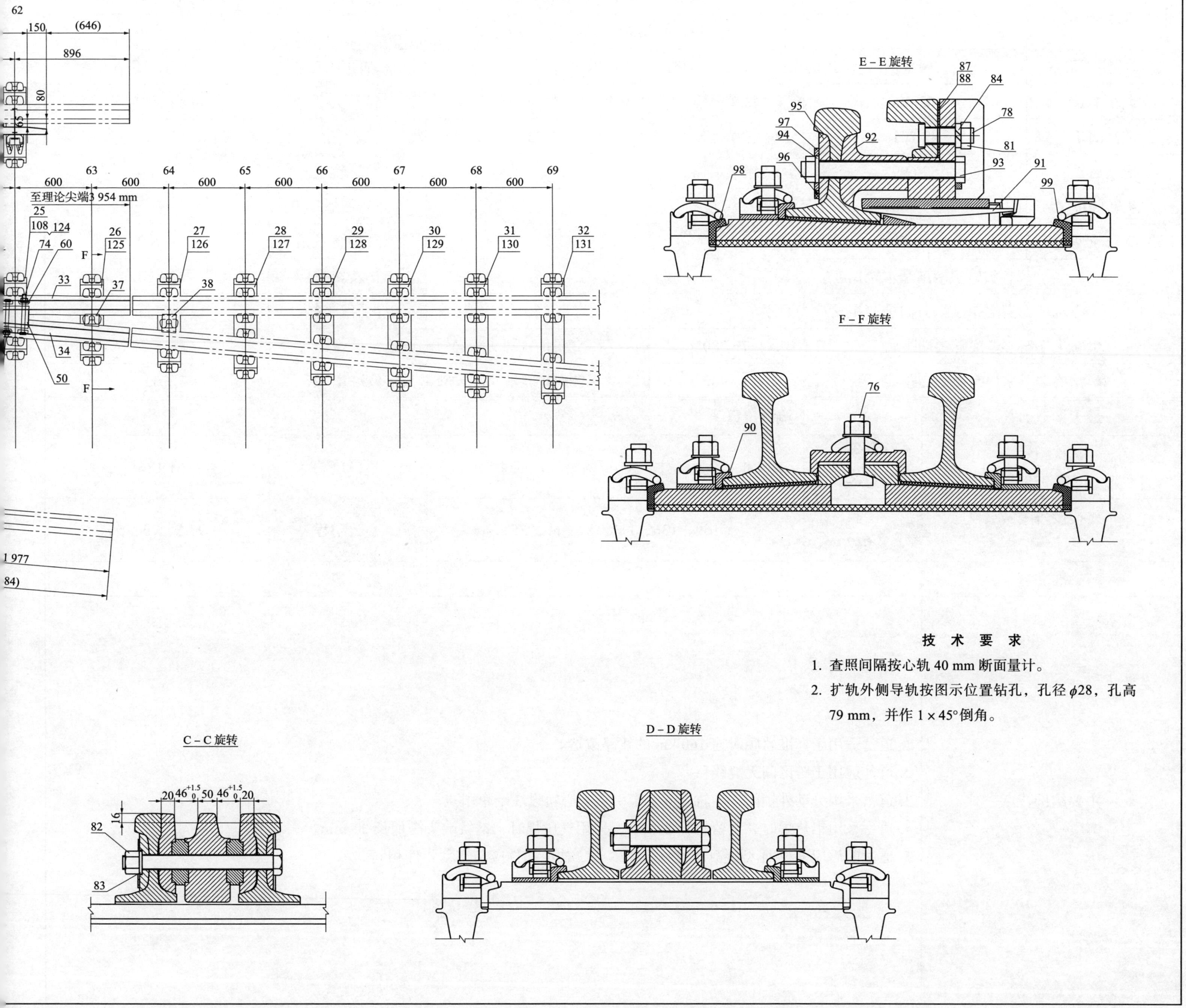

技 术 要 求

1. 查照间隔按心轨 40 mm 断面量计。
2. 扩轨外侧导轨按图示位置钻孔，孔径 $\phi 28$，孔高 79 mm，并作 $1\times45^{\circ}$ 倒角。

64. 60 kg/m 钢轨 30 号单开道岔(混凝土枕)
设计图号：专线 4261

<table>
<tr><td rowspan="2">道岔允许通过速度</td><td>客车</td><td colspan="2">$v_{直}$≤160 km/h；$v_{侧}$≤140 km/h</td><td>扣件类型</td><td>Ⅱ型弹条</td></tr>
<tr><td>货车</td><td colspan="2">轴重 23 t：$v_{直}$≤90 km/h；$v_{侧}$≤90 km/h</td><td>轨底坡</td><td>1∶40</td></tr>
<tr><td>转辙器跟端形式</td><td colspan="3">■限位器 □间隔铁 □不设传力机构 □间隔铁活接头</td><td>锁闭方式</td><td>外锁闭</td></tr>
<tr><td>道岔全长</td><td>102 400</td><td>辙叉全长</td><td>24 592</td><td>辙叉类型</td><td>可动心轨辙叉</td></tr>
<tr><td>道岔前长</td><td>42 701</td><td>辙叉趾长</td><td>7 938</td><td>辙叉角</td><td>1°54′33″</td></tr>
<tr><td>道岔后长</td><td>59 699</td><td>辙叉跟长</td><td>16 654</td><td>翼轨轨型</td><td>60 kg/m</td></tr>
<tr><td>尖轨长度</td><td>27 980</td><td rowspan="2">基本轨长度</td><td rowspan="2">31 592</td><td>直向护轨长度</td><td>—</td></tr>
<tr><td>尖轨轨型</td><td>60AT1</td><td>侧向护轨长度</td><td>9 200</td></tr>
<tr><td colspan="3">尖轨尖端前基本轨长度</td><td>3 616</td><td>护轨轨型</td><td>50 kg/m</td></tr>
<tr><td colspan="3">心轨理论尖端距趾端方向前一根岔枕中心距离</td><td>320</td><td>导曲线半径</td><td>2 700 m</td></tr>
<tr><td colspan="2">尖轨尖端至心轨实际尖端距离</td><td>79 780</td><td colspan="2">直向护轨端头距导轨端头定位尺寸</td><td>—</td></tr>
<tr><td colspan="2">道岔终端至末根岔枕中心距离</td><td>18 900</td><td colspan="2">侧向护轨端头距导轨端头定位尺寸</td><td>702</td></tr>
</table>

<table>
<tr><td>最大构造加宽</td><td>—</td><td>测量位置</td><td colspan="4">—</td></tr>
<tr><td>岔枕图号
专线 3398</td><td>岔枕
总数</td><td>214 根</td><td>岔枕展延长</td><td>674.1 m</td><td>套管总数</td><td>1 186</td></tr>
<tr><td>转换设备图号
—</td><td>尖轨
动程</td><td colspan="3">160、136、111、87、60、35</td><td>心轨动程</td><td>97.5、76、50</td></tr>
<tr><td>批准文号</td><td colspan="4">—</td><td>应用情况</td><td>★★</td></tr>
<tr><td>主要结构特点</td><td colspan="6">1. 道岔适用于标准轨距时速 160 km 的线路改造。
2. 道岔适用于跨区间无缝线路。
3. 道岔采用分动外锁闭，尖轨设 6 个牵引点，心轨设 3 个牵引点。
4. 道岔采用铝热焊时，预留轨缝 28 mm，采用气压焊时，钢轨端头需加长 31 mm。
5. 道岔前后应铺设 Ⅲ 型混凝土岔枕各 125 根，枕上扣件应与道岔扣件相同。</td></tr>
</table>

转辙器明细表

序号	图号 / 标准	名称及规格	数量	材　料
1	专线 4261－6	直基本轨　31 592	1	60 kg/m 钢轨
2	专线 4261－7	曲基本轨　31 592	1	60 kg/m 钢轨
3	专线 4261－8	曲线尖轨　27 980	1	60AT1 钢轨
4	专线 4261－9	直线尖轨　27 980	1	60AT1 钢轨
5	专线 4261－22	序号 5 钢岔枕	1	
6	专线 4261－23	序号 6 钢岔枕	1	
7	专线 4261－24	序号 7 钢岔枕	1	
8	专线 4261－25	序号 8 钢岔枕	1	
9	专线 4261－26	序号 9 钢岔枕	1	
10	专线 4232－46	垫　板　60－0	12	Q235－A(底板)
11	专线 4232－48	滑床板　60－0	38	Q235－A(底板)
12	专线 4232－48	滑床板　60－0	2	Q235－A(底板)
13	专线 4232－48	滑床板　60－0	2	Q235－A(底板)
14	专线 4232－66	防跳限位装置　60－0/33	1	Q235－A(底板)
15	专线 4232－66	防跳限位装置　60－0/47	1	Q235－A(底板)
16	专线 4232－66	防跳限位装置　60－0/40	1	Q235－A(底板)
17	专线 4232－66	防跳限位装置　60－3/33Y(Z)	1	Q235－A(底板)
18	专线 4232－66	防跳限位装置　60－3/47Y(Z)	1	Q235－A(底板)
19	专线 4232－66	防跳限位装置　60－3/40Y(Z)	1	Q235－A(底板)
20	专线 4232－48	滑床板　60－3Y(Z)	20	Q235－A(底板)
21	CT 5－40	滑床板　60－A	12	Q235－A(底板)
22	CT 5－40	滑床板　60－B	12	Q235－A(底板)
23	专线 4261－12	垫　板　642	1	Q235－A(底板)
24	专线 4261－12	垫　板　649	1	Q235－A(底板)
25	专线 4261－12	垫　板　656	1	Q235－A(底板)
26	专线 4261－12	垫　板　663	1	Q235－A(底板)
27	专线 4261－13	垫　板　641	1	Q235－A(底板)
28	专线 4261－13	垫　板　648	1	Q235－A(底板)
29	专线 4261－13	垫　板　656	1	Q235－A(底板)
30	专线 4261－13	垫　板　664	1	Q235－A(底板)
31	专线 4261－13	垫　板　672	1	Q235－A(底板)
32	专线 4261－13	垫　板　680	1	Q235－A(底板)
33	专线 4261－13	垫　板　688	1	Q235－A(底板)

续上表

序号	图号 / 标准	名称及规格	数量	材　料
34	专线 4261 – 13	垫　板　696	1	Q235 – A(底板)
35	专线 4261 – 13	垫　板　705	1	Q235 – A(底板)
36	专线 4261 – 13	垫　板　713	1	Q235 – A(底板)
37	专线 4261 – 13	垫　板　722	1	Q235 – A(底板)
38	专线 4261 – 13	垫　板　731	1	Q235 – A(底板)
39	专线 4261 – 14	垫　板　740	1	Q235 – A(底板)
40	专线 4261 – 14	垫　板　749	1	Q235 – A(底板)
41	专线 4261 – 14	垫　板　758	1	Q235 – A(底板)
42	专线 4261 – 14	垫　板　768	1	Q235 – A(底板)
43	专线 4261 – 14	垫　板　777	1	Q235 – A(底板)
44	专线 4261 – 14	垫　板　787	1	Q235 – A(底板)
45	专线 4261 – 14	垫　板　797	1	Q235 – A(底板)
46	专线 4261 – 15	垫　板　807	1	Q235 – A(底板)
47	专线 4261 – 15	垫　板　817	1	Q235 – A(底板)
48	专线 4261 – 15	垫　板　827	1	Q235 – A(底板)
49	专线 4261 – 15	垫　板　837	1	Q235 – A(底板)
50	专线 4261 – 15	垫　板　848	1	Q235 – A(底板)
51	专线 4261 – 15	垫　板　858	1	Q235 – A(底板)
52	专线 4261 – 15	垫　板　869	1	Q235 – A(底板)
53	专线 4261 – 16	垫　板　642	1	Q235 – A(底板)
54	专线 4261 – 16	垫　板　649	1	Q235 – A(底板)
55	专线 4261 – 16	垫　板　656	1	Q235 – A(底板)
56	专线 4261 – 16	垫　板　663	1	Q235 – A(底板)
57	专线 4261 – 17	垫　板　641	1	Q235 – A(底板)
58	专线 4261 – 17	垫　板　648	1	Q235 – A(底板)
59	专线 4261 – 17	垫　板　656	1	Q235 – A(底板)
60	专线 4261 – 17	垫　板　664	1	Q235 – A(底板)
61	专线 4261 – 17	垫　板　672	1	Q235 – A(底板)
62	专线 4261 – 17	垫　板　680	1	Q235 – A(底板)
63	专线 4261 – 17	垫　板　688	1	Q235 – A(底板)
64	专线 4261 – 17	垫　板　696	1	Q235 – A(底板)
65	专线 4261 – 17	垫　板　705	1	Q235 – A(底板)
66	专线 4261 – 17	垫　板　713	1	Q235 – A(底板)
67	专线 4261 – 17	垫　板　722	1	Q235 – A(底板)
68	专线 4261 – 17	垫　板　731	1	Q235 – A(底板)

续上表

序号	图号 / 标准	名称及规格	数量	材　料
69	专线 4261－18	垫　板　740	1	Q235－A(底板)
70	专线 4261－18	垫　板　749	1	Q235－A(底板)
71	专线 4261－18	垫　板　758	1	Q235－A(底板)
72	专线 4261－18	垫　板　768	1	Q235－A(底板)
73	专线 4261－18	垫　板　777	1	Q235－A(底板)
74	专线 4261－18	垫　板　787	1	Q235－A(底板)
75	专线 4261－18	垫　板　797	1	Q235－A(底板)
76	专线 4261－19	垫　板　807	1	Q235－A(底板)
77	专线 4261－19	垫　板　817	1	Q235－A(底板)
78	专线 4261－19	垫　板　827	1	Q235－A(底板)
79	专线 4261－19	垫　板　837	1	Q235－A(底板)
80	专线 4261－19	垫　板　848	1	Q235－A(底板)
81	专线 4261－19	垫　板　858	1	Q235－A(底板)
82	专线 4261－19	垫　板　869	1	Q235－A(底板)
83	专线 4261－20	支距扣板　60/48－46	1	KTH 350－10
84	专线 4261－20	支距扣板　60/46－48	1	KTH 350－10
85	专线 4261－20	支距扣板　60/55－53	1	KTH 350－10
86	专线 4261－20	支距扣板　60/53－55	1	KTH 350－10
87	专线 4261－20	支距扣板　60/62－60	1	KTH 350－10
88	专线 4261－20	支距扣板　60/60－62	1	KTH 350－10
89	专线 4232－19	支距扣板　60/69－67－34	1	KTH 350－10
90	专线 4232－19	支距扣板　60/67－69－34	1	KTH 350－10
91	专线 4261－21	支距扣板　60/59－57	2	KTH 350－10
92	专线 4261－21	支距扣板　60/67－65	2	KTH 350－10
93	专线 4232－18	支距扣板　60/75－73－37Y(Z)	2	KTH 350－10
94	专线 4232－18	支距扣板　60/82－80－40Y(Z)	2	KTH 350－10
95	专线 4232－18	支距扣板　60/90－88－44Y(Z)	2	KTH 350－10
96	专线 4232－18	支距扣板　60/98－96－48Y(Z)	2	KTH 350－10
97	专线 4232－18	支距扣板　60/107－105－53Y(Z)	2	KTH 350－10
98	专线 4232－18	支距扣板　60/115－113－57Y(Z)	2	KTH 350－10
99	专线 4232－18	支距扣板　60/123－121－61Y(Z)	2	KTH 350－10
100	专线 4232－18	支距扣板　60/132－130－65Y(Z)	2	KTH 350－10
101	专线 4232－18	支距扣板　60/141－139－70Y(Z)	2	KTH 350－10
102	专线 4232－18	支距扣板　60/150－148－74Y(Z)	2	KTH 350－10
103	专线 4232－4	螺　栓　M24×60	292	

续上表

序号	图号 / 标准	名称及规格	数量	材　　料
104	专线 4232－34	销　钉　80	24	
105	专线 4232－4	螺　栓　M24×95	32	
106	GB/T 5780	螺　栓　M30×120	24	
107	专线 4232－50	螺　钉　30×170	294	45
108	GB/T 41	螺　母　M24	324	
109	GB/T 41	螺　母　M30	48	
110	专线 3351	Ⅱ型弹条	324	60Si2CrVA
111	GB/T 7244	弹簧垫圈　30	344	65Mn
112	GB/T 95	垫　圈　30	96	
113	TB/T 1495.4	平垫圈　24	324	
114	专线 4232－33	弹　片	92	
115	专线 4232－34	销　钉　95	68	
116	专线 4232－10	轨距块　60/9－11	192	ZG 230－450
117	专线 4232－10	轨距块　60/13－15	100	ZG 230－450
118	CT 6－32	钢岔枕防爬连接板　530	20	Q235
119	专线 4232－51	橡胶垫板　60－190	124	橡胶
120	专线 4232－62	橡胶垫板　60G/AT	32	橡胶
121	专线 4232－53	橡胶垫板　432×175×10	12	橡胶
122	专线 4232－56	橡胶垫板　611	68	橡胶
123	专线 4232－64	橡胶垫板　661×130	24	橡胶
124	专线 4232－53	橡胶垫板　642×175×10	4	橡胶
125	专线 4232－53	橡胶垫板　649×175×10	4	橡胶
126	专线 4232－53	橡胶垫板　656×175×10	4	橡胶
127	专线 4232－53	橡胶垫板　663×175×10	4	橡胶
128	专线 4232－53	橡胶垫板　672×175×10	2	橡胶
129	专线 4232－53	橡胶垫板　680×175×10	2	橡胶
130	专线 4232－53	橡胶垫板　688×175×10	2	橡胶
131	专线 4232－53	橡胶垫板　696×175×10	2	橡胶
132	专线 4232－53	橡胶垫板　705×175×10	2	橡胶
133	专线 4232－53	橡胶垫板　713×175×10	2	橡胶
134	专线 4232－53	橡胶垫板　722×175×10	2	橡胶
135	专线 4232－53	橡胶垫板　731×175×10	2	橡胶
136	专线 4232－53	橡胶垫板　740×175×10	2	橡胶
137	专线 4232－53	橡胶垫板　749×175×10	2	橡胶
138	专线 4232－53	橡胶垫板　758×175×10	2	橡胶

续上表

序号	图号 / 标准	名称及规格	数量	材　　料
139	专线 4232－53	橡胶垫板　768×175×10	2	橡胶
140	专线 4232－53	橡胶垫板　777×175×10	2	橡胶
141	专线 4232－53	橡胶垫板　787×175×10	2	橡胶
142	专线 4232－53	橡胶垫板　797×175×10	2	橡胶
143	专线 4232－54	橡胶垫板　807－368	2	橡胶
144	专线 4232－54	橡胶垫板　817－373	2	橡胶
145	专线 4232－54	橡胶垫板　827－378	2	橡胶
146	专线 4232－54	橡胶垫板　837－383	2	橡胶
147	专线 4232－54	橡胶垫板　848－389	2	橡胶
148	专线 4232－54	橡胶垫板　858－394	2	橡胶
149	专线 4232－54	橡胶垫板　869－399	2	橡胶
150	专线 4232－61	绝缘管垫　31×26	48	玻璃纤维
151	专线 4232－61	绝缘管垫　31×43	48	玻璃纤维
152	专线 4232－55	橡胶垫板　60－190	68	橡胶
153	GB/T 5780	螺　栓　M30×130	20	
154	宝厂线 6030.06	第六牵引点钢岔枕	1	
155	CT 6－32	钢岔枕防爬连接板　470	4	Q235－A

辙叉及护轨明细表

序号	图号 / 标准	名称及规格	数量	材　　料	备　　注
1	专线 4261－35	翼　轨　23 253	1		
2	专线 4261－36	翼　轨　23 253	1		
3	专线 4261－37	长心轨　19 716	1	60AT1 钢轨	
4	专线 4261－38	短心轨　13 849	1	60AT1 钢轨	
5	专线 4261－39	叉跟尖轨　5 140	1	60 kg/m 钢轨	
6	专线 4261－40	护　轨　9 200	1	50 kg/m 钢轨	
7	专线 4232－11	轨　撑　A	4	KTH 330－08	
8	专线 4232－12	轨　撑　B	4	KTH 330－08	
9	专线 4261－93	补强板	1	Q345B	
10	专线 4261－94	补强板	1	Q345B	
11	专线 4261－42	间隔铁	1	KTH 330－08	
12	专线 4232－36	顶　铁　102－106Y(Z)	1	KTH 330－08	
13	专线 4232－36	顶　铁　65－60Y(Z)	1	KTH 330－08	
14	专线 4232－36	顶　铁　182－186Y(Z)	1	KTH 330－08	
15	专线 4232－36	顶　铁　156－151Y(Z)	1	KTH 330－08	
16	专线 4232－36	顶　铁　224－224	15	KTH 330－08	
17	专线 4232－36	顶　铁　214－214	14	KTH 330－08	
18	专线 4232－36	顶　铁　89－91Y(Z)	1	KTH 330－08	
19	专线 4232－36	顶　铁　58－58	1	KTH 330－08	
20	专线 4232－36	顶　铁　121－123Y(Z)	1	KTH 330－08	
21	专线 4232－36	顶　铁　73－73	1	KTH 330－08	
22	专线 4232－36	顶　铁　126－128Y(Z)	2	KTH 330－08	
23	专线 4232－36	顶　铁　90－90	1	KTH 330－08	
24	专线 4232－36	顶　铁　208－208	1	KTH 330－08	
25	专线 4232－36	顶　铁　100－100	2	KTH 330－08	
26	专线 4232－36	顶　铁　138－138	1	KTH 330－08	
27	专线 4232－36	顶　铁　136－136	1	KTH 330－08	

续上表

序号	图号 / 标准	名称及规格	数量	材　料	备　注
28	专线 4232－36	顶　铁　95－100Y(Z)	2	KTH 330－08	
29	专线 4232－36	顶　铁　195－197Y(Z)	1	KTH 330－08	
30	专线 4261－42	间隔铁　60－209/203Y(Z)	1	ZG 230－450	用于两翼轨间
31	专线 4232－15	间隔铁　60－191/184Y(Z)	1	ZG 230－450	用于两翼轨间
32	专线 4232－15	间隔铁　60－172/166Y(Z)	1	ZG 230－450	用于两翼轨间
33	专线 4261－43	间隔铁　60－154/156Y(Z)	1	HT150	用于两翼轨间
34	专线 4261－44	间隔铁　60－33.5/39Y(Z)	1	Q235－A	用于两心轨间
35	专线 4261－44	间隔铁　60－49.5/55Y(Z)	1	Q235－A	用于两心轨间
36	专线 4232－16	间隔铁　60－95/100Y(Z)	1	HT150	用于两心轨间
37	专线 4232－16	间隔铁　60－114/120Y(Z)	1	HT150	用于两心轨间
38	专线 4232－16	间隔铁　60－130/135Y(Z)	1	HT150	用于两心轨间
39	专线 4232－16	间隔铁　60－146/151Y(Z)	1	HT150	用于两心轨间
40	专线 4232－16	间隔铁　60－162/167Y(Z)	1	HT150	用于两心轨间
41	专线 4232－16	间隔铁　60－178/183Y(Z)	1	HT150	用于两心轨间
42	专线 4232－16	间隔铁　60－193/199Y(Z)	1	HT150	用于两心轨间
43	专线 4232－14	间隔铁　60－224	4	ZG 230－450	用于长心轨跟端
44	专线 4232－13	间隔铁　60－230	3	ZG 230－450	用于侧股叉跟
45	专线 4232－46	垫　板　60－0	17		
46	专线 4261－45	护轨垫板　600	13		
47	专线 4261－46	垫　板　872	1		
48	专线 4261－46	垫　板　855	1		
49	专线 4261－46	垫　板　838	1		
50	专线 4261－46	垫　板　820	1		
51	专线 4261－46	垫　板　803	1		
52	专线 4261－47	垫　板　785	1		
53	专线 4261－47	垫　板　768	1		
54	专线 4261－47	垫　板　750	1		
55	专线 4261－47	垫　板　732	1		
56	专线 4261－48	垫　板　714	1		

续上表

序号	图号 / 标准	名称及规格	数量	材　　料	备　　注
57	专线 4261－48	垫　板　696	1		
58	专线 4261－48	垫　板　678	1		
59	专线 4261－48	垫　板　659	1		
60	专线 4261－48	垫　板　641	1		
61	专线 4261－49	垫　板　656	1		
62	专线 4261－50	垫　板　666	1		
63	专线 4261－51	垫　板　677	1		
64	专线 4261－52	垫　板　688	1		
65	专线 4261－53	垫　板　732	1		
66	专线 4261－54	垫　板　1 005	1		
67	专线 4261－55	垫　板　1 055	1		
68	专线 4261－55	垫　板　1 067	1		
69	专线 4261－55	垫　板　1 079	1		
70	专线 4261－55	垫　板　1 091	1		
71	专线 4261－55	垫　板　1 118	1		
72	专线 4261－55	垫　板　1 130	1		
73	专线 4261－55	垫　板　1 142	1		
74	专线 4261－55	垫　板　1 154	1		
75	专线 4261－55	垫　板　1 165	1		
76	专线 4261－55	垫　板　1 177	1		
77	专线 4261－55	垫　板　1 189	1		
78	专线 4261－56	垫　板　1 201	1		
79	专线 4261－57	垫　板　1 212	1		
80	专线 4261－58	垫　板　1 224	1		
81	专线 4261－59	垫　板　1 236	1		
82	专线 4261－60	垫　板　1 249	1		
83	专线 4261－61	垫　板　1 269	1		
84	专线 4261－62	垫　板　1 289	1		
85	专线 4261－63	垫　板　1 309	1		

续上表

序号	图号/标准	名称及规格	数量	材　　料	备　　注
86	专线 4261－64	垫　板　1 329	1		
87	专线 4261－64	垫　板　1 349	1		
88	专线 4261－64	垫　板　1 369	1		
89	专线 4261－65	垫　板　454	1		
90	专线 4261－66	垫　板　464	1		
91	专线 4232－57	垫　板　60－G	3		
92	专线 4232－57	垫　板　60－G	3		与序号 91 对称
93	专线 4261－67	垫　板　472	1		60 30H93
94	专线 4261－67	垫　板　472	1		60 30H93
95	专线 4261－68	垫　板　657	2		
96	专线 4261－69	垫　板　657	2		
97	专线 4261－70	垫　板　851	1		
98	专线 4261－71	垫　板　942	1		
99	专线 4261－72	垫　板　1 132	1		
100	专线 4261－73	垫　板　1 142	1		
101	专线 4261－74	垫　板	1		
102	专线 4232－18	支距扣板　60/130－133－66Y(Z)	1	KTH 350－10	
103	专线 4232－18	支距扣板　60/111－114－57Y(Z)	1	KTH 350－10	
104	专线 4232－18	支距扣板　60/93－96－47Y(Z)	1	KTH 350－10	
105	专线 4232－18	支距扣板　60/74－78－42Y(Z)	1	KTH 350－10	
106	专线 4232－18	支距扣板　60/56－59－28Y(Z)	1	KTH 350－10	
107	专线 4232－18	支距扣板　60/62－68－26Y(Z)	1	KTH 350－10	
108	专线 4232－18	支距扣板　60/76－78－31Y(Z)	1	KTH 350－10	
109	专线 4232－18	支距扣板　60/89－92－27Y(Z)	1	KTH 350－10	
110	专线 4232－18	支距扣板　60/102－105－50Y(Z)	1	KTH 350－10	
111	专线 4232－5	螺　栓　M27 × 320	3	20SiMn	
112	专线 4232－5	螺　栓　M27 × 300	4	20SiMn	
113	专线 4232－5	螺　栓　M27 × 280	2	20SiMn	
114	专线 4232－5	螺　栓　M27 × 120	2	20SiMn	

续上表

序号	图号 / 标准	名称及规格	数量	材　　料	备　　注
115	专线 4232－5	螺　栓　M27×180	4	20SiMn	
116	专线 4232－5	螺　栓　M27×160	2	20SiMn	
117	专线 4232－5	螺　栓　M27×200	2	20SiMn	
118	专线 4232－5	螺　栓　M27×220	2	20SiMn	
119	专线 4232－5	螺　栓　M27×240	2	20SiMn	
120	专线 4232－5	螺　栓　M27×260	2	20SiMn	
121	专线 4232－5	螺　栓　M27×170	2	20SiMn	
122	专线 4232－5	螺　栓　M27×280	2	20SiMn	
123	专线 4232－5	螺　栓　M27×310	2	20SiMn	
124	专线 4232－5	螺　栓　M27×330	2	20SiMn	
125	专线 4232－5	螺　栓　M27×340	16	20SiMn	
126	专线 4232－5	螺　栓　M24×100	13	20SiMn	
127	GB/T 5780	螺　栓　M24×90	10		
128	专线 4232－4	螺　栓　M24×60	237	Q235－A	
129	专线 4232－4	螺　栓　M24×85	13	Q235－A	
130	专线 4232－4	螺　栓　M24×95	4	Q235－A	
131	GB/T 5780	螺　栓　M24×75	76		
132	GB/T 5780	螺　栓　M24×100	10		
133	专线 4261－90	调整片　210×86×1	2	Q235－B	
134	专线 4232－50	螺　栓　M30×170	164	45 号钢	
135	专线 4232－3	螺　栓　M24×90	2		
136	GB/T 5780	螺　栓　M30×110	8		
137	GB/T 5780	螺　栓　M30×120	20		
138	GB/T 5780	螺　栓　M30×130	8		
139	NS－01b	螺　母　M27－10	49		
140	NS－01b	螺　母　M24	115	45 号钢	
141	CT1－94	螺　母　M24	254	Q235－A	
142	专线 4261－90	调整片　210×86×2	2	Q235－B	
143	GB/T 41	螺　母　M30	36		

续上表

序号	图号 / 标准	名称及规格	数量	材　　料	备　　注
144	TB/T 1495.4	平垫圈　24	254	Q235－A	
145	GB/T 95	垫　圈　24	119		
146	GB/T 95	垫　圈　30	72		
147	GB/T 93	弹簧垫圈　24	4		
148	GB/T 7244	弹簧垫圈　30	200		
149	专线 4232－23	钢轨垫圈　60－0	6	KTH 330－08	
150	专线 4232－24	钢轨垫圈　60－0	6	KTH 330－08	
151	专线 4232－27	钢轨垫圈	14	KTH 330－08	
152	专线 4232－28	钢轨垫圈	6	KTH 330－08	
153	专线 4232－31	方孔垫圈　60AT－0	26	KTH 330－08	
154	专线 4261－75	钢轨垫圈	1	KTH 330－08	
155	专线 4261－75	钢轨垫圈	1	KTH 330－08	
156	专线 4232－22	护轨调整片　$147\times140\times\frac{2}{3}$	34 17	Q235	
157	专线 4232－21	顶铁调整片　$170\times50\times\frac{1}{2}$	48 48	Q235	
158	专线 3351	Ⅱ型弹条	250	60Si2CrVA	
159	专线 4232－33	弹　片	17	60Si2Mn	
160	专线 4232－34	销　钉　115	13	Q275	
161	专线 4232－34	销　钉　95	4	Q275	
162	专线 4232－10	轨距块　9－11	140	ZG 270－500	
163	专线 4232－10	轨距块　13－15	93	ZG 270－500	
164	专线 4261－76	钢岔枕	1		
165	专线 4261－77	钢岔枕	1		
166	专线 4261－78	钢岔枕	1		
167	GB/T 1230	垫　圈　27	49		
168	专线 4261－91	二动连接铁	1		
169	专线 4261－92	三动连接铁	1		
170	专线 4232－59	轨　撑　60－G	4	KTH 330－08	

续上表

序号	图号 / 标准	名称及规格	数量	材　料	备　注
171	专线 4232－60	调整楔 TS	4	KTH 350－10	
172	专线 4266－6	螺　栓　M24×85	4	20SiMn	
173	专线 4232－61	绝缘管垫　31×26	36	玻璃纤维	
174	专线 4232－61	绝缘管垫　31×53	4	玻璃纤维	
175	专线 4232－61	绝缘管垫　31×43	16	玻璃纤维	
176	专线 4232－61	绝缘管垫　31×39	16	玻璃纤维	
177	专线 4232－51	橡胶垫板　60－190	119	橡胶	
178	专线 4232－53	橡胶垫板　432×175×10	21	橡胶	
179	专线 4232－51	橡胶垫板　60－240	13	橡胶	
180	专线 4232－54	橡胶垫板　872×175×10	1	橡胶	
181	专线 4232－54	橡胶垫板　855×175×10	1	橡胶	
182	专线 4232－54	橡胶垫板　838×175×10	1	橡胶	
183	专线 4232－54	橡胶垫板　820×175×10	1	橡胶	
184	专线 4232－54	橡胶垫板　803×175×10	1	橡胶	
185	专线 4232－53	橡胶垫板　785×175×10	1	橡胶	
186	专线 4232－53	橡胶垫板　768×175×10	1	橡胶	
187	专线 4232－53	橡胶垫板　750×175×10	1	橡胶	
188	专线 4232－53	橡胶垫板　732×175×10	2	橡胶	
189	专线 4232－53	橡胶垫板　714×175×10	1	橡胶	
190	专线 4232－53	橡胶垫板　696×175×10	1	橡胶	
191	专线 4232－53	橡胶垫板　677×175×10	1	橡胶	
192	专线 4232－53	橡胶垫板　659×175×10	1	橡胶	
193	专线 4232－53	橡胶垫板　641×175×10	1	橡胶	
194	专线 4232－53	橡胶垫板　656×175×10	1	橡胶	
195	专线 4232－53	橡胶垫板　666×175×10	1	橡胶	
196	专线 4232－53	橡胶垫板　677×175×10	1	橡胶	
197	专线 4232－53	橡胶垫板　688×175×10	1	橡胶	
198	专线 4261－82	橡胶垫板　600×225×7	13	橡胶	
199	专线 4232－53	橡胶垫板　1 005×175×10	1	橡胶	

续上表

序号	图号 / 标准	名称及规格	数量	材　料	备　注
200	专线 4232－53	橡胶垫板　1 055 × 175 × 10	1	橡胶	
201	专线 4232－53	橡胶垫板　1 067 × 175 × 10	1	橡胶	
202	专线 4232－53	橡胶垫板　1 079 × 175 × 10	1	橡胶	
203	专线 4232－53	橡胶垫板　1 091 × 175 × 10	1	橡胶	
204	专线 4232－53	橡胶垫板　1 118 × 175 × 10	1	橡胶	
205	专线 4232－53	橡胶垫板　1 130 × 175 × 10	1	橡胶	
206	专线 4232－53	橡胶垫板　1 142 × 175 × 10	1	橡胶	
207	专线 4232－53	橡胶垫板　1 154 × 175 × 10	1	橡胶	
208	专线 4232－53	橡胶垫板　1 165 × 175 × 10	1	橡胶	
209	专线 4232－53	橡胶垫板　1 177 × 175 × 10	1	橡胶	
210	专线 4232－53	橡胶垫板　1 189 × 175 × 10	1	橡胶	
211	专线 4232－53	橡胶垫板　1 201 × 175 × 10	1	橡胶	
212	专线 4232－53	橡胶垫板　1 212 × 175 × 10	1	橡胶	
213	专线 4232－53	橡胶垫板　1 224 × 175 × 10	1	橡胶	
214	专线 4232－53	橡胶垫板　1 236 × 175 × 10	1	橡胶	
215	专线 4232－53	橡胶垫板　1 249 × 175 × 10	1	橡胶	
216	专线 4232－53	橡胶垫板　1 269 × 175 × 10	1	橡胶	
217	专线 4232－53	橡胶垫板　1 289 × 175 × 10	1	橡胶	
218	专线 4232－53	橡胶垫板　1 309 × 175 × 10	1	橡胶	
219	专线 4232－54	橡胶垫板　1 329 × 175 × 10	1	橡胶	
220	专线 4232－54	橡胶垫板　1 349 × 175 × 10	1	橡胶	
221	专线 4232－54	橡胶垫板　1 369 × 175 × 10	1	橡胶	
222	专线 4232－53	橡胶垫板　454 × 175 × 10	1	橡胶	
223	专线 4232－53	橡胶垫板　464 × 175 × 10	1	橡胶	
224	专线 4232－62	橡胶垫板　60　G/AT	20	橡胶	
225	专线 4232－64	橡胶垫板　482 × 130 × 10	8	橡胶	
226	专线 4232－64	橡胶垫板　667 × 130 × 10	4	橡胶	
227	专线 4232－64	橡胶垫板　1 132 × 130 × 10	1	橡胶	
228	专线 4232－64	橡胶垫板　1 142 × 130 × 10	1	橡胶	

续上表

序号	图号 / 标准	名称及规格	数量	材　料	备　注
229	专线 4261－83	橡胶垫板　773.5×160×5	1	橡胶	
230	专线 4261－84	橡胶垫板　782×130×5	1	橡胶	
231	专线 4261－85	塑料垫片　773.5×160×5	1	聚乙烯	
232	专线 4232－63	塑料垫片　782×130×5	1	聚乙烯	
233	专线 4232－64	橡胶垫板　851×130×10	1	橡胶	
234	专线 4232－64	橡胶垫板　942×130×10	1	橡胶	
235	CT 6－32	连接板　530	12	Q235－A	
236	CB 558－69	心轨螺栓防转卡板	1	Q235－A	
237	专线 4232－46	平垫板　60－8	4	Q235－A	

60 kg/m 钢轨 30 号单开道岔

图 号：专线 4261

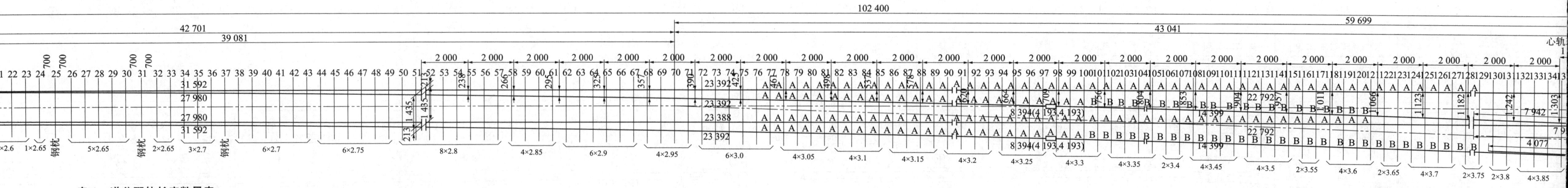

表 1 道岔配轨长度数量表

配轨								备注
8 394(4 193，4 193)	14 399	22 792	23388	23 388	24 550	24 592		1. 按绝缘接头设置在侧股，设置绝缘时，钢轨按括号内的数字断开设置胶接绝缘接头。 2. 采用焊接接头的钢轨轨端不钻接头夹板螺栓孔
2	2	2	1	3	1	1		
1 018	1 746	2 764	1 418	4 255	1 489	1 491		
14 181								
8 394(4 193，4 193)	14 359	22 772	23 348	23 352	24 550	24 592		
2	2	2	1	3	1	1		
1 018	1 741	2 762	1 416	4 248	1 489	1 491		
14 165								
8 394(4 193，4 193)	14 399	22 772	23 348	23 352	23 392	24 550	24 592	
2	2	2	1	1	2	1	1	
1 018	1 746	2 762	1 416	1 416	2 837	1 489	1 491	
14 175								
8 394(4 193，4 193)	14 477	22 831	23 466	23 470	24 550	24 592		
2	2	2	1	3	1	1		
1 018	1 756	2 769	1 423	4 270	1 489	1 491		
14 216								
8 394(4 193，4 193)	14 399	22 831	23 466	23 470	23 392	24 550	24 592	
2	2	2	1	1	2	1	1	
1 018	1 746	2 769	1 423	1 423	2 837	1 489	1 491	
14 196								

表 2 岔枕数量表

单位	数量	序号	岔枕长 (m)	单位	数量	序号	岔枕长 (m)	单位	数量	序号	岔枕长 (m)	单位	数量
根	4	21	3.35	根	4	31	3.85	根	4	41	4.35	根	2
根	6	22	3.4	根	2	32	3.9	根	2	42	4.4	根	4
根	4	23	3.45	根	4	33	3.95	根	2	43	4.45	根	2
根	6	24	3.5	根	4	34	4.0	根	2	44	4.5	根	2
根	4	25	3.55	根	2	35	4.05	根	2	45	4.55	根	2
根	4	26	3.6	根	4	36	4.1	根	2	46	4.6	根	2
根	4	27	3.65	根	2	37	4.15	根	2	47	4.65	根	2
根	4	28	3.7	根	4	38	4.5	根	2	48	4.7	根	2
根	4	29	3.75	根	2	39	4.25	根	2	49	4.75	根	2
根	4	30	3.8	根	2	40	4.3	根	2	50	4.8	根	8

表 3 明 细 表

序号	图号 / 标准	名称及规格	数量	材料	备注
1	专线 4261-04	转辙器	1 组		
2	专线 4261-33	可动心轨辙叉	1 组		
3	TB/T 2344	钢 轨		60 kg/m 钢轨	详见表 1
4	TB/T 2345	接头夹板 60	34		详见表 4
5	TB/T 2347	接头螺栓、螺母 M24 × 135-10.9	102		
6	GB/T 1230	平垫圈 24	102		
7	专线 4232-46	垫 板 60-0	258		
8	专线 4232-46	垫 板 60-8Y(Z)	106		
9	专线 9529	Ⅱ型弹条	728	60Si2CrVA	
10	专线 4232-4	螺 栓 M24 × 60	728		
11	GB/T 41	螺 母 M24	728		
12	TB/T 1495.4	平垫圈 24	728		
13	专线 4232-50	螺 钉 30 × 170	728	45	
14	GB/T 7244	弹簧垫圈 30	728	65Mn	
15	专线 4232-10	轨距块 9-11	338	ZG 270-500	
16	专线 4232-10	轨距块 13-15	338	ZG 270-500	
17	专线 4232-10	轨距块 7-17	145	ZG 270-500	备用
18	专线 4232-10A	接头轨距块 9-11	26	ZG 270-500	
19	专线 4232-10A	接头轨距块 13-15	26	ZG 270-500	
20	专线 4232-53	橡胶垫板 432 × 175 × 10	364		
21	专线 4232-51	橡胶垫板 60-190	364		
22	专线 4232-72	绝缘轨距块 9-11	4	玻璃纤维	
23	专线 4232-72	绝缘轨距块 13-15	4	玻璃纤维	
24	专线 4232-72	绝缘轨距块 7-17	4	玻璃纤维	备用
25		钢轨绝缘	2 组		胶接绝缘

序号	代 号	名 称	单位	直股不采用焊接接头 (A 型
1	TB/T 2345	接头夹板 60	块	34
2	TB/T 2347	接头螺栓及螺母 M24 × 135-10.9	副	102
3	GB/T 1230	垫 圈 24	个	102

图 1 转辙器部分轨距示意图

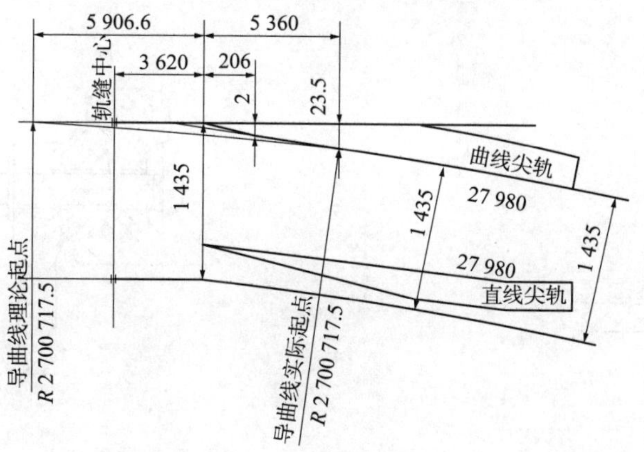

技 术 要 求

1. 本道岔适用于既有线提速线路。
2. 本道岔用于单渡线时，线间距需≥5 m。
3. 本道岔在最大轨温差小于 85 ℃的地区，可用于跨区间无缝线路，当用于最大轨温差大于 85 ℃的地区时，道岔两端要设钢轨伸缩器。钢轨伸缩器另行设计。
4. 道岔轨距均为 1 435 mm。
5. 岔枕全部垂直于道岔主线，除注明者外，其余岔枕间距均为 600 mm。
6. 本道岔钢轨接头应焊接，绝缘接头应胶接。用于跨区间无缝线路时，道岔前后端及道岔区均采用焊接接头。
7. 道岔
(1) 道
其焊
的规
(2) 尖
钢轨
术条
(3) 尖
牵动；
136、
(4) 可
长心
采用
(5) 心
50 mm
(6) 为
(7) 为
(8) 护
面高
(9) 扣
如下：
钢轨
轨距
(10)
置 7

60 kg/m 钢轨 30 号单开道岔辙叉及

图　号：专线 4261－33

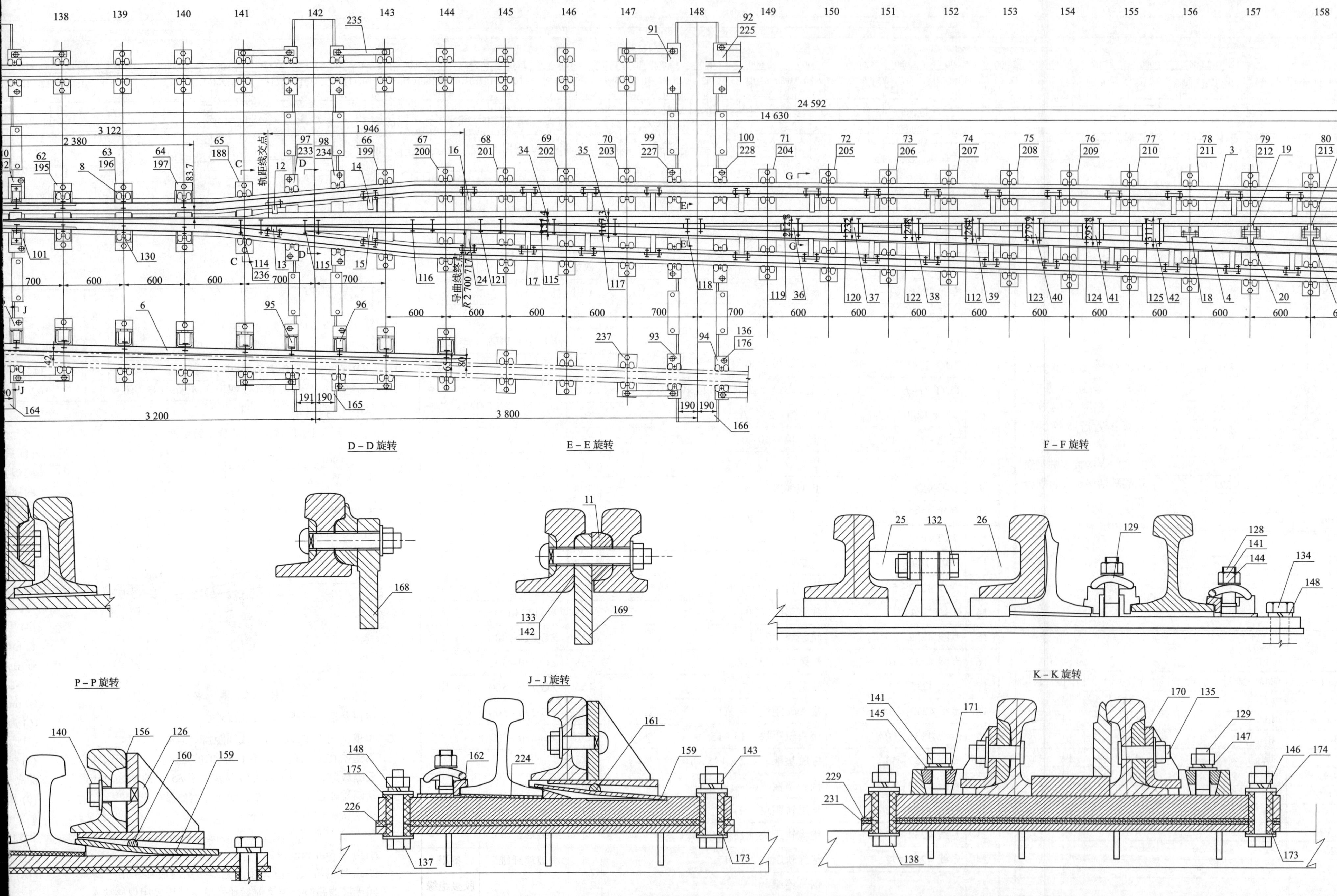

技

1. 钢岔枕防爬连接板由用
装连接板位置）的件号 1
簧垫圈下。
2. 辙叉组装时，一动拉板
于 55 mm。

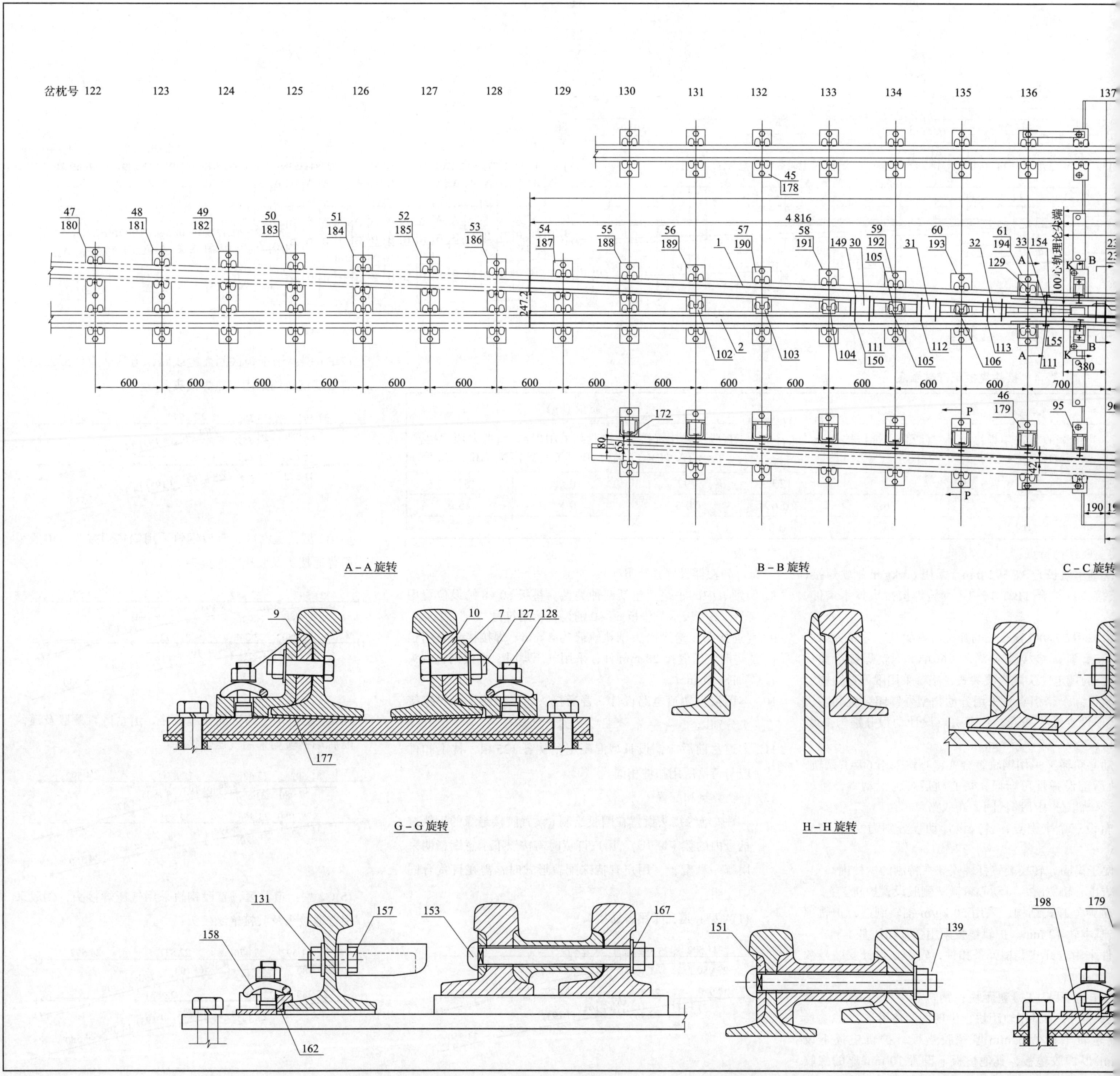

岔枕号 122
123
124
125
126
127
128
129
130
131
132
133
134
135
136
137
4 816
100心轨理论尖端
247.2
600
700
380
190
P
K
A
B
A－A 旋转
B－B 旋转
C－C 旋转
G－G 旋转
H－H 旋转

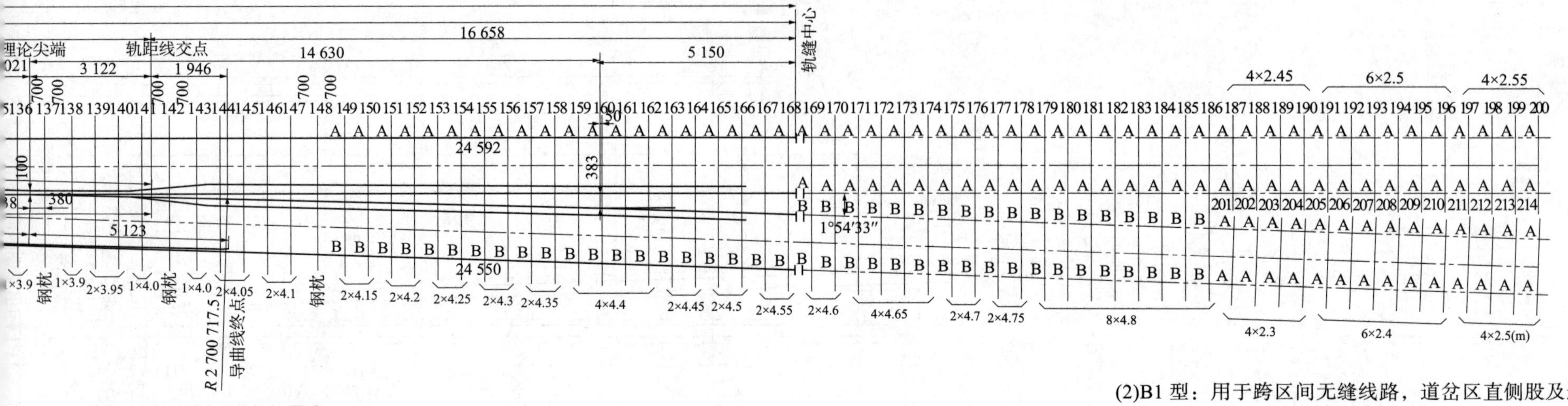

表 4　接头夹板配套数量表

数　　量			材料	单件质量 (kg)	质量 (kg)		
	直股侧股都采用焊接接头 (B1、C1 型)	直股采用焊接接头 (B2、C2 型)			直股不采用焊接接头 (A 型)	直侧股都采用焊接接头 (B1、C1 型)	直股采用焊接接头 (B2、C2 型)
	0	22		23.3	792	0	513
	0	66		0.691	70.5	0	45.6
	0	66		0.05	5.2	0	3.37

的主要结构特点：

岔基本轨长为 31 592 mm，采用 60 kg/m 钢轨焊接，接接头应符合 TB/T 1632《钢轨焊接接头技术条件》。

轨采用 27 980 mm 长的弹性可弯尖轨，采用 60AT1 焊接，其焊接接头应符合《60AT1 钢轨焊接接头技件》的规定。尖端为藏尖式，跟端采用限位器结构。

轨设六个牵引点，采用分动钩型外锁闭装置和多机不设密贴检查器，各牵引点设计动程分别为 160、111、87、60、35 mm。

动心轨辙叉采用钢轨组合式，心轨采用 60AT 钢轨，轨后部设弹性可弯段，短心轨后端为滑动端，翼轨翼轨以适用于跨区间无逢线路。

轨设三个牵引点，各点设计动程分别为 97.5、76、。

便于捣固，转换装置杆件安装在特制的钢枕内。

防止心轨侧磨，可动心轨辙叉侧股设置护轨。

轨为分开式结构，采用 50 kg/m 钢轨制造，护轨顶基本轨 12 mm。护轨垫板采用弹片扣压基本轨。

件采用分开式Ⅱ型弹条扣件，轨距块设计安装号数

工作边安装 13 号轨距块；钢轨非工作边安装 11 号；7－17 为备用轨距块，供现场调整用。

钢轨轨下设置 5 mm 厚橡胶垫板，护轨垫板下设 mm 厚橡胶垫板，其他垫板下设置 10 mm 厚的橡胶垫板。

(11) 转辙器设置弹片滑床板。

8. 明细表中的平垫板包括两种类型。垫板 60－8 铺设位置用符号“B”表示。垫板 60－0 铺设位置用符号“A”表示。

9. 普通接头、绝缘接头钢轨轨缝为 8 mm。焊接接头采用铝热焊时，轨缝按 28 mm 计；采用气压焊时，焊接钢轨端头需加长 31 mm。

10. 本图按设轨道电路设计。普通接头、绝缘接头和焊接接头分别以“—|├—”、“⫟”、“—●—”表示。

11. 本道岔前后应铺设Ⅲ型混凝土岔枕各 125 根，枕上扣件应与道岔所用扣件相同。

12. 钢轨数量和配置：

本图按绝缘接头设置在侧股绘制 (设置胶接绝缘的钢轨按括号内的数字断开)。用户订货时需按以下示意图指明采用哪一种配置。用户有特殊配轨形式时，需在订货合同中注明。

(1)A 型：道岔采用普通接头：

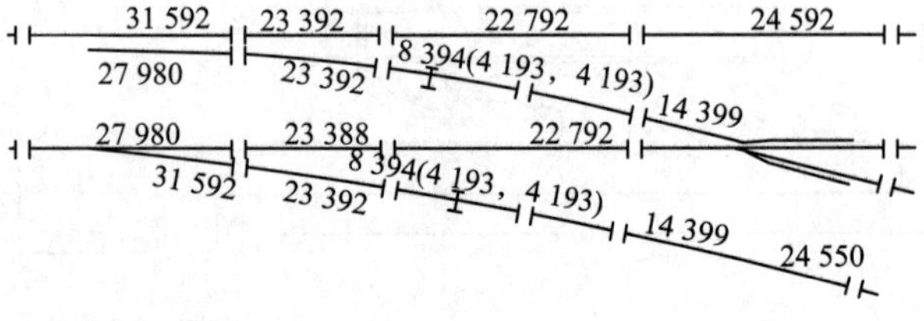

(2)B1 型：用于跨区间无缝线路，道岔区直侧股及道岔前后端钢轨均采用铝热焊接头：

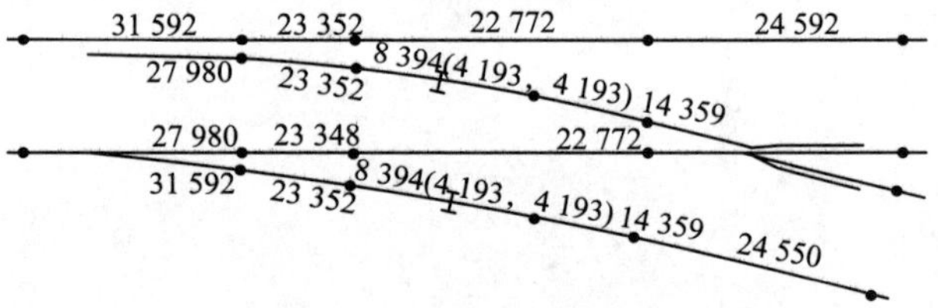

(3)B2 型：道岔区，直股钢轨采用铝热焊接头，侧股采用普通接头及胶接绝缘接头。

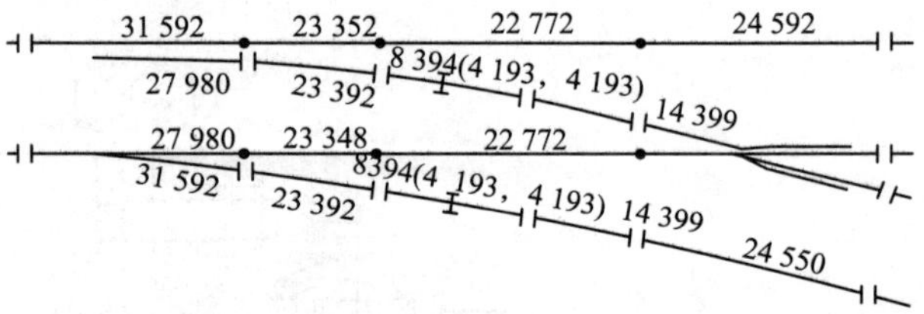

(4)C1 型：用于跨区间无缝线路，道岔区直侧股及道岔前后端钢轨均采用气压焊接头：

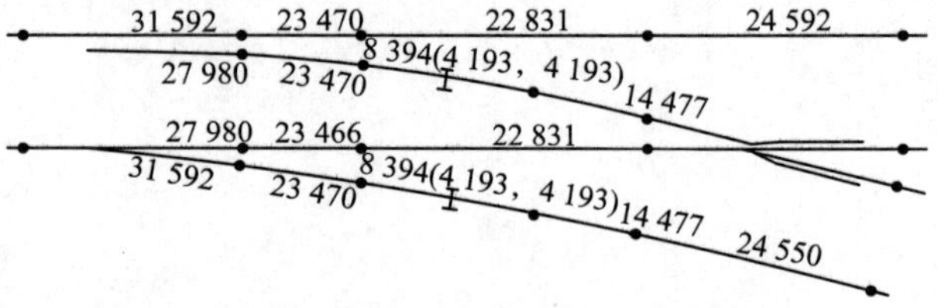

(5)C2 型：道岔区，直股钢轨采用气压焊接头，侧股采用普通接头及胶接绝缘接头：

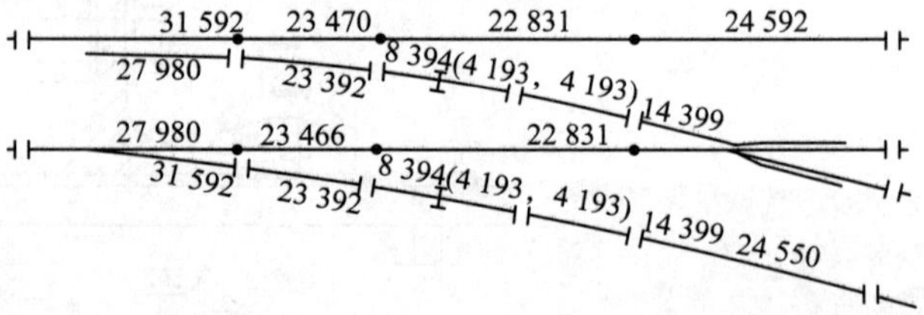

60 kg/m 钢轨 30 号单开道岔转辙器

图　号：专线 4261－4

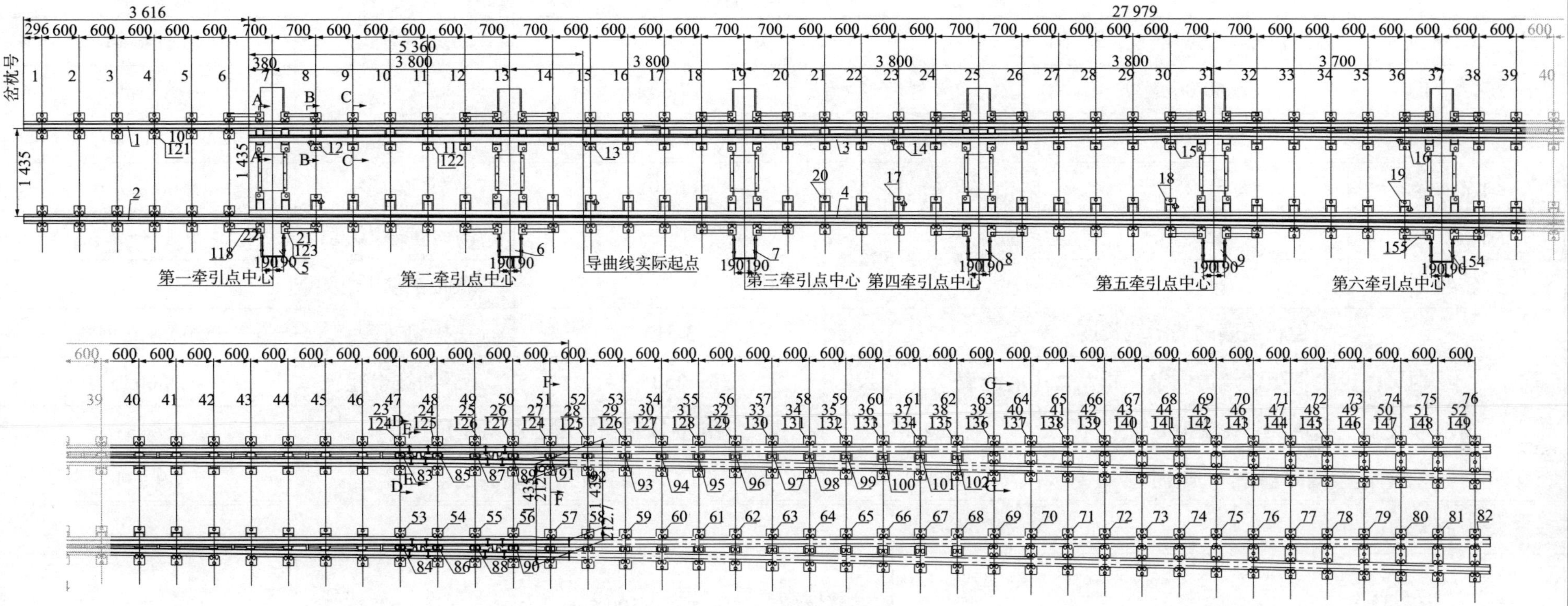

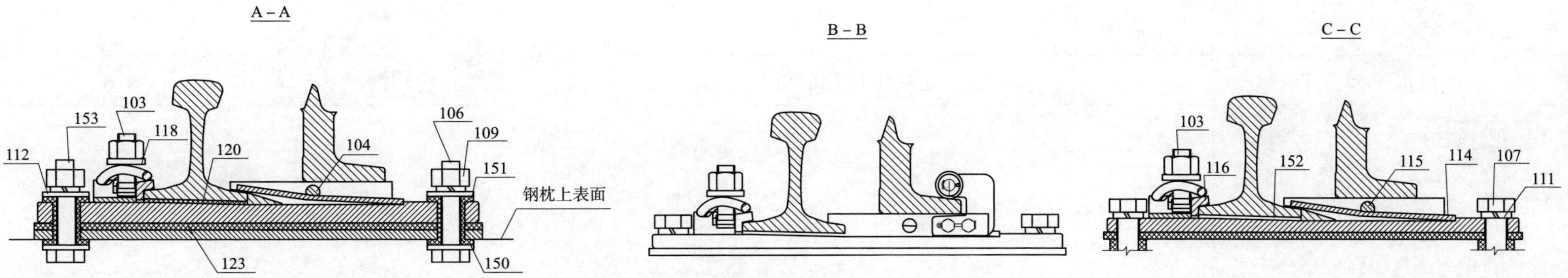

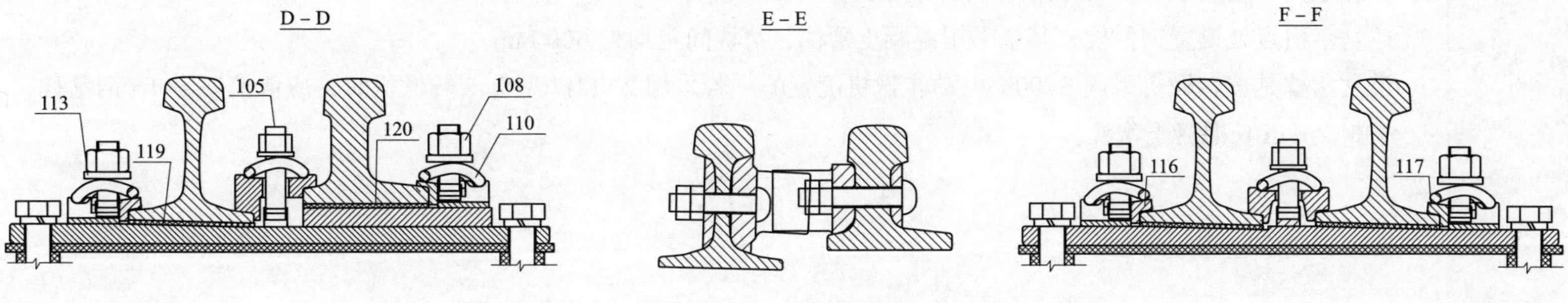

技　术　要　求

钢岔枕防爬连接板由用户现场铺设时安装。

<table>
<tr><td colspan="6">65. 60 kg/m 钢轨 18 号可动心轨单开道岔(混凝土枕)
设计图号：专线 4223</td></tr>
<tr><td rowspan="2">道岔允许通过速度</td><td>客车</td><td colspan="2">$v_{直}$≤160 km/h；$v_{侧}$≤75 km/h</td><td>扣件类型</td><td>Ⅱ型弹条</td></tr>
<tr><td>货车</td><td colspan="2">$v_{直}$≤160 km/h；$v_{侧}$≤75 km/h</td><td>轨底坡</td><td>1∶40</td></tr>
<tr><td>转辙器跟端形式</td><td colspan="3">■限位器 □间隔铁 □不设传力机构 □间隔铁活接头</td><td>锁闭方式</td><td>外锁闭</td></tr>
<tr><td>道岔全长</td><td>60 000</td><td>辙叉全长</td><td>17 392</td><td>辙叉类型</td><td>可动心轨辙叉</td></tr>
<tr><td>道岔前长</td><td>22 744</td><td>辙叉趾长</td><td>5 991</td><td>辙叉角</td><td>3°10′47″</td></tr>
<tr><td>道岔后长</td><td>37 256</td><td>辙叉跟长</td><td>11 401</td><td>翼轨轨型</td><td>60 kg/m</td></tr>
<tr><td>尖轨长度</td><td>15 680</td><td rowspan="2">基本轨长度</td><td rowspan="2">19 192</td><td>直向护轨长度</td><td>—</td></tr>
<tr><td>尖轨轨型</td><td>60AT1</td><td>侧向护轨长度</td><td>6 600</td></tr>
<tr><td colspan="3">尖轨尖端前基本轨长度</td><td>3 516</td><td>护轨轨型</td><td>50 kg/m 钢轨</td></tr>
<tr><td colspan="3">辙叉理论尖端距趾端方向前一根岔枕中心距离</td><td>250</td><td>导曲线半径</td><td>800 m</td></tr>
<tr><td colspan="2">尖轨尖端至心轨实际尖端距离</td><td>43 280</td><td colspan="2">直向护轨端头距导轨端头定位尺寸</td><td>—</td></tr>
<tr><td colspan="2">道岔终端至末根岔枕中心距离</td><td>9 900</td><td colspan="2">侧向护轨端头距导轨端头定位尺寸</td><td>9 531</td></tr>
</table>

<table>
<tr><td>最大构造加宽</td><td>—</td><td>测量位置</td><td colspan="4">—</td></tr>
<tr><td>岔枕图号
专线 3386</td><td>混凝土岔枕总数</td><td>电动式：120 根
电液式：121 根</td><td>岔枕展延长</td><td>电动式：390.5 m
电液式：393.1 m</td><td>套管总数</td><td>电动式：685
电动式：689</td></tr>
<tr><td>转换设备图号
—</td><td>尖轨动程</td><td colspan="3">160、122、69</td><td>心轨动程</td><td>98、56</td></tr>
<tr><td>批准文号</td><td colspan="4">专设标 (98)03 号</td><td>应用情况</td><td>★★</td></tr>
<tr><td>主要结构特点</td><td colspan="6">1. 提速道岔，适用于标准轨距时速 160 km 的铁路线路改造。
2. 道岔牵引点处设置钢岔枕，其余采用混凝土岔枕，岔枕间距均为 600 mm。
3. 道岔岔枕是按转辙机采用 S700K 电动转辙机配置的。若采用 ZY(J)7 型电液转辙机时，应取消序号 16 钢岔枕，增加一根 2.6 m 长混凝土岔枕。</td></tr>
</table>

转辙器明细表

序号	图号 / 标准	名称及规格	数量	材　料
1	专线 4224－5	直基本轨　19 192	1	
2	专线 4224－6	曲基本轨　19 192	1	
3	专线 4224－7	曲线尖轨　15 680	1	
4	专线 4224－8	直线尖轨　15 680	1	
5	铁联线 011－28	垫　板　432－A	12	
6	铁联线 011－29	滑床板　611－0	18(19)	
7	铁联线 011－29	滑床板　611－3	12(13)	
8	铁联线 011－29	滑床板　611－6	6	
9	专线 4224－9	垫　板　634	1	
10	专线 4224－10	垫　板　634	1	
11	专线 4224－11	垫　板　647	1	
12	专线 4224－12	垫　板　647	1	
13	专线 4224－13	垫　板　660	1	
14	专线 4224－14	垫　板　660	1	
15	专线 4224－15	垫　板　645	1	
16	专线 4224－16	垫　板　645	1	
17	专线 4224－15	垫　板　660	1	
18	专线 4224－16	垫　板　660	1	
19	专线 4224－15	垫　板　674	1	
20	专线 4224－16	垫　板　674	1	
21	专线 4224－15	垫　板　689	1	
22	专线 4224－16	垫　板　689	1	
23	专线 4224－15	垫　板　704	1	
24	专线 4224－16	垫　板　704	1	
25	专线 4224－15	垫　板　720	1	
26	专线 4224－16	垫　板　720	1	
27	专线 4224－17	垫　板　737	1	
28	专线 4224－18	垫　板　737	1	
29	专线 4224－19	垫　板　753	1	
30	专线 4224－20	垫　板　753	1	
31	专线 4224－19	垫　板　770	1	
32	专线 4224－20	垫　板　770	1	
33	专线 4224－19	垫　板　788	1	

续上表

序号	图号 / 标准	名称及规格	数量	材　　料
34	专线 4224－20	垫　板　788	1	
35	专线 4224－21	垫　板　806	1	
36	专线 4224－22	垫　板　806	1	
37	专线 4224－21	垫　板　825	1	
38	专线 4224－22	垫　板　825	1	
39	专线 4224－21	垫　板　844	1	
40	专线 4224－22	垫　板　844	1	
41	专线 4224－21	垫　板　863	1	
42	专线 4224－22	垫　板　863	1	
43	专线 4224－21	垫　板　883	1	
44	专线 4224－22	垫　板　883	1	
45	专线 4224－23	支距扣板　60/64－62Y	1	KTH350－10
46	专线 4224－23	支距扣板　60/62－64Y	1	KTH350－10
47	专线 4224－24	支距扣板　60/61－58Y	2	KTH350－10
48	专线 4224－24	支距扣板　60/75－72Y	2	KTH350－10
49	铁联线 011－14	支距扣板　60/89－86－43Y	2	KTH350－10
50	铁联线 011－14	支距扣板　60/104－101－51Y	2	KTH350－10
51	铁联线 011－14	支距扣板　60/119－116/58Y	2	KTH350－10
52	铁联线 011－14	支距扣板　60/135－132－66Y	2	KTH350－10
53	专线 4224－25	垫　块	4	KTH350－10
54	铁联线 011－4	螺　栓　M24×60	172(174)	
55	铁联线 011－4	螺　栓　M24×95	14	
56	铁联线 011－32	螺　栓　ϕ30×165	178(182)	45 号钢
57	GB/T 41	螺　母　M24	186(188)	Q235
58	专线 9529	Ⅱ型弹条	186(188)	60Si2CrVA
59	GB/T 93	弹簧垫圈 30	178(182)	65Mn
60	TB/T 1495. 4	平垫圈	186(188)	Q235
61	铁联线 011－17	弹　片	36(38)	60Si2Mn
62	铁联线 011－18	销　钉　95	36(38)	Q275
63	专线 4226－3	钢　枕	1	
64	铁联线 011－8	轨距块　60/9－11	102(104)	ZG270－500
65	铁联线 011－8	轨距块　60/13－15	66	ZG270－500
66	铁联线 011－16	调整片　145×15×1/2	14/14	Q235
67	铁联线 011－35	橡胶垫板　432×175×10	12	橡胶
68	铁联线 011－35	橡胶垫板　611×175×10	36(38)	橡胶

续上表

序号	图号 / 标准	名称及规格	数量	材　　料
69	铁联线 011－35	橡胶垫板　634×175×10	2	
70	铁联线 011－35	橡胶垫板　647×175×10	2	
71	铁联线 011－35	橡胶垫板　660×175×10	2	橡胶
72	铁联线 011－35	橡胶垫板　645×175×10	2	橡胶
73	铁联线 011A－47	橡胶垫板　149×150×5	6	橡胶
74	铁联线 011－35	橡胶垫板　674×175×10	2	橡胶
75	铁联线 011－35	橡胶垫板　689×175×10	2	橡胶
76	铁联线 011－35	橡胶垫板　704×175×10	2	橡胶
77	铁联线 011－35	橡胶垫板　720×175×10	2	橡胶
78	铁联线 011－35	橡胶垫板　737×175×10	2	橡胶
79	铁联线 011－35	橡胶垫板　753×175×10	2	橡胶
80	铁联线 011－35	橡胶垫板　770×175×10	2	橡胶
81	铁联线 011－35	橡胶垫板　788×175×10	2	橡胶
82	专线 4224－28	橡胶垫板　806×175×10	2	橡胶
83	专线 4224－28	橡胶垫板　825×175×10	2	橡胶
84	专线 4224－28	橡胶垫板　844×175×10	2	橡胶
85	专线 4224－28	橡胶垫板　863×175×10	2	橡胶
86	专线 4224－28	橡胶垫板　883×175×10	2	橡胶
87	铁联线 011－34	橡胶垫板　149×190×5	114(116)	橡胶

注：本图零部件数量按转辙机采用S700K电动转辙机提供，若采用ZY(J)T型电液转辙机，明细表中滑床板及有关零件数量按括号内数量提供。

辙叉及护轨明细表

序号	图号 / 标准	名称及规格	数量	材　料	备　注
1	专线 4225－5	翼　轨　16 021	1	60 kg/m 钢轨	
2	专线 4225－5	翼　轨　16 021	1	60 kg/m 钢轨	
3	专线 4225－6	长心轨　13 196	1	60AT 钢轨	
4	专线 4225－7	短心轨　8 478	1	60AT 钢轨	
5	专线 4225－8	叉跟尖轨　4 536	1	60 kg/m 钢轨	
6	专线 4225－9	护　轨　6 600	1	50 kg/m 钢轨	
7	铁联线 011－11	轨　撑　60　A	4	KTH 330－08	
8	专线 4225－34	补强板	2	KTH 330－08	
9	专线 4225－34	补强板	1	Q235	
10	专线 4225－34	补强板	1	Q235	与序号 9 对称
11	专线 4225－38	顶　铁	1	KTH 330－08	
12	专线 4225－38	顶　铁	1	KTH 330－08	
13	专线 4225－38	顶　铁	1	KTH 330－08	
14	专线 4225－38	顶　铁	1	KTH 330－08	
15	铁联线 011－19	顶　铁　225	7	KTH 330－08	
16	铁联线 011－19	顶　铁　213	7	KTH 330－08	
17	专线 4225－38	顶　铁	1	KTH 330－08	
18	专线 4225－38	顶　铁	2	KTH 330－08	
19	专线 4225－38	顶　铁	1	KTH 330－08	
20	专线 4225－38	顶　铁	1	KTH 330－08	
21	专线 4225－38	顶　铁	3	KTH 330－08	
22	专线 4225－38	顶　铁	1	KTH 330－08	
23	专线 4225－10	间隔铁　210	1	HT150	用于两翼轨间
24	专线 4225－10	间隔铁　80	1	HT150	用于两翼轨间
25	专线 4225－10	间隔铁　210	1	HT150	用于两心轨间
26	专线 4225－10	间隔铁　210	1	HT150	用于两心轨间
27	专线 4225－10	间隔铁　210	1	HT150	用于两心轨间
28	专线 4225－10	间隔铁　210	1	HT150	用于两心轨间
29	专线 4225－10	间隔铁　210	1	HT150	用于两心轨间
30	专线 4225－11	间隔铁　210	4	HT150	用于长心轨跟端
31	专线 4225－11	间隔铁　210	3	HT150	用于侧股岔跟
32	铁联线 011－28	垫　板　432－A	11		
33	专线 4225－31	护轨垫板　627	10		

续上表

序号	图号 / 标准	名称及规格	数量	材　料	备　注
34	专线 4225－12	垫　板　860	1		
35	专线 4225－12	垫　板　828	1		
36	专线 4225－13	垫　板　796	1		
37	专线 4225－13	垫　板　764	1		
38	专线 4225－14	垫　板　731	1		
39	专线 4225－14	垫　板　697	1		
40	专线 4225－14	垫　板　664	1		
41	专线 4225－15	垫　板　663	1		
42	专线 4225－16	垫　板　679	1		
43	专线 4225－17	垫　板　701	1		
44	专线 4225－18	垫　板　767	1		
45	专线 4225－19	垫　板　898	1		
46	专线 4225－20	垫　板　1 037	1		
47	专线 4225－21	垫　板　1 118	1		
48	专线 4225－21	垫　板　1 137	1		
49	专线 4225－21	垫　板　1 157	1		
50	专线 4225－21	垫　板　1 176	1		
51	专线 4225－21	垫　板　1 195	1		
52	专线 4225－22	垫　板　1 214	1		
53	专线 4225－23	垫　板　1 233	1		
54	专线 4225－23	垫　板　1 253	1		
55	专线 4225－25	垫　板　1 287	1		
56	专线 4225－26	垫　板　1 320	1		
57	专线 4225－27	垫　板　1 353	1		
58	专线 4225－28	垫　板　678	2		
59	专线 4225－29	垫　板　454	1		
60	专线 4225－30	垫　板　696	2		
61	铁联线 011－28	垫　板　432－C	2		
62	铁联线 011－14	支距扣板　60/142－147－72Y	1	KTH 350－10	
63	铁联线 011－14	支距扣板　60/108－115－58Y	1	KTH 350－10	
64	铁联线 011－14	支距扣板　60/75－81－38Y	1	KTH 350－10	
65	专线 4225－37	扣　板　60－18	1	KTH 350－10	
66	铁联线 011－14	支距扣板　60/66－62－30Y	1	KTH 350－10	
67	铁联线 011－14	支距扣板　60－88－84－30Y	1	KTH 350－10	
68	铁联线 011－14	支距扣板　60/104－104－52Y	4	KTH 350－10	

续上表

序号	图号 / 标准	名称及规格	数量	材　料	备　注
69	铁联线 011－3	螺　栓　M27×115	2		连接长短心轨用
70	专线 4225－39	螺　栓　M27×160	2		连接长短心轨用
71	专线 4225－39	螺　栓　M27×180	2		连接长短心轨用
72	专线 4225－39	螺　栓　M27×210	2		连接长短心轨用
73	专线 4225－39	螺　栓　M27×250	2		连接长短心轨用
74	专线 4225－39	螺　栓　M27×280	2		连接长短心轨用
75	专线 4225－39	螺　栓　M27×310	4		
76	专线 4225－39	螺　栓　M27×330	3		
77	专线 4225－39	螺　栓　M27×350	16		
78	专线 4171－4	螺　栓　M24×110	10		连接护轨用
79	GB/T 5780	螺　栓　M24×100	6		翼轨轨撑用
80	铁联线 011－4	螺　栓　M24×60	125		弹条用
81	铁联线 011－4	螺　栓　M24×85	10		支距扣板用
82	GB/T 5780	螺　栓　M24×90	42		顶铁 .B 型轨撑用
83	GB/T 5780	螺　栓　M24×110	6		顶铁用
84	GB/T 5780	螺　栓　M20×100	2		接头铁用
85	铁联线 011－32	螺　栓　M30×165	107	45 号钢	
86	专线 3376	螺　母　M27	35	45 号钢	高强螺母
87	专线 3376	螺　母　M24	64		
88	GB/T 41	螺　母　M24	135		
89	专线 3376	螺　母　M20	2		
90	TB/T 1495.4	平垫圈	135	Q235	
91	专线 4225－35	钢轨垫圈	2	KTH 330－08	
92	专线 4225－35	钢轨垫圈	2	KTH 330－08	
93	专线 4225－35	钢轨垫圈	14	KTH 330－08	
94	专线 4225－35	钢轨垫圈	6	KTH 330－08	
95	专线 4225－36	方孔斜垫圈	16	KTH 330－08	
96	专线 4225－36	钢轨垫圈	1	KTH 330－08	
97	专线 4225－36	钢轨垫圈	1	KTH 330－08	
98	GB/T 93	弹簧垫圈　30	107	65Mn	
99	专线 4171－31	护轨调整片　147×100×2/3	20/10	Q195	
100	专线 4171－29	顶铁调整片　170×50×2/1	27/27	Q195	
101	铁联线 011－16	支距调整片　145×15×2/1	12/12		
102	专线 3351－3	Ⅱ型弹条	135	60Si2CrVA	
103	铁联线 011－17	弹　片	10	60Si2Mn	

续上表

序号	图号 / 标准	名称及规格	数量	材　料	备　注
104	铁联线 011-18	销　钉　115	10	Q275	
105	铁联线 011-8	轨距块　9-11	77	ZG 270-500	
106	铁联线 011-8	轨距块　13-15	42	ZG 270-500	
107	专线 4226-4	钢岔枕	1		
108	专线 4225-32	一动拉板	1		
109	专线 4225-33	二动拉板	1		
110	铁联线 011-34	橡胶垫板　149×190×5	76	橡胶	
111	铁联线 011-35	橡胶垫板　432×175×10	13	橡胶	
112	专线 4225-41	橡胶垫板　627×225×7	10	橡胶	
113	专线 4225-40	橡胶垫板　860×175×10	1	橡胶	
114	专线 4225-40	橡胶垫板　828×175×10	1	橡胶	
115	铁联线 011-35	橡胶垫板　796×175×10	1	橡胶	
116	铁联线 011-35	橡胶垫板　764×175×10	1	橡胶	
117	铁联线 011-35	橡胶垫板　731×175×10	1	橡胶	
118	铁联线 011-35	橡胶垫板　697×175×10	1	橡胶	
119	铁联线 011-35	橡胶垫板　664×175×10	2	橡胶	
120	铁联线 011-35	橡胶垫板　679×175×10	3	橡胶	
121	铁联线 011-35	橡胶垫板　701×175×10	1	橡胶	
122	铁联线 011-35	橡胶垫板　767×175×10	1	橡胶	
123	铁联线 011-35	橡胶垫板　898×175×10	1	橡胶	
124	铁联线 011-35	橡胶垫板　1 037×175×10	1	橡胶	
125	铁联线 011-35	橡胶垫板　1 118×175×10	1	橡胶	
126	铁联线 011-35	橡胶垫板　1 137×175×10	1	橡胶	
127	铁联线 011-35	橡胶垫板　1 157×175×10	1	橡胶	
128	铁联线 011-35	橡胶垫板　1 176×175×10	1	橡胶	
129	铁联线 011-35	橡胶垫板　1 195×175×10	1	橡胶	
130	铁联线 011-35	橡胶垫板　1 214×175×10	1	橡胶	
131	铁联线 011-35	橡胶垫板　1 233×175×10	1	橡胶	
132	铁联线 011-35	橡胶垫板　1 253×175×10	1	橡胶	
133	铁联线 011-35	橡胶垫板　1 287×175×10	1	橡胶	
134	铁联线 011-35	橡胶垫板　1 320×175×10	1	橡胶	
135	专线 4225-40	橡胶垫板　1 353×175×10	1	橡胶	
136	铁联线 011-35	橡胶垫板　454×175×10	1	橡胶	
137	铁联线 011-35	橡胶垫板　696×175×10	2	橡胶	
138	专线 4225-41	橡胶垫板　149×240×10	10	橡胶	

60 kg/m 钢轨 18 号可动心轨单开道岔
图　号：专线 4223

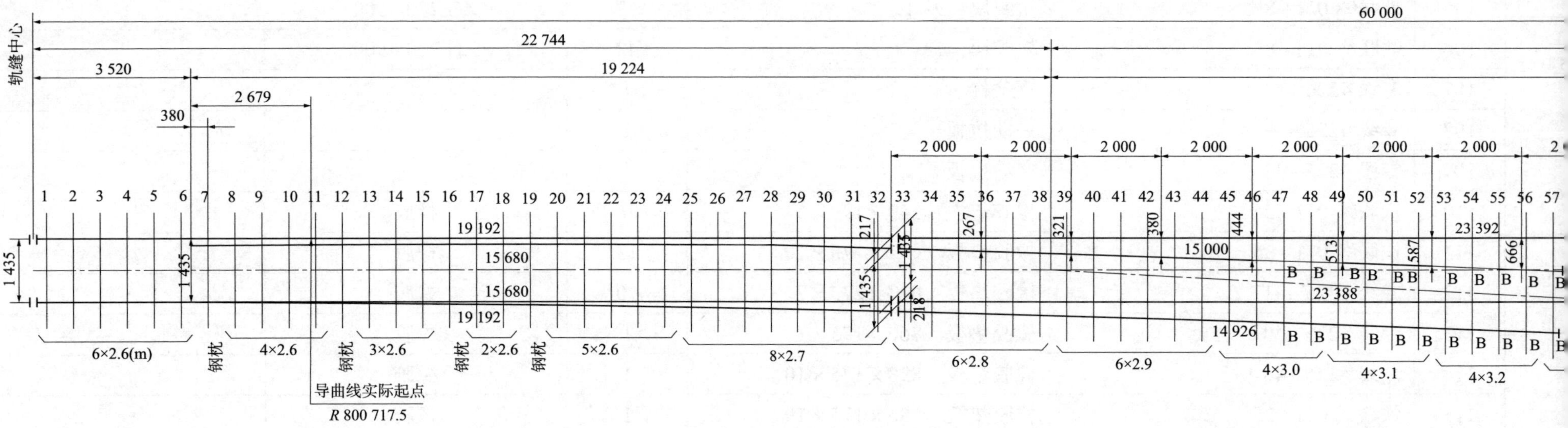

表 1　明　细　表

序号	图号 / 标准	名称及规格	单位	备注
1	专线 4224	转辙器	组	
2	专线 4225	可动心轨辙叉	组	
3	TB/T 2344	钢　轨	m	
4	TB/T 2345	接头夹板	块	
5	铁联线 011－28	垫　板　432 A	块	
6	铁联线 011－28	垫　板　432 B	块	左右开对称制造
7	铁联线 011－28	垫　板　432 C	块	左右开对称制造
8	专线 9529	Ⅱ型弹条	个	
9	铁联线 011－4	螺　栓　M24 × 60	根	
10	TB/T 2347	接头螺栓、螺母　M24	副	
11	GB/T 41	螺　母　M24	个	
12	GB/T 1230	垫　圈　24	个	
13	TB/T 1495.4	平垫圈　24	个	
14	GB/T 93	垫　圈　30	个	
15	铁联线 011－8	轨距块　9－11	个	
16	铁联线 011－8	轨距块　13－15	个	
17	铁联线 011－8	轨距块　7－17	个	
18	铁联线 011－32	螺　栓　$\phi 30 \times 165$	个	
19	铁联线 011－35	橡胶垫板　432 × 175 × 10	块	
20	铁联线 011－34	橡胶垫板　149 × 190 × 5	块	
21		钢轨绝缘	组	胶接绝缘

表 2　岔枕数量表

序号	岔枕长 (m)	单位	数量 (采用电动转辙机)	数量 (采用电液转辙机
1	2.3	根	3	3
2	2.4	根	3	3
3	2.45	根	3	3
4	2.5	根	6	6
5	2.55	根	3	3
6	2.6	根	20	21
7	2.7	根	8	8
8	2.8	根	6	6
9	2.9	根	6	6
10	3.0	根	4	4
11	3.1	根	4	4
12	3.2	根	4	4
13	3.3	根	4	4
14	3.4	根	4	4
15	3.5	根	4	4
16	3.6	根	2	2
17	3.7	根	4	4
18	3.8	根	2	2
19	3.9	根	2	2

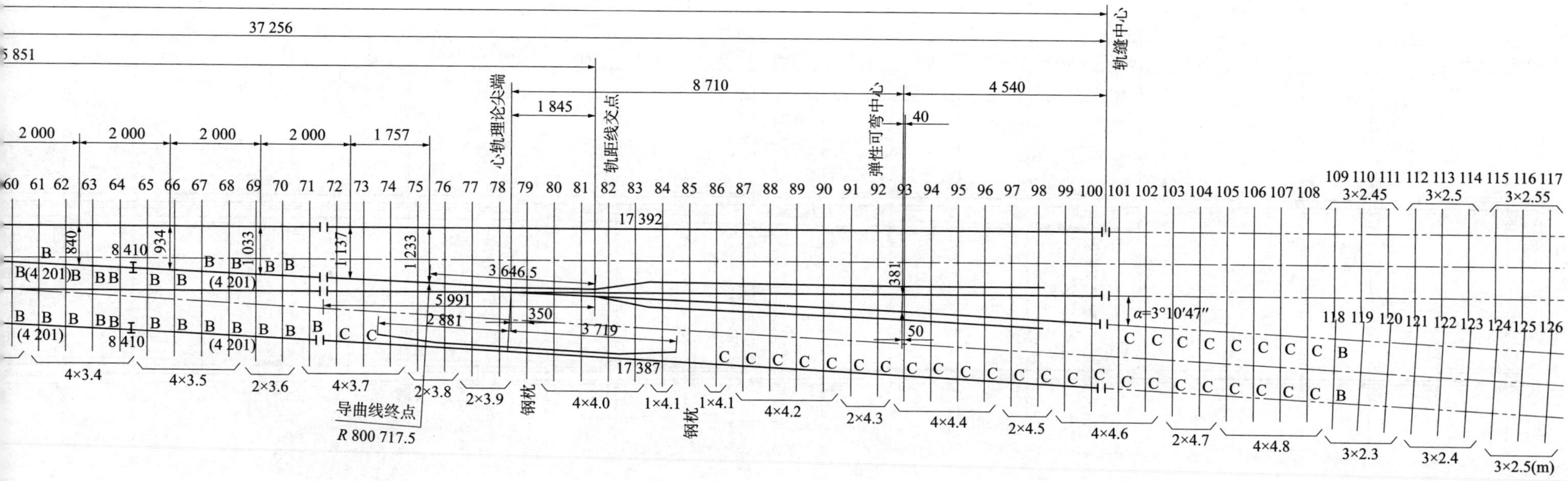

续表 2

序号	岔枕长 (m)	单位	数量（采用电动转辙机）	数量（采用电液转辙机）
20	4.0	根	4	4
21	4.1	根	2	2
22	4.2	根	4	4
23	4.3	根	2	2
24	4.4	根	4	4
25	4.5	根	2	2
26	4.6	根	4	4
27	4.7	根	2	2
28	4.8	根	4	4

图 1　转辙器部分示意图

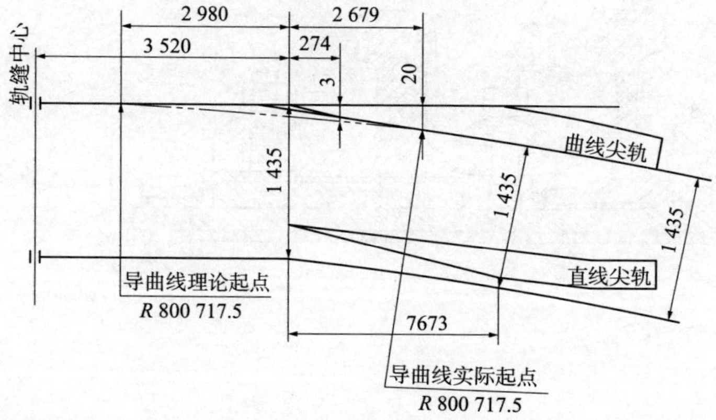

技 术 要 求

1. 本道岔轨距均为 1 435 mm，岔枕均按垂直于正线方向布置，岔枕间距均为 600 mm。
2. 普通接头及绝缘接头钢轨轨缝为 8 mm，焊接接头采用铝热焊，轨缝按 28 mm 计；采用气压焊，焊接钢轨端头需加长 31 mm。
3. 图中钢轨普通接头绝缘接头及焊接接头分别以“—|⊢—”、“⊥”及“—●—”表示。
4. 钢轨数量的配置，根据用户需求。
5. 明细表中的平垫板包括 A、B、C 三种类型，B 型、C 型平垫板的铺设位置已标注在总图中，A 型平垫板铺设在其他需要铺设平垫板的位置上。
6. 采用焊接接头钢轨轨端不钻接头夹板螺栓孔。
7. 本图岔枕按采用 S700K 电动转辙机配置，若采用 ZY(J)7 型电液转辙机，应取消 No.16 钢岔枕，增加一根 No.15 混凝土岔枕。
8. 铺设混凝土岔枕时，带编号一侧铺设在道岔直股外侧，侧股辙后短岔枕为对称枕，带编号一侧铺设在道岔侧股外侧。
9. 采用 S700K 电动转辙机，用户定货时需指明转辙机安装在道岔直股一侧或安装在道岔侧股一侧，以便供应相应的安装装置。

60 kg/m 钢轨 18 号可动心轨单开道岔转辙器
图　号：专线 4224－3

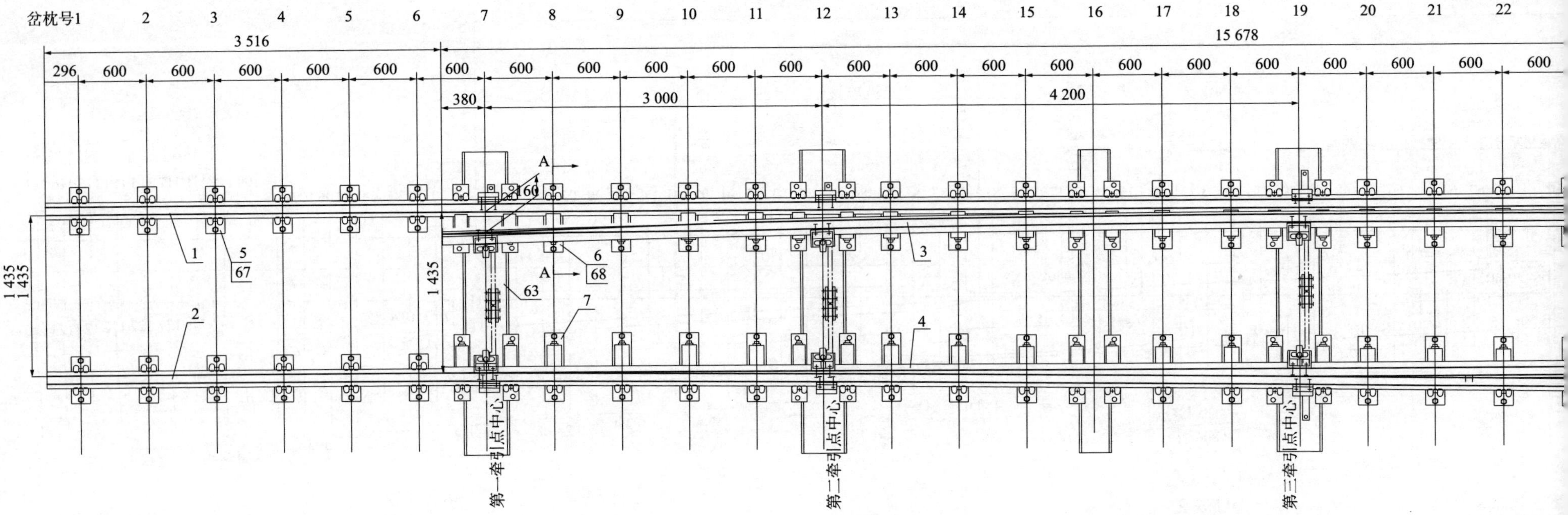

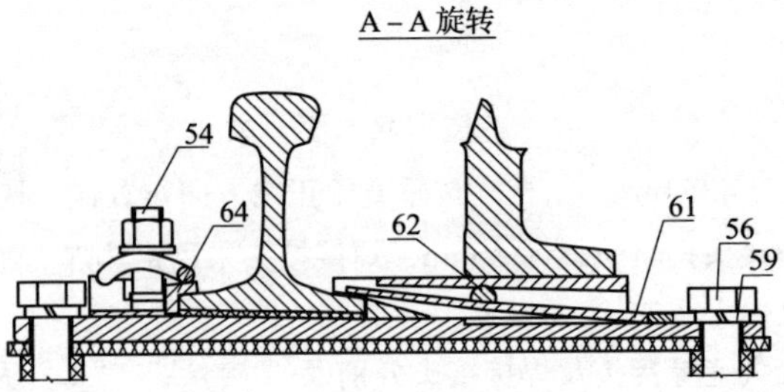

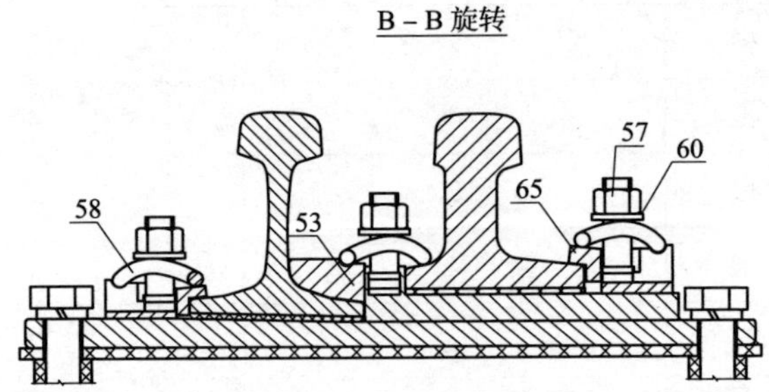

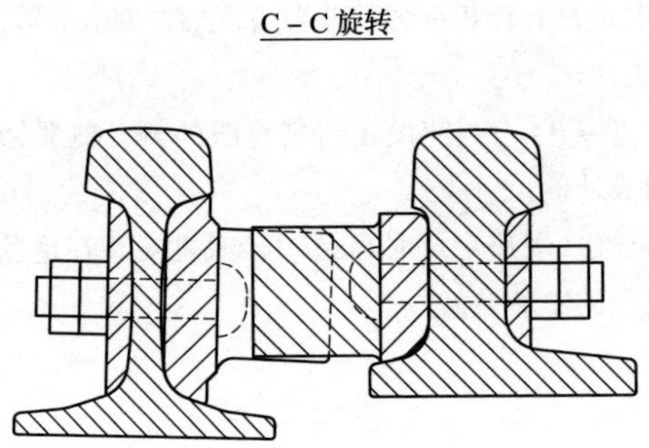

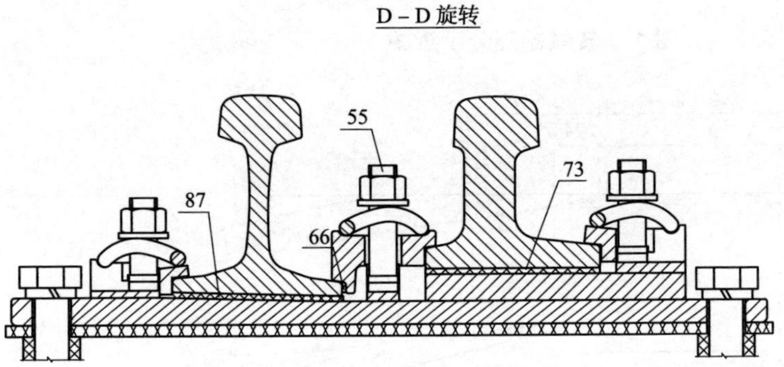

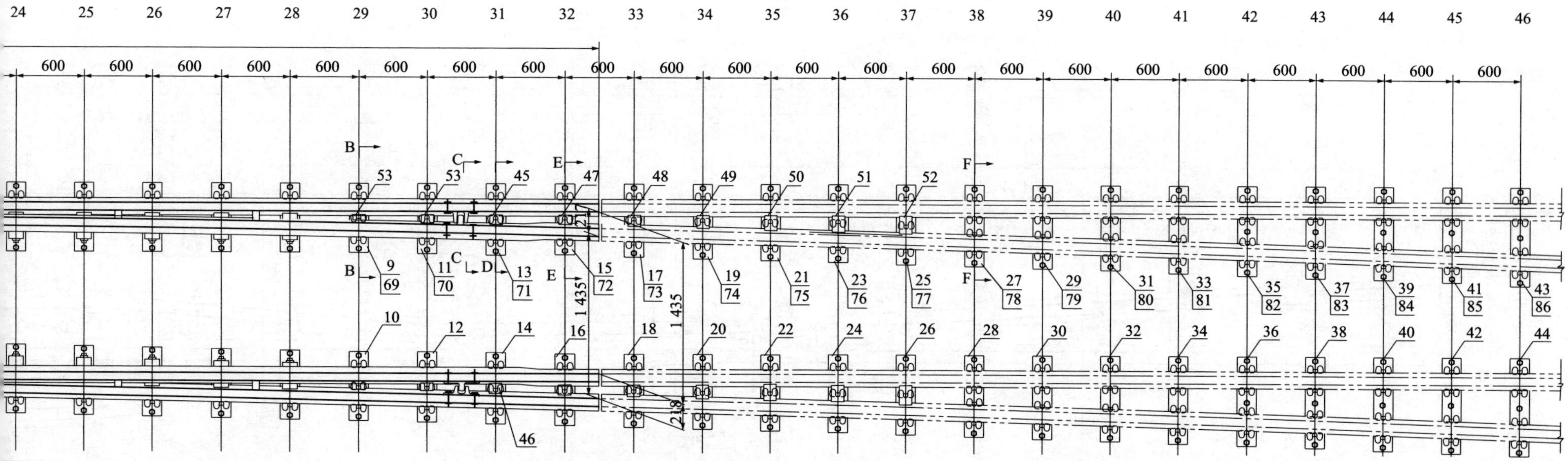

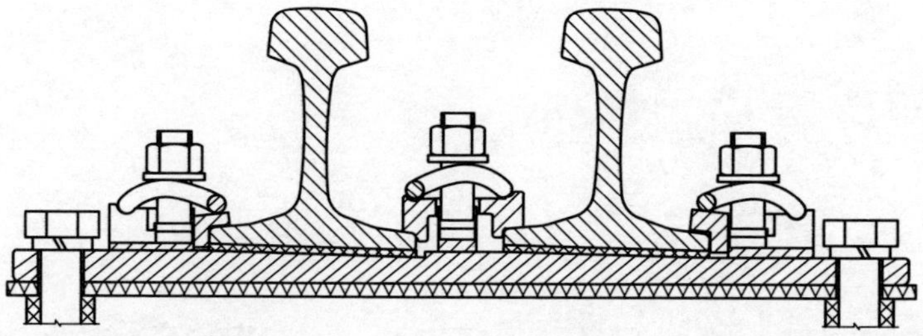

E－E 旋转

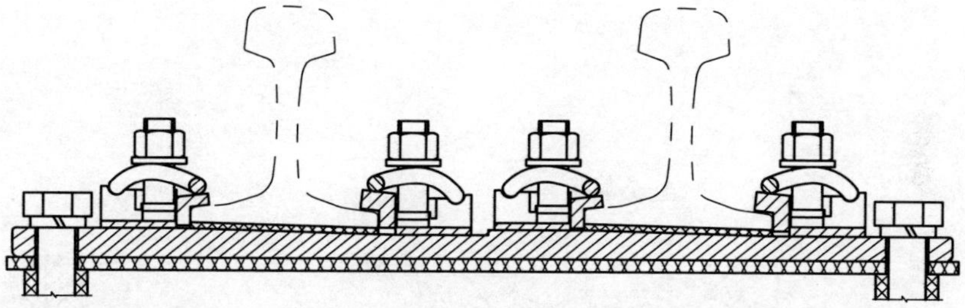

F－F 旋转

技 术 要 求

本图零部件数量按转辙机采用 S700K 电动转辙机提供，若采用 ZY(J)7 型电液转辙机，明细表中滑床板及有关零件数量按备注栏所给数量提供。

60 kg/m 钢轨 18 号单开道岔辙叉及护轨

图　号：专线 4225－3

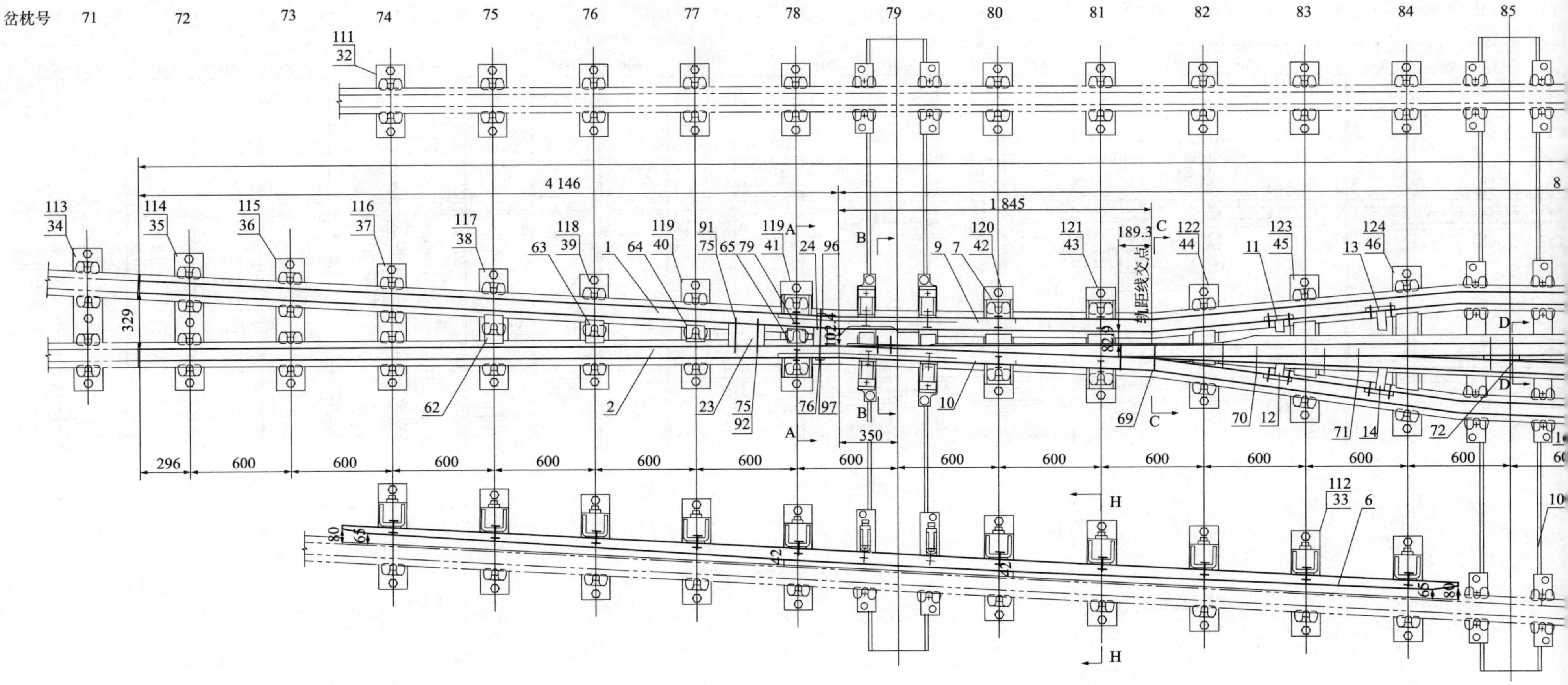

A－A 旋转

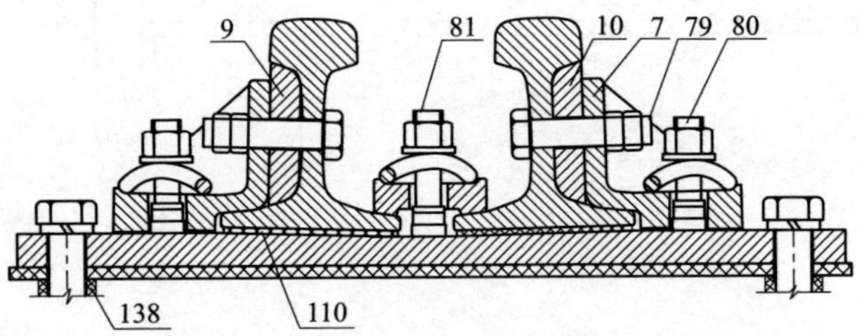

B－B 旋转

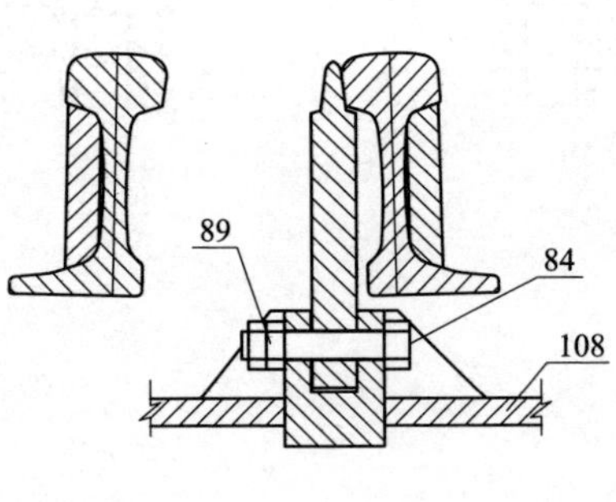

C－C 旋转

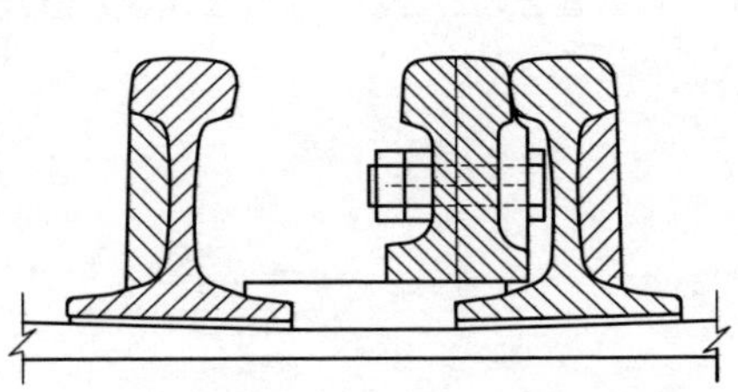

F－F 旋转

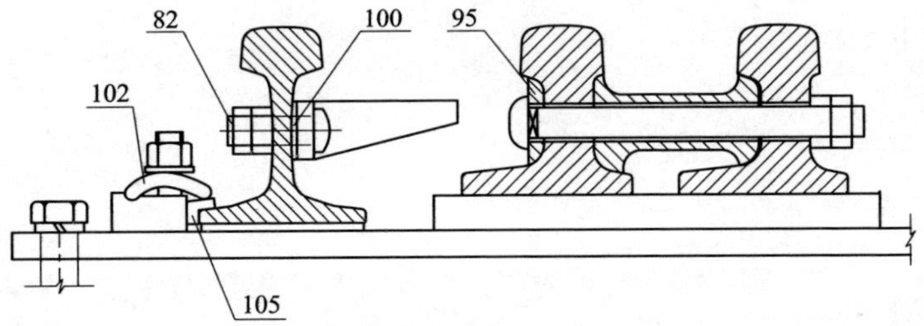

H－H 旋转

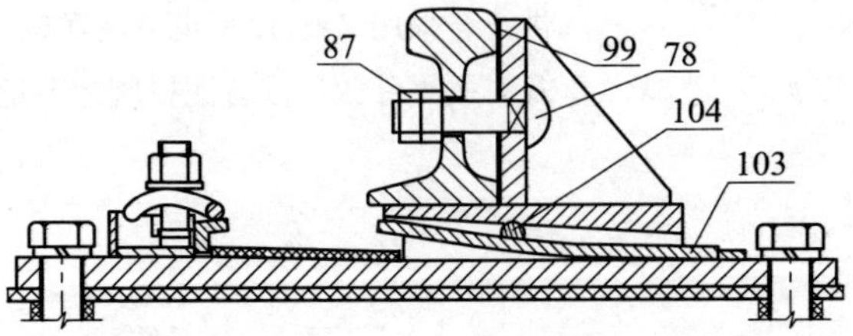

G－G 旋转

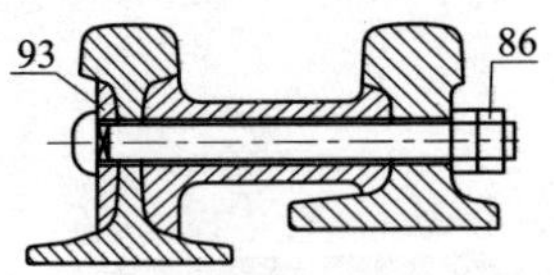

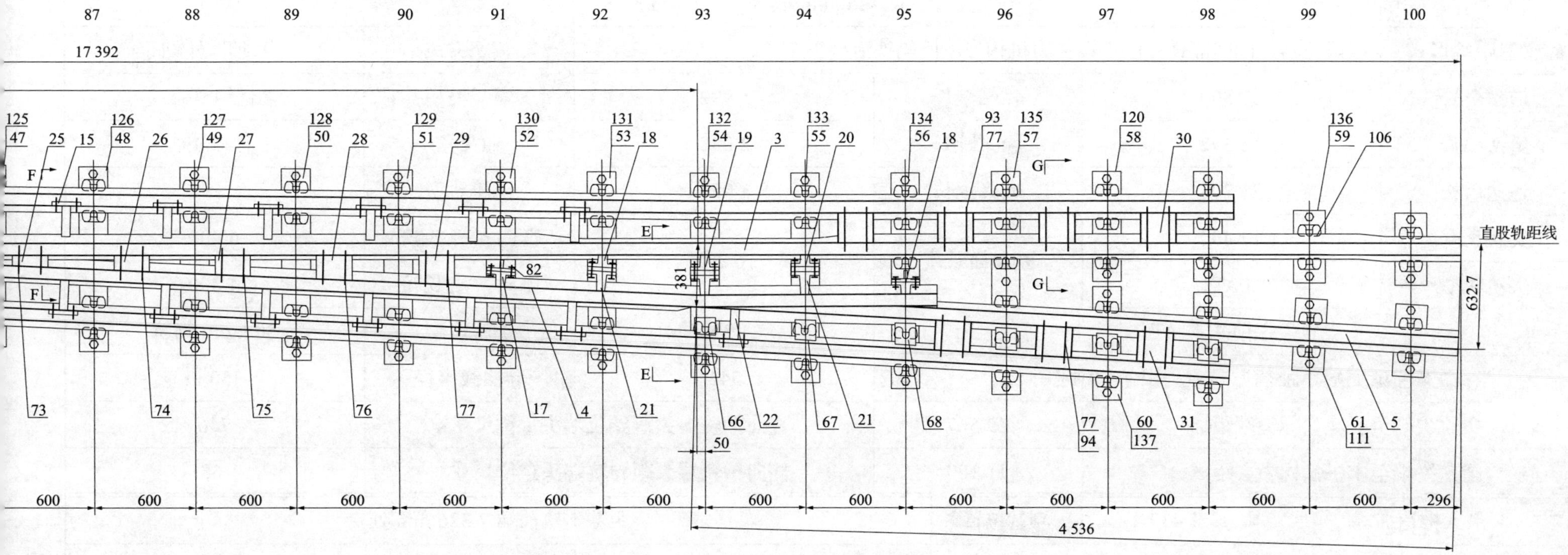

D－D 旋转

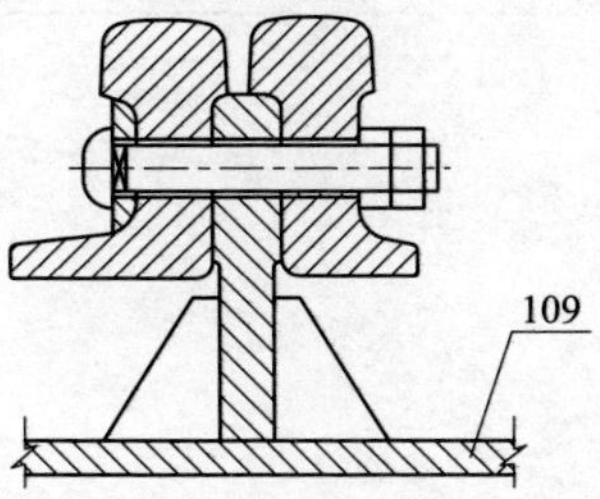

E－E 旋转

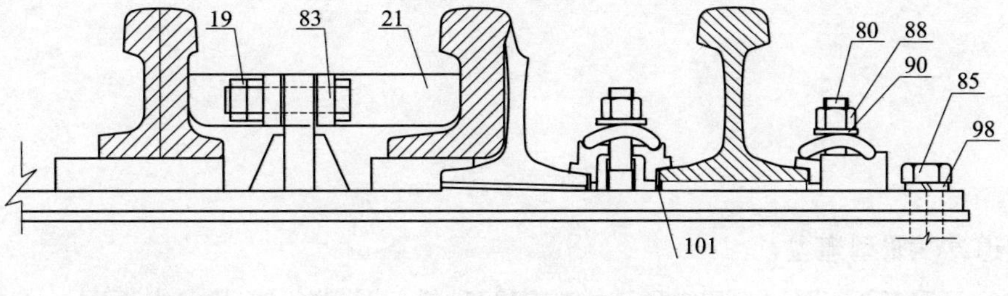

<table>
<tr><th colspan="6">66. 60 kg/m 钢轨 12 号单开道岔(混凝土枕)
设计图号：专线 4228</th></tr>
<tr><td rowspan="2">道岔允许通过速度</td><td>客车</td><td colspan="2">内锁：$v_{直}$≤120 km/h；
外锁：$v_{直}$＜140 km/h　$v_{侧}$≤50 km/h</td><td>扣件类型</td><td>Ⅱ型弹条</td></tr>
<tr><td>货车</td><td colspan="2">轴重 23 t：$v_{直}$≤90 km/h；
轴重 25 t：$v_{直}$≤80 km/h　$v_{侧}$≤50 km/h</td><td>轨底坡</td><td>—</td></tr>
<tr><td>转辙器跟端形式</td><td colspan="3">■限位器　□间隔铁　□不设传力机构　□间隔铁活接头</td><td>锁闭方式</td><td>内锁闭 / 外锁闭</td></tr>
<tr><td>道岔全长</td><td>37 800</td><td>辙叉全长</td><td>5 992</td><td>辙叉类型</td><td>高锰钢整铸式</td></tr>
<tr><td>道岔前长</td><td>16 592</td><td>辙叉趾长</td><td>2 038</td><td>辙叉角</td><td>4°45′49"</td></tr>
<tr><td>道岔后长</td><td>21 208</td><td>辙叉跟长</td><td>3 954</td><td>翼轨轨型</td><td>—</td></tr>
<tr><td>尖轨长度</td><td>12 400</td><td rowspan="2">基本轨长度</td><td rowspan="2">16 792</td><td>直向护轨长度</td><td>6 900</td></tr>
<tr><td>尖轨轨型</td><td>60AT1</td><td>侧向护轨长度</td><td>4 800</td></tr>
<tr><td colspan="3">尖轨尖端前基本轨长度</td><td>4 391</td><td>护轨轨型</td><td>50 kg/m 钢轨</td></tr>
<tr><td colspan="3">辙叉理论尖端距趾端方向前一根岔枕中心距离</td><td>542</td><td>导曲线半径</td><td>350 m</td></tr>
<tr><td colspan="2">尖轨尖端至心轨实际尖端距离</td><td>29 567</td><td colspan="2">直向护轨端头距导轨端头定位尺寸</td><td>746</td></tr>
<tr><td colspan="2">道岔终端至末根岔枕中心距离</td><td>11 100</td><td colspan="2">侧向护轨端头距导轨端头定位尺寸</td><td>1 681</td></tr>
</table>

<table>
<tr><td>最大构造加宽</td><td>1 439.4</td><td>测量位置</td><td colspan="4">距基本轨前端 7 326 mm 处</td></tr>
<tr><td>岔枕图号
专线 3399</td><td>岔枕总数</td><td>90 根</td><td>岔枕
展延长</td><td>296 m</td><td>套管总数</td><td>511</td></tr>
<tr><td>转换设备图号
—</td><td>尖轨
动程</td><td colspan="3">160、75</td><td>心轨动程</td><td>—</td></tr>
<tr><td>批准文号</td><td colspan="4">运基线路〔1999〕12 号</td><td>应用情况</td><td>★★</td></tr>
<tr><td>主要结构特点</td><td colspan="6">1. 本道岔为Ⅲ型道岔。
2. 道岔可采用分动外锁闭和联动内锁闭两种锁闭形式，锁闭方式不同，直向通过速度不同。
3. 道岔不设轨底坡，道岔前后设置顺坡垫板过渡。
4. 道岔可用于跨区间超长无缝线路。
5. 钢轨及护轨垫板下设置 5 mm 厚橡胶垫板，其他垫板下均设置 10 mm 厚橡胶垫板。</td></tr>
</table>

转辙器明细表

序号	图号 / 标准	名称及规格	数量	材　料
1	专线 4229－5	直基本轨　16 792	1	60 kg/m 钢轨
2	专线 4229－6	曲基本轨　16 792	1	60 kg/m 钢轨
3	专线 4229－7	曲线尖轨　12 400	1	60AT1 钢轨
4	专线 4229－8	直线尖轨　12 400	1	60AT1 钢轨
5	专线 4229－9	通长垫板	1	
6	专线 4229－10	通长垫板	1	
7	专线 4229－11	通长垫板	1	
8	专线 4229－12	通长垫板	1	
9	专线 4232－71	平垫板　60－0	8	Q235－A(底板)
10	专线 4232－93	轨撑垫板　60－0	6	Q235－A(底板)
11	专线 4232－67	滑床板　60－0	8	Q235－A(底板)
12	专线 4232－67	滑床板　60－3	3	Q235－A(底板)
13	专线 4232－94	轨撑滑床板　60－0	4	Q235－A(底板)
14	专线 4232－94	轨撑滑床板　60－3	2	Q235－A(底板)
15	专线 4232－67	滑床板　60－6	2	Q235－A(底板)
16	专线 4232－94	轨撑滑床板　60－6	2	Q235－A(底板)
17	专线 4232－67	滑床板　60－9	3	Q235－A(底板)
18	专线 4229－13	垫　板　656－0	2	Q235－A(底板)
19	专线 4229－13	垫　板　656－10.5	2	Q235－A(底板)
20	专线 4229－14	垫　板　736 × 170 × 20	1	Q235－A(底板)
21	专线 4229－15	垫　板　761 × 170 × 20	1	Q235－A(底板)
22	专线 4229－16	垫　板　754 × 170 × 20	2	Q235－A(底板)
23	专线 4229－16	垫　板　779 × 170 × 20	2	Q235－A(底板)
24	专线 4229－16	垫　板　806 × 170 × 20	2	Q235－A(底板)
25	专线 4229－17	垫　板　834 × 170 × 20	2	Q235－A(底板)
26	专线 4229－17	垫　板　862 × 170 × 20	2	Q235－A(底板)
27	专线 4229－17	垫　板　891 × 170 × 20	2	Q235－A(底板)
28	专线 4229－17	垫　板　922 × 170 × 20	2	Q235－A(底板)
29	专线 4229－18	垫　板　736 × 170 × 20	1	Q235－A(底板)
30	专线 4229－19	垫　板　761 × 170 × 20	1	Q235－A(底板)
31	专线 4171－26	拉　杆　B982	1	
32	专线 4171－27	连　杆　1 027	1	
33	专线 4171－26	拉　杆　B1085	1	

续上表

序号	图号 / 标准	名称及规格	数量	材　料
34	专线 4232-91	轨　撑	22	KTH 330-08
35	专线 4232-92	调整楔	22	KTH 350-10
36	专线 4232-4	螺　栓　M24×60	110	Q235-A
37	专线 4232-4	螺　栓　M24×80	22	Q235-A
38	专线 4232-50	岔枕螺栓　M30	152	45
39	GB/T 923	盖形螺母　M24	132	
40	专线 3351	Ⅱ型弹条	132	60Si2CrVA
41	GB/T 7244	弹簧垫圈　30	152	65Mn
42	TB/T 1495.4	平垫圈　24	132	Q235-A
43	专线 4232-10	轨距块　60/9-11	54	ZG 270-500
44	专线 4232-10	轨距块　60/13-15	36	ZG 270-500
45	专线 4232-51	橡胶垫板　60-190	46	橡胶
46	专线 4232-62	橡胶垫板　60G/AT	4	橡胶
47	专线 4232-55	橡胶垫板　60-190	36	橡胶
48	专线 4232-53	橡胶垫板　452×175×10	14	橡胶
49	专线 4232-99	橡胶垫板　716×175×10	6	橡胶
50	专线 4232-100	橡胶垫板　595×175×10	4	橡胶
51	专线 4232-99	橡胶垫板　780×175×10	2	橡胶
52	专线 4232-56	橡胶垫板　601×175×10	24	橡胶
53	专线 4232-53	橡胶垫板　656×175×10	4	橡胶
54	专线 4232-53	橡胶垫板　736×175×10	2	橡胶
55	专线 4232-53	橡胶垫板　761×175×10	2	橡胶
56	专线 4232-53	橡胶垫板　754×175×10	2	橡胶
57	专线 4232-53	橡胶垫板　779×175×10	2	橡胶
58	专线 4232-53	橡胶垫板　806×175×10	2	橡胶
59	专线 4232-54	橡胶垫板　834-382	2	橡胶
60	专线 4232-54	橡胶垫板　862-396	2	橡胶
61	专线 4232-54	橡胶垫板　891-411	2	橡胶
62	专线 4232-54	橡胶垫板　922-426	2	橡胶
63	专线 4232-10A	接头轨距块　60/9-11	10	ZG 270-500
64	专线 4232-10A	接头轨距块　60/13-15	10	ZG 270-500

辙叉及护轨明细表

序号	图号 / 标准	名称及规格	数量	材　料	备　注
1	专线 4230－4	高锰钢辙叉	1	ZG Mn13	
2	专线 4230－5	护轨　6 900	1	50 kg/m 钢轨	
3	专线 4230－6	护轨　4 800	1	50 kg/m 钢轨	
4	专线 4230－7	垫　板　739×170×20	8	Q235－A(底板)	
5	专线 4230－7	垫　板　739×170×20	2	Q235－A(底板)	
6	专线 4230－8	垫　板　719×170×20	1	Q235－A(底板)	
7	专线 4230－9	垫　板　769×170×20	1	Q235－A(底板)	
8	专线 4230－10	垫　板　817×170×20	1	Q235－A(底板)	
9	专线 4230－10	垫　板　865×170×20	1	Q235－A(底板)	
10	专线 4230－10	垫　板　912×170×20	1	Q235－A(底板)	
11	专线 4230－11	垫　板　740×170×20	1	Q235－A(底板)	
12	专线 4230－12	垫　板　790×170×20	1	Q235－A(底板)	
13	专线 4230－13	垫　板　840×170×20	1	Q235－A(底板)	
14	专线 4230－13	垫　板　890×170×20	1	Q235－A(底板)	
15	专线 4232－71	平垫板　60－0	7	Q235－A(底板)	
16	专线 4232－71	平垫板　60－17	11	Q235－A(底板)	
17	专线 4232－10	护轨垫板　600×170×25	12	16Mn(底板)	
18	专线 4230－14	护轨垫板　610×170×25	8	16Mn(底板)	
19	专线 4232－22	调整片　147×140×3/2	20/20	Q235B	
20	TB/T 2345	接头夹板　60	8		
21	TB/T 2347	接头螺栓　M24×135－10.9	24		
22	GB/T 1230	平垫圈　24	24		
23	专线 4232－4	T 型螺栓　M24×60	110	Q235－A	
24	GB/T 923	盖型螺母　M24	110		
25	TB/T 1495.4	平垫圈　24	110		
26	专线 3351	Ⅱ型弹条	110		
27	专线 4232－5	螺　栓　M24×110	12	20SiMn	
28	专线 4232－5	螺　栓　M24×100	8	20SiMn	
29	GB/T 7244	弹簧垫圈　24	20		
30	专线 9604	螺　母　M24	20		
31	专线 4232－50	岔枕螺栓　M30	119		
32	GB/T 7244	弹簧垫圈　30	119		
33	专线 4232－10	轨距块　60/9－11	58	ZG 270－500	

续上表

序号	图号 / 标准	名称及规格	数量	材　　料	备　　注
34	专线 4232－10	轨距块　60/13－15	38	ZG 270－500	
35	专线 4232－10A	接头轨距块　60/9－11	7	ZG 270－500	
36	专线 4232－10A	接头轨距块　60/13－15	7	ZG 270－500	
37	CT2－73	导电销	4	1Cr18Ni9Ti	
38	专线 4232－52	橡胶垫板　439 × 190 × 5	10	橡胶	
39	专线 4232－53	橡胶垫板　739 × 175 × 10	10	橡胶	
40	专线 4232－53	橡胶垫板　719 × 175 × 10	1	橡胶	
41	专线 4232－53	橡胶垫板　769 × 175 × 10	1	橡胶	
42	专线 4232－54	橡胶垫板　817－373	1	橡胶	
43	专线 4232－54	橡胶垫板　865－397	1	橡胶	
44	专线 4232－54	橡胶垫板　912－421	1	橡胶	
45	专线 4232－53	橡胶垫板　740 × 175 × 10	1	橡胶	
46	专线 4232－53	橡胶垫板　790 × 175 × 10	1	橡胶	
47	专线 4232－54	橡胶垫板　840－385	1	橡胶	
48	专线 4232－54	橡胶垫板　890－410	1	橡胶	
49	专线 4232－82	橡胶垫板　600 × 175 × 5	12	橡胶	
50	专线 4232－82	橡胶垫板　610 × 175 × 5	8	橡胶	
51	专线 4232－53	橡胶垫板　452 × 175 × 10	18	橡胶	
52	专线 4232－51	橡胶垫板　60－190	56	橡胶	

60 kg/m 钢轨 12 号单开道岔辙叉及护轨
图　号：专线 4230

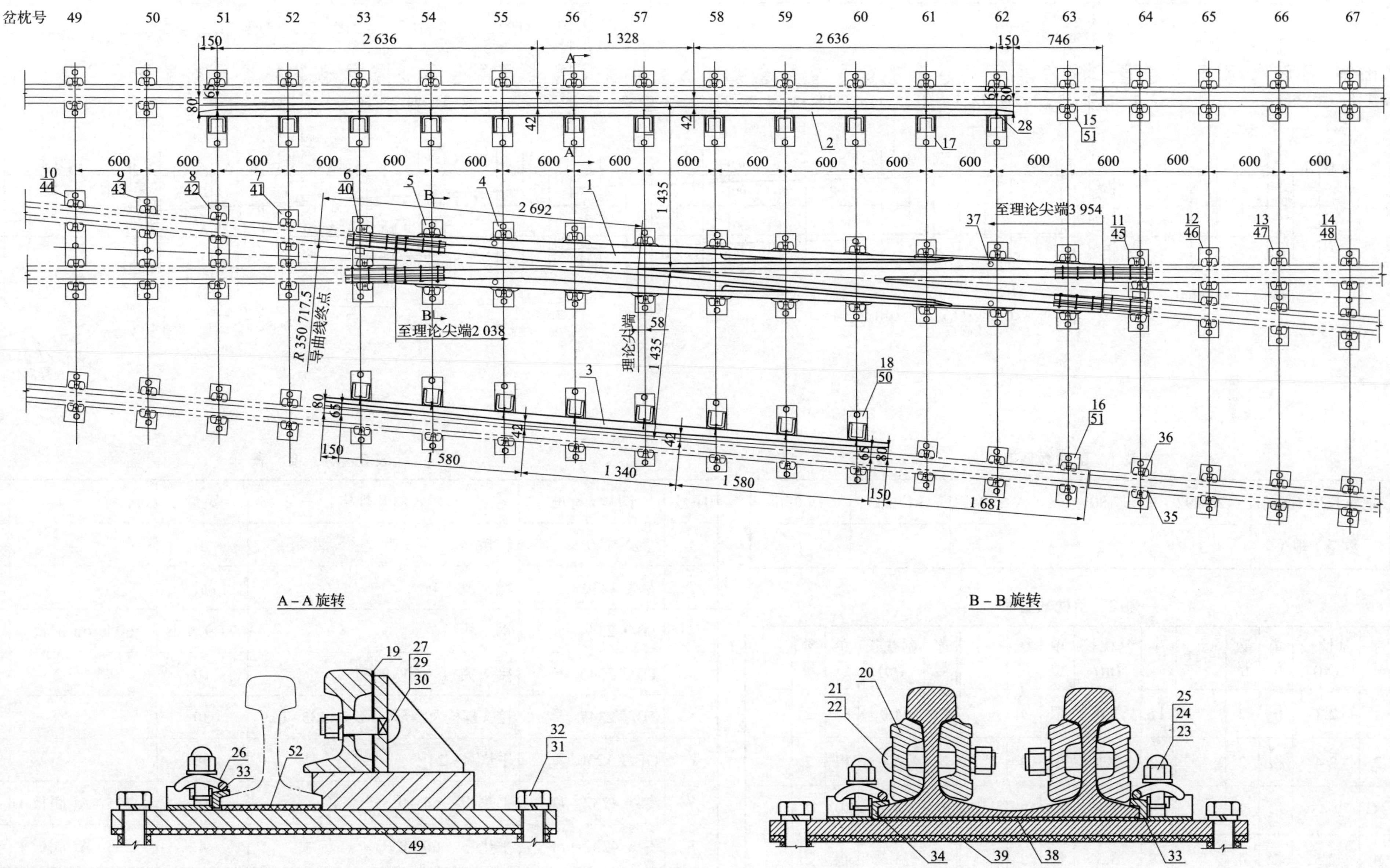

技 术 要 求

1. 组装护轨时，应使用 3 mm 厚的护轨垫片，如查照间隔或护背距离不合格时，可用备用调整片进行调整。
2. 查照间隔及护背距离在心轨轨头宽 20～30 mm 处丈量。
3. 钢轨工作边一侧安装 13 号轨距块，非工作边一侧安装 11 号轨距块；辙叉一侧安装 13 号轨距块，另一侧安装 11 号轨距块。

60 kg/m 钢轨 12 号单开道岔
图 号：专线 4228

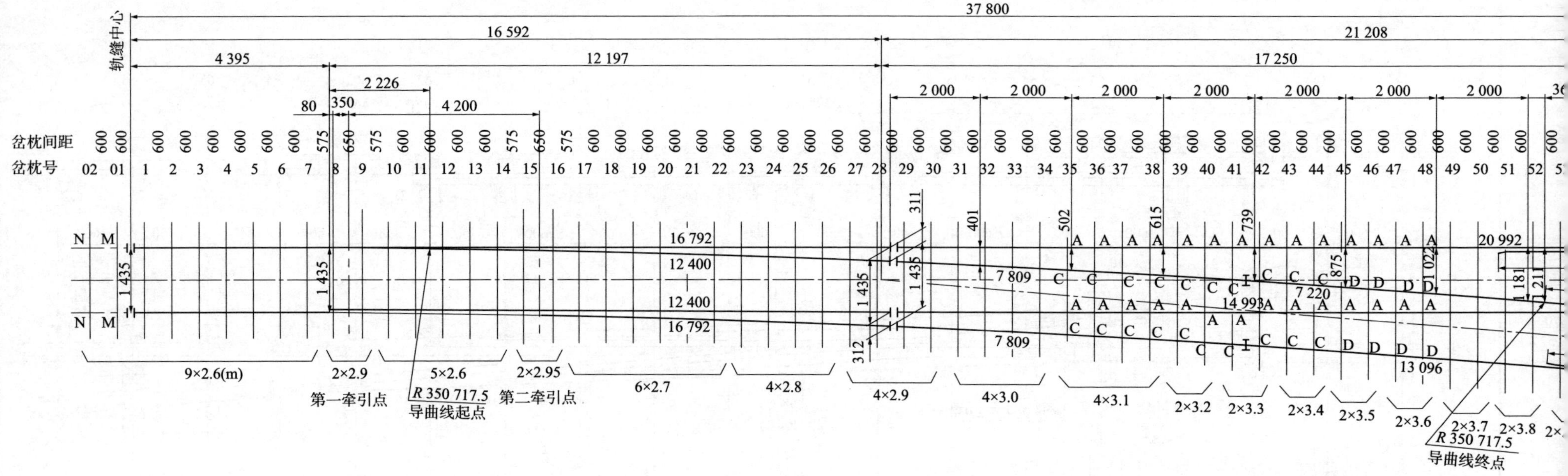

表 1 配轨数量表

钢轨长度 (mm)	20 992	7 809	7 220	14 993	13 096
数量 (根)	1	2	1	1	1

表 2 岔枕数量表

序号	岔枕长 (m)	单位	数量	备注	序号	岔枕长 (m)	单位	数量	备注	序号	岔枕长 (m)	单位	数量	备注
1	2.3	根	2		11	3.0	根	4		21	4.0	根	2	
2	2.4	根	2		12	3.1	根	4		22	4.1	根	2	
3	2.45	根	2		13	3.2	根	2		23	4.2	根	2	
4	2.5	根	4		14	3.3	根	2		24	4.3	根	2	
5	2.55	根	2		15	3.4	根	2		25	4.4	根	2	
6	2.6	根	14		16	3.5	根	2		26	4.5	根	2	
7	2.7	根	6		17	3.6	根	2		27	4.6	根	2	
8	2.8	根	4		18	3.7	根	2		28	4.7	根	4	
9	2.9	根	6		19	3.8	根	2		29	4.8	根	4	
10	2.95	根	2		20	3.9	根	2						

表 3 明 细 表

序号	图号 / 标准	名称及规格	数量	材 料	备注
1	专线 4229	转辙器	1		
2	专线 4230	辙叉及护轨	1		
3	TB/T 2344	钢 轨	71.919 m	60 kg/m 钢轨	见表 1
4	TB/T 2345	接头夹板 60	10		
5	TB/T 2347	接头螺栓及螺母 M24 × 135 – 10.9	30		
6	GB/T 1230	平垫圈 24	30		
7	专线 4232 – 71	平垫板 60 – 0	56	Q235 – A(底板)	
8	专线 4232 – 71	平垫板 60 – 8	4	Q235 – A(底板)	
9	专线 4232 – 71	平垫板 60 – 11	22	Q235 – A(底板)	
10	专线 4232 – 71	平垫板 60 – 14	8	Q235 – A(底板)	
11	专线 4232 – 71	平垫板 60 – 17	18	Q235 – A(底板)	
12	专线 4232 – 68	顺坡垫板 P80	6	Q235 – A(底板)	
13	专线 4232 – 69	顺坡垫板 P60	6	Q235 – A(底板)	
14	专线 3351	Ⅱ型弹条	240		
15	专线 4232 – 4	螺 栓 M24 × 60	240	Q235 – A	

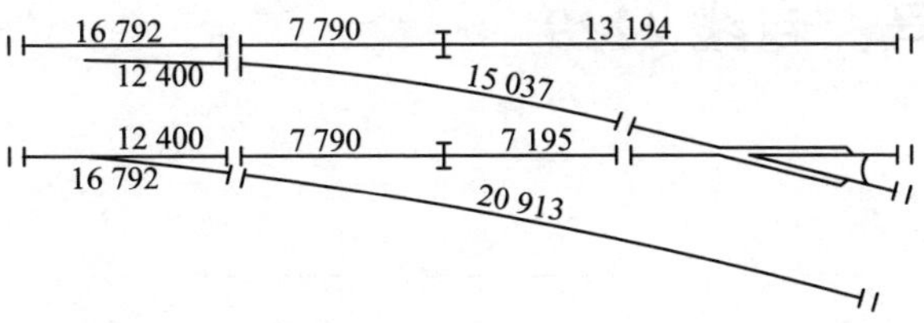

图 1 绝缘设置在直股

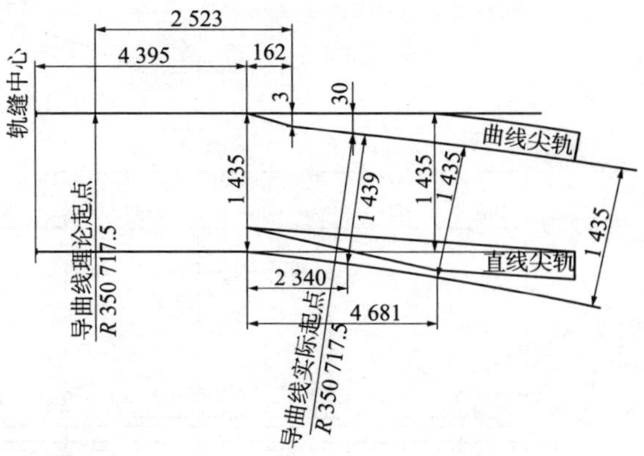

图 2 转辙器部分轨距示意图

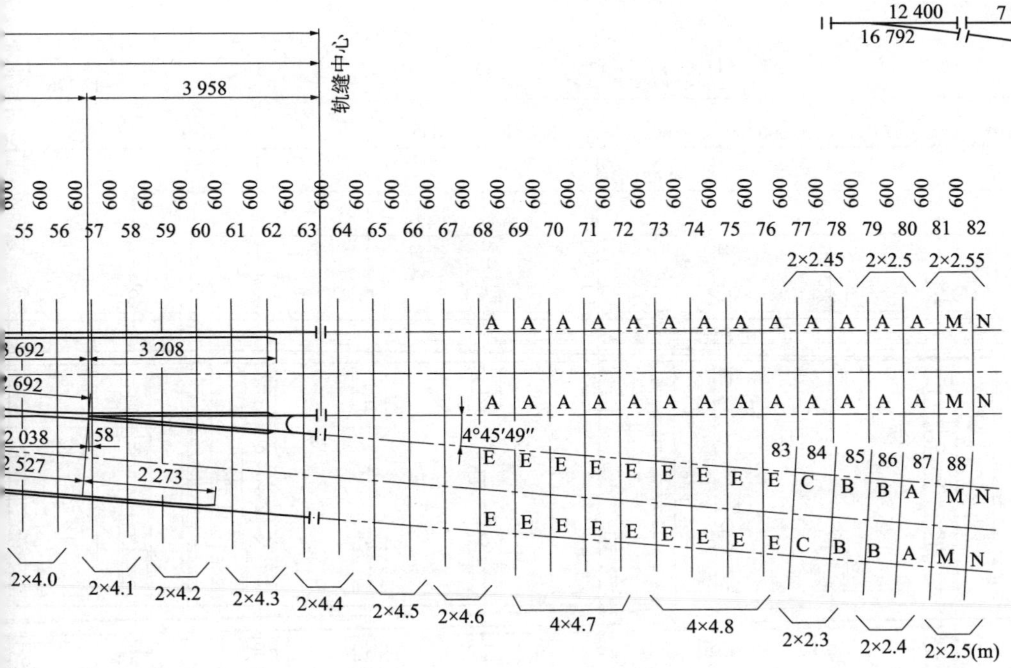

续表 3

序号	图号 / 标准	名称及规格	数量	材 料	备注
16	GB/T 923(非标)	盖形螺母 M24	240		
17	TB/T 1495.4	平垫圈 24	240		
18	GB/T 7244	垫 圈 30	240		
19	专线 4232-10	轨距块 60/9-11	116	ZG 270-500	
20	专线 4232-10	轨距块 60/13-15	116	ZG 270-500	
21	专线 4232-10	轨距块 60/7-17	100	ZG 270-500	
22	专线 4232-10A	接头轨距块 60/9-11	4	ZG 270-500	
23	专线 4232-10A	接头轨距块 60/13-15	4	ZG 270-500	
24	专线 4232-50	岔枕螺栓 M30	240		
25	专线 4232-72	绝缘轨距块 9-11	6	玻璃纤维	
26	专线 4232-72	绝缘轨距块 13-15	6	玻璃纤维	
27	专线 4232-72	绝缘轨距块 7-17	8	玻璃纤维	备用
28	专线 4232-53	橡胶垫板 452×175×10	120	橡胶	
29	专线 4232-51	橡胶垫板 60-190	120	橡胶	
30		钢轨绝缘	2		普通绝缘

技 术 要 求

1. 本道岔用于单渡线时，线间距需≥5 m。当线间距小于 5 m 时，岔枕应按专线 9605《60 kg/m 钢轨 12 号Ⅲ型单开道岔小间距单渡线用混凝土岔枕》生产和订货。
2. 岔枕一律按垂直于正线方向布置。
3. 道岔主要结构特点：
   (1) 转辙器采用 60AT1 钢轨 12.4 m 弹性可弯尖轨，尖轨尖端为藏尖式，跟端采用限位器结构。
   (2) 尖轨设置 2 个牵引点，第一牵引点设计动程为 160 mm，第二引点设计动程为 75 mm，在正常情况下第一、第二牵引点理论转换力分别为 2 800 N、6 000 N。
   (3) 钢轨、辙叉及护轨垫板下设置 5 mm 厚橡胶垫板，其他垫板下均设置 10 mm 厚橡胶垫板。
4. 本道岔不设轨底坡，道岔前后的顺坡垫板 P80、P60 分别用符号 M、N 表示，其铺设位置见图。若与无轨底坡线路连接时，取消顺坡垫板采用垫板 60-0，用户订货时需提出要求。
5. 明细表中的平垫板包括五种类型：垫板 60-0、垫板 60-8、垫板 60-11、垫板 60-14、垫板 60-17 分别用符号 A、B、C、D、E 表示，其具体铺设位置见图。
6. 扣件采用Ⅱ型弹条分开式可调扣件，轨距块设计安装号数如下：
   钢轨工作边一侧安装 13 号轨距块，钢轨非工作边一侧安装 11 号轨距块。
   辙叉部分一侧安装 13 号轨距块，另一侧安装 11 号轨距块。
   接头两侧安装接头轨距块，绝缘接头两侧安装绝缘轨距块。
   7-17 轨距块为备用轨距块，供现场调整用。
7. 本图按普通接头设计，当用于跨区间超长无缝线路时，钢轨接头采用焊接接头，锰钢辙叉前后采用冻结接头，绝缘接头采用胶接绝缘接头，钢轨轨端不钻接头螺栓孔。
8. 图中钢轨普通接头及普通绝缘接头分别以“—|—”、“+”表示。
9. 普通接头及绝缘接头钢轨轨缝为 8 mm。
10. 本图按设轨道电路设计。
11. 本图按绝缘设置在侧股设计，当绝缘设置在直股时，配轨长度见图 1。
12. 铺设混凝土岔枕时，若按右开铺设时，带编号一侧铺设在道岔直股外侧，侧股叉后短岔枕为对称枕，带编号一侧铺设在道岔侧股外侧。

60 kg/m 钢轨 12 号单开道岔转辙器
图 号：专线 4229

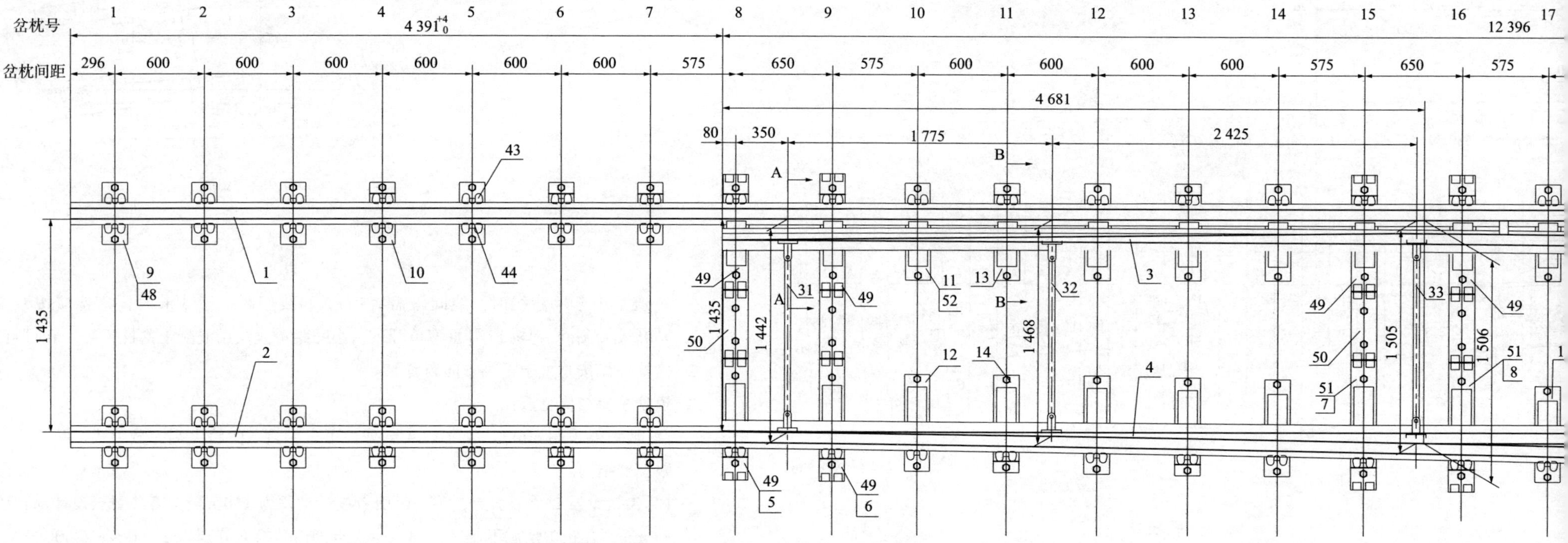

A－A

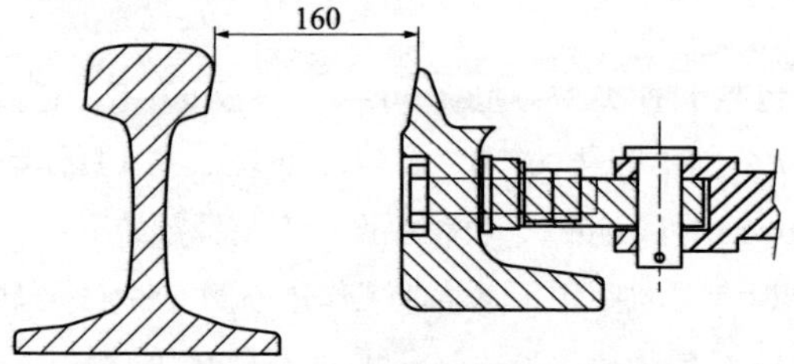

B－B

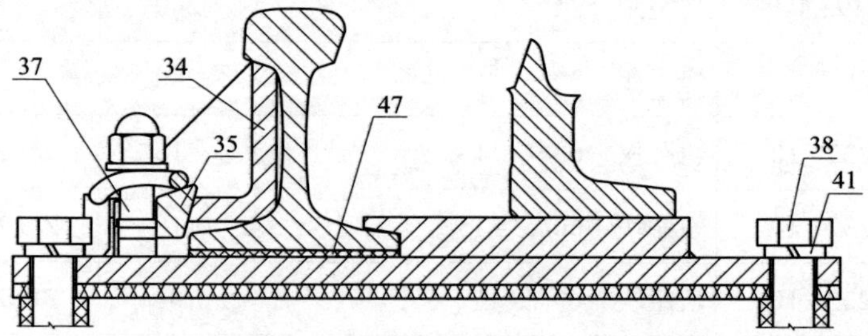

D－D

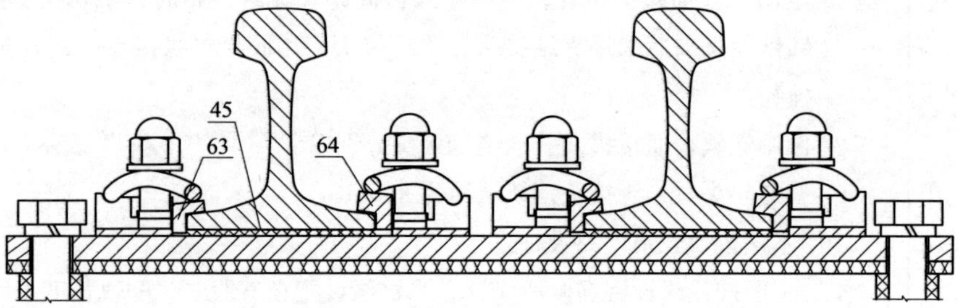

E－E

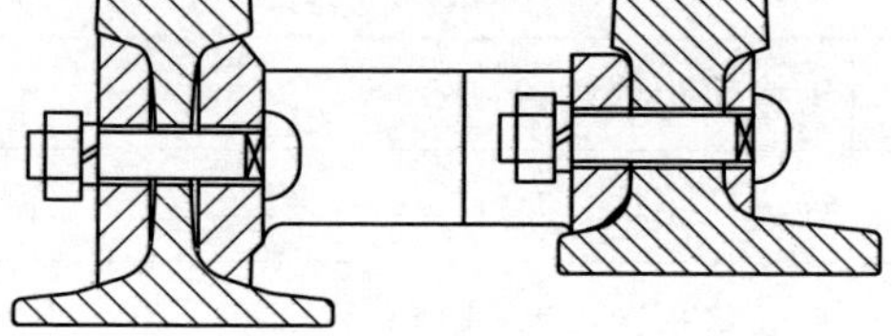

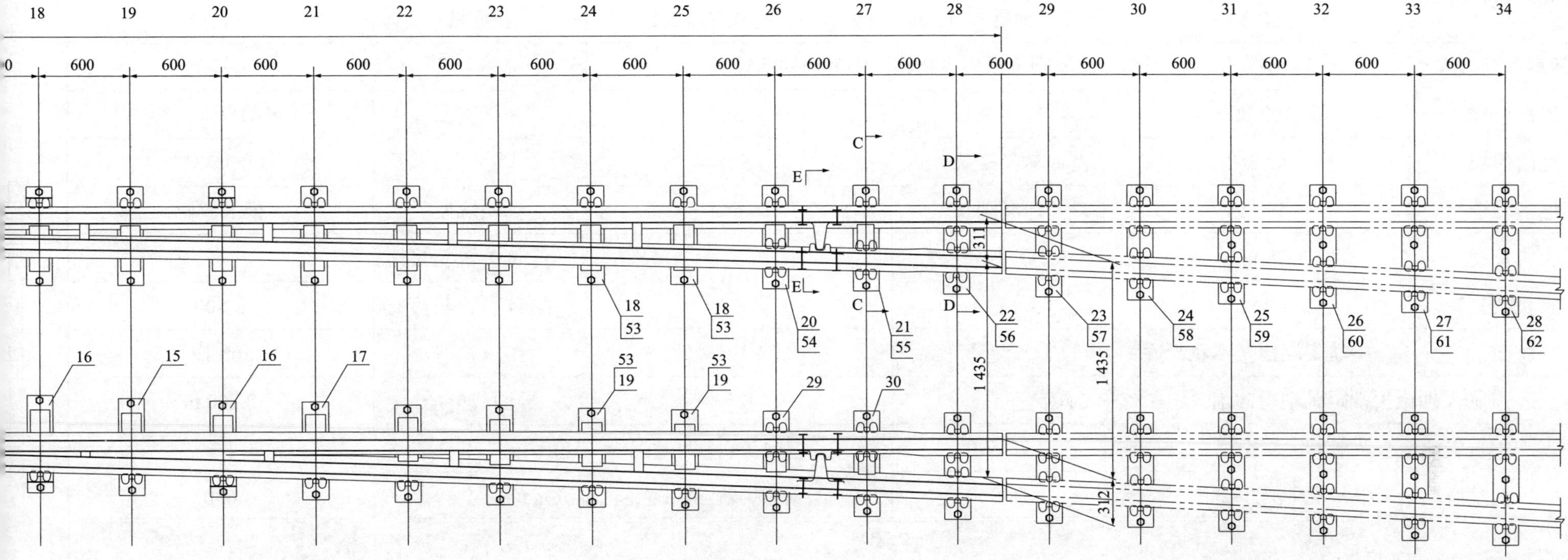

C－C

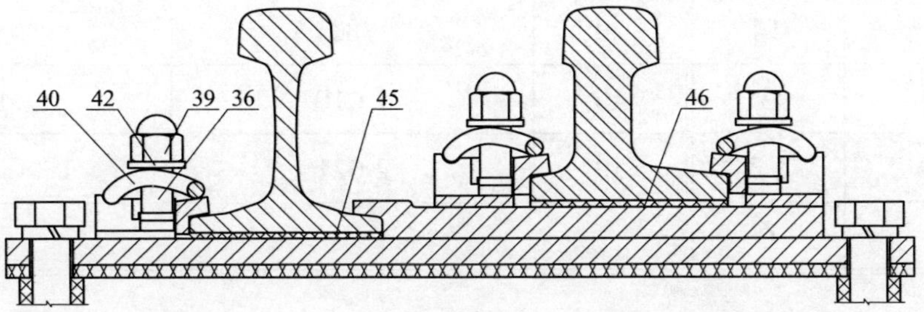

技 术 要 求

1. 转辙器采用60AT1钢轨12.4 m弹性可弯尖轨，尖轨尖端采用藏尖式，跟端采用限位器结构。
2. 尖轨设置2个牵引点，可选用联动内锁闭装置或分动外锁闭装置，第一牵引点设计动程为160 mm，第二牵引点设计动程为75 mm，在正常养护情况下，第一、第二牵引点理论转换力分别为2 800 N、6 000 N。
3. 滑床板部分基本轨内侧为刚性扣压，在两牵引点前后外侧设置轨撑。
4. 顶铁、限位器螺栓采用防松螺母。
5. 扣件采用Ⅱ型弹条分开式可调扣件，轨距块设计安装号数如下：
 钢轨工作边一侧安装13号轨距块；钢轨非工作边一侧安装11号轨距块。
6. 钢轨轨下设置5 mm厚橡胶垫板，垫板下设置10 mm厚橡胶垫板。
7. 本图按采用内锁闭设计，当采用分动外锁闭装置时，明细表中序号31～33部件取消。

<table>
<tr><th colspan="8">67. 60 kg/m 钢轨 30 号单开道岔(无砟)
设计图号：CZ 2527</th></tr>
<tr><td rowspan="2">道岔允许通过速度</td><td>客车</td><td colspan="3">$v_{直}$≤200 km/h；$v_{侧}$≤140 km/h</td><td>扣件类型</td><td colspan="2">Ⅲ型弹条</td></tr>
<tr><td>货车</td><td colspan="3">轴重 23 t：$v_{直}$≤90 km/h；$v_{侧}$≤90 km/h</td><td>轨底坡</td><td colspan="2">1 ∶ 40</td></tr>
<tr><td>转辙器跟端形式</td><td colspan="4">■限位器 □间隔铁 □不设传力机构 □间隔铁活接头</td><td>锁闭方式</td><td colspan="2">外锁闭</td></tr>
<tr><td>道岔全长</td><td>102 000</td><td>辙叉全长</td><td colspan="2">24 592</td><td>辙叉类型</td><td colspan="2">可动心轨辙叉</td></tr>
<tr><td>道岔前长</td><td>42 301</td><td>辙叉趾长</td><td colspan="2">7 938</td><td>辙叉角</td><td colspan="2">1°54′33″</td></tr>
<tr><td>道岔后长</td><td>59 699</td><td>辙叉跟长</td><td colspan="2">16 654</td><td>翼轨轨型</td><td colspan="2">模锻翼轨</td></tr>
<tr><td>尖轨长度</td><td>28 000</td><td rowspan="2">基本轨长度</td><td colspan="2" rowspan="2">31 192</td><td>直向护轨长度</td><td colspan="2">—</td></tr>
<tr><td>尖轨轨型</td><td>60AT1</td><td>侧向护轨长度</td><td colspan="2">8 800</td></tr>
<tr><td colspan="3">尖轨尖端前基本轨长度</td><td colspan="2">3 191</td><td>护轨轨型</td><td colspan="2">33 kg/m 槽型钢</td></tr>
<tr><td colspan="3">辙叉理论尖端距趾端方向前一根岔枕中心距离</td><td colspan="2">425</td><td>导曲线半径</td><td colspan="2">2 700 m</td></tr>
<tr><td colspan="2">尖轨尖端至心轨实际尖端距离</td><td>78 590</td><td colspan="3">直向护轨端头距导轨端头定位尺寸</td><td colspan="2">—</td></tr>
<tr><td colspan="2">道岔终端至末根岔枕中心距离</td><td>18 900</td><td colspan="3">侧向护轨端头距导轨端头定位尺寸</td><td colspan="2">690</td></tr>
</table>

<table>
<tr><td rowspan="7">降低值</td><td colspan="3">直线尖轨</td><td colspan="3">曲线尖轨</td><td colspan="3">长心轨</td></tr>
<tr><td>断面宽</td><td>距尖端距离</td><td>降低值</td><td>断面宽</td><td>距尖端距离</td><td>降低值</td><td>断面宽</td><td>距实际尖端距离</td><td>降低值</td></tr>
<tr><td>0</td><td>0</td><td>23</td><td>0</td><td>0</td><td>23</td><td>1</td><td>0</td><td>23</td></tr>
<tr><td>5</td><td>1 147.3</td><td>14</td><td>5</td><td>950</td><td>14</td><td>20</td><td>781</td><td>5</td></tr>
<tr><td>20</td><td>4 589.3</td><td>3</td><td>20</td><td>4 546</td><td>3</td><td>40</td><td>1 610</td><td>1.7</td></tr>
<tr><td>35</td><td>7 864.3</td><td>1.4</td><td>35</td><td>7 868</td><td>1.3</td><td>50</td><td>2 021</td><td>0</td></tr>
<tr><td>50</td><td>10 547.8</td><td>0</td><td>50</td><td>10 552</td><td>0</td><td></td><td></td><td></td></tr>
</table>

<table>
<tr><td>最大构造加宽</td><td>—</td><td>测量位置</td><td colspan="4">—</td></tr>
<tr><td>岔枕图号
CZ 2527Z</td><td>岔枕
总数</td><td>216 根</td><td>岔枕展延长</td><td>712.7 m</td><td>套管总数</td><td>1 244</td></tr>
<tr><td>转换设备图号
—</td><td>尖轨
动程</td><td colspan="3">160、132、110、87、65、40</td><td>心轨动程</td><td>112、84、57</td></tr>
<tr><td>批准文号</td><td colspan="4">运基线路〔2004〕194 号</td><td>应用情况</td><td>★★</td></tr>
<tr><td>主要结构特点</td><td colspan="6">1. 提速改进型道岔，采用混凝土岔枕，限于大修使用。
2. 尖轨为半切线型，采用 28 000 mm 长的弹性可弯尖轨，用 60AT1 钢轨制造，尖轨尖端为藏尖式，跟端采用限位器结构。
3. 可动心轨辙叉采用钢轨组合式，心轨采用 60AT1 钢轨。</td></tr>
</table>

转辙器明细表					
序号	图号 / 标准	名称及规格	数量	材　料	备　注
1	CB 2541－01	直基本轨　31 192	1	60 kg/m 钢轨	
2	CB 2541－02	曲基本轨　31 192	1	60 kg/m 钢轨	
3	CB 2541－03	曲线尖轨　28 000	1	60AT1	
4	CB 2541－04	直线尖轨　28 000	1	60AT1	
5	CB 2541－05	平垫板　452－0	10	Q235－A(底板)	
6	CB 2541－06	通长垫板	1 组	Q235－A(底板)	
7	CB 2541－06	通长垫板	1 组	Q235－A(底板)	
8	CB 2541－06	通长垫板	1 组	Q235－A(底板)	
9	CB 2541－06	通长垫板	1 组	Q235－A(底板)	
10	CB 2541－06	通长垫板	1 组	Q235－A(底板)	
11	CB 2541－06	通长垫板	1 组	Q235－A(底板)	
12	CB 2541－07	轨撑滑床板	9	Q235－A(底板)	
13	CB 2541－07	轨撑滑床板	3	Q235－A(底板)	
14	CB 2541－08	滑床板　60－0	32	Q235－A(底板)	
15	CB 2541－08	滑床板　60－3	16	Q235－A(底板)	
16	CB 2541－09	防跳限位装置　60－0/17	2	Q235－A(底板)	铁卡长 120 mm
17	CB 2541－09	防跳限位装置　60－0/34	2	Q235－A(底板)	铁卡长 120 mm
18	CB 2541－09	防跳限位装置　60－0/22	2	Q235－A(底板)	铁卡长 90 mm
19	CB 2541－09	防跳限位装置　60－0/40	1	Q235－A(底板)	铁卡长 90 mm
20	CB 2541－09	防跳限位装置　60－0/38	1	Q235－A(底板)	铁卡长 90 mm
21	CB 2541－09	防跳限位装置　60－3/38Y(Z)	1	Q235－A(底板)	铁卡长 90 mm
22	CB 2541－09	防跳限位装置　60－0/33	1	Q235－A(底板)	铁卡长 90 mm
23	CB 2541－09	防跳限位装置　60－3/33Y(Z)	1	Q235－A(底板)	铁卡长 90 mm
24	CB 2541－10	垫　板　651 × 190 × 25	1	Q235－A(底板)	
25	CB 2541－10	垫　板　658 × 190 × 25	1	Q235－A(底板)	
26	CB 2541－10	垫　板　665 × 190 × 25	1	Q235－A(底板)	
27	CB 2541－10	垫　板　672 × 190 × 25	1	Q235－A(底板)	
28	CB 2541－11	垫　板　661 × 190 × 25	1	Q235－A(底板)	
29	CB 2541－11	垫　板　668 × 190 × 25	1	Q235－A(底板)	
30	CB 2541－11	垫　板　676 × 190 × 25	1	Q235－A(底板)	
31	CB 2541－11	垫　板　684 × 190 × 25	1	Q235－A(底板)	

续上表

序号	图号 / 标准	名称及规格	数量	材　料	备　注
32	CB 2541－12	垫　板　692×190×25	1	Q235－A(底板)	
33	CB 2541－13	垫　板　700×190×25	1	Q235－A(底板)	
34	CB 2541－13	垫　板　708×190×25	1	Q235－A(底板)	
35	CB 2541－13	垫　板　716×190×25	1	Q235－A(底板)	
36	CB 2541－13	垫　板　725×190×25	1	Q235－A(底板)	
37	CB 2541－13	垫　板　734×190×25	1	Q235－A(底板)	
38	CB 2541－13	垫　板　742×190×25	1	Q235－A(底板)	
39	CB 2541－13	垫　板　751×190×25	1	Q235－A(底板)	
40	CB 2541－14	垫　板　760×170×25	1	Q235－A(底板)	
41	CB 2541－14	垫　板　769×170×25	1	Q235－A(底板)	
42	CB 2541－14	垫　板　779×170×25	1	Q235－A(底板)	
43	CB 2541－15	垫　板　788×170×25	1	Q235－A(底板)	
44	CB 2541－15	垫　板　797×170×25	1	Q235－A(底板)	
45	CB 2541－15	垫　板　807×170×25	1	Q235－A(底板)	
46	CB 2541－15	垫　板　817×170×25	1	Q235－A(底板)	
47	CB 2541－16	垫　板　827×170×25	1	Q235－A(底板)	
48	CB 2541－16	垫　板　837×170×25	1	Q235－A(底板)	
49	CB 2541－16	垫　板　847×170×25	1	Q235－A(底板)	
50	CB 2541－16	垫　板　858×170×25	1	Q235－A(底板)	
51	CB 2541－16	垫　板　868×170×25	1	Q235－A(底板)	
52	CB 2541－16	垫　板　878×170×25	1	Q235－A(底板)	
53	CB 2541－16	垫　板　889×170×25	1	Q235－A(底板)	
54	CB 2541－16	垫　板　900×170×25	1	Q235－A(底板)	
55	CB 2541－16	垫　板　911×170×25	1	Q235－A(底板)	
56	CB 2541－17	垫　板　651×190×25	1	Q235－A(底板)	
57	CB 2541－17	垫　板　658×190×25	1	Q235－A(底板)	
58	CB 2541－17	垫　板　665×190×25	1	Q235－A(底板)	
59	CB 2541－17	垫　板　672×190×25	1	Q235－A(底板)	
60	CB 2541－18	垫　板　661×190×25	1	Q235－A(底板)	
61	CB 2541－18	垫　板　668×190×25	1	Q235－A(底板)	
62	CB 2541－18	垫　板　676×190×25	1	Q235－A(底板)	
63	CB 2541－18	垫　板　684×190×25	1	Q235－A(底板)	
64	CB 2541－19	垫　板　692×190×25	1	Q235－A(底板)	

续上表

序号	图号/标准	名称及规格	数量	材　料	备　注
65	CB 2541-20	垫　板　700×190×25	1	Q235-A(底板)	
66	CB 2541-20	垫　板　708×190×25	1	Q235-A(底板)	
67	CB 2541-20	垫　板　716×190×25	1	Q235-A(底板)	
68	CB 2541-20	垫　板　725×190×25	1	Q235-A(底板)	
69	CB 2541-20	垫　板　734×190×25	1	Q235-A(底板)	
70	CB 2541-20	垫　板　742×190×25	1	Q235-A(底板)	
71	CB 2541-20	垫　板　751×190×25	1	Q235-A(底板)	
72	CB 2541-21	垫　板　760×170×25	1	Q235-A(底板)	
73	CB 2541-21	垫　板 w　769×170×25	1	Q235-A(底板)	
74	CB 2541-21	垫　板　779×170×25	1	Q235-A(底板)	
75	CB 2541-22	垫　板　788×170×25	1	Q235-A(底板)	
76	CB 2541-22	垫　板　797×170×25	1	Q235-A(底板)	
77	CB 2541-22	垫　板　807×170×25	1	Q235-A(底板)	
78	CB 2541-22	垫　板　817×170×25	1	Q235-A(底板)	
79	CB 2541-23	垫　板　827×170×25	1	Q235-A(底板)	
80	CB 2541-23	垫　板　837×170×25	1	Q235-A(底板)	
81	CB 2541-23	垫　板　847×170×25	1	Q235-A(底板)	
82	CB 2541-23	垫　板　858×170×25	1	Q235-A(底板)	
83	CB 2541-23	垫　板　868×170×25	1	Q235-A(底板)	
84	CB 2541-23	垫　板　878×170×25	1	Q235-A(底板)	
85	CB 2541-23	垫　板　889×170×25	1	Q235-A(底板)	
86	CB 2541-23	垫　板　900×170×25	1	Q235-A(底板)	
87	CB 2541-23	垫　板　911×170×25	1	Q235-A(底板)	
88	CB 2541-24	垫　铁　60/67-66Y(Z)	1	ZG 270-500	
89	CB 2541-24	垫　铁　60/67-68Y(Z)	1	ZG 270-500	
90	CB 2541-24	垫　铁　60/74-73Y(Z)	1	ZG 270-500	
91	CB 2541-24	垫　铁　60/74-75Y(Z)	1	ZG 270-500	
92	CB 2541-24	垫　铁　60/81-80Y(Z)	1	ZG 270-500	
93	CB 2541-24	垫　铁　60/81-82Y(Z)	1	ZG 270-500	
94	CB 2541-24	垫　铁　60/88-87Y(Z)	1	ZG 270-500	
95	CB 2541-24	垫　铁　60/88-89Y(Z)	1	ZG 270-500	
96	CB 2541-25	调整块　18-5	2	ZG 270-500	
97	CB 2541-25	调整块　26-5	2	ZG 270-500	

续上表

序号	图号 / 标准	名称及规格	数量	材　　料	备　　注
98	CB 2541－26	调整块　60/8.5－9.5Y(Z)	2	ZG 270－500	
99	CB 2541－26	调整块　60/10－11Y(Z)	2	ZG 270－500	
100	CB 2541－26	调整块　60/18－17Y(Z)	2	ZG 270－500	
101	CB 2541－26	调整块　60/18－19Y(Z)	2	ZG 270－500	
102	CB 2541－26	调整块　60/26－25Y(Z)	2	ZG 270－500	
103	CB 2541－26	调整块　60/26－27Y(Z)	2	ZG 270－500	
104	CB 2541－26	调整块　60/34－33Y(Z)	2	ZG 270－500	
105	CB 2541－26	调整块　60/34－35Y(Z)	2	ZG 270－500	
106	CB 2541－27	调整块　5－26	6	ZG 270－500	
107	CB 2541－27	调整块　5－18	6	ZG 270－500	
108	CT 10－16	螺　栓　ϕ30 × 170	346	45	
109	GB/T 7244	弹簧垫圈　30	346	65Mn	
110	专线 3328－3	Ⅲ型弹条	308	60Si2CrVA	
111	专线 9602	Ⅲ型接头弹条	20	60Si2CrVA	
112	CB 609－08	轨　撑　60	24	KTH 330－08	
113	专线 3351	Ⅱ型弹条	24		
114	CB 599－21	调整楔	24	KTH 350－10	
115	CT 5－02	T 型螺栓　M24 × 75	24	Q235－A	
116	CB 642－22	限位螺母　M24	24	Q275	
117	GB/T 923	盖形螺母　M24	24		
118	CT 5－17	弹　片　250	60	60Si2Mn	
119	CB 588－14	弹　片　265	24	60Si2Mn	
120	CT 5－16	销　钉　95	84	Q275	
121	CB 596－31	轨距块　60－9	180	ZG 270－500	
122	CB 596－31	轨距块　60－11	120	ZG 270－500	
123	CB 596－32	接头轨距块　60－9	6	ZG 270－500	
124	CB 596－32	接头轨距块　60－11	6	ZG 270－500	
125	CT 5－21	调整片　160 × 15 × 1	168	Q235	备用
126	CT 5－21	调整片　160 × 15 × 2	84	Q235	备用
127	CB 2541－09	防跳限位装置　60－3/40Y(Z)	1	Q235－A(底板)	铁卡长 90 mm
128	CT 10－01	橡胶垫板　60－190	74	橡胶	
129	CT 10－01	橡胶垫板　60－210	56	橡胶	
130	CT 10－02	橡胶垫板　60－190	92	橡胶	

续上表

序号	图号 / 标准	名称及规格	数量	材　料	备　注
131	CT 10-11	橡胶垫板　452×175×10	10	橡胶	
132	CT 10-19	橡胶垫板　690-35-570	12	橡胶	
133	CT 10-19	橡胶垫板　598-110-378	1	橡胶	
134	CT 10-19	橡胶垫板　620-110-400	1	橡胶	
135	CT 10-19	橡胶垫板　636-110-416	1	橡胶	
136	CT 10-19	橡胶垫板　658-110-438	1	橡胶	
137	CT 10-19	橡胶垫板　685-110-465	1	橡胶	
138	CT 10-19	橡胶垫板　721-110-501	1	橡胶	
139	CT 10-08	橡胶垫板　640×175×10	12	橡胶	
140	CT 10-08	橡胶垫板　611×175×10	60	橡胶	
141	CZ 2527-01	橡胶垫板　651×195×10	2	橡胶	
142	CZ 2527-01	橡胶垫板　658×195×10	2	橡胶	
143	CZ 2527-01	橡胶垫板　665×195×10	2	橡胶	
144	CZ 2527-01	橡胶垫板　672×195×10	2	橡胶	
145	CZ 2527-01	橡胶垫板　661×195×10	2	橡胶	
146	CZ 2527-01	橡胶垫板　668×195×10	2	橡胶	
147	CZ 2527-01	橡胶垫板　676×195×10	2	橡胶	
148	CZ 2527-01	橡胶垫板　684×195×10	2	橡胶	
149	CZ 2527-01	橡胶垫板　692×195×10	2	橡胶	
150	CZ 2527-01	橡胶垫板　700×195×10	2	橡胶	
151	CZ 2527-01	橡胶垫板　708×195×10	2	橡胶	
152	CZ 2527-01	橡胶垫板　716×195×10	2	橡胶	
153	CZ 2527-01	橡胶垫板　725×195×10	2	橡胶	
154	CZ 2527-01	橡胶垫板　734×195×10	2	橡胶	
155	CZ 2527-01	橡胶垫板　742×195×10	2	橡胶	
156	CZ 2527-01	橡胶垫板　751×195×10	2	橡胶	
157	CT 5-17	弹　片　250	60	60Si2Mn	
158	CB 588-14	弹　片　265	24	60Si2Mn	
159	CZ 2527-01	橡胶垫板　760×175×10	2	橡胶	
160	CZ 2527-01	橡胶垫板　769×175×10	2	橡胶	
161	CZ 2527-01	橡胶垫板　779×175×10	2	橡胶	
162	CZ 2527-01	橡胶垫板　788×175×10	2	橡胶	
163	CZ 2527-01	橡胶垫板　797×175×10	2	橡胶	

续上表

序号	图号 / 标准	名称及规格	数量	材　　料	备　　注
164	CZ 2527-01	橡胶垫板　807×175×10	2	橡胶	
165	CZ 2527-01	橡胶垫板　817×175×10	2	橡胶	
166	CZ 2527-02	橡胶垫板　827-379	2	橡胶	
167	CZ 2527-02	橡胶垫板　837-384	2	橡胶	
168	CZ 2527-02	橡胶垫板　847-389	2	橡胶	
169	CZ 2527-02	橡胶垫板　858-394	2	橡胶	
170	CZ 2527-02	橡胶垫板　868-399	2	橡胶	
171	CZ 2527-02	橡胶垫板　878-404	2	橡胶	
172	CZ 2527-02	橡胶垫板　889-410	2	橡胶	
173	CZ 2527-02	橡胶垫板　900-415	2	橡胶	
174	CZ 2527-02	橡胶垫板　911-421	2	橡胶	

辙叉及护轨明细表

序号	图号 / 标准	名称及规格	数量	材　　料	备　　注
1	CB 2542－01	翼　轨　23 901	1		左右开对称制造
2	CB 2542－02	翼　轨　23 901	1		左右开对称制造
3	CB 2542－03	长心轨　20 211	1	60AT1 轨	左右开对称制造
4	CB 2542－04	短心轨　14 218	1	60AT1 轨	左右开对称制造
5	CB 2542－05	叉跟尖轨　5 147	1	60 kg/m 钢轨	左右开对称制造
6	CB 2542－06	护　轨　8 800	1	33 kg/m 槽型钢	左右开对称制造
7	CB 2541－05	平垫板　452－0	17	Q235－A（底板）	
8	CB 2541－05	平垫板　452－8Y(Z)	2	Q235－A（底板）	
9	CB 2542－07	垫　板　898×170×25	1	Q235－A（底板）	
10	CB 2542－07	垫　板　882×170×25	1	Q235－A（底板）	
11	CB 2542－07	垫　板　865×170×25	1	Q235－A（底板）	
12	CB 2542－07	垫　板　847×170×25	1	Q235－A（底板）	
13	CB 2542－07	垫　板　830×170×25	1	Q235－A（底板）	
14	CB 2542－07	垫　板　813×170×25	1	Q235－A（底板）	
15	CB 2542－08	垫　板　795×170×25	1	Q235－A（底板）	
16	CB 2542－08	垫　板　778×170×25	1	Q235－A（底板）	
17	CB 2542－08	垫　板　760×170×25	1	Q235－A（底板）	
18	CB 2542－09	垫　板　803×200×25	1	Q235－A（底板）	
19	CB 2542－09	垫　板　785×200×25	1	Q235－A（底板）	
20	CB 2542－09	垫　板　767×200×25	1	Q235－A（底板）	
21	CB 2542－09	垫　板　748×200×25	1	Q235－A（底板）	
22	CB 2542－09	垫　板　730×200×25	1	Q235－A（底板）	
23	CB 2542－09	垫　板　711×200×25	1	Q235－A（底板）	
24	CB 2542－10	垫　板　686×170×25	1	45（底板）	
25	CB 2542－11	垫　板　680×170×25	1	45（底板）	
26	CB 2542－12	垫　板　690×170×25	1	45（底板）	
27	CB 2542－12	垫　板　701×170×25	1	45（底板）	
28	CB 2542－12	垫　板　712×170×25	1	45（底板）	
29	CB 2542－13	垫　板　772×170×25	1	Q235－A（底板）	
30	CB 2542－14	垫　板　897×170×25	1	Q235－A（底板）	

续上表

序号	图号/标准	名称及规格	数量	材　料	备　注
31	CB 2542-14	垫　板　1 038×170×25	1	Q235-A(底板)	
32	CB 2542-15	垫　板　1 081×170×25	1	Q235-A(底板)	
33	CB 2542-15	垫　板　1 092×170×25	1	Q235-A(底板)	
34	CB 2542-15	垫　板　1 102×170×25	1	Q235-A(底板)	
35	CB 2542-15	垫　板　1 113×170×25	1	Q235-A(底板)	
36	CB 2542-15	垫　板　1 124×170×25	1	Q235-A(底板)	
37	CB 2542-15	垫　板　1 135×170×25	1	Q235-A(底板)	
38	CB 2542-15	垫　板　1 146×170×25	1	Q235-A(底板)	
39	CB 2542-15	垫　板　1 157×170×25	1	Q235-A(底板)	
40	CB 2542-15	垫　板　1 167×170×25	1	Q235-A(底板)	
41	CB 2542-15	垫　板　1 178×170×25	1	Q235-A(底板)	
42	CB 2542-15	垫　板　1 189×170×25	1	Q235-A(底板)	
43	CB 2542-15	垫　板　1 200×170×25	1	Q235-A(底板)	
44	CB 2542-15	垫　板　1 210×170×25	1	Q235-A(底板)	
45	CB 2542-16	垫　板　1 222×190×25	1	Q235-A(底板)	
46	CB 2542-17	垫　板　1 232×190×25	1	Q235-A(底板)	
47	CB 2542-17	垫　板　1 243×190×25	1	Q235-A(底板)	
48	CB 2542-17	垫　板　1 254×190×25	1	Q235-A(底板)	
49	CB 2542-18	垫　板　1 266×190×25	1	Q235-A(底板)	
50	CB 2542-19	垫　板　1 286×190×25	1	Q235-A(底板)	
51	CB 2542-20	垫　板　1 306×190×25	1	Q235-A(底板)	
52	CB 2542-20	垫　板　1 326×190×25	1	Q235-A(底板)	
53	CB 2542-21	垫　板　1 346×170×25	1	Q235-A(底板)	
54	CB 2542-21	垫　板　1 366×170×25	1	Q235-A(底板)	
55	CB 2542-21	垫　板　1 386×170×25	1	Q235-A(底板)	
56	CB 2542-21	垫　板　1 406×170×25	1	Q235-A(底板)	
57	CB 2542-22	护轨垫板　610×170×30	15	16Mn(底板)	
58	CB 640-10	间隔铁　60/176.4-166.9Y(Z)	1	ZG 270-500	
59	CB 2542-36	间隔铁　60/157.9-148.3Y(Z)	1	ZG 270-500	
60	CB 640-11	间隔铁　60/137.2-134.7Y(Z)	1	ZG 270-500	
61	CB 2542-23	间隔铁　60/39-44.4Y(Z)	1	ZG 270-500	
62	CB 2542-23	间隔铁　60/54.5-59.5Y(Z)	1	ZG 270-500	

续上表

序号	图号 / 标准	名称及规格	数量	材　　料	备　　注
63	CB 2542-24	间隔铁　60/74.2-79.6Y(Z)	1	ZG 270-500	
64	CB 2542-24	间隔铁　60/100.4-105.8Y(Z)	1	ZG 270-500	
65	CB 640-13	间隔铁　60/114.8-122.8Y(Z)	1	ZG 270-500	
66	CB 640-13	间隔铁　60/130.2-138.2Y(Z)	1	ZG 270-500	
67	CB 640-13	间隔铁　60/145.7-153.6Y(Z)	1	ZG 270-500	
68	CB 640-14	间隔铁　60/161-169Y(Z)	1	ZG 270-500	
69	CB 640-14	间隔铁　60/176.5-184.5Y(Z)	1	ZG 270-500	
70	CB 640-14	间隔铁　60/191.9-199.9Y(Z)	1	ZG 270-500	
71	CB 2523-39	间隔铁　60-227	2	ZG 270-500	
72	CB 640-16	间隔铁　60-230	2	ZG 270-500	
73	CB 609-14	间隔铁　60-227	1	ZG 270-500	
74	CB 2542-25	防跳铁	1	ZG 270-500	
75	CB 2542-26	防跳铁	1	ZG 270-500	
76	CB 640-07	防跳顶铁　130-135Y(Z)	1	KTH 330-08	
77	CB 640-08	防跳顶铁　102-97Y(Z)	1	KTH 330-08	
78	CB 609-09	顶　铁　222-222	1	KTH 330-08	
79	CB 609-09	顶　铁　200-200	1	KTH 330-08	
80	CB 609-09	顶　铁　224-224	15	KTH 330-08	
81	CB 609-09	顶　铁　212-212	15	KTH 330-08	
82	CB 609-09	顶　铁　93-95Y(Z)	1	KTH 330-08	
83	CB 609-09	顶　铁　111-113Y(Z)	1	KTH 330-08	
84	CB 609-09	顶　铁　67-67	1	KTH 330-08	
85	CB 609-09	顶　铁　98-98	3	KTH 330-08	
86	CB 609-09	顶　铁　138.4-137.8Y(Z)	1	KTH 330-08	
87	CB 609-09	顶　铁　197-196Y(Z)	1	KTH 330-08	
88	CB 609-09	顶　铁　136	1	KTH 330-08	
89	CB 609-09	顶　铁　88	1	KTH 330-08	
90	CB 609-09	顶　铁　86	1	KTH 330-08	
91	CB 609-07	轨　撑　60	2	KTH 330-08	
92	CB 609-08	轨　撑　60	8	KTH 330-08	
93	CB 599-21	调整楔　60	10	KTH 350-10	
94	CB 2542-27	二动接头铁	1	Q235-A	

续上表

序号	图号 / 标准	名称及规格	数量	材　料	备　注
95	GB/T 1228	螺　栓　M27 × 130	6		
96	GB/T 1228	螺　栓　M27 × 270	1		
97	CB 2542 – 38	螺　栓　M27 × 110	2		用 GB/T 1228M27 改制
98	GB/T 1228	螺　栓　M27 × 200	2		
99	GB/T 1228	螺　栓　M27 × 150	2		
100	GB/T 1228	螺　栓　M27 × 160	2		
101	GB/T 1228	螺　栓　M27 × 170	4		
102	GB/T 1228	螺　栓　M27 × 190	2		
103	GB/T 1228	螺　栓　M27 × 260	2		
104	GB/T 1228	螺　栓　M27 × 240	2		
105	GB/T 1228	螺　栓　M27 × 105	8		
106	GB/T 1228	螺　栓　M27 × 110	8		
107	GB/T 1228	螺　栓　M27 × 120	28		
108	GB/T 1228	螺　栓　M27 × 370	8		
109	GB/T 1228	螺　栓　M27 × 360	10		
110	GB/T 5780	螺　栓　M24 × 80	76		
111	GB/T 5780	螺　栓　M24 × 110	10		
112	CT 5 – 02	螺　栓　M24 × 75	10	Q235 – A	
113	CT 2 – 31	螺　栓　M24 × 85	15	Q235 – A	
114	CB 609 – 76	螺　栓　M24 × 70	4	Q235 – A	
115	CT10 – 16	螺　栓　ϕ30 × 170	174		
116	NS – 01b	螺　母　M24	105		
117	NS – 01b	螺　母　M27 – 10	85		
118	GB/T 923	盖型螺母　M24	10		
119	GB/T 7244	弹簧垫圈　30	174		
120	GB/T 1230	平垫圈　27	168		
121	GB/T 7244	垫　圈　24	105		
122	CB 642 – 22	限位螺母　M24	10		
123	CB 640 – 36	夹　板	6	Q235 – A	
124	CB 609 – 54	夹　板	1	Q235 – A	
125	CT 5 – 23	调整片　170 × 50 × 2	35	Q235	顶铁用
126	CT 5 – 23	调整片　170 × 50 × 1	70	Q235	顶铁用

续上表

序号	图号 / 标准	名称及规格	数量	材 料	备 注
127	CB 511－04	调整片 115×100×2	30	Q235	护轨用
128	CB 511－04	调整片 115×100×3	15	Q235	护轨用
129	CB 639－21	调整片 170×15×1	62	Q235	垫板用
130	CB 639－21	调整片 170×15×2	31	Q235	垫板用
131	专线 3328－3	Ⅲ型弹条	198		
132	专线 9602	Ⅲ型接头弹条	34		
133	专线 3351	Ⅱ型弹条	10		
134	CB 596－31	轨距块 60－11	82	ZG 270－500	
135	CB 596－32	接头轨距块 60－11	18	ZG 270－500	接头及 AT 轨短肢用
136	CB 596－31	轨距块 60－9	116	ZG 270－500	
137	CB 596－32	接头轨距块 60－9	14	ZG 270－500	接头用
138	CB 608－39	轨距块 60－0	2	ZG 270－500	
139	CT 5－17	弹 片	15	60Si2Mn	
140	CT 5－16	销 钉 115	15	Q275	
141	CT 10－01	橡胶垫板 60－190	102	橡胶	
142	CT 10－01	橡胶垫板 60－210	32	橡胶	
143	CT 10－34	橡胶垫板 60－190	2	橡胶	
144	CT 10－02	橡胶垫板 60－190	8	橡胶	
145	CT 10－11	橡胶垫板 452×175×10	19	橡胶	
146	CZ 2527－02	橡胶垫板 898－414	1	橡胶	
147	CZ 2527－02	橡胶垫板 881－406	1	橡胶	
148	CZ 2527－02	橡胶垫板 864－397	1	橡胶	
149	CZ 2527－02	橡胶垫板 847－389	1	橡胶	
150	CZ 2527－02	橡胶垫板 830－380	1	橡胶	
151	CZ 2527－02	橡胶垫板 812－371	1	橡胶	
152	CZ 2527－01	橡胶垫板 795×175×10	1	橡胶	
153	CZ 2527－01	橡胶垫板 777×175×10	1	橡胶	
154	CZ 2527－01	橡胶垫板 760×175×10	1	橡胶	
155	CZ 2527－01	橡胶垫板 803×205×10	1	橡胶	
156	CZ 2527－01	橡胶垫板 784×205×10	1	橡胶	
157	CZ 2527－01	橡胶垫板 766×205×10	1	橡胶	
158	CZ 2527－01	橡胶垫板 748×205×10	1	橡胶	

续上表

序号	图号 / 标准	名称及规格	数量	材　料	备　注
159	CZ 2527－01	橡胶垫板　730 × 205 × 10	1	橡胶	
160	CZ 2527－01	橡胶垫板　711 × 205 × 10	1	橡胶	
161	CZ 2527－03	橡胶垫板　686 × 175 × 10	1	橡胶	
162	CZ 2527－03	橡胶垫板　680 × 175 × 10	1	橡胶	
163	CZ 2527－03	橡胶垫板　690 × 175 × 10	1	橡胶	
164	CZ 2527－03	橡胶垫板　701 × 175 × 10	1	橡胶	
165	CZ 2527－03	橡胶垫板　712 × 175 × 10	1	橡胶	
166	CZ 2527－03	橡胶垫板　772 × 175 × 10	1	橡胶	
167	CZ 2527－03	橡胶垫板　897 × 175 × 10	1	橡胶	
168	CZ 2527－04	橡胶垫板　1 038 × 190 × 10	1	橡胶	
169	CZ 2527－04	橡胶垫板　1 081 × 190 × 10	1	橡胶	
170	CZ 2527－04	橡胶垫板　1 092 × 190 × 10	1	橡胶	
171	CZ 2527－04	橡胶垫板　1 102 × 190 × 10	1	橡胶	
172	CZ 2527－04	橡胶垫板　1 113 × 190 × 10	1	橡胶	
173	CZ 2527－04	橡胶垫板　1 124 × 190 × 10	1	橡胶	
174	CZ 2527－04	橡胶垫板　1 135 × 190 × 10	1	橡胶	
175	CZ 2527－04	橡胶垫板　1 146 × 190 × 10	1	橡胶	
176	CZ 2527－04	橡胶垫板　1 157 × 190 × 10	1	橡胶	
177	CZ 2527－04	橡胶垫板　1 167 × 190 × 10	1	橡胶	
178	CZ 2527－04	橡胶垫板　1 178 × 190 × 10	1	橡胶	
179	CZ 2527－04	橡胶垫板　1 189 × 190 × 10	1	橡胶	
180	CZ 2527－04	橡胶垫板　1 200 × 190 × 10	1	橡胶	
181	CZ 2527－04	橡胶垫板　1 210 × 190 × 10	1	橡胶	
182	CZ 2527－04	橡胶垫板　1 222 × 210 × 10	1	橡胶	
183	CZ 2527－04	橡胶垫板　1 232 × 210 × 10	1	橡胶	
184	CZ 2527－04	橡胶垫板　1 243 × 210 × 10	1	橡胶	
185	CZ 2527－04	橡胶垫板　1 254 × 210 × 10	1	橡胶	
186	CZ 2527－04	橡胶垫板　1 266 × 210 × 10	1	橡胶	
187	CZ 2527－04	橡胶垫板　1 286 × 210 × 10	1	橡胶	
188	CZ 2527－04	橡胶垫板　1 306 × 210 × 10	1	橡胶	
189	CZ 2527－04	橡胶垫板　1 326 × 210 × 10	1	橡胶	
190	CZ 2527－05	橡胶垫板　1 346－638	1	橡胶	

续上表

序号	图号 / 标准	名称及规格	数量	材 料	备 注
191	CZ 2527－05	橡胶垫板 1 366－648	1	橡胶	
192	CZ 2527－05	橡胶垫板 1 386－658	1	橡胶	
193	CZ 2527－05	橡胶垫板 1 406－668	1	橡胶	
194	CT 10－13	橡胶垫板 610×175×5	15	橡胶	
195	CB 609－09	顶 铁 103－105Y(Z)	1	KTH 330－08	
196	CB 609－09	顶 铁 120－121Y(Z)	1	KTH 330－08	
197	CB 609－09	顶 铁 94－94	1	KTH 330－08	

60 kg/m 钢轨 30 号单开道岔
图　号：CZ 2527

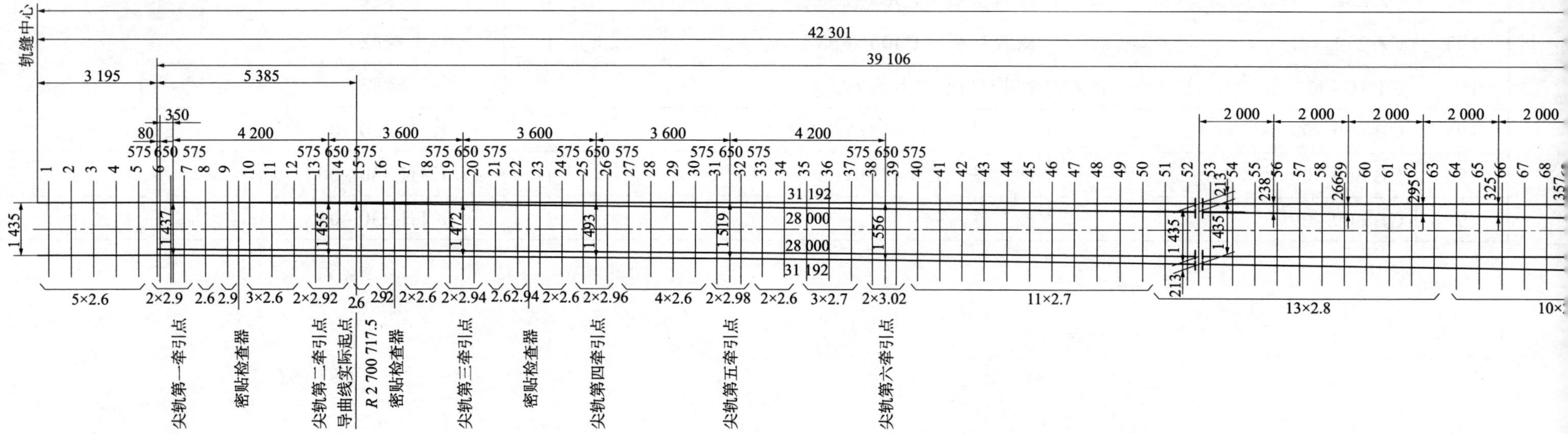

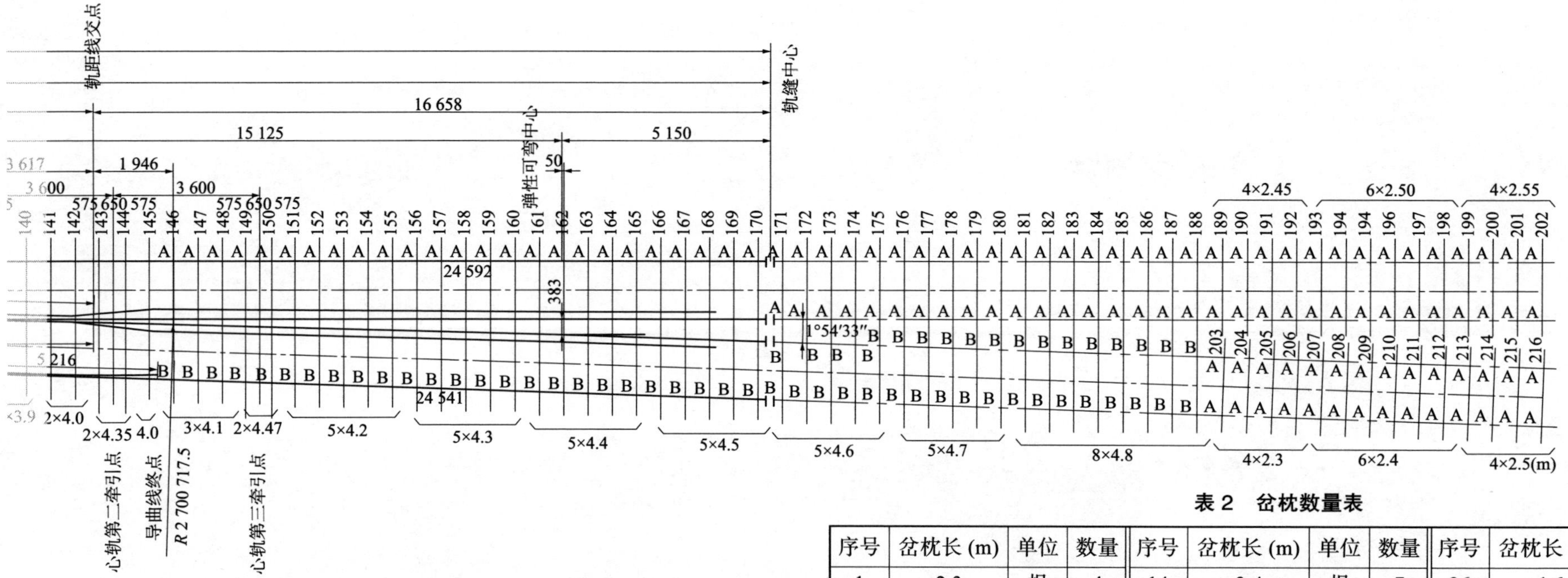

图 1　转辙器部分轨距示意图

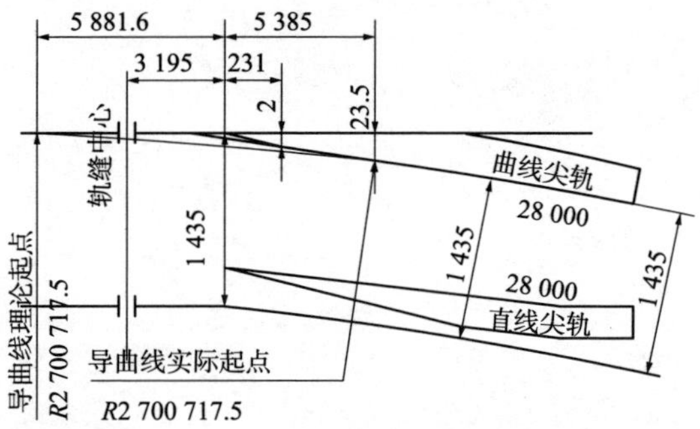

表 2　岔枕数量表

序号	岔枕长 (m)	单位	数量	序号	岔枕长 (m)	单位	数量	序号	岔枕长 (m)	单位	数量
1	2.3	根	4	14	3.4	根	7	26	4.6	根	5
2	2.4	根	6	15	3.5	根	6	27	4.7	根	5
3	2.45	根	4	16	3.6	根	6	28	4.8	根	8
4	2.5	根	10	17	3.7	根	6	29	2.9	根	3
5	2.55	根	4	18	3.8	根	5	30	2.92	根	3
6	2.6	根	21	19	3.9	根	3	31	2.94	根	3
7	2.7	根	14	20	4.0	根	3	32	2.96	根	2
8	2.8	根	13	21	4.1	根	3	33	2.98	根	2
9	2.9	根	10	22	4.2	根	5	34	3.02	根	2
10	3.0	根	9	23	4.3	根	5	35	4.23	根	2
11	3.1	根	8	24	4.4	根	5	36	4.35	根	2
12	3.2	根	8	25	4.5	根	5	37	4.47	根	2
13	3.3	根	7								

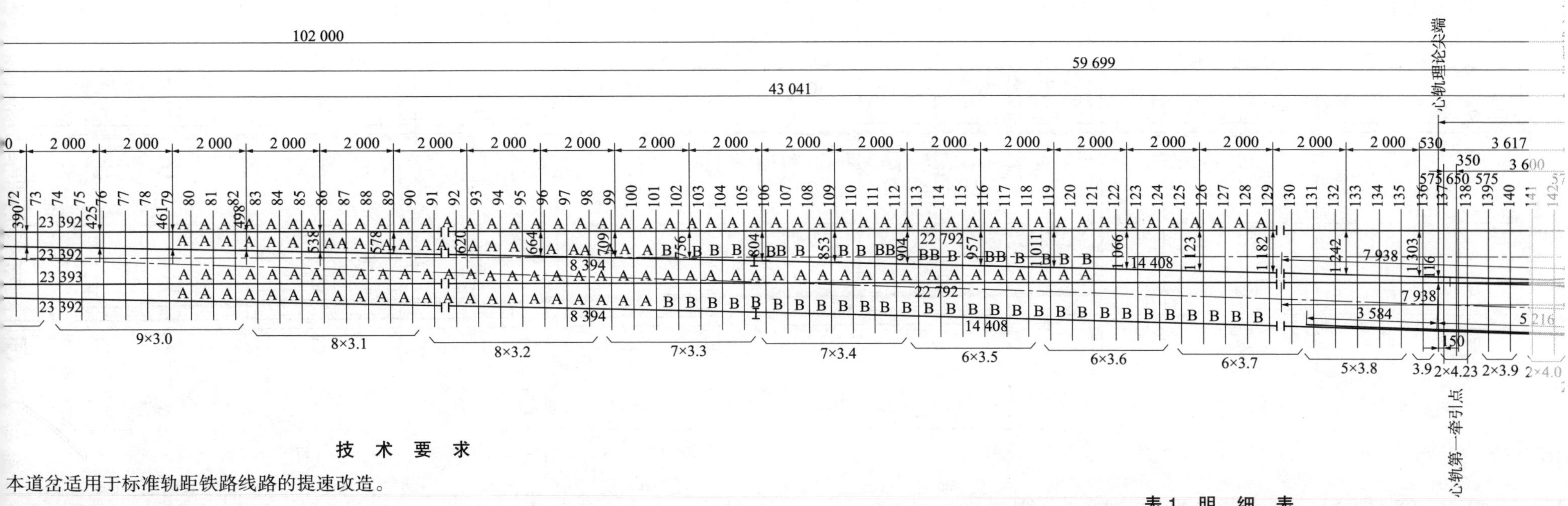

技 术 要 求

本道岔适用于标准轨距铁路线路的提速改造。

道岔轨距均为 1 435 mm。

道岔的主要结构特点：

(1) 尖轨为半切线型，采用 28 000 mm 长的弹性可弯尖轨，用 60AT 钢轨制造，尖轨尖端为藏尖式，跟端采用限位器结构。

(2) 尖轨设六个牵引点，采用分动钩型外锁闭装置和多机牵动；动程分别为 160、132、110、87、65、40 mm。

(3) 可动心轨辙叉采用钢轨组合式，心轨采用 60AT 钢轨，短心轨后端为滑动端，翼轨采用模锻翼轨与 60 kg/m 钢轨焊接的长翼轨以适用于跨区间无逢线路。

(4) 心轨设三个牵引点，采用钩型外锁闭和多机牵动。动程分别为 112、84、57 mm。

(5) 转辙器牵引点后安设尖轨限位防跳装置，辙叉心轨尖端锻制出防跳凸台与模锻翼轨配合防跳，翼轨轨腰安设防跳顶铁。

(6) 道岔钢轨设置 1：40 的轨底坡或轨顶坡。

(7) 为防止心轨侧磨，可动心轨辙叉侧股设置防磨护轨。

(8) 护轨为分开式结构，采用槽型钢制造，护轨顶面高出基本轨 12 mm。

(9) 扣件采用分开式Ⅲ型弹条扣件，在特殊部位用Ⅱ型弹条扣件，轨距块设计安装号数如下：Ⅲ型弹条扣件，钢轨工作边安装 11 号轨距块；钢轨非工作边安装 9 号轨距块；

(10) 钢轨轨下设置 5 mm 厚橡胶垫板，护轨垫板下设置 5 mm 厚橡胶垫板，其他垫板下设置 10 mm 厚的橡胶垫板。

(11) 牵引点处岔枕增设档砟板。

明细表中的平垫板包括两种类型。垫板 452－8 铺设位置用符号“B”表示。垫板 452－0 铺设位置用符号“A”表示。

普通接头、绝缘接头钢轨轨缝为 8 mm。焊接接头采用铝热焊时，轨缝按 28 mm 计；采用气压焊时，焊接钢轨端头需加长 31 mm。

本图按设轨道电路设计。普通接头、绝缘接头和焊接接头分别以“—|├—”、“┬”、“—●—”表示。

本图按绝缘接头设置在侧股绘制（设置胶接绝缘的钢轨按括号内的数字断开）。用户有特殊配形式时，需在订货时指明。

表 1 明 细 表

序号	图号 / 标准	名称及规格	数量	材 料	备 注
1	CB 2541	转辙器	1 组		
2	CB 2542	可动心轨辙叉	1 组		
3	TB/T 2344	钢 轨		60 kg/m 钢轨	
4	TB/T 2345	接头夹板 60			
5	TB/T 2347	接头螺栓、螺母 M24 × 135			
6	GB/T 1230	垫 圈 24			
7	CB 2541－05	垫 板 452－0	253	Q235－A（底板）	
8	CB 2541－05	垫 板 452－8 Y(Z)	109	Q235－A（底板）	
9	CB 596－31	轨距块 60－9	322	ZG 270－500	
10	CB 596－31	轨距块 60－11	322	ZG 270－500	
11	CB 596－31	轨距块 60－7	200	ZG 270－500	
12	CB 596－31	轨距块 60－13	200	ZG 270－500	
13	CB 596－32	接头轨距块 60－9	20	ZG 270－500	
14	CB 596－32	接头轨距块 60－11	20	ZG 270－500	
15	CB 596－32	接头轨距块 60－7	10	ZG 270－500	
16	CB 596－32	接头轨距块 60－13	10	ZG 270－500	
17	专线 3328－3	Ⅲ型弹条	724	60Si2CrVA	
18	专线 9602	Ⅲ型接头弹条	40	60Si2CrVA	
19	CT 10－16	螺 栓 ϕ30 × 170	724	45	
20	GB/T 7244	弹簧垫圈 30	724	65Mn	
21	CT 10－11	橡胶垫板 452 × 175 × 10	362	橡胶	
22	CT 10－01	橡胶垫板 60－190	362	橡胶	
23	CB 684－31	挡砟板	9		
24		钢轨绝缘	2 组	60 kg/m 钢轨用	胶接绝缘
25	CZ 2527－06	轨距块 60－5	120	ZG 270－500	备用
26	CZ 2527－06	轨距块 60－15	120	ZG 270－500	备用

60 kg/m 钢轨 30 号单开道岔转辙器

图　号：CB 2541

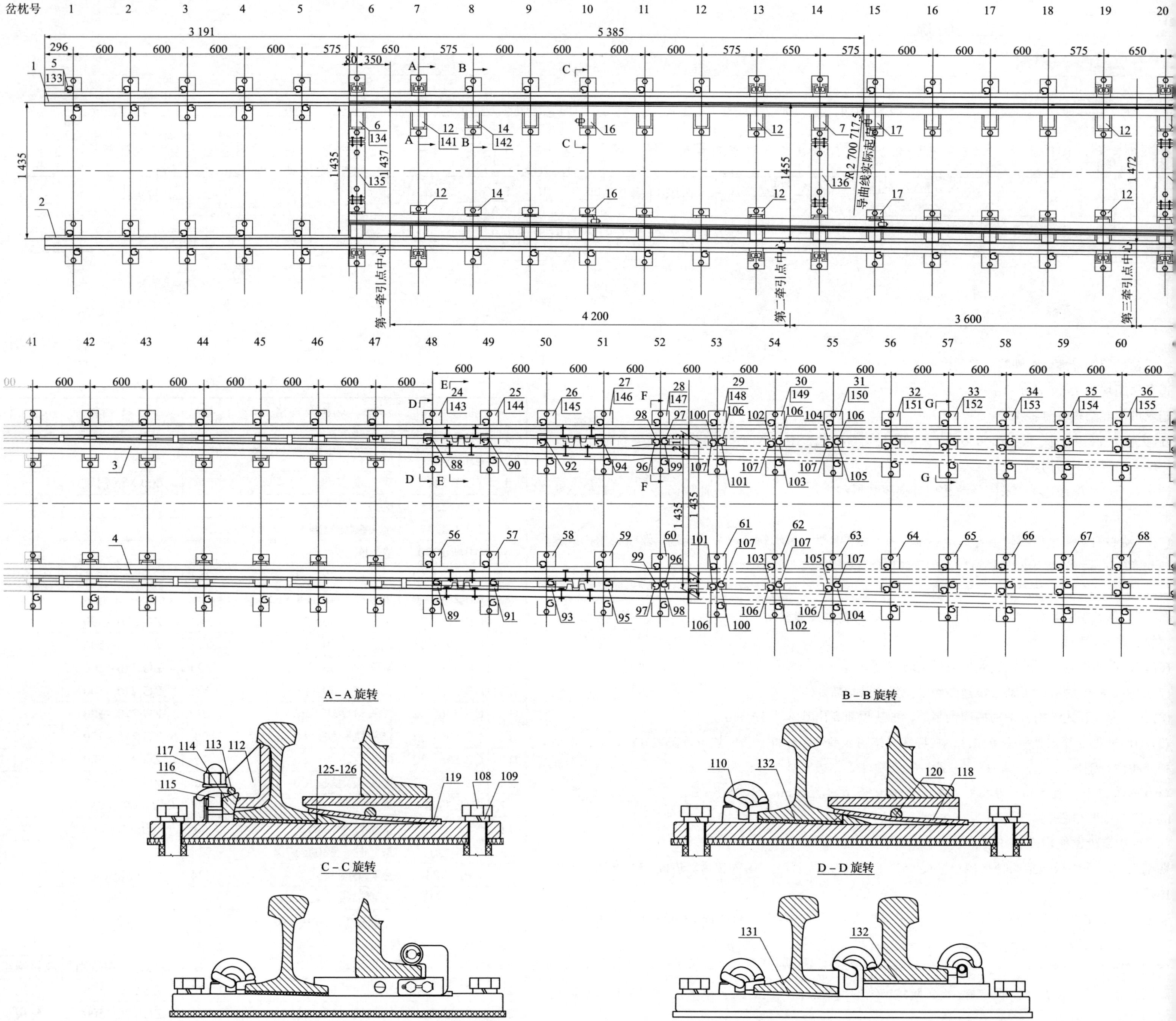

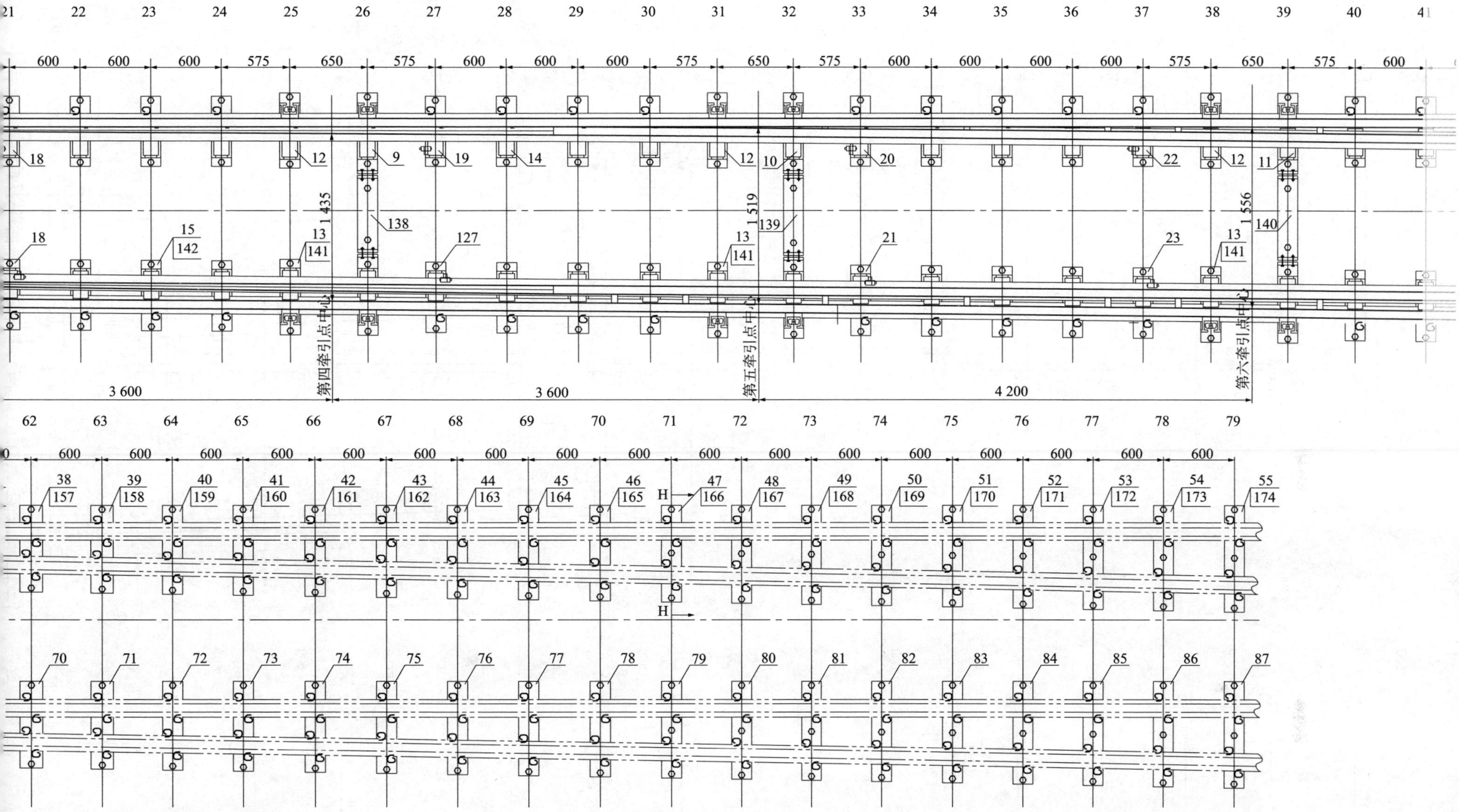

E－E 旋转

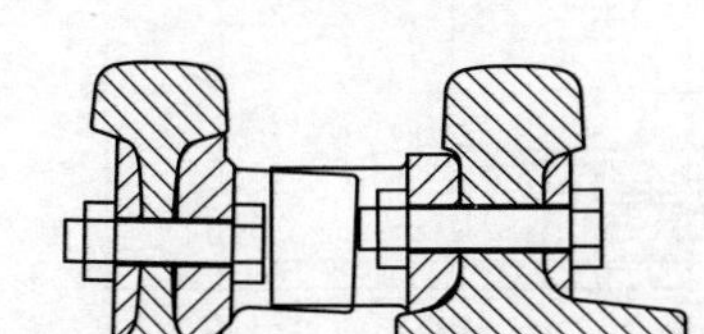

F－F 旋转

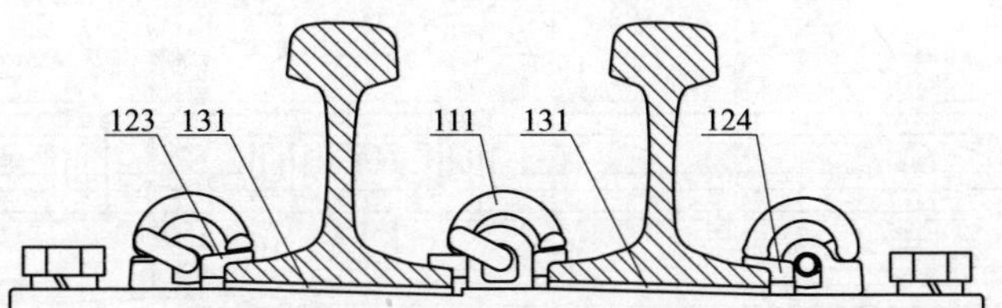

G－G 旋转

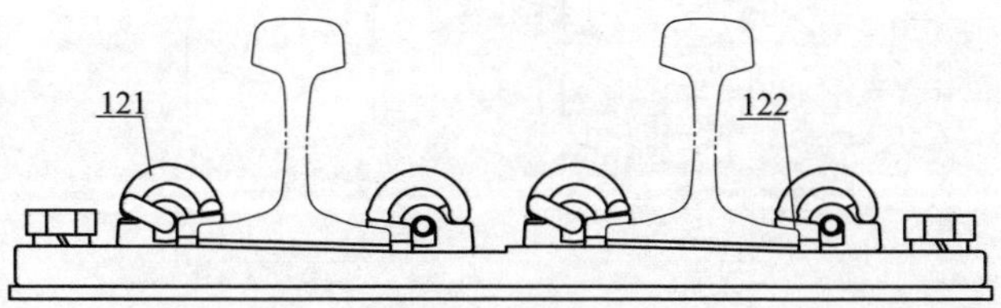

H－H 旋转

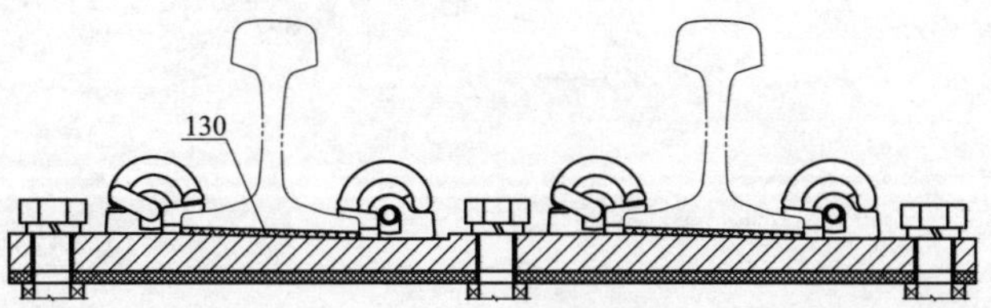

技 术 要 求

防跳限位装置铁卡和滚轮安装方法说明：

(1) 预先将滚轮、销轴、平垫圈及开口销装于铁卡上。

(2) 将铁卡安装于滑床台上（注意：序号 16、17 项滑床台安装铁卡长为 120 mm，序号 18～23、127 项安装铁卡长为 90 mm）。

(3) 调整铁卡位置使铁卡与尖轨轨底侧边间隙小于 5 mm，安装螺栓后用开口销将两螺栓串联。

60 kg/m 钢轨单开道岔辙叉及护轨

图　号：CB 2542

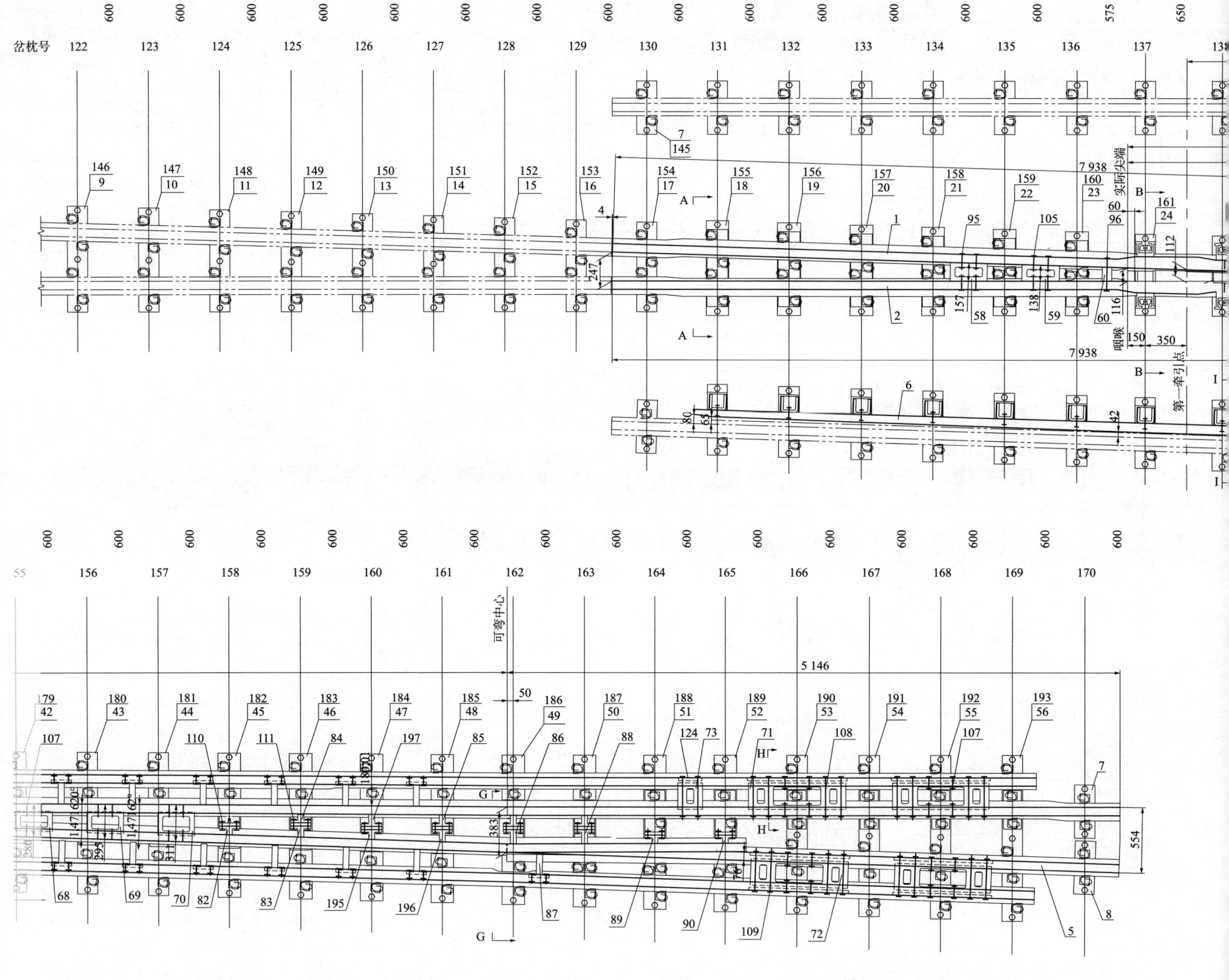

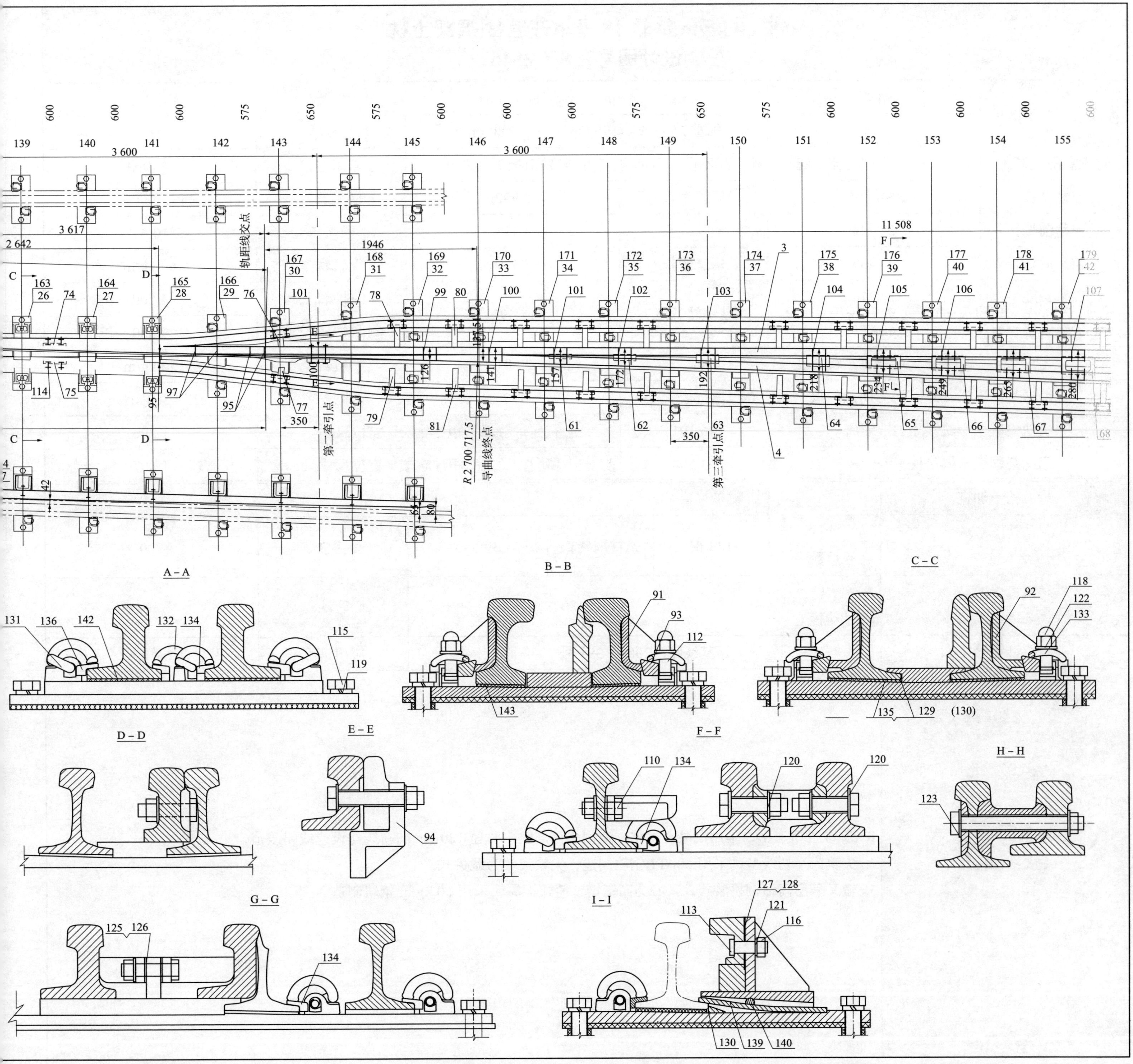

轨距线交点
第二牵引点
导曲线终点
R 2 700 717.5
第三牵引点
3 600
3 617
2 642
1946
11 508
350
A – A
B – B
C – C
D – D
E – E
F – F
G – G
H – H
I – I

<table>
<tr><th colspan="10">68. 60 kg/m 钢轨 18 号单开道岔(混凝土枕)
设计图号：CZ 2545</th></tr>
<tr><td rowspan="2">道岔允许通过速度</td><td colspan="2">客车</td><td colspan="4">$v_{直}$≤120 km/h；$v_{侧}$≤80 km/h</td><td>扣件类型</td><td colspan="2">Ⅱ型弹条</td></tr>
<tr><td colspan="2">货车</td><td colspan="4">轴重 23 t：$v_{直}$≤90 km/h；$v_{侧}$≤80 km/h</td><td>轨底坡</td><td colspan="2">—</td></tr>
<tr><td>转辙器跟端形式</td><td colspan="6">□限位器 ■间隔铁 □不设传力机构 □间隔铁活接头</td><td>锁闭方式</td><td colspan="2">内锁闭</td></tr>
<tr><td>道岔全长</td><td colspan="2">54 179</td><td colspan="2">辙叉全长</td><td colspan="2">8 992</td><td>辙叉类型</td><td colspan="2">高锰钢拼装式</td></tr>
<tr><td>道岔前长</td><td colspan="2">22 744</td><td colspan="2">辙叉趾长</td><td colspan="2">3 413</td><td>辙叉角</td><td colspan="2">3°10′47″</td></tr>
<tr><td>道岔后长</td><td colspan="2">31 435</td><td colspan="2">辙叉跟长</td><td colspan="2">5 579</td><td>翼轨轨型</td><td colspan="2">60 kg/m</td></tr>
<tr><td>尖轨长度</td><td colspan="2">14 210</td><td colspan="2" rowspan="2">基本轨长度</td><td colspan="2" rowspan="2">18 592</td><td>直向护轨长度</td><td colspan="2">7 800</td></tr>
<tr><td>尖轨轨型</td><td colspan="2">60AT1</td><td>侧向护轨长度</td><td colspan="2">7 800</td></tr>
<tr><td colspan="5">尖轨尖端前基本轨长度</td><td colspan="2">2 581</td><td>护轨轨型</td><td colspan="2">50 kg/m</td></tr>
<tr><td colspan="5">辙叉理论尖端距趾端方向前一根岔枕中心距离</td><td colspan="2">117</td><td>导曲线半径</td><td colspan="2">860 m</td></tr>
<tr><td colspan="3">尖轨尖端至心轨实际尖端距离</td><td colspan="2">46 191</td><td colspan="3">直向护轨端头距导轨端头定位尺寸</td><td colspan="2">1 796</td></tr>
<tr><td colspan="3">道岔终端至末根岔枕中心距离</td><td colspan="2">13 500</td><td colspan="3">侧向护轨端头距导轨端头定位尺寸</td><td colspan="2">1 807</td></tr>
<tr><td>最大构造加宽</td><td>—</td><td colspan="2">测量位置</td><td colspan="6">—</td></tr>
<tr><td>岔枕图号
CZ 2545Z</td><td>岔枕
总数</td><td colspan="2">122 根</td><td>岔枕展延长</td><td colspan="2">399.45</td><td>套管总数</td><td colspan="2">700</td></tr>
<tr><td>转换设备图号
—</td><td>尖轨
动程</td><td colspan="5">180、80</td><td>心轨动程</td><td colspan="2">—</td></tr>
<tr><td>批准文号</td><td colspan="6">运基线路〔2004〕393 号</td><td>应用情况</td><td colspan="2">★★</td></tr>
<tr><td>主要结构特点</td><td colspan="9">1. 92 改进型道岔，采用混凝土岔枕，适用于标准轨距时速 120 km 的新线建设或线路改造。
2. 尖轨为半切线型，采用 60AT1 钢轨制造，尖轨尖端为藏尖式。
3. 辙叉采用高锰钢拼装式，叉心为高锰钢整铸式，翼轨采用 60 kg/m 钢轨制造。</td></tr>
</table>

转辙器明细表

序号	图号 / 标准	名称及规格	数量	材　　料	备　　注
1	CB 2560－01	直基本轨　18 592	1	60 kg/m 钢轨	
2	CB 2560－02	曲基本轨　18 592	1	60 kg/m 钢轨	
3	CB 2560－03	曲线尖轨　14 210	1	60AT1 钢轨	
4	CB 2560－04	直线尖轨　14 210	1	60AT1 钢轨	
5	CB 2507－30	轨　撑　60	28	KTH 330－08	
6	CT 2－26	圆孔垫圈　60AT－0	4	KTH 330－08	
7	CT 2－22	间隔铁　60－122－126Z	1	HT150	
8	CT 2－22	间隔铁　60－122－126Y	1	HT150	与序号 7 间隔铁对称
9	CB 599－21	调整楔	28	KTH 350－10	
10	CT 2－71	拉　杆　B957	1		
11	CT 2－39	连　杆　1 002	1		
12	CT 2－39	连　杆　1 048	1		
13	CT 2－71	拉　杆　B1082	1		
14	CT 2－39	连　杆　1 087	1		
15	CB 2560－19	间隔铁　60－177－181	2	HT150	
16	CB 599－09	平垫板　60－0	4	Q235－A(底板)	
17	CB 599－10	轨撑垫板　60	4	Q235－A(底板)	
18	CB 2560－07	通长垫板	1		
19	CB 2560－07	通长垫板	1		
20	CB 2560－07	通长垫板	1		
21	CB 2560－07	通长垫板	1		
22	CB 2560－08	滑床板　60－0	11	Q235－A(底板)	
23	CB 2560－08	滑床板　60－3	7	Q235－A(底板)	
24	CB 2560－08	滑床板　60－6	4		
25	CB 2560－09	轨撑滑床板　60－0	6		
26	CB 2560－09	轨撑滑床板　60－3	6		
27	CB 2560－10	垫　板　633 × 170 × 20	2	Q235－A(底板)	
28	CB 2560－11	垫　板　645 × 170 × 20	2	Q235－A(底板)	
29	CB 2560－11	垫　板　658 × 170 × 20	2	Q235－A(底板)	
30	CB 2560－11	垫　板　671 × 170 × 20	2	Q235－A(底板)	
31	CB 2560－11	垫　板　685 × 170 × 20	2	Q235－A(底板)	
32	CB 2560－11	垫　板　699 × 170 × 20	2	Q235－A(底板)	
33	CB 2560－12	垫　板　714 × 170 × 20	2	Q235－A(底板)	
34	CB 2560－12	垫　板　729 × 170 × 20	2	Q235－A(底板)	

续上表

序号	图号 / 标准	名称及规格	数量	材　料	备　注
35	CB 2560－12	垫　板　744×170×20	2	Q235－A(底板)	
36	CB 2560－13	垫　板　761×170×20	2	Q235－A(底板)	
37	CB 2560－13	垫　板　777×170×20	2	Q235－A(底板)	
38	CB 2560－13	垫　板　794×170×20	2	Q235－A(底板)	
39	CB 2560－13	垫　板　811×170×20	2	Q235－A(底板)	
40	CB 2560－13	垫　板　828×170×20	2	Q235－A(底板)	
41	CB 2560－14	垫　板　846×170×20	2	Q235－A(底板)	
42	CB 2560－14	垫　板　864×170×20	2	Q235－A(底板)	
43	CB 2560－14	垫　板　883×170×20	2	Q235－A(底板)	
44	CB 2560－14	垫　板　902×170×20	2	Q235－A(底板)	
45	CT 2－12	单面支距扣板　66－69	2	KTH 350－10	
46	CT 2－12	单面支距扣板　79－82	2	KTH 350－10	
47	CT 2－12	单面支距扣板　92－95	2	KTH 350－10	
48	CT 2－12	单面支距扣板　106－109	2	KTH 350－10	
49	CT 2－12	单面支距扣板　120－123	2	KTH 350－10	
50	CB 2561－21	支距扣板　60/114－111	2	KTH 350－10	
51	CB 2561－21	支距扣板　60/129－126	2	KTH 350－10	
52	CB 2561－21	支距扣板　60/144－141	2	KTH 350－10	
53	CB 642－20	轨距调整片　160×12×1	46	Q235	备用
54	CB 642－20	轨距调整片　160×12×2	46	Q235	备用
55	CT 5－27	螺　栓　M27×290	4		
56	专线 3351	Ⅱ型弹条	180		
57	CT 5－09	轨距块　9－11	74	ZG 270－500	
58	CT 5－09	轨距块　13－15	60	ZG 270－500	
59	CT 5－09A	接头轨距块　9－11	6	ZG 270－500	
60	CT 5－09A	接头轨距块　13－15	6	ZG 270－500	
61	CT 10－16	岔枕螺栓　ϕ30×170	196		
62	GB/T 7244	重型弹簧垫圈　30	196		
63	CT 5－02	T 型螺栓　M24×80	34	Q235－A	
64	CT 5－27	螺　栓　M27×260	4		
65	CT 2－24	辙跟垫圈　60AT	12	KTH 330－08	
66	GB/T 7244	弹簧垫圈　27	8		
67	专线 4232－101	螺　母　M27	8	Q275	
68	CT 7－63	长方沉头螺栓　M24×100	10	Q235－A	
69	GB/T 923	盖形螺母　M24	190		
70	CB 642－22	限位螺母　M24	180	Q275	

续上表

序号	图号 / 标准	名称及规格	数量	材　料	备　注
71	CT 5－02	T 型螺栓　M24 × 60	146	Q235－A	
72	TB/T 565	双层弹簧垫圈　24	10	55Si2Mn	单面支距扣板用
73	GB/T 97.1	平垫圈　24	20		
74	CT 10－01	橡胶垫板　60－190	80	橡胶	
75	CT 10－02	橡胶垫板　60－190	46	橡胶	
76	CT 10－11	橡胶垫板　452 × 175 × 10	8	橡胶	
77	CT 10－19	橡胶垫板　705－66－556	4	橡胶	
78	CT 10－04	橡胶垫板　570 × 175 × 10	4	橡胶	
79	CT 10－19	橡胶垫板　717－69－556	1	橡胶	
80	CT 10－19	橡胶垫板　717－63－556	1	橡胶	
81	CT 10－19	橡胶垫板　781－69－556	1	橡胶	
82	CT 10－19	橡胶垫板　781－63－556	1	橡胶	
83	CT 10－08	橡胶垫板　626 × 175 × 10	38	橡胶	
84	CT 10－09	橡胶垫板　633 × 175 × 10	2	橡胶	
85	CT 10－09	橡胶垫板　645 × 175 × 10	2	橡胶	
86	CT 10－09	橡胶垫板　658 × 175 × 10	2	橡胶	
87	CT 10－09	橡胶垫板　671 × 175 × 10	2	橡胶	
88	CT 10－09	橡胶垫板　685 × 175 × 10	2	橡胶	
89	CT 10－09	橡胶垫板　699 × 175 × 10	2	橡胶	
90	CT 10－09	橡胶垫板　714 × 175 × 10	2	橡胶	
91	CT 10－09	橡胶垫板　729 × 175 × 10	2	橡胶	
92	CT 10－09	橡胶垫板　744 × 175 × 10	2	橡胶	
93	CT 10－09	橡胶垫板　760 × 175 × 10	2	橡胶	
94	CT 10－09	橡胶垫板　776 × 175 × 10	2	橡胶	
95	CT 10－09	橡胶垫板　793 × 175 × 10	2	橡胶	
96	CT 10－09	橡胶垫板　810 × 175 × 10	2	橡胶	
97	CT 10－09	橡胶垫板　828 × 175 × 10	2	橡胶	
98	CT 10－10	橡胶垫板　846－388	2	橡胶	
99	CT 10－10	橡胶垫板　864－397	2	橡胶	
100	CT 10－10	橡胶垫板　883－407	2	橡胶	
101	CT 10－10	橡胶垫板　902－416	2	橡胶	
102	CB 2560－05	垫　板　626 × 170 × 20	1	Q235－A(底板)	
103	CB 2560－05	垫　板　626 × 170 × 20	1	Q235－A(底板)	
104	CB 2560－06	垫　板　626 × 170 × 20	1	Q235－A(底板)	
105	CB 2560－06	垫　板　626 × 170 × 20	1	Q235－A(底板)	

辙叉及护轨明细表

序号	图号 / 标准	名称及规格	数量	材　料	备　注
1	CB 2561－01	高锰钢叉心　60－18PC	1	ZG Mn13	
2	CB 2561－02	序号 2 翼轨　7 216	1	60 kg/m 钢轨	
3	CB 2561－02	序号 3 翼轨　7 216	1	60 kg/m 钢轨	与序号 2 对称
4	CB 2561－03	直向护轨　7 800	1	50 kg/m 钢轨	
5	CB 2561－04	侧向护轨　7 800	1	50 kg/m 钢轨	
6	CB 2561－05	序号 6 夹板　1 152	1	Q235－A	
7	CB 2561－05	序号 7 夹板　1 152	1	Q235－A	与序号 6 对称
8	CB 2561－06	护轨垫板　600	13	16Mn(底板)	
9	CB 2561－07	护轨垫板　600	13	16Mn(底板)	左右开对称制造
10	CB 2561－08	垫　板　913 × 170 × 20	1	Q235－A(底板)	左右开对称制造
11	CB 2561－08	垫　板　883 × 170 × 20	1	Q235－A(底板)	左右开对称制造
12	CB 2561－08	垫　板　853 × 170 × 20	1	Q235－A(底板)	左右开对称制造
13	CB 2561－09	垫　板　822 × 170 × 20	1	Q235－A(底板)	左右开对称制造
14	CB 2561－09	垫　板　791 × 170 × 20	1	Q235－A(底板)	左右开对称制造
15	CB 2561－09	垫　板　759 × 170 × 20	1	Q235－A(底板)	左右开对称制造
16	CB 2561－10	垫　板　726 × 170 × 20	1	Q235－A(底板)	左右开对称制造
17	CB 2561－10	垫　板　697 × 170 × 20	1	Q235－A(底板)	左右开对称制造
18	CB 2561－11	垫　板　664 × 170 × 20	1	Q235－A(底板)	左右开对称制造
19	CB 2561－11	垫　板　631 × 170 × 20	1	Q235－A(底板)	左右开对称制造
20	CB 2561－11	垫　板　597 × 170 × 20	1	Q235－A(底板)	左右开对称制造
21	CB 2561－12	垫　板　595 × 170 × 22	1	Q235－A(底板)	左右开对称制造
22	CB 2561－13	垫　板　610 × 170 × 26	1	Q235－A(底板)	左右开对称制造
23	CB 2561－14	垫　板　629 × 170 × 26	1	Q235－A(底板)	左右开对称制造
24	CB 2561－15	垫　板　666 × 170 × 26	1	Q235－A(底板)	左右开对称制造
25	CB 2561－15	垫　板　710 × 170 × 26	1	Q235－A(底板)	左右开对称制造
26	CB 2561－15	垫　板　755 × 170 × 26	1	Q235－A(底板)	左右开对称制造
27	CB 2561－15	垫　板　800 × 170 × 26	1	Q235－A(底板)	左右开对称制造
28	CB 2561－15	垫　板　844 × 170 × 26	1	Q235－A(底板)	左右开对称制造
29	CB 2561－16	垫　板　700 × 170 × 20	1	Q235－A(底板)	左右开对称制造
30	CB 2561－16	垫　板　733 × 170 × 20	1	Q235－A(底板)	左右开对称制造
31	CB 2561－16	垫　板　696 × 170 × 20	1	Q235－A(底板)	左右开对称制造
32	CB 2561－17	垫　板　710 × 170 × 20	1	Q235－A(底板)	左右开对称制造
33	CB 2561－18	垫　板　743 × 170 × 20	1	Q235－A(底板)	左右开对称制造

续上表

序号	图号 / 标准	名称及规格	数量	材　料	备　注
34	CB 2561－19	垫　板　777×170×20	1	Q235－A(底板)	左右开对称制造
35	CB 2561－19	垫　板　810×170×20	1	Q235－A(底板)	左右开对称制造
36	CB 2561－20	垫　板　844×170×20	1	Q235－A(底板)	左右开对称制造
37	CB 2561－20	垫　板　876×170×20	1	Q235－A(底板)	左右开对称制造
38	CB 2561－20	垫　板　910×170×20	1	Q235－A(底板)	左右开对称制造
39	CT 5－57	间隔铁　60－175/163	1	HT150	
40	CB 669－19	间隔铁　60－127/116	1	HT150	
41	CB 669－20	间隔铁　60－64.2/65.2 Z	1	HT150	
42	CB 669－20	间隔铁　60－64.2/65.2 Y	1	HT150	与序号 41 对称
43	CB 669－21	间隔铁　60－63/60　Z	1	HT150	
44	CB 669－21	间隔铁　60－63/60 Y	1	HT150	与序号 43 对称
45	CB 669－21	间隔铁　60－60/62 Z	1	HT150	
46	CB 669－21	间隔铁　60－60/62 Y	1	HT150	与序号 45 对称
47	CB 669－21	间隔铁　60－72.5/74.5 Z	1	HT150	
48	CB 669－21	间隔铁　60－72.5/74.5 Y	1	HT150	与序号 47 对称
49	CB 669－21	间隔铁　60－82.5/84.5 Z	1	HT150	
50	CB 669－21	间隔铁　60－82.5/84.5 Y	1	HT150	与序号 49 对称
51	CB 2561－21	支距扣板　60/129－123	1	KTH 350－10	
52	CB 2561－21	支距扣板　60/96－90	1	KTH 350－10	
53	CB 2561－21	支距扣板　60/108－102	1	KTH 350－10	
54	CB 2561－21	支距扣板　60/141－135	1	KTH 350－10	
55	TB/T 2345	接头夹板	8		
56	TB/T 2347	接头螺栓、螺母 M24×135－10.9	24		
57	GB/T 1230	垫　圈　24	24		
58	CT 10－16	岔枕螺栓　ϕ30×170	116		
59	GB/T 7244	重型弹簧垫圈　30	116		
60	CT 5－28	半圆头方颈螺栓　M24×110	18	20SiMn	
61	CT 5－28	半圆头方颈螺栓　M24×100	8	20SiMn	护轨两端用
62	GB/T 1228	高强度大六角头螺栓　M27×250	1	10.9 级	
63	GB/T 1228	高强度大六角头螺栓　M27×245	1	10.9 级	
64	GB/T 1228	高强度大六角头螺栓　M27×195	1	10.9 级	
65	GB/T 1228	高强度大六角头螺栓　M27×190	1	10.9 级	
66	GB/T 1228	高强度大六角头螺栓　M27×265	1	10.9 级	
67	GB/T 1228	高强度大六角头螺栓　M27×275	2	10.9 级	
68	GB/T 1228	高强度大六角头螺栓　M27×305	1	10.9 级	

续上表

序号	图号 / 标准	名称及规格	数量	材　料	备　注
69	GB/T 1228	高强度大六角头螺栓　M27 × 315	1	10.9 级	
70	GB/T 1228	高强度大六角头螺栓　M27 × 360	1	10.9 级	
71	GB/T 1228	高强度大六角头螺栓　M27 × 370	1	10.9 级	
72	GB/T 1228	高强度大六角头螺栓　M27 × 440	1	10.9 级	
73	GB/T 1228	高强度大六角头螺栓　M27 × 450	1	10.9 级	
74	CT 5 – 02	T 型螺栓　M24 × 60	106	Q235 – A	
75	CT 5 – 02	T 型螺栓　M24 × 80	4	Q235 – A	
76	专线 3351	Ⅱ型弹条	110	60Si2CrVA	
77	GB/T 923	盖型螺母　M24	110		
78	CB 642 – 22	限位螺母　M24	110		
79	专线 4232 – 101	螺　母　M24	26		
80	GB/T 7244	弹簧垫圈　24	26		
81	NS – 01(b)	六角螺母　M27 – 10	13		
82	GB/T 1230	垫　圈　27	13		
83	CT 2 – 55	调整片　147 × 100 × 3	26	Q195	护轨用
84	CT 2 – 55	调整片　147 × 100 × 2	52	Q195	护轨用
85	CT 5 – 09	轨距块　9 – 11	63	ZG 270 – 500	
86	CT 5 – 09	轨距块　13 – 15	39	ZG 270 – 500	
87	CT 5 – 09A	接头轨距块　9 – 11	4	ZG 270 – 500	
88	CT 5 – 09A	接头轨距块　13 – 15	4	ZG 270 – 500	
89	CT 10 – 01	橡胶垫板　60 – 190	56	橡胶	
90	CB 2561 – 22	橡胶垫板　60/356 – 368	2	橡胶	
91	CB 2561 – 22	橡胶垫板　60/322 – 332	2	橡胶	
92	CB 2561 – 22	橡胶垫板　60/290 – 296	2	橡胶	
93	CB 2561 – 22	橡胶垫板　60/305 – 310	1	橡胶	
94	CB 2561 – 22	橡胶垫板　60/401 – 414	1	橡胶	
95	CB 2561 – 22	橡胶垫板　60/445 – 459	1	橡胶	
96	CB 2561 – 22	橡胶垫板　60/490 – 504	1	橡胶	
97	CB 2561 – 22	橡胶垫板　60/534 – 548	1	橡胶	
98	CB 2561 – 22	橡胶垫板　60/392 – 403	1	橡胶	
99	CB 2561 – 22	橡胶垫板　60/425 – 436	1	橡胶	
100	CB 2561 – 22	橡胶垫板　60/388 – 398	1	橡胶	
101	CT 10 – 13	橡胶垫板　600 × 175 × 5	26	橡胶	
102	CT 10 – 10	橡胶垫板　913 – 422	1	橡胶	
103	CT 10 – 10	橡胶垫板　883 – 407	1	橡胶	

续上表

序号	图号 / 标准	名称及规格	数量	材　　料	备　　注
104	CT 10－10	橡胶垫板　853－392	1	橡胶	
105	CT 10－09	橡胶垫板　822×175×10	1	橡胶	
106	CT 10－09	橡胶垫板　791×175×10	1	橡胶	
107	CT 10－09	橡胶垫板　759×175×10	1	橡胶	
108	CT 10－09	橡胶垫板　726×175×10	1	橡胶	
109	CT 10－09	橡胶垫板　697×175×10	1	橡胶	
110	CT 10－09	橡胶垫板　664×175×10	1	橡胶	
111	CT 10－09	橡胶垫板　631×175×10	1	橡胶	
112	CT 10－09	橡胶垫板　597×175×10	1	橡胶	
113	CT 10－09	橡胶垫板　595×175×10	1	橡胶	
114	CT 10－09	橡胶垫板　610×175×10	1	橡胶	
115	CT 10－09	橡胶垫板　629×175×10	1	橡胶	
116	CT 10－09	橡胶垫板　666×175×10	1	橡胶	
117	CT 10－09	橡胶垫板　710×175×10	2	橡胶	
118	CT 10－09	橡胶垫板　755×175×10	1	橡胶	
119	CT 10－09	橡胶垫板　800×175×10	1	橡胶	
120	CT 10－09	橡胶垫板　844×175×10	1	橡胶	
121	CT 10－09	橡胶垫板　700×175×10	1	橡胶	
122	CT 10－09	橡胶垫板　733×175×10	1	橡胶	
123	CT 10－09	橡胶垫板　696×175×10	1	橡胶	
124	CT 10－09	橡胶垫板　743×175×10	1	橡胶	
125	CT 10－09	橡胶垫板　777×175×10	1	橡胶	
126	CT 10－09	橡胶垫板　810×175×10	1	橡胶	
127	CT 10－10	橡胶垫板　844－387	1	橡胶	
128	CT 10－10	橡胶垫板　876－403	1	橡胶	
129	CT 10－10	橡胶垫板　910－420	1	橡胶	
130	CB 642－20	轨距调整片　160×12×1	26	Q235	
131	CB 642－20	轨距调整片　160×12×2	26	Q235	

60 kg/m 钢轨 18 号单开道岔辙叉及护轨

图　号：CB 2561

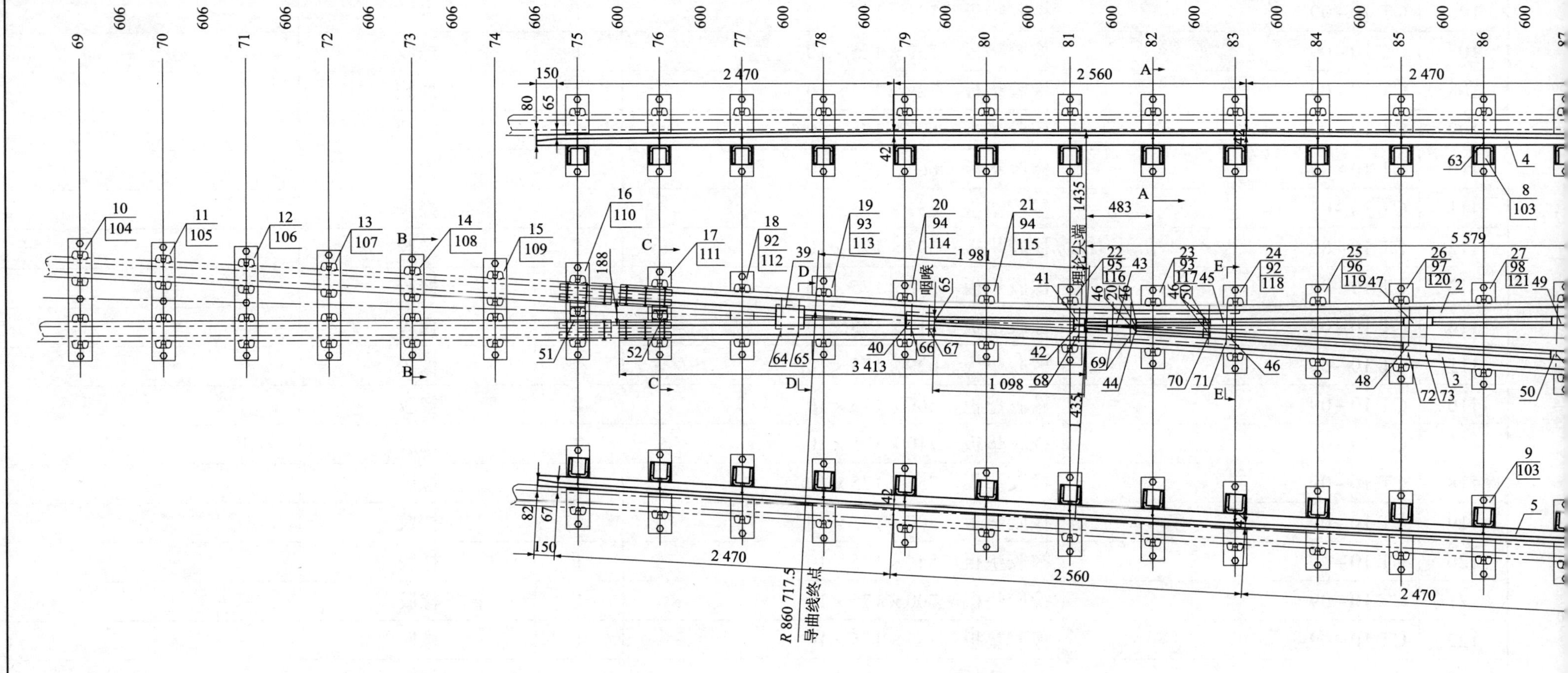

D - D 旋转

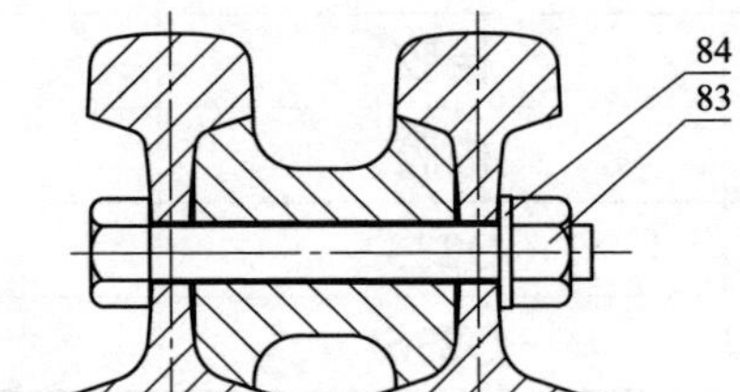

E - E 旋转

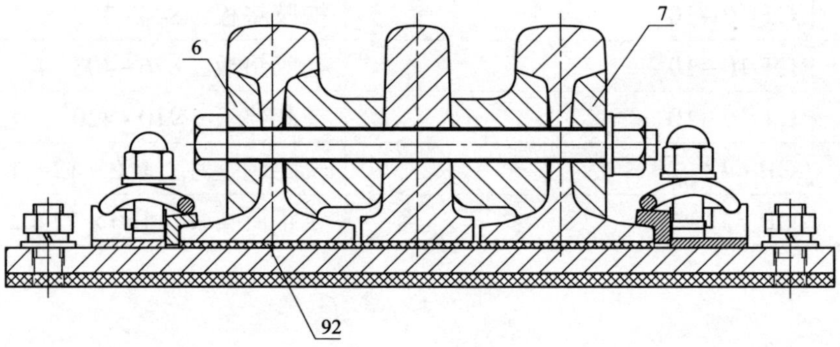

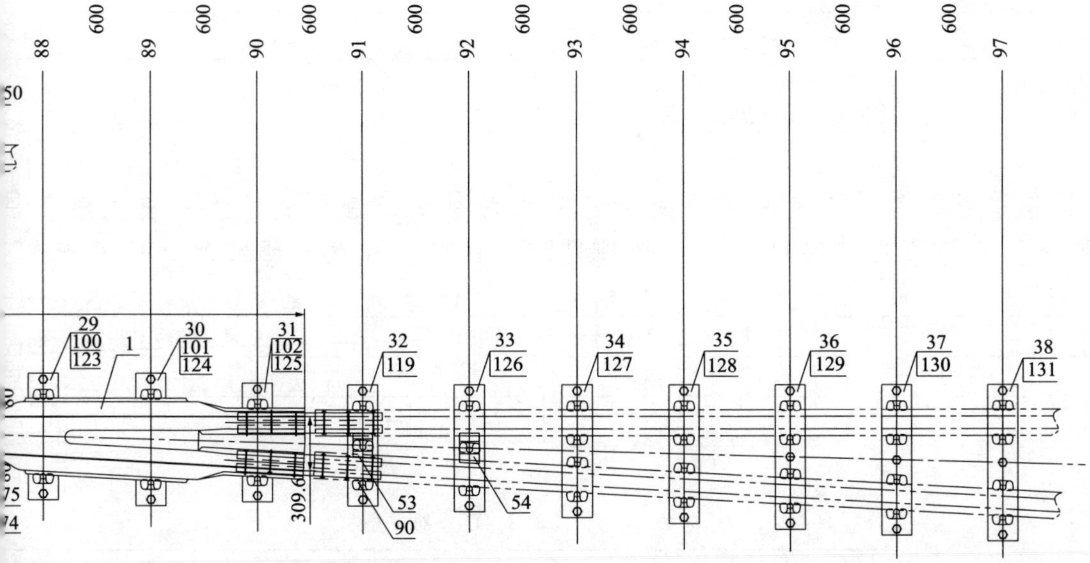

A - A 旋转

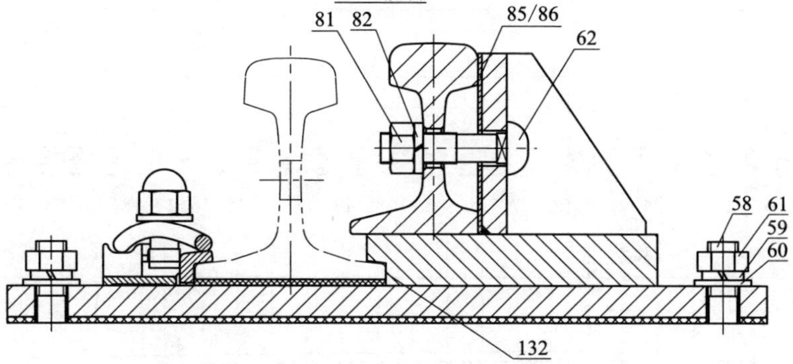

B - B 旋转

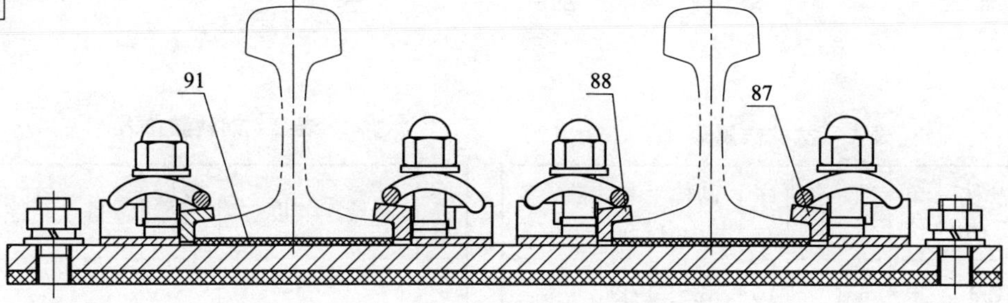

C - C 旋转

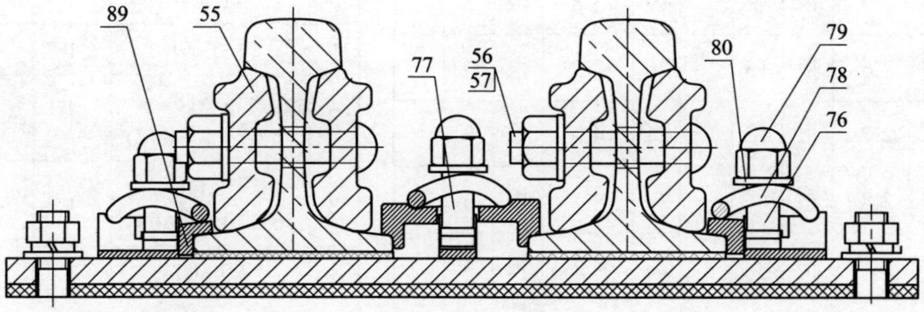

技 术 要 求

1. 辙叉采用直线型高锰钢拼装式，叉心为高锰钢整铸式，翼轨采用 60 kg/m 钢轨制造。
2. 护轨为分开式，采用 50 kg/m 钢轨制造，护轨顶面高出基本轨顶面 12 mm。
3. 扣件采用Ⅱ型弹条分开式可调扣件。轨距块设计安装号数如下：钢轨工作边一侧，安装 13 号轨距块或接头轨距块；钢轨非工作边一侧，安装 11 号轨距块或接头轨距块；辙叉一侧安装 11 号轨距块，另一侧安装 13 号轨距块。
4. 水平螺栓采用防松螺母，扭矩 980 N · m。
5. 钢轨下和辙叉下设置 5 mm 厚橡胶垫板，护轨垫板下设置 5 mm 厚橡胶垫板，辙叉垫板下设置 10 mm 厚橡胶垫板。
6. 组装护轨时，应使用 3 mm 厚的调整片，如查照间隔或护背距离不合格时，可以使用备用调整片进行调整。
7. 查照间隔和护背距离在心轨轨头宽 20～30 mm 处测量。

60 kg/m 钢轨 18 号单开道岔
图　号：CZ 2545

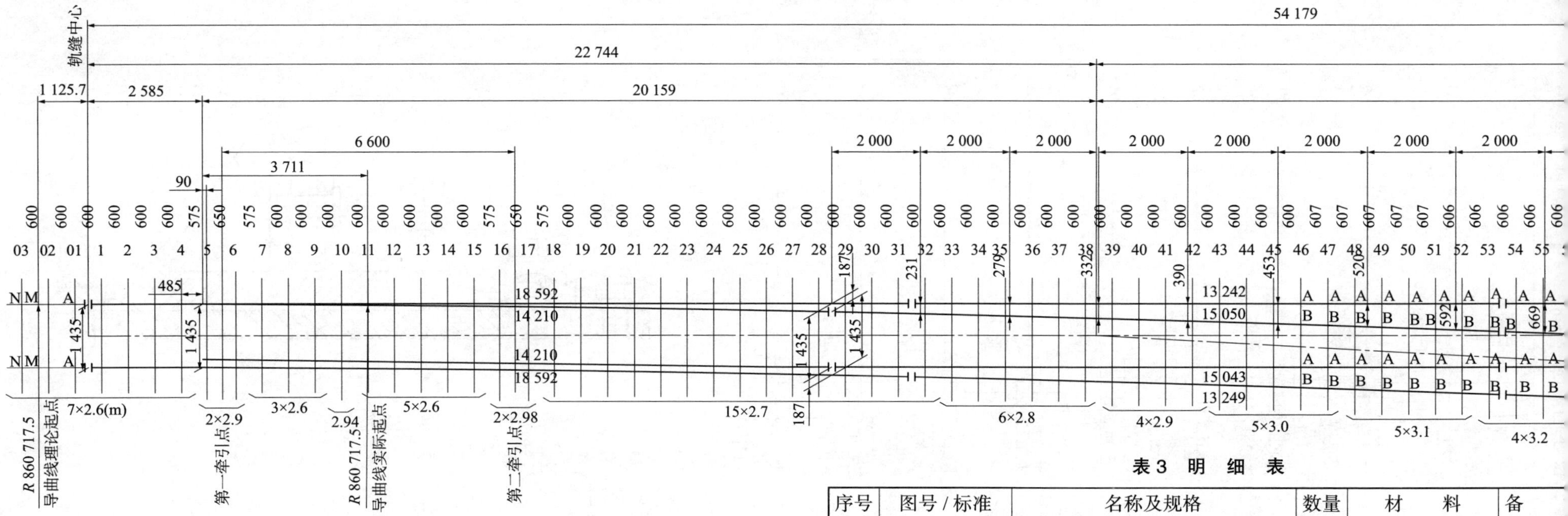

表 1　岔枕数量表

序号	岔枕长(m)	单位	数量	备注	序号	岔枕长(m)	单位	数量	备注
1	2.3	根	3		16	3.5	根	4	
2	2.4	根	3		17	3.6	根	2	
3	2.45	根	3		18	3.7	根	3	
4	2.5	根	3		19	3.8	根	3	
5	2.6	根	15		20	3.9	根	4	
6	2.7	根	15		21	4.0	根	3	
7	2.8	根	6		22	4.1	根	3	
8	2.9	根	6		23	4.2	根	4	
9	2.94	根	1		24	4.3	根	2	
10	2.98	根	2		25	4.4	根	4	
11	3.0	根	5		26	4.5	根	2	
12	3.1	根	5		27	4.6	根	4	
13	3.2	根	4		28	4.7	根	2	
14	3.3	根	4		29	4.8	根	3	
15	3.4	根	4						

表 2　钢轨数量表

序号	长　度	数量(根)	备　注
1	13 242	1	
2	13 249	1	
3	15 043	1	CZ 2545－01
4	15 050	1	CZ 2545－01
5	11 506	1	
6	13 320	1	
7	11 518 (6 670、4 842)	1	
8	13 340 (6 670、6 664)	1	
9	10 807	1	
10	10 817	1	

表 3　明　细　表

序号	图号 / 标准	名称及规格	数量	材　料	备
1	CB 2560	转辙器	1		
2	CB 2561	辙叉及护轨	1		
3	TB/T 2344	钢　轨	8 根	60 kg/m 钢轨用	详见表
4	TB/T 2345	接头夹板　60	24		
5	TB/T 2347	接头螺栓及螺母　M24×135－10.9	72		
6	GB/T 1230	垫　圈　24	72	65Mn	
7	CB 599－09	垫　板　60－0	98	Q235－A(底板)	
8	CB 599－09	垫　板　60－8 Y(Z)	54	Q235－A(底板)	
9	CB 599－09	垫　板　60－11 Y(Z)	30	Q235－A(底板)	
10	CB 599－36	顺坡垫板　P 80	6	Q235－A(底板)	
11	CB 599－37	顺坡垫板　P 60	6	Q235－A(底板)	
12	专线 3351	Ⅱ型弹条	388		
13	CT 5－02	T 型螺栓　M24×60	388		
14	GB/T 923	盖形螺母　M24	388		
15	CB 642－22	限位螺母　M24	388		
16	CT 10－16	岔枕螺栓　ϕ30×170	388		
17	GB/T 7244	重型弹簧垫圈　30	388		
18	CT 5－09	轨距块　9－11	172	ZG 270－500	
19	CT 5－09	轨距块　13－15	172	ZG 270－500	
20	CT 5－48	轨距块　7－17	60	ZG 270－500	备用
21	CT 5－09A	接头轨距块　9－11	18	ZG 270－500	
22	CT 5－09A	接头轨距块　13－15	18	ZG 270－500	
23	专线 4332－72	绝缘轨距块　9－11	4	玻璃纤维	
24	专线 4332－72	绝缘轨距块　13－15	4	玻璃纤维	
25	专线 4332－72	绝缘轨距块　7－17	4	玻璃纤维	备用
26	CT 10－11	橡胶垫板　452×175×10	194	橡胶	
27	CT 10－01	橡胶垫板　60－190	194	橡胶	
28		钢轨绝缘	2 组	60 kg/m 钢轨用	胶接
29	CZ 2545－01	导　轨　15 050－551	1	60 kg/m 钢轨	
30	CZ 2545－01	导　轨　15 043－551	1	60 kg/m 钢轨	

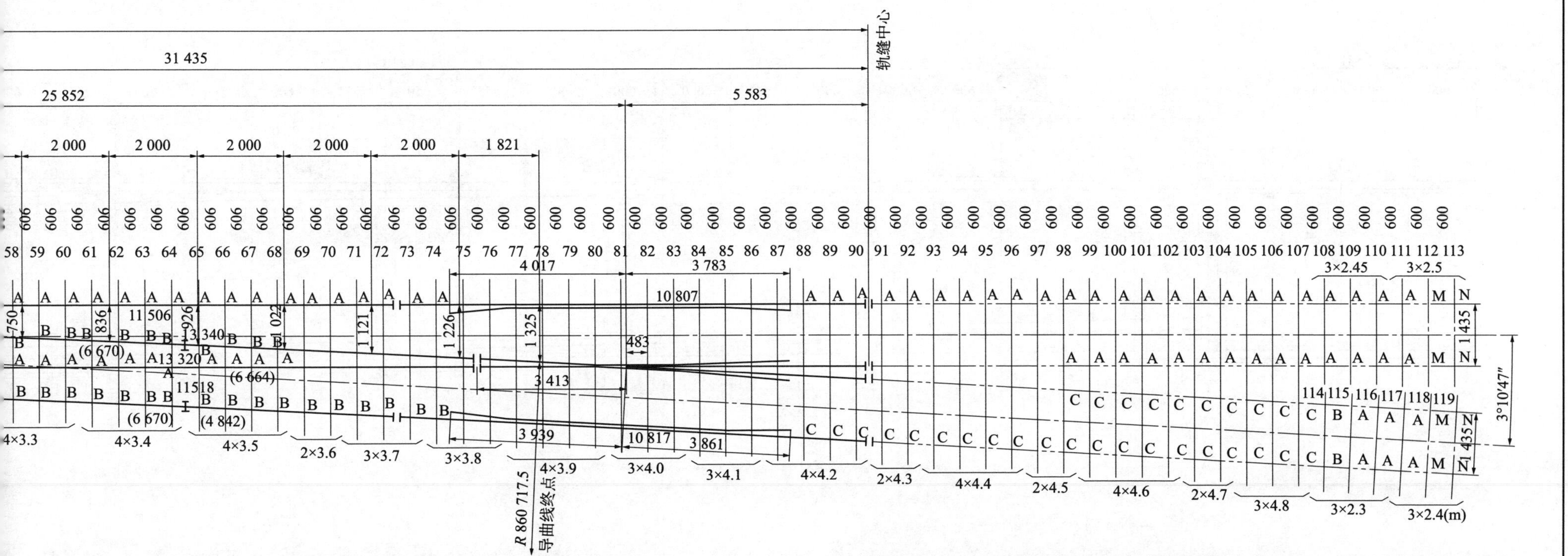

技 术 要 求

本图参照专线 4121《60 kg/m 钢轨 18 号单开道岔》进行设计，道岔中心位置与专线 4121《60 kg/m 钢轨 18 号单开道岔》保持一致。

道岔轨距均为 1 435 mm。

道岔不设轨底（顶）坡，道岔前后的顺坡垫板 P80、P60 分别用符号 M、N 表示。

道岔的主要结构特点：

(1) 尖轨为半切线型，采用 14 210 mm 长的弹性可弯尖轨，用 60AT 钢轨制造，尖轨尖端为藏尖式；

(2) 尖轨设两个牵引点；动程分别为 180、80 mm，采用内锁闭装置；

(3) 护轨为分开式，采用 50 kg/m 钢轨制造，护轨顶面高出基本轨顶面 12 mm；

(4) 扣件采用分开式Ⅱ型弹条扣件，轨距块设计安装号数如下：钢轨工作边一侧，安装 13–15 号轨距块；钢轨非工作边一侧，安装 9–11 号轨距块；7–17 号轨距块为备用轨距块，供现场调整用；

(5) 钢轨下设置 5 mm 厚橡胶垫板，护轨垫板下设置 5 mm 厚橡胶垫板，其他垫板下设置 10 mm 厚的橡胶垫板。合理调整不同部位轨下胶垫刚度，使其在整个道岔范围内弹性趋于一致。

图中钢轨接头和轨道电路绝缘接头分别以“—|—”、“⊥”表示。

图中钢轨轨缝均为 8 mm 。

明细表中平垫板包括三种类型：垫板 60–0、60–8、60–11 在图中分别用符号 A、B、C 表示。

本图按普通接头且绝缘设在侧股绘制，其配轨规格及数量见表 2。如订货要求绝缘设在直股，其配轨规格及数量按用户要求配轨。

锚固螺栓方法：

(1) 采用专用的锚固工具进行螺栓锚固；

(2) 硫磺锚固的技术要求应满足 TB/Z 5《螺旋道钉硫磺锚固及绝缘防锈涂料》的要求；

(3) 锚固螺栓中心线与预留孔中心位置的偏差不得超过 0.8 mm；

(4) 锚固螺栓的歪斜角度不得超过 0.5°；

(5) 锚固螺栓的锚固深度不得小于 115 mm，在岔枕面上的高度不小于 85 mm；

(6) 锚固螺栓的锚固方法见专线 9634–5、9634–8《锚固工具用法和锚固过程 –1、–2》。

10. 用户订货时如要求岔枕与垫板连接形式采用锚固形式时，由用户自备如下零件：

序号	图号 / 标准	名称及规格	数量（组）
1	GB/T 95	平垫圈　30	700
2	GB/T 7244	重型弹簧垫圈　30	700
3	NS–01b	螺　母　M30	700
4		锚固螺栓　30 × 235	700

同时道岔相应的岔枕螺栓 (CT 10–16) 及重型弹簧垫圈 (GB/T 7244) 不再供应。

11. 采用高强度螺栓的紧固件在组装、维修或保养时，采用扭矩扳手紧固。拧紧扭矩要求：在有润滑条件下，M24 的螺母拧紧扭矩不小于 780 N · m，M27 的螺母拧紧扭矩不小于 980 N · m。

60 kg/m 钢轨 18 号单开道岔转辙器

图　号：CB 2560

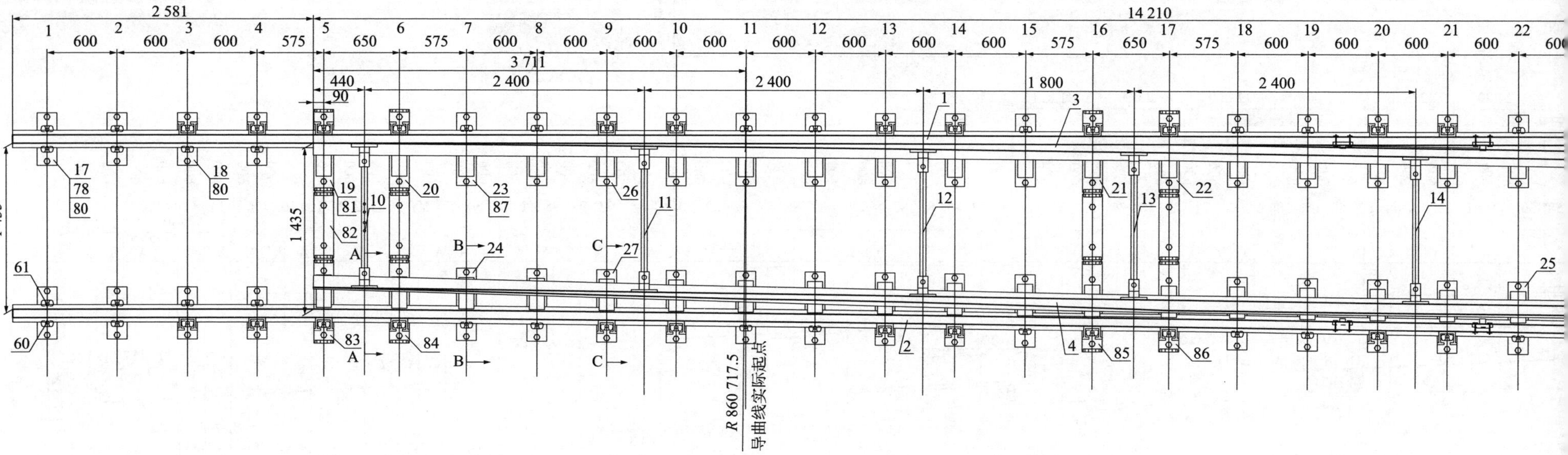

A – A 旋转

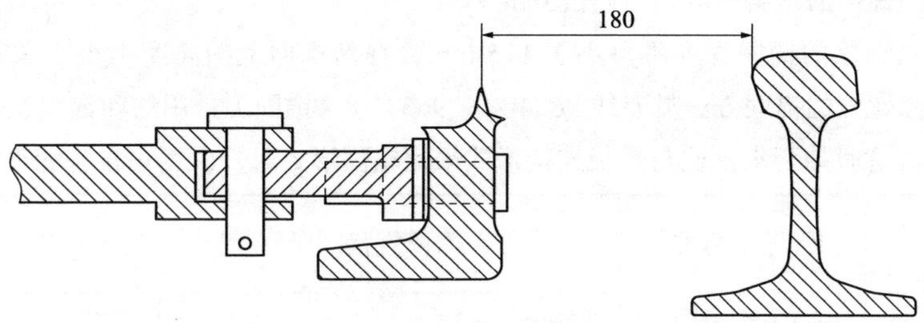

B – B 旋转

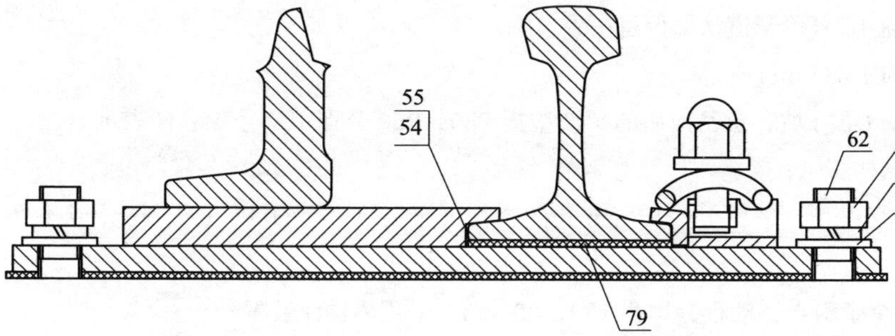

D – D 旋转

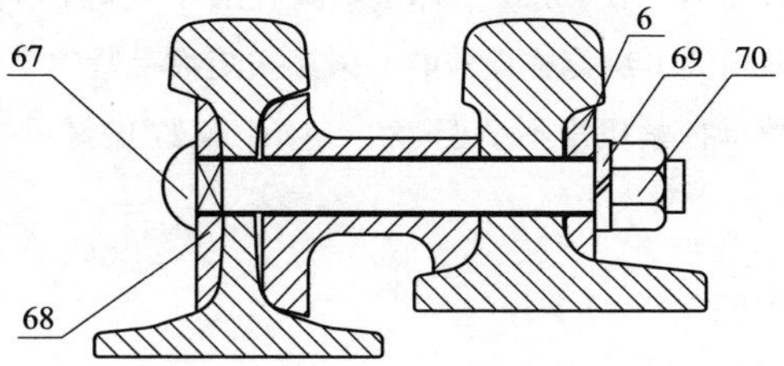

E – E 旋转

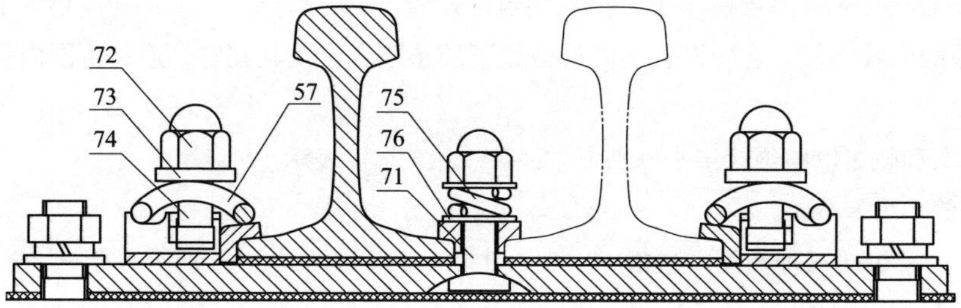

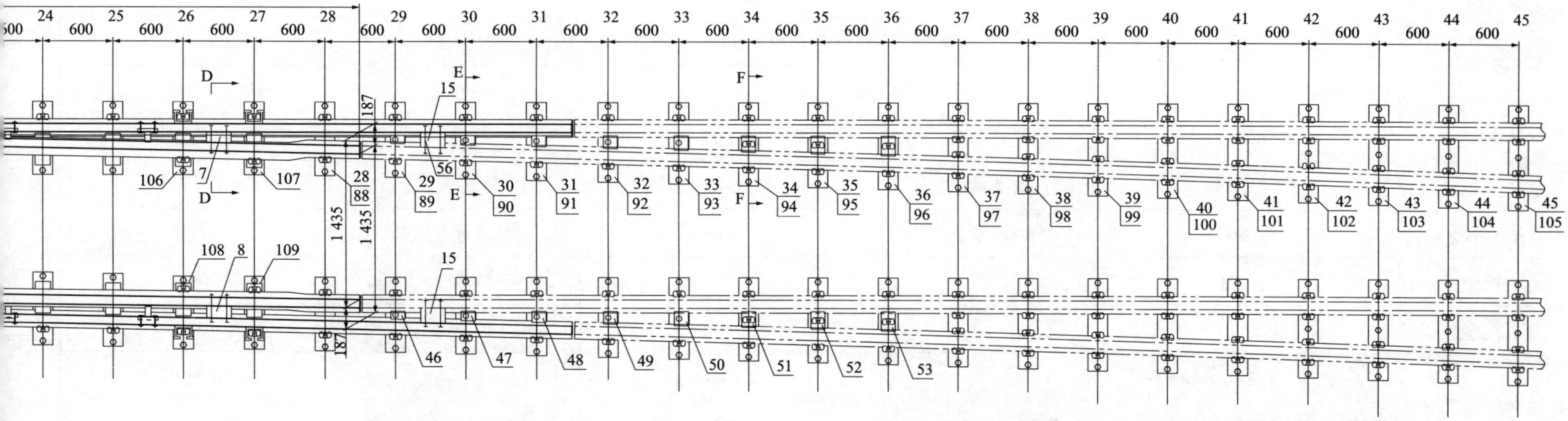

24 25 26 27 28 29 30 31 32 33 34 35 36 37 38 39 40 41 42 43 44 45
600
D
E
F
15
187
1 435
7
8
56
106 107 108 109
28 29 30 31 32 33 34 35 36 37 38 39 40 41 42 43 44 45
88 89 90 91 92 93 94 95 96 97 98 99 100 101 102 103 104 105
46 47 48 49 50 51 52 53

C－C 旋转

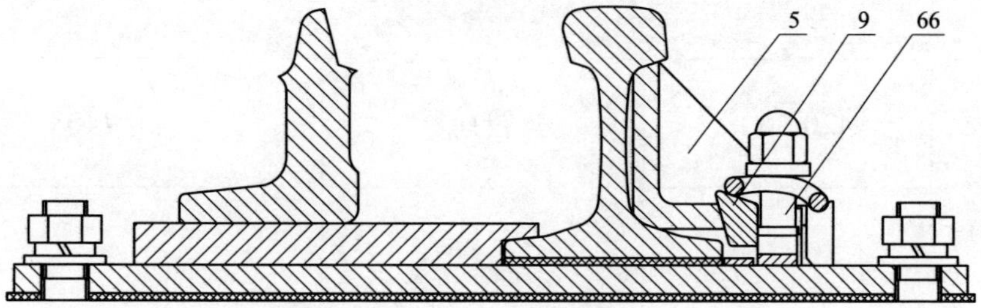

5
9
66

F－F 旋转

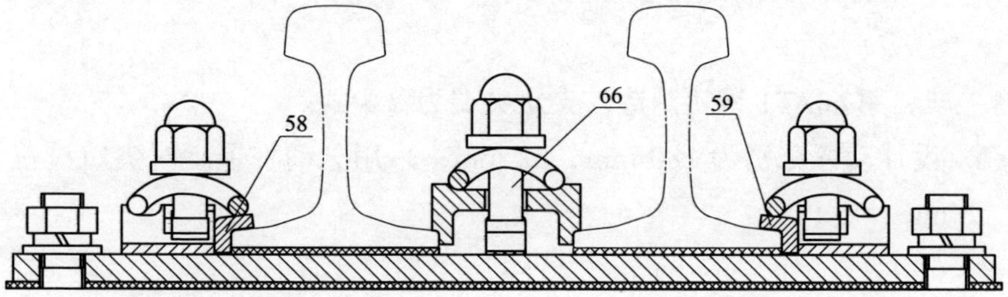

58
66
59

69. 60 kg/m 钢轨 18 号单开道岔(混凝土枕)
设计图号：SC 449

<table>
<tr><td rowspan="2">道岔允许通过速度</td><td>客车</td><td colspan="2">内锁闭：$v_{直}$≤120 km/h；$v_{侧}$≤80 km/h
外锁闭：$v_{直}$≤160 km/h；$v_{侧}$≤80 km/h</td><td>扣件类型</td><td>Ⅱ型弹条</td></tr>
<tr><td>货车</td><td colspan="2">轴重 23 t：$v_{直}$≤90 km/h</td><td>轨底坡</td><td>—</td></tr>
<tr><td>转辙器跟端形式</td><td colspan="3">■限位器 □间隔铁 □不设传力机构 □间隔铁活接头</td><td>锁闭方式</td><td>内锁闭 / 外锁闭</td></tr>
<tr><td>道岔全长</td><td>56 547</td><td>辙叉全长</td><td>12 592</td><td>辙叉类型</td><td>高锰钢整铸焊接式</td></tr>
<tr><td>道岔前长</td><td>22 745</td><td>辙叉趾长</td><td>4 645</td><td>辙叉角</td><td>3°10′47″</td></tr>
<tr><td>道岔后长</td><td>33 802</td><td>辙叉跟长</td><td>7 947</td><td>翼轨轨型</td><td>—</td></tr>
<tr><td>尖轨长度</td><td>16 720</td><td rowspan="2">基本轨长度</td><td rowspan="2">19 340</td><td>直向护轨长度</td><td>7 900</td></tr>
<tr><td>尖轨轨型</td><td>60AT1</td><td>侧向护轨长度</td><td>7 900</td></tr>
<tr><td colspan="3">尖轨尖端前基本轨长度</td><td>2 616</td><td>护轨轨型</td><td>33 kg/m 槽型钢</td></tr>
<tr><td colspan="3">辙叉理论尖端距趾端方向前一根岔枕中心距离</td><td>149</td><td>导曲线半径</td><td>860 m</td></tr>
<tr><td colspan="2">尖轨尖端至心轨实际尖端距离</td><td>45 976</td><td colspan="2">直向护轨端头距导轨端头定位尺寸</td><td>542</td></tr>
<tr><td colspan="2">道岔终端至末根岔枕中心距离</td><td>13 500</td><td colspan="2">侧向护轨端头距导轨端头定位尺寸</td><td>536</td></tr>
</table>

<table>
<tr><td>最大构造加宽</td><td>—</td><td>测量位置</td><td colspan="4">—</td></tr>
<tr><td>岔枕图号
SC 449－500</td><td>岔枕
总数</td><td>129 根</td><td>岔枕展延长</td><td>420.66 m</td><td>套管总数</td><td>740</td></tr>
<tr><td>转换设备图号
电务填写</td><td>尖轨
动程</td><td colspan="3">内锁闭：180、82
外锁闭：160、121、75</td><td>心轨动程</td><td>—</td></tr>
<tr><td>批准文号</td><td colspan="4">—</td><td>应用情况</td><td>★★</td></tr>
<tr><td>主要结构特点</td><td colspan="6">1. 尖轨采用用 16 720 mm 长的弹性可弯尖轨，用 60AT1 钢轨制造，尖轨尖端为藏尖式。
2. 采用联动内锁闭时尖轨设两个牵引点，设计动程分别为 180 mm、82 mm；采用分动外锁闭时尖轨设三个牵引点，设计动程分别为 160 mm、121 mm、75 mm。
3. 采用高锰钢焊接辙叉。</td></tr>
</table>

转辙器明细表

序号	图号 / 标准	名称及规格	数量	材　料	备　注
1	SC 449W－102	直基本轨　19 940	1	60 kg/m 钢轨	外锁用
2	SC 449W－103	曲基本轨　19 940	1	60 kg/m 钢轨	外锁用
3	SC 449W－104	曲线尖轨　16 120	1	60AT1 钢轨	外锁用
4	SC 449W－105	直线尖轨　16 120	1	60AT1 钢轨	外锁用
5	SC 350－140	轨　撑　60AX	30	KTH 330－08	
6	SC 350－141	调整楔	30	KTH 350－10	
7		岔枕连接装置	1		
8	SC 330－134	垫　板　60－A	10		
9	SC 423－104	轨撑垫板　472	2		
10	SC 449－106	通长垫板	1		
11	SC 449－107	通长垫板	1		
12	SC 449－108	通长垫板	1		
13	SC 449－109	通长垫板	1		
14	SC 449－110	通长垫板	1		
15	SC 449－111	通长垫板	1		
16	SC 330－111	滑床板　60－0	10		
17	SC 330－111	滑床板　60－3	7		
18	SC 330－111	滑床板　60－6	3		
19	SC 449－112	轨撑滑床垫板　646－0	6		
20	SC 449－112	轨撑滑床垫板　646－3	3		
21	SC 449－112	轨撑滑床垫板　646－3	3		
22	SC 449－113	垫　板　665×190×20	1		
23	SC 449－114	垫　板　665×190×20	1		
24	SC 449－115	垫　板　678×190×20	1		
25	SC 449－116	垫　板　678×190×20	1		
26	SC 449－117	垫　板　671×170×20	1		
27	SC 449－118	垫　板　671×170×20	1		
28	SC 449－117	垫　板　685×170×20	1		
29	SC 449－118	垫　板　685×170×20	1		
30	SC 449－119	垫　板　680×170×20	1		
31	SC 449－120	垫　板　680×170×20	1		
32	SC 449－119	垫　板　695×170×20	1		
33	SC 449－120	垫　板　695×170×20	1		

续上表

序号	图号 / 标准	名称及规格	数量	材　　料	备　　注
34	SC 449－119	垫　板　710×170×20	1		
35	SC 449－120	垫　板　710×170×20	1		
36	SC 449－119	垫　板　720×170×20	1		
37	SC 449－120	垫　板　720×170×20	1		
38	SC 449－119	垫　板　741×170×20	1		
39	SC 449－120	垫　板　741×170×20	1		
40	SC 449－121	垫　板　758×170×20	2		
41	SC 449－122	垫　板　775×170×20	2		
42	SC 449－122	垫　板　792×170×20	2		
43	SC 449－123	垫　板　810×170×20	2		
44	SC 449－123	垫　板　828×170×20	2		
45	SC 449－123	垫　板　846×170×20	2		
46	SC 449－123	垫　板　866×170×20	2		
47	SC 449－123	垫　板　885×170×20	2		
48	SC 449－123	垫　板　905×170×20	2		
49	SC 449－123	垫　板　926×170×20	2		
50	SC T505－B	岔枕螺栓　155	214	45 钢	
51	专线 4232－4	T 型螺栓　M24×80	30		
52	专线 4232－4	T 型螺栓　M24×65	154		
53	专线 4232－4	T 型螺栓　M24×90	14		
54	专线 4232－4	T 型螺栓　M24×75	4		
55	NS－07	限位板　M24	202		
56	GB/T 7244	弹簧垫圈　30	214	65Mn	
57	NS－01(b)－c	螺　母　M24	202		
58	专线 3351	Ⅱ 型弹条	202	60Si2CrVA	
59	专线 4232－10	轨距块　9－11	78	ZG 230－450	
60	专线 4232－10	轨距块　13－15	64	ZG 230－450	
61	专线 4232－10A	接头轨距块　9－11	6	ZG 230－450	
62	专线 4232－10A	接头轨距块　13－15	6	ZG 230－450	
63	SC 449－124	支距扣板　60/62－64	1	KTH 350－10	
64	SC 449－124	支距扣板　60/64－62	1	KTH 350－10	
65	SC 449－124	支距扣板　60/76－78	1	KTH 350－10	
66	SC 449－124	支距扣板　60/78－76	1	KTH 350－10	
67	SCT 300－311	支距扣板　60/77－79	2	KTH 350－10	
68	SCT 300－311	支距扣板　60/91－94	2	KTH 350－10	

续上表

序号	图号 / 标准	名称及规格	数量	材　　料	备　　注
69	SCT 300－311	支距扣板　60/106－109	2	KTH 350－10	
70	SCT 300－311	支距扣板　60/121－124	2	KTH 350－10	
71	SCT 300－311	支距扣板　60/137－140	2	KTH 350－10	
72	SC 449－125	垫　铁　55	2	ZG 230－450	
73	SC 449－126	垫　铁	2	ZG 230－450	
74	SC 330－125	轨距调整片　160 × 12 × 2	46	Q195 或 Q235	
74	SC 330－125	轨距调整片　160 × 12 × 1	92	Q195 或 Q235	
75	SC 330－401	轨下双面槽橡胶垫板　60－190	74	橡胶	
76	SC 330－401	轨下双面槽橡胶垫板　60－210	6	橡胶	
77	SC 330－402	轨下单面槽橡胶垫板　60－190	20	橡胶	
78	SC 330－402	轨下单面槽橡胶垫板　60－210	24	橡胶	
79	SC 330－401	轨下双面槽橡胶垫板　60－170	8	橡胶	
8J	SC 330－403	橡胶垫板　452 × 175 × 10	10	橡胶	
9J	SC 330－403	橡胶垫板　472 × 195 × 10	2	橡胶	
10－1J	SC 449－401	橡胶垫板　735 × 195 × 10	6	橡胶	
10－2J	SC 449－402	橡胶垫板　570 × 195 × 10	2	橡胶	
10－3J	SC 449－403	橡胶垫板　725 × 195 × 10	2	橡胶	
11－3J	SC 449－404	橡胶垫板　725 × 195 × 10	2	橡胶	
12－2J	SC 449－402	橡胶垫板　595 × 195 × 10	2	橡胶	
14－2J	SC 449－402	橡胶垫板　632 × 195 × 10	2	橡胶	
14－3J	SC 449－405	橡胶垫板　727 × 195 × 10	1	橡胶	
15－3J	SC 449－406	橡胶垫板　727 × 195 × 10	1	橡胶	
16J	SC 330－404	橡胶垫板　626 × 175 × 10	20	橡胶	
19J	SC 330－404	橡胶垫板　646 × 175 × 10	12	橡胶	
22J	SC 330－405	橡胶垫板　665 × 195 × 10	2	橡胶	
24J	SC 330－405	橡胶垫板　678 × 195 × 10	2	橡胶	
26J	SC 330－405	橡胶垫板　671 × 175 × 10	2	橡胶	
28J	SC 330－405	橡胶垫板　685 × 175 × 10	2	橡胶	
30J	SC 330－405	橡胶垫板　680 × 175 × 10	2	橡胶	
32J	SC 330－405	橡胶垫板　695 × 175 × 10	2	橡胶	
34J	SC 330－405	橡胶垫板　710 × 175 × 10	2	橡胶	
36J	SC 330－405	橡胶垫板　720 × 175 × 10	2	橡胶	
38J	SC 330－405	橡胶垫板　741 × 175 × 10	2	橡胶	
40J	SC 330－405	橡胶垫板　758 × 175 × 10	2	橡胶	
41J	SC 330－405	橡胶垫板　775 × 175 × 10	2	橡胶	

续上表

序号	图号 / 标准	名称及规格	数量	材　　料	备　　注
42J	SC 330－405	橡胶垫板　792 × 175 × 10	2	橡胶	
43J	SC 330－406	橡胶垫板　810 × 175－370	2	橡胶	
44J	SC 330－406	橡胶垫板　828 × 175－379	2	橡胶	
45J	SC 330－406	橡胶垫板　846 × 175－388	2	橡胶	
46J	SC 330－406	橡胶垫板　866 × 175－398	2	橡胶	
47J	SC 330－406	橡胶垫板　885 × 175－407.5	2	橡胶	
48J	SC 330－406	橡胶垫板　905 × 175－417.5	2	橡胶	
49J	SC 330－406	橡胶垫板　926 × 175－428	2	橡胶	
L1	SCT 300－415	连接板　650－360	6	Q235	
L2	GB/T 5780	六角头螺栓　M27 × 55	24		
L3	GB/T 93	弹簧垫圈　27	24	65Mn	
L4	GB/T 97	垫　圈　27	24	Q235	
L5	SCT 300－416	调整片　70 × 70 × 5	12	Q235	
L5	SCT 300－416	调整片　70 × 70 × 3	12	Q235	
L5	SCT 300－416	调整片　70 × 70 × 2	12	Q235	

辙叉及护轨明细表

序号	图号 / 标准	名称及规格	数量	材　料	备　注
1	SC 449－202	高锰钢焊接辙叉	1		
2	SC 449－203	护　轨　7 900	2	33 kg/m 槽型钢	
3	SC 330－134	垫　板　60－0(A)	16		
4	SC 449－204	垫　板　913×170×20	1		
5	SC 449－204	垫　板　883×170×20	1		
6	SC 449－204	垫　板　853×170×20	1		
7	SC 449－205	垫　板　822×170×20	1		
8	SC 449－205	垫　板　791×170×20	1		
9	SC 449－205	垫　板　759×170×20	1		
10	SC 449－206	垫　板　728×170×20	1		
11	SC 449－206	垫　板　695×170×20	1		
12	SC 449－210	垫　板　663×170×20	1		
13	SC 449－207	垫　板　629×170×20	1		
14	SC 449－208	垫　板　743×170×20	2		
15	SC 449－209	垫　板　743×170×20	8		
16	SC 449－210	垫　板　641×170×20	1		
17	SC 449－206	垫　板　675×170×20	1		
18	SC 449－206	垫　板　708×170×20	1		
19	SC 449－206	垫　板　741×170×20	1		
20	SC 449－205	垫　板　775×170×20	1		
21	SC 449－205	垫　板　808×170×20	1		
22	SC 449－204	垫　板　841×170×20	1		
23	SC 449－204	垫　板　875×170×20	1		
24	SC 449－204	垫　板　908×170×20	1		
25	SC 330－134	垫　板　60－11(C)	16		
26	HY05－11	侧向护轨垫板　610×170×25	13		
27	HY03－01	直向护轨垫板　600×170×25	13		
28	SC T505－B	岔枕螺栓　155	180	45 钢	
29	专线 4171－9	T 型螺栓　M24×85	26		
30	专线 4232－4	T 型螺栓　M24×65	196		
31	专线 4232－4	T 型螺栓　M24×80	2		
32	专线 4232－4	T 型螺栓　M24×90	5		
33	NS－01(b)	螺　母　M24	26		

续上表

序号	图号 / 标准	名称及规格	数量	材　　料	备　　注
34	NS－01(b)－c	螺　母　M24	203		
35	NS－07	限位板　M24	203		
36	GB/T 7244	弹簧垫圈　30	180	65Mn	
37	GB/T 7244	弹簧垫圈　24	26	65Mn	
38	专线 3351	Ⅱ型弹条	203	60Si2CrVA	
39	专线 4232－10	轨距块　9－11	82	ZG 230－450	
40	专线 4232－10	轨距块　13－15	82	ZG 230－450	
41	专线 4232－10A	接头轨距块　9－11	16	ZG 230－450	
42	专线 4232－10A	接头轨距块　13－15	16	ZG 230－450	
43	SC 449－123	支距扣板　60/123－131	1	ZG 230－450	
44	SC 449－123	支距扣板　60/90－99	1	ZG 230－450	
45	SC 449－123	支距扣板　60/57－66	1	ZG 230－450	
46	SC 449－123	支距扣板　60/66－75	1	ZG 230－450	
47	SC 449－123	支距扣板　60/99－108	1	ZG 230－450	
48	SC 449－123	支距扣板　60/132－141	1	ZG 230－450	
49	SC 449－123	支距扣板　60/32－41	1	ZG 230－450	
50	SC 330C－205	槽型护轨调整片　170 × 80 × 2	52	Q235	
50	SC 330C－205	槽型护轨调整片　170 × 80 × 3	26	Q235	
51	SC 449－401	轨下双面槽橡胶垫板　60－190	96	橡胶	
52	SC 449－411	锰叉橡胶垫板　439－190	10	橡胶	
4J	SC 449－406	橡胶垫板　913 × 175－421.5	1	橡胶	
5J	SC 449－406	橡胶垫板　883 × 175－406.5	1	橡胶	
6J	SC 449－406	橡胶垫板　853 × 175－391.5	1	橡胶	
7J	SC 449－405	橡胶垫板　822 × 175 × 10	1	橡胶	
8J	SC 449－405	橡胶垫板　791 × 175 × 10	1	橡胶	
9J	SC 449－405	橡胶垫板　759 × 175 × 10	1	橡胶	
10J	SC 449－405	橡胶垫板　728 × 175 × 10	1	橡胶	
11J	SC 449－405	橡胶垫板　695 × 175 × 10	1	橡胶	
12J	SC 449－405	橡胶垫板　663 × 175 × 10	1	橡胶	
13J	SC 449－405	橡胶垫板　629 × 175 × 10	1	橡胶	
14J	SC 449－405	橡胶垫板　743 × 175 × 10	10	橡胶	
16J	SC 449－405	橡胶垫板　641 × 175 × 10	1	橡胶	
17J	SC 449－405	橡胶垫板　675 × 175 × 10	1	橡胶	
18J	SC 449－405	橡胶垫板　708 × 175 × 10	1	橡胶	
19J	SC 449－405	橡胶垫板　741 × 175 × 10	1	橡胶	

续上表

序号	图号 / 标准	名称及规格	数量	材　料	备　注
20J	SC 449 – 405	橡胶垫板　775 × 175 × 10	1	橡胶	
21J	SC 449 – 405	橡胶垫板　808 × 175 × 10	1	橡胶	
22J	SC 449 – 406	橡胶垫板　841 × 175 – 385.5	1	橡胶	
23J	SC 449 – 406	橡胶垫板　875 × 175 – 402.5	1	橡胶	
24J	SC 449 – 406	橡胶垫板　908 × 175 – 419	1	橡胶	
25J	SC 449 – 403	橡胶垫板　452 × 175 × 10	32	橡胶	
26J	SC 449 – 412	橡胶垫板　610 × 175 × 5	13	橡胶	
27J	SC 449 – 412	橡胶垫板　600 × 175 × 5	13	橡胶	

60 kg/m 钢轨 18 号单开道岔
图　号：SC 449

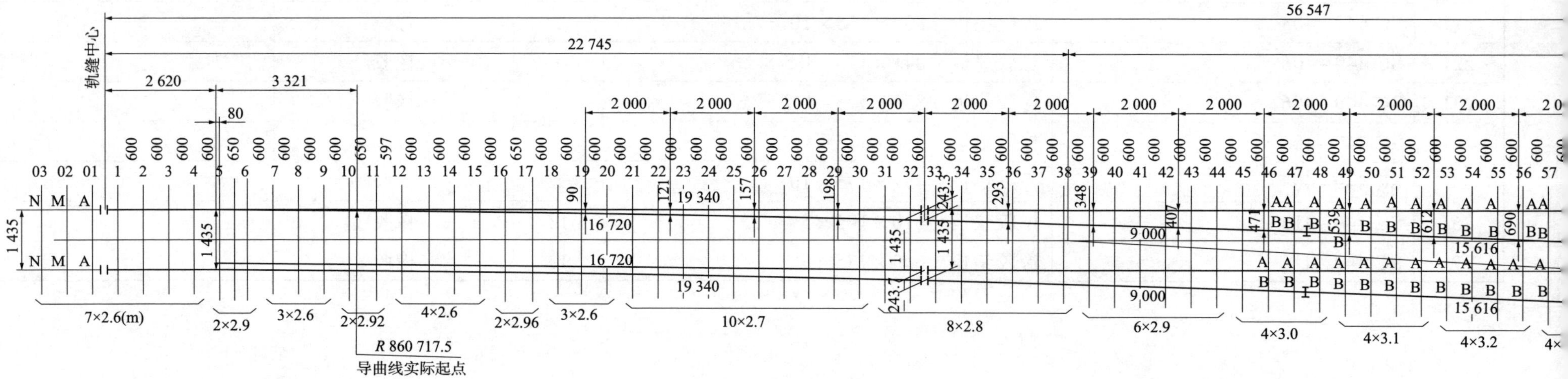

图 1　胶接绝缘接头设在侧股

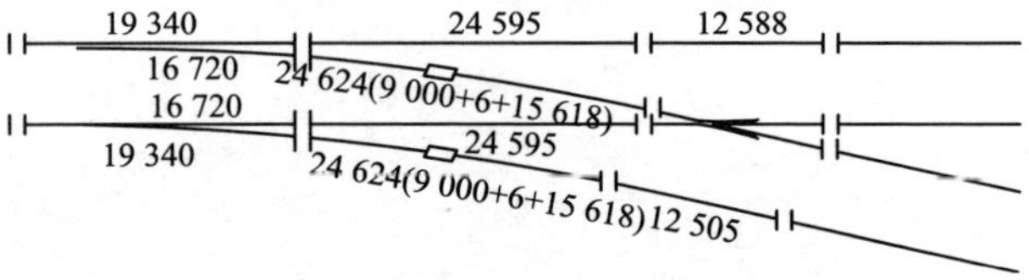

图 2　普通绝缘接头设在直股

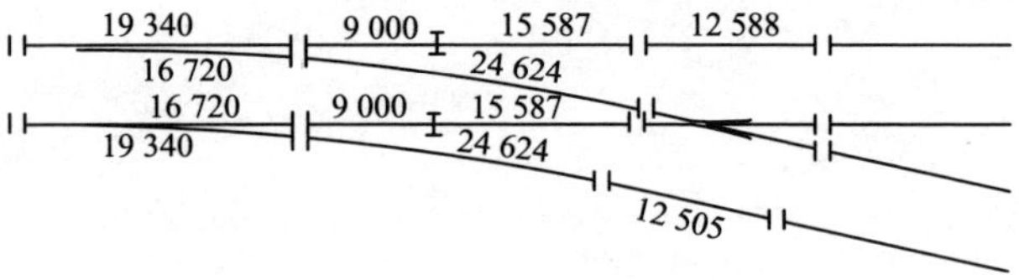

图 3　胶接绝缘接头设在直股

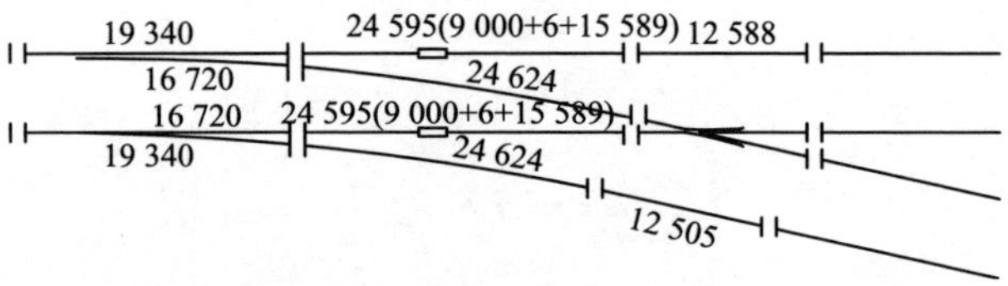

图 4　转辙器部分轨距示意图

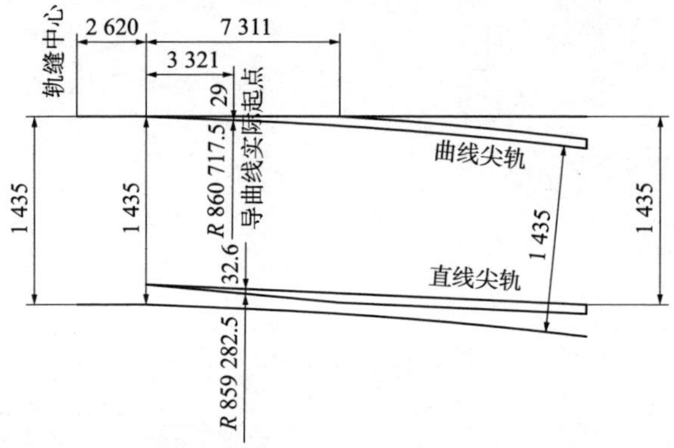

表 1　明　细　表

序号	图号 / 标准	名称及规格	数量	材　　料	备　　注
1	SC 449N－100	转辙器（内锁）	1		订货指明其中一
1－1	SC 449W－100	转辙器（外锁）	1		
2	SC 449－200	辙叉及护轨	1		
3	TB/T 2344	钢　轨	123.515	60 kg/m	
4	SC 330－134	垫　板　60－0	98		
5	SC 330－134	垫　板　60－8 Y(Z)	46		左右开对称制
6	SC 330－134	垫　板　60－11 Y(Z)	22		左右开对称制
7	SC 330－121	垫　板　P 60	6		
8	SC 330－122	垫　板　P 80	6		
9	专线 3351	Ⅱ型弹条	356	60Si2CrVA	
10	专线 4232－4	T 型螺栓　M24 × 65	356	4.8 级	
11	NS－01(b)－c	螺　母　M24	356	4 级	
12	NS－07	限位螺母　M24	356	4 级	
13	SCT 505－B	岔枕螺栓　M30 × 155	356	45 钢	
14	GB/T 7244	弹簧垫圈　30	356	65Mn	
15	专线 4232－10	轨距块　60/9－11	172	ZG 230－450	
16	专线 4232－10	轨距块　60/13－15	172	ZG 230－450	
17	专线 4232－10	轨距块　60/7－17	20	ZG 230－450	备用
18	专线 4232－10A	接头轨距块　60/9－11	2	ZG 230－450	
19	专线 4232－10A	接头轨距块　60/13－15	2	ZG 230－450	
20	专线 4232－72	绝缘轨距块　60/9－11	4	玻璃纤维增强聚酰胺 66	
21	专线 4232－72	绝缘轨距块　60/13－15	4	玻璃纤维增强聚酰胺 66	
22	SC 449－403	橡胶垫板　452 × 175 × 10	178	橡胶	
23	SC 449－401	橡胶垫板　60－190	178	橡胶	

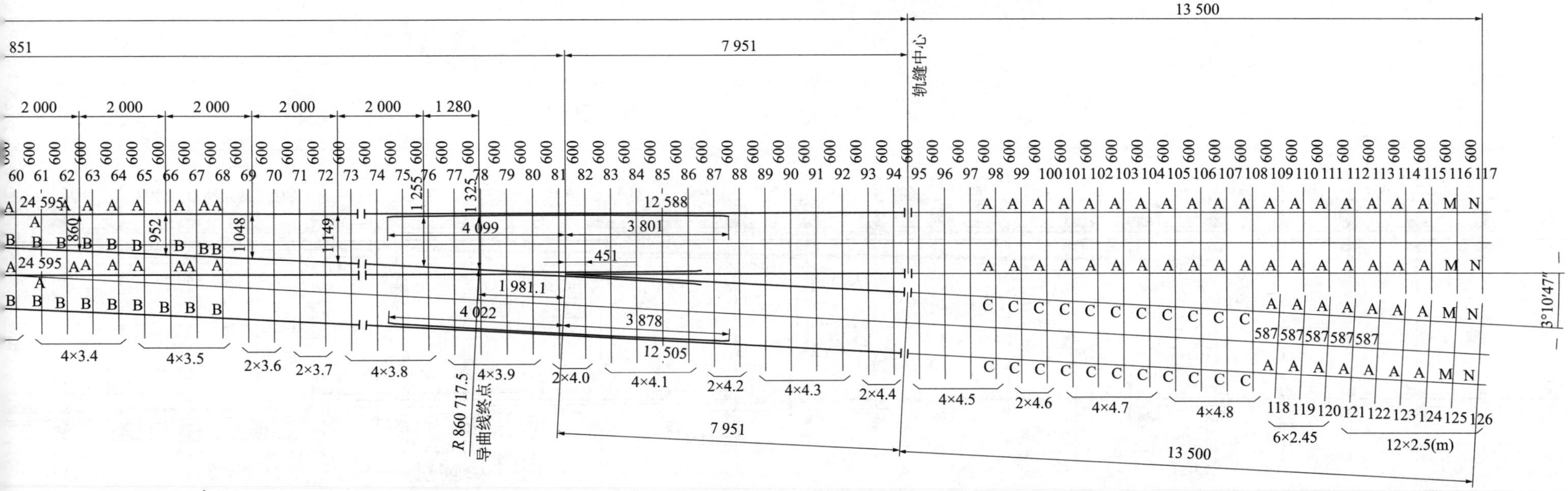

续表 1

号	图号 / 标准	名称及规格	数量	材　料	备　注
4	TB/T 2345	接头夹板　60	22		
5	TB/T 2347	接头螺栓及螺母　M24 × 135	66	10.9 级	
6	GB 1230	高强度垫圈　24	66		
7	专线 9595	钢轨绝缘	2		供否见合同

表 2　岔枕数量表

序号	岔枕长 (m)	单位	数量	岔枕号	序号	岔枕长 (m)	单位	数量	岔枕号
1	2.45	根	6	109～111、118～120	15	3.6	根	2	69、70
2	2.5	根	12	112～117、121～126	16	3.7	根	2	71、72
3	2.6	根	17	03～01、1～4、7～9 12～15、18～20	17	3.8	根	4	73～76
4	2.7	根	10	21～30	18	3.9	根	4	77～80
5	2.8	根	8	31～38	19	4.0	根	2	81、82
6	2.9	根	8	5、6、39～44	20	4.1	根	4	83～86
7	2.92	根	2	10、11	21	4.2	根	2	87、88
8	2.96	根	2	16、17	22	4.3	根	4	89～92
9	3.0	根	4	45～48	23	4.4	根	2	93、94
10	3.1	根	4	49～52	24	4.5	根	4	95～98
11	3.2	根	4	53～56	25	4.6	根	2	99、100
12	3.3	根	4	57～60	26	4.7	根	4	101～104
13	3.4	根	4	61～64	27	4.8	根	4	105～108
14	3.5	根	4	65～68					

表 3　钢轨数量表

长度 (mm)	24 595	15 616	9 000	12 588	12 505
数量(根)	2	2	2	1	1

技　术　要　求

1. 图中钢轨接头及轨缝设置如下：
   普通接头　—|⊢　轨缝 8 mm；
   普通绝缘接头　—⊥—　轨缝 8 mm；
   胶接绝缘接头　—□—　轨缝 6 mm。
2. 本图钢轨接头按普通接头设计，用户订货时应指明采用的型式。当采用其他形式时须特别指明，并提供配轨图。
3. 岔枕均按垂直于正线方向布置。
4. 道岔前后设顺坡垫板 P80、P60 分别用 M、N 表示，其铺设位置见图，若与无轨底坡线路连接时取消顺坡垫板，增加 60-0 垫板 12 块。订货时须指明。
5. 配轨：
   (1) 钢轨螺栓孔均做 1 × 45° 倒角。
   (2) 导轨应在两端头轨腰处(距端头 600 mm)喷印长度的标记。
6. 订货时应指明转辙器采用内锁闭还是外锁闭。

60 kg/m 钢轨 18 号单开道岔转辙器
图　号：SC 449 W－100

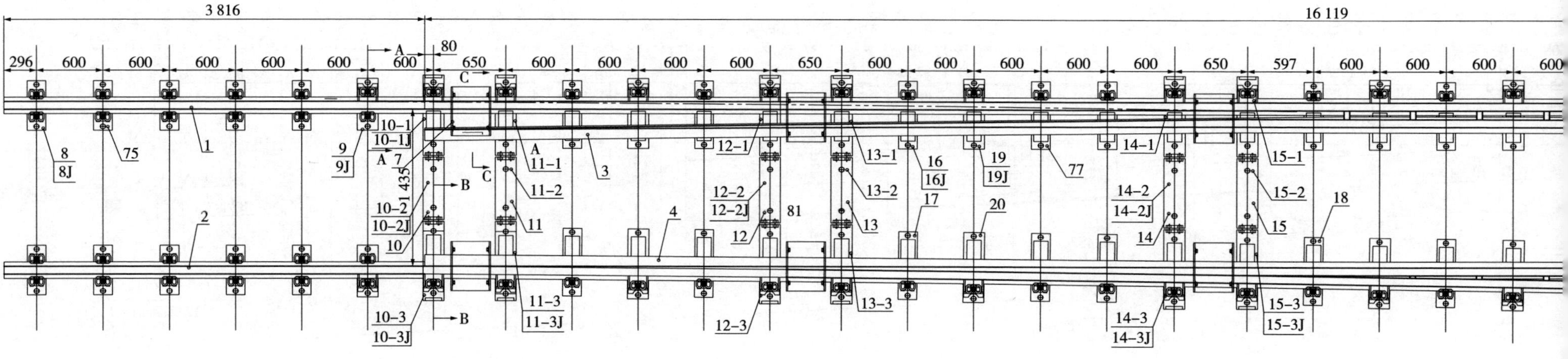

A–A

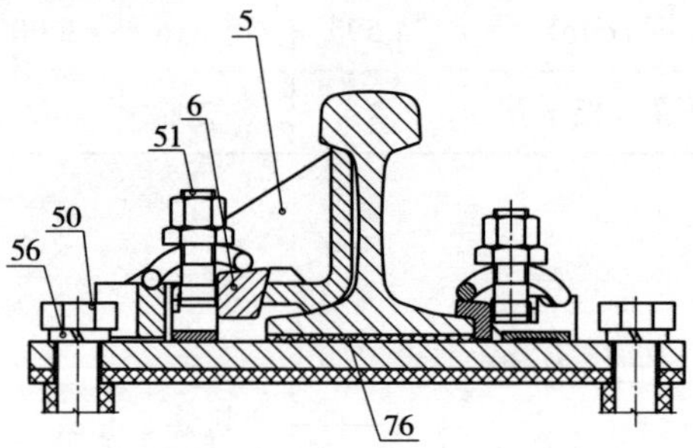

B–B

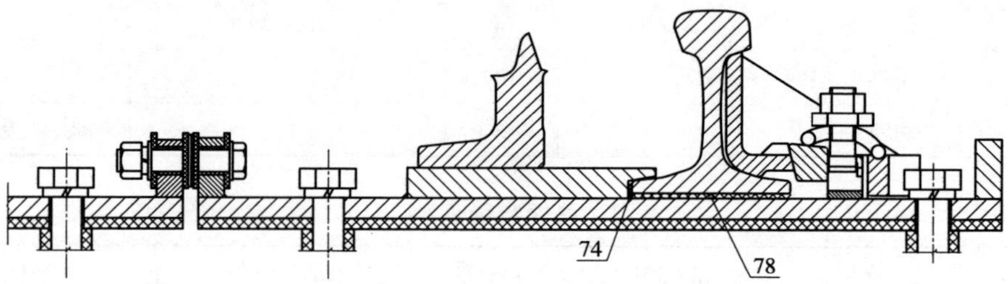

E–E

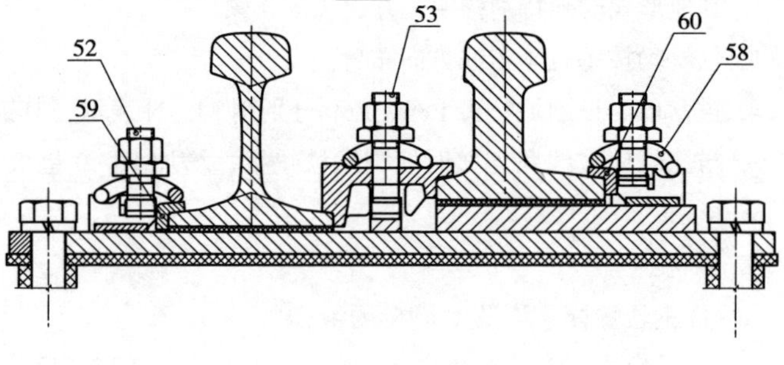

F–F

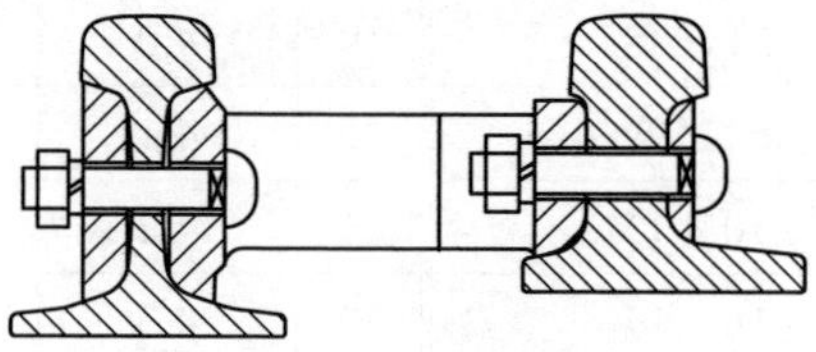

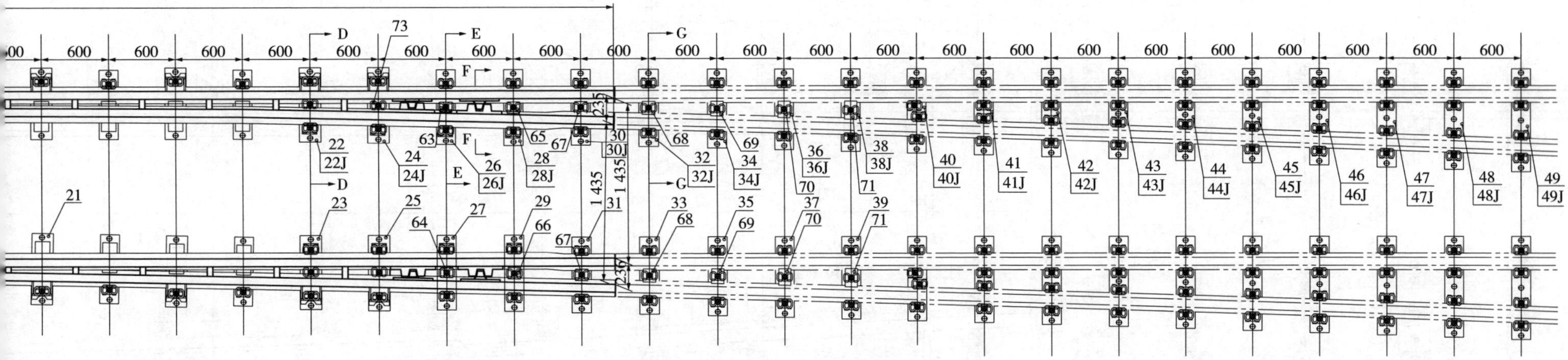
600
D
E
F
G
1 435
21
22
22J
23
24
24J
25
26
26J
27
28
28J
29
30
30J
31
32
32J
33
34
34J
35
36
36J
37
38
38J
39
40
40J
41
41J
42
42J
43
43J
44
44J
45
45J
46
46J
47
47J
48
48J
49
49J
63
64
65
66
67
68
69
70
71
73

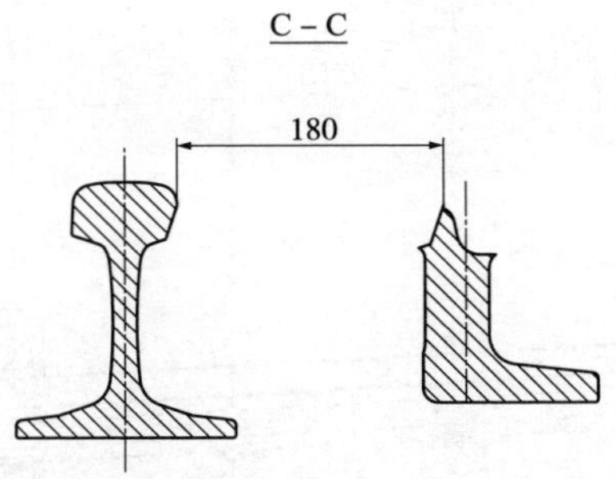
C－C
180

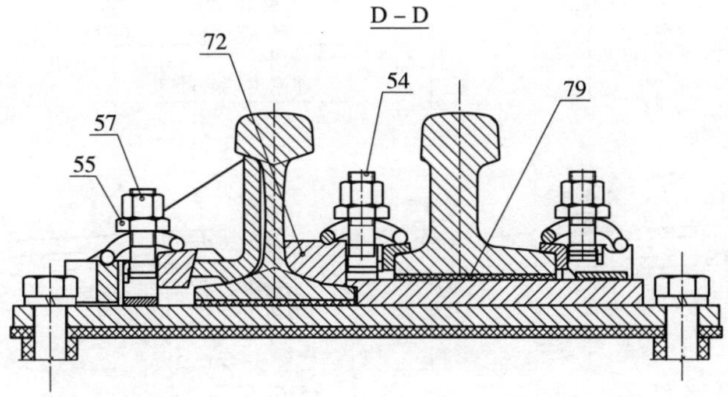
D－D
72
54
79
57
55

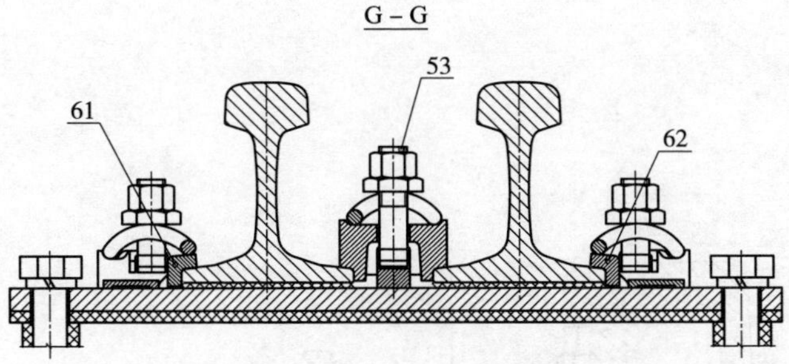
G－G
53
61
62

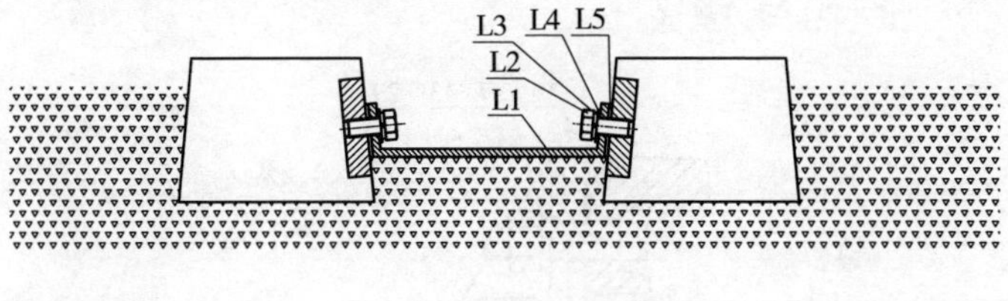
L3
L4
L5
L2
L1

60 kg/m 钢轨 18 号单开道岔辙叉及护轨

图　号：SC 449－200

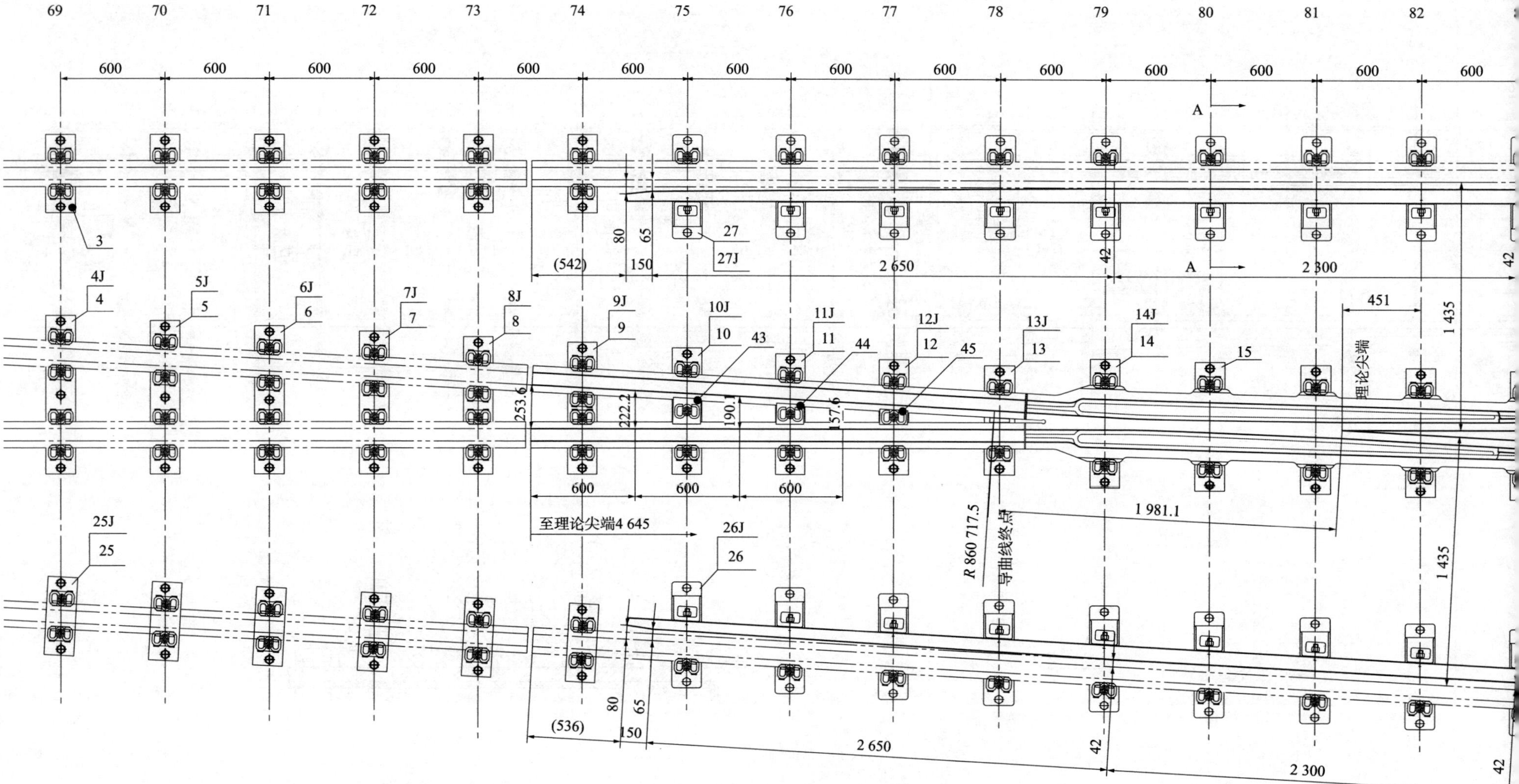

A－A 旋转

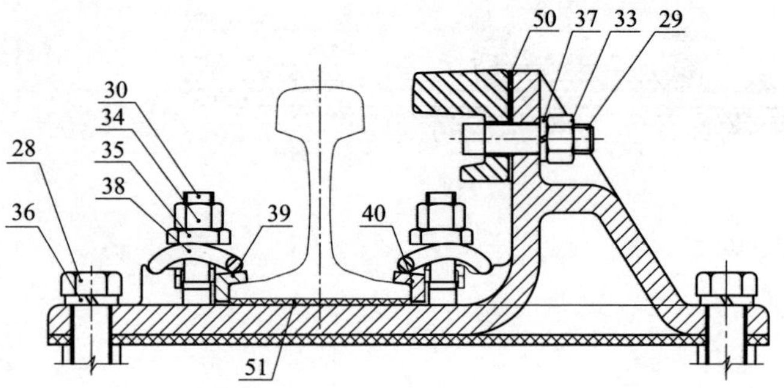

B－B 旋转

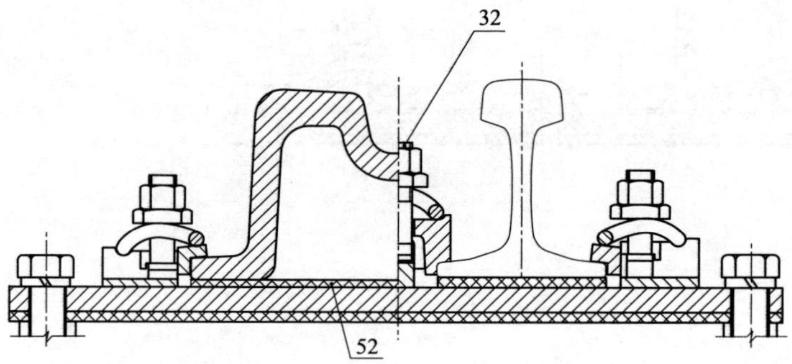

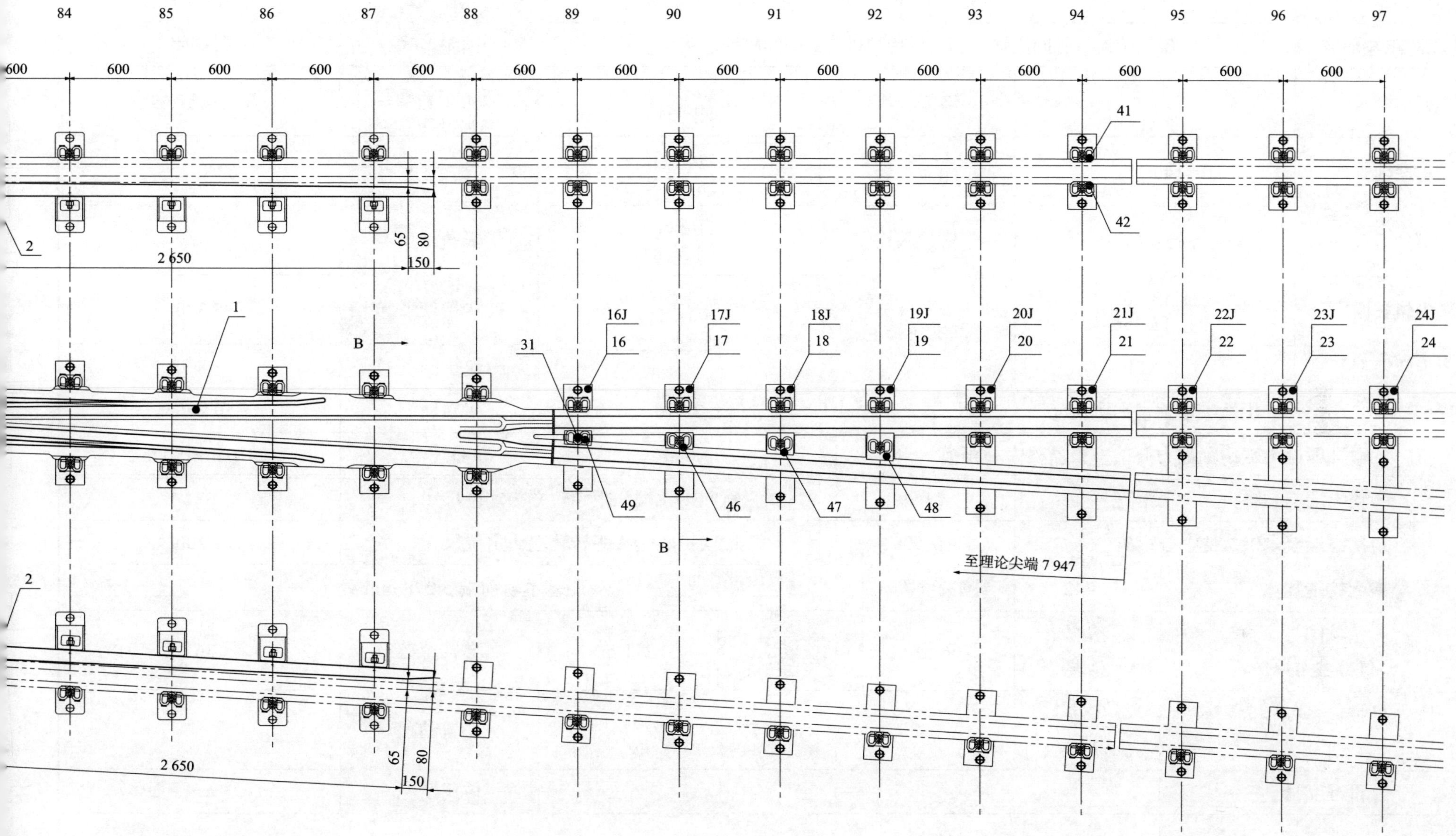

技 术 要 求

1. 组装护轨时应使用 3 mm 厚的护轨调整片，如查照间隔或护背距离不合格时，可用备用调整片进行调整。
2. 查照间隔及护背距离在心轨轨头宽 20～30 mm 处丈量。
3. 轨距块设计安装号数为：钢轨工作边一侧安装 13 号轨距块；非工作边一侧安装 11 号轨距块；辙叉两侧分别安装 11 号和 13 号轨距块；钢轨接头处安装接头轨距块。

<table>
<tr><th colspan="6">70. 60 kg/m 钢轨 9 号单开道岔(混凝土枕)
设计图号：铁联线 051</th></tr>
<tr><td rowspan="2">道岔允许通过速度</td><td>客车</td><td colspan="2">—</td><td>扣件类型</td><td>Ⅱ型弹条</td></tr>
<tr><td>货车</td><td colspan="2">轴重 23 t：$v_{直}$≤140 km/h；$v_{侧}$≤35 km/h</td><td>轨底坡</td><td>1∶40</td></tr>
<tr><td>转辙器跟端形式</td><td colspan="3">■限位器 □间隔铁 □不设传力机构 □间隔铁活接头</td><td>锁闭方式</td><td>外锁闭</td></tr>
<tr><td>道岔全长</td><td>29 740</td><td>辙叉全长</td><td>直 4292
侧 4318</td><td>辙叉类型</td><td>高锰钢整铸式</td></tr>
<tr><td>道岔前长</td><td>14 015</td><td>辙叉趾长</td><td>直 1 526
侧 1 535</td><td>辙叉角</td><td>6°20′25″</td></tr>
<tr><td>道岔后长</td><td>15 725</td><td>辙叉跟长</td><td>直 2 766
侧 2 783</td><td>翼轨轨型</td><td>—</td></tr>
<tr><td>尖轨长度</td><td>曲 13 465
直 13 456</td><td rowspan="2">基本轨长度</td><td rowspan="2">直 16 432
曲 16 442</td><td>直向护轨长度</td><td>5 370</td></tr>
<tr><td>尖轨轨型</td><td>60AT1</td><td>侧向护轨长度</td><td>3 800</td></tr>
<tr><td colspan="3">尖轨尖端前基本轨长度</td><td>2 976</td><td>护轨轨型</td><td>50 kg/m</td></tr>
<tr><td colspan="3">辙叉理论尖端距趾端方向前一根岔枕中心距离</td><td>614</td><td>导曲线半径</td><td>360 m+190 m</td></tr>
<tr><td colspan="2">尖轨尖端至心轨实际尖端距离</td><td>23 990</td><td colspan="2">直向护轨端头距导轨端头定位尺寸</td><td>671</td></tr>
<tr><td colspan="2">道岔终端至末根岔枕中心距离</td><td>7 500</td><td colspan="2">侧向护轨端头距导轨端头定位尺寸</td><td>1 200</td></tr>
<tr><td>最大构造加宽</td><td>1 442</td><td>测量位置</td><td colspan="3">距基本轨前端 5 278 mm 处</td></tr>
<tr><td>岔枕图号
铁联线 054</td><td>岔枕总数</td><td>66 根</td><td>岔枕展延长 211 m</td><td>套管总数</td><td>362</td></tr>
<tr><td>转换设备图号
—</td><td>尖轨动程</td><td colspan="2">160、75</td><td>心轨动程</td><td>—</td></tr>
<tr><td>批准文号</td><td colspan="3">—</td><td>应用情况</td><td>★★</td></tr>
<tr><td>主要结构特点</td><td colspan="5">1. 提速型道岔，全部采用混凝土岔枕，适用于速度 140 km/h 新线建设或线路改造。
2. 为保证列车以高速度通过道岔时轨道的稳定性及改善轮轨相互作用条件，辙叉和护轨均为非对称形式。
3. 滑床板垫板采用弹片销钉扣压基本轨。
4. 岔枕均垂直于正线方向布。
5. 钢轨轨距线外侧安装 9 号轨距块，轨距线内侧安装 15 号轨距块。</td></tr>
</table>

转辙器明细表

序号	图号 / 标准	名称及规格	数量	材　料	备　注
1	铁联线 052－05	直基本轨　16 432	1	60 kg/m 钢轨	
2	铁联线 052－06	曲基本轨　16 442	1	60 kg/m 钢轨	
3	铁联线 052－07	曲线尖轨　13 465	1	60AT1 钢轨	
4	铁联线 052－08	直线尖轨　13 456	1	60AT1 钢轨	
5	铁联线 052－09	垫　板　432	12	Q235－A(底板)	
6	铁联线 052－10	滑床板　611－A	12	Q235－A(底板)	
7	铁联线 052－10	滑床板　611－B	5	Q235－A(底板)	
8	铁联线 052－10	滑床板　611－C	5	Q235－A(底板)	
9	铁联线 052－10	滑床板　611－D	2	Q235－A(底板)	
10	铁联线 052－11	滑床板　694－A	3	Q235－A(底板)	
11	铁联线 052－11	滑床板　694－B	3	Q235－A(底板)	
12	铁联线 052－12	支距垫板　752	1	Q235－A(底板)	
13	铁联线 052－12	支距垫板　785	1	Q235－A(底板)	
14	铁联线 052－12	支距垫板　819	1	Q235－A(底板)	
15	铁联线 052－12	支距垫板　856	1	Q235－A(底板)	
16	铁联线 052－13	支距垫板　769	1	Q235－A(底板)	
17	铁联线 052－13	支距垫板　802	1	Q235－A(底板)	
18	铁联线 052－13	支距垫板　836	1	Q235－A(底板)	
19	铁联线 052－13	支距垫板　873	1	Q235－A(底板)	
20	铁联线 052－14	支距垫板　864	1	Q235－A(底板)	
21	铁联线 052－15	支距垫板　882	1	Q235－A(底板)	
22	铁联线 053－18	侧股垫板　432	2	Q235－A(底板)	
23	铁联线 011－4	T 型螺栓　M24×60	98	Q235－A	
24	TB/T 1495.4	平垫圈　24	98	Q235－A	
25	GB/T 41	螺　母　M24	98		
26	专线 3351－3	Ⅱ型弹条	98	60Si2CrVA	
27	铁联线 011－32	螺　栓　M30×165	114	45	
28	GB/T 93	弹簧垫圈　30	114	65Mn	
29	铁联线 052－22	弹　片　270	24	60Si2Mn	
30	铁联线 052－22	弹　片　330	6	60Si2Mn	
31	铁联线 011－18	销　钉　95	30	Q275	
32	铁联线 011－8	轨距块　9－11	62	ZG 270－500	
33	铁联线 011－8	轨距块　13－15	34	ZG 270－500	

续上表

序号	图号 / 标准	名称及规格	数量	材　　料	备　　注
34	铁联线 052－16	限位器　A	2	ZG 270－500	
35	铁联线 052－17	限位器　*BL*=85	1	ZG 270－500	
36	铁联线 052－17	限位器　*BL*=103	1	ZG 270－500	
37	铁联线 011－20	钢轨垫圈　60T	4	KTH 330－08	
38	专线 4171－50	圆孔垫圈　60AT－0	4	KTH 330－08	
39	GB/T 1228	螺　栓　M24×110	2	20SiMn	
40	GB/T 1228	螺　栓　M24×130	6	20SiMn	
41	GB/T 1229	螺　母　M24	8		
42	CB 588－15	盖　板　90×50×6	4	Q235－A	
43	铁联线 011－34	橡胶垫板　149×190×5	64	橡胶	
44	铁联线 052－18	橡胶垫板　432×175×10	14	橡胶	
45	铁联线 052－19	橡胶垫板　611×175×10	24	橡胶	
46	铁联线 052－19	橡胶垫板　694×175×10	6	橡胶	
47	铁联线 052－19	橡胶垫板　752×175×10	1	橡胶	
48	铁联线 052－19	橡胶垫板　785×175×10	1	橡胶	
49	铁联线 052－20	橡胶垫板　819×175×10	1	橡胶	
50	铁联线 052－20	橡胶垫板　856×175×10	1	橡胶	
51	铁联线 052－19	橡胶垫板　769×175×10	1	橡胶	
52	铁联线 052－19	橡胶垫板　802×175×10	1	橡胶	
53	铁联线 052－20	橡胶垫板　836×175×10	1	橡胶	
54	铁联线 052－20	橡胶垫板　873×175×10	1	橡胶	
55	铁联线 052－20	橡胶垫板　864×175×10	1	橡胶	
56	铁联线 052－20	橡胶垫板　882×175×10	1	橡胶	

辙叉及护轨明细表

序号	图号 / 标准	名称及规格	数量	材　　料	备　　注
1	铁联线 053－04	高锰钢整铸辙叉　60－9	1	ZGMn13	
2	铁联线 053－05	直向护轨　5 370	1	50 kg/m 钢轨	
3	铁联线 053－06	侧向护轨　3 800	1	50 kg/m 钢轨	
4	铁联线 053－07	直股护轨垫板	9		
5	铁联线 053－08	侧股护轨垫板	6		
6	铁联线 053－09	辙叉垫板　629	5		
7	铁联线 053－10	辙叉垫板　655	1		
8	铁联线 053－11	支距垫板　711	1		
9	铁联线 053－12	支距垫板　778	1		
10	铁联线 053－13	支距垫板　843	1		
11	铁联线 053－14	辙叉垫板　653	1		
12	铁联线 053－15	支距垫板　701	1		
13	铁联线 053－16	支距垫板　768	1		
14	铁联线 053－17	支距垫板　834	1		
15	铁联线 052－09	垫　板　432	1		
16	铁联线 053－18	侧股垫板　432	4		
17	TB/T 2345	接头夹板	8		
18	TB/T 2347	接头螺栓螺母　M24×135－10.9	24	低碳马氏体钢	
19	GB/T 1230	垫　圈　24	24	65Mn	
20	铁联线 011－4	T 型螺栓　M24×60	61	Q235－A	
21	TB/T 1495.4	平垫圈　24	61	Q235－A	
22	GB/T 41	螺　母　M24	76	Q235－A	
23	专线 3351－3	Ⅱ型弹条	61	60Si2CrVA	
24	专线 4171－4	螺　栓　M24×110	9	Q275	
25	GB/T 93	垫　圈　24	15		
26	专线 4171－4	螺　栓　M24×100	6	Q275	
27	铁联线 011－32	螺　栓　M30×165	68	45	
28	GB/T 93	弹簧垫圈　30	68	65Mn	
29	铁联线 052－22	弹　片　250	15	60Si2Mn	
30	铁联线 011－18	销　钉　115	15	Q275	
31	铁联线 011－8	轨距块　9－11	31	ZG 270－500	
32	铁联线 011－8	轨距块　13－15	30	ZG 270－500	
33	研线 8802－408	护轨调整片　135×110×3	15	Q235	

续上表

序号	图号 / 标准	名称及规格	数量	材　料	备　注
33	研线 8802 – 408	护轨调整片　135 × 110 × 2	30	Q235	
34	铁联线 011 – 34	橡胶垫板　149 × 190 × 5	46	橡胶	
35	铁联线 052 – 19	橡胶垫板　616 × 175 × 10	9	橡胶	
36	铁联线 052 – 19	橡胶垫板　625 × 175 × 10	6	橡胶	
37	铁联线 052 – 19	橡胶垫板　629 × 175 × 10	5	橡胶	
38	铁联线 052 – 19	橡胶垫板　655 × 175 × 10	1	橡胶	
39	铁联线 052 – 19	橡胶垫板　711 × 175 × 10	1	橡胶	
40	铁联线 052 – 19	橡胶垫板　778 × 175 × 10	1	橡胶	
41	铁联线 052 – 20	橡胶垫板　843 × 175 × 10	1	橡胶	
42	铁联线 052 – 19	橡胶垫板　653 × 175 × 10	1	橡胶	
43	铁联线 052 – 19	橡胶垫板　701 × 175 × 10	1	橡胶	
44	铁联线 052 – 19	橡胶垫板　768 × 175 × 10	1	橡胶	
45	铁联线 052 – 20	橡胶垫板　834 × 175 × 10	1	橡胶	
46	铁联线 052 – 18	橡胶垫板　432 × 175 × 10	5	橡胶	
47	铁联线 053 – 19	塑料垫片　639 × 180 × 6	5	聚乙烯或聚氯乙烯	
48	铁联线 053 – 19	塑料垫片　665 × 180 × 6	1	聚乙烯或聚氯乙烯	
49	铁联线 053 – 19	塑料垫片　721 × 180 × 6	1	聚乙烯或聚氯乙烯	
50	铁联线 053 – 19	塑料垫片　788 × 180 × 6	1	聚乙烯或聚氯乙烯	
51	铁联线 053 – 19	塑料垫片　853 × 180 × 6	1	聚乙烯或聚氯乙烯	
52	铁联线 053 – 20	塑料垫片　442 × 180 × 6	3	聚乙烯或聚氯乙烯	
53	CB 588 – 15	盖　板　90 × 50 × 6	8	Q235 – A	

60 kg/m 钢轨 9 号单开道岔辙叉及护轨

图 号：铁联线 053

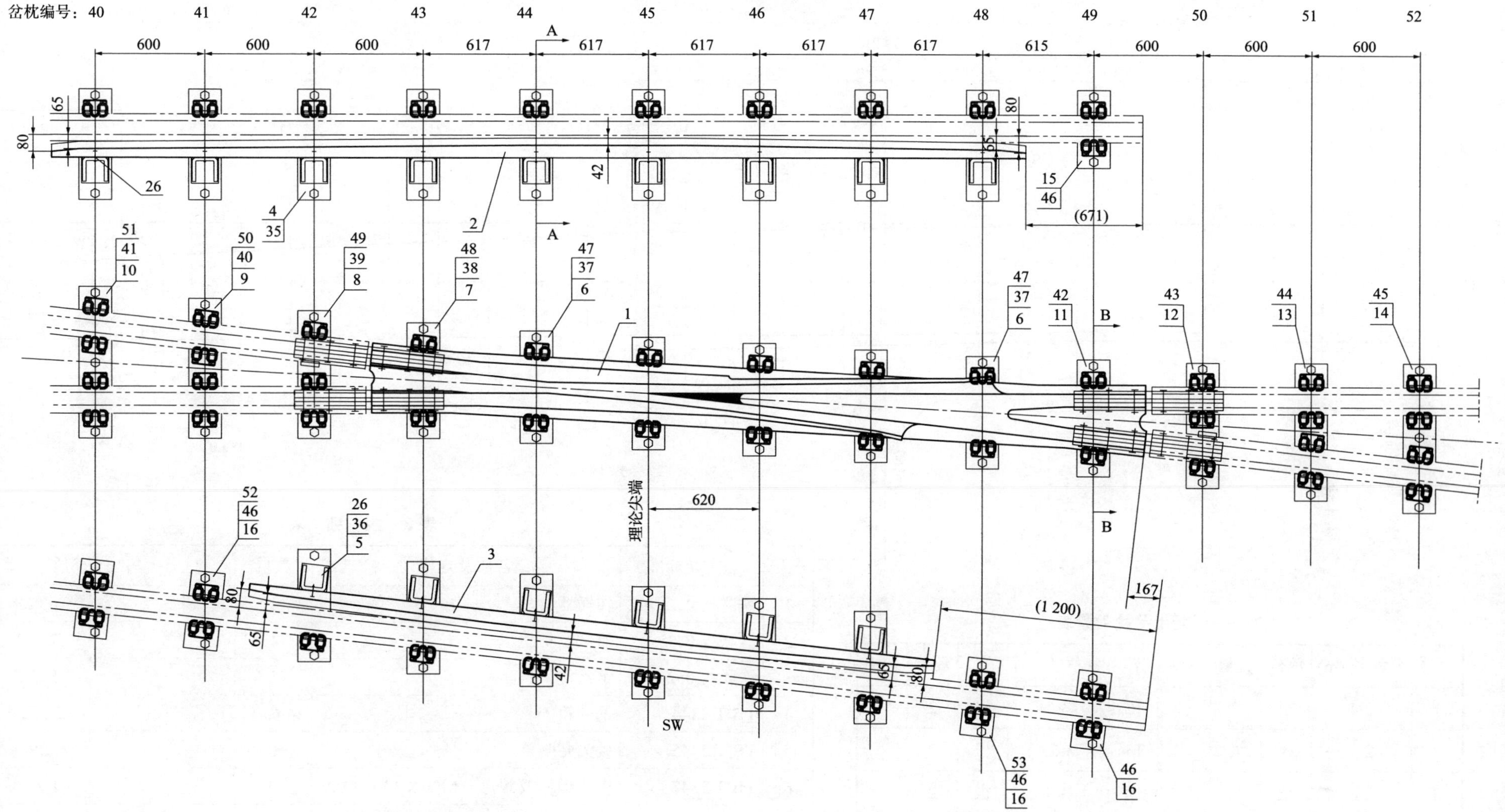

A－A 旋转

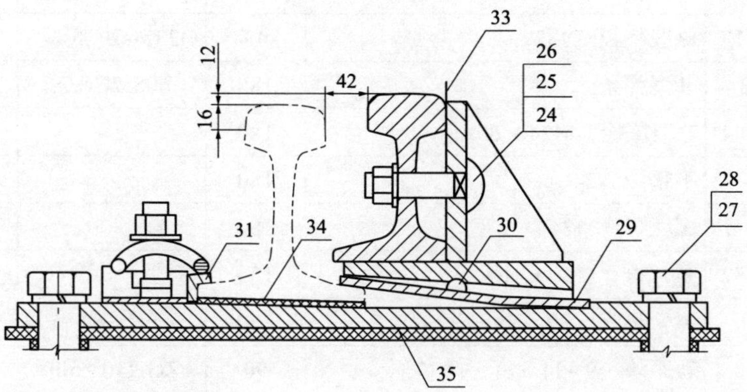

B－B 旋转

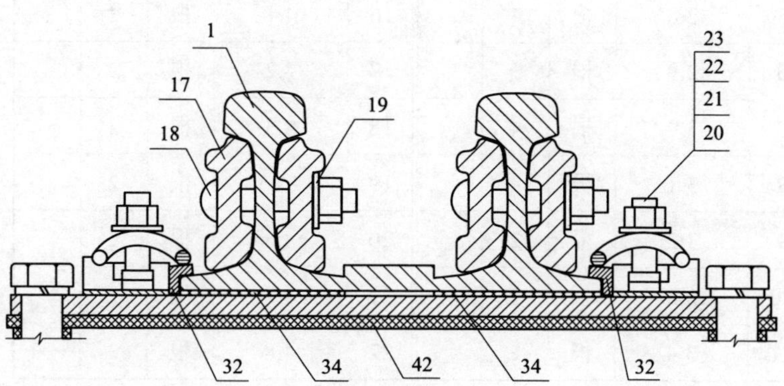

技 术 要 求

1. 40～48 号枕上的辙叉垫板、普通垫板和支距垫板下铺设 10 mm 厚橡胶垫板再下设 6 mm 厚塑料垫片。
2. 查照间隔及护背距离在心轨轨头宽 20～30 mm 处丈量，如不满足要求时，可用调整片进行调整。

60 kg/m 钢轨 9 号单开道岔
图　号：铁联线 051

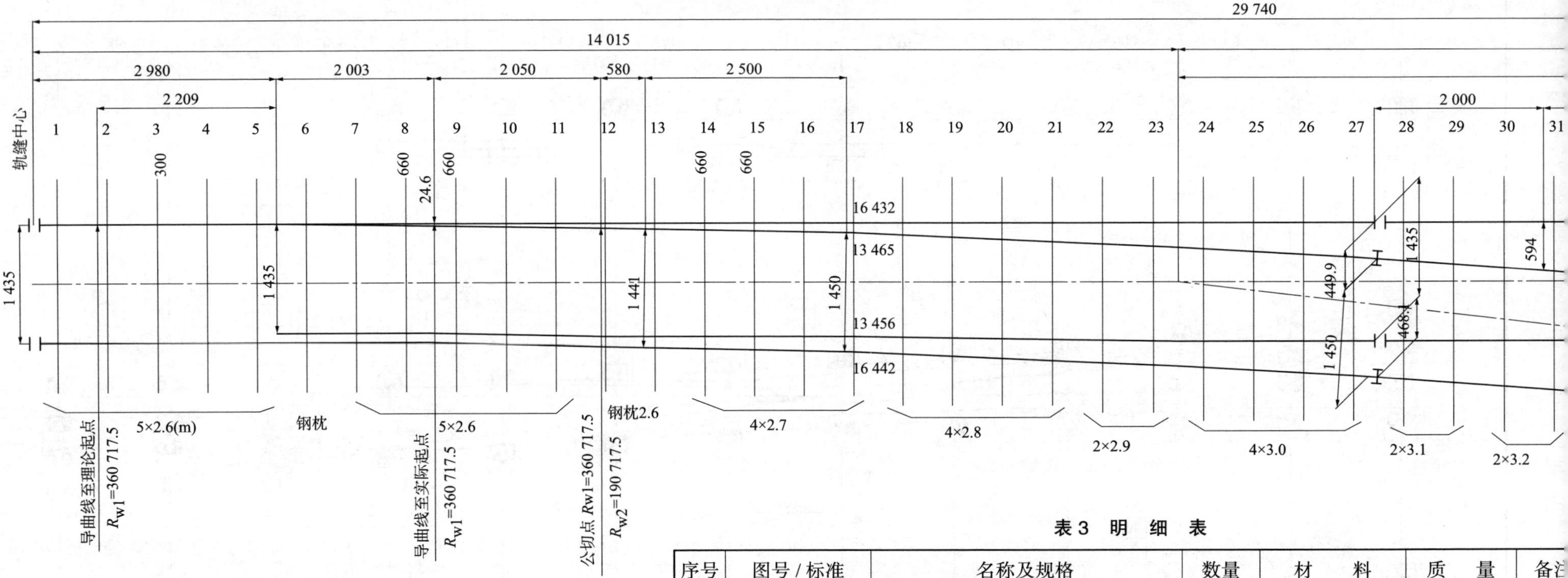

表 1　混凝土岔枕数量表

序号	岔枕长 (m)	单位	数量	备注	序号	岔枕长 (m)	单位	数量	备注
1	2.4	根	2		12	3.5	根	2	
2	2.5	根	6		13	3.65	根	2	
3	2.6	根	11		14	3.8	根	2	
4	2.7	根	4		15	3.9	根	2	
5	2.8	根	4		16	4.1	根	2	
6	2.9	根	2		17	4.2	根	2	
7	3.0	根	4		18	4.3	根	2	
8	3.1	根	2		19	4.45	根	2	
9	3.2	根	2		20	4.6	根	2	
10	3.3	根	2		21	4.7	根	2	
11	3.4	根	2		22	4.8	根	3	

表 2　钢轨数量表

长　度	13 292	9 031	8 992	13 355
数量 (根)	1	1	1	1

表 3　明　细　表

序号	图号 / 标准	名称及规格	数量	材　料	质　量	备注
1	铁联线 052	转辙器	1		6 068	
2	铁联线 053	辙叉及护轨	1		2 551	
3	铁联线 052－21	钢岔枕	1		855.6	
4	TB/T 2344	钢　轨	44.67 m		2 702.5	
5	TB/T 2345	接头夹板	6		139.9	
6	TB/T 2347	接头螺栓及螺母　M24 × 135－10.9	18		12.4	
7	GB/T 1230	平垫圈　24	18		0.9	
8	铁联线 052－09	垫　板　432	47	Q235－B(底板)	853.2	
9	铁联线 053－18	侧股垫板　432	43	Q235－B(底板)	568.8	
10	专 线 3351－3	Ⅱ型弹条	180	60Si2CrVA	85.5	
11	铁联线 011－04	T 型螺栓　M24 × 60	180		67.7	
12	TB/T 1495.4	平垫圈　24	180		12.4	
13	GB/T 41	螺　母　M24	180		20.2	
14	铁联线 011－32	螺　栓　M30 × 165	180		157.0	
15	GB 93	弹簧垫圈　30	180		6.8	
16	铁联线 011－8	轨距块　9－11	90	ZG 270－500	30.2	
17	铁联线 011－8	轨距块　13－15	90	ZG 270－500	46.1	
18	铁联线 011－8	轨距块　7－17	40	ZG 270－500	17.0	
19	铁联线 011－34	橡胶垫板　149 × 190 × 5	90	橡胶		
20	铁联线 052－20	橡胶垫板　432 × 175 × 10	90	橡胶		
21	专线 9595	钢轨绝缘	2		34.0	

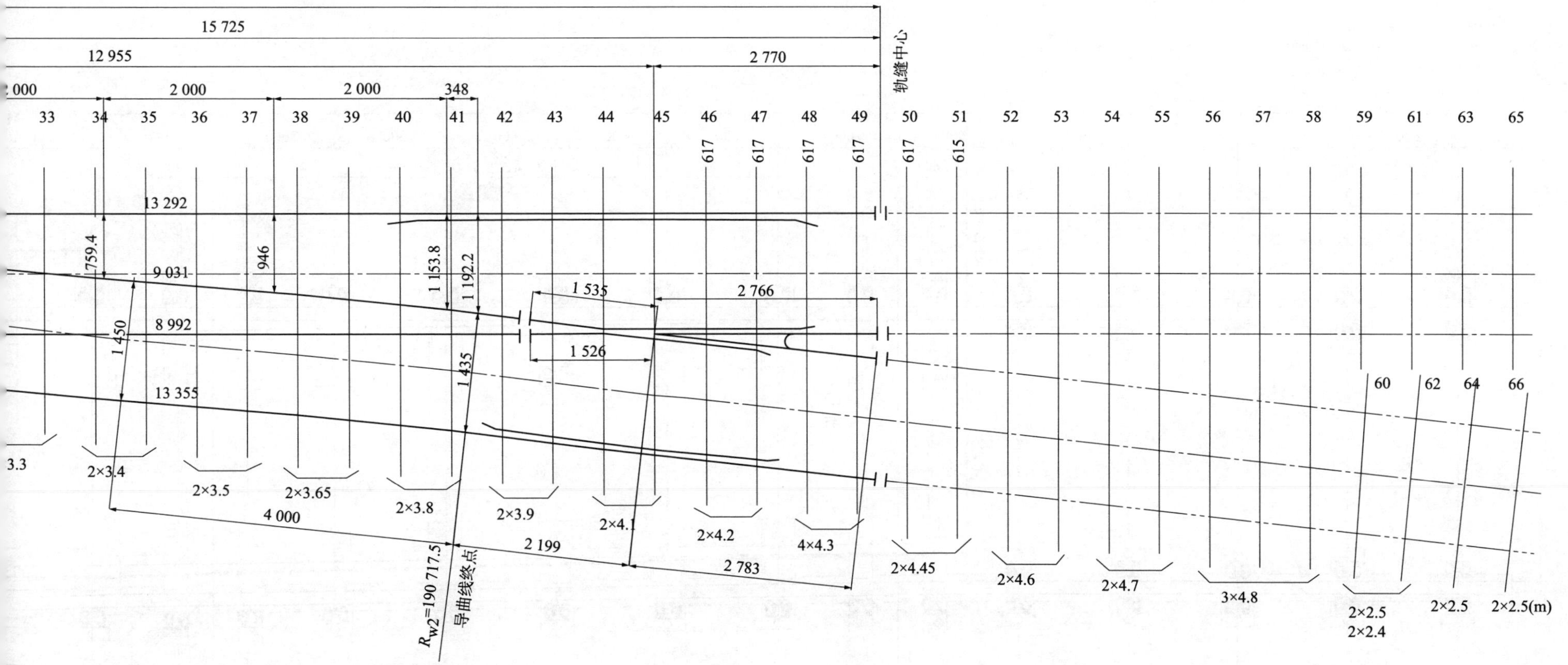

图 1 道岔中心线示意图

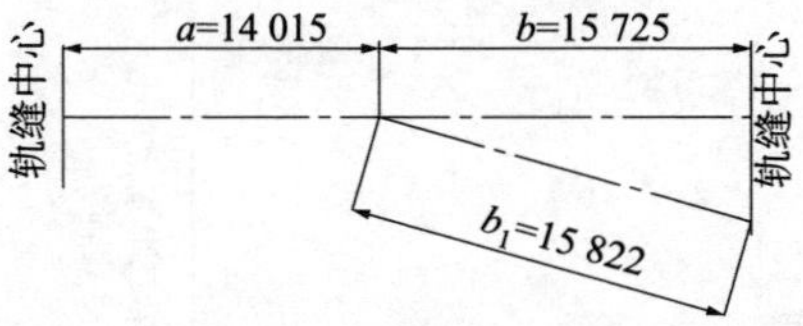

图 2 转辙器部分轨距示意图

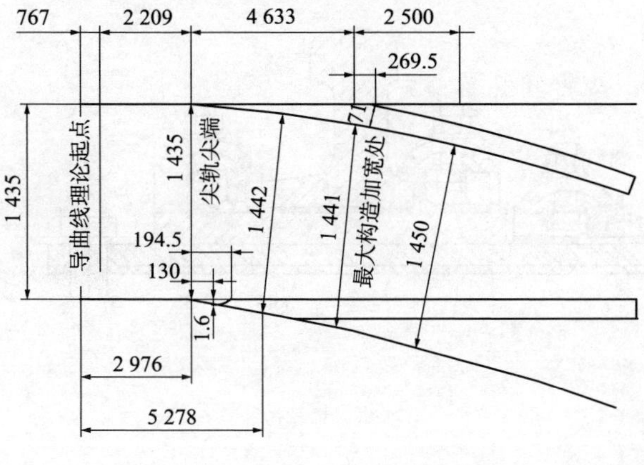

技 术 要 求

1. 图中钢轨接头和轨道电路钢轨绝缘接头分别以“—|—”和“⊥”表示。
2. 普通钢轨接头和绝缘接头轨缝为 8 mm。
3. 钢轨绝缘接头设置在转辙器跟端，设置在直股或侧股时，钢轨的配轨长度不变。
4. 岔枕均垂直于直股钢轨，第一和第二牵引点钢枕两侧枕间距为 660 mm，辙叉区岔枕间距为 617 mm 和 615 mm，其余岔枕间距均为 600 mm。
5. 钢轨下设置 5 mm 厚橡胶垫板，金属垫板与混凝土轨枕间设 10 mm 厚橡胶垫板。
6. 全道岔采用Ⅱ型弹条扣件，钢轨轨距线外侧安装 9 号轨距块，轨距线内侧安装 15 号轨距块。
7. 当使用电动转辙机或使用电液转辙机时，第 10 号岔枕均为混凝土岔枕。
8. 侧股岔枕 60、62、64 号逐步扭转过渡铺设侧股垫板，66 号岔枕铺直股垫板。

60 kg/m 钢轨 9 号单开道岔转辙器
图　号：铁联线 052

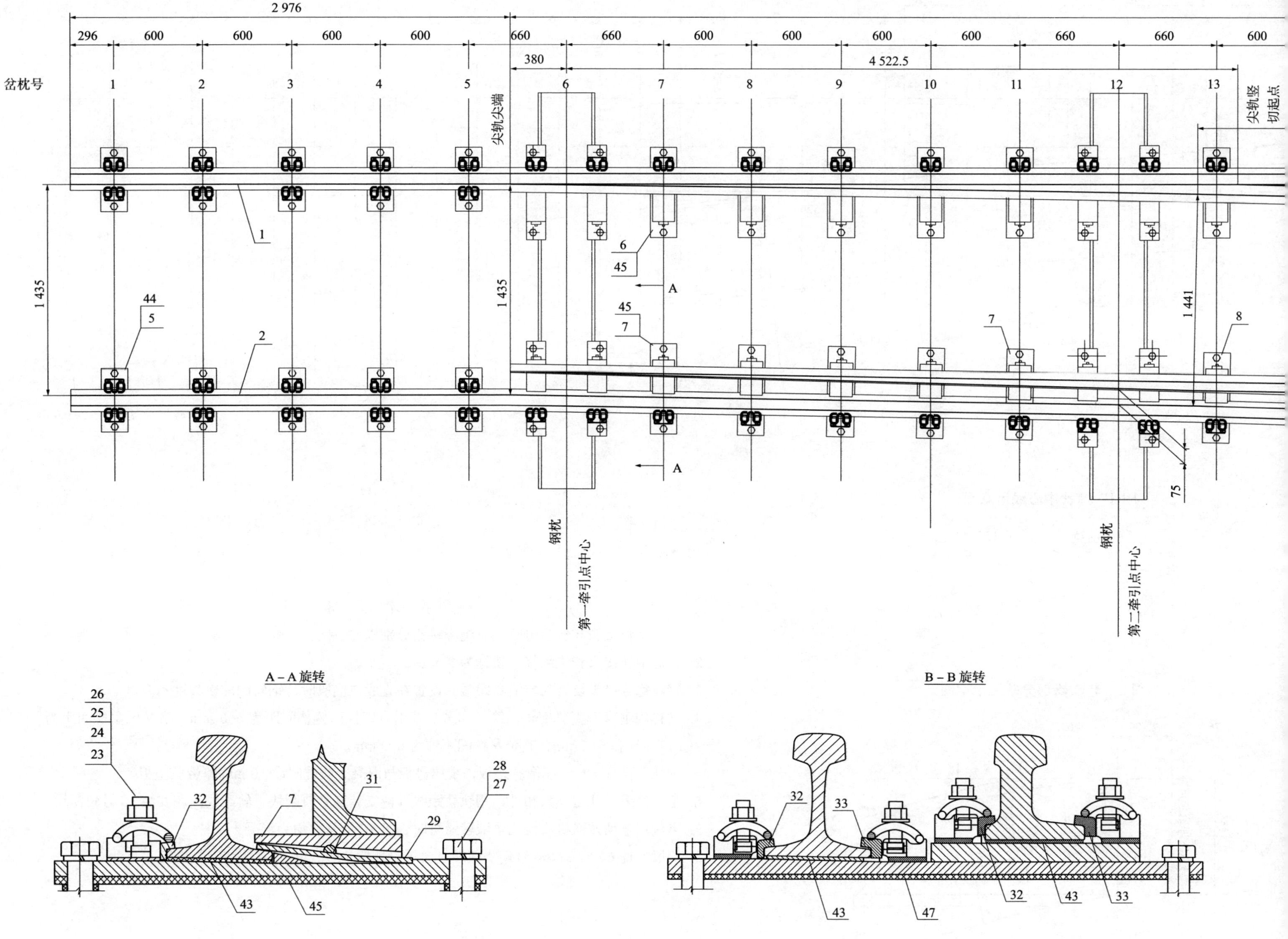

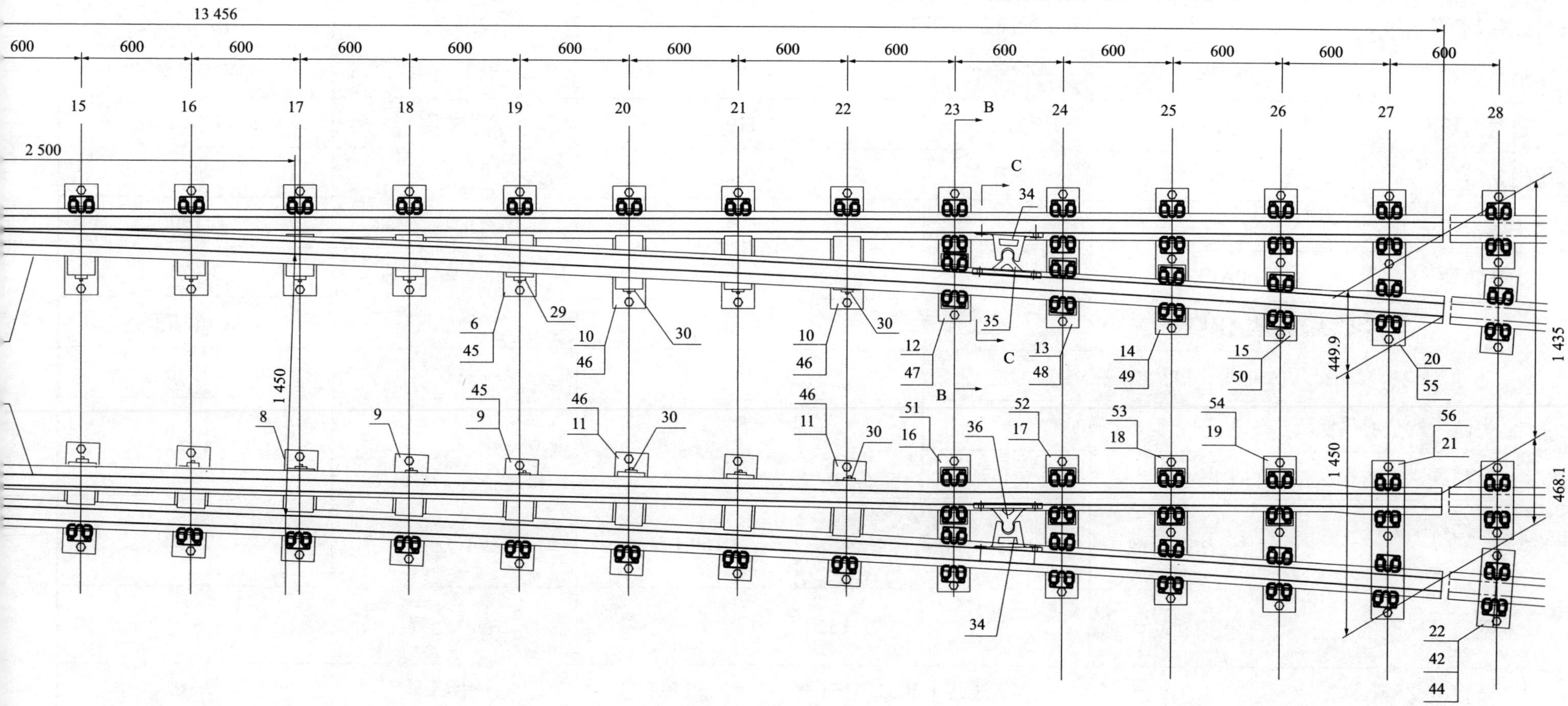
13 456
600
2 500
15 16 17 18 19 20 21 22 23 24 25 26 27 28
B
C
1 450
449.9
1 435
468.1
6
45
29
10
46
30
12
47
35
13
48
14
49
15
50
20
55
8
9
11
51
16
36
52
17
53
18
54
19
56
21
34
22
42
44

C－C 旋转

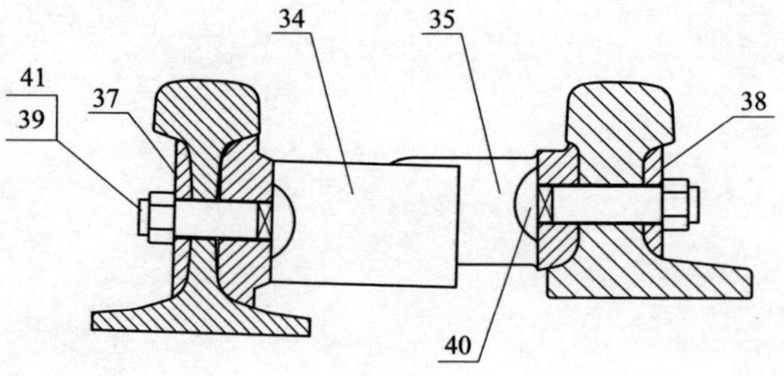
34
35
41
39
37
38
40

71. 60 kg/m 钢轨 6.5 号对称道岔(混凝土枕)
设计图号：SC 383

道岔允许通过速度	客车	v≤35 km/h		扣件类型	Ⅱ型弹条
	货车	v≤35 km/h		轨底坡	—
转辙器跟端形式	间隔铁活接头			锁闭方式	内锁闭
道岔全长	20 204	辙叉全长	3 001	辙叉类型	高锰钢整铸式
道岔前长	8 913	辙叉趾长	1 119	辙叉角	8°44′46.18″
道岔后长	11 291	辙叉跟长	1 882	翼轨轨型	—
尖轨长度	4 557	基本轨长度	10 612	直向护轨长度	3 170
尖轨轨型	60AT1			侧向护轨长度	3 170
尖轨尖端前基本轨长度			1 416	护轨轨型	33 kg/m 槽型钢
辙叉理论尖端距趾端方向前一根岔枕中心距离			219	导曲线半径	190 m
尖轨尖端至心轨实际尖端距离		—	护轨端头距导轨端头定位尺寸		417
道岔终端至末根岔枕中心距离		6 367			

岔枕图号 SC 383－500	岔枕总数	52 根	岔枕展延长	169.1 m		套管总数	284
电务转换设备	尖轨动程	152				心轨动程	—
批准文号	运基线路〔2003〕161 号					应用情况	★★
主要结构特点	1. 尖轨尖端采用藏尖式。 2. 基本轨外侧设弹性扣压轨撑，更好地承受水平横向冲击力。 3. 护轨采用分开可调式槽型护轨，护轨高出基本轨 12 mm。						

转辙器明细表

序号	图号 / 标准	名称及规格	数量	材　料	备　注
1	SC 383－102	基本轨　10 612	1	60 kg/m 钢轨	
2	SC 383－102	基本轨　10 612	1	60 kg/m 钢轨	与序号 1 对称
3	SC 383－103	尖　轨　4 557	1	60AT 轨	
4	SC 383－103	尖　轨　4 557	1	60AT 轨	与序号 3 对称
5	SC 330－134	垫　板　60－0(A)	2		
6	SC 383－104	轨撑垫板	2		
7	SC 383－105	轨撑滑床垫板	7		
8	SC 383－105	轨撑滑床垫板	7		与序号 7 对称
9	SC 383－106	辙跟垫板　750 × 645 × 25	1		
10	SC 383－106	辙跟垫板　750 × 645 × 25	1		与序号 9 对称
11	SC 383－107	辙后垫板　670 × 170 × 20	1		
12	SC 383－107	辙后垫板　670 × 170 × 20	1		与序号 11 对称
13	SC 383－108	辙后垫板　699 × 170 × 20	1		
14	SC 383－108	辙后垫板　699 × 170 × 20	1		与序号 13 对称
15	SC 383－109	辙后垫板　733 × 170 × 20	1		
16	SC 383－109	辙后垫板　733 × 170 × 20	1		与序号 15 对称
17	SC 383－110	辙后垫板　770 × 170 × 20	1		
18	SC 383－110	辙后垫板　770 × 170 × 20	1		与序号 17 对称
19	SC 383－111	辙后垫板　810 × 170 × 20	1		
20	SC 383－111	辙后垫板　810 × 170 × 20	1		与序号 19 对称
21	SC 383－112	辙后垫板　854 × 170 × 20	1		
22	SC 383－112	辙后垫板　854 × 170 × 20	1		与序号 21 对称
23	SC 383－113	辙后垫板　902 × 170 × 20	1		
24	SC 383－113	辙后垫板　902 × 170 × 20	1		与序号 23 对称
25	专线 4171－26	拉　杆　1 007	1		
26	专线 4171－27	连　杆　1 079	1		
27	专线 4114－32	辙跟鱼尾板　60－10Z	1		
28	专线 4114－32	辙跟鱼尾板　60－10Y	1		与序号 27 对称
29	SC 383－114	间隔铁　60－6.5Z	1	KTH 330－08	
30	SC 383－114	间隔铁　60－6.5Y	1	KTH 330－08	与序号 29 对称
31	SC 383－115	限位轨撑	16	KTH 330－08	
32	SC 383－116	辙跟轨撑	2	KTH 330－08	
33	SC 383－117	钢轨垫圈　P	10	KTH 330－08	

续上表

序号	图号 / 标准	名称及规格	数量	材　料	备　注
34	SC 383-118	支距扣板　A　60Z59-64	1	KTH 350-10	
35	SC 383-118	支距扣板　A　60Y59-64	1	KTH 350-10	与序号 34 对称
36	SC 383-119	支距扣板　B　60Z88-94	1	KTH 350-10	
37	SC 383-119	支距扣板　B　60Z88-94	1	KTH 350-10	与序号 36 对称
38	SC 383-119	支距扣板　B　60Z121-128	1	KTH 350-10	
39	SC 383-119	支距扣板　B　60Y121-128	1	KTH 350-10	与序号 38 对称
40	SC 383-120	螺　柱　M27×34×75×230	2	5.9 级	
41	SC 383-120	螺　柱　M27×29×90×235	2	5.9 级	
42	专线 4232-5	螺　栓　M27×295	2	10.9 级	
43	专线 4232-5	螺　栓　M27×285	2	10.9 级	
44	专线 4232-5	螺　栓　M27×290	2	10.9 级	
45	专线 4232-4	T 型螺栓　M24×65	56		
46	专线 4232-4	T 型螺栓　M24×85	16		
47	专线 4232-4	T 型螺栓　M24×95	6		
48	专线 4171-9	T 型螺栓　M24×80	4		
49	SC 330-124	螺　钉	76		
50	NS-01(b)	螺　母　M27	8	5.6 级	
51	NS-01(b)	螺　母　M27	6	10 级	
52	NS-01(b)	螺　母　M24	82		
53	NS-07	限位板　M24	78		
54	GB/T 7244	弹簧垫圈　30	76	65Mn	
55	GB/T 93	弹簧垫圈　27	14	65Mn	
56	GB/T 93	弹簧垫圈　24	4	65Mn	
57	GB/T 91	开口销　5×35	8	Q235	
58	SC 383-121	调整楔	16	KTH 350-10	
59	SC 330-125	轨距调整片　160×12×1	14	Q235	
60	SC 330-125	轨距调整片　160×12×2	28	Q235	其中 14 片备用
61	SC 383-122	支距调整片　120×12×2	12	Q235	其中 6 片备用
62	SC 383-123	支距调整片　120×18×2	12	Q235	其中 6 片备用
63	专线 3351	Ⅱ型弹条	78	60Si2CrVA	
64	专线 4232-10	轨距块　9-11	23	ZG 230-450	
65	专线 4232-10	轨距块　13-15	23	ZG 230-450	
66	专线 4232-10A	接头轨距块　9-11	5	ZG 230-450	
67	专线 4232-10A	接头轨距块　13-15	5	ZG 230-450	
1J	SC 383-401	橡胶垫板　60-190	14	橡胶	双面光

续上表

序号	图号 / 标准	名称及规格	数量	材　料	备　注
2J	SC 383－402	橡胶垫板　60－190	32	橡胶	单面槽
5J	SC 383－404	橡胶垫板　452×175×10	2	橡胶	
6J	SC 383－404	橡胶垫板　472×175×10	2	橡胶	
7J	SC 383－404	橡胶垫板　620×175×10	14	橡胶	
9J	SC 383－404	橡胶垫板　750×175×10	4	橡胶	
11J	SC 383－404	橡胶垫板　670×175×10	2	橡胶	
13J	SC 383－404	橡胶垫板　699×175×10	2	橡胶	
15J	SC 383－404	橡胶垫板　733×175×10	2	橡胶	
17J	SC 383－404	橡胶垫板　770×175×10	2	橡胶	
19J	SC 383－404	橡胶垫板　810×175×10	2	橡胶	
21J	SC 383－405	橡胶垫板　854×175－392	2	橡胶	
23J	SC 383－405	橡胶垫板　902×175－416	2	橡胶	

辙叉及护轨明细表

序号	图号 / 标准	名称及规格	数量	材　　料	备　　注
1	SC 383－202	高锰钢整铸辙叉	1		
2	SC 383－203	槽型护轨　3 170	2	33 kg/m 槽型钢	
3	SC 383－204	垫　板　912×170×24	1		
4	SC 383－205	垫　板　826×170×22	1		
5	SC 383－206	垫　板　735×170×20	1		
6	SC 383－207	垫　板　750×170×20	2		
7	SC 383－208	垫　板　750×170×20	3		
8	SC 383－209	垫　板　722×170×20	1		
9	SC 383－210	垫　板　813×170×20	1		
10	SC 383－211	垫　板　905×170×20	1		
11	SC 330－134	垫　板　60－14(D)	5		
12	SC 330－134	垫　板　60－14(D)	5		按序号 11 对称制造
13	HY03－04	护轨垫板　610×170×25	5		
14	HY03－04	护轨垫板　610×170×25	5		按序号 13 对称制造
15	SC 383－212	垫　板　452×170×20	1		
16	SC 383－212	垫　板　452×170×20	1		按序号 15 对称制造
17	SC T300－311	接头支距扣板　60/125－142	1		
18	SC T300－311	接头支距扣板　60/100－116	1		
19	TB/T 2345	接头夹板	8		
20	TB/T 2347	接头螺栓及螺母　M24×135－10.9 级	24		
21	专线 4232－4	螺　栓　M24×65	74		
22	专线 4232－4	螺　栓　M24×95	2		
23	专线 4171－9	螺　栓　M24×85	10	5.6 级	
24	SC 330－124	螺　钉　170	68		
25	NS－07	限位板　M24	76		
26	NS－01(b)	螺母　M24	10	5 级	
27	NS－01(b)	螺母　M24	76		
28	GB/T 7244	弹簧垫圈　30	68	65Mn	
29	GB/T 1230	高强度平垫圈　24	24		
30	GB/T 7244	弹簧垫圈　24	10	65Mn	
31	专线 3351	Ⅱ型弹条	76	60Si2CrVA	
32	专线 4232－10	轨距块　9－11	31	ZG 230－450	
33	专线 4232－10	轨距块　13－15	31	ZG 230－450	

续上表

序号	图号 / 标准	名称及规格	数量	材　料	备　注
34	专线 4232－10A	接头轨距块　9－11	6	ZG 230－450	
35	专线 4232－10A	接头轨距块　13－15	6	ZG 230－450	
36	SC 383－123	支距调整片 A　120×12×2	8	Q235	其中 4 片备用
37	SC 383－213	槽型护轨调整片　120×83×2	20	Q235	其中 10 片备用
38	SC 383－213	槽型护轨调整片　120×83×3	20	Q235	其中 10 片备用
1J	SC 383－402	橡胶垫板　60－190	34	橡胶	
2J	SC 383－406	橡胶垫板　447－190	5	橡胶	
3J	SC 383－405	橡胶垫板　912×175－421	1	橡胶	
4J	SC 383－404	橡胶垫板　826×175×10	1	橡胶	
5J	SC 383－404	橡胶垫板　735×175×10	1	橡胶	
6J	SC 383－404	橡胶垫板　750×175×10	5	橡胶	
8J	SC 383－404	橡胶垫板　722×175×10	1	橡胶	
9J	SC 383－404	橡胶垫板　813×175×10	11	橡胶	
10J	SC 383－405	橡胶垫板　905×175－418	1	橡胶	
11J	SC 383－404	橡胶垫板　452×175×10	12	橡胶	
13J	SC 383－407	橡胶垫板　610×175×5	10	橡胶	

60 kg/m 钢轨 6.5 号对称道岔
图　号：SC 383

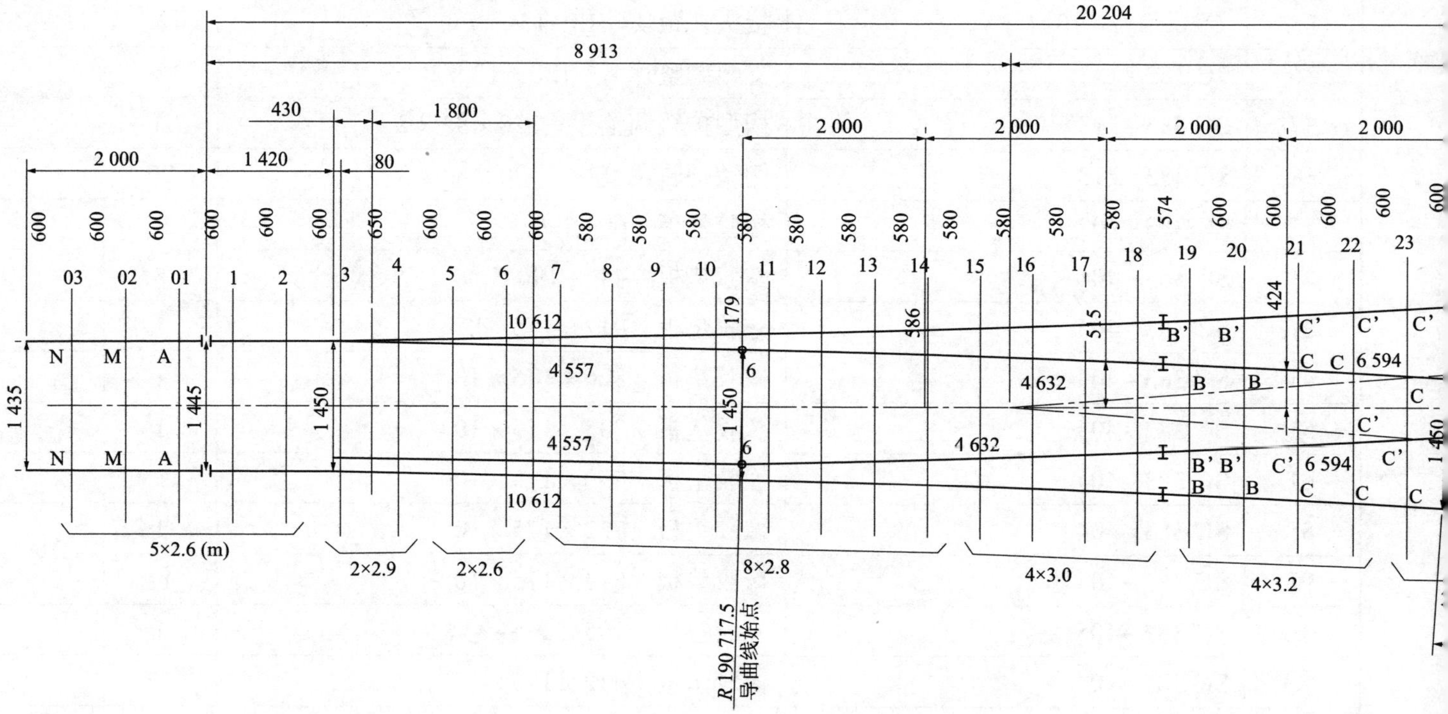

表 1　钢轨数量表

长度 (mm)	4 632	6 594	9 487
数量 (根)	2	2	2

表 2　岔枕数量表

序号	岔枕长 (m)	单位	数量	备注
1	2.45	根	6	
2	2.6	根	9	
3	2.8	根	8	
4	2.9	根	2	
5	3.0	根	4	
6	3.2	根	4	
7	3.4	根	3	
8	3.6	根	2	
9	3.8	根	2	
10	4.0	根	2	
11	4.2	根	3	
12	4.4	根	2	
13	4.6	根	2	
14	4.8	根	3	
岔枕总数：52 根				

表 3　明　细　表

序号	图号 / 标准	名称及规格	单位	数量	材　料	备　注
1	SC 383－100	转辙器	组	1		
2	SC 383－200	辙叉及护轨	组	1		
3	TB/T 2344	钢　轨	m	41.426	60 kg/m 钢轨	
4	TB/T 2345	接头夹板	块	2		
5	SC 330－134	垫　板　452	块	58		4 种类型，左右成对称制造
6	SC 330－121	垫　板　P60	块	6		不须顺坡时，改为序号 5 的 A 型垫板
7	SC 330－122	垫　板　P80	个	6		不须顺坡时，改为序号 5 的 A 型垫板
8	专线 3351	Ⅱ型弹条	个	140	60Si2CrVA	
9	专线 4232－4	螺　栓　M24 × 65	个	140		
10	TB/T 2347	接头螺栓及螺母　M24	副	6		
11	NS－01(b)	螺　母　M24	个	140		
12	GB/T 1230－84	高强度平垫圈　24	个	6		
13	NS－07	限位板　M24	个	140		
14	GB/T 7244	弹簧垫圈　30	个	140	65Mn	
15		螺　钉	个	140		
16	专线 4232－10	轨距块　9－11	个	64+10	ZG 230－450	“+”后为备用
17	专线 4232－10	轨距块　13－15	个	64+10	ZG 230－450	“+”后为备用

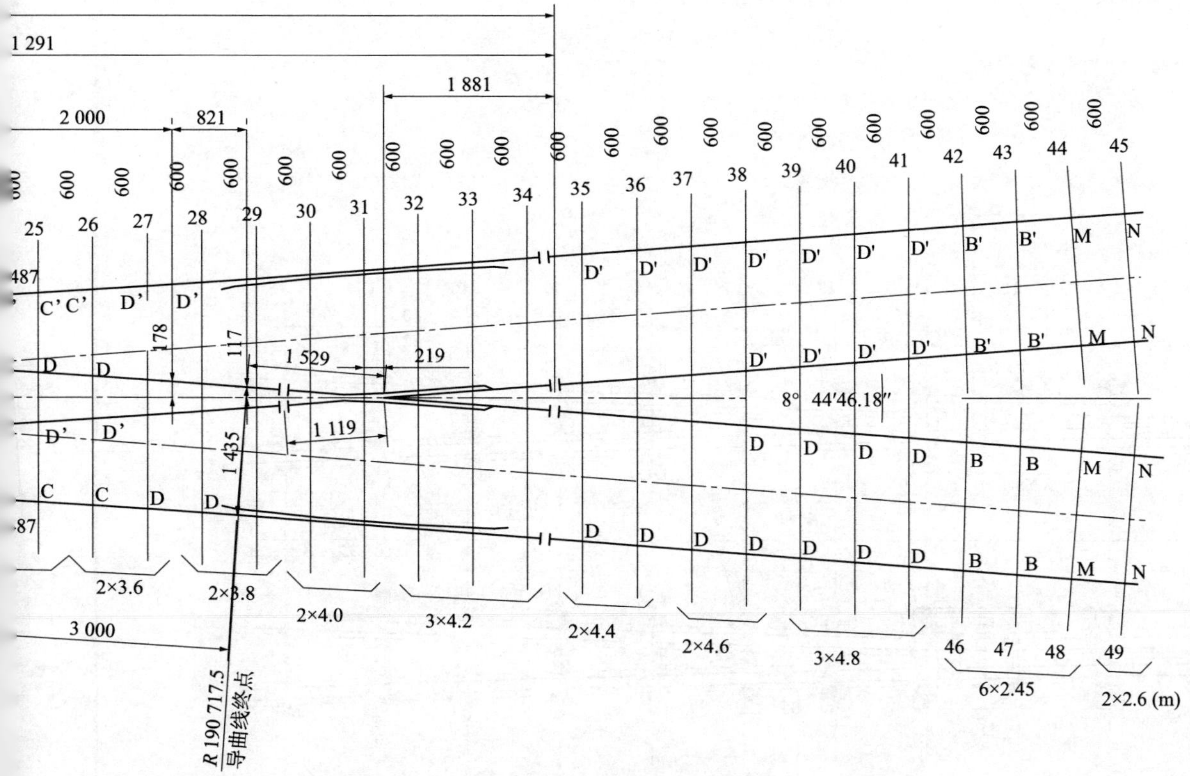

续表 3

序号	图号 / 标准	名称及规格	单位	数量	材　料	备　注
18	专线 4232－10	轨距块　7－17	个	20	ZG 230－450	备用
19	专线 4232－10A	接头轨距块　9－11	个	2	ZG 230－450	
20	专线 4232－10A	接头轨距块　13－15	个	2	ZG 230－450	
21	专线 4232－72	绝缘轨距块　9－11	个	8	玻璃纤维	
22	专线 4232－72	绝缘轨距块　13－15	个	8	玻璃纤维	
23	SC 383－404	橡胶垫板　452×175×10	块	70	橡胶	
24	SC 383－402	橡胶垫板　60－190	块	70	橡胶	
25	SC 384－301	塑料垫片　462×190×6	块	16	聚乙烯	
26	专线 9595	钢轨绝缘	套	4		供否见合同

技 术 要 求

图中钢轨普通接头及绝缘接头分别以“—||—”、“+”表示。

钢轨轨缝除注明者外均为 8 mm。

导曲线半径按外轨工作边计。

岔枕 03～41 均按垂直于道岔对称中心线，42～44、46～48 逐渐扭转为垂直轨道中心线方向。

明细表中钢轨顶面进行全长淬火，淬火技术条件按 TB/T 1779 的规定。

明细表中序号 5 垫板数量分为 A 型 2 块、B 型 16 块、C 型 20 块、D 型 20 块；图中带“’”者为左侧用垫板。

道岔前后设顺坡垫板 P(80)、P(60) 分别用 M、N 表示，其铺设位置见图，若与无轨底坡线路连接时取消顺坡垫板，采用垫板 60－0。订货时须指明。

8. 配轨：

(1) 导轨应在两端头轨腰处（距端头 600 mm）喷印长度的标记。

(2) 当道岔有其他特殊要求时，订货时须提出。

60 kg/m 钢轨 6.5 号对称道岔转辙器
图　号：SC 383－100

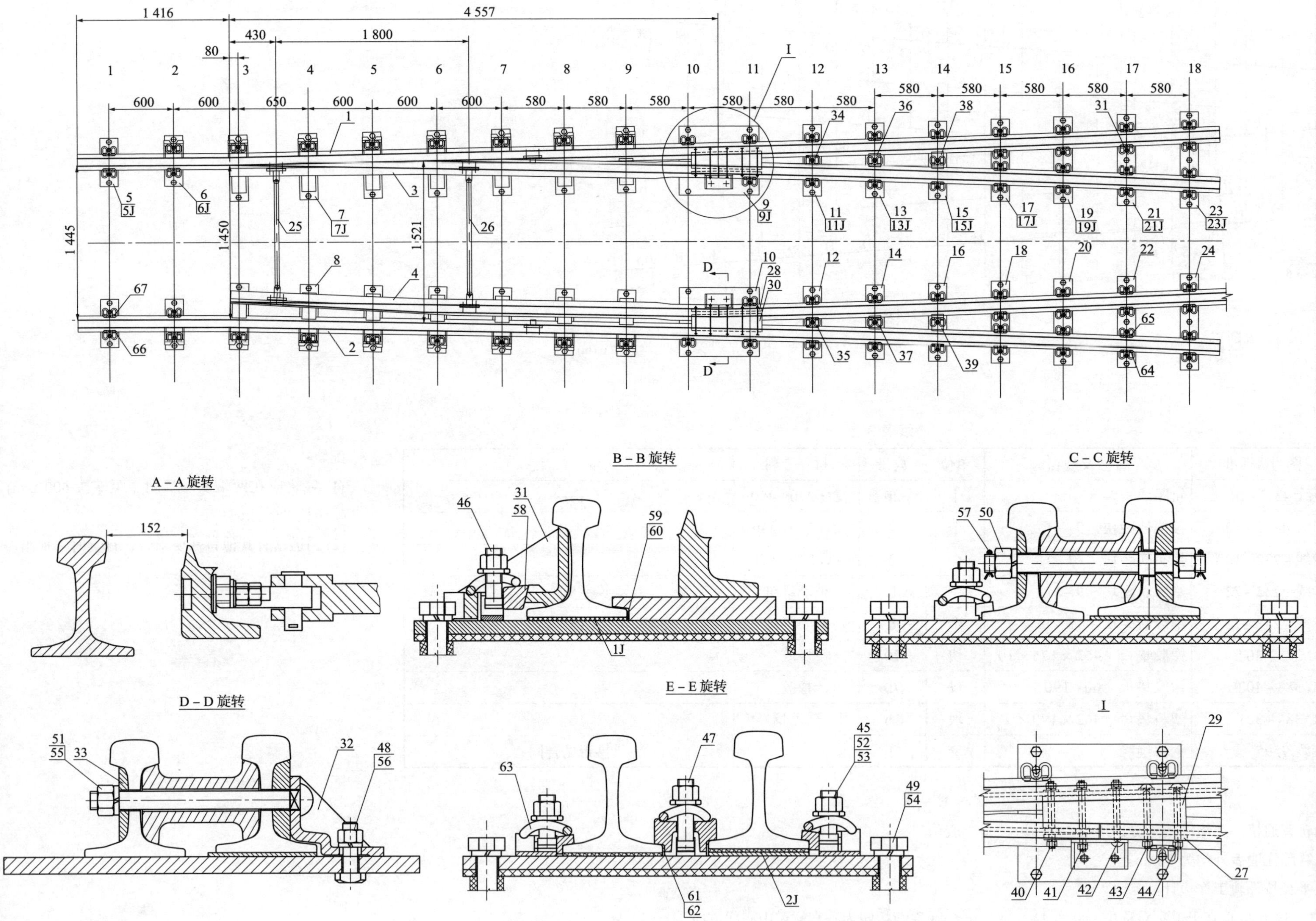

60 kg/m 钢轨 6.5 号对称道岔辙叉及护轨

图　号：SC 383－200

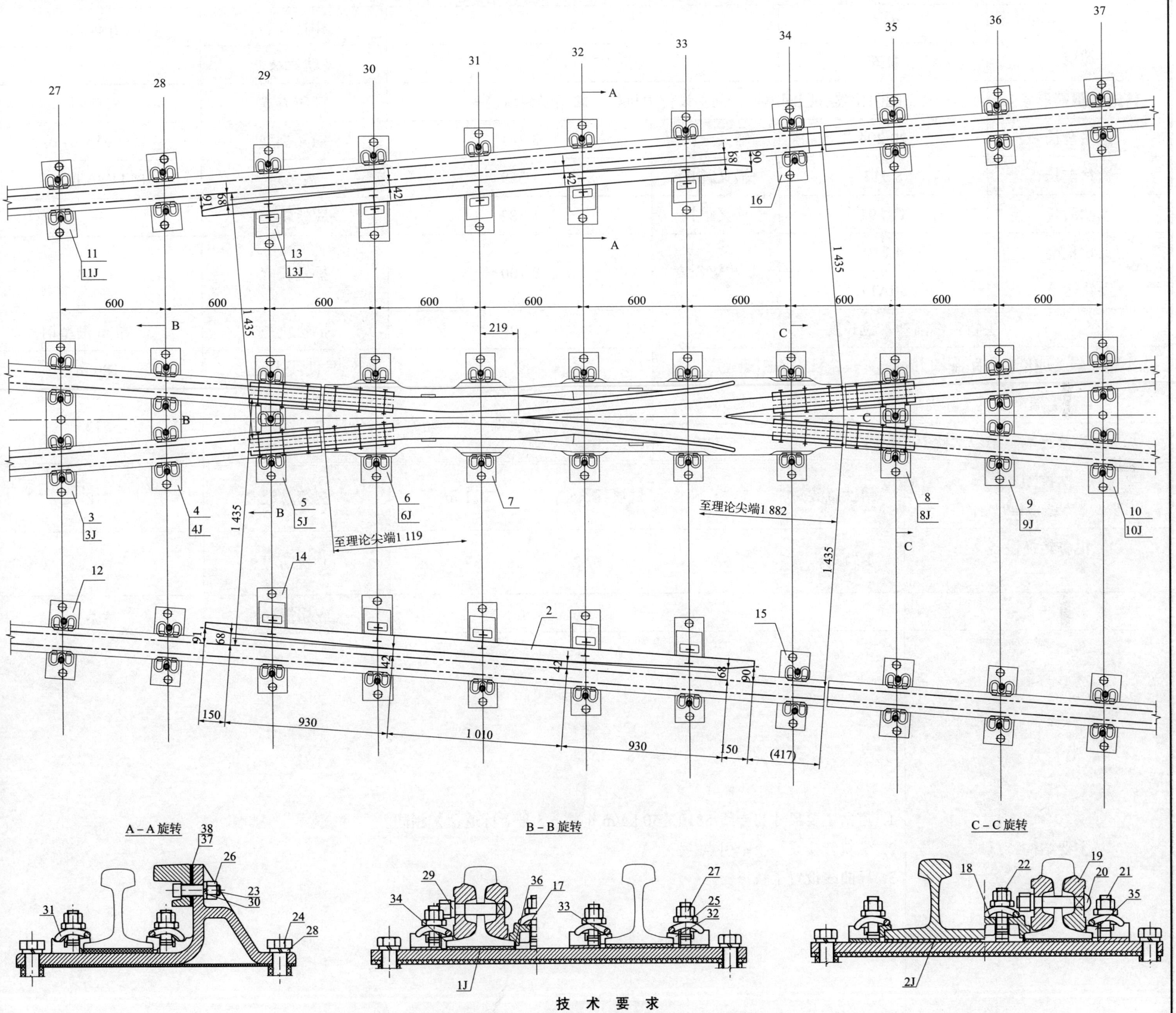

技　术　要　求

1. 组装护轨时，如查照间隔或护背距离不合格时，可用备用调整片进行调整。
2. 查照间隔及护背距离在心轨轨头宽 20～30 mm 处丈量。

<table>
<tr><th colspan="8">72. 50 kg/m 钢轨 6.5 号对称道岔(混凝土枕)
设计图号：专线 5826</th></tr>
<tr><td rowspan="2">道岔允许通过速度</td><td>客车</td><td colspan="3">$v \leq 35$ km/h</td><td>扣件类型</td><td>扣板式</td></tr>
<tr><td>货车</td><td colspan="3">$v \leq 35$ km/h</td><td>轨底坡</td><td>—</td></tr>
<tr><td>转辙器跟端形式</td><td colspan="4">□限位器 □间隔铁 □不设传力机构 ■间隔铁活接头</td><td>锁闭方式</td><td>内锁闭</td></tr>
<tr><td>道岔全长</td><td>20 204</td><td>辙叉全长</td><td colspan="2">3 241</td><td>辙叉类型</td><td>高锰钢整铸式</td></tr>
<tr><td>道岔前长</td><td>8 913</td><td>辙叉趾长</td><td colspan="2">1 359</td><td>辙叉角</td><td>8°44′46.18″</td></tr>
<tr><td>道岔后长</td><td>11 291</td><td>辙叉跟长</td><td colspan="2">1 882</td><td>翼轨轨型</td><td>—</td></tr>
<tr><td>尖轨长度</td><td>4 210</td><td rowspan="2">基本轨长度</td><td rowspan="2" colspan="2">8 700</td><td rowspan="2">护轨长度</td><td rowspan="2">3 100</td></tr>
<tr><td>尖轨轨型</td><td>50AT1</td></tr>
<tr><td colspan="3">尖轨尖端前基本轨长度</td><td colspan="2">1 206</td><td>护轨轨型</td><td>33 kg/m 槽型钢</td></tr>
<tr><td colspan="3">辙叉理论尖端距趾端方向前一根岔枕中心距离</td><td colspan="2">9</td><td>导曲线半径</td><td>180 m</td></tr>
<tr><td colspan="2">尖轨尖端至心轨实际尖端的距离</td><td>—</td><td rowspan="2" colspan="3">护轨端头距导轨端头定位尺寸</td><td rowspan="2">513</td></tr>
<tr><td colspan="2">道岔终端至末根岔枕中心距离</td><td>5 737</td></tr>
<tr><td>岔枕图号
专线 3449</td><td>岔枕总数</td><td>53 根</td><td>岔枕展延长</td><td>151.1 m</td><td>套管总数</td><td>318</td></tr>
<tr><td>电务转换设备
—</td><td>尖轨动程</td><td colspan="3">152</td><td>心轨动程</td><td>—</td></tr>
<tr><td>批准文号</td><td colspan="4">—</td><td>应用情况</td><td>★★</td></tr>
<tr><td>主要结构特点</td><td colspan="6">1. 道岔主要尺寸与专线 5819《50 kg/m 钢轨 6.5 号对称道岔》相同。
2. 尖轨转换设一个牵引点。
3. 导曲线设置了轨撑。</td></tr>
</table>

转辙器明细表

序号	图号 / 标准	名称及规格	数量	材　　料	备　　注
1	专线 5826－6	基本轨　8 700	1		
2	专线 5826－6	基本轨　8 700	1		按序号 1 对称制造
3	专线 5826－7	尖　轨　4 210	1		
4	专线 5826－7	尖　轨　4 210	1		按序号 3 对称制造
5	专线 4266－59	拉　杆　1 015	1		
6	专线 4266－60	连　杆　1 072	1		
7	专线 4266－50	辙跟外轨撑　50	2	KTH 330－08	
8	专线 4266－49	辙跟内轨撑　50	2	KTH 330－08	
9	专线 5826－38	轨　撑　50	14	KTH 330－08	
10	专线 4266－48	调整楔　50	14	KTH 350－10	
11	专线 4266－52	辙跟间隔铁　50－122－146－14	1	KTH 330－08	
12	专线 4266－52	辙跟间隔铁　50－122－146－14	1	KTH 330－08	按序号 11 对称制造
13	专线 4266－53	接头夹板　50－10Z	1		
14	专线 4266－53	接头夹板　50－10Y	1		
15	专线 5826－31	接头垫板　50－A	2		
16	专线 5826－32	轨撑垫板　50－0	2		
17	专线 5826－9	轨撑滑床板　50－6	7		
18	专线 5826－9	轨撑滑床板　50－6	7		按序号 17 对称制造
19	专线 5826－10	辙跟垫板　720 × 616 × 20	1	Q235	
20	专线 5826－10	辙跟垫板　720 × 616 × 20	1	Q235	按序号 19 对称制造
21	专线 5826－11	垫　板　636	1		
22	专线 5826－11	垫　板　636	1		按序号 21 对称制造
23	专线 5826－11	垫　板　659	1		
24	专线 5826－11	垫　板　659	1		按序号 23 对称制造
25	专线 5826－11	垫　板　686	1		
26	专线 5826－11	垫　板　686	1		按序号 25 对称制造
27	专线 5826－11	垫　板　716	1		
28	专线 5826－11	垫　板　716	1		按序号 27 对称制造
29	专线 5826－12	垫　板　759	1		
30	专线 5826－12	垫　板　759	1		按序号 29 对称制造
31	专线 5826－13	垫　板　385	2		
32	专线 5826－13	垫　板　385	2		按序号 31 对称制造
33	专线 5826－14	垫　板　393	1		

续上表

序号	图号 / 标准	名称及规格	数量	材　料	备　注
34	专线 5826－14	垫　板　393	1		按序号 33 对称制造
35	专线 5826－15	垫　板　393	2		
36	专线 5826－15	垫　板　393	2		按序号 35 对称制造
37	专线 5826－30	垫　板　50－B	1		
38	专线 5826－30	垫　板　50－B	1		按序号 37 对称制造
39	专线 5826－16	支距扣板　50	1	ZG 230－450	
40	专线 5826－16	支距扣板　50	1	ZG 230－450	按序号 39 对称制造
41	专线 4266－54	支距扣板　50/77－72	1	ZG 230－450	
42	专线 4266－54	支距扣板　50/77－72	1	ZG 230－450	按序号 41 对称制造
43	专线 4266－54	支距扣板　50/104－98	1	ZG 230－450	
44	专线 4266－54	支距扣板　50/104－98	1	ZG 230－450	按序号 43 对称制造
45	专线 4266－54	支距扣板　50/134－128	1	ZG 230－450	
46	专线 4266－54	支距扣板　50/134－128	1	ZG 230－450	按序号 45 对称制造
47	专线 4266－7	螺　柱　24×28×70×200	2		
48	专线 4266－7	螺　柱　24×24×80×210	2		
49	专线 4266－6	半圆头螺栓　M24×310－G	4		
50	专线 4266－6	半圆头螺栓　M24×300－G	2		
51	专线 4266－8	长方头螺栓　M24×85	8		
52	专线 4266－5	T 型螺栓　M24×60	46		
53	专线 4266－5	T 型螺栓　M24×80	20		
54	专线 4266－5	T 型螺栓　M24×85	8		
55	GB/T 5780	螺　栓　M24×70	18		
56	专线 4266－4	薄方头螺栓　M24×70	2		
57	专线 (04)4277－Ⅴ－35	螺　钉	88		
58	专线 4266－9	螺　母　M24G	22		
59	GB/T 41	螺　母　M24	74		
60	专线 4266－9	螺　母　M24	20		
61	GB/T 7244	垫　圈　30	88		
62	TB/T 1495.4	平垫圈　24	74		
63	GB/T 7244	垫　圈　24	42		
64	GB/T 96	垫　圈　24	12		
65	GB/T 95	平垫圈　30	88		
66	专线 3351－3	Ⅱ型弹条	74	60Si2CrVA	
67	专线 4266－70	钢轨垫圈　50－0	2	KTH 330－08	
68	专线 4266－71	钢轨垫圈　50－0	4	KTH 330－08	

续上表

序号	图号 / 标准	名称及规格	数量	材　料	备　注
69	专线 4266－13	轨距块　50/9－11	16	ZG 230－450	
70	专线 4266－13	轨距块　50/13－15	20	ZG 230－450	
71	专线 4266－14	接头轨距块　50－11	6	玻璃纤维	
72	专线 4266－14	接头轨距块　50－13	4	玻璃纤维	
73	专线 (04)4277－V－38	调距盖板	88	玻璃纤维	
74	专线 4266－27	橡胶垫板　50－200	36	橡胶	
75	专线 4266－26	橡胶垫板　50－200	14	橡胶	
76	专线 4266－27	橡胶垫板　50－740	2	橡胶	
77	专线 (04)4277－V－44	橡胶垫板　452 × 200 × 10	2	橡胶	
78	专线 (04)4277－V－44	橡胶垫板　631 × 200 × 10	14	橡胶	左右开各 7 块
79	专线 5826－17	橡胶垫板　616 × 185 × 10	4	橡胶	
80	专线 (04)4277－V－44	橡胶垫板　636 × 200 × 10	2	橡胶	
81	专线 (04)4277－V－44	橡胶垫板　659 × 200 × 10	2	橡胶	
82	专线 (04)4277－V－44	橡胶垫板　686 × 200 × 10	2	橡胶	
83	专线 (04)4277－V－44	橡胶垫板　716 × 200 × 10	2	橡胶	
84	专线 (04)4277－V－44	橡胶垫板　759 × 200 × 10	2	橡胶	
85	专线 (04)4277－V－44	橡胶垫板　385 × 200 × 10	4	橡胶	
86	专线 (04)4277－V－44	橡胶垫板　393 × 200 × 10	6	橡胶	
87	专线 (04)4277－V－44	橡胶垫板　472 × 200 × 10	2	橡胶	
88	专线 (04)4277－V－44	橡胶垫板　462 × 200 × 10	2	橡胶	

辙叉及护轨明细表

序号	图号 / 标准	名称及规格	数量	材　料	备　注
1	专线 5826－20	高锰钢辙叉	1		
2	专线 5826－21	护　轨　3 100	2	33 kg/m 槽型钢	
3	专线 5826－22	垫　板　615	6		
4	专线 5826－22	垫　板　615	6		按序号 3 对称制造
5	专线 5826－23	垫　板　390	1		
6	专线 5826－23	垫　板　390	1		按序号 5 对称制造
7	专线 5826－24	垫　板　390	1		
8	专线 5826－24	垫　板　390	1		按序号 7 对称制造
9	专线 5826－34	辙叉接头垫板　50－760	1		
10	专线 5826－33	辙叉垫板　50－760	4		
11	专线 5826－34	辙叉接头垫板　50－700	1		
12	专线 5826－25	垫　板　734	1		
13	专线 5826－26	垫　板　806	1		
14	专线 5826－27	垫　板　897	1		
15	专线 4266－55	支距扣板　50/135－118	1		
16	专线 5826－37	调整片　140 × 60 × 2/3	24/12		厚 2 mm 备用
17	TB/T 2345	接头夹板	8		
18	TB/T 2347	接头螺栓　M24 × 145－10.9	24		带螺母
19	专线 4266－8	螺　栓　M24 × 80	12	5.6 级	
20	GB/T 5780	螺　栓　M24 × 70	2		
21	专线 (04)4277－V－35	螺　钉	51	45 号钢	
22	专线 4266－5	T 型螺栓　M24 × 60	36		
23	专线 4266－5	T 型螺栓　M24 × 80	2		
24	专线 4266－5	T 型螺栓　M24 × 85	1		
25	专线 4266－9	螺　母　M24	14		
26	GB/T 41	螺　母　M24	39		
27	GB/T 1230	垫　圈　24	24		
28	GB/T 7244	垫　圈　24	14		
29	GB/T 7244	垫　圈　30	51		
30	GB/T 95	平垫圈　30	51		
31	TB/T 1495.4	平垫圈	39		
32	专线 5826－38	轨　撑　50	2		
33	专线 4266－48	调整楔　50	2		

续上表

序号	图号 / 标准	名称及规格	数量	材　料	备　注
34	专线 3351－3	Ⅱ型弹条	39	60Si2CrVA	
35	专线 4266－13	轨距块　50/9－11	22	ZG 230－450	
36	专线 4266－13	轨距块　50/13－15	10	ZG 230－450	
37	专线 4266－14	接头轨距块　50－11	2	玻璃纤维	
38	专线 4266－14	接头轨距块　50－13	2	玻璃纤维	
39	专线 (04)4277－Ⅴ－38	调距盖板	51	玻璃纤维	
40	专线 4266－27	橡胶垫板　50－200	22	橡胶	
41	专线 4266－29	橡胶垫板　379	1	橡胶	
42	专线 4266－29	橡胶垫板　439	5	橡胶	
43	专线 5826－39	橡胶垫板　615 × 200 × 7	12	橡胶	
44	专线 (04)4277－Ⅴ－44	橡胶垫板　390 × 200 × 10	4	橡胶	
45	专线 (04)4277－Ⅴ－44	橡胶垫板　760 × 200 × 10	5	橡胶	
46	专线 (04)4277－Ⅴ－44	橡胶垫板　700 × 200 × 10	1	橡胶	
47	专线 (04)4277－Ⅴ－44	橡胶垫板　734 × 200 × 10	1	橡胶	
48	专线 (04)4277－Ⅴ－44	橡胶垫板　806 × 200 × 10	1	橡胶	
49	专线 (04)4277－Ⅴ－45	橡胶垫板　897－363	1	橡胶	

50 kg/m 钢轨 6.5 号对称道岔
图　号：专线 5826－3

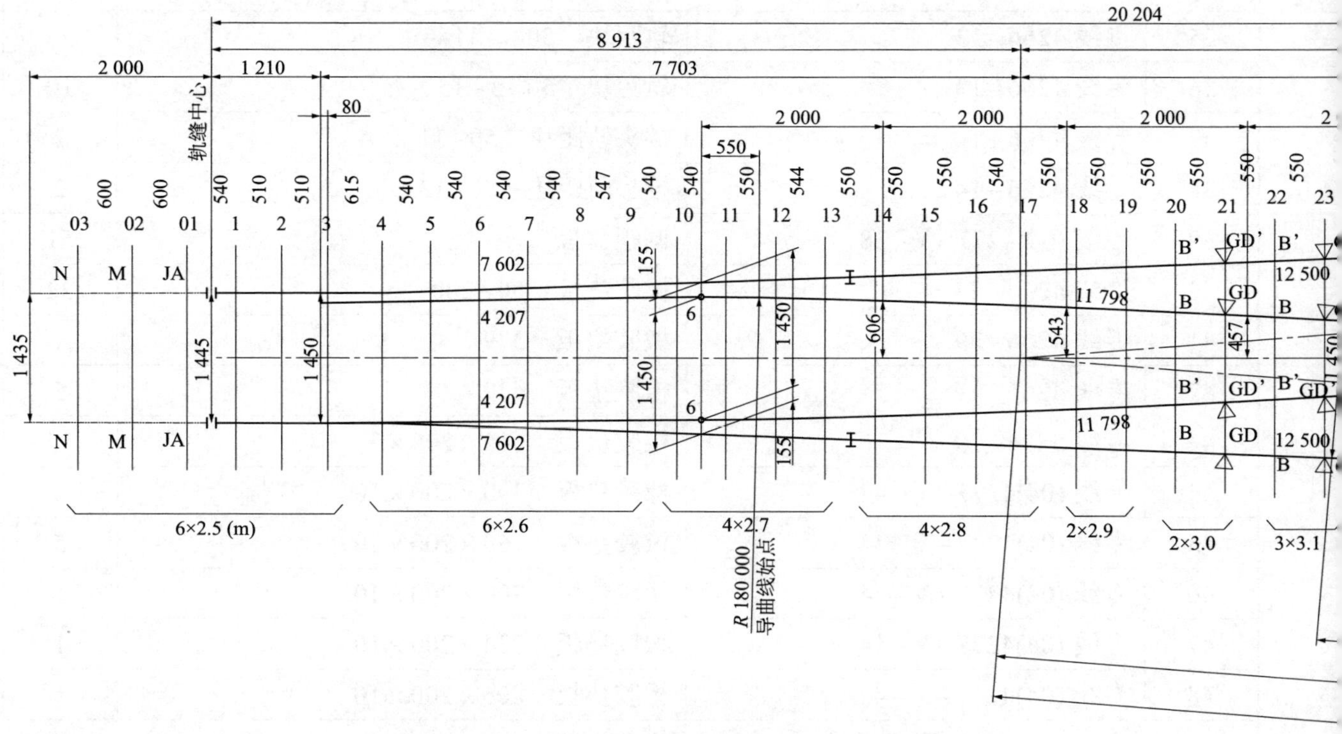

表 1　岔枕数量表

序号	岔枕长 (m)	单位	数量
1	2.4	根	4
2	2.5	根	8
3	2.6	根	6
4	2.7	根	4
5	2.8	根	4
6	2.9	根	2
7	3.0	根	2
8	3.1	根	2
9	3.3	根	2
10	3.4	根	2
11	3.5	根	2
12	3.7	根	2
13	3.9	根	2
14	4.1	根	2
15	4.2	根	2
16	4.3	根	2
17	4.5	根	2
18	4.7	根	2
19	4.8	根	1
岔枕总数：53 根			

表 2　明　细　表

序号	图号 / 标准	名称及规格	单位	数量	材　料	备注
1	专线 5826－4	转辙器	组	1		
2	专线 5826－18	辙叉及护轨	组	1		
3	TB/T 2344	钢　轨	m	45.902	50 kg/m 钢轨	
4	TB/T 2345	接头夹板	块	2		
5	专线 5826－31	接头垫板　50－JA	块	2		
6	专线 5826－31	接头垫板　50－JD	块	2		右开
7	专线 5826－31	接头垫板　50－JD’	块	2		左开
8	专线 5826－30	平垫板　50－A	块	4		
9	专线 5826－30	平垫板　50－B	块	4		右开
10	专线 5826－30	平垫板　50－B’	块	4		左开
11	专线 5826－30	平垫板　50－C	块	6		右开
12	专线 5826－30	平垫板　50－C’	块	6		左开
13	专线 5826－30	平垫板　50－D’	块	12		右开
14	专线 5826－30	平垫板　50－D’	块	12		左开
15	专线 5826－32	轨撑垫板　50－GD	块	4		右开
16	专线 5826－32	轨撑垫板　50－GD’	块	4		左开

续表 2

序号	图号 / 标准	名称及规格	单位	数量	材　料	备注
17	专线 5826－32	轨撑垫板　50－GE	块	6		右开
18	专线 5826－32	轨撑垫板　50－GE’	块	6		左开
19	专线 5826－35	顺坡垫板　P120	块	6		
20	专线 5826－36	顺坡垫板　P60	块	6		
21	专线 5826－38	轨　撑	个	20	KTH 330－08	
22	专线 4266－48	调整楔	个	20	KTH3 30－08	
23	专线 3351－3	Ⅱ型弹条	个	172	60Si2CrVA	
24	GB/T 5780	螺　栓　M24 × 70	个	20		
25	专线 4266－5	T 型螺栓　M24 × 60	个	152		
26	专线 4266－5	T 型螺栓　M24 × 80	个	20		
27	TB/T 2347	接头螺栓 M24 × 145－10.9	个	6		带螺
28	专线 4266－9	螺　母　M24	个	20		
29	GB/T 41	螺　母　M24	个	172		
30	GB/T 1230	垫　圈　24	个	6		
31	TB/T 1495.4	平垫圈　24	个	172		
32	GB/T 7244	垫　圈　30	个	172		
33	GB/T 7244	垫　圈　24	个	20		

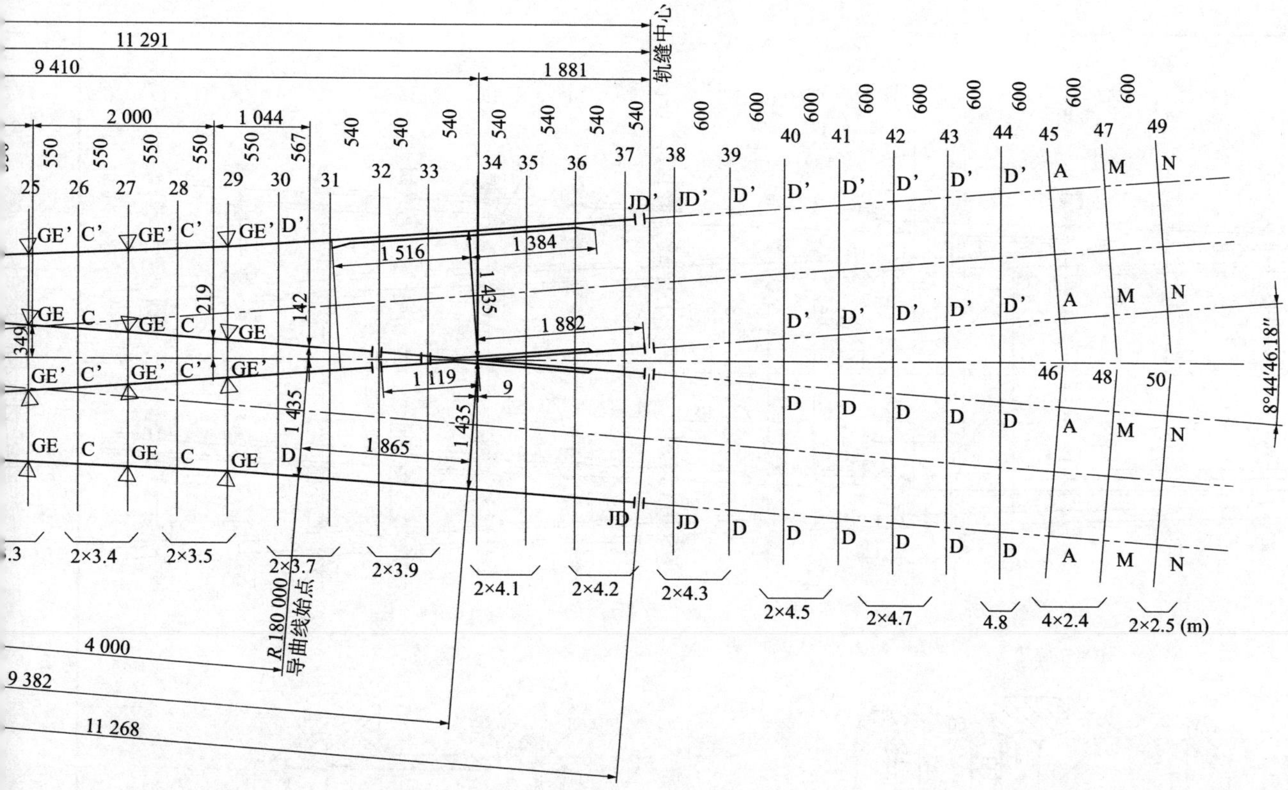

续表 2

图号 / 标准	名称及规格	单位	数量	材　料	备注
GB/T 95	垫　圈　30	个	172		
专线 4266－13	轨距块　50/9－11	个	60	ZG 230－450	
专线 4266－13	轨距块　50/13－15	个	80	ZG 230－450	
专线 4266－13	轨距块　50/7－17	个	64	ZG 230－450	
专线 (04)4277－V－35	螺　钉	个	172		
专线 4266－14	接头轨距块　50－9	个	5	玻璃纤维	
专线 4266－14	接头轨距块　50－11	个	5	玻璃纤维	
专线 4266－14	接头轨距块　50－13	个	5	玻璃纤维	
专线 4266－14	接头轨距块　50－15	个	5	玻璃纤维	
专线 (04)4277－V－38	调距盖板	个	172	玻璃纤维	
专线 (04)4277－V－44	橡胶垫板 452 × 200 × 10	块	60	橡胶	
专线 (04)4277－V－44	橡胶垫板 462 × 200 × 10	块	20	橡胶	
专线 (04)4277－V－44	橡胶垫板 472 × 200 × 10	块	6	橡胶	
专线 4266－27	橡胶垫板　50－200	块	86	橡胶	
专线 3343	钢轨绝缘	套	4		

技 术 要 求

1. 本道岔岔枕均按垂直于辙叉角平分线布置。
2. 图中钢轨接头、绝缘接头分别以“—||—”、“—+—”表示。
3. 钢轨轨缝除标注外均为 8 mm。
4. 导曲线安设轨撑的位置以“▽”表示。
5. 明细表中钢轨数量由下表所列钢轨组成：
6. 图中符号 A、B(B′)、C(C′)、D(D′) 分别表示平垫板类型；JA、JD(JD′) 分别表示接头垫板类型；GD(GD′)、GE(GE′) 分别表示轨撑垫板 50－9 及 50－12；符号 M、N 分别表示顺坡垫板 P120、P60，接头两侧铺设接头垫板。
7. 铺设混凝土岔枕时，带编号一端铺设在道岔同一侧，叉后短岔枕带编号一端铺设在外侧。
8. 导轨 11 399 mm、11 552 mm 在轨撑位置需钻孔示意图如下：

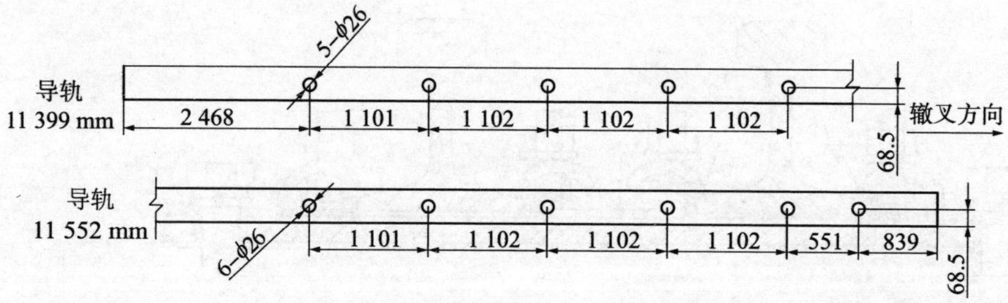

50 kg/m 钢轨 6.5 号对称道岔转辙器

图　号：专线 5826－4

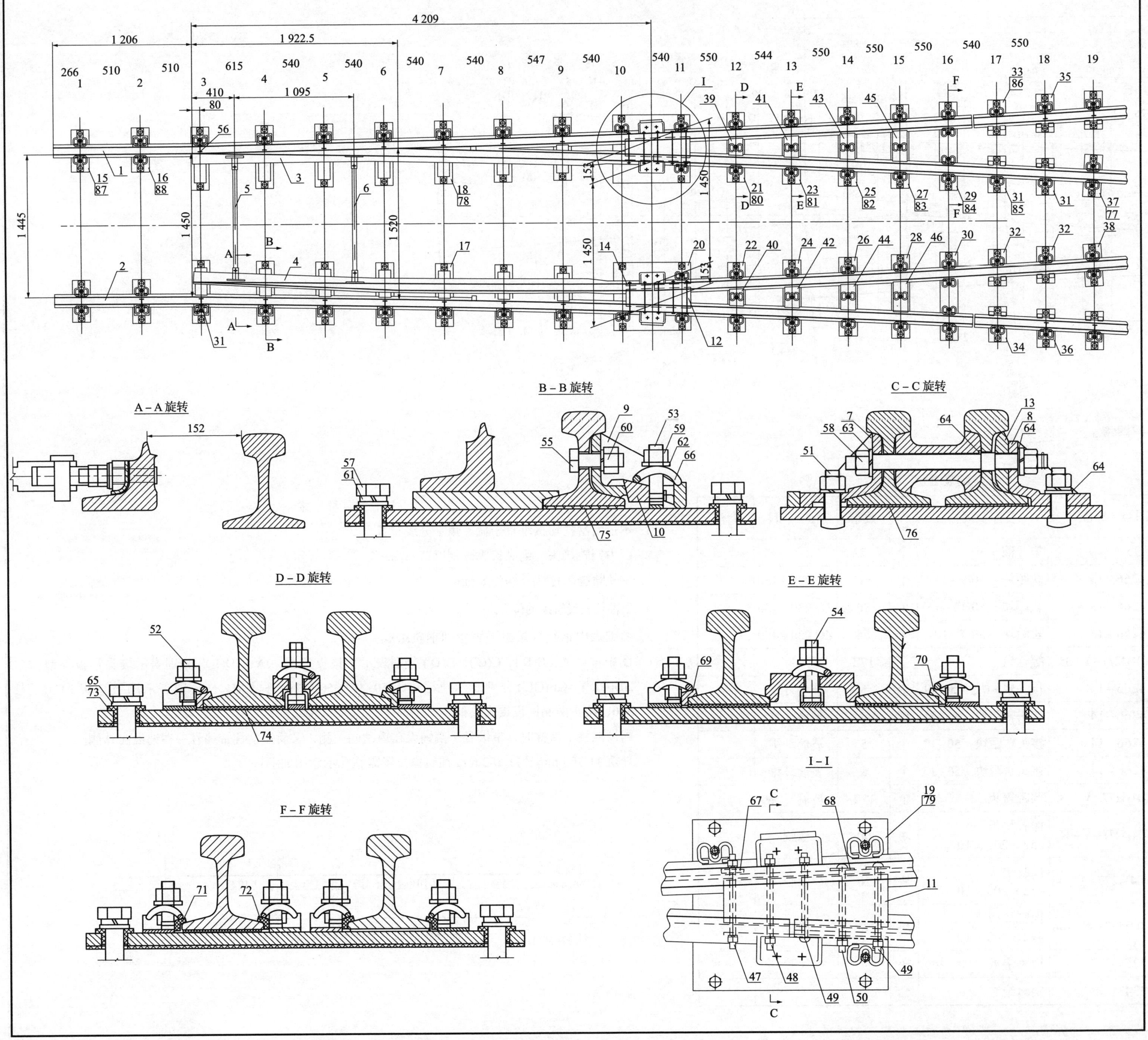

50 kg/m 钢轨 6.5 号辙叉及护轨

图　号：专线 5826－18

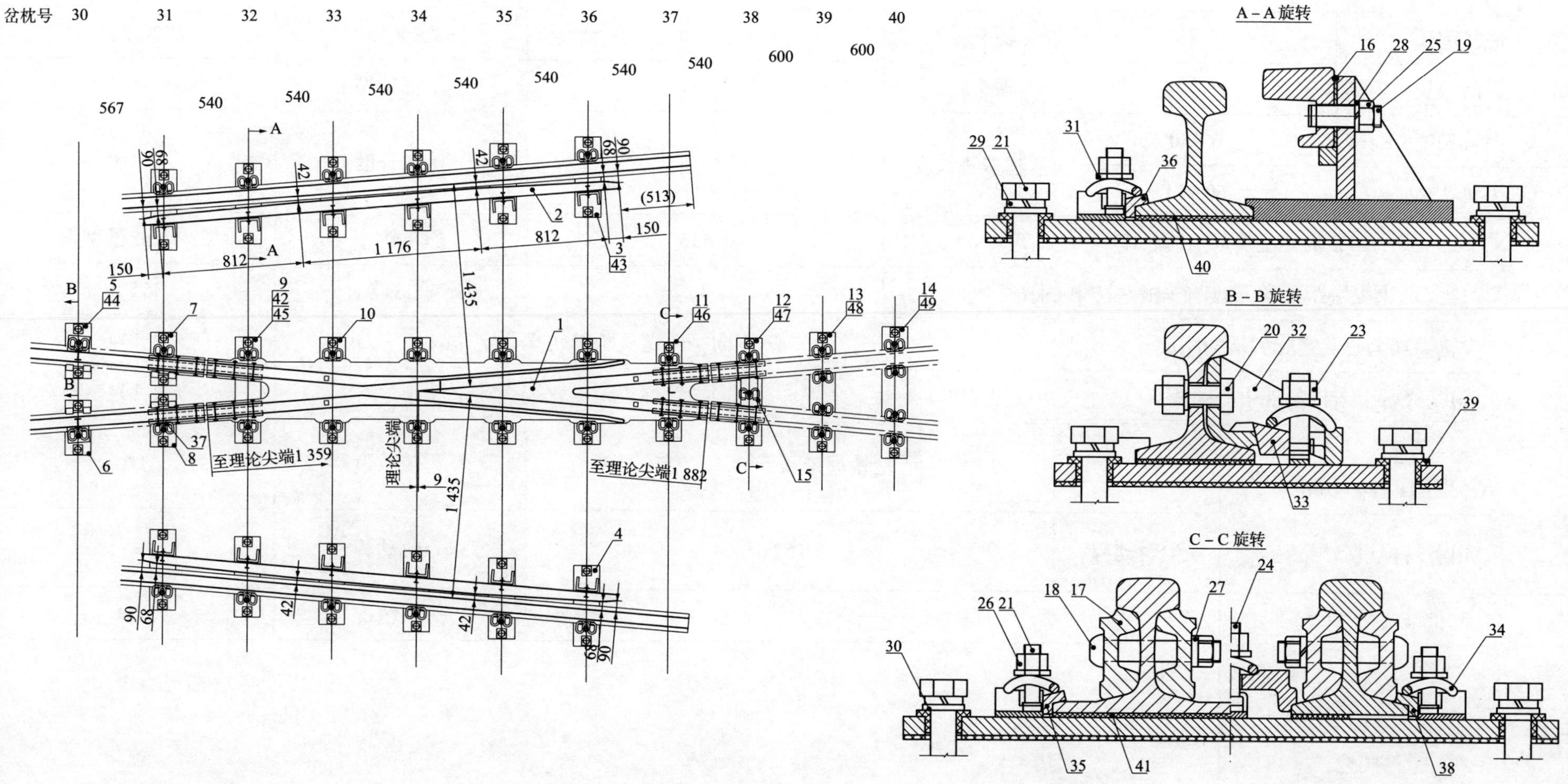

技　术　要　求

组装护轨时应使用 3 mm 护轨调整片，如查照间隔或护背距离不合格时，可用调整片进行调整。

73. 60 kg/m 钢轨 9 号对称道岔(混凝土枕) 设计图号：SC 637－II－04

道岔允许通过速度	客车	v≤35 km/h		扣件类型	Ⅱ型弹条
	货车	v≤35 km/h		轨底坡	—
转辙器跟端形式	□限位器 □间隔铁 □不设传力机构 ■间隔铁活接头			锁闭方式	内锁闭
道岔全长	29 584	辙叉全长	4 311	辙叉类型	高锰钢整铸式
道岔前长	13 839	辙叉趾长	1 540	辙叉角	6°20′25″
道岔后长	15 745	辙叉跟长	2 771	翼轨轨型	—
尖轨长度	6 450	基本轨长度	12 100	护轨长度	3 710
尖轨轨型	60AT1				
尖轨尖端前基本轨长度			2 646	护轨轨型	33 kg/m 槽型钢
辙叉理论尖端距趾端方向前一根岔枕中心距离			4	导曲线半径	355 m
尖轨尖端至心轨实际尖端的距离		—	直向护轨端头距导轨端头定位尺寸		1 144
道岔终端至末根岔枕中心距离		8 190	侧向护轨端头距导轨端头定位尺寸		1 144

岔枕 SC637－II－04－500	岔枕总数	69 根	岔枕展延长	221.4 m		套管总数	376
电务转换设备	尖轨动程	152				心轨动程	—
批准文号	—					应用情况	★★
主要结构特点	1. 转辙器采用 6.45 m 直线尖轨，尖轨尖端采用藏尖式。 2. 基本轨外侧设置轨撑。 3. 主要尺寸与 SC(95)148 相同。						

转辙器明细表

序号	图号 / 标准	名称及规格	数量	材　　料	备　　注
1	SC 637－Ⅱ－04－102	基本轨　12 100	1	60 kg/m 钢轨	
2	SC 637－Ⅱ－04－102	基本轨　12 100	1	60 kg/m 钢轨	与序号 1 对称制造
3	专线 (02)4204－Ⅱ－6	尖　轨　6 450	1	60AT 钢轨	
4	专线 (02)4204－Ⅱ－6	尖　轨　6 450	1	60AT 钢轨	与序号 3 对称制造
5	专线 4171－26	拉　杆　1 007	1		
6	专线 4171－27	连　杆　1 045	1		
7	专线 4171－27	连　杆　1 097	1		
8	SCT 300－302	轨　撑　60B	16	KTH 330－08	
9	专线 4232－73	轨　撑　60	2	KTH 330－08	
10	专线 4232－74	轨　撑　60	2	KTH 330－08	
11	专线 4232－92	调整楔	16	KTH 350－10	
12	SC 637－Ⅱ－04－108	间隔铁　60－125－140－22	2	KTH 450－330	
13	专线 4232－75	接头夹板　60－6Z	1		
14	专线 4232－75	接头夹板　60－6Y	1		
15	专线 4232－71	垫　板　60－0	4		
16	专线 4232－93	轨撑垫板　60	4		
17	专线 4232－94	轨撑滑床板　60－3	6		左开
18	专线 4232－94	轨撑滑床板　60－3	6		右开
19	专线 4232－67	滑床板　60－3	4		左开
20	专线 4232－67	滑床板　60－3	4		右开
21	SC 637－Ⅱ－04－103	辙跟垫板　770 × 530 × 20	1		
22	SC 637－Ⅱ－04－103	辙跟垫板　770 × 530 × 20	1		与序号 21 对称
23	SC 637－Ⅱ－04－104	垫　板　630 × 170 × 20	2		
24	SC 637－Ⅱ－04－104	垫　板　648 × 170 × 20	2		
25	SC 637－Ⅱ－04－105	垫　板　669 × 170 × 20	2		
26	SC 637－Ⅱ－04－105	垫　板　691 × 170 × 20	2		
27	SC 637－Ⅱ－04－105	垫　板　716 × 170 × 20	2		
28	SC 637－Ⅱ－04－105	垫　板　742 × 170 × 20	2		
29	SC 637－Ⅱ－04－106	垫　板　771 × 170 × 20	2		
30	SC 637－Ⅱ－04－106	垫　板　801 × 170 × 20	2		
31	SC 637－Ⅱ－04－107	垫　板　834 × 170 × 20	2		
32	SC 637－Ⅱ－04－107	垫　板　868 × 170 × 20	2		
33	SC 637－Ⅱ－04－107	垫　板　903 × 170 × 20	2		
34	专线 4232－18B	支距扣板　60/64－68	2	KTH 350－10	
35	专线 4232－18B	支距扣板　60/86－91	2	KTH 350－10	
36	专线 4232－18B	支距扣板　60/111－115	2	KTH 350－10	
37	专线 4232－18	支距扣板　60/137－142	2	KTH 350－10	

续上表

序号	图号 / 标准	名称及规格	数量	材　　料	备　　注
38	专线 3351－3	Ⅱ型弹条	108		
39	专线 4232－78	螺　栓　M24×28×70×205	2		
40	专线 4232－78	螺　栓　M24×24×85×205	2		
41	专线 4232－5	半圆头螺栓　M24×280	2		
42	专线 4232－5	半圆头螺栓　M24×270	4		
43	专线 4171－9	螺　栓　M24×75	8		
44	专线 4232－4	螺　栓　M24×60	84		
45	专线 4232－4	螺　栓　M24×80	16		
46	专线 4232－4	螺　栓　M24×85	8		
47	SCT 505－B	岔枕螺栓　155	114		
48	NS－01(b)	螺　母　M24	22	5 级	
49	GB/T 41	螺　母　M24	108		
50	GB/T 7244	垫　圈　30	114		
51	NS－07	限位板　24	108		
52	GB/T 7244	垫　圈　24	22		
53	GB/T 96	垫　圈　24	8		
54	专线 4232　23	钢轨垫圈　60－0	4		
55	专线 4232－24	钢轨垫圈　60－0	2		
56	专线 4232－10	轨距块　60/9－11	44	ZG 230－450	
57	专线 4232－10	轨距块　60/13－15	40	ZG 230－450	
58	专线 4232－10A	接头轨距块　60/9－11	6	ZG 230－450	
59	专线 4232－10A	接头轨距块　60/13－15	2	ZG 230－450	
60	专线 4232－51	橡胶垫板　60－190	52	橡胶	
61	专线 4232－51	橡胶垫板　60－800	2	橡胶	
62	专线 4232－55	橡胶垫板　60－190	20	橡胶	
63	专线 4232－53	橡胶垫板　452/175/10	8	橡胶	
64	专线 4232－56	橡胶垫板　601－175	20	橡胶	
65	专线 4232－53	橡胶垫板　530×175×10	4	橡胶	
66	专线 4232－53	橡胶垫板　630×175×10	2	橡胶	
67	专线 4232－53	橡胶垫板　648×175×10	2	橡胶	
68	专线 4232－53	橡胶垫板　669×175×10	2	橡胶	
69	专线 4232－53	橡胶垫板　691×175×10	2	橡胶	
70	专线 4232－53	橡胶垫板　716×175×10	2	橡胶	
71	专线 4232－53	橡胶垫板　742×175×10	2	橡胶	
72	专线 4232－53	橡胶垫板　771×175×10	2	橡胶	
73	专线 4232－53	橡胶垫板　801×175×10	2	橡胶	
74	专线 4232－54	橡胶垫板　834－382	2	橡胶	
75	专线 4232－54	橡胶垫板　868－399	2	橡胶	
76	专线 4232－54	橡胶垫板　903－416.5	2	橡胶	

辙叉及护轨明细表

序号	图号 / 标准	名称及规格	数量	材　　料	备　　注
1	SC 390-201	高锰钢辙叉	1		
2	SC 637-Ⅱ-04-202	护　轨　3 710	1	33 kg/m 槽型钢	
3	SC 637-Ⅱ-04-202	护　轨　3 710	1	33 kg/m 槽型钢	与序号 2 对称制造
4	专线 4232-71	垫　板　60-11	7		右开
5	专线 4232-71	垫　板　60-11	7		左开
6	HY05-10	护轨垫板　600×170×25	6		左开
7	HY05-10	护轨垫板　600×170×25	6		右开
8	SC 637-Ⅱ-04-203	垫　板　920×170×20	1		
9	SC 637-Ⅱ-04-203	垫　板　857×170×20	1		
10	SC 637-Ⅱ-04-204	垫　板　792×170×20	1		
11	SC 637-Ⅱ-04-205	垫　板　725×170×20	2		
12	SC 637-Ⅱ-04-206	垫　板　742×170×20	2		
13	SC 637-Ⅱ-04-206	垫　板　742×170×20	5		
14	SC 637-Ⅱ-04-204	垫　板　794×170×20	1		
15	SC 637-Ⅱ-04-203	垫　板　861×170×20	1		
16	SC 637-Ⅱ-04-203	垫　板　927×170×20	1		
17	SC 637-Ⅱ-04-207	垫　板　452×170×20	1		
18	SC 637-Ⅱ-04-207	垫　板　452×170×20	1		
19	SC 637-Ⅱ-04-208	垫　板　452×170×20	1		
20	SC 637-Ⅱ-04-208	垫　板　452×170×20	1		
21	专线 4232-18B	支距扣板　60/118-130	1		
22	专线 4232-18B	支距扣板　60/113-125	1		
23	专线 4232-4	螺　栓　M24×60	102		
24	专线 4232-4	螺　栓　M24×85	2		
25	专线 4171-9	螺　栓　M24×85	12	5.6 级	
26	SC 330C-205	调整片　147×100×3/2	24/12	Q235	2 mm 备用
27	SCT 505-B	岔枕螺栓　155	94		
28	NS-01(b)	螺　母　M24	104		
29	NS-01(b)	螺　母　M24	12	5 级	
30	GB/T 1230	高强度平垫圈　24	24		
31	GB/T 7244	弹簧垫圈　24	12	65Mn	
32	GB/T 7244	弹簧垫圈　30	94	65Mn	
33	NS-07	限位板　M24	104		

续上表

序号	图号 / 标准	名称及规格	数量	材　料	备　注
34	专线 3351－3	Ⅱ型弹条	104	60Si2CrVA	
35	专线 4232－10	轨距块　60/9－11	43	ZG 230－450	
36	专线 4232－10	轨距块　60/13－15	43	ZG 230－450	
37	专线 4232－10A	接头轨距块　60/9－11	8	ZG 230－450	
38	专线 4232－10A	接头轨距块　60/13－15	8	ZG 230－450	
39	TB/T 2345	接头夹板	8		

60 kg/m 钢轨 9 号对称道岔辙叉及护轨

图　号：SC637-II-04-200

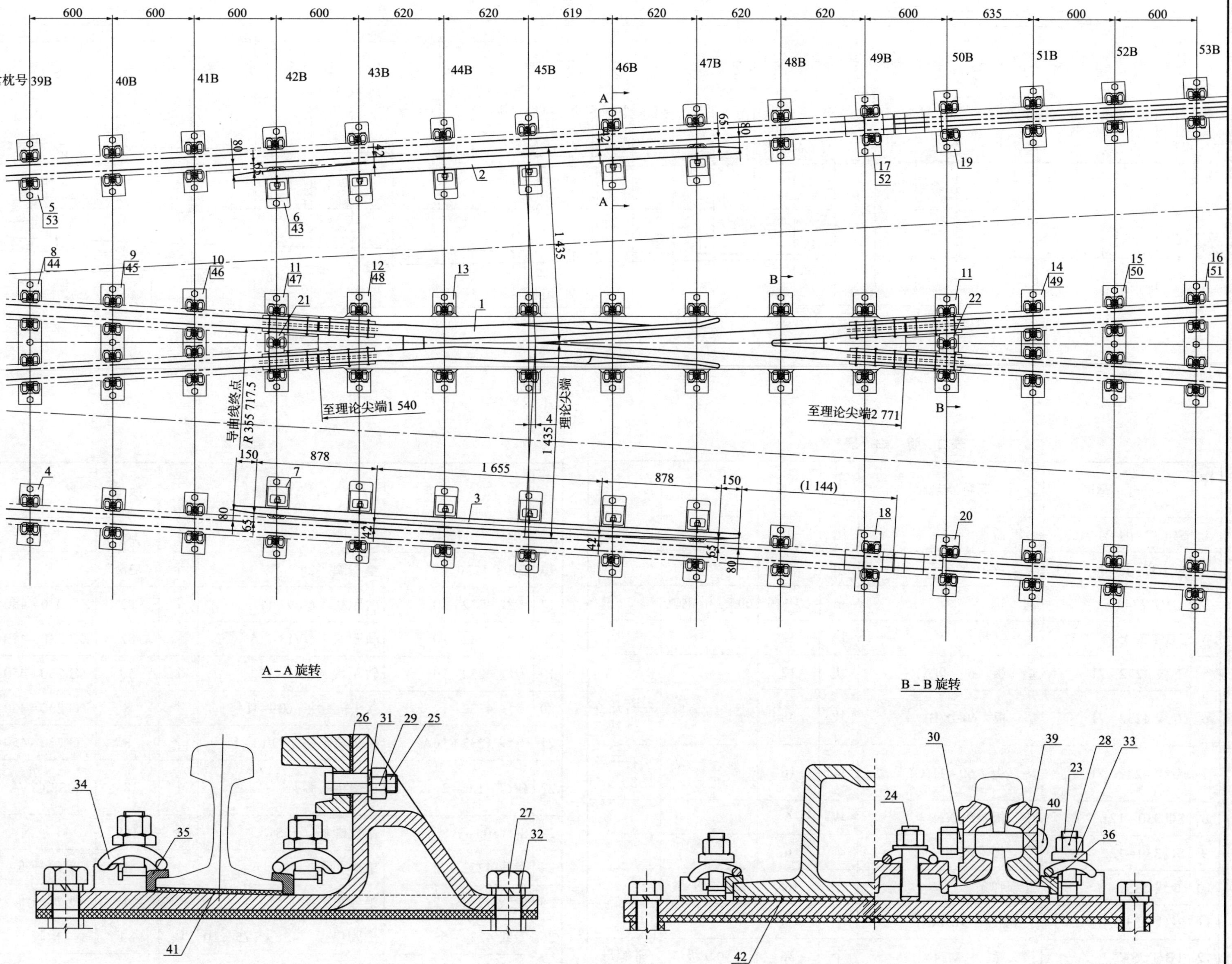

技 术 要 求

1. 组装护轨时，应采用 3 mm 的护轨调整片。当查照间隔或护背距离不合格时，采用备用调整片调整。
2. 查照间隔或护背距离应在心轨轨头宽 20～30 mm 处丈量。

60 kg/m 钢轨 9 号对称道岔
图　号：SC 637－Ⅱ－04

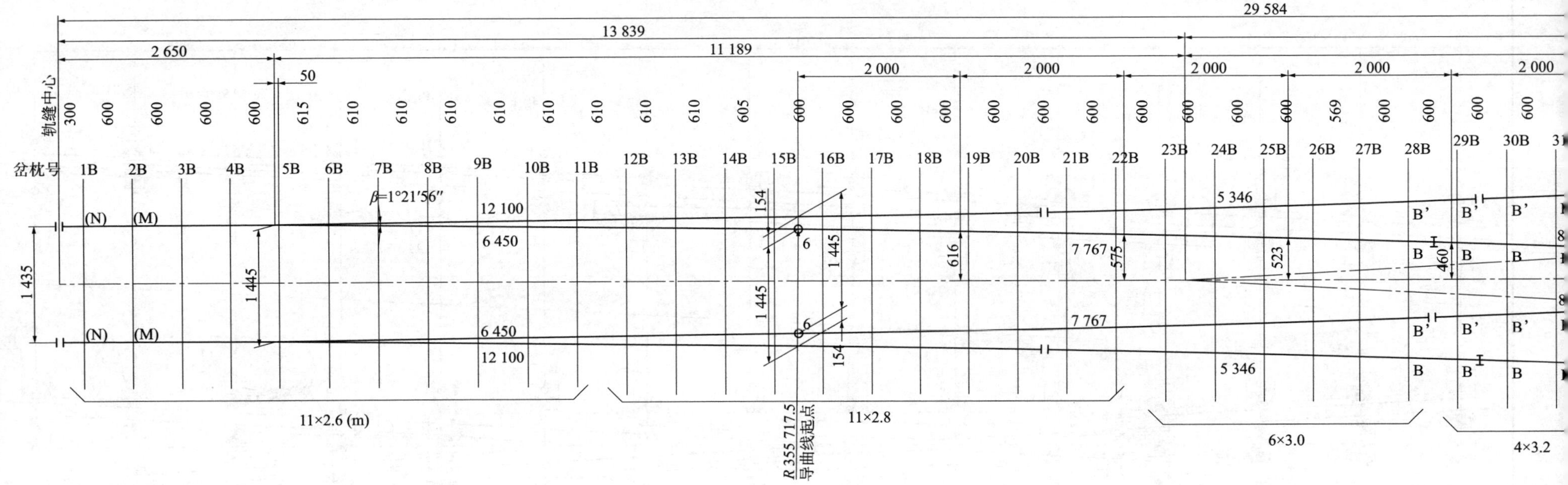

表 2　明　细　表

序号	图号 / 标准	名称及规格	单位	数量	材　　料	备　　注
1	SC637－Ⅱ－04－100	转辙器	组	1		
2	SC637－Ⅱ－04－200	辙叉及护轨	组	1		
3	TB/T 2344	钢　轨	m	67.126	60 kg/m 钢轨	
4	TB/T 2345	接头夹板	块	12		
5	专线 4232－71	垫　板　60－0(A)	块	12		
6	专线 4232－71	垫　板　60－8(B)	块	48		左右开各 24 块
7	专线 4232－71	垫　板　60－11(C)	块	16		左右开各 8 块
8	SC 330－121	垫　板　P60(N)	块	6		
9	SC 330－122	垫　板　P80(M)	个	6		
10	专线 3351－3	Ⅱ型弹条	个	168	60Si2CrVA	
11	专线 4232－4	T型螺栓　M24×60	个	168		
12	TB/T 2347	接头螺栓　M24×135	个	36	10.9 级	带螺母
13	NS－01(b)	螺　母　M24	个	168		
14	NS－07	限位板　24	个	168	Q235	

续表 2

序号	图号 / 标准	名称及规格	单位	数量	材　　料	备
15	GB/T 7244	垫　圈　30	个	168		
16	GB/T 1230	垫　圈　24	个	36		
17	专线 4232－10	轨距块　60/9－11	个	82	ZG 230－450	
18	专线 4232－10	轨距块　60/13－15	个	82	ZG 230－450	
19	专线 4232－10	轨距块　60/7－17	个	50	ZG 230－450	备用
20	专线 4232－10A	接头轨距块　60/9－11	个	8	ZG 230－450	
21	专线 4232－10A	接头轨距块　60/13－15	个	8	ZG 230－450	
22	HYT－LU－2	B 型接头弹条	个	8	60Si2CrVA	用于绝 接头两
23	SCT505－B	岔枕螺栓　155	个	168	45 号钢	
24	专线 4232－72	绝缘轨距块　9－11	个	4	玻璃纤维	
25	专线 4232－72	绝缘轨距块　13－15	个	4	玻璃纤维	
26	专线 4232－53	橡胶垫板　452×175×10	块	84	橡胶	
27	专线 4232－51	橡胶垫板　60－190	块	84	橡胶	
28	专线 9595	钢轨绝缘	组	2		供否 合同

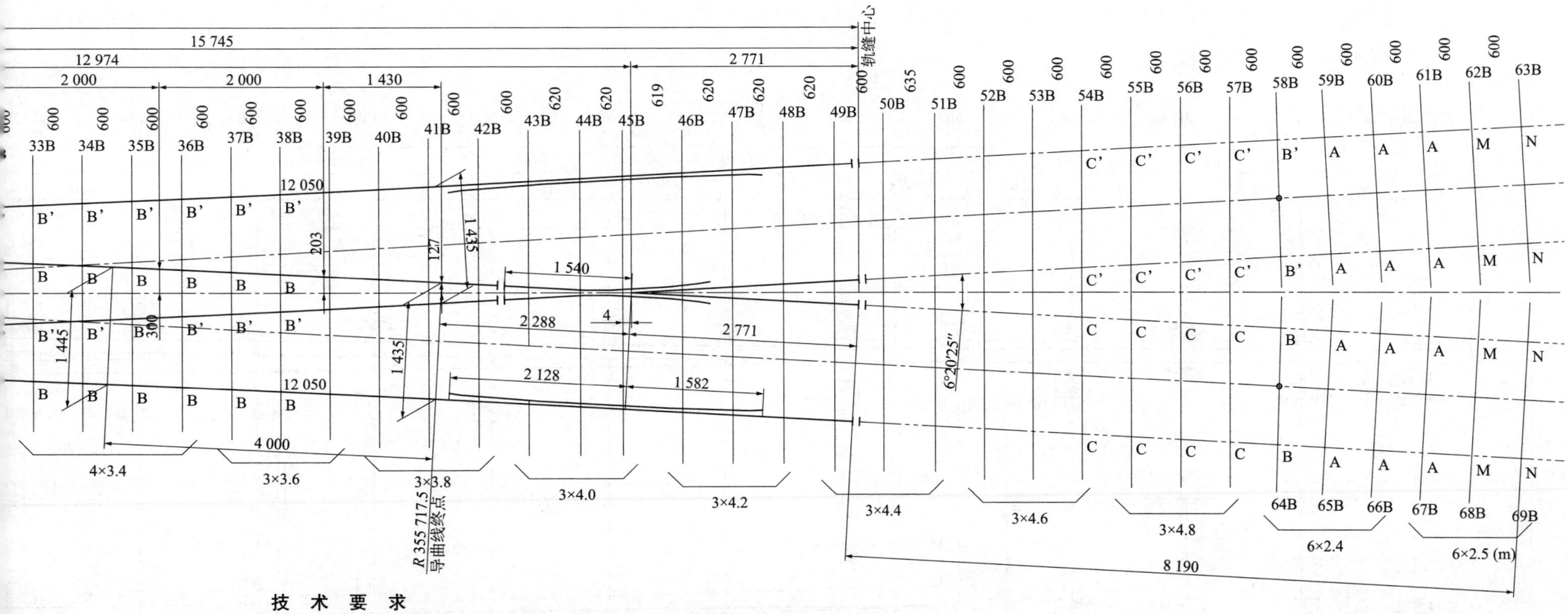

技 术 要 求

转辙器采用 6.45 m 60AT 直线尖轨，尖轨尖端采用藏尖式，跟端采用间隔铁式活接头结构。

轨距块设计安装号数：钢轨工作边一侧安装 13 号轨距块，钢轨非工作边一侧安装 11 号轨距块。

钢轨下设置 5 mm 厚橡胶垫板，垫板下设置 10 mm 厚橡胶垫板（护轨垫板下设 5 mm 厚橡胶垫板）。

本图按设轨道电路设计。

道岔技术条件应符合 TB/T 412《标准轨距铁路技术条件》的有关规定。

图中轨道电路绝缘接头、普通接头、活接头分别以“—┼—”、“—┤├—”及“—○—”表示。

钢轨轨缝除注明者外均为 8 mm。

导曲线半径按外轨工作边计。

图中符号 A、B、C、表示 60-0、60-8、60-11 平垫板类型，符号 B′、C′表示与平垫板 60-8、60-11 对称的平垫板类型。

. 道岔前后设顺坡垫板 P80、P60 分别用符号 M、N 表示，其铺设位置见图，若与无轨底坡线路连接时取消顺坡垫板，采用垫板 60-0。订货时须指明。

. 导轨应在距端头 600 mm 轨腰处喷印长度的标记。

. 明细表中钢轨顶面进行全长淬火，淬火技术条件按 TB/T 1779 的规定。

. 明细表中钢轨数量由下列钢轨组成：

长度 (mm)	7 767	8 400	5 346	12 050
数量（根）	2	2	2	2

表 1　岔枕数量表

序号	岔枕长 (m)	单位	数量	备注	序号	岔枕长 (m)	单位	数量	备注
1	2.6	根	11		8	4.0	根	3	
2	2.8	根	11		9	4.2	根	3	
3	3.0	根	6		10	4.4	根	3	
4	3.2	根	4		11	4.6	根	3	
5	3.4	根	4		12	4.8	根	3	
6	3.6	根	3		13	2.4	根	6	
7	3.8	根	3		14	2.5	根	6	
共 69 根									

60 kg/m 钢轨 9 号对称道岔转辙器

图　号：SC637－II－04－100

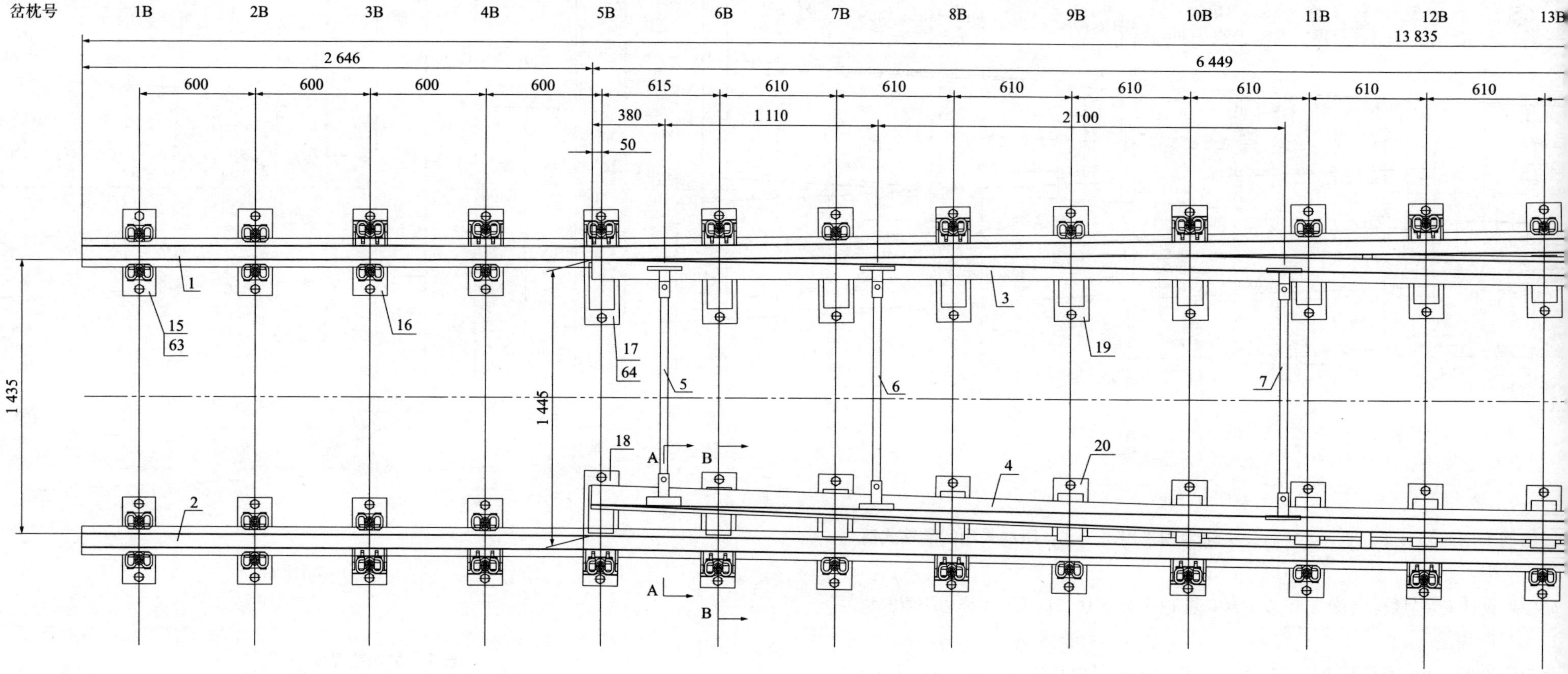

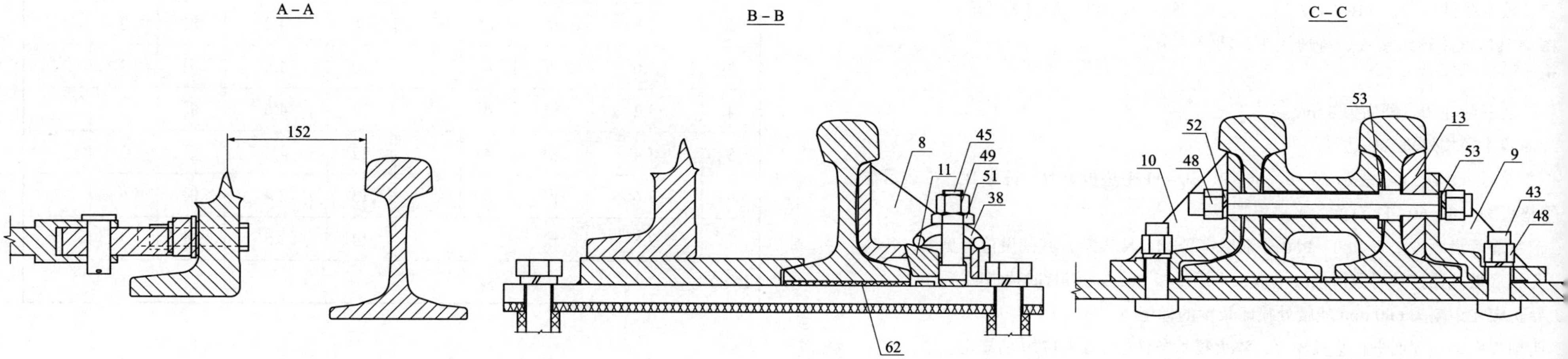

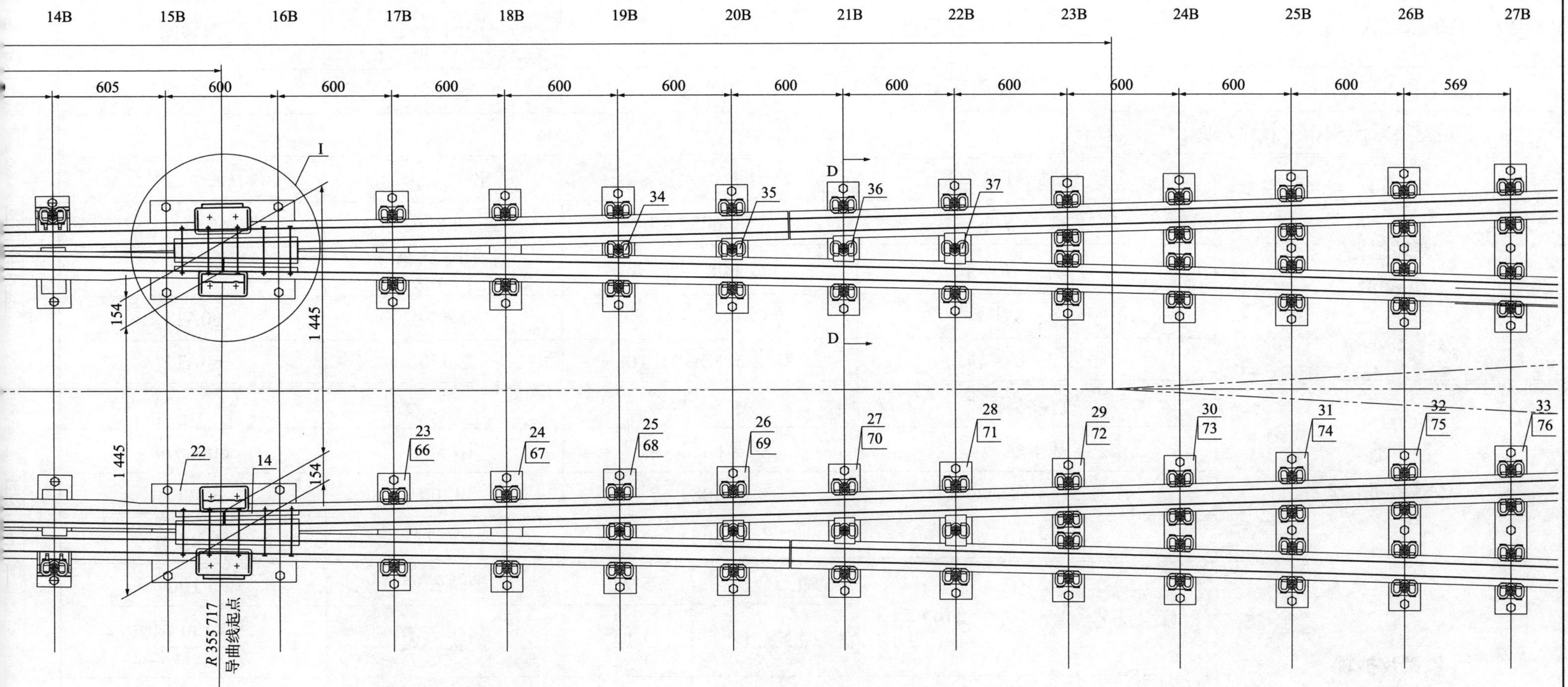
14B 15B 16B 17B 18B 19B 20B 21B 22B 23B 24B 25B 26B 27B
605 600 600 600 600 600 600 600 600 600 600 600 569
I
D
D
154
1 445
1 445
154
22
14
23 66
24 67
25 68
26 69
27 70
28 71
29 72
30 73
31 74
32 75
33 76
34
35
36
37
R 355 717
导曲线起点

D－D

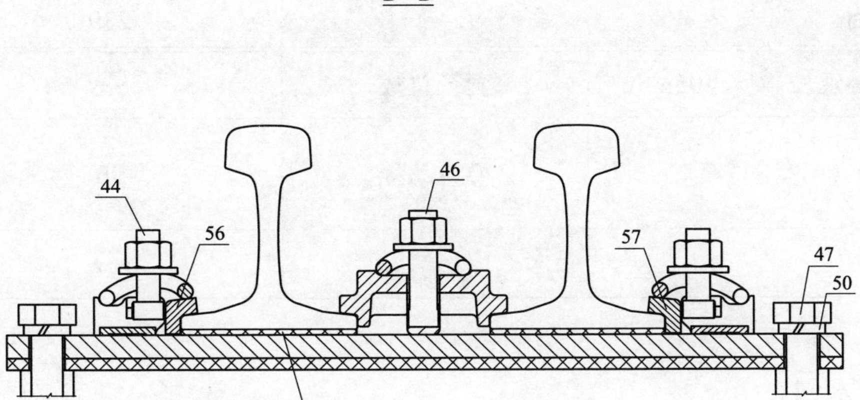
44
56
46
57
47
50
60

I

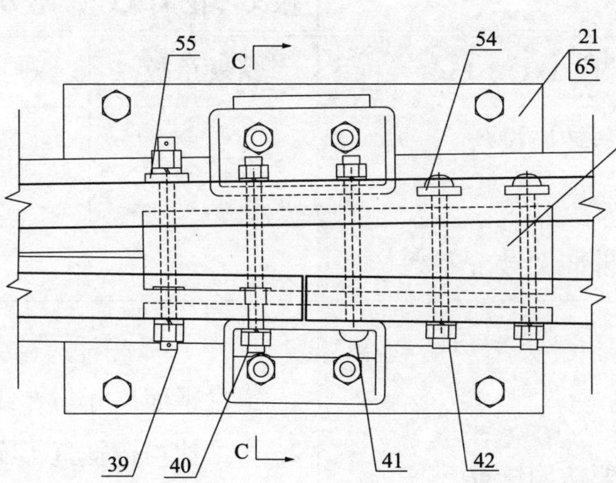
55
C
54
21
65
12
39
40
41
42
C

74. 60 kg/m 钢轨 12 号复式交分道岔(木枕)
设计图号：专线 6081

<table>
<tr><td rowspan="2">道岔允许通过速度</td><td colspan="2">客车</td><td colspan="4">$v_{侧}$≤45 km/h</td><td>扣件类型</td><td>可调扣件</td></tr>
<tr><td colspan="2">货车</td><td colspan="4">$v_{侧}$≤45 km/h</td><td>轨底坡</td><td>—</td></tr>
<tr><td>尖/心轨跟端形式</td><td colspan="6">间隔铁活接头</td><td>锁闭方式</td><td>内锁闭</td></tr>
<tr><td>道岔全长</td><td colspan="2">42 132</td><td colspan="2">导曲线半径</td><td colspan="2">380 m</td><td>辙叉角</td><td>4°45′49″</td></tr>
<tr><td colspan="3">道岔终端至末根岔枕中心距离</td><td colspan="6">6 804</td></tr>
<tr><td colspan="2" rowspan="5">双转辙器
专线 6082－2</td><td colspan="3">轨件名称</td><td colspan="2">图　号</td><td>长　度</td><td>轨　型</td></tr>
<tr><td colspan="3">序号 1、2 基本轨</td><td colspan="2">专线 6082－4</td><td>10 879</td><td>60 kg/m</td></tr>
<tr><td colspan="3">序号 3、4 基本轨</td><td colspan="2">专线 6082－5、6</td><td>10 825、
17 255</td><td>60 kg/m</td></tr>
<tr><td colspan="3">序号 5、6 尖轨</td><td colspan="2">专线 6082－7、8</td><td>7 450</td><td>60AT1</td></tr>
<tr><td colspan="3">序号 7、8 尖轨</td><td colspan="2">专线 6082－9、10</td><td>7 450</td><td>60AT1</td></tr>
<tr><td colspan="2" rowspan="4">钝角辙叉
专线 6083－2</td><td colspan="3">轨件名称</td><td colspan="2">图　号</td><td>长　度</td><td>轨　型</td></tr>
<tr><td colspan="3">基本轨</td><td colspan="2">专线 6083－4</td><td>10 584</td><td>60 kg/m</td></tr>
<tr><td colspan="3">序号 3、4 活动心轨</td><td colspan="2">专线 6083－5</td><td>4 200</td><td>60AT1</td></tr>
<tr><td colspan="3">导轨</td><td colspan="2">专线 6083－6</td><td>10 572</td><td>60 kg/m</td></tr>
<tr><td colspan="2" rowspan="5">辙叉及护轨
专线 6084－2</td><td colspan="2" rowspan="2">辙叉图号</td><td rowspan="2">专线 4192－3</td><td>辙叉全长</td><td>5 927</td><td>护轨长度</td><td>5 100</td></tr>
<tr><td>辙叉趾长</td><td>2 127</td><td>护轨形式</td><td>50 kg/m 钢轨
分开可调式</td></tr>
<tr><td colspan="2">辙叉形式</td><td>高锰钢整铸式</td><td>辙叉跟长</td><td>3 800</td><td>护轨图号</td><td>专线 6084－3</td></tr>
<tr><td colspan="6">护轨端头距导轨端头定位尺寸</td><td>1 432</td></tr>
<tr><td colspan="6">辙叉理论尖端距趾端方向前一根岔枕中心距离</td><td>239</td></tr>
<tr><td colspan="2">岔枕图号：GB 154</td><td colspan="2">岔枕总数</td><td>104 根</td><td>岔枕展延长</td><td>405.6 m</td><td>套管总数</td><td>—</td></tr>
<tr><td colspan="2">电务转换设备
—</td><td colspan="2">尖轨动程</td><td colspan="3">152/149</td><td>心轨动程</td><td>90</td></tr>
<tr><td colspan="2">批准文号</td><td colspan="5">—</td><td>应用情况</td><td>★★</td></tr>
<tr><td colspan="2">主要结构特点</td><td colspan="7">1. 道岔平面尺寸与专线 6047～6049 主要尺寸相同。
2. 木岔枕均按垂直于辙叉角平分线布置。
3. 双转辙器采用 60AT1 半切线型曲线尖轨，尖轨为藏尖式。
4. 各垫板下设置 5 mm 厚塑料垫片。</td></tr>
</table>

双转辙器明细表

序号	图号 / 标准	名称及规格	数量	材 料	备 注
1	专线 6082－4	基本轨 10 879	1	60 kg/m 钢轨	
2	专线 6082－4	基本轨 10 879	1	60 kg/m 钢轨	与序号 1 对称制造
3	专线 6082－5	基本轨 10 825	1	60 kg/m 钢轨	
4	专线 6082－6	基本轨 17 255	1	60 kg/m 钢轨	
5	专线 6082－7	尖 轨 7 450	1	60AT 钢轨	
6	专线 6082－8	尖 轨 7 450	1	60AT 钢轨	
7	专线 6082－9	尖 轨 7 450	1	60AT 钢轨	
8	专线 6082－10	尖 轨 7 450	1	60AT 钢轨	
9	专线 4171－39	轨 撑 60	42	KTH 330－08	
10	专线 4171－42	轨 撑 60	4	KTH 330－08	
11	专线 4171－43	轨 撑 60	4	KTH 330－08	
12	专线 4171－40	调整楔 60	42	KTH 330－08	
13	专线 4171－46	间隔铁 60－116－134－24	2	KTH 330－08	
14	专线 4171－46	间隔铁 60－125－143－24	2	KTH 330－08	
15	专线 4171－28	接头夹板 60－8Z	2		
16	专线 4171－28	接头夹板 60－8Y	2		与序号 15 对称制造
17	专线 6076－10	拉 杆 1 104	2		
18	专线 6076－12	连 杆 1 115	2		
19	专线 6076－12	连 杆 1 168	2		
20	专线 6076－15	绝缘垫板	2	尼龙 6	
21	专线 6076－3	垫 板 366 × 180 × 20	2	Q235	
22	专线 6076－4	垫 板 406 × 180 × 20	6	Q235	
23	专线 6076－5	滑床板 435 × 180 × 20	2	Q235	
24	专线 6076－5	滑床板 464 × 180 × 20	2	Q235	
25	专线 6076－5	滑床板 517 × 180 × 20	4	Q235	
26	专线 6076－6	滑床板 590 × 180 × 20	6	Q235	
27	专线 6076－7	滑床板 620 × 180 × 20	22	Q235	
28	专线 6076－8	滑床板 605 × 180 × 20	16	Q235	
29	专线 6082－11	辙跟垫板 740 × 515 × 20	1	Q235	
30	专线 6082－11	辙跟垫板 740 × 515 × 20	1	Q235	与序号 29 对称制造
31	专线 6082－11	辙跟垫板 740 × 510 × 20	1	Q235	
32	专线 6082－11	辙跟垫板 740 × 510 × 20	1	Q235	与序号 31 对称制造
33	专线 4171－10	螺 柱 24 × 27 × 70 × 215	2		

续上表

序号	图号 / 标准	名称及规格	数量	材　料	备　注
34	专线 4171－10	螺　柱　24×27×70×205	2		
35	专线 4171－10	螺　柱　24×24×90×225	2		
36	专线 4171－10	螺　柱　24×24×90×215	2		
37	专线 4171－4	螺　栓　M24×280	4		
38	专线 4171－4	螺　栓　M24×270	4		
39	专线 4171－4	螺　栓　M24×260	4		
40	GB/T 31.1	螺　栓　M22×85	34		
41	专线 4171－5	螺　栓　M22×85	8		
42	专线 4171－7	螺　栓　M22×110	84		
43	专线 4171－7	螺　栓　M22×85	18		
44	专线 4171－7	螺　栓　M22×75	16		
45	专线 4171－11	螺　母　M24G	28		
46	专线 4171－11	螺　母　M22	160		
47	专线 4171－12	垫　圈　24	28	65Mn	
48	专线 4171－12	垫　圈　22	160	65Mn	
49	GB/T 96	垫　圈　22	84		
50	GB/T 96	垫　圈　24	16		
51	专线 4171－48	辙跟垫圈　60	12	KTH 330－08	
52	GB/T 91	销　5×30	42	低碳钢	
53	GB/T 91	销　5×35	16	低碳钢	
54	专线 4171－32	中间扣板　60	16	KTH 350－10	
55	专线 4171－34	接头扣板　600－2	2	KTH 350－10	
56	GB/T 100	螺　钉　8×120	8	Q235	
57	GB/T 102	螺　钉　20×140	8		
58	GB/T 10487	螺纹道钉　20×140	242	Q235	
59	专线 6076－17	塑料垫片　376×190×5	2	聚乙烯	
60	专线 6076－18	塑料垫片　416×190×5	6	聚乙烯	
61	专线 6076－19	塑料垫片　445×190×5	2	聚乙烯	
62	专线 6076－19	塑料垫片　474×190×5	2	聚乙烯	
63	专线 6076－19	塑料垫片　527×190×5	4	聚乙烯	
64	专线 6076－20	塑料垫片　600×190×5	6	聚乙烯	
65	专线 4171－56	塑料垫片　630×190×5	22	聚乙烯	
66	专线 4171－56	塑料垫片　615×190×5	16	聚乙烯	
67	专线 4171－58	塑料垫片　525×220×5	4	聚乙烯	
68	专线 4171－58	塑料垫片　520×220×5	4	聚乙烯	

钝角辙叉明细表

序号	图号 / 标准	名称及规格	数量	材　　料	备　　注
1	专线 6083－4	基本轨　10 584	2	60 kg/m 钢轨	
2	专线 6083－6	导　轨　10 572	2	60 kg/m 钢轨	
3	专线 6083－5	活动心轨　4 200	2		
4	专线 6083－5	活动心轨　4 200	2		与序号 3 对称制造
5	专线 4171－39	轨　撑　60	4	KTH 330－08	
6	专线 4171－42	轨　撑　60	4	KTH 330－08	
7	专线 4171－40	调整楔　60	4	KTH 330－08	
8	专线 6083－7	间隔铁	4	KTH 330－08	
9	专线 6076－11	拉　杆　1 203	2		
10	专线 6083－8	接头夹板	4		
11	专线 6083－9	垫　板　560 × 180 × 20	2	Q235	
12	专线 6083－9	垫　板　560 × 180 × 20	2	Q235	与序号 11 对称制造
13	专线 6083－10	垫　板　535 × 180 × 20	4	Q235	
14	专线 6083－11	垫　板　552 × 180 × 20	4	Q235	
15	专线 6083－12	垫　板　1 074 × 180 × 20	2	Q235	
16	专线 6083－12	垫　板　1 074 × 180 × 20	2	Q235	与序号 15 对称制造
17	专线 6083－13	垫　板　1 067 × 180 × 20	2	Q235	
18	专线 6083－13	垫　板　1 067 × 180 × 20	2	Q235	与序号 17 对称制造
19	专线 6083－14	垫　板　1 061 × 180 × 20	2	Q235	
20	专线 6083－14	垫　板　1 061 × 180 × 20	2	Q235	与序号 19 对称制造
21	专线 6083－15	垫　板　1 056 × 180 × 20	2	Q235	
22	专线 6083－15	垫　板　1 056 × 180 × 20	2	Q235	与序号 21 对称制造
23	专线 6083－16	垫　板　1 053 × 220 × 20	2	Q235	
24	专线 6083－16	垫　板　1 053 × 220 × 20	2	Q235	与序号 23 对称制造
25	专线 6083－17	垫　板　1 051 × 180 × 20	2	Q235	
26	专线 6083－17	垫　板　1 051 × 180 × 20	2	Q235	与序号 25 对称制造
27	专线 6083－18	垫　板　516 × 180 × 20	2	Q235	
28	专线 6083－19	辙跟垫板	2	Q235	
29	专线 6083－19	辙跟垫板	2	Q235	与序号 28 对称制造
30	专线 6083－20	支距扣板　60	4	KTH 350－10	
31	专线 4171－37	支距扣板　60/40－44	4	KTH 350－10	
32	专线 4171－37	支距扣板　60/57－61	4	KTH 350－10	
33	专线 4171－38	支距扣板　60/74－78	4	KTH 350－10	
34	专线 4171－38	支距扣板　60/92－96	4	KTH 350－10	

续上表

序号	图号 / 标准	名称及规格	数量	材　料	备　注
35	专线 4171－38	支距扣板　60/110－114	4	KTH 350－10	
36	专线 6083－21	轨卡	8	KTH 350－10	
37	专线 4171－32	中间扣板　60	95	KTH 350－10	
38	专线 4171－34	接头扣板　604－6	4	KTH 350－10	
39	专线 4171－7	螺　栓　M24 × 270	8		
40	专线 4171－7	螺　栓　M24 × 300	4		
41	专线 4171－10	螺　柱　24 × 24 × 100 × 250	4		
42	专线 4171－10	螺　柱　24 × 28 × 80 × 250	4		
43	专线 4171－7	螺　栓　M22 × 110	16		
44	专线 4171－7	螺　栓　M22 × 85	124		
45	专线 4171－7	螺　栓　M22 × 75	8		
46	专线 4171－5	螺　栓　M22 × 85	4		
47	专线 4171－11	螺　母　M24G	28		
48	专线 4171－11	螺　母　M22	152		
49	GB/T 96	垫　圈　24	16		
50	GB 97	销　5 × 30	4		
51	专线 4171－12	垫　圈　24	28	65Mn	
52	专线 4171－13	垫　圈　22	16	Q235	
53	专线 4171－12	垫　圈　22	152	65Mn	
54	GB/T 91	销　5 × 35	16		
55	GB/T 91	销　5 × 30	4		
56	专线 4171－48	钢轨垫圈　60	20	KTH 330－08	
57	专线 6076－16	螺纹螺钉　22 × 185	16	Q235	
58	GB/T 1346	螺纹道钉　22 × 145	176	Q235	
59	专线 6083－22	塑料垫片　570 × 190 × 5	4	聚乙烯	
60	专线 6083－22	塑料垫片　545 × 190 × 5	4	聚乙烯	
61	专线 6083－22	塑料垫片　562 × 190 × 5	4	聚乙烯	
62	专线 6083－23	塑料垫片　1 084 × 190 × 5	4	聚乙烯	
63	专线 6083－23	塑料垫片　1 077 × 190 × 5	4	聚乙烯	
64	专线 4171－54	塑料垫片　1 071 × 190 × 5	4	聚乙烯	
65	专线 6083－23	塑料垫片　1 066 × 190 × 5	4	聚乙烯	
66	专线 6083－23	塑料垫片　1 063 × 190 × 5	4	聚乙烯	
67	专线 6083－25	塑料垫片　1 061 × 220 × 5	4	聚乙烯	
68	专线 6083－23	塑料垫片　526 × 190 × 5	4	聚乙烯	
69	专线 6083－24	塑料垫片　553 × 220 × 5	4	聚乙烯	
70	专线 6083－24	塑料垫片　577 × 220 × 5	4	聚乙烯	

辙叉及护轨 (JF) 明细表

序号	图号 / 标准	名称及规格	数量	材　料	备　注
1	专线 4192－3	高锰钢辙叉	1		
2	专线 6084－3	护　轨　5 100	2	50 kg/m 钢轨	
3	专线 6084－4	垫　板　743 × 180 × 20	1	Q235	
4	专线 6084－4	垫　板　698 × 180 × 20	1	Q235	
5	专线 6084－5	垫　板　653 × 180 × 20	1	Q235	
6	专线 4171－17	垫　板　674 × 180 × 20	11	Q235	
7	专线 4171－20	护轨垫板　530 × 180 × 20	18	Q235	
8	专线 4171－15	垫　板　384 × 180 × 20	12	Q235	
9	专线 4141－31	调整片　147 × 100 × 2/3	36/18	Q195	
10	TB/T 2345	接头夹板	8		
11	专线 4171－32	中间扣板　60	42	KTH 350－10	
12	专线 4171－34	接头扣板　60/4－6	6	KTH 350－10	
13	专线 4171－34	接头扣板　60/0－2	6	KTH 350－10	
14	专线 4171－35	辙叉扣板	18	KTH 350－10	
15	专线 4171－36	辙叉接头扣板	4	KTH 350－10	
16	专线 4171－4	螺　栓　M24 × 110	18		
17	TB/T 2347	接头螺栓与螺母　M24	24		
18	专线 4171－7	螺　栓　M22 × 85	54		
19	专线 4171－7	螺　栓　M22 × 90	22		
20	专线 4171－11	螺　母　M24	18		
21	专线 4171－11	螺　母　M22	76		
22	专线 4171－12	垫　圈　24	42	65Mn	
23	专线 4171－12	垫　圈　22	76	65Mn	
24	GB 1346	螺纹道钉　22 × 145	196	Q235	
25	专线 4171－59	塑料垫片　753 × 190 × 5	1	聚乙烯	
26	专线 4171－54	塑料垫片　708 × 190 × 5	1	聚乙烯	
27	专线 4171－54	塑料垫片　663 × 190 × 5	1	聚乙烯	
28	专线 4171－54	塑料垫片　684 × 190 × 5	1	聚乙烯	
29	专线 4171－57	塑料垫片　540 × 190 × 5	18	聚乙烯	
30	专线 4171－54	塑料垫片　394 × 190 × 5	12	聚乙烯	

60 kg/m 钢轨 12 号复式交分道岔

图　号：专线 6081－02

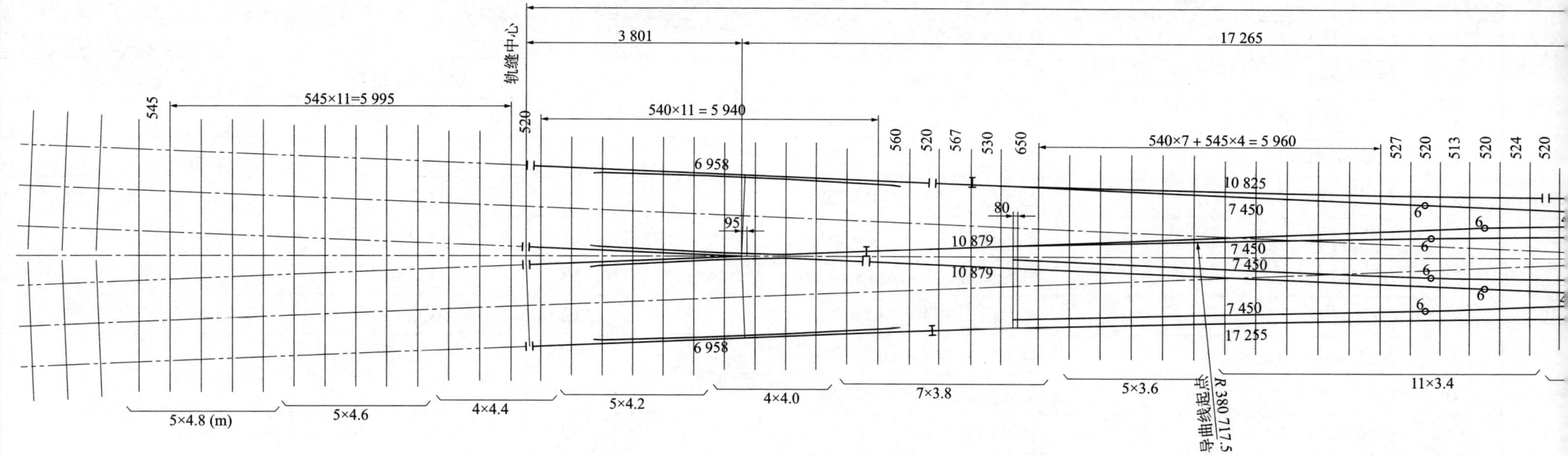

表 1　枕木数量表

序　　号	名称及规格	单　　位	枕木数量	备　　注
1	道岔枕木 3.2	m	12 根	38.4 m
2	道岔枕木 3.4	m	22 根	74.8 m
3	道岔枕木 3.6	m	10 根	36.0 m
4	道岔枕木 3.8	m	14 根	53.2 m
5	道岔枕木 4.0	m	8 根	32.0 m
6	道岔枕木 4.2	m	10 根	42.0 m
7	道岔枕木 4.4	m	8 根	35.2 m
8	道岔枕木 4.6	m	10 根	46.0 m
9	道岔枕木 4.8	m	10 根	48.0 m

技　术　要　求

1. 图中钢轨普通接头、绝缘接头、尖轨跟端接头分别以“—||—”、“⊥”、“—○—”表示。
2. 钢轨轨缝除注明者外，均为 8 mm。
3. 明细表中钢轨长度为 4 × 6 958 mm。
4. 导曲线半径按外轨工作边计。
5. 半切线型曲线尖轨转辙器始角 $\beta = 0°55'45''$。
6. 图中尺寸、轨距、岔枕位置、钢轨 (除长 10 825 mm 和 17 255 mm 钢轨外) 及轨缝均按菱形中轴对称铺设。

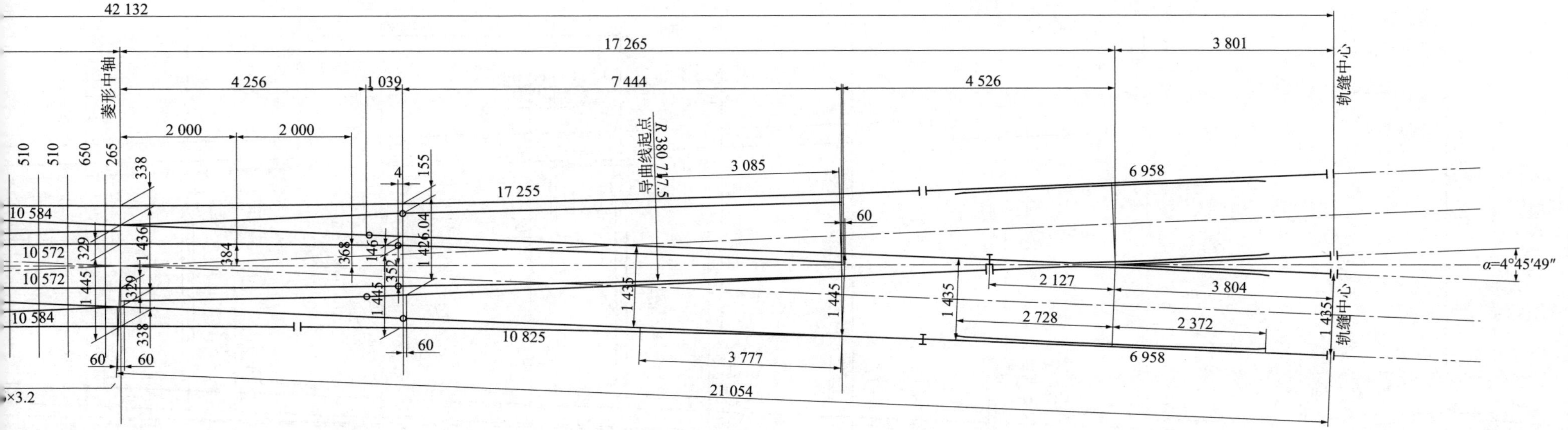

表 2 明 细 表

序 号	图号 / 标准	名称及规格	单位	数量	材 料	备 注
1	专线 6082	双转辙器	组	2		
2	专线 6083	12 号钝角辙叉	组	1		
3	专线 6084	12 号辙叉及护轨	组	2		
4	TB/T 2344	钢 轨	m	27.832	60 kg/m 钢轨	
5	专线 4171－15	垫 板 384 × 180 × 20	块	12	Q235	
6	专线 4171－32	中间扣板 60	个	8	KTH 350-10	
7	专线 4171－34	接头扣板 60/0－2	个	8	KTH 350－10	
8	专线 4171－34	接头扣板 60/4－6	个	8	KTH 350－10	
9	TB/T 2345	接头夹板	块	4		
10	TB/T 2347	接头螺栓与螺母 M24	副	12		
11	专线 4171－7	螺 栓 M22×85	个	24		
12	专线 4171－11	螺 母 M22	个	24		
13	专线 4171－12	垫 圈 24	个	12	65Mn	
14	专线 4171－12	垫 圈 22	个	24	65Mn	
15	TB/T 1346	螺纹道钉 M22 × 145	个	48	Q235	
16	专线 4171－54	塑料垫片 394 × 190 × 5	个	12	聚乙烯	
17	专线 3343	钢轨绝缘	组	4		
18	专线 4171－53	大调量扣板 60	个	50	KTH 350－10	备用

60 kg/m 钢轨 12 号复式交分道岔双转辙器

图　号：专线 6082－2

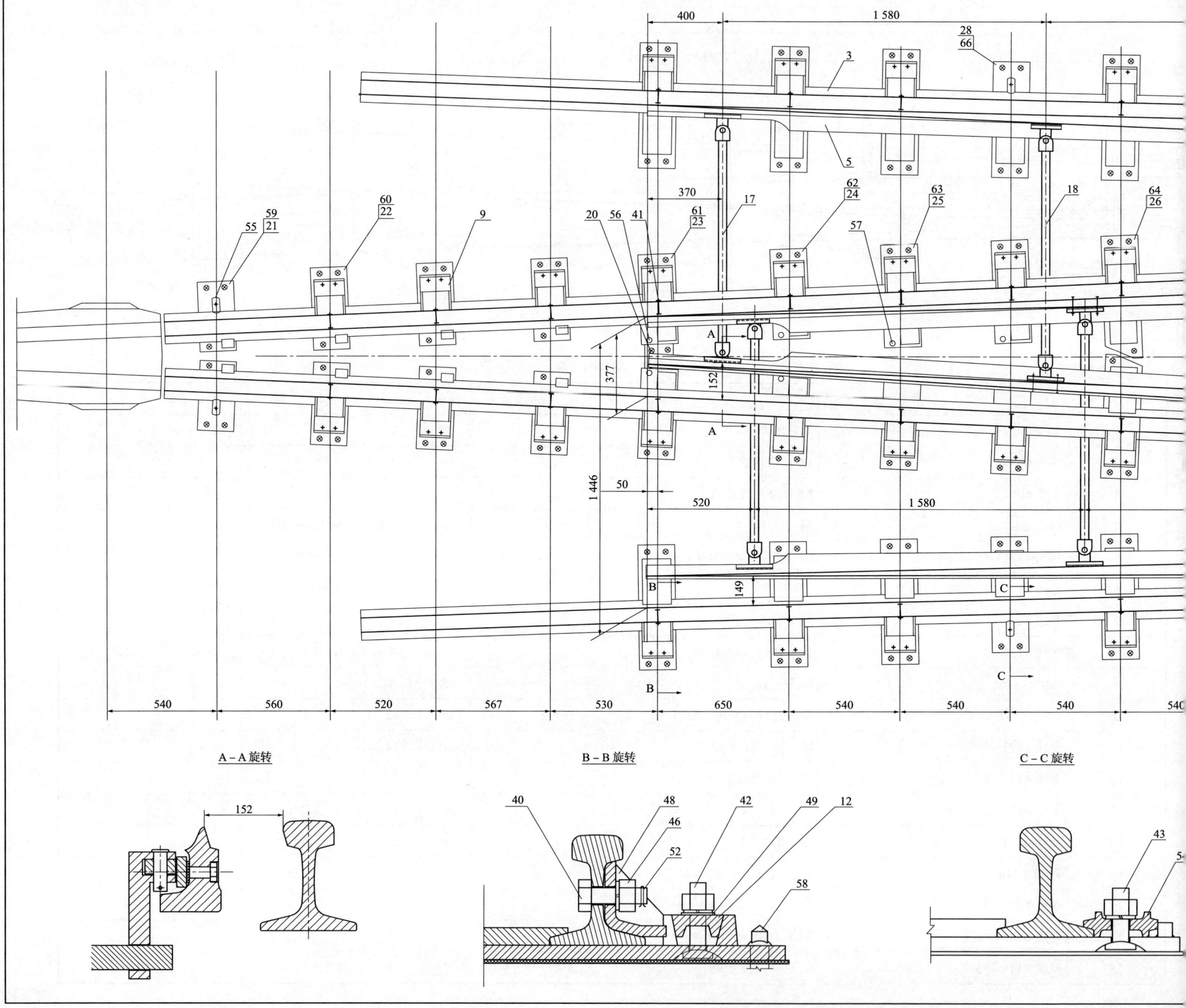

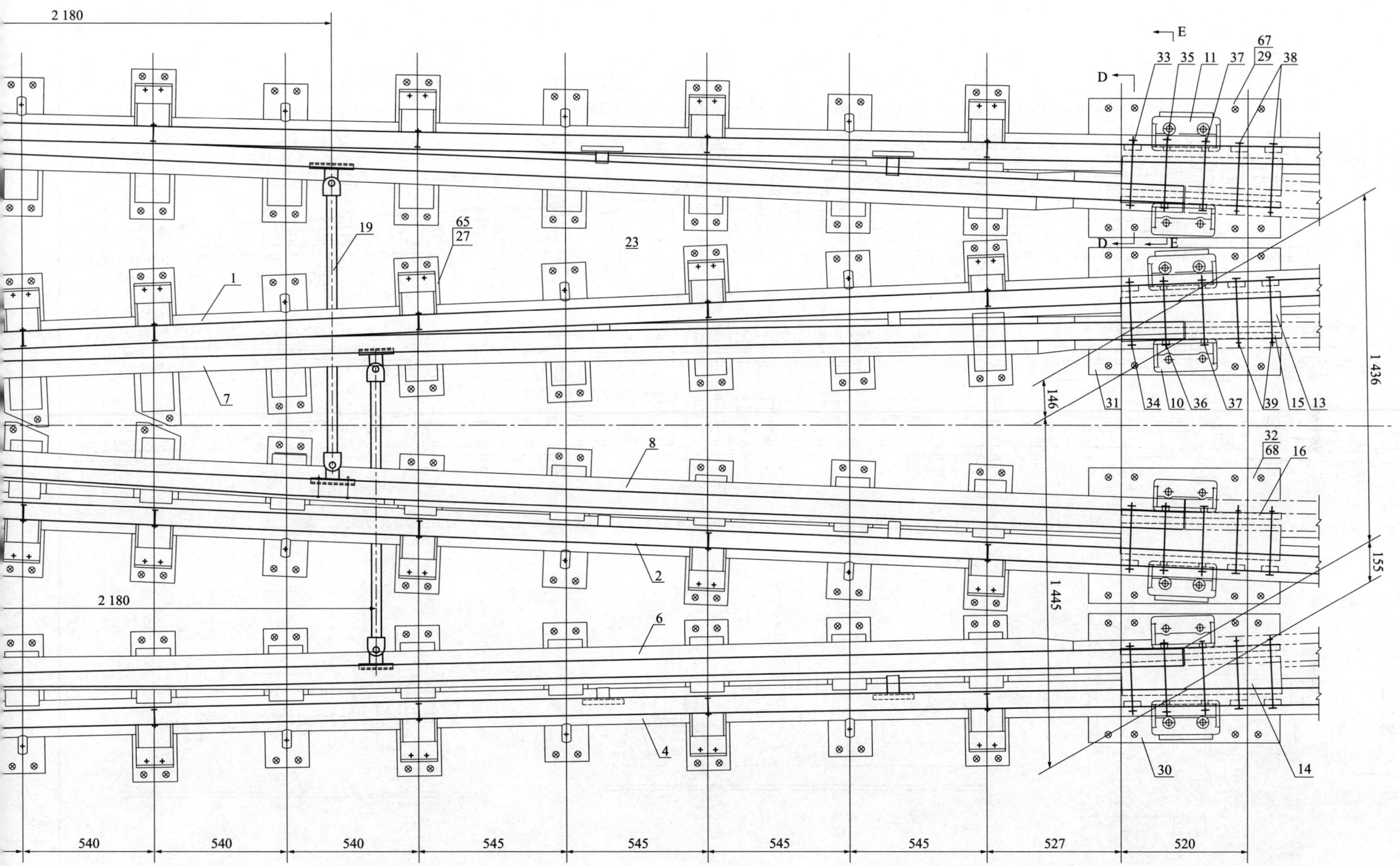
2 180
E
D
67
33 35 11 37 29 38
19
65
27
23
1
7
146
31 34 10 36 37 39 15 13
1 436
32
68
16
8
2
2 180
1 445
155
6
4
30
14
540 540 540 545 545 545 545 527 520

D－D 旋转

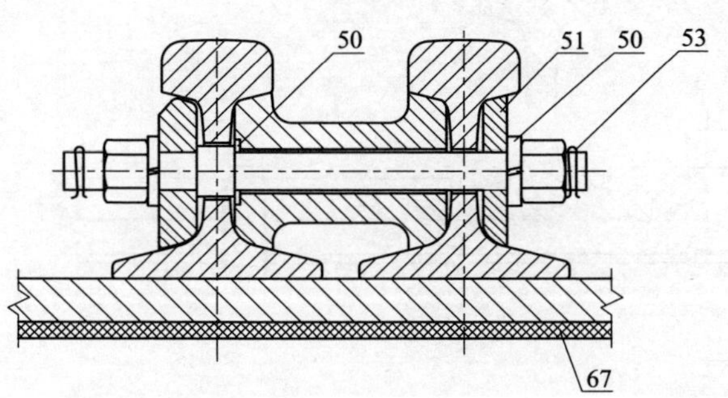
50
51 50 53
67

E－E 旋转

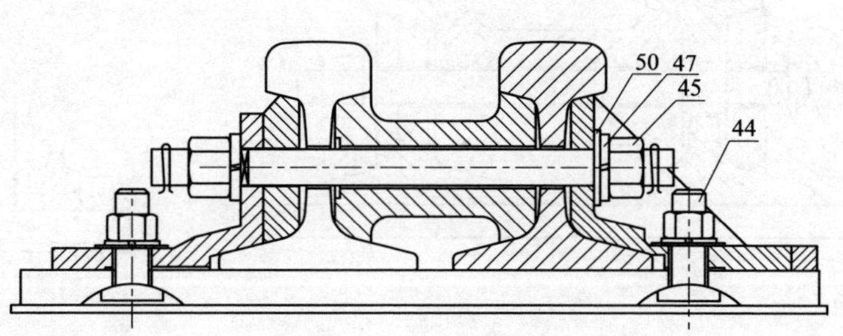
50 47
45
44

60 kg/m 钢轨 12 号复式交分道岔钝角辙叉

图　号：专线 6083－2

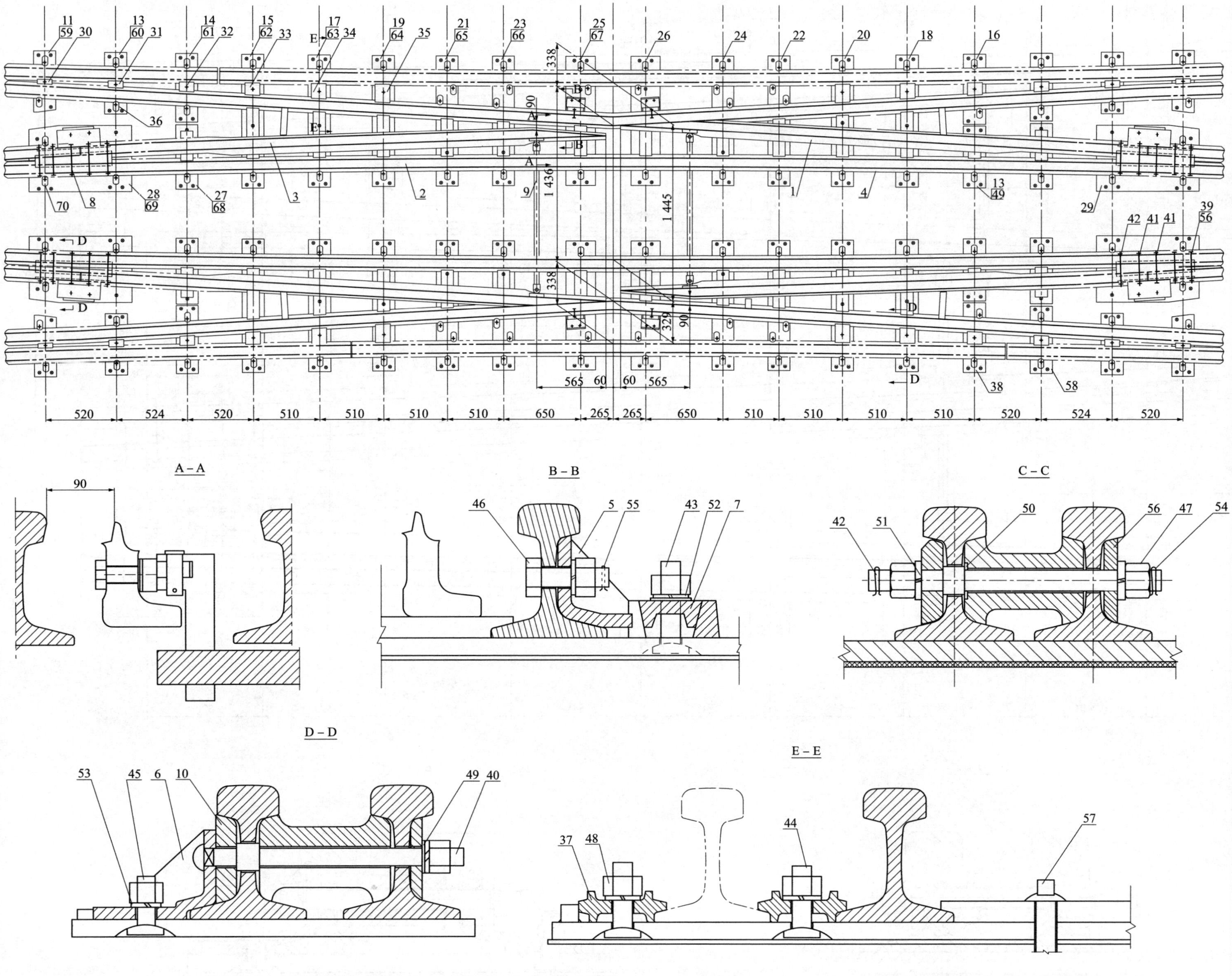

60 kg/m 钢轨 12 号复式交分道岔 12 号辙叉及护轨 (JF)

图　号：专线 6084－2

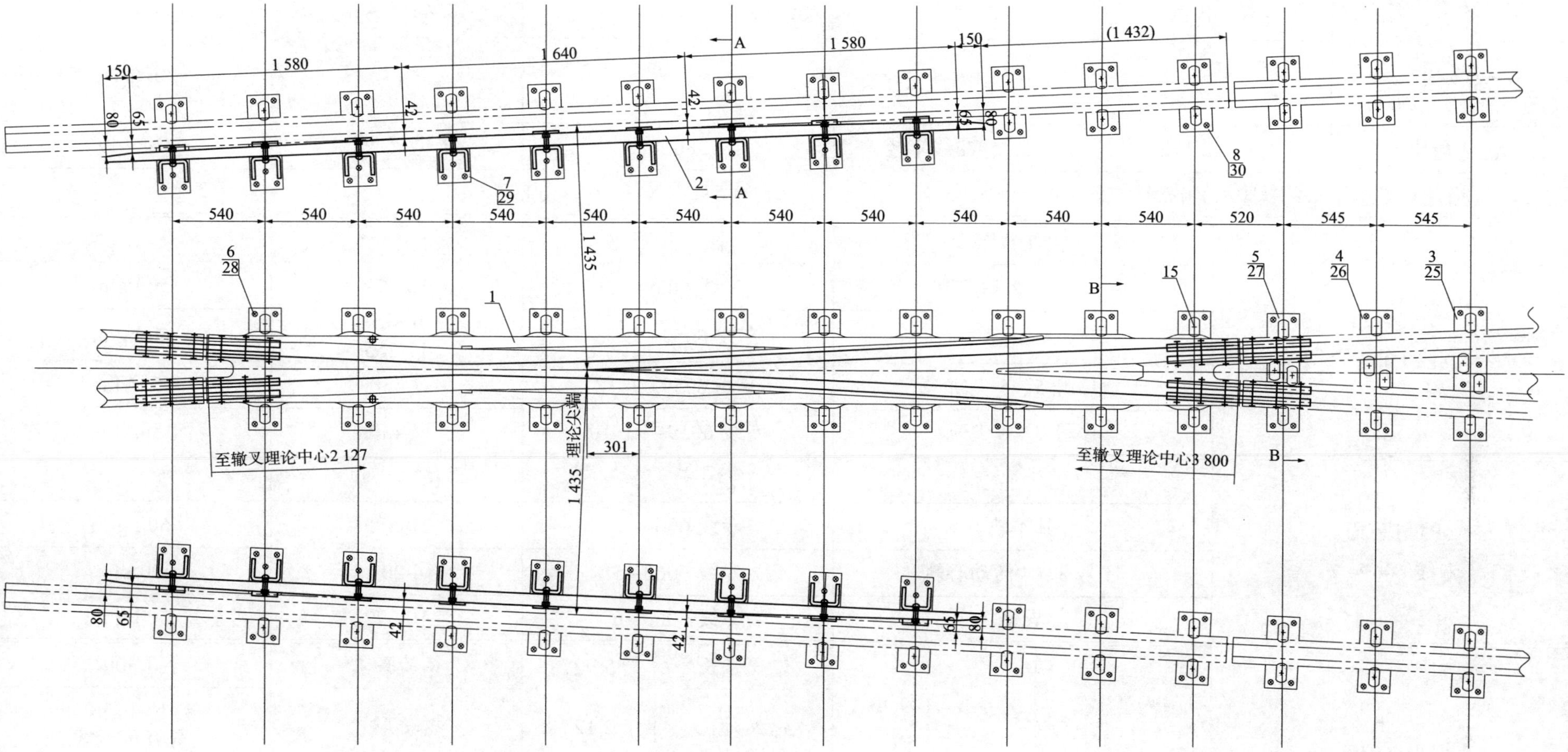

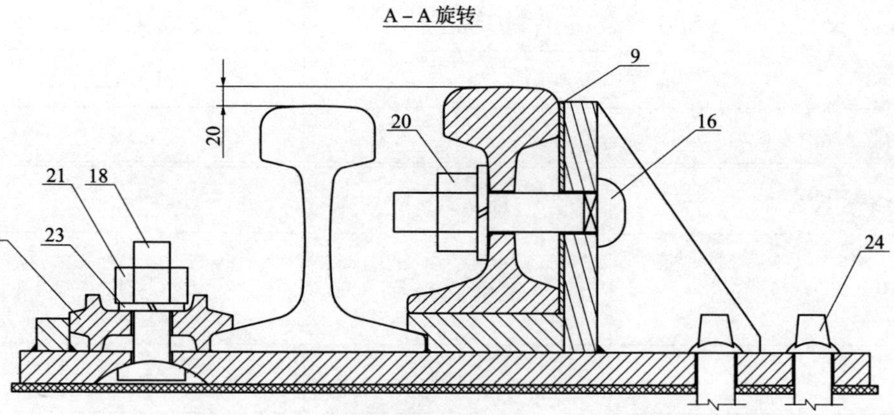

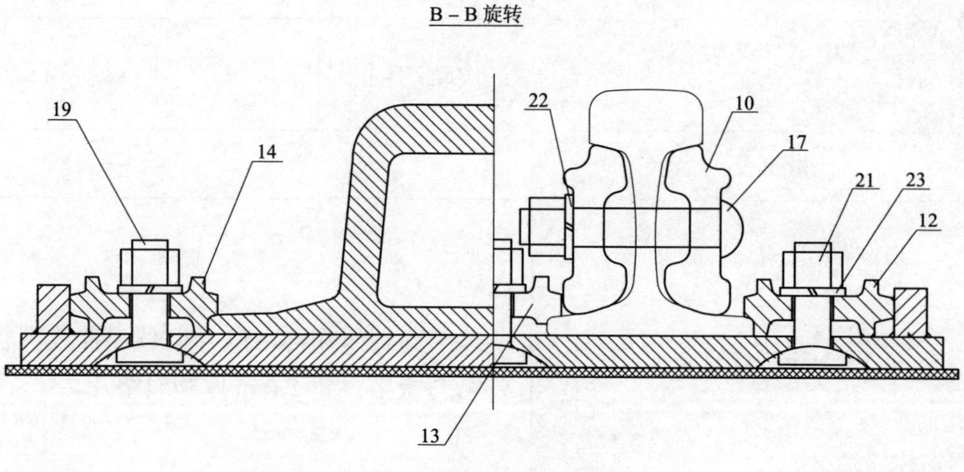

技　术　要　求

1. 安装护轨垫板时，如护轨基本轨轨底边与台板间隙大于 2 mm，可用薄铁片塞紧。
2. 查照间隔及护背距离在心轨轨头宽 20～30 mm 处测量。
3. 组装护轨时，应使用 3 mm 厚的护轨调整片，如查照间隔或护背距离不合格时，可用备用调整片进行调整。

75. 50 kg/m 钢轨 12 号复式交分道岔(木枕)
设计图号：专线 6058

<table>
<tr><td rowspan="2">道岔允许通过速度</td><td>客车</td><td colspan="2">$v_{侧}$≤45 km/h</td><td>扣件类型</td><td>可调扣件</td></tr>
<tr><td>货车</td><td colspan="2">$v_{侧}$≤45 km/h</td><td>轨底坡</td><td>—</td></tr>
<tr><td>尖 / 心轨跟端形式</td><td colspan="3">间隔铁活接头</td><td>锁闭方式</td><td>内锁闭</td></tr>
<tr><td>道岔全长</td><td>42 132</td><td>导曲线半径</td><td>380 m</td><td>辙叉角</td><td>4°45′49″</td></tr>
<tr><td colspan="2">道岔终端至末根岔枕中心距离</td><td colspan="4">6 804</td></tr>
</table>

<table>
<tr><td rowspan="5">双转辙器
专线 6059－2</td><td colspan="2">轨件名称</td><td colspan="2">图　号</td><td>长　度</td><td>轨　型</td></tr>
<tr><td colspan="2">序号 1、2 基本轨</td><td colspan="2">专线 6059－4</td><td>10 879</td><td>50 kg/m</td></tr>
<tr><td colspan="2">序号 3、4 基本轨</td><td colspan="2">专线 6059－5、6</td><td>10 825、
17 255</td><td>50 kg/m</td></tr>
<tr><td colspan="2">序号 5、6 尖轨</td><td colspan="2">专线 6059－7、8</td><td>7 450</td><td>50AT1</td></tr>
<tr><td colspan="2">序号 7、8 尖轨</td><td colspan="2">专线 6059－9、10</td><td>7 450</td><td>50AT1</td></tr>
<tr><td rowspan="4">钝角辙叉
专线 6060－2</td><td colspan="2">轨件名称</td><td colspan="2">图　号</td><td>长　度</td><td>轨　型</td></tr>
<tr><td colspan="2">基本轨</td><td colspan="2">专线 6060－4</td><td>10 585</td><td>50 kg/m</td></tr>
<tr><td colspan="2">序号 3、4 活动心轨</td><td colspan="2">专线 6060－5</td><td>4 200</td><td>50AT1</td></tr>
<tr><td colspan="2">导轨</td><td colspan="2">专线 6060－6</td><td>10 572</td><td>50 kg/m</td></tr>
<tr><td rowspan="5">辙叉及护轨
专线 4149</td><td rowspan="2">辙叉图号</td><td rowspan="2">专线 4149－3</td><td>辙叉全长</td><td>5 927</td><td>护轨长度</td><td>4 600</td></tr>
<tr><td>辙叉趾长</td><td>2 127</td><td>护轨形式</td><td>43 kg/m 钢轨
分开可调式</td></tr>
<tr><td>辙叉形式</td><td>高锰钢整铸式</td><td>辙叉跟长</td><td>3 800</td><td>护轨图号</td><td>专线 4149－4</td></tr>
<tr><td colspan="5">护轨端头距导轨端头定位尺寸</td><td>1 681</td></tr>
<tr><td colspan="5">辙叉理论尖端距趾端方向前一根岔枕中心距离</td><td>239</td></tr>
<tr><td>岔枕图号：GB 154</td><td>岔枕总数</td><td>104 根</td><td>岔枕展延长</td><td>—</td><td>套管总数</td><td>—</td></tr>
<tr><td>电务转换设备
—</td><td>尖轨动程</td><td colspan="3">152/149</td><td>心轨动程</td><td>90</td></tr>
<tr><td>批准文号</td><td colspan="4">—</td><td>应用情况</td><td>★★</td></tr>
<tr><td>主要结构特点</td><td colspan="6">1. 双转辙器采用 50AT1 半切线型曲线尖轨，尖轨为藏尖式。
2. 各垫板下设置 5 mm 厚塑料垫片。</td></tr>
</table>

双转辙器明细表

序号	图号 / 标准	名称及规格	数量	材　料	备　注
1	专线 6059－4	基本轨　10 879	1	50 kg/m 钢轨	
2	专线 6059－4	基本轨　10 879	1	50 kg/m 钢轨	与序号 1 对称制造
3	专线 6059－5	基本轨　10 825	1	50 kg/m 钢轨	
4	专线 6059－6	基本轨　17 255	1	50 kg/m 钢轨	
5	专线 6059－7	尖　轨　7 450	1	50AT 钢轨	
6	专线 6059－8	尖　轨　7 450	1	50AT 钢轨	
7	专线 6059－9	尖　轨　7 450	1	50AT 钢轨	
8	专线 6059－10	尖　轨　7 450	1	50AT 钢轨	
9	专线 4140－36	轨　撑　50	42	KTH 330－08	
10	专线 4140－35	调整楔　50	42	KTH 330－08	
11	专线 4140－38	轨　撑　50	4	KTH 330－08	
12	专线 4140－39	轨　撑　50	4	KTH 330－08	
13	专线 4140－41	间隔铁　50－117－135－24	1	KTH 330－08	
14	专线 4140－41	间隔铁　50－117－135－24	1	KTH 330－08	
15	专线 4140－41	间隔铁　50－126－144－24	1	KTH 330－08	
16	专线 4140－41	间隔铁　50－126－144－24	1	KTH 330－08	
17	专线 4140－20	接头夹板　50－8Z	2		
18	专线 4140－20	接头夹板　50－8Y	2		与序号 17 对称制造
19	专线 6061－9	拉　杆　1 088	2		
20	专线 6061－11	连　杆　1 101	2		
21	专线 6050－15	绝缘垫板	2	尼龙 6	
22	专线 6061－2	垫　板　293 × 180 × 20	2	Q235	
23	专线 6061－3	垫　板　388 × 180 × 20	6	Q235	
24	专线 6061－4	滑床板　432 × 180 × 20	2	Q235	
25	专线 6061－4	滑床板　461 × 180 × 20	2	Q235	
26	专线 6061－4	滑床板　514 × 180 × 20	4	Q235	
27	专线 6061－5	滑床板　578 × 180 × 20	6	Q235	
28	专线 6061－6	滑床板　609 × 180 × 20	22	Q235	
29	专线 6061－7	滑床板　534 × 180 × 20	16	Q235	
30	专线 6059－11	辙跟垫板　760 × 507 × 20	1	Q235	
31	专线 6059－11	辙跟垫板　760 × 507 × 20	1	Q235	与序号 30 对称制造
32	专线 6059－11	辙跟垫板　760 × 501 × 20	1	Q235	
33	专线 6059－11	辙跟垫板　760 × 501 × 20	1	Q235	与序号 32 对称制造
34	专线 4140－7	螺　柱　24 × 27 × 75 × 220	2		

续上表

序号	图号 / 标准	名称及规格	数量	材　料	备　注
35	专线 4140－7	螺　柱　24×27×75×210	2		
36	专线 4140－7	螺　柱　24×23×90×220	2		
37	专线 4140－7	螺　柱　24×23×90×210	2		
38	专线 4140－3	螺　栓　M24×280	4		
39	专线 4140－3	螺　栓　M24×270	2		
40	专线 4140－3	螺　栓　M24×260	4	低碳马氏体钢	
41	专线 4140－4	螺　栓　M24×250	2	低碳马氏体钢	
42	专线 4140－4	螺　栓　M22×110	84		
43	GB/T 31	螺　栓　M22×85	34		
44	专线 4140－5	螺　栓　M22×85	8		
45	专线 4140－4	螺　栓　M22×85	18		
46	TB/T 416	螺　栓　M22×75	16		
47	专线 4140－8	螺　母　M24	28		
48	专线 4140－8	螺　母　M22	160		
49	TB/T 418	垫　圈　24	28	55Si2Mn	
50	GB/T 97	垫　圈　24	16		
51	TB/T 418	垫　圈　22	160	55Si2Mn	
52	GB/T 96	垫　圈　22	84		
53	专线 4140－43	辙跟垫圈　50	12	KTH 330－08	
54	GB/T 91	销　5×30	58	低碳钢	
55	专线 4140－25	中间扣板　50	16	KTH 350－10	
56	专线 4140－27	接头扣板　500－2	2	KTH 350－10	
57	GB/T 100	螺　钉　8×120	8		
58	GB/T 102	螺　钉　20×140	8		
59	TB/T 436	螺纹道钉　22×145	250		
60	GB/T 854	垫　圈　20	8		
61	专线 6061－17	塑料垫片　303×190×5	2		
62	专线 4140－52	塑料垫片　398×190×5	6		
63	专线 6061－19	塑料垫片　442×190×5	2		
64	专线 6061－19	塑料垫片　471×190×5	2		
65	专线 6061－19	塑料垫片　524×190×5	4		
66	专线 6061－18	塑料垫片　588×190×5	6		
67	专线 4140－53	塑料垫片　619×190×5	22		
68	专线 4140－52	塑料垫片　544×190×5	16		
69	专线 4140－54	塑料垫片　517×190×5	8		
70	专线 4140－54	塑料垫片　511×190×5	8		

钝角辙叉明细表

序号	图号 / 标准	名称及规格	数量	材　料	备　注
1	专线 6060－4	基本轨　10 585	2	50 kg/m 钢轨	
2	专线 6060－6	导　轨　10 572	2	50 kg/m 钢轨	
3	专线 6060－5	活动心轨　4 200	2		
4	专线 6060－5	活动心轨　4 200	2		与序号 3 对称制造
5	专线 6061－13	基本轨中部顶铁	2	KTH 330－08	
6	专线 4140－39	轨　撑　60	4	KTH 330－08	
7	专线 6060－7	间隔铁	2	KTH 330－08	
8	专线 6060－7	间隔铁	2	KTH 330－08	
9	专线 6060－8	接头夹板	4		
10	专线 6061－10	拉　杆　1 200	2		
11	专线 6060－9	垫　板　1 065 × 180 × 20	2	Q235	
12	专线 6060－9	垫　板　1 065 × 180 × 20	2	Q235	与序号 11 对称制造
13	专线 6060－9	垫　板　1 056 × 180 × 20	2	Q235	
14	专线 6060－9	垫　板　1 056 × 180 × 20	2	Q235	与序号 13 对称制造
15	专线 6060－9	垫　板　1 049 × 180 × 20	2	Q235	
16	专线 6060－9	垫　板　1 049 × 180 × 20	2	Q235	与序号 15 对称制造
17	专线 6060－10	垫　板　1 043 × 180 × 20	2	Q235	
18	专线 6060－10	垫　板　1 043 × 180 × 20	2	Q235	与序号 17 对称制造
19	专线 6060－10	垫　板　1 038 × 180 × 20	2	Q235	
20	专线 6060－10	垫　板　1 038 × 180 × 20	2	Q235	与序号 19 对称制造
21	专线 6060－10	垫　板　1 035 × 180 × 20	2	Q235	
22	专线 6060－10	垫　板　1 035 × 180 × 20	2	Q235	与序号 21 对称制造
23	专线 6060－11	中央桥式垫板　1 033 × 770 × 20	2	Q235	
24	专线 6060－12	桥式垫板　1 087 × 760 × 20	2	Q235	
25	专线 6060－12	桥式垫板　1 087 × 760 × 20	2	Q235	与序号 24 对称制造
26	专线 4140－31	支距扣板　50/42－46	4	KTH 350－10	
27	专线 6061－14	支距扣板　50/58－62	4	KTH 350－10	
28	专线 6061－14	支距扣板　50/74－78	4	KTH 350－10	
29	专线 6061－14	支距扣板　50/91－96	4	KTH 350－10	
30	专线 6061－14	支距扣板　50/109－113	4	KTH 350－10	
31	专线 4140－25	中间扣板　50	112	KTH 350－10	
32	专线 4140－27	接头扣板　500－2	4	KTH 350－10	
33	专线 4140－7	螺　柱　24 × 27 × 75 × 250	4		

续上表

序号	图号 / 标准	名称及规格	数量	材　料	备　注
34	专线 4140－7	螺　柱　24×23×95×245	4		
35	专线 4140－3	螺　栓　M24×290	4	低碳马氏体	
36	专线 4140－3	螺　栓　M24×270	8	低碳马氏体	
37	GB 5	螺　栓　M24×110	4		
38	专线 4140－4	螺　栓　M22×85	136		
39	专线 416－75	螺　栓　M22×75	8		
40	专线 4140－8	螺　母　M24	32		
41	专线 4140－8	螺　母　M22	144		
42	TB/T 418	垫　圈　24	32	55Si2Mn	
43	GB/T 97	垫　圈　24	24		
44	TB/T 418	垫　圈　22	144	55Si2Mn	
45	GB/T 95	垫　圈　22	20		
46	专线 4140－43	辙跟垫圈　50	20	KTH 330－08	
47	GB/T 91	销　5×30	16	低碳钢	
48	专线 6061－15	螺纹道钉　22×185	24		
49	TB/T 436	螺纹道钉　22×145	168		
50	专线 6061－16	调整片		Q235	
51	专线 6060－13	塑料垫片　1 075×190×5	4		
52	专线 6060－13	塑料垫片　1 066×190×5	4		
53	专线 6060－13	塑料垫片　1 059×190×5	4		
54	专线 6060－13	塑料垫片　1 053×190×5	4		
55	专线 6060－13	塑料垫片　1 048×190×5	4		
56	专线 6060－13	塑料垫片　1 045×190×5	4		
57	专线 6060－13	塑料垫片　1 097×240×5	4		
58	专线 6060－13	塑料垫片　1 097×240×5	4		
59	专线 6060－13	塑料垫片　1 043×240×5	4		

辙叉及护轨 (JF) 明细表

序号	图号 / 标准	名称及规格	数量	材　料	备　注
1	专线 4149－3	高锰钢辙叉	1		
2	专线 4149－4	护　轨	2	43 kg/m 钢轨	
3	专线 4149－5	垫　板　766×180×20	1	A3F 或 B3F	
4	专线 4149－5	垫　板　722×180×20	1	A3F 或 B3F	
5	专线 4149－5	垫　板　678×180×20	1	A3F 或 B3F	
6	专线 4149－5	垫　板　635×180×20	2	A3F 或 B3F	
7	专线 4140－14	垫　板　674×180×20	11	A3F 或 B3F	
8	专线 4149－5	垫　板　681×180×20	1	A3F 或 B3F	
9	专线 4149－5	垫　板　727×180×20	1	A3F 或 B3F	
10	专线 4140－15	垫　板　520×180×20	18	A3F 或 B3F	
11	专线 4140－10	垫　板　366×180×20	8	A3F 或 B3F	
12	专线 4140－5	垫　板　476×180×20	4	A3F 或 B3F	
13	专线 4140－23	调整片　135×100×2/3	18/36	A1F 或 B1F	
14	GB/T 184	接头夹板	8	B6 或 B7	
15	专线 4140－25	中间扣板　50	50	KTH 350－10	
16	专线 4140－27	接头扣板　50/4－6	8	KTH 350－10	
17	专线 4140－27	接头扣板　50/0－2	8	KTH 350－10	
18	专线 4140－26	加高扣板　50	4	KTH 350－10	
19	专线 4140－28	辙叉扣板	18	KTH 350－10	
20	专线 4140－29	辙叉接头扣板	4	KTH 350－10	
21	TB/T 413	螺　栓　M24×110	18	A5	
22	GB/T 5098	接头螺栓、螺母　M24	24		
23	专线 4140－4	螺　栓　M22×85	70	A3	
24	专线 4140－4	螺　栓　M22×90	22	A3	
25	专线 4140－8	螺　母　M24	18	A5	
26	专线 4140－8	螺　母　M22	92	A5	
27	TB/T 418	垫　圈　24	42	55Si2Mn	
28	TB/T 418	垫　圈　22	92	55Si2Mn	
29	专线 4140－9	导电销　25×40	4	A3F 或 B3F	
30	TB/T 436	螺纹道钉	220	A3	
34	专线 4140－55	塑料垫片　776×190×5	1		
35	专线 4140－55	塑料垫片　732×190×5	1		
36	专线 4140－55	塑料垫片　688×190×5	1		

续上表

序号	图号 / 标准	名称及规格	数量	材　料	备　注
37	专线 4140－51	塑料垫片　645×190×5	2		
38	专线4140－51	塑料垫片　684×190×5	11		
39	专线4140－55	塑料垫片　691×190×5	1		
40	专线4140－55	橡胶垫板　737×190×5	1		
41	专线4140－56	塑料垫片　530×190×5	18		
42	专线4140－51	塑料垫片　376×190×5	8		
43	专线4140－51	塑料垫片　486×190×5	4		

50 kg/m 钢轨 12 号复式交分道岔 12 号辙叉及护轨 (JF)

图 号：专线 4149－2

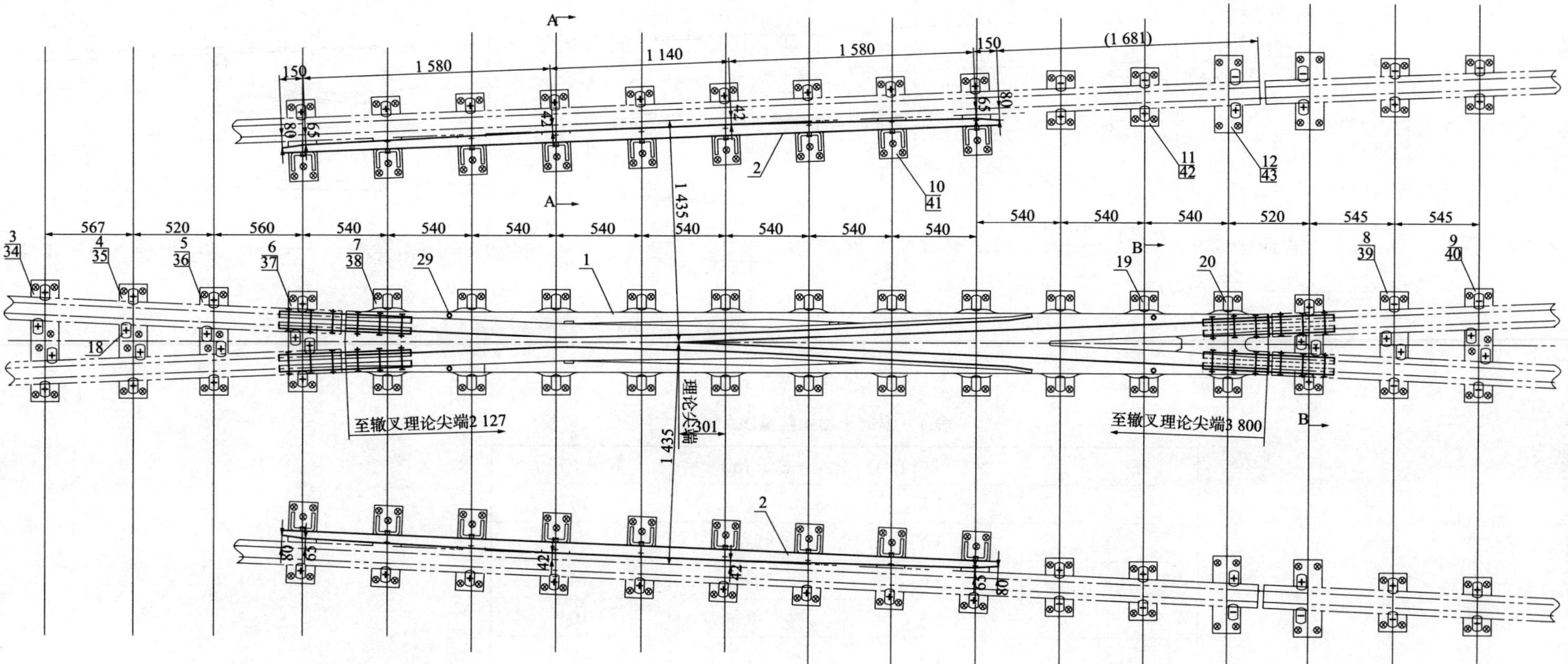

A－A 旋转

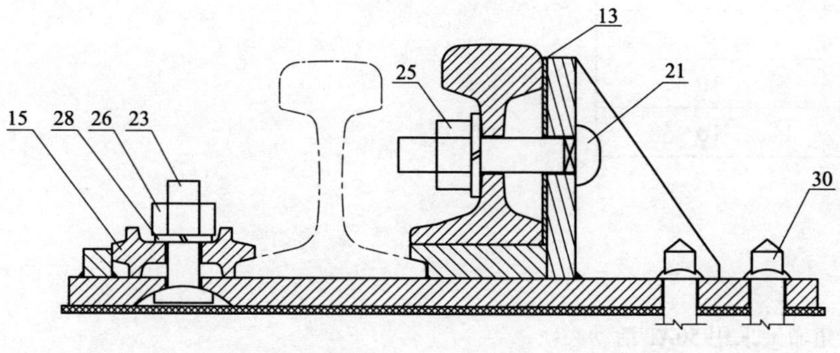

B－B 旋转

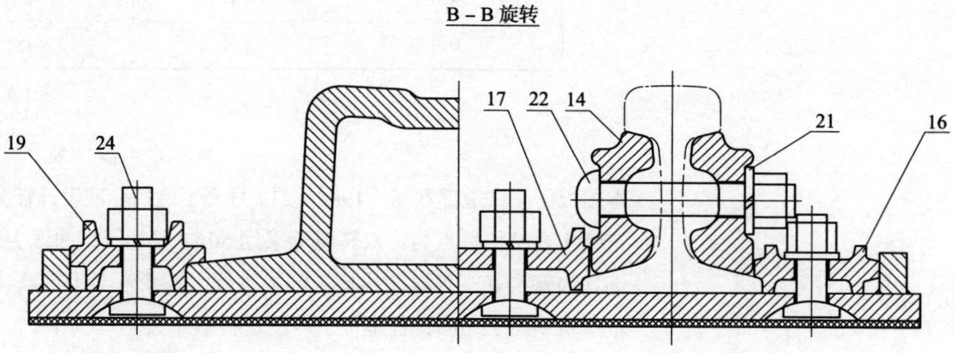

技 术 要 求

1. 安装护轨垫板时，护轨基本轨轨底边与台板间隙不得大于 2 mm，如台板上颚与基本轨有间隙时，可用薄铁片塞紧。
2. 组装护轨时，应使用 3 mm 厚的护轨调整片，如查照间隔或护背距离不合格时，可用备用调整片进行调整。
3. 本图按右开道岔布置，左开时，序号 3～5 垫板应按本图对称制造。

50 kg/m 钢轨 12 号复式交分道岔
图　号：专线 6058

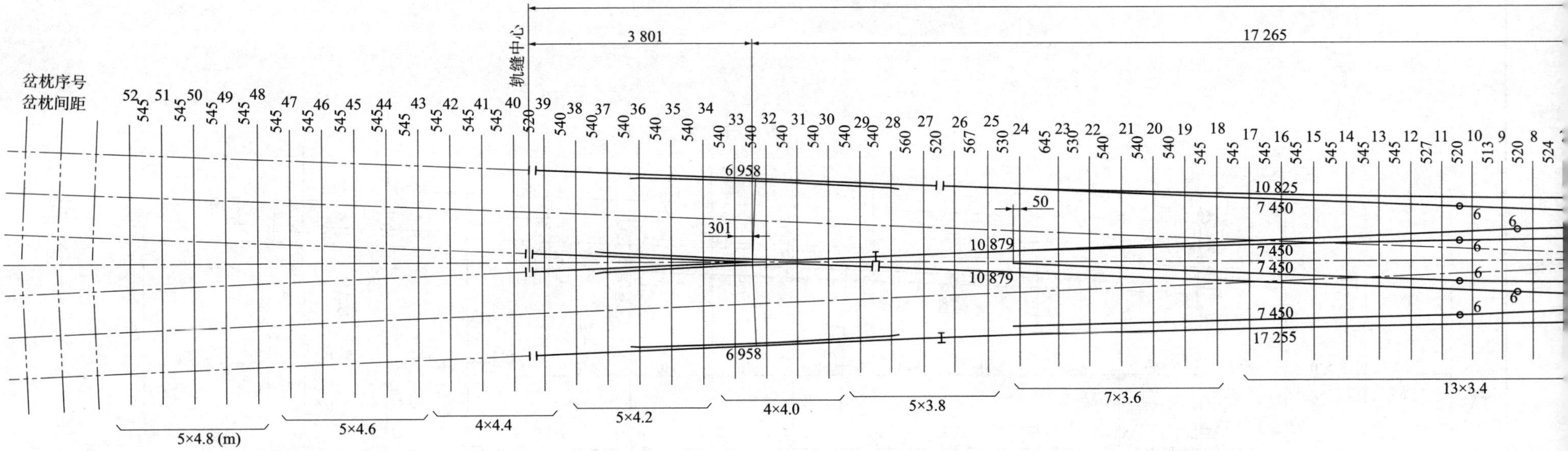

表 1　混凝土岔枕数量表

序　　号	岔枕规格 (m)	总长 (m)	数量 (根)
1	3.2	32	10
2	3.4	81.6	24
3	3.6	50.4	14
4	3.8	38	10
5	4.0	32	8
6	4.2	42	10
7	4.4	35.2	8
8	4.6	46	10
9	4.8	48	10

技　术　要　求

1. 本图根据原铁道部铁基〔1988〕217 号文下达的标准设计任务编制。
2. 道岔主要结构特点为：双转辙器采用 50AT 半切线型曲线尖轨，钝角辙叉采用 50AT 活动心轨，尖端均为藏尖式，跟端结构均为间隔铁式，锐角辙叉采用高锰钢整铸式；护轨为分开式，顶面高出基本轨顶面 12 mm；各垫板下均设塑料垫片。
3. 扣板的设计安装号数为：钢轨工作边一侧安装 4 号扣板，钢轨非工作边一次安装 2 号扣板。
4. 道岔枕木均按垂直于辙叉角平分线布置。
5. 道岔测线允许通过速度为 45 km/h。

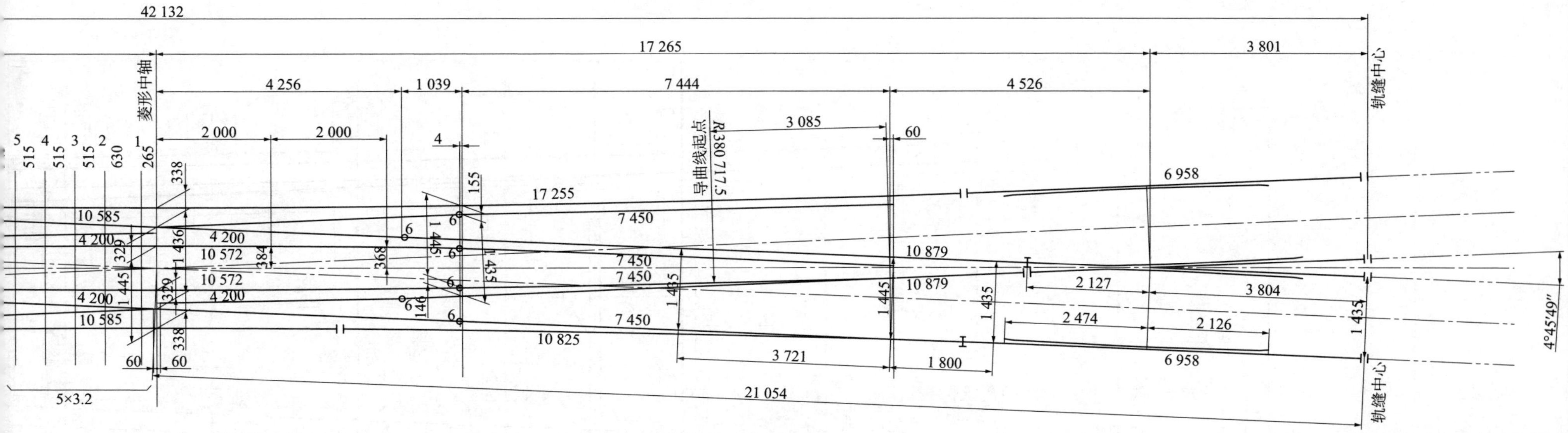

表 2 明 细 表

序 号	图号 / 标准	名称及规格	单 位	数 量	材 料	备 注
1	专线 6059	双转辙器	组	2		
2	专线 4149	辙叉及护轨	组	2		
3	专线 6060	钝角辙叉	组	1		
4	GB/T 2585	钢 轨	m	27.832	50 kg/m 钢轨	
5	GB/T 184	接头夹板	块	4		
6	专线 4140-10	垫 板 366 × 180 × 20	块	12		
7	专线 4140-25	中间扣板 50	个	8	KTH 350-10	
8	专线 4140-27	接头扣板 50 0-2	个	8	KTH 350-10	
9	专线 4140-27	接头扣板 50 4-6	个	8	KTH 350-10	
10	专线 4140-4	螺 栓 M22 × 85	个	24		
11	GB 5098	接头螺栓、螺母 M24	副	12		
12	专线 4140-8	螺 母 M22	个	24		
13	TB/T 418	垫 圈 22	个	24	55Si2Mn	
14	TB/T 418	垫 圈 24	个	12	55Si2Mn	
15	TB/T 436	螺纹道钉 22 × 145	个	48		
16	专线 4140-51	塑料垫片	块	12		
17	电号 9050	钢轨绝缘	组	4		由通号公司供图

50 kg/m 钢轨 12 号复式交分道岔双转辙器
图　号：专线 6059－2

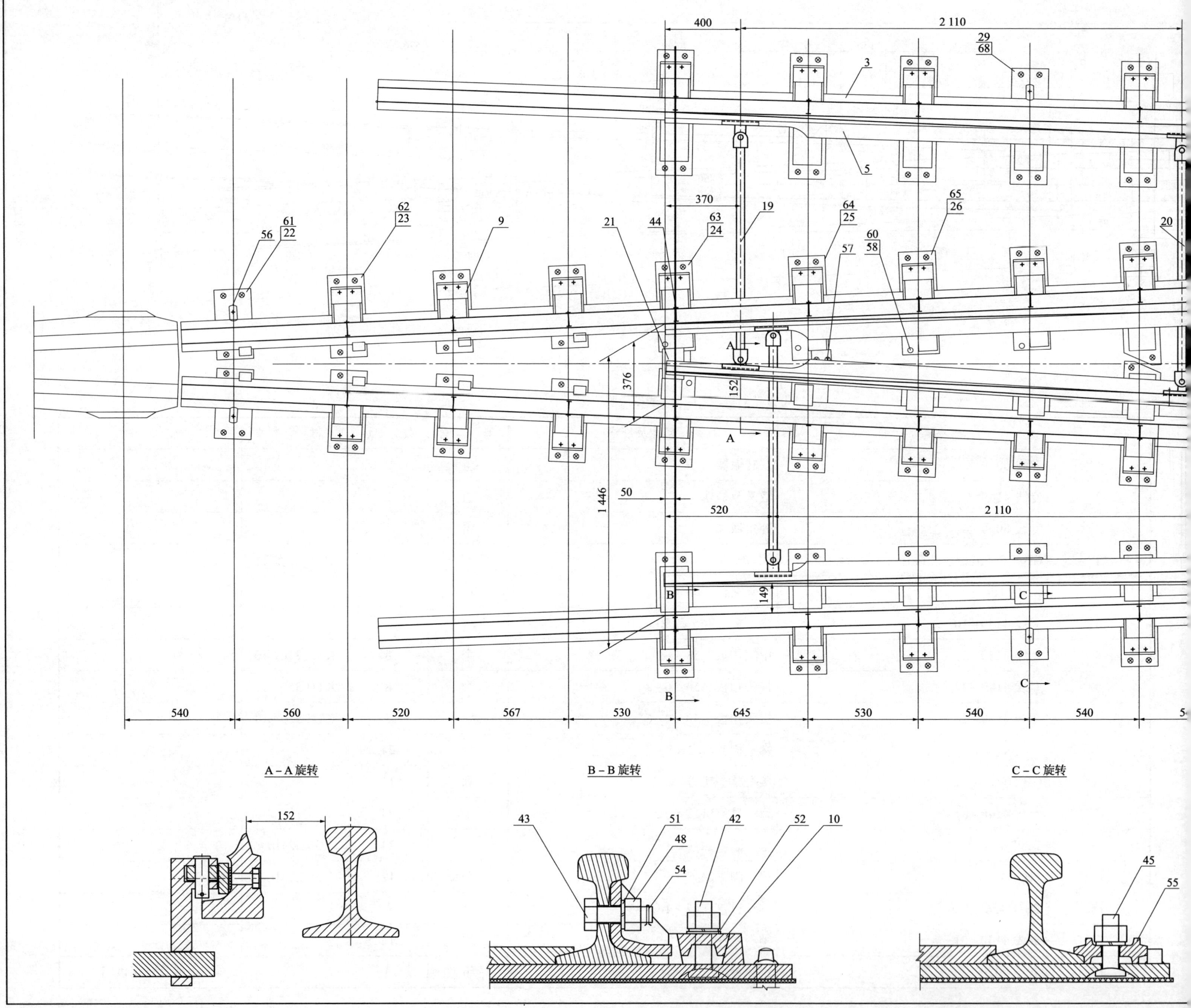

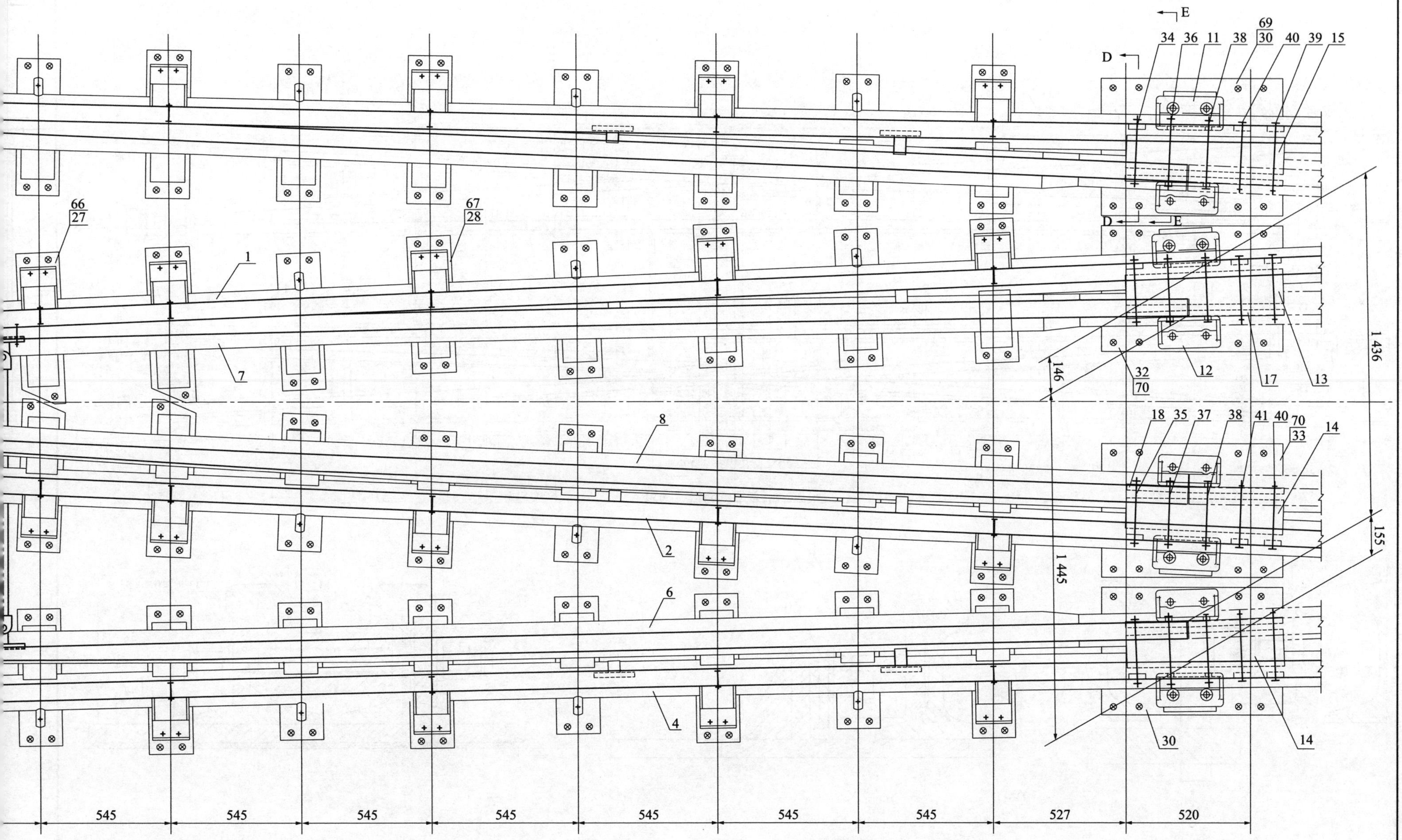
E
D
34 36 11 38 69/30 40 39 15
66/27
67/28
1
7
D E
32/70
12
17
13
146
1 436
18 35 37 38 41 40 70/33 14
8
2
155
1 445
6
4
30
14
545 545 545 545 545 545 545 527 520

D－D 旋转

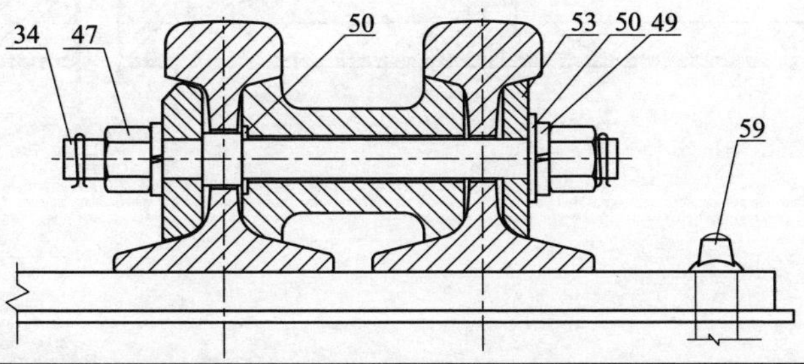
34 47 50 53 50 49
59

E－E 旋转

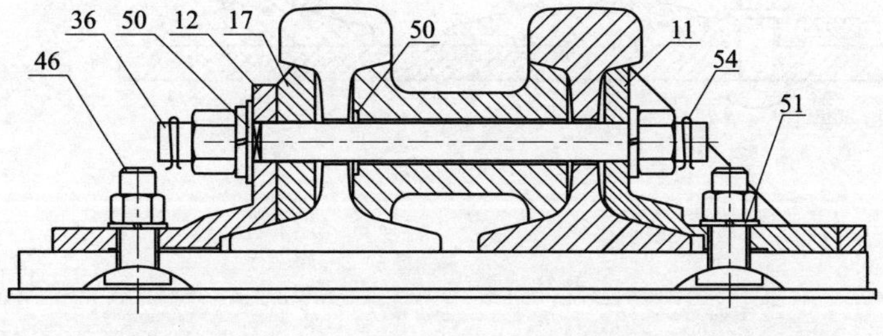
36 50 12 17 50 11
46
54
51

50 kg/m 钢轨 12 号复式交分道岔钝角辙叉
图　号：专线 6060－2

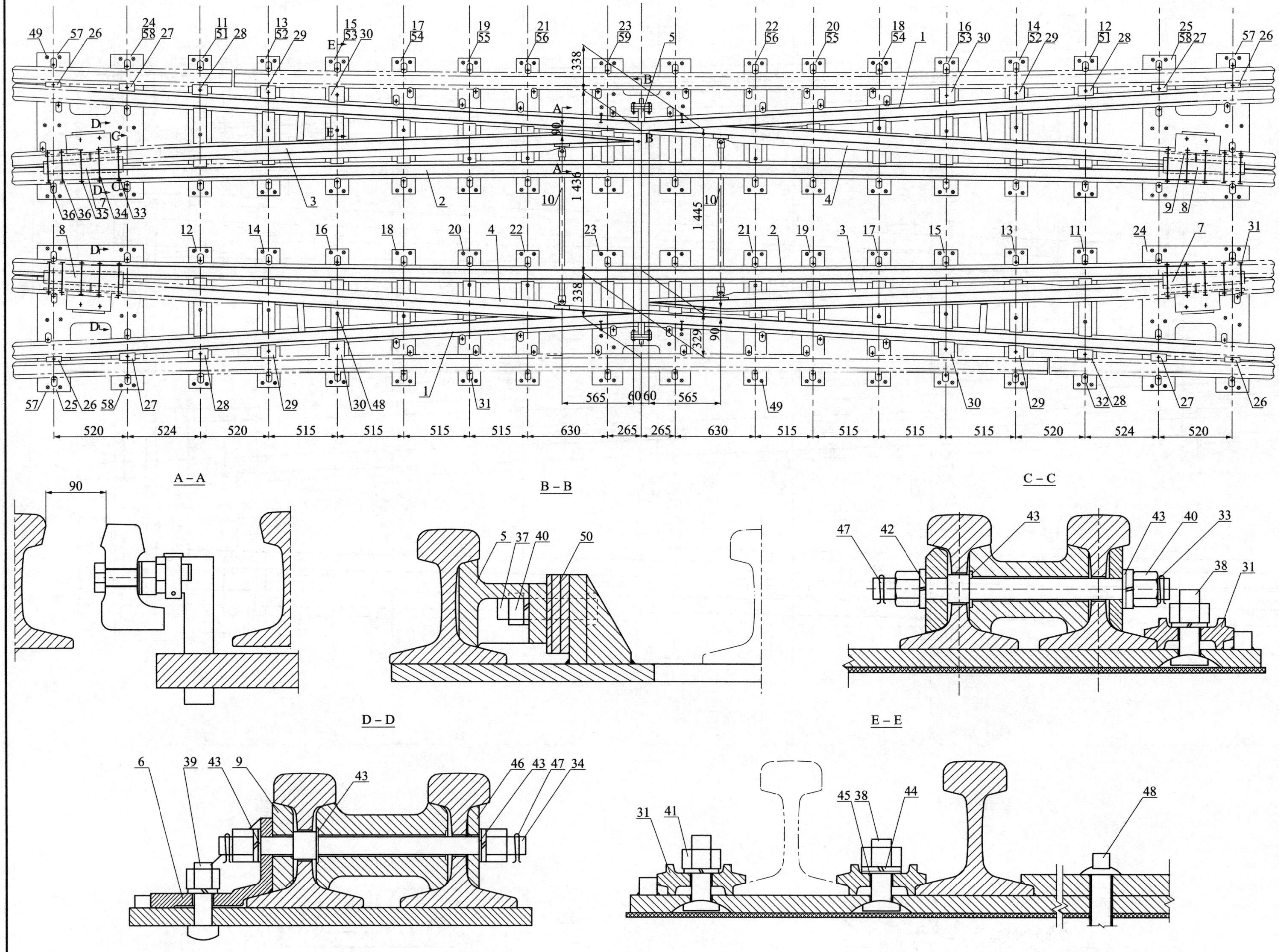

76. 50 kg/m 钢轨 12 号复式交分道岔(混凝土枕)
设计图号：专线(04)6090

<table>
<tr><td rowspan="2">道岔允许通过速度</td><td colspan="2">客车</td><td colspan="4">$v_{\text{直}} \leqslant 80$ km/h，$v_{\text{侧}} \leqslant 45$ km/h</td><td>扣件类型</td><td>Ⅰ型弹条</td></tr>
<tr><td colspan="2">货车</td><td colspan="4">$v_{\text{直}} \leqslant 80$ km/h，$v_{\text{侧}} \leqslant 45$ km/h</td><td>轨底坡</td><td>—</td></tr>
<tr><td>尖 / 心轨跟端型式</td><td colspan="6">间隔铁活接头</td><td>锁闭方式</td><td>内锁闭</td></tr>
<tr><td>道岔全长</td><td colspan="2">42 132</td><td colspan="2">导曲线半径</td><td colspan="2">380 m</td><td>辙叉角</td><td>4°45′49″</td></tr>
<tr><td colspan="3">道岔终端至末根岔枕中心距离</td><td colspan="6">11 149</td></tr>
<tr><td colspan="2" rowspan="5">双转辙器专线
(2004)6090－Ⅰ－5</td><td colspan="3">轨件名称</td><td colspan="2">图　　号</td><td>长　　度</td><td>轨　　型</td></tr>
<tr><td colspan="3">序号 1、2 直基本轨</td><td colspan="2">专线 (2004)6090－Ⅰ－7</td><td>10 814</td><td>50 kg/m</td></tr>
<tr><td colspan="3">序号 3、4 曲基本轨</td><td colspan="2">专线 (2004)6090－Ⅰ－8、9</td><td>10 808、16 911</td><td>50 kg/m</td></tr>
<tr><td colspan="3">序号 5、6 直线尖轨</td><td colspan="2">专线 (2004)6090－Ⅰ－10、11</td><td>7 040</td><td>50AT1</td></tr>
<tr><td colspan="3">序号 7、8 曲线尖轨</td><td colspan="2">专线 (2004)6090－Ⅰ－12、13</td><td>7 040</td><td>50AT1</td></tr>
<tr><td colspan="2" rowspan="4">钝角辙叉专线
(2004)6090－Ⅰ－28</td><td colspan="3">轨件名称</td><td colspan="2">图　　号</td><td>长　　度</td><td>轨　　型</td></tr>
<tr><td colspan="3">基本轨</td><td colspan="2">专线 (2004)6090－Ⅰ－30</td><td>10 908</td><td>50 kg/m</td></tr>
<tr><td colspan="3">序号 3、4 活动心轨</td><td colspan="2">专线 (2004)6090－Ⅰ－32</td><td>4 200</td><td>50AT1</td></tr>
<tr><td colspan="3">导轨</td><td colspan="2">专线 (2004)6090－Ⅰ－31</td><td>10 894</td><td>50 kg/m</td></tr>
<tr><td colspan="2" rowspan="5">辙叉及护轨专线
(2004)6090－Ⅰ－51</td><td colspan="2" rowspan="2">辙叉图号</td><td rowspan="2">专线 4259－4</td><td>辙叉全长</td><td>5 992</td><td>护轨长度</td><td>5 100</td></tr>
<tr><td>辙叉趾长</td><td>2 192</td><td>护轨形式</td><td>43 kg/m</td></tr>
<tr><td colspan="2">辙叉形式</td><td>高锰钢整铸式</td><td>辙叉跟长</td><td>3 800</td><td>护轨图号</td><td>专线 (2004)
6090－Ⅳ－4</td></tr>
<tr><td colspan="6">护轨端头距导轨端头定位尺寸</td><td>1 206</td></tr>
<tr><td colspan="6">辙叉理论尖端距趾端方向前一根岔枕中心距离</td><td>99</td></tr>
<tr><td colspan="2">岔枕图号
专线 (2004)3442</td><td colspan="2">岔枕总数</td><td>118 根</td><td>岔枕展延长</td><td>428.9 m</td><td>套管总数</td><td>788</td></tr>
<tr><td colspan="2">电务转换设备
—</td><td colspan="2">尖轨动程</td><td colspan="3">152/149</td><td>心轨动程</td><td>90</td></tr>
<tr><td colspan="2">批准文号</td><td colspan="5">—</td><td>应用情况</td><td>★★</td></tr>
<tr><td colspan="2">主要结构特点</td><td colspan="7">1. 双转辙器尖轨采用 50AT1 半切线型尖轨，钝角辙叉采用 50AT1 活动心轨；槽型护轨顶面高出基本轨顶面 12 mm；
2. 轨下基础采用无挡肩混凝土岔枕，预埋塑料套管，岔枕按平行于菱形中轴布置。</td></tr>
</table>

双转辙器明细表

序号	图号 / 标准	名称及规格	数量	材　　料	备　　注
1	专线 (2004)6090 – Ⅰ – 7	基本轨　10 814	1	50 kg/m 钢轨	
2	专线 (2004)6090 – Ⅰ – 7	基本轨　10 814	1	50 kg/m 钢轨	与序号 1 对称
3	专线 (2004)6090 – Ⅰ – 8	基本轨　10 808	1	50 kg/m 钢轨	
4	专线 (2004)6090 – Ⅰ – 9	基本轨　16 911	1	50 kg/m 钢轨	
5	专线 (2004)6090 – Ⅰ – 10	直线尖轨　7 040	1	50AT 钢轨	
6	专线 (2004)6090 – Ⅰ – 11	直线尖轨　7 040	1	50AT 钢轨	与序号 5 对称
7	专线 (2004)6090 – Ⅰ – 12	曲线尖轨　7 040	1	50AT 钢轨	
8	专线 (2004)6090 – Ⅰ – 13	曲线尖轨　7 040	1	50AT 钢轨	与序号 7 对称
9	专线 6061 – 11	连　杆　1 112	2		
10	专线 4266 – 20	轨撑滑床板　50 – 6	66		
11	专线 4266 – 20	轨撑滑床板　50 – 6	6		与序号 10 对称
12	专线 (2004)6090 – Ⅰ – 15	防跳限位装置	11		
13	专线 (2004)6090 – Ⅰ – 15	防跳限位装置	1		与序号 12 对称
14	专线 4266 – 19	滑床板　50 – 6	44		
15	专线 4266 – 19	滑床板　50 – 6	4		与序号 14 对称
16	专线 4266 – 20	轨撑滑床板　50 – 9	3		
17	专线 4266 – 20	轨撑滑床板　50 – 9	3		与序号 16 对称
18	专线 4266 – 19	滑床板　50 – 9	2		
19	专线 4266 – 19	滑床板　50 – 9	2		与序号 18 对称
20	专线 (2004)6090 – Ⅰ – 18	垫　板　351 × 180 × 20	1		
21	专线 (2004)6090 – Ⅰ – 18	垫　板　351 × 180 × 20	1		与序号 20 对称
22	专线 (2004)6090 – Ⅰ – 18	垫　板　380 × 180 × 20	2		
23	专线 (2004)6090 – Ⅰ – 18	垫　板　380 × 180 × 20	2		与序号 22 对称
24	专线 (2004)6090 – Ⅰ – 19	垫　板　430 × 180 × 20	1		
25	专线 (2004)6090 – Ⅰ – 19	垫　板　430 × 180 × 20	1		与序号 24 对称
26	专线 (2004)6090 – Ⅰ – 19	垫　板　402 × 180 × 20	1		
27	专线 (2004)6090 – Ⅰ – 19	垫　板　402 × 180 × 20	1		与序号 26 对称
28	专线 (2004)6090 – Ⅰ – 20	垫　板　479 × 180 × 20	1		
29	专线 (2004)6090 – Ⅰ – 20	垫　板　479 × 180 × 20	1		与序号 28 对称
30	专线 (2004)6090 – Ⅰ – 20	垫　板　501 × 180 × 20	3		
31	专线(2004)6090 – Ⅰ – 20	垫　板　501 × 180 × 20	3		与序号30对称
32	专线(2004)6090 – Ⅰ – 21	垫　板　575 × 180 × 20	1		
33	专线(2004)6090 – Ⅰ – 21	垫　板　575 × 180 × 20	1		与序号32对称

续上表

序号	图号 / 标准	名称及规格	数量	材　料	备　注
34	专线(2004)6090－Ⅰ－22	垫　板　840×555×20	1		
35	专线(2004)6090－Ⅰ－22	垫　板　840×555×20	1		与序号34对称
36	专线(2004)6090－Ⅰ－23	垫　板　840×551×20	1		
37	专线(2004)6090－Ⅰ－23	垫　板　840×551×20	1		与序号36对称
38	专线4266－47	轨　撑　50	36	KTH 330－08	
39	专线4266－49	轨　撑　50	4	KTH 330－08	
40	专线4266－48	调整楔	36	KTH 330－10	
41	专线4266－52	间隔铁　50–121–139–24	2	KTH 330－08	
42	专线4266－52	间隔铁　50–112–130–24	2	KTH 330－08	
43	专线4266－53	接头夹板　50–6Z	2		
44	专线4266－53	接头夹板　50–6Y	2		与序号43对称
45	专线4266－7	螺　柱　M24×27×65×200	2	10.9级	
46	专线4266－7	螺　柱　M24×27×65×190	2	10.9级	
47	专线4266－7	螺　柱　M24×27×85×200	2	10.9级	
48	专线4266－7	螺　柱　M24×27×85×190	2	10.9级	
49	专线4266－6	螺　栓　M24×280	4	10.9级	
50	专线4266－6	螺　栓　M24×270	2	10.9级	
51	专线4266－6	螺　栓　M24×260	4	10.9级	
52	专线4266－6	螺　栓　M24×250	2	10.9级	
53	专线4266－5	螺　栓　M24×60	26		
54	专线4266－5	螺　栓　M24×80	36		
55	专线4266－8	螺　栓　M24×80	8		
56	专线4266－34	螺　钉　M30	110		
57	专线(2004)6090－Ⅰ－14	螺　钉　M30×162	10		
58	专线4266－9	螺　母　M24	28		
59	GB/T 41	螺　母　M24	70		
60	GB/T 1230	垫　圈　24	28		
61	GB/T 95	垫　圈　24	16		
62	GB/T 7244	垫　圈　24	70		
63	GB/T 7244	垫　圈　30	120		
64	TB/T 1495.4	平垫圈　24	70		
65	专线4266－68	圆孔垫圈　60–0	12	KTH 330－08	
66	专线4266－69	方孔垫圈　60–0	8	KTH 330－08	
67	GB/T 91	销　6×155	10		按尺寸加长
68	TB/T 1495.2	B型弹条	62	60Si2Mn	

续上表

序号	图号 / 标准	名称及规格	数量	材　料	备　注
69	专线4266－13	轨距块　50/9–11	22	ZG 230－450	
70	专线4266－13	轨距块　50/13–15	2	ZG 230－450	
71	专线4266－14	接头轨距块　50/9–11	2	玻璃纤维	
72	专线(2004)6090－Ⅰ－25	尼龙台板	1	玻璃纤维	
73	专线4266－27	橡胶垫板　50–200	8	橡胶	
74	专线4266－26	橡胶垫板　50	44	橡胶	
75	专线4266－27	橡胶垫板　50–860	4	橡胶	
76	专线4266－30	橡胶垫板　590×185×10	32	橡胶	
77	专线4266－31	橡胶垫板　351×185×10	2	橡胶	
78	专线4266－31	橡胶垫板　381×185×10	4	橡胶	
79	专线4266－31	橡胶垫板　430×185×10	2	橡胶	
80	专线(2004)6090－Ⅰ－26	橡胶垫板　936×185×10	1	橡胶	
81	专线4266－30	橡胶垫板　479×185×10	2	橡胶	
82	专线4266－30	橡胶垫板　501×185×10	6	橡胶	
83	专线4266－30	橡胶垫板　575×185×10	2	橡胶	
84	专线(2004)6090－Ⅰ－27	橡胶垫板　555×240×10	2	橡胶	
85	专线(2004)6090－Ⅰ－27	橡胶垫板　547×240×10	2	橡胶	
86	专线(2004)6090－Ⅰ－27	橡胶垫板　526×240×10	2	橡胶	
87	专线(2004)6090－Ⅰ－27	橡胶垫板　551×240×10	2	橡胶	
88	专线4266－30	橡胶垫板　625×185×10	2	橡胶	
89	专线4266－30	橡胶垫板　641×185×10	2	橡胶	
90	专线6061－9	拉　杆　1 088	2		
91	专线(2004)6090－Ⅰ－24	轨撑滑床板　625×180×20	1		
92	专线(2004)6090－Ⅰ－24	轨撑滑床板　625×180×20	1		与序号39对称
93	专线(2004)6090－Ⅰ－24	轨撑滑床板　641×180×20	1		
94	专线(2004)6090－Ⅰ－24	轨撑滑床板　641×180×20	1		与序号41对称

钝角辙叉明细表

序号	图号 / 标准	名称及规格	数量	材　料	备　注
1	专线 (2004)6090－Ⅰ－30	基本轨　10 908	2	50 kg/m 钢轨	
2	专线 (2004)6090－Ⅰ－31	导　轨　10 894	2	50 kg/m 钢轨	
3	专线 (2004)6090－Ⅰ－32	活动心轨　4 200	2		按序号 3 对称制造
4	专线 (2004)6090－Ⅰ－32	活动心轨　4 200	2		
5	专线 4266－49	轨　撑　50	4	KTH 330－08	
6	专线 4266－47	轨　撑　50	4	KTH 330－08	
7	专线 (2004)6090－Ⅰ－33	接头夹板	4		
8	专线 (2004)6090－Ⅰ－34	间隔铁	4	KTH 330－08	
9	专线 (2004)6090－Ⅰ－35	垫　板　595 × 180 × 20	2		
10	专线 (2004)6090－Ⅰ－35	垫　板　595 × 180 × 20	2		按序号 9 对称制造
11	专线 (2004)6090－Ⅰ－36	垫　板　556 × 180 × 20	2		
12	专线 (2004)6090－Ⅰ－36	垫　板　556 × 180 × 20	2		按序号 11 对称制造
13	专线 (2004)6090－Ⅰ－37	垫　板　1 121 × 180 × 20	2		
14	专线 (2004)6090－Ⅰ－38	垫　板　1 121 × 180 × 20	2		
15	专线 (2004)6090－Ⅰ－39	垫　板　1 110 × 180 × 20	2		
16	专线 (2004)6090－Ⅰ－40	垫　板　1 110 × 180 × 20	2		
17	专线 (2004)6090－Ⅰ－41	垫　板　1 094 × 180 × 20	2		
18	专线 (2004)6090－Ⅰ－41	垫　板　1 094 × 180 × 20	2		按序号 17 对称制造
19	专线 (2004)6090－Ⅰ－42	垫　板　1 088 × 180 × 20	2		
20	专线 (2004)6090－Ⅰ－42	垫　板　1 088 × 180 × 20	2		按序号 19 对称制造
21	专线 (2004)6090－Ⅰ－43	垫　板　1 119 × 180 × 20	2		
22	专线 (2004)6090－Ⅰ－43	垫　板　1 119 × 180 × 20	2		按序号 21 对称制造
23	专线 (2004)6090－Ⅰ－44	垫　板　1 116 × 180 × 20	2		
24	专线 (2004)6090－Ⅰ－44	垫　板　1 116 × 180 × 20	2		按序号 23 对称制造
25	专线 (2004)6090－Ⅰ－45	垫　板　840 × 590 × 20	2		
26	专线 (2004)6090－Ⅰ－45	垫　板　840 × 590 × 20	2		按序号 25 对称制造
27	专线 (2004)6090－Ⅰ－48	支距扣板　50/46－41	4	ZG 230－450	
28	专线 (2004)6090－Ⅰ－48	支距扣板　50/64－59	4	ZG 230－450	
29	专线 (2004)6090－Ⅰ－49	支距扣板　50/83－79	2	ZG 230－450	
30	专线 4266－54	支距扣板　50/83－79	2	ZG 230－450	
31	专线 (2004)6090－Ⅰ－49	支距扣板　50/103－99	2	ZG 230－450	
32	专线 4266－54	支距扣板　50/103－99	2	ZG 230－450	
33	专线 4266－54	支距扣板　50/124－120	4	ZG 230－450	

续上表

序号	图号 / 标准	名称及规格	数量	材　　料	备　　注
34	专线 4266－54	支距扣板　50/146－142	4	ZG 230－450	
35	TB/T 1495.2	B型弹条	116	60Si2Mn	
36	专线4266－7	螺　柱　24×27×70×230	4		
37	专线4266－7	螺　柱　24×23×80×230	4		
38	专线4266－6	半圆头螺栓　M24×290	4	10.9级	
39	专线4266－6	半圆头螺栓　M24×270	8	10.9级	
40	专线4266－5	螺　栓　M24×60	88		
41	专线4266－5	螺　栓　M24×75	4		
42	专线4266－5	螺　栓　M24×80	24		
43	专线4266－8	长方头螺栓　M24×80	8		
44	专线4266－34	螺　钉　T30	84		
45	专线(2004)6090－Ⅰ－14	螺　钉　T30×162	20		
46	GB/T 41	螺　母　M24	116		
47	专线4266－9	螺　母　M24	36		
48	专线4266－68	钢轨垫圈　60－3	12	KTH 330－08	
49	专线4266－69	钢轨垫圈　60－3	8	KTH 330－08	
50	GB/T 95	垫　圈　24	24		
51	GB/T 7244	垫　圈　24	36		
52	GB/T 7244	垫　圈　30	104		
53	TB/T 1495.4	平垫圈	116		
54	专线4266－48	调整楔	4	KTH 350－10	
55	GB/T 91	销　钉　6×155	20		
56	专线4266－13	轨距块　50/9－11	32	ZG 230－450	
57	专线4266－13	轨距块　50/13－15	52	ZG 230－450	
58	专线4266－14	接头轨距块　50－11	4	玻璃纤维	
59	专线4266－27	橡胶垫板　50－200	48	橡胶	
60	专线4266－26	橡胶垫板　50	40	橡胶	
61	专线4266－27	橡胶垫板　50－860	4	橡胶	
62	专线4266－31	橡胶垫板　595×185×10	4	橡胶	
63	专线4266－31	橡胶垫板　556×185×10	4	橡胶	
64	专线4266－32	橡胶垫板　1 121－479	4	橡胶	
65	专线4266－32	橡胶垫板　1 110－351	4	橡胶	
66	专线4266－32	橡胶垫板　1 094－386	4	橡胶	
67	专线4266－32	橡胶垫板　1 088－372	4	橡胶	
68	专线4266－32	橡胶垫板　1 084－358	4	橡胶	

续上表

序号	图号/标准	名称及规格	数量	材　料	备　注
69	专线4266－32	橡胶垫板　1 081－343	4	橡胶	
70	专线(2004)6090－Ⅰ－50	橡胶垫板　512×240×10	4	橡胶	
71	专线(2004)6090－Ⅰ－50	橡胶垫板　539×240×10	4	橡胶	
72	专线6061－10	拉　杆　1 203	2		

辙叉及护轨明细表					
序号	图号 / 标准	名称及规格	数量	材　　料	备　　注
1	专线 4259－4	高锰钢辙叉	1		
2	专线 (2004)6090－Ⅳ－4	护　轨　5 100	2	43 kg/m 钢轨	
3	专线 4266－16	平垫板　50－B	4		
4	专线 4266－16	平垫板　50－B	4		与序号 3 对称
5	专线 (2004)6090－Ⅰ－54	垫　板　430 × 180 × 20	1		
6	专线 (2004)6090－Ⅰ－54	垫　板　430 × 180 × 20	1		与序号 5 对称
7	专线 (2004)6090－Ⅰ－55	垫　板　430 × 180 × 20	1		
8	专线 (2004)6090－Ⅰ－55	垫　板　430 × 180 × 20	1		与序号 7 对称
9	专线 (2004)6090－Ⅰ－56	垫　板　550 × 180 × 23	9		
10	专线 (2004)6090－Ⅰ－56	垫　板　550 × 180 × 23	9		与序号 9 对称
11	专线 (2004)6090－Ⅰ－57	垫　板　845 × 180 × 20	1		
12	专线 (2004)6090－Ⅰ－57	垫　板　795 × 180 × 20	1		
13	专线 (2004)6090－Ⅰ－58	垫　板　745 × 180 × 20	1		
14	专线 (2004)6090－Ⅰ－59	垫　板　715 × 180 × 20	1		
15	专线 4266－21	辙叉垫板　50－722	2		
16	专线 4266－22	辙叉垫板　50－722	8		
17	专线 4266－17	接头垫板　50－B	1		
18	专线 4266－17	接头垫板　50－B	1		
19	专线 4266－55	接头支距扣板　50/135－144	1		
20	专线 4266－61	调整片　135 × 100 × 2/3	18/36	Q235	2 mm 一片 /3 mm 一片备用
21	TB/T 2345	接头夹板	8		
22	TB/T 2347	接头螺栓　M24 × 145－10.9	24		带螺母
23	专线 4266－6	半圆头方颈螺栓　M24 × 100	14		
24	专线 4266－6	半圆头方颈螺栓　M24 × 80	4		
25	专线 4266－5	T 型螺栓　M24 × 80	1		
26	专线 4266－5	T 型螺栓　M24 × 60	80		
27	专线 4266－34	螺　钉	94		
28	GB/T 41	螺　母　M24	81		
29	专线 4266－9	螺　母　M24	18		
30	GB/T 1230	垫　圈　24	24	65Mn	
31	GB/T 7244	垫　圈　24	18	65Mn	
32	TB/T 1495.4	平垫圈	81	Q235	
33	GB/T 7244	垫　圈　30	94	65Mn	

续上表

序号	图号 / 标准	名称及规格	数量	材　　料	备　　注
34	TB/T 1495.2	B型弹条	81	60Si2Mn	
35	专线4266－13	轨距块　50/9–11	42	ZG 230－450	
36	专线4266－13	轨距块　50/13–15	24	ZG 230－450	
37	专线4266－14	接头轨距块　50–11	6	玻璃纤维	
38	专线4266－14	接头轨距块　50–13	8	玻璃纤维	
39	专线4266－27	橡胶垫板　50–200	40	橡胶	
40	专线4266－29	橡胶垫板　439	10	橡胶	
41	专线4266－31	橡胶垫板　430 × 185 × 10	12	橡胶	
42	专线(2004)6090－Ⅰ－60	橡胶垫板　430 × 185 × 10	2	橡胶	
43	专线4266－33	橡胶垫板　550 × 185 × 7	18	橡胶	
44	专线4266－32	橡胶垫板　845–388	1	橡胶	
45	专线4266－32	橡胶垫板　795–363	1	橡胶	
46	专线4266－31	橡胶垫板　745 × 185 × 10	1	橡胶	
47	专线4266－31	橡胶垫板　715 × 185 × 10	1	橡胶	
48	专线4266－31	橡胶垫板　722 × 185 × 10	10	橡胶	

50 kg/m 钢轨 12 号复式交分道岔
图　号：专线 (04)6090-I-2

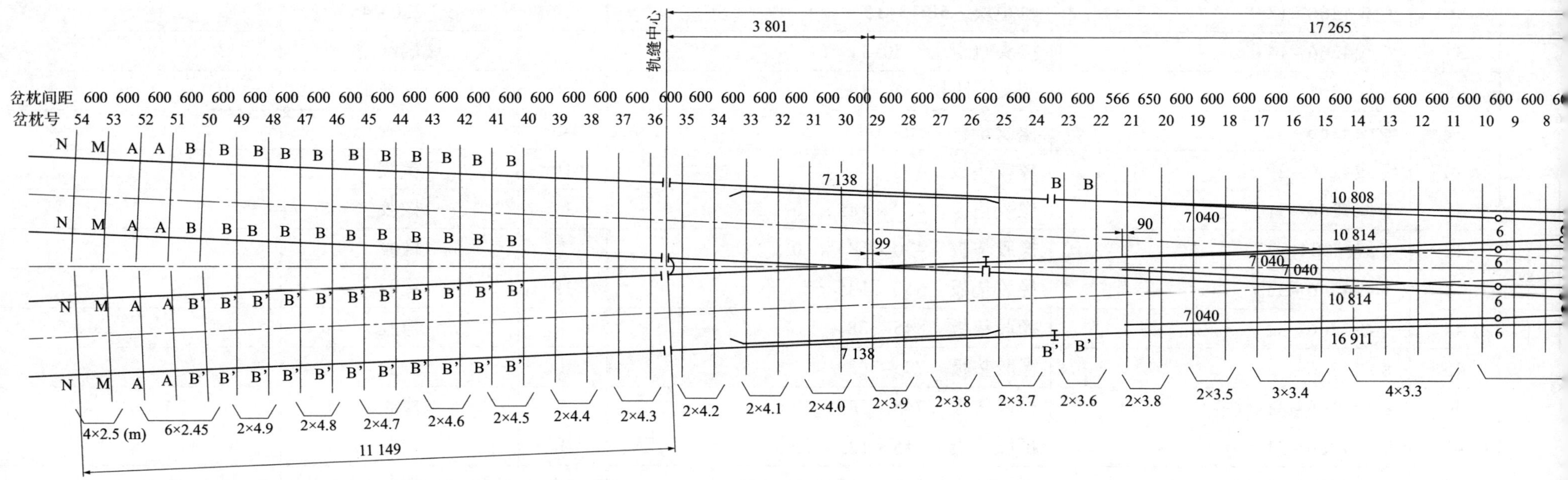

表 2　明　细　表

序号	图号 / 标准	名称及规格	单位	数量	材　料	备　注
1	专线 (2004)6090-I-5	双转辙器	组	2		
2	专线 (2004)6090-I-28	钝角辙叉	组	1		
3	专线 (2004)6090-I-51	辙叉及护轨	组	2		
4	TB/T 2344	钢　轨	m	28.552	50 kg/m 钢轨	四根长 7 138 mm
5	专线 4266-16	平垫板　50-A	块	16		
6	专线 4266-16	平垫板　50-B	块	46		
7	专线 4266-16	平垫板　50-B'	块	46		与序号 6 对称
8	专线 4266-17	接头垫板　50-B	块	2		
9	专线 4266-17	接头垫板　50-B'	块	2		与序号 8 对称
10	专线 4266-24	顺坡垫板 (一)　P80	块	8		M
11	专线 4266-25	顺坡垫板(二)　P60	块	8		N
12	TB/T 2342.2	接头夹板	块	4		
13	TB/T 1495.2	B 型弹条	个	256	60Si2Mn	
14	专线 4266-5	螺　栓　M24×60	个	256		
15	TB/T 2347	接头螺栓　M24×145-10.9	副	12		带螺母
16	专线 4266-34	螺　钉　M30	个	256		

技　术　要　求

1. 图中钢轨普通接头，绝缘接头分别以“—||—”“-+-”表示，尖轨、活动心轨跟端接头以“—○—”表示。
2. 钢轨轨缝除注明者外均为 8 mm。
3. 导曲线半径按外轨工作边计。
4. 图中符号 A、B、B′表示平垫板类型，符号 M、N 分别表示坡垫板 P80、P60。
5. 序号 1～49 岔枕垂直于菱形长轴，序号 53、54 岔枕垂直于后连接线路中心线，序号 50、51、52 为扭转枕，岔枕间距菱形长轴计量。
6. 铺设岔枕时，编号应在道岔同侧，叉后短岔枕编号应在道外侧。

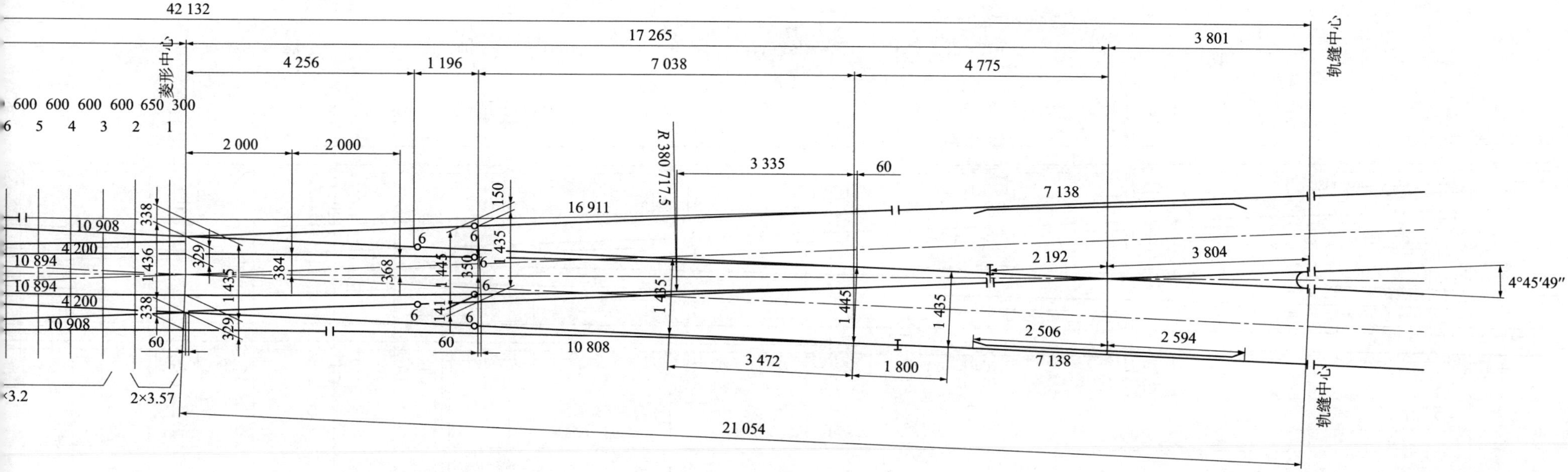

续表 2

序号	图号 / 标准	名称及规格	单位	数量	材　料	备　注
7	GB/T 41	螺　母　M24	个	256		
8	TB/T 1495.4	平垫圈　24	个	256	Q235	
9	GB/T 1230	垫　圈　24	个	12		
0	GB/T 7244	垫　圈　30	个	256		
1	专线 4266-13	轨距块　50/9-11	个	124	ZG 230-450	
2	专线 4266-13	轨距块　50/13-15	个	124	ZG 230-450	
3	专线 4266-13	接头轨距块　50/7-17	个	100	ZG 230-450	备用
4	专线 4266-14	接头轨距块　50-11	个	4	玻璃纤维	
5	专线 4266-14	接头轨距块　50-13	个	4	玻璃纤维	
6	专线 4266-14	接头轨距块　50-9	个	4(备用)	玻璃纤维	
7	专线 4266-14	接头轨距块　50-15	个	4(备用)	玻璃纤维	
8	专线 4266-31	橡胶垫板　430×185×10	块	128	橡胶	
9	专线 4266-27	橡胶垫板　50-200	块	128	橡胶	
0	专线 3343	钢轨绝缘	组	4		

表 1　岔枕数量表

序号	岔枕长 (m)	单位	数量	备注	序号	岔枕长 (m)	单位	数量	备注
1	2.45	根	12	29.4	12	4.0	根	4	16.0
2	2.5	根	8	20.0	13	4.1	根	4	16.4
3	3.2	根	16	51.2	14	4.2	根	4	16.8
4	3.3	根	8	26.4	15	4.3	根	4	17.2
5	3.4	根	6	20.4	16	4.4	根	4	17.6
6	3.5	根	4	14.0	17	4.5	根	4	18.0
7	3.57	根	4	14.3	18	4.6	根	4	18.4
8	3.6	根	4	14.4	19	4.7	根	4	18.8
9	3.7	根	4	14.8	20	4.8	根	4	19.2
10	3.8	根	8	30.4	21	4.9	根	4	19.6
11	3.9	根	4	15.6	岔枕总根数为 118 根				

50 kg/m 钢轨 12 号复式交分道岔钝角辙叉
图　号：专线 (04)6090－I－28

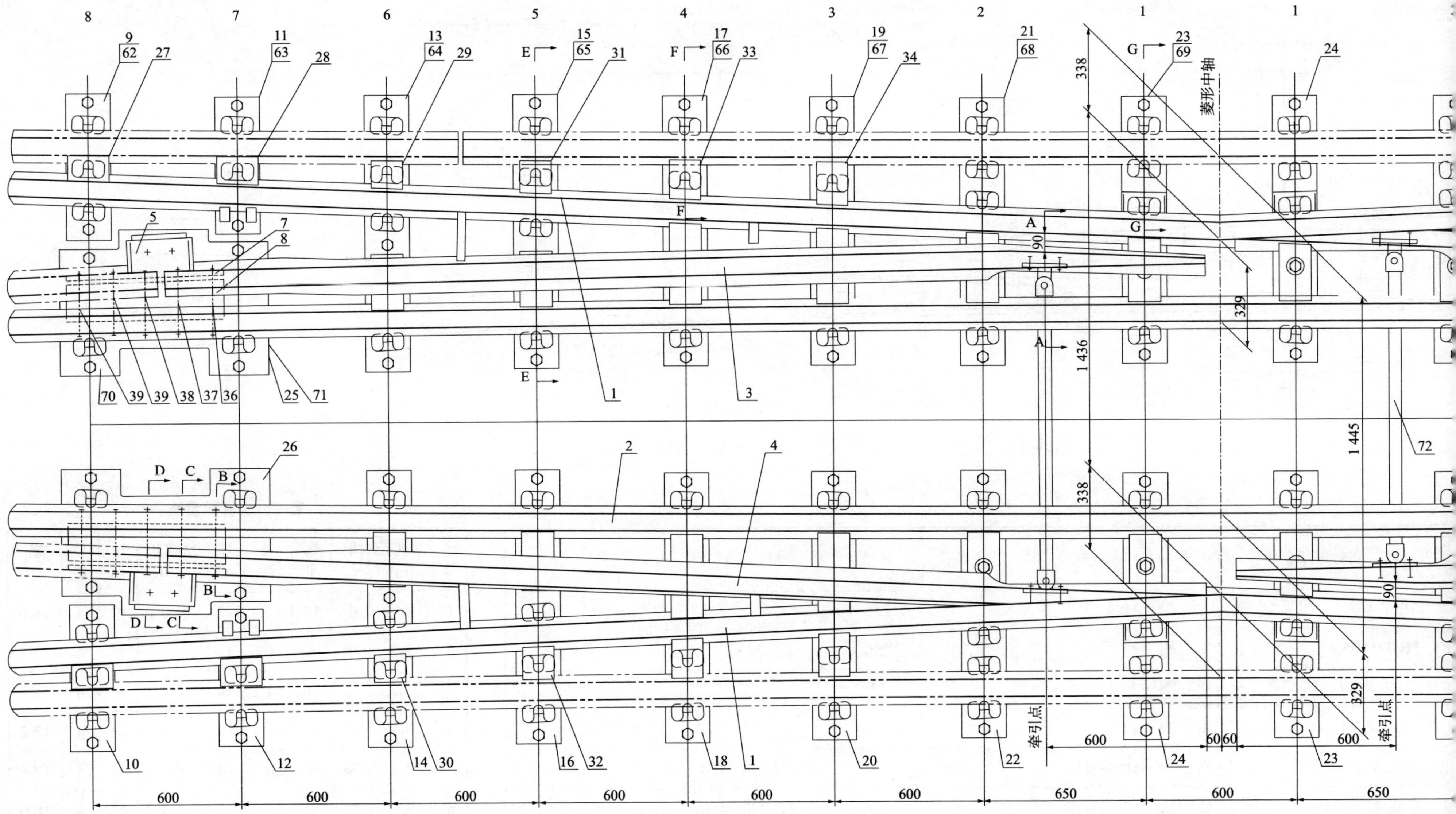

D－D 旋转

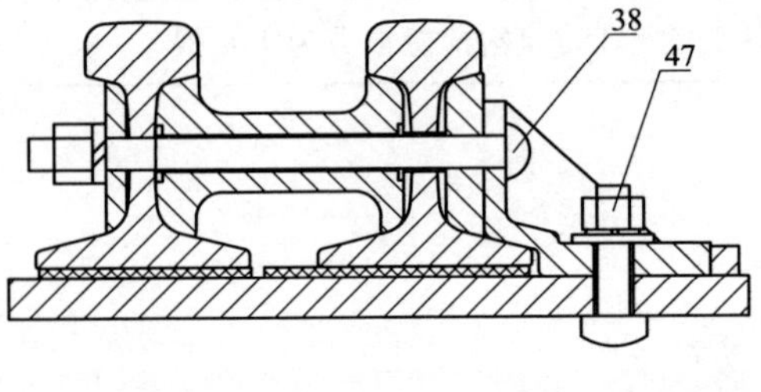

F－F 旋转

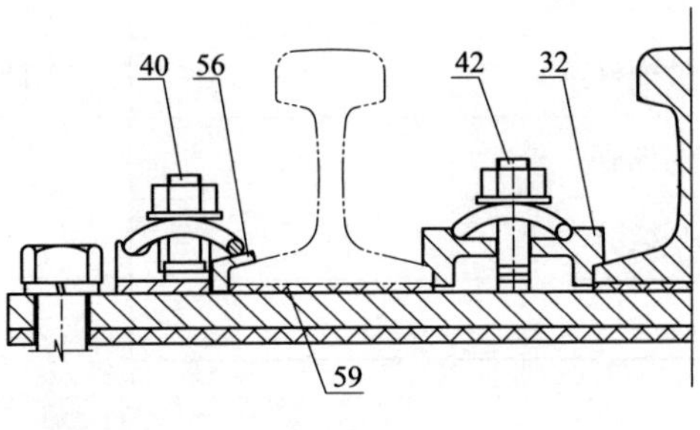

G－G 旋转

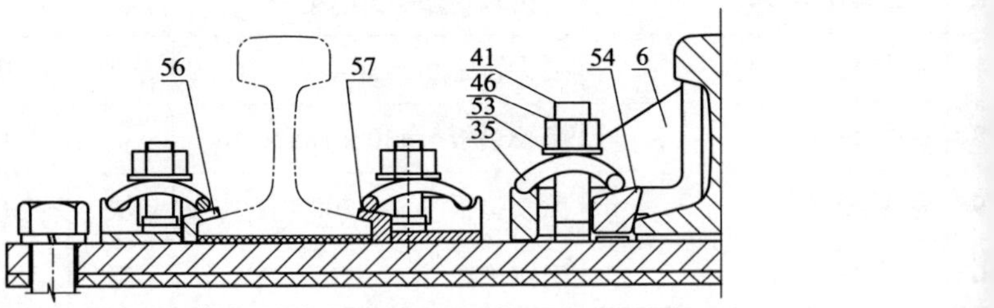

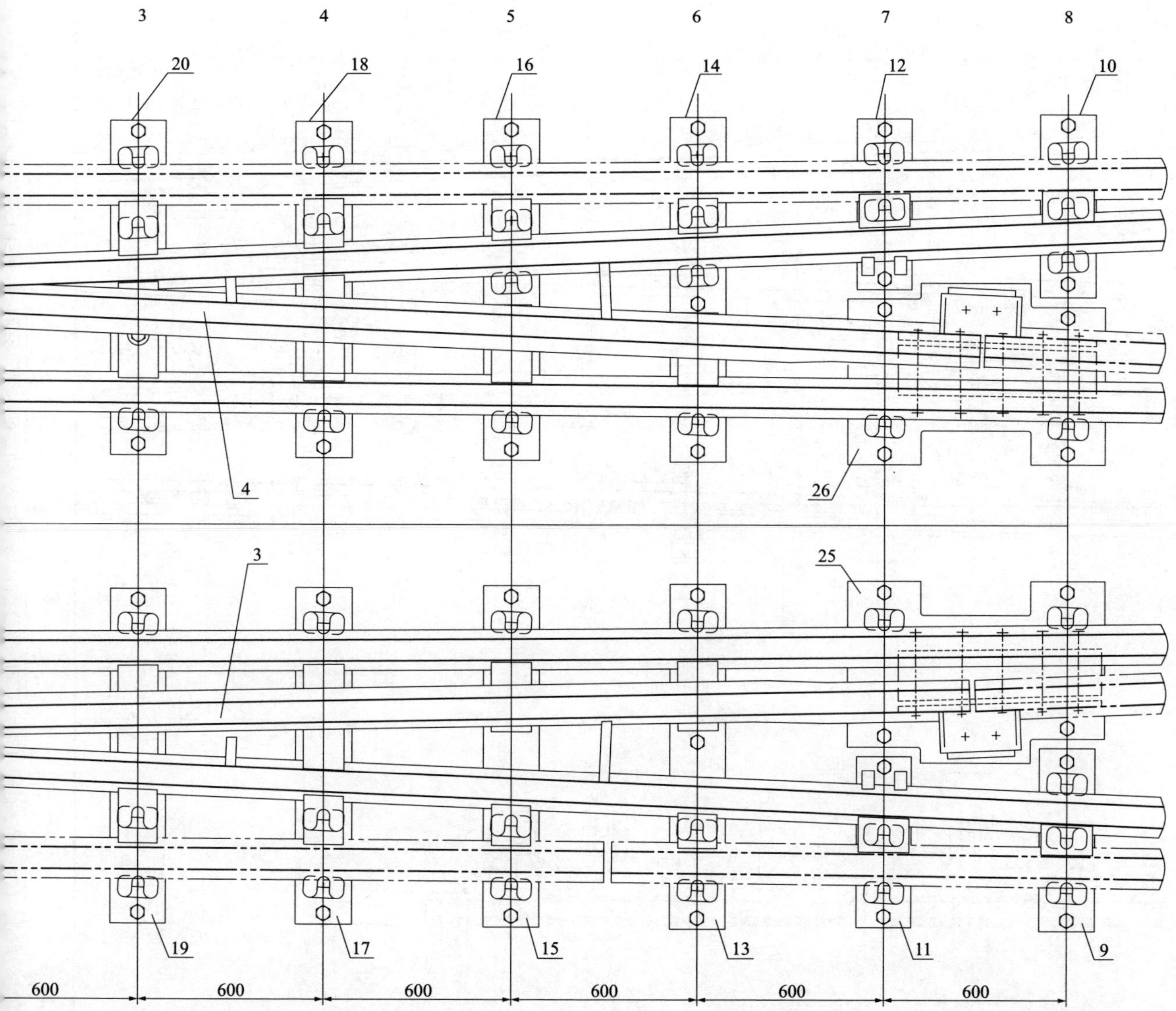

A－A 旋转

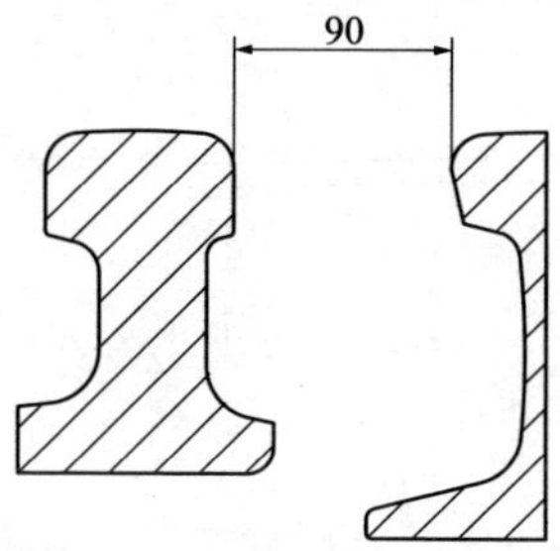

B－B 旋转

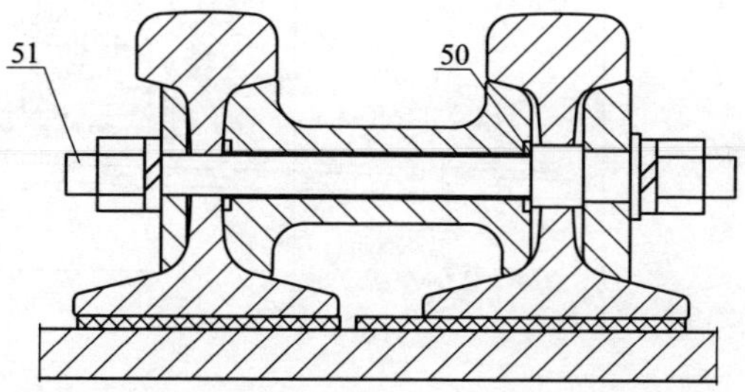

C－C 旋转

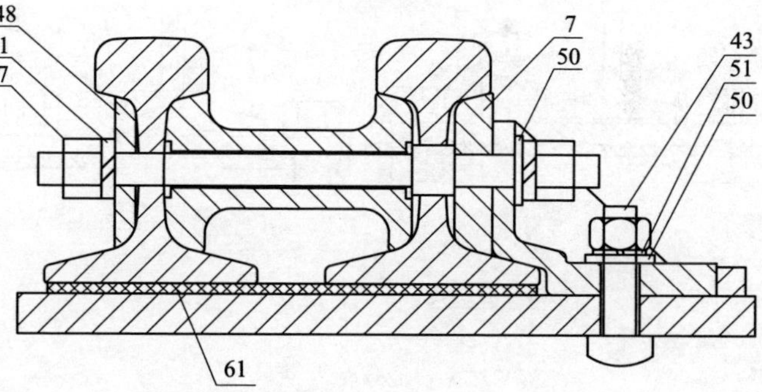

E－E 旋转

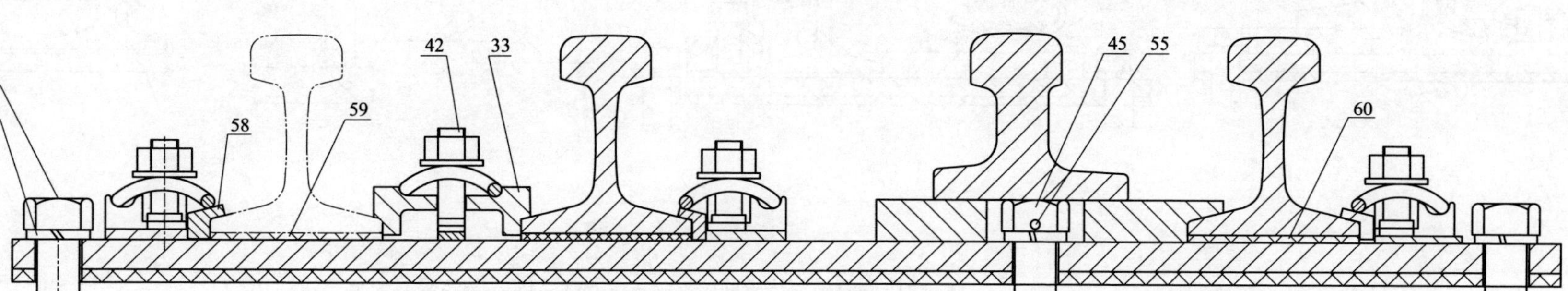

50 kg/m 钢轨 12 号复式交分道岔双转辙器

图　号：专线 (04)6090－I－5

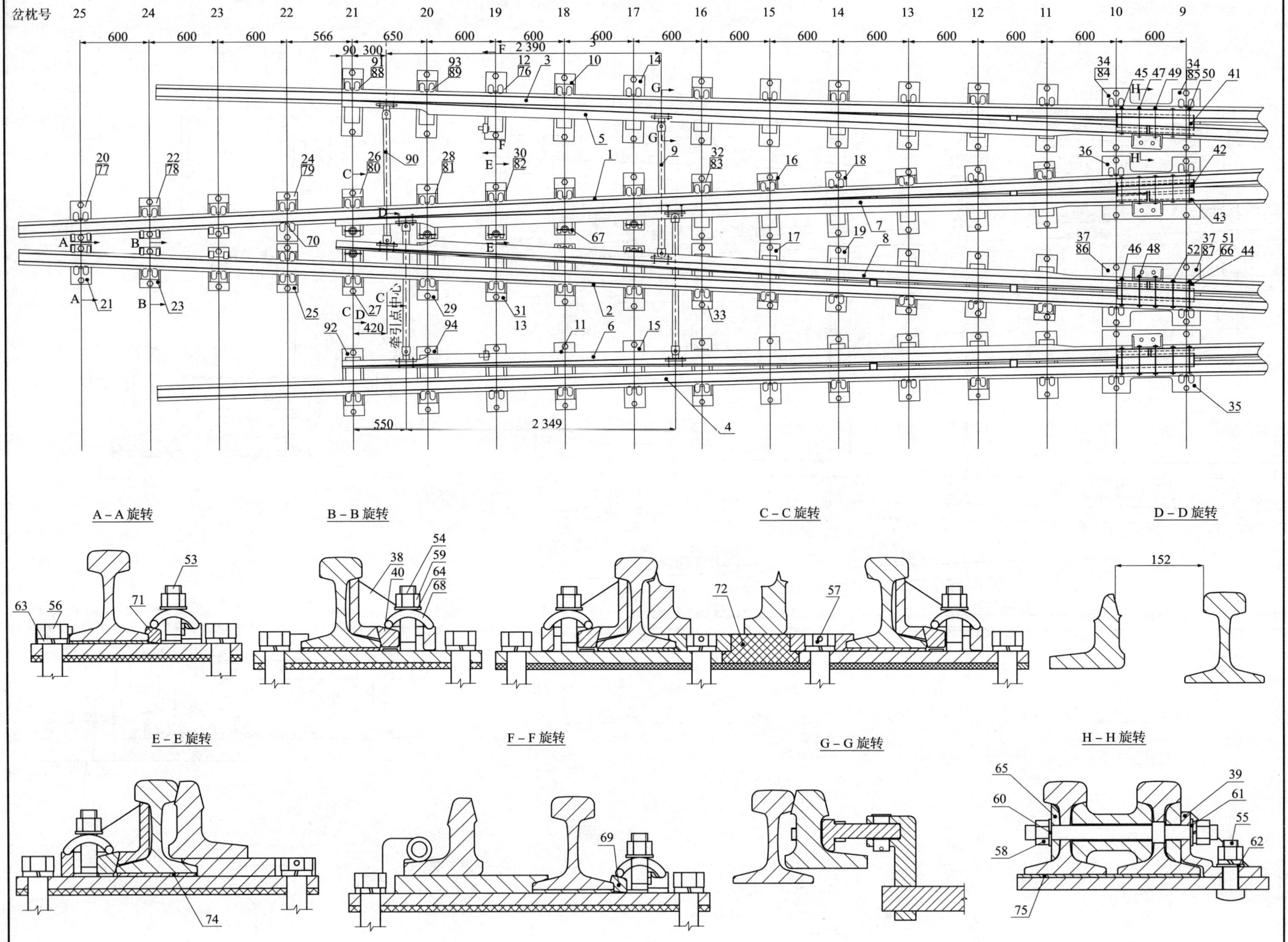

技　术　要　求

1. 轨撑调整楔与垫板间隙在 2～12 mm 之间，若超限时应调整边使用。
2. 安装尼龙台板时，先安装一块垫板，然后将尼龙台板槽对准垫板上的滑床台，然后再安装另一块台板。

50 kg/m 钢轨 12 号复式交分道岔辙叉及护轨

图 号:专线(2004)6090-I-51

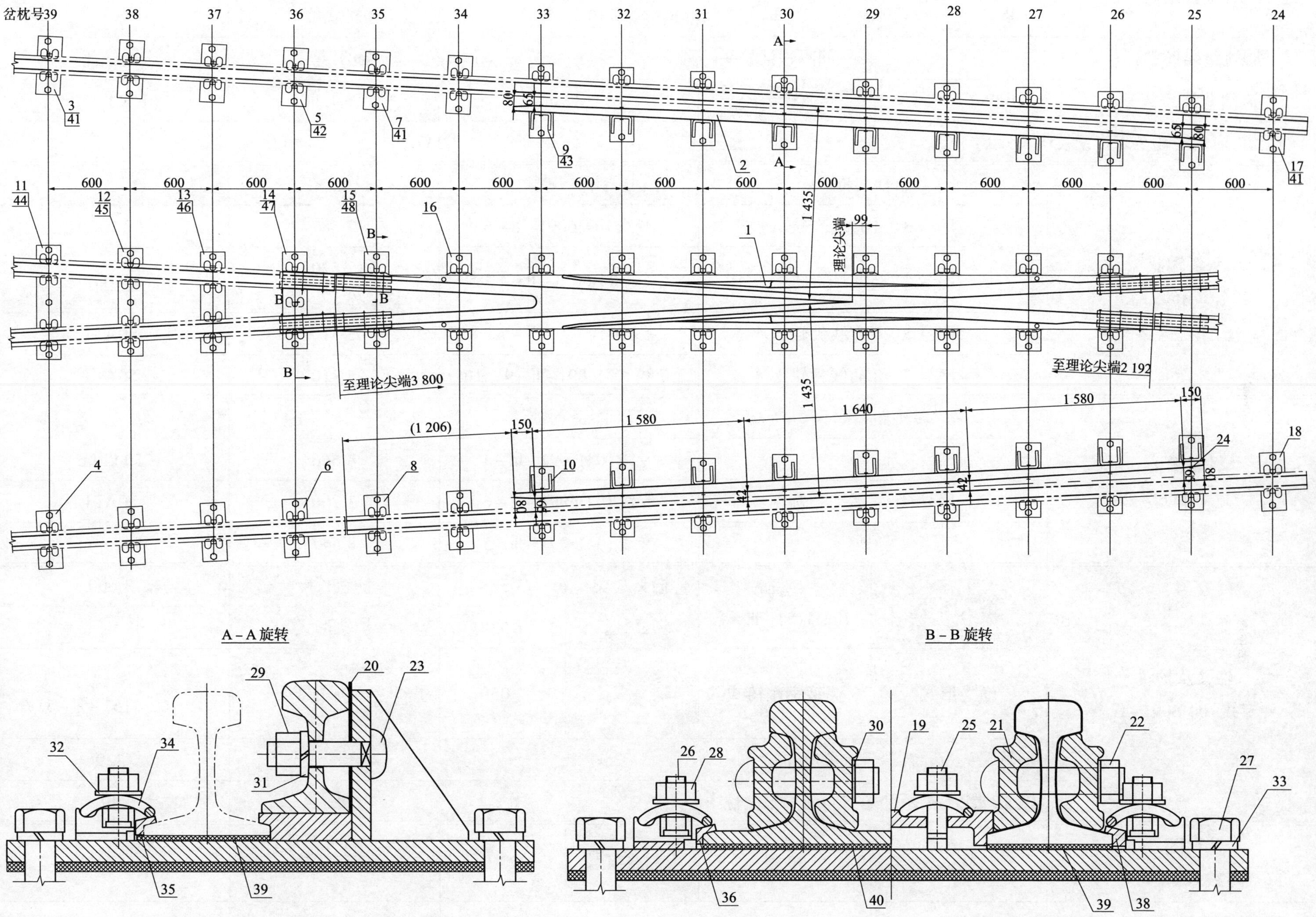

技 术 要 求

1. 组装护轨时,应使用 3 mm 厚的护轨调整片,如查照间隔或护背距离不符合要求时,可用备用调整片进行调整。
2. 查照间隔及护背距离在心轨轨头宽 20~30 mm 断面处丈量。

77. 50 kg/m 钢轨 9 号复式交分道岔(混凝土枕)
设计图号：专线(04)6091

道岔允许通过速度	客车	$v_{直}$≤70 km/h，$v_{侧}$≤30 km/h	扣件类型	Ⅰ型弹条
	货车	$v_{直}$≤70 km/h，$v_{侧}$≤30 km/h	轨底坡	—
尖/心轨跟端形式	间隔铁活接头		锁闭方式	内锁闭
道岔全长	30 050	导曲线半径 220 m	辙叉角	6°20′25″
道岔终端至末根岔枕中心距离	8 237			

	轨件名称	图　号	长　度	轨　型
双转辙器 专线 (04)6091－Ⅱ	序号 3、4 直基本轨	专线 (04)6091－Ⅱ－6	7 682	50 kg/m
	序号 1、2 曲基本轨	专线 (04)6091－Ⅱ－4、5	12 520、 8 140	50 kg/m
	序号 5、6 直线尖轨	专线 (04)6091－Ⅱ－7、8	5 310	50AT1
	序号 7、8 曲线尖轨	专线 (04)6091－Ⅱ－9、10	5 310	50AT1

	轨件名称	图　号	长　度	轨　型
钝角辙叉 专线 (04)6091－Ⅲ	基本轨	专线 (04)6091－Ⅲ－4	8 666	50 kg/m
	序号 3、4 活动心轨	专线 (04)6091－Ⅲ－6	3 700	50AT1
	导轨	专线 (04)6091－Ⅲ－5	8 647	50 kg/m

辙叉及护轨 专线 (04)6091－Ⅳ	辙叉图号	专线 (02)4151－Ⅲ－4	辙叉全长	3 588	护轨长度	3 600
			辙叉趾长	1 538	护轨形式	43 kg/m
	辙叉形式	高锰钢整铸式	辙叉跟长	2 050	护轨图号	专线 (02)4151－Ⅲ－5
	护轨端头距导轨端头定位尺寸					529
	辙叉理论尖端距趾端方向前一根岔枕中心距离					49
岔枕图号 专线 (04)3443	岔枕总数	90 根	岔枕展延长	323 m	套管总数	674
电务转换设备 —	尖轨动程	152/148			心轨动程	90
批准文号	—				应用情况	★★

主要结构特点	1. 双转辙器跟端采用间隔铁式活接头结构，尖轨采用 50AT1 型。 2. 尖轨及心轨拉杆处两侧岔枕底部之间设连接板，在转辙机另一侧岔枕端头设挡砟板。 3. 轨下基础采用无挡肩混凝土岔枕，预埋塑料套管，岔枕按平行于菱形中轴布置。

双转辙器明细表

序号	图号 / 标准	名称及规格	数量	材　料	备　注
1	专线 (04)6091－Ⅱ－4	基本轨　12 520	1	50 kg/m 钢轨	
2	专线 (04)6091－Ⅱ－5	基本轨　8 140	1	50 kg/m 钢轨	
3	专线 (04)6091－Ⅱ－6	基本轨　7 682	1	50 kg/m 钢轨	
4	专线 (04)6091－Ⅱ－6	基本轨　7 682	1	50 kg/m 钢轨	与序号 3 对称
5	专线 (04)6091－Ⅱ－7	尖　轨　5 310	1	50AT 钢轨	
6	专线 (04)6091－Ⅱ－8	尖　轨　5 310	1	50AT 钢轨	
7	专线 (04)6091－Ⅱ－9	尖　轨　5 310	1	50AT 钢轨	
8	专线 (04)6091－Ⅱ－10	尖　轨　5 310	1	50AT 钢轨	
9	专线 6061－9	拉　杆　1 095	2		
10	专线 6061－11	连　杆　1 118	2		
11	专线 4266－17	垫　板　50－B　Y	1		
12	专线 4266－17	垫　板　50－B　Z	1		与序号 11 对称
13	专线 4266－20	轨撑滑床板　50－9　Y	4		
14	专线 4266－20	轨撑滑床板　50－9　Z	4		与序号 13 对称
15	专线 (04)6091－Ⅱ－11	防跳限位装置	11		
16	专线 (04)6091－Ⅱ－11	防跳限位装置	1		与序号 15 对称
17	专线 4266－19	滑床板　50－9　Y	1		
18	专线 4266－19	滑床板　50－9　Z	1		与序号 17 对称
19	专线 4266－19	滑床板　50－6　Y	1		
20	专线 4266－19	滑床板　50－6　Z	1		与序号 19 对称
21	专线 4266－20	轨撑滑床板　50－6　Y	1		
22	专线 4266－20	轨撑滑床板　50－6　Z	1		与序号 21 对称
23	专线 (04)6091－Ⅱ－12	垫　板　351×180×20	1		
24	专线 (04)6091－Ⅱ－12	垫　板　351×180×20	1		与序号 23 对称
25	专线 (04)6091－Ⅱ－12	垫　板　381×180×20	1		
26	专线 (04)6091－Ⅱ－12	垫　板　381×180×20	1		与序号 25 对称
27	专线 (04)6091－Ⅱ－13	垫　板　415×180×20	1		
28	专线 (04)6091－Ⅱ－13	垫　板　415×180×20	1		与序号 27 对称
29	专线 (04)6091－Ⅱ－13	垫　板　392×180×20	1		
30	专线(04)6091－Ⅱ－13	垫　板　392×180×20	1		与序号29对称
31	专线(04)6091－Ⅱ－14	垫　板　428×180×20	1		
32	专线(04)6091－Ⅱ－14	垫　板　428×180×20	1		与序号31对称
33	专线(04)6091－Ⅱ－15	垫　板　511×180×20	2		

续上表

序号	图号 / 标准	名称及规格	数量	材　　料	备　　注
34	专线(04)6091－Ⅱ－15	垫　板　511×180×20	2		与序号33对称
35	专线(04)6091－Ⅱ－15	垫　板　575×180×20	1		
36	专线(04)6091－Ⅱ－15	垫　板　575×180×20	1		与序号35对称
37	专线4266－20	轨撑滑床板　50–14	2		P值为14 mm
38	专线4266－20	轨撑滑床板　50–14	2		与序号37对称
39	专线4266－19	滑床板　50–14	1		P值为14 mm
40	专线4266－19	滑床板　50–14	1		与序号39对称
41	专线(04)6091－Ⅱ－16	垫　板　814×505×25	1		
42	专线(04)6091－Ⅱ－16	垫　板　814×505×25	1		与序号41对称
43	专线(04)6091－Ⅱ－17	垫　板　1 388×580×25	1		
44	专线(04)6091－Ⅱ－17	垫　板　1 388×580×25	1		与序号43对称
45	专线4266－47	轨　撑　50	28	KTH 330－08	
46	专线4266－50	轨　撑　50	4	KTH 330－08	
47	专线4266－49	轨　撑　50	4	KTH 330－08	
48	专线4266－48	调整楔	28	KTH 330－10	
49	专线(04)6091－Ⅱ－18	间隔铁	2		
50	专线(04)6091－Ⅱ－19	间隔铁	2		
51	专线(04)6091－Ⅱ－20	接头夹板	2		
52	专线(04)6091－Ⅱ－20	接头夹板	2		与序号51对称
53	专线4266－7	螺　柱　M24×27×65×200	2		
54	专线4266－7	螺　柱　M24×27×65×190	2		
55	专线4266－7	螺　柱　M24×24×85×205	2		
56	专线4266－7	螺　柱　M24×24×85×195	2		
57	专线4266－6	半圆头方颈螺栓　M24×270	2		
58	专线4266－6	半圆头方颈螺栓　M24×260	4		
59	专线4266－6	半圆头方颈螺栓　M24×250	2		
60	专线4266－5	螺　栓　M24×60	16		
61	专线4266－5	螺　栓　M24×75	28		
62	专线4266－8	长方头螺栓　M24×80	16		
63	专线4266－34	螺　钉　M30	92		
64	CB2507－19	螺　钉　M30×160	8		
65	专线4266－9	螺　母　M24G	24		
66	GB/T 41	螺　母　M24	60		
67	GB/T 95	垫　圈　24	28		
68	GB/T 7244	垫　圈　24	40		

续上表

序号	图号 / 标准	名称及规格	数量	材　料	备　注
69	GB/T 7244	垫　圈　30	100		
70	TB/T 1495.4	平垫圈　24	44		
71	专线4266－69	方孔垫圈　60–0	4	KTH 330－08	
72	专线4266－68	圆孔垫圈　60–0	12	KTH 330－08	
73	GB/T 91	销　6×155	8		按尺寸加长
74	TB/T 1495.2	B型弹条	44	60Si2Mn	
75	专线4266－13	轨距块　50/9–11	8	ZG 230－450	
76	专线4266－13	轨距块　50/13–15	2	ZG 230－450	
77	专线(04)6090－Ⅱ－19	尼龙台板	2	玻璃纤维	
78	专线4266－14	接头轨距块　50–11	4	玻璃纤维	
79	专线4266－14	接头轨距块　50–13	2	玻璃纤维	
80	专线4266－27	橡胶垫板　50–200	8	橡胶	
81	专线4266－27	橡胶垫板　50–834	2	橡胶	
82	专线4266－26	橡胶垫板　50	32	橡胶	
83	专线4266－31	橡胶垫板　430×185×10	2	橡胶	
84	专线4266－30	橡胶垫板　590×185×10	22	橡胶	
85	专线4266－31	橡胶垫板　351×185×10	2	橡胶	
86	专线4266－31	橡胶垫板　381×185×10	2	橡胶	
87	专线4266－31	橡胶垫板　415×185×10	2	橡胶	
88	专线(04)6091－Ⅱ－21	橡胶垫板　914	1	橡胶	
89	专线(04)6091－Ⅱ－21	橡胶垫板　986	1	橡胶	
90	专线4266－30	橡胶垫板　511×185×10	4	橡胶	
91	专线4266－30	橡胶垫板　575×185×10	2	橡胶	
92	专线(04)6091－Ⅱ－22	橡胶垫板　505–240	4	橡胶	
93	专线(04)6091－Ⅱ－22	橡胶垫板　487–240	2	橡胶	
94	专线(04)6091－Ⅱ－22	橡胶垫板　525–240	2	橡胶	
95	专线(04)6091－Ⅱ－22	橡胶垫板　520–240	4	橡胶	

钝角辙叉明细表

序号	图号 / 标准	名称及规格	数量	材　料	备　注
1	专线 (04)6091 – Ⅲ – 4	基本轨　8 666	2	50 kg/m 钢轨	
2	专线 (04)6091 – Ⅲ – 5	导　轨　8 647	2	50 kg/m 钢轨	
3	专线 (04)6091 – Ⅲ – 6	活动心轨　3 700	2		
4	专线 (04)6091 – Ⅲ – 6	活动心轨　3 700	2		按序号 3 对称制造
5	专线 4266 – 49	轨　撑　50	4	KTH 330 – 08	
6	专线 4266 – 47	轨　撑　50	4	KTH 330 – 08	
7	专线 (04)6091 – Ⅲ – 7	接头夹板	4	56Nb	
8	专线 (04)6091 – Ⅲ – 8	间隔铁	4	KTH 330 – 08	
9	专线 (04)6091 – Ⅲ – 10	垫　板　607 × 180 × 20	2		
10	专线 (04)6091 – Ⅲ – 10	垫　板　607 × 180 × 20	2		按序号 9 对称制造
11	专线 (04)6091 – Ⅲ – 11	垫　板　1 146 × 180 × 20	2		
12	专线 (04)6091 – Ⅲ – 11	垫　板　1 146 × 180 × 20	2		按序号 11 对称制造
13	专线 (04)6091 – Ⅲ – 12	垫　板　1 141 × 180 × 20	2		
14	专线 (04)6091 – Ⅲ – 13	垫　板　1 141 × 180 × 20	2		
15	专线 (04)6091 – Ⅲ – 14	垫　板　1 130 × 180 × 20	2		
16	专线 (04)6091 – Ⅲ – 15	垫　板　1 130 × 180 × 20	2		
17	专线 (04)6091 – Ⅲ – 16	垫　板　1 114 × 180 × 20	2		
18	专线 (04)6091 – Ⅲ – 16	垫　板　1 114 × 180 × 20	2		按序号 17 对称制造
19	专线 (04)6091 – Ⅲ – 17	垫　板　1 108 × 180 × 20	2		
20	专线 (04)6091 – Ⅲ – 17	垫　板　1 108 × 180 × 20	2		按序号 19 对称制造
21	专线 (04)6091 – Ⅲ – 18	垫　板　1 104 × 180 × 20	2		
22	专线 (04)6091 – Ⅲ – 18	垫　板　1 104 × 180 × 20	2		按序号 21 对称制造
23	专线 (04)6091 – Ⅲ – 19	支距扣板　50/57 – 50	4	ZG 230 – 450	
24	专线 4266 – 54	支距扣板　50/77 – 72	4	ZG 230 – 450	
25	专线 4266 – 54	支距扣板　50/99 – 94	2	ZG 230 – 450	
26	专线 (04)6091 – Ⅲ – 20	支距扣板　50/99 – 94	2	ZG 230 – 450	
27	专线 4266 – 54	支距扣板　50/123 – 118	2	ZG 230 – 450	
28	专线 (04)6091 – Ⅲ – 20	支距扣板　50/123 – 118	2	ZG 230 – 450	
29	专线 4266 – 54	支距扣板　50/147 – 142	4	ZG 230 – 450	
30	TB/T 1495.2	B 型弹条	104	60Si2Mn	
31	专线 4266 – 7	螺　柱　24 × 27 × 70 × 230	4		
32	专线 4266 – 7	螺　柱　24 × 23 × 80 × 230	4		
33	专线 4266 – 6	半圆头螺栓　M24 × 270	4		

续上表

序号	图号 / 标准	名称及规格	数量	材　料	备　注
34	专线 4266－6	半圆头螺栓　M24 × 250	4		
35	专线4266－5	螺　栓　M24 × 60	80		
36	专线4266－5	螺　栓　M24 × 75	4		
37	专线4266－5	螺　栓　M24 × 80	20		
38	专线4266－8	长方头螺栓　M24 × 80	8		
39	专线4266－34	螺　钉　M30	64		
40	专线(04)6090－Ⅱ－11	螺　钉　M30 × 162	16		
41	GB/T 41	螺　母　M24	104		
42	专线4266－9	螺　母　M24	32		其中24个高强
43	专线4266－68	钢轨垫圈　60–3	12	KTH 330－08	
44	专线4266－69	钢轨垫圈　60–3	4	KTH 330－08	
45	GB/T 95	垫　圈　24	20		
46	GB/T 7244	垫　圈　24	32		
47	GB/T 7244	垫　圈　30	80		
48	TB/T 1495.4	平垫圈　24	104		
49	专线4232－92	调整楔	4	KTH 330－10	
50	GB/T 91	销　钉　6 × 155	16		
51	专线6061－10	拉　杆　1205	2		
52	专线4266－13	轨距块　50/9–11	28	ZG 230－450	
53	专线4266－13	轨距块　50/13–15	48	ZG 230－450	
54	专线4266－14	接头轨距块　50–11	4	玻璃纤维	
55	专线4266－27	橡胶垫板　50–200	44	橡胶橡胶	
56	专线4266－26	橡胶垫板　50	36	橡胶	
57	专线4266－31	橡胶垫板　607 × 185 × 10	4	橡胶	
58	专线4266－32	橡胶垫板　1 146–521	4	橡胶	
59	专线4266－32	橡胶垫板　1 141–487	4	橡胶	
60	专线4266－32	橡胶垫板　1 130–356.5	4	橡胶	
61	专线4266－32	橡胶垫板　1 114–384.5	4	橡胶	
62	专线4266－32	橡胶垫板　1 008–369	4	橡胶	
63	专线4266－32	橡胶垫板　1 104–349	4	橡胶	

辙叉及护轨明细表

序号	图号 / 标准	名称及规格	数量	材　料	备　注
1	专线 (02)4151-Ⅲ-4	高锰钢辙叉	1		
2	专线 (02)4151-Ⅲ-5	护　轨　3 600	2	43 kg/m 钢轨	
3	专线 (02)4151-Ⅲ-16	间隔铁	1		
4	专线 4266-16	平垫板　50-C　Y	3		
5	专线 4266-16	平垫板　50-C　Z	3		与序号 4 对称制造
6	专线 (02)4151-Ⅲ-6	平垫板　430	1		
7	专线 (02)4151-Ⅲ-6	平垫板　430	1		与序号 6 对称制造
8	专线 (02)4151-Ⅲ-7	平垫板　430	1		
9	专线 (02)4151-Ⅲ-7	平垫板　430	1		与序号 8 对称制造
10	专线 4266-21	辙叉垫板　50-722	4		
11	专线 4266-22	辙叉垫板　50-722	1		
12	专线 4266-17	接头垫板　50-C　Y	1		
13	专线 4266-17	接头垫板　50-C　Z	1		与序号 12 对称制造
14	专线 4266-54	支距扣板　50/126-114	1	ZG 230-450	
15	专线 (02)4151-Ⅲ-11	垫　板　780×637×20	1		
16	专线 (02)4151-Ⅲ-12	垫　板　679	1		
17	专线 (02)4151-Ⅲ-13	垫　板　742	1		
18	专线 (02)4151-Ⅲ-14	垫　板　804	1		
19	专线 (02)4151-Ⅲ-15	护轨垫板　550	4		
20	专线 (02)4151-Ⅲ-15	护轨垫板　550	4		与序号 19 对称制造
21	专线 (04)6091-Ⅳ-4	护轨垫板　550	1		
22	专线 (04)6091-Ⅳ-4	护轨垫板　550	1		与序号 21 对称制造
23	专线 (04)6091-Ⅳ-4	护轨垫板　550	1		
24	专线 (04)6091-Ⅳ-4	护轨垫板　550	1		与序号 23 对称制造
25	专线 4266-61	护轨调整片　147×100×2/3	24/12	Q235	2 mm 备用
26	TB/T 2344	接头夹板	6		
27	TB/T 2347	接头螺栓及螺母　M24×145	12	10.9 级	带螺母
28	专线 4266-6	半圆头方颈螺栓　M24×100	8		
29	专线 4266-6	半圆头方颈螺栓　M24×90	4		
30	专线 4266-6	半圆头方颈螺栓　M24×300-G	1		
31	专线 4266-6	半圆头方颈螺栓　M24×320-G	1		
32	专线 4266-6	半圆头方颈螺栓　M24×330-G	1		
33	专线 4266-6	半圆头方颈螺栓　M24×350-G	1		

续上表

序号	图号 / 标准	名称及规格	数量	材　　料	备　　注
34	专线 4266－6	半圆头方颈螺栓　M24 × 360－G	1		
35	专线4266－6	半圆头方颈螺栓　M24 × 380－G	1		
36	专线4266－5	T型螺栓　M24 × 80	1		
37	专线4266－5	T型螺栓　M24 × 60	60		
38	专线4266－34	螺　钉	69	45号钢	
39	GB/T 41	螺　母　M24	61		
40	专线4266－9	螺　母　M24	12		
41	专线4266－9	螺　母　M24G	6		
42	GB/T 1230	垫　圈　24	18	65Mn	
43	GB/T 7244	垫　圈　24	12	65Mn	
44	TB/T 1495.4	平垫圈　24	61	Q235	
45	GB/T 7244	垫　圈　30	69	65Mn	
46	专线(02)4151－Ⅲ－17	方孔垫圈　50–3	6	KTH 330－08	
47	专线(02)4151－Ⅲ－17	圆孔垫圈　50–3	6	KTH 330－08	
48	TB/T 1495.2	B型弹条	61	60Si2Mn	
49	专线4266－13	轨距块　50/9–11	28	ZG 230－450	
50	专线4266－13	轨距块　50/13–15	18	ZG 230－450	
51	专线4266－14	接头轨距块　50–11	6	玻璃纤维	
52	专线4266－14	接头轨距块　50–13	8	玻璃纤维	
53	专线(02)4151－Ⅲ－18	橡胶垫板　780 × 390 × 5	1	橡胶	
54	专线4266－27	橡胶垫板　50–200	30	橡胶	
55	专线4266－29	橡胶垫板　439	5	橡胶	
56	专线4266－31	橡胶垫板　430 × 185 × 10	10	橡胶	
57	专线4266－31	橡胶垫板　722 × 185 × 10	5	橡胶	
58	专线4266－31	橡胶垫板　637 × 185 × 10	2	橡胶	
59	专线4266－31	橡胶垫板　679 × 185 × 10	1	橡胶	
60	专线4266－31	橡胶垫板　742 × 185 × 10	1	橡胶	
61	专线4266－32	橡胶垫板　804–367	1	橡胶	
62	专线4266－33	橡胶垫板　505 × 185 × 7	12	橡胶	
63	专线(04)6091－Ⅳ－5	橡胶垫板　430 × 185 × 10	2	橡胶	

50 kg/m 钢轨 9 号复式交分道岔
图　号：专线 (04)6091－Ⅰ－2

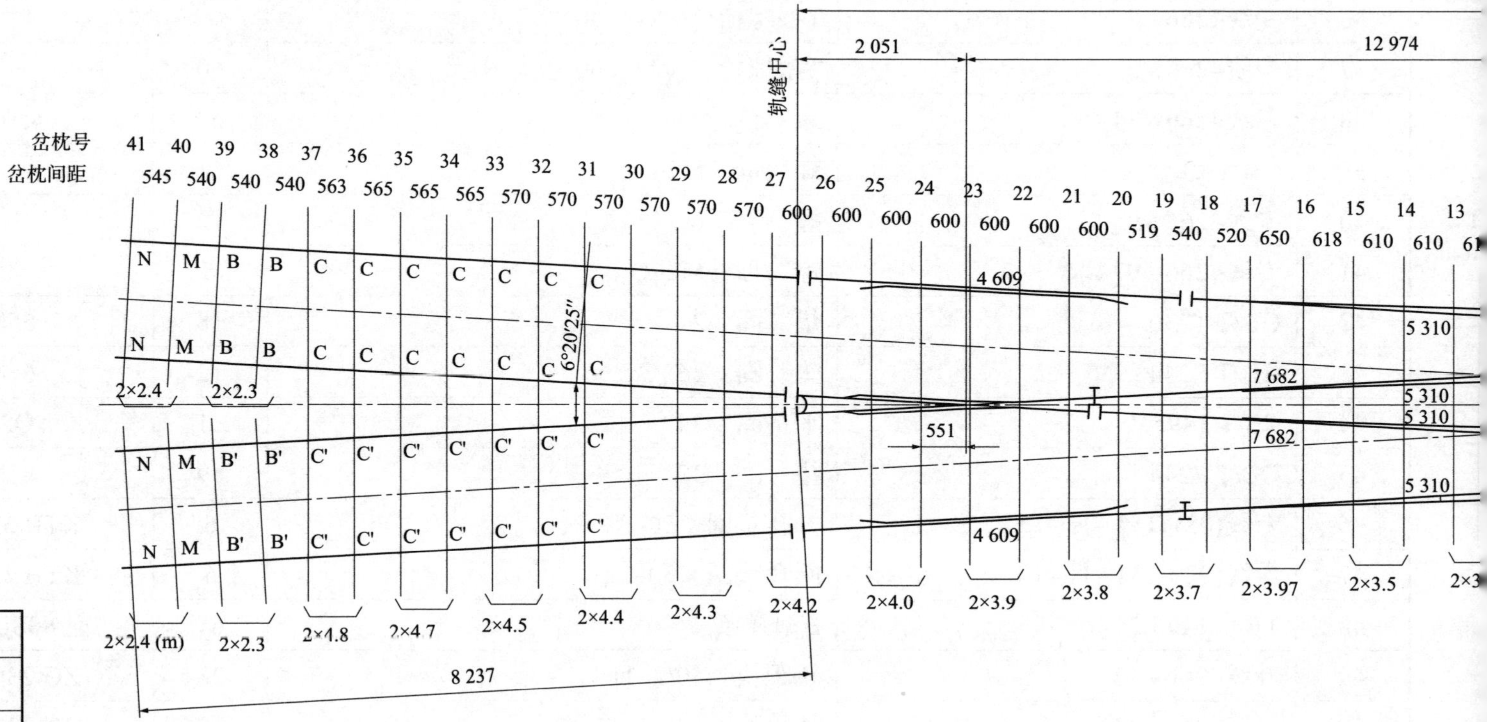

表 1　岔枕数量表

序号	岔枕长 (m)	单位	数量	备注
1	2.3	根	8	
2	2.4	根	8	
3	3.2	根	10	
4	3.3	根	8	
5	3.4	根	4	
6	3.5	根	4	
7	3.6	根	4	
8	3.7	根	4	
9	3.8	根	4	
10	3.9	根	4	
11	3.97	根	4	
12	4.0	根	4	
13	4.2	根	4	
14	4.3	根	4	
15	4.4	根	4	
16	4.5	根	4	
17	4.7	根	4	
18	4.8	根	4	
岔枕总根数为 90 根				

表 2　明　细　表

序号	图号 / 标准	名称及规格	单位	数量	材　料	备　注
1	专线 (04)6091－Ⅱ	双转辙器	组	2		
2	专线 (04)6091－Ⅲ	钝角辙叉	组	1		
3	专线 (04)6091－Ⅳ	辙叉及护轨	组	2		
4	TB/T 2344	钢　轨	m	18.436	50 kg/m 钢轨	四根长 4 609 mm
5	专线 4266－16	平垫板　50－B	块	8		
6	专线 4266－16	平垫板　50－B'	块	8		与序号 5 对称
7	专线 4266－16	平垫板　50－C	块	28		
8	专线 4266－16	平垫板　50－C'	块	28		与序号 7 对称
9	专线 4266－24	顺坡垫板　P80	块	8		M
10	专线 4266－25	顺坡垫板　P60	块	8		N
11	TB/T 2345	接头夹板	块	4		
12	TB/T 1495.2	B 型弹条	个	176	60Si2Mn	
13	专线 4232－4	T 型螺栓　M24 × 60	个	176		
14	TB/T 2347	接头螺栓及螺母　M24 × 145	副	12	10.9 级	带螺母

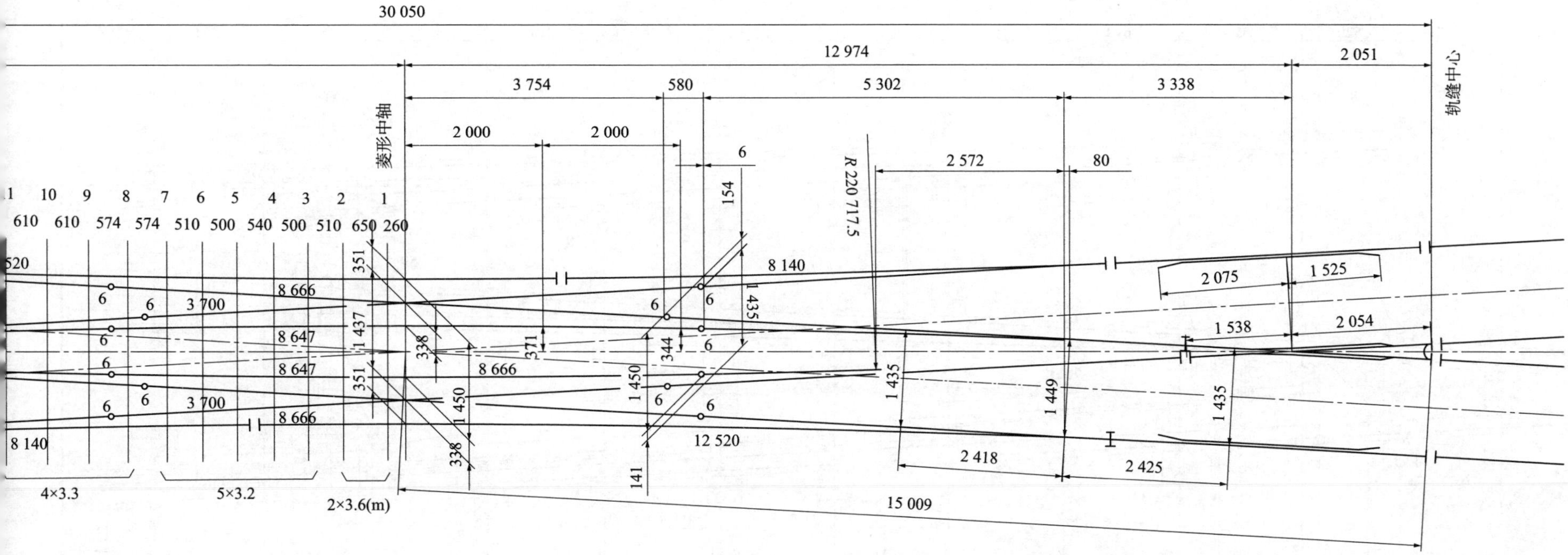

续表 2

序号	图号 / 标准	名称及规格	单位	数量	材　料	备　注
15	专线 4266－34	螺　钉　M30	个	176		
16	GB/T 41	螺　母　M24	个	176		
17	TB/T 1495.4	平垫圈　24	个	176	Q235	
18	GB/T 1230	平垫圈　24	个	12		
19	GB/T 7244	弹簧垫圈　30	个	176		
20	专线 4266－13	轨距块　50/9－11	个	88	ZG230－450	
21	专线 4266－13	轨距块　50/13－15	个	88	ZG230－450	
22	专线 4266－13	轨距块　50/7－17	个	40	ZG230－450	备用
23	专线 4266－14	接头轨距块　50－9	个	4(备用)	玻璃纤维	体积 cm³
24	专线 4266－14	接头轨距块　50－15	个	4(备用)	玻璃纤维	体积 cm³
25	专线 4266－31	橡胶垫板　430×185×10	块	88	橡胶	体积 cm³
26	专线 4266－27	橡胶垫板　50－200	块	88	橡胶	体积 cm³
27	专线 3343	钢轨绝缘	组	4		

技 术 要 求

1. 图中钢轨普通接头，绝缘接头分别以“—||—”“—+—”表示；尖轨、活动心轨跟端接头以“—○—”表示。
2. 钢轨轨缝除注明者外均为 8 mm。
3. 导曲线半径按外轨工作边计。
4. 图中符号 B、B’、C、C’表示平垫板类型，符号 M、N 分别表示顺坡垫板 P80、P60。
5. 序号 1～37 岔枕垂直于菱形长轴，岔枕间距按菱形长轴量计。序号 40、41 岔枕垂直于叉后连接线路中心线，序号 38、39 为扭转枕，岔枕间距按菱形长轴计量。
6. 铺设岔枕时，编号应在道岔同侧，叉后短岔枕编号应在道岔外侧。

50 kg/m 钢轨 9 号复式交分道岔转辙器

图　号：专线 (04)6091－II－2

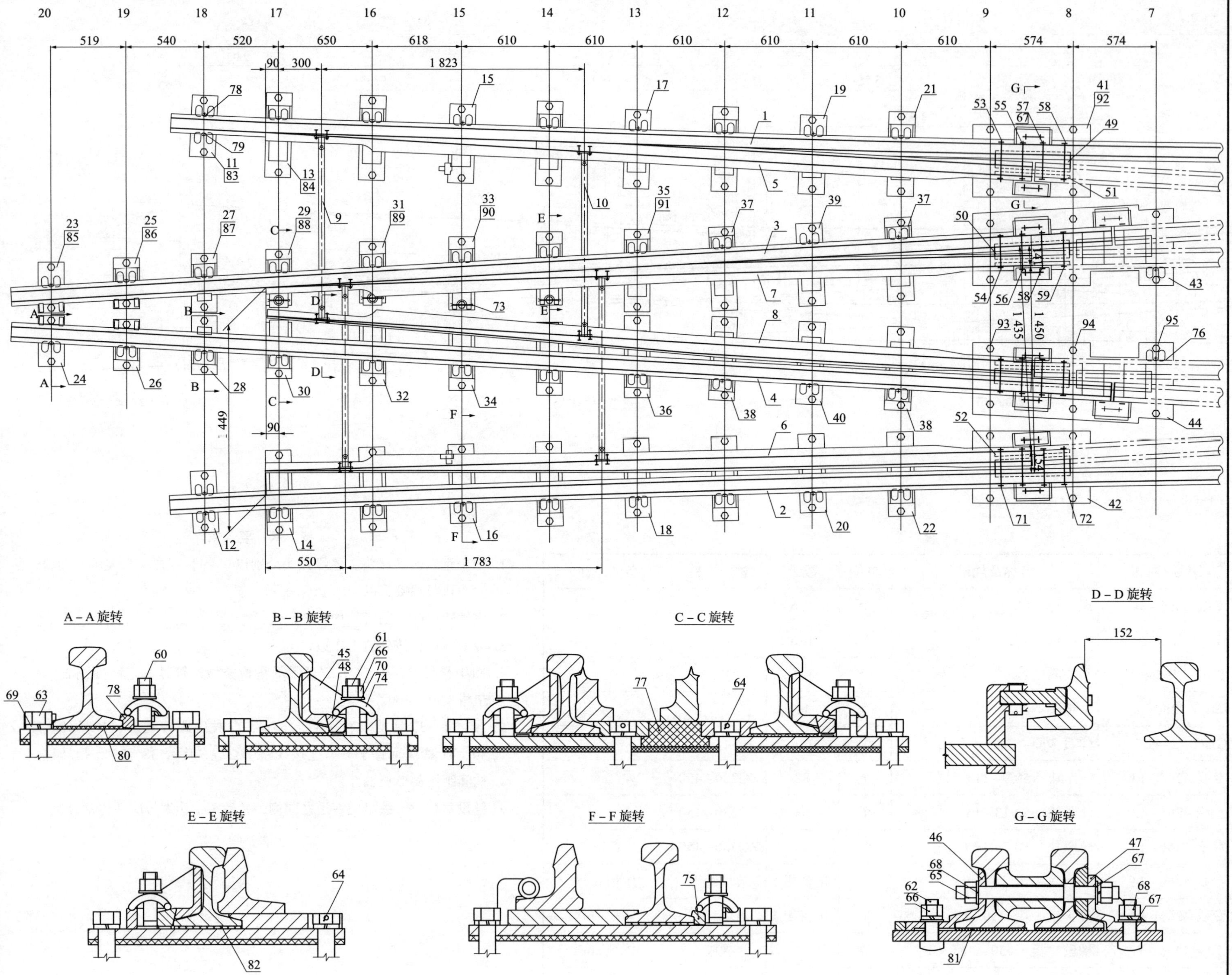

技　术　要　求

1. 轨撑调整楔与垫板间隙在 2～12 mm 之间，若超限时应调整边使用。
2. 安装尼龙台板时，先安装一块垫板，然后将尼龙台板槽对准垫板上的滑床台，然后再安装另一块台板。

50 kg/m 钢轨 9 号复式交分道岔钝角辙叉

图 号：专线 (04)0691－III－2

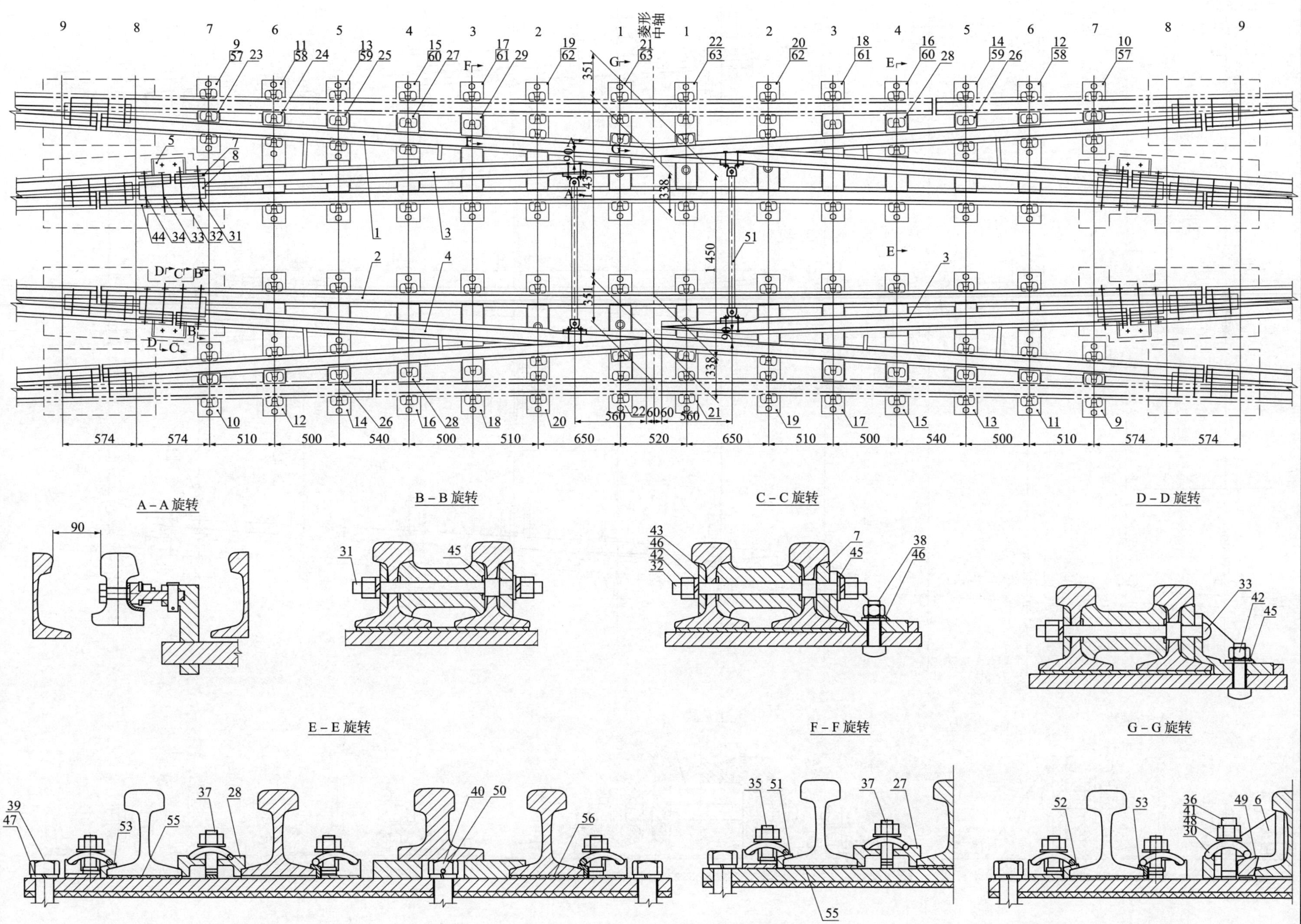

50 kg/m 钢轨 9 号复式交分道岔辙叉及护轨

图　号：专线 (04)6091 – IV – 2

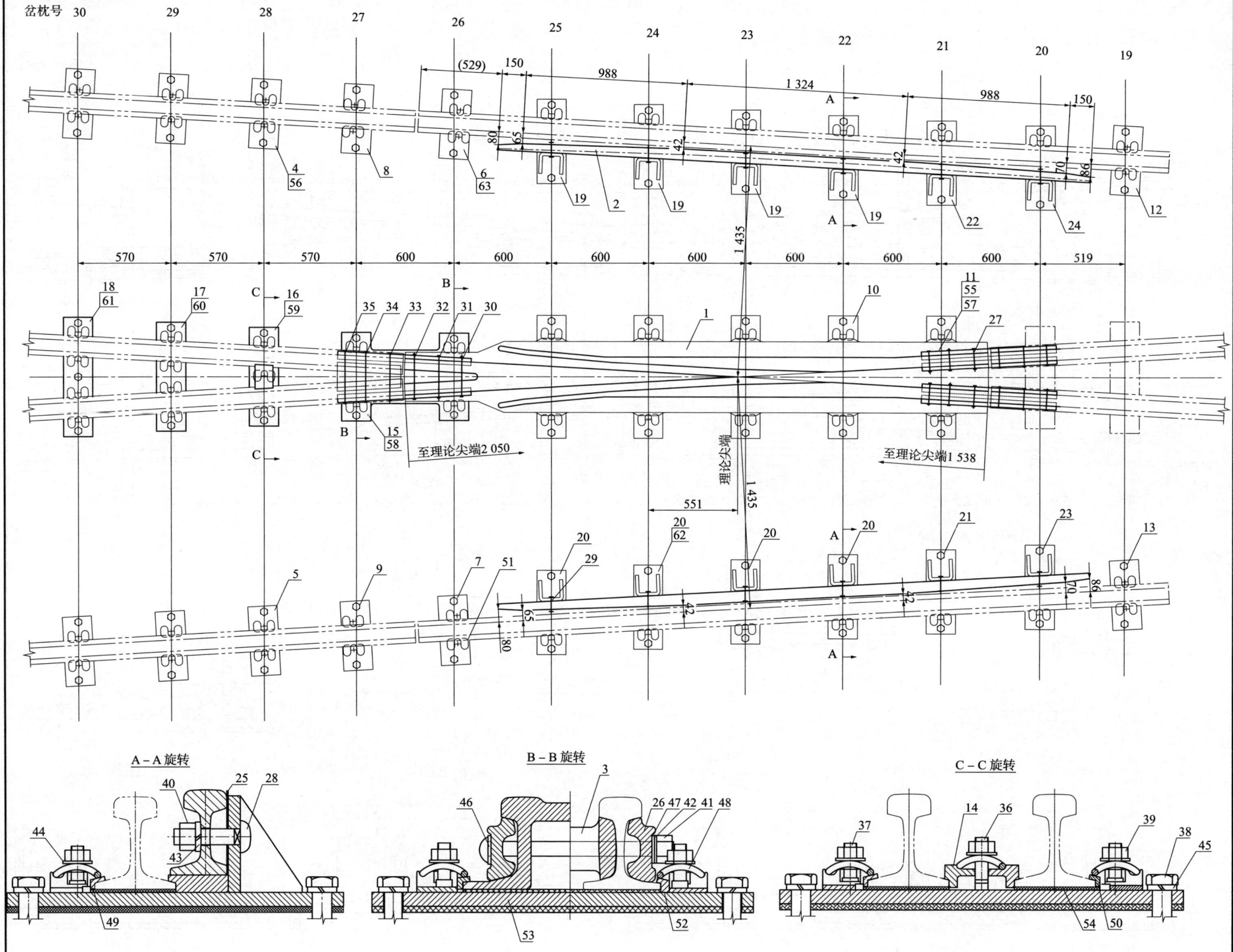

技 术 要 求

1. 组装护轨时，应使用 3 mm 厚的护轨调整片，如查照间隔或护背距离不合要求时，可用备用调整片进行调整。
2. 查照间隔及护背距离在心轨轨头宽 20～30 mm 断面处丈量。

78. 60 kg/m 钢轨 12 号复式交分道岔(混凝土枕)
设计图号：CZ 2529

道岔允许通过速度	客车	$v_{侧}$≤45 km/h	扣件类型	Ⅱ型、Ⅲ型弹条
	货车	$v_{侧}$≤45 km/h	轨底坡	—
尖 / 心轨跟端形式	间隔铁活接头		锁闭方式	内锁闭 / 外锁闭
道岔全长	42 132	导曲线半径 380 m	辙叉角	4°45′49″
道岔终端至末根岔枕中心距离	8 740			

	轨件名称	图　号	长　度	轨　型
双转辙器 CB 2543	直基本轨	CB2543－01	10 814	60 kg/m
	曲基本轨	CB2543－02、03	10 845、16 945	60 kg/m
	直线尖轨	CB2543－04、05	7 630	60AT1
	曲线尖轨	CB2543－06、07	7 630	60AT1

	轨件名称	图　号	长　度	轨　型
钝角辙叉 CB 2544	基本轨	CB2544－01	9 710	60 kg/m
	活动心轨	CB2544－03	4 200	60AT1
	导轨	CB2544－02	9 692	60 kg/m

辙叉及护轨 CB 2545	辙叉图号	CB643－01	辙叉全长	5 992	护轨长度	5 400
			辙叉趾长	2 192	护轨轨型	50 kg/m
	辙叉形式	高锰钢整铸式	辙叉跟长	3 800	护轨图号	CB 728－01
	护轨端头距导轨端头定位尺寸					569
	辙叉理论尖端距趾端方向前一根岔枕中心距离					95

岔枕图号 CZ 2529Z	岔枕总数	108 根	岔枕展延长	400 m	套管总数	724
电务转换设备 —	尖轨动程	152/147			心轨动程	90
批准文号	—				应用情况	★★

主要结构特点

1. 道岔平面尺寸与既有木枕 60 kg/m 钢轨 12 号复式交分道岔相同，可以互换。
2. 双转辙器采用 60AT1 半切线型曲线尖轨，尖轨为藏尖式。钝角辙叉采用 60AT1 活动心轨，尖端为贴尖式。
3. 轨下设置 5 mm 厚橡胶垫板，垫板下设置 10 mm 厚橡胶垫板，护轨垫板下设置 5 mm 厚橡胶垫板。

双转辙器明细表

序号	图号 / 标准	名称及规格	数量	材　料	备　注
1	CB 2543－01	直基本轨　10 814	1	60 kg/m 钢轨	
2	CB 2543－01	直基本轨　10 814	1	60 kg/m 钢轨	与序号 1 对称
3	CB 2543－02	曲基本轨　10 845	1	60 kg/m 钢轨	
4	CB 2543－03	曲基本轨　16 945	1	60 kg/m 钢轨	
5	CB 2543－04	直线尖轨　7 630	1	60AT 钢轨	
6	CB 2543－05	直线尖轨　7 630	1	60AT 钢轨	
7	CB 2543－06	曲线尖轨　7 630	1	60AT 钢轨	
8	CB 2543－07	曲线尖轨　7 630	1	60AT 钢轨	
9	CB 599－09	平垫板　452－8 Y	2	Q235－A(底板)	
10	CB 599－09	平垫板　452－8 Z	2	Q235－A(底板)	
11	CB 2543－08	轨撑滑床板　857	1	Q235－A(底板)	
12	CB 2543－08	轨撑滑床板　857	1	Q235－A(底板)	与序号 11 对称
13	CB 2543－09	轨撑滑床板　652	1	Q235－A(底板)	
14	CB 2543－09	轨撑滑床板　652	1	Q235－A(底板)	与序号 13 对称
15	CB 2543－10	轨撑滑床板　596－6 Y	2	Q235－A(底板)	
16	CB 2543－10	轨撑滑床板　596－6 Z	2	Q235－A(底板)	与序号 15 对称
17	CB 2543－11	滑床板　556－6 Y	2	Q235－A(底板)	
18	CB 2543－11	滑床板　556－6 Z	2	Q235－A(底板)	与序号 17 对称
19	CB 2543－12	轨撑滑床板　556－6 Y	2	Q235－A(底板)	
20	CB 2543－12	轨撑滑床板　556－6 Z	2	Q235－A(底板)	与序号 19 对称
21	CB 2543－11	滑床板　556－3 Y	2	Q235－A(底板)	
22	CB 2543－11	滑床板　556－3 Z	2	Q235－A(底板)	与序号 21 对称
23	CB 2543－12	轨撑滑床板　556－3 Y	2	Q235－A(底板)	
24	CB 2543－12	轨撑滑床板　556－3 Z	2	Q235－A(底板)	与序号 23 对称
25	CB 2543－11	滑床板　556－9 Y	3	Q235－A(底板)	
26	CB 2543－11	滑床板　556－9 Z	3	Q235－A(底板)	与序号 25 对称
27	CB 2543－12	轨撑滑床板　556－9 Y	4	Q235－A(底板)	
28	CB 2543－12	轨撑滑床板　556－9 Z	4	Q235－A(底板)	与序号 27 对称
29	CB 2543－13	滑床板　519	1	Q235－A(底板)	
30	CB 2543－13	滑床板　519	1	Q235－A(底板)	与序号29对称
31	CB 2543－14	轨撑滑床板　494	1	Q235－A(底板)	
32	CB 2543－14	轨撑滑床板　494	1	Q235－A(底板)	与序号31对称
33	CB 2543－14	轨撑滑床板　469	1	Q235－A(底板)	
34	CB 2543－14	轨撑滑床板　469	1	Q235－A(底板)	与序号33对称
35	CB 2543－14	轨撑滑床板　444	1	Q235－A(底板)	

续上表

序号	图号 / 标准	名称及规格	数量	材　料	备　注
36	CB 2543－14	轨撑滑床板　444	1	Q235－A(底板)	与序号35对称
37	CB 2543－15	轨撑滑床板　628	1	Q235－A(底板)	
38	CB 2543－15	轨撑滑床板　628	1	Q235－A(底板)	与序号37对称
39	CB 2543－16	垫　板　375×170×20	2	Q235－A(底板)	
40	CB 2543－16	垫　板　375×170×20	2	Q235－A(底板)	与序号39对称
41	CB 2543－17	垫　板　375×170×20	1	Q235－A(底板)	
42	CB 2543－17	垫　板　375×170×20	1	Q235－A(底板)	与序号41对称
43	CB 2543－18	辙跟垫板　790×575×20	1	Q235－A(底板)	
44	CB 2543－18	辙跟垫板　790×575×20	1	Q235－A(底板)	与序号43对称
45	CB 2543－19	辙跟垫板　1 390×600×20	1	Q235－A(底板)	
46	CB 2543－19	辙跟垫板　1 390×600×20	1	Q235－A(底板)	与序号45对称
47	CB 662－10	辙跟接头夹板　60–8 Y	2	Q235－A(底板)	
48	CB 662－10	辙跟接头夹板　60–8 Z	2	Q235－A(底板)	
49	CB 670－05	辙跟内轨撑　60–9 N	4	KTH 330－08	
50	CB 670－06	辙跟外轨撑　60–9 W	4	KTH 330－08	
51	专线4232－23	方孔垫圈　60	4	KTH 330－08	
52	专线4232－24	圆孔垫圈　60	4	KTH 330－08	
53	CB 523－08	辙跟间隔铁　60–126–141 Y	1	KTH 330－08	
54	CB 523－08	辙跟间隔铁　60–126–141 Z	1	KTH 330－08	
55	CB 523－08	辙跟间隔铁　60–136–151 Y	1	KTH 330－08	
56	CB 523－08	辙跟间隔铁　60–136–151 Z	1	KTH 330－08	
57	CB 2507－30	轨　撑　60–141	32	KTH 330－08	
58	CB 599－21	调整楔	32	KTH 350－10	
59	CB 2507－28	拉　杆　1 106	2	Q235－A	
60	CT 2－41	连　杆　1 122	2	Q235－A	
61	CT 2－41	连　杆　1 162	2	Q235－A	
62	CT 1－07	双头螺柱　M24×30×225	2	Q275	
63	CT 4－90	双头螺柱　M24×26×235	2	Q275	
64	CT 1－07	双头螺柱　M24×30×215	2	Q275	
65	CT 4－90	双头螺柱　M24×26×225	2	Q275	
66	CT 4－01	半圆头方颈螺栓　M24×290	4	20SiMn	
67	CT 4－01	半圆头方颈螺栓　M24×280	4	20SiMn	
68	CT 2－32	长方沉头螺栓　M22×75	16	Q235－A	
69	CT 5－02	T型螺栓　M24×60	44	Q235－A	
70	CT 5－02	T型螺栓　M24×75	32	Q235－A	
71	CT 10－16	螺　钉　T30×170	126		
72	CB 2507－19	螺　钉　T30×162	10		

续上表

序号	图号 / 标准	名称及规格	数量	材　料	备　注
73	CT 1-01	螺　母　M24	24	Q275	
74	CT 1-01	螺　母　M22	16	Q275	
75	TB/T 418	弹簧垫圈　22	16	55Si2Mn	
76	GB/T 7244	弹簧垫圈　24	24	65Mn	
77	GB/T 7244	弹簧垫圈　30	136	65Mn	
78	GB/T 97	垫　圈　22	28	65Mn	
79	GB/T 91	销　8 × 140	10		
80	GB/T 91	销　5 × 35	16		
81	专线3351	Ⅱ型弹条	70	60Si2CrVA	
82	NS-06	六角盖形螺母　M24(5级)	70		
83	CB 642-22	限位螺母　M24(4级)	70		
84	CT 5-09	轨距块　60/9-11	28	ZG 270-500	
85	CT 5-09	轨距块　60/13-15	6	ZG 270-500	
86	CT 5-09A	接头轨距块　60/9-11	2	ZG 270-500	
87	CT 5-09A	接头轨距块　60/13-15	2	ZG 270-500	
88	CB 642-20	轨距调整片　160 × 12 × 2/1	48/48	Q235	1 mm为备用
89	CB 2543-21	绝缘垫板　170 × 25	1	玻璃纤维	
90	CB 2507-21	绝缘垫板　92	5	玻璃纤维	
91	CT 10-01	橡胶垫板　60-190	10	橡胶	
92	CT 10-02	橡胶垫板　60-190	48	橡胶	
93	CT 10-11	橡胶垫板　452 × 175 × 10	4	橡胶	
94	CT 10-19	橡胶垫板　857-75-526	2	橡胶	
95	CT 10-20	橡胶垫板　1 348-246-347-162	1	橡胶	
96	CT 10-19	橡胶垫板　652-91-526	2	橡胶	
97	CT 10-09	橡胶垫板　596 × 175 × 10	4	橡胶	
98	CT 10-09	橡胶垫板　556 × 175 × 10	30	橡胶	
99	CT 10-20	橡胶垫板　1 130-35-449-162	1	橡胶	
100	CT 10-20	橡胶垫板　1 080-35-424-162	1	橡胶	
101	CT 10-20	橡胶垫板　1 030-35-399-162	1	橡胶	
102	CT 10-20	橡胶垫板　980-35-374-162	1	橡胶	
103	CT 10-11	橡胶垫板　375 × 175 × 10	4	橡胶	
104	CT 10-20	橡胶垫板　776-35-305-96	1	橡胶	
105	CT 10-29	橡胶垫片　790 × 165 × 5	6	橡胶	
106	CT 10-09	橡胶垫板　575 × 175 × 10	4	橡胶	
107	CT 10-09	橡胶垫板　560 × 175 × 10	6	橡胶	
108	CB 684-31	挡砟板	1		

钝角辙叉明细表

序号	图号 / 标准	名称及规格	数量	材　料	备　注
1	CB 2544 - 01	基本轨　9 710	2	60 kg/m 钢轨	
2	CB 2544 - 02	导　轨　9 692	2	60 kg/m 钢轨	
3	CB 2544 - 03	活动心轨　4 200	2	60AT 钢轨	
4	CB 2544 - 03	活动心轨　4 200	2	60AT 钢轨	
5	CB 2544 - 04	通长垫板	1	Q235 - A(底板)	
6	CB 2544 - 04	通长垫板	1	Q235 - A(底板)	
7	CB 2544 - 05	垫　板　1 170 × 190 × 20	2	Q235 - A(底板)	
8	CB 2544 - 06	垫　板　1 170 × 190 × 20	2	Q235 - A(底板)	
9	CB 2544 - 07	垫　板　1 125 × 190 × 20	2	Q235 - A(底板)	
10	CB 2544 - 08	垫　板　1 125 × 190 × 20	2	Q235 - A(底板)	
11	CB 2544 - 09	垫　板　1 131 × 190 × 20	2	Q235 - A(底板)	
12	CB 2544 - 10	垫　板　1 131 × 190 × 20	2	Q235 - A(底板)	
13	CB 2544 - 11	垫　板　1 139 × 170 × 20	2	Q235 - A(底板)	
14	CB 2544 - 11	垫　板　1 139 × 170 × 20	2	Q235 - A(底板)	与序号 13 对称制造
15	CB 2544 - 12	垫　板　1 149 × 170 × 20	2	Q235 - A(底板)	
16	CB 2544 - 12	垫　板　1 149 × 170 × 20	2	Q235 - A(底板)	与序号 15 对称制造
17	CB 2544 - 13	垫　板　568 × 170 × 20	2	Q235 - A(底板)	
18	CB 2544 - 13	垫　板　568 × 170 × 20	2	Q235 - A(底板)	与序号 17 对称制造
19	CB 2508 - 04	拉　杆　1 203	2		
20	CB 524 - 05	平接头夹板　60	4		
21	CB 647 - 13	支距扣板　60/80 - 84 - 42	4	KTH 350 - 10	对称各半
22	CB 647 - 13	支距扣板　60/61 - 65 - 33	4	KTH 350 - 10	对称各半
23	CB 2544 - 18	支距扣板　42 - 44	4	KTH 350 - 10	
24	CT 5 - 09G	5 号轨距块	4	ZG 270 - 500	
25	CT 5 - 09	轨距块　60/9 - 11	24	ZG 270 - 500	
26	CT 5 - 09	轨距块　60/13 - 15	40	ZG 270 - 500	
27	CB 596 - 31	Ⅲ型轨距块　60 - 9	12	ZG 270 - 500	
28	CB 596 - 31	Ⅲ型轨距块　60 - 11	12	ZG 270 - 500	
29	CT 5 - 09A	接头轨距块　60 - 9	4	ZG 270 - 500	
30	专线 3351	Ⅱ型弹条	88	60Si2CrVA	
31	专线 3328	Ⅲ型弹条	24	60Si2Mn	
32	CB 599 - 21	调整楔	4	KTH 350 - 10	
33	CB 670 - 05	轨　撑　60 - 9N	4	KTH 330 - 08	

续上表

序号	图号 / 标准	名称及规格	数量	材　料	备　注
34	CB 2507－30	轨　撑　60	4	KTH 330－08	
35	CB 2544－17	辙跟间隔铁　60 143－159－8Y	2	KTH 330－08	
36	CB 2544－17	辙跟间隔铁　60 143–159–8Z	2	KTH 330－08	
37	CT 4－01	半圆头方颈螺栓　M24 × 280	4	20SiMn	
38	CT 4－01	半圆头方颈螺栓　M24 × 300	4	20SiMn	
39	CT 4－90	双头螺柱　M24 × 24 × 250	4	Q275	
40	CT 1－07	双头螺柱　M24 × 28 × 250	4	Q275	
41	CT 2－32	长方沉头螺栓　M22 × 75	8	Q235－A	
42	CT 2－32	长方沉头螺栓　M22 × 115	4	Q235－A	
43	CT 5－02	T型螺栓　M24 × 60	72		
44	CT 5－02	T型螺栓　M24 × 75	12		
45	CT 1－01	螺　母　M24	116		
46	NS－06	六角盖形螺母　M24(5级)	80		
47	CB 642－22	限位螺母　M24(4级)	88		
48	CB 650－08	方孔垫圈　60	4	KTH 330－08	
49	CB 650－09	钢轨垫圈　60	12	KTH 330－08	
50	GB/T 7244	垫　圈　30	80		
51	GB/T 7244	重型弹簧垫圈　24	32		
52	GB/T 91	销　5 × 35	16	Q235	
53	CT 10－16	螺　钉　M30 × 170	80		
54	CB 684－31	挡砟板	2		
55	CB 642－20	轨距调整片　160 × 12 × 2/1	各32	Q235	
56	CT 10－01	橡胶垫板　60–210	36	橡胶	
57	CT 10－01	橡胶垫板　60–190	44	橡胶	
58	CT 10－19	橡胶垫片　1 359–84–1 051	4	橡胶	
59	CT 10－23	橡胶垫片　1 170 × 195 × 10	4	橡胶	
60	CT 10－23	橡胶垫片　1 125 × 195 × 10	4	橡胶	
61	CT 10－23	橡胶垫片　1 131 × 195 × 10	4	橡胶	
62	CT 10－09	橡胶垫片　1 139 × 175 × 10	4	橡胶	
63	CT 10－09	橡胶垫片　1 149 × 175 × 10	4	橡胶	
64	CT 10－09	橡胶垫片　568 × 175 × 10	4	橡胶	

辙叉及护轨 (JF) 明细表

序号	图号 / 标准	名称及规格	数量	材　料	备　注
1	CB 643－01	高锰钢辙叉　92－60－12G	1	ZG Mm13	
2	CB 728－01	护　轨　5 400	2	50 kg/m 钢轨	
3	CB 2545－01	辙叉垫板　744×170×20	2	Q235－A(底板)	铁座 33
4	CB 2545－01	辙叉垫板　744×170×20	8	Q235－A(底板)	铁座 41
5	CB 2545－02	垫　板　725×190×20	1	Q235－A(底板)	
6	CB 2545－03	垫　板　320×170×20	1	Q235－A(底板)	
7	CB 2545－03	垫　板　320×170×20	1	Q235－A(底板)	与序号 6 对称
8	CB 2545－04	垫　板　775×170×20	1	Q235－A(底板)	
9	CB 2545－05	垫　板　825×170×20	1	Q235－A(底板)	
10	CB 2545－05	垫　板　875×170×20	1	Q235－A(底板)	
11	CB 2545－05	垫　板　925×170×20	1	Q235－A(底板)	
12	CB 2545－06	护轨垫板　600×170×25	9	16Mn(底板)	
13	CB 2545－06	护轨垫板　600×170×25	9	16Mn(底板)	与序号 12 对称
14	CB 599－09	平垫板　60－8Y	8	Q235－A(底板)	
15	CB 599－09	平垫板　60－8Z	8	Q235－A(底板)	与序号 14 对称
16	TB/T 2345	接头夹板	8		
17	TB/T 2347	接头螺栓及、螺母　M24×135－10.9	24		
18	CT 1－02	螺　栓　M24×110	14		
19	CT 1－02	螺　栓　M24×100	4		
20	CT 5－02	T 型螺栓　M24×60	90		
21	CB 2508－15	螺　钉　T30×200	1		
22	CB 2545－07	绝缘块　60－12F	1	玻璃纤维	
23	CB 2545－08	钢　板　126－140	1		
24	专线 3351	Ⅱ型弹条	90	60Si2CrVA	
25	专线 9602	Ⅲ型接头弹条	2	60Si2Mn	
26	CB 642－22	限位螺母　M24	90		
27	NS－06	六角盖形螺母　M24(5 级)	90		
28	专线 4232－101	螺　母　M24	18		
29	GB/T 1230	垫　圈　24	24	65Mn	
30	GB/T 7244	重型弹簧垫圈　24	18		
31	GB/T 7244	弹簧垫圈　30	106		
32	CT 10－16	螺　钉　M30×170	105	ZG 270－500	
33	CT 5－09	轨距块　60/9－11	46	ZG 270－500	

续上表

序号	图号 / 标准	名称及规格	数量	材　料	备　注
34	CT 5－09	轨距块　60/13－15	28	ZG 270－500	
35	CB 596－32	Ⅲ型接头轨距块　60－9	2	ZG 270－500	
36	CT 5－09A	接头轨距块　60/9－11	8	ZG 270－500	
37	CT 5－09A	接头轨距块　60/13－15	8	ZG 270－500	
38	CT 2－55	调整片　147 × 100 × 2/3	36/18	Q235	
39	CT 10－01	橡胶垫板　60－190	42	橡胶	
40	CT 10－01	橡胶垫板　60－210	4	橡胶	
41	CT 10－12	橡胶垫板　439－190	10	橡胶	
42	CT 10－14	橡胶垫板　744 × 175 × 10	10	橡胶	
43	CT 10－23	橡胶垫板　725 × 195 × 10	1	橡胶	
44	CT 10－10	橡胶垫板　728－329	1	橡胶	
45	CT 10－09	橡胶垫板　775 × 175 × 10	1	橡胶	
46	CT 10－10	橡胶垫板　825－377	1	橡胶	
47	CT 10－10	橡胶垫板　875－402	1	橡胶	
48	CT 10－10	橡胶垫板　925－427	1	橡胶	
49	CT 10－13	橡胶垫板　600 × 175 × 5	18	橡胶	
50	CT 10－11	橡胶垫板　452 × 175 × 10	16	橡胶	
51	CT 2－73	板型导电销	4	1Cr18Ni9Ti	

60 kg/m 钢轨 12 号复式交分道岔辙叉及护轨 (JF)

图　号：CB 2545

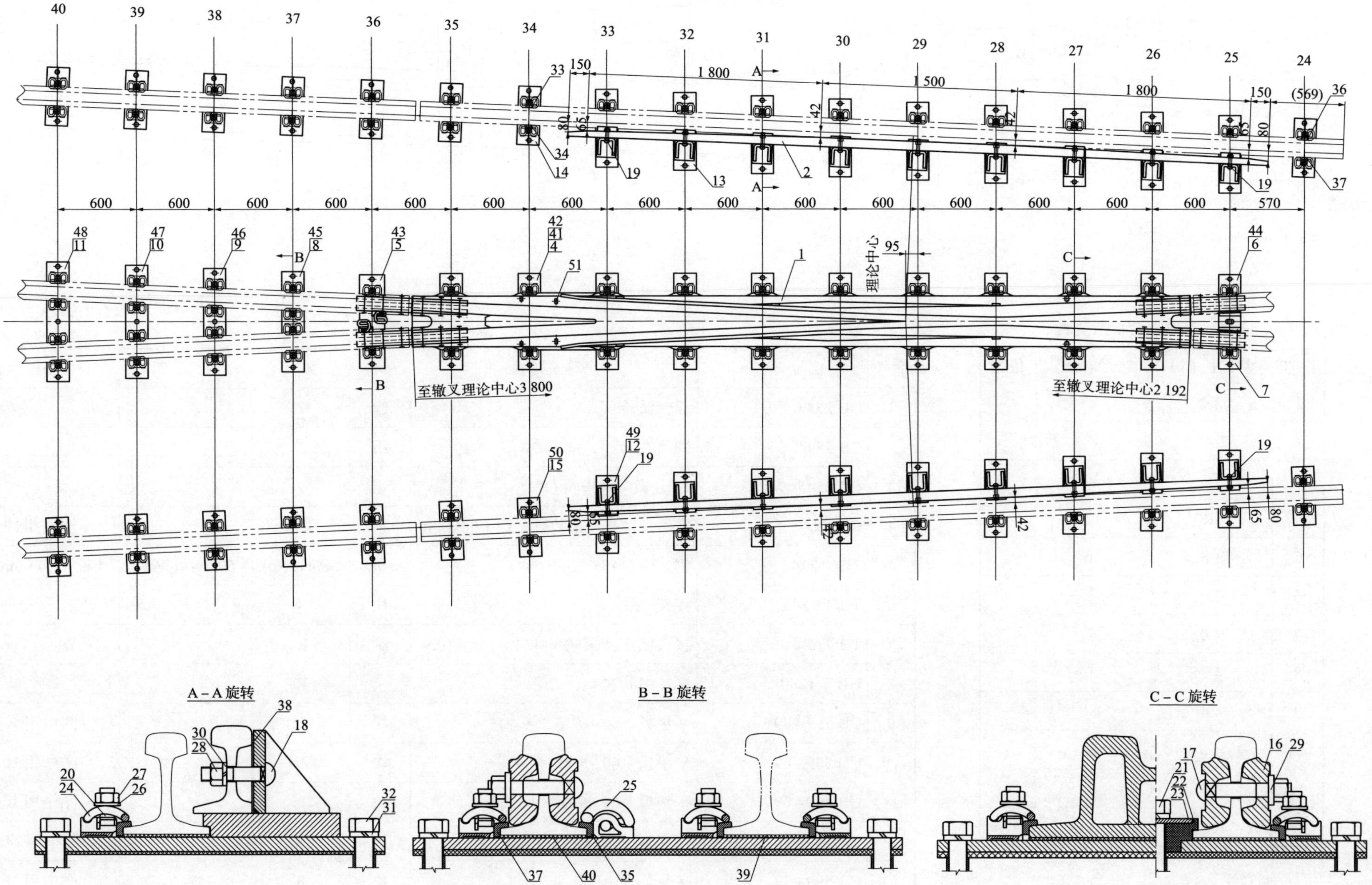

技　术　要　求

1. 组装护轨时，应使用 3 mm 厚的护轨调整片，如查照间隔或护背距离不合格时，可用调整片进行调整。
2. 查照间隔及护背距离在心轨轨头宽 20～30 mm 处测量。

60 kg/m 钢轨 12 号复式交分道岔
图 号：CZ 2529

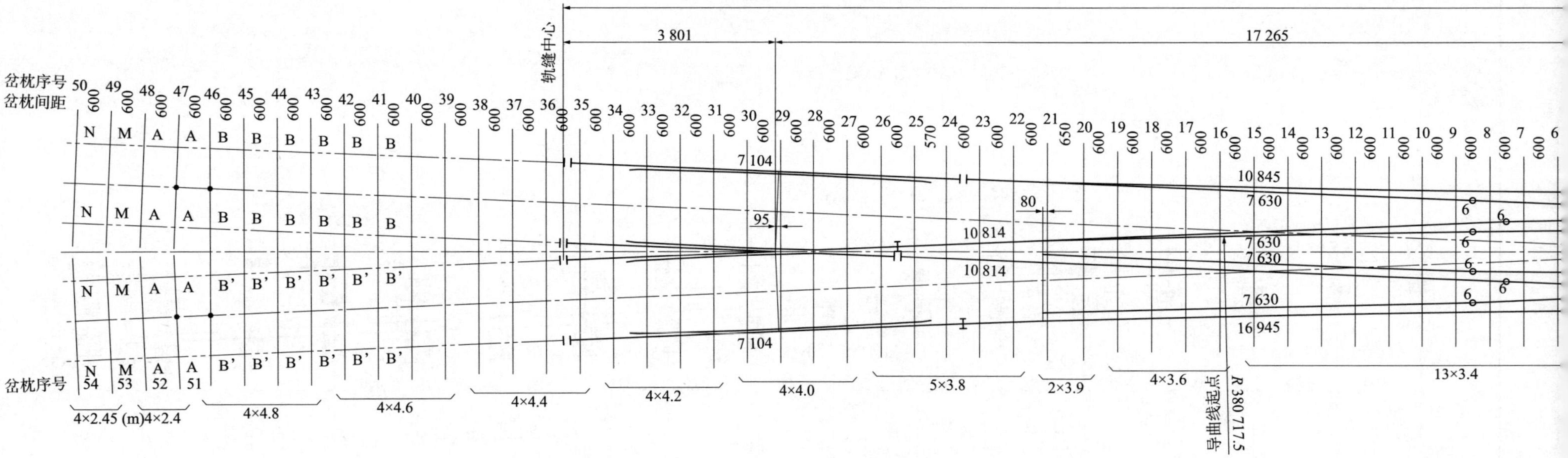

表 1 混凝土岔枕数量表

序号	岔枕长 (m)	数量 (根)	备注
1	2.4	8	
2	2.45	8	
3	3.4	26	
4	3.6	12	
5	3.8	10	
6	3.9	4	
7	4.0	8	
8	4.2	8	
9	4.4	8	
10	4.6	8	
11	4.8	8	
岔枕总数：108 根			

表 2 明 细 表

序号	图号 / 标准	名称及规格	单位	数量	材 料	备 注
1	CB 2543	双转辙器	组	2		
2	CB 2544	钝角辙叉	组	1		
3	CB 2545	12 号辙叉及护轨 (JF)	组	2		
4	CB 699	牵引点岔枕连接装置 L=1 000/800	组	2/10		组件
5	TB/T 2344	钢 轨 4 × 7 104	m	28.416(m)	60 kg/m 钢轨	4 根 7 104 mm 长配轨
6	TB/T 2345	接头夹板	块	4		
7	TB/T 2347	接头螺栓及螺母 M24 × 135 – 10.9	副	12		
8	GB/T 1230	平垫圈 24	块	12		
9	CB 599 – 09	平垫板 60 – 0	块	16		图中用 A 表示
10	CB 599 – 09	平垫板 60 – 8 Y	块	24		图中用 B 表示
11	CB 599 – 09	平垫板 60 – 8 Z	块	25		图中用 B’表示
12	CB 599 – 36	接头垫板 P80	块	8		图中用 M 表示
13	CB 599 – 37	接头垫板 P60	块	8		图中用 N 表示
14	CT 5 – 09	轨距块 9 – 11	个	80	ZG 270 – 500	
15	CT 5 – 09	轨距块 13 – 15	个	80	ZG 270 – 500	
16	CT 5 – 48	轨距块 7 – 17	个	40	ZG 270 – 500	备用
17	CT 10 – 16	螺 钉 T30 × 170	个	160		
18	GB/T 7244	弹簧垫圈 30	个	160	65Mn	

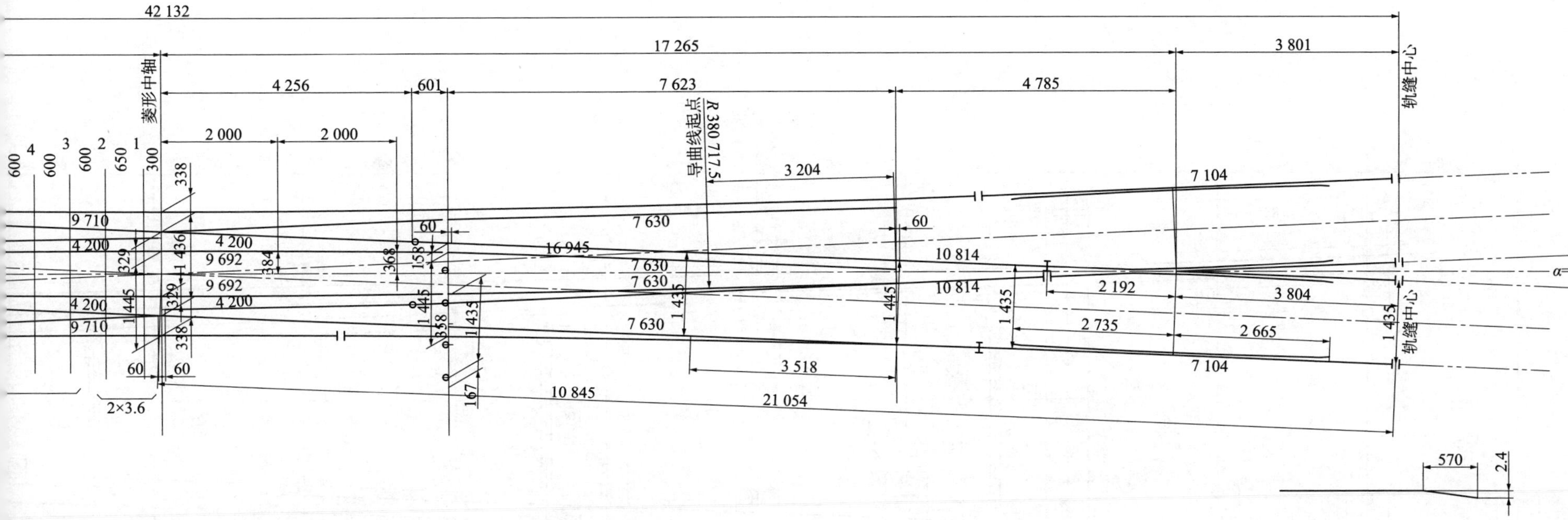

续表 2

序号	图号 / 标准	名称及规格	单位	数量	材　料	备　注
19	CT 5－02	T 型螺栓　M24 × 60	个	160		
20	专线 3351	Ⅱ型弹条	个	160	60Si2CrVA	
21	NS－06	六角盖形螺母　M24(5 级)	个	160		
22	CB 642－22	限位螺母　M24	个	160		
23	CT 10－01	橡胶垫板　60－190	块	80	橡胶	
24	CT 10－11	橡胶垫板　425 × 175 × 10	块	80	橡胶	
25	专线 3343	钢轨绝缘		4 组	60 kg/m 钢轨用	

技 术 要 求

1. 道岔主要结构特点：

(1) 双转辙器采用 60AT 半切线型曲线尖轨，尖轨为藏尖式；钝角辙叉采用 60AT 活动心轨，尖轨为贴尖式；跟部均采用间隔铁式结构。

(2) 护轨采用 50 kg/m 钢轨制造，护轨工作边顶面高出基本轨顶面 12 mm。

(3) 轨下设置 5 mm 厚橡胶垫板，垫板下设置 10 mm 厚橡胶垫板，护轨垫板下设置 5 mm 厚橡胶垫板。

(4) 扣件采用Ⅱ型弹条和Ⅲ型弹条。

Ⅱ型弹条用轨距块设计安装号数如下：

钢轨工作边一侧安装 13 号轨距块；非工作边一侧安装 11 号轨距块。

辙叉部分一侧安装 13 号轨距块，另一侧安装 11 号轨距块。

7－17 号轨距块为备用轨距块，供现场调节用。

Ⅲ型弹条用轨距块设计安装号数如下：

钢轨工作边一侧安装 11 号轨距块；非工作边一侧安装 9 号轨距块。

7 号、13 号轨距块为备用调整轨距块。

(5) 本道岔不设轨底坡，道岔前后的顺坡垫板 P80、P60 分别用符号 M、N 表示，其铺设位置详见图纸。

(6) 为防止螺栓松动，均采用防松螺母；垂直螺栓增设限位装置。

2. 钢轨件应进行轨头顶面全长淬火。

3. 本图按设轨道电路设计。

4. 图中钢轨普通接头、绝缘接头分别以“—|—”、“⊥”表示。

5. 钢轨轨缝除注明外，均为 8 mm。

6. 图中尺寸、轨距、岔枕位置、钢轨（除长 10 845 mm 和 16 945 mm 钢轨外）及轨缝均按菱形中轴对称铺设。

7. 明细表中平垫板包括两种类型：平垫板 60－0、平垫板 60－8，其铺设位置在图中分别用符号 A、B 表示。带“'”者表示左开用垫板。

8. 道岔牵引点处岔枕间距为 650 mm；其余岔枕间距为 600 mm。

9. 电务转换装置按采用尖轨、活动心轨联动内锁机构编制，如采用分动外锁闭结构，需在订货合同中注明（双转辙器和钝角辙叉锁闭类型不同时，应分别注明）。

10. 导轨 7104 按如下示意图进行成对弯折：

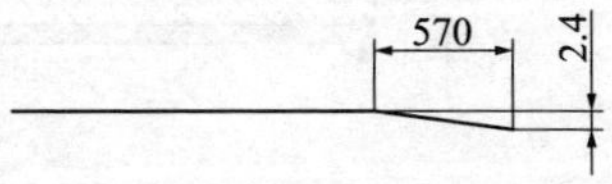

60 kg/m 钢轨 12 号复式交分道岔双转辙器
图 号：CB 2543

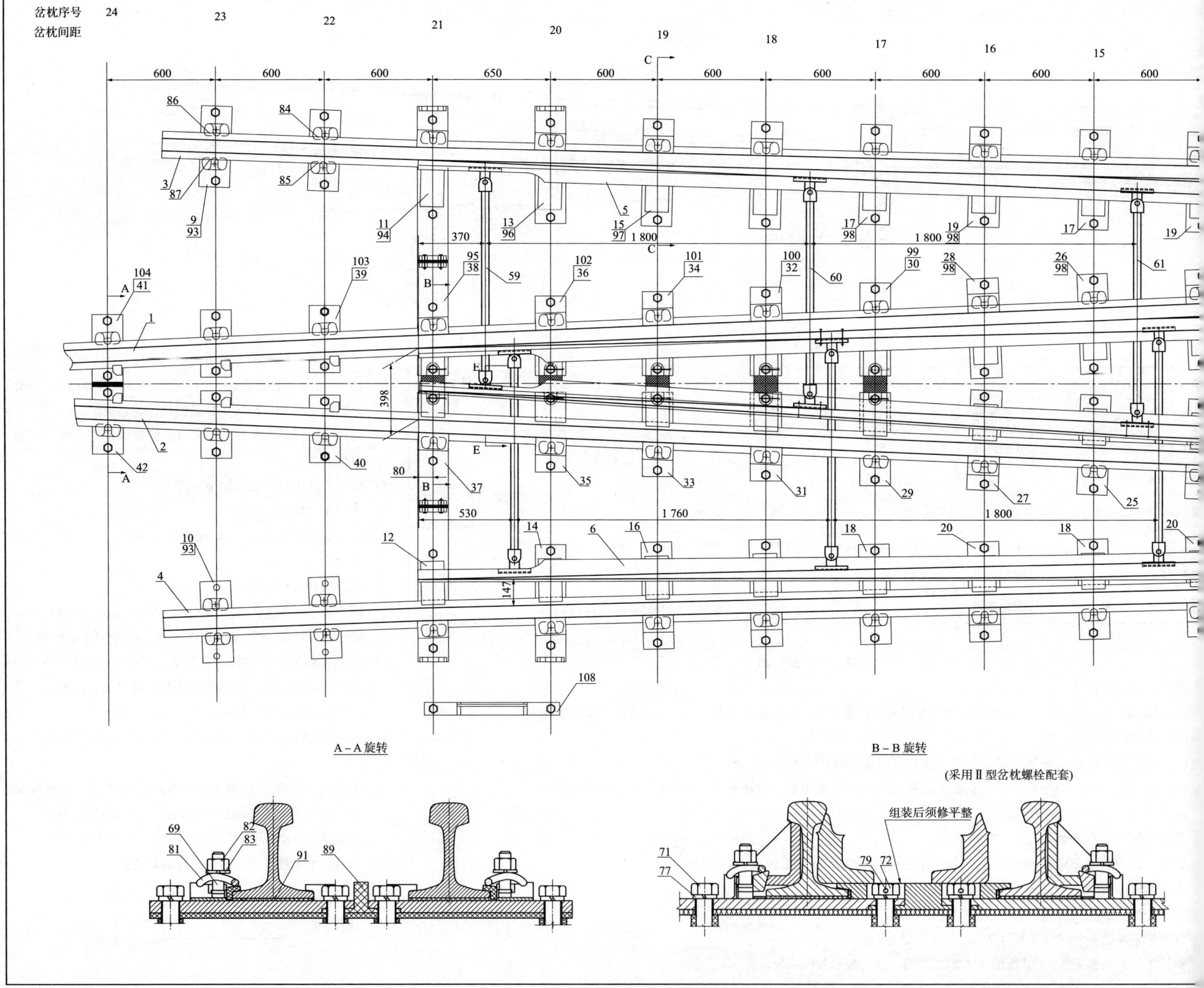

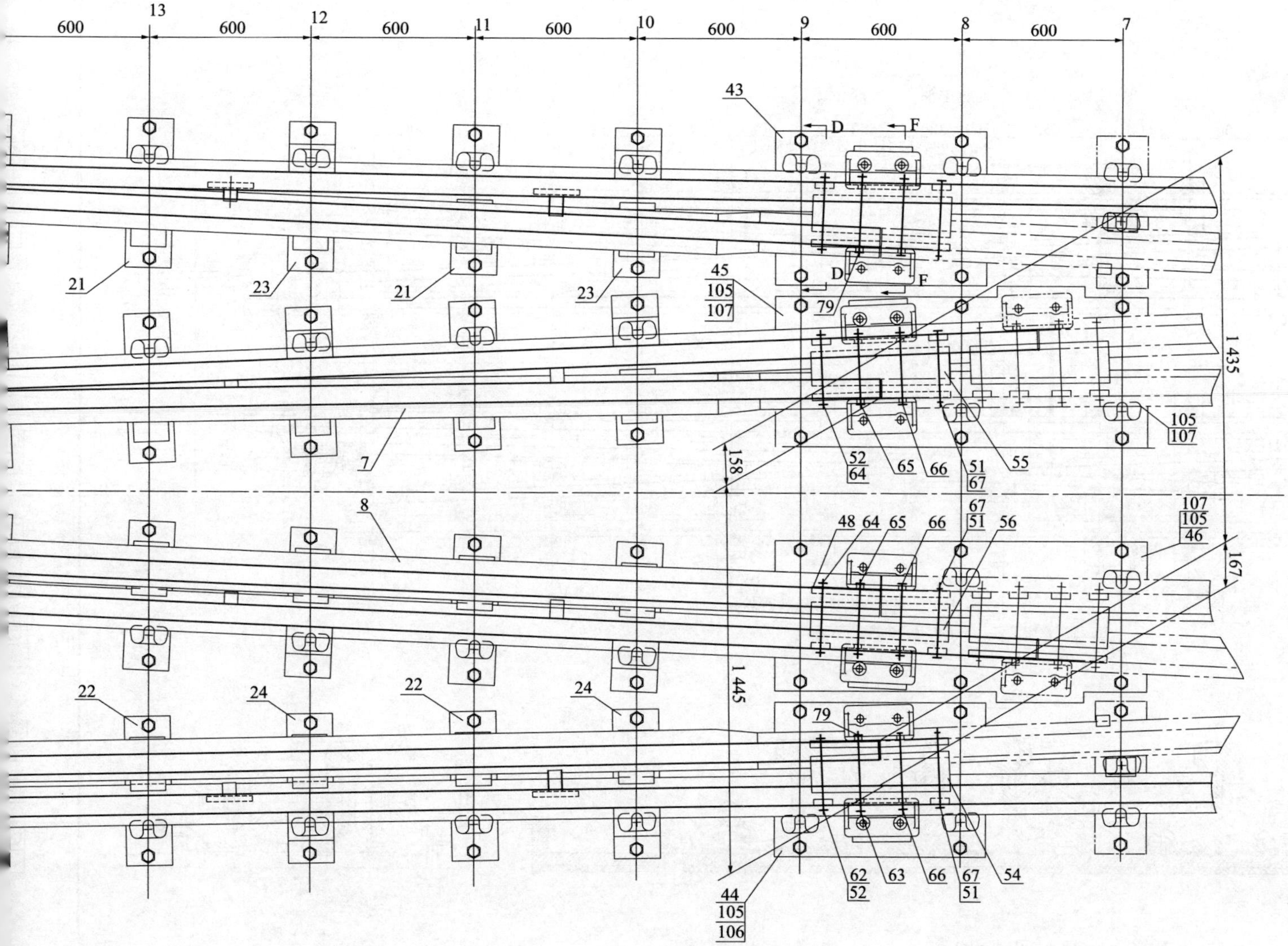

D－D 旋转

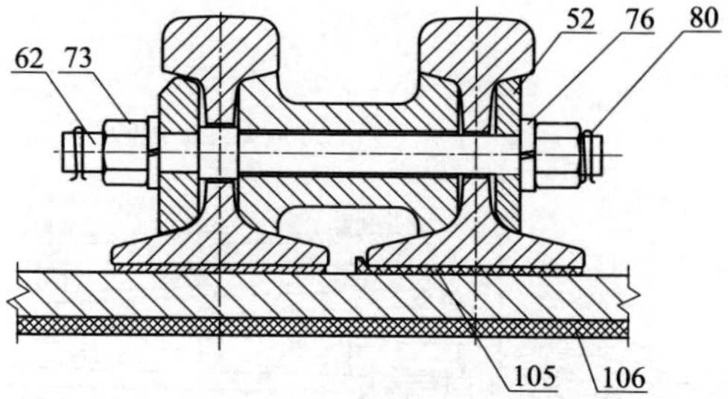

E－E 旋转

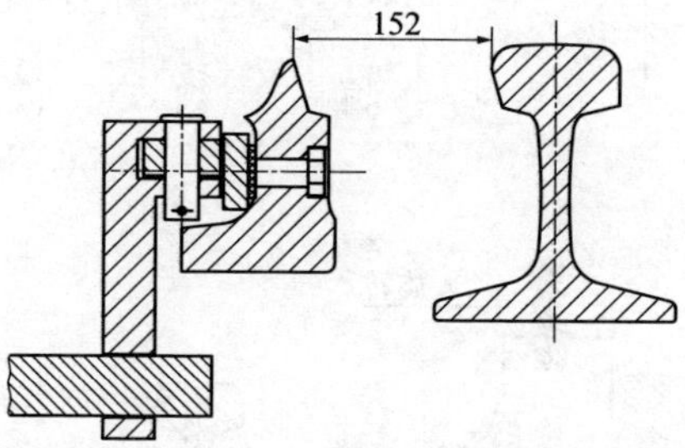

C－C 旋转

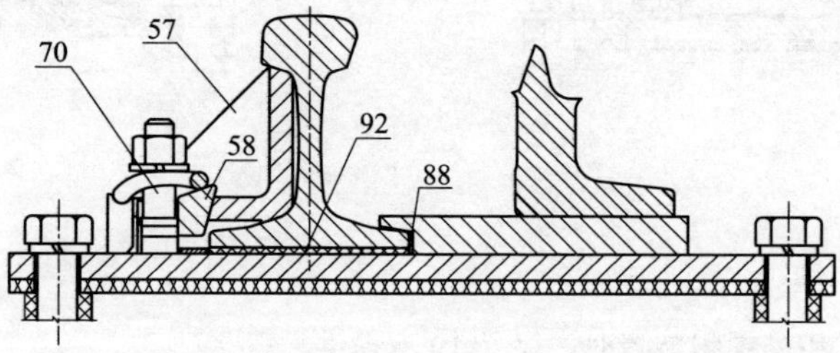

F－F 旋转

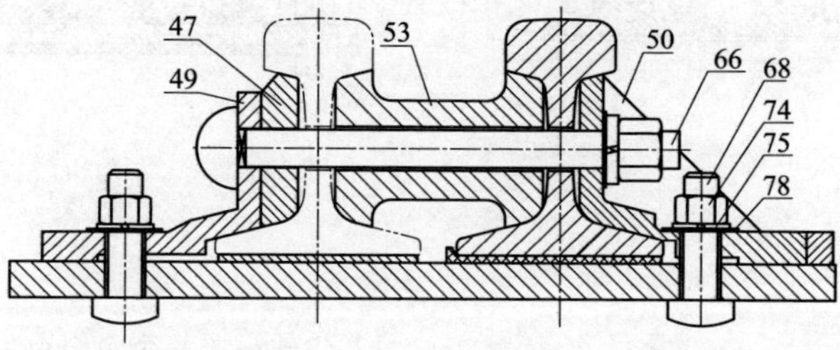

60 kg/m 钢轨 12 号复式交分道岔钝角辙叉

图　号：CB 2544

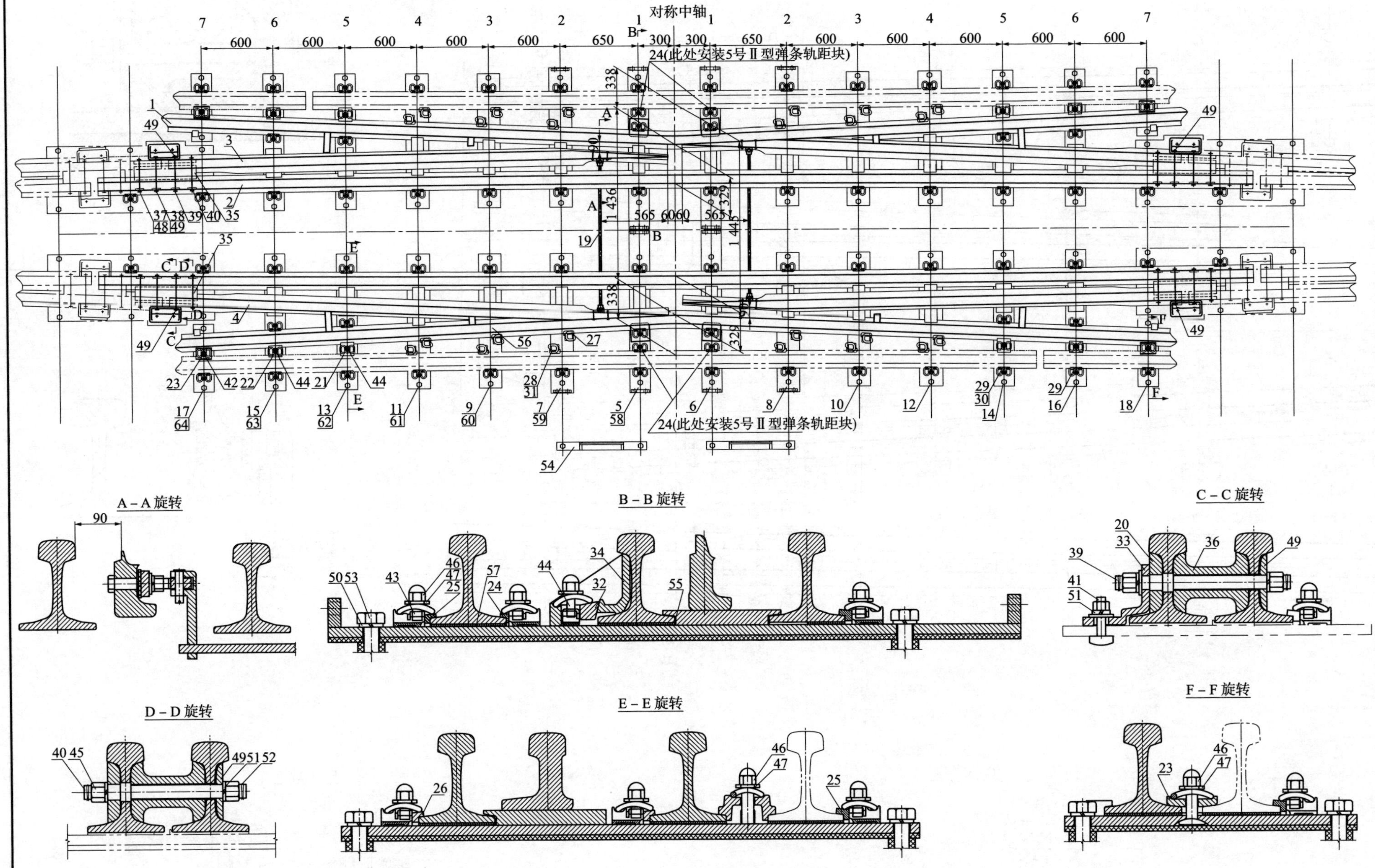

技　术　要　求

每对尖轨设置一个牵引点，采用内锁闭或外锁闭装置，当采用外锁闭装置时，序号 19 不提供。

79. 50 kg/m 钢轨 9 号复式交分道岔(混凝土枕)
设计图号：CZ 2237

<table>
<tr><td rowspan="2">道岔允许通过速度</td><td colspan="2">客车</td><td colspan="4">$v_{侧}$≤35 km/h</td><td>扣件类型</td><td>B 型弹条</td></tr>
<tr><td colspan="2">货车</td><td colspan="4">$v_{侧}$≤35 km/h</td><td>轨底坡</td><td>—</td></tr>
<tr><td>尖 / 心轨跟端形式</td><td colspan="6">间隔铁活接头</td><td>锁闭方式</td><td>尖轨：内锁闭
心轨：内 / 外锁闭</td></tr>
<tr><td>道岔全长</td><td colspan="2">30 050</td><td colspan="2">导曲线半径</td><td colspan="2">220 m</td><td>辙叉角</td><td>6°20′25″</td></tr>
<tr><td colspan="3">道岔终端至末根岔枕中心距离</td><td colspan="6">9 349</td></tr>
<tr><td colspan="2" rowspan="5">双转辙器
CB 2261</td><td colspan="3">轨件名称</td><td colspan="2">图　　号</td><td>长　　度</td><td>轨　　型</td></tr>
<tr><td colspan="3">直基本轨</td><td colspan="2">CB 2261－01</td><td>7 785</td><td>50 kg/m</td></tr>
<tr><td colspan="3">曲基本轨</td><td colspan="2">CB 2261－02、03</td><td>9 025、11 525</td><td>50 kg/m</td></tr>
<tr><td colspan="3">直线尖轨</td><td colspan="2">CB 2261－04、05</td><td>5 280</td><td>50AT1</td></tr>
<tr><td colspan="3">曲线尖轨</td><td colspan="2">CB 2261－06、07</td><td>5 280</td><td>50AT1</td></tr>
<tr><td colspan="2" rowspan="4">钝角辙叉
CB 2262</td><td colspan="3">轨件名称</td><td colspan="2">图　　号</td><td>长　　度</td><td>轨　　型</td></tr>
<tr><td colspan="3">基本轨</td><td colspan="2">CB 2262－01</td><td>8 505</td><td>50 kg/m</td></tr>
<tr><td colspan="3">导轨</td><td colspan="2">CB 2262－02</td><td>8 496</td><td>50 kg/m</td></tr>
<tr><td colspan="3">活动心轨</td><td colspan="2">CB 2262－03</td><td>3 593</td><td>50AT1</td></tr>
<tr><td colspan="2" rowspan="5">辙叉及护轨
CB 2273</td><td colspan="2" rowspan="2">辙叉图号</td><td rowspan="2">CB 319－01</td><td>辙叉全长</td><td>3 592</td><td>护轨长度</td><td>3 600</td></tr>
<tr><td>辙叉趾长</td><td>1 542</td><td>护轨轨型</td><td>33 kg/m 槽型钢</td></tr>
<tr><td colspan="2">辙叉形式</td><td>高锰钢整铸式</td><td>辙叉跟长</td><td>2 050</td><td>护轨图号</td><td>CB 2273－01</td></tr>
<tr><td colspan="6">护轨端头距导轨端头定位尺寸</td><td>534</td></tr>
<tr><td colspan="6">辙叉理论尖端距趾端方向前一根岔枕中心距离</td><td>49</td></tr>
<tr><td colspan="2">岔枕图号
CZ 2237Z</td><td colspan="2">岔枕总数</td><td>92 根</td><td>岔枕展延长</td><td>331.8 m</td><td>套管总数</td><td>650</td></tr>
<tr><td colspan="2">电务转换设备
—</td><td colspan="2">尖轨动程</td><td colspan="3">152/148</td><td>心轨动程</td><td>80</td></tr>
<tr><td colspan="2">批准文号</td><td colspan="5">CZ 2237JD</td><td>应用情况</td><td>★★</td></tr>
<tr><td colspan="2">主要结构特点</td><td colspan="7">1. 道岔平面尺寸与专线 6054 长短轴尺寸相同，可以互换。
2. 轨下基础采用无挡肩混凝土岔枕，预埋塑料套管，岔枕按平行于菱形中轴布置。</td></tr>
</table>

双转辙器明细表					
序号	图号 / 标准	名称及规格	数量	材　料	备　注
1	CB 2261－01	直基本轨　7 785	1	50 kg/m 钢轨	
2	CB 2261－01	直基本轨　7 785	1	50 kg/m 钢轨	与序号 1 对称制造
3	CB 2261－02	曲基本轨　9 025	1	50 kg/m 钢轨	
4	CB 2261－03	曲基本轨　11 525	1	50 kg/m 钢轨	
5	CB 2261－04	直线尖轨　5 280	1	50AT 钢轨	
6	CB 2261－05	直线尖轨　5 280	1	50AT 钢轨	
7	CB 2261－06	曲线尖轨　5 280	1	50AT 钢轨	
8	CB 2261－07	曲线尖轨　5 280	1	50AT 钢轨	
9	CB 305－10	轨撑滑床板　G50－590－9Y	4	Q235－A(底板)	
10	CB 305－10	轨撑滑床板　G50－590－9Z	4	Q235－A(底板)	与序号 9 对称
11	CB 2261－08	滑床板　50－560－9Y	1	Q235－A(底板)	
12	CB 2261－08	滑床板　50－560－9Z	1	Q235－A(底板)	与序号 11 对称
13	CB 2261－08	滑床板　50－560－6Y	1	Q235－A(底板)	
14	CB 2261－08	滑床板　50－560－6Z	1	Q235－A(底板)	与序号 13 对称
15	CB 2261－09	轨撑滑床板　G50－560－6Y	2	Q235－A(底板)	
16	CB 2261－09	轨撑滑床板　G50－560－6Z	2	Q235－A(底板)	与序号 15 对称
17	CB 2261－09	轨撑滑床板　G50－560－15Y	2	Q235－A(底板)	
18	CB 2261－09	轨撑滑床板　G50－560－15Z	2	Q235－A(底板)	与序号 17 对称
19	CB 2261－08	滑床板　50－560－15Y	2	Q235－A(底板)	
20	CB 2261－08	滑床板　50－560－15Z	2	Q235－A(底板)	与序号 19 对称
21	CB 2261－10	轨撑滑床板　G516	1	Q235－A(底板)	
22	CB 2261－10	轨撑滑床板　G516	1	Q235－A(底板)	与序号 21 对称
23	CB 2261－10	轨撑滑床板　G480	1	Q235－A(底板)	
24	CB 2261－10	轨撑滑床板　G480	1	Q235－A(底板)	与序号 23 对称
25	CB 2261－10	轨撑滑床板　G447	1	Q235－A(底板)	
26	CB 2261－10	轨撑滑床板　G447	1	Q235－A(底板)	与序号 25 对称
27	CB 2261－10	轨撑滑床板　G411	1	Q235－A(底板)	
28	CB 2261－10	轨撑滑床板　G411	1	Q235－A(底板)	与序号 27 对称
29	CB 2261－11	垫　板　370	2	Q235－A(底板)	
30	CB 2261－11	垫　板　370	2	Q235－A(底板)	与序号 29 对称
31	CB 2261－12	垫　板　310	1	Q235－A(底板)	
32	CB 2261－12	垫　板　310	1	Q235－A(底板)	与序号 31 对称
33	CB 305－06	接头平垫板　J50－BY	2	Q235－A(底板)	

续上表

序号	图号 / 标准	名称及规格	数量	材　　料	备　　注
34	CB 305－06	接头平垫板　J50－BZ	2	Q235－A(底板)	与序号 33 对称
35	CB 2261－60	拉　杆　1 048－*L*	1		*L*=205
36	CT 4－79	连　杆　1 095	2		
37	CB 305－16	轨距块　50/9－11	18	ZG 230－450	
38	CB 305－16	轨距块　50/13－15	6	ZG 230－450	
39	CB 2261－13	辙跟垫板　780×610×20	1	Q235－A(底板)	
40	CB 2261－13	辙跟垫板　780×610×20	1	Q235－A(底板)	与序号 39 对称
41	CB 2261－14	辙跟垫板　1 380×590×20	1	Q235－A(底板)	
42	CB 2261－14	辙跟垫板　1 380×590×20	1	Q235－A(底板)	与序号 41 对称
43	CT 4－86	辙跟间隔铁　50ATF126－145Z	1	KTH 330－08	
44	CT 4－86	辙跟间隔铁　50ATF126－145Y	1	KTH 330－08	与序号 43 对称
45	CB 2261－15	辙跟间隔铁　50ATF113－132Z	1	KTH 330－08	
46	CB 2261－15	辙跟间隔铁　50ATF113－132Y	1	KTH 330－08	与序号 45 对称
47	CT 4－24	辙跟外轨撑　50T 外	4	KTH 330－08	
48	CT 4－25	辙跟内轨撑　50T 内	4	KTH 330－08	
49	CB 306－26	圆孔垫圈　50－0	4	KTH 330－08	
50	CB 306－27	方孔垫圈　50－0	4	KTH 330－08	
51	CT 4－85	接头夹板　10Y	2	Q275	
52	CT 4－85	接头夹板　10Z	2	Q275	
53	CB 662－21	螺　柱　M24×28×80×210	2	20SiMn	
54	CB 662－21	螺　柱　M24×28×80×200	2	20SiMn	
55	CB 662－21	螺　柱　M24×24×90×215	2	20SiMn	
56	CB 662－21	螺　柱　M24×24×90×200	2	20SiMn	
57	CT 4－01	螺　栓　M24×260	4	20SiMn	
58	CT 4－01	螺　栓　M24×250	2	20SiMn	
59	CT 4－01	螺　栓　M24×280	2	20SiMn	
60	CT 1－03	螺　栓　M22×80	16	Q235－A	
61	CT 1－01	螺　母　M22	16		
62	GB/T 7244	弹簧垫圈　22	16		
63	TB/T 1495.2	B 型弹条	58		
64	CT 5－02	螺　栓　M24×60	34	Q235－A	
65	GBP－00－25(T)	弹条专用放松防锈螺母　M24	58		
66	TB/T 1495.4	平垫圈　24	58		
67	CB 318－06	轨　撑　50	24	KTH 330－08	
68	CB 318－07	调整楔	24	KTH 330－10	

续上表

序号	图号 / 标准	名称及规格	数量	材　　料	备　　注
69	CT 1－01	螺　母　M24	24	Q275	
70	GB/T 7244	弹簧垫圈　24	24		
71	GB/T 91	开口销　5 × 35	16		
72	CT 10－16	螺　钉　30 × 170	94		
73	CB 2507－19	螺　钉　30 × 162	8		
74	GB/T 7244	弹簧垫圈　30	103		
75	GB/T 91	销　8 × 140	8		
76	CB 2261－16	压　板　133－153	1		
77	CB 2508－15	螺　钉　30 × 200	1		
78	GB/T 95	平垫圈　22	16		
79	CT 5－21	轨距调整片　150 × 12 × 2	32		备用
80	CT 5－21	轨距调整片　150 × 12 × 1	32		备用
81	CT 5－02	螺　栓　M24 × 75	24	Q235－A(底板)	
82	CB 2261－17	绝缘扣板　132－152	1	玻璃纤维	
83	CT 10－79	接头轨距块　50－11	6	玻璃纤维	
84	CT 10－79	接头轨距块　50－13	4	玻璃纤维	
85	CB 2507－21	绝缘垫板　92	4	玻璃纤维	
86	CT 10－76	橡胶垫板　430 × 185 × 10	4	橡胶	
87	CT 10－76	橡胶垫板　590 × 185 × 10	8	橡胶	
88	CT 10－76	橡胶垫板　560 × 185 × 10	16	橡胶	
89	CT 10－56	橡胶垫板　1 124－446－185	1	橡胶	
90	CT 10－56	橡胶垫板　1 053－410－185	1	橡胶	
91	CT 10－56	橡胶垫板　986－377－185	1	橡胶	
92	CT 10－56	橡胶垫板　914－341－185	1	橡胶	
93	CT 10－76	橡胶垫板　370 × 185 × 10	4	橡胶	
94	CT 10－76	橡胶垫板　610 × 185 × 10	4	橡胶	
95	CT 10－76	橡胶垫板　550 × 185 × 10	6	橡胶	
96	CT 10－73	滑床板用轨下橡胶垫板　50	32	橡胶	
97	CT 10－75	轨下橡胶垫板　50－200	10	橡胶	
98	CT 10－77	橡胶垫板　704－317	1	橡胶	
99	CB 2261－60	拉　杆　1 048－*L*	1		*L*=135

钝角辙叉明细表

序号	图号 / 标准	名称及规格	数量	材　　料	备　　注
1	CB 2262－01	基本轨　8 505	2	50 kg/m 钢轨	
2	CB 2262－02	导　轨　8 496	2	50 kg/m 钢轨	
3	CB 2262－03	活动心轨　3 593	2	50AT 钢轨	
4	CB 2262－03	活动心轨　3 593	2	50AT 钢轨	与序号 3 对称
5	CB 2262－04	垫　板　621×180×20	2	Q235－A(底板)	
6	CB 2262－04	垫　板　621×180×20	2	Q235－A(底板)	与序号 5 对称
7	CB 2262－05	垫　板　1 154×180×20	2	Q235－A(底板)	
8	CB 2262－05	垫　板　1 154×180×20	2	Q235－A(底板)	与序号 7 对称
9	CB 2262－06	垫　板　1 140×180×20	2	Q235－A(底板)	
10	CB 2262－06	垫　板　1 140×180×20	2	Q235－A(底板)	与序号 9 对称
11	CB 2262－07	垫　板　1 130×180×20	2	Q235－A(底板)	
12	CB 2262－08	垫　板　1 130×180×20	2	Q235－A(底板)	
13	CB 2262－09	垫　板　1 123×180×20	2	Q235－A(底板)	
14	CB 2262－10	垫　板　1 123×180×20	2	Q235－A(底板)	
15	CB 2262－11	垫　板　1 120×180×20	2	Q235－A(底板)	
16	CB 2262－11	垫　板　1 120×180×20	2	Q235－A(底板)	与序号 15 对称
17	CB 2262－14	间隔铁　50H134－154　A	2	KTH 330－08	
18	CB 2262－14	间隔铁　50H134－154　B	2	KTH 330－08	
19	CT 4－25	轨　撑　50T 内	4	KTH 330－08	
20	CT 4－85	接头夹板　50－0	4	Q275	
21	CB 2228－14	支距扣板　50/55－62	4	KTH 350－10	
22	CB 2228－24	支距扣板　50/81－86	4	KTH 350－10	
23	CB 2228－24	支距扣板　50/107－112	4	KTH 350－10	
24	CB 2228－24	支距扣板　50/136－142	2	KTH 350－10	
25	CB 2228－25	支距扣板　J50/136－142	2	KTH 350－10	
26	GB/T 91	开口销　5×35	16		
27	CT 4－78	拉　杆　1 200	2		
28	CB 662－21	螺　柱　M24×30×80×240	4	20SiMn	
29	CB 662－21	螺　柱　M24×26×90×235	4	20SiMn	
30	CT 4－01	螺　栓　M24×280	4	20SiMn	
31	CT 4－01	螺　栓　M24×260	4	20SiMn	
32	CT 1－01	螺　母　M24	24	Q275	
33	GB/T 7244	弹簧垫圈　24	24		

续上表

序号	图号 / 标准	名称及规格	数量	材　料	备　注
34	CT 4－27	辙跟垫圈　50－0	4	KTH 330－08	
35	CB 306－26	圆孔垫圈　50－0	12	KTH 330－08	
36	CT 1－03	螺　栓　M22×80	8	Q235－A	
37	GB/T 95	平垫圈　22	8		
38	GB/T 7244	弹簧垫圈　24	8		
39	CT 1－01	螺　母　M22	8		
40	CT 5－02	螺　栓　M24×60	68	Q235－A	
41	CT 5－02	螺　栓　M24×85	16	Q235－A	
42	GBP－00－25(T)	弹条专用防松防锈螺母　M24	84		
43	TB/T 1495.4	平垫圈　24	88		
44	CB 305－16	轨距块　50/9－11	24	ZG 230－450	
45	CB 305－16	轨距块　50/13－15	38	ZG 230－450	
46	CB 318－06	轨　撑　50	4	KTH 330－08	
47	CB 318－07	调整楔	4	KTH 330－10	
48	TB/T 1495.2	B 型弹条	88		
49	CT 10－16	螺　钉　30×170	52		
50	GB/T 7244	弹簧垫圈　30	52		
51	CT 5－21	轨距调整片　130×12×1	30		备用
52	CT 5－21	轨距调整片　130×12×2	30		备用
53	CT 5－21	轨距调整片　150×12×1	40		备用
54	CT 5－21	轨距调整片　150×12×2	40		
55	CT 10－79	接头轨距块　50－11	4	玻璃纤维	体积 m^3
56	CT 10－79	接头轨距块　50－13	2	玻璃纤维	体积 m^3
57	CT 10－73	滑床板用轨下橡胶垫板　50	32	橡胶（单面槽）	体积 m^3
58	CT 10－75	轨下橡胶垫板　50－200	36	橡胶（双面槽）	体积 m^3
59	CT 10－76	橡胶垫板　621×185×10	4	橡胶	体积 m^3
60	CT 10－77	橡胶垫板　1154－575	4	橡胶	体积 m^3
61	CT 10－76	橡胶垫板　1140×185×10	4	橡胶	体积 m^3
62	CT 10－76	橡胶垫板　1130×185×10	4	橡胶	体积 m^3
63	CT 10－76	橡胶垫板　1123×185×10	4	橡胶	体积 m^3
64	CT 10－76	橡胶垫板　1120×185×10	4	橡胶	体积 m^3
65	CT 1－01	螺　母　M24	4		
66	CT 5－02	T 型螺栓　M24×75	4		

辙叉及护轨 (JF) 明细表

序号	图号 / 标准	名称及规格	数量	材　料	备　注
1	CB 319－01	高锰钢辙叉　50AT－9G	1	ZG Mn13	
2	CB 2273－01	护　轨　3 600	1	33 kg/m 槽型钢	
3	CB 2273－01	护　轨　3 600	1	33 kg/m 槽型钢	与序号 2 对称
4	CB 2273－02	辙叉垫板　738 × 180 × 20	4	Q235－A(底板)	铁座 41
5	CB 2273－02	辙叉垫板　738 × 180 × 20	1	Q235－A(底板)	铁座 33
6	CB 2273－03	护轨垫板　560 × 180 × 23	4	16Mn(底板)	
7	CB 2273－03	护轨垫板　560 × 180 × 23	4	16Mn(底板)	与序号 6 对称
8	CB 2273－03	护轨垫板　560 × 180 × 23	1	16Mn(底板)	
9	CB 2273－03	护轨垫板　560 × 180 × 23	1	16Mn(底板)	与序号 8 对称
10	CB 2273－03	护轨垫板　560 × 180 × 23	1	16Mn(底板)	
11	CB 2273－03	护轨垫板　560 × 180 × 23	1	16Mn(底板)	与序号 10 对称
12	CB 2229－05	垫　板　822 × 180 × 20	1	Q235－A(底板)	
13	CB 2229－06	垫　板　756 × 180 × 20	1	Q235－A(底板)	
14	CB 2229－07	垫　板　689 × 180 × 20	1	Q235－A(底板)	
15	CB 2229－08	辙跟垫板　780 × 623 × 20	1	Q235－A(底板)	
16	专线 4266－16	平垫板　50－CY	3	Q235－A(底板)	
17	专线 4266－16	平垫板　50－CZ	3	Q235－A(底板)	与序号 16 对称
18	CB 2273－04	接头平垫板　430 × 180 × 20	2	Q235－A(底板)	
19	CB 2273－04	接头平垫板　430 × 180 × 20	2	Q235－A(底板)	与序号 18 对称
20	CT 1－27	叉跟间隔铁　50－9	1	HT150	
21	TB/T 2347	接头螺栓及螺母　M24 × 145	12	10.9 级	
22	TB/T 2345	接头夹板　50	6		
23	CT 4－01	半圆头方颈螺栓　M24 × 370	1	20SiMn	
24	CT 4－01	半圆头方颈螺栓　M24 × 360	1	20SiMn	
25	CT 4－01	半圆头方颈螺栓　M24 × 340	1	20SiMn	
26	CT 4－01	半圆头方颈螺栓　M24 × 320	1	20SiMn	
27	CT 4－01	半圆头方颈螺栓　M24 × 310	1	20SiMn	
28	CT 4－01	半圆头方颈螺栓　M24 × 290	1	20SiMn	
29	CT 2－31	长方头螺栓　M24 × 85	12		
30	CT 2－73	板型导电销	4	1Cr18Ni9Ti	
31	CT 5－02	T 型螺栓　M24 × 60	56	Q235－A	
32	CT 5－02	T 型螺栓　M24 × 85	1	Q235－A	
33	CT 10－16	岔枕螺栓　30 × 170	65		

续上表

序号	图号 / 标准	名称及规格	数量	材　　料	备　　注
34	专线 4232-101	螺　母　M24	12		
35	NS-01(b)	螺　母　M24	6		
36	GBP-00-25(T)	弹条专用放松防锈螺母　M24	57		
37	TB/T 1495.4	平垫圈　24	57		
38	GB/T 1230	平垫圈　24	18		
39	GB/T 7244	弹簧垫圈　24	12		
40	GB/T 7244	弹簧垫圈　30	65		
41	CT 1-54	鱼尾板方孔垫圈　50-3	6	KTH 330-08	
42	CT 1-53	鱼尾板圆孔垫圈　50-3	6	KTH 330-08	
43	TB/T 1495.2	B 型弹条	57		
44	CB 306-24	支距扣板　50/119-131	1	ZG 230-450	
45	CB 2245-27	护轨调整片　115×70×2	24	Q235	备用
46	CB 2245-27	护轨调整片　115×70×3	12	Q235	
47	CT 5-21	轨距调整片　130×15×2	1	Q235	备用
48	CT 5-21	轨距调整片　130×15×1	2	Q235	备用
49	CB 305-16	轨距块　50/13-15	18	ZG 230-450	
50	CB 305-16	轨距块　50/9-11	28	ZG 230-450	
51	CT 10-79	接头轨距块　50-11	4	玻璃纤维	
52	CT 10-79	接头轨距块　50-13	6	玻璃纤维	
53	CT 10-75	轨下橡胶垫板　50-200	28	橡胶	
54	CT 10-12	橡胶垫板　440×200×5	5	橡胶	
55	CT 10-77	橡胶垫板　822-376	1	橡胶	
56	CT 10-76	橡胶垫板　756×185×10	1	橡胶	
57	CT 10-76	橡胶垫板　689×185×10	1	橡胶	
58	CT 10-76	橡胶垫板　623×185×10	2	橡胶	
59	CT 10-76	橡胶垫板　738×185×10	5	橡胶	
60	CT 10-87	橡胶垫板　560×185×7	12	橡胶	
61	CT 10-76	橡胶垫板　430×185×10	10	橡胶	

50 kg/m 钢轨 9 号复式交分道岔

图 号：CZ 2237

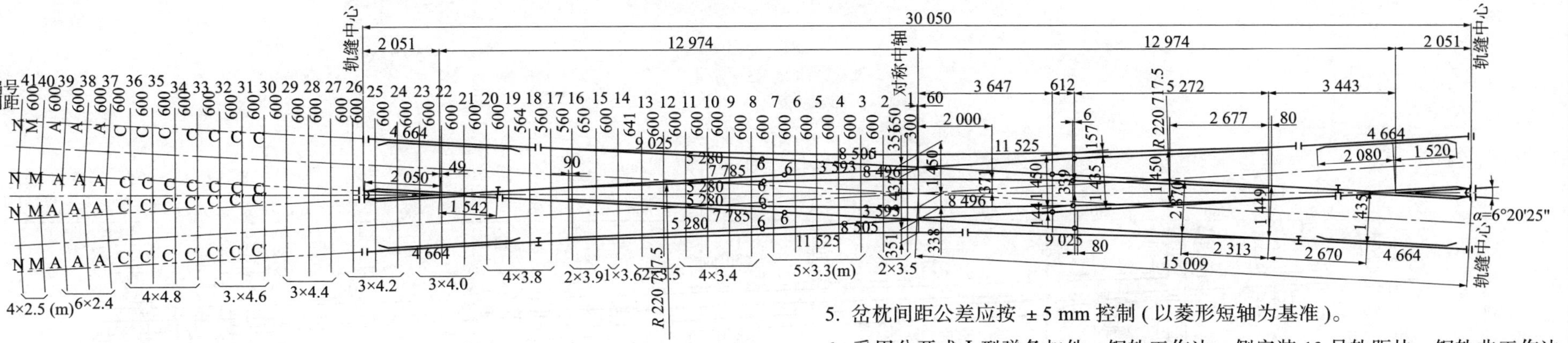

表 2 明 细 表

序号	图号/标准	名称及规格	数量	材 料	备 注
1	CB 2261	双转辙器	2		组件
2	CB 2262	钝角辙叉	1		组件
3	CB 2273	9 号辙叉及护轨 (JF)	2		组件
4	TB/T 2344	钢 轨 4664	4	50 kg/m 钢轨	按技术要求第 16 条弯折，对称各半
5	TB/T 2345	接头夹板	8		
6	TB/T 2347	接头螺栓及螺母 M24×145	24	10.9 级	
7	GB/T 1230	平垫圈 24	24		
8	CB 305-07	平垫板 50-C Y	28		图中用 C 表示
9	CB 305-07	平垫板 50-C Z	28		图中用 C′表示
10	CB 305-07	平垫板 50-A	24		图中用 A 表示
11	CB 306-28	顺坡垫板 P80	8		图中用 M 表示
12	CB 306-29	顺坡垫板 P60	8		图中用 N 表示
13	CB 305-16	轨距块 50/9-11	96	ZG 230-450	
14	CB 305-16	轨距块 50/13-15	96	ZG 230-450	
15	CB 305-16	轨距块 50/7-17	150	ZG 230-450	备用
16	CT 10-16	螺 钉 M30	192	45	
17	GB/T 7244	弹簧垫圈 30	192	65Mn	
18	CT 5-02	T 型螺栓 M24×60	192	Q235-A	
19	TB/T 1495.2	B 型弹条	192	60Si2Mn	
20	GBP-00-25(T)	弹条专用放松防锈螺母 M24	192		
21	CT 10-79	接头轨距块	20	玻璃纤维	备用
22	CT 10-79	接头轨距块	20	玻璃纤维	备用
23	CT 10-75	橡胶垫板 50-200	96	橡胶	
24	CT 10-76	橡胶垫板 430×185×10	96	橡胶	
25		钢轨绝缘	4 组		

技 术 要 求

1. 本设计采用无挡肩混凝土岔枕，岔枕预埋塑料套管。
2. 本图按设轨道电路设计。
3. 双转辙器尖轨采用 50AT 半切线型尖轨，钝角辙叉采用 50AT 活动心轨，跟部均为间隔铁式联结；交分锐角辙叉采用 9 号固定型高锰钢辙叉；槽型护轨顶面高出基本轨顶面 12 mm。
4. 图中钢轨普通接头、绝缘接头分别以"—|—"和"-ɪ-"表示。
5. 岔枕间距公差应按 ±5 mm 控制（以菱形短轴为基准）。
6. 采用分开式Ⅰ型弹条扣件。钢轨工作边一侧安装 13 号轨距块，钢轨非工作边安装 11 号轨距块。

   辙叉一侧安装 13 号轨距块，另一侧安装 11 号轨距块；7-17 号为备用轨距块，供现场调整用。
7. 明细表中的垫板包括：平垫板 50-0，平垫板 50-11，顺坡垫板 P80、P60，图中分别用 A、C、M、N 表示。
8. 钢轨轨缝除注明者外均为 8 mm。
9. 电务转换装置：双转辙器尖轨按联动内锁设计，钝角辙叉活动心轨按内外锁闭两种结构型式设计（订货时需分别指明）。
10. 岔枕布置：1～36 号按平行于菱形短轴布置，37～41 号岔枕扭转至垂直于各自股线。
11. 辙叉基本轨 4 664 需按下列示意图弯折（数量应对称各半）：
12. 钢轨材质按订货合同要求执行，钢轨顶面应进行全长淬火。
13. 采用高强度螺栓的紧固件在组装、维修或保养时，采用扭矩扳手紧固。拧紧扭矩要求：在有润滑条件下，M24 的螺母拧紧扭矩 不小于 780 N·m，M27 的螺母拧紧扭矩不小于 980 N·m。

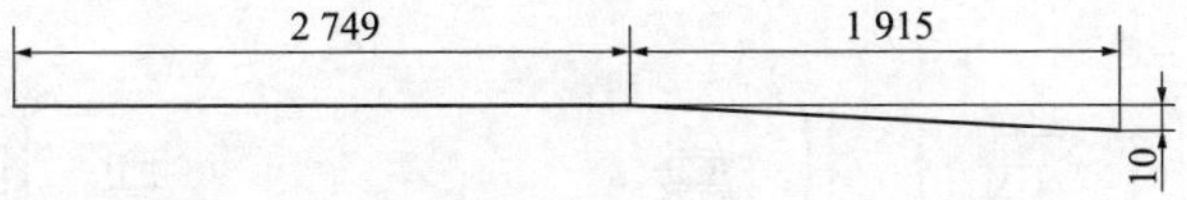

表 1 岔枕数量表

序号	岔枕长 (m)	单位	数量	备注
1	3.3	根	10	
2	3.4	根	8	
3	3.5	根	8	
4	3.6	根	2	
5	3.8	根	8	
6	4.0	根	6	
7	4.2	根	6	
8	4.4	根	6	
9	4.6	根	6	
10	4.8	根	8	
11	2.4	根	12	
12	2.5	根	8	
13	3.9	根	4	

50 kg/m 钢轨 9 号复式交分道岔双转辙器

图　号：CB 2261

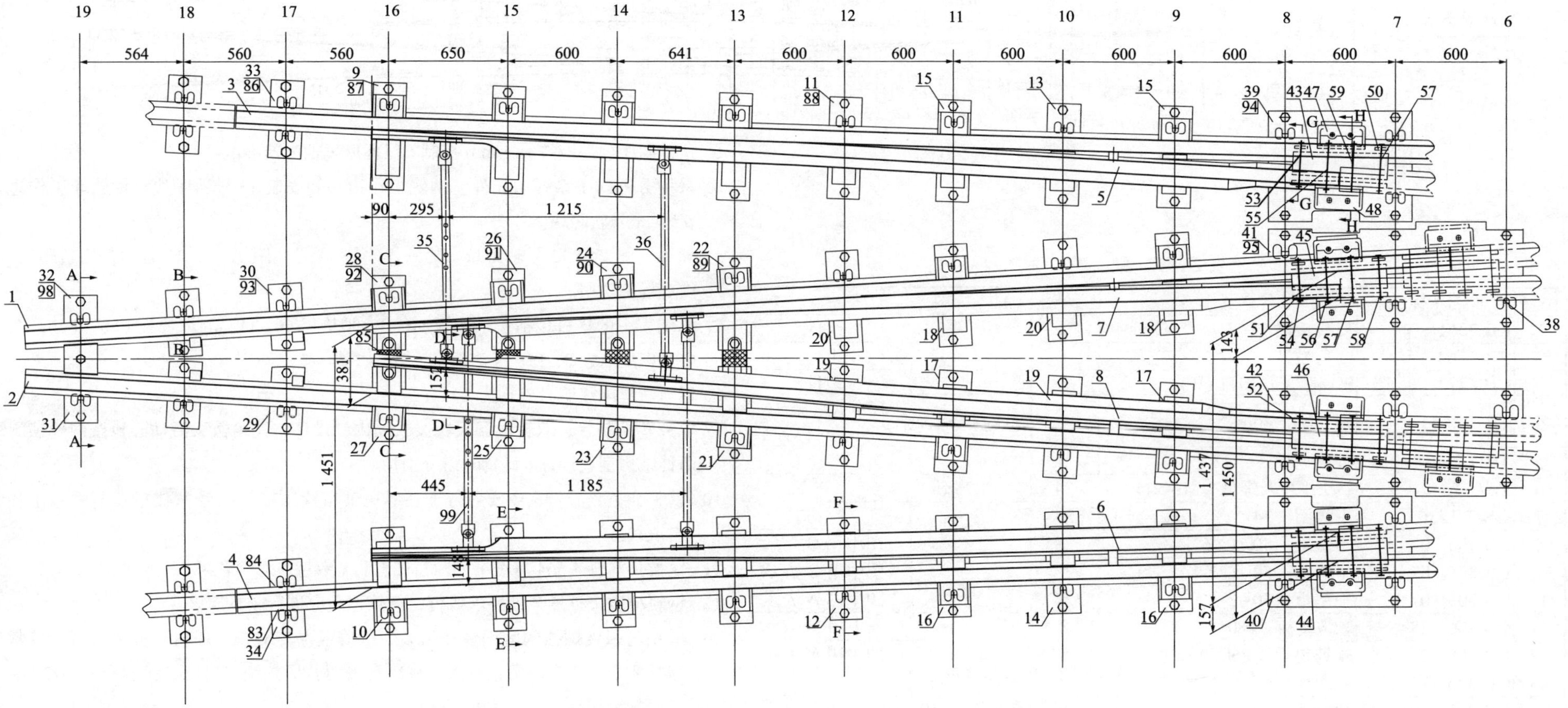

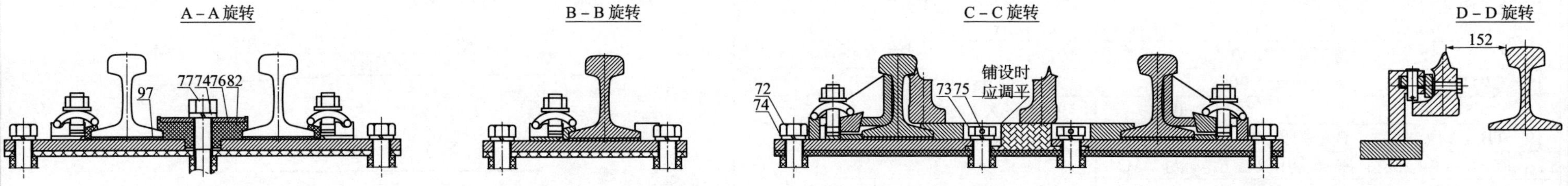

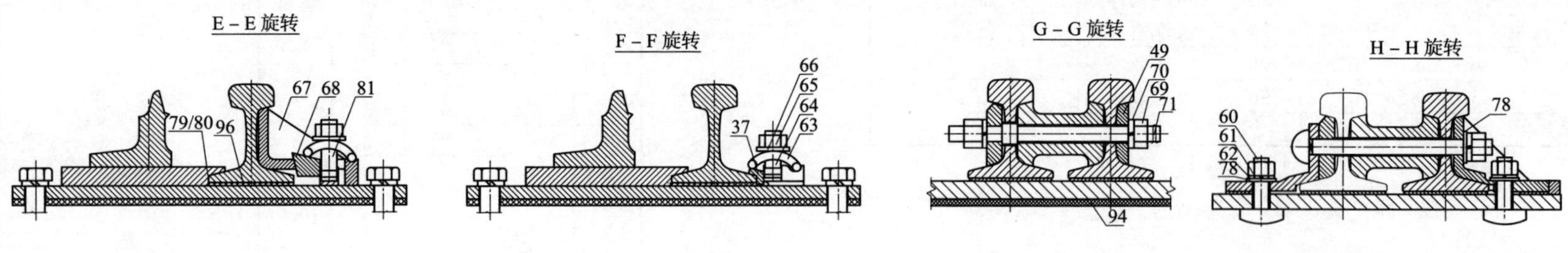

技 术 要 求

钢轨接头须安装接头轨距块。

50 kg/m 钢轨 9 号复式交分道岔钝角辙叉

图 号：CB 2262

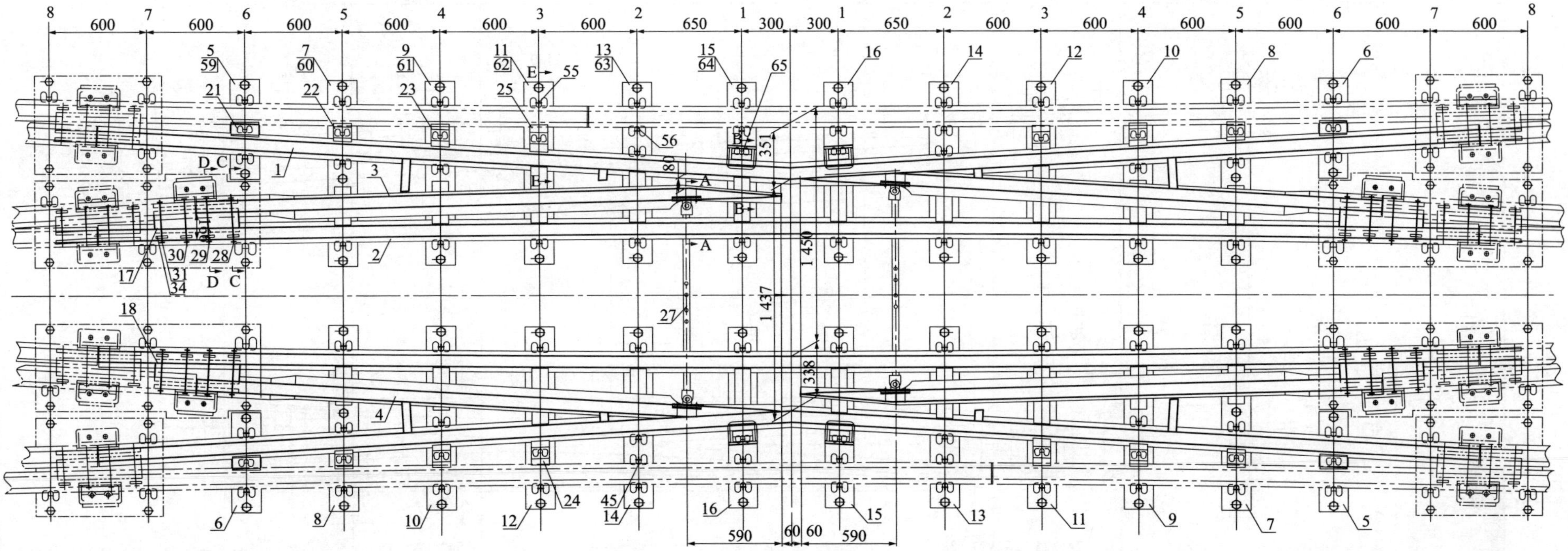

A–A 旋转

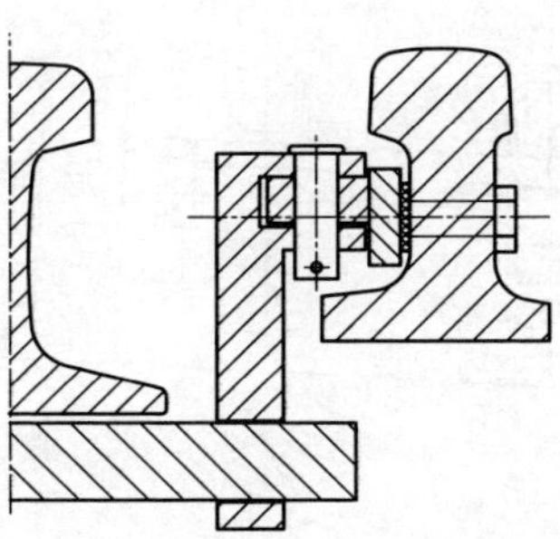

B–B 旋转

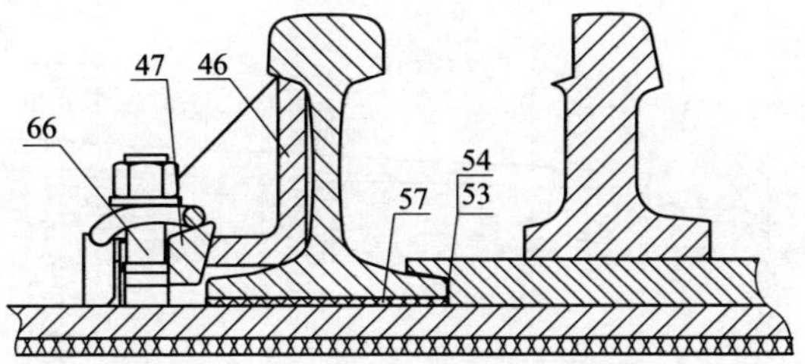

C–C 旋转

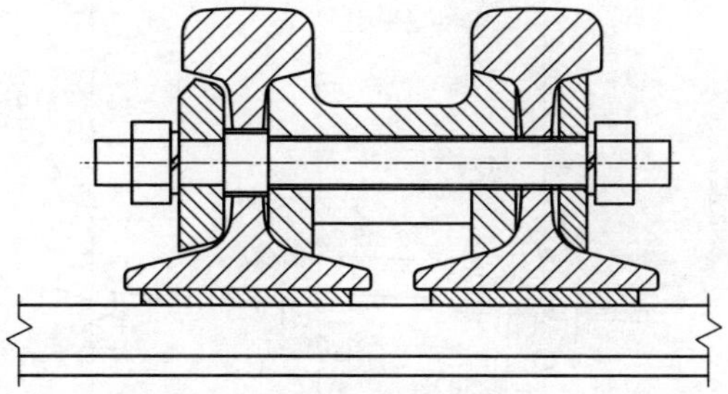

D–D 旋转

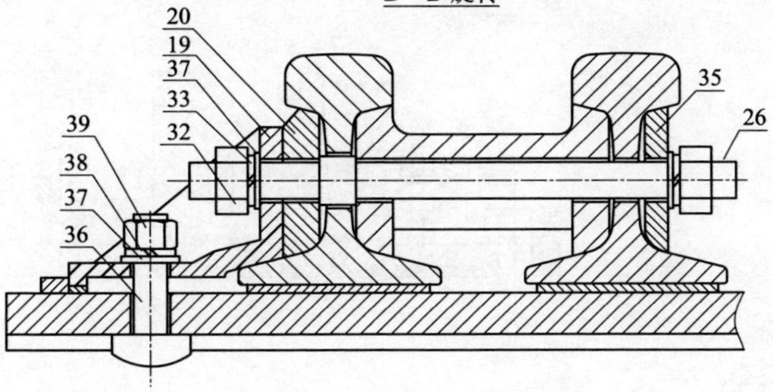

E–E 旋转

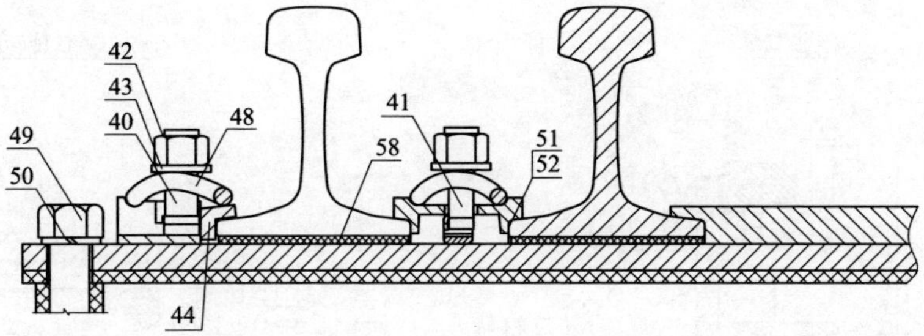

技 术 要 求

1. 序号 51～54 调整片用于间隙调整时，一端应敲平后塞进，穿进后再弯成 ⊓ 形。
2. 当钝角辙叉采用分动外锁闭时，取消件号 27。

50 kg/m 钢轨 9 号复式交分道岔辙叉及护轨 (JF)

图　号：CB 2273

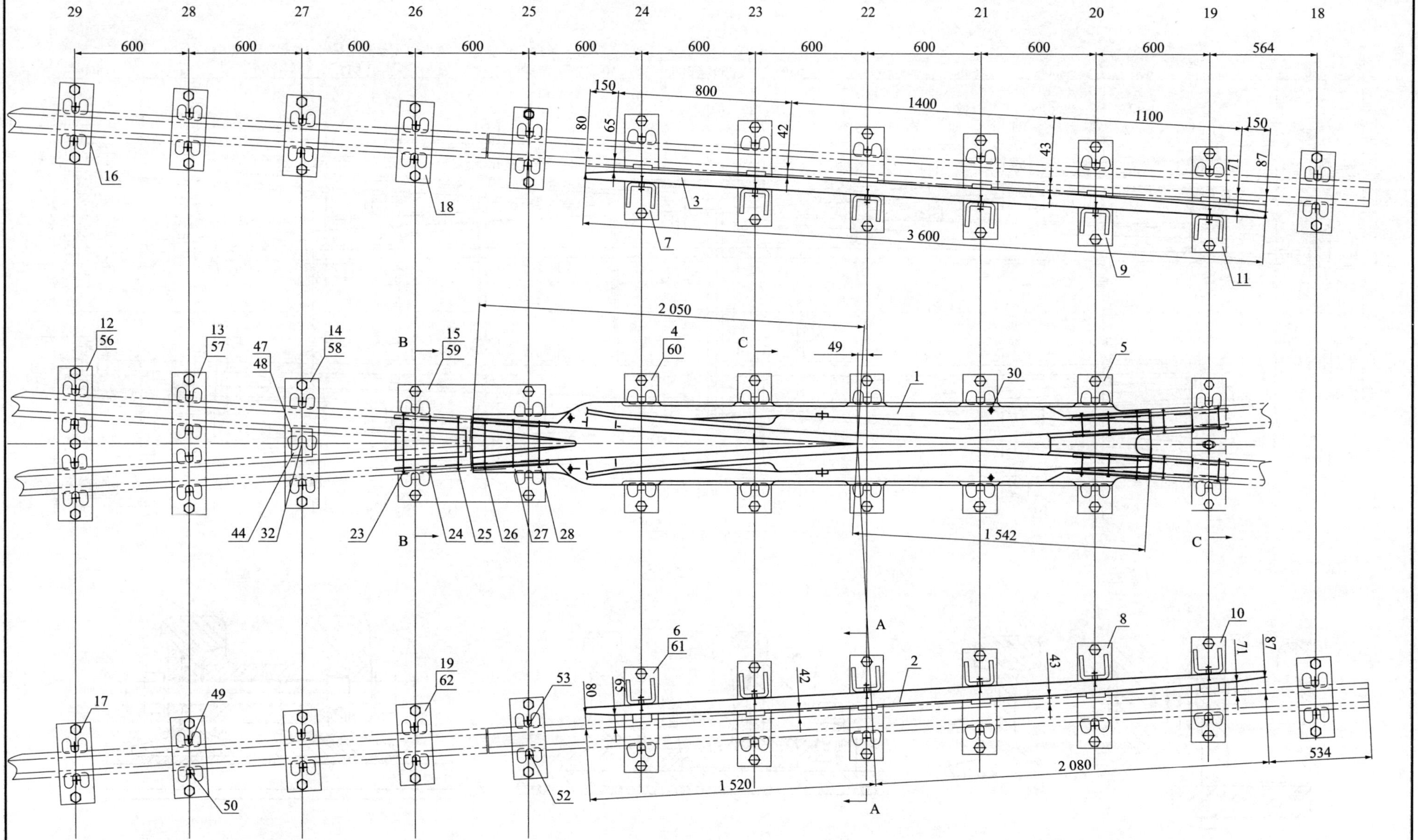

A – A 旋转

B – B 旋转

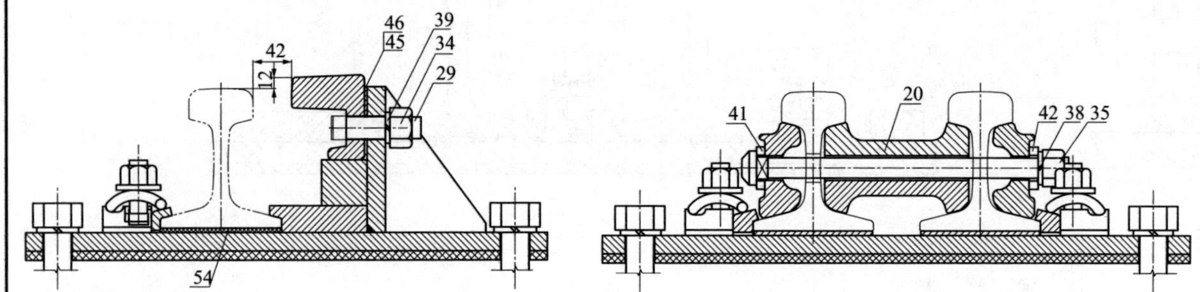

C – C 旋转

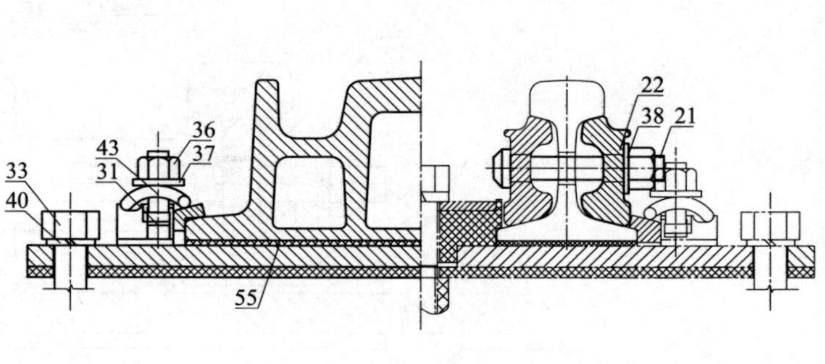

技　术　要　求

1. 调整片用于调整查照间隔和护背距离。
2. 现场铺设时根据实际情况确定数量。
3. 护轨调整片横向安装。

80. 60 kg/m 钢轨 9 号复式交分道岔(混凝土枕)
设计图号：SC 450

道岔允许通过速度	客车	$v_{直}$≤90 km/h，$v_{侧}$≤35 km/h	扣件类型	Ⅱ型弹条
	货车	$v_{直}$≤90 km/h，$v_{侧}$≤35 km/h	轨底坡	—
尖 / 心轨跟端形式	间隔铁活接头		锁闭方式	内锁闭
道岔全长	31 490	导曲线半径 220 m	辙叉角	6°20′25″
道岔终端至末根岔枕中心距离	7 555			

	轨件名称	图　　号	长　　度	轨　　型
交分菱形 SC 450－100	序号 3、4 直基本轨	SC 450－103	7 817	60 kg/m
	序号 1、2 曲基本轨	SC 450－102	10 249	60 kg/m
	序号 5、6 直线尖轨	SC 450－104	5 230	60AT1
	序号 7、8 曲线尖轨	SC 450－105	5 230	60AT1
	钝叉翼轨	SC 450－106	8 456	60 kg/m
	曲导轨	SC 450－107	8 437	60 kg/m
	11、12 活动心轨	SC 450－108	3 564	60AT1

辙叉及护轨 SC 450－200	辙叉图号	SC390－201	辙叉全长	4 311	护轨长度	4 000
			辙叉趾长	1 540	护轨形式	33 kg/m 槽型钢
	辙叉形式	高锰钢整铸式	辙叉跟长	2 771	护轨图号	SC 450－202
	护轨端头距导轨端头定位尺寸					699
	辙叉理论尖端距趾端方向前一根岔枕中心距离					4
岔枕图号 SC 450－500	岔枕总数	86 根	岔枕展延长	316.4 m	套管总数	452
电务转换设备 —	尖轨动程	152/147			心轨动程	88
批准文号	—				应用情况	★★
主要结构特点	护轨顶面高出基本轨 12 mm；基本轨内外侧均采用Ⅱ型弹条弹性扣压。					

交分菱形明细表

序号	图号 / 标准	名称及规格	数量	材　　料	备　　注
1	SC 450－102	曲基本轨　10 249	2	60 kg/m 钢轨	
2	SC 450－102	曲基本轨　10 249	2	60 kg/m 钢轨	与序号 1 对称
3	SC 450－103	直基本轨　7 817	2	60 kg/m 钢轨	
4	SC 450－103	直基本轨　7 817	2	60 kg/m 钢轨	与序号 3 对称
5	SC 450－104	直尖轨　5 230	2	60AT 钢轨	
6	SC 450－104	直尖轨　5 230	2	60AT 钢轨	与序号 5 对称
7	SC 450－105	曲线尖轨　5 230	2	60AT 钢轨	
8	SC 450－105	曲线尖轨　5 230	2	60AT 钢轨	与序号 7 对称
9	SC 450－106	钝叉翼轨　8 456	2	60 kg/m 钢轨	
10	SC 450－107	曲导轨　8 437	2	60 kg/m 钢轨	
11	SC 450－108	活动心轨　3 564	2	60AT 钢轨	
12	SC 450－108	活动心轨　3 564	2	60AT 钢轨	与序号 11 对称
13	SC 450－109	轨撑滑床垫板　750 × 190 × 20	2		
14	SC 450－109	轨撑滑床垫板　750 × 190 × 20	2		与序号 13 对称
15	SC 450－110	轨撑滑床垫板　770 × 190 × 20	2		
16	SC 450－110	轨撑滑床垫板　770 × 190 × 20	2		与序号 15 对称
17	SC 450－111	滑床垫板　600 × 170 × 20	6		
18	SC 450－111	滑床垫板　600 × 170 × 20	6		与序号 17 对称
19	SC 450－112	轨撑滑床垫板　620 × 190 × 20	6		
20	SC 450－112	轨撑滑床垫板　620 × 190 × 20	6		与序号 19 对称
21	SC 450－113	滑床垫板　583 × 770 × 20	2		
22	SC 450－113	滑床垫板　583 × 770 × 20	2		与序号 21 对称
23	SC 450－114	滑床垫板　610 × 1370 × 20	2		
24	SC 450－114	滑床垫板　610 × 1370 × 20	2		与序号 23 对称
25	SC 450－115	垫　板　631 × 170 × 20	2		
26	SC 450－115	垫　板　631 × 170 × 20	2		与序号 25 对称
27	SC 450－116	垫　板　1 168 × 190 × 20	2		
28	SC 450－116	垫　板　1 168 × 190 × 20	2		与序号 27 对称
29	SC 450－117	垫　板　1 168 × 170 × 20	2		
30	SC 450－117	垫　板　1 168 × 170 × 20	2		与序号 29 对称
31	SC 450－118	垫　板　1 168 × 170 × 20	2		
32	SC 450－118	垫　板　1 168 × 170 × 20	2		与序号 31 对称
33	SC 450－119	垫　板　1 300 × 170 × 20	2		

续上表

序号	图号 / 标准	名称及规格	数量	材　　料	备　　注
34	SC 450－119	垫　板　1 300×170×20	2		与序号 33 对称
35	SC 450－120	垫　板　1 300×170×20	2		
36	SC 450－120	垫　板　1 300×170×20	2		与序号 35 对称
37	SC 450－121	轨撑滑床垫板　410×190×20	2		
38	SC 450－121	轨撑滑床垫板　410×190×20	2		与序号 37 对称
39	SC 450－122	轨撑滑床垫板　446×190×20	2		
40	SC 450－122	轨撑滑床垫板　446×190×20	2		与序号 39 对称
41	SC 450－123	滑床垫板　524×170×20	2		
42	SC 450－123	滑床垫板　524×170×20	2		与序号 41 对称
43	SC 450－124	轨撑滑床垫板　563×190×20	2		
44	SC 450－124	轨撑滑床垫板　563×190×20	2		与序号 43 对称
45	SC 450－125	滑床垫板　548×170×20	6		
46	SC 450－125	滑床垫板　548×170×20	6		与序号 45 对称
47	SC 450－126	轨撑滑床垫板　563×190×20	2		
48	SC 450－126	轨撑滑床垫板　563×190×20	2		与序号 47 对称
49	SC 450－127	五孔间隔铁	4	KTH 330－08	
50	SC 450－128	四孔间隔铁	4	KTH 330－08	
51	SC 450－129	四孔间隔铁	4	KTH 330－08	
52	SC 450－130	两孔间隔铁	4	KTH 330－08	
53	SC 433－131	辙跟内轨撑	12	KTH 330－08	
54	SC 433－131	辙跟外轨撑	12	KTH 330－08	
55	SC 350－140	轨　撑　60AX	36	KTH 330－08	
56	SC 350－141	调整楔	40	KTH 350－10	
57	专线 3351	Ⅱ型弹条	160	60Si2CrVA	
58	专线 4114－32	辙跟接头夹板　60－8 Z	2		
59	专线 4114－32	辙跟接头夹板　60－8 Y	2		
60	SC 450－131	四孔辙跟接头夹板　60－8 Z	2		
61	SC 450－131	四孔辙跟接头夹板　60－8 Y	2		
62	SC 450－131	四孔辙跟接头夹板　60	4		
63	SC 433－132	双头螺柱　M27×30×75×205	4	10.9 级	
64	SC 433－132	双头螺柱　M27×26×90×215	4	10.9 级	
65	SC 433－132	双头螺柱　M27×28×75×195	4	10.9 级	
66	SC 433－132	双头螺柱　M27×25×90×200	4	10.9 级	
67	SC 433－132	双头螺柱　M27×25×90×225	4	10.9 级	
68	SC 433－132	双头螺柱　M27×29×75×225	4	10.9 级	

续上表

序号	图号 / 标准	名称及规格	数量	材　料	备　注
69	专线 4232－5	半圆头方颈螺栓　M27×260－G	8	10.9 级	
70	专线 4232－5	半圆头方颈螺栓　M27×270－G	12	10.9 级	
71	专线 4232－5	半圆头方颈螺栓　M27×280－G	12	10.9 级	
72	专线 4232－5	半圆头方颈螺栓　M27×285－G	4	10.9 级	
73	专线 4232－4	T 型螺栓　M24×65	104		
74	专线 4232－4	T 型螺栓　M24×80	40		
75	专线 4232－4	T 型螺栓　M24×95	16		
76	专线 4171－9	T 型螺栓　M24×85	48		
77	SCT 505－B	岔枕螺栓　155	216		
78	NS－02(b)	螺　母　M27	84	10 级	
79	NS－01(b)－c	螺　母　M24	208		
80	NS－07	限位板　M24	160		
81	GB/T 7244	弹簧垫圈　24	48	65Mn	
82	TB/T 1495.4	垫　圈　24	48		
83	GB/T 7244	弹簧垫圈　27	84	65Mn	
84	GB/T 7244	弹簧垫圈　30	216	65Mn	
85	GB/T 93	重型弹簧垫圈　30	16	65Mn	
86	专线 4232－25	钢轨方孔垫圈　60－0	24	KTH 330－08	
87	专线 4232－26	钢轨圆孔垫圈　60－0	20	KTH 330－08	
88	专线 4232－18B	支距扣板　60/60－65	4	KTH 350－10	
89	专线 4232－18A	支距扣板　60/86－91－44.3	4	KTH 350－10	
90	专线 4232－18A	支距扣板　60/120－114－58.5	4	KTH 350－10	
91	专线 4232－18A	支距扣板　60/150－144－73.5	4	KTH 350－10	
92	专线 6076－12	拉　杆　1 108	2		
93	专线 6076－12	拉　杆　1 114	2		
94	专线 6076－12	连　杆　1 145	2		
95	专线 6076－12	连　杆　1 149	2		
96	专线 6076－11	活动心轨拉杆　1 217	2		
97	专线 4232－10	轨距块　9－11	68	ZG 230－450	
98	专线 4232－10	轨距块　13－15	32	ZG 230－450	
99	专线 4232－10A	接头轨距块　9－11	4	ZG 230－450	
100	专线 4232－10A	接头轨距块　13－15	4	ZG 230－450	
101	SC 350－147	带孔岔枕螺栓	16		
102	SC 350－156	防松销	16		
103	SCT 300－302	轨　撑　60－B	4	KTH 330－08	

续上表

序号	图号 / 标准	名称及规格	数量	材　料	备　注
104	SC 350－159	螺帽套	16	聚乙烯	
105	SC 350－158	绝缘垫板　137×190×60	4	玻璃纤维	
1J	SC 450－402	轨下单面槽橡胶垫板　60－210－12	20	橡胶	
2J	SC 450－402	轨下单面槽橡胶垫板　60－190－11	36	橡胶	
3J	SCT 300－103	轨下单面槽橡胶垫板　60－210	24	橡胶	
4J	SCT 300－103	轨下单面槽橡胶垫板　60－190	28	橡胶	A、B 型成对
5J	SCT 300－102	轨下双面槽橡胶垫板　60－210	4	橡胶	A、B 型成对
6J	SCT 300－102	轨下双面槽橡胶垫板　60－190	20	橡胶	
13J	SC 450－403	橡胶垫板　750×195－550	4	橡胶	
15J	SC 450－403	橡胶垫板　770×195－550	4	橡胶	
17J	SC 450－404	橡胶垫板　600×175×10	12	橡胶	
19J	SC 450－404	橡胶垫板　620×195×10	12	橡胶	
21J	SC 450－404	橡胶垫板　583×175×10	8	橡胶	
23J	SC 450－404	橡胶垫板　610×175×10	8	橡胶	
24J	SC 450－405	橡胶垫板　554×175－489	4	橡胶	
25J	SC 450－404	橡胶垫板　631×175×10	4	橡胶	
27J	SC 450－404	橡胶垫板　1 168×195×10	4	橡胶	
29J	SC 450－404	橡胶垫板　1 168×175×10	8	橡胶	
33J	SC 450－403	橡胶垫板　1 300×175－1 098	8	橡胶	
37J	SC 450－404	橡胶垫板　412×195×10	4	橡胶	
39J	SC 450－404	橡胶垫板　448×195×10	4	橡胶	
41J	SC 450－405	橡胶垫板　524×175－444	4	橡胶	
43J	SC 450－405	橡胶垫板　563×195－483	4	橡胶	
45J	SC 450－404	橡胶垫板　548×175×10	12	橡胶	
47J	SC 450－404	橡胶垫板　563×195×10	4	橡胶	

辙叉及护轨明细表

序号	图号 / 标准	名称及规格	数量	材　料	备　注
1	SC 390-201	高锰钢整铸辙叉	1		
2	SC 450-202	护　轨　4 000	1	33 kg/m 槽型钢	
3	SC 450-202	护　轨　4 000	1	33 kg/m 槽型钢	与序号 2 对称
4	SC 350-140	轨　撑　60AX	4	KTH 330-08	
5	SC 350-141	调整楔	4	KTH 350-10	
6	SC 330-134	垫　板　(Y)60-11(C)	5		
7	SC 330-134	垫　板　(Z)60-11(C)	5		
8	SC 450-203	垫　板　452×190×20	2		
9	SC 450-203	垫　板　452×190×20	2		与序号 8 对称
10	SC 450-204	垫　板　932×170×20	1		
11	SC 450-204	垫　板　866×170×20	1		
12	SC 450-205	垫　板　800×170×20	1		
13	SC 450-206	垫　板　733×170×20	1		
14	SC 450-207	垫　板　742×170×20	2		
15	SC 450-208	垫　板　742×170×20	5		
16	SC 450-209	垫　板　357×190×20	1		与序号 17 对称
17	SC 450-209	垫　板　357×190×20	1		
18	SC 450-210	垫　板　405×190×20	1		与序号 19 对称
19	SC 450-210	垫　板　405×190×20	1		
20	SC 450-211	垫　板　438×190×20	1		与序号 21 对称
21	SC 450-211	垫　板　438×190×20	1		
22	HY05-10	护轨垫板　600×170×25	7		与序号 23 对称
23	HY05-10	护轨垫板　600×170×25	7		
24	专线 4232-18B	支距扣板　60/113-125	1		
25	专线 4232-4	T 型螺栓　M24×65	86		
26	专线 4171-9	螺　栓　M24×85	14		
27	专线 4232-4	T 型螺栓　M24×80	4		
28	专线 4232-4	T 型螺栓　M24×90	1		
29	SCT 505-B	岔枕螺栓　155	92		
30	TB/T 2347	接头螺栓及螺母　M24×135-10.9 级	24		
31	NS-01(b)	螺　母　M24	14	5 级	
32	NS-01(b)-C	螺　母　M24	91		
33	NS-07	限位板　M24	91		

续上表

序号	图号 / 标准	名称及规格	数量	材　料	备　注
34	GB/T 7244	弹簧垫圈　24	14	65Mn	
35	GB/T 1230	高强度平垫圈　24	24		
36	GB/T 7244	弹簧垫圈　30	92	65Mn	
37	专线 3351	Ⅱ型弹条	91	60Si2GrVA	
38	专线 4232－10	轨距块　9－11	33	ZG 230－450	
39	专线 4232－10	轨距块　13－15	33	ZG 230－450	
40	专线 4232－10A	接头轨距块　9－11	10	ZG 230－450	
41	专线 4232－10A	接头轨距块　13－15	10	ZG 230－450	
42	TB/T 2345	接头夹板	8		
43	SC 330C－205	护轨调整片　$170 \times 80 \times \frac{2}{3}$	28 14	Q235	
1J	SC 450－401	轨下双面槽橡胶垫板　60－190－11	32	橡胶	成对制造
2J	SCT 330－104	橡胶垫板　440－190	7	橡胶	
3J	SC 450－401	轨下双面槽橡胶垫板　60－210－12	10	橡胶	成对制造
6J	SCT 330－106	橡胶垫板　452×175×10	10	橡胶	
8J	SC 450－406	橡胶垫板　452×195×10	4	橡胶	
10J	SC 450－407	橡胶垫板　932×175－431	1	橡胶	
11J	SC 450－407	橡胶垫板　866×175－398	1	橡胶	
12J	SC 450－408	橡胶垫板　800×175×10	1	橡胶	
13J	SC 450－408	橡胶垫板　733×175×10	1	橡胶	
14J	SC 450－408	橡胶垫板　743×175×10	7	橡胶	
16J	SC 450－409	橡胶垫板　357×195－297	2	橡胶	
18J	SC 450－408	橡胶垫板　405×195×10	2	橡胶	
20J	SC 450－408	橡胶垫板　438×195×10	2	橡胶	
22J	SC 450－410	橡胶垫板　600×175×5－15Y	7	橡胶	
23J	SC 450－410	橡胶垫板　600×175×5－15Z	7	橡胶	

60 kg/m 钢轨 9 号复式交分道岔
图　号：SC 450－03

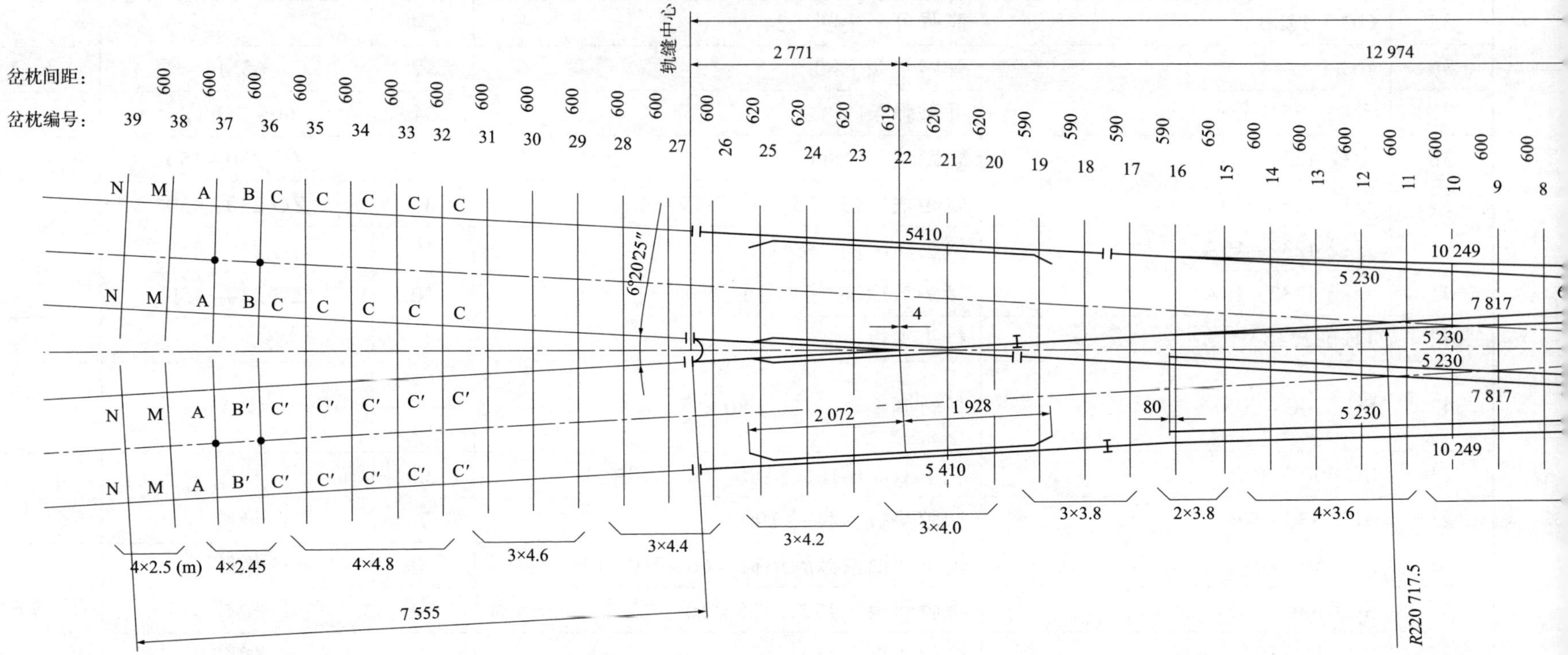

表 1　明　细　表

序号	图号 / 标准	名称及规格	单位	数量	材　料	备　注
1	SC 450－100	交分菱形	组	1		
2	SC 450－200	9 号辙叉及护轨	组	2		
3	TB/T 2344	导　轨　5 410	根	4	60 kg/m 钢轨	
4	SC 330－134	垫　板　452	块	56		
5	SC 330－121	垫　板　P60	块	8		
6	SC 330－122	垫　板　P80	块	8		
7	TB/T 2345	接头夹板	块	4		
8	专线 3351	Ⅱ型弹条	个	144	60Si2CrVA	
9	专线 4232－4	螺　栓　M24 × 65	个	144		
10	TB/T 2347	接头螺栓及螺母　M24 × 135－10.9	副	12		
11	NS－01(b)	螺　母　M24	个	144		
12	NS－07	限位螺母　M24	个	144		
13	GB/T1230	高强度平垫圈　24	个	12		
14	GB/T 7244	弹簧垫圈　30	个	144	65Mn	
15	SCT 505－B	岔枕螺栓　155	个	144		
16	专线 4232－10	轨距块　60/9－11	个	72+10	ZG 230－450	"+" 后为备用
17	专线 4232－10	轨距块　60/13－15	个	72+10	ZG 230－450	"+" 后为备用

续表 2

序号	图号 / 标准	名称及规格	单位	数量	材　料	备　注
18	专线 4232－10	轨距块　60/7－17	个	50	ZG 230－450	备用
19	SC450－300	岔枕连接装置	组	1		
20	专线 9595	钢轨绝缘	组	4		供否见合同
21	专线 4232－72	绝缘轨距块　9－11	个	10	玻璃纤维	
22	专线 4232－72	绝缘轨距块　13－15	个	10	玻璃纤维	
23	SCT300－106	橡胶垫板　452 × 175 × 10	块	72	橡胶	
24	SCT300－102	轨下双面橡胶垫板　60－190	块	72	橡胶	

表 2　岔枕数量表

序号	岔枕长 (m)	单位	数量	备注	序号	岔枕长 (m)	单位	数量	备注
1	2.45	根	8		7	4.0	根	6	
2	2.5	根	8		8	4.2	根	6	
3	3.4	根	16		9	4.4	根	6	
4	3.5	根	4		10	4.6	根	6	
5	3.6	根	8		11	4.8	根	8	
6	3.8	根	10		共计 86 根				

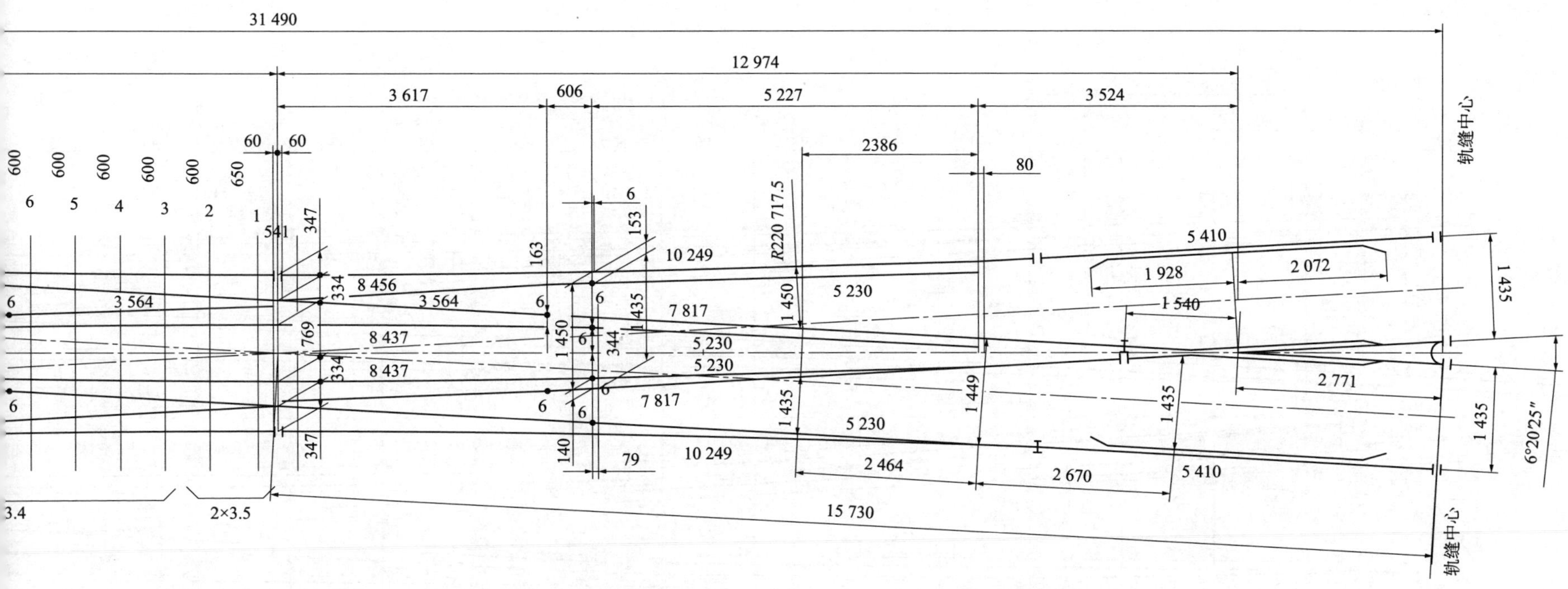

技 术 要 求

本图根据铁路现场需要进行设计。

道岔全长、*a* 值、*b* 值均与木枕 60 kg/m 钢轨 9 号复式交分道岔（专线 6077）相同，以方便用户整组更换。

本道岔适用于我国直向时速不大于 90 km/h 的铁路线路，原木枕道岔的改造更换及新建线路使用。

道岔轨距：直股除尖轨尖端及直线尖轨刨切范围内有构造加宽外，其余均为 1 435 mm；侧股轨距为 1 450 mm。

本道岔的轨下基础采用混凝土岔枕，与本道岔相配套的混凝土岔枕图号为 SC 450－500。

混凝土岔枕底宽 300 mm。顶宽 260 mm、高 220 mm。

岔枕间距一般按 600 mm 设计，个别部位略有调整。岔枕按平行于菱形中轴布置，道岔两端短岔枕 36、37 扭转过渡至垂直于线路方向布置。

双转辙器尖轨及交分钝叉活动心轨采用联动内锁转换方式设计。

道岔主要结构特点：

(1) 轨下和板下均采用橡胶垫板，轨下及辙叉下设 5 mm 的橡胶垫板，板下设 10 mm 的橡胶垫板，但护轨垫板板下胶垫厚度为 5 mm。

(2) 双转辙器尖轨跟端及钝叉活动心轨跟端均采用间隔铁式活接头结构。

(3) 双转辙器直、曲尖轨各设一个牵引点，动程为 152 mm，在距尖轨尖端 370 mm 处测量。心轨设一个牵引点，动程为 88 mm，在距尖端 560 处测量。

(4) 为加强基本轨稳定性，减少外倾和减小轨距扩张，在基本轨外侧及特殊部位设轨撑。

(5) 曲线尖轨前部滑床垫板与岔枕连接螺栓采用特殊防松结构。

(6) 为防止螺栓副的松动，水平螺栓均采用耐施防松螺母；Ⅱ型弹条螺栓采用限位板与耐施防松螺母组合的大扭矩防松结构。限位板安装力矩为 110 N·m，与之配合使用的耐施防松螺母的安装力矩为 300 N·m，其余防松螺母的安装力矩按耐施防松螺母相应规定执行。

(7) 扣件采用分开式Ⅱ型弹条扣件，轨距块设计安装号数如下：

Ⅱ型弹条扣件：钢轨工作边一侧，安装 13 号轨距块；

钢轨非工作边一侧，安装 11 号轨距块；

钢轨接头处安装接头轨距块，绝缘接头处安装绝缘轨距块；

锰叉一边安装 11 号轨距块，另一边安装 13 号轨距块；

7～17 号轨距块为备用轨距块，供现场调整用。

(8) 道岔各钢轨件轨头均进行全长淬火，钢轨螺栓孔做 1×45°倒角。

10. 本道岔按设轨道电路设计，钢轨绝缘设计采用普通钢轨绝缘接头。

11. 道岔制造和组装技术条件按 TB 412－2004《标准轨距铁路道岔技术条件》。

12. 图中钢轨接头及轨缝设置如下：

普通接头	—||—	轨缝 8 mm；
绝缘接头	┿	轨缝 8 mm；
跟端活接头	—○—	轨缝 6 mm；

13. 本图钢轨接头为基本型式，当采用其他型式时须特别指明，并提供配轨图。

14. 导曲线半径按外轨工作边量计。

15. 图中尺寸、轨距、岔枕位置按菱形中轴对称铺设。

16. 图中不带“′”表示右开垫板，带“′”。

60 kg/m 钢轨 9 号复式交分道岔交分菱形

图　号：SC 450－100

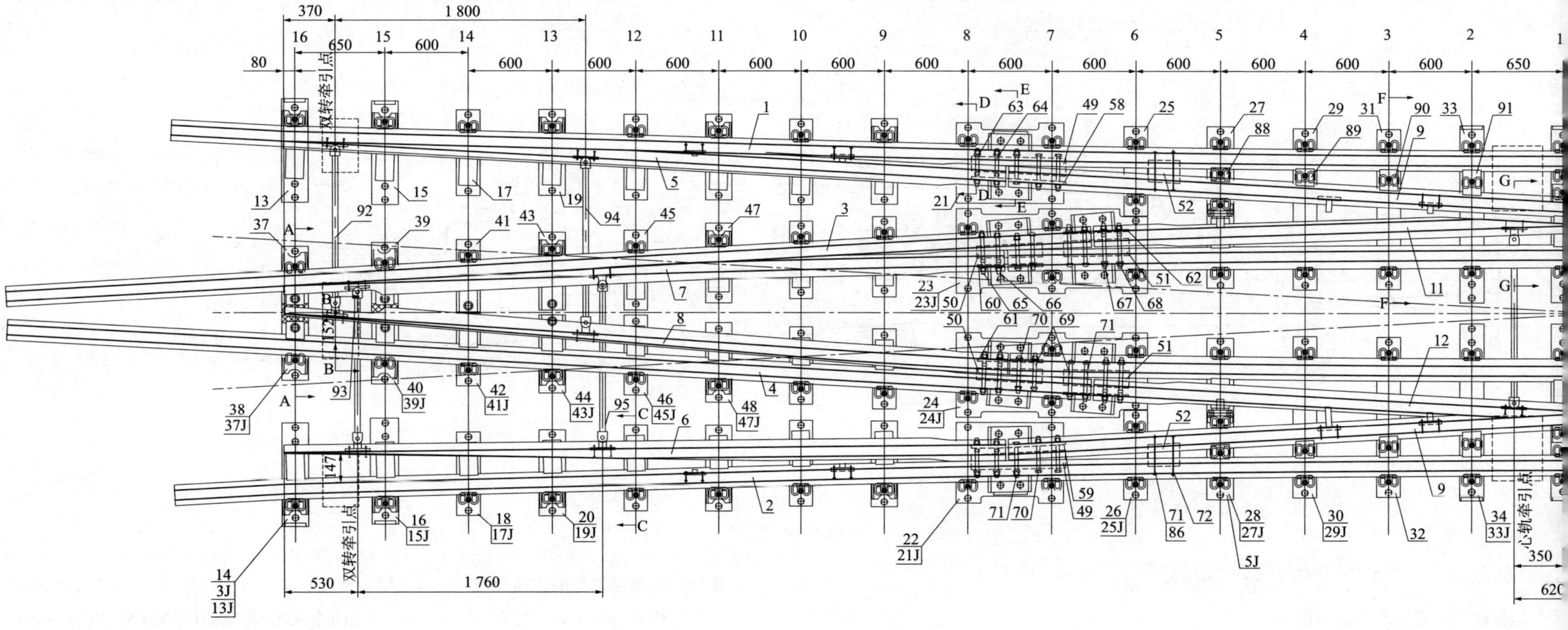

A－A

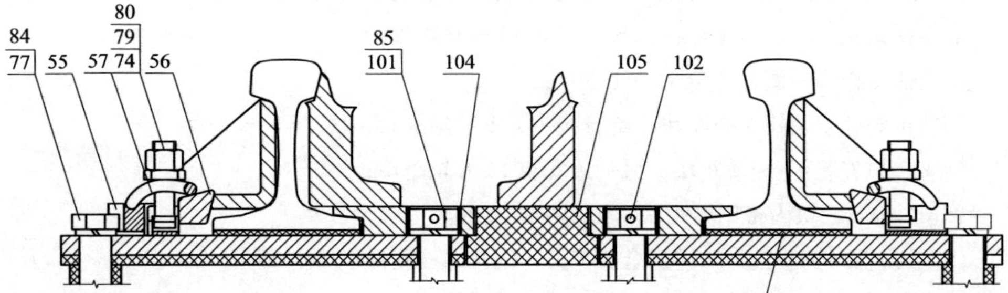

B－B

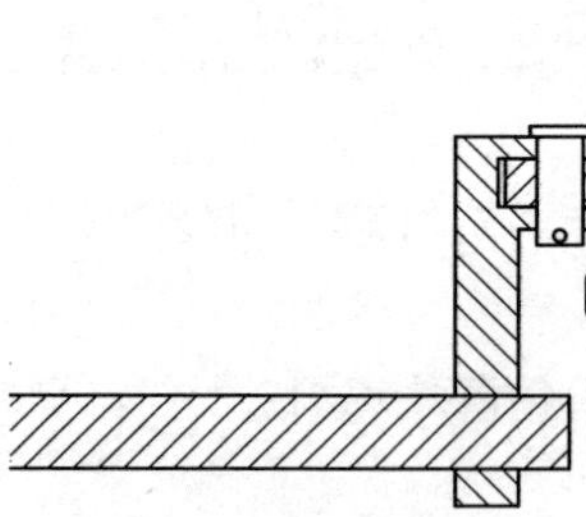

E－E

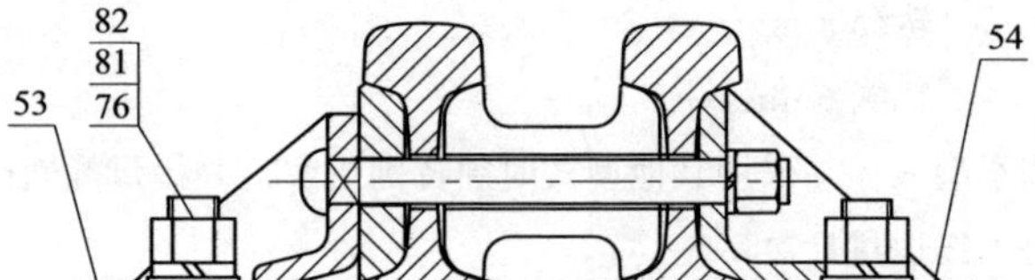

F－F

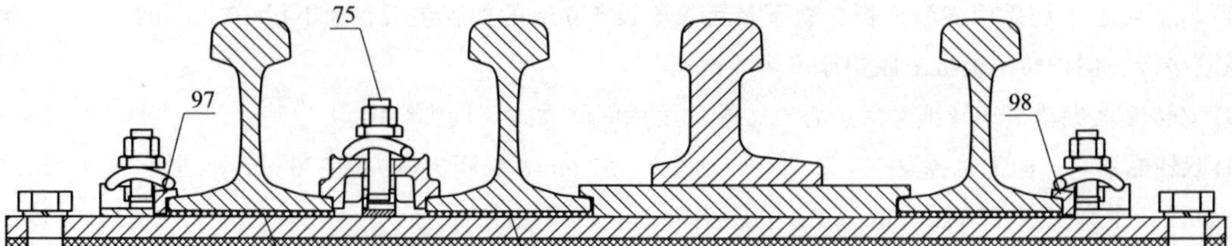

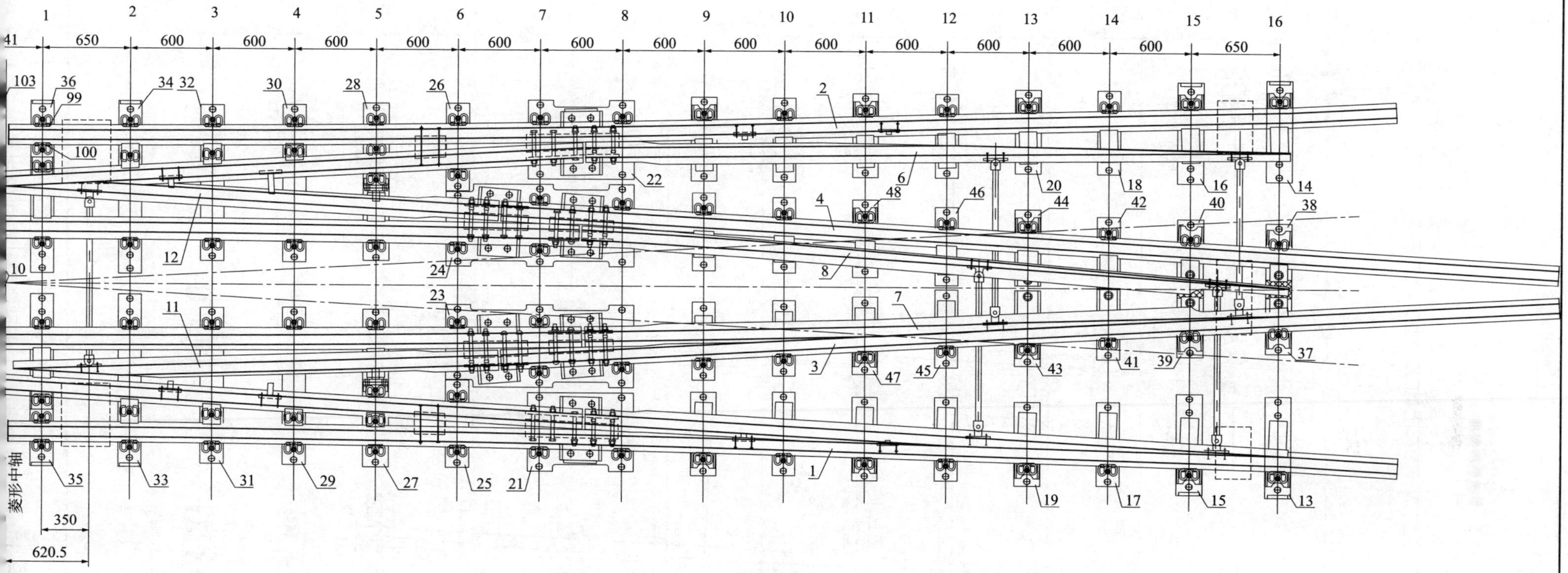

C－C

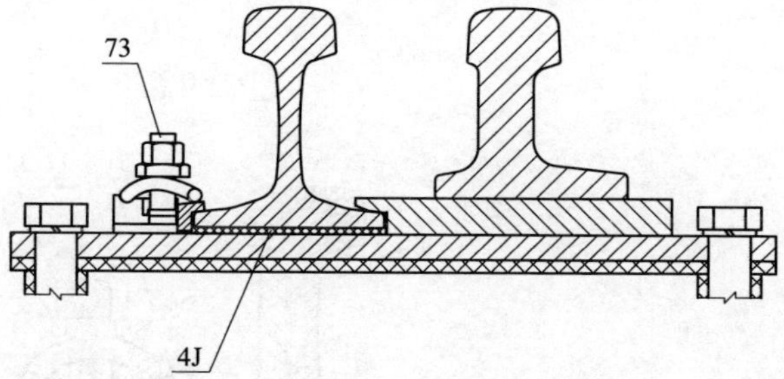

D－D

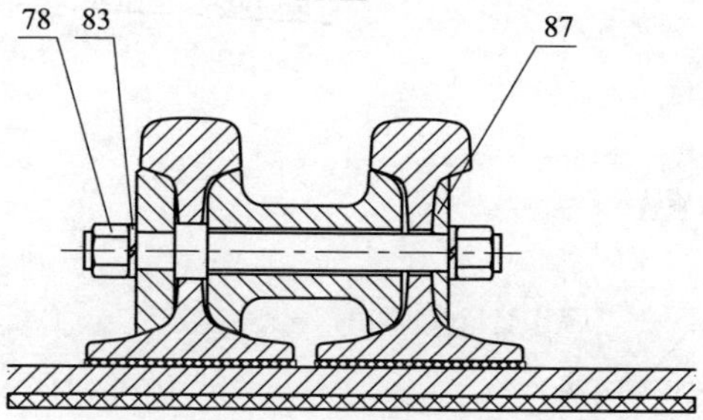

G－G

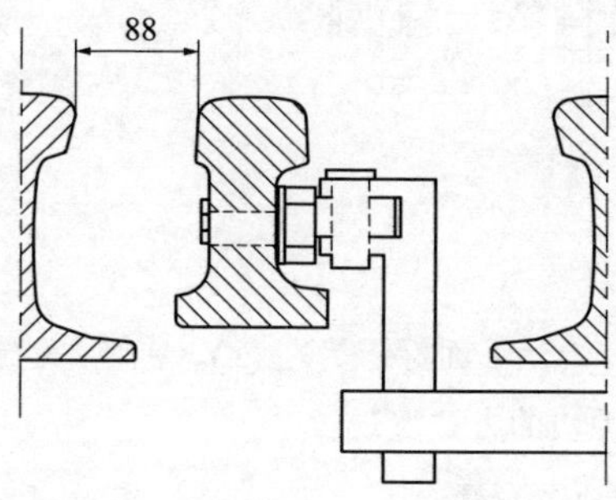

技 术 要 求

1. 本图为交分菱形布置图，由交分双转辙器和交分钝叉合并而成。
2. 零部件大多需成对制造，一般按序号区分：个别零件以左 (Z)、右 (Y) 区分；区分方式为：以菱形中心为原点，面向辙叉位于菱形长轴左侧者，以左 (在) 标识，位于菱形长轴右侧者，以右 (Y) 标识。
3. 本图按菱形中轴对称布置，同时菱形长轴上、下零件相应对称，图示位置左上、右下零部件及左下、右上相同。
4. 为便于调整轨距，在设计中对台板扣压部位预留一定间隙，因此要求铺设时首先在此部位安装 2 mm 厚轨距调整片，以实现钢轨的正确定位，视具体情况，可利用调整片进行适当调整。
5. 由于钢轨与垫板斜度较大，为了改善轨底和垫板贴合，轨下橡胶垫板按钢轨斜度设计，斜胶垫以 A、B 型对称关系区分。

60 kg/m 钢轨 9 号复式交分道岔辙叉及护轨

图　号：SC 450－200

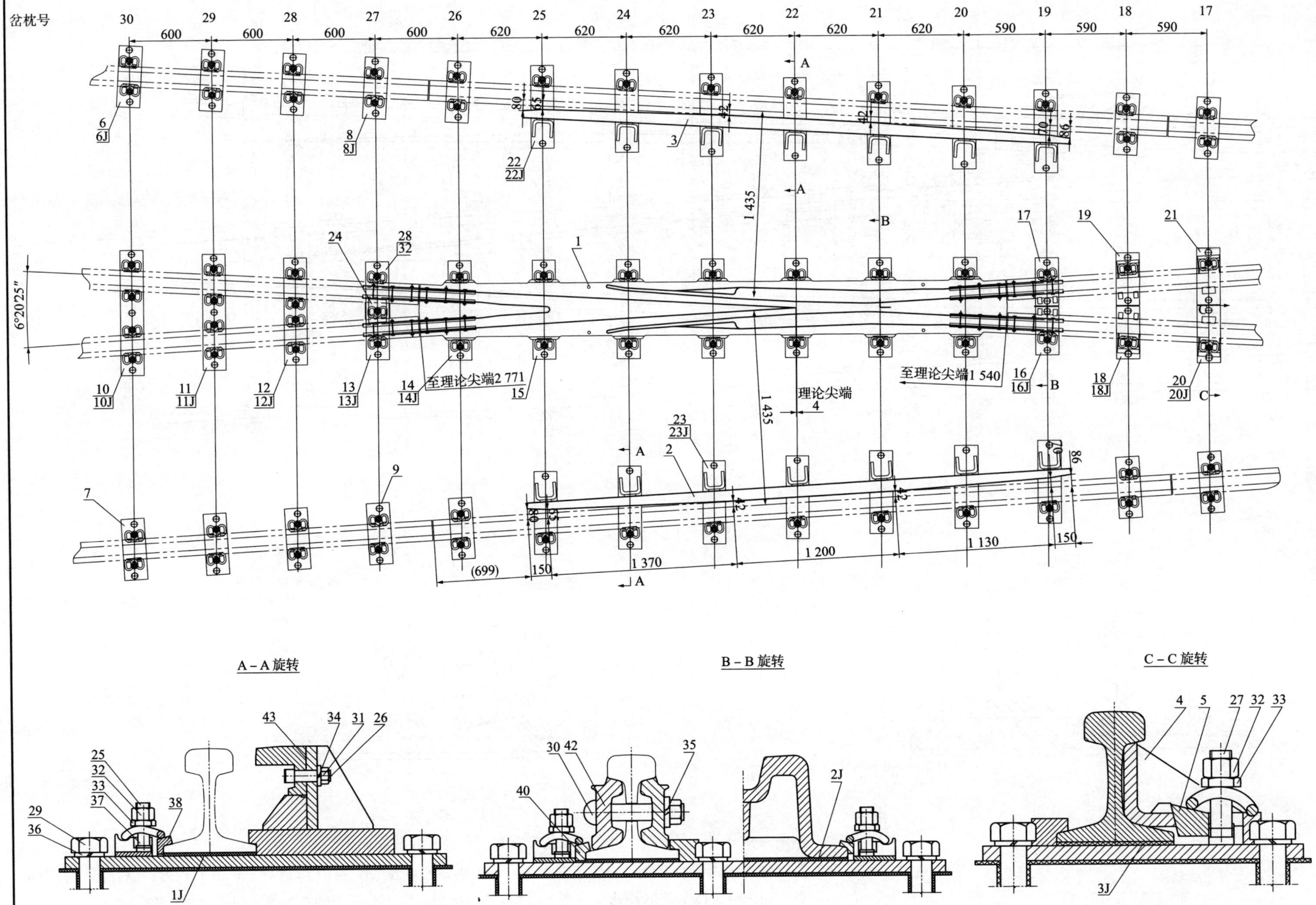

技　术　要　求

1. 本图大部分零件按件号区分，个别零件以左 (Z)、右 (Y) 区分，区分方式从辙叉中心线上面标识为右 (Y)，下面标识为左 (Z)。
2. 本图设计护轨开口尺寸为 70 mm 处，为减少护轨垫板品种，初期采用不加护轨调整片，适当调整轨距块的方法实现。

<table>
<tr><td colspan="8">81. 50 kg/m 钢轨 9 号复式交分道岔(木枕)
设计图号：专线 6054</td></tr>
<tr><td rowspan="2">道岔允许通过速度</td><td colspan="2">客车</td><td colspan="3">$v_{侧}$≤30 km/h</td><td>扣件类型</td><td>刚性可调扣件（扣板）</td></tr>
<tr><td colspan="2">货车</td><td colspan="3">$v_{侧}$≤30 km/h</td><td>轨底坡</td><td>—</td></tr>
<tr><td>尖 / 心轨跟端形式</td><td colspan="5">间隔铁活接头</td><td>锁闭方式</td><td>尖轨：内锁闭
心轨：内锁闭</td></tr>
<tr><td>道岔全长</td><td colspan="2">30 050</td><td>导曲线半径</td><td colspan="2">220 m</td><td>辙叉角</td><td>6°20′25″</td></tr>
<tr><td colspan="3">道岔终端至末根岔枕中心距离</td><td colspan="5">5 988</td></tr>
<tr><td colspan="2" rowspan="5">双转辙器
专线 6055</td><td colspan="2">轨件名称</td><td colspan="2">图　　号</td><td>长　　度</td><td>轨　　型</td></tr>
<tr><td colspan="2">序号 1、2 直基本轨</td><td colspan="2">专线 6055－4</td><td>7 682</td><td>50 kg/m</td></tr>
<tr><td colspan="2">序号 3、4 曲基本轨</td><td colspan="2">专线 6055－5、6</td><td>8 240、12 500</td><td>50 kg/m</td></tr>
<tr><td colspan="2">序号 5、6 直线尖轨</td><td colspan="2">专线 6055－7、8</td><td>5 310</td><td>50AT1</td></tr>
<tr><td colspan="2">序号 7、8 曲线尖轨</td><td colspan="2">专线 6055－9、10</td><td>5 310</td><td>50AT1</td></tr>
<tr><td colspan="2" rowspan="4">钝角辙叉
专线 6056</td><td colspan="2">轨件名称</td><td colspan="2">图　　号</td><td>长　　度</td><td>轨　　型</td></tr>
<tr><td colspan="2">基本轨</td><td colspan="2">专线 6056－4</td><td>8 666</td><td>50 kg/m</td></tr>
<tr><td colspan="2">序号 3、4 活动心轨</td><td colspan="2">专线 6056－5</td><td>3 700</td><td>50AT1</td></tr>
<tr><td colspan="2">导轨</td><td colspan="2">专线 6056－6</td><td>8 647</td><td>50 kg/m</td></tr>
<tr><td colspan="2" rowspan="5">辙叉及护轨
专线 6057</td><td rowspan="2">辙叉图号</td><td rowspan="2">专线 4143－4</td><td>辙叉全长</td><td>3 592</td><td>护轨长度</td><td>3 600</td></tr>
<tr><td>辙叉趾长</td><td>1 538</td><td>护轨形式</td><td>43 kg/m</td></tr>
<tr><td>辙叉形式</td><td>高锰钢整铸式</td><td>辙叉跟长</td><td>2 054</td><td>护轨图号</td><td>专线 4143－5</td></tr>
<tr><td colspan="5">护轨端头距导轨端头定位尺寸</td><td>426</td></tr>
<tr><td colspan="5">辙叉理论尖端距趾端方向前一根岔枕中心距离</td><td>260</td></tr>
<tr><td colspan="2">岔枕图号
GB154－84</td><td>岔枕总数</td><td>78 根</td><td>岔枕展延长</td><td>305.2 m</td><td>套管总数</td><td>—</td></tr>
<tr><td colspan="2">转换设备图号
S9906</td><td>尖轨动程</td><td colspan="3">152</td><td>心轨动程</td><td>90</td></tr>
<tr><td colspan="2">批准文号</td><td colspan="4">铁基〔1988〕217 号</td><td>应用情况</td><td>★★</td></tr>
<tr><td colspan="2">主要结构特点</td><td colspan="6">1. 道岔与叁标线 6016《50 kg/m 钢轨 9 号复式交分道岔》的主要尺寸相同。
2. 双转辙器采用 50AT1 半切线型曲线尖轨；顿角辙叉采用 50AT1 活动心轨，尖端均为藏尖式，跟端均为间隔铁式。
3. 道岔枕木均垂直于辙叉角平分线布置。</td></tr>
</table>

双转辙器明细表

序号	图号 / 标准	名称及规格	数量	材　料	备　注
1	专线 6055－4	基本轨　7 682	1		
2	专线 6055－4	基本轨　7 682	1		与序号 1 对称制造
3	专线 6055－5	基本轨　8 240	1		
4	专线 6055－6	基本轨　12 500	1		
5	专线 6055－7	尖　轨　5 310	1		
6	专线 6055－8	尖　轨　5 310	1	50AT1 钢轨	
7	专线 6055－9	尖　轨　5 310	1	50AT1 钢轨	
8	专线 6055－10	尖　轨　5 310	1		
9	专线 4140－36	轨　撑　50	30	KTH330－08	
10	专线 4140－39	轨　撑　50	4	KTH330－08	
11	专线 4140－38	轨　撑　50	4	KTH330－08	
12	专线 4140－35	调整楔	30	KTH350－10	
13	专线 6055－11	辙跟间隔铁	1	KTH330－08	
14	专线 6055－11	辙跟间隔铁	1	KTH330－08	
15	专线 6055－11	辙跟间隔铁	1	KTH330－08	
16	专线 6055－11	辙跟间隔铁	1	KTH330－08	
17	专线 6055－12	接头夹板	2		
18	专线 6055－12	接头夹板	2		与序号 17 对称
19	专线 6061－9	拉　杆　1 095	2		
20	专线 6061－11	连　杆　1 091	2		
21	专线 4140－10	垫　板　366×180×20	2	Q235－A(底板)	
22	专线 6061－2	垫　板　293×180×20	2	Q235－A(底板)	
23	专线 6061－3	垫　板　388×180×20	4	Q235－A(底板)	
24	专线 6061－4	滑床板　432×180×20	2	Q235－A(底板)	
25	专线 6061－4	滑床板　461×180×20	2	Q235－A(底板)	
26	专线 6061－4	滑床板　514×180×20	2	Q235－A(底板)	
27	专线 6061－5	滑床板　578×180×20	4	Q235－A(底板)	
28	专线 6061－7	滑床板　534×180×20	10	Q235－A(底板)	
29	专线 6061－6	滑床板　609×180×20	16	Q235－A(底板)	
30	专线 6055－13	辙跟垫板　814×505×20	1	Q235－A(底板)	
31	专线 6055－13	辙跟垫板　814×505×20	1	Q235－A(底板)	与序号 30 对称

续上表

序号	图号 / 标准	名称及规格	数量	材　　料	备　　注
32	专线 6055－14	辙跟垫板　1 388 × 553 × 20	1	Q235－A(底板)	
33	专线 6055－14	辙跟垫板　1 388 × 553 × 20	1	Q235－A(底板)	与序号 32 对称
34	专线 4140－27	接头扣板　50/0－2	4	KTH350－10	
35	专线 4140－27	接头扣板　50/4－6	2	KTH350－10	
36	专线 4140－25	中间扣板　50	10	KTH350－10	
37	专线 4140－7	螺　柱　24 × 29 × 75 × 200	2	Q275	
38	专线 4140－7	螺　柱　24 × 29 × 75 × 210	2	Q275	
39	专线 4140－7	螺　柱　24 × 24 × 95 × 205	2	Q275	
40	专线 4140－7	螺　柱　24 × 24 × 95 × 215	2	Q275	
41	专线 4140－3	螺　栓　M24 × 250	2		
42	专线 4140－3	螺　栓　M24 × 260	4		
43	专线 4140－3	螺　栓　M24 × 280	2		
44	TB/T 416	螺　栓　M22 × 75	16		
45	专线 4140－4	螺　栓　M22 × 85	16		
46	GB/T 31	螺　栓　M22 × 85	26		
47	专线 4140－5	螺　栓　M22 × 85	4		
48	专线 4140－4	螺　栓　M22 × 110	60		
49	专线 4140－8	螺　母　M24	24	Q275	
50	专线 4140－8	螺　母　M22	122	Q275	
51	GB/T 97	垫　圈　24	16		
52	TB/T 418	垫　圈　24	24	55Si2Mn	
53	TB/T 418	垫　圈　22	122	55Si2Mn	
54	GB/T 96	垫　圈　22	60		
55	专线 4140－43	辙跟垫圈　50		KTH330－08	
56	GB/T 91	销　5 × 30	46		
57	专线 6050－15	绝缘垫板	2		
58	GB/T 100	螺　钉　8 × 120	8		
59	GB/T 102	螺　钉　20 × 140	6		
60	TB/T 1346	螺纹道钉　22 × 145	200		
61	专线 4140－51	塑料垫片　376 × 190 × 5	2		
62	专线 6061－17	塑料垫片　303 × 190 × 5	2		
63	专线 4140－52	塑料垫片　398 × 190 × 5	4		
64	专线 6061－19	塑料垫片　442 × 190 × 5	2		

续上表

序号	图号 / 标准	名称及规格	数量	材　　料	备　　注
65	专线 6061－19	塑料垫片　471×190×5	2		
66	专线 6061－19	塑料垫片　524×190×5	2		
67	专线 6061－18	塑料垫片　588×190×5	4		
68	专线 4140－52	塑料垫片　544×190×5	10		
69	专线 4140－53	塑料垫片　619×190×5	16		
70	专线 4140－54	塑料垫片　515×240×5	4		
71	专线 4140－54	塑料垫片　505×240×5	2		
72	专线 4140－54	塑料垫片　537×240×5	4		

钝角辙叉明细表

序号	图号 / 标准	名称及规格	数量	材　　料	备　　注
1	专线 6056－4	基本轨　8 666	2		
2	专线 6056－6	导　轨　8 647	2		
3	专线 6056－5	活动心轨　3 700	2		
4	专线 6056－5	活动心轨　3 700	2		与序号 3 对称
5	专线 4140－39	轨　撑　50	4		
6	专线 6061－13	基本轨中部顶铁	2		
7	专线 6056－8	间隔铁		KTH 330－08	
8	专线 6056－8	间隔铁	2	KTH 330－08	与序号 8 对称
9	专线 6061－10	拉　杆　1207	2		
10	专线 6056－7	接头夹板	4	Q275	
11	专线 4140－43	辙跟垫圈　50	16	KTH 330－08	
12	专线 6056－9	垫　板　552 × 180 × 20	4		
13	专线 6056－10	垫　板　508 × 180 × 20	4		
14	专线 6056－10	垫　板　572 × 180 × 20	2		
15	专线 6056－10	垫　板　572 × 180 × 20	2		与序号 14 对称
16	专线 6056－11	垫　板　1 081 × 180 × 20	2		
17	专线 6056－11	垫　板　1 081 × 180 × 20	2	Q235－A(底板)	与序号 16 对称
18	专线 6056－11	垫　板　1 071 × 180 × 20	2	Q235－A(底板)	
19	专线 6056－11	垫　板　1 071 × 180 × 20	2	Q235－A(底板)	与序号 18 对称
20	专线 6056－12	垫　板　1 064 × 180 × 20	2	Q235－A(底板)	
21	专线 6056－12	垫　板　1 064 × 180 × 20	2	Q235－A(底板)	与序号 20 对称
22	专线 6056－12	垫　板　1 059 × 180 × 20	2	Q235－A(底板)	
23	专线 6056－12	垫　板　1 059 × 180 × 20	2	Q235－A(底板)	与序号 22 对称
24	专线 6056－13	中央桥式垫板　1 056 × 770 × 20	2	Q235－A(底板)	
25	专线 6061－14	支距扣板　50/50－56	4	KTH 350－10	
26	专线 6061－14	支距扣板　50/72－78	4	KTH 350－10	
27	专线 6061－14	支距扣板　50/95－101	4	KTH 350－10	
28	专线 4140－25	中间扣板　50	86	KTH 350－10	
29	专线 4140－27	接头扣板　50/4－6	2	KTH 350－10	
30	专线 4140－27	接头扣板　50/0－2	4	KTH 350－10	
31	专线 4140－7	螺　柱　24 × 28 × 75 × 240	4		

续上表

序号	图号 / 标准	名称及规格	数量	材　　料	备　　注
32	专线 4140－7	螺　柱　24×24×95×230	4		
33	专线 4140－3	螺　栓　M24×280	4		
34	专线 4140－3	螺　栓　M24×260	4		
35	GB/T 5	螺　栓　M24×110	4		
36	专线 4140－4	螺　栓　M22×85	104		
37	TB/T 416	螺　栓　M22×75	8		
38	专线 4140－8	螺　母　M24	28	Q275	
39	专线 4140－8	螺　母　M22	112	Q275	
40	TB/T 418	弹簧垫圈　24	28	55SiMn	
41	GB/T 97	垫　圈　24	24		
42	TB/T 418	弹簧垫圈　22	112	55SiMn	
43	GB/T 95	垫　圈　22	12		
44	GB/T 91	销　5×30	16	Q235－A	
45	专线 6061－15	螺纹道钉　22×185	12	Q235－A	
46	TB/T 1346	螺纹道钉　22×145	132	Q235－A	
47	专线 6061－16	调整片 b			*b*=2 mm 和 3 mm 各 2 片，*b*=10 mm 4 片
48	专线 4140－51	塑料垫片　562×190×5	4		
49	专线 4140－52	塑料垫片　518×190×5	4		
50	专线 6056－14	塑料垫片　582×190×5	4		
51	专线 6056－14	塑料垫片　1 091×190×5	4		
52	专线 6056－14	塑料垫片　1 081×190×5	4		
53	专线 4140－51	塑料垫片　1 074×190×5	4		
54	专线 6056－14	塑料垫片　1 069×190×5	4		
55	专线 6056－14	塑料垫片　1 066×240×5	4		

辙叉及护轨明细表

序号	图号 / 标准	名称及规格	数量	材　料	备　注
1	专线 4143－4	高锰钢辙叉	1		
2	专线 4143－5	护　轨	2		
3	TB/T 1164	间隔铁　50－9	1		
4	专线 6057－5	垫　板　618×180×20	1		
5	专线 4140－15	垫　板　520×180×20	10		
6	专线 4140－14	垫　板　674×180×20	6		
7	专线 6057－4	垫　板　682×180×20	1		
8	专线 6057－5	垫　板　523×180×20	2		
9	专线 6057－5	垫　板　526×180×20	2		
10	专线 6057－4	垫　板　760×544×20	1		
11	专线 4140－10	垫　板　366×180×20	6		
12	专线 4140－57	垫　板　476×180×20	2		
13	专线 4140－23	调整片　$135\times100\times\frac{2}{3}$	28 14		
14	专线 4140－25	中间扣板　50	30		
15	专线 4140－27	接头扣板　50/0－2	4	KTH350－10	
16	专线 4140－27	接头扣板　50/4－6	6		
17	专线 4140－28	辙叉扣板	10		
18	专线 4140－29	辙叉接头扣板	4	KTH350－10	
19	GB/T 184	接头夹板	6		
20	专线 4140－4	螺　栓　M22×85	38		
21	专线 4140－4	螺　栓　M22×90	12	Q235－A	
22	TB/T 416	螺　栓　M22×85	4	Q235－A	
23	TB/T 413	螺　栓　M24×110	14		
24	专线 4140－3	螺　栓　M24×300	1		
25	专线 4140－3	螺　栓　M24×320	1		
26	专线 4140－3	螺　栓　M24×330	1		
27	专线 4140－3	螺　栓　M24×350	1		
28	专线 4140－3	螺　栓　M24×360	1		
29	专线 4140－3	螺　栓　M24×380	1		
30	GB/T 5098	接头螺栓、螺母　M24	12		

续上表

序号	图号 / 标准	名称及规格	数量	材　　料	备　　注
31	专线 4140－8	螺　母　M22	54		
32	专线 4140－8	螺　母　M24	20		
33	TB/T 418	垫　圈　22	54		
34	TB/T 418	垫　圈　24	20	55Si2Mn	
35	TB/T 442	接头夹板方孔垫圈　50－3	6	55Si2Mn	
36	TB/T 442	接头夹板圆孔垫圈　50－3	6		
37	专线 4140－9	导电销　25×40	4		
38	TB/T 436	螺纹道钉　22×145	144		
39	专线 4140－51	塑料垫片　376×190×5	6		
40	专线 4140－53	塑料垫片　486×190×5	2		
41	专线 4140－56	塑料垫片　530×190×5	10		
42	专线 4140－54	塑料垫片　554×240×5	2		
43	专线 4140－51	塑料垫片　628×190×5	1		
44	专线 4140－51	塑料垫片　684×190×5	6		
45	专线 4140－55	塑料垫片　692×190×5	1		
46	专线 4140－56	塑料垫片　533×190×5	2		
47	专线 4140－56	塑料垫片　536×190×5	2		

50 kg/m 钢轨 9 号复式交分道岔辙叉及护轨
图 号：专线 6057

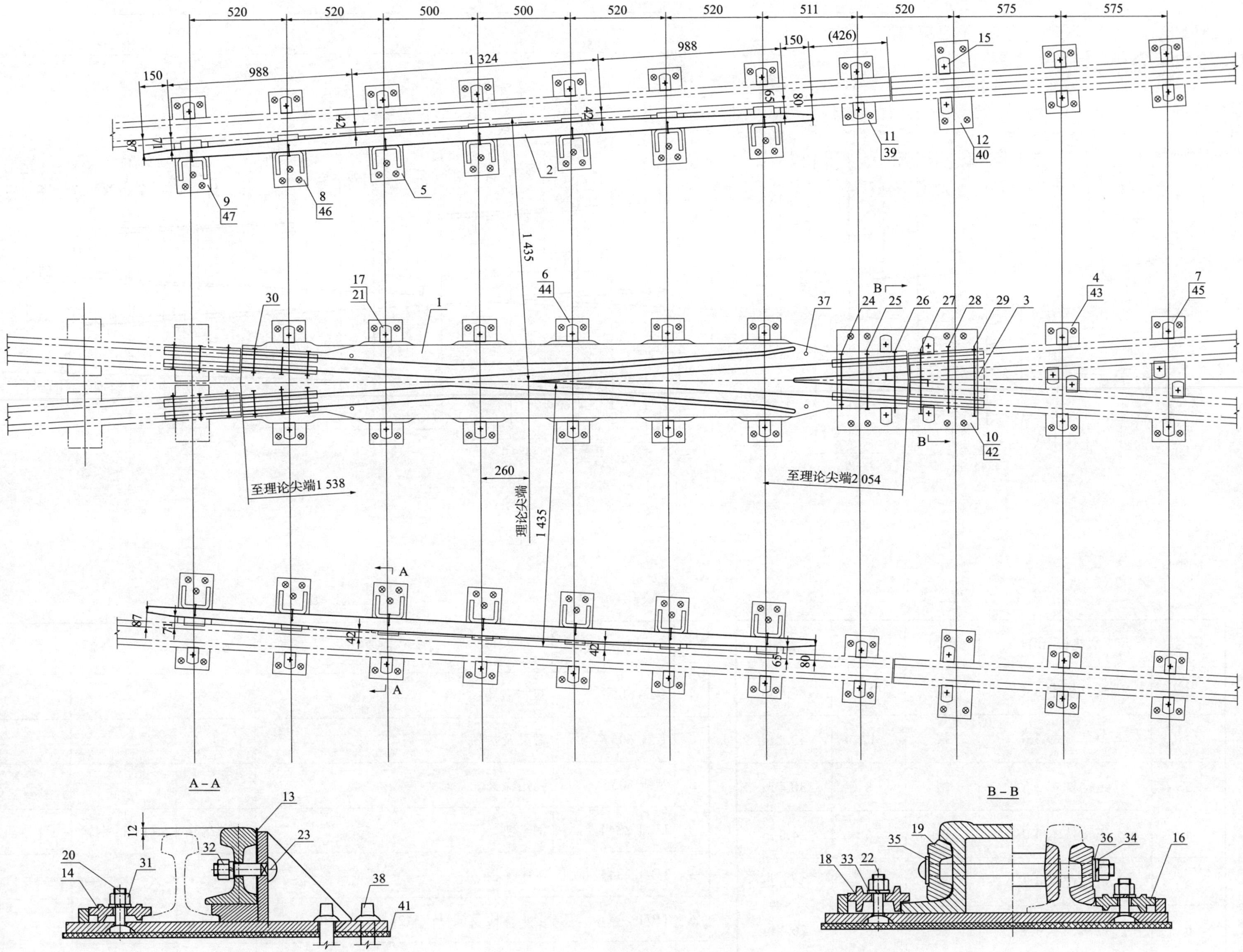

技 术 要 求

1. 安装护轨垫板时，如护轨基本轨轨底边与台板间隙大于 2 mm，如台板上颚与基本轨有空隙时，可用薄铁片塞紧。
2. 组装护轨时，应使用 3 mm 厚的护轨调整片，如查照间隔或护背距离不合格时，可用备用调整片进行调整。
3. 铺设时，序号 4、7 垫板，标记应在辙叉左侧。

50 kg/m 钢轨 9 号复式交分道岔
图　号：专线 6054

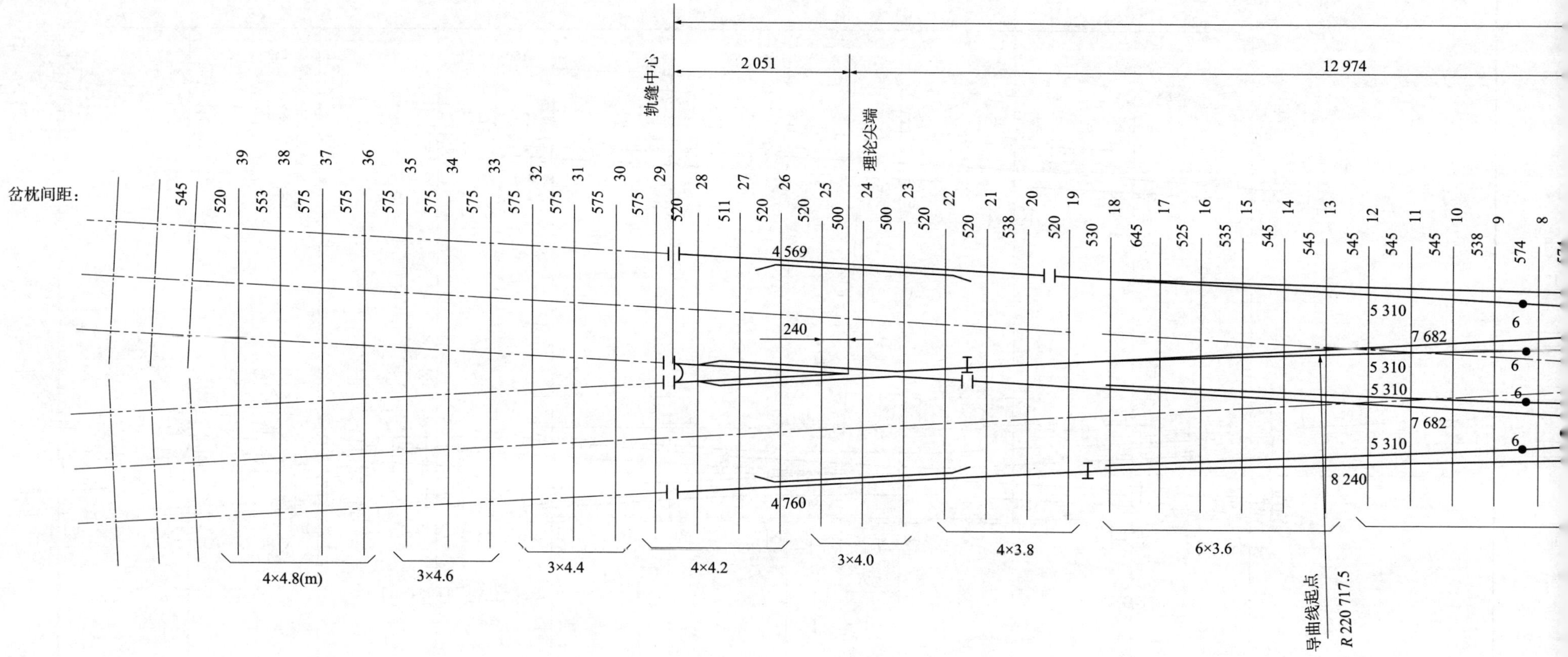

表 1　岔　枕　表

序号	岔枕长 (m)	单位	数量	备注
1	道岔枕木 3.4	根	24	81.6 m
2	道岔枕木 3.6	根	12	43.2 m
3	道岔枕木 3.8	根	8	30.4 m
4	道岔枕木 4.0	根	6	24.0 m
5	道岔枕木 4.2	根	8	33.6 m
6	道岔枕木 4.4	根	6	26.4 m
7	道岔枕木 4.6	根	6	27.6 m
8	道岔枕木 4.8	根	8	38.4 m
注：枕木材料和规格按 GB 154 规定；枕木总体积 11.72 m^3				

表 2　明　细　表

序号	图号 / 标准	名称及规格	数量	材　料	备　注
1	专线 6055	双转辙器	2		
2	专线 6057	辙叉及护轨	2		
3	专线 6056	钝角辙叉	1		
4	TB/T 2344	钢　轨	18.276 m	50 kg/m 钢轨	
5	TB/T 2345	接头夹板	4		
6	TB/T 2347	接头螺栓及螺母　M24 × 135 − 10.9	12		
7	TB/T 418	平垫圈　24	12	55Si2Mn	
8	TB/T 418	垫　圈　22	8	55Si2Mn	
9	专线 4140 − 10	垫　板　366 × 180 × 20	4		

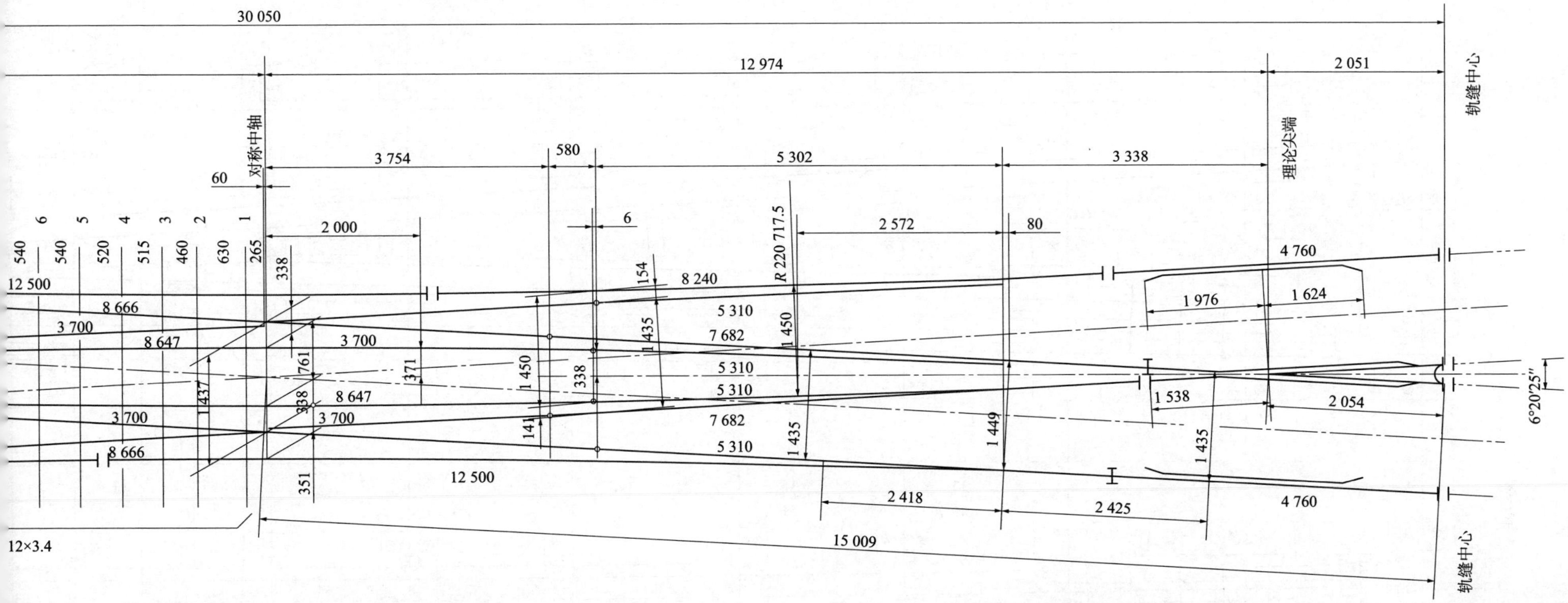

续表 2

序号	图号 / 标准	名称及规格	数量	材　料	备　注
10	专线 4140－27	接头扣板　50/0－2	4		
11	专线 4140－27	接头扣板　50/4－6	4		
12	专线 4140－4	螺　栓　M22 × 85	8		
13	专线 4140－8	螺　母　M22	8		
14	TB/T 1346	螺纹道钉　M22 × 145	16		
15	专线 4140－51	塑料垫片　376 × 190 × 5	4		
16	电号 9050	钢轨绝缘	4		

技 术 要 求

1. 道岔主要结构特点为：双转辙器采用 50AT 半切线型曲线尖轨；钝角辙叉采用 50AT 活动心轨，尖端均为藏尖式，跟端结构均为间隔铁式；锐角辙叉采用高锰钢整铸式；护轨为分开式，顶面高出基本轨顶面 12 mm；各垫板下均设塑料垫片。
2. 半切线型尖轨转辙始角 β=1°20′10″。
3. 图中绝缘接头及普通接通分别以“╤”和“—|├—”表示，轨缝除注明者外均为 8 mm。
4. 扣板的设计安装号数为：钢轨工作边一侧安装 4 号扣板，非工作边一侧安装 2 号扣板。
5. 道岔枕木均按垂直于辙叉角平分线布置。

60 kg/m 钢轨 9 号复式交分道岔钝角辙叉

图　号：专线 6056

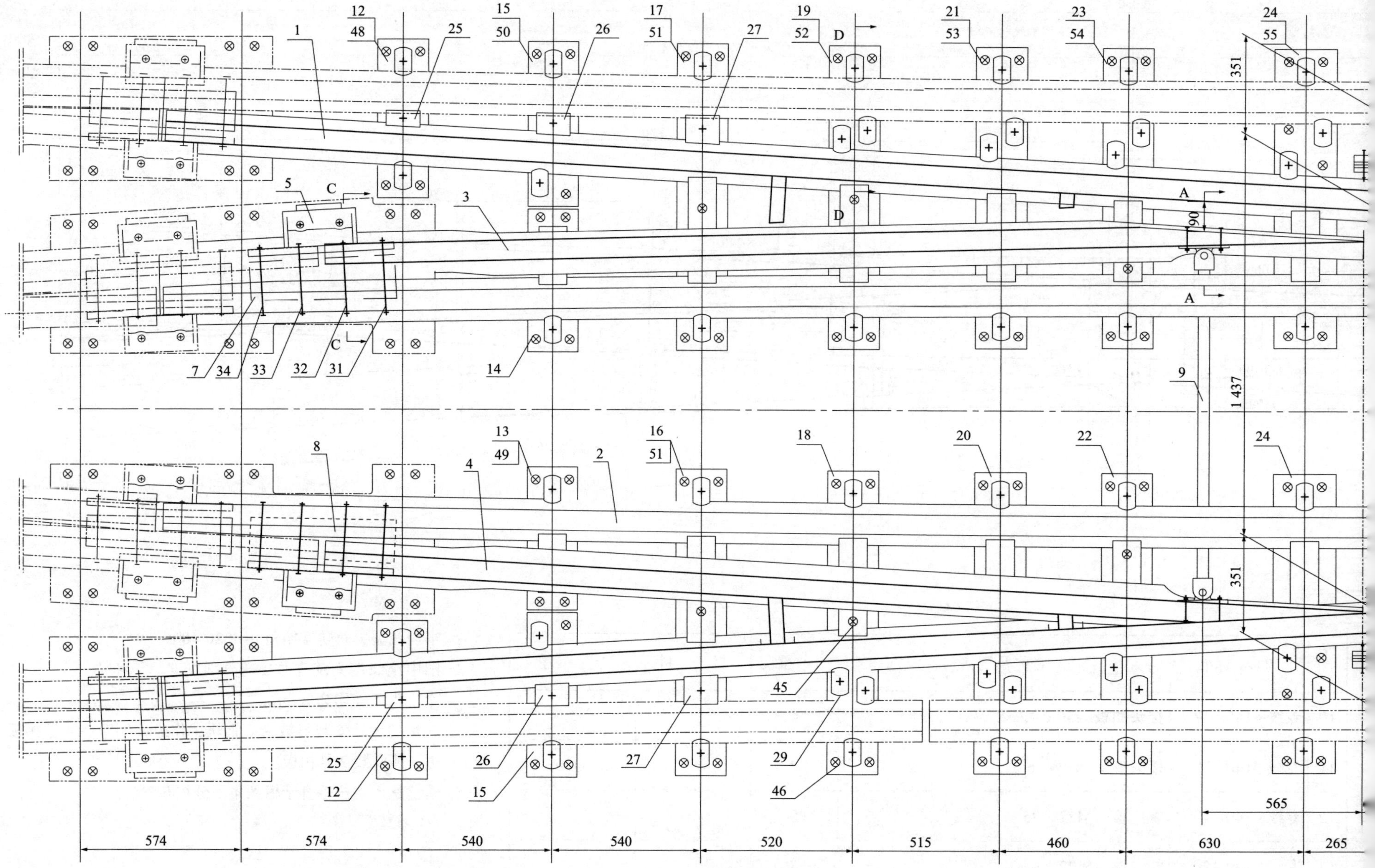

A－A

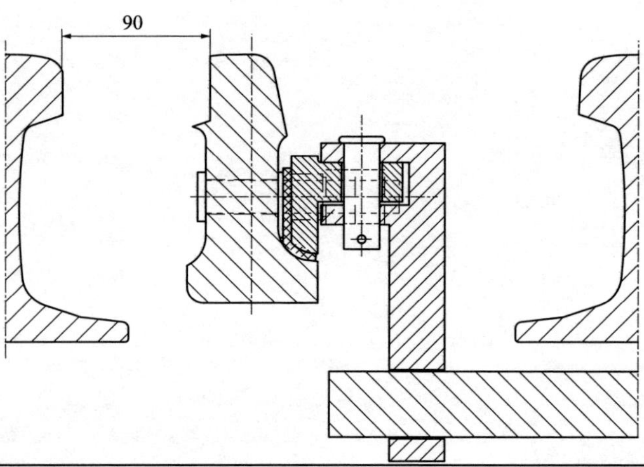

B－B

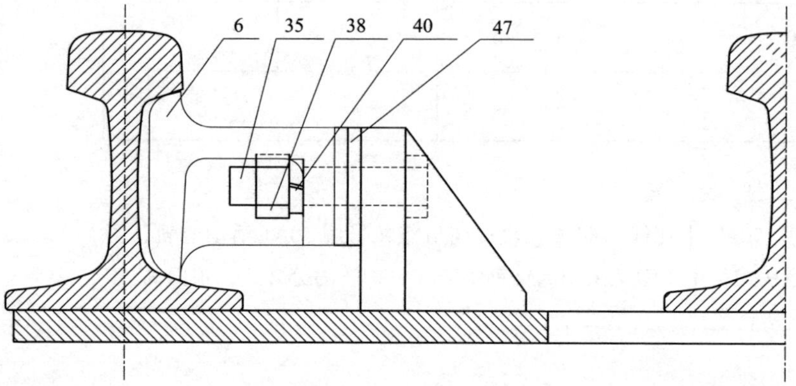

技　术　要　求

1. 扣件采用分开式刚性可调扣件。钢轨工作边一侧安装 4 号扣板，钢轨非工作边一侧安装 2 号扣板。
2. 本图一对活动心轨只设一根拉杆，为保证安全，电务安装装置应按标准要求安设尖端杆。

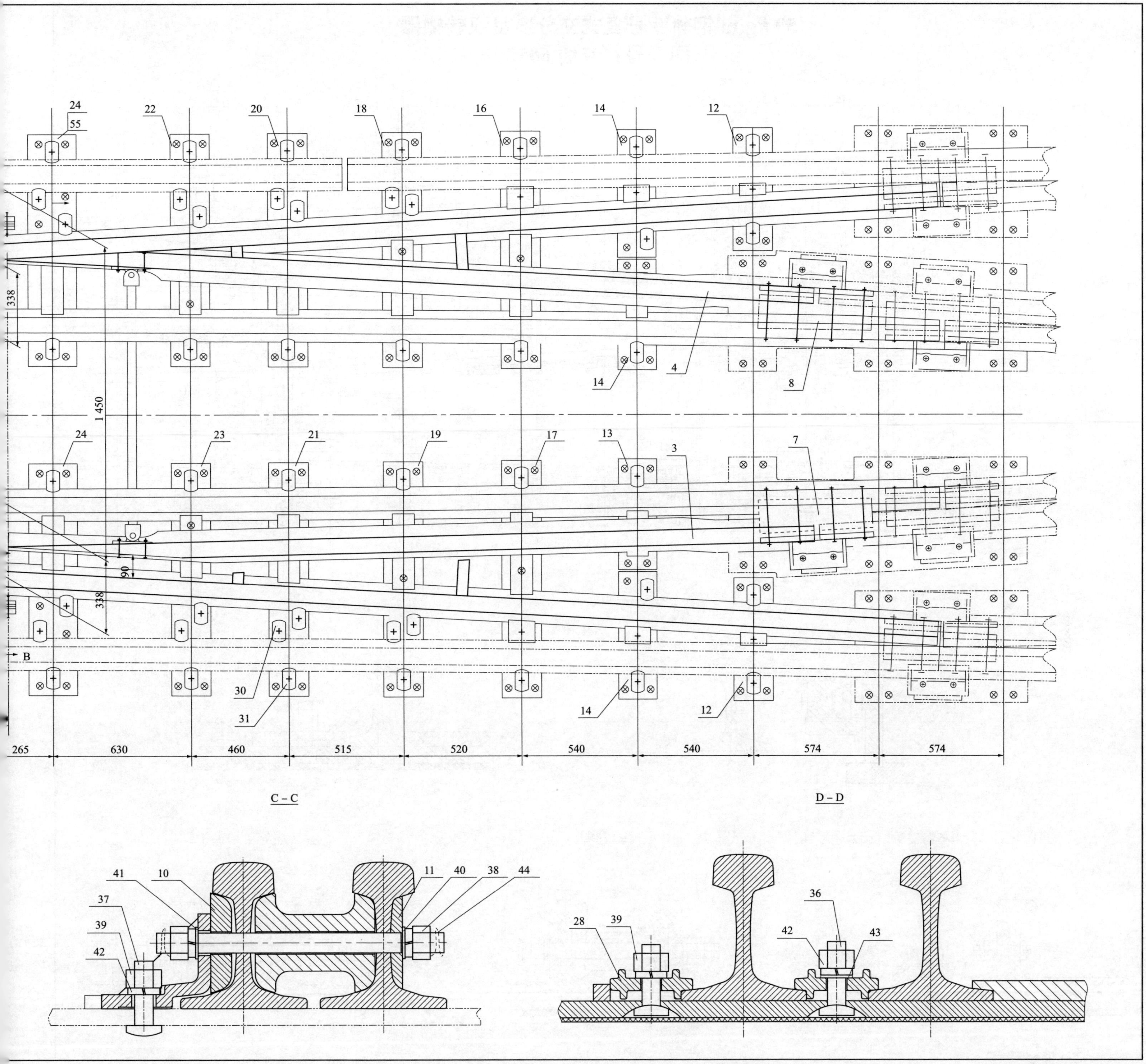
24
55
22
20
18
16
14
12
338
1 450
4
8
24
23
21
19
17
13
3
7
90
338
B
30
31
14
12
265
630
460
515
520
540
540
574
574
C－C
D－D
41
10
37
39
42
11
40
38
44
28
39
36
42
43

50 kg/m 钢轨 9 号复式交分道岔双转辙器

图　号：专线 6055

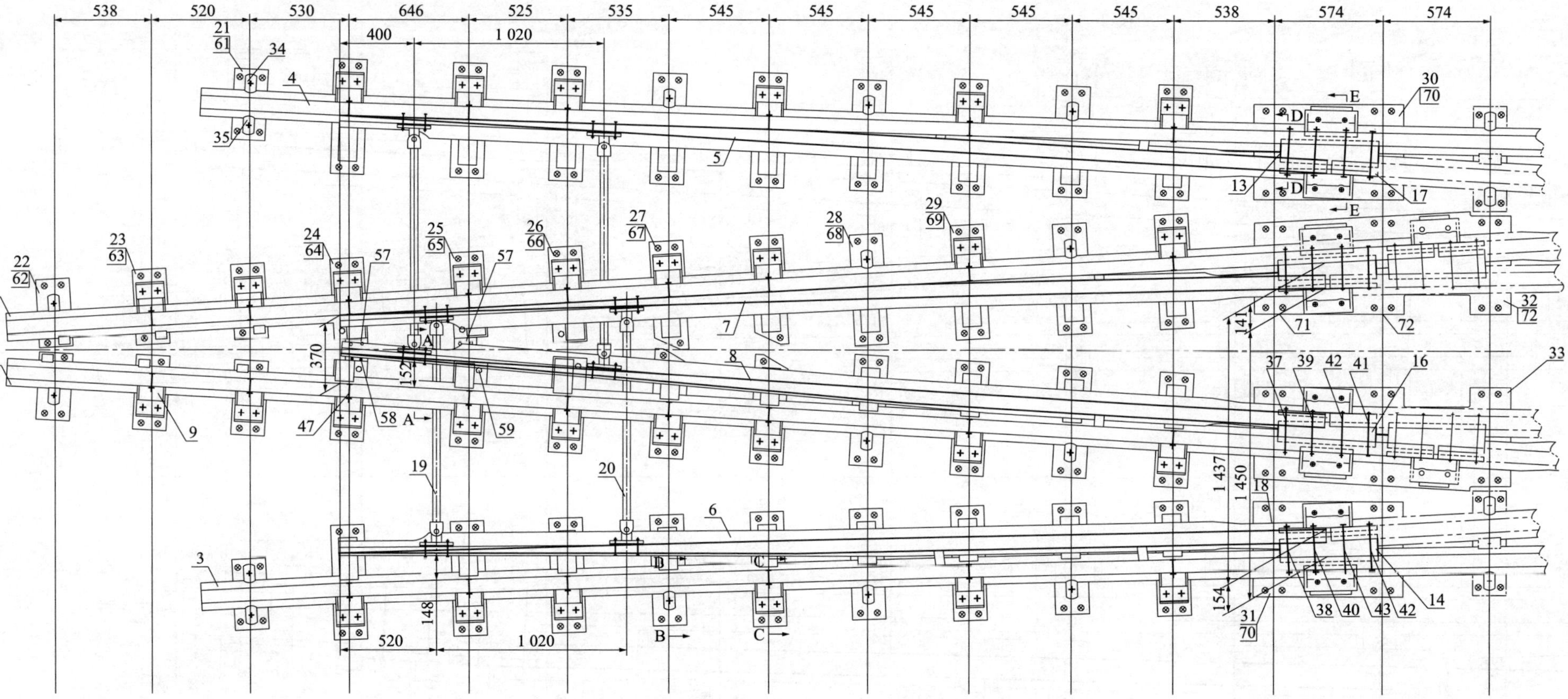

A－A 旋转

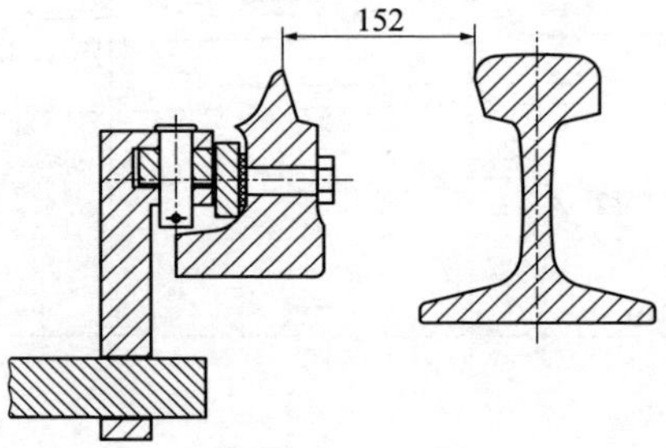

B－B 旋转

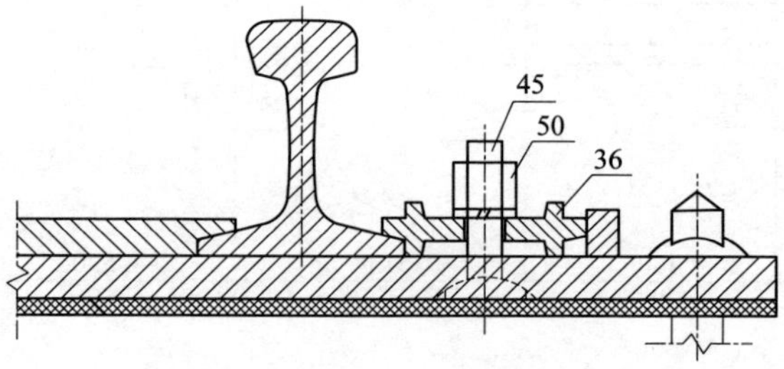

C－C 旋转

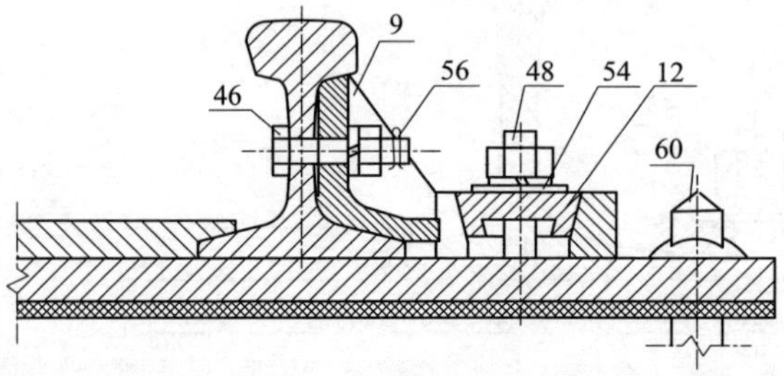

D－D 旋转

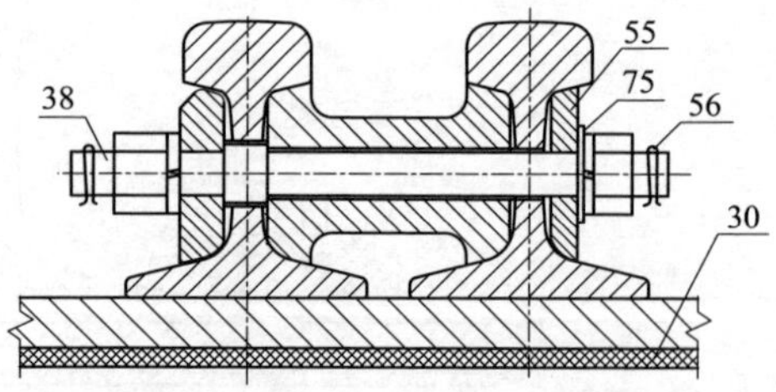

E－E 旋转

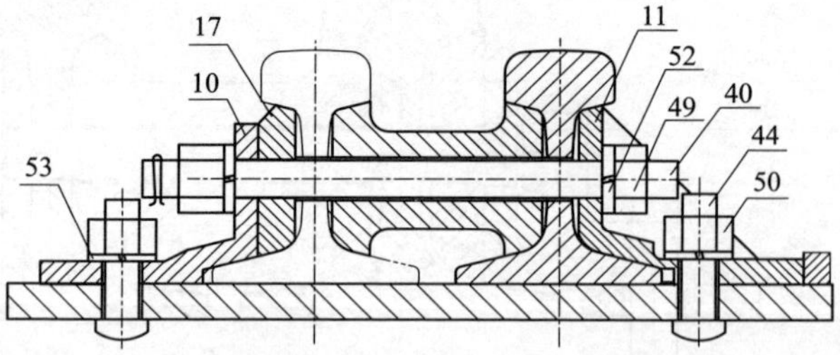

82. 50 kg/m 钢轨 9 号道岔 5.0 m 间距交叉渡线(混凝土枕)
设计图号：专线(02)7663

<table>
<tr><td rowspan="2">道岔允许通过速度</td><td>客车</td><td colspan="3">$v_{直}\leqslant 90$ km/h；$v_{侧}\leqslant 30$ km/h</td><td colspan="2">扣件类型</td><td>Ⅰ型弹条</td></tr>
<tr><td>货车</td><td colspan="3">$v_{直}\leqslant 80$ km/h；$v_{侧}\leqslant 30$ km/h</td><td colspan="2">轨底坡</td><td>—</td></tr>
<tr><td>A(B) 型辙叉角</td><td colspan="3">6°20′25″</td><td colspan="3">锐角 / 钝角辙叉角</td><td>12°40′50″</td></tr>
<tr><td>转辙器
专线 (02)4151－Ⅱ</td><td colspan="7">详见“50 kg/m 钢轨 9 号单开道岔［专线 (02)4151］”</td></tr>
<tr><td rowspan="6">9 号 A(B) 辙叉及护轨
专线 (02)7663－Ⅱ</td><td rowspan="2">辙叉图号</td><td rowspan="2">专线 (02)4151－Ⅲ－4</td><td>辙叉全长</td><td>3 588</td><td colspan="2" rowspan="2">护轨长度</td><td>直向：3 600</td></tr>
<tr><td>辙叉趾长</td><td>1 538</td><td>侧向：3 200</td></tr>
<tr><td>辙叉形式</td><td>高锰钢整铸式</td><td>辙叉跟长</td><td>2 050</td><td colspan="2">护轨轨型</td><td>43 kg/m</td></tr>
<tr><td colspan="2" rowspan="2">护轨端头距导轨端头定位尺寸</td><td>直　　向</td><td>596</td><td rowspan="2">护轨图号</td><td>直</td><td>专线 (02)7663－Ⅱ－4</td></tr>
<tr><td>侧　　向</td><td>242</td><td>侧</td><td>专线 (02)7663－Ⅱ－5</td></tr>
<tr><td colspan="6">辙叉理论尖端距趾端方向前一根岔枕中心距离</td><td>46</td></tr>
<tr><td rowspan="5">4.5 号锐角辙叉及护轨
专线 (02)7663－Ⅲ</td><td rowspan="2">辙叉图号</td><td rowspan="2">专线 (02)7663－Ⅲ－4</td><td>辙叉全长</td><td>3 108</td><td colspan="2">护轨长度</td><td>3 050</td></tr>
<tr><td>辙叉趾长</td><td>1 326</td><td colspan="2">护轨轨型</td><td>43 kg/m</td></tr>
<tr><td>辙叉形式</td><td>高锰钢整铸式</td><td>辙叉跟长</td><td>1 782</td><td colspan="2">护轨图号</td><td>专线 (02)7663－Ⅲ－5</td></tr>
<tr><td colspan="6">辙叉理论尖端距趾端方向前一根岔枕中心距离</td><td>486</td></tr>
<tr><td colspan="6">护轨端头距导轨端头定位尺寸</td><td>2 753</td></tr>
<tr><td>4.5 号钝角辙叉
专线 (02)7663－Ⅳ</td><td>辙叉图号</td><td>专线 (02)7663－Ⅳ－3</td><td>辙叉类型</td><td>高锰钢
整铸式</td><td colspan="2">辙叉全长</td><td>4 440</td></tr>
<tr><td>岔枕图号
专线 (03)3428</td><td>岔枕总数</td><td>226 根</td><td>岔枕展延长</td><td>797.8 m</td><td colspan="2">套管总数</td><td>1 464</td></tr>
<tr><td>批准文号</td><td colspan="4">建技〔2003〕18 号</td><td colspan="2">应用情况</td><td>★★</td></tr>
<tr><td>主要结构特点</td><td colspan="7">钝角辙叉范围内轨距采用 1 440 mm，菱形中轨距过渡到 1 435 mm。</td></tr>
</table>

9 号 A(B) 型辙叉及护轨明细表

序号	图号 / 标准	名称及规格	数量	材　料	备　注
1	专线 (02)4151 – Ⅲ – 4	高锰钢整铸辙叉	1		
2	专线 (02)7663 – Ⅱ – 4	直向护轨　3 600	1	43 kg/m 钢轨	
3	专线 (02)7663 – Ⅱ – 5	侧向护轨　3 200	1	43 kg/m 钢轨	
4	专线 4266 – 23	护轨垫板　50	6		
5	专线 (02)7663 – Ⅱ – 6	护轨垫板　550	5		
6	专线 (02)7663 – Ⅱ – 7	辙叉垫板　733	4		
7	专线 (02)7663 – Ⅱ – 7	辙叉垫板　733	1		
8	专线 (02)7663 – Ⅱ – 8	垫　板　718	1		
9	专线 (02)7663 – Ⅱ – 9	垫　板　764	1		
10	专线 (02)7663 – Ⅱ – 10	垫　板　828	1		
11	专线 4266 – 55	接头支距扣板　50/148 – 136	1	ZG 230 – 450	
12	专线 4266 – 61	调整片　135 × 100 × 2	22	Q235	2 mm 备用
		调整片　135 × 100 × 3	11		
13	TB/T 2345	接头夹板	4		
14	TB/T 2347	接头螺栓　M24 × 145 – 10.9	12		带螺母
15	专线 4266 – 6	半圆头螺栓　M24 × 100	7		
16	专线 4266 – 6	半圆头螺栓　M24 × 80	4		
17	专线 4266 – 5	T 型螺栓　M24 × 80	1		
18	专线 4266 – 5	T 型螺栓　M24 × 60	31		
19	专线 4266 – 34	螺　钉　M30	39		
20	GB/T 41	螺　母　M24	32		
21	专线 4266 – 9	螺　母　M24	11		
22	GB/T 1230	垫　圈　24	12		
23	GB/T 7244	垫　圈　24	11		
24	TB/T 1495.4	平垫圈	32	Q235	
25	GB/T 7244	垫　圈　30	39		
26	TB/T 1495.2	B 型弹条	32	60Si2Mn	
27	专线 4266 – 13	轨距块　50/9 – 11	20	ZG 230 – 450	
28	专线 4266 – 13	轨距块　50/13 – 15	9	ZG 230 – 450	
29	专线 4266 – 14	接头轨距块　50 – 11	2	玻璃纤维	
30	专线 4266 – 27	橡胶垫板　50 – 200	17	橡胶	

续上表

序号	图号 / 标准	名称及规格	数量	材　　料	备　　注
31	专线 4266－29	橡胶垫板　439	5	橡胶	
32	专线 4266－31	橡胶垫板　733×185×10	5	橡胶	
33	专线 4266－31	橡胶垫板　718×185×10	1	橡胶	
34	专线 4266－31	橡胶垫板　764×185×10	1	橡胶	
35	专线 4266－32	橡胶垫板　828－379	1	橡胶	
36	专线 4266－33	橡胶垫板　550×185×7	6	橡胶	
37	专线 4266－31	橡胶垫板　550×185×10	5	橡胶	

4.5 号锐角辙叉及护轨明细表

序号	图号 / 标准	名称及规格	数量	材　料	备　注
1	专线 (02)7663－Ⅲ－4	高锰钢整铸辙叉	1		
2	专线 (02)7663－Ⅲ－5	护　轨　3 050	1	43 kg/m 钢轨	
3	专线 (02)7663－Ⅲ－5	护　轨　3 050	1	43 kg/m 钢轨	与序号 2 对称
4	专线 (02)7663－Ⅲ－6	垫　板	1		
5	专线 (02)7663－Ⅲ－6	垫　板	1		与序号 4 对称
6	专线 (02)7663－Ⅲ－7	垫　板　831 × 180 × 20	1		
7	专线 (02)7663－Ⅲ－7	垫　板　831 × 180 × 20	1		与序号 6 对称
8	专线 (02)7663－Ⅲ－8	垫　板　896 × 180 × 20	1		
9	专线 (02)7663－Ⅲ－8	垫　板　896 × 180 × 20	1		与序号 8 对称
10	专线 (02)7663－Ⅲ－9	垫　板　962 × 180 × 20	1		
11	专线 (02)7663－Ⅲ－9	垫　板　962 × 180 × 20	1		与序号 10 对称
12	专线 (02)7663－Ⅲ－10	垫　板　377 × 180 × 20	1		
13	专线 (02)7663－Ⅲ－10	垫　板　377 × 180 × 20	1		与序号 12 对称
14	专线 4266－22	辙叉接头垫板　50－792	2		
15	专线 4266－21	辙叉垫板　50－792	3		
16	专线 (02)7663－Ⅲ－11	垫　板　420 × 180 × 20	1		
17	专线 (02)7663－Ⅲ－11	垫　板　420 × 180 × 20	1		与序号 16 对称
18	专线 (02)4151－Ⅲ－16	间隔铁	2		
19	专线 4266－54	支距扣板　50/120－132	2	ZG 230－450	
20	专线 4266－61	调整片　135 × 100 × 2	20	Q235	2 mm 备用
		调整片　135 × 100 × 3	10		
21	TB/T 2345	接头夹板	12		
22	TB/T 2347	接头螺栓　M24 × 145	24	10.9 级	带螺母
23	专线 4266－5	T 型螺栓　M24 × 60	32		
24	专线 4266－5	T 型螺栓　M24 × 85	2		
25	专线 4266－6	半圆头螺栓　M24 × 100	6		

续上表

序号	图号 / 标准	名称及规格	数量	材　料	备　注
26	专线 4266－6	半圆头螺栓　M24×80	4		
27	专线 4266－6	半圆头螺栓　M24×300G	2		
28	专线 4266－6	半圆头螺栓　M24×320G	2		
29	专线 4266－6	半圆头螺栓　M24×330G	2		
30	专线 4266－6	半圆头螺栓　M24×350G	2		
31	专线 4266－6	半圆头螺栓　M24×360G	2		
32	专线 4266－6	半圆头螺栓　M24×380G	2		
33	专线 4266－34	螺　钉　M30	40		
34	GB/T 41	螺　母　M24	34		
35	专线 4266－9	螺　母　M24	10		
36	专线 4266－9	螺　母　M24G	12		
37	GB/T 1230	垫　圈　24	36		
38	GB/T 7244	垫　圈　24	10		
39	GB/T 7244	垫　圈　30	40		
40	TB/T 1495.4	平垫圈　24	34	Q235	
41	专线 (02)4151－Ⅲ－17	方孔垫圈　50－3	12	KTH 330－08	
42	专线 (02)4151－Ⅲ－17	圆孔垫圈　50－3	12	KTH 330－08	
43	TB/T 1495.2	B 型弹条	34	60Si2Mn	
44	专线 4266－13	轨距块　50/9－11	13	ZG 230－450	
45	专线 4266－13	轨距块　50/13－15	13	ZG 230－450	
46	专线 4266－14	接头轨距块　50/9－11	2	玻璃纤维	
47	专线 4266－14	接头轨距块　50/13－15	4	玻璃纤维	
48	专线 4266－27	橡胶垫板　50－200	16	橡胶	
49	专线 4266－29	橡胶垫板　509	5	橡胶	
50	专线 (02)4151－Ⅲ－18	橡胶垫板　780×310×5	2	橡胶	
51	专线 (02)7663－Ⅲ－12	橡胶垫板　725	2	橡胶	
52	专线 (02)7663－Ⅲ－12	橡胶垫板　775	2	橡胶	

续上表

序号	图号 / 标准	名称及规格	数量	材　料	备　注
53	专线 4266－31	橡胶垫板　831 × 185 × 10	2	橡胶	
54	专线 4266－31	橡胶垫板　896 × 185 × 10	2	橡胶	
55	专线 4266－32	橡胶垫板　962－526	2	橡胶	
56	专线 4266－31	橡胶垫板　377 × 185 × 10	2	橡胶	
57	专线 4266－31	橡胶垫板　792 × 185 × 10	5	橡胶	
58	专线 4266－31	橡胶垫板　420 × 185 × 10	2	橡胶	

4.5 号钝角辙叉明细表

序号	图号 / 标准	名称及规格	数量	材　　料	备　　注
1	专线 (02)7663 – Ⅳ – 3	高锰钢整铸辙叉	1		同专线 7515 – 3
2	专线 4266 – 21	辙叉垫板　707	2		
3	专线 4266 – 21	辙叉垫板　798	2		
4	专线 4266 – 21	辙叉垫板　903	2		
5	专线 (02)7663 – Ⅳ – 4	垫　板　879	2		
6	TB/T 2345	接头夹板	8		
7	TB/T 2347	接头螺栓　M24 × 145	24	10.9 级	
8	专线 4266 – 5	T 型螺栓　M24 × 60	20		带螺母
9	专线 4266 – 34	螺　钉　M30	18		
10	GB/T 41	螺　母　M24	20		
11	GB/T 1230	垫　圈　24	24		
12	GB/T 7244	弹簧垫圈　30	18		
13	TB/T 1495.4	平垫圈	20	Q235	
14	TB/T 1495.2	B 型弹条	20	60Si2Mn	
15	专线 4266 – 13	轨距块　50/13 – 15	10	ZG 230 – 450	
16	专线 4266 – 13	轨距块　50/9 – 11	10	ZG 230 – 450	
17	专线 4266 – 29	橡胶垫板　424	2	橡胶	
18	专线 4266 – 29	橡胶垫板　515	2	橡胶	
19	专线 4266 – 29	橡胶垫板　620	2	橡胶	
20	专线 4266 – 29	橡胶垫板　165	4	橡胶	
21	专线 4266 – 31	橡胶垫板　707 × 185 × 10	2	橡胶	
22	专线 4266 – 31	橡胶垫板　798 × 185 × 10	2	橡胶	
23	专线 4266 – 31	橡胶垫板　903 × 185 × 10	2	橡胶	
24	专线 4266 – 32	橡胶垫板　879 – 404	2	橡胶	

50 kg/m 钢轨 9 号 5.0 间距交叉渡线
图　号：专线 (02)7663

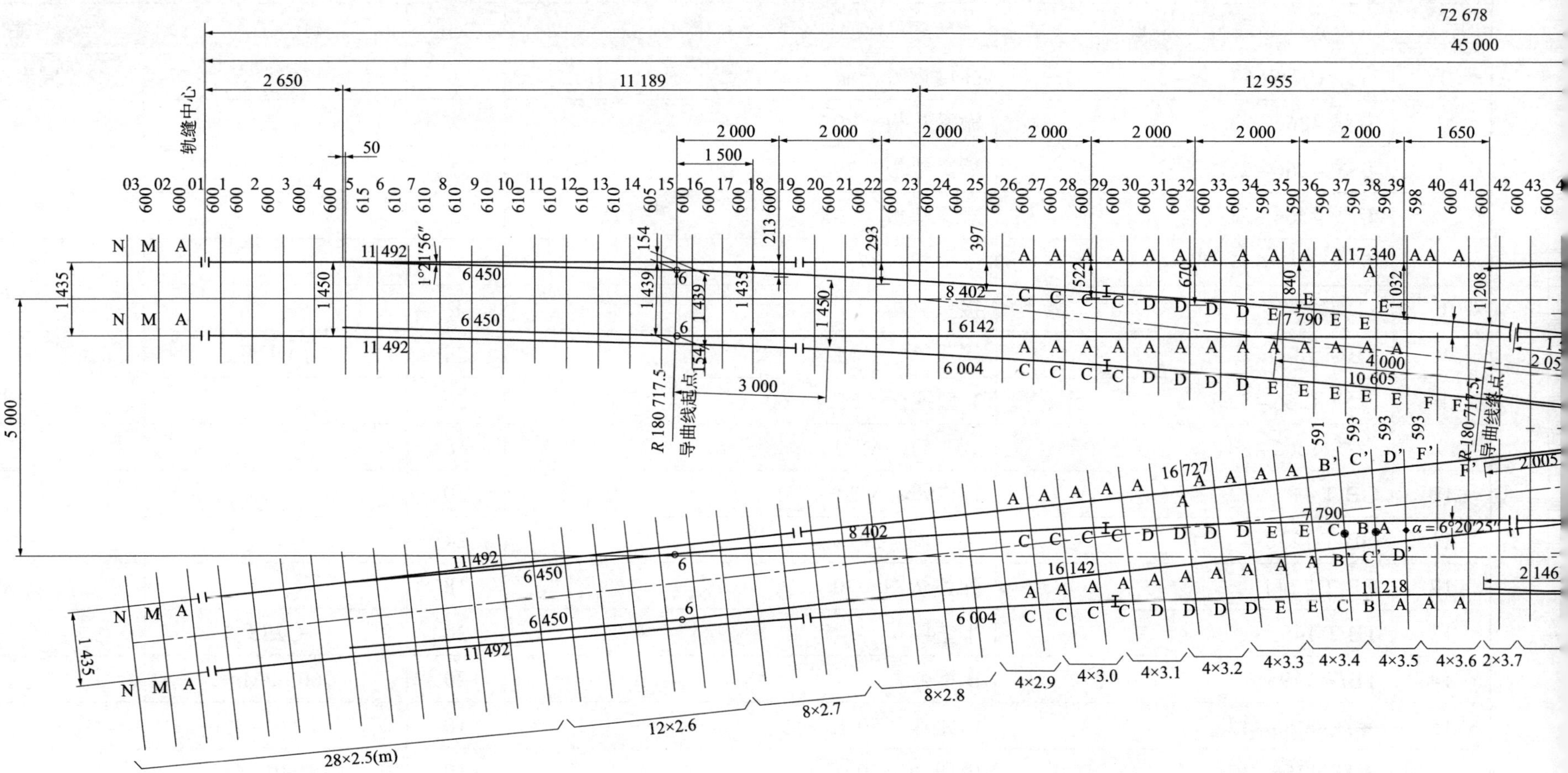

表 1　岔枕数量表

序号	岔枕长 (m)	单位	数量
1	2.4	根	8
2	2.5	根	56
3	2.6	根	28
4	2.7	根	16
5	2.8	根	16
6	2.9	根	8
7	3.0	根	8
8	3.1	根	8
9	3.2	根	8
10	3.3	根	8
11	3.4	根	8
12	3.5	根	8
13	3.6	根	8
14	3.7	根	4
15	7.5	根	34
岔枕总延长为 797.8 m，总质量为 120 000 kg			

表 2　明　细　表

序号	图号 / 标准	名称及规格	数量	材　　料	备　　注
1	专线 (02)4151－Ⅱ	转辙器	4		左开、右开各 2 组
2	专线 (02)7663－Ⅱ	5 m－9 号辙叉及护轨	4		A、B 型各 2 组
3	专线 (02)7663－Ⅲ	5 m－4.5 号锐角辙叉及护轨	2		
4	专线 (02)7663－Ⅳ	4.5 号钝角辙叉	2		
5	TB/T 2344	钢　轨	358.2	50 kg/m 钢轨	
6	TB/T 2345	接头夹板	24		
7	专线 4266－16	平垫板　50－A	188		
8	专线 4266－16	平垫板　50－B(右开)	4		
9	专线 4266－16	平垫板　50－B′(左开)	4		
10	专线 4266－16	平垫板　50－C(右开)	12		
11	专线 4266－16	平垫板　50－C′(左开)	12		
12	专线 4266－16	平垫板　50－D(右开)	18		
13	专线 4266－16	平垫板　50－D′(左开)	18		

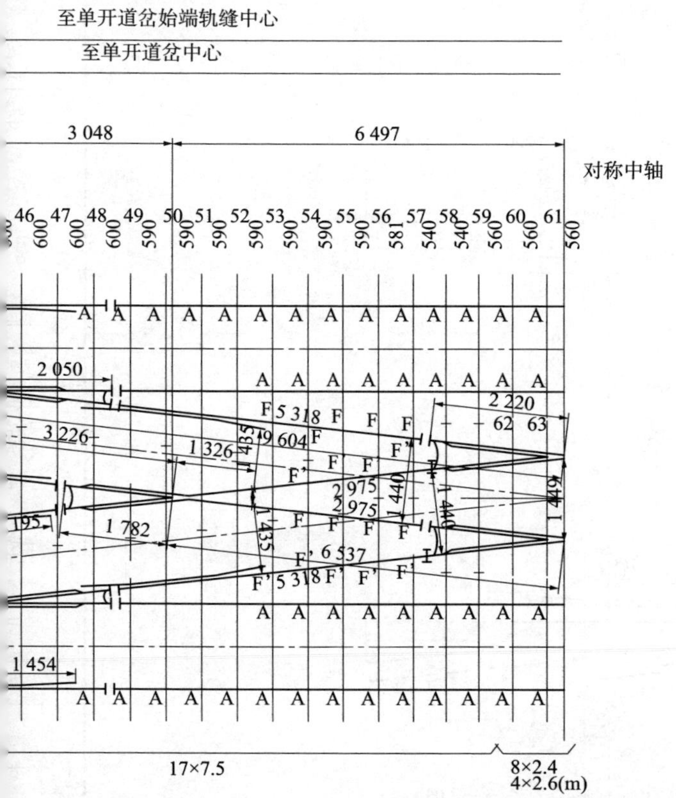

技 术 要 求

1. 图中钢轨普通接头、绝缘接头分别以“—||—”及“+”表示。
2. 钢轨轨缝除注明者外均为 8 mm。
3. 导曲线半径按外轨工作边计。
4. 明细表内钢轨数量由下表所列钢轨组成：

长度 (mm)	17 340	16 142	8 402	7 790	6 004	10 605	14 974	2 975	5 318	11 218	16 727
数量（根）	2	4	4	4	4	2	4	4	4	2	2

5. 9 号单开辙叉及护轨分 A、B 两种形式：左端上方为 A 型，下方为 B 型；右端上方为 B 型，下方为 A 型。
6. 图中符号 A、B、C、D、E、F 表示平垫板和接头垫板类型，符号 M、N 分别表示顺坡垫板 P80、P60。
7. 图中符号“—●—”所示岔枕为扭转岔枕，其岔枕间距按辙叉角平分线计量。
8. 图中组合岔枕连接位置用符号“+”表示。

续表 2

序号	图号 / 标准	名称及规格	数量	材 料	备 注
14	专线 4266－16	平垫板 50－E(右开)	14		
15	专线 4266－16	平垫板 50－E′(左开)	14		
16	专线 4266－16	平垫板 50－F(右开)	18		
17	专线 4266－16	平垫板 50－F′(左开)	18		
18	专线 4266－17	接头垫板 50－A	16		
19	专线 4266－17	接头垫板 50－C(右开)	8		
20	专线 4266－17	接头垫板 50－C′(左开)	8		
21	专线 4266－17	接头垫板 50－F(右开)	4		
22	专线 4266－17	接头垫板 50－F′(左开)	4		
23	专线 4266－24	顺坡垫板 P80	8		
24	专线 4266－25	顺坡垫板 P60	8		
25	TB/T 1495.2	B 型弹条	752	60Si2Mn	
26	专线 4266－5	T 型螺栓 M24 × 60	752		
27	专线 4266－34	螺 钉 M30	752		供否按合同
28	TB/T 2347	接头螺栓 M24 × 145	72	10.9 级	带螺母

续表 2

序号	图号 / 标准	名称及规格	数量	材 料	备 注
29	GB/T 41	螺 母 M24	752		
30	TB/T 1495.4	平垫圈 24	752		
31	GB/T 7244	垫 圈 30	752		
32	GB/T 1230	垫 圈 24	72		
33	专线 4266－13	轨距块 50/9－11	336	ZG 230－450	
34	专线 4266－13	轨距块 50/13－15	336	ZG 230－450	
35	专线 4266－13	轨距块 50/7－17	300	ZG 230－450	
36	专线 4266－14	接头轨距块 50－11	40	玻璃纤维	
37	专线 4266－14	接头轨距块 50－13	40	玻璃纤维	
38	专线 4266－14	接头轨距块 50－9	40	玻璃纤维	
39	专线 4266－14	接头轨距块 50－15	40	玻璃纤维	
40	专线 4266－27	橡胶垫板 50－200	376	橡胶	
41	专线 4266－31	橡胶垫板 430 × 185 × 10	376	橡胶	
42		钢轨绝缘	12 组		

50 kg/m 钢轨 5.0 m 间距交叉渡线 9 号 A(B) 型辙叉及护轨
图 号：专线 (02)7663－II－2

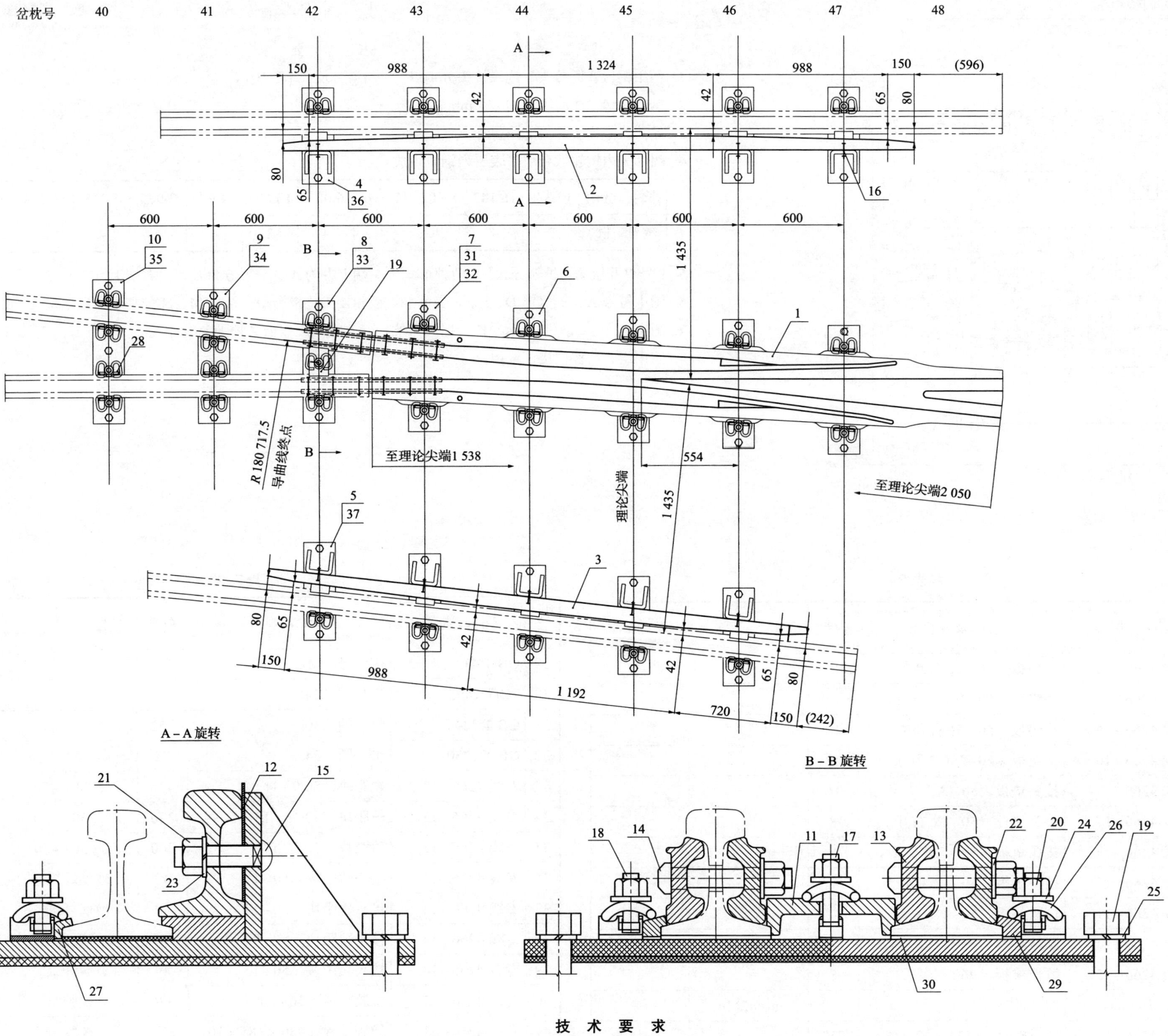

技 术 要 求

1. 组装护轨时，应使用 3 mm 厚的护轨调整片，如查照间隔或护背距离不符合要求时，可用备用调整片进行调整。
2. 查照间隔及护背距离在心轨轨头宽 20～30 mm 断面处丈量。
3. 本图为 A 型辙叉及护轨，如为 B 型时，应按本图对称铺设。

50 kg/m 钢轨 5.0 m 间距交叉渡线 4.5 号锐角辙叉及护轨

图 号：专线 (02)7663 – III – 2

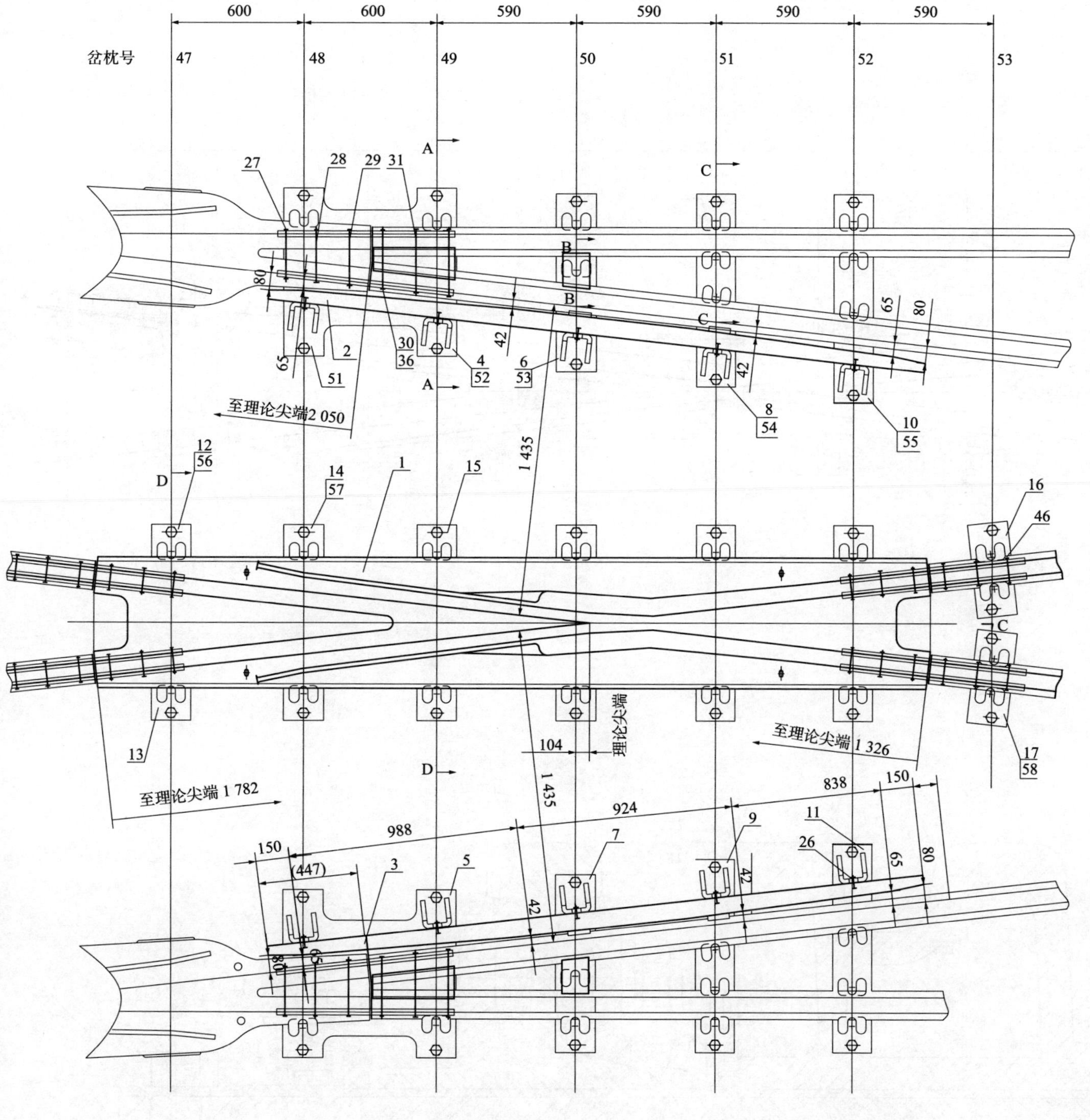

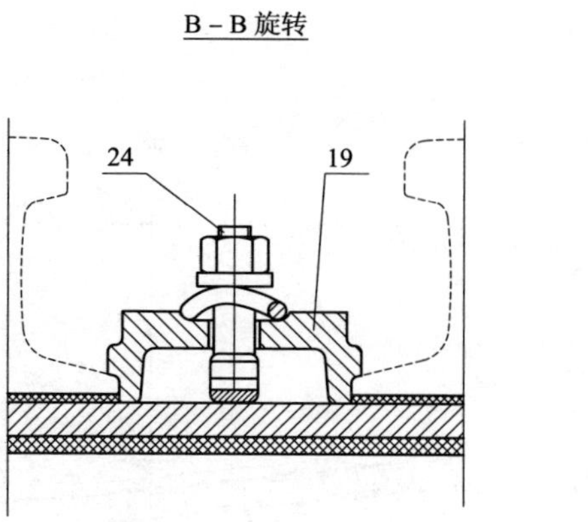

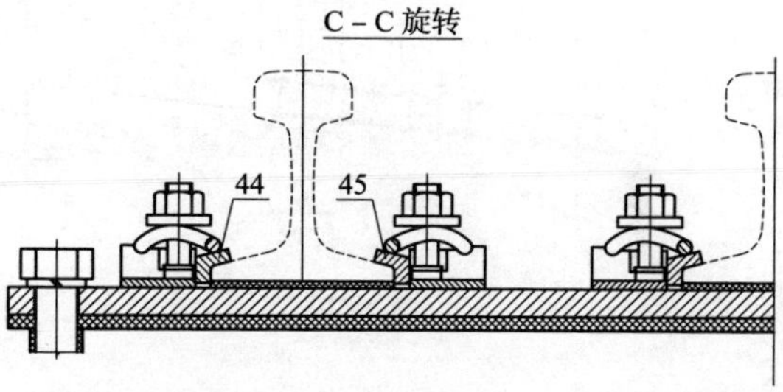

技 术 要 求

1. 组装护轨时，应使用 3 mm 厚的护轨调整片，如查照间隔或护背距离不符合要求时，应采用备用调整片调整。
2. 查照间隔和护背距离应在心轨轨头宽 20～30 mm 处丈量。

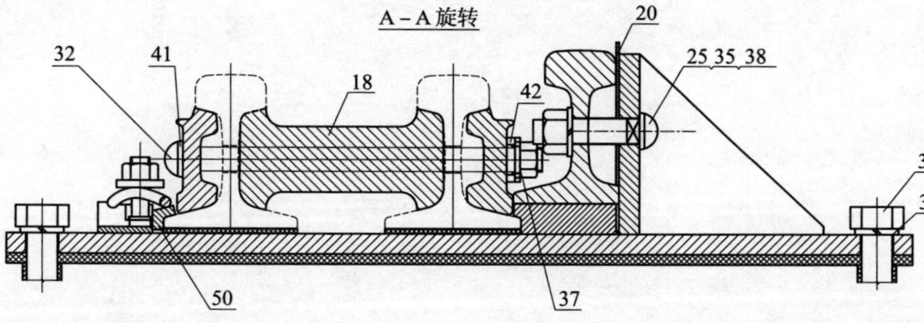

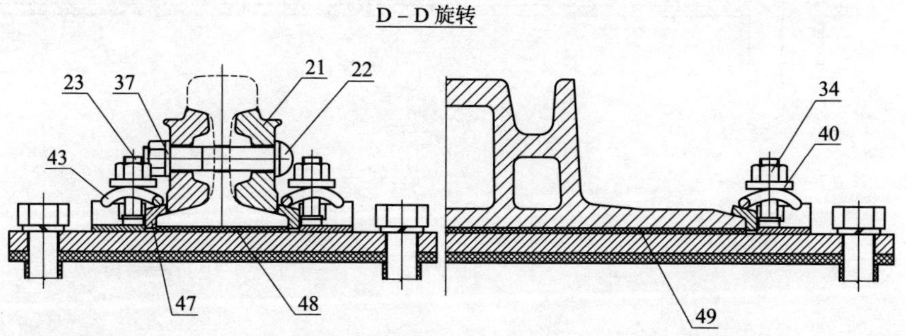

50 kg/m 钢轨 5.0 m 间距交叉渡线 4.5 号钝角辙叉

图　号：专线 (02)7663－IV－2

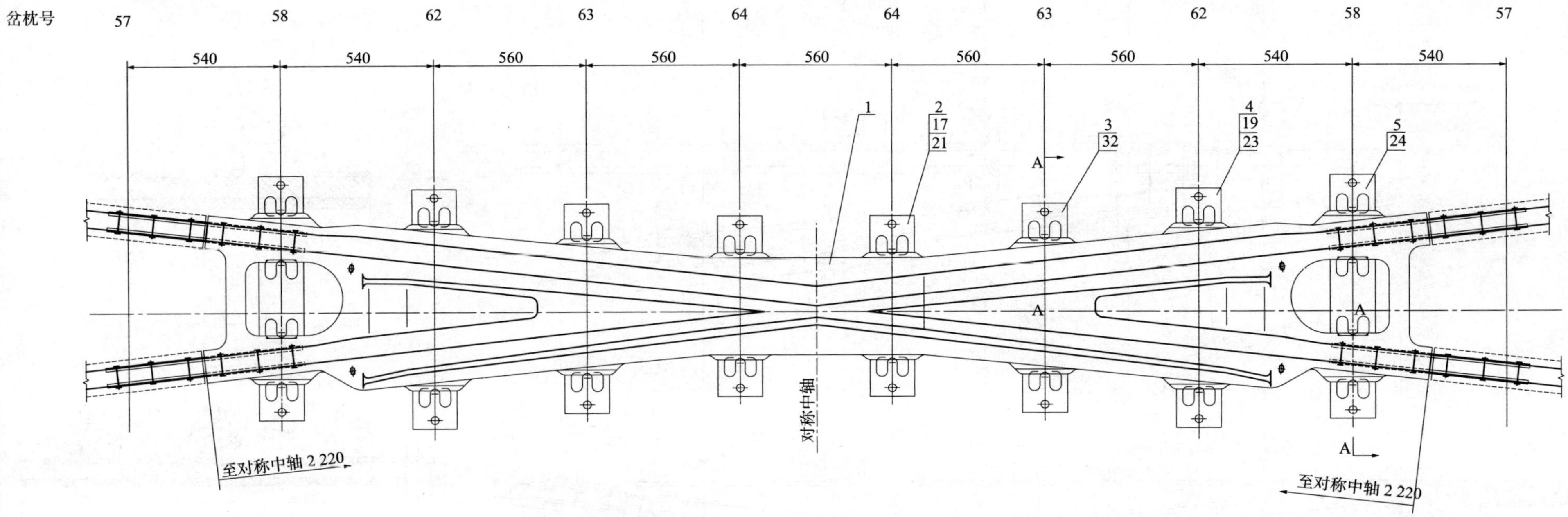

A－A 旋转

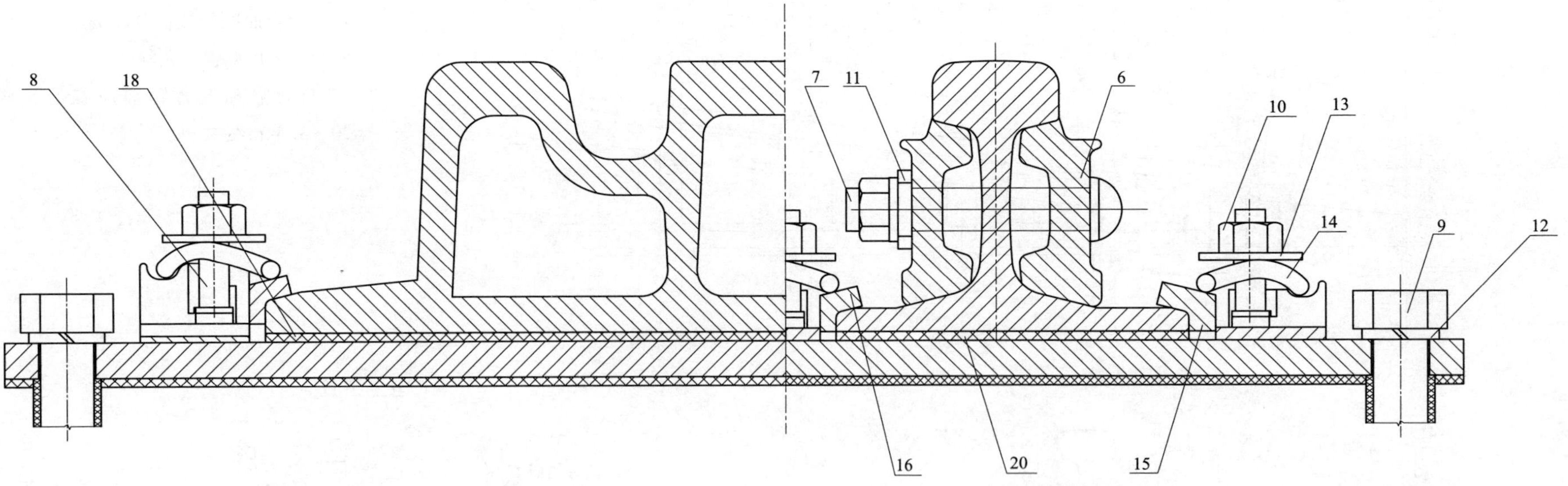

83. 50 kg/m 钢轨 9 号道岔 5.3 m 间距交叉渡线（混凝土枕）
设计图号：专线 (02)7664

道岔允许通过速度	客车	$v_{直}$≤90 km/h；$v_{侧}$≤30 km/h			扣件类型		Ⅰ型弹条
	货车	$v_{直}$≤80 km/h；$v_{侧}$≤30 km/h			轨底坡		—
A(B) 型辙叉角	6°20′25″				锐角 / 钝角辙叉角		12°40′50″
转辙器 专线 (02)4151－Ⅱ	详见“50 kg/m 钢轨 9 号单开道岔［专线 (02)4151］”						
9 号 A(B) 辙叉及护轨 专线 (02)7664－Ⅱ	辙叉图号	专线 (02)4151－Ⅲ－4	辙叉全长	3 588	护轨长度		直向：3 600
			辙叉趾长	1 538			侧向：3 600
	辙叉形式	高锰钢整铸式	辙叉跟长	2 050	护轨轨型		43 kg/m
	护轨端头距导轨端头定位尺寸		直　向	596	护轨图号	直	专线 (02)7663－Ⅱ－4
			侧　向	1 204		侧	专线 (02)7664－Ⅱ－4
	辙叉理论尖端距趾端方向前一根岔枕中心距离						46
4.5 号锐角辙叉及护轨 专线 (02)7664－Ⅲ	辙叉图号	专线 (02)7663－Ⅲ－4	辙叉全长	3 108	护轨长度		3 050
			辙叉趾长	1 326	护轨轨型		43 kg/m
	辙叉形式	高锰钢整铸式	辙叉跟长	1 782	护轨图号		专线 (02)7664－Ⅲ－4
	辙叉理论尖端距趾端方向前一根岔枕中心距离						396
	护轨端头距导轨端头定位尺寸						1 133
4.5 号钝角辙叉 专线 (02)7663－Ⅳ	详见“50 kg/m 钢轨 9 号单开道岔［专线 (02)7663－Ⅰ］”						
岔枕图号 专线 (03)3429	岔枕总数	248 根	岔枕展延长	839.4 m	套管总数		1 528
批准文号	建技〔2003〕18 号				应用情况		★★
主要结构特点	钝角辙叉范围内轨距采用 1 440 mm，菱形中轨距过渡到 1 435 mm。						

9 号 A(B) 型辙叉及护轨明细表

序号	图号 / 标准	名称及规格	数量	材　料	备　注
1	专线 (02)4151－Ⅲ－4	高锰钢整铸辙叉	1		
2	专线 (02)7663－Ⅱ－4	直向护轨　3 600	1	43 kg/m 钢轨	
3	专线 (02)7664－Ⅱ－4	侧向护轨　3 600	1	43 kg/m 钢轨	
4	专线 4266－23	护轨垫板　50	6		
5	专线 (02)7663－Ⅱ－6	护轨垫板　550	6		
6	专线 (02)7663－Ⅱ－7	辙叉垫板　733	4		
7	专线 (02)7663－Ⅱ－7	辙叉垫板　733	1		
8	专线 (02)7663－Ⅱ－8	垫　板　718	1		
9	专线 (02)7663－Ⅱ－9	垫　板　764	1		
10	专线 (02)7663－Ⅱ－10	垫　板　828	1		
11	专线 4266－16	平垫板　50－F	1		
12	专线 (02)7664－Ⅱ－5	垫　板　780 × 660 × 20	1		
13	专线 (02)4151－Ⅲ－16	间隔铁	1		
14	专线 4266－55	接头支距扣板　50/148－136	1	ZG 230－450	
15	专线 4266－61	调整片　135 × 100 × 3	24	Q235	2 mm 备用
		调整片　135 × 100 × 2	12		
16	TB/T 2345	接头夹板	6		
17	TB/T 2347	接头螺栓　M24 × 145	12	10.9 级	带螺母
18	专线 4266－6	半圆头螺栓　M24 × 100	8		
19	专线 4266－6	半圆头螺栓　M24 × 80	4		
20	专线 4266－6	半圆头螺栓　M24 × 300G	1		
21	专线 4266－6	半圆头螺栓　M24 × 320G	1		
22	专线 4266－6	半圆头螺栓　M24 × 330G	1		
23	专线 4266－6	半圆头螺栓　M24 × 350G	1		
24	专线 4266－6	半圆头螺栓　M24 × 360G	1		
25	专线 4266－6	半圆头螺栓　M24 × 380G	1		
26	专线 4266－5	T 型螺栓　M24 × 85	1		
27	专线 4266－5	T 型螺栓　M24 × 60	38		
28	专线 4266－34	螺　钉　M30	47		
29	GB/T 41	螺　母　M24	39		
30	专线 4266－9	螺　母　M24	12		

续上表

序号	图号 / 标准	名称及规格	数量	材　　料	备　　注
31	专线 4266－9	螺　母　M24G	6		
32	GB/T 1230	垫　圈　24	18		
33	GB/T 7244	垫　圈　24	12		
34	TB/T 1495.4	平垫圈	39	Q235	
35	GB/T 7244	垫　圈　30	47		
36	TB/T 1495.2	B 型弹条	39	60Si2Mn	
37	专线 4266－13	轨距块　50/9－11	23	ZG 230－450	
38	专线 4266－13	轨距块　50/13－15	11	ZG 230－450	
39	专线 (02)4151－Ⅲ－15	方孔垫圈　50－3	6	KTH 330－08	
40	专线 (02)4151－Ⅲ－15	圆孔垫圈　50－3	6	KTH 330－08	
41	专线 4266－14	接头轨距块　50－11	2	玻璃纤维	
42	专线 4266－14	接头轨距块　50－13	2	玻璃纤维	
43	专线 4266－27	橡胶垫板　50－200	19	橡胶	
44	专线 4266－29	橡胶垫板　439	5	橡胶	
45	专线 (02)7664－Ⅱ－6	橡胶垫板　780	1	橡胶	
46	专线 4266－31	橡胶垫板　660 × 185 × 10	2	橡胶	
47	专线 4266－31	橡胶垫板　430 × 185 × 10	1	橡胶	
48	专线 4266－31	橡胶垫板　733 × 185 × 10	5	橡胶	
49	专线 4266－31	橡胶垫板　718 × 185 × 10	1	橡胶	
50	专线 4266－31	橡胶垫板　764 × 185 × 10	1	橡胶	
51	专线 4266－32	橡胶垫板　828－379	1	橡胶	
52	专线 4266－33	橡胶垫板　550 × 185 × 7	6	橡胶	
53	专线 4266－31	橡胶垫板　550 × 185 × 10	6	橡胶	

4.5 号锐角辙叉及护轨明细表

序号	图号 / 标准	名称及规格	数量	材　料	备　注
1	专线 (02)7663－Ⅲ－4	高锰钢整铸辙叉	1		
2	专线 (02)7664－Ⅲ－4	直向护轨　3 050	1	43 kg/m 钢轨	
3	专线 (02)7664－Ⅲ－4	侧向护轨　3 050	1	43 kg/m 钢轨	按序号 2 对称制造
4	专线 (02)7664－Ⅲ－5	垫　板　676 × 180 × 20	1		
5	专线 (02)7664－Ⅲ－5	垫　板　676 × 180 × 20	1		按序号 4 对称制造
6	专线 (02)7664－Ⅲ－6	垫　板　880 × 180 × 20	1		
7	专线 (02)7664－Ⅲ－6	垫　板　880 × 180 × 20	1		按序号 6 对称制造
8	专线 (02)7664－Ⅲ－7	垫　板　948 × 180 × 20	1		
9	专线 (02)7664－Ⅲ－7	垫　板　948 × 180 × 20	1		按序号 8 对称制造
10	专线 4266－16	平垫板　50－A	6		
11	专线 (02)7664－Ⅲ－8	垫　板　550 × 180 × 20	3		
12	专线 (02)7664－Ⅲ－8	垫　板　550 × 180 × 20	3		按序号 11 对称制造
13	专线 (02)7664－Ⅲ－9	垫　板　365 × 180 × 20	2		
14	专线 (02)7664－Ⅲ－9	垫　板　365 × 180 × 20	2		按序号 13 对称制造
15	专线 4266－22	辙叉接头垫板　50－792	2		
16	专线 4266－21	辙叉垫板　50－792	3		
17	专线 4266－54	支距扣板　50/132－120	2	ZG 230－450	
18	专线 4266－61	调整片　147 × 100 × 2	20	Q235	2 mm 备用
		调整片　147 × 100 × 3	10		
19	TB/T 2345	接头夹板	8		
20	TB/T 2347	接头螺栓　M24 × 145	24	10.9 级	带螺母
21	专线 4266－6	半圆头螺栓　M24 × 80	4		
22	专线 4266－6	半圆头螺栓　M24 × 100	6		
23	专线 4266－5	T 型螺栓　M24 × 60	48		
24	专线 4266－5	T 型螺栓　M24 × 85	2		
25	专线 4266－34	螺　钉　M30	56		
26	GB/T 41	螺　母　M24	50		
27	专线 4266－9	螺　母　M24	10		
28	GB/T 1230	垫　圈　24	24		
29	GB/T 7244	垫　圈　24	10		
30	GB/T 7244	垫　圈　30	56		

续上表

序号	图号 / 标准	名称及规格	数量	材　　料	备　　注
31	TB/T 1495.4	平垫圈	50		
32	TB/T 1495.2	B 型弹条	50	60Si2Mn	
33	专线 4266－13	轨距块　50/9－11	25	ZG 230－450	
34	专线 4266－13	轨距块　50/13－15	19	ZG 230－450	
35	专线 4266－14	接头轨距块　50－11	4	玻璃纤维	
36	专线 4266－27	橡胶垫板　50－200	28	橡胶	
37	专线 4266－29	橡胶垫板　509	5	橡胶	
38	专线 4266－31	橡胶垫板　676×185×10	2	橡胶	
39	专线 4266－31	橡胶垫板　880×185×10	2	橡胶	
40	专线 4266－32	橡胶垫板　948－370	2	橡胶	
41	专线 4266－31	橡胶垫板　430×185×10	6	橡胶	
42	专线 4266－31	橡胶垫板　550×185×10	6	橡胶	
43	专线 4266－31	橡胶垫板　365×185×10	4	橡胶	
44	专线 4266－31	橡胶垫板　792×185×10	5	橡胶	

50 kg/m 钢轨 9 号 5.3 m 间距交叉渡线

图 号：专线 (02)7664－I

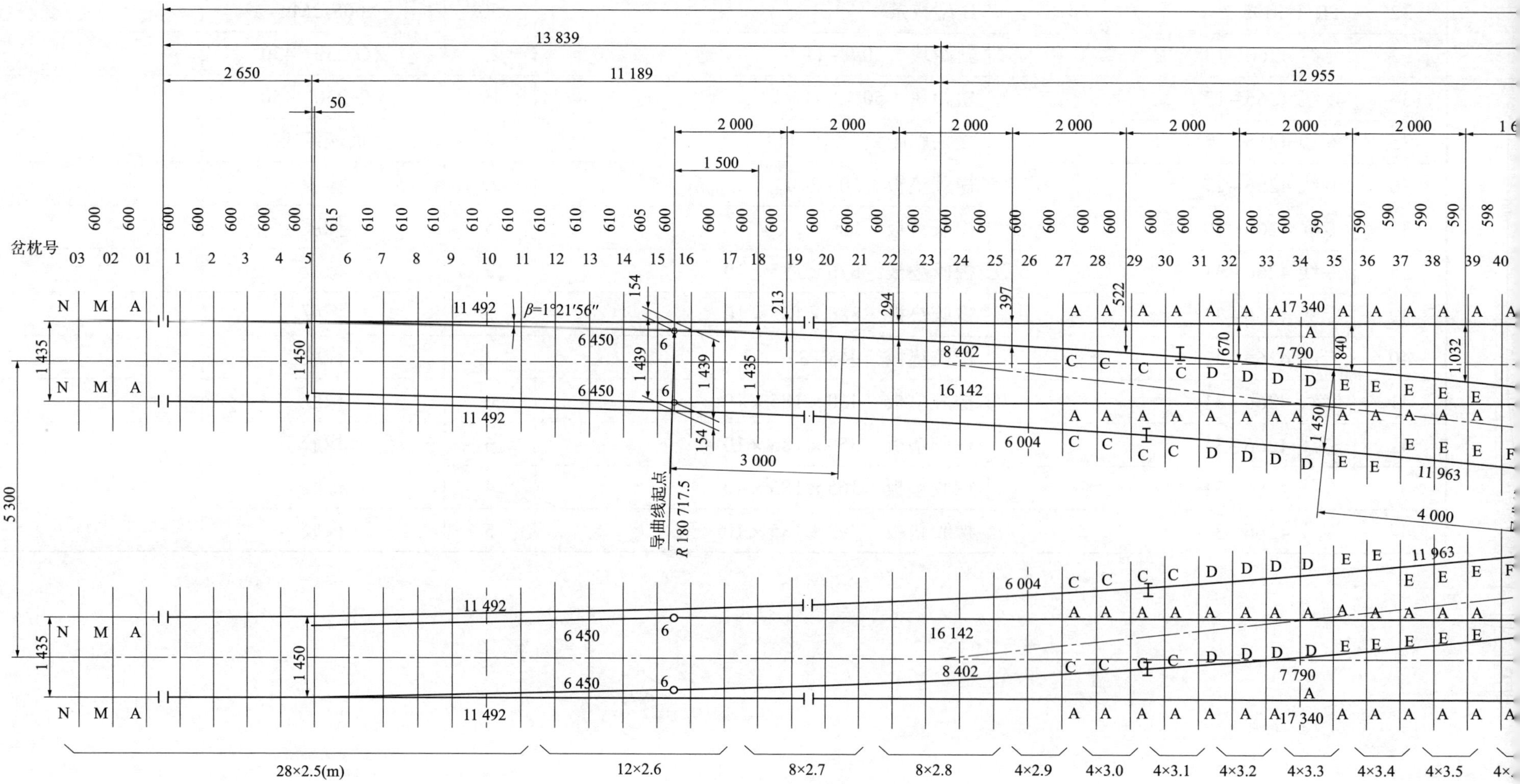

表 1 岔枕数量表

序号	岔枕长 (m)	单位	数量
1	2.4	根	8
2	2.5	根	68
3	2.6	根	24
4	2.7	根	22
5	2.8	根	16
6	2.9	根	12
7	3.0	根	8
8	3.1	根	8
9	3.2	根	8
10	3.3	根	8
11	3.4	根	8
12	3.5	根	8
13	3.6	根	8
14	3.8	根	8
15	3.85	根	8
16	7.5	根	26
岔枕总延长为 839.4 m，总质量为 125 000 kg			

表 2 明 细 表

序号	图号 / 标准	名称及规格	数量	材 料	备注
1	专线 (02)4151－Ⅱ	右开转辙器	2		
2	专线 (02)4151－Ⅱ	左开转辙器	2		
3	专线 (02)7664－Ⅱ	5.3 m－A 型 9 号辙叉及护轨	2		
4	专线 (02)7664－Ⅱ	5.3 m－B 型 9 号辙叉及护轨	2		
5	专线 (02)7664－Ⅲ	5.3 m－4.5 号锐角辙叉及护轨	2		
6	专线 (02)7663－Ⅳ	4.5号钝角辙叉	2		
7	TB/T 2344	钢 轨	397.864	50 kg/m 钢轨	
8	TB/T 2345	接头夹板	24		
9	专线 4266－16	平垫板 50－A	200		
10	专线 4266－16	平垫板 50－C(右开)	8		
11	专线 4266－16	平垫板 50－C′(左开)	8		
12	专线 4266－16	平垫板 50－D(右开)	16		
13	专线 4266－16	平垫板 50－D′(左开)	16		
14	专线 4266－16	平垫板 50－E(右开)	20		

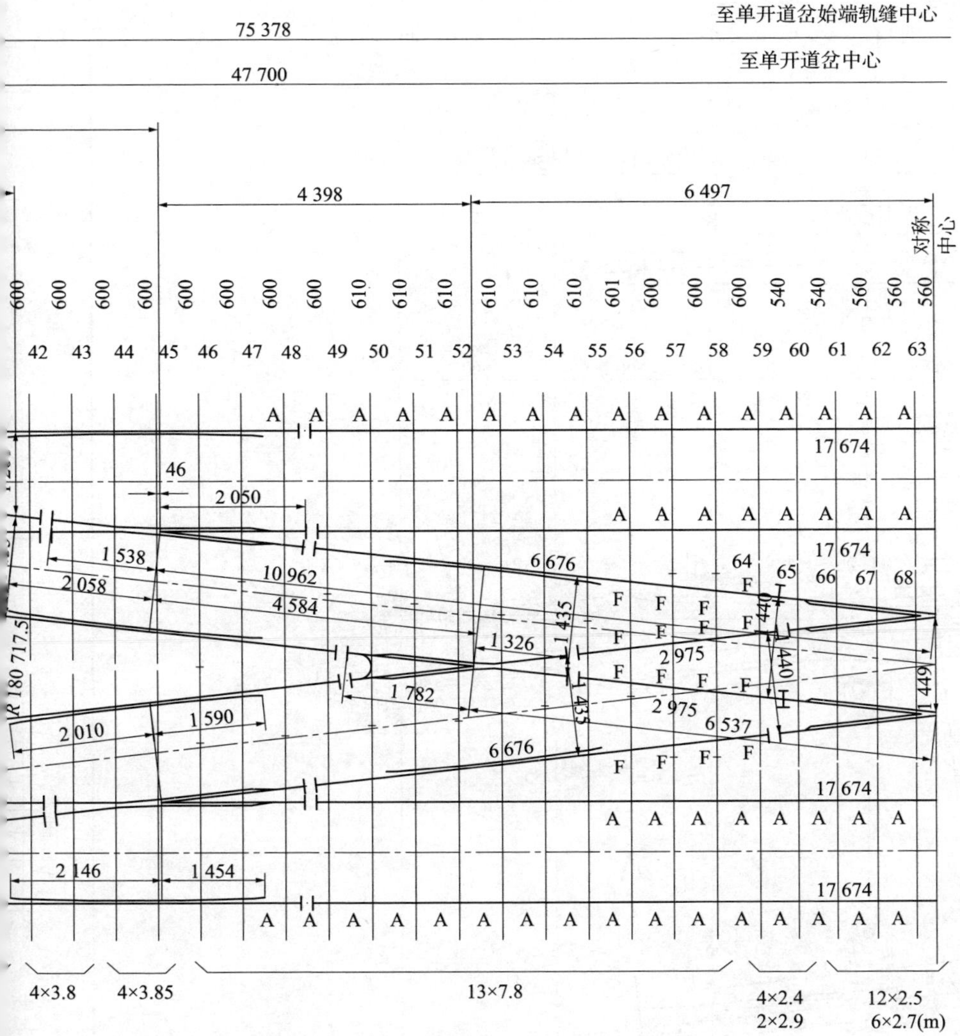

续表 2

序号	图号 / 标准	名称及规格	数量	材　料	备注
15	专线 4266－16	平垫板　50－E′(左开)	20		
16	专线 4266－16	平垫板　50－F(右开)	16		
17	专线 4266－16	平垫板　50－F′(左开)	16		
18	专线 4266－17	接头垫板　50－A	16		
19	专线 4266－17	接头垫板　50－C(右开)	8		
20	专线 4266－17	接头垫板　50－C′(左开)	8		
21	专线 4266－17	接头垫板　50－F(右开)	4		
22	专线 4266－17	接头垫板　50－F′(左开)	4		
23	专线 4266－24	顺坡垫板　P80	8		
24	专线 4266－25	顺坡垫板　P60	8		
25	TB/T 1495.2	B 型弹条	752	60Si2Mn	
26	专线 4266－5	T 型螺栓　M24×60	752		
27	专线 4266－34	螺　钉　M30	752		

续表 2

序号	图号 / 标准	名称及规格	数量	材　料	备注
28	TB/T 2347	接头螺栓　M24×145－10.9	72		带螺母
29	GB/ T41	螺　母　M24	752		
30	TB/T 1495.4	平垫圈　24	752		
31	GB/T 7244	垫　圈　30	752		
32	GB/T 1230	垫　圈　24	72		
33	专线 4266－13	轨距块　50/9－11	336	ZG 230－450	
34	专线 4266－13	轨距块　50/13－15	336	ZG 230－450	
35	专线 4266－13	轨距块　50/7－17	300	ZG 230－450	备用
36	专线 4266－14	接头轨距块　50－11	40	玻璃纤维	
37	专线 4266－14	接头轨距块　50－13	40	玻璃纤维	
38	专线 4266－14	接头轨距块　50－9	40	玻璃纤维	备用
39	专线 4266－14	接头轨距块　50－15	40	玻璃纤维	备用
40	专线 4266－27	橡胶垫板　50－200	376	橡胶	
41	专线 4266－31	橡胶垫板　430×185×10	376	橡胶	
42		钢轨绝缘	14 组		胶接绝缘

技 术 要 求

1. 图中钢轨普通接头、绝缘接头分别以“—┤├—”、“┿”表示。
2. 钢轨轨缝除注明者外均为 8 mm。
3. 导曲线半径按外轨工作边计。
4. 明细表内钢轨数量由下表所列钢轨组成。

长度 (mm)	17 340	16 142	8 402	7 790	6 004
数量（根）	4	4	4	4	4
长度 (mm)	11 963	17 674	2 975	6 676	
数量（根）	4	4	4	4	

5. 9 号单开辙叉及护轨分 A、B 两种形式：左端上方为 A 型，下方为 B 型；右端上方为 B 型，下方为 A 型。
6. 图中符号 A、B、C、D、E、F 表示平垫板和接头垫板类型，符号 M、N 分别表示顺坡垫板 P80、P60。
7. 图中组合岔枕连接位置用符号“+”表示。

50 kg/m 钢轨 5.3 m 间距交叉渡线 9 号 A(B) 型辙叉及护轨

图 号：专线 (02)7664－II－2

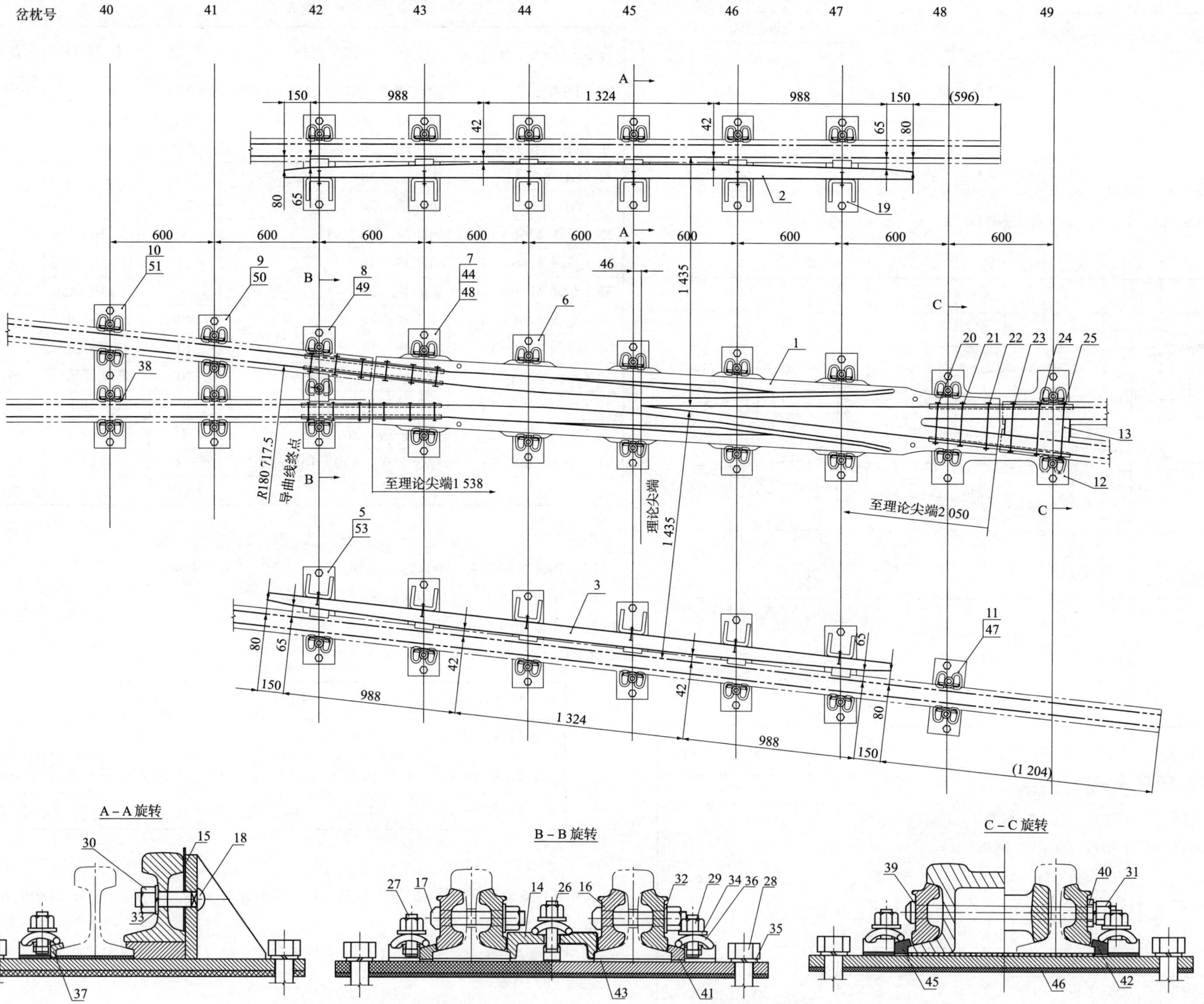

技 术 要 求

1. 组装护轨时，应使用 3 mm 厚的护轨调整片，如查照间隔或护背距离不符合要求时，可用备用调整片进行调整。
2. 查照间隔及护背距离在心轨轨头宽 20～30 mm 断面处丈量。
3. 本图为 A 型辙叉及护轨，如为 B 型时，应按本图对称铺设。

50 kg/m 钢轨 5.0 m 间距交叉渡线 4.5 号锐角辙叉及护轨

图 号：专线 (02)7664－III－2

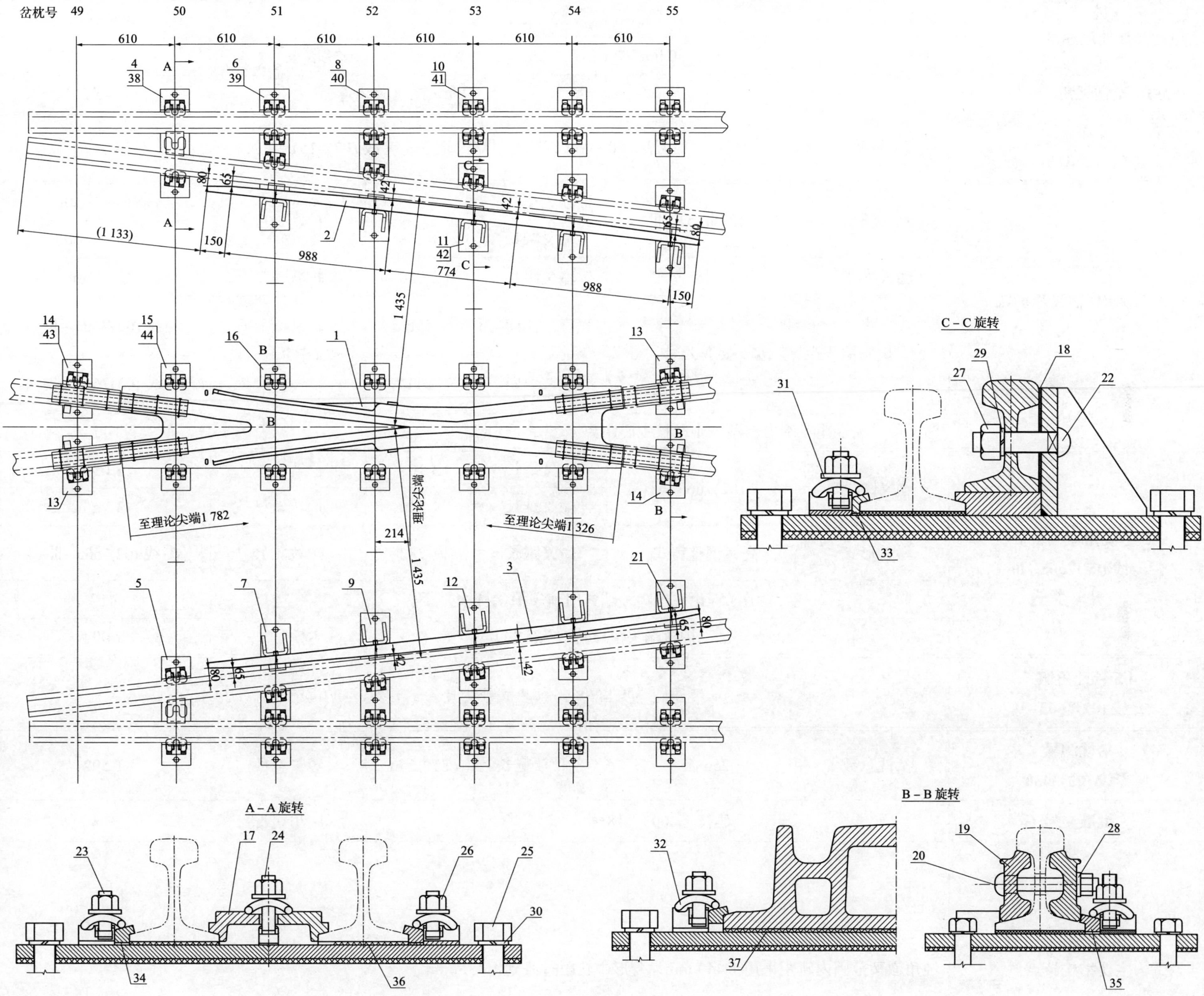

技 术 要 求

1. 组装护轨时，应使用 3 mm 厚的护轨调整片，如查照间隔或护背距离不符合要求时，可用备用调整片进行调整。
2. 查照间隔及护背距离在心轨轨头宽 20～30 mm 断面处丈量。

84. 50 kg/m 钢轨 9 号道岔 5.5 m 间距交叉渡线(混凝土枕)
设计图号：专线(02)7665

道岔允许通过速度	客车	$v_{直}\leqslant 90$ km/h；$v_{侧}\leqslant 30$ km/h			扣件类型		Ⅰ型弹条
	货车	$v_{直}\leqslant 80$ km/h；$v_{侧}\leqslant 30$ km/h			轨底坡		—
A(B) 型辙叉角	6°20′25″		锐角 / 钝角辙叉角				12°40′50″
转辙器 专线 (02)4151－Ⅱ	详见“50 kg/m 钢轨 9 号单开道岔［专线 (02)4151］”						
9 号 A(B) 辙叉及护轨 专线 (02)7665－Ⅱ	辙叉图号	专线 (02)4151－Ⅲ－4	辙叉全长	3 588	护轨长度		直向：3 600
			辙叉趾长	1 538			侧向：3 600
	辙叉形式	高锰钢整铸式	辙叉跟长	2 050	护轨轨型		43 kg/m
	护轨端头距导轨端头定位尺寸		直　向	596	护轨图号	直	专线 (02)7663－Ⅱ－4
			侧　向	211		侧	专线 (02)7664－Ⅱ－4
	辙叉理论尖端距趾端方向前一根岔枕中心距离						46
4.5 号锐角辙叉及护轨 专线 (02)7665－Ⅲ	辙叉图号	专线 (02)7663－Ⅲ－4	辙叉全长	3 108	护轨长度		3 050
			辙叉趾长	1 326	护轨轨型		43 kg/m
	辙叉形式	高锰钢整铸式	辙叉跟长	1 782	护轨图号		专线 (02)7665－Ⅲ－4
	辙叉理论尖端距趾端方向前一根岔枕中心距离						417
	护轨端头距导轨端头定位尺寸						2 094
4.5 号钝角辙叉 专线 (02)7663－Ⅳ	详见“50 kg/m 钢轨 9 号单开道岔［专线 (02)7663－Ⅰ］”						
岔枕图号 专线 (03)3430	岔枕总数	256 根	岔枕展延长	870.6 m	套管总数		1 592
批准文号	建技〔2003〕18 号				应用情况		★★
主要结构特点	钝角辙叉范围内轨距采用 1 440 mm，菱形中轨距过渡到 1 435 mm。						

9 号 A(B) 型辙叉及护轨明细表

序号	图号 / 标准	名称及规格	数量	材　料	备　注
1	专线 (02)4151－Ⅲ－4	高锰钢整铸辙叉	1		
2	专线 (02)7663－Ⅱ－4	直向护轨　3 600	1	43 kg/m 钢轨	
3	专线 (02)7664－Ⅱ－4	侧向护轨　3 600	1	43 kg/m 钢轨	
4	专线 4266－23	护轨垫板	6		
5	专线 (02)7663－Ⅱ－6	护轨垫板	6		
6	专线 (02)7663－Ⅱ－7	辙叉垫板　733	4		
7	专线 (02)7663－Ⅱ－7	辙叉垫板　733	1		
8	专线 (02)7663－Ⅱ－8	垫　板　718	1		
9	专线 (02)7663－Ⅱ－9	垫　板　764	1		
10	专线 (02)7663－Ⅱ－10	垫　板　828	1		
11	专线 4266－16	平垫板　50－F	3		
12	专线 (02)7664－Ⅱ－5	垫　板　780 × 660 × 20	1		
13	专线 (02)7665－Ⅱ－4	垫　板　676	1		
14	专线 (02)4151－Ⅲ－14	间隔铁	1		
15	专线 4266－54	支距扣板　50/122－110	1		
16	专线 4266－55	接头支距扣板　50/148－136	1		
17	专线 4266－61	调整片　147 × 100 × 2	24		2 mm 备用
		调整片　147 × 100 × 3	12		
18	TB/T 2345	接头夹板	6		
19	TB/T 2347	接头螺栓　M24 × 145	12	10.9 级	带螺母
20	专线 4266－6	半圆头螺栓　M24 × 100	8		
21	专线 4266－6	半圆头螺栓　M24 × 80	4		
22	专线 4266－6	半圆头螺栓　M24 × 300G	1		
23	专线 4266－6	半圆头螺栓　M24 × 320G	1		
24	专线 4266－6	半圆头螺栓　M24 × 330G	1		
25	专线 4266－6	半圆头螺栓　M24 × 350G	1		
26	专线 4266－6	半圆头螺栓　M24 × 360G	1		
27	专线 4266－6	半圆头螺栓　M24 × 380G	1		
28	专线 4266－5	T 型螺栓　M24 × 80	2		
29	专线 4266－5	T 型螺栓　M24 × 60	44		
30	专线 4266－34	螺　钉　M30	53		

续上表

序号	图号 / 标准	名称及规格	数量	材　　料	备　　注
31	GB/T 41	螺　母　M24	46		
32	专线 4266－9	螺　母　M24	12		
33	专线 4266－9	螺　母　M24G	6		
34	GB/T 1230	垫　圈　24	12		
35	GB/T 7244	垫　圈　24	48		
36	TB/T 1495.4	平垫圈	46	Q235	
37	GB/T 7244	垫　圈　30	53		
38	TB/T 1495.2	B 型弹条	46	60Si2Mn	
39	专线 (02)4151－Ⅲ－15	方孔垫圈　50－3	6	KTH330－08	
40	专线 (02)4151－Ⅲ－15	圆孔垫圈　50－3	6	KTH330－08	
41	专线 4266－13	轨距块　50/9－11	25	ZG 230－450	
42	专线 4266－13	轨距块　50/13－15	15	ZG 230－450	
43	专线 4266－14	接头轨距块　50－11	2	玻璃纤维	
44	专线 4266－14	接头轨距块　50－13	2	玻璃纤维	
45	专线 4266－27	橡胶垫板　50－200	23	橡胶	
46	专线 4266－29	橡胶垫板　439	5	橡胶	
47	专线 (02)7664－Ⅱ－6	橡胶垫板　780	1	橡胶	
48	专线 4266－31	橡胶垫板　676 × 185 × 10	1	橡胶	
49	专线 4266－31	橡胶垫板　660 × 185 × 10	2	橡胶	
50	专线 4266－31	橡胶垫板　430 × 185 × 10	3	橡胶	
51	专线 4266－31	橡胶垫板　733 × 185 × 10	5	橡胶	
52	专线 4266－31	橡胶垫板　718 × 185 × 10	1	橡胶	
53	专线 4266－31	橡胶垫板　764 × 185 × 10	1	橡胶	
54	专线 4266－32	橡胶垫板　828－379	1	橡胶	
55	专线 4266－33	橡胶垫板　550 × 185 × 7	12	橡胶	

4.5 号锐角辙叉及护轨明细表

序号	图号 / 标准	名称及规格	数量	材　料	备　注
1	专线 (02)7663－Ⅲ－4	高锰钢整铸辙叉	1		
2	专线 (02)7665－Ⅲ－4	护　轨　3 050	1	43 kg/m 钢轨	
3	专线 (02)7665－Ⅲ－4	护　轨　3 050	1	43 kg/m 钢轨	按序号 2 对称制造
4	专线 (02)7665－Ⅲ－5	垫　板　723 × 180 × 20	1		
5	专线 (02)7665－Ⅲ－5	垫　板　723 × 180 × 20	1		按序号 4 对称制造
6	专线 (02)7665－Ⅲ－6	垫　板　781 × 180 × 20	1		
7	专线 (02)7665－Ⅲ－6	垫　板　781 × 180 × 20	1		按序号 6 对称制造
8	专线 4266－16	平垫板　50－A	10		
9	专线 (02)7665－Ⅲ－7	垫　板　550 × 180 × 20	5		
10	专线 (02)7665－Ⅲ－7	垫　板　550 × 180 × 20	5		按序号 9 对称制造
11	专线 (02)7665－Ⅲ－8	垫　板　365 × 180 × 20	2		
12	专线 (02)7665－Ⅲ－8	垫　板　365 × 180 × 20	2		按序号 11 对称制造
13	专线 4266－22	辙叉接头垫板　50－792	2		
14	专线 4266－21	辙叉垫板　50－792	3		
15	专线 4266－61	调整片　147 × 100 × 2	20	Q235	厚 2 mm 备用
		调整片　147 × 100 × 3	10		
16	TB/T 2345	接头夹板	8		
17	TB/T 2347	接头螺栓　M24 × 145	24	10.9 级	带螺母
18	专线 4266－6	半圆头螺栓　M24 × 80	4		
19	专线 4266－6	半圆头螺栓　M24 × 100	6		
20	专线 4266－5	T 型螺栓　M24 × 60	60		
21	专线 4266－34	螺　钉　M30	68		
22	GB/T 41	螺　母　M24	60		
23	专线 4266－9	螺　母　M24	10		
24	GB/T 1230	垫　圈　24	24		
25	GB/T 7244	垫　圈　24	10		
26	GB/T 7244	垫　圈　30	68		
27	TB/T 1495.4	平垫圈	60		
28	TB/T 1495.2	B 型弹条	60	60Si2Mn	
29	专线 4266－13	轨距块　50/9－11	33	ZG 230－450	
30	专线 4266－13	轨距块　50/13－15	23	ZG 230－450	

续上表

序号	图号 / 标准	名称及规格	数量	材　　料	备　　注
31	专线 4266－14	接头轨距块　50－11	4	玻璃纤维	
32	专线 4266－27	橡胶垫板　50－200	32	橡胶	
33	专线 4266－29	橡胶垫板　509	5	橡胶	
34	专线 4266－31	橡胶垫板　723 × 185 × 10	2	橡胶	
35	专线 4266－32	橡胶垫板　781－355	2	橡胶	
36	专线 4266－31	橡胶垫板　430 × 185 × 10	10	橡胶	
37	专线 4266－31	橡胶垫板　550 × 185 × 10	10	橡胶	
38	专线 4266－31	橡胶垫板　365 × 185 × 10	4	橡胶	
39	专线 4266－31	橡胶垫板　792 × 185 × 10	5	橡胶	

50 kg/m 钢轨 5.5 m 间距交叉渡线 9 号 A(B) 型辙叉及护轨

图　号：专线 (02)7665－Ⅱ－2

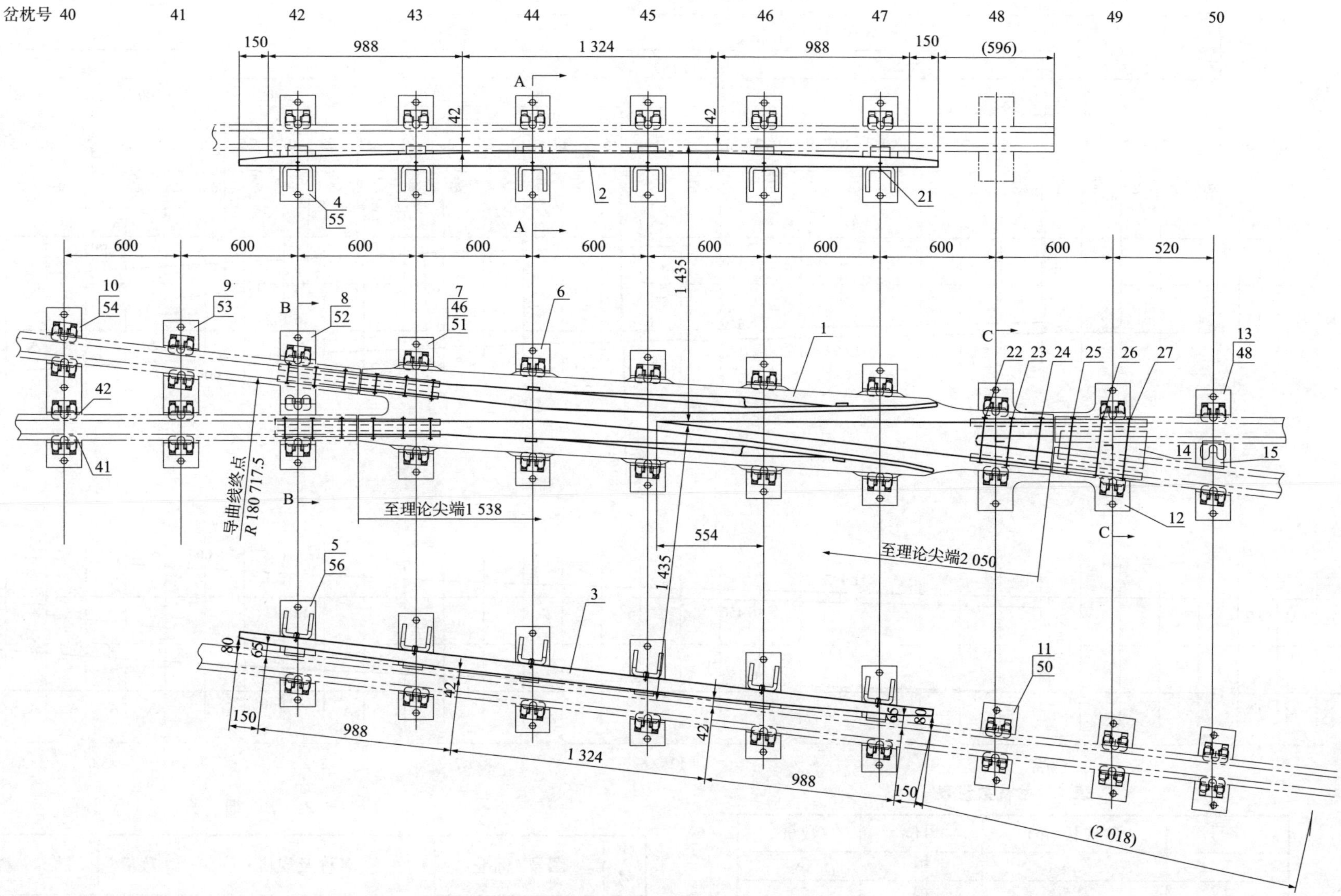

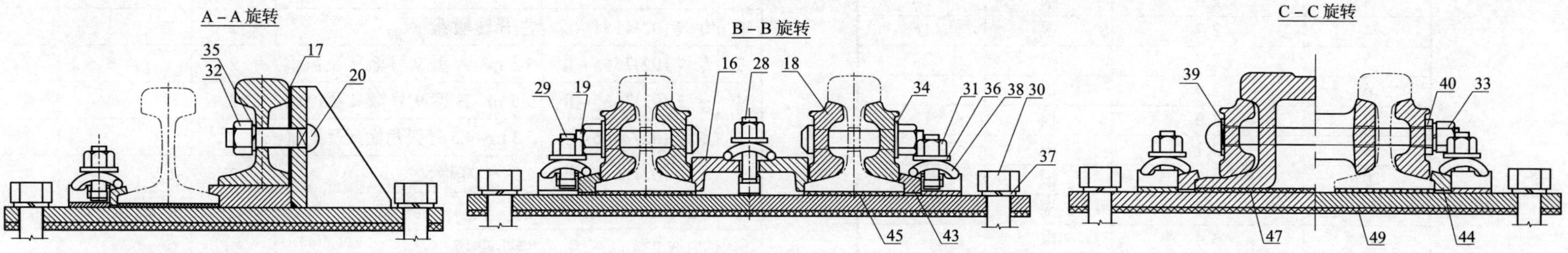

技 术 要 求

1. 组装护轨时，应使用 3 mm 厚的护轨调整片，如查照或护背距离不符合要求时，可用备用调整片进行调整。
2. 查照间隔及护背距离在心轨头宽 20～30 mm 断面处丈量。
3. 本图为 A 型辙叉及护轨，如为 B 型时，应按本图对称铺设。

50 kg/m 钢轨 9 号 5.5 m 间距交叉渡线

图　号：专线 (02)7665－I

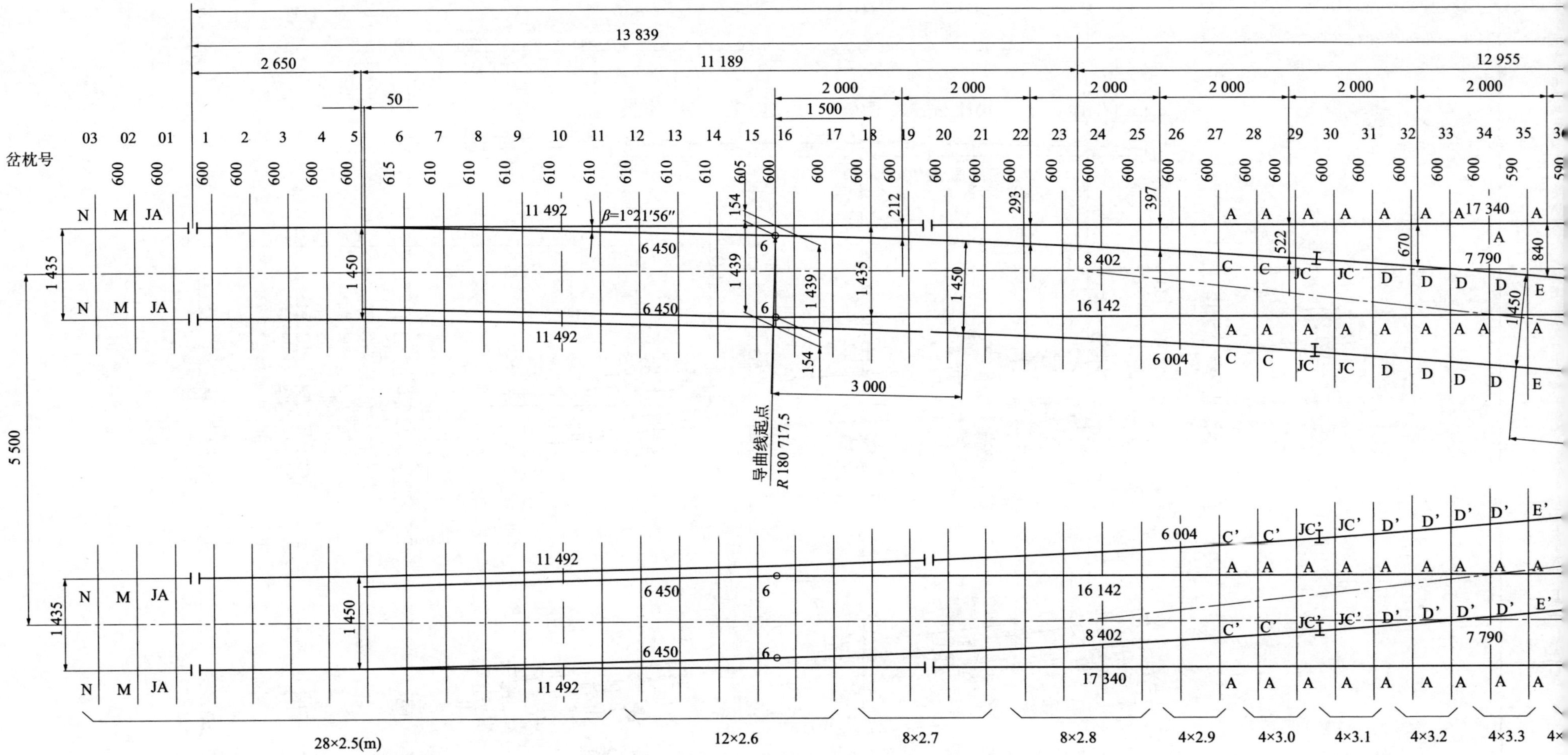

表 1　岔枕数量表

序号	岔枕长 (m)	单位	数量
1	2.4	根	8
2	2.5	根	72
3	2.6	根	24
4	2.7	根	16
5	2.8	根	24
6	2.9	根	8
7	3.0	根	12
8	3.1	根	8
9	3.2	根	8
10	3.3	根	8
11	3.4	根	8
12	3.5	根	8
13	3.6	根	8
14	3.7	根	4
15	3.8	根	8
16	3.9	根	4
17	3.95	根	4
18	8	根	26
岔枕总延长 870.6 m，总质量为 133 000 kg			

表 2　明　细　表

序号	图号 / 标准	名称及规格	数量	材　料	备　注
1	专线 (02)4151－Ⅱ	右开转辙器	2		
2	专线 (02)4151－Ⅱ	左开转辙器	2		
3	专线 (02)7665－Ⅱ	5.5 m－A 型 9 号辙叉及护轨	2		
4	专线 (02)7665－Ⅱ	5.5 m－B 型 9 号辙叉及护轨	2		
5	专线 (02)7665－Ⅲ	5.3 m－4.5 号锐角辙叉及护轨	2		
6	专线 (02)7663－Ⅳ	4.5号钝角辙叉	2		
7	TB/T 2344	钢　轨	394.308	50 kg/m 钢轨	
8	TB/T 2345	接头夹板	24		
9	专线 4266－16	平垫板　50－A	208		
10	专线 4266－16	平垫板　50－C(右开)	8		
11	专线 4266－16	平垫板　50－C′(左开)	8		
12	专线 4266－16	平垫板　50－D(右开)	16		
13	专线 4266－16	平垫板　50－D′(左开)	16		
14	专线 4266－16	平垫板　50－E(右开)	20		

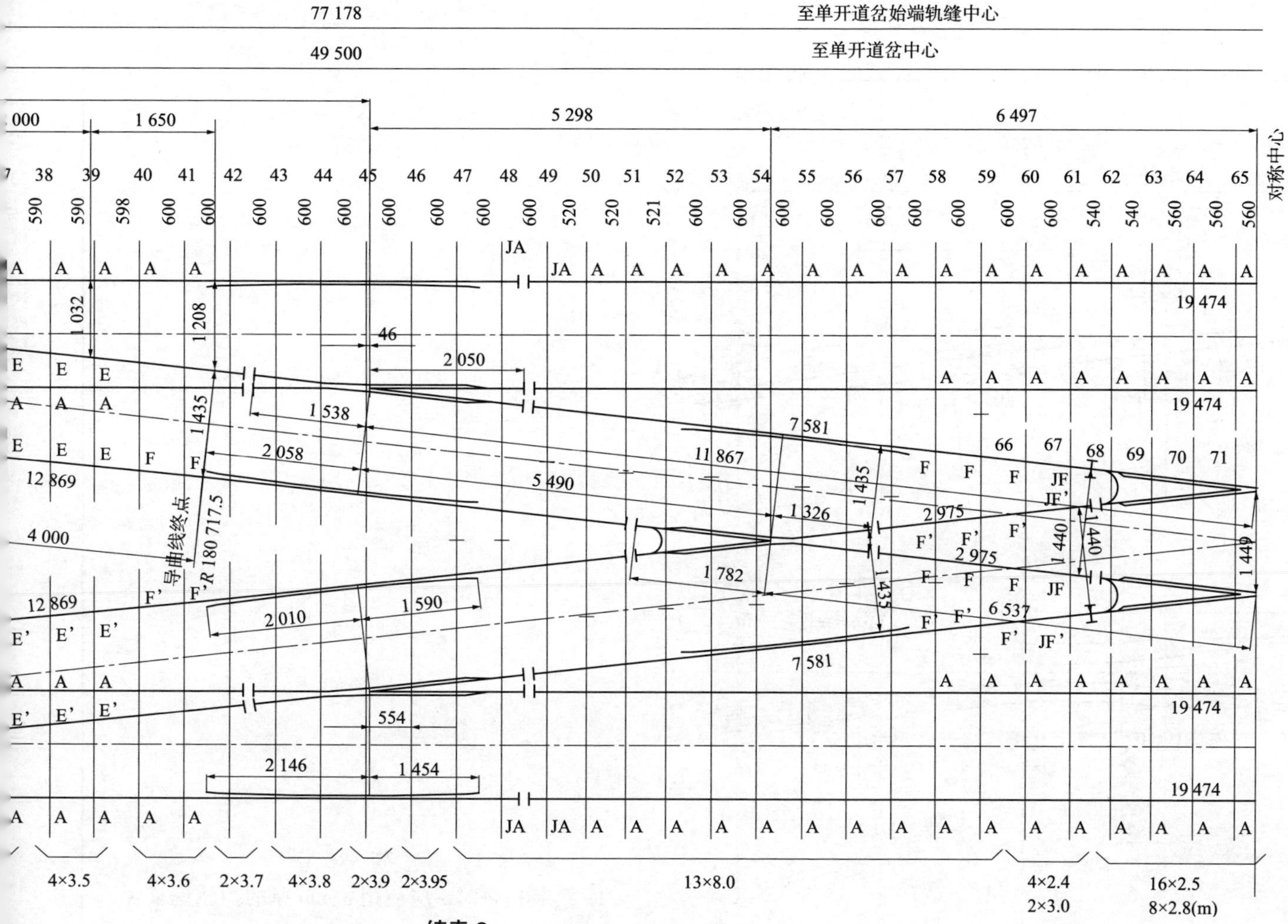

技 术 要 求

1. 图中钢轨普通接头，绝缘接头分别以"—||—"、"—I—"表示。
2. 钢轨轨缝除注明者外均为 8 mm。
3. 导曲线半径按外轨工作边计。
4. 明细表内钢轨数量由下表所列钢轨组成（绝缘设立在曲股）：

长度(mm)	17 340	16 142	8 402	7 790	6 004
数量（根）	4	4	4	4	4
长度(mm)	12 869	19 474	2 975	7 581	
数量（根）	4	4	4	4	

5. 9 号单开辙叉及护轨分 A、B 两种形式：左端上方为 A 型，下方为 B 型；右端上方为 B 型，下方为 A 型。
6. 图中符号 A、C、D、E、F 表示平垫板和接头垫板的类型，符号 M、N 分别表示顺坡垫板 P80、P60。
7. 图中组合岔枕连接位置用符号"+"表示。
8. 非金属件总体积：橡胶垫板为 750 000 cm^3；玻璃纤维增强聚酰胺 66 为 14 600 cm^3。

续表 2

序号	图号 / 标准	名称及规格	数量	材　料	备　注
15	专线 4266－16	平垫板　50－E'（左开）	20		
16	专线 4266－16	平垫板　50－F（右开）	16		
17	专线 4266－16	平垫板　50－F'（左开）	16		
18	专线 4266－17	接头垫板　50－A	16		
19	专线 4266－17	接头垫板　50－C（右开）	8		
20	专线 4266－17	接头垫板　50－C'（左开）	8		
21	专线 4266－17	接头垫板　50－F（右开）	4		
22	专线 4266－17	接头垫板　50－F'（左开）	4		
23	专线 4266－24	顺坡垫板　P80	8		
24	专线 4266－25	顺坡垫板　P60	8		
25	TB/T 1495.2	B 型弹条	768	60Si2Mn	
26	专线 4266－5	T 型螺栓　M24 × 60	768		
27	专线 4266－34	螺　钉　M30	768		
28	TB/T 2347	接头螺栓　M24 × 145	72	10.9 级	带螺母

续表 2

序号	图号 / 标准	名称及规格	数量	材　料	备　注
29	GB/T 41	螺　母　M24	768		
30	TB/T 1495.4	平垫圈　24	768		
31	GB/T 7244	垫　圈　30	768		
32	GB/T 1230	垫　圈　24	72		
33	专线 4266－13	轨距块　50/9－11	344	ZG 230－450	
34	专线 4266－13	轨距块　50/13－15	344	ZG 230－450	
35	专线 4266－13	轨距块　50/7－17	300	ZG 230－450	备用
36	专线 4266－14	接头轨距块　50－11	40	玻璃纤维	
37	专线 4266－14	接头轨距块　50－13	40	玻璃纤维	
38	专线 4266－14	接头轨距块　50－9	40	玻璃纤维	备用
39	专线 4266－14	接头轨距块　50－15	40	玻璃纤维	备用
40	专线 4266－27	橡胶垫板　50－200	384	橡胶	
41	专线 4266－31	橡胶垫板　430 × 185 × 10	384	橡胶	
42		钢轨绝缘	14 组		胶接绝缘

50 kg/m 钢轨 5.5 m 间距交叉渡线 4.5 号锐角辙叉及护轨

图　号：专线 (02)7664 – III – 2

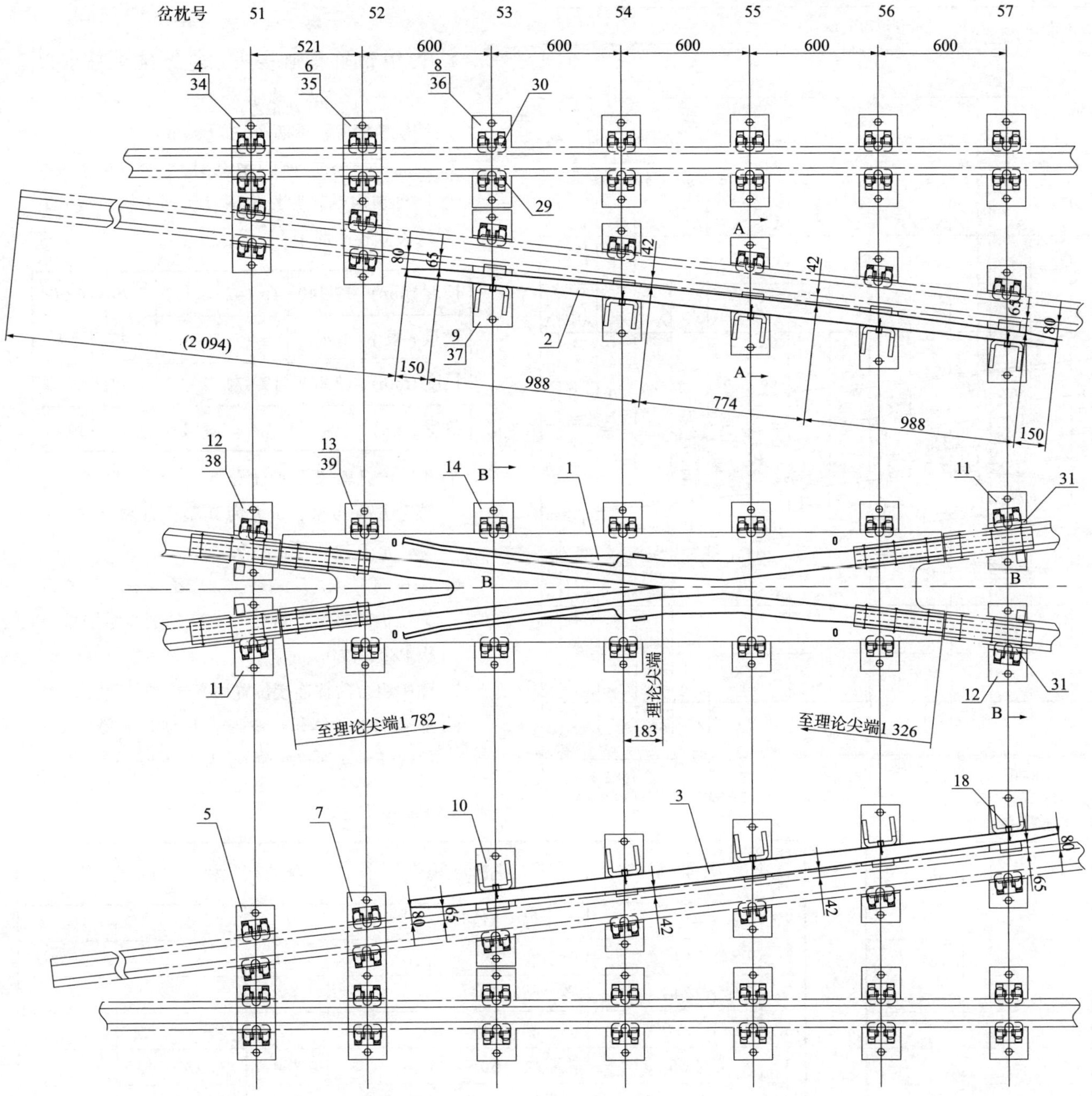

A – A 旋转

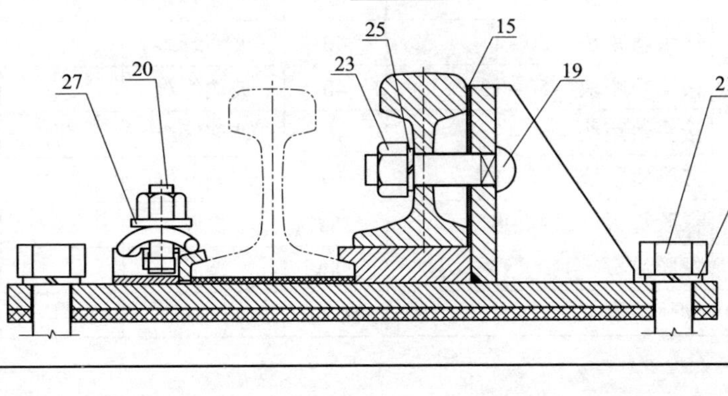

B – B 旋转

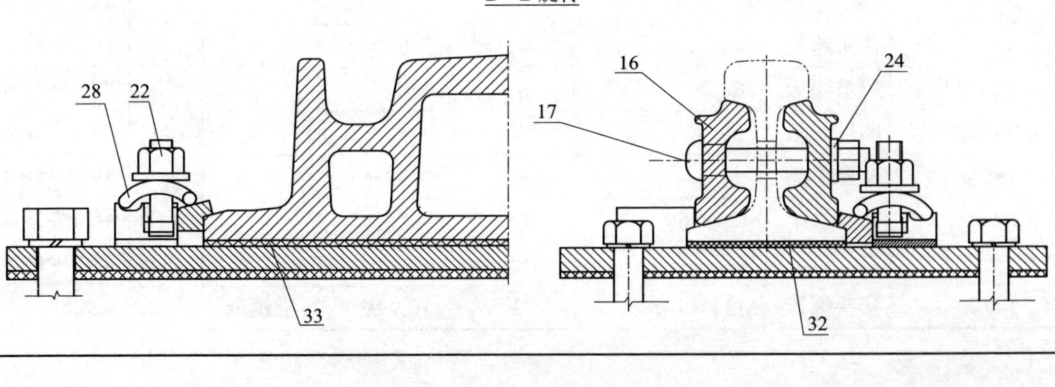

技　术　要　求

1. 组装护轨时，应使用 3 mm 厚的护轨调整片，如查照或护背距离不符合要求时，可用备用调整片进行调整。
2. 查照间隔及护背距离在心轨轨头宽 20～30 mm 断面处丈量。

<table>
<tr><th colspan="7">85. 50 kg/m 钢轨 9 号道岔 6.5 m 间距交叉渡线(混凝土枕)
设计图号：专线(02)7666</th></tr>
<tr><td rowspan="2">道岔允许通过速度</td><td>客车</td><td colspan="3">$v_{直}$≤90 km/h；$v_{侧}$≤30 km/h</td><td>扣件类型</td><td>Ⅰ型弹条</td></tr>
<tr><td>货车</td><td colspan="3">$v_{直}$≤80 km/h；$v_{侧}$≤30 km/h</td><td>轨底坡</td><td>—</td></tr>
<tr><td>A(B) 型辙叉角</td><td colspan="2">6°20′25″</td><td colspan="3">锐角 / 钝角辙叉角</td><td>12°40′50″</td></tr>
<tr><td>转辙器
专线 (02)4151－Ⅱ</td><td colspan="6">详见“50 kg/m 钢轨 9 号单开道岔［专线 (02)4151］”</td></tr>
<tr><td>9 号 A(B) 辙叉及护轨
专线 (02)4151－Ⅲ</td><td colspan="6">详见“50 kg/m 钢轨 9 号单开道岔［专线 (02)4151］”</td></tr>
<tr><td rowspan="5">4.5 号锐角辙叉及护轨
专线 (02)7666－Ⅱ</td><td rowspan="2">辙叉图号</td><td rowspan="2">专线 (02)7663－Ⅲ－4</td><td>辙叉全长</td><td>3 108</td><td>护轨长度</td><td>3 050</td></tr>
<tr><td>辙叉趾长</td><td>1 326</td><td>护轨轨型</td><td>43 kg/m</td></tr>
<tr><td>辙叉形式</td><td>高锰钢整铸式</td><td>辙叉跟长</td><td>1 782</td><td>护轨图号</td><td>专线 (02)7666－Ⅱ－4</td></tr>
<tr><td colspan="5">辙叉理论尖端距趾端方向前一根岔枕中心距离</td><td>366</td></tr>
<tr><td colspan="5">护轨端头距导轨端头定位尺寸</td><td>2 472</td></tr>
<tr><td>4.5 号钝角辙叉
专线 (02)7663－Ⅳ</td><td colspan="6">详见“50 kg/m 钢轨 9 号单开道岔［专线 (02)7663－Ⅰ］”</td></tr>
<tr><td>岔枕图号
专线 (03)3431</td><td>岔枕总数</td><td>334 根</td><td>岔枕展延长</td><td>1 059.6 m</td><td>套管总数</td><td>1 820</td></tr>
<tr><td>批准文号</td><td colspan="4">建技〔2003〕18 号</td><td>应用情况</td><td>★★</td></tr>
<tr><td>主要结构特点</td><td colspan="6">钝角辙叉范围内轨距采用 1 440 mm，菱形中轨距过渡到 1 435 mm。</td></tr>
</table>

9 号锐角辙叉及护轨明细表

序号	图号 / 标准	名称及规格	数量	材　料	备　注
1	专线 (02)7663－Ⅲ－4	高锰钢整铸辙叉	1		
2	专线 (02)7666－Ⅱ－4	护　轨　3 050	1	50 kg/m 钢轨	
3	专线 (02)7666－Ⅱ－4	护　轨　3 050	1	50 kg/m 钢轨	按序号 2 对称制造
4	专线 (02)7666－Ⅱ－5	垫　板　550 × 180 × 20	5		
5	专线 (02)7666－Ⅱ－5	垫　板　550 × 180 × 20	5		按序号 4 对称制造
6	专线 (02)7666－Ⅱ－6	垫　板　365 × 180 × 20	2		
7	专线 (02)7666－Ⅱ－6	垫　板　365 × 180 × 20	2		按序号 6 对称制造
8	专线 4266－22	辙叉接头夹板　50－792	2		
9	专线 4266－21	辙叉垫板　50－792	3		
10	专线 4266－61	调整片　135 × 100 × 2	20	Q235	厚 2 mm 备用
		调整片　135 × 100 × 3	10		
11	TB/T 2345	接头夹板	8		
12	TB/T 2347	接头螺栓　M24 × 145	24	10.9 级	带螺母
13	专线 4266－6	半圆头螺栓　M24 × 80	4		
14	专线 4266－6	半圆头螺栓　M24 × 100	6		
15	专线 4266－5	T 型螺栓　M24 × 60	24		
16	专线 4266－34	螺　钉　M30	38		
17	GB/T 41	螺　钉　M24	24		
18	专线 4266－9	螺　母　M24	10		
19	GB/T 1230	垫　圈　24	24		
20	GB/T 7244	垫　圈　24	10		
21	GB/T 7244	垫　圈　30	38		
22	TB/T 1495.4	平垫圈	24		
23	TB/T 1495.2	B 型弹条	24	60Si2Mn	
24	专线 4266－13	轨距块　50/9－11	15	ZG 230－450	

续上表

序号	图号／标准	名称及规格	数量	材　料	备　注
25	专线 4266－13	轨距块　50/13－15	5	ZG 230－450	
26	专线 4266－14	接头轨距块　50－11	4	玻璃纤维	
27	专线 4266－27	橡胶垫板　50－200	14	橡胶	
28	专线 4266－29	橡胶垫板　509	5	橡胶	
29	专线 4266－31	橡胶垫板　550×185×10	10	橡胶	
30	专线 4266－31	橡胶垫板　365×185×10	4	橡胶	
31	专线 4266－31	橡胶垫板　792×185×10	5	橡胶	

50 kg/m 钢轨 9 号 6.5 m 间距交叉渡线

图　号：专线 (02)7666－I

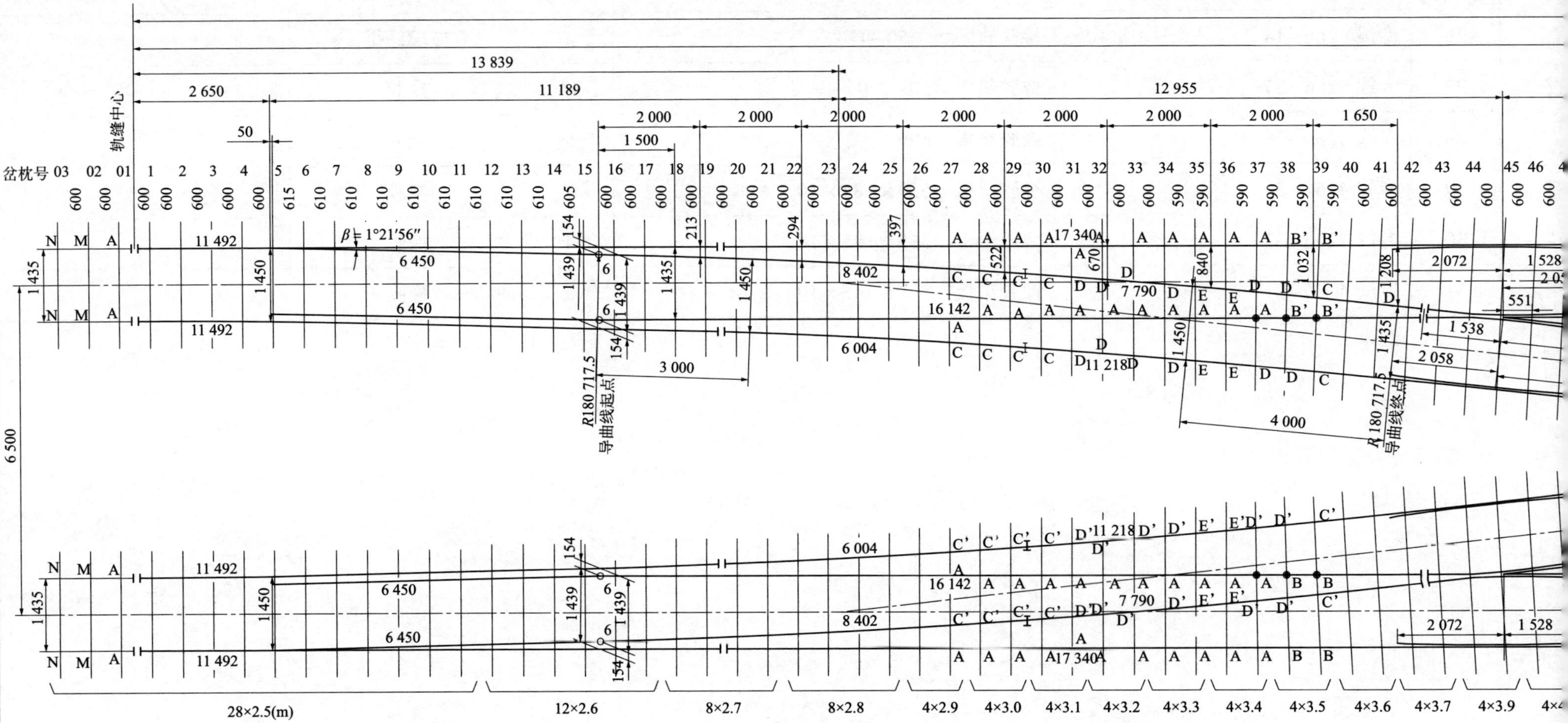

表 1　岔枕数量表

序号	枕木长度 (m)	单　位	数　量	序号	枕木长度 (m)	单　位	数　量
1	2.4	根	12	12	3.5	根	8
2	2.5	根	100	13	3.6	根	10
3	2.6	根	24	14	3.7	根	8
4	2.7	根	16	15	3.9	根	8
5	2.8	根	32	16	4.0	根	12
6	2.9	根	12	17	4.1	根	10
7	3	根	12	18	4.3	根	8
8	3.1	根	8	19	4.4	根	12
9	3.2	根	10	20	4.45	根	4
10	3.3	根	8	21	9.0	根	8
11	3.4	根	12	岔枕总延长为 1 059.6 m，总质量为 150 000 kg			

表 2　明　细　表

序号	图号 / 标准	名称及规格	数　量	材　　料	备　注
1	专线 (02)4151－Ⅱ	右开转辙器	2		
2	专线 (02)4151－Ⅱ	左开转辙器	2		
3	专线 (02)4151－Ⅲ	9 号辙叉及护轨	4		
4	专线 (02)7666－Ⅱ	6.5 m－4.5 号锐角辙叉及护轨	2		
5	专线 (02)7663－Ⅳ	4.5 号钝角辙叉	2		
6	TB/T 2344	钢　轨	466.464	50 kg/m 钢轨	
7	TB/T 2345	接头夹板	40		
8	专线 4266－16	平垫板　50－A	224		
9	专线 4266－16	平垫板　50－B(右开)	16		
10	专线 4266－16	平垫板　50－B′(左开)	16		
11	专线 4266－16	平垫板　50－C(右开)	12		
12	专线 4266－16	平垫板　50－C′(左开)	12		

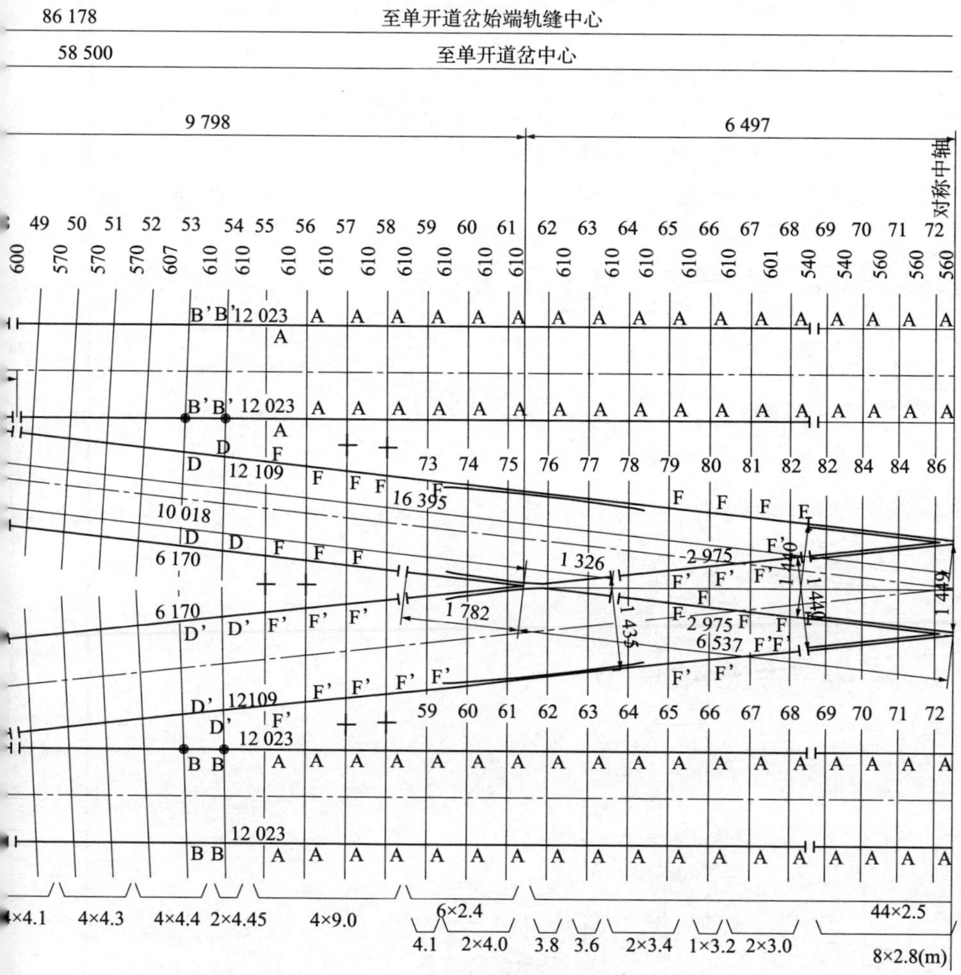

续表 2

序号	图号 / 标准	名称及规格	数　量	材　　料	备　注
13	专线 4266－16	平垫板　50－D（右开）	32		
14	专线 4266－16	平垫板　50－D'（左开）	32		
15	专线 4266－16	平垫板　50－E（右开）	8		
16	专线 4266－16	平垫板　50－E'（左开）	8		
17	专线 4266－16	平垫板　50－F（右开）	28		
18	专线 4266－16	平垫板　50－F'（左开）	28		
19	专线 4266－17	接头垫板　50－A	16		
20	专线 4266－17	接头垫板　50－C（右开）	8		
21	专线 4266－17	接头垫板　50－C'（左开）	8		
22	专线 4266－17	接头垫板　50－F（右开）	4		
23	专线 4266－17	接头垫板　50－F'（左开）	4		
24	专线 4266－24	顺坡垫板　P80	8		

续表 2

序号	图号 / 标准	名称及规格	数　量	材　　料	备　注
25	专线 4266－25	顺坡垫板　P60	8		
26	TB/T 1495.2	B 型弹条	944		
27	专线 4266－5	T 型螺栓　M24×60	944	60Si2Mn	
28	专线 4266－34	螺　钉　M30	944		
29	TB/T 2347	接头螺栓　M24×145	120	10.9 级	带螺母
30	GB/T 41	螺　母　M24	944		
31	TB/T 1495.4	平垫圈　24	944		
32	GB/T 7244	垫　圈　30	944		
33	GB/T 1230	垫　圈　24	120		
34	专线 4266－13	轨距块　50/9－11	432	ZG 230－450	
35	专线 4266－13	轨距块　50/13－15	432	ZG 230－450	
36	专线 4266－13	轨距块　50/7－17	330	ZG 230－450	备用
37	专线 4266－14	接头轨距块　50－11	40	玻璃纤维	
38	专线 4266－14	接头轨距块　50－13	40	玻璃纤维	
39	专线 4266－14	接头轨距块　50－9	40	玻璃纤维	备用
40	专线 4266－14	接头轨距块　50－15	40	玻璃纤维	备用
41	专线 4266－27	橡胶垫板　50－200	472	橡胶	
42	专线 4266－31	橡胶垫板　430×185×10	472	橡胶	
43		钢轨绝缘	12 组		

技 术 要 求

1. 图中钢轨普通接头、绝缘接头分别以“—|├—”、“+”表示。
2. 钢轨轨缝除注明者外均为 8 mm。
3. 导曲线半径按外轨工作边计。
4. 明细表内钢轨数量由下表所列钢轨组成。

长度 (mm)	17 340	16 443	16 142	12 109	12 023	11 218
数量（根）	4	4	4	4	4	4
长度 (mm)	8 402	7 790	6 170	6 004	2 975	
数量（根）	4	4	4	4	4	

5. 本图单开部分道岔采用专线 (02)4151－Ⅰ《50 kg/m 钢轨 9 号单开道岔总布置图》。
6. 单开道岔中序号 1～52 号岔枕与原单开道岔岔枕相同，序号 53、54 岔枕逐渐扭转，至 55 号岔枕平行于对称中轴方向，其岔枕间距按道岔直股下股钢轨量计。
7. 图中符号 A、B、C、D、E、F 表示平垫板和接头垫板类型，M、N 分别表示顺破垫板 P80、P60。
8. 图中组合岔枕连接位置用符号“+”表示。

50 kg/m 钢轨 6.5 m 间距交叉渡线 9 号锐角辙叉及护轨

图 号：专线 (02)7666－II－2

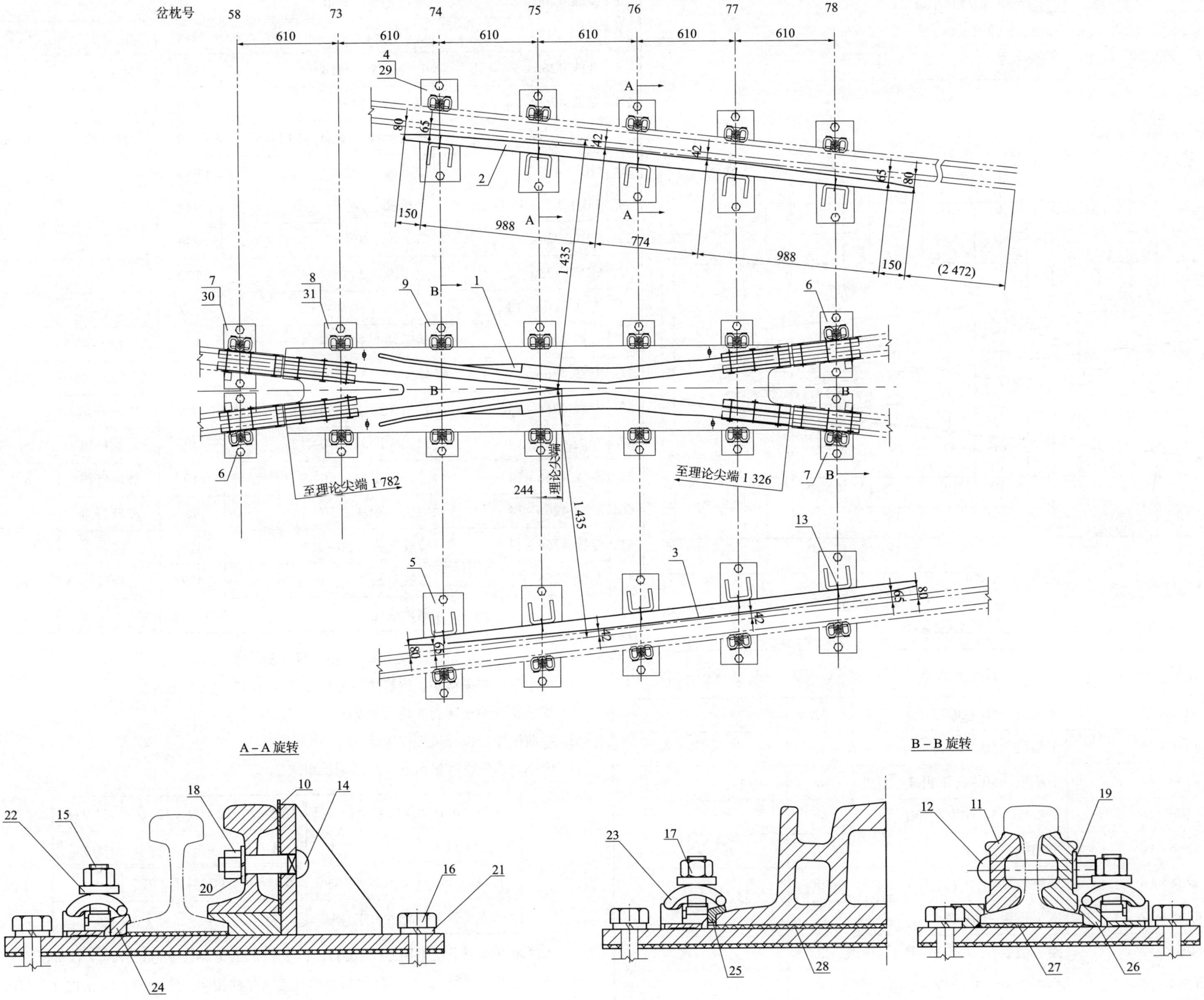

技 术 要 求

1. 组装护轨时，应使用 3 mm 厚的护轨调整片，如查照间隔或护背距离不符合要求时，可用备用调整片进行调整。
2. 查照间隔及护背距离在心轨轨头宽 20～30 mm 断面处丈量。

86. 50 kg/m 钢轨 9 号道岔 5.0 m 间距交叉渡线(混凝土枕)
设计图号：CZ 2241

道岔允许通过速度	客车	$v_{直}$≤100 km/h；$v_{侧}$≤35 km/h			扣件类型	Ⅰ型弹条
	货车	$v_{直}$≤80 km/h；$v_{侧}$≤35 km/h			轨底坡	—
A(B) 型辙叉角	6°20′25″		锐角 / 钝角辙叉角			12°40′50″
转辙器 CB 2212	详见“92 改进型 50 gk/m 钢轨 9 号单开道岔［CZ 2209］”					
9 号 A(B) 型辙叉及护轨 CB 2214	辙叉图号	CB 319－01	辙叉全长	3 592	护轨长度	直向：3 600
			辙叉趾长	1 542		侧向：3 100
	辙叉形式	高锰钢整铸式	辙叉跟长	2 050	护轨轨型	33 kg/m 槽型钢
	护轨端头距导轨端头定位尺寸		直　向	496	护轨图号　直	CB 2213A－01
			侧　向	183	护轨图号　侧	CB 2214－01
	辙叉理论尖端距趾端方向前一根岔枕中心距离					46
4.5 号锐角辙叉及护轨 CB 2215	辙叉图号	CB 2215－01	辙叉全长	3 811	护轨长度	3 000
			辙叉趾长	1 563	护轨轨型	33 kg/m 槽型钢
	辙叉形式	高锰钢整铸式	辙叉跟长	2 248	护轨图号	CB 2215－02
	辙叉理论尖端距趾端方向前一根岔枕中心距离					572
	护轨端头距导轨端头定位尺寸					2 520
4.5 号钝角辙叉 CB 2216	辙叉图号	CB 2216－01	辙叉类型	高锰钢整铸式	辙叉全长	4 954
岔枕图号 CZ 2210Z	岔枕总数	230 根	岔枕展延长	787.2 m	套管总数	1 102
批准文号	—				应用情况	★★
主要结构特点	钝角辙叉范围内轨距采用 1 440 mm，菱形中轨距过渡到 1 435 mm。					

50 kg/m 钢轨 9 号 5.0 m 间距交叉渡线

图　号：CZ 2241

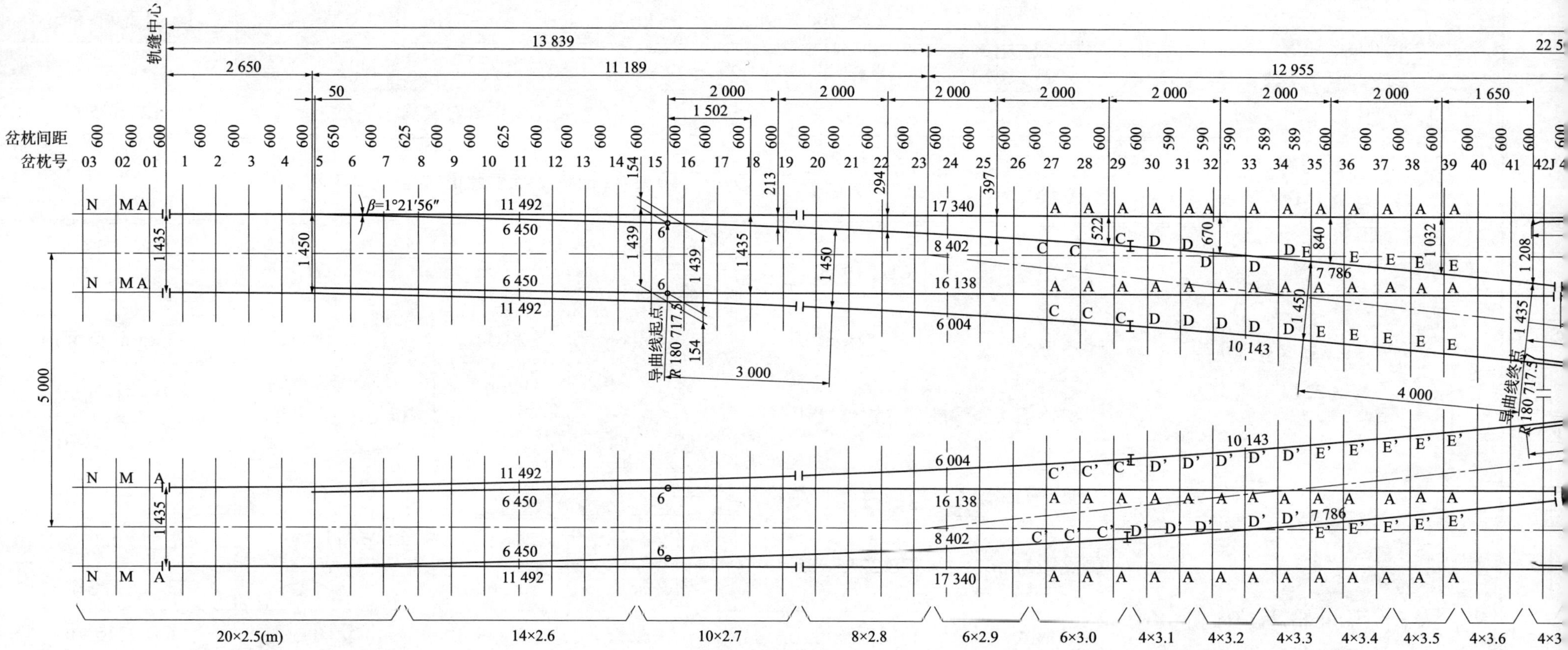

表 1　混凝土岔枕数量表

序号	岔枕长 (m)	单位	数量
1	2.4	根	12
2	2.5	根	40
3	2.6	根	34
4	2.7	根	20
5	2.8	根	16
6	2.9	根	12
7	3.0	根	12
8	3.1	根	8
9	3.2	根	8
10	3.3	根	8
11	3.4	根	8
12	3.5	根	8
13	3.6	根	8
14	3.7	根	8
15	7.5	根	28

表 2　配轨长度表 (绝缘接头设在侧股)

长度 (mm)	17 340	8 402	7 786	16 138	6 004	10 143	14 974	5 061	2 481	11 223	16 260
数量 (根)	3	4	4	4	4	3	4	4	4	1	1

表 3　明　细　表

序号	图号 / 标准	名称及规格	数　量	材　　料	备　注
1	CB 2212	转辙器	4		3 左 1 右
2	CB 2214	5.0 m－9 号 A(B) 型辙叉及护轨	4		A(B) 型各 2
3	CB 2215	5.0 m－4.5 号锐角辙叉及护轨	2		
4	CB 2216	4.5 号钝角辙叉	2		
5	TB/T 2344	钢　轨	36 根	50 kg/m 钢轨	详见表 2
6	TB/T 2345	接头夹板	24		
7	CB 305－07	垫　板　50－A	172	Q235－A(底板)	
8	CB 305－07	垫　板　50－B Y(Z)	4	Q235－A(底板)	左、右开各半
9	CB 305－07	垫　板　50－C Y(Z)	18	Q235－A(底板)	14 左、4 右
10	CB 305－07	垫　板　50－D Y(Z)	34	Q235－A(底板)	24 左、10 右
11	CB 305－07	垫　板　50－E Y(Z)	36	Q235－A(底板)	26 左、10 右
12	CB 305－07	垫　板　50－F Y(Z)	16	Q235－A(底板)	左、右开各半
13	CB 305－06	接头平垫板　J 50－A	12	Q235－A(底板)	
14	CB 305－06	接头平垫板　J 50－C Y(Z)	8	Q235－A(底板)	6 左、2 右

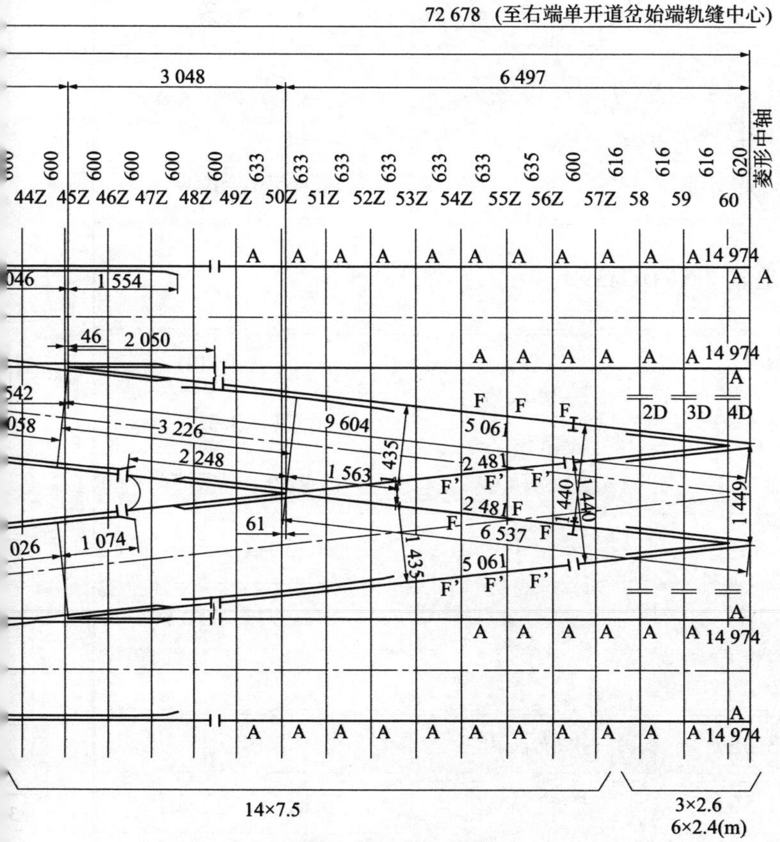

续表 3

序号	图号 / 标准	名称及规格	数 量	材 料	备 注
15	CB 305－06	接头平垫板 J 50－D Y(Z)	8	Q235－A(底板)	6 左、2 右
16	CB 305－06	接头平垫板 J 50－F Y(Z)	8	Q235－A(底板)	左、右开各半
17	CB 306－28	顺坡垫板 P80	8	Q235－A(底板)	图中 M 位置
18	CB 306－29	顺坡垫板 P60	8	Q235－A(底板)	图中 N 位置
19	TB/T 1495.2	B 型弹条	664		
20	CT 5－02	T 型螺栓 M24 × 60	664	Q235－A	
21	TB/T 1495.4	平垫圈 24	664		
22	GB/T 923	螺 母 M24	664		
23	TB/T 2347	接头螺栓 M24 × 145	72	10.9 级	含螺母
24	GB/T 1230	垫 圈 24	72		
25	CT 10－16	岔枕螺栓 30	664		
26	GB/T 7244	弹簧垫圈 30	664		
27	CB 305－16	轨距块 50/9－11	296	ZG 230－450	
28	CB 305－16	轨距块 50/13－15	296	ZG 230－450	
29	CB 305－16	轨距块 50/7－17	150	ZG 230－450	备用
30	CT 10－79	接头轨距块 50－11	36	玻璃纤维	
31	CT 10－79	接头轨距块 50－13	36	玻璃纤维	
32	CT 10－79	接头轨距块 50－9	18	玻璃纤维	备用
33	CT 10－79	接头轨距块 50－15	18	玻璃纤维	备用
34	CT 10－76	橡胶垫板 430 × 185 × 10	332	橡胶	
35	CT 10－75	轨下橡胶垫板 50－200	332	橡胶	
36	专线 9050	钢轨绝缘	12		

续表 3

技 术 要 求

1. 本图根据 2003 年 6 月原铁道部运输局主持“92 改进型 50 kg/m 钢轨 9 号系列道岔”设计方案审查会通过的“技术审查意见”设计。
2. 道岔容许通过速度：直向：旅客列车 100 km/h；货物列车 80 km/h。
   侧向：35 km/h。
3. 本道岔转换设备按联动内锁闭装置设计。尖轨设置一个牵引点，设计动程为 152 mm。
4. 本图转辙器采用 6.45 m 50AT 直线尖轨，跟部为间隔铁式活接头连接。辙叉为高锰钢整铸式，高锰钢整铸辙叉下设铁垫板；护轨为分开式，用 UIC33 槽护制造。
5. 钢轨轨下及高锰钢整铸辙叉下设 5 mm 厚橡胶垫板，护轨垫板下设 7 mm 厚橡胶垫板，其他垫板下设 10 mm 厚橡胶垫板。
6. 扣件采用 B 型弹条扣件，轨距块设计安装号数如下：
   钢轨工作边一侧，安装 13 号轨距块或 13 号接头轨距块；
   钢轨非工作边一侧，安装 11 号轨距块或 11 号接头轨距块；
   高锰钢整铸辙叉一侧安装 13 号轨距块，另一侧安装 11 号轨距块。
   7－17 轨距块为备用轨距块，供现场调整用。
7. 交叉渡线菱形中钝角辙叉范围内轨距采用 1 440 mm，轨距过渡在锐角辙叉趾端接缝前完成。
8. 本图按设轨道电路设计。图中钢轨普通接头及绝缘接头分别以“⊣⊢”、“┿”表示。
9. 本图按绝缘接头设在侧股设计，其配轨长度见表 2。
10. 钢轨轨缝除注明者外均为 8 mm。
11. 明细表中平垫板根据垫板的偏斜大小及是否接头位置分为 18 种类型，其铺设位置详见布置图。其中：50－A 的 184 块(含接头平垫板 12 块)；50－B/B'的共 4 块；50－C/C'的共 26 块(含接头平垫板 8 块)；50D/D'的共 42 块(含接头平垫板 8 块)；50－E/E'的共 36 块；50－F/F'的共 24 块(含接头平垫板 8 块)。带“'”的表示左开用垫板，不带“'”的为右开用垫板。接头处安装接头平垫板。
12. 考虑到道岔与线路连接过渡，在道岔前两根岔枕上分别设置顺坡垫板(M、N 位置)，若与无轨底坡线路连接时取消顺坡垫板，采用 A 型垫板(50－A)，用户订货时需说明。
13. 钢轨顶面应进行全长淬火。
14. 轨下基础采用无挡肩混凝土岔枕，岔枕序号中带“J”的岔枕为 92 改进型 50 kg/m 钢轨 9 号单开道岔(CZ 2209Z)相同序号岔枕的减短形式；带“Z”的岔枕为组合岔枕，组合岔枕由两根组合用短岔枕和连接件组成；带“D”的岔枕为钝角辙叉专用岔枕。岔枕长度数量见表 1。交叉渡线配套的混凝土岔枕为：CZ 2210Z。
15. 9 号 A(B)型辙叉及护轨按下述位置区分 A、B 型：左上方及右下方为 A 型；左下方及右上方为 B 型。
16. 岔枕垂直直股铺设，斜腿 38，39 号岔枕逐渐扭转过渡。

87. 60 kg/m 钢轨 9 号道岔 5.0 m 间距交叉渡线(混凝土枕)
设计图号：SC(07)391C

道岔允许通过速度	客车	$v_{直}\leq$120 km/h；$v_{侧}\leq$35 km/h			扣件类型		Ⅱ型弹条
	货车	轴重 23 t：$v_{直}\leq$90 km/h；$v_{侧}\leq$35 km/h 轴重 25 t：$v_{直}\leq$80 km/h；$v_{侧}\leq$35 km/h			轨底坡		—
A(B) 型辙叉角	6°20′25″		锐角 / 钝角辙叉角				12°40′50″
转辙器 SC(07)390－100	详见“60 kg/m 钢轨 9 号单开道岔［SC(07)390］”						
9 号 A(B) 型辙叉及护轨 SC(07)391C－100	辙叉图号	SC 390－201	辙叉全长	4 311	护轨长度		直向：4 800
			辙叉趾长	1 540			侧向：3 300
	辙叉形式	高锰钢整铸式	辙叉跟长	2 771	护轨轨型		33 kg/m 槽型钢
	护轨端头距导轨端头定位尺寸		直　　向	665	护轨图号	直	SC 391C－101
			侧　　向	168		侧	SC 391C－102
	辙叉理论尖端距趾端方向前一根岔枕中心距离						4
4.5 号锐角辙叉及护轨 SC(07)391C－200	辙叉图号	SC 391－201	辙叉全长	3 687	护轨长度		3 000
			辙叉趾长	1 563	护轨轨型		33 kg/m 槽型钢
	辙叉形式	高锰钢整铸式	辙叉跟长	2 124	护轨图号		SC 391C－202
	辙叉理论尖端距趾端方向前一根岔枕中心距离						27
	护轨端头距导轨端头定位尺寸						1 842
4.5 号钝角辙叉 SC(07)391－300	辙叉图号	SC391－301	辙叉类型	高锰钢 整铸式	辙叉全长		4 954
岔枕图号 CZ580Z	岔枕总数	234 根	岔枕展延长	804.48 m	套管总数		1 408
批准文号	—				应用情况		★★
主要结构特点	钝角辙叉范围内轨距采用 1 440 mm，菱形中轨距过渡到 1 435 mm。						

9 号 A(B) 型辙叉及护轨明细表

序号	图号 / 标准	名称及规格	数量	材　料	备　注
1	SC 390-201	辙　叉　92-60-9	1	ZGMn13	
2	SC 391C-101	直向护轨　4 800	1	33 kg/m 槽型钢	
3	SC 391C-102	侧向护轨　3 330	1	33 kg/m 槽型钢	
4	SC 390-204	垫　板　744×170×20	4	Q235-A	
5	SC 390-204	垫　板　744×170×20	1	Q235-A	
6	HY07-12	护轨垫板　600	9	ZG230-450	
6a	SC (07)394-102	垫　板　600×170×20	1	Q235-A	
7	HY07-13	侧股护轨垫板　610	5	ZG230-450	
8	专线 4232-71	垫　板　60-0	2	Q235-A	
9	专线 4232-71	垫　板　60-20Y	3	Q235-A	B 型时为 60-20Z
10	SC 390-207	垫　板　727×170×20	1	Q235-A	
11	SC 390-208	垫　板　794×170×20	1	Q235-A	
12	SC 390-209	垫　板　858×170×20	1	Q235-A	
13	SC 390-209	垫　板　921×170×20	1	Q235-A	
14	TB/T 2345	接头夹板	8		
15	TB/T 2347	接头螺栓　M24×135	24	10.9 级	带螺母
16	专线 4232-10	轨距块　60/9-11	28	ZG 230-450	
17	专线 4232-10	轨距块　60/13-15	28	ZG 230-450	
18	专线 4232-10A	接头轨距块　60/9-11	4	ZG 230-450	
19	专线 4232-10A	接头轨距块　60/13-15	2	ZG 230-450	
20	专线 4232-4	T 型螺栓　M24×65	62		
21	专线 4232-4	T 型螺栓　M24×85	1		
22	专线 4171-9	螺　栓　M24×85	14		
23	SC T505-B	岔枕螺栓　155	58		
24	NS-01(b)-c	螺　母　M24	63		
25	NS-01(b)	螺　母　M24	14		
26	GB/T 1230	垫　圈　24	24		
27	GB/T 7244	弹簧垫圈　30	58	65Mn	
28	GB/T 7244	弹簧垫圈　24	14		
29	NS-07	限位板　M24	63	Q275	
30	专线 3351	Ⅱ型弹条	63	60Si2CrVA	

续上表

序号	图号 / 标准	名称及规格	数量	材　　料	备　　注
31	SC 390－212	支距扣板　60/130－118－62Y	1	KTH350－10	左开为：60/130－118－62Z
32	SC 330C－205	调整片　170×80×3	14		
		调整片　170×80×2	28		
33	SC 330－403	橡胶垫板　452×175×10	5	橡胶	
34	SC 330－411	橡胶垫板　600×175×5	9	橡胶	
34a	SC 330－405	橡胶垫板　600×175×10	1	橡胶	
35	SC 330－411	橡胶垫板　610×175×5	5	橡胶	
36	SC 330－410	橡胶垫板　744×175×10	5	橡胶	
37	SC 330－405	橡胶垫板　727×175×10	1	橡胶	
38	SC 330－405	橡胶垫板　794×175×10	1	橡胶	
39	SC 330－406	橡胶垫板　858－394	1	橡胶	
40	SC 330－406	橡胶垫板　921－426	1	橡胶	
41	SC 330－401	橡胶垫板　60－190	27	橡胶	
42	SC 330－409	橡胶垫板　439－190	5	橡胶	

4.5 号锐角辙叉及护轨明细表

序号	图号 / 标准	名称及规格	数量	材　料	备　注
1	SC 391－201	高锰钢辙叉　60AT－4.5	1	ZGMn13	
2	SC 391C－202	护　轨　3 000	1	33 kg/m 槽型钢	
3	SC 391C－202	护　轨　3 000	1	33 kg/m 槽型钢	与序号 2 对称
4	SC 391－203	辙叉垫板　903×170×20	4	Q235－A(底板)	铁座 41
5	SC 391－203	辙叉垫板　903×170×20	2	Q235－A(底板)	铁座 33
6	SC 391C－204	护轨垫板　802×170×25	1	16Mn(底板)	
7	SC 391C－204	护轨垫板　802×170×25	1	16Mn(底板)	与序号 6 对称
8	SC 391C－205	护轨垫板　837×170×25	1	16Mn(底板)	
9	SC 391C－205	护轨垫板　837×170×25	1	16Mn(底板)	与序号 8 对称
10	SC 391C－206	护轨垫板　884×170×25	1	16Mn(底板)	
11	SC 391C－206	护轨垫板　884×170×25	1	16Mn(底板)	与序号 10 对称
12	SC 391C－207	护轨垫板　950×170×25	1	16Mn(底板)	
13	SC 391C－207	护轨垫板　950×170×25	1	16Mn(底板)	与序号 12 对称
14	SC 391C－208	护轨垫板　1018×170×25	1	16Mn(底板)	
15	SC 391C－208	护轨垫板　1018×170×25	1	16Mn(底板)	与序号 14 对称
16	专线 4232－71	平垫板　60－0	2	Q235－A(底板)	
17	专线 4232－71	平垫板　60－20Y	2	Q235－A(底板)	
18	专线 4232－71	平垫板　60－20Z	2	Q235－A(底板)	与序号 17 对称
19	SC 390－212	接头支距扣板　124－112－59Y	1	KTH350－10	
20	SC 390－212	接头支距扣板　124－112－59Z	1	KTH350－10	与序号 19 对称
21	TB/T 2345	接头夹板　60	8		
22	TB/T 2347	接头螺栓及螺母　M24×135	24	10.9 级	
23	专线 4171－9	螺　栓　M24×85	10	20SiMn	
24	专线 4232－4	T 型螺栓　M24×85	2	Q235－A	
25	专线 4232－4	T 型螺栓　M24×65	42	Q235－A	
26	SC T505－B	岔枕螺栓　155	44		
27	NS－01(b)－c	螺　母　M24	44		
28	NS－07	限位板　M24	44	Q275	
29	NS－01(b)	螺　母　M24	10		
30	GB/T 7244	弹簧垫圈　24	10		
31	GB/T 1230	垫　圈　24	24		

续上表

序号	图号 / 标准	名称及规格	数量	材　料	备　注
32	GB/T 7244	弹簧垫圈　30	44		
33	专线 3351	Ⅱ型弹条	44	60Si2CrVA	
34	专线 4232－10	轨距块　60/9－11	18	ZG230－450	
35	专线 4232－10	轨距块　60/13－15	18	ZG230－450	
36	专线 4232－10A	接头轨距块　60/9－11	2	ZG230－450	
37	专线 4232－10A	接头轨距块　60/13－15	4	ZG230－450	
38	SC 330C－205	护轨调整片　170×80×2	20	Q235	备用
39	SC 330C－205	护轨调整片　170×80×3	10	Q235	
40	专线 4171－14	导电销	4	Q235－A	
41	SC 330－401	橡胶垫板　60－190	18	橡胶	
42	SC 330－409	橡胶垫板　600－190	6	橡胶	
43	SC 330－411	双孔橡胶垫板　802×175×5	2	橡胶	
44	SC 330－411	双孔橡胶垫板　837×175×5	2	橡胶	
45	SC 330－411	双孔橡胶垫板　884×175×5	2	橡胶	
46	SC 330－411	双孔橡胶垫板　950×175×5	2	橡胶	
47	SC 330－411	双孔橡胶垫板　1 018×175×5	2	橡胶	
48	SC 330－403	双孔橡胶垫板　452×175×10	6	橡胶	
49	SC 330－405	双孔橡胶垫板　903×175×10	6	橡胶	
50	SC 330－409	橡胶垫板　439－190	4	橡胶	

4.5 号钝角辙叉明细表					
序号	图号 / 标准	名称及规格	数量	材　料	备　注
1	SC 391-301	高锰钢辙叉　60AT-4.5DG	1	ZGMn13	
2	SC 391-302	辙叉垫板　738×170×20	2	Q235-A(底板)	
3	SC 391-302	辙叉垫板　855×170×20	2	Q235-A(底板)	
4	SC 391-302	辙叉垫板　977×170×20	2	Q235-A(底板)	
5	SC 391-303	辙叉垫板　997×170×20	2	Q235-A(底板)	
6	TB/T 2345	接头夹板　60	8		
7	TB/T 2347	接头螺栓及螺母　M24×135	24	10.9 级	
8	专线 4232-4	T 型螺栓　M24×65	20	Q235-A	
9	SC T505-B	岔枕螺栓　155	16		
10	专线 3351	Ⅱ型弹条	20	60Si2CrVA	
11	NS-01(b)-c	螺　母　M24	20		
12	NS-07	限位板　M24	20	Q275	
13	GB/T 1230	垫　圈　24	24		
14	GB/T 7244	弹簧垫圈　30	16		
15	专线 4232-10	轨距块　60/9-11	10	ZG 230-450	
16	专线 4232-10	轨距块　60/13-15	10	ZG 230-450	
17	专线 4171-14	导电销	4	Q235-A	
18	SC 330-409	橡胶垫板　435-190	2	橡胶	
19	SC 330-409	橡胶垫板　552-190	2	橡胶	
20	SC 330-409	橡胶垫板　674-190	2	橡胶	
21	SC 330-409	橡胶垫板　197-190	4	橡胶	
22	SC 330-405	橡胶垫板　738×175×10	2	橡胶	
23	SC 330-405	橡胶垫板　855×175×10	2	橡胶	
24	SC 330-405	橡胶垫板　977×175×10	2	橡胶	
25	SC 330-405	橡胶垫板　997×175×10	2	橡胶	

60 kg/m 钢轨 9 号 5.0 m 间距交叉渡线

图　号：SC(07)391C

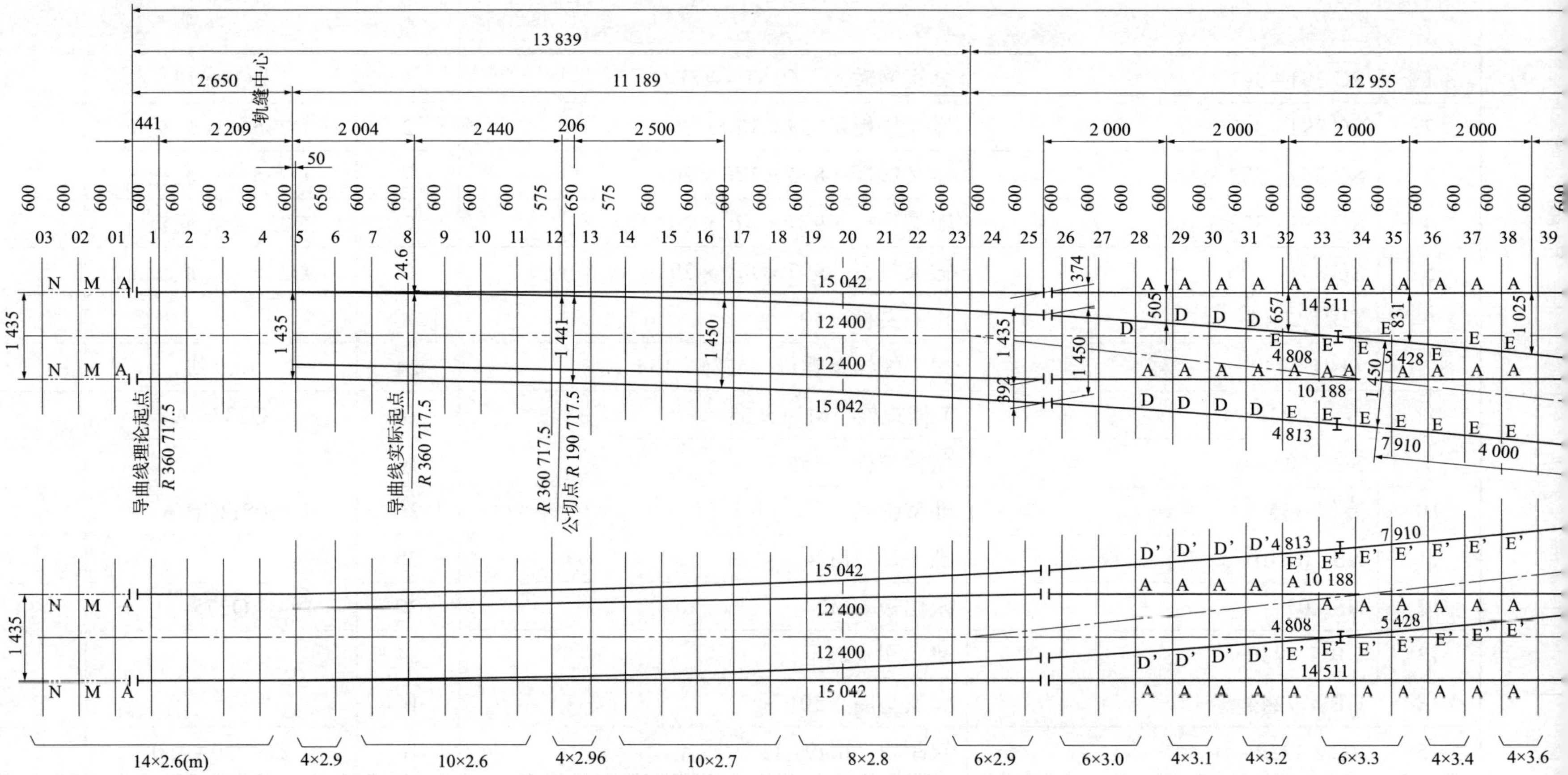

表 1　配轨明细表

长度 (mm)	14 511	4 808	5 428	10 188	4 813	7 910	13 532	4 340	2 481
数量 (根)	4	4	4	4	4	4	4	4	4
质量 (kg)	3 520	1 166	1 317	2 471	1 167	1 919	3 282	1 053	602
总质量：16 496 kg；长度：272.044 m									

表 2　岔枕数量表

序号	岔枕长 (m)	单位	数量	序号	岔枕长 (m)	单位	数量
1	2.4	根	16	9	3.2	根	8
2	2.6	根	48	10	3.3	根	12
3	2.7	根	28	11	3.4	根	8
4	2.8	根	16	13	3.6	根	8
5	2.9	根	20	14	3.7	根	8
6	2.96	根	8	15	3.75	根	8
7	3.0	根	12	16	胶 7.6	根	26
8	3.1	根	8				

表 3　明　细　表

序号	图号 / 标准	名称及规格	数　量	材　　料	备　注
1	SC(07)390－100	转辙器	4		左右开各 2
2	SC(07)391C－100	5 m－A 型 9 号辙叉及护轨	2		
3	SC(07)391C－100	5 m－B 型 9 号辙叉及护轨	2		
4	SC(07)391C－200	5 m－4.5 号锐角辙叉及护轨	2		
5	SC(07)391－300	4.5 号钝角辙叉	2		
6	SC330－300	牵引点岔枕连接装置	4		组 件
7	TB/T 2344	连接钢轨　60 kg/m	272(m)		
8	TB/T 2345	接头夹板　60	48		
9	TB/T 2347	接头螺栓及螺母　M24 × 135	144	10.9 级	
10	GB/T 1230	平垫圈　24	144		
11	专线 4232－71	平垫板　60－0	168		
12	专线 4232－71	平垫板　60－14	32		左右开各 16 块
13	专线 4232－71	平垫板　60－17	56		左右开各 28 块
14	专线 4232－71	平垫板　60－20	24		左右开各 12 块
15	SC330－122	平垫板　P80	8		
16	SC330－121	平垫板　P60	8		
17	专线 3351	Ⅱ型弹条	544	60Si2CrVA	

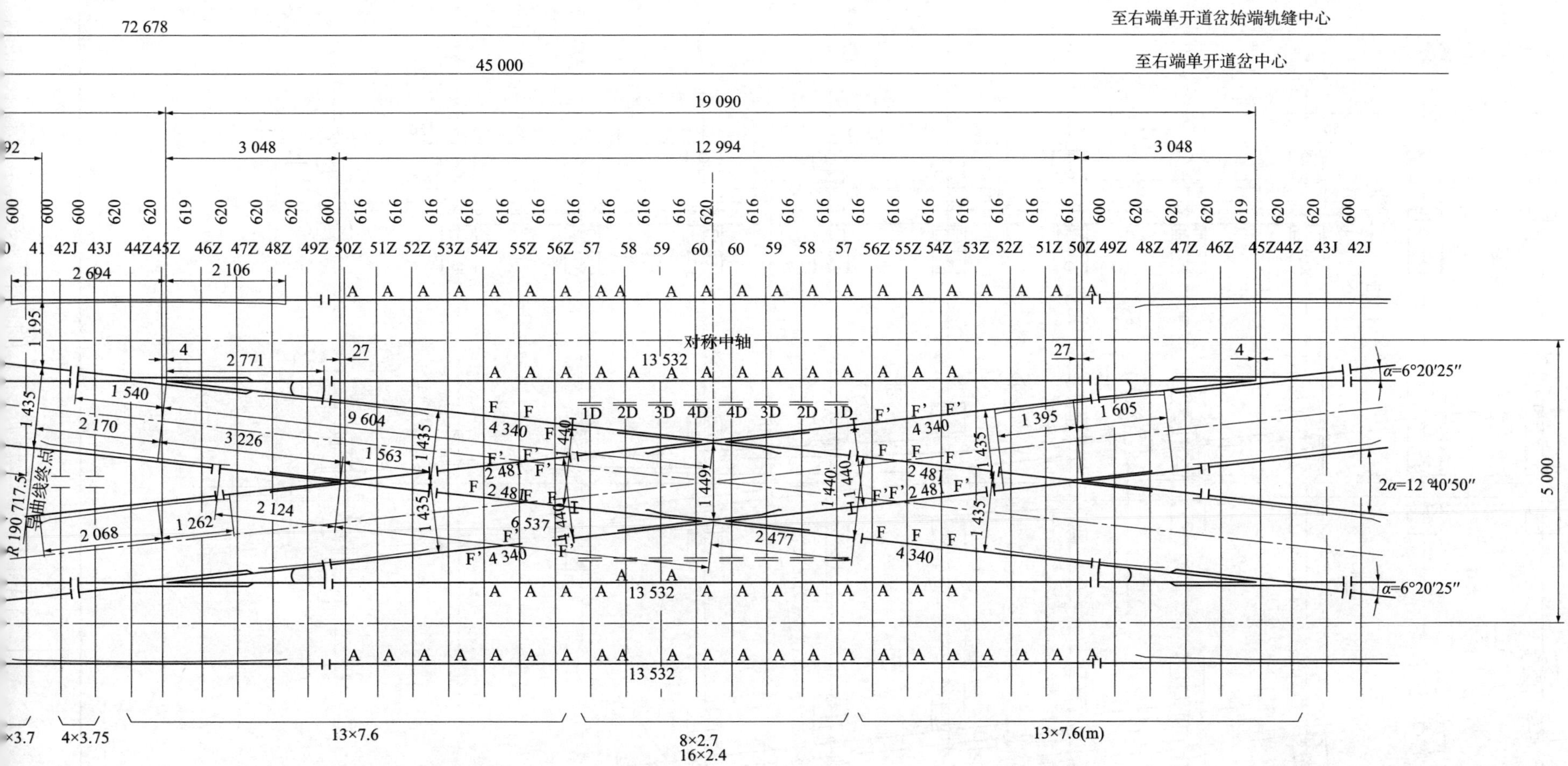

续表 3

序号	图号 / 标准	名称及规格	数 量	材 料	备 注
18	专线 4232-4	T 型螺栓 M24×65	592		
19	NS-01(b)-c	螺 母 M24	592		
20	NS-07	限位板 M24	592		
21	SCT505-B	岔枕螺栓 155	592		
22	GB/T 7244	重型弹簧垫圈 30	592		
23	专线 4232-10	轨距块 60/9-11	260	ZG 230-450	
24	专线 4232-10	轨距块 60/13-15	260	ZG 230-450	
25	专线 4232-10	轨距块 60/7-17	50	ZG 230-450	
26	专线 4232-10A	接头轨距块 60/9-11	16	ZG 230-450	
27	专线 4232-10A	接头轨距块 60/13-15	16	ZG 230-450	
28	专线 4232-72	绝缘轨距块 60/9-11	20	玻璃纤维	
29	专线 4232-72	绝缘轨距块 60/13-15	20	玻璃纤维	
30	专线 4232-72	绝缘轨距块 60/7-17	10	玻璃纤维	
31	SC330-401	橡胶垫板 60-190	296	橡胶	
32	SC330-403	橡胶垫板 452×175×10	296	橡胶	
33	专线 9595	钢轨绝缘	12 组		
34	HYT-LU-2	B 型接头弹条	48		
35	CZ931	混凝土岔枕接头	26 组		

图 1 绝缘接头设在直股

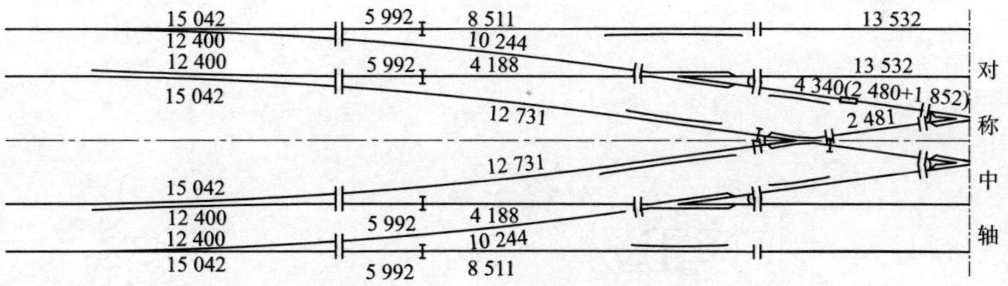

技 术 要 求

1. 本道岔不设轨底坡，道岔前后的顺坡垫板 P80、P60 分别用符号 M、N 表示，其铺设位置见图。若与无轨底坡道岔连接时，取消顺坡垫板采用垫板 60-0。
2. 本图按普通接头设计，绝缘接头按普通绝缘接头设计。所有轨缝均为 8 mm。普通接头、绝缘接头分别以"—┤├—"及"┴"表示。
3. 9 号单开辙叉及护轨分为 A、B 型两种：左端上方为 A 型，下方为 B 型，右端上方为 B 型，下方为 A 型。
4. 明细表中平垫板包括四种类型：垫板 60-0、60-14、60-17、60-20 在图中分别用符号 A、D、E、F 表示。带"'"者表示左开用垫板。

60 kg/m 钢轨 5.0 m 间距交叉渡线 9 号 A(B) 型辙叉及护轨
图　号：SC(07)391C－100

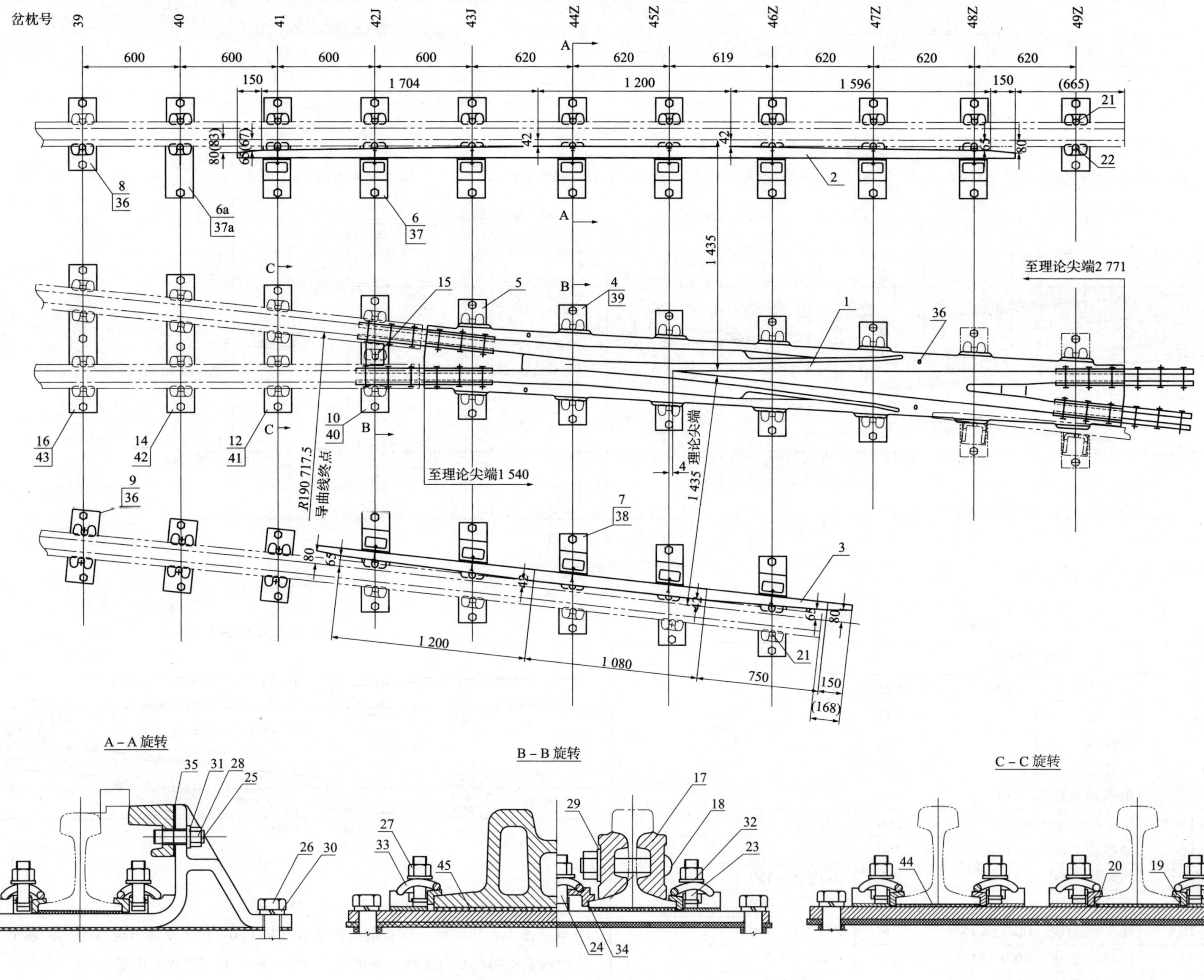

技 术 要 求

1. 组装护轨时，应使用 3 mm 厚的护轨调整片，如查照间隔或护背距离不合格时，可使用备用调整片进行调整。
2. 查照间隔及护背距离在心轨轨头宽 25 mm 处丈量。
3. 本图为 9 号 A 型辙叉及护轨，B 型辙叉及护轨应按本图对称制造及铺设。
4. 本图序号 2 直向护轨所装配导轨为直股，当序号 2 直向护轨所装配导轨为曲股时，护轨轮缘槽按括号内数值执行，可通过护轨调整片及轨距块进行调整。

60 kg/m 钢轨 5.0 m 间距交叉渡线 4.5 号锐角辙叉及护轨

图 号：SC(07)391C－200

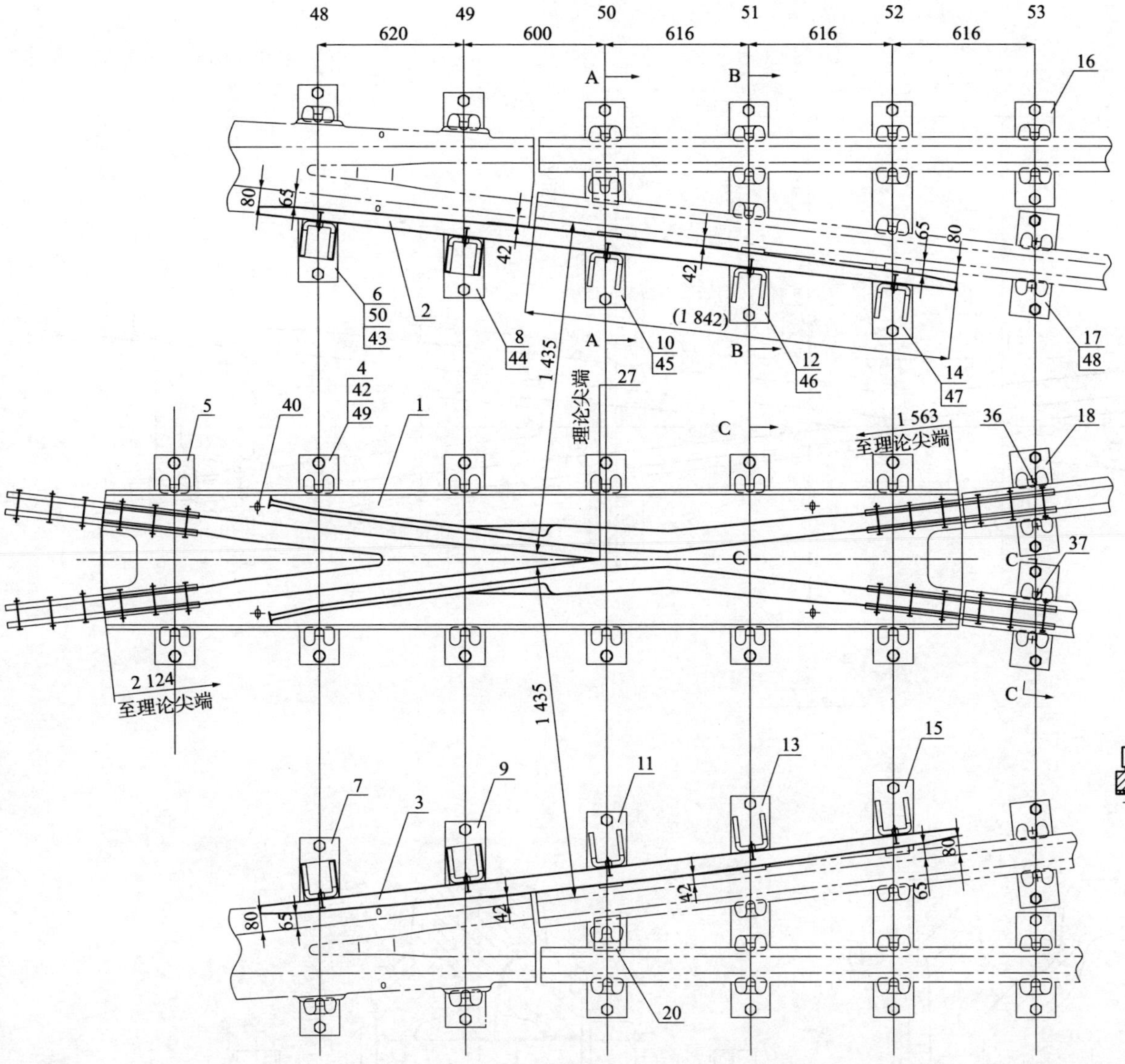

A－A 旋转

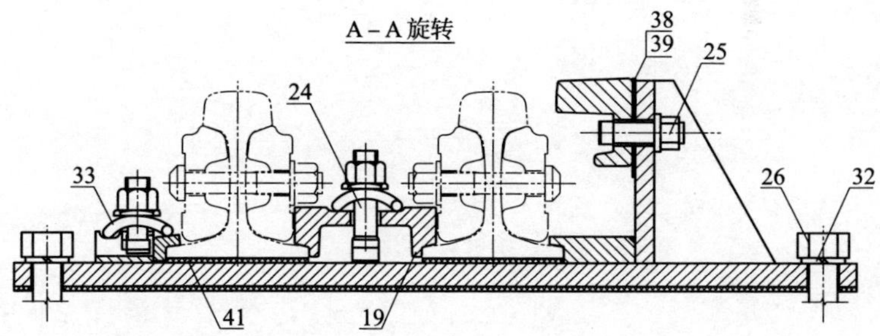

B－B 旋转

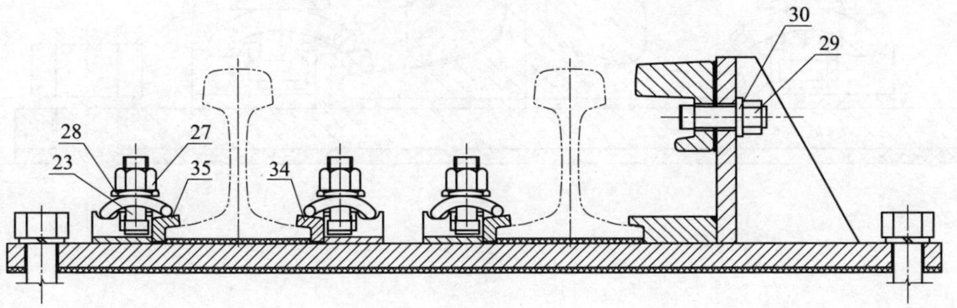

C－C 旋转

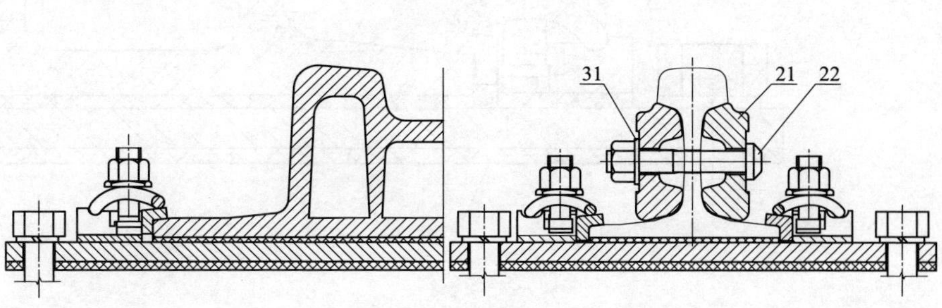

技 术 要 求

1. 组装护轨时，应使用 3 mm 厚的护轨调整片，如查照间隔或护背距离不合格时，可使用备用调整片进行调整。
2. 查照间隔及护背距离在心轨轨头宽 25 mm 处丈量。

60 kg/m 钢轨 5.0 m 间距交叉渡线 4.5 号钝角辙叉
图　号：SC(07)391C－300

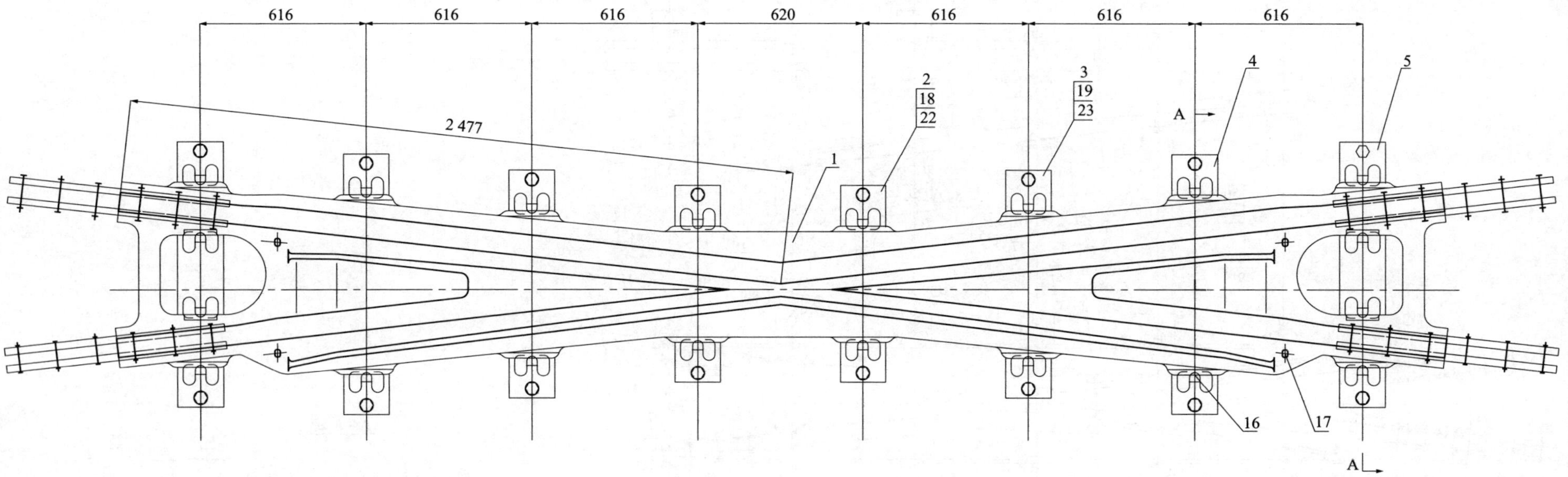

A－A旋转

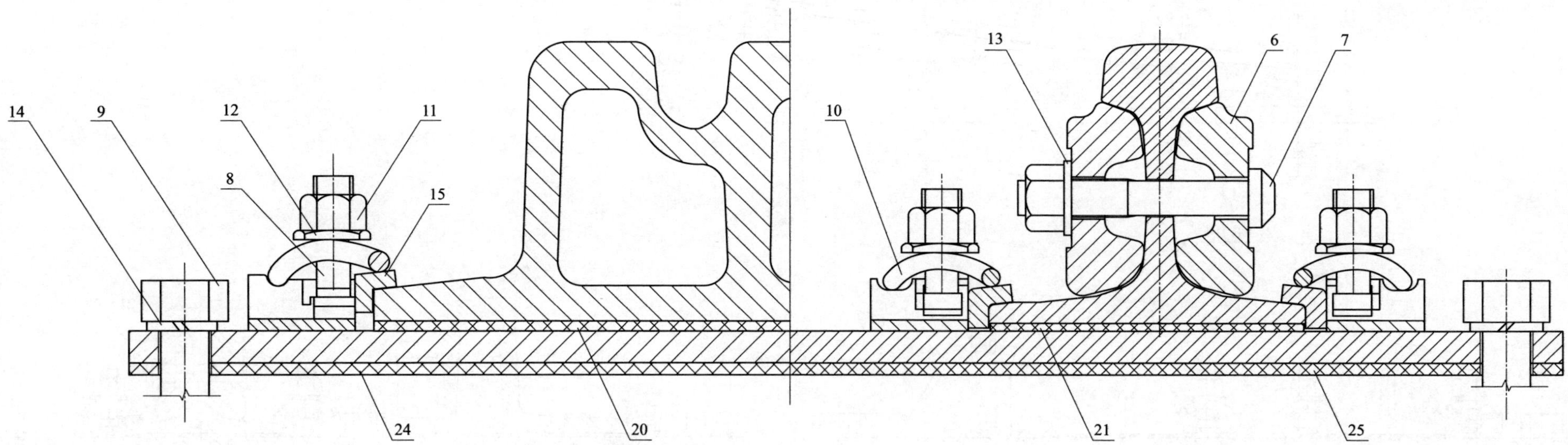

88. 60 kg/m 钢轨 9 号道岔 5.3 m 间距交叉渡线(混凝土枕)
设计图号：SC(07)392

道岔允许通过速度	客车	$v_{直}$≤120 km/h；$v_{侧}$≤35 km/h			扣件类型		Ⅱ型弹条
	货车	轴重 23 t：$v_{直}$≤90 km/h；$v_{侧}$≤35 km/h 轴重 25 t：$v_{直}$≤80 km/h；$v_{侧}$≤35 km/h			轨底坡		—
A(B) 型辙叉角	6°20′25″			锐角 / 钝角辙叉角			12°40′50″
转辙器 SC(07)390－100	详见“60 kg/m 钢轨 9 号单开道岔［SC(07)390］”						
9 号 A(B) 型辙叉及护轨 SC(07)392－100	辙叉图号	SC 390－201	辙叉全长	4 311	护轨长度		直向：4 800
			辙叉趾长	1 540			侧向：3 800
	辙叉形式	高锰钢整铸式	辙叉跟长	2 771	护轨轨型		33 kg/m 槽型钢
	护轨端头距导轨端头定位尺寸		直　向	665	护轨图号	直	SC(07)394－101
			侧　向	721		侧	SC 390C－203
	辙叉理论尖端距趾端方向前一根岔枕中心距离						4
4.5 号锐角辙叉及护轨 SC(07)392－200	辙叉图号	SC 391－201	辙叉全长	3 687	护轨长度		3 600
			辙叉趾长	1 563	护轨轨型		33 kg/m 槽型钢
	辙叉形式	高锰钢整铸式	辙叉跟长	2 124	护轨图号		SC 392C－201
	辙叉理论尖端距趾端方向前一根岔枕中心距离						51
	护轨端头距导轨端头定位尺寸						131
4.5 号钝角辙叉 SC(07)391－300	辙叉图号	SC 391－301	辙叉类型	高锰钢 整铸式	辙叉全长		4 954
岔枕图号 CZ 581Z	岔枕总数	254 根	岔枕展延长	845.68 m	套管总数		1 472
批准文号	—				应用情况		★★
主要结构特点	钝角辙叉范围内轨距采用 1 440 mm，菱形中轨距过渡到 1 435 mm。						

9 号 A(B) 型辙叉及护轨明细表

序号	图号 / 标准	名称及规格	数量	材　料	备　注
1	SC 390－201	辙　叉　92－60－9	1	ZGMn13	
2	SC (07)394－101	直向护轨　4 800	1	33 kg/m 槽型钢	
3	SC 390C－203	侧向护轨　3 800	1	33 kg/m 槽型钢	
4	SC 390－204	垫　板　744 × 170 × 20	5	Q235－A	
5	SC 390－204	垫　板　744 × 170 × 20	2	Q235－A	
6	HY07－12	护轨垫板　600	9	ZG 230－450	
6a	SC (07)394－102	垫　板　600 × 170 × 20	1	Q235－A	
7	HY07－13	侧股护轨垫板　610	6	ZG 230－450	
8	专线 4232－71	垫　板　60－0	2	Q235－A	
9	专线 4232－71	垫　板　60－20Y	4	Q235－A	B 型时为 60－20Z
10	SC 390－207	垫　板　727 × 170 × 20	1	Q235－A	
11	SC 390－208	垫　板　794 × 170 × 20	1	Q235－A	
12	SC 390－209	垫　板　858 × 170 × 20	1	Q235－A	
13	SC 390－209	垫　板　921 × 170 × 20	1	Q235－A	
14	TB/T 2345	接头夹板	8		
15	TB/T 2347	接头螺栓　M24 × 135	24	10.9 级	带螺母
16	专线 4232－10	轨距块　60/9－11	32	ZG 230－450	
17	专线 4232－10	轨距块　60/13－15	32	ZG 230－450	
18	专线 4232－10A	接头轨距块　60/9－11	4	ZG 230－450	
19	专线 4232－10A	接头轨距块　60/13－15	2	ZG 230－450	
20	专线 4232－4	T 型螺栓　M24 × 65	70		
21	专线 4232－4	T 型螺栓　M24 × 85	1		
22	专线 4171－9	螺　栓　M24 × 85	15		
23	SC T505－B	岔枕螺栓　155	66		
24	NS－01 (b)－c	螺　母　M24	71		
25	NS－01 (b)	螺　母　M24	15		
26	GB/T 1230	垫　圈　24	24		
27	GB/T 7244	弹簧垫圈　30	66	65Mn	
28	GB/T 7244	弹簧垫圈　24	15		
29	NS－07	限位板　M24	71	Q275	
30	专线 3351	Ⅱ型弹条	71	60Si2CrVA	

续上表

序号	图号 / 标准	名称及规格	数量	材　　料	备　　注
31	SC 390－212	支距扣板　60/130－118－62Y	1	KTH350－10	左开为：60/130－118－62Z
32	SC 330C－205	调整片　170×80×3	15	Q235	
		调整片　170×80×2	30	Q235	
33	SC 330－403	橡胶垫板　452×175×10	6	橡胶	
34	SC 330－411	橡胶垫板　600×175×5	9	橡胶	
34a	SC 330－405	橡胶垫板　600×175×10	1	橡胶	
35	SC 330－411	橡胶垫板　610×175×5	6	橡胶	
36	SC 330－410	橡胶垫板　744×175×10	7	橡胶	
37	SC 330－405	橡胶垫板　727×175×10	1	橡胶	
38	SC 330－405	橡胶垫板　794×175×10	1	橡胶	
39	SC 330－406	橡胶垫板　858×175－394	1	橡胶	
40	SC 330－406	橡胶垫板　921×175－426	1	橡胶	
41	SC 330－401	橡胶垫板　60－190	29	橡胶	
42	SC 330－409	橡胶垫板　439－190	7	橡胶	

4.5 号锐角辙叉及护轨明细表

序号	图号 / 标准	名称及规格	数量	材　料	备　注
1	SC 391－201	高锰钢辙叉　60AT－4.5	1	ZGMn13	
2	SC 392C－201	护　轨　3 600	2	33 kg/m 槽型钢	
3	SC 391－203	辙叉垫板　903 × 170 × 20	4	Q235－A(底板)	铁座 41(件号 3)
4	SC 391－203	辙叉垫板　903 × 170 × 20	2	Q235－A(底板)	铁座 33(件号 4)
5	SC 392C－202	护轨垫板　886 × 170 × 25	1	16Mn(底板)	
6	SC 392C－202	护轨垫板　886 × 170 × 25	1	16Mn(底板)	与序号 5 对称
7	SC 392C－203	护轨垫板　955 × 170 × 25	1	16Mn(底板)	
8	SC 392C－203	护轨垫板　955 × 170 × 25	1	16Mn(底板)	与序号 7 对称
9	SC 392C－204	护轨垫板　1 024 × 170 × 25	1	16Mn(底板)	
10	SC 392C－204	护轨垫板　1 024 × 170 × 25	1	16Mn(底板)	与序号 9 对称
11	HY07－13	护轨垫板　610 × 170 × 25	3	ZG230－450	
12	HY07－13	护轨垫板　610 × 170 × 25	3	ZG230－450	与序号 11 对称
13	专线 4232－71	平垫板　60－0	2	Q235－A(底板)	
14	专线 4232－71	平垫板　60－20Y	1	Q235－A(底板)	
15	专线 4232－71	平垫板　60－20Z	1	Q235－A(底板)	与序号 14 对称
16	SC 390－212	接头支距扣板　128－116－61Y	1	KTH350－10	
17	SC 390－212	接头支距扣板　128－116－61Z	1	KTH350－10	与序号 16 对称
18	TB/T 2345	接头夹板　60	8		
19	TB/T 2347	接头螺栓及螺母　M24 × 135	24	10.9 级	
20	专线 4232－4	T 型螺栓　M24 × 65	46	Q235－A	
21	专线 4232－4	T 型螺栓　M24 × 85	2	Q235－A	
22	专线 4171－9	螺　栓　M24 × 85	12		
23	SC T505－B	岔枕螺栓　155	44		
24	NS－01(b)－c	螺　母　M24	48		
25	NS－07	限位板　M24	48	Q275	
26	NS－01(b)	螺　母　M24	12		
27	GB/T 7244	弹簧垫圈　24	12		
28	GB/T 1230	垫　圈　24	24		
29	GB/T 7244	弹簧垫圈　30	44		
30	专线 3351	Ⅱ型弹条	48	60Si2CrVA	
31	专线 4232－10	轨距块　60/9－11	22	ZG270－500	

续上表

序号	图号 / 标准	名称及规格	数量	材　料	备　注
32	专线 4232－10	轨距块　60/13－15	18	ZG270－500	
33	专线 4232－10A	接头轨距块　60/9－11	2	ZG270－500	
34	专线 4232－10A	接头轨距块　60/13－15	4	ZG270－500	
35	SC 330C－205	护轨调整片　170×80×3	12	Q235	
		护轨调整片　170×80×2	24	Q235	备用
37	SC 330－401	橡胶垫板　60－190	22	橡胶	
38	SC 330－409	橡胶垫板　600－190	6	橡胶	
39	SC 330－411	双孔橡胶垫板　886×175×5	2	橡胶	
40	SC 330－411	双孔橡胶垫板　955×175×5	2	橡胶	
41	SC 330－411	双孔橡胶垫板　1 024×175×5	2	橡胶	
42	SC 330－411	橡胶垫板　610×175×5	6	橡胶	
43	SC 330－403	双孔橡胶垫板　452×175×10	4	橡胶	
44	SC 330－410	双孔橡胶垫板　903×175×10	6	橡胶	

60 kg/m 钢轨 9 号 5.3 m 间距交叉渡线
图　号：SC(07)392

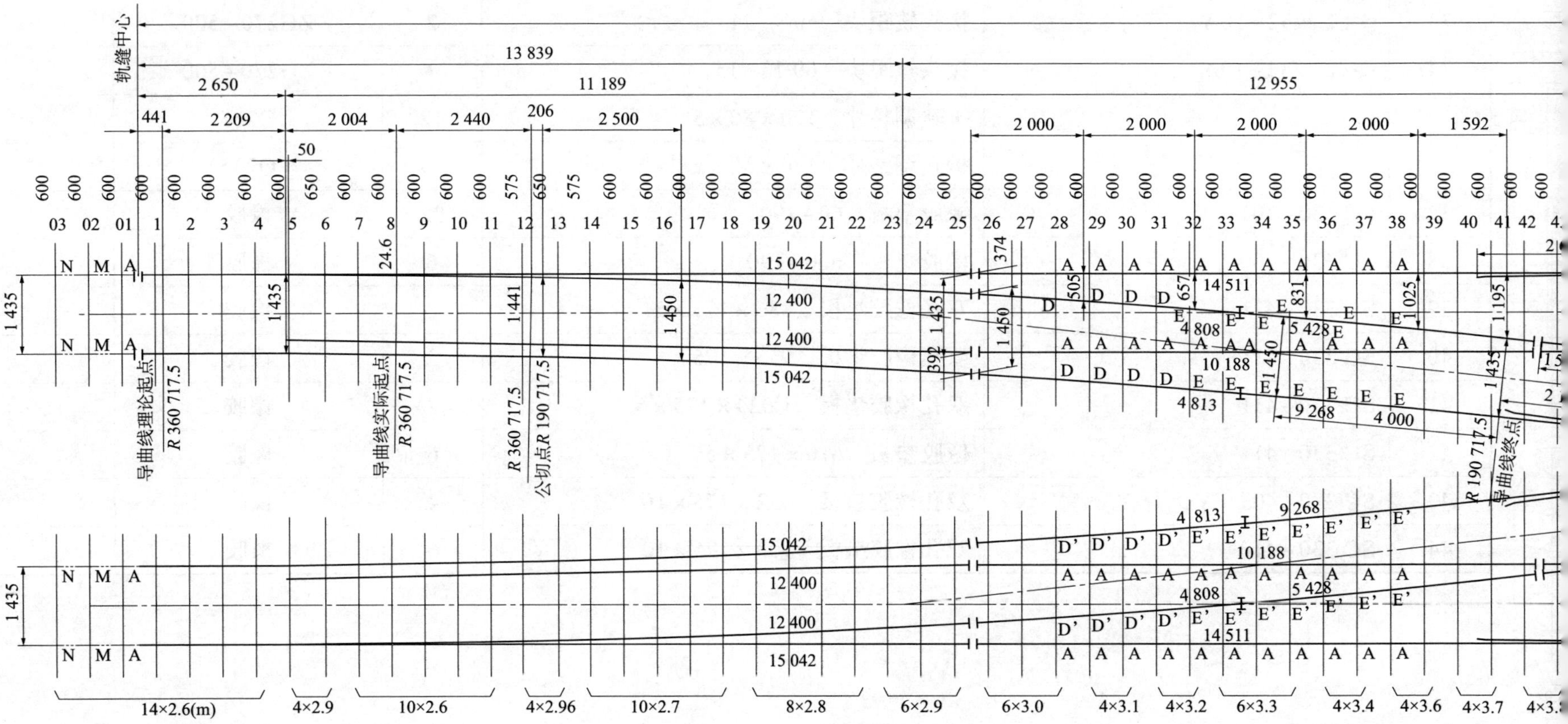

表 1　配轨明细表

长度 (mm)	14 511	4 808	5 428	10 188	4 813	9 268	16 232	5 698	2 481
数量 (根)	4	4	4	4	4	4	4	4	4
质量 (kg)	3 520	1 166	1 317	2 471	1 167	2 248	3 937	1 382	602
总质量：17 810 kg；长度：293.708 m									

表 2　岔枕数量表

序号	岔枕长 (m)	单位	数量	序号	岔枕长 (m)	单位	数量
1	2.4	根	12	10	3.2	根	8
2	2.5	根	16	11	3.3	根	12
3	2.6	根	48	12	3.4	根	8
4	2.7	根	20	13	3.6	根	8
5	2.8	根	24	14	3.7	根	8
6	2.9	根	20	15	3.8	根	8
7	2.96	根	8	16	3.9	根	8
8	3.0	根	18	17	绞 7.9	根	20
9	3.1	根	8				

表 3　明　细　表

序号	图号 / 标准	名称及规格	数　量	材　　料	备　注
1	SC(07)390－100	转辙器	4		左右开各 2 组
2	SC(07)392－100	5.3 m－A 型 9 号辙叉及护轨	2		
3	SC(07)392－100	5.3 m－B 型 9 号辙叉及护轨	2		
4	SC(07)392－200	5.3 m－4.5 号锐角辙叉及护轨	2		
5	SC(07)391－300	4.5 号钝角辙叉	2		
6	SC330－300	牵引点岔枕连接装置	4		组 件
7	TB/T 2344	连接钢轨　60 kg/m	293.708 m		
8	TB/T 2345	接头夹板　60	48		
9	TB/T 2347	接头螺栓及螺母　M24 × 135	144	10.9 级	
10	GB/T 1230	平垫圈　24	144		
11	专线 4232－71	平垫板　60－0	184		
12	专线 4232－71	平垫板　60－14	32		左开右开各 16 块
13	专线 4232－71	平垫板　60－17	56		左开右开各 28 块
14	专线 4232－71	平垫板　60－20	24		左开右开各 12 块
15	SC330－122	平垫板　P80	8		
16	SC330－121	平垫板　P60	8		
17	专线 3351	Ⅱ型弹条	576	60Si2CrVA	
18	专线 4232－4	T 型螺栓　M24 × 65	624		

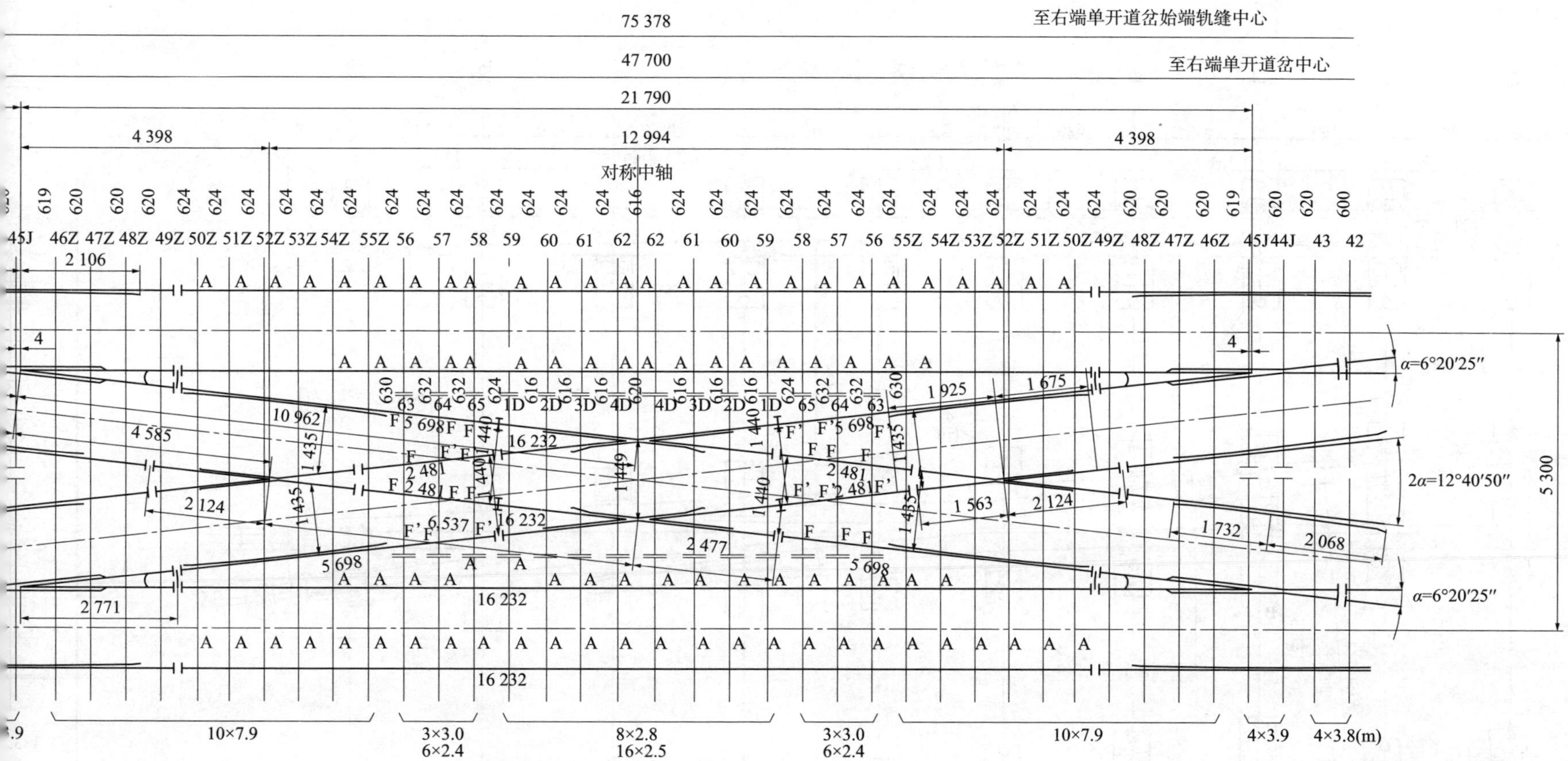

图 1　绝缘接头设在直股

续表 3

序号	图号 / 标准	名称及规格	数 量	材 料	备 注
19	NS-01(b)-c	螺 母 M24	624		
20	NS-07	限位板 M24	624		
21	SCT505-B	岔枕螺栓 155	624		
22	GB/T 7244	重型弹簧垫圈 30	624		
23	专线 4232-10	轨距块 60/9-11	280	ZG 230-450	
24	专线 4232-10	轨距块 60/13-15	280	ZG 230-450	
25	专线 4232-10	轨距块 60/7-17	50	ZG 230-450	
26	专线 4232-10A	接头轨距块 60/9-11	16	ZG 230-450	
27	专线 4232-10A	接头轨距块 60/13-15	16	ZG 230-450	
28	专线 4232-72	绝缘轨距块 60/9-11	20	玻璃纤维	
29	专线 4232-72	绝缘轨距块 60/13-15	20	玻璃纤维	
30	专线 4232-72	绝缘轨距块 60/7-17	10	玻璃纤维	
31	SC330-401	橡胶垫板 60-190	312	橡胶	
32	SC330-403	橡胶垫板 452×175×10	312	橡胶	
33	专线 9595	钢轨绝缘	12 组		
34	HYT-LU-2	B 型接头弹条	48	60Si2CrVA	
35	CZ931	混凝土岔枕接头	20 组		

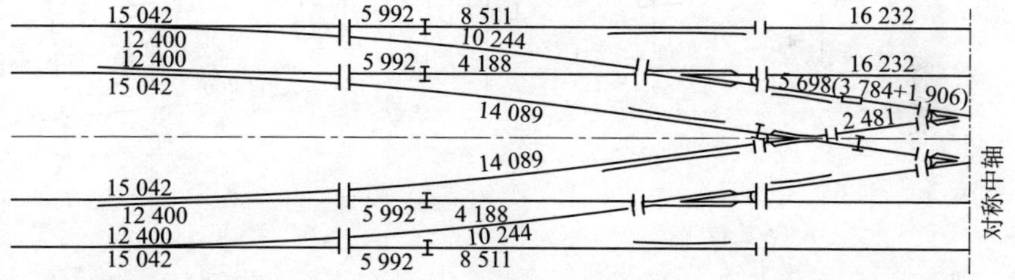

技 术 要 求

1. 本道岔不设轨底坡，道岔前后的顺坡垫板 P80、P60 分别用符号 M、N 表示，其铺设位置见图。若与无轨底坡道岔连接时，取消顺坡垫板采用垫板 60-0。
2. 本图按普通接头设计，绝缘接头按普通绝缘接头设计。所有轨缝均为 8 mm。普通接头、绝缘接头分别以"⊣⊢"及"⫫"表示。
3. 9 号单开辙叉及护轨分为 A、B 型两种：左端上方为 A 型，下方为 B 型，右端上方为 B 型，下方为 A 型。
4. 明细表中平垫扳包括四种类型：垫扳 60-0、60-14、60-17、60-20 在图中分别用符号 A、D、E、F 表示。带"'"者表示左开用垫板。
5. 扣件采用Ⅱ型弹条分开式可调扣件，轨距块设计安装号数如下：钢轨工作边一侧，安装 13 号轨距块；钢轨非工作边一侧，安装 11 号轨距块；辙叉部分一侧安装 13 号轨距块，另一侧安装 11 号轨距块；接头安装接头轨距块，绝缘接头两侧安装绝缘轨距块。7-17 号轨距块为备用轨距块，供现场铺设调整用。

60 kg/m 钢轨 5.3 m 间距交叉渡线 9 号 A(B) 型辙叉及护轨

图 号：SC(07)392－100

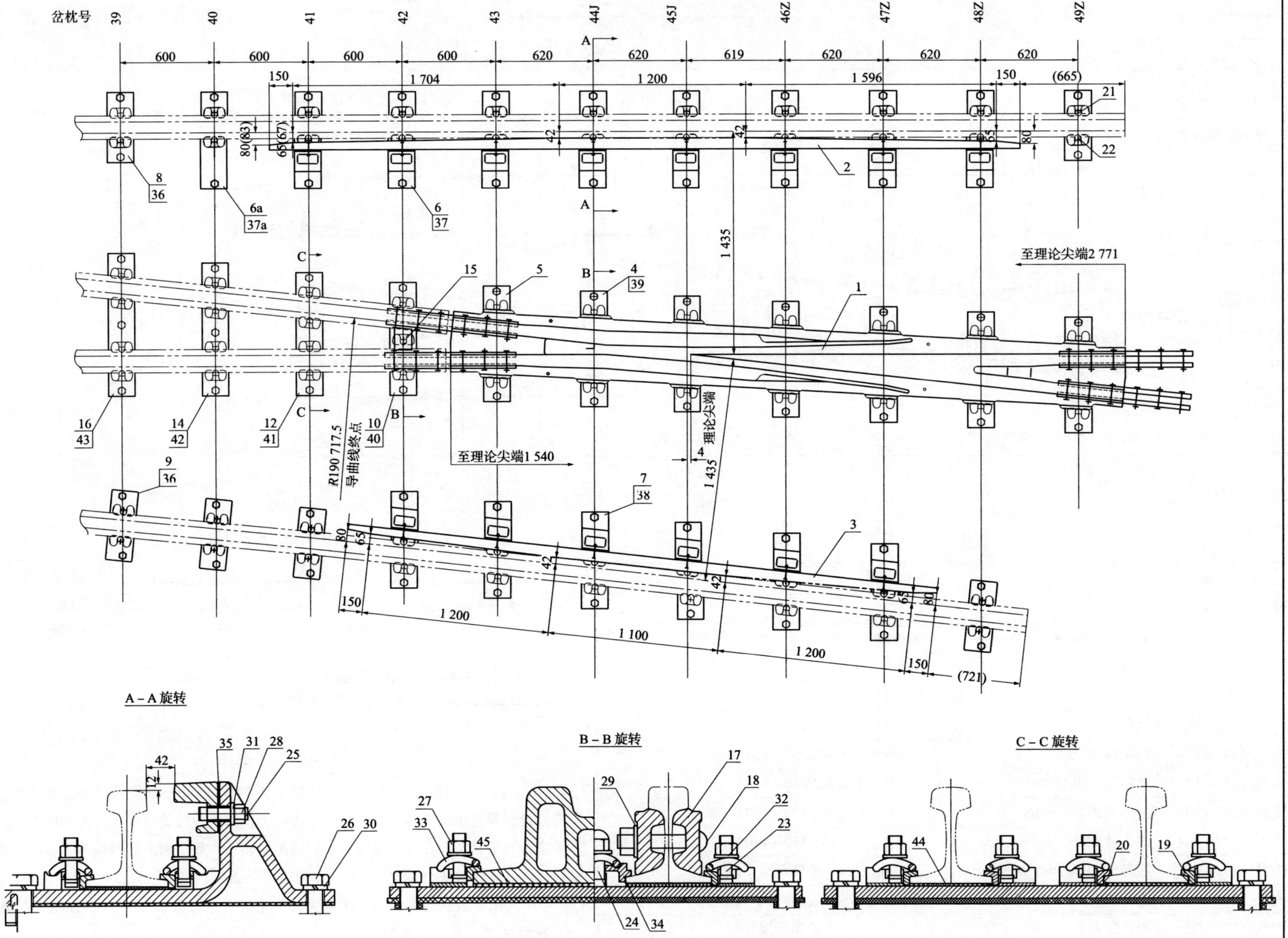

技 术 要 求

1. 组装护轨时，应使用 3 mm 厚的护轨调整片，如查照间隔或护背距离不合格时，可使用备用调整片进行调整。
2. 查照间隔及护背距离在心轨轨头宽 25 mm 处丈量。
3. 本图为 9 号 A 型辙叉及护轨，B 型辙叉及护轨应按本图对称制造及铺设。
4. 本图序号 2 直向护轨所装配导轨为直股，当序号 2 直向护轨所装配导轨为曲股时，护轨轮缘槽按括号内数值执行，可通过护轨调整片及轨距块进行调整。

60 kg/m 钢轨 5.3 m 间距交叉渡线 4.5 号锐角辙叉及护轨
图　号：SC(07)392－200

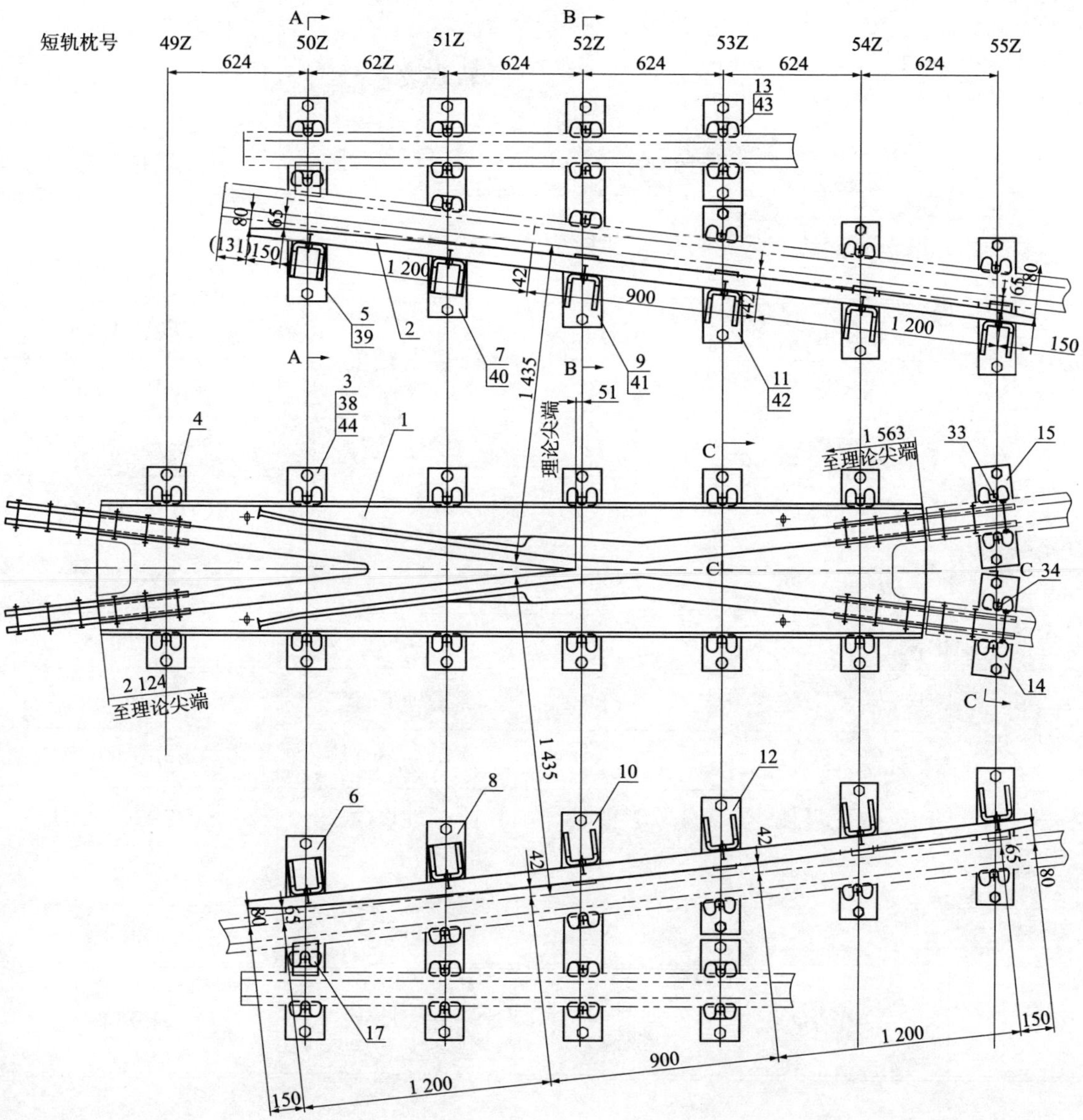

A－A 旋转

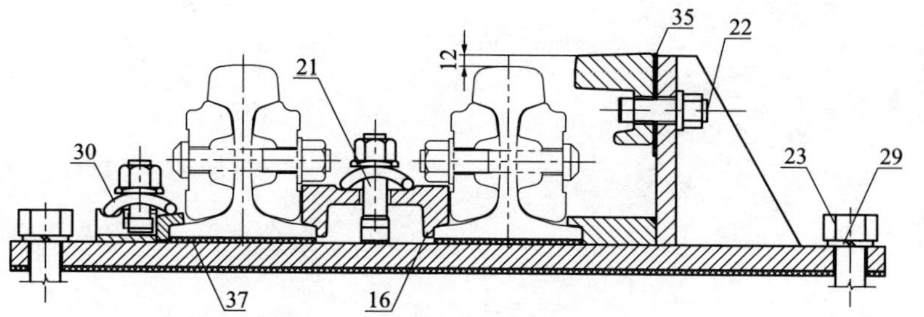

B－B 旋转

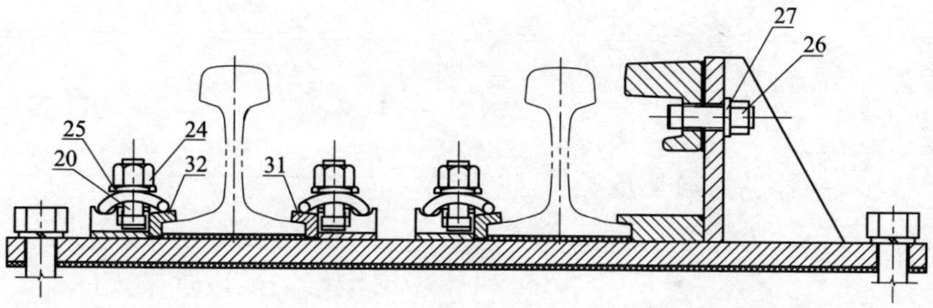

C－C 旋转

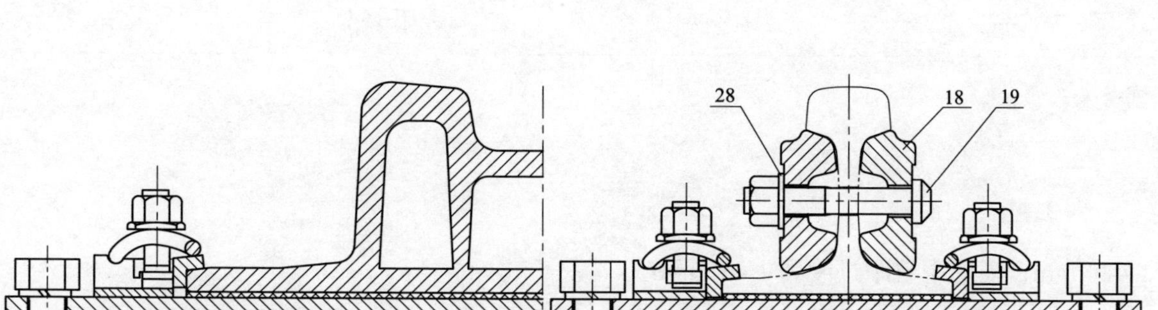

技 术 要 求

1. 组装护轨时，应使用 3 mm 厚的护轨调整片，如查照间隔或护背距离不合格时，可使用备用调整片进行调整。
2. 查照间隔及护背距离在心轨轨头宽 25 mm 处丈量。
3. 件号 3、4 垫板按本图打印件号。

89. 60 kg/m 钢轨 9 号道岔 5.5 m 间距交叉渡线(混凝土枕)
设计图号：SC(07)393

道岔允许通过速度	客车	$v_{直}$≤120 km/h；$v_{侧}$≤35 km/h				扣件类型	Ⅱ型弹条
	货车	轴重 23 t：$v_{直}$≤90 km/h；$v_{侧}$≤35 km/h 轴重 25 t：$v_{直}$≤80 km/h；$v_{侧}$≤35 km/h				轨底坡	—
A(B) 型辙叉角	6°20′25″			锐角 / 钝角辙叉角			12°40′50″
转辙器 SC(07)390－100	详见“60 kg/m 钢轨 9 号单开道岔［SC(07)390］”						
9 号 A(B) 型辙叉及护轨 SC(07)393－100	辙叉图号	SC 390－201	辙叉全长	4 311	护轨长度		直向：4 800
			辙叉趾长	1 540			侧向：3 800
	辙叉形式	高锰钢整铸式	辙叉跟长	2 771	护轨轨型		33 kg/m 槽型钢
	护轨端头距导轨端头定位尺寸		直　向	665	护轨图号	直	SC(07)394－101
			侧　向	1 626		侧	SC 390C－203
	辙叉理论尖端距趾端方向前一根岔枕中心距离						4
4.5 号锐角辙叉及护轨 SC(07)393－200	辙叉图号	SC 391－201	辙叉全长	3 687	护轨长度		2 900
			辙叉趾长	1 563	护轨轨型		33 kg/m 槽型钢
	辙叉形式	高锰钢整铸式	辙叉跟长	2 124	护轨图号		SC 393C－201
	辙叉理论尖端距趾端方向前一根岔枕中心距离						157
	护轨端头距导轨端头定位尺寸						1 281
4.5 号钝角辙叉 SC(07)391－300	辙叉图号	SC 391－301	辙叉类型	高锰钢 整铸式	辙叉全长		4 954
岔枕图号 CZ582Z	岔枕总数	250 根	岔枕展延长	885.88 m	套管总数		1 536
批准文号	—				应用情况		★★
主要结构特点	钝角辙叉范围内轨距采用 1 440 mm，菱形中轨距过渡到 1 435 mm。						

9 号 A(B) 型辙叉及护轨明细表

序号	图号 / 标准	名称及规格	数量	材　料	备　注
1	SC 390－201	辙　叉　92－60－9	1	ZGMn13	
2	SC(07)394－101	直向护轨　4 800	1	33 kg/m 槽型钢	
3	SC 390C－203	侧向护轨　3 800	1	33 kg/m 槽型钢	
4	SC 390－204	垫　板　744 × 170 × 20	5	Q235－A	铁座 41
5	SC 390－204	垫　板　744 × 170 × 20	2	Q235－A	铁座 33
6	HY07－12	护轨垫板　600	9	ZG 230－450	
6a	SC(07)394－102	垫　板　600 × 170 × 20	1	Q235－A	
7	HY07－13	侧股护轨垫板　610	6	ZG 230－450	
8	专线 4232－71	垫　板　60－0	2	Q235－A	
9	专线 4232－71	垫　板　60－20Y	5	Q235－A	B 型时为 60－20Z
10	SC 390－207	垫　板　727 × 170 × 20	1	Q235－A	
11	TB/T 2345	接头夹板	8		
12	SC 390－208	垫　板　794 × 170 × 20	1	Q235－A	
13	SC 330C－205	调整片　170 × 80 × 3	15	Q235	
		调整片　170 × 80 × 2	30		
14	SC 390－209	垫　板　858 × 170 × 20	1	Q235－A	
15	SC 390－212	支距扣板　60/130－118－62Y	1	KTH 350－10	B 型为：60/130－118－62Z
16	SC 390－209	垫　板　921 × 170 × 20	1	Q235－A	
17	专线 3351	Ⅱ型弹条	73	60Si2CrVA	
18	TB/T 2347	接头螺栓　M24 × 135	24	10.9 级	带螺母
19	专线 4232－10	轨距块　60/9－11	34	ZG 230－450	
20	专线 4232－10	轨距块　60/13－15	34	ZG 230－450	
21	专线 4232－10A	接头轨距块　60/9－11	3	ZG 230－450	
22	专线 4232－10A	接头轨距块　60/13－15	1	ZG 230－450	
23	专线 4232－4	T 型螺栓　M24 × 65	72		
24	专线 4232－4	T 型螺栓　M24 × 85	1		
25	专线 4171－9	螺　栓　M24 × 85	15		
26	SC T505－B	岔枕螺栓　155	68		
27	NS－01(b)－c	螺　母　M24	73		
28	NS－01(b)	螺　母　M24	15		
29	GB/T 1230	垫　圈　24	24		

续上表

序号	图号 / 标准	名称及规格	数量	材　　料	备　　注
30	GB/T 7244	弹簧垫圈　30	68	65Mn	
31	GB/T 7244	弹簧垫圈　24	15		
32	NS－07	限位板　M24	73	Q275	
33	SC 330－401	橡胶垫板　60－190	30	橡胶	
34	SC 330－409	橡胶垫板　439－190	7	橡胶	
35	SC 330－403	橡胶垫板　452×175×10	7	橡胶	
36	SC 330－411	橡胶垫板　600×175×5	9	橡胶	
36a	SC 330－405	橡胶垫板　600×175×10	1	橡胶	
37	SC 330－411	橡胶垫板　610×175×5	6	橡胶	
38	SC 330－410	橡胶垫板　744×175×10	7	橡胶	
39	SC 330－405	橡胶垫板　727×175×10	1	橡胶	
40	SC 330－405	橡胶垫板　794×175×10	1	橡胶	
41	SC 330－406	橡胶垫板　858×175－394	1	橡胶	
42	SC 330－406	橡胶垫板　921×175－426	1	橡胶	

4.5 号锐角辙叉及护轨明细表

序号	图号 / 标准	名称及规格	数量	材　料	备　注
1	SC 391－201	高锰钢辙叉　60AT－4.5RG	1	ZGMn13	
2	SC 393C－201	护　轨　2 900	2	33 kg/m 槽型钢	
3	SC 393－202	垫　板　789×170×20	1	Q235－A(底板)	
4	SC 391－203	辙叉垫板　903×170×20	4	Q235－A(底板)	铁座 41
5	SC 391－203	辙叉垫板　903×170×20	2	Q235－A(底板)	铁座 33
6	SC 393－202	垫　板　789×170×20	1	Q235－A(底板)	与序号 3 对称
7	SC 393C－203	护轨垫板　1 013×170×25	1	16Mn(底板)	
8	SC 393C－203	护轨垫板　1 013×170×25	1	16Mn(底板)	与序号 7 对称
9	HY07－13	护轨垫板　610×170×25	4	ZG 230－450	
10	HY07－13	护轨垫板　610×170×25	4	ZG 230－450	与序号 9 对称
11	专线 4232－71	平垫板　60－0	2	Q235－A(底板)	
12	专线 4232－71	平垫板　60－20Y	2	Q235－A(底板)	
13	专线 4232－71	平垫板　60－20Z	2	Q235－A(底板)	与序号 12 对称
14	SC 393－204	垫　板　723×170×20	1	Q235－A	
15	SC 393－204	垫　板　723×170×20	1	Q235－A	与序号 14 对称
16	SC 393－205	垫　板　404×170×20	1	Q235－A	
17	SC 393－205	垫　板　404×170×20	1	Q235－A	与序号 16 对称
18	SC 390－212	支距扣板　60/123－111－59Y	1	KTH 350－10	
19	SC 390－212	支距扣板　60/123－111－59Z	1	KTH 350－10	与序号 18 对称
20	TB/T 2345	接头夹板　60	8		
21	TB/T 2347	接头螺栓及螺母　M24×135	24	10.9 级	
22	专线 4232－4	T 型螺栓　M24×65	60	Q235－A	
23	专线 4232－4	T 型螺栓　M24×85	2	Q235－A	
24	专线 4171－9	螺　栓　M24×85	10	20SiMn	
25	SC T505－B	岔枕螺栓　155	56		
26	NS－01(b)－c	螺　母　M24	62	4 级	
27	NS－07	限位板　M24	62	4 级	
28	NS－01(b)	螺　母　M24	10	5 级	
29	GB/T 7244	弹簧垫圈　24	10	65Mn	
30	GB/T 1230	垫　圈　24	24		
31	GB/T 7244	弹簧垫圈　30	56	65Mn	

续上表

序号	图号 / 标准	名称及规格	数量	材　料	备　注
32	专线 3351	Ⅱ型弹条	62	60Si2CrVA	
33	专线 4232－10	轨距块　60/9－11	26	ZG 270－500	
34	专线 4232－10	轨距块　60/13－15	24	ZG 270－500	
35	专线 4232－10A	接头轨距块　60/9－11	2	ZG 270－500	
36	专线 4232－10A	接头轨距块　60/13－15	8	ZG 270－500	
37	SC 330C－205	护轨调整片　170×80×2	20	Q235	备用
38	SC 330C－205	护轨调整片　170×80×3	10	Q235	
40	SC 330－401	橡胶垫板　60－190	28	橡胶	
41	SC 330－409	橡胶垫板　600－190	6	橡胶	
42	SC 330－405	橡胶垫板　789×175×10	2	橡胶	
43	SC 330－411	橡胶垫板　1 013×175×5	2	橡胶	
44	SC 330－411	橡胶垫板　610×175×5	8	橡胶	
45	SC 330－403	橡胶垫板　452×175×10	6	橡胶	
46	SC 330－410	橡胶垫板　903×175×10	6	橡胶	
47	SC 330－405	橡胶垫板　723×175×10	2	橡胶	
48	SC 330－405	橡胶垫板　404×175×10	2	橡胶	

60 kg/m 钢轨 5.5 m 间距交叉渡线 9 号 A(B) 型辙叉及护轨

图　号：SC(07)393－100

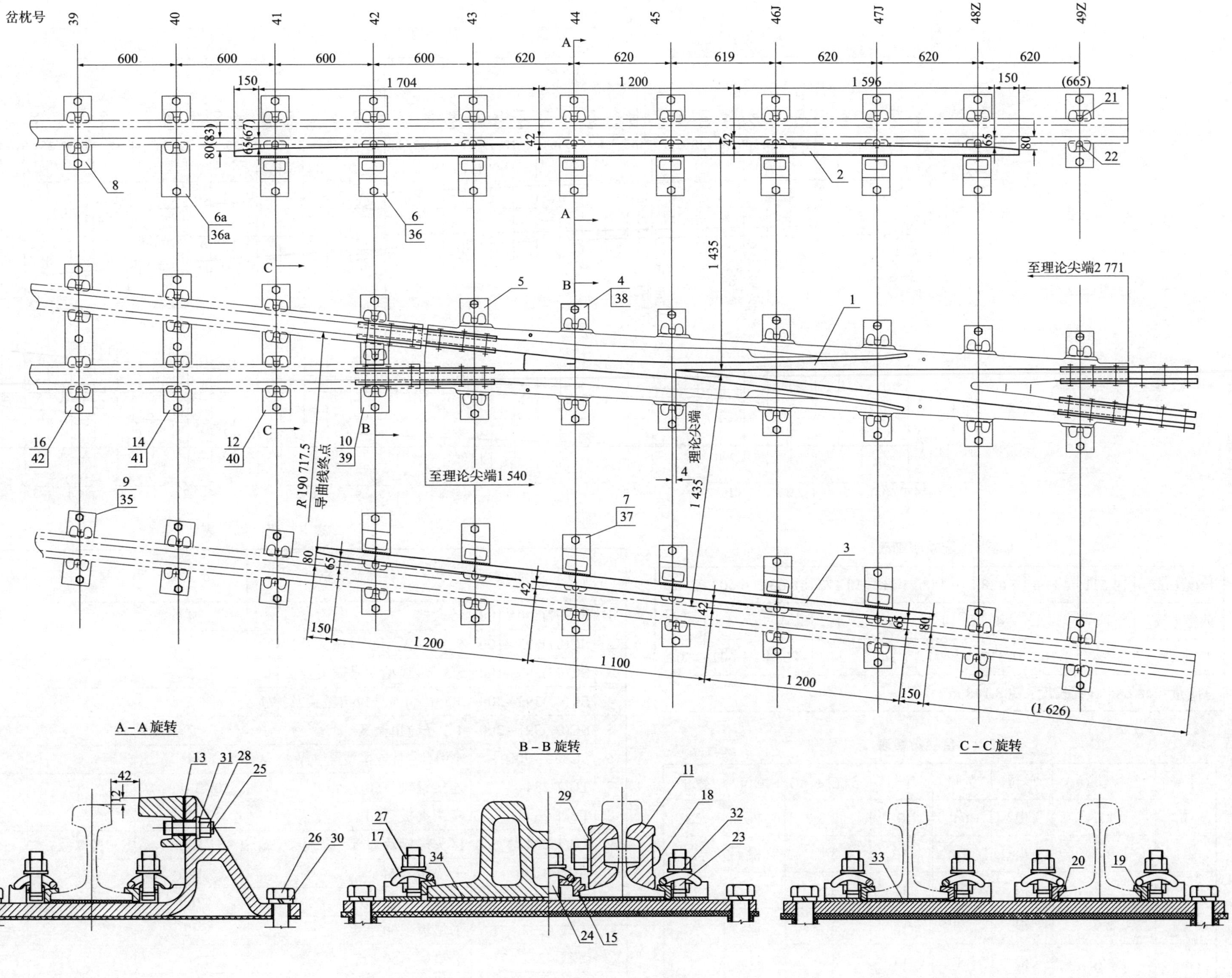

技 术 要 求

1. 组装护轨时，应使用 3 mm 厚的护轨调整片，如查照间隔或护背距离不合格时，可使用备用调整片进行调整。
2. 查照间隔及护背距离在心轨轨头宽 25 mm 处丈量。
3. 本图为 9 号 A 型辙叉及护轨，B 型辙叉及护轨应按本图对称制造及铺设。
4. 本图序号 2 直向护轨所装配导轨为直股，当序号 2 直向护轨所装配导轨为曲股时，护轨轮缘槽按括号内数值执行，可通过护轨调整片及轨距块进行调整。

60 kg/m 钢轨 9 号 5.5 m 间距交叉渡线

图　号：SC(07)393

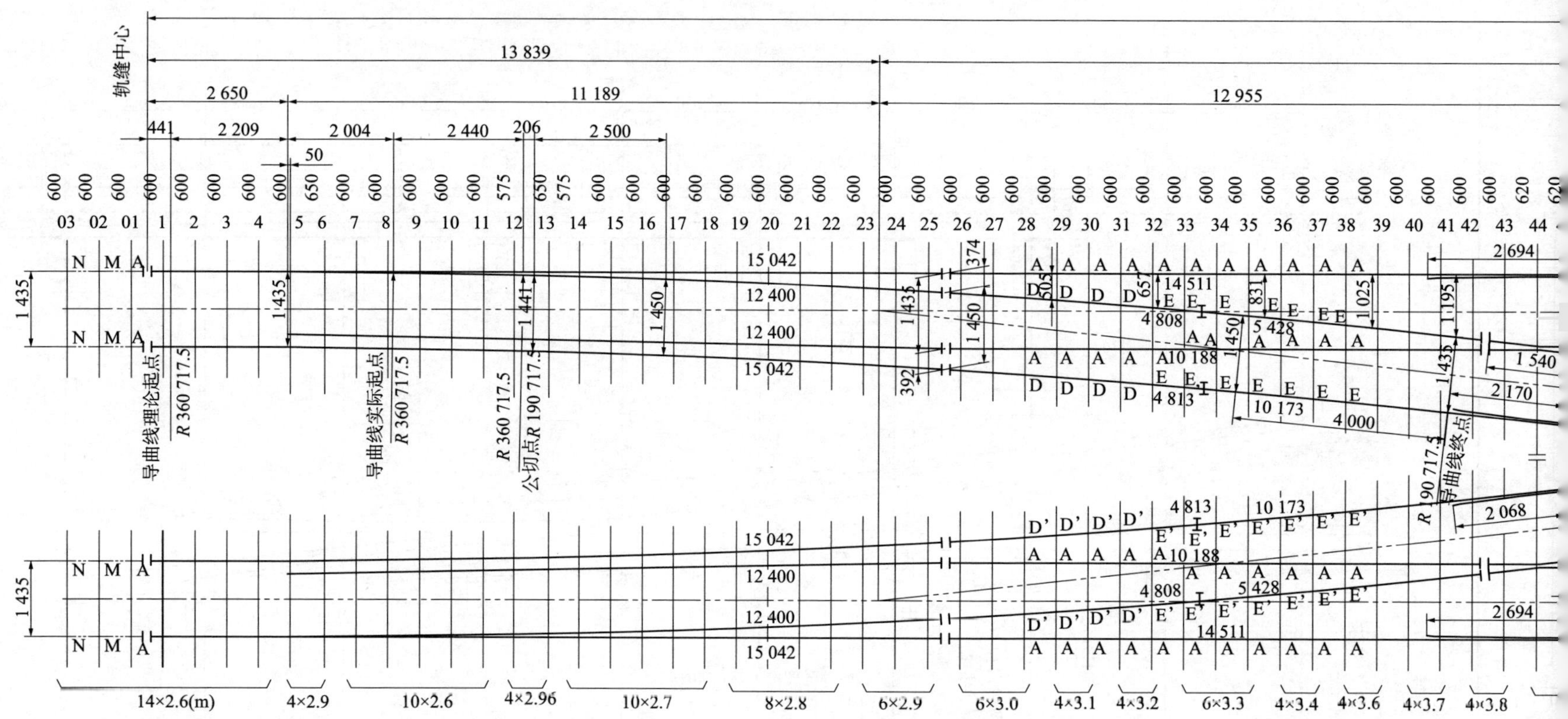

表 1　配轨明细表

长度 (mm)	14 511	4 808	5 428	10 188	4 813	10 173	18 032	6 603	2 481
数量（根）	4	4	4	4	4	4	4	4	4
质量 (kg)	3 520	1 166	1 317	2 471	1 167	2 248	4 374	1 602	602
总质量：18 686 kg；长度：308.148 m									

表 2　岔枕数量表

序号	岔枕长 (m)	单位	数量	序号	岔枕长 (m)	单位	数量
1	2.6	根	64	9	3.3	根	12
2	2.7	根	20	10	3.4	根	8
3	2.8	根	24	11	3.6	根	8
4	2.9	根	20	12	3.7	根	8
5	2.96	根	8	13	3.8	根	8
6	3.0	根	12	14	4.0	根	16
7	3.1	根	8	15	胶 8.1	根	26
8	3.2	根	8				

表 3　明　细　表

序号	图号 / 标准	名称及规格	数　量	材　　料	备　注
1	SC(07)390－100	转辙器	4		左右开各半
2	SC(07)393－100	5.5 m－A 型 9 号辙叉及护轨	2		
3	SC(07)393－100	5.5 m－B 型 9 号辙叉及护轨	2		
4	SC(07)393－200	5.5 m－4.5 号锐角辙叉及护轨	2		
5	SC(07)391－300	4.5 号钝角辙叉	2		
6	SC330－300	牵引点岔枕连接装置	4		组 件
7	TB/T 2344	连接钢轨　60 kg/m	308.148(m)		
8	TB/T 2345	接头夹板　60	40		
9	TB/T 2347	接头螺栓及螺母　M24 × 135	120	10.9 级	
10	GB/T 1230	平垫圈　24	120		
11	专线 4232－71	平垫板　60－0	200		
12	专线 4232－71	平垫板　60－14	32		左右开各 16 块
13	专线 4232－71	平垫板　60－17	56		左右开各 28 块
14	专线 4232－71	平垫板　60－20	24		左右开各 12 块
15	SC330－122	平垫板　P80	8		
16	SC330－121	平垫板　P60	8		
17	专线 3351	Ⅱ型弹条	608	60Si2CrVA	
18	专线 4232－4	T 型螺栓　M24 × 65	656		

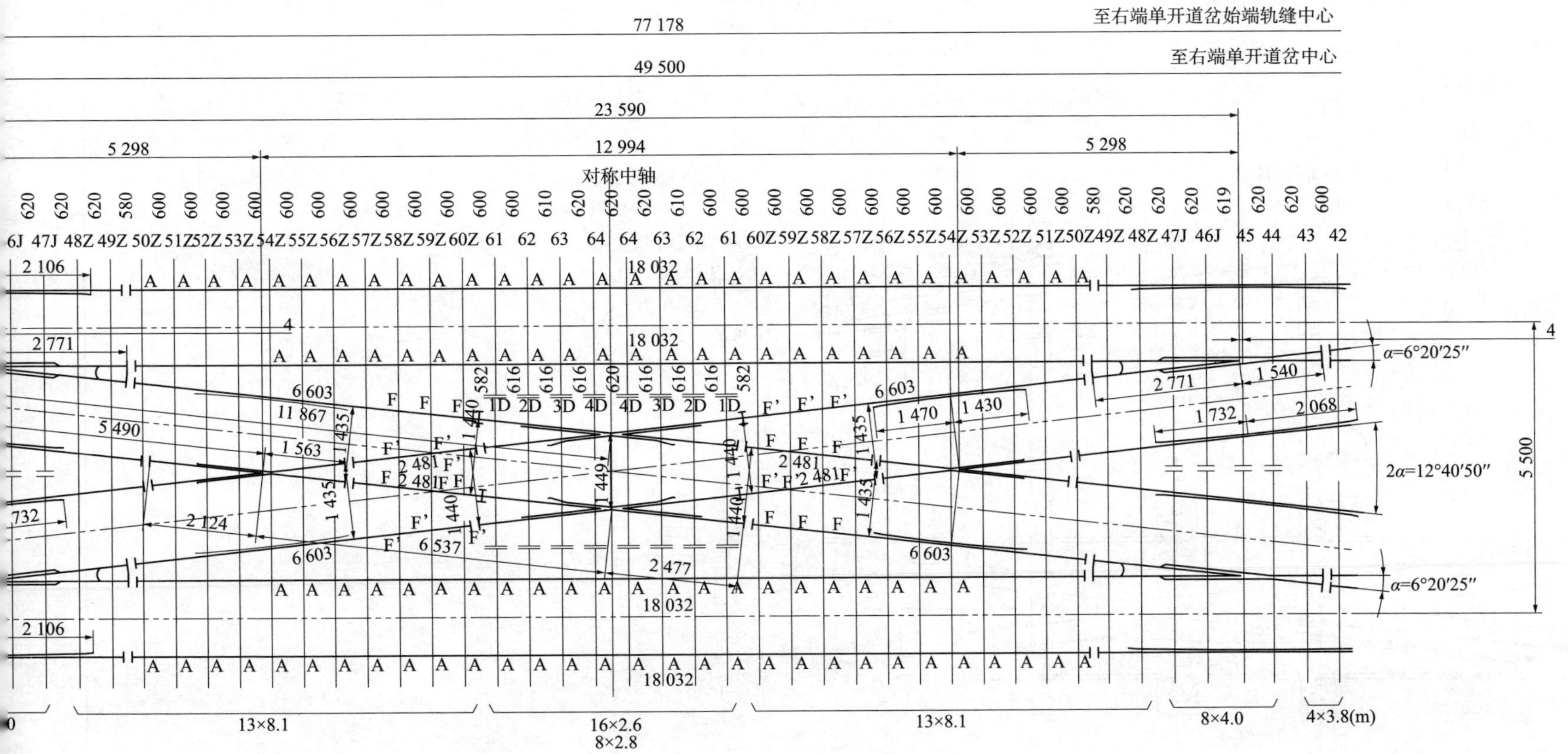

续表 3

序号	图号 / 标准	名称及规格	数　量	材　　料	备　注
19	NS-01(b)-c	螺　母　M24	656		
20	NS-07	限位板　M24	656		
21	SCT505-B	岔枕螺栓　155	656		
22	GB/T 7244	重型弹簧垫圈　30	656		
23	专线 4232-10	轨距块　60/9-11	296	ZG 230-450	
24	专线 4232-10	轨距块　60/13-15	296	ZG 230-450	
25	专线 4232-10	轨距块　60/7-17	50	ZG 230-450	
26	专线 4232-10A	接头轨距块　60/9-11	16	ZG 230-450	
27	专线 4232-10A	接头轨距块　60/13-15	16	ZG 230-450	
28	专线 4232-72	绝缘轨距块　60/9-11	20	玻璃纤维	
29	专线 4232-72	绝缘轨距块　60/13-15	20	玻璃纤维	
30	专线 4232-72	绝缘轨距块　60/7-17	10	玻璃纤维	
31	SC330-401	橡胶垫板　60-190	328	橡胶	
32	SC330-403	橡胶垫板　452 × 175 × 10	328	橡胶	
33	专线 9595	钢轨绝缘	12 组		
34	HYT-LU-2	B 型接头弹条	48	60Si2CrVA	
35	CZ 931	混凝土岔枕接头	26 组		

图 1　绝缘接头设在直股

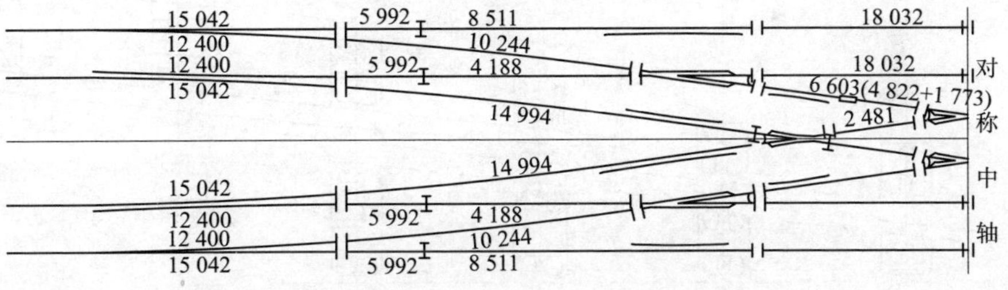

技　术　要　求

1. 本道岔不设轨底坡，道岔前后的顺坡垫板 P80、P60 分别用符号 M、N 表示，其铺设位置见图。若与无轨底坡道岔连接时，取消顺坡垫板采用垫板 60-0。
2. 本图按普通接头设计，绝缘接头按普通绝缘接头设计。所有轨缝均为 8 mm。普通接头、绝缘接头分别以“—||—”及“⊥”表示。
3. 9 号单开辙叉及护轨分为 A、B 型两种：左端上方为 A 型，下方为 B 型，右端上方为 B 型，下方为 A 型。
4. 明细表中平垫扳包括四种类型：垫扳 60-0、60-14、60-17、60-20 在图中分别用符号 A、D、E、F 表示。带“′”者表示左开用垫板。

60 kg/m 钢轨 5.5 m 间距交叉渡线 4.5 号锐角辙叉及护轨
图　号：SC(07)393－200

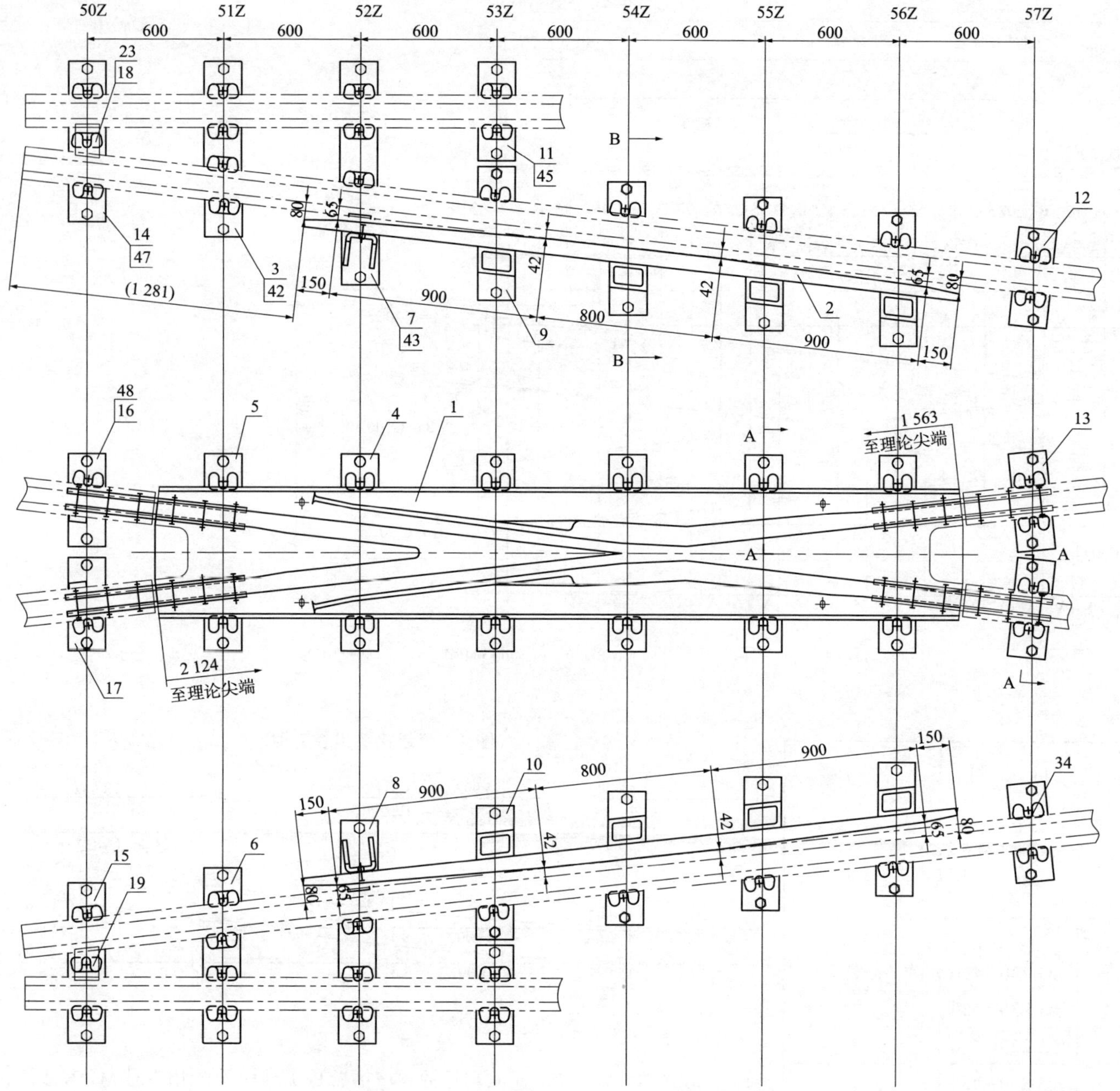

技 术 要 求

1. 组装护轨时，应使用 3 mm 厚的护轨调整片，如查照间隔或护背距离不合格时，可使用备用调整片进行调整。
2. 查照间隔及护背距离在心轨轨头宽 25 mm 处丈量。

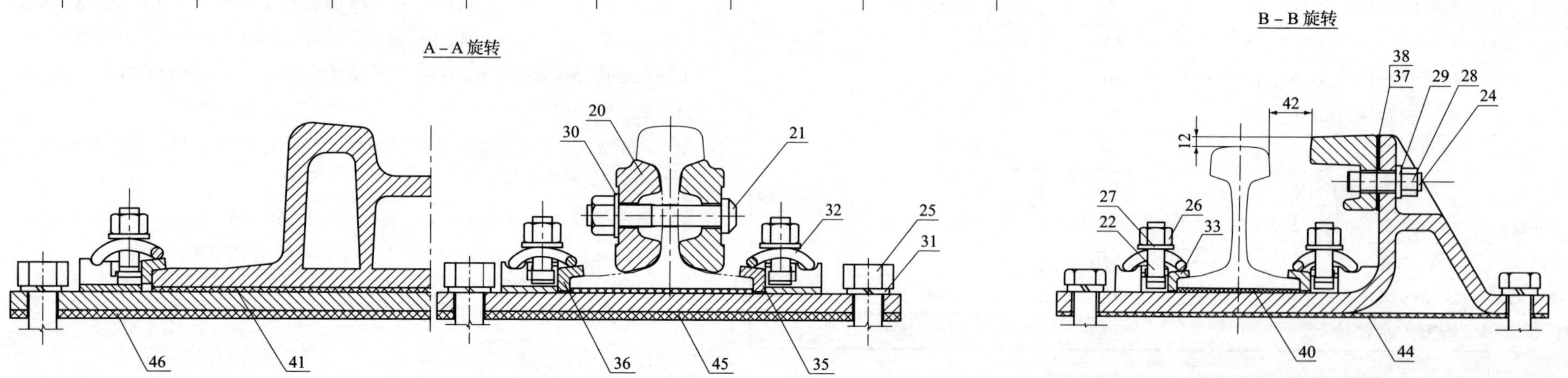

90. 60 kg/m 钢轨 9 号道岔 6.5 m 间距交叉渡线(混凝土枕)
设计图号：SC(07)394

道岔允许通过速度	客车	$v_{直}$≤120 km/h；$v_{侧}$≤35 km/h	扣件类型	Ⅱ型弹条
	货车	轴重 23 t：$v_{直}$≤90 km/h；$v_{侧}$≤35 km/h 轴重 25 t：$v_{直}$≤80 km/h；$v_{侧}$≤35 km/h	轨底坡	—
A(B) 型辙叉角	6°20′25″		锐角 / 钝角辙叉角	12°40′50″
转辙器 SC(07)390－100	详见“60 kg/m 钢轨 9 号单开道岔［SC(07)390］”			

9 号 A(B) 型辙叉及护轨 SC(07)394－100	辙叉图号	SC 390－201	辙叉全长	4 311	护轨长度		直向：4 800
			辙叉趾长	1 540			侧向：3 800
	辙叉形式	高锰钢整铸式	辙叉跟长	2 771	护轨轨型		33 kg/m 槽型钢
	护轨端头距导轨端头定位尺寸		直　　向	665	护轨图号	直	SC(07)394－101
			侧　　向	6 154		侧	SC 390C－203
	辙叉理论尖端距趾端方向前一根岔枕中心距离						4
4.5 号锐角辙叉及护轨 SC(07)394－200	辙叉图号	SC 391－201	辙叉全长	3 687	护轨长度		3 600
			辙叉趾长	1 563	护轨轨型		33 kg/m 槽型钢
	辙叉形式	高锰钢整铸式	辙叉跟长	2 124	护轨图号		SC 392C－201
	辙叉理论尖端距趾端方向前一根岔枕中心距离						51
	护轨端头距导轨端头定位尺寸						1 967
4.5 号钝角辙叉 SC(07)391－300	辙叉图号	SC 391－301	辙叉类型	高锰钢 整铸式	辙叉全长		4 954
岔枕图号 CZ 583Z	岔枕总数	302 根	岔枕展延长	1 032.28 m	套管总数		1 760
批准文号	—				应用情况		★★
主要结构特点	钝角辙叉范围内轨距采用 1 440 mm，菱形中轨距过渡到 1 435 mm。						

9 号 A(B) 型辙叉及护轨明细表

序号	图号 / 标准	名称及规格	数量	材　料	备　注
1	SC 390－201	辙　叉　92－60－9	1	ZGMn13	
2	SC(07)394－101	直向护轨　4 800	1	33 kg/m 槽型钢	
3	SC 390C－203	侧向护轨　3 800	1	33 kg/m 槽型钢	
4	SC 390－204	垫　板　744×170×20	5	Q235－A	
5	SC 390－204	垫　板　744×170×20	2	Q235－A	
6	HY07－12	直向护轨垫板　600	9	ZG230－450	
6a	SC(07)394－102	垫　板　600×170×20	1	Q235－A	
7	HY07－13	侧股护轨垫板　610	6	ZG230－450	
8	专线 4232－71	垫　板　60－0	6	Q235－A	
9	专线 4232－71	垫　板　60－20Y	9	Q235－A	左开为：60－20Z
10	SC 390－207	垫　板　727×170×20	1	Q235－A	
11	SC 390－207	垫　板　725×170×20	1	Q235－A	
12	SC 390－208	垫　板　794×170×20	1	Q235－A	
13	SC 390－208	垫　板　791×170×20	1	Q235－A	
14	SC 390－209	垫　板　858×170×20	1	Q235－A	
15	SC 390－209	垫　板　858×170×20	1	Q235－A	
16	SC 390－209	垫　板　921×170×20	1	Q235－A	
17	SC 390－209	垫　板　925×170×20	1	Q235－A	
18	TB/T 2345	接头夹板	8		
19	SC 390－212	支距扣板　60/124－112－60Y	1	KTH350－10	左开为：60/124－112－60Z
20	SC 390－212	支距扣板　60/130－118－62Y	1	KTH350－10	左开为：60/130－118－62Z
21	SC 330C－205	槽型护轨调整片　170×80×3	15	Q235	
		槽型护轨调整片　170×80×2	30		
22	专线 3351	Ⅱ型弹条	104	60Si2CrVA	
23	TB/T 2347	接头螺栓　M24×135	24	10.9 级	带螺母
24	专线 4232－10	轨距块　60/9－11	45	ZG270－500	
25	专线 4232－10	轨距块　60/13－15	45	ZG270－500	
26	专线 4232－10A	接头轨距块　60/9－11	6	ZG270－500	
27	专线 4232－10A	接头轨距块　60/13－15	6	ZG270－500	
28	专线 4232－4	T 型螺栓　M24×65	102		
29	专线 4232－4	T 型螺栓　M24×85	2		

续上表

序号	图号 / 标准	名称及规格	数量	材　料	备　注
30	专线 4171－9	螺　栓　M24×85	15	6.5 级	
32	SC T505－B	岔枕螺栓　155	94		
33	NS－01(b)－c	螺　母　M24	104	4 级	
34	NS－01(b)	螺　母　M24	15	5 级	
35	GB/T 1230	垫　圈　24	24		
36	GB/T 7244	弹簧垫圈　30	94	65Mn	
37	GB/T 7244	弹簧垫圈　24	15		
38	NS－07	限位板　M24	104	4 级	
39	SC 330－401	橡胶垫板　60－190	46	橡胶	
40	SC 330－409	橡胶垫板　439－190	7	橡胶	
41	SC 330－403	橡胶垫板　452×175×10	15	橡胶	
42	SC 330－411	橡胶垫板　600×175×5	9	橡胶	
42a	SC 330－405	橡胶垫板　600×175×10	1	橡胶	
43	SC 330－411	橡胶垫板　610×175×5	6	橡胶	
44	SC 330－410	橡胶垫板　744×175×10	7	橡胶	
45	SC 330－405	橡胶垫板　727×175×10	1	橡胶	
46	SC 330－405	橡胶垫板　725×175×10	1	橡胶	
47	SC 330－405	橡胶垫板　794×175×10	1	橡胶	
48	SC 330－405	橡胶垫板　791×175×10	1	橡胶	
49	SC 330－406	橡胶垫板　858×175－394	2	橡胶	
50	SC 330－406	橡胶垫板　921×175－426	1	橡胶	
51	SC 330－406	橡胶垫板　925×175－428	1	橡胶	

4.5 号锐角辙叉及护轨明细表

序号	图号 / 标准	名称及规格	数量	材　料	备　注
1	SC 391－201	高锰钢辙叉　60AT－4.5	1	ZGMn13	
2	SC 392C－201	护　轨　3 600	2	33 kg/m 槽型钢	
3	SC 391－203	辙叉垫板　903×170×20	4	Q235－A(底板)	铁座 41
4	SC 391－203	辙叉垫板　903×170×20	2	Q235－A(底板)	铁座 33
5	HY07－13	护轨垫板　610×170×25	6	ZG 230－450	与序号 6 对称
6	HY07－13	护轨垫板　610×170×25	6	ZG 230－450	
7	专线 4232－71	平垫板　60－20Y	1	Q235－A(底板)	
8	专线 4232－71	平垫板　60－20Z	1	Q235－A(底板)	与序号 7 对称
9	TB/T 2345	接头夹板　60	8		
10	TB/T 2347	接头螺栓及螺母　M24×135	24	10.9 级	
11	专线 4232－4	T 型螺栓　M24×65	40		
12	专线 4171－9	螺　栓　M24×85	12	5.6 级	
13	SC T505－B	岔枕螺栓　155	40		
14	NS－01(b)－c	螺　母　M24	40	4 级	
15	NS－07	限位板　M24	40	Q275	Q275
16	NS－01(b)	螺　母　M24	12	5 级	
17	GB/T 7244	弹簧垫圈　24	12		
18	GB/T 1230	垫　圈　24	24		
19	GB/T 7244	弹簧垫圈　30	40		
20	专线 3351	Ⅱ型弹条	40	60Si2CrVA	
21	专线 4232－10	轨距块　60/9－11	18	ZG 230－450	
22	专线 4232－10	轨距块　60/13－15	18	ZG 230－450	
23	专线 4232－10A	接头轨距块　60/9－11	2	ZG 230－450	
24	专线 4232－10A	接头轨距块　60/13－15	2	ZG 230－450	
25	SC 330C－205	护轨调整片　170×80×2	24	Q235	备用
26	SC 330C－205	护轨调整片　170×80×3	12	Q235	
27	专线 4171－14	导电销	4	Q235－A	
28	SC 330－401	橡胶垫板　60－190	14	橡胶	
29	SC 330－409	橡胶垫板　600－190	6	橡胶	
30	SC 330－411	双孔橡胶垫板　610×175×5	12	橡胶	
31	SC 330－403	双孔橡胶垫板　452×175×10	2	橡胶	
32	SC 330－410	双孔橡胶垫板　903×175×10	6	橡胶	

60 kg/m 钢轨 6.5 m 间距交叉渡线 9 号 A(B) 型辙叉及护轨

图　号：SC(07)394－100

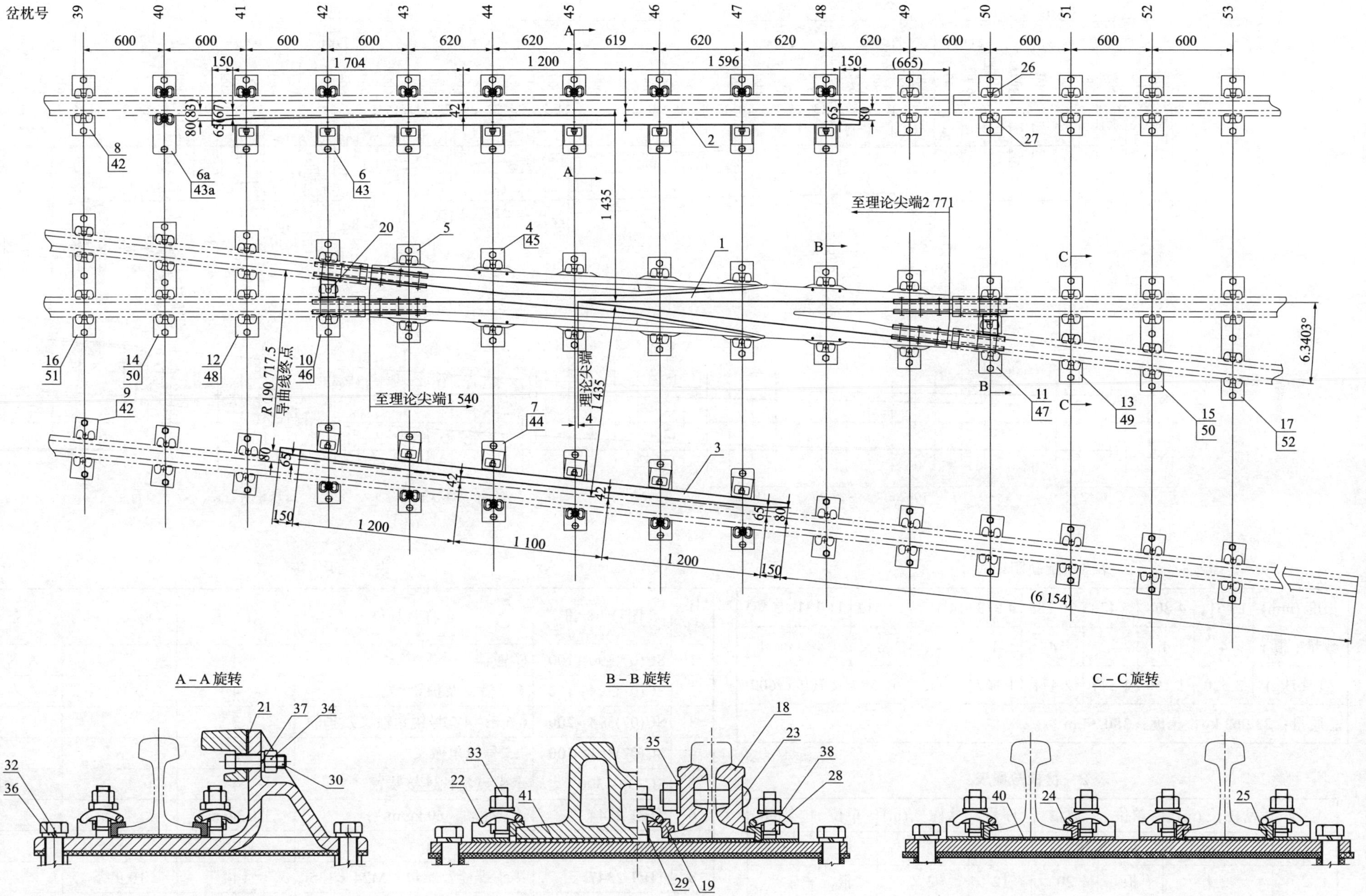

技 术 要 求

1. 组装护轨时，应使用 3 mm 厚的护轨调整片，如查照间隔或护背距离不合格时，可使用备用调整片进行调整。
2. 查照间隔及护背距离在心轨轨头宽 25 mm 处丈量。
3. 本图序号 2 直向护轨所装配导轨为直股，当序号 2 直向护轨所装配导轨为曲股时，护轨轮缘槽按括号内数值执行，可通过护轨调整片及轨距块进行调整。

60 kg/m 钢轨 9 号 6.5 m 间距交叉渡线
图　号：SC(07)394

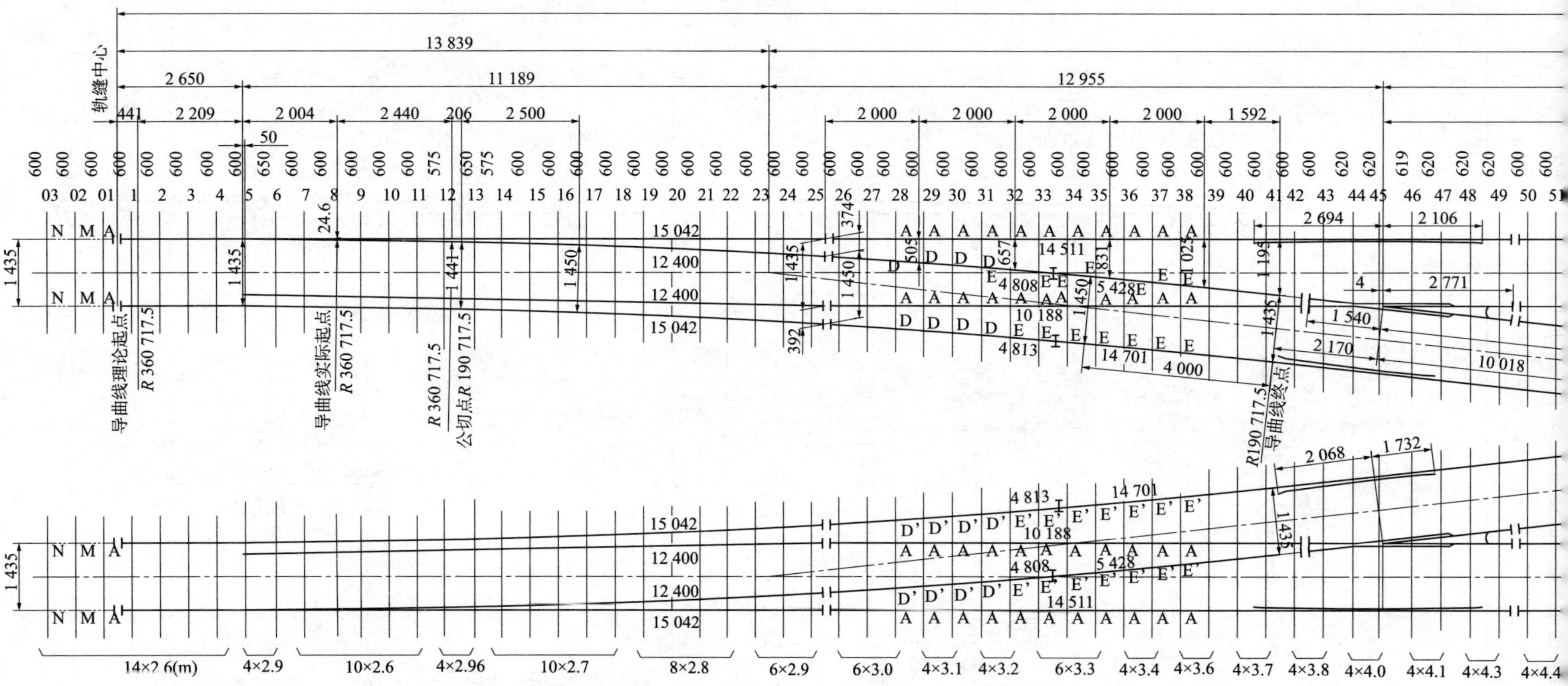

表 1　配轨明细表

长度 (mm)	14 511	4 808	5 428	10 188	4 813	14 701	13 512	11 131	2 481
数量 (根)	4	4	4	4	4	4	8	4	4
质量 (kg)	3 520	1 166	1 317	2 471	1 167	3 566	6 555	2 700	602
总质量：23 063 kg；长度：380.34 m									

表 2　岔枕数量表

序号	岔枕长 (m)	单位	数量	序号	岔枕长 (m)	单位	数量
1	2.6	根	88	11	3.6	根	12
2	2.7	根	20	12	3.7	根	8
3	2.8	根	24	13	3.8	根	12
4	2.9	根	20	14	4.0	根	8
5	2.96	根	8	15	4.1	根	8
6	3.0	根	12	16	4.3	根	8
7	3.1	根	8	17	4.4	根	8
8	3.2	根	8	18	4.5	根	12
9	3.3	根	16	19	胶 9.1	根	14
10	3.4	根	8				

表 3　明　细　表

序号	图号 / 标准	名称及规格	数　量	材　　料	备　注
1	SC(07)390－100	转辙器	4		左右开各半
2	SC(07)394－100	9 号辙叉及护轨	4		左右开各半
3	SC(07)394－200	6.5 m－4.5 号锐角辙叉及护轨	2		
4	SC(07)391－300	4.5 号钝角辙叉	2		
5	SC330－300	牵引点岔枕连接装置	4		组件
6	TB/T 2344	连接钢轨　60 kg/m	380.34(m)		
7	TB/T 2345	接头夹板　60	48		
8	TB/T 2347	接头螺栓及螺母　M24 × 135	144	10.9 级	
9	GB/T 1230	平垫圈　24	144		
10	专线 4232－71	平垫板　60－0	240		
11	专线 4232－71	平垫板　60－14	32		左右开各 16 块
12	专线 4232－71	平垫板　60－17	56		左右开各 28 块
13	专线 4232－71	平垫板　60－20	60		左右开各 30 块
14	SC330－122	平垫板　P80	8		
15	SC330－121	平垫板　P60	8		
16	专线 3351	Ⅱ型弹条	760	60Si2CrVA	
17	专线 4232－4	T 型螺栓　M24 × 65	808		

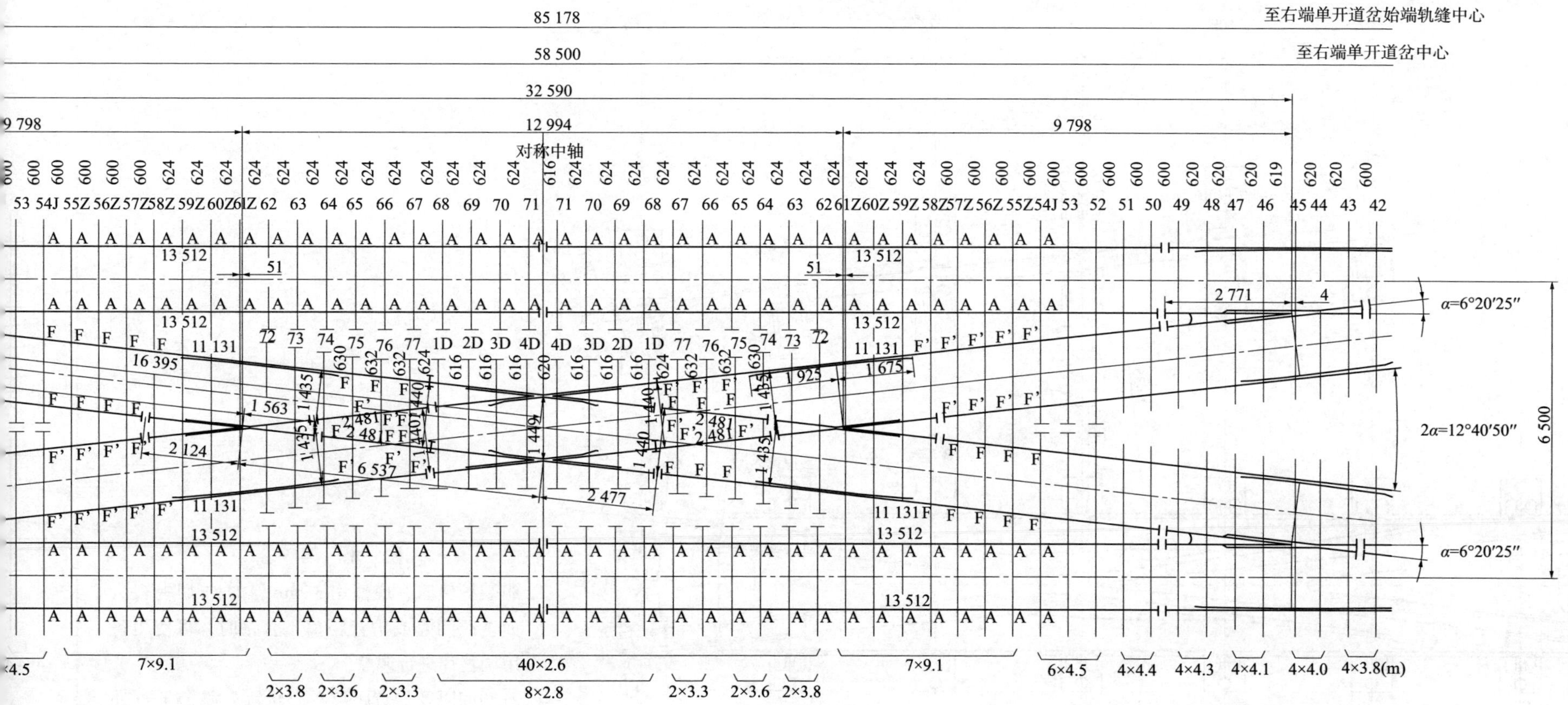

图 1　绝缘接头设在直股

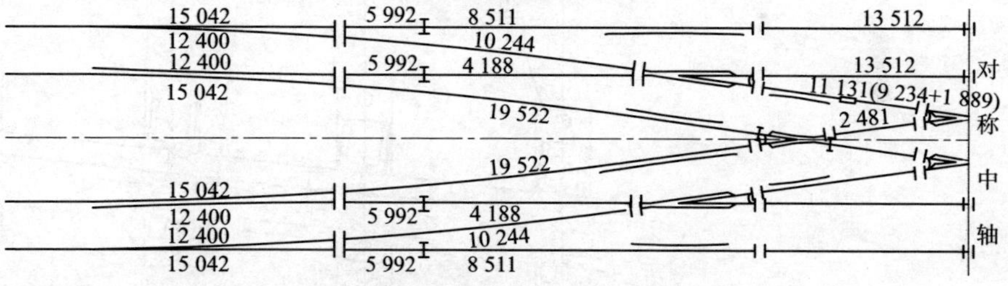

续表 3

序号	图号 / 标准	名称及规格	数　量	材　料	备　注
18	NS-01(b)-c	螺　母　M24	808		
19	NS-07	限位板　M24	808		
20	SCT505-B	岔枕螺栓　155	808		
21	GB/T 7244	重型弹簧垫圈　30	808		
22	专线 4232-10	轨距块　60/9-11	364	ZG 230-450	
23	专线 4232-10	轨距块　60/13-15	364	ZG 230-450	
24	专线 4232-10	轨距块　60/7-17	50	ZG 230-450	
25	专线 4232-10A	接头轨距块　60/9-11	20	ZG 230-450	
26	专线 4232-10A	接头轨距块　60/13-15	20	ZG 230-450	
27	专线 4232-72	绝缘轨距块　60/9-11	20	玻璃纤维	
28	专线 4232-72	绝缘轨距块　60/13-15	20	玻璃纤维	
29	专线 4232-72	绝缘轨距块　60/7-17	10	玻璃纤维	
30	SC330-401	橡胶垫板　60-190	404	橡胶	
31	SC330-403	橡胶垫板　452×175×10	404	橡胶	
32	专线 9595	钢轨绝缘	12 组		
33	HYT-LU-2	B 型接头弹条	48	60Si2CrVA	
34	CZ 931	混凝土岔枕接头	14 组		

技 术 要 求

1. 本道岔不设轨底坡，道岔前后的顺坡垫板 P80、P60 分别用符号 M、N 表示，其铺设位置见图。若与无轨底坡道岔连接时，取消顺坡垫板采用垫板 60-0。
2. 本图按普通接头设计，绝缘接头按普通绝缘接头设计。所有轨缝为 8 mm。普通接头、绝缘接头分别以"—||—"及"┿"表示。
3. 明细表中平垫扳包括四种类型：垫扳 60-0、60-14、60-17、60-20 在图中分别用符号 A、D、E、F 表示。带"'"者表示左开用垫板。
4. 扣件采用Ⅱ型弹条分开式可调扣件，轨距块设计安装号数如下：钢轨工作边一侧，安装 13 号轨距块；钢轨非工作边一侧，安装 11 号轨距块；辙叉部分一侧安装 13 号轨距块，另一侧安装 11 号轨距块；接头安装接头轨距块，绝缘接头两侧安装绝缘轨距块。7-17 号轨距块为备用轨距块，供现场铺设调整用。

60 kg/m 钢轨 6.5 m 间距交叉渡线 4.5 号锐角辙叉及护轨

图　号：SC(07)394－200

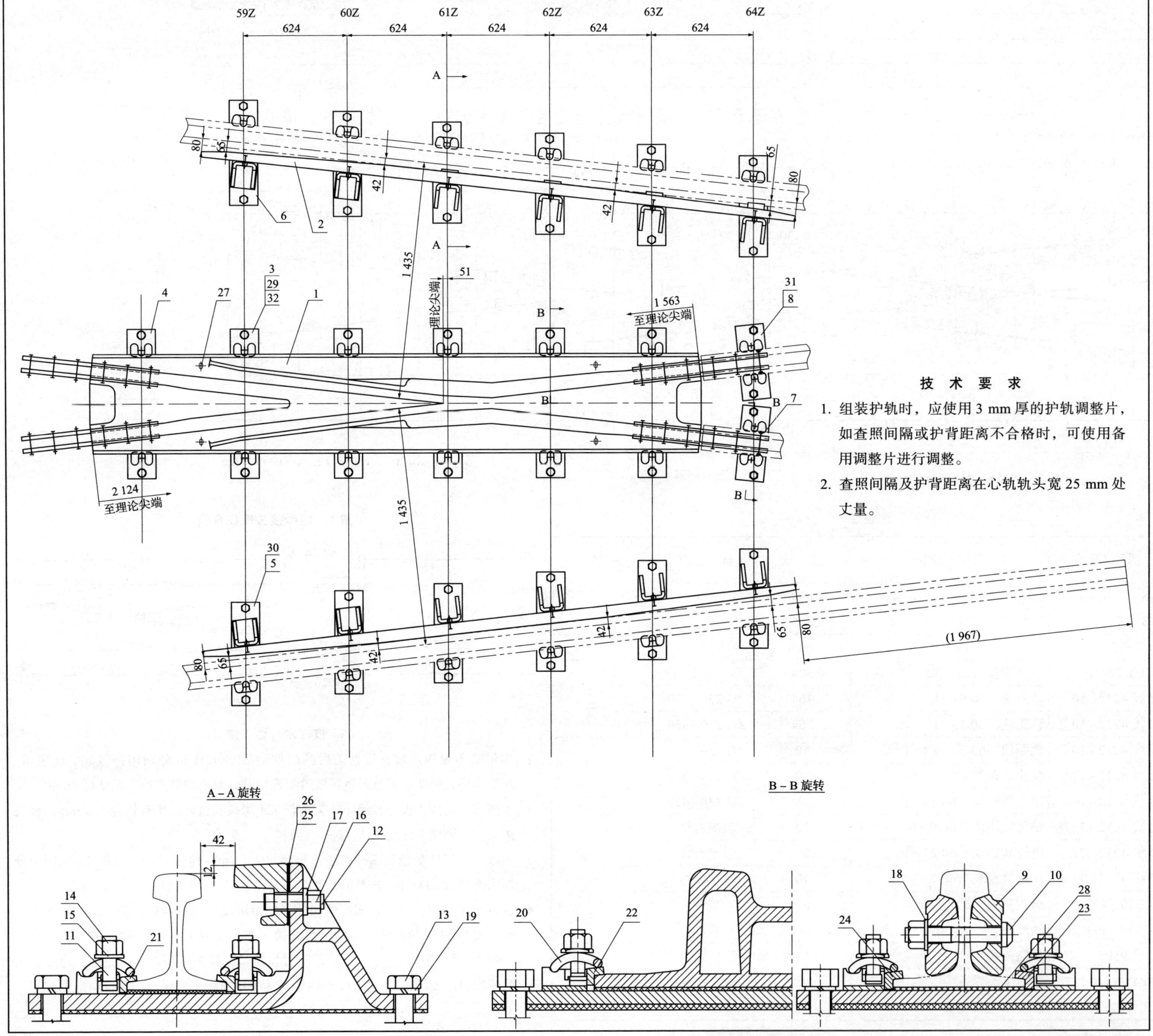

技 术 要 求

1. 组装护轨时，应使用 3 mm 厚的护轨调整片，如查照间隔或护背距离不合格时，可使用备用调整片进行调整。
2. 查照间隔及护背距离在心轨轨头宽 25 mm 处丈量。

91. 60 kg/m 钢轨 12 号道岔 5.0 m 间距交叉渡线(有砟)
设计图号：GLC(08)01－D5.0

<table>
<tr><td rowspan="2">道岔允许通过速度</td><td>客车</td><td colspan="3">$v_{直}$≤200 km/h；$v_{侧}$≤50 km/h</td><td>扣件类型</td><td colspan="2">Ⅱ型弹条</td></tr>
<tr><td>货车</td><td colspan="3">轴重 21 t：$v_{直}$≤120 km/h；$v_{侧}$≤50 km/h</td><td>轨底坡</td><td colspan="2">1：40</td></tr>
<tr><td>A(B) 型辙叉角</td><td colspan="2">4°45′49″</td><td colspan="3">锐角 / 钝角辙叉角</td><td colspan="2">9°31′38″</td></tr>
<tr><td>转辙器
GLC(06)01－100</td><td colspan="7">详见“60 kg/m 钢轨 12 号单开道岔［GLC(06)01］”</td></tr>
<tr><td rowspan="6">12 号 A(B) 型辙叉及护轨
GLC(08)01－D5.0－200</td><td rowspan="2">辙叉图号</td><td rowspan="2">—</td><td>辙叉全长</td><td>13 792</td><td rowspan="2">护轨长度</td><td colspan="2">直向：—</td></tr>
<tr><td>辙叉趾长</td><td>4 438</td><td colspan="2">侧向：4 825</td></tr>
<tr><td>辙叉形式</td><td>可动心轨辙叉</td><td>辙叉跟长</td><td>9 354</td><td>护轨轨型</td><td colspan="2">33 kg/m 槽型钢</td></tr>
<tr><td colspan="2" rowspan="2">护轨端头距导轨端头定位尺寸</td><td>直　向</td><td>—</td><td rowspan="2">护轨图号</td><td>直</td><td>—</td></tr>
<tr><td>侧　向</td><td>8 352</td><td>侧</td><td>GLC(06)01－D5.0－204</td></tr>
<tr><td colspan="6">辙叉理论尖端距趾端方向前一根岔枕中心距离</td><td>542</td></tr>
<tr><td rowspan="5">6 号锐角辙叉及护轨
GLC(06)01－D5.0－300</td><td rowspan="2">辙叉图号</td><td rowspan="2">CB 2547D－01</td><td>辙叉全长</td><td>4 207</td><td>护轨长度</td><td colspan="2">3 000</td></tr>
<tr><td>辙叉趾长</td><td>1 710</td><td>护轨轨型</td><td colspan="2">33 kg/m 槽型钢</td></tr>
<tr><td>辙叉形式</td><td>高锰钢整铸式</td><td>辙叉跟长</td><td>2 497</td><td>护轨图号</td><td colspan="2">GLC(06)01－D5.0－209</td></tr>
<tr><td colspan="5">辙叉理论尖端距趾端方向前一根岔枕中心距离</td><td colspan="2">208</td></tr>
<tr><td colspan="5">护轨端头距翼轨端头定位尺寸</td><td colspan="2">2 987</td></tr>
<tr><td>6 号钝角辙叉
GLC(06)01－D5.0－400</td><td>辙叉图号</td><td>CB 2548D－01</td><td>辙叉类型</td><td>高锰钢整铸式</td><td>辙叉全长</td><td colspan="2">4 466</td></tr>
<tr><td>岔枕图号
GLC(08)01－D5.0－500</td><td>岔枕总数</td><td>276 根</td><td>岔枕展延长</td><td>1 019.01 m</td><td>套管总数</td><td colspan="2">1 912</td></tr>
<tr><td>批准文号</td><td colspan="4">—</td><td>应用情况</td><td colspan="2">★★</td></tr>
<tr><td>主要结构特点</td><td colspan="7">1. 交叉渡线道岔直向适应无缝道岔要求，侧向可采用冻结接头。
2. 锐角辙叉采用高锰钢整铸护轨，与翼轨通过螺栓连接。
3. 菱形部分岔枕采用组合式交叉布置，设弹性铰接式岔枕连接装置。</td></tr>
</table>

A(B) 可动心轨辙叉及护轨明细表

序号	图号 / 标准	名称及规格	数量	材　　料	备　　注
1	GLC(08)01－202	序号 1 翼轨　13 200	1	轧制特种断面钢轨	
2	GLC(08)01－D5.0－203	序号 2 翼轨　13 200	1	轧制特种断面钢轨	
3	GLC(08)01－204	长心轨　11 180	1	60AT 钢轨	
4	GLC(06)01－205	短心轨　6 542	1	60AT 钢轨	
5	GLC(06)01－D5.0－203	叉根尖轨　5 699	1	60 kg/m 钢轨	需要胶接
6	GLC(06)01－D5.0－204	侧向护轨　4 825	1	33 kg/m 槽型钢	
7	GLC(08)01－218	轨　撑	6	KTH 330－08	
8	GLC(06)01－523	调整楔	6	KTH 350－10	
9	GLC(06)01－534	普通垫板　60－A	27	ZG 230－450(QT 400－15)	
10	GLC(06)01－534	普通垫板　60－FY(Z)	3	ZG 230－450(QT 400－15)	
11	GLC(06)01－D5.0－208	整铸护轨垫板　655Y(Z)	8	ZG 230－450(QT 400－15)	
12	GLC(06)01－208	垫　板　978×200×29Y(Z)	1	Q235－A(底板)	
13	GLC(06)01－209	垫　板　932×200×29Y(Z)	1	Q235－A(底板)	
14	GLC(08)01－205	垫　板　944×200×27Y(Z)	1	Q235－A(底板)	
15	GLC(08)01－206 Y(Z)	垫　板　896×200×27	1	Q235－A(底板)	
16	GLC(08)01－207 Y(Z)	垫　板　847×200×27	1	Q235－A(底板)	
17	GLC(08)01－208	垫　板　878×200×27Y(Z)	1	Q235－A(底板)	
18	GLC(08)01－209	垫　板　815×200×31Y(Z)	1	Q235－A(底板)	
19	GLC(08)01－210	垫　板　842×200×31Y(Z)	1	Q235－A(底板)	
20	GLC(08)01－211	垫　板　864×230×31Y(Z)	1	Q235－A(底板)	
21	GLC(08)01－212	垫　板　986×200×27Y(Z)	1	Q235－A(底板)	
22	GLC(08)01－213	垫　板　1 143×200×27Y(Z)	1	Q235－A(底板)	
23	GLC(06)01－219	垫　板　1 210×200×27Y(Z)	1	Q235－A(底板)	
24	GLC(06)01－220	垫　板　1 236×200×27Y(Z)	1	Q235－A(底板)	
25	GLC(06)01－D5.0－205	垫　板　1 262×200×27Y(Z)	1	Q235－A(底板)	
26	GLC(06)01－D5.0－206	垫　板　1 289×200×27Y(Z)	1	Q235－A(底板)	
27	GLC(06)01－D5.0－207	垫　板　1 315×200×27Y(Z)	1	Q235－A(底板)	
28	GLC(06)01－224 Y(Z)	垫　板　1 344×200×29	1	Q235－A(底板)	
29	GLC(06)01－225 Y(Z)	垫　板　1 393×200×29	1	Q235－A(底板)	
30	GLC(06)01－226 Y(Z)	垫　板　1 443×200×29	1	Q235－A(底板)	
31	GLC(06)01－227 Y(Z)	垫　板　1 493×200×29	1	Q235－A(底板)	
32	GLC(06)01－228	垫　板　746×200×27	3	Q235－A(底板)	
33	GLC(06)01－229 Y(Z)	垫　板　762×200×29	3	Q235－A(底板)	

续上表

序号	图号 / 标准	名称及规格	数量	材　　料	备　　注
34	GLC(06)01-533 Y(Z)	接头垫板　84-116 Y(Z)	1	Q235-A(底板)	
35	GLC(08)01-214	防跳顶铁(一)　156	1	KTH 330-08	
36	GLC(08)01-215	防跳顶铁(二)　140.5	1	KTH 330-08	
37	GLC(08)01-214	防跳顶铁(一)　198	1	KTH 330-08	
38	GLC(08)01-215	防跳顶铁(二)　185.7	1	KTH 330-08	
39	GLC(08)01-214	防跳顶铁(一)　225	5	KTH 330-08	
40	GLC(08)01-215	防跳顶铁(二)　213	2	KTH 330-08	
41	CB 2546D-06	顶　铁　176-175Y(Z)	1	KTH 330-08	
42	专线 4232-36	顶　铁　95-95	4	KTH 330-08	
43	专线 4232-36	顶　铁　113-117.5Y(Z)	1	KTH 330-08	
44	专线 4232-36	顶　铁　161.5-161.5	2	KTH 330-08	
45	GLC(06)01-524	二动连接铁　35-48.4 Y(Z)	1	Q345B	
46	GLC(06)01-525	二动调整片　210×94×1	4	Q235B	
		二动调整片　210×94×2	4		
47	GLC(08)01-216	间隔铁　60/283.6-258.1	1	ZG 270-500	用于两翼轨间
48	GLC(08)01-217	防跳间隔铁　60/232.2-242.6	1	ZG 270-500	用于两翼轨间
49	GLC(06)01-528	间隔铁　60/78.9-92.2Y(Z)	1	ZG 270-500	用于两心轨间
50	GLC(06)01-528	间隔铁　60/123.3-136.6Y(Z)	1	ZG 270-500	用于两心轨间
51	GLC(06)01-529	间隔铁　60/165.9-185.6Y(Z)	1	ZG 270-500	用于两心轨间
52	GLC(06)01-530	间隔铁　60/202.1-221.7Y(Z)	1	ZG 270-500	用于两心轨间
53	GLC(07)02-253	间隔铁　60AT-225	2	ZG 270-500	用于长心轨跟端
54	GLC(07)02-254	间隔铁　950-230	2	ZG 270-500	用于侧股叉跟
55	SCT 300-506	螺　栓　M27×125	28	10.9 级	连接两翼轨用
56	SCT 300-506	螺　栓　M27×340	2	10.9 级	连接两翼轨用
57	专线 4232-3	方头螺栓　M27×115	1	10.9 级	连接长短心轨用
58	专线 4232-3	方头螺栓　M27×125	1	10.9 级	连接长短心轨用
59	SCT 300-506	螺　栓　M27×180	2	10.9 级	连接长短心轨用
60	SCT 300-506	螺　栓　M27×210	1	10.9 级	连接长短心轨用
61	SCT 300-506	螺　栓　M27×215	1	10.9 级	连接长短心轨用
62	SCT 300-506	螺　栓　M27×230	1	10.9 级	连接长短心轨用
63	SCT 300-506	螺　栓　M27×240	1	10.9 级	连接长短心轨用
64	SCT 300-506	螺　栓　M27×270	1	10.9 级	连接长短心轨用
65	SCT 300-506	螺　栓　M27×280	1	10.9 级	连接长短心轨用
66	GB/T 5780	螺　栓　M24×100	6		轨撑横向用
67	专线 4232-4	T 型螺栓　M24×60	145		

续上表

序号	图号 / 标准	名称及规格	数量	材　料	备　注
68	专线 4232－4	T 型螺栓　M24 × 75	6		轨撑竖向用
69	专线 4171－9	长方头螺栓　M24 × 85	8	5.6 级	护轨垫板用
70	GLC(06)01－536	岔枕螺钉　GLC Ⅱ	133		
71	NS－02	螺　母　M27	72	10 级	
72	NS－01(b)	螺　母　M24	57	5 级	
73	NS－07	限位板　M24	151	4 级	
74	NS－06	盖型螺母　M24	151	4 级	
75	GB/T 1230	平垫圈　27	72	HRC 35－45	
76	GB/T 7244	弹簧垫圈　24	57	65Mn	
77	GB/T 7244	弹簧垫圈　30	133	65Mn	
79	GLC(06)01－538	夹　板　B	2	Q235－A	
80	GLC(06)01－541	圆孔垫圈　60AT－0	8	KTH 330－08	
81	GLC(06)01－542	圆孔垫圈　60AT－0	4	KTH 330－08	
82	GLC(06)01－542	圆孔垫圈　60AT－3	8	KTH 330－08	
83	GLC(07)02－249	圆孔垫圈	2	KTH 330－08	
85	专线 4267－3	轨距块　60－11	26	ZG 270－500	
86	专线 4267－4	接头轨距块　60－11	4	ZG 270－500	
87	专线 4232－10	轨距块　60 /9－11	78	ZG 270－500	
88	专线 4232－10	轨距块　60 /13－15	44	ZG 270－500	
89	专线 4232－10A	接头轨距块　60 /9－11	10	ZG 270－500	
90	专线 4232－10A	接头轨距块　60 /13－15	10	ZG 270－500	
91	专线 3351－3	Ⅱ型弹条	148		
92	专线 3328－3	Ⅲ型弹条	26		
93	专线 9602	Ⅲ型接头弹条	4		
94	GLC(06)01－543	护轨调整片　170 × 80 × a	各 18	Q235	a=1，2，3 其中 a=1 的发运
95	GLC(08)01－219	顶铁调整片　h	各 30	Q235	a=0.5，1，2
96	SCT 300－506	螺　栓　M27 × 120	4	10.9 级	
97	SCT 300－506	螺　栓　M27 × 135	4	10.9 级	
98	SCT 300－506	螺　栓　M27 × 110	24	10.9 级	
99	GLC(06)01－545	复合定位套	133		
100	GLC(06)01－402	轨下双面橡胶垫板　60－220－0	12	橡胶	
101	GLC(06)01－402	轨下双面橡胶垫板　60－220－14	15	橡胶	
102	GLC(06)01－405	轨下双面橡胶垫板　60－220－14	1	橡胶	
103	GLC(06)01－402	轨下双面橡胶垫板　60－220－(－12)	2	橡胶左开（右开）	
104	GLC(06)01－402	轨下双面橡胶垫板　60－220－28	2	橡胶	

续上表

序号	图号 / 标准	名称及规格	数量	材　　料	备　　注
105	GLC(06)01－402	轨下双面橡胶垫板　60－200－0	36	橡胶	
106	GLC(06)01－403	轨下双面橡胶垫板　60－200－14	8	橡胶护轨用	
107	GLC(06)01－404	轨下双面橡胶垫板　60－220－14	6	橡胶	
108	GLC(06)01－402	轨下双面橡胶垫板　60－220－9	2	橡胶	
109	GLC(06)01－404	轨下双面橡胶垫板　60－220－0	5	橡胶	
110	GLC(08)01－401	轨下平面橡胶垫板　60－220－0	2	橡胶	
111	GLC(08)01－401	轨下平面橡胶垫板　60－220－14	2	橡胶	
112	GLC(06)01－407	轨下平面橡胶垫板　60－220－0	1	橡胶	
113	GLC(06)01－407	轨下平面橡胶垫板　60－220－14	1	橡胶	
114	GLC(06)01－407	轨下平面橡胶垫板　60－250－(－12)	1	橡胶左开（右开）	
115	GLC(06)01－407	轨下平面橡胶垫板　60－250－28	1	橡胶	
116	GLC(06)01－414	三孔橡胶垫板　978×205×14	1	橡胶	
117	GLC(06)01－414	三孔橡胶垫板　932×205×14	1	橡胶	
118	GLC(06)01－411	橡胶垫板　944×205×14	1	橡胶	
119	GLC(06)01－411	橡胶垫板　896×205×14	1	橡胶	
120	GLC(06)01－411	橡胶垫板　847×205×14	1	橡胶	
121	GLC(06)01－411	橡胶垫板　878×205×14	1	橡胶	
122	GLC(06)01－416	橡胶垫板　815×205×14	1	橡胶	
123	GLC(06)01－416	橡胶垫板　842×205×10	1	橡胶	
124	GLC(08)01－402	橡胶垫板　864×235×10	1	橡胶	
125	GLC(06)01－411	橡胶垫板　986×205×14	1	橡胶	
126	GLC(06)01－411	橡胶垫板　1 143×205×14	1	橡胶	
127	GLC(06)01－411	橡胶垫板　1 210×205×14	1	橡胶	
128	GLC(06)01－411	橡胶垫板　1 236×205×14	1	橡胶	
129	GLC(06)01－411	橡胶垫板　1 262×205×14	1	橡胶	
130	GLC(06)01－411	橡胶垫板　1 289×205×14	1	橡胶	
131	GLC(06)01－411	橡胶垫板　1 315×205×14	1	橡胶	
132	GLC(06)01－411	橡胶垫板　1 344×205×14	1	橡胶	
133	GLC(06)01－411	橡胶垫板　1 393×205×14	1	橡胶	
134	GLC(06)01－411	橡胶垫板　1 443×205×14	1	橡胶	
135	GLC(06)01－414	三孔橡胶垫板　1 493×205×14	1	橡胶	
136	GLC(06)01－411	橡胶垫板　746×205×14	3	橡胶	
137	GLC(06)01－411	橡胶垫板　762×205×14	3	橡胶	
138	GLC(06)01－410	橡胶垫板　480×185×14	31	橡胶	
139	GLC(06)01－413	橡胶垫板　650×185×14	8	橡胶	

续上表

序号	图号 / 标准	名称及规格	数量	材　　料	备　　注
140	GB/T 5780	螺　栓　M24 × 110	6		序号 43、44 顶铁用
141	GB/T 5780	螺　栓　M24 × 90	2		序号 42 顶铁用
142	GB/T 5780	螺　栓　M24 × 100	22		一般顶铁用
143	GLC(06)01－D5.0－209	整铸护轨　3 000	1	ZG Mn13	
144	专线 4232－05	高强度半圆头方颈螺栓　M24 × 130	8	10.9 级	锐叉护轨处顶铁用
145	专线 4114－3	长方头螺栓　M24 × 130	5	Q235	锐叉护轨用
146	GLC(08)01－D5.0－202	钢轨垫	9		
147	CB 2546D－06	顶　铁　185.5－185.5	3	KTH 330－08	
148	CB 2546D－07	调整片　147 × 140 × a	各 10	Q235	a=2，3
149	GB/T 91	开口销　4 × 80	70		
150	SCT 300－346	螺母防松帽	70	ZG 230－450	
151	专线 4232－72	绝缘接头轨距块　60/13－15	2	玻璃纤维	
152	专线 4232－72	绝缘接头轨距块　60/9－11	2	玻璃纤维	

6 号钝角辙叉明细表

序号	图号 / 标准	名称及规格	数量	材　　料	备　　注
1	CB 2548D－01	高锰钢辙叉　60－6DTSG	1	ZGMn13	
2	GLC(06)01－D5.0－402	垫　板　760×180×25	2	Q235－A(底板)	
3	GLC(06)01－D5.0－402	垫　板　807×180×25	2	Q235－A(底板)	
4	GLC(06)01－D5.0－402	垫　板　883×180×25	2	Q235－A(底板)	
5	GLC(06)01－D5.0－403	垫　板　871×180×25	2	Q235－A(底板)	
6	GLC(06)01－D5.0－404	垫　板　440×180×25	1	Q235－A(底板)	
7	GLC(06)01－D5.0－405	垫　板　440×180×25	1	Q235－A(底板)	
8	GLC(06)01－D5.0－404	垫　板　440×180×25	1	Q235－A(底板)	与序号 6 对称
9	GLC(06)01－D5.0－405	垫　板　440×180×25	1	Q235－A(底板)	与序号 7 对称
10	TB/T 2345	接头夹板　60	8	60 kg/m 钢轨用	
11	TB/T 2347	接头螺栓、螺母　M24×135	24	10.9 级	带螺母
12	GB/T 1230	垫　圈　24	24		
13	GLC(06)01－536	岔枕螺栓　M30×185	24		
14	GB/T 7244	弹簧垫圈　30	24		
15	专线 3351	Ⅱ型弹条	24	60Si2CrVA	
16	专线 4232－4	T 型螺栓　M24×60	24		
17	NS－07	限位板　M24	24		
18	NS－06	盖形螺母　M24	24		
19	专线 4232－10	轨距块　60/9－11	10	ZG 270－500	
20	专线 4232－10	轨距块　60/13－15	10	ZG 270－500	
21	专线 4232－10A	接头轨距块　60/9－11	2	ZG 270－500	
22	专线 4232－10A	接头轨距块　60/13－15	2	ZG 270－500	
23	GLC(06)01－545	复合定位套	24		
24	GLC(06)01－402	橡胶垫板　60－200－15	2	橡胶	
25	GLC(06)01－402	橡胶垫板　60－200－(－15)	2	橡胶	
26	GLC(07)05－404	橡胶垫板　429－200－0	2	橡胶	
27	GLC(07)05－404	橡胶垫板　476－200－0	2	橡胶	
28	GLC(07)05－404	橡胶垫板　552－200－0	2	橡胶	
29	GLC(06)01－402	橡胶垫板　60－200－0	4	橡胶	
30	GLC(06)01－413	橡胶垫板　760×185×14	2	橡胶	
31	GLC(06)01－413	橡胶垫板　807×185×14	2	橡胶	
32	GLC(06)01－413	橡胶垫板　883×185×14	2	橡胶	
33	GLC(06)01－413	橡胶垫板　871×185×14	2	橡胶	
34	GLC(06)01－413	橡胶垫板　440×185×14	4	橡胶	

60 kg/m 钢轨 12 号 5.0 m 间距交叉渡线
图　号：GLC(08)01－D5.0

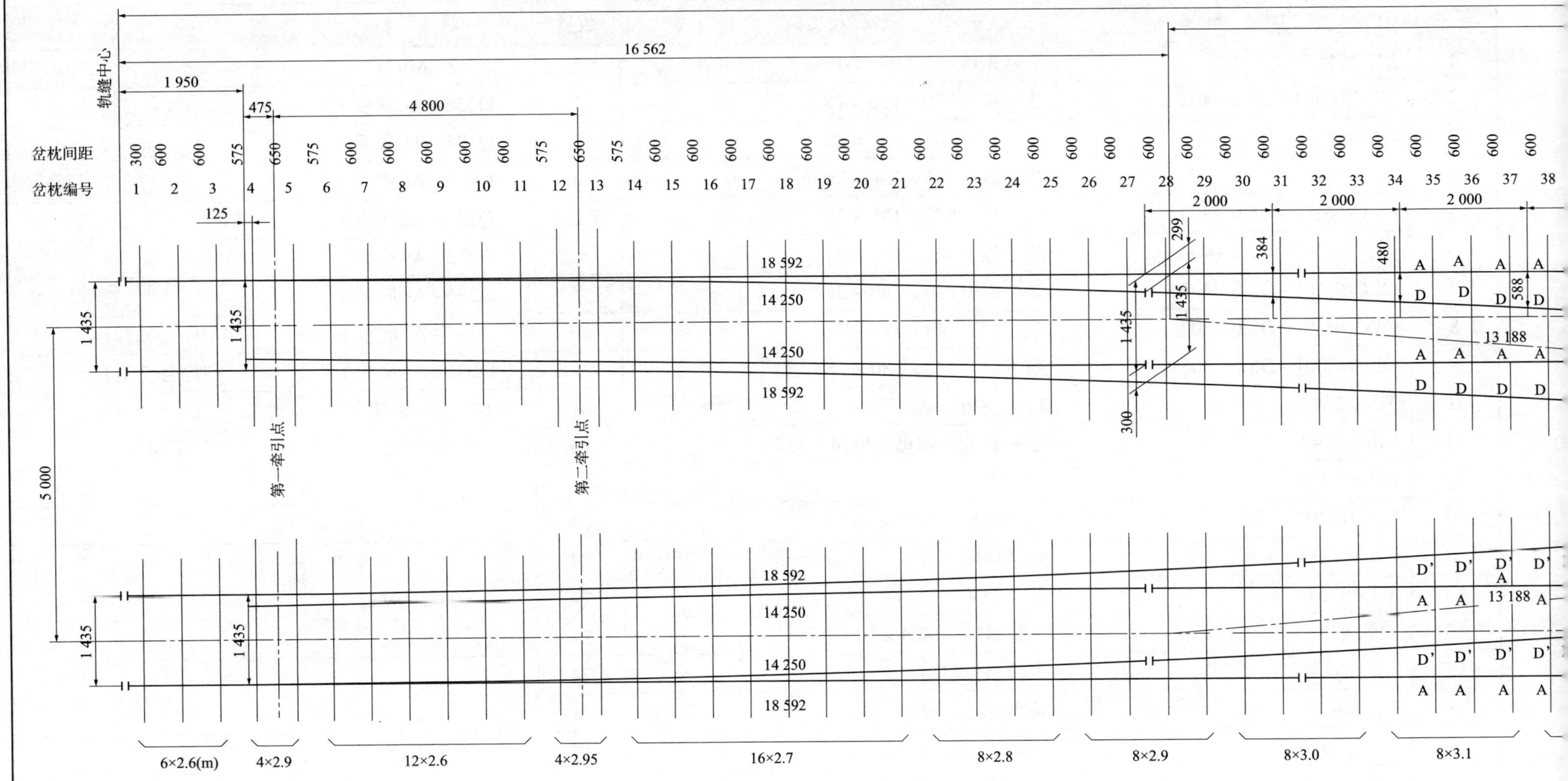

表 1　岔枕数量表

序号	长度 (m)	单位	数量
1	2.45	根	16
2	2.6	根	44
3	2.7	根	32
4	2.8	根	16
5	2.9	根	24
6	2.95	根	8
7	3.0	根	16
8	3.1	根	16
9	3.2	根	16
10	3.3	根	8
11	3.4	根	8
12	3.5	根	8
13	3.6	根	8
14	3.7	根	8
15	3.75	根	8
16	7.6	根	34
17	7.976	根	8

表 2　钢轨数量表（侧股胶接绝缘）

序号	长度(mm)	单位	数量	备注
1	24 592	根	4	
2	13 188	根	4	
3	13 232 (6 613+6+6 613)	根	4	胶接轨
4	16 838 (4 194+6+12 638)	根	4	胶接轨
5	6 716	根	4	
6	4 741	根	4	
备注：共 24 根；展延长 317.228 m				

表 3　明　细　表

序号	图号 / 标准	名称及规格	数量	材　料	备注
1	GLC(06)01－100	转辙器	4		左 2 右 2
2	GLC(08)01－D5.0－200	A(B) 型可动心轨辙叉及护轨	4		A2B2
3	GLC(06)01－D5.0－300	5 m－6 号锐角辙叉	2		
4	GLC(06)01－D5.0－400	6 号钝角辙叉	2		
5	TB/T 2344	钢　轨	24 根	60 kg/m 钢轨	详见表 2
6	GLC(06)01－534	普通垫板　60－A	152	ZG 230－450(QT 400－15)	P＝0
7	GLC(06)01－534	普通垫板　60－DY(Z)	40	ZG 230－450(QT 400－15)	P=11 左右各
8	GLC(06)01－534	普通垫板　60－EY(Z)	72	ZG 230－450(QT 400－15)	P=14 左右各
9	GLC(06)01－534	普通垫板　60－FY(Z)	20	ZG 230－450(QT 400－15)	P=17 左右各
10	专线 3351－3	Ⅱ型弹条	572	60Si2CrVA	
11	HYT－LU－2	接头弹条	40		
12	专线 4232－4	T 形螺栓　M24 × 60	572		
13	NS－07	限位螺母　M24	572		
14	NS－06	盖形螺母　M24	572		
15	GLC(06)01－545	复合定位套	576		
16	GLC(06)01－536	岔枕螺钉　M30 × 185	576		
17	GB/T 7244	弹簧垫圈　30	576	65Mn	
18	专线 4232－10	轨距块　6 0/9－11	338	ZG 270－500	备用 50 件
19	专线 4232－10	轨距块　60/13－15	338	ZG 270－500	备用 50 件

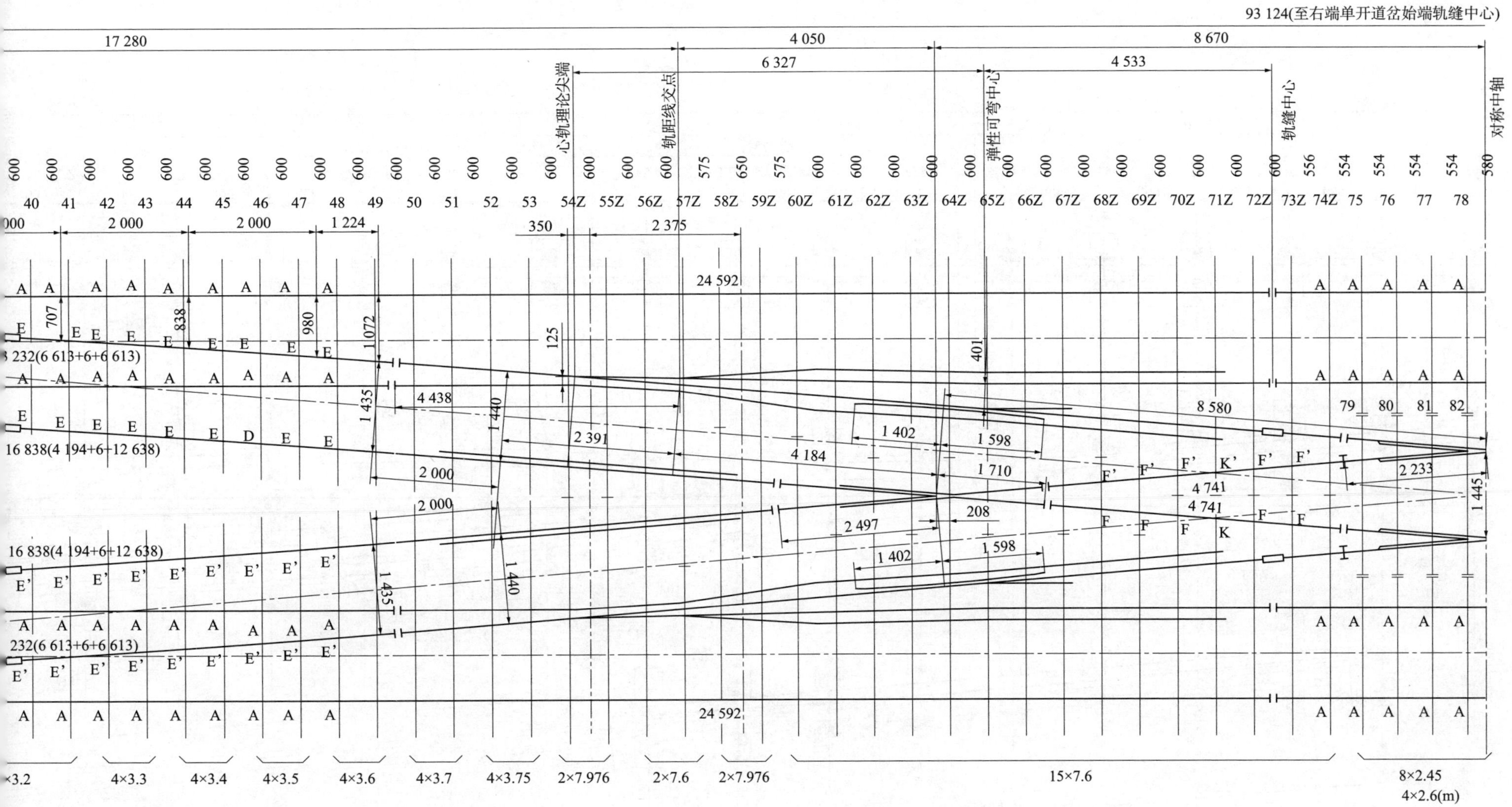

续表 3

序号	图号 / 标准	名称及规格	数量	材　　料	备注
20	专线 4232－10	轨距块　60/7－17	50	ZG 270－500	备用
21	专线 4232－10A	接头轨距块　60/9－11	48	ZG 270－500	
22	专线 4232－10A	接头轨距块　60/13－15	48	ZG 270－500	
23	TB/T 2345	接头夹板　60	64		
24	TB/T 2347	接头螺栓、螺母　M24×135－10.9	192		
25	GB/T 1230	平垫圈　24	192		
26	SC 340－601	岔枕接头（一）	24		
27	SC 340－602	岔枕接头（二）	14		
28	GLC(06)01－552	挡砟板　650	8		
29	GLC(06)01－552	挡砟板　600	4		
30	GLC(06)01－D5.0－04	垫　板　60KY(Z)	4	Q235－A（底板）	左 2 右 2
31	专线 4232－72	绝缘接头轨距块　60/9－11	24	玻璃纤维	
32	专线 4232－72	绝缘接头轨距块　60/13－15	24	玻璃纤维	
33	GLC(06)01－402	轨下双面橡胶垫板　60－200－0	288	橡胶	
34	GLC(06)01－410	橡胶垫板　480×185×14	284	橡胶	
35	GLC(06)01－417	橡胶垫板　425×185×14	4	橡胶	
36	专线 3417	胶接绝缘	8 组		
37		普通绝缘	4 组		

技 术 要 求

1. 图中钢轨普通接头、普通绝缘接头、胶接绝缘接头分别以“—|—”、“+”、“—□—”表示。
2. 胶接接头轨缝按 6 mm，其他接头按 8 mm 轨缝。
3. 钢轨顶面进行全长淬火，淬火技术条件按 TB/T 1779 执行。
4. 本图按设置轨道电路、普通接头，且绝缘设在侧股设计，其配轨数量见表 2。

   当道岔钢轨采用焊接接头或有其他特殊要求时，按用户要求配轨。
5. 明细表中普通垫板包括四种类型：垫板 60－0、60－11、60－14、60－17，分别用符号 A、D、E、F 表示，铺设位置见布置图。其中带“’”表示左开垫板。

60 kg/m 钢轨 12 号 5.0 m 间距交叉渡线 A(B) 可动心轨辙叉及护轨
图　号：GLC(08)01－D5.0－200

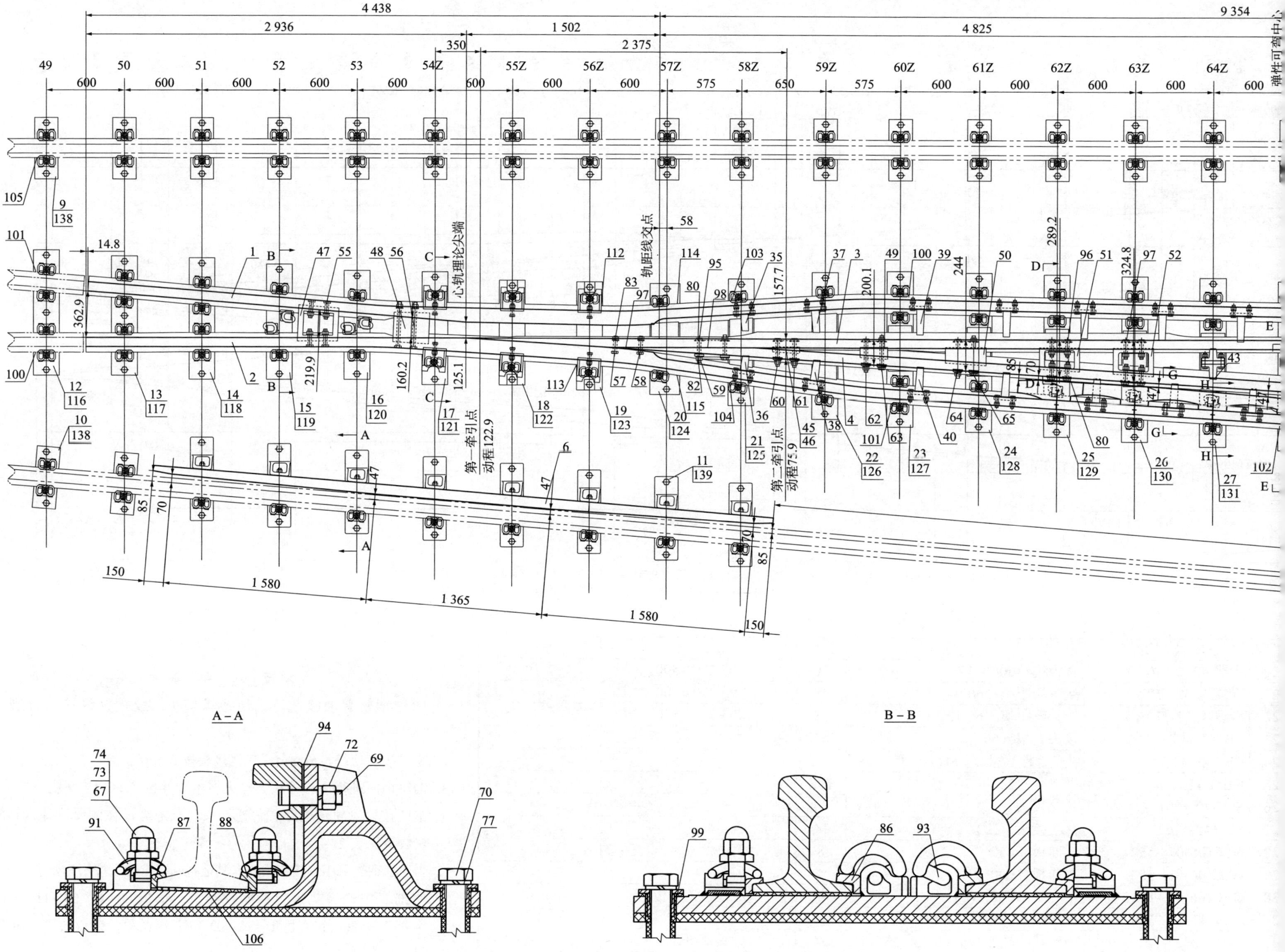

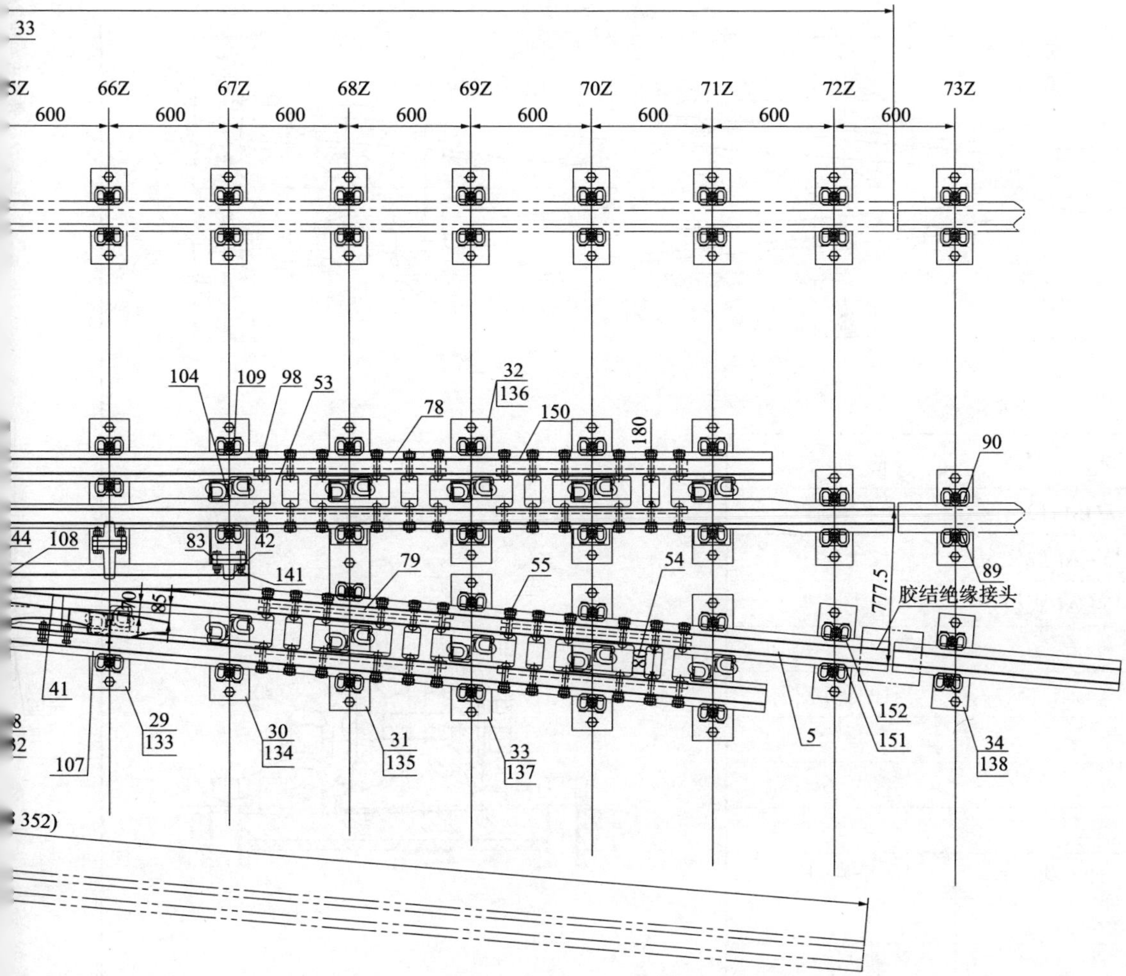

D－D

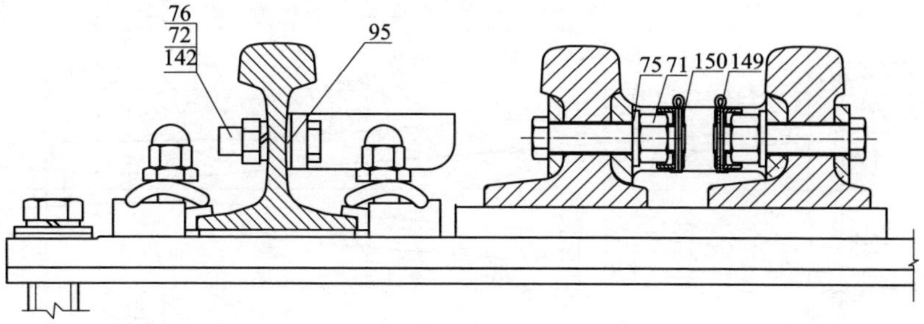

E－E

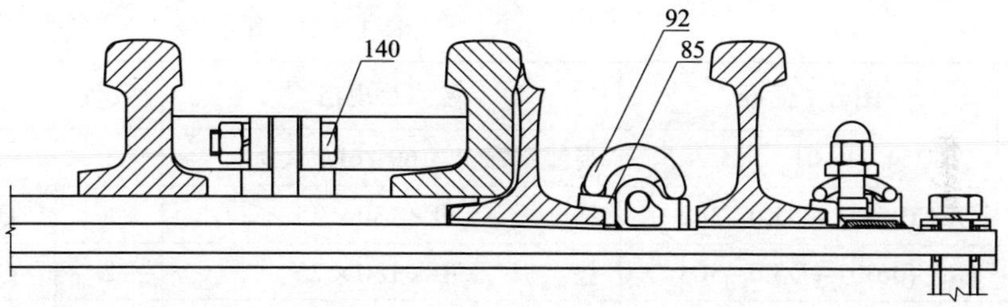

G－G

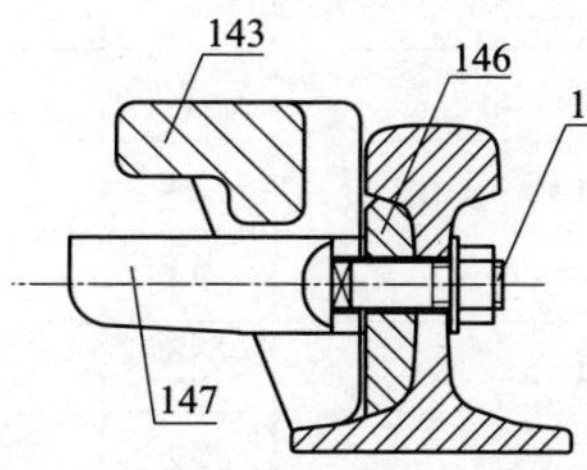

H－H

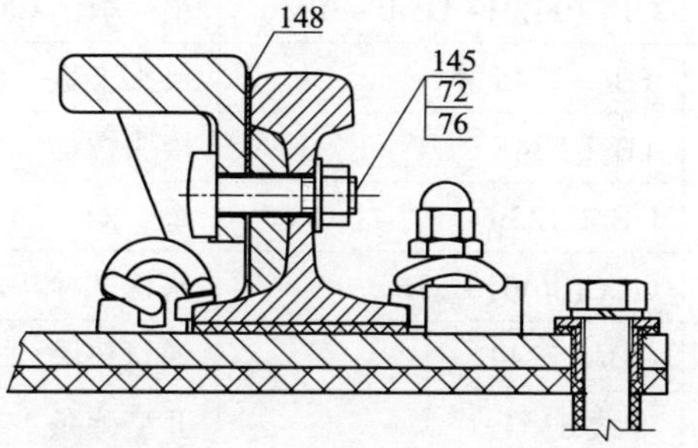

C－C

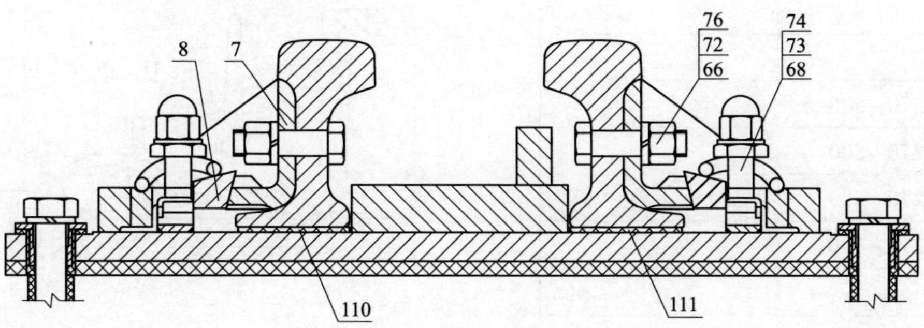

技 术 要 求

1. 本图按 A 型辙叉及护轨绘制，B 型辙叉及护轨时按本图对称制造。
2. 第一牵引点翼轨工作边距为 (129.9 ± 1.5)mm。
   第一牵引点翼轨轨底内侧距为 220^{+2}_{-4} mm。
   第二牵引点翼轨工作边距为 (505 ± 1.5)mm。
   第二牵引点翼轨轨底外侧距为 726.8^{+2}_{-4} mm。
3. 当二动连接铁位置达不到要求时，可用调整片进行调整。
4. 序号 53、54 间隔铁与翼轨、长心轨或叉根尖轨进行胶接处理。
5. 整铸护轨轮缘槽应在侧向开通时测量。

60 kg/m 钢轨 5.0 m 间距交叉渡线 6 号锐角辙叉

图　号：GLC(06)01－D5.0－300

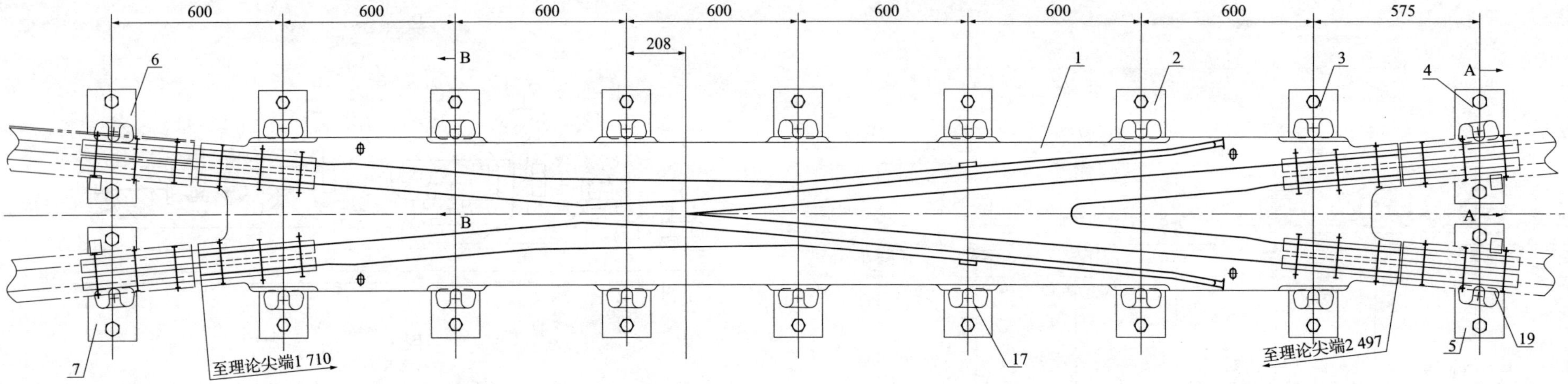

表 1　明　细　表

序号	图号 / 标准	名称及规格	数量	材　　料	备　　注
1	CB 2547D－01	高锰钢辙叉　60－6RTSG	1	ZGMn13	
2	GLC(06)01－D5.0－302	垫　板　870×180×25	5	Q235－A(底板)	
3	GLC(06)01－D5.0－303	垫　板　870×180×25	2	Q235－A(底板)	
4	GLC(06)01－D5.0－304	垫　板　400×180×25	1		
5	GLC(06)01－D5.0－304	垫　板　400×180×25	1		与序号 4 对称
6	GLC(06)01－D5.0－305	垫　板　400×180×25	1		
7	GLC(06)01－D5.0－305	垫　板　400×180×25	1		与序号 6 对称
8	TB/T 2345	接头夹板　60	8		
9	TB/T 2347	接头螺栓　M24×135－10.9	24	10.9 级	带螺母
10	GB/T 1230	垫　圈　24	24		
11	GLC(06)01－536	岔枕螺栓　M30×185	22		
12	GB/T 7244	弹簧垫圈　30	22		
13	专线 3351	Ⅱ型弹条	18	60Si2CrVA	
14	专线 4232－4	T 型螺栓　M24×60	18		
15	NS－07	限位板　M24	18		
16	NS－06	盖型螺母　M24	18		
17	专线 4232－10	轨距块　60/9－11	7	ZG 270－500	
18	专线 4232－10	轨距块　60/13－15	7	ZG 270－500	
19	专线 4232－10A	接头轨距块　60/9－11	2	ZG 270－500	
20	专线 4232－10A	接头轨距块　60/13－15	2	ZG 270－500	
21	GLC(06)01－545	复合定位套	14		
22	GLC(06)01－402	橡胶垫板　60－200－15(－15)	各 2	橡胶	
23	GLC(06)01－413	橡胶垫板　400×185×14	4	橡胶	
24	GLC(07)05－404	橡胶垫板　540－200	7	橡胶	
25	GLC(06)01－413	橡胶垫板　870×185×14	7	橡胶	

A－A 旋转

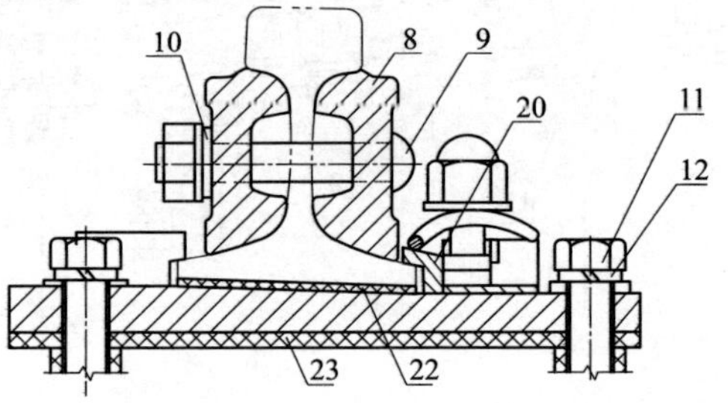

B－B 旋转

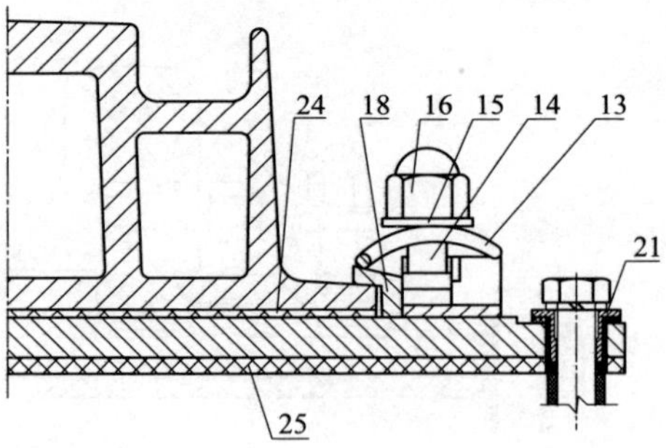

60 kg/m 钢轨 5.0 m 间距交叉渡线 6 号钝角辙叉

图 号：GLC(06)01-D5.0-400

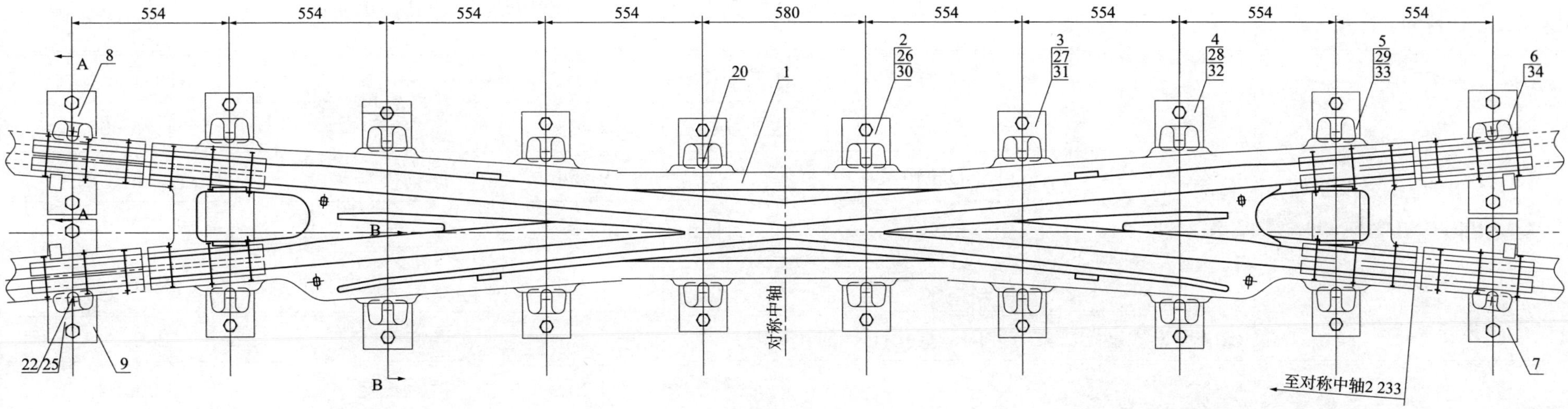

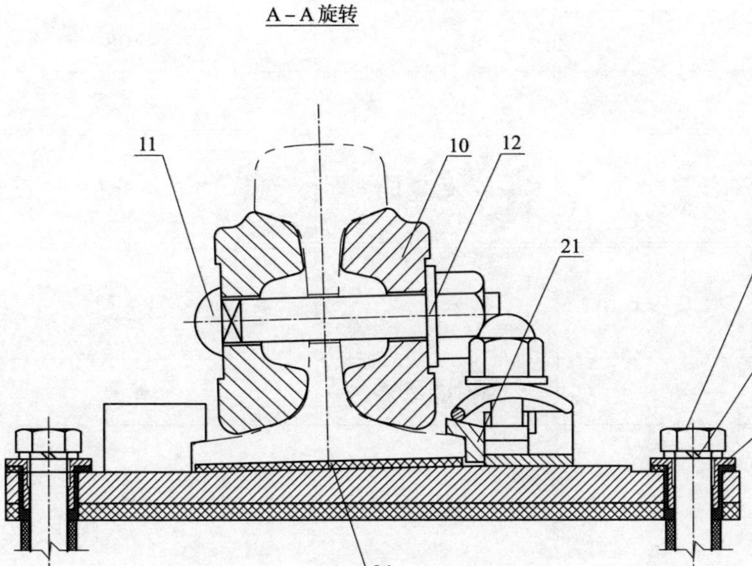

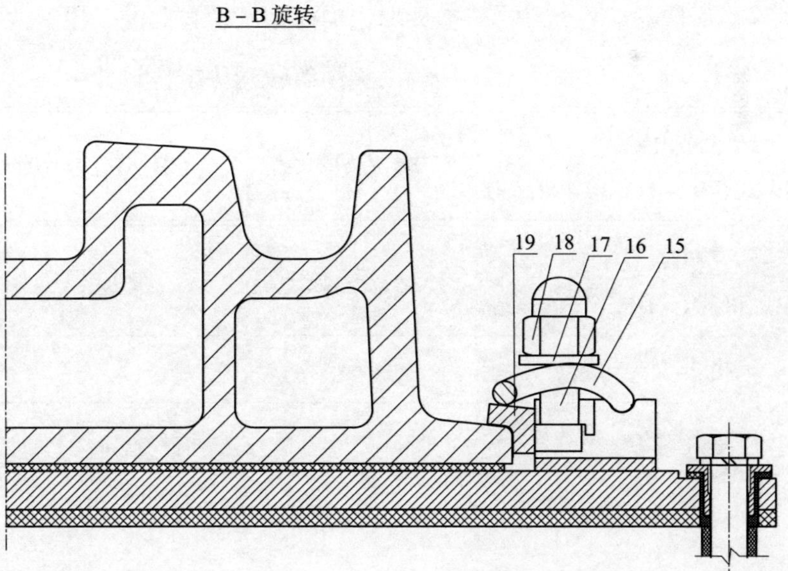

92. 60 kg/m 钢轨 12 号道岔 5.3 m 间距交叉渡线(有砟)
设计图号：GLC(08)01－D5.3

道岔允许通过速度	客车	$v_{直}$≤200 km/h；$v_{侧}$≤50 km/h		扣件类型		Ⅱ型弹条
	货车	轴重 21 t：$v_{直}$≤120 km/h；$v_{侧}$≤50 km/h		轨底坡		1∶40
A(B) 型辙叉角	4°45′49″			锐角 / 钝角辙叉角		9°31′38″
转辙器 GLC(06)01－100	详见“时速 200 公里 60 kg/m 钢轨 12 号单开道岔［GLC(06)01］”					
12 号 A(B) 型辙叉及护轨 GLC(08)01－D5.3－200	辙叉图号	—	辙叉全长	13 792	护轨长度	直向：—
			辙叉趾长	4 438		侧向：5 600
	辙叉形式	可动心轨辙叉	辙叉跟长	9 354	护轨轨型	33 kg/m 槽型钢
	护轨端头距导轨端头定位尺寸		直　向	—	护轨图号　直	—
			侧　向	1 859	护轨图号　侧	GLC(06)01－207
	辙叉理论尖端距趾端方向前一根岔枕中心距离					240
6 号锐角辙叉及护轨 GLC(06)01－D5.0－300	辙叉图号	CB 2547D－01	辙叉全长	4 207	护轨长度	3 000
			辙叉趾长	1 710	护轨轨型	整铸式
	辙叉形式	高锰钢整铸式	辙叉跟长	2 497	护轨图号	GLC(06)01－D5.0－209
	辙叉理论尖端距趾端方向前一根岔枕中心距离					208
	护轨端头距翼轨端头定位尺寸					1 125
6 号钝角辙叉 GLC(06)01－D5.0－400	辙叉图号	CB 2548D－01	辙叉类型	高锰钢整铸式	辙叉全长	4 466
岔枕图号 GLC(08)01－D5.3－500	岔枕总数	296 根	岔枕展延长	1 079.6 m	套管总数	1 872
批准文号	—				应用情况	★★
主要结构特点	1. 交叉渡线道岔直向适应无缝道岔要求，侧向可采用冻结接头。 2. 锐角辙叉采用高锰钢整铸护轨，与翼轨通过螺栓连接。 3. 菱形部分岔枕采用组合式交叉布置，设弹性铰接式岔枕连接装置。					

A(B)型可动心轨辙叉及护轨明细表

序号	图号 / 标准	名称及规格	数量	材　料	备　注
1	GLC(08)01－202	序号 1 翼轨　13 200	1	轧制特种断面钢轨	
2	GLC(08)01－D5.3－202	序号 2 翼轨　13 200	1	轧制特种断面钢轨	
3	GLC(08)01－204	长心轨　11 180	1	60AT 钢轨	
4	GLC(06)01－205	短心轨　6 542	1	60AT 钢轨	
5	GLC(08)01－D5.3－203	叉跟尖轨　7 505	1	60 kg/m 钢轨	需要胶接
6	GLC(06)01－207	侧向护轨　5 600	1	UIC33 槽型钢轨	
7	GLC(08)01－218	轨　撑	6	KTH 330－08	
8	GLC(06)01－523	调整楔	6	KTH 350－10	
9	GLC(06)01－534	普通垫板　60－A	27	ZG 230－450(QT 400－15)	
10	GLC(06)01－534	普通垫板　60－FY(Z)	3	ZG 230－450(QT 400－15)	
11	GLC(06)01－D5.0－208	整铸护轨垫板　655Y(Z)	9	ZG 230－450(QT 400－15)	
12	GLC(06)01－208	垫　板　978×200×29Y(Z)	1	Q235－A(底板)	
13	GLC(06)01－209	垫　板　932×200×29Y(Z)	1	Q235－A(底板)	
14	GLC(08)01－205	垫　板　944×200×27Y(Z)	1	Q235－A(底板)	
15	GLC(08)01－206Y(Z)	垫　板　896×200×27	1	Q235－A(底板)	
16	GLC(08)01－207Y(Z)	垫　板　847×200×27	1	Q235－A(底板)	
17	GLC(08)01－208	垫　板　878×200×27Y(Z)	1	Q235－A(底板)	
18	GLC(08)01－209	垫　板　815×200×31Y(Z)	1	Q235－A(底板)	
19	GLC(08)01－210	垫　板　842×200×31Y(Z)	1	Q235－A(底板)	
20	GLC(08)01－211	垫　板　864×230×31Y(Z)	1	Q235－A(底板)	
21	GLC(08)01－212	垫　板　986×200×27Y(Z)	1	Q235－A(底板)	
22	GLC(08)01－213	垫　板　1 143×200×27Y(Z)	1	Q235－A(底板)	
23	GLC(06)01－219	垫　板　1 210×200×27Y(Z)	1	Q235－A(底板)	
24	GLC(06)01－220	垫　板　1 236×200×27Y(Z)	1	Q235－A(底板)	
25	GLC(06)01－221	垫　板　1 262×200×27Y(Z)	1	Q235－A(底板)	
26	GLC(06)01－222	垫　板　1 289×200×27Y(Z)	1	Q235－A(底板)	
27	GLC(06)01－223	垫　板　1 315×200×27Y(Z)	1	Q235－A(底板)	
28	GLC(06)01－224Y(Z)	垫　板　1 344×200×29	1	Q235－A(底板)	
29	GLC(06)01－225Y(Z)	垫　板　1 393×200×29	1	Q235－A(底板)	
30	GLC(06)01－226Y(Z)	垫　板　1 443×200×29	1	Q235－A(底板)	
31	GLC(06)01－227Y(Z)	垫　板　1 493×200×29	1	Q235－A(底板)	
32	GLC(06)01－228	垫　板　746×200×27	3	Q235－A(底板)	
33	GLC(06)01－229Y(Z)	垫　板　762×200×29	3	Q235－A(底板)	

续上表

序号	图号 / 标准	名称及规格	数量	材　　料	备　　注
34	GLC(06)01 – 533Y(Z)	接头垫板　84 – 116Y(Z)	1	Q235 – A(底板)	
35	GLC(08)01 – 214	防跳顶铁(一)　156	1	KTH 330 – 08	
36	GLC(08)01 – 215	防跳顶铁(二)　140.5	1	KTH 330 – 08	
37	GLC(08)01 – 214	防跳顶铁(一)　198	2	KTH 330 – 08	
38	GLC(08)01 – 215	防跳顶铁(二)　185.7	1	KTH 330 – 08	
39	GLC(08)01 – 214	防跳顶铁(一)　225	5	KTH 330 – 08	
40	GLC(08)01 – 215	防跳顶铁(二)　213	5	KTH 330 – 08	
41	专线 4232 – 36	顶　铁　95 – 95	4	KTH 330 – 08	
42	专线 4232 – 36	顶　铁　113 – 117.5Y(Z)	1	KTH 330 – 08	
43	专线 4232 – 36	顶　铁　161.5 – 161.5	2	KTH 330 – 08	
44	GLC(06)01 – 524	二动连接铁　35 – 48.4Y(Z)	1	Q345B	
45	GLC(06)01 – 525	二动调整片　210 × 94 × 1	4	Q235B	
		二动调整片　210 × 94 × 2	4		
46	GLC(08)01 – 216	间隔铁　60/283.6 – 258.1	1	ZG 270 – 500	用于两翼轨间
47	GLC(08)01 – 217	防跳间隔铁　60/232.2 – 242.6	1	ZG 270 – 500	用于两翼轨间
48	GLC(06)01 – 528	间隔铁　60/78.9 – 92.2Y(Z)	1	ZG 270 – 500	用于两心轨间
49	GLC(06)01 – 528	间隔铁　60/123.3 – 136.6Y(Z)	1	ZG 270 – 500	用于两心轨间
50	GLC(06)01 – 529	间隔铁　60/165.9 – 185.6Y(Z)	1	ZG 270 – 500	用于两心轨间
51	GLC(06)01 – 530	间隔铁　60/202.1 – 221.7Y(Z)	1	ZG 270 – 500	用于两心轨间
52	GLC(07)02 – 253	间隔铁　60AT – 225	2	ZG 270 – 500	用于长心轨跟端
53	GLC(07)02 – 254	间隔铁　950 – 230	1	ZG 270 – 500	用于侧股叉根
54	SCT 300 – 506	螺　栓　M27 × 125	28	10.9 级	连接两翼轨及间隔铁用
55	SCT 300 – 506	螺　栓　M27 × 340	2	10.9 级	连接两翼轨用
56	专线 4232 – 3	方头螺栓　M27 × 115	1	10.9 级	连接长短心轨用
57	专线 4232 – 3	方头螺栓　M27 × 125	1	10.9 级	连接长短心轨用
58	SCT 300 – 506	螺　栓　M27 × 180	2	10.9 级	连接长短心轨用
59	SCT 300 – 506	螺　栓　M27 × 210	1	10.9 级	连接长短心轨用
60	SCT 300 – 506	螺　栓　M27 × 215	1	10.9 级	连接长短心轨用
61	SCT 300 – 506	螺　栓　M27 × 230	1	10.9 级	连接长短心轨用
62	SCT 300 – 506	螺　栓　M27 × 240	1	10.9 级	连接长短心轨用
63	SCT 300 – 506	螺　栓　M27 × 270	1	10.9 级	连接长短心轨用
64	SCT 300 – 506	螺　栓　M27 × 280	1	10.9 级	连接长短心轨用
65	GB/T 5780	螺　栓　M24 × 100	36		一般顶铁及轨撑横向用
66	专线 4232 – 4	T 型螺栓　M24 × 60	150		
67	专线 4232 – 4	T 型螺栓　M24 × 75	6		轨撑竖向用

续上表

序号	图号 / 标准	名称及规格	数量	材　料	备　注
68	专线 4171－9	长方头螺栓　M24 × 85	9	5.6 级	护轨垫板用
69	GLC(06)01－536	岔枕螺钉　GLC Ⅱ	135		
70	NS－02	螺　母　M27	72	10 级	
71	NS－01(b)	螺　母　M24	58	5 级	
72	NS－07	限位板　M24	156	4 级	
73	NS－06	盖型螺母　M24	156	4 级	
74	GB/T 1230	平垫圈　27	72	HRC 35－45	
75	GB/T 7244	弹簧垫圈　24	58	65Mn	
76	GB/T 7244	弹簧垫圈　30	135	65Mn	
77	GLC(06)01－538	夹　板　B	1	Q235－A	
79	GLC(06)01－541	圆孔垫圈　60AT－0	8	KTH 330－08	
80	GLC(06)01－542	圆孔垫圈　60AT－0	4	KTH 330－08	
81	GLC(06)01－542	圆孔垫圈　60AT－3	8	KTH 330－08	
82	GLC(07)02－249	圆孔垫圈	2	KTH 330－08	
83	GLC(06)01－544	顶铁调整片　170 × 50 × *a*	各 16	Q235	*a*=0.5、1、2 其中各 8 片发用户
84	专线 4267－3	轨距块　60－11	29	ZG 270－500	
85	专线 4267－4	接头轨距块　60－11	4	ZG 270－500	
86	专线 4232－10	轨距块　60/9－11	79	ZG 270－500	
87	专线 4232－10	轨距块　60/13－15	45	ZG 270－500	
88	专线 4232－10A	接头轨距块　60/9－11	10	ZG 270－500	
89	专线 4232－10A	接头轨距块　60/13－15	10	ZG 270－500	
90	专线 3351－3	Ⅱ型弹条	153		
91	专线 3328－3	Ⅲ型弹条	23		
92	专线 9602	Ⅲ型接头弹条	4		
93	GLC(06)01－543	护轨调整片　170 × 80 × *a*	各 18	Q235	*a*=1、2、3 其中 *a*=1 的发运备用，*h*=0.5、1，其中各 15 片发用户
94	GLC(08)01－219	顶铁调整片　*h*	各 30	Q235	
95	SCT 300－506	螺　栓　M27 × 120	4	10.9 级	
96	SCT 300－506	螺　栓　M27 × 135	4	10.9 级	
97	SCT 300－506	螺　栓　M27 × 110	24	10.9 级	
98	GLC(06)01－545	复合定位套	135		
99	GLC(06)01－402	轨下双面橡胶垫板　60－220－0	12	橡胶	
100	GLC(06)01－402	轨下双面橡胶垫板　60－220－14	15	橡胶	
101	GLC(06)01－405	轨下双面橡胶垫板　60－220－14	1	橡胶	
102	GLC(06)01－402	轨下双面橡胶垫板　60－220－(－12)	2	橡胶	左开（右开）

续上表

序号	图号 / 标准	名称及规格	数量	材　　料	备　　注
103	GLC(06)01－402	轨下双面橡胶垫板　60－220－28	2	橡胶	
104	GLC(06)01－402	轨下双面橡胶垫板　60－200－0	36	橡胶	
105	GLC(06)01－403	轨下双面橡胶垫板　60－200－14	9	橡胶	护轨用
106	GLC(06)01－404	轨下双面橡胶垫板　60－220－14	6	橡胶	
107	GLC(06)01－402	轨下双面橡胶垫板　60－220－9	2	橡胶	
108	GLC(06)01－404	轨下双面橡胶垫板　60－220－0	5	橡胶	
109	GLC(08)01－401	轨下平面橡胶垫板　60－220－0	2	橡胶	
110	GLC(08)01－401	轨下平面橡胶垫板　60－220－14	2	橡胶	
111	GLC(06)01－407	轨下平面橡胶垫板　60－220－0	1	橡胶	
112	GLC(06)01－407	轨下平面橡胶垫板　60－220－14	1	橡胶	
113	GLC(06)01－407	轨下平面橡胶垫板　60－250－(－12)	1	橡胶	左开（右开）
114	GLC(06)01－407	轨下平面橡胶垫板　60－250－28	1	橡胶	
115	GLC(06)01－414	三孔橡胶垫板　978×205×14	1	橡胶	
116	GLC(06)01－414	三孔橡胶垫板　932×205×14	1	橡胶	
117	GLC(06)01－411	橡胶垫板　944×205×14	1	橡胶	
118	GLC(06)01－411	橡胶垫板　896×205×14	1	橡胶	
119	GLC(06)01－411	橡胶垫板　847×205×14	1	橡胶	
120	GLC(06)01－411	橡胶垫板　878×205×14	1	橡胶	
121	GLC(06)01－416	橡胶垫板　815×205×10	1	橡胶	
122	GLC(06)01－416	橡胶垫板　842×205×10	1	橡胶	
123	GLC(08)01－402	橡胶垫板　864×235×10	1	橡胶	
124	GLC(06)01－411	橡胶垫板　986×205×14	1	橡胶	
125	GLC(06)01－411	橡胶垫板　1 143×205×14	1	橡胶	
126	GLC(06)01－411	橡胶垫板　1 210×205×14	1	橡胶	
127	GLC(06)01－411	橡胶垫板　1 236×205×14	1	橡胶	
128	GLC(06)01－411	橡胶垫板　1 262×205×14	1	橡胶	
129	GLC(06)01－411	橡胶垫板　1 289×205×14	1	橡胶	
130	GLC(06)01－411	橡胶垫板　1 315×205×14	1	橡胶	
131	GLC(06)01－411	橡胶垫板　1 344×205×14	1	橡胶	
132	GLC(06)01－411	橡胶垫板　1 393×205×14	1	橡胶	
133	GLC(06)01－411	橡胶垫板　1 443×205×14	1	橡胶	
134	GLC(06)01－414	三孔橡胶垫板　1 493×205×14	1	橡胶	
135	GLC(06)01－411	橡胶垫板　746×205×14	3	橡胶	
136	GLC(06)01－411	橡胶垫板　762×205×14	3	橡胶	
137	GLC(06)01－410	橡胶垫板　480×185×14	31	橡胶	

续上表

序号	图号 / 标准	名称及规格	数量	材　料	备　注
138	GLC(06)01-413	橡胶垫板　650×185×14	9	橡胶	
139	GB/T 5780	螺　栓　M24×110	6		序号 43、44 顶铁用
140	GB/T 5780	螺　栓　M24×90	2		序号 42 顶铁用
141	GLC(06)01-557	夹　板　B-370	2	Q235	用于侧股叉跟
142	GLC(08)01-D5.3-204	整铸护轨　3100	1	ZGMn13	
143	GLC(07)02-252	间隔铁　60-230	2	Q235	用于侧股叉跟
144	专线 4114-3	长方头螺栓　M24×130	5	Q235	锐叉护轨用
145	GLC(08)01-D5.3-205	钢轨垫	1		锐叉护轨用
146	GLC(08)01-D5.0-202	钢轨垫	4		锐叉护轨用
147	CB2546D-07	调整片　147×140×*a*	各 10	Q235	*a*=2，3
148	GB/T 91	开口销　4×80	70		
149	SCT 300-346	螺母防松帽	70	ZG 230-450	
150	专线 4232-72	绝缘接头轨距块　60/13-15	2	玻璃纤维	
151	专线 4232-72	绝缘接头轨距块　60/9-11	2	玻璃纤维	
152		胶接绝缘	1		

60 kg/m 钢轨 12 号 5.3 m 间距交叉渡线

图　号：GLC(08)01－D5.3

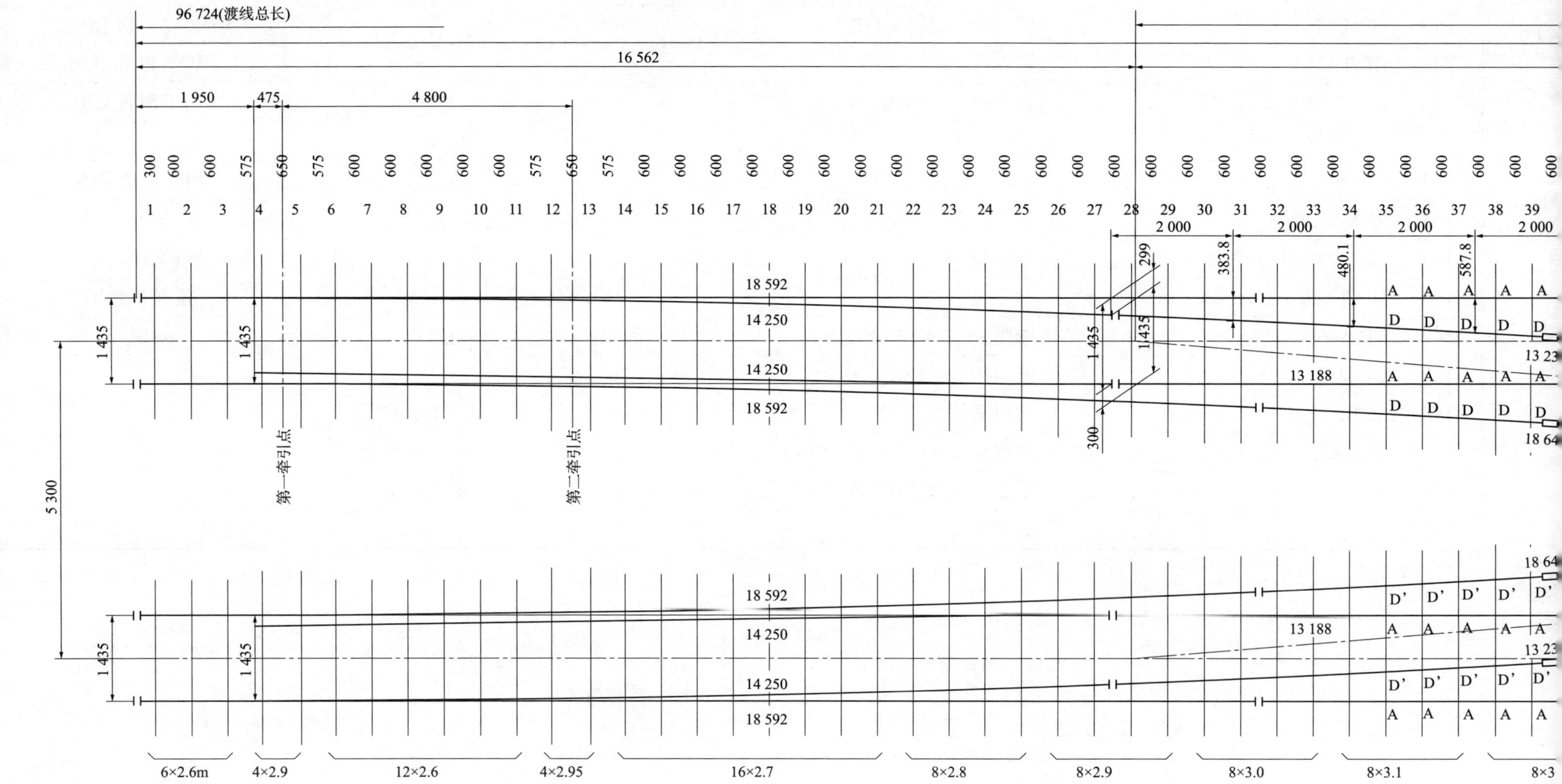

表 1　岔枕数量表

序号	长度 (m)	单位	数量
1	2.6	根	60
2	2.7	根	32
3	2.8	根	16
4	2.9	根	24
5	2.95	根	8
6	3.0	根	16
7	3.1	根	16
8	3.2	根	16
9	3.3	根	8
10	3.4	根	8
11	3.5	根	8
12	3.6	根	8
13	3.7	根	8
14	3.75	根	8
15	3.9	根	8
16	4.0	根	8
17	4.1	根	8
18	7.9	根	36
共 296 根，展延长 1 079.6 m			

表 2　钢轨数量表（侧股胶接绝缘）

序号	长度(mm)	单位	数量	备　注
1	24 592	根	4	
2	13 188	根	4	
3	13 232 (6 612+8+6 612)	根	4	胶接轨
4	18 643 (4 193+8+14 442)	根	4	胶接轨
5	10 316	根	4	
6	4 741	根	4	
备注：共 24 根；展延长 338.848 m；总重 20 548 kg				

表 3　明　细　表

序号	图号 / 标准	名称及规格	数量	材　料	备注
1	GLC(06)01－100	转辙器	4		左 2 右 2
2	GLC(08)01－D5.3－200	A(B) 型可动心轨辙叉及护轨	4		A2B2
3	GLC(08)01－D5.3－300	5 m－6 号锐角辙叉	2		
4	GLC(06)01－D5.0－400	6 号钝角辙叉	2		
5	TB/T 2344	钢　轨　60 kg/m	24 根	60 kg/m 钢轨	详见表 2
6	GLC(06)01－534	普通垫板　60－A	176	ZG230－450(QT400－15)	P=0
7	GLC(06)01－534	普通垫板　60－DY(Z)	40	ZG 230－450(QT 400－15)	P=11 左右各半
8	GLC(06)01－534	普通垫板　60－EY(Z)	72	ZG 230－450(QT 400－15)	P=14 左右各半
9	GLC(06)01－534	普通垫板　60－FY(Z)	40	ZG 230－450(QT 400－15)	P=17 左右各半
10	专线 3351－3	Ⅱ型弹条	664	60Si2CrVA	
11	HYT－LU－2	接头弹条	40		
12	专线 4232－4	T 型螺栓　M24 × 60	664		
13	NS－07	限位螺母　M24	664		
14	NS－06	盖形螺母　M24	664		
15	GLC(06)01－545	复合定位套	664		
16	GLC(06)01－536	岔枕螺钉　M30 × 185	664	45#	
17	GB/T 7244	弹簧垫圈　30	664	65Mn	
18	专线 4232－10	轨距块　60/9－11	382	ZG230－450	备用 50 件

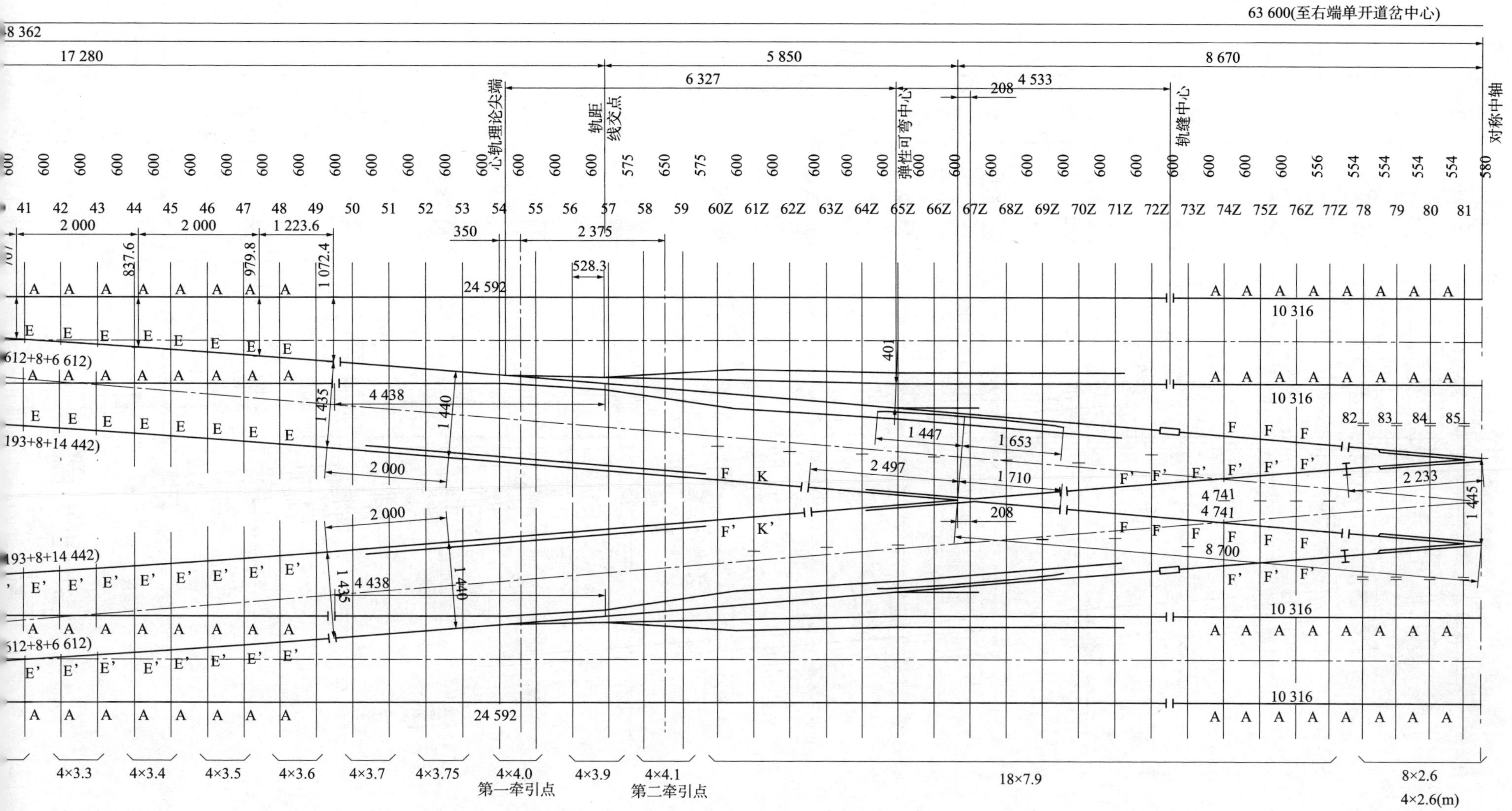

续表 3

序号	图号 / 标准	名称及规格	数量	材　　料	备注
19	专线 4232－10	轨距块　60/13－15	382	ZG 230－450	备用 50 件
20	专线 4232－10	轨距块　60/7－17	50	ZG 230－450	备用
21	专线 4232－10A	接头轨距块　60/9－11	48	ZG 230－450	
22	专线 4232－10A	接头轨距块　60/13－15	48	ZG 230－450	
23	TB/T 2345	接头夹板　60	64		
24	TB/T 2347	接头螺栓、螺母　M24×135	192	10.9级	
25	GB/T 1230	平垫圈　24	192		
26	SC 340－601	岔枕接头（一）	20		
27	SC 340－602	岔枕接头（二）	16		
28	GLC(06)01－552	挡砟板　650	8		
29	GLC(06)01－552	挡砟板　600	4		
30	GLC(08)01－D5.3－04	垫　板　60KY(Z)	4	Q235－A(底板)	左2右2
31	专线 4232－72	绝缘接头轨距块　60/9－11	24	玻璃纤维增强聚酰胺 66	
32	专线 4232－72	绝缘接头轨距块　60/13－15	24	玻璃纤维增强聚酰胺 66	
33	GLC(06)01－402	轨下双面橡胶垫板　60－200－0	332	橡胶	
34	GLC(06)01－410	橡胶垫板　480×185×14	332	橡胶	
35		普通绝缘	4组		
36		胶接绝缘	8组		

技　术　要　求

1. 图中钢轨普通接头、普通绝缘接头、胶接绝缘接头分别以“—||—”、“—+—”、“—▭—”表示。
2. 图中钢轨接头轨缝按 8 mm。
3. 钢轨顶面进行全长淬火，淬火技术条件按 TB/T 1779 执行。
4. 本图按设置轨道电路、普通接头，且绝缘设在侧股设计，其配轨数量见表 2。

   当道岔钢轨采用焊接接头或有其他特殊要求时，按用户要求配轨。
5. 明细表中普通垫板包括四种类型：垫板 60－0、60－11、60－14、60－17，分别用符号 A、D、E、F 表示，铺设位置见布置图。其中带“’”表示左开垫板。

60 kg/m 钢轨 5.3 m 间距交叉渡线 A(B) 型可动心辙叉及护轨
图　号：GLC(08)01 – D5.3 – 200

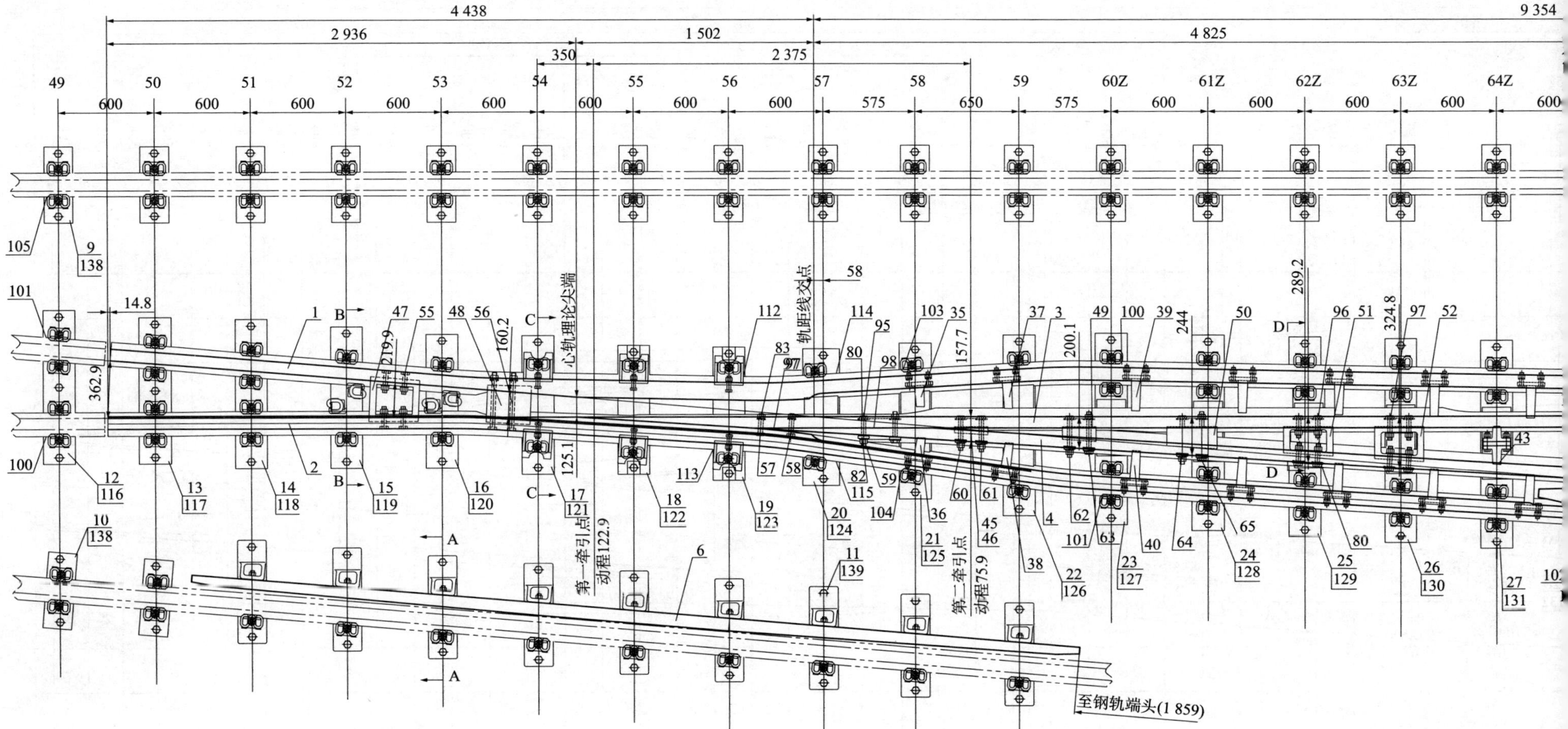

A – A

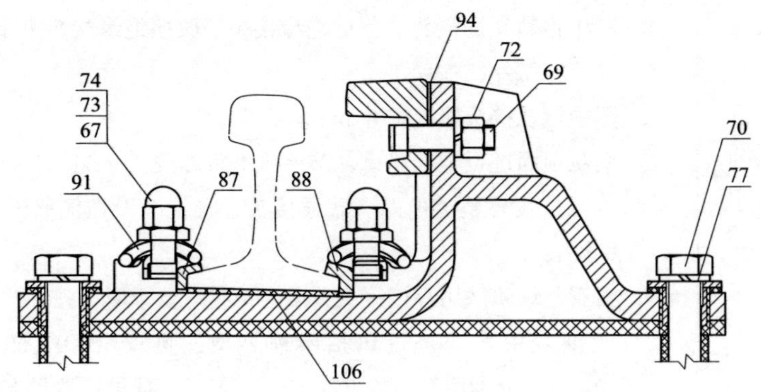

B – B

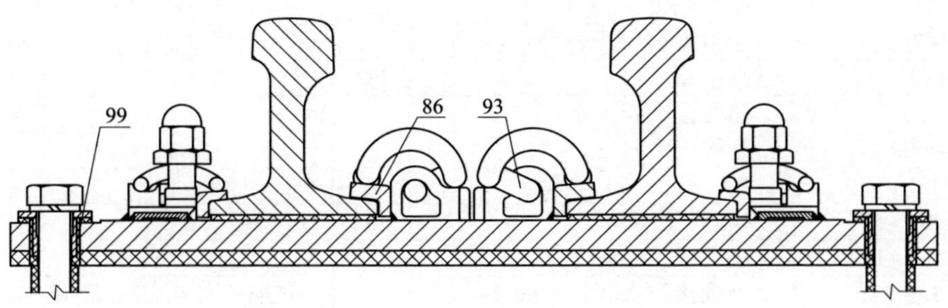

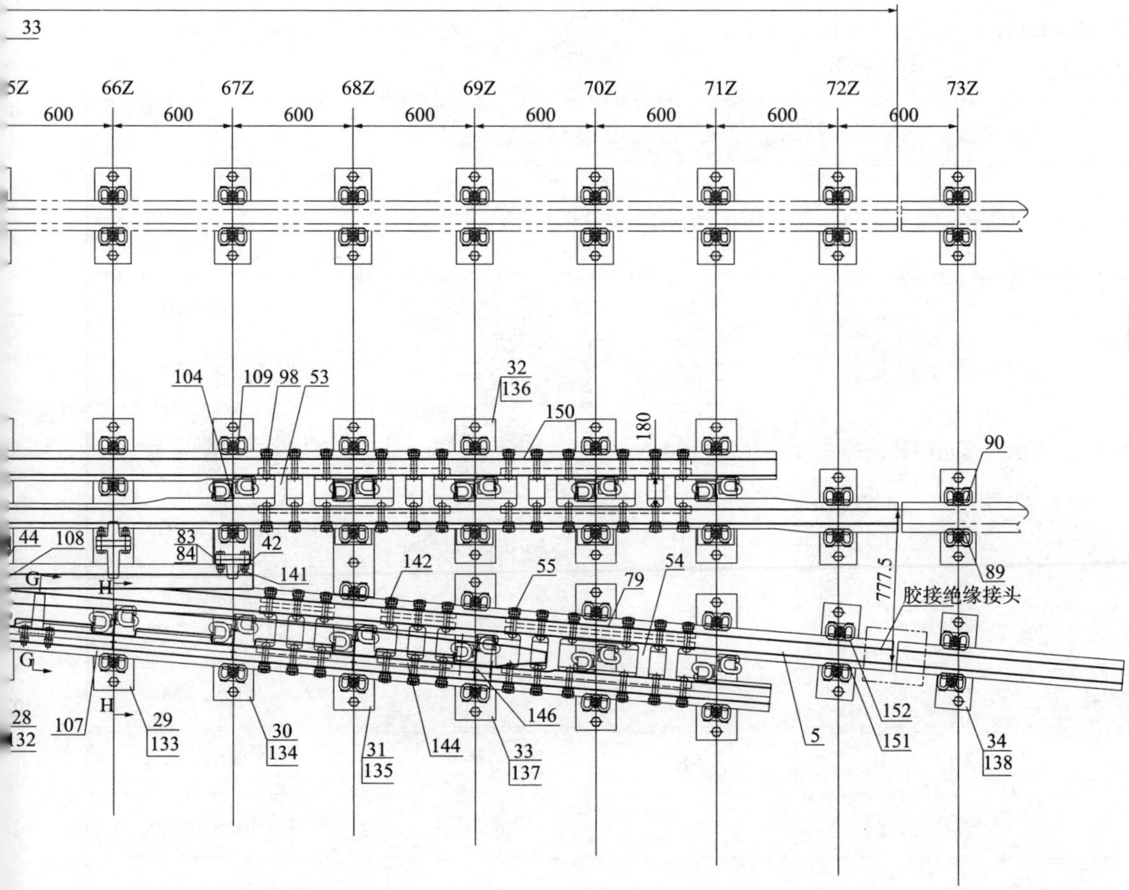

D－D

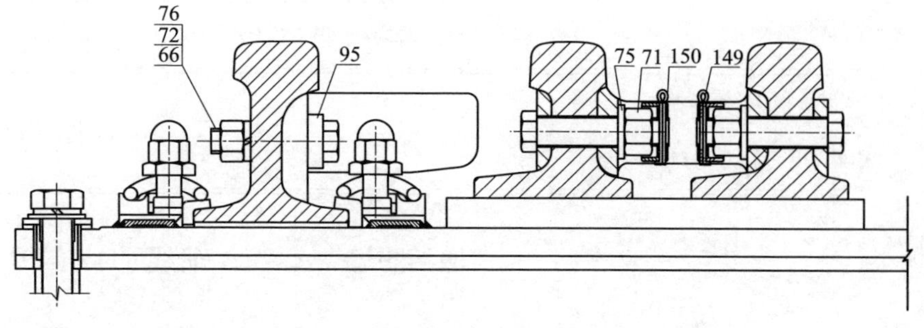

E－E

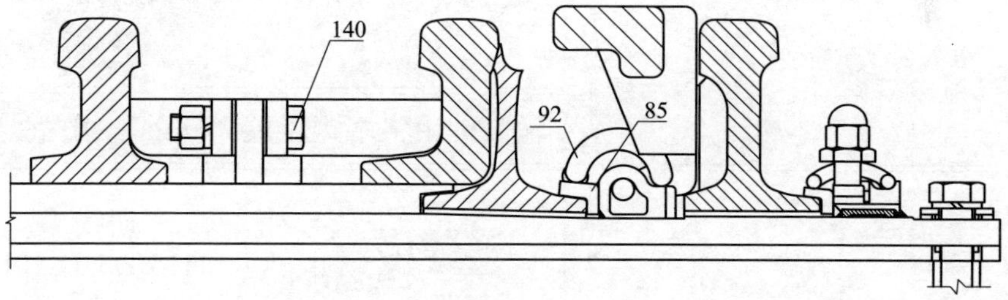

C－C

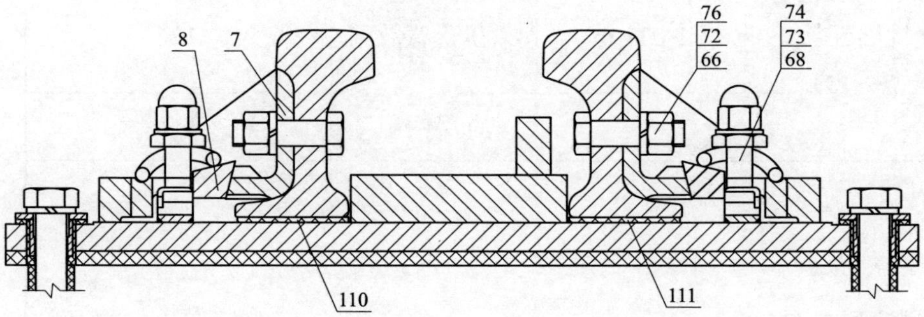

G－G

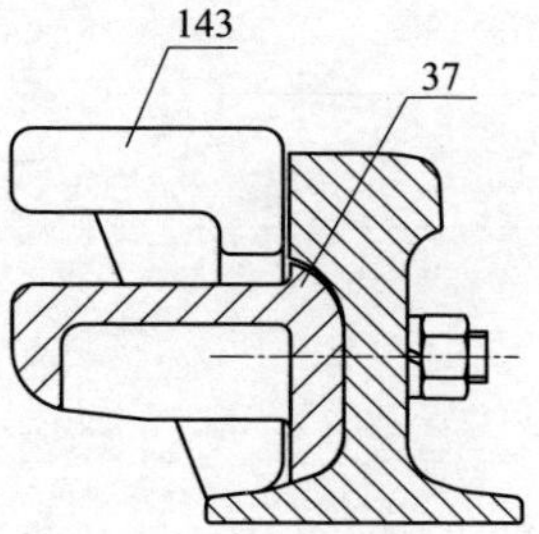

H－H

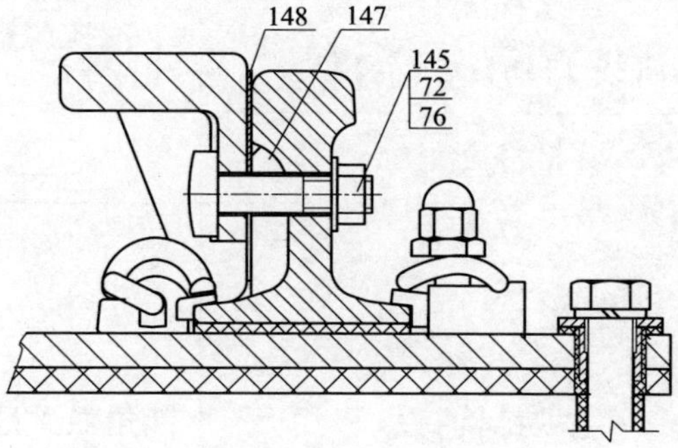

93. 60 kg/m 钢轨 12 号道岔 5.0 m 间距交叉渡线(混凝土枕)
设计图号：研线 1115JD5.0

道岔允许通过速度	客车	$v_{直}$≤160 km/h；$v_{侧}$≤45 km/h			扣件类型	Ⅱ型弹条
	货车	轴重 27 t：$v_{直}$≤100 km/h；$v_{侧}$≤45 km/h 其他：$v_{直}$≤120 km/h；$v_{侧}$≤45 km/h			轨底坡	1：40
A(B) 型辙叉角	4°45′49″			锐角 / 钝角辙叉角		9°31′38″
转辙器 研线 1115－100	详见“60 kg/m 钢轨 12 号固定型辙叉单开道岔［研线 1115］”					
12 号 A(B) 型辙叉及护轨 研线 1115JD5.0－100	辙叉图号	研线 1115－201	辙叉全长	5 992	护轨长度	直向：6 900
			辙叉趾长	2 038		侧向：4 800
	辙叉形式	合金钢 / 高锰钢组合辙叉	辙叉跟长	3 954	护轨轨型	33 kg/m 槽型钢
	护轨端头距导轨端头定位尺寸		直　向	746	护轨图号　直	研线 1116－202
			侧　向	8	护轨图号　侧	研线 1115JD5.0－101
	辙叉理论尖端距趾端方向前一根岔枕中心距离					542
6 号锐角辙叉及护轨 研线 1115JD5.0－200	辙叉图号	研线 1115JD5.0－201	辙叉全长	3 582	护轨长度	2 930
			辙叉趾长	1 627	护轨轨型	33 kg/m 槽型钢
	辙叉形式	合金钢 / 高锰钢组合辙叉	辙叉跟长	1 955	护轨图号	研线 1115JD5.0－211
	辙叉理论尖端距趾端方向前一根岔枕中心距离					148
	护轨端头距导轨端头定位尺寸					1 137
6 号钝角辙叉 研线 1115JD5.0－300	辙叉图号	研线 1115JD5.0－301	辙叉类型	合金钢组合辙叉	辙叉全长	4 676
岔枕图号 研线 1115JD5.0－400	岔枕总数	320 根	岔枕展延长	1 031 m	套管总数	126
批准文号	—				应用情况	★★
主要结构特点	钝角辙叉范围内轨距采用 1 440 mm，菱形中轨距过渡到 1 435 mm。					

12 号辙叉及护轨明细表

序号	图号 / 标准	名称及规格	数量	材　料	备　注
1	研线 1115－201	12 号固定型辙叉	1	合金钢辙叉或高锰钢辙叉	适用于图号为研线 1115－201 的系列辙叉，不带枕 62、63 上辙叉垫板
2	研线 1116－202	直向护轨　6 900	1	33 kg/m 槽型钢	对称中轴一侧仅需要一块
3	研线 1115JD5.0－101	侧向护轨　4 800	1	33 kg/m 槽型钢	单开辙叉侧向护轨仅适用于交叉渡线用
4	研线 1115－212	护轨垫板（直向）　714	12	16Mn（底板）	
5	研线 1115－203	护轨垫板（侧向）　714	5	16Mn（底板）	
6	研线 1115－204	辙叉垫板　1 024 × 180 × 29	1	Q235	
7	研线 1115－205	辙叉垫板　934 × 180 × 29	1	Q235	
8	研线 1115－204	辙叉垫板　934 × 180 × 29	1	Q235	
9	研线 1115－205	辙叉垫板　844 × 180 × 29	1	Q235	
10	研线 1115－206	辙叉垫板　844 × 180 × 29	1	Q235	
11	研线 1115－207	辙叉垫板　754 × 180 × 29	1	Q235	
12	研线 1115－208	辙叉垫板　704 × 180 × 29	1	Q235	
13	SC 350－141	调整楔	3	KTH 350－10	
14	研线 0405－3	混凝土岔枕用螺栓（Ⅲ型）	7	Q235	其中 3 个为两侧共用
15	研线 1115－202	支距扣板　60/138－148	1	ZG 270－500	
16	研线 1115－125	轨　撑	3	KTH 330－08	
17	研线 1115JD5.0－102	侧向护轨垫板　件号 17 722	1	16Mn（底板）	
18	研线 1115JD5.0－103	侧向护轨垫板　件号 18 672	1	16Mn（底板）	
19	研线 1115JD5.0－104	侧向护轨垫板　件号 19 622	1	16Mn（底板）	
20	客专线 (07)001－Ⅴ－47	螺　栓　M24 × 80	20	5.6 级	护轨用
21	GB/T 6184	螺　母　M24－5	20	8 级	护轨用
22	GB/T 7244	弹簧垫圈　24	20	65Mn	护轨用
23	客专线 (07)001－Ⅴ－43	护轨调整片　140 × 60 × 3 护轨调整片　140 × 60 × 2	20	Q235	护轨用
24	研线 1116－315	弹性夹　380	20	60Si2MnA 热轧弹簧钢	护轨用
25	专线 4232－4	T 型螺栓　M24 × 60	109	Q235	
26	专线 4232－4	T 型螺栓　M24 × 75	4	Q235	安装轨撑处、支距扣板处
27	专线 3351	Ⅱ型弹条	113	60Si2CrVA	
28	研线 1116－306	铁垫板用绝缘轨距块　12	70	玻璃纤维	
29	专线 4232－10	轨距块　60/9－11	28	ZG 270－500	
30	专线 4232－10	轨距块　60/13－15	12	ZG 270－500	

续上表

序号	图号 / 标准	名称及规格	数量	材　料	备　注
31	专线 4232－10A	接头轨距块　60/9－11	2	ZG 270－500	用于接头处
32	专线 4232－10A	接头轨距块　60/13－15	2	ZG270－500	用于接头处，备用
33	NS－07	限位螺母　M24	113	Q275	
34	NS－06	六角盖型螺母　M24	113	4 级	
35	GB/T 7244	弹簧垫圈　30	7	65Mn	其中 3 个为两侧共用
36	GB/T 1230	高强度垫圈　30	7		
37	GB/T 1230	垫　圈　24	18		
38	TB/T 2347	接头螺栓及螺母　M24 × 135	18		
39	TB/T 2345	60 kg/m 钢轨用接头夹板	5	60Si2Mn	
40	研线 1115JD5.0－106	弹性夹用 60 kg/m 钢轨接头夹板	1	60Si2Mn	
41	研线 1116－303	轨下橡胶垫板　210－148	34	天然橡胶或合成橡胶	
42	研线 1115JD5.0－212	渡线岔枕螺栓盖板　A 型	2	Q235	序号 58、60 岔枕用
43	研线 1115JD5.0－212	渡线岔枕螺栓盖板　B 型	1	Q235	序号 59 岔枕用
6J	研线 1116－305	板下橡胶垫板（孔）　1 024 × 176 × 10(520)	1	天然橡胶或合成橡胶	
7J	研线 1116－305	板下橡胶垫板（孔）　934 × 176 × 10(467)	2	天然橡胶或合成橡胶	
8J	研线 1116－305	板下橡胶垫板（孔）　934 × 176 × 10(467)	—	天然橡胶或合成橡胶	同 7J
9J	研线 1116－305	板下橡胶垫板（孔）　844 × 176 × 10(420)	1	天然橡胶或合成橡胶	
10J	研线 1116－304	板下橡胶垫板　844 × 176 × 10	1	天然橡胶或合成橡胶	
11J	研线 1116－304	板下橡胶垫板　754 × 176 × 10	1	天然橡胶或合成橡胶	
12J	研线 1116－304	板下橡胶垫板　704 × 176 × 10	1	天然橡胶或合成橡胶	
15J	研线 1116－304	板下橡胶垫板　714 × 176 × 10	17	天然橡胶或合成橡胶	
16J	研线 1116－304	板下橡胶垫板　714 × 176 × 10	–	天然橡胶或合成橡胶	同 15J
17J	研线 1115JD5.0－107	板下橡胶垫板 B 型　722 × 176 × 10	1	天然橡胶或合成橡胶	
18J	研线 1115JD5.0－107	板下橡胶垫板 B 型　672 × 176 × 10	1	天然橡胶或合成橡胶	
19J	研线 1115JD5.0－107	板下橡胶垫板 B 型　622 × 190 × 10	1	天然橡胶或合成橡胶	
20J	研线 1116－304	板下橡胶垫板　660 × 176 × 10	1	天然橡胶或合成橡胶	
21J	研线 1116－304	板下橡胶垫板　600 × 176 × 10	1	天然橡胶或合成橡胶	
22J	研线 1116－304	板下橡胶垫板　675 × 176 × 10	1	天然橡胶或合成橡胶	
23J	研线 1116－304	板下橡胶垫板　759 × 176 × 10	1	天然橡胶或合成橡胶	
24J	研线 1116－304	板下橡胶垫板　744 × 176 × 10	1	天然橡胶或合成橡胶	
25J	研线 1116－304	板下橡胶垫板　772 × 176 × 10	1	天然橡胶或合成橡胶	
26J	研线 1116－304	板下橡胶垫板　821 × 176 × 10	1	天然橡胶或合成橡胶	
27J	研线 1116－304	板下橡胶垫板　876 × 176 × 10	1	天然橡胶或合成橡胶	

6 号锐角辙叉及护轨明细表

序号	图号 / 标准	名称及规格	数量	材 料	备 注
1	研线 1115JD5.0－201	6 号锐角辙叉	1	合金钢辙叉或高锰钢辙叉	
2	研线 1115JD5.0－202	锐叉护轨垫板 892×180×29	1	16Mn(底板)	
3	研线 1115JD5.0－210	锐叉护轨垫板 941×180×29	1	16Mn(底板)	
4	研线 1115JD5.0－203	锐叉护轨垫板 990×180×29	1	16Mn(底板)	
5	研线 1115JD5.0－204	锐叉护轨垫板 1 038×180×29	1	16Mn(底板)	
6	研线 1115JD5.0－205	锐叉护轨垫板 1 087×180×29	1	16Mn(底板)	
7	研线 1115JD5.0－206	锐叉垫板 844×180×29	1	Q235	
8	研线 1115JD5.0－206	锐叉垫板 892×180×29	1	Q235	
9	研线 1115JD5.0－207	锐叉垫板 435×180×29	2	Q235	
10	研线 1115JD5.0－208	锐叉垫板 393×180×29	1	Q235	
11	研线 1115JD5.0－209	锐叉垫板 435×180×29	3	Q235	
12	研线 1115JD5.0－209	锐叉垫板 435×180×29	3	Q235	序号 12 号锐叉垫板按照序号 11 对称制造
13	研线 1115JD5.0－203	锐叉护轨垫板 990×180×29	1	16Mn(底板)	
14	研线 1115JD5.0－204	锐叉护轨垫板 1 038×180×29	1	16Mn(底板)	
15	研线 1115JD5.0－205	锐叉护轨垫板 1 087×180×29	1	16Mn(底板)	
16	研线 1115JD5.0－206	锐叉垫板 844×180×29	1	Q235	
17	研线 1115JD5.0－206	锐叉垫板 892×180×29	1	Q235	
18	研线 1115JD5.0－207	锐叉垫板 435×180×29	2	Q235	
19	研线 1115JD5.0－208	锐叉垫板 393×180×29	1	Q235	
20	研线 1115JD5.0－202	锐叉护轨垫板 892×180×29	1	16Mn(底板)	
21	研线 1115JD5.0－210	锐叉护轨垫板 941×180×29	1	16Mn(底板)	
22	研线 1115JD5.0－211	锐叉护轨 2 930	1	33 kg/m 槽型钢	
23	研线 1115JD5.0－211	锐叉护轨 2 930	1	33 kg/m 槽型钢	
24	研线 1116－315	弹性夹 380	10	60Si2MnA 热轧弹簧钢	护轨用
25	专线 4232－4	T 型螺栓 M24×60	110	Q235	
26	专线 4232－4	T 型螺栓 M24×75	4	Q235	安装支距扣板处
27	专线 3351	Ⅱ型弹条	114	60Si2CrVA	
28	研线 1116－306	铁垫板用绝缘轨距块 12	54	玻璃纤维	
29	专线 4232－10	轨距块 60/9－11	26	ZG 270－500	
30	专线 4232－10	轨距块 60/13－15	24	ZG 270－500	
31	专线 4232－10A	接头轨距块 60/9－11	2	ZG 270－500	用于接头处
32	专线 4232－10A	接头轨距块 60/13－15	6	ZG 270－500	用于接头处

续上表

序号	图号 / 标准	名称及规格	数量	材　　料	备　　注
33	NS－07	限位板　M24	114	Q275	
34	NS－06	六角盖型螺母　M24	114	4 级	
35	TB/T 2347	接头螺栓及螺母　M24×135	36		
36	GB/T 1230	垫　圈　24	36		
37	研线 0405－3	混凝土岔枕用螺栓（Ⅲ型）	17	Q235	
38	GB/T 7244	弹簧垫圈　30	17		
39	GB/T 1230	高强度垫圈　30	17		
40	研线 1115JD5.0－106	弹性夹用 60 kg/m 钢轨接头夹板	2	同 TB/T 2345	
41	TB/T 2345	60 kg/m 钢轨用接头夹板	10		
42	研线 1116－303	轨下橡胶垫板　210－148	32	天然橡胶或合成橡胶	
43	研线 1115－212	支距扣板　60/139－149	2	ZG 270－500	
44	研线 1115－212	支距扣板　60/89－99	2	ZG 270－500	
45	客专线 (07)001－Ⅴ－47	螺　栓　M24×80	10	5.6 级	护轨用
46	GB/T 6184	螺　母　M24－5	10		护轨用
47	GB/T 7244	弹簧垫圈　24	10	65Mn	护轨用
48	客专线 (07)001－Ⅴ－43	护轨调整片　140×60×3 护轨调整片　140×60×2	10	Q235	护轨用
49	研线 1115JD5.0－212	渡线岔枕螺栓盖板 B 型	1	Q235	67 号岔枕用，配合序号 10 号、19 号铁垫板
2J	研线 1116－304	板下橡胶垫板　892×176×10	2	天然橡胶或合成橡胶	
3J	研线 1116－304	板下橡胶垫板　941×176×10	2	天然橡胶或合成橡胶	
4J	研线 1116－304	板下橡胶垫板　990×176×10	2	天然橡胶或合成橡胶	
5J	研线 1116－304	板下橡胶垫板　1 038×176×10	2	天然橡胶或合成橡胶	
6J	研线 1116－305	板下橡胶垫板（孔）1 087×176×10(394)	2	天然橡胶或合成橡胶	
7J	研线 1116－305	板下橡胶垫板（孔）844×176×10(422)	2	天然橡胶或合成橡胶	
8J	研线 1116－305	板下橡胶垫板（孔）892×176×10(446)	2	天然橡胶或合成橡胶	
9J	研线 1115JD5.0－107	板下橡胶垫板 A 型　435×176×10	10	天然橡胶或合成橡胶	
10J	研线 1115JD5.0－107	板下橡胶垫板 B 型　393×176×10	2	天然橡胶或合成橡胶	
11J	研线 1115JD5.0－107	板下橡胶垫板 A 型　435×176×10	—	天然橡胶或合成橡胶	同 9J
12J	研线 1115JD5.0－107	板下橡胶垫板 A 型　435×176×10	—	天然橡胶或合成橡胶	同 9J
13J	研线 1116－304	板下橡胶垫板　990×176×10	—	天然橡胶或合成橡胶	同 4J
14J	研线 1116－304	板下橡胶垫板　1 038×176×10	—	天然橡胶或合成橡胶	同 5J
15J	研线 1116－305	板下橡胶垫板（孔）　1 087×176×10(394)	—	天然橡胶或合成橡胶	同 6J
16J	研线 1116－305	板下橡胶垫板（孔）　844×176×10(422)	—	天然橡胶或合成橡胶	同 7J
17J	研线 1116－305	板下橡胶垫板（孔）　892×176×10(446)	—	天然橡胶或合成橡胶	同 8J

续上表

序号	图号 / 标准	名称及规格	数量	材　　料	备　　注
18J	研线 1115JD5.0－107	板下橡胶垫板 A 型　435×176×10	—	天然橡胶或合成橡胶	同 9J
19J	研线 1115JD5.0－107	板下橡胶垫板 B 型　393×176×10	—	天然橡胶或合成橡胶	同 10J
20J	研线 1116－304	板下橡胶垫板　892×176×10	—	天然橡胶或合成橡胶	同 2J
21J	研线 1116－304	板下橡胶垫板　941×176×10	—	天然橡胶或合成橡胶	同 3J
22J	研线 1116－304	板下橡胶垫板　713×176×10	4	天然橡胶或合成橡胶	
23J	研线 1116－304	板下橡胶垫板　795×176×10	2	天然橡胶或合成橡胶	
24J	研线 1116－304	板下橡胶垫板　713×176×10	—	天然橡胶或合成橡胶	同 22J
25J	研线 1116－304	板下橡胶垫板　713×176×10	—	天然橡胶或合成橡胶	同 22J
26J	研线 1116－304	板下橡胶垫板　713×176×10	—	天然橡胶或合成橡胶	同 22J
27J	研线 1116－304	板下橡胶垫板　795×176×10	—	天然橡胶或合成橡胶	同 23J

6 号钝角辙叉明细表

序号	图号 / 标准	名称及规格	数量	材　　料	备　　注
1	研线 1115JD5.0－301	钝角辙叉	1	组装件	橡胶类体积 14 219.5 cm^3
2	研线 1115JD5.0－209	锐叉垫板　件号 12	1	Q235	玻纤增强聚酰胺 66 体积为 1 078 cm^3
3	研线 1115JD5.0－207	锐叉垫板　件号 18	1	Q235	
4	研线 1115JD5.0－302	钝叉垫板　件号 4	1	Q235	
5	研线 1115JD5.0－303	钝叉垫板　件号 5	1	Q235	
6	研线 1115JD5.0－302	钝叉垫板　件号 6	1	Q235	
7	研线 1115JD5.0－303	钝叉垫板　件号 7	1	Q235	
8	研线 1115JD5.0－209	锐叉垫板　件号 11	1	Q235	
9	研线 115JD5.0－207	锐叉垫板　件号 9	1	Q235	
10	专线 4232－4	T 型螺栓　M24 × 60	38	Q235	
11	专线 3351	Ⅱ型弹条	38	60Si2CrVA	
12	研线 1116－306	铁垫板用绝缘轨距块　12	26	玻璃纤维	
13	专线 4232－10	轨距块　60/9－11	4	ZG 270－500	
14	专线 4232－10	轨距块　60/13－15	4	ZG 270－500	
15	专线 4232－10A	接头轨距块　60/9－11	4	ZG 270－500	
16	专线 4232－10A	接头轨距块　60/13－15	4	ZG 270－500	
17	NS－07	限位螺母　M24	38	Q275	
18	NS－06	六角盖型螺母　M24	38	4 级	
19	研线 0405－3	混凝土岔枕用螺栓（Ⅲ型）	8	Q235	
20	GB/T 7244	弹簧垫圈　30	8	65Mn	
21	GB/T 1230	高强度垫圈　30	8		
22	GB/T 1230	垫　圈　24	24		
23	TB/T 2347	接头螺栓及螺母　M24 × 145	24		
24	TB/T 2345	60 kg/m 钢轨用接头夹板	8	60Si2Mn	
25	研线 1116－303	轨下橡胶垫板　210－148	8	天然橡胶或合成橡胶	
26	研线 1115JD5.0－212	渡线岔枕螺栓盖板　A 型	2	Q235	74 号岔枕上用
2J	研线 1115JD5.0－107	板下橡胶垫板 A 型　435 × 176 × 10	4	天然橡胶或合成橡胶	垫板件号 2、3、8、9 下
4J	研线 1115JD5.0－107	板下橡胶垫板 B 型　413 × 176 × 10	4	天然橡胶或合成橡胶	垫板件号 4、5、6、7 下
10J	研线 1115JD5.0－107	板下橡胶垫板 A 型　841 × 176 × 10	2	天然橡胶或合成橡胶	岔枕 79 号上
11J	研线 1116－304	板下橡胶垫板　850 × 176 × 10	2	天然橡胶或合成橡胶	岔枕 80 号上
12J	研线 1116－304	板下橡胶垫板　762 × 176 × 10	2	天然橡胶或合成橡胶	岔枕 81 号上
13J	研线 1116－304	板下橡胶垫板　720 × 176 × 10	2	天然橡胶或合成橡胶	岔枕 82 号上

60 kg/m 钢轨 5.0 m 间距交叉渡线 6 号锐角辙叉及护轨

图　号：研线 1115JD5.0－200－1

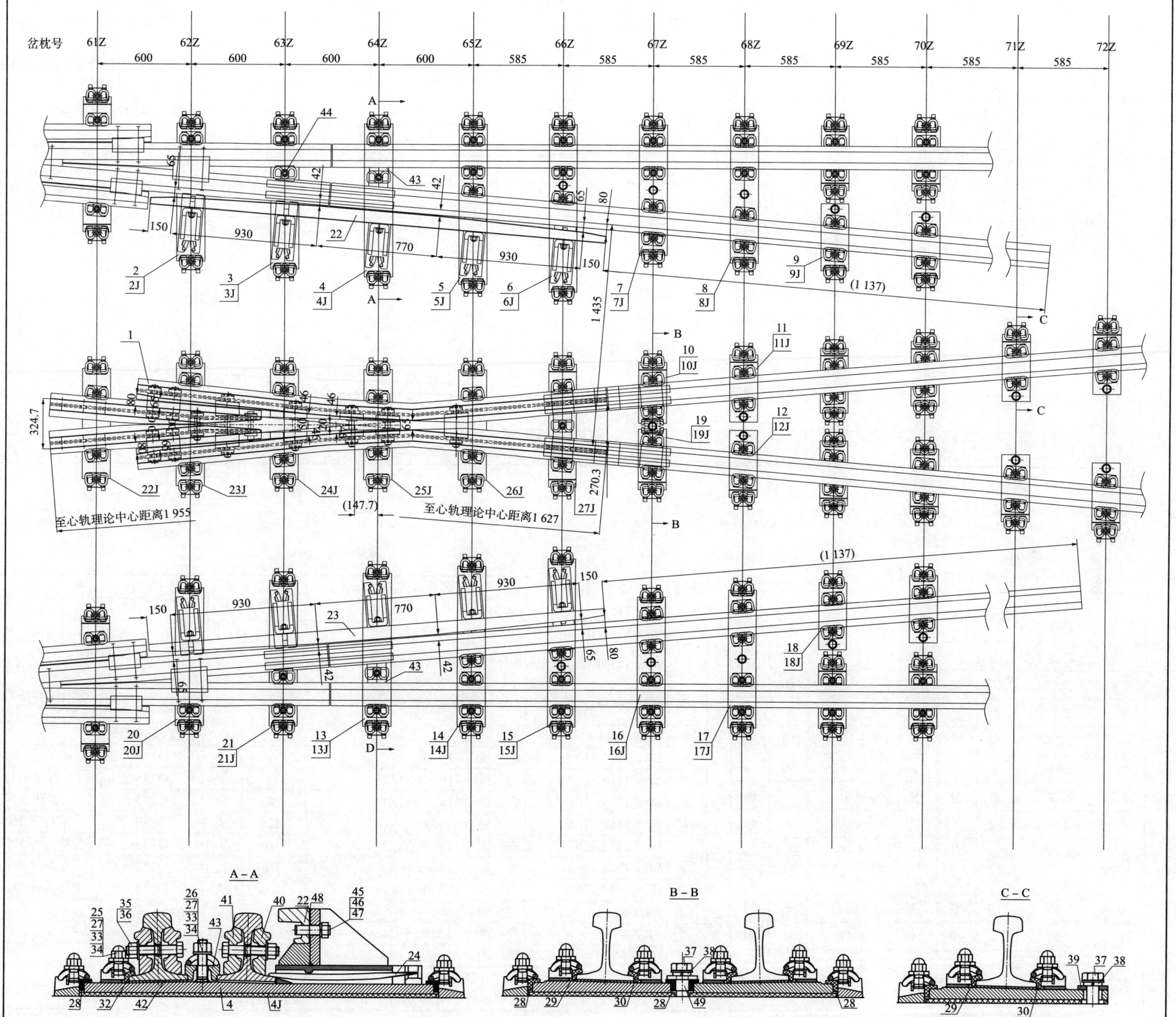

60 kg/m 钢轨 12 号 5.0 m 间距交叉渡线

图　号：研线 1115JD5.0

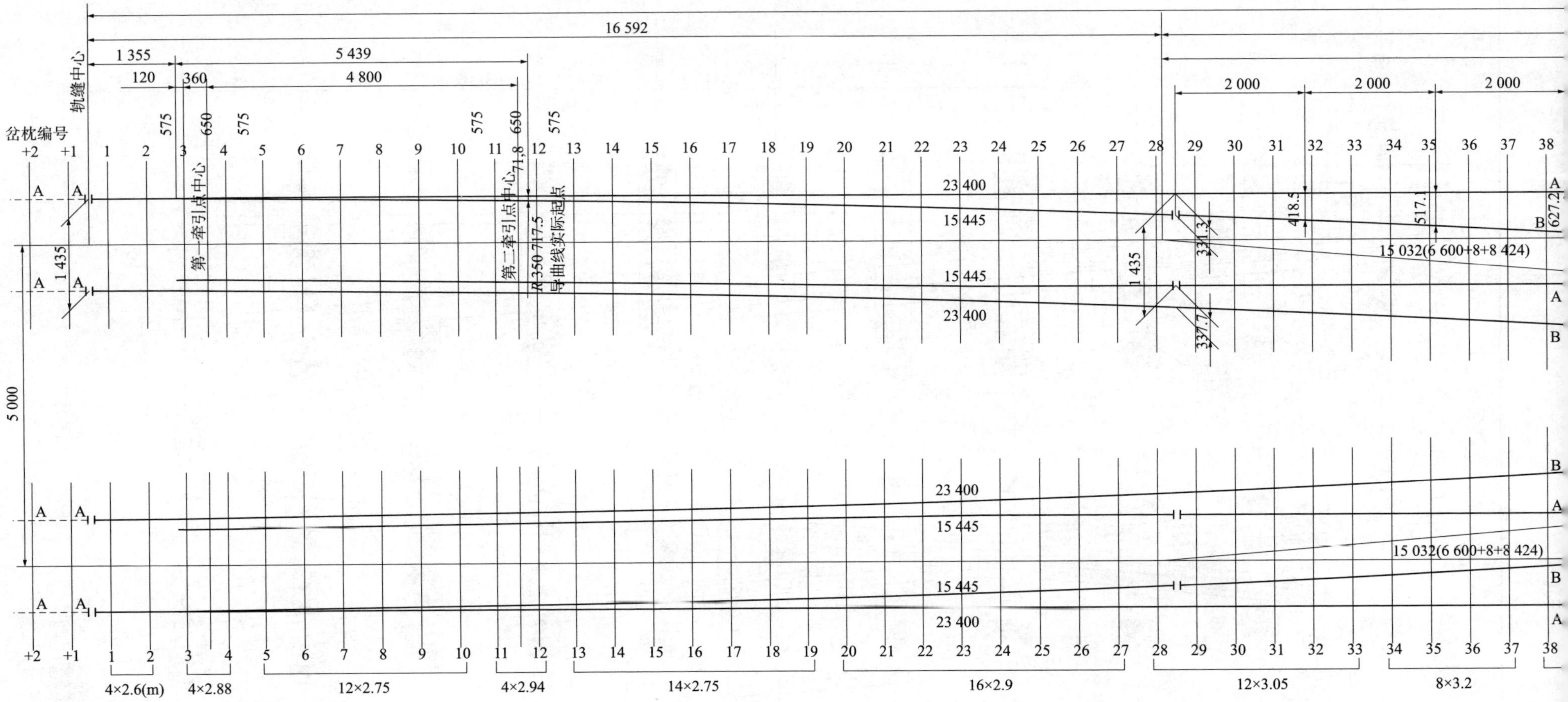

表 1　岔枕数量表

序号	岔枕长度(m)	数量	单位	序号	岔枕长度(m)	数量	单位
1	2.45	16	根	14	3.5	12	根
2	2.6	20	根	15	3.65	16	根
3	2.7	4	根	16	3.7	8	根
4	2.75	54	根	17	3.75	12	根
5	2.85	4	根	18	3.77	16	根
6	2.88	8	根	19	4.4	6	根
7	2.9	32	根	20	4.5	6	根
8	2.94	8	根	21	4.55	6	根
9	3.0	6	根	22	4.7	4	根
10	3.05	30	根	23	4.8	2	根
11	3.15	6	根	24	4.85	4	根
12	3.2	16	根	25	4.95	4	根
13	3.35	20	根				
一组 5.0 m 间距交叉渡线共计 320 根岔枕，岔枕总长 1 031 m							

表 2　明　细　表

序号	图号 / 标准	名称及规格	数　量	单位	材　　料	备　注
1	研线 1115-100	转辙器	4	组		左开 2 组，右开 2 组
2	研线 1115JD5.0-100	12 号辙叉及护轨	4	组		A 型 2 组，B 型 2 组
3	研线 1115JD5.0-200	6 号锐角辙叉及护轨	2	组		单组橡胶体积 30 230 单组玻纤体积 2 464
4	研线 1115JD5.0-300	6 号钝角辙叉及护轨	2	组		单组橡胶体积 7 197. 单组玻纤体积 616
5	TB/T 2344	钢　轨	349.84	m	60 kg/m 钢轨	
6	研线 1115-107	垫　板　419-A	208	块	Q235	
7	研线 1115-107	垫　板　419-B Y(Z)	24	块	Q235	左右开个各 12 块
8	研线 1115-107	垫　板　419-C Y(Z)	28	块	Q235	左右开个各 14 块
9	研线 1115-108	轨撑垫板　459-C Y(Z)	12	块	Q235	左右开个各 6 块
10	研线 1115-107	垫　板　419-D Y(Z)	16	块	Q235	左右开个各 8 块
11	研线 1115-107	垫　板　419-E Y(Z)	16	块	Q235	左右开个各 8 块
12	研线 1115-107	垫　板　419-F Y(Z)	16	块	Q235	左右开个各 8 块
13	TB/T 2345	接头夹板　60	40	个		
14	TB/T 2347	接头螺栓、螺母　M24×135-10.9	120	副		
15	GB/T 1230	垫　圈　24	120	个		
16	专线 3351	Ⅱ型弹条	1 280	个	60Si2CrVA	
17	专线 4232-4	T 型螺栓　M24×60	1 268	个	Q235	
18	专线 4232-4	T 型螺栓　M24×75	12	个	Q235	轨撑处使用

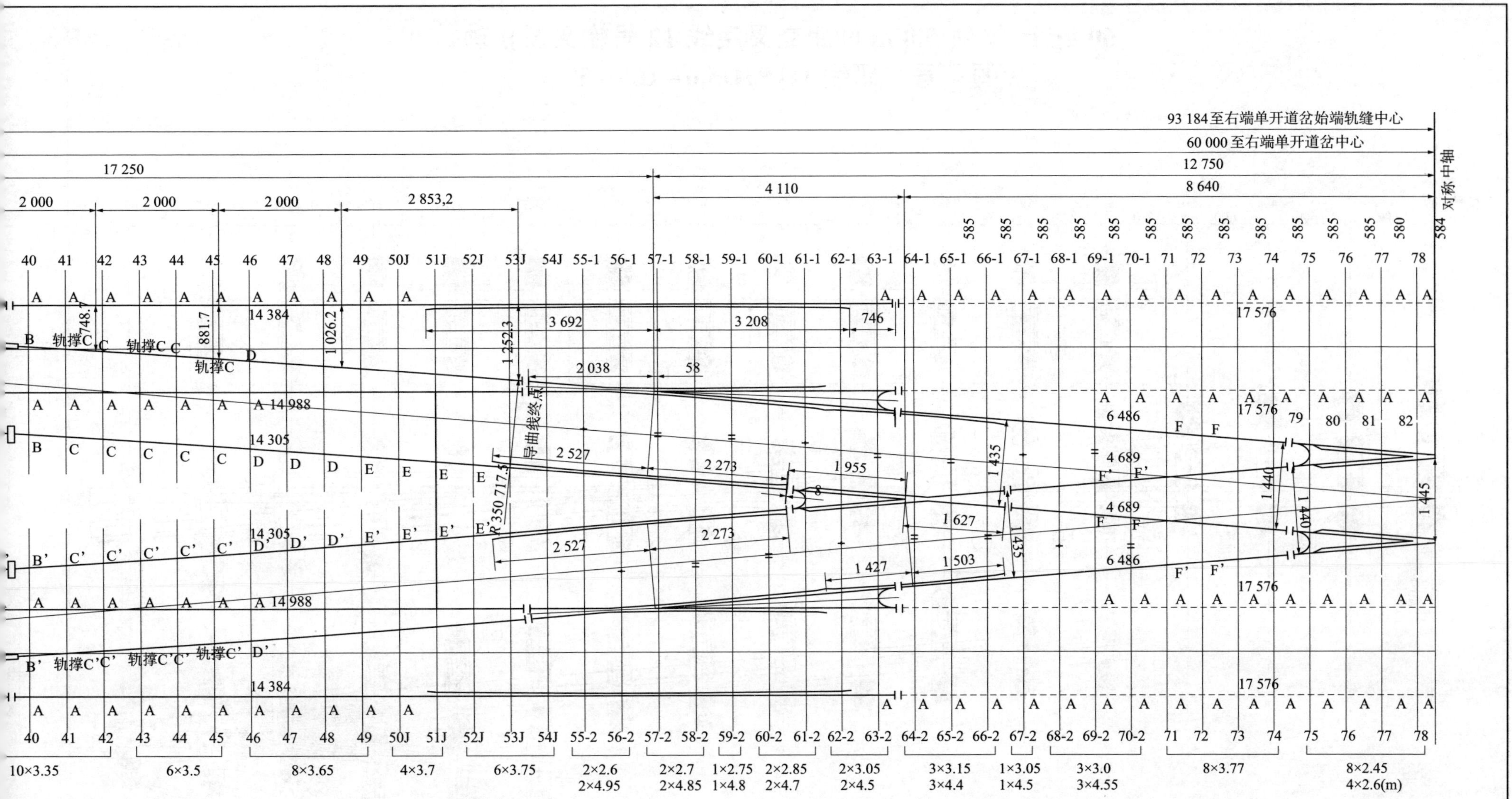

续表 2

序号	图号 / 标准	名称及规格	数 量	单位	材 料	备 注
19	NS－07	限位板 M24	1 280	个	4 级	
20	NS－06	六角盖型螺母 M24	1 280	个	5 级	
21	研线 1115－125	轨 撑 P 60	12	个	KTH 330－08	
22	SC350－141	调整楔	12	个	KTH 350－10	
23	专线 4232－10	轨距块 60/9－11	308+80	块	ZG 270－500	“+”后为备用
24	专线 4232－10	轨距块 60/13－15	320+80	块	ZG 270－500	“+”后为备用
25	专线 4232－10A	接头轨距块 60/9－11	16－40	块	ZG 270－500	“+”后为备用
26	专线 4232－10A	接头轨距块 60/13－15	16－40	块	ZG 270－500	“+”后为备用
27	专线 4232－72	绝缘轨距块 60/9－11	16－24	块	玻璃纤维	“+”后为备用
28	专线 4232－72	绝缘轨距块 60/13－15	16－24	块	玻璃纤维	“+”后为备用
29	研线 1116－306	铁垫板用绝缘轨距块 12	640	个	玻璃纤维	
30	研线 1116－306	铁垫板用绝缘轨距块 8	80	个	玻璃纤维	
31	研线 1116－306	铁垫板用绝缘轨距块 10	80	个	玻璃纤维	
32	研线 1116－306	铁垫板用绝缘轨距块 14	80	个	玻璃纤维	
33	研线 1116－306	铁垫板用绝缘轨距块 16	80	个	玻璃纤维	
34	研线 1116－303	轨下橡胶胶垫 210－148	320	块	橡胶	
35	研线 1116－304	板下橡胶垫板 419×176×10	308	块	橡胶	
36	研线 1116－304	板下橡胶垫板 459×176×10	12	块	橡胶	
37	客专线 (07)－V－80	挡砟板 650	8	个	Q235	牵引点处使用
38	研线 1115JD5.0－501	重载用岔枕铰接装置	12	套	组装件	*L*=293、303 各 6 套

技 术 要 求

1. 图中普通接头、胶接绝缘接头、冻结绝缘接头分别以“—|├—”、“—▭—”、“—|▯|—”表示，道岔轨缝均为 8 mm。
2. 道岔钢轨是否钻孔根据用户需要决定。
3. 1～82 号岔枕按垂直于道岔直股铺设，岔枕间距除注明外均为 600 mm。
4. 明细表中钢轨可采用 U78CrV、U75V 的在线热处理钢轨或贝氏体钢轨。
5. 12 号单开辙叉及护轨按下述位置分 A 型、B 型：左端上方及右端下方为 A 型，左端下方及右端上方为 B 型。
6. 明细表中配轨由下表所列钢轨组成：
7. 编号 55－1、56－1、61－1、62－1、67－1、68－1 的岔枕分别与 55－2、56－2、61－2、62－2、67－2、68－2 的岔枕铰接在一起。
8. 图中分别用 A、B、C、D、E、F 表示普通垫板类型。具体分布情况见详图。垫板不带“’”的为右开垫板，带“’”为左开垫板。
9. 本图按两线平行设计，其他形式应另行设计。

长度 (mm)	14 384	14 988	14 305	15 032 绝缘 6 600+8+8 424	17 576	6 486	4 689
数量（根）	4	4	4	4	4	4	4

60 kg/m 钢轨 5.0 m 间距交叉渡线 12 号辙叉及护轨
图 号：研线 1115JD5.0－100－1

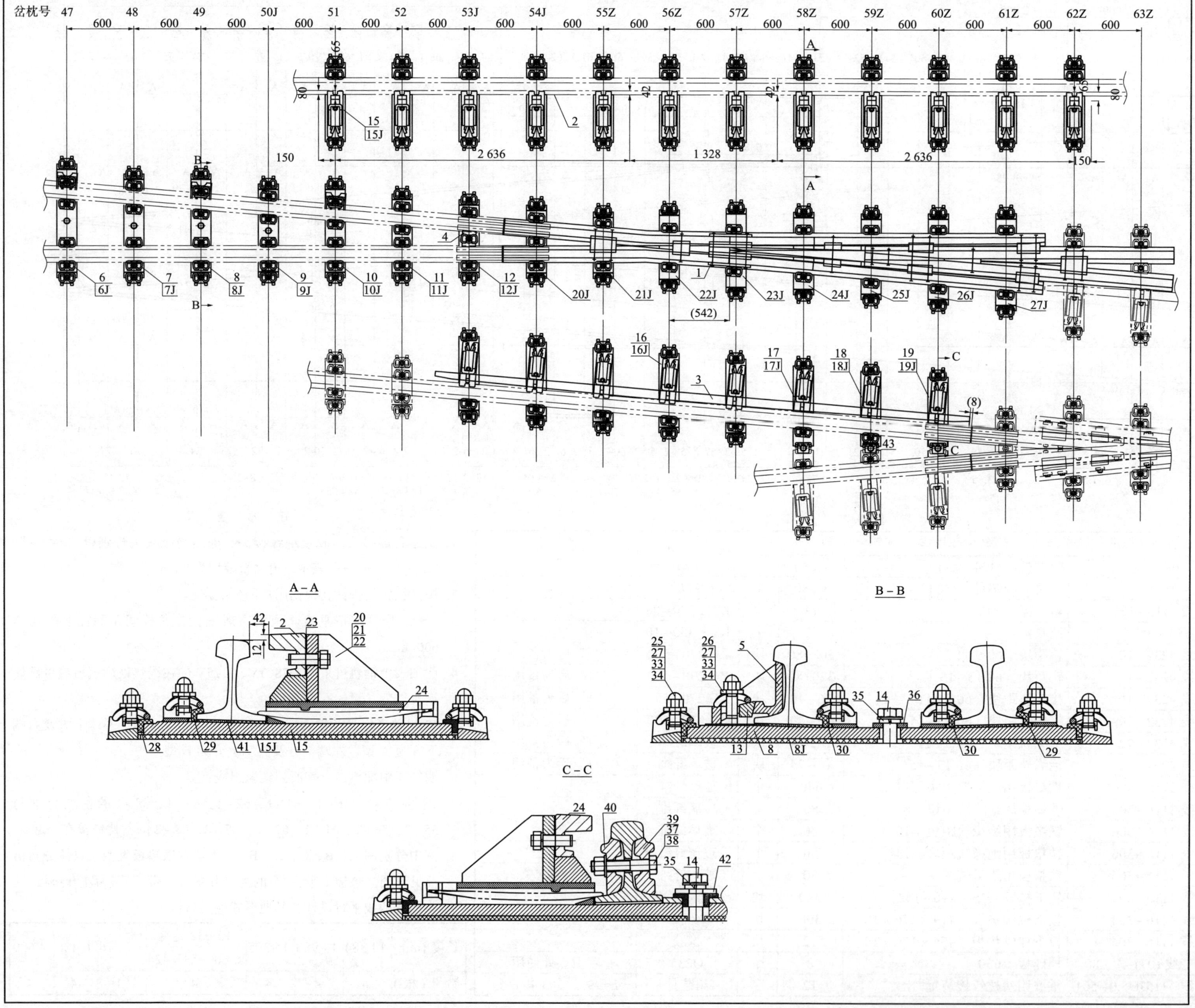

60 kg/m 钢轨 5.0 m 间距交叉渡线 6 号钝角辙叉
图 号：研线 1115JD5.0－300

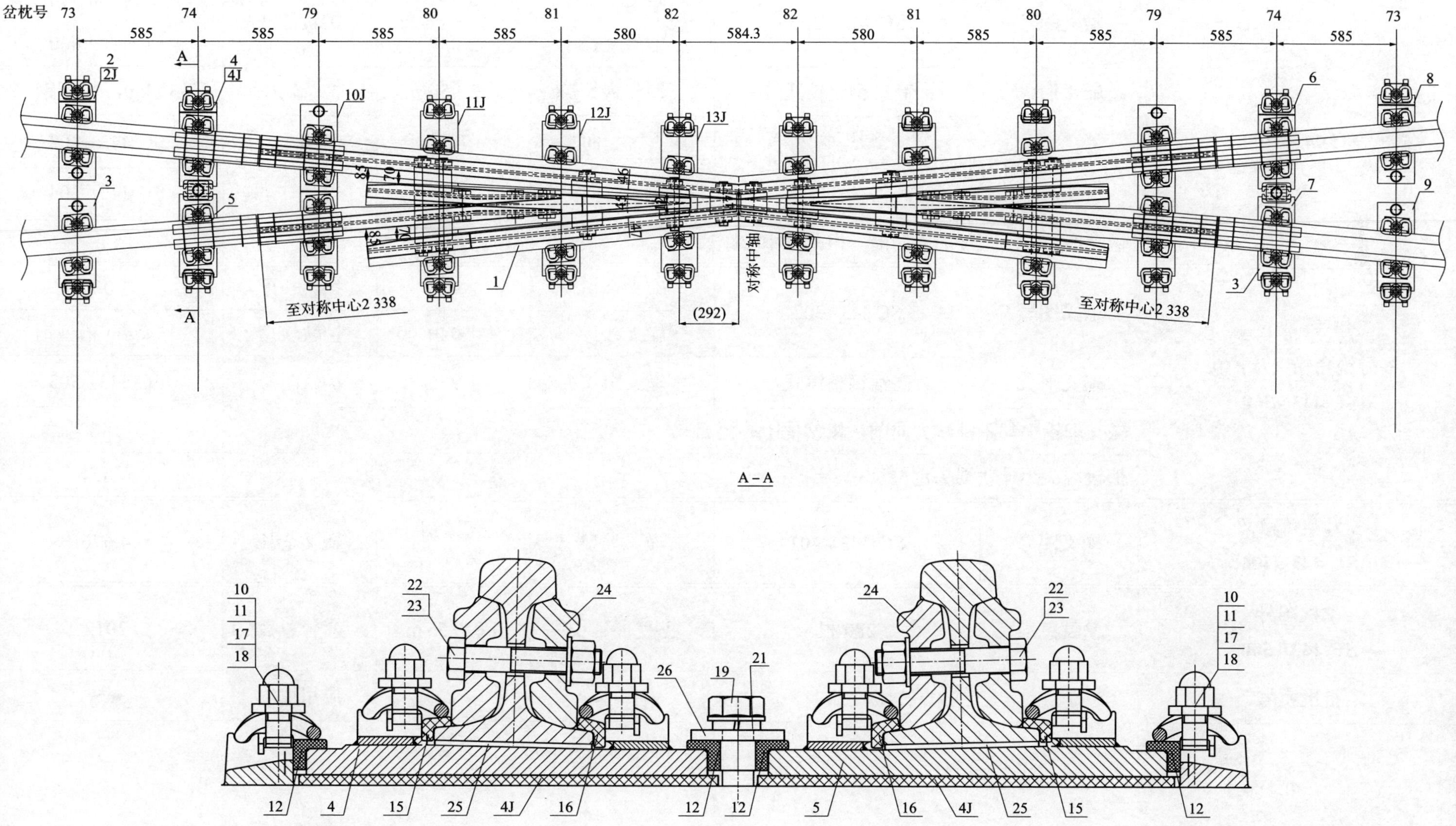

<table>
<tr><th colspan="9">94. 75 kg/m 钢轨 12 号道岔 5.0 m 间距交叉渡线(混凝土枕)
设计图号：SC 443</th></tr>
<tr><td rowspan="2">道岔允许通过速度</td><td>客车</td><td colspan="3">—</td><td colspan="2">扣件类型</td><td colspan="2">Ⅱ型弹条</td></tr>
<tr><td>货车</td><td colspan="3">轴重 25 t：$v_{直}$≤90 km/h；$v_{侧}$≤45 km/h</td><td colspan="2">轨底坡</td><td colspan="2">1∶40</td></tr>
<tr><td>A(B) 型辙叉角</td><td colspan="3">4°45′49″</td><td colspan="3">锐角 / 钝角辙叉角</td><td colspan="2">9°31′38″</td></tr>
<tr><td>转辙器
SC 381－100</td><td colspan="8">详见“75 kg/m 钢轨 12 号单开道岔［SC 381］”</td></tr>
<tr><td rowspan="6">12 号 A(B) 型辙叉及护轨
SC 443－200</td><td rowspan="2">辙叉图号</td><td rowspan="2">SC 443－202</td><td>辙叉全长</td><td>5 992</td><td rowspan="2" colspan="2">护轨长度</td><td colspan="2">直向：6 900</td></tr>
<tr><td>辙叉趾长</td><td>2 038</td><td colspan="2">侧向：4 800</td></tr>
<tr><td>辙叉形式</td><td>高锰钢整铸式</td><td>辙叉跟长</td><td>3 954</td><td colspan="2">护轨轨型</td><td colspan="2">33 kg/m 槽型钢</td></tr>
<tr><td rowspan="2" colspan="2">护轨端头距导轨端头定位尺寸</td><td>直　向</td><td>746</td><td rowspan="2">护轨图号</td><td>直</td><td colspan="2">SC 443－203</td></tr>
<tr><td>侧　向</td><td>10</td><td>侧</td><td colspan="2">SC 443－204</td></tr>
<tr><td colspan="6">辙叉理论尖端距趾端方向前一根岔枕中心距离</td><td colspan="2">542</td></tr>
<tr><td rowspan="5">6 号锐角辙叉及护轨
SC 443－300</td><td rowspan="2">辙叉图号</td><td rowspan="2">SC 443－302</td><td>辙叉全长</td><td>2 995</td><td colspan="2">护轨长度</td><td colspan="2">3 000</td></tr>
<tr><td>辙叉趾长</td><td>1 040</td><td colspan="2">护轨轨型</td><td colspan="2">33 kg/m 槽型钢</td></tr>
<tr><td>辙叉形式</td><td>高锰钢整铸式</td><td>辙叉跟长</td><td>1 955</td><td colspan="2">护轨图号</td><td colspan="2">SC 443－303</td></tr>
<tr><td colspan="6">辙叉理论尖端距趾端方向前一根岔枕中心距离</td><td colspan="2">148</td></tr>
<tr><td colspan="6">护轨端头距导轨端头定位尺寸</td><td colspan="2">4 624</td></tr>
<tr><td>6 号钝角辙叉
SC 443－400</td><td>辙叉图号</td><td>SC 443－401</td><td>辙叉类型</td><td>高锰钢
整铸式</td><td colspan="2">辙叉全长</td><td colspan="2">4 676</td></tr>
<tr><td>岔枕图号
SC 443－500</td><td>岔枕总数</td><td>280 根</td><td>岔枕展延长</td><td>1 029.56 m</td><td colspan="2">套管总数</td><td colspan="2">2012</td></tr>
<tr><td>批准文号</td><td colspan="4">—</td><td colspan="2">应用情况</td><td colspan="2">★★</td></tr>
<tr><td>主要结构特点</td><td colspan="8">钝角辙叉范围内轨距采用 1 440 mm，菱形中轨距过渡到 1 435 mm。</td></tr>
</table>

12 号辙叉及护轨明细表

序号	图号 / 标准	名称及规格	数量	单位	材　料	备　注
1	SC 443－202	高锰钢辙叉　75－12	1	组	高锰钢	
2	SC 443－203	槽型直向护轨　6 900	1	根	33 kg/m 槽型钢	
3	SC 443－204	槽型侧向护轨　4 800	1	根	33 kg/m 槽型钢	
4	SC 381－110	直向护轨整铸垫板	12	块	ZG 230－450	
5	HY04－09	侧向护轨整铸垫板	6	块	ZG 230－450	
6	SC 443－205	单叉垫板　722	7	块		铁座高 41
7	SC 443－205	单叉接头垫板　722	1	块		铁座高 35
8	SC 443－206	垫　板　858	1	块		
9	SC 443－207	垫　板　432	1	块		
10	SC 381－109	垫　板　432－0(A)	1	块		
11	SC 443－208	垫　板　852	1	块		
12	SC 443－209	垫　板　804	1	块		
13	SC 443－210	垫　板　755	1	块		
14	SC 443－211	垫　板　705	1	块		
15	SC 443－212	锐叉护轨垫板　874	1	块		
16	SC 443－213	锐叉护轨垫板　899	1	块		
17	SC 443－214	锐叉护轨垫板　898	1	块		
18	SC 443－215	锐叉护轨垫板　949	1	块		
19	SC 443－216	锐叉护轨垫板　998	1	块		
20	TB/T 2345	接头夹板	8	块		
21	TB/T 2347	接头螺栓及螺母　M24 × 160	24	副		
22	GB/T 1230	高强度平垫圈　24	24	个		
23	SC 402－213	护轨调整片　170 × 80 × 2	23	个		
		护轨调整片　170 × 80 × 3	23	个	Q235	
24	SC 381－133	岔枕螺栓　160	80	个		
25	GB/T 7244	弹簧垫圈　30	80	个	65Mn	
26	专线 4171－9	螺　栓　M24 × 85	23	个	5.6 级	
27	NS－01(b)	螺　母　M24	23	个	5 级	
28	专线 4232－4	T 型螺栓　M24 × 65	83	个		
29	NS－01(b)－c	螺　母　M24	83	个	4级	
30	NS－07	限位板　M24	83	个		
31	专线 4232－33	弹　片　220	1	个	60Si2Mn	
		弹　片　250	1			
		弹　片　280	3			

续上表

序号	图号 / 标准	名称及规格	数量	单位	材　料	备　注
32	专线 3351	Ⅱ型弹条	83	个	60Si2Mn	
33	专线 4232-34	销　钉　140	5	个	Q275	
34	GB/T 7244	弹簧垫圈　24	23	个	65Mn	
35	研线 9807-06	轨距块　8–10	32	个	ZG 230-450	
36	研线 9807-06	轨距块　12–14	48	个	ZG 230-450	
37	研线 9807-06a	接头轨距块　8–10	2	个	ZG 230-450	
38	研线 9807-06a	接头轨距块　12–14	1	个	ZG 230-450	
39	专线 9602	Ⅲ型接头弹条	4	个		
40	SC 381-238	轨距块　75–11	2	个	KTH 350-10	
41	SC 381-238	轨距块　75–13	2	个	橡胶	
42	SC 443-403	轨下橡胶垫　75–210	30	块	橡胶	
43	SC 443-410	叉下橡胶垫　439 × 210 × 5	10	块	橡胶	
44	SC 381-404	整铸板下橡胶垫　712 × 195 × 10	12	块	橡胶	
45	SC 381-404	普板下橡胶垫　432 × 195 × 10	2	块	橡胶	
46	SC 381-408	橡胶垫　852 × 195–391	1	块	橡胶	
47	SC 381-408	橡胶垫　804 × 195–367	1	块	橡胶	
48	SC 381-407	橡胶垫　755 × 195 × 10	1	块	橡胶	
49	SC 381-405	橡胶垫　705–195–20	1	块	橡胶	
50	SC 381-407	橡胶垫　874 × 195 × 10	1	块	橡胶	
51	SC 381-407	橡胶垫　899 × 195 × 10	1	块	橡胶	
52	SC 381-405	橡胶垫　898–195–20	1	块	橡胶	
53	SC 381-407	橡胶垫　949 × 195 × 10	1	块	橡胶	
54	SC 381-408	橡胶垫　998 × 195–369	1	块	橡胶	
55	SC 381-408	橡胶垫　858 × 195–394	1	块	橡胶	
56	SC 381-407	橡胶垫　712 × 205 × 10	6	块	橡胶	
57	SC 381-407	橡胶垫　722 × 195 × 10	8	块	橡胶	
58	SC 381-403	轨下橡胶垫　75–220	6	块	橡胶	

6 号锐角辙叉及护轨明细表

序号	图号 / 标准	名称及规格	数量	材　料	备　注
1	SC 443－302	75－6 号高锰钢锐角辙叉	1		
2	SC 443－303	锐叉护轨　3 000	1	33 kg/m 槽型钢	
3	SC 443－303	锐叉护轨　3 000	1	33 kg/m 槽型钢	按序号 2 对称制造
4	SC 443－304	辙叉垫板　732	3	Q235	
5	SC 443－305	辙叉接头垫板　732	2	Q235	
6	SC 443－306	护轨垫板　550	1	16Mn	
7	SC 443－306	护轨垫板　550	1	16Mn	按序号 6 对称制造
8	SC 443－307	护轨垫板　594	1	16Mn	
9	SC 443－307	护轨垫板　594	1	16Mn	按序号 8 对称制造
10	SC 443－308	接头垫板　356	1	16Mn	
11	SC 443－308	接头垫板　356	1	16Mn	按序号 10 对称制造
12	SC 443－309	垫　板　361	1	Q235	
13	SC 443－309	垫　板　361	1	Q235	按序号 12 对称制造
14	SC 402－213	护轨调整片　170 × 80 × 2	8	Q235	
		护轨调整片　170 × 80 × 3	4	Q235	
15	GB/T 7244	弹簧垫圈　24	4	65Mn	
16	NS－01(b)	螺　母　M24	4	5 级	
17	专线 4171－9	螺　栓　M24 × 85	4	5.6 级	
18	SC 381－133	岔枕螺栓　160	26		
19	GB/T 7244	弹簧垫圈　30	26	65Mn	
20	专线 4232－33	弹　片　280	4	60Si2Mn	
21	专线 4232－34	销　钉　140	4	Q275	
22	TB/T 2347	接头螺栓及螺母　M24 × 160	24	10.9 级	普通接头用
23	GB/T 1230	垫　圈　24	24	65Mn	
24	TB/T 2345	接头夹板	8		普通接头用
25	专线 4232－4	螺　栓　M24 × 75	2		
26	铁联线 022－7	轨　卡	2	KTH 350－10	
27	TB/T 565	弹簧垫圈　24	2	65Mn	
28	专线 4232－4	T 型螺栓　M24 × 65	14		
29	NS－07	限位板　M24	14		
30	专线 3351	Ⅱ型弹条	14	60Si2CrVA	
31	NS－01(b)－c	螺　母　M24	16	4级	
32	研线 9807－06	轨距块　12–14	10	ZG 230－450	

续上表

序号	图号 / 标准	名称及规格	数量	材　料	备　注
33	研线 9807－06a	接头轨距块　8–10	2	ZG 230－450	
34	研线 9807－06	轨距块　8–10	2	ZG 230－450	
35	SC 381－407	橡胶垫板　361 × 195 × 10	2	橡胶	
36	SC 443－411	橡胶垫板　356 × 195–0	2	橡胶	
37	SC 381－407	橡胶垫板　732 × 195 × 10	5	橡胶	
38	SC 443－410	橡胶垫板　449 × 210 × 5	5	橡胶	
39	SC 443－411	橡胶垫板　550 × 195–0	2	橡胶	
40	SC 443－411	橡胶垫板　594 × 195–0	2	橡胶	
41	SC 381－403	单面槽橡胶垫板　75–210	8	橡胶	

6 号钝角辙叉明细表

序号	图号 / 标准	名称及规格	数量	单位	材　料
1	SC 443－401	高锰钢钝角辙叉	1	组	高锰钢
2	SC 443－402	辙叉垫板　712	2	块	
3	SC 443－403	辙叉垫板　759	2	块	
4	SC 443－404	辙叉垫板　835	2	块	
5	SC 443－405	辙叉垫板　823	2	块	
6	SC 443－406	辙叉垫板　427	1	块	
7	SC 443－407	辙叉垫板　427	1	块	
8	SC 443－408	辙叉垫板　427	1	块	
9	SC 443－409	辙叉垫板　427	1	块	
10	TB/T 2345	接头夹板	8	块	
11	TB/T 2347	接头螺栓与螺母　M24×160	24	副	10.9 级
12	GB/T 1230	平垫圈　24	24	个	
13	专线 4232－4	T 型螺栓　M24×65	28	个	
14	NS－01(b)－c	螺　母　M24	28	个	4 级
15	NS－07	限位板　M24	28	个	
16	专线 3351	Ⅱ型弹条	28	个	60Si2Mn
17	SC 381－133	岔枕螺栓　160	24	个	
18	GB/T 7244	弹簧垫圈　30	24	个	65Mn
19	研线 9807－06	轨距块　12－14	20	个	ZG 230－450
20	研线 9807－06a	接头轨距块　8－10	4	个	ZG 230－450
21	研线 9807－06a	接头轨距块　12－14	4	个	ZG 230－450
22	SC 381－403	轨下橡胶垫　75－210	4	个	橡胶
23	SC 443－410	叉下橡胶垫　179×210×5	4	个	橡胶
24	SC 443－410	叉下橡胶垫　429×210×5	2	个	橡胶
25	SC 443－410	叉下橡胶垫　476×210×5	2	个	橡胶
26	SC 443－410	叉下橡胶垫　552×210×5	2	个	橡胶
27	SC 443－411	板下橡胶垫　427×195－20	2	个	橡胶
28	SC 381－407	板下橡胶垫　823×195×10	2	个	橡胶
29	SC 381－407	板下橡胶垫　835×195×10	2	个	橡胶
30	SC 381－407	板下橡胶垫　759×195×10	2	个	橡胶
31	SC 381－407	板下橡胶垫　712×195×10	2	个	橡胶

75 kg/m 钢轨 12 号 5.0 m 间距交叉渡线

图 号：SC 443

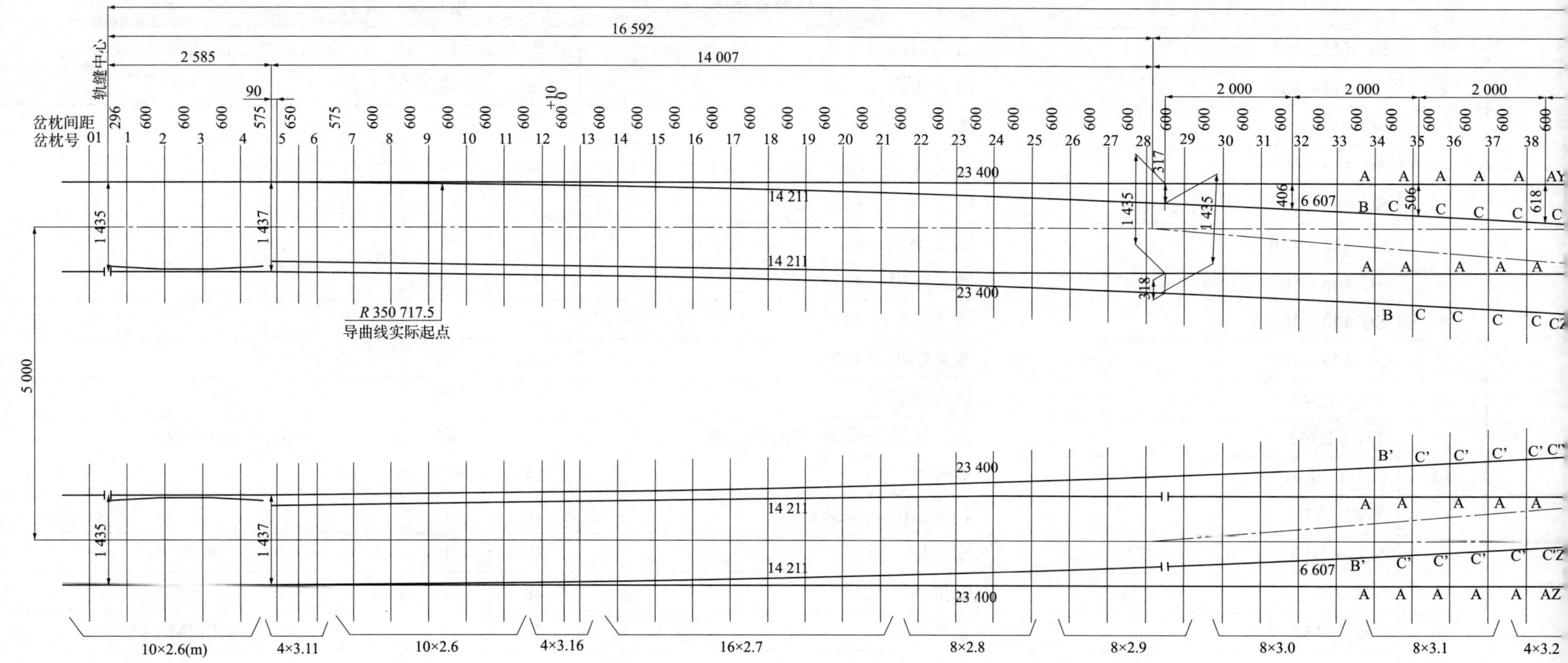

表 1 混凝土枕数量表

序号	混凝土枕长度 (m)	单位	数量
1	2.45	根	12
2	2.6	根	46
3	2.7	根	32
4	2.8	根	16
5	2.9	根	16
6	3.0	根	16
7	3.1	根	16
8	3.11	根	8
9	3.16	根	8
10	3.2	根	8
11	3.3	根	16
12	3.4	根	8
13	3.5	根	8
14	3.6	根	12
15	3.7	根	16
16	7.6铰	根	42
共 280 根，展延长 1 029.56 m			

表 2 钢轨数量表

序号	钢轨长度 (m)	单位	数量
1	6.607	根	4
2	8.421	根	4
3	14.992	根	4
4	12.632	根	4
5	14.384	根	4
6	17.576	根	4
7	6.487	根	4
8	5.276	根	4
共 32 根			

表 3 明 细 表

序号	图号 / 标准	名称及规格	数 量	单位	材 料	备 注
1	SC 381－100	转辙器	4	组		左右开各 2 组
2	SC 443－200	5 m 间距渡线 75－12 号辙叉及护轨	2	组		A 型
3	SC 443－200	5 m 间距渡线 75－12 号辙叉及护轨	2	组		B 型
4	SC 443－300	5 m 间距渡线 75－6 号锐叉及护轨	2	组		
5	SC 443－400	5 m 间距渡线 75－6 号钝叉	2	组		
6	TB/T 2344	钢 轨	345.5	m	75 kg/m 钢轨	详见表 2
7	SC 381－109	垫 板 432－0(A)	220	块		
8	SC 381－109	垫 板 432－8(B)	8	块		左右开各 4
9	SC 381－109	垫 板 432－11(C)	72	块		左右开各 36
10	SC 381－109	垫 板 432－14(D)	24	块		左右开各 12
11	SC 381－109	垫 板 432－16(E)	64	块		左右开各 32
12	SC 381－107	接头垫板	16	块		AZ、AY 各 8
13	SC 381－234	接头垫板	8	块		CY、C'Y 各 4
14	SC 381－235	接头垫板	8	块		CZ、C'Z 各 4
15	专线 3351	Ⅱ型弹条	840	个	60Si2CrVA	
16	专线 4232－4	螺 栓 M24×65	840	个		
17	TB/T 2345	接头夹板	32	个		
18	TB/T 2347	接头螺栓、螺母 M24×160	96	副		
19	NS－01(b)－c	螺 母 M24	840	个		

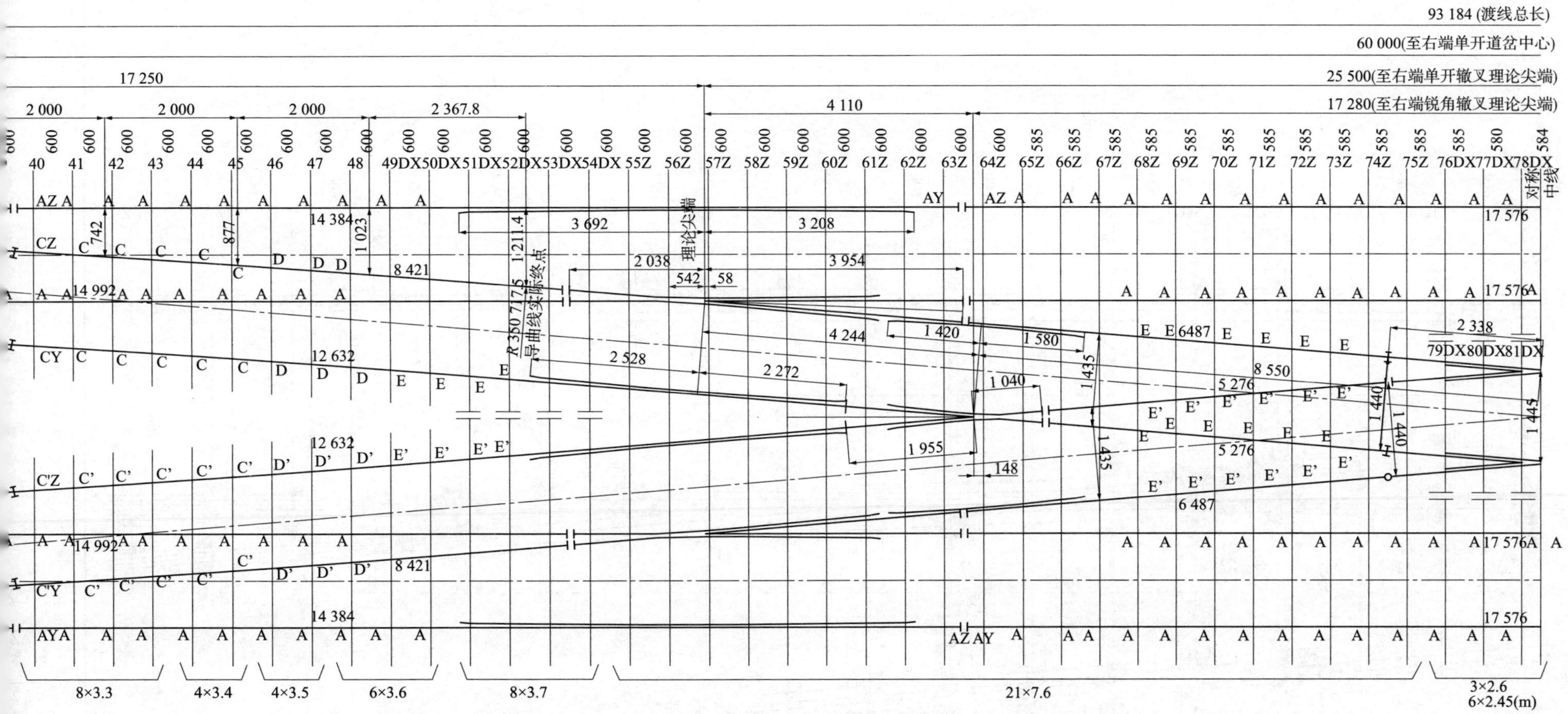

续表 3

序号	图号 / 标准	名称及规格	数 量	单位	材 料	备 注
20	NS-07	限位板 M24	840	个		
21	GB/T 1230	高强度平垫圈 24	96	个		
22	GB/T 7244	弹簧垫圈 30	840	个	65Mn	
23	SC 381-133	岔枕螺栓 160	840	个		
24	研线 9807-06	轨距块 8-10	392	个		
25	研线 9807-06	轨距块 12-14	392	个		
26	研线 9807-06	轨距块 6-16	50	个		
27	研线 9807-06a	接头轨距块 8-10	12	个		
28	研线 9807-06a	接头轨距块 12-14	12	个		
29	SC 381-142	绝缘轨距块 8-10	20	个	玻璃纤维	
30	SC 381-142	绝缘轨距块 12-14	20	个	玻璃纤维	
31		钢轨绝缘	12	组		
32	SC 381-403	轨下橡胶垫 75-210	420	个	橡胶	
33	SC 381-404	板下橡胶垫 432×195×10	388	个	橡胶	
34	SC 381-405	板下橡胶垫 432-195-20	16	个	橡胶	
35	SC 381-410	板下橡胶垫 432×205×10	16	个	橡胶	
36	SC 340-601	混凝土岔枕接头(一)	34	组		
37	SC 340-602	混凝土岔枕接头(二)	8	组		

技 术 要 求

1. 图中钢轨普通接头、绝缘接头分别以"—|—"、"+"表示。
2. 普通接头及绝缘接头钢轨轨缝为 8 mm。
3. 钢轨顶面进行全长淬火，淬火技术条件按 TB/T 1779 的规定。
4. 钢轨数量的配置：图中钢轨数量是按绝缘设置在侧股配置。
5. 12 号单开辙叉及护轨分 A、B 型两种：左端上方为 A 型，下方为 B 型；右端上方为 B 型，下方为 A 型。
6. 钢轨表中的钢轨长度按采用普通接头设计，如采用其他接头时，以用户提供的配轨图为准。
7. 客户订货时，需指明转辙器是否带迎轮护轨。

注：CY 即 为 CY 右、C'Y 即 为 CY 左、CZ 即 为 CZ 右、C'Z 即为 CZ 左。

75 kg/m 钢轨 5.0 m 间距交叉渡线 12 号辙叉及护轨

图　号：SC 443－200

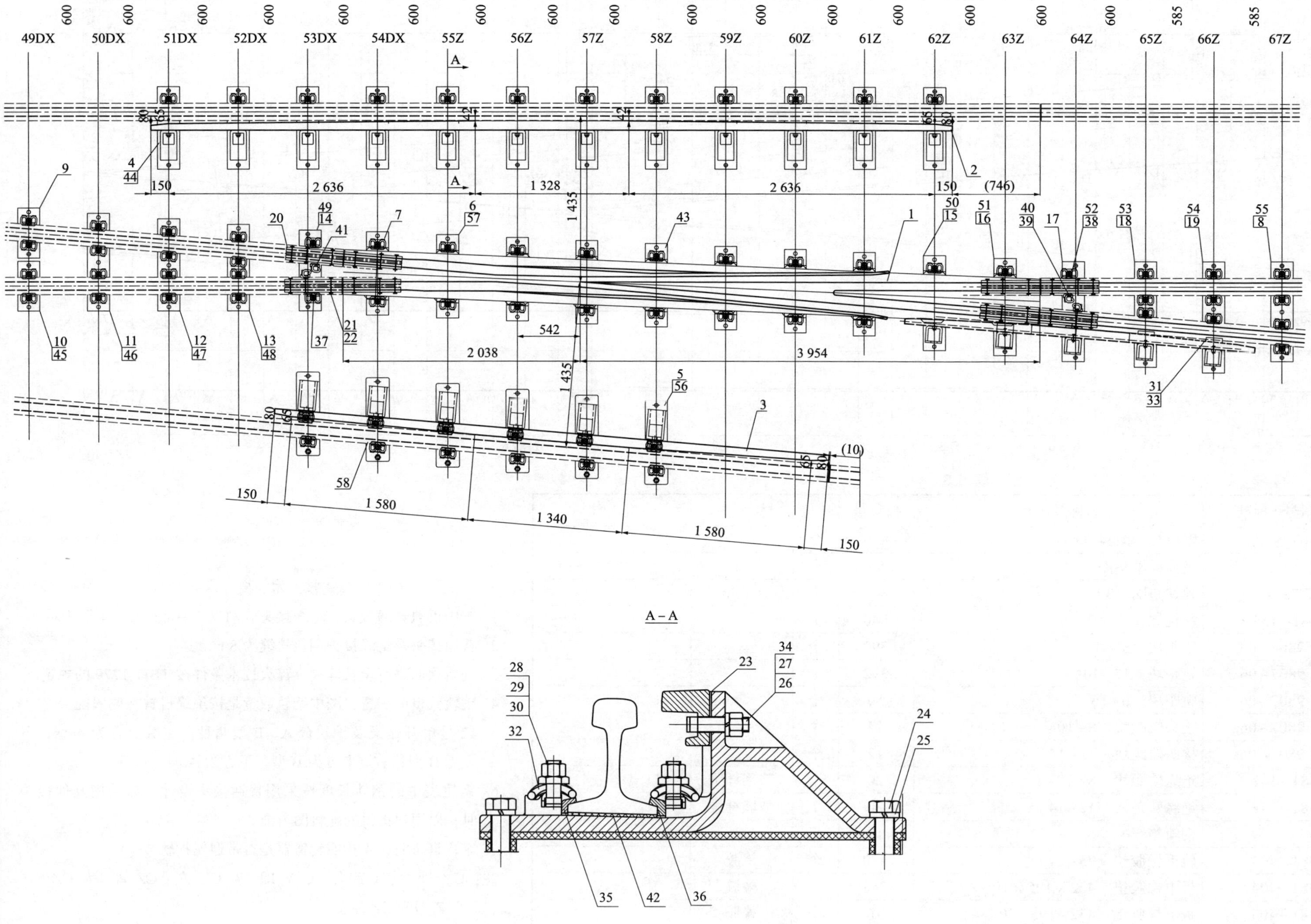

70 kg/m 钢轨 5.0 m 间距交叉渡线 6 号锐角辙叉及护轨

图 号：SC 443－300

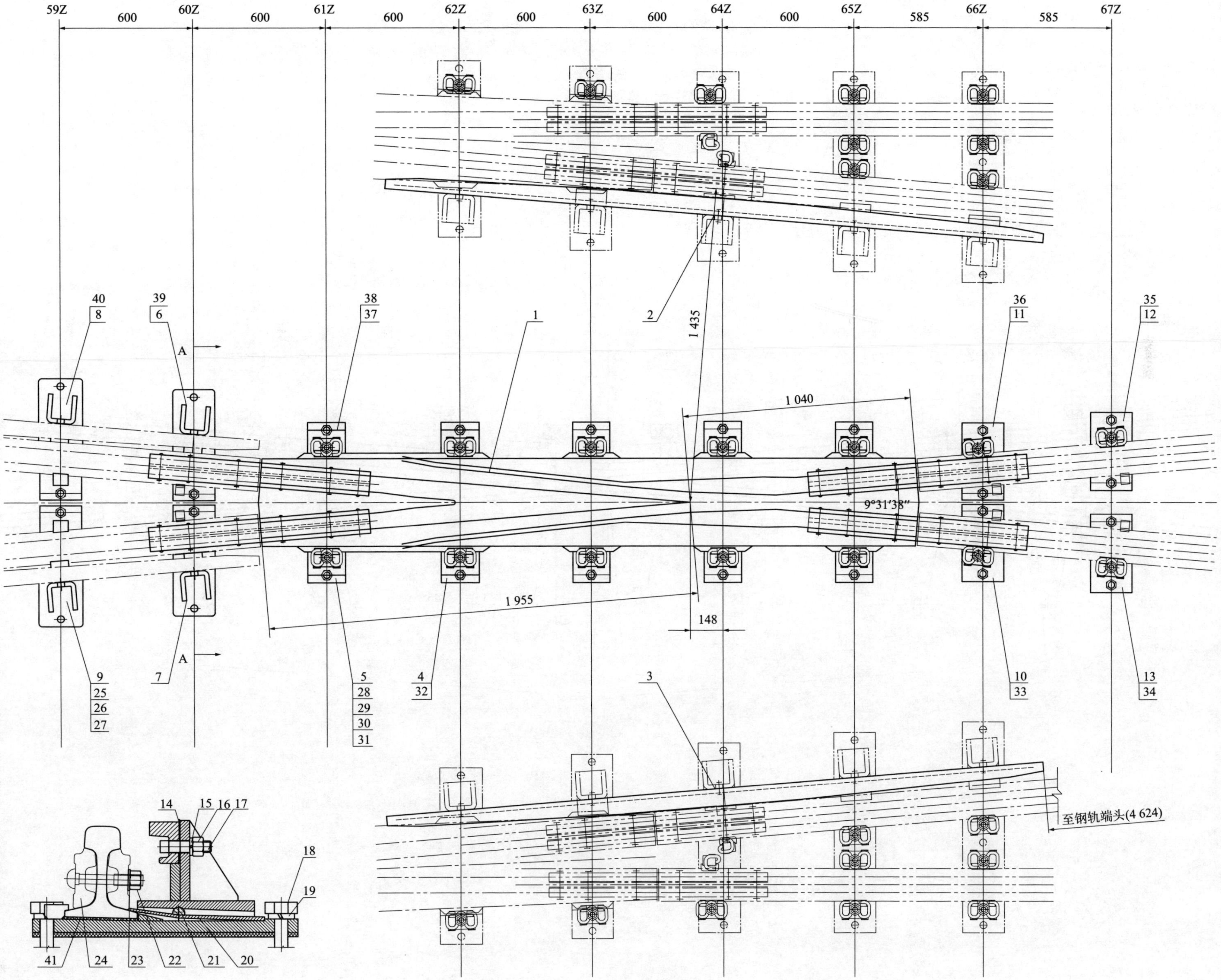

70 kg/m 钢轨 5.0 m 间距交叉渡线 6 号钝角辙叉

图　号：SC 443－400

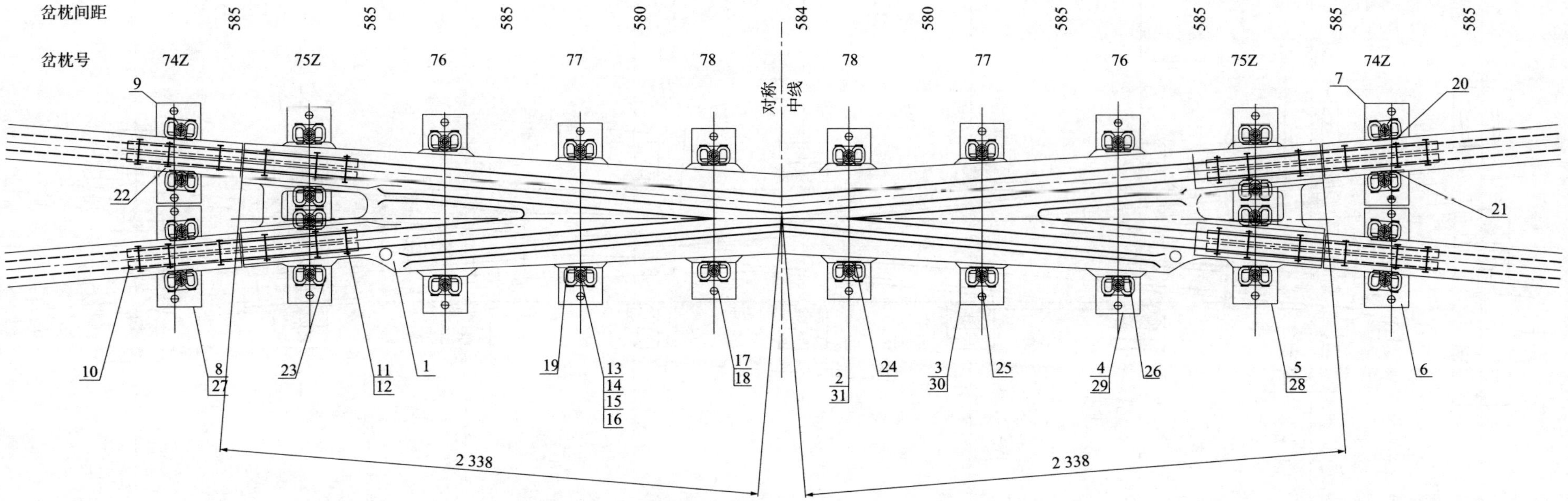

<table>
<tr><th colspan="9">95. 75 kg/m 钢轨 12 号道岔 5.3 m 间距交叉渡线(混凝土枕)
设计图号：SC 444</th></tr>
<tr><td rowspan="2">道岔允许通过速度</td><td>客车</td><td colspan="3">—</td><td colspan="2">扣件类型</td><td colspan="2">Ⅱ型弹条</td></tr>
<tr><td>货车</td><td colspan="3">轴重 25 t：$v_{直}$≤90 km/h；$v_{侧}$≤45 km/h</td><td colspan="2">轨底坡</td><td colspan="2">1：40</td></tr>
<tr><td>A(B) 型辙叉角</td><td colspan="3">4°45′49″</td><td colspan="3">锐角 / 钝角辙叉角</td><td colspan="2">9°31′38″</td></tr>
<tr><td>转辙器
SC 381－100</td><td colspan="8">详见“75 kg/m 钢轨 12 号单开道岔［SC 381］”</td></tr>
<tr><td rowspan="6">12 号 A(B) 型辙叉及护轨
SC 444－200</td><td rowspan="2">辙叉图号</td><td rowspan="2">SC 443－202</td><td>辙叉全长</td><td>5 992</td><td colspan="2" rowspan="2">护轨长度</td><td colspan="2">直向：6 900</td></tr>
<tr><td>辙叉趾长</td><td>2 038</td><td colspan="2">侧向：4 800</td></tr>
<tr><td>辙叉形式</td><td>高锰钢整铸式</td><td>辙叉跟长</td><td>3 954</td><td colspan="2">护轨轨型</td><td colspan="2">33 kg/m 槽型钢</td></tr>
<tr><td colspan="2" rowspan="2">护轨端头距导轨端头定位尺寸</td><td>直　向</td><td>746</td><td rowspan="2">护轨图号</td><td>直</td><td colspan="2">SC 443－203</td></tr>
<tr><td>侧　向</td><td>1 816</td><td>侧</td><td colspan="2">SC 443－204</td></tr>
<tr><td colspan="6">辙叉理论尖端距趾端方向前一根岔枕中心距离</td><td colspan="2">542</td></tr>
<tr><td rowspan="5">6 号锐角辙叉及护轨
SC 444－300</td><td rowspan="2">辙叉图号</td><td rowspan="2">SC 443－302</td><td>辙叉全长</td><td>2 995</td><td colspan="2">护轨长度</td><td colspan="2">3 000</td></tr>
<tr><td>辙叉趾长</td><td>1 040</td><td colspan="2">护轨轨型</td><td colspan="2">33 kg/m 槽型钢</td></tr>
<tr><td>辙叉形式</td><td>高锰钢整铸式</td><td>辙叉跟长</td><td>1 955</td><td colspan="2">护轨图号</td><td colspan="2">SC 444－302</td></tr>
<tr><td colspan="6">辙叉理论尖端距趾端方向前一根岔枕中心距离</td><td colspan="2">148</td></tr>
<tr><td colspan="6">护轨端头距导轨端头定位尺寸</td><td colspan="2">4 613</td></tr>
<tr><td>6 号钝角辙叉
SC 444－400</td><td>辙叉图号</td><td>SC 443－401</td><td>辙叉类型</td><td>高锰钢
整铸式</td><td colspan="2">辙叉全长</td><td colspan="2">4 676</td></tr>
<tr><td>岔枕图号
SC 444－500</td><td>岔枕总数</td><td>306 根</td><td>岔枕展延长</td><td>1 090.76 m</td><td colspan="2">套管总数</td><td colspan="2">2 104</td></tr>
<tr><td>批准文号</td><td colspan="4">—</td><td colspan="2">应用情况</td><td colspan="2">★★</td></tr>
<tr><td>主要结构特点</td><td colspan="8">钝角辙叉范围内轨距采用 1 440 mm，菱形中轨距过渡到 1 435 mm。</td></tr>
</table>

12 号辙叉及护轨明细表

序号	图号 / 标准	名称及规格	数量	单位	材　料	备　注
1	SC 443－202	高锰钢辙叉　75－12	1	组	高锰钢	
2	SC 443－203	槽型直向护轨　6 900	1	根	33 kg/m 槽型钢	
3	SC 443－204	槽型侧向护轨　4 800	1	根	33 kg/m 槽型钢	分 A、B 型
4	SC 381－110	直向护轨整铸垫板	12	块	ZG 230－450	
5	HY04－09	侧向护轨整铸垫板	8	块	ZG 230－450	分 A、B 型
6	SC 443－205	单叉垫板　722	8	块		铁座高 41
7	SC 443－205	单叉接头垫板　722	2	块		铁座高 35
8	SC 444－202	垫　板　710	1	块		分 A、B 型
9	SC 443－207	垫　板　432	1	块		
10	SC 381－109	垫　板　432－0(A)	1	块		
11	SC 443－208	垫　板　852	1	块		
12	SC 443－209	垫　板　804	1	块		
13	SC 443－210	垫　板　755	1	块		
14	SC 443－211	垫　板　705	1	块		
15	SC 443－109	垫　板　432－16(E)	1	块		
16	TB/T 2345	接头夹板	8	块		
17	TB/T 2347	接头螺栓及螺母　M24 × 160	24	副		
18	GB/T 1230	高强度平垫圈　24	24	个		
19	SC 402－213	护轨调整片　170 × 80 × 2	20	个	Q235	
		护轨调整片　170 × 80 × 3	20	个	Q235	
20	SC 381－133	岔枕螺栓　160	78	个		
21	GB/T 7244	弹簧垫圈　30	78	个	65Mn	
22	专线 4171－9	螺　栓　M24 × 85	20	个	5.6 级	
23	NS－01(b)	螺　母　M24	20	个	5 级	
24	专线 4232－4	T 型螺栓　M24 × 65	82	个		
25	NS－01(b)－c	螺　母　M24	82	个	4 级	
26	NS－07	限位板　M24	82	个		
27	专线 3351	Ⅱ型弹条	82	个	60Si2Mn	
28	GB/T 7244	弹簧垫圈　24	20	个	65Mn	
29	研线 9807－06	轨距块　8–10	37	个	ZG 230－450	
30	研线 9807－06	轨距块　12–14	37	个	ZG 230－450	
31	研线 9807－06a	接头轨距块　8–10	4	个	ZG 230－450	
32	研线 9807－06a	接头轨距块　12–14	4	个	ZG 230－450	

续上表

序号	图号 / 标准	名称及规格	数量	单位	材　　料	备　　注
33	专线 9602	Ⅲ型接头弹条	4	个		
34	SC 488－137	接头轨距块　75-11	2	个	KTH 350－10	
35	SC 488－137	接头轨距块　75-13	2	个	KTH 350－10	
36	SC 381－403	轨下橡胶垫　75-210	25	块	橡胶	
37	SC 381－403	轨下橡胶垫　75-220	8	块	橡胶	
38	SC 443－410	叉下橡胶垫　439 × 210 × 5	10	块	橡胶	
39	SC 381－407	整铸板下橡胶垫　712 × 195 × 10	12	块	橡胶	
40	SC 381－407	整铸板下橡胶垫　712 × 205 × 10	8	块	橡胶	
41	SC 381－404	普板下橡胶垫　432 × 195 × 10	3	块	橡胶	
42	SC 381－408	橡胶垫　852 × 195-391	1	块	橡胶	
43	SC 381－408	橡胶垫　804 × 195-367	1	块	橡胶	
44	SC 381－407	橡胶垫　755 × 195 × 10	1	块	橡胶	
45	SC 381－405	橡胶垫　705-195-20	1	块	橡胶	
46	SC 381－407	叉板下橡胶垫　722 × 195 × 10	10	块	橡胶	
47	SC 381－405	橡胶垫　710-195-20	1	块	橡胶	

6 号锐角辙叉及护轨明细表

序号	图号 / 标准	名称及规格	数量	材　料	备　注
1	SC 444-302	75-6 号高锰钢锐角辙叉	1		
2	SC 444-302	锐叉护轨　3 000	1	33 kg/m 槽型钢	
3	SC 444-302	锐叉护轨　3 000	1	33 kg/m 槽型钢	按序号 2 对称制造
4	SC 443-304	辙叉垫板　732	3	Q235	
5	SC 443-305	辙叉接头垫板　732	2	Q235	
6	SC 444-303	护轨垫板　948	1	16Mn	
7	SC 444-303	护轨垫板　948	1	16Mn	按序号 6 对称制造
8	SC 444-304	护轨垫板　998	1	16Mn	
9	SC 444-304	护轨垫板　998	1	16Mn	按序号 8 对称制造
10	SC 444-305	护轨垫板　1048	1	16Mn	
11	SC 444-305	护轨垫板　1048	1	16Mn	按序号 10 对称制造
12	SC 444-306	护轨垫板　620	2	16Mn	
13	SC 444-306	护轨垫板　620	2	16Mn	按序号 12 对称制造
14	SC 444-307	垫　板　405	1	Q235	
14a	SC 444-307	垫　板　405	1	Q235	按序号 14 对称制造
15	SC 444-308	垫　板　359	1	Q235	
15a	SC 444-308	垫　板　359	1	Q235	按序号 15 对称制造
16	SC 444-309	垫　板　359	1	Q235	
16a	SC 444-309	垫　板　359	1	Q235	按序号 16 对称制造
17	SC 444-310	垫　板　405	1	Q235	
17a	SC 444-310	垫　板　405	1	Q235	按序号 17 对称制造
18	SC 402-213	护轨调整片　170×80×2	10	Q235	
		护轨调整片　170×80×3	10	Q235	
19	GB/T 7244	弹簧垫圈　24	10	65Mn	
20	NS-01(b)	螺　母　M24	10	5 级	
21	专线 4171-9	螺　栓　M24×85	10	5.6 级	
22	TB/T 2345	接头夹板	8		
23	TB/T 2347	接头螺栓及螺母　M24×160	24	10.9 级	
24	GB/T 1230	高强度平垫圈　24	24		
25	SC 381-133	岔枕螺栓　160	48		
26	GB/T 7244	弹簧垫圈　30	48	65Mn	
27	专线 4232-4	T型螺栓　M24×65	40		
28	NS-01(b)-c	螺　母　M24	40	4级	

续上表

序号	图号 / 标准	名称及规格	数量	材　料	备　注
29	NS－07	限位板　M24	40		
30	专线 3351	Ⅱ型弹条	40	60Si2CrVA	
31	专线 4232－33	弹　片　280	10	60Si2Mn	
32	专线 4232－34	销　钉　140	10	Q275	
33	研线 9807－06	轨距块　8–10	23	ZG 230－450	
34	研线 9807－06	轨距块　12–14	13	ZG 230－450	其中10个12号轨距块用于锰叉
35	研线 9807－06a	接头轨距块　8–10	2	ZG 230－450	
36	研线 9807－06a	接头轨距块　12–14	2	ZG 230－450	
37	SC 381－403	轨下橡胶垫板　75–210	24	橡胶	
38	SC 381－410	叉下橡胶垫板　449 × 210 × 5	5	橡胶	
39	SC 381－407	橡胶垫板　732 × 195 × 10	5	橡胶	
40	SC 381－407	橡胶垫板　620 × 195 × 10	4	橡胶	
41	SC 381－408	橡胶垫板　1 048 × 195–394	2	橡胶	
42	SC 381－407	橡胶垫板　998 × 195 × 10	2	橡胶	
43	SC 381－407	橡胶垫板　948 × 195 × 10	2	橡胶	
44	SC 381－407	橡胶垫板　405 × 195 × 10	4	橡胶	
45	SC 443－411	橡胶垫板　359 × 195–20	4	橡胶	

6 号钝角辙叉明细表

序号	图号 / 标准	名称及规格	数量	单位	材　　料
1	SC 443-401	高锰钢钝角辙叉	1	组	高锰钢
2	SC 443-402	辙叉垫板　712	2	块	
3	SC 443-403	辙叉垫板　759	2	块	
4	SC 443-404	辙叉垫板　835	2	块	
5	SC 443-405	辙叉垫板　823	2	块	
6	SC 443-406	辙叉垫板　427	1	块	
7	SC 443-407	辙叉垫板　427	1	块	
8	SC 443-408	辙叉垫板　427	1	块	
9	SC 443-409	辙叉垫板　427	1	块	
10	TB/T 2345	接头夹板	8	块	
11	TB/T 2347	接头螺栓与螺母　M24×160	24	副	10.9 级
12	GB/T 1230	平垫圈　24	24	个	
13	专线 4232-4	T 型螺栓　M24×65	28	个	
14	NS-01(b)-c	螺　母　M24	28	个	4 级
15	NS-07	限位板　M24	28	个	
16	专线 3351	Ⅱ型弹条	28	个	60Si2Mn
17	SC 381-133	岔枕螺栓　160	24	个	
18	GB/T 7244	弹簧垫圈　30	24	个	65Mn
19	研线 9807-06	轨距块　12-14	20	个	ZG 230-450
20	研线 9807-06a	接头轨距块　8-10	8	个	ZG 230-450
21	研线 9807-06a	接头轨距块　12-14	8	个	ZG 230-450
22	SC 381-403	轨下橡胶垫　75-210	4	个	橡胶
23	SC 443-410	叉下橡胶垫　179×210×5	4	个	橡胶
24	SC 443-410	叉下橡胶垫　429×210×5	2	个	橡胶
25	SC 443-410	叉下橡胶垫　476×210×5	2	个	橡胶
26	SC 443-410	叉下橡胶垫　552×210×5	2	个	橡胶
27	SC 443-411	板下橡胶垫　427×195-20	4	个	橡胶
28	SC 381-407	板下橡胶垫　823×195×10	2	个	橡胶
29	SC 381-407	板下橡胶垫　835×195×10	2	个	橡胶
30	SC 381-407	板下橡胶垫　759×195×10	2	个	橡胶
31	SC 381-407	板下橡胶垫　712×195×10	2	个	橡胶

70 kg/m 钢轨 5.3 m 间距交叉渡线 6 号钝角辙叉

图 号：SC 444－400

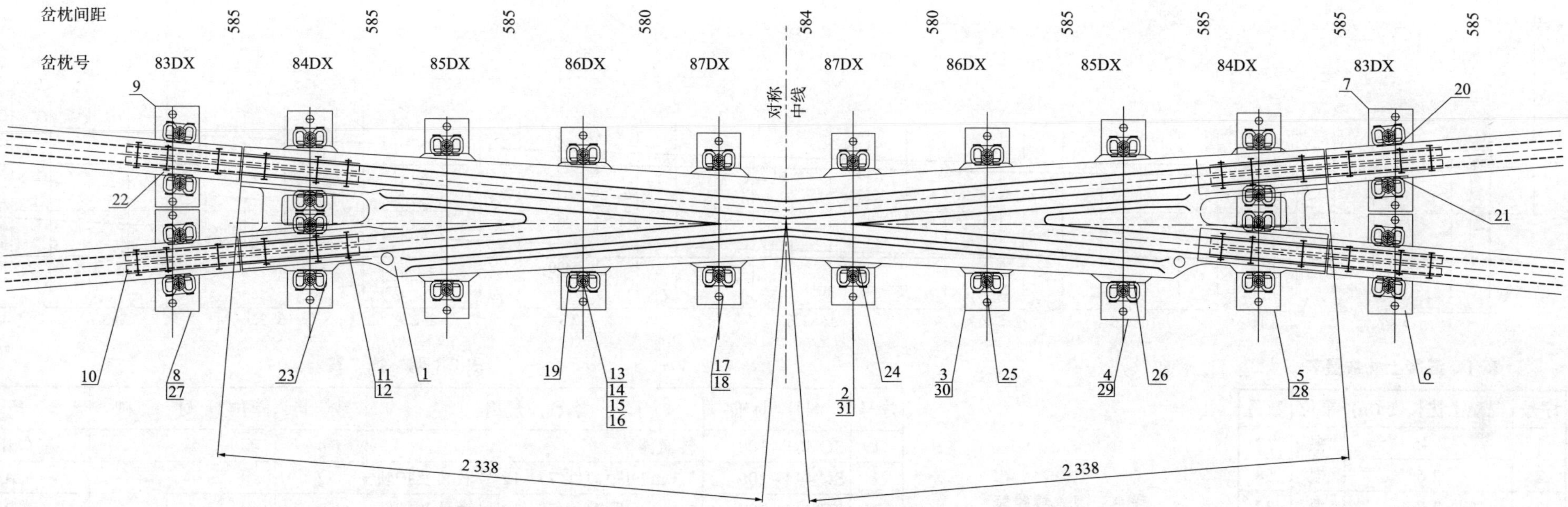

75 kg/m 钢轨 12 号 5.3 m 间距交叉渡线

图　号：SC 444

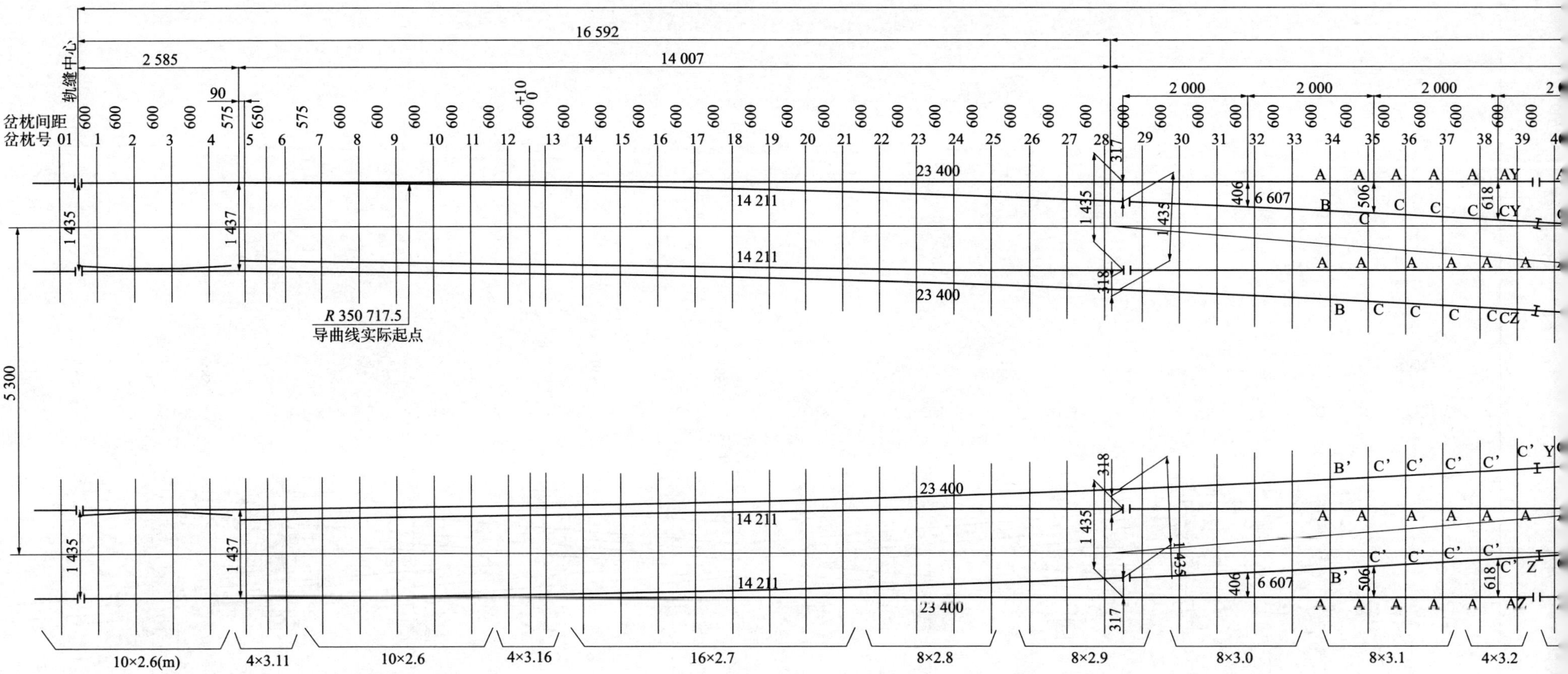

表 1　混凝土枕数量表

序号	混凝土枕长度 (m)	单位	数量
1	2.45	根	12
2	2.6	根	58
3	2.7	根	32
4	2.8	根	16
5	2.9	根	22
6	3.0	根	16
7	3.1	根	16
8	3.11	根	8
9	3.16	根	8
10	3.2	根	8
11	3.3	根	16
12	3.4	根	8
13	3.5	根	8
14	3.6	根	12
15	3.7	根	8
16	3.8	根	8
17	3.9	根	16
18	7.9 铰	根	34
共 306 根，展延长 1 090.76 m			

表 2　钢轨数量表

序号	钢轨长度(m)	单位	数量
1	6.607	根	4
2	8.421	根	4
3	14.438	根	4
4	14.992	根	4
5	14.384	根	4
6	21.176	根	4
7	8.293	根	4
8	5.276	根	4
共 32 根			

表 3　明　细　表

序号	图号 / 标准	名称及规格	数　量	单位	材　　料	备　注
1	SC 381－100	转辙器	4	组		左右开各 2 组
2	SC 444－200	5.3 m 间距渡线 75－12 号辙叉及护轨	2	组		A 型
3	SC 444－200	5.3 m 间距渡线 75－12 号辙叉及护轨	2	组		B 型
4	SC 444－300	5.3 m 间距渡线 75－6 号锐叉及护轨	2	组		
5	SC 444－400	5.3 m 间距渡线 75－6 号钝叉	2	组		
6	TB/T 2344	钢　轨	374.348	m	75 kg/m 钢轨	详见表 2
7	SC 381－109	垫　板　432－0(A)	244	块		
8	SC 381－109	垫　板　432－8(B)	8	块		左右开各 4
9	SC 381－109	垫　板　432－11(C)	72	块		左右开各 36
10	SC 381－109	垫　板　432－14(D)	24	块		左右开各 12
11	SC 381－109	垫　板　432－16(E)	68	块		左右开各 34
12	SC 381－107	接头垫板	16	块		AZ、AY 各 8
13	SC 381－234	接头垫板	8	块		CY、C′Y 的各 4
14	SC 381－235	接头垫板	8	块		CZ、C′Z 的各 4
15	专线 3351	Ⅱ型弹条	896	个	60Si2CrVA	
16	专线 4232－4	螺　栓　M24×65	896	个		
17	TB/T 2345	接头夹板	32	个		
18	TB/T 2347	接头螺栓、螺母　M24×160	96	副		
19	NS－01(b)－c	螺　母　M24	896	个		

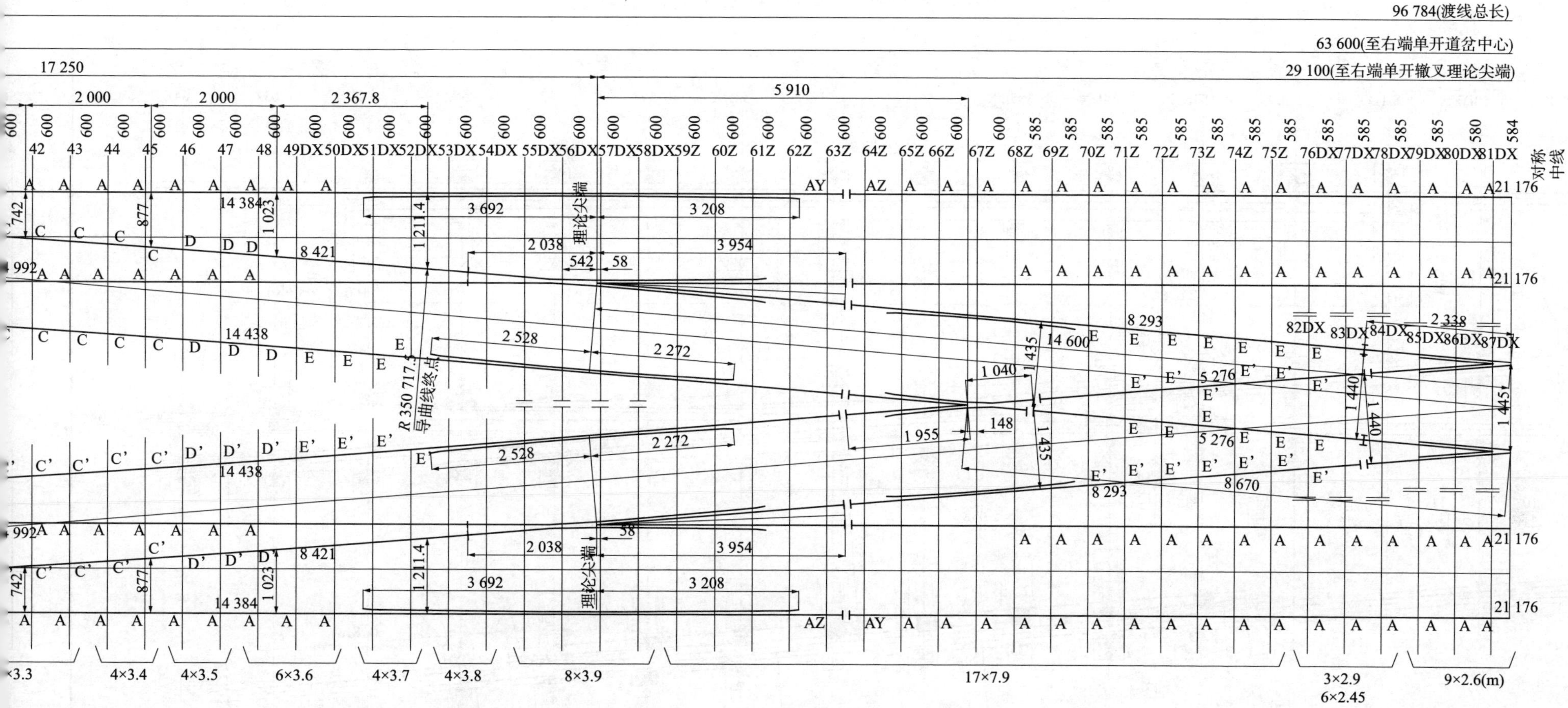

续表 3

号	图号 / 标准	名称及规格	数 量	单位	材 料	备 注
0	NS－07	限位板 M24	896	个		
1	GB/T 1230	高强度平垫圈 24	96	个		
2	GB/T 7244	弹簧垫圈 30	896	个	65Mn	
3	SC 381－133	岔枕螺栓 160	896	个		
4	研线 9807－06	轨距块 8－10	416	个		
5	研线 9807－06	轨距块 12－14	416	个		
6	研线 9807－06	轨距块 6－16	50	个		备用
7	研线 9807－06a	接头轨距块 8－10	16	个		
8	研线 9807－06a	接头轨距块 12－14	16	个		
9	SC 381－142	绝缘轨距块 8－10	24	个	玻璃纤维	
0	SC 381－142	绝缘轨距块 12－14	24	个	玻璃纤维	
1		钢轨绝缘	12	个		
2	SC 381－403	轨下橡胶垫 75－210	448	个	橡胶	
3	SC 381－404	板下橡胶垫 432×195×10	416	个	橡胶	
4	SC 381－405	板下橡胶垫 432－195－20	16	个	橡胶	
5	SC 381－410	板下橡胶垫 432×205×10	16	个	橡胶	
6	SC 340－601	混凝土岔枕接头（一）	26	个		
7	SC 340－602	混凝土岔枕接头（二）	8	个		

技 术 要 求

1. 图中钢轨普通接头、绝缘接头分别以"—┤├—"、"┼"表示。
2. 普通接头及绝缘接头钢轨轨缝为 8 mm。
3. 钢轨顶面进行全长淬火，淬火技术条件按 TB/T 1779 的规定。
4. 钢轨数量的配置：图中钢轨数量是按绝缘设置在侧股配置。
5. 12 号单开辙叉及护轨分 A、B 型两种：左端上方为 A 型，下方为 B 型；右端上方为 B 型，下方为 A 型。
6. 钢轨表中的钢轨长度按采用普通接头设计，如采用其他接头时，以用户提供的配轨图为准。
7. 客户订货时，需指明转辙器是否带迎轮护轨。

注：CY 即为 CY 右、C'Y 即为 CY 左、CZ 即为 CZ 右、C'Z 即为 CZ 左。

75 kg/m 钢轨 5.3 m 间距交叉渡线 12 号辙叉及护轨

图　号：SC 444－200

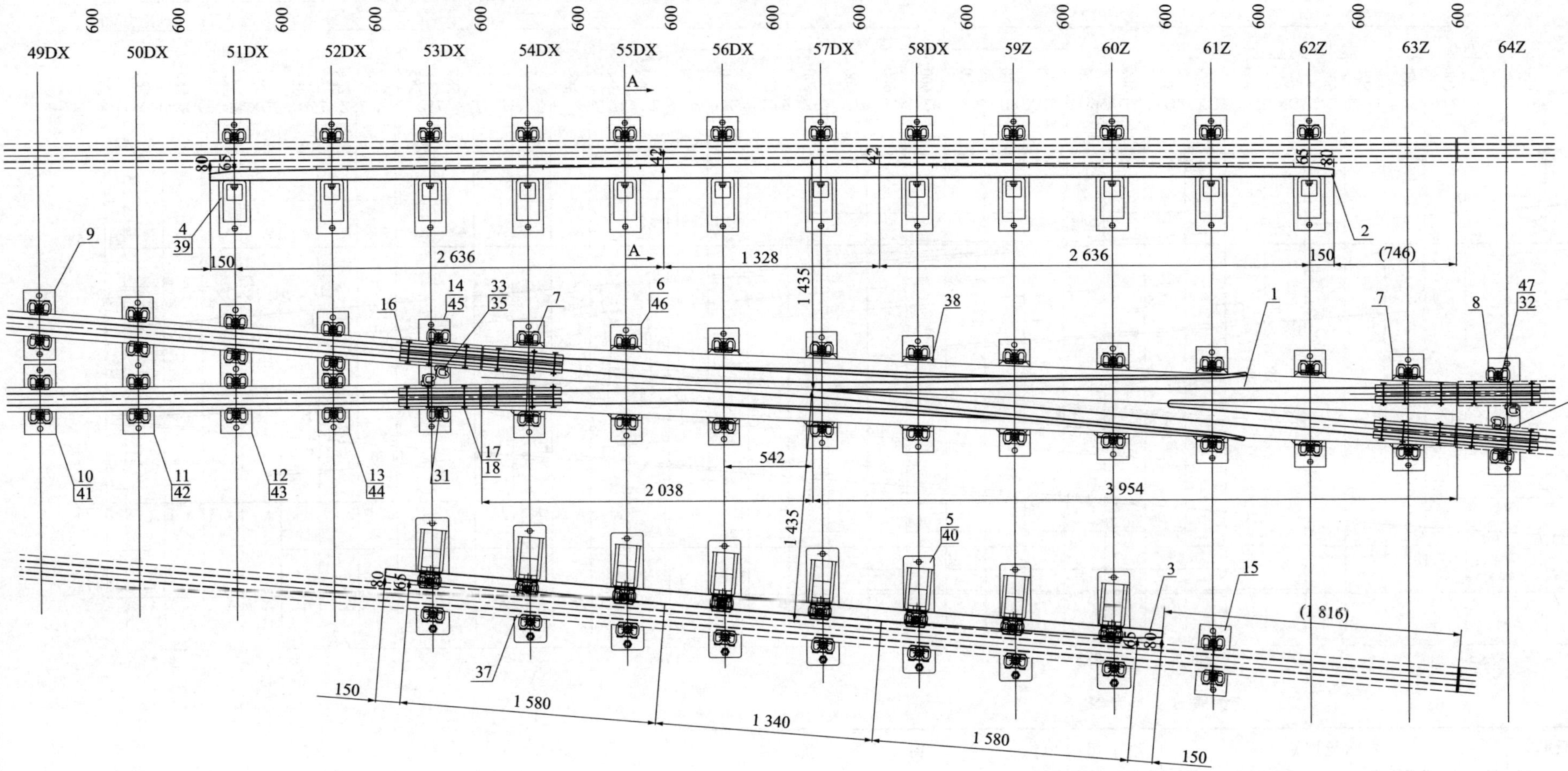

A－A

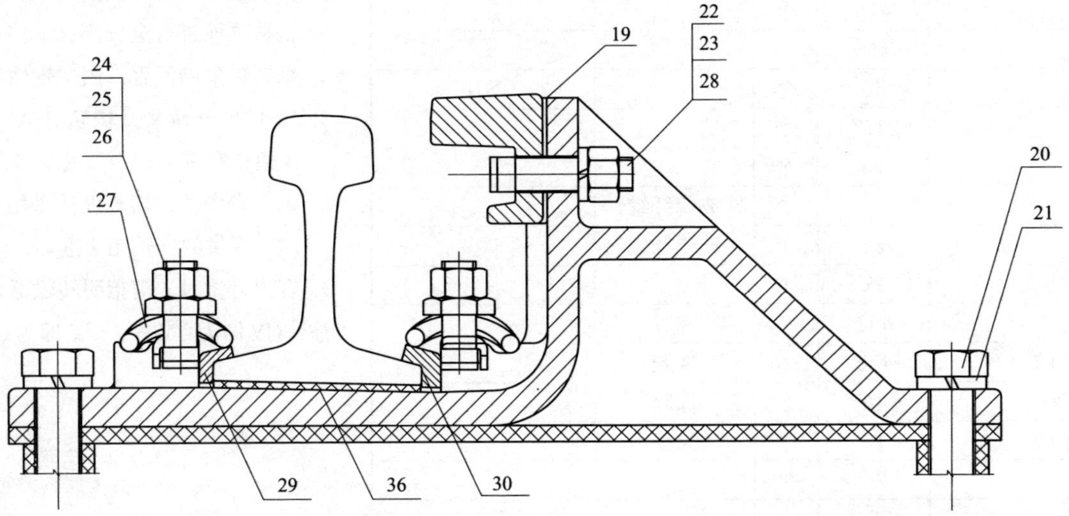

70 kg/m 钢轨 5.0 m 间距交叉渡线 6 号锐角辙叉及护轨

图　号：SC 444－300

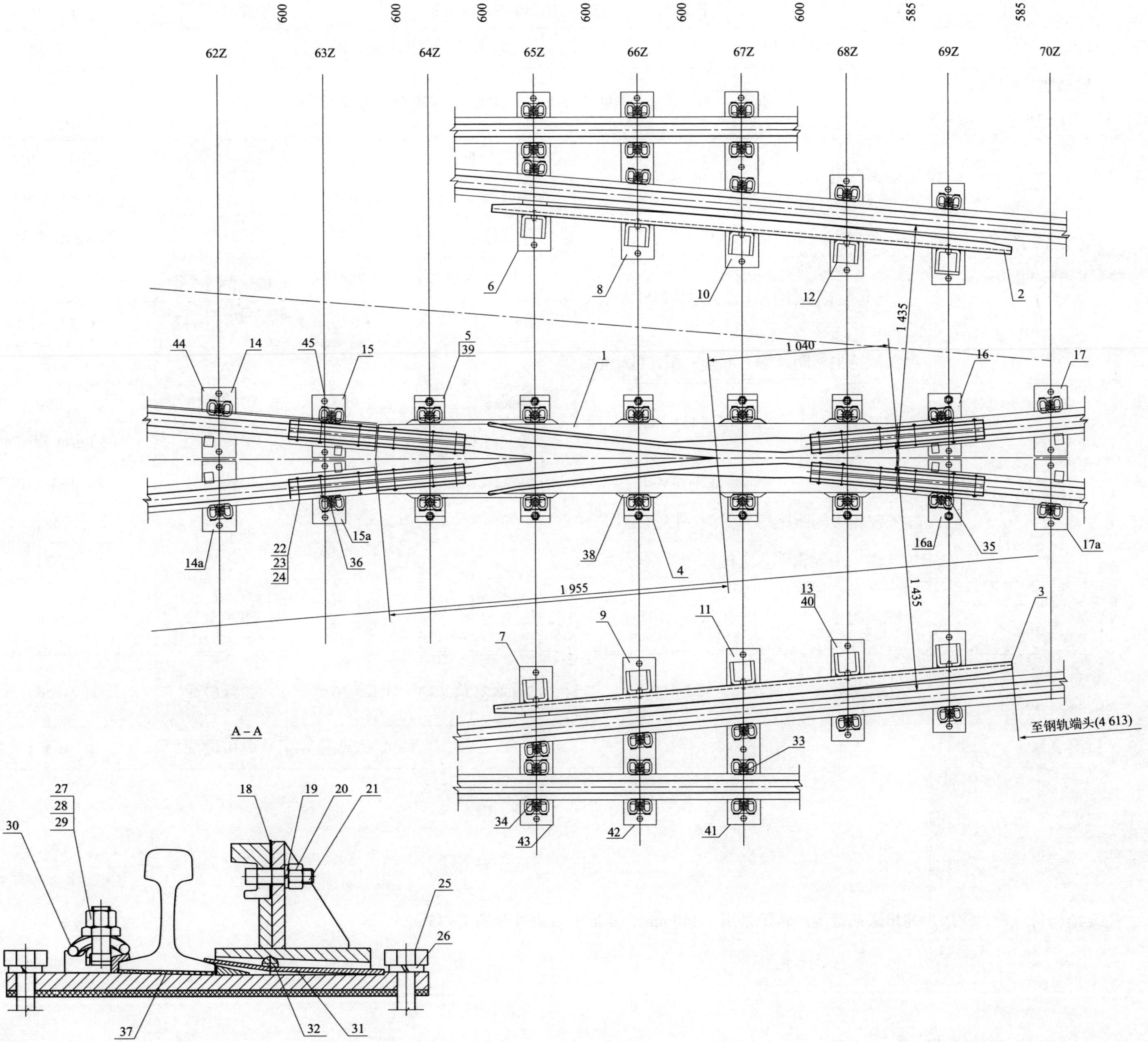

96. 75 kg/m 钢轨 12 号道岔 5.5 m 间距交叉渡线(混凝土枕)
设计图号：SC 445

道岔允许通过速度	客车	—			扣件类型		Ⅱ型弹条
	货车	轴重 25 t：$v_{直}$≤90 km/h；$v_{侧}$≤45 km/h			轨底坡		1∶40
A(B)型辙叉角	4°45′49″		锐角/钝角辙叉角				9°31′38″
转辙器 SC 381－100	详见“75 kg/m 钢轨 12 号单开道岔［SC 381］”						
12 号 A(B)型辙叉及护轨 SC 444－200	辙叉图号	SC443－202	辙叉全长	5 992	护轨长度		直向：6 900
			辙叉趾长	2 038			侧向：4 800
	辙叉形式	高锰钢整铸式	辙叉跟长	3 954	护轨轨型		33 kg/m 槽型钢
	护轨端头距导轨端头定位尺寸		直　向	746	护轨图号	直	SC 443－203
			侧　向	3 020		侧	SC 443－204
	辙叉理论尖端距趾端方向前一根岔枕中心距离						542
6 号锐角辙叉及护轨 SC 445－100	辙叉图号	SC 443－302	辙叉全长	2 995	护轨长度		3 000
			辙叉趾长	1 040	护轨轨型		33 kg/m 槽型钢
	辙叉形式	高锰钢整铸式	辙叉跟长	1 955	护轨图号		SC 444－302
	辙叉理论尖端距趾端方向前一根岔枕中心距离						148
	护轨端头距导轨端头定位尺寸						4 624
6 号钝角辙叉 SC 444－400	辙叉图号	SC 443－401	辙叉类型	高锰钢 整铸式	辙叉全长		4 676
岔枕图号 SC 445－500	岔枕总数	322 根	岔枕展延长	1 129.16 m	套管总数		2 168
批准文号	—				应用情况		★★
主要结构特点	钝角辙叉范围内轨距采用 1 440 mm，菱形中轨距过渡到 1 435 mm。						

6 号锐角辙叉及护轨明细表

序号	图号 / 标准	名称及规格	数量	单位	材　料	备　注
1	SC 443－302	75－6 号高锰钢锐角辙叉	1	棵		
2	SC 444－302	锐叉护轨　3 000	1	根	33 kg/m 槽型钢	
3	SC 444－302	锐叉护轨　3 000	1	根	33 kg/m 槽型钢	按序号 2 对称制造
4	SC 443－304	辙叉垫板　732	3	块	Q235	
5	SC 443－305	辙叉接头垫板　732	2	块	Q235	
6	SC 445－102	垫　板　760	1	块	Q235	
7	SC 445－102	垫　板　760	1	块	Q235	按序号 6 对称制造
8	SC 445－103	垫　板　810	1	块	Q235	
9	SC 445－103	垫　板　810	1	块	Q235	按序号 8 对称制造
10	SC 444－305	护轨垫板　1 048	1	块	Q235	
11	SC 444－305	护轨垫板　1 048	1	块	Q235	按序号 10 对称制造
12	SC 444－306	护轨垫板　620	4	块	16Mn	
13	SC 444－306	护轨垫板　620	4	块	16Mn	按序号 12 对称制造
14	SC 444－307	垫　板　405	1	块	Q235	
14a	SC 444－307	垫　板　405	1	块	Q235	按序号 14 对称制造
15	SC 444－308	垫　板　359	1	块	Q235	
15a	SC 444－308	垫　板　359	1	块	Q235	按序号 15 对称制造
16	SC 444－309	垫　板　359	1	块	Q235	
16a	SC 444－309	垫　板　359	1	块	Q235	按序号 16 对称制造
17	SC 444－310	垫　板　405	1	块	Q235	
17a	SC 444－310	垫　板　405	1	块	Q235	按序号 17 对称制造
18	SC 381－109	垫　板　432－16(E)	4	块	Q235	左右开各 2 块
19	SC 402－213	护轨调整片　170 × 80 × 2	10	块	Q235	
		护轨调整片　170 × 80 × 3	10	块	Q235	
20	GB/T 7244	弹簧垫圈　24	10	个	65Mn	
21	NS－01(b)	螺　母　M24	10	个	5 级	
22	专线 4171－9	螺　栓　M24 × 85	10	个	5.6 级	
23	TB/T 2345	接头夹板	8	块		
24	TB/T 2347	接头螺栓及螺母　M24 × 160	24	副	10.9级	
25	GB/T 1230	高强度平垫圈　24	24	个		
26	SC 381－133	岔枕螺栓　160	64	个	65Mn	
27	GB/T 7244	弹簧垫圈　30	64	个		
28	专线 4232－4	T型螺栓　M24 × 65	56	个		

续上表

序号	图号 / 标准	名称及规格	数量	单位	材　料	备　注
29	NS-01(b)-c	螺　母　M24	56	个	4级	
30	NS-07	限位板　M24	56	个		
31	专线 3351	Ⅱ型弹条	56	个	60Si2CrVA	
32	专线 4232-33	弹　片　280	10	个	60Si2Mn	
33	专线 4232-34	销　钉　140	10	个	Q275	
34	研线 9807-06	轨距块　8-10	24	个	ZG 230-450	
35	研线 9807-06	轨距块　12-14	28	个	ZG 230-450	其中10个12号轨距块用于锰叉
36	研线 9807-06a	接头轨距块　8-10	2	个	ZG 230-450	
37	研线 9807-06a	接头轨距块　12-14	2	个	ZG 230-450	
38	SC 381-403	轨下橡胶垫板　75-210	32	块	橡胶	
39	SC 443-410	叉下橡胶垫板　449×210×5	5	块	橡胶	
40	SC 381-407	橡胶垫板　732×195×10	5	块	橡胶	
41	SC 381-407	橡胶垫板　405×195×10	4	块	橡胶	
42	SC 443-411	橡胶垫板　359×195-20	4	块	橡胶	
43	SC 381-407	橡胶垫板　620×195×10	8	块	橡胶	
44	SC 381-408	橡胶垫板　1 048×195-394	2	块	橡胶	
45	SC 381-407	橡胶垫板　810×195×10	2	块	橡胶	
46	SC 381-407	橡胶垫板　760×195×10	2	块	橡胶	
47	SC 381-407	橡胶垫板　432×195×10	4	块	橡胶	

75 kg/m 钢轨 5.5 m 间距交叉渡线 6 号锐角辙叉及护轨

图　号：SC 445－100

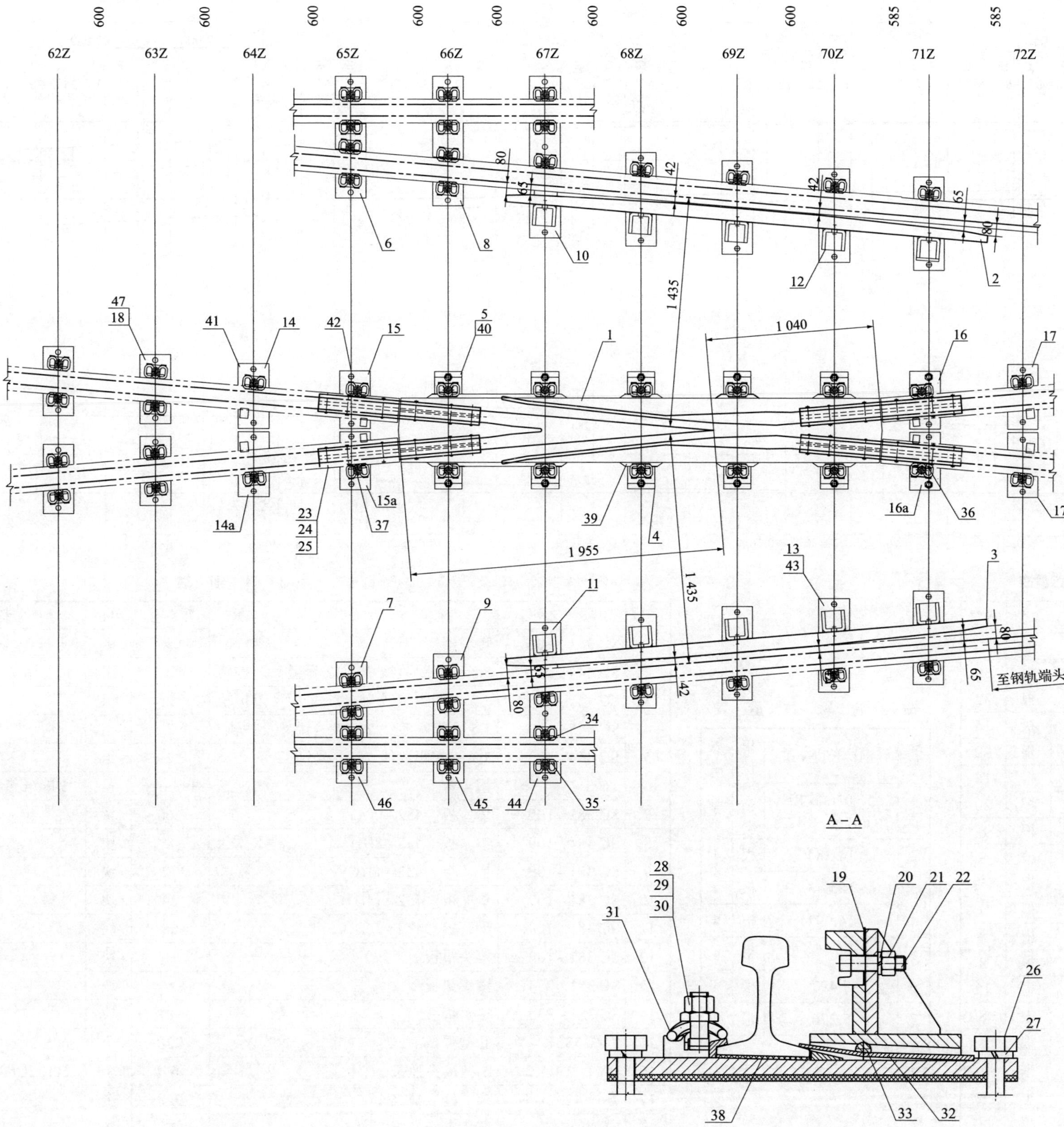

75 kg/m 钢轨 12 号 5.5 m 间距交叉渡线

图 号：SC 445

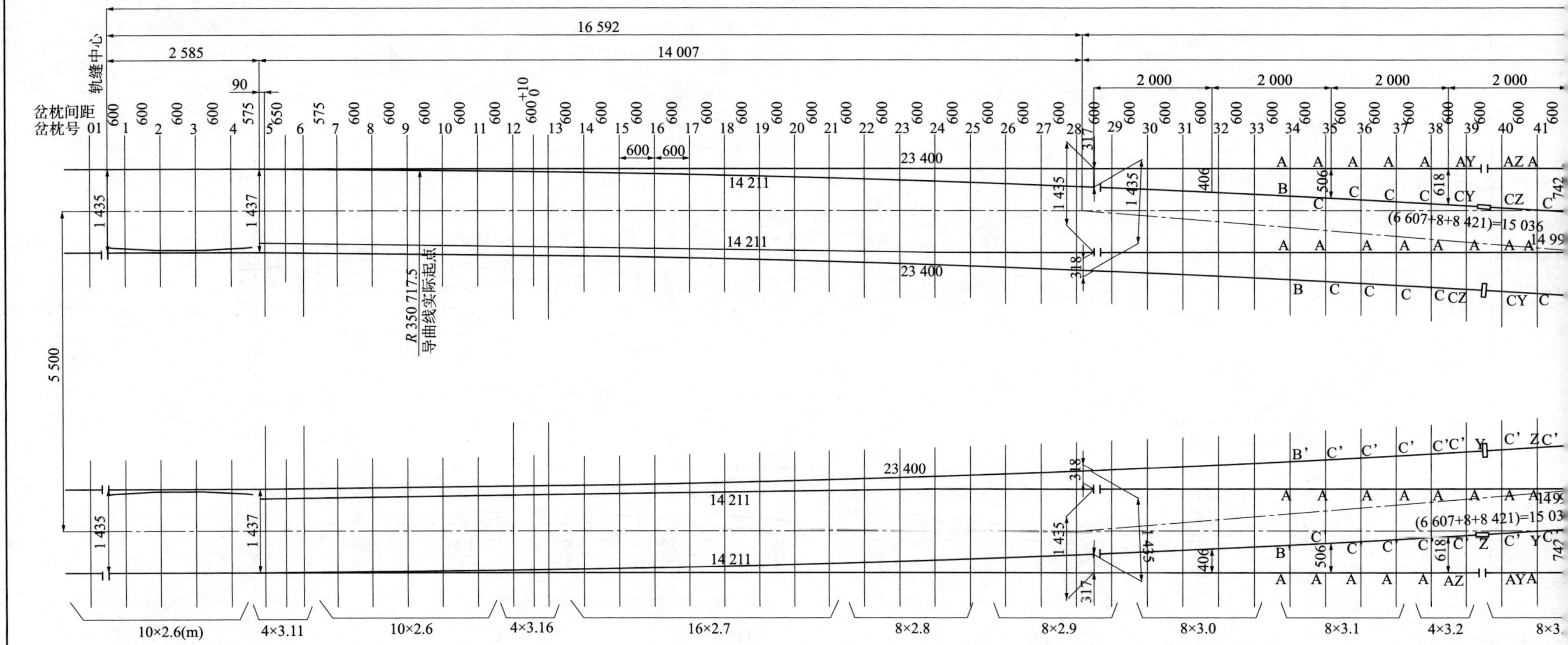

表 1 混凝土枕数量表

序号	混凝土枕长度 (m)	单位	数量
1	2.45	根	20
2	2.6	根	58
3	2.7	根	32
4	2.8	根	16
5	2.9	根	22
6	3.0	根	16
7	3.1	根	20
8	3.11	根	8
9	3.16	根	8
10	3.2	根	8
11	3.3	根	16
12	3.4	根	8
13	3.5	根	8
14	3.6	根	12
15	3.7	根	8
16	3.8	根	8
17	3.9	根	16
18	4.0	根	8
19	8.1铰	根	30
共 322 根，展延长 1 129.16 m			

表 2 钢 轨 数 量 表

序号	钢轨长度(m)	单位	数量
1	15 036 胶接 (6 607+8+8 421)	根	4
2	14.384	根	4
3	15.643	根	4
4	14.992	根	4
5	23.576	根	4
6	9.497	根	4
7	5.276	根	4
共 28 根			

表 3 明 细 表

序号	图号 / 标准	名称及规格	数 量	单位	材 料	备 注
1	SC 381－100	转辙器	4	组		左右开各 2 组
2	SC 444－200	5.3 m 间距渡线 75－12 号辙叉及护轨	2	组		A 型
3	SC 444－200	5.3 m 间距渡线 75－12 号辙叉及护轨	2	组		B 型
4	SC 445－100	5.5 m 间距渡线 75－6 号锐叉及护轨	2	组		
5	SC 444－400	5.3 m 间距渡线 75－6 号钝叉	2	组		
6	TB/T 2344	钢 轨	393.616	m	75 kg/m 钢轨	
7	SC 381－109	垫 板 432－0(A)	260	块		
8	SC 381－109	垫 板 432－8(B)	8	块		左右开各 4
9	SC 381－109	垫 板 432－11(C)	72	块		左右开各 36
10	SC 381－109	垫 板 432－14(D)	24	块		左右开各 12
11	SC 381－109	垫 板 432－16(E)	68	块		左右开各 34
12	SC 381－107	接头垫板	16	块		AZ、AY 各 8
13	SC 381－234	接头垫板	8	块		CY、C'Y 的各 4 块
14	SC 381－235	接头垫板	8	块		CZ、C'Z 的各 4 块
15	专线 3351	Ⅱ型弹条	928	个	60Si2CrVA	
16	HYT－LU－2	B 型接头弹条	64	个	60Si2CrVA	
17	专线 4232－4	螺 栓 M24 × 65	928	个		
18	TB/T 2345	接头夹板	32	块		
19	TB/T 2347	接头螺栓、螺母 M24(× 160)	96	副		

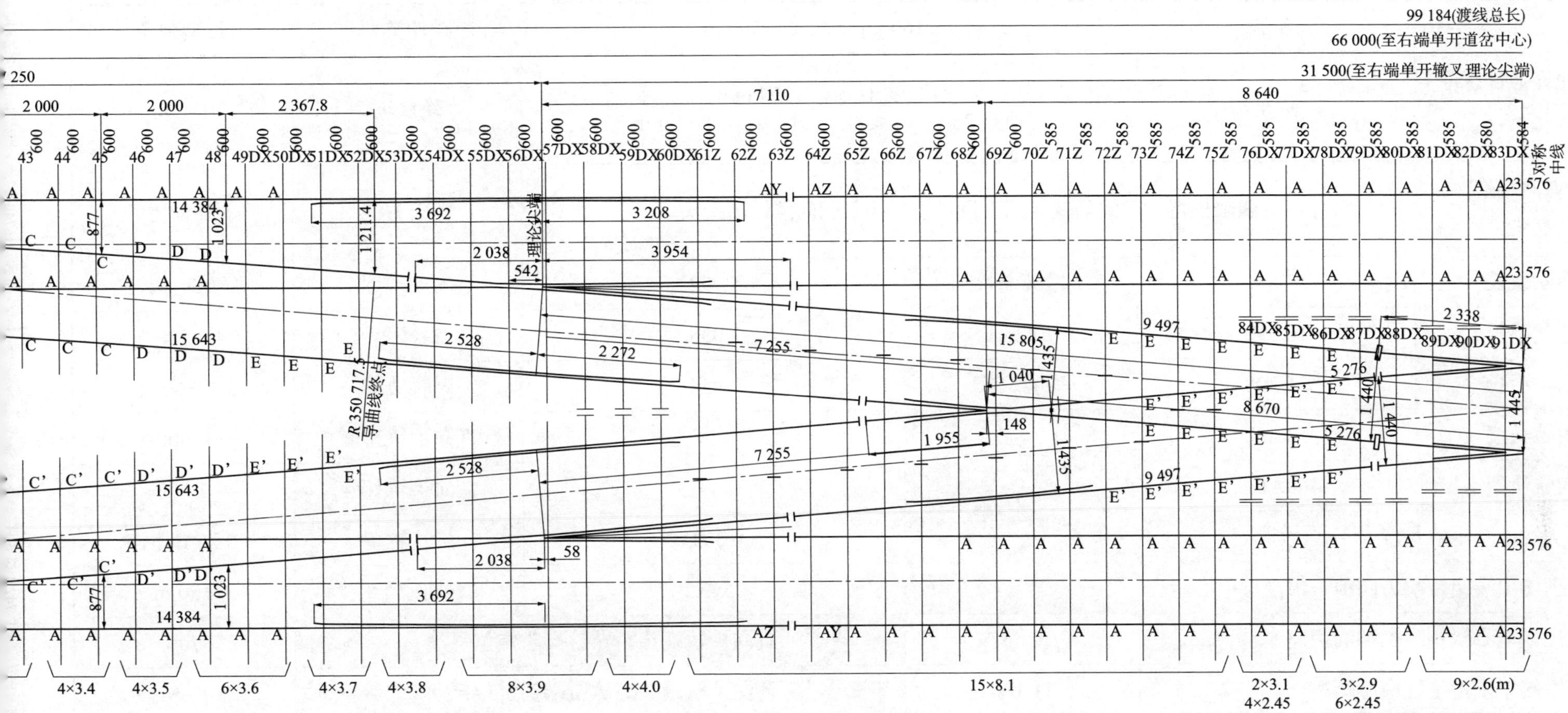

续表 3

序号	图号 / 标准	名称及规格	数 量	单位	材 料	备 注
20	NS-01(b)-c	螺 母 M24	928	个		
21	NS-07	限位板 M24	928	个		
22	GB/T 1230	高强度平垫圈 24	96	个		
23	GB/T 7244	弹簧垫圈 30	928	个	65Mn	
24	SC 381-133	岔枕螺栓 160	928	个		
25	研线 9807-06	轨距块 8-10	432	个		
26	研线 9807-06	轨距块 12-14	432	个		
27	研线 9807-06	轨距块 6-16	50	个		备用
28	研线 9807-06a	接头轨距块 8-10	16	个		
29	研线 9807-06a	接头轨距块 12-14	16	个		
30	SC 381-142	绝缘轨距块 8-10	24	个	玻璃纤维	
31	SC 381-142	绝缘轨距块 12-14	24	个	玻璃纤维	
32		钢轨绝缘（胶接 4 组，冻结 8 组）	12	个		
33	SC 381-403	轨下橡胶垫 75-210	464	个	橡胶	
34	SC 381-404	板下橡胶垫 432×195×10	432	个	橡胶	
35	SC 381-405	板下橡胶垫 432-195-20	16	个	橡胶	
36	SC 381-410	板下橡胶垫 432×205×10	16	个	橡胶	
37	SC 340-601	混凝土岔枕接头（一）	26	个		
38	SC 340-602	混凝土岔枕接头（二）	4	个		

技 术 要 求

1. 图中钢轨普通接头以"—|├—"表示、胶接绝缘接头以"—▭—"表示、冻结绝缘接头以"—╟—"表示。
2. 普通接头及绝缘接头钢轨轨缝为 8 mm。
3. 钢轨顶面进行全长淬火，淬火技术条件按 TB/T 1779 的规定。
4. 钢轨数量的配置：图中钢轨数量是按绝缘设置在侧股配置。
5. 12 号单开辙叉及护轨分 AB 型两种：左端上方为 A 型，下方为 B 型；右端上方为 B 型，下方为 A 型。
6. 钢轨表中的钢轨长度按采用普通接头设计，如采用其他接头时，以用户提供的配轨图为准。
7. 客户订货时，需指明转辙器是否带迎轮护轨。

注：CY 即为 CY 右、C'Y 即为 CY 左、CZ 即为 CZ 右、C'Z 即为 CZ 左。

97. 60 kg/m 钢轨 12 号单开道岔(混凝土枕) 设计图号：专线 4253					
道岔允许通过速度	客车	$v_{直}$≤160 km/h；$v_{侧}$≤50 km/h		扣件类型	Ⅲ型弹条
	货车	轴重 23 t：$v_{直}$≤90 km/h； 轴重 25 t：$v_{直}$≤80 km/h；$v_{侧}$≤50 km/h		轨底坡	1：40
转辙器跟端型式	■限位器 □间隔铁 □不设传力机构 □间隔铁活接头			锁闭方式	外锁闭
道岔全长	37 800	辙叉全长	5 992	辙叉类型	高锰钢整铸式
道岔前长	16 592	辙叉趾长	2 038	辙叉角	4°45′49″
道岔后长	21 208	辙叉跟长	3 954	翼轨轨型	—
尖轨长度	12 400	基本轨长度	16 792	直向护轨长度	6 900
尖轨轨型	60AT1			侧向护轨长度	4 800
尖轨尖端前基本轨长度			4 391	护轨轨型	50 kg/m 钢轨
辙叉理论尖端距趾端方向前一根岔枕中心距离			542	导曲线半径	350 m
尖轨尖端至心轨实际尖端的距离		29 567	直向护轨端头距导轨端头定位尺寸		746
道岔终端至末根岔枕中心距离		11 100	侧向护轨端头距导轨端头定位尺寸		1 681
最大构造加宽	1 440	测量位置	距基本轨前端 7 318 mm 处		
岔枕图号 专线 3399	岔枕总数	88 根	岔枕展延长	290.7 m	套管总数 495
转换设备图号 —	尖轨动程	160、75		心轨动程	—
批准文号	专设标函〔2000〕082 号			应用情况	★
主要结构特点	1. 道岔采用 60AT1 钢轨弹性可弯尖轨，尖轨尖端为藏尖式。 2. 道岔轨下基础采用混凝土岔枕，岔枕均垂直于直股布置。 3. 转辙器滑床板、护轨垫板采用弹片加销钉扣压方式扣压基本轨内侧轨肢。				

转辙器明细表

序号	图号 / 标准	名称及规格	数量	材 料
1	专线 4254－5	直基本轨 16 792	1	60 kg/m 钢轨
2	专线 4254－6	曲基本轨 16 792	1	60 kg/m 钢轨
3	专线 4254－7	曲线尖轨 12 400	1	60AT 钢轨
4	专线 4254－8	直线尖轨 12 400	1	60AT 钢轨
5	专线 4267－17	垫 板 452－0	14	
6	专线 4267－19	滑床板 601－0	15	
7	专线 4267－19	滑床板 601－3	7	
8	专线 4267－19	滑床板 601－6	5	
9	专线 4267－19	滑床板 601－9	3	
10	专线 4267－23	防跳限位装置 60－0/30	1	
11	专线 4267－23	防跳限位装置 60－3/30	1	
12	专线 4254－9	滑床板 656－0	2	
13	专线 4254－9	滑床板 656－10.5	2	
14	专线 4254－10	垫 板 736	1	
15	专线 4254－10	垫 板 761	1	
16	专线 4254－11	垫 板 754	1	
17	专线 4254－12	垫 板 779	1	
18	专线 4254－12	垫 板 806	1	
19	专线 4254－13	垫 板 834	1	
20	专线 4254－13	垫 板 862	1	
21	专线 4254－13	垫 板 891	1	
22	专线 4254－13	垫 板 922	1	
23	专线 4254－14	垫 板 736	1	
24	专线 4254－14	垫 板 761	1	
25	专线 4254－15	垫 板 754	1	
26	专线 4254－16	垫 板 779	1	
27	专线 4254－16	垫 板 806	1	
28	专线 4254－17	垫 板 834	1	
29	专线 4254－17	垫 板 862	1	
30	专线 4254－17	垫 板 891	1	
31	专线 4254－17	垫 板 922	1	
32	专线 4232－50	螺 钉 M30×165	144	45
33	GB/T 7244	弹簧垫圈 30	144	60Mn

续上表

序号	图号 / 标准	名称及规格	数量	材　料
34	专线 3328－3	Ⅲ型弹条	112	60Si2CrVA
35	专线 9602	Ⅲ型接头弹条	24	60Si2CrVA
36	专线 4232－33	弹　片　250	32	60Si2Mn
37	专线 4232－33	弹　片　310	4	60Si2Mn
38	专线 4232－34	销　钉　95	36	Q275
39	专线 4267－3	轨距块　60-9	76	ZG 270－500
40	专线 4267－3	轨距块　60-11	36	ZG 270－500
41	专线 4267－4	接头轨距块　60-9	10	ZG 270－500
42	专线 4267－4	接头轨距块　60-11	14	ZG 270－500
43	专线 4232－51	橡胶垫板　60-190	42	橡胶
44	专线 4232－55	橡胶垫板　60-190	36	橡胶
45	专线 4232－51	橡胶垫板　60-210	8	橡胶
46	专线 4232－53	橡胶垫板　452 × 175 × 10	14	橡胶
47	专线 4232－56	橡胶垫板　601	32	橡胶
48	专线 4232－56	橡胶垫板　656	4	橡胶
49	专线 4232－53	橡胶垫板　736 × 195 × 10	2	橡胶
50	专线 4232－53	橡胶垫板　761 × 195 × 10	2	橡胶
51	专线 4232－53	橡胶垫板　754 × 195 × 10	2	橡胶
52	专线 4232－53	橡胶垫板　779 × 175 × 10	2	橡胶
53	专线 4232－53	橡胶垫板　806 × 175 × 10	2	橡胶
54	专线 4232－54	橡胶垫板　834-382	2	橡胶
55	专线 4232－54	橡胶垫板　862-396	2	橡胶
56	专线 4232－54	橡胶垫板　891-411	2	橡胶
57	专线 4232－54	橡胶垫板　922-426	2	橡胶
58	专线 4267－3	轨距块　60-7	76	ZG 270－500
59	专线 4267－3	轨距块　60-13	40	ZG 270－500
60	专线 4267－4	接头轨距块　60-7	10	ZG 270－500
61	专线 4267－4	接头轨距块　60-13	10	ZG 270－500

辙叉及护轨明细表

序号	图号 / 标准	名称及规格	数量	材　料	备　注
1	专线 4255-4	高锰钢辙叉　60-12T	1	ZGMn13	
2	专线 4255-5	直向护轨　6 900	1	50 kg/m 钢轨	
3	专线 4255-6	侧向护轨　4 800	1	50 kg/m 钢轨	
4	专线 4255-7	辙叉垫板　739	8		
5	专线 4255-7	辙叉垫板　739	2		
6	专线 4255-8	垫　板　719	1		
7	专线 4255-9	垫　板　769	1		
8	专线 4255-10	垫　板　817	1		
9	专线 4255-10	垫　板　865	1		
10	专线 4255-10	垫　板　912	1		
11	专线 4255-11	垫　板　740	1		
12	专线 4255-12	垫　板　790	1		
13	专线 4255-13	垫　板　840	1		
14	专线 4255-13	垫　板　890	1		
15	专线 4267-17	垫　板　452-0	7		
16	专线 4267-17	垫　板　452-17	11		
17	专线 4267-20	护轨垫板　600	12		
18	专线 4255-14	护轨斜垫板　610	8		
19	专线 4232-22	调整片　147×140×3/2	20/40	Q236	
20	TB/T 2345	接头夹板	8		
21	TB/T 2347	接头螺栓　M24×135-10.9	24		带螺母
22	专线 4232-5	螺　栓　M24×110	12	20SiMn	
23	专线 4232-5	螺　栓　M24×100	8	20SiMn	护轨两端用
24	专线 4232-50	螺　栓　M30×165	119	45	
25	专线 9604	螺　母　M24	20		包括弹垫
26	GB/T 1230	垫　圈　24	24		
27	GB/T 93	垫　圈　30	119	65Mn	
28	专线 3328-3	Ⅲ型弹条	92	60Si2CrVA	
29	专线 9602	Ⅲ型接头弹条	20		
30	专线 4267-3	轨距块　60-9	56		
31	专线 4267-3	轨距块　60-11	36		
32	专线 4267-4	接头轨距块　60-9	10		
33	专线 4267-4	接头轨距块　60-11	10		

续上表

序号	图号 / 标准	名称及规格	数量	材　　料	备　　注
34	专线 4232－33	弹　片　250	20		
35	专线 4232－34	销　钉　155	20		
36	专线 4232－51	橡胶垫板　60–190	52		
37	专线 4232－52	橡胶垫板　439×190×5	10		
38	专线 4232－53	橡胶垫板　739×175×10	10		
39	专线 4232－53	橡胶垫板　719×195×10	1		
40	专线 4232－53	橡胶垫板　769×175×10	1		
41	专线 4232－54	橡胶垫板　817–373	1		
42	专线 4232－54	橡胶垫板　865–397	1		
43	专线 4232－54	橡胶垫板　912–421	1		
44	专线 4232－53	橡胶垫板　740×195×10	1		
45	专线 4232－53	橡胶垫板　790×195×10	1		
46	专线 4232－54	橡胶垫板　840–385	1		
47	专线 4232－54	橡胶垫板　890–410	1		
48	专线 4232－53	橡胶垫板　452×175×10	18		
49	专线 4232－82	橡胶垫板　600×175×5	12		
50	专线 4232－82	橡胶垫板　610×175×5	8		
51	专线 4232－51	橡胶垫板　60–210	4		
52	专线 4267－3	轨距块　60–7	56		
53	专线 4267－3	轨距块　60–13	36		
54	专线 4267－4	接头轨距块　60–7	10		
55	专线 4267－4	接头轨距块　60–13	10		

60 kg/m 钢轨 12 号改 II 型单开道岔辙叉及护轨
图　号：专线 4255

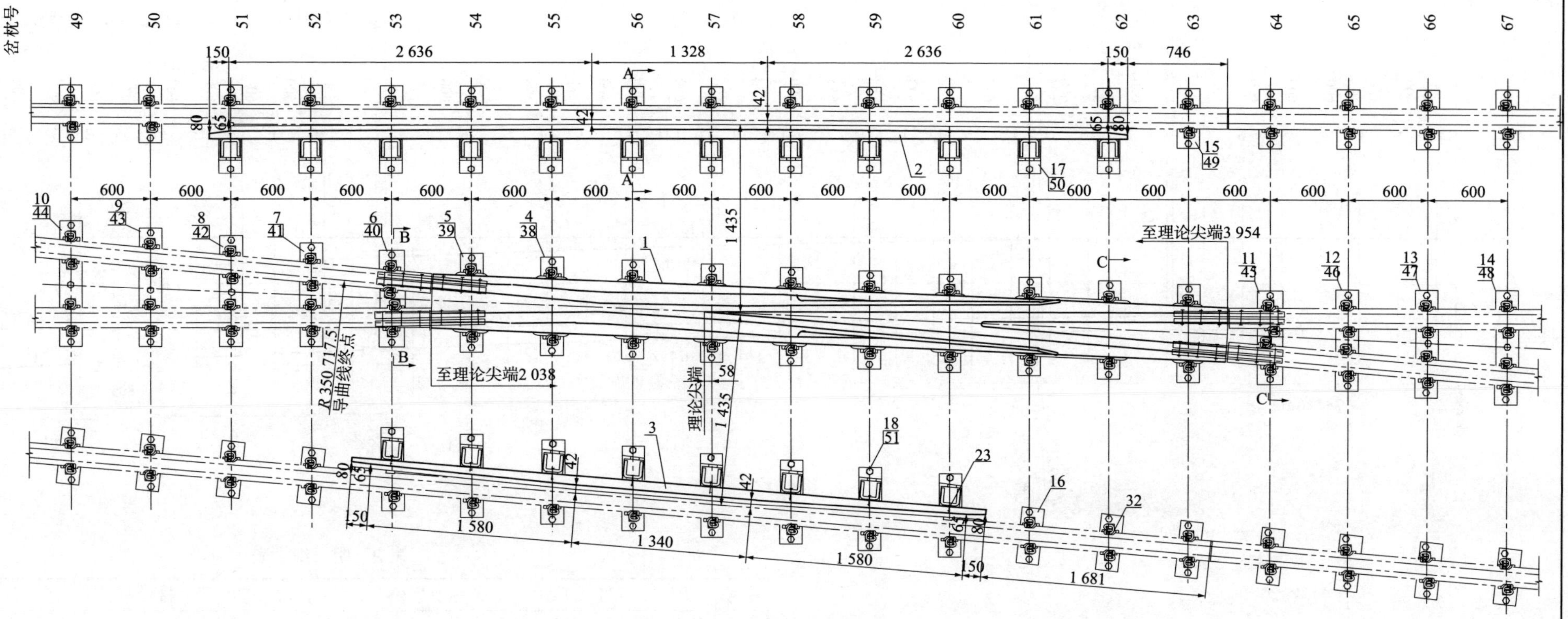

A－A

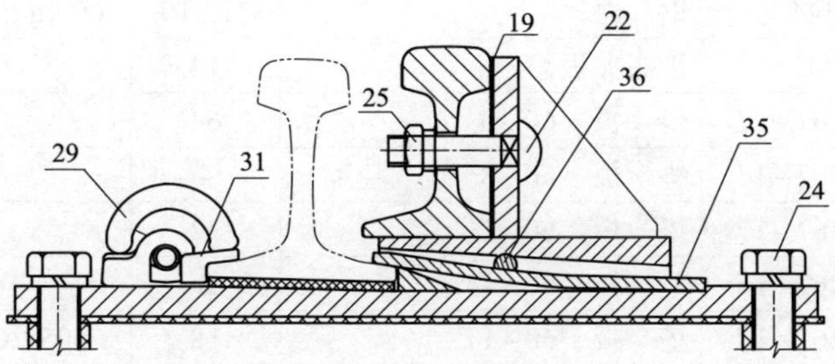

B－B

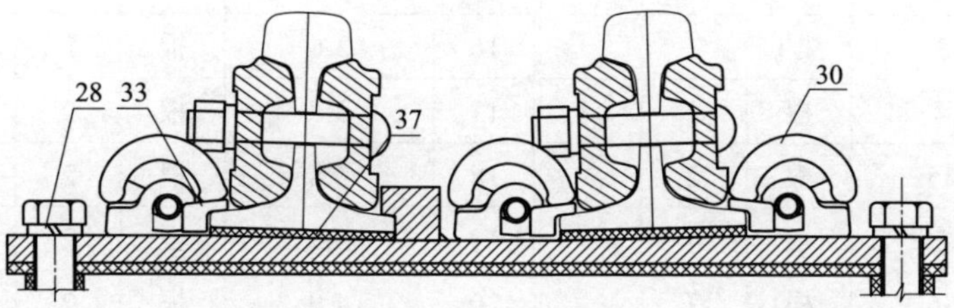

C－C 旋转

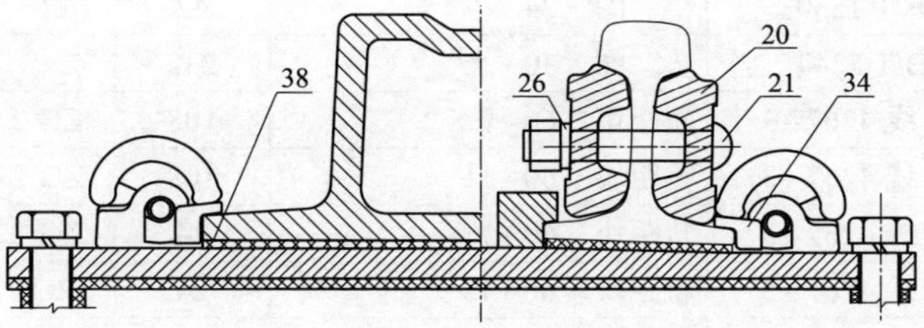

技 术 要 求

1. 组装护轨时，应使用 3 mm 厚的护轨调整片，如查照间隔或护背距离不合格时，可用调整片进行调整。调整片横向安装。
2. 查照间隔及护背距离在心轨轨头宽 20～30 mm 处测量。
3. 钢轨工作边一侧安装 11 号轨距块，非工作边一侧安装 9 号轨距块；辙叉一侧安装 11 号轨距块，另一侧安装 9 号轨距块。
   7 号和 13 号轨距块为备用，供现场调整用。

60 kg/m 钢轨 12 号改 II 型单开道岔
图　号：专线 4253

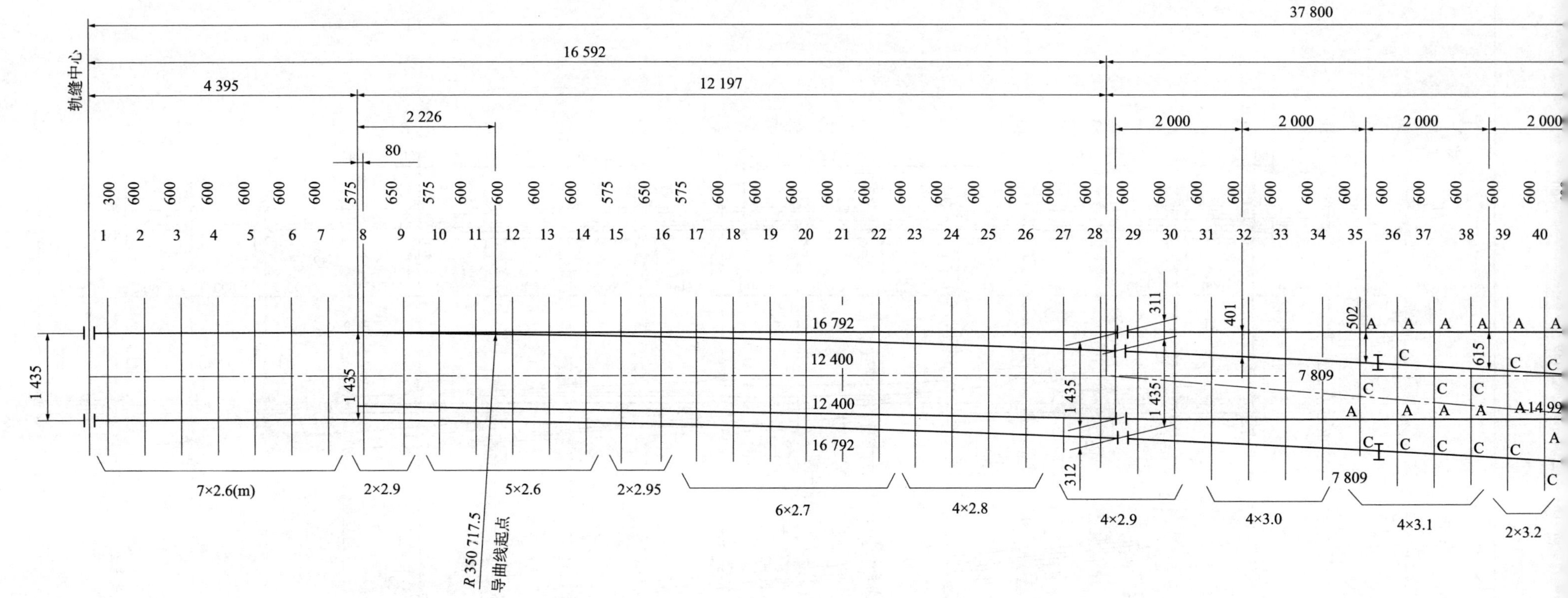

表 1　岔枕数量表

序号	岔枕长度(m)	单位	数量	备注	序号	岔枕长度(m)	单位	数量	备注
1	2.3	根	2		16	3.6	根	2	
2	2.4	根	2		17	3.7	根	2	
3	2.45	根	2		18	3.8	根	2	
4	2.5	根	4		19	3.9	根	2	
5	2.55	根	2		20	4.0	根	2	
6	2.6	根	12		21	4.1	根	2	
7	2.7	根	6		22	4.2	根	2	
8	2.8	根	4		23	4.3	根	2	
9	2.9	根	6		24	4.4	根	2	
10	3.0	根	4		25	4.5	根	2	
11	3.1	根	4		26	4.6	根	2	
12	3.2	根	2		27	4.7	根	4	
13	3.3	根	2		28	4.8	根	4	
14	3.4	根	2		29	2.95	根	2	
15	3.5	根	2						

表 2　明　细　表

序号	图号 / 标准	名称及规格	数　量	材　料	备　　注
1	专线 4254	转辙器	1		
2	专线 4255	辙叉及护轨	1		
3	TB/T 2344	钢　轨	71.919	60 kg/m 钢轨	
4	TB/T 2345	接头夹板	14		
5	专线 4267-17	垫　板　60-0	64		
6	专线 4267-17	垫　板　60-8	4		
7	专线 4267-17	垫　板　60-11	22		
8	专线 4267-17	垫　板　60-14	8		
9	专线 4267-17	垫　板　60-17	18	60Si2CrVA	
10	专线 3328-3	Ⅲ型弹条	216		
11	专线 9602	Ⅲ型接头弹条	16		
12	TB/T 2347	接头螺栓　M24×135-10.9	42		带母
13	GB/T 1230	垫　圈　24	42		
14	GB/T 7244	垫　圈　30	232		
15	专线 4267-3	轨距块　60-9	108	ZG 270-500	
16	专线 4267-3	轨距块　60-11	108	ZG 270-500	
17	专线 4267-3	轨距块　60-7	24	ZG 270-500	
18	专线 4267-3	轨距块　60-13	24	ZG 270-500	
19	专线 4267-4	接头轨距块　60-9	8	ZG 270-500	
20	专线 4267-4	接头轨距块　60-11	8	ZG 270-500	
21	专线 4267-4	接头轨距块　60-7	3	ZG 270-500	

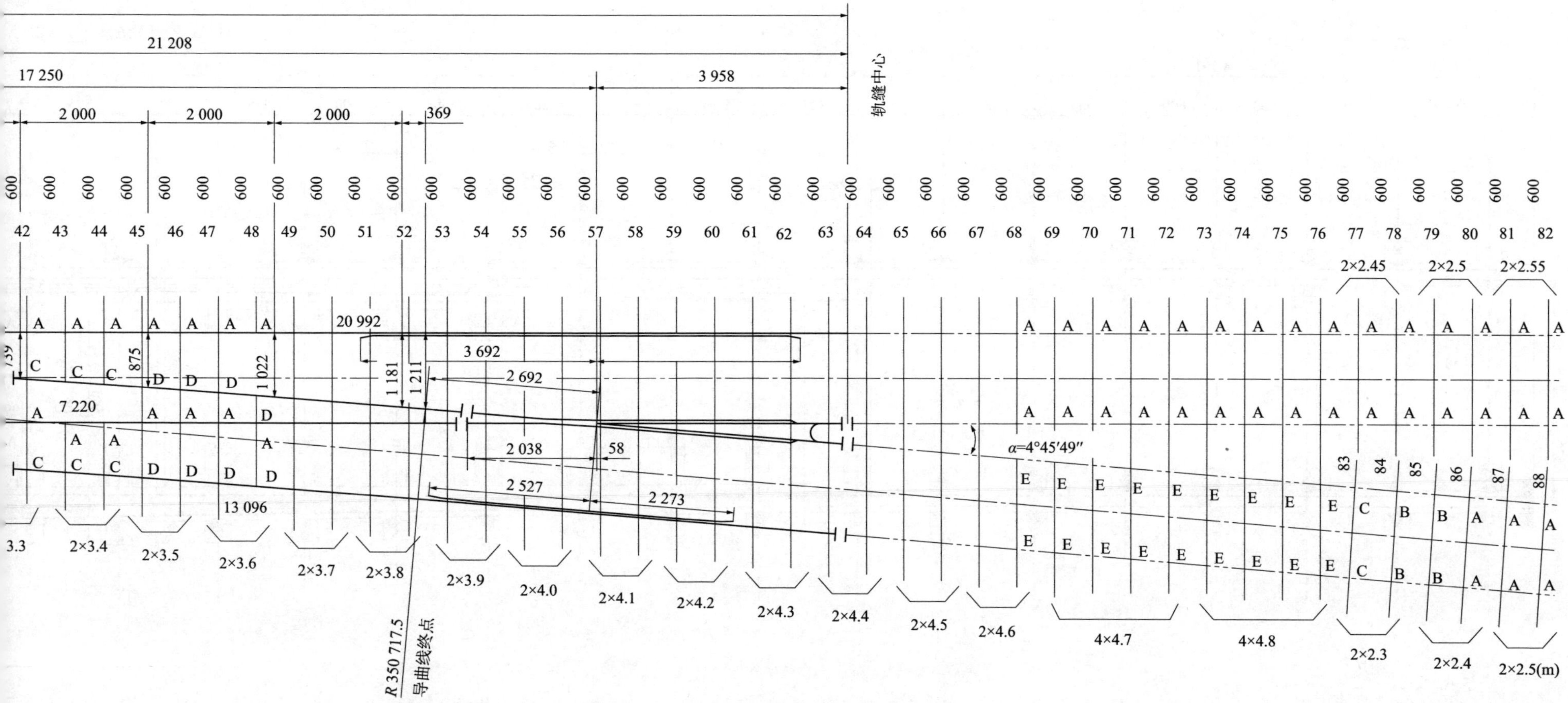

续表 2

序号	图号 / 标准	名称及规格	数　量	材　料	备　　注
22	专线 4267-4	接头轨距块　60-13	3	ZG 270-500	
23	专线 4232-50	螺　钉　M30×165	232	45号钢	
24	专线 4232-53	橡胶垫板　452×175×10	116	橡胶	
25	专线 4232-51	橡胶垫板　60-190	116	橡胶	
26		钢轨绝缘	2	胶接绝缘	

图 1　转辙器部分轨距示意图

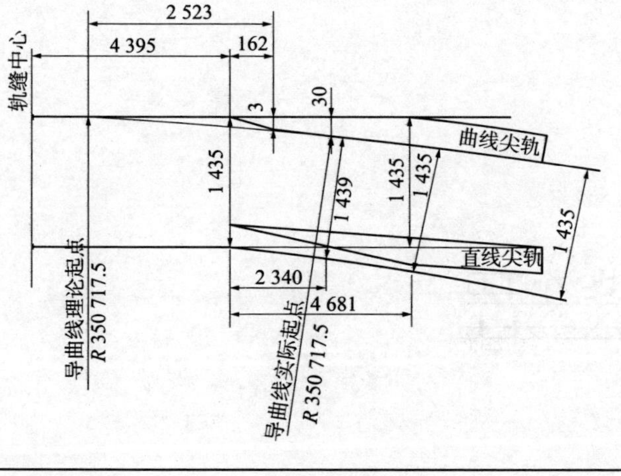

技　术　要　求

1. 本图根据专线 4253《60 kg/m 钢轨 12 号改Ⅱ型单开道岔》要求编制。
2. 本道岔岔枕均按垂直于正线方向布置。
3. 普通接头及绝缘接头钢轨轨缝为 8 mm，焊接接头采用铝热焊，轨缝按 28 mm 计；采用气压焊，焊接钢轨端头需加长 31 mm。
4. 图中钢轨普通接头、绝缘接头及焊接接头分别以"—|—"、"+"及"—●—"表示。
5. 轨距块设计安装号数如下：钢轨工作边一侧安装 11 号轨距块，非工作边一侧安装 9 号轨距块；7 号和 13 号轨距块为备用，供现场调整用。
6. 钢轨数量的配置，按用户需求配置。
7. 明细表中的平垫板包括五种类型，垫板 60-0、垫板 60-8、垫板 60-11、垫板 60-14、垫板 60-17 分别用符号 A、B、C、D、E 表示。
8. 铺设混凝土岔枕时，带编号一侧铺设在道岔直股外侧，侧股叉后短岔枕为对称枕，带编号一侧铺设在道岔侧股外侧。

60 kg/m 钢轨 12 号单开道岔转辙器
图　号：专线 4254

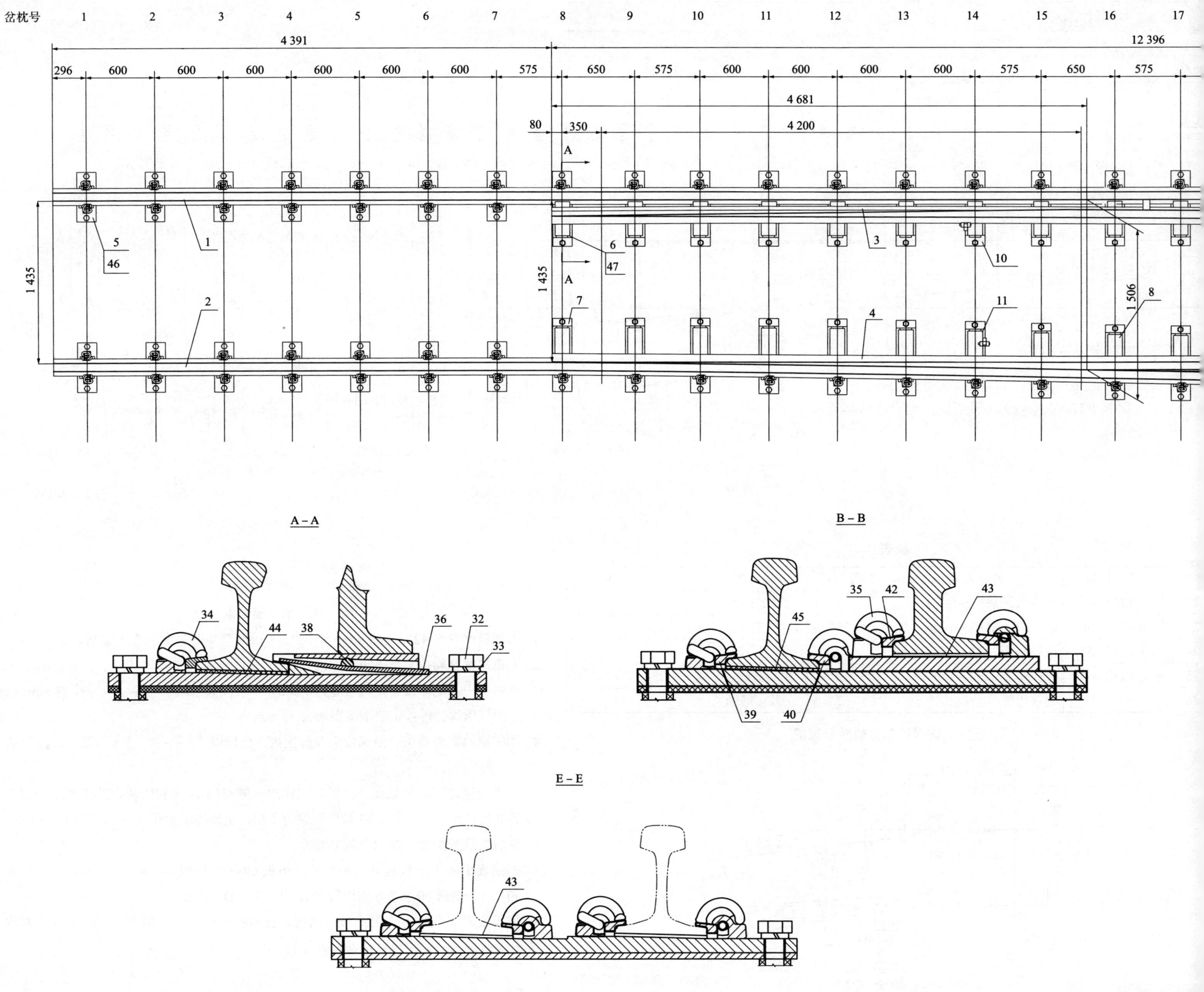

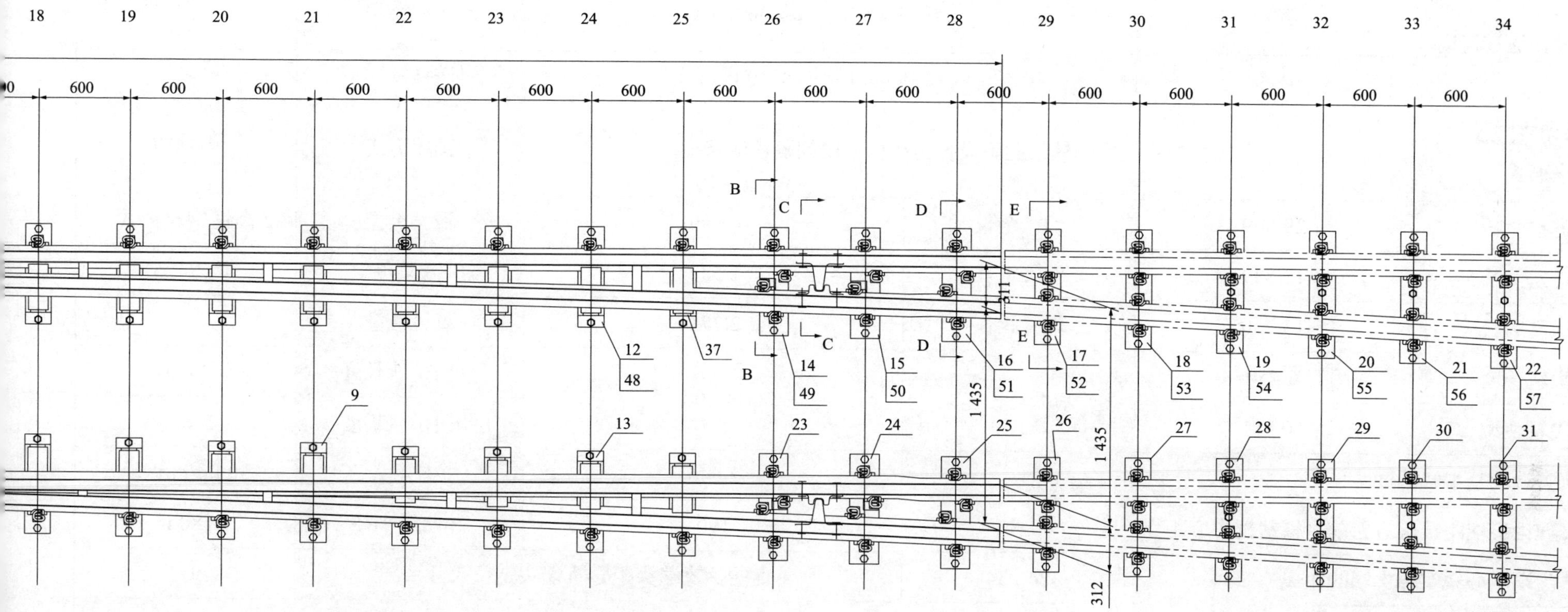

C – C

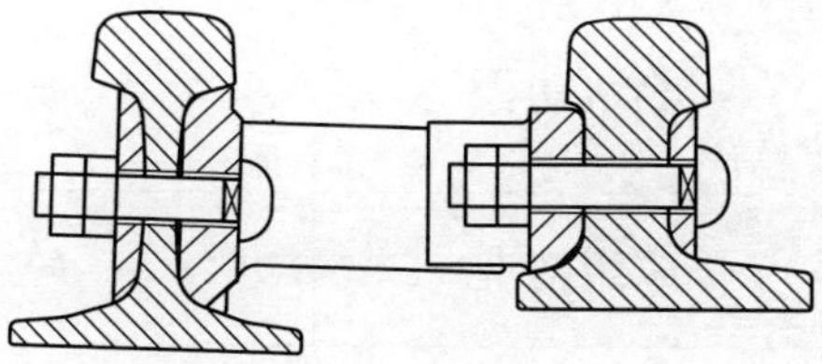

D – D

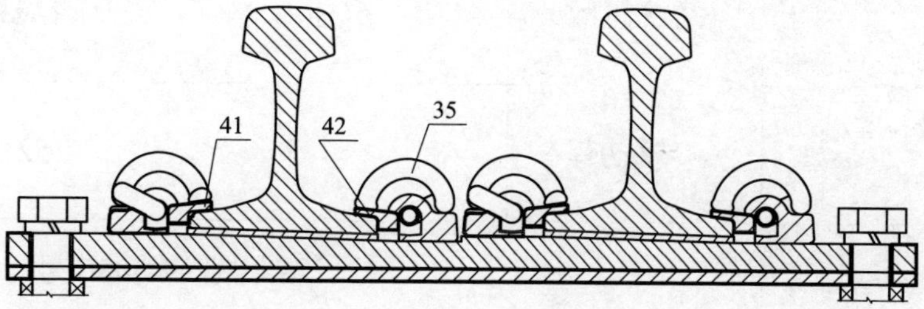

技 术 要 求

采用Ⅲ型弹条分开式可调扣件，轨距块设计安装号数如下：

钢轨工作边一侧，安装 11 号轨距块；钢轨非工作边一侧，安装 9 号轨距块。

7 号和 13 号轨距块为备用，供现场调整用。

98. 60 kg/m 钢轨 9 号单开道岔(木枕)
设计图号：专线 4194

道岔允许通过速度	客车	$v_{直}$≤95 km/h；$v_{侧}$≤30 km/h		扣件类型	刚性可调扣件（扣板）
	货车	$v_{直}$≤95 km/h；$v_{侧}$≤30 km/h		轨底坡	—
转辙器跟端形式	□限位器 □间隔铁 □不设传力机构 ■间隔铁活接头			锁闭方式	内锁闭
道岔全长	29 569	辙叉全长	4 309	辙叉类型	高锰钢整铸式
道岔前长	13 839	辙叉趾长	1 538	辙叉角	6°20′25″
道岔后长	15 730	辙叉跟长	2 771	翼轨轨型	—
尖轨长度	6 450	基本轨长度	11 200	直向护轨长度	3 800
尖轨轨型	60AT1			侧向护轨长度	3 800
尖轨尖端前基本轨长度			2 646	护轨轨型	50 kg/m 钢轨
辙叉理论尖端距趾端方向前一根岔枕中心距离			190	导曲线半径	180 m
尖轨尖端至心轨实际尖端的距离		24 234	直向护轨端头距导轨端头定位尺寸		977
道岔终端至末根岔枕中心距离		5 797	侧向护轨端头距导轨端头定位尺寸		977

最大构造加宽	—	测量位置	—				
岔枕图号 GB 154	岔枕总数	66 根	岔枕体积	8.64 m³	套管总数	—	
转换设备图号 —	尖轨动程	152			心轨动程	—	
批准文号	专设标 (94)080 号				应用情况	★	
主要结构特点	1. 尖轨采用 60AT1 钢轨制造，尖端为藏尖式。 2. 辙叉采用高锰钢整铸式，趾端及跟端均采用接头夹板固定连接。						

转辙器明细表

序号	图号 / 标准	名称及规格	数量	材　料	备　注
1	专线 4195－4	直基本轨　11 200	1		
2	专线 4195－5	曲基本轨　11 200	1		
3	专线 4195－6	尖　轨	1		
4	专线 4195－6	尖　轨	1		按序号 3 对称制造
5	专线 4171－39	轨　撑　60	22	KTH 330－08	
6	专线 4171－42	轨　撑　60 内	2	KTH 330－08	
7	专线 4171－43	轨　撑　60 外	2	KTH 330－08	
8	专线 4171－40	调整楔　60	22	KTH 330－08	
9	专线 4171－46	间隔铁　60－125－140Z(Y)	2	KTH 330－08	
10	专线 4171－28	接头夹板　60－6Z	1	Q275	
11	专线 4171－28	接头夹板　60－6Y	1	Q275	按序号 10 对称制造
12	专线 4171－26	拉　杆　1 007	1		
13	专线 4171－27	连　杆　1 043	1		
14	专线 4171－27	连　杆　1 092	1		
15	专线 4171－15	平垫板　384 × 180 × 20	2	Q235－A(底板)	
16	专线 4171－16	轨撑垫板　454 × 180 × 20	8	Q235－A(底板)	
17	专线 4171－18	滑床板　651 × 180 × 20	14	Q235－A(底板)	
18	专线 4171－19	滑床板　580 × 180 × 20	8	Q235－A(底板)	
19	专线 4195－7	辙跟垫板　740 × 511 × 20	2	Q235－A(底板)	
20	专线 4195－8	辙后垫板　559 × 180 × 20	1	Q235－A(底板)	
21	专线 4195－8	辙后垫板　565 × 180 × 20	1	Q235－A(底板)	
22	专线 4195－9	辙后垫板　575 × 180 × 20	1	Q235－A(底板)	
23	专线 4195－9	辙后垫板　584 × 180 × 20	1	Q235－A(底板)	
24	专线 4195－10	辙后垫板　592 × 180 × 20	1	Q235－A(底板)	
25	专线 4195－10	辙后垫板　604 × 180 × 20	1	Q235－A(底板)	
26	专线 4195－11	辙后垫板　610 × 180 × 20	1	Q235－A(底板)	
27	专线 4195－11	辙后垫板　624 × 180 × 20	1	Q235－A(底板)	
28	专线 4195－12	辙后垫板　631 × 180 × 20	1	Q235－A(底板)	
29	专线 4195－10	辙后垫板　647 × 180 × 20	1	Q235－A(底板)	
30	专线 4195－13	辙后垫板　653 × 180 × 20	1	Q235－A(底板)	
31	专线 4195－13	辙后垫板　669 × 180 × 20	1	Q235－A(底板)	
32	专线 4195－14	辙后垫板　676 × 180 × 20	1	Q235－A(底板)	
33	专线 4195－14	辙后垫板　693 × 180 × 20	1	Q235－A(底板)	

续上表

序号	图号 / 标准	名称及规格	数量	材料	备注
34	专线 4195－15	辙后垫板 701×180×20	1	Q235－A(底板)	
35	专线 4195－15	辙后垫板 718×180×20	1	Q235－A(底板)	
36	专线 4195－16	辙后垫板 728×180×20	1	Q235－A(底板)	
37	专线 4195－16	辙后垫板 745×180×20	1	Q235－A(底板)	
38	专线 4195－17	辙后垫板 756×180×20	1	Q235－A(底板)	
39	专线 4195－17	辙后垫板 773×180×20	1	Q235－A(底板)	
40	专线 4171－37	支距扣板 60/23–27	1	KTH 350－10	
41	专线 4171－37	支距扣板 60/29–33	1	KTH 350－10	
42	专线 4171－37	支距扣板 60/39–43	1	KTH 350－10	
43	专线 4171－37	支距扣板 60/48–52	1	KTH 350－10	
44	专线 4171－37	支距扣板 60/56–60	1	KTH 350－10	
45	专线 4171－37	支距扣板 60/67–71	1	KTH 350－10	
46	专线 4171－38	支距扣板 60/73–78	1	KTH 350－10	
47	专线 4171－38	支距扣板 60/87–92	1	KTH 350－10	
48	专线 4171－38	支距扣板 60/93–98	1	KTH 350－10	
49	专线 4171－38	支距扣板 60/109–114	1	KTH 350－10	
50	专线 4171－38	支距扣板 60/115–120	1	KTH 350－10	
51	专线 4171－38	支距扣板 60/131–137	1	KTH 350－10	
52	专线 4171－32	中间扣板 60	68	KTH 350－10	
53	专线 4171－34	接头扣板 60/0–2	6	KTH 350－10	
54	专线 4171－34	接头扣板 60/4–6	2	KTH 350－10	
55	专线 4171－10	双头螺柱 M24×28×75×215	2	Q275	
56	专线 4171－10	双头螺柱 24×24×90×215	2	Q275	
57	专线 4171－4	半圆头方颈螺栓 24×280	2	Q275	
58	专线 4171－4	半圆头方颈螺栓 24×270	4	Q275	
59	专线 4171－7	长方沉头螺栓 M22×110	44	Q235－A	
60	专线 4171－6	六角带孔螺栓 M22×85	18	Q235－A	
61	专线 4171－5	方头带孔螺栓 M22×85	4	Q235－A	
62	专线 4171－7	长方沉头螺栓 M22×85	86	Q235－A	
63	专线 4171－7	长方沉头螺栓 M22×75	8	Q235－A	
64	专线 4171－11	六角厚螺母 M24	14	Q275	
65	专线 4171－11	六角厚螺母 M22	160	Q275	
66	专线 4171－12	垫 圈 24	14	65Mn	
67	专线 4171－12	垫 圈 22	160	65Mn	
68	GB/T 97.1	垫 圈 24	4	Q235－A	

续上表

序号	图号 / 标准	名称及规格	数量	材　　料	备　　注
69	专线 4171－13	垫　圈　22	44	Q235－A	
70	专线 4171－48	钢轨垫圈　60	6	KTH 330－08	
71	GB/T 91	销　5×30	22		
72	GB/T 91	销　5×35	8		
73	TB/T 1346	螺纹道钉　22×145	232	Q235－A	
74	专线 4171－54	塑料垫片　394×190×5	2	聚乙烯	
75	专线 4171－55	塑料垫片　464×190×5	8	聚乙烯	
76	专线 4171－56	塑料垫片　661×190×5	14	聚乙烯	
77	专线 4171－55	塑料垫片　590×190×5	8	聚乙烯	
78	专线 4171－58	塑料垫片　521×220×5	4	聚乙烯	
79	专线 4171－54	塑料垫片　569×190×5	1	聚乙烯	
80	专线 4171－54	塑料垫片　575×190×5	1	聚乙烯	
81	专线 4171－54	塑料垫片　585×190×5	1	聚乙烯	
82	专线 4171－54	塑料垫片　594×190×5	1	聚乙烯	
83	专线 4171－54	塑料垫片　602×190×5	1	聚乙烯	
84	专线 4171－54	塑料垫片　614×190×5	1	聚乙烯	
85	专线 4171－54	塑料垫片　620×190×5	1	聚乙烯	
86	专线 4171－54	塑料垫片　634×190×5	1	聚乙烯	
87	专线 4171－54	塑料垫片　641×190×5	1	聚乙烯	
88	专线 4171－54	塑料垫片　657×190×5	1	聚乙烯	
89	专线 4171－54	塑料垫片　663×190×5	1	聚乙烯	
90	专线 4171－54	塑料垫片　679×190×5	1	聚乙烯	
91	专线 4171－54	塑料垫片　686×190×5	1	聚乙烯	
92	专线 4171－54	塑料垫片　703×190×5	1	聚乙烯	
93	专线 4171－54	塑料垫片　711×190×5	1	聚乙烯	
94	专线 4171－54	塑料垫片　728×190×5	1	聚乙烯	
95	专线 4171－59	塑料垫片　738×190×5	1	聚乙烯	
96	专线 4171－59	塑料垫片　755×190×5	1	聚乙烯	
97	专线 4171－59	塑料垫片　766×190×5	1	聚乙烯	
98	专线 4171－59	塑料垫片　783×190×5	1	聚乙烯	

辙叉及护轨明细表

序号	图号 / 标准	名称及规格	数量	材　料	备　注
1	专线 4196-3	辙　叉　60-9	1	ZGMn13	
2	专线 4196-4	护　轨　3 800	2	50 kg/m 钢轨	
3	专线 4196-5	垫　板　654×180×20	1	Q235-A	
4	专线 4196-6	垫　板　714×180×20	1	Q235-A	
5	专线 4196-6	垫　板　772×180×20	2	Q235-A	
6	专线 4196-6	垫　板　651×180×20	1	Q235-A	
7	专线 4196-7	垫　板　711×180×20	1	Q235-A	
8	专线 4171-17	辙叉垫板　674×180×20	8	Q235-A	
9	专线 4171-20	护轨垫板　530×180×20	14	16Mn	
10	专线 4171-15	垫　板　384×180×20	14	Q235-A	
11	专线 4171-31	调整片　147×100×3/2	14/28	Q195	
12	TB/T 2345	接头夹板	8		
13	专线 4171-32	中间扣板　60	50	KTH 350-10	
14	专线 4171-34	接头扣板　60-0-2	8	KTH 350-10	
15	专线 4171-34	接头扣板　60-4-6	8	KTH 350-10	
16	专线 4171-35	辙叉扣板　18	12	KTH 350-10	
17	专线 4171-36	辙叉扣板　12	4	KTH 350-10	
18	专线 4171-4	半圆头方颈螺栓　M24×110	10		
19	专线 4266-6	半圆头方颈螺栓　M24×95	4		
20	TB/T 2347	接头螺栓　M24×135-10.9	24		带螺母
21	专线 4171-7	长方沉头螺栓　M22×85	66		
22	专线 4171-7	长方沉头螺栓　M22×90	16		
23	专线 4171-11	螺　母　M24	14		
24	专线 4171-11	螺　母　M22	82		
25	TB/T 418	弹簧垫圈　24	14	55Si2Mn	
26	TB/T 418	弹簧垫圈　22	82	55Si2Mn	
27	GB/T 1230	平垫圈　24	24		
28	TB/T 1346	螺纹道钉　22×145	190	Q235-A	
29		板型导电销	4	1Cr18Ni9Ti	
30	专线 4171-59	塑料垫片　782×190×5	2	聚乙烯	
31	专线 4171-59	塑料垫片　724×190×5	1	聚乙烯	
32	专线 4171-54	塑料垫片　664×190×5	1	聚乙烯	
33	专线 4171-54	塑料垫片　661×190×5	1	聚乙烯	
34	专线 4171-59	塑料垫片　721×190×5	1	聚乙烯	
35	专线 4171-54	塑料垫片　684×190×5	8	聚乙烯	
36	专线 4171-57	塑料垫片　540×190×5	14	聚乙烯	
37	专线 4171-54	塑料垫片　394×190×5	14	聚乙烯	

60 kg/m 钢轨 9 号单开道岔辙叉及护轨
图 号：专线 4196

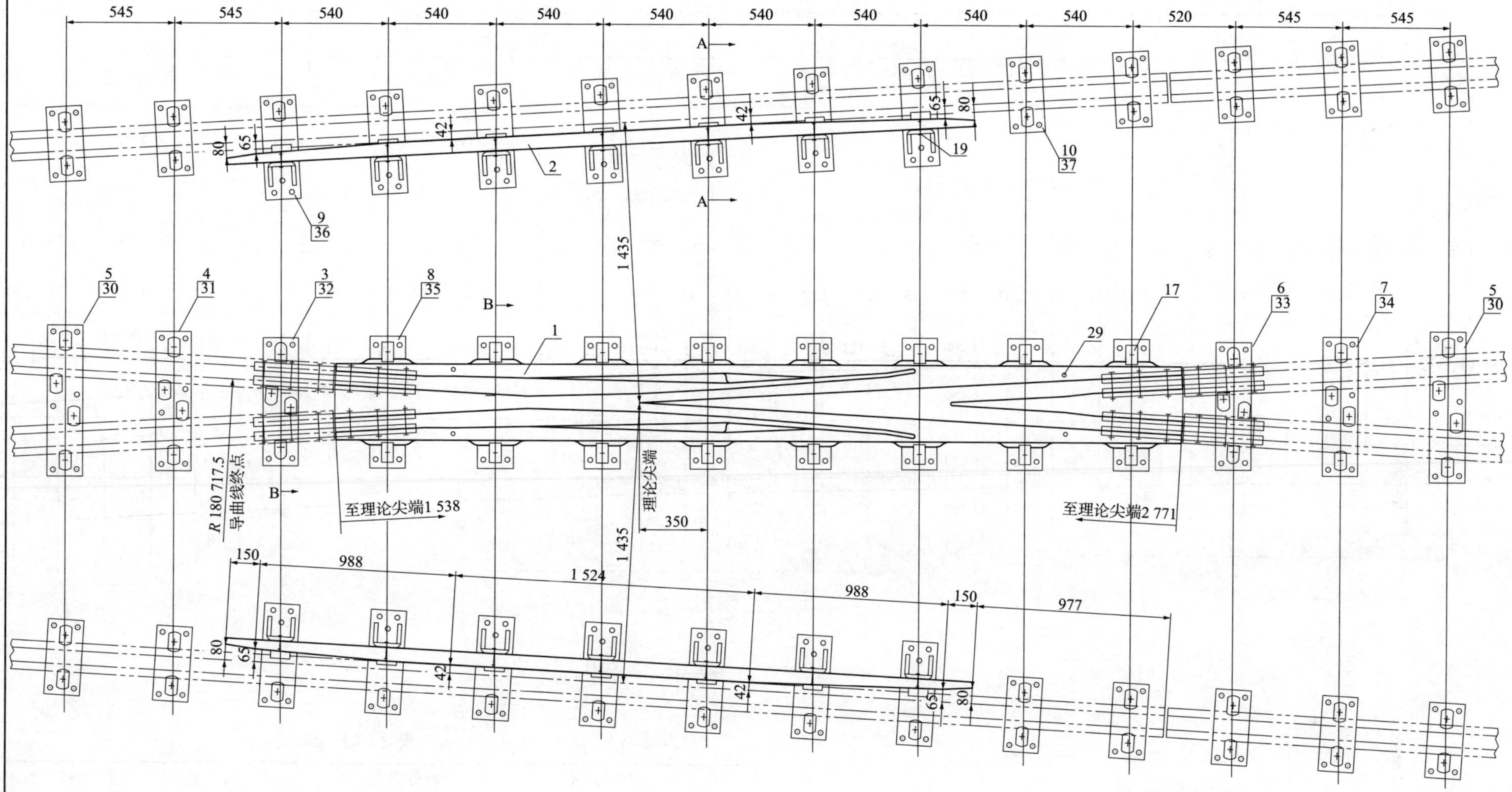

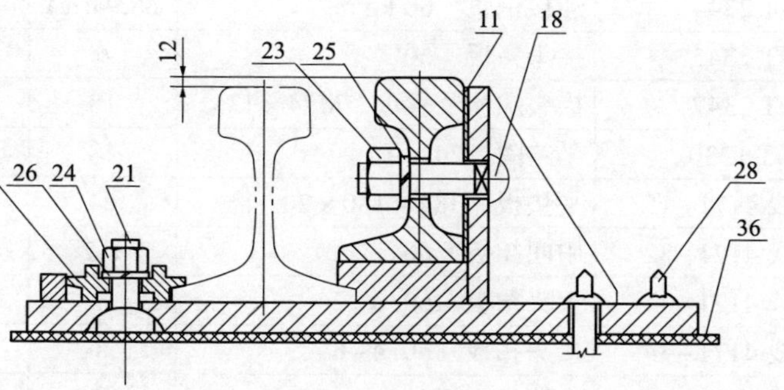

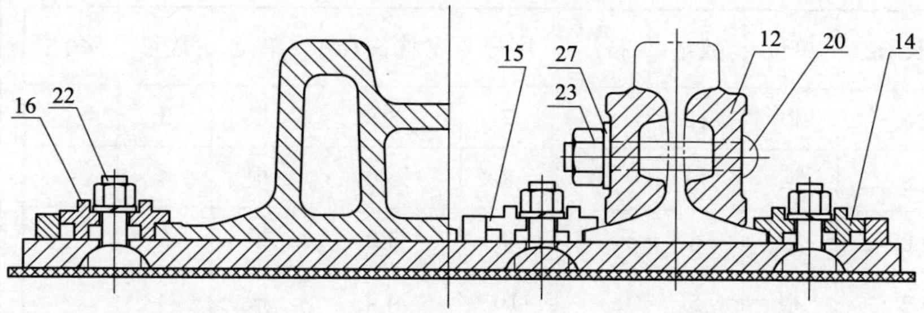

技 术 要 求

1. 安装护轨垫板时，护轨基本轨轨底边与台板间隙不得大于 2 mm，如台板上颚与基本轨有空隙时，可用薄铁片塞紧。
2. 组装护轨时，应使用 3 mm 厚的护轨调整片，如查照间隔或护背距离不合格时，可使用备用调整片进行调整。
3. 查照间隔及护背距离在心轨轨头宽 20～30 mm 处丈量。
4. 铺设时，序号 5 垫板在叉前、叉后位置对称铺设。

60 kg/m 钢轨 9 号单开道岔
图 号：专线 4194

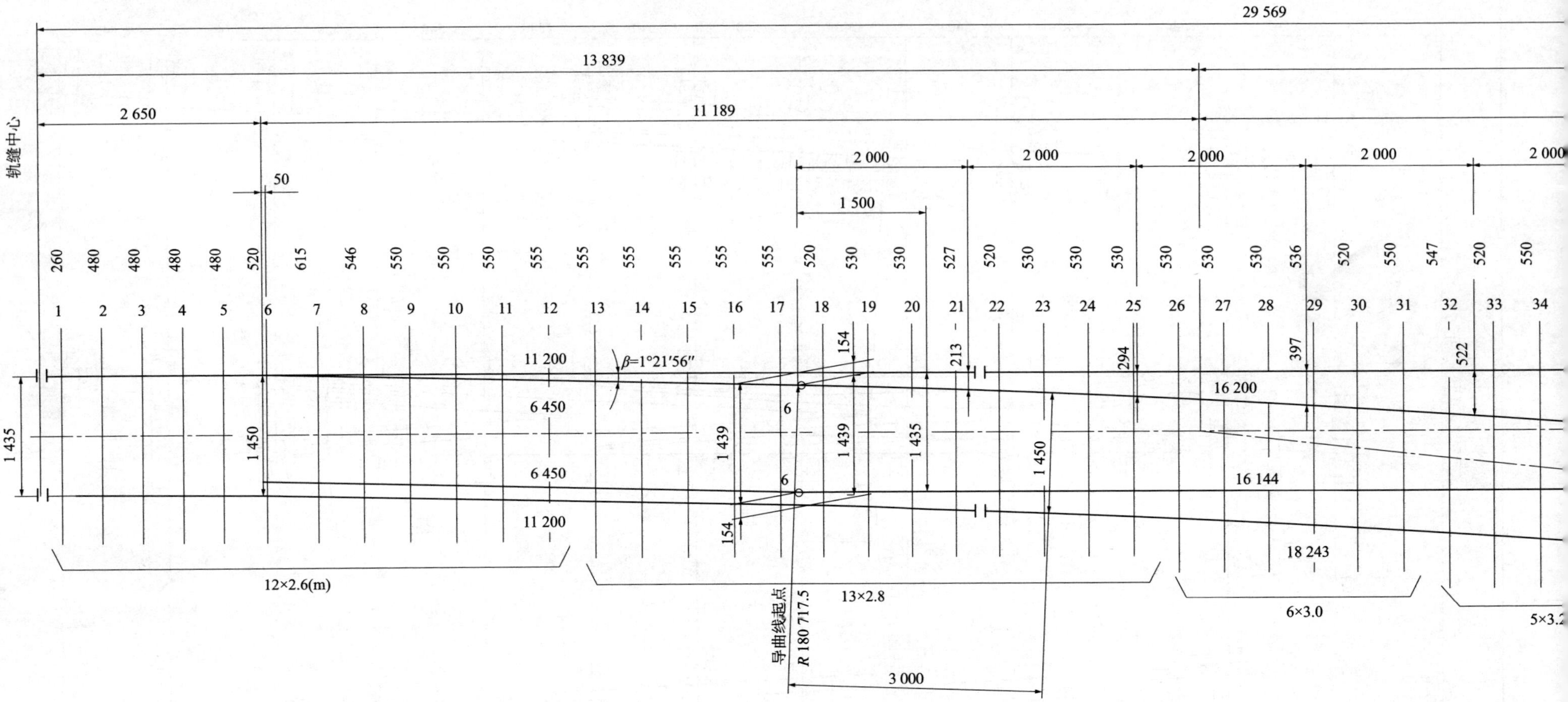

表 1　岔枕数量表

序号	岔枕长 (m)	单位	数量	备注	序号	岔枕长 (m)	单位	数量	备注
1	2.6	根	12		7	3.8	根	3	
2	2.8	根	13		8	4.0	根	4	
3	3.0	根	6		9	4.2	根	3	
4	3.2	根	5		10	4.4	根	4	
5	3.4	根	4		11	4.6	根	3	
6	3.6	根	4		12	4.8	根	5	

表 2　明　细　表

序号	图号 / 标准	名称及规格	数　量	材　料	备注
1	专线 4195	转辙器	1		
2	专线 4196	9 号辙叉及护轨	1		
3	TB/T 2344	连接钢轨　60 kg/m	68.94(m)		
4	TB/T 2345	接头夹板　60	6		
5	TB/T 2347	接头螺栓及螺母　M24 × 135	18		10.9
6	GB/T 1230	平垫圈　24	18		
7	专线 4171－15	平垫板　384 × 180 × 20	64		
8	专线 4171－32	中间扣板　60	112	KTH 350－10	
9	专线 4171－34	接头扣板　60/0－2	8	KTH 350－10	
10	专线 4171－34	接头扣板　60/4－6	8	KTH 350－10	
11	专线 4171－33	大调量扣板　60	60	KTH 350－10	备用
12	专线 4171－7	长方沉头螺栓　M22 × 85	128		
13	TB/T 418	弹簧垫圈　22	128		
14	专线 4171－11	螺　母　M22	128		
15	GB 10487	螺纹螺钉　22 × 145	256	Q235	
16	专线 4171－54	塑料垫片　394 × 190 × 5	64	聚乙烯	
17	专线 3417	钢轨绝缘	2 组		

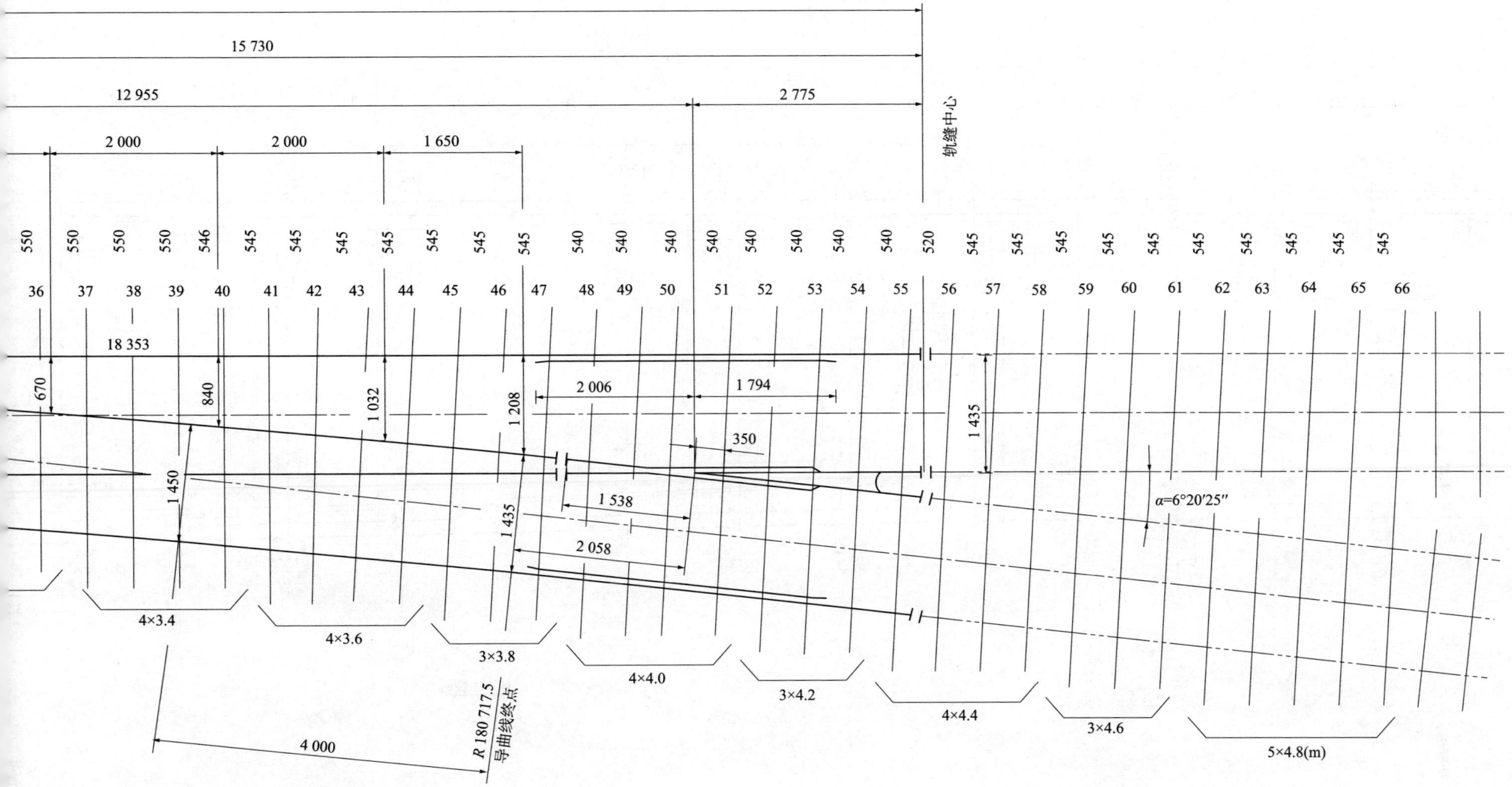

图 1　绝缘接头设在直股

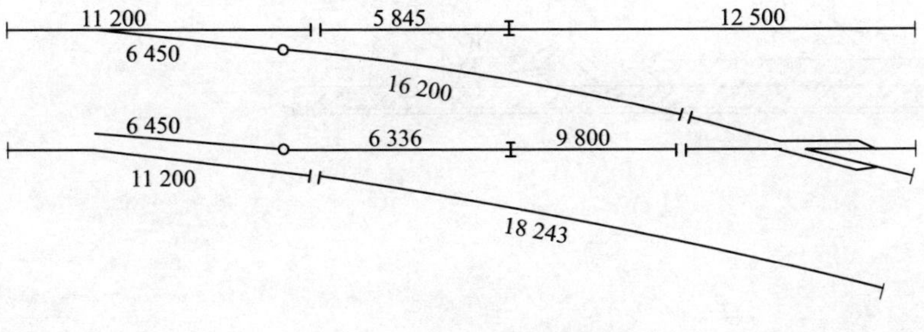

图 2　绝缘接头设在侧股

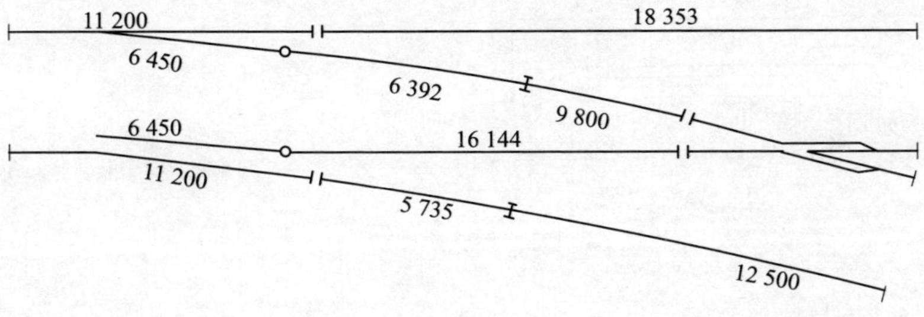

技 术 要 求

1. 本图尖轨采用 60AT 轨，尖轨尖端为藏尖式，跟端为间隔铁式活动接头；辙叉趾端及跟端均采用接头夹板固定连接，辙叉下设置垫板；护轨为分开式，护轨顶面高出基本轨顶面 12 mm。
2. 扣件采用分开式刚性可调式扣件，扣板设计安装号数如下：钢轨工作边一侧安装 4 号扣板；钢轨非工作边一侧安装 2 号扣板；辙叉部分一侧安装 4 号扣板，另一侧安装 2 号扣板。
3. 各垫板下均设 5 mm 厚塑料垫片。
4. 枕木编号 1～41 垂直于道岔主线，编号 45～66 垂直于辙叉角平分线，编号 42～44 逐渐扭转垂直于辙叉角平分线，其岔枕间距按道岔主线下股钢轨量计。
5. 钢轨接头轨缝除注明者外均为 8 mm。
6. 本图按设轨道电路设计，轨道电路绝缘接头位置，可根据现场实际需要进行设置，其配轨长度按右图。图中“┴”表示绝缘接头、“—||—”表示普通接头。钢轨绝缘按信号设计规定办理。
7. 明细表内钢轨数量由下表所列钢轨组成：

长度(mm)	16 144	16 200	18 243	18 353
数量(根)	1	1	1	1

60 kg/m 钢轨 9 号单开道岔转辙器
图　号：专线 4195

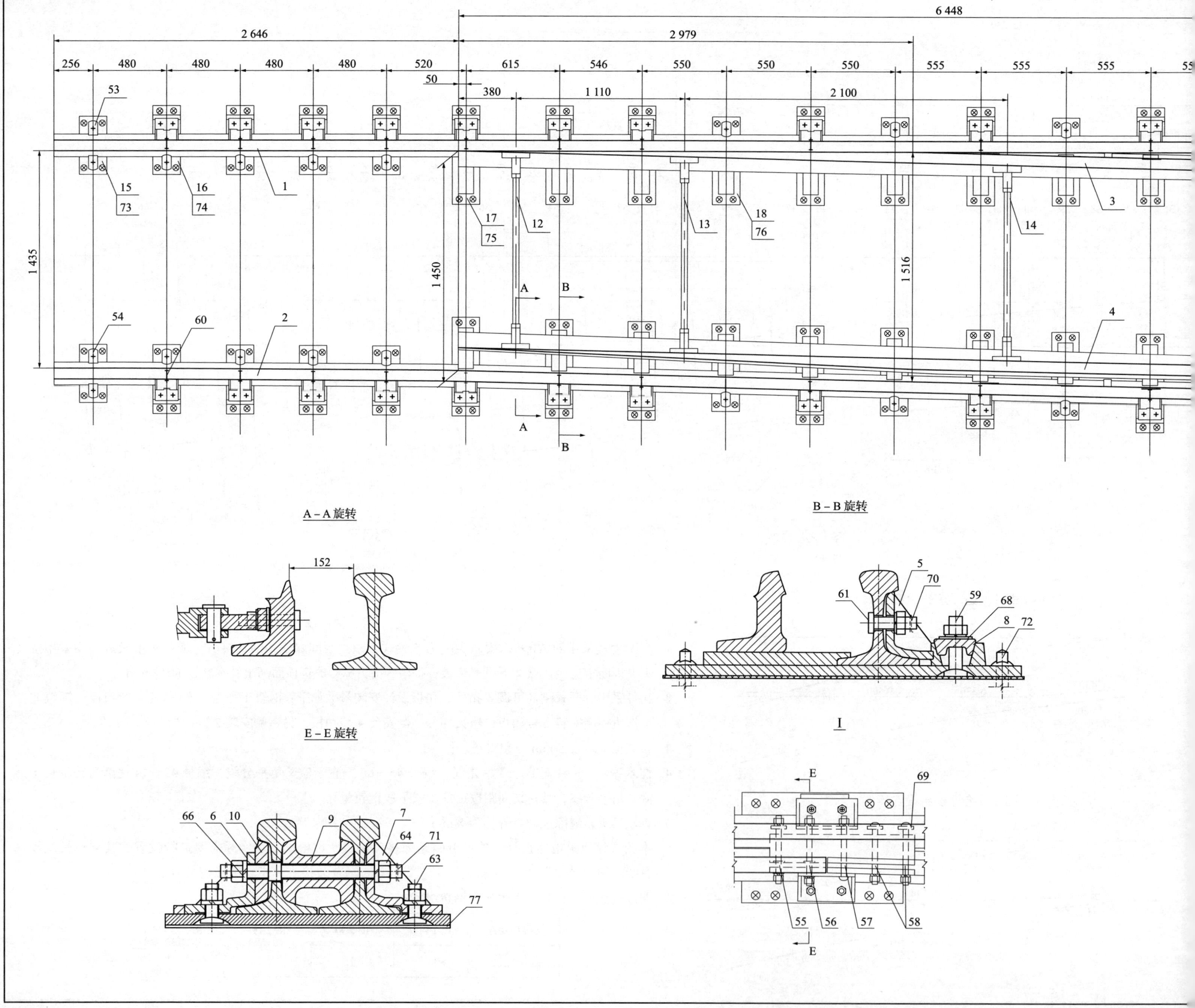

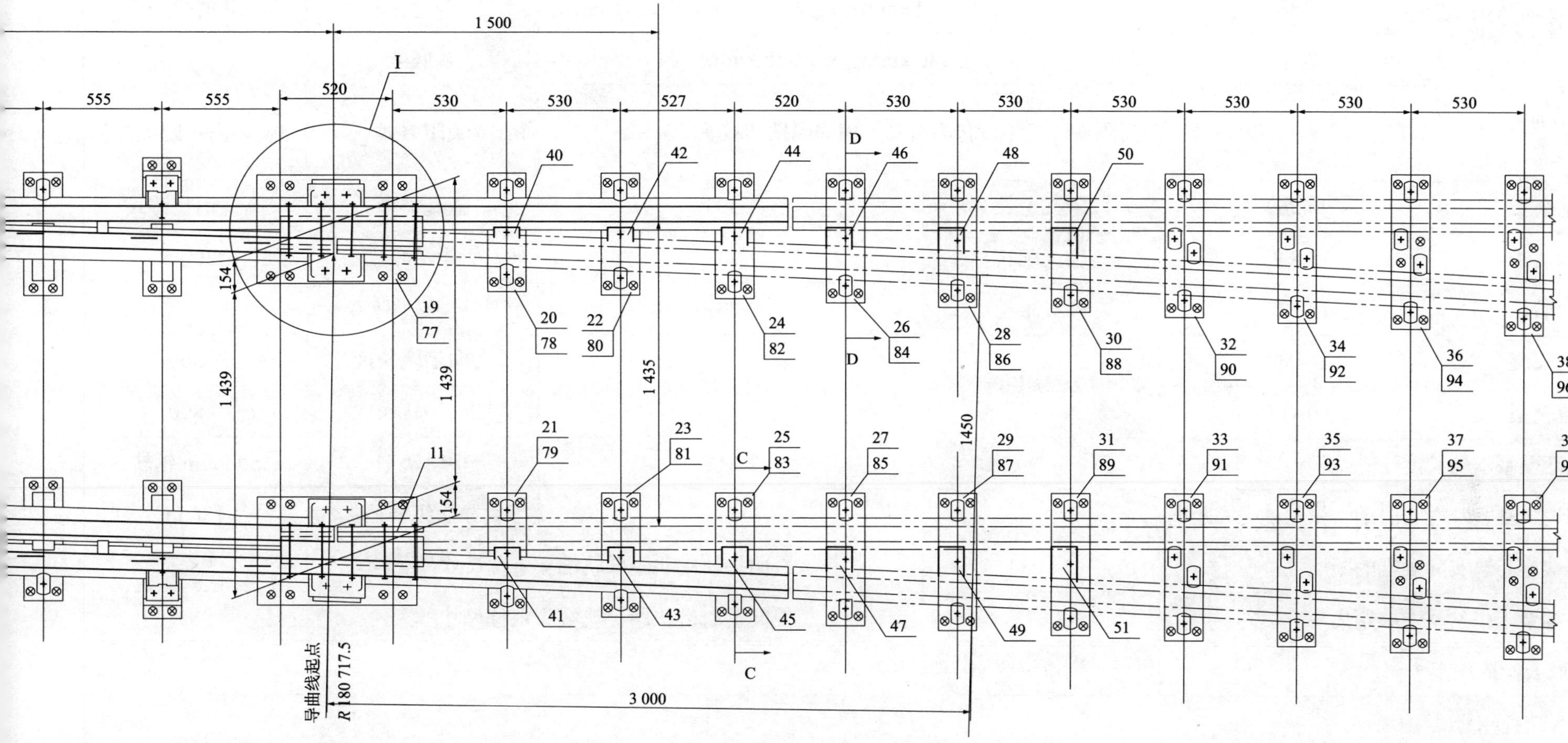

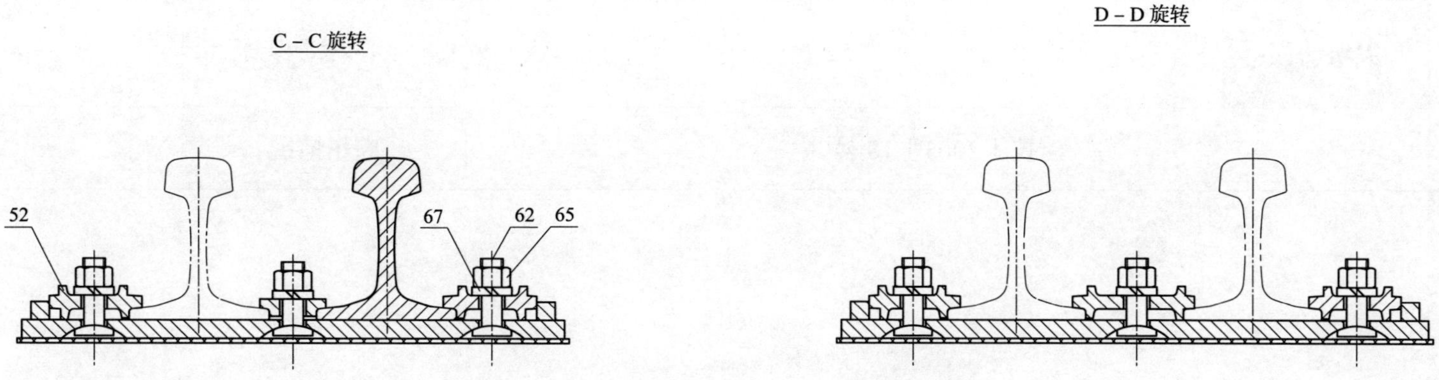

技 术 要 求

1. 本设计采用 60AT 直线尖轨，尖轨尖端为藏尖式，跟端采用间隔铁活接头。
2. 扣件采用分开式刚性可调扣件，扣件安装号数如下：
   钢轨工作边一侧，安装 4 号扣板；
   钢轨非工作边一侧，安装 2 号扣板。
3. 组装时，尖轨与基本轨轨头的贴合面下部应接触，上口允许有不大于 1 mm 的空隙存在。

<table>
<tr><th colspan="8">99. 60 kg/m 钢轨 9 号单开道岔(混凝土枕)
设计图号：专线(02)4204</th></tr>
<tr><td rowspan="2">道岔允许通过速度</td><td colspan="2">客车</td><td colspan="3">$v_{直}$≤90 km/h；$v_{侧}$≤30 km/h</td><td>扣件类型</td><td>Ⅱ型弹条</td></tr>
<tr><td colspan="2">货车</td><td colspan="3">$v_{直}$≤80 km/h；$v_{侧}$≤30 km/h</td><td>轨底坡</td><td>—</td></tr>
<tr><td>转辙器跟端形式</td><td colspan="5">□限位器 □间隔铁 □不设传力机构 ■间隔铁活接头</td><td>锁闭方式</td><td>内锁闭</td></tr>
<tr><td>道岔全长</td><td colspan="2">29 569</td><td>辙叉全长</td><td colspan="2">4 309</td><td>辙叉类型</td><td>高锰钢整铸式</td></tr>
<tr><td>道岔前长</td><td colspan="2">13 839</td><td>辙叉趾长</td><td colspan="2">1 538</td><td>辙叉角</td><td>6°20′25″</td></tr>
<tr><td>道岔后长</td><td colspan="2">15 730</td><td>辙叉跟长</td><td colspan="2">2 771</td><td>翼轨轨型</td><td>—</td></tr>
<tr><td>尖轨长度</td><td colspan="2">6 450</td><td rowspan="2">基本轨长度</td><td rowspan="2" colspan="2">11 492</td><td>直向护轨长度</td><td>3 800</td></tr>
<tr><td>尖轨轨型</td><td colspan="2">60AT1</td><td>侧向护轨长度</td><td>3 800</td></tr>
<tr><td colspan="4">尖轨尖端前基本轨长度</td><td colspan="2">2 646</td><td>护轨轨型</td><td>50 kg/m 钢轨</td></tr>
<tr><td colspan="4">辙叉理论尖端距趾端方向前一根岔枕中心距离</td><td colspan="2">189</td><td>导曲线半径</td><td>180 m</td></tr>
<tr><td colspan="3">尖轨尖端至心轨实际尖端的距离</td><td>24 234</td><td colspan="3">直向护轨端头距导轨端头定位尺寸</td><td>986</td></tr>
<tr><td colspan="3">道岔终端至末根岔枕中心距离</td><td>7 073</td><td colspan="3">侧向护轨端头距导轨端头定位尺寸</td><td>986</td></tr>
<tr><td>最大构造加宽</td><td colspan="2">—</td><td>测量位置</td><td colspan="4">—</td></tr>
<tr><td>岔枕图号
专线(03)3366</td><td>岔枕总数</td><td colspan="2">70 根</td><td>岔枕展延长</td><td>223.9 m</td><td>套管总数</td><td>386</td></tr>
<tr><td>转换设备图号
电务填写</td><td>尖轨动程</td><td colspan="4">152</td><td>心轨动程</td><td>—</td></tr>
<tr><td>批准文号</td><td colspan="5">建技〔2003〕18 号</td><td>应用情况</td><td>★</td></tr>
<tr><td>主要结构特点</td><td colspan="7">1. 道岔采用直线尖轨，用 60AT1 钢轨制造。
2. 轨下基础采用无挡肩式混凝土岔枕。
3. 道岔用于单渡线时，线间距需不小于 5.0 m；当线间距小于 5.0 m 时，岔后长岔枕需另行设计。</td></tr>
</table>

转辙器明细表

序号	图号 / 标准	名称及规格	数量	材　料	备　注
1	专线 (02)4204－Ⅱ－4	直基本轨　11 492	1	60 kg/m 钢轨	
2	专线 (02)4204－Ⅱ－5	曲基本轨　11 492	1	60 kg/m 钢轨	
3	专线 (02)4204－Ⅱ－6	序号 3 尖轨　6 450	1	60AT 轨	
4	专线 (02)4204－Ⅱ－6	序号 4 尖轨　6 450	1	60AT 轨	按序号 3 对称制造
5	专线 4171－26	拉　杆　B1007	1		
6	专线 4171－27	连　杆　1 043	1		
7	专线 4171－27	连　杆　1 092	1		
8	专线 4232－91	轨　撑　60－141	18	KTH 330－08	
9	专线 4232－74	辙跟外轨撑　60－9W	2	KTH 330－08	
10	专线 4232－73	辙跟内轨撑　60－9N	2	KTH 330－08	
11	专线 4232－92	调整楔	18	KTH 350－10	
12	专线 4232－76	间隔铁　60－125－140 Z(Y)	2	KTH 330－08	Z、Y 各 1
13	专线 4232－75	辙跟接头夹板　60－6Z	1	Q275	
14	专线 4232－75	辙跟接头夹板　60－6Y	1	Q275	按序号 13 对称制造
15	专线 4232－71	平垫板　452－0	2		
16	专线 4232－93	轨撑垫板　60－0	6		
17	专线 4232－94	轨撑滑床板　60－0	6		
18	专线 4232－94	轨撑滑床板　60－6	6		
19	专线 4232－67	滑床板　60－0	4		
20	专线 4232－67	滑床板　60－6	4		
21	专线 (02)4204－Ⅱ－7	辙跟垫板　770 × 513 × 20	1	Q235－A(底板)	
22	专线 (02)4204－Ⅱ－7	辙跟垫板　770 × 513 × 20	1	Q235－A(底板)	
23	专线 (02)4204－Ⅱ－8	垫　板　632 × 170 × 20	1	Q235－A(底板)	
24	专线 (02)4204－Ⅱ－8	垫　板　640 × 170 × 20	1	Q235－A(底板)	
25	专线 (02)4204－Ⅱ－9	垫　板　650 × 170 × 20	1	Q235－A(底板)	
26	专线 (02)4204－Ⅱ－9	垫　板　661 × 170 × 20	1	Q235－A(底板)	
27	专线 (02)4204－Ⅱ－9	垫　板　671 × 170 × 20	1	Q235－A(底板)	
28	专线 (02)4204－Ⅱ－9	垫　板　685 × 170 × 20	1	Q235－A(底板)	
29	专线 (02)4204－Ⅱ－9	垫　板　694 × 170 × 20	1	Q235－A(底板)	
30	专线(02)4204－Ⅱ－9	垫　板　709 × 170 × 20	1	Q235－A(底板)	
31	专线(02)4204－Ⅱ－9	垫　板　718 × 170 × 20	1	Q235－A(底板)	
32	专线(02)4204－Ⅱ－9	垫　板　734 × 170 × 20	1	Q235－A(底板)	
33	专线(02)4204－Ⅱ－9	垫　板　745 × 170 × 20	1	Q235－A(底板)	

续上表

序号	图号 / 标准	名称及规格	数量	材　　料	备　　注
34	专线(02)4204－Ⅱ－9	垫　板　762×170×20	1	Q235－A(底板)	
35	专线(02)4204－Ⅱ－10	垫　板　773×170×20	1	Q235－A(底板)	
36	专线(02)4204－Ⅱ－10	垫　板　790×170×20	1	Q235－A(底板)	
37	专线(02)4204－Ⅱ－10	垫　板　804×170×20	1	Q235－A(底板)	
38	专线(02)4204－Ⅱ－10	垫　板　821×170×20	1	Q235－A(底板)	
39	专线(02)4204－Ⅱ－11	垫　板　837×170×20	1	Q235－A(底板)	
40	专线(02)4204－Ⅱ－11	垫　板　854×170×20	1	Q235－A(底板)	
41	专线(02)4204－Ⅱ－11	垫　板　871×170×20	1	Q235－A(底板)	
42	专线(02)4204－Ⅱ－11	垫　板　888×170×20	1	Q235－A(底板)	
43	专线(02)4204－Ⅱ－11	垫　板　907×170×20	1	Q235－A(底板)	
44	专线(02)4204－Ⅱ－11	垫　板　925×170×20	1	Q235－A(底板)	
45	专线(02)4204－Ⅱ－12	支距扣板　60/48－43	1	KTH－350－10	
46	专线4232－18	支距扣板　60/58－54	1	KTH－350－10	
47	专线4232－18	支距扣板　60/67－64	1	KTH－350－10	
48	专线4232－18	支距扣板　60/80－76	1	KTH－350－10	
49	专线4232－18	支距扣板　60/90－86	1	KTH－350－10	
50	专线4232－18	支距扣板　60/105–101	1	KTH－350－10	
51	专线4232－18	支距扣板　60/114–110	1	KTH－350－10	
52	专线4232－18	支距扣板　60/131–126	1	KTH－350－10	
53	专线4232－18	支距扣板　60/141–136	1	KTH－350－10	
54	专线4232－18	支距扣板　60/157–152	1	KTH－350－10	
55	专线3351	Ⅱ型弹条	110		
56	专线4232－78	双头螺柱　M24×28×75×205	2		
57	专线4232－78	双头螺柱　M24×24×85×215	2		
58	专线4232－5	半圆头方颈螺栓　M24×280	2	20SiMn	
59	专线4232－5	半圆头方颈螺栓　M24×270	4	20SiMn	
60	专线4232－80	长方头螺栓　M24×75	8	Q235－A	
61	专线4232－4	T型螺栓　M24×60	82	Q235－A	
62	专线4232－4	T型螺栓　M24×75	18	Q235－A	
63	专线4232－4	T型螺栓　M24×85	10	Q235－A	
64	专线4232－50	岔枕螺栓　M30	114	45	
65	专线4232－101	螺　母　M24	14		
66	GB/T 923	盖形螺母　M24	118		
67	GB/T 7244	弹簧垫圈　30	114		
68	TB/T 1495.4	平垫圈　24	110		

续上表

序号	图号 / 标准	名称及规格	数量	材　料	备　注
69	GB/T 7244	弹簧垫圈　24	22		
70	GB/T 96	平垫圈　24	8		
71	专线 4232－24	圆孔垫圈　60–0	2	KTH 330－08	
72	专线 4232－23	方孔垫圈　60–0	4	KTH 330－08	
73	专线 4232－10	轨距块　60/9–11	42	ZG 270－500	
74	专线 4232－10	轨距块　60/13–15	40	ZG 270－500	
75	专线 4232－51	橡胶垫板　60–190	52	橡胶	
76	专线 4232－55	橡胶垫板　60–190	20	橡胶	
77	专线 4232－53	橡胶垫板　452 × 175 × 10	8	橡胶	
78	专线 4232－53	橡胶垫板　601 × 175 × 10	20	橡胶	
79	专线 4232－53	橡胶垫板　513 × 175 × 10	4	橡胶	
80	专线 4232－53	橡胶垫板　632 × 175 × 10	1	橡胶	
81	专线 4232－53	橡胶垫板　640 × 175 × 10	1	橡胶	
82	专线 4232－53	橡胶垫板　650 × 175 × 10	1	橡胶	
83	专线 4232－53	橡胶垫板　661 × 175 × 10	1	橡胶	
84	专线 4232－53	橡胶垫板　671 × 175 × 10	1	橡胶	
85	专线 4232－53	橡胶垫板　685 × 175 × 10	1	橡胶	
86	专线 4232－53	橡胶垫板　694 × 175 × 10	1	橡胶	
87	专线 4232－53	橡胶垫板　709 × 175 × 10	1	橡胶	
88	专线 4232－53	橡胶垫板　718 × 175 × 10	1	橡胶	
89	专线 4232－53	橡胶垫板　734 × 175 × 10	1	橡胶	
90	专线 4232－53	橡胶垫板　745 × 175 × 10	1	橡胶	
91	专线 4232－53	橡胶垫板　762 × 175 × 10	1	橡胶	
92	专线 4232－53	橡胶垫板　773 × 175 × 10	1	橡胶	
93	专线 4232－53	橡胶垫板　790 × 175 × 10	1	橡胶	
94	专线 4232－53	橡胶垫板　804 × 175 × 10	1	橡胶	
95	专线 4232－53	橡胶垫板　821 × 175 × 10	1	橡胶	
96	专线 4232－54	橡胶垫板　837–381	1	橡胶	
97	专线 4232－54	橡胶垫板　854–389	1	橡胶	
98	专线 4232－54	橡胶垫板　871–398	1	橡胶	
99	专线 4232－54	橡胶垫板　888–407	1	橡胶	
100	专线 4232－54	橡胶垫板　907–416	1	橡胶	
101	专线 4232－54	橡胶垫板　925–425	1	橡胶	
102	专线 4232－51	橡胶垫板　60–800	2	橡胶	

辙叉及护轨明细表

序号	图号 / 标准	名称及规格	数量	材　　料	备　　注
1	专线 (02)4204－Ⅲ－4	高锰钢辙叉　60－9	1	ZGMn13	
2	专线 (02)4204－Ⅲ－5	护　轨　3 800	2	50 kg/m 钢轨	
3	专线 4232－71	平垫板　60－11Y	8	Q235－A(底板)	
4	专线 4232－71	平垫板　60－11Z	8	Q235－A(底板)	与序号 3 对称
5	专线 (02)4204－Ⅲ－6	护轨垫板　610 × 170 × 25	7	16Mn(底板)	
6	专线 (02)4204－Ⅲ－6	护轨垫板　610 × 170 × 25	7	16Mn(底板)	与序号 5 对称
7	专线 (02)4204－Ⅲ－7	垫　板　921 × 170 × 20	1	Q235－A(底板)	
8	专线 (02)4204－Ⅲ－7	垫　板　859 × 170 × 20	1	Q235－A(底板)	
9	专线 (02)4204－Ⅲ－8	垫　板　795 × 170 × 20	2	Q235－A(底板)	
10	专线 (02)4204－Ⅲ－9	垫　板　732 × 170 × 20	2	Q235－A(底板)	
11	专线 (02)4204－Ⅲ－10	辙叉垫板　742 × 170 × 20	2	Q235－A(底板)	铁座 33
12	专线 (02)4204－Ⅲ－10	辙叉垫板　742 × 170 × 20	6	Q235－A(底板)	铁座 41
13	专线 (02)4204－Ⅲ－11	垫　板　856 × 170 × 20	1	Q235－A(底板)	
14	专线 (02)4204－Ⅲ－11	垫　板　918 × 170 × 20	1	Q235－A(底板)	
15	专线 (02)4204－Ⅲ－12	垫　板　452 × 170 × 20	1	Q235－A(底板)	
16	专线 (02)4204－Ⅲ－12	垫　板　452 × 170 × 20	1	Q235－A(底板)	与序号 15 对称
17	专线 4232－18	支距扣板　60/127－115	1	KTH 350－10	
18	专线 4232－18	支距扣板　60/122－110	1	KTH 350－10	
19	专线 4232－22	调整片　147 × 100 × 3/2	14/28	Q195	2 mm 备用
20	TB/T 2345	接头夹板	8		
21	TB/T 2347	接头螺栓及螺母　M24 × 135－10.9	24		
22	专线 4232－4	T 型螺栓　M24 × 60	94		
23	专线 4232－4	T 型螺栓　M24 × 85	2		
24	专线 4232－5	螺　栓　M24 × 110	10		
25	专线 4232－5	螺　栓　M24 × 95	4		
26	专线 4232－50	岔枕螺栓　M30	100	45	
27	GB/T 923	盖形螺母　M24	96		
28	专线 4232－101	螺　母　M24	14		
29	GB/T 1230	垫　圈　24	24		
30	GB/T 7244	弹簧垫圈　24	14		
31	GB/T 7244	弹簧垫圈　30	100		
32	TB/T 1495.4	平垫圈　24	96		
33	专线 3351－3	Ⅱ型弹条	96		

续上表

序号	图号 / 标准	名称及规格	数量	材　　料	备　　注
34	专线 4232－10	轨距块　60/9–11	54	ZG 270－450	
35	专线 4232－10	轨距块　60/13–15	40	ZG 270－450	
36	CT 2－73	导电销	4	1Cr18Ni9Ti	
37	专线 4232－51	橡胶垫板　60–190	48	橡胶	
38	专线 4232－52	橡胶垫板　439 × 190 × 5	8	橡胶	
39	专线 4232－82	橡胶垫板　610 × 175 × 5	14	橡胶	
40	专线 4232－53	橡胶垫板　452 × 175 × 10	16	橡胶	
41	专线 4232－54	橡胶垫板　921–425.5	1	橡胶	
42	专线 4232－54	橡胶垫板　859-394.5	1	橡胶	
43	专线 4232－53	橡胶垫板　795 × 175 × 10	2	橡胶	
44	专线 4232－53	橡胶垫板　732 × 175 × 10	2	橡胶	
45	专线 4232－53	橡胶垫板　742 × 175 × 10	8	橡胶	
46	专线 4232－54	橡胶垫板　856–393	1	橡胶	
47	专线 4232－54	橡胶垫板　918–424	1	橡胶	
48	专线 (02)4204－Ⅲ－13	橡胶垫板　452 × 175 × 10	2	橡胶	

60 kg/m 钢轨 9 号单开道岔
图 号：专线 (02)4204－I

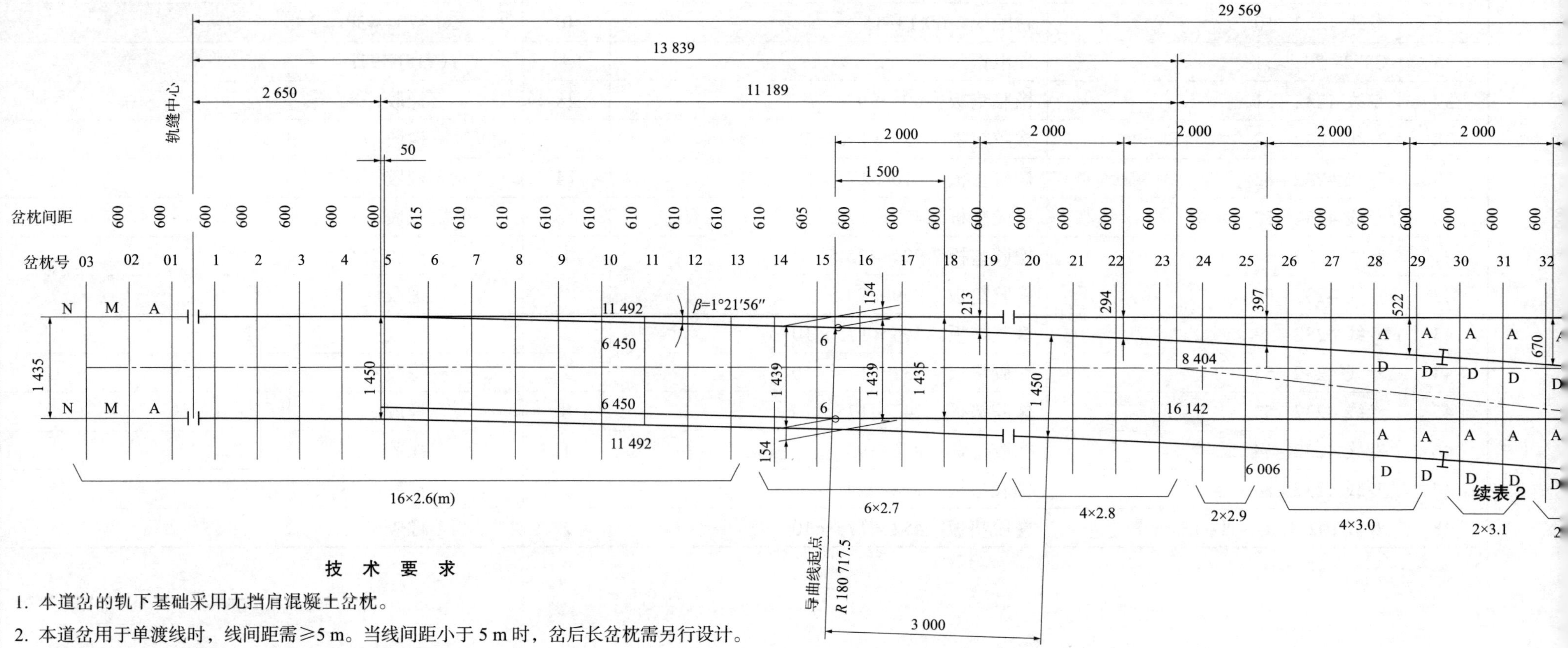

续表 2

技 术 要 求

1. 本道岔的轨下基础采用无挡肩混凝土岔枕。
2. 本道岔用于单渡线时，线间距需≥5 m。当线间距小于 5 m 时，岔后长岔枕需另行设计。
3. 本图转辙器采用 60AT6.45 m 直线尖轨，跟部为间隔铁式活接头连接。辙叉为高锰钢整铸式，辙叉下设铁垫板；护轨为分开式，用 50 kg/m 钢轨制造。钢轨轨下及高锰钢辙叉下设置 5 mm 厚橡胶垫板；护轨垫板下设置 5 mm 厚橡胶垫板，其他垫板下均设置 10 mm 厚橡胶垫板。
4. 本道岔不设轨底坡，道岔前后的顺坡垫板 P80、P60 分别用符号 M、N 表示，其铺设位置见图。若与无轨底坡线路连接时，取消顺坡垫板采用平垫板 60－0，用户订货时需指明。
5. 明细表中的平垫板包括七种类型：垫板 60－0、垫板 60－8、垫板 60－11、垫板 60－14、垫板 60－17 分别用符号 A.B.C.D.E 表示，符号 B'、C' 表示与 60－8，60－11 对称平垫板其具体铺设位置见图。
6. 扣件采用Ⅱ型弹条分开式可调扣件，轨距块设计安装号数如下：
   钢轨工作边一侧安装 13 号轨距块或绝缘轨距块；钢轨非工作边一侧安装 11 号轨距块或绝缘轨距块。高锰钢辙叉一侧安装 13 号轨距块，另一侧安装 11 号轨距块。
   7－17 轨距块为备用轨距块，供现场调整用。
7. 图中钢轨普通接头及绝缘接头分别以"—|├—"，"⊥"表示。
8. 钢轨轨缝除注明者外均为 8 mm。
9. 本图按设轨道电路设计。
10. 岔枕编号 1～35 垂直于道岔直股，编号 36～38 逐渐扭转垂直于辙叉角平分线（其岔枕间距按道岔直股下股钢轨测量），编号 39～59 垂直于辙叉角平分线，编号 60～62、64～66 逐渐扭转垂直于道岔后线路方向。
11. 铺设混凝土岔枕时，带编号一段铺设在道岔直股外侧，侧股岔枕后短岔枕带编号一端铺设在道岔侧股外侧。

表 2 明 细 表

序号	图号 / 标准	名称及规格	数 量	材 料	备 注
1	专线 (02)4204－Ⅱ	转辙器	1		
2	专线 (02)4204－Ⅲ	辙叉及护轨	1		
3	TB/T 2344	钢 轨	68.342(m)	60 kg/m 钢轨	
4	TB/T 2345	接头夹板	8		
5	专线 4232－71	平垫板 60－0	20	Q235－A(底板)	
6	专线 4232－71	平垫板 60－8 Y(Z)	4	Q235－A(底板)	
7	专线 4232－71	平垫板 60－8 Z(Y)	8	Q235－A(底板)	与序号 6 对称
8	专线 4232－71	平垫板 60－11 Y(Z)	12	Q235－A(底板)	
9	专线 4232－71	平垫板 60－11 Z(Y)	10	Q235－A(底板)	与序号 8 对称
10	专线 4232－71	平垫板 60－14 Y(Z)	14	Q235－A(底板)	
11	专线 4232－71	平垫板 60－17 Y(Z)	6	Q235－A(底板)	
12	专线 4232－68	接头垫板 P80	6	Q235－A(底板)	
13	专线 4232－69	接头垫板 P60	6	Q235－A(底板)	
14	专线 3351－3	Ⅱ型弹条	172		
15	专线 4232－4	T 型螺栓 M24×60	172		

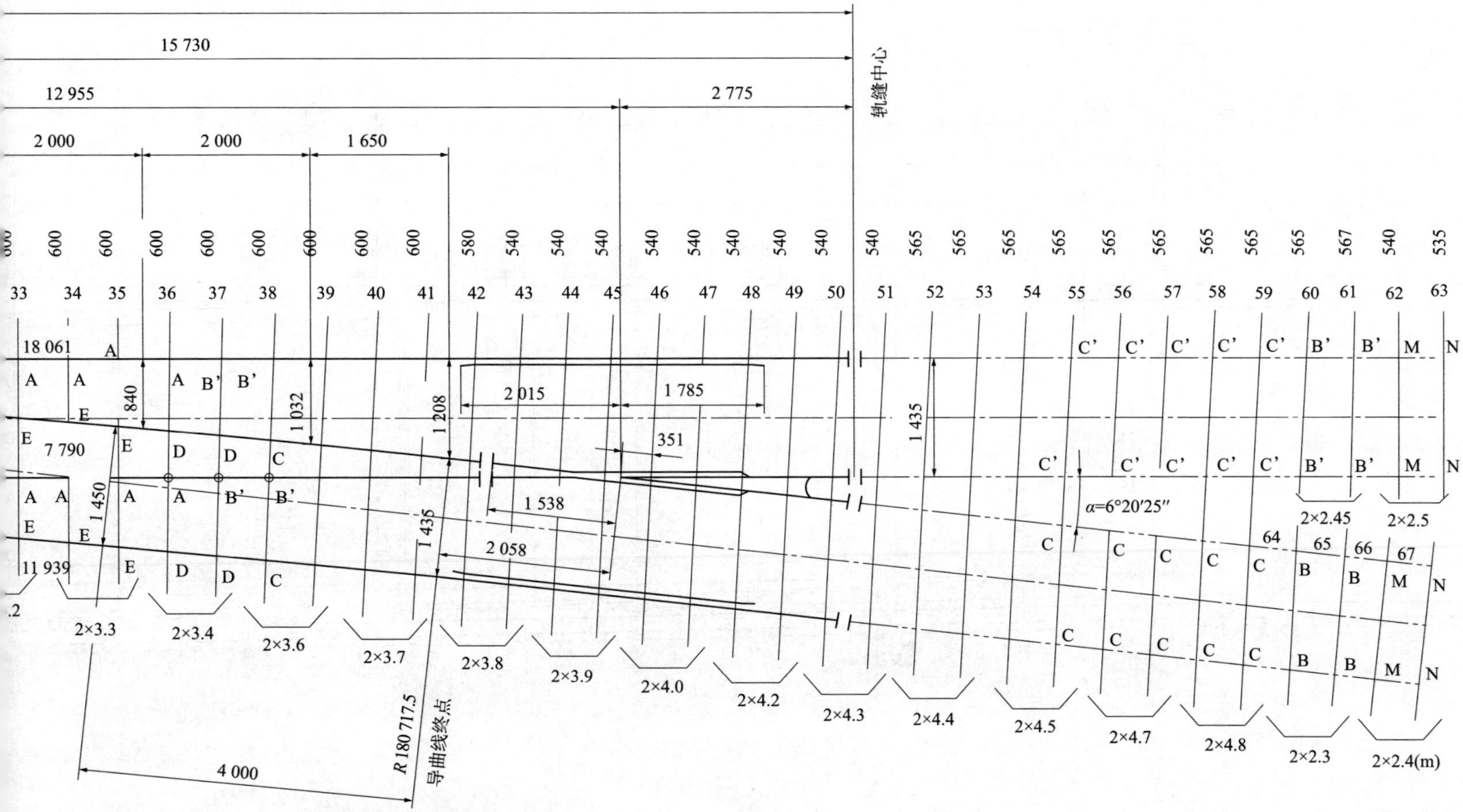

表 1　岔枕数量表

序号	岔枕长(m)	单位	数量	备注
1	2.3	根	2	
2	2.4	根	2	
3	2.45	根	2	
4	2.5	根	2	
5	2.6	根	16	
6	2.7	根	6	
7	2.8	根	4	
8	2.9	根	2	
9	3.0	根	4	
10	3.1	根	2	
11	3.2	根	2	
12	3.3	根	2	
13	3.4	根	2	
14	3.6	根	2	
15	3.7	根	2	
16	3.8	根	2	
17	3.9	根	2	
18	4.0	根	2	
19	4.2	根	2	
20	4.3	根	2	
21	4.4	根	2	
22	4.5	根	2	
23	4.7	根	2	
24	4.8	根	2	

续表 2

序号	图号 / 标准	名称及规格	数　量	材　料	备　注
16	TB/T 2347	接头螺栓及螺母　M24 × 135－10.9	24		
17	GB/T 41	盖形螺母　M24	172		
18	GB/T 1230	垫　圈　24	24		
19	TB/T 1495.4	平垫圈　24	172		
20	GB/T 7244	垫　圈　30	172		
21	专线 4232－10	轨距块　60/9－11	82	ZG 270－500	
22	专线 4232－10	轨距块　60/13－15	82	ZG 270－500	
23	专线 4232－10	轨距块　60/7－17	50	ZG 270－500	
24	专线 4232－50	岔枕螺栓　M30	172	45	
25	专线 4232－72	绝缘轨距块　9－11	4	玻璃纤维	
26	专线 4232－72	绝缘轨距块　13－15	4	玻璃纤维	
27	专线 4232－53	橡胶垫板　452 × 175 × 10	86	橡胶	
28	专线 4232－51	橡胶垫板　60－190	86	橡胶	
29	专线 3417	钢轨绝缘	2		胶接绝缘

图 1　绝缘接头设在直股

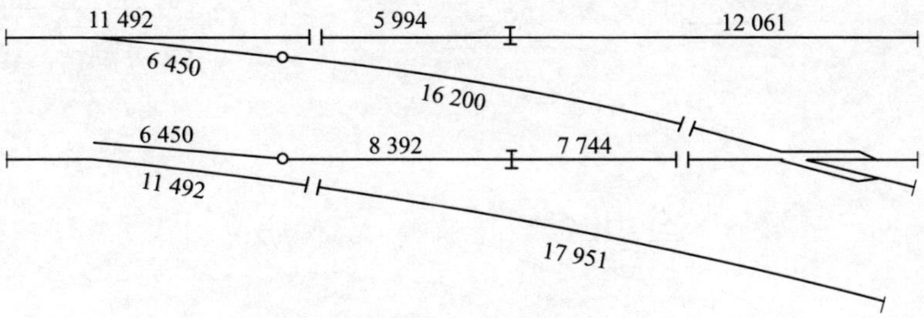

表 3　配轨数量表

长度(mm)	18 061	16 142	16 200 (8 404，7 790)	17 951 (6 006，11 939)
数量(根)	1	1	1	1

60 kg/m 钢轨 9 号单开道岔转辙器

图　号：专线 (02)4204－II

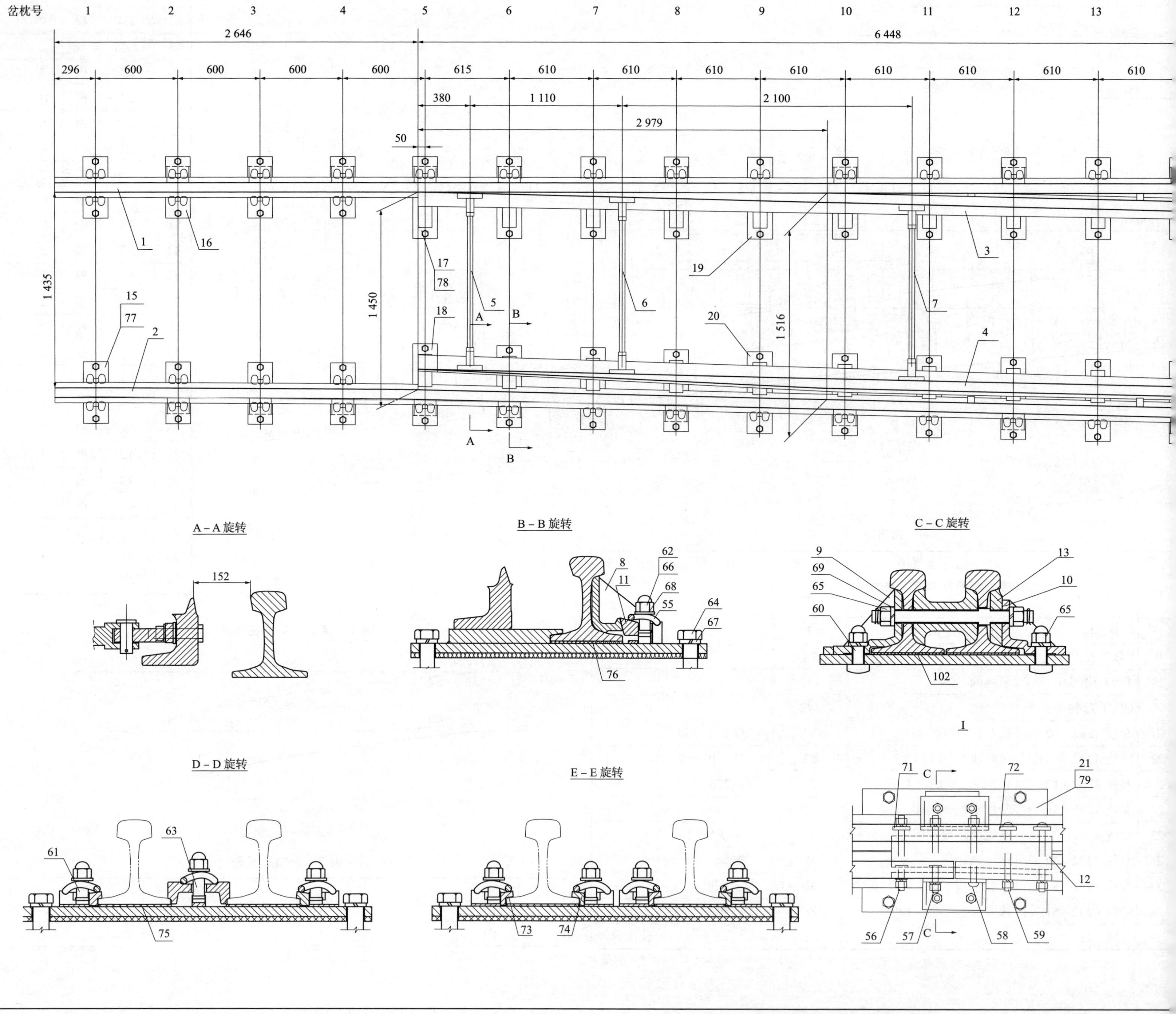

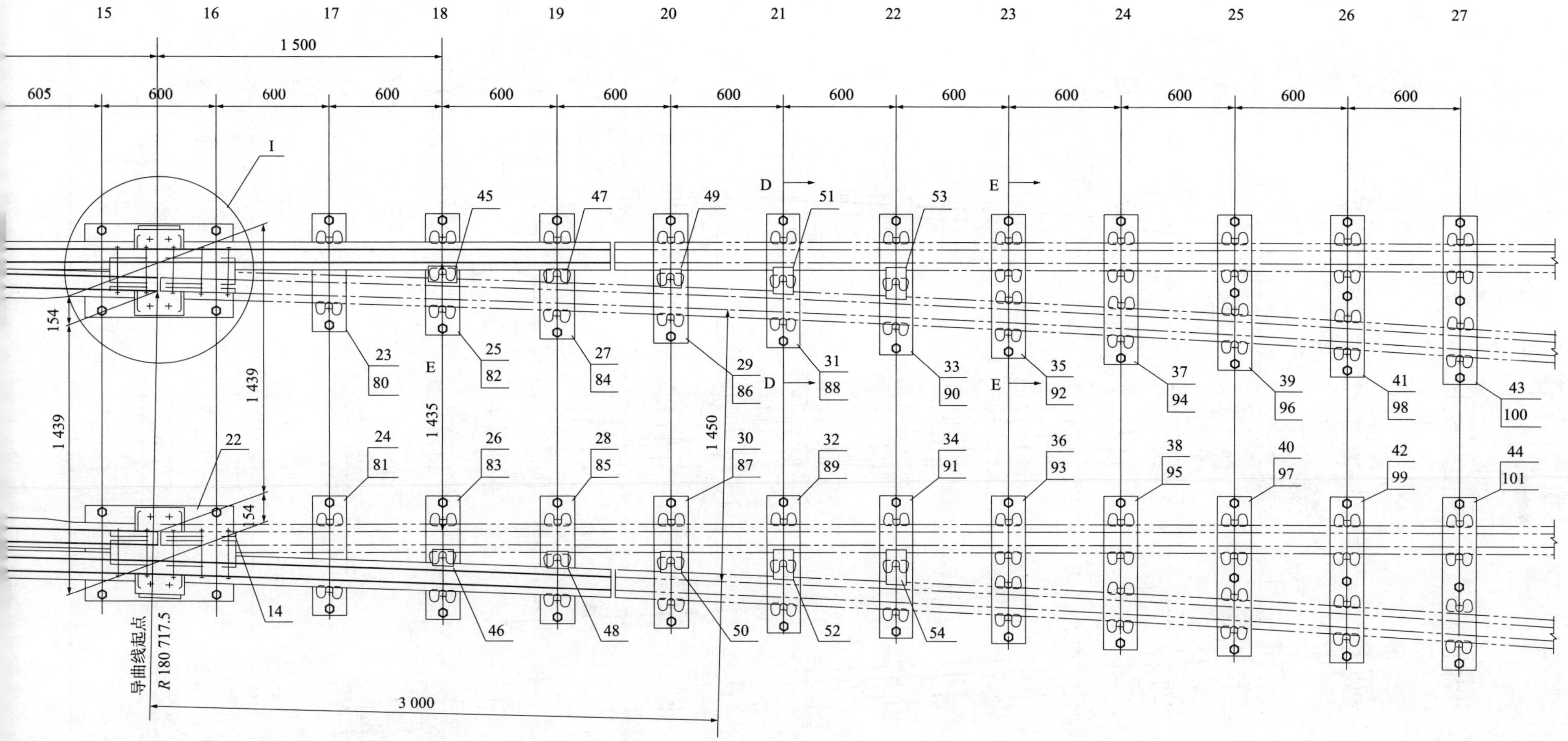

技 术 要 求

1. 转辙器采用 6.45 m 60AT 直线尖轨，尖轨尖端采用藏尖式。
2. 尖轨设置一个牵引点，牵引点设计动程为 152 mm，在正常养护情况下，牵引点理论转换力为 1 500 N。
3. 滑床板在基本轨内侧为刚性扣压，外侧部分设置轨撑。
4. 水平螺栓采用防松螺母。
5. 扣件采用Ⅱ型弹条分开式可调扣件，轨距块设计安装号数如下：
   钢轨工作边一侧安装 13 号轨距块；
   钢轨非工作边一侧安装 11 号轨距块。
6. 钢轨件均进行轨头顶面全长淬火。
7. 钢轨轨下设置 5 mm 厚橡胶垫板，垫板下设置 10 mm 厚橡胶垫板。

60 kg/m 钢轨 9 号单开道岔辙叉及护轨

图　号：专线 (02)4204－III

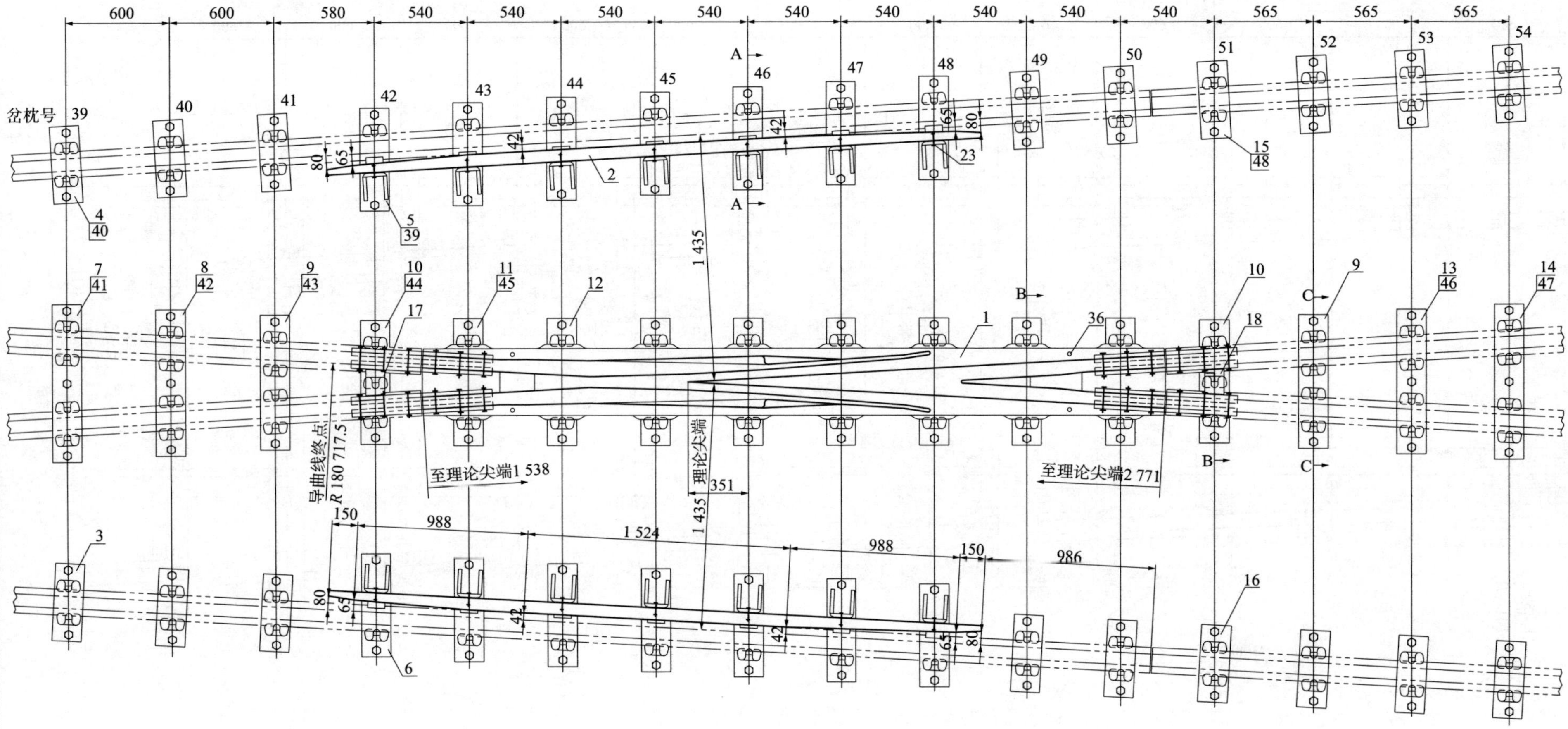

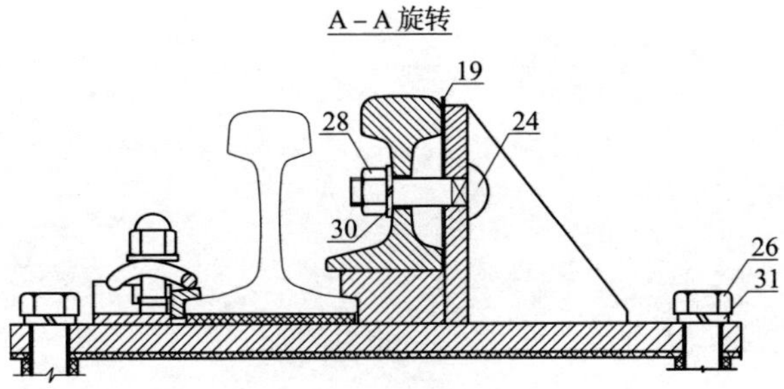

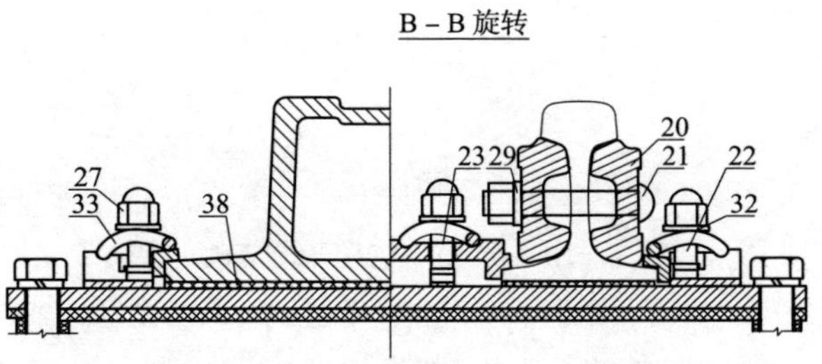

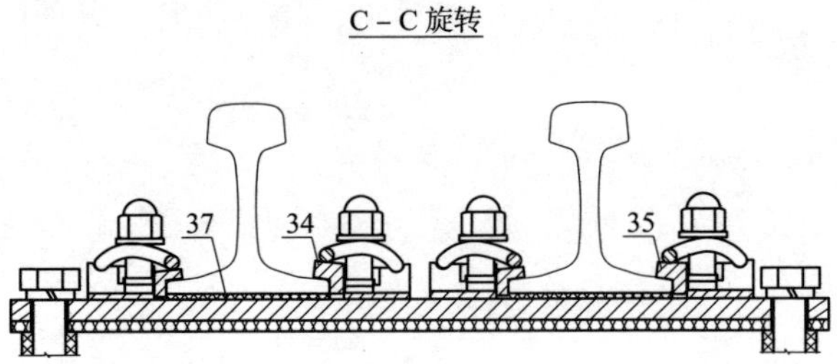

技　术　要　求

1. 组装护轨时，应使用 3 mm 厚的护轨调整片，如查照间隔或护背距离不合格时，可用调整片进行调整，调整片横向安装。
2. 查照间隔及护背距离在心轨轨头宽 20～30 mm 处丈量。
3. 钢轨工作边一侧安装 13 号轨距块，非工作边一侧安装 11 号轨距块；辙叉部分一侧安装 13 号轨距块，另一侧安装 11 号轨距块。

100. 50 kg/m 钢轨 12 号单开道岔(木枕)
设计图号：专线 4144

道岔允许通过速度	客车	$v_{直}$≤120 km/h；$v_{侧}$≤55 km/h		扣件类型	刚性可调扣件（扣板）
	货车	轴重 23 t：$v_{直}$≤90 km/h； 轴重 25 t：$v_{直}$≤80 km/h；$v_{侧}$≤50 km/h		轨底坡	—
转辙器跟端形式	□限位器 □间隔铁 □不设传力机构 ■间隔铁活接头			锁闭方式	内锁闭
道岔全长	36 815	辙叉全长	4 557	辙叉类型	高锰钢整铸式
道岔前长	16 853	辙叉趾长	1 849	辙叉角	4°45′49″
道岔后长	19 962	辙叉跟长	2 708	翼轨轨型	—
尖轨长度	7 700	基本轨长度	12 500	直向护轨长度	4 500
尖轨轨型	50AT1			侧向护轨长度	4 500
尖轨尖端前基本轨长度			2 646	护轨轨型	43 kg/m 钢轨
辙叉理论尖端距趾端方向前一根岔枕中心距离			80	导曲线半径	330 m
尖轨尖端至心轨实际尖端的距离		31 573	直向护轨端头距导轨端头定位尺寸		485
道岔终端至末根岔枕中心距离		7 959	侧向护轨端头距导轨端头定位尺寸		485

最大构造加宽	—	测量位置	—			
岔枕图号 GB 154	岔枕总数	86 根	岔枕体积	11.24 m^3	套管总数	—
转换设备图号 电务填写	尖轨动程	165			心轨动程	—
批准文号	专设标〔1998〕字 318 号				应用情况	★
主要结构特点	1. 道岔采用 50AT1 直线尖轨； 2. 道岔采用直线型高锰钢辙叉； 3. 导曲线外股设置 6 mm 超高，由转辙器跟部及叉趾前各三块垫板过渡，在辙叉垫板和叉前垫板之间的导曲线外股钢轨的垫板下设 6 mm 厚胶合竹片。 4. 适用于采用大功率转辙机有困难的车站铺设。 5. 道岔主要尺寸与 TB/T 399－75《50 kg/m 钢轨 12 号单开道岔》一致，可以互换使用。					

转辙器明细表

序号	图号 / 标准	名称及规格	数量	材　　料
1	专线 4145－4	直基本轨　12 500	1	
2	专线 4145－5	曲基本轨　12 500	1	
3	专线 4145－6	左侧尖轨　7 700	1	
4	专线 4145－6	右侧尖轨　7 700	1	按序号 3 对称制造
5	专线 4140－36	轨　撑　50	26	
6	专线 4140－38	辙跟外轨撑　50	2	
7	专线 4140－39	辙跟内轨撑　50	2	
8	专线 4140－35	调整楔	26	
9	专线 4266－52	间隔铁　50－117－130－22	2	
10	专线 4266－53	辙跟接头夹板　50－6 Z	1	
11	专线 4266－53	辙跟接头夹板　50－6 Y	1	
12	专线 4266－59	拉　杆　1 007	1	
13	专线 4266－60	连　杆　1 049	1	
14	专线 4266－60	连　杆　1 096	1	
15	专线 4140－10	垫　板　366 × 180 × 20	2	
16	专线 4140－11	垫　板　441 × 180 × 20	8	
17	专线 4140－12	滑床板　639 × 180 × 20	18	
18	专线 6061－7	滑床板　564 × 180 × 20	10	
19	专线 4145－7	辙跟垫板　760 × 487 × 20	2	
20	专线 4145－8	辙后垫板　526 × 180 × 20	1	
21	专线 4145－8	辙后垫板　531 × 180 × 20	1	
22	专线 4145－8	辙后垫板　538 × 180 × 20	1	
23	专线 4145－8	辙后垫板　545 × 180 × 20	1	
24	专线 4145－8	辙后垫板　551 × 180 × 20	1	
25	专线 4145－8	辙后垫板　560 × 180 × 20	1	
26	专线 4145－8	辙后垫板　564 × 180 × 20	1	
27	专线 4145－8	辙后垫板　574 × 180 × 20	1	
28	专线 4145－8	辙后垫板　578 × 180 × 20	1	
29	专线 4145－8	辙后垫板　589 × 180 × 20	1	
30	专线 4145－8	辙后垫板　593 × 180 × 20	1	
31	专线 4145－8	辙后垫板　604 × 180 × 20	1	
32	专线 4145－8	辙后垫板　608 × 180 × 20	1	
33	专线 4145－8	辙后垫板　619 × 180 × 20	1	

续上表

序号	图号 / 标准	名称及规格	数量	材　　料
34	专线 4145－8	辙后垫板　625 × 180 × 20	1	
35	专线 4145－8	辙后垫板　642 × 180 × 20	1	
36	专线 4145－8	辙后垫板　660 × 180 × 20	1	
37	专线 4145－9	辙后垫板　636 × 180 × 20	1	
38	专线 4145－9	辙后垫板　653 × 180 × 20	1	
39	专线 4145－9	辙后垫板　671 × 180 × 20	1	
40	专线 4145－9	辙后垫板　679 × 180 × 20	1	
41	专线 4145－9	辙后垫板　699 × 180 × 20	1	
42	专线 4145－9	辙后垫板　719 × 180 × 20	1	
43	专线 4145－9	辙后垫板　740 × 180 × 20	1	
44	专线 4145－10	辙后垫板　690 × 180 × 20	1	
45	专线 4145－10	辙后垫板　710 × 180 × 20	1	
46	专线 4145－10	辙后垫板　731 × 180 × 20	1	
47	专线 4145－10	辙后垫板　752 × 180 × 20	1	
48	专线 4140－30	支距扣板　50/27–29	1	KTH 350－10
49	专线 4140－31	支距扣板　50/39–41	1	KTH 350－10
50	专线 4140－32	支距扣板　50/51–54	1	KTH 350－10
51	专线 4140－34	支距扣板　50/64–67	1	KTH 350－10
52	专线 6061－14	支距扣板　50/77–81	1	KTH 350－10
53	专线 6061－14	支距扣板　50/92–96	1	KTH 350－10
54	专线 6061－14	支距扣板　50/107–111	1	KTH 350－10
55	专线 4140－30	支距扣板　50/31–34	1	KTH 350－10
56	专线 4140－31	支距扣板　50/45–49	1	KTH 350－10
57	专线 4140－34	支距扣板　50/59–62	1	KTH 350－10
58	专线 4140－34	支距扣板　50/73–77	1	KTH 350－10
59	专线 6061－14	支距扣板　50/88–92	1	KTH 350－10
60	专线 6061－14	支距扣板　50/103–107	1	KTH 350－10
61	专线 6061－14	支距扣板　50/118–122	1	KTH 350－10
62	专线 4140－25	中间扣板　50	88	KTH 350－10
63	专线 4140－26	加高扣板　50	10	KTH 350－10
64	专线 4140－27	接头扣板　50/0–2	6	KTH 350－10
65	专线 4140－27	接头扣板　50/4–6	2	KTH 350－10
66	专线 4232－78	双头螺柱　24 × 27 × 75 × 205	2	10.9级
67	专线 4232－78	双头螺柱　24 × 24 × 90 × 205	2	10.9级
68	专线 4232－5	半圆头方颈螺栓　M24 × 270	2	10.9级

续上表

序号	图号 / 标准	名称及规格	数量	材　　料
69	专线 4232－5	半圆头方颈螺栓　M24 × 260	4	10.9级
70	专线 4232－80	长方头螺栓　M24 × 75	8	
71	专线 4140－4	长方沉头螺栓　M22 × 85	110	
72	专线 4140－4	长方沉头螺栓　M22 × 90	10	
73		方头带孔螺栓　M24 × 85	2	10.9级
74	GB/T 31.1	螺　栓　M24 × 85	24	10.9级
75	专线 4140－4	长方沉头螺栓　M22 × 110	52	
76	NS－01(b)	螺　母　M24	40	10级
77	GB/T 41	螺　母　M22	172	
78	GB/T 7244	弹簧垫圈　24	48	
79	GB/T 7244	弹簧垫圈　22	172	
80	GB/T 96	平垫圈　22	52	
81	GB/T 97	平垫圈　24	8	
82	专线 4266－68	圆孔垫圈　50–0	2	
83	专线 4266－69	方孔垫圈　50–0	4	
84	GB/T 91	开口销　5 × 30	34	
85	TB/T 3049	螺纹道钉　22 × 145	296	
86	专线 4140－51	塑料垫片　376 × 190 × 5	2	
87	专线 4140－52	塑料垫片　451 × 190 × 5	8	
88	专线 4140－53	塑料垫片　649 × 190 × 5	18	
89	专线 4140－52	塑料垫片　574 × 190 × 5	10	
90	专线 4140－54	塑料垫片　482 × 240 × 5	4	
91	专线 4140－51	塑料垫片　536 × 190 × 5	1	
92	专线 4140－51	塑料垫片　548 × 190 × 5	1	
93	专线 4140－51	塑料垫片　561 × 190 × 5	1	
94	专线 4140－51	塑料垫片　574 × 190 × 5	1	
95	专线 4140－51	塑料垫片　588 × 190 × 5	1	
96	专线 4140－51	塑料垫片　603 × 190 × 5	1	
97	专线 4140－51	塑料垫片　618 × 190 × 5	1	
98	专线 4140－51	塑料垫片　635 × 190 × 5	1	
99	专线 4140－51	塑料垫片　652 × 190 × 5	1	
100	专线 4140－51	塑料垫片　670 × 190 × 5	1	
101	专线 4140－55	塑料垫片　689 × 190 × 5	1	
102	专线 4140－55	塑料垫片　709 × 190 × 5	1	
103	专线 4140－55	塑料垫片　729 × 190 × 5	1	

续上表

序号	图号 / 标准	名称及规格	数量	材　料
104	专线 4140－55	塑料垫片 750×190×5	1	
105	专线 4140－51	塑料垫片 541×190×5	1	
106	专线 4140－51	塑料垫片 555×190×5	1	
107	专线 4140－51	塑料垫片 570×190×5	1	
108	专线 4140－51	塑料垫片 584×190×5	1	
109	专线 4140－51	塑料垫片 599×190×5	1	
110	专线 4140－51	塑料垫片 614×190×5	1	
111	专线 4140－51	塑料垫片 629×190×5	1	
112	专线 4140－51	塑料垫片 646×190×5	1	
113	专线 4140－51	塑料垫片 663×190×5	1	
114	专线 4140－51	塑料垫片 681×190×5	1	
115	专线 4140－55	塑料垫片 700×190×5	1	
116	专线 4140－55	塑料垫片 720×190×5	1	
117	专线 4140－55	塑料垫片 741×190×5	1	
118	专线 4140－55	塑料垫片 762×190×5	1	
119	NS－01(b)	螺　母 M24	8	

辙叉及护轨明细表

序号	图号 / 标准	名称及规格	数量	材　　料
1	专线 4146－4	高锰钢辙叉　50－12－Ⅳ	1	
2	专线 4146－5	护　轨　4 500	2	43 kg/m 钢轨
3	TB/T 1165	间隔铁　50－12	1	
4	专线 4146－6	垫　板　590	1	Q235
5	专线 4146－6	垫　板　610	1	Q235
6	专线 4146－6	垫　板　652	1	Q235
7	专线 4146－7	垫　板　636	1	Q235
8	专线 4146－7	垫　板　694	1	Q235
9	专线 4146－7	垫　板　736	1	Q235
10	专线 4146－8	垫　板　681	1	Q235
11	专线 4146－8	垫　板　726	1	Q235
12	专线 4146－8	垫　板　760	1	Q235
13	专线 4140－57	垫　板　476	2	Q235
14	专线 4140－14	垫　板　674	8	Q235
15	专线 4140－15	垫　板　520	18	Q235
16	专线 4140－10	垫　板　336	10	Q235
17	专线 4140－25	中间扣板　50	58	KTH 350－10
18	专线 4140－27	接头扣板　50/0－2	6	KTH 350－10
19	专线 4140－27	接头扣板　50/4－6	6	KTH 350－10
20	专线 4140－26	加高扣板　50	2	KTH 350－10
21	专线 4140－28	辙叉扣板	14	KTH 350－10
22	专线 4140－29	辙叉接头扣板	4	KTH 350－10
23	专线 4140－34	支距扣板　50/106－116	1	KTH 350－10
24	专线 6061－14	支距扣板　50/82－93	1	KTH 350－10
25		护轨调整片　125 × 90 × 2/3	36/18	镀锌板
26	TB/T 2345	接头夹板　50	6	
27	专线 4140－4	长方沉头螺栓　M22 × 85	72	
28	专线 4140－4	长方沉头螺栓　M22 × 90	16	
29	专线 4232－80	长方头螺栓　M24 × 85	4	
30	专线 4232－5	半圆头方颈螺栓　M24 × 100	14	
31	专线 4232－5	半圆头方颈螺栓　M24 × 310	1	10.9级
32	专线 4232－5	半圆头方颈螺栓　M24 × 320	1	10.9级
33	专线 4232－5	半圆头方颈螺栓　M24 × 330	1	10.9级

续上表

序号	图号 / 标准	名称及规格	数量	材　料
34	专线 4232－5	半圆头方颈螺栓　M24×340	1	10.9级
35	专线 4232－5	半圆头方颈螺栓　M24×350	1	10.9级
36	专线 4232－5	半圆头方颈螺栓　M24×370	1	10.9级
37	TB/T 2347	接头螺栓及螺母　M24×145	12	10.9级
38	GB/T 41	螺　母　M22	88	
39	GB/T 1230	平垫圈　24	18	
40	专线 (02)4151－Ⅲ－17	方孔垫圈　50–3	6	KTH 330－08
41	专线 (02)4151－Ⅲ－17	圆孔垫圈　50–3	6	KTH 330－08
42	TB/T 3049	螺纹道钉　22×145	218	
43	专线 4140－55	塑料垫片　746×190×5	1	
44	专线 4140－55	塑料垫片　704×190×5	1	
45	专线 4140－51	塑料垫片　662×190×5	1	
46	专线 4140－51	塑料垫片　620×190×5	1	
47	专线 4140－51	塑料垫片　600×190×5	1	
48	专线 4140－51	塑料垫片　646×190×5	1	
49	专线 4140－55	塑料垫片　691×190×5	1	
50	专线 4140－55	塑料垫片　736×190×5	1	
51	专线 4140－53	塑料垫片　486×190×5	2	
52	专线 4140－54	塑料垫片　552×240×5	2	
53	专线 4140－51	塑料垫片　684×190×5	8	
54	专线 4140－56	塑料垫片　530×190×5	18	
55	专线 4140－51	塑料垫片　376×190×5	10	
56	GB/T 41	螺　母　M24	22	
57	专线 4232－5	半圆头方颈螺栓　M24×90	4	
58	GB/T 1230	平垫圈　24	18	
59	专线 (02)4151－Ⅲ－17	方孔垫圈　50–3	6	KTH 330－08
60	专线 (02)4151－Ⅲ－17	圆孔垫圈　50–3	6	KTH 330－08

50 kg/m 钢轨 12 号单开道岔
图　号：专线 4144

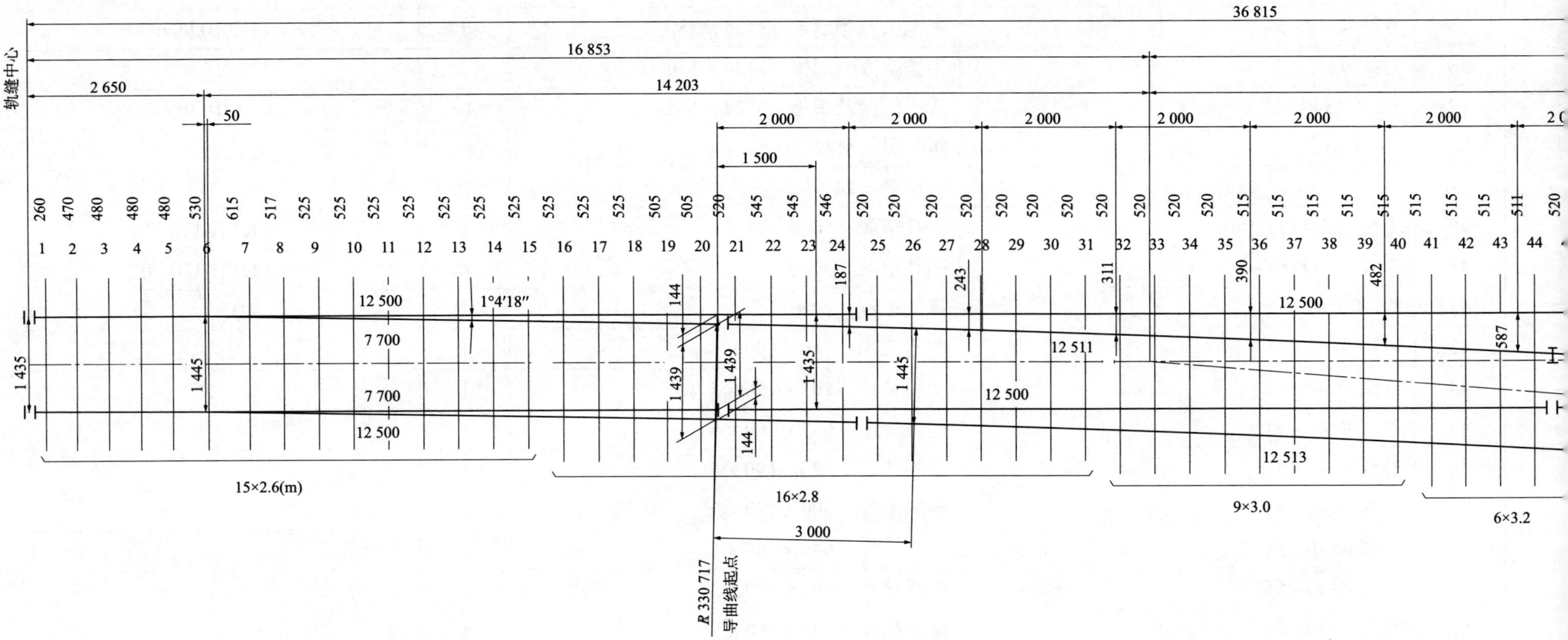

表 3　明　细　表

序号	图号 / 标准	名称及规格	数　量	材　料	备　注
1	专线 4145	转辙器	1		
2	专线 4146	辙叉及护轨	1		
3	TB/T 2344	钢　轨	92.307 m	50 kg/m 钢轨	
4	TB/T 2345	接头夹板　50	10(14)		
5	专线 4140－10	垫　板　366 × 180 × 20	98		
6	专线 4140－25	中间扣板　50	180	KTH 350－10	
7	专线 4140－27	接头扣板　50/0－2	8	KTH 350－10	
8	专线 4140－27	接头扣板　50/4－6	8	KTH 350－10	
9	专线 4140－4	长方沉头螺栓　M22 × 85	196		
10	TB/T 2347	接头螺栓及螺母　M24 × 145	30(42)	10.9 级	
11	GB/T 41	螺　母　M22	196		
12	GB/T 7244	弹簧垫圈　22	196		
13	GB/T 1230	平垫圈　24	30(42)		
14	TB/T 3049	螺纹道钉　22 × 145	392		
15	专线 4140－51	塑料垫片　376 × 190 × 5	98		
16	专线 4140－47	塑料垫片　366 × 180 × 6	23		
17		50 钢轨绝缘	2(0)		

表 1　枕木数量表

序号	长度 (m)	单位	数量	备注
1	2.6	m	39.0	15 根
2	2.8	m	44.8	16 根
3	3.0	m	27.0	9 根
4	3.2	m	19.2	6 根
5	3.4	m	20.4	6 根
6	3.6	m	21.6	6 根
7	3.8	m	15.2	4 根
8	4.0	m	20.0	5 根
9	4.2	m	21.0	5 根
10	4.4	m	17.6	4 根
11	4.6	m	23.0	5 根
12	4.8	m	24.0	5 根

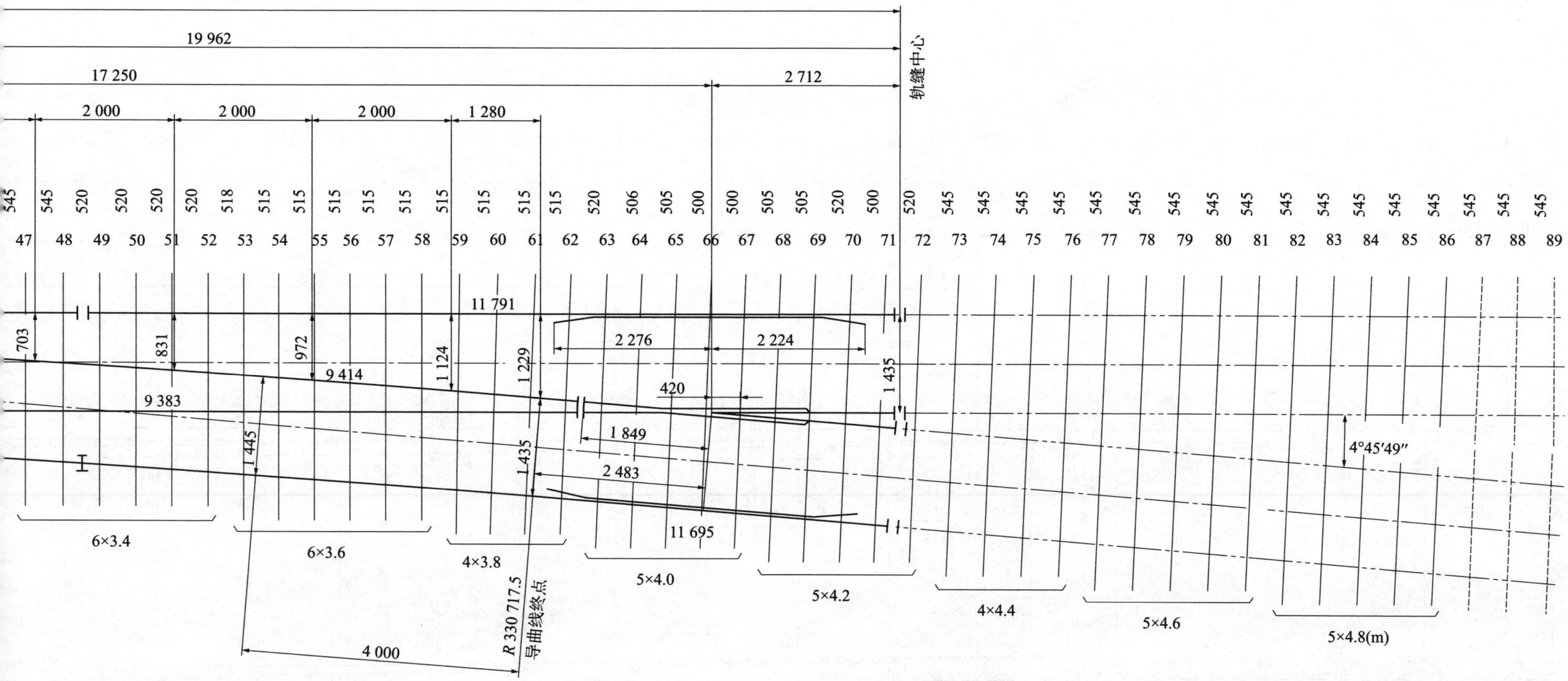

表 2　道岔配轨长度数量表

长度(mm)	12 513	12 511	12 500	11 791	11 695	9 414	9 383
数量(根)	1	1	2	1	1	1	1

技 术 要 求

1. 本图与 TB/T 399《50 kg/m 钢轨 12 号单开道岔总布置图》主要尺寸相同，可以互换使用。
2. 道岔主要结构特点为：转辙器采用 50AT 尖轨，跟端结构为间隔铁式；辙叉采用高锰钢整铸式；护轨为分开式，顶面高出基本轨顶面 12 mm。
3. 导曲线外轨设置 6 mm 超高，由转辙器后部及叉趾前各三块垫板进行过渡。
4. 扣板的设计安装号数为：钢轨工作边一侧用 4 号，钢轨非工作边一侧用 2 号；锰叉一侧用 4 号，一侧用 2 号。
5. 枕木编号 1～55 垂直于直股；59～86 垂直于辙叉角平分线；56～58 逐渐扭转垂直于辙叉角平分线，其岔枕间距按直股下侧钢轨量计。
6. 明细表中钢轨应进行全长淬火。
7. 本图适用于不能更换新型道岔或采用大功率转辙机有困难的车站。
8. 图中轨道电路普通接头及绝缘接头分别以“─┤├─”“⊥”表示。
9. 明细表括号内为不设轨道电路时的数量。
10. 明细表内的钢轨数量由表 2 所列钢轨组成。

50 kg/m 钢轨 12 号单开道岔转辙器
图　号：专线 4145

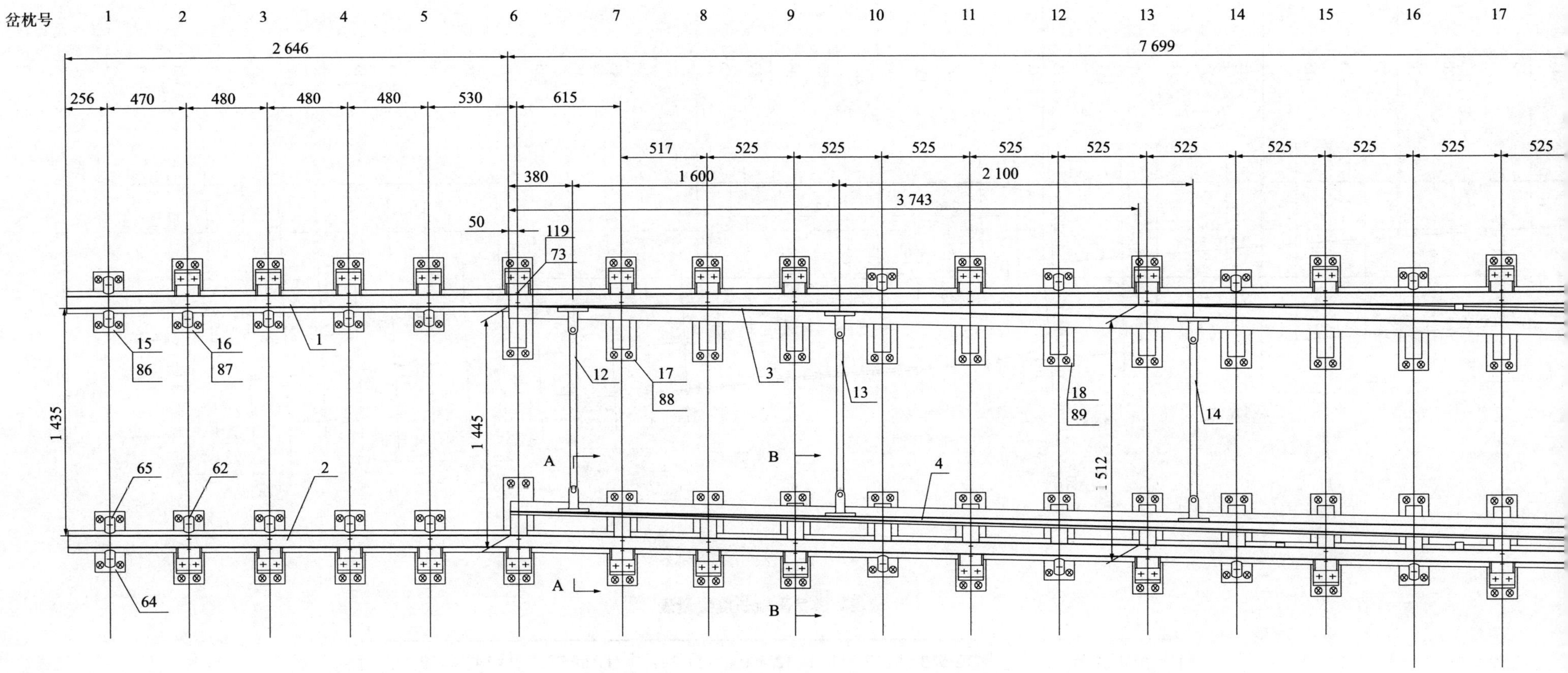

A－A 旋转

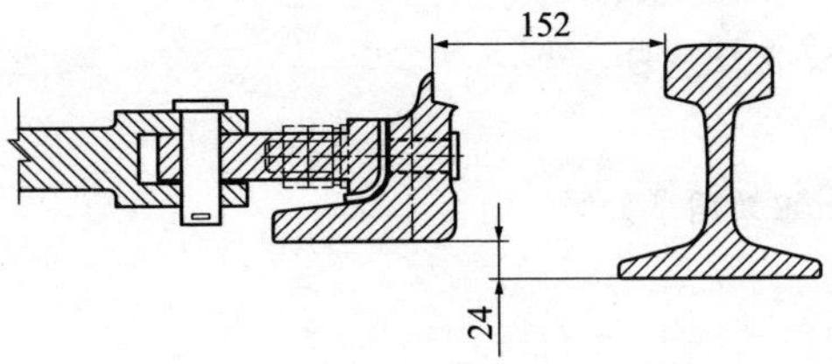

B－B 旋转

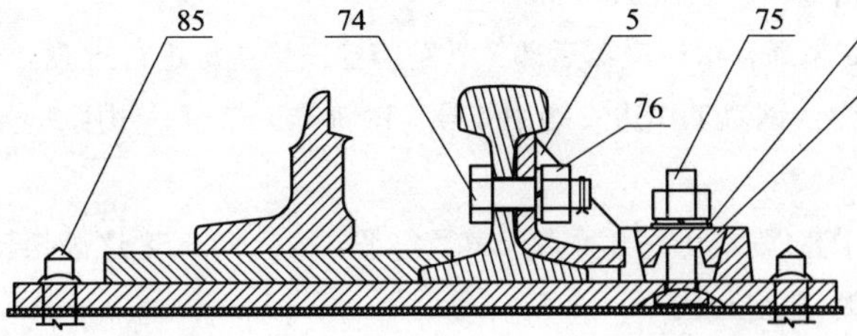

C－C 旋转

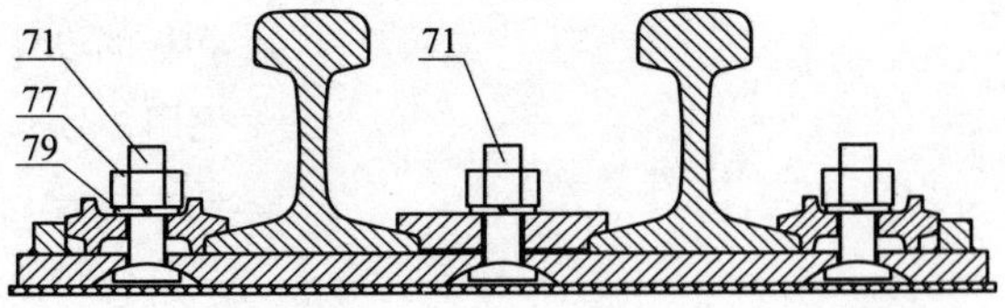

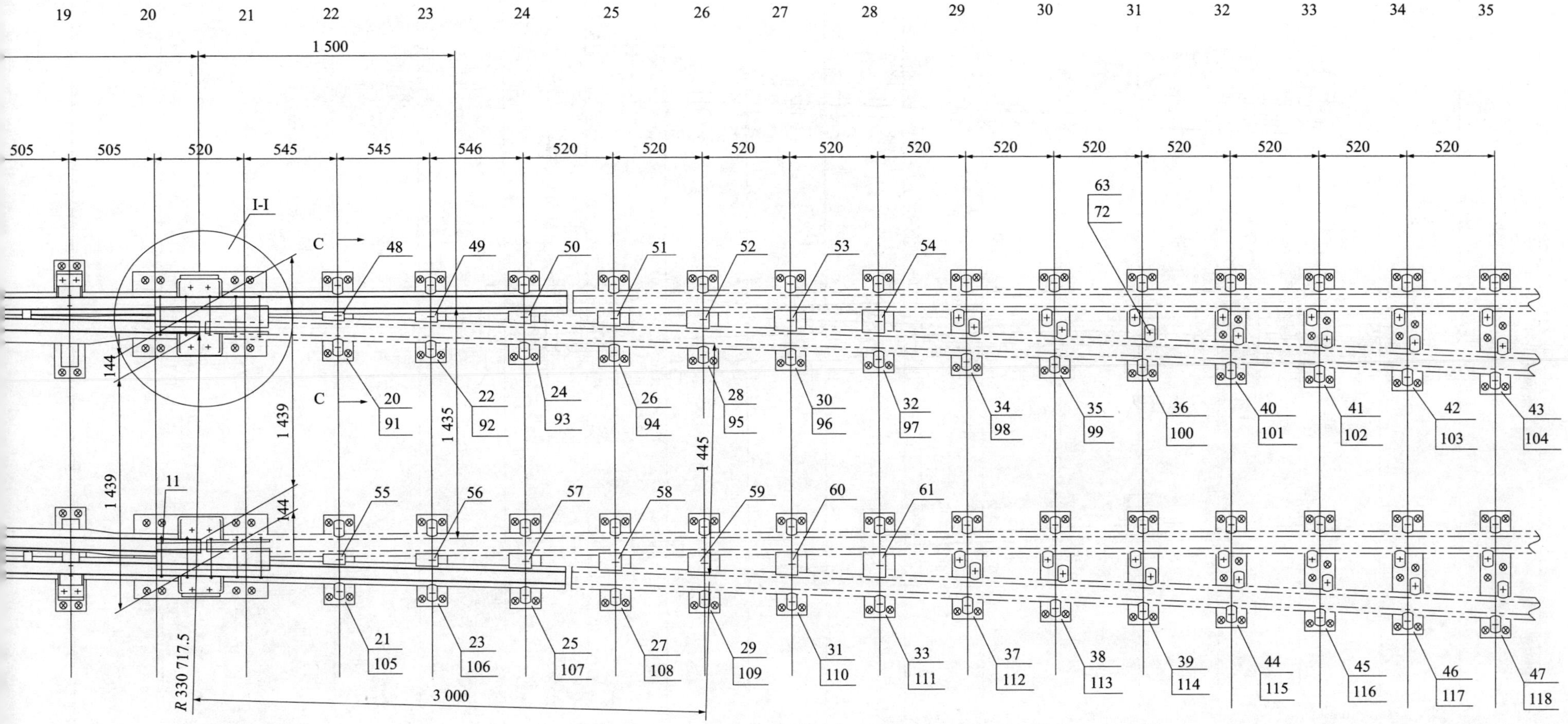

D－D 旋转

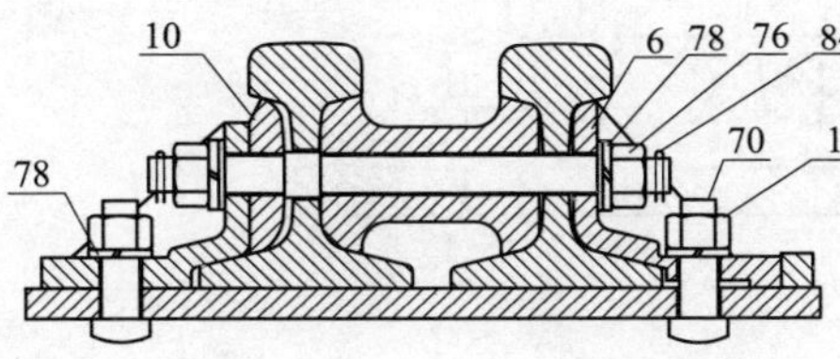

I－I

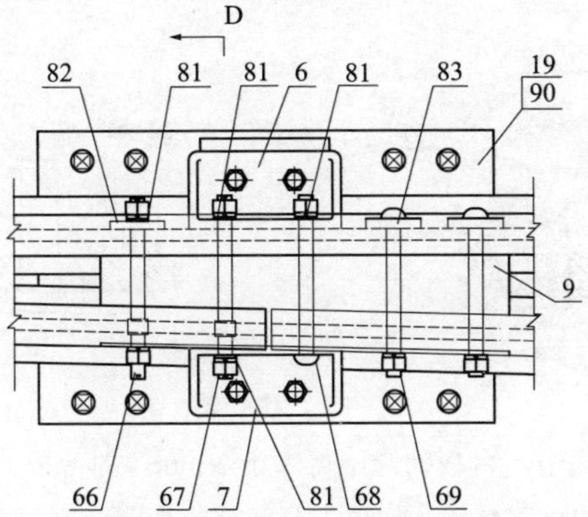

技 术 要 求

1. 本图按右开道岔设计，如为左开时，曲基本轨、序号 34～36、40～43 辙后垫板按图对称制造，直基本轨对称安装顶铁。
2. 导曲线外股设 6 mm 超高，在序号 34～36 辙后垫板过渡。

50 kg/m 钢轨 12 号单开道岔辙叉及护轨
图　号：专线 4146

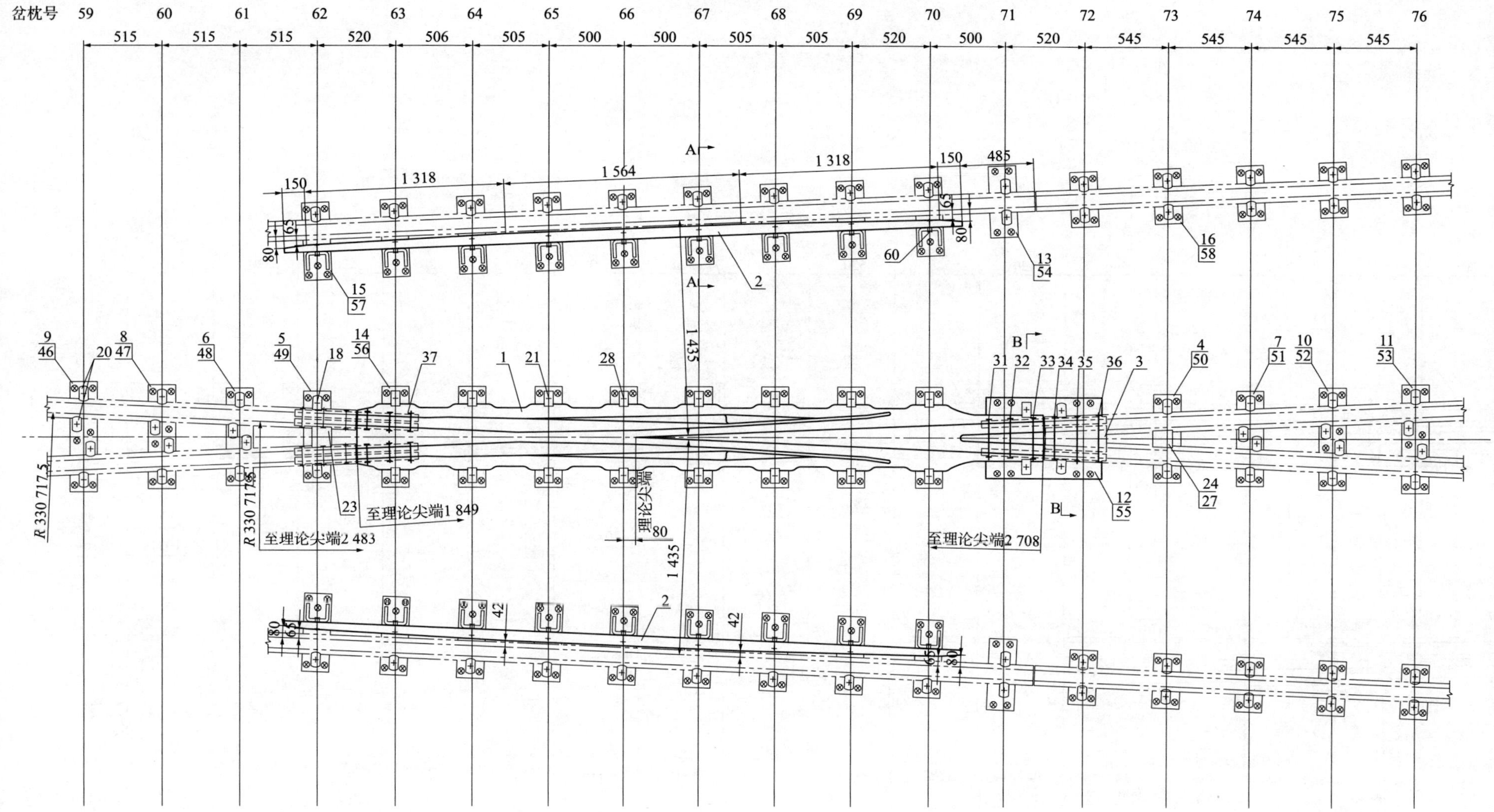

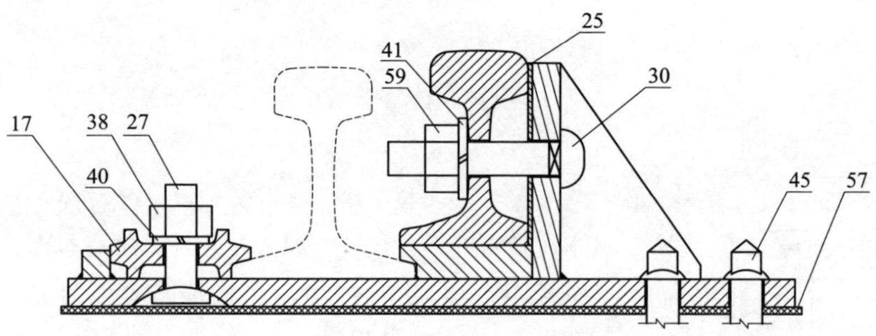
A－A 旋转

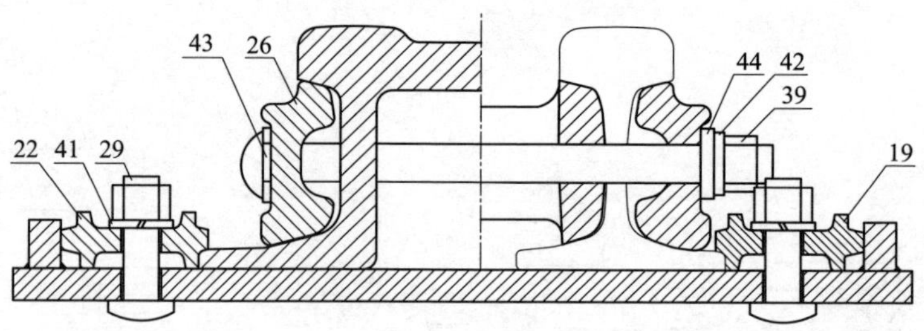
B－B 旋转

技　术　要　求

1. 安装护轨垫板时，护轨基本轨轨底边与台板间隙不得大于 2 mm。如台板上颚与基本轨有间隙时，可用薄铁片塞紧。
2. 组装护轨时，应使用 3 mm 厚道护轨调整片。如果查照间隙或护背距离不合格时，可用备用调整片进行调整。
3. 本图按右开道岔布置，左开时，序号 6、8、9 垫板应按本图对称制造。
4. 铺设时，序号 7、10、11 垫板，标记应在辙叉左侧。

101. 50 kg/m 钢轨 9 号单开道岔(木枕)
设计图号：专线 4141

道岔允许通过速度	客车	$v_{直} \leqslant 90$ km/h；$v_{侧} \leqslant 30$ km/h		扣件类型	刚性可调（扣板）
	货车	$v_{直} \leqslant 90$ km/h；$v_{侧} \leqslant 30$ km/h		轨底坡	—
转辙器跟端形式	□限位器 □间隔铁 □不设传力机构 ■间隔铁活接头			锁闭方式	内锁闭
道岔全长	28 848	辙叉全长	3 588	辙叉类型	高锰钢整铸式
道岔前长	13 839	辙叉趾长	1 538	辙叉角	6°20′25″
道岔后长	15 009	辙叉跟长	2 050	翼轨轨型	—
尖轨长度	6 450	基本轨长度	11 200	直向护轨长度	3 600
尖轨轨型	50AT1			侧向护轨长度	3 600
尖轨尖端前基本轨长度			2 646	护轨轨型	43 kg/m 钢轨
辙叉理论尖端距趾端方向前一根岔枕中心距离			260	导曲线半径	180 m
尖轨尖端至心轨实际尖端的距离		24 234	直向护轨端头距导轨端头定位尺寸		427
道岔终端至末根岔枕中心距离		6 068	侧向护轨端头距导轨端头定位尺寸		427
最大构造加宽	—	测量位置	—		
岔枕图号 GB 154	岔枕总数	65 根	岔枕体积 8.44 m^3	套管总数	—
转换设备图号 —	尖轨动程			心轨动程	—
批准文号	专设标 (88)318 号			应用情况	★
主要结构特点	1. 道岔为 75 型，轨下基础为木枕。 2. 道岔尖轨采用 50AT1 钢轨制造，转辙器跟端采用间隔铁式活接头，轨缝 6 mm。 3. 道岔采用分开式刚性可调扣件。 4. 导曲线外股设置 6 mm 超高。 5. 高锰钢辙叉趾端采用接头夹板连接，跟端采用间隔铁连接。 6. 垫板下设置 5 mm 厚塑料垫片。				

转辙器明细表

序号	图号 / 标准	名称及规格	数量	材　料	备　注
1	专线 4142－4	直基本轨　11 200	1	50 kg/m	
2	专线 4142－5	曲基本轨　11 200	1	50 kg/m	
3	专线 4142－6	左侧尖轨　6 450	1	50AT	
4	专线 4142－6	右侧尖轨　6 450	1	50AT	
5	专线 4140－36	轨　撑　50	22		
6	专线 4140－38	辙跟外轨撑　50	2		
7	专线 4140－39	辙跟内轨撑　50	2		
8	专线 4140－35	轨撑调整楔	22		
9	专线 4266－52	间隔铁　50－126－142－24	2		
10	专线 4266－53	辙跟接头夹板　50－8Z	1		
11	专线 4266－53	辙跟接头夹板　50－8Y	1		
12	专线 4266－59	拉　杆　1 012	1		
13	专线 4266－60	连　杆　1 047	1		
14	专线 4266－60	连　杆　1 093	1		
15	专线 4140－10	平垫板　366 × 180 × 20	2	Q235	
16	专线 4140－11	轨撑垫板　441 × 180 × 20	8	Q235	
17	专线 4140－12	滑床板　639 × 180 × 20	14	Q235	
18	专线 6061－7	滑床板　564 × 180 × 20	8	Q235	
19	专线 4142－7	辙跟垫板　760 × 498 × 20	2	Q235	
20	专线 4142－8	辙后垫板　540 × 180 × 20	1	Q235	
21	专线 4142－8	辙后垫板　547 × 180 × 20	1	Q235	
22	专线 4142－8	辙后垫板　556 × 180 × 20	1	Q235	
23	专线 4142－8	辙后垫板　566 × 180 × 20	1	Q235	
24	专线 4142－8	辙后垫板　573 × 180 × 20	1	Q235	
25	专线 4142－8	辙后垫板　586 × 180 × 20	1	Q235	
26	专线 4142－8	辙后垫板　592 × 180 × 20	1	Q235	
27	专线 4142－8	辙后垫板　606 × 180 × 20	1	Q235	
28	专线 4142－8	辙后垫板　612 × 180 × 20	1	Q235	
29	专线 4142－8	辙后垫板　629 × 180 × 20	1	Q235	
30	专线 4142－8	辙后垫板　634 × 180 × 20　Y (Z)	1	Q235	
31	专线 4142－8	辙后垫板　658 × 180 × 20　Y (Z)	1	Q235	
32	专线 4142－9	辙后垫板　651 × 180 × 20	1	Q235	
33	专线 4142－9	辙后垫板　675 × 180 × 20	1	Q235	
34	专线 4142－9	辙后垫板　683 × 180 × 20　Y (Z)	1	Q235	

续上表

序号	图号 / 标准	名称及规格	数量	材　料	备　注
35	专线 4142－9	辙后垫板　709×180×20 Y(Z)	1	Q235	
36	专线 4142－9	辙后垫板　738×180×20 Y(Z)	1	Q235	
37	专线 4142－10	辙后垫板　700×180×20	1	Q235	
38	专线 4142－10	辙后垫板　727×180×20	1	Q235	
39	专线 4142－10	辙后垫板　755×180×20	1	Q235	
40	专线 4140－31	支距扣板　50/40－43	1	KTH 350－10	
41	专线 4140－31	支距扣板　50/55－59	1	KTH 350－10	
42	专线 4140－34	支距扣板　50/72－77	1	KTH 350－10	
43	专线 4140－34	支距扣板　50/90－95	1	KTH 350－10	
44	专线 6061－14	支距扣板　50/110－116	1	KTH 350－10	
45	专线 4140－31	支距扣板　50/45－49	1	KTH 350－10	
46	专线 4140－31	支距扣板　50/64－69	1	KTH 350－10	
47	专线 4140－34	支距扣板　50/84－89	1	KTH 350－10	
48	专线 4140－34	支距扣板　50/104－109	1	KTH 350－10	
49	专线 6061－14	支距扣板　50/126－132	1	KTH 350－10	
50	专线 4140－26	加高扣板　50	6	KTH 350－10	
51	专线 4140－25	中间扣板　50	66	KTH 350－10	
52	专线 4140－27	接头扣板　50/0－2	6	KTH 350－10	
53	专线 4140－27	接头扣板　50/4－6	2	KTH 350－10	
54	专线 4232－78	双头螺柱　24×27×75×210	2	10.9 级	
55	专线 4232－78	双头螺柱　24×23×90×220	2	10.9 级	
56	专线 4232－5	半圆头方颈螺栓　M24×280	2	10.9 级	
57	专线 4232－5	半圆头方颈螺栓　M24×270	4	10.9 级	
58	专线 4232－80	长方头螺栓　M24×75	8		
59	专线 4140－4	长方沉头螺栓　M22×85	84		
60	专线 4140－4	长方沉头螺栓　M22×90	6		
61	GB/T 31	螺　栓　M24×75	20	10.9 级	
62		螺　栓　M24×85	2	10.9 级	
63	专线 4140－4	长方沉头螺栓　M22×110	44		
64	NS－01(b)	螺　母　M24	36	10 级	
65	GB/T 41	螺　母　M22	134		
66	GB/T 7244	弹簧垫圈　24	44		
67	GB/T 7244	弹簧垫圈　22	134		
68	GB/T 96	平垫圈　22	44		
69	GB/T 97	平垫圈　24	14		
70	专线 4266－68	圆孔垫圈　50－0	2	KTH330－08	

续上表

序号	图号 / 标准	名称及规格	数量	材　　料	备　　注
71	GB/T 91	开口销　5×30	22		
72	TB/T 1346	螺纹道钉　22×145	236		
73	专线 4140－51	塑料垫片　376×190×5	2		
74	专线 4140－52	塑料垫片　451×190×5	8		
75	专线 4140－53	塑料垫片　649×190×5	14		
76	专线 4140－52	塑料垫片　574×190×5	8		
77	专线 4140－54	塑料垫片　493×240×5	4		
78	专线 4140－51	塑料垫片　550×190×5	1		
79	专线 4140－51	塑料垫片　566×190×5	1		
80	专线 4140－51	塑料垫片　583×190×5	1		
81	专线 4140－51	塑料垫片　602×190×5	1		
82	专线 4140－51	塑料垫片　622×190×5	1		
83	专线 4140－51	塑料垫片　644×190×5	1		
84	专线 4140－51	塑料垫片　668×190×5	1		
85	专线 4140－55	塑料垫片　693×190×5	1		
86	专线 4140－55	塑料垫片　719×190×5	1		
87	专线 4140－55	塑料垫片　748×190×5	1		
88	专线 4140－51	塑料垫片　557×190×5	1		
89	专线 4140－51	塑料垫片　576×190×5	1		
90	专线 4140－51	塑料垫片　596×190×5	1		
91	专线 4140－51	塑料垫片　616×190×5	1		
92	专线 4140－51	塑料垫片　639×190×5	1		
93	专线 4140－51	塑料垫片　661×190×5	1		
94	专线 4140－51	塑料垫片　685×190×5	1		
95	专线 4140－55	塑料垫片　710×190×5	1		
96	专线 4140－55	塑料垫片　737×190×5	1		
97	专线 4140－55	塑料垫片　765×190×5	1		
98	专线 4266－69	方孔垫圈　50－0	4	KTH 330－08	
99	NS－01(b)	螺　母　M24	8		

辙叉及护轨明细表

序号	图号 / 标准	名称及规格	数量	材　料	备　注
1	专线 4143－4	高锰钢辙叉　50－9－Ⅱ	1		
2	专线 4143－5	护　轨　3 600	2	43 kg/m 钢轨	
3	TB/T 1164	辙跟三孔焊接间隔铁　50－9	1	HT150	
4	专线 4143－6	辙叉垫板　618×180×20 Y(Z)	1	Q235	
5	专线 4143－6	辙叉垫板　634×180×20 Y(Z)	1	Q235	
6	专线 4143－6	辙叉垫板　695×180×20 Y(Z)	1	Q235	
7	专线 4143－7	辙叉垫板　682×180×20 Y(Z)	1	Q235	
8	专线 4143－7	辙叉垫板　366×180×20	1	Q235	
9	专线 4143－7	辙叉垫板　366×180×20 Y(Z)	1	Q235	
10	专线 4143－7	辙叉垫板　760×180×20 Y(Z)	1	Q235	
11	专线 4140－14	辙叉垫板　674×180×20 Y(Z)	6	Q235	
12	专线 4140－15	护轨垫板　520×180×20 Y(Z)	14	Q345	
13	专线 4140－10	平垫板　366×180×20 Y(Z)	8	Q235	
14	专线 4140－57	接头平垫板　476×180×20 Y(Z)	2	Q235	
15	专线 4140－25	中间扣板　50	40	KTH 350－10	
16	专线 4140－27	接头扣板　50/0－2	7	KTH 350－10	
17	专线 4140－27	接头扣板　50/4－6	7	KTH 350－10	
18	专线 4140－26	加高扣板　50	2	KTH 350－10	
19	专线 4140－28	辙叉扣板	10	KTH 350－10	
20	专线 4140－29	辙叉接头扣板	4	KTH 350－10	
21	TB/T 2345	接头夹板　50	6		
22	专线 4140－4	长方沉头螺栓　M22×85	54		
23	专线 4140－4	长方沉头螺栓　M22×90	12		
24	专线 4232－80	长方头螺栓　M24×85	4		
25	专线 4232－5	半圆头方颈螺栓　M24×100	10		
26	专线 4232－5	半圆头方颈螺栓　M24×300	1	10.9 级	
27	专线 4232－5	半圆头方颈螺栓　M24×320	1	10.9 级	
28	专线 4232－5	半圆头方颈螺栓　M24×330	1	10.9 级	
29	专线 4232－5	半圆头方颈螺栓　M24×350	1	10.9 级	
30	专线 4232－5	半圆头方颈螺栓　M24×360	1	10.9 级	
31	专线 4232－5	半圆头方颈螺栓　M24×380	1	10.9 级	
32	TB/T 2347	接头螺栓及螺母　M24×145	12	10.9 级	
33	GB/T 41	螺　母　M22	66		
34	NS－01(b)	螺　母　M24	18		

续上表

序号	图号 / 标准	名称及规格	数量	材　　料	备　　注
35	GB/T 7244	弹簧垫圈　22	66		
36	GB/T 7244	弹簧垫圈　24	18		
37	专线 (02)4151－Ⅲ－17	方孔垫圈　50－3	6		
38	专线 (02)4151－Ⅲ－17	圆孔垫圈　50－3	6		
39	GB/T 1230	平垫圈　24	18		
40	TB/T 3049	螺纹道钉　22 × 145	170		
41	专线 4140－23	护轨调整片　135 × 125 × 2/3	28/14	镀锌板	厚 2 mm 备用
42	专线 4140－55	塑料垫片　705 × 190 × 5	1		
43	专线 4140－51	塑料垫片　644 × 190 × 5	1		
44	专线 4140－51	塑料垫片　684 × 190 × 5	6		
45	专线 4140－54	塑料垫片　554 × 240 × 5	2		
46	专线 4140－51	塑料垫片　628 × 190 × 5	1		
47	专线 4140－55	塑料垫片　692 × 190 × 5	1		
48	专线 4140－56	塑料垫片　530 × 190 × 5	14		
49	专线 4140－51	塑料垫片　376 × 190 × 5	10		
50	专线 4140－53	塑料垫片　486 × 190 × 5	2		
51	专线 4232－5	半圆头方颈螺栓　M24 × 90	4		
52	NS－01(b)	螺　母　M24	6	10 级	

50 kg/m 钢轨 9 号单开道岔辙叉及护轨

图　号：专线 4143

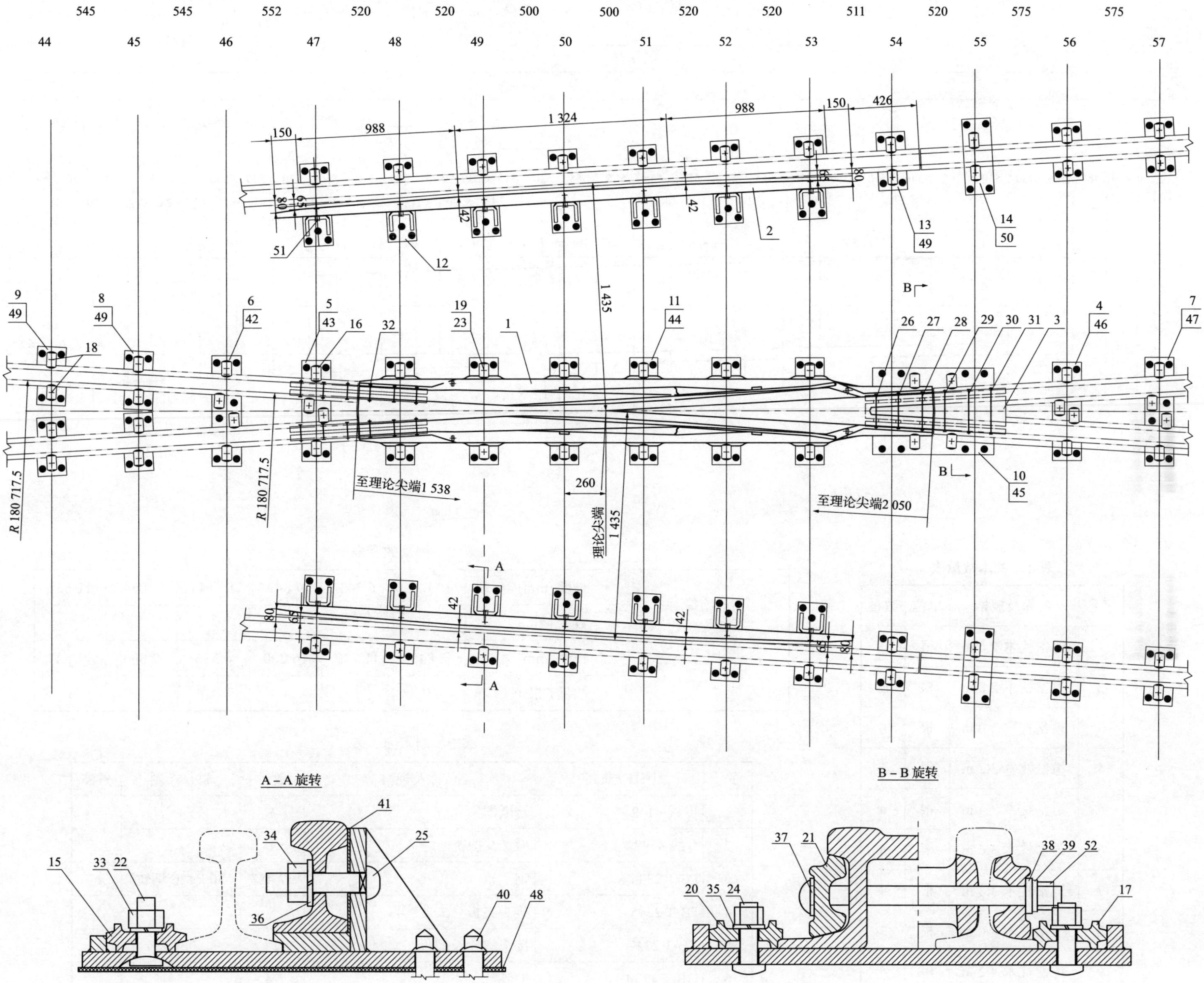

技 术 要 求

1. 安装护轨垫板时，护轨基本轨轨底边与台板间隙不得大于 2 mm。如台板上颚与基本轨有空隙时，可用薄铁片塞紧。
2. 组装护轨时，应使用 3 mm 厚的护轨调整片。如查照间隔或护背距离不合格时，可用备用调整片进行调整。
3. 本图按右开道岔布置，左开时，序号 6 垫板应按图样对称制造。
4. 铺设时，序号 4、7 垫板，标记应在辙叉左侧。

50 kg/m 钢轨 9 号单开道岔
图　号：专线 4141

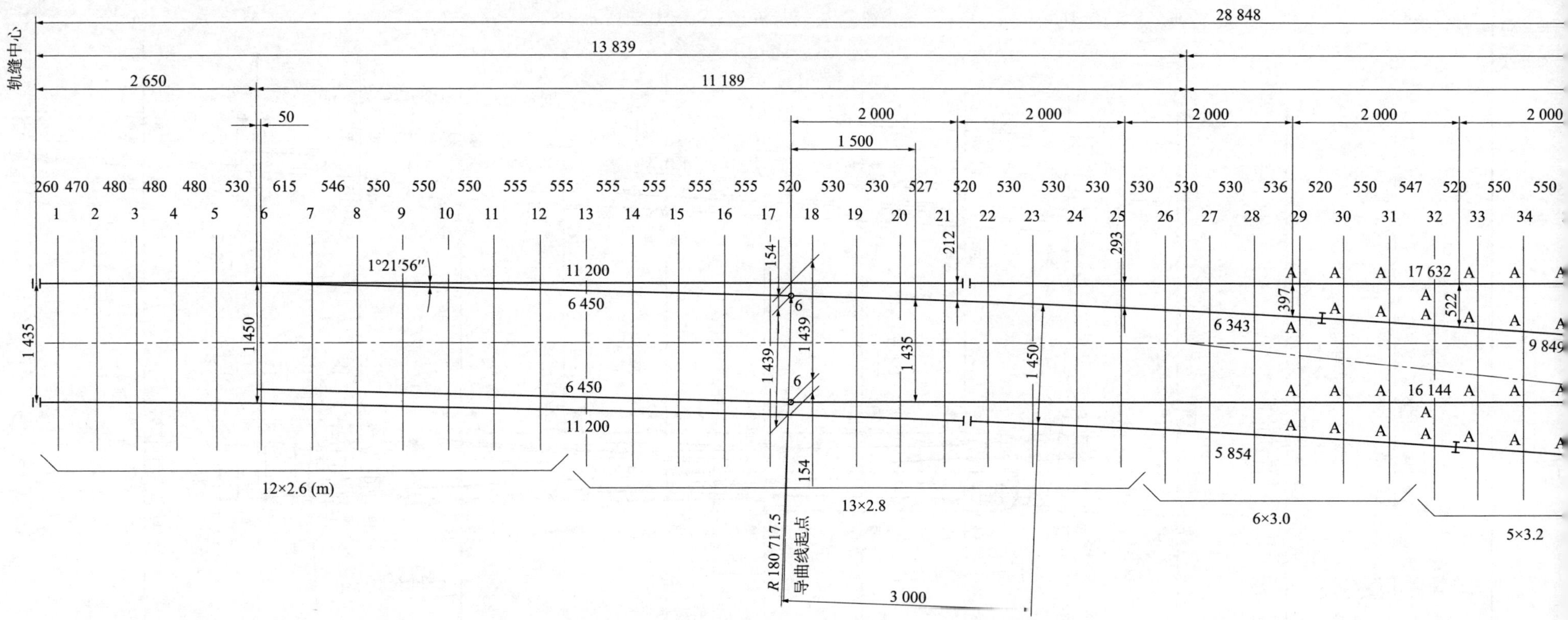

表 1　枕木数量表

序号	名称及规格	单位	数量
1	道岔枕木 2.6 m	根	12
2	道岔枕木 2.8 m	根	13
3	道岔枕木 3.0 m	根	6
4	道岔枕木 3.2 m	根	5
5	道岔枕木 3.4 m	根	4
6	道岔枕木 3.6 m	根	4
7	道岔枕木 3.8 m	根	4
8	道岔枕木 4.0 m	根	3
9	道岔枕木 4.2 m	根	4
10	道岔枕木 4.4 m	根	3
11	道岔枕木 4.6 m	根	3
12	道岔枕木 4.8 m	根	4

表 2　配轨数量表

曲股绝缘	长度 (mm)	17 632	6 343	9 849	16 144	5 854	11 661
	数量 (根)	1	1	1	1	1	1
直股绝缘	长度 (mm)	5 845	11 779	16 200	6 336	9 800	17 523
	数量 (根)	1	1	1	1	1	1

表 3　明　细　表

序号	图号 / 标准	名称及规格	数量	材　料	备注
1	专线 4142	转辙器	1		
2	专线 4143	辙叉及护轨	1		
3	TB/T 2344	钢　轨	67.483	50 kg/m 钢轨	
4	TB/T 2345	接头夹板　50	8		
5	TB/T 2347	接头螺栓及螺母　M24 × 145	24	10.9 级	
6	GB/T 1230	平垫圈　24	24		
7	专线 4140－10	垫　板　366 × 180 × 20	66		
8	专线 4140－25	中间扣板　50	124	KTH 350－10	
9	专线 4140－27	接头扣板　50/0－2	4	KTH 350－10	

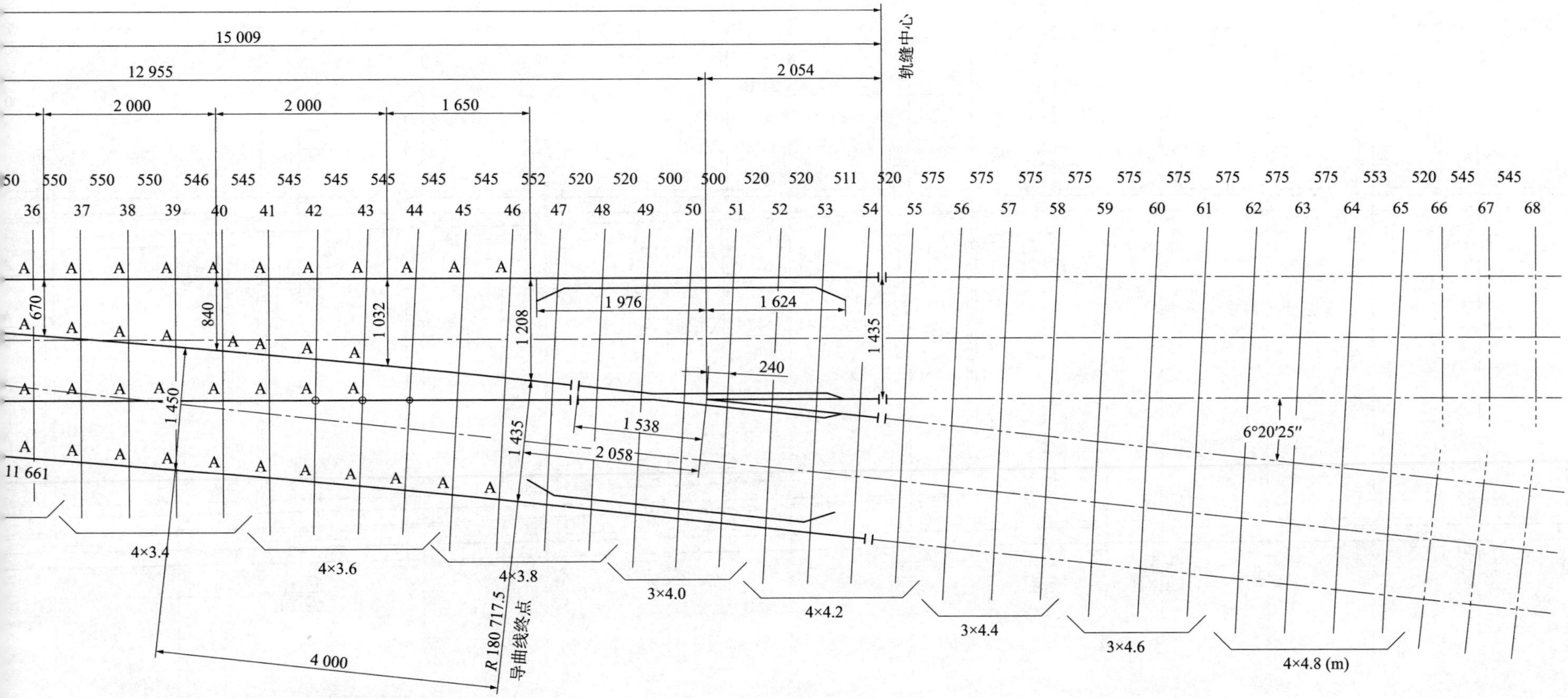

续表 3

序号	图号 / 标准	名称及规格	数量	材　料	备注
10	专线 4140-27	接头扣板　50/4-6	4	KTH 350-10	
11	专线 4140-4	长方沉头螺栓　M22×85	132		
12	GB/T 41	螺　母　M22	132		
13	GB/T 7244	弹簧垫圈　22	132		
14	TB/T 3049	螺纹道钉　22×145	264		
15	专线 4140-51	塑料垫片　376×190×5	66		
16	专线 4140-47	胶合竹片　366×180×6	15		
17		50 钢轨绝缘	2		

图 1　绝缘接头设在直股

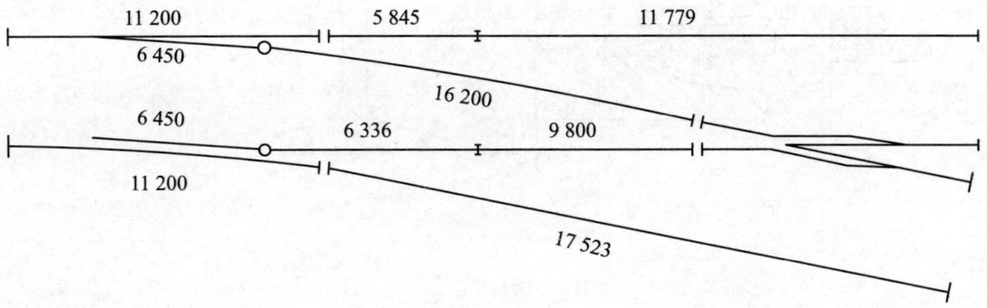

50 kg/m 钢轨 9 号单开道岔转辙器

图　号：专线 4142

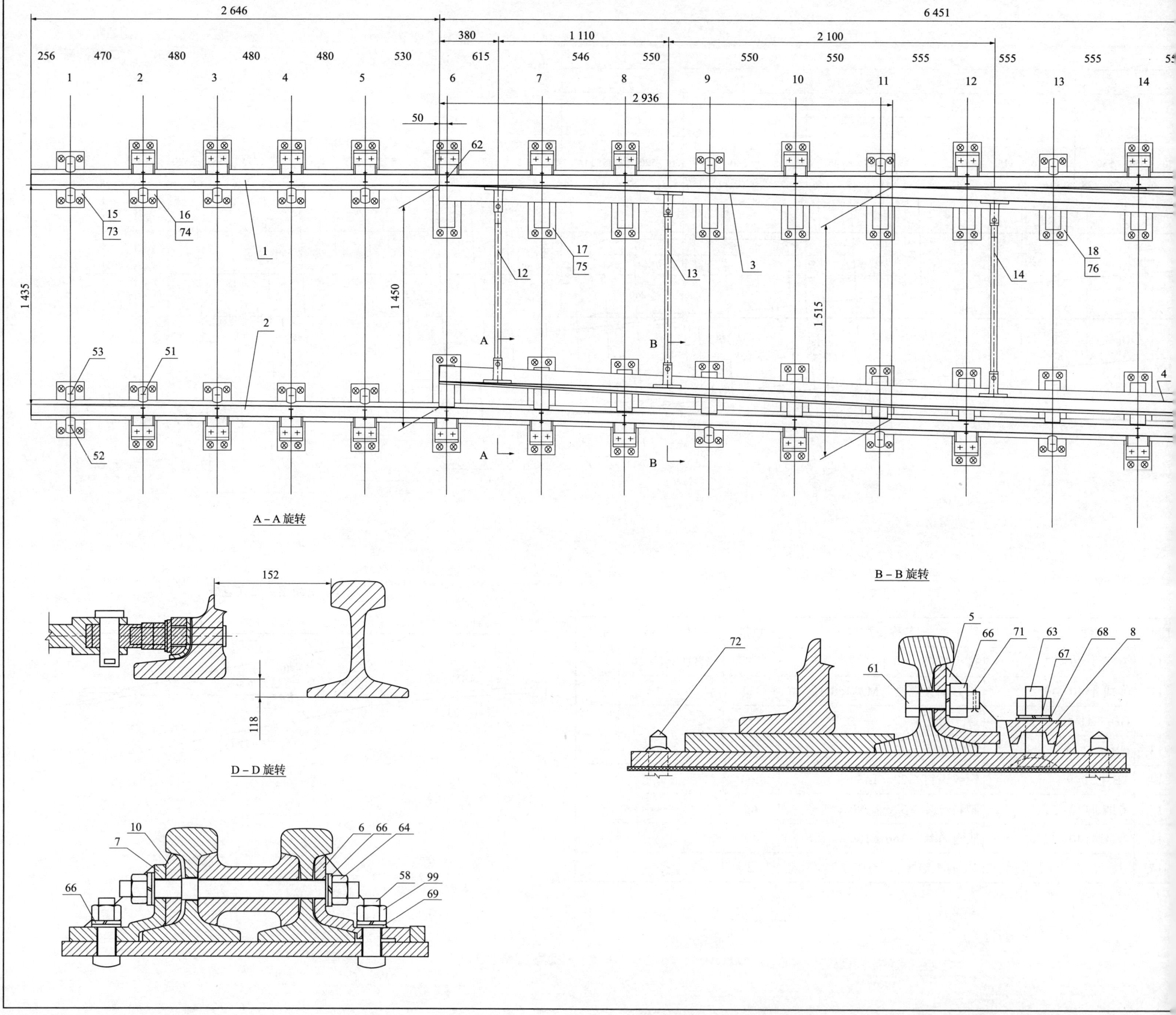

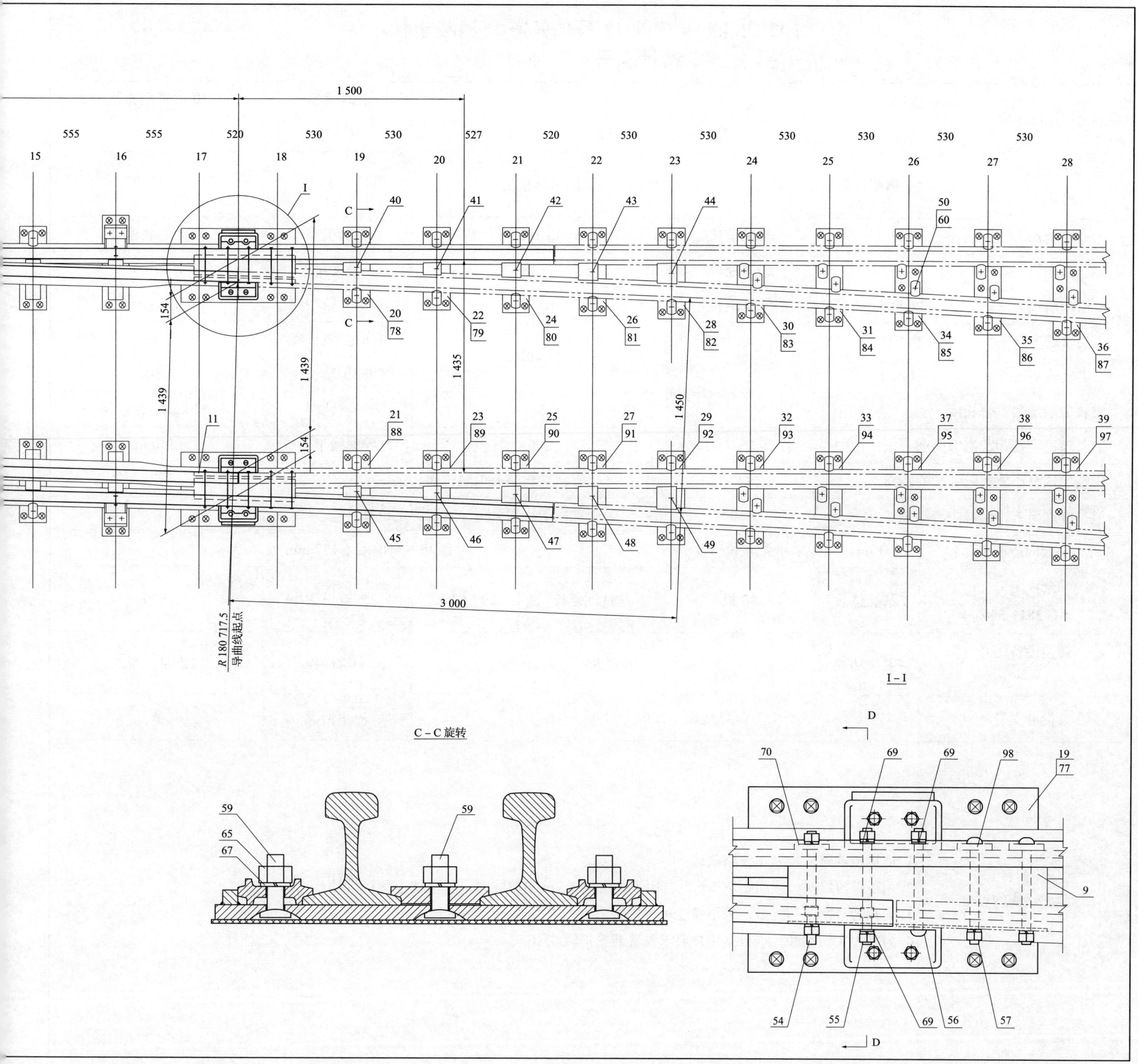
1 500
555
520
530
527
15
16
17
18
19
20
21
22
23
24
25
26
27
28
I
C
1 439
1 435
1 450
154
3 000
R 180 717.5
导曲线起点
C－C 旋转
I－I
D
59
65
67
70
69
98
77
9
54
55
56
57

<table>
<tr><th colspan="8">102. 75 kg/m 钢轨 12 号单开道岔(混凝土枕)
设计图号：SC 381</th></tr>
<tr><td rowspan="2">道岔允许通过速度</td><td>客车</td><td colspan="3">—</td><td>扣件类型</td><td colspan="2">Ⅱ、Ⅲ型弹条</td></tr>
<tr><td>货车</td><td colspan="3">轴重 25 t：$v_{直}$≤90 km/h；$v_{侧}$≤45 km/h</td><td>轨底坡</td><td colspan="2">1∶40</td></tr>
<tr><td>转辙器跟端形式</td><td colspan="4">■限位器 □间隔铁 □不设传力机构 □间隔铁活接头</td><td>锁闭方式</td><td colspan="2">外锁闭</td></tr>
<tr><td>道岔全长</td><td>43 200</td><td>辙叉全长</td><td colspan="2">13 192</td><td>辙叉类型</td><td colspan="2">可动心轨辙叉</td></tr>
<tr><td>道岔前长</td><td>16 592</td><td>辙叉趾长</td><td colspan="2">3 838</td><td>辙叉角</td><td colspan="2">4°45′49″</td></tr>
<tr><td>道岔后长</td><td>26 608</td><td>辙叉跟长</td><td colspan="2">9 354</td><td>翼轨轨型</td><td colspan="2">60 kg/m</td></tr>
<tr><td>尖轨长度</td><td>14 211</td><td rowspan="2">基本轨长度</td><td colspan="2" rowspan="2">23 400</td><td>直向护轨长度</td><td colspan="2">7 800</td></tr>
<tr><td>尖轨轨型</td><td>60AT1</td><td>侧向护轨长度</td><td colspan="2">6 500</td></tr>
<tr><td colspan="3">尖轨尖端前基本轨长度</td><td colspan="2">2 581</td><td>护轨轨型</td><td colspan="2">33 kg/m 槽型钢</td></tr>
<tr><td colspan="3">辙叉理论尖端距趾端方向前一根岔枕中心距离</td><td colspan="2">200</td><td>导曲线半径</td><td colspan="2">350 m</td></tr>
<tr><td colspan="2">尖轨尖端至心轨实际尖端的距离</td><td>29 857</td><td colspan="3">直向护轨端头距导轨端头定位尺寸</td><td colspan="2">6 596</td></tr>
<tr><td colspan="2">道岔终端至末根岔枕中心距离</td><td>5 100</td><td colspan="3">侧向护轨端头距导轨端头定位尺寸</td><td colspan="2">7 097</td></tr>
<tr><td>最大构造加宽</td><td>1 441</td><td>测量位置</td><td colspan="5">距基本轨前端 5 177 mm 处</td></tr>
<tr><td>岔枕图号
SC 381－500</td><td>岔枕总数</td><td>88 根</td><td>岔枕展延长</td><td>290.62 m</td><td>套管总数</td><td colspan="2">536</td></tr>
<tr><td>转换设备图号
—</td><td>尖轨动程</td><td colspan="3">160、95</td><td>心轨动程</td><td colspan="2">125.4、77.5</td></tr>
<tr><td>批准文号</td><td colspan="4">运基线路〔2005〕42 号</td><td>应用情况</td><td colspan="2">★</td></tr>
<tr><td>主要结构特点</td><td colspan="7">1. 适用于铁路货物列车线路改造。
2. 用于单渡线时，线间距＞ 5 m，若用于线间距≤5 m 单渡线时，长岔枕应另行设计。
3. 尖轨为负割半切线型，采用弹性可弯尖轨。
4. 为减少尖轨侧磨，可根据用户要求设置迎轮护轨。</td></tr>
</table>

转辙器明细表

序号	图号 / 标准	名称及规格	数量	材　料	备　注
1	SC 381－102	直基本轨　23 400	1	75 kg/m 钢轨	左开对称制造
2	SC 381－103	曲基本轨　23 400	1	75 kg/m 钢轨	左开对称制造
3	SC 381－104	曲线尖轨　14 211	1	60AT1 钢轨	左开对称制造
4	SC 381－105	直线尖轨　14 211	1	60AT1 钢轨	左开对称制造
5	SC 381－106	迎轮护轨　2 446	1(0)	33 kg/m 槽型钢轨	无迎轮护轨按括号内数量
6	SC 381－107	接头垫板　R－0	2		无迎轮护轨按括号内数量
7	SC 381－108	接头垫板　L－0	2		无迎轮护轨按括号内数量
8	SC 381－109	平垫板　432－0	4(6)		无迎轮护轨按括号内数量
9	SC 381－109	垫　板　432 Y(Z)	1		特殊
10	SC 381－111	轨撑平垫板　463	1(2)		无迎轮护轨按括号内数量
11	SC 381－145	焊接迎轮护轨垫板　712 Y(Z)	1(0)	16Mn(底板)	无迎轮护轨按括号内数量
12	SC 381－110	迎轮护轨垫板　Z 75	2(0)	QT400－15	无迎轮护轨按括号内数量
13	SC 381－113	滑床垫板　753	17		
14	SC 381－114	防跳滑床板　75－35－14	1		
15	SC 381－114	防跳滑床板　75－37－15	1		
16	SC 381－114	防跳滑床板　75－61－16	1		
17	SC 381－114	防跳滑床板　75－63－17	1		
18	SC 381－115	滑床板　722	9		
19	SC 381－116	滑床垫板　753	3		
20	SC 381－117	滑床板　722	5		
21	SC 381－118	滑床垫板　753	2		
22	SC 381－119	垫　板　850	1		
23	SC 381－120	垫　板　850	1		
24	SC 381－121	垫　板　843	1		
25	SC 381－122	垫　板　843	1		
26	SC 381－123	垫　板　895	1		
27	SC 381－124	垫　板　895	1		
28	SC 381－125	垫　板　738	1		
29	SC 381－126	垫　板　738	1		
30	SC 381－127	垫　板　763	1		
31	SC 381－128	垫　板　763	1		
32	SC 381－129	垫　板　789	1		
33	SC 381－130	垫　板　789	1		
34	SC 381－131	垫　板　816	1		

续上表

序号	图号/标准	名称及规格	数量	材　料	备　注
35	SC 381-132	垫　板　816	1		
36	SC 381-134	垫　板　845	1		
37	SC 381-135	垫　板　845	1		
38	SC 381-112	轨撑 P　463	27(28)		
39	专线 4232-	调整楔	27(28)	KTH 350-10	无迎轮护轨按括号内数量
40	专线 4232-33	弹　片　265	40	60Si2Mn	
41	专线 4232-34	销　钉　180	40	Q275	
42	专线 4232-4	螺　栓　M24×65	99(98)	Q235	无迎轮护轨按括号内数量
43	专线 4232-4	螺　栓　M24×80	27(28)	Q235	无迎轮护轨按括号内数量
44	NS-01(b)c	螺　母　M24	126		
45	NS-07	限位螺母　M24	126		
46	专线 3351	Ⅱ型弹条	126	60Si2CrVA	
47	专线 4171-9	螺　栓　M24×85	4(0)		无迎轮护轨按括号内数量
48	NS-01(b)	螺　母　M24	4(0)	5 级	无迎轮护轨按括号内数量
49	GB/T 7244	弹簧垫圈　24	4(0)		无迎轮护轨按括号内数量
50	SC 381-133	岔枕螺栓　160	188	45 钢	
51	GB/T 7244	弹簧垫圈　30	188	65Mn	
52	研线 9807-06	轨距块　75/8-10	40	ZG 270-500	
53	研线 9807-06	轨距块　75/12-14	22	ZG 270-500	
54	研线 9807-06a	接头轨距块　75/8-10	12	ZG 270-500	
55	研线 9807-06a	接头轨距块　75/12-14	12	ZG 270-500	
56	专线 4232-10	轨距块　60/13-15	6	ZG 270-500	
57	专线 4232-10A	接头轨距块　60/9-11	6	ZG 270-500	
58	SC 381-140	限位器　B2	2	ZG 270-500	
59	SC 381-141	限位器夹板　75-350	2	Q235	
60	专线 4232-5	螺　栓　M27×140	4		
61	NS-02(b)	螺　母　M27	4		
62	GB/T 1230	垫　圈　27	8	HRC 35-45	
63	SC 381-402	平面橡胶垫板　75-220	40	橡胶	为体积单位：cm^3
64	SC 381-403	单面橡胶垫板　75-210	34	橡胶	序号 63～81 重量栏
65	SC 381-403	单面橡胶垫板　75-220	6	橡胶	
66	SC 381-403	单面橡胶垫板　60AT-190	6	橡胶	
67	SC 381-405	橡胶垫板　432-195-20	3(4)	橡胶	无迎轮护轨按括号内数量
68	SC 381-404	橡胶垫板　432×195×10	4(6)	橡胶	无迎轮护轨按括号内数量
69	SC 381-407	橡胶垫板　463×195×10	1(2)	橡胶	无迎轮护轨按括号内数量
70	SC 381-406	单面橡胶垫板　753×205×10	22	橡胶	

续上表

序号	图号 / 标准	名称及规格	数量	材　料	备　注
71	SC 381－406	单面橡胶垫板　722×205×10	18	橡胶	
72	SC 381－406	单面橡胶垫板　850×205×10	2	橡胶	
73	SC 381－406	单面橡胶垫板　843×205×10	2	橡胶	
74	SC 381－406	单面橡胶垫板　895×205×10	2	橡胶	
75	SC 381－405	橡胶垫板　738－195－20	2	橡胶	
76	SC 381－405	橡胶垫板　763－195－20	2	橡胶	
77	SC 381－407	橡胶垫板　789×195×10	2	橡胶	
78	SC 381－407	橡胶垫板　816×195×10	2	橡胶	
79	SC 381－408	橡胶垫板　845×195－387.5	2	橡胶	
80	SC 381－405	橡胶垫板　712－195－20	1(0)	橡胶	无迎轮护轨按括号内数量
81	SC 381－404	橡胶垫板　712×195×10	3(0)	橡胶	无迎轮护轨按括号内数量
82	SC 330－125	轨距调整片　200×12×1	40	Q235	备用
83	SC 330－125	轨距调整片　200×12×2	40	Q235	
84	SC 330－125	轨距调整片　200×12×3	40	Q235	备用
85	SC 402－213	护轨调整片　170×80×2	10(0)	Q235	无迎轮护轨按括号内数量
86	SC 402－213	护轨调整片　170×80×3	10(0)	Q235	无迎轮护轨按括号内数量
87	专线 4232－66－3	滚　轮	8		
88	专线 4232－66－4	销　轴　16×100	4	Q235	
89	GB/T 95	平垫圈　16	8	Q235	
90	GB/T 91	开口销　4×30	4	Q235	
91	SC 381－109	垫　板　432Y(Z)	1	Q235－A(底板)	特殊
92	SC 381－145	焊接迎轮护轨垫板　712	1(0)	16Mn(底板)	无迎轮护轨按括号内数量

辙叉及护轨明细表

序号	图号 / 标准	名称及规格	数量	材　料	备　注
1	SC 381－202	翼　轨　12 700	1	60 kg/m 钢轨	
2	SC 381－203	翼　轨　12 700	1	60 kg/m 钢轨	
3	SC 381－204	长心轨　11 172	1	60AT1 轨	
4	SC 381－205	短心轨　6 633	1	60AT1 轨	
5	SC 381－206	叉跟尖轨　4 530	1	75 kg/m 钢轨	
6	SC 381－207	侧向护轨　6 500	1	33 kg/m 槽型钢	
7	SC 381－207B	直向护轨　7 800	1	33 kg/m 槽型钢	
8	SC 381－208	轨　撑　60　PB	2	KTH 330－08	
9	SC 381－209	轨　撑　60　PA	4	KTH 330－08	
10	SC 350－141	调整契	6	KTH 350－10	
11	SC 381－239	防跳顶铁（一）　131－136 Y(Z)	1	KTH 330－08	
12	SC 381－240	防跳顶铁（二）　121－114 Y(Z)	1	KTH 330－08	
13	专线 4232－36	顶　铁　196－201 Y(Z)	1	KTH 330－08	
14	专线 4232－36	顶　铁　186－182 Y(Z)	1	KTH 330－08	
15	专线 4232－36	顶　铁　224－224	5	KTH 330－08	
16	专线 4232－36	顶　铁　212－212	5	KTH 330－08	
17	专线 4232－36	顶　铁　198－196 Y(Z)	1	KTH 330－08	
18	专线 4232－36	顶　铁　95－95	4	KTH 330－08	
19	专线 4232－36	顶　铁　113－117 Y(Z)	1	KTH 330－08	
20	专线 4232－36	顶　铁　162－162	2	KTH 330－08	
21	SC 381－210	二动连接铁	1	Q275	
22	SC 381－210	二动调整片	4	Q235	
23	SCT 300－315	间隔铁　60/223－249	1	ZG 270－500	
24	SC 381－211	间隔铁　60/184－202	1	ZG 270－500	
25	SCT 300－329	间隔铁　60/78.4－91 Y(Z)	1	KTH 350－10	
26	SCT 300－319	间隔铁　60/119－138.6 Y(Z)	1	KTH 350－10	
27	SCT 300－320	间隔铁　60/157－176.4 Y(Z)	1	KTH 350－10	
28	SCT 300－320	间隔铁　60/194.7－214.3 Y(Z)	1	KTH 350－10	
29	SC 381－212	间隔铁　60－75	2	ZG 270－500	
30	SCT 300－343	间隔铁　60－227	2	ZG 270－500	
31	HY04－09	侧向整铸护轨垫板　Y(Z)	11	QT 400－15	
32	SC 381－110	直向整铸护轨垫板	13	QT 400－15	
33	SC 381－109	垫　板　432－0	10	Q235－A(底板)	
34	SC 381－109	垫　板　432－14 Y(Z)	12	Q235－A(底板)	

续上表

序号	图号 / 标准	名称及规格	数量	材　　料	备　　注
35	SC 381－213	垫　板　916×200×28 Y(Z)	1	Q235－A(底板)	
36	SC 381－214	垫　板　870×200×28 Y(Z)	1	Q235－A(底板)	
37	SC 381－215	垫　板　822×200×28 Y(Z)	1	Q235－A(底板)	
38	SC 381－216	垫　板　841×200×28 Y(Z)	1	Q235－A(底板)	
39	SC 381－217	垫　板　791×200×28 Y(Z)	1	Q235－A(底板)	
40	SC 381－218	垫　板　851×200×50 Y(Z)	1	Q235－A(底板)	
41	SC 381－219	垫　板　791×250×50 Y(Z)	1	Q235－A(底板)	
42	SC 381－220	垫　板　820×200×50 Y(Z)	1	Q235－A(底板)	
43	SC 381－221	垫　板　788×200×45 Y(Z)	1	Q235－A(底板)	
44	SC 381－222	垫　板　920×200×42 Y(Z)	1	Q235－A(底板)	
45	SC 381－223	垫　板　1 078×200×42 Y(Z)	1	Q235－A(底板)	
46	SC 381－224	垫　板　1 156×200×42 Y(Z)	1	Q235－A(底板)	
47	SC 381－225	垫　板　1 182×200×42 Y(Z)	1	Q235－A(底板)	
48	SC 381－226	垫　板　1 207×200×42 Y(Z)	1	Q235－A(底板)	
49	SC 381－227	垫　板　1 233×200×42 Y(Z)	1	Q235－A(底板)	
50	SC 381－228	垫　板　1 259×200×42 Y(Z)	1	Q235－A(底板)	
51	SC 381－229	垫　板　1 287×200×42 Y(Z)	1	Q235－A(底板)	
52	SC 381－230	垫　板　1 337×200×42 Y(Z)	1	Q235－A(底板)	
53	SC 381－231	垫　板　1 387×200×42 Y(Z)	1	Q235－A(底板)	
54	SC 381－232	垫　板　697×200×42	4	Q235－A(底板)	
55	SC 381－233	垫　板　707×200×42 Y(Z)	4	Q235－A(底板)	
56	SC 381－107	垫　板　75－432－AY(Z)	2	Q235－A(底板)	括号内为左开用垫板
57	SC 381－107	垫　板　75－432－AZ(Y)	2	Q235－A(底板)	括号内为左开用垫板
58	SC 381－234(235)	垫　板　R－14Y(L－14Z)	4	Q235－A(底板)	括号内为左开用垫板
59	SC 381－133	岔枕螺栓　30×160	124	45 号钢	
60	SC 381－133	岔枕螺栓　30×175	40	45 号钢	人字尖、跟部直向及侧向一边
61	GB/T 1228	螺　栓　M27×130	4		
62	GB/T 1228	螺　栓　M27×350	1		
63	GB/T 1228	螺　栓　M27×360	9		
64	GB/T 1228	螺　栓　M27×105	1		用 GB1228 M27 改制
65	GB/T 1228	螺　栓　M27×120	1		用 GB1228 M27 改制
66	GB/T 1228	螺　栓　M27×155	2		
67	GB/T 1228	螺　栓　M27×200	2		
68	GB/T 1228	螺　栓　M27×240	2		
69	GB/T 1228	螺　栓　M27×110	4		

续上表

序号	图号 / 标准	名称及规格	数量	材　　料	备　　注
70	GB/T 1228	螺　栓　M27 × 120	8		
71	GB/T 1228	螺　栓　M27 × 370	8		
72	GB/T 5780	螺　栓　M24 × 80	30		顶铁用
73	GB/T 5780	螺　栓　M24 × 110	4	Q235 – A	顶铁用
74	GB/T 5780	螺　栓　M24 × 100	2	Q235 – A	顶铁用
75	GB/T 5780	螺　栓　M24 × 90	2	Q235 – A	顶铁用
76	专线 4232 – 4	T 型螺栓　M24 × 80	6	Q235 – A	轨撑用
77	专线 4232 – 4	T 型螺栓　M24 × 65	175	Q235 – A	Ⅱ型弹条用
78	专线 4171 – 9	长方头螺栓　M24 × 85	24	Q235 – A	护轨用
79	NS – 02(b)	螺　母　M27	58		
80	NS – 07	限位螺母　M24	181		Ⅱ型弹条用
81	NS – 01(b) – C	螺　母　M24	181		Ⅱ型弹条用
82	NS – 01(b)	螺　母　M24	62		顶铁和护轨用
83	GB/T 7244	弹簧垫圈　30	164		
84	GB/T 1230	平垫圈　27	114		
85	GB/T 1230	垫　圈　24	62		
86	SC 381 – 237	夹　板	2	Q235 – A	
87	SCT 300 – 413	夹　板　75	2	Q235 – A	
88	SC 381 – 236	夹　板　60 – 75	2	Q235 – A	
89	专线 4232 – 31	钢轨垫圈　60AT – 3	4	KTH 330 – 08	第二间隔铁用
90	专线 4232 – 31	钢轨垫圈　60AT – 3 Y(Z)	4	KTH 330 – 08	二动及其后
91	专线 4232 – 21	调整片　170 × 50 × 1/2	44/44	Q235	顶铁用
92	SC 402 – 213	调整片　170 × 80 × 2/3	48/24	Q235	护轨用
93	专线 3328 – 3	Ⅲ型弹条	23		
94	专线 9602	Ⅲ型接头弹条	4		AT 轨短肢用
95	专线 3351	Ⅱ型弹条	181		
96	专线 4267 – 3	轨距块　60 – 11	16	ZG 270 – 500	辙叉跟端处用
97	专线 4267 – 4	接头轨距块　60 – 11	4	ZG 270 – 500	AT 轨短肢用
98	专线 4267 – 3	轨距块　60 – 9	16	ZG 270 – 500	备用
99	专线 4267 – 4	接头轨距块　60 – 9	4	ZG 270 – 500	备用
100	SC 381 – 238	轨距块　75 – 11	7	ZG 270 – 500	叉跟尖轨处用
101	专线 4232 – 10	轨距块　60　9 – 11	34	ZG 270 – 500	
102	专线 4232 – 10	轨距块　60　13 – 15	12	ZG 270 – 500	
103	专线 4232 – 10A	接头轨距块　60　9 – 11	5	ZG 270 – 500	AT 轨短肢用
104	研线 9807 – 06	轨距块　75　8 – 10	52	ZG 270 – 500	
105	研线 9807 – 06	轨距块　75　12 – 14	48	ZG 270 – 500	

续上表

序号	图号 / 标准	名称及规格	数量	材　　料	备　　注
106	研线 9807－06a	接头轨距块　J75　8－10	12	ZG 270－500	
107	研线 9807－06a	接头轨距块　J75　12－14	12	ZG 270－500	
108	SC 381－403	橡胶垫板　60－200	8	橡胶	AT 轨下 （含 54 号垫板上）
109	SC 381－403	橡胶垫板　60－210	39	橡胶	190 平垫板和直向护轨垫板上
110	SC 381－403	橡胶垫板　60－220	58	橡胶	54 号垫板上和叉跟尖轨上
111	SC 381－407	橡胶垫板　712×205×10	24	橡胶	护轨垫板下
112	SC 381－404	橡胶垫板　432×195×10	22	橡胶	平垫板下
113	SC 381－408	橡胶垫板　916×205－423	1	橡胶	
114	SC 381－409	橡胶垫板　869×205×10	1	橡胶	
115	SC 381－405	橡胶垫板　822－205－25	1	橡胶	
116	SC 381－407	橡胶垫板　841×205×10	1	橡胶	
117	SC 381－407	橡胶垫板　791×205×10	1	橡胶	
118	SC 381－407	橡胶垫板　851×205×10	1	橡胶	
119	SC 381－405	橡胶垫板　791－255－10	1	橡胶	
120	SC 381－407	橡胶垫板　820×205×10	1	橡胶	
121	SC 381－407	橡胶垫板　788×205×10	1	橡胶	
122	SC 381－407	橡胶垫板　920×205×10	1	橡胶	
123	SC 381－407	橡胶垫板　1 078×205×10	1	橡胶	
124	SC 381－407	橡胶垫板　1 156×205×10	1	橡胶	
125	SC 381－407	橡胶垫板　1 182×205×10	1	橡胶	
126	SC 381－407	橡胶垫板　1 207×205×10	1	橡胶	
127	SC 381－407	橡胶垫板　1 233×205×10	1	橡胶	
128	SC 381－407	橡胶垫板　1 259×205×10	1	橡胶	
129	SC 381－407	橡胶垫板　1 287×205×10	1	橡胶	
130	SC 381－407	橡胶垫板　1 337×205×10	1	橡胶	
131	SC 381－407	橡胶垫板　1 387×205×10	1	橡胶	
132	SC 381－407	橡胶垫板　697×205×10	4	橡胶	
133	SC 381－407	橡胶垫板　707×205×10	4	橡胶	
134	SC 381－405	橡胶垫板　432－195－20	4	橡胶	用于 56、57 下
135	SC 381－410	橡胶垫板　432×205×10	4	橡胶	用于 58 下
136	GB/T 1228	螺　栓　M27×130	16		

75 kg/m 钢轨 12 号单开道岔
图　号：SC 381

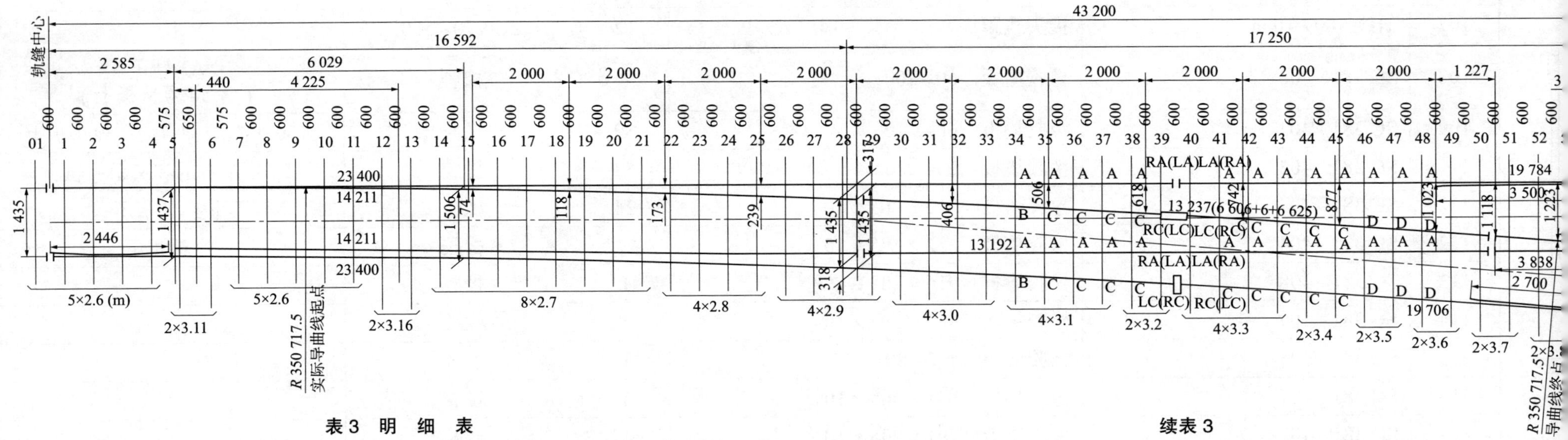

表 3　明　细　表

序号	图号 / 标准	名称及规格	数量	材　　料	备　　注
1	SC 381－100	转辙器	1		无迎轮护轨按括号内数量
2	SC 381－200	可动心轨辙叉	1		
3	TB/T 2344	钢　轨	65.919 m	75 kg/m 钢轨	钢轨长度见表 1
4	TB/T 2345	接头夹板	16		
5	SC 381－109	垫　板　432－0	50		图中用 A 表示
6	SC 381－109	垫　板　432－8 Y(Z)	4		图中用 B 表示
7	SC 381－109	垫　板　432－11 Y(Z)	20		图中用 C 表示
8	SC 381－109	垫　板　432－14 Y(Z)	10		图中用 D 表示
9	SC 381－107	接头垫板　R－0	2		用 RA 表示
10	SC 381－107	接头垫板　L－0	2		用 LA 表示
11	SC 381－234	接头垫板　R－11Y(Z)	2		用 RC 表示
12	SC 381－235	接头垫板　L－11Y(Z)	2		用 LC 表示
13	专线 3351	Ⅱ型弹条	184	60SI2CrVA	
14	专线 4232－4	螺　栓　M24×65	200		其中 16 块为备用
15	TB/T 2347	接头螺栓　M24×160 及螺母	48 副		
16	NS－01(b)－c	螺　母　M24	200		其中 16 块为备用
17	NS－07	限位螺母　M24	200		其中 16 块为备用
18	GB/T 1230	高强度平垫圈　24	48		
19	GB/T 7244	弹簧垫圈　30	200	65Mn	其中 16 块为备用
20	SC 381－133	岔枕螺栓　160	184	45	
21	研线 9807－6	轨距块　75/8－10	100	ZG 270－500	其中 20 块为备用
22	研线 9807－6	轨距块　75/12－14	100	ZG 270－500	其中 20 块为备用
23	研线 9807－6	轨距块　75/6－16	50	ZG 270－500	备用

续表 3

序号	图号 / 标准	名称及规格	数量	材　　料	备　　注
24	研线 9807－6a	接头轨距块　J75/12－14	8	ZG 270－500	
25	研线 9807－6a	接头轨距块　J75/8－10	8	ZG 270－500	
26	SC 381－142	绝缘轨距块　J75/12－14	4	玻璃纤维	
27	SC 381－142	绝缘轨距块　J75/8－10	4	玻璃纤维	
28	SC 381－403	橡胶垫板　75－210	88	橡胶	
29	SC 381－403	橡胶垫板　75－220	4	橡胶	
30	SC 381－404	橡胶垫板　432×195×10	84	橡胶	
31	SC 381－405	橡胶垫板　432－195－20	4	橡胶	
32	SC 381－410	橡胶垫板　432×205×10	4	橡胶	
33		胶接绝缘	1 组	75 kg/m 钢轨用	
34		冻结绝缘	1 组		用户自行采[illegible]
35	SCT 300－415	连接板　600－420	2	Q235	转辙器牵引点
36	SCT 300－415	连接板　650－420	2	Q235	转辙器牵引点
37	SCT 300－415	连接板　600－360	2	Q235	辙叉牵引点[illegible]
38	SCT 300－415	连接板　650－360	2	Q235	辙叉牵引点[illegible]
39	SCT 300－415	连接板　600－690	1	Q235	辙叉牵引点[illegible]
40	SCT 300－415	连接板　650－1050	1	Q235	辙叉牵引点[illegible]
41	GB/T 5780	六角头螺栓　M27×55	40	4.8 级	
42	GB/T 93	弹簧垫圈　27	40	65Mn	
43	GB/T 97	垫　圈　27	40	Q235	
44	SC 300－302	调整片　70×70×2	20	Q235	
45	SC 300－302	调整片　70×70×3	20	Q235	
46	SC 300－302	调整片　70×70×5	20	Q235	

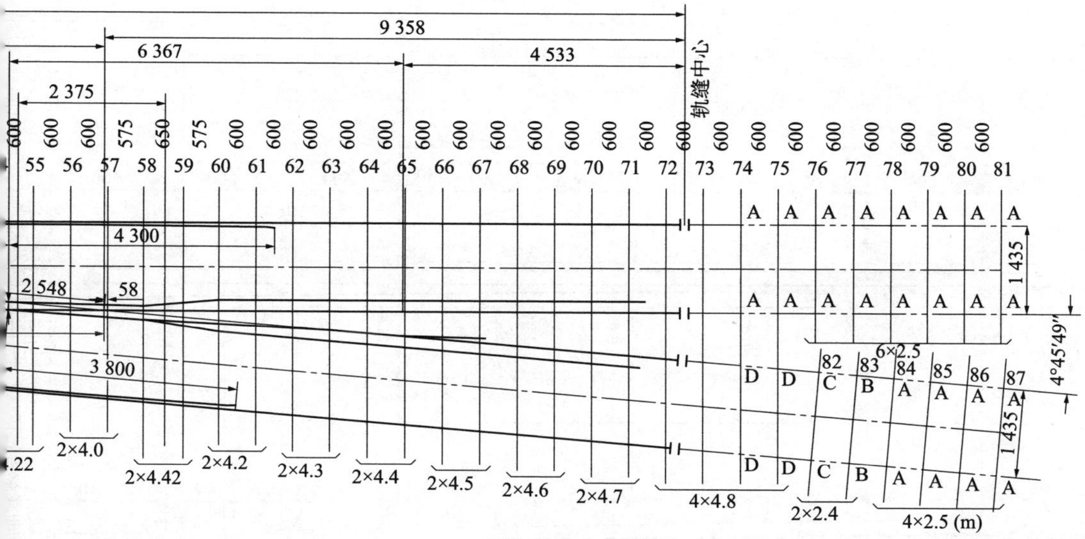

表 2　岔枕数量表

序号	岔枕长 (m)	单位	数量	序号	岔枕长 (m)	单位	数量	序号	岔枕长 (m)	单位	数量
1	2.4	根	2	10	3.1	根	4	19	4.2	根	2
2	2.5	根	10	11	3.2	根	2	20	4.22	根	2
3	2.6	根	10	12	3.3	根	4	21	4.3	根	2
4	2.7	根	8	13	3.4	根	2	22	4.4	根	2
5	2.8	根	4	14	3.5	根	2	23	4.42	根	2
6	2.9	根	4	15	3.6	根	2	24	4.5	根	2
7	3.11	根	2	16	3.7	根	2	25	4.6	根	2
8	3.16	根	2	17	3.8	根	2	26	4.7	根	2
9	3.0	根	4	18	4.0	根	2	27	4.8	根	4
岔枕总数 88 根											

技术要求

1. 本道岔适用于大秦铁路货物列车线路改造及其他货运线路。
2. 道岔轨距为 1 435 mm，为改善列车内接条件尖轨尖端轨距加宽至 1 437 mm。
3. 岔枕全部垂直于道岔主线。
4. 本道岔钢轨接头焊接与否按具体铺设情况。绝缘接头采用胶接绝缘。
5. 道岔主要结构特点：

(1) 尖轨为负割半切线型，采用长 14 211 mm 的弹性可弯尖轨，用 60AT1 钢轨制造。尖轨尖端为藏尖式，跟端采用双限位器结构。

(2) 尖轨设两个牵引点，牵引点附近设防跳限位装置；采用分动钩型外锁闭装置，各牵引点设计动程为 160 mm、95 mm，在正常情况下牵引点转换力分别为 1 700 N、3 445 N。

(3) 可动心轨辙叉采用钢轨组合式。心轨采用 60AT 钢轨，短心轨后端为滑动端，翼轨采用模锻翼轨与 60 kg/m 钢轨焊接的长翼轨，以适应超长无缝线路。

(4) 心轨设两个牵引点，采用钩型外锁闭装置，各牵引点设计动程为 125.4 mm、77.5 mm。在正常情况下各牵引点转换力分别为 1 560 N、2 824 N。

(5) 辙叉心轨采用加强结构，心轨尖端轧制出防跳凸台与翼轨配合防跳，翼轨轨腰安设防跳顶铁。

(6) 为加强基本轨稳定性，减小外倾和轨距扩张，在基本轨外侧牵引点附近设加长型轨撑。为加强道岔抵抗侧向力能力，在转辙器内增加了岔枕螺栓数量。

(7) 为提高轨下基础稳定性及改善钢轨件受力状况，增加了垫板厚度和宽度。

(8) 为防止心轨侧磨，可动心轨直侧线设置了护轨。护轨采用 33 kg/m 槽型钢轨制造，护轨高出基基本轨顶面 12 mm，基本轨内侧采用弹性扣压。

(9) 扣件一般采用分开式Ⅱ、Ⅲ型弹条扣件。在轨底间距较小部位采用Ⅲ型弹条扣件，扣件设计安装号数如下：

Ⅱ型弹条扣件：钢轨工作边安装 14 号轨距快，钢轨非工作边安装 10 号轨距块。接头两侧安装接头轨距块，AT 钢轨短肢一侧安装 60 接头轨距块。

Ⅲ型弹条扣件：钢轨工作边安装 11 号轨距快，钢轨非工作边安装 9 号轨距块。AT 钢轨短肢一侧安装 60 接头轨距块。

(10) 为防止尖轨侧磨，可根据用户需求设置迎轮护轨，转辙器设置弹片滑床板。

(11) 转辙器基本轨下设置刚度较大的 5 mm 平面橡胶垫板，其他轨下设置单面沟槽橡胶垫板。板下设置 10 mm 厚橡胶垫板。

6. 为使牵引点处岔枕捣固后道砟保持，在牵引点两岔枕中间设置岔枕连接装置。
7. 道岔连接部分及叉后垫板为适应混凝土岔枕，根据垫板偏斜大小设置 4 种类型，道岔接头偏心垫板，偏心垫板分偏心值和左右，左右分别以 Z，Y 表示。
8. 本图按轨道电路设计。
9. 本道岔前后应铺设Ⅲ型混凝土岔枕不少于 25 m。
10. 图中接头表示符号：普通接头“—|├—”，焊接接头“—●—”，冻结绝缘接头“—▯—”，胶接绝缘接头“—▭—”，钻第二第三孔焊接接头“—△—”。
11. 钢轨轨缝分别为：道岔前后和道岔内按 8 mm，而绝缘接头按 6 mm。
12. 配轨：

(1) 本图按普通接头且绝缘（胶接和冻结）设置在侧股绘制，配轨由表 1 所列钢轨组成：

(2) 当道岔钢轨有其他特殊要求时，按用户要求配轨。

表 1　配　轨　表

长度 (mm)	13 237(6 606+6+6 625)	13 192	19 706	19 784
数量（根）	1	1	1	1
备　　注	与尖轨跟端相连一端应钻孔安装限位器，详见转辙器图 SC 381－100			

图 1　序号 39 和 40 岔枕垫板标记示意图

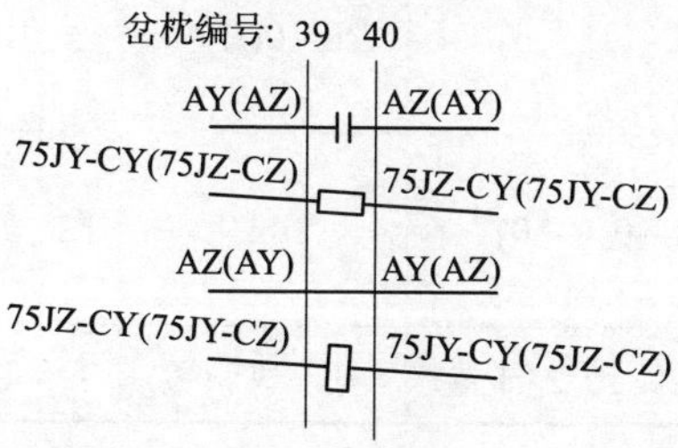

75 kg/m 钢轨 12 号单开道岔转辙器

图　号：SC 381－100

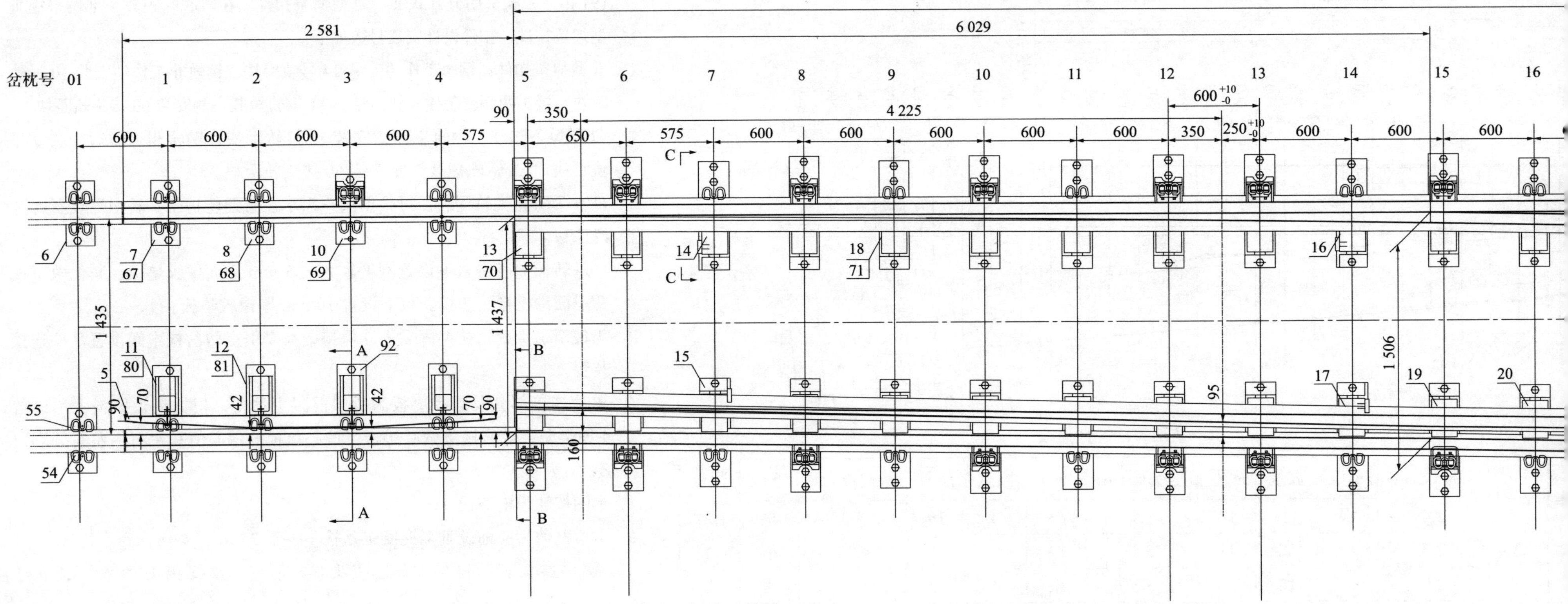

A－A

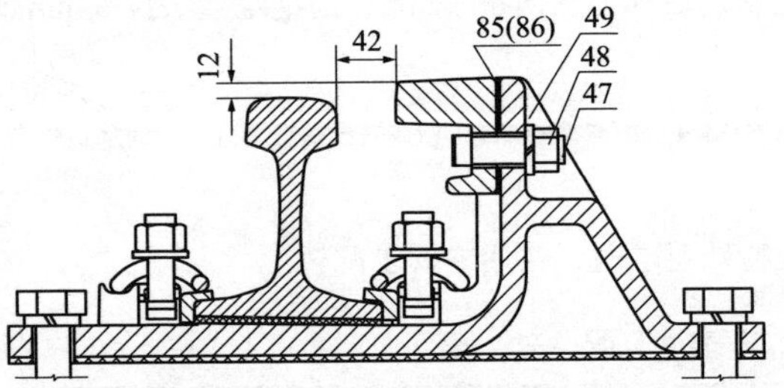

B－B

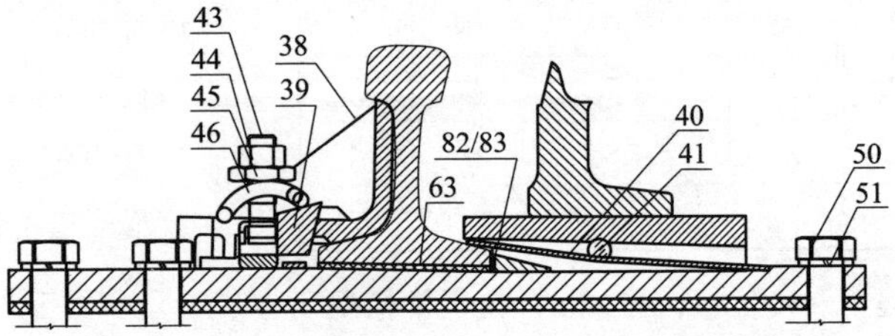

C－C

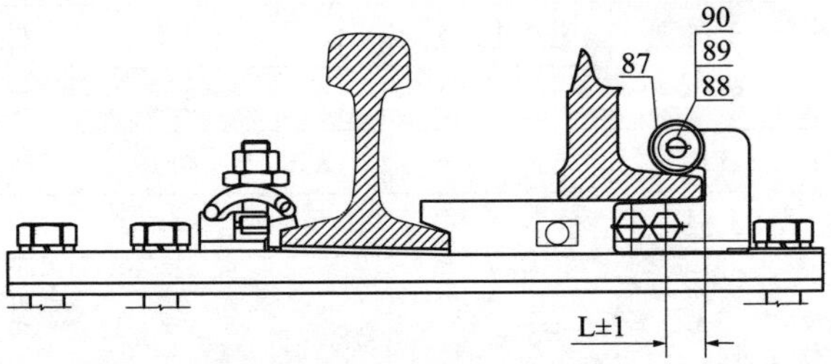

表 1　岔枕 – 垫板编号对应表

岔枕号 / 股别	01	1	2	3	4	5	6	7	8	9	10	11	12	13	14	15	16	17	18	19	20	21	22	23	24	25	26	27	28	29	30	31	32	3
直股	6/R－0(L－0)	7/L－0(R－0)	8	10	8	13	13	14	13	18	13	18	13	13	16	13	18	13	18	13	18	13	18	13	18	22	24	26	28	30	32	34	36	8 9
侧股	7/R－0(R－0)	11	12	93	12	13	13	15	13	18	13	18	13	13	17	19	20	19	20	19	20	21	20	21	20	23	25	27	29	31	33	35	37	8 9
	不设迎轮护轨时为:	6/R－0(L－0)	8	10	8																													

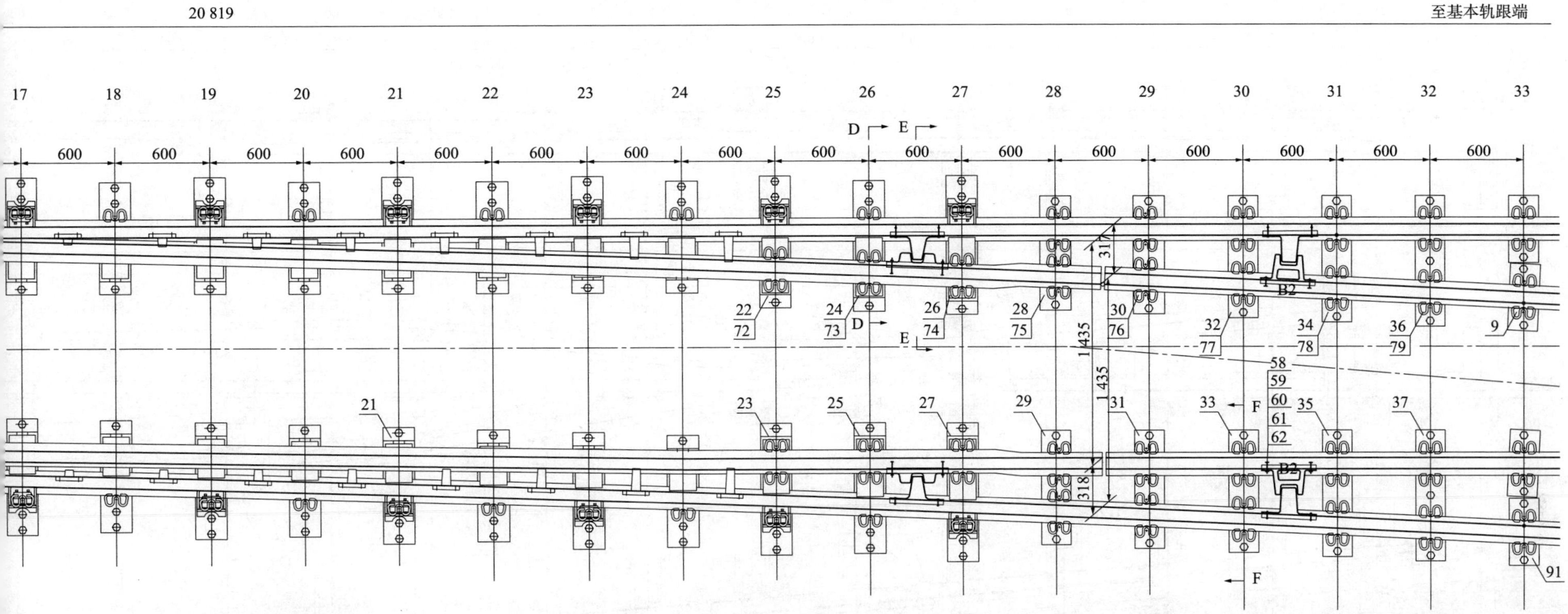

D – D

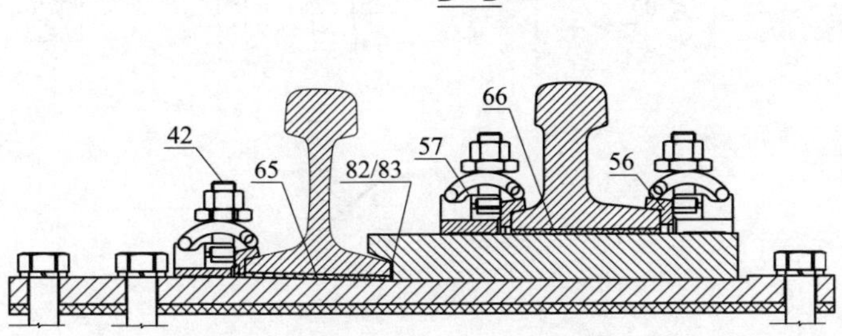

E – E

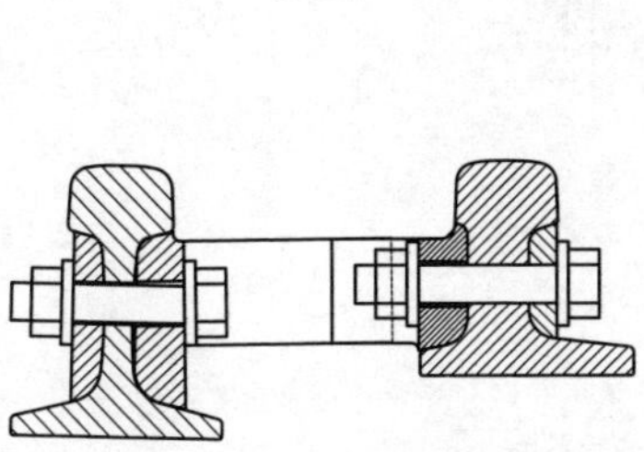

F – F

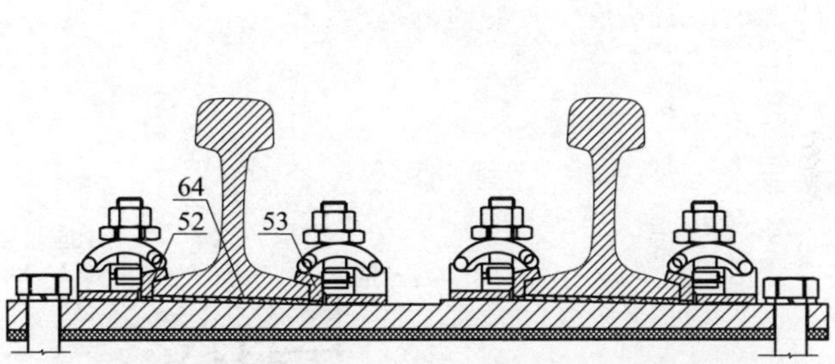

技 术 要 求

1. 本图按设和不设迎轮护轨两种情况设计，其零部件变化情况详见明细表。
2. 轨距块使用：
   75 kg/m 钢轨：工作边用 轨距块 75/12－14 中的 14 号；非工作边用 轨距块 75/8－10 中的 10 号；
   75 kg/m 钢轨接头处：工作边用接头轨距块 75/12－14 中的 14 号；非工作边用接头轨距块 75/8－10 中的 10 号；
   60AT 钢轨：工作边用轨距块 60/13－15 中的 13 号；非工作边用 接头轨距块 60/9－11 中的 11 号。
3. 在第一、第二牵引杆两端的岔枕间设有岔枕连接装置。
4. 因垫板较多，为方便铺设，特设计表 1 说明（直基本轨＋曲线尖轨组成直股，曲基本轨＋直线尖轨组成侧股）。不设迎轮护轨垫板时，序号 1 到 4 号岔枕侧股垫板改变见表下行所列。
5. 铺设防跳限位滑床板时，应使铁卡与尖轨轨底侧边间隙小于 5 mm，安装螺栓后用开口销将两螺栓串联。
6. 滑床板轨距调整片在直侧股台板与钢轨轨底间各加 2 mm，铺设时应注意两侧均匀填加。加后应弯折一侧成“⌐¬”形（其中内侧可使用序号调整片）。

特 别 说 明

曲直尖轨跟端相连的两根导轨一端（与尖轨跟相连）钻限位器孔情况如下示意图所示：不意中的 δ 表示预留轨缝值，单位 mm。

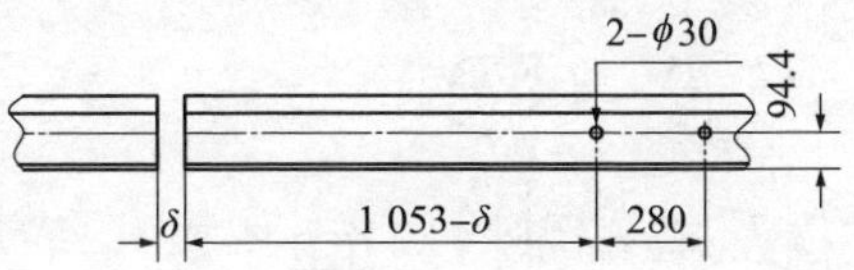

75 kg/m 钢轨 12 号单开道岔辙叉及护轨

图　号：SC 381－200

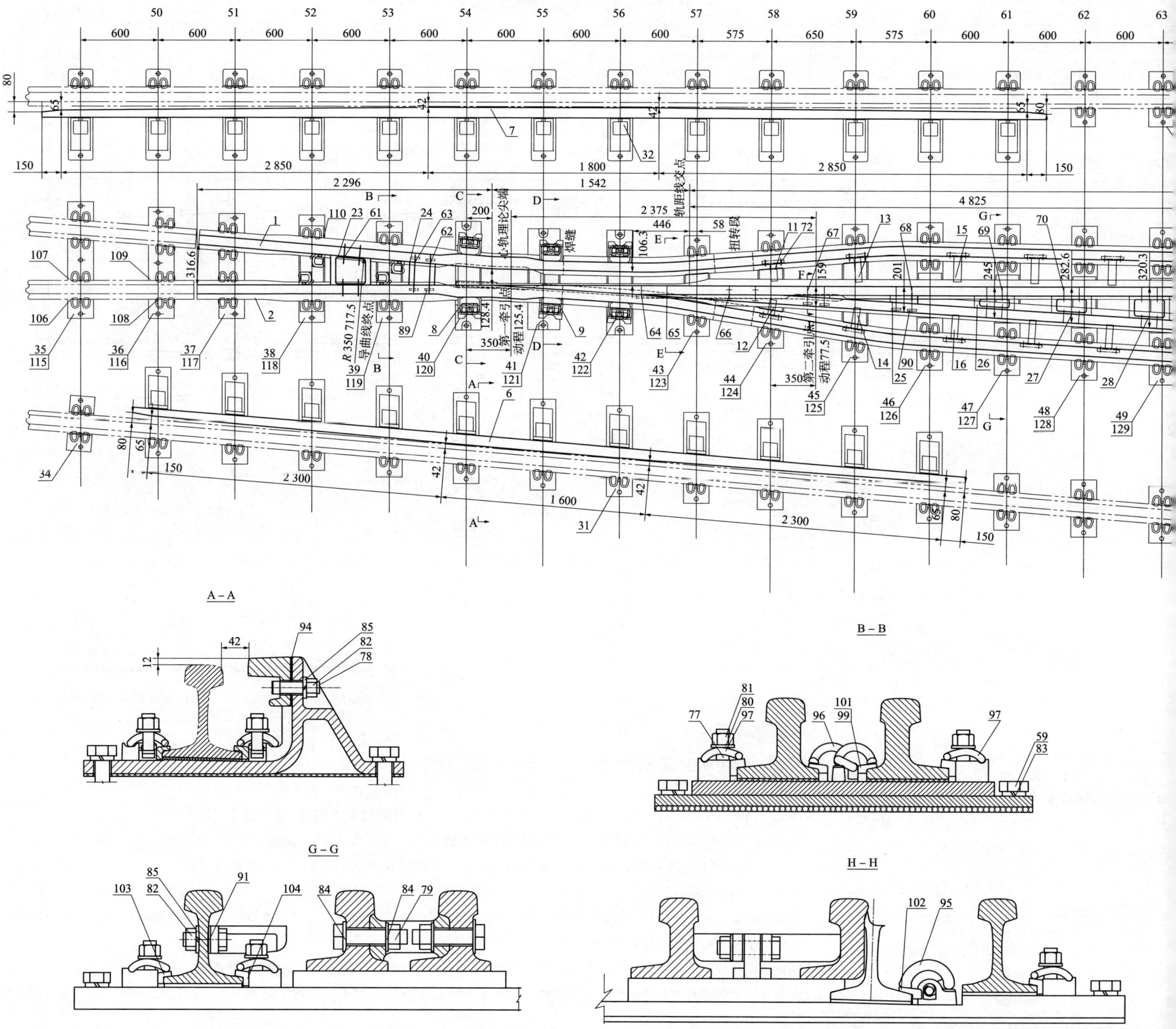

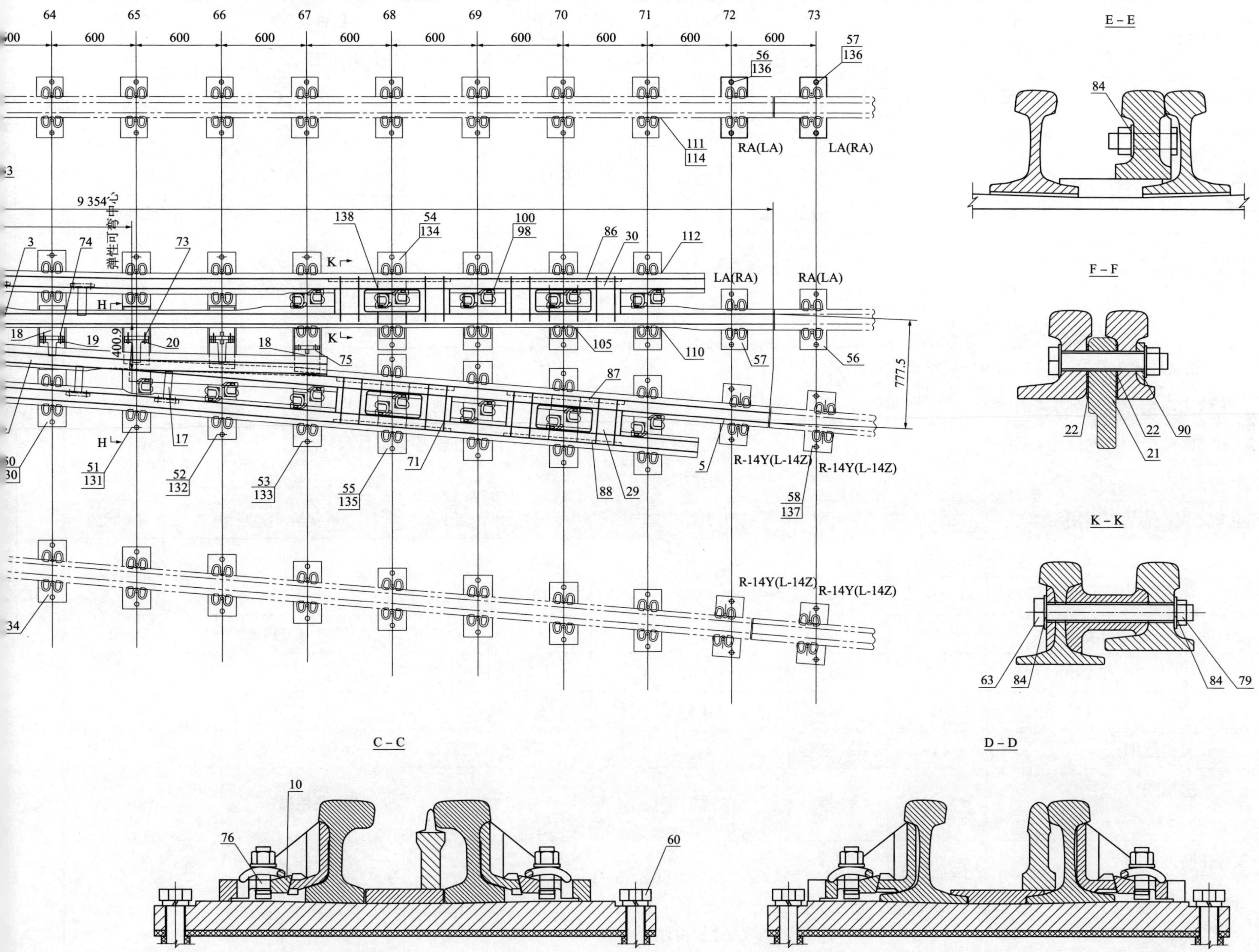

技 术 要 求

1. 高强螺栓紧固扭矩不小于：980 N·m。
2. 翼轨工作边间距：第一牵引点处为 134.9 mm ± 1.5 mm；第二牵引点处为 482^{+2}_{-6} mm。
3. 第二牵引点处接头铁至翼轨轨底边距离差不得大于 7 mm，且反位不得比正位大。

103. 60 kg/m 钢轨 12 号单开道岔(无砟)
设计图号：CZ 2516D

道岔允许通过速度	客车	$v_{直}$≤200 km/h；$v_{侧}$≤50 km/h		扣件类型	Ⅱ型弹条
	货车	轴重 23 t：$v_{直}$≤120 km/h；$v_{侧}$≤50 km/h		轨底坡	1：40
转辙器跟端形式	■限位器 □间隔铁 □不设传力机构 □间隔铁活接头			锁闭方式	外锁闭
道岔全长	43 200	辙叉全长	13 792	辙叉类型	可动心轨辙叉
道岔前长	16 592	辙叉趾长	4 438	辙叉角	4°45′49″
道岔后长	26 608	辙叉跟长	9 354	翼轨轨型	模锻翼轨
尖轨长度	13 600	基本轨长度	16 792	直向护轨长度	—
尖轨轨型	60AT1			侧向护轨长度	5 400
尖轨尖端前基本轨长度			3 191	护轨轨型	33 kg/m 槽型钢
辙叉理论尖端距趾端方向前一根岔枕中心距离			125	导曲线半径	330 m+350 m
尖轨尖端至心轨实际尖端距离		29 055	直向护轨端头距导轨端头定位尺寸		—
道岔终端至末根岔枕中心距离		5 100	侧向护轨端头距导轨端头定位尺寸		566

降低值	直线尖轨			曲线尖轨			长心轨		
	断面宽	距尖端距离	降低值	断面宽	距尖端距离	降低值	断面宽	距实际尖端距离	降低值
	0	0	23	0	0	23	1	0	23
	5	415	15	5	502	15	20	272	5.5
	20	1 657	5	20	2 006	5	71	1 094.6	0
	35	2 899	2.7	35	3 450	2.7			
	50	4 141	0	50	4 556	0			

最大构造加宽	1 440.2	测量位置	距基本轨前端 6 027 mm 处			
岔枕图号 CZ 2516Z－C	岔枕总数	87 根	岔枕展延长	286.12 m	套管总数	488
转换设备图号 —	尖轨动程	160、75			心轨动程	132、69
批准文号	CZ 2516DJD				应用情况	★
主要结构特点	1. 道岔为提速改进型道岔。 2. 适用于标准轨距时速 200 km 的新线建设。 3. 道岔设 1：40 轨底坡或轨顶坡。 4. 尖轨为复曲线半切线型弹性可弯尖轨。 5. 为使牵引点处捣固后道砟保持，在牵引点处两岔枕之间设置岔枕连接装置。 6. 翼轨采用模锻翼轨与 60 kg/m 钢轨焊接的长翼轨以适应跨区间无缝线路。					

转辙器明细表

序号	图号 / 标准	名称及规格	数 量	材 料
1	CB 2522－01	直基本轨 16 792	1	60 kg/m 钢轨
2	CB 2522－02	曲基本轨 16 792	1	60 kg/m 钢轨
3	CB 2522－03	曲线尖轨 13 600	1	60AT 钢轨
4	CB 2522－04	直线尖轨 13 600	1	60AT 钢轨
5	CB 2522D－01	平垫板 452－0	10	Q235－A(底板)
6	CB 2522－06	通长垫板	1	Q235－A(底板)
7	CB 2522－07	通长垫板	1	Q235－A(底板)
8	CB 2522－08	轨撑滑床板 625	2	Q235－A(底板)
9	CB 2522－08	轨撑滑床板 625	2	Q235－A(底板)
10	CB 2522D－02	防跳限位装置 60－0/24	1	Q235－A(底板)
11	CB 2522D－02	防跳限位装置 60－3/24 Y(Z)	1	Q235－A(底板)
12	CB 2522D－03	防跳限位装置 60－0/28	1	Q235－A(底板)
13	CB 2522D－03	防跳限位装置 60－3/28 Y(Z)	1	Q235－A(底板)
14	CB 2522D－03	防跳限位装置 60－0/49	1	Q235－A(底板)
15	CB 2522D－03	防跳限位装置 60－6/49 Y(Z)	1	Q235－A(底板)
16	CB 2522D－04	滑床板 611－0	11	Q235－A(底板)
17	CB 2522D－04	滑床板 611－3 Y(Z)	4	Q235－A(底板)
18	CB 2522D－04	滑床板 611－6 Y(Z)	3	Q235－A(底板)
19	CB 2522D－04	滑床板 611－9 Y(Z)	4	Q235－A(底板)
20	CB 2522D－05	滑床板 611－0	1	Q235－A(底板)
21	CB 2522D－05	滑床板 611－9Y(Z)	1	Q235－A(底板)
22	CB 2522D－06	垫 板 713 × 195 × 25	1	Q235－A(底板)
23	CB 2522D－07	垫 板 713 × 195 × 25	1	Q235－A(底板)
24	CB 2522D－06	垫 板 735 × 195 × 25	1	Q235－A(底板)
25	CB 2522D－07	垫 板 735 × 195 × 25	1	Q235－A(底板)
26	CB 2522D－06	垫 板 759 × 195 × 25	1	Q235－A(底板)
27	CB 2522D－07	垫 板 759 × 195 × 25	1	Q235－A(底板)
28	CB 2522D－08	垫 板 754 × 170 × 25	1	Q235－A(底板)
29	CB 2522D－09	垫 板 754 × 170 × 25	1	Q235－A(底板)
30	CB 2522D－08	垫 板 779 × 170 × 25	1	Q235－A(底板)
31	CB 2522D－09	垫 板 779 × 170 × 25	1	Q235－A(底板)
32	CB 2522D－08	垫 板 806 × 170 × 25	1	Q235－A(底板)
33	CB 2522D－09	垫 板 806 × 170 × 25	1	Q235－A(底板)
34	CB 2522D－10	垫 板 834 × 170 × 25	1	Q235－A(底板)

续上表

序号	图号 / 标准	名称及规格	数 量	材 料
35	CB 2522D－11	垫 板 834×170×25	1	Q235－A(底板)
36	CB 2522D－10	垫 板 862×170×25	1	Q235－A(底板)
37	CB 2522D－11	垫 板 862×170×25	1	Q235－A(底板)
38	CB 2522D－10	垫 板 891×170×25	1	Q235－A(底板)
39	CB 2522D－11	垫 板 891×170×25	1	Q235－A(底板)
40	CB 2522D－10	垫 板 922×170×25	1	Q235－A(底板)
41	CB 2522D－11	垫 板 922×170×25	1	Q235－A(底板)
42	CB 609－08	轨 撑 60	8	KTH 330－08
43	专线 3351	Ⅱ型弹条	126	
44	CB 599－21	调整楔	8	KTH 350－10
45	CT 10－16	螺 钉 ϕ30×170	148	45
46	CT 5－02	T 型螺栓 M24×60	118	Q235－A
47	CT 5－02	T 型螺栓 M24×75	8	Q235－A
48	GB/T 7244	弹簧垫圈 30	148	65Mn
49	CT 5－17	弹 片 250	28	60Si2Mn
50	CT 5－16	销 钉 95	38	Q275(备用)
51	CB 639－21	调整片 170×15×1/2	24/24	Q235
52	CB 642－22	限位螺母 M24	126	Q275
53	GB/T 923	盖形螺母 M24	126	
54	专线 3328－3	Ⅲ型弹条	6	60Si2CrVA
55	专线 9602	Ⅲ型接头弹条	6	60Si2CrVA
56	CB 596－31	轨距块 60－11	6	ZG 270－500
57	CB 596－32	接头轨距块 60－9	6	ZG 270－500
58	CT 5－09	轨距块 60/9－11	64	ZG 270－500
59	CT 5－09	轨距块 60/13－15	34	ZG 270－500
60	CT 5－09A	接头轨距块 60/9－11	10	ZG 270－500
61	CT 5－09A	接头轨距块 60/13－15	10	ZG 270－500
62	CT 10－02	橡胶垫板 60－190	38	橡胶
63	CT 10－11	橡胶垫板 452×175×10	10	橡胶
64	CT 10－19	橡胶垫板 631－110－411	1	橡胶
65	CT 10－19	橡胶垫板 675－85－555	4	橡胶
66	CT 10－19	橡胶垫板 698－110－478	1	橡胶
67	CT 10－09	橡胶垫板 625×175×10	4	橡胶
68	CT 10－11	橡胶垫板 611×175×10	30	橡胶
69	CT 10－31	橡胶垫板 713×200×10	2	橡胶
70	CT 10－31	橡胶垫板 735×200×10	2	橡胶

续上表

序号	图号 / 标准	名称及规格	数　量	材　　料
71	CT 10－31	橡胶垫板　759×200×10	2	橡胶
72	CT 10－09	橡胶垫板　754×175×10	2	橡胶
73	CT 10－09	橡胶垫板　779×175×10	2	橡胶
74	CT 10－09	橡胶垫板　806×175×10	2	橡胶
75	CT 10－10	橡胶垫板　834－382	2	橡胶
76	CT 10－10	橡胶垫板　862－396	2	橡胶
77	CT 10－10	橡胶垫板　891－411	2	橡胶
78	CT 10－10	橡胶垫板　922－426	2	橡胶
79	CT 10－01	橡胶垫板　60－190	38	橡胶
80	CT 10－01	橡胶垫板　60－210	12	橡胶
81	CB 588－14	弹　片　265	10	60Si2Mn

辙叉及护轨明细表

序号	图号 / 标准	名称及规格	数量	材　　料	备　　注
1	CB 2523－01	翼　轨　13 042	1	60 kg/m 钢轨	
2	CB 2523－02	翼　轨　13 042	1	60 kg/m 钢轨	
3	CB 2523－03	长心轨　11 166	1	60AT1 轨	
4	CB 2523－04	短心轨　6 725	1	60AT1 轨	
5	CB 640－05	叉跟尖轨　4 529	1	60 kg/m 钢轨	
6	CB 609－07	轨　撑　60－137.9	2	KTH 330－08	
7	CB 609－08	轨　撑　60－140.6	4	KTH 330－08	
8	CB 599－21	调整契　60	6	KTH 330－08	
9	CB 640－07	防跳顶铁(一)　145－149 Y(Z)	1	KTH 330－08	
10	CB 640－08	防跳顶铁(二)　137－133 Y(Z)	1	KTH 330－08	
11	CB 609－09	顶　铁　199－203 Y(Z)	1	KTH 330－08	
12	CB 609－09	顶　铁　191－187 Y(Z)	1	KTH 330－08	
13	CB 609－09	顶　铁　224－224	4	KTH 330－08	
14	CB 609－09	顶　铁　212－212	4	KTH 330－08	
15	CB 609－09	顶　铁　98－98	1	KTH 330－08	
16	CB 609－09	顶　铁　140－140	1	KTH 330－08	
17	CB 609－09	顶　铁　200－198 Y(Z)	1	KTH 330－08	
18	CB 609－09	顶　铁　115－115	3	KTH 330－08	
19	CB 609－09	顶　铁　142－142	1	KTH 330－08	
20	CB 609－09	顶　铁　93－93	1	KTH 330－08	
21	CB 2523－05	二动连接铁	1	Q235－A	
22	CB 640－10	间隔铁　60/223－249	1	ZG 270－500	
23	CB 2523－06	间隔铁　60/183.5－201	1	ZG 270－500	
24	CB 2523－07	间隔铁	1	KTH 330－08	
25	CB 640－13	间隔铁　60/124－143 Y(Z)	1	KTH 350－10	
26	CB 640－14	间隔铁　60/161－180 Y(Z)	1	KTH 350－10	
27	CB 640－14	间隔铁　60/198－217 Y(Z)	1	KTH 350－10	
28	CB 2523－39	间隔铁　60－227	2	ZG 270－500	
29	CB 640－16	间隔铁　60－230	2	ZG 270－500	
30	CB 2522D－01	垫　板　452－A	10	Q235－A(底板)	
31	CB 2522D－01	垫　板　452－DY	1	Q235－A(底板)	
32	CB 2523D－01	垫　板　910 × 170 × 25	1	Q235－A(底板)	
33	CB 2523D－01	垫　板　864 × 170 × 25	1	Q235－A(底板)	
34	CB 2523D－02	垫　板　880 × 170 × 25	1	Q235－A(底板)	

续上表

序号	图号 / 标准	名称及规格	数量	材　　料	备　　注
35	CB 2523D－02	垫　板　831×170×25	1	Q235－A(底板)	
36	CB 2523D－03	垫　板　781×195×25	1	Q235－A(底板)	
37	CB 2523－10	轨撑垫板　822×170×25	1	Q235－A(底板)	
38	CB 2523－11	轨撑垫板　836×260×25	1	Q235－A(底板)	
39	CB 2523D－04	轨撑垫板　757×170×25	1	Q235－A(底板)	
40	CB 2523D－05	垫　板　762×175×25	1	Q235－A(底板)	
41	CB 2523D－06	垫　板　881×170×24	1	Q235－A(底板)	
42	CB 2523D－06	垫　板　1 000×170×25	1	Q235－A(底板)	
43	CB 2523D－06	垫　板　1 135×170×25	1	Q235－A(底板)	
44	CB 2523D－07	垫　板　1 186×170×25	1	Q235－A(底板)	
45	CB 2523D－07	垫　板　1 211×170×25	1	Q235－A(底板)	
46	CB 2523D－07	垫　板　1 235×170×25	1	Q235－A(底板)	
47	CB 2523D－08	垫　板　1 260×195×25	1	Q235－A(底板)	
48	CB 2523D－09	垫　板　1 287×195×25	1	Q235－A(底板)	
49	CB 2523D－10	垫　板　1 337×195×25	1	Q235－A(底板)	
50	CB 2523D－11	垫　板　1 387×195×25	1	Q235－A(底板)	
51	CB 2523D－12	垫　板　702×195×25	4	Q235－A(底板)	
52	CB 2523D－13	垫　板　706×195×25	4	Q235－A(底板)	
53	GB/T 1228	螺　栓　M27×130	4		
54	GB/T 1228	螺　栓　M27×350	1		
55	GB/T 1228	螺　栓　M27×360	9		
56	CB 2523－38	螺　栓　M27×110	1	用 GB/T 1228M27 改制	
57	CB 2523－38	螺　栓　M27×115	1	用 GB/T 1228M27 改制	
58	GB/T 1228	螺　栓　M27×165	1		
59	GB/T 1228	螺　栓　M27×170	1		
60	GB/T 1228	螺　栓　M27×230	1		
61	GB/T 1228	螺　栓　M27×240	1		
62	GB/T 1228	螺　栓　M27×110	4		
63	GB/T 1228	螺　栓　M27×370	8		
64	GB/T 1228	螺　栓　M27×120	24		
65	GB/T 1228	螺　栓　M24×80	28	Q235－A	
66	GB/T 1228	螺　栓　M24×110	6	Q235－A	
67	CT 5－02	T 型螺栓　M24×75	6	Q235－A	
68	CT 5－02	T 型螺栓　M24×60	99	Q235－A	
69	CT 2－31	长方头螺栓　M24×85	9	Q235－A	

续上表

序号	图号/标准	名称及规格	数量	材　料	备　注
70	CT 10－16	螺　栓　M30×170	96		
71	NS－01b	螺　母　M24	47		
72	NS－01b	螺　母　M27－10	56		
73	GB/T 923	盖型螺母　M24	101		
74	GB/T 7244	弹簧垫圈　30	96		
75	GB/T 1230	平垫圈　27	110		
76	TB/T 1495.4	垫　圈　24	43		
77	CB 642－22	限位螺母　M24	105		
78	CB 640－36	夹　板	6	Q235－A	
79	CT 2－26	钢轨垫圈　60AT－3	4	KTH 330－8	
80	CB 609－77	钢轨垫圈　60AT－3 Y(Z)	4	KTH 330－8	
81	CT 5－23	调整片　170×50×1/2	40/20	Q235	
82	CB 639－21	调整片　205×15×1/2	1/1	Q235	备用
83	CB 639－21	调整片　155×15×1/2	11/11	Q235	备用
84	CB 511－04	调整片　115×100×2/3	18/9	Q235	
85	专线 3328－3	Ⅲ型弹条	11		
86	专线 9602	Ⅲ型接头弹条	13		
87	专线 3351	Ⅱ型弹条	105		
88	CB 596－31	轨距块　60－11	11	ZG 270－500	
89	CB 596－32	接头轨距块　60－11	13	ZG 270－500	
90	CT 5－09	轨距块　60/9－11	63	ZG 270－500	
91	CT 5－09	轨距块　60/13－15	19	ZG 270－500	
92	CT 5－09A	接头轨距块　60/9－11	6	ZG 270－500	接头及 AT 轨短肢用
93	CT 5－09A	接头轨距块　60/13－15	11	ZG 270－500	接头及 AT 轨短肢用
94	CT 10－01	橡胶垫板　60－190	34	橡胶	
95	CT 10－02	橡胶垫板　60－190	12	橡胶	
97	CT 10－34	橡胶垫板　60－190	2	橡胶	
98	CT 10－35	橡胶垫板　60－190	2	橡胶	
99	CT 10－01	橡胶垫板　60－215	28	橡胶	
100	CT 10－10	橡胶垫板　910－423	1	橡胶	
101	CT 10－10	橡胶垫板　864－398	1	橡胶	
102	CT 10－09	橡胶垫板　880×175×10	1	橡胶	
103	CT 10－09	橡胶垫板　831×175×10	1	橡胶	
104	CT 10－31	橡胶垫板　781×200×10	1	橡胶	
105	CT 10－09	橡胶垫板　822×175×10	1	橡胶	

续上表

序号	图号 / 标准	名称及规格	数量	材　　料	备　　注
106	CT 10－39	橡胶垫板　836×260×10	1	橡胶	
107	CT 10－09	橡胶垫板　757×175×10	1	橡胶	
108	CT 10－09	橡胶垫板　762×175×10	1	橡胶	
109	CT 10－09	橡胶垫板　881×175×10	1	橡胶	
110	CT 10－09	橡胶垫板　1 000×175×10	1	橡胶	
111	CT 10－09	橡胶垫板　1 135×175×10	1	橡胶	
112	CT 10－09	橡胶垫板　1 186×175×10	1	橡胶	
113	CT 10－09	橡胶垫板　1 211×175×10	1	橡胶	
114	CT 10－09	橡胶垫板　1 235×175×10	1	橡胶	
115	CT 10－31	橡胶垫板　1 260×200×10	1	橡胶	
116	CT 10－31	橡胶垫板　1 287×200×10	1	橡胶	
117	CT 10－31	橡胶垫板　1 337×200×10	1	橡胶	
118	CT 10－31	橡胶垫板　1 387×200×10	1	橡胶	
119	CT 10－31	橡胶垫板　702×200×10	4	橡胶	
120	CT 10－31	橡胶垫板　706×200×10	4	橡胶	
121	CT 10－11	橡胶垫板　452×175×10	11	橡胶	
122	CT 10－13	橡胶垫板　610×175×5	9	橡胶	
123	CB 2523D－14	护轨垫板　610×170×30	9	16Mn	
124	CB 2523－24	侧向护轨　5 400	1	槽型钢	
125	CB 639－21	调整片　170×15×1/2	18/9	Q235	备用
126	CT 5－17	弹　片　250	9	60Si2Mn	
127	CT 5－16	销　钉　115	9	Q275	

60 kg/m 钢轨 12 号单开道岔
图 号：CZ 2516D

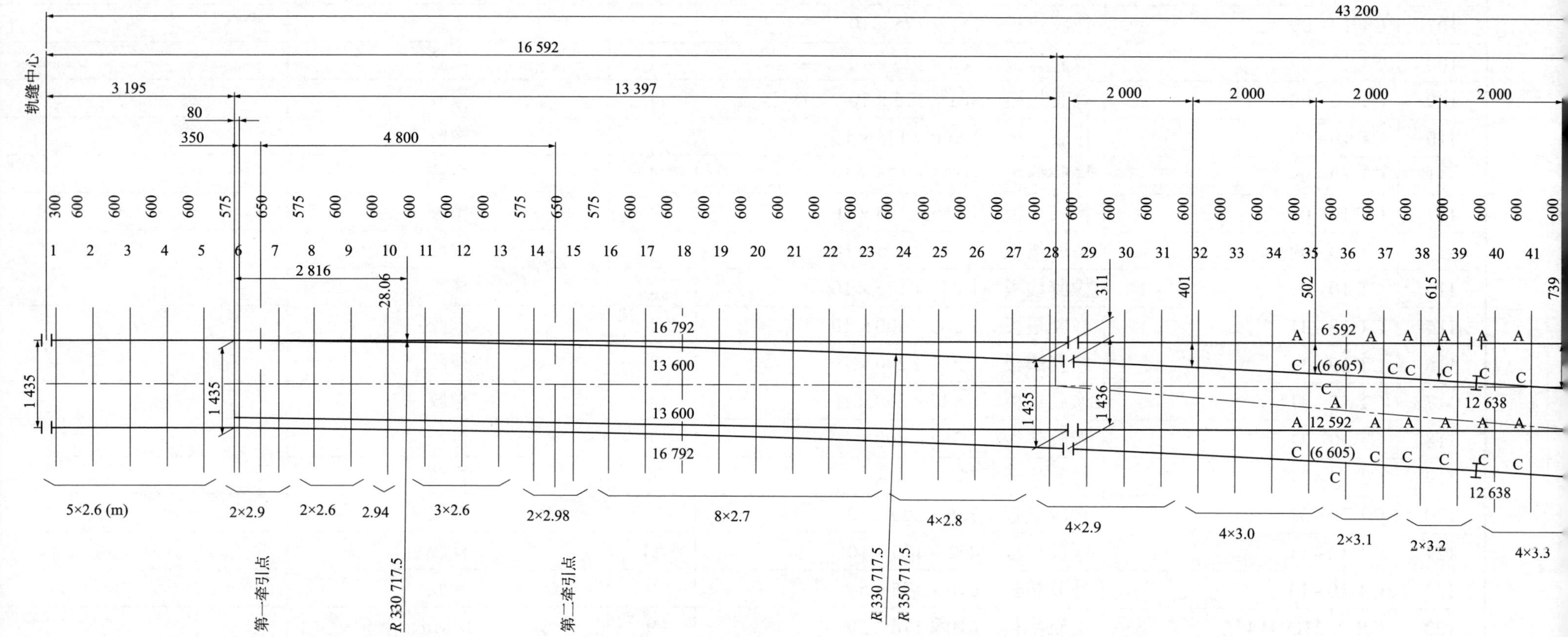

表 1 岔枕数量表

序号	岔枕长(m)	单位	数量	备注	序号	岔枕长(m)	单位	数量	备注	序号	岔枕长(m)	单位	数量	备注	序号	岔枕长(m)	单位	数量	备注
1	2.45	根	4		8	2.94	根	1		15	3.5	根	2		22	4.2	根	1	
2	2.5	根	4		9	2.98	根	2		16	3.6	根	2		23	4.3	根	2	
3	2.55	根	4		10	3.0	根	4		17	3.7	根	2		24	4.4	根	4	
4	2.6	根	10		11	3.1	根	2		18	3.8	根	2		25	4.5	根	2	
5	2.7	根	8		12	3.2	根	2		19	3.9	根	1		26	4.6	根	2	
6	2.8	根	4		13	3.3	根	4		20	4.0	根	2		27	4.7	根	4	
7	2.9	根	6		14	3.4	根	2		21	4.16	根	2		28	4.8	根	2	

表 2 钢轨数量表

序　号	1	2	3	4	5
长　度	6 592	12 638(6 605，6 025)	12 592	19 792	13 667
数量(根)	1	2(胶接)	1	1	1

技 术 要 求

1. 道岔轨距除尖轨刨切范围内侧股的构造加宽外均为 1 435 mm。
2. 道岔的主要结构特点：
   (1) 尖轨为复曲线半切线型，采用 13 600 mm 长的弹性可弯尖轨，用 60AT 钢轨制造，尖轨尖端为藏尖式，跟端采用限位器结构。
   (2) 尖轨设两个牵引点，采用分动钩型外锁闭装置；动程分别为 160 mm、75 mm。
   (3) 可动心轨辙叉采用钢轨组合式，心轨采用 60AT1 钢轨，短心轨后端为滑动端，翼轨采用模锻翼轨与 60 kg/m 钢轨焊接的长翼轨以适用于跨区间无缝线路。
   (4) 心轨设两个牵引点，采用钩型外锁闭装置；动程分别为 132 mm、69 mm。
   (5) 转辙器第一、第二牵引点后安设尖轨限位防跳装置，辙叉心轨尖端锻制出防跳凸台与模锻翼轨配合防跳，翼轨轨腰安设防跳顶铁。
   (6) 为防止心轨侧磨，可动心轨辙叉侧股设置防磨护轨。
   (7) 护轨为分开式结构，采用槽型钢制造，护轨顶面高出基本轨 12 mm。
   (8) 扣件采用分开式Ⅱ型弹条扣件，在特殊部位用Ⅲ型弹条扣件，轨距块设计安装号数如下：Ⅱ型弹条扣件：钢轨工作边一侧，安装 13 号轨距块；钢轨非工作边一侧，安装 11 号轨距块。
   (9) 钢轨轨下设置 5 mm 厚橡胶垫板，护轨垫板下设置 5 mm 厚橡胶垫板，其他垫板下设置 10 mm 厚的橡胶垫板。合理调整不同部位轨下胶垫刚度，使其在整个道岔范围内弹性趋于一致。
3. 图中钢轨接头和轨道电路绝缘接头分别以“—||—”、“±”表示。
4. 图中钢轨轨缝均为 8 mm。
5. 本图按普通接头且绝缘设在侧股绘制，其配轨规格及数量见表 1。如订货要求绝缘设在直股，其配轨规格及数量按用户要求配轨。

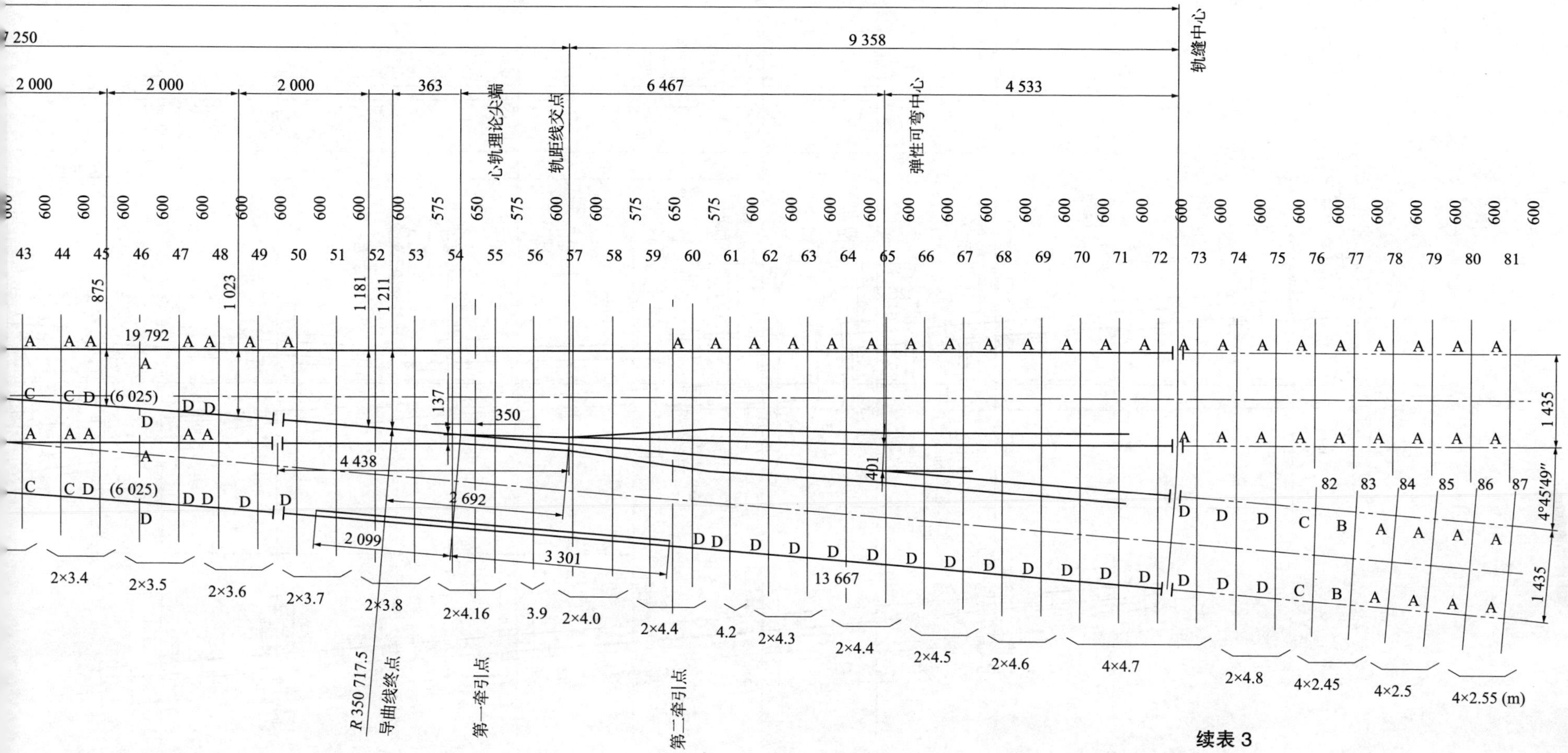

表 3 明 细 表

图号 / 标准	名称及规格	数量	材　料	备注
CB 2522D	转辙器	1		
CB 2523D	可动心轨辙叉及护轨	1		
CB 684－31	挡砟板	4		
CB 699	牵引点岔枕连接装置　L=800	8		
CB 699	牵引点岔枕连接装置　L=1 000	2		
TB/T 2344	钢　轨	78.644 m	60 kg/m 钢轨	
TB/T 23445	接头夹板	20		
TB/T 2347	接头螺栓　M24 × 135－10.9	60		
GB/T 1230	垫　圈　24	60	65Mn	
NS－4	螺　母　M24－10	60		
CB 2522D－01	垫　板　452－A	69	Q235－A(底板)	
CB 2522D－01	垫　板　452－BY(Z)	2	Q235－A(底板)	
CB 2522D－01	垫　板　452－CY(Z)	22	Q235－A(底板)	
CB 2522D－01	垫　板　452－DY(Z)	29	Q235－A(底板)	
CB 642－22	限位螺母　M24	244		

续表 3

序号	图号 / 标准	名称及规格	数量	材　料	备注
16	GB/T 923	盖型螺母　M24	244		
17	CT 5－02	T 型螺栓　M24 × 60	244	Q235－A	
18	CT 10－16	螺　栓　ϕ30 × 170	244	45	
19	GB 7244	弹簧垫圈　30	244		
20	CT 5－09	轨距块　60/9－11	114	ZG 270－500	
21	CT 5－09	轨距块　60/13－15	114	ZG 270－500	
22	CT 5－09A	接头轨距块　60/9－11	8	ZG 270－500	
23	CT 5－09A	接头轨距块　60/13－15	8	ZG 270－500	
24	CT 5－48	轨距块　60/7－17	40	ZG 270－500	备用
25	CT 10－15	绝缘轨距块　60/9－11	4	玻璃纤维	
26	CT 10－15	绝缘轨距块　60/13－15	4	玻璃纤维	
27	CT 10－15	绝缘轨距块　60/7－17	4	玻璃纤维	备用
28	CT 10－01	橡胶垫板　149 × 190 × 5	122		
29	CT 10－11	橡胶垫板　452 × 175 × 10	122		
30		钢轨绝缘　60(胶接绝缘)	2 组		
31		电务转换设备及密贴检查器	1 套		

60 kg/m 钢轨 12 号单开道岔辙叉及护轨

图　号：CZ 2523D

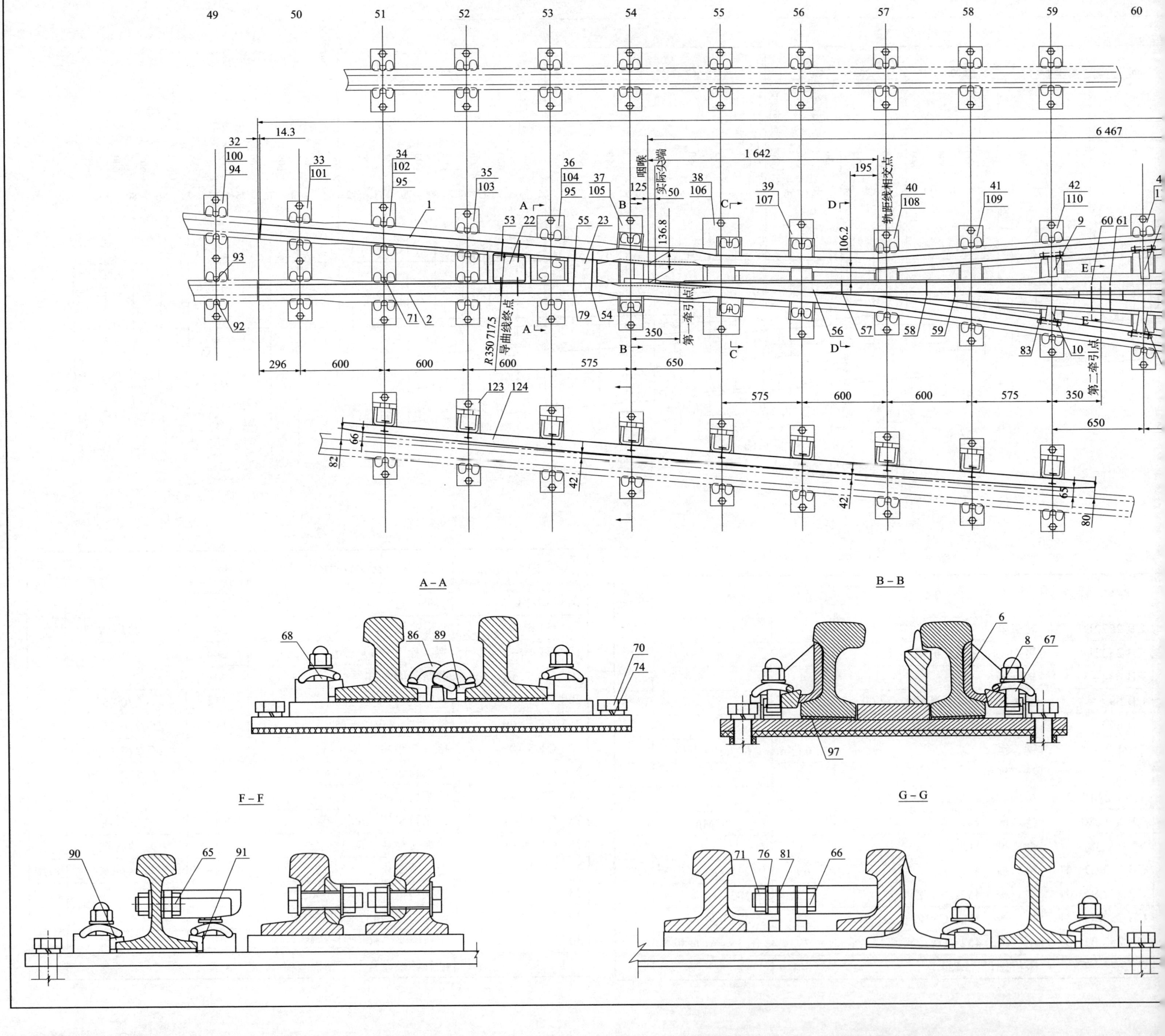

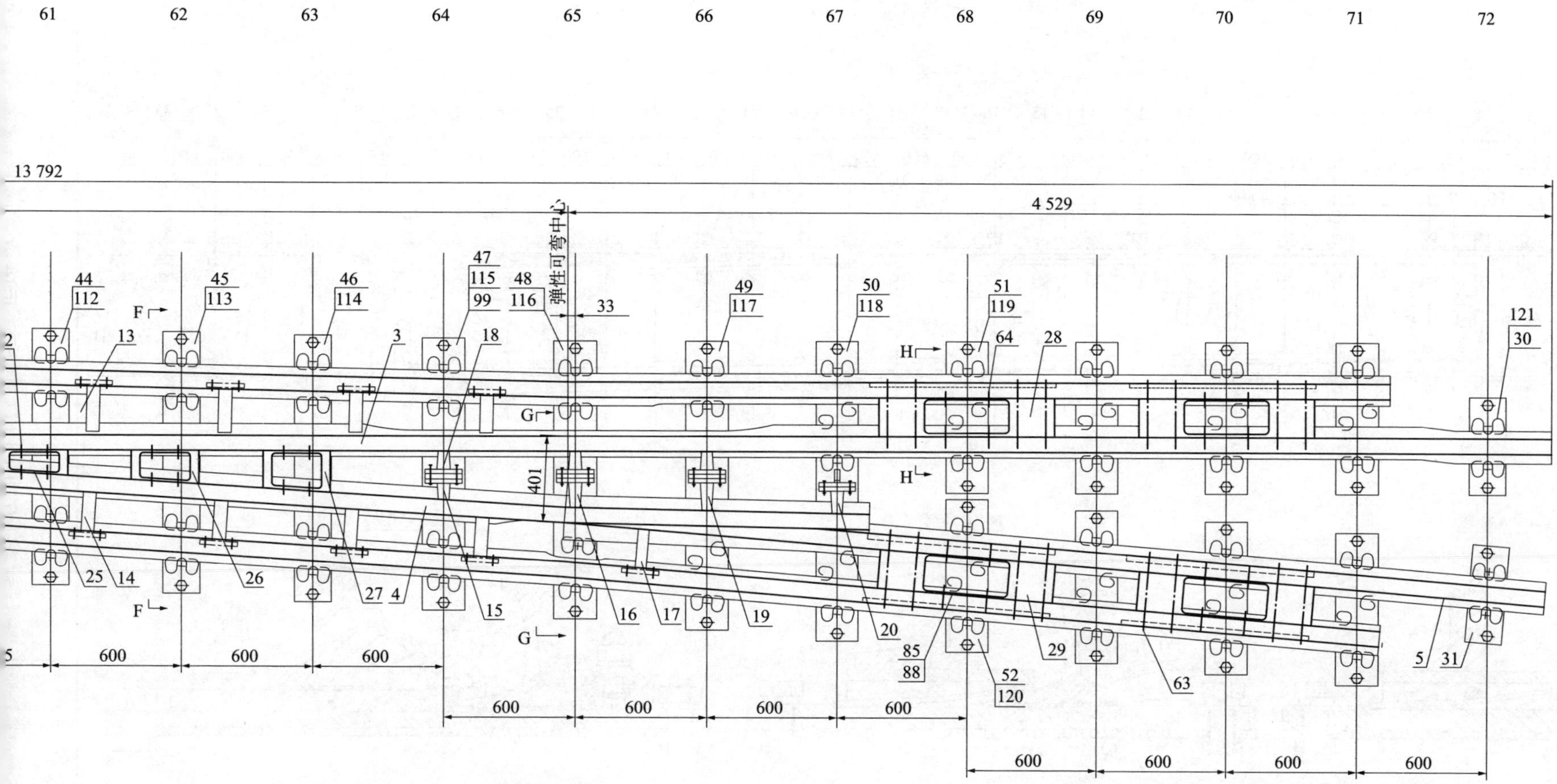

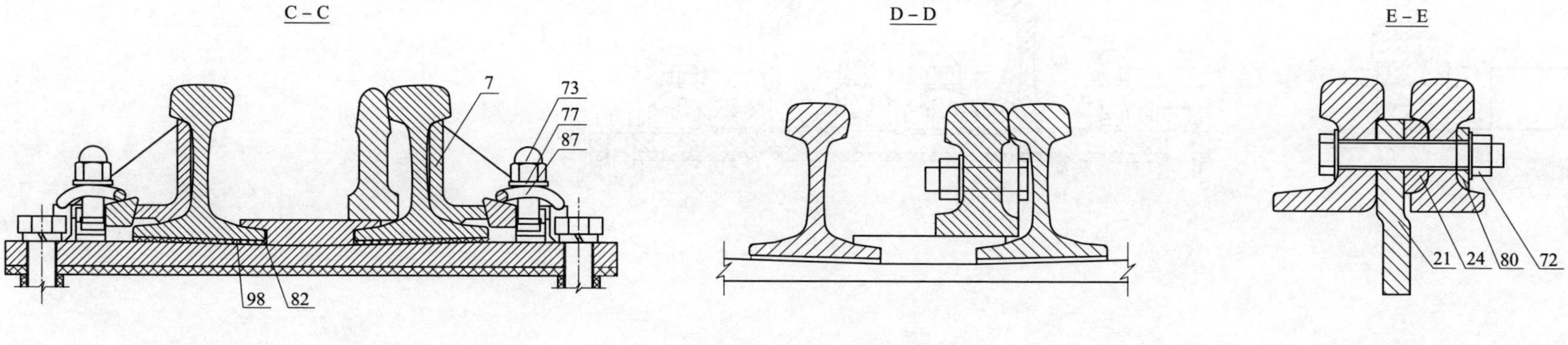

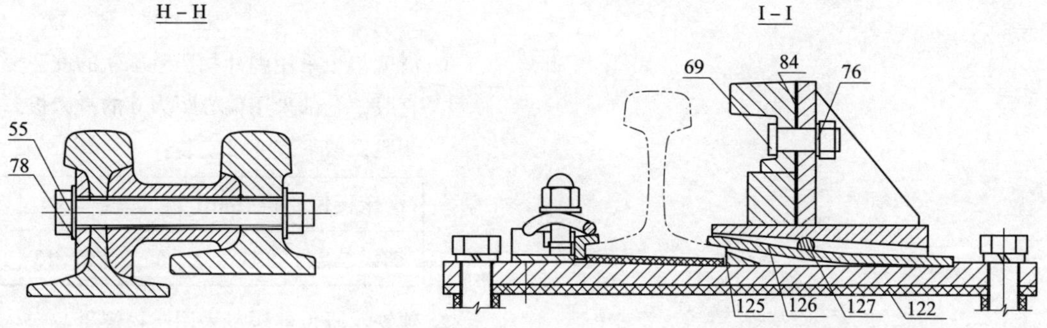

技 术 要 求

高强螺栓紧固扭矩不小于：980 N·m。

60 kg/m 钢轨 12 号单开道岔转辙器
图　号：CB 2522D

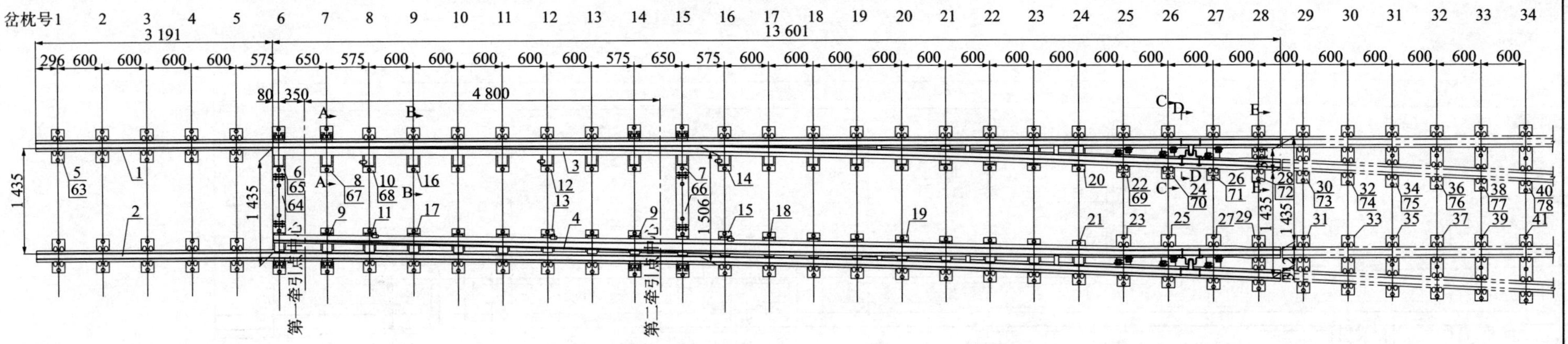

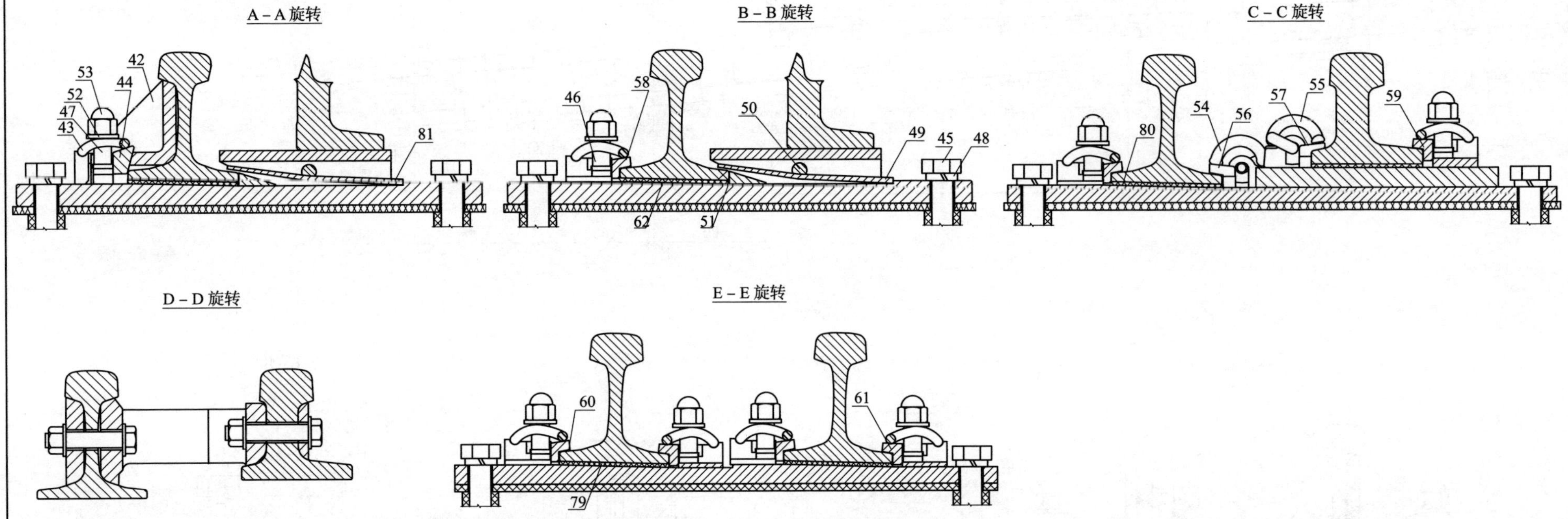

技 术 要 求

1. 滑床垫板采用弹片扣压基本轨的安装要求。
   直股，全部采用偏心距为 0 的滑床板。
   侧股，按下表要求安装：

滑床板偏心距 (mm)	0	3	6	9
铺设位置 (岔枕号)	6、7	8～13	14～19	20～24

2. 顶铁、限位器螺母采用防松螺母。

104. 60 kg/m 钢轨 12 号单开道岔(混凝土枕)
设计图号：CZ 2568

道岔允许通过速度	客车	$v_{直}\leq 120$ km/h；$v_{侧}\leq 50$ km/h		扣件类型	Ⅱ型弹条
	货车	轴重 23 t：$v_{直}\leq 90$ km/h；$v_{侧}\leq 50$ km/h		轨底坡	—
转辙器跟端形式	□限位器　■间隔铁　□不设传力机构　□间隔铁活接头			锁闭方式	内锁闭
道岔全长	37 907	辙叉全长	5 927	辙叉类型	高锰钢整铸式
道岔前长	16 853	辙叉趾长	2 127	辙叉角	4°45′49″
道岔后长	21 054	辙叉跟长	3 800	翼轨轨型	—
尖轨长度	11 300	基本轨长度	15 700	直向护轨长度	5 100
尖轨轨型	60AT1			侧向护轨长度	5 100
尖轨尖端前基本轨长度			2 846	护轨轨型	50 kg/m
辙叉理论尖端距趾端方向前一根岔枕中心距离			239	导曲线半径	350 m
尖轨尖端至心轨实际尖端的距离		31 373	直向护轨端头距导轨端头定位尺寸		1 487
道岔终端至末根岔枕中心距离		11 100	侧向护轨端头距导轨端头定位尺寸		1 385

最大构造加宽	1 443.3	测量位置	距基本轨前端 6 443 mm			
岔枕图号 SC 330－500、CZ 2568Z	岔枕总数	92 根	岔枕展延长	298.42 m	套管总数	515
转换设备图号 —	尖轨动程	180、80			心轨动程	—
批准文号	运基线〔2005〕176 号				应用情况	★
主要结构特点	1. 道岔线型、轨件、辙叉、拉杆及连杆位置，转辙设备及电务安装位置与专线 4190 相同。 2. 道岔采用混凝土岔枕。 3. 道岔前后设置顺坡垫板。 4. 岔枕垂直于道岔主线布置。					

转辙器明细表

序号	图号 / 标准	名称及规格	数量	材　料	备　注
1	CB 555－01	直基本轨　15 700	1	60 kg/m 钢轨	
2	CB 555－02	曲基本轨　15 700	1	60 kg/m 钢轨	
3	CB 555－03	曲线尖轨　11 300	1	60AT1 钢轨	
4	CB 555－05	直线尖轨　11 300	1	60AT1 钢轨	
5	CB 2507－30	轨　撑　60－141	24	KTH 330－08	
6	CB 599－21	调整楔	24	KTH 350－10	
7	CT 2－22	间隔铁　60－132－139Z	1	HT150	
8	CT 2－22	间隔铁　60－132－139Y	1	HT150	按序号 7 对称制造
9	CB 555－06	拉　杆　B965	1		
10	CB 555－08	连　杆　1015	1		
11	CB 555－06	拉　杆　B1085	1		
12	CB 599－09	平垫板　60－0	6	Q235－A(底板)	
13	CB 642－19	轨撑垫板	2	Q235－A(底板)	
14	CB 2579－02	通长垫板	1		
15	CB 2579－03	通长垫板	1		
16	CB 2579－04	轨撑滑床板　646 × 170 × 20	3	Q235－A(底板)	
17	CB 2579－05	滑床板　626 × 170 × 20	4	Q235－A(底板)	
18	CB 2579－04	轨撑滑床板　646 × 170 × 20	3	Q235－A(底板)	
19	CB 2579－26	轨撑滑床板　626 × 170 × 20	2	Q235－A(底板)	
20	CB 2579－05	滑床板　626 × 170 × 20	3	Q235－A(底板)	
21	CB 2579－05	滑床板　626 × 170 × 20	1	Q235－A(底板)	
22	CB 2579－26	轨撑滑床板　626 × 170 × 20	1	Q235－A(底板)	
23	CB 2579－26	轨撑滑床板　626 × 170 × 20	1	Q235－A(底板)	
24	CB 2579－27	滑床板　646 × 170 × 20	3	Q235－A(底板)	
25	CB 2579－06	垫　板　646 × 780 × 20	1	Q235－A(底板)	
26	CB 2579－07	垫　板　664 × 780 × 20	1	Q235－A(底板)	
27	CB 2579－08	垫　板　689 × 170 × 20	1	Q235－A(底板)	
28	CB 2579－09	垫　板　689 × 170 × 20	1	Q235－A(底板)	
29	CB 2579－08	垫　板　709 × 170 × 20	1	Q235－A(底板)	
30	CB 2579－10	垫　板　709 × 170 × 20	1	Q235－A(底板)	
31	CB 2579－08	垫　板　690 × 170 × 20	2	Q235－A(底板)	
32	CB 2579－08	垫　板　705 × 170 × 20	2	Q235－A(底板)	
33	CB 2579－08	垫　板　728 × 170 × 20	2	Q235－A(底板)	
34	CB 2579－11	垫　板　752 × 170 × 20	2	Q235－A(底板)	

续上表

序号	图号 / 标准	名称及规格	数量	材　料	备　注
35	CB 2579－11	垫　板　776×170×20	2	Q235－A(底板)	
36	CB 2579－11	垫　板　802×170×20	2	Q235－A(底板)	
37	CB 2579－12	垫　板　829×170×20	2	Q235－A(底板)	
38	CB 2579－12	垫　板　857×170×20	2	Q235－A(底板)	
39	CB 2579－12	垫　板　886×170×20	2	Q235－A(底板)	
40	CB 2579－12	垫　板　916×170×20	2	Q235－A(底板)	
41	CB 2570－09	支距扣板　60/49－45	2	KTH 350－10	
42	CB 2570－10	支距扣板　60/69－65	2	KTH 350－10	
43	CB 2570－10	支距扣板　60/88－84	2	KTH 350－10	
44	CB 2570－10	支距扣板　60/108－104	2	KTH 350－10	
45	CB 2570－10	支距扣板　60/131－127	2	KTH 350－10	
46	CT 2－24	垫　圈　60AT	4	KTH 330－08	
47	CT 5－27	半圆头方颈螺栓　M27×280	4	20SiMn	
48	CT 5－02	T 型螺栓　M24×60	104	Q235－A	
49	CT 5－02	T 型螺栓　M24×75	24	Q235－A	
50	CT 5－02	T 型螺栓　M24×85	10	Q235－A	
51	CT 2－32	螺　栓　M22×110	4	Q235－A	
52	CB /T 41	螺　母　M22	4		
53	TB/T 418	弹簧垫圈　22	4		
54	专线 4232－101	螺　母　M27	4		
55	GB/T 923	盖形螺母　M24	138		
56	GB/T 7244	弹簧垫圈　27	4		
57	TB/T 1495.4	平垫圈　24	138		
58	专线 3351	Ⅱ型弹条	138		
59	CT 5－09	轨距块　60/9－11	58	ZG 270－500	
60	CT 5－09	轨距块　60/13－15	46	ZG 270－500	
61	CB 642－20	轨距调整片　160×12×2/1	36/36	Q235	
62	CT 10－16	岔枕螺栓　M30	148	45	
63	GB/T 7244	弹簧垫圈　30	148		
64	CT 2－17	辙跟轨撑　60	2		
65	CB 2579－18	橡胶垫板　60－190	32	橡胶	
66	CB 2579－17	橡胶垫板　60－190	56	橡胶	
67	CB 2579－20	橡胶垫板　452×175×10	6	橡胶	
68	CB 2579－20	橡胶垫板　472×175×10	2	橡胶	
69	CB 2579－21	橡胶垫板　727×175×10	2	橡胶	
70	CB 2579－22	橡胶垫板　570×175×10	2	橡胶	

续上表

序号	图号 / 标准	名称及规格	数量	材　　料	备　　注
71	CB 2579－34	橡胶垫板　738×175×10	1	橡胶	
72	CB 2579－35	橡胶垫板　797×175×10	1	橡胶	
73	CB 2579－20	橡胶垫板　646×175×10	14	橡胶	
74	CB 2579－20	橡胶垫板　626×175×10	14	橡胶	
75	CB 2579－20	橡胶垫板　689×175×10	2	橡胶	
76	CB 2579－20	橡胶垫板　709×175×10	2	橡胶	
77	CB 2579－20	橡胶垫板　690×175×10	2	橡胶	
78	CB 2579－20	橡胶垫板　705×175×10	2	橡胶	
79	CB 2579－20	橡胶垫板　728×175×10	2	橡胶	
80	CB 2579－20	橡胶垫板　752×175×10	2	橡胶	
81	CB 2579－20	橡胶垫板　776×175×10	2	橡胶	
82	CB 2579－20	橡胶垫板　802×175×10	2	橡胶	
83	CB 2579－23	橡胶垫板　829－379	2	橡胶	
84	CB 2579－23	橡胶垫板　857－393	2	橡胶	
85	CB 2579－23	橡胶垫板　886－408	2	橡胶	
86	CB 2579－23	橡胶垫板　916－423	2	橡胶	
87	CB 2579－17	橡胶垫板　60－800	2	橡胶	
88	CB 2579－27	滑床板　646×170×20	3	Q235－A(底板)	
89	CB 2579－28	滑床板　677×170×20	2	Q235－A(底板)	
90	CB 2579－29	滑床板　673×170×20	1	Q235－A(底板)	
91	CB 2579－29	滑床板　681×170×20	1	Q235－A(底板)	
92	CB 2579－31	橡胶垫板　677×175×10	2	橡胶	
93	CB 2579－32	橡胶垫板　673×175×10	1	橡胶	
94	CB 2579－33	橡胶垫板　681×175×10	1	橡胶	

辙叉及护轨明细表

序号	图号 / 标准	名称及规格	数量	材　　料	备　　注
1	CB 502－01	高锰钢辙叉　60－12	1	ZGMn13	
2	CB 556－01	护　轨　5 100	2	50 kg/m 钢轨	
3	CB 599－09	平垫板　60－0	8	Q235－A(底板)	
4	CB 2580－01	垫　板　600 × 170 × 20	2	Q235－A(底板)	
5	CB 2580－02	护轨垫板　600 × 170 × 25	3	16Mn(底板)	
6	CB 2580－02	护轨垫板　600 × 170 × 25 Y(Z)	3	16Mn(底板)	
7	CB 2580－02	护轨垫板　600 × 170 × 25 Y(Z)	3	16Mn(底板)	
8	CB 2580－11	平垫板　452 × 170 × 20	1	Q235－A(底板)	
9	CB 2580－03	垫　板　922 × 170 × 20 Y(Z)	1	Q235－A(底板)	
10	CB 2580－03	垫　板　875 × 170 × 20 Y(Z)	1	Q235－A(底板)	
11	CB 2580－04	垫　板　827 × 170 × 20 Y(Z)	1	Q235－A(底板)	
12	CB 2580－04	垫　板　779 × 170 × 20 Y(Z)	1	Q235－A(底板)	
13	CB 2580－05	垫　板　730 × 170 × 20 Y(Z)	1	Q235－A(底板)	
14	CB 2580－06	辙叉垫板　743 × 170 × 20 Y(Z)	2	Q235－A(底板)	
15	CB 2580－06	辙叉垫板　743 × 170 × 20 Y(Z)	1	Q235－A(底板)	
16	CB 2580－06	辙叉垫板　743 × 170 × 20 Y(Z)	1	Q235－A(底板)	
17	CB 2580－06	辙叉垫板　743 × 170 × 20 Y(Z)	1	Q235－A(底板)	
18	CB 2580－06	辙叉垫板　743 × 170 × 20 Y(Z)	1	Q235－A(底板)	
19	CB 2580－07	辙叉垫板　743 × 170 × 20 Y(Z)	1	Q235－A(底板)	
20	CB 2580－07	辙叉垫板　743 × 170 × 20 Y(Z)	1	Q235－A(底板)	
21	CB 2580－07	辙叉垫板　743 × 170 × 20 Y(Z)	1	Q235－A(底板)	
22	CB 2580－06	辙叉垫板　743 × 170 × 20 Y(Z)	2	Q235－A(底板)	
23	CB 2580－05	垫　板　725 × 170 × 20 Y(Z)	1	Q235－A(底板)	
24	CB 643－10	垫　板　775 × 170 × 20 Y(Z)	1	Q235－A(底板)	
25	CB 643－10	垫　板　825 × 170 × 20 Y(Z)	1	Q235－A(底板)	
26	CB 643－08	垫　板　875 × 170 × 20 Y(Z)	1	Q235－A(底板)	
27	CB 2580－08	平垫板　60－T1 Y(Z)	6	Q235－A(底板)	
28	CB 2580－09	护轨垫板　610 × 180 × 25 Y(Z)	1	16Mn(底板)	
29	CB 2580－09	护轨垫板　610 × 180 × 25 Y(Z)	1	16Mn(底板)	
30	CB 2580－09	护轨垫板　610 × 180 × 25 Y(Z)	1	16Mn(底板)	
31	CB 2580－09	护轨垫板　610 × 180 × 25 Y(Z)	1	16Mn(底板)	
32	CB 2580－09	护轨垫板　610 × 180 × 25 Y(Z)	1	16Mn(底板)	

续上表

序号	图号 / 标准	名称及规格	数量	材　料	备　注
33	CB 2580－09	护轨垫板　610×180×25 Y(Z)	1	16Mn(底板)	
34	CB 2580－09	护轨垫板　610×180×25 Y(Z)	1	16Mn(底板)	
35	CB 2580－09	护轨垫板　610×180×25 Y(Z)	1	16Mn(底板)	
36	CB 2580－09	护轨垫板　610×180×25 Y(Z)	1	16Mn(底板)	
37	CB 2580－12	平垫板　452×170×20 Y(Z)	1	Q235－A(底板)	
38	CB 599－09	平垫板　60－17 Y(Z)	4	Q235－A(底板)	
39	CB 2570－10	支距扣板　125－115.5	2	KTH 350－10	
40	CT 2－73	板型导电销	4	1Cr18Ni9Ti	
41	TB/T 2345	接头夹板　60	8		
42	专线 3351	Ⅱ型弹条	118		
43	CT 10－16	岔枕螺栓　M30	123		
44	CT 5－28	半圆头方颈螺栓　M24×110	10	20SiMn	
45	CT 5－28	半圆头方颈螺栓　M24×95	8	20SiMn	
46	CT 5－02	螺　栓　M24×85	2	Q235－A	
47	CT 5－02	螺　栓　M24×60	116	Q235－A	
48	TB/T 2347	接头螺栓及螺母　M24×135－10.9	24		
49	GB/T 923	盖形螺母　M24	118		
50	NS－01b	螺　母　M24	18		
51	GB/T 7244	弹簧垫圈　24	18		
52	GB/T 7244	弹簧垫圈　30	123		
53	GB/T 1230	平垫圈　24	24		
54	TB/T 1495.4	平垫圈　24	118		
55	CT 5－09	轨距块　60/9－11	67	ZG 270－500	
56	CT 5－09	轨距块　60/13－15	49	ZG 270－500	
57	CT 2－55	调整片　147×100×3/2	18/36	Q235	
58	CB 2579－17	橡胶垫板　60－190	49	橡胶	
59	CB 2579－19	橡胶垫板　439×190×5	11	橡胶	
60	CB 2579－17	橡胶垫板　60－200	9	橡胶	
61	CB 2579－20	橡胶垫板　452×175×10	20	橡胶	
62	CB 2579－20	橡胶垫板　600×175×10	2	橡胶	
63	CB 2579－24	橡胶垫板　600×175×5	9	橡胶	
64	CB 2579－23	橡胶垫板　922－426	1	橡胶	
65	CB 2579－23	橡胶垫板　875－403	2	橡胶	
66	CB 2579－20	橡胶垫板　827×175×10	1	橡胶	

续上表

序号	图号 / 标准	名称及规格	数量	材　料	备　注
67	CB 2579－20	橡胶垫板　779 × 175 × 10	1	橡胶	
68	CB 2579－20	橡胶垫板　730 × 175 × 10	1	橡胶	
69	CB 2579－20	橡胶垫板　743 × 175 × 10	11	橡胶	
70	CB 2579－20	橡胶垫板　725 × 175 × 10	1	橡胶	
71	CB 2579－20	橡胶垫板　775 × 175 × 10	1	橡胶	
72	CB 2579－20	橡胶垫板　825 × 175 × 10	1	橡胶	
73	CB 2579－24	橡胶垫板　610 × 185 × 5	9	橡胶	

60 kg/m 钢轨 12 号单开道岔
图　号：CZ 2568

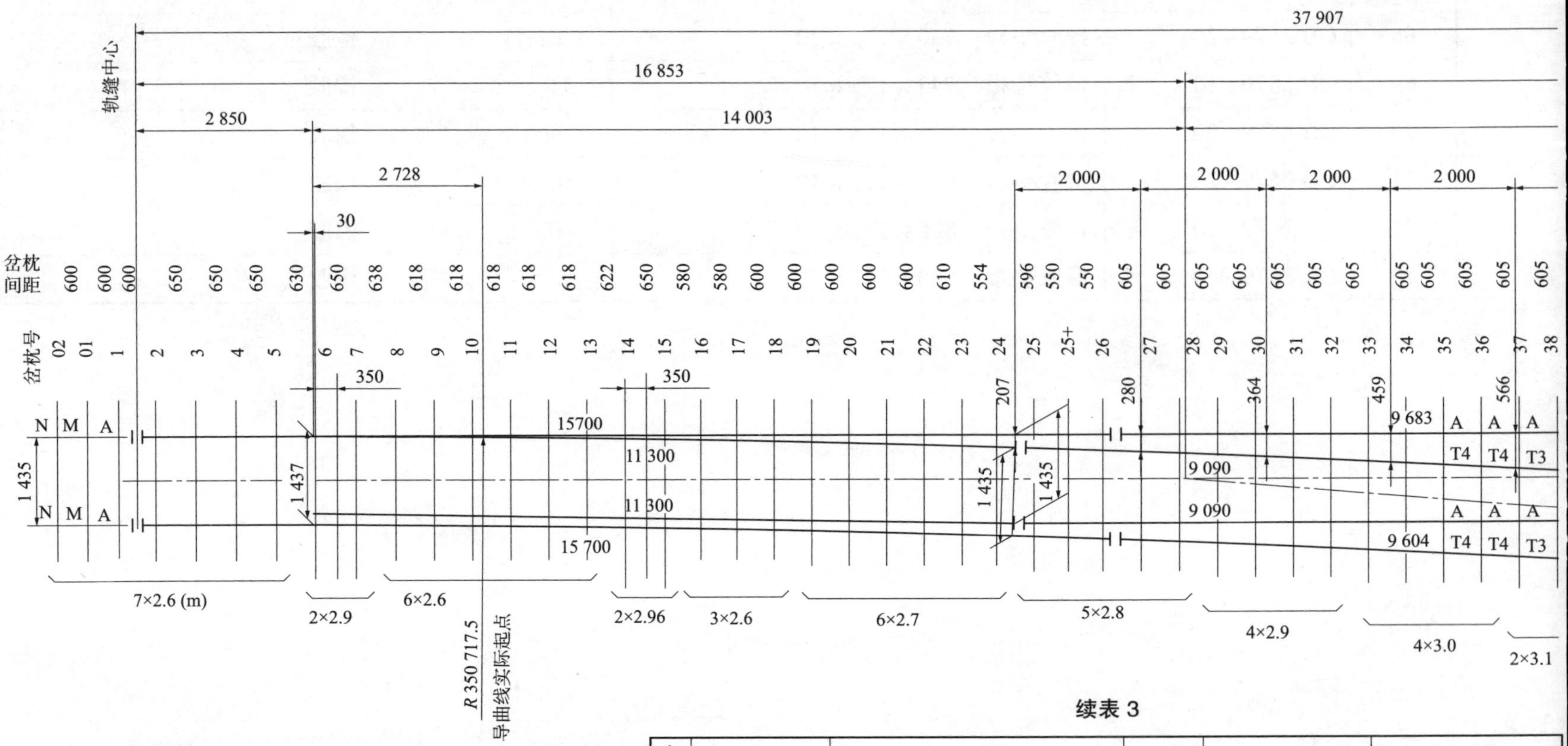

表 1　混凝土岔枕数量表

序号	岔枕长 (m)	单位	数量	序号	岔枕长 (m)	单位	数量	序号	岔枕长 (m)	单位	数量	序号	岔枕长 (m)	单位	数量
1	2.25	根	2	8	2.8	根	5	15	3.4	根	2	22	4.1	根	2
2	2.3	根	2	9	2.9	根	6	16	3.5	根	2	23	4.2	根	3
3	2.4	根	4	10	2.96	根	2	17	3.6	根	2	24	4.3	根	2
4	2.45	根	4	11	3.0	根	4	18	3.7	根	2	25	4.4	根	2
5	2.5	根	4	12	3.1	根	2	19	3.8	根	2	26	4.5	根	2
6	2.6	根	16	13	3.2	根	2	20	3.9	根	2	27	4.6	根	2
7	2.7	根	6	14	3.3	根	4	21	4.0	根	2	28	4.7	根	4

表 3　明　细　表

序号	图号 / 标准	名称及规格	数量	材　料	备　注
1	CB 2579	转辙器	1		
2	CB 2580	辙叉及护轨	1		
3	TB/T 2344	钢　轨	79.937	60 kg/m 钢轨	详见总布置图表 2
4	TB/T 2345	接头夹板　60	14		
5	TB/T 2347	接头螺栓　M24 × 135 – 10.9	42		含螺母
6	GB/T 1230	垫　圈　24	42		
7	CB 599 – 09	平垫板　60 – 0	66	Q235 – A(底板)	标记 A 处用

续表 3

序号	图号 / 标准	名称及规格	数量	材　料	备　注
8	CB 599 – 09	平垫板　60 – 17 Y (Z)	14	Q235 – A(底板)	标记 E 处用
9	CB 599 – 36	顺坡垫板　P80	6	Q235 – A(底板)	标记 M 处用
10	CB 599 – 37	顺坡垫板　P60	6	Q235 – A(底板)	标记 N 处用
11	CB 2580 – 08	平垫板　60 – T3 Y (Z)	8	Q235 – A(底板)	标记 T3 处用
12	CB 2580 – 08	平垫板　60 – T4 Y (Z)	6	Q235 – A(底板)	标记 T4 处用
13	CB 2580 – 08	平垫板　60 – T1 Y (Z)	6	Q235 – A(底板)	标记 T1 处用
14	CB 2580 – 08	平垫板　60 – T5 Y (Z)	1	Q235 – A(底板)	标记 T5 处用
15	CB 2580 – 08	平垫板　60 – T6 Y (Z)	5	Q235 – A(底板)	标记 T6 处用
16	CB 2580 – 11	平垫板　452 × 170 × 20	2	Q235 – A(底板)	标记 T8 处用
17	CB 2580 – 13	平垫板　60 – T2 Y (Z)	1	Q235 – A(底板)	标记 T2 处用
18	CB 2580 – 13	平垫板　60 – T7 Y (Z)	1	Q235 – A(底板)	标记 T7 处用
19	专线 3351	Ⅱ 型弹条	244		
20	CT 5 – 02	T 型螺栓　M24 × 60	244	Q235 – A	
21	TB/T 1495.4	平垫圈　24	244		
22	GB 923	盖形螺母　M24	244		
23	CT 10 – 16	岔枕螺栓　M30	244		
24	GB/T 7244	弹簧垫圈　30	244		
25	CT 5 – 09	轨距块　60/9 – 11	118	ZG 270 – 500	
26	CT 5 – 09	轨距块　60/13 – 15	118	ZG 270 – 500	

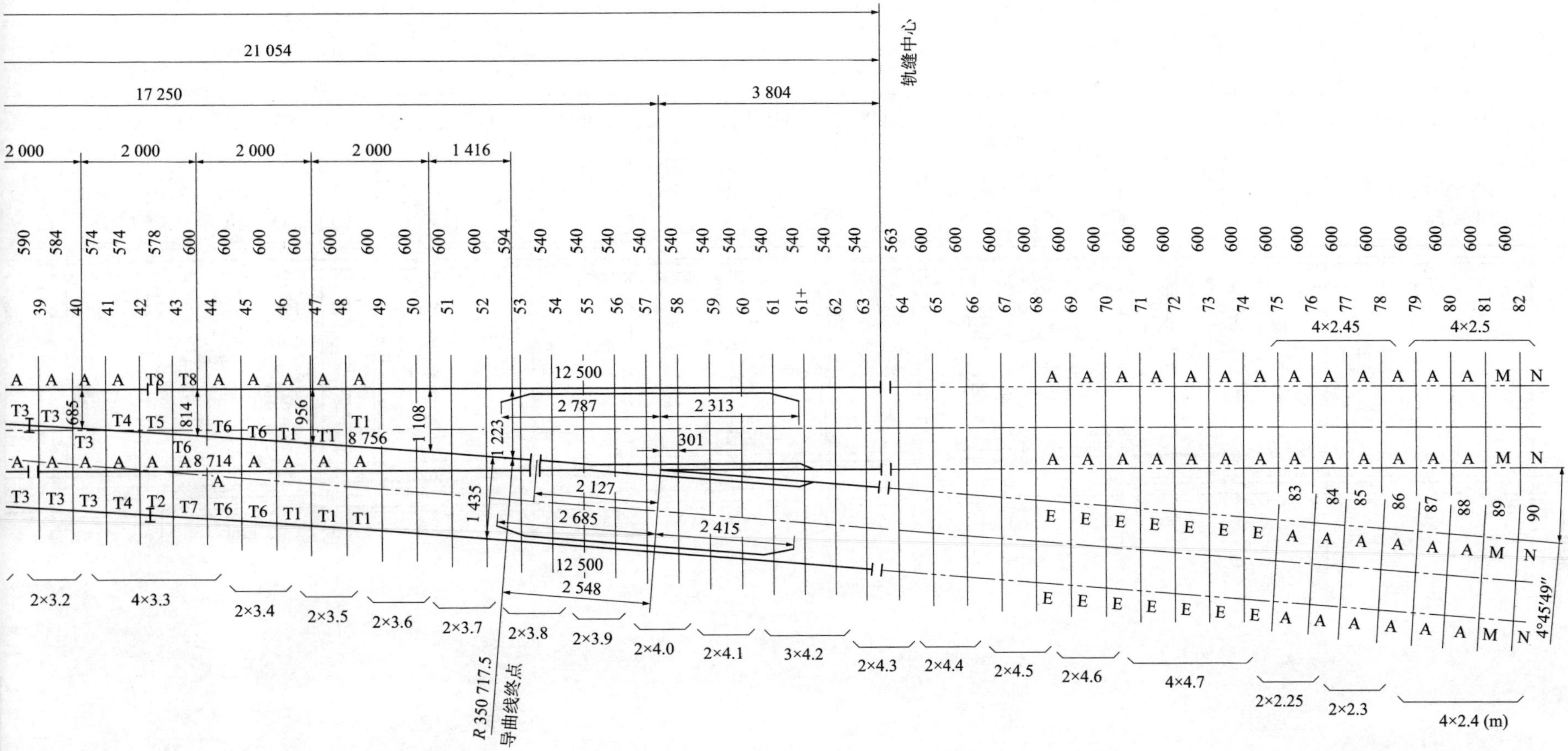

续表 3

序号	图号 / 标准	名称及规格	数量	材　料	备　注
27	CT 5－48	轨距块　60/7－17	100	ZG 270－500	
28	CT 10－15	绝缘轨距块　60/9－11	4	玻璃纤维	
29	CT 10－15	绝缘轨距块　60/13－15	4	玻璃纤维	
30	CT 10－15	绝缘轨距块　60/7－17	4	玻璃纤维	备用
31	CB 2579－20	橡胶垫板　452 × 175 × 10	122	橡胶	
32	CB 2579－17	橡胶垫板　60－190	122	橡胶	
33	专线 3343	钢轨绝缘	2		
34	CB 644	牵引点岔枕连接装置	1		

技 术 要 求

1. 本图参照专线 4190 改制，其道岔线形、轨件(含辙叉)、拉杆和连杆的位置、转辙设备及电务安装位置和方式均与专线 4190 相同，锁闭形式为内锁闭。
2. 轨缝均按照 8 mm 计算。
3. 扣件采用Ⅱ型弹条扣件，钢轨下及护轨垫板下采用 5 mm 厚橡胶垫板，其他垫板下设置 10 mm 厚橡胶垫板。轨距块设计安装号数：钢轨工作边一侧，安装 13 号轨距块；钢轨非工作边一侧，安装 11 号轨距块；绝缘接头处采用绝缘轨距块；由于采用既有岔枕，有些位置可能需要采用 7－17 号备用轨距块调整轨距。
4. 为加强基本轨的稳定型，减小外倾和减小轨距扩张，在基本轨外侧部分设置轨撑。
5. 本图按设轨道电路设计，绝缘接头设在侧股。图中钢轨普通接头及绝缘接头分别以“⊣⊢”、“⫧”表示。
6. 考虑到道岔与有轨底坡线路连接过渡，在道岔前后各两根岔枕上设置顺坡垫板(M、N 位置)，若与无轨底坡线路连接时取消顺坡垫板，采用 A 型垫板(60－0)，用户订货时需指明。
7. 岔枕垂直于道岔主线。
   本道岔借用既有道岔的全部岔枕，同时还需增加 4 根新的岔枕，岔枕编号分别为：01，02，25+，61+，其中 01，02 号岔枕同既有道岔的 1 号岔枕，25+，61+ 号的设计图为：CZ 2568Z。
8. 道岔连接部分及叉后垫板为适应已有的混凝土岔枕，使用了多种类型的平垫板，其铺设位置详见布置图。图上标记 T1～T8 的平垫板铺设时，注意将垫板打印标记的一侧置于导曲线钢轨圆弧的内侧。
9. 由于钢轨接头多数不在岔枕中间位置，铺设时可以适当调整岔枕间距，避免接头处水平螺栓和垂直螺栓干涉。

表 2　配轨长度表(绝缘接头设在侧股)

长度 (mm)	9 090	9 683	9 604	12 500	8 756	8 714
数量(根)	2	1	1	2	1	1

60 kg/m 钢轨 12 号单开道岔转辙器
图　号：CB 2579

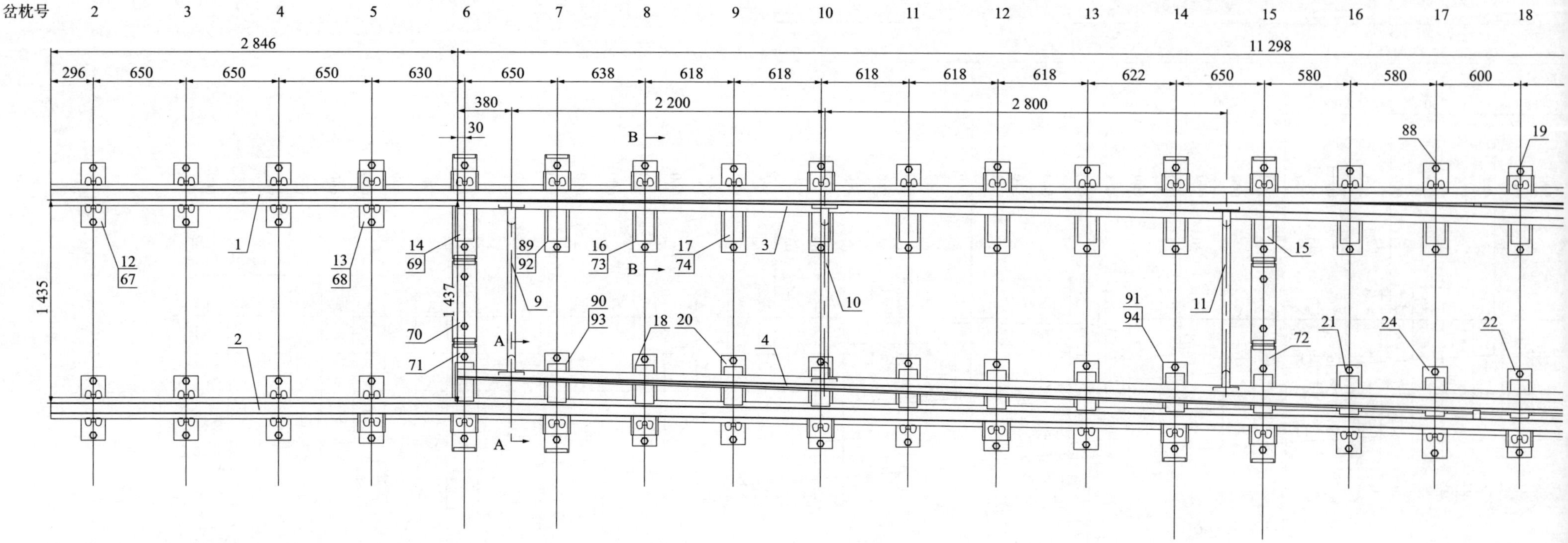

A – A 旋转

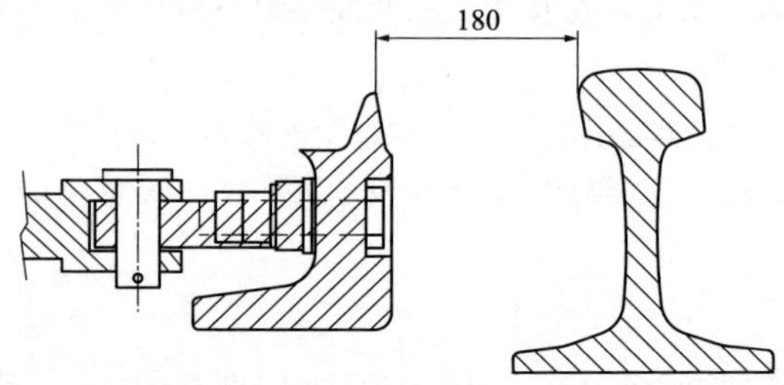

B – B 旋转

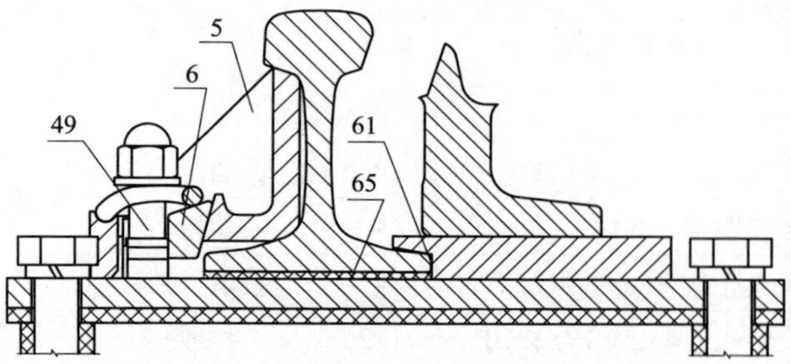

技　术　要　求

1. 扣件采用Ⅱ型弹条分开式可调扣件，轨距块设计安装号数如下：

   钢轨工作边一侧安装 13 号轨距块；钢轨非工作边一侧安装 11 号轨距块。
2. 钢轨轨下设置 5 mm 厚橡胶垫板，垫板下设置 10 mm 厚橡胶垫板。
3. 本图按采用内锁闭设计。

C – C 旋转

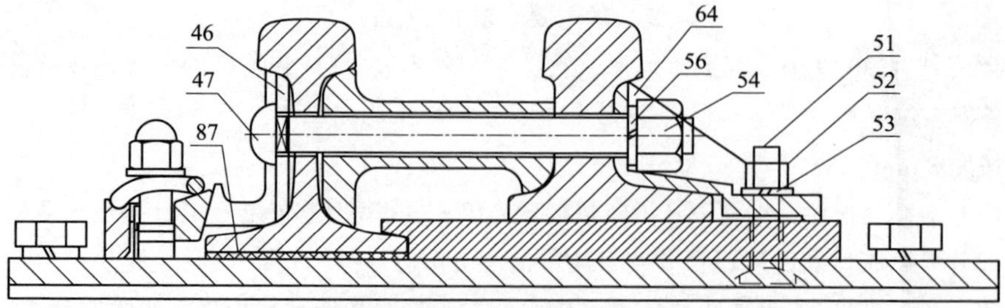

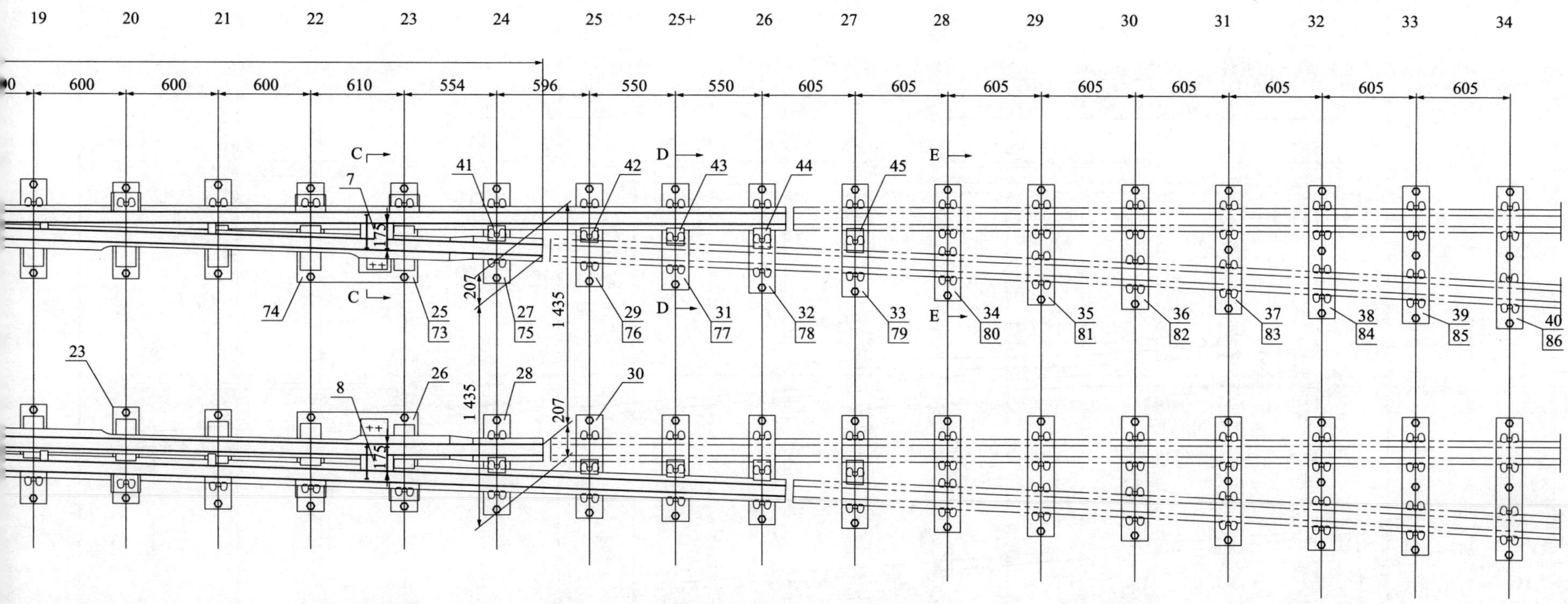
19 20 21 22 23 24 25 25+ 26 27 28 29 30 31 32 33 34
600 600 600 610 554 596 550 550 605 605 605 605 605 605 605 605
C
D
E
175
207
1 435

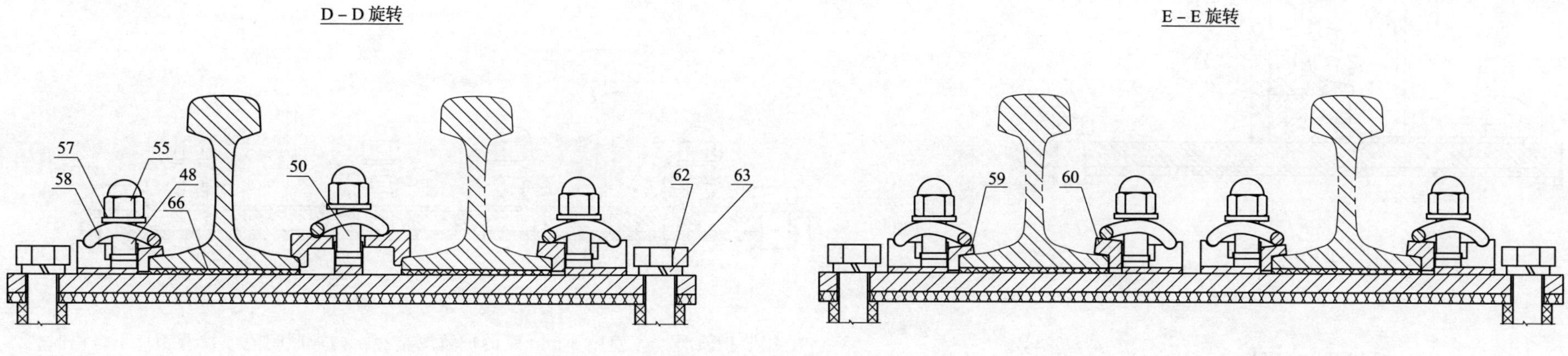
D－D 旋转
E－E 旋转

60 kg/m 钢轨 12 号单开道岔转辙叉及护轨
图　号：CB 2580

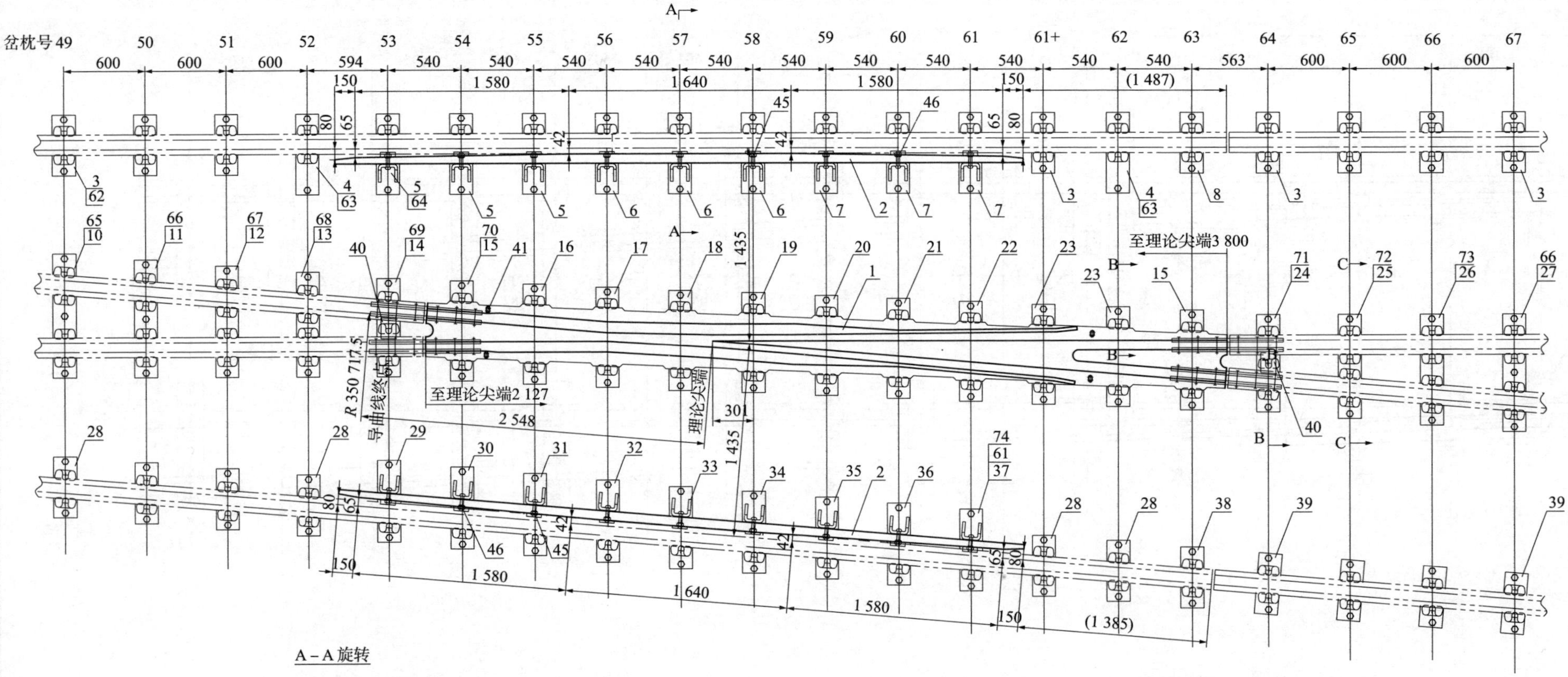

A－A 旋转

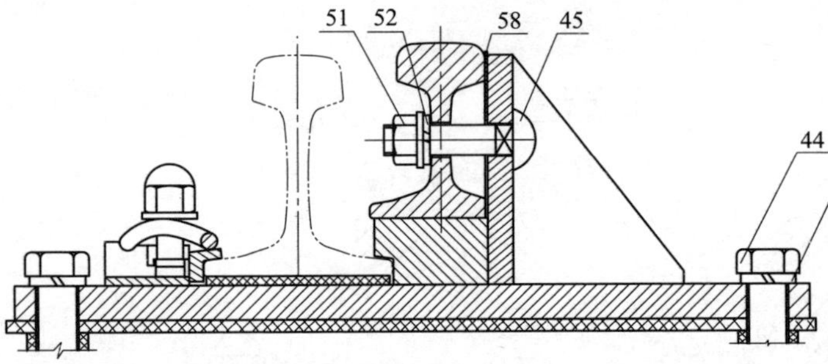

C－C 旋转

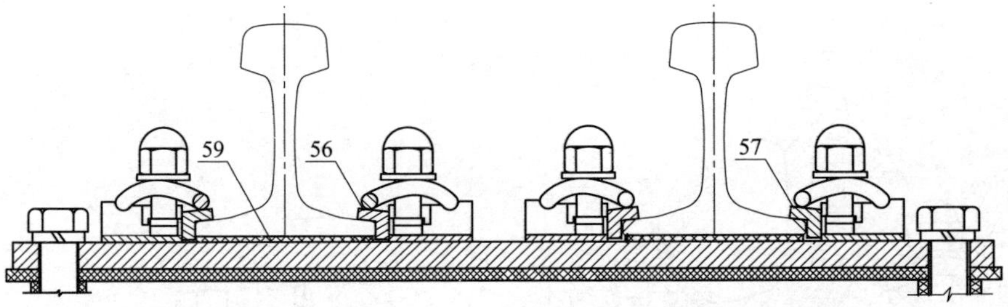

B－B 旋转

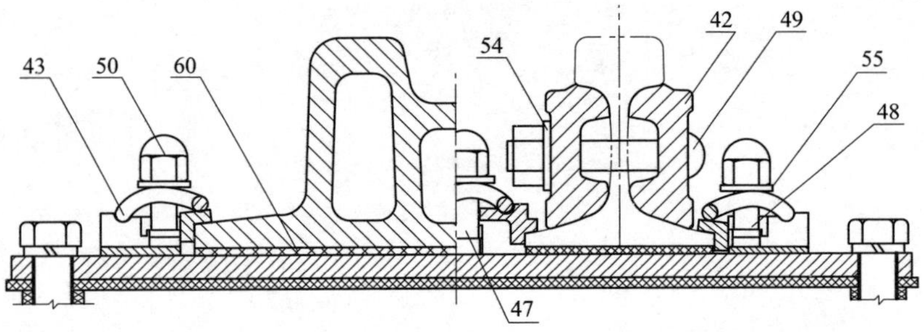

技　术　要　求

1. 组装护轨时，应使用 3 mm 厚的护轨调整片，如查照间隔或护背距离不合格时，可使用备用调整片进行调整。
2. 查照间隔及护背距离在心轨轨头宽 25 mm 处丈量。
3. 序号 28、38 号平垫板铺设时注意将垫板打标记一侧置于钢轨非工作边一侧。
4. 序号 15～23 辙叉垫板按右开铺设时，如本图所示，注意将垫板打标记一侧置于辙叉上侧，左开时则按相反布置。

105. 50 kg/m 钢轨 12 号单开道岔(混凝土枕)
设计图号：CZ 2215

<table>
<tr><td rowspan="2">道岔允许通过速度</td><td>客车</td><td colspan="2">$v_{\text{直}}$≤120 km/h；$v_{\text{侧}}$≤50 km/h</td><td>扣件类型</td><td>B 型弹条</td></tr>
<tr><td>货车</td><td colspan="2">$v_{\text{直}}$≤120 km/h；$v_{\text{侧}}$≤50 km/h</td><td>轨底坡</td><td>—</td></tr>
<tr><td>转辙器跟端形式</td><td colspan="3">■限位器 □间隔铁 □不设传力机构 □间隔铁活接头</td><td>锁闭方式</td><td>内锁闭</td></tr>
<tr><td>道岔全长</td><td>37 907</td><td>辙叉全长</td><td>5 992</td><td>辙叉类型</td><td>高锰钢整铸式</td></tr>
<tr><td>道岔前长</td><td>16 853</td><td>辙叉趾长</td><td>2 192</td><td>辙叉角</td><td>4°45′49″</td></tr>
<tr><td>道岔后长</td><td>21 054</td><td>辙叉跟长</td><td>3 800</td><td>翼轨轨型</td><td>—</td></tr>
<tr><td>尖轨长度</td><td>12 480</td><td rowspan="2">基本轨长度</td><td rowspan="2">15 700</td><td>直向护轨长度</td><td>6 900</td></tr>
<tr><td>尖轨轨型</td><td>50AT1</td><td>侧向护轨长度</td><td>5 210</td></tr>
<tr><td colspan="3">尖轨尖端前基本轨长度</td><td>3 216</td><td>护轨轨型</td><td>43 kg/m</td></tr>
<tr><td colspan="3">辙叉理论尖端距趾端方向前一根岔枕中心距离</td><td>95</td><td>导曲线半径</td><td>350 m</td></tr>
<tr><td colspan="2">尖轨尖端至心轨实际尖端的距离</td><td>31 003</td><td colspan="2">直向护轨端头距导轨端头定位尺寸</td><td>447</td></tr>
<tr><td colspan="2">道岔终端至末根岔枕中心距离</td><td>11 100</td><td colspan="2">侧向护轨端头距导轨端头定位尺寸</td><td>1 187</td></tr>
</table>

<table>
<tr><td>最大构造加宽</td><td>1 441.5</td><td>测量位置</td><td colspan="4">距基本轨前端 6 686 mm 处</td></tr>
<tr><td>岔枕图号
CZ 2215Z</td><td>岔枕总数</td><td>93 根</td><td>岔枕展延长</td><td>292.7 m</td><td>套管总数</td><td>510</td></tr>
<tr><td>转换设备图号
—</td><td>尖轨动程</td><td colspan="3">180、75</td><td>心轨动程</td><td>—</td></tr>
<tr><td>批准文号</td><td colspan="4">运基线路〔2003〕207 号</td><td>应用情况</td><td>★</td></tr>
<tr><td>主要结构特点</td><td colspan="6">1. 道岔为 92 改进型道岔。
2. 道岔采用弹性可弯尖轨，用 50AT1 钢轨制造，尖端为藏尖式。
3. 为加强基本轨的稳定性，减小外倾和轨距扩张，在基本轨外侧设置轨撑。
4. 采用直线型高锰钢整铸辙叉。</td></tr>
</table>

转辙器明细表

序号	图号 / 标准	名称及规格	数量	材　料
1	CB 2217-01	直基本轨　15 700	1	
2	CB 2217-02	曲基本轨　15 700	1	
3	CB 2217-03	曲线尖轨　12 480	1	50AT1 轨
4	CB 2217-04	直线尖轨　12 480	1	50AT1 轨
5	CB 2217-05	轨撑滑床板　50-0	11	Q235-A(底板)
6	CB 2217-06	滑床板　50-0	7	Q235-A(底板)
7	CB 2217-05	轨撑滑床板　50-3	7	Q235-A(底板)
8	CB 2217-06	滑床板　50-3	3	Q235-A(底板)
9	CB 2217-06	滑床板　50-6	3	Q235-A(底板)
10	CB 2217-05	轨撑滑床板　50-6	2	Q235-A(底板)
11	CB 2217-05	轨撑滑床板　50-9	2	Q235-A(底板)
12	CB 2217-06	滑床板　50-9	1	Q235-A(底板)
13	CB 2217-07	垫　板　698×180×20	1	Q235-A(底板)
14	CB 2217-08	垫　板　718×180×20	1	Q235-A(底板)
15	CB 2217-09	垫　板　682×180×20	2	Q235-A(底板)
16	CB 2217-09	垫　板　705×180×20	2	Q235-A(底板)
17	CB 2217-10	垫　板　728×180×20	2	Q235-A(底板)
18	CB 2217-10	垫　板　753×180×20	2	Q235-A(底板)
19	CB 2217-10	垫　板　779×180×20	2	Q235-A(底板)
20	CB 2217-11	垫　板　806×180×20	2	Q235-A(底板)
21	CB 2217-11	垫　板　834×180×20	2	Q235-A(底板)
22	CB 2217-11	垫　板　863×180×20	2	Q235-A(底板)
23	CB 2217-12	垫　板　698×180×20	1	Q235-A(底板)
24	CB 2217-13	垫　板　718×180×20	1	Q235-A(底板)
25	CB 305-06	接头垫板　50-A	2	Q235-A(底板)
26	CB 305-07	垫　板　50-A	4	Q235-A(底板)
27	CB 305-08	轨撑平垫板　50-A	4	Q235-A(底板)
28	CB 555-06	拉　杆　B 965	1	Q235-A
29	CB 555-08	连　杆　1025	1	Q235-A
30	CB 555-06	拉　杆　B 1090	1	Q235-A
31	CB 305-05	轨　撑　50 A	26	KTH 350-10

续上表

序号	图号 / 标准	名称及规格	数量	材　　料
32	CB 302-23	调整楔	26	45
33	CB 2217-14	轨距调整片　160×10×1	40	Q195
34	CB 2217-14	轨距调整片　160×10×2	40	Q195
35	CT10-16	螺　钉　M30×170	138	45
36	CT5-02	螺　栓　M24×60	98	Q235-A
37	CT5-02	螺　栓　M24×85	30	Q235-A
38	GB/T 923	盖型螺母　M24	128	
39	GB/T 7244	弹簧垫圈　30	138	
40	TB/T 1495.4	平垫圈　24	128	
41	TB/T 1495.2	B 型弹条	128	
42	CB 306-25	支距扣板　J50/123-116	2	KTH 330-08
43	CB 306-25	支距扣板　J50/146-139	2	KTH 330-08
44	CB 305-16	轨距块　50/9-11	46	ZG 230-450
45	CB 305-16	轨距块　50/13-15	32	ZG 230-450
46	CB 305-17	轨距块　50AT	8	ZG 230-450
47	专线 4266-14	接头轨距块　50-11	6	玻璃纤维
48	专线 4266-14	接头轨距块　50-13	6	玻璃纤维
49	专线 4266-26	橡胶垫板　50-200	36	橡胶
50	专线 4266-27	橡胶垫板　50-200	46	橡胶
51	专线 4266-28	橡胶垫板　50AT-150	4	橡胶
52	专线 4266-31	橡胶垫板　430×185×10	10	橡胶
53	专线 4266-30	橡胶垫板　610×185×10	36	橡胶
54	专线 4266-31	橡胶垫板　698×185×10	2	橡胶
55	专线 4266-31	橡胶垫板　718×185×10	2	橡胶
56	专线 4266-31	橡胶垫板　682×185×10	2	橡胶
57	专线 4266-31	橡胶垫板　705×185×10	2	橡胶
58	专线 4266-31	橡胶垫板　728×185×10	2	橡胶
59	专线 4266-31	橡胶垫板　753×185×10	2	橡胶
60	专线 4266-31	橡胶垫板　779×185×10	2	橡胶
61	专线 4266-32	橡胶垫板　806-368	2	橡胶
62	专线 4266-32	橡胶垫板　834-382	2	橡胶
63	专线 4266-32	橡胶垫板　863-396	2	橡胶

辙叉及护轨明细表

序号	图号/标准	名称及规格	数量	材　料	备　注
1	CB 2218－01	高锰钢辙叉　50－12G	1	ZGMn13	
2	CB 2218－02	直向护轨　6 900	1	43 kg/m 钢轨	
3	CB 2218－03	侧向护轨　5 210	1	43 kg/m 钢轨	
4	CB 2218－04	辙叉垫板　740	8	Q235－A(底板)	
5	CB 2218－05	辙叉垫板　740	2	Q235－A(底板)	
6	CB 2218－06	支距垫板　707	1	Q235－A(底板)	
7	CB 2218－07	支距垫板　756	1	Q235－A(底板)	
8	CB 2218－08	支距垫板　805	1	Q235－A(底板)	
9	CB 2218－08	支距垫板　853	1	Q235－A(底板)	
10	CB 2218－09	支距垫板　704	1	Q235－A(底板)	
11	CB 2218－10	支距垫板　754	1	Q235－A(底板)	
12	CB 2218－11	支距垫板　804	1	Q235－A(底板)	
13	CB 2218－11	支距垫板　854	1	Q235－A(底板)	
14	CB 305－07	垫　板　50－A	5	Q235－A(底板)	
15	CB 305－06	接头垫板　50－A	2	Q235－A(底板)	
16	CB 305－07	垫　板　50－D	7	Q235－A(底板)	
17	CB 305－06	接头垫板　50－D	2	Q235－A(底板)	
18	CB 306－09	护轨垫板　550	11	16Mn(底板)	
19	CB 2218－12	护轨垫板　570	9	16Mn(底板)	
20	CT 2－55	调整片　135×100×2/3	40/20	Q235	
21	TB/T 2345	接头夹板	8		
22	TB/T 2347	接头螺栓螺母　M24×145－10.9	24		
23	GB/T 1230	平垫圈　24	24		
24	CT 5－02	T 型螺栓　M24×60	100	Q235－A	
25	CT 5－02	T 型螺栓　M24×85	2	Q235－A	
26	TB/T 1495.5	平垫圈　24	102		
27	TB/T 1495.2	B 型弹条	102		
28	GB/T 923	盖形螺母　M24	102		
29	CT 1－02	半圆头方颈螺栓　M24×110	16	Q235－A	
30	CT 1－02	半圆头方颈螺栓　M24×95	4	Q235－A	
31	GB/T 7244	弹簧垫圈　24	20		
32	专线 4232－101	螺　母　M24	20		
33	CT 10－16	螺　钉　M30×170	112		
34	GB/T 7244	弹簧垫圈　30	112		

续上表

序号	图号/标准	名称及规格	数量	材　　料	备　　注
35	CB 306－25	支距扣板　J50/144－135	1	KTH 330－08	
36	CB 306－25	支距扣板　J50/150－141	1	KTH 330－08	
37	CT 2－73	导电销	4	1Cr18Ni9Ti	
38	CB 305－16	轨距块　9－11	54	ZG 230－450	
39	CB 305－16	轨距块　13－15	34	ZG 230－450	
40	专线 4266－14	接头轨距块　50－11	6	玻璃纤维	
41	专线 4266－14	接头轨距块　50－13	6	玻璃纤维	
42	专线 4266－31	橡胶垫板　430×185×10	16	橡胶	
43	专线 4266－27	橡胶垫板　50－200	52	橡胶	
44	专线 4266－33	橡胶垫板　550×185×7	11	橡胶	
45	专线 4266－33	橡胶垫板　570×185×7	9	橡胶	
46	专线 4266－29	橡胶垫板　440	10	橡胶	
47	专线 4266－31	橡胶垫板　740×185×10	10	橡胶	
48	专线 4266－31	橡胶垫板　707×185×10	1	橡胶	
49	专线 4266－31	橡胶垫板　756×185×10	1	橡胶	
50	专线 4266－32	橡胶垫板　805－368	1	橡胶	
51	专线 4266－32	橡胶垫板　853－393	1	橡胶	
52	专线 4266－31	橡胶垫板　704×185×10	1	橡胶	
53	专线 4266－31	橡胶垫板　754×185×10	1	橡胶	
54	专线 4266－32	橡胶垫板　804－367	1	橡胶	
55	专线 4266－32	橡胶垫板　854－392	1	橡胶	

50 kg/m 钢轨 12 号单开道岔
图　号：CZ 2215

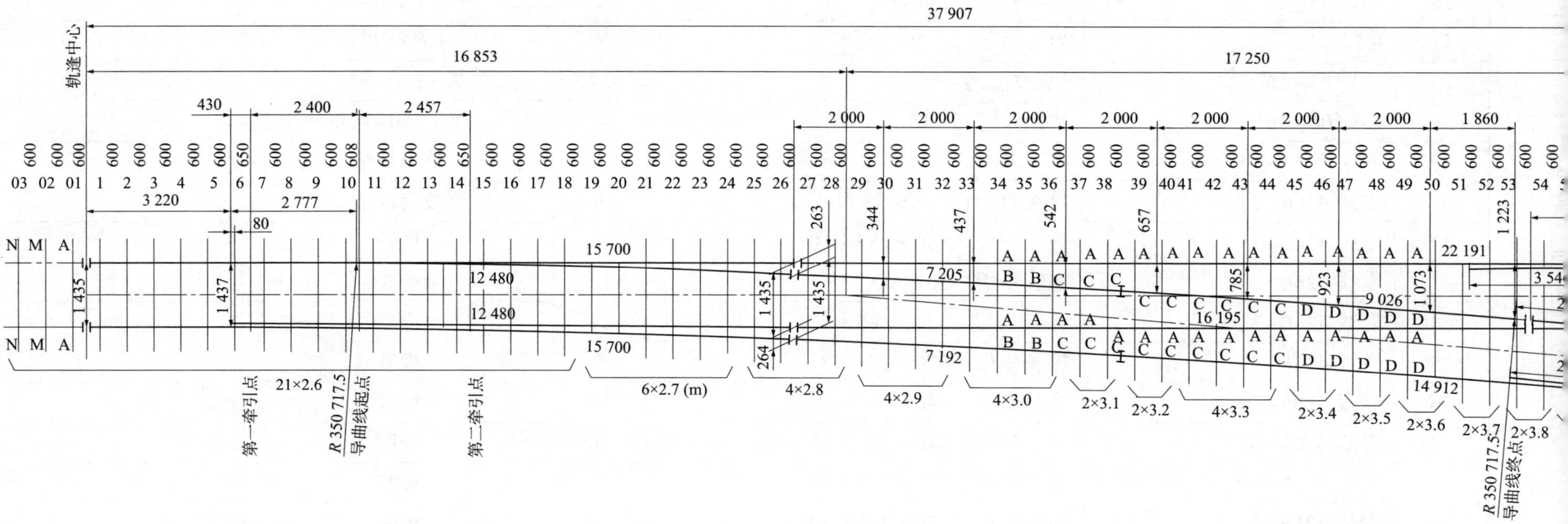

表 1　钢轨数量表

长度 (mm)	22 191	7 205	9 026	16 195	14 912	7 192
数量 (根)	1	1	1	1	1	1

表 2　岔枕数量表

序号	岔枕长 (m)	单位	数量	备注	序号	岔枕长 (m)	单位	数量	备注
1	2.25	根	2		15	3.5	根	2	
2	2.3	根	2		16	3.6	根	2	
3	2.4	根	4		17	3.7	根	2	
4	2.45	根	4		18	3.8	根	2	
5	2.5	根	4		19	3.9	根	2	
6	2.6	根	21		20	4.0	根	2	
7	2.7	根	6		21	4.1	根	2	
8	2.8	根	4		22	4.2	根	2	
9	2.9	根	4		23	4.3	根	2	
10	3.0	根	4		24	4.4	根	2	
11	3.1	根	2		25	4.5	根	2	
12	3.2	根	2		26	4.6	根	2	
13	3.3	根	4		27	4.7	根	4	
14	3.4	根	2						

表 3　明　细　表

序号	图号 / 标准	名称及规格	数量	材　料	备　注
1	CB 2217	转辙器	1		组件
2	CB 2218	辙叉及护轨	1		组件
3	TB/T 2344	钢　轨	6 根	50 kg/m 钢轨	见表 1
4	TB/T 2345	接头夹板	16		
5	TB/T 2347	接头螺栓、螺母　M24 × 145 – 10.9	48		
6	GB/T 1230	垫　圈　24	48		
7	CB 305 – 07	垫　板　50	112		共 4 种类型
8	CB 305 – 06	接头垫板　50 – A	2	Q235 – A(底板)	
9	CB 305 – 06	接头垫板　50 – C	4	Q235 – A(底板)	
10	CB 306 – 28	顺坡垫板　P80	6	Q235 – A(底板)	
11	CB 306 – 29	顺坡垫板　P60	6	Q235 – A(底板)	
12	TB/T 1495.2	B 型弹条	260		
13	CT 5 – 02	T 型螺栓　M24 × 60	260		
14	TB/T 1495.4	平 垫 圈　24	260		
15	GB/T 923	螺　母　M24	260		
16	CT 10 – 16	螺　钉　M30 × 165	260	45 钢	

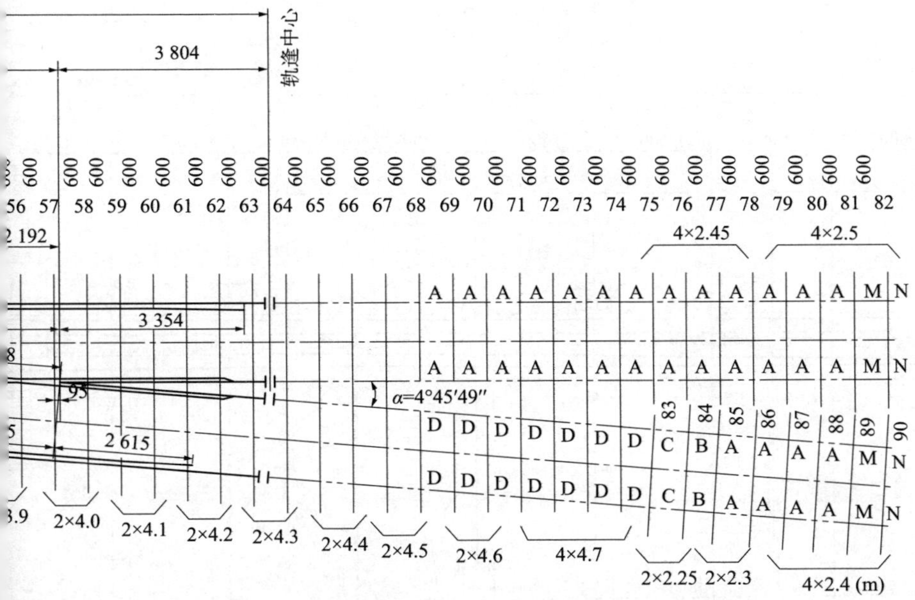

续表 3

序号	图号 / 标准	名称及规格	数量	材　　料	备　注
17	GB/T 7244	弹簧垫圈　30	260		
18	CB 305-16	轨距块　9-11	124	ZG 230-450	
19	CB 305-16	轨距块　13-15	124	ZG 230-450	
20	CB 305-16	轨距块　7-17	20	ZG 230-450	
21	专线 4266-14	接头轨距块　50-9	6	玻璃纤维增强聚酰胺 66	
22	专线 4266-14	接头轨距块　50-11	6	玻璃纤维增强聚酰胺 66	
23	专线 4266-14	接头轨距块　50-13	6	玻璃纤维增强聚酰胺 66	
24	专线 4266-14	接头轨距块　50-15	6	玻璃纤维增强聚酰胺 66	
25	专线 4266-31	橡胶垫板　430×185×10	130	橡胶	
26	专线 4266-27	橡胶垫板　50-200	130	橡胶	
27		钢轨绝缘	2		

技 术 要 求

1. 道岔轨距除尖轨尖端及直线尖轨刨切范围内的构造加宽外均为 1 435 mm。
2. 道岔的主要结构特点：

(1) 尖轨采用 12 480 mm 长的弹性可弯尖轨，用 50AT 钢轨制造，尖轨尖端为藏尖式，跟端采用限位器结构。

(2) 尖轨设二个牵引点，采用联动内锁闭装置，各牵引点设计动程分别为 180 mm、75 mm。

(3) 为加强基本轨的稳定性，减小外倾和减小轨距扩张，在基本轨外侧设置轨撑。

(4) 辙叉采用高锰钢整铸辙叉。

(5) 扣件采用分开式 B 型弹条扣件，轨距块设计安装号数如下：

钢轨工作边一侧，安装 13 号轨距块；钢轨非工作边一侧，安装 11 号轨距块；高锰钢辙叉一侧安装 13 号轨距块，另一侧安装 11 号轨距块。钢轨接头两侧安装接头轨距块；

AT 轨两侧安装 AT 轨专用轨距块。7-17 轨距块为备用轨距块，供现场调整用。

(6) 钢轨轨下及辙叉下设置 5 mm 厚橡胶垫板，护轨垫板下设置 7 mm 厚橡胶垫板，其他垫板下设置 10 mm 厚的橡胶垫板。

(7) 考虑到道岔与线路连接过渡，在道岔前后各两根岔枕上设置顺坡垫板 (M、N 垫板)，若与无轨底坡线路连接时取消顺坡垫板，采用 A 型垫板 (50-0)，用户订货时需指明。

3. 道岔连接部分及叉后垫板为适应混凝土岔枕，根据垫板的偏斜大小及是否接头位置分六种类型，其铺设位置详见布置图。如订货要求绝缘设在直股，或道岔采用其他特殊接头形式时，按用户定货合同的要求配轨。
4. 明细表中序号 7 垫板分四种类型，其中 A 型 66 块；B 型 6 块；C 型 16 块；D 型 24 块。
5. 钢轨顶面应进行全长淬火，淬火技术条件按 TB/T 1779 执行。
6. 图中钢轨普通接头和轨道电路绝缘接头分别以“—┤├—”、“+”表示。
7. 本图按设轨道电路设计，按普通接头且绝缘设在侧股绘制，其配轨规格及数量见表 1。
8. 导曲线半径按外轨工作边计，图中钢轨轨缝均为 8 mm 。
9. 单开道岔配套混凝土岔枕为：CZ 2215Z。

图 1　转辙器部分轨距示意图

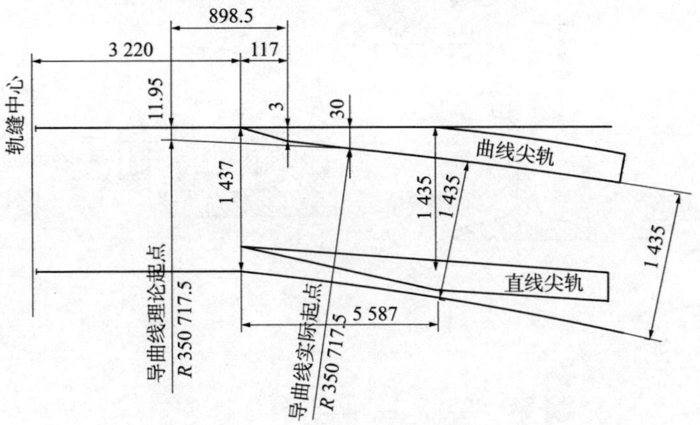

50 kg/m 钢轨 12 号单开道岔转辙器

图　号：CB 2217

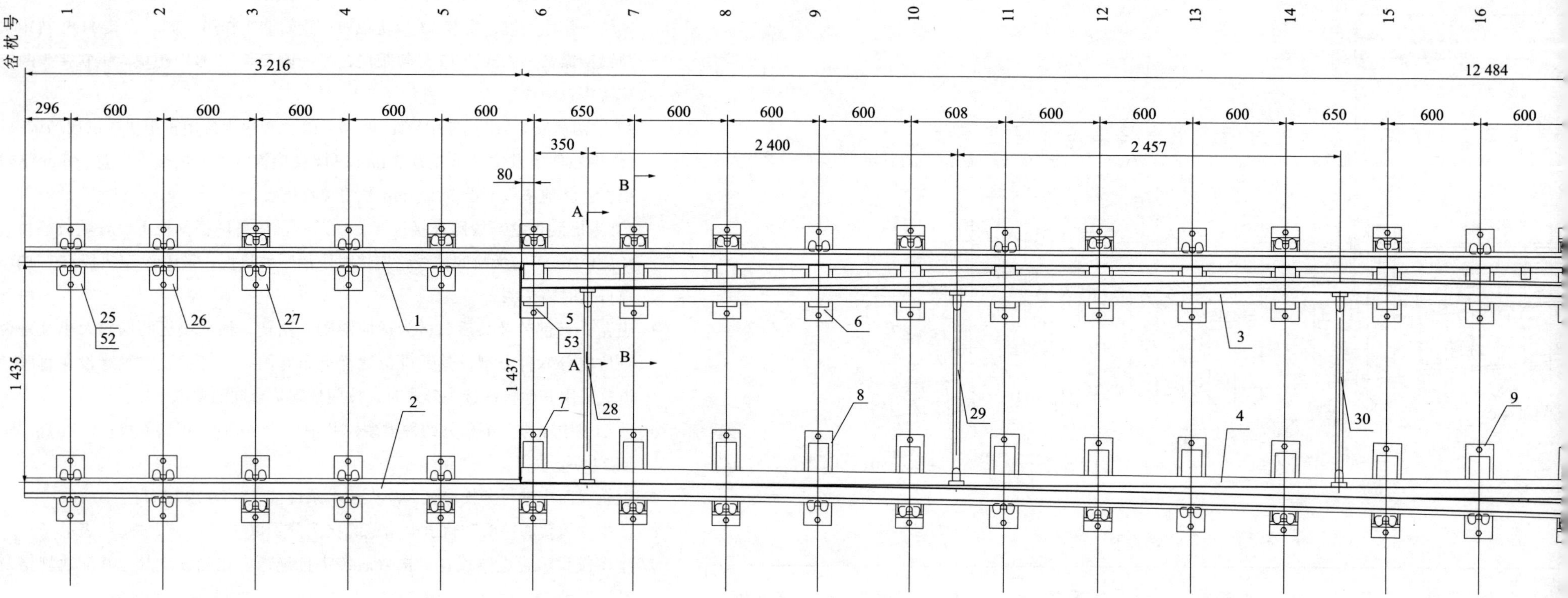

A－A 旋转

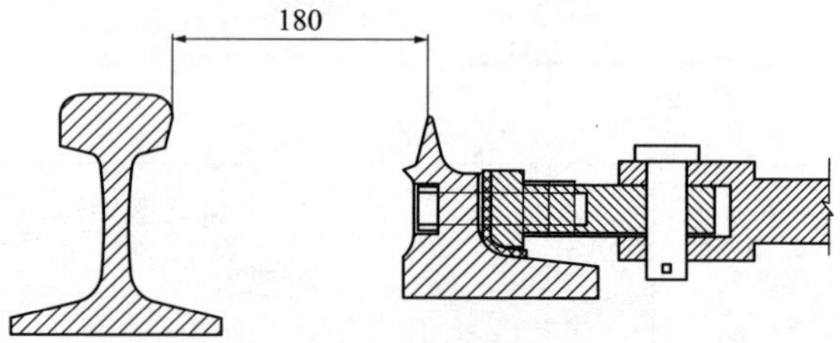

B－B 旋转

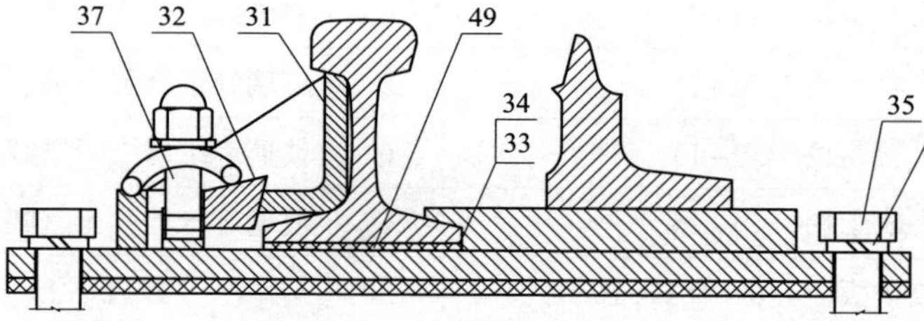

D－D 旋转

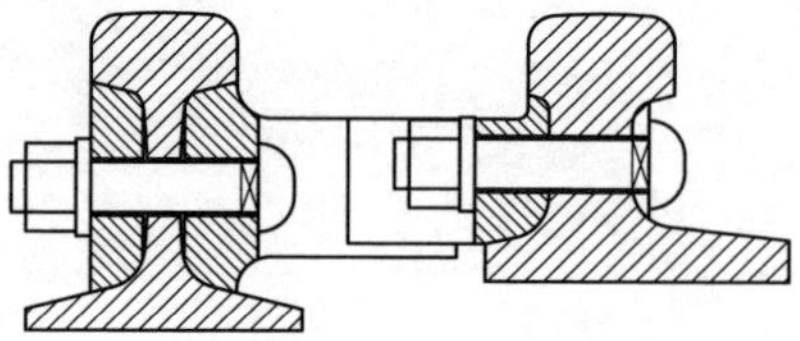

E－E 旋转

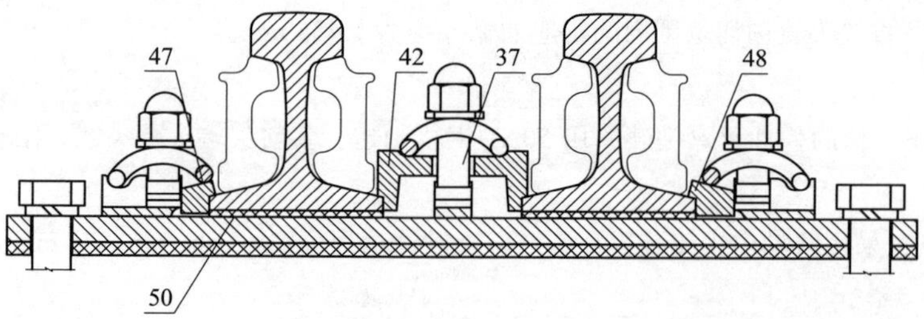

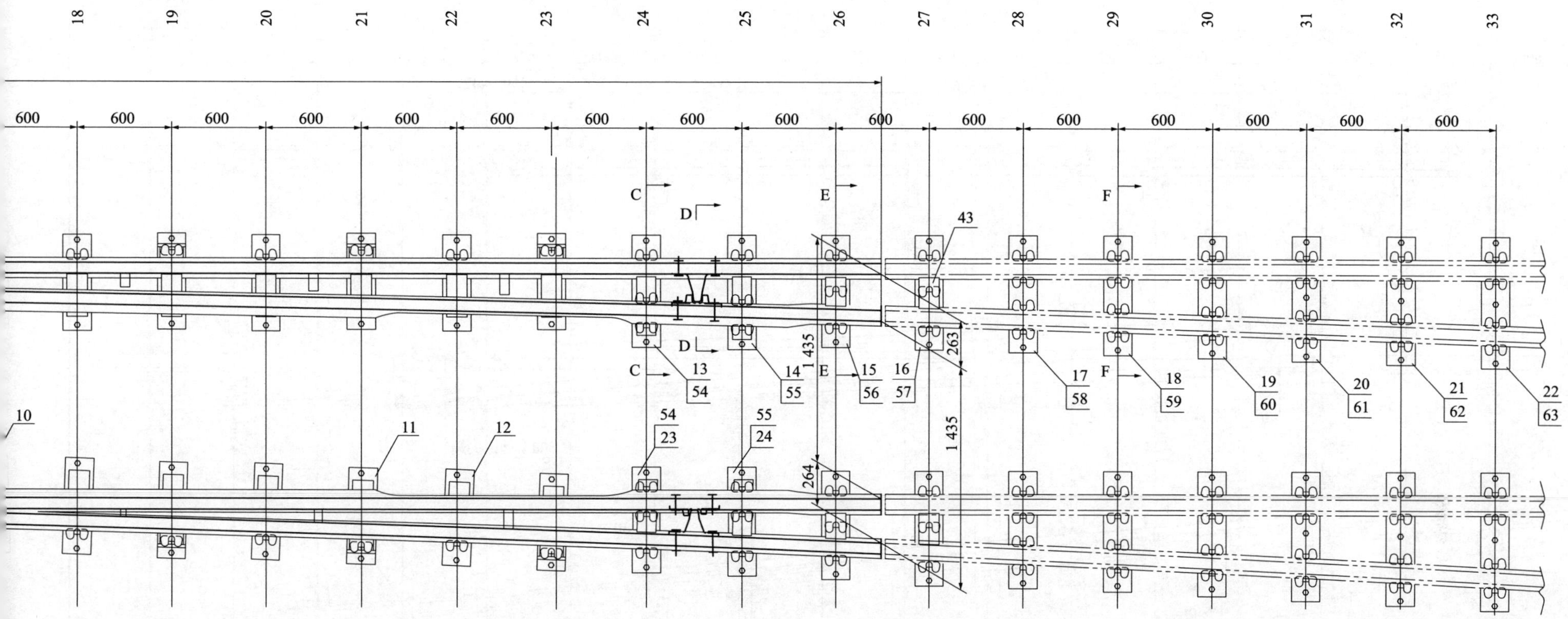

F－F 旋转

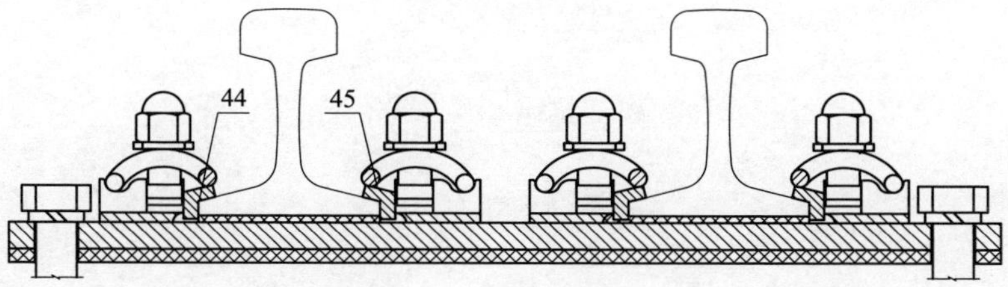

C－C 旋转

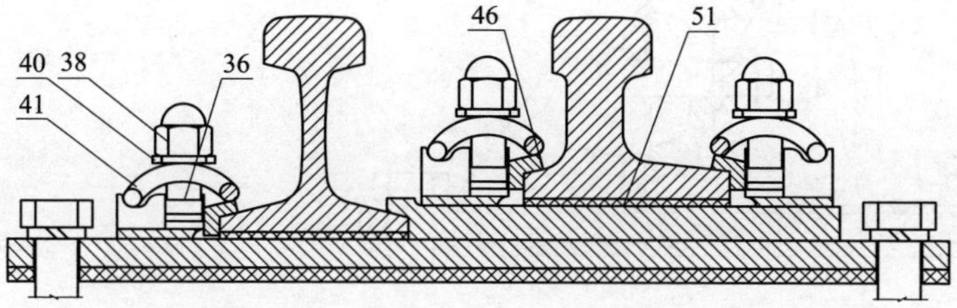

技 术 要 求

1. 扣件采用B型弹条分开式可调扣件，轨距块设计安装号数如下：钢轨工作边一侧安装13号轨距块；钢轨非工作边一侧安装11号轨距块。AT轨两侧安装AT轨专用轨距块。
2. 钢轨轨下设置5 mm厚橡胶垫板；垫板下设置10 mm厚橡胶垫板。
3. 本图按采用内锁闭设计。

50 kg/m 钢轨 12 号单开道岔辙叉及护轨

图　号：CB 2218

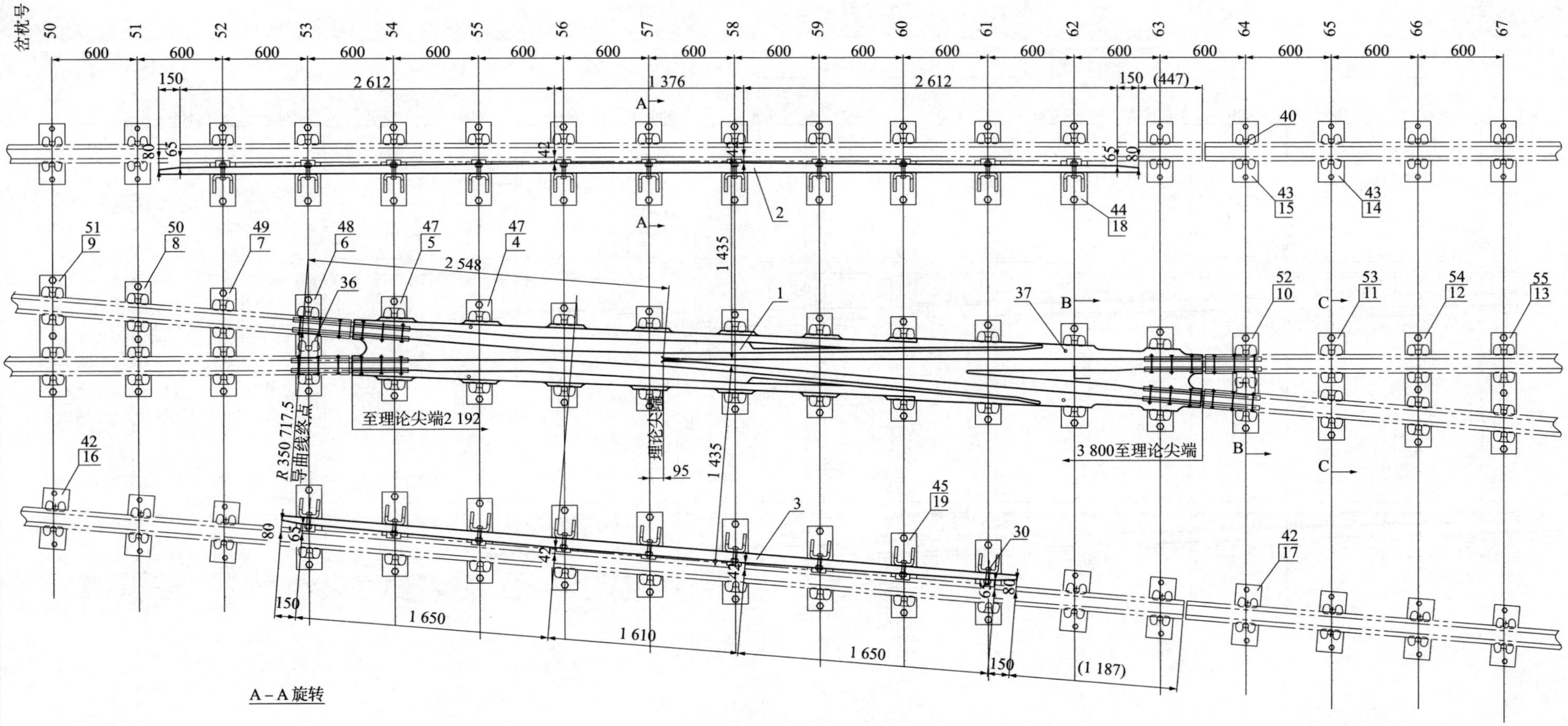

A－A 旋转

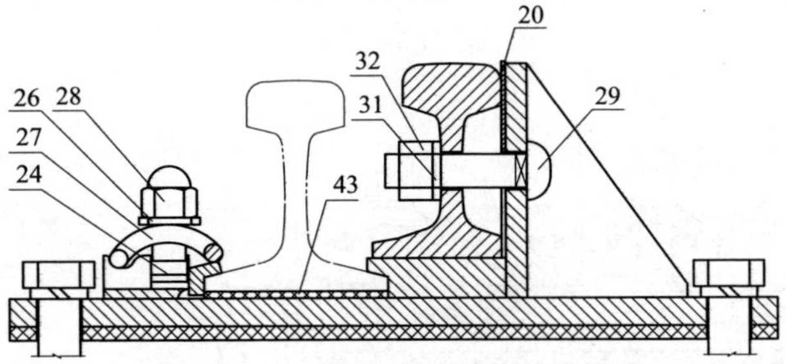

B－B 旋转

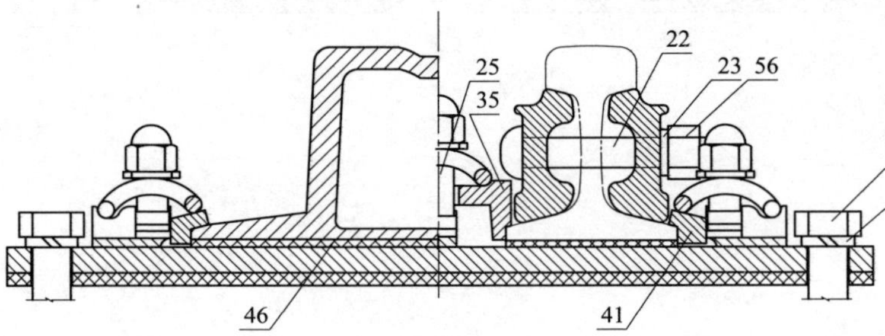

C－C 旋转

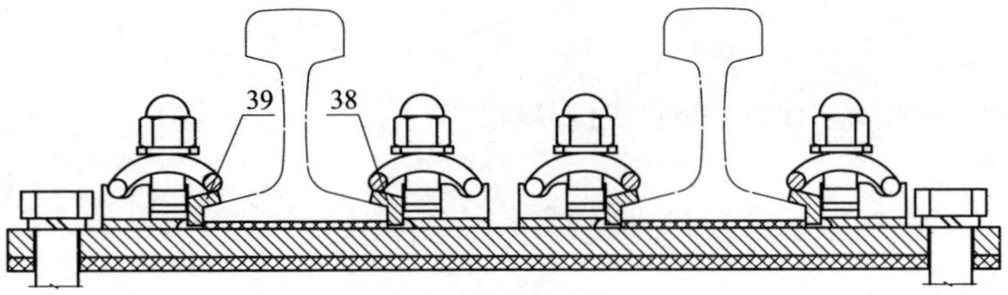

106. 75 kg/m 钢轨 18 号单开道岔(混凝土枕)
设计图号：SC 488

道岔允许通过速度	客车	—		扣件类型	Ⅱ、Ⅲ型弹条
	货车	轴重 23 t：$v_{直}\leqslant$160 km/h；$v_{侧}\leqslant$85 km/h 轴重 25 t：$v_{直}\leqslant$90 km/h；$v_{侧}\leqslant$85 km/h		轨底坡	1∶40
转辙器跟端形式	■限位器 □间隔铁 □不设传力机构 □间隔铁活接头			锁闭方式	外锁闭
道岔全长	60 000	辙叉全长	17 392	辙叉类型	可动心轨辙叉
道岔前长	22 744	辙叉趾长	5 991	辙叉角	3°10′47″
道岔后长	37 256	辙叉跟长	11 401	翼轨轨型	模锻翼轨
尖轨长度	16 600	基本轨长度	19 192	直向护轨长度	7 600
尖轨轨型	60AT1			侧向护轨长度	6 600
尖轨尖端前基本轨长度			2 591	护轨轨型	33 kg/m 槽型钢
心轨理论尖端距趾端方向前一根岔枕中心距离			200	导曲线半径	860 m
尖轨尖端至心轨实际尖端的距离		44 178.5	直向护轨端头距导轨端头定位尺寸		695
道岔终端至末根岔枕中心距离		9 900	侧向护轨端头距导轨端头定位尺寸		1 188

最大构造加宽	—	测量位置	—			
岔枕图号 SC 488－500	岔枕总数	130 根	岔枕展延长	428.9 m	套管总数	776
转换设备图号 —	尖轨动程	160、121、75			心轨动程	103.4、60.5
批准文号	—				应用情况	★
主要结构特点	1. 本道适用于大秦铁路重载货运线路改造。 2. 钢轨工作边一侧安装 14 号轨距块，非工作边一侧安装 10 号轨距块。 3. 道岔采用半切线型弹性可弯尖轨，尖端为藏尖式。 4. 转辙器基本轨下设置刚度较大的 5 mm 平面橡胶垫板，其他轨下设置单面沟槽的橡胶垫板，板下设置 10 mm 厚的橡胶垫板。 5. 道岔前后应铺设Ⅲ型混凝土岔枕不少于 25 m。					

总布置图明细表

序号	图号 / 标准	名称及规格	数量	材　　料	备　　注
1	SC 488－100	转辙器	1		
2	SC 488－200	可动心轨辙叉	1		
3	CB 733	牵引点岔枕连接装置　650－420	6		
4	CB 733	牵引点岔枕连接装置　600－360	2		
5	CB 733	牵引点岔枕连接装置　600－690	1		
6	CB 733	牵引点岔枕连接装置　650－360	2		
7	CB 733	牵引点岔枕连接装置　650－1050	1		
8	TB/T 2344	钢　轨 (6 根)	128.329 m	75 kg/m 钢轨	钢轨长度见表 1
9	SC 381－109	垫　板　432－0	100		图中用 A 表示
10	SC 381－109	垫　板　432－8 Y(Z)	48		图中用 B 表示
11	SC 381－109	垫　板　432－11 Y(Z)	12		图中用 C 表示
12	SC 488－209	接头垫板　R－0	3		用 RA 表示
13	SC 488－210	接头垫板　L－0	3		用 LA 表示
14	SC 488－209	接头垫板　R－8 Y(Z)	2		用 RB(RB') 表示
15	SC 488－210	接头垫板　L－8 Y(Z)	2		用 LB(LB') 表示
16	TB/T 2345	接头夹板　75	22		
17	TB/T 2347	接头螺栓　M24 × 160 及螺母	66	10.9 级	
18	GB/T 1230－84	高强度平垫圈　24	66		
19	专线 3351	Ⅱ型弹条	340	60SI3CrVA	
20	专线 4232－4	螺　栓　M24 × 65	360		备用 20 块
21	NS－01(b)－c	螺　母　M24	340	4 级	
22	NS－07	限位螺母　M24	340	4 级	
23	SC 381－133	岔枕螺栓　160	340	45	
24	GB/T 7244	弹簧垫圈　30	340	65Mn	
25	研线 9807－6	轨距块　75/8－10	184	ZG 270－500	备用 20 块
26	研线 9807－6	轨距块　75/12－14	184	ZG 270－500	备用 20 块
27	研线 9807－6	轨距块　75/6－16	100	ZG 270－500	备用
28	研线 9807－6a	接头轨距块　J75/12－14	8	ZG 270－500	
29	研线 9807－6a	接头轨距块　J75/8－10	8	ZG 270－500	
30	SC 381－142	绝缘轨距块　J75/12－14	4	玻璃纤维增强聚酰胺 66	
31	SC 381－142	绝缘轨距块　J75/8－10	4	玻璃纤维增强聚酰胺 66	
32	SC 488－403	橡胶垫板　75－210	160	橡胶	
33	SC 488－403	橡胶垫板　75－220	10	橡胶	
34	SC 488－404	橡胶垫板　432 × 195 × 10	160	橡胶	
35	SC 488－409	橡胶垫板　432 × 205 × 10	10	橡胶	
36		钢轨绝缘	2 组	75 kg/m 钢轨用	胶接

辙叉及护轨明细表

序号	图号/标准	名称及规格	数量	材　料	备　注
1	SC 488-202	翼　轨　16 700	1		
2	SC 488-203	翼　轨　16 700	1		
3	SC 488-204	长心轨　13 576	1	60AT1 钢轨	
4	SC 488-205	短心轨　8 520	1	60AT1 钢轨	
5	SC 488-206	叉跟尖轨　4 536	1	75 kg/m 钢轨	
6	SC 488-207	直向护轨　7 600	1	33 kg/m 槽型钢	
7	SC 488-208	侧向护轨　6 600	1	33 kg/m 槽型钢	
8	SC 381-208	轨　撑　60　PB	2	KTH 330-08	
9	SC 381-209	轨　撑　60　PA	2	KTH 330-08	
10	SC 488-244	轨　撑　PC	4	KTH 330-08	
11	专线 4232-36	铸造顶铁　154-158 Y(Z)	1	KTH 330-08	
12	专线 4232-36	铸造顶铁　145-141 Y(Z)	1	KTH 330-08	
13	专线 4232-36	铸造顶铁　202-206 Y(Z)	1	KTH 330-08	
14	专线 4232-36	铸造顶铁　193-189 Y(Z)	1	KTH 330-08	
15	专线 4232-36	铸造顶铁　224-224	7	KTH 330-08	
16	专线 4232-36	铸造顶铁　212-212	7	KTH 330-08	
17	专线 4232-36	铸造顶铁　196-194 Y(Z)	1	KTH 330-08	
18	专线 4232-36	铸造顶铁　95-95	2	KTH 330-08	
19	专线 4232-36	铸造顶铁　133-136 Y(Z)	1	KTH 330-08	
20	专线 4232-36	铸造顶铁　140-140	1	KTH 330-08	
21	专线 4232-36	铸造顶铁　129-129	1	KTH 330-08	
22	专线 4232-36	铸造顶铁　70-70	2	KTH 330-08	
23	专线 4232-21	顶铁调整片　170 × 50 × 2/1	56/56	Q235	其中各 28 片发往现场
24	SC 330-125	轨距调整片　200 × 12 × 1/2	50/30	Q235	其中各 10 片厂内调整用
25	SC 488-241	二动连接铁	1	Q275	
26	SCT 300-315	间隔铁　60/173.8-190.6	1	ZG 270-500	
27	SC 488-242	间隔铁　60/150.5-161.5	1	ZG 270-500	
28	SCT 300-329	间隔铁　60/70.5-79.5 Y(Z)	1	KTH 350-10	
29	SCT 300-329	间隔铁　60/97-106 Y(Z)	1	KTH 350-10	
30	SCT 300-319	间隔铁　60/120.5-134 Y(Z)	1	ZG 270-500	
31	SCT 300-319	间隔铁　60/146-159.5 Y(Z)	1	ZG 270-500	
32	SCT 300-320	间隔铁　60/171.5-185 Y(Z)	1	ZG 270-500	
33	SCT 300-320	间隔铁　60/197.5-211 Y(Z)	1	ZG 270-500	
34	SC 381-212	间隔铁　60-75	2	ZG 270-500	

续上表

序号	图号/标准	名称及规格	数量	材　　料	备　　注
35	SCT 300-343	间隔铁　60-224	2	ZG 270-500	
36	SC 381-109	垫　板　432-11Y(Z)	18	Q235-A(底板)	
37	SC 488-209	接头垫板　R-0(L-0)	3	Q235-A(底板)	括号内为左开用垫板
38	SC 488-210	接头垫板　L-0(R-0)	3	Q235-A(底板)	括号内为左开用垫板
39	SC 488-209	接头垫板　R-8Y(L-8Z)	1	Q235-A(底板)	括号内为左开用垫板
40	SC 488-210	接头垫板　L-8Y(R-8Z)	1	Q235-A(底板)	括号内为左开用垫板
41	SC 488-209	接头垫板　R-11Y(L-11Z)	2	Q235-A(底板)	括号内为左开用垫板
42	SC 488-211	垫　板　868×200×28 Y(Z)	1	Q235-A(底板)	
43	SC 488-212	垫　板　838×200×28 Y(Z)	1	Q235-A(底板)	
44	SC 488-213Y(Z)	垫　板　872×200×28 Y(Z)	1	Q235-A(底板)	
45	SC 488-214Y(Z)	垫　板　841×200×28 Y(Z)	1	Q235-A(底板)	
46	SC 488-215Y(Z)	垫　板　810×200×28 Y(Z)	1	Q235-A(底板)	
47	SC 488-216Y(Z)	垫　板　777×200×28 Y(Z)	1	Q235-A(底板)	
48	SC 488-217Y(Z)	垫　板　744×200×28 Y(Z)	1	Q235-A(底板)	
49	SC 488-218	垫　板　799×200×50 Y(Z)	1	Q235-A(底板)	
50	SC 488-219	垫　板　739×250×49 Y(Z)	1	Q235-A(底板)	
51	SC 488-220	垫　板　760×200×44 Y(Z)	1	Q235-A(底板)	
52	SC 488-221	垫　板　780×200×44 Y(Z)	1	Q235-A(底板)	
53	SC 488-222	垫　板　750×200×44 Y(Z)	1	Q235-A(底板)	
54	SC 488-223	垫　板　850×200×42 Y(Z)	1	Q235-A(底板)	
55	SC 488-224	垫　板　955×200×42 Y(Z)	1	Q235-A(底板)	
56	SC 488-225	垫　板　1 073×200×42 Y(Z)	1	Q235-A(底板)	
57	SC 488-226	垫　板　1 132×200×42 Y(Z)	1	Q235-A(底板)	
58	SC 488-227	垫　板　1 150×200×42 Y(Z)	1	Q235-A(底板)	
59	SC 488-228	垫　板　1 169×200×42 Y(Z)	1	Q235-A(底板)	
60	SC 488-229	垫　板　1 188×200×42 Y(Z)	1	Q235-A(底板)	
61	SC 488-230	垫　板　1 207×200×42 Y(Z)	1	Q235-A(底板)	
62	SC 488-231	垫　板　1 226×200×42 Y(Z)	1	Q235-A(底板)	
63	SC 488-232	垫　板　1 245×200×42 Y(Z)	1	Q235-A(底板)	
64	SC 488-233Y(Z)	垫　板　1 266×200×42 Y(Z)	1	Q235-A(底板)	
65	SC 488-234Y(Z)	垫　板　1 298×200×42 Y(Z)	1	Q235-A(底板)	
66	SC 488-235Y(Z)	垫　板　1 332×200×42 Y(Z)	1	Q235-A(底板)	
67	SC 488-236Y(Z)	垫　板　1 366×200×42 Y(Z)	1	Q235-A(底板)	
68	SC 488-236Y(Z)	垫　板　1 398×200×42 Y(Z)	1	Q235-A(底板)	
69	SC 488-237Y(Z)	垫　板　707×200×42 Y(Z)	2	Q235-A(底板)	
70	SC 488-238	垫　板　697×200×42 Y(Z)	2	Q235-A(底板)	

续上表

序号	图号/标准	名称及规格	数量	材　料	备　注
71	SC 381－109	垫　板　432－0	14	Q235－A(底板)	
72	HY05－13	直向整铸护轨垫板　712×190×28	13	ZG 230－450/ QT 400－15	
73	HY05－12	侧向整铸护轨垫板　712×200×28 Y(Z)	11	ZG 230－450/ QT 400－15	
74	专线 4232－5	高强度圆头方颈螺栓　M27×145	4	20SiMn	
75	专线 4232－5	高强度圆头方颈螺栓　M27×320	1	20SiMn	
76	专线 4232－5	高强度圆头方颈螺栓　M27×310	1	20SiMn	
77	专线 4232－3	方头螺栓　M27×105	1		
78	专线 4232－3	方头螺栓　M27×115	1		
79	专线 4232－5	高强度圆头方颈螺栓　M27×155	2	20SiMn	
80	专线 4232－5	高强度圆头方颈螺栓　M27×170	2	20SiMn	
81	专线 4232－5	高强度圆头方颈螺栓　M27×205	1	20SiMn	
82	专线 4232－5	高强度圆头方颈螺栓　M27×210	1	20SiMn	
83	专线 4232－5	高强度圆头方颈螺栓　M27×230	1	20SiMn	
84	专线 4232－5	高强度圆头方颈螺栓　M27×225	1	20SiMn	
85	专线 4232－5	高强度圆头方颈螺栓　M27×250	2	20SiMn	
86	专线 4232－5	高强度圆头方颈螺栓　M27×115	8	20SiMn	
87	专线 4232－5	高强度圆头方颈螺栓　M27×135	8	20SiMn	
88	GB/T 1228	螺　栓　M27×120	16		
89	GB/T 1228	螺　栓　M27×360	16		
90	GB/T 5780	螺　栓　M24×80	42		
91	GB/T 5780	螺　栓　M24×110	6		
92	GB/T 5780	螺　栓　M24×90	2		
93	专线 4232－4	T 形螺栓　M24×65	211		
94	专线 4232－4	T 形螺栓　M24×80	8		
95	专线 4171－9	长方头螺栓　M24×85	24	5.6 级	
96	SC 381－133	岔枕螺栓　160	150	45 号钢	
97	SC 381－133	岔枕螺栓　175	48	45 号钢	
98	NS－02(b)	螺　母　M27	66	10 级	
99	NS－07	限位螺母　M24	219		
100	NS－01(b)－C	螺　母　M24	219		
101	NS－01(b)	螺　母　M24	24	5 级	
102	NS－01(b)	螺　母　M24	50		
103	GB/T 7244	弹簧垫圈　30	198	65Mn	
104	GB/T 7244	弹簧垫圈　24	74	65Mn	
105	GB/T 1230	高强平垫圈　27	66	HRC 35－45	

续上表

序号	图号/标准	名称及规格	数量	材　料	备　注
106	SCT 300－413	夹　板	2	Q235－A	
107	SC 381－236	夹　板　60－75	2	Q235－A	
108	SC 381－237	夹　板　75	2	Q235－A	
109	专线 4232－31	方孔垫圈　60AT－0	17	KTH 330－08	及长心轨工作边一侧；翼轨前端中空间隔铁
110	专线 4232－31	方孔垫圈　60AT－3	2	KTH 330－08	翼轨前端
111	专线 4232－31－1	方孔垫圈　60AT－0	8	KTH 330－08	短心轨中空间隔铁
112	专线 4232－31－1	方孔垫圈　60AT－3	5	KTH 330－08	短心轨工作边一侧
113	专线 4232－32	圆孔垫圈　60AT－3	2	KTH 330－08	翼轨前端
114	专线 4232－32－1	圆孔垫圈　60AT－3	5	KTH 330－08	短心轨工作边
115	SC 488－243	圆孔垫圈	2	Q235	方头螺栓长心轨一侧
116	SC 402－213	护轨调整片　170×80×2/3	48/24	Q235	
117	SC 488－241	二动调整片	1	Q235	
118	SC 350－141	调整楔	8	KTH 350－10	
119	专线 9602	Ⅲ型接头弹条	10	60Si2Mn	
120	专线 3328－3	Ⅲ型弹条	23	60Si2Mn	
121	专线 3351	Ⅱ型弹条	219	60Si2CrVA	
122	专线 4267－4	接头轨距块　60－11	10	ZG 270－500	备用
		接头轨距块　60－9	10	ZG 270－500	备用
123	专线 4267－3	轨距块　60－11	16	ZG 270－500	备用
		轨距块　60－9	16	ZG 270－500	备用
124	SC 488－148	轨距块　75－11	7	ZG 270－500	
125	专线 9807－06	轨距块　75/8－10	58	ZG 270－500	
126	专线 9807－06	轨距块　75/12－14	54	ZG 270－500	
127	专线 9807－06a	接头轨距块　75/8－10	16	ZG 270－500	
128	专线 9807－06a	接头轨距块　75/12－14	16	ZG 270－500	
129	专线 4232－10	轨距块　60/9－11	46	ZG 270－500	
130	专线 4232－10	轨距块　60/13－15	16	ZG 270－500	
131	专线 4232－10A	接头轨距块　60/9－11	5	ZG 270－500	
132	SC 488－239	防跳顶铁(一)　110－114 Y(Z)	1	KTH 330－08	
133	SC 488－240	防跳顶铁(二)　92－87 Y(Z)	1	KTH 330－08	
134	SC 488－402	橡胶垫板　60－200	3	橡胶	
135	SC 488－402	橡胶垫板　60－220	6	橡胶	
136	SC 488－403	橡胶垫板　75－210	45	橡胶	
137	SC 488－403	橡胶垫板　75－220	66	橡胶	

续上表

序号	图号/标准	名称及规格	数量	材料	备注
138	SC 488-403	橡胶垫板 60-200	12	橡胶	
36J	SC 488-404	橡胶垫板 432×195×10	32	橡胶	
37J	SC 488-409	橡胶垫板 432×205×10	10	橡胶	
42J	SC 488-410	橡胶垫板 868×205-399	1	橡胶	
43J	SC 488-410	橡胶垫板 838×205-384	1	橡胶	
44J	SC 488-407	橡胶垫板 872×205×10	1	橡胶	
45J	SC 488-407	橡胶垫板 841×205×10	1	橡胶	
46J	SC 488-407	橡胶垫板 810×205×10	1	橡胶	
47J	SC 488-407	橡胶垫板 777×205×10	1	橡胶	
48J	SC 488-407	橡胶垫板 744×205×10	1	橡胶	
49J	SC 488-405	橡胶垫板 799×205-87.5	1	橡胶	
50J	SC 488-405	橡胶垫板 739×255-122.5	1	橡胶	
51J	SC 488-407	橡胶垫板 760×205×10	1	橡胶	
52J	SC 488-407	橡胶垫板 780×205×10	1	橡胶	
53J	SC 488-407	橡胶垫板 750×205×10	1	橡胶	
54J	SC 488-407	橡胶垫板 850×205×10	1	橡胶	
55J	SC 488-407	橡胶垫板 955×205×10	1	橡胶	
56J	SC 488-407	橡胶垫板 1 073×205×10	1	橡胶	
57J	SC 488-407	橡胶垫板 1 132×205×10	1	橡胶	
58J	SC 488-407	橡胶垫板 1 150×205×10	1	橡胶	
59J	SC 488-407	橡胶垫板 1 169×205×10	1	橡胶	
60J	SC 488-407	橡胶垫板 1 188×205×10	1	橡胶	
61J	SC 488-407	橡胶垫板 1 207×205×10	1	橡胶	
62J	SC 488-407	橡胶垫板 1 226×205×10	1	橡胶	
63J	SC 488-407	橡胶垫板 1 245×205×10	1	橡胶	
64J	SC 488-407	橡胶垫板 1 266×205×10	1	橡胶	
65J	SC 488-407	橡胶垫板 1 298×205×10	1	橡胶	
66J	SC 488-407	橡胶垫板 1 332×205×10	1	橡胶	
67J	SC 488-408	橡胶垫板 1 366×205-648	1	橡胶	
68J	SC 488-408	橡胶垫板 1 398×205-664	1	橡胶	
69J	SC 488-407	橡胶垫板 707×205×10	2	橡胶	
70J	SC 488-407	橡胶垫板 697×205×10	2	橡胶	
72J	SC 488-407	橡胶垫板 712×195×10	13	橡胶	
73J	SC 488-407	橡胶垫板 712×205×10	11	橡胶	

75 kg/m 钢轨 18 号轨单开道岔
图　号：SC 488

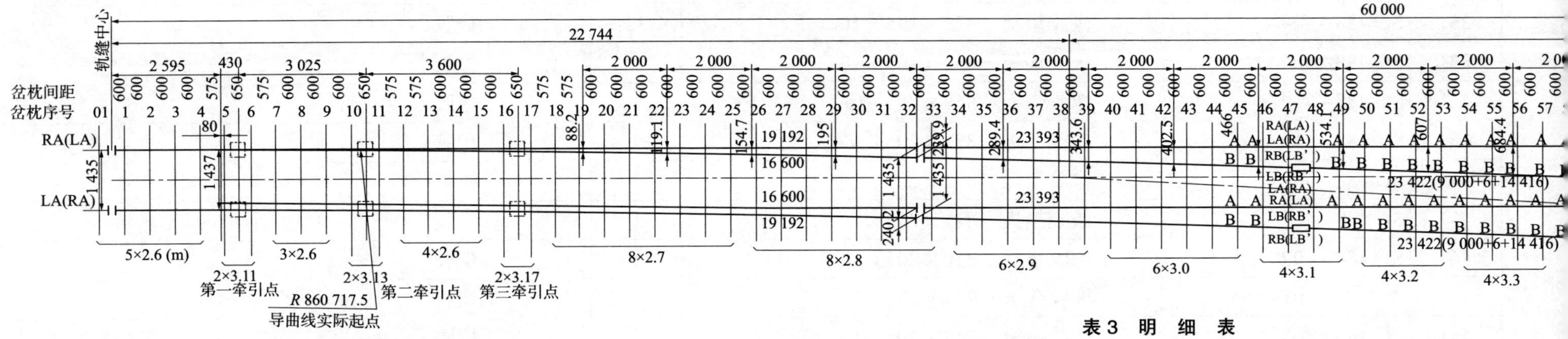

表 2　岔枕数量表

序号	岔枕长(m)	单位	数量	岔枕号	序号	岔枕长(m)	单位	数量	岔枕号
1	2.4	根	2	118、119	17	3.6	根	4	66～69
2	2.45	根	6	108～111，120～121	18	3.7	根	4	70～73
3	2.5	根	12	112～117，122～127	19	3.8	根	2	74、75
4	2.6	根	12	01，1～4，7～9，12～15	20	3.9	根	2	76、77
5	2.7	根	8	18～25	21	4.0	根	2	80、81
6	2.8	根	8	26～33	22	4.1	根	2	82、83
7	2.9	根	6	34～39	23	4.2	根	2	86、87
8	3.0	根	6	40～45	24	4.24	根	2	78、79
9	3.1	根	4	46～49	25	4.3	根	4	88～91
10	3.11	根	4	5、6	26	4.4	根	2	92～93
11	3.13	根	2	10、11	27	4.44	根	2	84、85
12	3.17	根	2	16、17	28	4.5	根	4	94～97
13	3.20	根	4	50～53	29	4.6	根	2	98、99
14	3.30	根	4	54～57	30	4.7	根	4	100～103
15	3.4	根	4	58～61	31	4.8	根	4	104～107
16	3.5	根	4	62～65					

表 1　普通接头、胶接绝缘设置在侧股时配轨表

长度(mm)	23 422(9 000+6+14 416)	17 308	17 391	23 393
数量(根)	2	1	1	2

图 1

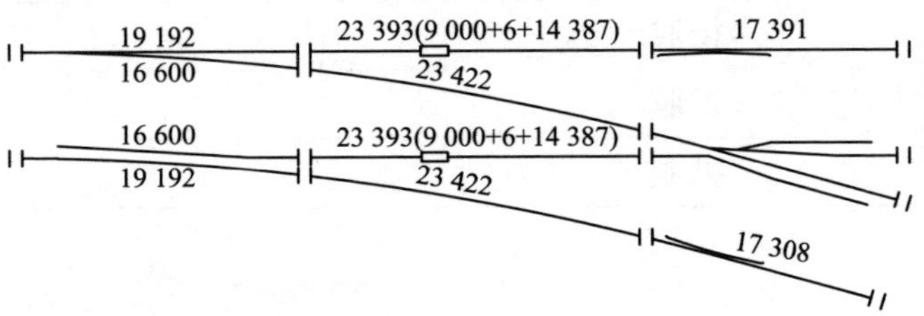

表 3　明　细　表

序号	图号 / 标准	名称及规格	数　量	材　料	备　注
1	SC 488－100	转辙器	1		
2	SC 488－200	可动心轨辙叉	1		
3	CB 733	牵引点岔枕连接装置　650－420	6		
4	CB 733	牵引点岔枕连接装置　600－360	2		
5	CB 733	牵引点岔枕连接装置　600－690	1		
6	CB 733	牵引点岔枕连接装置　650－360	2		
7	CB 733	牵引点岔枕连接装置　650－1 050	1		
8	TB/T 2344	钢　轨(6 根)	128.329 m	75 kg/m 钢轨	钢轨长度见表
9	SC 381－109	垫　板　432－0	100		图中用 A 表示
10	SC 381－109	垫　板　432－8Y(Z)	48		图中用 B 表示
11	SC 381－109	垫　板　432－11Y(Z)	12		图中用 C 表示
12	SC 488－209	接头垫板　R－0	3		用 RA 表示
13	SC 488－210	接头垫板　L－0	3		用 LA 表示
14	SC 488－209	接头垫板　R－8Y(Z)	2		用 RB(RB′) 表
15	SC 488－210	接头垫板　L－8Y(Z)	2		用 LB(LB′) 表
16	TB/T 2345	接头夹板　75	22		
17	TB/T 2347	接头螺栓　M24×160 及螺母	66 副	10.9 级	
18	GB/T 1230－84	高强度平垫圈　24	66		
19	专线 3351	Ⅱ型弹条	340	60Si2CrVA	
20	专线 4232－4	螺　栓　M24×65	360		备用 20 块
21	NS－01(b)－c	螺　母　M24	340	4 级	
22	NS－07	限位螺母　M24	340	4 级	
23	SC 381－133	岔枕螺栓　160	340	45	
24	GB/T 7244	弹簧垫圈　30	340	65Mn	
25	研线 9807－6	轨距块　75/8－10	184	ZG 270－500	备用 20 块
26	研线 9807－6	轨距块　75/12－14	184	ZG 270－500	备用 20 块
27	研线 9807－6	轨距块　75/6－16	100	ZG 270－500	备用
28	研线 9807－6a	接头轨距块　J75/12－14	8	ZG 270－500	
29	研线 9807－6a	接头轨距块　J75/8－10	8	ZG 270－500	
30	SC 381－142	绝缘轨距块　J75/12－14	4	玻璃纤维增强聚酰胺 66	

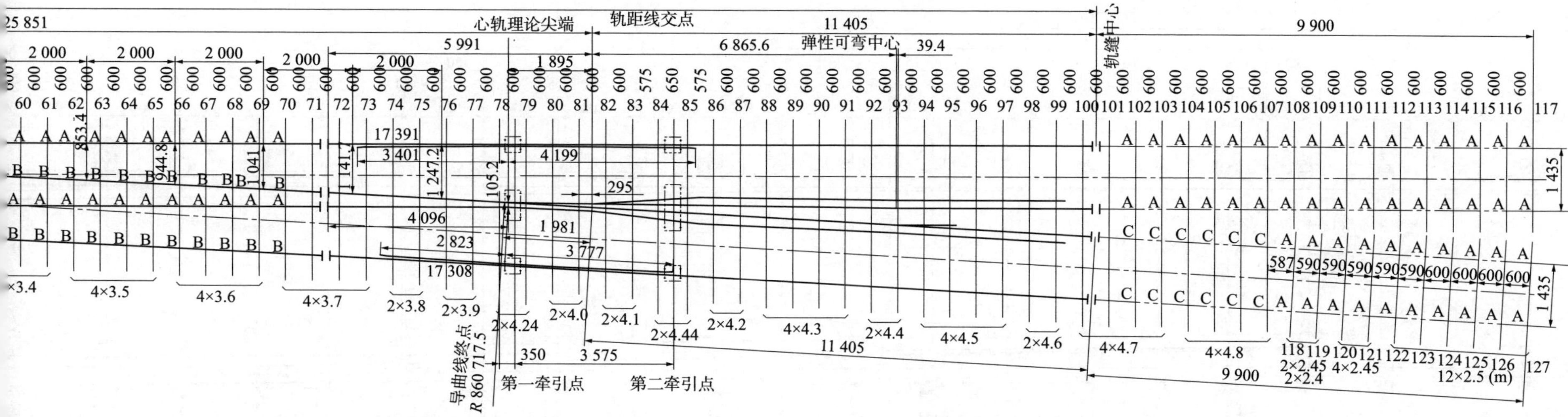

续表 3

序号	图号 / 标准	名称及规格	数 量	材 料	备 注
1	SC 381 – 142	绝缘轨距块 J75/8 – 10	4	玻璃纤维增强聚酰胺 66	
2	SC 488 – 403	橡胶垫板 75 – 210	160	橡胶	
3	SC 488 – 403	橡胶垫板 75 – 220	10	橡胶	
4	SC 488 – 404	橡胶垫板 432 × 195 × 10	160	橡胶	
5	SC 488 – 409	橡胶垫板 432 × 205 × 10	10	橡胶	
6		钢轨绝缘	2 组	75 kg/m 钢轨用	胶接

技 术 要 求

道岔轨距为 1 435 mm，为改善列车内接条件尖轨尖端轨距加宽至 1 437 mm。

本道岔用于单渡线时，线间距>5 m，若用于线间距≤5 m 单渡线时，长岔枕应另行设计。

本道岔按适于超长无缝线路设计，为保持道岔稳定性建议道岔范围内采用焊接或冻结接头，绝缘接头采用胶接绝缘接头或冻结绝缘接头。

道岔主要结构特点：

(1) 尖轨为半切线型，采用长 16 600 mm 的弹性可弯尖轨，用 60AT 钢轨制造。尖轨尖端为藏尖式，为提高温度力传递能力，跟端采用双限位器结构。

(2) 尖轨设三个牵引点，牵引点附近设防跳限位装置；采用分动钩型外锁闭装置，各牵引点设计动程为 160 mm、121 mm、75 mm，在正常情况下牵引点转换力不超过 6 000 N。

(3) 可动心轨辙叉采用钢轨组合式。心轨采用 60AT 钢轨，短心轨后端为滑动端，翼轨采用模锻翼轨与 60 kg/m 钢轨焊接的长翼轨，以适应超长无缝线路。

(4) 心轨设两个牵引点，采用钩型外锁闭装置，各牵引点设计动程为 103.4 mm、60.5 mm。在正常情况下各牵引点转换力不超过 5 000 N。

(5) 辙叉心轨采用加强结构，心轨尖端轧制出防跳凸台与翼轨配合防跳，翼轨轨腰安设防跳顶铁。

(6) 为加强基本轨稳定性，减小外倾和轨距扩张，在基本轨外侧牵引点附近设加长型轨撑。为加强道岔抵抗侧向力能力，在转辙器内增加了岔枕螺栓数量。

(7) 为提高轨下基础稳定性及改善钢轨件受力状况，增加了垫板厚度和宽度。

(8) 为防止心轨侧磨，可动心轨直侧线设置了护轨。护轨采用 UIC33 槽型轨制造，护轨高出基本轨顶面 12 mm，基本轨内侧采用弹条扣压。

(9) 扣件一般采用分开式 Ⅱ、Ⅲ型弹条扣件。在轨底间距较小部位采用Ⅲ型弹条扣件，扣件设计安装号数如下：

Ⅱ型弹条扣件：75 kg/m 钢轨工作边一侧安装 14 号轨距块，非工作边一侧安装 10 号轨距块。接头两侧安装接头轨距块，绝缘接头两侧安装绝缘轨距块。60 kg/m 钢轨工作边一侧安装 13 号轨距块，非工作边一侧安装 11 号轨距块。AT 钢轨短肢一侧安装 60 接头轨距块。

Ⅲ型弹条扣件：钢轨工作边安装 11 号轨距块，钢轨非工作边安装 9 号轨距块。AT 钢轨短肢一侧安装 60 接头轨距块。

(10) 转辙器设置弹片滑床板。

(11) 转辙器基本轨下设置刚度较大的 5 mm 平面橡胶垫板，其他轨下设置单面沟槽橡胶垫板。板下设置 10 mm 厚橡胶垫板。

5. 为使牵引点处岔枕捣固后道砟保持，在牵引点两岔枕中间设置岔枕连接装置。

6. 道岔连接部分及叉后垫板为适应混凝土岔枕，根据垫板偏斜大小设置 3 种类型。道岔设接头垫板，接头垫板有偏心值、铁座偏向、左右开向 3 种属性。铺设时需严格按布置图规定安装。

7. 本图按轨道电路设计。

8. 本道岔前后应铺设Ⅲ型混凝土岔枕不少于 25 m。

9. 配轨

(1) 本布置图中按普通接头和胶接绝缘设置在侧股绘制，配轨由表 1 所列钢轨组成。

(2) 当胶接绝缘接头设置在直股时，其配轨示意图如下图所示。

(3) 当用户采用其他接头形式时须特别指明，并须提供配轨图。

10. 接头符号示例：

普通接头“—|⊢—”，轨缝 8 mm，钻标准接头螺栓孔；

胶接绝缘接头“—▭—”，轨缝 6 mm，钻标准接头螺栓孔。

11. 接头垫板标记说明：

岔枕序号 47、48 间标记，括号外为右开道岔用接头垫板。括号内为左开道岔用接头垫板（有偏心值时标记为“'”）。

图 2 转辙器部分轨距示意图

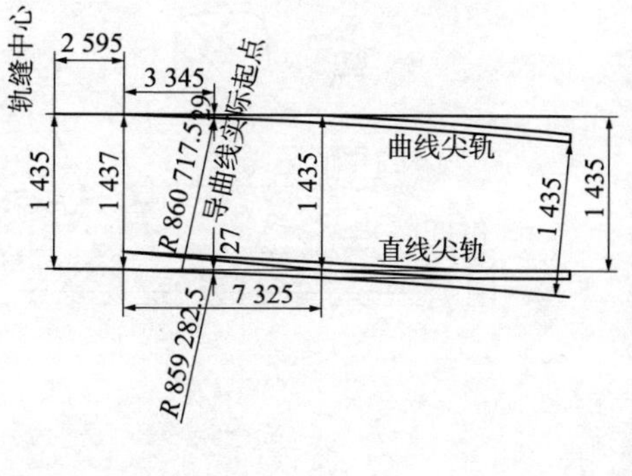

75 kg/m 钢轨 18 号单开道岔转辙器

图　号：SC 488－100

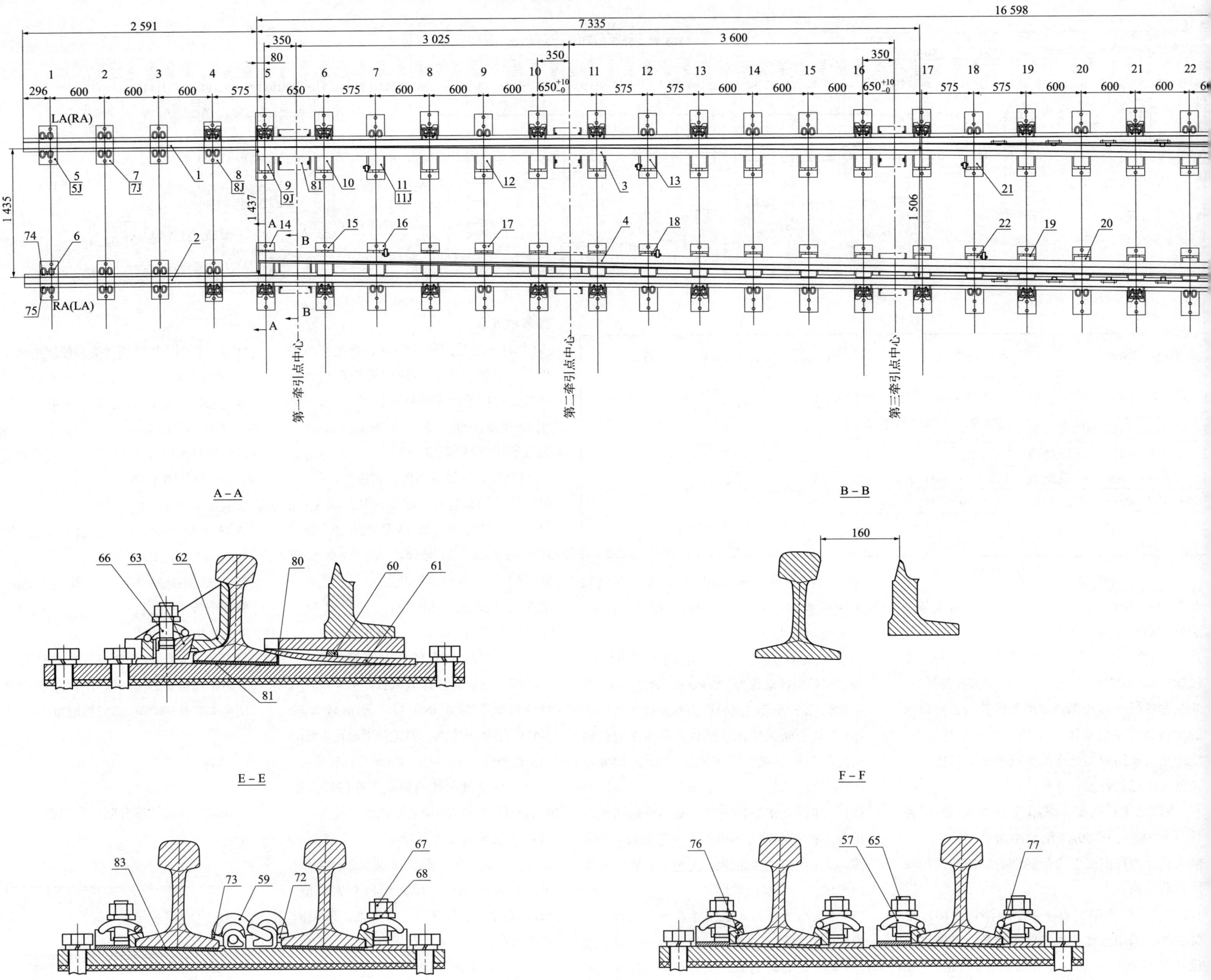

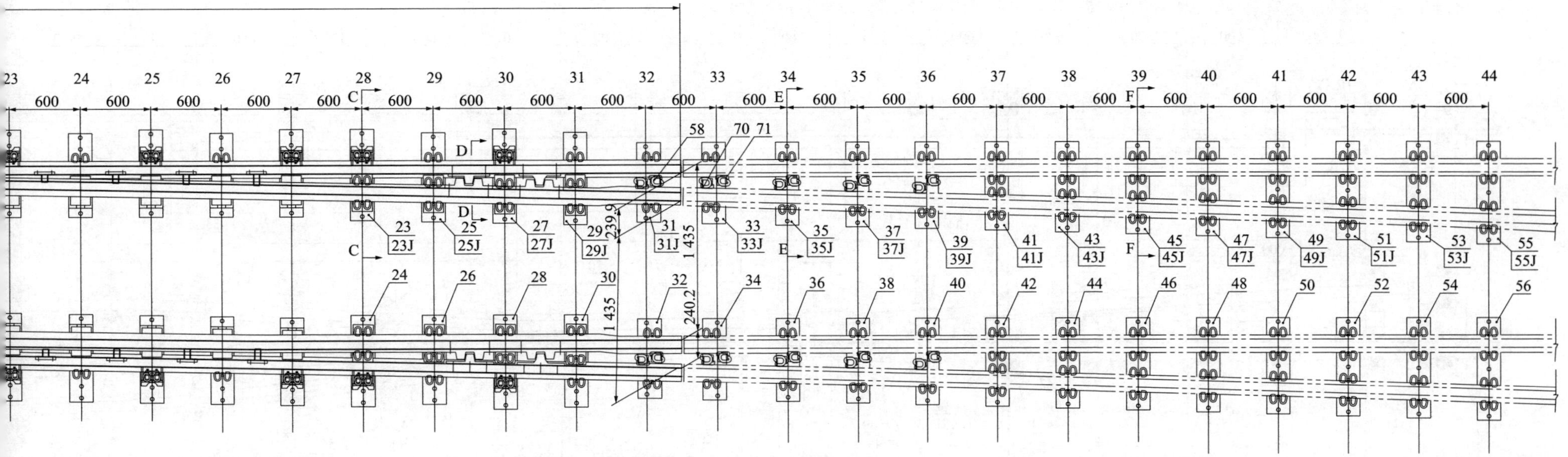

C－C

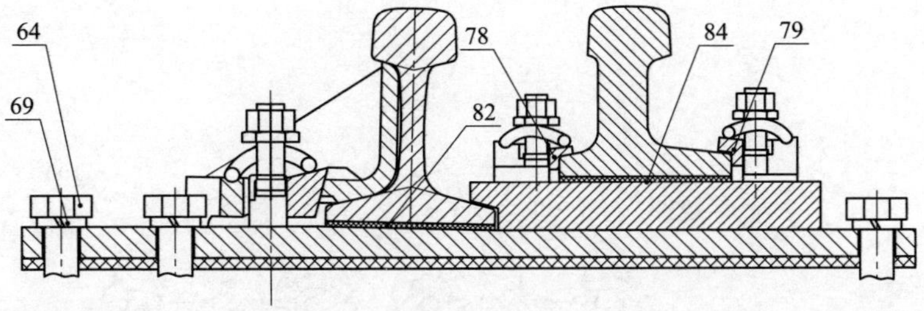

D－D

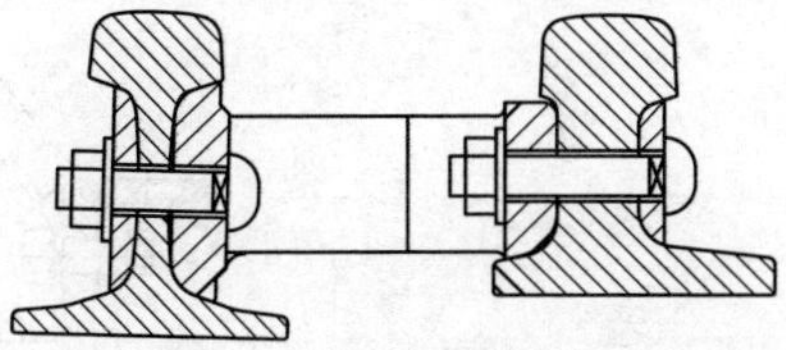

技 术 要 求

1. 铺设防跳限位滑床板时，应使铁卡与尖轨轨底侧边间隙小于 5 mm，安装螺栓后用开口销将两螺栓串联。
2. 滑床板轨距调整片在直侧股台板与钢轨轨底间各加 2 mm，铺设时应注意两侧均匀填加。加后应弯折一侧成“⊓”形。

75 kg/m 钢轨 18 号单开道岔转辙叉及护轨

图　号：SC 488－200

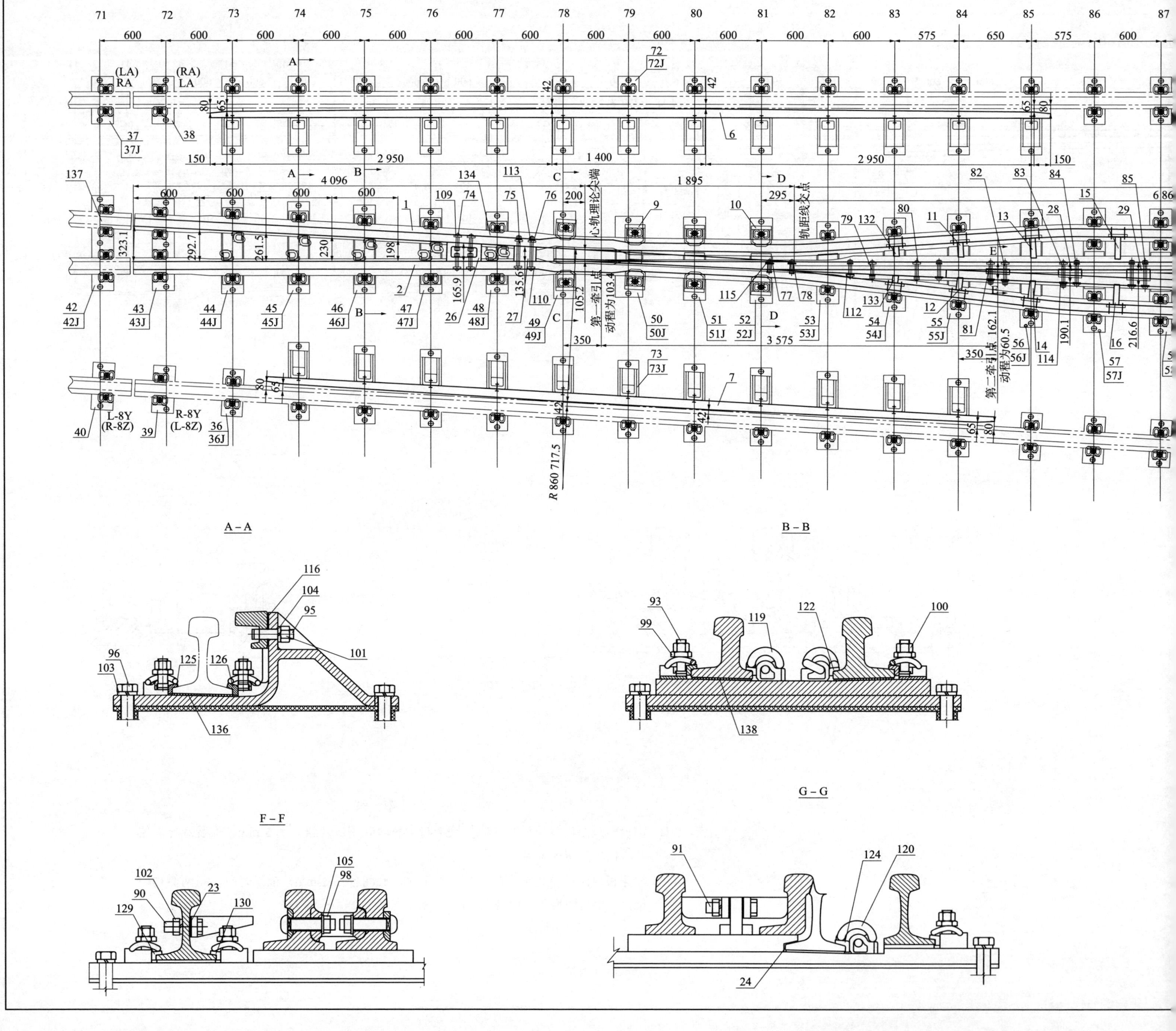

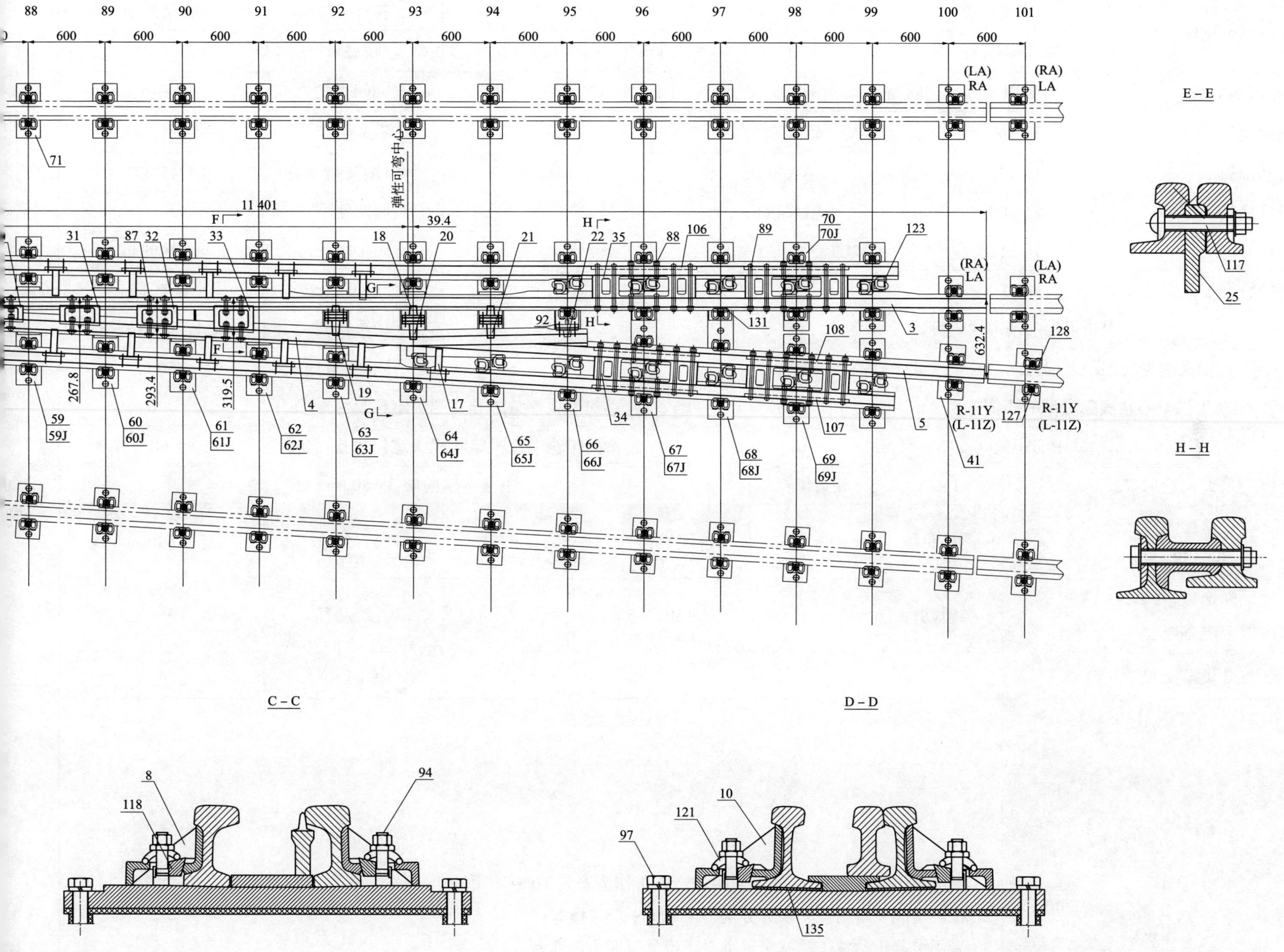

技 术 要 求

1. 第一牵引点翼轨工作边间距 110 mm ± 1.5 mm。

   第二牵引点翼轨工作边间距 496.2^{+2}_{0} mm。

   第二牵引点接头铁至翼轨轨底边距离不得大于 7 mm，且反位不得比正位大。

2. 接头处右开道岔用括号外的规格，左开道岔用括号里的规格。

107.75 kg/m 钢轨 12 号单开道岔(混凝土枕)
设计图号：SC 559

道岔允许通过速度	客车	—		扣件类型	Ⅱ型弹条
	货车	轴重 25 t：$v_{直}$≤90 km/h；$v_{侧}$≤40 km/h		轨底坡	1∶40
转辙器跟端形式	■限位器 □间隔铁 □不设传力机构 □间隔铁活接头			锁闭方式	外锁闭
道岔全长	37 800	辙叉全长	5 992	辙叉类型	高锰钢整铸式
道岔前长	16 592	辙叉趾长	2 038	辙叉角	4°45′49″
道岔后长	21 208	辙叉跟长	3 954	翼轨轨型	—
尖轨长度	14 211	基本轨长度	23 400	直向护轨长度	6 900
尖轨轨型	60AT1			侧向护轨长度	4 806
尖轨尖端前基本轨长度			2 581	护轨轨型	33 kg/m 槽型钢
辙叉理论尖端距趾端方向前一根岔枕中心距离			542	导曲线半径	350 m
尖轨尖端至心轨实际尖端的距离		31 377	直向护轨端头距导轨端头定位尺寸		746
道岔终端至末根岔枕中心距离		10 500	侧向护轨端头距导轨端头定位尺寸		1 682
最大构造加宽	1 448	测量位置	距基本轨前端 3 150 mm 处		
岔枕图号 SC 559-500	岔枕总数	88 根	岔枕展延长	290 m	套管总数 540
转换设备图号 电务填写	尖轨动程	160、95		心轨动程	—
批准文号	—			应用情况	★
主要结构特点	1. 道岔钢轨工作边安装 14 号轨距块，非工作边安装 10 号轨距块。 2. 正常情况下牵引点转换力分别为 1 700 N、3 445 N。 3. 采用混凝土岔枕，岔枕全部垂直于道岔直股方向布置。 4. 为防止尖轨侧磨，可根据用户要求设置迎轮护轨。				

辙叉及护轨明细表

序号	图号 / 标准	名称及规格	数量	材　料	备　注
1	SC 443－202	高锰钢辙叉　75－12TS	1	ZGMn13	
2	SC 443－203	槽型直向护轨　6 900	1	33 kg/m 槽型钢	
3	SC 443－204	槽型侧向护轨　4 806	1	33 kg/m 槽型钢	
4	SC 381－110	直向护轨整铸垫板　Z 75	12	ZG 230－450 或 QT 400－15	
5	HY04－09	侧向护轨整铸垫板　Z75 Y(Z)	8	ZG 230－450 或 QT 400－15	
6	SC 443－205	辙叉垫板　722 Y(Z)	8		铁座高 41
7	SC 443－205	辙叉接头垫板　722 Y(Z)	2		铁座高 35
8	SC 559－202	垫　板　710 Y(Z)	1		
9	SC 443－207	垫　板　432 Y(Z)	1		
10	SC 381－109	垫　板　432－0	1		
11	SC 443－208	垫　板　852 Y(Z)	1		
12	SC 443－209	垫　板　804 Y(Z)	1		
13	SC 443－210	垫　板　755 Y(Z)	1		
14	SC 559－203	垫　板　705 Y(Z)	1		
15	SC 559－204	垫　板　760 Y(Z)	1		
16	SC 559－205	垫　板　810 Y(Z)	1		
17	SC 559－206	垫　板　859 Y(Z)	1		
18	TB/T 2345	接头夹板	8		
19	TB/T 2347	接头螺栓及螺母　M24 × 160	24		
20	GB/T 1230	平垫圈　24	24		
21	SC 402－213	护轨调整片　170 × 80 × 2/3	各 20	Q235	
22	SC 381－133	岔枕螺栓　160	84		
23	GB/T 7244	弹簧垫圈　30	84	65Mn	
24	专线 4171－9	螺　栓　M24 × 85	20	5.6 级	
25	NS－01 (b)	螺　母　M24	20	5 级	
26	专线 4232－4	T 型螺栓　M24 × 65	92		
27	NS－01 (b)－c	螺　母　M24	94		
28	NS－07	限位板　M24	94		
29	专线 3351	Ⅱ型弹条	94	60Si2Mn	
30	GB/T 7244	弹簧垫圈　24	20	65Mn	
31	研线 9807－06	轨距块　75/8－10	34	ZG 270－500	
32	研线 9807－06	轨距块　75/12－14	50	ZG 270－500	
33	研线 9807－06a	接头轨距块　J75/8－10	2	ZG 270－500	

续上表

序号	图号 / 标准	名称及规格	数量	材　料	备　注
34	研线 9807－06a	接头轨距块　J75/12－14	6	ZG 270－500	
35	SC 559－207	接头支距扣板　75/128－120	1	ZG 230－450	
36	SC 559－207	接头支距扣板　75/126－117	1	ZG 230－450	
37	专线 4232－4	T 型螺栓　M24×95	2	4.8 级	
38	SC 381－403	橡胶垫板　75－210	30	橡胶	
39	SC 443－410	橡胶垫板　439×210×5	10	橡胶	
40	SC 381－403	橡胶垫板　75－220	8	橡胶	
4J	SC 381－404	橡胶垫板　712×195×10	12	橡胶	
5J	SC 381－407	橡胶垫板　712×205×10	8	橡胶	
6J	SC 381－407	橡胶垫板　722×195×10	10	橡胶	
8J	SC 381－405	橡胶垫板　710－195－20	1	橡胶	
9J	SC 381－404	橡胶垫板　432×195×10	2	橡胶	
11J	SC 381－408	橡胶垫板　852×195－391	1	橡胶	
12J	SC 381－408	橡胶垫板　804×195－367	1	橡胶	
13J	SC 381－407	橡胶垫板　755×195×10	1	橡胶	
14J	SC 381－405	橡胶垫板　705－195－20	1	橡胶	
15J	SC 381－407	橡胶垫板　760×195×10	1	橡胶	
16J	SC 381－408	橡胶垫板　810×195－370	1	橡胶	
17J	SC 381－408	橡胶垫板　859×195－395	1	橡胶	

75 kg/m 钢轨 12 号单开道岔辙叉及护轨

图　号：SC 559－200

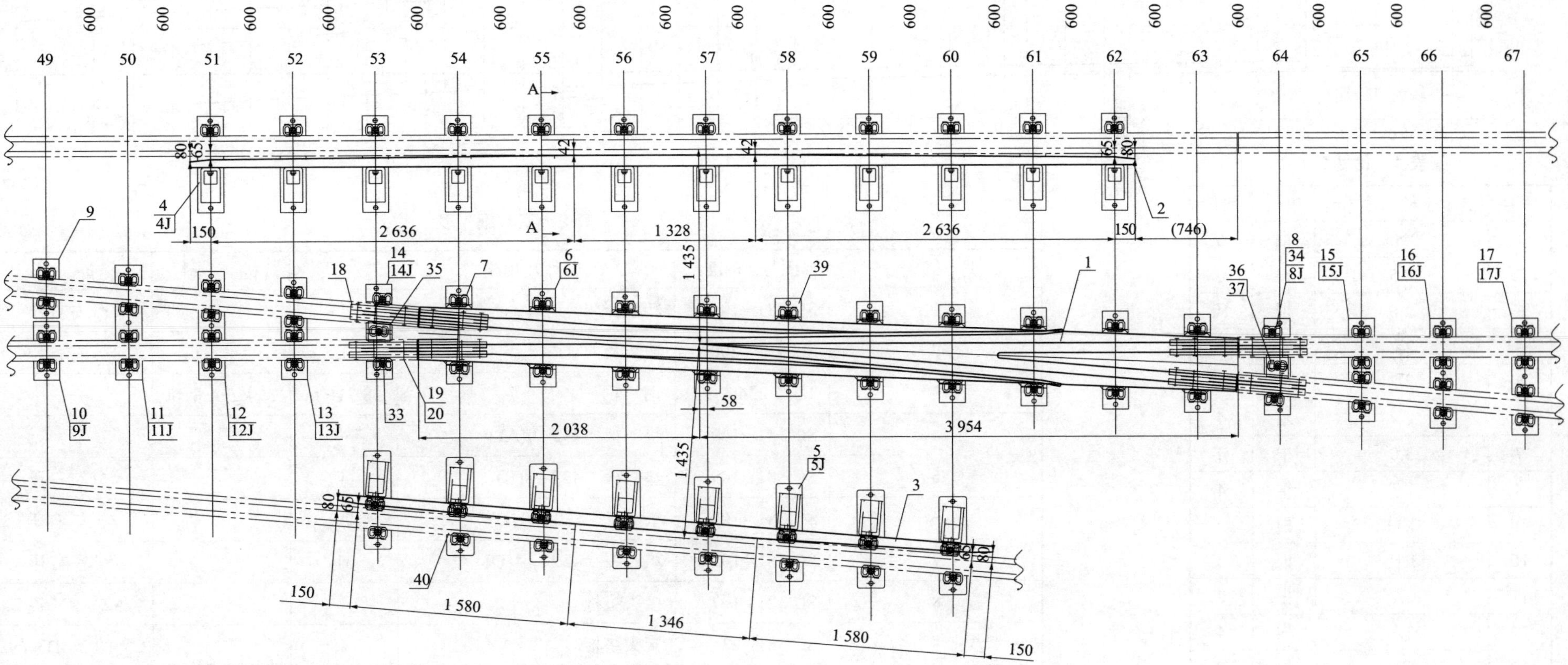

A－A

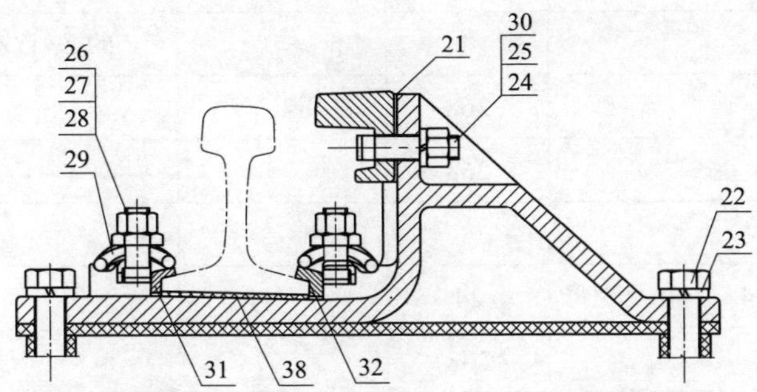

技　术　要　求

轨距块设计安装号数如下：钢轨工作边一侧安装 14 号轨距块，非工作边安装 10 号轨距块，接头处安装接头轨距块，辙叉两侧安装 12 号轨距块，Ⅲ型铁座工作边安装 13 号、非工作边安装 11 号，现场可根据需要进行适当调整。

75 kg/m 钢轨 12 号单开道岔
图　号：SC 559

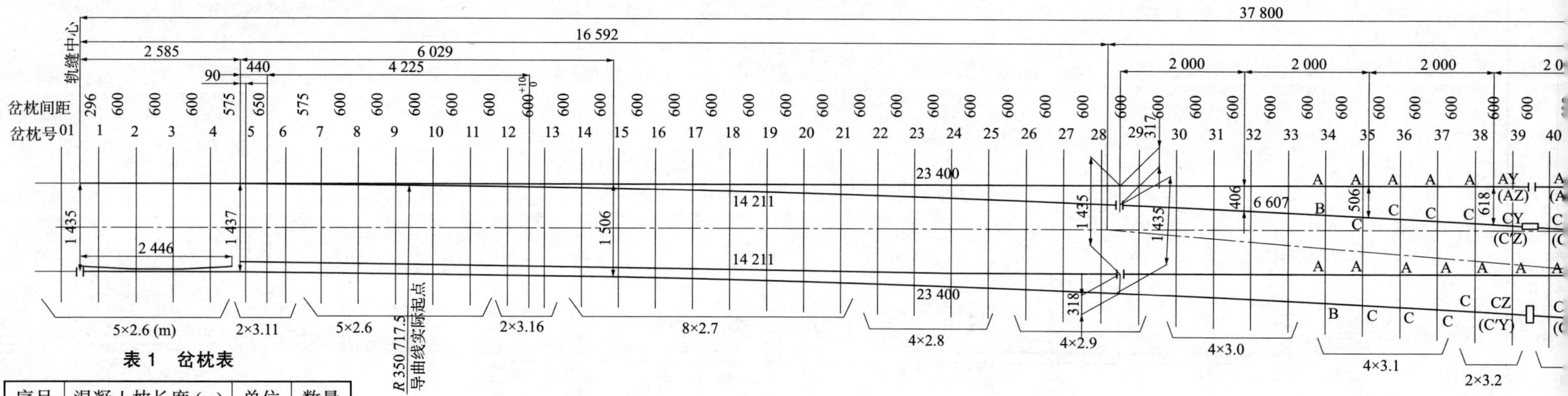

表 1　岔枕表

序号	混凝土枕长度 (m)	单位	数量
1	2.45	根	6
2	2.5	根	6
3	2.6	根	10
4	2.7	根	8
5	2.8	根	4
6	2.9	根	4
7	3.0	根	4
8	3.1	根	4
9	3.11	根	2
10	3.16	根	2
11	3.2	根	2
12	3.3	根	4
13	3.4	根	2
14	3.5	根	2
15	3.6	根	2
16	3.7	根	2
17	3.8	根	2
18	3.9	根	2
19	4.0	根	2
20	4.1	根	2
21	4.2	根	2
22	4.3	根	2
23	4.4	根	2
24	4.5	根	2
25	4.6	根	2
26	4.7	根	2
27	4.8	根	4
岔枕总数 88 根，总长度 290 m			

表 2　明　细　表

序　号		图号 / 标准	名称及规格	数　量	材　料	备　注
1		SC 381-100	转辙器	1		分左右开
2		SC 559-200	辙叉及护轨	1		分左右开
3		TB/T 2344	钢　轨	58.716 m	75 kg/m 钢轨	
4		SC 381-109	垫　板　432-0(A)	69		
5		SC 381-109	垫　板　432-8(B)	4		分左右开
6		SC 381-109	垫　板　432-11(C)	20		分 左 右 开
7		SC 381-109	垫　板　432-14(D)	31		分左右开
8		SC 381-107	接头垫板	4		AZ、AY 各 2
9	右开道岔时数量，左开时为 0	SC 381-234	接头垫板	4		CY 的 2、DY 的 2
10		SC 381-235	接头垫板	2		CZ 的 2
11	左开道岔时数量，右开时为 0	SC 381-234	接头垫板	2		C'Y 的 2
12		SC 381-235	接头垫板	4		C'Z 的 2、D'Z 的 2
13		专线 3351	Ⅱ型弹条	268	60Si2CrVA	
14		专线 4232-4	螺　栓　M24×65	268		
15		TB/T 2345	接头夹板	8		
16		TB/T 2347	接头螺栓　M24×160 及螺母	24		
17		NS-01 (b)-c	螺　母　M24	268		
18		NS-07	限位板　M24	268		
19		GB/T 1230	高强度平垫圈　24	24		
20		GB/T 7244	弹簧垫圈　30	268	65Mn	
21		SC 381-133	岔枕螺栓　160	268	45 号钢	
22		研线 9807-06	轨距块　75/8-10	124		

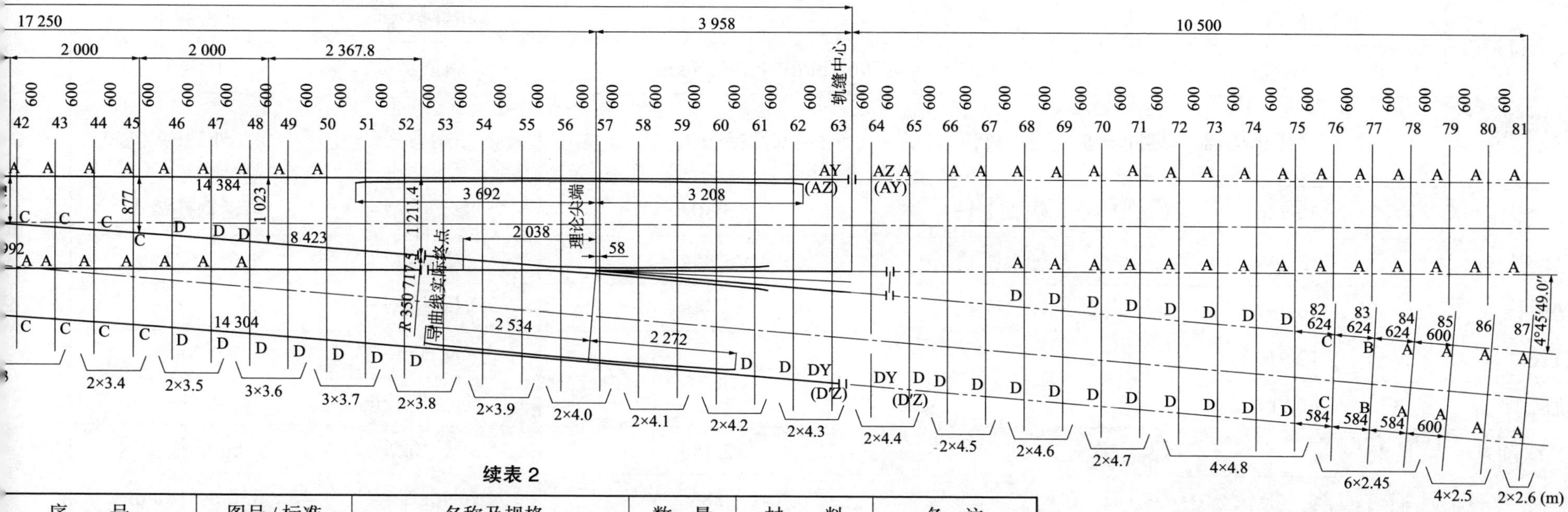

续表 2

序　　号	图号 / 标准	名称及规格	数　量	材　　料	备　注
23	研线 9807－06	轨距块　75/12－14	124		
24	研线 9807－06	轨距块　75/6－16	50		
25	研线 9807－06a	接头轨距块　J75/8－10	6		
26	研线 9807－06a	接头轨距块　J75/12－14	6		
27	SC 381－142	绝缘轨距块　J75/8－10	4	玻璃纤维	
28	SC 381－142	绝缘轨距块　J75/12－14	4	玻璃纤维	
29		胶接绝缘	1		
30		冻结绝缘	1		供否见合同
31	SC 381－403	轨下橡胶垫　75－210	128	橡胶	
32	SC 381－403	轨下橡胶垫　75－220	6	橡胶	
33	SC 381－404	板下橡胶垫　432 × 195 × 10	124	橡胶	
34	SC 381－405	板下橡胶垫　432－195－20	4	橡胶	
35	SC 381－410	板下橡胶垫　432 × 205 × 10	6	橡胶	

技 术 要 求

1. 图中普通接头、冻结绝缘接头、胶接绝缘接头分别以"—||—"、"—[|]—"、"—▭—"表示。
2. 胶接绝缘接头按 6 mm，其他接头按 8 mm。
3. 岔枕均按垂直于正线方向布置，侧股 82 和 83 岔枕逐渐扭转垂直于其主线。
4. 配轨：

(1) 本图按普通接头且绝缘（胶接和冻结）设置在侧股绘制，配轨由下表所列钢轨组成：

长度(mm)	15 036 胶接 (6 607+6+8 423)	14 304	14 992	14 384
数量（根）	1	1	1	1

(2) 当道岔钢轨有其他特殊要求时，按用户要求配轨。

注：接头处右开道岔用不带括号的垫板，左开道岔用括号里的垫板。

CY 即为 CY 右、C' Y 即为 CY 左；

CZ 即为 CZ 右、C' Z 即为 CZ 左

特 别 说 明

1. 与转辙器曲直尖轨跟端相接的两根轨一端（与尖轨跟端相接）钻限位器孔情况如下图示意。

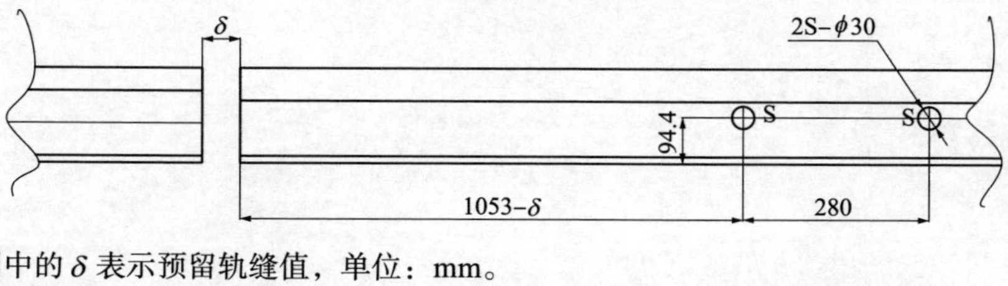

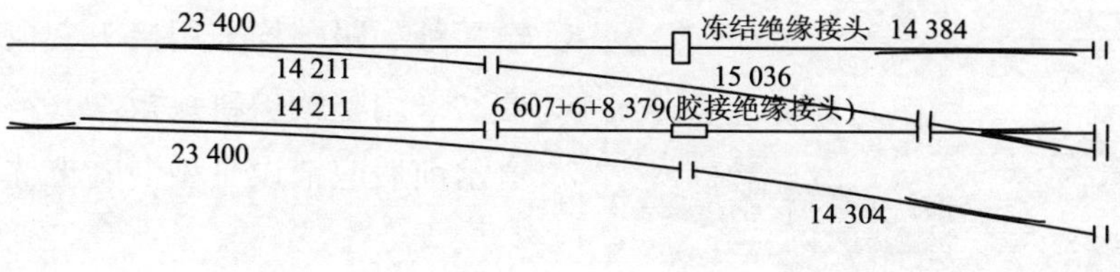

2. 示意图中的 δ 表示预留轨缝值，单位：mm。
3. 绝缘设在直股时的配轨情况。

108.75 kg/m 钢轨 9 号单开道岔(混凝土枕)
设计图号：SC 550

道岔允许通过速度	客车	—		扣件类型	Ⅱ型弹条
	货车	轴重 25 t：$v_{直}$≤90 km/h；$v_{侧}$≤35 km/h		轨底坡	1∶40
转辙器跟端形式	□限位器 ■间隔铁 □不设传力机构 □间隔铁活接头			锁闭方式	外锁闭
道岔全长	30 246	辙叉全长	5 302	辙叉类型	高锰钢整铸式
道岔前长	13 839	辙叉趾长	1 854	辙叉角	6°20′25″
道岔后长	16 407	辙叉跟长	3 448	翼轨轨型	–
尖轨长度	12 910	基本轨长度	15 487	直向护轨长度	5 700
尖轨轨型	60AT1			侧向护轨长度	4 700
尖轨尖端前基本轨长度			2 586	护轨轨型	33 kg/m 槽型钢
辙叉理论尖端距趾端方向前一根岔枕中心距离			383	导曲线半径	330 m+180 m
尖轨尖端至心轨实际尖端的距离		24 294	直向护轨端头距导轨端头定位尺寸		686
道岔终端至末根岔枕中心距离		7 495	侧向护轨端头距导轨端头定位尺寸		1 200

最大构造加宽	1 440	测量位置	距基本轨前端 7 048 mm 处				
岔枕图号 SC 550–500	岔枕总数	70 根	岔枕展延长	228.86 m		套管总数	429
转换设备图号 —	尖轨动程	160、101				心轨动程	—
批准文号	—					应用情况	★
主要结构特点	1. 道岔适用于标准轨距重载货运铁路线路改造。 2. 道岔设 1∶40 轨底坡或轨顶坡。 3. 采用半切线型复曲线弹性可弯尖轨，尖端为藏尖式。 4. 牵引点两岔枕中间设置岔枕联接装置。 5. 辙叉趾、跟端均采用接头夹板固定连接。 6. 道岔采用整铸护轨垫板。 7. 道岔前后应铺设Ⅲ型混凝土枕不少于 25 m。						

转辙器明细表

序号	图号 / 标准	名称及规格	数量	材　料	备　注
1	SC 550－102	直基本轨　15 487	1	75 kg/m 钢轨	
2	SC 550－103	曲基本轨　15 487	1	75 kg/m 钢轨	
3	SC 550－104	曲线尖轨　12 910	1	60AT1 钢轨	
4	SC 550－105	直线尖轨　12 910	1	60AT1 钢轨	
5	SC 550－106	接头垫板　L－0	1	Q235－A(底板)	图中用 LA 表示
6	SC 550－107	接头垫板　R－0	1	Q235－A(底板)	图中用 RA 表示
7	SC 550－108	垫　板　432－0	2	Q235－A(底板)	
8	SC 550－109	普通轨撑垫板　463	4	Q235－A(底板)	
9	SC 550－110	轨撑滑床垫板　753	9	Q235－A(底板)	
10	SC 550－111	防跳限位装置　75－722－37	1	Q235－A(底板)	
11	SC 550－112	滑床垫板　722	3	Q235－A(底板)	
12	SC 550－113	防跳限位装置　75－722－51	1	Q235－A(底板)	
13	SC 550－114	加长滑床垫板　772	2	Q235－A(底板)	
14	SC 550－115	加长轨撑滑床垫板　803	2	Q235－A(底板)	
15	SC 550－116	轨撑滑床垫板　753 Y(Z)	7	Q235－A(底板)	
16	SC 550－117	防跳限位装置　75－722－37 Y(Z)	1	Q235－A(底板)	
17	SC 550－118	滑床垫板　722 Y(Z)	1	Q235－A(底板)	
18	SC 550－119	防跳限位装置　75－722－46 Y(Z)	1	Q235－A(底板)	
19	SC 550－120	滑床垫板　722 Y(Z)	2	Q235－A(底板)	
20	SC 550－121	轨撑滑床垫板　753 Y(Z)	2	Q235－A(底板)	
21	SC 550－122	加长滑床垫板　772 Y(Z)	2	Q235－A(底板)	
22	SC 550－123	加长轨撑滑床垫板　803 Y(Z)	2	Q235－A(底板)	
23	SC 550－124	垫　板　857×200×28 Y(Z)	1	Q235－A(底板)	
24	SC 550－125	垫　板　874×200×28 Y(Z)	1	Q235－A(底板)	
25	SC 550－126	垫　板　888×200×28 Y(Z)	1	Q235－A(底板)	
26	SC 550－127	垫　板　905×200×28 Y(Z)	1	Q235－A(底板)	
27	SC 550－128	垫　板　921×200×28 Y(Z)	1	Q235－A(底板)	
28	SC 550－129	垫　板　938×200×28 Y(Z)	1	Q235－A(底板)	
29	SC 550－130	垫　板　830×190×28 Y(Z)	1	Q235－A(底板)	
30	SC 550－131	垫　板　848×190×28 Y(Z)	1	Q235－A(底板)	
31	SC 550－132	垫　板　866×190×28 Y(Z)	1	Q235－A(底板)	
32	SC 550－133	垫　板　884×190×28 Y(Z)	1	Q235－A(底板)	
33	专线 3351	Ⅱ型弹条	90	60Si2CrVA	
34	专线 4232－34	销　钉　180	36	Q275	

续上表

序号	图号 / 标准	名称及规格	数量	材　料	备　注
35	专线 4232－33	弹　片　265	28	60Si2Mn	
36	专线 4232－33	弹　片　315	8	60Si2Mn	
37	SC 381－112	轨　撑　P　75	26	KTH 330－08	
38	SC 350－141	调整楔	26	KTH 350－10	
39	SC 550－135	间隔铁　246.1－266 Y(Z)	1	ZG 230－450	
40	SC 550－135	间隔铁　277.2－298.3 Y(Z)	1	ZG 230－450	
41	SC 550－136	间隔铁　262.9－282.8 Y(Z)	1	ZG 230－450	
42	SC 550－136	间隔铁　294.1－315.3 Y(Z)	1	ZG 230－450	
43	SC 550－137	夹　板　60AT	4	Q235	
44	SC 550－138	夹　板　75	4	Q235	
45	SC 381－133	岔枕螺栓　160	154	45 钢	
46	专线 4232－4	T 型螺栓　M24 × 65	64		
47	专线 4232－4	T 型螺栓　M24 × 80	26		
48	GB/T 1228	螺　栓　M27 × 135	12	10.9 级	
49	GB/T 1228	螺　栓　M27 × 150	12	10.9 级	
50	NS－01(b)－c	螺　母　M24	90		
51	NS－07	限位螺母　M24	90		
52	NS－02(b)	螺　母　M27	24	10 级	
53	GB/T 7244	弹簧垫圈　30	154	65Mn	
54	GB/T 1230	平垫圈　27	24		
55	专线 9807－06a	接头轨距块　J75/8－10	10	ZG 270－500	
56	专线 9807－06a	接头轨距块　J75/12－14	10	ZG 270－500	
57	专线 9807－06	轨距块　75/8－10	22	ZG 270－500	
58	专线 9807－06	轨距块　75/12－14	10	ZG 270－500	
59	专线 4232－10A	接头轨距块　60/9－11	6	ZG 270－500	
60	专线 4232－10	轨距块　60/13－15	6	ZG 270－500	
61	SC 330－125	轨距调整片　200 × 12 × 2/1	38/76	Q235	
62	SC 550－402	单面槽橡胶垫板　75－190－0	3	橡胶	
63	SC 550－402	单面槽橡胶垫板　75－190－12	3	橡胶	
64	SC 550－402	单面槽橡胶垫板　75－210－0	10	橡胶	
65	SC 550－402	单面槽橡胶垫板　75－210－12	4	橡胶	
66	SC 550－402	单面槽橡胶垫板　75－220－0	5	橡胶	
67	SC 550－402	单面槽橡胶垫板　75－220－12	3	橡胶	
68	SC 550－403	平面橡胶垫板　75－220－0	18	橡胶	
69	SC 550－403	平面橡胶垫板　75－220－4	11	橡胶	
70	SC 550－403	平面橡胶垫板　75－220－8	6	橡胶	

续上表

序号	图号 / 标准	名称及规格	数量	材　料	备　注
71	SC 550－403	平面橡胶垫板　75－220－12	1	橡胶	
72	SC 550－407	橡胶垫板　432×205×10	2	橡胶	
73	SC 550－405	橡胶垫板　432×195×10	2	橡胶	
74	SC 550－408	橡胶垫板　463×195×10	4	橡胶	
75	SC 550－407	橡胶垫板　753×205×10	18	橡胶	
76	SC 550－407	橡胶垫板　722×205×10	10	橡胶	
77	SC 550－407	橡胶垫板　772×205×10	4	橡胶	
78	SC 550－407	橡胶垫板　803×205×10	4	橡胶	
79	SC 550－407	橡胶垫板　857×205×10	1	橡胶	
80	SC 550－407	橡胶垫板　874×205×10	1	橡胶	
81	SC 550－407	橡胶垫板　888×205×10	1	橡胶	
82	SC 550－407	橡胶垫板　905×205×10	1	橡胶	
83	SC 550－407	橡胶垫板　921×205×10	1	橡胶	
84	SC 550－407	橡胶垫板　938×205×10	1	橡胶	
85	SC 550－406	橡胶垫板　830×195－77.5	1	橡胶	
86	SC 550－406	橡胶垫板　848×195－77.5	1	橡胶	
87	SC 550－406	橡胶垫板　866×195－77.5	1	橡胶	
88	SC 550－406	橡胶垫板　884×195－77.5	1	橡胶	
89	SC 330－125	轨距调整片　200×12×3	38	Q235	备用
90	专线 4232－21	轨距调整片　170×15×3/2	38/38	Q235	备用
91	SC 550－111	铁　卡　120	2	ZG 230－450	
92	专线 4232－66－5	螺　栓　M16×62	8	Q235	
93	GB/T 859	弹簧垫圈　16	8	60Si2Mn	
94	GB/T 91	开口销　4×60	4	Q235	
95	专线 4232－66－3	滚　轮	8		
96	专线 4232－66－4	销　轴　16×100	4	Q235	
97	GB/T 91	开口销　4×30	4	Q235	
98	GB/T 95	平垫圈　16	8	Q235	
99	SC 550－111	铁　卡　95	2	ZG 230－450	

辙叉及护轨明细表

序号	图号 / 标准	名称及规格	数量	材　料	备　注
1	SC 550－202	高锰钢辙叉　75－9T	1	ZGMn13	
2	SC 550－203	直向护轨　5 700	1	33 kg/m 槽型钢	
3	SC 550－204	侧向护轨　4 700	1	33 kg/m 槽型钢	
4	SC 550－108	垫　板　432－0	2	50AT1 钢轨	
5	SC 550－108	垫　板　432－20 Y(Z)	5	Q235－A(底板)	
6	SC 550－106	接头垫板　R－0	1	Q235－A(底板)	图中用 RA 表示
7	SC 550－107	接头垫板　L－0	1	Q235－A(底板)	图中用 LA 表示
8	SC 550－106	接头垫板　R－20Y(L－20Z)	1	Q235－A(底板)	图中用 RF 和 LF′ 表示
9	SC 550－205	垫　板　898 × 190 × 28 Y(Z)	1	Q235－A(底板)	
10	SC 550－206	垫　板　834 × 190 × 28 Y(Z)	1	Q235－A(底板)	
11	SC 550－207	垫　板　769 × 190 × 28 Y(Z)	1	Q235－A(底板)	
12	SC 550－208	垫　板　763 × 190 × 26 Y(Z)	2	Q235－A(底板)	铁座 35
13	SC 550－209	垫　板　763 × 190 × 26 Y(Z)	7	Q235－A(底板)	铁座 41
14	SC 550－210	垫　板　792 × 190 × 28 Y(Z)	1	Q235－A(底板)	
15	SC 550－211	垫　板　858 × 190 × 28 Y(Z)	1	Q235－A(底板)	
16	HY05－13	直向护轨垫板　712 × 190 × 28	10	ZG 230－450(QT 400－15)	
17	HY06－14	侧向护轨垫板　712 × 200 × 28 Y(Z)	8	ZG 230－450(QT 400－15)	
18	专线 4232－4	T 型螺栓　M24 × 65	76		
19	专线 4171－9	长方头螺栓　M24 × 85	18		
20	TB/T 2347	接头螺栓　M24 × 160	24		
21	SC 381－133	岔枕螺栓　160	87		
22	NS－01b－c	螺　母　M24	76	5 级	
23	NS－07	限位螺母	76		
24	NS－01b	螺　母	18	5 级	
25	GB/T 7244	弹簧垫圈　24	18		
26	GB/T 7244	弹簧垫圈　30	87		
27	GB/T 1230	平垫圈　24	24		
28	TB/T 2345	接头夹板　75	8		
29	专线 3351	Ⅱ型弹条	76		
30	专线 9807－6	轨距块　75/8－10	30	ZG 270－500	
31	专线 9807－6	轨距块　75/12－14	30	ZG 270－500	
32	专线 9807－6a	接头轨距块　J75/8－10	8	ZG 270－500	

续上表

序号	图号 / 标准	名称及规格	数量	材　　料	备　　注
33	专线 9807－6a	接头轨距块　J75/12－14	8	ZG 270－500	
34	SC 402－213	护轨调整片　170 × 80 × 3/2	18/36	Q235	
35	SC 550－402	单面橡胶垫板　75－210－0	22	橡胶	
36	SC 550－402	单面橡胶垫板　75－220－0	3	橡胶	
37	SC 550－402	单面橡胶垫板　75－210－24	5	橡胶	
38	SC 550－402	单面橡胶垫板　75－220－24	8	橡胶	
39	SC 550－404	橡胶垫板　459－210－12	9	橡胶	
40	SC 550－405	橡胶垫板　432 × 195 × 10	7	橡胶	
41	SC 550－410	橡胶垫板　432 × 205 × 10	3	橡胶	
42	SC 550－409	橡胶垫板　898 × 195－414	1	橡胶	
43	SC 550－409	橡胶垫板　834 × 195－382	1	橡胶	
44	SC 550－411	橡胶垫板　769 × 195－74.5	1	橡胶	
45	SC 550－408	橡胶垫板　763 × 195 × 10	9	橡胶	
46	SC 550－411	橡胶垫板　792 × 195－74.5	1	橡胶	
47	SC 550－409	橡胶垫板　858 × 195－394	1	橡胶	
48	SC 550－408	橡胶垫板　712 × 195 × 10	10	橡胶	
49	SC 550－408	橡胶垫板　712 × 205 × 10	8	橡胶	

75 kg/m 钢轨 9 号单开道岔
图 号：SC 550

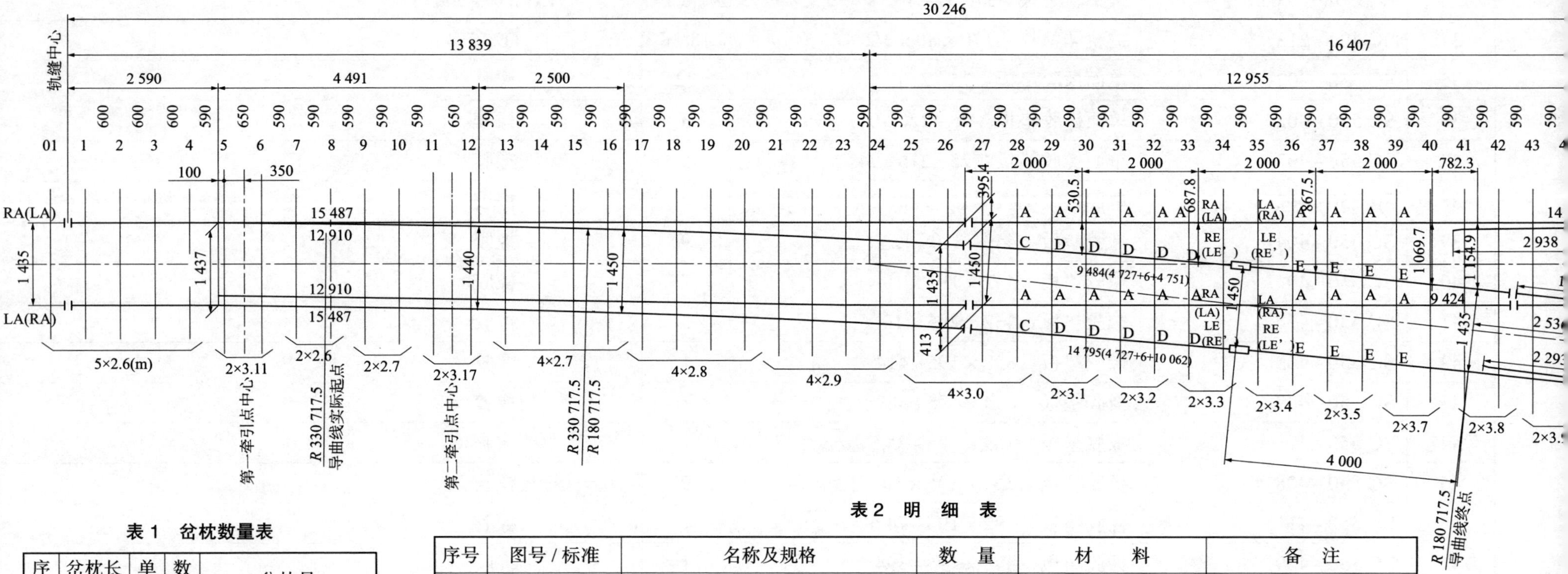

表 1 岔枕数量表

序号	岔枕长(m)	单位	数量	岔枕号
1	2.4	根	2	65、66
2	2.5	根	8	60～64、67～69
3	2.6	根	7	01～4、7、8
4	2.7	根	6	9、10、13～16
5	2.8	根	4	17～20
6	2.9	根	4	21～24
7	3.0	根	4	25～28
8	3.1	根	2	29、30
9	3.11	根	2	5、6
10	3.17	根	2	11、12
11	3.2	根	2	31、32
12	3.3	根	2	33、34
13	3.4	根	2	35、36
14	3.5	根	2	37、38
15	3.7	根	2	39、40
16	3.8	根	2	41、42
17	3.9	根	2	43、44
18	4.0	根	2	45、46
19	4.2	根	2	47、48
20	4.3	根	3	49～51
21	4.5	根	2	52、53
22	4.6	根	2	54、55
23	4.7	根	2	56、57
24	4.8	根	2	58、59

表 2 明 细 表

序号	图号 / 标准	名称及规格	数 量	材 料	备 注
1	SC 550－100	转辙器	1		
2	SC 550－200	辙叉及护轨	1		
3	CB733	岔枕牵引点连接装置 650－420	4		
4	TB/T 2344	钢 轨	48.446 m	75 kg/m 钢轨	
5	SC 550－108	垫 板 432－0	48	Q235－A(底板)	图中用 A 表示
6	SC 550－108	垫 板 432－8Y(Z)	2	Q235－A(底板)	图中用 B 表示
7	SC 550－108	垫 板 432－11Y(Z)	4	Q235－A(底板)	图中用 C 表示
8	SC 550－108	垫 板 432－14Y(Z)	10	Q235－A(底板)	图中用 D 表示
9	SC 550－108	垫 板 432－17Y(Z)	8	Q235－A(底板)	图中用 E 表示
10	SC 550－108	垫 板 432－20Y(Z)	12	Q235－A(底板)	图中用 F 表示
11	SC 550－106	接头垫板 R－0	3	Q235－A(底板)	图中用 RA 表示
12	SC 550－107	接头垫板 L－0	3	Q235－A(底板)	图中用 LA 表示
13	SC 550－106	接头垫板 L－17Y	2	Q235－A(底板)	(图中用 LE 和 RE 表示)
	SC 550－107	接头垫板 R－17Y	2	Q235－A(底板)	右开道岔用
14	SC 550－106	接头垫板 L－17Z	2	Q235－A(底板)	(图中用 LE'和 RE'表示)
	SC 550－107	接头垫板 R－17Z	2	Q235－A(底板)	左开道岔用
15	专线 3351	Ⅱ型弹条	188		
16	专线 4232－4	T 型螺栓 M24×65	198		10 个备用
17	NS－01(b)－c	螺 母 M24	188		
18	NS－07	限位螺母 M24	188		

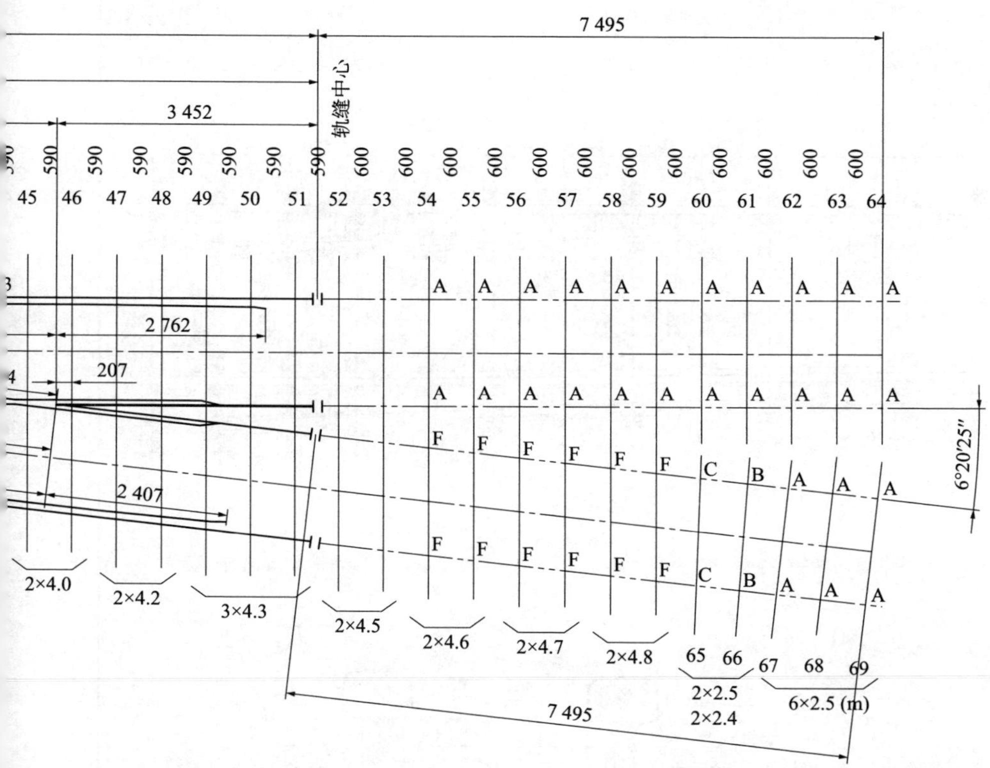

技 术 要 求

1. 本道岔适用于大秦铁路货物列车线路改造及其他货运线路。
2. 岔枕均垂直于道岔主线，岔枕间距一般按 590 mm 布置，65 号和 66 号岔枕逐渐扭转至垂直于侧线。
3. 采用 12 910 mm 长的复曲线半切线型、弹性可弯尖轨，尖轨尖端为藏尖式，跟端采用双间隔铁结构。
4. 本图按轨道电路设计。
5. 道岔直股轨距为 1 435 mm，为改善列车内接条件尖轨尖端轨距加宽至 1 437 mm，侧股竖切点处轨距为 1 440 mm，最大为 1 450 mm，导曲线终点以后为 1 435 mm。
6. 扣件采用分开式Ⅱ型弹条扣件，设计安装号数如下：
   75 kg/m 钢轨工作边安装 14 号轨距块，非工作边安装 10 号轨距块；接头两侧安装接头轨距块；AT 钢轨短肢侧安装 11 号轨距块，长肢侧安装 13 号轨距块，辙叉一侧安装 14 号轨距块，另一侧安装 10 号轨距块。
7. 转辙器基本轨轨下设置 5 mm 平面橡胶垫板，其他轨下设置单面沟槽橡胶垫板，铁垫板下设置 10 mm 厚橡胶垫板。
8. 尖轨设两个牵引点，牵引点附近设防跳限位装置，采用分动外锁闭装置，各牵引点设计动程为 160 mm、101 mm。
9. 护轨采用分开可调式槽型护轨，护轨顶面高出基本轨 12 mm，护轨垫板采用整铸式垫板结构。
10. 道岔连接部分及叉后垫板为适应混凝土岔枕，根据垫板偏斜的大小设置 5 种类型，道岔设接头垫板，接头垫板有偏心值、铁座偏向、左右开三种属性，铺设时需按布置图中规定安装。
11. 本布置图钢轨接头按采用普通接头（轨缝 8 mm）、胶结绝缘接头（轨缝 6 mm）绘制。当采用其他接头形式时须特别指明，并提供配轨图。
12. 本图按胶接绝缘设在侧股，配轨长度及数量见下表。

长度 (mm)	14 795 (4 727+6+10 062)	9 484 (4 727+6+4 751)	14 743	9 424
数量（根）	1	1	1	1

若胶接绝缘设在直股，配轨如下：

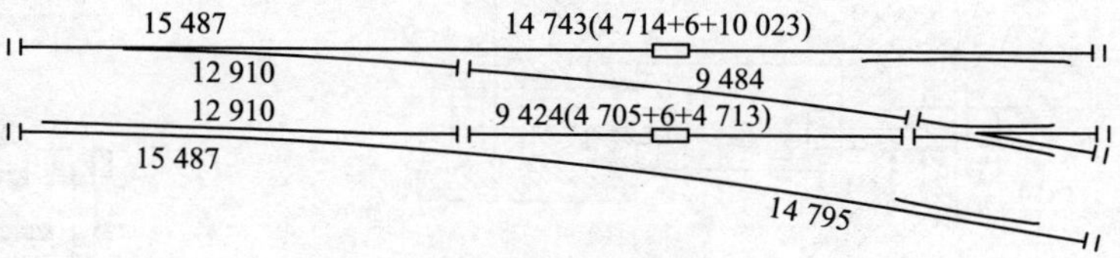

图 1 转辙器轨距示意图

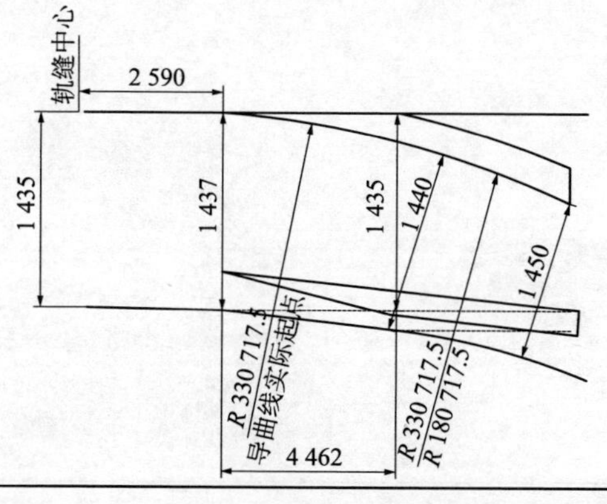

续表 2

序号	图号 / 标准	名称及规格	数 量	材 料	备 注
19	SC 381－133	岔枕螺栓 160	188		
20	TB/T 2345	接头夹板 75	10		
21	TB/T 2347	接头螺栓 M24 × 160	30	10.9 级	带螺母
22	GB/T 1230	平垫圈 24	30		
23	GB/T 7244	弹簧垫圈 30	188		
24	专线 9807－6	轨距块 75/8－10	98	ZG 270－500	10 个备用
25	专线 9807－6	轨距块 75/12－14	98	ZG 270－500	10 个备用
26	专线 9807－6	轨距块 75/6－16	10	ZG 270－500	备用
27	专线 9807－6a	接头轨距块 J75/8－10	2	ZG 270－500	
28	专线 9807－6a	接头轨距块 J75/12－14	2	ZG 270－500	
29	SC 381－142	绝缘轨距块 8－10	4	玻璃纤维增强聚酰胺	
30	SC 381－142	绝缘轨距块 12－14	4	玻璃纤维增强聚酰胺	
31	SC 550－402	橡胶垫板 75－220－0	10	橡 胶	
32	SC 550－402	橡胶垫板 75－210－0	84	橡 胶	
33	SC 550－405	橡胶垫板 432 × 195 × 10	84	橡 胶	
34	SC 550－410	橡胶垫板 432 × 205 × 10	10	橡 胶	
35		胶接绝缘	2		

75 kg/m 钢轨 9 号单开道岔转辙器
图　号：SC 550 – 100

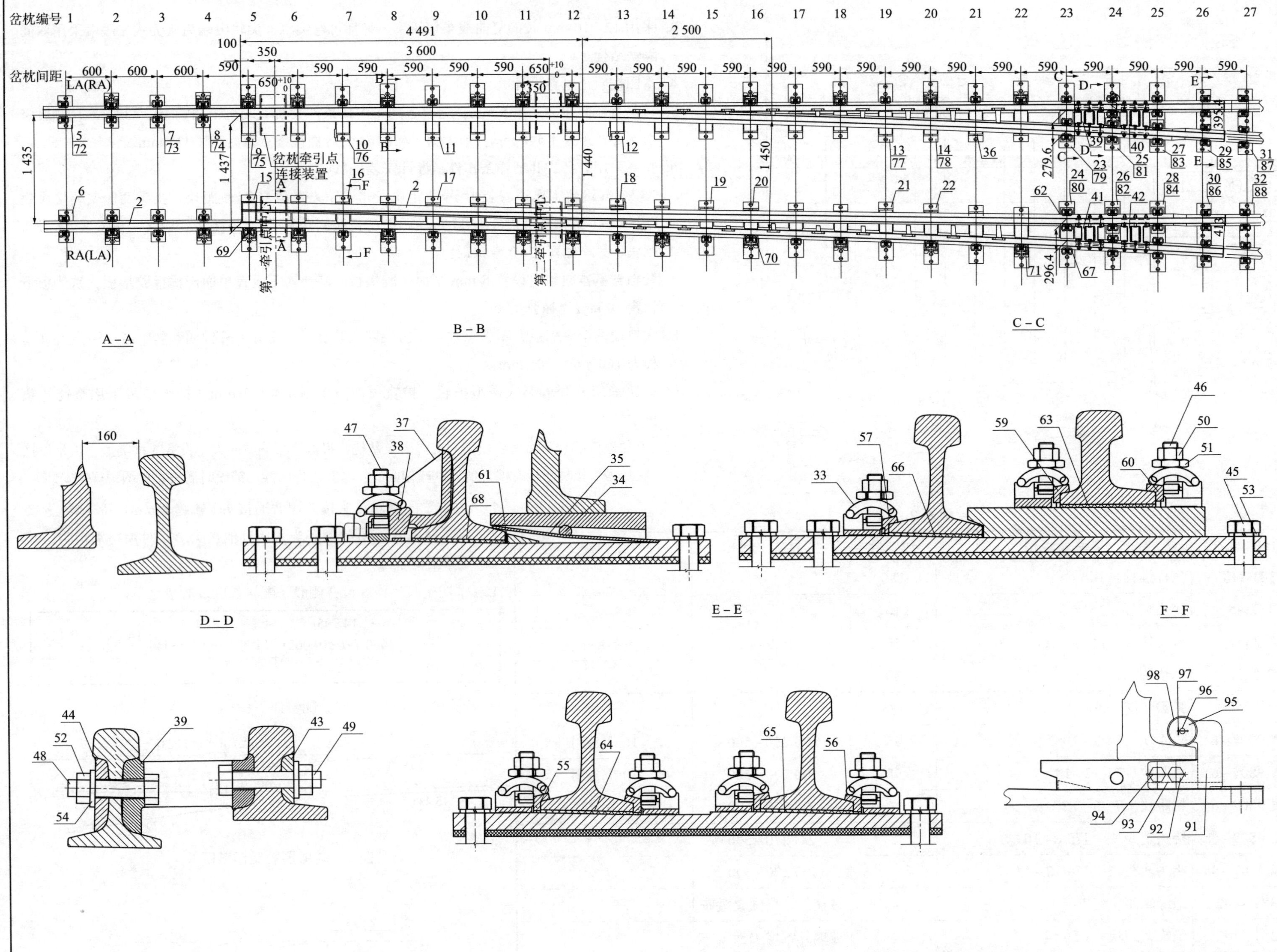

技 术 要 求

1. 铺设时，在台板扣压部位安装 2 mm 厚调整片，以便基本轨正确定位；铺设过程中可利用轨距调整片进行适当调整，原则上保持调整片厚度一致。
2. 基本轨下设置刚度较大的 5 mm 平面橡胶垫板，板下设置 10 mm 厚橡胶垫板。
3. 安装防跳限位装置时应确保铁卡规格使用正确。

75 kg/m 钢轨 9 号单开道岔转辙叉及护轨

图 号：SC 550－200

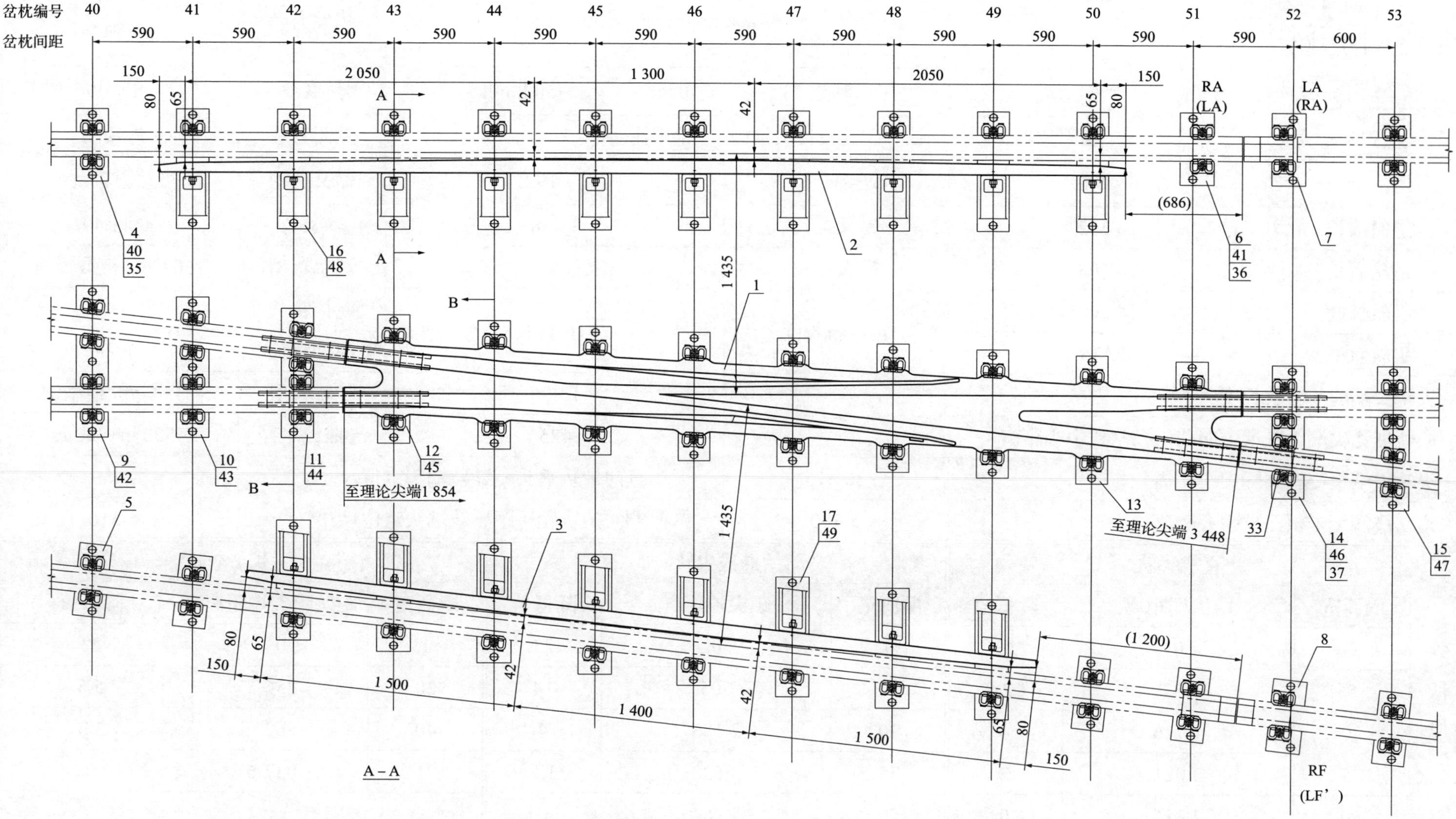

A－A

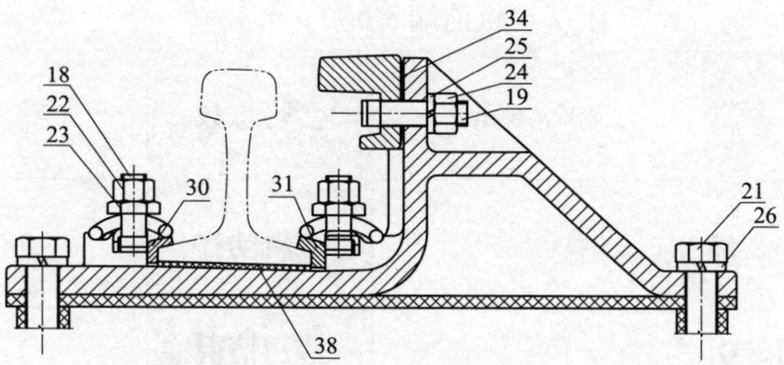

B－B

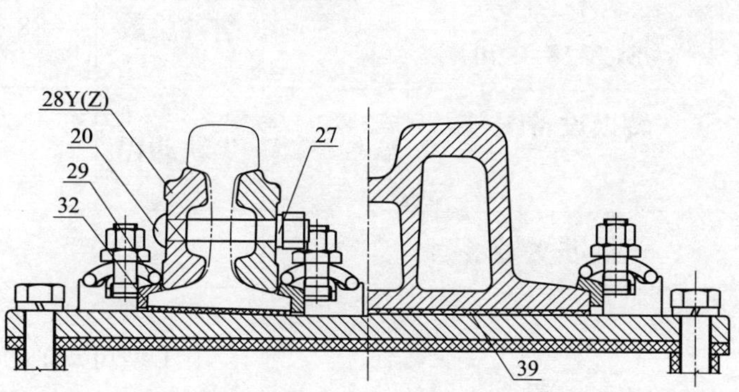

技 术 要 求

1. 组装护轨时，应使用 3 mm 厚的调整片，如查照间隔或护背距离不合格时，可用备用调整片。
2. 查照间隔及护背距离在心轨轨头宽 20～30 mm 断面处丈量。
3. 接头处右开道岔用括号外的规格，左开时用括号内的规格。

109. 60 kg/m 钢轨 12 号单开道岔(有砟)
设计图号：SC 325

道岔允许通过速度	客车	$v_{直}$≤200 km/h；$v_{侧}$≤50 km/h		扣件类型	Ⅱ型弹条，特殊部位Ⅲ型弹条
	货车	轴重 23 t：$v_{直}$≤90 km/h；$v_{侧}$≤50 km/h		轨底坡	1∶40
转辙器跟端形式	■限位器 □间隔铁 □不设传力机构 □间隔铁活接头			锁闭方式	外锁闭
道岔全长	43 200	辙叉全长	13 192	辙叉类型	可动心轨辙叉
道岔前长	16 592	辙叉趾长	3 838	辙叉角	4°45′49″
道岔后长	26 608	辙叉跟长	9 354	翼轨轨型	60TY1/模锻翼轨
尖轨长度	14 200	基本轨长度	16 192	直向护轨长度	—
尖轨轨型	60AT1			侧向护轨长度	6 600
尖轨尖端前基本轨长度			1 996	护轨轨型	33 kg/m 槽型钢
心轨理论尖端距趾端方向前一根岔枕中心距离			425	导曲线半径	500 m+350 m
尖轨尖端至心轨实际尖端距离		30 575	直向护轨端头距导轨端头定位尺寸		—
道岔终端至末根岔枕中心距离		5 700	侧向护轨端头距导轨端头定位尺寸		6 516

降低值	直线尖轨			曲线尖轨			长心轨		
	断面宽	距尖端距离	降低值	断面宽	距尖端距离	降低值	断面宽	距实际尖端距离	降低值
	0	0	23	0	0	23	1	0	23
	5	432	12.8	5	505	14	20	256	5.5
	20	1 726	4	20	2 183	4	40	562	3.3
	35	3 021	2	35	3 628	1.8	71	1 037.6	0
	50	4 315	0	50	4 784	0			

最大构造加宽	1 444	测量位置	距基本轨前端 5 060 mm 处			
岔枕图号 SC 325－500	岔枕总数	88 根	岔枕展延长	292.66 m	套管总数	494
转换设备图号 —	尖轨动程	160、114、55			心轨动程	78.5、45.2
批准文号	运基线路〔2001〕212 号				应用情况	★
主要结构特点	1. 由Ⅰ型可动心轨辙叉单开道岔改进设计。 2. 道岔设 1∶40 轨底坡或者轨顶坡。 3. 道岔采用弹性可弯式 AT 尖轨。 4. 可动心轨辙叉有模锻翼轨和 60TY1 翼轨两种结构，采用弹性轨撑，适用于 200 km/h 线路改造。					

转辙器明细表

序号	图号 / 标准	名称及规格	数量	材　料
1	SC 325－102	直基本轨　16 192	1	60 kg/m 钢轨
2	SC 325－103	曲基本轨　16 192	1	60 kg/m 钢轨
3	SC 325－104	曲线尖轨　14 200	1	60AT1 钢轨
4	SC 325－105	直线尖轨　14 200	1	60AT1 钢轨
5	SCT 300－340	弹性轨撑	12	KTH 350－10
6	SCT 300－341	扣　板　10	12	KTH 350－10
7	专线 4232－84	平垫板　452－0	6	
8	SCT 300－205	滑床板　60－0	12	
9	SCT 300－205	滑床板　60－3	6	
10	SCT 300－205	滑床板　60－6	3	
11	SCT 300－205	滑床板　60－9	3	
12	SCT 300－209	轨撑滑床板　60－0	6	
13	SCT 300－209	轨撑滑床板　60－3	4	
14	SCT 300－209	轨撑滑床板　60－6	2	
15	SC 325－106	防跳限位装置　60－0/24	1	
16	SC 325－106	防跳限位装置　60－3/26	1	
17	SCT 300－207	防跳限位装置　60－0/52	1	
18	SCT 300－207	防跳限位装置　60－3/54	1	
19	SC 325－107	垫　板　702 × 195 × 22	1	
20	SC 325－108	垫　板　722 × 195 × 22	1	
21	SC 325－108	垫　板　744 × 195 × 22	1	
22	SC 325－109	垫　板　739 × 195 × 22	1	
23	SC 325－109	垫　板　763 × 195 × 22	1	
24	SC 325－110	垫　板　788 × 170 × 22	1	
25	SC 325－110	垫　板　814 × 170 × 22	1	
26	SC 325－111	垫　板　841 × 170 × 22	1	
27	SC 325－111	垫　板　869 × 170 × 22	1	
28	SC 325－111	垫　板　898 × 170 × 22	1	
29	SC 325－112	垫　板　702 × 195 × 22	1	
30	SC 325－113	垫　板　722 × 195 × 22	1	

续上表

序号	图号 / 标准	名称及规格	数量	材　　料
31	SC 325－113	垫　板　744 × 195 × 22	1	
32	SC 325－114	垫　板　739 × 195 × 22	1	
33	SC 325－114	垫　板　763 × 195 × 22	1	
34	SC 325－115	垫　板　788 × 170 × 22	1	
35	SC 325－115	垫　板　814 × 170 × 22	1	
36	SC 325－116	垫　板　841 × 170 × 22	1	
37	SC 325－116	垫　板　869 × 170 × 22	1	
38	SC 325－116	垫　板　898 × 170 × 22	1	
39	专线 4232－34	销　钉　95	40	Q275
40	专线 4232－33	弹　片　250	40	60Si2Mn
41	SCT 300－502	螺　钉　M30 × 165	138	45 号钢
42	专线 4232－4	T 型螺栓　M24 × 60	100	Q235
43	GB/T 923	盖型螺母　M24	100	
44	GB/T 7244	弹簧垫圈　30	138	65Mn
45	SCT 300－408	调整片　150 × 15 × 2/1	40/40	Q195
46	专线 3351	Ⅱ型弹条	100	60Si2CrVA
47	专线 3328－3	Ⅲ型弹条	18	60Si2Mn
48	专线 9602	Ⅲ型接头弹条	14	60Si2Mn
49	专线 4232－10	轨距块　60/9－11	58	ZG 270－500
50	专线 4232－10	轨距块　60/13－15	30	ZG 270－500
51	专线 4232－10A	接头轨距块　60/9－11	6	ZG 270－500
52	专线 4232－10A	接头轨距块　60/13－15	6	ZG 270－500
53	专线 4267－3	轨距块　60－7	2	ZG 270－500
54	专线 4267－4	接头轨距块　60－7	2	ZG 270－500
55		调整片　100 × 40 × 2/1	12/24	Q235
56	专线 4267－3	轨距块　60－11	4	ZG 270－500
57	专线 4267－4	接头轨距块　60－9	8	ZG 270－500
58	专线 4267－4	接头轨距块　60－11	4	ZG 270－500
59	SCT 300－124	橡胶垫板　60－190(单面槽)	40	橡胶
60	SCT 300－102	橡胶垫板　60－190	32	橡胶
61	SCT 300－102	橡胶垫板　60－215	14	橡胶
62	SCT 300－106	橡胶垫板　452 × 175 × 10	6	橡胶

续上表

序号	图号 / 标准	名称及规格	数量	材　料
63	SCT 300－107	橡胶垫板　601 × 175 × 10	28	橡胶
64	SCT 300－107	橡胶垫板　625 × 175 × 10	12	橡胶
65	SCT 300－120	橡胶垫板　702 × 200 × 10	2	橡胶
66	SCT 300－120	橡胶垫板　722 × 200 × 10	2	橡胶
67	SCT 300－120	橡胶垫板　744 × 200 × 10	2	橡胶
68	SCT 300－120	橡胶垫板　739 × 200 × 10	2	橡胶
69	SCT 300－120	橡胶垫板　763 × 200 × 10	2	橡胶
70	SCT 300－120	橡胶垫板　788 × 175 × 10	2	橡胶
71	SCT 300－120	橡胶垫板　814 × 175 × 10	2	橡胶
72	SCT 300－121	橡胶垫板　841 × 175－385	2	橡胶
73	SCT 300－121	橡胶垫板　869 × 175－399	2	橡胶
74	SCT 300－121	橡胶垫板　898 × 175－414	2	橡胶
75	TB/T 1495.4	平垫圈　24	100	

可动心轨辙叉明细表

序号	图号 / 标准	名称及规格	数量	材　　料	备　　注
1	SC(10)325－202	翼　轨　12 500	1		
2	SC(10)325－203	翼　轨　12 500	1		
3	SC(10)325－204	长心轨　10 522	1	60AT1 钢轨	
4	SC(10)325－205	短心轨　6 167	1	60AT1 钢轨	
5	SC(10)325－206	叉跟尖轨　4 530	1	60 kg/m 钢轨	
6	SC(10)325－207	轨　撑	4	KTH 330－08	
7	SC(10)325－208	垫　板　822 × 200 × 22	1		
8	SC(10)325－209	垫　板　822 × 200 × 20	1		
9	SC(10)325－210Y	垫　板　772 × 200 × 20	1		
	SC(10)325－210Z	垫　板　772 × 200 × 20	1		
10	SC(10)325－211	垫　板　721 × 200 × 20	1		
11	SC(10)325－212	垫　板　701 × 200 × 20	1		
12	SC(10)325－213	垫　板　714 × 260 × 20	1		
13	SC(10)325－214	垫　板　743 × 260 × 20	1		
14	SC(10)325－215	垫　板　794 × 200 × 20	1		
15	SC(10)325－216	垫　板　927 × 200 × 20	1		
16	SC(10)325－217	垫　板　1087 × 200 × 20	1		
17	SC(10)325－218	垫　板　1 171 × 200 × 20	1		
18	SC(10)325－219	垫　板　1 199 × 200 × 20	1		
19	SC(10)325－220	垫　板　1 228 × 200 × 20	1		
20	SC(10)325－221	垫　板　1 256 × 200 × 20	1		
21	SC(10)325－222Y	垫　板　1 288 × 200 × 22	1		
	SC(10)325－222Z	垫　板　1 288 × 200 × 22	1		
22	SC(10)325－223Y	垫　板　1 337 × 200 × 22	1		
	SC(10)325－223Z	垫　板　1 337 × 200 × 22	1		
23	SC(10)325－224Y	垫　板　1 387 × 200 × 22	1		
	SC(10)325－224Z	垫　板　1 387 × 200 × 22	1		
24	SC(10)325－225Y	垫　板　706 × 200 × 22	4		
	SC(10)325－225Z	垫　板　706 × 200 × 22	4		
25	SC(10)325－226	垫　板　697 × 200 × 20	4		
26	专线 4232－84	垫　板　60－0	1		
27	专线 4232－84	垫　板　60－17	1		
28	GLC(08)01－214	防跳顶铁（一）　148	1	KTH 330－08	
29	GLC(08)01－215	防跳顶铁（二）　136	1	KTH 330－08	

续上表

序号	图号/标准	名称及规格	数量	材　料	备　注
30	GLC(08)01-214	防跳顶铁(一)　202	1	KTH 330-08	
31	GLC(08)01-215	防跳顶铁(二)　190	1	KTH 330-08	
32	SC 325-210	垫　板　916×170×22	1		
33	SC 325-210	垫　板　870×170×22	1		
34	专线 4232-36	顶　铁　201-199	1	KTH 330-08	
35	专线 4232-36	顶　铁　95-95	4	KTH 330-08	
36	专线 4232-36	顶　铁　113-117.5	1	KTH 330-08	
37	专线 4232-36	顶　铁　161.5-161.5	1	KTH 330-08	
38	专线 4232-36	顶　铁　166.5-166.5	1	KTH 330-08	
39	GLC(08)01-214	防跳顶铁(一)　225	1	KTH 330-08	
40	GLC(08)01-215	防跳顶铁(二)　213	1	KTH 330-08	
41	SC(10)325-228	二动连接铁	1	Q275	
42	SC(10)325-229	间隔铁　60/22.4-37	1	HT150	
43	GLC(06)01-528	间隔铁　60/99.5-114	1	KTH 350-10	用于两心轨间
44	GLC(06)01-529	间隔铁　60/144.5-166	1	ZG 230-450	用于两心轨间
45	GLC(06)01-530	间隔铁　60/194.5-216	1	ZG 230-450	用于两心轨间
46	SC(10)325-230	间隔铁　60-224	2	ZG 230-450	用于长心轨跟端
47	SC(10)325-231	间隔铁　60-230	2	ZG 230-450	用于侧股叉跟
48	SC(10)325-227	防跳间隔铁　60/185.4-188.6-201	1	ZG 230-450	用于两翼轨间
49	SCT 300-506	螺　栓　M27×295	1	10.9 级	
50	SCT 300-506	螺　栓　M27×230	1	10.9 级	
51	SCT 300-506	螺　栓　M27×130	54	10.9 级	
52	SCT 300-506	螺　栓　M27×145	5	10.9 级	
53	SCT 300-506	螺　栓　M27×175	1	10.9 级	
54	SCT 300-506	螺　栓　M27×185	1	10.9 级	
55	SCT 300-506	螺　栓　M27×215	1	10.9 级	
56	SCT 300-506	螺　栓　M27×220	1	10.9 级	
57	SCT 300-506	螺　栓　M27×270	1	10.9 级	
58	SCT 300-506	螺　栓　M27×265	1	10.9 级	
60	专线 4232-4	T 型螺栓　M24×60	73		
61	专线 4232-4	T 型螺栓　M24×90	1		
62	专线 4232-4	T 型螺栓　M24×70	4		
63	GB/T 5780	螺　栓　M24×80	14		
64	GB/T 5780	螺　栓　M24×110	6		
65	GB/T 5780	螺　栓　M24×90	14		
66	SCT 505-B	岔枕螺栓　155	60	45 号钢	

续上表

序号	图号 / 标准	名称及规格	数量	材　料	备　注
67	NS－02	螺　母　M27	67	10 级	
68	NS－01(b)	螺　母　M24	34	5 级	
69	NS－06	盖型螺母　M24	78		
70	NS－07	限位板　M24	78		
71	GB/T 1230	高强平垫圈　27	67	HRC35－45	
72	GB/T 7244	垫　圈　24	34	65Mn	
73	GB/T 7244	垫　圈　30	60	65Mn	
74	GLC(06)01－537	夹　板　A	4	Q235	
75	GLC(06)01－538	夹　板　B	2	Q235	
76	SC(10)325－233	垫　片　50×48×*h*	各 3	Q235	*h*=0.5、1、2
77	SC(10)325－234	垫　片　60/17.9－32.5	1	Q235	
78	专线 4232－32	圆孔垫圈　60AT－0	5	KTH 330－08	
79	专线 4232－32－1	圆孔垫圈　60AT－0	4	KTH 330－08	
80	专线 4232－32－1	圆孔垫圈　60AT－6	6	KTH 330－08	
81	SCT 300－346	螺母防松帽	67	ZG 230－450	
82	GB/T 91	开口销　4×80	67		
83	GLC(08)01－219	顶铁调整片　*h*	各 12	Q235	备用，*h*=0.5、1，其中各 6 片发用户
84	SC(10)325－232	轨距调整片　*b*	各 8	Q235	*b*=1、2(1 备用)，其中各 4 片发用户
85	GLC(06)01－544	顶铁调整片　170×50×*h*	各 28	Q235	*h*=0.5、1、2(0.5、1 备用)，其中各 14 片发用户
86	专线 4232－18B	支距扣板　60/61－70	1	KTH 350－10	
87	专线 4267－3	Ⅲ型轨距块　60－11	25	KTH 350－10	
88	专线 4232－10	轨距块　60/9－11	46	ZG 230－450	
89	专线 4232－10	轨距块　60/13－15	18	ZG 230－450	其中各 4 块备用
90	专线 4232－10A	接头轨距块　60/9－11	11	ZG 230－450	
91	专线 4232－10A	接头轨距块　60/13－15	6	ZG 230－450	
92	专线 3351	Ⅱ型弹条	78	60Si2CrVA	
93	专线 3328－3	Ⅲ型弹条	25	60Si2Mn	
94	专线 4232－36	顶　铁　224－224	3	KTH 330－08	
95	专线 4232－36	顶　铁　212－212	3	KTH 330－08	
96	GLC(06)01－402	轨下双面橡胶垫板　60－220－10	2	橡胶	分左右开
97	GLC(06)01－402	轨下双面橡胶垫板　60－220－(－15)	2	橡胶	分左右开
98	GLC(06)01－402	轨下双面橡胶垫板　60－220－33	2	橡胶	分左右开
99	GLC(06)01－402	轨下双面橡胶垫板　60－190－0	2	橡胶	
100	GLC(06)01－402	轨下双面橡胶垫板　60－200－0	5	橡胶	
101	GLC(06)01－404	轨下双面橡胶垫板　60－220－17	6	橡胶	分左右开

续上表

序号	图号 / 标准	名称及规格	数量	材　料	备　注
102	GLC(06)01－405	轨下双面橡胶垫板　60－220－17	1	橡胶	分左右开
103	GLC(06)01－404	轨下双面橡胶垫板　60－220－0	6	橡胶	
104	GLC(08)01－401	轨下单面橡胶垫板　60－220－0	1	橡胶	
105	GLC(08)01－401	轨下单面橡胶垫板　60－220－17	1	橡胶	分左右开
106	GLC(08)01－401	轨下单面橡胶垫板　60－280－0	2	橡胶	
107	GLC(08)01－401	轨下单面橡胶垫板　60－280－19	2	橡胶	分左右开
108	GLC(06)01－407	轨下单面橡胶垫板　60－220－(－15)	1	橡胶	分左右开
109	GLC(06)01－407	轨下单面橡胶垫板　60－220－33	1	橡胶	分左右开
110	SCT 300－102	橡胶垫板　60－190	4	橡胶	
111	GLC(06)01－402	轨下双面橡胶垫板　60－220－0	9	橡胶	
112	GLC(06)01－402	轨下双面橡胶垫板　60－220－17	13	橡胶	分左右开
7J	SCT 300－120	橡胶垫板　822×205×10	2	橡胶	
9J	SCT 300－120	橡胶垫板　772×205×10	1	橡胶	
10J	SCT 300－120	橡胶垫板　721×205×10	1	橡胶	
11J	SCT 300－120	橡胶垫板　701×205×10	1	橡胶	
12J	SCT 300－120	橡胶垫板　714×265×10	1	橡胶	
13J	SCT 300－120	橡胶垫板　743×265×10	1	橡胶	
14J	SCT 300－120	橡胶垫板　794×205×10	1	橡胶	
15J	SCT 300－120	橡胶垫板　927×205×10	1	橡胶	
16J	SCT 300－120	橡胶垫板　1 087×205×10	1	橡胶	
17J	SCT 300－120	橡胶垫板　1 171×205×10	1	橡胶	
18J	SCT 300－120	橡胶垫板　1 199×205×10	1	橡胶	
19J	SCT 300－120	橡胶垫板　1 228×205×10	1	橡胶	
20J	SCT 300－120	橡胶垫板　1 256×205×10	1	橡胶	
21J	SCT 300－120	橡胶垫板　1 288×205×10	1	橡胶	
22J	SCT 300－120	橡胶垫板　1 337×205×10	1	橡胶	
23J	SCT 300－120	橡胶垫板　1 387×205×10	1	橡胶	
24J	SCT 300－120	橡胶垫板　706×205×10	4	橡胶	
25J	SCT 300－120	橡胶垫板　697×205×10	4	橡胶	
26J	SCT 300－106	橡胶垫板　452×175×10	2	橡胶	
32J	SCT 300－121	橡胶垫板　916×175－423	1	橡胶	
33J	SCT 300－121	橡胶垫板　870×175－400	1	橡胶	

60 kg/m 钢轨 12 号单开道岔
图　号：SC 325

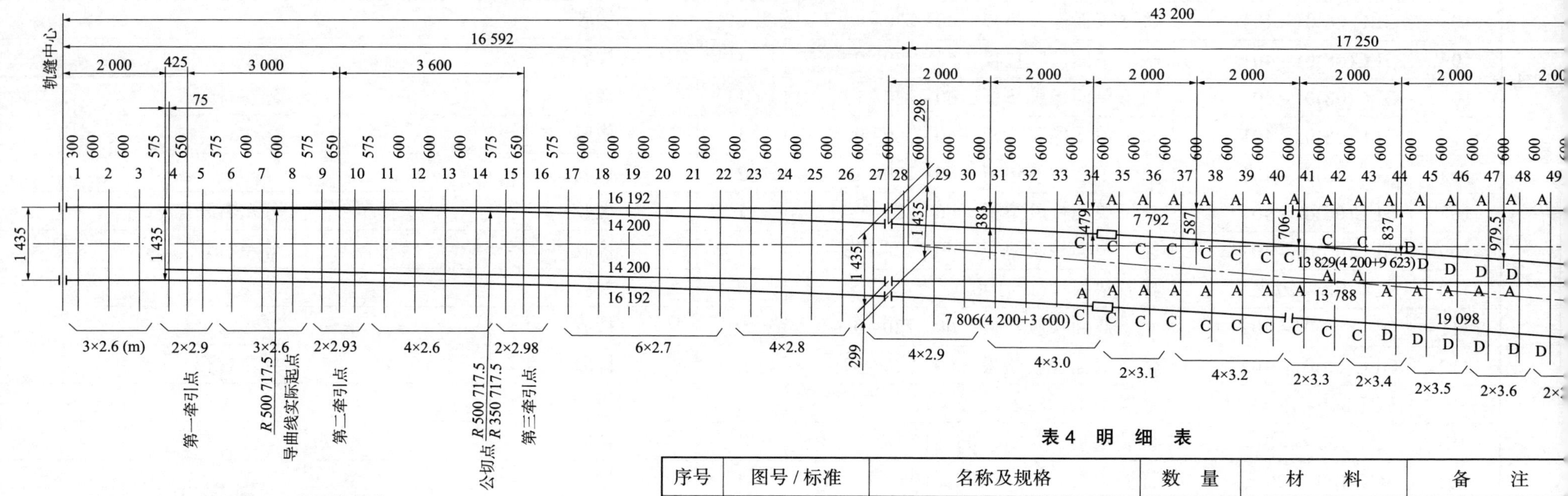

表 1　岔枕数量表

序号	长度 (m)	单位	数量	备注	序号	长度 (m)	单位	数量	备注
1	2.3	根	2		16	3.4	根	2	
2	2.4	根	2		17	3.5	根	2	
3	2.45	根	2		18	3.6	根	2	
4	2.5	根	4		19	3.7	根	2	
5	2.55	根	2		20	3.8	根	2	
6	2.6	根	10		21	3.9	根	2	
7	2.7	根	6		22	4.1	根	2	
8	2.8	根	4		23	4.26	根	2	
9	2.9	根	6		24	4.3	根	2	
10	2.93	根	2		25	4.4	根	2	
11	2.98	根	2		26	4.5	根	2	
12	3.0	根	4		27	4.46	根	2	
13	3.1	根	2		28	4.6	根	2	
14	3.2	根	4		29	4.7	根	4	
15	3.3	根	2		30	4.8	根	4	

表 2　道岔配轨数量表（绝缘设在曲股）

长度 (mm)	胶接轨 7 806 (4 200，3 600)	7 792	13 788	19 098	19 192	胶接轨 13 829 (4 200，9 623)
数量 (根)	1	1	1	1	1	1

表 3　道岔配轨数量表（绝缘设在直股）

长度 (mm)	胶接轨 13 788 (4 193，9 589)	7 806	13 829	19 098	19 192	胶接轨 7 792 (4 193，3 593)
数量 (根)	1	1	1	1	1	1

表 4　明　细　表

序号	图号 / 标准	名称及规格	数　量	材　　料	备　　注
1	SC 325 - 100	转辙器	1		
2	SC 325 - 200	可动心轨辙叉	1		
3	CB 641	牵引点岔枕连接装置	1		
4	TB/T 2344	钢　轨	81.505 m	60 kg/m 钢轨	
5	CB 604 - 01	垫　板　452 - 0	73	Q235 - B(底板)	图中标记为“A”
6	CB 604 - 01	垫　板　452 - 8Y(Z)	2	Q235 - B(底板)	图中标记为“B”
7	CB 604 - 01	垫　板　452 - 11Y(Z)	22	Q235 - B(底板)	图中标记为“C”
8	CB 604 - 01	垫　板　452 - 14Y(Z)	12	Q235 - B(底板)	图中标记为“D”
9	CB 604 - 01	垫　板　452 - 17Y(Z)	19	Q235 - B(底板)	图中标记为“E”
10	TB/T 2345	接头夹板　60	22		
11	TB/T 2347	接头螺栓及螺母　M24 × 135	66		
12	GB/T 1230	垫　圈　24	66		
13	专线 3351 - 3	Ⅱ型弹条	256	60Si2CrVA	
14	CT 5 - 02	T 形螺栓　M24 × 60	256		
15	CB 642 - 22	限位螺母　M24	256	Q345B	
16	NS - 06	盖型螺母　M24	256		
17	专线 4232 - 50	螺　栓　M30 × 165	256		
18	GB/T 7244	弹簧垫圈　30	256		
19	CT 5 - 09	轨距块　60/9 - 11	136	ZG 270 - 500	
20	CT 5 - 09	轨距块　60/13 - 15	136	ZG 270 - 500	
21	CT 5 - 48	轨距块　60/7 - 17	40	ZG 270 - 500	备用
22	CT 5 - 09A	接头轨距块　60/9 - 11	8	ZG 270 - 500	
23	CT 5 - 09A	接头轨距块　60/13 - 15	8	ZG 270 - 500	

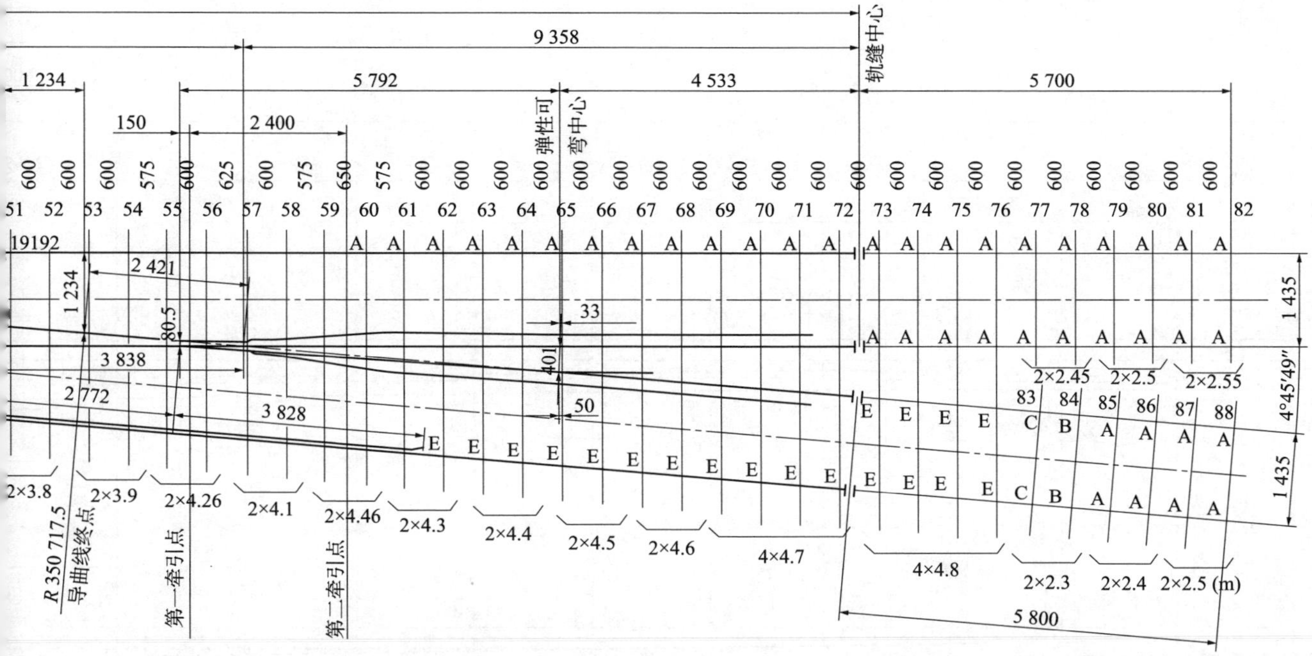

续表 4

序号	图号 / 标准	名称及规格	数　量	材　　料	备　　注
24	专线 4232－72	绝缘接头轨距块　60/9－11	4	玻璃纤维	
25	专线 4232－72	绝缘接头轨距块　60/13－15	4	玻璃纤维	
26	SCT 300－106	橡胶垫板　452×175×10	128	橡胶	
27	SCT 300－102	橡胶垫板　60－190	128	橡胶	
28		胶接绝缘	2(套)		

图 1　转辙器部分轨距示意图

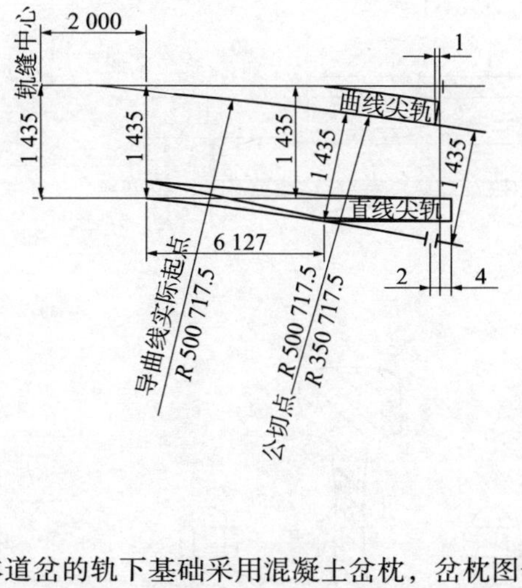

图 2　直股绝缘时配轨

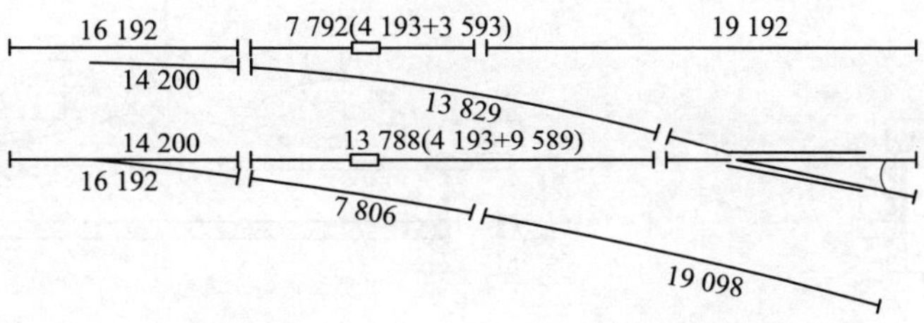

技　术　要　求

本道岔的轨下基础采用混凝土岔枕，岔枕图号为 SC 325－500。

本道岔用于单渡线线时，线间距≥5 m，若用于线间距＜5 m 单渡线时，长岔枕应另行设计。

道岔轨距均为 1 435 mm(除直线尖轨刨切范围内的构造加宽)。

岔枕全部垂直于道岔主线，除牵引点处岔枕间距及与其牵引点相邻的岔枕间距外，其他位置岔枕间距均为 600 mm。

5. 本道岔直股钢轨接头全部采用焊接，侧股焊接与否按具体铺设情况。绝缘接头采用胶接绝缘。

6. 道岔主要结构特点：

(1) 尖轨为复曲线半切线型，采用 14 200 mm 长的弹性可弯尖轨，用 60AT 钢轨制造，尖轨尖端为藏尖式，跟端采用限位器。

(2) 尖轨设三个牵引点，采用分动钩型外锁闭装置，各牵引点设计动程分别为 160 mm、114 mm、55 mm。

(3) 可动心辙叉采用钢轨组合式，心轨采用 60AT 钢轨，短心轨后端为滑动端，翼轨采用轧制翼轨与 60 kg/m 钢轨焊接的长翼轨。

(4) 心轨设二个牵引点，采用钩型外锁闭装置，各点设计动程分别为 78.5 mm、45.2 mm。

(5) 转辙器第一、三牵引点后安设尖轨限位防跳装置，辙叉心轨尖端防跳凸台与防跳间隔铁配合防跳，翼轨轨腰安设防跳顶铁。

(6) 为加强基本轨稳定性，减小外倾和减小轨距扩张，在基本轨外侧牵引点附近设置轨撑。

(7) 道岔钢轨设置 1∶40 的轨底坡或轨顶坡。

(8) 为防止心轨侧磨，可动心辙叉侧线设置护轨。

(9) 护轨为分开式，采用槽型钢制造，护轨顶面高出基本轨顶面 12 mm，护轨垫板采用弹片扣压基本轨。

(10) 扣件采用分开式Ⅱ型弹条扣件，在特殊部位用Ⅲ型弹条扣件，轨距块设计安装号数如下：

Ⅱ型弹条扣件：钢轨工作边一侧，安装 13 号轨距块；

钢轨非工作边一侧，安装 11 号轨距块；

钢轨接头两侧及 AT 轨短肢一侧，安装接头轨距块。

7－17 号轨距块为备用轨距块，供现场调整用。

Ⅲ型弹条扣件：钢轨工作边一侧，安装 11 号轨距块；

钢轨非工作边一侧，安装 9 号轨距块；

(11) 转辙器设置弹片滑床板。

(12) 钢轨轨下设置 5 mm 厚橡胶垫板，护轨垫板下设置 5 mm 厚橡胶垫板，其他垫板下设置 10 mm 厚橡胶垫板。合理调整不同部位轨下和板拉杆处胶垫刚度，使其在整个道岔范围内弹性趋于一致。

(13) 考虑在货物列车侧股顺向出岔，运量大的特殊岔位上曲线尖轨磨耗快的问题，在导曲线部位预留出安装防磨护轨的位置。

7. 道岔连接部分及叉后垫板为适应混凝土岔枕，根据垫板的偏斜大小共有五种类型，其铺设位置详见总布置图。

8. 本图按设轨道电路设计。

9. 本道岔前后应铺设Ⅲ型混凝土枕不少于 25 m。

10. 轨缝按 8 mm 设计。

11. 本图按设置轨道电路、且绝缘及在侧股设计，配轨数量见表 2。

12. 当绝缘设在直股时，配轨数量见表 3。

60 kg/m 钢轨 12 号单开道岔转辙器

图 号：SC 325－100

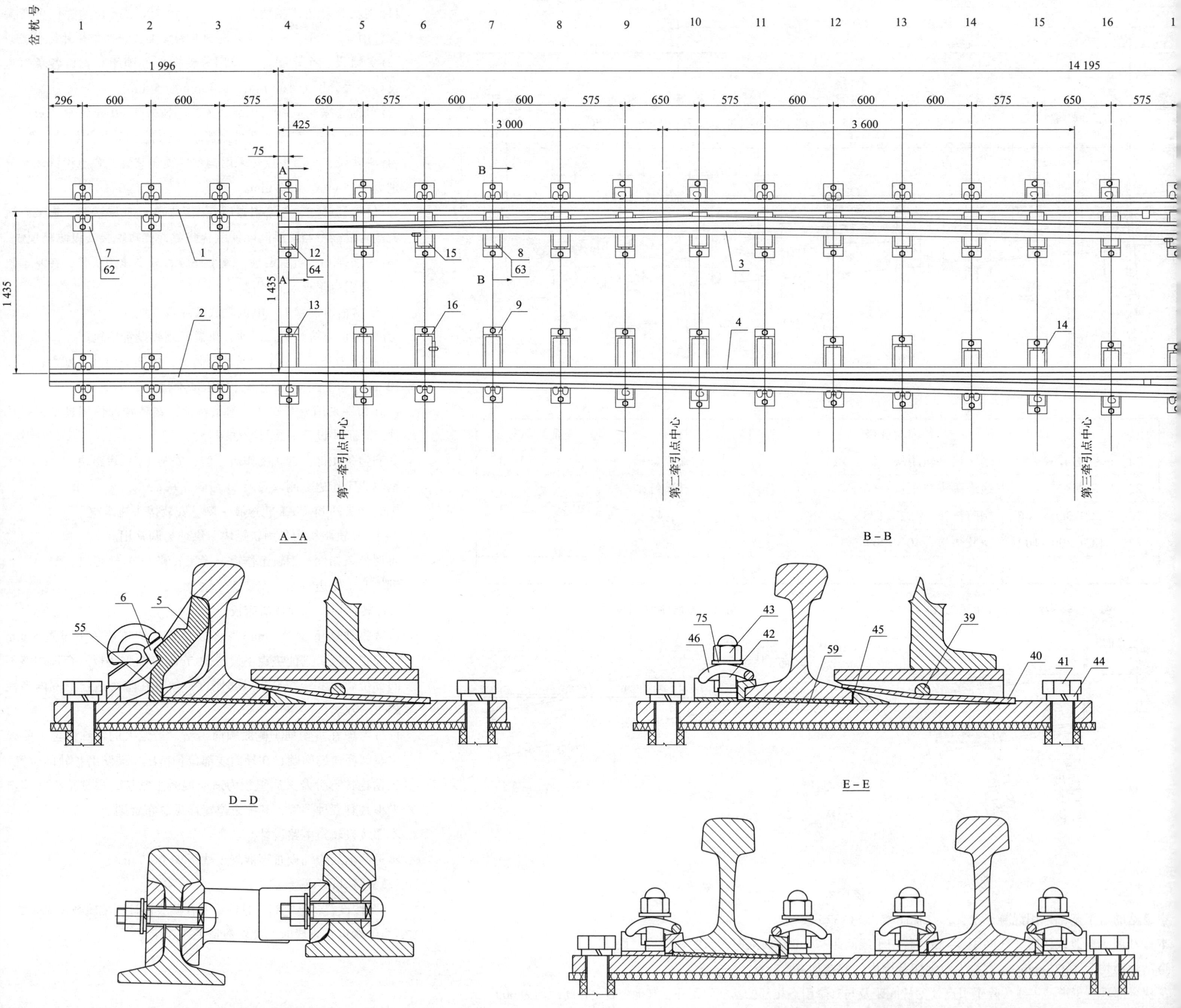

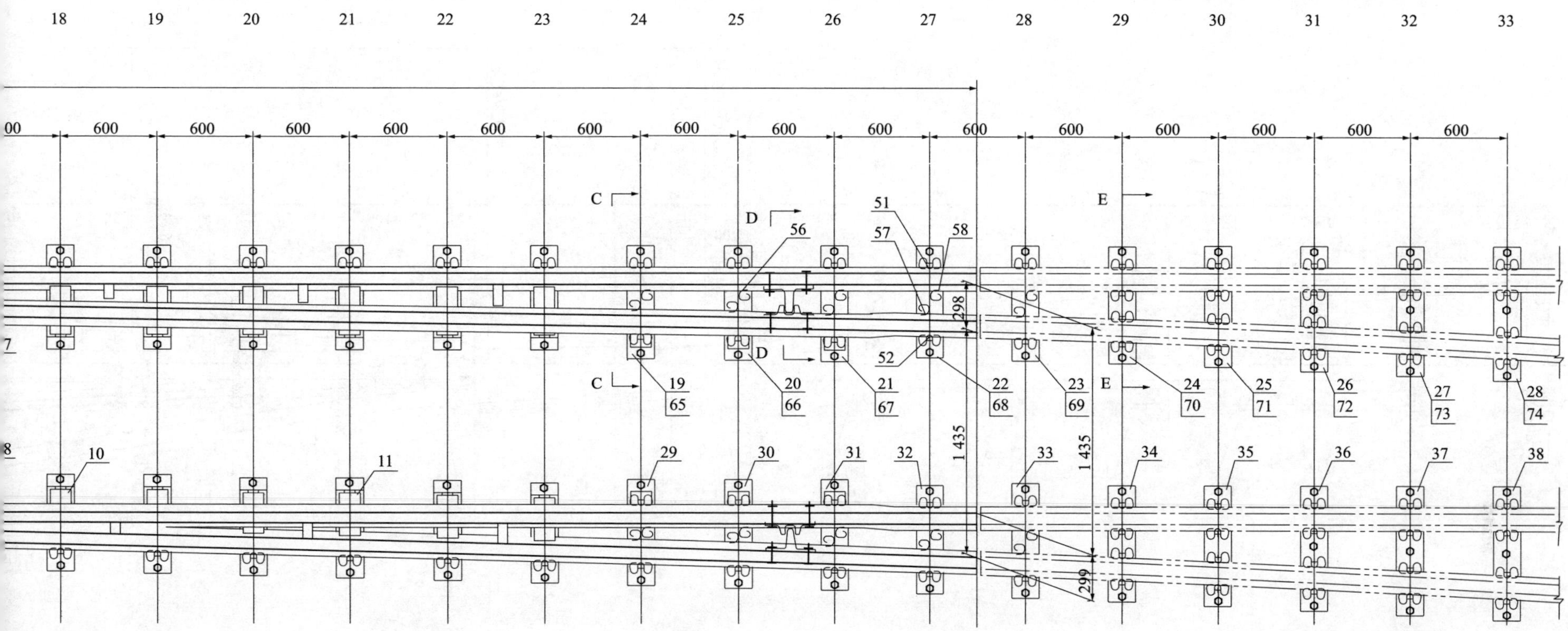

C－C

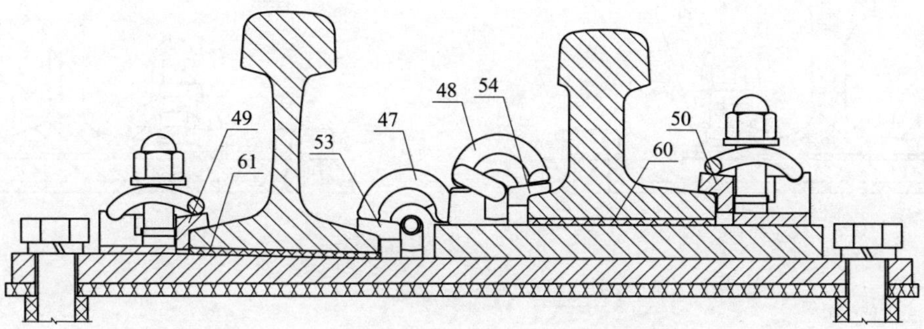

技 术 要 求

1. 尖轨设置三个牵引点，采用钩型分动钩型外锁闭装置，第一牵引点动程为 160 mm，第二牵引点动程为 114 mm，第三牵引点动程为 55 mm。
2. 扣件采用Ⅱ型弹条分开式可调扣件，在特殊部位采用Ⅲ型弹条扣件，轨距块设计安装号数如下：

   Ⅱ型弹条：扣件钢轨工作边一侧安装 13 号轨距块；钢轨非工作边一侧安装 11 号轨距块。

   钢轨接头两侧及 AT 轨短肢一侧安装接头轨距块。

   Ⅲ型弹条：钢轨工作边一侧安装 11 号轨距块；钢轨非工作边一侧安装 9 号轨距块。

   AT 轨短肢一侧安装接头轨距块。
3. 钢轨轨下设置 5 mm 厚橡胶垫板，垫板下设置 10 mm 厚橡胶垫板。

60 kg/m 钢轨 12 号单开道岔可动心辙叉

图 号：SC 325－200

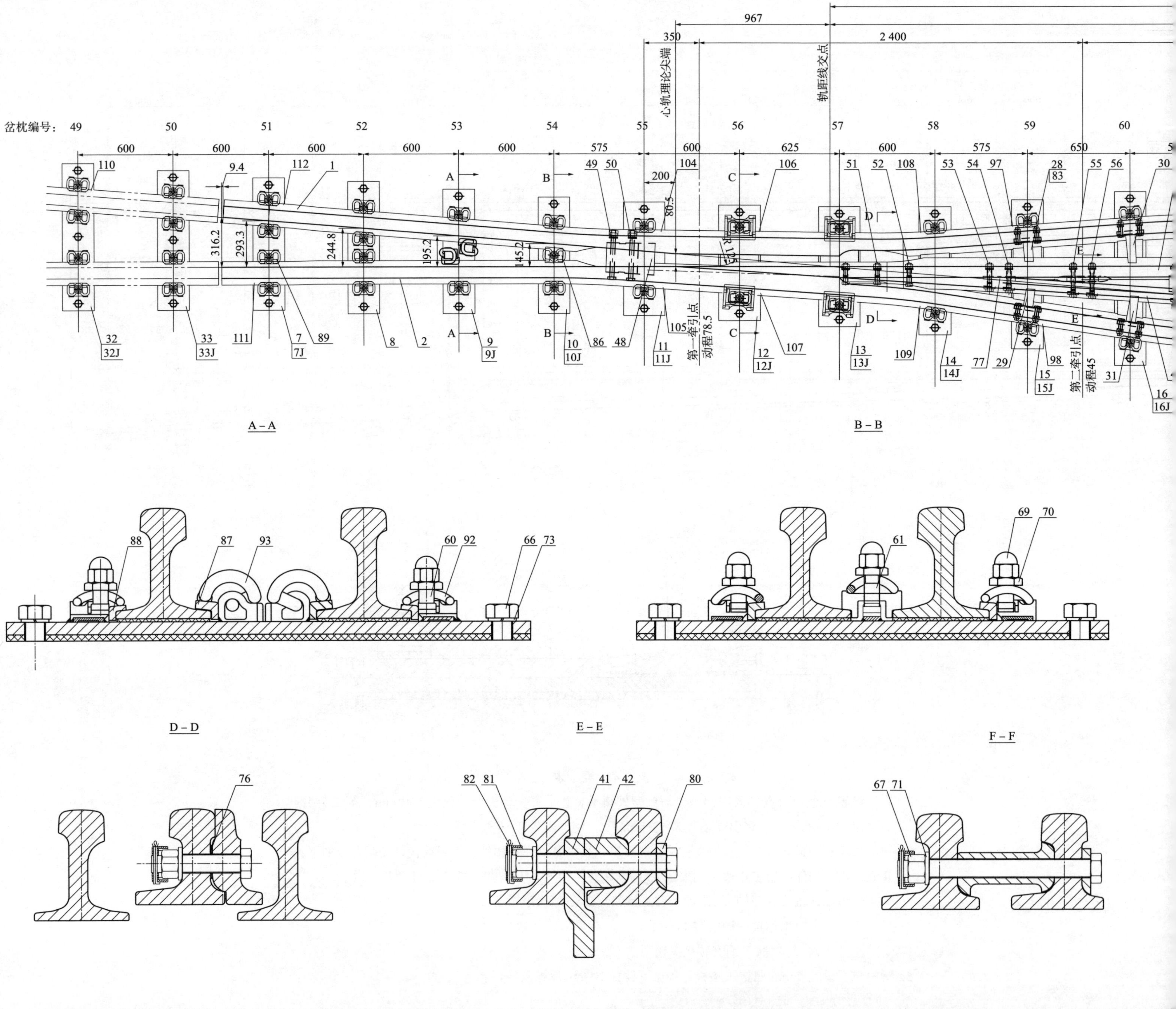

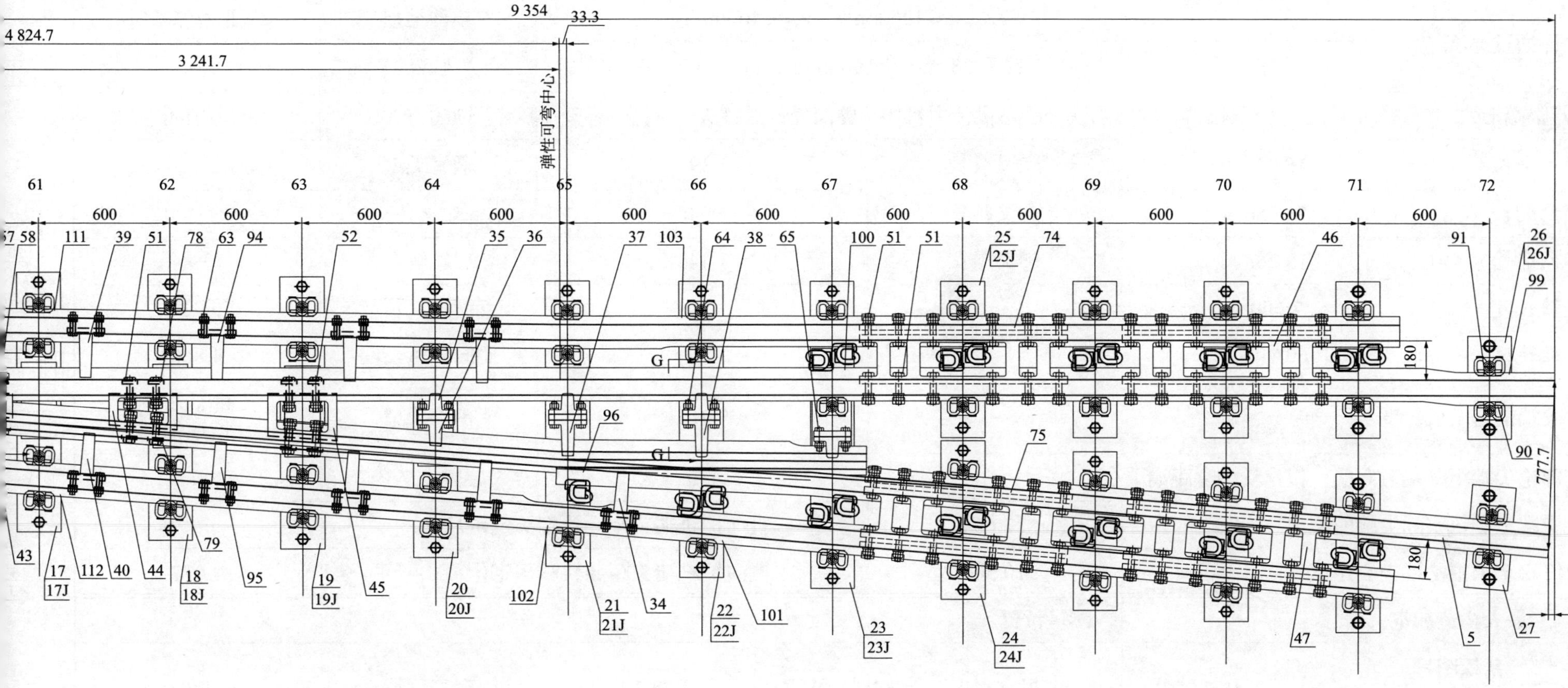

G－G

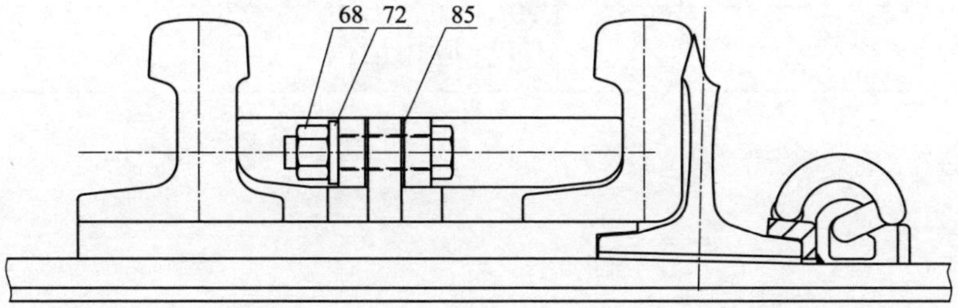

C－C

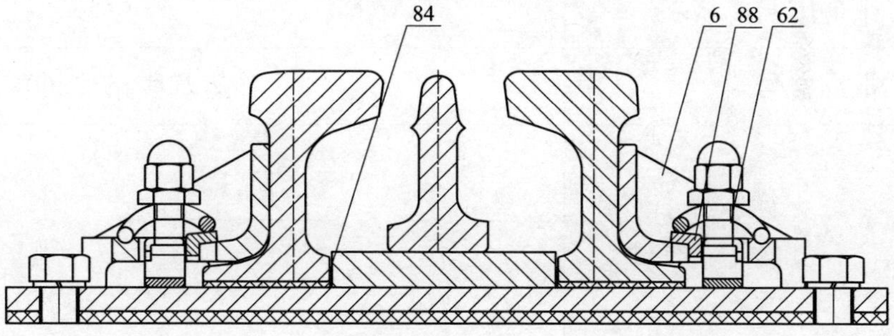

技 术 要 求

1. 本图按右开道岔绘制，左开时按本图对称布置。
2. 第一牵引点翼轨工作边距为 (88.9 ± 1.5)mm。
   第一牵引点翼轨轨底内侧距为 177^{+2}_{-4} mm。
   第二牵引点翼轨工作边距为 (485.6 ± 1.5)mm。
   第二牵引点翼轨轨底外侧距为 708.1^{+2}_{-4} mm。
3. 当接头铁位置达不到要求时，可用调整片进行调整。

110. 60 kg/m 钢轨 11 号单开道岔(混凝土枕)
设计图号：SC 433

道岔允许通过速度	客车	$v_{直}$≤120 km/h，$v_{侧}$≤40 km/h		扣件类型	Ⅱ型弹条
	货车	轴重 23 t：$v_{直}$≤90 km/h，$v_{侧}$≤40 km/h		轨底坡	—
转辙器跟端形式	□限位器 □间隔铁 □不设传力机构 ■间隔铁活接头			锁闭方式	内锁闭
道岔全长	36 024	辙叉全长	5 392	辙叉类型	高锰钢整铸式
道岔前长	16 756	辙叉趾长	1 946	辙叉角	5°11′40″
道岔后长	19 268	辙叉跟长	3 446	翼轨轨型	—
尖轨长度	7 600	基本轨长度	15 020	直向护轨长度	5 900
尖轨轨型	60AT1			侧向护轨长度	4 800
尖轨尖端前基本轨长度			5 016	护轨轨型	33 kg/m 槽型钢
辙叉理论尖端距趾端方向前一根岔枕中心距离			450	导曲线半径	300 m
尖轨尖端至心轨实际尖端的距离		27 664	直向护轨端头距导轨端头定位尺寸		646
道岔终端至末根岔枕中心距离		10 500	侧向护轨端头距导轨端头定位尺寸		1 077

最大构造加宽	—	测量位置	—			
岔枕图号 SC433-500	岔枕总数	88 根	岔枕展延长	278.1 m	套管总数	480
转换设备图号 电务填写	尖轨动程	152			心轨动程	—
批准文号	运基线路〔2005〕261 号				应用情况	★
主要结构特点	1. 道岔限于大维修使用。 2. 岔枕均垂直于道岔直股。					

转辙器明细表

序　号	图号 / 标准	名称及规格	数量	材　　料	备　　注
1	SC 433－102	直基本轨　15 020	1	60 kg/m 钢轨	
2	SC 433－103	曲基本轨　15 020	1	60 kg/m 钢轨	
3	SC 433－104	曲线尖轨　7 600	1	60AT1 钢轨	
4	SC 433－105	直线尖轨　7 600	1	60AT1 钢轨	
5	SC 350－140	轨　撑　60AX	16	KTH 330－08	
6	SC 433－131	辙跟外轨撑　60	2	KTH 330－08	
7	SC 433－131	辙跟内轨撑　60	2	KTH 330－08	
8	SC 350－141	调整楔	16	KTH 350－10	
9	专线 4114－27A	间隔铁　60－124－145－19	1	KTH 330－08	
10	专线 4114－27A	间隔铁　60－130－151－19	1	KTH 330－08	
11	SC 433－130	辙后间隔铁	1	ZG 230－450	
12	SC 433－130	辙后间隔铁	1	ZG 230－450	
13	SC 433－130	辙后间隔铁	1	ZG 230－450	
14	SC 433－130	辙后间隔铁	1	ZG 230－450	
15	专线 4114－32	辙跟接头夹板　60－8 Z	1		
16	专线 4114－32	辙跟接头夹板　60－8 Y	1		
17	SC 330－134	垫　板　60－A	14		
18	SC 423－104	轨撑垫板　472	2		
19	SC 433－106	滑床垫板　600－0	5		
20	SC 433－106	滑床垫板　600－4	3		
		滑床垫板　600－7	2		
21	SC 433－107	轨撑滑床垫板　620－0	5		
22	SC 433－107	轨撑滑床垫板　620－4	3		
		轨撑滑床垫板　620－7	2		
23	SC 433－108	通长垫板	1		
24	SC 433－109	通长垫板	1		
25	SC 433－110	辙跟垫板　770 × 600 × 20	1		
26	SC 433－111	辙跟垫板　770 × 600 × 20	1		
27	SC 433－112	垫　板　643 × 170 × 20	1		

续上表

序　号	图号 / 标准	名称及规格	数量	材　　料	备　　注
28	SC 433－113	垫　板　643×170×20	1		
29	SC 433－112	垫　板　664×170×20	1		
30	SC 433－113	垫　板　664×170×20	1		
31	SC 433－114	垫　板　686×170×20	1		
32	SC 433－115	垫　板　686×170×20	1		
33	SC 433－114	垫　板　710×170×20	1		
34	SC 433－115	垫　板　710×170×20	1		
35	SC 433－114	垫　板　735×170×20	1		
36	SC 433－115	垫　板　735×170×20	1		
37	SC 433－116	垫　板　761×170×20	1		
38	SC 433－117	垫　板　761×170×20	1		
39	SC 433－116	垫　板　788×170×20	1		
40	SC 433－117	垫　板　788×170×20	1		
41	SC 433－116	垫　板　816×170×20	1		
42	SC 433－117	垫　板　816×170×20	1		
43	SC 433－118	垫　板　846×170×20	1		
44	SC 433－119	垫　板　846×170×20	1		
45	SC 433－118	垫　板　876×170×20	1		
46	SC 433－119	垫　板　876×170×20	1		
47	SC 433－118	垫　板　910×170×20	1		
48	SC 433－119	垫　板　910×170×20	1		
49	SCT 505－B	岔枕螺栓　155	142	45 钢	
50	SC 433－132	螺　柱　M27×29×75×210	2	10.9 级	
51	SC 433－132	螺　柱　M27×24×90×220	2	10.9 级	
52	专线 4232－5	半圆头方颈螺栓　M27×280－G	3	10.9 级	
53	专线 4232－5	半圆头方颈螺栓　M27×290－G	4	10.9 级	
54	专线 4232－5	半圆头方颈螺栓　M27×270－G	6	10.9 级	
55	专线 4232－5	半圆头方颈螺栓　M27×300－G	1	10.9 级	
56	专线 4232－4	T 型螺栓　M24×80	20		
57	专线 4232－4	T 型螺栓　M24×65	112		

续上表

序　号	图号 / 标准	名称及规格	数量	材　　料	备　　注
58	专线 4232－4	T 型螺栓　M24×90	6		
59	专线 4171－9	长方头螺栓　M24×85	8		
60	NS－02(b)	螺　母　M27	22	10 级	
61	NS－01(b)	螺　母　M24	12	5 级	
62	NS－01(b)－c	螺　母　M24	134		
63	NS－07	限位板　M24	134		
64	GB/T 7244	弹簧垫圈　30	142	65Mn	
65	GB/T 7244	弹簧垫圈　24	8	65Mn	
66	GB/T 7244	弹簧垫圈　27	22	65Mn	
67	TB/T 565	弹簧垫圈　24	4	55Si2Mn	
68	TB/T 1495.4	垫　圈　24	4	Q235	
69	GB/T 97.1	垫　圈　24	8		
70	GB/T 97	垫　圈　27	2		
71	专线 4232－10	轨距块　9－11	56	ZG 230－450	
72	专线 4232－10	轨距块　13－15	48	ZG 230－450	
73	专线 4232－10A	接头轨距块　9－11	6	ZG 230－450	
74	专线 4232－10A	接头轨距块　13－15	2	ZG 230－450	
75	SC 433－120	支距扣板　60/32－36	1	KTH 350－10	
76	SC 433－121	支距扣板　60/38－42	1	KTH 350－10	
77	SC 433－122	支距扣板　60/54－58	1	KTH 350－10	
78	SC 433－123	支距扣板　60/60－64	1	KTH 350－10	
79	SC 433－124	支距扣板　60/76－80	1	KTH 350－10	
80	SC 433－124	支距扣板　60/82－86	1	KTH 350－10	
81	SC 433－125	支距扣板　60/99－104	1	KTH 350－10	
82	SC 433－125	支距扣板　60/105－110	1	KTH 350－10	
83	SC 433－125	支距扣板　60/124－129	1	KTH 350－10	
84	SC 433－125	支距扣板　60/130－135	1	KTH 350－10	
85	专线 4232－26	钢轨垫圈　60－0（圆孔）	10	KTH 330－08	
86	专线 4232－25	钢轨垫圈　60－0（方孔）	12	KTH 330－08	
87	专线 3351	Ⅱ型弹条	134	60Si2CrVA	

续上表

序　号	图号 / 标准	名称及规格	数量	材　料	备　注
88	SC 330－125	轨距调整片　160×12×$\frac{2}{1}$	24 48	Q235	
89	专线 4171－26	拉　杆　995	1		
90	专线 4171－27	连　杆　1 043	1		
91	专线 4171－27	连　杆　1 097	1		
92		岔枕连接装置	1		详见附表 1
93	SC 330－401	轨下双面槽橡胶垫板　60－190	58	橡胶	
94	SC 330－401	轨下双面槽橡胶垫板　60－210	2	橡胶	
95	SC 330－402	轨下单面槽橡胶垫板　60－210	14	橡胶	
96	SC 330－402	轨下单面槽橡胶垫板　60－190	10	橡胶	
17J	SC 330－403	橡胶垫板　452×175×10	14	橡胶	
18J	SC 330－403	橡胶垫板　472×195×10	2	橡胶	
19J	SC 330－404	橡胶垫板　600×175×10	10	橡胶	
21J	SC 330－404	橡胶垫板　620×195×10	10	橡胶	
27J	SC 330－405	橡胶垫板　643×175×10	2	橡胶	
29J	SC 330－405	橡胶垫板　664×175×10	2	橡胶	
31J	SC 330－405	橡胶垫板　686×175×10	2	橡胶	
33J	SC 330－405	橡胶垫板　710×175×10	2	橡胶	
35J	SC 330－405	橡胶垫板　735×175×10	2	橡胶	
37J	SC 330－405	橡胶垫板　761×175×10	2	橡胶	
39J	SC 330－405	橡胶垫板　788×175×10	2	橡胶	
41J	SC 330－405	橡胶垫板　816×175×10	2	橡胶	
43J	SC 330－406	橡胶垫板　846×175－388	2	橡胶	
45J	SC 330－406	橡胶垫板　876×175－403	2	橡胶	
47J	SC 330－406	橡胶垫板　910×175－420	2	橡胶	
23－1J	SC 433－126	橡胶垫板　715×195×10	2	橡胶	
23－2J	SC 433－127	橡胶垫板　570×195×10	2	橡胶	
23－3J	SC 433－128	橡胶垫板　753×195×10	1	橡胶	
24－3J	SC 433－129	橡胶垫板　753×195×10	1	橡胶	

续上表

附表 1

序 号	图号 / 标准	名称及规格	数量	材 料	备 注
L1	SCT 300 − 415	连接板 650 − 360	2	Q235	
L2	GB 5780	六角头螺栓 M27 × 55	8		
L3	GB 93	弹簧垫圈 27	8	65Mn	
L4	GB 97	垫 圈 27	8	Q235	
L5	GB 97	调整片 70 × 70 × 5	4	Q235	
		调整片 70 × 70 × 3	4		
		调整片 70 × 70 × 2	4		

辙叉及护轨明细表

序号	图号 / 标准	名称及规格	数量	材　　料	备　　注
1	SC 433－202	高锰钢整铸辙叉	1		
2	SC 433－203	直向护轨　5 900	1	33 kg/m 槽型钢	
3	SC 433－204	侧向护轨　4 800	1	33 kg/m 槽型钢	
4	SC 330－134	垫　板　60－0	7		
5	SC 330－134	垫　板　60－17	9		
6	SC 433－205	垫　板　883×170×20	1		
7	SC 433－205	垫　板　833×170×20	1		
8	SC 433－206	垫　板　780×170×20	1		
9	SC 433－207	垫　板　726×170×20	1		
10	SC 433－208	垫　板　743×170×20	2		
11	SC 433－209	垫　板　743×170×20	7		
12	SC 433－207	垫　板　726×170×20	1		
13	SC 433－210	垫　板　780×170×20	1		
14	SC 433－205	垫　板　833×170×20	1		
15	SC 433－205	垫　板　888×170×20	1		
16	HY03－01	直向护轨垫板　600×170×25	10		
17	HY04－08	侧向护轨垫板　610×170×25	8		
18	专线 4232－4	T 型螺栓　M24×65	114		
19	专线 4171－9	螺　栓　M24×85	18		
20	专线 4232－4	T 型螺栓　M24×90	2		
21	SCT 505－B	岔枕螺栓　155	106	45 钢	
22	NS－01 (b)	螺　母　M24	18	5 级	
23	NS－01 (b)－c	螺　母　M24	116		
24	NS－07	限位板　M24	116		
25	GB 7244	弹簧垫圈　24	18	65Mn	
26	GB 1230	高强度平垫圈　24	24		
27	GB 7244	弹簧垫圈　30	106	65Mn	
28	专线 3351	Ⅱ型弹条	116	60Si2CrVA	
29	专线 4232－10	轨距块　9－11	51	ZG 230－450	
30	专线 4232－10	轨距块　13－15	51	ZG 230－450	
31	专线 4232－10A	接头轨距块　9－11	6	ZG 230－450	
32	专线 4232－10A	接头轨距块　13－15	6	ZG 230－450	
33	TB/T 2345	接头夹板	8		
34	TB/T 2347	接头螺栓及螺母　M24×135－10.9 级	24		

续上表

序号	图号 / 标准	名称及规格	数量	材　料	备　注
35	SC 330C－205	槽型护轨调整片　170 × 80 × 2	36	Q235	
		槽型护轨调整片　170 × 80 × 3	18		
36	SC 433－124	支距扣板　120－130	1	KTH 350－10	
37	SC 433－124	支距扣板　114－124	1	KTH 350－10	
38	SC 330－401	轨下双面槽橡胶垫板　60－190	50	橡胶	
39	SC 330－409	橡胶垫板　439－190	9	橡胶	
4J	SC 330－403	橡胶垫板　452 × 175 × 10	16	橡胶	
6J	SC 330－406	橡胶垫板　883 × 175－406.5	1	橡胶	
7J	SC 330－406	橡胶垫板　833 × 175－381	2	橡胶	
8J	SC 330－405	橡胶垫板　780 × 175 × 10	2	橡胶	
9J	SC 330－405	橡胶垫板　726 × 175 × 10	2	橡胶	
10J	SC 330－410	橡胶垫板　743 × 175 × 10	9	橡胶	
15J	SC 330－406	橡胶垫板　888 × 175－409	1	橡胶	
16J	SC 330－411	橡胶垫板　600 × 175 × 5	10	橡胶	
17J	SC 330－411	橡胶垫板　610 × 175 × 5	8	橡胶	

60 kg/m 钢轨 11 号单开道岔
图　号：SC 433

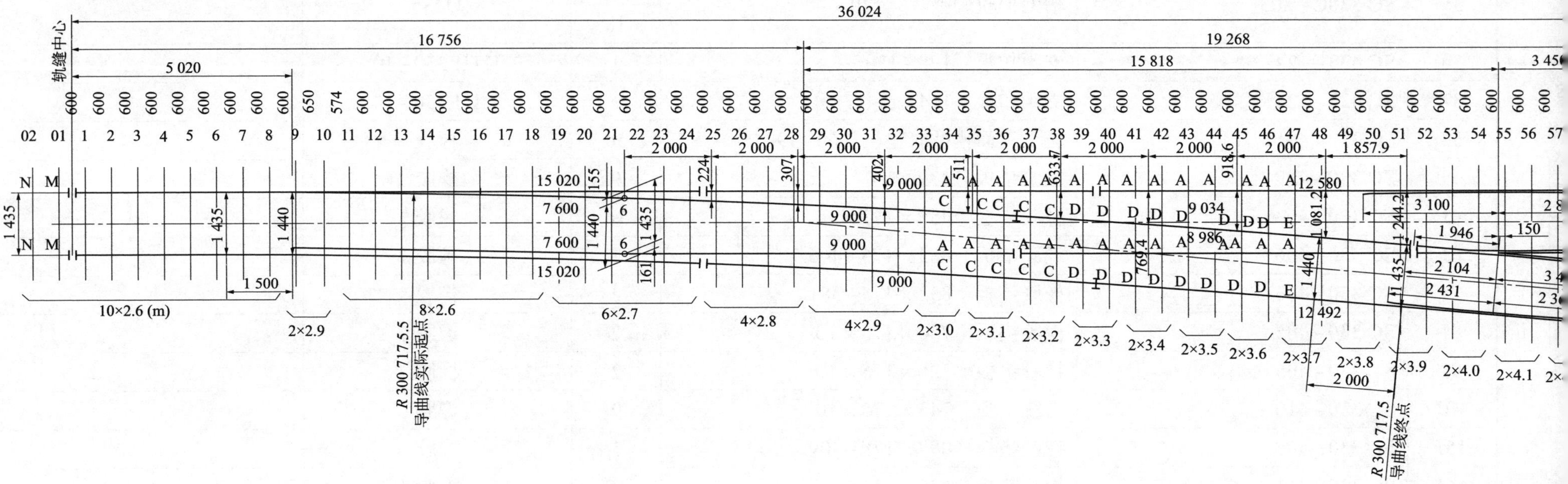

表 1　明　细　表

序号	图号 / 标准	名称及规格	单位	数　量	材　料	备　注
1	SC 433－100	转辙器	组	1		
2	SC 433－200	辙叉及护轨	组	1		
3	TB/T 2341.3	钢　轨	m	79.092 m	60 kg/m 钢轨	
4	TB/T 2342.3	接头夹板	块	10		
5	SC 330－134	垫　板　452	块	104		共五种类型，左右开对称制造
6	SC 330－121	垫　板　P60 (N)	块	6		
7	SC 330－122	垫　板　P80 (M)	块	6		
8	专线 3351	Ⅱ型弹条	个	232	60Si2CrVA	
9	专线 4232－4	螺　栓　M24 × 65	根	232+10	4.8 级	“+”后为备用
10	TB/T 2347	接头螺栓、螺母　M24 × 135－10.9	副	30		
11	NS－01 (b)－c	螺　母　M24	个	232+10	4 级	“+”后为备用
12	NS－07	限位板　M24	个	232+10	4 级	“+”后为备用
13	GB/T 1230	高强度平垫圈　24	个	30		
14	SC T505－B	螺　钉　155	个	232	45	
15	GB/T 7244	弹簧垫圈　30	个	232	65Mn	
16	专线 4232－10	轨距块　9－11	个	106+10	ZG 230－450	“+”后为备用
17	专线 4232－10	轨距块　13－15	个	106+10	ZG 230－450	“+”后为备用
18	专线 4232－10	轨距块　7－17	个	20	ZG 230－450	备用
19	专线 4232－10A	接头轨距块　9－11	个	6+2	ZG 230－450	“+”后为备用
20	专线 4232－10A	接头轨距块　13－15	个	6+2	ZG 230－450	“+”后为备用
21	专线 4232－72	绝缘轨距块　9－11	个	4	玻璃纤维	

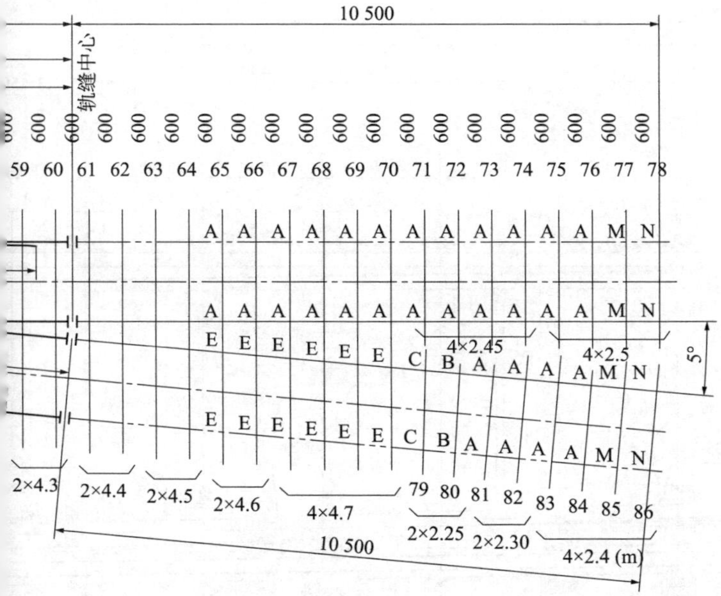

图 1 绝缘接头设在侧股

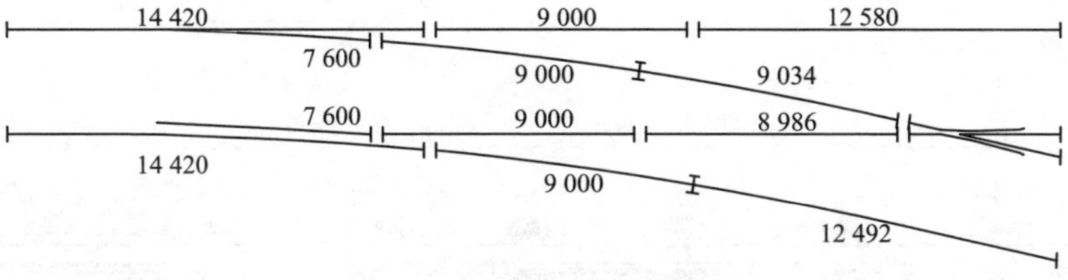

图 2 绝缘接头设在直股

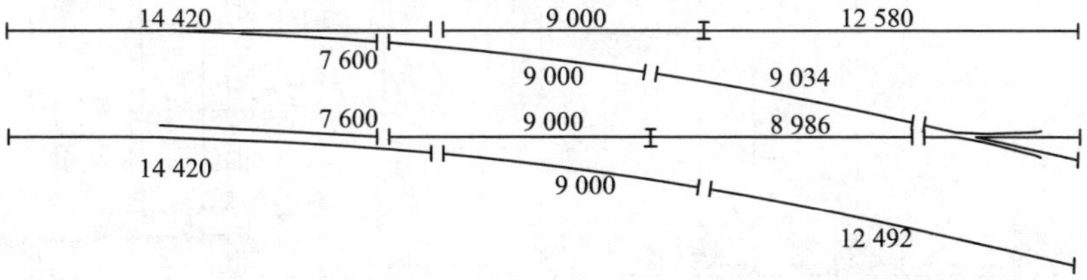

图 3 转辙器部分轨距示意图

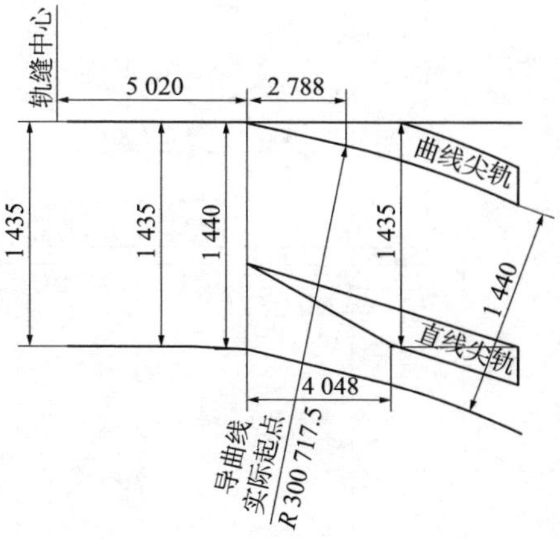

续表 1

序号	图号 / 标准	名称及规格	单位	数 量	材 料	备 注
22	专线 4232－72	绝缘轨距块 13－15	个	4	玻璃纤维	
23	SC 330－403	橡胶垫板 452 × 175 × 10	块	116	橡胶	
24	SC 330－401	橡胶垫板 60－190	块	116	橡胶	
25	专线 9595	钢轨绝缘	组	2		供否见合同

表 2 岔枕数量表

序号	岔枕长 (m)	单位	数量	岔枕号	序号	岔枕长 (m)	单位	数量	岔枕号
1	2.25	根	2	79、80	15	3.50	根	2	43、44
2	2.30	根	2	81、82	16	3.60	根	2	45、46
3	2.40	根	4	83～86	17	3.70	根	2	47、48
4	2.45	根	4	71～74	18	3.80	根	2	49、50
5	2.50	根	4	75～78	19	3.90	根	2	51、52
6	2.60	根	18	1～8、11～18、01～02	20	4.00	根	2	53、54
7	2.70	根	6	19～24	21	4.10	根	2	55、56
8	2.80	根	4	25～28	22	4.20	根	2	57、58
9	2.90	根	6	9、10、29～32	23	4.30	根	2	59、60
10	3.00	根	2	33、34	24	4.40	根	2	61、62
11	3.10	根	2	35、36	25	4.50	根	2	63、64
12	3.20	根	2	37、38	26	4.60	根	2	65、66
13	3.30	根	2	39、40	27	4.70	根	4	67～70
14	3.40	根	2	41、42					

技 术 要 求

1. 图中钢轨普通接头及绝缘接头分别以“—|├—”、“⫟”表示。
2. 钢轨轨缝除注明者外均为 8 mm。
3. 岔枕均按垂直于正线方向布置。
4. 明细表中序号 6 垫板数量分为 A 型 60 块、B 型 2 块、C 型 12 块、D 型 16 块、E 型 14 块。
5. 道岔前后设顺坡垫板 P(80)、P(60) 分别用 M、N 表示，其铺设位置见图，若与无轨底坡线路连接时取消顺坡垫板，增加 60－0 垫板 12 块。定货时须指明。
6. 配轨：

(1) 道岔采用普通接头，配轨由下表所列钢轨组成（绝缘设在直侧股均可）：

长度 (mm)	12 580	12 492	9 034	9 000	8 986
数量（根）	1	1	1	4	1

(2) 钢轨螺栓孔均做 1 × 45° 的倒角。

60 kg/m 钢轨 11 号单开道岔转辙器

图　号：SC 433－100

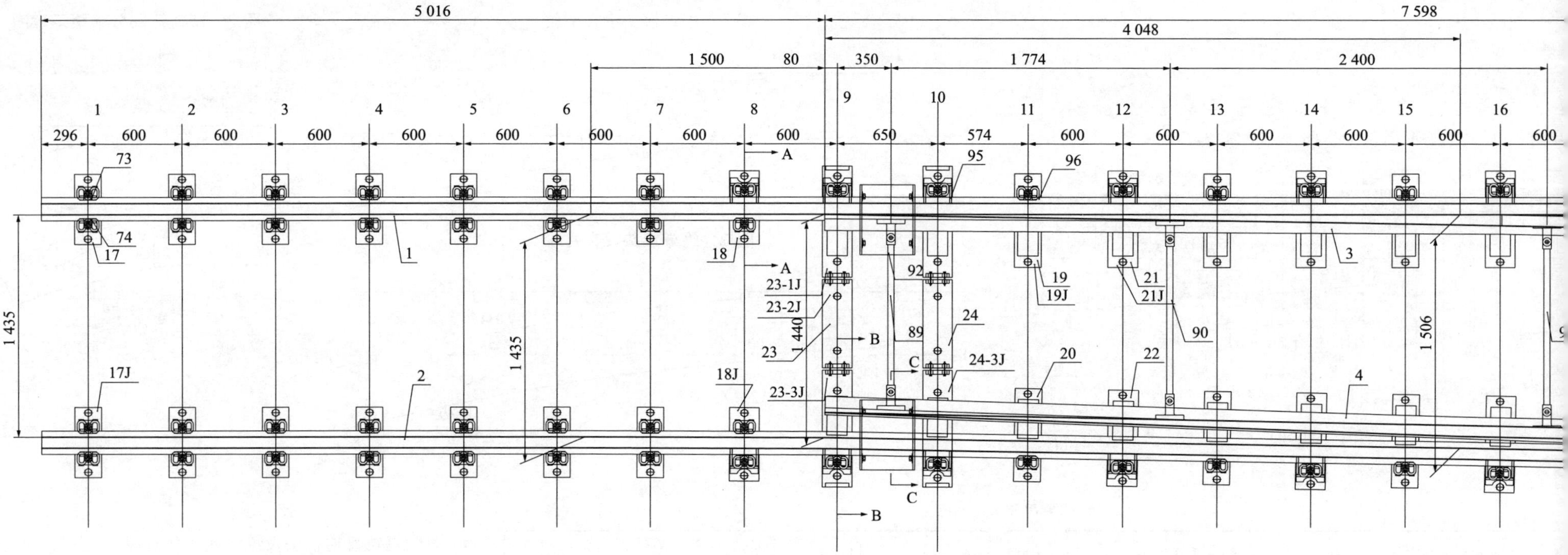

A－A

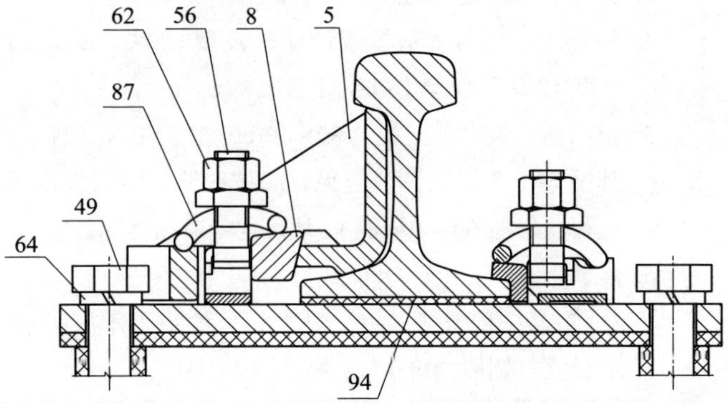

B－B

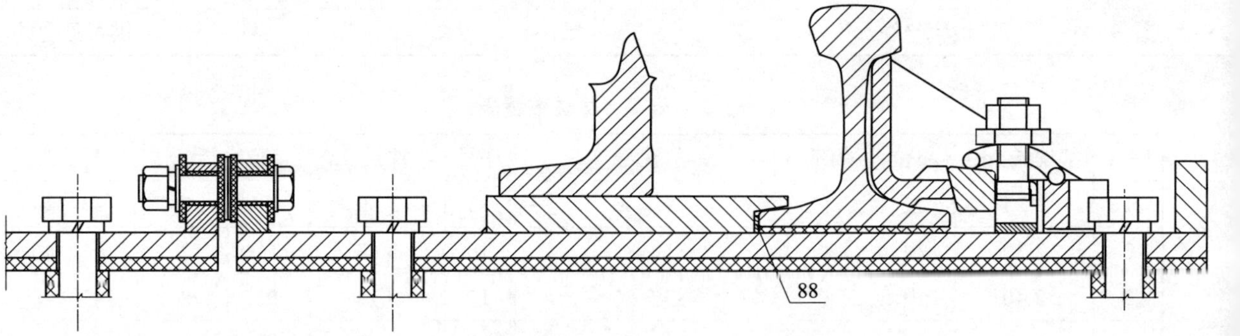

E－E

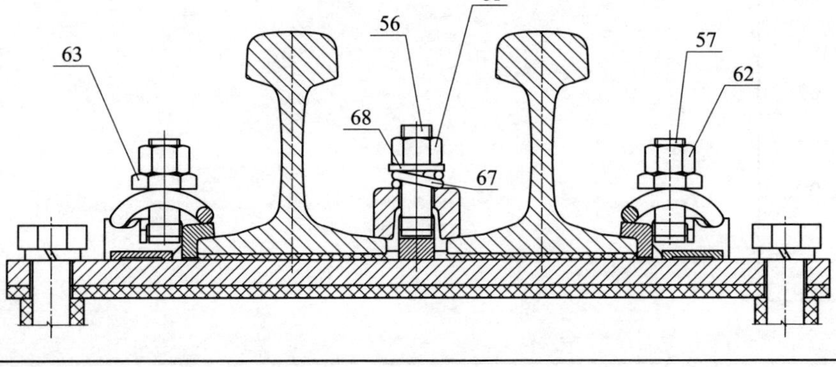

F－F

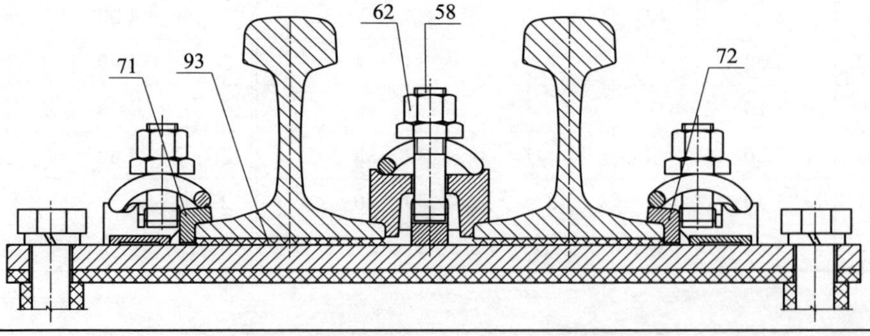

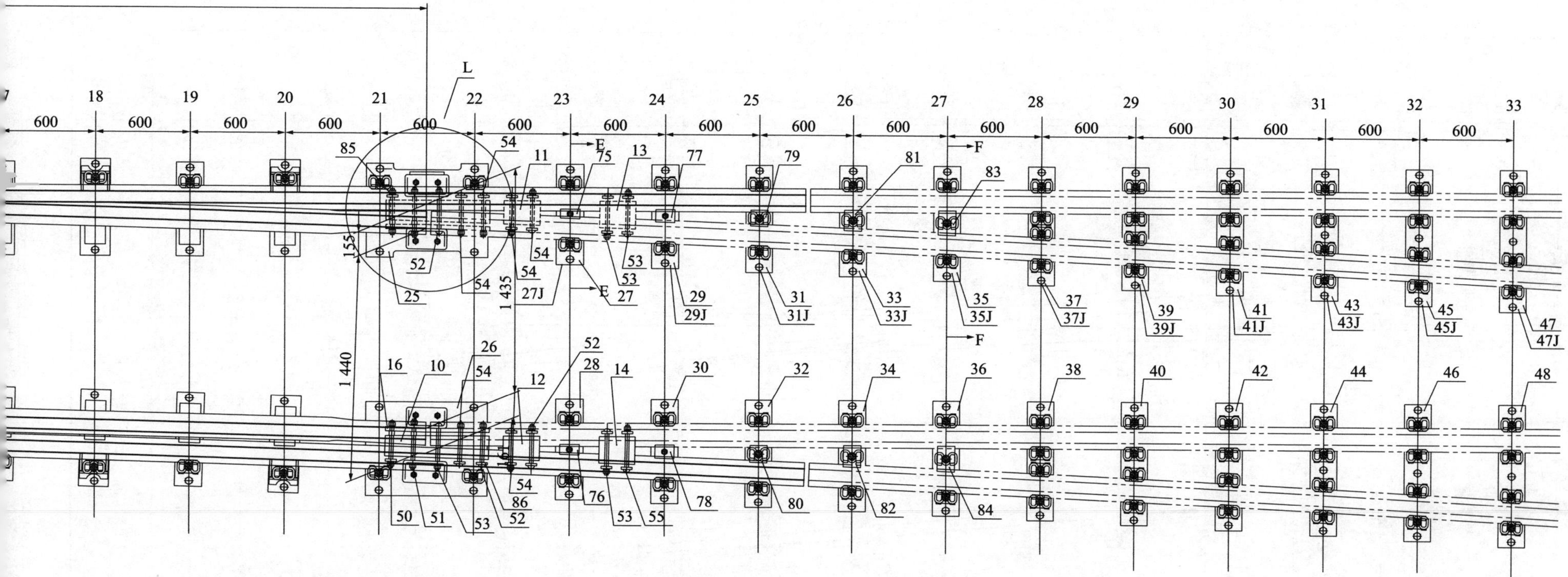

C – C

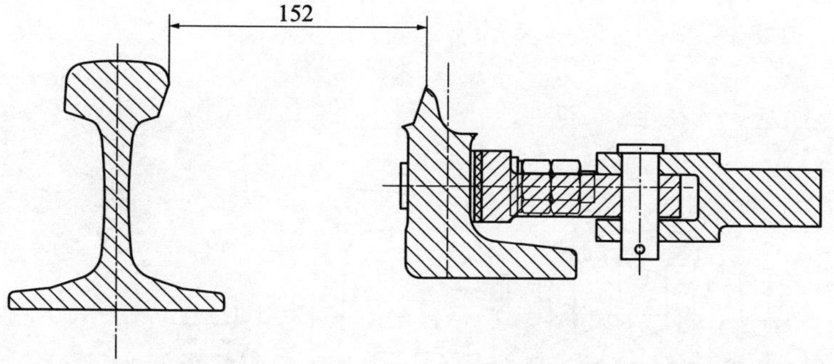

L

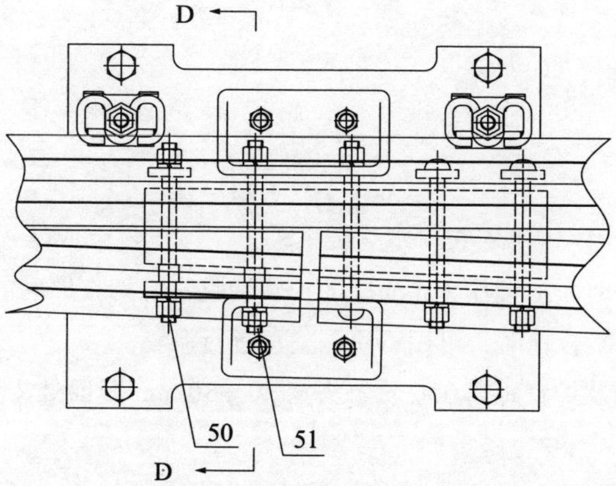

D – D

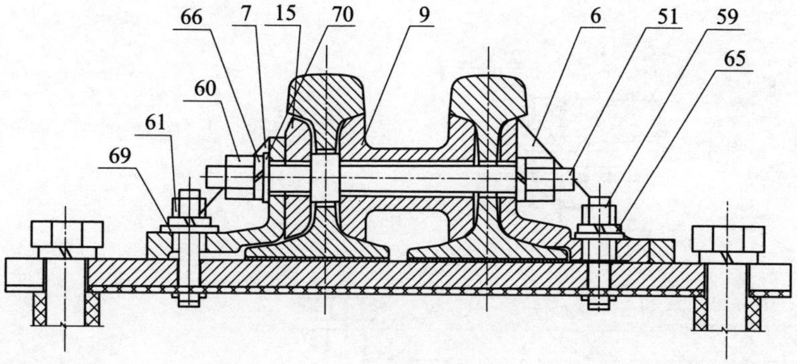

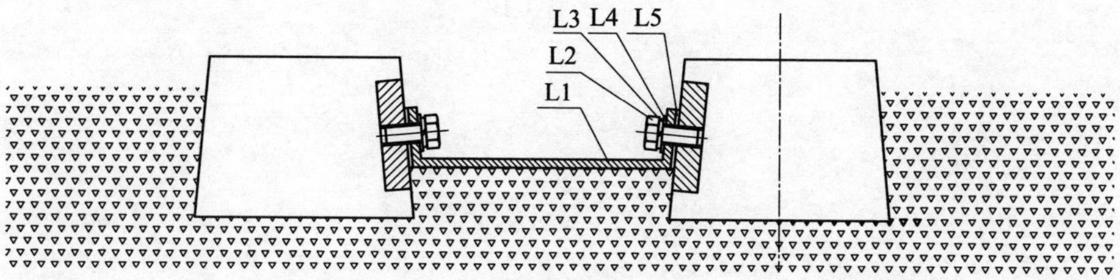

技 术 要 求

岔枕连接装置及挡砟板应上道后，道岔调整完毕后安装。

60 kg/m 钢轨 11 号单开道岔辙叉及护轨

图　号：SC 433－200

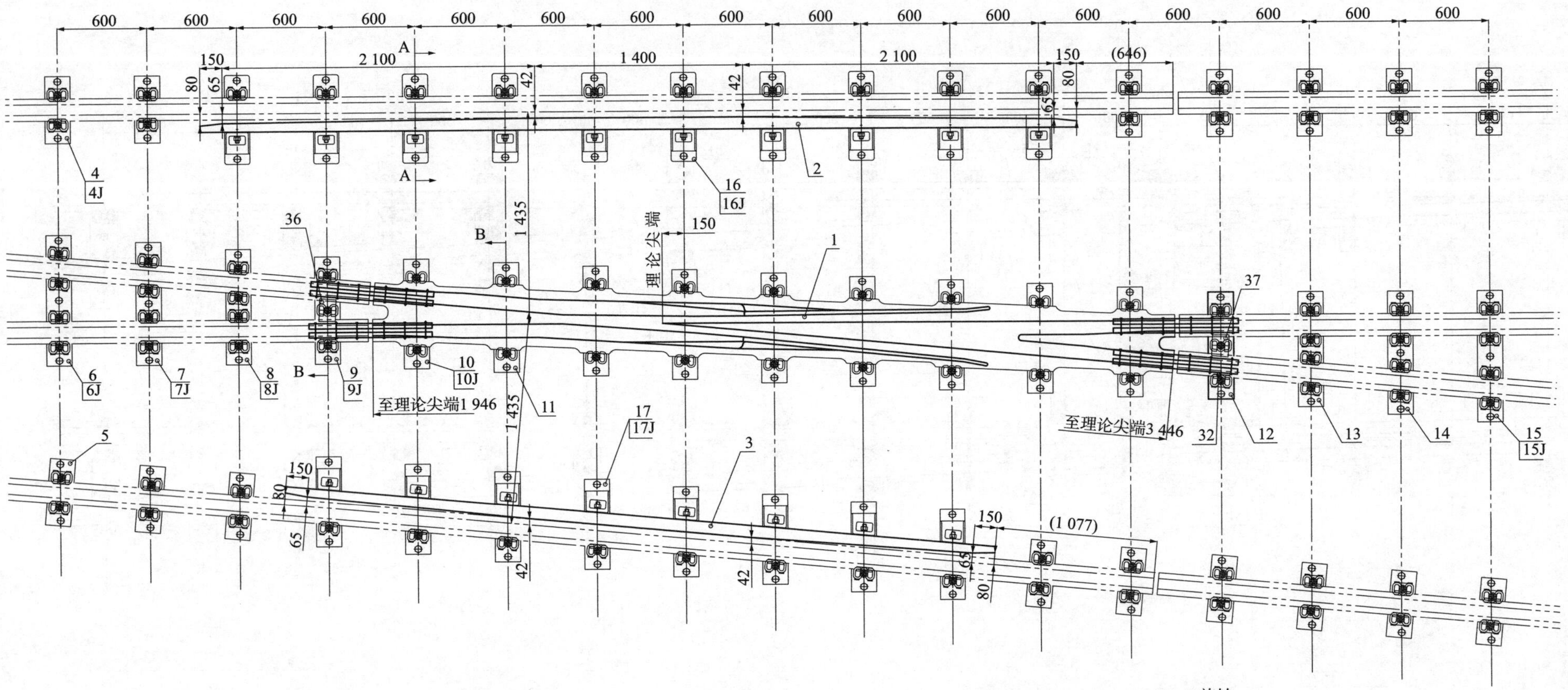

A－A 旋转

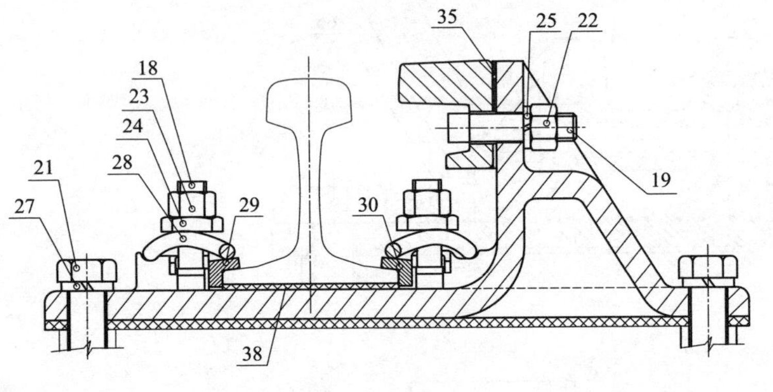

B－B 旋转

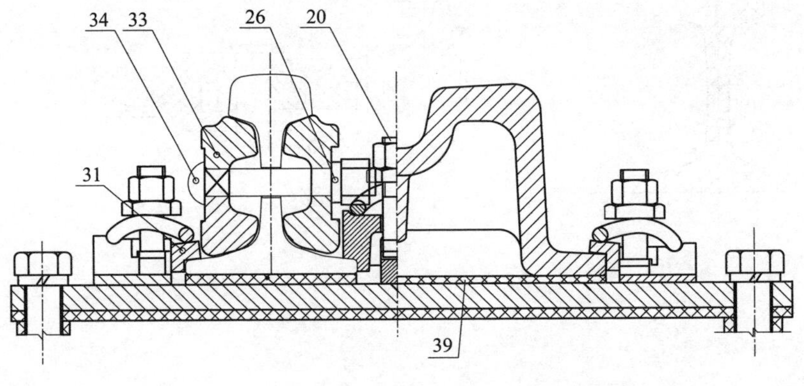

技 术 要 求

1. 组装护轨时，应使用 3 mm 厚的护轨调整片，如查照间隔或护背距离不合格时，可用备用调整片进行调整。
2. 查照间隔及护背距离在心轨轨头宽 20～30 mm 断面处丈量。

111. 50 kg/m 钢轨 6 号对称道岔(木枕)
设计图号：专线 5816

道岔允许通过速度	客车	v≤35 km/h		扣件类型	扣板式
	货车	v≤35 km/h		轨底坡	—
转辙器跟端形式	□限位器 □间隔铁 □不设传力机构 ■间隔铁活接头			锁闭方式	内锁闭
道岔全长	17 457	辙叉全长	2 541	辙叉类型	高锰钢整铸式
道岔前长	7 437	辙叉趾长	1 220	辙叉角	9°27′44″
道岔后长	10 020	辙叉跟长	1 321	翼轨轨型	—
尖轨长度	4 500	基本轨长度	7 812	护轨长度	2 700
尖轨轨型	50AT1				
尖轨尖端前基本轨长度			1 296	护轨轨型	43 kg/m
辙叉理论尖端距趾端方向前一根岔枕中心距离			455	导曲线半径	180 m
尖轨尖端至心轨实际尖端的距离		—	护轨端头距导轨端头定位尺寸		304
道岔终端至末根岔枕中心距离		4 075			

岔枕图号 GB 154	岔枕总数	42 根	岔枕 展延长	145.2	套管总数	—
电务转换设备 —	尖轨动程	152			心轨动程	—
批准文号	—				应用情况	★
主要结构特点	1. 尖轨转换设一个牵引点。 2. 护轨采用可调分开式护轨，用 43 kg/m 钢轨制造，护轨高出基本轨 12 mm。 3. 导曲线钢轨外侧设置轨撑，并以螺栓与导轨连接。					

转辙器明细表

序号	图号 / 标准	名称及规格	数量	材　料	备　注
1	专线 5817－3	基本轨　7 812	1	50 kg/m 钢轨	
2	专线 5817－3	基本轨　7 812	1	50 kg/m 钢轨	按序号 1 对称制造
3	专线 5817－4	尖　轨　4 500	1	50AT 钢轨	
4	专线 5817－4	尖　轨　4 500	1	50AT 钢轨	按序号 3 对称制造
5	专线 4140－36	轨　撑　50	18	KTH 330－08	
6	专线 4140－35	调整楔　50	18	KTH 330－10	
7	专线 5817－10	轨　撑　50	2	KTH 330－08	
8	专线 5817－9	轨　撑　50	2	KTH 330－08	
9	专线 5817－12	间隔铁	1	KTH 330－08	
10	专线 5817－12	间隔铁	1	KTH 330－08	按序号 9 对称制造
11	专线 4140－20	接头夹板　50－10 Z	1		
12	专线 4140－20	接头夹板　50－10 Y	1		按序号 11 对称制造
13	专线 4140－18	拉　杆　1 015	1	Q235	
14	专线 4140－19	连　杆　1 065	1	Q235	
15	专线 5817－6	辙跟垫板　760 × 546 × 20	1	Q235	
16	专线 5817－6	辙跟垫板　760 × 546 × 20	1	Q235	按序号 15 对称制造
17	专线 4140－10	垫　板　366 × 180 × 20	2	Q235	
18	专线 4140－11	垫　板　441 × 180 × 20	2	Q235	
19	专线 5817－5	滑床板　639 × 180 × 20	16	Q235	
20	专线 5817－7	辙后垫板　618 × 180 × 20	1	Q235	
21	专线 5817－7	辙后垫板　618 × 180 × 20	1	Q235	按序号 20 对称制造
22	专线 5817－7	辙后垫板　656 × 180 × 20	1	Q235	
23	专线 5817－7	辙后垫板　656 × 180 × 20	1	Q235	按序号 22 对称制造
24	专线 5817－8	辙后垫板　697 × 180 × 20	1	Q235	
25	专线 5817－8	辙后垫板　697 × 180 × 20	1	Q235	按序号 24 对称制造
26	专线 4140－7	螺　栓　24 × 30 × 80 × 235	2		
27	专线 4140－7	螺　栓　24 × 24 × 95 × 260	2		
28	专线 4140－3	螺　栓　M24 × 330	6		
29	专线 4140－4	螺　栓　M22 × 110	36		
30	TB/T 416	螺　栓　M22 × 80	8		
31	GB/T 31	螺　栓　M22 × 85	16		
32	专线4140－5	螺　栓　M22 × 85	2		
33	专线4140－4	螺　栓　M22 × 85	18		

续上表

序号	图号 / 标准	名称及规格	数量	材　料	备　注
34	专线4140－4	螺　栓　M22×90	2		
35	专线4140－8	螺　母　M24	4		
36	专线4140－8	螺　母　M22	92		
37	TB/T 416	垫　圈　24	14		
38	TB/T 416	垫　圈　22	92		
39	GB/T 96	垫　圈　22	36	Q235	
40	专线5817－11	辙跟垫板　50	6	KTH 330－08	
41	GB/T 91	销　5×30	26		
42	GB/T 97	垫　圈　24	8		
43	TB/T 436	螺纹道钉	124		
44	专线4140－25	中间扣板	10	KTH 350－10	
45	专线4140－26	加高扣板	12	KTH 350－10	
46	专线4140－27	接头扣板　0–2	4	KTH 350－10	
47	专线4140－27	接头扣板　4–6	4	KTH 350－10	
48	专线4140－51	塑料垫板　396×190×5	2		
49	专线4140－52	塑料垫片　451×190×5	2		
50	专线4140－53	塑料垫片　649×190×5	16		
51	专线4140－54	塑料垫片　556×240×5	4		
52	专线4140－51	塑料垫片　628×190×5	2		
53	专线4140－51	塑料垫片　666×190×5	2		
54	专线4140－55	塑料垫片　706×190×5	2		

高锰钢辙叉及护轨明细表

序号	图号 / 标准	名称及规格	数量	材　料	备　注
1	专线 5818－4	高锰钢辙叉	1		
2	专线 5818－5	导　轨　9 125	2	50 kg/m 钢轨	
3	专线 5818－5	导　轨　9 532	2	50AT 钢轨	
4	专线 5818－6	护　轨　2 700	1	43 kg/m 钢轨	
5	专线 5818－6	护　轨　2 700	1	43 kg/m 钢轨	按序号 4 对称制造
6	专线 5818－9	间隔铁　370	1		
7	专线 5818－8	垫　板　528 × 180 × 20	5	Q235	
8	专线 5818－8	垫　板　528 × 180 × 20	5	Q235	按序号 7 对称制造
9	专线 4140－10	垫　板　366 × 180 × 20	6	Q235	
10	专线 4140－14	垫　板　674 × 180 × 20	4	Q235	
11	专线 5818－8	叉跟垫板　760 × 537 × 20	1	Q235	
12	专线 5818－7	叉前垫板　330 × 180 × 20	1	Q235	按序号 13 对称制造
13	专线 5818－7	叉前垫板　330 × 180 × 20	1	Q235	
14	专线 5818－7	叉后垫板　650 × 180 × 20	1	Q235	
15	专线 5818－7	叉后垫板　740 × 180 × 20	1	Q235	
16	专线 4140－23	调整片　135 × 100 × 2/3	20/10		
17	TB/T 2345	接头夹板	2		
18	专线 4140－25	中间扣板	26	KTH 350－10	
19	专线 4140－27	接头扣板　0-2	6	KTH 350－10	
20	专线 4140－27	接头扣板　4-6	6	KTH 350－10	
21	专线 4140－28	辙叉扣板	6	KTH 350－10	
22	专线 5818－12	辙叉接头扣板	4	KTH 350－10	
23	GB 5098	接头螺栓、螺母	12		
24	TB/T 413	螺　栓　M24 × 110	10		
25	专线 4140－57	垫　板　476 × 180 × 20	2	Q235	
26	专线 4140－3	螺　栓　M24 × 300	1		
27	专线 4140－3	螺　栓　M24 × 320	1		
28	专线 4140－3	螺　栓　M24 × 340	1		
29	专线 4140－3	螺　栓　M24 × 370	1		
30	专线 4140－3	螺　栓　M24 × 390	1		
31	专线 4140－4	螺　栓　M22 × 85	36		
32	专线 4140－4	螺　栓　M22 × 90	8		
33	TB/T 416	螺　栓　M22 × 90	4		
34	专线 4140－8	螺　母　M24	15		

续上表

序号	图号 / 标准	名称及规格	数量	材　　料	备　　注
35	专线 4140－8	螺　母　M22	48		
36	TB/T 418	垫　圈　24	27		
37	TB/T 418	垫　圈　22	48		
38	TB/T 442	接头夹板圆孔垫圈　50-6	6	KTH 330－08	
39	TB/T 442	接头夹板方孔垫圈　50-6	6	KTH 330－08	
40	专线 4140－9	导电销　25 × 40	4		
41	TB/T 436	螺纹道钉	124		
42	专线 5818－11	胶合竹片　330 × 180 × 6	2	胶合竹片	
43	专线 5818－11	胶合竹片　650 × 180 × 4	1	胶合竹片	
44	专线 5818－11	胶合竹片　740 × 180 × 2	1	胶合竹片	
45	专线 4140－56	塑料垫片　538 × 190 × 5	10		
46	专线 4140－51	塑料垫片　376 × 190 × 5	8		
47	专线 4140－51	塑料垫片　684 × 190 × 5	4		
48	专线 5818－10	塑料垫片　547 × 240 × 5	2		
49	专线 4140－51	塑料垫片　340 × 190 × 5	2		
50	专线 4140－51	塑料垫片　660 × 190 × 5	1		
51	专线 5818－10	塑料垫片　750 × 190 × 5	1		

50 kg/m 钢轨 6 号对称道岔
图　号：专线 5816

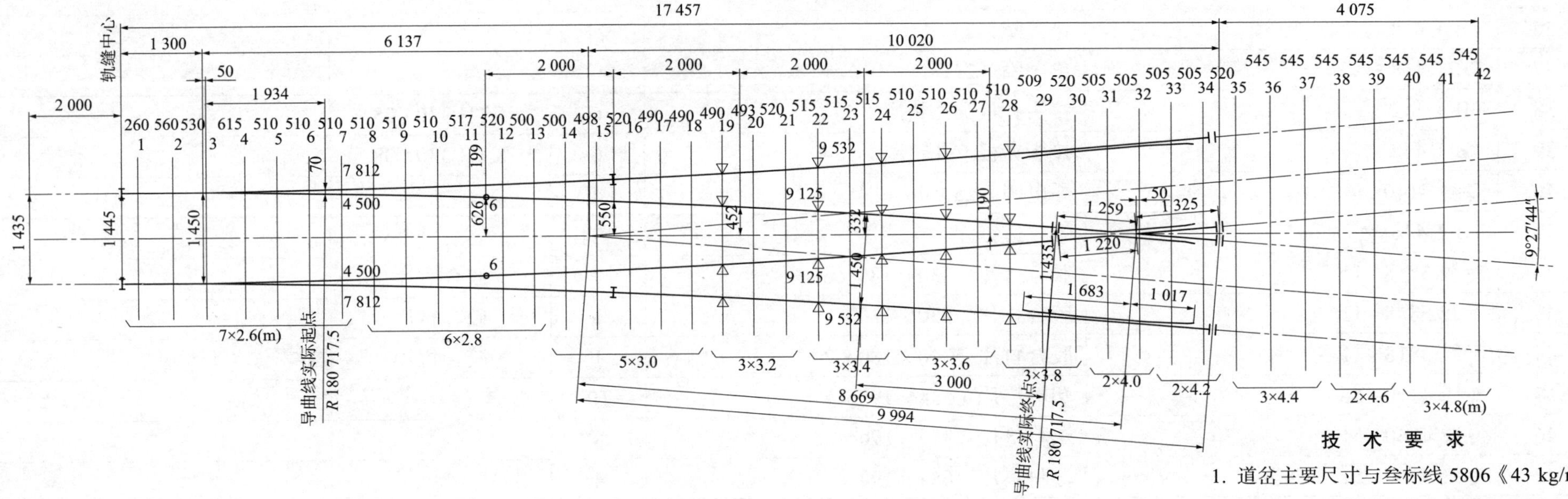

技　术　要　求

1. 道岔主要尺寸与叁标线 5806《43 kg/m 钢轨 6 号对称道岔总布置图》相同。
2. 道岔平面设计如下：转辙器为半割线型曲线尖轨(割距 2 mm)，见图 1；辙叉为直线型，导曲线半径 R180 m。
3. 导曲线钢轨外侧设置轨撑，并以螺栓与导轨连接。
4. 导曲线部分一般平垫板平行枕木方向铺设，轨撑垫板垂直钢轨铺设。
5. 导曲线外股设 6 mm 超高，采用措施如下：转辙器部分滑床台厚度采用 30 mm，导曲线部分在垫板下加 6 mm 厚胶合竹片，锰钢辙叉比 50 kg/m 钢轨高 6 mm。道岔前端在尖轨上顺坡，辙叉后用胶合竹片顺坡。若特殊情况时也可在辙叉前顺坡。
6. 如绝缘接头需设于导曲线中部时，可将 9 125 mm 长的钢轨换成长 4 500 mm 及 4 617 mm 的短轨。
7. 道岔尖轨尖端外的岔枕长度是按照道岔转换设备安装在角钢上设计的，若转换设备安装在岔枕上时，则尖轨尖端外的岔枕长度应按电气设备安装规定办理。
8. 图中轨道电路绝缘接头及普通接头分别为“┼”及“—||—”表示。
9. 钢轨轨缝除注明外均为 8 mm。
10. 导曲线安设轨撑的位置以“△”表示。

表 1　岔枕数量表

序号	岔枕长 (m)	单位	数量
1	2.6	根	7
2	2.8	根	6
3	3.0	根	5
4	3.2	根	3
5	3.4	根	3
6	3.6	根	3
7	3.8	根	3
8	4.0	根	2
9	4.2	根	2
10	4.4	根	3
11	4.6	根	2
12	4.8	根	3
枕木总长：145.2 m			

表 2　明　细　表

序号	图号 / 标准	名称及规格	单位	数量	材　料	备　注
1	专线 5817	6 号对称道岔转辙器	组	1		
2	专线 5818	6 号高锰钢辙叉及护轨	组	1		
3	专线 4140－10	垫　板　366 × 180 × 20	块	32		
4	专线 4140－11	垫　板　441 × 180 × 20	块	20		
5	专线 4140－11	轨　撑　50	个	20	KTH 350－08	
6	专线 4140－35	调整楔　50	个	20	KTH 350－10	
7	专线 4140－25	中间扣板　50	个	80	KTH 350－10	
8	专线 4140－27	接头扣板　0-2	个	2	KTH 350－10	
9	专线 4140－27	接头扣板　4-6	个	2	KTH 350－10	
10	专线 4140－4	螺　栓　M22 × 110	个	40		
11	专线 4140－4	螺　栓　M22×85	个	84		
12	GB/T 31	螺　栓　M22 × 85	个	20		
13	专线 4140－8	螺　母　M22	个	144		
14	TB/T 418	垫　圈　24	个	144	55Si2Mn	
15	GB/T 96	垫　圈　22	个	40		
16	GB/T 91	销　5 × 30	个	20		
17	TB/T 2345	接头夹板	块	2		
18	TB/T 2347	接头螺栓、螺母	套	6		
19	专线 4266－13	垫　圈　24	个	6		
20	TB/T 436	螺纹道钉	个	208		
21	专线 4140－51	塑料垫片　376 × 190 × 5	块	32		
22	专线 4140－52	塑料垫片　451 × 190 × 5	块	20		
23	专线 4140－47	胶合竹片　366 × 180 × 6	块	16	胶合竹片	
24	专线 4140－48	胶合竹片　441 × 180 × 6	块	10	胶合竹片	
25	电号 9050	钢轨绝缘	套	4		由通号公司供图

图 1　转辙器部分轨距示意图

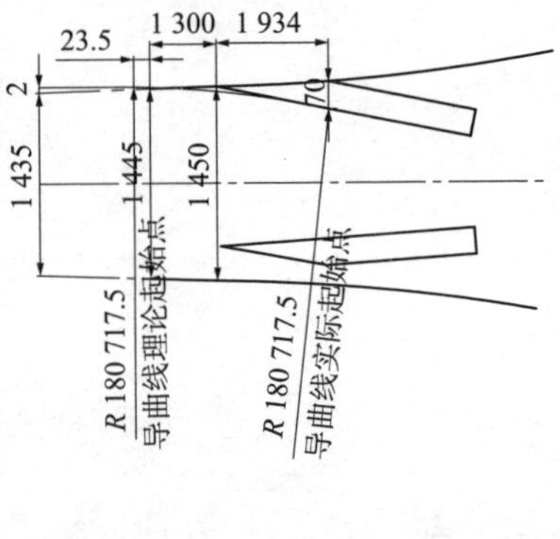

50 kg/m 钢轨 6 号对称道岔转辙器

图 号：专线 5817－2

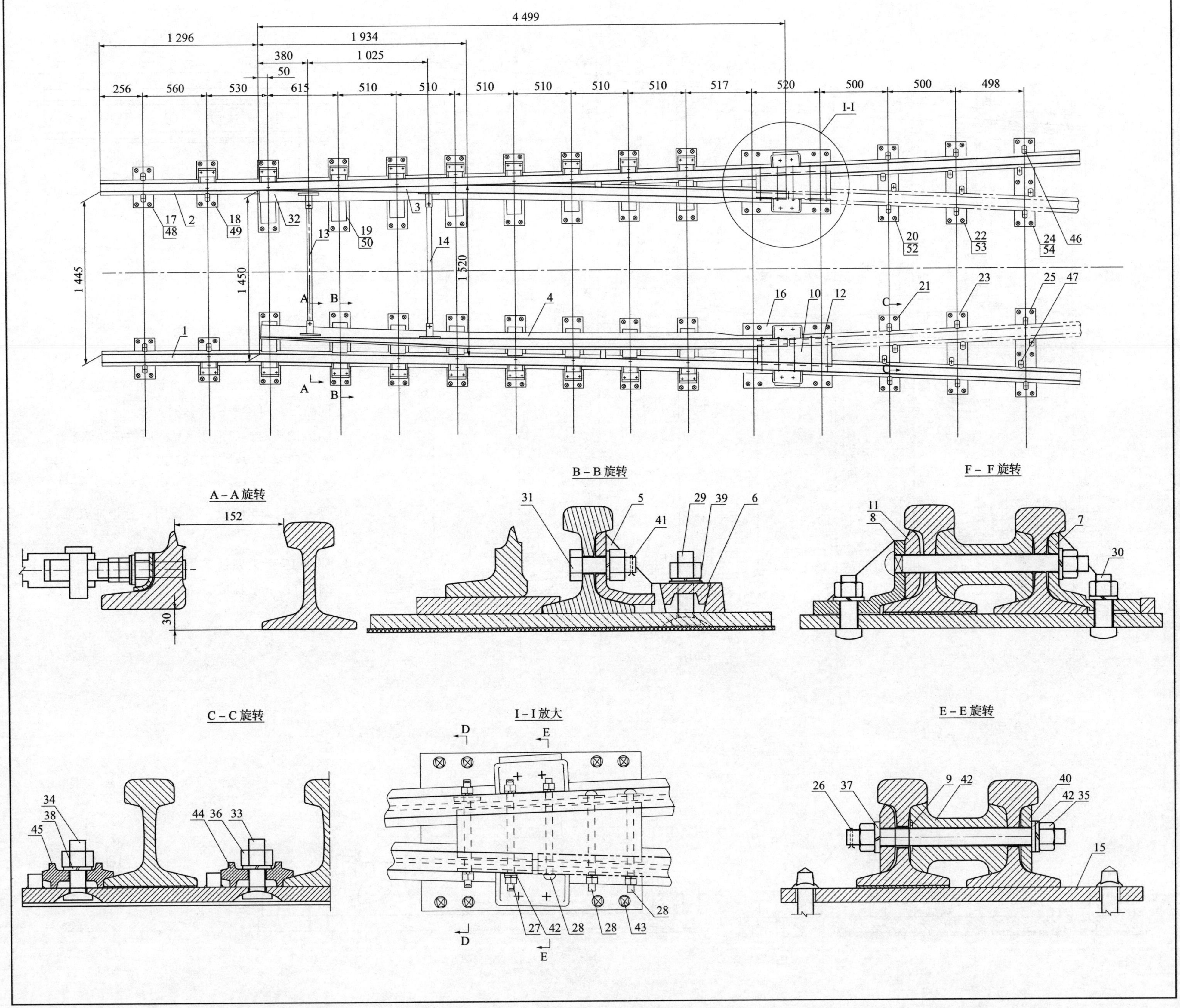

50 kg/m 钢轨 6 号高锰钢辙叉及护轨

图　号：专线 5818－2

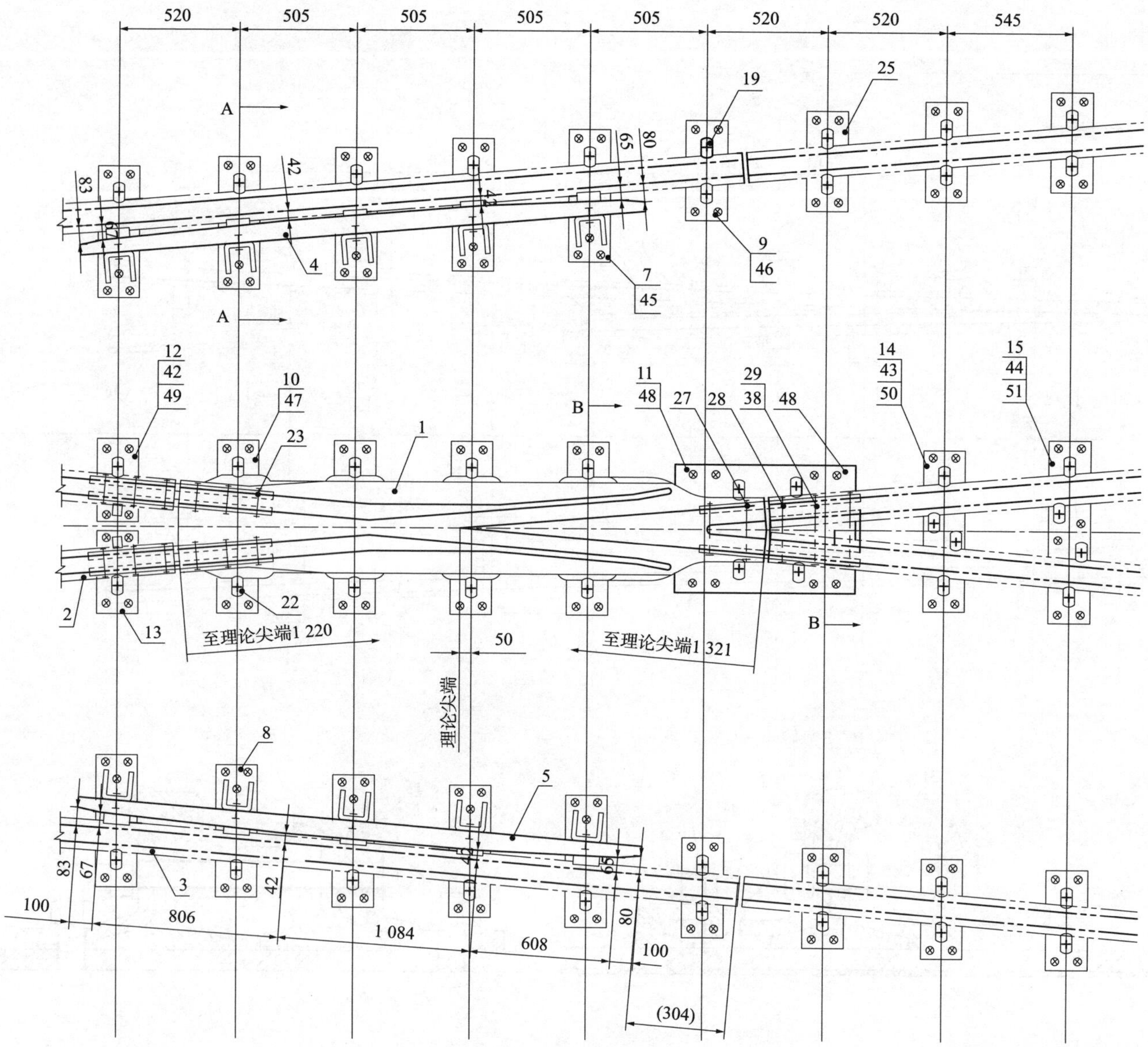

图 1

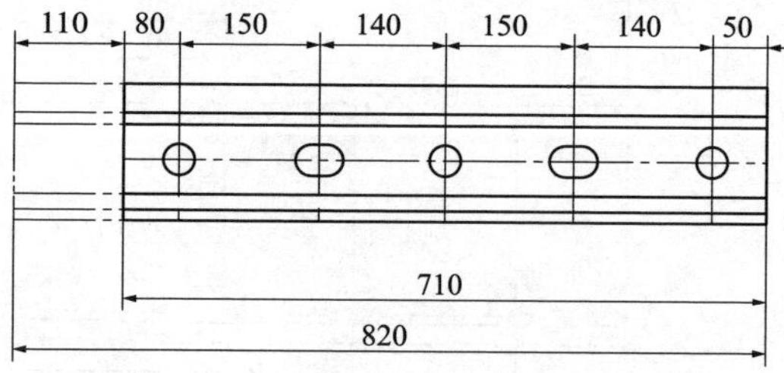

A－A 旋转

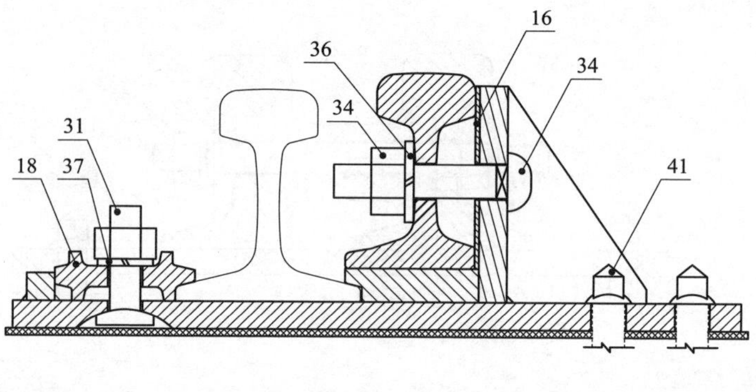

B－B

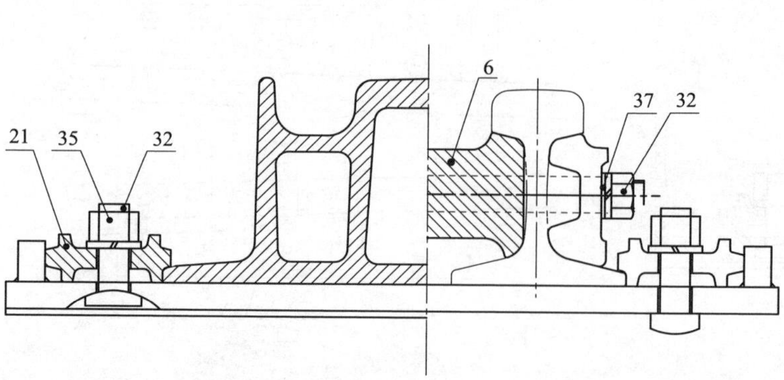

C－C

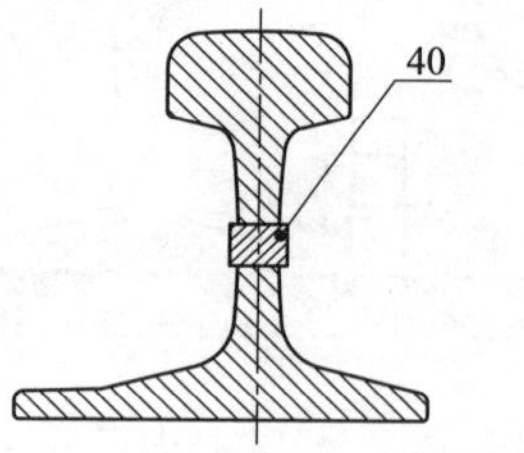

技　术　要　求

1. 安装护轨垫板时，护轨基本轨轨底与台板间隙不得大于 2 mm，如台板上颚与基本轨有间隙时，可用薄铁片塞紧。
2. 组装护轨时，应使用 3 mm 厚的护轨调整片，如查照间隔或护背距离不合格时，可用备用调整片进行调整。
3. 序号 14、15 垫板在铺设时，标记应在辙叉左侧。
4. 序号 17 接头夹板采用标准接头夹板切除一端长 110 mm 而成，两块接头夹板对称加工，见图 1。

112. 50 kg/m 钢轨 6.5 号对称道岔(木枕)
设计图号：专线 5819

道岔允许通过速度	客车	—		扣件类型	分开式刚性可调
	货车	—		轨底坡	—
转辙器跟端形式	□限位器 □间隔铁 □不设传力机构 ■间隔铁活接头			锁闭方式	内锁闭
道岔全长	20 204	辙叉全长	3 001	辙叉类型	高锰钢整铸式
道岔前长	8 913	辙叉趾长	1 119	辙叉角	8°44′46.18″
道岔后长	11 291	辙叉跟长	1 882	翼轨轨型	—
尖轨长度	4 207	基本轨长度	7 602	护轨长度	2 900
尖轨轨型	50AT1				
尖轨尖端前基本轨长度			1 206	护轨轨型	33 kg/m 槽型钢
辙叉理论尖端距趾端方向前一根岔枕中心距离			369	导曲线半径	180 m
尖轨尖端至心轨实际尖端的距离		—	护轨端头距导轨端头定位尺寸		498
道岔终端至末根岔枕中心距离		4 624			

岔枕图号 GB 154	岔枕总数	48 根	岔枕展延长	166.8 m	套管总数	—
电务转换设备 —	尖轨动程	152			心轨动程	—
批准文号	—				应用情况	★
主要结构特点	1. 导曲线设置 6 mm 超高，并设置了轨撑。 2. 护轨高出基本轨 12 mm。 3. 基本轨外侧设置轨撑。					

转辙器明细表

序号	图号 / 标准	名称及规格	数量	材　料	备　注
1	专线 5820－4	尖　轨　4 207	1	50AT 钢轨	
2	专线 5820－4	尖　轨　4 207	1	50AT 钢轨	按序号 1 对称制造
3	专线 5820－5	基本轨　7 602	1	50 kg/m 钢轨	
4	专线 5820－5	基本轨　7 602	1	50 kg/m 钢轨	按序号 3 对称制造
5	专线 4140－36	轨　撑　50	16	KTH 330－08	
6	专线 4140－35	调整楔	16	KTH 350－10	
7	专线 5820－6	轨　撑　50	2	KTH 330－08	
8	专线 5820－7	轨　撑　50	2	KTH 330－08	
9	专线 5820－8	间隔铁	1	KTH 330－08	
10	专线 5820－8	间隔铁	1	KTH 330－08	
11	专线 4140－20	接头夹板　50－10 Z	1		
12	专线 4140－20	接头夹板　50－10 Y	1		按序号 11 对称制造
13	专线 4140－18	拉　杆　1014	1	Q235	
14	专线 4140－19	连　杆　1072	1	Q235	
15	专线 5820－9	辙跟垫板	1	Q235	
16	专线 5820－9	辙跟垫板	1	Q235	按序号 15 对称制造
17	专线 4140－10	垫　板　366 × 180 × 20	6	Q235	
18	专线 4140－11	垫　板　441 × 180 × 20	2	Q235	
19	专线 5280－10	滑床板　639 × 180 × 20	14	Q235	
20	专线 5280－11	垫　板　551 × 180 × 20	2	Q235	
21	专线 5280－11	垫　板　575 × 180 × 20	2	Q235	
22	专线 5280－11	垫　板　602 × 180 × 20	2	Q235	
23	专线 5280－12	垫　板　304 × 180 × 20	10	Q235	
24	专线 5280－12	垫　板　304 × 180 × 20	2	Q235	
25	专线 4140－7	螺　柱　24 × 30 × 80 × 220	2		
26	专线 4140－7	螺　柱　24 × 24 × 95 × 230	2		
27	专线 4140－3	螺　栓　M24 × 280	2		
28	专线 4140－3	螺　栓　M24 × 270	4		
29	TB/T 416	螺　栓　M22 × 80	8	A3	
30	GB/T 31	螺　栓　M22 × 85	14	A3	
31	专线 4140－5	螺　栓　M22 × 85	2	A3	

续上表

序号	图号 / 标准	名称及规格	数量	材　　料	备　　注
32	专线 4140－4	螺　栓　M22×85	32	A3	
33	专线 4140－4	螺　栓　M22×90	12	A3	
34	专线 4140－4	螺　栓　M22×110	32	A3	
35	专线 4140－8	螺　母　M24	14	A5	
36	专线 4140－8	螺　母　M22	100	A5	
37	TB/T 418	垫　圈　M24	14	55Si2Mn	
38	TB/T 418	垫　圈　M22	100	55Si2Mn	
39	GB/T 95	垫　圈　M24	8		
40	GB/T 96	垫　圈　M22	34		其中2个用于52、53号支距扣板处
41	专线 5820－14	辙跟垫圈　50	6	KTH 330－08	
42	GB/T 91	销　5×30	24		
43	TB/T 436	螺纹道钉	168		
44	专线 4140－25	中间扣板　50	24	KTH 350－10	
45	专线 4140－26	加高扣板　50	6	KTH 350－10	
46	专线 4140－27	接头扣板　50/0－2	6	KTH 350－10	
47	专线 4140－27	接头扣板　50/4－6	2	KTH 350－10	
48	专线 5820－13	支距扣板　50/51－56	1	KTH 350－10	
49	专线 5820－13	支距扣板　50/51－56	1	KTH 350－10	按序号48对称制造
50	专线 5820－13	支距扣板　50/74－79	1	KTH 350－10	
51	专线 5820－13	支距扣板　50/74－79	1	KTH 350－10	按序号50对称制造
52	专线 5820－13	支距扣板　50/104－110	1	KTH 350－10	
53	专线 5820－13	支距扣板　50/104－110	1	KTH 350－10	按序号52对称制造
54	专线 4140－47	胶合竹片　366×180×6	4	胶合竹片	
55	专线 5820－15	胶合竹片　304×180×6	4	胶合竹片	
56	专线 4140－51	塑料垫片　376×190×5	4		
57	专线 4140－52	塑料垫片　451×190×5	2		
58	专线 4140－53	塑料垫片　649×190×5	14		
59	专线 4140－54	塑料垫片　510×240×5	4		
60	专线 4140－51	塑料垫片　561×190×5	2		
61	专线 4140－51	塑料垫片　585×190×5	2		
62	专线 4140－51	塑料垫片　612×190×5	2		
63	专线 5820－16	塑料垫片　314×190×5	12		

辙叉及护轨明细表

序号	图号 / 标准	名称及规格	数量	材　　料	备　　注
1	专线 5821－3	高锰钢辙叉	1		
2	专线 5821－4	基本轨　12 500	2	50 kg/m 钢轨	
3	专线 5821－5	导　轨　11 798	2	50 kg/m 钢轨	
4	专线 5821－6	护　轨　2 900	1	50 kg/m 钢轨	
5	专线 5821－6	护　轨　2 900	1		按序号 4 对称制造
6	专线 4140－11	垫　板　441 × 180 × 20	2	Q235	
7	专线 4140－10	垫　板　366 × 180 × 20	5	Q235	
8	专线 5821－7	垫　板　304 × 180 × 20	1	Q235	
9	专线 5821－7	垫　板　304 × 180 × 20	2	Q235	
10	专线 5821－7	垫　板　626 × 180 × 20	1	Q235	
11	专线 5821－7	垫　板　709 × 180 × 20	1	Q235	
12	专线 4140－14	垫　板　674 × 180 × 20	4	Q235	
13	专线 5821－8	垫　板　520 × 180 × 20	12	Q235	
14	专线 4140－57	垫　板　476 × 180 × 20	2	Q235	
15	专线 4140－36	轨　撑　50	2	KTH 330－08	
16	专线 4140－35	调整楔	2	KTH 350－10	
17	专线 5821－10	调整片　85 × 70 × 2/3	24/12		
18	GB 184	接头夹板	8		
19	专线 4140－25	中间扣板　50	37	KTH 350－10	
20	专线 4140－27	接头扣板　50　0-2	8	KTH 350－10	
21	专线 4140－27	接头扣板　50　4-6	6	KTH 350－10	
22	专线 4140－28	辙叉扣板	8	KTH 350－10	
23	专线 4140－29	辙叉接头扣板	4	KTH 350－10	
24	GB 5098	接头螺栓、螺母　M24	24		
25	专线 5821－9	螺　栓　M24 × 85	12		
26	GB/T 31	螺　栓　M22 × 85	2		
27	专线 4140－5	螺　栓　M22 × 85	51		
28	专线 4140－4	螺　栓　M22 × 90	12		
29	专线 4140－4	螺　栓　M22 × 110	4		
30	专线 4140－8	螺　母　M24	12		
31	专线 4140－8	螺　母　M22	69		
32	TB/T 418	垫　圈　M24	36	55Si2Mn	
33	TB/T 418	垫　圈　M22	69	55Si2Mn	
34	GB/T 96	垫　圈　M22	4		

续上表

序号	图号 / 标准	名称及规格	数量	材　　料	备　　注
35	GB/T 91	销　5 × 30	2	低碳钢	
36	专线 4140 – 9	导电销	4		
37	TB/T 436	螺纹道钉	142		
38	专线 5821 – 12	胶合竹片　441 × 180 × 4	2	胶合竹片	
39	专线 5821 – 12	胶合竹片　366 × 180 × 2	1	胶合竹片	
40	专线 5821 – 12	胶合竹片　304 × 180 × 2	1	胶合竹片	
41	专线 4140 – 52	塑料垫片　451 × 190 × 5	2		
42	专线 4140 – 51	塑料垫片　376 × 190 × 5	5		
43	专线 5821 – 11	塑料垫片　314 × 190 × 5	3		
44	专线 4140 – 51	塑料垫片　636 × 190 × 5	1		
45	专线 4140 – 51	塑料垫片　719 × 190 × 5	1		
46	专线 4140 – 51	塑料垫片　684 × 190 × 5	4		
47	专线 4140 – 56	塑料垫片　530 × 190 × 5	12		
48	专线 4140 – 53	塑料垫片　486 × 190 × 5	2		
49	专线 4140 – 14	垫　板　614 × 180 × 20	2		
50	专线 4140 – 51	塑料垫片　624 × 190 × 5	2		

50 kg/m 钢轨 6.5 号对称道岔
图　号：专线 5819

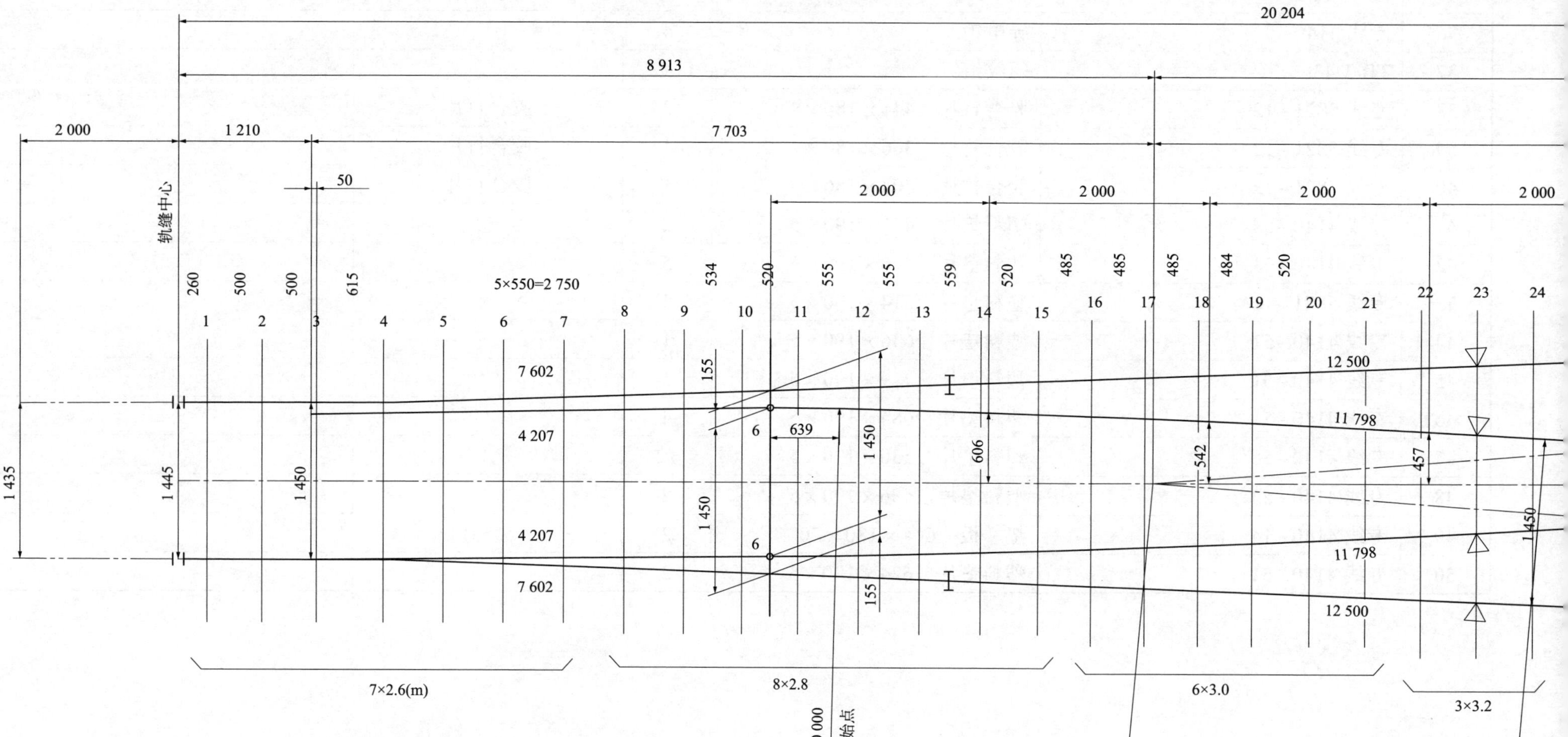

表 2　明　细　表

序号	图号 / 标准	名称及规格	单位	数量	材　料	备　注
1	专线 5820	转辙器	组	1		
2	专线 5821	辙叉及护轨	组	1		
3	专线 4140-10	垫　板　366×180×20	块	34	Q235	
4	专线 4140-11	垫　板　441×180×20	块	18	Q235	
5	专线 4140-36	轨　撑　50	个	18	KTH 330-08	
6	专线 4140-35	调整楔	个	18	KTH 350-10	
7	专线 4140-25	中间扣板　50	个	86	KTH 350-10	
8	专线 4140-27	接头扣板　50　0-2	个	4	KTH 350-10	备用
9	专线 4140-27	接头扣板　50　4-6	个	4	KTH 350-10	备用
10	专线 4140-4	螺　栓　M22×85	个	86		
11	专线 4140-4	螺　栓　M22×110	个	36		
12	GB/T 31	螺　栓　M22×85	个	18		
13	GB/T 5098	接头螺栓、螺母　M24	副	6(30)		设轨道电路时 6 套备用；不设时，12 套备用
14	专线 4140-8	螺　母　M22	个	140		
15	TB/T 418	垫　圈　M24	个	6(30)	55Si2Mn	设轨道电路时 6 套备用，不设时，12 套备用

续表 2

序号	图号 / 标准	名称及规格	单位	数量	材　料	备　注
16	TB/T 418	垫　圈　M22	个	140	55Si2Mn	
17	GB/T 96	垫　圈　M22	块	36		
18	GB/T 91	销　5×30	套	18		
19	GB 184	接头夹板	个	2(10)		设轨道电路时 2 套备用，不设时，4 套备用
20	TB/T 436	螺纹道钉	个	208		
21	专线 4140-47	胶合竹片　366×180×6	个	16	胶合竹片	
22	专线 4140-48	胶合竹片　441×180×6	个	8	胶合竹片	
23	专线 4140-51	塑料垫片　376×190×5	个	34		
24	专线 4140-52	塑料垫片　451×190×5	个	18		
25	电号 9050	钢轨绝缘	组	4(0)		由通号公司供图，不设轨道电路时，数量为 0

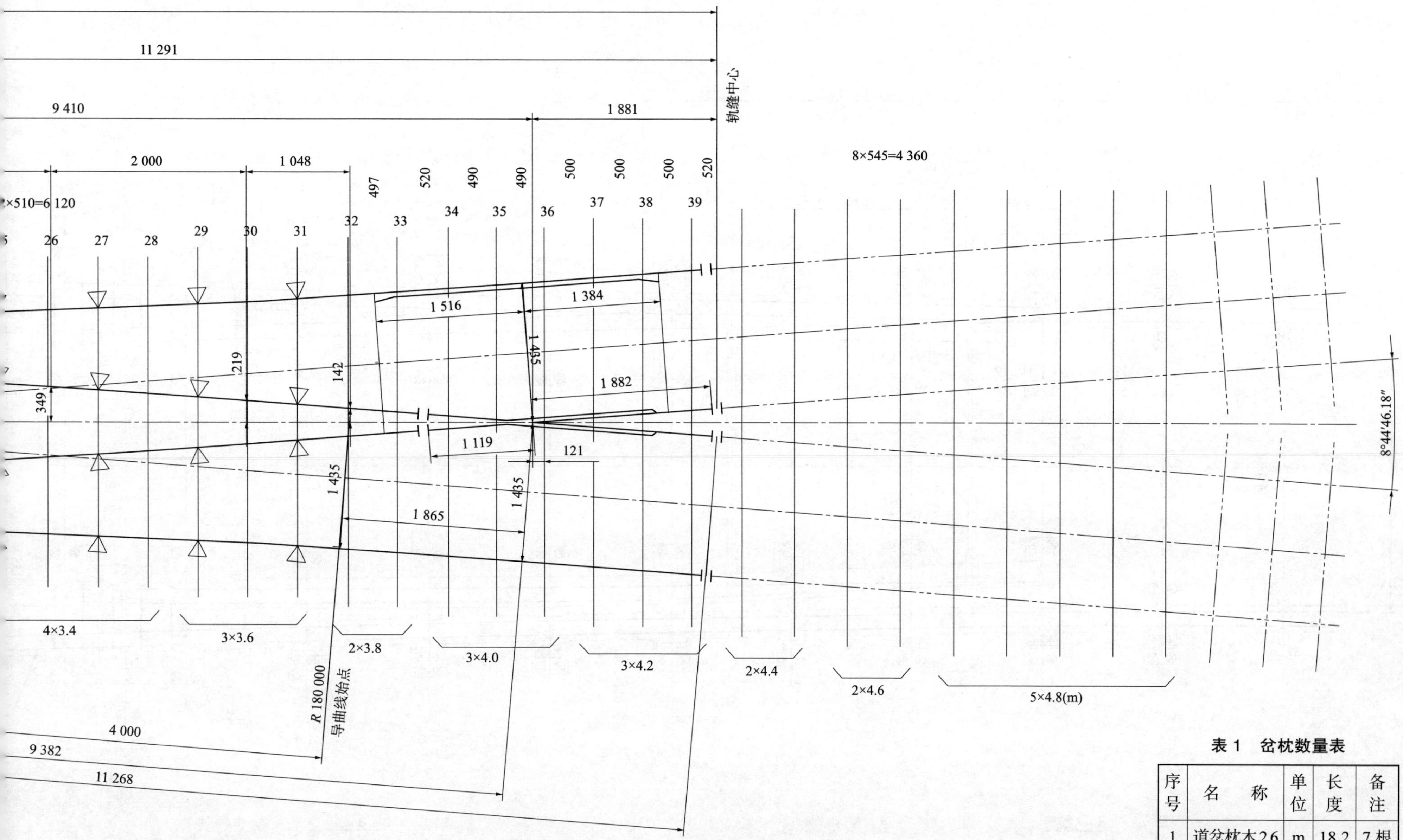

表 1 岔枕数量表

序号	名 称	单位	长度	备注
1	道岔枕木 2.6	m	18.2	7 根
2	道岔枕木 2.8	m	22.4	8 根
3	道岔枕木 3.0	m	18.0	6 根
4	道岔枕木 3.2	m	9.6	3 根
5	道岔枕木 3.4	m	13.6	4 根
6	道岔枕木 3.6	m	10.8	3 根
7	道岔枕木 3.8	m	7.6	2 根
8	道岔枕木 4.0	m	12.0	3 根
9	道岔枕木 4.2	m	12.6	3 根
10	道岔枕木 4.4	m	8.8	2 根
11	道岔枕木 4.6	m	9.2	2 根
12	道岔枕木 4.8	m	24.0	5 根

技 术 要 求

本图是根据铁道部铁建函〔1990〕87 号文下达的标准设计工作计划进行设计的。

道岔主要结构特点：

(1) 转辙器采用 50AT 直线尖轨。

(2) 辙叉为高锰钢整铸式，辙叉下设垫板；槽型护轨，其工作边高出基本轨轨顶 12 mm。

(3) 导曲线设 6 mm 超高，前端降坡在尖轨上过渡，后段降坡在趾前第 2、3 根枕木上垫胶合竹片过渡，导曲线设置轨撑。

(4) 道岔各垫板下均设 5 mm 厚塑料垫片。

(5) 扣件采用分开式刚性可调扣件，扣件设计安装号数为：钢轨工作边一侧安装 4 号扣板，钢轨非工作边一侧安装 2 号扣板。辙叉一侧安装 2 号扣板，另一侧安装 4 号扣板。

3. 如绝缘接头需设于导曲线中部时，可将 11 798 mm 长的钢轨换成 4 650 mm、7 140 mm 的短轨，其零件采用明细表中的备件。

4. 道岔的铺设按 TBJ 201—86 的有关规定；道岔维修按铁工务〔1989〕93 号《铁路线路维修规则》有关规定办理。

5. 图中钢轨接头、绝缘接头分别以“—┤├—”、“┼”表示。

6. 钢轨轨缝除标注外均为 8 mm。

7. 导曲线半径按外轨工作边计。

8. 导曲线安设轨撑的位置以“▽”表示。

50 kg/m 钢轨 6.5 号对称道岔转辙器

图　号：专线 5820－2

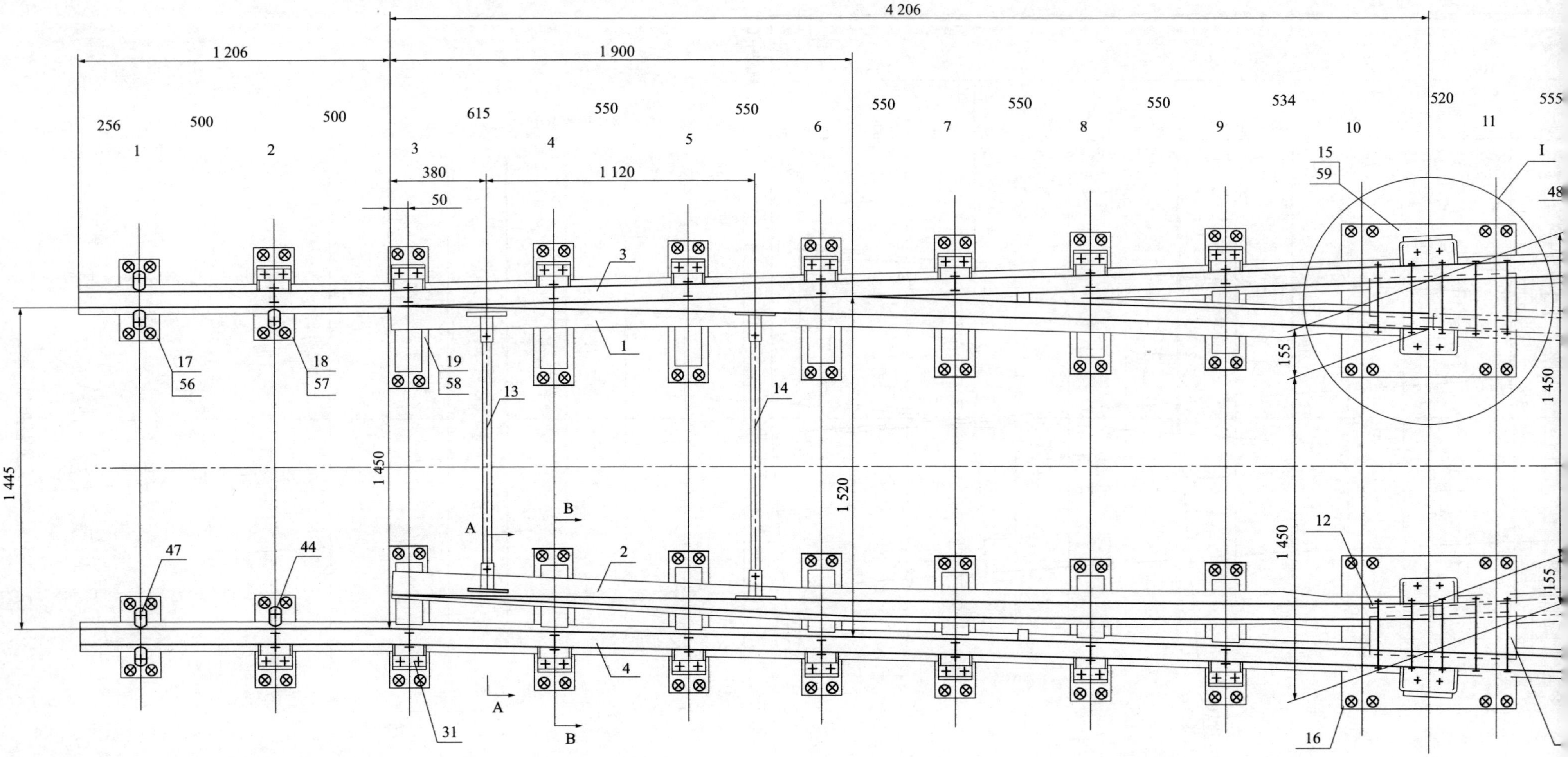

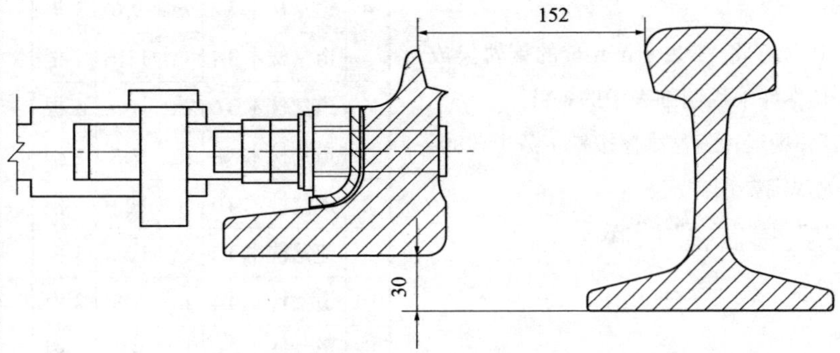

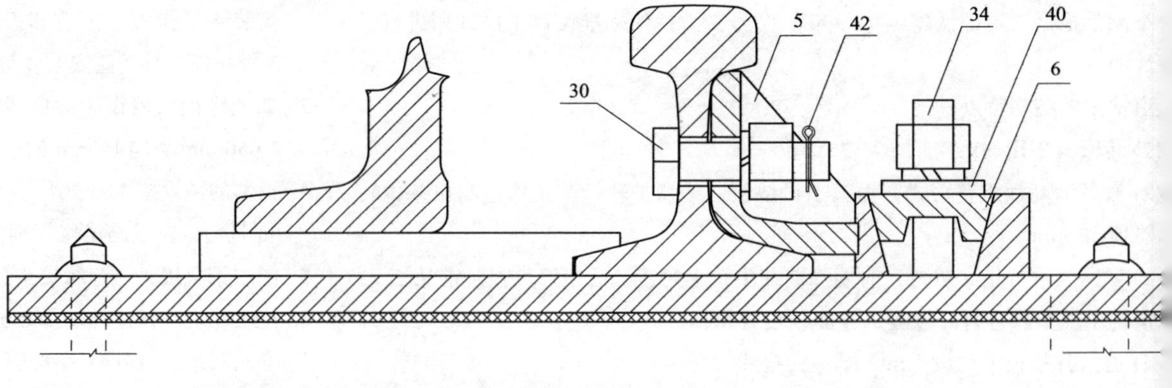

E－E 旋转

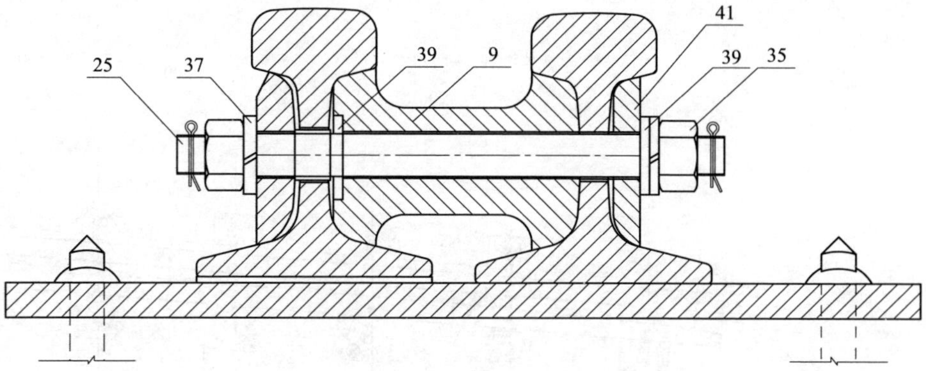

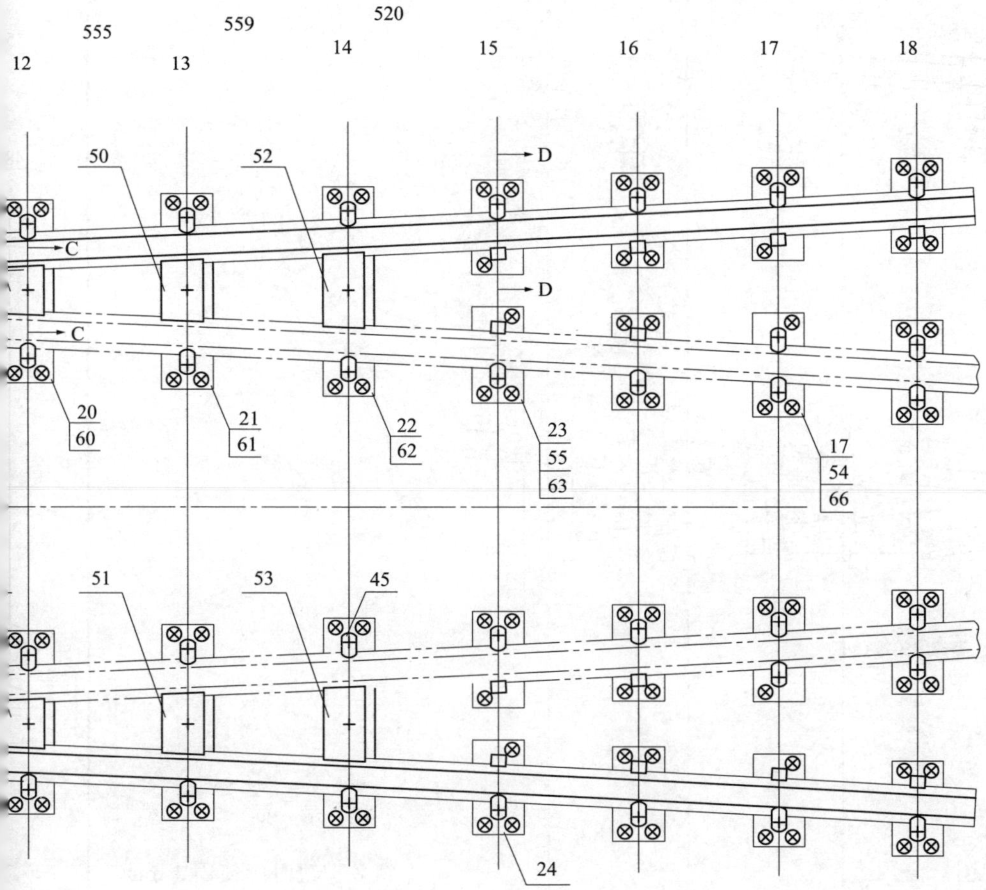

F－F 旋转

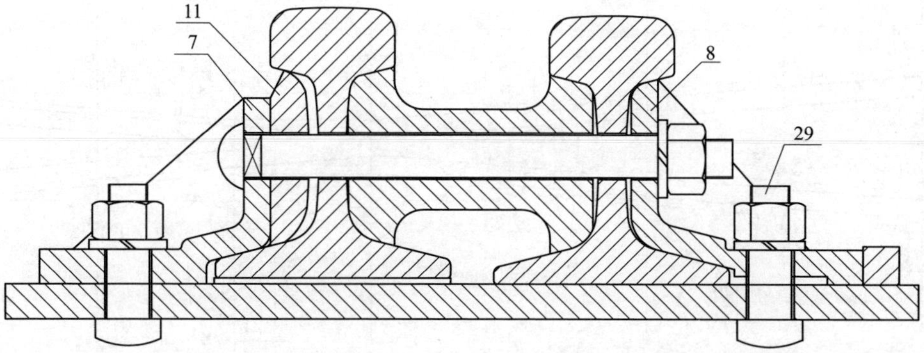

I

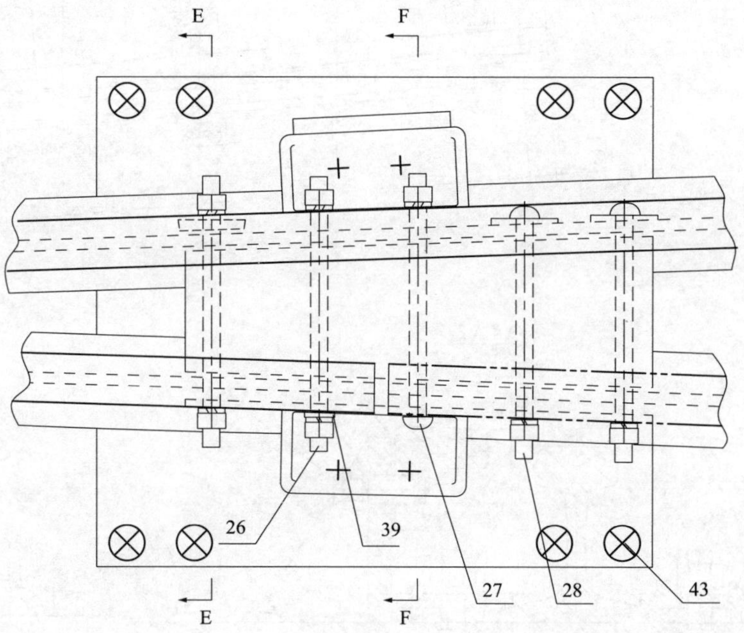

C－C 旋转

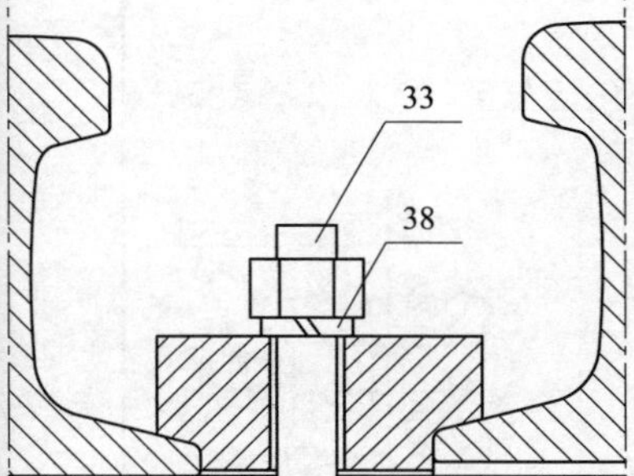

D－D 旋转

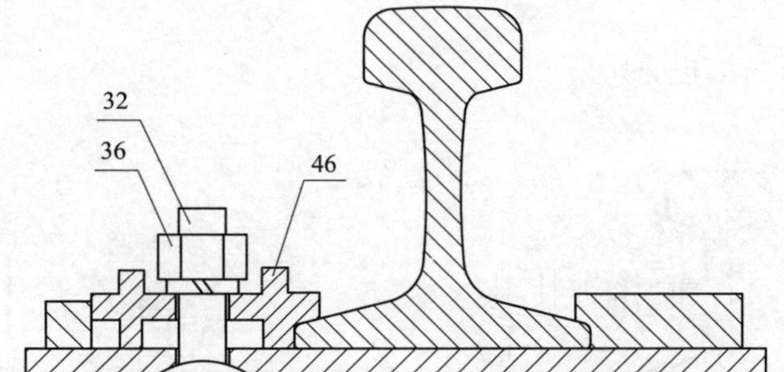

50 kg/m 钢轨 6.5 号对称道岔辙叉及护轨
图　号：专线 5821

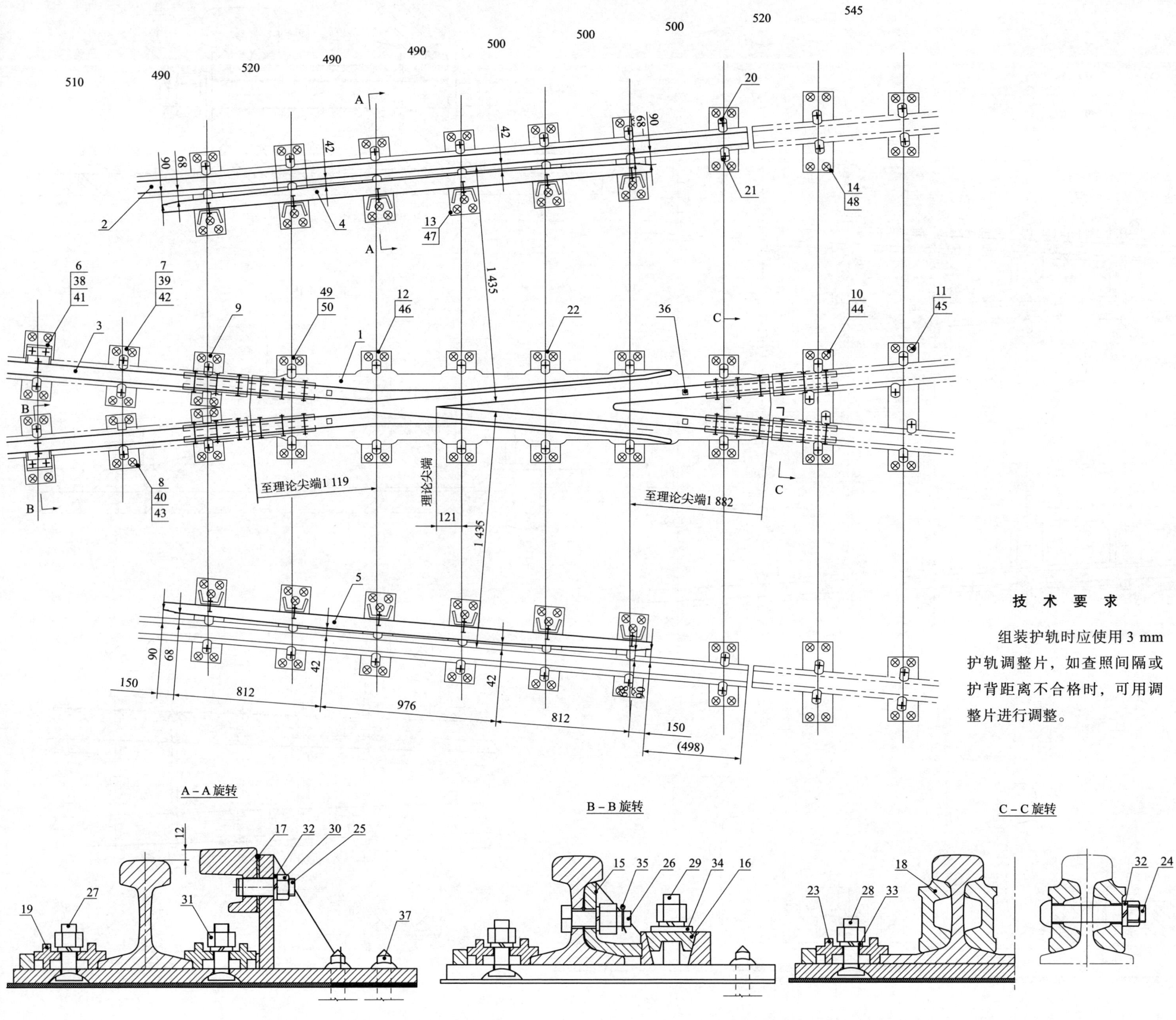

技　术　要　求

组装护轨时应使用 3 mm 护轨调整片，如查照间隔或护背距离不合格时，可用调整片进行调整。

113. 50 kg/m 钢轨 6 号对称道岔(混凝土枕)
设计图号：CZ 2232

<table>
<tr><td rowspan="2">道岔允许通过速度</td><td>客车</td><td colspan="4">$v \leq 35$ km/h</td><td>扣件类型</td><td>B 型弹条</td></tr>
<tr><td>货车</td><td colspan="4">$v \leq 35$ km/h</td><td>轨底坡</td><td>—</td></tr>
<tr><td>转辙器跟端形式</td><td colspan="5">□限位器 □间隔铁 □不设传力机构 ■间隔铁活接头</td><td>锁闭方式</td><td>内锁闭</td></tr>
<tr><td>道岔全长</td><td>17 457</td><td>辙叉全长</td><td colspan="3">2 393</td><td>辙叉类型</td><td>高锰钢整铸式</td></tr>
<tr><td>道岔前长</td><td>7 437</td><td>辙叉趾长</td><td colspan="3">1 071</td><td>辙叉角</td><td>9°27′44″</td></tr>
<tr><td>道岔后长</td><td>10 020</td><td>辙叉跟长</td><td colspan="3">1 322</td><td>翼轨轨型</td><td>—</td></tr>
<tr><td>尖轨长度</td><td>4 600</td><td rowspan="2">基本轨长度</td><td colspan="3" rowspan="2">7 695</td><td rowspan="2">护轨长度</td><td rowspan="2">6 410</td></tr>
<tr><td>尖轨轨型</td><td>50AT1</td></tr>
<tr><td colspan="3">尖轨尖端前基本轨长度</td><td colspan="3">1 296</td><td>护轨轨型</td><td>43 kg/m 钢轨</td></tr>
<tr><td colspan="3">辙叉理论尖端距趾端方向前一根岔枕中心距离</td><td colspan="3">179</td><td>导曲线半径</td><td>180 m</td></tr>
<tr><td colspan="2">尖轨尖端至心轨实际尖端的距离</td><td>—</td><td colspan="4" rowspan="2">护轨端头距导轨端头定位尺寸</td><td rowspan="2">304</td></tr>
<tr><td colspan="2">道岔终端至末根岔枕中心距离</td><td>5 771</td></tr>
<tr><td>岔枕图号
CZ 2232Z</td><td>岔枕总数</td><td>46 根</td><td>岔枕展延长</td><td colspan="2">145.5 m</td><td>套管总数</td><td>272</td></tr>
<tr><td>电务转换设备
—</td><td>尖轨动程</td><td colspan="4">152</td><td>心轨动程</td><td>—</td></tr>
<tr><td>批准文号</td><td colspan="5">—</td><td>应用情况</td><td>★</td></tr>
<tr><td>主要结构特点</td><td colspan="7">1. 尖轨尖端采用藏尖式，跟端采用间隔铁活接头结构。
2. 基本轨外侧设弹性扣压轨撑，更好地承受水平横向冲击力。
3. 护轨采用分开式护轨，护轨高出基本轨 12 mm。</td></tr>
</table>

转辙器明细表

序号	图号 / 标准	名称及规格	数量	材　料	备　注
1	CB 2245－01	基本轨　7 695	1	50 kg/m 钢轨	
2	CB 2245－01	基本轨　7 695	1	50 kg/m 钢轨	与序号 1 对称制造
3	CB 2245－02	曲线尖轨　4 600	1	50AT 钢轨	
4	CB 2245－02	曲线尖轨　4 600	1	50AT 钢轨	与序号 3 对称制造
5	CB 2245－03	迎轮护轨　2 400	1	ZGMn13	
6	CB 318－06	轨　撑　50	14	KTH 330－08	
7	CB 318－07	调整楔	14	KTH 350－10	
8	CB 226－03	辙跟外轨撑　50－6 外	2	KTH 330－08	
9	CB 226－04	辙跟内轨撑　50－6 内	2	KTH 330－08	
10	CT 4－30	接头夹板　50－10 Z	1	Q275	
11	CT 4－30	接头夹板　50－10 Y	1	Q275	与序号 10 对称制造
12	CT 1－25	间隔铁　50－169－213－22 Z	1	KTH 330－08	
13	CT 1－25	间隔铁　50－169－213－22 Y	1	KTH 330－08	与序号 12 对称制造
14	CB 2245－04	辙跟垫板　612 × 780 × 20	1	Q235－A(底板)	
15	CB 2245－04	辙跟垫板　612 × 780 × 20	1	Q235－A(底板)	与序号 14 对称制造
16	CB 305－07	平垫板　50－A	4	Q235－A(底板)	
17	CB 305－06	接头平垫板　J 50－A	4	Q235－A(底板)	
18	CB 2245－05	护轨垫板　260 × 190 × 20	4	Q235－A(底板)	
19	CB 2245－06	通长垫板	1	Q235－A(底板)	
20	CB 2245－07	通长垫板	1	Q235－A(底板)	
21	CB 2245－08	轨撑滑床板　GH 608－4 Z	2	Q235－A(底板)	
22	CB 2245－08	轨撑滑床板　GH 608－4 Y	2	Q235－A(底板)	与序号 21 对称制造
23	CB 2245－08	轨撑滑床板　GH 608－6 Z	3	Q235－A(底板)	
24	CB 2245－08	轨撑滑床板　GH 608－6 Y	3	Q235－A(底板)	与序号 23 对称制造
25	CB 2245－09	支距垫板　700 × 180 × 26	1	Q235－A(底板)	
26	CB 2245－09	支距垫板　700 × 180 × 26	1	Q235－A(底板)	与序号 25 对称制造
27	CB 2245－10	支距垫板　758 × 180 × 26	1	Q235－A(底板)	
28	CB 2245－10	支距垫板　758 × 180 × 26	1	Q235－A(底板)	与序号 27 对称制造
29	CB 2245－11	垫　板　423 × 180 × 20	1	Q235－A(底板)	
30	CB 2245－11	垫　板　423 × 180 × 20	1	Q235－A(底板)	与序号 29 对称制造
31	CB 2245－12	垫　板　407 × 180 × 20	1	Q235－A(底板)	
32	CB 2245－12	垫　板　407 × 180 × 20	1	Q235－A(底板)	与序号 31 对称制造
33	CB 2245－13	支距扣板　133－141.5 Z	1	KTH 350－10	
34	CB 2245－13	支距扣板　133－141.5 Y	1	KTH 350－10	与序号 33 对称制造

续上表

序号	图号 / 标准	名称及规格	数量	材　　料	备　　注
35	CB 555－06	拉　杆　1 013	1		
36	CB 555－08	连　杆　1 071	1		
37	TB/T 1495.2	B 型弹条	58		
38	CT 10－16	岔枕螺栓　M30	88		
39	CT 2－31	长方头螺栓　M24×80	8	Q235－A	
40	CT 5－02	T 型螺栓　M24×60	42	Q235－A	
41	CT 5－02	T 型螺栓　M24×85	2	Q235－A	
42	CT 1－03	长方头螺栓　M22×80	8	Q235－A	
43	CB 662－21	双头螺柱　M24×30×80×260	2	20SiMn	10.9 级
44	CB 662－21	双头螺柱　M24×24×95×265	2	20SiMn	10.9 级
45	CT 5－28	螺　栓　M24×325	2	20SiMn	
46	CT 5－28	螺　栓　M24×320	2	20SiMn	
47	CT 5－28	螺　栓　M24×330	2	20SiMn	
48	CT 1－63	圆孔垫圈　50－0	2	KTH 330－08	孔径为 ϕ27
49	CB 226－12	方孔垫圈	4	KTH 330－08	
50	GB/T 91	开口销　5×35	8		
51	CT 1－01	螺　母　M24	14	Q275	
52	GB/T 41	螺　母　M22	8		
53	GB/T 923	盖型螺母　M24	58		非标
54	专线 4232－101	螺　母　M24	4		
55	GB/T 7244	弹簧垫圈　24	18		
56	GB/T 7244	弹簧垫圈　30	88		
57	TB/T 1495.4	平垫圈　24	60		
58	TB/T 418	弹簧垫圈　22	8		
59	CB 2245－27	护轨调整片　115×70×3	4	Q195	
60	CB 2245－27	护轨调整片　115×70×2	8	Q195	备用
61	CB 2217－14	轨距调整片　160×10×2	14	Q195	
62	CB 2217－14	轨距调整片　160×10×1	14	Q195	备用
63	CB 305－16	轨距块　50/9－11	12	ZG 230－450	
64	CB 305－16	轨距块　50/13－15	14	ZG 230－450	
65	CT 10－79	接头轨距块　50－13	8	玻璃纤维强聚酰胺 66	
66	CT 10－79	接头轨距块　50－11	8	玻璃纤维强聚酰胺 66	
67	CB 2245－26	塑料挡板	4	聚乙烯	
68	CT 10－73	橡胶垫板　50－200	14	橡胶	
69	CT 10－75	橡胶垫板　50－200	24	橡胶	

续上表

序号	图号 / 标准	名称及规格	数量	材　　料	备　　注
70	CT 10－75	橡胶垫板　50－810	2	橡胶	
71	CT 10－76	橡胶垫板　430 × 185 × 10	8	橡胶	
72	CT 10－76	橡胶垫板　260 × 195 × 10	4	橡胶	
73	CT 10－82	橡胶垫板　653 × 185 × 10	4	橡胶	
74	CT 10－85	橡胶垫板　634 × 185 × 10	1	橡胶	
75	CT 10－76	橡胶垫板　608 × 185 × 10	10	橡胶	
76	CT 10－85	橡胶垫板　701 × 185 × 10	1	橡胶	
77	CT 10－76	橡胶垫板　612 × 185 × 10	4	橡胶	
78	CT 10－76	橡胶垫板　700 × 185 × 10	2	橡胶	
79	CT 10－76	橡胶垫板　758 × 185 × 10	2	橡胶	
80	CT 10－76	橡胶垫板　423 × 185 × 10	2	橡胶	
81	CT 10－76	橡胶垫板　407 × 185 × 10	4	橡胶	
82	CT 5－02	T 型螺栓　M24 × 70	14	Q235－A	
83	CB 2245－28	垫　板　356 × 180 × 26	1	Q235－A(底板)	
84	CB 2245－28	垫　板　356 × 180 × 26	1	Q235－A(底板)	
85	CB 2245－29	垫　板　407 × 180 × 26	1	Q235－A(底板)	
86	CB 2245－29	垫　板　407 × 180 × 26	1	Q235－A(底板)	
87	CT 10－76	橡胶垫板　356 × 185 × 10	2	橡胶	

辙叉及护轨明细表

序号	图号 / 标准	名称及规格	数量	材　料	备　注
1	CB 2246－01	高锰钢辙叉　50－6CG	1	ZGMn13	
2	CB 2246－02	护　轨　6 410	1	43 kg/m 钢轨	
3	CB 2246－02	护　轨　6 410	1	43 kg/m 钢轨	按序号 2 对称制造
4	CB 227－03	间隔铁　50－6	1	HT150	
5	CB 305－07	平垫板　50－DZ	2	Q235－A(底板)	
6	CB 305－07	平垫板　50－DY	2	Q235－A(底板)	按序号 5 对称制造
7	CB 305－06	接头平垫板　J50－DZ	2	Q235－A(底板)	
8	CB 305－06	接头平垫板　J50－DY	2	Q235－A(底板)	按序号 7 对称制造
9	CB 2247－06	护轨垫板　590－242－17 Z	2	16Mn(底板)	
10	CB 2247－06	护轨垫板　590－242－17 Y	2	16Mn(底板)	按序号 9 对称制造
11	CB 2247－06	护轨垫板　590－241－17 Z	1	16Mn(底板)	
12	CB 2247－06	护轨垫板　590－241－17 Y	1	16Mn(底板)	按序号 11 对称制造
13	CB 2247－06	护轨垫板　590－239－17 Z	1	16Mn(底板)	
14	CB 2247－06	护轨垫板　590－239－17 Y	1	16Mn(底板)	按序号 13 对称制造
15	CB 2247－06	护轨垫板　590－236－17 Z	1	16Mn(底板)	
16	CB 2247－06	护轨垫板　590－236－17 Y	1	16Mn(底板)	按序号 15 对称制造
17	CB 2247－06	护轨垫板　590－233－17 Z	1	16Mn(底板)	
18	CB 2247－06	护轨垫板　590－233－17 Y	1	16Mn(底板)	按序号 17 对称制造
19	CB 2247－06	护轨垫板　590－230－17 Z	1	16Mn(底板)	
20	CB 2247－06	护轨垫板　590－230－17 Y	1	16Mn(底板)	按序号 19 对称制造
21	CB 2247－06	护轨垫板　590－228－20 Z	4	16Mn(底板)	
22	CB 2247－06	护轨垫板　590－228－20 Y	4	16Mn(底板)	按序号 21 对称制造
23	CB 318－09	平垫板　430－26－CY	4	16Mn(底板)	
24	CB 318－09	平垫板　430－26－CZ	4	Q235－A(底板)	按序号 23 对称制造
25	CB 318－09	平垫板　430－24.5－DY	1	Q235－A(底板)	
26	CB 318－09	平垫板　430－24.5－DZ	1	Q235－A(底板)	按序号 25 对称制造
27	CB 318－09	平垫板　430－23－DY	1	Q235－A(底板)	
28	CB 318－09	平垫板　430－23－DZ	1	Q235－A(底板)	按序号 27 对称制造
29	CB 2246－03	垫　板　817 × 180 × 21.5	1	Q235－A(底板)	
30	CB 2246－04	垫　板　747 × 180 × 20	1	Q235－A(底板)	
31	CB 2246－05	垫　板　651 × 780 × 20	1	Q235－A(底板)	
32	CB 2246－06	垫　板　730 × 180 × 20	1	Q235－A(底板)	
33	CB 2246－07	垫　板　829 × 180 × 20	1	Q235－A(底板)	
34	CB 2246－08	垫　板　738 × 180 × 20	1	Q235－A(底板)	

续上表

序号	图号 / 标准	名称及规格	数量	材　料	备　注
35	CB 2246－09	垫　板　738×180×20	2	Q235－A(底板)	
36	CB 306－25	支距扣板　J50/174.5－156.5	1	ZG 230－450	
37	TB/T 2345	接头夹板	4		
38	CB 227－11	五孔接头夹板	1		
39	CB 227－12	五孔接头夹板	1		
40	TB/T 1495.2	B 型弹条	87		
41	TB/T 2347	接头螺栓及螺母　M24×145	12	10.9 级	
42	CT 5－28	螺　栓　M24×390	1		
43	CT 5－28	螺　栓　M24×370	1		
44	CT 5－28	螺　栓　M24×340	1		
45	CT 5－28	螺　栓　M24×320	1		
46	CT 5－28	螺　栓　M24×300	1		
47	CT 5－28	螺　栓　M24×110	18		
48	CT 5－28	螺　栓　M24×95	4		
49	CT 5－02	T 型螺栓　M24×60	86		
50	CT 5－02	T 型螺栓　M24×80	1		
51	CT 10－16	岔枕螺栓　M30	104		
52	专线 4232－101	螺　母　M24	27		
53	GB/T 923	盖形螺母　M24	87		非标
54	GB/T 1230	垫　圈　24	12		
55	GB/T 7244	弹簧垫圈　24	27		
56	TB/T 1495.4	平垫圈　24	87		
57	GB/T 7244	弹簧垫圈　30	104		
58	CT 1－53	接头夹板圆孔垫圈　50－6	5	KTH 330－08	
59	CT 1－54	接头夹板方孔垫圈　50－6	5	KTH 330－08	
60	CT 2－55	护轨调整片　135×90×2/3	44/22	Q235	厚 2 mm 的备用
61	CT 2－73	板型导电销	4	1Cr18Ni9Ti	
62	CB 305－16	轨距块　50/9－11	48	ZG 230－450	
63	CB 305－16	轨距块　50/13－15	26	ZG 230－450	
64	CT 10－79	接头轨距块　50－11	6	玻璃纤维	
65	CT 10－79	接头轨距块　50－13	6	玻璃纤维	
66	CT 10－75	橡胶垫板　50－200	50	橡胶	
67	CT 10－12	橡胶垫板　439×200×5	3	橡胶	
68	CT 10－12	橡胶垫板　300×800×5	1	橡胶	
69	CT 10－78	橡胶垫板　590×185×7	22	橡胶	
70	CT 10－76	橡胶垫板　430×185×10	20	橡胶	

续上表

序号	图号 / 标准	名称及规格	数量	材　料	备　注
71	CT 10－77	橡胶垫板　817－374	1	橡胶	
72	CT 10－76	橡胶垫板　747×185×10	1	橡胶	
73	CT 10－76	橡胶垫板　738×185×10	3	橡胶	
74	CT 10－76	橡胶垫板　651×185×10	2	橡胶	
75	CT 10－76	橡胶垫板　730×185×10	1	橡胶	
76	CT 10－77	橡胶垫板　829－380	1	橡胶	

50 kg/m 钢轨 6 号对称道岔

图 号：CZ 2232

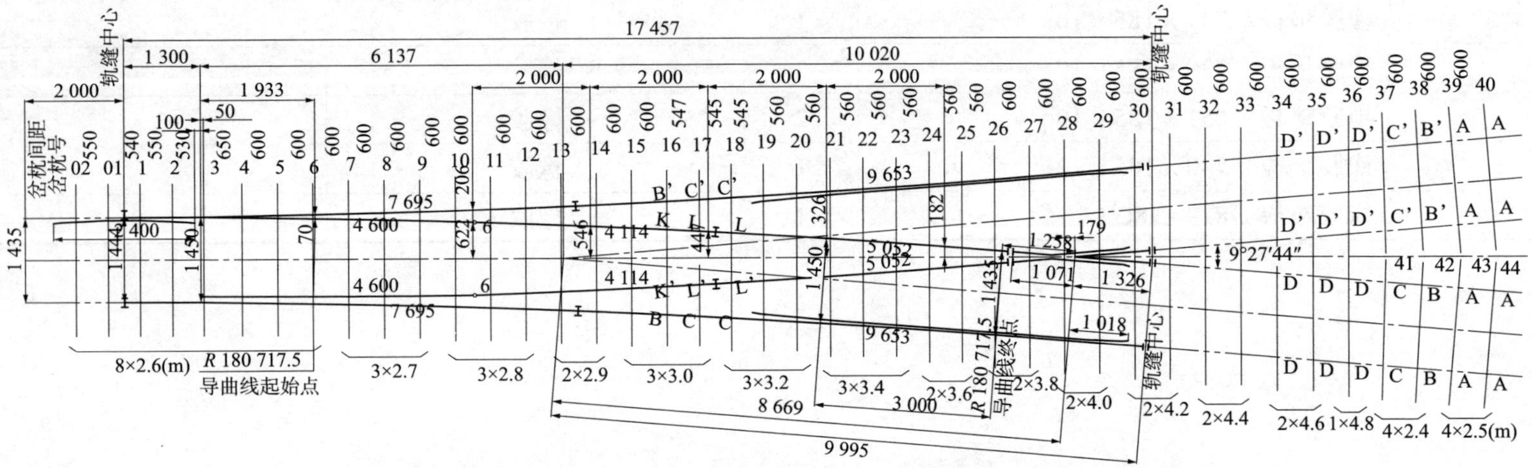

表 3 明 细 表

序号	图号 / 标准	名称及规格	单位	数量	材 料	备 注
1	CB 2245	转辙器	组	1		
2	CB 2246	辙叉及护轨	组	1		
3	TB/T 2344	钢 轨	m	37.638	50 kg/m 钢轨	
4	CB 305－07	平垫板 50－A	块	8	Q235－A(底板)	A 位置
5	CB 305－07	平垫板 50－B	块	6	Q235－A(底板)	B 位置，对称各半
6	CB 305－07	平垫板 50－C	块	8	Q235－A(底板)	C 位置，对称各半
7	CB 305－07	平垫板 50－D	块	12	Q235－A(底板)	D 位置，对称各半
8	CB 318－08	接头平垫板 J430－26－C	块	4	Q235－A(底板)	L 位置，对称各半
9	CB 318－09	平垫板 430－26－B	块	2	Q235－A(底板)	K 位置，对称各半
10	TB/T 1495.2	B 型弹条	个	80		
11	TB/T 2345	接头夹板	块	4		
12	TB/T 2347	接头螺栓及螺母 M24 × 145	副	12	10.9 级	
13	GB/T 1230	垫 圈 24	个	12		
14	CT 5－02	T 型螺栓 M24 × 60	个	80		
15	TB/T 1495.4	平垫圈 24	个	80		
16	GB/T 923	盖形螺母 M24	个	80		非标
17	CT 10－16	岔枕螺栓 M30	个	80		
18	GB/T 7244	弹簧垫圈 30	个	80		
19	CB 305－16	轨距块 50/9－11	个	36	ZG 230－450	
20	CB 305－16	轨距块 50/13－15	个	36	ZG 230－450	
21	CB 305－16	轨距块 50/7－17	个	20	ZG 230－450	
22	CT 10－79	接头轨距块 50－11	个	4	玻璃纤维	
23	CT 10－79	接头轨距块 50－13	个	4	玻璃纤维	
24	CT 10－79	接头轨距块 50－9	个	4	玻璃纤维	备用
25	CT 10－79	接头轨距块 50－15	个	4	玻璃纤维	备用
26	CT 10－75	橡胶垫板 50－200	块	40	橡胶	
27	CT 10－76	橡胶垫板 430 × 185 × 10	块	40	橡胶	
28	专线 9050	钢轨绝缘	组	6	50 kg/m 钢轨用	

技 术 要 求

1. 道岔平面形式及结构特点：

(1) 转辙器尖轨为半割线型曲线尖轨，割距 2 mm。

(2) 尖轨采用 50AT 钢轨制造，尖轨尖端采用藏尖式，跟端采用间隔铁；尖轨在 70 mm 断面附近在非工作边设置尖轨防跳装置。

(3) 为增强道岔的轨道框架刚度，转辙器设置两块通长垫板。

(4) 为减小尖轨侧磨，尖轨前端设置分开式迎轮防磨护轨，护轨顶面高出基本轨顶面 12 mm。

(5) 导曲线外股设 6 mm 超高，前部在尖轨上顺坡，后部在叉趾前顺坡。

(6) 导曲线部分及 6 号辙叉与护轨部分设置分开式护轨并将两部分护轨连为一体。护轨采用 43 kg/m 钢轨制造，护轨顶面高出基本轨顶面 12 mm。

(7) 钢轨及辙叉下设置 5 mm 厚橡胶垫板，铁垫板下设置 10 mm 厚橡胶垫板(护轨垫板下设置 7 mm 厚橡胶垫板)。

(8) 扣件采用Ⅰ型弹条分开式可调扣件，轨距块设计安装号数如下：钢轨工作边一侧安装 13～15 号轨距块；钢轨非工作边一侧安装 9～11 号轨距块；辙叉一侧安装 9～11 号轨距块，另一侧安装 13～15 号轨距块；接头处安装接头轨距块，7～17 号轨距块为备用轨距块，供现场调整用。

2. 道岔轨下基础采用无挡肩混凝土岔枕(设计图号：CZ 2232Z)，岔枕 37、38、41、42 设置扭转过渡，岔枕 39、40、43、44 垂直钢轨布置，其余均按垂直于辙叉角平分线布置。

3. 图中轨道普通接头及绝缘接头分别以“—|—”及“⊥”表示。

4. 钢轨轨缝除注明外均为 8 mm。

5. 为增强道岔的整体性，阻止道岔的纵向爬行及导曲线外轨的横向移动，岔枕在转辙器前端至辙叉趾端对称轴线上，辙叉两侧的轨距线中线上均设计有塑料套管，用户应在现场自配 10 mm 厚、100 mm 宽铁板对岔枕进行连排锁定，现场铺设时应在岔枕侧安装防爬支撑，在导曲线及辙叉处安设一定数量轨距拉杆。

6. 迎轮护轨安装在左侧、右侧均可，用户现场铺设时自行决定。

表 1 岔枕数量表

序号	岔枕长 (m)	单位	数量	备注
1	2.4	根	4	
2	2.5	根	4	
3	2.6	根	8	
4	2.7	根	3	
5	2.8	根	3	
6	2.9	根	2	
7	3.0	根	3	
8	3.2	根	3	
9	3.4	根	3	
10	3.6	根	2	
11	3.8	根	2	
12	4.0	根	2	
13	4.2	根	2	
14	4.4	根	2	
15	4.6	根	2	
16	4.8	根	1	

表 2 道岔配轨长度数量表

长度 (mm)	4 114	5 052	9 653
数量(根)	2	2	2

50 kg/m 钢轨 6 号对称道岔转辙器

图 号：CB 2245

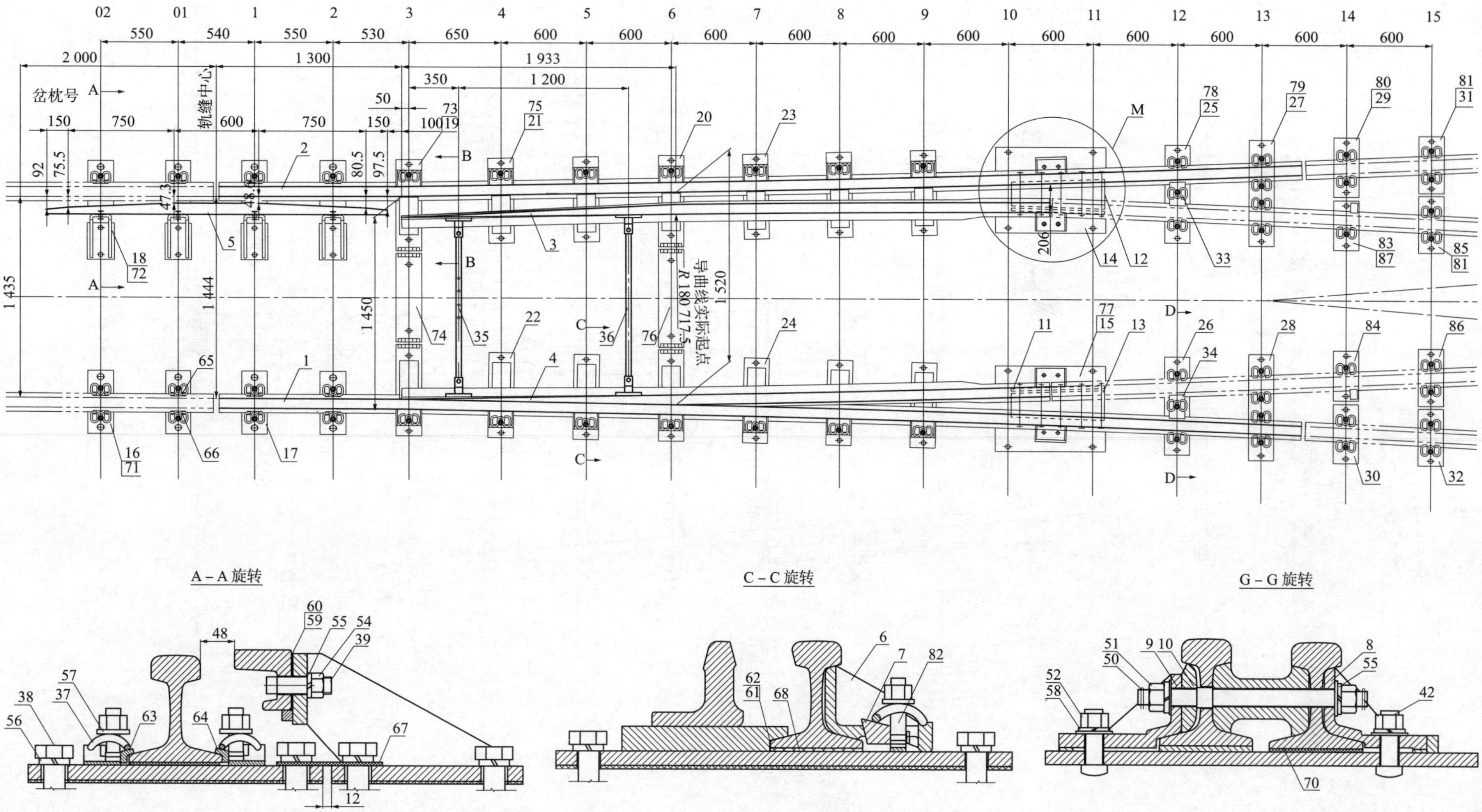

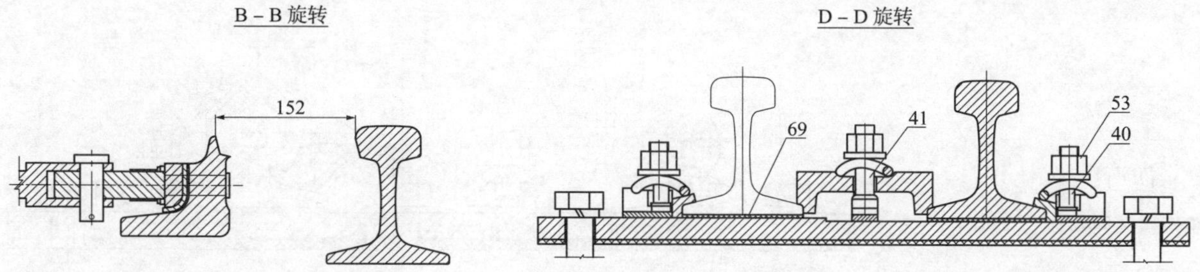

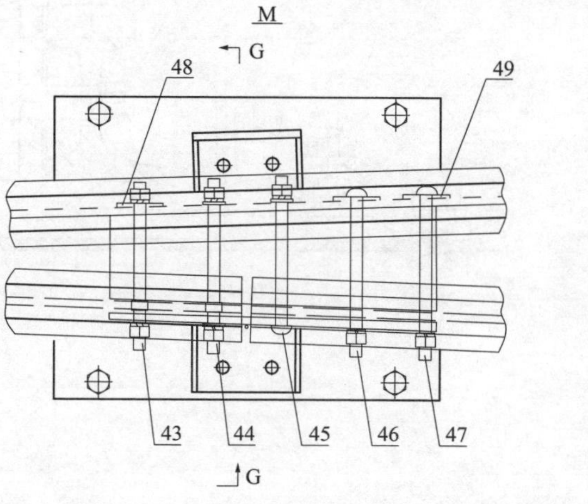

技 术 要 求

1. 滑床板在现场组装时采用轨距调整片进行调整以保证轨距。
2. 迎轮护轨的安装方法如下：
   (1) 护轨安装在逆向进岔一侧，当两侧均为逆向进岔时，由用户自行确定安装侧。
   (2) 将护轨与各护轨垫板进行组装。
   (3) 用岔枕螺栓将该组装件安装到岔枕上，在安装过程中应注意在平垫板和护轨垫板间安设有塑料挡板。

50 kg/m 钢轨 6 号对称道岔辙叉及护轨
图　号：CB 2246

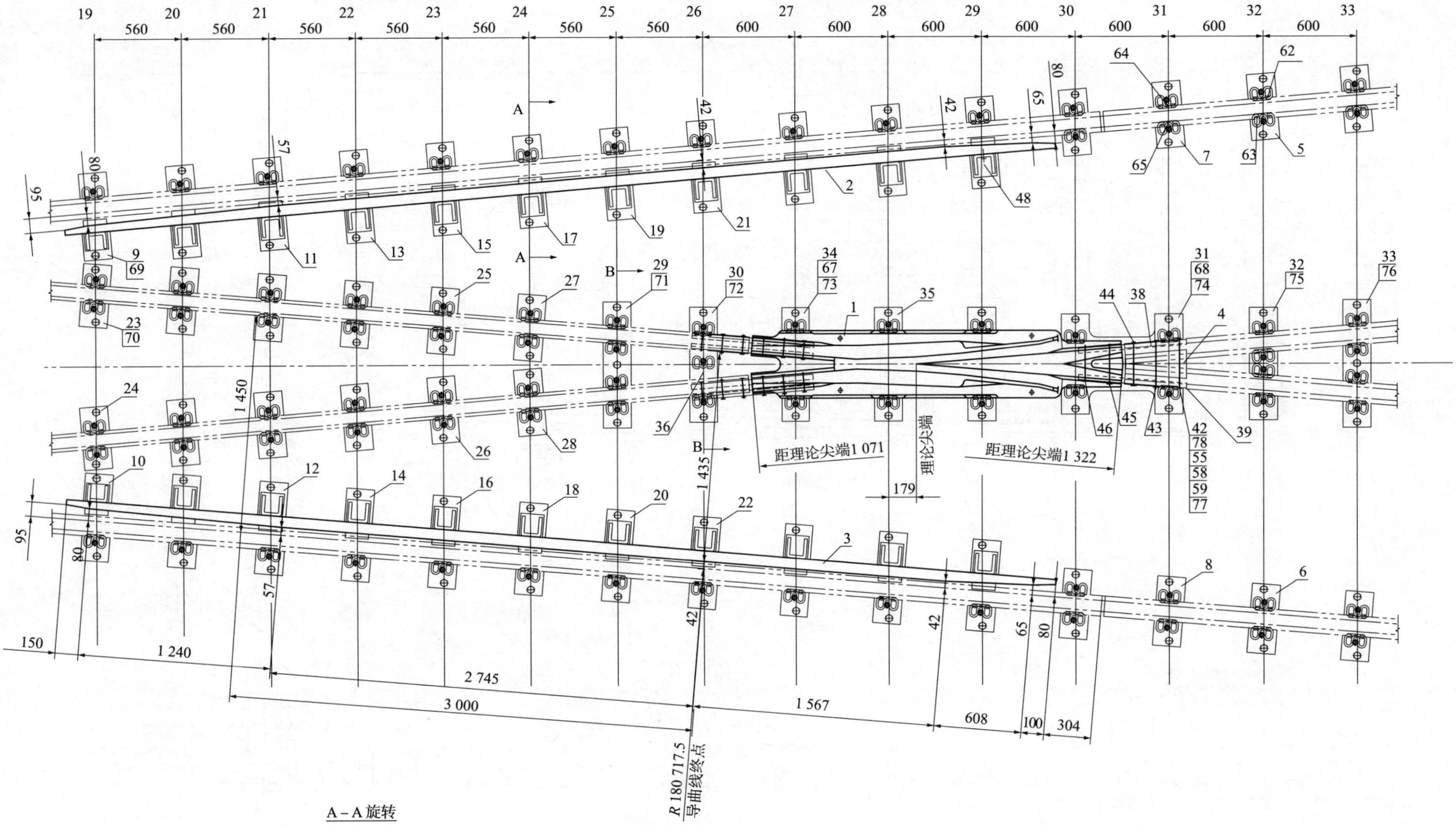

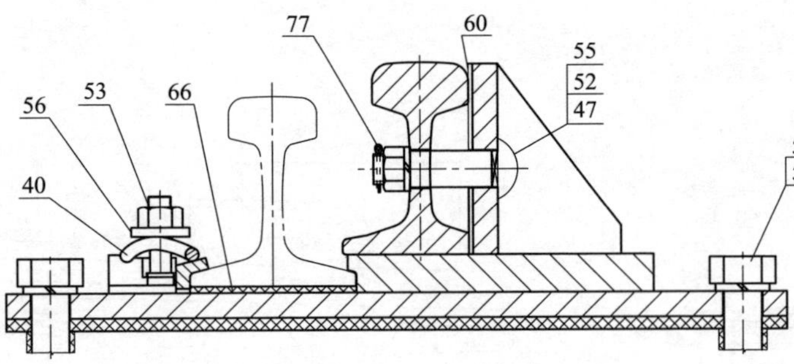

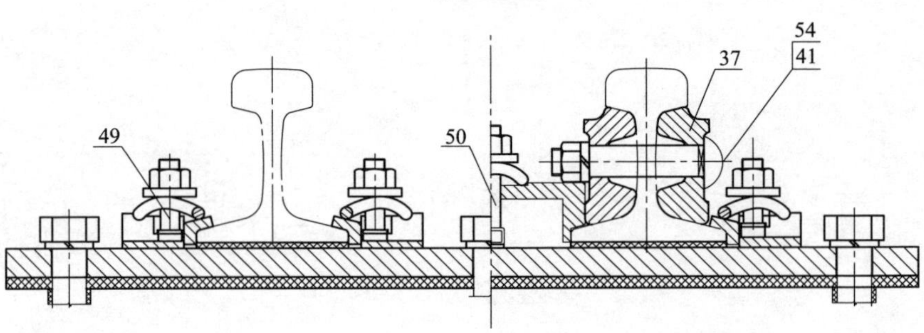

技　术　要　求

1. 查照间隔及护背距离在心轨轨头宽 20～30 mm 处测量。
2. 组装护轨时，应使用 3 mm 厚的护轨调整片，如查照间隔或护背距离不合格时，可用调整片进行调整

114. 50 kg/m 钢轨 6.5 号对称道岔(混凝土枕)
设计图号：SC 385

道岔允许通过速度	客车	v≤35 km/h		扣件类型	Ⅱ型弹条
	货车	v≤35 km/h		轨底坡	—
转辙器跟端形式	□限位器 □间隔铁 □不设传力机构 ■间隔铁活接头			锁闭方式	内锁闭
道岔全长	20 204	辙叉全长	3 001	辙叉类型	高锰钢整铸式
道岔前长	8 913	辙叉趾长	1 119	辙叉角	8°44′46.18″
道岔后长	11 291	辙叉跟长	1 882	翼轨轨型	—
尖轨长度	4 557	基本轨长度	10 612	护轨长度	3 170
尖轨轨型	50AT1				
尖轨尖端前基本轨长度			1 416	护轨轨型	33 kg/m 槽型钢
辙叉理论尖端距趾端方向前一根岔枕中心距离			219	导曲线半径	190 m
尖轨尖端至心轨实际尖端的距离		—	护轨端头距导轨端头定位尺寸		417
道岔终端至末根岔枕中心距离		6 406			
岔枕图号 SC383-500	岔枕总数	52 根	岔枕 展延长	169.1 m	套管总数	288
电务转换设备 —	尖轨动程	152		心轨动程	—
批准文号	运基线路〔2003〕161 号			应用情况	★
主要结构特点	为加强基本轨稳定性，减小外倾和减小轨距扩张，在基本轨外侧设轨撑。				

转辙器明细表

序号	图号 / 标准	名称及规格	数量	材　料	备　注
1	SC 385－102	基本轨　10 612	1	50 kg/m	
2	SC 385－102	基本轨　10 612	1	50 kg/m	与序号 1 对称
3	SC 385－103	尖　轨　4 557	1	50AT 轨	
4	SC 385－103	尖　轨　4 557	1	50AT 轨	与序号 3 对称
5	SC 384－107	接头平垫板　50－0(J)	2		
6	SC 384－108	轨撑平垫板	2		
7	SC 384－111	滑床垫板	5		
8	SC 384－111	滑床垫板	5		与序号 7 对称
9	SC 385－104	辙跟垫板　760 × 645 × 25	1		
10	SC 385－104	辙跟垫板　760 × 645 × 25	1		与序号 9 对称
11	SC 385－105	辙后垫板　670 × 180 × 20	1		
12	SC 385－105	辙后垫板　670 × 180 × 20	1		与序号 11 对称
13	SC 385－106	辙后垫板　699 × 180 × 20	1		
14	SC 385－106	辙后垫板　699 × 180 × 20	1		与序号 13 对称
15	SC 385－107	辙后垫板　733 × 180 × 20	1		
16	SC 385－107	辙后垫板　733 × 180 × 20	1		与序号 15 对称
17	SC 385－108	辙后垫板　770 × 180 × 20	1		
18	SC 385－108	辙后垫板　770 × 180 × 20	1		与序号 17 对称
19	SC 385－109	辙后垫板　810 × 180 × 20	1		
20	SC 385－109	辙后垫板　810 × 180 × 20	1		与序号 19 对称
21	SC 385－110	辙后垫板　854 × 180 × 20	1		
22	SC 385－110	辙后垫板　854 × 180 × 20	1		与序号 21 对称
23	SC 385－111	辙后垫板　902 × 180 × 20	1		
24	SC 385－111	辙后垫板　902 × 180 × 20	1		与序号 23 对称
25	专线 4266－59	拉　杆　1 013	1		
26	专线 4266－60	连　杆　1 080	1		
27	专线 4140－20	辙跟接头夹板　50－10 Z	1		
28	专线 4140－20	辙跟接头夹板　50－10 Y	1		与序号 27 对称
29	SC 385－112	间隔铁　50－6.5 Z	1	KTH 330－08	
30	SC 385－112	间隔铁　50－6.5 Y	1	KTH 330－08	与序号 29 对称
31	专线 4266－47	轨　撑　50	16	KTH 330－08	
32	SC 384－103	辙跟内轨撑　50	2	KTH 330－08	
33	SC 384－118	辙跟垫圈　P	10	KTH 330－08	
34	SC 384－117	支距扣板　50Z82－77	1	ZG 230－450	

续上表

序号	图号 / 标准	名称及规格	数量	材　料	备　注
35	SC 384－117	支距扣板　50Y82－77	1	ZG 230－450	与序号 34 对称
36	SC 384－117	支距扣板　50Z112－106	1	ZG 230－450	
37	SC 384－117	支距扣板　50Y112－106	1	ZG 230－450	与序号 36 对称
38	SC 384－117	支距扣板　50Z146－139	1	ZG 230－450	
39	SC 384－117	支距扣板　50Y146－139	1	ZG 230－450	与序号 38 对称
40	SC 385－115	螺　柱　M27×34×75×230	2	5.9 级	
41	SC 385－115	螺　柱　M27×29×90×235	2	5.9 级	
42	专线 4266－6	螺　栓　M27×310	2	10.9 级	
43	专线 4266－6	螺　栓　M27×285	2	10.9 级	
44	专线 4266－6	螺　栓　M27×290	2	10.9 级	
45	专线 4232－4	T 型螺栓　M24×65	56		
46	专线 4232－4	T 型螺栓　M24×75	16		
47	专线 4232－4	T 型螺栓　M24×90	6		
48	TB/T 416	长方头螺栓　M24×85	4		
49	SCT 505－B	岔枕螺栓　155	80		
50	NS－01(b)	螺　母　M27	8	5.6 级	
51	NS－01(b)	螺　母　M27	6	10 级	
52	NS－01(b)	螺　母　M24	82		
53	NS－07	限位板　M24	78		
54	GB/T 7244	弹簧垫圈　30	80	65Mn	
55	GB/T 93	弹簧垫圈　27	14	65Mn	
56	GB/T 93	弹簧垫圈　24	4	65Mn	
57	GB/T 91	开口销　5×35	8	Q235	
58	专线 4266－48	调整楔　50	16	KTH 350－10	
59	SC 330－125	轨距调整片　160×12×1	14	Q235	
60	SC 330－125	轨距调整片　160×12×2	28	Q235	其中 14 片备用
61	SC 383－116	支距调整片　120×12×2	12	Q235	其中 6 片备用
62	SC 383－117	支距调整片　120×18×2	12	Q235	其中 6 片备用
63	专线 3351	Ⅱ型弹条	78	60Si2CrVA	
64	专线 4266－13	轨距块　9－11	24	ZG 230－450	
65	专线 4266－13	轨距块　13－15	24	ZG 230－450	
66	专线 4266－14	接头轨距块　50－9	6	聚酰胺 66	
67	专线 4266－14	接头轨距块　50－15	6	聚酰胺 66	
68	SC 385－113	通长垫板	1		
69	SC 385－114	通长垫板	1		
1J	专线 4266－26	橡胶垫板　50－200	14	橡胶	

续上表

序号	图号 / 标准	名称及规格	数量	材　　料	备　　注
2J	专线 4266－27	橡胶垫板　50－200	32	橡胶	
5J	专线 4266－31	橡胶垫板　452×185×10	2	橡胶	
6J	专线 4266－31	橡胶垫板　472×185×10	2	橡胶	
7J	专线 4266－31	橡胶垫板　620×185×10	10	橡胶	
9J	专线 4266－31	橡胶垫板　645×185×10	4	橡胶	
11J	专线 4266－31	橡胶垫板　670×185×10	2	橡胶	
13J	专线 4266－31	橡胶垫板　699×185×10	2	橡胶	
15J	专线 4266－31	橡胶垫板　733×185×10	2	橡胶	
17J	专线 4266－31	橡胶垫板　770×185×10	2	橡胶	
19J	专线 4266－31	橡胶垫板　810×185×10	2	橡胶	
21J	专线 4266－32	橡胶垫板　854－392	2	橡胶	
23J	专线 4266－32	橡胶垫板　902－416	2	橡胶	
68J－1	SC 385－118	橡胶垫板　716×185×10	2	橡胶	
69J－1	SC 385－119	橡胶垫板　703×185×10	2	橡胶	
68J－2	SC 384－127	橡胶垫板　645×185×10	1	橡胶	
69J－2	SC 384－127	橡胶垫板　671×185×10	1	橡胶	

辙叉及护轨明细表

序号	图号 / 标准	名称及规格	数量	材　　料	备　　注
1	SC 385－202	高锰钢辙叉	1		
2	SC 383－203	槽型护轨　3 170	2	UIC33	
3	SC 385－203	垫　板　912×180×24	1		
4	SC 385－204	垫　板　826×180×22	1		
5	SC 385－205	垫　板　735×180×20	1		
6	SC 385－206	垫　板　750×180×20	2		
7	SC 385－207	垫　板　750×180×20	3		
8	SC 385－208	垫　板　722×180×20	1		
9	SC 385－209	垫　板　813×180×20	1		
10	SC 385－210	垫　板　905×180×20	1		
11	SC 385－211	垫　板　50－14(X)	4		
12	SC 385－211	垫　板　50－14(Y)	4		按序号 11 对称制造
13	SC 385－212	护轨垫板　610×180×25	5		
14	SC 385－212	护轨垫板　610×180×25	5		按序号 13 对称制造
15	SC 385－213	垫　板　452×180×20	2		
16	SC 385－213	垫　板　452×180×20	2		按序号 15 对称制造
17	专线 4266－55	接头支距扣板　50/163－146	1		
18	专线 4266－55	接头支距扣板　50/139－122	1		
19	TB/T 2345	接头夹板	8		
20	TB/T 2347	接头螺栓及螺母　M24×145－10.9 级	24		
21	专线 4232－4	螺　栓　M24×65	64		
22	专线 4232－4	螺　栓　M24×75	2		
23	专线 4171－9	螺　栓　M24×85	10	5.6 级	
24	SC T505－B	岔枕螺栓　155	68		
25	NS－07	限位板　M24	66		
26	NS－01(b)	螺　母　M24	10	5 级	
27	NS－01(b)	螺　母　M24	66		
28	GB/T 7244	弹簧垫圈　30	68	65Mn	
29	GB/T 1230	高强度平垫圈　24	24		
30	GB/T 7244	弹簧垫圈　24	10	65Mn	
31	专线 3351	Ⅱ型弹条	66	60Si2GrVA	
32	专线 4266－13	轨距块　50/9－11	31	ZG 230－450	
33	专线 4266－13	轨距块　50/13－15	21	ZG 230－450	
34	SC 330－125	轨距调整片　120×12×1/2	各 20	Q235	其中 1 mm 备用

续上表

序号	图号 / 标准	名称及规格	数量	材　　料	备　　注
35	SC 383－213	槽型护轨调整片　120 × 83 × 2	20	Q235	其中 10 片备用
36	SC 383－213	槽型护轨调整片　120 × 83 × 3	20	Q235	其中 10 片备用
37	专线 4266－14	接头轨距块　50－9	6	聚酰胺 66	
38	专线 4266－14	接头轨距块　50－15	6	聚酰胺 66	
1J	专线 4266－27	橡胶垫板　50－200	34	橡胶	
2J	专线 4266－29	叉下橡胶垫板　447	5	橡胶	
3J	专线 4266－32	橡胶垫板　912－421	1	橡胶	
4J	专线 4266－31	橡胶垫板　826 × 185 × 10	1	橡胶	
5J	专线 4266－31	橡胶垫板　735 × 185 × 10	1	橡胶	
6J	专线 4266－31	橡胶垫板　750 × 185 × 10	5	橡胶	
8J	专线 4266－31	橡胶垫板　722 × 185 × 10	1	橡胶	
9J	专线 4266－31	橡胶垫板　813 × 185 × 10	1	橡胶	
10J	专线 4266－32	橡胶垫板　905－418	1	橡胶	
11J	专线 4266－31	橡胶垫板　452 × 185 × 10	12	橡胶	
13J	专线 4266－33	橡胶垫板　610 × 185 × 5	10	橡胶	

50 kg/m 钢轨 6.5 号对称道岔
图　号：SC 385

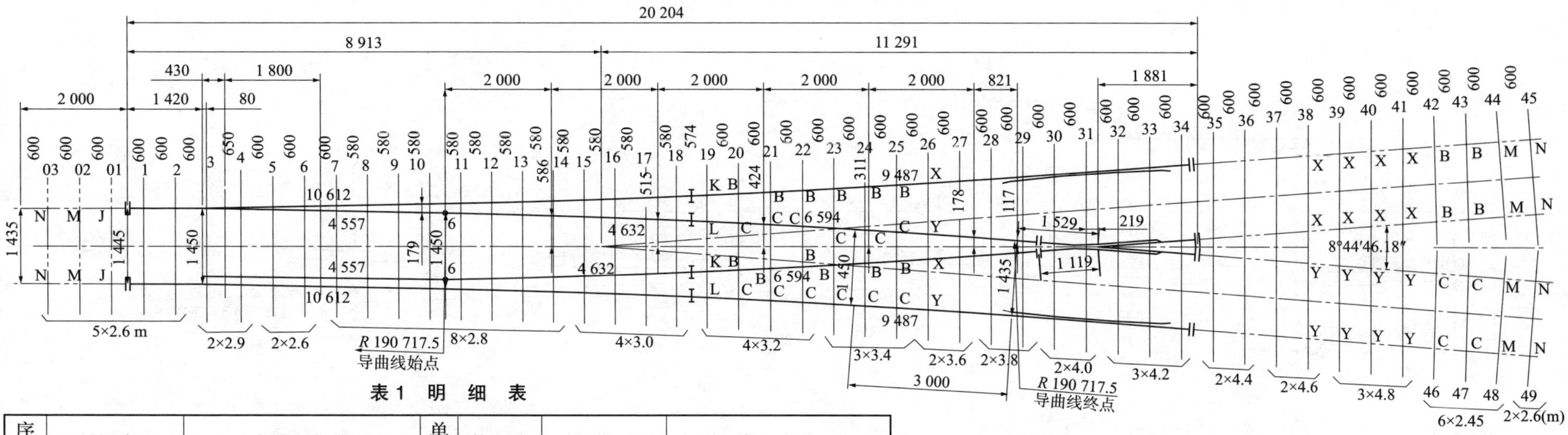

表 1　明　细　表

序号	图号 / 标准	名称及规格	单位	数　量	材　　料	备　　注
1	SC 385－100	转辙器	组	1		
2	SC 385－200	辙叉及护轨	组	1		
3	TB/T 2344	钢　轨	m	41.426	50 kg/m 钢轨	
4	TB/T 2345	接头夹板	块	2		
5	SC 384－106	垫　板　50－10	块	32		B、C 成对各 16 块
6	SC 385－211	垫　板　50－14	块	20		X、Y 成对各 10 块
7	SC 384－107	接头垫板　50	块	6		J 型、K 型、L 型各 2 块
8	SC 384－109	垫　板 P60(N)	块	6		不须顺坡时，改为序号 5 的 A 型垫板
9	SC 384－110	垫　板 P80(M)	块	6	60Si2CrVA	不须顺坡时，改为序号 5 的 A 型垫板
10	专线 3351	Ⅱ型弹条	个	140		
11	专线 4232－4	螺　栓　M24 × 65	个	140		
12	TB/T 2347	接头螺栓、螺母　M24	个	6		
13	NS－01(b)	螺　母　M24	个	140		
14	GB/T 1230	高强度平垫圈　24	个	6		
15	NS－07	限位板　M24	个	140		
16	GB/T 7244	弹簧垫圈　30	个	140	65Mn	
17	SC T505－B	岔枕螺栓　155	个	140	45 号	
18	专线 4266－13	轨距块　9－11	个	64+10	ZG 230－450	“+”后为备用
19	专线 4266－13	轨距块　13－15	个	64+10	ZG 230－450	“+”后为备用
20	专线 4266－13	轨距块　7－17	个	6	ZG 230－450	备用
21	专线 4266－14	接头轨距块　50－9	个	6	玻璃纤维	备用
22	专线 4266－14	接头轨距块　50－11	个	20	玻璃纤维	
23	专线 4266－14	接头轨距块　50－13	个	6	玻璃纤维	
24	专线 4266－14	接头轨距块　50－15	个	6	玻璃纤维	
25	专线 4266－27	橡胶垫板　50－200	块	70	橡胶	
26	专线 4266－31	橡胶垫板　452 × 185 × 10	块	70	橡胶	
27	SC 384－301	塑料垫片　462 × 190 × 6	块	16	聚乙烯	
28		钢轨绝缘	组	4		供否见合同

表 2　岔枕数量表

序号	岔枕长 (m)	单位	数量	备注	序号	岔枕长 (m)	单位	数量	备注
1	2.45	根	6		8	3.6	根	2	
2	2.6	根	9		9	3.8	根	2	
3	2.8	根	8		10	4.0	根	2	
4	2.9	根	2		11	4.2	根	3	
5	3.0	根	4		12	4.4	根	2	
6	3.2	根	4		13	4.6	根	2	
7	3.4	根	3		14	4.8	根	3	

技　术　要　求

1. 图中钢轨普通接头及绝缘接头分别以“—|├—”、“┼”表示。
2. 钢轨轨缝除注明者外均为 8 mm。
3. 导曲线半径按外轨工作边计。
4. 岔枕 03～41 均按垂直于道岔对称中心线，42～44、46～48 逐渐扭转为垂直轨道中心线方向。
5. 钢轨顶面进行全长淬火，淬火技术条件按 TB/T 1779 的规定。
6. 道岔前后设顺坡垫板 P(80)、P(60) 分别用 M、N 表示，其铺设位置见图，若与无轨底坡线路连接时取消顺坡垫板，采用垫板 50－0(A) 替换，订货时需指明。
7. 配轨：

(1) 当道岔采用普通接头时，配轨由下表所列钢轨组成：

长度 (mm)	4 632	6 594	9 487
数量 (根)	2	2	2

(2) 导轨应在两端头轨腰处 (距端头 600 mm) 喷印长度的标记。

(3) 当道岔有其他特殊要求时，订货时须提出。

50 kg/m 钢轨 6.5 号对称道岔转辙器
图　号：SC 385－100

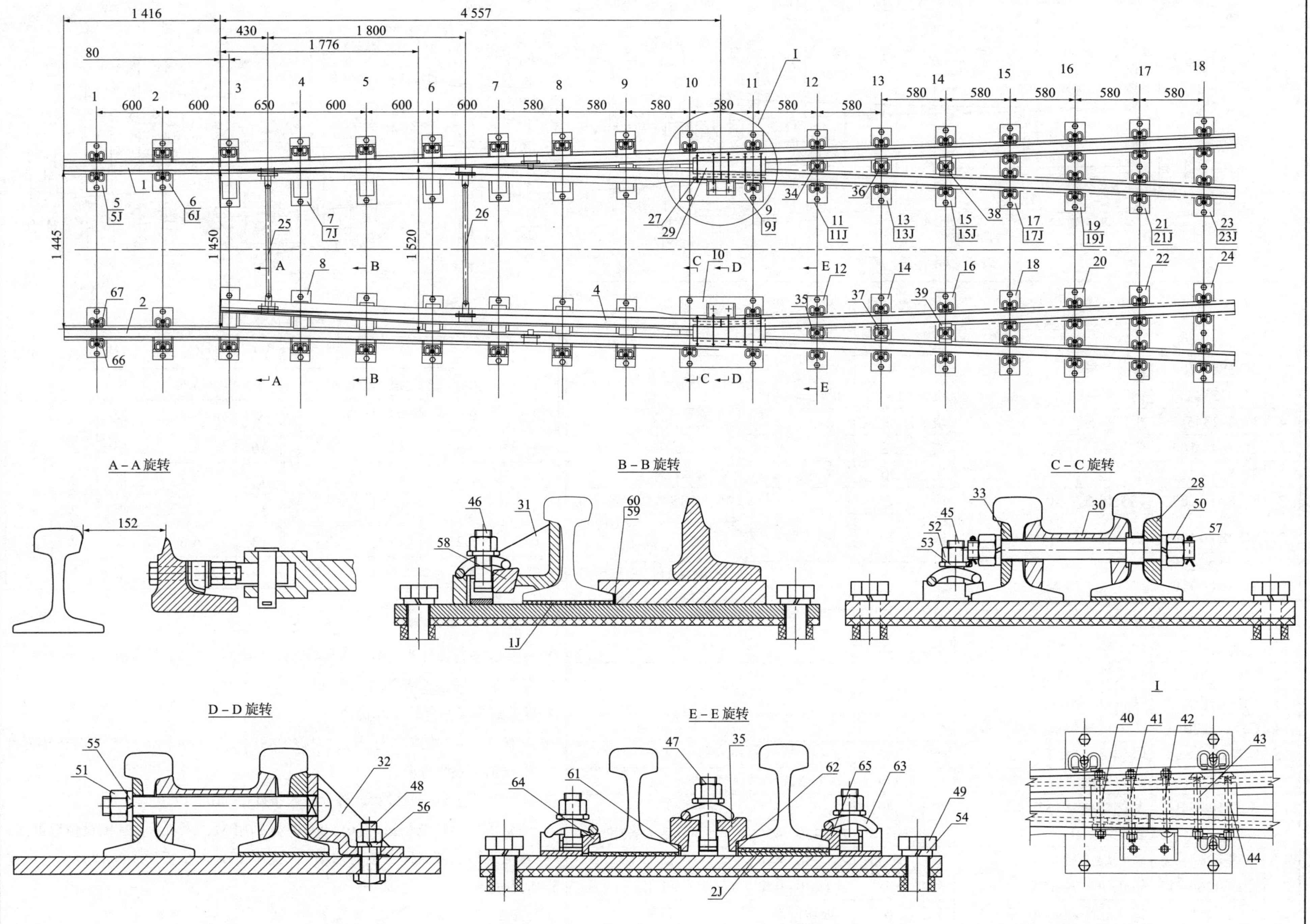

50 kg/m 钢轨 6.5 号对称道岔辙叉及护轨

图 号：SC 385－200

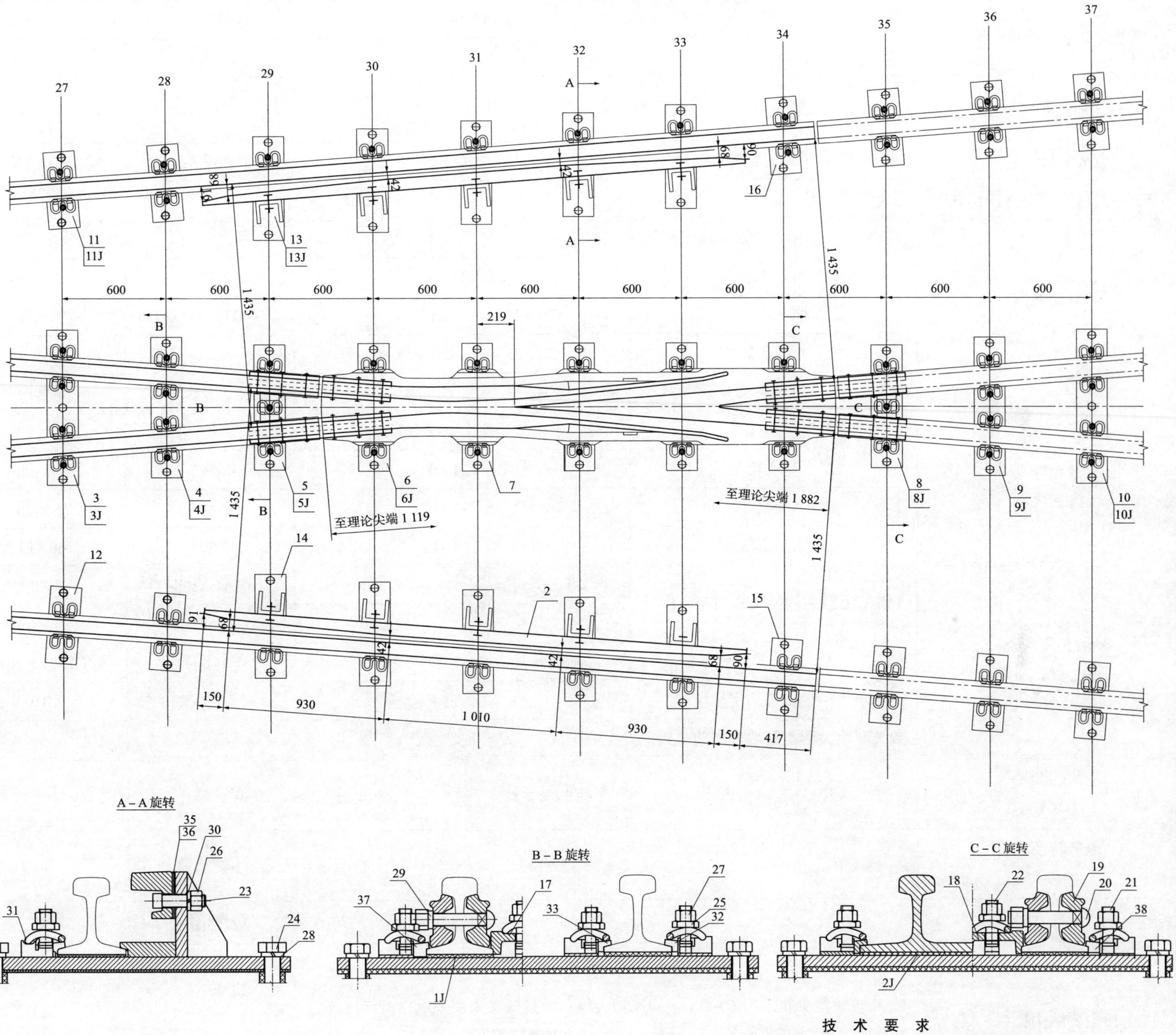

技 术 要 求

1. 组装护轨时，如查照间隔或护背距离不合格时，可用备用调整片进行调整。
2. 查照间隔及护背距离在心轨轨头宽 20～30 mm 处丈量。

<table>
<tr><th colspan="7">115. 75 kg/m 钢轨 9 号复式交分道岔(木枕)
设计图号：CZ 709</th></tr>
<tr><td rowspan="2">道岔允许通过速度</td><td>客车</td><td colspan="3">$v_{直}$≤80 km/h；$v_{侧}$≤35 km/h</td><td>扣件类型</td><td>Ⅱ型弹条</td></tr>
<tr><td>货车</td><td colspan="3">$v_{直}$≤80 km/h；$v_{侧}$≤35 km/h</td><td>轨底坡</td><td>—</td></tr>
<tr><td>尖 / 心轨跟端形式</td><td colspan="4">间隔铁活接头</td><td>锁闭方式</td><td>内 / 外锁闭</td></tr>
<tr><td>道岔全长</td><td>31 490</td><td>导曲线半径</td><td colspan="2">220 m</td><td>辙叉角</td><td>6°20′25″</td></tr>
<tr><td colspan="2">道岔终端至末根岔枕中心距离</td><td colspan="5">8 148</td></tr>
<tr><td rowspan="5">双转辙器
CB 723</td><td colspan="2">轨件名称</td><td colspan="2">图　　号</td><td>长　　度</td><td>轨　　型</td></tr>
<tr><td colspan="2">直基本轨</td><td colspan="2">CB 723－01</td><td>7 787</td><td>75 kg/m</td></tr>
<tr><td colspan="2">曲基本轨</td><td colspan="2">CB 723－02，CB 723－03</td><td>9 023，11 525</td><td>75 kg/m</td></tr>
<tr><td colspan="2">直线尖轨</td><td colspan="2">CB 723－04，CB 723－05</td><td>5 280</td><td>60AT1</td></tr>
<tr><td colspan="2">曲线尖轨</td><td colspan="2">CB 723－06，CB 723－07</td><td>5 280</td><td>60AT1</td></tr>
<tr><td rowspan="4">钝角辙叉
CB 724</td><td colspan="2">轨件名称</td><td colspan="2">图　　号</td><td>长　　度</td><td>轨　　型</td></tr>
<tr><td colspan="2">基本轨</td><td colspan="2">CB 724－01</td><td>8 505</td><td>75 kg/m</td></tr>
<tr><td colspan="2">导轨</td><td colspan="2">CB 724－02</td><td>8 496</td><td>75 kg/m</td></tr>
<tr><td colspan="2">活动心轨</td><td colspan="2">CB 724－03</td><td>3 593</td><td>60AT1</td></tr>
<tr><td rowspan="5">辙叉及护轨
SC 434－300</td><td rowspan="2">辙叉图号</td><td rowspan="2">CB 714－01</td><td>辙叉全长</td><td>4 311</td><td>护轨长度</td><td>3 800</td></tr>
<tr><td>辙叉趾长</td><td>1 540</td><td>护轨轨型</td><td>50 kg/m</td></tr>
<tr><td>辙叉形式</td><td>高锰钢整铸式</td><td>辙叉跟长</td><td>2 771</td><td>护轨图号</td><td>CB 725－01</td></tr>
<tr><td colspan="5">护轨端头距导轨端头定位尺寸</td><td>1 101</td></tr>
<tr><td colspan="5">辙叉理论尖端距趾端方向前一根岔枕中心距离</td><td>9</td></tr>
<tr><td>岔枕图号
GB 154</td><td>岔枕总数</td><td>90 根</td><td>岔枕展延长</td><td>328 m</td><td>套管总数</td><td>—</td></tr>
<tr><td>电务转换设备
—</td><td>尖轨动程</td><td colspan="3">152/147</td><td>心轨动程</td><td>90</td></tr>
<tr><td>批准文号</td><td colspan="4">—</td><td>应用情况</td><td>★</td></tr>
<tr><td>主要结构特点</td><td colspan="6">1. 双转辙器尖轨采用 60AT1 半切线型尖轨；钝角辙叉采用 60AT1 活动心轨。
2. 扣件采用分开式弹条Ⅱ型扣件，用轨距块调整轨距。</td></tr>
</table>

双转辙器明细表

序号	图号 / 标准	名称及规格	数量	材　料	备　注
1	CB 723－01	直基本轨　7 787	1	75 Kg/m 钢轨	
2	CB 723－01	直基本轨　7 787	1	75 Kg/m 钢轨	与序号 1 对称制造
3	CB 723－02	曲基本轨　9 025	1	75 Kg/m 钢轨	
4	CB 723－03	曲基本轨　11 525	1	75 Kg/m 钢轨	
5	CB 723－04	直线尖轨　5 280	1	60AT 轨	
6	CB 723－05	直线尖轨　5 280	1	60AT 轨	
7	CB 723－06	曲线尖轨　5 280	1	60AT 轨	
8	CB 723－07	曲线尖轨　5 280	1	60AT 轨	
9	CT 7－34	平垫板　75－452	4	Q235－A(底板)	
10	CB 723－08	轨撑滑床板　606	10	Q235－A(底板)	
11	CB 723－09	滑床板　596	6	Q235－A(底板)	
12	CB 723－10	滑床板 576	4	Q235－A(底板)	
13	CB 723－11	轨撑滑床板　576	4	Q235－A(底板)	
14	CB 723－12	滑床板　518	2	Q235－A(底板)	
15	CB 723－13	轨撑滑床板　518	1	Q235－A(底板)	
16	CB 723－14	轨撑滑床板　440	1	Q235－A(底板)	
17	CB 723－15	轨撑滑床板　420	1	Q235－A(底板)	
18	CB 723－16	垫　板　850×190×25	1	Q235－A(底板)	
19	CB 723－16	垫　板　788×190×25	1	Q235－A(底板)	
20	CB 723－17	垫　板　726×190×25	1	Q235－A(底板)	
21	CB 723－18	辙跟垫板　790×565×25	1	Q235－A(底板)	
22	CB 723－18	辙跟垫板　790×565×25	1	Q235－A(底板)	与序号 21 对称制造
23	CB 723－19	辙跟垫板　1 390×598×25	1	Q235－A(底板)	
24	CB 723－19	辙跟垫板　1 390×598×25	1	Q235－A(底板)	与序号 23 对称制造
25	CT 7－44	辙跟间隔铁　75－121－140 Z	1	KTH 330－08	
26	CT 7－44	辙跟间隔铁　75－121－140 Y	1	KTH 330－08	
27	CT 7－44	辙跟间隔铁　75－108－127 Z	1	KTH330－08	
28	CT 7－44	辙跟间隔铁　75－108－127 Y	1	KTH330－08	
29	CT 7－43	辙跟接头夹板　75－8 Z	2		
30	CT 7－43	辙跟接头夹板　75－8 Y	2		
31	CT 1－07	螺　柱　M24×32×225	2	Q275	
32	CT 1－07	螺　柱　M24×32×210	2	Q275	
33	CT 4－90	螺　柱　M24×26×235	2	Q275	
34	CT 4－90	螺　柱　M24×26×220	2	Q275	

续上表

序号	图号 / 标准	名称及规格	数量	材　料	备　注
35	CT 1－02	螺　栓　M24×275	4	Q275	
36	CT 1－02	螺　栓　M24×285	4	Q275	
37	CT 7－63	螺　栓　M24×85	16	Q235－A	
38	CT 7－47	辙跟内轨撑　75 内	4	KTH 330－08	
39	CT 7－48	辙跟外轨撑　75 外	4	KTH 330－08	
40	CT 7－19	辙跟圆孔垫圈　75	4	KTH 330－08	
41	CT 7－46	辙跟方孔垫圈　75	4	KTH 330－08	
42	CT 1－01	螺　母　M24	40	Q275	
43	TB/T 418	垫　圈　24	40	55Si2Mn	
44	GB/T 91	销　5×35	16		
45	CB 723－20	拉　杆　1 109	1		
46	CB 723－20	拉　杆　1 116	1		
47	CT 7－54	连　杆　1 125	1		
48	CT 7－54	连　杆　1 130	1		
49	CT 5－02	T 型螺栓　M24×60	40	Q235－A	
50	CT 5－02	T 型螺栓　M24×85	20	Q235－A	
51	专线 3351	Ⅱ型弹条	60	60Si2CrVA	
52	NS－06	六角盖型螺母　M24(5 级)	60		
53	CB 642－22	限位螺母　M24	60		
54	CT 7－51	轨　撑	20	KTH 330－08	
55	CB 599－21	调整楔	20	KTH 330－08	
56	专线 9602	Ⅲ型接头弹条	2	60Si2Mn	
57	CT 7－02	轨距块　9－11	18	ZG 270－500	
58	CT 7－02	轨距块　13－15	4	ZG 270－500	
59	CT 7－42	接头轨距块　9－11	2	ZG 270－500	
60	CT 7－42	接头轨距块　13－15	2	ZG 270－500	
61	专线 4232－45	螺纹道钉　M24×170	98	Q235	
62	TB 565	双层弹簧垫圈　24	90	55Si2Mn	
63	GB/T 7244	弹簧垫圈　24	8	65Mn	
64	GB/T 102	六角头木螺钉　8×120	8		
65	CT 10－28	绝缘轨距块　75－11	2	玻璃纤维	
66	CT 10－25	绝缘轨距块　75/9－11	8	玻璃纤维	
67	CT 10－25	绝缘轨距块　75/13－15	6	玻璃纤维	
68	CB 723－21	绝缘垫板　124	1	玻璃纤维	
69	CB 723－21	绝缘垫板　92	1	玻璃纤维	
70	CT 10－01	橡胶垫板　60－210	42	橡胶	

续上表

序号	图号 / 标准	名称及规格	数量	材　料	备　注
71	专线 4232－43	塑料垫片　572	2	聚乙烯	
72	专线 4232－43	塑料垫片　462	4	聚乙烯	
73	专线 4232－43	塑料垫片　606	6	聚乙烯	
74	专线 4232－43	塑料垫片　586	8	聚乙烯	
75	专线 4232－43	塑料垫片　528	4	聚乙烯	
76	专线 4232－43	塑料垫片　1 079	1	聚乙烯	
77	专线 4232－43	塑料垫片　1 014	1	聚乙烯	
78	专线 4232－43	塑料垫片　942	1	聚乙烯	
79	专线 4232－43	塑料垫片　860	1	聚乙烯	
80	专线 4232－43	塑料垫片　798	1	聚乙烯	
81	专线 4232－43	塑料垫片　736	1	聚乙烯	
82	专线 4232－43	塑料垫片　575	4	聚乙烯	
83	专线 4232－43	塑料垫片　584	4	聚乙烯	
84	CB 723－14	轨撑滑床板　440	1	Q235－A（底板）	与序号 16 对称制造
85	CB 723－15	轨撑滑床板　420	1	Q235－A（底板）	与序号 17 对称制造
86	CT 10－29	橡胶垫板　790 × 165 × 5	6	橡胶	
87	专线 4232－43	塑料垫片　616	10	聚乙烯	
88	CB 723－13	轨撑滑床板　518	1	Q235－A（底板）	与序号 15 对称制造
89	CB 723－21	绝缘垫板　33	1	玻璃纤维	

钝角辙叉明细表

序号	图号 / 标准	名称及规格	数量	材　　料	备　　注
1	CB 724－01	基本轨　8 505	2	75 kg/m 钢轨	
2	CB 724－02	导　轨　8 496	2	75 kg/m 钢轨	
3	CB 724－03	活动心轨　3 593	2	60AT 钢轨	
4	CB 724－03	活动心轨　3 593	2	60AT 钢轨	与序号 3 对称
5	CT 7－51	轨　撑	4	KTH 350－10	
6	CT 7－47	轨　撑　75 内	4	KTH 330－08	
7	CT 7－45	间隔铁　75－130－150－8 Z	2	KTH 330－08	
8	CT 7－45	间隔铁　75－130－150－8 Y	2	KTH 330－08	与序号 7 对称
9	CT 7－53	拉　杆　1 215	2		
10	CT 7－60	接头夹板	4	B6	
11	CB 724－04	垫　板　625 × 190 × 25	2	Q235－A(底板)	
12	CB 724－04	垫　板　625 × 190 × 25	2	Q235－A(底板)	与序号 11 对称
13	CB 724－05	垫　板　1 176 × 190 × 25	2	Q235－A(底板)	
14	CB 724－05	垫　板　1 176 × 190 × 25	2	Q235－A(底板)	与序号 13 对称
15	CB 724－06	垫　板　1 162 × 190 × 25	2	Q235－A(底板)	
16	CB 724－06	垫　板　1 162 × 190 × 25	2	Q235－A(底板)	与序号 15 对称
17	CB 724－07	垫　板　1 152 × 190 × 25	2	Q235－A(底板)	
18	CB 724－10	垫　板　1 152 × 190 × 25	2	Q235－A(底板)	
19	CB 724－08	垫　板　1 144 × 190 × 25	2	Q235－A(底板)	
20	CB 724－11	垫　板　1 144 × 190 × 25	2	Q235－A(底板)	
21	CB 724－09	垫　板　1 140 × 190 × 25	2	Q235－A(底板)	
22	CB 724－09	垫　板　1 140 × 190 × 25	2	Q235－A(底板)	与序号 21 对称
23	CT 7－58	支距扣板　38－44	4	KTH 350－10	
24	CT 7－59	支距扣板　63－68－33	4	KTH 350－10	左右开各 2
25	CT 7－02	轨距块　9－11	20	ZG 270－500	
26	CT 7－02	轨距块　13－15	28	ZG 270－500	
27	CT 7－41	9 号接头轨距垫	4	ZG 270－500	
28	CT 7－40	9 号中间轨距垫	12	ZG 270－500	
29	CT 7－40	11 号中间轨距垫	8	ZG 270－500	
30	CT 7－41	11 号接头轨距垫	4	ZG 207－500	
31	专线 3351	Ⅱ型弹条	60	60Si2CrVA	
32	专线 3328	Ⅲ型弹条	20	60Si2Mn	
33	专线 9602	Ⅲ型接头弹条	8	60Si2Mn	
34	CB 599－21	调整楔	4	KTH 350－10	

续上表

序号	图号 / 标准	名称及规格	数量	材　料	备　注
35	CT 1－02	螺　栓　M24×260	4	Q275	
36	CT 1－02	螺　栓　M24×280	4	Q275	
37	CT 4－90	螺　栓　M24×27×230	4	Q275	
38	CT 1－07	螺　栓　M24×31×240	4	Q275	
39	CT 7－63	螺　栓　M24×135	4	Q235－A	
40	CT 7－63	螺　栓　M24×80	8	Q235－A	
41	CT 5－02	螺　栓　M24×60	48	Q235－A	
42	CT 5－02	螺　栓　M24×85	8	Q235－A	
43	CT 1－01	螺　母　M24	32	Q275	
44	NS－06	盖形螺母　M24(5 级)	60		
45	CB 642－22	限位螺母　24	60		
46	TB/T 418	垫　圈　24	32		
47	TB 565	双层垫圈　24	96		
48	CT 7－19	辙跟垫圈　75	16	KTH 330－08	
49	GB/T 91	开口销　5×35	24		
50	专线 4232－45	螺纹道钉　M24×170	96	Q235	
51	CT 10－01	橡胶垫板　60－210	64	橡胶	
52	CT 10－02	橡胶垫板　60－210	4	橡胶	
53	专线 4232－43	塑料垫片　635	4	聚乙烯	
54	专线 4232－43	塑料垫片　1 186	4	聚乙烯	
55	专线 4232－43	塑料垫片　1 172	4	聚乙烯	
56	专线 4232－43	塑料垫片　1 162	4	聚乙烯	
57	专线 4232－43	塑料垫片　1 154	4	聚乙烯	
58	专线 4232－43	塑料垫片　1 150	4	聚乙烯	

辙叉及护轨明细表

序号	图号 / 标准	名称及规格	数量	材料	备注
1	CB 714-01	辙 叉 75-9G	1	ZGMn13	
2	CB 725-01	护 轨 3 800	1	50 kg/m 钢轨	
3	CB 725-01	护 轨 3 800	1	50 kg/m 钢轨	与序号 2 对称
4	CB 725-02	垫 板 742×190×25	5	Q235-A(底板)	
5	CB 725-02	垫 板 742×190×25	2	Q235-A(底板)	
6	CB 725-03	护轨垫板 610×190×25	4	16Mn(底板)	
7	CB 725-03	护轨垫板 610×190×25	2	16Mn(底板)	
8	CB 725-03	护轨垫板 610×190×25	4	16Mn(底板)	与序号 6 对称
9	CB 725-03	护轨垫板 610×190×25	2	16Mn(底板)	与序号 7 对称
10	CT 7-43	垫 板 75-452	8	Q235-A(底板)	
11	CB 725-04	垫 板 725×190×25	1	Q235-A(底板)	
12	CB 725-05	垫 板 791×190×25	1	Q235-A(底板)	
13	CB 725-06	垫 板 858×190×25	1	Q235-A(底板)	
14	CB 725-06	垫 板 925×190×25	1	Q235-A(底板)	
15	TB/T 2342.4	接头夹板	8		
16	专线 9602	Ⅲ型接头弹条	8	60Si2CrVA	
17	CT 2-55	调整片 147×100×3 2	12 24	Q235	2 mm 备用
18	专线 3351	Ⅱ型弹条	54	60Si2CrVA	
19	TB/T 2347	75 kg/m 钢轨用接头螺栓及螺母	24		
20	CT 7-02	轨距块 9-11	33	ZG 270-500	
21	CT 7-02	轨距块 13-15	21	ZG 270-500	
22	CT 7-41	接头轨距块 75-9	6	ZG 270-500	
23	CT 7-41	接头轨距块 75-11	6	ZG 270-500	
24	CT 7-64	Ⅲ弹平垫板	4	Q235-A(底板)	
25	CT 5-02	T 型螺栓 M24×60	54	Q235-A	
26	CT 5-28	螺 栓 M24×110	8	Q275	
27	CT 5-28	螺 栓 M24×100	4	Q275	
28	专线 4232-45	螺纹道钉 M24×170	144	Q235-A	
29	NS-06	盖形螺母 M24	54		5 级
30	专线 4232-101	螺 母 M24	12		
31	GB/T 1230	垫 圈 24	24		
32	TB 565	弹簧垫圈	144	65Mn	
33	GB/T 7244	弹簧垫圈 24	12		

续上表

序号	图号 / 标准	名称及规格	数量	材　料	备　注
34	CB 642－22	限位螺母　M24－5	54	Q275	
35	CT 2－73	板型导电销	4	1Cr18Ni9Ti	
36	专线 4232－42	橡胶垫板　60－210	32	橡胶	
37	专线 4232－41	橡胶垫板　439×210×5	7	橡胶	
38	专线 4232－43	塑料垫片　462×200×5	12	聚乙烯	
39	专线 4232－43	塑料垫片　620×200×5	12	聚乙烯	
40	专线 4232－43	塑料垫片　752×200×5	7	聚乙烯	
41	专线 4232－43	塑料垫片　735×200×5	1	聚乙烯	
42	专线 4232－43	塑料垫片　801×200×5	1	聚乙烯	
43	专线 4232－44	塑料垫片　868－394	1	聚乙烯	
44	专线 4232－44	塑料垫片　935－428	1	聚乙烯	

75 kg/m 钢轨 9 号复式交分道岔
图　号：CZ 709

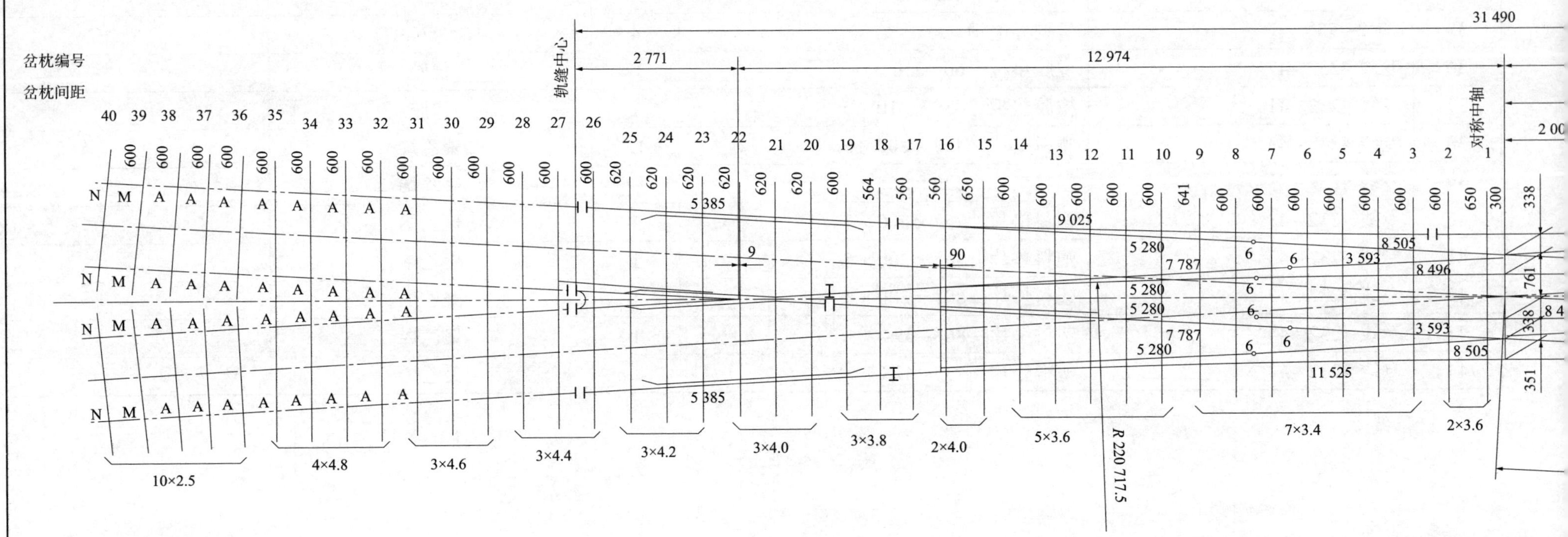

表 2　明　细　表

序号	图号 / 标准	名称及规格	单位	数量	材　　料	备　　注
1	CB 723	双转辙器	组	2		组件
2	CB 724	钝角辙叉	组	1		组件
3	CB 725	9 号辙叉及护轨 (JF)	组	2		组件
4	TB/T 2341.4	钢　轨　5 385	根	4	75 kg/m 钢轨	对称各半
5	TB/T 2342.4	接头夹板	块	4		
6	TB/T 2347	75 kg\m 钢轨用接头螺栓及螺母	套	12		
7	GB/T 1230	平垫圈　24	个	12		
8	CT 7－34	平垫板　75－452	块	64	Q235－A(底板)	图中用 A 表示
9	CT 7－36	斜坡垫板　P80	块	8	Q235－A(底板)	图中用 M 表示
10	CT 7－35	斜坡垫板　P60	块	8	Q235－A(底板)	图中用 N 表示
11	CT 7－02	轨距块　75/9－11	个	80	ZG 270－500	
12	CT 7－02	轨距块　75/13－15	个	80	ZG 270－500	
13	CT 7－02	轨距块　75/6－16	个	50	ZG 270－500	
14	CT 7－40	轨距块　75－7	个	3	ZG 270－500	
15	CT 7－40	轨距块　75－9	个	3	ZG 270－500	
16	CT 7－40	轨距块　75－11	个	3	ZG 270－500	

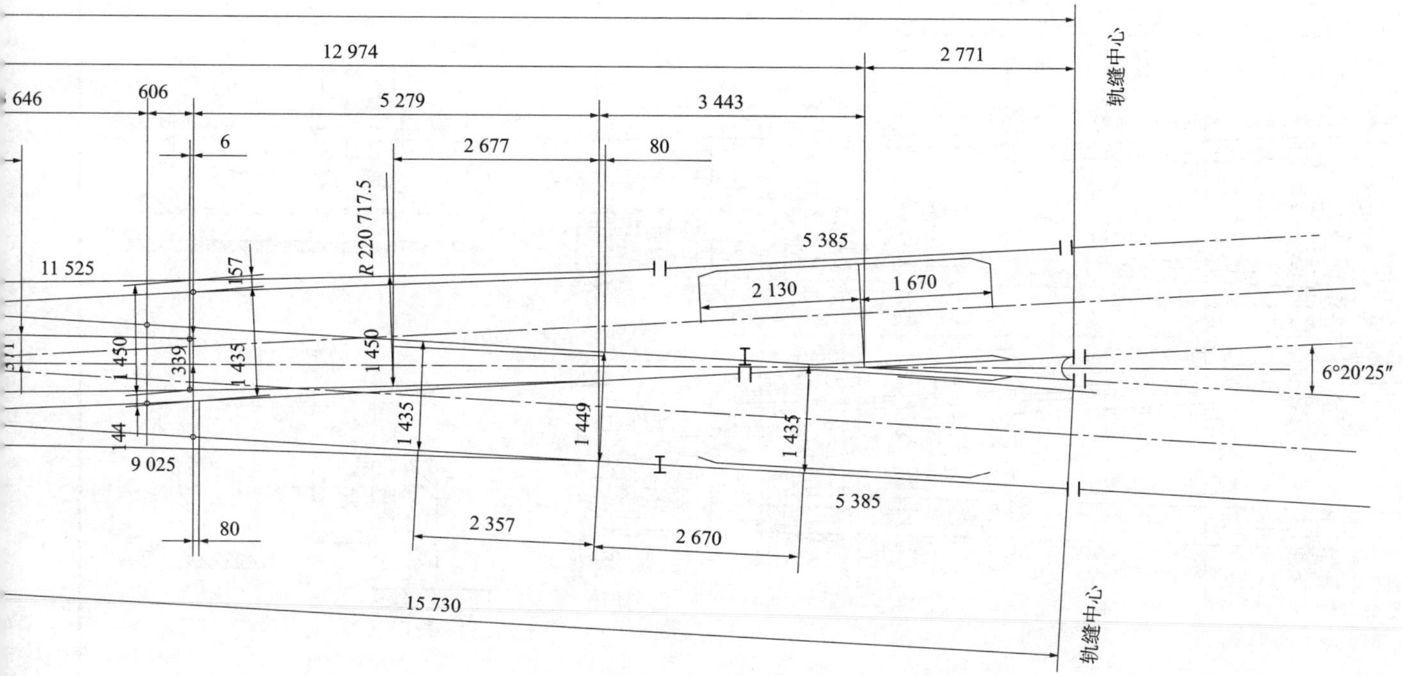

技 术 要 求

1. 本设计适用于 75 kg/m 钢轨线路的新建或大修项目。
2. 本图按设轨道电路设计。
3. 图中钢轨普通接头、绝缘接头分别以“—||—”和“—‡—”表示。
4. 明细表中的垫板包括：平垫板 75－452，斜坡垫板 P80、P60，图中分别用 A、M、N 表示。
5. 轨下基础采用木岔枕，岔枕按平行于菱形中轴布置。
6. 电务转换设备为尖轨联动及内锁机构。如采用分动外锁闭机构，需在定货合同中注明。
7. 岔枕布置：1～35 号岔枕垂直于复式交分道岔的中线，36～40 号岔枕扭转至垂直于各自股线。
8. 辙叉基本轨 5385 需按下列示意图弯折：

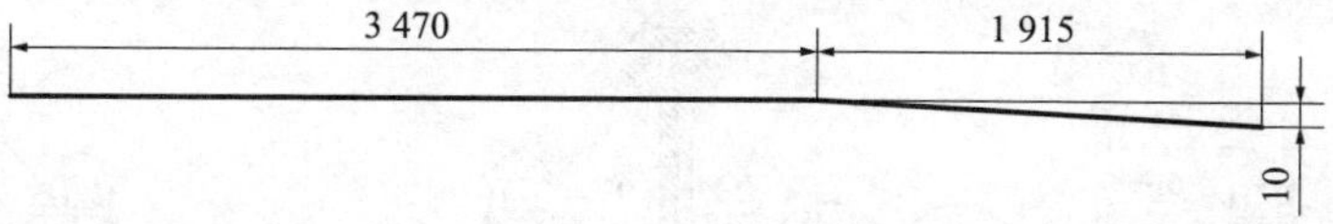

续表 2

序号	图号 / 标准	名称及规格	单位	数量	材　　料	备　　注
17	CT 7－40	轨距块　75－13	个	3	ZG 270－500	
18	CT 7－41	接头轨距块　75－9	个	2	ZG 270－500	
19	CT 7－41	接头轨距块　75－13	个	2	ZG 270－500	
20	CT 7－42	接头轨距块　6－16	个	6	ZG 270－500	
21	CT 10－25	绝缘轨距块　6－16	个	7	玻璃纤维	
22	CT 10－28	绝缘轨距块　75－9	个	2	玻璃纤维	
23	专线 4232－45	螺纹道钉　M24 × 170	个	320	Q235	
24	TB 565	双层弹簧垫圈　24	个	320	55Si2Mn	
25	CT 5－02	T 型螺栓　M24 × 65	个	160	Q235－A	
26	专线 3351	Ⅱ型弹条	个	160	60Si2CrVA	
27	NS－06	六角盖形螺母　M24(5 级)	个	160		
28	CB 642－22	限位螺母　M24	个	160		
29	CT 10－01	橡胶垫板　60－210	个	80	橡胶	
30	专线 4232－43	塑料垫片　462	个	80	聚乙烯	
31	研线 9813	钢轨绝缘	组	4	75 kg/m 钢轨用	

表 1　岔枕数量表

序号	岔枕长 (m)	单位	数量	备注	序号	岔枕长 (m)	单位	数量	备注
1	3.4	根	14		6	4.4	根	6	
2	3.6	根	14		7	4.6	根	6	
3	3.8	根	6		8	4.8	根	8	
4	4.0	根	10		9	2.5	根	20	
5	4.2	根	6						

75 kg/m 钢轨 9 号复式交分道岔双转辙器

图　号：CB 723

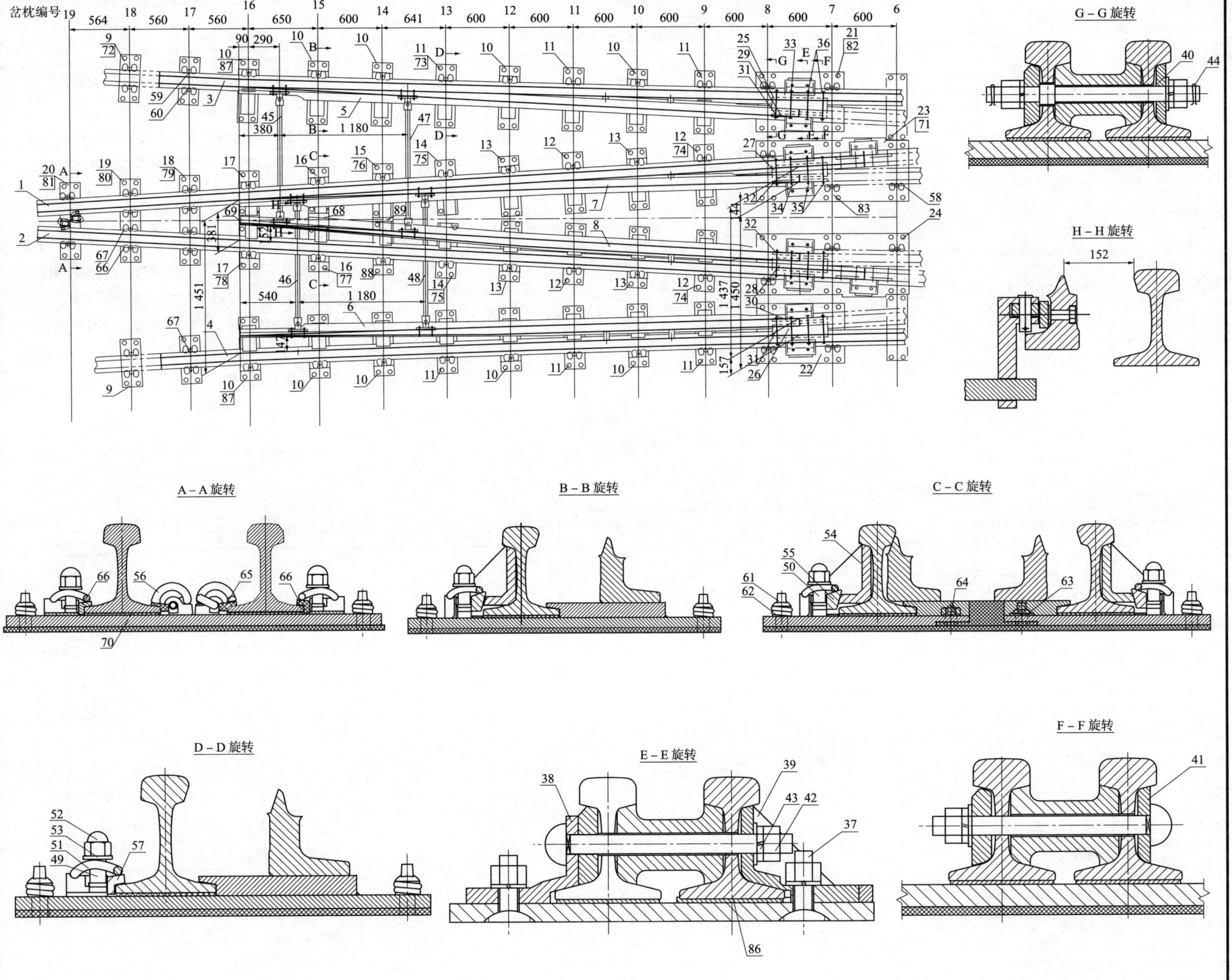

技　术　要　求

1. 扣件采用Ⅱ型弹条分开式可调扣件。
2. 绝缘接头两侧安装绝缘轨距块，钢轨接头安装接头轨距块。
3. 滑床垫板的台板与基本轨轨底间应加 3 mm 调整片进行组装。

75 kg/m 钢轨 9 号复式交分道岔锐角辙叉

图　号：CB 724

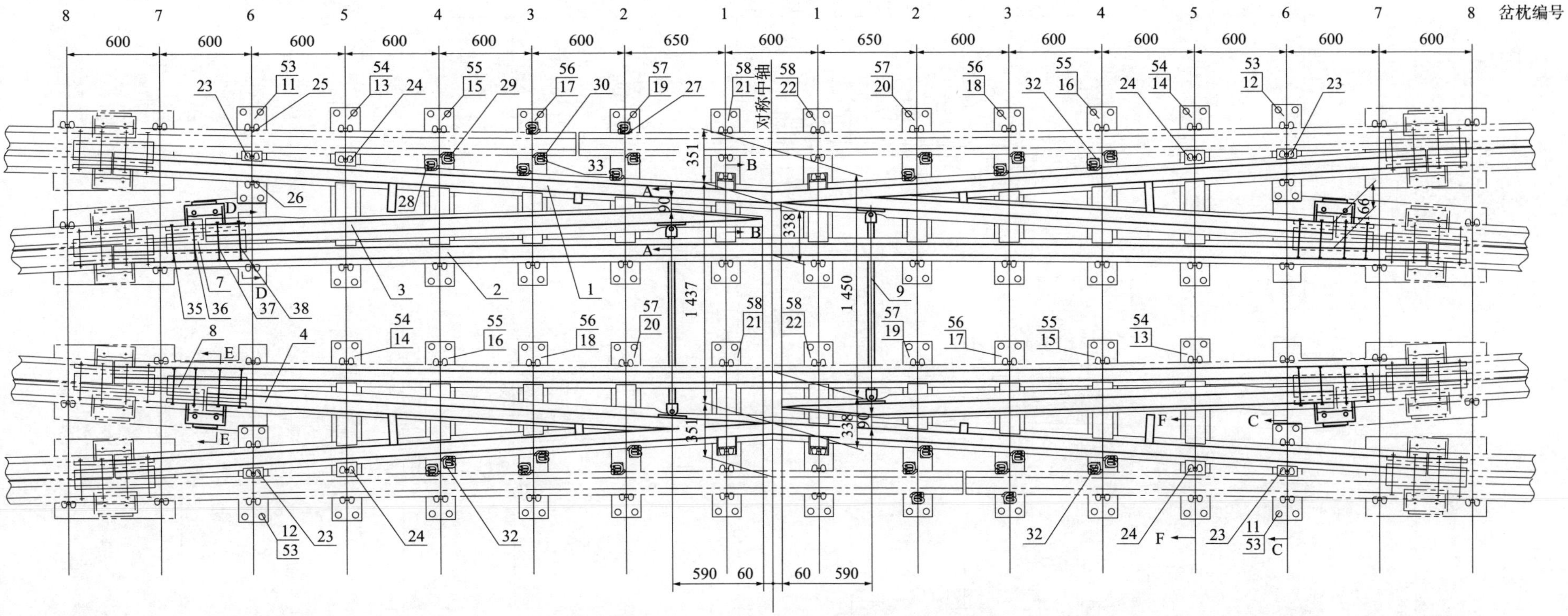

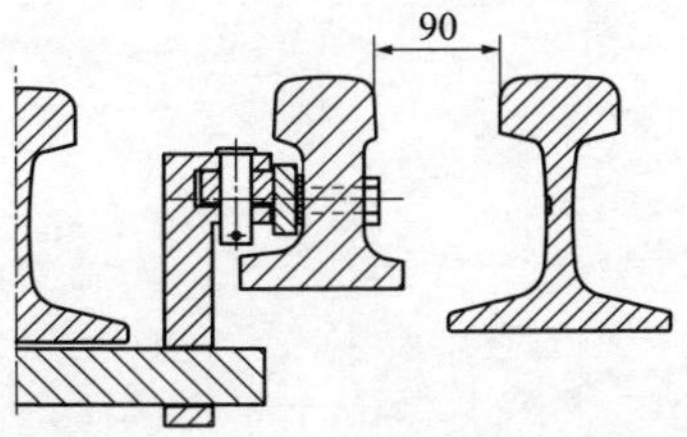

A－A 旋转

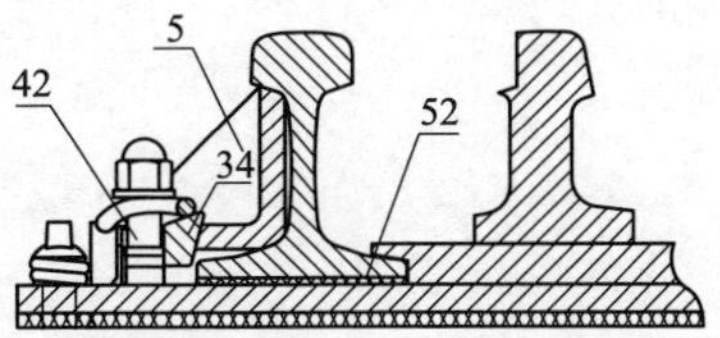

B－B 旋转

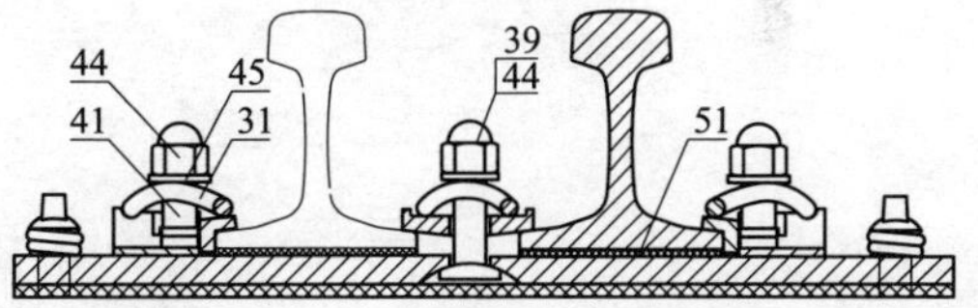

C－C 旋转

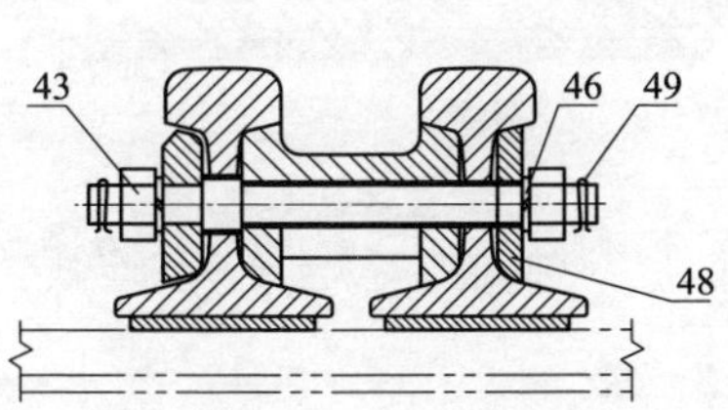

D－D 旋转

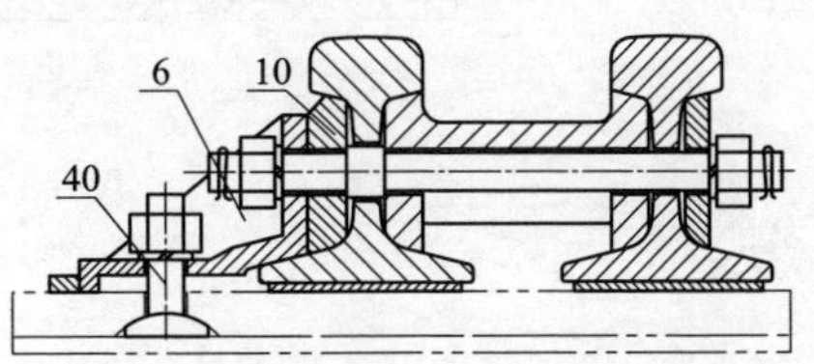

E－E 旋转

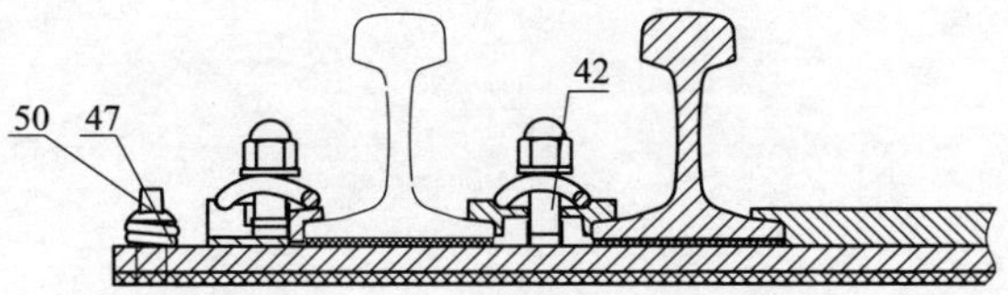

F－F 旋转

75 kg/m 钢轨 9 号复式交分道岔辙叉及护轨

图　号：CB 725

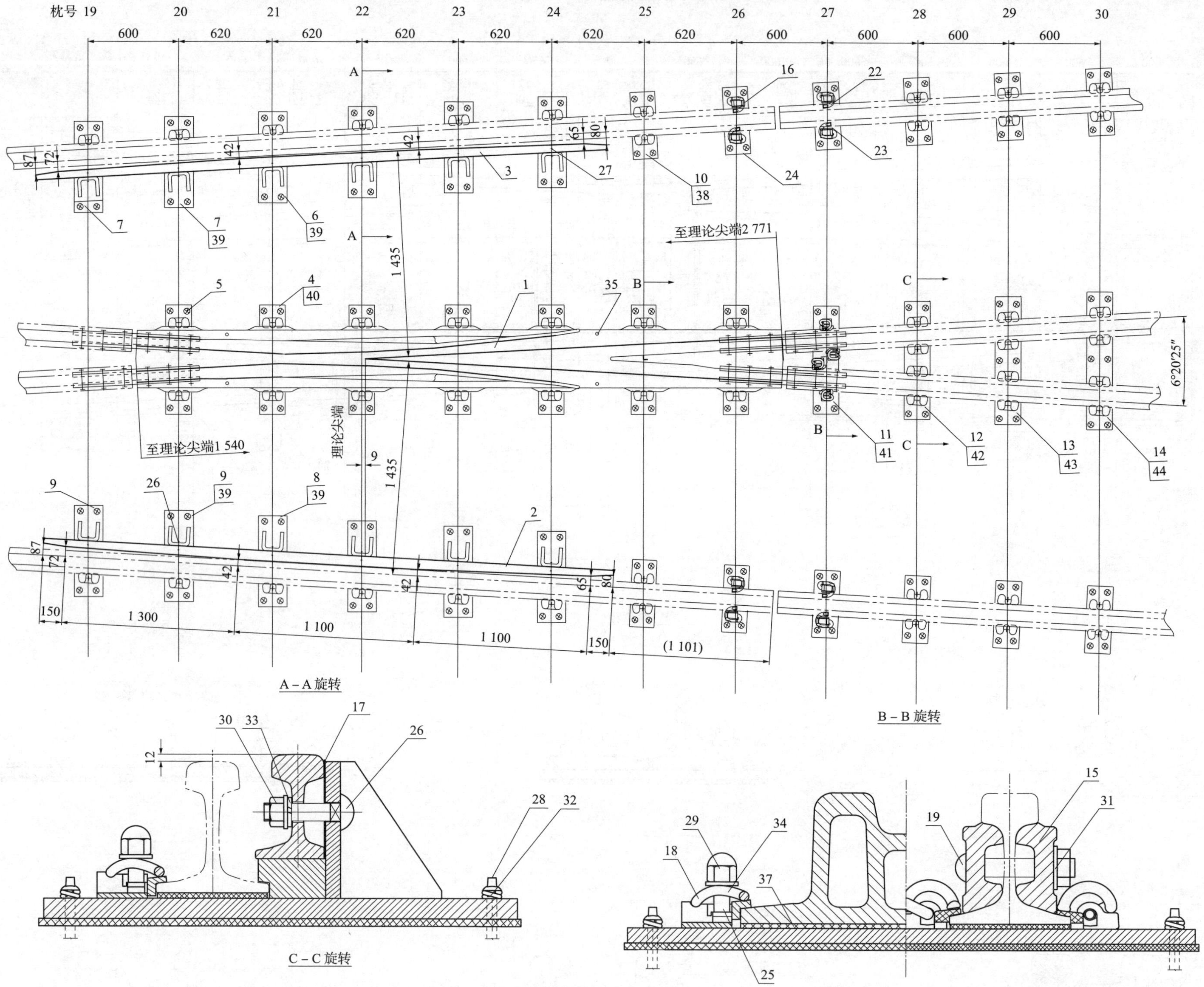

C－C 旋转

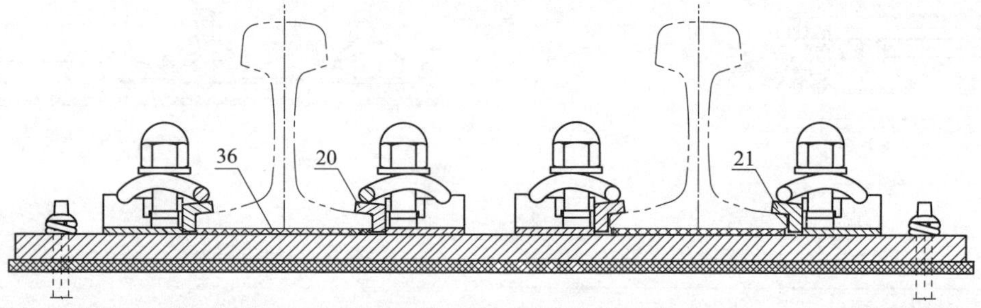

技 术 要 求

1. 组装护轨时，应使用 3 mm 厚的护轨调整片，如查照间隔或护背距离不合格时，可使用备用调整片进行调整。
2. 查照间隔及护背距离在心轨轨头宽 25 mm 处丈量。

116. 75 kg/m 钢轨 12 号复式交分道岔(混凝土枕)
设计图号：SC 547

道岔允许通过速度	客车	$v_{直}$≤90 km/h，$v_{侧}$≤35 km/h			扣件类型	Ⅱ型弹条
	货车	$v_{直}$≤90 km/h，$v_{侧}$≤35 km/h			轨底坡	—
尖 / 心轨跟端形式	间隔铁活接头				锁闭方式	内锁闭
道岔全长	42 440	导曲线半径	380 m		辙叉角	4°45′49″
道岔终端至末根岔枕中心距离		9 940				

	轨件名称	图　　号	长　　度	轨　　型
交分菱形 SC 547－100	序号 3、4 直基本轨	SC 547－103	10 507	75 kg/m
	序号 1、2 曲基本轨	SC 547－102	14 070	75 kg/m
	序号 5、6 直线尖轨	SC 547－104	7 435	60AT1
	序号 7、8 曲线尖轨	SC 547－105	7 435	60AT1
	钝叉翼轨	SC 547－106	10 614	75 kg/m
	曲导轨	SC 547－107	10 595	75 kg/m
	序号 11、12 活动心轨	SC 547－108	4 659	60AT1

辙叉及护轨 SC 547－200	辙叉图号	SC 443－202	辙叉全长	5 992	护轨长度	5 100
			辙叉趾长	2 038	护轨轨型	33 kg/m 槽型钢
	辙叉形式	高锰钢整铸式	辙叉跟长	3 954	护轨图号	SC 547－202
	护轨端头距导轨端头定位尺寸					1 290
	辙叉理论尖端距趾端方向前一根岔枕中心距离					541.5
岔枕图号 SC 547－500	岔枕总数	118 根	岔枕展延长	425.8 m	套管总数	684
电务转换设备 —	尖轨动程	152			心轨动程	90
批准文号	—				应用情况	★
主要结构特点	1. 轨下基础采用无挡肩混凝土岔枕，预埋塑料套管，岔枕按平行于菱形中轴布置。 2. 交分菱形跟端采用间隔铁式连接；槽型护轨高出基本轨 12 mm。					

交分菱形明细表

序号	图号 / 标准	名称及规格	数量	材　　料	备　　注
1	SC 547－102	曲基本轨　14 070	2	75 kg/m 钢轨	
2	SC 547－102	曲基本轨　14 070	2	75 kg/m 钢轨	与序号 1 对称
3	SC 547－103	直基本轨　10 507	2	75 kg/m 钢轨	
4	SC 547－103	直基本轨　10 507	2	75 kg/m 钢轨	与序号 3 对称
5	SC 547－104	直线尖轨　7 435	2	60AT 钢轨	
6	SC 547－104	直线尖轨　7 435	2	60AT 钢轨	与序号 5 对称
7	SC 547－105	曲线尖轨　7 435	2	60AT 钢轨	
8	SC 547－105	曲线尖轨　7 435	2	60AT 钢轨	与序号 7 对称
9	SC 547－106	钝叉翼轨　10 614	2	75 kg/m 钢轨	
10	SC 547－107	曲导轨　10 595	2	75 kg/m 钢轨	
11	SC 547－108	活动心轨　4 659	2	60AT 钢轨	
12	SC 547－108	活动心轨　4 659	2	60AT 钢轨	与序号 11 对称
13	SC 547－109	普通垫板　452 × 190 × 26	2		
14	SC 547－109	普通垫板　452 × 190 × 26	2		与序号 13 对称
15	SC 547－110	牵引点轨撑滑床垫板　760 × 190 × 26	2		
16	SC 547－110	牵引点轨撑滑床垫板　760 × 190 × 26	2		与序号 15 对称
17	SC 547－111	牵引点轨撑滑床垫板　776 × 190 × 26	2		
18	SC 547－111	牵引点轨撑滑床垫板　776 × 190 × 26	2		与序号 17 对称
19	SC 547－112	滑床垫板　608 × 190 × 26	10		
20	SC 547－112	滑床垫板　608 × 190 × 26	10		与序号 19 对称
21	SC 547－113	轨撑滑床垫板　630 × 190 × 26	10		
22	SC 547－113	轨撑滑床垫板　630 × 190 × 26	10		与序号 21 对称
23	SC 547－114	辙跟大垫板　773 × 590 × 26	2		
24	SC 547－114	辙跟大垫板　773 × 590 × 26	2		与序号 23 对称
25	SC 547－115	辙跟大垫板　1 356 × 606 × 26	2		
26	SC 547－115	辙跟大垫板　1 356 × 606 × 26	2		与序号 25 对称
27	SC 547－116	垫　板　592 × 190 × 26	2		
28	SC 547－116	垫　板　592 × 190 × 26	2		与序号 27 对称
29	SC 547－117	垫　板　1 158 × 190 × 26	2		
30	SC 547－117	垫　板　1 158 × 190 × 26	2		与序号 29 对称
31	SC 547－118	垫　板　1 147 × 190 × 26	2		
32	SC 547－118	垫　板　1 147 × 190 × 26	2		与序号 31 对称

续上表

序号	图号 / 标准	名称及规格	数量	材　料	备　注
33	SC 547－119	垫　板　1 138 × 190 × 26	2		
34	SC 547－119	垫　板　1 138 × 190 × 26	2		与序号 33 对称
35	SC 547－120	垫　板　1 130 × 190 × 26	2		
36	SC 547－121	垫　板　1 130 × 190 × 26	2		
37	SC 547－122	垫　板　1 125 × 190 × 26	2		
38	SC 547－123	垫　板　1 125 × 190 × 26	2		
39	SC 547－124	牵引点滑床垫板　1 251 × 190 × 26	2		
40	SC 547－125	牵引点滑床垫板　1 251 × 190 × 26	2		
41	SC 547－126	牵引点轨撑滑床垫板　1 249 × 190 × 26	2		
42	SC 547－126	牵引点轨撑滑床垫板　1 249 × 190 × 26	2		与序号 41 对称
43	SC 547－127	垫　板　410 × 190 × 26	2		
44	SC 547－127	垫　板　410 × 190 × 26	2		与序号 43 对称
45	SC 547－128	垫　板　400 × 190 × 26	2		
46	SC 547－128	垫　板　400 × 190 × 26	2		与序号 45 对称
47	SC 547－129	垫　板　427 × 190 × 26	2		
48	SC 547－129	垫　板　427 × 190 × 26	2		与序号 47 对称
49	SC 547－130	垫　板　429 × 190 × 26	2		
50	SC 547－130	垫　板　429 × 190 × 26	2		与序号 49 对称
51	SC 547－131	垫　板　524 × 190 × 26	2		
52	SC 547－131	垫　板　524 × 190 × 26	2		与序号 51 对称
53	SC 547－132	垫　板　502 × 190 × 26	2		
54	SC 547－132	垫　板　502 × 190 × 26	2		与序号 53 对称
55	SC 547－133	垫　板　578 × 190 × 26	8		
56	SC 547－133	垫　板　578 × 190 × 26	8		与序号 55 对称
57	SC 547－134	垫　板　566 × 190 × 26	6		
58	SC 547－134	垫　板　566 × 190 × 26	6		与序号 57 对称
59	SC 547－135	五孔间隔铁	4	KTH 330－08	
60	SC 547－136	四孔间隔铁	4	KTH 330－08	
61	SC 547－137	四孔间隔铁	4	KTH 330－08	
62	SC 547－139	两孔间隔铁	4	KTH 330－08	
63	SC 555－306	辙跟内轨撑	12	KTH 330－08	
64	SC 555－307	辙跟外轨撑	12	KTH 330－08	
65	SC 555－302	轨　撑　75 A	56	KTH 330－08	
66	SC 555－304	轨　撑　75 B	4	KTH 330－08	

续上表

序号	图号 / 标准	名称及规格	数量	材　　料	备　　注
67	SC 555-305	调整楔	60	KTH 350-10	
68	专线 3351	Ⅱ型弹条	212	60Si2CrVA	
69	专线 3328-3	Ⅲ型弹条	24	60Si2Mn	
70	SC 547-140	辙跟五孔接头夹板　75-7 Z	2		
71	SC 547-140	辙跟五孔接头夹板　75-7 Y	2		
72	SC 547-141	辙跟四孔接头夹板　75-7 Z	2		
73	SC 547-141	辙跟四孔接头夹板　75-7 Y	2		
74	SC 555-310	辙跟四孔接头夹板　75	4		
75	SC 555-301	双头螺柱　M27×34×70×210	4	10.9 级	
76	SC 555-301	双头螺柱　M27×30×90×220	4	10.9 级	
77	SC 555-301	双头螺柱　M27×34×70×200	4	10.9 级	
78	SC 555-301	双头螺柱　M27×30×90×210	4	10.9 级	
79	SC 555-301	双头螺柱　M27×34×70×240	4	10.9 级	
80	SC 555-301	双头螺柱　M27×30×90×240	4	10.9 级	
81	专线 4232-5	半圆头方颈螺栓　M27×300	8	10.9 级	
82	专线 4232-5	半圆头方颈螺栓　M27×290	8	10.9 级	
83	专线 4232-5	半圆头方颈螺栓　M27×280	8	10.9 级	
84	专线 4232-5	半圆头方颈螺栓　M27×310	12	10.9 级	
85	专线 4232-4	T 型螺栓　M24×65	152		
86	专线 4232-4	T 型螺栓　M24×80	60		
87	专线 4232-4	T 型螺栓　M24×95	8		
88	专线 4171-9	T 型螺栓　M24×85	48		
89	SC 381-133	岔枕螺栓　160	308		
90	SC 555-320	带孔岔枕螺栓	20		
91	NS-02(b)	螺　母　M27	84	10 级	
92	NS-01(b)	螺　母　M24	268		
93	NS-07	限位板　M24	220		
94	GB/T 7244	弹簧垫圈　24	48	65Mn	
95	TB/T 1495.4	垫　圈　24	48		
96	GB/T 7244	弹簧垫圈　27	84	65Mn	
97	GB/T 7244	弹簧垫圈　30	308	65Mn	
98	GB/T 93	弹簧垫圈　30	20	65Mn	
99	SC 555-311	钢轨方孔垫圈　75-0	20	KTH 330-08	
100	SC 555-312	钢轨圆孔垫圈　75-0	16	KTH 330-08	

续上表

序号	图号 / 标准	名称及规格	数量	材　料	备　注
101	SC 555－311	钢轨方孔垫圈　75－3	4	KTH 330－08	A、B 型各 2 块
102	SC 555－312	钢轨圆孔垫圈　75－3	4	KTH 330－08	A、B 型各 2 块
103	SC 555－303	支距扣板　75/64－68	4	ZG 230－450	
104	SC 555－303	支距扣板　75/84－88	4	ZG 230－450	
105	SC 547－142	支距扣板　75/46－49	4	ZG 230－450	
106	SC 555－313	A 型拉杆　1 102	2		
107	SC 555－314	B 型拉杆　1 106	2		
108	SC 555－315	连　杆　1 117	2		
109	SC 555－315	连　杆　1 121	2		
110	SC 555－315	连　杆　1 163	2		
111	SC 555－315	连　杆　1 166	2		
112	SC 555－316	活动心轨拉杆　1 206	2		
113	研线 9807－06	轨距块　8－10	92	ZG 230－450	
114	研线 9807－06	轨距块　12－14	52	ZG 230－450	
115	研线 9807－06a	接头轨距块　8－10	4	ZG 230－450	
116	研线 9807－06a	接头轨距块　12－14	4	ZG 230－450	
117	SC 381－238	轨距块　75－9	12	KTH 350－10	
118	SC 381－238	轨距块　75－11	12	KTH 350－10	
119	SC 350－156	放松销	20		
120	SC 330－125	轨距调整片　b=1/2	各 140	Q235	
121	SC 547－143	绝缘垫板　146 × 200 × 82	6	聚酰胺 6	
122	SC 555－319	螺帽套	20	聚酰胺 6	
1J	SC 381－403	轨下用单面槽橡胶垫板　75－210	196	橡胶	
13J	SC 381－404	橡胶垫板　452 × 195 × 10	4	橡胶	
15J	SC 555－401	橡胶垫板　760 × 195 × 10	4	橡胶	
17J	SC 547－401	橡胶垫板　776 × 195 × 10	4	橡胶	
19J	SC 381－404	橡胶垫板　608 × 195 × 10	20	橡胶	
21J	SC 381－404	橡胶垫板　630 × 195 × 10	20	橡胶	
23J	SC 381－404	橡胶垫板　590 × 195 × 10	8	橡胶	
25J	SC 381－404	橡胶垫板　581 × 195 × 10	4	橡胶	
25－1J	SC 381－404	橡胶垫板　606 × 195 × 10	4	橡胶	
25－2J	SC 381－404	橡胶垫板　556 × 195 × 10	4	橡胶	
27J	SC 381－404	橡胶垫板　592 × 195 × 10	4	橡胶	
29J	SC 381－404	橡胶垫板　1 158 × 195 × 10	4	橡胶	

续上表

序号	图号 / 标准	名称及规格	数量	材　　料	备　　注
31J	SC 381－404	橡胶垫板　1 147 × 195 × 10	4	橡胶	
33J	SC 381－404	橡胶垫板　1 138 × 195 × 10	4	橡胶	
35J	SC 381－404	橡胶垫板　1 130 × 195 × 10	4	橡胶	
37J	SC 381－404	橡胶垫板　1 125 × 195 × 10	4	橡胶	
39J	SC 555－401	橡胶垫板　1 251 × 195 × 10	4	橡胶	
41J	SC 555－401	橡胶垫板　1 249 × 195 × 10	4	橡胶	
43J	SC 381－404	橡胶垫板　410 × 195 × 10	4	橡胶	
45J	SC 555－405	橡胶垫板　400 × 195 × 10	4	橡胶	
47J	SC 555－405	橡胶垫板　427 × 195 × 10	4	橡胶	
49J	SC 555－405	橡胶垫板　429 × 195 × 10	4	橡胶	
51J	SC 555－405	橡胶垫板　524 × 195 × 10	4	橡胶	
53J	SC 555－405	橡胶垫板　502 × 195 × 10	4	橡胶	
55J	SC 381－404	橡胶垫板　578 × 195 × 10	16	橡胶	
57J	SC 381－404	橡胶垫板　566 × 195 × 10	12	橡胶	

辙叉及护轨明细表

序号	图号 / 标准	名称及规格	数量	材　料	备　注
1	SC 443－202	高锰钢辙叉	1		
2	SC 547－202	槽型护轨　5 100	1	33 kg/m 槽型钢	
3	SC 547－203	垫　板　452－8(C)	7		右开垫板
4	SC 547－203	垫　板　452－8(C')	7		左开垫板
5	SC 547－204	接头垫板　452	1		序号 5
6	SC 547－204	接头垫板　452	1		序号 6
7	SC 547－205	护轨整铸垫板　721	9		右开垫板
8	SC 547－205	护轨整铸垫板　721	9		左开垫板
9	SC 547－206	顺坡垫板　P60－452	1		序号 9
10	SC 547－206	顺坡垫板　P60－452	1		序号 10
11	SC 547－207	顺坡垫板　P80－452	1		序号 11
12	SC 547－207	顺坡垫板　P80－452	1		序号 12
13	SC 547－208	垫　板　879	1		
14	SC 547－209	垫　板　829	1		
15	SC 547－210	垫　板　779	1		
16	SC 547－211	垫　板　729	1		
17	SC 547－212	垫　板　742	2		序号 17
18	SC 547－212	垫　板　742	8		序号 18
19	SC 547－213	垫　板　356	1		序号 19
20	SC 547－213	垫　板　356	1		序号 20
21	SC 547－214	顺坡垫板　P 60－410	1		
22	SC 547－214	顺坡垫板　P 60－410	1		与序号 21 对称制造
23	SC 547－215	顺坡垫板　P 80－434	1		
24	SC 547－215	顺坡垫板　P 80－434	1		与序号 23 对称制造
25	TB/T 2345	接头夹板	8		
26	SC 547－216	顺坡垫板用轨撑　P 60	2		用 SC 381－112 轨撑加工
27	SC 547－217	顺坡垫板用轨撑　P 80	2		用 SC 381－112 轨撑加工
28	专线 4232－92	调整楔	4		
29	专线 3351	Ⅱ型弹条	80		
30	专线 4232－4	T 型螺栓　M24 × 65	80		
31	NS－01(b)	螺　母　M24	80		
32	NS－07	限位板　M24	84		

续上表

序号	图号 / 标准	名称及规格	数量	材　料	备　注
33	TB/T 2347	接头螺栓及螺母　M24 × 160	24	10.9 级	
34	GB/T 1230	高强度平垫圈	24		
35	专线 4232 – 4	T 型螺栓　M24 × 80	4	Q235	
36	专线 9602	Ⅲ型接头弹条	2		
37	SC 381 – 133	岔枕螺栓　160	82		
38	GB/T 7244	弹簧垫圈　30	82	65Mn	
39	专线 4171 – 9	T 型螺栓　M24 × 85	18	5.6 级	
40	NS – 01(b)	螺　母　M24	18	5 级	
41	GB/T 7244	弹簧垫圈　24	18	65Mn	
42	SC 402 – 213	槽行护轨调整片　170 × 80 × 1/2/3	各 18	Q235	
43	SC 330 – 125	调整片　70 × 12 × 1/2	各 4	Q235	
44	SC 330 – 125	调整片　130 × 12 × 1/2	各 2	Q235	
45	研线 9807 – 06	轨距块　75/8 – 10	36	ZG 230 – 450	
46	研线 9807 – 06	轨距块　75/12 – 14	56	ZG 230 – 450	
47	研线 9807 – 06a	接头轨距块　75/12 – 14	10	ZG 230 – 450	
48	研线 9807 – 06a	接头轨距块　75/8 – 10	10	ZG 230 – 450	
49	SC 381 – 238	轨距块　75 – 11	2	KTH 350 – 10	
50	SC 381 – 403	轨下橡胶垫　75 – 210	52	橡胶	
51	SC 443 – 410	叉下橡胶垫　439 × 210 × 5	10	橡胶	
52	SC 381 – 404	橡胶垫　452 × 195 × 10	14	橡胶	
53	SC 547 – 401	橡胶垫　452 × 195 × 10	6	橡胶	序号 5、6、9～12 垫板下用
54	SC 381 – 407	橡胶垫　721 × 195 × 10	18	橡胶	
55	SC 381 – 408	橡胶垫　879 × 195 – 404.5	1	橡胶	
56	SC 381 – 408	橡胶垫　829 × 195 – 379.5	1	橡胶	
57	SC 381 – 407	橡胶垫　779 × 195 × 10	1	橡胶	
58	SC 381 – 405	橡胶垫　729 – 195 – 20	1	橡胶	
59	SC 381 – 407	橡胶垫　742 × 195 × 10	10	橡胶	
60	SC 381 – 405	橡胶垫　356 – 195 – 20	2	橡胶	
61	SC 381 – 407	橡胶垫　410 × 195 × 10	2	橡胶	
62	SC 381 – 407	橡胶垫　434 × 195 × 10	2	橡胶	

75 kg/m 钢轨 12 号复式交分道岔辙叉及护轨

图　号：SC 547－200

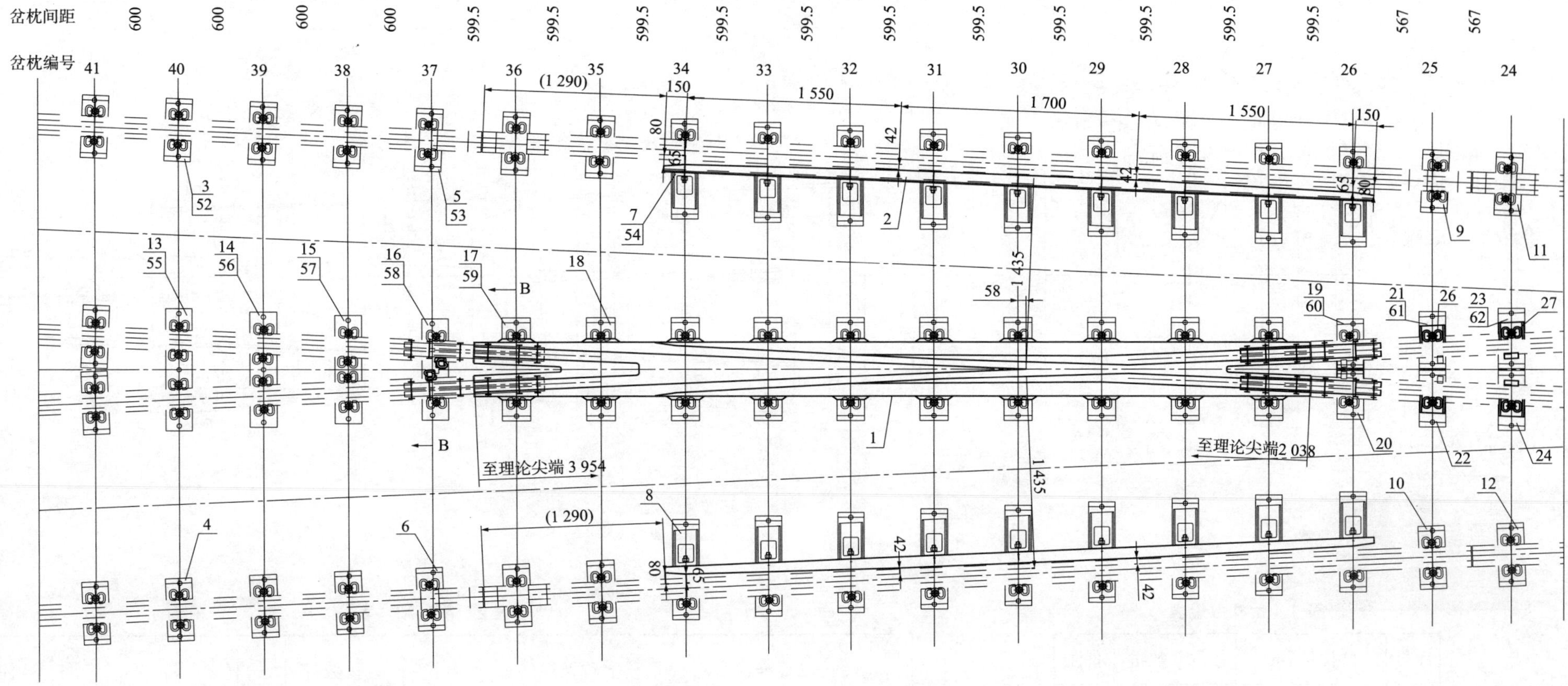

A－A

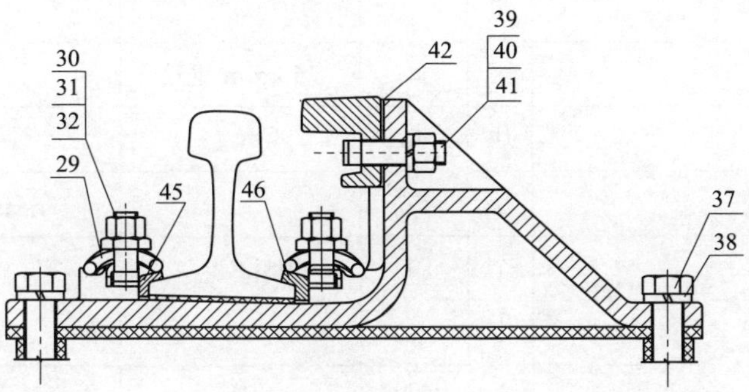

B－B 旋转

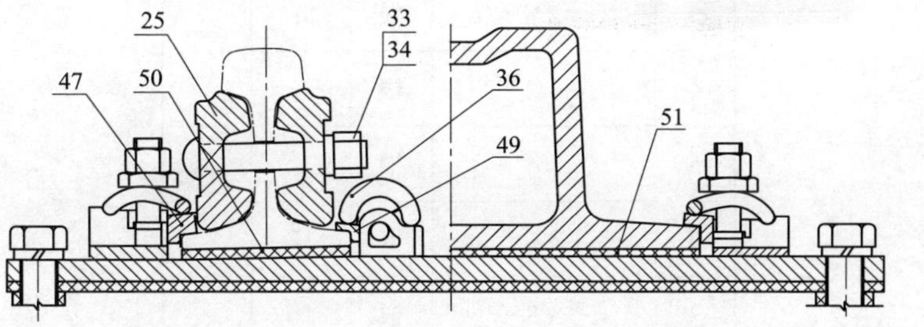

C－C 旋转

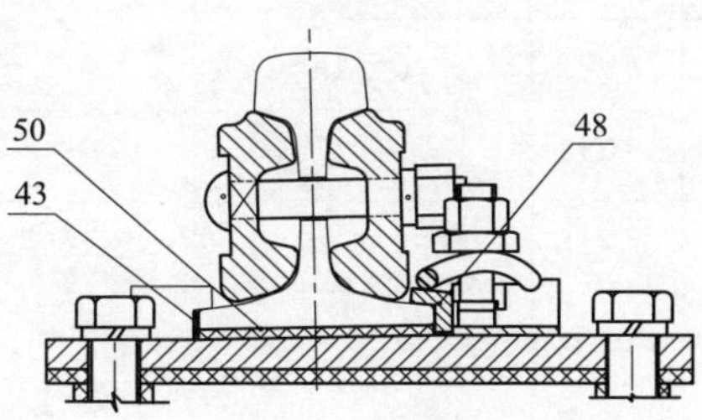

D－D 旋转

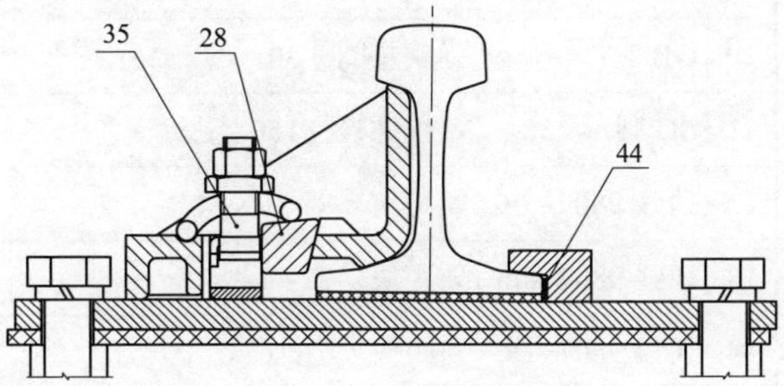

技　术　要　求

1. 为调轨距，在设计时，对钩板扣压部位预留了一定间隙，在铺设安装时，可用调整片适当调整使其钢轨正确定位。
2. 轨距块的安装：钢轨工作边安装 14 号、非工作边安装 10 号，锰叉两端安装 12 号轨距块。
3. 编号 24、25 两根岔枕上的垫板为过渡垫板：
   编号 24 号枕上用垫板按 1：80；
   编号 25 号枕上用垫板按 1：60。

75 kg/m 钢轨 12 号复式交分道岔
图　号：SC 547

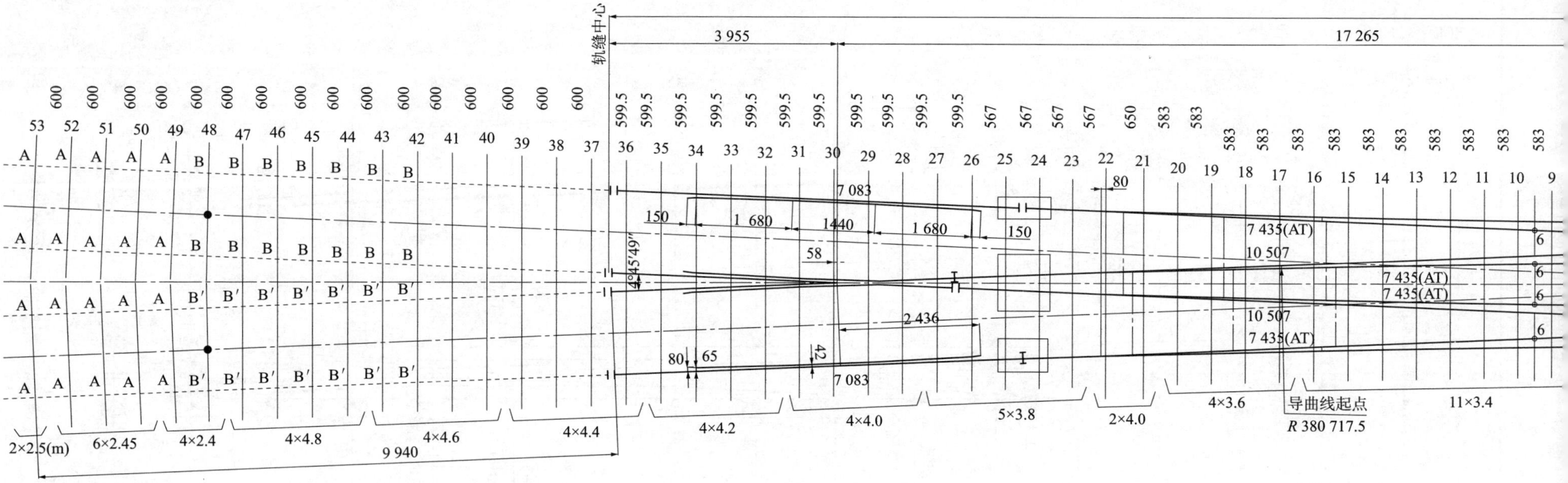

表 1　岔枕数量表

序号	岔枕长 (m)	单位	数量	备注
1	2.40	根	8	
2	2.45	根	12	
3	2.5	根	4	
4	3.2	根	6	
5	3.4	根	22	
6	3.6	根	12	
7	3.8	根	10	
8	4.0	根	12	
9	4.2	根	8	
10	4.4	根	8	
11	4.6	根	8	
12	4.8	根	8	

表 2　明　细　表

序号	图号 / 标准	名称及规格	单位	数量	材　料	备　注
1	SC 547－100	交分菱形	组	1		
2	SC 547－200	12 号交分辙叉及护轨	组	2		
3	TB/T 2344	导　轨　7083	根	4	75 kg/m 钢轨	
4	SC 550－108	垫　板　452－0(A)	块	40		
5	SC 550－108	垫　板　452－8(B)	块	56		左右各 28
6	专线 3351	Ⅱ型弹条	个	192	60Si2CrVA	
7	专线 4232－4	螺　栓　M24 × 65	个	192		
8	NS－01(b)	螺　母　M24	个	192		
9	NS－07	限位板　M24	个	192		
10	GB/T 7244	弹簧垫圈　30	个	192	65Mn	
11	SC 381－133	岔枕螺栓　160	个	192		
12	研线 9807－06	轨距块　8－10	个	96+10	ZG 230－450	“+”后为备用
13	研线 9807－06	轨距块　12－14	个	96+10	ZG 230－450	“+”后为备用
14	研线 9807－06	轨距块　6－16	个	50	ZG 230－450	备用

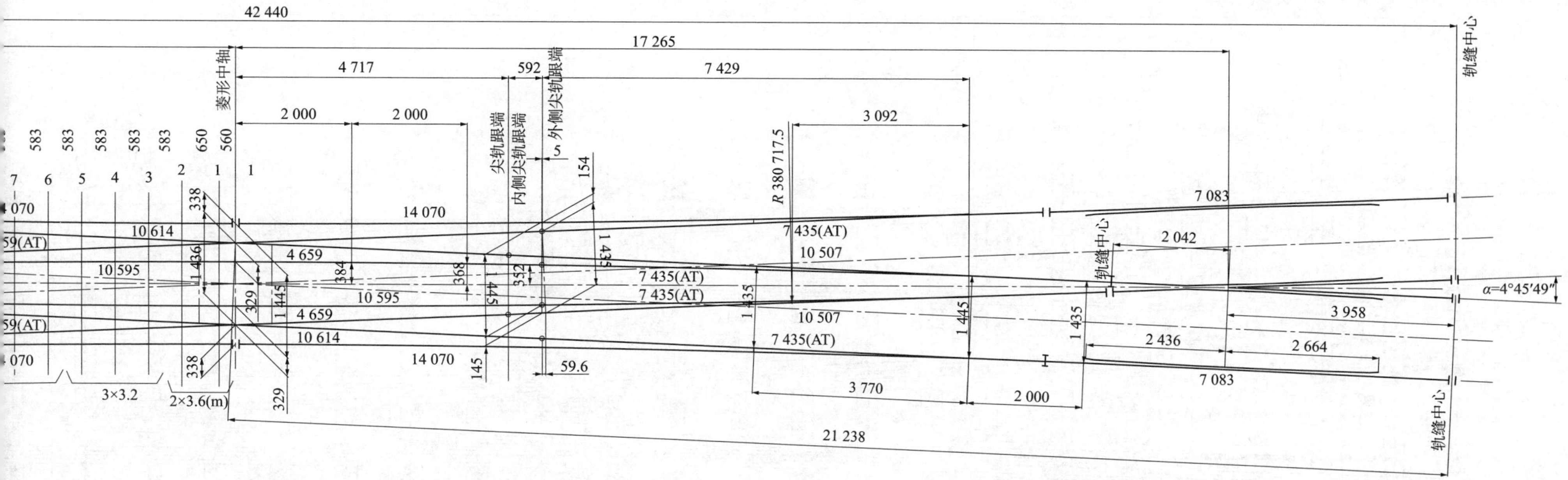

续表 2

序号	图号 / 标准	名称及规格	单位	数量	材　料	备　注
15	SC 450－300	岔枕连接装置	组	1		
16	SC 381－142	绝缘轨距块　8－10	个	10	玻璃纤维	
17	SC 381－142	绝缘轨距块　12－14	个	10	玻璃纤维	
18	SC 550－405	橡胶垫板　452 × 195 × 10	块	96	橡胶	
19	SC 550－402	轨下单面槽橡胶垫板　75－210－12	块	96	橡胶	A、B 各半
20		钢轨绝缘	组	4		供否见合同

技 术 要 求

1. 图中钢轨接头及轨缝设置如下：普通接头“—|├—”轨缝 8 mm、绝缘接头“┬”轨缝 8 mm、跟端活接头“—○—”轨缝 6 mm。
2. 本图钢轨接头为基本形式，当采用其他形式时须特别指明，并提供配轨图；
3. 导曲线半径按外轨工作边量计；
4. 图中尺寸、轨距、岔枕位置按菱形中轴对称铺设。

75 kg/m 钢轨 12 号复式交分道岔交分菱形

图　号：SC 547－100

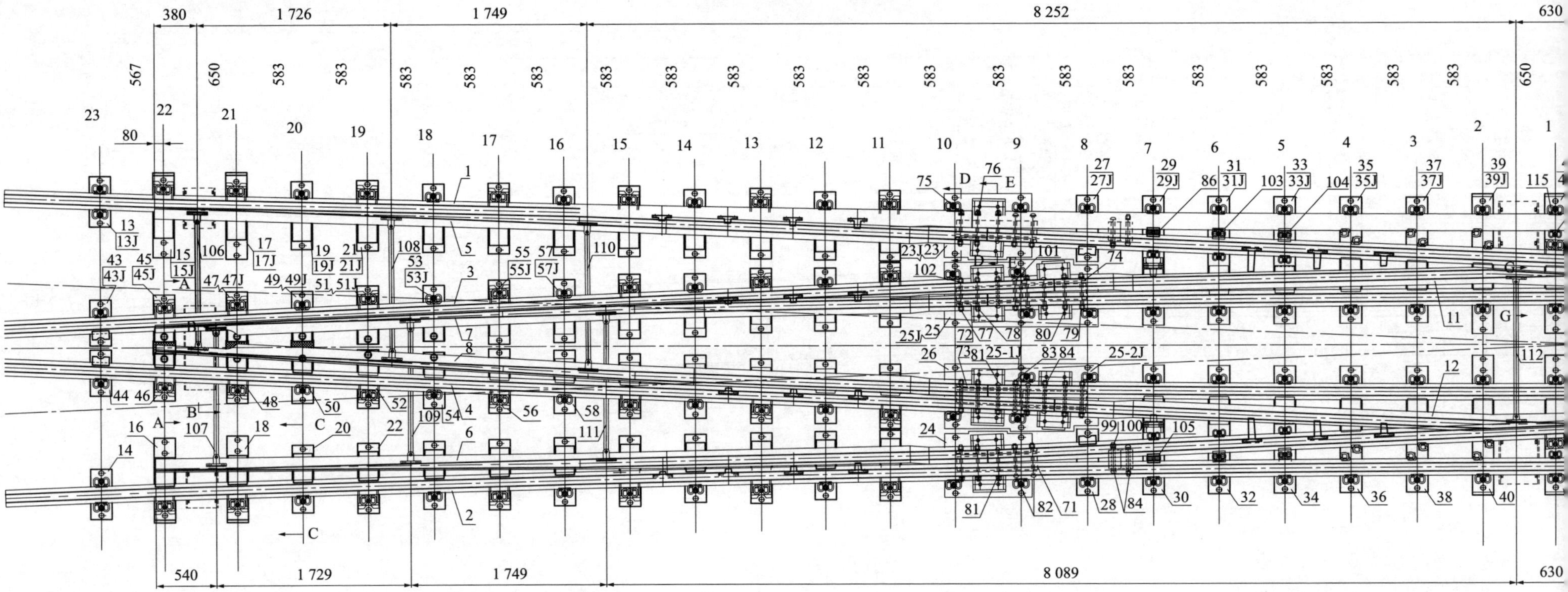

A－A

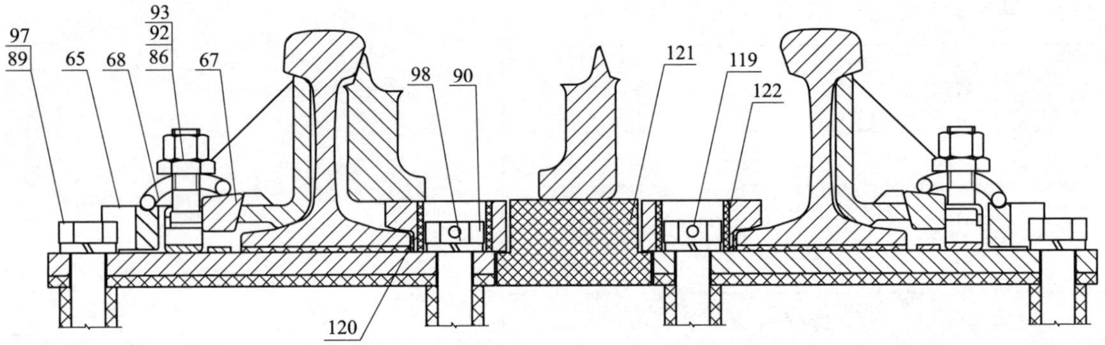

B－B

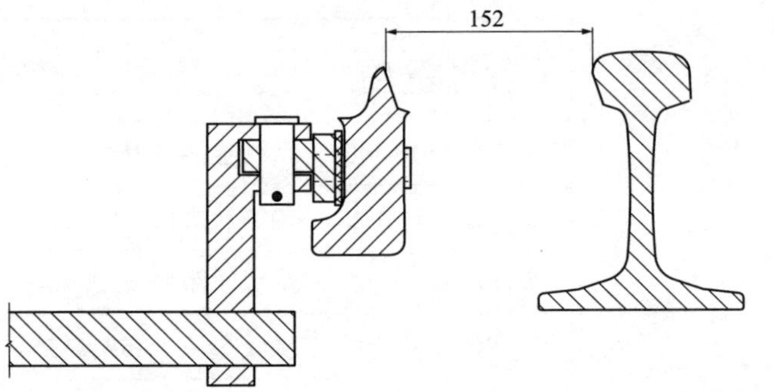

G－G

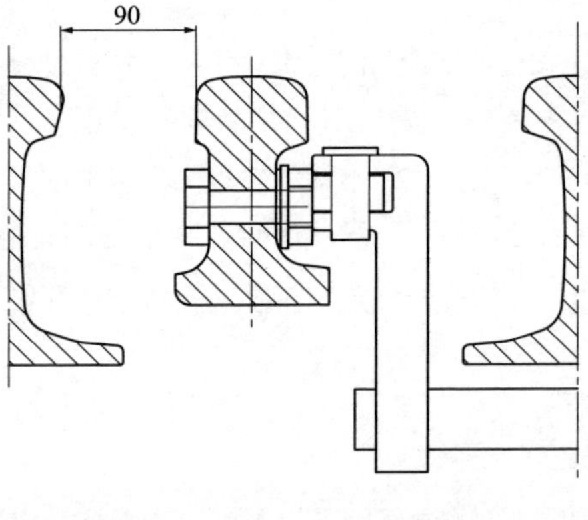

E－E

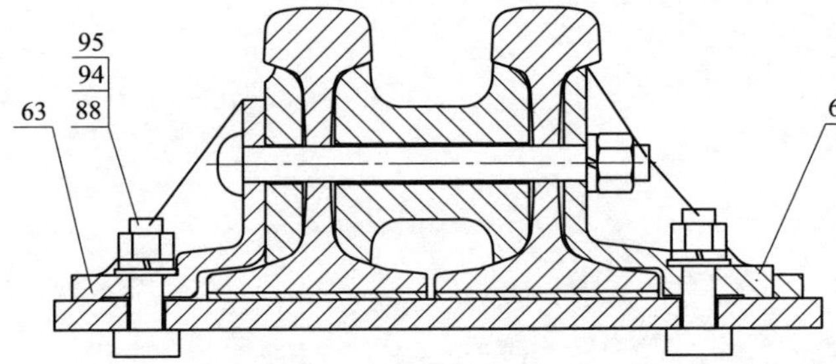

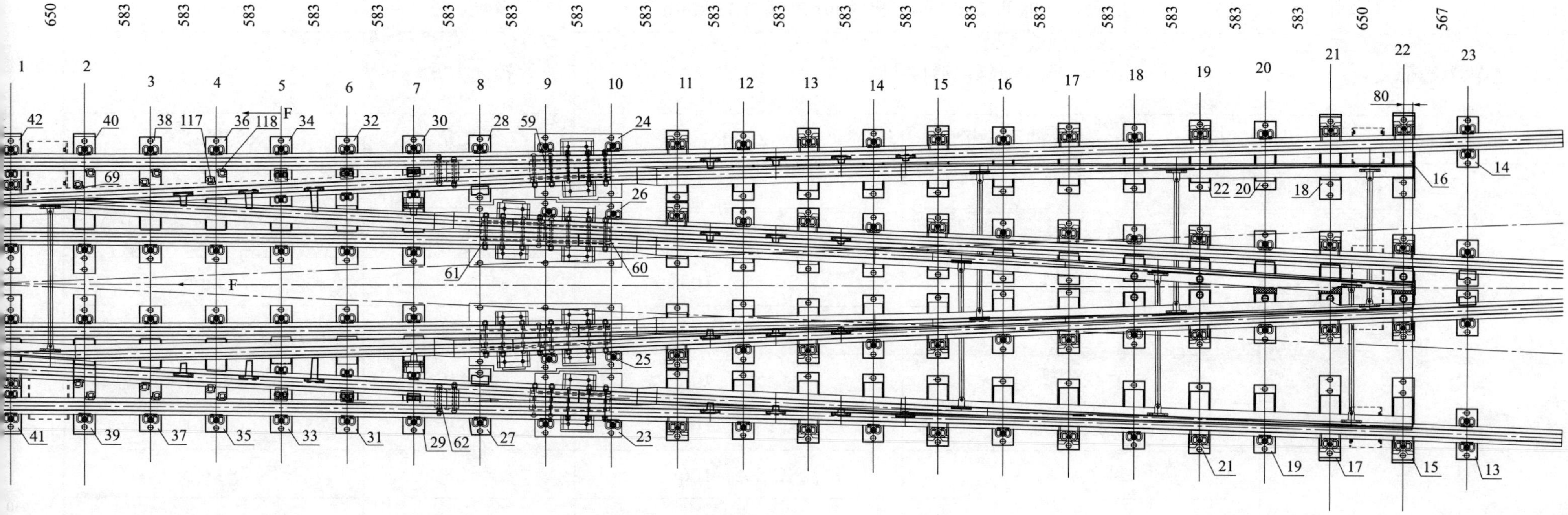
650
583
583
583
583
583
583
583
583
583
583
583
583
583
583
583
583
583
583
650
567
80
1 2 3 4 5 6 7 8 9 10 11 12 13 14 15 16 17 18 19 20 21 22 23
F
F
42 40 38 117 36 118 34 32 30 28 59 24
69
26
61 60
25
22 20 18 16 14
41 39 37 35 33 31 29 62 27 23
21 19 17 15 13

C – C

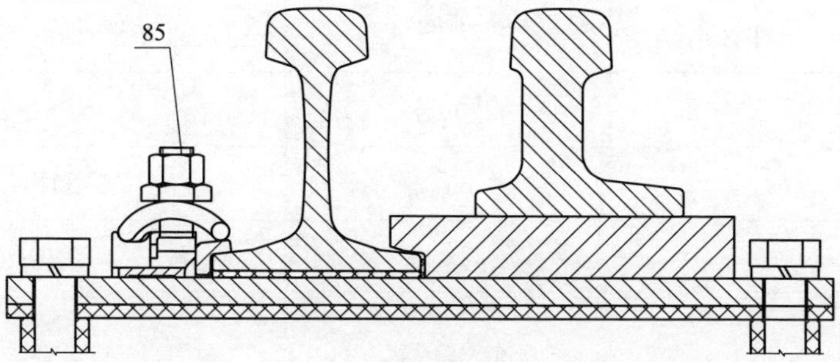
85

D – D

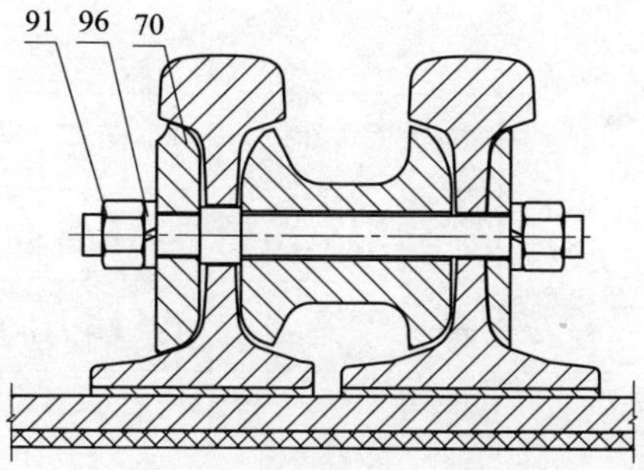
91 96 70

F – F 旋转

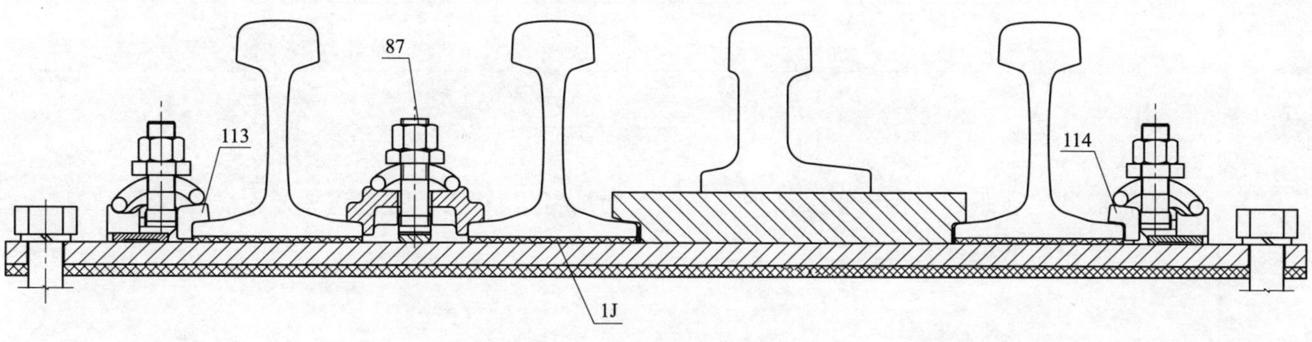
87
113
114
1J

117. 75 kg/m 钢轨 9 号复式交分道岔(混凝土枕)
设计图号：SC 555

道岔允许通过速度	客车	轴重 25t：$v_{直}$≤90 km/h，$v_{侧}$≤35 km/h	扣件类型	Ⅱ型弹条
	货车	轴重 25t：$v_{直}$≤90 km/h，$v_{侧}$≤35 km/h	轨底坡	—
尖 / 心轨跟端形式	间隔铁活接头		锁闭方式	内锁闭

道岔全长	32 842	导曲线半径	220 m	辙叉角	6°20′25″
道岔终端至末根岔枕中心距离	7 550				

交分菱形 SC555－100	轨件名称	图　　号	长　　度	轨　　型
	直基本轨	SC 555－103	7 618	75 kg/m
	曲基本轨	SC 555－102	10 531	75 kg/m
	直线尖轨	SC 555－104	5 680	60AT1
	曲线尖轨	SC 555－105	5 680	60AT1
	钝叉翼轨	SC 555－106	8 188	75 kg/m
	曲导轨	SC 555－107	8 168	75 kg/m
	活动心轨	SC 555－108	3 450	60AT1

9 号交分辙叉及护轨 SC 555－200	辙叉图号	SC 555－202	辙叉全长	5 302	护轨长度	3 600
			辙叉趾长	1 854	护轨形式	33 kg/m 槽型钢分开可调式
	辙叉形式	高锰钢整铸式	辙叉跟长	3 448	护轨图号	SC 555－203
	护轨端头距导轨端头定位尺寸					515
	辙叉理论尖端距趾端方向前一根岔枕中心距离					380
岔枕图号 SC 555－500	岔枕总数	90 根	岔枕展延长	324.8 m	套管总数	574
电务转换设备 —	尖轨动程	152/147			心轨动程	88
批准文号	—				应用情况	★

主要结构特点

1. 双转辙器尖轨跟端及钝角辙叉活动心轨跟端均采用间隔铁式活接头。
2. 道岔不设轨底坡或轨顶坡。

交分菱形明细表

序号	图号 / 标准	名称及规格	数量	材　　料	备　　注
1	SC 555－102	曲基本轨　10 531	2	75 kg/m 钢轨	
2	SC 555－102	曲基本轨　10 531	2	75 kg/m 钢轨	与序号 1 对称
3	SC 555－103	直基本轨　7 618	2	75 kg/m 钢轨	
4	SC 555－103	直基本轨　7 618	2	75 kg/m 钢轨	与序号 3 对称
5	SC 555－104	直尖轨　5 680	2	60AT 钢轨	
6	SC 555－104	直尖轨　5 680	2	60AT 钢轨	与序号 5 对称
7	SC 555－105	曲线尖轨　5 680	2	60AT 钢轨	
8	SC 555－105	曲线尖轨　5 680	2	60AT 钢轨	与序号 7 对称
9	SC 555－106	钝叉翼轨　8 188	2	75 kg/m 钢轨	
10	SC 555－107	曲导轨　8 168	2	75 kg/m 钢轨	
11	SC 555－108	活动心轨　3 450	2	60AT 钢轨	
12	SC 555－108	活动心轨　3 450	2	60AT 钢轨	与序号 11 对称
13	SC 555－109	轨撑滑床垫板　750 × 190 × 26	2		
14	SC 555－109	轨撑滑床垫板　750 × 190 × 26	2		与序号 13 对称
15	SC 555－110	轨撑滑床垫板　773 × 190 × 26	2		
16	SC 555－110	轨撑滑床垫板　773 × 190 × 26	2		与序号 15 对称
17	SC 555－111	滑床垫板　600 × 190 × 26	8		
18	SC 555－111	滑床垫板　600 × 190 × 26	8		与序号 17 对称
19	SC 555－112	轨撑滑床垫板　620 × 190 × 26	6		
20	SC 555－112	轨撑滑床垫板　620 × 190 × 26	6		与序号 19 对称
21	SC 555－113	辙跟垫板　595 × 770 × 26	2		
22	SC 555－113	辙跟垫板　595 × 770 × 26	2		与序号 21 对称
23	SC 555－114	辙跟垫板　603 × 1350 × 26	2		
24	SC 555－114	辙跟垫板　603 × 1350 × 26	2		与序号 23 对称
25	SC 555－115	垫　板　599 × 190 × 26	2		
26	SC 555－115	垫　板　599 × 190 × 26	2		与序号 25 对称
27	SC 555－116	垫　板　1 168 × 190 × 26	2		
28	SC 555－116	垫　板　1 168 × 190 × 26	2		与序号 27 对称
29	SC 555－117	垫　板　1 156 × 190 × 26	2		
30	SC 555－117	垫　板　1 156 × 190 × 26	2		与序号 29 对称
31	SC 555－118	垫　板　1 147 × 190 × 26	2		
32	SC 555－118	垫　板　1 147 × 190 × 26	2		与序号 31 对称
33	SC 555－119	垫　板　1 272 × 190 × 26	2		
34	SC 555－119	垫　板　1 272 × 190 × 26	2		与序号 33 对称

续上表

序号	图号 / 标准	名称及规格	数量	材　　料	备　　注
35	SC 555－120	垫　板　1 271 × 190 × 26	2		
36	SC 555－120	垫　板　1 271 × 190 × 26	2		与序号 35 对称
37	SC 555－121	轨撑滑床垫板　388 × 190 × 26	2		
38	SC 555－121	轨撑滑床垫板　388 × 190 × 26	2		与序号 37 对称
39	SC 555－122	轨撑滑床垫板　424 × 190 × 26	2		
40	SC 555－122	轨撑滑床垫板　424 × 190 × 26	2		与序号 39 对称
41	SC 555－123	滑床垫板　501 × 190 × 26	2		
42	SC 555－123	滑床垫板　501 × 190 × 26	2		与序号 41 对称
43	SC 555－124	轨撑滑床垫板　545 × 190 × 26	2		
44	SC 555－124	轨撑滑床垫板　545 × 190 × 26	2		与序号 43 对称
45	SC 555－125	滑床垫板　550 × 190 × 26	6		
46	SC 555－125	滑床垫板　550 × 190 × 26	6		与序号 45 对称
47	SC 555－126	轨撑滑床垫板　565 × 190 × 26	4		
48	SC 555－126	轨撑滑床垫板　565 × 190 × 26	4		与序号 47 对称
49	SC 555－127	五孔间隔铁	4	KTH 330－08	
50	SC 555－128	四孔间隔铁	4	KTH 330－08	
51	SC 555－129	四孔间隔铁	4	KTH 330－08	
52	SC 555－130	两孔间隔铁	4	KTH 330－08	
53	SC 555－306	辙跟内轨撑	12	KTH 330－08	
54	SC 555－307	辙跟外轨撑	12	KTH 330－08	
55	SC 555－302	轨　撑　75 A	40	KTH 330－08	
56	SC 555－305	调整楔	44	KTH 350－10	
57	专线 3351	Ⅱ型弹条	172	60Si2CrVA	
58	SC 555－308	辙跟五孔接头夹板　75－9 Z	2		
59	SC 555－308	辙跟五孔接头夹板　75－9 Y	2		
60	SC 555－309	辙跟四孔接头夹板　75－9 Z	2		
61	SC 555－309	辙跟四孔接头夹板　75－9 Y	2		
62	SC 555－310	辙跟四孔接头夹板　75	4		
63	SC 555－301	双头螺柱　M27 × 34 × 70 × 210	4	10.9 级	
64	SC 555－301	双头螺柱　M27 × 30 × 90 × 220	4	10.9 级	
65	SC 555－301	双头螺柱　M27 × 34 × 70 × 200	4	10.9 级	
66	SC 555－301	双头螺柱　M27 × 30 × 90 × 210	4	10.9 级	
67	SC 555－301	双头螺柱　M27 × 34 × 70 × 240	4	10.9 级	
68	SC 555－301	双头螺柱　M27 × 30 × 90 × 240	4	10.9 级	
69	专线 4232－5	半圆头方颈螺栓　M27 × 300－G	8	10.9 级	
70	专线 4232－5	半圆头方颈螺栓　M27 × 290－G	8	10.9 级	

续上表

序号	图号 / 标准	名称及规格	数量	材　料	备　注
71	专线 4232－5	半圆头方颈螺栓　M27×280－G	8	10.9 级	
72	专线 4232－5	半圆头方颈螺栓　M27×310－G	12	10.9 级	
73	专线 4232－4	T 型螺栓　M24×65	112		
74	专线 4232－4	T 型螺栓　M24×80	44		
75	专线 4232－4	T 型螺栓　M24×95	16		
76	专线 4171－9	T 型螺栓　M24×85	48		
77	SC 381－133	岔枕螺栓　160	232		
78	NS－02(b)	螺　母　M27	84	10 级	
79	NS－01(b)	螺　母　M24	220		
80	NS－07	限位板　M24	172		
81	GB/T 7244	弹簧垫圈　24	48	65Mn	
82	TB/T 1495.4	垫　圈　24	48		
83	GB/T 7244	弹簧垫圈　27	84	65Mn	
84	GB/T 7244	弹簧垫圈　30	232	65Mn	
85	GB/T 93	弹簧垫圈　30	16	65Mn	
86	SC 555－311	钢轨方孔垫圈　75－0	20	KTH 330－08	
87	SC 555－312	钢轨圆孔垫圈　75－0	16	KTH 330－08	
88	SC 555－311	钢轨方孔垫圈　75－3	4	KTH 330－08	
89	SC 555－312	钢轨圆孔垫圈　75－3	4	KTH 330－08	
90	SC 555－303	支距扣板　75/61－66	4	ZG 230－450	
91	SC 555－303	支距扣板　75/87－92	4	ZG 230－450	
92	SC 555－303	支距扣板　75/113－119	4	ZG 230－450	
93	SC 555－303	支距扣板　75/142－147	4	ZG 230－450	
94	SC 555－313	A 型拉杆　1 107	2		
95	SC 555－314	B 型拉杆　1 113	2		
96	SC 555－315	连　杆　1 136	2		
97	SC 555－315	连　杆　1 141	2		
98	SC 555－316	活动心轨拉杆　1 218	2		
99	研线 9807－06	轨距块　8－10	68	ZG 230－450	
100	研线 9807－06	轨距块　12－14	40	ZG 230－450	
101	研线 9807－06a	接头轨距块　8－10	4	ZG 230－450	
102	研线 9807－06a	接头轨距块　12－14	4	ZG 230－450	
103	SC 555－320	带孔岔枕螺栓	16		
104	SC 350－156	防松销	16		
105	SC 330－125	轨距调整片　b=1	100	Q235	a=200
106	SC 555－304	轨　撑　75 B	4	KTH 330－08	

续上表

序号	图号 / 标准	名称及规格	数量	材　　料	备　　注
107	SC 555-318	绝缘垫板　151×200×82	4	聚酰胺 6	
108	SC 555-319	螺帽套	16	聚酰胺 6	
1J	SC 550-403	轨下橡胶垫板　75-210	40	橡胶	
2J	SC 550-402	轨下单面槽橡胶垫板　75-210-12	100	橡胶	A、B 型各半
13J	SC 555-401	橡胶垫板　750×195×10	4	橡胶	
15J	SC 555-402	橡胶垫板　773×195×10	4	橡胶	
17J	SC 550-408	橡胶垫板　600×195×10	16	橡胶	
19J	SC 550-408	橡胶垫板　620×195×10	12	橡胶	
21J	SC 550-408	橡胶垫板　595×195×10	8	橡胶	
23J	SC 550-408	橡胶垫板　603×195×10	8	橡胶	
24J	SC 550-408	橡胶垫板　563×195×10	4	橡胶	
25J	SC 550-408	橡胶垫板　599×195×10	4	橡胶	
27J	SC 550-408	橡胶垫板　1 168×195×10	4	橡胶	
29J	SC 550-408	橡胶垫板　1 156×195×10	4	橡胶	
31J	SC 550-408	橡胶垫板　1 147×195×10	4	橡胶	
33J	SC 555-404	橡胶垫板　1 271×195×10	8	橡胶	
37J	SC 555-405	橡胶垫板　388×195×10	4	橡胶	
39J	SC 555-405	橡胶垫板　424×195×10	4	橡胶	
41J	SC 555-403	橡胶垫板　501×195×10	4	橡胶	
43J	SC 555-403	橡胶垫板　545×195×10	4	橡胶	
45J	SC 550-408	橡胶垫板　550×195×10	12	橡胶	
47J	SC 550-408	橡胶垫板　565×195×10	8	橡胶	

辙叉及护轨明细表

序号	图号 / 标准	名称及规格	数量	材　料	备　注
1	SC 555－202	高锰钢整铸辙叉	1		
2	SC 555－203	护　轨　3 600	2	33 kg/m 槽型钢	
3	专线 3351	Ⅱ型弹条	98	60Si2CrVA	
4	SC 555－302	轨　撑　75 A	2	KTH 330－08	
5	SC 555－305	调整楔	2	KTH 350－10	
6	SC 550－108	垫　板　75－11(C)	7		右开垫板
7	SC 550－108	垫　板　75－11(C)	7		左开垫板
8	SC 555－321	顺坡垫板　P 60	1		右开垫板
9	SC 555－321	顺坡垫板　P 60	1		左开垫板
10	SC 555－322	顺坡垫板　P 80	1		右开垫板
11	SC 555－322	顺坡垫板　P 80	1		左开垫板
12	SC 550－106	接头垫板　432 CY	1		右开接头垫板
13	SC 550－106	接头垫板　432 CZ	1		左开接头垫板
14	SC 550－107	接头垫板　432 CY	1		右开接头垫板
15	SC 550－107	接头垫板　432 CZ	1		左开接头垫板
16	SC 555－204	垫　板　866 × 190 × 28	1		
17	SC 555－205	垫　板　799 × 190 × 28	1		
18	SC 555－206	垫　板　369 × 190 × 26	2		
19	SC 555－207	垫　板　369 × 190 × 26	7		
20	SC 555－208	垫　板　369 × 190 × 26	1		
21	SC 555－208	垫　板　369 × 190 × 26	1		与序号 20 对称
22	SC 555－209	垫　板　392 × 190 × 26	1		
23	SC 555－209	垫　板　392 × 190 × 26	1		与序号 22 对称
24	SC 555－210	护轨垫板　712 × 190 × 26	6	ZG 230－450	
25	SC 555－210	护轨垫板　712 × 190 × 26	6	ZG 230－450	与序号 24 对称
26	专线 4232－4	T 型螺栓　M24 × 65	96		
27	专线 4171－9	T 形螺栓　M24 × 85	12	5.6 级	
28	专线 4232－4	T 型螺栓　M24 × 80	2		
29	SC 381－133	岔枕螺栓　160	99		
30	TB/T 2347	接头螺栓及螺母 M24 × 160	24	10.9 级	
31	NS－01(b)	螺　母　M24	12	5 级	
32	NS－01(b)	螺　母　M24	98		
33	NS－07	限位板　M24	98		
34	GB/T 7244	弹簧垫圈　24	12	65Mn	

续上表

序号	图号 / 标准	名称及规格	数量	材　　料	备　　注
35	GB/T 1230	高强度平垫圈　24	24		
36	GB/T 7244	弹簧垫圈　30	99	65Mn	
37	专线 9807-06	轨距块　8-10	37	ZG 230-450	
38	专线 9807-06	轨距块　12-14	37	ZG 230-450	
39	研线 9807-06a	接头轨距块　8-10	12	ZG 230-450	
40	研线 9807-06a	接头轨距块　12-14	10	ZG 230-450	
41	TB/T 2345	接头夹板	8		
42	SC 330C-205	槽型护轨调整片　170 × 80 × 2/3	24/12	Q235	
43	SC 550-402	轨下单面槽橡胶垫板　75-210-12	38	橡胶	
44	SC 550-402	轨下单面槽橡胶垫板　75-220-12	4	橡胶	
45	SC T300-104	橡胶垫板　460-210	9	橡胶	
46	SC 550-408	橡胶垫板　432 × 195 × 10	18	橡胶	
47	SC 550-410	橡胶垫板　432 × 205 × 10	4	橡胶	
48	SC 550-409	橡胶垫板　866 × 195-398	1	橡胶	
49	SC 550-408	橡胶垫板　799 × 195 × 10	1	橡胶	
50	SC 550-408	橡胶垫板　762 × 195 × 10	9	橡胶	
51	SC 550-408	橡胶垫板　369 × 195 × 10	2	橡胶	
52	SC 550-408	橡胶垫板　392 × 195 × 10	2	橡胶	
53	SC 550-408	橡胶垫板　712 × 195 × 10	12	橡胶	

75 kg/m 钢轨 9 号复式交分道岔辙叉及护轨布置图

图　号：SC 555－200

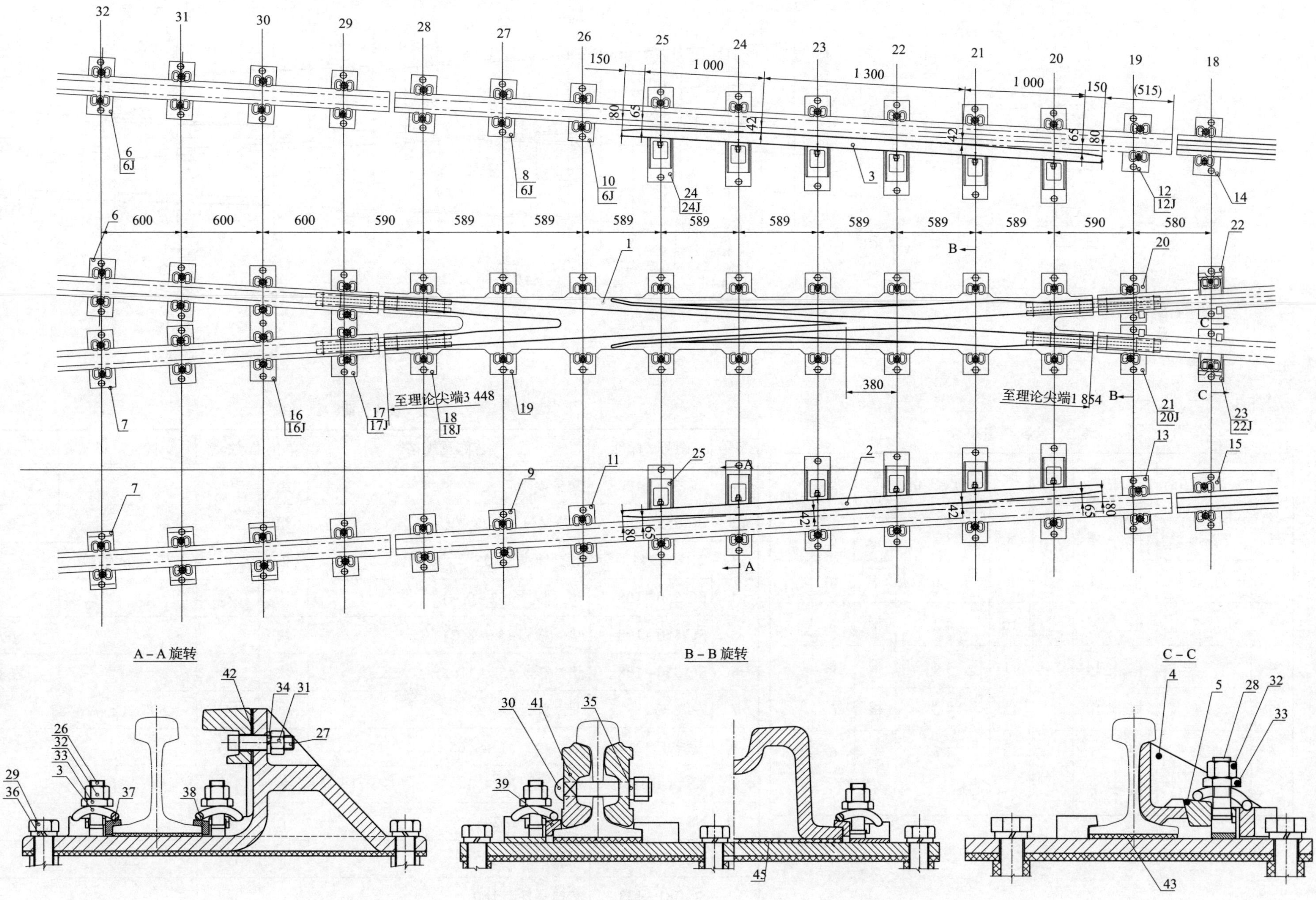

75 kg/m 钢轨 9 号复式交分道岔总布置图

图　号：SC 555－03

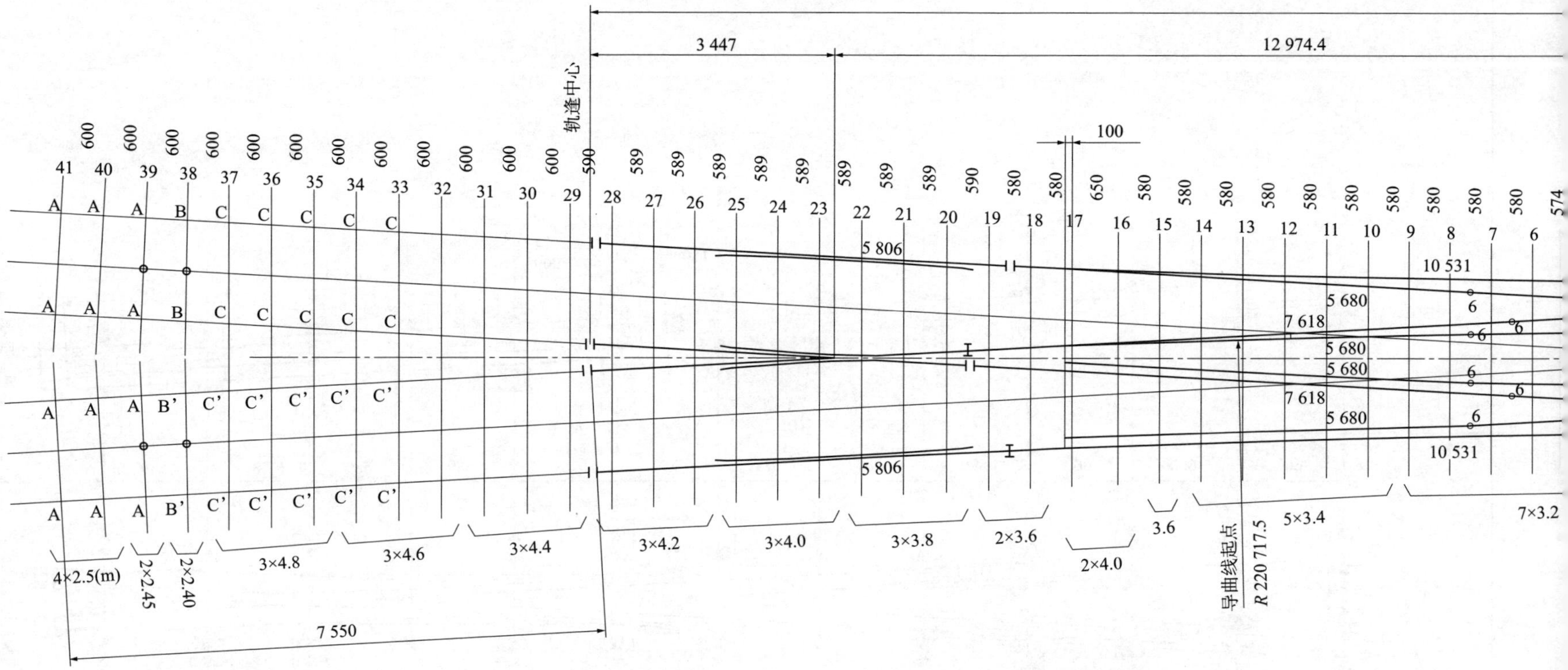

表 2　岔枕数量表

序号	岔枕长 (m)	单位	数量	备注	序号	岔枕长 (m)	单位	数量	备注
1	2.40	根	4		8	3.8	根	6	
2	2.45	根	4		9	4.0	根	10	
3	2.5	根	8		10	4.2	根	6	
4	3.2	根	14		11	4.4	根	6	
5	3.4	根	10		12	4.6	根	6	
6	3.55	根	4		13	4.8	根	6	
7	3.6	根	6		共计 90 根				

表 1　明　细　表

序号	图号 / 标准	名称及规格	单位	数量	材　料	备　注
1	SC 555－100	交分菱形	组	1		
2	SC 555－200	9 号交分辙叉及护轨	组	2		
3	TB/T 2344	导　轨　5 806	根	4	75 kg/m 钢轨	
4	SC 550－108	垫　板　452－0(A)	块	24		
5	SC 550－108	垫　板　452－8(B)	块	8		左右各 4
6	SC 550－108	垫　板　452－11(C)	块	40		左右各 20
7	专线 3351	Ⅱ型弹条	个	144	60Si2CrVA	
8	专线 4232－4	螺　栓　M24 × 65	个	144		
9	NS－01(b)	螺　母　M24	个	144		
10	NS－07	限位板　M24	个	144		
11	GB/T 7244	弹簧垫圈　30	个	144	65Mn	
12	SC 381－133	岔枕螺栓　160	个	144		
13	研线 9807－06	轨距块　8－10	个	72+10	ZG 230－450	“+”后为备用
14	研线 9807－06	轨距块　12－14	个	72+10	ZG 230－450	“+”后为备用
15	研线 9807－06	轨距块　6－16	个	50	ZG 230－450	备用

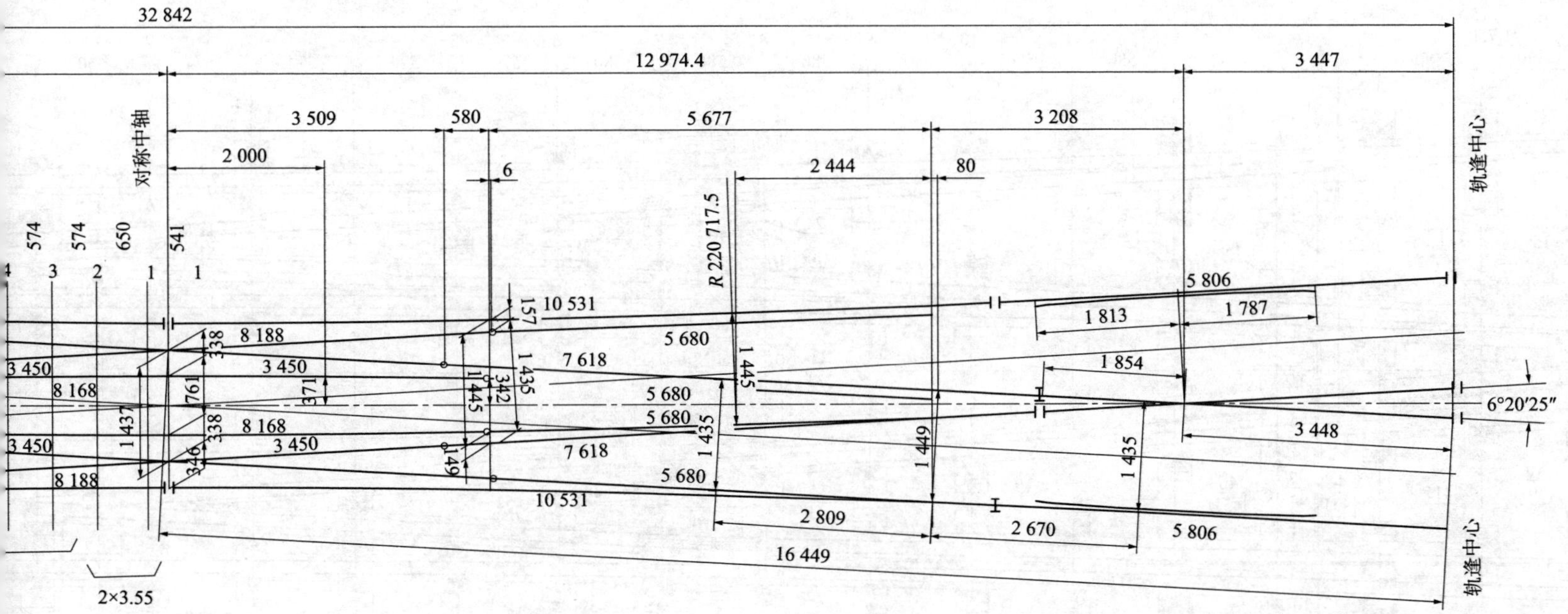

续表 1

序号	图号 / 标准	名称及规格	单位	数量	材　料	备　注
16	SC 450－300	岔枕连接装置	组	1		
17	SC 381－142	绝缘轨距块　8－10	个	10	玻璃纤维	
18	SC 381－142	绝缘轨距块　12－14	个	10	玻璃纤维	
19	SC 550－405	橡胶垫板　452 × 195 × 10	块	72	橡胶	
20	SC 550－402	轨下单面槽橡胶垫板　75－210－12	块	72	橡胶	A、B 各半
21	专线 3257	钢轨绝缘	组	4		供否见合同

技 术 要 求

1. 图中钢轨接头及轨缝设置如下：
   普通接头　—|├—　轨缝 8 mm
   绝缘接头　—+—　轨缝 8 mm
   跟端活接头　—○—　轨缝 6 mm
2. 本图钢轨接头为基本形式，当采用其他形式时须特别指明，并提供配轨图。
3. 导曲线半径按外轨工作边量计。
4. 图中尺寸、轨距、岔枕位置按菱形中轴对称铺设。
5. 明细表中序号 5、6 垫板分左右开，图中不带“’”表示右开垫板，带“’”表示左开垫板。
6. 导轨 5806 成对弯折，弯折示意图如下：

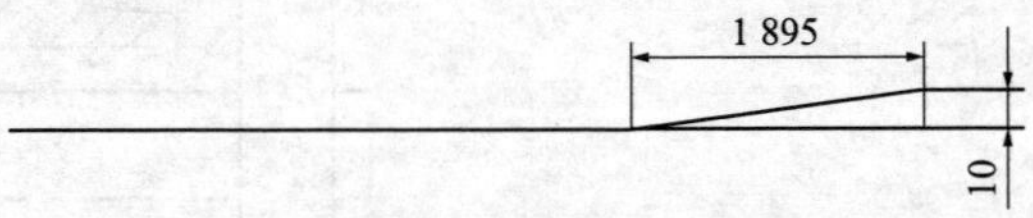

75 kg/m 钢轨 9 号复式交分道岔交分菱形布置图
图　号：SC 555－100

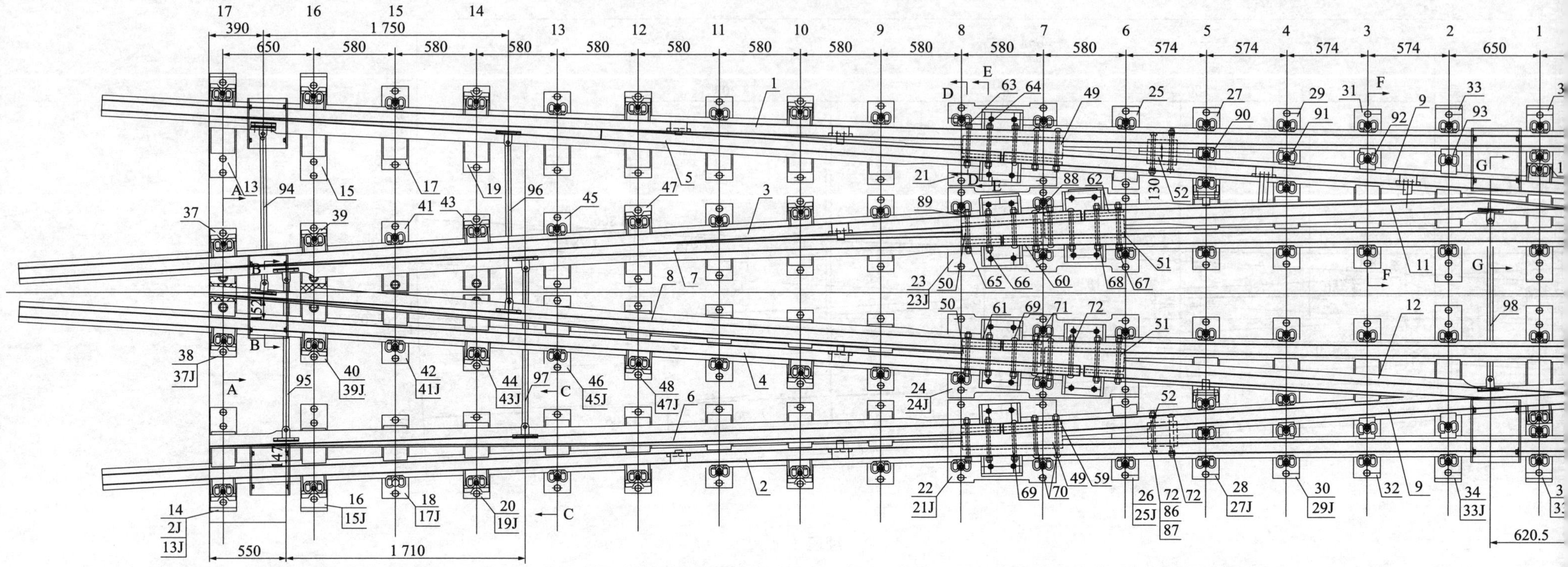

A－A

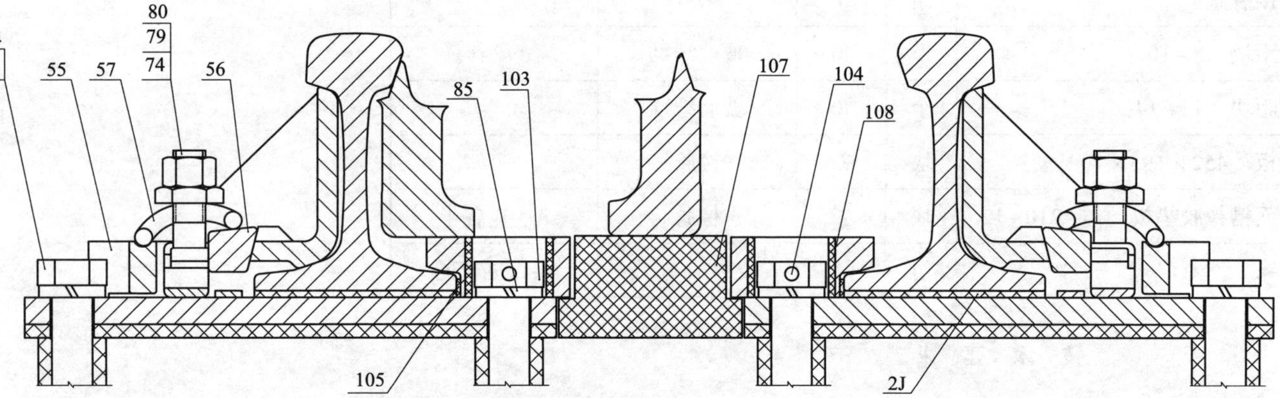

E－E

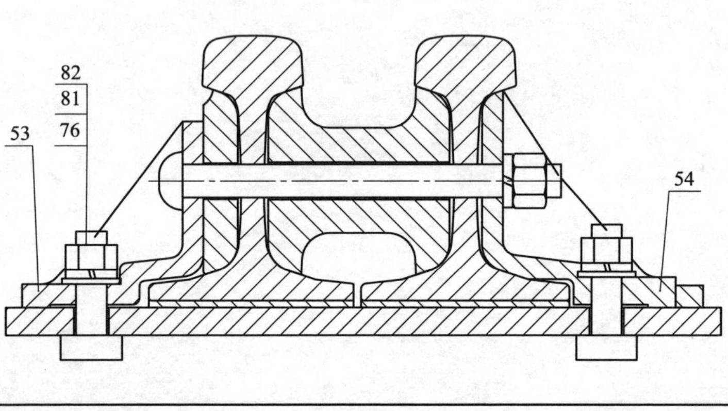

G－G

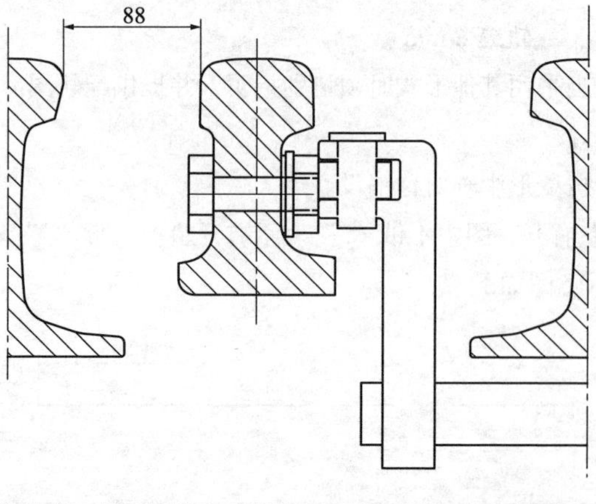

技 术 要 求

1. 本图为交分菱形布置图，由交分双转辙器和交分钝叉合并而成。
2. 零部件大多需成对制造，一般按序号区分；个别零件以左 (Z)、右 (Y) 区分；区分方式为：以菱形中心为原点，面向辙叉 位于菱形长轴左侧者，以左 (Z) 标识，位于菱形长轴右侧者，以右 (Y) 标识。
3. 本图按菱形中轴对称布置，同时菱形长轴上、下零件相应对称，图示位置左上、右下零部件及左下、右上相同。
4. 为便于调整轨距，在设计中对台板扣压部位预留一定间隙，因此要求铺设时首先在此部位安装 2 mm 厚轨距调整片，以实现钢 轨的正确定位，视具体情况，可利用调整片进行适当调整。
5. 由于钢轨与垫板斜度较大，为了改善轨底和垫板贴合，轨下橡胶垫板按钢轨斜度设计，斜胶垫以 A、B 型对称关系区分。

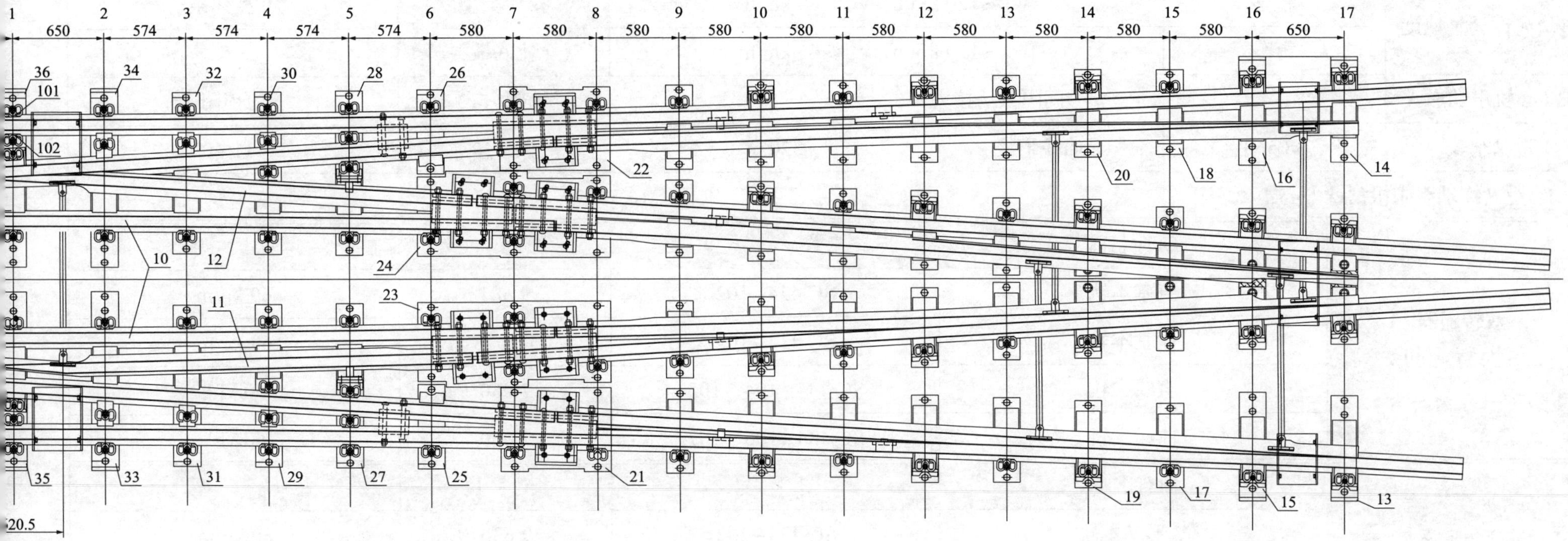
1
2
3
4
5
6
7
8
9
10
11
12
13
14
15
16
17
650
574
574
574
574
580
580
580
580
580
580
580
580
580
580
650
36
101
102
34
32
30
28
26
22
20
18
16
14
10
12
24
11
23
35
33
31
29
27
25
21
19
17
15
13
20.5

D–D

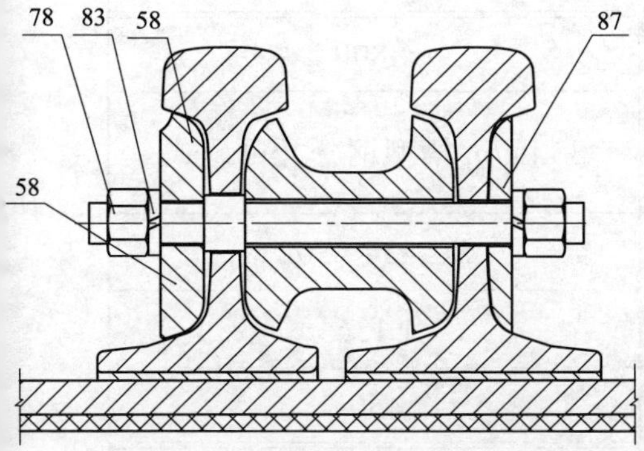
78
83
58
87
58

C–C

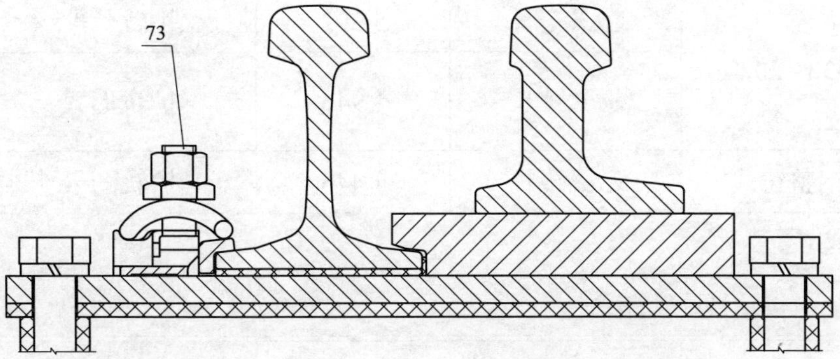
73

B–B

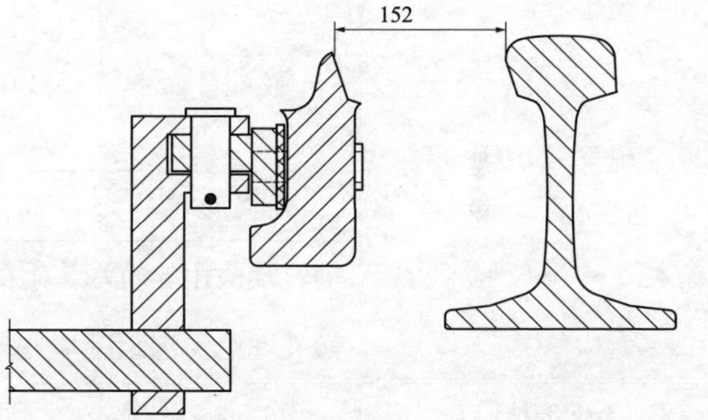
152

F–F

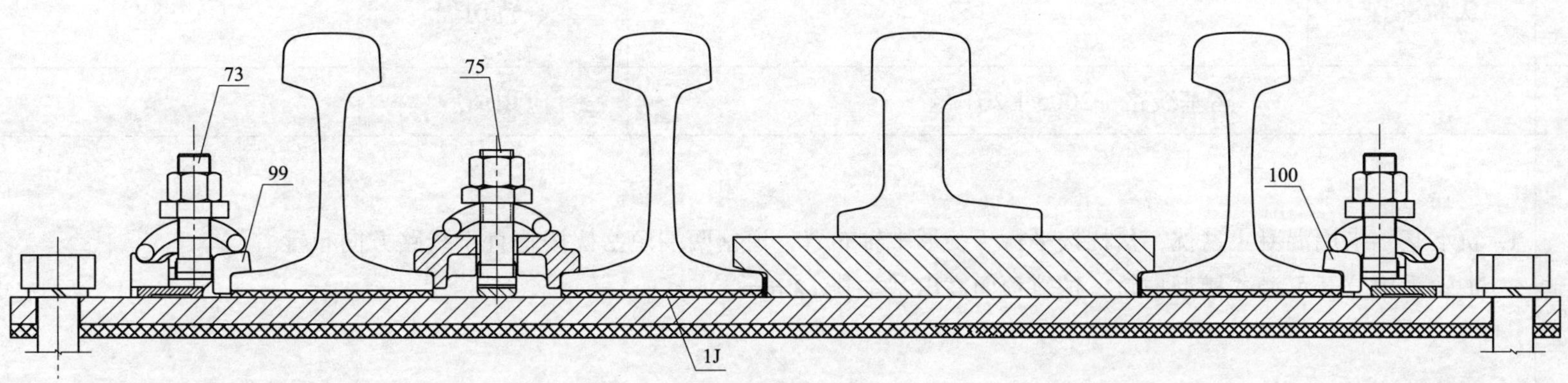
73
99
75
100
1J

<table>
<tr><th colspan="8">118. 60 kg/m 钢轨 11 号复式交分道岔(混凝土枕)
设计图号：SC 434</th></tr>
<tr><td rowspan="2">道岔允许通过速度</td><td colspan="2">客车</td><td colspan="3">$v_{直}$≤120 km/h，$v_{侧}$≤45 km/h</td><td>扣件类型</td><td>Ⅱ型弹条</td></tr>
<tr><td colspan="2">货车</td><td colspan="3">$v_{直}$≤120 km/h，$v_{侧}$≤45 km/h</td><td>轨底坡</td><td>—</td></tr>
<tr><td>尖 / 心轨跟端形式</td><td colspan="5">间隔铁活接头</td><td>锁闭方式</td><td>内锁闭</td></tr>
<tr><td>道岔全长</td><td>38 560</td><td colspan="2">导曲线半径</td><td colspan="2">320 m</td><td>辙叉角</td><td>5°11′40″</td></tr>
<tr><td colspan="2">道岔终端至末根岔枕中心距离</td><td colspan="6">10 546</td></tr>
<tr><td rowspan="5">双转辙器
SC434－100</td><td colspan="2">轨件名称</td><td colspan="3">图　号</td><td>长　度</td><td>轨　型</td></tr>
<tr><td colspan="2">直基本轨</td><td colspan="3">SC 434－102</td><td>9 681</td><td>60 kg/m</td></tr>
<tr><td colspan="2">曲基本轨</td><td colspan="3">SC 434－103</td><td>12 678</td><td>60 kg/m</td></tr>
<tr><td colspan="2">直线尖轨</td><td colspan="3">SC 434－104、105</td><td>7 050</td><td>60AT1</td></tr>
<tr><td colspan="2">曲线尖轨</td><td colspan="3">SC 434－106、107</td><td>7 050</td><td>60AT1</td></tr>
<tr><td rowspan="4">钝角辙叉
SC434－200</td><td colspan="2">轨件名称</td><td colspan="3">图　号</td><td>长　度</td><td>轨　型</td></tr>
<tr><td colspan="2">V 形基本轨</td><td colspan="3">SC 434－202</td><td>9 636</td><td>60 kg/m</td></tr>
<tr><td colspan="2">活动心轨</td><td colspan="3">SC 434－203</td><td>4 150</td><td>60AT1</td></tr>
<tr><td colspan="2">导轨</td><td colspan="3">SC 434－204</td><td>9 624</td><td>60 kg/m</td></tr>
<tr><td rowspan="5">辙叉及护轨
SC 434－300</td><td rowspan="2">辙叉图号</td><td rowspan="2">SC 433－202</td><td>辙叉全长</td><td>5 392</td><td>护轨长度</td><td colspan="2">4 800</td></tr>
<tr><td>辙叉趾长</td><td>1 946</td><td>护轨形式</td><td colspan="2">33 kg/m 槽型钢分开可调式</td></tr>
<tr><td>辙叉形式</td><td>高锰钢整铸式</td><td>辙叉跟长</td><td>3 446</td><td>护轨图号</td><td colspan="2">SC 434－302</td></tr>
<tr><td colspan="5">护轨端头距导轨端头定位尺寸</td><td colspan="2">1 136</td></tr>
<tr><td colspan="5">辙叉理论尖端距趾端方向前一根岔枕中心距离</td><td colspan="2">450</td></tr>
<tr><td>岔枕图号
SC 434－500</td><td>岔枕总数</td><td>116 根</td><td>岔枕展延长</td><td>411.36 m</td><td>套管总数</td><td colspan="2">720</td></tr>
<tr><td>电务转换设备
—</td><td>尖轨动程</td><td colspan="3">152</td><td>心轨动程</td><td colspan="2">88</td></tr>
<tr><td>批准文号</td><td colspan="4">运基线路〔2005〕261 号</td><td>应用情况</td><td colspan="2">★</td></tr>
<tr><td>主要结构特点</td><td colspan="7">1. 轨下基础采用混凝土岔枕，岔枕按平行于菱形中轴布置，道岔两端短岔枕按垂直于线路方向布置。
2. 护轨采用分开可调式槽型护轨，护轨顶面高出基本轨 12 mm。</td></tr>
</table>

双转辙器明细表

序号	图号 / 标准	名称及规格	数量	材　料	备　注
1	SC 434－102	直基本轨　9 681	1	60 kg/m 钢轨	
2	SC 434－102	直基本轨　9 681	1	60 kg/m 钢轨	
3	SC 434－103	曲基本轨　12 678	1	60 kg/m 钢轨	
4	SC 434－103	曲基本轨　12 678	1	60 kg/m 钢轨	
5	SC 434－104	直线尖轨　7 050	1	60AT 钢轨	
6	SC 434－105	直线尖轨　7 050	1	60AT 钢轨	
7	SC 434－106	曲线尖轨　7 050	1	60AT 钢轨	
8	SC 434－107	曲线尖轨　7 050	1	60AT 钢轨	
9	SC 330－134	垫　板　60-8 右	1		
10	SC 330－134	垫　板　60-8 左	1		
11	SC 434－108	轨撑滑床垫板　751 × 190 × 20	1		
12	SC 434－108	轨撑滑床垫板　751 × 190 × 20	1		
13	SC 434－109	轨撑滑床垫板　769 × 190 × 20	1		
14	SC 434－109	轨撑滑床垫板　769 × 190 × 20	1		
15	SC 434－110	滑床垫板　600 × 170 × 20	5		
16	SC 434－110	滑床垫板　600 × 170 × 20	5		
17	SC 434－111	轨撑滑床垫板　620 × 190 × 20	4		
18	SC 434－111	轨撑滑床垫板　620 × 190 × 20	4		
19	SC 434－112	垫　板　353 × 190 × 20	1(1)		
20	SC 434－112	垫　板　353 × 190 × 20	1(1)		
21	SC 434－113	垫　板　395 × 190 × 20	2(1)		
22	SC 434－113	垫　板　395 × 190 × 20	2(1)		
23	SC 434－114	轨撑滑床垫板　394 × 190 × 20	1		
24	SC 434－114	轨撑滑床垫板　394 × 190 × 20	1		
25	SC 434－115	轨撑滑床垫板　423 × 190 × 20	1		
26	SC 434－115	轨撑滑床垫板　423 × 190 × 20	1		
27	SC 434－116	滑床垫板　486 × 170 × 20	1		
28	SC 434－116	滑床垫板　486 × 170 × 20	1		
29	SC 434－117	轨撑滑床垫板　533 × 190 × 20	1		
30	SC 434－117	轨撑滑床垫板　533 × 190 × 20	1		
31	SC 434－118	滑床垫板　540 × 170 × 20	1		
32	SC 434－118	滑床垫板　540 × 170 × 20	1		
33	SC 434－119	轨撑滑床垫板　570 × 190 × 20	3		

续上表

序号	图号 / 标准	名称及规格	数量	材　　料	备　　注
34	SC 434－119	轨撑滑床垫板　570×190×20	3		
35	SC 434－120	滑床垫板　550×170×20	3		
36	SC 434－120	滑床垫板　550×170×20	3		
37	SC 434－121	辙跟垫板　790×616×20	1		
38	SC 434－121	辙跟垫板　790×616×20	1		
39	SC 434－122	辙跟垫板　1 390×548×20	1		
40	SC 434－122	辙跟垫板　1 390×548×20	1		
41	SC 350－140	轨　撑　60AX	28(2)	KTH 350－10	
42	SC 350－141	调整楔	28(2)	KTH 350－10	
43	专线 4232－73	轨　撑　60	4	KTH 350－8	
44	专线 4232－74	轨　撑　60	4	KTH 350－8	
45	SC 434－123	间隔铁	2		
46	SC 434－124	间隔铁	2		
47	SC 434－125	辙跟夹板　60－8 Z	2		
48	SC 434－125	辙跟夹板　60－8 Y	2		
49	专线 3351	Ⅱ型弹条	62(4)	60Si2CrVA	
50	专线 4232－10	轨距块　9－11	24	ZG 230－450	
51	专线 4232－10	轨距块　13－15	2	ZG 230－450	
52	专线 4232－10A	接头轨距块　9－11	4(2)	ZG 230－450	
53	专线 4232－10A	接头轨距块　13－15	4	ZG 230－450	
54	专线 4232－4	T 型螺栓　M24×80	28(2)		
55	专线 4232－4	T 型螺栓　M24×65	34(2)		
56	专线 4266－7	螺　柱　24×28×70×195	4	10.9 级	
57	专线 4266－7	螺　柱　24×24×85×210	2	10.9 级	
58	专线 4266－7	螺　柱　24×24×85×205	2	10.9 级	
59	专线 4232－5	半圆头方颈螺栓　M24×270	4	10.9 级	
60	专线 4232－5	半圆头方颈螺栓　M24×260	2	10.9 级	
61	专线 4232－5	半圆头方颈螺栓　M24×250	2	10.9 级	
62	专线 4171－9	长方头螺栓　M24×85	16		
63	SCT 505－B	岔枕螺栓　155	118(8)		
64	SC 350－147	带孔岔枕螺栓	10		
65	NS－01(b)	螺　母　M24	62(4)		
66	NS－02(b)	螺　母　M24	24	10 级	
67	NS－01(b)	螺　母　M24	16	5 级	
68	GB/T 7244	弹簧垫圈　24	40	65Mn	

续上表

序号	图号 / 标准	名称及规格	数量	材　料	备　注
69	GB/T 97.1	平垫圈　24	20		
70	GB/T 7244	弹簧垫圈　30	118(8)	65Mn	
71	GB/T 93	弹簧垫圈　30	10	65Mn	
72	专线 4232－23	方孔垫圈　60-0	4		
73	专线 4232－24	圆孔垫圈　60-0	4		
74	SC 350－156	防松销	10		
75A	专线 6076－10A	拉　杆　A1097	1		
75B	专线 6076－10B	拉　杆　B1097	1		
76	专线 6076－12A	连　杆　1 118	2		
77	专线 6076－12	连　杆　1 169	2		
78	SC 330－125	轨距调整片　70 × 12 × 2	12		
		轨距调整片　70 × 12 × 1	12		
79	SC 330－125	轨距调整片　160 × 12 × 2	44		
		轨距调整片　160 × 12 × 1	44		
80	NS－07	限位板　M24	62(4)		
81	SC 350－159	螺帽套	10	聚乙烯	
82	SC 350－158	绝缘垫板　137 × 190 × 60	2	聚酰胺 6	
83	SC 350－401	轨下双面槽橡胶垫板　60-190	2	橡胶	
84	SC 350－401	轨下双面槽橡胶垫板　60-210	6(4)	橡胶	
85	SC 350－402	轨下单面槽橡胶垫板　60-210	24	橡胶	
86	SC 350－402	轨下单面槽橡胶垫板　60-190	20	橡胶	
9J	SC 434－403	橡胶垫板　452 × 175 × 10	2	橡胶	
11J	SC 434－404	橡胶垫板　751 × 195 × 10	2	橡胶	
13J	SC 434－404	橡胶垫板　769 × 195 × 10	2	橡胶	
15J	SC 350－404	橡胶垫板　600 × 175 × 10	10	橡胶	
17J	SC 350－404	橡胶垫板　620 × 195 × 10	8	橡胶	
19J	SC 350－406	橡胶垫板　353 × 195-293	2	橡胶	
21J	SC 350－404	橡胶垫板　395 × 195 × 10	4	橡胶	
23J	SC 350－404	橡胶垫板　394 × 195 × 10	2	橡胶	
25J	SC 350－404	橡胶垫板　423 × 195 × 10	2	橡胶	
27J	SC 350－406	橡胶垫板　486 × 175-406	2	橡胶	
29J	SC 350－406	橡胶垫板　533 × 195-453	2	橡胶	
31J	SC 350－406	橡胶垫板　540 × 175-460	2	橡胶	
33J	SC 350－404	橡胶垫板　570 × 195 × 10	6	橡胶	
35J	SC 350－404	橡胶垫板　550 × 175 × 10	6	橡胶	

续上表

序号	图号 / 标准	名称及规格	数量	材　料	备　注
37J	SC 350-404	橡胶垫板　616 × 195 × 10	4	橡胶	
39J	SC 350-404	橡胶垫板　548 × 195 × 10	6	橡胶	
L1	SCT 300-415	连接板　650-360	2	Q235	
L2	SCT 300-415	连接板　650-600	1	Q235	
L3	GB/T 5780	六角头螺栓　M27 × 55	12		
L4	GB/T 93	弹簧垫圈　27	12	65Mn	
L5	GB/T 97	平垫圈　27	12	Q235	
L6	SC 330-302	调整片　70 × 70 × 5/3/2	6/6/6	Q235	

钝角辙叉明细表

序号	图号 / 标准	名称及规格	数量	材　料	备　注
1	SC 434－202	基本轨　9 636	2	60 kg/m 钢轨	
2	SC 434－204	导　轨　9 624	2	60 kg/m 钢轨	
3	SC 434－203	活动心轨　4 150	2	60AT 轨	
4	SC 434－203	活动心轨　4 150	2	60AT 轨	与序号 3 活动心轨对称制造
5	SC 350－140	轨　撑　60AX	4	KTH 330－08	
6	专线 4232－73	辙跟内轨撑	4	KTH 330－08	尾部加工 128_{-3}^{-2}
7	SC 350－141	调整楔	4	KTH 350－10	
8	SC 434－205	间隔铁	2	KTH 330－08	
9	SC 434－205	间隔铁	2	KTH 330－08	
10	专线 6076－11	拉　杆　1 224	2		
11	SC 434－206	夹　板	4		
12	SC 434－207	垫　板　1 267 × 190 × 20	2		
13	SC 434－208	垫　板　1 267 × 190 × 20	2		
14	SC 434－209	垫　板　1 267 × 190 × 20	2		
15	SC 434－210	垫　板　1 267 × 190 × 20	2		
16	SC 434－211	垫　板　1 150 × 190 × 20	2		
17	SC 434－212	垫　板　1 150 × 190 × 20	2		
18	SC 434－213	垫　板　1 150 × 190 × 20	2		
19	SC 434－214	垫　板　1 150 × 190 × 20	2		
20	SC 434－215	垫　板　1 150 × 190 × 20	2		
21	SC 434－216	垫　板　1 150 × 190 × 20	2		
22	SC 434－217	垫　板　1 150 × 190 × 20	2		
23	SC 434－218	垫　板　1 150 × 190 × 20	2		
24	SC 434－219	垫　板　616 × 190 × 20	2		
25	SC 434－220	垫　板　616 × 190 × 20	2		
26	专线 4232－36	铸造顶铁　72－72	4	KTH 330－08	
27	SC 434－221	支距扣板　60/47－51	4	KTH 350－10	
28	SCT 300－311	支距扣板　60/68－72	4	KTH 350－10	
29	SCT 505－B	岔枕螺栓	64		
30	专线 4232－5	半圆头方颈螺栓　M24 × 260－G	4	10.9 级	
31	专线 4232－5	半圆头方颈螺栓　M24 × 280－G	4	10.9 级	
32	专线 4266－7	螺　柱　M24 × 24 × 85 × 220	4	10.9 级	
33	专线 4266－7	螺　柱　M24 × 28 × 70 × 220	4	10.9 级	
34	专线 4232－4	T 型螺栓　M24 × 80	8		

续上表

序号	图号/标准	名称及规格	数量	材　　料	备　　注
35	专线 4232-4	T 型螺栓　M24×85	8		
36	专线 4232-4	T 型螺栓　M24×65	56		
37	专线 4232-4	T 型螺栓　M24×90	4		
38	专线 4232-6	六角头螺栓　M24×90	8		
39	NS-02(b)	螺　母　M24	24	10 级	
40	NS-01(b)	螺　母　M24	12	5 级	
41	NS-01(b)-c	螺　母　M24	72		
42	NS-07	限位板　M24	64		
43	GB/T 7244	弹簧垫圈　30	64		
44	GB/T 7244	弹簧垫圈　24	32		
45	TB/T 565	弹簧垫圈　24	4	55Si2Mn	
46	TB/T 1495.4	垫　圈　24	4	Q235	
47	GB/T 97.1	垫　圈　24	20		
48	专线 4232-10	轨距块　9-11	20	ZG 230-450	
49	专线 4232-10	轨距块　13-15	32	ZG 230-450	
50	专线 4267-3	轨距块　60-9	16	KTH 350-10	
51	专线 4267-3	轨距块　60-11	12	KTH 350-10	
52	专线 3351	Ⅱ型弹条	64	60Si2CrVA	
53	专线 3328-3	Ⅲ型弹条	28	60Si2Mn	
54	专线 4232-24	圆孔钢轨垫圈　60-3	12	KTH 330-08	
55	专线 4232-23	方孔钢轨垫圈　60-3	4	KTH 330-08	
56	专线 4232-10A	接头轨距块　9-11	4	ZG 230-450	
57	专线 4267-4	接头轨距块　60-11	4	KTH 350-10	
58	专线 9602	Ⅲ型接头弹条	4	60Si2Mn	
59	SC 330-125	轨距调整片　160×12×2/1	40/64	Q235	
60	SC 350-154	顶铁调整片　a=2/3	8/4	Q235	
61	SC 350-401	轨下双面槽橡胶垫板　60-210	28	橡胶	
62	SC 350-402	轨下单面槽橡胶垫板　60-210	52	橡胶	
63	SC 434-401	橡胶垫板　616×195×10	4	橡胶	
64	SC 434-401	橡胶垫板　1 150×195×10	16	橡胶	
65	SC 434-402	橡胶垫板　1 267×195×10	8	橡胶	
L1	SCT 300-415	连接板　650-750	4		
L2	GB/T 5780	六角头螺栓　M27×55	16		
L3	GB/T 93	弹簧垫圈　27	16		
L4	GB/T 97	平垫圈　27	16		
L5	SC 330-302	调整片　70×70×5/3/2	8/8/8		

辙叉及护轨明细表

序号	图号 / 标准	名称及规格	数量	材　料	备　注
1	SC 433－202	高锰钢辙叉	1		
2	SC 434－302	槽型护轨　4 800	2	33 kg/m 槽型钢	
3	SC 330－134	垫　板　60－8 右	5		
4	SC 330－134	垫　板　60－8 左	5		按序号 3 对称制造
5	SC 434－303	垫　板　452 × 190 × 20	2		
6	SC 434－303	垫　板　452 × 190 × 20	2		
7	SC 434－304	垫　板　886 × 170 × 20	1		
8	SC 434－305	垫　板　832 × 170 × 20	1		
9	SC 434－306	垫　板　778 × 170 × 20	1		
10	SC 434－307	垫　板　724 × 170 × 20	1		
11	SC 350－208	垫　板　743 × 170 × 20	2		
12	SC 350－209	垫　板　743 × 170 × 20	7		
13	HY03－03	护轨垫板 (Y)　600 × 170 × 25	8	ZG 230－450	
14	HY03－03	护轨垫板 (Z)　600 × 170 × 25	8	ZG 230－450	按序号 13 对称制造
15	专线 4232－4	T 型螺栓　M24 × 65	92		
16	专线 4232－4	T 型螺栓　M24 × 90	1		
17	专线 4171－9	长方头螺栓　M24 × 85	16	5.6 级	
18	SCT 505－B	岔枕螺栓　155	88		
19	NS－01(b)	螺母　M24	93		
20	NS－01(b)	螺母　M24	16	5 级	
21	GB/T 7244	弹簧垫圈　24	16	65Mn	
22	GB/T 7244	弹簧垫圈　30	88	65Mn	
23	GB/T 1230	高强度平垫圈　24	24		
24	NS－07	限位板　M24	93		
25	专线 3351	Ⅱ型弹条	93	60Si2CrVA	
26	专线 4232－10	轨距块　9－11	39	ZG 230－450	
27	专线 4232－10	轨距块　13－15	39	ZG 230－450	
28	专线 4232－10A	接头轨距块　9－11	6	ZG 230－450	
29	专线 4232－10A	接头轨距块　13－15	8	ZG 230－450	
30	TB/T 2345	接头夹板	8		普通接头用
31	TB/T 2347	接头螺栓及螺母　M24 × 135	24	10.9 级	普通接头用
32	SC 330C－205	槽型护轨调整片　170 × 80 × 2/3	32/16	Q235	
33	专线 4232－18B	支距扣板　60/113－123	1	KTH 350－10	
34	SC 350－401	橡胶垫板　60－190	34	橡胶	

续上表

序号	图号 / 标准	名称及规格	数量	材　　料	备　　注
35	SC 350－401	橡胶垫板　60－210	4	橡胶	
36	SC 350－409	橡胶垫板　439－190	9	橡胶	
3J	SC 350－403	橡胶垫板　452×175×10	10	橡胶	
5J	SC 434－405	橡胶垫板　452×195×10	4	橡胶	
7J	SC 350－405	橡胶垫板　886×175－408	1	橡胶	
8J	SC 350－405	橡胶垫板　832×175－381	1	橡胶	
9J	SC 350－404	橡胶垫板　778×175×10	1	橡胶	
10J	SC 350－404	橡胶垫板　724×175×10	1	橡胶	
11J	SC 350－404	橡胶垫板　743×175×10	9	橡胶	
13J	SC 350－410	橡胶垫板　600×175×5(Y)	8	橡胶	
14J	SC 350－410	橡胶垫板　600×175×5(Z)	8	橡胶	

60 kg/m 钢轨 11 号复式交分道岔双转辙器

图　号：SC 434－100

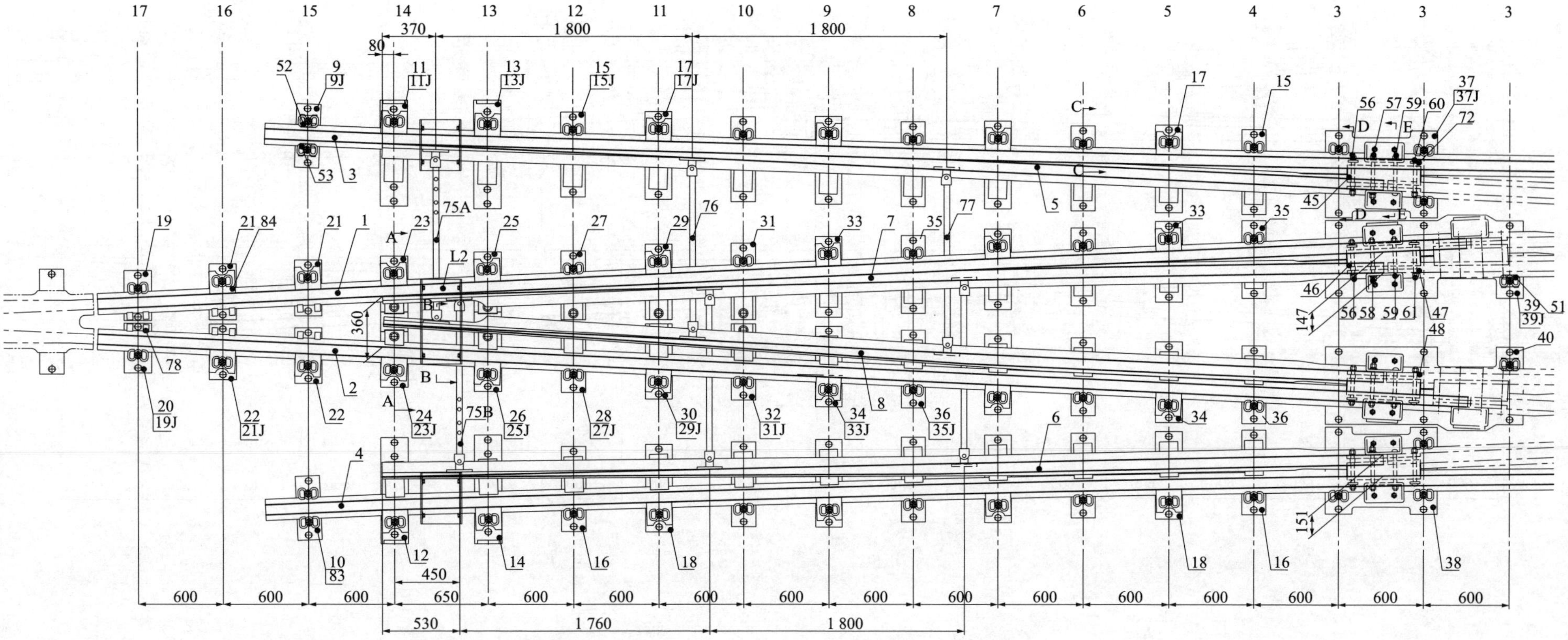

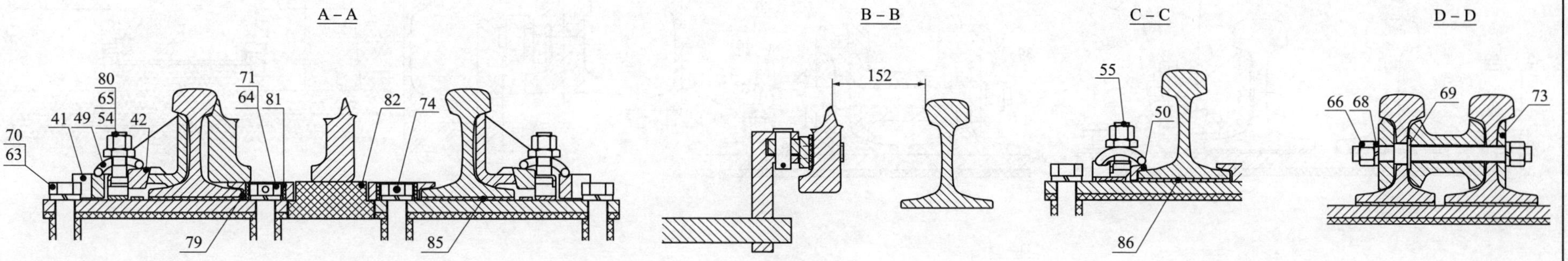

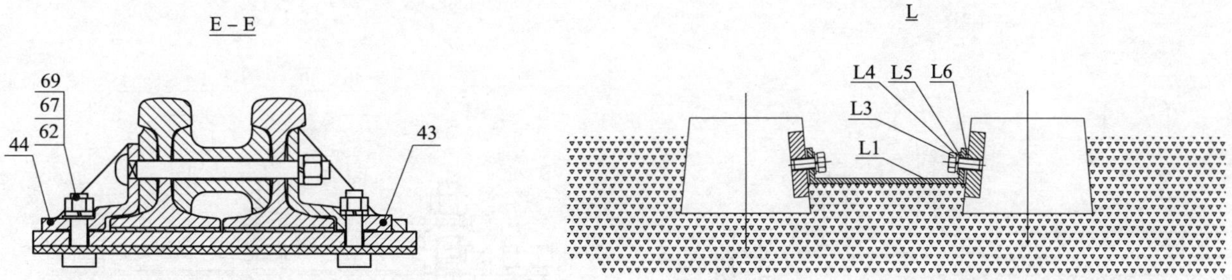

技 术 要 求

本图与组合单叉使用时，取消垫板 19、20、21、22 及相应零部件，其中明细表中括号内的数为取消的数量。

60 kg/m 钢轨 11 号复式交分道岔钝角辙叉

图　号：SC 434－200

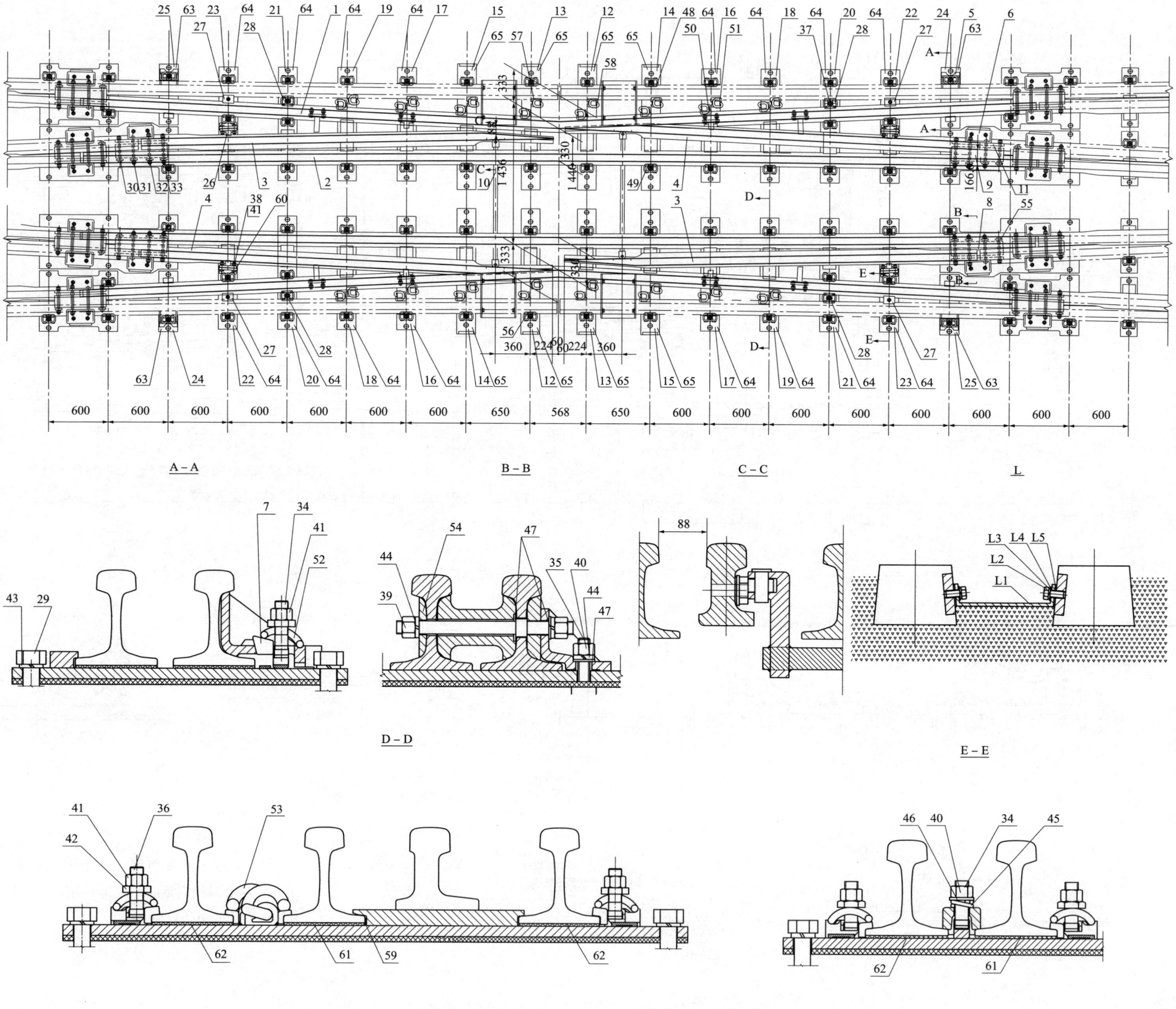

60 kg/m 钢轨 11 号复式交分道岔辙叉及护轨

图　号：SC 434－300

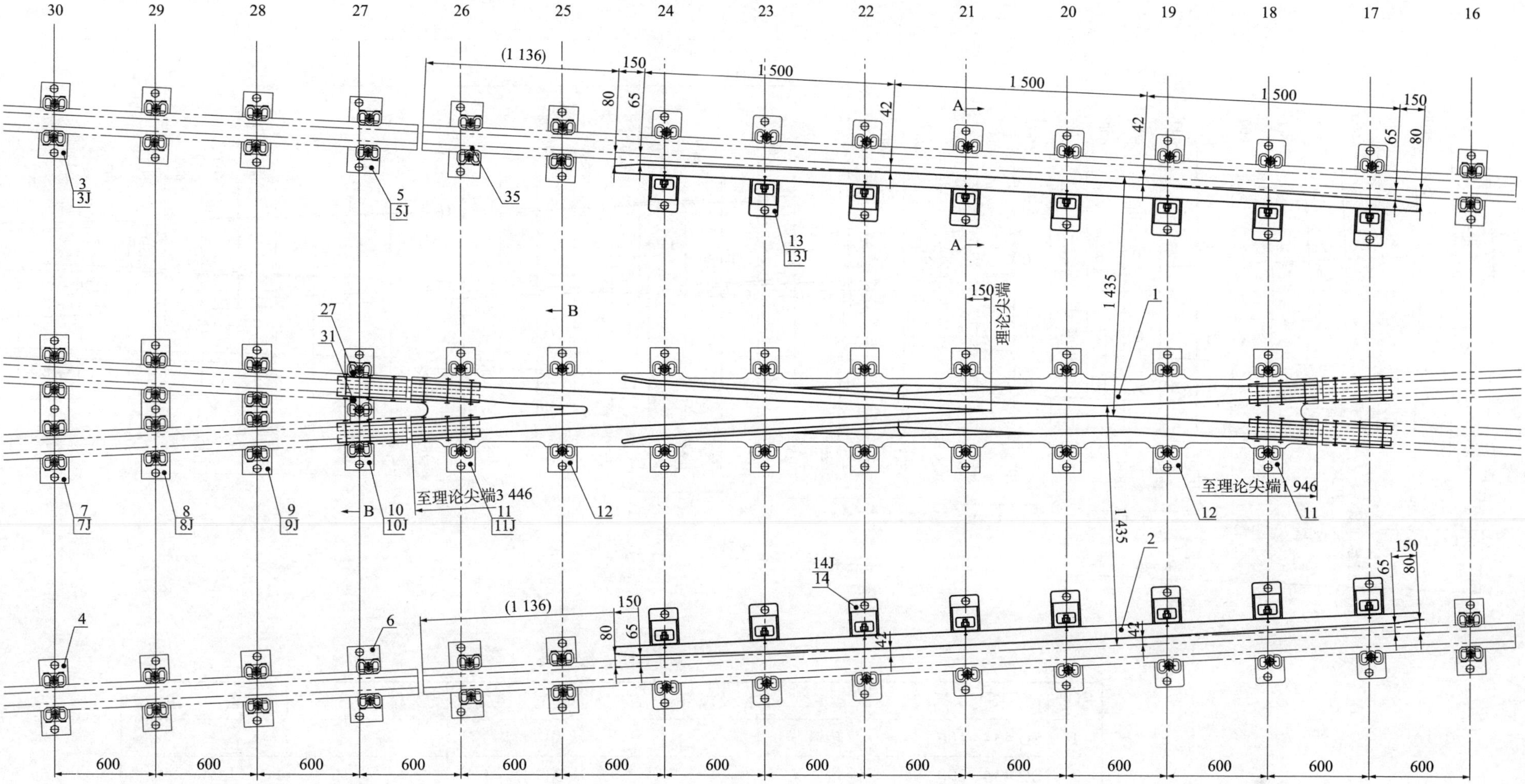

A－A 旋转

B－B 旋转

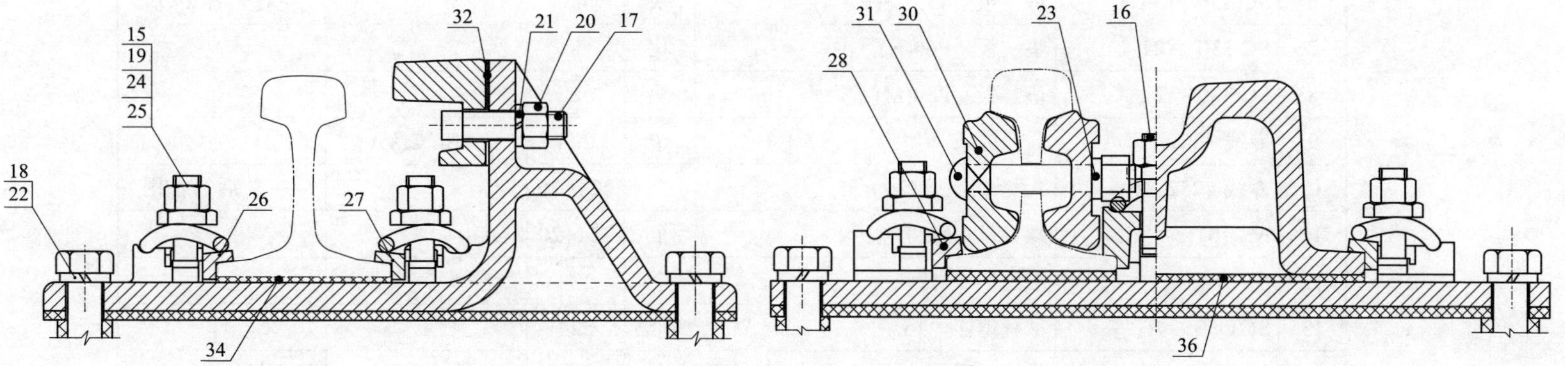

技 术 要 求

1. 组装护轨时，应使用 3 mm 厚的护轨调整片，如查照间隔或护背距离不合格时，可用备用调整片进行调整。
2. 查照间隔及护背距离在心轨轨头宽 20～30 mm 断面处丈量。
3. 本图中个别零件以 (Z)、(Y) 区分，区分方式为从趾 端面向辙叉中心，(Z) 为左侧零件，(Y) 为右侧零件。

60 kg/m 钢轨 11 号复式交分道岔
图　号：SC434

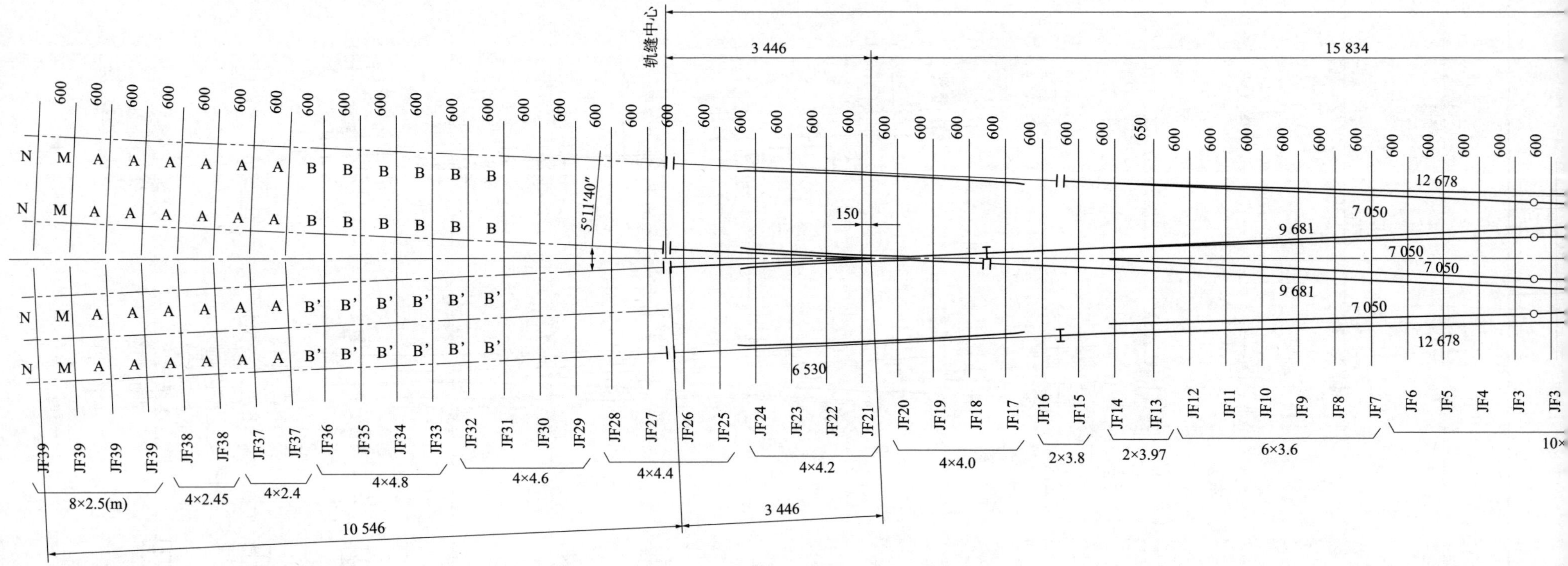

表 1　明　细　表

序号	图号 / 标准	名称及规格	单位	数量	材　料	备　注
1	SC 434－100	双转辙器	组	2		
2	SC 434－200	钝角辙叉	组	1		
3	SC 434－300	交分辙叉及护轨	组	2		
4	TB/T 2344	导　轨　6 530	根	4		
5	SC 330－134	垫　板　452－0(A)	块	48		
6	SC 330－134	垫　板　452－8(B)	块	48		左右开各 24 块
7	SC 330－121	垫　板　P60(N)	块	8		
8	SC 330－122	垫　板　P80(M)	块	8		
9	专线 3351	Ⅱ型弹条	个	224	60Si2CrVA	
10	专线 4232－4	T 型螺栓　M24 × 65	个	224+20		“＋”后为备用
11	NS－01(b)	螺　母　M24	个	224+20		
12	NS－07	限位板　M24	个	224		
13	SCT 505－B	岔枕螺栓　155	个	224		
14	GB/T 7244	弹簧垫圈　30	个	224		
15	专线 4232－10	轨距块　9－11	个	112+20	ZG 230－450	“＋”后为备用
16	专线 4232－10	轨距块　13－15	个	112+20	ZG 230－450	“＋”后为备用
17	专线 4232－10	轨距块　7－17	个	20	ZG 230－450	备用

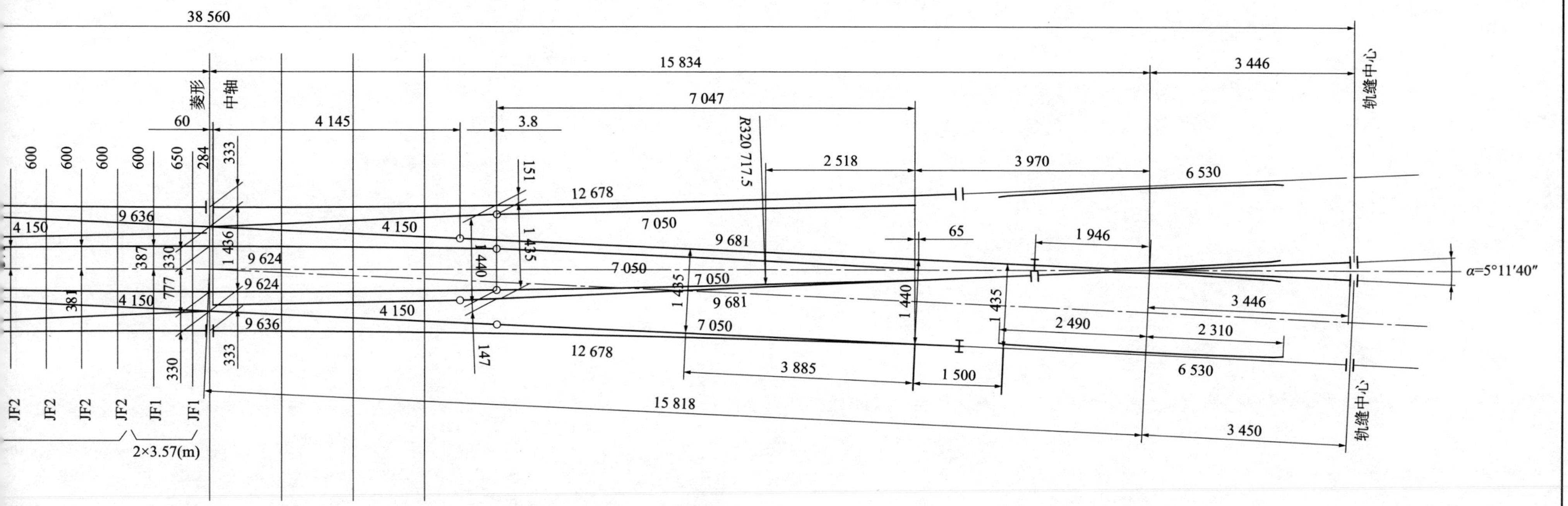

续表 1

序号	图号 / 标准	名称及规格	单位	数量	材　料	备　注
18	专线 4232－10A	接头轨距块　9－11	个	5	ZG 230－450	备用
19	专线 4232－10A	接头轨距块　13－15	个	5	ZG 230－450	备用
20	专线 4232－10A	接头轨距块　7－17	个	5	ZG 230－450	备用
21	专线 4267－3	轨距块　60－9	个	2	KTH 350－10	备用
22	专线 4267－3	轨距块　60－11	个	2	KTH 350－10	备用
23	专线 4267－3	轨距块　60－7	个	5	KTH 350－10	备用
24	专线 4267－3	轨距块　60－13	个	5	KTH 350－10	备用
25	专心 4232－72	绝缘轨距块　9－11	个	6	玻璃纤维	
26	专心 4232－72	绝缘轨距块　13－15	个	6	玻璃纤维	
27	SC 350－403	橡胶垫板　452×175×10	块	112	橡胶	
28	SC 350－401	橡胶垫板　60－190	块	112	橡胶	
29	TB/T 2345	接头夹板　60	块	4		
30	TB/T 2347	接头螺栓及螺母　M24×135	副	12	10.9 级	
31	GB/T 1230	垫　圈　24	个	12		
32	专线 9595	钢轨绝缘	组	4		

技 术 要 求

1. 图中钢轨接头及轨缝设置如下：
   普通接头　─┤├─　轨缝 8 mm；
   绝缘接头　┼　轨缝 8 mm；
   跟端活接头　─○─　轨缝 6 mm。
2. 本图钢轨接头为基本型式，当采用其他形式时须特别指明，并提供配轨图。
3. 导曲线半径按外轨工作边量计。
4. 图中尺寸、轨距、岔枕位置按菱形中轴对称铺设。
5. 明细表中序号 5 垫板分左右开，图中 B 表示右开垫板，B’表示左开垫板。

ISBN 978-7-113-27231-9